SÆCULUM IX.

B. RABANI MAURI

FULDENSIS ABBATIS ET MOGUNTINI ARCHIEPISCOPI

OPERA OMNIA

JUXTA EDITIONEM GEORGII COLVENERII ANNO 1617 COLONIÆ AGRIPPINÆ DATAM, MENDIS
QUIBUS SCATEBAT INNUMERIS CURA QUA PAR ERAT EXPURGATAM,
NOVISSIME AD PRELUM REVOCATA ET NOVO ORDINE, CHRONOLOGICO SCILICET, DIGESTA;

VARIIS PRÆTEREA MONUMENTIS

QUÆ SUPPEDITARUNT

MABILLONII, MARTENII ET DACHERII COLLECTIONES MEMORATISSIMÆ,

AUCTA ET ILLUSTRATA.

ACCURANTE J.-P. MIGNE,

BIBLIOTHECÆ CLERI UNIVERSÆ,

SIVE

CURSUUM COMPLETORUM IN SINGULOS SCIENTIÆ ECCLESIASTICÆ RAMOS EDITORE.

TOMUS PRIMUS.

VENEUNT 6 VOLUMINA 42 FRANCIS GALLICIS.

—

EXCUDEBATUR ET VENIT APUD J.-P. MIGNE EDITOREM,
IN VIA DICTA *D'AMBOISE*, PROPE PORTAM LUTETIÆ PARISIORUM VULGO *D'ENFER* NOMINATAM,
SEU PETIT-MONTROUGE

—

1851

ELENCHUS

AUCTORUM ET OPERUM QUI IN HOC TOMO CVII CONTINENTUR.

RABANUS MAURUS, FULDENSIS ABBAS ET MOGUNTINUS ARCHIEPISCOPUS.

De Laudibus sanctæ crucis libri duo.	*Col.* 133
De clericorum Institutione libri tres.	293
Liber de Oblatione puerorum.	419
Commentariorum in Genesim libri quatuor.	439
Liber de Computo.	669
Commentariorum in Matthæum libri octo.	727

Ex typis MIGNE, au Petit-Montrouge.

PATROLOGIÆ
CURSUS COMPLETUS
SIVE
BIBLIOTHECA UNIVERSALIS, INTEGRA, UNIFORMIS, COMMODA, OECONOMICA,
OMNIUM SS. PATRUM, DOCTORUM SCRIPTORUMQUE ECCLESIASTICORUM
QUI
AB ÆVO APOSTOLICO AD INNOCENTII III TEMPORA
FLORUERUNT;
RECUSIO CHRONOLOGICA
OMNIUM QUÆ EXSTITERE MONUMENTORUM CATHOLICÆ TRADITIONIS PER DUODECIM PRIORA ECCLESIÆ SÆCULA,

JUXTA EDITIONES ACCURATISSIMAS, INTER SE CUMQUE NONNULLIS CODICIBUS MANUSCRIPTIS COLLATAS, PERQUAM DILIGENTER CASTIGATA;
DISSERTATIONIBUS, COMMENTARIIS LECTIONIBUSQUE VARIANTIBUS CONTINENTER ILLUSTRATA;
OMNIBUS OPERIBUS POST AMPLISSIMAS EDITIONES QUÆ TRIBUS NOVISSIMIS SÆCULIS DEBENTUR ABSOLUTAS DETECTIS, AUCTA;
INDICIBUS PARTICULARIBUS ANALYTICIS, SINGULOS SIVE TOMOS, SIVE AUCTORES ALICUJUS MOMENTI SUBSEQUENTIBUS, DONATA;
CAPITULIS INTRA IPSUM TEXTUM RITE DISPOSITIS, NECNON ET TITULIS SINGULARUM PAGINARUM MARGINEM SUPERIOREM DISTINGUENTIBUS SUBJECTAMQUE MATERIAM SIGNIFICANTIBUS, ADORNATA;
OPERIBUS CUM DUBIIS TUM APOCRYPHIS, ALIQUA VERO AUCTORITATE IN ORDINE AD TRADITIONEM ECCLESIASTICAM POLLENTIBUS, AMPLIFICATA;
DUOBUS INDICIBUS GENERALIBUS LOCUPLETATA : ALTERO SCILICET RERUM, QUO CONSULTO, QUIDQUID UNUSQUISQUE PATRUM IN QUODLIBET THEMA SCRIPSERIT UNO INTUITU CONSPICIATUR; ALTERO SCRIPTURÆ SACRÆ, EX QUO LECTORI COMPERIRE SIT OBVIUM QUINAM PATRES ET IN QUIBUS OPERUM SUORUM LOCIS SINGULOS SINGULORUM LIBRORUM SCRIPTURÆ TEXTUS COMMENTATI SINT.
EDITIO ACCURATISSIMA, CÆTERISQUE OMNIBUS FACILE ANTEPONENDA, SI PERPENDANTUR : CHARACTERUM NITIDITAS CHARTÆ QUALITAS, INTEGRITAS TEXTUS, PERFECTIO CORRECTIONIS, OPERUM RECUSORUM TUM VARIETAS TUM NUMERUS, FORMA VOLUMINUM PERQUAM COMMODA SIBIQUE IN TOTO OPERIS DECURSU CONSTANTER SIMILIS, PRETII EXIGUITAS, PRÆSERTIMQUE ISTA COLLECTIO, UNA, METHODICA ET CHRONOLOGICA, SEXCENTORUM FRAGMENTORUM OPUSCULORUMQUE HACTENUS HIC ILLIC SPARSORUM, PRIMUM AUTEM IN NOSTRA BIBLIOTHECA, EX OPERIBUS AD OMNES ÆTATES, LOCOS, LINGUAS FORMASQUE PERTINENTIBUS, COADUNATORUM.

SERIES SECUNDA,
IN QUA PRODEUNT PATRES, DOCTORES SCRIPTORESQUE ECCLESIÆ LATINÆ
A GREGORIO MAGNO AD INNOCENTIUM III.

Accurante J.-P. Migne,

BIBLIOTHECÆ CLERI UNIVERSÆ,
SIVE
CURSUUM COMPLETORUM IN SINGULOS SCIENTIÆ ECCLESIASTICÆ RAMOS EDITORE.

PATROLOGIA BINA EDITIONE TYPIS MANDATA EST, ALIA NEMPE LATINA, ALIA GRÆCO-LATINA. — VENEUNT MILLE FRANCIS DUCENTA VOLUMINA EDITIONIS LATINÆ; OCTINGENTIS ET MILLE TRECENTA GRÆCO-LATINÆ. — MERE LATINA UNIVERSOS AUCTORES TUM OCCIDENTALES, TUM ORIENTALES EQUIDEM AMPLECTITUR; HI AUTEM, IN EA, SOLA VERSIONE LATINA DONANTUR.

PATROLOGIÆ TOMUS CVII.
B. RABANI MAURI
TOMUS PRIMUS.

EXCUDEBATUR ET VENIT APUD J.-P. MIGNE EDITOREM,
IN VIA DICTA *D'AMBOISE*, PROPE PORTAM LUTETIÆ PARISIORUM VULGO *D'ENFER* NOMINATAM
SEU PETIT-MONTROUGE.

1851

AD OPERA
B. RABANI MAURI
PROLEGOMENA.

B. RABANI MAURI ELOGIUM HISTORICUM
AUCTORE MABILLONIO.

CAPUT PRIMUM.
Rabani nomina, patria, parentes, nativitatis tempus.

1. RABANUS, patrio nomine sic dictus, aliud nomen MAURUS accepit ab Alcuino præceptore suo, uti ipse in præfatione commentariis Regum præfixa testis est, ubi ait se in iis locis quæ per se exponit, ad marginem « prænotasse M litteram, Mauri nomen exprimentem : quod magister, inquit, meus beatæ memoriæ Albinus mihi indidit. » Nimirum isto ævo mos invaluerat apud litteratos viros in his partibus degentes, ut præter gentilitium nomen, quod plerumque sono duriusculum erat, aliud a Latinis aut Græcis, rarius ab Hebræis asciscerent, politioris sermonis lenitatem affectantes. Hinc sancto Frichorio *Hadrianus*; Biscopo cognomen, id est alterum nomen *Benedictus*; Willibrordo *Clemens*; Winfrido *Bonifacius*; Arnoni Saltzburgensi episcopo *Aquila*; Alcuino *Albinus Flaccus*; Carolo Magno *David*; Angilberto *Homerus*; Riculfo *Damœta*; Adalhardo *Antonius*; Walæ *Arsenius*, et *Hieremias*; Ratberto *Paschasius*; Warino Corbeiæ Novæ abbati *Placidius*; aliis alia vocabula supposita sunt. Hariulfi chronographi Centulensis de sancto Frichorio agentis notanda sunt verba in lib. I, cap. 6 : « Alterius nomen, eo quod rictu linguæ barbaræ ineptum visum est, a prioribus mutatum vocatur, et scribitur *Hadrianus*. » Adeo vero lenitatem hanc sectabantur illius temporis homines, ut ejusmodi popularia nomina, quasi barbara, pronuntiare fere non auderent, nisi petita venia lectorum. Huc spectat Servatus Lupus in præfatione ad librum de Vita sancti Wigberti abbatis : « Id autem a periti benevolentia lectoris obtinuerim, ut sicubi Latini sermonis lenitas hominum locorumve Germanicæ linguæ vernaculis asperatur, modice ferat, ac meminerit non carmen me scribere, ubi poetica licentia nonnunquam nomina mutilantur, atque ad sonoritatem Romani diriguntur eloquii, vel penitus immutantur, sed historiam quæ se obscurari colorum obliquitatibus renuit. » Hæc igitur causa est ob quam Alcuinus Rabano cognomentum seu alterum nomen imposuit Mauro, quo nomine eum salutare solet in epistolis et poematiis ad illum scriptis. Qui sic duplici nomine affecti erant, alterutrum duntaxat seorsim usurpabant, raro utrumque simul; idque aliis etiam observare mos erat; tametsi in epistola Humberti Wirtzburgensis episcopi ad Rabanum, Commentariis in Judicum et Ruth libros præmissam lego hanc inscriptionem : *Illustri viro meritoque insigni ac præstantissimo Patri HRabano Mauro Humbertus*, quæ nominum conjunctio itidem in Lotharii imperatoris epistola expositioni Ezechielis præposita invenitur. Denique *agnomen* suum *HRabanus* vocat in præfatione ad Matthæi Evangelium. Joannes Trithemius Rabanum passim cognominat *Magnentium* a Magnentiana familia, ex qua eum processisse credidit. Ex vetustis scriptoribus nullus (quem sciam) hoc cognomen Rabano tribuit ante Ademarum Ecolismensem monachum in Chronico ab annis sexcentis exarato, et Sigebertum ei supparem in lib. de Scriptoribus ecclesiasticis, cap. 89, ubi Rabanus, alio nomine *Maurus sive Magnentius* appellatur. HRabanus, qui aliis Rabanus et Rhabanus ita nomen suum pingere amat cum aspirata prævia, ut HLudovicus, HLotharius, pro more illius ætatis.

2. Rabano patriam alii, aliam pro studio quisque suo adfingunt, hi Angliam, Scotiam isti. Non vacat refellere istas nugas. Francum eum fuisse, id est in Francia orientali ortum, constat, non quidem Fuldæ, sed Magontiæ. Audi Rabanum ipsum in Alcuini persona libros de Cruce suos offerentem papæ, et sic de se loquentem :

Ipse quidem Francus genere est, atque incola silvæ Bochoniæ, etc.

Fuldæ quippe, quod oppidum in Bochonia situm est, monachus erat : non tamen eo loci natus, sed in urbe Magontia, ut ipse canit in epitaphio suo :

Urbe quidem hac genitus sum, ac sacro fonte renatus : In Fulda post hæc dogma sacrum didici.

Nec audiendi sunt qui interpunctionem post vocabulum *in Fulda* locant. Rabanus enim sepulturam suam designaverat Magontiæ in monasterio Sancti Albani, ac proinde verba illa, *Urbe quidem hac geni-*

tus sum, de Magontia explicare oportet, et quidem sic explicavit vetus quidam Anonymus, cujus sententiam referemus infra num. 39.

3. Rabano parentes, « Ruthardum Magnentiana familia satum, virum divitem et potentem, qui multo tempore sub Francorum principibus strenue militaverit; et Aldegundem honestissimæ conversationis mulierem, » tribuit Joannes Trithemius. Sed qui lapsus est in loco nativitatis ejus designando, vereor ut ei tute credatur de nominibus et dignitate parentum, quorum nulla mentio apud antiquos. Verumtamen certum est Rabanum illustri genere ortum fuisse, ut qui fratrem habuit Tutinum, virum cum primis nobilem, testante Rabano in ejus epitaphio; et nepotem Gundramnum Levitam, cellæ Sancti Soli præpositum, et Ludovici Germaniæ regis capellanum. Tutini epitaphium ejusmodi est :

Hic jacet insignis vir nomine Tutin humatus,
Complens communem sorte vocante diem.
Alta clarorum qui natus stirpe parentum,
More omni proceres æquiparavit avos.
Ingenio, probitate, fide, verbique decore,
Inter regales vixit honore viros.
Quem juvenem mediis cecidisse viriliter armis,
Effecit domini gratia magna sui.
Frater pontificis fuit ille celerrimus armis
Qui huc germani detulit ossa sui.
Flecte genu palmasque leva, bone lector, et orans
Dic, precor, ambobus propitiare Deus.

Nam ut id de Rabano pontifice, non de alio interpreter, facit, quod pontificem non nominat, et quod pro *ambobus* germanis postulat preces. Quod si cui non satis exploratum videatur, saltem concedat necesse est Gundramnum, virum palatinum, Rabani fuisse nepotem. Hujus rei certum habemus auctorem, non solum Ermanricum ejus æqualem in libro de gestis sancti Soli, sed etiam Gundramnum ipsum, qui ut Ermanricum ad scribendam Soli Vitam adduceret, *domini abbatis, patrui*, inquit, *mei, licentiam* defert. Quis iste abbas fuerit, declarat Ermanricus in dictæ Vitæ cap. 6, nimirum Fuldensis monasterii : « ubi Deo providente modo sanctissimus ac in omni arte peritissimus dominus abba Rabanus perspicaciter fulget. Gundramnum diaconum charissimum suum cellulæ Sancti Soli ædituum ac regis capellanum » Ermanricus ita loquentem inducit cap. 10 : « Ego namque, frater charissime, imperante domino meo rege, ex obedientia patrui ac domini mei charissimi et fratrum ejus qui cum eo cœnobialiter vivunt, hic sum, ut cernis, in arctissimum et sterilem locum deputatus minister. » Id de nullo alio intelligi potest quam de Rabano abbate Fuldensis monasterii, a quo pendebat cella Sancti Soli. Pergit dicere Gundramnus : « Ad hæc et hoc mentem sæpiuscule movet, quid in me boni dominus rex potuisset nancisci, quod servitium meum dignatus est appetere, vel cur voluisset me a quietissima cœnobii vita, quamvis hactenus non ligatum, in ea educere, et in hæc asperrima montium juga statuere. » Nimirum prope cellam Sancti Soli villa seu domus regia erat, ut patet ex consequentibus Gundramni verbis, cui villæ præfectus erat

Gundramnus, qui et ingemiscit se vi de monasterio fuisse ablatum, « et in palatinorum numero nuncupatum. » Alius porro mihi videtur Gundramnus iste a Gundramno, cujus, uti et Otdrudis ejus uxoris, epitaphium texuit Rabanus, cum primus Levita fuerit, alter conjugatus. Hæc de Rabani parentibus, quos claros fuisse ex jam dictis manifestum est.

4. Natalitium ejus diem et annum asseverantius definit Trithemius « quarto nonas Februarii, anno septingentesimo octogesimo octavo. » Diem nescio unde acceperit, annum propter prope attigit. Rabanus ad diaconatus gradum promotus est anno Christi octingentesimo primo, ut inferius ostendam. Si Ecclesiæ veteres leges ac regulas hac in re servavit, tunc natus erat annos minimum viginti quinque. Hanc enim ætatem exigunt prisci canones, nisi dispensatio accessisset. Ergo in lucem editus est Rabanus anno fere 776. Certe libros duos de laudibus sanctæ crucis scribere aggressus est ante annum 810, ubi *sex lustra*, id est triginta annos, implevit.

CAPUT II.
Monastica professio et diaconatus, studia sub Alcuino, condiscipuli.

5. « Fuldæ monachus a puero fuit, » teste Anonymo inferius adducendo, id quod etiam satis indicat in suo ipsius epitaphio, ubi consequenter post acceptum baptismum se Fuldæ *dogma sacrum*, id est vitæ Christianæ et monasticæ leges didicisse affirmat. In pervetustis Annalibus Fuldensibus, qui in anno 4 imperii Ludovici Pii desinunt, apud Lambecium in tomo II Cæsareæ Bibliothecæ, *Raban diaconus factus* memoratur anno 33 regni Caroli Magni, id est anno Christi 801.

6. Adolescentem jam, et litteris utcunque imbutum Ratgarius Fuldensis abbas ab anno 811 in annos sexdecim, « Rabanum una cum Hattone Turonis direxit ad Albinum magistrum gratia liberales discendi artes, » ut ex pervetusto codice Fuldensi refert Browerus in notis ad Rabani poema 13. Ratgario id acceptum referre videtur ipse Rabanus in dicto poemate, in quo aliqui versus hoc loco veniunt observandi.

Jam mihi concessit bonitas tua discere libros :
Sed me paupertas sufficat ingenii.
Me quia quæcunque docuerunt ore magistri,
Ne vaga mens perdat, cuncta dedi foliis.

Hinc Albinum seu Alcuinum præceptorem suum in carmine libris de sancta Cruce præfixo inducit, pro se ita sancto Martino supplicantem :

Sancte Dei præsul, meritis in sæcula vivens,
Causam quam ferimus, suscipe mente pia.
Nempe ego cum fueram custos humilisque minister
Istius ecclesiæ, dogmata sacra legens :
Hunc puerum docui divini famine verbi
Ethicæ monitis et sophiæ studiis.
Ipse quidem Francus genere est, atque incola silvæ
Boconiæ, hic missus discere verba Dei.
Abbas namque suus, Fuldensis rector ovilis,
Illum huc direxit ad tua tecta, Pater :
Quo mecum legeret metri scholasticus artem,
Scripturam et sacram rite pararet ovans.

His versibus deceptus est Trithemius et alii, ut dicerent, Rabanum Alcuino præceptore litteris ope ram dedisse Romæ; rati hoc carmen, quod sancto Martino Turonensi antistiti dirigitur, intelligendum esse de pontifice Romano, deque Romana Ecclesia, in qua litteras professus sit Alcuinus.

7. Studiorum socios in Turonensi academia Rabanus habuit Hattonem ex dictis, ejus postea in abbatiali dignitate successorem; et Hemmonem seu Haimonem, dein episcopum Halberstatensem; id enim colligitur ex præfatione operis de Universo Hemmoni dicati in hæc verba: « Memor sum boni studii tui, sancte Pater, quod habuisti in puerili atque juvenili ætate in litterarum exercitio et sacrarum litterarum meditatione, quando mecum legebas non solum divinos libros et sanctorum Patrum super eos expositiones, sed etiam hujus mundi sapientium de rerum naturis solertes inquisitiones, quas in liberalium artium descriptione et cæterarum rerum investigatione composuerunt. » Sodalem etiam habuit Samuelem, ut patebit ex num. 10. De aliis ejus sociis hariolari non lubet.

CAPUT III.

Fuldensis scholæ regimen, celebritas, alii præceptores, Rabani discipuli, et successor in docendo.

8. Turonis reversus, Fuldensibus præfectus est scholis Ratgario abbate, qui parum æquus in litteras ac litteratos fuit. Istam provinciam in se suscepit Rabanus, vivente etiam tunc Alcuino, qui in epistola 53, *benedicto sancti Benedicti puero Mauro*, id est Rabano, inscripta, eum *valere feliciter cum pueris suis* jubet. Itaque si Rabanus a Ratgario abbate, quem anno 802 Fuldæ regimen iniisse constat, ad Alcuini scholam missus est; si etiam Alcuinus anno 804, mense Maio, vivere desiit, Rabanus exiguo tempore Turonis Alcuinum præceptorem auscultavit.

9. Rabano litteras profitente, magna fuit celebritas Fuldensis academiæ, quæ omnium disciplinarum libris tum abundavit, et præclaros orbi Christiano doctores peperit. Quam ampla fuerit bibliothecæ Fuldensis supellex, docet nos Rabanus in carmine 16, ad Gerhohum presbyterum, cui commissa erat, quem idcirco *clavipotentem fratrem* appellat:

> Dicere quid possum de magna laude librorum,
> Quos sub clave tenes, frater amate, tua?
> Quidquid ab arce Deus cœli direxit in orbem
> Scripturæ sanctæ per pia verba viris;
> Illic invenies, quidquid sapientia mundi
> Protulit in mundum temporibus variis.

10. Non solus tamen in istis scholis docebat Rabanus, tametsi præcipuus magister erat. Adjutorem sodalemque habuit Samuelem, postea Wormatiensem episcopum, quem etiam sub Alcuino præceptore condiscipulum habuerat. Utrumque constat ex carmine 21:

> Quondam namque meum gaudebam te esse sodalem
> Inter lectores, frater amate, mihi.
> Nunc quoque te gratulor retinere jura magistri
> Crescere virtute, patris habere locum.

Quibus versibus significat Samuelem secum aliquando gessisse magistri seu lectoris officium, quod episcopus creatus retinebat. Addit post duos versus, eidem etiam communem præceptorem fuisse Albinum.

> Quod quondam docuit Albinus rite magister,
> Hoc pectus teneat, hoc opus omne probet.

Cum Fuldensibus scholis præesset Rabanus, Gildas Hibernus ipsius rogatu librum de Computo capitulis 99 edidit, eidemque nuncupavit. Nuncupatoriam epistolam ex Cottoniana bibliotheca vulgavit inter Hibernicas Usserius. Ea in epistola operis argumentum Gildas explicat, gratias agens Deo, « qui tibi, inquit, ejus amorem inspiravit, teque reddit suo fulgore decoratum, et proximis tuis profectuosum. »

11. Discipulos habuit permultos, in his Walafridum Strabum, Servatum Lupum, Rudolfum, sequentis Vitæ scriptorem, et Otfridum, de quibus pauca hic adnotanda. Walafridus Strabus, qui postea fuit Augiæ abbas, se ipse inter Rabani discipulos adnumerat in carmine scripto *ad HRabanum magistrum suum*. Lupus in epistola 1 scribit se ab Aldrico metropolitano suo directum fuisse « ad venerabilem HRabanum, uti ab eo ingressum caperet divinarum Scripturarum. » Eidem *reverentissimo Patri eximioque præceptori* suo inscribit epistolam 40, qui vicissim Lupo post ejus ab se discessum dedicavit Collectarium in Epistolas Pauli. Rudolfus Rabanum itidem *præceptorem ac magistrum suum* vocat in sequent. Vita. Otfridus vero presbyter et monachus Wissenburgensis apud Spiram Nemetum, in epistola Liudberto Maguntino archiepiscopo scripta pro translatione ab se facta evangeliorum in linguam Theotiscam, « Hunc igitur librum, inquit, vestræ sagaci prudentiæ probandum curavi transmittere: et quia a Rabano venerandæ memoriæ, digno vestræ sedis quondam præsule, educata mea parvitas est, præsulatus vestri dignitati sapientiæque commendare curavi. »

12. Abbas factus vir sanctus curam docendi liberales artes aliis commisit, reservato sibi officio interpretandi Scripturas sacras; nam ad eum jam abbatem missus est Lupus, uti ab eo præludia istius disciplinæ disceret ex dictis. Eo abbate humaniores litteras scholaribus tradidit Candidus monachus, cujus hæc verba sunt initio libelli quem de Vita Eigilis abbatis composuit: « De cætero quoque notum facio tuæ charitati quod anno præterito domnus abbas HRabanus, cum illi querebar quia non haberem quemquam mecum consociorum cum quo in divina lectione disputando et legendo proficere potuissem, tale mihi responsum referebat: *Exerce*, inquit, *temetipsum legendo, et aliquid utilitatis adde dictando. Nam dum ego ibidem, ubi nunc ipse moraris, commanerem, librum prosa et versibus in laudem sanctæ crucis divina gratia inspirante incæpi.* » Atqui istud opus aggressus est Rabanus, dum humaniores disciplinas doceret in schola monasterii, in qua proinde Candidus tum, cum Eigilis Vitam scribebat, præceptoris obtinebat officium.

CAPUT IV.

Sacerdotium, vexatio, iter Jerosolymitanum.

13. Ordinis sacerdotalis gradum suscepit ab Haistulfo archiepiscopo Moguntino, quod ipse testatur

in epistola ad eumdem Haistulfum initio librorum de Institutione clericorum, in hæc verba : « Tuo enim magisterio super me libens subdam, a quo recordor me accepisse dignitatem ecclesiasticam, » id est sacerdotalem ordinationem. Scribebat hanc epistolam Rabanus anno 819, signato in versibus Haistulfo inscriptis in limine istorum librorum, quo anno facta est Fuldensis basilicæ dedicatio, cui Rabanus interfuit jam presbyter, teste Candido in Vita sancti Eigilis. Atqui Haistulfus sedem Mogontiacensem anno 815 iniisse dicitur apud Serarium, ac proinde eodem fere anno ordinatus ab eo est Rabanus. Certe verbum *recordor*, quo usus est in præcitata epistola, anno 819 (ut dixi) Haistulfo directa, satis innuit jam aliquantum effluxisse temporis a sua ordinatione. Postea quam hæc observaveram, incidit in manus meas tomus secundus] Bibliothecæ Lambecianæ, in quo veterrimi habentur Fuldenses Annales jam laudati, ubi de Rabani sacerdotio hæc lego : *Anno 1 Ludovici Pii HRaban ordinatur ad presbyterum x Kal. Januarii ab Heistolfo archiepiscopo Mogontiacensi*. Ergo anno 814 desinente, quo proinde anno Heistulfus ecclesiæ Mogontiacensi jam præsidebat.

14. Inter ea motus et simultates excitantur in monasterio Fuldensi : dira pestis, qua non semel afflicta est illa congregatio, primum quidem Sturmio abbate, tum etiam (ut conjicio) regente Baugulfo, qui ob id regimine cessisse videtur : dein sub Ratgario, qui jussu Ludovici Augusti abjectus est ; ac demum itidem sub Rabano, quem monachorum suorum factio abbatiæ nuntium remittere coegit. Sturmius, jubente Pippino, in exsilium missus est « ad magnum cœnobium, quod dicitur Unnedica, ut in ipsius Vita legitur. Browerus, primus Vitæ editor, suspectam habuit vocem *Unnedica*, ubi V. C. Hadrianus Valesius legendum putat *Gemedico*, *Jumiége*, quod *Gemedicum*, *Gemeticum*, et *Gimeticum* vocant, situm in pago Rothomagensi ad Sequanam. Certe proclivis est mutatio litteræ *G* in *V* apud Teutones et Francos : adeo ut pro *Gimedico* scriptum sit in Sturmii Actis *Vimedico*, cujus loco Browerus legerit *Unnedico*. Itaque Sturmii exsilii locum esse Gemeticum indubitanter existimem. Et quidem iniqua fuit in Sturmium et Rabanum commotio monachorum ; in Ratgarium vero justa, moderata et necessaria. Ratgarius quippe ubi primum iniit pastoralem curam, mox totum fere monasterii disciplinæ Fuldensis statum pervertit , aliorum monasteriorum, nedum sui, mores reprehendens, « quasi regulariter non viverent. » Monachos suos rebus necessariis spoliatos ad laborem manuum assiduum adigebat, abrogatis solitis precibus, frequenti missarum celebratione, et festis diebus non paucis. Hinc querelæ apud Carolum Magnum depositæ a monachis, quorum supplicem hac de re libellum retuli post Vitam sancti Eigilis abbatis Fuldensis [a]. Caroli jussu repressa Ratgarii severitas, eo mortuo rursus fervere, ad laborem plus quam

[a] Vide Patrologiæ tom. CV.

servilem suos adigere, eisque libros et studiorum usus interdicere. Hi precibus primum apud ipsum rem agunt, ad genua procumbentes supplicant ut mitius cum eis agatur. Rabanus ipse , cui librorum parva supellex adempta fuerat, durum et ferocem abbatis animum delinire tentat his versibus.

Te, Pater alme, virum, monachorum atque optime pastor,
  Invoco propitium ipse tuus famulus :
Ut tua nunc pietas miserum me exaudiat alma ,
  Ad te clamantem, rector ubique pius.
Jam mihi concessit bonitas tua discere libros :
  Sed me paupertas suffocat ingenii.
Me quia quæcunque docuerunt ore magistri ,
  Ne vaga mens perdat, cuncta dedi foliis.
Hinc quoque nunc constant glossæ, parvique libelli ,
  Quos precor indigno reddere præcipias.
Servi quidquid habent, dominorum jure tenetur.
  Sic ego quæ scripsi, omnia jure tenes.
Nec mihi ceu propria petulaus hæc vindico scripta :
  Defero sed vestro omnia judicio.
Seu mihi hæc tribuas, seu non ; tamen Omnipotentis
  Divinitas semper det tibi cuncta bona :
Certamenque bonum cursu consummet honesto ,
  Cum Christo ut maneas semper in arce poli.

Movisset ferreum pectus tam justa tamque modesta oratio : at saxo cantum est. Hinc malum ingens, secessio et exsilia monachorum, et solitudo in solitudine ipsa. Lugubrem hunc Fuldæ statum patheticos describit Rabanus in carmine 50, ad quemdam Fuldensem monachum exsultantem ; quod non ab re erit huc referre, ut pastores demum intelligant, quantum malum pariat immoderata severitas.

Currens charta procul nuntia porta
Dilecto gravia munera Fratri ,
Quæ infausta tulerat temporis hora.
  Quem dudum eripuit sorte nefanda
Sons, fraus atque dolor, et labor ingens
Longas compulerat quærere terras.
  Pars ablata fuit, parsque remansit :
Cum divisus homo (proh dolor !) unus
Est voto atque anima corpore bino.
  Postquam tu unanimis, frater, abisti,
Ast mox per varios torsus ubique
Sum casus, odiis læsus et atris.
  Sed nunc... doleo pectore tristi
Multum posse malum, heu ! generale ,
Quam soli mihimet condere damnum.
  Ex eo seditio noxia dudum
Inter nos orta est, nemo valebat
Lenire hanc precibus, nec dare finem.
  Crescens sed nimium tempore multo ,
Aucta est perque dies sorte maligna ,
Vastavit populum Patris ob iram.
  Durescit qui animo et cedere nescit ,
Trux deturbat oves, cæde cruentat :
Nullius miseret, sævit in omnes.
  His commota malis turba reliquit
Antiquum stabulum : fit peregrina.
Læsis una salus pergere longa [*L.* longe] est.
  Venit summa dies, tempus amarum ,
Quando extrema pati turba coacta est ,
Et convicta malis linquere sedes.
  Cuncti conveniunt undique fratres ,
Queis mens una fuit, parque voluntas ,
Imnitem ut precibus flectere certent.
  Duratus qui animo spreverat *[pro* sprevit*]* omnes ,
Irritans populum [monachos] pellit ab æde ,
Desperare dedit Patris amorem.
  Diverso inter ea mœnia luctu
Miscentur : resonant cymbala cumque ,
Et signum ecclesiæ convocat omnes.
  Accurrunt tumulo martyris almi ,
Flet mista senibus plebs juniorum ,
Ex imo gemitus pectore ducunt ,
Expanduntque manus cum prece fusa.

Sic desinit mutilus codex, ex quo satis hujus tragœdiæ finem discimus. Delata res est ad Ludovicum Augustum, qui monachis Fuldensibus facultatem dedit eligendi alium abbatem. Mox, abjecto Ratgario, electus est anno 817 Eigil abbas, ut in ejus Vita dictum est. Eo abbate rediit optata serenitas, collecti denuo in unum monachi regularem disciplinam et studiorum usum revocarunt Rabano maxime præceptore.

15. Per eam Ratgarii tempestatem accidisse arbitror ut Rabanus loco cedere compulsus abierit in loca sancta: cujus peregrinationis hactenus ignoratæ meminit ipse in mss. commentariis libri Josue, cap. 11, versu 8, ubi de Sidone agit. « Ego quidem, inquit, cum in locis Sidonis aliquoties demoratus sim, nunquam comperi duas esse Sidonas, unam magnam et aliam parvam, quantum ad terrenum pertinet locum. » Neque enim iter istud revocari potest ad tempus intermissi regiminis abbatialis; siquidem hos commentarios nuncupavit Fridurico Trajecti ad Rhenum episcopo, qui anno 834 cæsus est, ante annos octo quam Rabanus regimen abdicaret.

CAPUT V.

Abbatis munus, res gestæ, regiminis abdicatio.

16. Eigili abbati ita, ut dixi, instituto, ac post quinquennium mortuo, successit Rabanus anno 822, mense Augusto vel Septembri, ut colligo ex duabus chartis a Pistorio editis, quarum una Eigile abbate data est vi *Nonas Augusti*, pag. 528, alia HRabano, mense Octobri, x *Kalendas Novembris*, pag. 535; utraque *Ludovici imperatoris anno nono*.

17. Præclaras res a tanto abbate gestas explicare omnes difficile est. Ab eo siquidem sarta tecta viguit monastica disciplina, aucta præter modum cœnobii existimatio et fama, uti et monachorum religio; plurimum temporalis commodi adjectum; litterarum studia mirifice exculta; regum et imperatorum, quibus gratissimus et acceptissimus semper fuit, conciliata benevolentia; et (quod prius dixisse debueram) basilicis, sacris aris, ac sanctorum reliquiis cultus amplificatus. Audiendus hoc loco Trithemius: « Sub ejus regimine monasterium Fuldense rebus atque personis crevit quotidie, et fama sanctitatis monachorum ejus per totum se regnum Francorum diffudit, præcipue tamen abbatis HRabani opinio doctrinæ et sanctimoniæ in ore fuit omnium celebris et gloriosa, non solum apud Germaniæ Francos, sed apud Gallicanos quoque et Italos: cujus viri fama reges et principes, episcopos et doctores quoslibet, etiam longius distantes, in ejus venerationem permovit. Ex omni regno Francorum, quod tunc erat unum, Germanis et Gallis, ad audiendum illum certatim confluebant viri multarum facultatum periti; et se fore beatos existimabant, qui ad ejus fuissent familiaritatem admissi. Multi quoque principes, nobiles et cives HRabani magisterio filios suos commiserunt imbuendos, variis atque magnificis præceptorem donis et muneribus honorantes: quos ille tanta sedulitate docuit, qua major excogitari vix potuisset. »

18. Quid in sanctorum reliquias et loca sacra præstitum ab eo sit, abunde nos docet Rudolfus (*Infra in Vita Rabani*), nisi quod omittit jacta per eum fuisse fundamenta Hersfeldensis ecclesiæ, teste Lamberto hujus loci monacho, cujus hæc verba. « Anno 831 Brun et Raban abbates fundamentum ecclesiæ Sancti Wigberti foderunt vi Idus Julii, feria secunda, » quam Rabanus post Bruni mortem absolvit, et anno 850 dedicavit: cujus rei memoriam versibus testatam reliquit.

19. Fuerunt eo tempore, Meginfrido apud Trithemium testante, in cœnobio Fuldensi *monachi centum quinquaginta*, quos ille non minus virtutibus quam litterarum studiis informabat. Famam ejus doctrinæ probat factum Lupi, qui jam vir, magnis rebus occupatus, excultusque litteris, Rabani tamen disciplinæ erudiendum se submisit paulo ante concessam sibi Ferrariensis monasterii administrationem, ut patet ex ipsius epistola 5. Idem jam abbas præceptori gratias agit epistola 40. Quid rei egerit in Fuldensi academia sub Rabano, declarat ipse in epistola sequenti ad Immonem episcopum Noviomagensem: « Cur autem vobis significari petieritis quos libros in Germania scripserim vel legerim, demiratus sum, nec satis causam comprehendere potui, nisi forte mei experimentum argute capere voluistis propositis duabus rebus: quarum altera, si cessissem, videri poterat ostentationis; altera imprudentiæ puerilis. Itaque simpliciter vobis aperio principem operam me illic destinasse lectioni; et ad oblivionis remedium et eruditionis augmentum libros pauculos paravisse: nec Germanicæ linguæ captum amore, ut ineptissime quidam jactaverunt, sarcinam subiisse tanti tamque diuturni laboris. »

20. Inter ea, Ludovici Augusti filiis in patrem conspirantibus, tam prudenter et religiose se gessit Rabanus, ut et patris et filiorum benevolentiam sibi retinuerit, fueritque apud eos sequester concordiæ et pacis, edito libro *de Reverentia filiorum erga patres, et subditorum erga reges*, in cujus fine Ludovicum imperatorem ad indulgendum filio et aliis hortatur.

21. Quid rei familiaris cœnobio Fuldensi per eum accesserit, testes sunt litteræ donationum a Pistorio et Browero editæ. Observatione digna est Eginhardi epistola 16, *reverentissimo Christi famulo HRabano venerabili abbati* inscripta, qua Gundhartum quemdam ejus hominem a militari illius anni expeditione excusatum haberi rogat. Fuldense quippe cœnobium erat ex illorum numero qui regi dona et militiam (sic aiunt) debebant. Ad hæc egregium a Gregorio papa quarto diploma obtinuisse dicitur, quo pontifex sex privilegia Fuldensibus concedit. 1. Confirmat monasterii patrimonium. 2. Assignat Rabano ejusque successoribus domicilium Romæ, puta monasterium Sancti Andreæ, dictum Exavilum, juxta ecclesiam Sanctæ Mariæ ad Præsepe. 3. Vetat cujusvis ordinis antistitibus ne sacrificent in Fuldensis basilicæ ara primaria. 4. Concedit prædicandi facultatem, proedriam et primatum sedendi in publicis

consessibus, ante omnes Galliæ et Germaniæ abbates. 5. Usum dalmaticæ, caligarum et sandaliorum. 6. Ut Fuldensis antistes nonnisi ab apostolica sede benedicatur aut confirmetur. Idibus Maii per manus Benedicti notarii et scriniarii, indict. 14, id est anno 836; quod diploma Gretserus ex Viennensi bibliotheca publicavit, teste Browero in relectionibus *ad Antiquitates Fuldenses :* quod diploma, inquit, si genuinum est, magna Rabano ornamenta conciliat.

22. His addit Trithemius, Rabanum in pauperes, non sine suorum obloquio, liberalem fuisse; et in refrigerium defunctorum eleemosynas dare solitum : quas cum Adelhardus monachus, homo Francus, nimis quam avarus domesticæ rei dispensator, aliquando fraudasset, egregie castigatum cœlitus fuisse anno 837. Id cum legi, venit in mentem illius *Adalhardi inclusi,* cujus epitaphium exstat in poematiis Rabani. Quod vero subdit Trithemius, eum data lege removisse feminas ab ingressu Fuldensis ecclesiæ, id ab initio cautum eo in loco, *ex quo a monachis habitari cœptus est,* auctor est Rudolfus in libro de Vita sanctæ Liobæ abbatissæ. Quiddam nihilominus notandum est in his Trithemii verbis : « Fecit et aliam valde necessariam constitutionem beatus abbas Rabanus, quæ (ut fertur) usque in præsentem diem in monasterio servatur. Sciens enim quam sit monachis frequens conspectus mulierum periculosus, illis maxime qui juniores ætate in timore Domini adhuc minus exercitatos habent sensus, de consilio duodecim seniorum cunctis perpetuo mulieribus ad monasterium interdixit accessum. Quæ sancta constitutio ut robur obtineret perpetuum, transitum femineo sexui per aquilonarem urbis portam, extra quam situm est monasterium, perpetua sanctione prohibuit et negavit. » Quod forsan de priscæ consuetudinis confirmatione intelligendum est. Cæterum quod ait Trithemius, istum morem ad suum usque tempus servatum fuisse, excipias festum sancti Bonifacii et quosdam alios festos dies, in quibus feminis patebat ingressus ecclesiæ de concessu pontificis Romani : tametsi observatum a majoribus est, prima vice qua patuit, ecclesiam postridie de cœlo tactam conflagrasse.

23. Quod superest, Rabanus abbas anno 838 Hirsaugiam misit coloniam monachorum, qui cœnobium ab Erlafrido comite instructum incolerent, præposito eis discipulo suo Liutberto abbate, uti Trithemius in Historia Hirsaugiensi fusius docet.

24. « Anno 842, inquit Lambertus Scafnaburgensis, Liutharius expulsus est a regno, et Raban abbas de monasterio, cum illud per annos viginti nobiliter rexisset, » ex Rudolfo. Id factum dissensione monachorum Trithemius ex Meginfrido tradit : « Anno nativitatis ejus quinquagesimo septimo, ut Meginfridus Fuldæ postea monachus est auctor, facta est inter eum et Monachos ejus, sollicitante diabolo, gravis quædam et nociva dissensio, cujus tamen causam non expressit. Quam Ludovicus Germanorum rex, frater Lotharii imperatoris ac regis Italiæ, filius Ludovici primi, missis ad Fuldam nuntiis HRabanum ad se vocavit abbatem, et monachorum temeritatem regali auctoritate compescuit, venientemque cum honore suscepit, et biennio ferme secum in curia regali detinuit. Interea monachi Fuldenses, pœnitentia ducti, oratores miserunt ad regem, humili supplicatione rogantes ut ablatum sibi redonaret abbatem : quod tamen facere propter causam rationabilem et abbas ipse renuit et rex admittere nullatenus consensit. Mansit ergo in aula regia beatus abbas HRabanus biennio, usque ad mortem Otgarii archiepiscopi Moguntini, monachis interim lamentantibus » Hic duplex erratum, et quod Rabanus biennio in aula mansisse post dimissam præfecturam, et quod exacto illo biennio sedi Moguntinæ admotus dicitur. Nam toto fere quinquennio privatus in cella remota deguit, ab anno scilicet 842 ad 47, quo successit Otgario. Rem melius distinguunt abbatum Fuldensium Acta vetera a Browero citata in libro IV Antiquitatum Fuldensium : « HRabanus postquam ecclesiam Fuldensem per viginti annos egregie rexisset, relicta quam habuit potestate ultra Rhenum fluvium, in regnum Lotharii se contulit. Post quem quidam de Fratribus Monasterii, si quo modo eum revocare possent, mittuntur. Illo vero renuente, Hattonem super se abbatem constituerunt. HRabanus autem post dies paucos ad monasterium veniens, cum concordia abbatis et fratrum ejus ad orientalem plagam monasterii montanus efficitur. » Id est reclusus in cella, quæ in monte Sancti Petri sita est, duodecim fere stadiis a monasterio : ubi « Deo serviens, inquit Rudolfus, cœlesti sapientiæ vacabat. » De hoc secessu explicanda est Lotharii Augusti epistola HRabano inscripta initio Commentarii in Ezechielem : « Placet, inquam, tua habitatio nobis, si creditur ab omni jactantia aliena. Plus enim interiorem hominem rustica montium solitudo, quam regalis urbium pulchritudo delectat, ubi nulla liventis invidia tranquillum pectus hilari mentitur intuitu, nec fucati sermonis adumbrata blanditiis artifici scelere mutua fabricatur astutia. » Data est hæc epistola eo tempore quo bellorum tumultus Lotharium et fratres ejus de regno disceptantes agitabat, ut initio epistolæ Lotharius significat. Tempus dimissi regiminis vir magnæ eruditionis Stephanus Baluzius recte statuit in notis ad Lupi epistolam 40, tum ex anno 822, quo initam a Rabano dignitatem abbatialem docent Annales Fuldenses, tum ex spatio viginti annorum regiminis, quos ipsi Rudolfus assignat usque ad depositionem curæ pastoralis. Repugnare tamen videtur vetus abbatum Fuldensium catalogus manu descriptus, citatus a Browero in notis ad Rabani poema 28; quo in catalogo « Hatto, Bonosus dictus, » Rabani successor, « suscepisse gubernaculum abbatiæ anno Domini 841 » perhibetur. Quod interpretandum puto de fine anni 841 secundum veterem calculum, at de initio anni 842 secundum novum. Rabanus

enim Eigili successit sub finem anni 822, id est mense Septembri, ex dictis; dignitate cessit, « cum monasterium rexisset per annos viginti, » teste Rudolfo, ac proinde ejus abdicatio contigit initio anni 842, quod nonnulli ad præcedentis anni finem referebant. Hunc calculum prævalide firmat Lupi epistola 41, ubi ait se sospitem reversum ex Germania, seu ex Fuldensi academia, perculsum fuisse nuntio mortis Aldrici Senonensis episcopi nutritoris sui, quem sub finem anni 840, nimirum vi Idus Octobris, obiisse in ejus Vita ostendi [a]. Atqui Rabanus tum, cum Lupus a[t] eo discessit, abbatis munus abdicaverat, ut intelligitur ex Lupi epistola 40 ad ipsum, in qua jam in Galliam reversus scribit se audivisse Rabanum deposuisse sarcinam administrationis, ac proinde id contigit solum initio anni 842, quo tempore Lotharius cum fratribus suis de regno armis disceptabat, ut dictum est supra. Huc accedunt quædam chartæ donationum apud Pistorium pag. 484 et 558, quarum una Rabano abbati facta dicitur *anno secundo Ludharii gloriosissimi regis Francorum, quarto Nonas Aprilis*, id est anno 842; alia Hattoni abbati *quarto Nonas Aprilis, anno tertio Ludovici regis orientalium Francorum*, id est anno insequenti. Quæ fuerit hujus abdicationis causa, sibi renuntiari optat Lupus in dicta epistola 40 his verbis: « Cæterum audivi sarcinam administrationis vestræ vos deposuisse, et rebus divinis solummodo nunc esse intentos; Hattoni vero nostro curam sudoris plenam reliquisse: cujus rei ordinem simulque alia, quæcunque videbuntur, beatitudinis vestræ litteris optabo cognoscere. « Verum quid Lupo rescriptum hac de re sit ignoramus.

25. Hujus vacationis tempore vir pius totum se contulit ad studia sacrarum litterarum: tumque opus suum *de Universo* dedicavit Hemmoni episcopo Halberstatensi, ad quem hæc verba facit in epistola nuncupatoria: « Postquam me divina providentia ab exteriorum negotiorum cura absolvit, teque in pastoralis curæ officium sublimavit, cogitabam quid tuæ sanctitati gratum et utile in scribendo conficere possem. » Præter ea « anno 844, » ut tradunt Annales Fuldenses, « HRabanus sophista, » id est sapiens, « et sui temporis poetarum nulli secundus, librum quem de laude sanctæ crucis Christi figurarum varietate distinctum difficili et mirando poemate composuit, per Aschricum et HRuodbertum monachos monasterii Fuldensis Sergio papæ sancto Petro offerendum transmisit. » De reliquis ejus operibus per id tempus editis postea dicemus. In his commentarios suos in Sapientiam et in Ecclesiasticum cum libro pœnitentiali nuncupavit Otgario Mogontiacensi antistiti, decessori suo: de quo explicanda est cleri Moguntini epistola reclamatoria apud Chesnium edita tomo II Historiæ Francorum, ubi Otgarii seu Otgeri reditum in sedem suam ab Ludovico imperatore flagitant Mogontiacenses « propter nimiam necessitatem, quæ quotidie in ipsa parochia grassabatur, absente diu et procul versante suo pastore. » Id autem propterea noto quod nullam ejus rei mentionem facit Serarius in Historia Moguntiaca. Is est Otgarius cui Rabanus pro ordinatione Werdrici diaconi scripsit, probante Eginhardi epistola 4.

CAPUT VI.
Archiepiscopalis dignitas, archiepiscopi gesta.

26. « Anno 847, » habent Annales Fuldenses, « Otgarius Mogontiacensis episcopus xi Kal. Maii obiit; in cujus locum HRabanus ordinatus est v Kal. Julii. » Huc scrupulum movet Petrus Franciscus Chiffletius, eruditus presbyter societatis Jesu, qui in Præfatione ad librum contra Judæos, sub Rabani nomine ab se vulgatum, censet Rabani ordinationem factam esse anno præcedente, nimirum tum propter diem Dominicam, in qua episcoporum ordinationes fieri debent ex antiquo more, eo anno in v Kal. Julii incidentem: tum propter spatium novem annorum regiminis cum uno mense et diebus quatuor, qui Rabano tribuuntur in prædictis Annalibus, ubi mors ejus refertur ad annum 856, pridie Nonas Februarii, nam a v Kal. Julii anni 847 ad hunc annum non reperiri integrum novennium. Quapropter existimat annum 847 in istis Annalibus computari secundum veterem calculum, qui annus sit præcedens secundum novum. Et quidem proba est utraque Chiffletii ratio, sed nodi utriusque solutio aliunde repetenda. Mensis enim Junius, in cujus die v Kal. Julii ordinatio Rabani facta dicitur, trahi non potest in diversos annos pro diverso calculo; sed tantum tres menses primi æræ nostræ vulgaris, neque præcedit vetus computandi ratio, sed Dionysiana et nostra nova. Sic Januarius, Februarius, et Martius ad Pascha usque pertinent ad finem anni 847 secundum vetus computum; ad initium vero anni insequentis secundum Dionysianum, quod annos inchoat a Christi nativitate; et secundum nostrum novum, quod a mense Januario. Scio alicubi variasse hunc usum, ita ut menses novem, ab annuntiatione seu a mense Martio ad Natale Domini, uno anno præverterint aliquando eum calculum, qui annos computabat a Nativitate, non ab Incarnatione; eumque morem, teste Covarruvia, obtinuisse apud Pisanos. At rarissimus fuit iste computandi modus. Proinde, ut dixi, hujuscemodi a Chiffletio propositi solutio repetenda est aliunde. Negari certe non potest quin episcoporum ordinationes pro veteri more fieri solitæ sint die Dominica, sed non semper; nam sancti Willibrordus et Bonifacius ordinati sunt Romæ, hic pridie Kal. Decembris anni 823, qui dies tum in feriam tertiam incidit; ille anno 696, die sanctæ Cæciliæ, qui in feriam quartam. Existimo tamen Rabani ordinationem contigisse die Dominica: sed quia, testantibus Annalibus Fuldensibus, Franco-Saxonicis, et Hermanno monacho facta est anno 847, fatendum est mendum irrepsisse in diem apud Annales Fuldenses, et pro v *Kal. Julii* reponendum esse vi *Kal. Julii*, uti legit Trithemius.

[a] Vide Patrologiæ tom. CV.

Quanquam Franco-Saxonici Annales mss. optimæ notæ, qui cætera hoc loco cum Fuldensibus conveniunt, Rabani ordinationem reponunt viii *Kal. Julii*, id est die natali sancti Joannis Baptistæ, qua die ob festi celebritatem, tametsi Dominica non erat, Rabani ordinatio facile fieri potuit. Aliud Chiffletii momentum inferius diluendum est, ubi Rabani annos pontificatus expendemus. Interim moneo librum seu epistolam contra Judæos, sub nomine Rabani vulgatam, ex qua præcipuum sententiæ suæ de anno ordinati Rabani fundamentum deprompsit Chiffletius, non esse huic pontifici tribuendam, sed Amoloni, ut postea demonstrabo. Nunc res a Rabano archiepiscopo gestæ paucis explicahdæ sunt.

27. Eodem ordinationis suæ anno, ex prædictis Annalibus, « jubente HLudowico rege apud Mogontiacum synodum habuit circa Kal. Octobris, » nimirum in monasterio Sancti Albani. Occasio hujus synodi eadem fuit quæ Meldensis concilii, ut Baronius observavit. Cum enim a laicis bona ecclesiarum, jura pariter et personæ invaderentur, deque his frequentes apud regem querelæ deponerentur; ipse, ut his malis mederetur, satis egit ut ejusmodi provinciale concilium colligeretur, « cui archiepiscopus Rabanus, vir doctrina valde insignis, præesse deberet quem sciret probitate atque scientia nulli secundum, » inquit Baronius. Quot vero episcopi interfuerint, quæve definierint, docet Rabani synodalis epistola ad Ludovicum regem missa cum capitulis ibidem constitutis, quæ exstant in collectione Conciliorum. In ea epistola consideranda sunt hæc verba : « Decrevimus ut singulis parochiis per episcopos et clericos, per abbates et monachos oratio pro vobis, et pro vestra conjuge, simulque prole nobilissima fieret, cujus orationis summa est, missarum tria millia et quingentæ, et psalteriorum mille septingenta, » et infra : « Tunc vero considentes in claustro sancti Albani martyris, secundum morem illum quo priscis temporibus sub Carolo imperatore Hildebaldus et Ricolfus cum cæteris episcopis et abbatibus illuc convenientibus fecerunt, cœpimus in Dei nomine, communi consensu et voluntate, tractare pariter de statu veræ religionis, atque utilitate et profectu Christianæ plebis. Convenit inter nos de nostro communi collegio clericorum et monachorum facere duas turmas, sicut et fecimus; ita ut in una turma considerent episcopi cum notariis... in alia vero turma sederunt abbates et probati monachi, Regulam sancti Benedicti legentes atque tractantes diligenter, qualiter monachorum vitam in meliorem statum atque augmentum per Dei gratiam perducere possent : et ubicunque per negligentiam atque desidiam rectorum regularis ordo dilapsus fuisset, rursum secundum normam sancti Benedicti restitueretur. » In illa etiam synodo ventilata est causa cujusdam « pseudoprophetissæ de Alamanniæ partibus, nomine Thiotæ, quæ Salomonis episcopi (Constantiensis) parochiam suis vaticiniis non minime turbaverat, asserendo certum con-

summationis sæculi diem, aliaque perplura divinitus sibi revelata. Hæc in præsentiam episcoporum apud Sanctum Albanum adducta, publicis cæsa flagellis, ministerium prædicationis quod irrationabiliter arripuit, cum dedecore amisit, » ut fusius legitur in jam dictis Annalibus, ex quibus etiam subjecta eruimus.

28. « Anno 848 » Ludovicus Germaniæ rex « homines HRabani episcopi adversus dominum suum conspirantes, publice convictos cum eo pacificavit apud Mogontiacum. Gotescalcus quoque quidam presbyter, » monachus cœnobii Orbacensis sub parochia et ditione archiepiscopi Rhemensis, sed diœcesis Suessionensis, « de prædestinatione Dei prave sentiens, et tam bonos ad vitam, quam malos ad mortem perpetuam inevitabiliter a Deo prædestinatos esse affirmans, in conventu episcoporum rationabiliter (ut plurimis visum est) convictus, et ad proprium episcopum Igumarum Rhemis transmissus est, prius tamen juramento confirmans ne in regnum HLudowici ultra rediret. » Meminit istius synodi Hincmarus cum variis in locis, tum maxime in capite 11 posterioris operis adversus Gothescalcum, ubi synodalem epistolam profert a Rabano ad se missam de Gothescalco, quæ exstat in tomo III Concilliorum Galliæ. Rabanus insuper tres hac de re scripsit epistolas ad Hincmarum Rhemensem, ad Notingum Veronensem episcopos, et ad Heberardum comitem in Italia, quas typis vulgavit Jacobus Sirmondus anno 1647. Duas superiores synodos in unam conflavit Trithemius in Chronico Hirsaugiensi, ubi de hac synodo agens multa peccat : tum quia eam synodum jussu Lotharii coactam fuisse dicit, cum Ludovico rege procurante id factum sit; tum quia Patres synodi recensens, memorat Altfridum Hildesheimensem episcopum, qui anno duntaxat 851 eam sedem iniit; Hetti archiepiscopum Trevirensem, Hildeboldum Coloniensem, Ludericum Bremensem episcopum, et Eginhardum abbatem Segensteltensem, qui antea e vivis abierant, et Radulphum abbatem S. Medardi Suessionensis, *postea Bituricensem archiepiscopum*, qui hanc dignitatem jam dudum ante, id est ab anno 840, obtinuerat. Lege Henschenii Commentarium, num. 51.

29. « Anno 850, » ex iisdem Annalibus Fuldensibus, « gravissima fames Germaniæ populos oppressit, maxime circa Rhenum habitantes : nam unus modius de frumento Mogontiaci vendebatur decem siclis argenti. Morabatur autem eo tempore HRabanus archiepiscopus in quadam villa parochiæ suæ, cui vocabulum est Winzella; et pauperes de diversis locis venientes suscipiens, quotidie plus quam trecentos alimento sustentabat, exceptis his qui in præsentia illius vescebantur assidue. » Jam superius ex Trithemio notatum est quantæ charitatis in pauperes fuerit abbas. De Winzella sermo recurret num. 38. Eodem anno 850, et quidem « v Kal. Novembris, ecclesia Sancti Wigberti » in cœnobio Fritislariensi « dedicata est a Rabano Mogontiacensi

ecclesiæ archiepiscopo, » ex Chronico Hildeneshei-mensi.

30. « Anno 852 habita est synodus ex voluntate atque præcepto HLudowici serenissimi principis in civitate Mogontia metropoli Germaniæ, præsidente HRabano venerabili ejusdem urbis archiepiscopo, cum omnibus episcopis atque abbatibus orientalis Franciæ, Bajoariæ et Saxoniæ. Et illi quidem de absolvendis quæstionibus ecclesiastice tractatum habebant. Rex vero cum principibus et præfectis provinciarum publicis causis litibusque componendis insistens, postquam synodalia eorum decreta suo judicio comprobavit, Bajoariam reversus est. » De episcopis qui huic concilio interfuerunt agit Henschenius in Commentarii num. 51, ubi quædam Trithemii errata corrigit : assignat etiam suam cuique sedem episcopis, qui primo Rabani concilio præsentes fuerunt, num. 49. Anno 853 habita est synodus « in palatio regio Franconoford, » præsente Ludovico Germaniæ rege, in qua quid Gozberto Osnabruggensi episcopo in Herifordensis parthenonis ecclesias competere deberet, definitum est coram Ludovico rege « et archiepiscopo HRabano, cæterisque cum eo in synodo agentibus. » Ejus rei diploma idem rex concessit, superius editum in Observationibus præviis ad historiam translationis S. Viti [a].

31. Sic occupatus in muneris sui officiis piissimus antistes, vix interspirandi tempus habebat. Quam ob rem a Freculfo Lexoviensi episcopo instigatus ad scribendos commentarios in Genesim, ita rescribit : « Injunxisti ut Pentateuchum... digererem. Verum hæc quantum meam possibilitatem excedant, tu melius nosti, cum in difficillimo loco conversans, propter curam gregis Dominici, ne ei necessaria desint, tantum occupatus sim, ut nec aliorum dicta perlegere, nec propria excogitare liceat. »

CAPUT VII.
Scribendi studium, reverentia erga Patres.

32. Tantus erat ejus amor in litteras, ut eum ab scribendi studio non docendi labor et vitæ regularis officia, non variæ occupationes, non denique morbi revocarent. Facilis quippe amicorum parere voluntati, id unum curabat, ut Christi Ecclesiæ aliorumque saluti prodesse posset. Hoc probat ejus præfatio in librum Judicum, Humberto Wirtziburgensi episcopo inscripta, cujus hæc verba : « Igitur quia paternitas tua a nostra exiguitate ad hoc aliquantulum dignata est quærere solatium; propter amorem Dei et vestram etiam humilem in eo dilectionem, humilem in hoc opere profiteor me vobis esse velle servitorem, et boni studii, quantum divina gratia annuerit, benevolum adjutorem. » Et in epistola ad Ludovicum regem initio Commentariorum in libros Machabæorum : « Quandiu, inquit, in hoc corpusculo vixero, in Christi servitio, prout possibile fuerit, laborare contendo. » Fuldensi academiæ præ-fectus, tametsi vacaret regularibus exercitiis et instruendæ juventuti; non tamen desistebat a conficiendis commentariis ex sententiis Patrum, ut testatur ejus epistola ad Haistulfum Mogontiacensem episcopum pro expositione in Matthæum : « Horum ergo lectioni intentus, quantum mihi præ innumeris monasticæ servitutis retinaculis licuit, et pro nutrimento parvulorum, quod non parvam nobis ingerit molestiam, et lectionis facit injuriam ; ipse mihi dictator simul et notarius existens, in schedula ea mandare curavi quæ ab eis exposita sunt, vel ipsis eorum syllabis, vel certe meis breviandi causa sermonibus. » Bedam Venerabilem imitatus, cujus fere eadem verba sunt in ejus Elogio relata sæculo superiori [b]. Abbas factus idem studium coluit, tametsi « in desertis locis conversans, maxima occupatione detineretur, qua servire ac necessaria providere famulis Christi sub Regula sancti Benedicti degentibus quotidie compelleretur, nec otium haberet Patrum dicta pleniter perscrutari, » uti scribit in epistola ad Freculfum Lexoviensem in Gallia episcopum, cui mittit expositionem suam in Leviticum : quod etiam dixerat in epistola ad eumdem, cum explanationem in Genesim ipsi direxit. Quid scripserit episcopus, postea videbimus. At (quod magis mirere) non eum ab hoc opere morbi remorabantur, probante epistola ad Lotharium Augustum in Commentarios Ezechielis : « Quod vero, inquit, tertio loco postulastis de Ezechiele, in præsenti opusculo, prout infirmitas corporis et parvitas ingenii sinit, confectum habetis. » Et in præfatione libelli de sacris Ordinibus ad Theotmarum ita loquitur : « Quia mei cooperatorem in sacro ministerio elegi, hortor ut quod pro infirmitate corporis coram multis exponere non possum, tu, qui junior ætate et validior es corpore, illis qui ad sacerdotium ordinati sunt, et ministerium sacerdotale agere debent, notum facias, et eis persuadeas, imo jubeas, ut diligenter discant, quod in hoc opusculo conscriptum est. » Denique in præfatione super Jeremiam : « Gravi ægritudine pressus, jam sæpius in lectulo accumbo quam ad scribendum vel ad legendum in meditatorio sedeo. »

33. Quanta fuerit ejus observantia erga sanctos Patres docent opera ejus omnia, quæ ipse ex eorum sententiis contexuit, appositis ad marginem nominibus : « ne majorum dicta furari, et hæc quasi mea propria componere dicar, » ait in præfatione ad Matthæi Evangelium. Id autem ita præstabat, ut ibidem ipse dicit, in commodum aliorum : « ut lector pauperculus qui librorum copiam non habet, aut cui in pluribus scrutari profundos sensus Patrum non licet, saltem in isto sufficientiam suæ indigentiæ inveniat. » Quod optimo consilio factum ab eo nemo negaverit, qui librorum raritatem, qualis eo tempore erat, considerabit. Nam extra monasteria nullæ fere bibliothecæ habebantur, ne quidem in cathedralibus plerisque ecclesiis, ut de sua Lexoviensi testatur

---

[a] Vide Patrologiæ tom. CIV, inter Ludovici Pii Diplomata.

[b] Vide Patrologiæ tom. XC, Opp. Ven. Bedæ tom. I.

Freculfus in epistola ad Rabanum, a quo petiit Commentarios in Pentateuchum contextos ex dictis Patrum : « Ergo si aliquas excusationis praetendere tentaveris occasiones, ne tantae molis opus ingentisque laboris subeas; et respondere nisus fueris cur non proprio sudore eos legendo perlustro libros ex quibus haec fieri mando, et quaeque libuerint decerpendo colligam, ad haec vestrae charitatis vigilantia intendat quoniam nulla nobis librorum copia, ut haec facere possimus, suppeditat, etiamsi parvitas obtusi sensus nostri vigeret : dum in episcopio nostrae parvitati commisso nec ipsos Novi Veterisque Testamenti canonicos reperi libros, multo minus eorum expositiones. » Et si vero laudanda erat modestia Rabani, Patrum sensa suis praeferentis, non defuere tamen qui hoc in eo reprehenderent, uti de his conqueritur in praefatione super Ezechielem ad Lotharium imperatorem : « Nec etiam illud silendum arbitror, quod quibusdam narrantibus comperi, quosdam sciolos me in hoc vituperasse quod exceptionem faciens de sanctorum Patrum scriptis, eorum nomina praenotarem, sive quod aliorum sententiis magis usus essem, quam propria conderem. Quibus ad hoc facile respondere possum. Quid enim peccavi in hoc quod magistros Ecclesiae veneratione dignos judicabam, et eorum sententias, prout eas protulerant, opportunis locis simul cum nota nominum eorum in opusculis meis interposueram? Magis enim mihi videbatur salubre esse, ut humilitatem servans, sanctorum Patrum doctrinis inniterer, quam per arrogantiam, quasi propriam laudem quaerendo, mea indecenter proferrem... Illi qui se laudari quaerunt, et ab hominibus videri appetunt, dictent vel scribant quidquid voluerint, et laudatores suos atque adulatores undecunque possint, sibi acquirant. Mihi autem adhaerere Deo omni tempore vitae meae bonum est, et ponere in Domino Deo spem meam, ut annuntiem omnes laudes ejus in portis filiae Sion, in illis videlicet portis de quibus scriptum est : *Beati qui ambulant in semitis vitae, et per portas introeunt in civitatem.* » Utinam qui novos condunt libros, per easdem semitas incedant (ut certe modo incedunt multi), et non per vias intricatas adinventionum humanarum et novitatum, quibus nihil in religione perniciosius !

CAPUT VIII.
Zelus pro fide et pro integritate morum, auctoritas, humilitas.

34. Rabani zelum pro Christiana religione probaret in primis epistola contra Judaeos sub ejus nomine a Chiffletio edita. At cum verisimilius sit illam Amolonis fetum esse, uti postea ostendemus, juvat potius in hujus zeli argumentum proferre Martyrologium ab ipso editum de sanctis qui Ecclesiam factis ut passione sua illustrarunt. Id ipsum probant omnia ejus auctoris scripta, quae sinceram Patrum doctrinam ac genuinam pietatem spirant, et maxime decreta ab ipso sancita variis in synodis quas pro ecclesiasticis rebus celebravit.

35. Adversus morum relaxationes scripsit homilias plures, quas populo recitandas dedicavit Haistulfo archiepiscopo Moguntino, in quibus exstat homilia, *Contra eos qui in lunae defectu clamoribus se fatigabant;* alia, *Contra paganicos errores, quos aliqui de rudibus Christianis sequebantur;* item alia, *de Moribus bonorum et malorum Christianorum.* Neque tantum plebeiis hominibus salubria dabat monita pro correctione morum, sed etiam regibus et episcopis : regibus quidem, tum in libro *de Reverentia filiorum erga patres* in causa depositionis Ludovici Augusti, tum in provinciali synodo Moguntina, quam anno suae ordinationis primo celebravit. Episcopos denique monet, ut ne plus vacent forensibus causis, quam sacris concionibus, in epistola Hemmoni episcopo scripta, initio librorum *de Universo* : « Multo melius est enim laborare episcopum in doctrina verbi Dei ob salutem animarum sibi commissarum, quam in disponendis et definiendis civilibus quaestionibus et variis hominum contentionibus vacare, qui propter terrenam cupiditatem litem et rixas incessanter movent, et unusquisque in his alterum superare contendit. Nusquam enim in Scripturis sacris legitur ipse Salvator aut discipuli ejus hoc egisse sive docuisse... Haec cum scribantur, mi domine, nolo ut aestimes me novam legem vivendi tibi constituere, sed olim a viris sanctis prolatam ob commemorationem breviter commemorare. » Et in epistola de chorepiscopis ad Dragonem episcopum Metensem carpit occidentales seu Gallicanos episcopos, qui chorepiscopos a potestate ordinandi presbyteros et diaconos exclusos volebant. « Grandis honor est, inquit, Christi ministrum esse; unde et grande praemium bene ministrantem sequitur, ita ut cum Christo et sanctis angelis ejus in coelesti beatitudine sine fine laetetur. Atque ideo non convenit servis Christi contendere de sublimitate honoris, sed magis certare de utilitate sanae praedicationis et assiduitate bonae operationis, ut populus Christi audiat ex ore eorum verbum rectae fidei, et videat in actibus eorum bonum exemplum per humilitatis indicium... Non est enim aequum ut collatio sacri ordinis servis Christi fiat causa elationis et terrenae voluptatis, quia nec in ipsius Magistri, nec discipulorum ejus dictis sive exemplis aliquid hujusmodi reperiunt, » etc. Cum Rabani sententia consonat Nicolai papae I epistola 39, ad Rodulfum episcopum Bituricensem.

36. Tanta in dicendo libertas non ipsi, ut solet, parabat eorum ad quos scribebat indignationem, sed auctoritatem apud omnes, qui ejus scriptis et monitis instrui et emendari peroptabant. Exemplo est Lotharius Augustus, qui cum expositionem in librum Josue ab eo accepisset, gratias agit pro accepto; et iterum alia petit, exponens vehemens suum desiderium crebro eum videndi et alloquendi, ut patet in Lotharii epistola initio Commentarii in Ezechielem, ad Rabanum post abbatialis regiminis abdicationem scripta, in qua singularis cum eo familiaritatis indicia demon-

strat. Nec aliter affecti adversus eum erant Ludovicus Augustus, et Ludovicus ejus filius Germaniæ rex : quorum ille Rabani causa Fuldense monasterium adiit, testante Rabano in epistola ad Ludovicum regem, expositioni Paralipomenôn præposita, ubi ait se nuper commentarios Regum *sacratissimo genitori* ejus *præsentialiter* in suo monasterio tradidisse. Hic Rabanum arcessivit in cellulam monasterii, *quæ vocatur Ratestorf*, ubi sermonem cum eo habuit *de Scripturis sacris*, persuasitque ut *cantica, quæ ad matutinas laudes per septimanam dicuntur*, explanaret, prout legitur in epistola dictæ explanationi præmissa. Mirandum porro est, tantis regibus, tot bellis ac sæcularibus negotiis implicatis, tantam fuisse sitim verbi Dei, quam sine dubio accendebat is qui restinguebat, nempe Rabanus.

57. Quid inter hæc de se sentiret vir sanctus, aperit ipse in præfatione ad Commentarios Ezechielis, cujus libri explanationem ab eo loco in quo desierat Gregorius Magnus a Rabano continuari Lotharius Augustus, præter alia, postulaverat. « Quod vero, inquit, tertio loco postulastis de Ezechiele, in præsenti opusculo, prout infirmitas corporis et parvitas ingenii sinit, confectum habetis. Feci enim, non quasi successor papæ Gregorii et prædicator plebis Dei, supplendo hoc quod ille homiliarum conditione populum docens inchoavit, et tamen usque ad finem Prophetæ non perduxit : sed quasi imitator et discipulus, non solum ipsius memorati papæ, sed et aliorum sanctorum doctorum vestigia sequendo. » Hæc in exemplum de Rabani virtutibus sufficiant.

CAPUT IX.

Mors et ætas, sepultura et epitaphium, elevatio, elogia et memoria.

58. « Anno 856, » uti legitur in Annalibus Fuldensibus, « mense Februario, quarto die mensis, defunctus est HRabanus archiepiscopus Mogontiacensis Ecclesiæ, habens in episcopatu annos 9, mensem unum et dies quatuor, cui successit Karlus magis ex voluntate regis et consiliariorum quam ex consensu et electione cleri et populi. » Eadem omnino verba leguntur in Franco-Saxonicis Annalibus mss. Hermannus eodem anno et die Rabani obitum collocat, sed rotundo numero annos tantum novem regiminis ei tribuit. Duplici modo hunc scrupulum explicare possumus. Primus est, si prædictos annalistas dixerimus veteri calculo usos fuisse in designando anno quo decessit Rabanus. Decessit quippe die quarta Februarii : quæ dies ad finem anni 856 referri potuit, secundum veterem calculum, aut ad initium sequentis, secundum novum. At quo minus hoc pacto explicentur Fuldenses et Saxonici annales, repugnant tres omnino res : una, quod novum calculum secuti sunt, obitum Caroli Magni, qui v Kal. Februarii accidit, revocando ad annum 814, pro novo numerandi ritu, non ad annum 813, pro antiquo ; altera, quod iidem annales in capite anni 856 Rabani obitum referunt, et consequenter Hattonis Fuldensis abbatis decessum *pridie Idus Aprilis*, tum insequenti Au- gusto Ludovici regis expeditionem in Dalmatas eodem anno, relaturi ad annum 857, si Februarium mensem, quo Rabanus obiit, ad finem anni 856 ex veteri calculo revocassent. Accedit quod neque hoc modo numerus annorum, mensis 1, et dierum 4, quos Rabano archiepiscopo tribuunt, accurate constaret, sed numerus mensium, dierum 7, 8 vel 9, præter novem annos. Alia proinde explicandi hujus loci ratio, quam obscure suggerit Serarius, ineunda est, dicendo Annales Fuldenses et Saxonicos annum pontificatus Rabani primum, tametsi ejus ordinatio mense Junio contigerit, definisse anno 847, quem Rabano solidum tribuerint; secundum vero (quod etiam de subsequentibus dicendum) inchoasse anno 848. Hoc enim modo inveniuntur Rabani episcopatus *anni novem, mensis unus, dies quatuor*, usque ad quartum Februarii diem anni 856, quo tempore obitum ejus reponunt isti annales. «Mortuus est autem beatissimus archiepiscopus, ait Trithemius, apud Vinicellam (*Winfel*), habitationis suæ vicum, ad littora Rheni; cujus sacrum corpus, sicut vivens mandaverat, Moguntiam relatum est.» Eum provectæ fuisse ætatis, patet ex epistola ad Hincmarum Rhemensem archiepiscopum, a Sirmondo edita, in qua se excusat a prolixiori Gotescalci refutatione : quia scilicet id *non permittit infirmitas corporis, nec ægritudo senectutis*. Quapropter eum ad annos ætatis fere septuaginta (sexaginta octo habet Trithemius) pervenisse crediderim.

39. Sepultus est in monasterio sancti Albani « in capella sanctorum Martini et Bonifacii, » uti legitur in brevi ejus commemoratione, quæ exstat post libros de Universo in codice nostro ms. n. 270, in hæc verba : « Rabanus Maurus, Mogontiæ natus et renatus, et a puero in Fulda monachus, deinde cella inclusus, tandem in archiepiscopum assumitur : cujus idonea sunt opuscula in utriusque Testamenti pagina, et ante portam prædictæ civitatis meridianam apud sanctum Albanum sepulcri ejus ostenditur memoria in sanctorum archiepiscoporum Martini et Bonifacii capella. » Ex hoc monumento, quod in codice nostro ante annos quadringentos descriptum est, intelligimus, Rabanum Mogontiæ, ut superius dixi, natum esse ; ac proinde male a nonnullis dispungi tertium et quartum ejus epitaphii versus, quod de se ipse composuit, cui præmissus hic titulus in codice nostro ms. *Epitaphium sancti Rabani Mauri*, Mogontiæ sedis archiepiscopi, apud sanctum Albanum sepulti :

Lector honeste, meam si vis cognoscere vitam,
Tempore mortali discere sic poteris.
Urbe quidem hac (*Deest* hac *in ms.*) genitus sum, et
 [sacro fonte renatus;
In Fulda post hæc dogma sacrum didici.
Quo monachus factus seniorum jussa sequebar.
Norma mihi vitæ Regula sancta fuit.
Sed licet incaute hanc nec fixe semper haberem,
Cella tamen mihimet mansio grata fuit.
Ast ubi jam plures transissent temporis anni,
Convenere viri vertere fata loci.
Me abstraxere domo invalidum, regique tulere,
Poscentes fungi præsulis officio.
In quo nec meritum vitæ, nec dogma repertum est,
Nec pastoris opus jure (*Ms.*, urbe) beneplacitum
Promptus erat animus : sed tardans debile corpus
Feci quod poteram, quodque Deus dederat.

Nunc ego te ex tumulo, frater dilecte, juvando
Commendes Christo me ut precibus Domino
Judicis æterni me ut gratia salvet in ævum,
Non meritum aspiciens, sed pietatis opus.
Raban nempe mihi nomen: cui lectio dulcis
Divinæ legis semper ubique fuit.
Cui, Deus omnipotens, tribuas cœlestia regna,
Et veram requiem semper in arce poli.

40. Ejus « sanctum corpus, » teste Trithemio, « annis sexcentis quinquaginta novem in memorato cœnobio sancti martyris Albani sepultum, in sarcophago juxta murum chori elevato permansit. Ad cujus quoque tumulum a principio magnus populi fuit concursus, et plura narrantur facta miracula; qui tamen successu temporis omnino defecit, et sacellum ejus diu sine honore permansit. Unde providentia Dei cuncta gubernantis, ad nominis sui gloriam, et famuli sui perpetuum honorem, sanctissimum corpus ejus de Mogontia ordinavit et voluit in Saxoniam transferri anno præsenti, quo hoc scripsimus, Dominicæ videlicet Nativitatis millesimo quingentesimo quinto decimo, indictione Romanorum tertia: quæ quidem translatio, per quem, qualiter, quando et quorsum sit facta, speciali syntagmate descripsimus. » Non exstat illa Trithemii lucubratio, qui hanc translationem Alberto Moguntino archiepiscopo auctori tribuit in nuncupatoria epistola Vitæ Rabani præfixa: sic enim Albertum alloquitur: « Rabanum apud Moguntiacos despectum et pene sempiterna oblivione sepultum, in nomine justi summa cum veneratione levasti de terra: propter quod et omnipotens Dominus animam tuam cum sanctis suis exaltabit in patria. » De eadem translatione signantius agit Trithemius in libro de Vita sancti Maximi archiepiscopi Moguntini his verbis. « Cum Albertus anno archipontificatus sui Moguntini primo, Magdeburgensis autem secundo, pro Dei amore et reverentia sanctorum, apud Moguntiam circumeundo, basilicam martyris sancti Albani devotus intravit, et videns præscriptorum decem pontificum sancta corpora sine honore neglecta; auctoritate non minus apostolica, quam ordinaria usus, corpus sancti Rabani quondam archiepiscopi totum, sancti Maximi episcopi medium, permissione canonicorum inde abstulit; et in Saxoniam transferens, apud Hallas oppidum in basilica sancti Mauritii solemnis processionis officio collocavit, anno Dominicæ Nativitatis millesimo quingentesimo quinto decimo, indictione Romanorum tertia. »

41. Hinc patet quantus honor delatus sit mortuo, quem etiam viventem nonnulli *sanctum sanctissimum*ve appellavere: in his Humbertus Wirtziburgensis episcopus in epistola sua commentariis Judicum præfixa:

Salve, sancte pater, meritoque beatus in orbe.
Tu decus es nostrum, sancte pater, merito.

Et Ermanricus in libro de Vita sancti Soli, agens de monasterio Fuldensi, « ubi, Deo providente, subdit, modo sanctissimus ac in omni arte peritissimus abbas Rabanus perspicabiliter fulget. » Amulo pontifex Lugdunensis in epistola ad Gotescalcum, « bonum et eruditum virum atque catholicum episcopum; » Hincmarus vero in opusculo contra eumdem Gotescalcum, « Rabanum venerabilem archiepiscopum, zelosum in sancta religione patrem, et catholicum scriptorem » vocat. Eumdem Frodoardus canonicus Rhemensis « beatum Rabanum » dicit in lib. II Historiæ Rhemensis, cap. 21, et sanctus Odilo abbas Cluniacensis « sæculari scientia affatim eruditum, fide catholicum, spiritali scientia ad plenum edoctum, » in sermone de laude sanctæ crucis. Ejusdem meminit Guillelmus abbas Romani monasterii sancti Pauli in Kalendario sanctorum monachorum, quod anno 1372 composuit, his verbis, « prid. Nonas Februarii Rabani archiepiscopi Moguntini. » Denique in codice nostro n. 170, qui ab annis fere quingentis manu descriptus est, refertur Epitaphium sancti Rabani, supra. Ex quibus omnibus patet Rabanum apud veteres audiisse ut *sanctum*: ac falsum esse Trithemium, qui ejus obitum locat VI Kal. Novembris. *Beatum* appellare malui, quam *sanctum*, donec sanctior Ecclesiæ accedat auctoritas; siquidem nullo festivo cultu in Magontiacensi ecclesia honoratur, teste Browero in notis ad poematia. Eum « fulgens Germaniæ sidus, theologorum verticem » Baronius; Bellarminus « æque doctum ac pium » vocat: alia aliorum elogia prætermitto.

CAPUT X.
Judicium de ejus scriptis et doctrina.

42. Superest agendum de Rabani scriptis, de quibus tria sunt quærenda: unum, quæ legitima, quæ spuria et aliena; alterum, quæ restent inedita; tertium; quo tempore singula scripta sint.

43. Inter edita Rabani opera tria tantum spuria sunt, nimirum libri tres de *Quæstionibus canonum pœnitentialium*, qui in editis ad Heribaldum scripti dicuntur: tum sequentes libri itidem tres *De virtutibus et vitiis*: *Commentarius in Regulam sancti Benedicti*: et *Liber de sacramento Eucharistiæ*, sub ejus nomine Coloniæ editus anno 1551. Primum siquidem et secundum opera sunt Halitgarii episcopi Cameracensis, ut recte advertit V. C. Stephanus Baluzius in præfatione ad Rabani epistolam Heribaldo scriptam, qui Halitgarius libros quinque pœnitentiales composuit rogatu Ebbonis archiepiscopi Rhemensis, editos ab Henrico Canisio in tomo V Lectionum Antiquarum. Nam liber primus de Quæstionibus canonum apud Rabanum est quintus liber Halitgarii; secundus est tertius; tertius est quartus; primus vero liber de Vitiis apud Rabanum est primus Halitgarii; secundus Halitgario etiam secundus; tertius Rabanicus cujus sit, incertum. Commentarius porro in Regulam sancti Benedicti est Smaragdi abbatis monasterii sancti Michaelis ad Mosam in diœcesi Verodunensi, ut constat tum ex Sigeberto in lib. de Scriptoribus ecclesiasticis, cap. 118, tum ex libris membraneis permultis, quos vidi. Denique liber de Eucharistia est Paschasii Radberti abbatis Corbeiensis.

44. Ut facile distinguamus quæ Rabani opera nondum typis vulgata sint, operæ pretium est dispicere quid ex scriptis ejus a Rudolfo commemoratis desit in editis ; tum quid ex iis quæ habentur in editis a Rudolfo prætermissum sit ; denique quid præter opera a Rudolfo enumerata et ea quæ in collectione Rabani operum exstant, ulterius desiderentur.

45. Ex enumeratis a Rudolfo desunt in collectione Pamelii *Commentarii in libros Judith et Esther* inediti, qui penes nos sunt descripti manu Petri Francisci Chiffletii ; epistola *de Chorepiscopis ad Drogonem Mettensem episcopum*, cura Stephani Baluzii edita in tertia editione librorum Petri de Marca de Concordia Imperii, una cum *Libro de reverentia filiorum erga patres, et subditorum erga reges ad Ludovicum imperatorem*, qui liber a Rodulfo *Collectarium* appellatur ; *Epistola ad Notingum Veronensem episcopum de præscientia et præaestinatione Dei* ; *Liber ad Ludovicum imperatorem de oblatione secundum Regulam sancti Benedicti* ; *Epistola consolatoria ad eumdem* ; et *Dialogus de computo*, recens editus in Miscellaneis Baluzianis. Ex his epistola ad Notingum edita ab Sirmondo est ; liber vero de Oblatione puerorum habetur manu descriptus in bibliotheca Mellicensi.

46. Ex adverso præter enumerata a Rudolfo habentur in illa collectione : *Liber de Grammatica* ; *opus de Universo* ; *Expositio in cantica quæ ad matutinas laudes per Septimanam dicuntur* ; *Allegoriæ in sacram Scripturam* ; *Liber ad Thiotmarum de sacris Ordinibus* ; *Libri tres ad Reginaldum seu Regimbaldum de ecclesiastica disciplina* ; *Libri tres ad Bonosum abbatem* ; *Epistola ad Humbertum Wirtziburgensem episcopum, quota generatione licitum sit matrimonium* ; *Liber de anima et virtutibus ad Lotharium regem* ; *Libellus de vita Antichristi* ; *Martyrologium* ; *Poematia* ; *Glossæ* ; *et de Inventione linguarum* : quæ omnia videntur esse genuina Rabani opera. De Rabani Glossis Teutonicis adi Cæsareæ bibliothecæ tomum II.

47. In indice Rudolfi et in dicta collectione desiderantur epistolæ quædam a Jacobo Sirmondo vulgatæ Lutetiæ Parisiorum anno 1647, nempe *Epistola ad Hincmarum Rhemensem episcopum, et alia ad Heberardum comitem*, una cum synodali Rabani epistola jam in conciliis edita, et *epistola ad Notingum* Veronensem episcopum, contra Gotescalcum. Ex quibus epistolæ ad Notingum et ad Heberardum recusæ sunt in tomo tertio Italiæ Sacræ opera Ferdinandi Ughelli, qui Sirmondi editionem non viderat. Denique in dicto indice Rudolfi et in collectione Pamelii desunt epistolæ duæ magni momenti: una *ad Egilonem seu Eigilem abbatem Prumiensem*, quæ excidisse creditur : alia *ad Heribaldum* Antissiodorensem episcopum, quæ a Petro Stevartio ex codice Weingartensi prodiit in lucem, recens a Stephano Baluzio recusa post collectionem canonum Reginonis. Item epistolæ duæ ad Regimboldum chorepiscopum Moguntinum, de quibusdam quæstiunculis pœnitentiæ, una ab eodem viro clarissimo edita in Appendice Actorum veterum ad capitularia regum Francorum, ordine VIII ; altera in tomo VIII Conciliorum editionis Labbeanæ. De cæteris opusculis, quæ Rabano tribuuntur a Trithemio, nihil pronuntiare ausim, sintne Rabani, an non. His omnibus addit Browerus Lotharii Augusti epitaphium a Rabano conditum, quod ipse refert in Annalium Trevirensium lib. VIII. Ad hæc alii prophetiam de regibus Francorum quæ a nonnullis sancto Augustino ascribitur, etiam Rabano tribuunt ; in quibus est Jacobus Alexander Tenneurius in Veritatis vindicatæ cap. ultimo. Si huic prophetiæ credimus, « quandiu reges Francorum duraverint, qui Romanum imperium tenere debent, Romana dignitas ex toto non peribit. » Id quo titulo ascribatur Rabano, mihi nondum compertum est. Multo minus id genus oraculi tribuendum sancto Augustino, in cujus tamen Operum appendicem refertur tomo IX.

48. Denique eidem Rabano eruditus vir Petrus Franciscus Chiffletius ascribit librum seu epistolam contra Judæos, quam ipse Divione typis edidit anno 1656 una cum Alcuini Confessione. Verum hanc epistolam non esse Rabani, sed Amolonis Lugdunensis episcopi, diserte probat recentior quidam scriptor in appendice ad Joannis Dallæi dissertationem de auctore Confessionis jam dictæ. Hujus anonymi argumenta petuntur primo a pertinaci silentio scriptorum omnium qui Rabani opera recensuerunt. Tum ex eo quod istius epistolæ scriptor ait, se jam episcopum fuisse anno « aL adventu Domini 846, » uno ante Rabani pontificatum, tum ex eo quod quædam duriora contra Judæos superiori tempore se statuisse refert : quod Rabano, qui nullum contra Judæos decretum sancivit, convenire nullatenus potest. Præterea quod epistolæ auctor non obscure notet, se, cum adversus Judæos epistolam scribit, decessoris sui sequi vestigia, qui itidem adversus Judæos multa scripsisset, multaque egisset. Olgarium vero Rabani decessorem nihil hujusmodi patrasse in diœcesi Moguntina. Et his quidem argumentis eam epistolam Rabano abjudicat appendicis auctor ; iisdemque Amoloni Lugdunensi pontifici, ut proprio parenti, vindicandam esse contendit. Siquidem Amolo anno 841 in episcopum ordinatus est, moxque duriora statuta condidit contra Judæos, quos effreni licentia in Lugdunensi diœcesi se gessisse ex Agobardo discimus, qui quidem Agobardus, Amolonis decessor, scripta edidit adversus eosdem Judæos, ex quibus auctor epistolæ controversæ multa transfert in sua. Verum (quod omnibus conjecturis præferendum putat) ex Frodoardo Rhemensi presbytero in Historiæ lib. III, cap. 21, Amolonem adversus Judæos epistolam encyclicam scripsisse colligit, ubi Hincmarus scripsisse dicitur « Amolo Lugdunensi, de placito quod habuerat cum rege regni primoribus, et de Judæorum in hoc regno statu. » At, si quid video, nihil in his verbis de encyclica Amolonis epistola ; quanquam valet is locus ad probandum id, quod mox præmissum est, nimirum Amolonem statuta edidisse adversus Judæos. Præferendum itaque est ultimum ejusdem auctoris argumentum ex Joanne Trithemio in lib. de Scriptoribus ecclesiasticis, ubi Trithemius ait se legisse Hamuli episcopi Lugdunensis « opus insigne ad Carolum contra Judæos, » cujus exordium est ab his verbis, *Detestanda Judæorum*, etc., quod ipsum est Chiffletianæ epistolæ principium. Viderat ergo Trithemius aliquem vetustum codicem hanc epistolam sub Amolonis nomine præferentem : viderit alium Chiffletius sub nomine Rabani. At quæ superius allata sunt, potiores Joanni Trithemio partes asserunt.

49. Ordo temporis, quo singula Rabani opera condita sunt ab auctore, sic distinguendus videtur.

Anno ætatis suæ 30 absolvit libros duos de Laudibus sanctæ Crucis, quos rogatu Alcuini præceptoris sui inchoavit : eosque primum sancto Martino Turonensi episcopo, in cujus monasterio litteris operam dederat, nuncupavit per Alcuinum, in cujus persona carmen nuncupatorium lusit. Eosdem libros postea dedicavit Ludovico Augusto ; tum Gregorio papæ quarto : tametsi non ei, sed Sergio ejus successori redditi sunt anno 844 per Ascrichum et Ruodpertum Fuldenses monachos ; dein Heberardo Italiæ comiti qui prædictos libros per Ascrichum et Ruodpertum Roma revertentes efflagitaverat, ut patet ex Rabani epistola ad eum scripta ; ac demum monachis cœnobii Dionysiani in agro Parisiensi. Alcuinum Rabano scribendi hos libros auctorem fuisse apparet ex Alcuini epistola 55 *benedicto sancti Benedicti puero Mauro* (id Rabani alterum nomen) inscripta, in editis mendose *ad Benedictum*, ubi hæc verba : « Libellum quem me rogante scribi promisisti, rogo ut tua faciat promissio firma, et mea impleatur lætitia ; » et in fine : « Valeas feliciter cum pueris tuis. » Qua ex epistola colligebam Alcuinum prætervectum esse annum Christi 804, sed postea in Appendice superioris tomi correxi, quod in elogio Alcuini asserueram. In ejus persona Rabanus sancto Martino cecinit horum librorum carmen dedicatorium, in quo ætatem suam exprimit his versibus.

    Ast ubi sex lustra implevit, jam scribere tentans,
    Ad Christi laudem hunc condidit arte librum.

Convenit hoc tempus cum anno fere 806, siquidem Rabano diaconatus, quem anno Christi 801 suscepit, anno ætatis 25 collatus est. Idem opus post aliquot annos Ludovico Augusto nuncupavit, apposita initio imperatoris effigie. Id præstitum aliquanto tempore post primam hujusce operis editionem, colligo ex his Rabani verbis : « Nam libellum quem in honorem sanctæ Crucis dudum prosa, metroque composui, nunc tuæ serenitati supplex offero. » Eosdem libros postea, rogatu, ut puto, Hilduini abbatis, cui Commentarios Regum dedicavit, etiam monachis Dionysianis misit, commendavitque hoc carmine, quod in editis non exstat, cui præmittitur hæc inscriptio : *Dilectissimis in Christo fratribus in cœnobio sancti Dionysii martyris constitutis, Rabanus vilissimus servorum Dei æternam in Domino optat salutem.*

    Martyribus sanctis placuit mihi mittere donum,
      Tempore quod prisco versibus edideram.
    Nam crucis ad laudem Christi prosaque, metroque
      Confeci librum mente, manuque simul.
    Quem post Augusto Ludovico offerre placebat,
      Sedi et apostolicæ mittere post libuit.
    Quod verba et sensum facundia rite probaret.,
      Urbis Romanæ dogma et apostolicum.
    Et quia cum sociis sanctus Dionysius olim
      Inde est huc missus, ipsum opus ei dederam.
    Quod, fratres sancti, accipiatis posco libenter,
      Pro artifice ac vili fundite, quæso, preces.
    Ut Deus omnipotens, cunctorum conditor almus,
      Delicti veniam det pius ipse suo.
    Protegat illæsum, totum et conservet in ævum,
      Ut cum fine bono hinc scandat ad alta poli.
    Christus vos salvet, Christus conservet ubique,
      Semper in æternum, ut opto, valete bene.

Anno 819 Rabanus jam presbyter libros *de Institutione clericorum* obtulit Haistulfo archiepiscopo Maguntino, anno quo facta est ecclesiæ Fuldensis dedicatio, ut constat ex carmine dictis libris præfixo, quod inter poematia Rabani editum est.

Abbas factus anno 822, *Commentarios in Matthæum* et *Homilias* quasdam dedicavit eidem Haistulfo, qui obiit anno 826.

Anno circa 830 *Explanationem in Octateuchum* submisit Freculfo Lexoviensi in Gallia episcopo, qui eam ab ipso litteris et precibus obtinuit.

Anno 834 scripsit Ludovico Augusto *Consolatoriam epistolam, post calamitatem quæ ei accidit ex parte filiorum suorum;* postea *Collectarium ex sententiis divinorum librorum*, de reverentia filiorum erga patres, et subditorum erga reges : quod a V. C. Stephano Baluzio nuper editum esse dixi.

Eodem fere tempore *Librum Josue* exposuit « rogatu Friderici episcopi » Trajectensis ad Rhenum, anno 834 occisi, præmissa epistola dedicatoria, cujus fragmentum retulit Henschenius, acceptum a Petro Francisco Chiffletio societatis Jesu presbytero erudito, a quo eam accepit noster Acnerius, cum ipso Commentario in tres libros distincto, qui in editis non exstat.

Paulo post, Humberto Wirtziburgensi episcopo rogante, explanavit *Libros Judicum et Ruth ;* tum *Libros Regum* petente Hilduino abbate : quam expositionem Ludovico Augusto Fuldæ obtulit ; nec ita longe post Ludovico regi transmisit commentationes *in libros Paralipomenon.*

Circiter annum 836 Judithæ Augustæ, postquam « hostes suos non parva ex parte vicerat, » dicavit scriptionem suam in libros Judith et Esther, cujus præfatio necdum typis vulgata, quam beneficio ejusdem doctissimi viri Petri Francisci Chiffletii accepimus, hic reddenda est ex codicibus Benigniano et Fontanensi. (*Hanc præfationem vide Operum Rabani Mauri nostræ editionis tomo III.*)

Postea explanationem *in Libros Machabæorum* Geroldo Archidiacono palatii Ludovici imperatoris nuncupavit ante annum 840, tum *Expositionem in Sapientiam et Ecclesiasticum* Otgario Maguntino pontifici; et *Epistolam ad Notingum* Veronensem episcopum ante mortem Ludovici imperatoris scripsit.

Post annum 840, mortuo Ludovico Augusto, *Libros in Hieremiam* obtulit Lothario imperatori : quos Hartmotus decanus Sancti-Gallensis scribi curavit, referente Ratperto in cap. 9.

Anno 842 ineunte *Collectarium in Epistolas Pauli* transmisit Lupo, post abbati Ferrariensi, qui nuper ex schola Fuldensi in Galliam redierat, ex dictis : quo fere tempore *Commentaria in Ezechielem* Lothario Augusto inscripsit ; et Otgario archiepiscopo *Librum pœnitentialem*, in cujus capite 15 meminit pugnæ Fontaneticæ, quæ inter filios Ludovici Augusti commissa est anno 841. Ad idem etiam tempus revocanda est *Epistola de Chorepiscopis* ad Drogonem Mettensem episcopum, item epistola ad Regimboldum chorepiscopum Moguntinum de quibusdam quæstiunculis pœnitentiæ.

Eodem etiam tempore explicavit *Librum Danielis* prophetæ, rogantibus amicis, suamque hac de re lucubrationem postea inscripsit Ludovico Germaniæ regi : cui item *Expositionem in Cantica, quæ ad matutinas per septimanam leguntur*, nuncupavit.

Anno circa 844, tempore scilicet vacationis a regimine abbatiali, *Libros XXII de Universo* condidit in gratiam Hemmonis episcopi Halberstatensis, quod opus itidem Ludovico regi petenti submisit cum epistola etiam nunc ei præfixa.

Anno 847 scripsit archiepiscopus *Epistolam ad Heberardum comitem* contra Gotescalcum, quæ in editione Ughelli data dicitur X Kal. Maii.

Item eodem anno 847 concilii Moguntiacensis *canones* Ludovico regi data epistola obtulit.

Anno sequenti habita synodo contra Gotescalcum scripsit de eo epistolam ad Hincmarum Rhemensem episcopum, cui Gotescalcum remisit : et post aliquot annos aliam eidem de eodem typis a Sirmondo vulgatam direxit. Ad hunc etiam annum, quo Ludovicus rex Mogontiaci placitum habuisse perhibetur in Annalibus Fuldensibus, revocandam existimo Rabani epistolam ad Regimbaldum chorepiscopum de pœnitentialibus factis, in nova Conciliorum editione tomo VIII editam, in qua responsi sui moras excusat ex eo quod ad Ludovici regis susceptionem fuisset occupatus.

Denique post annum 853 scripsit *Epistolam ad Egilum* abbatem Prumiensem : cujus epistolæ mentionem facit in epistola post ab eo missa ad Heribaldum episcopum Antissiodorensem. Notitiam temporis, quo utraque hæc epistola scripta est, debemus diligentiæ eruditissimi viri Stephani Baluzii, qui eam secundis typis vulgavit cum accurata hac de re præfatione : ubi observavit Egilum seu Eigilem, ad quem jam abbatem Prumiensem prior ex his duabus epistolis scripta est, hanc dignitatem iniisse anno 853, uti etiam in ejus Elogio demonstrabo inferius. Porro in posteriori ad Heribaldum, quæ a Reginone, Ivone et Gratiano in collectionibus canonum citatur sub nomine epistolæ Rabani, mentio fit epistolæ ad Egilonem abbatem, ac proinde epistola ad Heribaldum, qui *Liber pœnitentialis* apud Stevartium inscribitur, aliquanto tempore post aliam ad Eigilem scripta est, ac fortasse postrema operum Rabani, quæ quidem habemus. Adamus Bremensis canonicus in Historiæ ecclesiasticæ cap. 22 mentionem facit *capituli Rabani de fama Ebonis ambigua*. Quod capitulum postremum exstat in epistola ad Heribaldum. Hæc sunt quæ de Rabani scriptis observare potui, alia aliorum diligentiæ permitto.

50. Superest ut examinemus hoc loco nonnulla quæ in Rabani scriptis animadversione digna nonnullis fortasse videantur. Unum est, quod in epistola seu libro pœnitentiali ad Heribaldum, Eucharistiam secessui obnoxiam subobscure dicat, negetque in eo sacramento contineri idem Christi corpus quod natum est de Maria virgine : quod postremum diserte asseruit in epistola ad Egilonem abbatem. Verum quodcunque illud utrumque est, Rabanum ab omni errore hac in re immunem fuisse contendunt viri eruditi qui de Eucharistia tractavere.

51. Alius etiam locus est apud Rabanum in lib. IV de Universo, cap. 10, in quem forsan itidem animadverti possit, ubi ait : « Nullum catechumenum, quamvis in bonis operibus defunctum, vitam æternam habere credamus, excepto martyrio, ubi tota baptismi sacramenta complentur. » Eamdem sententiam habet Chiffletiana Confessio Alcuini, a quo præceptore haud scio an Rabanus hanc doctrinam acceperat. Huic obstat Augustinus lib. Quæstionum in Leviticum, cap. 84, ubi « invisibilem sanctificationem quibusdam adfuisse atque profuisse sine visibilibus sacramentis » probat exemplo Cornelii et aliorum. Et lib. IV de Baptismo contra Donatistas, postquam multa hac de re disseruit, cap. 22 sic concludit : « Tunc impletur invisibiliter *baptismus*, cum mysterium baptismi non contemptus religionis, sed articulus necessitatis excludit. » Consentit Ambrosius in concione funebri de obitu Valentiniani junioris, ubi non dubitanter asserit ipsum, etsi ante susceptum baptisma decesserit, accepisse gratiam, quam poposcerat atque desideraverat. Hinc præclare de eo scribit in hunc modum : « Qui habuit spiritum tuum, quomodo non accepit gratiam tuam ? aut si, quia solemniter non sunt celebrata mysteria, hoc movet : ergo nec martyres, si catechumeni fuerint, coronentur : non enim coronantur, si non initiantur. Quod si suo abluuntur sanguine, et hunc sua pietas abluit et voluntas. » Itaque ex Ambrosii et Augustini sententia, non solis catechumenis martyrio affectis ad salutem prodest voluntas suscipiendi baptismi, sed etiam iis qui hujus sacramenti gratiam sincero ac ferventi animo poposcerunt ac desiderarunt ; nec ab eo suscipiendo revocati sunt ex negligentia, sed ex dispensatione divina. Idem valide ac diserte propugnavit sanctus Bernardus in epistola 77 seu tractatu ad Hugonem de Sancto Victore, adductis Augustini

et Ambrosii testimoniis adversus quemdam secus sentientem. At oppositum invenio apud Augustinum ipsum in sermone 20 de Verbis Apostoli, cap. 6, ubi expendens, « quare » duobus catechumenis, uno probo, altero improbo, « iste adductus est a gubernatione Dei, ut baptizaretur : ille autem, cum bene catechumenus vixerit, subita ruina mortuus est, et ad baptismum non pervenit; » hoc unum respondet : « Quære merita, non invenies, nisi pœnam; quære gratiam, o altitudo divitiarum. » Hinc apparet Augustinum sensisse hoc loco, bono illi catechumeno, quod ad baptismi gratiam non pervenit, deputari ad pœnam, nec bonos mores ad salutem profuisse. Quod unum Rabanus et Alcuinus fortasse docuerint, tametsi cum Ambrosio et Augustino alio in loco admiserint, bonis catechumenis, qui magna ac perfecta charitate baptismi gratiam desideraverint, non obesse quod rapti sint ante suscepta mysteria : secus si remissa, quamvis bonis operibus præditi fuerint. Quanquam omnes universim catechumenos *sine redemptione baptismi defunctos*, sacra oblatione et Ecclesiæ suffragiis privat concilium Bracarense secundum cap. 17.

52. Denique nonnulli vitio vertunt Rabano quod Gotescalcum ejusque doctrinam damnaverit. At ex opposito sunt qui Rabani factum hac in parte probent. Sane ipsum recte sensisse de prædestinatione constat ex ejus epistolis superius laudatis : atque etiamsi Gotescalci sententiam itidem rectam fuisse concedamus, non immerito tamen repressus a Rabano est : tum quia prædicationis officium in ejus provincia temere usurpavit, tum quia nimis quam pertinaciter vocabulo prædestinationis in sequiorem partem abuti credebatur cum populi offensa, quo in sensu hæc vox rarius a Patribus sumitur.

B. RABANI MAURI VITA

AUCTORE RUDOLFO SCHOLASTICO EJUS DISCIPULO

(Apud Mabill., Annal. SS. ord. S. Bened., sæc. iv parte ii.)

OBSERVATIONES PRÆVIÆ.

Librum de gestis Rabani, seu *HRabani*, alio nomine Mauri, monachi primum, dein abbatis Fuldensis, ac demum archiepiscopi Moguntini, scripsit Rudolfus, seu HRuodolfus, Rodulfusve, Fuldensis monachus, ipsius Rabani discipulus, is qui sanctæ Liobæ abbatissæ Bischofheimensis Vitam in litteras retulit, editam in sæculi tertii parte secunda, ubi plura de Rudolfo diximus. Dubium est an HRuodolfus scholasticus et cancellarius, qui Ratgario abbate quasdam litteras donationum pro monasterio suo exaravit anno primo Ludovici Augusti, apud Pistorium pag. 524, idem sit cum Rudolfo isto : an vero Rudolfus subdiaconus, qui alias postea scripsit anno ejusdem Augusti octavo, pag. 530, et anno decimo, pag. 534, 535. Certe cum Rudolfus istius Vitæ conditor fuerit Rabani discipulus, eum Ratgarii abbatis tempore, quo Rabanus Fuldæ litteras docebat, jam cancellarium et scholasticum dictum fuisse non puto. Veri similius est, ipsummet esse Rudolfum subdiaconum, qui anno Ludovici octavo chartam condidit *vice Althuringi presbyteri* : ac proinde nondum cancellarius. Presbyter deinde scholis præfectus est post Rabanum, quem suum ipsius *præceptorem* vocat in prologis Vitæ subjectæ et sanctæ Liobæ, cujus Vitam aggressus est *imperio venerandi Patris*, ut ipse ait, *ac præceptoris mei HRabani*. Eum oratorem, *confessoremque* suum, ac scholarum Fuldensium præfectum appellat Ludovicus Germaniæ rex in charta donationis, cujus fragmentum refert Browerus in cap. 14 libri iii Antiquitatum Fuldensium. Sane Ermenricus levita, Elewangensis monachus, Vitam sancti Soli nuncupat *omni in arte celeberrimo domno Ruodulfo meo didascalo, a quo bonitatei ac doctrinam* se in annis juvenilibus prælibasse fatetur. Rabani Vitam integram an absolverit Rudolfus, incertum; nusquam enim integra prodiit in lucem : sed deficit in enumeratione Rabani Operum, nulla ejus archiepiscopalis regiminis mentione facta, tum apud Serarium in Historia Moguntina, tum apud Colvenerium initio Rabani Operum, tum apud Browerum in Antiquitatibus Fuldensibus, et Bollandum in Februario suo.

2. Hanc Rudolfi lucubrationem si legit, in justæ Vitæ numero non habuit Joannes Trithemius, qui in prologo Vitæ Rabani, quam tribus libris hortatu Alberti Moguntinensis pontificis digessit anno 1515, hæc habet : « Nec mirum si plura gestorum ejus silentio pertransivi, quippe qui nullum ante me fixum, solidum et sufficientem de hac ipsa materia potui habere scriptorem, sed primus auctor esse sine præcedente compellor. » Et infra : « Plures, fateor, historiarum scriptores varia laudum præconia de hoc beatissimo atque doctissimo viro in suis lucubrationibus passim hinc inde scripserunt : quorum tamen nullus Vitam ejus continuata serie composuit. » Propterea ad eam scribendam impulsus est Trithemius, illamque in tres, ut dixi, libros distinxit : quorum primus est de Rabani vita privata, secundus de ejus regimine abbatiali, tertius de episcopali. In ea lucubratione Trithemius aliquoties usus est testimonio Meginfridi Fuldensis monachi sæculo xii, *ex volumine De temporibus gratiæ*, hactenus inedito, in quo Rabani sæpius meminit. Cæterum etsi Trithemii opus de Rabano spernendum non sit, ut tamen recuderetur, non visum est operæ pretium, propter multiplicia errata quæ in eo commisit : maxime cum istud opus exstet initio Rabani Operum et in Februario Bollandiano, ubi Godefridus Henschenius Rabani Vitam eruditis commentariis illustravit. Nobis proinde sat erit habere libellum Rudolfi, cui historicum Rabani Elogium vice commentarii præmisimus.

3. A sancto Bonifacio Rabanus Moguntiacensis episcopus, vitæ sanctimonia præditus, tertius est ex ordine sancti Benedicti, ex quo educti sunt quotquot fere illam sedem tenuerunt post Rabanum ad sæculum usque duodecimum. Omnino tredecim numerabat Paulus Langius, ex ipsius Chronico Citizensi. Non mirum proinde, si tot in illis partibus fuerint Benedictinæ familiæ monasteria, adeo ut « in sola provincia Moguntina » Trithemii tempore superessent « centum viginti quatuor abbatiæ nostri ordi-

nis, præter illas quæ ab ordine dimembratæ sunt, quarum numerus denarium superat, » teste ipso Trithemio in lib. I de Viris illustribus ord. S. Benedicti, cap. 2.

PRÆFATIO AUCTORIS.

1. Scriptores rerum ecclesiasticarum cum sapienter, tum etiam utiliter instituerunt, vitas et facta justorum, et secundum divina præcepta viventium virorum, per litterarum revelationes tradere posteris. Merito a fidelibus magnis ideo laudibus extollendi, quod non invidiose silentes ea prætermiserunt; sed charitate, quæ omnibus prodesse desiderat, abundantes, ad exemplum recte vivendi cunctis imitari volentibus fidei veritate subnixi protulerunt. Si enim non ita fecissent, nequaquam scire potuissemus quid sancti patriarchæ, quid prophetæ, quid apostoli, quid etiam cæteri sancti martyres et confessores Christi gesserint, vel docuerint, quibusque signis et virtutibus ante vel post mortem suam claruerint; nisi ex eorum scriptis credita et intellecta nosceremus; qui ea non captandæ propriæ laudis intentione protulerunt, sed ut per ejusmodi exempla ad emendandos pravos mores humanæ præsumptionis, et ad collaudandam divinæ majestatis potentiam quorumcunque animos incitarent. Itaque eorum laudabile institutum pro modulo meo sequens, facultate qua valeo scribere nitor virtutes et miracula quæ Deus per sanctos suos modernis temporibus facere dignatus est, quorum sacri cineres regionem nostram illati, quotidie fidelibus causa salutis exsistunt, credens me non inaniter, imo utiliter, et mihimetipsi et multis aliis laborare: mihi quidem, quia præmium laboris mei cum eis, quos ob laudem Dei in simili opere sudantes imitatus sum, me habiturum esse per Dei gratiam confidens; aliis vero, quia rebus cognitis veneranda sanctorum solemnia fidelius amplectuntur, et majore mentis devotione accensi, in laudem Creatoris sui lætius assurgunt.

2. Temporibus igitur Ludovici imperatoris, qui post genitorem suum Carolum Magnum imperatorem, per annos septem et viginti [a] Francorum tenuit imperium, multorum reliquiæ sanctorum ab urbe Roma in Franciam delatæ sunt: quarum aliæ quidem ab eis adductæ sunt, qui jussu dominorum suorum ut id efficerent Romam profecti sunt; aliæ vero (per clericos sanctæ sedis apostolicæ et cives Romanæ urbis allatæ, vel per viam qua ferebantur, vel in locis quibus susceptæ et conditæ sunt, multis et magnis miraculorum signis, cujus essent apud Deum meriti claruerunt. Constat namque reliquias sancti Sebastiani martyris ab urbe Roma devectas, et ab Hilduino abbate apud Augustam Suessionum [Al., Suessorum] Galliæ civitatem, in ecclesia sancti Medardi confessoris venerabiliter conditas, tantis et inauditis omnibus retro generationibus florere miraculis, ut revelatio eorum fidem excederet [b], nisi certum esset omnibus fideliter credentibus, quod Deus et Dominus noster Jesus Christus, qui gloriosus est in sanctis suis, mirabilis in majestatibus, faciensque prodigia, omnia quæcunque voluerit in cœlo et in terra sine ulla difficultate potest efficere. Ossa quoque beatorum martyrum Marcellini et Petri [c], Proti atque Hyacinthi [d], cum reliquiis sancti Hermetis, non minore miraculorum gloria in diversis sanitatibus infirmantium quotidie fulgent: quæ et ipsa a Roma translata, et Einhardo [e] abbati adducta, juxta Mœnum Germaniæ fluvium, in villa quæ prius *Mullinheim*, nunc autem *Salignstat* [f] dicitur, digna celebratione a fidelibus venerantur. De quorum translatione simul et virtutibus, quas per eos Deus operatus est, quia diligenter memoriæ traditum est, hic dicere omitto.

3. De ossibus vero beati Alexandri martyris, et aliorum sanctorum quorum nomina suis locis dicentur, scribendum esse censeo qualiter, et a quibus, vel ad quæ loca translata sint, quibusque signis et virtutibus, sive in itinere quo ferebantur, sive in locis quibus condita sunt, floruerint, memoriæ mandandum: ut cum de translatione et miraculis eorum secundum veritatem gestorum fuerit sermo prolatus, quibus in locis a fidelibus veneranda debeant inveniri, per hæc scripta valeat agnosci.

INCIPIT VITA.

4. In ea parte Germaniæ quam Franci qui dicuntur Orientales inhabitant, locus est ex nomine vicini fluminis [g] Fulda vocatus, situs in saltu magno, qui moderno tempore ab incolis illarum regionum Bochonia [h] appellatur: quem sanctus Bonifacius martyr, legatus in Germaniam ab apostolica sede dire-

---

[a] Non completos, requisitis octo fere mensibus. Successit patri vita functo an. Chr. 814, die 28 Jan. Vivere desiit anno 840; die 21 Maii. BOLL.

[b] Hæc fere sunt Eginhardi verba, MAB.

[c] Coluntur hi 2 Junii. Vide Historiam translationis reliquiarum Marcellini et Petri ab Eginhardo descriptam. Exstat de eadem translatione carmen beati Rabani, tom. VI Operum ejus, estque hymnus 24. BOLL.

[d] De horum reliquiis Romæ obtentis et sibi missis agit Eginhardus l. IV citatæ Historiæ translationis reliquiarum SS. Petri et Marcellini. ID.

[e] Browerus, ab *Einardo abbate*, perperam. Reliquiæ namque SS. Marcellini et Petri ei Roma apportatæ sunt a Ratleio notario suo; aliæ vero a quodam monacho suo alioque, Sabbatino dicto, familiari Deusdonæ diaconi Romanæ Ecclesiæ, cujus industria fuerant impetratæ. ID.

[f] Id est *beata civitas*. Unde Trithemius corrigendus qui in compendio de Origine gentis Francorum, ex Hunibaldi fabulosis libris, tradit in Clodio Crinito urbem hanc conditam a *Salagasto sapiente et philosopho Francorum, ac legum Salicarum scriptore*: subjungitque eum in hac a se nominata urbe mortuum, combustum, urnæque impositum an. Clodii 16. ID.

[g] Hic Buchoniam Hassiamque perlapsus Visurgi miscetur. ID.

[h] Aliis, *Buchonia*, a fagis nomen sortita, quæ Teutonibus *buchen* dicuntur. Ita Candidus beati Rabani discipulus, in Vita Eigilis abbatis:

  . . . . Patriis evectus ab oris
Ducitor in silvam, fagi de nomine dictam
Buchoniam.
       ID.

ctus, et episcopus Moguntiacensis ecclesiæ ordinatus, quia secretus erat et a populari frequentia valde remotus, impetravit a Karlmanno [a] regi [b] Francorum, et cum auctoritate Zachariæ [c], sanctæ sedis apostolicæ summi pontificis, monasterium in eo constituit monachorum, anno ante passionem suam decimo, qui fuit ab Incarnatione Dominica quartus et quadragesimus et septingentesimus annus.

5. Huic itaque monasterio quintus a beato Bonifacio præfuit in regimine Rabanus abbas et præceptor meus, vir valde religiosus, et in Scripturis divinis apprime eruditus : cujus omne studium fuit in meditatione legis Domini et in doctrina veritatis, curaque maxima circa disciplinam monasticam et profectum discipulorum. Mens ejus ad ea disponenda quæ ad cultum divinum pertinent semper erat intenta. Quotiescunque a curis sæcularibus (quas, prout possibile erat, toto nisu declinabat) liber esse permittebatur, aut alios sacris litteris instruebat, aut in legendo vel dictando divinis Scripturis semetipsum pascebat. Inter hæc et alia quibus in oratione, vigiliis et abstinentia, cæterisque virtutum titulis formam se sibi subditis præbebat, monasterium [d] totum domibus apertis [*Forte*, aptis] et habitaculis congruentibus exstruxit; et ecclesiam ex diverso metallorum pretiosarumque vestium genere pulchra varietate decoravit. Per cellas quoque fratrum sibi commissorum et per alia loca multa ad se pertinentia, in quibus prius non erant, ecclesias cum permissione episcopi sui construxit : quas collectis undecunque sanctorum reliquiis, eorum nomine et honore consecrari fecit.

6. Erant etiam per diversas provincias prædia monasterio subjacentia, partim ex donis regum, partim ex liberalitate fidelium personarum, propter amorem Dei et venerationem sancti martyris Bonifacii illuc collata : quorum alia quidem per villicos ordinavit, alia vero, et maxime illa in quibus ecclesiæ fuerant, presbyteris [e] procuranda atque disponenda commisit. E quibus, qui in Italia prædium procurabat, quod Adumar quondam comes sancto Bonifacio tradidit, nomine Addo, inde rediens, inter cætera retulit Alabingum [*Al.*, Halabingum] quemdam, potentem in Italia virum, mandasse abbati, quod cujusdam sancti martyris ossa vellet ei transmittere, si congruus ab eo venerationi illius locus exhiberetur, partemque hæreditatis suæ quam in Francia, unde oriundus fuit, habebat, solemni donatione loco illi conferre disponeret, ad deserviendum usibus eorum qui ibi essent servituri. Quibus ille auditis, quia multum in Domino gavisus, talium rerum desiderio non parum movebatur, absolutisque celeriter causis propter quas presbyter venerat, remisit eum in Italiam, mandans memorato viro Alabingo in translatione reliquiarum sancti illius martyris non segniter agendum ; quin potius propter varios eventus rerum omni velocitate ut efficeretur esse festinandum. Jam se divinis officiis faciendis basilicam congruentem habere constructam, et omnia parata quæ ad susceptionem et cultum hujusmodi rerum usus exposcit ; neque aliquid esse ex hac parte impedimenti, quin pollicitationem suam, si voluntas non defuerit, valeat implere.

7. Cumque profectus esset presbyter, ut in Italiam reverteretur, contigit ut quidam diaconus Romanæ Ecclesiæ, nomine Deusdona [f], veniret in Franciam, specie quidem quasi pro quibusdam suis necessitatibus regis opem imploraturus ; re autem vera sanctorum quas secum habebat reliquias alicui religiosorum in Francia virorum daturus, cujus adjutorio posset inopiæ suæ aliquod capere supplementum. Transcensis igitur Alpium jugis, cum ad plana et campestria descendisset in finibus Alamannorum, venit ad quamdam villam, quæ vocatur *Kentibruto*, in pago *Turihgawe* [g], ubi ecclesiam cum reliquiis ingressus, cum benigne a presbytero susceptus esset, dedit ei partem reliquiarum beati Alexandri [h] martyris sub altare ecclesiæ collocandam. Quo facto, mox quanti meriti apud Deum esset miraculis declarantibus cœpit ostendi. Audientes enim populi sanctorum allatas reliquias esse, debiles et ægrotos et variis incommodis afflictos undique cœperunt adducere, credentes per orationes sanctorum pristinam recuperare sanitatem. Inter quos femina quædam, immundo spiritu possessa, basilicam introivit ; cumque a presbytero juxta morem ecclesiasticum exorcizaretur, per os illius dæmon respondit, si ab ea fuisset ejectus, statim in aliud vas reliquiis tractandis exportandisque solertiam veteres approbent, læti forte rerum successu, eos tamen in re tam sacra, neque optima fide, neque casto versatos, qui Eginhardum adierit, facile quivis intelliget. Sed iidem nihilominus præclare industrii homines operam itidem hic Rabano impigre navarunt, quod ex Rudolfi Historia manifestum evadit ; quam quisquis cum Eginhardi Commentario conferre voluerit mutua opera majorem illico utrinque facem allucere sibi sentiet. » Boll.

[g] Browerus , Zurichgaw, adnotatque : « Thurihgave, Tuigaw vel Durgow, notus in Alemannia et finibus Helvetiorum tractus, » inter Constantiam et Tigurum. Id.

[h] Infra n. 14 *papa* dicitur, uti etiam a Rabano poemate 109 et 117. Colitur 3 Maii. Caput ejus a Leone IV in Urbem illatum scribit Anastasius Bibliothecarius. Id.

---

[a] Huic an. Chr. 741, a morte patris Caroli Martelli cessit Francia Orientalis, cum Thuringia, Suevia, sive Alamania, relictis Pippino fratri Burgundia, Provincia, Neustria. Anno 747 monasticum institutum amplexus, vitam sancte finivit. Boll.

[b] Potestate, non titulo rex fuit : quem frater ejus Pippinus, Childerico Merovingorum postremo in monasterium detruso, auctoritate S. Zachariæ pontificis, obtinuit ann. Christi 752. Id.

[c] Præfuit Ecclesiæ a 6 Decemb. anni 741 ad 15 Martii anni 752, quo die colitur. Id.

[d] Legendus Browerus de Fuld. Antiq., potissimum cap. 3 et 4 lib. I, ubi primordia fundati conditique monasterii profert. Id.

[e] Presbyteri illi monachi erant, quos præpositos jam tum appellabant, infra num. 13. Hinc præpositurarum (ut vocant) origo. Mab.

[f] De Deusdona, ejusque familiari Sabbatino, ita Browerus l. III Fuld. Antiq., c. 13 : « Utriusque ut in

quod sibi in eadem regione concessum esset, ingredi deberet : Othmarum quemdam, quem intraturus esset, ex nomine designans. Ad quem presbyter, quia non procul habitabat, mox nuntium mittens, jussit ut, confessione facta, peccatorum pœnitentiam ageret, ne forte facinorum suorum merito fieret inimici [a]. Qui præceptis obediens ad pœnitentiam, quam diabolus semper aversatur, tota mente confugiens, insidias evasit inimici : dæmon vero per virtutem sancti martyris ipsa die ejectus, feminam quam tenebat sanæ mentis et incolumem reliquit.

8. Item quædam femina, orationis causa veniens ad reliquias sancti, duas inaures aureas pro munere obtulit ad altare : quas ancilla, quæ in ejus obsequio erat, super altare positas concupiscens, cum inter cæteras mulieres quæ advenerant orationi incumberet, optavit in corde suo ut eas cum justitia redemptas habere potuisset. Cumque inter orandum id animo volutaret, mox mirum in modum, aliis ab oratione surgentibus, ipsa se erigere nullatenus potuit; sed ita, ut super genua sua orationi incubuit, quodam rigore contracta permansit. Interrogata autem a presbytero causam peccati, cujus merito tam subitam membrorum contractionem pertulisset, vel quid animo gereret quando in oratione procubuit, respondit nullam sibi aliam læsionis suæ causam videri quam inaurium illarum concupiscentiam. Cui presbyter : Si sancti, inquit, Alexandri voluntas sit, ut eas, sicut desiderasti, possideas, surge et tolle illas de altari. Ad cujus vocem mox illa sanitate recepta surrexit, linteumque quod circa caput suum habuit ad altare volens offerre, nullo conamine de capite potuit abstrahere. Quod cum videret presbyter, et ex recuperatione sanitatis intelligeret, puellæ etiam inaures quas desideraverat divinitus esse concessas, datis ei inauribus ait : Accipe munus quod desiderasti, idque tibi gratis a sancto Dei, non pro temporali pretio cognosce esse donatum. Illa vero gratias agens Deo, et merita sancti Alexandri glorificans, domum cum domina sua gaudens reversa est.

9. Postea contigit quasdam pauperculas mulieres orandi gratia ad sanctas illas reliquias devota mente properantes venisse ad fluvium Turiseo [b]; cumque non possent absque navigio transire, nec haberent quod pro naulo darent, (non enim eis erant nisi quinque tantum panes ad viaticum) nauta autem cum vehementer instaret naulum ab eis exigens, tandem obtulerunt ei quatuor panes, uno tantum sibi ob necessitatem victus reservato. Sed cum ille adhuc non acquievisset, dederunt ei et quintum, magis eligentes ad tempus famem moribundi corporis perpeti, quam victuram perpetuo animam sanctæ orationis fructu privare. Recepto autem quinto pane, in alteram amnis ripam feminas miser ille navigio transposuit; assumptisque panibus ac cæteris quas

simili inhumanitate contraxerat rebus, ad propria redire volens, subita nervorum duritia ita deriguit, ut de loco in quo erat ullo se conamine movere non posset; stabatque stupefactus, ac pavore perculsus cogitare cœpit unde ei tanti mali contingeret casus. Tandem accusante conscientia in se reversus, scelus quod commiserat recognoscit; commissique pœnitens, ad sancti reliquias, quæ jam tunc ab omnibus fere regionis illius incolis religiosa veneratione frequentabantur, pro absolutione sua ire desiderat; statimque divina miseratione gradiendi facultatem recipiens proficiscitur, ecclesiam intrat, panes ante altare cum publica facinoris sui confessione deponit. Quos ut mulieres receperunt, integram sanitatem adeptus, domum suam cum gaudio repetivit.

10. Item quidam de comitatu Geraldi comitis, nomine Perathgarius, filius Theodaldi, iter agens, cum venisset secus ecclesiam in qua sancti martyris positæ sunt reliquiæ, et vellet præterire, admonitus a puero, qui comitatus est eum, ut ad sacras reliquias causa orationis paululum declinaret, respondit sibi tunc quidem esse festinandum propter legationem domini sui peragendam, tempore vero opportuno ad orationem esse veniendum. Inter hæc verba subito equus cui sedebat, invisibili potentia fixus, stabat immobilis; et licet nimium calcaribus fatigatus, nullo modo ad ambulandum poterat impelli. Unde factum est, ut confusus ac pavore perterritus descenderet de equo; et quod prius equitando facere contempsit, implevit ambulando. Perrexit igitur ad ecclesiam, et coram reliquiis sancti martyris expleta suppliciter oratione, agrum juris sui, qui possessioni ecclesiæ illius contiguus erat, pro salute animæ suæ, solemni donatione ei contulit; sicque itinere suo, quo missus fuerat, libero cursu perrexit.

11. Alio quoque tempore contigit ut vir quidam de orientalibus Alamanniæ partibus, cum sociorum suorum comitatu non modico, causa orationis ad prædictas reliquias veniret, portans secum donaria ad sacrarium Domini offerenda. Quæ cum posuisset super altare, protinus elapsa in terram ceciderunt; factumque est, ut tertio superposita, nihilominus in terram corruerent. Unde presbyter intelligens aliquid inesse latentis nequitiæ menti vel actibus offerentis, ait ei ut sua tolleret, et ad propria remearet; monuitque eum circa salutem animæ suæ esse sollicitum, ac pura confessione et dignis pœnitentiæ fructibus conscientiam suam mundare, quo orationes ejus et munera deinceps Deo potuissent esse placabilia.

12. Erat vir quidam in eadem regione, Sigibaldus nomine, ex cujus servis inter cæteras multitudines, quæ ad orandum confluebant, unus ad ecclesiam venit, susceptusque a germano suo ejusdem ecclesiæ et Rhinfeldiam, ex quo *Kentibruti* ante memorati situm recte colligit Henschenius. MAB.

---

[a] Colven., *inimico*, quasi vox *obnoxius* deesset. BOLL.
[b] Vulgo *Tur*, a quo tractus ille *Turgow* denominatus; qui fluvius in Rhenum influit inter Scafhusiam

servo, apud eum diebus aliquot mansit. Cum autem reverteretur, subito in itinere quo gradiebatur obmutuit. Qui vero cum eo erant, cognito quod acciderat, duxerunt illum ad dominum suum, eique gestæ rei ordinem per omnia pandebant. Dominus vero servi statim eum remisit ad ecclesiam; et quia per merita sancti martyris Christi recuperata pristina sanitate curatus est, tradidit eum in loco reliquiarum ejus perpetuo serviturum. Multa quidem et alia in eodem loco divinitus fieri miracula a commeantibus celebri sermone nuntiantur, quæ huic operi, ne forte prolixa narratio legentibus fastidium generaret, inserere nolui. Hæc autem quæ commemoravi, in quodam libello inde allato suscepi, et eodem ordine quo scripta erant, licet non eisdem verbis, quia certa esse videbantur, inserui: ut ex his cætera, quæ vulgari sermone referuntur, veracius credi et certius valeant sciri.

13. Supradictus autem diaconus, itinere quo cœperat, in Franciam [a] venit, ac primum se ad Einhardum contulit, cujus supra mentionem feci (erat enim ei familiaris). Deinde, commendatis sub signaculo sanctorum reliquiis, ibi in ecclesia beatorum martyrum Marcellini et Petri conservandis, Moguntiam profectus est, ubi tunc erat quidam presbyter ex monachis nostris, nomine Theotmar [b], pro causis quibusdam ab abbate ad Otgarium [c] archiepiscopum missus. Is cum diaconum vidisset, cognito quod esset Romanus, percontatus est ob quam causam tam procul a patria peregre esset profectus; auditisque causis itineris, hortari eum cœpit ut partem reliquiarum, quas se habere confessus est, suo donaret abbati, sciens se procul dubio ob id bene ab eo fore remunerandum. Placuit diacono suadentis consilium; factaque promissione dimisit presbyterum, die qua tunc inter eos convenerat, ad locum ubi reliquias dimisit, obviam ei reversurum; et si abbati conventio eorum placuisset, reliquias suscepturum. Ille ante cum festinatione monasterium revertens, primum responsa archiepiscopi retulit abbati; deinde quomodo cum diacono de reliquiis condictum habuerat, intimavit. Quibus ille auditis, valde gavisus est, volensque velociter experiri fidem sponsionis, remisit eum, et alterum cum eo presbyterum ex fratribus nostris, nomine Artharium, cum munusculis, sicut promissum erat, diacono perferendis; ad cujus hospitium cum venissent, allatis muneribus, reliquias quas promiserat reposcebant. Tum ille: Deliberatum, inquit, habeo vobiscum pariter ad monasterium proficisci, et non solum partem reliquiarum, sicut promisi, sed etiam totum, quod modo habeo ex omnibus, quas ad hanc terram attuli, vestro abbati offerre, ejusque fidei me cum eis pariter committere. Erat autem eo tempore festivitas [d] sanctorum martyrum Marcellini et Petri, ad quam quia magna multitudo populi confluxerat, et diaconus quosdam ex eis apud quos hospitabatur suspectos habebat (veritus est enim, ne forte eorum machinationibus, vel fraude, vel violentia reliquias amitteret), visum est eis, non prius loco egredi, quam transacta festivitate populus ad sua remearet; miseruntque ad abbatem, diaconi voluntatem nuntiantes: ipsi interea quæ itineri suo et subvectioni sanctarum reliquiarum necessaria videbantur parare curabant. Erat etiam non procul ab eis presbyter, unus ex fratribus nostris, nomine Authadus [*Boll.*, Anthadus], præpositus locorum in illis partibus monasterio subjacentium, cui injunctum erat ut statutis temporibus inde necessaria fratribus administraret. Hunc statuerunt accersiri, quo facilius id quod inchoatum habebant et efficere moliebantur, fraterno roborati consilio, implere potuissent.

14. Qui cum venisset, et finita solemnitate populus ex maxima parte jam recessisset, paratis omnibus quæ itineris eorum usus postulabat, loculum quo sanctæ reliquiæ erant reconditæ elevantes, cum hymnis et laudibus ferre cœperunt, undique per viam confluentibus populis, et elata in excelsum voce divinas laudes cantantibus; ac sic iter eorum Domino prosperante, cum turba non modica quæ feretrum sequebatur, die altera ad monasterium venerunt. Fratres autem occurrerunt eis cum crucibus ac cereis, adventum eorum præstolante abbate in ecclesia beati Joannis Baptistæ [e], quæ erat in itinere eo, distans a monasterio Africum versus quasi stadiis novem. In quam pridie Nonas Junii cum sacris reliquiis intrantes, populo qui eos de diversis veniens per saltum secutus est, et jam reverti volebat, orandi ac vota solvendi spatium dabant. Quibus peractis levantes loculum, ad monasterium venerunt, ac basilicam beati Bonifacii martyris cum laude et lætitia ingressi, juxta altare, in parte meridiana feretrum cum sacris cineribus posuerunt.

15. Altera autem die Deusdona diaconus, et germanus frater illius, nomine Theodorus, laicus, primo mane cum abbate ac duobus presbyteris, quorum ego alter eram, seorsum basilicam ingressi, loculum aperuerunt, et singulorum ossa sanctorum, sicut in pulvinis semotim condita fuerant, proferentes, abbati dederunt, coxam videlicet ac pedem sancti Alexan-

---

[a] Browerus arbitratur hunc esse secundum adventum Deusdonæ, cujus meminit Eginhardus in fine Historiæ translationis SS. Marcellini et Petri. Sed nec annus nec mensis conveniunt. Tum dicitur advenisse *circa: medium fere mensem Augustum, et Kalendas Septemb. in Dominicam* incidisse, an. scilicet 830, Gregorii papæ III anno 3. Infra mensis *Junius et annus* 835 signantur. Boll.

[b] Is est Theotmarus, inferius item laudatus num. 33; cui Rabanus nuncupavit librum de Ordinibus sa-

cris, etc. Mab.

[c] Decessor Rabani is est, factus archiepiscopus circa finem anni 826 aut initium sequentis, ut observat Serarius l. IV Rer. Mogunt. Illi Rabanus inscripsit Commentarium in Sapientiam et Ecclesiasticum, ac Librum pœnitentialem. Laudes ejus et epitaphium descripsit inter poemata. Id.

[d] 2 Junii. Id.

[e] Hanc ecclesiam jam dici *Johansberg* adnotat Browerus. Boll.

dri papæ et martyris, et ᵃ brachium Felicissimi diaconi, ᵇ caput sanctæ Concordiæ martyris, ac partem de ossibus sanctorum apostolicorum [*Boll.*, episcoporum] Fabiani ᶜ [*Al.*, Faviani] atque Urbani ᵈ martyrum Christi; pedem beati Castuli ᵉ, ac dentem sancti ᶠ Sebastiani; de ossibus sanctorum ᵍ Pamphili presbyteri et martyris, Papiæ ʰ, Mauri, atque Victoris ⁱ; ʲ sanctæ quoque Felicitatis matris septem filiorum, et sanctarum virginum et martyrum ᵏ Emmerentianæ atque Basillæ ˡ partes non parvas, in singulis sacculis seorsum conditas. Quas cum ille venerabiliter suscepisset, et cum honore ac reverentia deosculatas loculo reconderet, post paucos dies remuneratum diaconum ac fratrem ejus remisit in patriam, promittentes se cum aliis sanctorum reliquiis, si eis vita comes ac divinus favor adesset, iterum ad eum esse venturos.

16. Postquam illi reversi sunt ut irent in patriam suam, evolutis diebus admodum paucis, memoratus abbas cum auctoritate Otgarii archiepiscopi Moguntiacensis ecclesiæ, per Reginbaldum ᵐ, coepiscopum ⁿ ejus, ossa sanctorum martyrum Alexandri et Fabiani cum magno honore intulit in ecclesiam beatæ Dei genitricis Mariæ, ad septentrionalem plagam monasterii sitam, atque in arca saxea inclusis eorum plumbeis loculis ad orientem altaris collocavit IV Kal. Augusti, erigens desuper ligneum ædificium, mechanica arte fabricatum, quod argento et auro atque lapidibus pulchra varietate decoravit; addens etiam versus, quibus, unde, et quo, et ad quem [*Al.*, ad quæ loca] translati sunt, declaratur, metrica lege compositos, et litteris aureis scriptos, hoc modo:

Pontifices summi, Roma huc quos misit habendos,
Rectores fuerunt sedis apostolicæ.
Hos servus Christi Raban suscepit ovando,
Illorumque ossa hoc condidit et loculo.

ᵃ Colitur 6 Augusti... Meminit ejus Rabanus poemate 119 et 120. Boll.
ᵇ 13 Augusti. Rabanus poem. 31. Id.
ᶜ De eo meminit Rabanus poem. 34, 112, 119, 133, 139, 143, etc. Id.
ᵈ 25 Maii. Rabanus poem. 109, 119, 129. Id.
ᵉ 26 Martii. Rabanus poem. 32. Id.
ᶠ 20 Januarii. Rabanus poem. 33, 115, 139, 143.
ᵍ 21 Septemb. Id.
ʰ 29 Jan. Id.
ⁱ Varii SS. Victores: in solo Januario duodecim celebrantur; forte hic socius est S. Zenonis, de quo infra n. 24. Utriusque natalis est 20 Aprilis. De eo Rabanus poem. 73, 121. Id.
ʲ 23 Novemb. Id.
ᵏ 23 Januarii. Id.
ˡ 5 Maii. Rabanus poem. 35, 64. Id.

ᵐ Ejus epitaphium scripsit Rabanus. Is mihi videtur Reginbaldus, cui Rabanus dicat librum de Disciplina ecclesiastica, in editis dictus *Reginaldus*, Rabano *sanctus Dei sacerdos*, de commisso sibi grege, paganis scilicet convertendis et fidelibus confirmandis, sollicitus. Pauci refert notare apud alios legi hoc loco, *per Reginbaldum chorepiscopum*: nam *coepiscopus* et *chorepiscopus* eo ævo promiscue fere usurpabantur, tametsi coepiscopus non raro etiam suffraganeum episcopi signabat. De Reginbaldo iterum infra num. 27. Mab.

Levitæ ergo duo prædicta ex urbe secuti,
  Venerunt istuc digni et honore suo;
Quos idem famulus Domini mox obvius astans
  Supplex accepit, hicque simul posuit.
Martyr Alexander, martyr Fabianus et ipse,
  Huc venere simul, doctor uterque pius.
Discipuli Sixti papæ dignique ministri,
  Felicissimus hic Agapitusque ᵒ manent.
Omnes hi pariter aulam hanc satis (*Al.*, sacris) ossi-
                                                [bus ornant,
  Virgo Dei genitrix quam dicat et meritis.
Vos quoque, qui intrastis templum, istos cum prece
                                                [fusa
  Patronos vobis quærite in auxilium.

Reliquorum vero sanctorum ossa, qui supra nominati sunt, in arca, quam ad instar arcæ fœderis Dei ex ligno fabricatam atque deauratam cum cherubin ac vectibus [*Al.*, aspectibus] suis in basilica beati Bonifacii martyris in absida orientali posuerat, condidit, donec venerationi eorum locum congruum pararet. Quod et postea cum Dei adjutorio, quam celerrime potuit, devotus implevit. Hæc autem gesta sunt anno ab Incarnatione Domini 835, indictione 15, regnante Domino nostro Jesu Christo, qui cum Deo Patre et Spiritu sancto vivit et regnat Deus per omnia sæcula sæculorum. Amen.

17. Post autem anno sequente venit quidam laicus ab urbe Roma, Sabbatinus ᵖ nomine, cum sociis suis in Franciam, ferens secum reliquias ᵠ; auditoque nomine supra memorati abbatis, cujus devotionem in divino servitio ac veneratione sanctorum longe lateque fama divulgabat, venit ad eum VIII Kal. Maii, deditque illi ossa sancti Quirini ʳ martyris, qui fuit in Siscia ˢ urbe Pannoniæ quondam episcopus, et ossa beati ᵗ Romani militis, qui a beato Laurentio baptizatus, statim capitali sententia consecutus est martyrium; de corpore sancti ᵘ Cornelii papæ ossa tredecim, et de corpore sancti ᵛ Callisti papæ decem, de corporibus vero sanctorum ˣ Nerei et

ⁿ *Coepiscopus* et *chorepiscopus* usu illius ævi idem fuit, qui modo episcopi in pontificia functione vicarius est, et vulgo *suffraganeus* dicitur. Abbates eo tempore illud munus ut plurimum obiisse docet Browerus in scholiis ad duodecimum poema Rabani, exemplo S. Wigberti et Albuini Frieslariensium. Alii sunt supra coepiscopi, qui eidem archiepiscopo subsunt. Boll.

ᵒ Hinc patet hos versus non nisi sequentibus annis factos, post acceptas sancti Agapiti reliquias. Id.

ᵖ Hic circa annum Christi 829 attulerat Eginhardo Saligenstadium reliquias SS. Proti et Hyacinthi. Id.

ᵠ Adeo jam invaluerant eo tempore, imo in morem redierant sacrarum reliquiarum nundinationes, de quibus Augustinus et Gregorius Magnus conquerentur. Sic nimirum alteris erat fames auri, alteris reliquiarum. Fuit qui quondam brachium sancti Augustini doctoris *centum talentis argenti et talento auri* comparavit, referente Willelmo monacho Malmesburiensi. Lege Guiberti abbatis Novigentensis lib. I De pignoribus sanctorum, cap. 3, § 3. Mab.

ʳ Ejus meminit Rabanus poem. 121, 127. Boll.
ˢ Aliis *Syscia*, ad Savum fluvium. Ejus passim antiqui meminerunt. Id.
ᵗ Augusti. Id.
ᵘ 13 Sept. Rabanus poem. 34, 109, 121, 142. Id.
ᵛ 14 Octob. Rabanus poem. 112. Id.
ˣ 12 Maii. Rabanus poem. 126. Id.

Achillei ossa sexdecim, sancti autem [a] Turturini ossa, et sancti [b] Stactei de cineribus corporis maximam partem et ossa decem. Ille vero universa hæc venerabiliter suscepta in arcam, quam supra sub duobus cherubin positam diximus, supplici devotione collocavit.

18. Igitur dum hæc agerentur, Addo presbyter abbatis, quem supra ad Alabingum quemdam pro suscipiendis alicujus sancti ossibus Italiam missum fuisse retulimus, corpus beati [c] Venantii martyris in territorio Ariminensis urbis inventum sustulit, et in Franciam redire festinavit. Ac primo quidem propter metum incolarum illud occulte ferebat; deinde vero postquam Alpium juga transiit, et in fines Bajoariorum pervenit, jam securior effectus, feretro imposito, confluentibus undique populorum turbis, et excelsa Deum voce laudantibus, detulit in cellam, quæ vocatur [d] Suolenhus, sitam in regione Sualaveldoni [e], et ad australem plagam altaris ecclesiæ in feretro, sicut allatum erat, honorifice posuit. Erat autem eo tempore præpositus cellæ illius ex fratribus nostris, nomine Santharatus; qui statim misso nuntio omnem rei gestæ ordinem mandavit abbati, rogans sibi renuntiari utrum sanctas illas reliquias in eo loco ubi tunc erant permanere voluisset, an sibi ad monasterium transferri. Omnes enim populi regionis illius id petebant, idque summis votis optabant, ut corpus sancti martyris ibi habere mererentur, cujus opem in diversis infirmitatum sanitatibus quotidie sentiebant. Abbas vero cum audisset, mox de suis duos monachos presbyteros misit ad prædictum fratrem, præcipiens eis quanta potuissent celeritate sanctas illas reliquias sibi afferrent. Erat enim jam tunc per omnes pene regiones illas celebre nomen sancti Venantii propter virtutes et miracula, quæ Christus Dominus et rex martyrum per eum facere dignatus est. De quibus quæ facta sunt in eodem loco, priusquam venirent qui ab abbate missi fuerant, paucis arbitror esse perstringenda.

19. Nam cum adhuc feretrum cum sacris ossibus juxta altare esset positum, quædam femina de ipso pago, quæ ante sex annos oculorum lumen amiserat, rogavit se illuc adduci, credens sibi per merita et orationes sancti Venantii Dominum propitiari. Cumque perducta esset, et ante feretrum prostrata suppliciter orasset, visum recepit. Post hæc altera mulier filium suum sexennem, ex utero claudum, ante reliquias sancti martyris posuit, et expleta laude vespertina cæteris ad sua regressis, ipsa cum puero pernoctavit. Mane autem facto, sublatum adhuc, sicut fuerat, debilem domum reportans, in lectulum posuit; cellariumque suum, ut puero panem daret, intravit. A quo cum fuisset egressa, filium suum, quem claudum in lecto reliquit, cum aliis ejusdem loci pueris in platea ludentem reperit, ita sanum, ut nec signum aliquod in eo pristinæ debilitatis remaneret. In quo liquido ostenditur quod suffragantibus meritis sancti Venantii puer ille sanatus sit, per virtutem ejus qui et filium reguli et puerum centurionis verbo curavit, et in omni loco præsentia suæ majestatis quæcunque voluerit facillime potest efficere, Jesus Christus Salvator noster, qui est super omnia Deus benedictus in sæcula. Amen. Hæc quidem duo miracula quæ modo retuli, ab eis qui præsentes erant, et ea se vidisse testati sunt, didici: cætera vero quæ scripturus sum, ipse coram positus vidi, quia ex eis qui ad perferendos sacros cineres missi fuerant unus eram.

20. Igitur cum venissemus ad locum quem Suolenhus vocari supra diximus, paratis celeriter omnibus quæ ad devectionem sanctarum reliquiarum necessaria videbantur, prima luce post completum matutinum officium, celebratis ex more missarum solemniis, cum ingenti luctu ac mœrore eorum qui ibidem erant remansuri, sanctum illum thesaurum sustulimus, atque iter ingressi portare cœpimus. Erat enim cœlum grave nubibus obscurissimis, et quæ cito in ingentem pluviam resolvi possent, nisi id virtus divina fieri prohiberet. Nam tota nocte illa sine intermissione pluebat; ita ut nobis iter illud ea die inchoari posse minime videretur. Sed superna gratia per merita sancti sui id quod timebatur longe aliter esse fecit. Nam ut pergere cœpimus, mox dissipatis nubibus, cœli serenitas venit, et per viam luti parum inventum est. Rivi quoque, qui in tam magna et jugi pluvia, ut ea nocte erat, crescere solebant, pene nihil crevisse reperti sunt. Pergentes autem per singulas villas, obviis populorum turbis excipiebamur, qui nos in dicendis laudibus divinis, et in sacro onere ferendo non segniter adjuvabant, donec veniremus in locum qui vocatur Holzkircha [f], situm in Alamannia; ubi congregata maxima multitudine pro-

---

[a] Hujus necdum in ullis fastis natalem reperimus. ID.
[b] *Stactei* 28 Septemb. ID.
[c] Episcopus fuit hic S. Venuntius martyr. Diversus ab eo nec episcopus, qui Camerini colitur 18 Maii, martyrio istic coronatus. ID.
[d] Id est Soli seu Solonis monachi. MAB. — *Solenhoff* margini ascriptum, et *cella S. Solæ* vulgo dicitur. Situm id monasterium in Eistatensi diœcesi apud rivum Altmonam, a S. Sola, Solo, sive Sualone fundatore, qui 10 Decemb. colitur; Fuldensi monasterio subjectum: cui postliminio, cum exemptum esset, B. Rabanus impetrato Ludovici Pii diplomate, recuperavit. Vide Browerum, l. II Antiq. Fuld., c. 13. BOLL.

[e] Bolland., *Sualavel dominorum*. MAB. — Browero *Sualeveldoni*, in Vita sanctæ Solæ, *pagus vel domus Sualva*; in diplomate Ludovici Pii *Sualefeldt pagus* juxta fluvium Altmule, cui etiam adjacent Eystadium et Papenheimium, a quo non procul distat monasterium Haidenheimense, in quo obiit S. Walburgis in pago etiam Sualefeldico. BOLL.
[f] Monasterii nomen, siti inter Mœnum et Tuberam, in hodierno comitatu Werthaimensi, ad fluvium Abstade, quod Fuldensi monasterio subjecit Carolus Magnus, in cujus litteris monasterium Holtzkiricha seu sancti Sixti, a Troando principe ædificatum dicitur, apud Browerum in lib. II Antiquitatum Fuldensium, cap. 5. MAB. — Variis versibus illud illustravit B. Rabanus. BOLL.

miscui sexus et ætatis cum ingenti lætitia suscepti sumus. Erat autem ibi oratorium non grande, quod intrare ac feretrum inferre volentes, præ multitudine turbarum quæ præibant et quæ sequebantur, minime potuimus ; ac per hoc sub divo, in loco editiore altari erecto, ac feretro juxta illud posito, rursus missarum solemnia celebravimus : ubi inter celebrandum duæ mulieres spiritibus immundis obsessæ vexari cœperunt, et mox per virtutem Christi ac merita sancti Venantii, fugatis dæmonibus, integerrimam mentis et corporis meruerunt recipere sanitatem.

21. Expleta autem missarum celebratione, cum populus ad sua revertisset, oratorium quod vicinum erat, sanctos cineres intulimus, ac feretrum pone altare posuimus; ordinatis qui ibi excubias ducerent, atque divinis laudibus dicendis operam darent, ipsi nos in hospitium recepimus. In ipsa autem nocte, cum ad nocturnas vigilias diviæ laudes dicerentur, quædam mulier muta, per merita sancti martyris, soluto linguæ vinculo, loquelam recepit. Nec multo post altera mulier spiritu immundo possessa, et brachium habens aridum, per orationes sancti martyris ejecto dæmonio ita perfecte corpore et mente sanata est, ut die crastina feretrum cum cæteris ipsa portaret. Mane autem facto cum missarum solemnia agerentur, quædam mulier, quæ tribus semis annis cæca fuerat, visum recepit. Et altera, dextram manum habens debilem, per merita sancti consecuta est integram sanitatem.

22. Cum autem inde promovere parassemus, et in ipso profectionis nostræ articulo solemniter a sacerdote diceretur oratio, unus ex clericis qui nobiscum erant, nomine Otheri, cui suscipiendorum munerum quæ a populo offerebantur cura commissa fuerat, partem quamdam allatæ pecuniæ furatus [*Al.*, fraudans], subito cecidit, et in conspectu totius multitudinis, quæ innumerabilis undique confluxerat, spiritui traditus immundo, vexari cœpit, et eousque a dæmonio possessus est, donec a circumstantibus allata pecunia, quam in zona absconderat, per merita et orationes sancti Dei martyris tam perfecte curatus est, ut ab eodem loco incolumis cum laude Dei ac publica sceleris sui confessione feretrum comitaretur, donec loco suo sanctæ reliquiæ conderentur. Neque enim prius aliquid hujuscemodi insaniæ ab infantia usque ad tempus illud in eo auditum aut visum est : sed nec postea, quandiu vixit, potestas in eum data est inimico. Igitur inde profecti venimus in villam quæ vocatur Truthmuntiga, ubi juxta sacros cineres in ecclesia positos, quatuor mulieres in ipsa nocte ab immundis spiritibus liberatæ sunt.

23. Nec prætereundum arbitror esse miraculum quod merito huic sancto Dei ascribitur. Ante enim quam ad prædictam villam ventum esset, quædam

ᵃ Mœni scilicet, ad quem situm istud monasterium. Mab.

matrona nobilis, audito quod per regionem illam sancti Dei reliquiæ veherentur (erat enim in via ad alium quemdam locum ire volens), relicto quo tendebat itinere, obviam nobis properavit, fibulamque suam auream, quam lingua Francorum spangam vocant, in ipso transitu perdidit. Quam cum diu cum omni comitatu suo, qui erat non modicus, quæreret, et minime reperiret, cœptum iter carpebat, dicens : Si Domino nostro Jesu Christo placet, cujus sancti famuli reliquiis supplex occurri, fibula quam perdidi facile est ut a quolibet inventa mihi restituatur. Venit ergo, et adoratis reliquiis, oblatisque muneribus cum rediret, occurrit ei quidam homo ignotus, eamdem fibulam præ se ferens in manu : quam cum illa suam fore dixisset: Recipe, inquit, quia per orationes sancti, cujus reliquias venerata es, reddita est tibi. Atque ita mulier accepto quod suum erat, itinere suo pergebat, laudans et benedicens Deum.

24. Altera autem die celebratis primo mane missarum solemniis, cum sanctis cineribus iter ingressi, venimus in locum qui vocatur Hassarodt, in quo monasterium est monachorum, qui egressi cum crucibus et capsis sanctorum reliquias continentibus, divinas laudes concinentes, ex illa [*Leg.*, alia] parte fluminis ᵃ adventum nostrum exspectabant. Nos vero cum venissemus ad pontem fluminis, propter multitudinem quæ ab Alamannia nobiscum venerat et jam redire volebat ut orandi locum haberet, parumper constitimus. In quo loco ex accolis regionis illius non minima pars populi e diverso nobis occurrit, inter quos femina quædam vellus lanæ ferens, cum ad feretrum munus oblatura extenderet, lana quam tenebat, velut fumus evanuit. Quod cum vidisset illa, pavens ac tremens cœpit quærere presbyterum, cui peccatorum suorum confessionem daret, consiliumque suæ salutis acciperet. Interrogata autem si lana quæ de manibus ejus evanuit esset furtiva, confessa est non a se furatam, sed a quadam socia sua sibi fuisse donatam. Cumque res diligenti inquisitione vestigaretur, inventum est quod ovis a qua vellus illud sumptum erat, proprio possessori erat fraude sublata. Ibi quidem turba illa, quæ nos, ut diximus, ab Alamannia prosecuta est, adoratis atque osculatis sacris reliquiis, domum reversa est. Monachi vero qui nos in altera fluminis ripa opperiebantur, et alia multitudo quæ nobis ibi occurrit, comitati sunt nos cum divinis laudibus usque ad eum locum, in quo simili modo ab aliis occurrentibus excipiebamur : quæ tunc similiter, ut prior, facta oratione, ad sua reversa est. Hoc modo per singulos dies a mane usque ad vesperam comitantibus nos, et *Kyrie eleison* cantantibus populorum turbis, cum ingenti gaudio gradiebamur.

25. Cum autem appropinquassemus villæ, quæ vocatur Hamalunburg ᵇ, sita super fluvium nomine

ᵇ Hodie *Amelburg* oppidum ad Salam. Mab.—Aliis, *Hamelburg*, notum hoc ævo oppidum, cujus cives

Sala, quæ fuit quondam fiscus regius, donec ex largitate Pippini regis Francorum, partibus sancti Bonifacii martyris, solemni donatione collata est, occurrerunt nobis cum cereis et crucibus fratres nostri, qui habitant in cella, quæ ob hoc quod ab eo quondam est habitata, Baugulfi [a] vocatur, et cum eis ingens multitudo virorum ac mulierum ex diversis locis undique confluentium. Inter quos erat claudus quidam de ipsa villa, quam supra nominavi, qui propter cruris ac pedis unius imbecillitatem duobus se baculis ad incedendum sustentabat. Is, cum nobis paululum consistentibus populus qui occurrit sacras reliquias adoraret, in conspectu multitudinis per merita sancti martyris tam perfecte curatus est, ut ultra in ambulando baculorum adminiculo non egeret.

26. Cum autem pergentibus nobis et sacrum onus ferentibus ventum esset ad fluvium, invenimus abbatem nostrum cum sacerdotibus ac monachis et magna multitudine hominum, in altera ripa fluminis adventum nostrum exspectantem. Erat quidem ibi transitui nostro navis parata, sed non in apto loco ad terram subducta; idcirco præceptum est nautis ut eam nobis obviam ducerent, qui longe sursum ab eo loco ad littus venimus. Illis vero festinantibus ut jussa explerent, cum funem solvissent, et in navem descendere parassent, subito e manibus eorum lapsa in amnem, vi quadam invisibili contra impetum fluminis acta ferebatur, donec ad locum quo sacrum onus susceptura erat littori applicita pervenit. Transpositis autem reliquiis, et in prato adjacente missarum solemniis propter multitudinem sub dio celebratis, cum in oratorium quod in villa erat feretrum cum sacris cineribus poneremus, mulier quædam nervorum contractione ita curvata, ut penitus ad videndum cœlum se erigere non posset, cunctis qui aderant videntibus, coram sancti Dei reliquiis ab incommodo, quo jam per multos annos laborabat, in momento temporis virtute divina liberata est. Postera die inde profecti, venimus in locum vocabulo Lihtolvesbah [Lichtesbach], qui est in saltu Buconia, quatuor leucis distans a Vuldensi [b] cœnobio: ubi suscepti ab accolis silvæ, quorum magna multitudo obviam venerat, cum in oratorio feretrum posuissemus, quædam mulier paupercula filium suum sexennem, a nativitate surdum et mutum, in ulnis ferens, ante sancti reliquias posuit, ibique pernoctans, die crastina, ut populi dicebant, audientem et loquentem reportavit.

27. Nos vero completis matutinorum laudibus, missarumque solemniis rite peractis, cum populis divinas laudes concinentibus iter ingressi, cum venissemus ad conspectum monasterii, ecce abbas noster, qui nos pridie præcessit ad ordinandam susceptionem sanctarum reliquiarum, obviam venit, et cum eo omnis multitudo fratrum nostrorum, exceptis quos vel ætas vel infirmitas exire prohibuit, cum crucibus et cereis, portantes in loculis ossa beatorum martyrum Urbani et Quirini, quæ de Roma nuper allata supra memoravi. Erat etiam cum eis et Reginbaldus chorepiscopus, et infinita hominum multitudo, qui propter litanias majores, quæ tunc Idibus [c] Maii mensis, de diversis locis ad monasterium convenerant. Cumque suppliciter adorassent cum summa veneratione, susceptum corpus sancti Venantii martyris ecclesiam [d] sancti Joannis Baptistæ, quæ distat (ut præfatus sum) a monasterio quasi stadiis novem, cum hymnis et laudibus intulerunt. Quod Reginbaldus chorepiscopus facta oratione in absida ecclesiæ ad orientem altaris in arca saxea recondidit, cineresque sanctorum martyrum Urbani et Quirini pariter deposuit, singulos seorsum in singulis loculis inclusos: ubi, orationibus eorum fideliter Deum deprecantibus, beneficia [e] præstantur usque in præsentem diem, ad laudem et gloriam Domini nostri Jesu Christi, qui cum Deo Patre et Spiritu sancto vivit et regnat Deus per omnia sæcula sæculorum.

28. Abbas vero desuper ligneum erexit ædificium, quod ex auro et argento decenter ornavit, scriptis in circuitu metricis versibus, gestæ rei causam declarantibus, hoc modo:

> Præcursor Domini, Christum qui tinxerat undis,
> Hanc aulam inhabitat, sanctificatque domum.
> Quattuor hancque viri, Christi magnalia scriptis
> Qui jam (Al., tum) expresserunt, ecce colunt pariter.
> Sed homines sancti valde, et sacro ordine clari,
> Non minus exsultant nobilitantque locum,
> Quos huc diversus duxit ex partibus orbis,
> Servorum Domini strenuus actus amor.
> Urbanum Roma, Quirinum Siscia misit,
> Quos pie suscipiens continet iste locus.
> Insignis præsul sanctus Venantius, atque
> De Arimino [f] veniens hic simul ipse manet.
> Hos (Al., Hic) quoque susceptos Rabanus sorte locavit
> Sarcophago hoc digne, edidit et titulum,
> Deposcens omnes templum qui gressibus intrant,
> Ipsum ut commendent rite Deo precibus.

29. Post hæc allatæ sunt ei reliquiæ sanctorum

---

an. Christi 1540 a fide orthodoxa defecisse observat Browerus in chronologia abbatum Fuldensium. Boll.

[a] De hac Baugulfi cella Browerus disputat, l. IV, in chronologia. ID.

[b] Sic non raro flectunt Fuldense monasterium, quod *Volda* etiam Matthæo Parisio et aliis nonnullis dicitur. Mab.

[c] Adde *celebrabantur*, aut quid simile. Erat autem annus Christi 836, quo Pascha erat 9 Aprilis, Ascensio Christi 18 Maii, et primus Rogationum dies Idibus Maii. Boll.

[d] Ludovici Germaniæ regis diploma, Rabano fideli (sic vocat) secretario suo concessum in gratiam sancti Venantii, lege apud Browerum in Antiq. Fuld. lib. III, cap. 13. Mab.

[e] S. Venantium hoc in loco miraculis mox claruisse testatur Ludovicus Pius imperator in præcepto traditionis prædii Uresprungen B. Rabano donati, quod profert Browerus l. III Antiq. Fuld., c. 13. In eo dicuntur « miracula facta longe lateque celeberrima: infirmi sanati, dæmoniaci liberati, paralytici curati, cæci illuminati; et ex omnimoda infirmitate genus humanum salvatum. » Boll.

[f] In editis Rabani libris legitur *Aliminio*, mendose. Mab.

episcoporum Cornelii atque Callisti [a], et sanctorum martyrum Agapiti [b], Georgii [c], Vincenti et Maximi [d], sanctarum quoque virginum, Cæciliæ [e], Eugeniæ [f], Dignæ et Emeritæ [g], atque Columbanæ [h]. Attulit autem eas quidam clericus Italicus, nomine Felix, anno ab Incarnatione Domini 838 [*Boll.*, 837], die quinto mensis Aprilis.

30. Post cujus reditum, non multis diebus interpositis, Theodorus [i] frater Deusdonæ, cujus supra mentio facta est, cum quodam socio suo Sabbatino, ab urbe Roma profectus Alamanniam venit: et, sicut dudum promiserat abbati, sanctorum reliquias secum detulit, ossa videlicet sancti Quirini [j], qui in Siscia Pannoniarum oppido quondam episcopus erat, et temporibus Diocletiani imperatoris sub Amantio præside inter multas quas pro Christi nomine pertulit passiones, ligata ad collum mola in flumen præcipitatus est. Cumque diutissime super undas nataret, cum spectantibus locutus est, ne suo terrerentur exemplo, et vix oratione a Domino, ut mergeretur, obtinuit. Cujus corpus inventum, et a fidelibus honorifice sepultum est pridie Nonas Junii. Incursione autem barbarorum in partes facta Pannoniæ, populus Christianus, accepto corpore beati Quirini martyris, Romam fugit, et sacras reliquias via Appia, tertio milliario ab Urbe, in ecclesia apostolorum Petri et Pauli, ubi aliquandiu jacuerunt, sepelivit in loco qui dicitur Catacumbas.

31. Detulit item et reliquias Urbani papæ et confessoris [k], cujus doctrina suo tempore multi coronati sunt martyrio; ossa quoque sanctæ Cæciliæ virginis, quæ sponsum suum fratremque ejus Christo lucrata, martyres fecit; et ipsa deinde martyrizata, ignem quidem superans, sed ferro occisa sub Almachio Urbis præfecto; necnon et ossa sanctorum Tiburtii et Valeriani [l] atque Maximi, quorum primi quidem sub prædicto Almachio Urbis præfecto, fustibus cæsi et gladio sunt percussi, ultimus vero tandiu plumbatis verberatus est, donec redderet spiritum. Attulit quoque ossa sanctorum Agapiti, Januarii et Magni, diaconorum beati Sixti papæ, qui cum eo sub Decio [m] decollati sunt, sicut in gestis pontificalibus legitur. Zenonis [n] quoque diaconi et Hippolyti [o] martyris

ossa, qui tempore Decii imperatoris ligatus pedes ad colla indomitorum equorum, et per cardetum tractus, emisit spiritum. Aquilæ [p] etiam atque Priscillæ, uti Actus apostolorum testantur, quondam comitum Pauli, sacrosanctas reliquias detulit; de quibus per viam, qua ferebantur, magnum atque inauditum contigit miraculum, vero etenim cruore visæ sunt maduisse, nam tantus humor sanguinei coloris de loculo in quo conditæ fuerant distillavit, ut vestes quoque portantium inficeret, mentesque spectantium rei novitate percellerent.

32. Igitur cum venissent, suscepit eos Santhratus frater noster, quem cellulæ Suolonis præpositum fuisse supra diximus (*Num.* 18). Et adventum quidem eorum cum celeritate nuntiare curavit abbati; reliquias vero in loco qui vocatur Holtzkircha honorifice collocavit, sabbato sancto Pentecostes v Kalendas Junii [q]. Convenit autem illuc multitudo magna virorum ac mulierum, inter quos adducta est puella quædam duodennis, a nativitate cæca et brachiis cruribusque contracta: quæ per merita et orationes in ipsis vigiliis et sanitatem membrorum et usum recepit oculorum. Inde post dies duos vel tres [*Boll.*, dies octo] mulier quædam cæca usum recepit, et hominis cujusdam a nativitate muti ad loquendum lingua restituta est. Post hæc die tertia quædam mulier, quæ tribus continuis annis nihil videns [r], per merita sanctorum lumen recipere meruit. Et sequenti die alterius mulieris manus contracta, pristinæ restituta est sanitati.

33. Igitur dum talia apud reliquias sanctorum divinitus agerentur, venerunt qui ab abbate missi fuerant, ex monachis nostris presbyteri tres, quorum unus vocabatur Megingoz, alter Oedoltus dicebatur, tertius autem Theothmarus erat, idem cujus feci mentionem (*Num.* 13) in translatione reliquiarum beati martyris Alexandri. Qui secundum mandatum quod habebant, acceptis sanctorum ossibus quæ allata fuerant, cum honore et reverentia ferre cœperunt. Comitata est autem eos multitudo magna virorum ac mulierum psallentium, et divinas laudes gratulabunda voce canentium. De pagis quoque et de villis certatim populi confluxerunt, adducentes secum

---

[a] Alias horum pontificum reliquias biennio ante attulerat Sabbatinus, supra n. 17. Boll.

[b] Agapitus, Januarius et Magnus infra dicuntur diaconi S. Sixti papæ, quibus Vincentius etiam socius fuit. Coluntur cum S. Sixto 6 Augusti. Agit Rabanus de S. Vincentio poem. 120. Id.

[c] Rabano poem. 34 videtur intelligi magnus Georgius, qui 23 Aprilis colitur. Id.

[d] An Socius SS. Tiburtii et Valeriani, quibus infra jungitur? Id.

[e] 22 Novemb. Rabanus poemat. 122, 131, 135, 145. Id.

[f] 25 Decemb. Rabanus poem. 114, 122. Id.

[g] Coluntur hæ virgines et martyres 22 sept. Id.

[h] Hujus natalem necdum reperimus. An S. Columbæ, seu Cordubensis, sive Senonensis, quarum illa 17 Septemb., hæc 31 Decemb. colitur; an potius tertiæ alicujus, nos latet. Id.

[i] *Luvisonem fratrem Deusdonæ* sæpe nominat Eginhardus in Historia translationis reliquiarum SS. Marcellini et Petri, ejusque avaritiam culpat. Id.

[j] Aliqua hujus S. Quirini attulerat biennio ante idem Sabbatinus. Id.

[k] Imo martyris, ut supra n. 15, ubi Deus dona aliquas hujus reliquias dedit. Boll.

[l] Coluntur 14 Aprilis. Rabanus poem. 32, 126, 131. Id.

[m] Sub Valeriano imp. Rabanus poem. 127. Id.

[n] Varii Zenones coluntur. Hujus diaconi necdum natalem reperimus. Id.

[o] 17 Augusti passus sub Valeriano, non Decio. Agit Rabanus poem. 40, 48, 121. Id.

[p] 8 Julii. Rabanus poem. 126. Id.

[q] Boll., *Kalendis Junii.* Mab. — Browerus, v *Kal. Junii* perperam. Nam anno citato 838 festum Pentecostes incidit in 2 Junii. Ipsis ergo Kalendis Junii fuit sabbatum Pentecostes. Boll.

[r] Forte *viderat*. Id.

spiritibus immundis obsessos, et diversis infirmitatum generibus afflictos; credentes per merita et orationes sanctorum desideratam recipere sanitatem. Inter quos adducta est mulier dæmoniaca, nomine Ruodmwi. Erat enim [a] de potestate sancti Kiliani martyris, habitans in villa quæ vocatur Ascbah. Mox igitur ut pervenit ad conspectum loculi quo sanctorum reliquiæ ferebantur, arrepta ab immundo spiritu diu multumque torquebatur, donec per Dei gratiam in conspectu multitudinis tam perfecte curata est, ut deinceps incolumis et sanæ mentis in Dei laudibus perseveraret, quæ prius frequenter hujusmodi incommodo laborare solebat.

34. Hoc quidem gestum est sexta feria XIV Kalendarum Augustarum. Abbas vero circa honorem sanctorum magnam gerens sollicitudinem, me et quosdam ex fratribus [*Al.*, quosdam fratribus] obviam misit, præcipiens ut ossa sanctorum martyrum Januarii et Magni dimitterentur in monasteriolo, quod vocatur Holtzkircha, situm in provincia Waldsazi; cæterorum vero sanctorum reliquiæ ad se ducerentur. Occurrimus autem eis in villa quæ dicitur Biscofesheim [b]: ubi in Dei laudibus pernoctantes et excubias ducentes, altera die, quæ erat Dominica, ad Holzkircham cum sanctis reliquiis pervenimus; positoque in ecclesia juxta altare feretro, cum sacra missarum solemnia celebrarentur, mulier quædam a dæmonio curata est. Nam cum miserabiliter in conspectu populi cruciaretur, musca nigerrima et miræ magnitudinis ab ore ejus visa est avolare, post cujus egressum recepta mentis sanitate curata est.

35. Sequenti autem die, relictis ibi, ut præceptum erat, ossibus sanctorum martyrum Januarii et Magni, atque in loculo, sicut allata fuerant, pone altare venerabiliter positis, cum cæteris sanctorum reliquiis profecti sumus, prosequentibus nos fratribus et magna multitudine hominum regionis illius. Undique etiam ducebantur infirmi et variis passionibus affecti: inter quos puella quædam, nomine Selina, in ipso itinere quo gradiebamur, arrepta a dæmonio cucurrit, et morsu feretrum apprehendens, mox sanæ mentis effecta est; acceptoque sanctæ crucis vexillo, gaudens et laudans Deum, sanctorum reliquias præcedebat.

36. Cumque venissemus ad Mœnum fluvium, sanctimoniales de monasterio quod vocatur Zellinga [c] cum crucibus et cereis egressæ nos susceperunt; ingressique cum sacro onere ecclesiam, ut populus qui nobiscum venerat, et jam tunc reverti volebat, locum haberet orandi ac vota solvendi, sexta hora diei solemnia celebravimus; quibus expletis cum omni illa multitudine venimus ad navem. Erat etiam ex adverso in altera ripa fluminis turba non modica, adventum nostrum operiens. Nobis autem cum sacris ossibus navem ascendentibus, ecce ancilla quædam Mathildæ abbatissæ monasterii illius, nomine Liobsuind, morbo contracta vetusto, et humo ita acclinis, ut ad videndum cœlum nequaquam se erigere valeret, venit reptans pedibus, manibus scammelis [n] innixis; eumque navem vellet ascendere, nec posset, unus ex nostris fratribus, Gozmundus nomine, elevatam posuit in navem: transpositis autem nobis et in littus alterum cum sacris ossibus egressis, mox mirum in modum per virtutem Dei et merita sanctorum mulier ita curata est, ut sine cujuspiam adjutorio se erigeret, ac scammelis, quibus eatenus innitebatur, summitatem feretri tangeret. Stabat etiam adhuc innumerabilis multitudo promiscui sexus et ætatis ex utraque parte fluminis, inter quos erat Reginolfus quidam presbyter Humberti (*V. num.* 38) episcopi, qui ascenso editiore loco mulierem sanam populis in divina laude clamantibus ostendit, ut gesto miraculo multi testes, multi etiam Dei fierent laudatores. Sed et domina illius attestata est ex multis annis eo morbo contractam illam et inutilem effectam, usque ad id temporis perseverasse, quo per Dei gratiam et sanctorum ejus ab ejusmodi incommodo liberata est.

37. Inde profecti cum divino adjutorio die tertia, hoc est VIII Kalend. Augusti, ad monasterium pervenimus. Egressi autem fratres cum crucibus atque cereis occurrerunt nobis in clivo montis qui vocatur Hurodleichesberg. Turba autem non modica ex accolis eremi, partim. quidem nobiscum, partim vero obviam veniens, illuc confluxerat. Substitimus paululum, ut convenientibus spatium daretur orandi; et ecce mulier quædam, quæ erat ab annis decem et eo amplius clinica, portabatur. Cumque perlata a portantibus feretrum tetigisset, continuo recepta omnium sanitate membrorum, gaudens et laudans Deum, remeavit ad propria. Fratres vero susceptas sanctorum reliquias cum hymnis et laudibus in ecclesiam beati Bonifacii martyris intulerunt, positasque cum loculo, sicut allatæ fuerant, juxta altare beatorum apostolorum, die noctuque congrua veneratione frequentabant.

38. His ita gestis, cum dies aliquanti transissent, vir venerabilis Rabanus abbas Humbertum [e] Wirziburgensis ecclesiæ episcopum invitavit ad monasterium, quod Holzkiricha vocari jam supra dictum est; et quia ad ejus diœcesim locus pertinebat, cum illius auctoritate ossa sanctorum martyrum Januarii et Magni venerabiliter ibi in arca saxea ad orientem altaris collocavit VIII Kal. Novembris: super quam ligneum erigens ædificium, auri argentique metallo

---

[a] Id est, uti exponit Browerus, *ex ditione Franconici soli.* Colitur S. Kilianus episcop. Herbipol. 8 Julii. BOLL.

[b] Ibi situm erat Biscofesheimense partheneium. MAB.

[c] Istud monasterium, quod prope a Retzbachio vico situm erat, jamdudum intercidit, teste Browero in lib. II Antiquitatum Fuldensium, cap. 10. ID.

[d] Ita legendum, non *scabellis*, ut apud Bollandum. Scammela seu scammula sunt reptantium hominum fulcra, quibus manus innituntur. ID.

[e] Huic inscripsit Rabanus Commentarium in libros Judicum et Ruth, et epistolam in qua disputat quota generatione licitum sit connubium. BOLL.

pulchra varietate decoravit, scriptis in circuitu metricis versibus litteris deauratis, hoc modo:

> Ecce viros istos, præclaros valde patronos,
> Roma decus orbis miserat huc pariter:
> Quos quoque Rabanus humilis susceperat abbas,
> Præsule cum Humberto rite locavit et hic.
> Hic Magnus pausat martyr, Januarius atque,
> Officio insignes, atque sacris meritis:
> Qui cum Pontifice Christo mucrone perempti
> Levitæ, cœlo reddiderant animas.

39. Igitur ex eo tempore quo eorum sacræ reliquiæ ibi conditæ sunt, divina usque hodie populis præbentur beneficia. Per orationes enim et merita eorum debiles et infirmi curantur, et ab obsessis corporibus dæmones effugantur, ac desiderata fideliter orantibus vota præstantur. Ex quibus pauca miracula, quæ ab his qui præsentes erant, et ea se vidisse testati sunt, ad meam notitiam litteris denotata, breviter intimare curavi. Villa est ab eo monasterio passibus mille distans ad Meridiem, nomine Gundichenhus, ex qua mulier quædam nomine Adalburg, cum sedisset ad mensam cum marito suo, ut cibum caperet, subita contractione nervorum ita deriguit, ut unguibus in palmam defixis nequaquam digitum a digito potuisset explicare. Quod cernens ejus maritus, quanta potuit celeritate, prædictam ad monasterium presbyteris et fratribus loci illius præsentavit, supplicans ut pro sanitate illius divinam clementiam precarentur. Ducta est igitur ad memoriam martyrum, fratribusque vespertinum celebrantibus officium, et illa coram altari prostrata et orante, dextera ei manus restituta est; altera autem die, circa horam tertiam, recepta etiam sinistræ manus sanitate, cum gaudio remeavit ad propria.

40. Altera quoque villa est etiam non longe ab eodem monasterio, nomine Hohhus, in qua puella quædam, cum staret ad textrinum opus, subitaneo impetu spiritus maligni arrepta, manibusque contractis inutilis effecta est. Cumque per continuos tres dies ac tres noctes æstuans et vociferans, multa ignota quasi cognita loqueretur; sanctam Gerdrudam [a] appellabat, aliorumque sanctorum nomina proclamabat: inter cætera quoque affirmabat Luciam [b] de cœlis descendentem se admonere ut ad sanctum Januarium Magnumque martyres properaret, aiebatque se prædictos sanctos videre, et usque ad locum ubi requiescunt nominatim exprimens, ire desiderabat. Quo cum fuisset a parentibus adducta, presbyteris ac monachis loci illius eadem ex ordine replicavit. Pater autem puellæ tres denarios super contractam filiæ suæ manum positos, dextera sua manum illius ad altare cum munere porrexit: quod cum factum fuisset, mox mirum in modum per orationes sanctorum, in uno eodemque momento et denarii super altare ceciderunt, et puellæ integra mentis ac manus sanitas restituta est.

41. Erat etiam illis temporibus mulier quædam in villa quæ dicitur Erlabah, distans a monasterio leucis duodecim, quæ per decem annos continua immundi spiritus vexatione laborabat. Hanc parentes sui plena

[a] Nimirum Carleburgi honoratam 17 Martii. Mab.

fide perduxerunt ad memoriam sanctorum martyrum stante Eburhardo presbytero juxta altare, ac missas celebrante. Cumque pro ea fuisset oratum, subito immundum nescio quid ac fetidum evomuit, pariterque cum vomitu egresso dæmonio curata et sanæ mentis effecta est, factaque peccatorum suorum confessione, gaudens et laudans Deum reversa est ad domum suam.

42. Vir quidam erat in regione illa, Freviricus nomine, de villa quæ vocatur Bettinga; cujus ancilla, vocabulo Gersuind, subito obmutuit, ac per septem continuos dies muta permansit; octavo autem die ad memoriam martyrum adducta, per merita eorum pristinæ restituta est sanitati. Nam cum in ecclesia publice missarum agerentur solemnia, et lectio legeretur Evangelii, stantibus omnibus juxta morem cum silentio et reverentia, illa repente quasi vi quadam acta erupit in vocem, et *Kyrie eleison* coram omni populo exclamavit, ac sic per virtutem Dei et merita sanctorum martyrum recepta locutione domum reversa est.

43. Dies erat natalitius sanctorum martyrum Januarii et Magni: præceptum est omnibus ad jus monasterii illius pertinentibus, viris ac mulieribus, ut ea die a rurali ac servili opere vacarent, diemque festum dicarent. Contigit in villa quadam, quæ a Schlavis [*Al.*, Schavis] Christianis habitabatur, ut unus eorum, parvipendens honorem sanctorum, cum suis exiret in agrum, metensque segetem et messem, congregaret in acervos, cæteris solemnes ferias celebrantibus. Interea igitur aer densissimas crevit in nubes, et tempestas sæva exorta est, fulgura ventique vehementer undique ferebantur, coruscationes quoque valde terribiles, et fulgura discurrentia horrorem nimium mortalibus ingerebant; factumque grande miraculum, Domino discernente inter venerantes et festa sanctorum ejus contemnentes. Omnes enim acervi frugum quos miser ille ea die messos congesserat cœlesti igne consumpti sunt, cæteris quos vel ipse, vel concives ejus pridie messuerant illæsis permanentibus; tantusque timor ex hoc omnes perculit in circuitu, ut deinceps festa sanctorum summa colerent reverentia.

44. Contigit etiam in die solemnitatis ut puella quædam de villa Munbrunnosi, nomine Selina, filia Bernalahi, de quotidiana vexatione maligni spiritus tam perfecte sanaretur, ut ab ea die nequam spiritus nunquam eam invaderet. Talibus quidem miraculis et aliis innumerabilibus, quæ brevitati studentes omittimus, Dominus noster Jesus Christus declarare dignatus est merita sanctorum suorum Januarii et Magni, quorum ossa ordine supradicto translata et condita esse constat. Cæterorum vero corpora sanctorum, quæ vel eodem quo isti, vel alio tempore, adducta sunt, quo translata et condita sunt juxta fidem gestorum declarabo.

45. Locus est a monasterio Fuldensi decem et eo amplius leucis distans, ad Boream, nomine Rathe-

[b] Colitur 13 Decembris. Boll.

sthorph [a], a monachis quidem habitatus, sed ad præfatum monasterium eo tempore ad Rabanum abbatem pertinentibus : in quo pulchram et divinis officiis congruentem noviter exstruxit ecclesiam, quam picturis et diversorum varietate metallorum decenter ornavit, altaribus et crucibus auro argentoque paratis vasisque diversi generis, quæ divinus cultus exposcit, congruenter adhibitis. In quam cum auctoritate Humberti, qui Heriloltum presbyterum illuc vice sua miserat, ossa beatæ Cæciliæ virginis, et sanctorum martyrum Tiburtii et Valeriani intulit, atque in sarcophago saxeo post altare posuit, singulorum ossibus in loculis singulis seorsum conditis, erectamque desuper, ut ei moris erat, ligneam tumbam auro paravit et argento. Titulum quoque rei gestæ seriem declarantem, metrico carmine compositum, litteris deauratis in circuitu conscripsit, in hunc modum :

Postquam Rex regum Christus super æthera celsa
 Victor conscendit, arbiter omnipotens,
Servorum turbam hic liquit, plebemque fidelem
 Qui verbo et factis plurima lucra darent.
Inter quos isti, quorum hic membra quiescunt,
 Virtutum titulis eximii fuerant.
Hi pompam mundi spernentes, rite tenebant
 Martyrii palmam virgineumque decus.
Germani ecce duo hic pausant, quos Virgo beata
 Lucrata est Christo dogmate Cæcilia.
Valerianus adest unus, Tiburtius alter,
 Nomine præclarus, clarior et meritis.
Has tres personas Romana ex arce meantes
 Suscepit Raban, Christe, tuus famulus,
Patronosque sibi exoptans fieri, arte magistra
 Ornavit tumulum, condidit et titulum.

46. Ædificavit etiam ecclesiam valde conspicuam in monte excelso, duodecim fere stadiis ad Orientem a suo monasterio distantem : quam cum ex præcepto Otgarii archiepiscopi per Reginbaldum chorepiscopum ejus in honorem beatorum apostololorum, patriarcharum, prophetarum, martyrum, confessorum atque virginum, omniumque sanctorum spirituum cœlestium fecisset consecrari, intulit in eam ossa sanctæ Felicitatis [b] matris septem filiorum martyrum, et sanctæ Concordiæ; sanctarum quoque virginum Basillæ, Emmerentianæ, Candidæ [c] et Eutropiæ [d] quibus addidit ossa ac vestimenta sanctorum Aquilæ et Priscillæ, v [e] Kalend. Octobr., erectamque desuper, sicut et in cæteris fecerat, ligneam fabricam auro argentoque decoravit, scriptis ex utraque parte versibus, qui gestæ rei ordinem declararent, hoc modo :

Hic locus ecce tenet sanctorum condita rite
 Ossa, simul memorans, et pia facta colit.
Mater Felicitas, sancta et Concordia, nutrix
 Hippolyti, hic pausant, Candida et Eutropia.
Pauli itaque hospes Aquila hic, et Prisca quiescunt,
 Eugenia hic virgo atque Basilla manent.
Virginis Agnetis hic collactanea sistit,
 Nempe Emerentiana, martyr et ipsa sacra.

47. Transtulit quoque eadem die ossa beatæ Leubæ [f] virginis, cujus Vitam atque gesta brevi dudum libello comprehendi; et posuit ea in crypta ejusdem ecclesiæ post altare, in honorem sanctæ Dei Genitricis, sanctarumque virginum Christi dedicatum, in arca saxea, quam etiam ligno circumdatam auri argentique metallo decenter ornavit.

48. Sequenti autem die per manum prædicti chorepiscopi collocavit reliquias sanctorum episcoporum Cornelii, Callisti, Sixti [g], Sinisii, Nicasii et Felicis [h], Stactei quoque et Pamphili presbyterorum, et sanctorum martyrum Crispini et Crispiniani [i], Nerei et Achillei, Sebastiani quoque, Castuli et Romani, Papiæ et Mauri, atque Valeriani, sanctarumque virginum Cæciliæ, Eugeniæ atque Anastasiæ martyrum Christi in ecclesia beati Bonifacii martyris, in loco quo prius sanctum corpus illius quiescebat. Ædificavit enim ibi turrem lapideam post altare, in cujus turris summitate media condidit prædictorum ossa sanctorum, arcæ saxeæ diligenter inclusa : super quam culmen ligneum columnis quatuor sustentatum erigens, auro ornavit et argento. Intra quod arcam oblongam quadrangulo schemate factam posuit, quam etiam auro et argento atque lapidibus ornans, singulorum sanctorum imaginibus decenter expressis decoravit, versusque quasi ex persona ejusdem arcæ prolatos in circuitu conscripsit, hoc modo :

Nomine quos noto locus hic et imagine signat,
 Præclaros Christi ecce Dei famulos,
Qui corde in pavido rubuerunt sanguine sacro,
 Post Christo jam animas exposuere suas.

Sed et in turre subjecta versus conscripsit; quatuor quidem in uno latere, et quatuor in altero, elegiaco carmine, hoc modo compositos :

Martyribus Christi, quorum hic (sacra) ossa quiescunt,
 Rabanus humilis condidit hunc titulum.

---

[a] In litteris compositionis seu concordiæ, inter Wolfgerum Wirtziburgensem episcopum et Ratgarium abbatem Fuldensem initæ anno secundo Ludovici Augusti, fit mentio monasterii *Ratestorf*, quod in diœcesi Wirtziburgensi, cujus postea Humbertus episcopus, situm erat. Exstat charta de limitibus Ratesdorf apud Pistorium in Traditionibus Fuldensibus, pag. 514. Meminit hujus cellæ Rabanus in præfatione expositionis super Cantica ad Ludovicum regem. « Nuper, inquit, quando ad vos in cellula monasterii nostri, quæ vocatur Ratestorf, vocatus veni, et sermo fuit inter nos de Scripturis sacris, » etc. MAB.

[b] De hac et tribus sequentibus actum supra n. 45. BOLL.

[c] Quæ hæc Candida, incertum. An ex iis quæ Romæ passæ dicuntur in Martyrologio Romano 6 Junii, 29 August. et 1 Decembris? ID.

[d] An soror S. Nicasii, episcopi Rhemensis, cujus infra fit mentio? Utriusque natalis 14 Decemb. ID.

[e] Aliis IV *Kal.*; apud Browerum VI *Kal.*; in lib. II Antiquitatum Fuldensium cap. 12, ubi hæc inscriptio : *Anno Domini* 808 (lege 837) indict. xv, *dedicatum est hoc oratorium jussu Otgarii archiepiscopi a Reginbaldo chorepiscopo* VI *Kal. Octob. in honorem beatorum apostolorum, patriarcharum, prophetarum, martyrum, confessorum atque virginum, et sanctæ Felicitatis matris* VII *filiorum*, etc. Sita est hæc ecclesia in monte Sancti Petri, adjacente monasterio Fuldensi ad Orientem, infra num. 50. MAB.

[f] Agit de ea Rabanus poem. 110, 131, 135, 138. BOLL.

[g] Hi tres fuerunt episcopi Rhemenses, e quibus Sixtus et Sinitius, aliis *Sinicius*, Browero *Sinisius* : coluntur 1 Septemb. ID.

[h] Forte episcopi Rhemensis. 21 Febr. Rabanus poem. 32. ID.

[i] 25 Octob. Rabanus poem. 126. De aliis ante actum N. 15, 17, 29, 31. ID.

Horum tu, lector, si noscere nomina curas,
Arca superposita pandit et ipsa tibi.
Roma decus mundi, laus rerum, summa potestas,
Hos jam lectores pontificesque habuit:
Cum quibus hic pausant sumpti de partibus orbis
Virtute clari, Christe, tui famuli.

In reliquis vero duobus lateribus, asclepiadeo carmine hos versus conscripsit:

Felices nimium atque beati,
Quos rex Christus ovans arce superna
Sanctis pro meritis collocat astris,
Vitam perpetuam reddit et illis.
Qui templum Domini gressibus intrant,
Hos nunc admoneo, corde benigno
Christum suppliciter ut prece poscant,
Quod cum martyribus sidera præstet.

49. Aliorum autem sanctorum reliquias de diversis partibus orbis plurimas congregavit, atque in oratoriis, quæ tempore sui regiminis numero triginta construxerat, et ab episcopis in quorum diœcesi fuerant, dedicari fecerat, honorifice collocavit. De quorum locis et consecrationum auctoribus atque temporibus, sanctorumque nominibus, quorum spoliis illustrantur si vita comes et divinus favor adfuerit, locis opportunis scire volentibus declarabo.

50. Cum igitur vir ille venerabilis monasterium sibi commissum per annos viginti [a] nobiliter rexisset, deposito curæ pastoralis pondere, ad ecclesiam, quam ad Orientem monasterii [b] in 'monte constructam esse supra dixi (*Num*. 46), se contulit: ibique manens ac Deo serviens, cœlesti philosophiæ vacabat. Erat enim in Scripturis a pueritia valde studiosus, et secundum donum sibi cœlitus datum lectionem divinorum librorum plurimum adamavit, atque in his sæpius meditatus est. Unde etiam hortatu fratrum suorum atque amicorum aggressus est scribere expositiones librorum divinorum, tam Veteris quam Novi Testamenti. Nam, ut ipse testatus est, primum scripsit anno ætatis suæ circiter trigesimo [c] in laudem sanctæ crucis duos libellos, hoc est unum metrico stylo, cum figuris mysticis, quæ in divinis libris longe ante prænotatæ sunt, ut in his manifestaretur Christi passio et redemptio nostra, in figura sanctæ crucis esse prænuntiata; in quo etiam soluta oratione subjecta est uniuscujusque figuræ explanatio: et sic viginti octo, excepta superliminari pagina, videntur in ea contineri figu-A ræ, simul cum expositionibus suis. Sequentem autem libellum ideo conficiendum putavit, quem etiam in viginti octo capitulis breviavit, ut locutionem metrici prioris libelli in eo lucidiorem faceret. Post hæc scripsit ad Heistolfum [d] archiepiscopum de Institutione clericorum libros tres, in quibus de ecclesiasticis ordinibus, et officiis diversis quæ in ecclesia geruntur, ratio demonstratur, et ordo discendi ac modus dicendi verbi Dei declaratur. Ad quem etiam scripsit tractatum super Evangelium Matthæi, consummans illum octo libris. Cujus et hortatu fecit homilias diversas per totum annum, ad diversas festivitates. Et de variis vitiis atque virtutibus subjunxit sermones ad prædicandum populo Dei.

51. Post hæc rogatu episcoporum, Frecholfi [e] videlicet, Fridurichi [f] et Humberti [g], scripsit in Octoteuchum [*Boll.*, Pentateuchum] commentariorum libros xxix, hoc est in Genesim libros iv, in Exodum libros iv, in Leviticum libros vii, in Numeros libros iv, similiter et in Deuteronomium libros iv, in Jesu Nave libros iii [*Boll.*, iv], et in Judicum libros duos, in Ruth quoque librum unum. Fecit etiam, rogatu Hilewini [h] abbatis, libros iv in expositione libri Samuelis et Regum. Similiter Ludovico imperatore [i] hortante, in Paralipomenon edidit libros iv. Scripsit præterea expositionem in historiam Judith, librum unum; et in historiam Esther similiter librum unum; quos tradidit Judith Augustæ. Librum quoque Machabæorum priorem, petente Geroldo archidiacono [j], libellis duobus explanavit, sequentem vero libello uno. Librum quoque, qui nuncupatur Sapientiæ, hortatu Otgarii [k] archiepiscopi in tribus libellis, prout potuit, enodavit; et librum Jesu filii Sirach, qui appellatur Ecclesiasticus, decem libris similiter elucidavit. [l] In Jeremiam quoque prophetam xx libros expositionis juxta sensum majorum edidit. In Epistolas quoque Paul hortatu Lupi [m] diaconi collectaneum fecit, colligens de diversis opusculis sanctorum Patrum sententias eorum, et in ordinem disponens, in xxx libris illum determinavit.

52. Sunt quoque alia opuscula ejus, quæ ad interrogata diversorum ei respondere necessarium fuit: quorum unum est de coepiscoporum [n] Ordinatione,

---

[a] Anno 842, ut supra dictum. Trithemius hinc emendandus tum in anno, tum potissimum in fuga ad Ludovicum regem. BOLL.

[b] Additur apud Bollandum *sancti Petri*, quæ verba in aliis editis desunt. Rectius foret, *in monte Sancti Petri*. Lege præmissa num. 46. MAB.

[c] Anno Christi 815. BOLL.

[d] Aliis, *Staistulphum*, archiepiscopum Moguntinum, qui sedit ab anno chr. 814 ad 826, et sacerdotem ordinavit Rabanum; ei hos libros priores inscripsit an. Chr. 819. ID.

[e] Episcopi Lexoviensis cui dicavit Pentateuchum. ID.

[f] Episcopi Ultrajectensis, cui inscripsit libros Josue; quos solum tres numerat codex ms. Chiffletii. ID.

[g] Huic episcopo Herbipolensi obtulit suas in Judices et Ruth lucubrationes. ID.

[h] Abbatis S. Dionysii et archicapellani sacri palatii Ludovici Pii. ID.

[i] At quæ præponitur præfatio, est ad Ludovicum regem Germaniæ, alterius filium. ID.

[j] Archidiacono sacri palatii, cujus familiari colloquio se frui tum in palatio Vangionum civitatis, id est Wormatiæ, scribit in præfatione Rabanus. ID.

[k] Fuit hic decessor Rabani in archiepiscopatu Moguntino, et sedit ab anno 826 ad 847. Ei etiam Ecclesiasticum inscripsit. ID.

[l] Absolvit post obitum Ludovici Pii imperatoris, qui incidit in Kalendas Julii anni 840. Obtulit filio ejus Lothario imperatori. ID.

[m] Lupus e discipulo Rabani abbas Ferrariæ in Francia. ID.

[n] Forte, *chorepiscoporum*, annotarat Colvenerius. Liber hic necdum typis vulgatus. ID.

super quo ad Drugonem [a] archiepiscopum scripsit librum unum. Ad Notingum quoque episcopum Veronensem, de Præscientia ac prædestinatione Dei, de gratia et libero arbitrio scripsit librum unum : in quo, quid recte sentiendum esset, ostendit. Nam ad Ludovicum imperatorem scripsit librum unum contra eos qui oblationem secundum Regulam sancti Benedicti destruere volebant : cui et misit epistolam consolatoriam post calamitatem quæ ei accidit ex parte filiorum suorum et optimatum ; in qua ex divinis testimoniis ostendit quod falsum judicium non potest recte condemnare innocentem : in qua etiam novissime provocat eum ad indulgentiam in se commissorum. Postea hortatu ejusdem fecit collectarium unum de sententiis divinorum librorum, in quo primum testimoniis divinis probavit, observan- dum esse honorem parentum, et subjectionem potestati a Deo ordinatæ, deinde de diversis speciebus virtutum, et e contrario vitiorum, testimonia de auctoritate divina in eodem opere subjunxit, demonstrans qualiter cuicunque ordini in Ecclesia Deo militandum sit, quod opus xi capitulis consummavit. Ad interrogata quidem Bonosi abbatis respondendo, quomodo cognationis commistio declinanda sit, et magica ars divitanda, confecit librum unum. Scripsit quoque libellum unum ad Otgarium archiepiscopum, in quo primum de pœnitentia legitima et spe indulgentiæ ; deinde diversa capitula de canonibus diversorum conciliorum subjunxit, ad corrigenda hominum vitia et instituta religionis Christianæ roboranda. Præterea quoque Macario monacho petenti de computu confecit dialogum unum [b].

[a] Drogo erat episcopus Metensis, dictus archiepiscopus ob pallii honorem et vicarii apostolici dignitatem a Sergio papa acceptam anno 844. Mab. — Est hic Drogo filius S. Caroli Magni ex concubina Regina, in palatio Ludovici Pii enutritus, dein episcopus Metensis, a Sergio II vicarius sedis apostolicæ in Gallia et Germania designatus anno Chr. 844. In epistola Sergii ad episcopos Transalpinos *archiepiscopus Metensis* appellatur, qua præeminentia diu ante sub fratre suo Ludovico Pio usus, præsedit in concilio apud Theodonis villam anno 835, et Ebbonem Rhemorum archiepiscopum gradu suo dejecit. Legendus Hincmarus in posteriori opere adversus Gothescalcum, c. 36, ubi leguntur subscripsisse : *Drogo archiepiscopus*, *Hetti archiepiscopus*, etc., et concluditur his verbis : « Hæc scriptura data est a Drogone, qui synodo præsidebat una cum Hetti episcopo Trevirensi, Fulconi, qui successor in sede Rhemensi Ebbonis designatus fuerat. » Boll.

[b] Adnotat Browerus : *Desiderata nonnulla in ms. expleat velim qui potest.* Boll.

B. RABANI MAURI VITA ALTERA

AUCTORE TRITHEMIO

(Ex editione Georgii Colvenerii. — Accedunt notæ Bollandianæ, ex Actis Sanctorum, ad hanc Vitam.)

EPISTOLA DEDICATORIA.

Reverendissimo in Christo patri, illustrissimoque principi et domino, domino Alberto, sanctæ Moguntinæ [a] sedis et Magdeburgensis ecclesiæ archiepiscopo, sacri Romani Imperii principi electori, per Germaniam archicancellario, atque primati Halberstatensis ecclesiæ, administratori Brandeburgensium [b], marchioni Stetinensium, Pomeranorum, Cassubiorum, et Sclavorum duci, Nurenbergensium burggravio, ac Rugiorum principi, Joannes Trithemius abbas monasterii sancti Jacobi Majoris apostoli in suburbanis Herbipolensis civitatis, quondam vero Spanheimensis, ordinis sancti Benedicti, quidquid ad Deum oratio prævalet peccatoris.

Obedivi mandatis tuis, reverendissime præsul, et Vitam beati prædecessoris tui Rabani Mauri Magnentii, sacræ quondam Moguntinæ sedis tuæ archipontificis, atque doctoris celeberrimæ opinionis atque doctrinæ, ex diversis temporum scriptoribus veraci et succincta narratione in unum volumen comportavi. Nec mirum si plura gestorum ejus silentio pertransivi : quippe qui nullum ante me fixum, solidum et sufficientem de hac ipsa materia potui habere scriptorem, sed primus auctor esse sine præcedente compellor, et ex multis atque diversis agellis decidentes colligere spicas, Dominicisque thesauris novus messor manipulos inferre antiquos. Ab ejus namque transitu de hoc mundo ad Dominum usque ad nos, anni computantur quinquaginta novem atque sexcenti, cujus longa intercapedo temporis multa per eum gloriose facta perpetuam in oblivionem deduxit. Plures, fateor, historiarum scriptores varia laudum præconia de hoc beatissimo atque doctissimo viro in suis lucubrationibus passim hinc inde scripserunt, quorum tamen nullus Vitam ejus continuata serie composuit. Qua ex re labor mihi gravissimus occurrebat, quia dum per diversos auctores, quid quisque de Rabano scripserit, compulsus sum quærere, singula quæ reperi minus lepide atque

[a] Electus 9 Martii anno 1514, ante archiepiscopus Magdeburgensis et administrator Halberstadiensis; dein a Leone papa X an. 1518 inter cardinales ascitus : vita functus 24 Sept. an. 1525.

[b] Filius Joan. electoris Brandeburgensis.

PROLEGOMENA.

concinne potui ordinare. Quis enim nostris maxime temporibus, ad hæc tanta reperiatur idoneus, ut ea faciat litteraria perennitate reviviscere, quæ per tot annos in oblivione mortalium constat permansisse. Pudeat Germaniæ pontifices innatæ ut ita dixerim, socordiæ, qui vanitatibus dediti, et Dei honorem in sanctis negligunt, et decorem patriæ turpi dissimulatione contemnunt. Compatior infelicitati nationis meæ Germanicæ, cujus tanta est feritas animorum, ut neque suos recte noverit instituere natos, neque eos qui sese moribus et doctrina cæteris præstantiores exhibere studuerunt, condignis laudum et meritorum titulis consueverit honorare. Ab eo namque tempore, quo sanctus archipræsul Rabanus migravit ad Christum usque ad ordinationem tui pontificatus, reverendissime præsul Alberte, Moguntiacensis ecclesiæ archiepiscopi exstiterunt numero, si recte memini, quinquaginta [a], e quibus Rabani, sanctissimi viri, memoriam nullus revocavit ad mentem, nomen ejus posteritate notum facere nullus eorum attentavit. Tibi reservatum est hoc sanctum opus Christianorum, Christianissime præsul et eminentissime princeps, tuo nomini debetur tanti gloria viri, qui, veterum atque sanctissimorum pontificum imitatione, te in cunctis verum Christi studes exhibere ministrum, et irreprehensibilem ecclesiæ tibi commissæ verbo et exemplo pontificem. Felix proinde Moguntina, te moderante, sancta ecclesia, qui sacra sanctorum ossa tumulis reverenter elevata, populis veneranda præstas fidelibus; et quæ veterum incuria mox erant resolvenda in cinerem, memoriæ perpetuæ firmiter commendasti. Unde Germani omnes jure te lumen suum et decus immensum prædicant, qui Dei cultor es maximus, venerator sanctorum ejus integerrimus, religionis catholicæ defensor constantissimus, genere princeps nobilissimus, vita et moribus omnium sine controversia clarissimus; et idcirco nunquam sine honore nominandus. Hæc et his majora divinæ miserationis cumulata beneficia pensiculans sedes apostolica, quod nulli apud Germanos eatenus contigisse legitur, principem ætate juvenem, sed moribus senem, cum vix annum attigisses quintum atque vicesimum, præmissa electione fratrum canonica, te Moguntinæ sedis et Magdenburgensis ecclesiæ archiepiscopum, atque primatem Germanorum pontificum omnium constituit, tibique munus consecrationis placida benignitate cum palliorum decore utriusque ecclesiæ concessit. Insuper ut nomen ter maximi sive triarchi merito videare consecutus, administratorem te insignis Ecclesiæ Halberstatensis constituit, et gloriam Celsitudinis tuæ super omnes Germaniæ pontifices sublimavit. Quod divina præordinatione factum non ambigit, qui vitam et mores tuos ab ineunte noscens ætate studiosius pensiculavit. Nam teneris ab annis res divina tibi semper in animo fuit, nihilque dulcius quam clericorum choris interesse psallentium, aras pulchro decore ornare, sanctorum et beatissimorum martyrum Christi simul et confitentium ossa vario et nitido splendore auri vestire et argenti. Quod ego de tua religiosissima Celsitudine tanto verius confidentiusque scribere potui, quanto diutius ante decennium conversatus in curia serenissimi principis Joachimi, Brandenburgensis marchionis, imperiique principis electoris, Germani tui; apud Ursulam [b] Coloniæ ad Sprevum, principem te, juvenemque singulari pietate in Deum ferventem, et vidi plenius et audivi. Cum igitur divina miseratione præventus, adhuc puer adolescens, tanta pietate, tanta charitate ac devotione sanctissimis te Christi ministeriis aptare gestires, ut non modo senioribus stuporem, sed etiam universis, qui te videre, audire, seu alloqui meruissent, grandem incuteres admirationem, quis negare poterit, nisi demens, te, antequam nascereris in mundum, divina providentia electum et segregatum in hoc ministerium trini pontificatus, in quo non solum tibi multimoda sanctitatis merita potes acquirere, sed commissos etiam tuæ fidei mortales vita, doctrina et pastorali auctoritate ad justitiæ vias revocare? His maximis a summa Dei providentia honoribus susceptis, optime facis, operibus ipsis verum te pontificem exhibendo, qui præter multorum consuetudinem præsulum, cœlestibus terrena postponis, et præfers æterna caducis. Unde beatum te dicent Germaniæ populi omnes, si tamen (quod faxit Omnipotens) usque ad finem perseveraveris in cœpto proposito sanctitatis. Sunt æmuli, non dubites, quibus juvenilis iste fervor sanctitatis tuæ habetur suspectus, in quo si, miserante Deo, permanseris, auges bonis lætitiam, et misanthropis haud parvam confusionem. Ego autem sciens devotionem tuam in sanctos Dei, confido te in bene cœptis, eorum precibus et meritis permansurum, et bonis quotidie studiis additurum meliora; quousque tandem illorum particeps effectus, sine fine gaudeas in cœlis, quorum nomen et memoriam cum tanto mentis desiderio, et animi fervore honoras, nunc sedulo præsul viator in terris. Rabanum apud Moguntiacos despectum et pene sempiterna oblivione sepultum, in nomine justi summa cum veneratione levasti de terra, propter quod et omnipotens Dominus animam tuam cum sanctis suis exaltabit in patria. Et ego ne defuerim tam sancto ministerio tuo, libens, quod mihi nuper imposuisti, onus suscepi, vitamque memorati pontificis beatissimi, qua potui diligentia ex diversis auctorum libris in unum codicem laboriose comportavi, in quo si non satisfeci tuo desiderio, sit bona voluntas in pauperculo sufficiens obedientiæ pro merito. Obedivi jubenti, feci quantum potui, et totum quod mihi de laudibus tanti pontificis occurrebat,

---

[a] Ita ut primus istorum quinquaginta sit B. Rabanus; ultimus, Albertus.

[b] Berlinum, sedes electoris, conditum denominatumque fertur ab Alberto Urso principe Anhaldino circa an. Chr. 1142, sicut vicina huic oppido Bernavia, Bernavicum, Berwaldia. Est autem ursus idiomate Teutonico *ber*. Berlino adjacet Colonia oppidum, ab eo Sprevo fluvio separatum

tuo nomini sacratissimo dedicavi. Suscipe nunc ergo manibus consecratis, reverendissime princeps, primitias frugum Trithemiani sterilis agelli, tuo pontificatui summa cum humilitate ferentis oblatas; et qui summus es Dei sacerdos, paleas a granis dignanter secerne, ut sterile parvitatis meæ opusculum de Vita sancti Rabani præsulis tuo imperio compositum, tibique dicatum, eo securius in lucem prodeat, quo sub ferula pontificalis Eminentiæ tuæ, diligentius enucleatiusque fuerit emendatum. Adest enim Serenitati tuæ copiosa cum auctoritate scientia, unde non solum defendere hanc lucubrationem meam ab injuria poteris detractorum, sed etiam, cum opus fuerit, adamussim castigare. Vale, pontificum princeps. Ex meo cœnobio, sexta die mensis Novembris. Anno Domini millesimo quingentesimo quintodecimo.

INCIPIT VITA.

LIBER PRIMUS.

Rabanus, cognomento Maurus, familia Magnentius, natione Francus orientalis, patria Buchonicus, in oppido Fuldensi nascitur, quarto Nonas Februarii, anno Dominicæ nativitatis septingentesimo octogesimo octavo, indictione Romanorum undecima, qui fuit Caroli regis Magni Francorum vicesimus [a], et Romani pontificis Adriani primi septimus decimus annus. Cujus pater nomine Ruthardus [b] Magnentiana familia satus, vir dives et potens, multo tempore sub Francorum principibus in Germania strenue militat. Mater vero dicebatur Aldegundis, honestissimæ conversationis mulier, quæ ipsum filium suum ab infantia Deum timere docuit, litteris imbuit, et non minus exemplo quam verbo docilem ejus animum ad omne opus bonum diligentissime erudivit. Enimvero pia mater, cum adhuc mens nati esset puerili teneritudine flexibilis, mores ejus ad Christi dogmatis integritatem laudabiliter instituit, lascivos pueritiæ motus prudentissima ratione compescuit, ecclesiam visitare, Dei sermones audire, et divinis crebro interesse mysteriis adhuc pene infantem continuata sollicitudine mandavit. Erat autem Rabanus puer, tam naturæ donis quam gratiæ muneribus a Domino multipliciter præventus : quæ magna cum tempore sumpserunt incrementa vigoris, donec postremo virum ad summæ perfectionis apicem perduxerunt. Ingenio fuit docilis, memoria vivacissimus, mente simul et corpore sub pulcherrima dispositione, pudicus atque castissimus; in cujus moribus relucebat integritas, et singularis in animo tranquillitas rutilabat. Omnia tamen ista in eo dona tam gratiæ quam naturæ clarius emicuerunt, cum ad virilem pervenisset ætatem, in qua virtutum culmen omnium perfectus operator ascendit. Quantum vero ad visibilis pertinebat hominis rationem, corpore satis admodum fuit robustus, complexione misto sanguine phlegmaticus, plus corpore pinguis quam macilentus, capite fortis et magnus, omniumque membrorum proportione forma decente dispositus. Unde cum bonæ puer indolis, de die in diem semper ad meliora proficeret, et jam tunc quoddam in eo futuræ dignitatis et sanctitatis præsagium reluceret, metuens pia mater ne corruptibile corpus in medio pravæ nationis positum, qualibet occasione deturparet animam, neve *terrena inhabitatio sensum deprimeret multa cogitantem* (*Sap.* IX, 15), tradere illum ad monasterium deliberabat, in quo purius eum posse conversari minime dubitabat. Sed hoc matris propositum a principio genitori non placuit, quod tamen postea, divino inspiratus numine, approbavit. Humanum siquidem facile mutatur consilium, quoties divina potestas suum ab æterno prædestinatum operatur instinctum.

Præfuit in diebus illis novello [c] Fuldensi monasterio reverendissimus abbas, nomine Bangolfus [*Al.*, Baugulfus], vir magnæ religionis, et multarum in Christo virtutum : qui sancto Sturmo [d] ejus loci primo abbati succedens, annis præfuit quinque et viginti [e], nomen sanctitatis apud Germanos omnes consecutus gloriosum. Hujus abbatis clarissimi magisterio Rabanus puer, cum esset annorum circiter novem, a parentibus traditur, et juxta normam sancti patris Benedicti monachis instituendus commendatur. Facta est hæc in monasterium Rabani solemnis traditio vicesima prima die mensis Martii, quæ fuit ejusdem sanctissimi patris Benedicti festivitate solemnis, anno Dominicæ nativitatis sexingentesimo nonagesimo septimo, indictione Romanorum quinta.

Claruit eo tempore in memorato monasterio Fuldensi ingens multitudo monachorum, qui arduam pro Dei amore vitam ducentes, a vino et carnibus omni tempore abstinebant, et nec jus carnium præ-

---

[a] Imo annus erat regni Caroli 29 et pontificatus Adriani 16, cum hic papa electus sit 9 Febr. 772. Ille Pippino patri 24 Sept. an. 768 mortuo successit.
[b] In Vita Stephani papæ III dicuntur ad hunc *Pipino rege* directi, *Fulradus abba et Rothardus dux.* Sed quis hunc eumdem confirmabit cum hoc B. Rabani parente?
[c] Circa annum Chr. 744 cœpto.
[d] De eo ita Annales Fuldenses an. 779. « Sturmi abbas Fuldensis cœnobii moritur, cui successit Baugolf ejusdem monasterii monachus; » obiit autem sanctus Sturmus seu Sturmio 16 Decemb., colitur præcipue 20 April.
[e] Imo *duobus tantum et viginti.* In Annal. Fuld. ann. 802 hæc referuntur : « Baugulfus, abbas Fuldensis cœnobii, relicta quam habuit potestate Ratgarium successorem habuit. »

ter infirmos, omninoque debiles, sumebant in cibum, nec hujus mundi voluptatibus utebantur. Panis eorum cribrarius erat et rusticus ; fabæ, pisa, et olera cibus, aqua vel cervisia potus. Vivebant de laboribus manuum suarum, sicut veri patris nostri Benedicti sequaces et monachi, cum nullos eo tempore in monasterio servos permitterentur habere sæculares. Nam quidquid operis necessarii faciendum in monasterio claustralibus occurrisset, non sæcularium, sed manibus fiebat monachorum. Omnes tunc monachi ad monasticæ regulæ puritatem vivere satagebant, in communi sub unius directione pastoris, in vera paupertate, sine peculio castitatem mentis et corporis inviolabiliter conservantes, omnipotenti Deo in fraternæ charitatis vinculo serviebant. O felix ætas, et tempora charismatibus sancti Spiritus abunde fructuosa, quando claustralis vitæ professores erant optimi et omni decore virtutum mirifice ornati et præditi ! His viris in monasterio Fuldensi vita et conversatione sanctissimis Rabanus puer divina ordinatione conjunctus, venerabili cuidam monacho seniori, Rathgario nomine, scientia litterarum, et sanctis moribus imbuendus committitur, a quo diligentissime ad optima quæque informatur. Bonæ quoque dispositionis puer, bonum assecutus doctorem, divina miseratione adjuvante, mox sanctæ conversationis primordia, quantum ætas illa permisit, bene inchoavit, in meliusque successive perduxit, et optimo tandem fine consummavit.

Postea vero quam annum sextum decimum complevisset ætatis, anno videlicet Dominicæ nativitatis in carne octingentesimo quarto [a], indictione Romanorum duodecima, Baugolfus abbas Fuldensis migravit ad Dominum, anno regiminis sui vicesimo quinto. Quo non sine opinione sanctitatis magnæ sepulto, prænominatus Rabani Mauri præceptor Rahtgarius electione fratrum unanimi tertius in abbatia succedens, præfuit annis sedecim [b], vir probatæ religionis, et magnæ sanctitatis. Hic Rabanum præ cæteris singulari diligebat affectu, propterea quod eum noverat plus omnibus ad obedientiam promptum, et in lectionibus divinarum Scripturarum indefessa sollicitudine studiosum. Videbat illum ad ardua natum, et qui verbo et exemplo multis esset cum tempore profuturus in salutem. Noverat etiam salutarem pastoribus necessariam esse doctrinam, cum bona hominis vita sine scientia spirituali divinarum Scripturarum non sufficiat ad institutionem subditorum. Nam qui sibi soli est bonus, utilis aliorum rector esse non potest. Propterea Rathgarius docilem puerum nequaquam statuit negligendum, quem illustratum divino Spiritu multis non dubitabat fore præponendum. Nec sua fuit confidentia frustratus, cum major evaserit Rabanus eruditione, dignitate, simul et merito sanctitatis, quam suorum aliquis vel cogitare potuisset, vel mente concipere.

Mox enim ut annos pueritiæ superavit, se totum divinis mancipavit obsequiis, in ecclesia frequens, in choro psallentium assiduus, et sine vanitatis nota in servitio Domini singularis. Nullus monachorum inter cantandum et legendum illo fuit alacrior, nullus ad obedientiam seniorum inter omnes promptiorem se unquam exhibuit. Deum pura mentis elevatione semper amavit super omnia, cujus ordinatissimæ voluntati quidquid acceptum noverat, implere summo conatu satagebat. Ea vero, quæ divinæ voluntati didicit esse contraria, nunquam in cordis ergasterium censuit admittenda. Mentis suæ oculum a pulveribus terrenæ cupiditatis purum custodivit et mundum, atque in medio confratrum suorum omni tempore sine offensione vivebat. In oratione sancta pene fuit continuus, in lectione divinarum Scripturarum sine intermissione laudabiliter occupatus. Nemo illum vidit otiosum, non fabulis, seu otiosis sermonibus illum quisquam audivit intentum, neque more complurium per claustrum discursibus vanis quisquam reperit vagabundum. Deo semper mente deditus, aut lectioni Scripturarum incubuit, aut scripsit aliquid pro communi fratrum utilitate, vel certe secum in cella solitarius habitans erat. Nihil enim dulcius illi fuit quam continuum sanctarum studium Scripturarum, et ideo cellæ monasticæ secretum, multis importabile claustralibus, paradisi delicias reputavit. Quod enim piscibus rivus et aqua, hoc bonis et studiosis monachis rectissime dicitur cella. Nam sicuti pisces diu vivere sine aqua nequeunt, sic monachi crebrius extra cellam discurrentes, in vera mentis puritate non subsistunt. Cella enim monachis est officina virtutum, et mundus nimium frequentatus multorum causa vitiorum. Cella monachis est divinæ schola scientiæ, extra quam cœlestis non datur sapientiæ doctrina. Unde monachus, qui secretum cellæ non diligit, ad veram scientiam Scripturarum Dei minime pertingit. Quod beatissimus pater hic noster, sanctus probe considerans Rabanus, cellam ab infantia sua dilexit monasticam, in qua conscientiam suam ab operibus mundi vanis custodivit illæsam, et omnium scripturarum, tam humanarum quam divinarum, plenam fuit assecutus scientiam. Cellæ namque secretum amœnitati comparatur paradisi, in qua delectabiliter consistens, ac sibi per divini amoris continuum exercitium unitus, mente simul et corpore habitavit secum in domo Dei quietus, animo creatori suo devotus, nulli fratrum molestus, nulli gravis, nulli onerosus, sed acceptus bonis omnibus, et in vinculo charitatis fraternæ sincere dilectus. In eo fuit completum, quod per prophetam Jeremiam dudum legitur pronuntiatum : *Bonum est homini, cum portaverit jugum Domini ab adolescentia sua : quia sedebit solitarius et tacebit, quoniam levabit se supra se* (Thren. III, 27 et seq.).

---

[a] Anno 815 obiisse contendit Browerus lib. IV Fuld. Antiq., cum depositæ præfecturæ superfuisset an. tredecim.

[b] Imo 15 tantum, ab an. 802 ad 817, quo a fratribus depositus legitur in eisdem Annal.

Hæc sunt purificatæ convivia mentis, quæ nemo intelligit, nisi qui accipit, nemo vero accipit, nisi qui se pro Dei amore ab omni carnis illecebra veraciter segregavit. Non enim consentiunt in unum cohabitare vera gaudia mentis, et corruptibiles deliciæ ventris, quoniam duobus contrariis servire dominis Salvator omnium non dicit esse possibile. Beatus igitur magnus iste servus Christi Rabanus, *qui*, gratia Spiritus sancti præventus, *in consilio impiorum non abiit, et in via peccatorum non stetit, nec in cathedra derisorum consedit: sed in lege Domini fuit voluntas ejus* confirmata et stabilis, et in justificationibus ejus meditatio illius die permansit ac nocte (*Psal*. I, 1, 2). Beatus, inquam, vir iste, et omni posteritati merito venerandus, qui in hac mortalitate positus, semen bonum in benedictionibus Domini seminavit, de quo nunc fructum æternæ felicitatis manducat in cœlis. Propter quod omni censetur honore dignus, ac sempiterna memoria celebrandus, qui factus imitator discipulorum Domini, doctrina et moribus universam illustravit Ecclesiam, et varios hæreticorum errores disputando scribendoque confutavit, de quibus suo inferius loco plenius dicturi sumus.

Cum ergo beatus Magnentius octavum decimum ætatis suæ annum attingeret, qui fuit Dominicæ nativitatis octingentesimus sextus [a], et incredibili divinarum Scripturarum teneretur amore, jamque omnes deputatos sibi doctores atque magistros vel æquasset, vel etiam superasset eruditione et doctrina, nec tamen in his, ad quæ discendo pervenerat, posset esse contentus, sed pro magnitudine desiderii sui ad majora sacri studii arcana festinaret, locum ad tempus mutare profectus causa decrevit. Nam eo tempore studium litterarum generale, sicuti postea, necdum in Fuldensi monasterio vigebat. Monachi etenim humili Scripturarum intelligentia contenti, moribus graves, et subrusticana simplicitate imbuti, altiora scientiæ studia non curabant. Unde beatissimus juvenis cum pro ingenti Scripturarum desiderio, propter magistrorum penuriam animum suum in proprio satiare monasterio non posset, scireique Rathgarium se pastorem habere favorabilem, quadam die ad pedes ejus provolvitur, et quid haberet in animo summa cum humilitate manifestum faciens, consensum sui senis deprecatur. Placuit petitio adolescentis abbati; et consilio seniorum adhibito, facilem postulanti dedit consensum. Cernebat enim senior providus, ut paulo dictum est prius, gratiam in eo relucere divinam, cujus illum operatione magnum non dubitabat esse futurum, unde et libens petita concessit.

In diebus illis florebat in regno Francorum Albinus, qui et Alcuinus, natione Anglicus, professione monachus [b], ordine Levita, dignitate abbas [c] monasterii sui Martini Turonensis, Caroli regis Magni quondam præceptor, in omni varietate scripturarum doctissimus, qui primus apud Gallos et Italos Romæ [d], Parisii, et Suessionis, scholis monachorum publicis prælatus multa scripsit ad utilitatem communem, et plures in omni scientia auditores educavit doctissimos. Ad hunc venerabilem virum (eo tempore in urbe Roma custodem et ministrum) Ecclesiæ Lateranensis [e], ac scholis monachorum publicis præsidentem, Rathgarius abbas de Fulda misit Rabanum cum aliis [f] duobus monachis, Haimone et Diedone: quorum prior episcopus postea fuit in Halberstat, posterior vero Hattoni in abbatia Fuldensi fratrum electione successit. Albinus ergo missos ad se monachos de Fulda sub magisterii sui ferula suscipiens, omnem circa illos diligentiam adhibuit, et nullis pro salubri eorum institutione laboribus pepercit. Rabanum tamen, quem cæteris acutiorem ingenio videbat, propensiore studio prosequebatur docendi, et singulari cura sollicitudinis circa illum vigilabat. Annis sex continuis [g] apud Albinum magistrum Rabanus studiosissimus auditor atque discipulus Romæ permansit, et discendis Scripturis indefessum studium sedulus impendit. In his artibus septem, quas professores earumdem liberales vocant, evasit doctissimus, et in omni scientia, tam divinarum quam humanarum traditionum, non erat illi secundus. Enimvero quam eruditus fuerit in grammaticis, in rhetoricis, in logicis, in arithmeticis, in geometricis, in poeticis et musicis, in astronomicis et mathematicis, in physicis et metaphysicis, in philosophicis et theologicis, in humanis quoque et divinis, quicunque plenius intelligere desiderat, ejus volumina, quæ et plura sunt et elegantissima, diligentius revolvat. In disputando tanti fuit acuminis, ut omnium sophistarum nominatissimus haberetur et esset. Unde, veluti alter Augustinus, hæreticorum terror et malleus erat, quos omnes facili congressione superabat et vicit. Et cum tantam omnium scientiarum esset copiam adeptus, nunquam tamen in superbiam fuit elatus, nunquam suo se judicio inaniter super alios extulit, nunquam simpliciores et minus in Scripturis eruditos etiam leviter contempsit. In vera namque humilitate fundatus monastica, parvulus in oculis suis

---

[a] Alcuinus an. 804 mortuus est: ad quem missus est Rabanus an. 802.

[b] In Chronol. Turonensi dicitur canonicis profuisse: de monachatu ejus silent antiqui.

[c] In concilio Romano anni 799 sub Leone III habito, appellatur, actione 2, *abbas monasterii Sancti Martini*.

[d] Docuisse Alcuinum in Italia Romæ, aut etiam Paris. aut Augustæ Suessionum, apud antiquos non legimus.

[e] Hæc omnimodo falsa; occasio erroris ex carmine operi de Cruce præfixo non recte intellecto.

[f] Imo cum unico solum socio Hattone missus est, non Romam, sed ad monasterium Turonense S. Martini.

[g] At secundo anno regiminis Rathgarii mortuus est Alcuinus.

apparebat, et quanto major exstitit, tanto se peramplius humiliavit. Noverat enim, monachi scientiam sine vera humilitate mentis perniciosam esse stultitiam, etiam si apud homines doctissimus habeatur. Dicit enim Scriptura: *Doctrina viri per patientiam dignoscitur* (*Prov.* xix). Patiens autem veraciter nemo dici meretur, qui humilis non fuerit, et Omnipotentis nutui plena voluntate subjectus. Rabanus autem noster, verus Dei amator, qui et humilis et patiens veraciter exstitit, quanto in bonis studiis amplius profecerat, tanto magis animum suum coram Deo et hominibus humiliabat. Non illum vana terreni honoris ambitio traxit ad studium, non paupertas vel inopia fecerat monachum in Scripturis esse studiosum; sed Dei amor, qui vincit omnia, mentem illius incenderat ad spiritualis scientiae incrementa. Nihil est difficile bonae voluntati, nihil formidabile Deum veraciter amanti. Unde cum se totum divino mancipasset obsequio, nihilque in hoc mundo quaereret, nihil cuperet vel optaret, nisi Deum solum et scientiam Scripturarum, dignum se Christo studuit exhibere ministrum, a quo noverat omne donum mortalibus provenire perfectum. Semper aliquem divinae lectionis codicem versabat in manibus, semper in semetipso sibi unitas [*Forte,* unitus] aliquid operabatur bonae operationis. Et neque diebus neque noctibus ab investigatione divinarum cessabat Scripturarum. Nam praeter illud tempus, quod vel inevitabilis necessitas requirebat naturae, vel divini cultus ratio postulabat, quod reliquum erat, omne Scripturarum studio impendebat, idque totum se arbitratus perdidisse, quod aliter quam in Dei laudibus, aut sacris fuisset lectionibus expensum. Propterea quoties ab actionibus poterat vacare publicis, suis utiliter insistebat privatis, semperque oratione praemissa speciali devotione mentis ad Deum, aut legit, aut scripsit, aut legentem in scholis Albinum audivit magistrum. His illum sacris intentum studiis, et sine intermissione continuanter occupatum, magna Dei miseratio cunctarum virtutum decoravit ornatu, contulitque optanti sensum per omnia consummatum intelligendi Scripturas, deditque bene merito sanctorum scientiam, et in cunctis operibus boni consummationem. Annis tandem sex Romae apud magistrum cum ingenti doctrinae profectu expletis, beatus Dei famulus, una cum Haimone et Diedone, pastoris sui edicto revocatur ad Fuldense monasterium, qui tametsi multo libentius sub directione praeceptoris in annos plures coeptum continuasset studium, suo tamen promptus obedivit abbati, sciens obedientiam cunctis monachorum praevalere virtutibus, per quam solam iter patescit claustralibus ad patriam coelestem.

Anno igitur Dominicae Nativitatis octingentesimo duodecimo [a], indictione Romanorum quinta, beatus Rabanus annum agens aetatis quartum atque vicesimum, abbatis sui praecepto de Roma cum Haimone et Diedone ad monasterium Fuldense revertitur:

[a] Et haec annorum ratio ex dictis corruit.

anno videlicet abbatiae Rathgarii memorati octavo. Quem fratres cum magna charitatis laetitia susceperunt, dona multiplicia in eo divina honorantes: quippe qui noverant illum non solum propter scientiae praeeminentiam, et magistrum esse venerabilem, sed multo magis ob vitae meritum, cunctis in Christo virtutibus locupletem. Enim vero per illud sexennium, quo Romae sub abbatis magisterio litteris operam dederat, in omnia scientia, tam humana quam divina, super omnes coaetaneos suos mirifice profecerat, evasitque summus in omni scibili philosophus, poetaque disertissimus, et theologus cunctorum judicio excellentissimus. Tanta denique et Romae et Fuldae cunctis vitae suae diebus virtutum et meritorum sanctimonia claruit, quod eorum, qui cum eo habitabant, gratia illum Dei praeventum speciali nullus dubitavit. Unde sibi non solum profuit, sed multis verbo, scriptis et exemplo salutis iter ostendit. Rathgarius quoque, venerabilis abbas, qui, ut supra diximus, illum prae caeteris arctius diligebat, ejus profectui miro congratulabatur affectu, gavisusque talem se habere discipulum, qui jam idoneus esset quoscunque et alios docere, magnificas omnipotenti Deo gratiarum retulit actiones. Verum ut ecclesiastici ordinis collatione major esset Rabano inter fratres auctoritas, per singulos sacri ministerii gradus evectum, postremo rector illum tricesimo aetatis anno, ad sacerdotalis officii dignitatem promovit. Qui presbyter consecratus, nihil pristinae humilitatis omisit, nihil monasticae conversationis et puritatis neglexit; sed majori se humilitati subjiciens, totam ad regularis observantiam disciplinae animum convertit, cunctisque fratribus suis se obsequentissimum exhibuit; et vel orationi, vel sacrae lectionis studio semper intentus fuit. Cella, sicut prius est dictum, paradisus illi exstitit, et chorum psallentium fratrum, coelum reputavit. Et quia cunctis pro Christi nomine humiliter obsequi studuit, jure omnibus dilectus fuit. Amabant eum sancti seniores ut filium, venerabantur studiosi juvenes ut coelestis doctrinae magistrum. Omnes quoque in communi totius illum religionis monasticae habebant exemplum, et summum eruditionis Christianae documentum. Praecipuo tamen congratulationis officio Rathgarius abbas reverendissimus exsultabat, quod illum, quem singulari prosequebatur affectu amoris, tanta cerneret insignia possidere virtutum. Et vera dignus fuit amari ab omnibus, qui conditorem omnium puro semper dilexit affectu. Completa fuit in illo placida illa aeternae sapientiae pollicitatio dicentis: *Ego diligentes me diligo: et qui mane vigilaverint ad me, invenient me. Mecum sunt,* inquit, *divitiae et gloria, opes supernae et justitia. Melior est fructus meus auro et lapide pretioso: et genimina mea argento electo* (*Prov.* viii, 17). Dilexit Rabanus etenim sapientiam Dei Patris, cujus notitia credentibus datur per fidem in Scripturis sanctis: quarum lectioni tanto crebrius incubuit, quanto Deum sincerius amavit. Ejus gutturi fructus sacræ lectionis semper dulcis exstitit; quem in fervore sancti Spiritus gustavit. O quam suavis est veraciter gustanti sapor divini amoris, per quem hujus mundi cuncta dulcescunt adversa, et forti animo vilescunt omnia blandimenta. Nihil præter divinum in affectum cordis admittitur, ubi solus creator super omnia amatur. Hujus sacri ergasterii summus operator exstitit Rabanus iste, de quo loquimur, in quo spiritualis doctrinæ plenitudo exuberans totam illustravit Ecclesiam, et plures erudivit ad justitiam. Et ne ordine præpostero diutius evagemur, operæ pretium judicavimus intermissa repetere, et quæ circa Rabanum ab Urbe reversum, priusquam presbyter fuerit ordinatus, sint gesta breviter annotare.

Rathgarius memorabilis abbas utilitati cupiens consulere plurimorum, de fratrum suorum consilio scholam in monasterio Fuldensi publicam instituit, cujus magisterium sancto Rabano, de Italia nuper reverso commendavit. Anno itaque Dominicæ nativitatis octingentesimo tertio decimo, indictione Romanorum sexta, Rabanus annorum viginti quinque monasterii monachorum scholæ præficitur, et eum docendi modum, quem ab Albino nunc didicerat, etiam tenere apud Fuldenses monachos inviolabilem jubetur. Qui mox ut docendi subivit officium, per omnia curavit Albinum sequi et imitari magistrum, ut juniores videlicet monachos primum doceret in grammaticis, et cum apti viderentur ad majora gravioribus etiam formarentur institutis. Cumque hujus novæ institutionis apud Germanos fama transisset in publicum, plures cœnobiorum prælati eam docendi formam laudantes, alii monachos suos ad Fuldam miserunt sub Rabani ferula sacris imbuendos studiis, alii vero scholas erexerunt in monasteriis propriis, quibus præceptores de memorato cœnobio doctiores quosque præfecerunt. Sed in tempore brevi valde crevit numerus discipulorum Rabani docentis, et per totam Germaniam et Galliam eruditionis et sanctitatis ejus veneranda opinio se diffudit. Unde factum est, quod non solum abbates, monachos, sed etiam nobiles terræ, filios suos Rabani docendos magisterio subdiderunt. Quos ille, ut erat mansuetissimus, omnes summa cum diligentia informabat, prout uniuscujusque vel ætas, vel ingenium permittebat, alios in grammaticis, alios vero in rhetoricis; atque alios in altioribus divinæ atque humanæ philosophiæ scripturis, sine invidia communicans quod singuli ab eo postulassent; omnes vero, quos in auditorium suum docendos admisit, non solum prosa, sed etiam carmine, quidquid occurrisset, scribere informavit.

Multos insignes, doctos atque sanctissimos auditores habuit, quorum excellentiores atque præcipuos Megenfridus in libro *de Temporibus gratiæ* quartodecimo nominatim commemorat, et sunt isti: Strabus [a], monachus Fuldensis, patria Francus orientalis, qui magistro in regimine scholarum Fuldæ successit, vir in omni plenitudine scripturarum doctissimus, metro exercitatus et prosa, multa in utroque genere conscripsit. Freculfus [b], monachus Fuldensis, patria Saxo, postea episcopus Lexoviensis in Rhotomagensi provincia Christianæ fidei prædicator egregius, qui et ipse plura opuscula conscripsit. Lutbertus [c], monachus Fuldensis, et postea primus abbas in Hirsaugia, Spirensis diœcesis, patria Suevus, doctor in omni varietate scripturarum eminentissimus, nec minus vitæ merito quam eruditione præclarus, qui nonnulla ingenii sui monumenta reliquit, et multa suis bona monachis impendit. Hildolfus [d], monachus Fuldensis, patria Francus orientalis, et primus apud sanctum Aurelium Hirsaugiæ scholarum magister, homo integerrimæ conversationis et doctrinæ, qui et ipse multa utilia conscripsit. Ruthardus [e], monachus Fuldensis, et secundus apud Hirsaugiam scholasticus post mortem Hildolfi, qui cum esset doctissimus, plura composuit. Bernardus [f], monachus Fuldensis, et postea Hirsfeldis abbas, patria Francus orientalis, vir sapientia et moribus clarus, multa lucubravit. Bertholfus, monachus Fuldensis, patria Doringus, vir tam in divinis Scripturis, quam in litteris humanis longe doctissimus, qui et ipse nonnulla scripsit. Joannes, monachus Fuldensis, patria Francus orientalis, poeta et musicus insignis, qui et plura scripsit, et cantum ecclesiasticum primus apud Germanos varia modulatione composuit. Vingbertus, monachus Fuldensis, patria Saxonicus, vir miræ simplicitatis et magnæ nihilominus eruditionis, vitæ merito et rarus virtutibus effulsit. Egbertus [g], monachus Fuldest consecutus, ut Moguntinus archiepiscopus omnium conspiratione declararetur. » Verum ejus successorem non Sigebertum sed Sigefridum, apud Germanos in Eppesteynia familia oriundum fuisse docent Browerus lib. IV Antiq. Fuld. et Ferar. lib. v Rerum Mogunt. Ob verba Leslei Egebertum Scotis ascripsit Wion append. ad Martyrol. Monasticum. « S. Egebertus, inquit Scotus, abbas Fuldensis, vir doctrina et sanctitate conspicuus. » Utrumque citant, et Egbertum sanctis annumerant auctor Martyrol. Anglicani et Camerar. in Menolog. Scotor.: hic 19 Novemb., ille 26 ejusdem Novemb. Hunc sequitur Ferrar. in Catalogo generali sanctorum et cum altero Egberto confundit, conjicitque vixisse ad ann. 690. An non majori jure hic Rabani discipulus sanctis ascriberetur, qui miraculis dicitur coruscasse? Verum solidiora requirimus antiquorum testimonia.

---

[a] Walafridus Strabus abbas Augiæ.
[b] Discipulus fuit Elizachari.
[c] Aliis *Lintbertus*, de quo Trithemius in Chronico Hirsaugiensi.
[d] Hujus nusquam alibi meminit Trithem., nequidem in Chronico Hirsaugiensi. An Rudolfus intelligendus, Vitæ prioris auctor?
[e] Inter sanctos refertur a Wione, Menardo, Ferrar., 25 Octob.
[f] *Brunuart* aliis dicitur.
[g] Alius ab hoc fuit Egbertus duobus sæculis junior, creatus vigesimus secundus abbas Fuldensis, an. Chr. 1048, vita functus 17 Novemb. an. 1058, uti ad hos annos scribunt Schafnaburgensis et Marian. Scotus. De eo hæc tradit Lesleus lib. v de Rebus Scotorum in Machabæo octogesimo quinto rege: « Egebertus quoque abbas Fuldensis hoc tempore viguit, cui suffectus Sigebertus Scotus, virtute et pietate

densis, vir vitæ admirabilis, et multo tempore voluntarie pro Christo inclusus, miraculis coruscans, nonnulla composuit. Carolus, monachus Fuldensis, patria Francus orientalis, magnæ sapientiæ et eruditionis homo, quem ferunt, mortuo præceptore, Moguntinum meruisse archiepiscopatum [a], et nonnulla edidisse volumina. Altfridus [b], monachus Fuldensis, patria Saxonicus, mira sanctitate et eruditione clarus, Deique verbi prædicator egregius, qui de Fulda missus ad Novam in Saxonia Corbeiam scholasticus, postea quartus Hildelsheymensis ecclesiæ pontifex ordinatur. Omnes præscriptos Rabani apud Fuldam insignes discipulos, Meginfridus historiarum scriptor commemorat, et varia dicitur scripsisse opuscula. Ex aliis quoque cœnobiis ad se missos insignes habuit auditores multos, doctrina et vitæ sanctimonia celeberrimos, quorum nomina per memoratum scriptorem expressa, nos isthic amore brevitatis omisimus, ne tædium induceremus.

Curavit etiam hic beatissimus monachorum institutor auditores suos erudire non minus ad timorem Dei, et mandatorum observantiam, quam ad intelligentiam Scripturarum, sciens in sancto propheta Daniel scriptum : *Quoniam qui docti fuerint, fulgebunt quasi splendor firmamenti; et qui ad justitiam erudiunt multos, quasi stellæ in perpetuas æternitates* (Dan. XII, 3). Parum est enim ad scientiam hominis claustralis intellectum erudire, nisi etiam studeas pro viribus affectum ad Dei amorem accendere. In quo docendi genere beatus doctor Rabanus præ cæteris notabiliter emicuit; qui suos auditores imprimis ad justitiam erudivit, quibus inter legendum crebro persuadere conatus est mores suos regularibus conformare sanctionibus, evangelicisque ante omnia semper obedire institutis. Docuit illos mundum et omnes voluptates carnis pro Dei amore contemnere, vanitates transitorias et sæculi pompas fugere, et omnem concupiscentiam inordinatæ voluntatis declinare. Deum pura mente super omnia diligendum monuit, et sedulo, ut se reminiscerentur morituros, discipulis lector inculcavit. Monasticæ religionis tam sincerus fuit amator, ut in auditorium suum neminem admitteret, nisi prius mentem ejus diligentissime super integritate observantiæ regularis explorasset. Unde si quos mente aut corpore vagos, et ad observantiam monasticæ disciplinæ minus reperisset idoneos, tanquam animalia bruta et bestias immundas ab accessu montis divinarum Scripturarum arcebat, dicens : Scriptum est : *Bestia, quæ montem tetigerit, lapidibus obruatur* (*Exod.* XIX, 12). Propterea, fratres, abite, et primum discite vos mente componere, ut moribus emendatis digni sitis cum Moyse Dei sermones in montis cacumine audire. Nemo enim Dei Scripturas discendo utiliter percipit, cujus adhuc anima vitiorum pulvere sordescit. Et hæc forma docendi sancto viro semper familiaris exstitit, ut studio litterarum justitiæ præponeret disciplinam, et scientiæ Scripturarum anteferret pietatem. Qui tanto facilius justitiam et virtutum observantiam persuadere potuit, quanto eas non modo verbis, sed etiam operibus demonstravit. Singularem habebat docendi gratiam, et persuadendi maximam facilitatem. Nam et ingenio fuit acutus, et facundia disertus, voce quoque tubali sonorus, et quadam gravitate venerandus. Unde quoties ratio postulavit, sola potuit voce terrere improbos, et non minus humilitate mulcere prostratos. Conveniens animæ donis corpus, Domino largiente, consecutus, et magna fuit in eo dilectionis auctoritas, et non minor cum mansuetudine affabilitatis humanitas. Qua moderatione ab adolescentia temperantissime usus, et sibi tranquillus exstitit, et discipulis doctor utilis, fructuosusque, ut pro tempore merebantur, occurrit.

Fuerunt eo tempore, Meginfrido testante, in cœnobio Fuldensi monachi sub regula sancti Benedicti, omnipotenti Deo in summa religione famulantes, numero centum quinquaginta, qui omnes, ut supra dictum est, a vino et carnibus abstinebant. Ex his duodecim ad minus, in omni scientia scripturarum doctissimi, dicebantur *Seniores* : quorum consilio abbas in quotidianis necessitatibus utebatur, ut opus non esset universam fatigare congregationem. Quoties vero ex his duodecim quispiam, vel ad aliud cœnobium missus, vel morte fuisset sublatus, ex doctioribus et sanctioribus mox alius in ejus locum rectoris et seniorum electione constituebatur. Et hæc laudabilis seniorum constitutio multis annis duravit, quandiu videlicet studium scripturarum in Fuldensi monasterio, quod sanctus Rabanus incœperat, viguit. Ista autem fuit lex duodecim doctorum, ut singulis legerent singuli juxta principalis ordinationem magistri, qui semper tertius decimus erat, et propterea omnium deputator lectionum, cui et obedire cæteri post abbatem omnes tenebantur.

Fama sanctitatis et eruditionis Fuldensium monachorum, et sancti præcipue Rabani, per totum se regnum Francorum longius diffundente, filios suos multi nobiles et ignobiles ad serviendum Domino in eorum consortium tradiderunt, e quibus postea plures in Germania Ecclesiæ pontifices habuerunt atque pastores. Regulari etenim observantia durante, nullus a Dei servitio repellebatur, sive nobilis esset, sive ignobilis ; sed juxta præceptum legislatoris Benedicti, cunctis aditus patuit pura intentione converti volentibus. Quæ tamen consuetudo cum successu temporis, et in Fuldensi monasterio, et in plerisque aliis contra intentionem regulæ cernitur immutata, postea videlicet quam et divitiæ religionem exstinxerunt, et luxus cum ambitione pessima studium eliminavit scripturarum. Fervor eo tempore incredibilis fuit monachorum [*Videtur deesse erga*] sanctarum studium Scripturarum, qui per sanctum Rabanum Fuldæ cœpit, ut supra diximus, et brevi per omnia pene cœnobia Germaniæ et Galliæ convaluit. Nec erant Latino patrioque sermone contenti,

[a] Hæc supra refutata sunt.

[b] De eo egimus supra.

sed linguam discere Græcam atque docere, necessarium fore discipulis divinæ speculationis arbitrati, etiam Hebraicæ Chaldaicæque notitiam cum labore fuerunt assecuti. Sanctus namque Rabanus, Albini Romæ auditor, Theophilum [a] quemdam Ephesium habuit præceptorem, a quo Pelasgi sermonis intelligentiam apprehendit sufficientem, quam reversus in patriam suis quoque discipulis absque invidia communicavit. Enimvero cum esset vir omnium non solum studiosissimus, sed etiam sine contradictione cujusquam doctissimus, optime intellexit neminem apud Latinos veraciter eruditum et in sacris litteris consummatum posse reperiri, qui notitiam Græcæ linguæ non fuerit assecutus. Quod eo confirmo fidentius, quo, arte impressoria multiplicatis hodie Græcis voluminibus, et ipse sub bonis præceptoribus quantulamcunque hujusce sermonis intelligentiam apprehendi. Nam sicuti rivulus ex fonte, ita ex lingua Græca Latina descendit. Quisquis ergo fontis notitiam despicit, vim et proprietatem rivuli, poculo cujus utitur, minime cognoscit. Jure igitur omnis Germania simul et Gallia tripartita hunc beatissimum doctorem veneratur Rabanum, ut unicum totius eruditionis principem : a quo et pontifices Romani susceperunt ecclesiasticæ disciplinæ, et monachi, Scripturarum salutarem clavem intelligentiæ. Merito, inquam, Germanorum posteritas omnis Rabani laudes in perpetuum personabit, qui primus omnium, veteri barbarie pulsa, suam fecit nationem sermone Latinam. Primus enim omnium sub fide Christi Germanos et Græcam resonare linguam docuit et Latinam. Nullus ante illum, apud Germanos vel natus vel institutus, Græci sermonis notitiam habens, tot volumina tam eleganter, tam proprie, tamque concinne atque Latine uspiam conscripsit. Si qui vero apud Germanos in regno Francorum ante ipsum docti fuerunt, non indigenæ, sed Græci, Romani, Galli, Scoti, Britanni, seu advenæ aliunde venientes exstiterunt. Beatissimus autem Christianæ fidei doctor insignis Rabanus, unicus et primus Germanorum institutionum princeps, et magister disciplinæ, qui nullum ante se in sua habuit natione præcedentem scientiæ consummatæ doctorem, divino (haud dubium) successus instinctu, quod domi habere non potuit, Romæ laudabiliter quæsivit, invenit, didicit, et Germanis sine invidia reportavit, priscamque de patria barbariem fugavit. Gentem suam gemino decoravit ornatu, qua et moribus ad sanctitatem politiorem reddidit, et infusa sermonis Romani elegantia in omnem scientiæ plenitudinem introduxit. O doctorem cunctis venerandum sæculis ! O litterarum principem, omnibus viris doctis perpetua celebrandum festivitate, qui vitam in carne duxit sanctissimam, et universis Ecclesiæ filiis doctrinam effudit salutarem ! Jure, inquam, vivaci memoria commendandus est omnium, qui non solum exemplo tunc præsentibus æternæ pabulum vitæ præbuit, sed etiam posteritati suis scriptis documenta salutaria reliquit. Vere dignus est, cujus in benedictionibus memoriam celebret omnis per Germaniam posteritas, per quem nobis tanta mentis et corporis provenit utilitas. Fidem Christi orthodoxam summa cum alacritate semper docuit, sacram enodem Scripturam apud Germanos primus reddidit, vitam apostolicam ducens perniciosos hæreticorum errores constantissima ratione confutavit. Denique, sicut in superioribus est dictum, primus omnium apud Germanos publicam monachorum scholam tenuit, in qua non solum claustrales, sed plures etiam sæcularis vitæ homines habuit auditores. In ministerium divinarum Scripturarum scientias convertit sæculares : et, veluti Socrates alter, tractam e cœlo philosophiam in ethicam transmutavit ; propterea, ut me dixisse memini, auditores suos in omni doctrina litteraturæ sæcularis ad plenum instituit, eosque imprimis grammaticos, dialecticos, rhetores, arithmeticos, geometras, astronomos, musicos, atque poetas statuit ; et postea idoneos ad divinarum Scripturarum scientiam introduxit.

Hæc forma docendi per ipsum didascalis tradita, multis annis in Fuldensi monasterio perseveravit, et successu temporis ad plura Germaniæ cœnobia non sine maxima utilitate translata fuit, sicuti facile per veterum scripta comprobatur, eo tempore, præter solum ordinem sancti patris Benedicti, nulla fuerunt claustralium per totam Germaniam cœnobia, cum neque Cistercienses adhuc essent instituti, neque fratrum conventus Mendicantium, neque alterius cujusvis observantiæ singularis, qui omnes longe postea supervenerunt. Et ideo quoties in hoc opere mentionem de monachis facimus, non alii quam Benedictini sunt intelligendi, nisi nominatim alterius professionis exprimantur specialiter. Ad multos annos duravit in cœnobiis monachorum istud mirabile studium scripturarum, et viros sanctitate non minus quam doctrina sacer ordo Benedicti produxit innumerabiles. Legimus enim, sicuti ex supputatione annalium nostrorum constat manifestum, quod ex monachis, ordinem sancti patris Benedicti professis, quatuor et viginti per successum temporis sacrosanctæ Ecclesiæ Romanæ fuerunt pontifices, cardinales ducenti sexaginta novem, archiepiscopi, per diversas mundi ecclesias, mille sexcenti octoginta quatuor, episcopi vero quatuor millia quingenti duodecim. Denique catalogo sanctorum [b] ex eodem ordine reperiuntur ascripti quindecim millia sexcenti, præter

---

[a] Quod Browerus in notationibus ad Vitam S. Sturmionis de Trithemio veritus fuit, ut lectori verba dederit, quæ dari sibi non postulet, etiam de eo hic vereri possemus. Sed unde Trithemio incidat ab hoc Theophilo Rabanum græcas Romæ litteras edoctum? Forte ex Alcuini ad hunc epistola septuagesima secunda inter hujus Opera.

[b] De his ita Baronius ad annum Christi 494, num. 77 : « Cum innumerorum pene sanctissimorum atque etiam doctissimorum Patrum patriarcha Benedictus fuerit fecundissimus propugnator, perperam, mea sententia, illi faciunt qui ei, quos non genuit, alienos partus supponunt, qui, inquam, nimio ejus ordinis amore, sub quo profitentur amore, non-

moniales et alios innumeros, quorum nomina ignoramus. Hi sunt fructus monachorum studii salutaris, in quo plantante Rabano multa millia in omni doctrina et sanctitate, totam illustrantur Ecclesiam. Sed non duravit in finem hæc sancta consuetudo monachorum, quoniam quod laudabiliter cœpit ex tempore, etiam cum tempore turpiter defecit. Nam circa Dominicæ nativitatis annum millesimum centesimum, multiplicatis in Ecclesia Dei variis institutis claustralium, studium a monachis nostris tepescere cœpit, ac pene defecit.

Rabanus autem Maurus, monachorum scholasticus insignis, posteaquam scholis præfuerat annis quinque, manum apposuit ad scribendum, ætatis suæ anno tricesimo : qui fuit Dominicæ nativitatis octingentesimi octavus decimus, indictione Romanorum undecima. Et cumprimis quidem scripsit mirabile illud opus de laudibus sanctæ Crucis, quod postea dicavit Gregorio summo pontifici quarto : de quo in supplicatione pro Mauro sic ait præceptor Albinus [a] :

> Hunc puerum docui divini flumine verbi,
> Ethicæ monitis et sophiæ studiis.
> Ipse quidem Francus genere est, atque incola silvæ
> Buchoniæ, huc missus discere verba Dei.
> Abba suus namque, Fuldensis rector ovilis,
> Illum huc direxit, ad tua tecta, Pater.
> Quo mecum legeret metri scholasticus artem,
> Scripturam et sacram rite pararet ovans :
> Ast ubi sex lustra implevit, jam scribere tempus,
> Ad Christi laudem hunc edidit arte librum.

Quæ vero, quanta, et qualia deinceps scripserit, tam in calce hujus voluminis, quam in libro de scriptoribus ecclesiasticis lector studiosus poterit invenire. Nullus ante illum Germanus tot volumina composuit, tot utiles Ecclesiæ tractatus tanta venustate elegantiaque Latini sermonis rutilantes, in natione Theutonica prius nemo lucubravit. Nam Vetus et Novum ex integro Testamentum in voluminibus multis exposuit, et commentariis pulcherrimis luculenter exornavit. Quod quidem scribendi studium ab eo tempore, usque ad mortem suam per annos triginta novem, sine intermissione, semper continuavit. Anno autem Domini nostri Jesu Christi octingentesimo vicesimo, indictione Romanorum tertia decima, Rathgarius [b] Fuldæ abbas tertius, cui fratrum electione quartus in ordine abbatum succedens, Ægiso, vir senex et religiosus, præfuit annis quinque, sub quo beatus Rabanus cœptum strenue docendi continuavit officium, vitam in omni plenitudine virtutum agens religiosissimam, et sacram indesinenter explanans Scripturam ad gloriam Dei omnipotentis, qui vivit et regnat in sæcula sæculorum. Amen.

LIBER SECUNDUS.

Hactenus, reverendissime præsul, et princeps illustrissime Alberte, primum de Vita sancti Rabani prædecessoris tui librum, auxiliante Domino Deo, continuavimus, in quo conversionem ejus ad institutiones monasticas, studium quoque et eruditionem scripturarum aperta narratione digessimus, ut quo fervore divini amoris simul et fraternæ charitatis vir tantus conversationem suam incœperit, posteritatis memoriæ perpetuo commendaremus. Nunc autem, in sequenti libro, quem secundum adjicimus, primo tempus quo Fuldensi monasterio præfuit abbas, quantum si [*Forte*, se] vires nostræ tenues nimium extendunt, stylo commendare pergimus, ut historiam ordine debito non fraudemus, verumtamen non pollicemur, nos omnia scripturos quæ in abbatia gessit ; sed ex multis consignamus paucissima, ut pote qui propter negligentiam scriptorum invenire nequivimus, quæ restabant, potiora.

Anno igitur Dominicæ nativitatis octingentesimo vicesimo quinto [c], indictione Romanorum tertia, mortuus est Ægiso, Fuldensis monasterii abbas quartus, anno regiminis sui quinto, vir moribus et vita religiosus, et divinarum Scripturarum amator præcipuus. Post cujus sepulturam Rabanus Maurus Magnentius, doctor et scholasticus, monachorum celeberrimus, fratrum electione communi abbas in ordine quintus instituitur, anno ætatis suæ tricesimo septimo, et præfuit annis duobus et viginti, pastorem se ovium Christi exhibens, in omni sanctitate vitæ spectabilem, et in opere semper efficacem. Primus Fuldæ abbas fuit a beato Bonifacio archiepiscopo institutus sanctus Sturmus [d], natione Anglicus [e], anno Domini septingentesimo quadragesimo tertio, indictione Romanorum undecima, præfuitque annis sex et triginta. Post quem Baugolfus abbas præfuit annis viginti quinque. Cui successit Rathgarius annis sedecim. Quo mortuo, Ægil abbas præfuit annis quinque. Et illo vita defuncto, sanctus Rabanus, in ordine fratrum quintus, ut diximus, fuerat ordinatus. A fundatione itaque monasterii Fuldensis, usque ad ipsum Rabanum, per annos octoginta duos, abbates per ordinem quatuor exsti-

---

nullos fama illustres viros, qui etiam ante sancti Benedicti tempora floruerunt, ejusdem fuisse Regulæ professores imprudenter et inconsulte nimis affirmant. Etenim non fecundis, sed sterilibus supponi altera soboles consuevit. Præstitit hoc inter alios Trithemius, auctorque cæteris posterioribus fuit idipsum faciendi. » Hæc Baronius. At plurimos, quorum nusquam meminit Trithemius, hujus ordinis sanctos proferimus.

[a] Imo ipse Rabanus in persona præceptoris Albini tum pridem defuncti : et patronus quem deprecatur est sanctus Martinus, non Gregorius IV papa, uti supra ostensum.

[b] Deest hic verbum, *depositus est*, aut quid simile : rationem temporis non convenire dictum supra est. De schismate Fuldensi sub Ratgario abbate exstat poema Rabani, num. 30. De depositione ejus pluribus agit in Vita Eigilis successoris Candidus tum monachus Fuldensis.

[c] Imo anno 822 supra probatum est.

[d] Aliis *Sturmius, Sturmio* et *Sturmis*, cujus Vitam scripsit ejus discipulus Eigil abbas quartus.

[e] Eigil in Vita : « Norica provincia exortus nobilibus et Christianis parentibus, generatus et nutritus fuit : » ubi Browerus adnotat Boios intelligi, quod Norici in Boiorum ditionem migrarint. De aliis abbatibus satis actum.

terunt. Rabanus itaque memorati cœnobii quintus abbas institutus anno prænotato, qui fuit annus Ludovici regis Francorum Pii decimus [a], Eugenii papæ secundi, annus quoque secundus, et Othgarii [b] archiepiscopi Moguntini primus, in humilitate pristina perseveravit, et vitam, sicuti consueverat, in omni puritate mentis et corporis coram Deo indesinenter continuavit. Deum munda conscientia dilexit super omnia, pro cujus amore contempsit universa. In toto corde suo mandatorum ejus semper memor exstitit, et nunquam a bono studio cessavit. In oratione tam devotus et continuus exstitit, ut nemo, conversationis ejus ignarus, putasset illum lectioni Scripturarum vel momentaneo [*Forte,* momento] potuisse intendere, vel novæ compositionis quidquam lucubrare. Rursus in legendis divinis Scripturis, in lucubrandis quotidie ferme novis voluminibus, atque in docendis instituendisque ad pietatem divini cultus, ad regularis disciplinæ observantiam, et morum integritatem monachis commissis, nec minus in ordinanda cura domestica, tam frequens fuit et sedulus, ut orandi nullum videretur habere momentum. Amor quippe Dei, quo totus ardebat incensus, non permisit esse otiosum, quoniam, sicuti expertus verissime beatus testatur Gregorius, amor Dei nunquam est otiosus. Speratur enim magna, si est ; quod si operari renuit, profecto verus Dei amor nunquam fuit.

Beatus itaque abbas Rabanus ovium Christi sollicitus, parum indulgens suæ infirmitati naturæ, omne tempus, quod occupationibus rei familiaris subripere potuit, orationi et studio impendit. Monachum habuit nomine Strabum [c], patria Francum, ex urbe Præapolitana [d] oriundum, virum in omni scientia divinarum humanarumque litterarum doctissimum, carmine ac prosa longa exercitatione peritum, nec minus vitæ merito, quam Scripturarum eruditione venerandum, quem post se monachorum scholæ [e] præfecit, et introductum docendi modum observare, et continuare mandavit. Qui Strabus et prosa et carmine plura scripsit. Ipse denique Rabanus, vigilantissimus pastor, munus docendi propter abbatiam penitus non deseruit, nec a componendis voluminibus cessavit. Amator nempe Dei sincerus, quoties opportune potuit, docendi officium, ut prius, repetivit. Unde quo liberius vacare posset interius, procuratores rerum temporalium sufficientes constituit et idoneos, de quorum fidelitate non potuit dubitare. Regnum Dei ante omnia quærere studuit, et de rebus transitoriis se nimis anxie nunquam intromisit. Et quia Deum in toto corde suo dilexit super omnia, hujus vitæ ab ipso necessaria consecutus est, magna in abundantia. Circa regimen tamen animarum valde sollicitus exstitit, et oves Christi sibi commissas verbo salutis, exemplo sanctitatis, et pabulo necessariæ sustentationis studiosissime pascere curavit, sub ejus regimine monasterium Fuldense rebus atque personis crevit quotidie, et fama sanctitatis monachorum ejus per totum Francorum se regnum diffudit.

Præcipue tamen abbatis Rabani opinio doctrinæ et sanctimoniæ in ore fuit omnium celebris et gloriosa, non solum apud Germaniæ Francos, sed apud Gallicanos quoque et Italos. Cujus viri fama reges et principes, episcopos et doctores quoslibet, etiam longius distantes, in ejus venerationem permovit. Omnes incomparabilem ejus mirabantur doctrinam, et conjunctam eruditioni sanctitatem laudibus continuis prædicabant ubique. Ex omni regno Francorum, quod tunc erat unum, Germanis et Gallis, ad audiendum illum certatim confluebant viri multarum facultatum periti, et se fore beatos existimabant, qui ad ejus fuissent familiaritatem admissi. Multi quoque principes, nobiles et cives Rabani magisterio filios suos commiserunt imbuendos, variis atque magnificis præceptorem donis et muneribus honorantes. Quos ille tanta sedulitate docuit, qua major excogitari vix potuisset. Fuit enim laborum patiens, et qui sibi nihil onerosum aut grave judicabat, quod vel ad Dei honorem, vel ad proximi pertinebat utilitatem, unde sibi soli natus videri non voluit, qui salutem aliorum semper ut propriam quæsivit. Ad regimen animarum, Deo providente, valde fuit idoneus, vigilantia, pietate, discretione, prudentia, opere, et doctrina nulli secundus. Non erat penes illum acceptio personarum, sed electio sola meritorum : qui statim, ut abbas ordinatus fuerat, ut justitiæ magistram, in omnibus Benedicti patris sequebatur regulam, a qua in omni vita sua nunquam temere declinavit. In ipsa namque regula

---

[a] Potius *undecimus* fuisset Trithemio, cum 28 Jan. anni 814 S. Carolo Magno patri successerit, aut certe *primus* tantum Eugenii papæ II creati anno 824, die 19 Maii.

[b] Hoc toto anno 825 et fere sequenti 826 adhuc Haistulphum Otgarii decessorem vixisse scribit Seranius lib. IV Rer. Mogunt., aitque 23 Decemb. in festo Innocentum anni 826 obiisse, cui potius anno 827 successor datus est Otgarius. Haistulphus sanctis annumeratur in Actis mss. patronorum civitatis Moguntinæ.

[c] Hunc eumdem esse Walafridum Strabonem dein abbatem Augiæ divitis, supra dictum.

[d] An *Poapolitana* scribendum ? ποα herba, ut urbs *Herbipolis* intelligatur. De loco ejus natali alibi nihil legimus. Trithemius, lib. II de Viris illustribus, ubi Strabum a Walafrido alium statuit, utrumque natione Teutonicum scribit cap. 35 et 41.

[e] De eo supra egimus. Gerungum II abbatem Hirsaugiensem ejus Fuldæ discipulum fuisse probat in Chronico Hirsaugensi ad annum 854 Trithemius, aitque se « reperisse Strabi libellum de arithmeticis dimensionibus, cui præponit epistolam ad hunc Gerungum sic incipientem : *Reverendissimo merito Patri, ætate filio, littera discipulo, gratia magistro Gerungo abbati æternæ beatitudinis præmium possidere.* » Hæc ibi quæ difficilia sunt : nam Walafridus Strabus quinque ante annis obiit quam hic Gerungus creatus fuerit abbas : quod a Browero non animadversum, qui eodem capite 14 lib. I Fuld. Antiq. et Strabum esse Walafridum, mortuumque anno 849 tradit, et hinc probat Gerungum discipulum ejus fuisse.

sic abbas Benedictus mandat abbati : « Non præponatur ingenuus ex servitio convertenti, nisi alia causa rationabilis existat. Enim vero sive servus, sive liber, omnes unum in Christo sumus, et sub uno Domino æqualem servitutis militiam bajulamus, quia non est apud Deum personarum acceptio. Solummodo in hac parte apud ipsum discernimur, si humiles et meliores cæteris in bonis et sanctis operibus inveniamur. » Hæc et alia monasticæ perfectionis instituta sanctus abbas Rabanus, una cum evangelicis præceptis atque consiliis observatione studuit adimplere continua, et fidelem se Christi ministrum atque vicarium in monasterio exhibuit. In doctrina sua regulam custodivit apostolicam, in qua Paulus amator Christi præcepit, dicens ad discipulum : *Argue, obsecra, increpa (II Tim.* iv), id est, misce discreto examine temporibus tempora, et terroribus blandimenta. Dirum magistri et pium patris affectum subjectis sibi monachis exhibuit, quando indisciplinatos et duros corde severius arguit, obedientes vero mansuetos et humiles, ut in melius proficerent, paterno affectu benivolus obsecravit. Nunquam dissimulavit peccata delinquentium, sed mox ut oriri cœpissent vitia, radicitus amputavit. Honestiores enim et animis generosiores, prima vel secunda admonitione blandus corripuit, et oratione mansuetissima confestim ad sanitatem mentis revocavit; improbos vero, si qui occurrissent, duros corde, superbos et inobedientes, non verbis modo, sed etiam verberibus et abstinentia severius castigavit, sciens scriptum, *quia stultus non corrigitur verbis* (*Prov.* xviii). Et iterum : *Percute filium tuum virga, et liberabis animam ejus a morte* [Al., *de inferno*] (*Prov.* xxiii, 14). Meditationem Dominicæ passionis in corde suo singulari devotione quotidie solebat revolvere, et pro morte Salvatoris innocentissima lacrymans et gemens gratias referre. Fertur enim sanctam in consuetudinem duxisse, ut nunquam cibum sumeret, nisi prius gratias agens, vitam, actus, et passionem Domini, et Salvatoris nostri Jesu Christi, ab incarnatione incipiens ad ascensum ejus in cœlum per singulos articulos meditando, gemendo, et orando percurrisset. In argumentum est veritatis opus illud de Laudibus sanctæ Crucis, in quo summa diligentia et devotione mysteria Dominicæ passionis enodavit. Nisi enim patienti Christo magnopere fuisset compassus, tanta laudum præconia nunquam in ejus passionis memoriam scribere potuisset. Verum quia mentem Christo compatientem habuit, vires, quas negavit infirmitas, pietas ministravit. Omnium namque spiritualium exercitiorum Dominicæ passionis est maximum, in quo monachus, qui recto et sapido modo fuerit assiduus, cito magnum inveniet conversationis internæ profectum. Monachum in hac sancta meditatione homini mundano præposui, propterea quod exutus negotiis sæcularibus ad meditationem Dominicæ passionis, vitæ et mortis aptior jure censetur.

Rabani autem conversatio multum segregata fuit a mundo, propterea factus est Deo proximus, et sibi per binarium in ternario monastice unitus. Hujus sanctissimæ conversationis ad monadem ternarii mysterium nemo utiliter intelligi, qui adhuc vitiorum pulvere sordescit. Quisquis enim purgatus a voluptatibus carnis, et segregatus a vanis mundi sollicitudinibus in domo Domini secus solum habitat, jam oculos mentis apertos habere laudabiliter incipit, et nihil præter Deum solum vel amat vel metuit. Quo sanctissimo purgationis genere beatissimus abbas Rabanus mirifice illustratus, Deum super omnia timuit : in cujus apparere conspectu aut reus, aut a bono opere vacuus horribile judicavit. Quocirca futuræ sibi mortis imaginatione crebro perterritus, cui esset villicationis suæ rationem quandoque redditurus, sedulo cogitabat, sciens artem esse omnium artium regimen animarum. Continuum ergo futuræ rationis reddendæ memoriam revolvebat in mente, sciens nimirum culpæ pastoris incumbere, quidquid in ovibus suis paterfamilias minus utilitatis potuerit invenire. Propterea summo conatu sic statuit vivere, ut, quantum fragilitas permittit humana, securior appareret coram Deo in reddenda ratione. Unde non minus opere quam sermone, verum se omni tempore pastorem ovium Christi studuit exhibere. Et ob id omnia quæ discipulis docuit esse contraria in suis factis ostendit non agenda. Omnipotenti Deo se gratum cunctis actionibus exhibere studuit, quem pura conscientia, mundo corde, et ferventissimo charitatis desiderio amavit. Ad se ipsum recta conversatione semper ordinatus exstitit, et a semitis justitiæ minime declinavit. Ad subditos quoque suos debita sub vigilantiæ cura ordinatum se præbuit, quorum utilitatem et profectum in omnibus quæsivit. In charitate proximi propter Deum ardens fuit et fervidus, nulli gravis, inquam, nulli injuriosus, nulli molestus, sed neminem lædens benefecit universis. Evangelicis obedienter inhærens præceptis, bonum, quod sibi fieri, secundum rectum rationis judicium, voluit ; prior ipse aliis sedulo impendit. Omnes in Christo sincere dilexit, omnes honore prævenit, et cunctis pro viribus benefacere curavit. Semetipsum sibi pro Christi amore veraciter abnegans, evangelicis mandatis, ac monasticis institutionibus suam in cunctis voluntatem subjecit ; mortificatisque perniciosis desideriis, et voluptatibus carnis, Christianæ arma patientiæ assumpsit, et sub confessionis ordine martyrio non caruit, utpote qui corpus suum jejuniis, vigiliis, orationibus, disciplinis, et aliis duris exercitationibus monasticis sine intermissione graviter maceravit, carnibus, vino et quibuslibet esculentis lautioribus semper abstinuit : fabis, pisis, et oleribus naturæ indigentiam utcunque sustentavit. Quasi paradisi delicias amavit jejunium, et necessitatibus carnis semper præposuit animæ nutrimentum. Quidquid necessitatibus suis potuit subripere, in usus mox pauperum censuit erogare. Nam pientissimus cum esset in pauperes, et abbas Fuldæ, et archiepiscopus

Moguntiæ, tanta eos commiseratione prosecutus est, ut de crastino nullam videretur habere providentiam. Unde et a bonis viris, Deumque timentibus pater nominabatur inopum, et hospes egenorum. Ab illis vero, quos auri cupido insatiabilis avaritiæ flammis incenderat, non pius, non misericors, non munificus, sed prodigus, vane gloriosus, et dissipator substantiæ Christi, per injuriam, potius nuncupari consuevit. Ita virtus semper habet osores, qui Pharisæorum et Scribarum exemplo, bonum, quod negare in proximo nequeunt, in partem malam atque sinistram temere pervertunt. His similia beatus Rabanus ab improbis passus est multa, qui cum pietatem ejus in pauperes haud negare possent, vanitatis studio ascribere non timebant, asserentes illum vanæ laudis amore ductum eleemosynas facere potius, quam pro honore Dei. Sed vir Domini militans sub fide Christi, qui radio divini amoris stabili jam firmitate ardebat, nec vana blateronum curavit obloquia, nec a bono, quod inchoaverat, opere propterea cessavit, quamvis non modo detractionibus suorum, sed etiam conviciis urgeretur. Nec tamen mirum, si in tanta congregatione bonorum inveniebantur etiam nonnulli minus perfecti, aut mali, cum inter duodecim apostolos Christi unus fuerit inventus traditor esse magistri ; et e septem primis ecclesiæ diaconibus sui exstiterit nominis auctor erroris. Verumtamen non dereliquit Omnipotens famulum suum in tribulatione, quem in camino paupertatis multipliciter probatum invenit esse fidelem, ac stabili firmitate voluntatis bonæ pene invincibilem. Nullus eorum, quibus Dei amor cordi fuerat, et sacrarum studium Scripturarum, facientem eleemosynas virum Dei molestabat in aliquo ; sed ex monachis illi, quos ministros et dispensatores rerum domesticarum constituerat, facibus avaritiæ succensi, bonis obnitebantur studiis sui pastoris. E quibus unus fuit, nomine Edelhardus, patria Francus, homo plus æquo in rebus mundi sollicitus, quem pater majorem cellerarium domus constituerat, cujus historiam infelicitatis ut scribamus, ratio postulat æquitatis.

Clementissimus inopum pater publico mandavit edicto, ut quoties extra tribus monasterii aliquis morte commutaret hanc miserabilem vitam, ejus præbenda in cibo et potu integra, et sine diminutione, per dies triginta continuos pro animæ defuncti salute pauperibus deberet erogari. Contigit autem anno Rabani abbatis duodecimo, qui fuit Dominicæ nativitatis octingentesimus tricesimus septimus, indictione Romanorum quintadecima, plures in Fuldensi cœnobio monachos, vocante Domino, ab hac miseria futuram transmigrare ad vitam. Unde vir sanctus, et defunctis compatiens et pauperibus vivis. ipsi Adelhardo, dispensatori domus, seriosius mandavit, coram omnibus dicens ei: « Cura, frater, quam diligentissime, ut præbendas defunctorum fratrum meorum plenas et integras, sicuti pro eorum salute constitui, singulis fideliter pauperibus distribuas. Quod si neglexeris, animam tuam in districto Dei judicio ream fore noveris, et puniendam. » Respondit Adelhardus, se patris jussa libenter facturum. Sed, o virus mortiferum, quam noxia est semper claustralibus avaritia, quos et propriæ salutis facit immemores, et contra puritatem monasticam in superbia pertinaces. Adelhardus piger ad obedientiam, tardus ad pietatem, et ardens totus ad avaritiam, pauperum inopiam neglexit, et nimia cupiditate seductus, suffragia mortuis debita fraudulenter subtraxit. Nam partim contemptu abbatis, cujus obluctabatur pietati, partim avaritia, non minus quam tepiditate perniciosa, datus in reprobum sensum, quiescentium in Domino præbendas, aut in totum retinuit, aut infideliter pauperibus ministravit. Sed non tulit æquitas divina tantam ejus temeritatem sine vindicta. Quadam namque die, cum externis rerum curis nimium occupatus, hora jam esset tardior, et dormientibus cæteris per locum capitularem solus tenderet in dormitorium, lucernulam ex more in manibus gestans, vidit illic per gyrum monachos consedere plurimos, consueto schemate nigro indutos, et nimio terrore correptus, quid ageret, nesciebat. Erat enim tardior hora noctis, qua conventum simul tunc adunatum suspicari non potuit. Unde cum diligentius intueretur, singulas fratrum nuper vita defunctorum umbras esse cognovit, quibus stipendia subtraxerat ordinata, et ultra modum perturbatus animo, retrocedere tentabat. Sed nimius pavor, sanguine concitato in adversum, et crura obrigescere fecit et pedes, usque adeo, quod se movere de loco non potuit. Consurgunt mox impetuose spirituum defunctorum terribiles umbræ, prostratumque nimio pavore videntes, indumentis, virtute occulta, spoliarunt, ac dorso, non solum ut nobis est consuetudo castigandis nudato, sed insuper corpore toto miserum cædunt, sensibiliter virgis verberant, percutiunt, horribili vocis imagine consonantes : « Arripe [Forte, Accipe], infelix, avaritiæ, quam meruisti, vindictam, post triduum graviora recepturus, posteaquam nobiscum inter mortuos fueris computatus. » Evanescentibus mox umbris, remansit Adelhardus jacens, ut mortuus. Circa medium vero noctis, cum fratres consurgerent ad laudes matutinas, flagellatum miserum repererunt, in loco capitulari jacentem, mortuo quam vivo similiorem. Qui deportatus ad infirmitorium, et ad se tandem, fratrum ope, reversus, quid viderit, et quæ mala perpessus fuerit, audientibus revelavit, et quod die tertia moriturus, juxta verbum apparentium sibi spirituum, prædixit. Et ne somnium existimarent, aut solius passionem mentis : « Cernite, inquit, plagas, et verberum considerate livores, quia nemo sic dormiens, absque impressione aliqua violenta extrinsecus poterit signari. » Intuebantur miserabili severitate perculsum astantes, nec lacrymas poterant continere, inter quos sanctus pastor Rabanus ovi nimis periclitanti ampliori compatiebatur affectu charitatis et piæ commiserationis. Curavit ergo sollicitus, quod officium requirebat abbatis, jamque viribus deficientem, paterno monebat affectu de commissis pœnitentiam agere, et de misericordia Dei nullatenus desperare. Quem etiam salubri admonitione contritum et pœnitentem, sacramentis præmunivit Dominicis, morientemque precibus Domino instantius commendavit. At ille sub magno et aperto signo veræ contritionis die tertia migravit e vita. Quo mortuo, beatissimus abbas Rabanus omnipotenti Deo sacrificium hostiæ salutaris pro remedio animæ illius obtulit, jejunia et orationes et sibi et fratribus indixit, eleemosynas auxit, et in salutem ejus, quidquid boni poterat, misericorditer impendit. Cum ecce defunctus, tricesima die post mortem suam, in cella oranti Rabano post matutinas visibilis et squalidus apparuit, et quid pateretur, etiam habitu et assumpto schemate quodammodo demonstravit. Ad quem nihil territus vir Domini ait : « Quomodo est, frater, et quid circa te nunc agitur, qui tam squalidus mihi appares ? Dic mihi, per Dominum precor, quid tibi profuerunt orationes nostræ, castigationes et jejunia ? » Cui respondit spiritus : « Orationes vestræ omnipotenti Deo gratæ et acceptæ fuerunt, mihique non in parvum relevamen profuere pœnarum, sed plenam obtinere veniam nequeo, donec fratres nostri ascenderint in cœlum purgati, quos ego in carne positus, mea tenacitate ac negligentia in pœnis purgatoriis retardavi. Nam et præbenda mihi alioquin debita ipsis in subsidium provenit, sicuti divina justitia ordinavit. Sed oro te, pater, duplicentur præbendæ pauperum, et confido quod Dei miseratione citius liberabor. » Promisit vir sanctus, quod postulavit defunctus. Duplicavit egenis præbendas, et orationes continuavit. Unde post alios triginta dies iterum claro schemate defunctus apparuit vivo pastori, se jam tunc liberatum retulit, Domino Deo et Rabano gratias egit. Ex eo tempore Fuldenses monachi pavore tam miserabilis historiæ perculsi, et curam satisfaciendi pro mortuis tribus adhibentes sollicitam, et abbatis sui præcepta, sine contradictione, ac si divinitus emanassent, custodire satagebant. Nam cum hujus facti apud eos memoria, qui tunc inter mortales vivebant, penitus esset indelebilis, mentes omnium tanto perculserat metu pavoris, quod non solum debitas vita defunctis fratribus præbendas distribuebant integras, et plenas in usus pauperum, sed unus etiam quisque de sua portione victus quotidie subtrahens aliquid sibi libens in subsidium contulit egenorum.

Fecit et aliam valde necessariam constitutionem beatus abbas Rabanus, quæ, ut fertur, usque in præsentem diem in monasterio servatur. Sciens enim quam sit monachis frequens conspectus mulierum periculosus, illis maxime qui juniores ætate in timore Domini adhuc minus exercitatos habent sensus, de consilio duodecim seniorum cunctis perpetuo mulieribus ad monasterium interdixit accessum. Quæ sancta constitutio ut robur obtineret perpetuum, transitum femineo sexui per aquilonarem urbis portam, extra quam situm est monasterium, perpetua sanctione prohibuit et negavit. In hujus primordio constitutionis matrona quædam nobilis, curiositate feminea superata, sancti abbatis inhibitionem contemnens, adjunctaque sibi familiarium turba, per vetitam urbis portam exivit, et ecclesiam monasterii præsumptuosa temeritate intravit. Quæ mox, a dæmone arrepta, horribiles cœpit emittere voces, astantesque nimio pavore perterruit. Quam ligatis manibus sui reportarunt in oppidum, et salutem ejus cum lacrymis Rabani et monachorum precibus commiserunt. Verum, Domino permittente, tam crudeliter in eam sæviebat dæmonium, quod intra paucos dies mori fuit compulsa, dæmonio in ea sine intermissione clamante : « Pro me data est sententia Dei quoniam nemo, sola morte excepta, me ab hoc vasculo ejiciet. » Similia nonnullis constat postea contigisse mulieribus, quas sub simili præsumptione dæmonium invasit. In festis tamen sancti Bonifacii martyris et dedicationis hodie mulieribus ad ecclesiam monasterii tantum accessus permittitur, quod beati Rabani, et multis postea temporibus penitus negabatur.

His et aliis multis per virum Dei laudabiliter constitutis, et mirabiliter patratis, nemo de ejus sanctitate poterat dubitare, cujus nutui omnes tam promptam cernebant divinam adesse potentiam. Unde nomen ejus in toto regno Francorum factum est magna celebritate gloriosum, et multi de remotis terræ provinciis ejus fama eruditionis et sanctitatis excitati, ad videndum illum et audiendum quotidie confluebant, qui conversatione ac moribus ejus perspectis, ad meliora profecerunt. Multis in abbatia Fuldensi virtutibus coruscavit et signis, quorum a nobis memoriam, nimia intercapedo temporis abscondens, oblivione perpetua sepelivit. Ita mortalibus semper vilescunt præsentia, ut quantumlibet excellenter suis temporibus dicta seu facta insignium virorum, non solum commendare litteris despiciant, sed etiam laudem adhibere meritis eorum dignam contemnant. Veterum magnifice gesta et legunt avide, et laudibus celebrant, sed contemporaneos sibi viros, etiam si veteribus sint meliores, quasi notos, et ob id minoris pretii, spernendo meritis privant. Tam est iniqua mortalium de rebus æstimatio semper, ut incognita miretur, et laudibus celebret ; nota vero, et sibi præsentia, tanquam nihilum vilipendat : fidem majorem incertis scriptis præstans alienis, quam scientiam vel æstimationem oculis propriis. Hinc fit injuria multis, qui magna fecerunt in hoc mundo temporibus suis, et scriptorum vel penuria, vel negligentia, nullam, aut parvam, apud posteritatem, memoriam sunt consecuti. Sic Rabanus, sanctissimus abbas, magnas fecit in diebus suis virtutes, nec tamen condignam meritis a scriptoribus accepit memoriam. Refert enim supradictus auctor, Meginfridus, in volumine de Temporibus gratiæ, Rabanum hunc, beatissimum abbatem, suis ad Deum orationibus cæcos illuminasse duos, claudos gressibus formasse quatuor, de humanis etiam corporibus plures ejecisse dæmones, et multis aliis claruisse miraculis. Sed quo hæc facta sint ordine, non satis luculenter expressit, propterea tamen de sanctitate illius dubitandum non est, quod vitam ejus non invenimus ex ordine ab antiquis compositam, cum similia multis sanctorum acciderint.

Verum si quis de hujus viri sanctimonia dubitat, libros, quos magno labore quondam edidit, attentius revolvat. Optima scripsit, quoniam divino spiritu illustratus, pure, sancte et irreprehensibiliter in medio pravæ nationis vixit. Nec aliter vivere potuit, qui tam sancta docuit et scripsit. Nam cum esset ardens in divino amore, nullum sine spirituali exercitio tempus præteriit, quippe qui se totum Dei servitio mancipavit. Legit utilia, scripsit sancta, docuit recta, operabatur cœlestia, et sine intermissione meditabatur divina. Hæc illum sancta conversatio, et nobis merito venerabilem fecit in terris, et cum sanctis Dei omnibus gloriosum reddidit in cœlis. Deo juvenis in monasterio cœpit vivere, ac bene cœpta fideliter usque ad mortem continuavit. Monachus fuit innocens, abbas in Deo semper proficiens, archiepiscopus inter præfectos excellens, fraternæ charitatis amator et cultor ferventissimus exstitit, et salutem omnium studiosissime quæsivit. Unde zelo divini amoris accensus, multis cœnobiis, quæ tunc fundabantur de novo, et monachos ex suis dedit rogatus, et doctrina præclaros abbates. Infirmiores quosque, et minus in observantia regulari zelosos atque perfectos, in monasterio secum detinuit, et sub virga disciplinæ ad meliora quotidie compellere non cessavit. Ad monasteria vero noviter fundata, non misit infirmos, sed fortes, non tepidos et carnales, sed moribus et eruditione consummatos atque perfectos. Anno regiminis sui abbatialis tertio decimo, qui fuit Dominicæ nativitatis octingentesimus tricesimus octavus, indictione Romanorum prima, cum Erlafridus quidam comes in Calba monasterium in memoriam sancti Aurelii [a] pontificis, apud Hirsaugiam, Spirensis diœcesis, novum a fundamento construxisset, missa legatione in Fuldam cum precibus Otgari archiepiscopi Moguntini et [*Forte* ad] Rabanum abbatem, monachos ab eo petiit, et ejus dispositioni cœnobium, quod erexerat, commendavit. Qui pro Dei reverentia, precibus annuens supplicantis, Luthertum Hirsaugiæ primum abbatem constituit, cui de suis, monachos in omni religione perfectos monastica, quindecim numero conjunxit. Ad monasterium quoque Novæ Corbeiæ [b], quod in Saxonica regione, quæ nunc Westgallia [c] nuncupatur, fundari cœpit, anno Dominicæ nativitatis octingentesimo vicesimosecundo [d], indictione Romanorum quinta decima, monachos postea consummatos destinavit, viros eruditos atque sanctissimos, inter quos sanctus Altfridus, postea quartus in Hildesheim pontifex, unus exstitit : per quem Deus multa signa et miracula fidelibus ostendit. Ad alia quoque plura cœnobia, eo tempore noviter constructa, beatus Pater abbates misit et monachos, quorum nomina brevitatis amore silentio pertransivimus, ut pote qui ad finem historiæ rationabiliter festinamus.

Cum itaque reverendissimus abbas Rabanus in lege monastica irreprehensibiliter viveret, et multos verbo et exemplo ad justitiam erudiret, sævit in eum totius boni adversarius, et variis modis viri propositum enervare, penitusque subvertere laborabat, et multis variiisque nocendi mediis virum sanctum aggressus, cum animi ejus constantiam nequaquam posset perfringere, subditorum ejus mentes ad odium pastoris callida studuit machinatione provocare. Anno igitur nativitatis ejus quinquagesimo septimo [e], ut Meginfridus (Fuldæ postea monachus) est auctor, facta est inter eum et monachos ejus, sollicitante diabolo, gravis quædam et nociva dissensio, cujus tamen causam non expressit. Quam Ludovicus [f] Germanorum rex, frater Lotharii imperatoris ac regis Italiæ, filius Ludovici primi cum audivisset, missis ad Fuldam nuntiis, Rabanum ad se vocavit abbatem, et monachorum temeritatem regali auctoritate compescuit, venientemque cum honore suscepit, et biennio [g] ferme secum in curia regali detinuit. Interea monachi Fuldenses, pœnitentia ducti, oratores miserunt ad regem, humili supplicatione rogantes, ut ablatum sibi redonaret abbatem. Quod tamen facere, propter causam rationabilem, et abbas ipse renuit, et rex admittere nullatenus consensit. Mansit ergo in aula regia beatus abbas Rabanus biennio, usque ad

---

[a] Hic est Armenus Bedicianorum episcop. S. Basil. Magni synchronus et coætan., quem Galesinius, Ferrarius, aliique referunt coli 9 Novemb. Trithemius, 25 Maii.

[b] De nova hac Corbeia vide Vitam sancti Adelardi per Radbertum, cap. 16, et Vitam S. Anscharii.

[c] Imo Westphalia. De origine hujus vocabuli multa congerunt geographi moderni, et Wernerus Rolewinck libro de Situ et Moribus Westphalorum, cap. 2, quorum nullus a Gallis nomen illius concedit. De iis poeta Saxonicus, qui Arnulphi imperatoris ævo vixit ad annum 772, hæc habet :

Sed generalis habet populos divisio ternos,
Insignita quibus Saxonia floruit olim :
Nomina nunc remanent, virtus antiqua recessit.
Denique Westphalos vocitant in parte manentes
Occidua, quorum non longe terminus amne
A Rheno distat. Regionem solis ad ortum
Inhabitant Oosterlingi, quos nomine quidam
Ostphalos alio vocitant, confinia quorum
Infestant conjuncta suis gens perfida Sclavi.
Inter prædictos media regione morantur
Augarii, populus Saxonum tertius ...

Sunt ergo Westphali dicti, quod in occidua parte seu limine aut limite Saxonum occidentali habitarent ; Oostphali, quod in orientali. Est *west* occidens, *oost* oriens ; *palen*, limites, fines ; limina regionum aut imperii.

[d] Consentiunt in anno auctor antiquus de constructione monasterii Corbeiæ apud Meibomium et tomo II scriptorum Franciæ, Schafnaburgensis in Chronico, Albertus Crantzius lib. 1 Metropolis, cap. 19, aliique.

[e] Ex hoc loco supra ostendimus in ætate Trithemium huc usque triennio aberrare.

[f] Imo Rabanum ad ecclesiam S. Petri in monte ad orientem monasterii secessisse, librosque cœptos absolvisse, dictum in priore Vita, num. 49.

[g] Quinquennio privatim vixisse certum est ex supra dictis.

mortem Otgarii archiepiscopi Moguntini, monachis interim lamentantibus.

LIBER TERTIUS.

Igitur post mortem memorati archiepiscopi Moguntini Otgarii, qui fuit in ordine archipræsulum quintus, et obiit anno Dominicæ nativitatis octingentesimo quadragesimo septimo, indictione Romanorum decima, mensis Aprilis die vicesima prima, in monasterio sancti Albani martyris apud Moguntiam, in capella sancti Bonifacii cum honore sepultus, anno pontificatus sui vicesimo secundo [a], beatus Rabanus Maurus Magnentius, abbas Fuldensis, promotione Ludovici regis, in archiepiscopum Moguntinum electus, votis procerum successit, et præfuit annis novem [b], mensibus quatuor. Cui substitutus Hatto in abbatia Fuldensi succedens præfuit annis septem. Rabanus itaque abbas anno ætatis suæ quinquagesimo nono, qui fuit Lotharii imperatoris septimus, et quarti Leonis papæ secundus [c], Germanorumque regis Ludovici æque septimus, et Dominicæ nativitatis, jam prænotatus in archiepiscopum ordinatus, pristinum vitæ rigorem non solum in nullo minuit, sed quasi tunc primum inciperet converti ad Deum, regularis observantiæ disciplinam in multis auctam usque ad mortem custodivit. A carnibus et vino imprimis abstinuit, delicias non quæsivit, nullas infirmæ carnis aut mundi voluptates sive illecebras ullatenus admisit ; balnea, et omne quod corpus tenerum fovet, sed mentem resolvit, damnatione perpetua refutavit, gregem sibi commissum, ut verus pontifex, fervidusque Christi minister, summa diligentia custodivit ; quem verbo, exemplo simul, et hujus vitæ pabulo, qua potuit sollicitudine, pavit et enutrivit. Ab ejus memoria nunquam recessit apostolica sententia Pauli dicentis : *Oportet episcopum irreprehensibilem esse, unius uxoris virum, sobrium, castum, virtutibus ornatum, prudentem, pudicum, hospitalem, atque salutaris scientiæ doctorem; non vinolentum, non percussorem, sed modestum ; non litigiosum, non cupidum, et qui testimonium habeat bonum ab his etiam qui foris sunt, ut non in improperium incidat, et in laqueum diaboli (I Tim. III).* Quæ omnia crebrius in mente revolvens, nihil eorum quæ pontificalis ministerii officium requirere videbatur, omisit, sed irreprehensibilem se cunctis in operibus bonis semper exhibuit. Ordinatus autem fuit in archiepiscopum, sicut est dictum, vicesima sexta [d] die mensis Junii, quæ fuit sanctorum Joannis et Pauli martyrum festivitate solemnis, apud Moguntiam in ecclesia cathedrali, rege Ludovico et multis aliis præsentibus.

[e] Eodem anno, jubente Ludovico rege, apud Moguntiam in monasterio sancti Albani martyris, circa principium mensis Octobris synodum habuit, ad quam non solum de sua provincia, sed etiam de aliis plures episcopos et abbates convocavit ; quorum consilio, multa pro communi utilitate rei ecclesiasticæ prudenter ordinavit.

[f] Per idem tempus mulier quædam, Thierda nomine, pseudoprophetissa, de partibus alienis venit ad Moguntiam : quæ Salomonis episcopi Constantiensis parochiam suis vaticiniis non modice perturbaverat. Nam certam de proximo instantem consummationis sæculi diem, aliaque perplura, quæ soli Deo sunt cognita, quasi divinitus sibi revelata, se scire, publice prædicabat, dicens eodem anno ultimum mundi diem imminere. Unde multi ex populo utriusque sexus timore perculsi, ad eam venerunt, oblatisque muneribus, se illius orationibus, quasi alicujus sanctæ commendabant. Et, quod gravius est, sacri etiam ordinis viri doctrinas ecclesiasticas postponentes, illam quasi magistram cœlitus destinatam sequebantur. Hæc ad præsentiam sancti Rabani archipræsulis et aliorum episcoporum apud sanctum Albanum deducta, et diligenter de suis assertionibus requisita, presbyterum quemdam sibi ea suggessisse, et se talia, quæstus causa, in populum seminasse, professa est. Quapropter synodali judicio publice cæsa flagellis, ministerium prædicationis, quod irrationabiliter usurpaverat, et sibi contra morem ecclesiasticum vendicare præsumpserat, cum dedecore maximo et manifesta confusione amisit, suisque vaticiniis tandem confusa, finem imposuit.

[g] Gotescalcus quoque [h] presbyter quidam, natione Gallus, ex [i] Rhemorum diœcesi adveniens, de prædestinatione Dei novum et perniciosum seminabat

---

[a] Aliis *vigesimo primo*, quod ordinatus putetur sub initium anni 827 aut finem anni præcedentis.

[b] Hattonem anno 842 secedenti in ecclesiam S. Petri Rabano successisse certum est ex epistola 40 Lupi abbatis Ferrariensis ad Rabanum : « Audivi, inquit, sarcinam administrationis vestræ vos deposuisse, et rebus divinis solummodo nunc esse intentos : Hattoni vero nostro curam sudoris plenam reliquisse. » Obitum ejus assignant Annales Fuldenses ad annum 856, quo pridie Idus April. scribitur decessisse. Præfuit ergo *annis* non *septem*, sed circiter *tredecim.* Reliqua suggerit Browerus in Fuldensibus, cui his Annalibus certior lux effulget, quam ex veterum abbatum catalogo ms. relato in scholiis ad poemata Rabani, num. 28, ubi dicitur per annos 22 rexisse, ab anno 841 ad 862.

[c] Imo *primus*. Nam Sergio hoc anno 847 pridie Idus April. defuncto, eodem die Leo successit. Anastasius Bibliothecarius, et ex eo Baronius, num. 7.

[d] Sequentem diem seu v Kalend. Julii assignant aliqui.

[e] Annal. Fuldenses : « In eodem anno, jubente Ludovico rege, apud Moguntiacum synodum habuit circa Kalend. Octob. »

[f] Hæc descripsit ex eisdem Annal., ubi dicitur *venisse mulier ex Alemanniæ partibus*, nomine *Thiota*. Eamdem historiam refert Trithemius in Chronico Hirsaugiensi ad annum 848.

[g] Anno sequenti in alia synodo damnatus fuit, ut supra dictum.

[h] Imo et monachus monasterii Orbaci, fundati a sancto Regulo archiepiscopo Rhemensi in eo sepulto, sub finem septimi sæculi.

[i] Potius *Provinciæ archiepiscopalis* ut jam loquimur, quod Orbacum sit diœcesis Suessionensis. Sic *diœcesim* pro *provincia* accipit Rabanus in epistola synodali ad Ludovicum regem.

errorem. Dicebat enim tam bonos ad vitam æternæ felicitatis quam malos ad mortem perpetuam inevitabiliter a Deo prædestinatos esse ; et nec illis nocere, si peccent, nec malis et præscitis prodesse, si ad melioris vitæ propositum convertantur, eo quod providentia Dei omnino sit infallibilis. Contra quem beatissimus archipræsul Rabanus campum disputationis latum ingressus, tam Scripturarum auctoritate quam evidentia rationis eum coram omnibus, Deo auxiliante, superavit, et vi argumentationis usque adeo reddidit mutum, quod nihil pro sua opinione amplius potuit inferre. Benedictus per omnia Deus qui perniciosissimum dogma erroris, per os famuli sui Rabani confutavit. Rationabiliter itaque a sancto Rabano convictus, superatus, et confusus in conspectu episcoporum, abbatum, et cæterorum omnium, qui fuere præsentes, correctionem assumpsit, erroremque suum ª publice ᵇ revocavit. De sententia vero synodi sanctæ ad episcopum proprium Hincmarum Rhemis transmissus est, dato prius juramento confirmationis, ne in regnum Ludovici, hoc est Germanicum, amplius rediret. ᶜ Multa quoque in eadem synodo et alia fuerunt utiliter decreta, quæ alibi habentur.

Verum silentio prætereundum non est, quemadmodum omnis boni hostis et inimicus, diabolus sanctis Rabani studiis adversabatur in omnibus die ac nocte ; quærens et observans ejus vitæ semitas, ut eum vel a sanctitatis revocaret proposito, vel publicæ neci exponeret, aut confusioni personali. Nec a male cœptis quievit, quousque tandem in brevi plurium animas subditorum subvertit. Nam cum vix ᵈ duos in pontificatu menses implesset, suis pene omnibus, instigante spiritu maligno, cœpit nimium displicere, quorum tanta fuit subsecuta temeritas, ut occultum de morte illius tractarent consilium ! Conspirantes enim adversus eum ex clericis ecclesiæ Moguntinæ complures, quorum vitia et inordinatam conversationem vir sanctus rationabiliter arguebat, de laicis etiam multos nobiles et ignobiles in suam perversam societatem occulte traxerunt, et malum in proprium pontificem consilium adunarunt. Fuit autem Rabanus pontifex et in se rectus, integer, et justus ; ad subditos vero zelosus, et pastorali sollicitudine vigilantissimus, qui cum ecclesiæ ministros ad canonicas constitutiones, juxta officii rationem, vellet reducere, pravorum contra se mentes graviter irritavit. Et nisi providentia divina, quæ nunquam in sua dispositione fallitur, aliter ordinasset, manus impiorum effugere minime potuisset. *Sed non est consilium hominis contra Deum* (*Prov.* xxı). Eodem namque tempore Rabanus archiepiscopus synodo præsidebat, apud sanctum Albanum, Ludovicus rex in civitate Moguntina procerum regni celebrabat conventum, qui homines sancti Rabani, ut Regino ᵉ testatur in chronicis, conspirantes adversus dominum suum, publice convictos, cum eo pacificavit, et unicuique pro mensura delicti satisfactionem injunxit.

Anno post hæc Dominicæ nativitatis octingentesimo quinquagesimo secundo, indictione Romanorum quintadecima, qui fuit pontificatus beati Rabani quintus annus, iterum celebrata est synodus, rege Ludovico jubente, apud Moguntiam, in monasterio sancti Albani martyris, ipso Rabano præsidente archiepiscopo, in qua pene omnes episcopi, et abbates Franciæ orientalis ᶠ, Bavariæ atque Saxoniæ, cum Rhenanis et Mosellanis comparuerunt propriis in personis. Multa in ea synodo statuta sunt, ad communem utilitatem ecclesiæ, proque morum correctione Deo famulantium clericorum ; quæ omnia Ludovicus ipse regali auctoritate confirmavit. Et episcopi quidem synodales quæstiones in concilio determinabant : rex autem cum principibus in civitate sedandis litibus invigilabat.

Anno Dominicæ nativitatis octingentesimo quinquagesimo, indictione Romanorum tertiadecima, qui fuit sancti Rabani annus in pontificatu tertius, Germaniæ populos gravissima fames oppressit, maxime circa Rhenum habitantes. Nam unus modius de frumento Moguntiæ vendebatur pro ᵍ decem nummis argenti, quorum sex et viginti unum hodie faciunt generale placitum habuit apud Moguntiacum, in quo legatos fratrum suorum, et Nordmannorum, Sclavorumque suscepit, audivit et absolvit. Homines etiam Hrabani episcopi adversus dominum suum conspirantes publice convictos cum eo pacificavit. ›

ª In synodica epistola Rabani ad Hincmarum archiepiscopum Rhemensem scribit ‹ incorrigibilem eum repertum et recludendum esse, nec sinendum amplius errorem docere et seducere populum Christianum. › Et in ultima ad eumdem epistola scribit, eum ‹ præsentem a sua nequitia avelli non potuisse. › Sigebertus ad ann. 849 ait ‹ Convictum, sed tamen in suo perseverasse errore. ›

ᵇ *Archiepiscopum.* Nam proprius episcopus erat Suessonensis Rothardus, seu Hrothadus, qui etiam Carisiacæ synodo interfuit, in qua dicitur ‹ honore presbyteralem per Rigboldum chorepiscopum cum esset Suessonicæ parochiæ monachus, inscio civitatis suæ episcopo, usurpasse. ›

ᶜ Decreto synodi Carisiacæ, ‹ honore presbyterali detectus est, ut improbus virgis cæsus, et ne aliis noceret, ergastulo retrusus. ›

ᵈ Imo hæc anno archiepiscopatus 2, Christi 848, contigisse ex sequentibus certum.

ᵉ Non Regino, qui Rabani non meminit, sed auctor Annalium Fuldensium, in quibus hæc leguntur ad annum 848 : ‹ Ludovicus rex circa Kalend. Octobris

ᶠ Annales Fuldenses ad hunc annum 852 sic referunt : ‹ Habita est autem et synodus ex voluntate atque præcepto ejusdem serenissimi principis (regis Ludovici) in civitate Moguntia metropoli Germaniæ, præsidente Rabano venerabili ejusdem urbis archiepiscopo, cum omnibus episcopis atque abbatibus Orientalis Franciæ, Baioariæ et Saxoniæ. Et illi quidem de absolvendis quæstionibus ecclesiastice tractatum habebant. Rex vero cum principibus et præfectis provinciarum publicis causis litibusque componendis insistens, postquam synodalia eorum decreta suo judicio comprobavit et legationes Bulgarorum Sclavorumque audivit et absolvit, Baioariam reversus est. › At Mosellanos fuisse extra regnum Ludovici certum est.

ᵍ Annales Fuldenses iterum descripsit, in quibus *decem* siclis argenti legitur : reliqua de malaro Triauri florenum. Ex qua supputatione constat unum octale frumenti, quod *maldrum* vocant, plus quam tres solvisse florenos dictæ mensuræ Moguntinensis. Morabatur autem eo tempore beatus Rabanus archiepiscopus in quadam villa parochiæ suæ, cui vocabulum est *Wincella*, quam in descensu Rheni fluminis ad dextram, ferme tribus a Moguntia distat milliaribus, et nunc ab incolis terræ *Wunckel* nuncupatur. In ea residens, pauperes de diversis locis advenientes quotidie plus quam trecentos suscipiebat, et alimento sustentabat, exceptis his qui in præsentia illius assidue vescebantur.

Venit autem inter alios, una dierum et mulier quædam ex villa Crucinaco (quæ nunc oppidum est [a]) oriunda, inedia pene consumpta cum infante parvulo, cum aliis pauperibus, refocillari desiderans. Quæ priusquam limen portæ domus episcopalis transcenderat, præ nimia imbecillitate corruens in terram, spiritum exhalavit. Puer vero mamillam matris defunctæ jacentis, quasi viventis, de sinu protrahens, et sugere tentans, multos intuentes ad fletum coegit. Quæ cum beato pontifici nuntiata fuissent, ingemuit et præ nimio compassionis dolore lacrymas cohibere non potuit. Ex illa die per omnem regionem misericordiam prædicari fecit egenis, eleemosynas pro viribus auxit. Pauperibus, undecunque venientibus, necessarium præsentis vitæ pabulum abundantius ministravit. Hanc ejus munificentiam in pauperes omnipotens Deus gratam habens, duplici beneficio remunerasse legitur; dum ei copiosam hujus vitæ provisionem in præsenti retribuit, et animam illius tandem a corpore separatam æternæ felicitatis in cœlo deliciis perpetuo satiavit. *Dispersit* enim hujus vitæ divitias pro Christi amore, et *dedit pauperibus*, propter quod et *Justitia ejus manet in sæculum sæculi* (*Psal.* cxi, 9), et convivium [et cornu] ejus cum sanctis omnibus exaltatur in gloria. Christum Jesum unigenitum Dei Filium, cujus minister erat et pontifex, amavit super omnia, pro cujus honore fidelem se ovium ejus pastorem exhibuit, inscios docuit, pauperes pavit, errantes et per devia peccatorum præcipitatos ad viam justitiæ paterna sollicitudine reduxit. Vere justus et sanctus, *qui post aurum non abiit : nec in thesauris pecuniæ speravit* (*Eccli.* xxxi, 8). Omnis confidentia ejus fuit in Domino, pro cujus amore cætera omnia despexit. Unde rerum temporalium curam exemplo priscorum pontificum viris commisit idoneis : quorum relevatus ministerio, spiritualibus intentius vacaret. Ea vero quæ pontificale requirebant officium, in tota diœcesi per semetipsum administrabat. Lectioni divinarum Scripturarum, meditationi quoque, orationi et contemplationi, quoties a pontificali poterat ministerio vacare, semper fuit intentus, et sanctitatis exercitium, quod monachus in cœnobio didicerat, etiam archipræsul factus, sine intermissione continuans, nunquam intermisit. Verbum Dei prædicare sibi commisso populo non erubuit ; quippe qui se apostolorum consecutum esse ministerium recognovit. Enim vero sicut non meretur dici apostolus, qui vacans mundi negotiis vel otio, verbum Dei commissis sibi populis non prædicat, ita episcopali honore penitus est indignus, qui neglectis sive postpositis spiritualibus, sola temporalia curat. Transiens ergo per vicos, perque castella et villas, Apostolorum more, Rabanus cum clericis nonnullis et monachis, quos ad hoc ministerium novit idoneos, Evangelium Dei populo nuntiavit, delinquentes corripuit, pœnitentes Domino reconciliavit. Mores clericorum totis viribus ad apostolicam institutionem reformare studuit, pro quorum directione salubri, tres libros notabiles ad Haildolfum, quartum archiepiscopum Moguntinum, antecessorem suum, prius lucubravit [a].

Quoties vero ab actionibus ecclesiæ publicis vacabat, mansionem residentiæ corporalis tenebat vel in memorata villa circa Rhenum Wincella, vel in Moguntia, circa majorem ecclesiam, in domo episcopali, aut certe in monte, haud procul a prænominato vico, qui de nomine illius dictus est Bisthofeberus, in quo nunc monasterium sancti Joannis Baptistæ cernitur esse constructum. Frequenter etiam manere consuevit in cœnobio sancti martyris Albani, quod in monte prope Moguntiam Richolfus [b], tertius archiepiscopus, construxit, anno Domini septingentesimo nonagesimo sexto, indictione Romanorum quarta, propter monachorum inibi Deo famulantium vitæ sanctitatem. In monasterio etiam canonicorum Sancti Victoris [c], extra Moguntiam, sæpius habitabat, cum propter aeris temperiem, tum propter loci et situs amœnitatem. Ibi nonnulla pro fidelium ædificationem scribens composuit, ubi et sanctus Lullus quondam archiepiscopus orationi meditationique insistere consuevit.

Hic jam reor opportunum, ut quam plura, quamque utilia scripserit volumina Rabanus iste sanctissimus pontifex, ab anno ætatis suæ tricesimo usque ad finem vitæ per annos ferme octo et triginta, quibus nunquam a studio Scripturarum et editione librorum cessavit, posteritatis memoriæ commendem. Fuit enim, quemadmodum in superioribus dictum est, per Germaniam omnium doctissimus, qui multitudine, utilitate, facundia, et elegantia librorum a

themii expositio est. Charitatem Rabani in hac fame laudat idem Trithemius in Chronico Hirsaugiensi ad an. 849 et 856.

[a] Palatinatus inferioris. Deest nomen loci in Annalibus Fuldensibus.

[b] Anno Christi 819, necdum tum abbas.

[c] Sedit Richolfus ab anno 787 ad 814. Ecclesia S. Albani consecrata est ann. 805 Kalend. Decemb. Cœnobium hoc monachorum, concessu Martini papæ,

anno 1419 in canonicorum collegium commigravit. Vide Ferarium in Moguntiaca lib. 1, cap. 30 et 31, et lib. iv, in Archiepiscopo 3.

[d] « S. Willibaldum » profert Wicelius in Hagiologio « scripsisse Vitam sancti Bonifacii, et rescripsisse in loco qui S. Victoris extra Muros dicitur, ubi Lullus et Rabanus vacabant orationibus; » quæ a Vitæ amplificatore adjecta sunt, cum S. Willibaldus ante obierit quam Rabanus nasceretur.

se editorum, nec præcedentem quemquam habuit similem, nec post se reliquit æqualem. Quod verum ex eo constabit facilius, si titulos librorum ejus per ordinem exprimamus, non quo sunt editi, sed a nobis collocati.

Scripsit igitur ad **Frecolfum Lexoviensem** in Normannia episcopum, quondam discipulum suum, de quo supra diximus, in Genesim libros quatuor; in Exodum libros quatuor; in Numeros libros quatuor; in Leviticum libros quatuor; in Deuteronomium libros quatuor; in historiam Josue libros duos; in historiam Judicum libros duos; in historiam Ruth librum unum: ad **Hildowinum**, abbatem sancti Dionysii super historiam Regum libros plures; in Paralipomenon libros quatuor; in Esdram [a] et Nehemiam libros tres; in historiam Tobiæ librum unum; in historiam Judith libros septem; in historiam Esther librum unum; in historiam Job libros plures; in totum Psalterium libros plures; in Proverbia Salomonis libros plures; in Ecclesiasten libros plures; in Cantica canticorum libros plures; in librum Sapientiæ libros tres; in Ecclesiasticum libros decem; in Isaiam prophetam libros viginti; in Ezechielem libros viginti; in Danielem prophetam libros tres; in duodecim prophetas minores libros duodecim; in historiam Machabæorum libros tres; in Evangelium Matthæi libros octo; in Evangelium Lucæ libros tres; in Evangelium Marci libros quatuor; in Evangelium Joannis libros plures; ad **Luxum Servatum** presbyterum in omnes epistolas Pauli apostoli libros tres et viginti; in Actus apostolorum libros plures; in Epistolas Canonicas libros septem; in Apocalypsin Joannis libros plures; ad **Gregorium papam quartum** de Laudibus sanctæ Crucis laboriosum et mirabile opus, libros duos; ad **Haimonem** episcopum Halberstatensem de Universo, libros viginti duos; de Universali natura, librum unum; ad **Hailfolsum** quartum ecclesiæ Moguntinæ archiepiscopum, de Institutione, vita et moribus clericorum, libros tres; ad **Heribertum** episcopum de Quæstionibus canonum librum unum; ad **Reginbaldum** episcopum de eadem materia, librum unum; de Benedictionibus patriarcharum, librum unum; de divinis Officiis, libros octo; de Computo ecclesiastico, libros duos; Præparamenta septem artium liberalium, multa juvenis volumina composuit; Epigrammaton libros quatuor; de Metrica Compositione, libros tres; ad **Ludovicum Germaniæ regem** libros et epistolas edidit plurimas, de materiis diversis et variis sibi ab eo propositis. Epistolas quoque, sermones et homelias plures, et sine certo numero scripsit, composuit, et dixit; quorum singulorum per ordinem facere mentionem nimis foret lectoribus tædiosum. Multa enim et alia scripsisse creditur, quæ in cognitionis nostræ ergasterium necdum pervenerunt. Hæc sunt Rabani doctissimi atque sanctissimi archipræsulis opuscula, quæ me legisse memini, quorum editioni per annos, sicut diximus, octo et triginta [a] primum

Fuldæ monachus et scholasticus, deinde abbas, et postremo archiepiscopus sine intermissione pro Dei gloria et fidelium utilitate maxima insudavit.

Fuit enim vir sua ætate Germanorum omnium studiosissimus, et universalis facile princeps doctrinæ, qui sapientia et eruditione in sua natione omnes superavit, vicitque præcedentes, nec similem post se habuit, inter sequaces. Ab eo namque tempore, quo scholasticam apud Fuldam claustralibus palæstram instituit, per annos ferme quadringentos, multi in ordine sancti patris Benedicti per totam Europam monachi doctissimi claruerunt. De quibus in primo libro virorum illustrium, ordinis nostri memorati, complures nominatim recensui, et etiam non paucos in volumine de scriptoribus ecclesiasticis dudum collocavi. Eo tempore proverbium illud verum exstitit quo dicebatur: *Scientia Scripturarum in cucullis latitat monachorum.* Monachi enim tunc fuerunt studiosi atque doctissimi, qui non solum Latinis, sed etiam Græcis litteris apud Germanos et Gallos studium diligens impenderent. Nostris vero monachis postremo voluptates carnis et otia lectioni Scripturarum præferentibus, Græcarum etiam litterarum scientia pariter apud Germanos et Gallos penitus defecit. Supervenerunt nova fratrum instituta Mendicantium, et novos studiorum modos cum familiari quodam atque campestri genere scribendi attulerunt.

Rabanus autem primus inter Germanos, doctor universaliter eruditus, scientia profundus, eloquio disertus et solidus, vita emicuit et conversatione, doctissimus, religiosus atque sanctissimus; vere dignus, gratus, et acceptus Deo pontifex semper exstitit. In cujus ministerio die et nocte tam sollicite vigilavit. Quidquid facere ad honorem Dei potuit, nullo unquam tempore, nullave occasione prætermisit. Plures per diœcesim Moguntinam ecclesias de novo constituit, vetustas et ruinosas etiam multas reparavit. Monasterio Fuldensi abbas præsidens, monasticas præposituras nonnullas condidit, et quædam cœnobia monialium sui ordinis in finibus Buchonici nemoris fundavit. Sed et alia memoratu digna gessisse multa legitur, miraculis quoque variis coruscasse memoratur. De quibus cum certum ac manifestum non constet nobis veritatis testimonium, satius duximus tacere penitus, quam incerta litteris commendare. Hoc vero quod, Meginfrido testante, cognovimus, etiam styli officio posteritati commendare non dubitamus. Rabanus etenim reverentissimus præsul, tam in abbatia Fuldensi quam in pontificatu ecclesiæ Moguntinæ, multas ab æmulis injurias, oblocutiones, detractiones, et contumelias, etiam a suis propriis, sine demerito sustinuit; et sæpe usque ad mortem periclitatus fuit. Quæ omnia pro Dei amore patientissime sustinuit, et quidquid adversi contra eum accidit, suis peccatis humiliter ascripsit. Unde non solum se patientem in adversis semper exhibuit; sed quod majoris est meriti, cuncta sibi contraria etiam voluntarie pro

---

[a] Imo *quadraginta unum*, ut ex nostro calculo constat.

charitate Domini toleravit. Enimvero cum esset omnium pontificum suo tempore mansuetissimus, persecutores et æmulos suos nunquam vocavit ad pœnam, nec verbo nec facto ullam de ipsis unquam petivit vindictam. Fundatus enim divinæ glutino charitatis supra firmam petram, nulla tentatione potuit a Domino separari, viam timoris et amoris Domini, quam a teneris pueritiæ annis recte vivendo ambulare didicit. Nemo illum vidit præter justæ rationis modestiam ira commotum, nemo reperit animo perturbatum; sed bonæ conscientiæ testimonio lætus, mente semper fuit pacificus, et sibimetipsi, cum Deo unitus, omni tempore tranquillus. Permansit constans in his exercitiis pietatis, et quanto se viciniorem morti sensit vel credidit, tanto mentem a caducis et vanis mundi studiis amplius elongavit. Jejuniis, vigiliis, orationibus, sacris eleemosynis, prædicationibus, et aliis bonis operibus, sine intermissione fuit intentus, et omni tempore in officina divini amoris utiliter occupatus.

Cum autem tempus ab æterno venisset præordinatum, quo misericors et miserator Dominus famulo suo pro meritis bonæ voluntatis mercedem dare prædestinavit felicitatis æternæ, correptus febre lecto decubuit, et crescente morbo, tandem ad extrema pervenit. Qui visione præmonitus angelica ultimum sibi hujus vitæ miserabilis instare certamen, exitum suum lætus Dominicis sacramentis munivit, et libris suis partim ad Fuldam, partimque ad monasterium sancti Albani, extra mœnia civitatis Moguntinæ, provide distributis, ad Dominum, quem toto corde semper amaverat, inter orationis verba feliciter emigravit, sexto Kalendarum Novembrium, anno Dominicæ nativitatis octingentesimo quinquagesimo sexto, indictione Romanorum quarta, pontificatus sui anno nono. In cujus transitu voces canentium angelorum auditæ sunt, dicentium: *Iste sanctus digne in memoriam vertitur hominum, qui gaudio ducitur angelorum: quia in hac peregrinatione*, etc. Mortuus est autem beatissimus archiepiscopus Rabanus apud Vinicellam, habitationis suæ vicum, ad littora Rheni. Cujus sacrum corpus, sicut vivus ordinaverat, Moguntiam relatum est, et in ecclesia sancti martyri Albani cum honore sepultum. De quo sequens invenitur epitaphium, in memoriam ejus scriptum :

Lector honeste, meam si vis cognoscere vitam,
 Tempore mortali discere sic poteris.
Urbe quidem genitus sum, et sacro fonte renatus
 In Fulda, post hæc dogma sacrum didici.
Quo monachus factus seniorum jussa sequebar,
 Norma mihi vitæ regula sancta fuit.
Sed licet incaute hanc, nec fixe semper haberem,
 Cella tamen mihimet mansio grata fuit.
Ast ubi jam plures transissent temporis anni,
 Convenere viri vertere fata loci.
Me abstraxere domo invalidum, regique tulere,
 Poscentes fungi præsulis officio :
In quo nec meritum vitæ, nec dogma repertum est,
 Nec pastoris opus jure beneplacitum.
Promptus erat animus, sed tardans debile corpus.
 Feci quod poteram, quodque Deus dederat.
Nunc ergo te ex tumulo, frater dilecte, juvando
 Commendes Christo me ut precibus Domino :
Judicis æterni me ut gratia salvet in ævum,
 Non meritum aspiciens, sed pietatis opus.
Rabani nempe mihi nomen, lectio dulcis
 Divinæ legis semper ubique fuit.
Cui Deus omnipotens tribuas cœlestia regna,
 Et veram requiem semper in arce poli.

Et iste quidem beatissimi pontificis Rabani finis, in hoc mundo vivendi exstitit. Cujus sanctum corpus annis sexcentis quinquaginta novem in memorato cœnobio sancti martyris Albani sepultum, in sarcophago juxta murum chori elevato permansit. Ad cujus quoque tumulum a principio magnus populi fuit concursus, et plura narrantur facta miracula; qui tamen successu temporis omnino defecit, et sacellum ejus diu sine honore permansit. Unde providentia Dei cuncta gubernantis, ad nominis sui gloriam, et famuli sui perpetuum honorem, sanctissimum corpus ejus de Moguntia ordinavit, et voluit in Saxoniam transferri anno præsenti, quo hoc scripsimus, Dominicæ videlicet nativitatis millesimo quingentesimo quinto decimo, indictione Romanorum tertia. Quæ quidem translatio per quem, qualiter, quando, et quorsum sit facta, speciali syntagmate descripsimus ad laudem et gloriam Dei omnipotentis, Patris, et Filii, et Spiritus sancti: qui Deus est, vivit et regnat unus per omnia sæcula sæculorum. Amen.

EJUSDEM VITÆ COMPENDIUM.

Rabanus in Fulda nascitur, patre Ruthardo, matre Aldegunde, secunda die Februarii anno Dominicæ nativitatis, 788. *Lib. primo.*

Rabanus fit monachus anno Domini 797, ætatis suæ anno nono Fuldæ. *Lib. primo.*

Rabanus monachus causa studii Romam ad Albinum magistrum, et scholasticum monachorum mittitur, anno Domini 806. *Lib. primo.*

Rabanus, Romæ sex annis in studio exactis, Fuldam revertitur anno Domini 812. *Lib. primo.* Et mox scholasticus monachorum Fuldæ instituitur.

Rabanus fit abbas Fuldensis in ordine quintus, annis viginti duobus, anno Domini 825, ætatis vero suæ trigesimo sexto. *Lib. secundo in principio.*

Rabanus factus est archiepiscopus Moguntinus sexto Kal. Julii, anno Domini 847, ætatis suæ quinquagesimo nono, et præfuit annis novem. *Lib. tertio.*

Rabani recensentur quæ scripsit et lucubravit opuscula, per annos triginta novem continuos. *Eodem libro tertio.*

Rabanus archiepiscopus Moguntiæ sextus in Vinicella vi Kal. Novembris moritur, pontificatus sui anno nono, mense quarto, ætatis vero suæ sexagesimo octavo, mense nono et incarnationis Domini 856. *Libro tertio.*

Rabani corpus in ecclesia jacuit sepultum annis sexcentis quinquaginta novem. *In fine lib. tertii.*

Rabani corpus in Saxoniam cum honore transfertur in mense Augusto, anno Domini millesimo quingentesimo quinto decimo.

Rabani corporis sive ossium translationem in libro speciali descripsit Joannes Trithemius, abbas monasterii sancti Jacobi apostoli apud Herbipolim. Finis cum auxilio Dei vigesimo die Octobris 915 [a]

[a] Reponendum 1515. EDIT.

DE RABANO
TESTIMONIA ET ELOGIA ILLUSTRIUM SCRIPTORUM.
(Ex editione Georgii Colvenerii.)

I.

Vita sancti Solæ presbyteri et monachi, discipuli sancti Bonifacii, archiepiscopi Moguntini et martyris, conscripta ipso Rabano vivente, cujus compendium habet Georgius Wicelius in sua historia de Sanctis Ecclesiæ Dei.

Aliqui et prædii sui partem illi (Solæ) tradebant, quam ille in Dei timore accipiens, cum his quæ ei dominus Carolus Augustus donare dignatus est, ad egregium Fuldanensium cœnobium, ubi, Deo providente, modo sanctissimus ac in omni arte peritissimus abbas Rabanus perspicabiliter fulget.

II.

Hincmarus contra Godescalcum hæreticum de prædestinatione.

Alterum autem librum (*de Godescalco loquitur*) scripsit contra Rabanum venerabilem archiepiscopum, etiam zelosum in sancta religione patrem, et catholicum scriptorem, ut videlicet ab orthodoxo et magno doctore Domino Alcuino in sanctæ Ecclesiæ utilitatibus, uberibus ipsius, catholico lacte nutritum, de doctrinæ prato sanctorum auctorum floribus collectum, et confectum : quos flores catholice a catholicis dictos, aut mutilavit, aut corrupit. Idem Hincmarus teste Flodoardo lib. III *Hist. ecclesiæ Rhemensis*, cap. 21, *ubi recensens varia Hincmari scripta inter alia refert eum scripsisse Rabano Moguntiæ præsuli :* In qua, inquit Flodoardus, epistola asserit hunc beatum Rabanum solum tunc temporis de discipulatu beati Alcuini relictum.

III.

Annales Francorum ab anno incarnat. Domini 714 usque ad 883, incerti auctoris inter duodecim scriptores coœtaneos ex bibliotheca Petri Pithœi editi, et primo loco positi, ejusque judicio Moguntiæ scripti temporibus Rabani Mauri archiepiscopi; vel, ut alii arbitrantur, Fuldæ, et ideo annales Fuldenses nominant.

Anno 822, Eigil abbas Fuldensis cœnobii defunctus Rabanum successorem accepit.

Anno 844, Rabanus sophista, et sui temporis nulli poetarum secundus, librum, quem de Laude sanctæ Crucis Christi, figurarum varietate distinctum, difficili et mirando poemate composuit, per Ascrihum et Hruodbertum [a] monachos monasterii Fuldensis, Sergio papæ, sancto Petro offerendum, transmisit.

Anno 847, Otgarius Moguntiacensis episcopus XI Kal. Maii obiit, in cujus locum Rabanus ordinatus est V Kal. Jul. qui eodem anno, jubente Ludovico rege, apud Moguntiacum synodum habuit circa Kal. Oct.

Anno 850, gravissima fames Germaniæ populos oppressit, maxime circa Rhenum habitantes. Nam unus modius de frumento Mogontiaci vendebatur decem siclis argenti. Morabatur autem eo tempore Rabanus archiepiscopus in quadam villa parochiæ suæ, cui vocabulum est Winzella, et pauperes de diversis locis venientes suscipiens, quotidie plusquam trecentos alimento sustentabat, exceptis his qui in præsentia illius vescebantur assidue.

Anno 856, mense Februario, 4 die mensis, defunctus est Rabanus archiepiscopus Moguntiacensis A ecclesiæ, habens in episcopatu annos novem, mensem unum, et dies quatuor. Cui successit Karlus, etc.

IV.

Lambertus Schafnaburgensis de Rebus gestis Germanorum.

Anno 851, Brun et Raban abbates fundamentum ecclesiæ sancti Wigberti foderunt VI Idus Julii, secunda feria.

Anno 842, Luitharius expulsus est a regno, et Raban abbas de monasterio.

Anno 847, Oggarius Moguntiæ archiepiscopus obiit, cui abbas Fuldensis Rabanus successit, abbatiam Waldo suscepit.

Anno 856, Rabanus archiepiscopus obiit, cui Carolus successit.

V.

Sanctus Odilo, abbas Cluniacensis, in sermone de Laude sanctæ crucis.

Rabanus sæculari scientia affatim eruditus, fide catholicus, spirituali scientia ad plenum edoctus, tale de Laude sanctæ Crucis texuit opus, et texendo perfecit, quo pretiosius ad videndum, amabilius ad legendum, dulcius ad retinendum, laboriosius ad scribendum non potest inveniri.

VI.

Hermannus Contractus in Chronico copiosius edito.

Anno 822, Fuldis Eigil abbas obiit : cui Rabanus vir doctus et divinorum librorum tractator egregius successit.

VII.

Marianus Scotus, monachus Fuldensis, lib. III Chronic., ætate 6.

Anno 822, Eigil Fuldensis abbas obiit, Rabanus sibi successit.

Anno 847, Otgarius Moguntinus archiepiscopus obiit, Rabanus abbas Fuldensis sucessit, Hattho fit abbas.

Anno 856, Rabanus archiepiscopus Moguntinus obiit, Carolus ei successit.

VIII.

Honorius Augustoaunensis, de illustribus Ecclesiæ scriptoribus.

Rabanus ex monasterii Fuldensis abbate Moguntiensis episcopus scripsit mirabilem librum de Mysterio sanctæ Crucis, et totum Vetus et Novum Testamentum exposuit. Sub Ludovico claruit.

IX.

Sigebertus Gemblacensis in Chronico.

Anno 824, Rabanus sophista, et sui temporis poetarum nulli secundus, fit abbas Fuldensis, qui multa de Scripturis sanctis disseruit, qui etiam librum de Laude sanctæ Crucis figurarum varietate distinctum, difficili et mirando poemate composuit, Sergio papæ, sancto Petro offerendum, misit.

Anno 827, Rabanus abbas tractatus in librum Sapientiæ, et Ecclesiastici ad Otgarium archiepiscopum edit.

Anno 848, Rabanus abbas Fuldensis ordinatus Moguntiæ archiepiscopus, celebrata synodo Mo-

---

[a] Baronius, tom. X Annal., eodem anno, legit *Asericum* et *Theodbertum*

guntiæ, jussu Ludovici regis multa ecclesiæ utilia decrevit.

Anno 849, Godescalcus hæreticus a Rabano archiepiscopo rationabiliter, ut multis visum, convincitur, sed tamen in suo perseverat errore.

Anno 851, fames valida Germaniam attrivit, ut etiam pater filium suum devorare voluerit, quo tempore Rabanus archiepiscopus multam benevolentiam pauperibus exhibuit.

Anno 856, Rabanus egregiæ vitæ et scientiæ archiepiscopus obiit.

X.
Idem in Catalogo scriptorum ecclesiasticorum capite 90.

Rabanus, qui et Maurus, sive Magnentius, ex abbate Fuldensi archiepiscopus Moguntiæ, Scripsit librum de Laude sanctæ Crucis mira varietate depictum, quem misit Romæ sancto Petro offerendum. Scripsit ad Otgarium archiepiscopum librum super libros Sapientiæ Salomonis; scripsit super librum Machabæorum primum, super Esdram, super Judith, de Mysteriis missæ librum unum, de Benedictionibus patriarcharum librum unum; scripsit ad Hilduinum abbatem in Regum libros quatuor, de Quæstionibus canonum ad Heribaldum episcopum librum unum, ad Reginbaldum coepiscopum de eadem re librum unum, et alia.

XI.
Vincentius Bellovacensis in Speculo Historiali, lib. XXIV, cap. 28.

Rabanus sophista, et sui temporis poetarum nulli secundus, fit abbas Fuldensis, qui multa de Scripturis sanctis disseruit, qui etiam librum de Laude sanctæ Crucis figurarum varietate distinctum difficili et mirando poemate composuit, et Sergio papæ, sancto Petro offerendum, misit. Item tractatus in libro Sapientiæ, et in Ecclesiastico ad Otbgarium archiepiscopum edidit. Hic tandem ex abbate Fuldensi Moguntiæ archiepiscopus ordinatus est, ubi celebrata synodo jussu Ludovici regis, multa Ecclesiæ utilia decrevit. Auctor scripsit ergo de Laude Crucis libros duos, de Institutione clericorum librum unum; super Genesim libros quatuor; super Exodum libros quatuor; super Numeri librum unum; super Regum libros quatuor; super Paralipomenon libros quatuor; super Judith libros septem; super Esther librum unum; super librum Sapientiæ libros quatuor; super Ecclesiasticum libros decem; super Jeremiam librum unum; super libros Machabæorum libros tres; super Matthæum libros octo; super Actus apostolorum librum unum. Scripsit et præter hæc de naturis rerum, et plura alia. Hujus discipulus fuit Strabus, qui eo dictante plurima excepit, et super quosdam libros Pentateuchi commentariola quædam edidit. Liber Rabani de Laude Crucis, partim metricus est, partim prosaicus.

XII.
Martinus Polonus in Chronico (Anno 816).

Eo tempore floruit Rabanus Monachus Fuldensis, poeta magnus, et in scientia theologiæ præclarus.

XIII.
Sanctus Antoninus in parte II Summæ Historialis, tit. 14, cap. 5.

Rabanus sophista, et sui temporis poetarum nulli secundus, inquit Vincentius ubi supra post Sigebertum, abbas Fuldensis, qui multa de Scripturis sanctis disseruit, etc. Ejus tempore quædam pseudoprophetissa, dicens instare diem judicii Maguntiam sollicitabat, ita ut etiam aliquos sacri ordinis ad se inclinaret, quæ ab archiepiscopo correpta, confessa est se per suggestionem cujusdam presbyteri, quæstus causa, hoc fecisse, etc. Hic, ut ait Vincentius ubi supra, scripsit libros multos; de Laude Crucis libros duos, partim metricos, partim prosaicos, et præter hæc de naturis rerum, et plura alia, ac etiam quasdam epistolas cujusmodi est unus ex prologis, qui ponitur ante librum Machabæorum. Hujus discipulus fuit Strabo, qui eo dictante plurima excepit, et super quosdam libros pentateuchi commentariola quædam edidit, et quædam ei super biblia, et expositiones mysticæ ascribuntur. Hæc habentur in decretis ex libris Rabani de Consec. dist. 4, cap. *Ante baptismum.* Rabanus de Institutione clericorum : « Ante baptismum catechizandi debet homo prævenire officium, ut fidei primum catechumenus accipiat sacramentum, etc. » Idem in eodem de Consec. dist. 4, *Postquam se baptizandus.* Idem dist. ead., *Postea.* Et cap. sequenti, *Ex hinc.* Idem dist. ead., cap. *De hinc iterum.* Idem dist. ead., *Postea* II. Idem dist. ead., *Deinde a sacerdote.* Idem dist. ead., *Postquam ascendit* : III. Idem dist. ead., *Primum interrogetur.* Idem Rabanus scribens ad Heribaldum de lapsis, si debent promoveri, vel in susceptis ministrare, sic ait dist. 50 : *De his vero visum est.* Idem super Matthæum super illud : *Tradidit eum tortoribus;* de Pœnitentia dist. 4. « (Cap. 1.) Considerandum est, quod dicit, *universum debitum,* quia non solum peccata, quæ post baptismum homo egit, reputabuntur ei ad pœnam, verum etiam peccata originalia, quæ in baptismo ei dimissa fuerant. Quod autem dicit in plurali, *originalia,* refertur ad plures effectus originalis peccati. Nam in se unum est, et talia imputantur dimissa, non per reversionem eorum, sed per quemdam effectum aggravationis secundum Thom. in 4. Idem in libro de pressuris ecclesiasticis, et habetur dis. 37, cap. *Legimus de beato Hieronymo.* Idem in eod. et habetur 24, quæst. 3, *Non in perpetuum damnamur.*

XIV.
Hartmannus Scedel in Chronico chronicorum cum figuris.

Rabanus monachus, natione Germanus, abbas Fuldensis, postea Maguntinus archiepiscopus, theologus quidem præclarissimus, ac insignis poeta, per hoc tempus in prosa et carmine plurimum valuit; qui ex ingenii sui magnitudine multos edidit libros, præcipue opus mirandum de Laudibus sanctæ Crucis : Commentatus est idem librum Paralipomenon, et Machabæorum. Habuit etiam sermones satis elegantes ad populum, potissimum in celebritate omnium sanctorum, seditque annis 10, anno salutis 846. Strabus item monachus Gallus, eminentissimus, et commentator diligentissimus, Rabani prædicti auditor, per hæc quoque tempora ipso præceptore suo inferior non fuit, qui in libros Bibliæ perpulchre commentatus est, scripsitque de officiis Ecclesiæ ad Ludovicum imperatorem, et multa alia.

XV.
Bartholomæus Platina, de Vitis Pontificum, in GREGORIO IV.

Sunt qui scribant, rogatu Ludovici, Gregorium sanctorum omnium celebritatem Kalendis Novembris instituisse, eamque rem magnopere a Rabano monacho, theologo insigni, carminibus, et prosa laudatam fuisse. In his enim duobus dicendi generibus vir doctus, ut illa maxime tempestate, satis valebat. Commentatus est idem Rabanus et librum Paralipomenon, et Machabæos, Habuit etiam sermones satis elegantes ad populum, sed is potissimum laudatur, quem habuit in celebritate omnium sanctorum.

XVI.
Jacobus Philippus Bergomas, in Supplemento Supplementi chronicarum, lib. XI, anno Christi 833.

Rabanus monachus, natione Germanus, Maguntinus archiepiscopus, theologus quidem præclarissimus, ac insignis poeta per hoc tempus, in prosa et carmine, duobus dicendi modis plurimum valuit, et multo in pretio fuit. Qui ex ingenii sui magnitudine multos commentatus est, et edidit libros, quorum tituli sunt isti, prout invenire potui. Et primo super Genes. libros quatuor incipit. *In principio.* Super Exodum libros quatuor. *Exodus exitus.* Item super Epistolam ad Ephes. libros tres. Super Leviticum librum unum. *Sequentis libri.* De Institutione clericorum librum unum. Super Deut. librum unum. *Hæc sunt verba.* Super Matthæum libros octo. *Expectationem itaque.* Super libros Paralip. et super Machabæorum libros commentatus est : habuitque sermones ad populum plures, et elegantes. Item de Laude sanctæ Crucis libros duos. De Universo libros viginti duo. De divinis Officiis librum unum. De Computo dialogum librum unum. De Quæstionibus canonum. De Patriarchis librum unum, et alia quædam.

XVII.

Wernerus Roleuinck in Fasciculo temporum, anno 834.

Rabanus poeta et monachus, post abbas Fuldensis, deinde archiepiscopus Maguntiæ, doctor magnus claruit, et plura scripsit. Et Strabus discipulus, etiam notabilis in scientia et virtutibus eodem tempore fuit.

XVIII.

Idem, ibidem, anno 844.

Festivitas omnium Sanctorum est translata ad Kal. Novembris per Gregorium IV, et Galli et Germani inceperunt ipsum (scilicet festum) celebrare hoc tempore, et habetur sermo Rabani de eodem satis pulcher.

XIX.

Joannes Nauclerus, præpositus Tubingensis, in volumine II Chronicorum, generatione 28, *in fine.*

Fuit hic annus etiam Gregorii papæ (*Gregorii IV*) interitu lugendus, qui inter cætera egregia facinora, festum omnium Sanctorum Kalend. Novembris instituit. Sunt qui factum hoc putent Rabani consilio. Erat is ex Alcuini discipulis abbas Fuldensis, deinde et archiepiscopus Moguntinus, oratione ligata non minus quam soluta insignis. Reliquit ingenii sui monumenta multa, commentaria in reliquias, quæ Paralipomena vocamus, et Machabæos, laudem sanctæ Crucis, et sermones plurimos.

XX.

Robertus Gaguinus, lib. IV *de Gestis Francorum.*

Quo (Carolo Magno) auctore Parisiensis schola (quam Universitatem vocant), hac occasione cœpit. Delati nave ex Scotia Claudius et Joannes, Rabanus quoque et Alcuinus ex venerabilis Bedæ discipulis. In Galliam cum venissent, nec quidquam præter bonas disciplinas patria exportassent, se sapientiam profiteri, eamque venalem habere conclamant. Qua re ad Carolum perlata, illos ad se vocat. Vocati libere profitentur sapientiam illis esse, quam adipisci cupientes gratis edocerent, si vita locusque tantum eis præberetur. Intellexit imperator ingenuam hominum mentem, eosque cum aliquot dies apud se tenuisset, Claudium, cui nomen erat Clemens, Parisiis conversari, et generosos adolescentes bonis disciplinis instituere jubet, Joannem vero Papiam misit.

XXI.

Raphael Volaterranus, Anthropologiæ lib. XIX.

Rabanus, Anglicus monachus, summusque theologus, carmine prosaque disertus, ut scribunt Ricobaldus Ferrariensis, et Ptolemæus Lucensis : fuit præsul Meldensis, Bedæ discipulus, tempore Ludovici Pii et Gregorii V; scripsit in lib. Paralip. 2, et Machabæos. Habuit etiam conciones ad populum. Scholam Parisiensem tunc primum inchoatam, sua doctrina celebriorem reddidit.

XXII.

Joannes Trithemius, abbas Spanheimensis, in libro de Scriptoribus ecclesiasticis.

Rabanus Maurus, sextus archiepiscopus Moguntinus, ex abbate Fuldensis monasterii ordinis sancti Benedicti, natione Teutonicus ex civitate Fuldensi in Buchonia, Albini Anglici quondam auditor, vir in divinis Scripturis eruditissimus, et in sæcularibus litteris nobiliter doctus, philosophus, rhetor, astronomus et poeta subtilissimus, cui (ut absque invidia loquar) nec Italia similem, nec Germania peperit æqualem. In monasterio siquidem Fuldensi adhuc juvenis monachum induit, et tam moribus quam scientia mirabiliter profecit; unde et quartus ejusdem cœnobii abbas consecratus, ovibus sibi commissis verbo et exemplo viginti quatuor annis præfuit, et pene infinita opuscula scripturarum composuit. Tandem offensus improbitate monachorum suorum, qui eum dicebant nimium scripturis intentum temporalia negligere, agente id in eis diabolo, displicentiam contra eum acceperunt, scandalizati in eo quo maxime debuerant ædificari. Dans igitur locum iræ, nec cum ingratis ovibus diutius manere consentiens, monasterium et habitatores ejus deseruit, et ad Ludovicum imperatorem filium Caroli transmigravit, cum quo et multis diebus permansit. Monachi autem, pœnitentia ducti, legationem ad eum mittentes rogabant ut rediret ad monasterium, sed non impetrarunt. Mansit ergo cum imperatore usque ad mortem Otgarii Moguntinensis archiepiscopi, in cujus locum suffectus, præfuit ecclesiæ præfatæ Moguntinæ annis novem. Habita quoque synodo, multa ad utilitatem fidelium constituit. Scripsit autem in monasterio Fuldensi adhuc constitutus, tam carmine quam soluta oratione multa volumina, maxime in Scripturis sanctis, quas a principio usque ad finem omnes explanavit. De cujus scriptis subjecta feruntur. Ad Freculphum episcopum Lexoviensem, cujus supra fecimus mentionem, scripsit insigne opus

In Genesim lib. IV. *In princi.*, etc., *plurima su.*
In Exodum lib. IV. *Exodus exitus dici.*
In Numeros lib. IV. *Numerorum librum multi.*
In Leviticum lib. IV. *Sequentis lib. id est, Levit.*
In Deuteromium lib. IV. *Filii Israel castra mo.*
In Josue lib. II. *Domino beatissimo vereque.*
In Judicum lib. II. *Post mortem Josue.*
In librum Ruth lib. I. *Scrutantibus ergo histo.*
In Regum, ad Hilduinum lib. IV. *Fuit vir*, etc., *dicamus.*
In Paralipomenon lib. IV. *Adam,* etc., *decimus ab.*
In Tobiam lib. I.
In Esdram et Neemiam lib. III.
In Judith lib. VII. *Domine electe et merito.*
In Hester lib. I. *Liber Hester, quem hæ.*
In Job. lib. I.
In Psalmos lib. I.
In Ecclesiasten lib. I.
In Proverbia Salomonis lib. I.
In Cantica canticorum.
In librum Sapientiæ lib. III. *Diligite,* etc., *admo.*
In Ecclesiasticum lib. X. *Omnis sa.*, etc., *prin. ergo.*
In Esaiam prophetam lib. VIII. *Domino reverendissimo,* etc.
In Hieremiam lib. XX.
In Ezechielem lib. XX. *Et factum est,* etc. *usus.*
In Danielem lib. III.
In duodecim Prophetas minores lib. XII.
In Machabæorum lib. III. *Et factum est postquam per.*
In Evangelium Matthæi lib. VIII. *Expectationem itaque.*
In Evangelium Lucæ lib. III.
In Evangelium Marci lib. IV.
In Evangelium Joannis lib. I. *Inter omnia divinæ histo.*
In Actus apostolorum lib. I.
In omnes Epistolas Pauli lib. XXIII. *Venerando fratri Lupo.*
In Epistolas canonicas lib. VII.
In Apocalypsim Joannis lib. I.

De Laude sanctæ crucis lib. II. *Rex Regum Dominus mundum.*
Ad Haymonem episcopum de Universo. lib. XXII, *Primum apud Hebræos.*
De universali Natura lib. I. *Universitatis disputa.*
De Institutione clericorum lib. III. *Domino re. ac reli. Haistul.*
De divinis Officiis lib. I.
De computo dialogus lib. I. *Quia te, venerande pater.*
Ad Ludovicum regem lib. I.
Ad Regenbaldum episcopum lib. I.
Epistolarum ad diversos lib. I.
De Quæstionibus canonum lib. I.
De Benedictionibus patriarcharum lib. I.
Sermonum innumerabilium pene, lib. I.

Alia insuper multa edidit, quæ ad notitiam meam non venerunt. Moritur sub Ludovico et Lothario principibus, anno Domini 855, indictione tertia, episcopatus sui anno nono, sepultus in monasterio sancti Albani prope Moguntiam, non sine opinione sanctitatis, cujus epitaphium in viginti ferme ornatis versibus legi [a].

XXIII.

Idem Trithemius in Catalogo illustrium Germaniæ scriptorum.

Rabanus Maurus Magnentius post sanctum Bonifacium sextus archiepiscopus Maguntinensis, patria Thoringus, ex civitate Fuldensi oriundus; Albani discipulus; primum monachus Fuldensis cœnobii factus, cum adhuc puer esset decem annorum, omne deinceps studium ad scientiam convertit Scripturarum; in omni eruditione tam sæcularium quam divinarum Scripturarum longe doctissimus evasit; philosophus clarus, poeta insignis, rhetor facundus, astronomus et computista celeberrimus, Græce, Latine et Hebraice peritus, cui similem suo tempore non habuit Ecclesia. Deinde succrescentibus meritis anno ætatis suæ quinto et tricesimo, omnium fratrum suffragio ejusdem cœnobii abbas electus est; et præsidens regimini annis quatuor et viginti, multa et pene infinita scripsit volumina. Demum post mortem Otgarii Moguntinensis archiepiscopi ejusdem Ecclesiæ pontifex consecratus est, et annis novem in præsulatu sedens, multa bona fecit Ecclesiæ. De cujus opusculis subjecta feruntur : ad Freculphum episcopum, in Genesim lib. IV; in Exodum lib. IV; in Numeros lib. IV; in Leviticum lib. IV; in Deuteronomium lib. IV; in Josue lib. II; in Judicum lib. II; in librum Ruth. lib. I; in Regum ad Hilduinum abbatem sancti Dionysii lib. IV; Paralipomenon quoque lib. IV; in Esdram et Neemiam lib. III; in Tobiam lib. I; in librum Judith lib. VII; in librum Esther lib. I; in Job quoque lib. I; in Psalmos lib. I; in Proverbia Salomonis lib. I; in Ecclesiasten lib. I, in Cantica canticorum lib. I; in librum Sapientiæ lib. III; in Ecclesiasticum lib. X; in Isaiam prophetam lib. VIII; in Jeremiam prophetam lib. XX; in Ezechielem quoque prophetam lib. XX; in Danielem prophetam lib. III; in duodecim prophetas minores lib. XII; in libros Machabæorum lib. III; in Evangelium Matthæi lib. VIII; in Evangelium Lucæ lib. III; in Evangelium Marci lib. IV; in Evangelium Joannis lib. II; in omnes epistolas Pauli lib. XXIII; in Epistolas canonicas lib. VII; in Actus apostolorum lib. I; in Apocalypsin Joannis lib. I. De sanctissimæ Trinitatis fide lib. I. De Laude quoque sanctæ Cru-

---

[a] *In editione Catalogi Trithemii Scriptorum ecclesiasticorum facta Coloniæ in officina Petri Quentel, anno 1546, duæ sunt additiunculæ. Prior post illud :* Ad Ludovicum regem librum I *in hæc verba :* « Scripsit et ad Ludovicum regem alios XXII libros de Proprietate verborum, et rerum mysticarum Significatione, quod opus non immerito *Cornucopia* dici po-

cis mirabilis ingenii opus lib. II. Ad Haymonem episcopum de Universo, vel Etymologiarum lib. XXII. De Natura quoque universali lib. I. Ad Haistulphum episcopum de Institutione clericorum lib. III. De divinis Officiis lib. I. De Computo ecclesiastico lib. I. Ad Ludovicum imperatorem lib. I. De Quæstionibus canonum lib. I. Ad Regenbaldum episcopum lib. I. De Benedictionibus patriarcharum lib. I. Homiliarum et sermonum totius anni lib. II. Epistolarum quoque ad diversos lib. I. Sed et varia epigrammata composuit, et multos in litteris humanitatis tractatus, qui ad manus nostras adhuc minime venerunt. Moritur sub Lothario imperatore, anno Domini 855, indictione tertia, ætatis suæ anno 68, episcopatus nono completo. Sepultus in monasterio sancti martyris Albani prope Moguntiam, tunc ordinis sancti Benedicti.

XXIV.

Idem, de Viris illustribus ordinis S. Benedicti. lib. II, cap. 39.

Rabanus Maurus Magnentius, ex abbate Fuldensi sextus archiepiscopus Moguntinus, natione Teutonicus, ex finibus Francorum in silva quæ Buchonia nuncupatur, distans a Moguntia milliaribus ferme quindecim versus Thuringiam, Albini quondam auditor, atque discipulus; vir in divinis Scripturis eruditissimus, et in omni doctrina sæcularium litterarum valde peritus, philosophus et poeta nulli suo tempore inferior; cum adhuc puer esset, cœnobio Fuldensi a parentibus traditur, in quo ad eo studendo profecit, ut Alemania doctorem similem non haberet. Deinde succedentibus doctrinæ meritis, in abbatem omnium assensu monachorum præfati cœnobii eligitur, et in illo officio 24 annis præsidens monasticam disciplinam strenue gubernavit. Scripsit autem multa volumina, de quibus ego tantum reperi subjecta : Ad Frecolfum episcopum Lexoviensem in Genesim lib. IV; in Exodum lib. IV; in Leviticum lib. IV; in Numeros lib. IV; in Deuteronomium lib. IV; in Josue lib. II; in Judicum lib. II; in Ruth lib. I; ad Hilduinum abbatem in Regum lib. IV; in Paralipomenon lib. IV; in Esdram et Nehemiam lib. III; in Tobiam lib. I; in Proverbia Salomonis lib. I; in Ecclesiasten lib. I; in Cantica Canticorum lib. I; in librum Sapientiæ lib. III; in Ecclesiasticum lib. X; in Isaiam prophetam lib. VIII; in Jeremiam prophetam lib. XX; in Ezechielem lib. XX; in Danielem lib. III; in duodecim Prophetas minores lib. XII; in Machabæorum lib. III; in Evangelium secundum Matthæum lib. VIII; in Evangelium secundum Marcum lib. I; in Evangelium Lucæ lib. IV; in Evangelium Joannis lib. I; in Epistolas Pauli lib. XX; in Actus apostolorum lib. I; in Epistolas canonicas lib. VII; in Apocalypsin Joannis lib. I.

Cum adhuc monachus esset, annos natus triginta, scripsit opus admiratione dignum mirabili poemate de Laude sanctæ Crucis lib. II · quorum primus metro, secundus prosa compositus est : quos postea sancto Petro per manus Sergii papæ obtulit. Scripsit ad Haymonem episcopum Halberstadensem, Etymologiarum, seu de Universo, lib. XXII. De universali Natura lib. I; ad Haistulphum quartum Moguntinum archiepiscopum de Institutione clericorum lib. III; ad Heribertum episcopum de Quæstionibus canonum lib. I; ad Regenbaldum de eadem re lib. I; de Benedictionibus patriarcharum lib. I; de Officiis divinis lib. I; de Computo ecclesiastico satis utilem lib. I; ad Ludovicum regem lib. I;

---

test. » Verum est idem opus quod de Universo et Etymologiarum inscribitur. Posterior hæc est in fine. « Exstent præterea nonnulla Rabani opuscula de videndo Deum; de Puritate cordis, de Pœnitentia, in bibliotheca Ebirbacensi, GEORGIUS COLVENERIUS.

epistolarum ad diversos lib. I; sermones etiam et homilias scripsit pene innumerabiles. Vidi ego in bibliotheca Fuldensis cœnobii alios complures libros Rabani, maxime in artibus liberalibus : quorum titulos jam a memoria tulit oblivio. Nam inter omnes Alemaniæ Italiæque doctores nullus Rabanum scribendo, et numero et utilitate librorum, excessit. Multa enim volumina scripsit, quæ nos hic minime signavimus. Fuit enim vir studiosissimus, qui semper intentus erat lectioni, multosque discipulos doctissimos habuit. In abbatia Fuldensi a sancto Sturmo primo abbate quartus fuit, in archiepiscopatu Moguntino sextus. Rexit autem episcopatum annis octo, vir in pauperes misericordissimus, qui eis tempore famis magnam pietatem exhibuit, et omnes large sustentavit. Hic, habita synodo apud Moguntiam, multa ad utilitatem fidelium constituit. Moritur anno Domini 855, indictione tertia.

XXV.

Idem, in eodem opere, lib. IV, cap. 81.

Rabanus Maurus, quartus abbas Fuldensis, natione Franco, in silva, quæ dicitur Buchonia, postquam rexit præfatam abbatiam strenue 24 annis, defuncto Otgario, in ejus locum archiepiscopus Moguntinus ordinatus sextus, vir suo tempore undecunque doctissimus, quod infinita, quæ scripsit, volumina testantur : quorum in secundo libro ex parte fecimus mentionem. Moritur anno Domini 855, indictione tertia, episcopatus sui anno 9.

XXVI.

Idem, in Chronico Hirsaugiensi, in LINTBERTO, *primo hujus monasterii abbate.*

Cum Lintbertus hic noster abbas, Rabani Fuldensis doctissimi per omnia viri, multo tempore auditor et condiscipulus fuerit, non eum nisi eruditissimum evadere potuisse credendum est. Tenuerat enim ipse Rabanus adhuc monachus scholam monachorum publicam in cœnobio Fuldensi, quam etiam abbas continuavit : in qua monachos, non solum in sacris Scripturis, sed etiam in sæcularibus litteris omnifariam erudivit. Nec solum Fuldensis cœnobii monachos, sed etiam ex diversis locis aliis ad se transmissos, multos in omni genere doctrinæ discipulos instituit. Ex his complures postea successu temporis ad magnas dignitates promoti sunt. Præceptorem habuerat ex discipulis Bedæ Anglici monachi, reverendissimum virum Albinum monachum, et abbatem monasterii sancti Martini Turonensis, Magni Caroli imperatoris quondam didascalum, a quo ipse hauserat in Gallia, quod alios in Germania postmodum docebat. At vero Lintbertus, Rabani primum condiscipulus, et postremum auditor, quod a bono præceptore didicerat monachus abbas non neglexit. Erat sane regularis disciplinæ studiosissimus cultor, qui non solum vivere secundum normam sanctissimi patris nostri Benedicti subditos sibi monachos verbo docuit, sed etiam in omnium virtutum plenitudine conversando, oves sine reprehensione præcedens, ut bonus pastor, exemplo boni operis patuit. Ejus siquidem meditatio die ac nocte in lege Domini continuata semper exstitit, qui sine intermissione orans ad Dominum, verus Christi discipulus in finem permansit, fama sanctitatis et eruditionis ejus se per omnem circa regionem diffundente, multi viri nobiles filios suos magisterio ejus instituendos tradiderunt. Complures etiam ex his qui clari apud homines in sæculo videbantur, ultro se illius disciplinæ propter amorem regni cœlestis subdiderunt, unde et numerus fratrum brevi auctus valde cœpit excrescere, et substantia temporalis ex multorum oblatione dilatata fuit. Eisdem temporibus monasterium Corbeiense in Saxonia sub regula sancti patris nostri Benedicti novitatis suæ sumpsit exordium, quod fundari cœptum est anno Domini 822, indictione 15, quod pene eodem tempore, cum isto monasterio divi Aurelii pontificis completum inhabitari cœpit. Eodem ferme tempore monasterium sanctorum Marcellini et Petri martyrum in loco qui dicitur Selgenstadt in Moguntinensi parochia, sub regula divi patris nostri Benedicti, fundatum per Ludovicum imperatorem primum exstitit, cooperatione venerabilis viri Einhardi, olim cancellarii, tunc autem monachi, et primi ejusdem cœnobii abbatis, in quo corpora prædictorum duorum martyrum Marcellini et Petri anno Domini 828, a Roma, procuratione imperatoris, mense Novembri allata, honorifice reposita sunt.

Temporibus Lintberti, abbatis primi sancti Aurelii Hirsaugiensis, circa annum Domini 840, sub Ludovico imperatore piissimo et filiis ejus; claruerunt in ordine nostro Benedictino multi celeberrimi viri sanctitate, et eruditione Scripturarum insignes, qui velut astra cœli, mirum in modum totam Ecclesiam moribus et doctrina illustrarunt. Rabanus Maurus abbas Fuldensis, de quo supra diximus, his temporibus apud omnes in pretio habebatur, propter integritatem vitæ, et inæstimabilem scientiæ disciplinam. Qui quanta scripserit, tam in libro nostro de ecclesiasticis Scriptoribus, quam in secundo de Illustribus Viris ordinis nostri magna ex parte demonstravimus. Denique anno Domini 842, qui abbatis Lintberti quartus annus erat, de Fuldensi monasterio per fraudes quorumdam incitatus exiit, atque ad Ludovicum, filium Ludovici senioris imperatoris confugiens, usque ad mortem Otgarii archiepiscopi Moguntinensis, qui eum expulerat, propter quam nescio causam, quasi exsul remansit. Sed post annos quinque, mortuo Otgario, Rabanus archiepiscopus in locum ejus suffectus anno Domini 847, indictione 10, omnium suffragio sedit annis novem, homo in pauperes misericordissimus, qui Ecclesiam suam moribus et scientia strenue gubernavit.

XXVII.

Beatus Rhenanus in adnotationibus ad librum Tertulliani de Corona militis.

De cæremoniis, et ecclesiasticis quibusdam ordinationibus post primordia nascentis Christianismi institutis, absque scriptura haud dubie, meminit et Rabanus Maurus in epistola quadam ad Regenbaldum quemadmodum citat idem Burchardus sexto libro qui est de Sacramentis, in hæc verba : Igitur, ut beatus Ambrosius testatur, postquam omnibus locis Ecclesiæ sunt constitutæ, et officia ordinata, est aliter composita res quam cœperat. Primum enim omnes docebant, et omnes baptizabant quibuscunque diebus, et temporibus fuisset occasio. Nec enim Philippus tempus quæsivit, aut diem, quo eunuchum baptizaret, neque jejunium interposuit. Neque Paulus et Silas tempus distulerunt, quo Optionem [custodem] carceris baptizarent cum omnibus ejus. Neque Petrus clericos habuit, aut diem quæsivit, quando Cornelium cum omni domo sua baptizavit. Nec ipse, sed jussit fratribus, qui cum illo erant apud Cornelium in Joppe. Adhuc enim præter septem diaconos nullus fuerat ordinatus. Ut ergo cresceret plebs et multiplicaretur, omnibus inter initia concessum est, et evangelizare, et baptizare, et Scripturas in ecclesia explanare. At ubi omnia loca circumplexa est Ecclesia, conventicula constituta sunt, et rectores, et cætera officia in ecclesiis sunt ordinata, ut nullus de clero auderet, qui ordinatus non esset, quod sciret non sibi creditum vel concessum. Et cœpit alio ordine, et providentia gubernari Ecclesia in qua si omnes eadem possent, irrationale esset, et vulgaris res et vilissima videretur. Hinc est ergo unde nunc neque diaconi in populo prædicant, neque cæteri, vel laici baptizant, neque quocunque die credentes tinguntur, nisi ægri. Ideo non per omnia conveniunt scripta Apostoli ordinationi, quæ nunc in Ecclesia est. Quia hæc inter ipsa initia sunt scripta. Nam et Timothæum apostolum a se creatum, episcopum vocat, quia primi presbyteri episcopi appellabantur ut recedente eo sequens ei succederet. Denique apud Ægyptum presbyteri consignant, si præsens non sit episcopus. Sed quia cœperunt sequentes presbyteri indigni inveniri ad primatus tenendos, immutata est ratio, prospicientis consilio, ut non ordo, sed meritum crearet episcopum, multorum sacerdotum judicio constitutum, ne indignus temere usurparet, et esset multis scandalum. Hæc Rab.

XXVIII.
Ex ejusdem Rhenani Admonitione de Tertulliani dogmat.

Porro tametsi n collectaneis quibusdam Græcis multa comperuerim de exomologesi, et pœnitentia, partim ex veteribus Basilio, Chrysostomo, Maximoque, partim ex junioribus Nilo, Climace, Isaaco, et Thalasso monachis desumpta, placuerunt tamen inprimis quæ nuper ex codice quodam vetustiori exscripsi, ex libello de Medicina pœnitentiæ, qui Augustino inscribitur, et aliunde etiam per studiosum quempiam sublecta. Nam a Gratiano variis locis variis titulis citantur. Eaque visum est huc transponere, quod hic simul legi possint, quæ alibi vel sparsim, vel truncate habentur. Imo libellus de pœnitentiæ Medicina sic latet inter opera Augustini, ut raro legatur: unde hæc sunt pro majori parte ad verbum accepta. Sic autem exorditur: *Vita*, inquit, *humana, quantalibet præpolleat fecunditate justitiæ, sine peccatorum remissione non agitur*, etc.

XXIX.
Idem post multa.

Mensuram autem temporis agenda in pœnitentia, idcirco non satis attente præfigunt canones, pro unoquoque crimine, sed magis in arbitrio antistitis relinquendum statuunt: quibus apud Dominum non tam valet mensura temporis, quam doloris; nec abstinentia tantum ciborum, sed mortificatio potius vitiorum. Propter quod tempora pœnitentiæ fide, et conversatione penitus abbrevianda præcipiunt, et negligentia protelanda. Exstant tamen pro quibusdam culpis modi pœnitentiæ imposti, juxta quos cæteræ perpendendæ sunt culpæ, cum sit facile per eosdem modos vindictam et censuram canonum æstimare. Hæc dicta sunt velut a præsente in volumen tribus distinctum libris, quorum primus eа continebat, quæ sunt de pœnitentia, et pœnitentibus, criminibus atque judiciis. Secundus maxime de accusatis, et de accusatoribus ac testibus, cum cæteris adhæc pertinentibus ecclesiasticis regulis. Tertius de sacerdotum ordinibus. Quos libros magno redimere cupiam, sed injuria temporis, et hominum incuria deperditi sunt, solo hoc opusculo salvo, quod præfationis illic vicem habet, et huc a me totum est appositum studiosis rerum Christianarum consulturus. Testatur in calce se non tantum œcumenica concilia secutum, sed quædam ex provincialium synodorum constitutionibus accepisse, in quibus præsidere solet metropolitanus episcopus, quo libentius legere velim modo dictos libros. Nam constitutiones provincialis synodi, quam jussu Ludovici Pii Cæsaris Magontiaci habuit Rabanus archiepiscopus cum coepiscopis suis, et Samuele, Gozbaldo, Hebone, Gozbratho, Hemmone, Waldgario, Ansgario, Otgario, Lantone, Salomone, et Gebaharto, cum reliquis collegis, coepiscopis, abbatibus, monachis, presbyteris, et cæteris ecclesiasticis ordinibus, dici vix potest quam mihi placuerint, cum nuper in meas manus casu venissent. Sed nec hæ erant integræ, et quod inprimis ego cognoscere cupiebam, id deerat. Cæterum ex eo libro modum inquirendorum criminum deprehendi, ex urbe, ut videtur, a Nicolao pontifice, Rathaldo sanctæ Argentoratensis Ecclesiæ episcopo missum.

[a] Editum est opus ann. 1565.

XXX.
Jacobus Meyerus, in Annalibus Flandriæ.

Anno 791, inchoata schola Parisiensis per quatuor eruditissimos viros Claudium, Joannem, Alcuinum et Rabanum natione Anglos, Bedæ venerabilis discipulos.

XXXI.
Sebastianus Munsterus, in Cosmographia, lib. III, *in* MAGUNTIA.

Rabanus patria Fuldensis, alibi Magnentius Maurus appellatus, Bedæ Anglici discipulus, poeta et theologus, primum abbas, deinde archiepiscopus, anno 856 mortuus.

XXXII.
Gaspar Bruschius, in monasteriorum Germaniæ Chronologia, in descriptione Fuldæ sive Fuldensis monasterii.

Habet hoc cœnobium, præter cætera ornamenta, insignem et incomparabilem bibliothecam collectam et adornatam primum a Rabano, multum vero et in ordinem redactam postea ab Hildeberto, monachis et abbatibus Fuldensibus, litteris et vitæ integritate conspicuis, tandem ad archiepiscopatum Moguntini etiam gubernationem, ob insignem virtutem, ac vitæ honestatem revocatus, de quibus plura leges in primo nostro episcopatum Germaniæ tomo.

XXXIII.
Idem in quinto abbate ejusdem monasterii.

Rabanus, cognomine Magnentius, Maurus patria Fuldensis, Eygilonem excepit anno Domini 825, vir in divinis Scripturis eruditissimus, et scientia sæculari doctissimus. Bedæ Anglici olim discipulus, et gymnasii Parisiensis professor, philosophus, rhetor, et astronomus, suique temporis poetarum nulli secundus, cui nec Italia similem, nec Germania peperit æqualem. Quibus rebus argumento sunt tot et tanta volumina, ipsius divi ingenii monumenta. Nam ut eruditionem tanti viri omnes bibliothecæ nobis commendant, ita quantum ingenio valuerit, liber de Laudibus sanctæ Crucis Imperatori Pio Ludovico dedicatus, evidentissime probat: qui quamvis diversarum immutabili [inimitabili] varietate figurarum mirifice sit distinctus, omnium tamen figurarum characteres, quocunque vertas, certam sententiam reddunt. Bibliothecam Fuldensem tanta librorum multitudine locupletavit, ut dinumerari vix queant. Demum cum se totum divinis libris scribendis dedere vellet, posthabito regimine in montem D. Petri sese contulit, eoque fratres studiorum suorum æmulps collocavit ubi biblica scripta omnia discipulis enarrans, commentariis ea in hunc usque diem exstantibus, illustravit. Deinde cum multitudo fratrum rumore piæ conversationis crevisset, aliud monasterium in monte Joanni Baptistæ sacrare constituit. Mortuo interea archiepiscopo Moguntino Otgario, vocatur a monte beati Petri ad sedem Moguntinam anno Domini 847, ab ipso imperatore Ludovico secundo. Moritur autem cum decem annis principatum Moguntinæ sedis habuisset, successore Carolo Aquitaniæ duce; sepultus est Moguntiæ ad Sanctum Albanum in sacello divi Bonifacii, qui locus tamen, ob chori novi structuram, nunc non agnoscitur; et ipse postea in patriam translatus scribitur.

XXXIV.
Guilielmus Eysengrein, in Catalogo testium veritatis [a]. *Ante annos* 718, *qui fuit Christi* 847.

Sanctus Rabanus, cognomine Magnentius Maurus, natione Germanus patria Fuldensis, ex Benedictinæ professionis monasterii Fuldensis abbati Moguntinus archipræsul, Albini Anglici auditor quondam, atque discipulus vir in divinis Scripturis exercitatissimus, et scientia sæculari doctissimus, gymnasii Parisiensis olim professor, philosophus, rhetor, et astronomus, suique temporis poetarum nulli secundus, cui nec Italia similem, nec Germania peperit æqualem. Quibus rebus argumento sunt tot et tanta volumina, ipsius divini ingenii monumenta. Nam ut eruditionem tanti viri omnes bibliothecæ nobis commendant, ita quantum ingenio valuerit, liber de Laudibus sanctæ Crucis, imperatori Pio Ludovico dedicatus, evidentissime probat : qui quamvis diversarum immutabili varietate figurarum mirifice sit distinctus, omnium tamen figurarum characteres quocunque vertas certam sententiam reddunt. Bibliothecam Fuldensem tanta librorum multitudine locupletavit, ut dinumerari vix queant. Demum cum se totum divinis libris scribendis dedere vellet, posthabito regimine Fuldensi, in montem sancti Petri sese contulit, eoque fratres studiorum suorum æmulos collocavit, ubi biblica scripta omnia et singula discipulis enarrans, commentariis ea in hunc usque diem exstantibus, illustravit. Ad Haymonem episcopum Halberstatensem libros de Universo scripsit. Alios item de Institutione clericorum; de divinis Officiis volumen, et quem de Benedictionibus patriarcharum scripsit. Habuit etiam sermones satis elegantes ad populum; sed is potissimum laudatur, quem de celebritate Omnium Sanctorum confecit. Synodum apud Moguntiam convocavit, in ecclesiam Sancti Albani, in qua hæreticum quemdam Godscalcum presbyterum damnavit, et multa ad Ecclesiæ utilitatem constituit. Moritur anno Christi 857, cum decem annis principatum Moguntinæ sedis habuisset, successore Carolo Aquitaniæ duce. Sepultus Moguntiæ ad Sanctum Albanum, qui postea in patriam translatus scribitur.

XXXV.
Sixtus Senensis, in Bibliotheca sancta, lib. IV, *in* RABANO.

Rabanus Magnentius Maurus, sextus archiepiscopus Moguntinus, natione Germanus, ex urbe Fuldensi in Buchonia quartus abbas quondam cœnobii Fuldensis, ordinis divi Benedicti, Albini Anglici auditor, vir omnium disciplinarum cognitione absolutissimus, rhetor, poeta, astronomus, philosophus et theologus, cui nullum parem eo sæculo Germania habuit : hic, inquam, offensus improbitate monachorum suorum, qui eum damnabant, quod nimium sacrarum litterarum studiis intentus , temporalia negligeret, ingratos deseruit, et ad Ludovicum Augustum se recepit, et cum eo mensibus aliquot permansit, revocantibus eum obnixe monachis, quos jam facti pœnituerat ; sed non impetrarunt, ita volente Deo, qui ipsum paulo post in eorum confusionem ad Moguntinum archiepiscopatum assumpsit. Is ergo cum adhuc esset in monasterio suo, hortatu Freculfi episcopi Lexoviensis, et Ludovici Lotharii Augustorum, composuit in omnes divinas Scripturas juxta litteræ sensum et spiritualem intelligentiam commentariorum libros 172, quos ex omnibus Latinis patribus continuata serie a Hieronymo usque ad Bedam collegit, servatis ubique ipsorum dictis ac sensibus; et in his locis in quibus Patrum expositionem non invenit, propriis explanationibus usus est, notatis fronte paginarum tam suo quam aliorum interpretum nominibus, quorum sententias in codicibus coaptaverat, ut sciret lector, et quid a Patribus, et quid ab eo haberet, et quo judicio singula forent legenda. Præter hæc etiam collegit in omnem divinam Scripturam dictionarium mysticarum significationum, ad spirituales sanctorum sensus utilissimum. Horum voluminum ipse tantum infrascripta legi, typis excusa initiis majori ex parte diversis ab his quæ Trithemius in catalogo suo annotavit.

In Genes. ad Freculf. Lexov. episc. lib. IV. *Magnorum virorum conamen.*
In Exod. ad eumdem lib. IV. *Inter cæteras scripturas.*
In Numeros ad eumdem lib. IV. *Numerorum librum.*
In Deuteronomium ad eumdem lib. IV. *Decursis igitur.*
In Ecclesiasticum ad Otgarium archiepiscopum lib. X. *Sciens benevolam.*
In Jeremiam ad Lotharium imperatorem lib. XVIII. *Post commentariolos.*
In Threnos ad eumdem lib. III. *Ultimam partem Jeremiæ.*

Quos typographi Hieronymianis operibus insertos, et falso Hieronymi titulo inscriptos, venditarunt. Cæterarum lucubrationum initia nondum a nobis conspecta, habes apud Trithemium. Floruit anno Domini 855.

XXXVI.
Ex eodem libro Senensis in HIERONYMO.

In commentationibus Threnorum præter præfationes quasdam ad Eusebium, partim ex epistola Hieronymi de interpretatione alphabeti Hebraici ad Paulum Urbicam, partim ex aliis ejusdem scriptis collectas, nihil habetur quod Hieronymianum ingenium spiret. Nam præterquam quod nullum his insit vel Græcæ vel Hebraicæ intelligentiæ vestigium, structura quoque sermonis ubique inæqualis, aperte clamat nihil aliud esse hoc opus quam farraginem centonum, a studioso collectore ex varijs diversorum auctorum dictis, et ex Gregorii potissimum sententiis; atque integris capitulis coacervatam. Nec vereor affirmare coacervationis hujus adunatorem fuisse Rabanum Maurum, in cujus operibus Basileæ excusis hi tres libri habentur. Hos typographi, ut Hieronymi scripta, in majorem molem aucta, plausibilius publicarent, et majori pretio venditarent, Hieronymi tomis inseruerunt, recisis ex initio præfationis Rabani aliquot lineis, quo minus impostura a cæcis emptoribus deprehenderetur.

XXXVII.
Ex lib. V *ejusdem, adnotatio* 12. Et factum est mane et vespere dies secundus (*Genes.* I).

Rabanus episcopus Moguntinus in commentariis Geneseos, perquirens quamobrem post secundæ diei opus non dicatur, sicut de cæteris quinque dierum operibus : *Vidit Deus quod esset bonum* : respondet, ex auctoritate veterum Patrum, id ex eo accidisse, quod numerus binarius infamis sit, et timendus propter corruptionis causam, quæ ab ipso primum progreditur. Est autem hæc Hieronymi sententia in principio commentarii in Aggæum, et in primo adversus Jovinianum volumine, scribentis hunc in modum : « Intuendum est juxta Hebraicam veritatem, quod cum Scriptura in primo, et tertio, et quarto, et quinto, et sexto die, expletis operibus singulorum, dixerit : *Et vidit Deus quia bonum est* : in secundo die hoc omnino subtraxit, nobis intelligentiam derelinquens, non esse bonum duplicem numerum, qui ab unione dividat, et præfiguret fœdera nuptiarum, unde et in arca Noe omnia animalia quæcunque bina ingrediuntur immunda sunt. » Nicolaus Lyrensis in postilla Geneseos hanc sententiam seu impostoram exploit, præferens ei Rabbi Salomonis expositionem, dicentis : « Deum non appellasse bonum secundæ diei opus, quia aquarum opificium, quod postea tertia die consummatum est, nondum esset perfectum, innuens non esse boni appellatione dignum, quod nondum perfectum sit. » Hanc tamen Lyrani confutationem Paulus Burgensis episcopus refellit.

XXXVIII.
Arnoldus Wion, Belga, Duacensis, lib. II *Ligni vitæ, agens de Moguntinis archiep., cap.* 26.

Beatus Rabanus Magnentius, Maurus, Germanus, Fuldensis, Alcuini Angli discipulus, Theologus Parisiensis insignis, monachus et abbas Fuldensis, creatus anno 847, abbatialis regiminis 32, de doctrina et sanctitate gregem sibi commissum, annis novem assidue pavit. Monasterium sancti Petri in sublimi colle situm extra muros civitatis construxit. In concilio episcoporum Moguntiæ habito anno 848, Godescalcum hæreticum damnavit, et continue scribendo sacrosanctam Ecclesiam mirifice illustravit. Obiit anno 856 ; die 4 mensis Februarii, sepultus Fuldæ. Trithemius lib. IV, cap. 81. Demochares et Belforestius locis citatis, et alii infiniti.

XXXIX.
Idem, lib. v *Ligni vitæ, cap.* 71.

Sanctus Rabanus episcopus, sanctæ Ecclesiæ doctor, et expositionis sacræ Scripturæ, quæ isogrammatica, id est æquilitteralis vocatur, inventor.

XL.
Ex eodem.

Ipse enim *impletus est, quasi flumen, sapientia* (*Eccli.* XLVII). — Maximam suo tempore doctrinæ, pietatisque gloriam consecutus est sanctus Rabanus Magnentius Maurus. Hic a natura optime informatus, et a doctrina egregie instructus, id egit summopere, ut in quam plurimos homines, quam plurima ingenii, naturæque suæ beneficia profunderet. Id quod in Germania cum se commode non potuisse præstare arbitraretur, in Gallias profectus, Lutetianam Academiam ab Anglis et Scotis monachis antea inchoatam, ad perfectionem ac omnis intimæ eruditionis cumulum brevi perduxit. Nam cum in philosophicis, rhetoricis, astronomicis, ac theologicis, maximos progressus sub sancto Alcuino Anglo et monacho fecisset, in juventute iis omnibus scientiis publice privatimque imbuenda, maximos ingenii sui nervos contendit. Primam suam juventutem Benedicti institutis consecravit. Vir factus, abbas Fuldensis in Germania omnium monachorum summa voluntate creatus est, tandemque ad Moguntinensis ecclesiæ archiepiscopatum evectus, gloriosam ibi mortem decem post annos confecit. Libri quos singulari quadam eruditione refertos edidit, infiniti pene sunt. Ita ut de eo scribere Trithemius non dubitarit, nec Italiam, Rabano similem, nec Germaniam æqualem peperisse. Is ergo cum adhuc esset in monasterio suo, hortatu Freculfi episcopi Lexoviensis, et monachi nec non Ludovici, ac Lotharii Augustorum, composuit in omnes divinas Scripturas juxta litteræ sensum et spiritualem intelligentiam commentariorum libros 178, quos ex omnibus Latinis Patribus, continuata serie a Hieronymo usque ad Bedam collegit, servatis ubique ipsorum dictis ac sensibus et in his locis, in quibus Patrum expositionem non inserit, propriis explanationibus usus est, notatis in fronte paginarum, tam suo quam aliorum interpretum nominibus, et quid ab eo haberet, et quo judicio singula forent legenda. Horum autem voluminum subjecta excusa sunt, inter opera sancti Hieronymi, falso Hieronymi titulo inscripta, initiis majori ex parte diversis, ab his quæ Trithemius annotavit, videlicet :

- In Genesim, ad Freculphum episcopum, lib. IV. *Magnorum virorum conamen.*

In Exodum, ad eumdem, lib. IV. *Inter cæteras Scripturas.*

In Numeros, ad eumdem, lib. IV. *Numerorum librum.*

In Deuteronomium, ad eumdem, lib. IV. *Decursis igitur.*

Hi omnes cum aliis libris IV in Leviticum excusi sunt Coloniæ, anno 1532, in-8°.

In Ecclesiasticum, ad Otgarium archiepiscopum lib. X. *Sciens benevolam.*

Impressi sunt Parisiis, apud Simonem Colinæum, 1544.

In Jeremiam, ad Lotharium imp., lib. XVIII. *Post Commentariolos.*

Trithemius autem libros XX citat in eumdem Jeremiam, quos vidi excusos Basileæ, anno 1534, in folio.

In Threnos, ad eumdem imp., lib. III. *Ultimam partem Jeremiæ.*

Cæterarum lucubrationum initia nondum a nobis visa ; sunt apud Trithemium hoc modo :

In Leviticum lib. IV. *Sequentis libri.*

Excusi sunt Coloniæ cum supradictis, anno 1532, in-8°.

In Josue lib. VII. *Domino beatissimo.*
In Judicum lib. II. *Post mortem Josue.*
In Ruth lib. I. *Scrutantibus ergo.*
In Regum, ad Hilduinum, lib. IV. *Fuit vir,* etc., *dicamus.*

Sunt mss. Casini littera Longobarda.
In Paralipomenon lib. IV. *Adam,* etc., *decimus.*
In Esdram et Nehemiam lib. III.
In Tobiam lib. I.
In Judith lib. VII. *Domine electe et merito.*
In Hester lib. I. *Liber Hester, quem.*
In Job lib. I.
In Psalmos lib. I.
In Proverbia lib. I.
In Ecclesiasten lib. I.
In Cantica lib. I.
In librum Sapientiæ lib. III. *Diligite,* etc., *admo.*
In Esaiam prophetam lib. VIII.
In Ezechielem lib. XX. *Et factum est.*
In Danielem lib. III.
In duodecim prophetas minores lib. XII.
In Machabæorum lib. III. *Et factum est postquam.*
In Evangelium Matthæi lib. VIII. *Exspectationem itaque.*
In Evangelium Lucæ lib. III.
In Evangelium Marci lib. IV.
In Evangelium Joannis lib. I. *Inter omnia divinæ historiæ.*
In omnes Epistolas Pauli lib. XXIII. *Venerando fratri Lupo.*
In Epistolas canonicas lib. VII.
In Actus apostolorum lib. I.
In Apocalypsim lib. I.

Et hæc de sacris. De reliquis ejus operibus hæc feruntur.

[a] De corpore et Sanguine Domini lib. I.
De Naturis rerum lib. V.
De ortu et moribus Antichristi lib. I.
Dictionarium mysticarum significationum, ad spirituales sanctorum voluminum sensus intelligendos utilissimum, lib. I.
De virtutibus, vitiis ac cæremoniis antiquæ Ecclesiæ lib. I.

Excusus primum Antverpiæ, anno 1560, in-8°, cum fragmentis quibusdam Caroli Magni, opera Wol. Lazii.

De Rebus gestis a Lothario, Ludovico et Carolo imp., Ludovici Pii filiis, carmine heroico.

Libri plures exstabant Viennæ Austriæ apud Wolfgangum Lazium ms.

De Universo, ad Haymonem episcopum, lib. XXII. *Primum apud Hebræos.*

Horum nonnulla fragmenta ms. sunt apud D. Constantium.

De universali Natura lib. I. *Universitatis.*
De signis Nativitatis Domini, lib. I.
De Virtutibus numerorum, lib. I.
De Origine rerum lib. I.

Hunc vidi Casini ms. in scamno 10, ad dextram.
De computo dialogus , lib. I. *Quia te venerande.*
Pœnitentium liber, sive, ut alii habent, de Quæstionibus Canonum lib. I.

---

[a] Ipsius etiam Pamelii judicio, est Paschasii Ratberti, et exstat in ipsius Operibus.

Excusus est Venetiis an. 1584, in-4°, cum aliis auctoribus.
    Canonum pœnitentialium, ad Regenbaldum episcopum, lib. I.
    De Benedictionibus patriarcharum lib. I.
    Sermonum, innumerabilium fere, lib. I.
    Horum unus, de Festivitate omnium sanctorum, legitur in Breviario Romano, et in Homiliario Alcuini excusus.
    De Sacramento Eucharistiæ lib. I.
    Excusus est Coloniæ anno 1551.
    Epistolarum ad diversos lib. I.
    a De divinis Officiis lib. XII.
    Sæpius Coloniæ excusi in-8° et in-12.
    Convivium Dei, ad Ludovicum imp., lib. I.
    Excusus Basileæ anno 1557.
    De Fide Christiana lib. IV.
    Exstant Viennæ mss. in libraria Laziana.
    De Institutione clericorum lib. III.
    Excusi sunt primum Phorcæ in Germania, per Thomam Anselmum, anno 1505; deinde Romæ, cum aliis ejus generis, anno 1590, in fol.
    Revelationum lib. I.
    Qui est Venetiis ms., apud Hieronymum Porrum.
    Composuit quoque mirificum illud et artificiosissimum opus, duobus libris in Laudem sanctæ Crucis laboriosissimo carmine, in quo multa Christianæ fidei mysteria, multos mysticos numeros, angelorum, virtutum, donorum, beatitudinum, elementorum, temporum, plagarum, mensium, ventorum, librorum Moysis, hujus nominis Adam, et aliarum nobilium rerum vim et dignitatem, sanctæ Cruci convenire, et adaptari posse demonstrat, innectens versum versui, ut et figuræ suos habeant versiculos, quibus imagines diversæ, ac variæ rerum figuræ repræsentantur; nec tamen legitimus ordo principalis carminis a suo cursu vel tenore abrumpitur, aut intercipitur; ita litteræ ipsæ duplici plerumque ordine quadrant. Post quodlibet etiam carmen solutus sequitur sermo, versuum admirandam profunditatem dilucide explanans. Quo ego opere nihil laboriosius, nihil ingeniosius dixerim. Dedicavit autem illud sancto Petro apostolo, et per manus Sergii papæ, ad quem illud miserat, eidem sancto Petro obtulit. Impressum est Phorcæ in Germania apud Thomam Anselmum, anno 1513, alii 1503, exstatque ms. in membranis in bibliotheca Casinensi, scamno 10, ad dextram. Alia autem multa scripsisse fertur, quæ nec vidi, nec ab auctoribus citantur. Cum essem in Flandria, doctissimus, et reverendissimus Jacobus Pamelius canonicus tunc Brugensis, deinde sancti Audomari episcopus, vir de re litteraria optime meritus, et mihi amicissimus, omnia nostri Rabani opera corrigebat, quæ reperire poterat, ut ea postmodum suis commentariis illustrata, in lucem emitteret, quod pium ejus propositum et institutum, utrum perfectum fuerit hactenus ignoro.
    Anno regiminis sui secundo, Christi Domini 848, in concilio Moguntiæ habito Godescalcum hæreticum damnavit, et tandem de tota Ecclesia, de monastico ordine, de bonis litteris bene meritus, cum magna sanctitatis opinione, ad Dominum migravit anno 856, episcopatus sui nono; et sepultus est primum in monasterio sancti Albani, ordinis sancti Benedicti prope Moguntiam, ex quo postmodum in Saxoniam translatus est, ut auctor est Trithemius, qui eamdem translationem lib. I retulit, et Vitam ejus libris tribus composuit. Affixum est autem ad ejus tumulum sequens epitaphium, ab ipso, antequam moreretur, compositum.
    Rabanus Maurus, in suam vitam Epicedion.

    Lector honeste, meam si vis cognoscere vitam
        Tempore mortali, discere sic poteris.
    Urbe quidem hac genitus sum, ac sacro fonte renatus,
        *In Fulda post hæc dogma sacrum didici.

* Hi sunt Ruperti Tuitiensis abbatis

Quo monachus factus, seniorum jussa sequebar,
    Norma mihi vitæ Regula sancta fuit.
Sed licet incaute hanc, nec fixe semper haberem,
    Cella tamen mihimet mansio grata fuit.
Ast ubi jam plures transissent temporis anni,
    Convenere viri vertere facta loci.
Me abstraxere domo invalidum, regique tulere
    Poscentes fungi præsulis officio.
In quo nec meritum vitæ, nec dogma repertum est,
    Nec pastoris opus jure beneplacitum.
Promptus erat animus, sed tardans debile corpus,
    Feci quod poteram, quodque Deus dederat.
Nunc rogo te ex tumulo, frater dilecte, juvando
    Commendes Christo me ut precibus Domino,
Judicis æterni me ut gratia salvet in ævum,
    Non meritum aspiciens, sed pietatis opus.
Raban nempe mihi nomen, et lectio dulcis
    Divinæ legis semper ubique fuit.
Cui Deus omnipotens tribuas cœlestia regna
    Et veram requiem semper in arce poli.

    Ricobaldus Ferrariensis, et Ptolomæus Lucensis, quod hic Rabanus discipulus Bedæ fuisse scribatur, putaverunt, imo et in scriptis suis reliquerunt, eum fuisse Anglum, et insimul Meldensem episcopum: quos et alii nonnulli recentiores secuti sunt.
    Ad primam opinionem respondet ipse Rabanus, cum ait in præcedenti Epitaphio:

    Urbe quidem hac genitus sum, ac sacro fonte renatus,
        In Fulda, etc.

    Ad secundam occurrunt Demochares de Sacrif. tomo II, c. 19; et Belforestius in Cosmographia parte I, qui in denumeratione episcoporum Meldensium, ne unum quidem ejus nominis Rabani recitant. Et ideo videntur isti non parum hallucinati, correctioneque non modica indigere.
    Hactenus Wion, qui et ejusdem operis libro tertio, qui continet Martyrologium monasticum, eum ponit his verbis, quarto die Februarii adjungendum :
    Moguntiæ sancti Rabani archiepiscopi, et Ecclesiæ doctoris, qui post vitam, in compositione librorum et prædicationibus exactam, sanctitate clarus migravit ad Christum.

XLI.

Cæsar Baronius S. R. E. cardinalis, tom. X Annalium ecclesiasticorum, anno 845.

    Postremo et inter Gregorii annumerandum est monumentum, quod fulgens illud temporibus istis Germaniæ sidus Rabanus Maurus Albini Flacci auditor tricenarius, scribere aggressus sanctæ Crucis mysteria atque præconia metrico stylo canenda, egregium opus dedicavit ipsi Gregorio quarto Romano Pontifici, etc. *Deinde infra.* Cæterum, etsi Gregorio quarto a Rabano fuerit liber inscriptus, ad Sergium tamen ejus successorem missum constat per certos homines. Unde conjectura ducimur, ut existimemus his ultimis diebus Gregorii ab eo scriptum librum, sed Gregorio morte prævento, ad successorem ejus missum fuisset *videlicet anno seq.* 844, *qui est Sergii papæ II annus primus.*

XLII.
Idem, anno 847.

    Audi quid vertex hujus temporis theologorum Rabanus una cum collegis episcopis primo loco, in ipso tanquam superliminari scribi decreverit - etc.

XLIII.
Idem, anno 856.

    Emicuit plane Rabanus ut fulgentissimum sidus, cujus quæ exstant scripta, tanquam lucis radii, excellentiam demonstrant auctoris, ut et iisdem illustrata Germania gloriatur suum haud adeo imparem magnis habuisse doctorem. De quo idem qui supra Trithemius tradit, ipsum præter opuscula tam carmine, quam soluta oratione conscripta, Scripturam sanctam a principio usque ad finem omnem feliciter explanasse, virum plane omni litterarum genere egregie excultum, triumque linguarum, Hebraicæ, Græcæ, atque Latinæ peritum.

XLIV.
Antonius Possevinus, Apparatus sacri tomo secundo.

Rabanus, quem alii haud recte, Rabbanum scribunt, quem merito Baron. cardin. post alios fulgentissimum Ecclesiæ sidus appellat, non fuit, ut quidam putant, Anglus, neque vero Meldensis episcopus. Et nationis quidem suæ, sive patriæ grave testimonium exstat in ipsius Epitaphio, ubi hæc verba sunt :

Urbe quidem hac genitus sum, ac sacro fonte renatus
In Fulda.

Demochares autem librorum de Sacrificio missæ tom. II, cap. 19, atque Belleforestius in prima parte suæ Cosmographiæ, in catalogo Meldensium episcoporum, nullius Rabani meminere. Atqui de hoc alii antea, Trithemius deinceps, nostra vero ætate Sixtus Senensis scripserunt. Et hic quidem de illo sic ait : « Rabanus Magnentius Maurus, sextus archiepiscopus Moguntinus, natione Germanus, etc.; » ut supra.

Sane vero ipsemet Rabanus Vitam suam versibus elegis descripsit, quæ initio Commentarii in Jeremiam Basileæ excusi legitur, quanquam et Trit. de translatione ejusdem sancti Rabani et monasterio sancti Albani ordinis divi Benedicti prope Moguntiam, in Saxoniam, lib. 1 de Vita autem ipsius libros tres scripserit.

Sed quod Sixtus inquit eum floruisse anno 855, ita accipiendum est, ut sciatur eum obiisse an. 856, quidquid secus existimaverint, qui ad annum superiorem ejus obitum retulerant. Constat hoc ex veteri chronico edito a Pitheo, id quod et admittit Baron. cardin. Cæterum licet pauca illa opera, tanquam divinarum Scripturarum exegematica Sixtus pro ratione sui instituti enumeraverit, plura tamen alia Trithemius, et denique Arnoldus Wion indicarunt, quibus etiam nos addimus, superiore anno ; hoc est 1603, repertum fuisse ejusdem Rabani Martyrologium ms. in celebris monasterii Sancti Galli inter Helvetios bibliotheca. Integer igitur esto (quoad possumus) ejus operum catalogus sequens. *(Hunc require supra, col.* 120, *apud Arnold. Wion, unde verbo ad verbum hic iterum exhibebatur.)*

Exstat item Rabani opus de Laudibus sanctæ Crucis. Quod non solum Jacobus Wimphelingius, qui vir fuit catholicus, verum etiam hostes ipsius crucis hæretici coacti sunt laudibus extollere. Et quidem Wimphelingius in præfatione ad id opus, sic loquitur : « Rabanus Teutonicus mirificum, et artificiosissimum opus in Laudem sanctæ Crucis laboriosissimo carmine contexuit : in quo multa Christianæ fidei mysteria, multos mysticos numeros angelorum, virtutum, donorum, beatitudinum, elementorum, temporum, plagarum, mensium, ventorum, librorum Moysis, hujus nominis Adam, et aliarum nobilium rerum vim et dignitatem sanctæ Cruci convenire, et adaptari posse demonstrat, innectens versum versui, quibus imagines diversæ repræsentantur, nec tamen legitimus ordo principalis carminis a suo cursu vel tenore abrumpitur, aut intercipitur ; ita litteræ ipsæ duplici plerumque ordini quadrant. Post quodlibet etiam carmen solutus sequitur sermo, versuum admirandam profunditatem dilucide explanans. » Hæc ille.

Quin et non defuit, qui de hoc opere loquens Arnoldus Wion, scripserit : In duobus libris ipsius operis, quod vere testatur fuisse laboriosissimum, multa exstare Christianæ fidei mysteria, multos mysticos numeros, angelorum, virtutum, donorum, beatitudinum, elementorum, temporum, plagarum, mensium, ventorum, librorum Moysis, hujus nominis Adam, et aliarum nobilium rerum vim et digni-tatem sanctæ Cruci convenire, et adaptari posse demonstrat, innectens versum versui, ut et figuræ suos habeant versiculos, quibus imagines diversæ ac variæ rerum figuræ repræsentantur, nec tamen legitimus ordo principalis carminis a suo cursu vel tenore abrumpitur, aut intercipitur : ita litteræ ipsæ duplici plerumque ordini quadrant. Post quodlibet etiam carmen, solutus sequitur sermo, versuum admirandam profunditatem dilucide explanans. Quo ego opere nihil laboriosius, nihil ingeniosius dixerim. Dicavit autem illud sancto Petro apostolo, et per manus Sergii papæ, ad quem illud miserat, eidem sancto Petro obtulit. Impressus est Phorcæ in Germania apud Thomam Anselmum, ann. 1513. Alii autem ann. 1503. Postremo recusus est anno 1605, exstatque ms. in membranis in bibliot. Cassinensi in pluteo 10, ad dexteram.

Sed neque defuit, qui subjunctum figuræ exemplum eo modo expressum attulit ex prima parte figuræ 13, quæ inscribitur de diebus conceptionis Christi in utero Virginis, quatuor crucibus demonstratis, hoc est 236, et ejus numeri significatione.

Scio autem Jacobum Pamelium, qui denique fuit sancti Audomari in Belgio episcopus, in id incubuisse, ut collecta a se Rabani, quotquot poterat, opera, a se commentariis, sive notis illustrata (quod præclare in Tertullianum, atque divum Cyprianum præstitit) proderet in lucem. Sed mihi incertum num prodierint: Porro Rabanus initio commentarii in Jeremiam carmine Vitam ipse suam descripsit.

XLV
Robertus Bellarminus S. R. E. cardinalis de Scriptoribus Ecclesiasticis.

Rabanus Maurus, natione Germanus, abbas Fuldensis fuit tempore Ludovici Pii imp. Episcopus Moguntinus creatus est tempore Lotharii ejus filii. Obiit anno Domini 856, tempore Ludovici junioris imp. Vir fuit æque doctus, ac pius. Scripsit multa et versu et prosa. Edidit commentaria in universam sacram Scripturam utriusque Testamenti. Edidit etiam libros tres de Institutione clericorum, qui exstant cum aliis multis ejusdem argumenti, impressi Coloniæ anno 1568. Sed præter cætera scripsit in flore ætatis suæ opus admirandum soluta et ligata oratione de Laudibus sanctæ Crucis ad Gregorium quartum papam anno Domini 843, quod mortuo Gregorio misit ad Sergium successorem. Exstat hoc opus editum studio Jacobi Wimphelingii anno 1501. Inter opera Rabani et commentarium in Threnos, quod ab aliquibus tribuitur sancto Hieronymo ; sed vere Rabani est, non Hieronymi, ut diximus supra.

GEORGIUS COLVENERIUS LECTORI.

Us pluria' testimonia non adjicimus, cum hæc abunde sufficiant, etsi alia non deessent ex Fulberto Carnotensi epist. 84 ; ex Gratiano, qui variis locis Rabanum citat in suo Decreto, quæ a sancto Antonino collecta protulimus. Item ex Petro Lombardo, Magistro sententiarum dicto, In IIII, dist. 22, § A. ex sancto Thoma in Summa Theologica ; ex Christiano Massæo in Chronico mundi ; ex Joanne Aventino in Annalium Boiorum lib. IV ; Joanne Garetio de Eucharistia centenario nono ; Petro Cratepolio in catalogo Moguntinorum electorum ; Conrado Gesnero in sua Bibliotheca ; Israele Spachio ; Papyrio Massono lib. II. Annalium Francorum, Andreæ Thevet in Iconibus virorum illustrium Gallico sermone editis, etc. Qui plura desiderat, legat ea quæ de Rabano scribunt duo eruditissimi et in antiquitatibus eruendis diligentissimi e Societate Jesu, videlicet R. P. Nicolaus Serrarius et R. P. Christiphorus Browerus, ille lib. IV Moguntinarum rerum in Rabano sexto archiepiscopo, iste in Annalium Fuldensium lib. II, cap. 13, lib. III, cap. 13 et 14, ubi totum inserit,

Radulfi presbyteri librum de Vita Rabani, et iterum lib. IV in quinto abbate Fuldensi.

Illud solum de patria Rabani visum est apponere. Plerique Fuldæ natum et renatum arbitrantur, idque ex Epitaphio a se composito, quod supra recensuimus. Verum id quidam vitiose legunt hoc modo :

Urbe quidem genitus sum ac sacro fonte renatus
In Fulda : post bæc dogma sacrum didici.

Omissa videlicet voce (hac). Ita legi in ms. quodam. Alii eam vocem addunt, sed non recte dispungunt, ad hunc modum :

Urbe quidem hac genitus sum, ac sacro fonte renatus
In Fulda, post hæc dogma sacrum didici.

Ita primum typis est excusum ante commentarium Rabani in Jeremiam prophetam, Basileæ per Henricum Petrum anno 1534. Quod alii secuti sunt præter Baronium tom. X Annalium, anno 856, et Browerum in libro, quo Rabani edidit Poemata de diversis, et doctis scholiis illustravit. Quibus accedit Arnoldus Wion ubi dictum carmen repetens, comma posuit post dictionem *renatus*. Hi igitur sic dispungunt :

Urbe quidem hac genitus sum, ac sacro fonte renatus:
In Fulda post hæc dogma sacrum didici.

Quam esse veram dispunctionem ex eo probatur, quia Epitaphium hoc composuit jam residens in urbe Moguntina, et archiepiscopus existens, atque ita se patria Moguntinum esse, non Fuldensem significat. Idipsum clare attestantur, quæ in libro ipsius ms. de Universo ascripta leguntur his verbis : « Rabanus « Maurus Moguntiæ natus et renatus, et a puero in « Fulda monachus, deinde cella inclusus, tandem in « archiepiscopum assumitur, cujus idonea sunt « opuscula in utriusque Testamenti pagina, et ante « portam prædictæ civitatis meridianam apud san- « ctum Albanum sepulcri ejus ostenditur memoria, « in sanctorum archiepiscoporum Martini et Boni- « facii capella. » Sic ibi.

IN RABANI OPERA
FABRICII NOTITIA BIBLIOGRAPHICA.

(Bibliotheca mediæ et infimæ Latinitatis.)

Scripta Rabani Mauri ordine chronologico recensebimus, Heschenium et Mabillonium duces secuti, tomos autem editionis Coloniensis 1627 simul adjicientes : asterisco insuper illa notantes quæ in hac editione Colvenerii primum prodierunt.

1. *De Laudibus sanctæ crucis*, an. 815. I, p. 273. Prodierunt seorsim Phorcæ opera Jac. Wimphelingii, per Thomam Anshelmum, 1501, fol.; Augustæ Vindel. 1605, et cum Tractatu Joan. Valent. Merbitzii de Varietate faciei humanæ, Dresd. 1676, 4°.

2. *De Institutione clericali*, an. 819. VI, p. 1, Coloniæ 1532, in Bibl. PP. Parisina posteriore, tom. X, pag. 559; in Scriptoribus Melchioris Hittorpii de divinis officiis, Colon. 1568, Rom. 1591. Carmen ad Heistulfum archiepiscopum, his libris adjunctum, edidit Baluzius Miscell. lib. IV, p. 553.

3. *Comment. in Matthæum*, an. 822, secundum Mabillonium. V, p. 1. * « In quibus advertendum, ait Colvenerius in libro VII, cap. 26, et lib. VIII, cap. 26 et 28, quædam deesse, uti ibidem in margine denotatur, quæ ob militum Halberstadensium insolentiam, Ursellis in archiepiscopatu Moguntino, ubi ille tomus V anno 1622 cudebatur, deperdita sunt. »

4. *Homiliæ*. V, p. 580.

Sequuntur quæ ab ipso jam abbate scripta sunt :

5. *Comment. In Pentateuchum*; implet tomum II integrum : ante impressus Colon. 1532, 8°. Editio Colveneriana addit epitomen Commentariorum in *Leviticum*, auctore Strabo Rabani discipulo, p. 296.

6. *In Josuam*, an. 834. Epistolæ dedicatoriæ fragmentum dedit Henschenius, integram Mabillonius, p. 41. Ipse Commentarius nondum prodiit.

7. *In Judices et Ruth*. III, p. 1, * 36. *

8. *In libros Regum et Paralipomenon*. III, p. 45, 145. *

9. *In Judith et Esther*, III, p. 243 , * 279. * Hos ineditos vocat Mabillonius, p. 38, descriptos vero manu Petri Franc. Chiffletii se habere dicit. Præfationem dat idem p. 42. Additur p. 263 * Jac. Pamelii Comm. in librum Judith.

10. *In Machabæos*, ante an. 840. IV, p. 380.

11. *In Sapientiam et Ecclesiasticum*. III, p. 362, * 344. Posterior Paris. 1544 prodierat ap. Simonem Colinæum, fol.

Scripta post relictam curam abbatis.

12. *In Epistolas Pauli* Collectarium, an. 842. V, p. 169. * quibus p. 161 * præmittitur Jac. Pamelii Commentariolus *in Epistolam ad Philemonem*.

13. *In Ezechielem*. IV, p. 169.*

Nunc reliqua sine ordine temporis observato adjicimus.

14. *Excerptio de Arte grammatica Prisciani*. I, p. 28. *

15. *De Universo libri* XXII, sive *Etymologiarum Opus*, ad Ludovicum regem, an. 844. I, p. 51. Sententiam ejus singularem de damnatione catechumenorum ante baptismum defunctorum dijudicat Mabillonius, p. 44.

16. *Comm. in Cantica quæ ad matutinas laudes per septimanam dicuntur*. III, p. 295.

17. *In Proverbia*. III, p. 323. *

18. *In Jeremiam*. IV, p. 1. Basil. 1534, apud Henricum Petri.

19. *De septem signis Nativitatis Domini*. V, p. 746.

20. *Allegoriæ in universam Scripturam*. V, p. 749.*

21. *De sacris Ordinibus, sacramentis divinis et vestimentis sacerdotalibus*. VI, p. 50. * In multis idem est cum libro I de Institutione clericorum, sed epistola præmissa est diversa, et alia quædam.

22. *De Disciplina ecclesiastica libri* III. VI, p. 60.* In duobus prioribus sunt aliquot capita quæ cum libris de Institutione clericorum conveniunt, uti in margine notatur.

23. *De videndo Deo, puritate cordis et modo pœnitentiæ*. VI, p. 85. *

24. *De Quæstionibus canonum pœnitentialium*. VI, p. 110. * Prodierunt primum in Auctario Canisiano Petri Stevartii p. 635, post in Thesauro novo Canisiano, tom. II, part. II, pag. 293; item a Baluzio in editione Reginonis, p. 465, sed sub titulo *Epistolæ ad Heribaldum Antissiodorensem episcopum*, an. 853 scriptæ. Editum est opus an. 844. Epistola vero præfixa non potuit an. 854 scripta esse, quia se appellat episcopum. Sub finem cap. 33 respondet auctor Heribaldo ad quæstionem : Num Eucharistia abeat in secessum. Mabillonius, præfat. ad Sæculum IV Benedictinum, parte II, p. 32 seqq., illum Stercoranistis adnumerat, Basnagius autem defendit : quos vide, ut et nostrum libro VIII, p. 701, nam prolixitatem vitamus.

25. *De Vitiis et Virtutibus, de peccatorum satisfactione et remediis sive pœnitentiis*, libri III. VI, p. 125.

Quos una cum n. 24 Halitgario potius adjudicant, sub cujus etiam nomine exstant apud Canisium et in Bibliotnecis Patrum. Vide Mabillonii Elogium Rabani. Adde nostrum supra libro VIII, p. 186, et III, p. 242. Lazius Antverp. 1560, 8°, post fragmenta quædam Caroli Magni edidit.

26. *Pœnitentium liber unus*, post an. 841 scriptus VI, p. 155, prodiit inter Canones pœnitentiales Antonii Augustini cum adnot. Venet. 1584, 4°.

27. *Quota generatione licitum sit matrimonium*. VI, p. 165.

28. *De consanguineorum nuptiis et magorum præstigiis*. VI, p. 166.

29. *De anima et virtutibus*. VI, p. 173.

30. *De ortu, vita et moribus Antichristi*. VI, p. 177. Phorcæ apud Thomam Anselmum, 1505.

31. *Martyrologium*. VI, p. 179. Primo a Stevartio editum tom. VI; edit. novæ tom. II, part. II, pag. 313. Prologus ejus una cum versibus ad Grimoldum abbatem editus est a Canisio tom. IV, p. 326. Alius prologus, Ratleico, abbati Seleginstadiensi, inscriptus, ex bibl. S. Galli erutus est a Mabillonio, Analect. p. 418.

32. *Poemata de diversis* cum adnot. Christoph. Broweri, Mogunt. 1617, 4°. VI, pag. 202. Epitaphium Lotharii imp. et Irmentrudis Augustæ edidit du Chesne tomo II Scriptorum Francicorum.

33. *Comment. in Regulam S. Benedicti*. VI, p. 246.* Qui Smaragdo abbati debetur, idque teste Sigeberto Gemblacensi de S. E. cap. 118, et codicibus membranaceis, ad quos Mabillonius provocat.

34. *Glossæ Latino-Barbaræ, de partibus corporis humani*, a Goldasto editæ tom. II Rerum Alemannicarum. VI, p. 331.

35. *De inventione linguarum ab Hebræa usque ad Theotiscam*, ab eodem Goldasto editus, VI, p. 333.

Hæc opera Rabani Mauri, in tomos sex distributa, edita sunt cura Georgii Colvenerii, Duacensis academiæ cancellarii, Colon. 1627, fol., 3 Vol.

Ex illo vero tempore e mss. prodierunt sequentia.

1. *De prædestinatione adversus Godeschalcum epistolæ tres*, ad Notingum episc. Veronensem, et Heberhardum ducem, a Jac. Sirmondo editæ Paris. 1647, 8°, et in Operibus conjunctim editis, tom. II, p. 985; in Ughelli Italia Sacra, tom. III, edit novæ p. 592-608; in Auctoribus Gilberti Mauguini de Prædestinatione et Gratia, tomo I, parte I.

2. *Liber contra Judæos*, a Petr. Franc. Chiffletio editus Divione 1656. (a) Agobardi esse statuit Mabillonius in Itinere Burgundico, pag. 10. Alii tamen Amuloni Lugdunensi tribuunt. Plura habet Mabillonius in Elogio Rabani. Alium genuinum Rabani contra Judæos librum ediderunt Martene et Durand Thesauro noviss., p. 401, 594.

3. *Opuscula duo, unum de Chorepiscopis, alterum de reverentia filiorum erga parentes et subditorum erga reges*, edita sunt a Baluzio ad calcem Operum Petri de Marca, tom. I, p. 285. Hic liber a Rudolfo *Collectarium* appellatur. Prius opusculum habes etiam tom. V Conciliorum Harduini, p. 1417.

4. *Epistola ad Reginbaldum chorepiscopum*, An. 848, et *Opusculum de Chorepiscoporum ordinationibus* exstant tom. VIII Conciliorum, p. 1845 edit. Regiæ, et tom. V Harduini, p. 1411; in Capitularibus Baluzii, tomo II, p. 1378.

5. *Poemata quædam*, ab eodem, Miscell. tom. IV, p. 553.

6. *Liber de Computo digitorum*, Ibidem sub initium tomi I. Codex ms. auctior et iconibus necessariis illustratus est Lugd. Batav. apud Federicum Pacium, edendus, ut Fabricius noster notavit, a Gabriel du Mont, Roterodami.

(a) Ittigius de Bibliothecis PP., p. 684.

7. *In librum Josuæ libros* III ediderunt Martene et Durand Collectionis amplissimæ tom. IX, pag. 667, cum Rudolphus presbyter in Vita Rabani, c. 9, *quatuor*, Trithemius vero in eadem Vita III, 3 *duos* tantum memoret.

8. *Epistola ad Egilonem de Eucharistia*, apud Mabillonium Sæc. IV Benedictino, part. II, p. 591.

9. *Opusculum de passione Domini*, editum tom. IV Thesauri novissimi Peziani, parte II, p. 7.

10. *Glossarium Latino-Theotiscum*, non in tota Biblia, ut volunt Lambecius et Nesselius, sed in multas voces Biblicas et aliorum quoque auctorum. Specimen ejus exstat apud Lambecium, de Bibl. Vindobonensi II, p. 415; majus specimen dedit Joan. Diecmannus, Ecclesiarum Bremensium ac Verdensium superintendens, quod etiam Commentario non contemnendo illustravit, Bremæ 1721, 4°. Integrum vero edidit Joan. Georgius Eccardus, Rerum Francicarum tom. II, p. 950-976.

11. *Tractatus de Sacramento Eucharistiæ*, libris LVII constans; editus est ex Cuthberti Tonstalli, Dunelmensis episcopi, Bibliotheca, Colon. apud Joan. Quentelium 1551, docente Oleario, Bibl. Eccles. II, p. 112.

12. *Versiculos ad Grimaldum* edidit Mabillonius Analect. tom. IV, p. 326, edit. novæ pag. 419.

13. *Epistola Synodalis* prolixior, a Sirmondo edita est an. 1647. Vide tomum II Operum, p. 1295, cum *altera* brevior ad Hincmarum Rhemensem ante in tomis Conciliorum edita fuerit.

Opera inedita.

1. *Commentarius in Acta apostolorum*, in Bibl. Collegii Balliolensis Oxon.

2. *De Vita S. Mariæ Magdalenæ liber*, in Collegio Magdalenensi Oxon.

3. *Expositio de Paschate et Agno paschali*, in collegio S. Benedicti Cantabr.

4. *Explanatio in Jesaiam*, in bibl. monasterii Heilsbrunnensis in Franconia, teste Hockero in Catalogo illius bibl., p. 14.

5. *Liber ad Ludovicum imp. de Oblatione puerorum secundum Regulam S. Benedicti*. Ms. in bibliotheca Mellicensi.

6. *Epistola consolatoria ad eumdem*. Hæc duo memorat Rudolfus in Vita Rabani.

7. *Commentarii in Josuam, Esdram et Nehemiam, Tobiam, Job, Ecclesiasten*, et reliquos libros Biblicos, qui supra nondum adfuerunt.

8. *De rebus gestis a Lothario, Ludovico et Carolo imp., Ludovici pii filiis*, carmine heroico.

9. *De benedictionibus patriarcharum, Epistolæ ad diversos*, et alia a Colvenerio sub initium tomi I memorata, quorum tamen tituli bene cum editis sunt conferendi, ne pro inedito habeatur quod jam dudum est editum. * In Ephemeridibus Germanicis Gocceii an. 1751, mense Aprili, annuntiatur Rabani Commentarius in Danielem, quem ex ms. codice habere jam editioni paratum a P. Ziegelbaur Sueco ord. S. Benedicti promulgant. Id quantocius ut exsequatur vir doctus, nisi forte sollicitationes nostras jam prævenerit, communi nomine rogo et obsecro. Nunc autem cum hæc scribo, primum didici eumdem religiosum virum e vivis decessisse, quod ne cadat in detrimentum communis exspectationis opto.

Tractatus de sacramento Eucharistiæ. Coloniæ vulgatus, idem omnino est cum tractatu *de corpore et sanguine Domini*, qui legitimus fetus est S. Paschasii Radberti; quare nonnisi mendose ms. codex Anglicus, ex quo vulgatus est, Rabano Mauro illum inscribit. Vide Historiam Litterar. Gall., tom. V, pag. 194, et tom VI, pag. 15 et 16, præfat.

CATALOGUS

Operum Rabani Mauri in sex tomis editionis COLVENERII *comprehensorum.*

TOMO PRIMO CONTINENTUR :

Vita Rabani abbatis, edita a Rudolpho presbytero et monacho, ejusdem discipulo.
Vita ejusdem Rabani per Joannem Trithemium tribus libris conscripta.
Exceptio de Arte grammatica Prisciani.
De Universo libri XXII, ex impresso antiquo.
De Laudibus sanctæ crucis, partim prosa, partim carmine, ex impresso Augustæ Vindelicorum, anno 1605.

TOMO SECUNDO :

In Genesim libri IV.
In Exodum libri IV.
In Leviticum libri VII. — Eorumdem Commentariorum in Leviticum epitome, auctore Strabo ejus discipulo.
In Numeros libri IV.
In Deuteronomium libri IV, omnes ex impresso Coloniensi.

TOMO TERTIO :

In librum Judicum libri II.
In librum Ruth liber I.
In quatuor libros Regum libri IV.
In duos libros Paralipomenon libri IV.
In librum Judith liber I. — Cui subjungitur Commentarium Jacobi Pamelii in eumdem librum.
In librum Esther.
In cantica quæ ad matutinas laudes per septimanam dicuntur.
In Proverbia Salomonis libri III.
In librum Sapientiæ libri III.
In Ecclesiasticum libri X, ex impresso Parisiensi.

TOMO QUARTO :

In Jeremiam prophetam, comprehensis ejusdem Lamentationibus, libri XXX, ex impresso.
In Ezechielem prophetam libri XX.
In duos libros Machabæorum.

TOMO QUINTO :

Commentariorum in Matthæum libri VIII. — (*In quibus advertendum in libro* VII, *cap.* 26, *et lib.* VIII, *cap.* 26 *et* 28, *quædam deesse, uti ibidem in margine denotatur, quæ ob militum Halberstadensium insolentiam Ursellis in archiepiscopatu Moguntino, ubi ille tomus quintus anno* 1622 *cudebatur, deperdita sunt.*)
Rabani Mauri Commentariorum in quatuordecim Epistolas Pauli libri XXX. — Quibus præmisimus Jacobi Pamelii Commentariolum in epistolam B. Pauli ad Philemonem.
Rabani Mauri Homiliæ super Epistolas et Evangelia, a Natali Domini usque ad vigilias Paschæ numero 64, quibus adduntur multæ aliæ homiliæ de Sanctis et variis virtutibus.
Homiliæ super Epistolas et Evangelia a Vigilia Paschæ usque quintam decimam Dominicam post Pentecosten, tam de Tempore, quam de Sanctis, num. 91.
Homilia de Evangelio, *Liber Generationis Jesu Christi*.
De Septem signis Nativitatis Domini.
Allegoriæ in sacram Scripturam.

TOMO SEXTO :

De clericorum Institutione et Cæremoniis Ecclesiæ libri tres, ad Heistulphum archiepiscopum, ex impresso Coloniensi.
Ad Giotmarum de sacris Ordinibus, sacramentis divinis, et vestimentis sacerdotalibus liber unus. — Hic in multis idem est cum primo libro de Instit. clericorum ejusdem Rabani, sed epistola præmissa est diversa, et alia quædam.
Ad Reginaldum de Disciplina ecclesiastica libri III, quorum primus est de sacris Ordinibus ; secundus de Catechismo et sacramentis divinis ; tertius de agone Christiano, agens de virtutibus et vitiis. — In duobus prioribus sunt aliquot capita, quæ conveniunt cum libris de Instit. clericorum, uti in margine notatur.
Ad Bonosum abbatem libri III : primus de videndo Deo ; secundus de puritate cordis ; tertius de modo pœnitentiæ.
Ad Heribaldum de Quæstionibus canonum pœnitentialium libri III : primus continet regulas de ministris Ecclesiæ, si deviaverunt, cum adjunctis epistolis Hormisdæ papæ, Isidori et aliorum ; secundus, de pœnitentiæ satisfactione ; tertius de pœnitentiis laicorum.
De vitiis et virtutibus, de peccatorum satisfactione et remediis, sive de pœnitentiis libri III.
Ad Otgarium archiepiscopum Pœnitentium liber unus, qui veluti præcedentium justum quoddam compendium est.
Quota generatione licitum sit matrimonium, Epist. ad Humbertum episcopum, ex impresso Coloniensi.
De consanguineorum nuptiis, et de magorum præstigiis ad Bonosum liber unus, ex impresso Coloniensi.
De Anima, et virtutibus, ad Lotharium regem opusculum, ex impresso Coloniensi.
De Ortu, Vita et Moribus Antichristi tractatus, ex impresso Coloniensi.
Rabani Mauri Martyrologium, ex tomo VI Antiquæ Lect. Henr. Canisii.
Poemata de diversis, per Christophorum Browerum, cum ejusdem scholiis edita Mogunt.
Commentaria in Regulam S. Benedicti.
Glossæ Latino-Barbaricæ de partibus humani corporis, ex tom. II. Rerum Alemannicarum, Francofurti edito anno 1606.
Item de inventione linguarum ab Hebræa usque ad Theodiscum, ex eodem.

B. RABANI MAURI

ABBATIS PRIMUM FULDENSIS, POSTEA ARCHIEPISCOPI MOGUNTINI

Opera omnia

ORDINE CHRONOLOGICO DIGESTA.

PARS PRIMA. — *Scripta ab ipso jam abbate edita.*

DE LAUDIBUS SANCTÆ CRUCIS
LIBRI DUO

Eruditione, versu, prosaque mirifici. Quo figuris sive imaginibus viginti octo multa fidei Christianæ mysteria, multi mystici numeri : angelorum, virtutum, septem donorum Spiritus sancti, octo beatitudinum, quatuor elementorum, quatuor temporum anni, quatuor evangelistarum et Agni, mensium, ventorum, quinque librorum Moysis, nominis Adam, Alleluia et Amen, aliarumque rerum vis et dignitas in formam crucis redacta, subtiliter et ingeniose explicantur.

(ANNO 815.)

VARIORUM ENCOMIA DE HOC OPERE.

Jacobus WIMPFELINGIUS *Sletstatinus universis bonarum litterarum amatoribus S. P.*

Rabanus Teutonicus mirificum et artificiosissimum opus in laudem sanctæ crucis laboriosissimo carmine contexuit, in quo multa Christianæ fidei mysteria, multos mysticos numeros, angelorum, virtutum, donorum, beatitudinum, elementorum, temporum, plagarum, mensium, ventorum, librorum Moysis, hujus nominis Adam, et aliarum nobilium rerum vim et dignitatem sanctæ cruci convenire et adaptari posse demonstrat, innectens versum versui, ut et figuræ suos habeant versiculos, quibus imagines diversæ repræsentantur, nec tamen legitimus ordo principalis carminis a suo cursu vel tenore abrumpitur, aut intercipitur : ita litteræ ipsæ duplici plerumque ordini quadrant ; post quodlibet etiam carmen solutus sequitur sermo, versuum admirandam profunditatem dilucide explanans. O præclarum et omni veneratione dignum opus, quo non immerito Germania (quæ talem virum peperit) illustris redditur et gloriosa ! Fac igitur peculiarem hunc librum tibi, candide lector, obsecro, quisquis vere Christianus es, ut novitatem videas, ut ingenium laudes, ut egregiam venam mireris, ut ad amorem crucis et Crucifixi accendaris, ut devotus esse incipias ei qui pro te passus est, ut teipsum oblectes in hac dulci arbore, in qua mundi salus pependit ; in qua est omnis spes nostra, refugium nostrum, medicina nostra per quam salvati et liberati sumus, fructum animæ tuæ immortalem ex dono Dei indubie consequere. Vale, charissime in Christo lector. Ex eremitorio divi Guilhermi, in suburbano Argentinensi, quinto Idus Sextilis, anni salutis nostræ 1501.

Joannis REUCHLINI *Phorcensis, LL. doctoris, ad Thomam* ANSHELMI *impressorem, in laudem Rabani* DE SANCTA CRUCE, ΕΠΑΙΝΟΣ.

Tetemet, o Thoma, reputo Phorcenque beatam,
   Quod per vos Rabani de Cruce fulget opus.

Semina scribendi redeunt dispersa per orbem,
   Ars quam venturis occuluere patres.
Accedat propius mens nescia turpe videre :
   Hic latet in pulchro pulchrior æthra polo.
Non crux Andromedæ Cepheidis, aut Ganiana
   Verris, in hoc dabitur conspicienda libro :
Sed cui fixus erat hominumque Deumque creator,
   Mundus et innocuus crimina nostra luens.
Crux hæc plus Rabani quam Constantinia splendet
   Quondam sidereis visio picta notis.
Ærea serpentis potuit sanare figura
   Fixa cruci, nostra tu mage tutus eris.
Formosas spargit series maculosa lituras
   Partibus in variis, ut notet ordo crucem.
Quo Rabanus Coum facile devicit Apellen,
   Nil tibi Parrhasius, nil tibi Zeusis erit.
Sive leges librum, polydædala cuncta videbis ;
   Sive audire libet, cantilat harmonia.
Quare agite ambo duo, titulos crescatis in altos
   Hoc solo Rabani splendidiore libro,
Anshelmi Thoma, qui chartas imprimis arte ;
   Tuque simul Phorce, fons et origo mei.
Urbs honor artificum, fabricatrix ingeniorum,
   O decus, O Rabani vive secunda parens.

Ad magni ingenii virum bonarumque rerum indagatorem solertissimum, fratrem Nicolaum KEINBOS, *ordinis Sancti Joannis Hierosolymitani, plebanum Durlacenum, in mirificum opus Rabani Mauri, Fuldensis abbatis,* DE LAUDIBUS CRUCIS, ΣΥΣΤΑΣΙΣ, *sive Commendatio.*

Quod mihi nuper opus Rabani, Nicolae, sacrata
   De Cruce misisti, deque decore crucis,
Non potui non multimodo mirarier ausu,
   Ducere vel dignum laudibus immodicis.
Et decuit : quis enim Christive crucisve minister
   Non etiam studeat laudibus ipse crucis ?
Sed quis digna tamen se dicere posse putabit
   Carmine mirificæ salvificæque cruci ?

Deficit in cunctis sensus, lingua ingenii vis,
  Mortali attentat qui canere ore crucem.
Ille tamen Rabanus doctus Pater, optimus auctor,
  Ausus idem, vario carminis auspicio,
Mysteriumque crucis laudesque decusque peregit,
  Et docuit cunctis rebus inesse crucem.
A superis duxit, primoque parente, per omnes
  Ille creaturas atque elementa crucem.
O quantum aggressus divus Pater ille laborem !
  Quantum onus immensum sumpsit amore crucis !
Pervigil insomnes noctes (dubio procul) egit,
  Ut laudes posset continuare crucis.
Quo magis indignor, homines quoque temporis
            [hujus
  Exsecror, admiror, dedoleoque leves;
Non modo socordes, qui desidiaque fluentes,
  Non digne insudant pervigilantque cruci :
Quin etiam violant, temerant, modo commacu-
            [lantque,
  Contemnunt, horrent dilacerantque crucem :
Insuper et pedibus calcant venerabile signum,
  Et cruce signatos turpiter interimunt.
Quos sua pœna manet tandem, crucis interea nos
  Cum Rabano laudes concinere usque juvat.
Et Domino grates referamus, habemus, agamus :
  Qui cruce nos propria liberat atque beat.
Te quoque, chare Pater, meritum Nicolae sequetur
  Condignum a superis Christicolisque piis,
Qui cruce signatam vestem geris : hinc crucis arma
  Diligis, observas, amplificare studes.
Das quoque materiam quo prodeat hoc opus olim
  In lucem, et vitam te duce suscipiat.
Jure igitur KEINBOS dictus, quia crimine ab omni
  Immunis vivis, nec tibi prava placent.
Unde etiam laudes quæris crucis atque tropæum,
  Instituisque bonis artibus ingenium.
Proinde vale, nos umbra crucis defendat, et alis
  Suscipiat famulos protegat atque suis.
Et quæ perpetuo crux est veneranda decore,
  Hæc quoque perpetuo nos tueatur. Amen.

Ad Christianos DODOCI *galli Tetrastichon.*

Discite ab infernis sacra crux quos sola redemit,
  Qua dignum amplecti sit pietate crucem.
Cum nusquam affectus, labor, ingenium, et me-
            [morandi
  Vis, ut sunt isto tam bene sparsa libro.

In laudem carminum Rabani , Theodoricus GRESE-
  MUNDUS, *legum doctor.*

Rabanus calamo, tabulis indulsit Apelles :
  Spirabat quidquid pinxit uterque manu.
Hujus edax rasit tabulas quascunque vetustas,
  Illius æterno tempore vivet opus.
Carminibus vitam pictæ debetis ideæ.
  Linea si pereat, carmina non pereunt.

Aliud carmen ejusdem ad idem.

Admirabiliter tornatos inspice versus.
  Rabani, læto si quis es ingenio.
Quomodocunque legas, oritur cum carmine sensus,
  Nam servit multis littera quæque modis.
Quodque magis mirum est, numeris habitatur
            [imago
  Quæque suis : vati hæc non labor ullus erant,
Nam licet haud facili constent hæc carmina lege,
  Illa tamen facili cuncta decore fluunt.

Elegiacum Joannis Gallinarii Heidelbergensis ad amatores Christi, ut legant Rabanum DE LAUDE SANCTÆ CRUCIS.

Si quis avet pæana crucis percurrere Christi,
  Huc gressum celeri dirigat usque gradu.
Maxima Teutonicæ Rabanus gloria gentis
  Nobile mirifico carmine lusit opus.
Non similem Germana tulit, non Itala tellus,
  Et neque Tartessus, nec Rhodanus, nec Arar,
Non Helenæ flammas, non infelicis Elissæ
  Perstrepit hic vulnus, Tantalidumve thoros.
Non sonat indomiti ferventia prælia Martis,
  Nec probat Ææis carmina facta modis :
Sacra triumphantis cecinit sed stigmata Christi,
  Arma, quibus Stygium vicit et ipse ducem,
Quæ sontes Erebi manes, tenebræque nefandæ,
  Tartareus Pluto Persephoneque tremunt.

Ad Musas, ut Rabanum corona ex omnibus aromatum generibus ornent cingantque, elegiacum ejusdem Joannis GALLINARII *Heidelbergensis.*

Cingite virginea Rabano tempora lauro,
  Castalides, vati, palladiaque coma.
Non hederæ virides desint, non myrtea silva,
  Lilia conveniant purpureæque rosæ.
Cinnama, serpillum, buxus, narcissus, amomum,
  Thus, violæ, nardus, balsama, myrrha, thymus,
Huc terebinthe adeas, juglandes, rosque marine,
  Huc cum Sylvano tu, Cyparisse, veni.
Nectite Panchæis quidquid generatur in hortis,
  Quidquid habent Cilices, Idaliumve nemus,
Quidquid Erythræa quærit niger Indus in alga,
  Pactolus quidquid vel Tagus ipse vehit.
Huc etiam croceos apportet Tmolus odores,
  Huc et apum Hybleos mellifera ora favos.
Huc crystalla ferant gelido de vertice Thauri
  Gryphes Hyperborei, Caucaseæque feræ.
Huc electra ferant nivei de littore cygni
  Eridani lacrymas et Phaetontiadum.
Vos et Hamadryades Nappææ germina campi
  Carpite, odoriferi graminis omne genus.
Floribus intextis pretiosas nectite gemmas,
  Tempora Rabano cingite, Pierides.

Hexastichon ejusdem.

Indole Dædalea Rabanus flamina duxit
  Et Labyrintheo fila regenda modo.
Sis quamvis Theseus Ariadnes numine fretus,
  Dædalus ingenio, versibus ipse Maro,
Arte tamen nulla potes hunc æquare poetam,
  Tanto igitur vati gloria major erit.

Pro laude carminis operosi et insolentioris Georgii SYMLERI *Wimpinensis, in opificem.*

Quanta Moguntinæ Rabani nomina terræ,
  Nomina, perpetuam nunc habitura fidem !
Corniger auriferis Rhenus ubi labitur undis,
  Et vada Teutonico littore Belga secat :
Dux hic noster honos (fingat majora vetustas)
  Germanis rutilum nobilibusque decus,
Edidit indicio quid nostra, quid Itala tellus
  Possit, ad insolitam dum citat ille chelyn.
Aurea jam sileant Tarpæi saxa tonantis,
  Et Ptolomææ machina dicta phari :
Dehinc Cretæ sileat et inextricabilis error,
  Quæ potuisse ferunt Dædaleasque manus.
Hic tibi sint resono miracula juncta theatro,
  Famaque de thermis concelebrata vetus.
Si cupies Smyrnæ suspensam dicere molem,
  Cum sessore gravi Bellerophontis equum,
Sive Ephesi, seu vis Rhodiæ meminisse columnæ,
  Est opus hoc cunctis rarius ingeniis.
Vim dedit in numeros illi formosus Apollo :
  Nam cecinit multis vix imitanda viris.
Andini liceat mirabere plectra cothurni :
  Ignorare potes majus et Iliade.
Accedant Thebæ, civilia busta Philippi,
  Annibal, et cultæ laus Venusina lyræ.
Nil erit, ad nostram quæcunque tulisse Minervam,
  Concedunt illis singula imaginibus.

Ejusdem tetrastichon.

Debetur nostro laus hæc primaria vati,
  Utile Christicolis quod patefecit opus :
Et pinxit roseo cunctis veneranda cruore
  Signa crucis, summi militiamque Dei.

Sedis apostolicæ præses moderator, et orbis
  Immortale jubar, portus et aura tuis,
Dexter ames terras, et quæ tibi munera præbet
  Auctor inauditi carminis, ipse colas.

Materiam sumpsit qua non est dignior ulla,
  Quæ sit vel prosa, vel celebranda modis.
Carmen Apelleæ dic vivat imagine formæ,
  Donec erit terris aurea Roma caput.

INTERCESSIO ALBINI PRO MAURO.

Sancte Dei præsul, meritis in sæcula vivens,
  Causam quam ferimus suscipe mente pia.
Nempe ego cum fueram custos humilisque minister
  Istius Ecclesiæ, dogmata sacra legens,
Hunc puerum docui divini famine verbi
  Ethicæ monitis et sophiæ studiis.
Ipse quidem Francus genere est, atque incola silvas
  Bochoniæ, huc missus discere verba Dei :
Abbas namque suus, Fuldensis rector ovilis,
  Illum huc direxit ad tua tecta pater,
Quo mecum legeret metri scholasticus artem,
  Scripturam et sacram rite pararet ovans.
Ast ubi sex lustra implevit, jam scribere tentans,
  Ad Christi laudem hunc edidit arte librum :
Quo typicos numeros, tropicas et rite figuras
  Indidit, ut dona panderet alma Dei.
Passio quid Christi mundo conferret honoris,
  Qualiter antiquum vinceret et chelydrum :
Quod sic venturum sancti cecinere prophetæ,
  Ac libri legis grammate rite dabant.

A Et quia se meminit nutritum in domate claro
  Istius ecce loci hinc tibi dona feret :
Quæ licet indigna et sint vilia, tu tamen ipsa
  Patronus mitis accipe, quæso, pie,
Altithrono et redde pignus quod præstitit ipse
  Instanter poscens artifici veniam.
Qui quantum potuit, non quantum debitor ipse
  Exstitit, ut grates redderet ore Deo :
Crimine pro miseri largas tu funde potenti,
  Alme, preces Domino, sicque juvato tuum,
Qui multa infanda semet egisse fatetur,
  Ætas lasciva quanta patrare solet.
Sed spes firma manet, bonitas et magna Tonantis
  Ipsum quod salvet omnipotens medicus :
Sanguine qui proprio laxavit debita mundo,
  Abluit et fonte crimina multa sacro.
Tantum tu precibus ipsum meritisque sacratis
  Commenda Christo, sicque beatus erit,
Præsentem et vitam peragat sospesque futuræ
B Servetur patriæ, protege, sancte, tuos.

Pontificem summum, salvator Christe, tuere,
Et salvum nobis pastorem in sæcula serva :

Præsul ut eximius sit rite Gregorius almæ,
Ecclesiæ custos, doctorque fidelis in aula.

COMMENDATIO PAPÆ.

Sedis apostolicæ princeps, lux aurea Romæ,
  Et decus et doctor plebis, et almus amor.
Tu caput Ecclesiæ es, primus patriarcha per orbem,
  Præclarus meritis et pietate potens.
Sal terræ, mundi lux, atque urbs inclyta Christi,
  Perpetuæ præbens lucis iter populo.
Vestra valet cœlum reserare et claudere lingua
  In terra positus claviger æthereus.
Tu renovator ades patriæ, spes, rector honorque.
  Dulcis amor cunctis, dignus amore Dei.
Tempora sunt hujus vitæ nunc plena periclis :
  Bella movent gentes, hostis ubique furit ;
Unde opus est valde tua quod protectio fortis
  Succurrat miseris, quos inimicus odit.
Eripe, sancte, piis monitis precibusque sacratis
  Commissum tibimet, pastor, ab hoste gregem.
Ut tua laus maneat, merces et gloria semper,
  Cum Christo in cœlis regna beata tenens,
Principi apostolico Petro conjunctus in ævum,
  In terris vicem cujus et ipse geris.

Offert munus pontifici.

Præsul amate Deo, te, papa Gregorius, oro,
  Intra oves proprias me ut miserum numeres.
Sisque tui famuli protector verus, et ipsum
  Æterno Domino restituas precibus,
Qui se totum offert, parva hæc et dona ministrat,
  Commendans tibimet seque suaque simul.
Per te ut alma crucis laus nunc acceptior exstet
  Principi apostolico munera missa Petro :
Quæ Christi ad laudem conscripta est tempore prisco
  Ludere dum libuit carmine versifico.
Credo quidem memet per te conquirere posse
  Vitam quam nequeo per propria merita.
Te Deus æternus, mundi mitissimus auctor,
  Tempore longævo protegat atque regat,
Ut valeas, vigeas sanus, et prospera captes
  Hic et in æternûm regna superna metas.
Te vigilem servet qui non dormitat in ævum,
  Nominis atque tui restituat meritum.
Ut vigilet cautus pastor, Gregorius adsis
  Sancte tuis ovibus : papa beate, vale.

DE IMAGINE CÆSARIS.

Rex regum Dominus, mundum ditione gubernans,
Imperii ac sceptrum regnans qui jure perenni
Immortale tenes, cum crimina multa parentum
Laxasti in cruce, justitiæ cum frena locaras :
Omnibus ergo tuis servis, super astra beatam
Sperare hinc vitam Hiesu cito, Christe, dedisti :

A Doni quæ est modo, Christe, Deus Patrisque tuique :
Nunc nomen id rite tuum jam cuncta stupebant
Sæcula, dudum en vertice quod gestatur amica
Summi Christocolæ, duce signat rite gerendum hoc,
Per justamque thronum avido quod tollere legem
Atque decet, totum Augustus nutu excolat orbem.

Nam hoc fenus tanto girando cardine prodit,
Orbs sciat ut galeam consultu Cæsaris oret,
Augusto pure feret almam hinc laude coronam.
Nam optima dextram virtus divina paret arte,
Stips, Iliesu, tua detque triumphum, poscimus omnes
Iam almum justo justitiæ quod regnet ubique,
Hæc silice induat atque ligatu giret amico,
Dum affert lorica placitum sic ipsa paratum,
Optemus nos semper amicum, quem pie Christus
Re tutatur, quam nullus jaculo premit, ast fur
Fas, vel in illo proterat hostis crimine diro
Defensor artis sed firmum monstrat amandum
Jus ornatu laneat Cæsaris obtinet haustum.
Omen fitque omne, ac tutum imperium manet orbe.
En regna Graium omne per ævum munera donant,
Et Persa dat, sicque ejus sobolis latus ambit.
Gens plebs læta propago succinam pie donat
Musam juvat edens maneat, scit scutum et amare
Spem exsul sceptra tenendo, dum fidei dat ubique
Rem haustu donec sæcla sua depellit ab arte,

A Quæ formose jura tenebunt tela nefas sint,
Et sedare qui et terræ solidanda protervium,
Quam est solidus permane tegit Augustus ovile,
Transformat orbis Christi cum clara tributa,
Jure colendi dum memor æque trophæa parans dat,
Quæ hoc sint nomen ubique means devotum ab ore
Nempe tonat, urgetque probe pectus diu amari,
Sit tremor estque bonæ divino munere famæ,
Proficit inde orbe madidum fretum illicitaque
Sic abicit portum, cruce dat Jesum sequiturque
Hunc tibi enim indo datum, o semper castusque piusque
Cæsar, large modo visu tu castra inimici ast
Terres spemque timor altus inimica fugans dat,
Tu pius et gratus nimium pronum rogat hæc gens
Ad veniam ire animus nobis ad jussa parentis:
B Conscripsi dudum nam Christi laude libellum
Versibus et prosa, tibi quem nunc, induperator,
Offero, sancte, libens, cujus præcedit imago
Stans armata fide victorem monstrat ubique.

DECLARATIO FIGURÆ.

O Christe salvator, rex regum et Dominus dominorum, qui mundum propria ditione gubernas, et sceptrum incorruptibile tenendo jure perenni super omnia regnas: tu crimina multa parentum nostrorum in cruce delesti: quando humano generi justitiæ frena constituisti, atque tuis fidelibus in cœlis beatam vitam sperare, velociterque adipisci posse dedisti. Ergo tui muneris est largissimi patrisque tui scilicet potentissimi, quod nomen illud tuum ineffabile omnibusque sæculis dudum terribile, nunc piissimi principis vertice gestatur honesta religione, quæ ab omnibus veneratur celeberrima. Hinc quoque ostenditur quod ejus auctoritate atque defensione, augustum imperium firmiter tenetur, et cuique avaro religionique Christianæ contrario, per justum judicium potestas aufertur, ut religiosi principis nutu totus orbis regatur. Nam largitio amplissima munerum illius hoc ubique prodit, ad laudem venerandi imperatoris terrarum populos provocans, quatenus communi consilio ejus defensionem omnes pariter quærant. Quod quidem nos tui famuli, Christe, mitis salvator, supplices petimus, quatenus per vexillum sanctæ crucis, tua sacratissima virtus ipsius dexteram divina imbuat arte, atque triumphum ubique conferat justitiam. Hæc quoque illum thorace fidei adamante duriore induit, quæ scilicet et ornatum decentissimum et munimentum confert fortissimum. Unde necesse est ut nos pariter cum omni populo Christiano ejus amicitiæ gratiam optemus: quem Dominus Christus ita protegens custodit ut nullus insidians eum aliquo modo nocere possit, vel famam ejus justissimam aliquo crimine maculare; sed defensor omnipotens, adjutor boni studii ejus et bonæ voluntatis, constantiam et veræ innocentiæ formam in eo nobis semper imitabilem proponit, vultque ut nobilissimi Cæsaris omnem felicem habeat actum, hinceque ejus imperium terra scilicet et pelago tutum maneat. Nam gentes, Græcorum dona pretiosissima illi deferunt, similiter et regna Persarum, nec non et cæteræ gentes ipsius simul ejusque prolis latus tuendo frequentant, maxime gens Germaniæ et populus Francorum (de quibus ejus nobilis prosapia C originem traxit) in ejus laudibus concinnit, vitam illi et prosperitatem continuam exoptans. Exsul quoque quicunque priscis temporibus a sede propria aberravit, ejus triumphos amando mox reditum velocem sperat, quia sceptra tenendo fidei verbum spargit ubique, donec populum suum a vetusto scelerum usu purget, qui juvante Christo firmiter fidei catholicæ jura tenebit: ne frustra verbi jacula proferat, sed sint arma potentia Deo in omne opus bonum, et Christi fide roborata carnis proterviam doment. O quam solidus fide et stabilis in Christiana religione manet, qui oves sibi commendatas diligenter omni hora custodit, et pensum Dominici servitii cultumque divinum strenue ab omnibus sibi obtemperantibus expetit, dum superni regis vexillum D cunctis venerandum esse ostendit, et ad prædicandum Christi Evangelium ubique doctores suos dirigit, qui duricordes sermonibus suis molliant, et ad percipiendum bonum odorem virtutum divina gratia opitulante producant, ut luxus sæculi spernant, et in Christo spem collocantes ipsius passionibus communicare appetant. Ecce tibi, o imperator clementissime atque sanctissime, præsens offero munus omni devotione subjectus, qui terribilis exstas adversariis, inimicorum terga persequens, et placidus es devotis, clementer conversis veniam tribuens. Omnis gens, omnis natio tuam voluntatem facere expetit; nosque tui miseri famuli clementiam tuam pronis obsequiis adire optamus, ejusque votis obtemperare in omnibus desideramus. Nam libellum, quem in honorem sanctæ

crucis dudum prosa metroque composui, nunc tuæ
serenitati offero supplex, deprecans, ut qui scuto fidei,
lorica justitiæ et galea salutis decenter es ornatus,
nos sub tua defensione Christo militantes munire
digneris, atque ad portum salutis æternæ in augmentum præmiorum tuorum Domino adjuvante perducere.

Continet autem præsens imago serenissimi imperatoris Ludovici quindecim versus metro dactylico tetrametro conscriptos hoc modo :

Hiesu Christe, tuum vertice signum
Augusto galeam conferat almam,
Invictam et faciat optima dextram.
Virtus, Jesu, tua deique triumphum,
Justo justitiæ induat, atque
Lorica semper placitum amicum.
Quam nullus jaculo proterat hostis,
Sed firmum maneat Cæsaris omne
Ac tuum imperium omne per ævum.
Sicque ejus sobolis læta propago

Succedens maneat sceptra tenendo,
Donec sæcla sua jura tenebunt,
Et terræ solidus permanet orbis,
Christe, dum memoret nomen ubique,
Et verbum Domini prædicet ultro.

In circulo autem qui caput cingit duo versus adonici metri continentur isti :

Tu, Hludovicum,
Christe, corona.

Crux vero quam dextera gestat, hos tenet versus metri Asclepiadii :

In cruce, Christe, tua victoria vera salusque
Omnia rite regis.

Scutum vero quod sinistra tenet, elegiaco metro conscriptum est hoc modo :

Nam scutum fidei depellit tela nefanda,
Protegit Augustum clara tropæa parans
Devotum pectus divino munere fretum
Illæsum semper castra inimica fugat.

INCIPIT PROLOGUS.

Hortatur nos lex divina ad deferendum Domino dona, nec excipit aliquem, sed ab omnibus spontaneam expetit oblationem, cum Moysi Dominus præcepit ita dicens : *Loquere filiis Israel, ut tollant mihi primitias, ab omni homine qui offert ultroneus accipietis eas.* Ubi nullus excusationi locus datur, quando voluntas prompta quæritur et non necessitas imponitur, sed uniuscujusque proprio arbitrio relinquitur. Unde ipse hæc legens, animum devotum impendens, offerebam has primitias, in laudem sanctæ crucis expensas, quæ columna est cœlestis ædificii, in qua videlicet constructa est domus Christi, ipsi arbitrio interno qui me conspicit non superba intentione, sed humili devotione quidquid sua gratia possum, in ejus laudem volens conferre; qui non secundum faciem, sed secundum cor judicans, non æstimat quantitatem muneris, sed quantitatem devotionis. Nec enim arbitror me posse aliquid sanctæ cruci decoris conferre, quæ claritate sua cuncta clarificat, sed claritatem ejus et majestatem perpetuam, laudibus quibuscunque possum, conservis meis prædico, ut sæpius eam legentes ac sedulo conspicientes, nostram in ea redemptionem assidue cogitemus, Redemptorique nostro incessanter gratias agamus. Qui cum nullius egeret, sempiternumque regnum una cum Patre et Spiritu sancto haberet : *Semetipsum exinanivit formam servi accipiens, factus obediens Patri usque ad mortem, mortem autem crucis.* Semel quoque pro peccatis nostris mortuus est justus pro injustis, ut nos offerret Deo, faceretque nos regnum et sacerdotes Deo Patri. Quapropter rogo, ut quicunque textum hujus operis perspexerit, non statim propter artificii vilitatem spernendo abjiciat, sed, si velit et possit, legat, et oculo sanæ fidei intuendo atque per auctoritatem divinarum Scripturarum dijudicando, quod in eo catholice et recte repererit disputatum, ei hoc tribuat a quo est omne bonum; si quid autem minus recte atque inconsiderate invenerit prolatum, magis meæ imperitiæ quam malitiæ deputet, qui catholicæ fidei quantum possum rectitudinem semper desidero et inhianter disco, ejusque jura quantum superna gratia concedit servare contendo. Atque ideo cui errasse videor humiliter suggero, ut vel viva voce si præsens sim, vel per scripta si absens, errorem meum mihi intimare non tardet. Sin autem propter longinquitatem terrarum, seu propter aliam aliquam impossibilitatem neutrum horum facere possit, sive etiam me a præsenti vita constiterit excessisse, precor ut pro reatu meo clementissimum judicem deprecetur, quatenus ipse, quem humanæ infirmitatis nihil latet, erroris mei vincula dissolvat, et suæ remissionis gratia peccatorum mihi veniam donet. Hocque idem me quandiu vixero in hoc corpore acturum exopto, id est, pro meis et pro aliorum erratibus quotidie preces fundere, ut ipse pius sua gratia et errantes corrigat, et erratorum indulgentiam tribuat. De cætero autem moneo lectorem, ut hujus conscriptionis ordinem teneat, et figuras in cofactas servare non negligat, ne operis pretium pereat, et utilitas lectionis minuatur. Quod ut facilius possit, uniuscujusque figuræ rationem in sequenti sibi pagina prosaico stylo intimare curabam, subternectens expositionem ejus simul, et versus qui in ea conscripti sunt. Si quem autem movet, cum uniuscujusque paginæ, versus ejusdem numeri describere decreverim, cur aliquas notas sive punctos eis interseruerim, agnoscat me hoc non tam necessitate quam voluntate fecisse, ut lucidior sensus et locutio in eis fieret. Nec hoc quidem vulgo ne frequenter feci, nec sine auctoritate majorum. Nam non recordor alicubi me fecisse in ipsis versibus punctos, nisi ubi *quæ* pronomen vel *que* conjunctio fuit, vel *us* finalis syllaba dictionis, quod idem et Porphyrius fecit, secundum cujus exemplar litteras spargere didici, et pro *m* littera alicubi virgulam, super antecedentem sibi vocalem notavi. Feci quoque et synalœphaın, aliquando in scriptu in opportunis locis synalœpharum, quod et Titus Lucretius non raro fecisse invenitur. V quoque inter *q* et aliquam vocalem positam aliquando intercepi; similiter et *h* non littera sed nota aspirationis esse convincitur. Si autem metricis omnibus, qui solummodo metri genus et pedum regulam servant potestas non minima datur per metaplasmos et schemata atque tropos, et cætera quæ poetis abundantissima a grammaticis concessa sunt, cur non mihi? qui non solum genera certa metrorum et pedes legitimos, sed etiam seriem et numerum litterarum et figurarum modum diligentius servare curavi. Ante omnia quoque obsecro unumquemque qui hoc opus legerit, ne invidiæ stimulis contra me excitetur, ut laborem meum dissipare contendat, ne dum hoc quod ego ad laudem Dei parare sategi, ille delere studeat, et sibi magis nocere studeat quam mihi; et dum sanctæ crucis gloriam per meam humilitatem audire non sustinet, crucifixi regis offensam incurrens redemptionis gratiam quæ in cruce est non consequatur.

PRÆFATIO.

Musa cita studio gaudens nunc dicere numen
Nostra cupit, pariter carmine et alloquiis :
Dona patris summi, quæ largus reddidit orbi,
Regis altithroni sancta trophæa simul.
Quæ crux est sacra crucifixi numine plena,
Omnibus apta bonis, stirps veneranda satis.
Hanc ego pauper, egenus inops, en ore, loquella
Temptavi hic famulus sons dare et hoc oriar,
Nec me facta piant quod dignum munere tanto
Ne fore ad hoc credam, sic quoque mente probum;
Sed mihi larga Dei bonitas spes maxima voti
Est, quæ me promptum laus dabat exhilarans.
Pauperis et viduæ non sprevit rara minuta
Sed tulit, ipsa probans arbiter omnitenens,
Atque orbe dominans qui sancit solus et unus,
Cuncta venusta bona hanc laude beavit amor.
Mandatum vetere nempe est et lege quibusque
Munera ut apta darent templa ad honesta Dei.
Pars dedit argentum, pars auri munera clara;
Pars tribuit gemmas : pars quoque tincta dedit
Ligna; oleum quidam, pigmentaque cara dedere :
Multaque magna domus monstrat ubique micans.
Ast alii setas tulerant, pilosque caprarum :
Nec fuerant spreti hi dona ferendo Deo hæc.
Quapropter rogito nummatum dives ut istic,
Vilia cum portem, hinc spernere nollit onus :
Ipse licet gazas immensas conferat amplis
Agminibus fultus, templa oneranda Dei hinc.
His ego non motus conturbor nam impie vultu;
Sed gratulans speculor crescere dona sibi.
Ille quoque exosa ut habeat mea munera nolo;
Sed magis esse sciat qualiacumque Dei hæc,
Exprobrat ipse Deo qui despicit acer egenum;
Cujus egenus hic est, cujus et omnis homo est
En quantum tribuo tribuit mihi Jesus amator,
Sint sua facta pie hic cunctaque hic rapiat.

Finis Præfationis. Sequitur liber primus.

LIBER PRIMUS.

FIGURA I.

De imagine Christi in modum crucis brachia sua expandentis, et de nominibus ejus ad divinam seu ad humanam naturam pertinentibus.

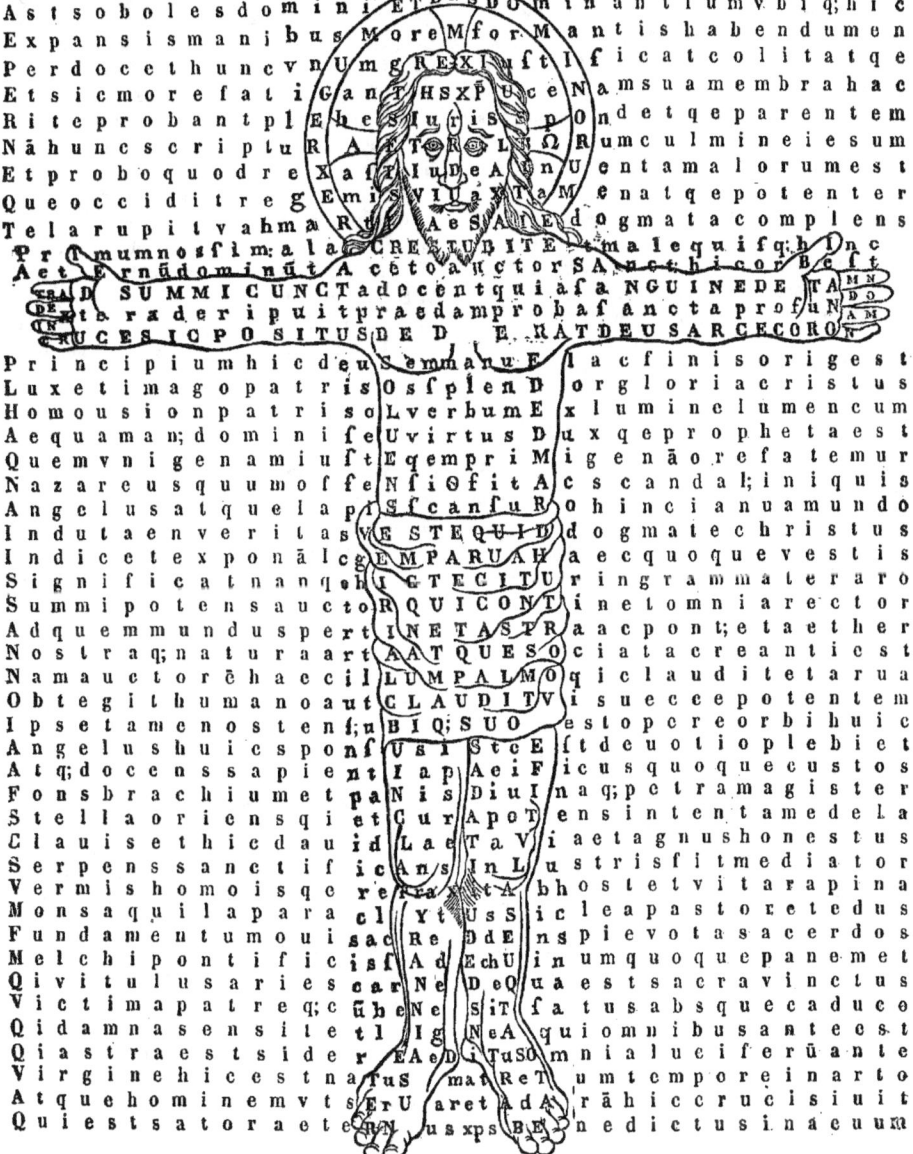

Ast soboles Domini et Dominus dominantium ubique,
Expansis manibus morem formantis habendum en [hic
Perdocet, hunc unum grex justificat, colit atque,
Et sic more fatigantis cruce nam sua membra hac
Rite probant plebes, juris spondetque parentem

Nam hunc scriptura. Et oro altorum culmine Hic- [sum,
Et probo : quod rex, ast Judæa inventa malorum est
Quæ occidit regem, is vivax tamen atque potenter
Tela rupit vah martia, Esaiæ dogmata complens.
Primum nos simus alacres, tubitet male quisque [hinc
Æternum Dominum tacet, o auctor sanctus hic orbe [est
Tradi summi cuncta decent, quia sanguine demptam
Dextera deripuit prædam proba, sancta, profundo,
In cruce sic positus dederat Deus arce coronam.
Principium hic Deus, Emmanuel, ac finis, origo est.
Lux, et imago Patris, os, splendor, gloria, Christus
Homousion Patri, sol, verbum, ex lumine lumen [cum
Æqua manus Domini, seu virtus, duxque propheta [est,
Quem unigenam juste, quem primigenam ore fate- [mur :
Nazareus cum offensio fit, ac scandalum iniquis,
Angelus, atque lapis, scansuro hinc janua mundo.
Induta en veritas veste, quid dogmate Christus
Indicet exponam : legem parva hæc quoque vestis
Significat, namque hic tegitur in grammate raro

Summipotens auctor, qui continet omnia rector.
Ad quem mundus pertinet, astra, ac pontus, et [æther.
Nostramque natura arta atque sociata creanti est.
Nam auctorem hæc illum (palmo qui claudit et arva)
Obtegit humano aut claudit visu, ecce potentem.
Ipse tamen ostensus ubique suo est opere orbi huic
Angelus, huic sponsus, iste est devotio plebi et
Atque docens sapientia, pacificus quoque custos,
Fons, brachium et panis, divinaque petra, magister.
Stella, oriens, qui et cura potens, intenta medela.
Clavis et hic David, læta via, et agnus honestus.
Serpens sanctificans, illustris fit mediator ;
Vermis homo isque, retraxit ab hoste (et vita) rapina.
Moris aquila, paraclytus, sic leo, pastor, et hædus.
Fundamentum, ovis, ac reddens pie vota sacerdos.
Melchi pontificis sadech vinum quoque panem, et
Qui vitulus, aries, carne de qua est sacra vinctus
Victima, patreque cum bene sit satus absque caduco :
Qui damna sensit et lignea, qui omnibus ante est.
Qui astra est syderea æditus omnia luciferum ante.
Virgine hic est natus matre, tunc tempore in arto
Atque hominem ut servaret, ad aram hic crucis ivit,
Qui est sator æternus, Christus benedictus in ævum.

DECLARATIO FIGURÆ.

Ecce imago Salvatoris membrorum suorum positione consecrat nobis saluberrimam, dulcissimam et amantissimam sanctæ crucis formam, ut in ejus nomine credentes et ejus mandatis obedientes, per ejus passionem spem vitæ æternæ habeamus ; ut quotiescunque crucem aspiciamus, ipsius recordemur, qui pro nobis in ea passus est, ut eriperet nos de potestate tenebrarum, deglutiens quidem mortem, ut vitæ æternæ hæredes efficeremur, profectus in cœlum subditis sibi angelis et potestatibus et virtutibus ; utque recogitemus, quod non corruptibili argento vel auro redempti sumus de vana nostra conversatione paternæ traditionis, sed pretioso sanguine quasi agni incontaminati et immaculati Christi, ut simus sancti immaculati in conspectu ejus, in charitate, ut per hoc efficiamur divinæ naturæ consortes, fugientes ejus qui in mundo est concupiscentiæ corruptionem. Sunt quippe et in ipsa pagina nomina ejusdem Redemptoris nostri versibus comprehensa, quædam ex divinitatis ejus substantia, quædam vero ex dispensatione susceptæ humanitatis assumpta : ut ostenderetur, quod idem mediator Dei et hominum, et Patri est in deitate consubstantialis atque coæqualis, et matri in humanitate suscepta connaturalis atque consimilis, quia omnem naturam nostram ipse perfecte suscepit absque peccato. Qualitas autem eorum facile per rationem subternexam potest cognosci utrum ad divinam vel ad humanam ejus pertineant naturam. Christus namque Græce a chrismate est appellatus, hoc est, unctus. Sacerdotes ergo et reges apud Judæos sacra unctione in Veteri Testamento ungebantur, et ideo Christus unctio appellatur, qui rex et sacerdos est : quia non oleo materiali, sed oleo lætitiæ, hoc est, Spiritu sancto unctus est præ omnibus participibus suis. Christus vero Hebraice Messias dicitur. *Hiesus* Hebræum, Græce *sother*, Latine *salutaris* vel *salvator* interpretatur, pro eo quod cunctis gentibus salutifer venit. Emmanuel ex Hebræo in Latinum, significat, *nobiscum Deus*, scilicet quod per virginem natus Deus hominibus in carne mortali apparuit. Deus dicitur propter unitam cum Patre substantiam. Dominus propter servientem creaturam, Deus autem et homo quia verbum et caro. Unigenitus autem vocatur per divinitatis excellentiam, quia sine fratribus. Primogenitus, per susceptionem hominis, in qua per adoptionem gratiæ habere fratres dignatus est, quibus esset primogenitus. Homousion Patri ab unitate substantiæ appellatur, substantia enim vel essentia Græce *usia* dicitur. *Omoynum*, utrumque enim conjunctum sonat una substantia. Principium, eo quod ab ipso sunt omnia, et quia ante eum nihil est. Finis, quia dignatus est in fine sæculorum humiliter in carne nasci et mori ; vel quia quidquid agimus ad illum referimus, et cum ad eum pervenerimus, ultra quod quæramus non habemus. Os Dei est, quia verbum est ejus. Nam sicut pro verbis, quæ per linguam fiunt sæpe dicimus illa vel illa lingua, ita pro verbo Dei ponitur os, quia mos est ut ore verba formentur. Verbum autem ideo dicitur, quia per eum omnia Pater condidit sive jussit. Veritas, quia non fallit, sed tribuit quod promittit. Vita, quia omnia vivificat. Imago dicitur propter parem similitudinem Patris. Figura, quia suscipiens formam servi, per operum virtutumque similitudinem, Patris in se imaginem atque immensam magnitudinem designavit. Manus Dei est, quod omnia per ipsum facta sunt. Hinc et dextera, propter effectum operis totius creaturæ quæ per ipsum formata est. Brachium, quod ab ipso omnia continentur. Virtus, quod omnem Patris potestatem in semetipso habeat, et omnia potest. Sapientia, quod ipse revelet mysteria scientiæ et arcana sapientiæ. Splendor, propter quod manifestat. Lumen, quia illuminat. Lux, quia ad virtutem contemplandam cordis oculos reserat. Sol, quia illustrator. Oriens, quia luminis fons, et quod oriri nos faciat ad vitam æternam. Fons, quia rerum origo est, vel quia satiat sitientes. Ipse quoque A et Ω, quia initium et finis. Paracletus, id est, advocatus, quia pro nobis intercedit apud Patrem, et ad culpas nostras removendas curam gerit. Sponsus, quia de cœlo descendens adhæsit Ecclesiæ, ut essent duo in carne una. Angelus dicitur, propter annuntiationem paternæ ac suæ voluntatis, unde et apud prophetam *magni consilii angelus* legitur, dum sit Deus et Dominus angelorum. Missus dicitur, quia *Verbum caro factum est.* Homo dicitur, quia incarnatus est. Mediator, quia de morte ad vitam nos perduxit. Propheta, quod futura revelavit. Sacerdos, quod pro nobis hostiam se obtulit. Pastor, quia custos est. Magister, quod ostensor. Nazarenus vero a loco. Nazareus, a merito, id est, *sanctus* sive *mundus,* quia peccatum non fecit. Siquidem et aliis inferioribus rebus nominum species ad se trahit Christus, ut facilius intelligatur. Dicitur autem panis, quia caro. Vitis, quia ex sanguine ipsius redempti sumus. Flos, quia electus. Via, quia per ipsum ad Deum imus. Ostium, quia per ipsum ad Deum ingredimur. Mons, quia fortis. Petra, quia firmitas est credentium. Lapis angularis, quia duos parietes e diverso, id est, de circumcisione et præputio in unam fabricam Ecclesiæ jungit; vel quod pacem angelis et hominibus facit. Lapis offensionis, quod veniens humilis offenderunt in eum increduli, et factus est petra scandali. Fundamentum autem ideo vocatur, quia fides in eo fundata est, vel quia supra eum catholica Ecclesia constructa est. Agnus dicitur, propter innocentiam. Ovis, propter mansuetudinem. Aries, propter principatum. Hædus, propter similitudinem carnis peccati. Vitulus, pro eo quod pro nobis est immolatus. Leo, pro regno et fortitudine. Serpens, pro morte et sapientia. Vermis idem, quia resurrexit. Aquila, propter quod post resurrectionem ad astra remeavit. Nec mirum si vilibus significationibus figuretur, qui cum sit Patri coæternus ante sæcula Filius, naturæ nostræ vilitatem non spernens, natus est in tempore hominis filius. *Verbum* enim *caro factum est, et habitavit in nobis.*

Sunt ergo versus quinque, qui in linea humani corporis speciem forinsecus circumdantes conscripti sunt, quorum primus incipit a medio digito dextræ manus, et sic in indicem transit, postea in pollicem se erigens et per brachium dextrum ascendens, in vertice capitis finitur. Qui talis est :

Dextra Dei summi cuncta creavit Hiesus.

Secundus a capite descendens similiter in medio digito sinistræ manus finitur iste :

Christus laxabit e sanguine debita mundo.

Tertius a quarto digito dextræ manus, qui medius vocatur, incipiens, et per auricularem dextrum brachium subtus ducens, in latere dextro usque ad ventrem medium descendens, rursusque a dextro genu in radicem pedis desinit. Ita :

In cruce sic positus desolvens vincla tyranni.

Quartus in radice pedis dextri exterius incipiens, inter media crura ascendens ad radicem usque pedis sinistri exterius pervenit. Ita :

Æternus Dominus deduxit ad astra beatos.

Quintus item a radice pedis sinistri exterius usque ad genua ascendens, et a ventre medio per latus et brachium sinistrum usque ad medium digitum pertingit. Ita :

Atque salutiferam dederat Deus arce coronam.

In veste quidem femora circumdante, sunt versus hi duo elegiaci :

Veste quidem parva hic tegitur qui continet astra,
Atque solum palmo claudit ubique suo.

In cæsarie vero capitis ejus scriptum est : *Iste est rex justitiæ.* In vultu quoque et mento, papillis et umbilico continetur istud : *Ordo justus Deo.* In corona autem caput cingente, istud : *Rex regum et Dominus dominorum.* In cruce namque quæ juxta caput ejus posita est sunt tres litteræ, hoc est, A, M, et Ω, quod significat initium et medium et finem ab ipso omnia comprehendi.

FIGURA II.

De crucis figura quæ intra tetragonum est scripta, et omnia se comprehendere manifestat.

O	C	R	U	X	Q;	E	X	C	E	L	L	I	S	T	O	T	O	E	T	D	O	M	I	N	A	R	I	S	O	L	Y	M	P	O
C	a	e	l	e	s	t	e	s	p	l	e	b	e	s	e	t	c	l	a	r	a	s	a	c	c	i	p	i	s	i	l	l	i	C
R	e	g	n	a	r	e	g	e	n	d	a	p	o	l	i	c	R	u	c	i	f	i	x	i	n	u	t;	e	t	a	r	d	o	R
U	n	d	i	q;	t	e	a	l	m	i	f	i	c	a	t	r	U	b	e	a	s	c	ũ	s	a	n	gʺ	i	n	i	s	v	s	U
X	r	i	s	t	i	q	u	a	p	r	o	p	t	e	r	e	X	r	e	g	e	v	o	c	a	b	e	r	e	t	u	d	u	X
D	u	m	q	e	h	u	m	a	n	a	t	i	b	i	e	x	Q	u	i	r	i	s	d	i	u	i	n	a	q;	t	a	c	t	U
U	n	i	u	s	a	l	t	i	t	h	r	o	n	i	d	e	U	o	t	o	i	n	l	a	u	d	i	s	h	o	n	o	r	E
X	r	i	s	t	i	c	o	l	a	s	s	o	c	i	a	s	A	c	s	a	c	r	o	f	a	m	i	n	e	v	i	u	a	X
M	u	l	t	i	p	l	i	c	e	s	l	a	u	d	e	s	E	n	d	a	s	a	c	u	l	m	i	n	e	c	a	e	l	I
I	n	t	e	r	r	i	s	c	a	n	t	u	s	q	u	o	S	o	f	f	e	r	t	o	r	b	i	s	e	t	e	x	u	L
S	a	n	c	t	i	f	i	c	a	t	m	u	n	d	u	s	U	e	n	t:	t	e	p	o	n	t:	e	t	h	i	c	s	o	L
E	x	a	l	t	a	t	i	u	b	i	l	a	n	s	c	ũ	M	o	n	t	i	b	u,	s	a	r	i	d	a	c	a	n	t	Ũ
R	u	r	a	c	a	n	u	n	t	s	t	e	l	l	i	s	M	o	t	u	t	u	c	a	r	m	i	n	a	d	o	n	a	S
O	r	t	u	s	e	t	o	c	c	a	s	u	s	a	q	u	I	l	o	s	i	c	a	u	s	t	e	r	e	t	a	u	r	A
L	a	e	t	i	c	i	a	m	r	e	g	n	i	t	e	n	E	a	s	q	u	o	d	l	u	m	i	n	e	l	u	m	e	N
A	l	t	a	p	o	l	i	p	a	n	d	a	s	c	o	n	S	i	g	n	e	s	n	u	m	e	n	e	t	i	s	t	i	C
T	a	n	t	a	d	e	i	d	o	n	a	d	i	s	p	e	N	s	a	n	s	q	u	i	o	m	n	i	a	f	e	c	i	T
O	C	R	U	X	Q	U	A	E	X	P̄	I	E	S	C	A	R	O	B	E	N	E	D	I	C	T	A	T	R	I	U	M	P	H	O
Q	u	a	n	t	a	t	i	b	i	d	e	d	e	r	a	t	T	a	n	t	o	r	ũ	f	a	c	t	o	r	a	m	o	r	E
U	i	u	i	f	i	c	a	n	t	i	s	e	n	i	m	d	O	n	o	d	e	u	s	i	p	s	e	p	a	r	a	u	i	T
E	t	b	e	n	e	t	e	e	x	t	u	l	e	r	a	t	D	i	r	e	n	e	d	i	c	e	r	e	p	u	p	p	u	P
R	a	n	c	i	d	u	s	i	s	v	a	l	e	a	t	d	E	c	e	p	t	o	r	d	u	x	e	t	i	n	i	q	u	I
E	x	e	m	p	t	a	m	r	i	s	i	t	p	r	a	e	D	a	m	q	i	l	u	c	i	s	a	b	a	e	t	h	r	A
D	e	t	r	u	s	a	m	q	e	d	i	u	v	o	l	u	I	t	p	u	n	i	r	e	n	e	c	a	n	d	o	h	i	C
E	n	p	i	a	c	r	u	x	d	o	m	i	n	i	d	e	C	a	n	t	a	n	s	q	u	i	s	p	i	e	m	u	s	A
M	a	g	n	i	f	i	c	a	r	e	u	a	l	e	t	t	A	n	t	ā	t	e	e	t	d	i	c	e	r	e	f	a	t	U
P	u	l	c	h	r	a	n	i	t	e	s	c	u	l	t	u	T	e	v	i	s	u	g	l	o	r	i	a	c	i	n	g	i	T
T	a	x	u	s	d	i	r	a	f	u	g	i	t	c	a	l	A	m	u	s	s	e	t	p	i	n	u	s	h	o	n	o	r	I
I	n	c	l	i	n	a	n	t	h	u	m	i	l	e	s	e	T	c	e	d	r	o	s	m	i	r	r	a	m	e	l	y	r	O
O	l	f	a	c	t	ũ	p	a	u	i	t	a	n	t	n	a	R	d	u	s	e	t	m	i	r	a	c	y	p	r	e	s	u	S
M	a	x	t	i	x	t	u	s	g	u	t	t	a	a	m	m	O	m	u	m	b	a	l	s	a	m	a	b	i	d	e	l	l	A
V	i	c	t	a	e	m	a	i	e	s	t	a	t	e	s	u	P	e	r	s	u	a	v	o	t	a	f	e	r	u	n	t	t	E
N	o	m	i	n	e	t	u	a	s	p	e	r	i	o	r	m	A	i	o	r	v	i	r	t	u	t	e	p	i	i	s	h	o	C
D	o	n	a	s	c	u	m	m	e	r	c	e	d	e	m	e	E	n	t	x	p̄	i	a	n	t	e	t	r	i	b	u	n	a	L
O	C	R	U	X	Q;	D	E	D	E	R	A	S	R	U	P	T	O	P	L	E	B	E	M	I	R	E	A	B	A	U	E	R	N	O

O crux quæ excellis toto et dominaris Olympo,:
Cælestes plebes et claras accipis illic
Regna regenda poli, crucifixi nudus et ardor
Undique te almificat, rubeas cum sanguinis usu
Christi, quapropter ex rege vocabere tu dux.
Dumque humana tibi exquiris divinaque tactu
Unius altithroni devoto, in laudis honore
Christicolas socias, ac sacro famine vivax
Multiplices laudes en das a culmine cœli.
In terris cantus quos offert orbis, et exul
Sanctificat mundus, ventus, te pontus, et hic sol
Exaltat jubilans cum montibus, arida cantum
Rura canunt, stellis motu tu carmina donas.
Ortus et occasus, aquilo, sic auster et aura :
Lætitiam regni teneas quod lumine lumen,
Alta poli pandas, consignes numen et istic
Tanta Dei dona dispensans, qui omnia fecit.
O crux quæ Christi es caro benedicta triumpho,

A Quanta tibi dederat tantorum factor amore,
Vivificantis enim dono Deus ipse paravit,
Et bene te extulerat, dire nec dicere puppup
Rancidus is valeat deceptor, dux et iniqui,
Exemptam risit prædam qui lucis ab æthra :
Detrusamque diu voluit punire necando hic.
En pia crux Domini, decantans quis pie musa
Magnificare valet tantam te, et dicere fatu?
Pulchra nites cultu, te visu gloria cingit.
Taxus dira fugit, calamus se et pinus honori
Inclinant humiles; et cedros myrrha melyro
Olfactum pavitant, nardus et myrrha, cypressus,
Mastix, tus, gutta, ammomum, balsama, bidella.
Victæ majestate super sua vota ferunt te.
Nomine tu asperior, major virtute, piis hoc
B Donas, cum mercede meent Christi ante tribunal :
O crux quæ dederas rupto plebem ire ab Averno.

DECLARATIO FIGURÆ.

Ast hæc figura crucem Christi in quatuor cornibus cuncta complecti prædicat, sive quæ in cœlis, sive quæ in terra, sive quæ subtus terram sunt, omnia videlicet visibilia atque invisibilia, viventia et non viventia, quia quatuor crucis cornua sive quatuor loca intimant, in quibus rationales versantur creaturæ, id est, cœlestium, terrestrium et infernorum et supercœlestium, de quibus et Paulus apostolus loquitur, *ut in nomine Jesu omne genu flectatur cœlestium, terrestrium et infernorum*. De tribus Pauli testimonium est, videamus et quartum : *Laudate Dominum, cœli cœlorum, et aquæ quæ super cœlos sunt laudent nomen Domini*. Rursumque dicuntur cœlestia et alia supercœlestia. Sive quatuor species totius creaturæ, id est, esse, vivere, sentire, et intelligere, in quibus omnibus creatura subsistit. Nam alia tantum sunt, sed nec vivunt, nec sentiunt, neque discernunt, ut sunt lapides. Alia sunt et vivunt, sed nec sentiunt neque discernunt, ut sunt arbusta et omnia germina terræ. Alia vero sunt, vivunt et sentiunt, sed non discernunt, ut sunt bruta animalia, quibus vis est sentiendi, sed non subest ratio intelligendi. Alia autem sunt, vivunt, sentiunt et discernunt, ut sunt angeli et homines, qui essentia subsistunt, vita vivunt, sensu sentiunt, intellectu discernunt. Sunt et ipsius animæ quatuor affectiones, quibus animantia vel ad bona utuntur vel ad mala. Has et antiqui subtiliter invenerunt, et eorum inventa probantes posteri susceperunt, id est, timere, ac dolere, cupere ac lætari. Hæc ergo si sanctæ crucis præsidio ordinantur atque muniuntur, in religiosis hominibus salutifera esse probantur, licet eas vitia esse, stultitia quorumdam sapientum hujus mundi existimarit. Quod si ita esset, et eas nisi peccatores omnino non possunt habere aut perditi, recte non affectus aliqui possent dici, sed morbi. Aut cum tales animorum motus inveniantur in sanctis apostolis et prophetis, quis ita desipiat, ut eos affectus vitia credat? ex quibus Deo placuerunt illi, qui vitiis plus quam cæteri homines restiterunt. Itaque Paulus apostolus de timore sic loquitur. *Timeo autem ne sicut serpens seduxit Evam astutia sua, sic et vestri sensus corrumpantur a charitate quæ est in Christo*. Idem de cupiditate fiducialiter dicit : *Cupio dissolvi et esse cum Christo*. Sed et de tristitia, quam alii dolorem appellant, idem doctor gentium ait : *Quia tristitia est mihi magna et continuus dolor cordi meo, pro fratribus meis qui sunt cognati mei secundum carnem*. Nam et ad Romanos scribens ait : *Gaudeo in vobis, sed volo vos sapientes esse in bono et simplices in malo*. David quoque propheta de timore ita ait : *Timor Domini sanctus permanet in sæculum sæculi*. Item : *Timete*, inquit, *Dominum, omnes sancti ejus*. De tristitia vero ita ait : *Contristatus sum in exercitatione mea*. Item de concupiscere idem dicit : *Concupivit anima mea desiderare justificationes tuas in omni tempore, et concupivi salutare tuum, Domine*. De lætitia quidem idem Psalmista exhortans sanctos Dei dicit : *Lætamini in Domino et exsultate, justi; gaudete, justi, in Domino*. Hunc ergo timorem vel dolorem, hanc cupiditatem sive hoc gaudium qui reprehendere voluerit, ipsum reprehendit apostolum et prophetam, qui per tales affectiones non solum Deo placuerit ; sed etiam quosdam alios ad idipsum exhortati sunt, et qui extorres horum fuere, inter criminosos quod essent sine affectu culpaverunt. Non ergo has affectiones habendo, sed eis male utendo delinquimus, quia humanorum affectuum proprietas hominis indicat creatorem; qualitas vero bonam et malam significat voluntatem; ac si motus qui in omnibus affectionibus sunt, hæ eædem ipsæ in bene utentibus virtutes, et in male utentibus passiones sive perturbationes, ac, ut quidam volunt, ægritudines fiunt : illeque eis bene utitur, qui non suam, sed Dei quærit facere voluntatem, ut jam non sibi vivat, sed ei qui per sanguinis sui effusionem in cruce illum redemit; qui cum Apostolo dicere potest : *Ego enim per legem legi mortuus sum, ut Deo vivam : Christo confixus sum cruci. Vivo autem jam non ego, vivit vero in me Christus. Quod autem nunc vivo in carne, in fide vivo Filii Dei, qui dilexit me et tradidit semetipsum pro me*. Omnia ergo hæc sanctæ cruci conveniunt, quia in ea omnium Creator passus est Christus. Nam passio Christi cœlum sustentat, mundum regit, tartarum perfodit. In ea confirmantur angeli, redimuntur populi, conteruntur inimici, stabiliuntur subsistentia, animantur viventia, conservantur sentientia, illustrantur intelligentia. Inde timor ductus a pœna, fideles liberat; tristitia salubris, pœnitentes a peccatis mundat; concupiscentia boni virtutum fructus germinat; gaudium vitæ spe confidentes lætificat. Omnium quippe auctor hanc sanctam sibi prævidebat machinam; hanc construi voluit, ut in ipsa restauraret et coadunaret omnia per Jesum Christum Dominum nostrum.

Sunt quoque versus duo in ipsa cruce conscripti, quorum prior est :

O Crux quæ summi es noto dedicata trophæo :

a summo in ima descendens. Alter vero :

O Crux quæ Christi es caro benedicta triumpho.

a dextra in sinistram crucis tendens. Sunt et in tetragono circa crucem quatuor versus, quorum primus, qui supra crucem, est hic :

O Crux quæ excellis toto et dominaris Olympo.

Qui vero infra, est hic :

O Crux quæ dederas rupto plebem ire ab Averno.

Qui autem in dextra, hoc est, in anachrosticide positus est, hic est :

O Crux dux misero latoque redemptio mundo.

Et qui in sinistra, hoc est, in telesticide hic :

O Crux vexillum sancta et pia cautio sæclo.

Notandum autem quod O litteram, quæ circuli habet similitudinem, idcirco in quatuor angulis tetragoni et in quatuor cornibus crucis, nec non et in media cruce posuimus, ut ostenderetur omnia sanctam Crucem sua potentia concatenare, et in veneratione Christi copulare quæ sursum et quæ deorsum sunt.

FIGURA III.

De novem ordinibus angelorum, et de nominibus eorum in crucis figura dispositis.

Salve sancta salus, Christi, o tu passio læta,
Crux veneranda Dei doctrix, sapientia, lumen,
Laus veri, cara virtus, philosophia clara, his
Quos dant arva soli, vel culmen condit Olympi,
Sidereosque choros, et candida sceptra diei.
Namque salus hominum es, rerum renovatio pulchra;
Te beat orbs totus, ala inclyta nempe polorum.
Omne genu per te cœlestum et flectitur ambit
Terrestrum atque infer juxta sua vincula norum.
Sceptra duces regna curvantis nomine Jesus :
At Michael princeps habitantum dux et in alto
Te memorat virtute Dei simul æthera cuncta
Et regere et tegere, stes numinis alma quod ara:
Quo clypeo exultat, framea qua fortis inibit
Horrida bella draconis ovans cum millibus almis.
Atque tuas laudes quæret sibi præmia victor.
Nam jure hanc statuit suspensam actusque, modusque,
Sorsque crucem talem hanc aram, vera quibusque

A Virtutum ut testans promat vita ipsa senatum.
Scripta bona juste consurgunt in cruce vita.
Christus se ad Petram fidei nimium auctaque senos
Duceret inclinans humilis, tum venit ab arce,
Et docuit verbis, factis documenta reliquit,
Ac cruce sacra pia complevit cuncta creator.
Hoc Gabriel alacer dans clarum famen ad aurem
Virginis orabas archangelus, et paranymphus
Jesum salvantem jam tangens laude triumphum.
O Raphael medicina Dei, num te dedit hæc crux
Reddere posse jubar, cujus tunc rite figuram
Monstrabas cæco, quæ lumina reddidit orbi.
Credimus ergo crucis antiqua in laudibus esse :
Cum nova consonuit psallentum cantio laudem
Angeli in officium et veniebant jure ministri.
B Illinc rogo, cœlorum agmen, benedicite Christo,
Qui Cruce salvavit mundum, dans regna beatis,
Et vestrum numerum complevit in arce polorum.

DECLARATIO FIGURÆ.

Merito quippe sanctorum angelorum ordines et cœlestis militiæ exercitus, nomine et numero sanctæ cruci concordant, ut æterni Regis victoriam collaudent, et magnitudinem lætitiæ suæ honesto officio prædicent : cum non solum in hora nativitatis Christi laudasse, et post in deserto illi ministrasse sacer Evangelii textus commemoret, verum etiam in tempore passionis et resurrectionis ejus, debito ei officio ipsos affuisse manifeste narret ; maximeque illos credi oportet hujus rei esse devotos, quia quanto dignius in ejus militia militant, tanto devotius ejus triumphum laudant. Novem ergo sunt ordines angelorum, ut sancta Scriptura nobis commendat : hoc est, Angeli, Archangeli, Virtutes, Principatus, Potestates, Dominationes, Throni, Cherubim, et Seraphim. Sed ad hæc exponenda beati Gregorii papæ verba ponamus : Esse namque angelos et archangelos, pene omnes sacri eloquii paginæ testantur. Cherubim quoque et seraphim sæpe, ut notum est, libri prophetarum loquuntur. Quatuor quoque ordinum nomina Paulus apostolus ad Ephesios enumerat dicens : *Supra omnem Principatum et Potestatem et Virtutem et Dominationem*. Qui rursus ad Colossenses scribens ait : *Sive Throni, sive Dominationes, sive Principatus, sive Potestates*. Dominationes vero, principatus ac potestates jam ad Ephesios loquens descripserat, sed ea quoque Colossensibus dicturus præmisit thronos, de quibus nec dum quidquam Ephesiis fuerat locutus. Dum ergo illis quatuor, quæ ad Ephesios dixit, id est, principatibus et potestatibus, virtutibus atque dominationibus, conjunguntur throni, quinque sunt ordines, qui specialiter exprimuntur ; quibus dum angeli et archangeli, cherubim atque seraphim adjuncta sunt, procul dubio novem esse angelorum ordines inveniuntur. Unde et ipsi angelo, qui primus conditus est, per prophetam dicitur : *Tu signaculum similitudinis, plenus sapientia et perfectus decore, in deliciis paradisi Dei fuisti*. Quo notandum, quod primus angelus non ad similitudinem Dei factus, sed signaculum similitudinis dicitur, ut quo subtilior est natura, eo in illo imago similius insinuetur expressa. Quo in loco mox subditur : *Omnis lapis pretiosus operimentum tuum, sardius, topazius, et jaspis, chrysolitus, onix, et berillus, saphirus, carbunculus, et smaragdus*. Ecce novem dixit nomina lapidum, quia profecto novem sunt ordines angelorum. Quibus nimirum ordinibus ille primus angelus, ideo ornatus et coopertus exstitit, quia dum cunctis agminibus angelorum prælatus est, ex eorum comparatione clarior fuit.

Sed hæc dispositio in cruce novem ordinum angelorum quod nobis sacramenti innuat, prosequamur. Tenet ergo hæc species sanctæ crucis in inferiori sua parte, duos ordines, id est, angelos et archangelos ; in brachio dextro duos, hoc est, virtutes et potestates ; in brachio sinistro item duos, id est, principatus et dominationes ; in medio unum, id est, thronos ; in superiori parte item duos, hoc est, cherubim et seraphim. Quæ etiam nomina ad Domini nostri Jesu Christi gloriam prædicandam satis conveniunt, ejusque magnificentiam et potentiam narrandam decenter competunt. Quem enim angeli et archangeli in infima parte crucis positi denuntiant, nisi eum qui de cœlo in terram descendit, magni videlicet consilii angelum, ad annuntiandum mansuetis missum, ut fortior fortem alligaret, ejusque vasa diriperet ? Et quem alium virtutes, potestates, principatus et dominationes prædicant in brachiis crucis positi ? nisi eum de quo scriptum est : *Dextera Domini fecit virtutem*. Et item : *Data est mihi omnis potestas in cœlo et in terra*. Itemque : *Et factus est principatus super humerum ejus, et vocabitur nomen ejus, admirabilis, consiliarius, Deus fortis, pater futuri sæculi, princeps pacis*. Et item : *Et dominabitur a mari usque ad mare, et a flumine usque ad terminos orbis terræ*. Throni ergo in medio crucis positi, quem alium in se sedere notant ? nisi illum cui dictum est Apostolo teste : *Thronus tuus, Deus, in sæculum sæculi, virga recta est virga regni tui*. Et Psalmista : *Sedes, inquit, super thronos, qui judicas æquitatem*. Et quem cherubim seraphimque significant in arce crucis positi ? nisi eum de quo dicit Apostolus : *In quo sunt omnes thesauri sapientiæ et scientiæ absconditi*. Et item : *Deus noster ignis consumens est*. Cherubim quippe plenitudo scientiæ, et seraphim ardentes vel incendentes interpretantur. Sed hæc non ita prædicamus de ordinibus angelorum, quasi unigenito illos coæquemus ; sed per subjectæ creaturæ officia et nomina dispensationis, illius sacramenta veneramur. Est enim ipse Deus et Dominus angelorum, ante omnia videlicet sæcula ex Deo Patre genitus, hoc est, de substantia Patris, qui in novissima ætatum sæculi ex virgine matre natus, naturam in se suscepit humanam, ad debellandum scilicet mundi principem missus, ut exspoliaret principatus et potestates, palam triumphans eos in semetipso ; quem Pater *suscitavit a mortuis, et constituens ad dexteram suam in cœlestibus, supra omnem principatum et potestatem et virtutem et dominationem, et omne nomen quod nominatur non solum in hoc sæculo, sed etiam in futuro. Omnia subjecit sub pedibus ejus, et ipsum dedit caput supra omnia Ecclesiæ, quæ est corpus ipsius*. Novem ergo litteræ majores, quæ in hac pagina speciem crucis faciunt, hoc sonant, CRVX SALVS ; habentque singulæ singulos ordines angelorum : quod facile cuilibet patebit qui litteras novit, et nomina novem ordinum non ignorat.

FIGURA IV.

De Cherubin et Seraphin in crucem scriptis et significatione eorum.

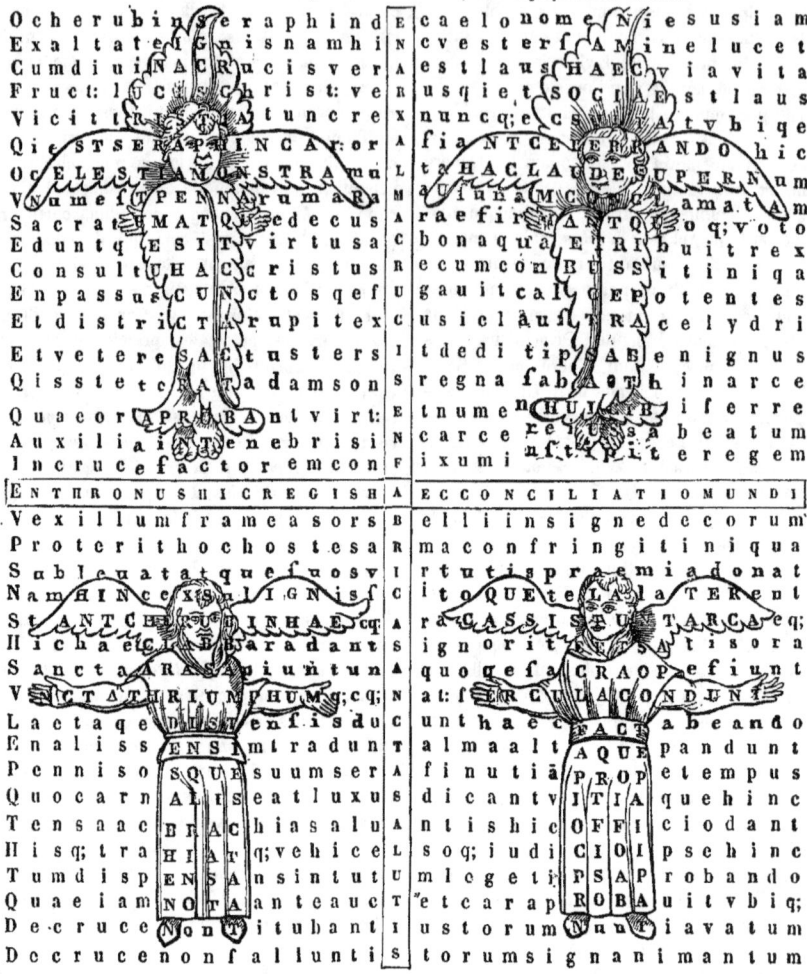

O cherubin seraphin de cœlo nomen Jesus jam
Exaltate, ignis nam hinc vester famine lucet.
Cum divina crucis vera crucis laus, hæc via, vita.
Fructus lucis Christus verus, qui et socia est laus :
Vicit tristia tunc rex, nuncque exultat ubique,
Qui est seraphim carus : ora fiant celebrando hic
O cœlestia monstra multa hac laude supernum :
Unum est pennarum aram ausu, nam conclamatam
Sacratum atque decus aræ firmant, quoque voto
Edunt, quæ sit virtus, ac bona quæ tribuit rex
Consultu hac Christus re cum combussit iniqua.
En passus cunctosque fugavit calce potentes;
Et districta rupit excussi claustra chelydri,
Et veteres actus tersit, dedit ipsa benignus
Quis steterat Adam sons regna Sabaoth in arce :
Quæ ora probant, virtus, et numen, huic ibi ferre
Auxilia in tenebris, in carcere, jussa beatum
In cruce factorem, confixum in stipite regem :
En thronus hic regis, hæc conciliatio mundi,

A Vexillum, framea, sors belli, insigne decorum
Proterit hoc hostes, arma confringit iniqua ;
Sublevat atque suos, virtutis præmia donat.
Nam hinc exul ignis scito, quæ tela laterent
Stant cherubin, hæc quæ aræ assistunt, arcæ quæ
Hic hæc labbara dant signo rite, et satis ora
Sancta ara sapiunt, una quoque sacra ope fiunt.
Uncta triumphum quæ conatus fercula condunt,
Lætaque distensis ducunt hæc facta beando.
En alis sensim tradunt alma, altaque pandunt
Pennis osque suum seraphin, ut jam prope tempus
Quo carnalis eat luxus dicant, vitiaque hinc :
Tensa ac brachia salvantis hic officio dant.
Hisque trahi atque vehi celso quæ judicio ipse hinc
Tum dispensans in tutum leget ipsa probando

B Quæ jam nota ante aucta, et cara probavit ubique :
De cruce non titubant justorum nuntia vatum.
De cruce non fallunt istorum signa animantum.

DECLARATIO FIGURÆ.

In hac itaque pagina crux Domini, simul cum figuris seraphim et cherubim circa se positis, depicta conscriptaque cernitur. Quæ ideo in hoc opus hic introducuntur, ut ostendatur, quanta provisione ac dispensatione, divina clementia humano generi semper salutem suam procuraverit, cum et in ipsis spiritibus Angelicis per propheticam revelationem, speciem redemptionis nostræ ante videri voluit, et per opera prophetica in tabernaculi templique aditis constructa, id est, in ipsis cherubim juxta arcam ultra velum positis, æternam propitiationem mundo intimare decrevit. Proinde, licet multa multi de habitu et situ horum animalium interpretati sint, et alia atque alia diverso stylo non diversa fide scriptitarint; mihi tamen non incongrue videtur (salva majorum traditione) ipsa animalia habitu suo, sanctæ crucis exemplari figuram, cum et intervalla ipsius localiter servent, et sursum atque deorsum, in dexteram atque sinistram situ suo similiter protendant. Denique seraphim propheta Isaias inter alia ita narrat dicens : *Vidi Dominum sedentem super solium excelsum et elevatum, et ea quæ sub eo erant replebant templum. Seraphim stabant super illud, sex alæ uni et sex alæ alteri, duabus velabant faciem, et duabus velabant pedes, et duabus volabant, et clamabat alter ad alterum, et dicebat : Sanctus, sanctus, sanctus Dominus Deus exercituum, plena est omnis terra gloria ejus.* Quid ergo situs iste senarum alarum seraphim præfigurat, nisi crucis Christi imaginem? Illæ quippe alæ quæ superiorem partem corporis sui, id est, faciem velabant, quod sursum ad caput erectæ sint, necesse est et ob hoc superiorem partem crucis demonstrent manifestum est. Illæ autem quæ infimam partem, id est, pedes velabant, quomodo nisi deorsum dimissas esse credendum est, et ob hoc inferiorem partem crucis significare. Illæ autem duæ quæ ad volandum extensæ sunt, quid aliud quam transversum crucis lignum, in quo brachia et manus extensæ sunt, Domini significant? Et proinde in positione sex alarum seraphim, manifeste totius crucis Christi signaculum expressum esse nemo sapiens dubitat. Bene quoque ipsa incedentes vel ardentes interpretantur, quia illam formam demonstrant, in qua superatæ sunt omnes adversariæ potestates, et totius mundi peccata consumpta atque deleta sunt, imo ignem illum electis Dei commendant, quem se Dominus in terram mittere et ut arderet se velle testatus est. Et merito trina voce ad laudem sanctæ Trinitatis omnes electos cohortabantur, hoc est, eos qui ante adventum Salvatoris fuerunt, et qui in præsentia incarnationis ejus vixerunt, quique adhuc usque in finem mundi post ascensionem ejus in cœlos ad fidem convertendi sunt; quia omnes una passio Christi simul redemit, de Judæis videlicet atque gentibus. De cætero cherubim illa quæ in tabernaculo sive templo fabricata erant, quid aliud extensione alarum suarum quam crucis Christi imaginem præferebant? De quibus bene in libro Regum narrat, quod facta essent decem cubitorum altitudinis, et decem cubitos haberent a summitate alæ usque ad alæ alterius summitatem. Ad cujus etiam instar humani corporis forma comparari potest, cujus pene tanta latitudo est in extensione brachiorum a summitate digitorum unius manus usque ad summitatem digitorum alterius manus, quanta est altitudo sive longitudo a planta pedis usque ad verticem capitis. Hæc ergo juxta arcam et propitiatorium stabant, quia veram propitiationem in incarnatione Salvatoris humano generi demonstrabant. Hæc et in modum crucis alas extensas semper habebant, quia perpetuam nostram redemptionem in passione Christi salvandorum rite intimabant. In cruce quoque hic versus est in longitudine a summo deorsum vadens :

> En arx alma Crucis : en fabrica sancta salutis.

Iste quidem in latitudine :

> En thronus hic regis, hæc conciliatio mundi.

In seraphim quoque et cherubim versus elegiaci conscripti sunt. Nam in seraphim illo quod supra dextrum cornu crucis stat, hi sunt versus :

> Signa crucis Christi ast seraphin cœlestia monstrant
> Pennarum atque situ hac cuncta sacrata probant.

In eo vero quod supra cornu sinistrum, hi :

> Nam hæc socia exultant celebrando hac laude supernum
> Conclamantque tribus sceptra Sabaoth vicibus.

In cherubim namque dexteriore versus isti sunt :

> Hinc signant Cherubin hæc labbara sancta triumphum.
> Distensisque alis brachia tensa notant.

In sinisteriore quippe isti :

> Quæ latere assistunt arcæ et sacra opercula condunt
> Factaque propitia officio ipsa probant.

FIGURA V.

De quatuor figuris tetragonicis circa crucem positis, et spirituali ædificio domus Dei.

C r u x r o g o s a c r a d e i s I g n a m i h i n o m i n e p e c t:
L a u d i b u s v t c l a r a c a N t e m t u a r i t e t r o p a e a
Q u o m o d o t e r r e n i s a b C a e l i s f o e d e r a d u c a s
P a c t u m c o n f i r m e s a b L o e t i v i n c u l a r u m p a s
O v o s A G M E N A P O S T o li c V m t u M A R T Y R U M E T o r d o
I u r e D o m u s x p̄ i p O s u i T q u o s S c u l m e n i n I p s u m
C o n d I s t i s i m a p L e b s A l m a E s t v o c e r e P e r t a
S a n c T a s a l u t a r I s e t C r u x F u n d a m i n e S u m m o
I n s i T a c o n s t r u C t a c R u c i F i x i r o b o r E f i x a
Q u a e V e r e h u m a n Ū g e n U s a d V i t a m d e d i C a u i t
F i r m A t a q e c o l u M n a e X i t o S t e n d e r e p H i l a x
A e t e R n a m p e r s e P a r a D i s s O s u r g e r e f O r m a m
T e g m I n i s e t a u l A m s p O n s i I u s t i q u o q; R e g i s
C r i s T E T R O P A E A N O u a M o x i U R E C R U O R E V i a q e
E r i g i s i n m u n d o q u o d I u s t i f o e d e r a s e r u e t
S p e r n a t d a m n a t u m v i N c a t p i e t a t e d o l o s u m
C u i f a u o r a t q; t i m o r v I r t: a c p a l m a c o r o n a e s
I N C L Y T A C R U X D O M I N I X̄ P I F U N D A M E N E T A U L A E
P u l c h r i o r e s t o t o v c R n a n t i f l o r i b u s a r u o
C e l s i o r a c c e d r o p a r I o e t p r e c i o s i o r a l b o
Q u a d r a t a s i u n g i s i n F i r m o t r a m i t e p e t r a s
E t r i T E P A T R I A R C h a r Ū i u s P L E B S Q U E P R i o r a
F u n d A m e n t a t r a H i t i N f u n D o d o m a t i s O m n i s
Q u a e B e n e d e u o t A c o r D a s c I t d o g m a t e P r i m ū
V i n c I r e r e c t u m R e g n A n t i V e r b a p r o p H e t a e
C o m p L u e r a n t u i U a m i M p e r I i s a u l ā p i E r e g i
V t c r I s t o i ā f o r M a s s E n t i N s c a m m a t e T r i t o
O m n i S n a m q; s i m u L s c a N d i t O b n o m e n a d A s t r a
H a e c A u l a i e s u s A d l a E t a m F u l m i n i s a R c t o n
E t v o C e f i r m a t a V i g e T b o n A s t r u c t i o V i t a e
Ĭ u n c T I O S I G N A T D a t h A e c o M I N E I U S S A M e a r e
Q u a v i a d u x d u c i t a d l U c i s s c e p t r a t e n e n d a
Q u o s t e m p l o d e d i c a t L a e t a b o n a m a n s i o x p̄ i
Q u a t t u o r a t q; c r u c i s A u g e t c u m r u p i b: i s t i s
P e r f e c t a m q e d o m u m d E d u c e n s a n g u l u s i p s e

Crux rogo sacra Dei signa mihi numine pectus :
Laudibus ut clara cantem tua rite tropæa :
Quomodo terrenis ab cælis fœdera ducas,
Pactum confirmes, et lethi vincula rumpas.
O vos agmen apostolicum, tu martyrum et ordo,
Jure domus Christi posuit quos culmen, in ipsum
Condistis, ima plebs alma est voce reperta.
Sancta salutaris et crux fundamine summo
Insita, constructa, crucifixi robore fixa :
Quæ vere humanum genus ad vitam dedicavit,
Firmataque columna exit ostendere philax,
Æternam per se paradiso surgere formam,
Tegminis et aulam sponsi, justi quoque regis
Christe tropæa nova mox jure, cruore, viaque
Erigis in mundo, quod justi fœdera servet :
Spernat damnatum, vincat pietate dolosum :
Cui favor atque timor, virtus et palma, corona es.
Inclyta crux Domini, Christi fundamen et aulæ.

A Pulchrior es toto vernanti floribus arvo :
Celsior ac cedro, Pario et preciosior albo,
Quadratas jungis in firmo tramite petras :
Et rite patriarcharum jus, plebsque, priora
Fundamenta trahit, in fundo domatis omnis :
Quæ bene devota corda scit dogmate primum
Vincire, rectum regnanti verba prophetæ
Complucrant, vivam imperiis aulam pie regi
Ut Christo jam formassent in scammate trito :
Omnis namque simul scandit ob nomen ad astra.
Hæc aula Hiesus ad lætam fulminis Arcton,
Et voce firmata viget bona structio vitæ :
Junctio signat, dat hæc omine jussa meare :
Qua via dux ducit ad lucis sceptra tenenda :
Quos templo dedicat læta bona mansio Christi :
Quattuor atque crucis auget cum rupibus istis,
Perfectamque domum deducens angulus ipse.

DECLARATIO FIGURÆ.

In hac igitur pagina crux sancta per medium tendit, quatuor quadrangulas formas circa latera ejus positas habens : ad ostendendum utique cœlestis ædificii structuram, Ecclesiæ videlicet Dei vivi, quæ et domus ejus est, columna et firmamentum veritatis. Ad hanc ergo domum pertinent electi angeli, quorum nobis similitudo in futura vita præmittitur, dicente Domino : *Illi autem qui digni habentur sæculo illo et resurrectione ex mortuis, neque nubunt, neque ducunt uxores, neque enim ultra mori poterunt : æquales enim angelis sunt, et filii sunt Dei, cum sint filii resurrectionis.* Ad hanc pertinet ipse mediator Dei et hominum, homo Christus Jesus, ipso attestante, cum ait : *Solvite templum hoc, et in tribus diebus excitabo illud.* Quod exponens evangelista subjunxit : *Hoc autem dicebat de templo corporis sui.* Dicit autem Apostolus de nobis : *Nescitis quia templum Dei estis, et spiritus Dei habitat in vobis.* Si ergo ille templum Dei per assumptam humanitatem factus est, et nos templum Dei per inhabitantem spiritum ejus efficimur, constat utique quia figuram omnium nostrum et ipsius videlicet Domini, et membrorum ejus quæ nos sumus, templum illud materiale tenuit, quod Salomon rex ædificavit in Hierusalem ; sed ipsius tanquam lapidis angularis singulariter electi et pretiosi in fundamento fundati; nostri autem tanquam lapidum vivorum superædificatorum super fundamentum apostolorum et prophetarum, hoc est, super ipsum Dominum. Quod ostendit Apostolus dicens . *Fundamentum enim aliud nemo potest ponere præter id quod positum est, qui est Christus Jesus.* Qui propterea recte fundamentum domus Domini potest vocari : quia, sicut ait Petrus, *Non est aliud sub cœlo nomen datum hominibus in quo oporteat nos salvos fieri.* Et item : *Ad quem,* inquit, *accedentes lapidem vivum, ab hominibus quidem reprobatum, a Deo autem electum et honorificatum, et ipsi tanquam lapides vivi superædificamini domus spiritualis in sacerdotium sanctum, offerentes spirituales hostias acceptabiles Deo per Jesum Christum.* Possunt ergo hujus fundamenti primi lapides ac fundationi habiles, patriarchæ et prophetæ, apostoli et martyres non incongrue accipi, qui sive prædicando, sive operando, sive patiendo, fidei fundamenta nobis jecerunt, et quorum auctoritatem in doctrina, exempla in actibus, imitationem in tolerantia cætera turba fidelium sequitur. Nam sicut apostoli et martyres post Salvatoris incarnationem, passionem et resurrectionem atque ascensionem in cœlos per totum orbem spirituale ædificium domus Dei Christum prædicando, sive etiam pro Christo moriendo fabricati sunt, ita ante adventum ejus in carne patriarchæ atque prophetæ in priore populo, et in his regionibus in ouibus degebant, semper aliorum vitam verbis atque exemplis in melius convertere satagebant, quatenus digna conversatione Deum habere mererentur habitatorem, ipsumque sibi esse sentirent Deum propitium, sub cujus dominatione positi cognoverunt omnipotentem. Bene ergo in libro Regum scriptum est de illa typici templi ædificatione, quod præceperit rex ut tollerent lapides grandes, lapides pretiosos in fundamentum templi, et quadrarent eos. Lapides ergo pretiosi sunt sancti viri, qui meritis sunt præclari, qui bene quadrari jubentur, ac sic in fundamento poni. Quadratum namque omne quocunque vertitur fixum stare consuevit. Cui nimirum figuræ assimilantur corda electorum, quæ ita in fidei firmitate consistere didicerunt, ut nulla occurrentium adversitate, nec ipsa etiam morte a sui rectitudine status possint inclinari : quales videlicet doctores Ecclesia non solum de Judæa, verum etiam de gentibus perplures suscepit. Recte quidem in sancta cruce hæc ædificatio demonstratur, quia in ipsa, id est, in passione Christi tota Ecclesia catholica fundata, fabricata perfecte, atque dedicata st, nec hoc ædificium unquam veniret ad effectum, nisi per Crucem liberaretur genus humanum, nec ipsius sacerdotis digne compleretur officium, nisi ipse sacerdos in cruce fieret sacrificium.

In ipsa autem cruce continetur hic versus scriptus :

Inclyta crux Domini Christi fundamen et aulæ

In tetragonis vero circa crucem positis versus conscripti, non per circuitum penitus gyrant, hoc est, ut finalibus litteris ad inceptivas per anfractum redeant, sed omnes in dextro angulo suo superius incipientes, per sinistrum supra ad sinistrum infra in decem et novem litteris descendunt, postea iterum in dextro angulo superius a vicesima littera incipientes, et descendendo per dextrum inferius vadentes ad sinistrum usque infra decem et septem litteris pertingunt : et sic unusquisque versus quatuor tetragonorum triginta sex litteras continet, qui utique numerus est tetragoni plani et senarii in semetipso multiplicatione confecti, sicut in sequentibus demonstrabimus. Est autem versus hic tetragoni subtus dextrum cornu positi :

Te patriarcharum laudabilis actio signat.

Subtus sinistrum vero positi tetragoni iste est :

Plebsque prophetarum divino famine jussa.

At ejus quoque, qui supra dextrum cornu crucis positus est, talis est versus :

Agmen apostolicum pandit tua rite tropæa.

Supra sinistrum vero talis :

Martyrum et ipse chorus effuso jure cruore.

FIGURA VI.

De quatuor virtutibus principalibus quomodo ad crucem pertineant, et quod omnium virtutum fructus per ipsam nobis collati sunt.

```
Omnipotensvirtussummasapientiachriste
Ornasquitotūarcecrucisdominuspiemundū
DispensasqueTuissanctispiadonasalutis
Namq;quadrigapiisbenecornib:aptaquat'nis
Virtutumpanditseriemdedicantetriumpho
Victorisregisostendenssanguinecunctas
Proficeracspeciesfructupietatisinorbe
Estvirtushabitusanimimorumetdecusomne
Nobilitasvitaeratioetmoderatiolinguae
Quaecruxalmapiisiustadaslaudeprobanda
Cunctasimulplacitodepromissingulavoto
Sanctatuodocuittenerumprudentiamundum
Exteiustitiabeneferuenssperneregaudet
TerroremzabuliscanDitbenedictusamorre
Adpiaconsiliamenteaufertfraudeuoratam
Vndaccarnalempoteritvimettollerepugnā
Vitotanisufortihincquoqeadinclytavisu
Aptenditaduersaferensitcumipsayetaudo
Pestiferavetitascelerumcumnoxiacaedis
Ostendensetpsallereiābonatemporaposse
Signadeisscireetmandataedissererreacspe
EtfactoLucemconquirerehincmodosanctos
Arrectaequaurescaelestibusoptimadigne
ConducantquoddonaparentetgerminarurIs
Efoliisfructuscorreptaquesqualidarite
Viminasuccendantetregiaferculapromant
HosergofructuspiEtassacratissimaseuit
Gratiapurgauitpatientiaetarteprobauit
Pactumconiunxitetlexpatrisalmarigauit
ProduxitbonitasNāviuidagraminachristi
Sacrauitcultusetlausconstantiacunctos
Fulcibatculmosnouagranaperomniavirtus
Iamhumilisconditnutritq;modestiaplenam
Inspicafrugedatperseuerantiafructumet
Teporematurumcandentemconcitechristus
Tumcruxperteiustitiaetpropenuminevisw
Mittensiamfalceconcludetinhorreamessē
```

Omnipotens virtus, summa sapientia, Christe,
Ornas qui totum arce crucis Dominus pie mundum,
Dispensasque tuis sanctis pia dona salutis :
Namque quadriga piis bene cornibus apta quaternis
Virtutum pandit seriem, dedicante triumpho
Victoris regis ostendens sanguine cunctas
Proficere ac species fructu pietatis in orbe.
Est virtus habitus animi morum et decus omne,
Nobilitas vitæ, ratio et moderatio linguæ,
Quæ crux alma piis justa das laude probanda
Cuncta simul placito depromis singula voto.
Sancta tua docuit tenerum prudentia mundum ;
Ex te justitia bene fervens spernere gaudet
Terrorem zabuli, scandit benedictus amorre
Ad pia consilia, mentem aufert fraude voratam :
Unde ac carnalem poterit vim et tollere pugnam
Vi tota, nisu forti, hinc quoque ad inclyta visu
Attendit, adversa ferens it cum ipsa vetando
Pestifera vetitas scelerum cum noxia cædis

A Ostendens et psallere jam bona tempora posse,
Signa Dei scire, et mandata edisserere ac spe
Et facto lucem conquirere hinc modo sanctos
Arrectæque aures cælestibus optima digne
Conducant, quod dona parent et germina ruris
E foliis fructus, correptaque squalida rite
Vimina succendant, et regia fercula promant.
Hos ergo fructus pietas sacratissima sevit,
Gratia purgavit, patientia et arte probavit,
Pactum conjunxit, et lex patris alma rigavit,
Produxit bonitas, nam vivida gramina Christi.
Sacravit cultus, et laus constantia cunctos
Fulcibat culmos, nova grana per omnia virtus
Jam humilis condit, nutritque modestia plenam
In spica frugem, dat perseverantia fructum et
B Tempore maturum candentem concite Christus :
Tum crux per te justitia et prope numine viso
Mittens jam falcem concludet in horrea messem.

DECLARATIO FIGURÆ.

Quantos ergo et quales fructus lignum sanctæ crucis germine suo proferat, dignum est etiam in hoc sacro carmine modo commemorare, cujus fructus æternus est et radix perpetua; cujus odor mundum replet, et sapor fideles saginat; cujus splendor solem superat, et candor nivem obfuscat; cujus cacumen polum excedit, et cujus infimum inferna penetrat; cujus firmitas humiliat, jucunditas exaltat, et cujus potentia exaltata humiliat. Omnium enim virtutum series per ipsum et in ipso collata est mundo, quia in ipso rerum perfectio completa est. In ipso celsitudinem suam prudentia demonstrat, in ipso soliditatem suam justitia revelat, in ipso potentiam suam fortitudo consignat, in ipso moderamina sua temperantia collaudat. Hic etiam prudentia acquisitionem sapientiæ et comprehensionem veritatis devotius concedit, atque hic providentiæ, intelligentiæ et memoriæ dona, omnis fidelis percipit. Hic justitia fidei fundamentum posuit, atque hinc pietatis et religionis, gratiæ quoque et vindicationis æquitatem unicuique distribuit. Hic fortitudo blanda et adversa magnificentissime contemnit, atque hinc fidentiæ, patientiæ et perseverantiæ exempla proponit. Hic temperantia in libidinis ac pertinaciæ insolentes impetus frena disciplinæ injicit, atque hinc pudicitiæ et continentiæ, clementiæ quoque et sobrietatis multiplicia dona desiderantibus impendit. Hoc videlicet lignum ab ipso plantatum est, de quo dicit Propheta, ligni comparationem faciens: *Et erit tanquam lignum quod plantatum est secus decursus aquarum, quod fructum suum dabit in tempore suo, et folium ejus non decidet, et omnia quæcunque fecerit prosperabuntur.* Decursus ego aquarum sunt quotidiani transitus deficientium populorum. Et de semetipso Veritas dicit: *Si in viridi ligno hæc faciunt, in arido quid fiet?* Lignum ergo secus decursus aquarum est cum foliis et fructu, quia protectionis suæ nobis umbraculum proferens apparuit Creator in carne, et humanum genus per resurrectionem ad vitam erexit, quod per defectum quotidie ibat ad mortem. Vere enim istud lignum dedit fructum in tempore suo, quando Salvator noster passione et resurrectione sua completa, Ecclesiam per totam mundi latitudinem in se vitem veram coadunatam cunctis virtutibus fecit abundare, ipso hoc testante: *Ego sum,* inquit, *vitis, et vos palmites. Qui manet in me, et ego in eo, hic fert fructum multum, quia sine me nihil potestis facere.* Spirituales enim hic gignuntur fructus, quos enumerat Apostolus dicens: *Fructus autem Spiritus est charitas, gaudium, pax, patientia, longanimitas bonitas, benignitas, fides, modestia, continentia, castitas.* Bene ergo in sancta cruce spiritualis adhibetur fructus, quia omnium bonorum in ea crucifixus est auctor. Nam ex parte carnis, dum in ea mori voluit Christus, salutem integram humanum percepit genus. Granum frumenti in terram cecidit, et gloriosam martyrum segetem protulit. Unus stips portavit hominem suspensum, et totus mundus ad cœleste dedicatus est regnum. Judæa gens insolens non timuit perimere regem, et totius orbis gentes ipsum susceperunt Redemptorem, quia in semine Abrahæ benedicentur omnes familiæ terræ.

Quatuor ergo hæ figuræ in unam crucis formam dispositæ, quatuor principalium virtutum continent nomina: prudentiæ quoque, justitiæ, fortitudinis et temperantiæ, ex quibus omnis virtutum series procedit, et in quibus ratio bonæ vitæ consistit. Sunt ergo memoratæ figuræ secundum trigoni speciem conjunctæ, sed variis gradibus distinctæ. Facti sunt enim in duobus lateribus uniuscujusque constare, et nullum nisi per sancti Spiritus gratiam eas posse impetrare. Tenet quoque hæc positio sanctæ crucis, in trigonis suis quatuor versus triginta sex litterarum, id est, in singulis singulos: quorum primus qui in supremo positus est trigonus, tenet hunc versum, incipientem a dextro angulo superius, et circumeuntem per cæteros angulos, usque ad illum unde incipiebat, ita:

Arce crucis Domini summa prudentia sistit.

In infimo autem trigono incipit versus hic, a dextro angulo desubtus, et vadit per cæteros circum, usque ad ipsum a quo initium capiebat, ita:

Justitia et prona mandat se parte tenendam.

Dexteræ autem partis trigonus continet hunc versum, ab infimo angulo primum sursum ascendendo, sic circumeundo cæteros usque ad initium suum, ita:

Forti sed in dextro cornu fert stipulatu do.

Sinistri vero trianguli versus, a medio angulo initium sumit, gradiens primum ascendendo usque ad alterum angulum, indeque per circuitum ad caput suum revertitur, ita: *Cum in lævo moderans disponit jura modesta.* Modestia igitur per syncopam scripta, pro temperantia ponitur, species pro genere.

FIGURA VII.

De quatuor elementis, de quatuor vicissitudinibus temporum, de quatuor plagis mundi, et de quatuor quadrantibus naturalis diei, quomodo omnia in cruce ordinentur, et in ipsa sanctificentur.

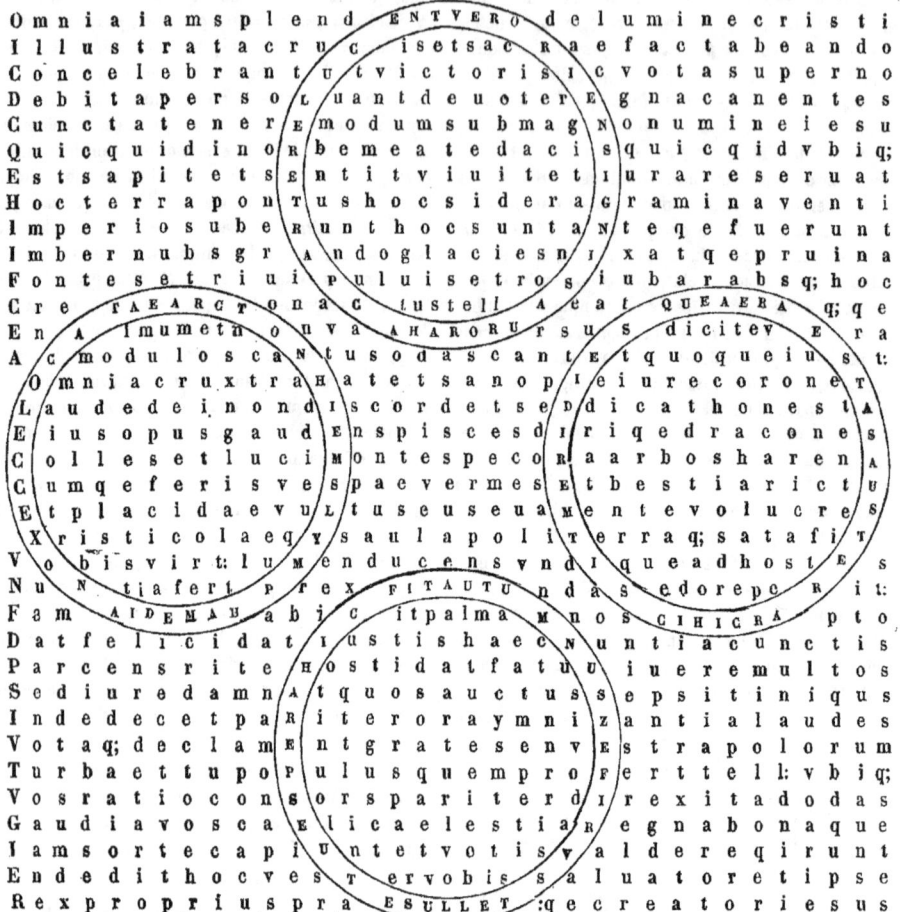

Omnia jam splendent, vero de lumine Christi
Illustrata, crucis et sacræ facta beando
Concelebrant, ut victori sic vota superno
Debita persolvant, devote regna canentes
Cuncta tenere modum sub magno numine Hiesu.
Quicquid in orbe meat edacis quicquid ubique
Est, sapit et sentit, vivit, et jura reservat :
Hoc terra, pontus, hoc sidera, gramina, venti,
Imperio suberunt, hoc sunt, anteque fuerunt
Imber, **nubs**, grando, glacies, nix atque pruina,
Fontes, et **rivi**, pulvis, et ros, jubar absque hoc
Cretæ, arcton, actu, stellæ atque aera quæque.
En almum, et non vaaharo, rursus dicite vera,
Ac modulos, cantus, odas, cantet quoque justus
Omnia crux trahat, et sano pie jure coronet :
Laude Dei non discordet, sed dicat honesta
Ejus **opus gaudens**, pisces, dirique dracones,
Colles, et luci, montes, pecora, arbos, harena,

A Cumque feris, vespæ, vermes, et bestia rictu :
Et placidæ vultu, seu sæva mente volucres :
Xristicolæ quis aula poli, terraque sata fit :
Vobis virtus lumen ducens undique ad hostes
Nuntia fert, prex fit aut unda, sed ore peritus
Fama idem ah abicit palmam nosci hic rapto
Dat felici, dat justis hæc nuntia cunctis :
Parcens rite hosti, **dat fatu** vivere, multos
Sed jure damnat, quos auctus sepsit iniquus.
Inde decet pariter ora ymnizantia laudes
Votaque declament grates, en vestra polorum
Turba, et tu populus quem profert tellus ubique :
Vos ratio consors pariter direxit ad odas :
Gaudia vos cæli cælestia regna bonaque
Jam sorte capiunt, et votis valde reqirunt :
B En dedit hoc vester vobis Salvator, et ipse
Rex proprius præsul lætusque creator Hiesus.

DECLARATIO FIGURÆ.

Recte igitur quaternarium numerum perfectione sacratum pene nullus ignorat, et ideo bene illum in forma crucis Christi transfiguratum totus orbis veneratur. Siquidem mundum quatuor elementis constare manifestum est, id est, igne, aere, aqua et terra. Et totum orbem quatuor terminari partibus sive angulis notum est, oriente scilicet et occidente, aquilone et meridie. Quatuor quoque sunt vicissitudines temporum, id est, ver, æstas, autumnus, hiems; et quatuor quadrantes naturalis diei, id est, quater senæ horæ, quæ tamen his initiis dignoscuntur, mane videlicet et meridie, vespere et intempesto. Sed quomodo cruci convenienter possit hæc dispositio coaptari, intimandum est. Si ergo erectam crucem voluerimus aspicere, ignem, quod supremum est elementorum, in arce illius collocemus; aerem quoque et aquam, quæ media sunt in elementis, in transverso crucis ligno, quod per medium stipitis erecti ducitur, consignemus; terram vero, quæ gravissima est et imum in creaturis tenet locum, inferiori parti crucis deputemus. Hæc quippe omnia elementa sicut quadam naturæ propinquitate sibimet commiscentur, ut mundi integritatem perficiant : ita etiam quatuor partibus crucis sibimet sociantur, ut perfectam speciem ejus demonstrent. Si autem quatuor plagis orbis eam velimus assignare, jacentem metiamur necesse est ita : ut primam partem ejus orienti, extremam occidenti, dextram aquiloni, sinistram austro deputemus. Similiter quoque quatuor vicissitudines temporum naturalis diei, eadem dispositione in cruce possunt adunari, ut una species anni sive diei congrue in his queat ostendi. Ver enim atque aurora ortum lucis et coalescentia in terra germina ordine suo proferunt, et ob hoc bene orienti deputantur. Æstas autem atque meridies propter fervorem austro coaptantur, quia dum in eisdem cœli partibus sol erigitur, flagrantiore mundum torret calore. Autumnus namque et vespera jure occidenti mancipantur, eo quod tunc omnium fructuum terræ messis finitur, et tota diei spatia terminantur. Hiems ergo et intempestum septentrioni assimilantur, eo quod tunc terra frigore torpeat, et magis quieti quam alicui operi tempus opportunum sit. Igitur dum omnia per crucem constat esse recuperata, et per Christi passionem renata ac meliorata, rite ad ejus laudem cuncta conveniunt, quia ipse est cum Patre et Spiritu sancto unus Deus, cui soli benedictiones illæ competunt, quas tres pueri in camino ignis ardentis, omnes creaturas ad laudem Creatoris exhortando, concinnebant atque dicebant : *Benedicite, omnia opera Domini, Dominum*, et cætera. De quo et Psalmista dicit : *Laudent eum cœli et terra, mare et omnia quæ in eis sunt : quia, secundum Apostolum, ex ipso et per ipsum et in ipso sunt omnia, ipsi honor et gloria in sæcula sæculorum*. Cur vero in rotis quatuor elementa sive quatuor tempora seu quatuor plagas mundi depinxerim, hæc ratio est, quia omnis mundi machina temporalis est, et quadam permistione elementorum atque successu temporum variabilis sive mutabilis, Salomone attestante, qui ait : *Omnia tempus habent, et suis spatiis transeunt universa sub cœlo*. Nunc ignis aerem siccat, aqua humidiorem facit, nunc terra aquarum alluvionibus afficitur, nunc solis ardore siccatur. Aqua quippe natura mobilis est, et quemdam circulum cursu conficit. *Omnia flumina*, inquit Ecclesiasticus, *intrant in mare, et mare non redundat, ad locum unde exeunt flumina revertuntur, ut iterum fluant*. Ignis quoque similiter naturalem motum habet unde ad altiora se semper erigit accensus, et locum sibi super aera quærit. Discurrunt fulgura, et crebris micat ignibus æther. Tempora namque circulis transeunt, et vicissitudines quatuor ternorum mensium orbibus eunt. Annus quoque ab eo quod semper vertatur, et in se redeat nomen accepit. Dicitur et orbis terræ et vertigo poli terras atque æquora circumvolvere. Gyrans gyrando vadit spiritus, et in circulos suos revertitur. Quinque tenent zonæ cœlum, obliquus qua se signorum verterit ordo. Sunt quoque et ipsi versus in totis conscripti sphærici sive circularis numeri : id est, triginta sex qui per senarium senario multiplicato in senarium terminat, quorum primus in supremo circulo hic est versus :

Ver oriens ignis aurora hac parte relucent.

In infimo vero hic :

Autumnus, zephyrus, tellus et vespera hic fit.

Dextro namque hic :

Arcton hiems lympha media nox ecce locatæ.

Et in sinistro hic versus :

Aer, æstas, auster arci hic sit meridiesque.

FIGURA VIII.

De mensibus duodecim, de duodecim signis, atque duodecim ventis, et de apostolorum prædicatione, deque cæteris mysteriis duodenarii numeri, quæ in cruce ostenduntur.

Christus Salvator, Christus rex arce serenus,
Consilium, virtus magna et benedictio, lumen,
Patris divina proles : certe trahit omne hinc
Jus ortum, factura fabrum mos castus honorem.
Hincque bonum quicquid verum mirumque videtur
Justitiæ quicquid arce, quicquid manet orbe.
Quicquid rite probat et profert ordine mundus,
Angelus atque bonus, quæ nam suffert et iniquus
Sunt hinc, quodque Deus vanum dejecerat ex hoc
Sæclo jus revocans : en omnia Christus honore
Complectit dominans, consignat munera nutu.
Hinc decet ut genus humanum et luminis exul
Noret hos radios : quos erigit hæc benedicta
Crux salvans, et reddens quem jam primus habebat
Exortum lucis, nocuus quo abscesserat Adam.
Quotquot jam radios vere en istos celebrant
Perpetua lucis fulgescunt sorte crebro quæ.
Hoc candore satis micuerunt arma prophetæ,
Grex et apostolicus decoratur luce corusca.

A Hocque fides Christi candet, hoc sole relucent
Corda bene hominum, vota quo lumine gliscunt
Justi pollentes per mystica signa bonumque
Coniicient radium mandatis credere ob ipsum;
Et tribuunt populis cum jura superna notare
Ascribunt Christus consortia ducere vitæ :
Christus rex dominus divinus munere summus
Scandens alta crucis en robora, funditus in hoc
Istam tunc speciem plantando pandere cælos
Tradidit, et voluit gratos conquirier illic :
Ergo quater ternos ab aquarum et limite mundi
Hoc ventos in calle crucis benedixerat, ipse
Signaque bissena princeps stipando gubernat,
Ac duodena suis oriens plaga suscipit oris
Tracta Dei spatia, en his sectio tota laborat,
Omnia nam Christi crux gloria septa resolvit,
Ipsaque sancta poli stans gaudia juraque terræ
B Proponit, signat, laudat, probat, ipsaque donat.

DECLARATIO FIGURÆ.

Duodenarius ergo numerus quam bene et apte sanctæ cruci conveniat, non parvæ rationis est intelligere : quippe cum duodecim venti sint, qui mundum perflant, et duodecim signa zodiaci, quibus septem planetæ circulos suos ordinate et disposite pergunt, et duodecim menses, quibus annuus cursus peragitur ; artificialisque diei horæ duodecim, quibus sol totam superficiem terræ illustrat ; duodecim quoque patriarchæ, ex quibus omnis multitudo filiorum Israel propagata est, quæ terram repromissionis secundum sortes duodecim tribuum possedit, a quibus exorti sunt prophetæ, divini partus præcones. Unde et ipse Salvator carnem suscipere, et inter homines nasci dignatus est : qui lux in hunc mundum veniens, duodecim apostolos, quos ex ipsa gente elegit sol justitiæ, in horarum similitudine illustrans, per cunctas plagas orbis, ad sanctæ Trinitatis fidem prædicandam direxit. Et in ædificio cœlestis Hierusalem ejusdem numeri sacramentum multipliciter insinuatur, quod Apocalypsis quidem ostendit, ubi ita scriptum est : *Et ostendit mihi civitatem sanctam Hierusalem, descendentem de cœlo, a Deo habentem claritatem Dei : lumen ejus simile lapidi pretioso, tanquam lapidis jaspidis, sicut cristallum ; et habebat murum magnum et altum, habens portas duodecim, et in portis angelos duodecim, et nomina scripta ; quæ sunt nomina duodecim tribuum filiorum Israel. Ab oriente portæ tres, ab aquilone portæ tres, ab austro portæ tres, et ab occasu portæ tres ; et murus civitatis habens fundamenta duodecim, et in ipsis duodecim nomina duodecim Apostolorum et agni*, et reliqua. Sancta enim Ecclesia in hoc ædificio spirituali significatur, quæ est cœlestis videlicet Hierusalem, et urbs regis magni, cujus artifex et conditor est Deus, qui fundamentum ejus simul et consummatio est, qui pro nobis etiam pontifex fieri dignatus est, ut proprii sanguinis hostia ejusdem mœnia civitatis ablueret pariter atque dedicaret. Omnia quæcunque habet propria pace ipse possidet, unde et in pectore summi pontificis duodecim lapides pretiosi, quaterno versu dispositi, et duodecim patriarcharum nominis inscripti videbantur imponi, ut pulcherrimo panderetur, omnia spiritualia charismata, quæ singuli quique sanctorum virtutum ex parte perficiebant, in mediatore Dei et hominum homine Christo Jesu, pariter et perfecte fuisse completa. Quod in Evangelio quoque Joannes testatur : *Et verbum*, inquit, *caro factum est, et habitavit in nobis, et vidimus gloriam ejus, gloriam quasi unigeniti a Patre, plenum gratia et veritate*. Et paulo post : *Et de plenitudine ejus nos omnes accepimus, et gratiam pro gratia, quia lex per Moysen data est, gratia et veritas ver Jesum Christum facta est*.

Habet ergo hæc species sanctæ crucis in cornibus suis ternas lineas, ut demonstret, quod sicut ipsa dextra lævaque, in directo tramite suo vicinas et coadhærentes lineas habet, ita ventorum quatuor cardinalium principalitas, in dextra et in sinistra ventos alios positione sua consociat, sic et quatuor tempora, ternos menses singula habentia, sive æquinoctiis sive solstitiis media, juxta quosdam dirimuntur : quod illi planum erit, qui Græcorum seu Ægyptiorum de temporibus rationes sedulus discere curat. Sunt autem in ipsa cruce duo versus hexametri ; quorum prior in longitudine a summo deorsum vadens, hic est :

In cruce nunc menses, venti, duodenaque signa.

Qui autem in latitudine transit, iste est :

Grex et apostolicus decoratur luce corusca.

Sunt quidem et alii duo versus pentametri in lineis adjacentibus cornibus crucis, quorum unus per anfractum longitudini crucis supra infraque copulatur ita :

Sunt quoque consocia hic stips, plaga, et orbis opus.

Alter vero dexteræ ac levæ parti in latitudine sociabitur, ila :

Sancta valet celebri ast crux dare calle bonum hoc.

FIGURA IX.

De diebus anni in quatuor hexagonis et monade comprehensis, et de bisextilli incremento, quomodo in specie sanctæ crucis adornentur et consecrentur.

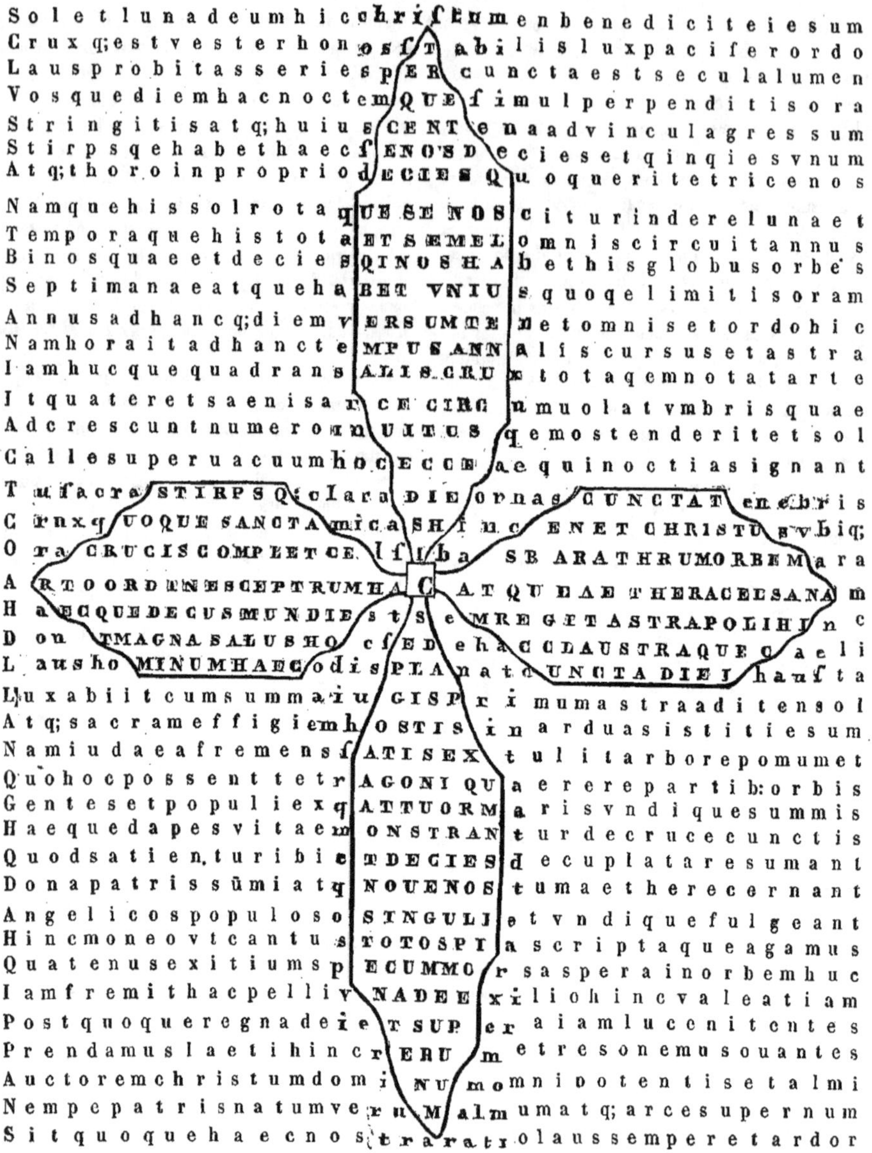

```
S o l e t l u n a d e u m h i c c h r i s t u m e n b e n e d i c i t e i e s u m
C r u x  q; e s t v e s t e r h o n o s i t  a b i l i s l u x p a c i f e r o r d o
L a u s p r o b i t a s s e r i e s p e r  c u n c t a e s t s e c u l a l u m e n
V o s q u e d i e m h a c n o c t e m q u e  s i m u l p e r p e n d i t i s o r a
S t r i n g i t i s a t q; h u i u s c e n t e n a a d v i n c u l a g r e s s u m
S t i r p s q e h a b e t h a e c f e n o s d e c i e s e t q i n q i e s v n u m
A t q; t h o r o i n p r o p r i o d e c i e s  q u o q u e r i t e t r i c e n o s

N a m q u e h i s s o l r o t a q u e s e  n o s c i t u r i n d e r e l u n a e t
T e m p o r a q u e h i s t o t a e t s e m e l  o m n j s c i r c u i t a n n u s
B i n o s q u a e e t d e c i e s q i n o s h a b e t h i s g l o b u s o r b e s
S e p t i m a n a e a t q u e h a b e t  v n i u s q u o q e l i m i t i s o r a m
A n n u s a d h a n c q; d i e m v e r s u m t e n e t o m n i s e t o r d o h i c
N a m h o r a i t a d h a n c t e m p u s a n n a l i s c u r s u s e t a s t r a
I a m h u c q u e q u a d r a n s a l i s c r u x t o t a q e m n o t a t a r t e
I t q u a t e r e t s a e n i s a r c e  c i r c u m u o l a t v m b r i s q u a e
A d c r e s c u n t n u m e r o i n v i t u s q e m o s t e n d e r i t e t s o l
C a l l e s u p e r u a c u u m h o c  e c c e  a e q u i n o c t i a s i g n a n t
T u  s a c r a s t i r p s q  c l a r a d i e  o r n a s c u n c t a t e n e b r i s
C r u x q u o q u e s a n c t a m i c a s h i n c  e n e t c h r i s t u s v b i q;
O r a c r u c i s c o m p l e t c e l s i b a s b a r a t h r u m o r b e m a r a
A r t o o r d i n e s c e p t r u m h a c a t q u e  t h e r a c e l s a n a m
H a e c q u e d e c u s m u n d i e s t s e m r e g i t a s t r a p o l i h i n c
D o u t m a g n a s a l u s h o c s e d e h a c c l a u s t r a q u e c a e l i
L a u s h o m i n u m h a e c o d i s p l a n a t e u n c t a d i e i h a u s t a
L u x a b i i t c u m s u m m a i u g i s p r i m u m a s t r a a d i t e n s o l
A t q; s a c r a m e f f i g i e m h o s t i s i n a r d u a s i s t i t i e s u m
N a m i u d a e a f r e m e n s  a t i s e x t u l i t a r b o r e p o m u m e t
Q u o h o c p o s s e n t t e t r a g o n i q u a e r e r e p a r t i b: o r b i s
G e n t e s e t p o p u l i e x q u a t t u o r m a r i s v n d i q u e s u m m i s
H a e q u e d a p e s v i t a e m o n s t r a n t u r d e c r u c e c u n c t i s
Q u o d s a t i e n t u r i b i e t d e c i e s d e c u p l a t a r e s u m a n t
D o n a p a t r i s s ū m i a t q n o v e n o s t u m a e t h e r e c e r n a n t
A n g e l i c o s p o p u l o s o s i n g u l i e t v n d i q u e f u l g e a n t
H i n c m o n e o v t c a n t u s t o t o s p i a s c r i p t a q u e a g a m u s
Q u a t e n u s e x i t i u m s p e c u m m o r s a s p e r a i n o r b e m h u c
I a m f r e m i t h a c p e l l i v n a d e e x i l i o h i n c v a l e a t i a m
P o s t q u o q u e r e g n a d e i e t s u p e r  a i a m l u c e n i t e n t e s
P r e n d a m u s l a e t i h i n c r e r u m  e t r e s o n e m u s o u a n t e s
A u c t o r e m c h r i s t u m d o m i n u m o m n i p o t e n t i s e t a l m i
N e m p c p a t r i s n a t u m v e r u m a l m u m a t q; a r c e s u p e r n u m
S i t q u o q u e h a e c n o s t r a r a t i o l a u s s e m p e r e t a r d o r
```

Sol et luna, Deum hic Christum en benedicite Hie-
[sum :
Crux quæ est vester honor, stabilis lux, pacifer
[ordo,
Laus, probitas, series, per cuncta et sæcula lumen :
Vosque diem hac noctemque simul perpenditis hora,
Stringitis atque hujus centena ad vincula gressum,
Stirpsque habet hæc senos decies et quinquies
[unum,
Atque thoro in proprio decies quoque rite tricenos :
Namque his sol rota quæ se noscitur indere, luna et
Temporaque his tota et semel omnis circuit annus,
Binosque et decies quinos habet his globus orbes :
Septimanæ atque habet unius quoque limitis oram

Annus ad hancque diem versum tenet omnis, et
[ordo hic :
Nam hora it ad hanc, tempus, annalis cursus et
[astra.
Jam hucque quadrans alis crux tota quem notat
[arte
It quater et sænis arce circumvolat umbris, quæ
Accrescunt numero, invius quem ostenderit et sol
Calle supervacuum hoc ecce æquinoctia signant.
Tu sacra stirps quæ clara die ornas cuncta tenebris,
Crux, quoque sancta micas, hinc eu et Christus ubi-
[que
Ora crucis complet, celsi ibas baratrum orbem ara
Arto ordine sceptrum hac atque æthera celsa, nam

Hæcque decus mundi est. Sem regit astra poli hinc
Donat magna salus hoc sede hac, clautrasque cœli
Laus hominum hæc odis planat cuncta Dei hausta.
Lux abiit cum summa jugis primum astra adit en sol,
Atque sacram effigiem hostis in ardua sistit Hiesum.
Nam Judæa fremens satis extulit arbore pomum, et
Quo hoc possent tetragoni quærere partibus orbis
Gentes et populi ex quatuor maris undique summis.
Hæcque dapes vitæ monstrantur de cruce cunctis.
Quod satientur ibi, et decies decuplata resumant.
Dona patris summi, atque novenos tum æthere cer-
[nant.

Angelicos populos, o singuli et undique fulgeant.
Hinc moneo ut cantus totos pia scriptaque agamus.
Quatenus exitium spe cum mors aspera in orbem
[huc
Jam fremit : hac pelli una et de exilio hinc valeat
[jam :
Post quoque regna Dei et supera jam luce nitentes
Prendamus, læti hinc rerum et resonemus ovantes
Auctorem Christum Dominum omnipotentis, et almi
Nempe Patris natum, verum, almum atque arce su-
[pernum.
Sit quoque hæc nostra ratio, laus semper, et ardor.

DECLARATIO FIGURÆ.

Ergo hæc figura sanctæ crucis per quatuor hexagonos et per monadem inter medios positam, omnes dies anni complectitur. Siquidem annus solaris habet dies CCCLXV et quadrantem. Divide ergo hos per IV : quater XCI, CCCLXIV fiunt, et remanet unus dies et quadrans. Divide illum unum diem per IV : quater sex horæ XXIV fiunt, quod est integra dies a solis ortu usque ad alterum solis ortum. Divide ipsum quadrantem, quater enim hora et semis sex horas complent, quod est bissexti per singulos annos incrementum, ac inde fit si totum annum in quatuor partiaris, quod unaquæque pars dies XCI et horas septem ac semissem contineat, atque hæc fiat vera partitio quatuor vicissitudinum, id est, veris, æstatis, autumni et hiemis, ut singulæ dies XCI et septem horas ac semissem habeant. Notandum tamen quod in hac figura quadrantis demonstratio aliter non fit, nisi sub intellectu et examinatione sex angulorum, ut horæ singulæ singulis deputentur angulis. Si enim quatuor hexagonos in angulis suis perspexeris, XXIV horas in his notabis : qua scilicet plenitudine horarum dies bissextilis conficitur, et non absurde hæc ratio huic rei discreta est. Si enim in quatuor annis quadrantilis portio ad unius diei pervenerit summam, rite in quatuor hexagonis quater sex horarum crux ostendit et normam. Recte ergo hexagonus divinitus huic dispositioni ordinatus est : quia senarius numerus in tota anni serie plurimum valet. Ad hoc quoque demonstrandum ponamus partem unius capituli de libro sancti Augustini quarto de sancta Trinitate. Annus etiam unus, si XII menses integri considerentur, quos triceni dies complent (talem quippe mensem veteres observaverunt, quem circuitus lunaris ostendit) senario numero pollet. Quot enim valent sex in primo ordine numerorum, qui constat ex unis, ut perveniatur ad X, hoc valent LX in secundo ordine, qui constat ex denis, ut perveniatur ad C. Sexagenarius ergo numerus dierum, sexta pars anni est. Proinde per senarium primi versus multiplicantur, tanquam senarii secundi versus, et fiunt sexies sexaginta, trecenteni et sexaginta dies, qui sunt integri XII menses. Sed quoniam sicut mensem circuitus lunæ ostendit hominibus, sic annus circuitu solis animadversus est. Restant autem quinque dies et quadrans diei, ut sol impleat cursum suum, annumque concludat. Quatuor enim quadrantes faciunt unum diem, quem necesse est intercalari excurso quadriennio (quod bissextum vocant) ne temporum ordo turbetur. Etiam ipsos quinque dies et quadrantem si consideremus, senarius numerus in eis plurimum valet. Et primo sicut fieri solet ut a parte totum computetur, non sunt jam dies quinque sed potius sex, ut quadrans ille accipiatur pro uno die. Deinde quia in ipsis quinque diebus sexta pars mensis est, ipse autem quadrans sex horas habet. Totus enim dies, id est, cum sua nocte, viginti quatuor horæ sunt : quarum pars quarta, quæ est quadrans diei, sex horæ inveniuntur. Ita ergo in anni cursu senarius numerus plurimum valet. Merito itaque sanctæ cruci aptata est series dierum, quia per ipsam illuminata sunt corda hominum. Ipsi competit copulatio hexagonorum, quia in ipsa constat perfectio rerum. Ad ipsam ordo temporalis lucis convenit, quia per ipsam lucem æternam homo invenit. Ad illam nonagenarius numerus cum monade concurrit, quia per illam angelicus ordo ad sui numeri plenitudinem pervenit. Ad ipsius quoque medietatem ex quatuor partibus hexagoni directi unitate copulantur, quia per ipsius majestatem omnes gentes ex quatuor plagis mundi in unitate fidei sociantur, ipsiusque completo opere cœlestis atque terrestris creatura una charitate conjunguntur. Ipsi honor et majestas, per cujus clementiam hæc cuncta perpetrata sunt, laus et gloria in sæcula sæculorum. Habet quippe hæc species sanctæ crucis in longitudine per duos hexagonos metrum sapphicum, quod est pentametrum, endecasyllabum, et sunt ejus tres versus pares. Recipiunt autem singuli hos quatuor pedes binarum syllabarum, trocheum, spondeum, trocheum, iambum et ultimum trissyllabum bachium. Post tres autem versus additur dicolos dactylicus, hoc est, dactylus et spondeus. Suntque in supremo hexagono hi versus :

 Terque centenos decieque senos,
 Et semel quinos habet universum
 Tempus, annalis cruce circuitus
  Ecce dies hic.

In secundo quoque hi :

 Sed plagis posti satis exagoni
 Quatuor monstrant decies novenos,
 Singuli totos pie cum monade,
  Et super unum.

Notandum autem quod superiores versus, quia c litteram, quæ in medio hexagonorum est, sibi attrahunt, xcii litteras habent, sequentes vero xci. Illi autem duo hexagoni, qui transversam partem crucis faciunt, metro elegiaco compositi sunt, quorum prior hos versus habet :

A Stirps quoque sancta crucis complet certo ordine sceptrum
Hæcque decus mundi et magna salus hominum hæc.

Posterior vero istos :

Cuncta tenet Christus barathrum, orbem atque æthera celsa.
Nam regit astra poli hic claustraque cuncta diei.

FIGURA X.

De numero Septuagenario et sacramentis ejus : quomodo cruci conveniant.

```
Quidferatenvitamcorruptioquidvereatur
Debitaquidlaxetquidvinclatenaciacedat
Nuncdecetvtveraxspeilarishocmusabeato
Carminedepromatcrucisarduadicatetacta
Hocmeritovoxfauceomnishocpersonetarte
Osdigitiplectrumvotacorlingualoquella
Quodceciditbellotoruusdracononxiusille
Artevenenatahominemtruxquiexpuliteden
Traxeratatquecadensdecaelil uciferarce
Tertiamadinfernifumantiasulfurestagna
Astrorumpartemsecumquiafraudesuperbus
Temptauitsuperosonssesimilaresupernum
Ingelidastatuensaquilonissedetribunal
Agnushuncquelupumsuperauitiurepotenti
Eripuitpraedamstudiaqueferociapressit
Imoatgentesexplacitoadsacranuntiacura
Connertitmelioranotanscaelestiadonans
Nealboortuledathuiccastofabulaiamsiin
Roboreconsurgitquidogmatasensitaperta
Neareatoscantusupplerexaridahaustaque
Inquesacralaudefecundatgerminisauctor
Istaenperfidiamcausatpraemunerecellit
Virtuslargacrucisdimittensdebitamundo
Denique hocnumeromanifestaredemtitoto
Quodfueritmundodanielisseptuagintahoc
Ebdomadaesignantvtpraeuaricatiocertum
Acciperetfinempeccatumetnoxaetiniquum
Iustitiamqaeternaadduceretipsecreator
Ieremiasdeciesseptenosscripsitetannos
Postqosipsesuosavinclissolueretauctor
Atmoisessanosmonituiscreueratipsehis
Quosdocuittoleransseniorsesseptuaginta
Saeculapacificanscruxlustrastotabeato
Famineeuangeliidecalogietfoederec laro
Neccerisinscriptaimposreqrips afiguraen
Inquinissensussummisdesquodpiecunctos
Magnificeetplaciteiustetibiiurefauere
```

B Eripuit prædam studiaque ferocia pressit :
Imo at gentes ex placito ad sacra nuntia cura
Convertit, meliora notans, cælestia donans :
Ne albo ortu lædat huic casto fabula jam si in
Robore consurgit, qui dogmata sensit aperta
Ne areat os cantu, supplet rex arida haustaque
Inque sacra laude fecundat germinis auctor.
Ista en perfidiam causat præ munere cellit
Virtus larga crucis, dimittens debita mundo.
Denique hoc numero manifesta redemptio toto
Quod fuerit mundo, Danielis septuaginta hoc
Ebdomadæ signant : ut prævaricatio certum
Acciperet finem, peccatum, et noxa, et iniquum :
Justitiamque æternam adduceret ipse creator.

Quid ferat en vitam, corruptio quid vereatur,
Debita quid laxet, quid vincla tenacia cedat,
Nunc decet ut verax spe hilaris hoc musa beato
Carmine depromat, crucis ardua dicat et acta.
Hoc merito vox fauce omnis hoc personet arte,
Os, digiti, plectrum, vota, cor, lingua, loquela :
Quod cecidit bello torvus draco, noxius ille
Arte venenata hominem trux qui expulit Eden ;
Traxerat atque cadens de cœli lucifer arce
Tertiam ad inferni fumantia sulfure stagna
Astrorum partem secum : quia fraude superbus
Temptavit supero sons se similare supernum
Ingelida statuens aquilonis sede tribunal :
Agnus huncque lupum superavit, jure potenti

Jeremias decies septenos scripsit et annos,
Post quos ipse suos a vinclis solveret auctor :
At Moyses sanos monitu discreverat ipse his
Quos docuit tolerans seniores septuaginta :
Sæcula pacificans, crux lustras tota beato

A Famine Evangelii, decalogi, et fœdere claro.
Nec eris inscripta impos reor ipsa figura, en
In quinis sensus summis des, quod pie cunctos
Magnifice et placite justo tibi jure favere.

DECLARATIO FIGURÆ.

Septuagenarium quippe numerum præsens forma sanctæ crucis sparsis litteris conscripta demonstrat, quo nobis intimatur, omnia mysteria, quæ idem numerus continet, honori sanctæ crucis decentissimo convenire. Nam septuaginta anni captivitatis, quos Jeremias propheta prædixit populo sacrilego futuros, quid aliud significant quam omne tempus istius vitæ, quod per septenarium dierum numerum discurrit, quo propter peccatum primi hominis damnati su- B mus, et pœnis ærumnisque affligimur, et variis tribulationibus atque angustiis quotidie afficimur? Sed quia finem captivitatis post septuaginta annos idem propheta prænuntiavit : hoc, nisi fallor, insinuat, quod in fine mundi captivitas nostra perfecte dissolvetur, quando novissima et inimica destruetur mors, quando scilicet et de animæ decore et de corporis immortalitate sine fine cum Christo gaudebimus; atque ideo in sanctæ crucis forma hæc ratio oportebat demonstrari, quia ipsa per Christi passionem hujus gratiæ nobis contulit effectum. Cui rei concordant ipsa verba prophetæ, qui alt : *Hæc dicit Dominus : Cum cœperint impleri in Babylone septuaginta anni, visitabo vos, et suscitabo super vos verbum bonum, et reducam vos ad locum istum : Ego enim scio cogitationes pacis et non afflictionis, ut dem vobis finem bonum et patientiam ; et invocabitis me, et ibitis et adorabitis me, et exaudiam vos; quæretis me et non invenietis ; cum quæsieritis me in toto corde vestro,* C *inveniar a vobis,* ait Dominus, *et reducam captivitatem vestram, et congregabo vos de universis gentibus, et de cunctis locis ad quæ expuli vos, et reverti vos faciam ad locum a quo transmigrare vos feci, et reliqua.* Quid est enim quod dicit propheta : *Cum cœperint impleri in Babylone septuaginta anni, visitabo vos, et suscitabo super vos verbum bonum ?* nisi quod dicit Apostolus : *Quando autem venit plenitudo temporis, misit Deus Filium suum factum ex muliere, factum sub lege, ut eos qui sub lege erant redimeret, ut adoptionem filiorum reciperemus.* Et item : *In novissimis diebus locutus est in Filio suo, quem constituit hæredem universorum, per quem fecit et sæcula.* Cum cœperint impleri dixit, non cum completi fuerint, quia non in consummatione mundi, sed in novissima ætatum sæculi incarnatus est Christus, et per verbum Evangelii illuminavit credentes, atque per passionem et resurrectionem suam restauravit genus humanum. Quod enim his in hoc capitulo D reversionem prædicat, hoc est in eo quod dicit : *Et reducam vos ad locum istum ;* et paulo post subjungit : *Et reverti vos faciam ad locum a quo transmigrare vos feci,* potest intelligi, quod animæ reversionem ad requiem in priori sententia ; et in secunda corporum resurrectionem ad gloriam insinuet. Post mortem ergo sanctorum animæ modo in paradisum vadunt, et in fine mundi recipientes corpora sua, regnum intrabunt æternum. Septuaginta vero hebdomadas numeravit Daniel usque ad Christum; *quando finem acciperet delictum et prævaricatio, et adduceretur justitia sempiterna.* Verum ut hæc apertius elucescant, ipsa jam angeli ad prophetam dicta videamus. *Septuaginta,* inquit, *hebdomadæ abbreviatæ sunt super populum tuum, et super urbem sanctam tuam, ut consummetur prævaricatio, et finem accipiat peccatum, et deleatur iniquitas, et adducatur justitia sempiterna; et impleatur visio et prophetia, et ungatur sanctus sanctorum,* et reliqua. Nulli

dubium, quin hæc verba Christi incarnationem designent, qui tulit peccata mundi, legem et prophetas implevit, unctus est oleo lætitiæ præ participibus suis. Numerentur igitur istæ hebdomadæ per septenos annos distinctæ, a vicesimo anno regni Artaxerxis regis, quando Nehemias pincerna ejus impetravit ab eo restaurari muros Jerusalem, templo multo ante, Cyro permittente, constructo, quæ ipsæ abbreviatæ esse describuntur, hoc est, secundum lunæ computum duodenorum mensium lunarium : hinc fiunt anni quadringenti nonaginta, qui ad solem redacti faciunt annos quadringenti septuaginta quinque, ad ejus vero baptismum, quando unctus est sanctus sanctorum, descendente super eum Spiritu sancto sicut columba, non solum hebdomadas septem et sexaginta duas fuisse completas, sed et partem septuagesimæ hebdomadis inchoatam. *Et post hebdomadas,* inquit *sexaginta duas occidetur Christus, et non erit ejus populus qui eum negatus est.* Non statim post sexaginta duas hebdomadas, sed in fine septuagesimæ hebdomadis occisus est Christus, quam ideo, quantum conjicere possumus, segregavit a cæteris, quia de hac erat plura relaturo. Nam et Christus in illa crucifixus, et a populo perfido non modo in passione; sed continuo ex quo a Joanne prædicari cœpit negatus est. Confirmabit autem multis pactum hebdomadibus, una ipsa videlicet novissima, in qua vel Joannes Baptista vel Dominus et apostoli prædicando multos ad fidem converterunt. *Et in dimidio hebdomadis deficiet hostia et sacrificium,* hoc est, quinto decimo anno Tiberii Cæsaris, quando inchoato Christi baptismate hostiarum purificatio Christi fidelibus paulatim vilescere cœpit; et merito, quia quanto magis appropinquabat veritas, umbra secedebat. Dignum etiam erat ut quando ipse Salvator in cruce fieri voluit hostia legalis, pecudum desineret victima, et quando verus agnus Dei Christus pro totius mundi peccatis immolatus est, typicus ille deficeret, qui pro unius gentis liberatione in testimonium occisus est. Item septuaginta presbyteros Moyses Domini mandato populo prætulit, ut ostenderet solummodo qui per Spiritus sancti gratiam legem spiritualiter intelligunt, idoneos esse aliis magisterium præbere. Et hoc in sanctæ crucis decebat numero ostendi, quia non est inventus, neque in cœlo, neque in terra, neque subtus terram, qui aperiret librum, et solveret septem signacula ejus, respiceretque illum, nisi agnus qui in medio throni stat tanquam occisus, habens cornua septem et oculos septem : Leo quidem de tribu Juda, radix David, qui clavem tenens claudit et nemo aperit, aperit et nemo claudit, qui datus est in lucem gentium ut aperiret oculos cæcorum, ut educeret de conclusione vinctum, de domo carceris, sedentem in tenebris et umbra mortis. Sunt quidem hic in figura sanctæ Crucis quinque spherulæ dispositæ, quæ simul numerum septuaginta continent, sigillatim vero unaquæque quatuordecim harumque tres ultimi versum tenent in longitudine a summo incipientem et in ima desinentem, ita :

Crux pia constructa hic superasti vincula mortis.

Item in latitudine tres summulæ alium versum tenent ita :

Magna bona et sancta hic superasti criminia sæcli.

Medietas quoque crucis utrique versui communis est.

FIGURA XI.

De quinque libris Mosaicis quomodo per crucem innoventur, exponitur.

```
Te pater alme poli doctorem carmine in isto
Rectoremque voco felicibus annue coeptis
Tu pius et clemens sensum dans verbaq; casta
Ut tua quid prima signet lex pandere possim
Ad crucis aeternam laudem legisq; secundae
Ius demonstrandum vota ritusque perennes
Cum primũ haec cri TEGENE ratio maxima rerũ
Exortae stex inui SISCRU cis alma refulsit
Gloria cum dono lu XALMAB eauitet arua haec
Cuncta simul recr EATTUA q; nunc dextera xp̄s
Et vera lucis dans MUNERA cum cruce saecl is
Nam genesis vitae LAUDAT mirabile lign: hoc
Inter cuncta fuit planta tum quod paradiso
Viuificans ligna tribuens et munera fruct:
Hoc patriatq; isac vexit multandus ad altar
Orate t EXODUS hoc IURASA tis ASTNUM erorum
Eueher ATQUEC uia CERDOT iv MERUSCA nitore
Nuptac ANITTR iui ISLEUI b: ve NTATMA relud:
Vdattr ANSITU hos TICUSO bma GNALIA cantat
Et pleb SCARME neio PTIMEP ure MIRATR ophaea
Laudẽi NAMORE deip SALLIT q; tr IUMPHI eteoum
Hoc mare testatur victrices orbita calles
At vetere hoc lignum legis dulcauit abysum
Bis petram excuti t viuam produxit et undam
Namque amalech ca NAMDEU icit primitus irã
Signum huius pari TERNOM endeleuit et illi
Botrum hoc vec tep IUMREN otavexit vterque
Vectorum votis et OUANTI bus omnia laudant
Donadei terris hi SGAUDI ainesseepular um
Quisbenemysteri ADICIT veldicerecuncta
Rite valet crux donat uacuinon satis omnis
Lingua creaturae poterit de promere laudẽ
Hostia te patris aeterni dedica uerat aram
Vitae serpentem exaltasti et tu pie cris tũ
Monstrasti populo detet quid dicere possũ
Cuncta bona dederas demebas et mala cuncta
```

Te pater alme poli doctorem carmine in isto
Rectoremque voco, felicibus annue cœptis
Tu pius et clemens sensum dans, verbaque casta
Ut tua quid prima signet lex pandere possim
Ad crucis æternam laudem legisque secundæ
Jus demonstrandum, vota, ritusque perennes.
Cum primum hæc rite generatio maxima rerum
Exorta est, ex invisis crucis alma refulsit
Gloria cum dono lux alma beavit, et arva hæc
Cuncta simul recreat tua quæ nunc dextera Christus,
Et vera lucis dans munera cum cruce sæclis.
Nam genesis vitæ laudat mirabile lignum hoc
Inter cuncta fuit plantatum quod paradiso,
Vivificans ligna tribuens et munera fructus.
Hoc patri atque Isaac vexit multandus ad altare,
Orat et exodus hoc jura satis est numerorum.
Eueher atque cui acerdoti umerus canit ore
Nupta canit triviis levibus, ventat mare, ludus

A Udat transitu hosticus, oo magnalia cantat.
Et plebs carmen ei optime, pure, mira trophæa
Laudem in amore Dei psallitque triumphi : et Eoum
Hoc mare testatur victrices orbita calles :
At veterem hoc lignum legis dulcavit abyssum :
Bis petram excutit, vivam produxit et undam :
Namque Amalech canam devicit primitus iram.
Signum hujus pariter nomen delevit, et illi
Botrum hoc vecte pium renota vexit uterque
Vectorum votis et ovantibus omnia laudant
Dona Dei terris his gaudia inesse epularum.
Quis bene mysteria dicit vel dicere cuncta
Rite valet crux dona tua ? cui non satis omnis
Lingua creaturæ poterit depromere laudem :
Hostia te Patris æterni dedicaverat aram
Vitæ serpentem exaltasti et, tu pie, Christum
Monstrasti populo; de te et quid dicere possum,
Cuncta bona dederas, demebas et mala cuncta.

DECLARATIO FIGURÆ.

Quisquis legis primæ plenam desiderat habere notitiam, necesse est ut hujus figuræ per omnia memor sit et ejus factum mente sæpius revolvat, et comparans priora posterioribus recolat scriptum: *Omnia in figura contingebant illis; scripta sunt autem ad correptionem nostram, in quos fines sæculorum devenerunt*, et quod exemplari et umbræ deserviunt cœlestium; et item: *Umbram enim habens lex futurorum bonorum, non ipsam imaginem rerum*. Umbra enim non sine vero corpore fit, sed tamen ipsa in se veram et integram speciem corporis non exprimit. Quapropter oportet ut quisquis veritatis amator est, si umbram prius videat, ad verum corpus, cujus ipsa umbra est, ocius oculos convertat, ne dum penitus in umbra intuitu hæreat, veritatis fructum negligens perdat. Lex ergo haustum sitientibus præbuit, sed sine ligno potabilis non fuit. Ostendit quippe Dominus Moysi lignum, quod mittens in aquam, omnem amaritudinem in ea absumpsit; et quæ prius sitientes populos vano alliciebat aspectu, ligno immisso, omnes dulcissimo refrigerabat potu. Itaque, secundum Apostolum, *lex quidem est sancta, et mandatum sanctum, et justum, et bonum*, sed *lex spiritualis est*, ut idem dicit apostolus, et *non in vetustate litteræ*, sed *in novitate Spiritus* debet intelligi. *Littera enim occidit, Spiritus autem vivificat*. Lex ergo Spiritus vitæ in Christo Jesu liberavit nos a lege peccati et mortis. Nam quod impossibile erat legi, in quo infirmabatur per carnem, Deus Filium suum mittens in similitudinem carnis peccati, et de peccato peccatum damnavit in carne, ut justificatio legis impleretur in nobis, quo non secundum carnem ambulamus, sed secundum spiritum. Scriptum quippe est in lege: *Maledictus omnis qui non permanserit in omnibus quæ scripta sunt in libro legis ut faciat ea*. Sed quoniam in lege nemo justificatur apud Deum, et quicunque ex operibus legis sunt, sub maledicto sunt, Christus nos redemit de maledicto legis, factus pro nobis maledictum, quia scriptum est: *Maledictus omnis qui pendet in ligno*, ut gentibus benedictio Abrahæ fieret in Christo Jesu, ut pollicitationem Spiritus accipiamus per fidem. Igitur cum destructa sit maledictio legis per crucem, et ejus amaritudo per ipsam conversa in dulcedinem, dignum est etiam ut in ejus effigiem disponantur libri legis, ut congruentia operis in hoc innotescat, et mysterii sacramentum appareat. Ergo in capite, hoc est, in culmine sanctæ crucis, sit positus liber Geneseos, quia ipse caput est et primus omnium librorum, narrans quod in principio fecit Deus cœlum et terram, utique per Filium suum co- æternum sibi Deus Pater, id est, per Verbum suum; de quo dicit Psalmista: *Verbo Dei cœli firmati sunt, et spiritu oris ejus omnis virtus ejus*. Hinc dicit et evangelista Joannes: *Omnia per ipsum facta sunt, et sine ipso factum est nihil*.

In ima vero parte crucis, hoc est, in pede, sit positus novissimus quinque librorum legis, id est, Deuteronomium, quod interpretatur renovatio legis, utique significans Evangelium, in quo cuncta, quæ lex figuraliter atque typice protulit, veraciter ac spiritualiter sunt enodata, ac nostri Salvatoris ore reserata. Jure ergo in capite crucis geneseos, et in fine Deuteronomium consistunt, quia eum quem lex narrat in principio temporis cum Patre omnia condidisse, in fine temporis hunc Evangelium refert cuncta per crucem renovasse. Exodus vero bene in dextra ponitur, in quo exitus filiorum Israel de Ægypto conscribitur, et ibidem plura a Domino facta miracula narrantur, juxta illud Psalmistæ: *Dextera Domini fecit virtutem*. Et item: *Qui percussit Ægyptum cum primogenitis eorum, et eduxit Israel de medio ejus, in manu forti et brachio excelso*. In sinistra quoque liber Numerus est positus, quia ipse sinistras congregationes Chore, Dathan et Abiron, contentiones contra Moysen et Aaron levasse describit, et per Domini potentiam citius compressas. At Leviticus, in medio omnium stans, crucis medietatem tenet, quia illum pontificem designat in plurimo ritu sacrificiorum, qui in ara crucis semetipsum obtulit hostiam immaculatam Deo, ad exhaurienda multorum peccata, et pro transgressoribus exorans, exauditus est pro sua reverentia. Ergo in quinque tetragonis quinque libri legis per quinque versus hic notantur, qui sunt juxta ordinem tetragonorum loco sexto, et per senarium in semet multiplicato. Sexies enim seni faciunt in plana figura sextum tetragonum, quod facit triginta sex. Est quoque versus tetragoni in arce crucis positus iste:

Te Genesis crux alma beat tua munera laudat.

Secundus vero est, qui in tetragoni dextri cornu positus hic:

Exodus atque canit transitus carmen amore.

Tertius namque in medio crucis est situs hic:

Jura sacerdotis Leviticus optime psallit.

Quartus quidem in sinistro cornu scriptus est ita:

Ast Numerus cantat magnalia mira triumphi.

Ultimus etiam qui in ultimo tetragono, id est, in base crucis descriptus est, ita sonat:

Nam Deuteronomium renovantis gaudia dicit.

FIGURA XII.

De nomine Adam protoplasti, quomodo secundum Adam significet, et ejus passionem demonstret.

```
Pergesalutiferamspeciosodicereversu
Musacrucisdominilaudesolamenetactum
Inquamorsvictaestcunctadimisapiacla
Luxrediitmundoveniaetcommunerevenit
Adamnamprimustulitomniadignadecoris
Progenieextotanocuacumpabulasumpsit
Cunctavenustabonaremearuntcarabeata
Cuadvenitiesusalampieinaruasecundus
Vniusexhominisscelerettotdamnatulere
Inrebuscunctiperituriet mortem inores
Vniusatqehominisdonosaluanturvbique
Credentesomnesfruituriaclucesuperna
Deniqueregnauitperlignumnoxiacuncto
Morsetiammundodominansetsortebeatum
Captiuaregnumperlignuacperdiditomne
Etnocuosmultosamiseratinprobaquonda
Entotitribuitchristusutiaquasithinc
Orbimundonamspeciemtotamacpiushicis
Constituittollensdirasarashuicintus
Etdederatlucemcordisetpangerepactum
Primushomoterrenuserat etpignoratota
Terrenagenuitmortisquisdebitaliquit
Posteriorverusfueratcaelestisetadam
Caelestisquemanetcuiusgeneratiotota
Hicdominusmunditerraepontiquepolique
Regnatinaeternumdonatcumregnabeatis
Quattuoripsedabittotiusconditoradam
Iureplagasorbistanquamdenominedictas
Cuiusluxvirtusdominumtestanturubique
Enanatoldysisarctonmesembriahaeesic
Designantodisarteendecet vtpiecuncta
Auctoremdominumcognoscantlaudebeata
Etcelebrentcristumqodverefiliusipse
Summisitpatrisetdexteraveratonantis
Cuiuscurabonaesttactmedicinasalutis
```

Perge salutiferam specioso dicere versu
Musa crucis Domini laudem, solamen et actum,
In qua mors victa est, cuncta dimissa piacla,
Lux. rediit mundo, venia et cum munere venit.
Adam nam primus tulit omnia digna decoris,
Progenie ex tota nocua cum pabula sumpsit,
Cuncta venusta bona remearunt, cara beata
Cum advenit Hiesus Adam pie in arva secundus.
Unius ex hominis scelere, tot damna tulere
In rebus cuncti, perituri et morte minores:
Unius atque hominis dono salvantur ubique
Credentes omnes, fruituri ac luce superna.
Denique regnavit per lignum noxia cuncto
Mors etiam mundo dominans et sorte beatum
Captiva regnum per lignum ac perdidit omne :
Et nocuos multos amiserat improba quondam.
En toto tribuit Christus ut janua sit hinc
Orbi, mundo ; nam speciem totam ac pius hic is

A Constituit tollens diras aras huic intus
Et dederat lucem cordis, et pangere pactum.
Primus homo terrenus erat, et pignora tota
Terrena genuit mortis quis debita liquit;
Posterior verus fuerat cælestis et Adam,
Cælestisque manet cujus generatio tota.
Hic dominus mundi, terræ, pontique, polique,
Regnat in æternum donat cum regna beatis.
Quattuor ipse dabit totius conditor Adam
Jure plagas orbis, tanquam de nomine dictas:
Cujus lux virtus dominum testantur ubique.
En anatol, dysis, arcton, mesembria, hæc sic
Designant odis arte, en decet ut pie cuncta
Auctorem dominum cognoscant laude beata :
Et celebrent Christum, quod vere Filius ipse
Summi sit Patris, et dextera vera tonantis :
Cujus cura bona est, tactus medicina salutis.

DECLARATIO FIGURÆ.

Quid ergo sibi velit hæc figura et hæc conscriptio, oportet intelligi. Nomen enim primi hominis, id est Adam, in figura et forma sanctæ crucis dispositum est; de quo exortæ sunt omnes gentes, et omne genus humanum originem traxit; qui secundum Apostolum est forma futuri videlicet Christi, de quo idem Apostolus ita dicit: *Factus est primus Adam in animam viventem, novissimus Adam in spiritum vivificantem.* Et paulo post : *Primus*, inquit, *homo de terra terrenus, secundus homo de cœlo cœlestis : qualis terrenus, tales et terreni; et qualis cœlestis, tales et cœlestes.* Igitur sicut portamus imaginem terreni, portemus et imaginem cœlestis. Et cur hoc dixerit, statim causam subjunxit : *Hoc autem dico, fratres, quoniam caro et sanguis regnum Dei non possidebunt, neque corruptio incorruptelam possidebit.* Recte enim nomen Adam in crucem configuratum ponitur, in qua omne genus humanum per Christum liberatum esse cognoscitur, nec in alia forma species redemptionis nostræ magis convenit haberi quam in illa, ubi plagæ totius mundi potuere comprehendi. Quæ scilicet sancta crux est, quæ jacens totum orbem metitur, de qua poeta ait :

Quattuor inde plagas quadrati colligit orbis.
Splendidus auctoris de vertice fulget Eous.
Occiduo sacræ lambuntur sidere plantæ.
Arctou dextra tenet, medium leva erigit axem.
Cunctaque de membris vivit natura creantis,
Et cruce confixus Dominus regit undique mundum.

Hoc idem et in nomine protoplasti olim designatum fuit, scilicet Adam. In cujus vocabulo quatuor litteris, quatuor orbis terrarum partes per Græcas appellationes demonstrantur. Si enim Græce dicantur oriens, occidens, aquilo, meridies, sicut plerisque locis sancta eos Scriptura commemorat, in capitibus verborum invenies Adam. Dicuntur enim Græce memoratæ quatuor mundi partes : *Anatole, disis, arctos, mezembria.* Ista quatuor nomina, si tanquam versus quatuor sub invicem scribis, in eorum capitibus Adam legitur; et inde intelligi datur Dominum orbis eum esse creatum, et significare eum qui in cruce quadrata totius orbis futurus erat redemptor et reparator : Unde et secundus Adam dicitur. Habet quoque idem nomen in se mysterium incarnationis Christi, si numerus in litteris ejusdem nominis secundum Græcorum regulam, quia ad litteras suos numeros computant, intendatur. A enim in numeris apud Græcos significat unum; Δ quatuor; A alterum unum; M quadraginta. Conjunge hos numeros quatuor, fiunt XLVI, et hoc est, quod Judæi in Evangelio respondisse leguntur : *quadraginta sex annis ædificatum est templum hoc, et tu in tribus diebus excitabis illud?* Quod evangelista intelligens dixit : *Hoc autem dicebat de templo corporis sui*, quia Dominus noster Jesus Christus de Adam corpus accepit, non de Adam peccatum traxit; templum corporeum inde sumpsit, non iniquitatem quæ de templo pellenda est. Ipsam autem carnem quam traxit de Adam (Maria enim de Adam, et Domini caro de Maria) Judæi crucifixerunt, et ille resuscitaturus erat ipsam carnem triduo, quam illi in cruci erant occisuri, et ita illi solverunt templum quadraginta sex annis ædificatum, et ipse in triduo resuscitavit illud. Benedicamus igitur nos Deum Patrem omnipotentem, qui per Verbum suum sibi coæternum formavit nos. Benedicamus et Dominum nostrum Jesum Christum Filium Dei unigenitum, qui per mysterium incarnationis suæ in cruce reformavit nos. Benedicamus et Spiritum sanctum, qui per gratiam suam illuminatos vitæ æternæ consignavit nos : unum et solum Deum omnipotentem, æternum, immensum, inæstimabilem, incomprehensibilem, immortalem, invisibilem; illum unum desideremus, a quo et beabimur; illum solum ex toto corde, tota mente, tota virtute diligamus, in cujus amore in æternum jucundabimur; ad illum tantum curramus, illique solum in hac peregrinatione ingemiscamus, qui nos in cœlestibus in conspectu gloriæ majestatis suæ remunerabit, et sine fine lætificabit. Ipsi gloria, et honor, et potestas, et imperium in sæcula sæculorum. Amen.

Ast hic in quatuor litteris grandioribus nominis Adam, per perviores litteras quinquaginta et unam, talis conscriptus est versus, secundum ordinem litterarum nominis Adam legendus, ita :

Sancta metro atque arte en decet ut sint carmina
Christo hinc.

FIGURA XIII.

De diebus conceptionis Christi in utero virginis, quatuor crucibus demonstratis: hoc est, CCLXXVI et ejusdem numeri significatione.

```
Arborodorepotens   FRONDOSOVERTICELATA
Quasummaveresacr   OUFluitordinebertas
Ortusditatusetpa   RCUinullusinorbeest
Floribusetfoliis   MILlenogerminediues
Omnesexcedensalt   ASGrauitudinesyluas
Cumtotampie   MAGNUS VESTIT Honorq; decusq;
Ambitverush ONORLA ETUSLOQuitureavoto
Stanshomoli UORHOC NATIONI denegatatri
Demonishorrendus   REMscirilaudemoueri
Arborsolatenensv   ARIosvirtutecolores
Purpureoregissub   TACturoscidafulgens
Aeter NOE sradiost ANTintenamp IEV incte
Ædest URR itaeexho CDU dumestno NNE beata
Machi NAE tipsadeiaraetquivsi TSV prema
Larho CNE estetmiralucernahoc OTI atota
Agn:ho CST atuitsignansq'o queri TEU iando
VERASALUSISTA quosverus FONSBONITATIS
ESTBENEDICTIO q;sacravit AMORPIETASQUE
SANCTASALUTIS luxetvita REDEMPTIOVERA
Inq;do MUP rincepsdonumdatpaci SIN orbem
Iuraq; AMI citiaehincfirmauitd EPO suitq;
Assci TAA ntiquinisusq;texitie MSM orscū
Inlec EBR ilusucirc CAI gnemnoxia AEN imsic
Pella XDE cipitets ocordemubl INQ ietato
Conspexitvotoiāa   RRIdensvinxitaperte
Otucruxspeciosao   PINuspulchrioromnia
Quaevincisnemora   OCAedrisaltioripsis
Monstrans ENUMERORADIAN tidonabeata
Aduentuiesu SQUAEINTUSPRO busotianutu
Istuleritda BATIISSEBEATE cumpievenit
Egrediensv''luahuc ETBlandonuminesemet
Signauitcaeloste RREnaetcondereregna
Vtdudumsanctilin GUAcecinereproΦetae
Fecerithiccelsad OCTordumcondiditima
Imperiūinq;humeri STAntositq''odpieregi
```

Arbor odore potens, frondoso vertice lata,
Qua summa vere sacro u fluit ordine bertas,
Ortus ditatus et par cui nullus in orbe est
Floribus et foliis, milleno germine dives,
Omnes excedens altas gravitudine sylvas.
Cum totam pie magnus vertit honorque decusque,
Ambit verus honor, lætus loquitur ea voto
Stans homo, livor hoc nationi denegat atri
Demonis horrendus, rem sciri, laude moveri.
Arbor sola tenens varios virtute colores,
Purpureo regis sub tactu roscida fulgens
Æterno es radio, stant in te nam pie vincte
Ædes turritæ, ex hoc dudum est nonne beata
Machina et ipsa Dei, ara, et qui usit suprema
Lar hoc ne est, et mira lucerna, hoc otia tota
Agnus hoc statuit, signans rite viando
Vera salus ista, quos verus fons bonitatis
Est benedictio quæ sacravit, amor, pietasque,

A Sanctas salutis lux, et vita, redemptio vera:
Inque domu princeps donum dat pacis in orbem,
Juraque amicitiæ hinc firmavit, deposuitque,
Ascita antiqui nisus, quæ texit hiems mors, cum
Illecebri lusu circa ignem noxia, enim sic
Pellax decipit, et socordem ubi inquietato
Conspexit voto jam arridens, vinxit aperte.
O tu, crux speciosa, o pinus pulchrior, omnia
Quæ vincis nemora, o cedris altior ipsis,
Monstrans e numero radianti dona beata
Adventu Hiesus quæ intus probus otia nutu
Istulerit, dabat iisse beate cum pie venit
Egrediens vulva huc, et blando nomine semet
Signavit, cælos terrena et condere regna:
Ut dudum sancti lingua cecinere prophetæ.
Fecerit hic celsa doctor, dum condidit ima,
Imperium inque humeris tanto sit quod pie regi.

DECLARATIO FIGURÆ.

Hæ igitur cruces quatuor triplici tramite conscriptæ, ostendunt in semetipsis per litterarum seriem, numerum dierum, quo Domini corpus secundum Ecclesiæ fidem in utero virginali constructum atque compactum est : templum videlicet illud, quod a Judæis destruendum, et a se in triduo resuscitandum prædixit ipse Salvator : quod ut manifestius fiat, ponamus unum capitulum ex libro sancti Augustini de sancta Trinitate quarto, quo istud scriptum est : « Nec immerito, inquit, in ædificatione Dominici corporis, in cujus figura templum a Judæis destructum, triduo se resuscitaturum esse dicebat, numerus ipse senarius pro anno positus intelligitur. Dixerunt enim XLVI annis ædificatum templum; et quadragies sexies seni fiunt CCLXXVI, qui numerus dierum complet novem menses et sex dies, qui tanquam decem menses parientibus feminis imputantur : non quia omnes ad sextum diem post novem menses perveniunt, sed quia ipsa perfectio corporis Domini, tot diebus ad partum perducta comperitur : sicut a majoribus traditum suscipiens Ecclesiæ custodit auctoritas. Octavo enim Kalendas Aprilis conceptus creditur, quo et passus. Ita monumento novo quo sepultus est, ubi nullus erat positus mortuorum, nec antea nec postea, congruit uterus virginis quo conceptus est, ubi nullus seminatus est mortalium. Natus traditur octavo Kalendas Januarias. Ab illo ergo die usque ad istum computati, CC LXX et VI reperiuntur dies, qui senarium numerum quadragies sexies habent : quo numero annorum templum ædificatum est, quia eo numero senarium corpus Domini perfectum est, quod mortis passione destructum, triduo resuscitavit. Dicebat enim hoc de templo corporis sui, sicut evidentissimo et robustissimo Evangeliorum testimonio declaratur. » Hæc Augustinus. De cætero autem illud intuendum est, quam congrue idem numerus formæ sanctæ crucis conveniat, in qua templum Dominici corporis a Judæis solvebatur, et ab ipso Domino resuscitandum parabatur. Ad hoc enim venit Christus, ut in carne quam pro mundi redemptione susceperat moreretur; ad hoc mortuus est, ut in ipsa resurgeret. Quapropter intueri libet, quomodo memoratus numerus, id est, CC LXX, et VI, in quatuor partes divisus, cornua sanctæ crucis universaliter exprimat, et per singula crucis imaginem proferat. LX enim et IX in unoquoque cornu consistunt, quod etiam non discrepat a superioris rationis similitudine, qua dictum est CC LXXVI numerum, IX menses et VI dies complere. Sicut enim novenarius et senarius numerus in toto excellebat, et secundum eorum denominationem, omnis summa computabatur, ita et in partibus non minus eadem denominatio simul cum mysterio illucescit. Quid enim in novenario, nisi novem ordines angelorum; et quid in senario, nisi homo qui in sexta die creatus est insinuatur? Utraque enim creatura in crucis effigie denotatur, quia utraque per Salvatorem in cruce reparatur, et ab utraque mysterium incarnationis Domini honorabatur, quia in die nativitatis ejus ad laudem et lætitiam utraque incitabatur. Unde Lucas dicit : *Et subito facta est cum angelo multitudo cœlestis militiæ, laudantium Deum et dicentium : Gloria in excelsis Deo, et in terra pax hominibus bonæ voluntatis.* Et paulo post : *Et reversi sunt,* inquit, *pastores, laudantes et glorificantes Deum in omnibus quæ audierant et viderant, sicut dictum est ad illos.*

Quatuor ergo cruces in hac pagina, per quatuor loca pictæ atque conscriptæ sunt, hoc modo : longitudo enim crucis uniuscujusque a summo deorsum, tribus lineis singillatim legendis descendens, unum versum continet XXXIX litterarum; similiter in latitudine per transversum, tres lineæ a sinistra in dexteram tendentes, unum versum faciunt, et ita fit, ut litteræ quæ in medio crucis sunt, utrique versui communes sunt, novenarium exprimant numerum; illæ vero quæ in cornibus circumpositæ sunt, sexagenarium. Est autem versus hic in longitudine crucis supremæ XXXIX litterarum :

Forma sacrata crucis venerando fulget amictu.

In latitudine vero iste totidem litterarum :

Magnus vestit honor lætus loquor hoc nationi.

In fine quippe crucis, in longitudine hic versus est :

Corporis ego sacri constructio in arte beata.

In latitudine quoque iste :

Enumero radians qua intus probat iisse beate.

At in dextræ crucis longitudine hic legendus est versus :

Nunc canam at exorans Iesum abdere et uda piare.

Et in latitudine iste :

Vera salus ista est benedictio sancta salutis.

Nam in sinistræ crucis longitudine talis est versus :

In toto ipse manens tenet ipseque vivit in omni.

Atque in latitudine talis :

Fons bonitatis amor pietasque redemptio vera.

FIGURA XIV.

De annis ab exordio mundi usque in annum passionis Christi, in notis Græcarum litterarum, secundum formam sanctæ crucis dispositis, simul cum sacramento quod in hoc revelatur.

```
Dignumopusetclarumvictorispsallereregis
Vexilluminsignedominantislaudetriumphum
QuomundumeripuitnocuiqVoetsceptratyranni
DistrucsitreprobaNSREctorisregminafalsa
QuobenesustentatcaELMpelagusquesolumq'e
Cuiusinorbesacraexfueritnāaltatioquando
Mysterioadcurrensnascentisaborginemundi
AnnorumsaeclisseriesSHAecattulitatquehinc
IuresacraefideipleBESconcurrerescriptis
CredentesfecitprobaConditoromniacondens
Temporacumnumeroconcordanscunctasacrato
Cunctaquiadominusrenouauitsaeculaprisca
SanguinenamrecreansSPErfecitcunctacruore
IambonusinprimistunCfinxitquaeexadiebus
PrincipiutgenesispIESanctodogmatepandit
Q'odhominemfacienscomplessetfactacreator
Sicquediesextahominemreparandoredemptor
Sabbatademonstranscelebrauitsabbatavero
EnpatraThuncNUMerussussumquodpassiofalso
OppeatindepreEmattEmptanTEhancusiaNgnti
OccumbatcurARUMvtvinctaesTparssitadirum
Quodnunquamposthaecfallacisfactioplebis
Iamostentatpandetpietatissedprobavirtus
Dogmataveradeipercunctahaectemporamundi
SanctificarecrucemBENedicereregnafutura
Q'aeessetsaluatorbenEdictapotentiapatris
NempedaturuseissumMONouapraemiachristus
Quosmonitisflexitdocuitquosverbasalutis
Quospiacordafidesoperisquosinfulavestit
AtcrucishaecspecieSTRibuitsolaminafidis
MateriamlaudisbonitAtehincscirecreantis
QuipiusomnipotensviTamdeditantesalubrem
Quandohominemvoluitparadisumsortetenere
Etpostlapsafugammiseransquoqnolu'itipsum
FraudeperirelupihaNcMaximeconditorarcem
SedcrucisadvitamvOtOdedicaueratorbihuic
VirtutŭvtnumeroeueHEretadsceptrasuperna
Spesamoratquefidesomnesquossanxitabaeuo
Perpetuodignoschristivenerabilevisuhinc
```

Dignum opus et clarum victoris psallere regis
Vexillum insigne dominantis laude triumphum;
Quo mundum eripuit, nocui et quo sceptra tyranni
Distruxit, reprobans rectoris regmina falsa :
Quo bene sustentat cælum, pelagusque, solumque :
Cujus in orbe sacra exfuerit nam altatio, quando
Mysterio adcurrens nascentis ab origine mundi
Annorum sæcli series hæc attulit, atque hinc
Jure sacræ fidei plebes concurrere scriptis
Credentes fecit, proba conditor omnia condens
Tempora, cum numero concordans cuncta sacrato
Cuncta quia Dominus renovavit sæcula prisca;
Sanguine nam recreans perfecit cuncta cruore,
Jam bonus in primis tunc finxit quæ exa diebus.
Principium ut Genesis pie sancto dogmate pandit,
Quod hominem faciens complesset facta creator
Sicque die sexta hominem reparando redemptor
Sabbata demonstrans, celebravit sabbata vere.
En patrat hunc numerum sussum quod passio falso
Oppetat, inde premat temptantem hanc usiam arti

A Occumbat curarum ut vincta est pars sita dirum.
Quod nunquam post hæc fallacis factio plebis
Jam ostendet, pandat pietatis sed proba virtus
Dogmata vera Dei per cuncta hæc tempora mundi
Sanctificare crucem, benedicere regna futura
Quæ esset Salvator, benedicta potentia Patris :
Nempe daturus eis summo nova præmia Christus,
Quos monitis flexit, docuit quos verba salutis,
Quos pia corde fides operis quos infula vestit :
At crucis hæc species tribuit solamina fidis
Materiam laudis bonitatem hinc scire creantis :
Qui pius omnipotens vitam dedit ante salubrem,
Quando hominem voluit paradisum sorte tenere :
Et post lapsa fugam miserans quoque noluit ipsum
Fraude perire lupi, hanc maxime conditor arcem :
Sed crucis ad vitam voto dedicaverat orbi huic,
B Virtutum ut numero eveheret ad sceptra superna.
Spes, amor atque fides omnes quos sanxit ab ævo
Perpetuo dignos Christi venerabile visu hinc.

DE LAUDIBUS S. CRUCIS. — LIB. I.
DECLARATIO FIGURÆ.

In hac pagina continetur numerus annorum ab exordio mundi, usque in annum passionis et resurectionis Domini : scilicet in litteris Græcis quæ in crucis figuram dispositæ sunt, qui est V̅CCXXXI, secundum fidem chronicorum Eusebii ac Hieronymi. Siquidem secundum eorum computationem, sunt anni ab Adam usque ad diluvium V̅CCXLII ; a diluvio autem usque ad Abraham anni DCCCCXLII ; ab Abraham autem usque in annum XV Tiberii Cæsaris, quo Dominus in Jordane ab Joanne baptizatus est, et salutarem viam populis annuntiavit, signis atque virtutibus vera comprobans esse quæ diceret, sunt anni IIXLIV : qui scilicet omnes juncti faciunt annos V̅CCXXVIII. Adde tres annos, quando in XVIII Tiberii Cæsaris anno, ad passionem Dominus venit, et a Judæis crucifixus, tertia die resurrexit, fiunt omnes anni V̅CCXXXI. Qui si dividantur secundum litteras suprascriptas in cruce, mysterium nobis venerandum innuitur. Quatuor igitur sunt litteræ, quæ crucis effigiem conficiunt Γ videlicet Z, T et X ; sed tres posteriores quater sunt positæ, id est, per singula cornua semel. Γ quoque in medio crucis semel est posita. Quarum si potestas in numeris consideretur earum, hic dispositio gratiæ supernæ nobis dona demonstrant. Siquidem Γ Græcorum ternarium numerum significat, Z septenarium, T tricenarium, et X millenarium. Sed qui nobis in Γ, nisi fides Trinitatis innuitur ? quid per Z, nisi spes fidelium ? et quid per T, nisi charitas ? quid vero per X, nisi æterna beatitudo significatur ? Recte enim per Γ, quæ prima harum litterarum est, et in medio crucis posita est, fides ostenditur, quia fundamentum bonorum operum, et initium salutis nostræ, fides recta est. *Impossibile est enim sine fide placere Deo, quia justus ex fide vivit.* Per Z quoque bene spes intimatur, quia omnis fidelium intentio ad æternam requiem, quæ per septenarium significatur, anhelat, dicens cum Propheta : *Sitivit anima mea ad Deum fontem vivum, quando veniam et apparebo ante faciem Dei ?* Charitas quoque rite per T exprimitur, quæ sanctæ crucis tenet imaginem. In crucis enim opere magna charitas Dei Patris ostensa est, qui proprio Filio suo non pepercit, sed pro nobis omnibus tradidit illum, sicut ipse Salvator de se dixit in Evangelio : *Sic enim Deus dilexit mundum, ut Filium suum unigenitum daret, ut omnis qui credit in eum non pereat, sed habeat vitam æternam.* Et Apostolus : *Commendat autem Deus suam charitatem in nobis, quod cum adhuc essemus peccatores, Christus pro nobis mortuus est. Multo igitur magis justificati in sanguine ipsius salvi erimus ab ira per ipsum.* T igitur CCC numerum significat : quod sunt sexies quinquageni. In quibus numeris quid aliud quam perfectio charitatis insinuatur ? Quinquagenarius enim numerus propter Pentecosten Spiritus sancti gratiam demonstrat. Et senarius numerus perfectus est. *Charitas Dei* (ut ait Apostolus) *diffusa est in cordibus nostris per Spiritum sanctum qui datus est nobis.* Per X igitur litteram, quæ millenarium numerum exprimit, apte beatitudo æterna significatur. Nam millenarius numerus pro significatione perfectionis solet poni in Scripturis, quia nimirum numerum quadratum solidum facit. Decem quippe decies ducta centum faciunt. Quæ videlicet figura jam quadrata, sed adhuc plana est, verum in altitudinem surgat, et solida efficiatur. Multiplica C per X, et fiunt mille. Quo perfecto numero stabilis et inseparabilis et velut conquadrata justorum in cœlis vita designatur, quia ex omni parte perfecta est cum et animarum infinita lætitia, et corporum immortalitate perfruuntur ; quando speciem status sui perfectam habent, id est, in longitudine æternitatis, in latitudine charitatis, in altitudine divinam contemplationem. Denique de ipsarum litterarum characteribus libet aliquid ad sensum dicere, quæ memoratos numeros notant, et situ suo crucis effigiem demonstrant. Siquidem Γ, quæ sursum erecta est, et in summo plana est, bene significat fidem quæ sursum erigi ad Dominum debet, et statum mentis firmare ; sed tamen cum magnæ humilitatis custodia servari, ne passim incerta vagando, in errorem cadat. Quas utrasque res Apostolus ostendit dicens : *Fratres, state in fide, viriliter agite et confortamini.* Item alibi : *Non plus sapere quam oportet sapere, sed sapere ad sobrietatem.* Unicuique autem sicut Deus divisit mensuram fidei. Z ergo bene intimat spem, quæ fines suos in anchoræ morem curvat, ostendens nos debere spe ad cœlestia immobiliter cohærere, ne nos tempestas persecutionem, sive turbo tentationum, seu illecebra voluptatum ab æternæ vitæ desiderio possit evellere, de quo Apostolus ad Hebræos scripsit : *Fortissimum,* inquit, *solatium habeamus, qui confugimus ad tenendam propositam spem, quam sicut anchoram animæ habemus tutam ac firmam, ac incedentem usque ad interiora velaminis, ubi præcursor pro nobis introiit Hiesus secundum ordinem Melchisedech, pontifex factus in æternum.* T ergo littera quæ similitudinem crucis habet, et duplici compingitur forma, bene duo præcepta charitatis nobis insinuat. Pars enim ejus quædam sursum ascendit, quædam vadit per transversum ; sed illa pars quæ sursum erecta est, divinum nobis commendat amorem, ut Deum et creatorem nostrum toto corde, tota anima, tota mente diligamus ; illa vero quæ per medium ducitur, ita tamen ut in erecta parte sursum consistat, nostrum nobis invicem insinuat amorem, quæ divino amore debet ordinari, ut amicos diligamus in Deo, et inimicos propter Deum. De qua re apostolus Joannes nos instruit : *In hoc,* inquit, *cognovimus charitatem Dei, quomodo ille pro nobis animam suam posuit, et nos debemus animas pro fratribus ponere.* Et item : *Hoc mandatum habemus a Deo, ut qui diligit Deum, diligat et fratrem suum.* X vero, quæ Græce *chile,* Latine mille significat, non directis lineis, sed circumferentibus scribitur, quando mille significat. Ita Ω, quia alium numerum indicat, in directis lineis scripta. Hanc ergo perfectionem sanctorum in cœlis diximus significare, quæ circumductis lineis scribitur, ut ostendat gaudii cœlestis nullum esse terminum, ubi sanctorum laus sine fine manebit, de quibus ait Propheta : *Beati qui habitant in domo tua, Domine, in sæculum sæculi laudabunt te,* quando secundum Isaiam prophetam, stabit semen sanctorum coram Deo, quasi cœli novi et terra nova, et quando erit mensis ex mense, et sabbatum ex sabbato. X aut prima littera nominis Christi est, et bene hoc convenit huic rationi. Ipse est enim gaudium nostrum, cui dicimus cum Propheta : *Lætificabis nos in gaudio cum vultu tuo, in quem et desiderant angeli prospicere.* Igitur ipsarum litterarum series a Γ incipiens, id est, a medio crucis per quatuor plagas ducitur : hoc mirum significans, quod post passionem Christi, ejus discipuli incipientes ab Hierusalem, cœperunt Evangelium in toto orbe prædicare, et divina charismata cunctis gentibus distribuere, ut ex cunctis terrarum partibus fideles ad præmia æterna, per fidei et spei et charitatis bona mererentur pervenire. Sunt quoque duo versus hic sanctæ crucis in notis memoratis numerum conscripti, quorum prior in longitudine ab arce crucis deorsum legendus est, ita :

En crucis hæc species Jesus bene monstrat honorem.

Altera vero per transversum ejus limitem, secundum ordinem recitandus est ita :

Computat hunc numerum Jesus quo est passus in arvis.

Jesus quoque nomen, quod gramma nota crucis media continet, utrique versui communis est, ut evidenter ostenditur.

FIGURA XV.
De quatuor evangelistis et Agno, in crucis specie constitutis.

Nate Patris summi, qui tela ferocia frangis,
Da mihi rite crucis victricia carmina fari.
Nam cæleste animal mitis volat ore Iohannes
Transpenetrans aquila, et vero omine vidi
Eoum solem, verbum hausit in arce polorum hoc :
Gratia sicque Iohanni ante omnes vivido fatu
Donata, utque artus hominis sibi sumeret auctor
Scripserit; atque in principio Deus unus et almus
Semper cum Patre qui pio erat : vitaque, salusque,
Sit natus, factusque caro, dominatur in orbe.
Hunc leo, hunc vitulus regem dant, pontificemque.
Ut leo, qui fortis retulit certamine prædam,
Hostiam et obtulerit summus se rite sacerdos,
Mystica dona suis consortibus optime donans.
Nempe datorum mysterio septem et pie panum :
Dat Marcus septem spiritus quoque vivide cantu.
O tu regem justi ecce agnum da pie Lucas :
Hoc signatque fides Dei ecce ea, pontificemque

A Dat vox clarum hedos qui tollit cum fuit in dies.
Formantis manus et par ecce diebus Herodis
In Bethleem genitus matre ammirabilis infans :
Ipse satus Maria, mundo ditissima cura huic :
Nobilis atque puer, persona vetusta dierum
Qui venit de Edom, de Bozra, hic veste cruenta
Calcaturus erat qui solus torcular, auctor
In cruce pensandus qui sustinet astra supernus :
Ut crux alma foret divino hæc munere dives.
Nam scribens bene Mattheus dedit ordine primus
Qui in facie firmat jus, hunc ab origine David
Progenitum esse hominem signavit, quem pie votum
Cum monstravit in ordine stirpis fidus Abraham;
Quod genus hoc dederit pistillo fraudis iniquæ
Expulso nam rite liber genus omne retextum
B Continet hoc vere rationis credere signum,
Nempe decet dudum Christus quia nascier illa
Promissus stirpe est, Salvator maximus orbi.

DECLARATIO FIGURÆ.

Hic quoque quatuor illa animalia prophetica circum Agnum stantia, similitudinem crucis exprimunt: quæ visio Ezechielis atque Apocalypsis Joannis commemorant: quæ Ezechiel in medio ignis vel electi esse scribit, et Joannes in medio sedis et in circuitu sedis. Sed Ezechielis verba de his prius videamus, qui inter alia ita scripsit: *Similitudo autem vultus eorum facies hominis et facies leonis, a dextris ipsorum quatuor, facies autem bovis a sinistris ipsorum quatuor, et facies aquilæ de super ipsorum quatuor,* et reliqua. Joannes vero ita scripsit: *Et in medio sedis et in circuitu sedis quatuor animalia plena oculis ante et retro: et animal primum simile leoni; et animal secundum simile vitulo; et tertium animal faciem habens quasi hominis; et quartum animal simile aquilæ volanti.* Et paulo post subintroduxit aliam visionem ita dicens: *Et vidi, et ecce in medio throni et quatuor animalium et in medio seniorum agnum stantem tanquam occisum, habentem cornua septem et oculos septem, qui sunt septem spiritus Dei missi in omnem terram.* Cum in quatuor animalibus et in quatuor eorum faciebus propheta et apostolus concordent, licet in aliquibus differant, quæ modo non vacat dicendum per singula, videamus quid ille situs significet horum quatuor animalium, quæ Joannes scripsit in circuitu sedis esse et agni, qui in medio throni stat. Nonne crucem Domini? Quando ergo dicitur in circuitu sedis quatuor esse, non aliud reor illum significare velle, quam in quatuor partibus, id est, ante et retro, dextra et sinistra, quantum ad positionem loci pertinet, cæterum inlocaliter aliquid hujuscemodi diffiniri non potest. Hæ ergo quatuor partes quid aliud significant, quam quatuor cornua crucis, si jacentem illam considerare velimus? Agnum vero qui in medio sedis est, quid aliud quam mediam crucem tenere intelligimus? Ipse enim in ea confixus est qui abstulit peccata mundi. Quatuor quippe hæc animalia quatuor evangelistas significant, ut Ecclesiæ tradit auctoritas, hoc est, Matthæum, Marcum, Lucam, Joannem, qui jure in sanctæ crucis specie conscribuntur, quia passionem Domini et resurrectionem in libris sancti Evangelii omnes concorditer testantur. Matthæus jure in imo positus speciem hominis tenet; quia in principio Evangelii sui genealogiam Salvatoris describens, ex terrenis parentibus eum carnem assumere intimavit. Marcus vero et Lucas, quasi jam altius constituti, regiam in eo potestatem et sacerdotalem dignationem significant: quorum prior, hoc est, Marcus, speciem leonis habet, in quo vox leonis in eremo rugientis auditur. *Vox clamantis,* inquit, *in deserto: Parate viam Domini, rectas facite semitas ejus.* Nam Amos dicit: *Dominus de Sion rugiet, et de Hierusalem dabit vocem suam.* Leo est rex bestiarum, unde Salomon dicit: *Sicut fremitus leonis, ita furor regis.* Et in Genesi patriarca Jacob de Juda (unde reges et unde Christus carnem assumpsit) dixit: *Catulus leonis Juda, ad prædam, fili mi, ascendisti, requiescens accubuisti ut leo et quasi leæna. Quis suscitabit eum? Non auferetur sceptrum de Juda et dux de femoribus ejus donec veniat qui mittendus est: et ipse erit exspectatio gentium.* Alter quoque, hoc est, Lucas, vituli similitudinem tenet: qui a Zacharia sacerdote initium su mens, ipsum Dominum etiam de cognatione sacerdotum secundum hominem natum testatur, cum angelum narrat ad Mariam matrem ejus dixisse: *Et ecce Elizabeth cognata tua concepit filium in senectute sua.* Et a David per Nathan genealogiam Salvatoris ducens, ipsum sacerdotem esse insinuat. Joannes autem speciem aquilæ in se ostendit, qui jure in arce crucis consistit, qui ad altiora volans, secretiora Christi divinitatis mysteria explorat, et quasi in ipsum deitatis solem, mentis oculos figens, statim in principio Evangelii sui de divinitate Christi exorsus est, ita: *In principio erat Verbum, et Verbum erat apud Deum, et Deus erat Verbum.* Quatuor ergo Evangelia a quatuor evangelistis conscripta, quatuor flumina paradisi de uno fonte procedentia significant, quia sicut ipsa ex una matrice fontis procedentia totam terram rigaverunt, ita ab uno vero fonte, hoc est, Christo, a quo qui semel bibit, non sitiet in æternum, quatuor Evangelia emanantia, et per prædicatorum ora diffluentia, totum mundum ad virtutum fructus germinandum irrigant. Hæc sunt divini currus, quatuor rotæ, quæ sequebantur, quatuor animalia, quatuor facies et quatuor alas habentia. Quod autem propheta dicit: *Quod apparuerit rota una super terram juxta animalia habens quatuor facies;* et statim subjungit plurali numero: *Et aspectus earum quasi visio maris, et una similitudo earum quatuor,* et reliqua, potest ad intellectum hujusce rationis transferri. In rota enim una quatuor species rotarum apparuerunt, quia quatuor Evangelia in una passione Salvatoris concordarunt. Tanta enim similitudo erat rotarum quatuor sequentium animalia quatuor ut una rota verissime crederetur, tantaque similitudo est in narratione evangelistarum, ut uno Spiritu dictata facillime approbetur. Quod per quatuor partes earum ibant rotæ et non revertebantur cum ambularent, quia per quatuor plagas mundi docendo discurrunt Evangelia, nec regredientur abnegare quod docent; quia veritas tenorem observat rectitudinis, nec deflectitur in obliqua falsitatis. In ipsis quippe quatuor animalibus sunt scripta sibi convenientia, hoc est, jus et auctoritatem eorum significantia, quid de Domino Salvatore prædicent. Nam in specie hominis deorsum scriptus est hic versus:

Matthæus hunc hominem signavit in ordine stirpis.

Leo vero hæc habet verba: *Marcus regem signat.* Imago quoque vituli hæc continet: *Dat Lucas pontificem.* Ast aquila in arce crucis consistens hunc sonat versum:

Altivolans aquila et verbum hausit in arce Johannes.

Tenent et quatuor chartas hæc eadem animalia, in quibus principales eorum sententiæ denotantur, unde quatuor Evangeliorum primæ partes demonstrantur. Agnus quippe, qui in medio stat, habet in capite et in cornibus scriptum: *Septem Spiritus Dei.* Quod idem significat septem cornua, et septem oculi. In corpore vero reliquo tenet et sententiam Baptistæ Joannis de se: *Ecce agnus Dei, ecce qui tollit peccata mundi.* In cruce nempe, quam gestat in capite, ostendit scriptum Græcum nomen: YOS, quod interpretatur *filius,* significans quod hæc imago non agnum quemlibet communem, sed Dei Filium demonstrat.

FIGURA XVI.

De septem donis Spiritus sancti, quæ propheta Isaias enumerat.

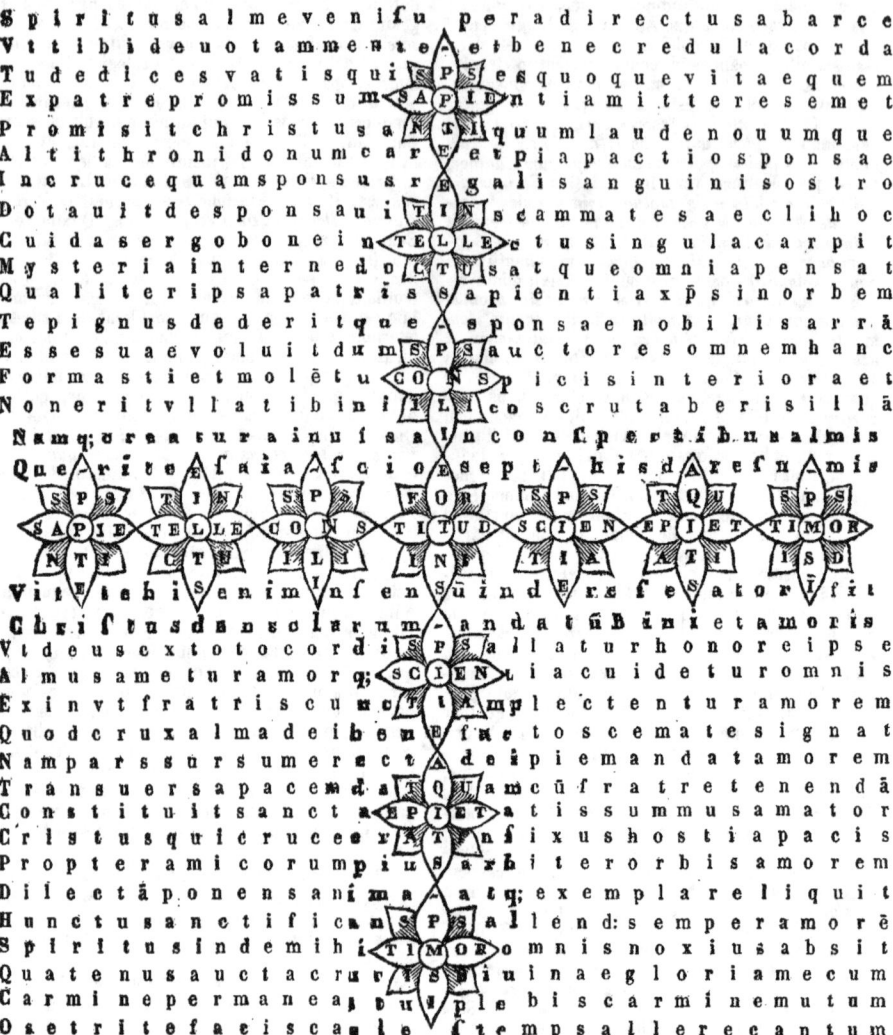

Spiritus alme, veni supera directus ab arce,
Ut tibi devotam mentem et bene credula corda
Tu dedices vatis, qui spiritus es quoque vitæ;
Quem ex Patre promissum sapientia mittere semet
Promisit Christus, antiquum laude novumque
Altithroni donum, charæ et pia pactio sponsæ :
In cruce quam sponsus regali sanguinis ostro
Dotavit, desponsavit in scammate sæcli hoc.
Cui das ergo, bene intellectu singula carpit
Mysteria, interne doctus atque omnia pensat,
Qualiter ipsa Patris sapientia Christus in orbem
Te pignus dederit, quem sponsæ nobilis arram
Esse suæ voluit, dum Spiritus auctor es, omnem hanc
Formasti et molem, tu conspicis interiora et
Non erit ulla tibi, ni ilico scrutaberis illam.
Namque creatura invisa in conspectibus almis
Quem rite Isaiam scio et septem, his dare summis,

A Vitæ te bis enim in sensum indere se sator infit
Christus, dans clarum mandatum bini et amoris,
Ut Deus ex toto cordis psallatur honore,
Almus ametur, amorque scientia cui detur omnis ipse.
Exin ut fratris cuncti amplectentur amorem :
Quod crux alma Dei benefacto schemate signat.
Nam pars sursum erecta Dei pie mandat amorem,
Transversa pacem dat, quam cum fratre tenendam
Constituit, sanctæ pietatis summus amator
Christus qui in cruce erat infixus hostia pacis.
Propter amicorum pius arbiter orbis amorem
Dilectam ponens animam, atque exempla reliquit.
Hunc tu sanctificans (psallendus semper) amorem
Spiritus inde mihi timor omnis noxius absit :
Quatenus aucta crucis divinæ gloria mecum
Carmine permaneat, tu impiebis carmine mutum
Os, et rite facis cœlestem psallere cantum.

DECLARATIO FIGURÆ.

Scriptum est in Isaia : *Egredietur virga de radice Jesse, et flos de germine ejus ascendet; et requiescet super eum Spiritus Domini, spiritus sapientiæ et intellectus, spiritus consilii et fortitudinis, spiritus scientiæ et pietatis, et replebit eum spiritus timoris Domini.* Septiformis igitur gratia Spiritus sancti per prophetam annumeratur, quæ super florem illum jucundissime requiescere dicitur, qui in Canticis canticorum sponsæ dicit : *Ego flos campi et lilium convallium.* Virgam quoque et florem, de quo propheta narravit, Judæi ipsum Dominum dicunt pro potentia regnantis et pulchritudine; nos autem virgam dicimus sanctam Mariam de stirpe Jesse progenitam, quæ nullum habuit sibi fruticem cohærentem, quia nullum habuit carnalis copulæ conjugem; florem vero Dominum Jesum, qui de cortice humanæ naturæ splendidissimus erupit, quia sine sorde peccatorum ex virginali utero natus processit; qui et in carnis suæ castitate candorem lilii demonstravit, et in sanguine passionis rosæ ruborem ostendit. Super illum ergo requiescit Spiritus Domini, hoc est, æterna habitatione permanebit, quia *in eo habitat omnis plenitudo divinitatis corporaliter.* Non enim ad mensuram dat Deus Spiritum; sed *unxit eum Deus Pater oleo lætitiæ præ consortibus suis; et de plenitudine ejus nos omnes accepimus.* Quomodo igitur de Christo scriptum est, *quod acceperit Spiritum sanctum a Patre, et ipsum dederit?* Utraque natura in eo monstrata est, humana scilicet et divina. Accepit ut homo : dedit ut Deus. Nos autem accipere hoc donum quidem possumus pro modulo nostro; effundere autem super alios non utique possumus ; sed ut fiat, Dominum super eos quod id efficiatur invocamus. Sed quæri potest cur propheta a Spiritu sapientiæ numerare incœperit, et in Spiritum timoris desierit, cum Psalmista dicat : *Initium sapientiæ timor Domini.* Quod ita solvi potest : Propheta ergo cum de flore virgæ, quæ de radice Jesse egressura erat, prophetaret, id est, Christo, quia ipsum in divinitate coæternum Patri intellexit, et totius boni et sanctitatis, imo omnium rerum auctorem cognovit, ut cum tanta plenitudine sanctitatis a cœlis ipsum ad nos usque descenderet significaret, et in nostram, id est, humanam naturam gratiam diffundere monstraret, ab ipso fastigio spiritualium donorum incipiens ad ima usque progreditur. Quæ enim major gratia, quam ipsum omnipotentem creatorem, a quo, et per quem, et in quo sunt omnia, et ipsam sapientiam æternam, a qua, et per quam, et in qua illustratur omnia, pro modulo nostro plene atque perfecte conspici? aut quæ minor quam propter pœnam gehennæ a peccatis se hominem compescere? Nec dum enim in gradus superiores ascendit, qui in isto pœnaliter afficitur, quia timor pœnam habet. Qui autem timet, non est perfectus in charitate. Sed non nisi per istum humanæ infirmitas ad superiora valet conscendere. Atque ideo dicit Psalmista : *Initium sapientiæ timor Domini,* quia primitus debet homo per timorem a peccatis se coercere, sciens scriptum, quod Deus unicuique reddit secundum opera sua, *quodque impii ibunt in supplicium æternum, justi autem in vitam æternam;* et sic amore mercedis æternæ in cæteros gradus ascendere, id est, in secundum gradum, ut pius sit et mitis, fidem hominis rectam, et nulli malum pro malo, sed semper quod bonum est reddens ; neque maledicenti remaledicens, sed e contrario benedicens. In tertium quoque, ut scientiam habeat bona eligere et mala reprobare, divertere a malo, et facere bonum ; sequi pacem et odium spernere. In quartum ut fortis sit, firmo justitiæ incedens gradu, et non patiatur se ullis corrumpi prosperis atque ulis affici adversis. In quintum vero gradum, ut omnia vero consilio agat, et secundum id quod Scriptura divina docet obediens faciat, id est, ut dimittat debita proximis suis, quatenus dimittat sibi Deus peccata sua; misereatur alterius, ut sui misertus sit Deus; faciat amicos de mammona iniquitatis, ut cum deficiat recipiant eum in æterna tabernacula : seminet terrena, ut metat cœlestia; perdat modo animam suam in hoc mundo, ut in vitam æternam custodiat eam, et his similia. In sextum, ut intelligat Deum, id est, tota cordis intentione illum perquirat, tractet, inspiciat, et omnes malos cogitationes cordi suo advenientes subito evellere festinet, et parvulos suos ad petram allidat Christum. Cum autem in septimum ascenderit gradum, id est, in sapientiam, jam ipsum hominem exhibebit perfectum, et ex servili conditione in filium transit : et non necesse habet ut aliquis doceat illum, sed, sicut scriptum est, unctio ejus docet eum de omnibus; delectatus perfecta dilectione Dei certus effectus est cum Apostolo, *quod neque mors, neque vita, neque angeli, neque principatus, neque instantia, neque futura, neque fortitudo, neque altitudo, neque profundum, neque creatura alia poterit eum separare a charitate Dei, quæ est in Christo Jesu Domino nostro.* Quod autem bis hic numerantur eadem septem dona Spiritus sancti, duo nimirum significat præcepta charitatis, quæ per Spiritum sanctum diffunditur in cordibus nostris; sive duo Testamenta, quæ per eumdem Spiritum dictata atque conscripta sunt; quæ in una cruce, id est, in una passione Christi compacta atque coadunata sunt. In cruce ergo Christi duo efficiuntur : unum quia omne divortium et inimicitia in ipsa dissoluta sunt, pacificataque omnia sunt in ipsa quæ in cœlo et quæ in terra sunt. Descripsi ergo hic florigeram crucem quatuor coloribus præcipuis, id est, hyacinthino, purpureo, byssino, et coccineo, ut floris illius jucundissimi decorem demonstrarem, quem prophetica locutio narrat de stirpe regia exortum; qui speciosus forma præ filiis hominum existens, omnium virtutum decorem in semetipso ultra omnes mirabiliter ostendit. Nec enim ullum sanctorum fas est credere, ad excellentiam charitatis ejus pervenire potuisse, quia illum solum sine peccati macula constat natum esse, et quod cæteris ex parte conferebat gratia, illi totum ex integro præbebat natura. In hyacintho quippe intelligimus cœlestem ejus inter homines conversationem; in purpura passionis sanguinem; in candore et bysso corporis ejus inviolatissimam castitatem; in cocco quoque præcipuam ac divinam charitatem. His quidem omnibus homo Christus Jesus inter homines natus serenus resplendebat, quia totius decoris pulchritudine intus forisque plenus erat. Proficiebat igitur puer Jesus sapientia et ætate et gratia apud Deum et homines, et vir factus populi testimonio laudatus erat dicentis : *Bene omnia fecit : et surdos fecit audire, et mutos loqui.* Qui doctrina sua mundum illustrans atque ægrotos ejus sanans, per mortem destruxit mortem, et triumphans resurrexit in gloria, ascendit in cœlos, sedet ad dexteram Dei Patris, inde venturus judicare vivos et mortuos, et sæculum per ignem.

FIGURA XVII.
De octo beatitudinibus evangelicis.

Sancta, beata, potens, vitæ laus, gloria Christi
Crux veneranda Dei tu, prospera functio sæcli,
Digna, bona atque pia, Christo afficeras quia membra
Stipite suspensa, afflictos sub carceris umbra
Deriperas populos, regnum in sublime repostum
Quis dederas : quoniam spectatio longa polorum
Reddita jure piis beat olim, et stemmate dignos :
Nam bona quæ in terram pius arbiter ore sereno
Semina dispersit sacra, multiplicavit, amavit :
Quæque sedens montis oravit in arce magister.
Discipulis tribuens pactum, pia fœdera juris :
Incipiebat enim almifico tunc ordine sanctis
Virtutum his titulis Dominus pia pandere dicta.
Ut benedicta Patris proles hoc dogmate signet.
Crux quia tota bona complectit, et optima per se
Dat, docet alma, annectit amantibus atque beata :
Sic felix divinum ardore tremens preme cordam
Qui hic es, fac et justitiam, hoste pio, algida serva
Flentes qui cupidos, nam his sursum omen ad
          eumque,

A Quis consul æterna ac sit miseratio, cernent,
Dolatio, idque refectio, pastio larga, et in arce
Non alto actio competit ore, repensque supernum
Ops est nunc, valet hic atque hoc satis, interna cum
Longe absunt, humilive solo, quod pronus adorat.
Cum verbum haud solum mites, sed in ordine mores
Omnitenens poscit semper hoc temporeque omni.
Ergo beatorum est habitare in luce volentum, et
Octeno hoc numero ut super ardua dona requirant,
Hocque resurgentes regnum : quia sic cruce vadent.
Crux via, scala, rota, patria, dux, porta, triumphus,
Vita beata hominum meritorum, et maxima merces :
Bina quater posita en, regni pia formula pandit
Sancta bonos bene dona polum scandendo mereri :
Cuncti potensque Dei Dominus hoc omnipotentis
Spiritus ipse modis vult pacis scandere sedem :
B Septenosque gradus superis erexerat astris, quo
Alta poli hinc pie posse benignos panderet ire,
Quos comitatur amor, ratio, lux, laus, bona virtus,
Gloria, stemma, thronus, quis additur arce polorum.

DECLARATIO FIGURÆ.

Octo ergo beatitudinum series hic in specie sanctæ crucis notantur, ut cuncto fidelium populo innotescat : ubi salutis suæ habuerit initium, et ubi perfectionis suæ inventurus sit supplementum, quando per passionem Christi acceperit remissionem peccatorum, et per resurrectionem ejus vitam et immortalitatem speret æternam ; quando beatitudinis quoque cœlestis a nullo alio requirat integritatem, quam ab illo a quo consecutus est denuo redemptionem. Merito ergo sanctæ cruci hæc cuncta sacramenta conveniunt, quia per illam liberati pactum fidei et societatem unitatis populi ineunt. Ibi insinuatur a morte redemptio, ibi demonstratur sancta morum conversatio, ibi intimatur omnium virtutum perfectio, ibi promittitur ad æternam vitam resurrectio, ibi æternæ vitæ speratur adeptio et veræ felicitatis acquisitio. Nam quoniam post enumerationem ad tractatum spiritualium charismatum de octo beatitudinibus sermo nobis haberi placuit, videamus quomodo hæ duæ res sibi conveniant, et si habitudo sanctæ crucis hanc convenientiam in se demonstrare valeat. Facit enim beatus pater Augustinus in libro quem de sermone Domini in monte placuit nominare, hujus convenientiæ talem commemorationem, ita dicens : Videtur ergo mihi etiam septiformis operatio Spiritus sancti, de quo Isaias loquitur, his gradibus sententiisque congruere, sed interest ordinis. Nam ibi numerationem ab excellentioribus cœpit : hic vero ab inferioribus. Ibi namque incipit a sapientia Dei, et desinit ad timorem Dei, sed *initium sapientiæ timor Domini est*. Quapropter si gradatim tanquam ascendentes numeremus, primus ibi est timor Dei, secunda pietas, tertia est scientia, quarta fortitudo, quintum consilium, sextus intellectus, septima sapientia. Timor Dei congruit humilibus, de quibus hic dicitur : *Beati pauperes spiritu, quoniam ipsorum est regnum cœlorum*, id est, non inflati, non superbi. De quibus Apostolus dicit : *Noli altum sapere, sed time*, id est, noli extolli. Pietas congruit mitibus : qui enim pie quærit, honorat sanctam Scripturam, et non reprehendit quod nondum intelligit, et propterea non resistit, quod est mitem esse. Unde hic dicitur : *Beati mites, quoniam ipsi hæreditate possidebunt terram*. Scientia congruit lugentibus : qui jam cognoverunt in Scripturis, quibus malis vincti teneantur, quæ tanquam bona et utilia ignorantes appetiverunt. De quibus hic dicitur : *Beati qui lugent nunc, quoniam ipsi consolabuntur*. Fortitudo congruit esurientibus et sitientibus. Laborant enim desiderantes gaudium de veris bonis, et amorem a terrenis et corporalibus avertere cupientes. De quibus hic dicitur : *Beati qui esuriunt et sitiunt justitiam, quoniam ipsi saturabuntur*. Consilium congruit misericordibus. Hoc enim unum remedium est de tantis malis evadendi, ut dimittamus, sicut et nobis dimitti volumus, et adjuvemus in quo possimus alios, sicut et nos in quo non possumus cupimus adjuvari. De quibus hic dicitur : *Beati misericordes, quoniam ipsi misericordiam consequentur*. Intellectus cordis congruit mundis corde, tanquam purgato oculo quo cerni possit quod corporeus oculus non vidit, nec auris audivit, nec in cor hominis ascendit. De quibus hic dicitur : *Beati mundo corde, quoniam ipsi Deum videbunt*. Sapientia congruit pacificis, in quibus jam ordinata sunt omnia, nullusque motus rebellis est ; sed cuncta obtemperant spiritui hominis, cum ipse obtemperat Deo. De quibus hic dicitur : *Beati pacifici, quoniam filii Dei vocabuntur*. Et paulo post subjunxit : et ista quidem in hac vita possunt compleri : sicut completa esse in apostolis credimus. Nam illa omnimoda in angelicam formam mutatio, quæ post hanc vitam promittitur, nullis verbis exponi potest. *Beati qui persecutionem patiuntur propter justitiam, quoniam ipsorum est regnum cœlorum*. Hæc octava sententia, quæ ad caput redit, perfectumque hominem declarat, significat fortasse et circumcisionem octavo die in veteri testamento, et Domini resurrectionem post sabbatum, qui est utique octavus dies, idemque primus. Bene ergo omnis virtutum series in gradus distribuitur, quia omnis vita fidelium per incrementum atque ad augmenta ad altiora sublevatur, donec ad summam perfectionis, id est, charitatem perveniat, illam videlicet quæ perfecta foras mittit timorem, per quam meretur jam habitatorem in se habere Deum : quia *Deus charitas est, et qui manet in charitate, in Deo manet, et Deus in eo* : quando jam sedata tentationum tempestate, tota in Dei contemplatione erit. Hinc dicit Psal. : *Ambulabunt de virtute in virtutem* : videbitur Deus deorum in Sion ; et alibi : *Factus est in pace locus ejus, et habitatio ejus in Sion*. Et hoc rite per spiritualia charismata innotescitur : quia *per Spiritus sancti gratiam omne datum optimum, et omne donum perfectum nobis conceditur*. Recte quidem hi gradus in sanctæ crucis forma disponuntur, quia per ipsam ad cœleste regnum vere conscenditur. Sed quia duæ partes sanctæ crucis sunt, una quæ erecta stat, altera quæ per transversum vadit, ita gradus ipsi octo beatitudinum a nobis in illa dispositi sunt, ut ab imo usque ad medium in erecta ejus parte ascendatur, et tunc per transversam illius partem, ascensionis ordo ducatur. Deinde in erecta ejus parte, in ea quæ transverso eminet, ascensus ille finiatur : quod cuilibet facile patebit, si versus, quos in ea conscripsimus, rite intellexerit.

Potest quippe et in ipsa divisione partium conveniens earum dispositio cognosci. Nam in erecto stipite in imo, pauperes spiritu collocantur ; et in supremo qui persecutionem patiuntur propter justitiam : quibus utrisque regnum cœlorum promittitur, quia per veram humilitatem solummodo rite ad martyrii palmam et ad regnum cœleste pervenitur ; atque pro justitia, quæ Christus est, adversa cuncta patientissime tolerantur. In transversa vero parte beatis qui lugent nunc usque ad beatos qui mundo corde sunt trames tendit : quorum prioribus consolatio, sequentibus visio Domini promittitur, quod recte unum esse intelligitur. Illi enim vere consolantur, qui æterni regis visione sine fine perfruuntur. Sancti ergo viri in præsenti vita, quanto magis se exterius despiciendo dejecerint, tanto amplius interius contemplationis revelatione pascuntur. Quos enim exterius in fletu continet convallis humilitatis, eos interius sublevat ascensus contemplationis. Igitur octo hic octogoni imparibus numeris compacti, octo versus continent triginta septem litterarum, octo beatitudines continentes, quorum primus, qui in base crucis positus est, talem habet versum :

    Regna poli Dominus vult pauperis esse beati.

Secundus vero post hunc talem :

    Atque solum mites semper habitare supernum.

Tertius quoque ordine octogonus est ille, qui in transverso crucis tramite primus est, hunc tenens versum :

    Felices flentes quis consolatio in alto est.

Quartus qui hic proximus est cum hoc versu :

    Nam justi cupidos æterna refectio complet.

Juxta quem est quintus cum isto :

    Mente pios sursum miseratio larga repensat.

Sextus quippe ille est, qui transversum tramitem claudit :

    Corda serena Deum cernent et in arce superna.

Septimus qui in supereminente crucis parte inferior sistit hic :

    Pacificos Dominus prolis complectit amore.

Supremus quoque omnium octogonus, hoc conscriptus est versu :

    Pro Christo afflictus regnum jam spectat Olympi.

FIGURA XVIII.
De mysterio quadragenarii numeri.

```
Pandesalutaremdominovincentetriumphum
Linguafiguramanuslabiumvoxsyllabasens:
Magnacrucisdominiquemgloriaposcitvbiq;
Sideracelsasuperetquopertingitabyssus
Luxvbipuramanetquotetrasilentianoctis
Perpetuaelatitantvbinoxq;diesq;vicissim
Succeduntceduntq;sibiquotemporecunctus
Labiturorbisvbivariabilisindit:ordoest
Quattuoristovincirevixsufficitasthaec
Paginadignacrucipraeconiatramitedenas
Hasquequadragenassanctodecallemonades
Arteligaresimulplenasquoqueluceserena
Mysticaqasvirtusornatconsecrathonorat
Temporisinstantisnumerushicritefigurã
Gestatquototachristosubprincipesancta
Ecclesiarabidopiefertcontrariatelahic
Opponenshostibellatrixconsciaprestans
Virtutumetpugnisvitiasibilauseacuncta
Cumfideiscutodomathaecrituhastaq;verbo
Loricaligatebeneiustitiaeintuitalmam
Atq;salutarisgaleamhancinverticegestat
Ipsacrucisclarãfaciuntinsigniafrontem
Frontisetaduersaefunduntformosadecorẽ
Incrucesaluatorsaeuumnamviceratostem
Eiusethocnumerosuadesertoalmatrahebat
Exdapibuscunctisieiuniasobriachristus
Strinxcrateripuitqeartodofaucesuperbi
Raptorishominemquemcastrimargiatraxit
Infacinusdiruminmitemsimulattuliiram
Huicphilargirialeuisetcenodoxiatrusit
Quemaregnodominusaeternaredemtioiesus
Sedpressithostempraedamsaluauitabipso
Dapsilisatqehumilismitisetsobriusipse
Cuiuspugnasaluscuiusvictoriasanctaest
Cuiusinarcethronusaspect:ininfimacuius
Cruxouatorbishonorcruxesterectiomundi
Cruxmihicarmeneritcristivictoriaclara
```

Pande salutarem Domino vincente triumphum
Lingua, figura, manus, labium, vox, syllaba, sensus.
Magna crucis Domini quem gloria poscit ubique,
Sidera celsa super, et quo pertingit abyssus,
Lux ubi pura manet, quo tetra silentia noctis
Perpetuæ latitant, ubi noxque diesque vicissim
Succedunt, ceduntque sibi, quo tempore cunctus
Labitur orbis, ubi variabilis inditus ordo est.
Quattuor isto vincire vix sufficit, ast hæc
Pagina digna cruci præconia tramite denas,
Hasque quadragenas sancto de calle monades
Arte ligare simul plenas quoque luce serena,
Mystica quas virtus ornat, consecrat, honorat.
Temporis instantis numerus hic rite figuram
Gestat, quo tota Christo sub principe sancta
Ecclesia rabido pie fert contraria tela hic
Opponens hosti bellatrix conscia perstans,
Virtutum et pugnis vitia sibi laus ea cuncta
Cum fidei scuto domat, hæc ritu hastaque verbo

A Loricam ligat, et bene justitiæ induit almam,
Atque salutaris galeam hanc in vertice gestat.
Ipsa crucis claram faciunt insignia frontem,
Frontis et adversæ fundunt formosa decorem :
In cruce Salvator sævum nam vicerat hostem
Ejus, et hoc numero sua deserto alma trahebat
Ex dapibus cunctis jejunia sobria Christus :
Strinxerat eripuitque atro de fauce superbi
Raptoris hominem, quem castrimargia traxit
In facinus, dirum immitem simul attulit iram.
Huic philargyria levis et cenedoxia trusit
Quem a regno Dominus æterna redemptio Hiesus,
Sed pressit hostem, prædam salvavit ab ipso.
Dapsilis, atque humilis, mitis, et sobrius ipse,
Cujus pugna salus, cujus victoria sancta est,
B Cujus in arce thronus, aspectus in infima cujus
Crux ovat orbis honor, crux est erectio mundi :
Crux mihi carmen erit Christi victoria clara.

DECLARATIO FIGURÆ.

Quadragenarius itaque numerus secundum hunc modum speciem crucis format, et mysterii sacramentum congrua dispositione declarat : qui in quatuor summas divisus, denarium per singulas ordine manifesto demonstrat. Hoc enim ad mysterium pertinet, quia sicut in quatuor partibus denarii plenitudo invenitur, ita etiam in singulis sancti Evangelii libris decalogi perfectio omnibus fidelibus insinuatur. Quæ tamen junctæ decades unam speciem crucis faciunt, quia unitatem fidei et dilectionis societatem, decalogus legis et Evangelii majestas concorditer astruunt. Porro ipse denarius, ab uno usque ad quatuor progrediente numero consummatur, idemque ut in quadragenarium surgat per quatuor multiplicatur, hoc nimirum significat, quod legis consummatio non sine Evangelio fiat, nec evangelica doctrina attestatione legis careat. *Finis enim et perfectio legis Christus ad justitiam omni credenti. Ipse est enim pax nostra, qui fecit utraque unum, et medium parietem maceriæ solvens, inimicitiam in carne sua : legem mandatorum decretis evacuans, ut duos condat in semetipso, in unum novum hominem, faciens pacem, ut reconciliet ambos in uno corpore, Deo, per crucem interficiens inimicitias in semetipso.* Quia ergo numerus iste laboriosi hujus temporis sacramentum est, quo sub disciplina regis Christi adversus diabolum dimicamus, etiam declarat illud quod quadraginta dierum jejunio humiliatione animæ consecravit; et lex et prophetæ per Moysen et Eliam, qui quadragenis diebus jejunaverunt, et Evangelium per ipsius Domini jejunium, quibus quadraginta diebus etiam tentabatur a diabolo, quid aliud quam omne hujus sæculi tempus tentationem nostram in carne sua, quam de nostra mortalitate assumere dignatus est, præfigurat? Ab hora quoque mortis ejus usque ad diluculum resurrectionis constant horæ quadraginta, si ipsa nona connumeretur; post resurrectionem quoque non amplius quam dies quadraginta cum discipulis in hac terra esse voluit. Hinc eorum vitæ adhuc humana conversatione commistus, et cum illis alimenta mortalium jam non moriturus accipiens, ut per ipsos quadraginta dies significaret se occulta præsentia quod promiserat impleturum, quando ait : *Ecce ego vobiscum sum usque ad consummationem sæculi.* Cur autem iste numerus hanc temporalem vitam terramque significet, illa interim causa de proximo occurrit, quamvis sit alia fortasse secretior, quod tempora anno-rum quadripartitis vicibus currunt; et mundus ipse quatuor partibus terminatur, quas aliquando ventorum nomine Scriptura commemorat, ab oriente et occidente, ab aquilone et meridie. Ad hunc igitur mundum, ad istam terrenam mortalemque vitam hominum, ad nos regendos in tentatione laborantes, venientem regem Christum Matthæus suscipiens exorsus est ab Abraham, et enumeravit quadraginta homines. Ab ipsa enim gente Hebræorum, quæ cæteris gentibus ut distingueretur, Deus de terra sua, et de cognatione sua separavit Abraham. Christus venit in carne, et ab ipsa cuncto mundo salutarem pertulit crucem. In hoc annorum termino Isaac sociata est Rebecca et per ipsius numeri mysterium. Christo accopulata est Ecclesia. Hoc numero dierum missi duodecim viri exploraverunt terram repromissionis, et eodem annorum numero castigati sunt increduli et detractores in sterilitate solitudinis, quia sæpe per præsentis vitæ laborem, quo probantur electi, crucientur reprobi. Item secundum hujus numeri medietatem, id est, a viginti annis eligebantur filii Israel in militiam Domini (ut Pentateuchi narrat historia) ut ostenderetur quia mox ut oriri cœperunt sanctis bella vitiorum, non parvus statim adest labor certaminum : *Qui autem sunt Christi*, ait Apostolus, *carnem suam crucifixerunt cum vitiis et concupiscentiis.* Metitur ergo hic numerus secundum positionem sanctæ crucis in templo Salomonico sancta sanctorum, id est, viginti cubitos in longitudine, et viginti cubitos in latitudine, ut ostendatur ipse esse sanctus sanctorum, qui in crucis quadrifidæ confixus est stipite, ut re propitiaret delicta populi, et sanctificaret totius orbis gentes, habitans inter eos et salvans omnes credentes in se. Merito ergo crux ipsa sancta sanctorum dici potest, quæ ab omnibus sanctis in terra veneratur et colitur, nec non et ab ipsis sanctis spiritibus angelicis, qui de redemptione nostra gratulantur, omni honore (ut credimus) digna deputatur, qui recordantur Christum propter obedientiam crucis exaltatum, et traditum illi nomen, quod est super omne nomen, *ut in nomine Hiesu omne genu flectatur cœlestium, terrestrium et infernorum.* Est autem quadragenarius ipse in quatuor triangulis hic comprehensus, secundum geometricæ figuræ potestatem, continens versum quadraginta litterarum in hunc modum :

Crux sacra, tu æterni es regis victoria Christi.

FIGURA XIX.
De quinquagenario numero et sacramento in eo manifestato.

Crux mihi carmen erit, aures adhibete fideles,
Laus crucis ore manat, devotas ducite mentes
Vos quibus est Christus, quibus est sapientia curæ
Lux æterna Dei, quibus incorruptio amor fit
Hic sonat artificis virtus, operisque beati
Hic decor exultat, hic gloria fingitur artis,
Vester honor vivit, quia vivida fulget origo,
Vestra manet palma jure immortalis in æthra,
Clara quia est vobis victoria Christus ubique.
Ipse salus vestra, et vindictam fecit in atro
Pro vobis moriens, justeque oppressit iniquum
Morte interficiens mortem, dum tartara vicit.
Huc huc ægroti volucri concurrite cursu, en
Vester erit medicus quem crux medicabilis alto
Stipite gestavit, extendit brachia curæ, et
Poscite curari, et geminas expandite palmas.
Ipsius ergo valet tactu cito in ora hac eadem
Reddere dextra pia trepido, hic alma quietis
Summa cui est virtus, sapiens adhibere salutem

A Ars, qui descendit resipiscat physica ut arte.
Damna timoris eant, redivivant signa beata.
Quinqua salutarem numerum hic ginta beata
Dat crucis hæc species, divino munere plena :
Qui signat veniam, qui sabbata læta quietis,
Qui legis priscæ post azyma festa tributæ
Est index, et post sancta solemnia Paschæ
Ipse Paracleti missi undique numine plenus.
Pacis amore probus, pacis signacula profert
Perfectus decore, specie perfectus honoris.
Quinque cruces præbet ramis, denasque monades
X numerat, semperque cruci apta et amica figura.
Quinque libri legis exstant mandataque dena.
Omnia nempe cruci concordant tramite dictu,
Lex, numerus, tempus, mysteria facta, character.

B Omnes ergo crucem pariter laudemus ovantes :
Solvamus vota hinc crucifixo et debita regi,
Sanguine qui proprio laxavit crimina mundo.

DECLARATIO FIGURÆ.

Hæc igitur pagina quinquagenarium numerum continet, in quinque X litteris expressum : quæ et denarii notat summam, et crucis exprimit figuram, in cujus honorem totum opus conditur. Hic jubilæi tenet observantiam, et veræ remissionis, quæ per crucem toto orbi conceditur, index est : hic post typici Paschæ celebrationem et occisi agni solemnia, transitusque Domini in Ægypto, celeberrimam festivitatem legis datæ in monte Sinai testis est; et post verum Pascha agnique Christi immolationem, Paracleti super apostolos missi demonstrator est; hic sabbatum sabbatorum post completionem septem hebdomadarum monade addita designat, et æternæ requiei, quæ vere una est, gaudia demonstrat, ubi terra corporum nostrorum vere suum celebrabit sabbatum : quia nulla præsentis vitæ damna sentiet ultra laborum, sed in laudibus æternæ Trinitatis suum exercebit officium : quia quae incorruptionis gaudebit se nullum habere terminum. Quapropter merito quæritur quomodo quinquagenarius numerus ex numero quadragenario surgat. Quadragenarius itaque est numerus ex his, qui vocantur impariter pares, qui dividitur in æquas partes, cujusque pars in alias æquas dividi potest, nec non et partes partium dividuntur, sed non usque ad unitatem progreditur. Æqualis illa divisio est. Ergo ejus medietas XX, quarta pars X, quinta pars VIII, octava pars V, decima pars IV, vicesima II, quadragesima I. Unum enim et II, et IV, et V, et VIII, et X, et XX, quinquaginta faciunt. Sed hoc incrementum minoris numeri in majorem quid aliud significat, quam profectum nostrum? Prædiximus ergo, quod quadragenarius numerus hanc temporalem vitam et præsentem designet; quinquagenarius vero quietem futuræ patriæ et æterna gaudia demonstret. Quid aliud nobis per hos duos numeros insinuatur, nisi ut hanc vitam sancta conversione ducentes, orationibus et vigiliis atque jejuniis instantes, misericordiæ quoque operibus et eleemosynis insudantes, plena fide, spe integra, perfecta charitate ad illam quæ in cœlis exspectat nos patriam properemus : ubi quies æterna absque ullo labore possidetur; ubi verum gaudium sine ulla tristitia continetur; ubi quidquid boni hic ex parte aliqua percepimus, totum atque integrum sine fine perficietur. Porro autem denarius numerus creatoris atque creaturæ significat scientiam. Nam Trinitas creatoris est. Septenarius autem numerus creaturam indicat propter vitam et corpus. Nam in illa tria sunt, unde etiam toto corde, tota anima, tota mente diligendus est Deus, in corpore autem manifestissima quatuor apparent, quibus constat, elementa. Bene ergo numerus ista significans in crucis exprimitur nota, quia in illa per mediatorem Dei et hominum reconciliati et coadunati sumus creatori nostro, et in filios adoptionis æterno Patri translati. Recteque jubilæi numerus exprimitur in crucis figura, quia tota ratio illius spiritualiter cruci aptatur. Nam servitus indebita Israelitarum in illo relaxatur, et per crucem generis humani captivitas et servitus, qua peccato nequiter atque idolis serviebat, destruitur, et veræ libertati, qua Deo soli servitur, homo, qui ad imaginem Dei creatus est, redditur. In jubileo quoque ad antiquum possessorem vendita possessio revertitur, et in passione Domini homini prior possessio, id est, paradisus redditur, quam per pomum vetitum ipse male commutaverat, escam accipiens et vitam perdens. Ibi quippe præceptum est filiis Israel, ut se abstinerent a rurali opere, et hic concessum sanctis Dei, ut vacent a terrena cupiditate. Clangebantque buccina filii Israel in ipso jubilæo, septimo mense, decima die mensis, propitiationis tempore in universa terra sua, et sanctificaverunt quinquagesimum annum, et vocaverunt remissionem cunctis habitatoribus terræ suæ. Insonueruntque tuba prædicationis apostoli et cæteri prædicatores Evangelii, Spiritus sancti gratia repleti, legem spiritualiter interpretantes, et docentes in toto orbe pœnitentiam et remissionem peccatorum accipere per nomen Christi omnes, qui credunt in eum. Ostendit quoque ipse Salvator hoc veræ remissionis tempus, quando Nazareth veniens in synagoga legebat capitulum de Isaia propheta ad se pertinens ita dicens : *Spiritus Domini super me, eo quod unxit me, evangelizare pauperibus misit me prædicare captivis remissionem, et cæcis visum, dimittere confractos in remissionem, prædicare annum Domini acceptum et diem retributionis.* Annum autem acceptum et diem retributionis, omne prædicationis ejus, quo in carne versatus est, tempus intellige, quando cæcis lux vera, *quæ illuminat omnem hominem venientem in hunc mundum,* ad cognoscendum veritatem verbo et miraculis aperuit visum, et in cruce moriens dimisit captivos confractosque in remissionem, quia *destructis vinculis mortis, resurgens in gloria, ascendens captivam duxit captivitatem, dedit bona hominibus.* Quod autem hæc testimonia ad ipsum pertinere, testatur evangelista Lucas, cum subjungit Salvatorem hoc idem auditoribus suis affirmasse ita dicens : *Cœpit autem dicere ad illos, quia hodie impleta est hæc Scriptura in auribus vestris. Et omnes testimonium illi dabant, et mirabantur in verbis gratiæ quæ procedebant de ore ejus.*

Continetur autem in quinque X notis unus versus quinquaginta litterarum hic :

Quinque juvat apice ast sacra dicere, de cruce et hæc
| nam est,

per singulas notas denis litteris supputatis, sed hoc in pronuntiatione. Cæterum autem in scripto IX, grammata unicuique notæ deputantur. Nam media littera singularum notarum communis est utrique tramiti, et ei qui dextrorsum, et ei qui sinistrorsum

FIGURA XX.

De numero centenario et vicenario, et mystica ejus significatione.

```
Sanguinisergosacrinosfusiolauitetunda
Sordib:acunctisdetersitetomniachristus
Noxianapassuslabestulithicquoq;nostras
Delensaratumcontraorbemtumcirographum
Lumeneuangeliiimitabilecondiditauctor
Quodfacin:scriptouetaomniavanarecusat
Q̊odvitamsignansincunctoexpenditurorbe
Lumenvirtutumascensuetdominantisubiq;
Indicatoratumpandensquomysticascripta
Monstrantdonadeiquantaomnib:obtulitore
Astdeciesduodenatenethiclaudacaracter
Grammatanechocunasemelsedhocquateruna
Magnanotansfideimysteriamagnaquefidis
Gaudiademonstransmedicinaemuneragrata
Etsocialedecusquodspiritusauctorinore
Ardensluxdederatconcordimunerelinguae
Hincquealacercoetussacratumiactatubiq;
Hocnomenreteexpandensqodsagenainabisso
Mundiplenaaltaretrahatetfrenetutomnes
Hisreniscrucisutq;insigniacristusubiq;
Dignecommendethominiquaemagnaresignat
Immultisdonaadiungensprobapraemianati
Enorbisdominiquiconditpraemiainauctet
Multiplicatdignisiustecumpatresuperno
Regnatorregnanscunctaditionegubernans
Quipignusdederatparacletumiuresalutis
Vtregatetseruetperducatadatriavitaeet
Psallitedeuotevitambenepsallitecristo
Gentesacliguaeverumetcognositeregem
Virtutemq;patrisquaoccumbitdirapotenti
Morsq;suietstimulirerumscitoteparentem
Haeclausculmenhabetexuerogermineparta
Aeternamreqiemistecstnaturaeinditordo
Seruetutinditatantumetsperetdonabeata
Gloriahaecvirtusetsummaestcausaquietis
Istequeiurabeneconseruatliberachiecest
Quibonasummacupitriteetmediocriaducit
```

Sanguinis ergo sacri nos fusio lavit et unda
Sordibus a cunctis, detersit et omnia Christus
Noxia, nam passus labes tulit hic quoque nostras
Delens aratum contra orbem, tum chirographum
Lumen evangelii imitabile condidit auctor.
Quod facinus scripto vetat, omnia vana recusat :
Quod vitam signans in cuncto expenditur orbe,
Lumen virtutum ascensu et dominantis ubique
Indicat, oratum pandens, quo mystica scripta
Monstrant, dona Dei quanta omnibus obtulit ore :
Ast decies duodena tenet hic lauda character
Grammata, nec hoc una semel, sed hoc quater una
Magna notans fidei mysteria, magnaque fidis
Gaudia, demonstrans medicinæ munera grata
Et sociale decus, quod spiritus auctor in ore
Ardens lux dederat concordi munere linguæ.
Hincque alacer coetus sacratum jactat ubique
Hoc nomen, rete expandens quod sagena in abysso
Mundi plena alta retrahat et frenet ut omnes

A His frenis crucis, utque insignia Christus ubique
Digne commendet homini, quæ magna resignat
In multis dona, adjungens proba præmia nati.
En orbis Domini qui condit præmia in actu et
Multiplicat, dignis juste cum Patre superno
Regnator regnans, cuncta ditione gubernans :
Qui pignus dederat paracletum jure salutis,
Ut regat, et servet, perducat ad atria vitæ, et
Psallite devote vitam, bene psallite Christo
Gentes ac linguæ, verum et cognosite regem,
Virtutemque Patris, qua occumbit dira potenti
Morsque sui et stimuli, rerum scitote parentem.
Hæc laus culmen habet ex vero germine parta :
Æternam requiem iste est naturæ inditus ordo :
Servet ut indita tantum, et speret dona beata.
B Gloria hæc virtus, et summa est causa quietis :
Isteque jura bene conservat, liber ac hic est
Qui bona summa cupit, rite et mediocria ducit.

Alleluia sonat, quis oh tamen aula erit haud hac
Et Deus et Dominus placandus noster ubique est,
Quod juvet iis nos scriptio, ut alma est aeris arce
Cum apparebit ovans servorum hinc, et rapit almi
Turba nihil perdens ac scandala inabmovet ira
Devotos famulos frumenta ut mittat in horreum
Felix qui valet atque licet cui scandere cœlum,

Et lætum Domini bene Christi intendere vultum :
Cui manet altus amor perfectio redditur omnis.
Angelicisque choris permixtus gaudet ubique
Laudibus, et certat cantando psallere Christo.
Cantica rite nova hoc studium deponere nescit ;
Regina quia æterna sic tum et bene gaudia novit.

DECLARATIO FIGURÆ.

Quid itaque hæc figura sit, et quid significet, ut exponatur necesse est. Una quidem ista est figurarum, quæ appellantur notæ sententiarum, specialique vocabulo hæc a Græcis vocantur *chrisimon*, ex voluntate uniuscujusque ad aliquid notandum inventa. Sed majore dignitate a Christianis ad exprimendum nomen Christi assumitur, quasi duæ litteræ primæ nomine ejus uno monogrammate simul sint comprehensæ, id est, X et P. Cur autem modo a nobis in hoc opus sit assumpta, hæc ratio est : notatur enim in ipsa ille numerus dierum, quo prædicasse mundo Christus creditur, et ille qui ante adventum ejus secundum, ab Antichristi temporibus usque in finem mundi futurus , secundum Danielis prophetiam ab orthodoxis Ecclesiæ magistris expositus est, ut in P littera prior numerus, id est, MCCLX, quod sunt III anni et semis, inveniatur, quo temporis spatio Christus mundo prædicasse cognoscitur. Menses enim trium semis annorum , id est, tricies quadrageni et bini, MCCLX dies efficiunt, quo numero civitas sancta calcari a gentibus in Apocalypsi describitur, et mulier a facie draconis fugere in solitudinem, ubi habet locum paratum a Deo, ut ibi pascatur eodem numero dierum, qui numerus mystice omnia Christianitatis tempora complectitur, ut Patrum habet firma traditio. Quia Christus cujus hoc corpus est tantum in carne temporis prædicaverit, quo sive sub spe æternorum peregrinatione præsentis eremi gaudet, seu persecutionis molestiam ab infidelibus vel a falsis fratribus patitur. X itaque littera illum numerum continet, quem Danielis prophetia prædixit in Antichristi tempore futurum, id est, MCCCXXXV dies. Ita enim ibi scriptum est : *Et beatus qui exspectat et pervenit usque ad dies* MCCCXXXV. Quod beatus Hieronymus ita exponit : Beatus, inquit, qui, interfecto Antichristo, supra MCCCX dies, id est, tres semis annos, dies XLV præstolatur, quibus est Dominus atque Salvator in sua majestate venturus. Quare autem post interfectionem Antichristi XLV dierum silentium sit, divinæ scientiæ est , nisi forte dicamus : Dilatio regni sanctorum probatio est patientiæ. Sed quia manifestior ratio est supra dicta , si ipsas litteras, quæ in hac figura conscriptæ sunt et positione sua monogramma conficiunt, simul cum earum numero secundum ordinem conscribamus, spatium calamo ad hoc concedatur. Litteræ autem in P positæ hoc sonant, O, COTHP. IHCYC. ΛΛΗΘΙΑ tria videlicet nomina Christi, quæ latine interpretantur,
Salutaris, Salvator, Veritas. Sed duo nomina Græca posteriora integra serie litterarum conscripta sunt, id est : IHCYC et ΛΛΗΘΙΑ. Tertium autem, id est, COTHP, secundum morem Græcæ conscriptionis tribus (excepto O articulo) litteris notatur, C scilicet, H et P : et ita fiunt omnes litteræ, quæ in P conscriptæ sunt, numero XV, quarum prima est O, numerum notans LXX ; secunda C, CC significans ; tertia H, cum VIII numero ; quarta P, centum exprimens ; quinta I decem ; sexta H, octo ; septima C, CC ; octava Y, CCCC ; nona C, CC ; decima Λ, unum ; undecima Λ, XXX ; duodecima H, VIII ; tertiadecima Θ, IX ; quartadecima I, X ; quintadecima Λ, unum demonstrans. Quæ copulatæ omnes, faciunt numerum MCCLX, et adhuc remanent ad supradictam plenitudinem numeri V, quæ in ipso adhuc caractere P inveniri possunt, ita, si dividatur ipsum P, id est, ut suprema pars, quæ in se imaginem Δ litteræ habet, quaternarium numerum signet, et infima, quæ I Latinam format, unum numerum potestate Latinorum ostendat, et ille millenarius et ducentenarius et sexagenarius numerus in P invenitur. X autem, quæ altera pars est monogrammatis, tria nomina similiter continet Domini, in octo litteris conscripta, id est, ΘΕΟC. ΧΡΗCΤΥC. ΙΗCΥC. Litteræ autem hæ sunt Θ, IX exprimens, C. CC. X. D C. P. C. C. CC. I. X. H. VIII. C. CC. denotans , qui simul fiunt MCCCXXVII, et adhuc remanent VIII, qui augentur, si H littera quæ in medio litterarum octo sita est vicem clavi obtinens, cum numero octonario de P addatur. Sunt quoque tres versus in monogrammate , in majoribus litteris cum minoribus intus conscripti, quorum primus ab O incipiens per omnes majores litteras in circuitu vadit, quæ Δ figuram supra in P ostendunt, et duo nomina græca tenent, hoc est, O. COTHP. IHCYC. in novem litteris comprehensa :

Nam alma decet radiant scripta hinc quod nomine Christi.

Secundus quoque in reliqua parte P, id est, in linea, quæ recta deorsum vadit, et nomen ΛΛΗΘΙΑ tenet, in sex litteris Græcis scriptus est, iste :

Sancta salutaris laudat hæc scriptio Christum.

Tertius quoque, qui in X littera VIII litteris, in quibus sunt tria nomina notata, hoc est, ΤΗΕΟC. ΧΡC. IHS. continet ita :

Christus homo est placidus nempe arbiter hic quoque
      | mundi est.

FIGURA XXIII.

De numero vicenario et quaternario, de que ejus sacramento.

```
Nobilis eccemicat Flos Regis nomine pictus
Atqenotissignant victoris facta potentis
Cornualaetacrucis TrInosicconditaversu
Qaenumerantsexinsigniqaterartemonades
Perfectumquedecuso stenduntrebusinesse
Omnib:omnipotensquas condidit atq; redemit
Claradiesillaestqa conditoromniafinxit
Nonminushaeclucetd octorqacunetabeauit
Tumbonacunc.tabon:co pleuitfactacreator
Nuncpiacunctapiuso perabenedixitamator
Quattuorergoplagas Laudatsenariusorbis
Sexmicatinnumerisp erfect:prim:etipseest
Diuiditipsediemtot umconstringitetipse
Annimensisq;bissext ilisatquequadrantis
Hicnumeratoradesta tollenstemporanutu
Saeculafinecapitet lauditlimitemundum
Vitamperpetuamtunc Regnaetlucidaductor
DaTsuperastrapiisd imittensdebitavuLtu
InderECONSIGNANSIES USPIAPRAEMIASciStU
Exomnimundohisquos Tantaddonacoruscans
Conduxitfideiluxvi usetindidithaustus
Verusamordecoratiu stibeatatq;opusalmum
Ergoplagisorbiscon signataboninib:asthic
Adpositusnumerusen undiqepergereplebes
Adcrucisauxiliumpi anuminaposcereiesus
Perfectumq;decusper ectodogmatediscant
Perfectaefideiqodf Actabenignasequantur
Omnianempedeumveru mhaectestanturvbiqe
Perfectumperfectaq idemformonsadecorum
Quaevertigopolitor natqaeconditolympus
Quaemareqaetellusq aecaelicontinetaula
Astquoquenoshomines inrebusportioparua
Ritecrucemcantusal uantemetvocesonemus
Quibenenosfecitquiq;auxitquiqueredemit
Carmineetincelebr IcRebroscantem:amores
Qossatisipseoperes acroettutaminenobis
Iaminpenditsuasi TiUSsitostenditamavit
```

A Nobilis ecce micat flos regis nomine pictus,
Atque notis signant victoris facta potentis
Cornua læta crucis, trino sic condita versu :
Quæ numerant sex insigni quater arte monades
Perfectumque decus ostendunt rebus inesse
Omnibus, omnipotens quas condidit atque redemit.
Clara dies illa est, qua conditor omnia finxit
Non minus hæc lucet doctor qua cuncta beavit.
Tum bona cuncta bonus complevit facta creator :
Nunc pia cuncta pius opera benedixit amator :
Quattuor ergo plagas laudat senarius orbis :
Sex micat in numeris perfectus primus et ipse est,
Dividit ipse diem totum, constringit et ipse
Anni mensisque bisextilis atque quadrantis
Hic numerator adest, attollens tempora nutu.
Sæcula fine capit, et claudit limite mundum,
Vitam perpetuam tunc regna et lucida ductor
Dat super astra piis, dimittens debita, vultu
Indere consignans Jesus pia præmia, scis tu

A Ex omni mundo his quos tanta ad dona coruscans
Conduxit fidei lux, vivus et indidit haustus.
Verus amor decorat justi beat atque opus almum :
Ergo plagis orbis consignat ab omnibus ast hic
Adpositus numerus undique pergere plebes
Ad crucis auxilium, pia numina poscere Jesus
Perfectumque decus perfecto dogmate discant,
Perfectæ fidei quod facta benigna sequantur.
Omnia nempe Deum verum hæc testantur ubique :
Perfectum perfecta quidem, formosa decorum
Quæ vertigo poli tornat, quæ condit Olympus,
Quæ mare, quæ tellus, quæ cœli continet aula :
Ast quoque nos homines in rebus portio parva,
Rite crucem cantu salvantem et voce sonemus.
Qui bene nos fecit, quique auxit, quique redemit,
Carmine et in celebri crebros cantemus amores,
Quos satis ipse opere sacro et tutamine nobis
B Jam impendit, suasit, ostendit, jussit, amavit.

DECLARATIO FIGURÆ.

Ecce crucis Domini quatuor cornua senarius numerus decenter concludit, et totam perfectionem perpetrati operis ostendit: quia in ipsa rerum conditor consummationis suæ fecit judicium, cum, accepto poculo, *Consummatum est*, dixit. Recte enim consummatum esse scriptum est, ubi humanum genus liberatum est; quia non solum hominibus passionis Christi factum profuit, cum ipsi redemptionis gratiam consecuti sunt, sed etiam cœlestibus angelorum turbis, cum in eo numeri sui plenitudinem adepti sunt. Quater enim seni xxiv reddunt; quo numero horarum cœlestis sphæræ ambitus circumfertur, et naturalis diei cursus judicio siderum circumeuntium deprehenditur; quo numero libri Veteris Testamenti in canonicam auctoritatem apud Hebræos recipiuntur, Ruth et Cynoth librorum vice connumeratis; quo numero in sortes Levitica tribus per David distributa est, et cunctos filios Aaron per vices Deo ministrare decretum est, et merito, ut numerus electorum pontificum præmonstraret æternum Christi sacerdotium, qui pontifex factus secundum ordinem Melchisedech, in ara crucis immaculatam se obtulit hostiam Deo, agnum videlicet illum qui abstulit peccata mundi, cujus sanguinis aspersione sancta et sancta sanctorum mundata sunt, et vera expiatione peccatorum omnium sordes ablutæ sunt. Hujus ejusdemque numeri seniores in circuitu sedis illius potentissimæ, de qua Apocalypsis narrat, unde procedunt fulgura, voces et tonitrua, sedisse describuntur, Ecclesiam videlicet designantes per geminum testamentum de patriarchis et apostolis generatam, quæ ob judiciariam ejus in Christo dignitatem in circuitu illius sedisse cernitur. De qua dicit Salvator regni sui potentiam demonstrans: *Et ego*, inquit, *si exaltatus fuero a terra, omnia traham ad meipsum.* Traxit quippe ad se cuncta Salvator, cum in cruce positus, omnem sib subjecit potestatem, de qua resurgens tertia die, discipulis suis locutus est: *Data est*, inquit, *mihi omnis potestas in cœlo et in terra.*

De qua Apostolus testatus est: *Christus,* inquit, *factus est pro nobis obediens Patri usque ad mortem, mortem autem crucis, propter quod et Deus exaltavit illum, et dedit illi nomen quod est super omne nomen, ut in nomine Jesu omne genu flectatur, cœlestium, terrestrium et infernorum, et omnis lingua confiteatur quia Dominus Jesus in gloria est Dei Patris.* De throno ergo isto procedunt fulgura, voces et tonitrua, quia post passionem Salvatoris, resurrectionem et ascensionem ad cœlos, discipuli ejus, sicut Marcus scribit, *profecti prædicaverunt ubique, Deo cooperante et sermonem confirmante, sequentibus signis.* Quorum unus congregatis adversum se Judæis magna auctoritate respondit: *Notum sit*, inquit, *omnibus vobis et universæ plebi Israel, quia in nomine Jesu Christi Nazareni, quem crucifixistis, quem Deus suscitavit a mortuis, in hoc iste astat vobis sanus. Hic est lapis, qui reprobatus est a vobis ædificantibus, qui factus est in caput anguli, et non est in alio aliquo salus, nec enim aliud nomen est sub cœlo datum hominibus, in quo oporteat nos salvos fieri.* Et doctor gentium Corinthiis ait: *Non enim judico aliquid me inter vos scire nisi Christum, et hunc crucifixum,* et reliqua. Et item ad Galatas ait: *Mihi autem absit gloriari nisi in cruce Domini nostri Jesu Christi, per quem mihi mundus crucifixus est, et ego mundo.*

Sunt quoque in quatuor trigonis circa crucem, quatuor nomina triumphatoris cœlestis conscripta, quæ sancta crux in modum foliorum repandi lilii per cornua dilatat, et a medio scilicet sui incipiens, hoc est, a duobus nominibus, Christus Jesus, ita quidem, ut in arce crucis sint et in imo duo nomina vice filiorum, id est, fortis, virtus, atque in dextera et sinistra alia duo, id est, victor, clarus, sicque duo versus scripti inveniuntur in cruce ab uno trigono in alium, quorum iste est textus in longitudine:

Fortis complevit Christus sua famina virtus.

In latitudine quoque:

Victor consignans Jesus pia præmia clarus.

FIGURA XXIV.
De numero centenario, quadragenario, quaternario, ejusque significatione.

```
A t n u n c v o s c a n t a t e n o u u m b e n e d i c i t e c r i s t o
P l e b s c a n t u m d i l e c t a d e o s a n c t i s s i m u s o r d o
P s a l l i t e n o n a l i i s v o s m e t i m i t a b i l e c a r m e n
I m m o r t a l e d e c u s c a e l e s t e h o c a n t e t r i b u n a l
A n t e q u a t e r s a e n o s s e n i o r e s q u a t t u o r a t q u e
D i u e r s a e f o r m a e a n t e a n i m a l i a i u r e s u p e r n a
P r i m i t i a e c h r i s t o I N M A C u l a t o n u m i n i s a g n o
A t q e d e o v e r o i m m a c U L A T A e e t s o r t i s h o n o r e s
E s t i s v o s e m p t a e q e c o H O R t e s s a n g u i n i s o s t r o
C a e l o e x t e r r i g e n i S C A N T a t i s r i t e t r o p a e u m
C i t h a r i s m o d u l a n s A S T V U l t u m l a u d e s e r e n a t
V e s t r a m a n u s s a c r a V O C I B a t r i a r e p l e t v b i q e
C e u v o c e s t o n i t h r u f U S I s e l a m o r i b u s a e t r a m
T a n q a m e t m u l t a r u m v a L l e s v o x r e p l e t a q a r u m
L i n g u a q e v e s t r a d o l i I g n a r a n e c n o u i t i n i q a
A n t e t h r o n u m d o m i n i s C i t i s s e d d i c e r e d i g n e
L a u d e s C A R M I N A e t a r t a t i s b e n E H I C V E p a r a t i
P e r s i g N A Q U A E N o n s p e r n i t v e S T E R G R E m i o r e x
N a h o c n U L L U S D I F F V d i t d u X N I S O L U S E T a u c t o r
I n d e r i S O F A M I N e q i h o c m o d o S P L E N D I D a d o n a t
M u n e r a C A N T A T e h i n c i l l e p r o b U S O R D O p i i q u e
V i r g i n e o i n h a b i t u m a R e s q o q f e m i n a l a c t a n s
I n f a n s a t q a n u s p a r i t E r i u u e n e s q e s e n e s q u e
Q i n o n p o l l u t e s t i s n e X u m q u a m m u l i e r u m h i c
Q a p r o p t e r i a m i t i s V B i u s t i s p r o e m i a d o n a t
O m n i p o t e n s p e r g i t I E S U S q u o v i r g i n i s a g n u s
I n p r a t i s d e p a s c i t O V A T q u e m r i t e s e q u e n t e s
S i d e r a c e l s a s u p e r O P A S C u a p a s c i t i s a g r i e t
N u n c i a m v e s t r a c a p I T V I R t u t u m p r a e m i a v i t a
I u r e s t o l a m q a m v i r G I N I S e n r e s a t t u l i t v n a m
N e m p e a l i a m i n f i n e A G N U S c u m c o r p o r e r e d d e t
P o s c i t e p o s c o c r u c i s v o s m e t p e r s i g n a b e a t a
O p o p u l i t u r m a e p l e b s a g m i n a t u r b a c o h o r t e s
Q u i s u p e r a s t r a l o c u m s e d e s q t e n e t i s i n a r c e
Q u o d n o b i s v e s t r a l a u s r e x e t c o n f e r a t a g n u s
P r a e m i a l a e t a d e u s c u m s a n c t i s l u c e s u p e r n a
A u d i r e v t l i c e a t v e s t r u m p e r s a e c u l a c a n t u m
```

At nunc vos cantate novum, benedicite Christo,
Plebs, cantum, dilecta Deo, sanctissimus ordo,
Psallite non aliis vosmet imitabile carmen,
Immortale decus cæleste hoc ante tribunal,
Ante quater senos seniores, quattuor atque
Diversæ formæ ante animalia, jure superna
Primitiæ Christo, immaculato numinis agno
Atque Deo vero, immaculatæ et sortis honores :
Estis vos emptæque cohortes sanguinis ostro :
Cælo ex terrigenis cantatis rite tropæum.
Citharis modulans ast vultum laude serenat :
Vestra manus sacra vocibus atria replet ubique,
Ceu voces tonitru fusis clamoribus ætram :
Tanquam et multarum valles vox replet aquarum,
Linguaque vestra doli ignara, nec novit iniqua :
Ante thronum Domini scitis sed dicere digne
Laudes, carmina, et artatis bene hic ve parati
Per signa, quæ non spernit vester gremio rex.
Nam hoc nullus diffudit dux ni solus et auctor,

A Inderiso famine qui hoc modo splendida donat.
Munera cantate hinc ille probus ordo, piique
Virgineo in habitu mares, quoque femina lactans,
Infans, atque anus pariter, juvenesque, senesque,
Qui non polluti estis nexu unquam mulierum hic.
Quapropter jam itis ubi justis præmia donat
Omnipotens, pergit Jesus quo virginis agnus,
In pratis depascit, ovat, quem rite sequentes
Sidera celsa super, o pascua, pascitis agri : et
Nunc jam vestra capit virtutem præmia vita,
Jure stolam, quam virginis en res attulit unam,
Nempe aliam in fine agnus cum corpore reddet.
Poscite posco crucis vosmet per signa beata
O populi, turmæ, plebs, agmina, turba, cohortes,
Qui super astra locum sedesque tenetis in arce :
Quod nobis vestra laus rex, et conferet agnus
Præmia læta Deus, cum sanctis luce superna :
Audire ut liceat vestrum per sæcula cantum.

DECLARATIO FIGURÆ.

Continet ergo hæc figura sanctæ crucis in quatuor pentagonis formata, numerum CXLIV litterarum, in quatuor versibus conscriptum : secundum cujus pluralitatem millenario multiplicato in Apocalypsi multitudo illa signatorum, ex omni tribu filiorum Israel computatur, numerusque ille albatorum, qui cum agno super montem Sion stabant, denotatur : primo videlicet in signatorum millibus innumerabilis significatur totius Ecclesiæ multitudo, quæ de patriarchis, vel prosapia carnis, vel fidei est imitatione progenita. Si enim, inquit, vos Christi, ergo Abrahæ semen estis. Ad augmentum autem perfectionis pertinet et ipsa XII duodecies multiplicari, et ad summam millenario perfici, qui est denarius numerus quadratus solidus, significans stabilem Ecclesiæ vitam. Ex quo igitur Dominus passus est, contritum est imperium mundani principatus, et ad hoc gentium confractum est imperium, ut signo fidei cui restiterat facies sanctorum libere denotarentur. Signum itaque fidei est crux Christi, ad cujus similitudinem Tau littera formata est, de qua in Ezechiele ita scriptum est : *Et gloria Domini Israel assumpta est de cherub, quæ erat subter eum ad limen domus, et vocavit virum qui indutus erat lineis, et atramentarium scriptoris habebat in lumbis suis, et dixit ad eum : Transi per mediam civitatem in medio Hierusalem, et signa Tau super frontes virorum gementium et dolentium super cunctis abominationibus quæ fiunt in medio ejus. Et dixit illis audiente me : Transite per civitatem sequentes eum et percutite, non parcat oculus vester, neque misereamini, senem, adolescentulum, et virginem, parvulum, et mulieres interficite, usque ad internecionem; omnem autem super quem videritis Tau ne occidatis,* et reliqua. Recte enim omnis iniquus mucrone infidelitatis interficitur, qui signum fidei bono opere in semetipso ostendere neglexisse convincitur, et merito juste quisque bonorum opus operando per crucis Christi potentiam liberatur : quia Domini fidem, quam in baptismo percepit, inviolatam usque in finem mandata Christi implendo conservasse cognoscitur. Deinde grex ille dealbatorum in ejusdem numeri quantitate annumeratur, et sanctæ virginitatis in electis copiosa numerositas intimatur. Sed finitum tamen numerum pro infinito hic positum, quisque sanum sapiens intelligere debet, secreti significatione mysterii virginali aptum examini, quod Deum ex toto corde, ex tota anima, totaque mente diligens, corporis quoque, quod ex IV constat elementis, illi est integritate sacratus, ter enim terni IX, et quater quaterni XVI, sedecies autem novem CXLIV implent, ut cum de his qui in arctioris vitæ gradu constituti, merito in Sion monte cum agno tam perfecta multitudo cernatur, de cæteris Ecclesiæ membris non dubitetur. *Et cantabant quasi canticum novum ante sedem, et ante quatuor animalia et seniores,* et reliqua. Illi quasi cithara sua cantant Deo, qui angelicæ privilegio castitatis totos se Domino faciunt holocaustum, et tollentes crucem suam sequuntur agnum quocunque ierit, cantabuntque quasi canticum novum, quod nemo alius potest canere; quia singulariter canticum agno cantare, est cum eo in perpetuum præ cunctis fidelibus etiam de carnis incorruptione gaudere. Quod tamen electi cæteri canticum audire possunt, licet dicere nequeant, quia per charitatem quidem in illorum celsitudine læti sunt, quamvis ad eorum præmia non assurgant. Vetus quidem erat canticum : *Beatus qui habet semen in Sion, et domesticos in Hierusalem.* Et item : *Crescite et multiplicamini et replete terram.* Novum enim est : *Lætare, sterilis, quæ non paris; erumpe et clama, quæ non parturis, quia plures filii desertæ magis quam ejus quæ habet virum.* Et item idem Propheta dicit : *Et non dicat eunuchus, Ecce lignum aridum; hæc dicit Dominus eunuchis qui custodierunt sabbata mea, et elegerunt quæ volui, et tenuerunt fœdus meum : Dabo eis in domo mea et in muris meis locum, et nomen melius filiis et filiabus, nomen sempiternum dabo eis quod non peribit.* Et item : *Beatæ steriles quæ non genuerunt, et ubera quæ non lactaverunt,* et reliqua. Habent quippe nomen ejus et nomen Patris ejus scriptum in frontibus suis, quia in confessione sanctæ Trinitatis dedicata Ecclesia fronte sua fidei suæ gestat insigne, quod per sanctæ crucis mysterium in Christianorum frontibus pingitur, et frequenti manus inscriptione signatur. Ecce unusquisque IV pentagonorum XXXVI litteras continet; sed non ideo quod hic numerus quinque angulorum figuram facit, nam XXXV pentagonus est; sed ad intimandum aliquod sacramentum ita positus est. Quinarius ergo legem signat, et quaternarius Evangelium; at quatuor pentagoni cum adhærentibus sibi quatuor unitatibus IV cornua complent, quia passione Christi et resurrectione completa lex simul et Evangelium, in totam mundi latitudinem prædicanda doctoribus commissa sunt : unum in exemplum datos utriusque testamenti patres, fideles ubique in universo orbe castitatem servando imitare satagebant, qui agno sociati super montem Sion quasi canticum novum in citharis suis cantabant. Ergo quatuor unitates quæ pentagonis extrinsecus adhærent, in quatuor litteris unum nomen conficientibus, id est, crux, demonstravimus : ut et pentagonis suis ad versus complendos cohærerent, et ad jus suum demonstrandum sibi mutuo uno nomine necterentur. Est quoque hic versus in eminentiori parte crucis :

    Immaculata cohors cantas tu vocibus illic.

Et in ima hic :

    Rex ubi Jesus ovat quo pascit virginis agnus.

In dextera vero iste :

    Carmina quæ nullus diffusa famine cantat.

Et in sinistra iste :

    Hic vester grex ni solus et splendidus ordo.

FIGURA XXV.
De Alleluia, et Amen, in crucis forma ordinatis.

```
Lauspiaperpetuasanctoruminlucesuperna
Assisterrigenisaliquidquoddiceredigne
Iamdetevaleantauidaqueimpleredecenter
Orabonispossintmodulisetcantibusalmis
Nempeegotececinicruxistoincarmineviuo
Versibusexoptanscantandoetreddererevota
Sedtucunctasuperexcellensmuneranostra
Maiestatepotensvincisterrestriavincis
Sideracelsapolinecsatvaletullushonori
Namquetuofacerecondignanecaddereverba
Temptauiqueideohicexcaelismysticavoto
Ducereverbatibicontemplansaptafigurae
Disposuisignisdispersoettramitecantus
Inseruiangelicosintexietversibusaptis
Nempeameninmediovitaesignaculaspondet
Alleluiacruciscircumdanscornuacomplet
Etsacrameffigiemcaelesticarminesignat
Namiustihincsceptradeuoteetmuneratota
Exsuperantnarrantesnuncspeiardorutore
Immissusbonadetpalmaeetmorsillaremota
Aufugiatprimamnocuitquaeliuidastirpem
Humanigeneristruculentaabsorbuitatque
Progeniemtotametdetraxitinimaprofundi
Atnosquotquotamorincaeloseleuatistinc
Ritesacrumdominiplacemuscarminevultum
Carminenamq;illoquoderitinsedibusaltis
Qodeantantiusticantabuntperpetevotoet
Hoctumriteplacetsiimplem:iussatonantis
Mentibusetspeciefactisetfaminelinguae
Namtantumsermohaeciustinonpraemiacara
Accipietsedverabeneperfaminavirtuscum
Haeclausnonbonalaussedverifictiofalsa
Sitquaemagnacanitaltavultparuameretur
Ergoagevoscristumlaudatefideliterodis
Caelestespopulivirtutesvosquepotentes
Iustorumctplebesqiincaelisistitisarce
Psalliteamenalleluiapersaeculachristo
```

Laus pia perpetua sanctorum in luce superna
Assis terrigenis, aliquid quod dicere digne
Jam de te valeant, avidaque implere decenter
Ora bonis possint modulis, et cantibus almis.
Nempe ego te cecini, crux, isto in carmine vivo
Versibus, exoptans cantando et reddere vota.
Sed tu cuncta super excellens munera nostra
Majestate potens, vincis terrestria, vincis
Sidera celsa poli, nec sat valet ullus honori
Namque tuo facere condigna, nec addere verba :
Temptavique ideo hic ex cælis mystica voto
Ducere verba tibi, contemplans apta figuræ :
Disposui signis, disperso et tramite cantus
Inserui angelicos, intexi et versibus aptis.
Nempe amen in medio vitæ signacula spondet :
Alleluia crucis circumdans cornua complet,
Et sacram effigiem cælesti carmine signat :
Nam justi hinc sceptra devote et munera tota
Exsuperant narrantes nunc spei ardor ut ore

A Immissus bona det palmæ et mors illa remota
Aufugiat, primam nocuit quæ livida stirpem
Humani generis truculenta absorbuit atque
Progeniem totam et detraxit in ima profundi.
At nos quotquot amor in cælos elevat istinc,
Rite sacram Domini placemus carmine vultum :
Carmine namque illo, quod erit in sedibus altis,
Quod cantant justi, cantabunt perpete voto et :
Hoc tum rite placet, si implemus jussa tonantis
Mentibus, et species, factis, et famine linguæ :
Nam tantum sermo hæc justi non præmia cara
Accipiet, sed vera bene per famina virtus cum
Hæc laus non bona laus, sed veri fictio falsa
Sit quæ magna canit, alta vult, parva meretur.
Ergo age vos Christum laudate fideliter odis
B Cælestes populi, virtutes, vosque potentes
Justorum et plebes, qui in cæli sistitis arce.
Psallite amen, alleluia, per sæcula Christo.

DECLARATIO FIGURÆ.

Istic ergo laus illa, quam sanctorum vox in cœlis creditur perpetuo Deo cantare, sanctæ crucis in scriptu, imitatur figuram alleluia videlicet et amen, quam Joannes apostolus et evangelista in Apocalypsi scribit, post interfectionem et dimersionem meretricis magnæ, quæ seducebat omnes gentes in fornicatione sua, et cum qua reges terræ fornicati sunt, se audisse vocem turbarum multarum devote in cœlo cecinisse, et sæpius iterasse. Ita enim ibi scriptum est : *Post hoc audivi quasi vocem magnam turbarum multarum in cœlo dicentium : Alleluia, laus et gloria et virtus Deo nostro est, quia vera et justa judicia ejus sunt, quia judicavit de meretrice magna, quæ corrupit terram in prostitutione sua, et vindicavit sanguinem servorum suorum de manibus ejus. Et iterum dixerunt Alleluia : et fumus ejus ascendit in sæcula sæculorum. Et ceciderunt seniores* XXIV *et* IV *animalia, et adoraverunt Deum sedentem super thronum dicentes :* Amen, Alleluia. *Et vox de throno exivit dicens : Laudem dicite Deo nostro omnes servi ejus, et qui timetis eum pusilli et magni. Et audivi quasi vocem turbæ multæ, et sicut vocem aquarum multarum, et sicut vocem tonitruorum magnorum dicentium, Alleluia : quoniam regnavit Dominus Deus noster omnipotens, gaudeamus et exsultemus et demus gloriam nomini ejus, quoniam venerunt nuptiæ agni, et uxor ejus præparavit se, et datum est byssinum, ut cooperiat se, byssinum splendens candidum; byssinum enim justificationes sunt sanctorum, et reliqua.* Hæc enim omnia licet prædicta sint de futuro in cœlis sanctorum gaudio post resurrectionem, tamen ea jam nunc ex parte canit Ecclesia spe jam salva facta ; tunc autem perfecte, cum discessio facta fuerit, et cum apertius vindicata. Post universale ergo judicium Domini separabuntur penitus ab hædis, et *ibunt impii in supplicium æternum, justi autem in vitam æternam.* Nunc quidem sanctorum animæ post mortem in paradisum vadunt, et impiorum in pœnam, Domino manifestante in paupere et divite; sed corpora mundi finem exspectant, et dantur nunc justis singulæ stolæ albæ, cum in animabus suis requiem percipiunt æternam ; tunc autem dabuntur binæ stolæ, quando corpora eorum immortalitate dedita, simul cum animabus regnum accipient sempiternum. Nuptiæ ergo tunc vere apparebunt agni, cum tota Ecclesia Domino in thalamo regni cœlestis sociabitur, et tunc perfecte istud frequentabitur canticum, quando totius Ecclesiæ gaudium erit perfectum. Hæc ergo duo verba Hebraica, id est, Alleluia et Amen, cum interpretari queant, nam Alleluia *laudate Dominum* interpretatur, Amen quoque in *fidem* sive *veritatem* transfertur, propter reverentiam tamen sanctitatis primæ illius linguæ servatur auctoritas ; atque Alleluia in Dominicis diebus totoque quinquagesimæ tempore, propter spem resurrectionis, quæ in Domini est laude futura, continue canit Ecclesia ; Amen vero propter impetrandam eamdem perpetuam vitam : imo omne bonum quod in præsenti sive in futuro a Domino optat accipere, ad sacerdotis deprecationem seu benedictionem, rite devotio respondet fidelium. Apte ergo conveniet sanctæ cruci harum dictionum dispositio; quia per ipsam omnium rerum in laudem Domini adunata est confessio, angelorum adimpletur numerus, cœlestis augetur exercitus, sanctorum congregatur populus, æternæ eis vitæ conceditur aditus, et vetusta dissolvitur maledictio, quia nova conditur benedictio. Unde in memorato libro XXIV seniores et IV animalia agno decantabant canticum novum dicentes : *Dignus es, Domine Deus, accipere librum, et aperire signacula ejus ; quoniam occisus es, et redemisti nos Deo in sanguine tuo, ex omni tribu et lingua et populo et natione, et fecisti nos Deo nostro regnum et sacerdotes, et regnabunt super terram. Et vidi et audivi vocem angelorum multorum in circuitu throni et animalium et seniorum ; et erat numerus eorum millia millium dicentium voce magna : Dignus est agnus qui occisus est, accipere virtutem, et divinitatem et sapientiam, et fortitudinem, et honorem, et gloriam, et benedictionem, et omnem creaturam quæ in cœlo est et super terram et sub terra, et quæ sunt in mari, et quæ in eo, omnes audivi dicentes : Sedenti in throno et agno, benedictio, et honor, et potestas in sæcula sæculorum. Et quatuor animalia dicebant : Amen.*

Est autem versus hic in Alleluia scriptus, et per seriem litterarum ejusdem dictionis ita legendus :

Crux æterna Dei es laus, vivis in arce polorum.

Amen quoque quatuor litteris suis per quatuor cornua crucis primum incipit ex alleluia, litteris octo complenda.

FIGURA XXVI.

De prophetarum sententiis, quæ ad passionem Christi et ad nostram redemptionem pertinent.

```
Ergoprophetarumben E tecruxfamenhonorat
Praedicatexaltatres S onattuafactafutura
Inspiratasacrotunc P lebsqodprotulitore
Spiritussetsanctusi L lismandaueratintus
Omniacumcristumrep A rareloquntureteinte
Confixumdominumcon C edereregnabenignis
Dauidperfosasillih I cpalmasquepedesque
Dixeratatqeciboфel T radietpoculoac'etum
Dequetuolignoregem A sseritomnibusipsum
Huicpuerohumerises S eimperiuoratesaias
Corpuspercussumman U umextensumorebeato
Consputamfaciemper P endensfunusetastum
Atq;leuatamadtedisp E rsoscurrereisrahe'l
Hieremiasagnumdesc R ibitceuholocaustum
Adtractumsinevocep I umlignoquecibandum
Hiezechielcernitvi S utaugrammatesignum
Eruereplebematq;cru C isducentisadinstar
Sictusanctasalusvi N tusesvisaprophetis
ESPLACITASUPERISCR U XHUICESNAUITAMUNDO
Namdanielcristumdi X ithicplebeabiniqua
Multandumetfinemde H incnoxiatotatenere
Oseesaluandumpopul U mmortisquoquemorte
Praedicatatqeiohel I llapraedixerathora
Etsolemetstellaslu C emnonfundereterris
Hocidemetinfaustaf E stapraedixeratamos
Abdiasinsidiasiona S quoquefunerafinxit
Michadeimontemnaum N untiatultioquidsit
Cornuasanctacrucis A bbacucpraedicatore
Sofoniasquediemdud U mdominiauditamaram
Aggeushincqepolosd I xitterramquemoveri
Zachariasiesumreno T atpersordidavestis
Plagasinmanibusfix A splangerequemultos
Malachiascernitsum M umdominarereperorbem
Ardentiquerogomund U metsudareministros
Haectuafactaprobie N dicebantorepriores
Cruxalmavateshaece D iditauctorinhisque
Tupiacomplerashaec O omniapassiochristi
```

Ergo prophetarum bene te crux famen honorat,
Prædicat, exaltat, resonat tua facta futura.
Inspirata sacro tunc plebs quod protulit ore,
Spiritus et sanctus illis mandaverat intus,
Omnia cum Christum reparare loquuntur, et in te
Confixum Dominum concedere regna benignis.
David perfossas illi hic palmasque pedesque
Dixerat, atque cibo fel tradi et poculo acetum,
Deque tuo ligno regem asserit omnibus ipsum.
Huic puero humeris esse imperium orat Esaias,
Corpus percussum, manuum extensum, ore beato
Consputam faciem perpendens funus et astum
Atque levatam ad te dispersos currere Israhel.
Hieremias agnum describit, ceu holocaustum
Adtractum sine voce pium, lignoque cibandum :
Hiezechiel cernit visu Tau grammate signum
Eruere plebem, atque crucis ducentis ad instar.
Sic tu, sancta salus, virtus es visa prophetis :
Es placita superis, crux, huic es navita mundo.

A Nam Daniel Christum dixit hic plebe ab iniqua
Mulctandum, et finem dehinc noxia tota tenere.
Osee salvandum populum mortis quoque morte
Prædicat, atque Iohel illa prædixerat hora.
Et solem et stellas lucem non fundere terris :
Hoc idem et in fausta festa prædixerat Amos :
Abdias insidias, Ionas quoque funera finxit.
Micha Dei montem : Naum nuntiat ultio quid sit :
Cornua sanctæ crucis Abbacuc prædicat ore :
Sophoniasque diem dudum Domini audit amaram .
Aggæus hincque polos dixit terramque moveri
Zacharias Iesum renotat per sordida vestis
Plagas in manibus fixas, plangereque multos ;
Malachias cernit summum dominare per orbem.
Ardentique rogo mundum et sudare ministros.
Hæc tua facta probi en dicebant ore priores
Crux alma vates, hæc ædidit auctor, in hisque
B Tu pia compleras hæc o omnia passio Christi

DECLARATIO FIGURÆ.

In hanc quippe paginam libuit testimonia quædam de prophetarum dictis congregare, quæ de passione Christi prophetata sunt, et ad sanctæ crucis gloriam pertingerent. Hæc licet multa inveniri possint, tamen propter opusculi brevitatem a nobis hic omnia denotari non potuerunt; sed ea tamen introduximus quæ dictanti ocius in mentem venerant, et a quærente facilius inveniri poterant. David ergo propheta atque psalmista multa hujuscemodi habet testimonia. Hic de modo passionis Domini taliter in psalmo XXII dicit ex persona Christi : *Foderunt manus meas et pedes meos, dinumeraverunt omnia ossa mea. Ipsi vero consideraverunt et conspexerunt me, diviserunt sibi vestimenta mea, et super vestem meam miserunt sortem.* Et item in psalmo LXIX : *Et dederunt,* inquit, *in escam meam fel, et in siti mea potaverunt me aceto.* Et quod in ligno passurus esset, in psalmo CXLV ostendit dicens : *Commoveatur a facie ejus universa terra, dicite in nationibus : Dominus regnabit a ligno,* et reliqua. Isaias quoque hinc ait : *Parvulus enim natus est nobis, et filius datus est nobis, et factus est principatus super humerum ejus,* et reliqua. Et item : *In die illa erit radix Jesse, qui stat in signum populorum, ipsum gentes deprecabuntur, et erit sepulcrum ejus gloriosum.* Et paulo post : *Elevabit,* inquit, *signum in nationibus, et congregabit profugos Israel, et dispersos Juda colliget a quatuor plagis terræ,* et reliqua. Et item : *Dominus posuit in eo iniquitatem omnium nostrum; oblatus est, quia ipse voluit, et non aperuit os suum, sicut ovis ad occisionem ducetur, et quasi agnus coram tondente se obmutescet, et non aperiet os suum.* Et item ex persona Domini dicit : *Corpus meum dedi percutientibus et genas meas vellentibus, faciem meam non averti ab increpantibus et conspuentibus in me,* et reliqua. Et iterum : *Expandi manus meas tota die ad populum incredulum, qui graditur in via non bona post cogitationes suas.* Jeremias autem ex persona Domini dicit : *Ego quasi agnus mansuetus, qui portatur ad victimam, et non cognovi, quia cogitaverunt super me consilia, dicentes : Mittamus lignum in panem ejus, et eradamus eum de terra viventium, et nomen ejus non memoretur amplius.* Et item : *Spiritus,* inquit, *oris nostri Christus Dominus captus est in peccatis nostris.* Ezechiel ergo signaculum crucis in figura T litteræ expressit dicens : *Et dixit ad virum qui indutus erat lineis : Transi per mediam civitatem, in medio Hierusalem, et signa Tau super frontes virorum gementium et dolentium, super cunctis abominationibus fiunt in medio ejus,* et reliqua. Et bonum illum pastorem exprimens, qui posuit animam suam pro ovibus suis, ait : *Hæc dicit Dominus : Ecce ego ipse requiram oves meas et visitabo eas, sicut visitat pastor gregem suum in die quando fuerit in medio ovium suarum dissipatarum, sic visitabo oves meas, et liberabo eas de omnibus locis in quibus dispersæ erant, in die nubis et caliginis, et educam eas de populis, et congregabo eas de terris, et inducam eas in terram suam, et pascam eas in montibus Israel.* Et paulo post : *Ego,* inquit, *pascam oves meas et eas accubare faciam, dicit Dominus, quod perierat requiram, et quod abjectum erat reducam, et quod fractum erat alligabo, et quod infirmum erat consolidabo, et quod pingue et forte custodiam, et pascam illas in judicio.* Daniel vero, chronographus certissimus, tempus incarnationis Domini et redemptionem nostram fideliter intimavit, angelo sibi hoc revelante. *Septuaginta,* inquit, *hebdomadæ abbreviatæ sunt super populum tuum et super urbem sanctam tuam, ut consummetur prævaricatio, et finem accipiat peccatum, et deleatur iniquitas, et adducatur justitia sempiterna, ut impleatur visio et prophetia, et ungatur sanctus sanctorum. Scito ergo et animadverte ab exitu sermonis, ut iterum reædificetur Hierusalem, usque ad Christum ducem hebdomadæ septem et sexaginta duæ erunt.* Et paulo post subjunxit ita : *Et post hebdomadas sexaginta duas occidetur Christus et non erit, et civitatem et sanctuarium dissipabit populus cum duce futuro.* Et ut ostenderetur illam hebdomadam annorum excellere cæteris, in qua Christus Evangelium prædicavit et miracula fecit, in qua et passus est et resurrexit a mortuis, seorsum de ea locutus ait : *Confirmabit autem pactum multis hebdomadis una, et in dimidio hebdomadis deficiet hostia et sacrificium, et in templo erit abominatio desolationis et usque ad consummationem et finem perseverabit desolatio.* Oseæ quoque devotionem gentium et coadunationem Ecclesiæ per Christum congregatæ manifestissime prædicat. *Et erit,* inquit, *in loco ubi dicitur, Non populus meus vos, dicetur eis, Filii Dei viventis. Et congregabuntur filii Juda et filii Israel pariter, et ponent sibimet caput unum,* et reliqua. Et de ereptione nostra ab inferis mortisque interfectione, promissionem Domini declarat dicens : *De manu mortis liberabo eos, et de morte redimam eos; ero mors tua, o mors, morsus tuus ero, inferne.* Joel namque Dominicæ passionis et salvationem fidelium demonstrat, ita dicens : *Sol et luna obtenebrati sunt et stellæ retraxerunt lumen suum, et Dominus de Sion rugiet, et de Hierusalem dabit vocem suam, et movebuntur cœli et terra, et Dominus spes populi sui, et fortitudo filiorum Israel, et scietis quia ego Dominus Deus vester habitans in monte sancto meo, et erit Hierusalem sancta, et alieni non pertransibunt per eam amplius,* et reliqua. Hinc Amos ait : *Et erit in die illa, dicit Dominus, occidat sol meridie et tenebrescere faciat terram in die luminis, et convertam festivitates vestras in luctum, et omnia cantica vestra in planctum,* et reliqua. Et paulo post : *In die illa,* inquit, *suscitabo tabernaculum David quod cecidit, et reædificabo aperturas murorum, et ea quæ corruerant instaurabo,* et reliqua. Abdias autem dolos Judæorum contra Dominum exprimens et Ecclesiæ salvationem : *Omnes,* inquit, *viri fœderis tui illuserunt tibi, invaluerunt adversum te viri pacis tuæ, et qui comedent tecum ponent insidias super te,* et reliqua. Et paulo post : *In monte*, inquit, *Sion erit salvatio, et erit sanctus, et possidebit domus Jacob eos qui se possederant :* Et item subjunxit : *Ascendetque Salvator in montem Sion judicare montem Esau, et erit Domino regnum.* Jonæ quoque prophetiam Dominus ipse ostendit dicens : *Sicut fuit Jonas in ventre cæti tribus diebus et tribus noctibus, ita erit filius hominis in corde terræ.* Micheas quidem conventum populorum ad Christum prædicat, ipsum montem Domini ac ducem ostendens : *In novissimo*, inquit, *dierum erit mons domus Domini præparatus in vertice montium*, et reliqua. Et item : *Tu, Bethleem Ephrata, parvula es in millibus Juda, ex te mihi egredietur dux qui sit dominator in Israel*, et reliqua. Naum ultorem Dominum prædicat inimicis, et bonum piis et amicis. *Deus*, inquit, *æmulator est, et ulciscens Dominus, et habens furorem, ulciscens Dominus in hostes suos et irascens inimicis suis*, et reliqua. Et item pietatem ostendens ait : *Bonus Dominus et confortans in die tribulationis, et sciens sperantes in se.* Habacuc lustrator fortis et rigidus, stat super custodiam suam et figit gradum super munitionem, ut Christum in cruce contempletur, et dicat : *Operuit cœlos gloria ejus, et laudis ejus plena est terra. Splendor ejus ut lux erit, cornua sunt in manibus ejus. Ibi abscondita est fortitudo ejus.* Sophonias prope esse adventum diei Domini narrat et horam passionis ejus et resurrectionis : *Juxta est,* inquit, *dies Domini magnus, juxta et velox nimis. Vox diei Domini amara, tribulabitur ibi fortis* Et paulo post : *Tribulabo,* ait, *homines, et ambulabunt homines ut cæci, quia Domino peccaverunt.* Et item : *Quapropter exspecta me, dicit Dominus, in die resurrectionis meæ in futurum,* et reliqua. Aggeus desideratum annuntiat omnibus gentibus : *Adhuc modicum est, dicit Dominus, et ego commovebo cœlum et terram et mare et aridam,* et reliqua. Zacharias vero, memor Domini sui, videt Jesum in vestibus sordidis, et lapidem oculorum septem candelabrum quoque aureum, et reliqua. Dicit quoque ex persona Domini : *Appenderunt mercedem meam triginta argenteis.* Et item : *Effundam super domum David spiritum gratiæ et precum, et aspicient ad me quem confixerunt, et plangent eum planctu quasi super unigenitum,* et reliqua. Et item : *Adam exemplum meum ab adolescentia mea, et dicetur : Quot sunt plagæ istæ in medio manuum tuarum? et dicet : His plagatus sum in domo eorum qui diligebant me. Framea suscitare super pastorem meum, et super virum cohærentem mihi, dicit Dominus exercituum : Percute pastorem et dispergentur oves gregis.* Et item : *Et erit Dominus rex super omnem terram. In die illa erit Dominus unus, et erit nomen ejus unum.* Malachias salubrem adventum Domini narrat : *Et statim,* inquit, *veniet ad templum suum dominator, et angelus testamenti quem vos vultis ecce venit, dicit Dominus exercituum, et quis poterit cogitare diem adventus ejus, et quis stabit ad videndum eum? Ipse enim quasi ignis conflans et quasi herba fullonum, et sedebit conflans et emundans argentum, et purgabit filios Levi, et conflabit eos quasi aurum et quasi argentum, et erunt Domino offerentes sacrificia in justitia, et placebit Deo sacrificium Juda et Hierusalem,* et reliqua.

Est quoque versus hic in cruce scriptus XXXVII litterarum :

Es placida superis, crux, huic es navita mundo.

Qui ad directum hexameter est, et reciprocus nulla exempta syllaba fit idem pentameter.

FIGURA XXVII.

De apostolorum dictis ex eadem re in Novo Testamento.

Necminusergotuacu S toditiuracaracter
Ritenouitestament I etpiamunerapandit
Quaedeusaltushomo D iuinosdetulitorbi
Pertecruxsacravot O venerandafreqenti
Promisumconplense T veraxdogmatavatum
Sedominumtestansl E gisveterisq;nouaeq;
Quigeminummundopa T everbofecitabysum
Noshilaratactusat I ansvotoanteriores
Quisolabaturverax B onusomnibusaequus
Vndeqeapostolicus I ustaperfaminafida
Almatropaeatuaser M ocruxlaudatvbique
Princepsorbesonat E ximopectorepetrus
Taliterenlaudesfa T upiusoptimedicens
Estfrateschrist:p R ovobisstipitepass
Exemplumtradenscl A rumvestigiaqodvos
Eiuspergatiscuius S acravulnerasanant
Hinccredoaccipiat O rantisfaminaiesus
SIDONISUSEIETSIHO N OSARTEMIBITETODIS
Ipsequiamitisnons O rdentmunerahaecei
Astiacobushincnos H ortaturfaminepuro
Exemplumponenschr I stumdefinelaborum
Hincq;monetscriben S alt:duxoreiohannes
Castusamormaneate T sobriavotaserenet
Iesusvtestpassusd E voteproapteramorem
Sicnosmentepiasoc I opatiamuramorehic
Iesumpertypicumpi E verumpsallitiesum
Iudasductoremetpe S sumfidisetiniquis
Pauxillumhaudpaul U sorauittemetinore
Cruxsacracumdixit S eiamnescircloq:lam
Tesineneclaudemsc I redarefaucib:vllam
Incaelisterrismag N umpertartaranomen
Teproptercristisp O ndetsatritevalere
Sicetapostolic:lau D atconcorditerordo
Vatibusantiqiscon I ungiscunctarapina
Passiosanctapieie S upersaeculaeristi

Nec minus ergo tua custodit jura caracter
Rite Novi Testamenti : et pia munera pandit,
Quæ Deus altus homo divinus detulit orbi.
Per te, crux sacra, voto veneranda frequenti
Promissum complens, et verax dogmata vatum :
Se Dominum testans Legis Veterisque Novæque :
Qui geminum mundo pate verbo fecit abyssum.
Nos hilarat actu satians voto anteriores,
Qui solabatur verax, bonus, omnibus æquus.
Unde apostolicus justa per famina fida
Alma tropæa tua sermo crux laudat ubique.
Princeps orbe sonat ex imo pectore Petrus
Taliter en laudes fatu pius, optime dicens :
Est frater Christus pro vobis stipite passus,
Exemplum tradens clarum, vestigia quod vos
Ejus pergatis, cujus sacra vulnera sanant.
Hinc credo accipiant orantis famina Hiesus,
Si do nisus ei et si honos artem ibit et odis :
A Ipse quia mitis, non sordent munera hæc ei.
Ast Jacobus hinc nos hortatur famine puro :
Exemplum ponens Christum de fine laborum.
Hincque monet scribens altus dux ore Iohannes :
Castus amor maneat et sobria vota serenet
Hiesus, ut est passus devote propter amorem :
Sic nos mente pia socio patiamur amore, hic
Hiesum per typicum pie verum psallit Iesum.
Judas ductorem et pessum fidis et iniquis :
Pauxillum haud Paulus oravit, temet in ore
Crux sacra cum dixit, se jam nescire loquelam
Te sine nec laudem scire dare faucibus ullam :
In cælis, terris magnum per tartara nomen,
Te propter Christi spondet sat rite valere.
Sic et apostolicus laudat concorditer ordo.
B Vatibus antiquis conjungis cuncta rapina.
Passio sancta pie Hiesu per sæcula Christi.

DECLARATIO FIGURÆ.

Novi autem Testamenti tam copiosa sunt exempla scriptorum, de salutifera Domini nostri passione et resurrectione, ut non facile de tanta multitudine quis testimonia evidentiora excerpere queat. Quia quæ potissimum eligat nesciat, cum tot sint quod in unum libellum congregari nequeant; et omnia tantæ dignitatis, ut quæ manifestiora de his sint et probatiora, neque periti digne æstimare possint. Sed sicut de Veteri Testamento, id est, de prophetarum libris aliqua excerpsimus, quæ præsagio futuræ et nondum completæ passionis Domini essent, ita et ex Novo ea tantum excerpamus, quæ ad sanctæ crucis magnificentiam et laudem prædicandam conveniant, et quæ ad bonitatem Creatoris et misericordiam Redemptoris nostri pro nostra liberatione glorificandam pertineant. Ea enim quæ illi prædixerant futura, isti prædicant jam facta atque completa. Ab utroque enim Testamento sanctæ crucis prædicari convenit actus, quia utriusque dispensator et mediator est Christus. Ipse ergo qui invisibiliter per inspirationem Spiritus sui prophetarum mentes regebat, visibile corpus assumens, verbis et exemplis apostolos docebat, qui per patriarchas et prophetas populo suo salutem et vitam promisit. Ipse homo factus per crucis suæ potentiam, promissionem complevit, qui dixit per prophetam: *Confortate manus dissolutas, et genua debilia roborate, dicite pusillanimis: Confortamini, nolite timere; ecce Deus vester ultionem adducet retributionis, Deus ipse veniet et salvabit nos,* et reliqua. Ipse per Apostolum jam factum ostendit cum dicit apostolus Petrus: *Vos scitis, viri fratres, quod factum est per universam Judæam, incipiens enim a Galilæa post baptismum quod prædicavit Joannes Jesum a Nazareth, quoniam unxit eum Deus Spiritu sancto, et virtute; qui pertransivit benefaciendo et sanando omnes oppressos a diabolo, quoniam Deus erat cum illo, et nos testes sumus omnium quæ fecit in regione Judæorum et Hierusalem; quem occiderunt suspendentes in ligno, hunc Deus suscitavit tertia die, et dedit eum manifestum fieri non omni populo, sed testibus præordinatis a Deo, nobis qui manducavimus et bibimus cum illo, postquam resurrexit a mortuis, et præcepit nobis prædicare et testificare, quia ipse est qui constitutus est a Deo judex vivorum et mortuorum. Huic omnes prophetæ testimonium perhibent remissionem accipere per nomen ejus, omnes qui credunt in eum.* Tale quid in Epistola sua idem Petrus ait: *Christus semel pro peccatis nostris mortuus est, justus pro injustis, ut nos offerret Deo mortificatos quidem carne, vivificatos autem spiritu.* Et item: *Christus,* inquit, *passus est pro nobis, vobis relinquens exemplum ut sequamini vestigia ejus.* Et paulo post subjunxit: *Tradebat autem judicanti se juste, qui peccata nostra ipse pertulit in corpore suo super lignum, ut peccatis mortui, justitiæ vivamus; cujus livore sanati estis.* Jacobus quoque frater Domini ad idem exemplum nos hortatur dicens: *Exemplum accipite laboris et patientiæ prophetas, qui locuti sunt in nomine Domini nostri Jesu Christi. Ecce beatificamus qui sustinuerunt, sufferentiam Job audistis et finem Domini vidistis, quoniam miserator et misericors Dominus.* Et Joannes apostolus confidentiam de misericordia ejus nobis tribuit dicens: *Filioli mei, hæc scribo vobis ut non peccetis, sed et si quis peccaverit advocatum habemus apud Patrem, Jesum Christum justum, et ipse est propitiatio pro peccatis nostris, non pro nostris autem tantum, sed etiam pro totius mundi.* Et item: *In hoc cognovimus, charitatem Dei, quoniam ille pro nobis animam suam posuit, et nos debemus pro fratribus animas ponere.* Judas autem apostolus et frater Jacobi, sub exemplo successoris Moysi demonstravit Jesum Christum eduxisse nos per crucem de spirituali Ægypto, id est, de potestate tenebrarum, et incredulos perdidisse, ita dicens: *Commonere autem vos volo scientes semel omnia, quia Jesus populum de terra Ægypti salvans, secundo eos qui non crediderunt perdidit: angelos vero qui non servaverunt suum principatum, sed dereliquerunt suum domicilium, in judicium magni diei vinculis æternis sub caligine reservavit.* Paulus vero apostolus et doctor gentium, qui novissimus omnium apostolorum est in vocatione, sed plus omnibus laboravit, tam multiplex est in locutione sua, commendans nobis Christi passionem et resurrectionem et redemptionem, per sanguinem ejus et conationem ejus in cœlis et in terris, ut pene totus in hoc versetur. Sed quia ab hac laude excipi non oportet, qui cæteris omnibus plura de eo scripsit, et tam idoneus est in illa, ut facile in brevi constringi possit cæteris prætermissis: ea tamen, quæ de cruce specialiter usurpavit, ponamus testimonia. Dicit ergo ad Corinthios: *Non enim misit me Christus baptizare, sed evangelizare, non in sapientia verbi, ut non evacuetur crux Christi: verbum enim crucis pereuntibus quidem stultitia est, his autem qui salvi fiunt, id est, nobis virtus Dei est,* et reliqua. Et item: *Non enim judico me aliquid inter vos scire nisi Christum Jesum, et hunc crucifixum.* Item ad Galatas ait: *Mihi autem absit gloriari nisi in cruce Domini nostri Jesu Christi, per quem mihi mundus crucifixus est, et ego mundo.* Item ad Ephesios: *Ipse est pax nostra qui fecit utraque unum, et medium parietem solvens inimicitias in carne sua, legem mandatorum decretis evacuans, ut duos condat in semetipsum in unum hominem faciens pacem, ut reconciliet ambos in uno corpore Deo per crucem, interficiens inimicitias in semetipso,* et reliqua. Item ad Philippenses: *Humiliavit,* inquit, *semetipsum Christus, factus obediens usque ad mortem, mortem autem crucis, propter quod et Deus exaltavit illum, et donavit illi nomen quod est super omne nomen,* et reliqua. Item ad Colossenses, majestatem Christi prædicans, ait: *In ipso condita sunt universa, quæ in cœlis et in terris, visibilia et invisibilia, sive throni, sive dominationes, sive principatus, sive potestates, omnia per ipsum et in ipso creata sunt, et ipse est ante omnes, et omnia in ipso constant. Ipse est caput corporis Ecclesiæ, qui est principium, primogenitus ex mortuis, ut sit in omnibus ipse primatum tenens, quia in ipso complacuit omnem plenitudinem divinitatis habitare, et per eum reconciliare omnia, in eo pacificans per sanguinem crucis ejus, sive quæ in terris, sive quæ in cœlis sunt.* Et item dicit in eadem Epistola: *Donans nobis omnia delicta, delens quod adversus nos erat chirographum decreti, quod erat contrarium nobis, et ipsum tulit de medio, affigens illud cruci,* et reliqua. In Apocalypsi quoque pene omnes laudes et omnia cantica, quæ in eo sunt; ad passionis Christi gloriam et gratiam redemptionis nostræ prædicandam conveniunt, cum de agno occiso, qui in medio throni est, sæpius ipse libere commemoret. Sed de his testimonia aliqua hic ponere non necessarium judicavimus, quia in cæteris locis hujus libri non pauca inseruimus.

Sunt autem duo versus hic heroici in sanctæ crucis imagine iisdem litteris conscripti, quorum prior in longitudine crucis scriptus, hic est:

Si dote tibi metra sono bis te Hiesus in odis.

Hic autem si iisdem litteris relegatur, id est, a fine usque ad initium ejus facit hunc versum, qui in transverso crucis scriptus est tramite:

Si donis us ei et si bonos artem ibit et odis.

Qui per easdem litteras relectus redit in priorem, eum scilicet qui in longitudine crucis est.

FIGURA XXVIII.
De adoratione crucis ab opifice.

Omnipotens virtus, majestas alta, Sabaoth
Excelsus Dominus, virtutum summe creator,
Formator mundi : hominum tu vere Redemptor.
Tu mea laus, virtus, tu gloria cuncta, salusque,
Tu rex, tu doctor, tu es rector, care magister,
Tu pastor pascens, protector verus ovilis.
Portio tuque mea, sancte salvator et auctor,
Dux, via, lux, vita, merces bona, janua regni es,
Vox, sensus, verbum, virtutum læta propago.
Ad te direxi, et cumulans nunc dirigo verba :
Mens mea te loquitur, mentis intentio tota,
Quicquid lingua, manus orat et bucca beate
Cor humile, et vita justa, sacrata voluntas.
Omnia te laudant et cantant, Christe serene,
Namque ego te Dominum pronus et lætus adoro,
Atque cruci demisse tuæ hinc dico salutans :
Spem oro te ramus aram ara sumar, et oro hinc.
Hoc meus est ardor clarus, hoc ignis amoris,
Hoc mea mens poscit primum, hoc famen et ora,
Hoc sitis est animi, mandendi magna cupido :
Ut me tu pie suscipias, bone Christe, per aram
Oblatum famulum, quod victima sim tua, Hiesus.

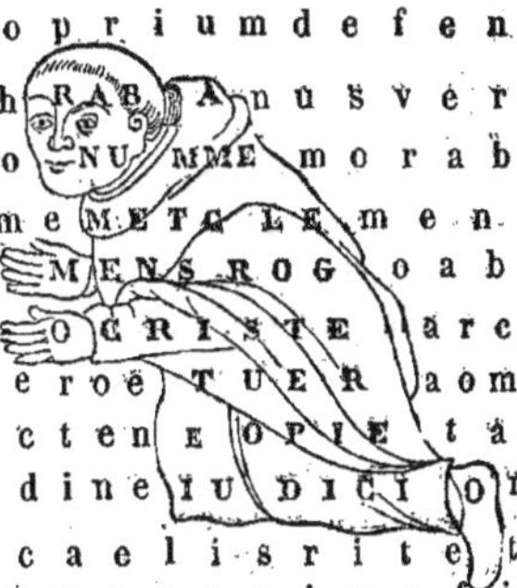

Hostia quod tua sim : memet crucifixio totum
Jam tua consumat ; et passio mitiget æstum
Carnalem, vitia confringat, deprimat iram,
Refrenet linguam, pietatis verba reponat.
Mentem pacificet : vitam deducat honestam.
Namque tuus quando toto fulgescet Olympo
Igneus adventus, torrebit et ardor iniquos,
Tempestas stridet, cornu jam mugit et orbe
Ante apparebit quando crucis aere signum :
Tum rogo me eripiat flammis ultricibus ipsa :
Atque poetam agni proprium defendat ab ira,

Cui cano : jure canam Hrabanus versibus ore,
Corde, manu, semper donum memorabile cantu :
Quod dederat vitæ memet clementer in ara.
Quando ipsa Hiesus clemens rogo ab eruit imo
Inferni requiem, nunc, o Christe, arce polorum
Da mihi, hoc posco, spero, et vera omnia credo,
Quæ promisisti, hoc teneo pietate fideque.
Quod verax facis ordine judicio omnia vera.
I nunc ad superos, in cælis rite triumphas.
O laus alma crucis semper sine fine valeto.

DECLARATIO FIGURÆ.

Deus omnipotens, Pater Domini nostri Jesu Christi, qui Unigenitum tuum et ante sæcula natum carnem et animam humanam in tempore assumere, et crucem subire pro humani generis salute voluisti : te adoro, tibi gratias ago, quod mihi misero famulo tuo concessisti gratiam tuam (quamvis indigno et multorum facinorum mole aggravato) ut dilecti Filii tui passionem laudibus (licet non condignis, tamen devotis) canendo et conscribendo depromerem. Tibi, Domine Jesu Christe, Fili Dei unigenite, humiles preces offero et vota oris persolvo, quod mihi peccatori inspirare dignatus es honorem sanctæ crucis tuæ quantulumcunque decantare, et communem omnium nostrum salutem conservis meis prædicare. Nec me ab incœpto retardavit propriorum conscientia delictorum, sed magis illud mihi fiduciam tribuit quod hoc in carmine celebrarem in quo peccati regnum destruxisti et toto mundo veniam delictorum omnium dedisti. Tibi, sancte Spiritus paraclete, totis præcordiis meis grates refero, quod me tua gratia in ipso opere adjuvare et consolari dignatus es. Te deprecor ut si aliqua, pro fragilitate mea, inconvenienter posui, seu rite non intellexi, tua visitatione me illustrare digneris, ut ea decenter corrigam, meique erroris per te veniam consequar, ut ipse, quem ante incœptum opus in auxilium advocavi, sine naufragio ad optatum littus me perducas. Te æterna et perpetua Deus Trinitas et inseparabilis unitas, toto corde, tota anima, tota mente et tota virtute colo, adoro, exopto, desidero. Tu illuminatio mea, tu salus mea, tu laus mea, tu virtus mea, creator, redemptor, reparator, pater, arbiter, magister, beatitudo, fortitudo, alacritudo, æternitas, felicitas, serenitas, Deus unus omnipotens, Deus deorum Dominus, Deus rerum creator omnium, Deus lux et vita fidelium, vita vivens, vita a vivente, vivificator viventium, amans et amatus, amorque amicissimus, genitor et genitus potenterque regenerans, dicens et verbum ac procedens ab utrisque,
diligens et dilectus amborumque dilectio, verum lumen, lumen ex lumine, vera illuminatio, consiliator, consilium et communicatio, a quo, per quem et in quo sunt omnia, tibi laus et gloria in sempiterna sæcula. Te, pater clementissime, peto ut qui primi tus me hoc opus conscribendo voluisti perficere, quod ad laudem Redemptoris et Salvatoris nostri pertinet, redemptionis et salvationis ejus in gratiam per ipsum consequi merear : et quidquid deinceps operis agam, ex tua, et per tuam, et in tua gratia ad laudem tuam totum pervenire facias, meque deinceps tutiorem a peccatis, et in bonis operibus validiorem esse præcipias ; et quandiu in hoc corpusculo vivam, aliquid servitii tibi semper exhibeam. Post exitum vero animæ meæ a corpore, veniam peccatorum omnium consequi et vitam æternam percipere per ipsum mihi concedas qui tecum et cum Spiritu sancto coæqualis vivit et regnat Deus, per omnia sæcula sæculorum. Amen.

In cruce vero antecedentis paginæ est unus versus scriptus, viginti septem litterarum, qui eisdem litteris legi et relegi potest in hunc modum :

Oro te ramus aram ara sumar et oro.

Imago vero mea, quam subter crucem genua flectentem et orantem depinxeram, Asclepiadeo metro conscripta est, priorem versum tenens hexametrum heroicum, secundum hemistichium heroici, ita :

Rabanum memet clemens rogo, Christe, tuere,
O pie judicio.

Continet autem totus liber iste viginti octo figuras metricas cum sequente sua prosa, absque superliminari pagina et prologo : qui numerus intra centenarium suis partibus perfectus est, ideoque juxta hujus summam opus consummare volui, qui illam formam in eo cantavi quæ consummatrix et perfectio rerum est.

LIBER SECUNDUS.

PRÆFATIO.

Mos apud veteres fuit ut gemino stylo propria conderent opera, quo jucundiora simul et utiliora sua legentibus forent ingenia. Unde et apud sæculares et apud ecclesiasticos plurimi inveniuntur qui metro et prosa unam eamdemque rem descripserunt. Ut de cæteris taceam, quid aliud Prosper ac venerandus vir Sedulius fecisse cernuntur? Nonne ob id gemino styli charactere duplex opus suum edunt, ut varietas ipsa et fastidium legentibus auferat, et si quid forte in alio minus quis intelligat, in alio mox plenius edissertum agnoscat? Hoc igitur exemplo atque hac de causa ego quidem vilissimus homuncio, opus quod in laudem sanctæ crucis metrico stylo condidi, in prosam vertere curavi, ut quia ob difficultatem ordinis et figurarum necessitatem obscura locutio minusque patens sensus videtur metro inesse, saltem in prosa lucidior fiat. Non enim satagebam ut iisdem verbis quibus in metro usus sum, sed eodem sensu in hoc opere locutus essem. Hoc idem Horatius, vir acutus et doctus, in Arte poetica erudito interpreti præcepit dicens:

> Nec verbum verbo curabis reddere fidus
> Interpres.

Interpres enim ego quodammodo in hoc opere sum, non alterius linguæ, sed alterius locutionis, ut ejusdem sensus veritatem explanem. Quapropter rogo lectorem ut non fastidiose accipiat nostrum laborem: sciatque me non superfluitati studere velle, sed utilitati; nec ulli invidere, sed magis fraterna charitate, quidquid gratia divina possum, ad utilitatem proximi scribendo velle conferre. Bonitas omnipotentis Dei mihi concedat ut quidquid boni mente teneam, opere perficiam: et quicunque nostrum laborem fraterne accipiat, Deo largiente, æterni gaudii nobiscum particeps existat.

Explicit Præfatio.

CAPUT PRIMUM.

De prima figura, in qua Christi imago manus in modum expandit crucis.

Ecce Filius Dei et Dominus dominantium, expansis manibus suis, speciem restaurantis honorandam hic ostendit. Et recte hunc unum pastorem grex sacer Ecclesiæ justum colit; et in eo modo quo in cruce sua membra fatigari permisit, rite omnes populi probant redemptorem, quia hunc totius juris parentem esse sacra Scriptura prædicat. Hoc quoque ego indignus agnoscens, pro modulo meo omnium summitatum culmen adoro Dominum Jesum, et credo quod ipse est Rex regum. Judæa vero, quæ, stimulante invidia, inventrix malorum est, inique suum occidit regem. Ipse tamen cum gloria resurgens, arma impiorum per verbum Evangelii sui secundum promissionem prophetarum potenter subvertit. At nos qui in illum credimus, in ipso lætemur: dum quicunque æternum Dominum illum esse non confitetur, male ac perniciose dubitet, quia hic auctor omnium rerum in toto orbe colitur, cui decet cuncta subjici: quia dextera summi Patris proba et sancta oblatam prædam de profundo inferni sanguine suo eripuit, et taliter in cruce positus, cœleste regnum suis concessit fidelibus. Hic de se principium omnium rerum, hic nobiscum Deus, hic origo et finis universorum est, lux vera, imago Dei Patris invisibilis, os Domini, splendor lucis æternæ: qui consubstantialis Patri, sol justitiæ, Verbum Dei, et ex lumine lumen est. Hic coæqualis virtus et manus Domini est, dux justorum et propheta verus, quem Filium Dei unigenitum et primogenitum juste confitemur. Hic est lapis angularis credentibus, lapisque offensionis et petra scandali infidelibus: idemque ostium vitæ est. En indutus veste Christus veritas quid mystice significet exponam. Vestis quoque Christi lex divina est, quæ vili tegmine litterarum auctorem rerum omnia continentem quodammodo amplectitur. Ad quem totus mundus, cœlum et terra, et mare, et universitas creaturæ pertinet: qui pugillo cœlum metitur, et terram palmo concludit. Item nostra natura, quam pro nostra redemptione suscepit, quasi vestimentum divinitatis ejus est. Nam hæc splendorem majestatis ejus, et ab humanis conspectibus celat; et radios claritatis ejus coram oculis impiorum abscondens claudit: ipse tamen miraculis coruscantibus ac tonante Evangelio verus Deus innotuit. Iste quoque magni consilii angelus, ac summa devotione Dei populo missus est: docens videlicet sapientia, et custos pacificus, fons vitæ æternæ, brachium Domini, et panis vivus qui de cœlo descendit: petra utique Christus, oriens lucifer, et verus medicus, clavis David, via vitæ, et Agnus Dei qui tollit peccat mundi, serpens qui exaltatus morituros vivificat, et mediator Dei et hominum, vermis et homo, captivam ducens captivitatem: mons Dei, aquila alta petens, advocatus pro nobis. Leo de tribu Juda, pastor bonus, et hædus peccata nostra portans: fundamentum fidei, ovis innocens, sacerdos secundum ordinem Melchisedech, offerens panem et vinum: vitulus namque et aries pro nobis immolatus est victima. Qui Filius est Patris æterni, idem damnatus est ad pœnam ligni. Hic utique ante luciferum, et ante omnem creaturam, ex Patris utero est genitus: et temporaliter in momento processit ex matris alvo, atque ut salvaret genus humanum, ad crucem venit æternus conditor Christus, qui est super omnia Deus benedictus in sæcula

CAPUT II.

De secunda figura, in qua sancta crux intra tetragonum depicta est.

O sancta crux Christi, quæ potestate tibi collata excellis super omnia! tu in cœlorum arce superna, cœlorum potens regis agmina : quia **crucifixi in te regis virtus et divinitas** totam te potentem et totam sanctam fecit, maxime cum passionis ejus indicium semper in te existat. Quapropter merito te reginam a Christo rege vocamus, quia regni cœlestis aditum per te primum meruimus : dumque humanitatis ejus ac divinitatis gratiam ipsum portans promeruisti, in unius Dei omnipotentis laudem sacra confessione Christicolas sociasti. Nam multiplices laudes Deo in sanctis angelorum cœtibus excitas, et simili ratione ad glorificandum Deum devotos reddis terrarum incolas. Te generaliter totus orbis, aer, mare et ignea cœlorum sidera sanctificant, ac specialiter unaquæque species creaturæ ex quatuor mundi partibus magna devotione celebrat. Hoc quoque omnium adunata confessio profitetur, quod ab æterno lumine illustrata, nobis cœlestis regni gaudia demonstres, et demonstrata pie quærentibus dones : cum utrumque facis dispensatione divina, ut et corde credulo et vera confessione Deum Christum confiteamur et per hanc fidem ad ipsum pervenire mereamur. O crux Christi, quæ per desideratam ejus victoriam es benedicta, quam claram et quam magnam suo amore te omnium conditor reddidit! Vivificationis enim munere te ditavit, et ad hoc salubriter erexit, ne antiquus hostis, qui primum parentem nostrum sibi consentientem de paradiso ejecit, diutius irrisionis eulogio progeniem ejus in exsilio damnatam fatigaret. O pia crux Domini, quis te decantans metro, digne resonare valet, et totam potentiam tuam verbis enarrare! Pulchra nites ornatu, teque cernentibus gloriosa appares. Taxus mortifera longe a te fugit, calamus aromaticus et pinus semper virens honori tuo se subjiciunt. Cedrus quoque diuturna, et vermibus imperforabilis, myrrha guttiflua et meliro odoris jucundissimi ad odorem tuum stupent : nardus spicoma et cypressus odoris boni, mastix quoque, gutta lentisci et thus Arabica, gutta Indiæ et amomum Syriacum, balsamum Judææ, bdelium Physonis, majestatem tuam verentes, super se votis exaltant. Nomine licet sis asperior ipsis, dum cruciatum resones, virtute tamen redemptionis nostræ ipsis præstas, quæ concedis fidelibus ante Christi tribunal bonorum operum fructus percipere. O crux sacra, quæ, diruptis claustris inferni, plebem sanctorum eripueras et cœlo collocaveras!

CAPUT III.

De tertiæ forma figuræ, in qua novem ordines angelorum depicti sunt.

O tu, sancta salus et læta passio Christi, salve : crux veneranda Dei, quæ sapientia, lumen et doctrix es orbis terrarum ; quæ et vera laus, amica virtus, et clara philosophia apud cœlicolas, terrigenas, quæ indesinenter viges : et jam apud exercitus angelorum, qui in claritate lucis æternæ manent, et apud homines, quibus salus et pulchra renovatio post diutinam infirmitatem et antiquam peccatorum vetustatem exstitisti. Te totus orbis beatificat, te cœlorum agmina collaudant. Per te in nomine Jesu (qui cuncta mundi sceptra simul et regum curvat imperia) omne genu sive voluntate sive vi flectitur, cœlestium videlicet, terrestrium et infernorum. At Michael, dux et princeps plebis Dei, te confessione memorat cuncta cœlorum sidera et virtute regere et potestate tegere, eo quod ara Dei sis, in qua immolatus est Agnus qui abstulit peccata mundi : quo clypeo benevolentiæ ipse sedulo exsultat, qua confessionis framea fidens, bellum init contra draconem horridum, antiquumque serpentem ; et de hoste triumphans, ovat cum sanctorum agminum millibus, hoc sibi præmii loco petens ut tuam laudem perpetuo ante tribunal decantet Domini. Igitur actus iste formationis litterarum, et hic modus positionis novem ordinum, nec non et sors ipsa qua primitus ad laudandum Redemptorem sacra angelorum agmina ordinantur, taliter suspensam jure statuit hanc crucem, aram scilicet pontificis et redemptoris nostri ; ut ipsa vera vita in se contestans, ostendat laudantem virtutum venerabilem senatum, sicut decet, ut in cruce, quæ est vera salus nostra, appareant bona et salubria scripta ; ideoque Christus semetipsum humilians descendit de cœlorum arce, ut ad se solidum fundamentum fidei argumentumque omnium bonorum valide nos duceret : et docuit verbis, factisque suis nobis documenta reliquit, et sic demum in sancta cruce nos redimens, facta sua consummavit. Hoc tu, Gabriel, archangelus Altissimi et desponsator cœlestium nuptiarum, lætus claro famine Virgini revelabas, quando Christi regni potentiam et salvationis ejus opus luculento sermone pronuntiaveras. Quid et tu, o Raphael, medicina Dei? Nunquid in illo mystico opere quo Tobiæ oculos aperuisti, felle orbem liniens, sanctæ crucis potentiam significasti, quæ per amaritudinem mortis Christi, peccatorum tenebris remotis, æternam lucem humano generi reddidit? Credendum ergo nobis est quod facta angelorum quæ Vetus Testamentum narrat, adventum et gloriam significent redemptoris nostri, cum Novum Testamentum statim in primordio nativitatis ejus, ejus gloriam in excelso, Deo magno tripudio cecinisse, et pacem hominibus adoptasse describat. Quapropter vos quoque, præclari angelorum exercitus, supplices obsecramus ut dignas grates Salvatori nostro incessanter agatis, et sanctum nomen ejus in sæculum benedicatis, qui nos per crucem a perpetua morte liberavit, et vestrum numerum (ne diminutus propter perditos angelos remaneret) sanctis animabus complevit in arce cœlesti.

CAPUT IV.

De forma quarti schematis, ubi cherubin et seraphin sunt juxta crucem depicti.

At vos supernæ cohortes, cherubin et seraphin,

jam nunc de cœlo laudate nomen regis vestri Jesu Christi, quia ignis amoris et sapientiæ vestræ ita bene ardet, si puro famine in Redemptoris laude splendeat, cum vera et divina est laus illa, qua Pascha nostrum, idem passio et resurrectio redemptoris nostri, vere nostra prædicatur esse vita: verus utique lucis fructus est Christi, quem cum Patre et Spiritu sancto Dominum Deum sabaoth sociali laude celebratis, qui tunc in hora passionis vicit tristitiam mortis, et nunc regnans ubique exsultat in gaudio resurrectionis. O beata seraphin, quis sit vestri amoris ardor, dicite: et si fiant in celebratione hac habitus vestri jura cœlestia monstrate, si hac multa et valida laude significetis, victorem supernum pandite. Hinc confidenter ego pro vobis mihimetipsi et meis ita respondeo. Unum namque est quod nobis demonstrant, hoc est, quod in alarum suarum positione affirmant: jam dudum nobis prænuntiatam esse in figuris sanctæ crucis aram sacratumque decus hostiæ quod in ea immolatum est. Edunt quoque Christi vota laudis, quæ sit virtus redemptionis nostræ, ac bona præmiorum quæ tribuere nobis rex Christus decrevit, cum in hac ara secundum suum propositum passus, consumpsit flamma passionis suæ iniquitates et peccata scelerum nostrorum; cunctasque adversarias potestates in momento suæ mortis superans vicit, atque principem hujus mundi foras ejiciens, destructa ejus claustra dirupit, et vetustatem peccatorum nostrorum delevit, reddens nobis benignus Dominus et rex virtutum ipsa regna paradisi in quibus primus homo conditus positusque fuerat. Hocque omnium fidelium ora probant, et virtutes et miracula quæ Deus in hoc mundo per sanctos suos facit testantur quod Deus humano generi, in carcerem et tenebras istius mundi juste damnato, auxilia mandatorum dederit causa perpetuam mortem evadendi. Conditor utique et rex noster, qui pro nobis in alta crucis confixus est stipite, quam magis decet thronum imperialem vocari quam servile tormentum, quia imperator noster rex Christus regnum sibi in ea et potestatem in cœlo et in terra conquisivit, hostes superavit et mundum Deo reconciliavit. Hæc vexillum Christiani est populi, hæc framea qua cum hoste sortimur bellum, hæc insigne victoriæ nostræ. Cum hac hostes nostros proterimus, hac arma iniquitatis frangimus, per hanc ad coronam allevamur et virtutis præmia capimus. Propterea exsul semper et alienus a bono, ignis cupiditatis, scito quæ tibi interfectio in morte Christi parata sit. Cherubin ergo illa, quæ in tabernaculi templique constructione juxta aram post altare thymiamatis stabant, hoc vexillum crucis extensione alarum suarum, nec non et tota positione situs sui, hanc sanctam aram demonstrabant, quæ, mystica unctione linita, triumphum Christi et certaminis ejus palmam præfigurabant. Hæc itaque animalia, id est cherubin, distensis suis alis læta facta Christi adducunt, et beata ea esse alma altaque manifestis indiciis tradunt. Ipsa quoque seraphin ad hoc pandunt os suum ut cum cœlos et terram plenos esse gloria Dei prædicent, jam prope est tempus quo carnalis hinc abeat luxus et vitia recedant. Dicant denique cuncta: simul hæc animalia alarum suarum officio præcipue intimant Salvatoris brachia in cruce esse protensa, in hisque trahi atque sublevari nunc misericordia omnes quos ipse postmodum in universali judicio, meritis condigna rependens, in sede collocabit beata: tunc palam illos per discussionem probando, quos jam ante sibi notos et bonis operibus auctos probavit amando. Justorum ergo vatum prophetiæ de passione Domini ullo modo non dissentiunt, nec significationes istorum animantium fallunt.

CAPUT V.

De quintæ figuræ forma, ubi quatuor tetragoni circa crucem consistunt.

Te modo, crux sancta Dei, obsecro ut tua virtute meum pectus infirmum benedicas, ut dignis laudibus æterni Regis in te tropæum valeam decantare, quomodo cœlestia simul ac terrena uno fœdere conjungas, pactum confirmes et mortis vincula dissolvas. O tu sacer apostolorum cœtus et martyrum ordo laureatus, jure vos domus Christi posuistis fundamenta, quos ipse in arce gestat pulcherrima. Voce quippe vestra et exemplis Deo plebem sacram acquisistis, et sanctam ac salutarem crucem Christi jure in primo fundamine prædicationis collocastis, quia illam crucifixi in ea Domini virtus ad portandum totam Domini Ecclesiæ machinam rite roboravit. Vere quoque ipsa humanum genus ad vitam dedicavit firmaque erecta est columna, desiderans ostendere quod per ipsam æterna domus cœlesti regno collocanda exsurgit, aula videlicet justi regis sponsique Ecclesiæ. Hanc tu, Domine Christe, tropæum novum, jure dominationis, cruore redemptionis viæque directionis, ociter in mundo erexisti: quod Christicolum genus fœdus justitiæ servet, spernat diabolum rite damnatum, et vincat pietate hominem inimicum, quia tu illi fautor laudis, et timor conservationis utriusque boni operis, ac palma victoriæ, atque corona remunerationis es. O inclyta crux Domini, aulæ Christi pretiosum fundamentum! tu es pulchrior florifera specie omnium germinum: tu excelsior cedris Libani, tu pretiosior albo lapide Pario, quæ quadratas jungis petras viventium lapidum in firmo fidei fundamento. Patriarcharum quoque cœtus et rita antiquissimus jure prima fundamenta jacit in initio totius ædificationis, qui primum sano dogmate corda devota sibi obedientium ad domum regnantis super omnia Dei fide junxerunt. Postea prophetæ verba prædicationis pluerant, ut regi Christo vivam aulam monitis præceptisque suis in hoc certaminis loco construerent: quia omnis hæc fabrica Ecclesiæ per confessionem nominis Jesu Christi ad cœleste regnum elevat, ejusque voce instructa rite viget bona vitæ constructio. Hæc enim junctio ad latera sanctæ crucis quatuor tetragonorum hoc signat, et omine sacro revelat nobis intellectum, ut sciamus quo nos via recta et ductor optimus jubeat ire, hoc est, ad possidendum regnum perpetuum : omnes utique quos Christi visitatio sua mansione illustrans, templum dicare dignatur, et cum his sanctis parietibus in semetipsum lapidem angularem coadunans, ad perfectionem coelestis aedificii perducet.

CAPUT VI.

De specie sextae figurae, ubi de quatuor virtutibus praecipuis commemoratur.

Omnipotens virtus, et omnipotens Patris summa sapientia, Christe Fili Dei, tu es verus Dominus qui totum mundum adornas decore sanctae crucis, dispensasque pie tuis sanctis pia dona salutis. Nam quadriga virtutum, quatuor cornibus sanctae crucis decenter aptata, ostendit sacram seriem specierum ex ipsa procedentem, in triumpho victoriae regis Christi consecratam : et per ejus passionem proficuam esse toto orbi, ad impetrandum fructum pietatis, et adipiscendam aeternam beatitudinem. Virtus est animi habitus, naturae decus, vitae ratio, morum nobilitas et linguae moderatio. Haec quippe cuncta, o sancta crux, religiosis hominibus justa laude probanda tu tradis : cuncta simul beneplacita Deo depromens, et singula salubria esse prodens. Tua sancta prudentia tenerum mundum ab initio docuit, quando per martyrium Abel justi pro innocentia ponendam animam demonstravit ; de te justitia bene zelo fervens, diaboli pompam spernendam et Christi gratiae obsequendum suasit. Per te castus amor in sanctis Dei erigit se ad sectandum utilia consilia, hoc est, doctrinam mandatorum Dei : ut fraudem maligni de penetralibus humani cordis auferat, et fideles Dei attendentes ad coelestia praemia, superare carnis concupiscentias doceat ; ipseque amor per universam mundi latitudinem sanctos praedicatores ducit, arguentes vitia, et virtutes commendantes docentesque per Evangelium Redemptori gratias agendum, qui secundum veterum prophetiam novissimis temporibus incarnatus est, et mandata tradens evangelica signis et miraculis verus Deus innotuit : concedens omnibus fidelibus sibi ut per fidem plenam et baptismum lucem aeternam conquirerent, illisque qui intentis auribus coelestem doctrinam capiebant, dedit in modum bonae terrae uberem ex verbi semine virtutum fructum proferre, et si qua incentiva naturae in eis orirentur, abscisa Evangelii cultro flamma Spiritus sancti concremaret, ut sine ullo impedimento divinum germen et spirituales delicias regi Christo exhiberent. Hos ergo fructus primum fides et religio Christiana per praedicatores Evangelii plantavit, deinde gratia virtutum puros et ab omni sorde alienos ostendit : dehinc patientia sanctorum in tribulationibus probavit ; pactum quoque et societas verae concordiae coadunatos et inseparabiles demonstrando, stabilivit : exin modo virtute constantiae fortiter roborantur, et per veram humilitatem illaesi custodiuntur, ut per discretionem in augmentum proficere valeant, et per longanimem perseverantiam usque ad congruam maturitatem perveniant. Post haec quidem jam ultimi judicii falx mittenda est, ut messis albens, quam granum frumenti per aratrum crucis in terra conditum gloriosam et multiplicatam protulit, apparente ipso judice vivorum et mortuorum, per angelorum ministeria colligatur, et per sententiam ejusdem justi judicis in horrea coelestia feliciter collocetur.

CAPUT VII.

De septimae figurationis plasmate, ubi de quatuor elementis agitur.

Igitur omnia quae in coelis et quae in terris sunt, de lumine gloriae Christi illustrata jam splendent : cujus majestati subjecta serviunt et sacrae crucis factum beatificando concelebrant, ut sic victori superno debita vota persolvant : hoc veraciter profitentes, omnia regna servare modum suum sub dispensatione divinitatis Jesu, non solum quae in orbe moventur, quin etiam omnia quae sunt, vivunt, sentiunt atque discernunt et jura servare norunt, sub hoc imperio consistunt ab initio. Imber quoque ac grando de nubibus, nix, pruina ac glacies, ros et serenum simul cum fontibus et rivis in terra profluentibus Creatorem testantes laudant. Arcton Creticus et omnis stellarum positio simul cum vertigine poli auctorem praedicant suum. Nemini displiceat quod dico, quia Omnitenentis laudes scribo, et non irrisionem vel dolorem alicui ingero. Benedicite, omnia opera Domini, Dominum : cantate et psallite ei. Laudans dicat justus, quod Christus in cruce exaltatus omnia trahat ad seipsum, et electos suos milites invitet ad coronam. Non enim fas est ut in laudando Conditorem discordet factura ejus, sed gaudens concinat sibi debitas laudes. Universa aquae natantia et serpentia terrae, montes et colles, arena maris, luci et omnia ligna silvarum, ferae, pecora et truces bestiae, vermes pulverei et minuta volatilia, aves mansuetae et lacerantes unguibus. O genus Christicolum ! quo coeli et terra decorantur, a vobis lumen fidei et virtus praedicationis prodiens, legationem agit ad gentes, preces excitat, ad baptismum invitat; sed maxime doctorum sermo praeclara exhortatione dolum diaboli denudat, et acquisitis per Dei gratiam electis exponit victoriam Christi. Omnibus fidelibus hoc quotidie praedicatur, nec non et paganis, et falsis Christianis, et haereticis cum summa modestia et patientia intimatur. Qui ergo crediderit verbo Dei, salvabitur; qui autem non crediderit, aut pravis operibus fidem destruxerit, in aeternum damnabitur. Igitur quia Christi gratia in coelis et in terris redundat, bene condecet ut coelestia simul et terrestria ore consono laudes Deo decantent et gratias agant. Populus Domini et oves pascuae ejus, qui partim in coelis jam cum Domino regnas, partim adhuc peregrinaris in terra, una ratio vos ad laudandum Deum incitat, quos unum gaudium in coelis exspectat. Nam quod datum est jam tenetis, et quod promissum est veraciter accipietis, quia qui promisit sine dubio in vobis sua promissa implebit, rex utique vester, proprius et sacerdos, creator et salvator, Jesus Christus Dominus noster.

CAPUT VIII.

De octavæ speciei forma, ubi de duodenarii numeri ratione expositum est.

Christus itaque salvator noster, Christus, rex mitissimus, in cœlis regnat: consilium optimum, virtus Dei Patris summa, et benedictio vera, lumen de lumine, et ex Deo genitore divina proles genita. Hinc videlicet totius juris origo est: ad hunc fabrum tota cœli et terræ fabrica respicit, ad hunc pertinet omnis virtutum decor, a cujus bonitate et veritate omne bonum verumque fit, ipseque mirabilis solus mirabilia facit: a cujus justitia ordinatur quidquid in cœlis vel in terris juste decernitur, probatur et profertur, quidquid honoris habent angeli boni, et quidquid pœnæ sufferunt angeli mali; nec non et illud quod Christus idolatriam de mundo expulit et divinum cultum renovavit. Horum igitur omnium bonorum auctor est Dominus Christus, qui in vexillo crucis suæ honoris et potestatis propriæ judicia demonstrat. Quapropter congruit ut nos terrigenæ et paradisi exsules notemus hos radios quos diffundit hæc sanctæ crucis species, per quam Christus nos salvat et reddit splendorem luminis quem protoplastus peccans olim jam amiserat. Quotquot ergo a principio hos radios rite agnoscentes venerabuntur, perpetuæ lucis munere perfruuntur, crebroque hoc jubare vibrabant arma prophetarum, et sors apostolica prædicans hac luce nobiliter corascabat; hocque sole fides Christi toto orbe terrarum relucet, atque bona corda hominum votaque pia sanctorum patent: justi quoque divino munere pollentes, per mystica signa, olim jam patribus tradita, bonum et salubrem conjiciunt radium, et proinde mandatis Dei obedire persuadent populis, cum Christo ascribunt soli profunditatem mysteriorum dignis revelare, et dona perennis vitæ fidelibus tradere. Christus ergo rex summus et cœlestia tribuens Dominus, munere divino scandens alta crucis robora, manifeste innotuit, hanc speciem formando, per hanc se pandere cœlos mundo, et vult ut sequentes ejus vestigia, vitæ per hanc reperiamus introitum. Denique quater ternos ventos, a quatuor plagis mundi et ambitu Oceani in habitu sanctæ crucis conjunctos et coadunatos, Salvator salubres fecit, signaque duodecim cum mensibus suis ipse dominator sustentans, regit et gubernat, ac duodena spatia horarum oriente sole disponit ordinabiliter trahi et perduci ad occasum. Ad hæc quoque universa demonstranda distributio duodenarii numeri, quadrangulam sanctæ crucis formam complet. Omnia namque vincula peccatorum nostrorum, quibus constricti tenebamur, crux Christi, gloria nostra, resolvit, ipsaque erecta sacra cœli gaudia juraque terræ proponit et signat, laudat et probat, ipsaque fidelibus veraciter confert.

CAPUT IX.

De nona figura, quæ dierum anni numerum in crucis specie continet.

Sol et luna, en nunc competenti ordine Dominum Jesum Christum benedicite, quia sancta crux est vester honor, stabilis lux, dispositus ordo, series, laus et probitas, spirituali lumine per cuncta tempora vos illustrans. Vos quoque hoc termino, quem ipsa in quatuor hexagonis et monade inter eos posito portendit, dies et noctes totius anni solaris connumeratis æquatisque ad perfectionem ejus numeri cursum vestrum. Prædicta ergo figura ejus habet in se tricies denos et decies senos, atque insuper quinquies unitatem. His quippe numeris rota solis et lunæ cursum suum noscitur indere, quatuor vicissitudines temporum his includuntur; quos omnes in quinquaginta duabus hebdomadibus et monade unus pariter amplectitur annus. Ad hanc diem jam bifrontis reditum tenet hic ordo: ad hanc transit horarum series, temporum vicissitudo, annalis circuitus, et astrorum cursus; ipseque quadrans horarum supervacuus supra numerum certum dierum, quem in dispositione sex angulorum quatuor hexagonorum sancta crux denotat, ociter ad illum terminum pertingit, quod in æquinoctiis rite dignosci potest. O sacrum germen, quod clara luce fidei et sapientiæ corda hominum in tenebris infidelitatis posita illuminas; tu es videlicet crux sancta, miraculis coruscans. Nam et Christus hinc ubique per tua cornua latitudinem sui regni demonstrat. Tu regis fortissimi sceptrum et ara Dei altissimi, ordine potenti dilataris per orbem: descendisti ad inferos, tendis ad cœlestia. Hæc decus et honor est totius mundi. Sem quoque verus idem nominatus noster, per cujus nomen solius tota salvatur creatura, cursum siderum ad hujus formam temperat, ipsumque regnum cœli donat, cum in hac sede positus claustra cœli nobis aperit. Hæc quippe humanum genus laudans cantibus exponit, cum prædicat fideliter pro Christo a Judæis crucifixo, quod media die lumen siderum obscuratum sit. Nam Judæa frendens licet invidia æstuaret, meliore tamen usu in arbore crucis hunc fructum extulit, quod ex quatuor plagis mundi et ex quadrifico Oceani limbo gentes et populi undique confluentes spirituales delicias appeterent quæ in sancta cruce demonstrantur, ut sacris et mysticis epulis repleti, per dona summi Patris ad centuplicem bonorum operum perveniant fructum, et intermixti splendidis novem ordinibus angelorum, in cœlesti beatitudine ipsi perpetua claritate fulgeant. Quapropter moneo ut quidquid canamus et quidquid scribamus, in Redemptoris laudem totum vertamus: quatenus hac una spe, quam per eum in eo habemus, exitum avidæ et sævientis mortis perpetuæque damnationis scuto fidei repellentes possimus evadere, et sic regnum Dei superna luce nitentes læti mereamur possidere auctoremque nostrum ac redemptorem Dominum Jesum Christum, omnipotentis Patris videlicet Natum, dignis laudibus resonare, verum, sanctum atque Dominum altissimum : sit quoque semper hæc nostra ratio, sempiterna laus et perpetuus ardor amoris.

CAPUT X.

De ratione figuræ decimæ, ubi septuagenarii ratio descripta est.

Nunc itaque condecet ut pia modulatio, spe æternorum nos lætificans, in hoc beato opere exprimat quid nobis æternam vitam conferat, et quid corruptionem auferat, quidque delictorum veniam tribuat, et quid vincula peccatorum dirumpat, hoc est, sanctæ crucis prædicet acta. Merito ergo hoc vox humana faucibus resonat, hoc depromunt arte os proloquens, digiti scribentes, plectrum linguæ et vota pii cordis, quod cecidit in bello draco tortuosus et noxius ille qui arte maligna truculentus in paradiso protoplastum nostrum decepit : cum prius ipse cadens Lucifer de cœli arce tertiam partem astrorum traxit secum ad inferni sulphurea stagna, quia superbus et dolosus tentavit se æquiparare Altissimo, in gelida Aquilonis parte ponens sibi tribunal. Hunc scilicet ferocissimum lupum agnus mitissimus stravit, jure potenti eripuit prædam, et studia immania fregit. At gentes ex imis et carnalibus desideriis per sanctam Evangelii prædicationem convertit ad meliora, et incendit ad cœlestia dona, ne vel Judæorum fabulosa superstitio, vel hæreticorum perversa seductio, specioso velamine corrumpat casta corda Christianorum, qui veritatem divinæ legis agnoscentes, in robore fidei jam consistunt; et ne aridum fiat os gentium exinanitum a cultu dæmonum et adoratione idolorum, fecundat illud in divina laude auctor totius boni et largitor virtutum Christus Dominus : causat enim et damnat omnem perfidiam inimici potens virtus sanctæ crucis, et dimittens mundo debita, cunctas opes divitum præcellit suo munere. Denique quod in septuagenario numero manifesta redemptio toto mundo fuerit Daniel propheta in septuaginta hebdomadibus suis, quæ ad Christum usque pertingebant, demonstrat, quando consummetur prævaricatio, et finem accipiat peccatum, et deleatur iniquitas, et adducatur justitia sempiterna. Jeremias quoque similiter post septuaginta annos resolutionem captivitatis prædicat esse venturam : ast Moyses per septuaginta presbyteros, quos mandato Domini populo Israel prætulit, totius magisterii perfectionem et revelationem mysteriorum per crucis sacramentum nobis fieri significavit. O crux benedicta Dei! in hoc quod septuagenarium numerum in quinque partes divisum in medio tui, simul et per quatuor cornua tua quaternario et denario numero amplecteris, significans le totum mundum per decalogum legis et per quatuor libros sancti Evangelii ad concordiam et unitatem fidei revocare. Neque enim ipsum quinarium absque mysterio prætermittis, sed venerabiliter innuis humanum genus non solum per internum affectum animi, sed etiam per exteriores sensus corporis, tibi veracissime esse deditum.

CAPUT XI.

De undecima figura, ubi Pentateuchus Moysi ordinatus est.

Te, sancte Pater, invoco Dominum cœli et terræ, ut sis mihi in hoc carmine doctor et rector, inchoato operi pius et clemens annuas sensum opifici, et verba sobria tribuens, ut possim fideliter pandere ad sanctæ crucis æternam laudem, et ad gloriam Novi Testamenti, quid lex prisca figuris significet, modo in gratia ipsis rebus spiritualiter observandum. Nam cum primum hæc maxima rerum machina ab invisibili et impenetrabili profunditate visibilis effecta est, et paradisus cum germine suo floridus et jocundus apparuit, statim in ligno vitæ, quod est in medio paradisi, vitale lignum sanctæ crucis præfigurabatur : quod in medio gentium positum præcedentes et subsequentes se vivificat et sanctificat generationes, cujus beneficio recreati quique boni et sancti viri spirituales et vitales virtutum proferunt fructus. Hoc etiam lignum passionis Christi præfigurabat Isaac patriarcha, cum patre imponente propriis humeris ligna portabat ad locum immolationis suæ, sicut liber Genesis testatur. Sic et Exodus et cæteri libri legis edisserunt, quod forti compagine armorum sancta crux nostrum pretium evexerit, ut dote sanguinis sui sponsus supernus exhiberet sibi sponsam, Ecclesiam, non habentem maculam aut rugam. Hinc plebs Israelitarum Deo in Ægypto conjuncta, et per Rubrum mare translata, laudes victrices Redemptori suo decantabat, et itinere trium dierum gradiens, Domino misericorditer eos ducente, pervenit ad fontem Marat, qui per lignum mysticum dulcatus est. Igitur Pharao et Ægyptii persequentes, qui prius populo Dei quasi jam capto et reducto insultabant, submersi maris fluctibus sera pœnitentia doluerunt : Israelitæ autem visis magnalibus, ductori suo triumphanti, Deo videlicet patrum suorum, canticum gloriæ concinebant, et in conditoris sui amore ferventes laudes triumphales exsolvebant. Porro mare orientale hoc testatur, cum orbitas curruum Ægyptiorum hactenus in profundo et in littore servat. Denique veteris legis abyssum sancta crux immissa dulcavit, et petram solidissimam excidens fontem viventis aquæ produxit. Ad hujus instar Moyses manus extendens in Amalec victoriam cepit, et per eam veri Amalec memoria deleta est sub cœlo. Duo ergo viri exploratores terræ repromissionis, qui botrum in vecte portabant, duos populos significant, qui gaudia superna per passionem Christi in cruce completa quosque credentes promereri posse prædicant. O crux benedicta Dei! quis bene mysteria tua noscens, tanta et tam præclara dona salutis satis enarrare valet, cui nulla lingua creaturæ ad laudes debitas celebrandas idonea est. Te Patris æterni hostia, in odorem suavissimum oblata, sacram aram dicaverat : vivificantem exaltasti serpentem, et vitale signum demonstrasti populo, quo salvari læsus ab hostibus possit. Et quid amplius de te dicere possum, nisi hoc quod cuncta bona dederas et mala cuncta aufe-rebas.

CAPUT XII.
De duodecimæ figuræ ratione, ubi nomen protoplasti situm est.

Eia modo, dulcisona metricæ artis fistula, vade salutiferam crucis Dominicæ laudem suavibus canere versibus, opusque mirabile redemptionis nostræ, simul et consolationem vitæ futuræ devotis celebrare laudibus, quia in sancta cruce mors victa est directissima, et peccatorum nostrorum vincula sunt resoluta. Lux nobis per Christum rediit pristina, et primæ prævaricationis concessa est venia. Nam primus Adam decorem immortalitatis nobis abstulit, cum pomum ligni vetiti contra præceptum gustavit ; et secundus Adam, salvator videlicet noster, omnem venustatem et omnem gloriam atque honorem supernæ claritatis nobis adveniens secum attulit. Unius ob noxam multa et innumerabilia perpessi sumus mala, et temporalis mortis incidimus discrimina : sic et unius ob gratiam fidelia salvantur agmina et luce potiuntur æterna. Denique sicut per lignum prævaricationis mors introivit in totum orbem terrarum, et in infernum omnes descenderunt, etiam ipsi electi, ita et per lignum Dominicæ passionis mors captivata est, et multi evaserunt ex ea, etiam peccatis obnoxii. Universo scilicet orbi Christus per crucem aditum vitæ aperuit, et in ea potentiam virtutis suæ demonstravit, ipsamque, relictis idolorum cultibus, honorabilem esse omnibus voluit. Per hanc sui sacramenti nobis patefecit arcanum, et ad custodiendum jus suæ voluntatis nobiscum firmaverat pactum. Primus homo, de terra terrenus, terrenam generavit sobolem, cui et immitem hæreditavit mortem : secundus quoque, de cœlo cœlestis, cœlestem mundo intulit generationem et æternam suis promisit beatitudinem. Hic est Dominus universorum et creator omnium rerum : regnum solus cum Patre et Spiritu sancto tenet æternum, et secum regnare vult cœtus gloriosos sanctorum. Ipse etiam per nomen Adam, quo quatuor plagas orbis persignatas habet, potestatis suæ, qua dominatur in toto orbe terrarum, nobis dedit indicium. Nam anatole, dysis, arctos et mesembria, quatuor mundi partes in capitibus vocabulorum suorum hoc resonant. Unde condecet ut cuncta viventia atque subsistentia Dominum suum recognoscant, et laudibus devotis concinant, quod Jesus Christus verus est Filius Dei et omnipotens dextera Patris omnipotentis : cujus curatio salubris est et contactus medicina salutis æternæ.

CAPUT XIII.
De tertiæ decimæ ratione figuræ, ubi ille dierum numerus comprehensus quo Christus in utero Virginis moratus est.

Arbor odoris suavissimi et expansione pulchrarum frondium latissima, hortus deliciarum incomparabilis affluens, ubertate largissima, floribus virtutum et foliis verborum jucundissima, per prædicatores sancti Evangelii fructificans, opes condis cœlestes : exaltata quidem majestate super omnia ligna silvarum honorabilis et decora existis ; quia claritas Christi in te crucifixi gloriosam et speciosam et venerabilem omnibus te exhibuit. Hoc quisquis in fidei firmitate consistit, plena devotione profitetur, licet dæmonis vis horrida salutem hanc credere atque cognoscere gentibus invidens hactenus reluctetur. Varias quidem virtutum species in sinu tuo demonstras, et abundantiam spiritualium divitiarum te habere significas : ex sanguine Christi purpureo fulgore nites, et pro Christo animas nostras ponere fortiter suades. In te Ecclesiarum salvatoris celsitudo consistit, et unitas fidelium in fide et pace permanebit, quod etiam erectio tabernaculi Mosaici, seu ædificatio templi Salomonici præfigurabat : hoc et altare holocausti sive thymiamatis, atque ignis in eis semper ardens significabat ; hoc et candelabrum cum quatuor lucernis, hoc et sabbati otia indicabant, quia in Christo Agno videlicet Dei immaculato, pro salute nostra in ara crucis immolato, et fidelium est illuminatio, et requies perpetua sanctorum. Ipse est ad vitam per passionem crucis prævius noster, ipse salus æterna, ipse lux vera, ipse bonitas piissima, ipse redemptio nostra, ipse est et vita sempiterna, ipse est princeps tanquam filius in domo sua, Ecclesia videlicet sancta : ipse est pax nostra, qui fecit utraque unum ; ipse principatum diaboli destruxit, et conatus ejus noxios retardavit : qui per frigus infidelitatis fervorem charitatis exstinguere studet, et per illecebras voluptatum felicitatem veram promittens, fallax decepit, et per hanc dementiam jam quasi captum irridens, manifestis vitiorum vinculis et catenis peccatorum stringit. O crux sancta ! o arbor speciosa ! quæ omnia cedrorum nemora altitudine et pulchritudine incomparabili superas, en numero competenti in cornibus tuis radianti dona serenissima et beatissima per adventum Dominicum portendis. Ostendis enim seriem dierum quibus Salvator in utero Virginis incarnatus est, et per hanc moram patientiæ et humilitatis ejus documenta nobis præbes : et quia cum lenitate et tranquillitate per partum ad nos venit, mansuetudinem suam et obedientiam, quam usque ad mortem in te perpetratam servabat, designas. Ideo data est ei omnis potestas in cœlo et in terra secundum humanitatem, qui cum Patre et Spiritu sancto cœlum et terram et omnia quæ in eis sunt creavit secundum suam divinitatem, sicut sancti dudum cecinere prophetæ, quod cœli et terræ factor parvulus filius nasceretur, cujus imperium super humerum ejus esset.

CAPUT XIV.
De figura quarta decima, in qua numerus annorum ab exordio mundi usque in annum Passionis Christi notatus est.

Vere dignum opus est, ac præclarum valde, tropæum cœlestis regis dulcisona modulatione psallere ; triumphum dominatoris æterni competenter prædicare, quo mundum de potestate tyranni eripuit, ipsumque regno ejus destructo ac reparato, æterno carcere damnavit : in quo etiam cœlestia et terrestria atque maritima regno sibi acquisito fulcit atque sustentat. Nam quando ejus exaltatio fuerit ab origine nascentis mundi, accurrens cum mysterio annorum numerus per notas Græcorum in figura ipsius dispositas exprimit, et ob hoc credentium devotio augetur, cum perspicit conditorem omnium rerum tam congrue et tam convenienter rebus ipsis temporum seriem coaptare : quod figura crucis et redemptio in ea perpetrata, ac salus per dona virtutum fidelibus collata, cum numero sacris mysteriis pleno rite in omnibus concordent. Denique principium libri Genesis manifestissime comprobat atque confirmat quod Dominus prisca sæcula et creaturam suam, in principio ab ipso conditam, per sanctam crucem juxta finem temporum renovaverit, quia dum post sex dierum opera hominemque creatum requiescere Deus dicitur in sexta ætate sæculi, ac sexta feria dierum per crucem homine reparato, Sabbato in sepulcro requievisse Redemptor demonstretur. Divino ergo nutu dispositum est, quod numerus V. CC. XXX. I. figuræ sanctæ crucis apte conveniret, et per hoc demonstraret passionis Christi sacramentum, omni nequitiæ dæmonum ac falsitati pravorum hominum resisteret, opprimeretque potentia et superaret justitia omnem quicunque fraude ac dolo derogaret dispensationi Dominicæ incarnationis, taceretque penitus veritate convicta omnis philosophorum atque hæreticorum versutia ; sed nec ultra fallax Judæorum factio dirum ac immitem affectum Christi opponeret Evangelio, quia ipsum virtus Dei est in salutem omni credenti, et per hoc patescit voluntas Creatoris, et demonstratur sanctam crucem omnia tempora mundi in electis Dei, qui ab initio fuerunt, sanctificare, et regnum cœleste promittere, quod per Redemptorem nostrum cunctis fidelibus tribuetur, qui verbo ejus obedientes corde credulo et opere mundo Deo placere studuerunt. Species quippe sanctæ crucis grandis consolatio est fidelibus, materiam tribuit laudis, quia bonitatem nos scire facit Creatoris, et ipse prius hominem in paradiso formaverat rectum, et nunc nolens eum perire fraude hostis antiqui, per crucem illum recuperans reduxit ad paradisum. Crux quippe est arx virtutum et remissio peccatorum, ipsa scilicet de his infimis atque caducis ad cœlestia et superna provehit omnes quos per fidem et spem atque charitatem dignos esse æterna visione Dei Christi electio comprobavit.

CAPUT XV.

De quinta decima figura, ubi Agnus et quatuor evangelistæ depicti sunt.

Filius Dei Patris altissimi, qui dira jacula inimici frangis nequissimi, da mihi sanctæ crucis victoriam carmine dulcisono modulari. Nempe evangelista Joannes, velut altivolans aquila, in ipsum solem justitiæ figens aspectum mentis, verbum Dei vera revelatione cognovit, et claro sermone prædicavit atque conscripsit. Ita quippe gratia divina præ cæteris evangelistis collata est Joanni, ut cum illi incarnationis Salvatoris et humanitatis ejus arcana maxime conscriberent, iste divinitatis ejus sacramenta profundo sermone revelaret, quod videlicet factor omnium rerum animam et corpus in se sumpsisset humanum, et qui in principio Deus unus erat cum Deo Patre, in fine temporum visibilis appareret in carne. Hunc figura leonis significat regem, hunc vitulus præfigurat pontificem, quia ipse ut leo et quasi catulus leonis certamine confligens, opulentissimam arripuit prædam, atque idem sacerdos et hostia fieri dignatus, salutem nobis concessit æternam, suisque participibus dona largitus est immensa. Marcus quoque in mysterio septem panum, quibus quatuor millia hominum Jesus satiavit, mystice septem dona Spiritus sancti indicat, quibus evangelicum populum Salvator quotidie reficit. O tu, evangelista Lucas, regem justissimum victimam salubrem prædica, hoc fides tenet catholica, et pontificem clarum scriptis tuis resona, qui totius mundi tollit peccata. Hic ergo cum esset manus æterna Conditoris et Patri æterno consubstantialis, ecce in diebus Herodis regis est natus in Bethleem ex Maria matre infans admirabilis, ad salutem videlicet missus totius mundi. Nobilis ipse puer, qui et Vetustus dierum per prophetam describitur, qui venit de Edom, tinctis vestibus de Bozra, qui torcular crucis solus calcavit, et licet fuerit in cruce suspensus, tamen astra sustentavit arbiter supernus. Crucem enim patiens ipse sanctificavit, glorificavit et cœlesti benedictione ditavit. Igitur Matthæus, qui primus in Judæa scripsit Evangelium, humanum vultum figura denotans, significavit Christum de stirpe David secundum hominem esse natum, demonstravitque eum promissionis esse filium, cum Abraham in capite generationis posuit, contra duritiem scilicet et obtusionem cordis infidelium, qui negant Christum ad salutem gentium esse destinatum. Nam hoc adventus Salvatoris veracissimum est signum quod per patriarchas et reges gentis Judææ generationis ordo descendens, ad ipsum usque pervenit Christum, qui est Salvator omnium hominum, maxime fidelium.

CAPUT XVI.

De sexta decima forma, ubi de septem donis Spiritus sancti narratur.

Te, sancte Spiritus paraclete, supplex deprecor ut salubris super nos a superno solio descendas, et tibi dedices devotam mentem vatis, cordaque bene credula ac fida facias, quia tu quoque Spiritus es vitæ, quem se ex Patre promissum Christus Dei virtus et Dei sapientia discipulis suis mittere profitetur, donum videlicet illud quo omnes sanctos suos ante adventum atque post adventum suum admirabiliter ditavit, suamque sponsam, id est Ecclesiam, sibi in peregrinatione istius mundi desponsavit, et sanguinis sui pretio comparavit. Cuicunque ergo tu das intellectum, mysteria divina per singula testimonia utriusque Testamenti pleniter capit, et intime doctus omnia sagaciter investigat, et veraciter pensat qualiter te divina sapientia Christus in orbem miserit, suæque sponsæ arrham vel pignus dederit, dum coæternus Deo Patri et Filio et consubstantialis simul, cum eis omnium rerum artifex existis, et omnia penetras, nec est ulla creatura invisibilis in conspectu tuo. Te quidem Isaias propheta divinitus inspiratus, in septem species nominum propter diversitatem donorum, qui unus atque idem es, distribuit atque Spiritum sapientiæ et intellectus, Spiritum consilii et fortitudinis, Spiritum scientiæ et pietatis, et Spiritum timoris Dei nuncupavit. Christus itaque Salvator noster, ac vitæ æternæ dator, factis atque mandatis te apostolis suis bis dare se ostendit, cum bina charitatis præcepta constituit, ut Deum ex toto corde diligamus, laudemque ejus pleno affectu pronuntiemus, omnemque scientiam nostram atque intellectum in veritate ejus gratiæ deputemus, et proximos nostros tanquam nosmetipsos amemus. Nam post resurrectionem suam in suos discipulos sufflans, accipere Spiritum sanctum eos jussit, et item in die Pentecostes de cœlo in linguis igneis apparentem eumdem Spiritum sanctum super eos misit, quod videlicet sancta crux Dei in figura sua nobis demonstrat. Nam erecta ejus pars divinum, transversa quoque fraternum commendat amorem, cujus amoris integritatem Christus nobis ostendit, ac suo exemplo nos instruxit, qui dilectam animam suam in cruce moriens pro amicis suis posuit, et nos idem facere docuit. Hunc amorem semper laudabilis, et semper laudandus, sancte Deus Spiritus tu pone in me, et timor noxius atque carnalis affectus procul recedant, quatenus gloria sanctæ crucis aucta ac multiplicata, mecum in vera professione et digna laude in æternum perseveret, quia tu es quidem ille qui os implet mutum, et cœlestem facit rite resonare cantum.

CAPUT XVII.
De septimæ decimæ figuræ ratione, ubi octo beatitudines annumerantur.

O sancta et beata, potens et venerabilis crux Christi, laus vitæ futuræ et gloria Redemptoris, tu quidem prospera functio es, et vitalis cunctis ab initio sæculis, benigna et honorabilis, quia cum Christi membra in te suspensa passione fatigabas, innumeros populos a tenebris peccatorum suorum eripueras, et cœli regnum, quod per transgressionem ablatum fuerat, misericorditer per gratiam reddebas, quoniam bonitas Conditoris non passa est perire illos qui spem in illa jamdudum habuerant, sed per te remuneravit eorum bona merita, videlicet æternam eis tribuens coronam. Nam semen evangelicæ doctrinæ, quod in discipulorum corda Salvator seminavit, secundum suum placitum in eorum opere multiplicavit, cum in monte sedens docebat eos, et incipiens ab octo beatitudinibus largissima documenta protulit, nimirum per numerum figuræ sanctæ crucis aptissimum innuens, quia sancta crux collatrix virtutum, et initium ac perfectio est salutis nostræ, et per ipsam fit salvatio et resurrectio nostra. Sic ergo condecet, et sic o quicunque es de justorum numero, quandiu hic sis, divinam laudem cum timore et amore profer, fac opera justitiæ, inimico tuo qui te persequitur indulge et præsta ei refrigerium, pauperes Christi qui nunc in præsenti sæculo lugent, et esurientes ac sitientes justitiam ad vitam futuram toto desiderio anhelant, benigne suscipe, quia ipsi inspiratione divina compunguntur, ac sursum habentes cor, contemplantur quis consilio æterno regit omnia, et quis miseratione immensa indulget peccata. Hoc ego miser Latina lingua describo, hocque opto ut ipse refectio mentis meæ sit in præsenti et in futuro satietas æterna. Non enim superbus quisquam hinc justificabitur quod ore et habitu humilitatem ostendit, saltemnumque regnatorem solo prostratus adorat, dum interna cordis ejus superbe sentiunt, et opes habens eleemosynas non facit, nec per valetudinem corporis sui (cum integer viribus sit) opera facit justitiæ; quia certum et perspicuum est quod omnitenens conditor non solum verba, sed et facta bona et vitam honestam omni tempore quærat. Igitur quicunque æternam lucem veraciter quærit, et ad æternam beatitudinem vult pervenire, necesse est ut per octo titulos evangelicos, in quibus species veræ beatitudinis exprimuntur, ad regnum tendat supernum, quia et in ipso numero resurrectione gererali perpetrata, post peractum judicium sancti Dei pariter cum Christo regnum intrabunt æternum. Crux quoque Christi via est justorum, ascensus ad cœlum, rota de infimis ad superiora nos trahens, dux et janua regni, victoria nostra. Per illam vitam possidebimus veram, et mercedem percipiemus æternam, quæ et binario quater posito, octonarium in se concludens, significat quod per duo præcepta charitatis, quæ nobis sancti quatuor Evangeliorum libri commendant, promereri possumus gaudia sempiterna. Hoc quoque omnipotens Dei omnipotentis Spiritus, qui nos per pacem et charitatem veram ad regnum invitat futurum, in septem donis gratiæ suæ ascensus in cordibus nostris posuit, ut demonstraret eo modo rite posse quoque cœlum ascendere fideles, si ejus gratiæ participes fieri non neglexerint: et quod eos exspectet sursum gloria et corona sedis lucida in arce superna, quos hic irradiavit cum virtute charitas vera.

CAPUT XVIII.
De octava decima specie, ubi quadragenarius numerus positus est.

Expone modo et laudans edic, o homo, toto affectu animæ et universis sensibus corporis triumphum nobilem victoris æterni, quem gloria Dominicæ crucis ubique expetit, super celsa cœlorum sidera, et subtus abyssi profundissima tartara, ubi lucis æternæ permanet candor, et ubi noctis perpetuæ perdurat horror: nec non et per cuncta terrarum spatia, ubi nox diesque suis inconfusis alternant vicibus, quousque mundi adveniat terminus. Hoc sensus animi cogitet, hoc guttur voce resonet, hoc lingua in palato concrepet, hoc manus litteris scribat, hoc labia verbis exprimant, hoc ipsa figura metrico opere depictam notet: quæ licet difficulter, tamen ordinabiliter per quadragenarium in quatuor decades divisum et exemplatum, clara sanctæ crucis præconia promit, qui numerus plenus mysterio venerabili, et superno serenus lumine, inter cætera sacramenta significationis suæ præsentis temporis gestat figuram; quo sancta Ecclesia sub Christo principe, contra spirituales nequitias et contra amatores mundi, scuto fidei et lorica justitiæ, galea salutis et gladio Spiritus (hoc est, verbo Dei) fortiter et inseparabiliter præliatur, et confidens sui regis potentia, virtutisque ejus conscia, omnia tela hostis antiqui frangit ac prosternit ignita. Vexillo quippe crucis, quam in fronte signatam ipsa victrix glorioso gestat, partis adversæ confundit frontem, atque sævam inimicorum subito perturbat aciem. Ergo in sancta cruce Salvator noster antiquum hostem vicerat, et in numero ejus figuræ rite et apte convenienti, quadragenario videlicet, sacrum jejunium in deserto protendebat, ut raptorem fraudulentissimum prius tentantem, per patientiam et humilitatem vinceret; ac deinde in nequitia sua persistentem ac perdurantem, ipse moriens æterna morte juste damnaret. Sicut enim serpens ille lubricus et callidus hominem primum per gulam, avaritiam et vanam gloriam ad facinus illexit, et ita eum morti obnoxium reddidit, sic et e contrario competentibus medicamentis, Salvator noster per abstinentiam, benignitatem atque humilitatem humanum genus ad vitam erexit: ipsum quoque auctorem mortis, æternis cruciatibus reum, victor tartaro subjecit. Christi quoque pugna nostra victoria est, ejusque triumphus nostra salus est, qui sedet in cœlorum arce et prospicit in inferiora terræ. Cruxque ejus ipsa est totius orbis honor; ipsa totum sustentat mundum, ipsaque mihi carmine semper et amore venerabilis permaneat: semper in ore meo laus et exsultatio in corde perpetua.

CAPUT XIX.
forma nona decima, ubi quinquagenarii numeri ratio est.

Attendite oculis et videte mente, audite auribus et percipite corde, o omnes fideles in quibus charitas Christi et amor sapientiæ fervet, quibus curæ est ad lucem æternam pervenire et incorruptionem atque immortalitatem sine fine percipere. Laudem crucis Christi carmine depromo. Hic summi opificis virtus ostenditur, et beati operis decor exprimitur artisque ipsius nobilitas declaratur. Vester honor honor est non caducus, sed secundum redemptionis ordinem manet perpetuus; immortalis est vestra in cœlis palma, qua Christus ipse vobis est victoria, qui salus nostra veraciter existens, vindictam in hostem detorsit antiquum, et in cruce degustans mortem, ipsum mortis devicit auctorem. Huc omnes convenite ægroti, et ægritudinis vestræ ne vos pudeat illi molestias conqueri. Verus vester medicus est iste, quem sancta crux in patulo gestavit stipite: ipseque manibus suis expansis ad medelam vos invitat, qui vobis sanitatem integram citius præstat. Pandite illi vulnus mentis, et in ulcere corporis virus latens nolite abscondere; poscite medelam cordis devotione, et pulsate medicum in bonorum operum strenuitate. Ipsius ergo manus salutifera non in dilatione temporis novit tardare, sed in velocitate momenti idonea est, sanitatem præstare omnibus, qui salubriter metu compuncti, et cum reverentia ab ipso vero medico curari appetunt, cui summa est virtus ad curationem perficiendam, et sapiens consilium ad salutem præstandam; qui de supernis et perpetuis ad infima et temporalia descendit, ut rerum naturam (quæ corrupta est) divina dispensatione reintegraret, metusque mortis abiret, et signa beatitudinis per charismata divina rursum in homine demonstrarentur. Numerum ergo quinquagenarium salutarem nobis esse sanctæ crucis species in cornibus suis descriptum venerabiliter notat, et sacramentis cœlestibus plenum esse rite designat. In illo enim veri jubilæi, id est plenæ remissionis, notitia datur, in illo sabbati requies rite celebratur. Ille legis veteris datione insignis est, et in adventu Spiritus paracleti super apostolos insignior; ille pacis auctorem venisse prodit, et pacis signaculum perfecta reconciliatione inter Deum et homines per Spiritus sancti gratiam ostendit. Ipse venerabilis in specie, salubris in figura, et perfectus est in sacramentorum decore. Nam X littera figuræ sanctæ crucis aptissima, et denarium numerum designans, per duo loca posita ad exemplar sanctæ crucis, quinque libros legis cum decem præceptis significat, quia quod lex vetus per figuram et umbram quodammodo depinxit, hoc totum Christus per crucem in Novo Testamento secundum veritatem implevit. Omnia quippe sanctæ cruci decentissime conveniunt, et character litteræ et numerus in ea denotatus, legis mysterium et temporis sacramentum, factumque in hoc laudabiliter perpetratum; ideoque oportet ut omnes sanctam crucem laudemus pariter ovantes, crucifixoque regi incessabiliter gratias agamus, qui sanguine proprio universa laxavit debita mundo.

CAPUT XX.
De vicesima forma, ubi centenarius et vicenarius numerus inditus est.

Ecce sanguinis Christi pia effusio, et unda illa, quæ ipso dormiente in cruce de latere ejus emanavit, mundat nos a sordibus cunctis, quia ipse Redemptor morte sua noxia cuncta a nobis tulit, cum labes peccatorum nostrorum dempsit, et chirographum quod erat nobis contrarium per passionem suam delevit. Laudabile quippe dogma Evangelii condidit, quod peccatorum tenebras fugans omne facinus vetat, idolorumque culturas penitus abnegat. Quod vitam docens honestam, per virtutum potentiam in prædicatoribus suis commendat universis sub cœlo nationibus. Post ascensionem quoque Salvatoris apostoli, ab ipsa Veritate instructi, prædicantes Evangelium mysteria Veteris Testamenti per Christum impleta et declarata esse testati sunt, et ipsum finem esse legis et prophetarum veris assertionibus firmaverunt. Denique centesimo vigesimum numerum in ætate legislatoris et in adventu Spiritus sancti super apostolos insignem lauda littera, secundum significationem suam quater posita, id est, in crucis modum, nobiliter complet, pandens fidei sacramenta et veræ beatitudinis demonstrans gaudia, quia sicut per quatuor characteres laudæ sancta crux in unum colligit centum et viginti unitates, ita Spiritus sanctus adveniens in notitia omnium linguarum coadunavit centum et viginti credentes: unde aperte ac manifeste datur intelligi sanctam crucem veram esse nostram redemptionem, et in ipsa veraciter nostram consistere unitatem. Percepto itaque dono in loquela omnium linguarum, alacer cœtus credentium lumen sparsit ubique divinorum testimoniorum, coruscante simul frequentia miraculorum, et rete Evangelii misit in pelagus istius mundi, ut sagena Domini retraheret homines de profunditate abyssi, et conglutinaret ad soliditatem Dominici vexilli; utque insignia crucis Christi omnibus pateant, quomodo dona spiritualia quibusque consignet fidelibus, et præmia quæ incarnatus Salvator illis promisit, ipsa fideliter eos percipere in cœlis faciat, quæ videlicet præmia in auctu secundum meritorum qualitatem sunt posita, et sponsor verus Christus Filius utique Dei, simul cum Patre Deo et Spiritu sancto, quibusque dignis multiplicia in supernis servat et veraciter donat Rex regum in æternum regnans, et omnia regna ditione propria gubernans, qui dederat nobis Spiritum paracletum, pignus salutis et hæreditatis nostræ, ut nos secundum voluntatem suam regens servet, quoadusque ovantes gaudia vitæ faciat introire. Psallite vitam devote, bene psallite Domino Christo gentes omnes, tribus et linguæ universæ, et cognoscite verum regem vestrum, sapientiam et virtutem Dei Patris, cujus potentia mors victa succubuit, et memoria mortis deleta est, omnium rerum parentem Jesum cognoscite. Hæc laus, quia ex vero et probato prolata est germine, finem et perfectionem habet æternam requiem. Iste enim naturæ nostræ inditus est ordo, ut indicta cum reverentia et tremore servet, et in futuro perpetuam remunerationem exspectet. Hæc quoque est gloria nostra, hæc et virtus, hæc vera stabilitas quietis summæ, isteque jura religionis bene servat, et rite arbitrio suo utitur, qui bona summa præ omnibus appetit et media rationabiliter regit.

CAPUT XXI.

De vicesima prima figura, in qua septuagenarius et binarius numerus est comprehensus.

Ergo lex Domini vera et irreprehensibilis, duorum Testamentorum libris conscripta, in figuram sanctæ crucis ponenda est, per quam et orbis terrarum ab ira debita solutus est, et vitam perpetuam portumque salutis et quietis æternæ invenit, post naufragium videlicet illud quod primus parens noster per prævaricationem divini præcepti super nos induxit. Nam quia per lignum vetitum mors sæva totum genus humanum absorbuit ac suo jure captivavit, ut hoc a potestate ejusdem mortis eriperet, Redemptori nostro placuit lignum sanctæ crucis in terra erigere, quatenus hoc quod per gulæ noxam hostis ille deglutiverat, cuspide ligni vitalis perfossus, per continentiæ gratiam evomeret, meritasque pœnas inde lueret quod contra omne jus et omne fas servus nequissimus et fur dolosissimus sibi dominatum in alieno opere usurpaverat. Hoc et jam auctor totius creaturæ, et largitor duorum Testamentorum Deus intimare volens, opus saluberrimum sanctæ crucis et per legem prædixit, et per prophetas promisit, et per Evangelium suum se complesse fatetur, ut homines creatorem suum recognoscerent, redemptorique suo gratias agerent. Denique sancta atque magnifica crux hinc se totam serena luce coruscam ostendit, seque viam atque ducem ad perpetuam vitam nobis esse demonstrat; ideoque radiis suis micans lampas, lucis æternæ omnes gentes ac populos ad cœlestia regna provocat, ab hosteque misericorditer erutos pronuntiat, sicque nunc in nocte istius mundi positos sua illustratione lætificat atque hinc ad alta cœlorum bene meritos postmodum elevat. Nec ergo verendum est quod ulla fallacia aliquem decipiat, sed, principe hujus mundi foris ejecto, veraciter vera victrix regnat. Hinc quoque est quod in prædicatione potentiæ et dominationis ejus sancti prædicatores miraculis coruscant, totumque orbem sibi subjiciant, redemptosque per Christi gratiam devotos corde, placidos moribus, mansuetos patientia, tranquillosque conversatione perficiant. Ecce quot linguæ sunt nationum in septuagenario et binario numero crux sancta exemplata demonstrat, omnibusque gentibus per hoc lucis portam patentem significat, hocque per septuaginta et duo discipulos Salvator ipse prædicare jusserat, sanctorumque archangelorum consortia post resurrectionem generalem in cœlis promiserat, quod etiam ipse numerus designat. Octonarius namque numerus et novenarius, in se multiplicati, septuagenarium et binarium creant, quorum octonarius ad resurrectionis tempus, novenarius vero ad novem ordines angelorum respectat; sicque catholica fides tenet quod in fine mundi, hoc est, in octava ætate sæculi, sancti resurgentes in societatem transeant angelorum. Omnia namque peccata mundi Christus in passionis suæ ardore consumpsit, quando ex parte carnis in ipsa mortem gustavit, ac per potentiam divinitatis suæ electos suos ab inferni carcere liberavit, et sobrietatis ac fidei lumen per apostolos suos generi humano prædicari jussit, legem videlicet suam veterem et novam, quam in hoc, quod sanctæ crucis figuræ congruit, leve onus atque jugum suave esse, et ad cœlos ducendi idoneum omnibus credentibus sibi demonstravit.

CAPUT XXII.

De vicesima secunda figura, in qua monogramma depictum est.

Christus qui est verus redemptor noster, in quo est omne desiderium nostrum, qui per gratiam suam hoc opus me facere voluit, o utinam ipse laboris finis, ipseque mihi sit pretium carminis, cui omnia bona placent, quia ipse omnium largitor est bonorum! Hic ergo hortatur invitans omnes ad coelestia dona, spondetque haec facile impetrare posse, si spretis cunctis cupiditatibus istius mundi, per fidem, spem et charitatem quis ea digne quaesiverit. Haec quidem dona ipse in hunc mundum veniens, et carnalem amorem gladio piae separationis interficiens, per Evangelii sui praedicatores seminaverat, et fructum pacatissimum in agro suo conquisiverat. Hoc quidem semper optimus magister docuit, vetans ne ad ima et proclivia se verterent, sed magis ad ardua se erigerent, atque intellecto Evangelio suo inolitam saevitiam morum deponerent, et mites ac mansueti esse discerent, quatenus in secundo suo adventu, cum advenerit in gloria Patris sui, cum angelis suis reddere unicuique secundum opera sua, tales inveniat quibus propter merita bona aeterna reddat et praemia. Iste quidem numerus, quem in litteris Graecis hoc monogramma figurat, Domini Salvatoris utrumque significat adventum, hoc est, illum, quando humanatus principem hujus mundi foras ejecit, post baptisma scilicet suum, praedicans Evangelium regni, et sanans omnem languorem et omnem infirmitatem in populo; et illum, quando idem justus judex homo Christus Jesus, de solio Dei Patris in jussu et voce archangeli, et in tuba Dei descendet, et mortui, qui in Christo sunt, resurgent ad gloriam, secundum praeconium sancti Evangelii et voces prophetarum, quae testantur sanctos Dei visuros bona Domini in terra viventium, quando venient et apparebunt ante faciem Dei. Qui ergo boni meriti sunt, tunc accepta talenta cum lucro reportant ad Dominum, et ab omni labe peccatorum mundati (laverunt enim stolas suas et candidas eas fecerunt in sanguine Agni) illum sequi promeruerunt, cantabunt Deo canticum novum, Alleluia videlicet angelicum carmen, die noctuque in templo sancto ejus, nec erit ibi luctus neque ullus dolor, quia prima abierunt, omniaque facta erunt nova. Igitur necesse est ut Deum et Dominum nostrum fide plena, quae utique per dilectionem operatur, placare studeamus, quatenus ipse tunc adjutor et salvator noster fieri dignetur, quando secundum Scripturas ad judicium venerit, ignisque ante eum praeibit, et inflammabit in circuitu inimicos ejus, et venient ministri ejus, et colligent de regno ejus omnia scandala, et alligabunt zizania fasciculis ad comburendum, triticum autem congregabunt in horreum Domini sui. O nimium felix anima, cui licet cum corpore incorruptibili intrare januas coeli, et mundis oculis cordis auctorem conspicere lucis! Cujus desiderium rite tunc implebitur quando ex omni parte perfecta manebit, et aeterno gaudio cum sanctis spiritibus angelicis in luce perenni perfruetur: laudes psallendo Christo, canticum utique novum Domino cantando in Ecclesia sanctorum, in quo studio postea nunquam lassescere nescit, quia sic regna coeli habere perpetualiter appetit.

CAPUT XXIII.

De vicesima tertia figura, in qua vicenarius et quaternarius numerus adnotatus est.

En nobilis hic micat flos, et veri regis, hoc est Jesu Christi, nomine pictus, quem figura sanctae crucis cornibus suis exemplatur laeta facta Christi demonstrando. Senarius ergo numerus, quem per singula cornua terno versu dispositum sancta crux notat, perfectionem passionis Christi nostraeque redemptionis designat: quia sicut in senario numero mundi creatura perfecta significatur, ita et senario numero per Christum, qui in sexta feria crucifixus est, mundi reparatio perfecta insinuatur. Clara nempe dies illa fuit, qua Conditor opus suum perfecit, nec minus ista clara est, qua Redemptor opus suum restaurando sanctificavit. Tunc ergo creator creaturam suam operando complevit, et nunc etiam ipsam reparando benedictione coelesti replevit. Denique ad insinuandum mysterium factum est quod senarius in quatuor cornibus crucis positus, per quatuor plagas mundi tendit, rerum perfectionem demonstrans, quia ipse numerus primus perfectus est, ipseque diem artificialem dimidiat, et bis positus complet; ipse unius mensis est pars sexta, et totius anni sexagesima; ipse quadrantem bissextilem numerat, et cum quinque diebus superfluum coadunat: ordinat aetates mundi, et temporum cursum finiet quando Rex regum veniet sanctis suis placido vultu peccata dimittere et regna coelestia tradere. Ergo, bone rex Christe Jesu, tu bene scis famulis tuis certa praemia dare, quos ex omni mundo vera fidei lux illuminans, et vivus sapientiae haustus irrigans, decor charitatis et justitiae opera rite ornantes ad te perduxerant. Denique praedictus numerus circa crucem positus indicat concursum plebium a quatuor plagis mundi ad Redemptorem suum, ejus divinitatem pro aeterna salute deprecantium, ut ipsius magnitudinem ex perfecto Evangelii dogmate avide discant, et perfectam fidem perfectis operibus probent. Omnia quidem opera Dei perfecta perfectum insinuant creatorem, proprioque decore ejus decorem inaestimabilem testantur. Universa quae in coelis sunt, et quae in terra, et quae in mari, optimum laudant artificem: at nos homines, qui aliquantula pars creaturae ejus sumus, licet non condignam, tamen devotam cantemus gloriam nomini ejus, et gratias ei agamus pro redemptione nostra, quia ille qui nos fecit et multiplicavit, ipse nos proprio sanguine de inimici potestate liberavit: sic quoque in hoc celebri carmine ejus amorem, quem in nobis ipse ostendit, praedicemus, quia hunc inaestimabili pietate operando demonstravit, defensando insinuavit, suadendo quoque et sibi placitum esse ostendendo nos habere praecepit.

CAPUT XXIV.

De vicesima quarta specie, ubi centenarius, quadragenarius et quaternarius numerus signatus est.

O plebs dilecta Deo, sanctissimus ordo virginum, benedicite Domino Christo, cantantes ei canticum novum, quod caeteris omnibus est imitabile. Psallite decus gloriae immortalis ante sedem Altithroni, et ante quatuor animalia, quae diversis vultibus formata sunt, et ante viginti quatuor seniores sedentes in viginti quatuor sedilibus. Vos estis sumpti ab hominibus, primitiae Deo et Agno, pulchraeque cohortes, sanguinis illius pretio comparatae, in ejus castris consistitis, ac dignissimas laudes triumphi nobilissimi cantatis. Vestra manus citharis modulans, vultum Dei serenum ac placabilem terrigenis reddet, cum clamore valido atria domus Domini replens, tanquam vox tonitrui magni tonat in aethere, et sicut vox concrepat aquarum multarum in vallibus. In ore quoque vestro non est mendacium inventum neque in corde dolus, sed pia carmina aptantes, dignas laudes ante thronum Dei die noctuque concinitis, per indicia virginitatis atque castitatis corporis atque animae, quae in vobis rex vester super omnia diligit. Nam hanc animam vobis nullus alius dedit, quam ductor et conditor vester, ut sine ulla reprehensione viventes in terris, aeternam inde remunerationem postmodum accipereris in coelis. Quapropter probatissimus et perfectissimus ordo virginum, qui diverso sexu et in dissimili aetate in mundo coelestem conversationem agebas, ab omni fornicationis inquinamento alienus, et ab omni spurcitia diaboli immunis, per officium oris ac devotionem cordis, gestumque corporis placidus laudes Deo decanta. Ecce transitus vester ad coelum directus est, ubi merces aeterna vobis parata est, ubi immaculatus virginis agnus prata depascit florida, quem et vos sequentes quocunque ierit amoena carpitis pascua, singulas stolas cum laude castitatis in animabus vestris jam tenetis, alias juxta finem mundi in corporibus immortalibus accepturi, duplici honore gaudebitis. Quapropter oramus et obsecramus vos, o populi et agmina coelestis militiae, per nomen nobilissimum et insigne famosissimum decoris vestri, ut ubi vos jam laeti cum rege vestro regnatis, ibi nobis aeterna gaudia promereri certetis, quatenus Agnus ille dux et gloria vestra, qui coeli dominatur in arce, concedat nobis locum ibi spatiosum et desiderabilem, ut vestrum cantum etsi non cantare possimus, saltem cum jocunditate per saecula audiamus.

CAPUT XXV.

De vicesima quinta figura, ubi Alleluia et Amen posita sunt.

O laus pia et perpetua sanctae crucis, quam sanctorum coetus in coelis frequentat, adsis terrigenis, ut aliquid decenter et digne de te proferre valeant, et pleno ore gloriam tuam praedicare. Ego namque, prout potui, te, sancta crux, metrico ritu cecini, multum tibi desiderans in hoc satisfacere, sed tu exce-

dens dignitate quantitatem virium nostrarum largitionem quoque munerum nostrorum superasti. Nec mirum, cum etiam coelestia simul et terrestria cuncta superas, nec satis valet ullus majestati tuae facere aut verba condigna honori tuo aptare. Quapropter tentavi ex coelestibus odis quaedam verba ad laudandum te sumere, quae etiam speciei tuae figuraeque convenirent : disposui eadem verba in pagina versuum non continuatim, sed disperse, et inserui angelicos cantus, Amen videlicet in medio crucis collocans, et cum Alleluia cornua illius complens, ut sic quoque hanc sacram effigiem coelesti carmine signarem, et mysterium per hoc insinuarem. Nam fideles quique et justi famuli Dei mundi sceptra hinc triumphant, et munerum illius decorem spernunt, hoc palam praedicantes, quod spe aeternorum ardor fidei per os electorum resonans praemia coelestia suis consortibus praeparet, et antiquum hostem aufuget, qui primum humano generi saevissimam intulit mortem, et a protoplastis parentibus nostris, totam progeniem usque in adventum Christi ad inferni loca detraxerat. At nos, quos desiderium aeternorum ad coelos animo elevat, praeoccupemus faciem Domini in confessione, et in psalmis rite jubilantes, gratiam in conspectu ejus invenire studeamus : taliter in laudibus ipsius exsultantes, qualiter justitiae exposcit ordo, et sanctorum agmina in coelis perpetualiter concelebrant. Hoc tunc rite fiet, si implere contenderimus praecepta Tonantis, et non solum lingua, sed etiam cogitatu atque opere laudes gratissimas dicere decertaverimus : nam sermo fidei tantum ore prolatus, sine concordia mentis et operis, non sufficit ad salutem : quia talis laudatio non est Deo placita, quae licet sibi grandia promittat, parva tamen meretur : quia scriptum est : Non est pulchra laudatio in ore peccatoris. Vos igitur, precor, coelestes angelorum plebes ac spiritus, animasque justorum, qui in conspectu gloriae majestatis divinae veraciter exsultatis, et sicut sine cessatione Alleluia et Amen perpetuum Domino Christo in aeternum cantatis, ita nostram quoque sortem precibus adjuvare studeatis, quatenus, beatitudinem veram, quam vos jam perfecte tenetis, tandem aliquando per Christi gratiam nos accipere mereamur.

CAPUT XXVI.

De vicesima sexta figura, in qua propheticae sententiae denotantur.

Te igitur, o sancta crux Christi, oracula prophetarum bene honorant, facta praedicant, virtutes exaltant, quia quidquid plebs illa sacratissima, et divino Spiritu inspirata vaticinando de Christi adventu protulit, tuae potentiae gloriam in eo revelavit, cum non ob aliud ipse Salvator in mundo apparuit, nisi ut per te salvaret genus humanum. Videamus ergo quid propheta et psalmista David dixerit, si forte signanter aliquid de te locutus sit. Ait enim : *Foderunt manus meas et pedes meos, dinumeraverunt omnia ossa mea.* Quid est ergo manus et pedes confodere, ossaque omnia dinumerare, nisi Christi membra in te distensa clavis configere? Item David dicit : *Dederunt in escam meam fel, et in siti mea potaverunt me aceto.* Hoc utique significans quod evangelista de Christo exposuit dicens : *Postea,* inquit, *sciens Jesus quia jam omnia consummata sunt, ut consummaretur Scriptura, dixit : Sitio. Vas ergo positum erat aceto plenum. Illi autem spongiam plenam aceto, hyssopo circumponentes, obtulerunt ori ejus.* Et alibi scriptum est : *Dederunt ei vinum bibere cum felle mistum.* Hinc quoque Isaias propheta vaticinans ait : *Parvulus natus est nobis, et filius datus est nobis, et factus est principatus super humerum ejus,* et reliqua. Et item ex persona Christi dicit : *Corpus meum dedi percutientibus, et genas meas vellentibus.* Et item : *Faciem meam non averti ab increpantibus et conspuentibus in me. Et levabit Dominus signum in nationibus, et congregabit profugos Israel,* et reliqua. In his ergo omnibus sententiis et tui erectionem et passionis Christi veritatem Judæorumque expressit sævitiam. Jeremias vero describit Christum quasi agnum innocentem ductum sine voce ad immolandum, lignumque in panem ejus missuros incredulos, quod significat panem vitæ in te elevandum, mortemque carnis gustaturum. Ezechiel vero T, tau litteram, tuam effigiem similantem, super frontes virorum gementium et dolentium esse positam asseverat, ob liberationem cladis vastatoris. Sic tu quoque, sancta crux, non infirmitas vel ignobilitas esse sanctis prophetis ostensa es, sed virtus firma, laus præcipua, et navis seu portus fidelissimus in sublevando totius orbis naufragium. Nam Daniel prædixit Christum Dominum a perfidis occidendum, et sic peccati noxam finiendam. Osee interfectionem mortis, salvationemque describit populi ; et Joel obscuritatem siderum in morte Christi prænuntiavit futuram. Amos festivitates iniquorum in luctum convertendas, et omnia cantica eorum in planctum. Abdias dolos Judæorum contra Dominum et Ecclesiæ salvationem expressit. Jonas quoque suo exemplo triduanam sepulturam Domini præfiguravit. Micheas Christum montem Domini appellans, conventum populorum ad ipsum prædixit. Naum ultorem esse futurum impiis, et consolatorem piis, Dominum promisit. Habacuc quoque plano sermone cornua tua, o sancta crux, in manibus Christi splendescere testatur ; et Sophonias adventum Domini prænuntiat futurum, et diem resurrectionis ejus describit. Aggæus quippe in commotione cœli et terræ Desideratum omnium gentium advenisse testatur. Zacharias videt Jesum in vestibus sordidis mortalitatis nostræ, et plagas in manibus ejus fixas, planctumque multorum super eo quasi super Unigenito. Malachias quoque, licet novissimus in ordine duodecim prophetarum ponatur, luculenter tamen, ut cæteri, Dominatorem terræ ad templum suum venire describit, et purgare ministros suos examinatione valida, quod possint ipsi sacrificia offerre justitiæ. Hæc cuncta salutis dona et valida judicia in te perpetranda, o sancta crux Christi, sancti concorditer præcinuere prophetæ ; et ad hoc te auctor omnium rerum destinavit, et omnia in te sine ulla dubitatione, quæ de eo promissa sunt, ipse perfecit.

CAPUT XXVII.

De vicesima septima forma, in qua apostolorum sententiæ collocantur.

Non minus tua jura, o sancta crux, testatur littera Novi Testamenti quam scriptura legis veteris, quia dona gratiæ divinæ quæ illa spondebat futura, hæc per incarnationem Salvatoris docet esse completa ; indeque maxime claret quod Christus Jesus Dominus est legis utriusque, quia proprio ore geminam mundo patefecerat abyssum, legem videlicet exponens et Evangelium condens : sanctorumque desideriorum voto reficiebat antiquos, et ostensione ipsarum rerum satiabat posteros, bonus, verax, omnibus æquus. Unde fit quod apostolicus cœtus de tua sanctissima constructione sermonem protulit jocundissimum, factaque tua magnifica saluberrimo ostendit relatu. Nam Petrus, qui in apostolorum ordine primus est, fortiter de te persuasionis sumpsit exemplum, ita dicens : *Christus pro nobis passus est, fratres, vobis relinquens exemplum, ut sequamini vestigia ejus.* Et item : *Peccata,* inquit, *nostra ipse pertulit in corpore suo super lignum, ut peccatis mortui, justitiæ vivamus : cujus livore sanati estis.* Hinc quoque credo quod ipse qui pro impiis et ingratis animam suam posuit, ad devotorum atque fidelium sibi preces aures suæ pietatis inclinet. Proinde ego miser, si honorificentia ejus aliquod munusculum dignabitur artis humanæ accipere, hoc carmen ei summo nisu opto offerre, quia in ejus bonitatem confido quod piæ devotionis munera ipsi non displiceant, si perseveraverimus in vera confessione nominis ejus. Ast nos beatus Jacobus apostolus hinc exhortatur, exemplum patientiæ Christi nobis ostendens : *Exemplum,* inquit, *accipite, fratres, laboris et patientiæ, prophetas, qui locuti sunt in nomine Domini Jesu Christi. Ecce beatificamus qui sustinuerunt. Sufferentiam Job audistis, et finem Domini vidistis.* Hinc et dilectus Domini Joannes ad mutuam dilectionem nos provocat, Christum in medium proferens, ut sicut ipse pro nobis animam suam posuit, ita et nos pro fratribus nostris animas ponamus. Judas quoque servus Christi, frater autem Jacobi, sub exemplo Jesu successoris Moysi, demonstravit Jesum Christum eduxisse nos per crucem de spirituali Ægypto, id est, de potestate tenebrarum, et incredulos perdidisse. Paulus ergo non paululum, sed magnifice de te locutus est, qui auditoribus suis ait : *Non enim judico me inter vos aliquid scire nisi Christum Jesum, et hunc crucifixum.* Et contradixit sibi gloriari, nisi in cruce Domini nostri Jesu Christi, per quem illi mundus crucifixus sit, et ipse mundo, Christumque affirmat propter mortem crucis accepisse potestatem in cœlo et in terra et subtus terram, ita *ut in nomine Jesu omne genu flectatur, cœlestium, terrestrium et infernorum, et omnis lingua confiteatur quia Dominus Jesus in gloria est Dei Pa-*

tris. Ecce, sancta crux Christi, apostolicus ordo quam concinne antiquis prophetis tuas laudes profert, ita ut in nullo dissentiat, cum ea quæ ipsi præcinebant futura, isti in te completa affirment, quia tu veræ concordiæ signum cœlestia simul et terrestria, vetera et nova omnia perficias.

CAPUT XXVIII.
De figura vicesima octava, ubi opifex ipse sanctam crucem adorat.

Omnipotens majestas, virtus excelsa, creator cœlestium et formator terrestrium, Dominus Deus sabaoth, qui verus conditor et redemptor es hominum, tu laus nostra es, tu virtus et gloria cum salute vera, tu es Rex regum, tu doctor ignorantium, rector fidelium et magister credentium, tu summus et princeps es pastorum, tu pius protector tuarum ovium, tu sancte Salvator auctor es totius boni, dux bonus, via recta, lux vera et vita perpetua, merces clara et ostium salutis æternæ. Ex te omnis sensus, vox, verbum et virtutum omnium fructus procedit. Ad te ergo direxi sermonem in primordio hujus operis, et quæcunque in sequentibus addidi, ad tuam laudem pervenire optavi. Cor meum ad te se elevat, mentis meæ tota intentio ad te clamat, quidquid usquam lingua rectæ confessionis seu manus bonæ operationis cum devotione piæ mentis profert, totum ad laudem tuam pertinet. Omnia namque te glorificant et benedicunt, quæ in imis et quæ in supernis sunt, nec non et ego pars minima tuæ creaturæ, te Dominum verum supplex et lætus adoro, atque cruci tuæ submisse et humiliter salutans dico : O lignum vitale et ara salutifera, te adoro, spem vitæ æternæ deprecans, ut per te structuram sanctissimam hostiam grata Deo oblatus existam. Hoc meum est desiderium, hoc validus amoris fervor, hoc tota intentio mentis et famina linguæ exorant, hoc esuries cordis et sitis est animæ, ut per passionis tuæ gratiam me tibi oblatum famulum suscipias, tuaque crucifixio totum quod in me tibi contrarium sit consumat, et carnalem æstum temperet, iram exstinguat, linguam a pravo et vaniloquio compescat, et pietatis verba in os meum reponat; omnem perturbationem mentis pacificet, et vitam honestam deducat. Ergo quando adveneris, Domine Jesu, judicare vivos ac mortuos ac sæculum per ignem, et consumpserit flamma adversarios tuos, omnes qui oderunt nomen tuum in novissima tuba et tempestate valida, quando secundum Evangelium tuum apparebit signum filii hominis in cœlo, et plangent super se omnes tribus terræ, intuentes in eum in quem pupugerunt : obsecro ut tunc a flammis ultricibus sancta crux me eripiat, atque ab ira Agni proprium poetam defendat, cui cano carmen præsens, et utinam usque in finem vitæ meæ placita illi et honorifica semper decantem, minimus omnium servorum tuorum et peccator Rabanus, hymnis, laudibus, corde, ore, manu et totius gestu corporis, hoc semper memorans, quanta bonitate nos tu conditor noster creasti, et quanta pietate redemisti, cum ab inferni carcere et gehennæ flamma nos liberasti. Et nunc, bone Salvator, deprecor ut des mihi requiem illam quam fidelibus tuis promiseras te daturum in arce polorum, ubi vere populus tuus sabbatizat, sabbato perenni fruens. Interim quoque, quandiu sim in hoc corpusculo, dirige me in semita recta fidei catholicæ, sustenta firma spe, refice tua dilectione, ut ipse mihi sis refrigerium in via, quem requiem desidero habere in patria. Sine ulla enim diffidentia, omnia promissa tua credo esse verissima, judicia tua pertimesco rectissima, dona tua exspecto dulcissima. Præsta ut in te gaudens tecum permaneam in æterna lætitia. O crux alma Dei, usque huc, quantum potui, laudem tuam cecini; sed quia triumphum perpetem expetis, quem in his mortalibus pleniter et perfecte non invenis, confer te ad cœlestia angelorum agmina, ibique tibi laus perpetua per cuncta sonabit sæcula.

BEATI RABANI MAURI
FULDENSIS ABBATIS ET MOGUNTINI ARCHIEPISCOPI

DE CLERICORUM INSTITUTIONE
AD HEISTULPHUM ARCHIEPISCOPUM

LIBRI TRES. (ANNO 819.)

AD FRATRES FULDENSES EPIGRAMMA EJUSDEM.

Cernite quid voluit, fratres, sententia legis,
  Quæ mandat rite noscere verba Dei.
Aures quisquis habet, hic audiat, inquit, apertas,
  Quid dicat sanctus Spiritus Ecclesiis.
Cui Psalmista pari concordat grammate plebem
  In legem Domini cernere rite jubens.
Sic quoque nos semper oculis atque auribus est fas
  Intentis, fratres, discere verba Dei.

Quid mandet dictis, quid factis indicet ipsis,
    Quæ codex geminis continet ille suis.
Quid celebrando piis signet charissima Christi
    Sponsa sacramentis, et studiis variis.
Namque poposcistis hæc vobis reddere scriptes,
    Exhibui parvis hæc tribus ipse libris.
Quid cultura venit, gradibus quid nuntiet almis,
    Quid prece, quid festis sancta Dei Ecclesia.
Dogmata quæ cunctis pia discere quæve docere,
    Condecet ordinibus mystica dicta Dei.
Si licet hæc tota non possum carpere scriptis,
    Plurima complexus hic tamen arte dedi.
Hæc ego peccator Rabanus dona tonantis,
    Vobiscum capiens nunc pia participo.
Supplex vos posco, testans per sceptra Tonantis,
    Me ut commendetis vos precibus Domino.
Quatenus ipse pius concedat dona salutis,
    Vobiscum mihimet regna beata poli.
Christus dux vester, Christus rex, Christus amator.
    Semper vos salvet summus in arce Deus.

PRÆFATIO

Domino reverendissimo ac religiosissimo HEISTULPHO archiepiscopo RABANUS, minimus servorum Dei, æternam in Christo optat salutem.

Cum te, sancte Pater, pro merito summæ pietatis plurimi venerentur, et omnibus fidelibus causa magnæ fidei et sanæ doctrinæ honorabilis atque amabilis existas, congruum esse judicavi ut ego in quem plurimum tuorum beneficiorum contulisti, aliquod munusculum licet non condignum, tamen, ut credo, non ingratum tuæ venerationi deferrem, nihil verens de pretio, quia animus in bonitate dives magis æstimat devotionem offerentis quam donum; et hac fiducia ausus sum partem laboris mei, quam in studio sacræ lectionis elaboravi, tibi, quem benignissimum atque æquissimum esse scio, vice muneris dirigere, a te qualiscunque sit reciperetur, ac tuo sacro judicio probaretur, atque ad purum examinaretur. Quæstionibus ergo diversis fratrum nostrorum, et maxime eorum qui in sacris ordinibus pollebant, respondere compellebar, qui me de officio suo et variis observationibus quæ in Ecclesia Dei decentissime observantur, sæpissime et interrogabant, et aliquibus eorum dictis, aliquibus vero scriptis, prout opportunitas loci ac temporis erat, secundum auctoritatem et stylum majorum ad interrogata respondi, sed non in hoc satis eis facere potui, qui me instantissime postulabant, imo cogebant, ut omnia hæc in unum volumen congererem, ut haberent quo aliquo modo inquisitionibus suis facerent satis, et in uno codice simul scriptum reperirent, quod antea non simul, sed speciatim singuli prout interrogabant, in foliis scripta haberent. Quibus consensi, et quod rogabant feci quantum potui. Nam de hoc tres libros edidi. Quorum primus de ecclesiasticis ordinibus, et de veste sacerdotali continetur. Item de quatuor charismatibus Ecclesiæ, id est, baptismo, et chrismate, corpore et sanguine Domini, et de officio missæ secundum morem Romanæ Ecclesiæ. Secundus autem liber continet de officio canonicarum horarum, et de jejunio, et de confessione ac pœnitentia, de legitimis quoque jejuniis, et festivitatibus variis, de lectionibus et cantico ecclesiastico, de fide catholica, et e contrario de variis hæresibus. Tertius vero liber edocet quomodo omnia quæ in divinis libris scripta sunt, investiganda sunt atque discenda, nec non et ea quæ in gentilium studiis et artibus ecclesiastico viro scrutari utilia sunt. Novissime vero liber ipse exponit quomodo oportet eos qui docendi officium gerunt diversos auditores diversis allocutionibus admonere, et in doctrina ecclesiastica fideliter erudire. Et quia hæc omnia quæ diximus ad clericorum officium maxime pertinent, qui locum regiminis in Ecclesia tenent, et de universis legitimis Dei populum instruere debent, placuit ipsos libros de Institutione clericorum nuncupari, id est, cum qua se vel sibi subditos ad servitium divinum instruere debent. Proinde obsecro te, sancte Pater, ut oblatum tibi opus suscipias, ac pie relegens, diligenter illud examines, et ita quæ in eo rationabiliter inveneris dictata, ei hoc tribuas a quo est ratio creata; si qua vero inconsiderate repereris prolata, tuo studio citius reddas illa emendata. Tuo enim magisterio semper me libens subdam, a quo recordor me accepisse dignitatem ecclesiasticam. Confido tamen omnipotentis Dei gratiæ, quod fidem et sensum catholicum in omnibus tenuerim, nec per me quasi ex me ea protuli, sed auctoritati innitens majorum, per omnia illorum vestigia sum secutus. Cyprianum dico atque Hilarium, Ambrosium, Hieronymum, Augustinum, Gregorium, Joannem, Damasum, Cassiodorum; et cæteros nonnullos, quorum dicta alicubi in ipso opere ita ut ab eis scripta sunt per convenientiam posui, alicubi quoque eorum sensum meis verbis propter brevitatem operis strictim enuntiavi. Interdum vero ubi necesse fuit, secundum exemplar eorum quædam sensu meo protuli. In omnibus tamen, ni fallor, catholicam imitatus sum veritatem, a qua (si Dominus adjuverit) non patior ullo modo divelli, quam et te præ omnibus habere atque amare confido; et ideo tua suffragia supplex peto, ut ipsa Veritas omnium creatrix atque gubernatrix, licet non meis meritis, tamen propter tuam sacratissimam orationem me in se sine ullo devio erroris in æternum conservare dignetur. Beatitudinem tuam opto semper bene valere in omnibus, sancte Pater, memorem nostri.

INCIPIT

DE CLERICORUM INSTITUTIONE

LIBER PRIMUS.

CAPUT PRIMUM.
De una Ecclesia Dei.

Ecclesia ergo Dei catholica, quæ per totum orbem dilatata diffunditur, Christi nomine nobilitata glorificatur. Omnis enim homo qui rectæ fidei existit particeps, et sacro baptismate regeneratur, a Christo Christianus vocatur, et Dei patris atque Ecclesiæ matris noscitur esse filius. Ecclesia ἐκκλησία Græcum est, quod in Latinum vertitur convocatio sive conventus, eo quod omnes convocat ad se. Catholica καθολικὸς autem dicitur, id est, universalis, quia in toto mundo una est Ecclesia Christi, quæ et sponsa Christi, et corpus ejus est.

CAPUT II.
De tribus ordinibus Ecclesiæ.

Sunt tamen tres ordines in Ecclesia. Conversantium, id est laicorum, monachorum, et clericorum. Quorum primus, id est laicus ordo, popularis interpretatur. Laos λαὸς enim Græce, populus Latine dicitur. Secundus est monachicus, id est singulariter conversans, hoc est, a sæculari conversatione remotus. Monas μονὰς enim Græce singularitas dicitur, et monachus μοναχὸς singularis vel solitarius. Tertius est ordo clericalis. Cleros κλῆρος quippe Græce, sors vel hæreditas dicitur. Cleros autem vel clericos hinc appellatos doctores nostri dicunt, quia Matthias sorte electus est, quem primum ab apostolis legimus ordinatum (*Act.* I), sic et eos quos illis temporibus Ecclesiarum principes ordinabant, sorte legebant. Nam et hæreditas Græce cleronomia κληρονομία appellatur, et hæres cleronomos. Propterea ergo dicti sunt clerici, quia de sorte sunt Domini, vel quia Domini partem habent, sicut de eis scriptum est loquente Domino : *Ego hæreditas eorum* (*Ezech.* XLIV). Unde oportet ut qui Deum hæreditate possident, absque ullo impedimento sæculi, Deo servire studeant, ut congrue illud Psalmistæ dicere possint : *Dominus pars hæreditatis meæ* (*Psal.* xv). Iste autem ordo præponitur in Ecclesia, quia jure in sanctis deservit, et sacramenta populis dispensat. Sicut enim in Veteri Testamento tribus Levi præ cæteris tribubus peculiariter a Domino electa est ad serviendum illi per diversa officia in tabernaculo, quod est Ecclesia præsens, ut serviant ei die ac nocte in templo sancto ejus, ut sint populo in his quæ ad Deum pertinent, ut offerant Deo dona et sacrificia pro sua et populi ignorantia, ut judicent inter justum et injustum, et discernant inter sanctum et profanum, inter pollutum et mundum, doceantque populum Dei omnia legitima ejus et præcepta quæ mandaverat ad eos.

CAPUT III.
De tonsura clericorum.

Tonsura ecclesiastici usus a Nazaræis (ni fallor) exorta est, qui, prius crine servato, denuo post vitæ magnæ continentiam devotione completa caput radebant, et capillos in ignem sacrificii ponere jubebant, scilicet ut perfectionem devotionis suæ Domino consecrarent. Horum ergo exemplus usus ab apostolis introductus est, ut hi qui in divinis cultibus mancipati Domino consecrantur, quasi Nazaræi, id est, sancti Dei crine præciso innovantur. Hoc quippe Ezechieli prophetæ jubetur, dicente Domino : *Tu, fili hominis, sume tibi gladium acutum, et duces per caput tuum et barbam* (*Ezech.* III) ; videlicet quia et ipse ex sacerdotali genere Deo in ministerio sanctificationis deserviebat. Hoc et Nazaræos illos Priscillam et Aquilam in Actibus apostolorum primos fecisse legimus, Paulum quoque apostolum, et quosdam discipulorum Christi, qui in hujusmodi cultu imitandi exstiterunt. Est autem in clericis tonsura signum quoddam quod in corpore figuratur, sed in animo agitur ; scilicet ut hoc signo vitia in religione resecentur, et criminibus carnis nostræ quasi crinibus exuamur, atque inde innovatis sensibus ut comis rudibus enitescamus, *exspoliantes nos,* juxta apostolum, *veterem hominem cum actibus ejus, et induentes novum qui renovatur in agnitionem Dei* (*Col.* III). Quam renovationem in mente oportet fieri, sed in capite demonstrare, ubi ipsa mens noscitur habitare. Quod vero detonso superius capite inferius circuli corona relinquitur, sacerdotium regnumque Ecclesiæ in eis existimo figurari. Tiara enim apud veteres constituebatur in capite sacerdotum. Hæc ex bysso confecta rotunda erat quasi sphæra media, et hoc significatur in parte capitis tonsa. Corona autem aurea latitudo est circuli, quæ regum capita cingit. Utrumque itaque signum exprimitur in capite clericorum, ut impleatur etiam corporis quædam similitudine quod scriptum est Petro apostolo dicente : *Vos estis genus electum, regale sacerdotium* (*1 Petr.* II). Quæritur autem cur modo (sicut apud antiquos Nazaræos) non ante coma nutritur, et sic tondetur ? Sed qui hæc exquirunt, advertant quid sit inter illud propheticum velamentum, et hanc Evangelii revelationem, de qua dicit Apostolus : *Cum transieris ad Christum, auferetur velamen* (*II Cor.* III). Quid autem significabat velamen interpositum inter faciem Moysi et aspectum filiorum Israel, hoc significabat illis temporibus etiam coma sanctorum. Nam et Apostolus comam pro velamento esse dicit. Proinde jam non oportet ut velentur crinibus capita eorum qui Domino consecrantur, sed tantum ut revelentur, quia quod erat occultum in sacramento prophetiæ, jam in Evangelio declaratum est. Sunt quoque quidam doctorum, qui asserunt diversas ob causas Petrum apostolum hunc ritum primum sumpsisse primitus, ut formam et similitudinem Christi in capite gestaret, dum pro redemptione nostra crucis patibulum subditurus, a nefanda Judæorum gente acutis spinarum aculeis crudeliter coronaretur. Deinde ut sacerdotes Veteris et Novi Testamenti in tonsura et habitu discernerentur. Postremo ut idem Apostolus suique successores et sequipedes ridiculosum gannaturæ ludibrium in populo Romano portarent, quia et horum barones hostes exercitus superatos sub corona vendere solebant. Sed de his quid suscipiatur, lectoris judicio derelinquimus. Veniamus ergo nunc ad sacratissimos ordines clericorum, eorumque originem et gradus singulariter demonstremus.

CAPUT IV.
De gradibus ecclesiasticis.

Sunt autem gradus ecclesiastici octo, quorum nomina hæc sunt: Ostiarius, psalmista, sive lector, exorcista, acolythus, subdiaconus, diaconus, presbyter, atque episcopus. Initium quidem sacerdotii in Veteri Testamento Aaron fuit, quanquam et Melchisedech prior obtulerit sacrificium, et post hunc Abraham, Isaac, et Jacob. Legitur et Noe altare ædificasse, et super illud Domino holocaustum obtulisse. Sed isti spontanea voluntate, non sacerdotali auctoritate, ista fecerunt. Cæterum Aaron primus in lege sacerdotale nomen accepit, primusque pontificali stola infulatus victimas obtulit jubente Domino ac loquente ad Moysen: *Accipe*, inquit, *Aaron et filios ejus, et applicabis ad ostium tabernaculi testimonii, cumque laveris patrem cum filiis aqua, indues Aaron vestimentis suis, id est, linea et tunica, et superhumerali, et rationali quod constringes balteo, et pones tiaram in capite ejus, et laminam sanctam super tiaram, et oleum unctionis fundes super caput ejus, atque hoc ritu consecrabitur: filios quoque illius applicabis, et indues tunicis lineis, cingesque balteo Aaron scilicet et liberos ejus, et impones eis mitras, eruntque sacerdotes mei religione perpetua* (*Exod.* xxix). Quo loco contemplari oportet Aaron sacerdotem summum fuisse, id est episcopum. Nam filios ejus presbyterorum figuram præmonstrasse, quibus merito astare debuissent Levitæ sicut summo sacerdoti. Moyses vero hujus facti mediator, Christum significat. In Novo autem Testamento post Christum sacerdotalis ordo a Petro cœpit. Ipsi enim primum datus est pontificatus in Ecclesia Christi. Sic enim loquitur ad eum Christus Dominus. *Tu es*, inquit, *Petrus, et super hanc petram ædificabo Ecclesiam meam, et portæ inferorum non vincent eam, et dabo tibi claves regni cœlorum* (*Matth.* xix). Hic ergo ligandi atque solvendi potestatem primus accepit, primusque ad fidem populum virtute suæ prædicationis adduxit. Siquidem cæteri apostoli cum Petro pari consortio honoris et potestatis effecti sunt, qui etiam in toto orbe dispersi Evangelium prædicaverunt, quibus decedentibus successerunt episcopi, qui sunt constituti per totum mundum in sedibus apostolorum, qui jam non genere carnis et sanguinis eliguntur, sicut primum secundum ordinem Aaron, sed pro uniuscujusque merito, fide et doctrina, quæ in eum gratia divina contulerit. Quod vero per manus impositionem a prædecessoribus Dei sacerdotibus episcopi ordinantur, antiqua est institutio. Isaac enim patriarcha sanctus, ponens manum suam super caput Jacob benedixit ei, et Jacob filiis suis. Sed et Moyses super caput Jesu Nave manum suam imponens, dedit ei spiritum virtutis et ducatum in populo Israel, sic et impletor legis et prophetarum Dominus noster Jesus Christus, per manus impositionem apostolis suis benedixit, sicut in Evangelio Lucæ scriptum est: *Et produxit illos foras in Bethaniam, et elevavit manus suas et benedixit eis. Factumque est cum benedixit illis discessit ab eis, et ipsi reversi sunt in Jerusalem cum gaudio magno* (*Luc.* xxiv). Et in Actibus apostolorum ex præcepto Spiritus sancti Paulo et Barnabæ ab apostolis manus imposita est in episcopatum, et sic missi sunt ad evangelizandum (*Act.* xiii). Porro quod episcopus non ab uno, sed a cunctis provincialibus episcopis ordinatur, id propter hæreses agnoscitur institutum, ne aliquid contra fidem Ecclesiæ, unius tyrannica auctoritas moliretur. Ideoque ab omnibus convenientibus instituitur ut non minus a tribus præsentibus, cæteris tamen consentientibus, testimonio litterarum. Huic autem dum consecratur datur baculus, ut ejus indicio subditam plebem vel regat vel corrigat, vel infirmitates infirmorum sustineat. Datur et annulus, propter signum pontificalis honoris, vel signaculum secretorum. Nam multa sunt quæ ante carnalium minusque intelligentium sensus occultantes sacerdotes, quasi sub signaculo cadunt, ne indignis quibusque Dei sacramenta aperiantur.

CAPUT V.
De ordine tripartito episcoporum.

Ordo autem episcoporum tripartitus est, id est, in patriarchis, archiepiscopis, qui et metropolitani sunt, et episcopis. Patriarcha πατριάρχος Græca lingua pater principum sive summus patrum interpretatur, quia primum, id est apostolicum, retinet locum, et ideo quod summo honore fungitur, tali nomine censetur, sicut archiepiscopus, Antiochenus episcopus atque Alexandrinus antistes. Archiepiscopus ἀρχιεπίσκοπος Græco vocabulo dicitur, quod sit summus vel princeps episcoporum, tenet enim vicem apostolicam, et præsidet episcopis cæteris. Singulis enim provinciis præeminet, quorum auctoritate et doctrina cæteri sacerdotes subjecti sunt, sine quibus reliquis episcopis nihil agere licet, nisi quod singulis in propria parochia commendatum est. Sollicitudo enim totius provinciæ ipsi commissa est, et omnes superius designati ordines, uno eodemque vocabulo episcopi nominantur, sed privato nomine quidem utuntur propter distinctionem potestatum quam singulariter acceperunt. Metropolitanus autem idem vocatur, eo quod præsideat illi civitati, quæ cæteris civitatibus in eadem provincia constitutis quodammodo mater sit. Metropolis μητρόπολις ergo Græce, mater civitatum interpretatur. Episcopatus autem vocabulum inde dictum, quod ille qui superefficitur superintendat, curam scilicet subditorum gerens. Scopein σκοπεῖν enim Latine intendere dicitur. Episcopi ἐπίσκοποι autem Græce, Latine speculatores sive superintendentes interpretantur. Nam speculator est præpositus in Ecclesia dictus, eo quod speculetur atque prospiciat populorum infra se positorum mores et vitam, intimet unicuique actus suos, sicut Dominus ad Ezechielem dixit prophetam. *Et tu*, inquit, *fili hominis, speculatorem dedi te domui Israel. Audiens ergo ex ore meo sermonem, annuntiabis eis ex me. Si me dicente ad impium morte morieris, non fueris locutus ut se custodiat impius a via sua, ipse impius in iniquitate sua morietur, sanguinem autem ejus de manu tua requiram*, etc. (*Ezech.* xxxiii). Pontifex princeps sacerdotum est, quasi via sequentium : ipse et summus sacerdos, ipse pontifex maximus nuncupatur. Ipse enim efficit sacerdotes atque Levitas, ipse omnes ordines ecclesiasticos disponit, ipse quid unusquisque facere debeat, ostendit. Antistes autem idem dictus est, eo quod ante stet. Primus enim est in ordine Ecclesiæ, et supra se nullum habet sacerdotem. Sacerdos quidem nomen habet compositum ex Græco et Latino, quasi sacrum dans. Dispensat ergo mysteria cœlestia, fidelibus baptismum tradit, corpus et sanguinem Christi distribuit, et verbum Dei prædicat. Sacerdos autem vocari potest, sive episcopus sit, sive presbyter. Episcopi autem apostolorum vicem in Ecclesia tenent, sicut supra diximus. Et chorepiscopi qui vicarii sunt episcoporum, ad exemplum LXX seniorum constituti sunt; nec aliquid eis magis licet in Ecclesia ordinare aut constituere, nisi quantum eis conceditur a legitimis episcopis, qui sedem et regimen integrum in Ecclesiis obtinent. Ordinati sunt autem chorepiscopi propter pauperum curam, qui in agris et villis consistunt, ne eis solatium confirmationis deesset. Dicti sunt autem chorepiscopi, quia de choro sunt sacerdotum ; hi autem a solo episcopo civitatis cui adjacent ordinantur, sicut presbyteri.

CAPUT VI.
De presbyteris.

Presbyterorum ordo exordium sumpsit a filiis, ut dictum est, Aaron. Qui enim sacerdotes in Veteri Testamento vocabantur, hi sunt qui nunc appellantur presbyteri; et qui tunc princeps sacerdotum, nunc episcopus vocatur. Presbyter πρεσβύτερος enim Græce, Latine senior interpretatur. Non pro ætate autem vel decrepita senectute, sed propter honorem et dignitatem et doctrinam sapientiæ quam acceperunt, presbyteri nominantur, sicut per Sapientiam dicitur : *Gloria senum canities* (*Prov.* xx), et item : *Canities hominis prudentia ejus*. Unde et apud veteres idem et episcopi et presbyteri fuerunt. Quia illud nomen dignitatis est, hoc ætatis. Et Paulus apostolus ad Titum scribens : *Hujus*, inquit, *rei gratia reliqui te Cretæ, ut ea quæ desunt corrigas, et constituas per civitates presbyteros, sicut ego tibi disposui, si quis sine crimine est unius uxoris vir, filios habens fideles, non in accusatione luxuriæ; aut non subditos* (*Tit.* iii). Et statim subjungit : *Oportet enim episcopum sine crimine esse, sicut Dei dispensatorem, non superbum, non iracundum, non vinolentum, non percussorem,* etc. (*Ibid.*) Et ad Philippenses episcopis et diaconibus scribit, cum una civitas plures episcopos habere non possit, sed sub episcoporum nomine presbyteros complexus est. Ideo autem presbyteri sacerdotes vocantur, quia sacrum dant, sicut episcopi, id est, in confectione divini corporis et sanguinis, et in baptismate, et in officio prædicandi. Sed licet sint sacerdotes, tamen pontificatus apicem non habent, quod nec chrismate frontem signant, nec paracletum spiritum dant, quod solis episcopis deberi lectio Actus apostolorum demonstrat ; nec ordinare clericos in sacris ordinibus possunt, quod episcopis propter unitatem et concordiam reservatur. Secundi vero ordinis viri presbyteri sunt, quorum typum præferebant LXX viri in Veteri Testamento, in quibus Dominus spiritum Moysi propagavit, ut talibus adjutoribus usus in populo, innumeras multitudines facile gubernaret. Sic et paternæ plenitudinis abundantia transfusa est in Eleazaro et Ithamaro, ut ad hostias salutares et frequentioris officii sacramentum, ministerium sufficeret sacerdotum. Sic et apostolis Christi, doctores, fidei comites additi sunt, quibus illi orbem totum secundis prædicatoribus impleverunt, et per evangelicam doctrinam dilataverunt.

CAPUT VII.
De diaconis.

Levitæ ex nomine auctoris vocati, de nomine Levi Levitæ exorti sunt, a quibus in templo Dei, mystici sacramenti mysteria explebantur. Præcepit enim Dominus et dixit ad Moysen, ut post ordinationem Aaron sacerdotis et filiorum ejus, rursus Levi tribus in divini cultus mysterio ordinaretur, et consecrarentur Domino pro omnibus primogenitis, et servirent pro Israel coram Aaron et filiis ejus in tabernaculo Domini excubantes in templo die ac nocte, ipsique gestarent arcam et tabernaculum, et omnia vasa ejus, et in circuitu tabernaculi castra ipsi constituerent, et in promovendo tabernaculo ipsi deponerent, et rursus ipsi deponerent, et rursus ipsi componerent (*Exod.* xxix). Hi Græce diacones διάκονες, Latine ministri dicuntur, quod sicut in sacerdote consecratio, ita et in diacono ministerii dispensatio habetur. In Veteri Testamento excubabant in tabernaculo testimonii ad præcepta Aaron, et ad cuncta opera tabernaculi ; verumtamen ad vasa sanctuarii et ad altare non accedebant, sicut mandaverat Dominus Aaron dicens: *Ecce dedi vobis fratres vestros Levitas de medio filiorum Israel, et tradidi donum Domino, ut serviant in ministeriis tabernaculi ejus; tu autem et filii tui custodite sacerdotium vestrum, et omnia quæ ad cultum altaris pertinent, et intra velum sunt, per sacerdotes administrabuntur*, etc. (*Num.* xviii.) Hi a viginti quinque annis et supra ingrediebantur, ut ministrarent in tabernaculo fœderis, cumque quinquagesimum annum ætatis explebant servire cessabant, et erant ministri fratrum suorum in tabernaculo fœderis, ut custodirent quæ sibi fuerant commendata. In Novo autem Testamento apostoli septem diaconos, propter sacramentum ejusdem numeri ordinaverunt ad ministerium sacrum et officium altaris, qui leguntur etiam et prædicasse, et baptizasse non paucos, sicut sanctus Stephanus disputavit contra Judæos, et Philippus, baptizato eunucho, evangelizavit civitatibus cunctis, donec veniret Cæsaream, et in Samaria prædicabat, et baptizabat eos qui ab apostolis Petro et Joanne postmodum confirmabantur. Sed baptizare eis modo coram episcopis sive presbyteris licitum est. Cæteris autem non licet, nisi, prædictis fortassis officiis longius constitutis, necessitas extrema compellat. Hi enim sunt quos in Apocalypsi legimus septem angeli, tubis canentes. Hi sunt septem candelabra aurea. Hi sunt voces tonitruorum septem (*Apoc.* viii). Ipsi enim clara voce in modum præconis admonent cunctos, sive in psallendo, sive in lectionibus audiendis. Ipsi enim ut aures habeamus ad Deum acclamant. Ipsi quoque evangelizant. Sine his sacerdos nomen habet, officium non habet. Nam sicut in sacerdote consecratio, ita in ministro dispensatio sacramenti est. Ille oblata sanctificat, hic sanctificata dispensat. Ipsis etiam sacerdotibus, propter præsumptionem non licet de mensa Domini tollere calicem, nisi eis traditus fuerit a diacono. Levitæ offerunt oblationes in altaria. Levitæ componunt mensam Domini. Levitæ operiunt arcam testamenti; non enim omnes vident altare mysteriorum, quæ operiuntur a Levitis, ne videant qui videre non debent, et sumant qui servare non possunt, quique propterea altari albis induti assistunt, ut hinc admoniti cœlestem vitam habeant, candidique ad hostias et immaculati accedant. Quos primus fecit Silvester papa, tricesimus quartus pontifex in Romana Ecclesia post Petrum dalmaticis uti, et constituit ut pallio linostimo eorum læna tegeretur, sicut in gestis pontificalibus continetur.

CAPUT VIII.
De subdiaconis.

Hypodiacones ὑποδιάκονες Græce, quos nos subdiacones dicimus, qui ideo sic appellantur quia subjacent præceptis et officiis Levitarum. Oblationes in templo Dei a fidelibus ipsi suscipiunt, et Levitis superponendas altaribus deferunt. Hi apud Hebræos Nathinæi vocantur, ut liber Paralipomenon et Esdræ testatur, quod interpretatur in humilitate Domino servientes. Ex eorum ordine fuit ille Nathanael qui in Evangelio Joannis, divina proditione commonitus, Salvatorem meruit confiteri, quique etiam ad primum divinitatis judicium fidelis enituit, protestante Domino ac dicente: *Ecce vere Israelita, in quo dolus non est* (*Joan.* 1). Isti quoque vasa corporis et sanguinis Domini diaconibus ad altare offerunt. De quibus quidem placuit patribus, ut quia sacra mysteria contrectant, casti et continentes ab uxoribus sint, et ab omni carnali immunditia liberi, juxta quod illis propheta docente jubetur: *Mundamini, qui fertis vasa Domini* (*Isa.* LII). Hi ergo cum ordinantur non suscipiunt manus impositionem sicut sacerdos et Levitæ, sed patenam tantum et calicem de manu episcopi, et archidiaconi scyphum aquæ cum aqua, mantile et manutergium.

CAPUT IX.
De acolythis.

Acolythi ἀκόλουθοι Græce, Latine ceroferarii dicuntur, a deportandis cereis quando legendum est Evangelium, aut sacrificium offerendum. Tunc enim accenduntur luminaria ab eis et deportantur, non ad fugandas tenebras dum sol eodem tempore rutilet, sed ad signum lætitiæ demonstrandum, ut sub typo luminis corporalis illa lux ostendatur, de qua in Evangelio legitur: *Erat lux vera quæ illuminat omnem hominem venientem in hunc mundum* (*Joan.* 1), quorum typum præferebant illi qui Domini mandato in tabernaculo lucernas quotidie accendebant super candelabrum positas.

CAPUT X.
De exorcistis.

Exorcistæ ἐξορκισταί, ex Græco in Latinum adjurantes seu increpantes vocantur. Invocant enim super catechumenos, vel super eos qui habent spiritum immundum, nomen Domini Jesu, adjurantes per eum ut egrediatur ab eis. Refert Josephus regem Salomonem excogitasse suamque gentem docuisse modos exorcismi, id est adjurationis, quibus immundi spiritus expulsi ab homine ulterius reverti non sunt ausi. Testatur et de eis liber Actus apostolorum, ita dicens: *Tentaverunt autem quidam, et de circumeuntibus Judæis, exorcismis invocare nomen Domini Jesu*, etc. (*Act.* xix.) Invenimus eos quos Esdras actores memorat templi, eos nunc esse exorcistas in Ecclesia Dei. Fuerunt enim sub Esdra actores templi servorum Salomonis filii, qui actum templi totius sub cura sua haberent, non tamen sacerdotalibus officiis ministrarent, aut sacris oblationibus deservirent. Nullam ergo aliam curam habebant actores templi, nisi ad sarta tecta reficienda, ut quæcunque fuissent veterata in ædificio templi aut delapsa, per eosdem actores de thesauris Dominicis reficerentur atque excolerentur. Ergo exactores templi exorcistæ sunt in populo Dei. Quomodo enim actor prudens et bonus scit quid scit Domini sui census, et omnis substantiæ modus, et redigit apud se totius possessionis instrumenta originalia, sic exorcista redigit in sua diligentia totius regni Domini secreta, ut memoriæ mandet de Scripturarum sacramentis, unde exerceat scilicet donum quod illi est a Spiritu sancto concessum secundum Apostoli præconium. Exorcistas enim memorat Apostolus cum dicit: Nunquid omnes donationes habent sanationum? Hi enim cum ordinantur accipiunt de manu episcopi libellum in quo scripti sunt exorcismi, dicente eis episcopo: Accipite et commendate memoriæ, et habete potestatem imponendi manus super energumenos sive catechumenos, ut imperetis immundis spiritibus, et abjiciatis.

CAPUT XI.
De lectoribus.

Lectores a legendo, psalmistæ a psalmis canendis vocati. Illi prædicant populis quid sequantur. Isti canunt ut excitant ad compunctiones animos audientium. Licet et quidam lectores ita miscranter pronuntient, ut quosdam ad luctum lamentationemque compellant. Iidem etiam et pronuntiatores vocantur, quod porro annuntiant. Tanta enim et tam clara eorum erit vox, ut quantumvis longe positorum aures adimpleant. Lectorum ordo formam et initium a prophetis sumpsit. Sunt ergo lectores qui verbum Dei prædicant, quibus dicitur: *Clama, ne cesses, quasi tuba exalta vocem tuam (Ezech. xxxiii).* Isti quippe dum ordinantur, primum de eorum conversatione episcopus verbum Dei facit ad populum, deinde coram plebe tradit eis codicem apicum divinorum ad Dei verbum annuntiandum. Iste ergo doctrina et libris debet esse imbutus, sensuumque ac verborum scientia peroratus, ut distincte et aperte sonans, audientium corda possit instruere. Psalmistarum, id est cantatorum principes sive auctores, fuere David sive Asaph. Isti enim post Moysen psalmos primi composuere et cantavere. Mortuo Asaph, filii ejus in hunc ordinem subrogati sunt a David, erantque psalmistæ per successionem generis, sicut et ordo sacerdotalis, ipsique soli continuis diebus in templo canebant, candidis induti stolis, ad vocem unius respondente choro. Ex hoc veteri more Ecclesia sumpsit exemplum nutriendi Psalmistas, quorum cantibus ad effectum Dei, mentes audientium excitentur. Psalmistam autem et voce et arte præclarum illustremque esse oportet, ita ut ad delectamentum dulcedinis animos incitet auditorum. Solent autem ad hoc officium etiam absque scientia episcopi sola jussione eligi, quicunque in cantandi arte probabiles hujusmodi constiterint.

CAPUT XII.
De ostiariis.

Ostiarii sunt qui et ædituí et janitores in lege dicebantur. Hi apud Hebræos in Veteri Testamento electi sunt ad custodiam templi, quique ordinati per vices suas omnia interiora templi vel extra custodiebant ut non ingrederetur in eum immundus in omni re. Dicti autem ostiarii, quod præsint ostiis templi. Ipsi enim tenentes clavem omnia intus ex utraque parte custodiunt, atque inter bonos et malos habentes judicium fideles recipiunt, respuunt infideles.

CAPUT XIII.
Quos oporteat ad sacrum ordinem accedere, et quo ordine.

Canones et decreta Zozymi papæ decernunt ut clericus qui ad sacrum ordinem accedit, inter lectores sive exorcistas quinque annos exsolvat, exinde acolythus vel subdiaconus quatuor annis fiat. Ad benedictionem quoque diaconatus non minoris ætatis quam viginti quinque annorum accedat, in quo ordine quinque annis expletis, si inculpabiliter ministraverit, ad presbyteratus honorem promoveri poterit, non tamen ante triginta annos ætatis, licet valde dignus sit, quia et Dominus noster non ante tricesimum annum prædicare exorsus est. De quo gradu si eum auctior ad bonos mores vita perduxerit, summum pontificatum accipere poterit, hac tamen lege servata, ut neque bigamus, pœnitens, nec neophytus ad hos gradus possit admitti.

CAPUT XIV.
De vestibus sacerdotalibus.

De veste ergo sacerdotali moderna ad antiquum Veteris Testamenti habitum comparationem facientes, secundum majorum sensum quid mystice significat, prosequamur.

CAPUT XV.
De superhumerali.

Primum ergo eorum indumentum est ephod bad, quod interpretatur superhumerale lineum, quod significat munditiam bonorum operum. Hinc bene in lege, cum Dominus de veste sacerdotali Moysen instituit, primum de superhumerali faciendo præcepit, quia quisquis ad sacerdotium magisteriumque populi Dei promovendus est, primum ejus debent opera cognosci, ut dum hoc quod foris omnibus patet irreprehensibile paruerit, convenienter ex tempore et integritas cordis ejus, et fidei sinceritas scrutetur.

CAPUT XVI.
De podere, id est tunica linea.

Secundum est linea tunica, quæ Græce ποδήρης poderes, Latine talaris dicitur, eo quod ad talos usque descendat. Hanc Josephus byssinam vocat, cujus significatio mystica in promptu est. Cum enim constet lino vel bysso continentiam et castitatem significari, strictam habent lineam sacerdotes, cum proposito continentiæ non enerviter, sed studiose conservant. Hæc ad talos usque descendit, quia usque ad finem vitæ hujus bonis operibus insistere debet sacerdos, præcipiente ac promittente Domino: *Esto fidelis usque ad mortem, et dabo tibi coronam vitæ (Apoc.* ii).

CAPUT XVII.
De cingulo.

Tertium vestimentum est cingulum, sive balteum, quo utuntur ne tunica ipsa defluat, et gressum impediat, hoc nimirum custodiam mentis significat. Qui enim tunica talari indutus absque cingulo incedit, defluit tunica, ac relicto corpore, ventis et frigoribus intrandi spatium tribuit, quin et præpeditis gressibus incedendi usum retardat, vel etiam calcantibus se causa efficitur ruinæ. Ergo lineas induunt sacerdotes ut castitatem habeant; accinguntur balteis, ne ipsa castitas sit remissa et negligens, ne vento elationis animum perflandi aditum impendat, ne crescente iniquitate refrigescere faciat charitatem ipsorum, ne bonorum gressus operum jactantia suæ præsumptionis impediat, ne præpedito virtutum cursu, ipsa etiam terrestris concupiscentiæ sordibus polluta vilescat, et ad ultimum auctorem suum ad ruinam superbiendo impellat.

CAPUT XVIII.
De phanone.

Quartum vero mappula sive mantile, sacerdotis indumentum est, quod vulgo phanonem vocant, quod ob hoc eorum tunc manibus tenetur quando missæ officium agitur, ut paratos ad ministerium mensæ Domini populus conspiciat. Mappæ ergo convivii et epularum ad positarum linteamina sunt, unde diminutivum mappula sicut et mantilia, nunc pro operiendis mensis sunt: quæ, ut nomen ipsorum indicat, olim tergendis manibus præbebantur. Oportet ergo sacerdotes et ministros altaris mappulas manibus tenere, quorum officium est divina sacramenta conficere, ut cum devotione mentis opus spontaneum concordet, digne exerceatur officium, quod pie divino est munere collatum.

CAPUT XIX.
De orario, id est stola.

Quintum quoque est quod orarium dicitur, licet hoc quidam stolam vocent. Hoc enim genere vestis solummodo eis personis uti est concessum, quibus prædicandi officium est delegatum. Bene etiam oratoribus Christi orarium habere convenit, quia cum indumentum eorum officio proprio concinat, et ipsi sedulo ad verbi ministerium cohortantur et plebs ipsis commissa indicium salutare conspiciens, ad meditationem legis concurrere ferventius admonetur. Apte ergo orarium collum simul et pectus tegit sacerdotis, ut inde instruatur, quod quidquid ore proferat, tractatu summæ rationis attendat, ut illud Apostoli semper in eo appelletur quo dicit. *Orabo spiritu, orabo et mente, psallam spiritu, psallam et mente (I Cor. XIV).* Et iterum: *Os nostrum ad vos, o Corinthii, cor nostrum dilatatum est, ne forte si improvise irrationabiliter loquatur, damnum patiatur (II Cor. VI);* Salomone attestante, qui ait: *Cor sapientis erudiet os ejus, et labiis illius addet gratiam (Prov. XVI).* Item: *Qui custodit os suum, custodit animam suam; qui inconsideratus est ad loquendum, sentiet mala (Prov. XXI).*

CAPUT XX.
De dalmatica.

Sextum namque est quod dalmatica a Dalmatia Græciæ provincia, in qua primum texta est, nuncupatur. Hæc vestis in modum est crucis facta, et passionis Domini indicium est. Habet quoque et purpureos tramites ipsa tunica, a summo usque ad ima ante ac retro descendens, nec non et per utramque manicam, ut admoneatur minister Domini per habitus sui speciem, cujus muneris particeps est, ut per mysticam oblationem passionis Dominicæ commemorationem agat, ut ipse in eo fiat hostia Deo acceptabilis.

CAPUT XXI.
De casula.

Septimum sacerdotale indumentum est quod Casulam vocant; dicta est autem per diminutionem a casa, eo quod totum hominem tegat, quasi minor casa, hanc Græci planetam πλανήτην nominant. Hæc supremum omnium indumentorum est, et cætera omnia interius per suum munimen tegit et servat. Hanc ergo vestem possumus intelligere charitatem, quæ cunctis virtutibus supereminet, et earum decorem suo tutamine protegit et illustrat. Nec enim ullus jam erit virtutum splendor, si non eas charitatis irradiaverit fulgor, quod ostendit Apostolus dicens: *Si linguis hominum loquar et angelorum, charitatem non habeam, factus sum sicut æs sonans, aut cymbalum tinniens. Et si habuero prophetiam, et noverim mysteria omnia, et omnem scientiam, et si habuero omnem fidem, ita ut montes transferam, charitatem autem non habuero, nihil mihi prodest. Charitas patiens est, benigna est. Charitas non æmulatur, non agit perperam, non inflatur, non est ambitiosa, non quærit quæ sua sunt, non irritatur, non cogitat malum, non gaudet super iniquitate, congaudet autem veritati. Omnia suffert, omnia credit, omnia sperat, omnia sustinet. Charitas nunquam excidit, et reliqua (I Cor. XIII).* Sine hac charitate vel casula, nec sacerdos ipse ad altare appropinquare debet, nec munus offerre, nec preces fundere. Unde Veritas ipsa dicit: *Si offers munus tuum ad altare, et ibi recordatus fueris, quia frater tuus habet aliquid adversum te, relinque ibi munus tuum ante altare, et vade prius reconciliari fratri tuo, et tunc veniens offeres munus tuum (Matth. VI).* Et item: *Cum stabitis ad orandum, dimitte si quid habetis adversum aliquem, et reliqua (Marc. XI).* De hoc itaque spiritali virtutum indumento Apostolus ad Colossenses ita scripsit: *Induite,* inquit, *vos sicut electi Dei, sancti et dilecti viscera misericordiæ, benignitatem, humilitatem, modestiam, patientiam,* etc. *(Coloss. III)..* Et de charitatis eminentia paulo post subjunxit dicens: *Super omnia autem hæc charitatem habentes, quod est vinculum perfectionis.*

CAPUT XXII.
De sandaliis.

Induunt quoque sacerdotes pedes sandaliis sive soleis, quod genus calceamenti evangelica auctoritate eis est concessum, ut Marci evangelium testatur *(Marc. XVI),* quia hoc calceamentum mysticam significationem habet, ut pes neque tectus sit, neque nudus ad terram, id est ut nec occultetur evangelium, nec terrenis commodis innitatur. Nam scriptum est in Apostolo: *Et calceati pedes in præparatione Evangelii pacis (Ephes. VI).* Sicut enim sandalia partem pedis tegunt, partem inopertam relinquunt, ita et Evangelii doctores partim Evangelium operire, partimque aperire debent, ita videlicet ut fidelis et devotus sufficientem habeat doctrinam, et infidelis et contemptor non inveniat blasphemandi materiam. Admonet etiam et nos hoc genus calceamenti ut carni nostræ et corpori in necessitatibus consulamus, non in libidinis lasciviam defluamus, de quibus utique nos divina lex instruit. Scriptum est enim : *Carnem tuam ne despexeris*. Et item : *Carnis curam ne feceritis in concupiscentiis* (*Isa.* LVIII).

CAPUT XXIII.
De pallio.

Super hæc autem omnia summo pontifici (qui archiepiscopus vocatur) propter apostolicam vicem pallii honor decernitur, quod genus indumenti crucis signaculum purpureo colore exprimit, ut ipso indutus pontifex a tergo et pectore crucem habeat, suaque mente pie et digne de passione Redemptoris cogitet, ac populo pro quo Dominum deprecatur, redemptionis suæ signaculum demonstret. Condecet quoque bene ut ipsa apostolica dignitas apostolicum virum faciat, ut plena devotione, sano sermone, et digna operatione possit dicere cum Apostolo : *Mihi autem absit gloriari nisi in cruce Domini nostri Jesu Christi, per quem mihi mundus crucifixus est, et ego mundo* (*Gal.* VI). Hæc quæque de habitu sacerdotali ad sensum secundum modulum ingenioli nostri breviter diximus, non præjudicantes his qui congruentius et dignius de eadem re possint scribere, et plenius disputare.

CAPUT XXIV.
De sacramentis Ecclesiæ.

De sacramentis autem quæ in Ecclesia fiunt oportet ut sequens sermo exponat, atque declaret ritum sacerdotalem. Sunt autem sacramenta, baptismum et chrisma, corpus et sanguis, quæ ob id sacramenta dicuntur, quia sub tegumento corporalium rerum virtus divina secretius salutem eorumdem sacramentorum operatur, unde et a secretis virtutibus vel sacris, sacramenta dicuntur. Quæ ideo fructuose penes Ecclesiam fiunt, quia sanctus in ea manens Spiritus, eumdem sacramentorum latenter operatur effectum. Unde seu per bonos seu per malos ministros intra Ecclesiam Dei dispensentur, nec bonorum meritis dispensatorum amplificantur hæc dona, nec malorum attenuantur, quia *neque qui plantat est aliquid, neque qui rigat, sed qui incrementum dat, Deus*, unde et Græce μυστήριον dicitur, quod secretam et reconditam habeat repositionem.

CAPUT XXV.
De baptismatis sacramento.

Primum autem sacramentorum est baptismum, quia antequam sancto chrismate ungatur aliquis, aut corporis et sanguinis Christi particeps existat, sacra regeneratione purgari debet, ac deinde ad cætera rite accedere. Baptismum βάπτισμα Græce, Latine tinctio interpretatur, quæ non tamen ob hoc quod homo in aquam mergitur tinctio dicitur, sed quia spiritu gratiæ ibi in melius immutatur, et longe aliud quam erat efficitur. Primum homines fœdi eramus deformitate peccatorum, in ipsa tinctione pulchri dealbatione virtutum efficimur. Unde et in Canticis scribitur canticorum : *Quæ est ista quæ ascendit quasi dealbata?* Cujus mysterium non aliter nisi sub Trinitatis designatione, id est, Patris et Filii et Spiritus sancti cognitione completur, dicente Domino ad Apostolos : *Ite, docete omnes gentes, baptizantes eos in nomine Patris et Filii et Spiritus sancti* (*Marc. ult.*). Sicut enim in tribus testibus stat omne verbum, ita sacramentum confirmat ternarius numerus nominum divinorum. Quod autem per aquam baptismum datur, hæc ratio est : voluit enim Dominus ut res illa invisibilis per congruentiam, sed profecto incontrectabile et invisibile impenderetur elementum, super quod etiam in principio ferebatur Spiritus sanctus. Nam sicut oleum naturali pondere superfertur omni liquore, ita in principio ferebatur Spiritus sanctus aquis. Sicut aqua purgat exterius corpus, ita latenter ejus mysterio per Spiritum sanctum purificatur et animus, cujus sanctificatio ita est. Invocato enim Deo descendit Spiritus sanctus de cœlis, et medicatis aquis, sanctificat eas de semetipso, et accipiunt vim purgationis, ut in eis caro et anima delictis inquinata mundetur. Utrumque enim baptizando necesse est adhiberi, et baptismi lavacrum, et Spiritus sancti purgatio, quia ait Salvator : *Nisi quis renatus fuerit ex aqua et Spiritu sancto, non potest introire in regnum Dei*. Sed ante baptismum, catechizandi debet in hominem pervenire officium, ut fidei primum catechumenus accipiat rudimentum. Nam in Evangelio secundum Matthæum legitur quod post resurrectionem Dominus apostolis præceperit ut in nomine Patris et Filii et Spiritus sancti docerent, et baptizarent omnes gentes (*Matth. ult.*), id est, prius per fidem Dei illis insinuarent, et sic credentes in remissionem peccatorum baptizarent. Hoc est quod secundum Marcum idem Dominus legitur præposuisse fidem baptismatis, cum ita dixerit : *Qui crediderit et baptizatus fuerit, salvus erit; qui vero non crediderit condemnabitur* (*Marc. ult.*). Et, Joanne teste, prius ipse Jesus cæci nati oculos luto ex sputo facto superlinivit, et sic ad aquas Siloe misit, quia prius debet baptizandus fide incarnationis Christi instrui, et sic ad baptismum jam credulus admitti, ut sciat cujus gratiæ in eo est particeps, et cui jam debitor fiat deinceps.

CAPUT XXVI.
De catechumenis.

Catechumenus autem dicitur, pro eo quod adhuc doctrinam fidei audit, necdum tamen baptismum recepit. Nam catechumenus κατηχούμενος Græce, Latine auditor interpretatur. Et quia primum exhortationis præceptum in lege est : *Audi, Israel, Dominus Deus tuus Deus unus est* (*Deut.* VI), inde est ut is qui per sacerdotem quasi per Moysen Deus loquitur, catechumenus, id est audiens nominetur : scilicet ut verum agnoscens Dominum, relinquat errores varios idolorum. Puto autem omnes a Joanne pœnitentia baptizatos, catechumenorum prætulisse figuram. Post catechumenos autem, secundus gradus est competentium. Competentes autem sunt qui jam post doctrinam fidei, post continentiam vitæ ad gratiam Christi percipiendam festinant : ideoque appellantur competentes, id est gratiam Christi petentes. Nam catechumeni tantum audiunt, necdum petunt. Sunt enim quasi hospites et vicini fidelium, deforis audiunt mysteria, audiunt gratiam, sed adhuc non appellantur fideles. Competentes autem petunt, jam accipiunt, jam catechizantur, id est imbuuntur instructione fidei et sacramentorum. Istis enim traditur salutare Symbolum, quasi commonitorium fidei, et sanctæ confessionis indicium, quo instructi agnoscant quales jam ad gratiam Christi exhibere se debeant. Notandum autem quod in ecclesia Salvatoris parvulorum, qui per ætatem nec adhuc renuntiare diabolo nec credere in Deum possunt, per corda et ora gestantium salus adimpleatur, quia et in Evangelio legitur quod Jesus fidem illorum intuens qui paralyticum ad sanandum sibi afferebant, dixerit ipsi : *Homo, remittuntur tibi peccata tua* (*Matth.* IX) ; et quod filium viduæ a mortuis suscitavit, misericordia motus super ea. Manifestum enim quod parvuli sicut ex aliis ea quæ illis remittuntur in baptismo, peccata traxerunt, sic et per alios ad salutem credunt. Nec enim siquidem muti et surdi, qui nec audire neque profiteri fidem possunt, ab aliquibus Christianis ad baptizandum offeruntur, per credulitatem offerentium salvari creduntur, quia non obsistit omnipotentis Dei gratiæ naturæ infirmitas humanæ.

CAPUT XXVII.
De catechizandi ordine.

Catechizandi enim ordo hic est : Primum interrogatur paganus si abrenuntiat diabolo et omnibus damnosis ejus operibus atque fallacibus pompis, ut primum respuat errorem, et sic appropinquet ad veritatem, possitque juxta Apostolum deponere veterem hominem secundum pristinam conversationem, qui corrumpitur secundum desideria erroris, abnegans impietatem et sæcularia desideria. Deinde apostolicæ fidei ostenditur ei Symbolum, et exquiritur ab eo si credat in Deum Patrem omnipotentem, et in Jesum Christum Filium ejus unicum Dominum nostrum, et in Spiritum sanctum, unum Deum in trinitate et unitate; si confiteatur unam esse Ecclesiam catholicam, et si credat remissionem peccatorum, et carnis resurrectionem. Hæc ergo omnia si vere profitetur credere, jam incipit per fidem induere *novum hominem, qui secundum Deum creatus est, in justitia et sanctitate veritatis*, quo tamen plene induitur, quando per baptismi lavacrum regeneratur. At postquam se per confessionem veræ fidei in alterius commendaverit dominium, et per abrenuntiationem prioris possessoris se alienaverit servitio, exsufflatur ab eo sæva potestas, ut per pium sacerdotis mysterium Spiritui sancto cedat fugiens spiritus malignus,

signaturque ipse homo signaculo sanctæ crucis tam in fronte quam in corde, ut ipse apostata diabolus, in vase suo pristino suæ interemptionis cognoscens signum, jam sibi deinceps sciat illud esse alienum. Exinde jam dicuntur super eum orationes, ut fiat catechumenus. Tunc datur ei sal benedictum in os, ut per sal typicum sapientiæ sale conditus, fetore careat iniquitatis, et nec a vermibus peccatorum ultra putrefiat, sed magis illæsus servetur ad majorem gratiam percipiendam. Dehinc iterum exorcizatur diabolus, ut suam nequitiam agnoscens, et justum super se judicium Dei timens, recedat ab homine, nec jam contendat eum arte sua subvertere, ne baptismum consequatur, sed magis honorem Deo creatori suo exhibens, reddat opus factori suo. Postea tanguntur ei nares et aures cum saliva, et dicitur ei illud verbum evangelicum quod Jesus, quando surdum et mutum sanavit tangens cum sputo linguam ejus, et mittens digitos suos in auriculas ejus, dixit : *Ephetha, quod est, adaperire* (*Marc.* VII). Hoc enim sacramentum hic agitur, ut per salivam typicam sacerdotis et tactum sapientia et virtus divina salutem ejusdem catechumeni operetur, ut aperiantur ei nares ad accipiendum odorem notitiæ Dei, ut aperiantur illi et aures ad audiendum mandata Dei, sensuque intimo cordis reponendum. Deinde benedictione sacerdotali muniatur, ut ad sacrum baptismum cum fide accepta custodiatur. Ungetur illius tunc pectus de oleo sanctificato cum invocatione sanctæ Trinitatis, ut nullæ reliquiæ latentes inimici in eo resideant, sed in fide sanctæ Trinitatis mens ejus confortetur. Ungetur et inter scapulas de eodem oleo, ut undique muniatur, et ab bona opera facienda per Dei gloriam roboretur.

CAPUT XXVIII.
De tinctione baptismi, et unctione chrismatis.

Post hæc igitur consecratus fons, et ad ipsum baptismum catechumenus accedit, et sic in nomine sanctæ Trinitatis trina submersione baptizatur. Et recte homo, qui ad imaginem sanctæ Trinitatis conditus est, per invocationem sanctæ Trinitatis ad eamdem renovatur imaginem, et qui tertio gradu peccati, id est, consensu cecidit in mortem, tertio elevatus de fonte per gratiam resurgat ad vitam. Potest et hæc trina mersio triduanam Domini sepulturam significare, maxime cum dicit Apostolus : *Quicunque baptizati sumus in Christo Jesu, in morte ipsius baptizati sumus, consepulti enim sumus cum illo per baptismum in morte, ut quomodo surrexit Christus a mortuis per gloriam Patris, ita et nos in novitate vitæ ambulemus. Si enim complantati sumus similitudini mortis ejus, simul et resurrectionis erimus.* Et reliqua. Oportet ergo cum invocatione sanctæ Trinitatis sub trina mersione baptismum confici, ut secundum personarum differentiam mysterium baptismi celebretur, et secundum unitatem substantiæ unum baptisma fiat, unde dicit Apostolus : *Unus Dominus, una fides, unum baptisma.* Et reliqua. Postquam enim ascenderit baptizatus de fonte, statim signatur in cerebro a presbytero cum sacro chrismate, sequente simul et oratione, ut regni Christi particeps fiat, et a Christo Christianus possit vocari. Scriptum est et in Evangelio ita : *Baptizatus autem Jesus confestim ascendit de aqua, et ecce aperti sunt coeli, et vidit Spiritum Dei descendentem sicut columbam et venientem supra se.* Bene quidem baptismo continuatur chrismatis unctio, quia Spiritus sanctus qui per illud chrisma suae virtutis admistione sanctificat credentes, baptizato Jesu statim super illum in columbae specie descendit: cujus videlicet typum praeferebat columba illa, quae in diluvio ad arcam reportavit ramum olivae virentibus foliis, significans utique quod Spiritus sanctus per chrismatis unctionem in baptismate virorem confert fidelibus coelestis gratiae. Sed de hoc plenius in sequentibus dicemus. Legimus et in Gestis Patrum, quod Silvester papa in Ecclesia romana constituerit, ut sicut potestas est et privilegium apud solum episcopum constat, quod sacrum chrisma ipse conficiat, et baptizatum per manus impositionem cum ipso chrismate consignet propter haereticam suasionem, ita presbyter eodem chrismate liniat baptizatum levatum ex aqua propter occasionem transitus mortis, quia scriptum est in Apostolo: *Vos autem, fratres, in carne non estis, sed in spiritu, si tamen spiritus Dei habitet in vobis. Si quis autem spiritum Christi non habet, hic non est ejus,* etc. Ac deinde profecto patet quia quicunque non est Christi, regni sui particeps fieri nequit. Ideoque necessarium est, ut statim succurratur baptizato cum chrismatis unctione, ut Spiritus sancti participationem accipiens, alienus a Christo non existat.

CAPUT XXIX.
De indumento baptizati et Eucharistia.

Post baptismum autem traditur Christiano vestis candida designans innocentiam et puritatem Christianam, quam post ablutas veteres maculas studio sanctae conversationis immaculatam servare debet, ad praesentandum ante tribunal Christi. Cuncti vero renati albis induuntur vestibus, ad mysterium resurgentis Ecclesiae, sicut ipse Dominus coram discipulis transfiguratus est, ut dicitur : *Resplenduit facies ejus sicut sol, vestimenta ejus facta sunt candida sicut nix* ; quo facto splendorem, ut dictum est, resurgentis in futurum figuravit Ecclesiae. Utuntur ergo albis vestibus, ut quorum primae nativitatis infantia vetusti erroris pannus fuscaverat, habitus secundae generationis gloriae praeferat indumentum. Tegitur enim post sacram unctionem caput ejus mystico velamine, ut intelligat se diadematis regni, et sacerdotalis dignitatis portitorem, juxta Apostolum : *Vos estis,* inquit, *genus regale et sacerdotale offerentes vosmetipsos Deo hostiam vivam, sanctam, Deo placentem,* et reliqua. Nam sacerdotes in Veteri Testamento quodam mystico velamine caput semper ornabant. Deinde corpore et sanguine Dominico omne praecedens sacramentum in eo confirmatur, quia haec ideo accipere debet, ut Deum habere mereatur in se habitatorem, et illius sit capitis membrum, qui passus est et resurrexit pro nobis. Dicit enim ipsa Veritas : *Qui manducat meam carnem et bibit meum sanguinem, ipse in me manet, et ego in eo.* Et item : *Nisi manducaveritis,* inquit, *carnem Filii hominis, et biberitis ejus sanguinem, non habebitis vitam in vobis.*

CAPUT XXX.
De impositione manus episcopalis

Novissime autem a summo sacerdote per impositionem manus Paracletus traditur illi Spiritus sanctus, ut roboretur per Spiritum sanctum ad praedicandum aliis idem donum quod ipse in baptismate consecutus est, per gratiam vitae donatus aeternae. Signatur enim baptizatus cum chrismate per sacerdotem in capitis summitate, per pontificem vero in fronte, ut priori unctione significetur Spiritus sancti super ipsum descensio ad habitationem Deo consecrandam, in secunda quoque ut ejusdem Spiritus sancti septiformis gratia cum omni plenitudine sanctitatis et scientiae et virtutis, venire in hominem declaretur. Tunc enim ipse Spiritus sanctus post mundata et benedicta corpora atque animas, libens a Patre descendit, ut vas suum sua visitatione sanctificet et illustret, et nunc in hominem ad hoc venit, ut signaculum fidei quod in fronte suscepit, faciat eum donis coelestibus repletum, et sua gratia confortatum, intrepide et audacter coram regibus et potestatibus hujus saeculi portare, ac nomen Christi libera voce praedicare. Nec mirum si homo bis eodem chrismate ad accipiendum Spiritum sanctum ungatur, cum idem Spiritus bis sit ipsis apostolis datus, id est, in terra semel quando post resurrectionem suam Dominus insufflavit in eos, et dixit : *Accipite Spiritum sanctum; quorum remiseritis, peccata, remittuntur eis, et quorum retinueritis retenta sunt* ; et de coelis semel, quando post ascensionem Domini in die Pentecostes in linguis igneis super apostolos venit, et omnium gentium linguis eis loqui concessit. Ergo Spiritus sanctus digitus Dei in Evangelio nominatur, et digito Dei scripta est lex. Ideo autem digitus Dei dicitur, ut ejus operatoria virtus simul cum Patre et Filio significetur. Sicut autem per baptismum in Christo morimur et renascimur, ita Spiritu sancto signamur, qui est digitus Dei et spiritale signaculum. Bene quippe convenit ut per sacrum chrisma et per pinguedinem olivae gratia Spiritus sancti tribuatur, quia in psalmo scriptum est de Christo Salvatore, quod unxerit eum Deus Pater oleo laetitiae prae consortibus suis, et item de nobis, quod exhilaret faciem nostram in oleo. Chrisma, χρῖσμα Graece, Latine unctio nominatur, ex cujus nomine et Christus dicitur, et ex ipso homo post lavacrum sanctificatur. Nam sicut in baptismate peccatorum remissio datur ad veniam, ita per unctionem sanctificatio Spiritus adhibetur ad gloriam, et hoc de pristina unctione factum est exemplum, qua ungi in sacerdotium et regnum solebant antiqui, unde et Aaron et filii ejus post lavacrum a Moyse uncti sunt, ut sacerdotes Domini fierent. Et Salomon et caeteri reges per prophetas et sacerdotes perfusi sunt cornu olei, ut regni gubernacula tenerent. Quod dum carnaliter fit, spiritaliter proficit, quomodo et ipsa baptismi gratia visibilis actus est, quod in aqua mergimur, sed spiritalis effectus quod a delictis mundamur. Videamus ergo et ipsam olei naturam, si quid in ea huic significationi conveniens possit intelligi. Oleum namque ardens illuminat, et medicans sanat, et aquis infusum perspicuas eas reddit : quod bene gratiam Spiritus sancti potest demonstrare. Ipse enim flamma charitatis et splendore sapientiæ, animas illuminat. Ipse medicamine clementiæ suæ per veniam peccatorum vulnera sanat. Ipse admistione virtutis suæ aquas baptismi ad effugandas peccatorum tenebras veraciter illustrat. Testatur etiam hoc sacra Scriptura, ait enim Paulus : *Charitas Dei diffusa est in cordibus nostris per Spiritum sanctum, qui datus est nobis.* Et Joannes : *Qui diligit*, inquit, *fratrem suum, in lumine manet.* Et item : *Vos*, inquit, *unctionem habetis a Spiritu sancto, et nostis omnia.* Ecce apostolorum sententiæ manifestant per unctionem Spiritus sancti lumen charitatis et scientiæ nos habere. Nam Salvator in Evangelium Spiritum sanctum medicinam esse peccatorum ostendit, cum per ipsum potestatem apostolis dedit peccata remittere, dicens : *Accipite Spiritum sanctum; quorum remiseritis peccata, remittuntur eis,* et reliqua. Quod autem gratia Spiritus sancti aquas baptismi fecundans illustret, insinuat Joannes, cum ipsum Dominum in Spiritu sancto baptizare testatus est, dicens : *Sed qui misit me baptizare in aqua, ille mihi dixit : Super quem videris Spiritum descendentem et manentem super eum, hic est qui baptizat in Spiritu sancto.* Nunquam enim aqua baptismatis filios lucis generare posset, nisi prius ipsa dono ejusdem Spiritus sancti illuminata esset, ut in ipsa mirabiliter partum spiritalis lucis efficeret, idem Spiritus qui in primordio simul cum Patre et Filio illam purgationi aptam creavit. Abluit ergo nos Dominus a peccatis in baptismate, et unxit nos et consignavit nos *Spiritu promissionis sancto*, et dedit pignus Spiritus in cordibus nostris, *qui est*, utique *pignus hæreditatis nostræ in redemptionem acquisitionis in laudem gloriæ ipsius, ut adoptionem filiorum reciperemus. Quoniam vero filii estis*, ait Apostolus, *filii Dei, misit Spiritum Filii sui in corda nostra clamantem Abba Pater.* Nam confirmatio totius sanctitatis et virtutis et justitiæ in ipso constat: ipse est remissio omnium peccatorum, ipse filios Dei a filiis diaboli secernit. *Quicunque enim Spiritu Dei aguntur, hi filii sunt Dei.* Ipse justificat sanctos et illuminat, ipse est Deus, ipse Dei donum, eo quod datur a Deo. *Unicuique datur manifestatio Spiritus ad utilitatem per ipsum. Alii datur sermo sapientiæ, alii sermo scientiæ secundum eumdem Spiritum, alteri fides in eodem Spiritu, alii gratia sanitatum in uno Spiritu, alii operatio virtutum, alii prophetiæ, alii discretio spirituum, alii genera linguarum, alii interpretatio sermonum. Hæc autem omnia operatur unus atque idem Spiritus, dividens singulis prout vult. Sicut enim corpus unum est, et membra multa, omnia autem membra corporis cum sint multa, unum corpus sunt, ita et Christus. Etenim in uno spiritu omnes nos in unum corpus baptizati sumus, sive Judæi, sive gentiles, sive servi, sive liberi, et omnes nos uno spiritu potati sumus.* Spiritum enim sanctum aquæ nomine appellatum in Evangelio legimus, ipso Domino clamante et dicente : *Si quis sitit, veniat et bibat; qui credit in me, flumina de ventre ejus fluent aquæ vivæ.* Hoc Evangelista exposuit unde diceret, secutus enim ait : *Hoc enim dicebat de Spiritu quem accepturi erant credentes in eum.* Sed aliud est aqua sacramenti, aliud aqua quæ significat Spiritum sanctum. Aqua enim sacramenti visibilis est, aqua Spiritus invisibilis est. Illa abluit corpus et significat quod sit in anima ; per istam autem, id est, per Spiritum sanctum ipsa anima mundatur. Sicut etiam aqua corporalis corpus lavat et potat, ita spiritalis spiritum lavat et pascit. Ideo autem Spiritus sanctus septiformis nuncupatur propter dona quæ divinitatis ejus plenitudine particulatim quique ut digni sunt, consequi promereremur. Ipse enim spiritus sapientiæ et intellectus, spiritus consilii et fortitudinis, spiritus scientiæ et pietatis, atque spiritus timoris Domini appellatur.

CAPUT XXXI.
De sacramento corporis et sanguinis Domini.

Sed quia de duobus sacramentis, id est baptismo et chrismate jam quantum nobis Dominus dedit supra disseruimus, superest ut de reliquis duobus, id est, corpore et sanguine Domini, etiam nunc quantum Dominus annuerit, diligentius investigemus. Primum nobis quærendum est cur Dominus corporis et sanguinis sui mysteria in his rebus sanciri voluisset quæ comedi et consumi possunt, et non potius in his quæ majore honore servata diutius integra haberi potuissent? deinde, cur in cibo et potu idem sacramentum voluisset, cum ex terrenis fructibus communi usu terrestres uterentur, et non magis ex alia aliqua re illud traderet, quæ similiter percipientes reficeret? Sed tamen aliquatenus res inusitata pro majori miraculo etiam ab imperitis veneraretur, sicut manna cibi cœlestis pavit in deserto populum Israeliticum, et omnibus admirandus pluit. Deinde illud etiam quæri potest, cur inter omnes fructus terræ potissimum ad hoc elegerit frumentum atque vinum, quasi ipsa cunctos fructus terræ dignitate præcellant, et pretiosiores omnibus fiant : quæ videlicet omnia solvi posse credimus. Maluit enim Dominus corporis et sanguinis sui sacramenta fidelium ore percipi, et in pastum eorum redigi, ut per visibile opus invisibilis ostenderetur effectus. Sic enim cibus materialis forinsecus nutrit corpus et vegetat, ita etiam verbum Dei intus animam nutrit et roborat, quia *non in solo pane vivit homo, sed in omni verbo quod procedit de ore Dei.* Et : *Verbum caro factum est, et habitavit in nobis* (Joan. 1). Ait ergo ipsa Veritas : *Caro enim mea vere est cibus, et sanguis meus vere est potus.* Vere scilicet caro Christi est cibus, quia vere pascit, et ad æternam vitam hominem nutrit; et sanguis ejus vere est potus, quia esurientem et sitientem animam justitiam in aeternum veraciter satiat. Temporalem quippe vitam sine isto cibo et potu habere possunt homines, aeternam omnino non possunt, quia iste cibus et potus aeternam societatem capitis membrorumque suorum significat. *Qui manducat*, inquit, *carnem meam, et bibit sanguinem meum, ipse in me manet, et ego in eo*, quapropter necesse habemus sumere corpus et sanguinem ejus, ut in ipso maneamus, et ejus corporis membra simus, quia *nemo ascendit in coelum, nisi qui descendit de coelo, Filius hominis, qui est in coelo* (Joan. III). Quod autem ex terrae fructibus voluit haec sacramenta confici, haec ratio est : quia ergo ipse Filius Dei homo in terra inter homines factus est, et ex terrenis parentibus, scilicet ex stirpe Adam progenitus : *Veritas de terra orta est* (Psal. IV), ut ex terrigenis coelicolas faceret, de terrenis fructibus cibum coelestem homo coelestis fecit, ut sicut ipse Deus invisibilis in carne visibili ad salvandos mortales mortalis apparuit, ita etiam ex materia visibili rem invisibilem congrue ipsis demonstravit, ut in eadem re simul ediscerent et quid Deus propter nos factus est, et quid nos per ipsum futuri sumus. Ait enim apostolus Joannes : *Charissimi, nunc filii Dei sumus, et nondum apparuit quid erimus, scimus quomodo cum apparuerit, similes ei erimus* (I Joan. III). Cur autem panem et vinum hanc dignitatem elegerit exponit Scriptura, quae testatur Spiritum sanctum pronuntiasse secundum ordinem Melchisedech Christum sacerdotem esse futurum. Melchisedech ergo Genesis narrat, panem et vinum obtulisse (Gen. XIV). Oportebat enim ut qui secundum ordinem Melchisedech sacerdos factus fuerat oblationem ejusdem pontificis ipse pontifex factus imitaretur, ut Scriptura de eo pronuntians veridica esse probaretur, quia Jesus non venit solvere legem, sed adimplere, sicut ipsa Veritas testatur : *Quomodo necesse est*, inquit, *impleri omnia quae scripta sunt in lege, et prophetis, et psalmis, de me?* Propterea quippe Dominus noster corpus et sanguinem suum in eis rebus commendavit quae ad unum aliquid rediguntur, ex multis sive granis sive azymis, ut sanctorum charitatis unitatem significaret, et intelligi daret corporis membrorumque suorum unitatem, quod est sancta Ecclesia in praedestinatis et vocatis justificatis atque glorificatis, sanctis et fidelibus ejus : quorum primum jam factum est, id est, in praedestinatione; secundum et tertium et factum est, et fit, et fiet, id est vocatio et justificatio; quartum autem in re futurum est, id est glorificatio hujus rei sacramentum, id est unitas corporis et sanguinis Christi de mensa Dominica assumitur quibusdam ad vitam, quibusdam ad exitium, res vero ipsa omni homini ad vitam, nulli ad exitium. Quicunque enim ejus particeps fuerit, id est, Christo capiti membrum associatus fuerit in regno coelesti, quia aliud est sacramentum, aliud virtus sacramenti, sacramentum enim ore percipitur, virtute sacramenti interior homo satiatur. Sacramentum enim in alimentum corporis redigitur, virtute autem sacramenti aeternae vitae dignitas adipiscitur. In sacramento fideles quique communicantes pactum societatis et pacis ineunt. In virtute enim sacramenti omnia membra capiti suo conjuncta et coadunata in aeterna claritate gaudebunt. Sicut ergo in nos id convertitur cum id manducamus et bibimus, sic et nos in corpus Christi convertimur dum obedienter et pie vivimus. Sed tamen ipsius sacramenti (sicut supra diximus) tanta est dignitas et tanta potentia, ut quicunque illud indigne perceperit, magis sibi damnationem quam salutem acquirat, quod ostendit Apostolus dicens : *Quicunque enim manducaverit panem hunc, vel biberit calicem Domini indigne, reus erit corporis et sanguinis Domini. Probet autem seipsum homo et sic de pane illo edat, et de calice bibat. Qui enim manducat et bibit indigne, judicium sibi manducat et bibit, non dijudicans Domini corpus* (I Cor. XI). Tunc enim vere et salubriter corpus et sanguinem Christi percipimus, si non tantum volumus, ut in sacramento carnem et sanguinem Christi edamus, sed usque ad Spiritus participationem manducemus et bibamus, ut in Domini corpore tanquam membra maneamus, ut ejus Spiritu vegetemur. Sumunt ergo fideles bene et veraciter corpus Christi, si corpus Christi non negligant esse, fiant corpus Christi, si volunt vivere de Spiritu Christi. De Spiritu Christi non vivit nisi corpus Christi. Inde est quod exponens nobis Apostolus hunc panem unum, unum corpus Christi significare intelligi voluit. *Calicem*, inquit, *benedictionis cui benedicimus, nonne communicatio sanguinis Christi est? et panis quem frangimus nonne participatio corporis Domini est? Quomodo unus panis, unum corpus multi sumus, omnesque de uno pane et uno calice participamus.* Nec enim in sacramentis aliud offerri licet, nisi quod Dominus ipse constituit, et suo exemplo facere nos docuit. *Quoniam Dominus Jesus in qua nocte tradebatur accepit panem, et gratias agens fregit et dixit : Hoc est corpus meum quod pro vobis traditur; hoc facite in meam commemorationem. Similiter et calicem postquam coenavit dicens : Hic calix Novi Testamenti est in meo sanguine, hoc facite quotiescunque bibetis, in meam commemorationem* (I Cor. XI). Ergo panem infermentatum, et vinum aqua mistum in sacramentum corporis et sanguinis Christi sanctificari oportet, quia ipsas res de se Dominus testificari Evangelium narrat. Ait enim ipse Dominus : *Ego sum panis vivus qui de coelo descendi: si quis manducaverit ex hoc pane, vivet in aeternum, et panis quem ego dabo caro mea est pro mundi vita* (Joan. VI). Et item : *Ego sum*, inquit, *vitis vera.* Panis enim Dei descendit de coelo, et dat vitam mundo, quem Pater signavit, Deus misit in mundum. Hic est panis vitae, hunc qui manducat, non esuriet in aeternum. Iste panis cor hominis confirmat, iste quidem de terra naturae nostrae productus est. Istudque vinum laetificat cor hominis, quod ex vite vera processit. Nec enim aliud ex vite quam vinum nasci potest. Ergo quia panis corporis confirmat, ideo ille corpus Christi congruenter nuncupatur. Vinum autem quia sanguinem operatur in carne, ideo ad sanguinem Christi refertur. Hæc autem dum sunt visibilia sanctificata, tamen per Spiritum sanctum in sacramentum divini corporis transeunt. Quod autem panem sacrificii sine fermento esse oporteat, testatur liber Leviticus, ubi commemoratur Dominum per Moysen filiis Israel ita præcepisse. *Omnis,* inquit, *oblatio quæ offertur Domino absque fermento fiat, nec quidquam fermenti ac mellis adolebitur in sacrificio Domini* (*Levit.* VIII). Credimus ergo et panem illum quem primum Dominus in cœna mystica in mysterium corporis sui consecravit, infermentatum esse, maxime cum in tempore paschæ nullum fermentum cuiquam vesci, sed nec in domo habere ulli licebat, Domino illud in lege præcipiente ac dicente, sicut Exodus testatur. *Primo mense,* inquit, *quartadecima die mensis ad vesperam, comedetis azyma usque ad diem vicesimam ejusdem mensis ad vesperam; septem diebus non invenietur fermentum in domibus vestris; qui comederit fermentatum, peribit anima sua de cœtu Israel*, *tam de advenis quam indigenis terræ* (*Exod.* XII). Et paulo post: *Azyma,* inquit, *comedetis septem diebus, non apparebit apud te aliquid fermentatum, nec in cunctis finibus tuis*, et reliqua. Quod ergo neque in domo neque in finibus cunctis eorum populo Dei habere licebat, superfluum est arbitrari id Dominum foris exquisisse. Quid autem illud significet, quod in Pascha comedi vetitum erat ostendit Apostolus, et paschæ et azymorum rationem manifestissima narratione exponens. *Et enim,* inquit, *Pascha nostrum immolatus est Christus, itaque epulemur, non in fermento malitiæ et nequitiæ, sed in azymis sinceritatis et veritatis* (*I Cor.* XI). Quicunque ergo ad mensam Domini ubi Agni immaculati et incontaminati caro mactatur, et ubi veneranda mysteria passionis et resurrectionis ejus a fidelibus celebrantur, plenus dolo atque malitia accedat, et aut odii, aut invidiæ, aut avaritiæ, aut luxuriæ, facibus accensus, corpus Domini percipere non metuit, verendum est ne ubi vitam accipere debuit judicium damnationis inveniat, et magis incitetur ad pœnam, quam retrahatur ad veniam. Scriptum est enim de Juda proditore, qui malignus ad mensam Domini accessit, et sacri convivii particeps esse non timuit, quod post buccellam statim introisset in eum Satanas, Dominusque ei dixerit: *Quod facis, fac citius,* qui mox id quod prius latendo machinabatur, continuo exiens, insaniæ suæ manifestum effudit virus, ita ut cum turba multa gladiis et fustibus, facibus et armis, instructa ad eum tanquam ad latronem capiendum veniret, qui mori ultro venerat. Qui ergo insidiis mente conditis, qui præcordiis aliquo scelere pollutis mysteriorum Christi oblationibus sacrosanctis participare non metuit, ille in exemplum Judæ Filium hominis tradit, non quidem Judæis, sed peccatoribus, membris videlicet suis, quibus illud inæstimabile et inviolabile Dominici corporis et sanguinis sacramentum temerare præsumit. Ille Dominum vendit, qui, ejus timore atque amore neglecto, terrena pro illo et caduca, imo etiam criminosa, diligere et curare convincitur. Sed in sacramento vinum aqua mistum offerri debet, quia in Evangelio legitur quod cum aperuisset unus militum lancea latus Jesu, continuo exierit sanguis et aqua. Ille enim sanguis in remissionem fusus est peccatorum, aqua illa salutare temperat poculum hæc, et lavacrum præstat et potum. Neuter ergo horum sine altero in sacrificio debet offerri, nec vinum sine aqua, nec aqua sine vino, quia et nos in Christo, et in nobis Christum manere oportet, quod ostendit sanctus Cyprianus ita dicens: Calix, inquit, Dominicus vino mistus offertur, quia videmus in aqua populum intelligi, in vino vero ostendi sanguinem Christi. Quando autem in calice aqua vino miscetur, Christo populus adunatur, et credentium plebs ei in quem credit copulatur et jungitur. Quæ copulatio et conjunctio aquæ et vini sic miscetur in calice Domini, ut commistio illa ab invicem non possit separari, ita nec Ecclesia a Christo potest dividi et separari, etc. Attestante enim Joanne, aqua populi sunt; et neque aquam solam neque vinum solum, sicut nec granum frumenti solum sine aquæ admistione et confectione in panem cuiquam licet offerre, ne videlicet talis oblatio caput a membris secernendum esse significet, et vel Christum sine nostræ redemptionis amore potuisse pati, vel nos sine illius passione salvari, ac Patri offerre posse confidat. Neque enim illi audiendi sunt qui aquam sine vino in calice offerunt, contra quos etiam partem capituli de libro prædicti martyris Cypriani, in quo de sacramento calicis disputat ponamus. Solvitur quippe ibi quæstio in qua quæritur utrum calix Dominicus aquam solam, aut eam in vino mistam debeat habere? Post principium ergo epistolæ idem martyr jam solvere incipiens præpositam quæstionem, ita loquitur: Admonitos autem nos scias, inquit, ut in calice offerenda Dominica traditio servetur, neque enim aliud fiat a nobis quam quod pro nobis Dominus prior fecit, ut calix qui in commemorationem ejus offertur mistus vino offeratur. Nam dicit Christus: *Ego sum vitis vera.* Sanguis Christi non aqua est utique, sed vinum; nec potest videri sanguis ejus quo redempti et justificati sumus, esse in calice, quando vinum desit calici quo Christi sanguis ostenditur, qui Scripturarum omnium sacramento ac testimonio prædicetur. Invenimus enim in Genesi circa sacramentum Noe hoc idem præcurrisse, et figuram Dominicæ passionis illic exstitisse, quod vinum bibit, quod inebriatus est, quod in domo sua nudatus est, quod fuit recumbens nudus, et patientibus femoribus, quod nuditas illa patris a medio filio nudata est, a majore vero et minore contecta, et cætera, quæ non est necesse nunc exsequi, quia cum satis sit hoc solum complecti, quod Noe typum futuræ veritatis ostendamus, non aquam sed vinum biberit, et sic imaginem Dominicæ passionis expresserit. Item in sacerdote Melchisedech, hoc Dominici sacramenti præfiguratum videmus mysterium, secundum quod Scriptura divina testatur, et dicit : *Et Melchisedech rex Salem protulit panem et vinum; fuit autem sacerdos Dei summi, et benedixit Abraham* (*Gen.* xiv). Quod autem Melchisedech typum Christi portaret, declarat in Psalmis Spiritus sanctus ex persona Patris ad filium dicens : *Ante luciferum genui te, tu es sacerdos in æternum secundum ordinem Melchisedech* (*Psal.* cix). Dicunt aliqui, nisi aliquo intercedente peccato, Eucharistiam quotidie accipiendam. Hunc enim panem quotidie dari nobis (jubente Domino) postulamus dicentes : *Panem nostrum quotidianum da nobis hodie* (*Matth.* vi), quod quidem benedicunt, si hoc cum religione et devotione et humilitate suscipiunt, ne fidendo de justitia, superba præsumptione id faciant. Cæterum si talia sunt crimina, quæ quasi mortuum ab altari removeant, prius agenda pœnitentia est, ac sic inde salutiferum medicamentum suscipere. Qui enim manducaverit indigne, judicium sibi manducat et bibit. Hoc enim indigne accipere est, si eo tempore quis accipiat, quo debet a mensa Dominici corporis separari, ne dum forte diu absentatus quis prohibetur, a Christi corpore separetur. Manifestum est enim eos vivere, qui corpus ejus attingunt, unde timendum est, ne dum diu quis separatur a Christi corpore, alienus remaneat a salute, ipso dicente : *Nisi comederitis carnem Filii hominis, et biberitis ejus sanguinem, non habebitis partem mecum, et vitam in vobis* (*Joan.* vi). Qui enim jam peccare quievit, communicare non desinat.

CAPUT XXXII.
De officio missæ.

De sacramentis (ut reor) satis superius diximus, nunc de officio missæ, quo ipsa sacramenta corporis et sanguinis Christi conficiuntur, quia ordo postulat, breviter dicamus. Officiorum autem plurima licet sint genera, tamen illud præcipue quod in sacris divinisque rebus habetur, officii nomine censebitur esse nuncupandum, quia quanto ipsa res majoris dignitatis est, tanto paratiorem et promptiorem istius ministerii quærit effectum. Officium autem dicitur ab efficiendo, quasi efficium, propter decorem sermonis una mutata littera. Sacrificium dictum, quasi sacrum factum, quod prece mystica consecratur in memoriam Dominicæ passionis, unde hoc eo jubente, in corpus Christi et sanguinem Domini quod dum sit ex fructibus terræ sanctificatur, et fit sacramentum, operante invisibiliter Spiritu Dei : cujus panis et calicis sacramentum Græci Eucharistiam, εὐχαριστίαν, dicunt, quod Latine bona gratia interpretatur. Et quid melius corpore et sanguine Christi? Sacramentum est in aliquâ celebratione, cum re gesta ita fit, ut aliquid significare intelligatur, quod sancte accipiendum est.

Missa est tempore sacrificii, quando catechumeni foras mittuntur, clamante Levita : Si quis catechumenus remansit, exeat foras ; et inde missa, quia sacramentis altaris interesse non possunt, qui nondum regenerati noscuntur. Missa autem est legatio inter Deum et homines, cujus legationis officio fungitur sacerdos, cum populi vota per preces et supplicationes ad Deum offert. Et bene hoc tempore sacrificii fit, quando illius passionis memoria celebratur Christi videlicet, mediatoris Dei et hominum, qui semetipsum obtulit Patri pro nobis. Hunc autem morem sacrificii primum Dominus noster Jesus Christus et magister instituit, quando commendavit Apostolis suis corpus et sanguinem suum, priusquam traderetur, sicut legitur in Evangelio : *Accepit,* inquit, *panem Jesus et benedicens fregit et dedit eis, et ait : Sumite, hoc est corpus meum. Et accepto calice gratias agens dedit eis* (*Matth.* xxvi), *et biberunt omnes ex illo, et reliqua.* Cum benedictione enim et gratiarum actione primum Dominus corporis est sanguinis sui sacramenta dedicavit, et apostolis tradidit, quod exinde apostoli imitati fecere et successores suos facere docuerunt, quod et nunc per totum orbem terrarum generaliter tota custodit Ecclesia. Sed enim in initio mos iste cantandi non erat, qui nunc in Ecclesia ante sacrificium celebratur, sed tamen Epistolæ Pauli recitabantur, et sanctum Evangelium. Cœlestinus autem, XLV episcopus post Petrum Romanæ Ecclesiæ, traditur primus statuisse ut psalmi 150 ante sacrificium psallerentur antiphonatim ex omnibus. Fertur etiam et longe ante Thelesphorus Papa id est IX post Petrum, constituisse, ut ante sacrificium hymnus *Gloria in excelsis Deo* diceretur, quod tamen modo non semper agitur, sed in diebus tantum Dominicis, et in sanctorum festivitatibus, quod Symmachus, papa LVI post Petrum, ita fieri mandavit. Verum quia de sacrificii celebratione sermonem facere incipiebamus, secundum quam convenientiam omnis ordo ille institutus sit, persequamur.

CAPUT XXXIII.
De ordine missæ.

Primum autem in celebratione missæ ad introitum sacerdotis ad altare antiphona cantatur a clero, ut audiatur sonitus quando ingreditur sanctuarium in conspectu Domini, sicut in Veteri Testamento per tintinnabulorum sonitum ingressus innotuit pontificis. Bene ergo in ingressu sacerdotis concrepantibus choris auditur modulatio divinæ laudis, ut Dominicæ celebrationis mysteria ministrorum pie præcedat consonantia, et corporis et sanguinis Christi venerabile sacramentum antecedat dignæ laudis sacrificium. Namque chorus est multitudo in sacris collecta ; et dictus chorus, quod in initio in modum coronæ circum aras starent, et ita psallerent. Unde et Ecclesiasticus liber scribit stantem sacerdotem ante aram, et in circuitu coronam fratrum. Alii chorum dixerunt a concordia, quæ in charitate consistat, sive de concinentia soni. Cum autem unus canit, Græce monodia μονῳδία, Latine sicinium, dicitur ; et cum duo canunt, bicinium dicitur ; cum autem multi, chorus vocatur. Antiphona ἀντίφωνη Græce, vox reciproca, ex duobus scilicet choris alternatim psallentibus, dicitur. Post introitum autem sacerdotis ad altare litaniæ aguntur a clero, ut generalis oratio præveniat specialem sacerdotis : subsequitur autem oratio sacerdotis, et pacifica primum salutatione populum salutans pacis responsum ab illo accipiat, ut vera concordia et charitatis pura devotio facilius postulata impetret ab eo qui corda aspicit et interna dijudicat. Tunc lector legit lectionem canonicam, ut animus auditorum per hanc instructus ad cætera intensior assurgat. Post hanc ergo cantor dicit responsorium : ad compunctionem provocet, et lenos animos audientium faciat. Responsorium ergo inde dicitur, quod, alio desinente, id alter respondeat. Inter responsoria et antiphonas hoc differt, quod in responsoriis unus dicat versum, in antiphonis autem alternent versibus chori. Antiphonas Græci, responsoria vero Itali traduntur primum invenisse. Responsorium enim istud quidam gradale vocant, eo quod juxta gradus pulpiti cantatur. Post responsorium cantatur alleluia, scilicet ut ad cœlestia mente populum sublevet, et ad divinam contemplationem erigat. Alleluia enim duorum verborum interpretatio est, hoc est laus Dei, et est Hebræum. Ia enim de decem nominibus quibus apud Hebræos Deus vocatur unum est. Similiter et amen Hebræum est, quod ad omnem sacerdotis orationem seu benedictionem respondet populus fidelium. Interpretari quoque potest amen in Latinum, vere, sive fideliter, seu fiat. Hieronymo teste in Psalterio, ubi ait : *Fiat, fiat,* in Hebraico legitur, *Amen, amen.* Hæc duo tamen verba, id est, amen et alleluia, nec Græcis, nec Latinis, nec Barbaris, licet in suam linguam omnino transferre, vel alia lingua annuntiare. Nam quamvis interpretari possunt, propter sanctiorem tamen auctoritatem, servata est ab apostolis in his propriæ linguæ antiquitas. Tantum enim sacra sunt nomina, ut etiam Joannes in Apocalypsi referat Spiritu revelante se vidisse et audisse vocem cœlestis exercitus, tanquam vocem aquarum multarum, et tonitruum validorum dicentium, amen et alleluia (*Apoc.* xix), ac per hoc sic oportet in terris utraque dici, sicut in cœlo resonant. Deinde a diacono cum summa auctoritate in auribus populi recitatur Evangelium, ut ipsius ibidem audiatur doctrina, ad quem fervet intentio tota, ipsiusque virtus intelligatur per Evangelium, cujus tunc corporis sacrosanctum celebratur mysterium. Per hoc oblationes offeruntur a populo, et offertorium cantatur a clero, quod ex ipsa causa vocabulum sumpsit, quasi offerentium canticum ; immittitur usque super altare corporalis pallium, quod significat linteum quo corpus Salvatoris involvebatur, quod ex lino puro textum esse debet, et non ex serico vel purpura, neque ex panno tincto, sicut a Silvestro papa institutum invenimus, quia in Evangelio legitur sindone munda involutum esse a Joseph corpus Salvatoris, et sudarium capitis ejus post resurrectionem Domini non cum linteaminibus positum, sed seorsum involutum inveniri. Ponuntur quoque tunc vasa sancta (quod calix est et patena) super altare, quæ quodammodo Dominici sepulcri typum habent, quia sicut tunc corpus Christi aromatibus unctum in sepulcro novo per piorum officium condebatur, ita modo in Ecclesia mysticum corpus illius cum unguentis sacræ orationis conditum in sacris vasis ad percipiendum fidelibus per sacerdotum officium administratur. Postea cantatur missa a sacerdote, qui postquam loquitur ad populum de elevatione cordis ad Deum, exhortaturque eos ad gratias agendas Domino, laudibus os implet, rogatque ut ipse omnipotens Deus Pater, cui deserviunt cœlestes potestates, sua gratia illorum vocibus jubeat humanas associare confessiones ; quam deprecationem mox subsequitur laus ex angelicis et humanis cantibus confecta. *Sanctus, Sanctus, Sanctus Dominus Deus Sabaoth, pleni sunt cœli et terra gloria tua,* etc. Dehinc jam consecratio corporis et sanguinis Domini fit, et deprecatio valida ad Deum, inter quæ et Dominica oratio decantatur. Postquam enim ad communicandum et ad percipiendum corpus perventum fuerit, pacis osculum sibi invicem tradunt, cantantes : *Agnus Dei, qui tollis peccata mundi, miserere nobis,* ut, pacifici sacramentum percipientes, in filiorum Dei numero (remissis delictis omnibus) mereantur copulari. Post communionem ergo, et post ejusdem nominis canticum, data benedictione a sacerdote ad plebem, diaconus prædicat missæ officium esse peractum, dans licentiam abeundi. Istum ergo ordinem ab apostolis, et ab apostolicis viris traditum Romana tenet Ecclesia, et per totum pene Occidentem, omnes Ecclesiæ eamdem traditionem servant. Sed quia de ordinibus sacris, et de quatuor sacramentis, nec non et de officio missæ sermonem explicavimus, huic libro terminum hic ponendum esse censemus : in sequentibus, de cæteris officiis atque observationibus (si Dominus annuerit) plura relaturi.

Additio de missa.

Anastasius, natione Romanus, ex patre Maximo (ut legitur in gestis episcopalibus), constituit ut quotiescunque sancta recitarentur Evangelia, sacerdotes et reliquum vulgus non sederent, sed starent. Deinde orationem pro suis propriis delictis et plebis remissione, ut dignus sit accedere ad altare, et ad tactum oblatarum, ne fiat illi quod factum est Bethsamitis qui temere arcam Domini tangebant (*I Reg.* v). Susceptis oblationibus revertitur sacerdos ad altare, et lavat manus suas, et extergit ab actu communium manuum atque terreno pane, sacerdos facit de oblata duas cruces juxta calicem, ut doceat Christum depositum esse de cruce, pro duobus populis et crucifixum. Elevatio sacerdotis et diaconi corporis et sanguinis Christi, elevationem ejus ad crucem insinuat pro totius mundi salute. Pannus extensus super altare, corpus Domini monstrat extensum in cruce, et super eo corpus et sanguis

Domini consecratum, quod nos manducamus, aqua et vinum in calice monstrant sacramenta, quæ de latere Domini in cruce fluxerunt, quibus nos potati sumus. Immissio panis in vinum, varie apud quosdam habetur et agitur. Itali quoque primo mittunt de sancto pane in calicem, et postea dicunt : *pax Domini*, aliqui vero reservant immissionem usque dum pax celebrata sit et fractio panis. Romani vero cum dicunt *Pax Domini sit semper vobiscum*, mittunt corpus Domini in calicem oblatæ particulæ. Ipsum corpus nobis ante oculos ostendit quod pro nobis est crucifixum. Ideo vero tangit quatuor latera calicis, quia per illud humanum genus per quatuor climata mundi ad unitatem unius corporis conjungit et ad pacem Ecclesiæ catholicæ et apostolicæ producit, talibus namque verbis mittit in calicem corpus Domini : *Fiat commistio corporis et sanguinis Domini accipientibus nobis ad salutem mentis et corporis in vitam æternam;* tunc populus facit pacem, ut ostendatur quod nos membra ejus sumus, qui pro nobis crucifixus est et resurrexit, facta pace sacerdos rumpat oblatam ex latere dextro una particula relicta super altari, et reliquas oblationes ponat in patenam tenente eam diacono. Per particulam oblatæ immissæ in calicem ostendit Christi corpus, quod jam resurrexit a mortuis. Per comestam a sacerdote et populo, quod post resurrectionem adhuc cum discipulis ambulans in terra, et seipsum victum præbens. Per relictam in altari, insinuat eum jacere in sepulcro, et a discipulis in passione derelictum. Quæritur in quo loco inchoatur officium missæ, et si forte ad totum officium non occurrerit, ubi præsentare debeat in initio missæ ? Nobis videtur missam vocari ab eo loco, ubi incipit sacerdos sacrificium Deo offerre usque ad ultimam benedictionem qua clamante Levita, dicit *Ite, missa est.*

LIBER SECUNDUS.

CAPUT PRIMUM.
De officiis et orationibus canonicarum horarum.

Officium ergo missæ, quod in superiori libro contexuimus, maxima ex parte ad solum pertinet sacerdotem, cui sacrificandi data licentia est, et veneranda mysteria consecrare. Sed quia istud pro sua reverentia et dignitate primo loco positum est, de cæteris officiis diurnalium sive nocturnalium horarum, quibus certis spatiorum terminis preces et orationes generaliter sine differentia universæ Domino offerre decet Ecclesiæ, consequenter exponamus. Oratio enim petitio dicitur, nam orare est petere, sicut exorare impetrare. Constat autem oratio loco et tempore. Loco, quoniam ubique et in publico sive in plateis more Pharisæorum orare a Christo prohibemur, sed ubi opportunitas dederit, aut necessitas importaverit. Neque enim huic illud Apostoli contrarium est, quod dicit ad Timotheum scribens : *Volo*, inquit, *viros orare in omni loco, levantes puras manus sine ira et disceptatione*, et reliqua (*I Tim.* II). Et neque illud Psalmistæ quod dicit : *In omni loco dominationis ejus, benedic, anima mea, Dominum* (*Psal.* CII). Sed hæc ad interna respectant, quibus semper Deum orare et benedicere oportet. Ille ergo in omni loco orat Deum, qui per charitatis officia et bona opera ubique manus cordis mundas elevare ad Deum satagit. Tempore autem, quoniam canonicas horas ad orandum a Patribus constitutas incessanter servat Ecclesia, quas quasi pro debito exorandi officio statuas nullo modo negligere fas est, ut sunt prima, tertia, sexta, nona, vespera, et cæteræ quæ similiter observantur. Nec enim illud hanc constitutionem confundit, quod Psalmista dicit : *Benedicam Dominum in omni tempore, semper laus ejus in ore meo* (*Psal.* XXXIII). Et Apostolus : *Sine intermissione*, inquit, *orate*, et reliqua (*I Thess.* v). Benedicere enim Deum est in omni tempore, semper illum digna conversatione laudare ; et sine intermissione orare, est omnia in gloriam Dei agere, sicut dicit idem Apostolus : *Sive enim manducatis, sive bibitis, sive aliud quid facitis, omnia in gloriam Dei facite* (*I Cor.* x). Supradictæ enim horæ ideo specialiter ad orandum discretæ sunt, ut si forte aliquo opere fuerimus detenti, ipsum nos ad officium tempus admoneat. Quæ tempora in Scripturis divinis præstituta inveniuntur. Nam in Veteri Testamento præceptum est quotidie, mane et vespere, Domino adolere incensum. Et David dicit : *Vespere, mane, et meridie, narrabo et annuntiabo, et exaudiet vocem meam* (*Psal.* cx). Et item : *Septies in die laudem dixi tibi*. Sed et sanctus Daniel propheta tertia, et sexta, et nona, hora diei ad deprecandum Dominum ascendit in solarium suum, expansis manibus ad cœlum Deum deprecatur pro se et pro populo Israel.

CAPUT II.
De matutina celebratione

Primum ergo de matutinorum antiquitate David propheta testatus est dicens : *Deus, Deus meus, ad te de luce vigilo* (*Psal.* cx). Et item : *In matutinis meditabor in te*. Et item : *Prævenerunt oculi mei ad te diluculo, ut meditarer eloquia tua*. Diluculo autem proinde oratur, ut resurrectio Christi celebretur. In vigilia ergo matutina Dominus Israel ducens per mare Rubrum, Pharaonem et Ægyptios in ipso dimersit; et matutina hora Christus a morte resurgens, populum suum salvans, diabolum et satellites ejus æterna captivitate damnavit. Matutina enim luce radiante, Dominus et Salvator noster ab inferis resurrexit, quando cœpit oriri fidelibus lux, quæ moriente Christo occiderat peccatoribus. Siquidem et eodem tempore cunctis spes futuræ resurrectionis creditur, cum justi et omnes ab hac temporali morte, quasi a sopore somni resurgentes evigilabunt.

CAPUT III.
De officio primæ horæ.

Primæ autem horæ celebratio proinde fit, quia in ortu diei quando sol ab occidente primum apparet, oportet ut Solem justitiæ oriri postulemus, ut in illius lumine ambulantes peccatorum tenebras et laqueos mortis evadamus. Juxta illud quod ipsa Veritas nos admonet, dicens : *Ambulate dum lucem habetis, ne forte tenebræ vos comprehendant (Joan.* xii). Et item : *Qui ambulat in die, non offendit (Joan.* x).

CAPUT IV.
De tertiæ horæ celebratione.

Tertiæ horæ officium ideo fit, quia tertia hora Christi passio cœpit, cum per Judæorum linguas jam tunc Dominus crucifixus est, et post resurrectionem ejus in die Pentecostes, tertia hora, Spiritus sanctus super apostolos descendit. Suo utique loco et numero ad probationem venerabilis Trinitatis, Spiritus Paracletus descendit ad terras, impleturus gratiam quam Christus promisit.

CAPUT V.
De officio sextæ horæ.

Sexta autem hora Christus in aram crucis ascendit, æterno Patri seipsum offerens, ut nos a potestate inimici et a perpetua morte liberaret; atque ideo convenit ut ea nos hora orantes et deprecantes in laudibus ejus inveniat, qua ipse nos per suam passionem ad vitam æternam restauravit.

CAPUT VI.
De officio nonæ horæ.

Nona utique hora inde consecratur, quia in ea Dominus pro inimicis postulans in manus Patris spiritum commendavit, qua videlicet fideles quosque oportet ut se Deo commendent cum devota oratione, qua caput suum cognoscunt propriam animam Patri suo commendasse, ut in ejus corpus coadunati, cum ipso regnum possint intrare perpetuum. Hocque consideratione dignum est, quod per cuncta hæc temporum spatia ternarius numerus satis venerabilis emicat, nos admonens ut post trium horarum curricula unumquodque horum officiorum peragentes, sanctam Trinitatem sacris laudibus celebremus. Horum quoque officiorum statuta observasse ipsi apostoli leguntur, sicut in Actibus apostolorum legitur, quod Petrus qua die visionem communicationis in illo vasculo expertus est, sexta ora orandi gratia ascenderit *(Act.* x). Et item : *Petrus,* inquit, *et Joannes ascendebant in templum ad horam orationis nonam (Act.* iii).

CAPUT VII.
De vespertina celebratione.

Vespertinum officium in diurnæ lucis occasu est, cujus ex Veteri Testamento solemnis est celebratio. Denique hoc tempore veterum sacrificia offerri adolerique altario aromata et thura (sicut supra diximus) mos erat, cujus rei testis est hymnidicus ille, regio ac sacerdotali functus officio, dicens : *Dirigatur oratio mea sicut incensum in conspectu tuo; elevatio manuum mearum sacrificium vespertinum.* In Novo quoque Testamento eo tempore Dominus et Salvator noster cœnantibus apostolis mysterium sui corporis et sanguinis in initio tradidit, ut tempus ipsum sacrificii vesperum ostenderet sæculi. Proinde in honorem ac memoriam tantorum sacramentorum in his temporibus adesse nos decet Dei conspectibus et personare, in ejus cultibus orationum nostrarum illi sacrificium offerentes, atque in ejus laudibus pariter exsultantes. Vesperum autem nominatur a sidere quod Vesper vocatur, et decidente sole exoritur, de quo propheta dicit : *Et vesperum super filios hominum producere facit (Job.* xxxviii).

CAPUT VIII.
De completorio.

De complctis autem celebrandis etiam in Patrum invenimus exemplis, David propheta dicente : *Si ascendero in lectum strati mei, si dedero somnum oculis meis, et palpebris meis dormitationem, aut requiem temporibus, donec inveniam locum Domino, tabernaculum Deo Jacob (Psal.* cxxxi). Quis non stupeat tantam in amore Dei devotionem animi, ni somnum sibi, sine quo utique corpora humana deficiunt, penitus interdixerit, donec locum ac templum Domino fabricandum in pectore suo rex et propheta reperiret? Quæ res nos debet fortiter admonere, ut si ipsi locus Domini esse volumus, et tabernaculum ejus, ac templum cupimus haberi, in quantum possumus exempla sanctorum imitemur, ne de nobis dicatur quod legitur : *Dormierunt somnum suum, et nihil invenerunt,* et reliqua. Circa undecimam autem horam, id est in fine diei, quando hujus officii tempus est, credimus Salvatoris corpus positum esse in sepulcro, ac perinde istius quoque cursus solemnis debet esse celebratio; atque magnopere postulare debemus, ut ipse qui hac hora quietem sepulcri intravit nobis æternam requiem in cœlis concedere dignetur.

CAPUT IX.
De nocturna vigiliarum celebratione.

De vigiliarum quoque nocturnalium celebratione antiqua est institutio, vigiliarum devotio familiare bonum est omnibus sanctis. Isaias quoque exclamat ad Deum dicens : *De nocte vigilat spiritus meus ad te, Domine, quia lux præcepta tua sunt super terram.* Item David et regio et prophetico sanctificatus unguento ita canit : *Media nocte surgebam ad confitendum tibi, super judicia justitiæ tuæ (Psal.* cxviii). Hanc namque tempore vastator angelus transiens, primogenita Ægyptiorum percussit. Unde et nos evigilare oportet, ne periculo Ægyptiorum admisceamur. Eisdem etiam horis venturum se esse in Evangelio Salvator astruxit, unde et ad vigilandum auditores suos excitans, dixit : *Beati servi illi, quos cum venerit Dominus invenerit vigilantes (Luc.* xiii). *Vigilate ergo, nescitis enim quando Dominus veniat, sero, an media nocte, ac galli cantu, an mane, ne cum venerit inveniat vos dormientes (Marc.* XIII). Et ne solis apostolis illud præceptum esse crederetur, mox subjunxit : *Quod autem,* inquit, *vobis dico, omnibus dico, vigilate.* Siquidem nec verbis solum docuit vigilias, sed etiam confirmavit exemplo, namque testatur Evangelium *quia erat Jesus pernoctans in oratione Dei.* Paulus quoque et Silas in custodia publica circa medium noctis orantes, hymnum (audientibus cunctis) vincti dixisse memorantur (*Act.* XIX), ubi terræmotu repente facto, et concussis carceris fundamentis, et januæ sponte apertæ, et omnium vincula sunt soluta. Unde oportet his horis psallendi orandique frequentiam nos in sanctis habere officiis, finemque nostrum, vel si advenerit sub tali actu exspectare securos. Est autem quoddam genus hæreticorum, superfluas existimantium sacras vigilias, et spiritali opere infructuosas, dicentes jura temerari divina, cum Deus noctem fecerit ad requiem, sicut diem ad laborem. Qui hæretici Græco sermone nystages, νυσταγεῖς, hoc est somnicolosi, vocantur. Iste autem est catholicus ordo divinarum celebrationum, qui ab universa Ecclesia Christi incommutabiliter servatur.

CAPUT X.
De cæteris legitimis orationibus.

Sunt et aliæ orationes legitimæ, quæ sine ulla admonitione debentur, ut est illa quam dicimus ante inceptionem alicujus operis, Domini adjutorium postulantes. Nec enim decet Christianum aliquod opus sua præsumptione incipere, antequam studeat Dominum in auxilium advocare, quia ipse dixit : *Sine me nihil potestis facere* (*Joan.* xv). Humiliter ergo advocatus dignatur nos adjuvare, sicut de ipso scriptum est : *Invocabit me,* inquit, *et ego exaudiam eum : cum ipso sum in tribulatione, eripiam eum et glorificabo eum, et reliqua* (*Psal.* xc). Sed et cibum non prius sumere licet quam interposita oratione, priora enim habenda sunt spiritus refrigeria quam carnis, quia priora sunt cœlestia quam terrena. Similiter autem et post cibum orare convenit, ut Domino pro suis donis gratiæ referantur, ut illud in hoc compleatur Psalmistæ quod dicit : *Edent pauperes, et saturabuntur, et laudabunt Dominum qui requirunt eum* (*Psal.* XXI).

CAPUT XI.
De peculiaribus orationibus.

Peculiares autem orationes pure frequenter facere, et bouum et laudabile est, quia multorum Patrum exempla id nos facere suadent, ipse Dominus etiam suo magisterio hoc docere nos dignatus est dicens : *Tu autem cum oraveris intra in cubiculum, et clauso ostio ora Patrem tuum, et Pater tuus qui videt te in abscondito reddet tibi* (*Matth.* vi). Sed et hoc non in clamosa voce faciendum est, sed cum intentione cordis et compunctione lacrymarum, quia hoc modo nos exaudiri a Domino credimus, dicente Psalmista : *Exaudivit Dominus vocem fletus mei,* et reliqua (*Psal.* VI). Et item : *Sacrificium Deo spiritus contribulatus · cor contritum et humiliatum Deus non spernit* (*Psal.* v). Nam assidue et instanter orare ipsa Veritas nos docuit, cum dixit : *Petite et dabitur vobis, quærite et invenietis, pulsate et aperietur vobis; omnis enim qui petit accipit, et qui quærit invenit, et pulsanti aperietur* (*Matth.* VII). Et ut exemplo aliquo eamdem rem magis suaderet, parabolam de homine in medium posuit, qui amicum suum in conclavi positum de tribus panibus postulavit, et panis et lapidis, piscis et serpentis, ovi et scorpionis comparationem faciens, novissime ita narrationem conclusit. *Si ergo vos,* inquit, *cum sitis mali, nostis bona data dare filiis vestris, quanto magis Pater vester de cœlo dabit spiritum bonum petentibus se* (*Ibid.*).

CAPUT XII.
De quadripartita specie orationum.

Orationum ergo speciem Apostolus quadripartita ratione distinxit, dicens : *Deprecor itaque primo omnium fieri obsecrationes, orationes, postulationes, gratiarum actiones* (*I Tim.* VIII), quæ non inaniter ab Apostolo ita fuisse divisa minime dubitandum est. Non enim credendum est aliquid transitorie ac sine ratione Spiritum sanctum per Apostolum protulisse, ac ideo primitus indagandum est quid obsecratione, quid oratione, quid postulatione, quid gratiarum actione signetur; deinde perquirendum utrum hæ quatuor species ab unoquoque orante sint pariter assumendæ, an alius quidem obsecrationes, alius orationes, alius vero postulationes, aliusque gratiarum actiones Deo debeat exhibere. Sed mensuram scilicet ætatis suæ, in qua unaquæque mens per intentionem proficit, et industriam unumquemque oportet intendere. Obsecrationes itaque sunt implorationes seu petitiones pro peccatis, quibus vel præsentibus vel præteritis admissis suis unusquisque compunctus veniam deprecatur. Orationes sunt, quibus aliquid offerimus seu vovemus Deo, verbi gratia : Oramus, cum renuntiantes huic mundo et actibus, atque conversationi mundanæ spondemus nos tanta intentione cordis Domino servituros. Oramus, cum promittimus nos purissimam corporis castitatem, seu immobilem patientiam exhibituros esse perpetuo, vel cum de corde nostro radices iræ, sive tristitiæ mortem operantis vovemus nos funditus eruere. Tertio loco ponuntur postulationes, quas pro aliis quoque, dum sumus in fervore spiritus constituti, solemus emittere, vel charis scilicet nostris, vel pro totius mundi pace poscentes, ut ipsius Apostoli verbis eloquar, cum pro omnibus hominibus, pro regibus et pro his qui in sublimitate sunt supplicamus. Quarto deinde loco, gratiarum actiones ponuntur, quas mens vel cum præterita Dei recolit beneficia, vel cum præsentia complectitur, seu cum in futurum quæ et quanta præparaverit Deus his qui diligunt eum prospicit, per ineffabiles excessus Domino refert. Qua intentione nonnunquam preces uberiores emitti solent, dum illa quæ posita sunt in futuro præmia, purissimis oculis intuendo, gratias cum immenso gaudio spiritus noster instigatur infundere.

CAPUT XIII.
Quomoao ex his speciebus compunctio nascatur.

Ex his quoque quatuor speciebus solent occasiones supplicationum pinguium generari. Nam et de obsecrationis specie, quæ de compunctione nascitur peccatorum, et de orationis statu, quæ de fiducia oblationum et consummatione futurorum pro conscientiæ profluit puritate, et de postulatione quæ de charitatis ardore procedit, et de gratiarum actione, quæ beneficiorum ac magnitudinis ac pietatis ejus consideratione generatur, ferventissimas sæpissime vovimus preces ignotasque prodire. Ita et constat omnes has quas prædiximus species omnibus hominibus utiles ac necessarias inveniri, ut in uno eodemque viro, nunc quidem obsecrationum, nunc autem orationum, nunc postulationum, et nunc gratiarum actionum puros ac ferventissimos supplicationis variatos emittat affectus. Prima ad illos peculiarius videtur pertinere, qui adhuc vitiorum suorum aculeis ac memoria remordentur. Secunda ad illos qui in profectu jam spiritali appetitu virtutum quadam mentis sublimitate consistunt. Tertia ad eos qui perfectionem votorum suorum operibus adimplentes, intercedere pro aliis quoque consideratione fragilitatis eorum charitatis studio provocantur. Quarta ad illos qui, jam pœnali conscientiæ spina de cordibus pulsa, singulares jam munificentias Domini ac miserationes, quas vel in præterito tribuit, vel in præsenti largitur, vel præparat in futuro, mente purissima retractantes, ad illam ignitam, et quæ ore hominum nec comprehendi nec exprimi potest, orationem ferventissimo corde raptantur. Nonnunquam tamen mens quæ in illum verum puritatis proficit affectum, atque in eo cœperit radicari, solet hæc omnia simul pariterque concipiens, atque in modum cujusdam incomprehensibilis ac rapacissimæ flammæ cuncta pervolitans, ineffabiliter ad Deum emittere: tanta scilicet in illius horæ momento concipiens, et effabiliter in supplicatione profundens, quanta non dicam ore percurrere, sed ne ipsa quidem mente valeat alio tempore recordari.

CAPUT XIV.
De exomologesi, id est, confessione.

Exomologesis ἐξομολόγησις Græco vocabulo dicitur, quod Latine confessio interpretatur. Cujus nominis duplex significatio est; aut enim in laude intelligitur confessio, sicut est: *Confiteor tibi, Domine, Pater cœli et terræ*, aut denudatione peccatorum, cum quisque Deo confitetur sua peccata ab eo indulgenda, cujus indeficiens est misericordia. Ex hoc igitur Græco vocabulo exprimitur et frequentatur exomologesis, quod delictum nostrum Domino confitemur, non quidem ut ignaro, cujus cognitioni nihil occultum est. Unde per sapientiam dicitur: *Qui abscondit scelera sua non dirigetur, qui autem confessus fuerit, et reliquerit ea, misericordiam consequetur* (*Prov.* xxviii). Confessio est rei scilicet ejus quæ ignoratur præfessa cognitio. Utile enim ac jucundum quisquam esse existimaverat rapere, adulterari, fu-

rari, sic ubi hæc æternæ damnationis obnoxia cognovit, cognitis his, confitetur errorem. Confessio autem erroris, professio est desinendi. Desinendum ergo est a peccatis; dum confessio est, confessio autem antecedit, remissio sequitur. Cæterum autem extra viam est qui peccatum cognoscit, nec cognitum confitetur, de quo instruxit nos Psalmista dicens: *Revela Domino viam tuam*, etc. (*Psal.* xxxvi). Nam idem et se fecisse testatur dicens: *Dixi: pronuntiabo adversum me injustitias meas Domino*, etc. Apostolus vero Jacobus idem nos facere exhortatur, dicens: *Confitemini alterutrum peccata vestra, et orate pro invicem*, etc. (*Jac.* v). Itaque exomologesis, prosterni et humile faciendi hominibus disciplina est, habitu vili atque victu gracili, sacco et cinere corpus incurvare, ac sordibus obscurare, animum mœroribus dejicere, illa quæ peccavit tristi tractatione mutare.

CAPUT XV.
De litaniis.

Litaniæ autem λιτανεία Græco nomine appellantur, quæ Latine dicuntur rogationes. Inter litanias vero et exomologesin hoc differt, quod exomologesis ex sola confessione peccatorum agitur, litaniæ vero quæ indicuntur propter rogandum Dominum, et impetrandam aliquam ejus misericordiam. Supplicationis nomen quodammodo nunc ex gentilitate retinetur. Nam feriæ, aut legitimæ erant apud eos, aut indictæ. Indictæ autem quia paupertas antiqua Romanorum ex collatione sacrificabat, aut certi de bonis damnatorum. Unde supplicia dicuntur supplicationes, quæ fiebant de bonis ex passorum supplicio. Sacræ enim res de rebus exsecrandorum fiebant.

CAPUT XVI.
De discretione orationis Dominicæ.

Apud evangelistam Matthæum septem petitiones Dominica continere videtur oratio, quarum tribus æterna poscuntur, reliquis quatuor temporalia, quæ tamen propter æterna consequenda sunt necessaria. Nam quod dicimus: *Sanctificetur nomen tuum, adveniat regnum tuum, fiat voluntas tua sicut in cœlo et in terra*, quod non absurde quidem intellexerunt, in spiritu et corpore omnino sine fine retinenda sunt, quæ hic quidem inchoantur, et quantumcunque proficimus augentur in nobis, perfecte vero in alia vita, quod sperandum est, semper possidebuntur. Quod vero dicimus: *Panem nostrum quotidianum da nobis hodie, et dimitte nobis debita nostra, sicut et nos dimittimus debitoribus nostris, et ne inferas nos in tentationem, sed libera nos a malo*, quis non videat ad præsentis vitæ indigentiam pertinere? In illa utique vita æterna, ubi nos speramus semper futuros, et nominis Dei sanctificatio, et regnum ejus et voluntas ejus in nostro spiritu et corpore perfecte atque immortaliter permanebunt. Panis vero quotidianus ideo dictus, quia hic est necessarius quantus animæ carnique tribuendus est, sive spiritualiter, sive corporaliter, sive utroque intelligatur modo. Hic est etiam quam poscimus remissio, ubi est omnis commissio peccatorum. Hic tentationes quæ nos ad peccandum vel alliciunt vel impellunt, hic denique malum unde cupimus liberari, illic autem nihil horum est. Evangelista vero Lucas in oratione Dominica petitiones non septem, sed quinque complexus est, nec ab ipso utique discrepavit, sed quomodo ista septem sunt intelligenda, ipse sua brevitate commonuit. Nomen quippe Dei sanctificatur in spiritu, Dei autem regnum in carnis resurrectione venturum est. Ostendens ergo Lucas tertiam petitionem duarum superiorum esse quodammodo repetitionem, magis eam præmittendo fecit intelligi; deinde tres alias adjungit de pane quotidiano, de remissione peccatorum, de tentatione vitanda. At vero quod ille in ultimo posuit: *Sed libera nos a malo*, iste non posuit, ut intelligeremus ad illud superius quod de tentatione dictum est pertinere. Ideo quippe ait, *sed libera*, non ait *et libera*, tanquam petitionem esse demonstrans, noli hoc, sed hoc, ut sciat unusquisque in eo se liberari a malo, quo non infertur in tentationem. Hæc ergo oratio, licet omnem videatur perfectionis plenitudinem continere, utpote quæ ipsius Domini auctoritate vel initiata sit vel statuta, provehit tamen domesticos suos ad illum præcelsiorem quem superius commemoravimus statum, eosque ad illam igneam ac perpaucis cognitam vel expertam, imo (ut prius dixeram) ineffabilem orationem gradu eminentiore perducit, quem statum Dominus quoque noster illorum supplicationum formula, quas vel solus in monte secedens, vel tacite fudisse describitur, similiter figuravit, cum in orationis agonia constitutus etiam guttas sanguinis inimitabili intentionis profudit exemplo. Qui enim vult orationem suam ad Dominum volare, faciat illi duas alas, jejunium et eleemosynam, et ascendet celeriter, et exaudietur. Jejunium ergo cum oratione omnem virtutem inimici superat, et cunctam protervitatem ejus expellit, quod ostendit in evangelio Dominus; cum apostoli conquesti fuerant quod lunaticum curare non poterant, ita respondet eis. *Hoc autem genus non ejicietur nisi per orationem et jejunium (Matth.* xvii). Eleemosynas autem orationem confirmant adjuvare liber Actus apostolorum, cum narrat angelum Cornelio centurioni ita dixisse: *Corneli, orationes tuæ et eleemosynæ tuæ ascenderunt in conspectum Domini (Act.* x). Sed prius de jejunio, postea de eleemosynis dicemus. Quis enim parcimoniam non laudet, qui recolit primi hominis lapsum per gulæ appetitum accidisse? quis jejunium non prædicet, qui novit protoplastum parentem nostrum per esum victum, et Salvatorem per jejunium diabolum vicisse?

CAPUT XVII.
De jejunio.

Jejunium res est sancta, opus cœleste, janua regni, forma futuri. Quod qui sancte agit, Deo jungitur, alienatur mundo, spiritalis efficitur. Per hoc enim prosternuntur vitia, humiliatur caro, diaboli tentamenta vincuntur.

CAPUT XVIII.
Quid sit inter jejunium et stationem.

Jejunium est et parcimonia victus, abstinentiaque ciborum, cui nomen inditum est ex quadam parte viscerum tenui semper et vacua, quod vulgo jejunum vocatur. Unde jejunio nomen derivatum, quod sui inedia viscera vacua et exinanita existant. Jejunium autem et statio dicitur. Statio autem de militari exemplo nomen accepit, pro eo quod nulla lætitia obveniens castris stationem militum rescindit. Nam lætitia liberius, tristitia sollicitius administrat disciplinam. Discernunt autem quidam inter jejunium et stationem. Nam jejunium indifferenter cujuslibet diei est abstinentia, non per legem, sed secundum propriam voluntatem. Statio observatio statutorum dierum vel temporum: dierum, ut quartæ feriæ et sextæ feriæ jejunium ex vetere lege præceptum, de qua statione in Evangelio dixit ille: *Jejuno bis in sabbato (Luc.* xviii), id est, in quarta et sexta sabbati; temporum autem quæ legalibus aut propheticis institutionibus terminatis temporibus statuta sunt, ut jejunium quarti, jejunium quinti, jejunium septimi, et jejunium decimi; vel sicut in Evangelio dies illi in quibus ablatus est sponsus; vel sicut observatio Quadragesimæ, quæ in universo orbe institutione apostolica observatur circa confinium Dominicæ passionis.

CAPUT XIX.
De jejunio quarti, quinti, septimi et decimi mensis.

Jejunium ergo quarti est in mense Julio, septima decima die mensis ejusdem, quando descendens Moyses de monte tabulas legis confregit; in eo etiam die Nabuchodonosor urbis Jerusalem primum muros destruxit. Dies jejunii quinti in mense Augusto est, quando pro speculatoribus ad terram sanctam missis, seditio in castris Hebræorum exorta est, et factum est ut per desertum quadraginta annos discurrerent laboriose, et in annis quadraginta in eremo omnes perirent. Siquidem et in eo mense a Nabuchodonosor, et multo post tempore a Cæsare Tito templum eversum est atque succensum, et in opprobrium gentis perditæ exaratum. Dies jejunii septimi, in septimo mense est, qui appellatur Septembris, in quo occisus est Golias, et reliqui qui erant in Jerusalem interfecti sunt, juxta quod loquitur Jeremias *(Jerem.* xxxvi). Dies jejunii decimi est in mense decimo, qui apud nos vocatur December, quando cognoverunt cuncti Babylonii capti quinto mense templum fuisse destructum, et fecerunt planctum atque jejunium. Hæc beatissimus Hieronymus in commentariis Zachariæ scripsit. Sed quia hæc jejunia magis in Veteri Testamento quam in Novo celebrata sunt, ne penitus illa prætermisisse videremur (quia in propheta Zacharia commemorata sunt) breviter adnotavimus, ad Novi Testamenti jejunia exponenda transeuntes.

CAPUT XX.
De quadragesimali jejunio.

Primum enim jejunium Quadragesimae est, quod a veteribus libris coepit ex jejunio Moysis et Eliae, et ex Evangelio, quia totidem diebus Dominus jejunavit, demonstrans Evangelium non dissentire a lege et prophetis. In persona quippe Moysi lex, in persona Eliae prophetae accipiuntur, inter quos in monte Christus gloriosus apparuit, ut evidentius emineret quod de illo dicit Apostolus: *Testimonium habens a lege et prophetis.* In qua ergo parte anni congruentius observatio Quadragesimae constitueretur, nisi confinis atque contigua Dominicae passionis, quia in ea significatur haec vita laboriosa? Cui etiam opus est continentia, ut ab ipsius mundi illecebris jejunemus, viventes in sola manna, id est in coelestibus spiritualibusque praeceptis. Numero autem quadragenario vita ista propterea figuratur, quia denarius est perfectio beatitudinis nostrae. Creatura autem septenario figuratur, quae adhaeret Creatori, in quo declaratur unitas Trinitatis per universum mundum temporaliter annuntiata. Et quia mundus quatuor ventis describitur, et a quatuor elementis erigitur, et a quatuor anni temporum vicibus variatur, decem quater ducta in quadraginta consummantur: quo numero ostenditur ab omni temporum delectatione abstinendum et jejunandum esse, et caste continenterque vivendum, licet et aliud sacramenti mysterium exprimitur in hoc, quod quadraginta diebus eadem jejunia celebrantur. Lege enim Mosaica generaliter universo populo est praeceptum, decimas et primitias offerre Domino Deo. Itaque cum in hac sententia principia voluptatum consummationesque operum nostrorum referre ad Dei gratiam admonemur, in supputatione tamen quadragesimae summa ista legalium decimarum expletur. Totum enim anni tempus triginta sex dierum numero decimatur, subtractis enim e Quadragesima diebus Dominicis, quibus jejunia resolvuntur, his diebus quasi pro totius anni decimis ad ecclesiam concurrimus, actuumque nostrorum operationem Deo in hostiam jubilationis offerimus, cujus quidem Quadragesimae lege (sicut ait noster Cassianus) quique perfecti sunt quodam modo non tenentur, nec exigui hujus canonis subjectione contenti sunt. Quem praesertim illis qui per totum anni spatium deliciis ac negotiis saecularibus implicantur ecclesiarum principes statuerunt, ut vel hoc legali quodam modo dierum vitae suae, quos totos quasi fructus quosdam fuerant voraturi, velut decimas Domino dedicarent.

CAPUT XXI.
De jejunio Pentecostes.

Secundum jejunium est, quod juxta canones post Pentecosten alia die inchoatur, secundum quod et Moyses ait: *In initio mensis ordinarie facietis vobis hebdomadas septem* (*Exod.* xxxiv). Hoc jejunium a plerisque ex auctoritate Evangelii post Domini ascensionem completur, testimonium illud Dominicum historialiter accipientes ubi dicit: *Nunquid possunt filii sponsi lugere quandiu cum illis est sponsus? Venient autem dies cum auferetur ab eis sponsus, et tunc jejunabunt* (*Marc.* II). Dicunt enim post resurrectionem Domini quadraginta illis diebus quibus cum discipulis postea legitur conversatus, non oportere nec jejunare nec lugere: quia in laetitia sumus. Postea vero quam tempus illud expletur, quo Christus advolans ad coelos, praesentia corporali recessit, tunc indicendum esse jejunium, ut per cordis humilitatem et abstinentiam carnis, mereamur e coelis promissum suscipere Spiritum sanctum. Sed sicut diximus, bene et regulariter hoc post Pentecosten a Patribus constitutum est inchoare, ut gaudia promissi Spiritus sancti exsultantes in laudibus Dei adventum ipsius exspectemus, et tunc per ejus gratiam innovati, ac coelo spirituali inflammati, abstinentiae et jejunio operam demus. Cujus rei concordant verba Lucae, quibus Dominum ascensurum in coelos discipulis praecepisse narravit. *Vos autem*, inquit, *sedete in civitatem quoadusque induamini virtute ex alto* (*Luc.* xxiv). Tamen si qui monachorum vel clericorum jejunare cupiunt, non sunt prohibendi, quia et Antonius, et Paulus, et caeteri Patres antiqui his diebus in eremo leguntur abstinuisse, nec solvisse abstinentiam, nisi tantum Dominico die.

CAPUT XXII.
De jejunio ante nativitatem Domini, quod fit in nono et decimo mense.

Tertium jejunium est quod constat in mense Novembrio, quod divina auctoritate institutum vel initiatum Jeremiae prophetae testimonio declaratur, dicente ad eum Domino: *Tolle volumen libri, et scribes in eo omnia verba quae locutus sum tibi adversus Israel et Judam, et adversus omnem gentem; si forte revertatur unusquisque a via sua pessima, propitius ero iniquitati eorum. Vocavit ergo Jeremias Baruch filium Neriae, et scripsit Baruch ex ore Jeremiae omnes sermones Domini, quos locutus est ad eum in volumine libri. Et praecepit Jeremias Baruch dicens: Ingredere et lege de volumine quod scripsisti ex ore meo, verba Domini audiente populo in domo Domini in die jejunii leges, si forte cadat oratio eorum in conspectum Domini, et revertatur unusquisque a via sua mala, quoniam magnus furor et indignatio, quam locutus est Dominus adversus populum hunc. Et fecit Baruch filius Neriae juxta omnia quae praeceperat Jeremias propheta, legens ex volumine sermones in domo Domini. Et factum est in mense nono, praedicaverunt jejunium in conspectu Domini omni populo in Jerusalem* (*Jerem.* xxxvi). Hac ergo auctoritate divinae Scripturae Ecclesia morem obtinuit, et universale jejunium hac observatione celebrat: quod tamen jejunium incipiens in nono mense in decimum extenditur, id est, usque ad diem natalis Domini pertingit. Congrua itaque dispositione a magistris Ecclesiae hoc loco jejunium quadragesimale fieri constitutum est, ut ante diem natalis Domini jejunio et abstinentia nosmetipsos castigemus, quatenus venientem Redemptorem digna conversatione suscipere possimus, sicut ante tempus resurrectionis ejus carnem nostram affligimus, ut resurrectionis gratiam, quæ per ipsum fit, consequi mereamur. Sed hæc de tribus quadragesimis dicta sufficiant.

CAPUT XXIII.
De cæteris legitimis jejuniis.

Præter hæc autem et legitima tempora jejuniorum sunt, sicut est omnis sexta feria, in qua propter passionem Domini a fidelibus jejunatur, et sabbati dies, qui a plerisque propter quod in eo Christus jacuit in sepulcro jejunio consecratus habetur, sicut in decretis Innocentii papæ constitutum invenimus, scilicet ne Judæis exsultando præbeatur quod Christus sustulit moriendo. Nam utique constat apostolos biduo isto et in mœrore fuisse, et propter metum Judæorum se occuluisse, quod utique non dubium est : et jejunasse eos biduo memorato, quæ forma utique per singulas tenenda est hebdomadas, propter id quod commemoratio illius diei semper est celebranda. Quod si putant uno tamen sabbato jejunandum, ergo et Dominicum, et sexta feria semel in Pascha erit utique celebrandum.

CAPUT XXIV.
De jejunio quatuor sabbatorum, in quibus duodecim lectiones fiunt, et sacræ ordinationes.

Sunt quoque et quatuor sabbata, in quatuor mensibus, singula per singulos, in quibus specialia jejunia sunt constituta, et officia his diebus majora orationum et lectionum in Ecclesia celebrantur, id est, in Martio mense, primo sabbato. Quarti mensis, id est, Junii. In septimi quoque mensis, id est Septembris, tertio sabbato, et in quarto sabbato decimi mensis, id est, Decembris. Quorum primum juxta observationem Quadragesimæ verno tempore celebratur, quando mensis novorum apud Judæos habebatur. Secundum autem in jejunio post Pentecosten æstatis tempore, quando apud Judæos dies primitiarum ex legis præcepto custodiebantur, id est, de frugibus primi panes Deo offerebantur; et otium legitimum ipsius diei celebratur. Tertium est in septimo mense, autumni videlicet tempore, qui totus in lege variis solemnitatibus Deo dicatus erat, in quo dies expiationum erat, dicente Domino ad Moysen : *Decima die mensis hujus septimi, dies expiationum erit ac celeberrimus, et vocabitur sanctus, affligetisque animas vestras in eo, et offeretis holocaustum Domino. Omne opus non facietis in tempore diei hujus, quia dies propitiationis est, ut propitietur vobis Dominus Deus vester*, etc. In quo et dies decem Scenopegiæ fuerant, id est Tabernaculorum. Nam quinta decima die mensis hujus veteres solemnitates Tabernaculorum celebrabant, septem diebus eamdem solemnitatem exigentes, quo quidem jejunio usos fuisse antiquos Esdræ liber meminit. Postquam enim redierunt filii Israel in Jerusalem et fecerunt sibi tabernaculorum lætitiam magnam, dehinc *convenerunt in jejunio in saccis, et humus super eos, et steterunt, et confitebantur peccata sua et iniquitates patrum suorum, et consurrexerunt ad standum, et legerunt in volumine legis Domini Dei sui quater in die, et quater in nocte confitebantur, et adorabant Dominum Deum suum*. Quartum vero est jejunium sabbati in decimo mense ante diem natalis Domini, quando venturi Salvatoris salubris in sacris lectionibus prædicatur adventus, ut fideles quique hac religione instructi, et medicamine sanctarum orationum simul cum sacro jejunio confirmati nativitatem Redemptoris læti exspectent. Ante hæc videlicet quatuor sabbata in eadem hebdomada semper quarta et sexta feria legitima jejunia fieri et canon orationum et lectionum in eisdem feriis ad missarum solemnia constitutus indicat, et exempla præcedentium Patrum confirmant. Sacras autem ordinationes his diebus oportere fieri, decreta Gelasii papæ testantur, in quibus ita scriptum continetur : *Ordinationes autem presbyterorum diaconorumque nisi certis temporibus et diebus exercere non debeant*, id est, in quarti mensis jejunio, septimi et decimi, *sed etiam quadragesimalis ac mediana initio Quadragesimæ die sabbati jejunio circa vesperam noverint celebrandas*. Officia autem horum quatuor sabbatorum vulgo duodecim lectiones vocantur, eo quod cum lectionibus quæ leguntur, et cum psalmis qui leguntur, duodenarius numerus adimpletur, qui benedictiones possunt vocari, eo quod inter canonicas Scripturas annumerantur.

CAPUT XXV.
De privatis jejuniis.

Præterea unicuique licet ut libet jejuniorum modum habere, seu inediam extendere, servata præ omnibus constitutione legitimorum jejuniorum quas supra memoravimus, quæ generaliter sancta et apostolica servat Ecclesia. Nec non et illa omnimodo custodire oportet unumquemque, quæ communiter omnibus facere sive pro tribulatione, sive pro gratiarum actione proprius Ecclesiæ mandat episcopus, quia qui constituta atque demandata jejunia servare neglexerit peccat, qui autem expletis legitimis privata super expenderit, propriam mercedem habebit. Nam leguntur aliqui sanctorum per biduanas, sive per triduanas, sive etiam per totam hebdomadam jejunium extendere; plerique quod nec vinum nec siceram biberunt, nec aliquid manducaverint præter panem siccum et olera; alii quod ab omni carne se abstinuerint, alii quod in tantum se abstinuerint, quod nec pane in cibo usi sunt, sed paucis caricis corpus suum sustentaverint. Et alia plurima sunt genera abstinentiæ, sed ante omnia cavere debet qui se abstinere vult ab aliquo cibo vel potu, ne mens ejus occulta cogitatione polluatur, ita ut aliquam creaturam Dei damnet judiciaria superstitione seductus, dicens hoc licere, illud autem non; hoc mundum, illud autem immundum esse cogitet. Quem hujus mundi cogitatio pulsat, videat Apostolum dixisse : *Omnis creatura Dei munda est, et nihil rejiciendum quod cum gratiarum actione percipitur, et malum est homini qui per offendiculum manducat* (*I Tim.* IV; *Rom.* XIV).

CAPUT XXVI.
De origine biduanæ sive triduanæ.

Biduanum autem morem jejunii reor inde sumptum, quod apostoli jejunaverunt illo biduo quo Dominus passus ac sepultus est. Triduanis ergo jejunare ab exemplo ductum est Ninivitarum, qui damnatis pristinis vitiis totos se tribus diebus jejunio ac pœnitentiæ contulerunt. Sed illius solummodo jejunium Deo acceptabile est, qui sic jejunat a cibis, ut abstineat a peccatis, cæterum qui ventre tantum jejunat, reprobatum erit ejus jejunium coram Deo, qui dixit per prophetam : *Ecce in diebus jejunii vestri invenietur voluntas vestra, et omnes debitores vestros repetitis. Ecce ad lites et contentiones jejunatis, et percutitis pugno impie. Nolite jejunare sic usque ad hanc diem, ut audiatur in excelsis clamor vester. Nunquid tale est jejunium quod elegi, per diem affligere hominem animam suam* (Isa. LVIII). Et deinde : *Nonne hoc est magis jejunium quod elegi? Dissolve colligationes impietatis, solve fasciculos deprimentes, dimitte eos qui confracti sunt liberos, et omne onus disrumpe. Frange esurienti panem tuam, et egenos vagosque induc in domum tuam. Cum videris nudum, operi eum, et carnem tuam ne despexeris, tunc erumpet quasi mane lumen tuum, et sanitas tua citius orietur,* etc. (*Ibid.*)

CAPUT XXVII.
De esu carnium et potione vini.

Carnes autem et vinum post diluvium sunt hominibus in usum concessa, nam in initio permissum non fuerat, nisi tantum illud, ut scriptum est : *Lignum fructiferum et herbam seminabilem dedi vobis in escam.* Postea vero per Noe data sunt in esum cuncta animalia, vinique attributa licentia est. Sed postquam Christus (qui est principium et finis) apparuit, hoc quod in principio suspenderat, etiam in temporum fine retraxit, loquens per Apostolum suum : *Bonum est non manducare carnem, et non bibere vinum* (Rom. XIV). Et iterum : *Qui infirmus est, olera manducet* (*Ibid.*). Non ergo quia carnes malæ sunt ideo prohibentur, sed quia earum epulæ carnis luxuriam gignunt. Fomes enim ac nutrimentum est omnium vitiorum. *Esca ventri et venter escis, Deus autem* (ut scriptum est) *et hunc et hanc destruet.* Piscem sane (quia eum post resurrectionem accepit Dominus) possumus manducare. Hoc enim nec Salvator nec apostoli vetuerunt. Avium quoque esum credo inde a patribus permissum esse, eo quod ex eodem elemento de quo et pisces creatæ sunt. Nam in regula monachorum non invenimus aliarum carnium esum eis contradictum esse, nisi quadrupedium.

Additio.

Sola quadrupedia non volatilia monachis interdicta. Hoc autem tempore Pii Ludovici sic immutatum esse dicitur, ut in omni eorum pulmento sanguine uti liceat, propter nimiam et aliis damnosam consumptionem volatilium quam faciebant.

CAPUT XXVIII.
De eleemosynarum differentia.

Eleemosyna ergo, ἐλεημοσύνη, Græcum vocabulum, Latine interpretatur opus misericordiæ, inde, ut reor dicta, quod miseria humanæ infirmitatis cor sive animum pulset. Sed hæc apud homines, quibus varii animo accidunt affectus; cæterum apud Deum, qui secundum naturam semper est benignus et misericors, non est hujuscemodi credenda affectio. Neque enim temporaliter illic aliquid accidere valet, ubi æternitas sine ulla sui mutatione fixa manet, sed cum dicitur misericors, intelligi debet esse pius et clemens, quæ magis nomina proprietatem ipsius naturæ videntur ostendere. Sunt et eleemosynarum species plurimæ, quanquam in dispensationibus pauperum hoc vocabulum quidam haberi debere arbitrentur. Eleemosynam facit, qui peccantem et pravis operibus insistentem aliquo modo, sive per admonitionem, sive per disciplinam corrigit. Nec enim sine misericordia esse credendus est, qui regulariter, sive per excommunicationem, seu per verbera, hominem a peccatis et vitiis coercere studet, quia non secundum ejus voluntatem, sed secundum utilitatem ipsius miseretur. Eleemosynam facit, qui errantem in viam veritatis deducit. Eleemosynam facit, qui indoctum docet, qui verbum Dei proximis suis prædicat. Eleemosynam facit, qui bona temporalia cum fratribus suis, id est, cæteris hominibus participare non desinit. Eleemosynam facit, qui victum et vestitum indigentibus præbet, qui hospitio suscipit, qui infirmos visitat, qui in carcere et in tribulationibus constitutis, de bonis suis subministrat, qui ad mortem et ad supplicia destinatos eruere non cessat. Omnia enim bona quæ in hac præsenti vita justus quisque operatur hoc uno nomine comprehendi possunt, nec solum utique in aliis hominibus, sed etiam in nobismetipsis eleemosynas facere possumus, sicut scriptum est : *Miserere animæ tuæ placens Deo* (*Eccli.* XXX). Cum ergo nos a peccatis ad bona opera convertimus, a superbia ad humilitatem, a luxuria ad continentiam, a livore et invidia ad charitatem et dilectionem, ab ira et disceptatione ad mansuetudinem et patientiam, a gula ad sobrietatem, ab avaritia ad largitatem, a tristitia sæculari ad spiritualem lætitiam, ab accidia temporali ad studium bonum, quid aliud facimus quam eleemosynas in nosmetipsos impendimus, cum nostrimet misereamur, ne per inobedientiam mandatorum Dei suppliciis æternis deputemur? *Quid enim* (ait ipse Salvator) *proderit homini si universum mundum lucretur, animæ vero suæ detrimentum patiatur? aut quam commutationem dabit homo pro anima sua?* etc. (*Marc.* VIII.) Bene ergo et ordinate artem misericordiæ exercet, qui primum semetipsum bonis operibus et sancta conversatione ac virtutum fructibus egere non sinit, et deinde in quocunque potest, sive in spiritualibus rebus, sive in corporalibus, proximos suos adjuvare non desistit.

CAPUT XXIX.
De pœnitentia.

Pœnitentibus exemplum Job primus exhibuit, quando post funera vel flagella adhuc in sui redargutione, etiam in cilicio et cinere lamenta pœnitudinis sumpsit dicens: *Idcirco ago pœnitentiam in favilla et cinere*. Post hunc David nobis pœnitentiæ magisterium præbuit, quando gravi vulnere lapsus, dum audisset a propheta, peccatum suum confestim pœnituit, et culpam suæ pœnitentiæ confessione sanavit. Sic Ninivitæ et alii multa peccata sua confessi sunt, pœnitentiam egerunt, displicuere sibi quales fuerunt, et quales per Deum facti sunt, illi placuerunt. Est autem pœnitentia medicamentum vulneris, spes salutis, per quam peccatores salvantur, per quam Dominus ad misericordiam provocatur, quæ non tempore pensatur, sed profunditate luctus et lacrymarum. Pœnitentia autem nomen sumpsit a pœna, qua anima cruciatur et mortificatur caro. Dicta est autem pœnitentia quasi punientia, eo quod ipse homo puniendo puniat quod male admisit. Hi vero qui pœnitentiam gerunt, proinde capillos et barbam nutriunt, ut demonstrent abundantiam criminum quibus caput peccatoris gravatur. Capilli enim pro vitiis accipiuntur, sicut scriptum est: *Et criminibus peccatorum suorum unusquisque constringitur*. Vir quippe si comam nutriat, ut ait Apostolus, *ignominia est illi* (I Cor. XI). Ipsam ergo ignominiam suscipiunt pœnitentes pro merito peccatorum. Quod vero in cilicio prosternuntur, memoriam peccatorum suorum eos habere significat. Per cilicium quippe est recordatio peccatorum, propter hædos ad sinistram futuros. Inde ergo pœnitentes in cilicio prosternimur, tanquam dicentes: *Et peccatum meum coram me est semper*. Quod autem cinere asperguntur, vel ut sint memores, quia cinis et pulvis sunt, vel quia pulvis facti sunt, id est impii facti sunt, unde et illi prævaricatores, primi hominis recedentes a Deo, malisque factis offendentes Creatorem, in pulverem unde sumpti sunt redierunt. Bene ergo in cilicio et in cinere pœnitens deplorat peccatum, quia in cilicio asperitas et punctio peccatorum, in cinere autem pulvis ostenditur mortuorum, et idcirco in utroque pœnitentiam agimus, ut et in punctione cilicii, cognoscamus vitia quæ per culpam commisimus, et per favillam cineris perpendamus mortis sententiam, ad quam peccando pervenimus. Pœnitentiæ autem remedium Ecclesia catholica in spe indulgentiæ fideliter alligat exercendum, et post unum baptismi sacramentum, quod singulari traditione commendatum, sollicite prohibet iterandum, medicinali remedio pœnitentiæ subrogat adjumentum, cujus remedio egere se cuncti agnoscere debent, pro quotidianis humanæ fragilitatis excessibus, sine quibus in hac vita esse non possumus, horum duntaxat dignitate servata, ita ut a sacerdotibus et Levitis Deo teste fiat, a cæteris vero astante coram Deo solemniter sacerdote, ut hic tegat fructuosa confessio, quod temerarius appetitus, aut ignorantiæ notatur contraxisse neglectus, aut sicut in baptismo omnes iniquitates remitti, vel per martyrium nulli peccatum credimus imputari, ita pœnitentiæ compunctione fructuosa, universa fateamur deleri peccata. Lacrymæ enim pœnitentium apud Deum pro baptismo reputantur: unde et quamlibet sint magna delicta, quamvis gravia, non est tamen in illis Dei misericordia desperanda. In actione autem pœnitudinis (ut supra dictum est) non tam consideranda est mensura temporis, quam doloris. *Cor enim contritum et humiliatum Deus non spernit*. Verumtamen quanta in peccato fuit ad malum abruptæ mentis intentio, tanta necesse est in intentione devotio. Duplex autem est pœnitentiæ gemitus, vel dum planginus quod male gessimus, vel dum non agimus quod agere debebamus. Ille autem vere pœnitentiam agit, qui nec pœnitere præterita negligit, nec adhuc pœnitenda committit. Qui vero lacrymas indesinenter fundit, et tamen peccare non desinit, hic lamentum habet, sed mundationem non habet. Si qui autem per gratiam Dei ad pœnitentiam convertuntur, perturbari non debent, si rursus post emendationem relicta vitia cor pulsent, dum non possunt boni conversationi nocere, si talis cogitatio non erumpat in consensu vel opere. Ferre enim sine perfectione vitiorum cogitationes, non est ad damnationem, sed ad probationem, nec est occasio subeundi discriminis, sed potius augendæ virtutis. Nam et si quis circa finem suum per pœnitentiam desinet esse malus, non ideo debet desperare, quia in termino est ultimo vitæ, quoniam non Deus respicit quales antea fuimus, sed quales circa finem vitæ existimus. Ex fine enim suo unumquemque aut justificat aut condemnat, sicut scriptum est: *Ipse judicat extrema terræ*. Et alibi: *Universorum finem ipse considerat*. Proinde non dubitamus circa finem justificari hominem per pœnitentiæ compunctionem; sed quia raro id fieri solet, metuendum est ne dum ad finem differtur confessio sperata, anticipet mors quam veniat pœnitentia. Pro qua re et si bona est ad extremum conversio, melior tamen est quæ longe ante finem agitur, ut ab hac vita securius transeamus.

CAPUT XXX.
De satisfactione et reconciliatione.

Satisfactio autem est causas peccatorum et suggestionum excludere, et ultra peccatum non iterare. Reconciliatio vero est, quæ post complementum pœnitentiæ adhibetur. Nam sicut conciliamur Deo, quando primum a gentilitate convertimur, ita reconciliamur, quando post peccatum pœnitendo regredimur. Quorum autem peccata in publico sunt, in publico debet esse pœnitentia, per tempora quæ episcopi arbitrio pœnitentibus secundum differentiam peccatorum decernuntur; eorumque reconciliatio in publico esse debet ab episcopo, sive a presbyteris, jussu tamen episcoporum, sicut canones Africani concilii testantur, ubi ita scriptum est: Cujuscunque autem pœnitentis publicum et vulgatissimum crimen est, quod universam Ecclesiam commoverit, ante absidam manus ei imponatur. Quorum ergo peccata occulta sunt, et spontanea confessione soli tantummodo presbytero, sive episcopo ab eis fuerint revelata, horum occulta debet esse pœnitentia, secundum judicium presbyteri, sive episcopi cui confessi sunt, ne infirmi in Ecclesia scandalizentur, videntes eorum pœnas, quorum penitus ignorant causas. Quali autem tempore post pœnitentiam reconciliatio fieri debeat, ostendunt decreta Innocentii papæ, ubi ita scriptum reperitur: « De pœnitentibus autem qui sive ex gravioribus commissis, sive ex levioribus pœnitentiam gerunt, si nulla intervenit ægritudo, quinta feria ante Pascha eis remittendum, Romanæ Ecclesiæ consuetudo demonstrat. » Cæterum de pondere æstimando delictorum, sacerdotis est judicare, ut attendat ad confessionem pœnitentis, et ad fletus atque ad lacrymas corrigendas; ac tum jubere dimitti, cum viderit congruam satisfactionem. Sane si quis ægritudinem inciderit, atque usque ad desperationem devenerit, ei est ante tempus paschæ relaxandum, ne de sæculo absque communione discedat. Hoc ergo ante omnia cavendum est, ne in extremis pœnitentia et reconciliatio denegetur, ne in desperatione pereat, quia pietas omnipotentis Dei ad se quovis tempore concurrenti succurrere valet, et periclitantem sub onere peccatorum potest sublevare. Perdidisse latro in cruce præmium ad Christi dexteram pendens, si illum unius horæ pœnitentia non juvisset, cum esset in pœna pœnituit, et per unius sermonis professionem, habitaculum paradisi (Deo promittente) promeruit. Vera ergo ad Deum conversio in ultimis positorum mente potius est æstimanda quam tempore, propheta hoc aliter asserente: *Cum conversus, inquit, ingemueris, tunc salvus eris.*

CAPUT XXXI.
De Nativitate Domini.

Natalis Domini dies ea de causa a Patribus votivæ solemnitatis institutus est, quia in eo Christus pro redemptione mundi nasci corporaliter voluit, prodiens ex Virginis utero, qui erat in Patris imperio: cujus susceptæ carnis causa hæc est: Postquam enim invidia diaboli parens ille primus spe seductus inani cecidit, confestim exsul et perditus in omni genere suo, radicem malitiæ et peccati transduxit: crescebatque in malum vehementius omne genus mortalium, diffusis ubique sceleribus, et, quod est nequius, omnium cultibus idolorum. Volens ergo Deus terminare peccatum, consuluit verbo, lege, prophetis, signis, plagis, prodigiis. Sed cum nec sic quidem errores suos admonitus agnosceret mundus, misit Deus Filium suum, ut carnem indueret, et omnibus appareret, et peccatores sanaret. Qui ideo in homine venit, quia per seipsum ab hominibus cognosci non potuit. Ut autem videretur, *Verbum caro factum est,* assumendo carnem, non mutatum in carnem. Assumpsit enim humanitatem, non amisit divinitatem; ita idem Deus et idem homo, in natura Dei æqualis Patri, in natura hominis factus mortalis, in nobis, pro nobis, de nobis, manens quod erat, suscipiens quod non erat, ut liberaret quod fecerat. Hæc est ergo Dominicæ Nativitatis magna solemnitas. Hæc is diei hujus nova et gloriosa festivitas, adventus Dei factus ad homines. Itaque dies iste pro eo quod in eo Christus natus est, natalis dicitur: quemque ideo observare per revolutum circulum anni festiva solemnitate solemus, ut in memoriam revocetur Christus quod natus est. In Bethlehem quoque Christus natus est, et in Nazareth nutritus, ut ex locorum vocabulis, rerum ipsarum appareret eventus. Ergo quod in Bethlehem nasceretur, oportuit, quia cibus cœlestis, de cœlis ad terras venit. Bethlehem quippe domus panis dicitur. Et Salvator de se ipso dixit: *Ego sum panis vivus, qui de cœlo descendi (Joan.* vi). Ergo Bethlehem vere domus panis est, quia Christus homo in ea nasci dignatus est: panis videlicet vitæ, de quo qui manducaverit, vivet in æternum. Ex hac etiam causa credimus in Ecclesia hunc morem inolevisse, ut in ea nocte qua Christus creditur esse natus, sacra missarum solemnia celebrantur, ut ea hora fideles quique sacramentum corporis et sanguinis Christi perciperent, qua eum inter homines misericorditer natum scirent. Cujus tamen celebrationis, Telesphorus papa apud Romanos primus auctor legitur exstitisse. Nam quod in Nazareth nutritus erat, ea causa fuit, ut quia Nazareth flos sive munditia interpretatur, æternæ puritatis ejus index exstiteret, cum floret floris ipsius nutrix, qui de virga radicis Jesse ascendens, septiformem Spiritum haberet, et perpetua puritate insignis, merito Nazaræus, quod est mundus, vocaretur.

CAPUT XXXII.
De epiphania Domini.

Epiphaniarum proinde festa solemnitate viri apostolici signaverunt, quia in eo est prodita stella Salvator, quando magi Christum in præsepe jacentem adoraverunt eum, offerentes ei competentia munera Trinitatis, aurum, thus, et myrrham, regi Deo atque passuro. Ideo ergo diem hunc annua celebritate sacraverunt, ut mundus agnoscat Dominum, quem elementa cœlitus prodiderunt. Siquidem eodem die idem Jesus etiam Jordanis lavacro tingitur; divisoque cœlo Spiritus sancti descendentis testimonio Dei esse Filius declaratur. Cujus diei nomen ex eo quod apparuit gentibus, Epiphania nuncupatur. Epiphania enim, Græce ἐπιφάνεια, apparitio vel ostensio dicitur. Tribus ergo ex causis hic dies hoc vocabulum sumpsit. Sive quod tunc in baptismo suo Christus populis fuerit ostensus; sive quod ea die sideris ortu magis est proditus; sive quod primo signo per aquam in vinum conversam, multis est manifestatus. Illud tamen sciendum, quod licet ea die baptismus Christi, a Joanne fieri credatur, universale tamen baptisma celebrari in ea, canonica contradicit auctoritas. Paschæ ergo tempus tantummodo et Pentecostes, ad hoc ab apostolis et apostolicis viris decretum, Romana custodit Ecclesia : quæ videlicet duo tempora ad hoc opportuna esse, Christi Domini nostri a mortuis resurrectio, et Spiritus sancti super primitivam Ecclesiam declarat adventus. *Quicunque ergo* (ait Apostolus) *baptizati sumus in Christo Jesu in morte ipsius baptizati sumus*, etc. (*Rom.* vi). Et Salvator ascensurus in cœlum, Apostolis dixit : *Joannes quidem baptizavit aqua; vos autem baptizabimini Spiritu sancto, non post multos hos dies* (*Act.* i).

CAPUT XXXIII.
De Purificatione.

Purificationis ergo matris Domini tempus, post dies quadraginta a nativitate ejus celebratur, quia ex legis præcepto hoc tempus statutum est parientibus feminis, quo purificari deberent. Scriptum est enim in libro Levitico, quod Dominus per Moysen mandaverit Israel, ut mulier quæ in suscepto semine pareret masculum, immunda esset septem diebus, et die octava circumcideretur infantulus ; ipsa vero triginta quatuor diebus maneret in sanguine purificationis suæ. Omne sanctum non tangeret, nec ingrederetur sanctuarium, donec implerentur dies purgationis ejus. Sin autem feminam pareret, immunda esset duabus hebdomadibus, et quadraginta ac tribus diebus maneret in sanguine purificationis suæ. Cumque impleti essent dies purgationis ejus, pro filio sive filia deferret agnum anniculum in holocaustum, et pullum columbæ, sive turturem pro peccato. Quod si non potuerit agnum offerre, sumeret duos turtures vel duos pullos columbæ, unum in holocaustum, et alterum pro peccato, oraretque pro ea sacerdos, et sic mundaretur (*Lev.* xii). Hac ergo de causa statuta in Ecclesia festivitas hæc, quia matrem Domini secundum legem in hac die constabat purgari ; sed non ideo, quod aliqua legali purgatione indiguerit, quæ Dominum gestabat legis, sed quia Jesus non venit legem solvere, sed adimplere. Venit ergo mater Domini ad templum secundum legem, ducens secum puerum, ac deferens hostias quæ lex præcepit, ut in nullo patribus fieret dissimilis, ac illud in se primo ostenderet, quod scriptum est : *Quanto magnus es, humilia te in omnibus* (*Eccli.* iii). Obvios habuit grandævum Simeonem, et Annam multorum annorum viduam, et cæteras personas in hoc sacro ministerio affuisse, quæ benedixerunt et glorificaverunt Deum, et multa de eo vaticinavere, sacer Evangelii textus luculento sermone demonstrat. Ob hanc quippe causam eadem festivitas Hypante, ὑπαντή, nuncupatur, quia prædictæ personæ ad templum obviam Christo advenerunt, devoto corde et obsequio, hypantao enim Græco sermone ὑπαντάω dicitur, quod obvio Latine interpretatur. Est quoque festivitas hæc Purificationis incipiente Februario mense, qui a Februo, id est, Plutone, qui lustrationum potens a gentibus credebatur, ita vocatus est, lustrarique eo mense apud Romanos civitatem consuetudo erat, ut justa diis Manibus solverentur. Sed hanc lustrandi consuetudinem bene mutavit Christiana religio, cum in mense eodem, die sanctæ Mariæ, plebs universa cum sacerdotibus ac ministris, hymnis, modulationibus devotis, per ecclesias, perque congrua urbis loca procedit, datosque a pontifice cuncti cereos in manibus gestant ardentes : non utique in lustrationem terrestris imperii quinquennem, sed in perennem regni cœlestis memoriam, quando juxta parabolam virginum prudentium, omnes electi lucentibus bonorum operum lampadibus, obviam sponso ac regi suo venientes, mox cum eo ad nuptias supernæ civitatis intrabunt.

CAPUT XXXIV.
De Septuagesima, et Sexagesima, et Quinquagesima.

De Septuagesima quoque et Sexagesima, Quinquagesima atque Quadragesima, cur Dominici dies ante quadragesimale jejunium sic appellentur, diversa multorum opinio est ; et ideo maxime, quia ipsa Dominica quæ Septuagesima dicitur, septuagesima dies ante Pascha reperitur : nec ea quæ Sexagesima, sexagenarium numerum plenum habet usque in Pascha. Nam alii simpliciter narrant hanc Ecclesiæ esse consuetudinem, et Romana auctoritate ritum hujus religionis esse firmatum. Alii dicunt quod synecdochice totum habendum sit dictum, id est ubi major de minori numero dierum invenitur, ut est Septuagesima ac Sexagesima, id est a toto partem intelligi debere. Ubi vero minor, ut est Quadragesima, a parte totum intelligi oportere. Alii quoque nescio quorum ore ducti asseverant, quod Orientales populi novem hebdomadas, et Græci octo, et Latini septem jejunare soleant, et ob hoc his omnibus Alleluia minime in Ecclesia deberi cantari. Alii etiam quorum ratio præ cæteris laudabilior mihi esse videtur, dicunt Septuagesimam dictam esse propter decem hebdomadas, quæ sunt ab ipso die usque ad clausum Paschæ, quo die alba tolluntur vestimenta a nuper baptizatis. Igitur in Apostolo legimus : *Regnavit mors ab Adam usque ad Moysen, et sic usque ad ultima legis quæ per Moysen data, decurrit in Christi Dei nostri tempora* (*Rom.* v). Porro Sexagesimam inde dici posse, quia sexaginta dies sunt usque ad medium Paschæ, quod erit feria quarta paschalis hebdomadis. Quinquagesimam vero rite dictam esse, eo quod tali numero pervenit usque in diem sanctum resurrectionis. Quadragenarium etiam numerum ita ibi positum, quod cum Dominica sua concurrat ad mysticum Pascha Hebræorum, quod Dominus noster Jesus Christus cum discipulis suis celebravit, et nos dicimus Cœnam Domini. Sed hæc omnia nos ita hic posuimus, sicut in aliorum dictis vel scriptis comperimus, lectori viam dantes, si quæ veracius et rationabilius exquisita invenerit, obtinere. Notandum tamen est, quod a Quinquagesima jejunium incipere apud Romanos Telesphorus sæpe memoratus papa constituit : ut per septem hebdomadas ante Pascha corpus jejuniis castigemus, quia alias septem post Pascha usque in Pentecosten, in lætitia a jejuniis relaxare votumus, ut priorem quinquagesimam in plenitudine peccatorum nostrorum exigamus ad promerendam misericordiam, et in secunda laudibus et orationibus operam dantes, studeamus pervenire ad promissam Spiritus sancti gratiam.

CAPUT XXXV.
De die Palmarum.

Dies palmarum ideo celebratur, quia in eo Dominus et Salvator noster, sicut propheta cecinit, Jerusalem tendens, super asellum sedisse perhibetur. Tunc gradiens cum ramis palmarum multitudo plebium obviam ei, clamaverunt : *Hosanna ! benedictus qui venit in nomine Domini* rex Israel (*Matth.* xxi). In ramis enim palmarum significabatur victoria, qua erat Dominus mortem moriendo superaturus : et tropæo crucis, de diabolo mortis principe triumphaturus. In asello autem super quem sedendo Jerosolymam venit, indicabat simplicia corda gentilitatis, quam præsidendo atque regendo, perducebat ad visionem pacis. Hoc autem die Symbolum competentibus traditur, propter confinem Dominicæ Paschæ solemnitatem, ut qui ad Dei gratiam percipiendam festinant, fidem quam confitentur agnoscant. Vulgus autem ideo eum diem capitularium vocat, quia tunc moris est lavandi capita infantium qui ungendi sunt, ne forte observatione Quadragesimæ sordidata ad unctionem accederent.

CAPUT XXXVI.
De Cœna Domini.

Cœna Domini hæc est feria quinta ultimæ hebdomadis Quadragesimæ quando Dominus et Salvator noster post typicum illud Pascha completum, ad verum Pascha transiens, mysterium corporis et sanguinis sui primum apostolis tradidit, quando post sacramenta cœlestia discipulus fallax et proditor pretium a Judæis accepit, et Christi sanguinem vendidit. Eo etiam die Salvator surgens a cœna, pedes discipulorum lavit, propter humilitatis formam commendandam, quam docendam venerat, sicut et ipse consequenter exposuit : quod etiam dicebat potissimum ut facto doceret quod observare discipulos præmoneret. Hinc est quod eodem die altaria templi, parietes et pavimenta lavantur, vasaque purificantur, quæ sunt Domino consecrata. Quo die proinde etiam sanctum chrisma conficitur, quia ante biduum Paschæ, Maria caput ac pedes Domini unguento perfudisse perhibetur. Unde et Dominus discipulis suis dixit : *Scitis quia post biduum Pascha fiet, et filius hominis tradetur ut crucifigatur* (*Matth.* xxvi). Eodem etiam die (sicut supra ostendimus) pœnitentes reconciliantur, quia scilicet ipsa die qua sacramenta corporis et sanguinis sui Dominus primum confecit, ac discipulis suis percipienda tradidit, oportebat ad hæc resumenda pœnitentes restaurentur : eo videlicet tempore, quo sanguis Christi in remissionem omnium fusus est peccatorum.

CAPUT XXXVII.
De Parasceve.

Parasceve, id est, sexta sabbati, ideo in solemnitate habetur, quia in eo die Christus mysterium crucis explevit, propter quod venerat in hunc mundum, ut qui ligno percussi fueramus in Adam, rursus per ligni mysterium sanaremur. Hujus enim causa triumphi, humana pusillitas Christo per omnem mundum celebritatem annuam præbet, pro eo quod dignatus est sanguine passionis suæ sæculum redimere, et peccatum mundi per crucem morte devicta absolvere, cujus quidem crucis injuriam non pertulit illa divinitatis substantia, sed sola susceptæ humanitatis natura. Passio enim corporis fuit ; divinitas vero exsors injuriæ mansit. Tripartita autem ratio Dominicæ passionis ostenditur. Prima itaque causa est, ut Christus pro reatu mundi redemptio daretur, scilicet ut quos serpens absorbuerat evomeret, et prædam quam tenebat amitteret, non potentia victus, sed justitia : non dominatione, sed ratione. Secunda causa est, ut secuturis hominibus vitæ magisterium præberetur. Ascendit enim in crucem Christus, ut nobis passionis et resurrectionis præberet exemplum : passionis ad firmandam patientiam; resurrectionis, ad excitandam spem ; ut duas vitas nobis ostenderet in carne : unam laboriosam, alteram beatam. Laboriosam quam tolerare debemus, beatam quam sperare debemus. Tertia causa est susceptæ crucis, ut superba sæculi et inflata sapientia per crucis stultam, ut putatur, prædicationem humiliata corrueret, ut pateret id quod stultum Dei est quanto sit hominibus sapientius et quod infirmum Dei est, quanto sit fortius tota hominum fortitudine. Docet autem apostolus Paulus illuminatos nos debere oculos cordis habere, ad intelligendum quæ sit latitudo crucis, et longitudo, et altitudo et profundum. Crucis latitudo est transversum lignum quo extenduntur manus. Longitudo a latitudine deorsum usque ad terram. Altitudo, ab altitudine sursum ad caput. Profundum vero quod terræ infixum absconditur. Dicitur homini : *Tolle crucem tuam et sequere me.* Dum enim cruciatur caro, cum mortificantur membra nostra super terram, fornicatio, immunditia, luxuria et cætera, dumque exterior homo corrumpitur, ut interior renovetur de die in diem, passio est crucis. Et hæc quidem dum sint bona opera, tamen adhuc laboriosa, quorum merces requies est. Ideoque dicitur *spe gaudentes*, ut cogitantes scilicet requiem futuram, cum hilaritate et laboribus operemur. Hanc hilaritatem significat crucis latitudo in transverso ligno, ubi figuntur manus ; per manus enim opus intelligitur ; per latitudinem, hilaritas operantis, quia tristitia facit angustias. Porro per altitudinem crucis cui caput adjungitur, exspectatio supernæ retributionis de sublimi justitia Dei sanctificatur, ut et ipsa opera bona non propter beneficia Dei terrena ac temporalia facienda credantur, sed potius propter illud quod desuper sperat fides, quæ per dilectionem operatur. Jam vero per longitudinem qua totum corpus extenditur, ipsa tolerantia significatur, ut longanimes permaneamus. Unde longanimes dicuntur qui tolerant. Per profundum autem, hoc est partem illam ligni quae in terrae abdito defixa latet, sed unde consurgit omne quod eminet, inscrutabilia indicantur judicia Dei, de quibus occulta cum voluntate vocatur homo ad participationem tantae gratiae Dei. Hac ergo die Ecclesiae altaria indumentis suis spoliata denudantur, quia in ea Christus suis vestimentis exutus esse legitur, et velum templi scissum esse occiso Christo, per Evangelium praedicatur. Hac die in Ecclesia luminaria non accenduntur, quia in ipso Redemptore crucifixo sidera obscurabantur. In hac die sanctarum plebium praesules, quia mandata sibimet legatione funguntur, apud divinam clementiam humani generis agunt causam, et tota secum Ecclesia congemiscente, postulant et precantur: primum pro statu totius Ecclesiae Christi; deinde ut infidelibus dominetur fides, et idololatrae ab impietatis suae liberentur erroribus; ut Judaeis ablato cordis velamine, lux veritatis appareat; ut haeretici catholicae fidei receptione resipiscant; ut schismatici spiritum redivivae charitatis accipiant; ut lapsis poenitentiae remedia conferantur; ut denique catechumenis ad regenerationis sacramenta perductis, coelestis misericordiae aula reseretur, quia pro horum omnium redemptione, in hac die sanguis effusus est Christi. Haec autem non inaniter a Domino peti, rerum ipsarum monstrat affectus: quomodo quidem ex omni errorum genere plurimos Deus dignatur attrahere; quos erutos de potestate tenebrarum transferat in regnum Filii charitatis, ex vasis irae faciat vasa misericordiae. Quod a Deo totum divini operis esse sentitur, ut haec efficienti Deo semper gratiarum actio laudisque confessio, pro illuminatione talium vel correctione, referatur. Ipsa die a pontifice et a clero et ab omni populo species crucis salutatur, quia passio Redemptoris a fidelibus in hora redemptionis suae digna laude veneratur. In hac die sacramenta penitus non celebrantur; sed Eucharistiam in coena Domini consecratam, peracto officio lectionum et orationum, et sanctae crucis salutatione, resumunt, quia, ut Innocentius papa testis est, ex eo quod apostoli et amatores Christi eo biduo quo crucifixus et sepultus Salvator est, in moerore constituti, ab omni cibo abstinuerunt se, hinc traditio Ecclesiae habet biduo memorato sacramenta non celebrari, sed magis sanctam resurrectionis noctem exspectari, et in ipsa cum laetitia et gaudio speciali sacrificium offerri. In hac die vespera cum silentio celebratur, ut quieti Dominicae sepulturae veneratio exhibeatur.

CAPUT XXXVIII.
De sabbato sancto Paschae.

Sabbati paschalis veneratio hinc celebratur, pro eo quod eadem die Dominus in sepulcro quievit: unde et bene in Hebraeo sermone sabbatum requies interpretatur, sive quod Deus in eo requievit die, mundo perfecto; sive quod in eo Dominus et Redemptor noster requievit in sepulcro. Hic autem dies inter mortem Domini et resurrectionem medius est, significans requiem quamdam animarum ab omni labore omnium molestiarum post mortem, per quam fit transitus per resurrectionem carnis ad illam vitam quam Dominus noster sua resurrectione praemonstrasse dignatus est. In hac die cum omni silentio et tranquillitate oportet nos manere, et cum oratione et psalmodia sanctam resurrectionis horam exspectare, ne nos magis cura saecularis infestet, et terrena negotia inquietent, quam spiritalia studia et cura salutaris animarum nostrarum occupent. Hac autem die inclinante ad vesperam, statuta celebratio noctis Dominicae in Ecclesia incipitur, et primum secundum institutionem Zosimi papae, archidiacono cereum benedicente, apte quidem fit, ut in consecratione luminis paschalis celebratio incipiat, quae aeternae lucis nobis contulit claritatem. Deinde lectionum Veteris Testamenti et orationum ordo peragitur, ut innotescat quanta exspectatione a primordio mundi per patriarchas et prophetas salus nostra praesagiebatur, quae in Salvatoris nostri passione et resurrectione completa est. Deinde litaniae aguntur, ut communicatio et memoria et oratio sanctorum nos ad ventura gaudia consequenda adjuvet: quas sequitur baptismi sacramentum, et ascendit grex dealbatorum de lavacro. Quicunque autem scire desiderat quanta auctoritate et ratione baptismum istius temporis nobis commendatur, legat decreta Leonis papae, et inveniet. Post baptismum vero et litanias, sequitur sancta missarum celebratio, et communicatio corporis et sanguinis Domini, cujus participatione quicunque fidelium se hac nocte abstinuerit, nescio quomodo dicam illum Christianum, exceptis his qui, pro capitalibus criminibus excommunicati, poenitentiam gerunt. Notandum vero quod apud Hieronymum legimus, quod in Orientalibus Ecclesiis mos sit in hac nocte, ante mediam noctem, fideles ab ecclesia non recedere, horam illam exspectantes in sacris vigiliis, de qua scriptum est: *Media nocte clamor factus est*, etc. (*Matth*. xxv).

CAPUT XXXIX.
De Pascha Domini.

Jam vero paschale sacramentum quod nunc in Salvatoris nostri mysterio manifestissime celebratur, in Veteri Testamento figuraliter primum gestum est, quando agno occiso, Pascha celebravit populus Dei in Aegypto: cujus figura in veritate completa est in Christo, qui sicut ovis ad immolandum ductus est; cujus sanguine illinitis postibus nostris, id est, cujus signo crucis signatis frontibus nostris, a periclitatione hujus saeculi, tanquam a captivitate Aegyptia, liberamur. Cujus quidem diem paschalis resurrectionis non solum pro eo celebramus, quod in eodem a mortuis resurrexit, sed etiam et pro aliis sacramentis quae per eumdem significantur. Quia enim, sicut dicit Apostolus: *Mortuus est propter delicta nostra, et resurrexit propter justificationem nostram* (*Rom*. IV), transitus quidem de morte ad vitam in illa passione Domini et resurrectione sacratus est. Nam et vocabulum ipsum quod Pascha dicitur, non Græcum, sed'Hebræum est. Neque enim a passione, quoniam paschien, πάσχειν Græce, pati dicitur, sed a transitu Hebræo verbo Pascha appellatum est : quod et maxime evangelista expressit, cum celebraretur a Domino Pascha cum discipulis : Cum vidisset, inquit, *Jesus, quia venit hora ut transiret de mundo ad Patrem (Joan.* XIII). Transitus ergo de hac vita mortali in aliam vitam immortalem, hoc est de morte ad vitam, in passione et resurrectione Domini commendatur. Hic transitus a nobis modo agitur per fidem, quæ nobis datur in remissionem peccatorum, quando consepelimur cum Christo per baptismum, quasi a mortuis transeuntes de pejoribus ad meliora, de corporalibus ad spiritualia, de conversatione hujus vitæ ad spem futuræ resurrectionis et gloriæ. Propter ipsum ergo initium novæ vitæ ad quam transimus, et propter novum hominem quem jubemur induere et exuere veterem, expurgantes vetus fermentum, ut simus nova conspersio, quoniam Pascha nostrum immolatus est Christus, propter hanc vitæ novitatem, primus mensis in anni mensibus celebrationi attributus est; nam ipse dicitur et mensis novorum. Quod vero in toto tempore sæculi nunc tertium tempus apparuit, ideo resurrectio Domini triduana est. Primum enim tempus est ante legem, secundum sub lege, tertium sub gratia, ubi jam manifestatum est sacramentum quod erat in prophetico ænigmate occultum. Hoc ergo et in lunari numero significatur. Quia enim numerus septenarius solet in Scripturis ad quamdam perfectionem mysticam apparere, in tertia hebdomada lunæ Pascha celebratur, id est, qui dies occurrerit a 15 in 21, sed non solum propter tempus tertium, quia incipit hebdomada tertia, sed etiam propter illam conversionem lunæ. Tunc enim illa ab inferioribus ad superiora convertitur; et hæc nobis de luna similitudo assumitur, de visibilibus ad invisibilia, de corporalibus ad spiritualia sacramenta transire, ut magis magisque huic sæculo moriamur, et vita nostra abscondatur cum Christo, omnemque lucem studii nostri quæ ad inferiora vergebat, ad superiora convertamus, ad illam scilicet æternam contemplationem immutabilis veritatis. Usque ad vicesimam primam ideo Pascha observatur, propter numerum septenarium quo universitatis significatio sæpe figuratur, qui etiam ipsi Ecclesiæ tribuitur, propter instar universitatis ; ideoque et Joannes apostolus in Apocalypsi septem scribit Ecclesiis. Ecclesia vero adhuc in ista mortalitatis carne constituta , propter istam mutabilitatem, lunæ nomine in Scripturis sæpe vocatur. Quod vero anniversarius dies paschalis non ad eumdem redit anni diem, sic ut puta dies quo creditur Dominus natus, hoc fit propter Dominicum diem et lunam. Manifestum est enim quo die Dominus crucifixus sit, et in sepulcro fuerit et resurrexerit. Adjuncta est enim ipsorum dierum observatio per Nicænum concilium , et orbi universo Christiano persuasum eo modo Pascha celebrari oporteret, ut non solum lunam paschalem, sed et diem Dominicum in qua resurrexit a mortuis , expectare debeamus. Inde est quod ad eumdem anni [diem] non revertetur Pascha. Nam Judæi tantumdem mensem novorum et lunam observant : diem autem addendum patres nostri censuerunt, ut et nostra festivitas a Judæorum festivitate distingueretur. Initium videlicet primi mensis observandum est, ab octavo Iduum Martiarum usque in Nonarum Aprilium diem. Quarta decima vero luna Paschæ a duodecima Kalend. Aprilis usque in decimam quartam Kalendas Maii, quærenda est. Porro dies Paschæ Dominica, ab undecima Kalendis Aprilis usque in septimam Kalendas Maii, et hoc a luna quindecima usque ad vicesimam primam. Nunquam ergo contingere potest, ut luna decima quarta primi mensis ante vernale æquinoctium, quod fit in XII Kalendis Aprilis, eveniat, quia luminare minus luminare majus sequi in plenitudine sua non præcedere debet. Nam cum in Veteri Testamento tribus argumentorum indiciis paschale tempus observari sit præceptum, videlicet ut post æquinoctium, et mense primo , ut tertia ejus septimana , id est, a vespera decimæ quartæ lunæ quod est initium decimæ quintæ usque in vesperam , id est , terminum vigesimæ primæ , celebretur , quarta in ejusdem observatione regula est nobis a tempore Dominicæ resurrectionis imposita, ut cum æquinoctio transcenso lunam primi mensis quartam decimam vespere ortum facere viderimus, non statim ad faciendum Pascha prosiliamus, sed Dominicum exspectantes in ipso congrue Pascha celebremus. Et si fieri posset ut eadem omnibus annis sabbati die luna quarta decima contigisset, nihil nostræ paschalis observantiæ tempus a legali discreparet. Nam et nos ipsi juxta legis edicta, semper quarta decima luna primi mensis ad vesperam, immolantes et comedentes agni immaculati carnem, sanguinemque illius, ad repellendum exterminatorem, nostris postibus aspergentes, id est, baptismi et paschalium celebrantes solemnia missarum, spiritalem superaremus Ægyptum, atque illucescente mane in luna decima quinta mensis ejusdem, primum Azymorum diem intraremus, septemque dies ejusdem celebritatis legitimos , a mane decimi quinti dici, usque in vesperam vicesimi primi mensis ipsius, id est, a Dominico Paschæ, usque in Dominicum octavum Paschæ, debita veneratione compleremus. Sed quoniam lunæ dies idem diversas septimanæ devolvitur in ferias, inde fit ut qui propter resurrectionem Redemptoris nostri Dominicum diem Paschæ initium servare docemur, aliquoties nostra festivitas septimo post legalium Azymorum exordium sumat ingressum, nonnunquam tamen contingat, ut nostra solemnitas paschalis aliquem legalium paschæ dierum, sæpe autem omnes intra se complectatur. Notandum tamen quod inter pascha et azyma legis hoc distat, quod illa una dies qua agnum occidi necesse erat, et nocte sequenti transiens Dominus primogenita Ægyptiorum percussit, liberans domus filiorum Israel signatas agni sanguine (*Exod.* XII), pascha dicebatur, sequentes vero dies septem, id est, a decimo quinto usque ad vicesimum primum mensis ejusdem, azymorum proprie vocabantur. Quem legalium morem Ecclesia non ignobiliter etiam imitatur, unam videlicet noctem transitus Dominicæ resurrectionis a mortuis, qua, impios triumphando, fideles salvare dignatus est, principaliter observans, ac deinde alios septem dies in memoriam ejusdem dominicæ resurrectionis congrua festivitate subjungens quos septem dies Albas vocitamus, propter eos qui in sancta nocte baptizati, albis per totam hebdomadam utuntur vestibus ; et tunc maxime dum alba tolluntur a baptizatis vestimenta, per manus impositionem a pontifice Spiritum sanctum accipere conveniens est, qui in baptismo omnium receperunt remissionem peccatorum, et per septem dies evangelico castitatis habitu et luminibus cœlestis claritatis sanctis assistere sacrificiis solent.

CAPUT XL.
De Ascensione Domini.

Ascensionis Dominicæ solemnitas ideo celebratur, quia eodem die post mundi victoriam, post inferni regressum, ascendere Christus memoratur ad cœlos, sicut scriptum est : *Ascendens in altum, cepit captivitatem, dedit dona hominibus* (Psal. LXVII). Quæ festivitas ideo per revolutum circulum annorum celebratur, ut humanitas assumptæ carnis ascendens ad dexteram Patris in memoriam revocetur : cujus corpus ita in cœlo esse credimus, ut erat quando ascendit, quod et vox angelica protestatur dicens : *Sic veniet quemadmodum vidistis eum euntem in cœlum* (Act. 1), id est, eadem carnis specie atque substantia, cui profecto carni immortalitatem dedit, naturam non abstulit. Dextera autem Patris ad quam idem Filius sedere creditur, non est corporea, quod nefas est de Deo sentire, sed dextera Patris, est beatitudo perpetua, quæ sanctis in resurrectione promittitur, id est universæ Ecclesiæ quæ est corpus Christi ; sicut et sinistra ejus intelligitur miseria et pœna perpetua, quæ impiis dabitur. Ante hanc ergo diem Ascensionis Domini, mos est Ecclesiarum Occidentis per tres dies proximos jejunium exercere, et litanias agere, et hoc congrue. Nam si credimus Christum in hoc tempore ad cœlos ascendisse, dignum est etiam ut ante Ascensionis ejus diem operam demus jejuniis et orationibus, castigantes carnem nostram, et crucem ejus in nobismetipsis gestantes, quatenus illum sequi mereamur. *Qui enim*, inquit, *vult post me venire, abneget semetipsum, et tollat crucem suam, et sequatur me* (Luc. IX). Sicut ergo portamus in manibus nostris speciem crucis ejus, ita portemus et in carne nostra similitudinem passionis ejus. *Qui autem sunt* Christi, dixit Apostolus, *carnem suam crucifixerunt cum vitiis et concupiscentiis* (Gal. V). Et ita fiet, ut ubi Christus post resurrectionem suam cum gloria ascendit, illuc et nos resurgentes a mortuis, in carne incorruptibili per ejus gratiam ascendere valeamus, sicut dicit idem Apostolus : *Si enim*, inquit, *complantati facti sumus similitudini mortis ejus, simul et resurrectionis erimus* (Rom. VI).

CAPUT XLI.
De Pentecoste.

Initium sane et causa festivitatis Pentecostes, id est, quinquagesimæ, paulo altius repetenda est. Pentecostes enim dies hinc cepit exordium, quando Dei vox in Sina monte desuper intonans audita est, et lex data est Moysi. In Novo autem Testamento Pentecostes cœpit, quando adventum sancti Spiritus quem Christus promisit, exhibuit, quem ait non esse venturum, nisi ipse ascendisset in cœlum. Denique dum portam cœli Christus intrasset, decem diebus interpositis, intremuit subito orantibus apostolis locus, et descendente Spiritu sancto super eos, conflammati sunt, ita ut linguis omnium gentium Dei magnalia loquerentur. Adventus itaque Spiritus sancti de cœlo super apostolos in varietate linguarum diffusam solemnitatem transmisit in posteros, eaque de causa Pentecoste celebratur, et dies ipse proinde insignis habetur. Concordat autem hæc festivitas Evangelii, cum festivitate legis. Illic enim posteaquam agnus immolatus est, interpositis quinquaginta diebus, data est lex Moysi scripta digito Dei. Hic postquam occisus est Christus, qui tanquam ovis ad immolandum ductus est, celebratur verum Pascha, et interpositis quinquaginta diebus, Spiritus sanctus datur, qui est digitus Dei, super centum et viginti discipulos Mosaicæ ætatis numero constitutos. Siquidem et hæc festivitas aliud obtinet sacramentum. Constat enim ex septem septimanis. Sed dierum quidem septimanæ generant eamdem Pentecosten in quo fit peccati remissio per Spiritum sanctum. Annorum vero septimanæ quinquagesimum annum faciunt, qui apud Hebræos jubilæus nominatur, in quo similiter terræ fit remissio, et servorum libertas, et possessionum restitutio, quæ pretio fuerant comparata. Septem etenim septies multiplicati quinquagenarium ex se generant numerum, assumpta monade quam ex futuri sæculi figura præsumptam esse majorum auctoritas tradit. Fit enim ipsa et octava semper et prima, imo ipsa est semper una, quæ est omnis dies. Necesse est enim sabbatismum animarum populi illuc occurrere atque ibi compleri ubi datur pars his qui octo, sicut quidam disserens Salomonis dicta sapienter exposuit (Eccle. XI). Idcirco autem totius quinquagesimæ dies post Domini resurrectionem resoluta abstinentia in sola lætitia celebrantur, propter figuram futuræ resurrectionis, ubi jam non labor, sed requies erit lætitiæ. Ideo his diebus nec genua in oratione flectuntur, quia sicut quidam sapientum ait, in flexu genuum pœnitentiæ et luctus indicium est. Unde etiam per omnia eamdem in illis solemnitatem quam Dominico die custodimus, in qua majores nostri nec jejunium agendum, nec genua esse flectenda, ob reverentiam Dominicæ resurrectionis, tradiderunt. His diebus sanctis alleluia propter gaudium resurrectionis assidue esse cantandum in Ecclesia magistri sanciverunt Ecclesiæ. Quia vero a

Dominica Septuagesimae toto tempore jejunii, usque in Pascha, quo poenitentiae et corporis nostri mortificationi instare debemus, ab ista laude abstinendum est, licet nullo tempore in Ecclesia laus Dei desit, ita in diebus solemnitatis paschalis, imo per totam Quinquagesimam usque in Pentecosten, atque in Dominicis diebus, quando laetari nos convenit, et jejunio relaxari, sine cessatione illam in cantu frequentare debemus. Ante pascha ergo tempus jejunii praesentis vitae significationem tenet, quia propter peccata nostra poenis aerumnisque quotidie affligimur. Tempus vero quinquagesimae paschalis futuram resurrectionem corporum nostrorum, id est, aeternam in coelis vitam, eo quod caput nostrum eo tempore resurrexerit, demonstrat, ac ideo coeleste canticum alleluia, quod Joannes apostolus in coelis sanctorum turbam multam canere in Apocalypsi commemorat, eo tempore frequentandum esse, quo immortalitatem nostram desideramus, Salvatoris nostri glorificationem celebrantes; et hoc optandum, ut qui in terra aliena positi canticum Domini cantare digne non possumus, ad terram viventium perveniamus, qua sine fine gaudentes canticum novum Domino sine cessatione in aeternum decantemus. In sabbato autem sancto Pentecostes, sicut in sabbato sancto Paschae, baptismum celebratur, lectionibus Veteris Testamenti ante recitatis, et orationibus atque litaniis ante peractis, subsequente sancta missarum celebratione. Bene quoque sabbatum sanctum Pentecostes simili celebratione sabbato sancto Paschae veneratur, quia ipse unigenitus Dei Filius in fide credentium, et in virtute operum, nullam inter se et Spiritum sanctum voluit esse distantiam, quia nulla est diversitas in natura, dicens: *Ego rogabo Patrem meum, et alium paracletum dabit vobis, ut vobiscum sit in aeternum, Spiritum veritatis* (*Joan.* IV). Et iterum: *Paracletus autem Spiritus sanctus, quem mittet Pater meus in nomine meo, ille vos docebit omnia, et suggeret universa quaecunque dixero vobis* (*Ibidem*). Et iterum: *Cum venerit ille Spiritus veritatis, diriget vos in omnem veritatem* (*Joan.* XVI). Cum utique veritas Christus sit et Spiritus sanctus veritas, nomenque paracleti utrique sit proprium, non dissimile est festum, ubi semper unum est sacramentum.

CAPUT XLII.
De die Dominico.

Dominicum diem apostoli ideo religiosa solemnitate sanxerunt, quia in eodem Redemptor noster a mortuis resurrexit, ideo Dominicus appellatur, ut in eo a terrenis operibus vel mundi illecebris abstinentes, tantum divinis cultibus serviamus, dantes scilicet diei huic honorem et reverentiam, propter spem resurrectionis nostrae, quam habemus in illa. Nam sicut ipse Dominus Jesus Christus et Salvator noster tertia die resurrexit a mortuis, ita et nos resurrecturos in novissimo die speramus. Unde etiam in Dominico die stantes oramus, quod est signum futurae resurrectionis. Hoc agit Ecclesia universa, quae in peregrinatione mortalitatis inventa est, exspectans in fine saeculi, quod in Domini nostri Jesu Christi corpore praemonstratum est, qui est primogenitus a mortuis. Sabbatum autem a priore populo in otio corporaliter celebratum legimus, ut figura esset in requiem, unde et sabbatum requies interpretatur. Dies autem Dominicus, non Judaeis sed Christianis per resurrectionem Domini declaratus est, et ex illo coepit habere festivitatem suam. Ipse est enim dies primus, qui post septimum reperitur octavus, unde et in Ecclesiaste ad duorum Testamentorum significationem dicitur: Illi septem, idem illi octo. Primo enim solum celebrandum sabbatum traditum est, quia erat antea requies mortuorum, resurrectio autem nullius erat usque ad Christum Dominum, qui *resurgens a mortuis, non moritur, mors illi ultra non dominabitur*. Jam postquam facta est talis resurrectio in corpore Domini, ut praeiret in capite Ecclesiae, quod corpus Ecclesiae speraret in fine, dies Dominicus octavus, qui et primus, in festivitate successit. Apparet autem hunc diem etiam in Scripturis sanctis esse solemnem. Ipse enim est dies primus saeculi, in ipso formata sunt elementa mundi, in ipso creati sunt Angeli, in ipso quoque a mortuis resurrexit Christus, in ipso de coelis Spiritus sanctus super apostolos descendit, manna in eo die in eremo primo de coelo datum est. Sic enim dicit Dominus: *Sex diebus colligetis manna, in die autem sexto duplum colligetis* (*Exod.* XVI). Sextus enim dies est parasceve, qui ante sabbatum ponitur, sabbatum autem octavus dies est, quem sequitur Dominicus in quo primum manna de coelo venit. Unde intelligant Judaei jam tunc praelatam esse Judaico sabbato Dominicam nostram, jam tunc indicatum quod in sabbato ipsorum gratia Dei de coelo ad eos nulla descenderit, sed in nostra Dominica in qua primum Dominus eam pluit.

CAPUT XLIII.
De festivitatibus sanctorum.

Festivitates apostolorum sive in honorem martyrum solemnitates, antiqui patres in venerationis mysterio celebrare sanxerunt (*August. de Civit. Dei*), vel ad excitandam imitationem, vel ut meritis eorum consociemur, atque orationibus adjuvemur, ita tamen, ut nulli martyrum, sed ipsi Deo martyrum, quamvis in memoriis martyrum, constituamus altaria. Quis enim antistitum in locis sanctorum corporum assistens altari aliquando dixit: Offerimus tibi, Petre, aut Paule, aut Cypriane? Sed quod offertur, Deo offertur, qui martyres coronavit, apud memorias eorum quos coronavit, quod ex ipsorum amore major affectus exsurgat ad acuendam charitatem, et in illos quos imitari possumus, et in illo quo adjuvante possimus. Colimus ergo martyres eo cultu dilectionis et societatis, quo et in hac vita coluntur sancti homines Dei, quorum cor ad talem pro evangelica veritate passionem paratum sentimus, sed illos tanto devotius, quanto securius post incerta omnia superata, quanto etiam fidentiori laude praedicamus, jam in vita feliciore victores, quam in ista adhuc usque pugnantes. At vero illo cultu qui Graece latreia, λατρεία, dicitur,

Latine uno verbo dici non potest, cum proprie sit quædam divinitati debita servitus, nec colimus, nec colendum docemus, nisi unum Deum. Cum autem ad hunc cultum pertineat oblatio sacrificii, unde idololatria dicitur eorum, qui hoc etiam idolis exhibent, nullo modo aliquid tale offerimus aut offerendum præcipimus, vel cuiquam martyri, vel cuiquam sanctæ animæ, vel cuiquam angelo, et quisquis in hunc errorem dilabitur, corripiatur per sanam doctrinam, sive ut corrigatur, sive ut caveatur dum etiam ipsi sancti vel homines vel angeli exhiberi sibi nolint, quod uni Deo deberi norint. Apparuit hoc in Paulo et Barnaba cum, commoti miraculis, quæ per eos facta sunt, Lycaonii, tanquam diis immolare voluerunt (*Act.* xiv). Conscissis enim vestimentis suis, confitentes et persuadentes se deos non esse, ista sibi vetuerunt. Apparuit et in angelis, sicut et in Apocalypsi legimus angelum se adorare prohibentem ac dicentem adoratori suo : *Conservus tuus sum et fratrum tuorum, Deum adora* (*Apoc.* xix). Recte itaque scribitur homini ab angelo prohibitum esse adorare se, sed unum Deum sub quo ei esset et ille conservus. Non ergo sit nobis ille divinæ religionis cultus in angelos aut martyres, quia non sic habentur ut tales quærant honores ut Deus, quia nec ipsi volunt se coli pro Deo, sed illum a nobis coli volunt quo illuminante lætantur. Honorandi ergo sunt martyres, propter imitationem, non adorandi propter religionem, honorandi charitate non servitute. Notandum vero quod Felix, papa Romanus, vigesimus septimus post sanctum Petrum, legitur constituisse supra memorias martyrum missas celebrari. Attamen beatus Gregorius papa sexagesimus sextus Romanæ urbis constituit supra corpus missas celebrari. Dicuntur quædam festivitates natalitia, et merito. Quomodo enim consuete nasci dicitur, cum quis, de utero matris procedens, hanc in lucem egreditur, ita rectissime potest natus dici, quia vinculis carnis solutus, ad lucem sublimatur æternam, et inde mos obtinuit ecclesiasticus, ut dies beatorum martyrum, sive confessorum Christi, qui de sæculo transierunt, natales vocitemus, eorumque solemnia, non funebria, sed natalitia dicantur.

CAPUT XLIV.
De sacrificiis pro defunctis offerendis.

Sacrificium pro defunctorum fidelium requie offerre, vel pro eis orare, quia per totum orbem hoc custoditur, credimus quod ab ipsis apostolis traditum sit. Hoc enim ubique catholica tenet Ecclesia, quæ nisi crederet fidelibus defunctis dimitti peccata, non pro eorum specialibus vel eleemosynam faceret, vel sacrificium offerret. Nam et cum dicit, *qui peccaverit in Spiritum sanctum, non remittetur ei in hoc sæculo, neque in futuro* (*Matth.* xii), demonstrat quibusdam illic dimittenda peccata, et quædam purgatorio igne purganda. Ergo ut in libris dialogi sanctus Gregorius narrat, et Beda magister in Gestis angelorum, frequenter exemplo ostensum seu visione revelatum est, animabus defunctorum multum prodesse pro eis sacrificia. Et in quodam loco dictum est a sancto Augustino, defunctorum animas sine dubio pietate suorum viventium relevari, cum pro illis sacrificium offertur, vel eleemosynæ fiunt, si tamen aliquod quisque sibi meritum præparavit, dum adhuc in corpore viveret, pro qua ista prosint, quæcunque pro illo fiunt. Nam non omnibus prosunt, nisi pro differentia vitæ, quæ quisque gessit in corpore. Nam pro valde bonis gratiarum actiones sunt, pro non valde bonis, et non valde malis, propitiationes sunt, pro valde malis, si etiam nulla sunt adjumenta mortuorum, qualescunque tamen vivorum consolationes sunt. Quibus autem prosunt, aut ad hoc prosunt, ut sit plena remissio, aut certe ut tolerabilior fiat ipsa damnatio.

CAPUT XLV.
De Encœniis, et unde omnis ordo ille originem duxerit.

Festivitates annuas dedicationis ecclesiarum, ex more veterum celebrari, in Evangelio legimus, ubi dicitur : *Facta sunt autem encœnia Jerosolymis* (*Joan.* x). Eucænia quippe festivitates erant dedicationes templi. Græce enim καινὸν dicitur novum. Quodcunque enim aliquid novum fuerit dedicatum, encæria vocatur. Illum enim diem quo dedicatum est templum a Salomone, sicut Regum liber et Paralipomenon narrat, Judæi solemniter celebrabant, et ipse dies apud eos festus habebatur ; qui usus videlicet in illis exolevit qui caruerunt et cultu et templo. Christiani autem servant morem illum patrum, in quibus gloria translata videtur. Nam quod in dedicatione templi, in nocte præcedente diem dedicationis, reliquiæ sanctorum feretro conditæ in tentorio vigiliis custodiuntur, quid aliud demonstrat, quam quod arca testamenti cum sanctis quæ in ea erant, in tabernaculo Mosaico ante ædificationem templi per excubias Levitarum servabatur. Et quod in tempore dedicationis multitudine undique convocata, feretrum cum reliquiis sanctorum per sacerdotes de tentorio ad templum fertur, quid aliud intimat, quam quod liber Paralipomenon narrat, quod *venerunt omnes viri Israel ad regem Salomonem in die solemni, et portaverunt Levitæ arcam fœderis Domini* cum omni apparatu *tabernaculi, et intulerunt eam sacerdotes in locum suum* (*II Par.* v), id est, oraculum templi in sancta sanctorum ? Quod vero pontifex simul cum sacerdotibus feretrum portantibus, et omni clero ac cætero populo laudem et litanias canendo antequam ingrediatur in templum, ter foris illud circuit, quid aliud significat, quam quod in adventu Domini et sanctorum ejus, qui fit per invocationem ejus sicut ipse dixit : *Ubi duo vel tres congregati fuerint in nomine meo, in medio eorum sum* (*Matth.* xviii), omnis superbia et virtus diaboli, si quæ in domo latitaverit, corruat et dissipetur, et quod secundum prophetam : *Exaltabitur Dominus solus in die illa, et vocabitur deinceps nomen loci illius Dominus* (*Ibid.*). Legimus etiam in Jesu Nave, quod sacerdotes et Levitæ, atque universus Israel simul cum arca Domini circumirent urbem Jericho, et sacerdotibus clangentibus buccinis et conclamante universo populo, subito corruerunt muri civitatis, quod utique significat ad vocem prædicationis et laudis Domini post Salvatoris adventum, superbiam mundanam corruisse, et regnum diaboli destructum esse. Quod vero duodecim lucernæ intus juxta parietes templi ponuntur, duodenarium numerum exprimit apostolorum et patriarcharum, quem etiam Joannes apostolus in Apocalypsi commemorat in ædificio cœlestis Jerusalem esse insignem. Quod vero altare post aspersionem aquæ chrismate perungitur, ad imitationem patriarchæ Jacob factum est : qui post visionem illam terribilem, *erexit lapidem in titulum, fundens oleum desuper*, vocans locum, *domus Dei (Gen.* xxviii). Legiturque in Exodo, quod Moyses faceret sanctum unctionis oleum, ungeretque ex eo tabernaculum testimonii, et arcam testamenti, mensamque cum vasis suis, candelabrum et utensilia ejus, altare thymiamatis et holocausti, et universam supellectilem quæ ad cultum eorum pertinet. Aaron quoque et filios ejus, ut sacerdotio Domini fungerentur. Benedicit, ut res sacrificandæ sacro chrismatis liniantur unguento, ut demonstretur quod omnis sanctificatio constat in Spiritu sancto, cujus virtus invisibilis sancto chrismate ad sanctificationem præbendam permista est. Quod vero tunc incensum a pontifice super altare ponitur, significat sacerdotis puram super illud orationem esse debere, ut possit dicere Domino cum Propheta : *Dirigatur oratio mea sicut incensum in conspectu tuo (Psal.* cxl). Quod autem subtus tabulam altaris reliquiæ sanctorum ponuntur, significat sanctos sub throno Dei sedes et requiem habere. Testatur etiam hoc Joannes in Apocalypsi, cum dicit : *Vidi subtus altare animas interfectorum propter verbum Dei, et propter testimonium quod habebant, et clamabant voce magna dicentes : Usquequo Domine sanctus verus, non vindicas et judicas sanguinem de his qui habitant in terra ? Et datæ sunt his singulæ stolæ albæ, et dictum est illis, ut requiescerent tempus adhuc modicum, donec impleantur conservi eorum et fratres eorum, qui interficiendi sunt sicut et illi (Apoc.* vi). Perfecta vero dedicatione templi et altaris, induit se pontifex et clerus vestimentis aliis, et celebrant solemniter sanctarum missarum celebrationem. Et hoc ex veteri usu servatum est, quia legitur in Paralipomenon, quod postquam collata sit arca in loco suo, id est, in sanctis sanctorum, et *egressis sacerdotibus de sanctuario, omnes sacerdotes sanctificati* sint, et *tam Levitæ quam cantores, et qui sub Asaph erant, et qui sub Eman, et qui sub Idithun, filii et fratres vestiti byssinis, cymbalis et psalteriis et citharis concrepabant, stantes ad orientalem plagam altaris*, et reliqua (*II Par.* v). Et item : *Rex autem et omnis populus, immolabant victimas coram Domino.* Et paulo post : *Et dedicavit domum Dei rex et universus populus. Sacerdotes autem stabant in officiis suis*, etc. (*II Par.* vii). In hoc autem istud præstantius est veteri illi dedicationi, quod illic mactabantur boum et ovium multa millia, hic vero immolatur agni illius corpus, qui abstulit peccata mundi ; illic concrepabat multitudo tubarum et cymbalorum, et cætera instrumenta musicorum, hic autem jubilus ex devoto pectore prolatus, suaviter sonat per voces hominum. Quantum autem distat ab umbra veritas, tantum distat a legali victima nostrum sacrificium, et quantum præstat insensibili sensibile, tantum præstat laus vocis humanæ ex puro corde prolata, inani flatu tubarum, et percussione cymbalorum. Sed quia omnia in figuram contingebant illis, et nos revelata facie gloriam Domini contemplamur, morem illum veterum translatum in nostra religione tanto congruentius quanto verius observamus. Omnes autem festivitates pro varietate religionum, diversaque in honorem martyrum tempora, ideo a viris prudentibus instituta sunt, ne forte rara congregatio populi fidem minueret in Christo. Propterea ergo dies aliqui constituti sunt, ut in unum omnes pariter convenirent, et ex conspectu mutuo, et fides crescat, et lætitia major oriatur.

CAPUT XLVI.

De festivitate veterum, et unde et festa vel feriæ sint dictæ.

Festi autem dies in veteri lege isti fuerunt : dies Azymorum et Phase, quando, luna plenissima, abjecto fermento, agnus immolabatur. Dies Pentecostes, qua in vertice montis, Sina lex data est Moysi, in quo de frugibus primi panes offerebantur propositionis. Dies sabbatorum, in quo otia celebrabantur, et in quo manna in deserto non licebat colligere. Dies Neomeniarum, celebratio novæ lunæ. Semper autem Judæi in mensium principio, hoc est prima luna, diem festum agebant. Sed idcirco in principio mensis hoc faciebant, quia deficiente luna, tempus finitur, et iterum nascente, incipitur. Dies autem tubarum septimi mensis principium est, quando Judæi solemnitatem agentes amplius tuba canebant, et plura offerebant in eo sacrificia quam per singulos menses. In hoc mense primo, decimo die mensis hujus, dies propitiationum sive expiationum erat, quando pontifex semel in anno introibat in sancta sanctorum, et populo foris orante, ipse solus intus orabat, tam pro sua quam populi ignorantia offerens incensum Domino super altare thymiamatis. In quo mense erant celeberrimi Scenopegiæ, id est, Tabernaculorum, quando a quindecimo die mensis hujus, per septem dies in umbraculis habitabant, sumentes sibi spatulas palmarum, et ramos ligni densarum frondium, et salices de torrente, et lætabantur coram Domino Deo suo, in commemorationem exitus illorum de Ægypto, quod Dominus eos in tabernaculis habitare fecerit, cum eduxerit eos de terra Ægypti. Dies jejunii, primi, quarti, septimi et decimi mensis, ob eas causas celebres apud eos fuerunt ob quas supra commemoravimus, cum de jejunio disputabamus. Festi autem inde vocantur, quod jus in eis fatur, id est, dicitur, et nefasti, quibus non dicitur. Similiter et feriæ a fando dicuntur, ob quam causam Silvester papa primus apud Romanos constituit ut dierum nomina quæ antea secundum nomina deorum suorum vocabant, id est, Solis, Lunæ, Martis, Mercurii, Veneris, Saturni, feria deinceps vocarent, id est, prima feria, secunda feria, tertia feria, quarta feria, quinta feria, sexta feria, quia in principio Genesis scriptum est quod Deus per singulos dies dixerit: prima, *Fiat lux*; secunda, *Fiat firmamentum*; tertia, *Producat terra herbam virentem*, similiter, etc. Sabbatum autem antiquo legis vocabulo vocare præcepit, et primam feriam diem Dominicam, eo quod Dominus in illa resurrexit. Statuit autem idem papa ut otium sabbati magis in diem Dominicam transferretur, ut ea die a terrenis operibus ad laudandum Deum vacaremus, juxta illud quod scriptum est: *Vacate et videte, quoniam ego sum Deus* (*Psal.* xlv). Secundum hunc autem morem in natalitiis sanctorum vacare, id est, ad laudes Dei celebrandas, sancta nos jubet Ecclesia. Cæterum qui his diebus ad hoc vacare vult ab agri cultura, ut crapulæ et ebrietati deserviat, vel jocis inanibus operam det, agnoscat se magis peccare per tale otium quam si alicui utili operi insisteret, Salomone teste, qui ait: *Væ illis qui morantur in vino, et student calicibus epotandis* (*Prov.* xxiii), et item: *Acceptus*, inquit, *regi, minister est intelligens, iracundiam inutilis sustinebit* (*Prov.* xiv). Sed quia de festivitatibus celebrioribus, ad instructionem eorum qui in Ecclesia Deo serviunt, et populo præsunt, secundum sensum majorum jam supra diximus, de origine quoque cantus, et lectionum, et auctoritate Symboli, adhuc in præsenti dicamus.

CAPUT XLVII.
De cantico.

Canticum enim primus omnium Moyses legitur instituisse, quando percussa Ægypto decem plagis, et Pharaone submerso, cum populo per insueta maris itinera, ad desertum gratulabundus egressus est, dicens: *Cantemus Domino, gloriose enim honorificatus est* (*Exod.* xv). Item, idem auctor in Deuteronomio canticum præsagium futurorum conscripsit. Deinde quoque Debbora non ignobilis femina, in libro Judicum hoc mysterio functa reperitur; postea multos non solum viros, sed etiam feminas spiritu divino completas, Dei cecinisse mysteria. Canticum autem vox humana est; psalmus autem, qui canitur ad psalterium.

CAPUT XLVIII.
De psalmis.

Psallere autem usum esse primum Moysen, David prophetam in magno mysterio, prodit Ecclesia. Hic enim a pueritia in hoc munus a Domino specialiter electus, et cantorum princeps, psalmorumque thesaurus esse promeruit. Cujus psalterium idcirco cum melodia cantilenarum suavium ab Ecclesia frequentatur, quo facilius animi ad compunctionem flectantur. Primitiva autem Ecclesia ita psallebat, ut modico flexu vocis faceret resonare psallentem, ita ut pronuntianti vicinior esset quam canenti. Propter carnales autem in Ecclesia non propter spiritales, consuetudo cantandi est instituta, ut quia verbis non compunguntur, suavitate modulaminis moveantur. Sic namque et beatissimus Augustinus in libro Confessionum suarum, consuetudinem canendi approbat in Ecclesia, ut per oblectamenta, inquit, aurium, infirmior animus ad effectum pietatis exsurgat. Nam idipsis sanctis dictis, religiosius et ardentius moventur animi nostri ad flammam pietatis cum cantatur, quam si non cantetur. Omnes enim affectus nostri præ sonorum diversitate vel novitate, nescio qua occulta familiaritate excitantur magis, cum suavi et artificiosa voce cantantur. Psalmistam autem et voce et arte præclarum illustremque esse oportet, ita ut oblectamento dulcedinis animos incitet auditorum. Vox autem ejus non asper vel rauca, vel dissona, sed canora erit, suavis, liquida, atque acuta, habens sonum et melodiam sanctæ religionis congruentem, non quæ tragicam exclamet artem, sed quæ Christianam simplicitatem in ipsa modulatione demonstret, neque quæ musico gestu, vel theatrali arte redoleat, sed quæ compunctionem magis audientibus faciat. Perfecta autem vox est, alta, clara et suavis: alta, ut in sublime sufficiat; clara, ut aures adimpleat; suavis, ut animis audientium blandiatur. Si autem ex his aliquid defuerit, perfecta vox non erit. Antiqui enim pridie quam cantandum erat, cibis abstinebant, pallentia tantum legumina causa vocis sumebant, unde et vulgo cantores fabarii dicti sunt. Si ergo hoc apud gentiles tantum servandæ vocis causa agebatur, quanto magis apud Christianos, quos non tam vocis quam virtutis ipsius tenet cura, ab omni illecebra voluptatum abstinere oportet.

CAPUT XLIX.
De hymnis.

Hymnos primum eumdem David prophetam condidisse ac cecinisse, manifestum est, deinde et alios prophetas. Postea quidem et tres pueri in fornace positi, convocata omnium creatura, creatori omnium hymnum canentes dixerunt. Itaque et in hymnis et psalmis canendis, non solum prophetarum, sed etiam ipsius Domini et apostolorum habemus exemplum, et præcepta de hac re utilia ad movendum pie animum et inflammandum divinæ dilectionis affectum. Sunt autem divini hymni, sunt et ingenio humano compositi. Hilarius autem Gallus episcopus, Pictavis genitus, eloquentia conspicuus, hymnorum carmine floruit primus, post quem Ambrosius episcopus vir magnæ gloriæ in Christo, et in Ecclesia clarissimus doctor, copiosus in hujusmodi carmine floruisse cognoscitur, atque inde hymni ex ejus nomine Ambrosiani vocantur, quia ejus tempore primum in Ecclesia Mediolanensi celebrari cœperunt, cujus celebritatis devotio dehinc per totius Occidentis Ecclesias observatur. Carmina autem quæcunque in laudem Dei dicuntur, hymni vocantur.

CAPUT L.
De antiphonis.

Antiphonas Græci primi composuerunt, duobus thoris alternatim concinentibus, quasi duo seraphim, duoque Testamenta invicem sibi conclamantia. Apud Latinos autem primus idem beatissimus Ambrosius antiphonas instituit, Græcorum exemplum imitatus; ex hinc in cunctis Occiduis regionibus earum usus increbuit.

CAPUT LI.
De responsoriis.

Responsoria ab Italis longo tempore ante sunt reperta, et vocata hoc nomine, quod uno canente chorus reconsonando respondeat. Antea autem id solus quisque agebat, nunc interdum unus, interdum duo vel tres communiter canent, choro in plurimis respondente.

CAPUT LII.
De lectionibus.

Lectiones pronuntiare, antiquæ institutionis esse, Judæorum traditio habet. Nam et ipsi legitimis præfinitisque diebus, ex lege et prophetis, lectionibus utuntur, et hoc de veteri Patrum institutione servantes. Est autem lectio non parva audientium ædificatio : unde oportet ut quando psallitur, psallatur ab omnibus; cum oratur, oretur ab omnibus; cum lectio legitur, facto silentio æque audiatur a cunctis. Nam et si tunc superveniat quisque cum lectio celebratur, adoret tantum Deum, et, præsignata fronte, aurem sollicite accommodet. Patet tempus orandi, cum omnes oramus; patet cum voluerit orare privatim, obtentu orationis. Ne perdideris lectionem, quia non semper quilibet paratam eam potest habere, eum orandi potestas in promptu sit ; nec putes parvam nasci utilitatem ex lectionis auditu : siquidem oratio ipsa fit pinguior, dum mens recenti lectione signata, per divinarum rerum (quas nuper audivit) imagines currit. Nam et Maria soror Marthæ, quæ sedens ad pedes Jesu, sorore neglecta, verbum intentius audiebat, bonam partem sibi elegisse Domini voce firmatur (*Luc.* x). Ideo et diaconus clara voce silentium admonet, ut sive dum psallitur, sive dum lectio pronuntiatur, ab omnibus unitas conservetur, ut quod omnibus prædicatur, æqualiter ab omnibus audiatur. Quicunque enim officium decenter et rite peragere vult, doctrina et libris debet esse imbutus, sensuumque ac verborum scientia peroratus, ita ut in distinctionibus sententiarum intelligat ubi finiatur junctura, ubi adhuc pendeat oratio, usque ubi sententia extrema claudatur, sicque expeditus, vim pronuntiationis obtinebit, ut ad intellectum mentes omnium sensusque permoveat. Discernendo genera pronuntiationum, atque exprimendo proprios sententiarum affectus, modo voce indicantis simpliciter, modo dolentis, modo indignantis, modo increpantis, modo exhortantis, modo miserantis, modo percontantis, et his similia secundum genus propriæ pronuntiationis, expromenda sunt. Multa sunt enim in scripturis, quæ nisi proprio modo pronuntientur, in contrariam recedunt sententiam, sicut est illud Apostoli : *Quis accusabit adversus electos Dei? Deus qui justificat* (Rom. viii). Quod si quasi infirmitative, non servato genere pronuntiationis suæ, dicatur, magna perversitas oritur. Sic ergo pronuntiandum est, ut præcedat percontatio, sequatur interrogatio. Inter percontationem autem et interrogationem, hoc veteres interesse dixerunt, quod ad percontationem multa responderi possunt, ad interrogationem vero, aut non, aut etiam. Pronuntiabitur ergo ita, ut post percontationem qua dicimus : *Quis accusabit adversus electos Dei?* Illud quod sequitur, sono interrogantis enuntietur : *Deus qui justificat*, ut tacite respondeatur, non. Et per item percontemur : *Quis est qui condemnat*, rursusque interrogemus, *Christus Jesus qui mortuus est, magis autem qui resurrexit, qui est in dextera Dei, qui et interpellat pro nobis?* ut ubique tacite respondeatur, non. At vero in illo loco ubi ait : *Quid ergo dicemus? quia gentes quæ non sectabantur justitiam, apprehenderunt justitiam*, nisi post percontationem qua dictum est : *Quid ergo dicemus?* Item responsio subjiciatur, *quia gentes quæ non sectabantur justitiam, apprehenderunt justitiam* (Rom. ix), textus consequens non cohærebit. Et alia multa sunt, quæ propriam similiter vim pronuntiationis quærunt. Præterea et accentuum vim oportet lectorem scire, ut noverit in qua syllaba vox protendatur pronuntiantis, quia multæ sunt dictiones quæ solummodo accentu discerni debent a pronuntiante, ne in sensu earum erretur. Sed hæc a grammaticis discere oportet. Porro vox lectoris simplex esse debet et clara, et ad omne pronuntiationis genus accommodata, plena succo virili, agrestem et subrusticum effugiens sonum, non humilis, nec adeo sublimis; non fracta, non tenera, nihilque femineum sonans; non habens inflata vel anhelantia verba, non in faucibus frendentia, nec oris inanitate resonantia, nec aspera frendentibus, non hiantibus labris prolata, sed pressim, et æqualiter, et leniter, et clare pronuntiata, ut suis quæque litteræ sonis enuntientur, et unumquodque verbum legitimo accentu decoretur, nec ostentationis causa frangatur oratio. Corporis quoque motum impudentem habere non debet, sed gravitatis speciem, auribus enim et cordi consulere debet lector, non oculis, ne potius ex seipso spectatores magis quam auditores faciat. Vetus opinio est, lectores pronuntiandi causa, præcipuam curam vocis habuisse, ut exaudiri in tumultu possint, unde et dudum lectores præcones vel proclamatores vocabantur.

CAPUT LIII.
De libris duorum Testamentorum.

Pronuntiantur autem lectiones in Christi ecclesiis, de Scripturis sanctis. Constat autem eadem sacra Scriptura ex veteri lege et nova. Vetus lex illa est quæ data est primum Judæis per Moysen et prophetas, quæ dicitur Vetus Testamentum. Testamentum autem dicitur, quia idoneis testibus utique a prophetis scriptum est atque signatum. Nova vero lex est

Evangelium, quod dicitur Novum Testamentum, quod per ipsum Filium Dei Christum et suos apostolos dedit. Illa lex vetus velut radix est, haec nova velut fructus ex radice. Ex lege enim venitur ad Evangelium. Si quidem Christus qui hic manifestatus est, ante in lege praedictus est. Imo ipse locutus in prophetis, sicut scriptum est : *Qui loquebar, ecce adsum*, legem praemittens velut infantibus paedagogum, Evangelium vero, perfectum vitae magisterium, jam adultis omnibus praestans. Ideo in illa operantibus bona terrae promittebantur, hic vero sub gratia ex fide viventibus regnum coeleste tribuitur. Evangelium autem dicitur bonum nuntium, et revera bonum nuntium, ut qui susceperint, filii Dei vocentur.

Hi sunt ergo libri Veteris Testamenti quos sub amore doctrinae et pietatis legendos recipiendosque, Ecclesiarum principes tradiderunt. Primi namque legis, id est, Moysi libri quinque sunt, Genesis, Exodi, Levitici, Numeri, Deuteronomii. Hos sequuntur historici libri quindecim, Jesu Nave scilicet, et Judicum libri singuli, sive Ruth. Regum etiam libri quatuor. Paralipomenon duo. Tobiae quoque et Esther, et Judith singuli. Esdrae duo, et duo Machabaeorum. Super hos prophetici libri sedecim sunt, Isaias, Jeremias, Ezechiel et Daniel, libri singuli. Duodecim quoque prophetarum libri singuli, et haec quidem prophetica sunt. Post haec versuum octo libri habentur, qui diverso apud Hebraeos metro scribuntur : id est, Job liber, et liber Psalmorum, et Proverbiorum, et Ecclesiastes, et Cantica canticorum, Sapientia et Ecclesiasticus, Lamentationesque Jeremiae. Sic complentur libri Veteris Testamenti quadraginta quinque. Novi autem Testamenti primum, quatuor Evangelia sunt, Matthaei, Marci, Lucae, Joannis. Hos quatuordecim Pauli apostoli Epistolae sequuntur : quibus etiam subjunctae sunt septem canonicae Epistolae, Jacobi, Petri, Joannis et Judae. Actus quoque duodecim apostolorum : quorum omnium signaculum est Apocalypsis Joannis, quod est revelatio Jesu Christi, qui omnes libros et tempore concludit et ordine. Hi sunt libri canonici septuaginta duo, et ob hoc Moyses septuaginta elegit presbyteros qui prophetizarent; ob hoc et Jesus Dominus noster septuaginta duos discipulos praedicare mandavit. Et quomodo septuaginta duae linguae in hoc mundo erant diffusae, congrue providit Spiritus sanctus ut tot libri essent quot nationes, quibus populi et gentes ad perficiendam fidei gratiam aedificarentur.

CAPUT LIV.
De scriptoribus sacrorum librorum.

Veteris autem Testamenti secundum Hebraeorum traditionem hi scriptores habentur. Primum Moyses scripsit Pentateuchum. Jesu Nave edidit librum suum. Judicum autem, et Ruth, et Samuelis primam partem scripsit Samuel; sequentia Samuelis usque ad calcem, scripsit David. Malachim totum edidit Jeremias : nam ante sparsus erat per singulorum regum historias. Job librum Hebraei Moysen scripsisse putant, alii unum ex prophetis. Psalterium vero scripserunt decem prophetae, id est, Moyses, David, Salomon, Asaph, Ethan, Idithun, Eman et filii Core, id est, Asir, Elcana, Ephiasab. Sunt qui et Esdram, et Aggaeum, et Zachariam scripsisse dicant. Salomon scripsit Proverbia, et Ecclesiasten, et Cantica canticorum. Isaias scripsit librum suum, similiter et Jeremias cum Lamentationibus ejus. Viri Synagogae sapientes scripserunt Ezechielem, Danielem, et Paralipomenon, et Esther. Esdra scripsit librum suum. Omnes autem hos libros idem Esdra post incensam legem a Chaldaeis, dum Judaei ingressi fuissent in Jerusalem, divino afflatus Spiritu reparavit, cunctaque prophetarum volumina, quae fuerant a gentibus corrupta, correxit; totumque Testamentum in viginti duos libros constituit, ut tot libri essent in lege quot habentur et litterae. Primum post Esdram editionem de Hebraeo in Graecum Septuaginta interpretes ediderunt, sub Ptolemaeo Aegyptiorum rege, successore Alexandri, qui in legendo studiosus fuit, omniumque libros gentium congregavit. Iste enim ab Eleazaro, qui erat princeps sacerdotum, multa dona mittens ad templum, petit ut senes de duodecim tribubus Israel transmitterentur, qui interpretarentur omnes libros eorum, et ut fidem interpretationis adverteret, singulis eorum qui fuerunt destinati singulas cellulas dedit, et assignans omnibus, omnes Scripturas jussit interpretari. Qui cum per septuaginta dies istius rei negotium adimplessent, omnium simul interpretationes, quas per diversas cellas segregati nullo ad nullum propinquante fecerunt, congregavit in unum, atque ita omnes libri interpretati per Spiritum sanctum inventi sunt, ut non solum intellectu, verum etiam et in sermonibus consonantes invenirentur. Haec fuit prima interpretatio vera ac divina. Hos libros meditari omnium gentium Ecclesiae primum coeperunt, eosdemque de Graeco in Latinum interpretantes, primi Ecclesiarum provisores tradiderunt. Post haec secundam editionem Aquila, tertiam et quartam Theodotion et Symmachus ediderunt, ambo Judaei proselyti; quintam vero et sextam editionem Origenes reperit, et cum caeteris supradictis editionibus comparavit. Hi sunt itaque tantum, qui Scripturas sacras de Hebraeo in Graecum sermonem verterunt, quinque etiam et numerantur. Nam Latinorum interpretum qui de Graeco in nostrum eloquium transtulerunt, ut meminit sanctus Augustinus, infinitus numerus est. Si cui enim, inquit, primis fidei temporibus ad manus venit codex Graecus, atque aliquantulum esse sibi utriusque linguae peritiam sensit, ausus est statim interpretari, atque inde accidit tam innumerabiles apud Latinos exstitisse interpretes. De Hebraeo autem in Latinum eloquium, tantummodo Hieronymus presbyter sacras Scripturas convertit : cujus editione generaliter omnes Ecclesiae usquequaque utuntur, pro eo quod veneratior sit in sententiis, et clarior in verbis. Librum Sapientiae Salomon scripsisse probatur, testimoniis illis quibus legitur : *Tu me*, inquit, *elegisti regem populo tuo, et* dixisti *ædificare templum nomini sancto tuo, in civitate sanctæ habitationis tuæ* (*Sap.* IX). Hoc opus Hebræi (ut quidam sapientum meminit), inter canonicas Scripturas recipiebant. Sed postquam comprehendentes Christum interfecerunt, memorantes in eodem libro tam evidentissima de Christo testimonia quibus dicitur : *Dixerunt* inter se impii : *Comprehendamus justum quia inutilis est nobis, et contrarius est operibus nostris, et promittit se scientiam Dei habere, et Filium Dei se nominat* (*Sap.* II). Et infra : *Si enim est vere Filius Dei, suscipiet illum et liberabit illum de manu contrariorum.* Ac deinde : *Ut sciamus reverentiam illius, et probemus patientiam ejus, morte turpissima condemnemus eum* (*Ibid.*) ; collatione facta, ne nostri eos pro tam aperto sacrilegio derogarent, a propheticis eum voluminibus reciderunt, legendumque suis prohibuerunt. Librum autem Ecclesiasticum composuit Jesus filius Sirach Hierosolymitanus, nepos Jesu sacerdotis, de quo meminit Zacharias. Qui liber apud Latinos, propter eloquii similitudinem, Salomonis titulo prænotatur. Præterea Judith et Tobiæ sive Machabæorum libros, qui auctores scripserint, minime constat.

Novum autem Testamentum, quatuor libros Evangeliorum quatuor evangelistæ singulos scripserunt : quorum solus Matthæus Hebræo scripsisse perhibetur eloquio, cæteri Græco. Paulus apostolus suas scripsit Epistolas, ex quibus novem septem ecclesiis scripsit, reliquas discipulis suis, Timotheo, Tito et Philemoni. Ad Hebræos autem Epistola plerisque Latinis ejus esse incerta est, propter dissonantiam sermonis, eamdemque alii Barnabam conscripsisse, alii a Clemente scriptam fuisse suspicantur. Petrus scripsit duas nomine suo Epistolas, quæ Catholicæ nominantur, quarum secunda a quibusdam ejus esse non creditur, propter styli sermonisque distantiam. Jacobus suam scripsit Epistolam, quæ et ipsa a nonnullis ejus esse negatur, sed sub nomine ejus ab alio dictata existimatur. Joannes Epistolas tres edidit : quarum tantum prima a quibusdam ejus esse asseritur, reliquæ duæ Joannis cujusdam presbyteri existimantur, cujus, juxta Hieronymi sententiam, alterum sepulcrum apud Ephesum demonstratur. Judas suam edidit Epistolam. Actus apostolorum Lucas composuit, sicut audivit vel vidit. Apocalypsin Joannes evangelista scripsit, eodem tempore quo ob Evangelii prædicationem in insulam Pathmos traditur relegatus. Hi sunt scriptores sacrorum librorum, divina inspiratione loquentes, ad eruditionem nostram præcepta cœlestia in Ecclesia dispensantes. Auctor autem earumdem Scripturarum Spiritus sanctus esse creditur. Ipse enim scripsit, qui per prophetas suos scribenda dictavit.

CAPUT LV.
De benedictionibus.

Benedictionem autem dari a sacerdotibus populo, antiqua per Moysen benedictio pandit et comprobat, qua benedicere populo suo, sub sacramento trinæ invocationis jubetur. Ait enim ad Moysen Dominus : Sic benedices populum meum, et ego benedicam illos. *Benedicat te Dominus et custodiat te* (*Num.* VI) ; illuminet Dominus faciem suam super te, et misereatur tui (*Psal.* LXVI) ; *convertatque Dominus vultum suum ad te, et det tibi pacem* (*Num.* VI). Hinc quoque usus Ecclesiæ multiplices benedictiones in diversis rebus habet. Benedicitur oleum ex apostolica auctoritate, ad infirmorum medicamentum, Jacobo apostolo hoc ita præcipiente : *Infirmatur*, inquit, *quis in vobis, inducat presbyteros Ecclesiæ, ut orent super eum, ungentes eum oleo in nomine Domini nostri Jesu Christi* (*Jac.* V). Benedicitur sal et aqua in diversos usus fidelium, ad homines infirmos, contra phantasiam inimici, ad pecorum sanitatem, ad morbos auferendos, etc., sicut legitur Alexander, septimus post Petrum, Romanæ urbis episcopus, et martyr, constituisse aquam sparsionis cum sale benedici in habitaculis hominum. Nam nullum est aliud elementum quod in hoc mundo purget universa quam aqua, quodque vivificet cuncta : ideoque cum baptizamur in Christo, per ipsum renascimur, ut purificati vivificemur ; quod in tempore passionis una cum sanguine de latere Christi profluxit, ad ostendendum utique omnis sanctificationis et munditiæ validum se inde habere sacramentum. Quod autem sal sanctificatum aquæ immiscetur, ex divina auctoritate processit, quia illud per Elisæum in fontem mitti jussit, ut sanaretur sterilitas aquarum Jericho. Ergo natura salis naturæ aquæ vicina et conjunctissima est, quia ejusdem clementiæ ambo sunt, et idem officium et significationem habent. Nam aqua a sordibus mundat, sal putredinem fugat ; aqua nitorem præbet, sal sinceritatem adhibet ; aqua potum sapientiæ significat, et sal gustum prudentiæ indicat, quod scilicet sacrorum librorum satis testatur auctoritas, et multiplicia eorum produnt testimonia. Fit enim hic mirabilis operationis divinæ effectus, ut per sacerdotum ora Deus ipse benedicat, et per sensibile eorum ministerium virtus divina invisibiliter efficiat sacramentum. Deprecatur quidem pro salute hominum pia sacerdotis intentio, et præstat eam divinæ pietatis devotio ; sicque fit ut charitas quæ exhibet in sacerdote depreciationem, ipsa præstet a Domino integram sanitatem.

CAPUT LVI.
De symbolo.

Symbolum tali ratione institutum majores nostri tradunt, quod post ascensionem Domini et Salvatoris nostri ad Patrem, cum post adventum sancti Spiritus discipuli ejus inflammati, linguis omnium gentium loquerentur, ut nulla illis gens extera, nulla lingua barbaris inaccessa vel invia videretur, præceptum eis est a Domino datum, ad prædicandum Dei verbum, ad singulas quasque nationes adire. Discessuri itaque ab invicem, normam prius sibi futuræ prædicationis in communi constituunt, ne velociter ab invicem discedentes, diversum aliquod vel dissonum prædicaretur his qui ad fidem Christi invitabantur. Omnes ergo in uno positi, et Spiritu sancto repleti, breve sibi prædicationis indicium conferendo, in unum quod sentiebant componunt, atque hanc credentibus dandam esse regulam statuunt. Symbolum autem hoc multis et justissimis causis appellare voluerunt. Symbolum enim, Græce σύμβολον, et indicium dici potest et collatio, hoc est, quod plures in unum conferunt. Id enim fecerunt apostoli, in his sermonibus in unum conferendo unusquisque quod sensit. Indicium autem vel signum idcirco dicitur, quod illo in tempore sicut Paulus apostolus dicit, et in Actibus apostolorum refertur : Multi simulabant se esse apostolos Christi, nominantes quidem Christum, sed non integris traditionum lineis nuntiantes. Idcirco ergo istud indicium posuere, per quod cognosceretur is qui Christum verum secundum apostolicas litteras prædicaret. Est autem Symbolum signum, per quod agnoscitur Deus; quodque proinde credentes accipiunt, ut noverint qualiter contra diabolum fidei certamina præparent; in quo quidem pauca sunt verba, sed omnia continentur sacramenta. De totis enim Scripturis, hæc breviatim collata sunt ab apostolis : ut quoniam plures credentium litteras nesciunt, vel qui sciunt, præoccupatione sæculi, Scripturas legere non possunt, hæc corde retinentes, habeant sufficientem sibi scientiam salutarem. Est enim breve fidei verbum, et olim a propheta prædictum : *Quoniam verbum breviatum faciet Dominus super terram.*

CAPUT LVII.
De regula fidei.

Hæc est autem post apostolicum Symbolum certissima fides, quam doctores nostri tradiderunt, ut profiteamur Patrem, et Filium, et Spiritum sanctum unius essentiæ, ejusdem potestatis et sempiternitatis, unum invisibilem, ita ut in singulis personarum proprietate servata, nec substantialiter trinitas dividi, nec personaliter debeat omnino confundi ; Patrem quoque confiteri ingenitum, Filium unigenitum, Spiritum autem sanctum nec genitum nec ingenitum, sed ex Patre et Filio procedentem ; Filium a Patre nascendo procedere, Spiritum vero sanctum procedendo non nasci ; ipsum quoque Filium perfectum ex Virgine, sine peccato, hominem suscepisse, ut quem sola bonitate creaverat, sponte lapsum misericorditer repararet; quem veraciter crucifixum, et tertia die resurrexisse, et cum eadem ipsa carne glorificata ascendisse in cœlum, in qua et ad judicium vivorum et mortuorum exspectatur venturus ; et quod divinam humanamque substantiam in utroque perfectus una Christus persona gestaverat, quia nec geminavit utriusque substantiæ integritas personam, nec confudit geminam unitas personæ substantiam · altero quippe neutrum exclusit, quia utrumque unusquisque intemerato jure servavit. Quod Novi et Veteris Testamenti salubris commendat auctoritas, illa per prophetiam, ista per historiam veraciter persoluta; et quod neque de Deo, neque de creatura sæculi sit cum paganis aut cum hæreticis aliquid sentiendum in his rebus, in quibus a veritate dissentiunt. Sed in utroque Testamento divina protestantur eloquia, hoc tantummodo sentiendum, quod sive hominem, sive universa, nulla Deus necessitate creaverit, nec ullam esse omnino visibilem invisibilemque substantiam, nisi aut quæ Deus sit, aut a bono Deo bona creata sit; sed Deus summe et incommutabiliter bonus, creatura vero inferius et mutabiliter bona ; et quod animæ origo incerta sit; et quod angelorum natura, vel animæ, non sit pars divinæ substantiæ, sed Dei creatura ex nihilo condita, ideoque incorporea, quia ad imaginem Dei creata est. De pietate morum sine qua fides divini cultus otiosa torpescit, et cum qua integritas divini cultus perficitur; et ut unusquisque Deum propter Deum, et proximum in Deo diligat, ut perficiendo perveniat. Alterum quoque alterius non pollui posse peccato, ubi par voluntatis non tenetur consensio. Legitimas nuptias non credi damnandas, licet ex eis quoque originali peccato obnoxia credatur nasci posteritas; eisque jure fidelium virginum et continentium præferenda doceatur integritas. Ne unum baptismum Trinitatis (quod nefas est) iteretur ; neque pro diversitate tradentium ministrorum singulis putetur quibusque confiteri, sed ab eo singulari potestate donari, de quo dictum legimus : *Super quem videris Spiritum descendentem et manentem super eum, hic est qui baptizat in Spiritu sancto ; et ego vidi, et testimonium perhibui quia hic est Filius Dei (Joan.* i). Et ne pœnitentiæ remediis non egere putemus, pro quotidianis humanæ fragilitatis excessibus, sine quibus in hac vita esse non possumus, ita ut pœnitentiæ compunctione fructuosa universa fateamur deleri peccata, sicut scriptum est : *Beati quorum remissæ sunt iniquitates, et quorum tecta sunt peccata. Beatus vir cui non imputavit Dominus peccatum (Psal.* XXXI). Nullum quoque suis viribus, sed per divinam gratiam capiti Christo subjungi, atque indiruptæ pacis perseverantia in unitate Ecclesiæ ipsius solidari. Nec humanæ voluntatis arbitrio boni quiddam deputandam existimari, sed secundum propositum voluntatis Dei omnem numerum electorum acquiri. Bona quoque temporalia bonis malisque communia a Deo creari, ejusque dispensatione singulis quibusque vel tribui vel negari : quorum bonorum in unoquoque fidelium non habitus, sed usus aut improbandus, aut probandus. Certa vero æternaque bona, solos posse bonos in futuro consequi, quorum pignore Ecclesiam nunc informatam credimus detineri, hic habentem primitias Spiritus, in futuro perfectionem ; hic sustentari in spe, postea pasci in re ; hic videri per speculum in ænigmate, in futuro autem facie ad faciem, cum ad speciem fuerit perducta per fidem. Quod donec perficiatur, ut summi Dei bonis fruamur æternis, fruendum, inde non oberimus et proximis. Eam quoque nos spem resurrectionis habere, ut eodem ordine eademque forma qua ipse Dominus resurrexit a mortuis, nos quoque resurrecturos esse credamus, in eodem corpore in quo sumus vel vivimus, non naturam aut sexum mutantes, sed tantum fragilitatem et vitia deponentes. Ipsum quoque Satanam cum angelis suis atque cultoribus æterno incendio condemnandum, neque, secundum quorumdam sacrilegam dispensationem, ad pristinam, id est angelicam dignitatem, ex qua propria malignitate cecidit, reducendum. Hæc est catholicæ traditionis fidei integritas, de qua si unum quodlibet respuatur, tota fidei credulitas amittitur.

CAPUT LVIII.
De hæresibus variis.

Hoc ergo cavendum est omni animæ timenti Deum, ut non a fide catholica decidens, et relinquens doctrinam veritatis, in errores hæreticorum cadat, quia hoc certissimum mortis est genus. Sed ut hoc facilius possit præcavere, quascunque sectas de erroribus hæreticorum atque schismaticorum, denotatas a catholicis doctoribus invenimus, simul cum earum auctoribus, sive sectatoribus, in hoc libro determinamus.

Hæresis, αἵρεσις Græce, ab electione vocatur, quod scilicet unusquisque id sibi eligat quod melius illi esse videtur, ut philosophi, Peripatetici, Academici, Epicurei, et Stoici, vel sicut alii, qui perversum dogma cogitantes, arbitrio suo de Ecclesia recesserunt. Inde ergo hæreses sunt dictæ Græca voce ex interpretatione electionis, quas quisque arbitrio suo, ad instituenda sive ad suscipienda quælibet, ipse elegit. Nobis vero nihil ex nostro arbitrio inducere licet, sed nec eligere quod aliquis de arbitrio suo induxerit. Apostolos Dei habemus auctores : qui nec ipsi quidquam ex suo arbitrio quod inducerent elegerunt, sed acceptam a Christo disciplinam fideliter nationibus assignaverunt. Secta a sectando et tenendo nominata; nam sectas dicimus habitus animorum ac instituta, circa disciplinam fideliter propositam, quæ tenendo sequuntur, longe alia in religionis cultu opinantes quam cæteri. Schisma a scissura animorum nomen accepit; eodem enim cultu, eodemque ritu credit ut cæteri, solo congregationis delectatur dissidio. Fit autem schisma cum dicunt : Homines nos justi sumus, nos sanctificamus immundos, et cætera similia. Superstitio dicta, eo quod sit superflua aut superinstituta observatio. Alii dicunt a senibus, quia multis annis superstites, per ætatem delirant et errant.

Apud Judæos autem hæ fuerunt hæreses : Pharisæorum, Sadducæorum, Esnæistarum, Marbonensium, Genistarum, Meristæorum.

Pharisæi ergo et Sadducæi inter se contrarii sunt. Nam Pharisæi ex Hebræo in Latinum interpretantur divisi, eo quod traditionem et observationum quas illi deuteras vocant justitiam præferunt. Unde et divisi vocantur a populo quasi per justitiam.

Sadducæi interpretantur justi, vindicant enim sibi quod non sunt; corporis resurrectionem negant, et animam interire cum corpore prædicant. Sed nec spiritus esse, nec angelos credunt. Hi quinque tantum libros legis recipiunt, prophetarum vaticinia respuunt.

Esnæistæ dicunt ipsum esse Christum qui docuit illos omnem abstinentiam.

Marbonæi dicunt ipsum esse Christum qui docuit illos in omni re sabbatizare.

Genistæ dicti, eo quod de genere Abranæ esse glorientur. Nam cum in Babyloniam venisset populus Dei, plerique relinquentes uxores suas, Babylonicis mulieribus adhæserunt ; quidam ' Israeliticis tantum conjugiis contenti, vel ex eis geniti, dum reversi essent de Babylonia, diviserunt se ab omni populo et assumpserunt sibi hoc nomen jactantiæ.

Meristæi appellati, eo quod separant Scripturas, non credentes omnibus prophetis, dicentes aliis et aliis spiritibus prophetasse. Meros enim, μέρος Græce, Latine pars dicitur.

Samaritæ dicti, quod legem solam custodiunt, nam prophetas non recipiunt.

Hemerobaptistæ, eo quod quotidie vestimenta sua et corpora lavent.

Quidam hæretici qui de Ecclesia recesserunt, ex nominibus suorum auctorum nuncupantur, quidam vero ex causis quas eligentes instituerunt.

Simoniani dicti a Simone, magicæ disciplinæ perito, cui Petrus in Actibus apostolorum maledixit, pro eo quod ab apostolis Spiritus sancti gratiam pecunia emere voluisset. Hi dicunt creaturam non a Deo, sed a virtute quadam superna creatam.

Menandriani a Menandro mago, discipulo Simonis nuncupati, qui mundum non a Deo, sed ab angelis factum esse asserunt.

Basilidiani a Basilide appellati, qui inter reliquas blasphemias, passum Jesum abnegant.

Nicolaitæ dicti a Nicolao diacono Ecclesiæ Hierosolymorum, qui cum Stephano et cæteris constitutus est a Petro : qui propter pulchritudinem relinquens uxorem, dixerat ut qui vellet, ea uteretur. Versaque est in stuprum talis consuetudo, ut invicem conjugia commutarentur.

Gnostici propter excellentiam scientiæ se ita appellare voluerunt; animam naturam Dei esse dicunt ; bonum et malum Deum suis dogmatibus fingunt.

Carpocratiani a Carpocrate quodam vocantur, qui dixit Christum hominem fuisse tantum, et de utroque sexu progenitum.

Cerinthiani a Cerintho quodam nuncupati. Hi inter cætera circumcisionem observant, mille annos post resurrectionem in voluptate carnis futuros prædicant. Unde et Græce chiliastæ χιλιασταί, Latine milliasti sunt appellati.

Nazaræi dicti, qui dum Christum, qui a vico Nazaræus est appellatus, Filium Dei confiteantur, omnia tamen veteris legis custodiunt.

Ophitæ a colubro nominati sunt. Coluber enim Græce ὄφις dicitur. Colunt enim serpentem, dicentes ipsum in paradiso induxisse virtutis cognitionem.

Valentiani a Valentino quodam Platonico sectatore vocati : qui αἰῶνας, id est sæcula quædam in originem Dei creatoris induxit. Christum quoque de

Virgine nihil corporis assumpsisse, sed per eam quasi per fistulam transisse asseruit.

Apellitarum quoque Apelles princeps fuit : qui creatorem, angelum nescio quem gloriosum superioris Dei faciens, Deum legis Israel, illum igneum affirmans. Apellitæ quorum auctor Apelles, qui dixit Christum non Deum in veritate, sed hominem in phantasia apparuisse.

Archontiaci a principibus appellantur : qui universitatem quam Deus condidit, opera esse archangelorum defendunt.

Adamiani vocati, quod Adæ imitantur nuditatem, unde et nudi erant, et nudi in se mares feminæque conveniunt.

Cainani proinde sic appellati, quoniam Cain adorant.

Sethiani nomen acceperunt a filio Adam, qui vocatus est Seth, dicentes eum esse Christum.

Melchisedechiani vocati pro eo quod Melchisedech sacerdotem Dei, non hominem fuisse, sed virtutem Dei arbitrantur.

Angeli vocantur qui angelos colunt.

Apostolici hoc sibi nomen ideo sumpserunt, quod nihil possidentes proprium, nequaquam recipiunt eos qui aliquo in hoc mundo utuntur.

Cerdoniani a Cerdone quodam nominati : qui duo contraria principia asseruit.

Marcionistæ a Marcione Stoico philosopho appellati : qui Cerdonis dogma secutus, alterum bonum, alterum justum Deum asseruit; tanquam duo principia creatoris et bonitatis.

Arroteritæ ab oblatione vocati; panem enim et caseum offerunt dicentes primis hominibus oblationem a fructibus terræ et a fruetibus ovium fuisse celebratam.

Aquarii appellati, eo quod aquam solam offerunt in calice sacramenti.

Severiani, a Severo exorti, vinum non bibunt, et Vetus Testamentum, et resurrectionem non recipiunt.

Tatiani, a Tatiano quodam vocati, qui et Encratitæ dicti, quia carnes abominantur.

Alogii vocantur tanquam sine verbo; logos enim, λόγος Græce, verbum dicitur; Deum enim verbum non credunt, respuentes Joannis Evangelium et Apocalypsin.

Cataphrygis nomen provincia Phrygis dedit, quia ibi exstiterunt auctores eorum.

Montanus, Prisca et Maximilla fuerunt; ii adventum Spiritus sancti non in apostolos, sed in se traditum asserunt.

Cathari propter munditiam ita se nominaverunt; gloriantes enim de suis meritis, negant pœnitentibus veniam peccatorum; viduas si nupserint, tanquam adulteras damnant; mundiores se cæteris prædicant; qui nomen suum si cognoscere vellent, mundanos se potius quam mundos vocarent.

Pauliani, a Paulo Samosateno exorti sunt, qui dixit non semper fuisse Christum, sed a Maria sumpsisse initium.

Hermogeniani, ab Hermogene quodam vocati : qui materiam non natam introducens, Deo non nato eam comparavit, matremque elementorum et deam asseruit, quos Apostolus improbat elementis servientes.

Manichæi a quodam Persa exstiterunt, qui vocatus est Manes. Hic duas naturas et substantias introduxit, id est bonam et malam, et animas ex Deo quasi ex aliquo fonte manare asseruit; Vetus Testamentum respuit, Novum ex parte recipit.

Canoniani Latine sine lege dicuntur.

Anthropomorphitæ dicti, pro eo quod simplicitate rustica Deum humana membra habere, quæ in divinis scripta sunt, arbitrantur; anthropos enim, Græce ἄνθρωπος, Latine homo interpretatur; ignorantes vocem Domini, qui ait : *Spiritus Deus est.* Incorporeus est enim, nec membris distinguitur, nec corporis mole censetur.

Heraclitæ ab Heraclito auctore exorti, monachos tantum recipiunt, conjugia respuunt, regna cœlorum parvulos habere non credunt.

Novatiani a Novato Romæ urbis presbytero exorti, qui adversus Cornelium cathedram sacerdotalem conatus invadere hæresim instituit, nolens apostatas suscipere, et rebaptizans baptizatos.

Montani hæretici dicti, quod tempore persecutionis in montibus latuerunt, qua occasione se a corpore catholicæ Ecclesiæ diviserunt.

Ebionitæ ab Ebione dicti, sive a paupertate. Christum enim per provectum solum justum putant effectum. Unde competenter Ebionei pro paupertate intelligentiæ appellati sunt. Hi semijudæi sunt, et ita tenent Evangelium, ut legem carnaliter servent, adversus quos ad Galatas Apostolus scribens invenitur.

Photiniani a Photino Gallo-Græciæ Syrmiæ episcopo nuncupati, qui Ebionitarum hæresim suscitans, asseruit Christum a Maria per Joseph nuptiali coitu fuisse conceptum.

Æriani ab Ærio quodam nuncupati sunt : hi offerre sacrificium pro defunctis spernunt.

Ethiani ab Ethio sunt vocati, idemque Eunomiani ab Eunomio quodam dialectico, Ethii discipulo, ex cujus nomine magis innotuerunt, dissimilem Patri asserentes Filium, et Filio Spiritum sanctum, dicunt etiam nullum imputari peccatum in fide manentium.

Origeniani ab Origene auctore exorti sunt, dicentes quod non possit Filius videre Patrem, nec Spiritus sanctus Filium; animas quoque in mundi principio dicunt peccasse, et pro diversitate peccatorum e cœlis usque ad terram diversa corpora quasi vincula meruisse, eaque de causa factum fuisse mundum.

Noetiani a quodam Noetio vocati, qui dicebant Christum eumdem esse Patrem et Spiritum sanctum, ipsamque Trinitatem in officiorum nominibus, non in personis, accipiunt : unde et Patripassiani vocantur, quia Patrem passum dicunt.

Sabelliani ab eodem Noetio pullulasse dicuntur, cujus discipulum perhibent fuisse Sabellium, ex cujus nomine maxime innotuerunt, unde et Sabelliani vocati sunt : hi unam personam Patris et Filii et Spiritus sancti astruunt.

Ariani ab Ario Alexandrino presbytero orti sunt, qui coæternum Patri Filium non agnoscens, diversas in Trinitate substantias asseruit, contra illud quod ait Dominus : *Ego et Pater unum sumus* (*Joan.* x).

Macedoniani a Macedonio Constantinopolitano episcopo dicti sunt, negantes Deum esse Spiritum sanctum.

Apollinaristæ ab Apollinari vocati sunt, dicentes Christum corpus tantummodo sine anima suscepisse.

Antidicomaritæ appellati sunt, pro eo quod Mariæ virginitati contradicunt, asserentes eam post Christum natum viro suo fuisse commistam.

Metangismonitæ ideo tale nomen acceperunt, quia angos, ἄγγος Græce, vas dicitur. Asserunt enim sic esse in patre Filium, tanquam vas minus intra vas majus.

Patriciani a quodam Patricio nuncupati sunt, qui substantiam humanæ carnis a diabolo conditam esse dicunt.

Colinthiani a quodam Colintho nominati, qui dicunt Deum non facere malum, contra illud quod scriptum est : *Ego Dominus creans malum* (*Isai.* XLV).

Floriani a Florino, qui e contrario dicunt Deum creasse mala, contra id quod scriptum est : *Fecit Deus omnia bona*.

Donatistæ a Donato quodam Afro nuncupati, qui de Numidia veniens, totam pene Africam sua persuasione decepit : asserens minorem Patre Filium, et minorem Filio Spiritum sanctum, et rebaptizans catholicos.

Bonosaici a Bonoso quodam episcopo exorti produntur, qui Christum Filium Dei adoptivum, non proprium, asserunt.

Circumcelliones, dicti eo quod agrestes sunt, quos Cothopitas vocant, supradictæ hæresis habentes doctrinam. Hi amore martyrii semetipsos perimunt, ut violenter de hac vita discedentes, martyres nominentur.

Priscillianistæ a Priscilliano vocati, qui in Hispania ex errore Gnosticorum et Manichæorum permistum dogma composuit.

Luciferiani a Lucifero Syrmiæ episcopo orti. Episcopos catholicos, qui Constantii persecutione perfidiæ Arianorum consentientes erant, et postea correcti, redire in Ecclesiam catholicam delegerunt, damnantes sive quod crediderant, sive quod credidisse se simulaverant, Ecclesia catholica materno recepit sinu, tanquam Petrum post fletum negationis. Hanc illi matris charitatem superbe accipientes, eosque recipere nolentes, ab Ecclesiæ communione recesserunt, et cum ipso Lucifero auctore suo, qui mane oriebatur, cadere meruerunt.

Jovinianistæ a Joviniano quodam monacho dicti, asserentes nullam nuptiarum et virginum esse distantiam, nullumque inter abstinentes et simpliciter epulantes esse discrimen.

Elvidiani ab Elvidio nominati, qui dicunt post natum Christum alios Mariam filios de viro Joseph peperisse.

Paterniani a Paterno quodam exorti, qui inferiores corporis partes a diabolo factas opinantur.

Arabici nuncupati, eo quod in Arabia exorti sunt, dicentes animam cum corpore mori, atque in novissimo utrumque resurgere.

Tertullianistæ dicti a Tertulliano, presbytero Africanæ provinciæ et civitatis Carthaginensis, animam immortalem esse, sed corpoream prædicantes, et animas hominum peccatorum, post mortem in dæmones converti putantes.

Tessarodecaditæ dicti, quod quarta decima luna pascha cum Judæis observandum contendunt; nam tessara quatuor, deca decem significat.

Nyctares a somno nuncupati, quod vigilias noctis respuant, superstitionem esse dicentes, jura temerari Dei, qui noctem ad requiem tribuit.

Pelagiani a Pelagio monacho exorti. Hi liberum arbitrium divinæ gratiæ anteponunt, dicentes sufficere voluntatem ad implenda divina jussa.

Nestoriani a Nestorio Constantinopolitano episcopo nuncupati, qui beatam virginem Mariam non Dei, sed hominis tantummodo asseruit genitricem, ut aliam personam carnis, aliam faceret deitatis; nec unum Christum in Verbo Dei et carne credidit, sed separatim atque sejunctim, alterum Filium Dei, alterum filium hominis prædicavit.

Eutychiani ab Eutyche Constantinopolitano abbate, qui Christum post humanam assumptionem negavit existere de duabus naturis, sed solum in eo divinam asseruit esse naturam.

Acephali dicti, id est sine capite quod sequantur, hæretici; nullus enim eorum reperitur auctor a quo exorti sint : hi trium Chalcedonensium capitulorum impugnatores, duarum in Christo substantiarum proprietatem negant, et unam in ejus persona naturam prædicant.

Theodosiani et Gaianitæ appellati a Theodosio et Gaiano, qui temporibus Justiniani principis in Alexandria, populi perversi electione uno die sunt ordinati episcopi. Hi errores Eutychetis et Dioscori sequentes, Chalcedonense concilium respuunt; ex duabus unam in Christo naturam asserunt, quam Theodosiani corruptam, Gaianitæ incorruptam contendunt.

Gnoitæ et Tritoitæ a Theodosianis exorti sunt, ex quibus Gnoitæ ab ignorantia dicti, quia perversitati a qua exorti sunt, id adjiciunt, quod Christi divinitas ignoret futura quæ sunt scripta de die et hora novissima; non recordantes Christi personam in Isaia loquentis : *Dies judicii in corde meo* (*Isai.* LXIII).

Tritoitæ vero vocati, quod sicut tres personas in Trinitate, ita quoque tres astruunt deos esse, contra illud quod scriptum est : *Audi, Israel, Dominus Deus tuus, Deus unus est*. Sunt et aliæ hæreses sine auctore, et sine nominibus, ex quibus aliæ triformem putant Deum esse, aliæ Christi divinitatem passibilem esse dicunt, aliæ Christi de Patre nativitati initium temporis dant, aliæ liberationem hominum apud inferos factam Christi descensione non credunt, aliæ animam imaginem Dei negant, aliæ animas converti in dæmones, et in quæcunque animalia existimant, aliæ de mundi statu dissentiunt, aliæ innumerabiles mundos opinantur, aliæ aquam Deo coæternam faciunt, aliæ nudis pedibus ambulant, aliæ cum hominibus non manducant.

Hæ sunt hæreses adversus catholicam fidem exortæ, et ab apostolis et sanctis Patribus, vel conciliis prædamnatæ, quædam in multis erroribus diversæ invicem sibi dissentiunt, communi tamen nomine adversus Ecclesiam Dei conspirant. Sed et quicunque aliter Scripturam sacram intelligit, quam sensus Spiritus sancti flagitat, a quo conscripta est, licet de Ecclesia non recesserit, tamen hæreticus appellari potest.

LIBER TERTIUS.

CAPUT PRIMUM.
Quid eos scire et habere conveniat, qui ad sacrum ordinem accedere volunt.

Institutio ergo ecclesiastica, qualiter ad divinum officium instrui oporteat sanctissimum ordinem clericorum, multimoda narratione declarat, quia et scientiæ plenitudinem, et vitæ rectitudinem, et eruditionis perfectionem maxime eos habere decet, qui in quodam culmine constituti, gubernaculum regiminis in Ecclesia tenent. Nec enim eis aliqua eorum ignorare licet, cum quibus vel se, vel subjectos instruere debent, id est, scientiam sanctarum Scripturarum, puram veritatem historiarum, modos tropicarum locutionum, significationem rerum mysticarum, utilitatem omnium disciplinarum, honestatem vitæ in probitate morum, elegantiam in prolatione sermonum, discretionem in exhibitione dogmatum, differentiam medicaminum, contra varietatem ægritudinum. Hæc ergo qui nescit, non dico aliorum, sed nec suam bene potest disponere utilitatem; ac ideo necesse est ut futurus populi rector, dum vacat, paret sibi ante arma, in quibus post modum hostes fortiter superet, et gregem sibi commissum opportune defendat. Turpe est enim tunc primum quemlibet velle discere, dum debet (pastor constitutus) docere, et periculosum est eum magisterii pondus subire, qui non, scientiæ præsidio suffultus, potens est illud sufferre. Nulla ars doceri præsumatur, nisi prius intenta meditatione discatur. Ab imperitis ergo pastorale magisterium causa temeritate suscipitur, quando ars et artium regimen animarum? Quis autem cogitationum vulnera occultiora esse nesciat vulneribus viscerum? Et tamen sæpe qui nequaquam spiritualia præcepta cognoverunt, cordis se medicos profiteri non metuunt, dum qui pigmentorum vim nesciunt, videri medici carnis erubescunt. Nam sunt nonnulli qui intra sanctam Ecclesiam sola ambitione honoris culmen appetunt, atque attestante veritate primas salutationes in foro, primos in cœnis recubitus, primas in conventionibus cathedras quærunt; qui susceptum curæ pastoralis officium ministrare digne tanto magis nequeunt, quanto ad humilitatis magisterium ex sola elatione pervenerunt. Quos contra Dominus per prophetam queritur, dicens: *Ipsi regnaverunt et non ex me, principes exstiterunt, et ego ignoravi* (*Oseæ* VIII). Ex se namque et non ex arbitrio summi rectoris regnant, qui, nullis fulti virtutibus, nequaquam divinitus vocati, sed sua cupiditate accensi, culmen regiminis rapiunt potius quam assequuntur, quos tamen internus judex provehit, et nescit quia quos permittendo tolerat, profecto per judicium reprobationis ignorat. Pastorum ergo imperitia voce Veritatis increpatur, cum per prophetam dicitur: *Ipsi pastores ignoraverunt intelligentiam, tenentes legem nescierunt me* (*Isa.* LVI). Nesciri ergo se ab eis queritur Veritas, et nescire se principatum nescientium protestatur, quia profecto hi qui ea quæ sunt Domini nesciunt a Domino nesciuntur, Paulo attestante, qui ait: *Si quis autem ignorat, ignorabitur* (*I Cor.* IV). Quæ nimium pastorum sæpe imperitia meritis congruit subjectorum, qui quamvis lumen scientiæ sua culpa exigente non habeant, districto tamen judicio agitur ut per eorum ignorantiam hi etiam qui sequuntur offendant. Hinc namque in Evangelio per semetipsam Veritas dicit: *Si cæcus cæco ducatum præstat, ambo in foveam cadunt* (*Matth.* XV). Et sunt nonnulli qui solerti cura spiritalia præcepta perscrutantur, sed quæ intelligendo penetrant, vivendo conculcant, repente docent quæ non opere, sed meditatione, didicerunt, et quod verbis prædicant, moribus impugnant. Unde fit ut cum pastor per abrupta graditur, ad præcipitium grex sequatur. Hinc namque per prophetam Dominus contra contemptibilem pastorum sententiam queritur dicens: *Cum ipsi limpidissimam aquam biberitis, reliquam pedibus vestris turbabatis, et oves meæ quæ conculcata pedibus vestris fuerant, pascebantur, et quæ pedes vestri turbaverant, hæc bibebant* (*Ezech.* XXXIV). Aquam quippe limpidissimam pastores bibunt, cum fluenta veritatis recte intelligentes hauriunt; sed eamdem aquam pedibus turbare, est sanctæ meditationis studia male vivendo corrumpere. Aquam scilicet eorum pedibus turbatam oves bibunt, cum subjecti quique non sectantur verba quæ audiunt, sed ea sola quæ conspiciunt exempla pravitatis, imitantur. Hinc rursus Dominus per prophetam dicit: *Facti sunt domui Israel in offendiculum iniquitatis* (*Ezech.* XLIV). Nemo quippe amplius in Ecclesia nocet, quam qui perverse agens, nomen vel ordinem sanctitatis habet. Refugerent autem indigni quique tanti reatus pondera, si veritatis sententiam sollicita cordis aure pensarent, qui ait: *Qui scandalizaverit unum de pusillis istis, melius erat ei ut ligaretur mola asinaria in collo ejus, et projiceretur in profundum maris* (*Matth.* xviii). Per molam quippe asinariam, sæcularis vitæ circuitus et labor exprimitur, et profundum maris, extrema damnatio designatur. Qui ergo sanctitatis specie deductus, vel verbo, vel exemplo cæteros destruit, melius profecto fuerat, ut hunc ad mortem sub exteriori habitu terrena acta constringerent, quam hunc sacra officia in culpa cæteris imitabilem demonstrarent, quia nimirum si solus caderet, utcunque hunc tolerabilior inferna pœna cruciaret. Sed quia utrumque necesse est, ut bonam vitam sapientia illustret, et sapientiam bona vita commendet, utrumque in hoc libro (si Dominus annuerit) digeremus, id est, ut sciant hi qui in sacris ordinibus Ecclesiæ, aut jam Domino deserviunt, aut deservituri erunt, quantæ eruditionis eis opus sit in animo, et quam sobriæ vitæ exemplo, quantæque virtutis et discretionis in docendo, ut nec discordet vita prudentiæ, neque sermo dissentiat disciplinæ.

CAPUT II.
De eminentia sacrarum Scripturarum, et ad quid omnis scientia referenda sit.

Fundamentum autem, status et perfectio prudentiæ, scientia est sanctarum Scripturarum : quæ ab illa incommutabili æternaque sapientia profluens, quæ ex ore Altissimi prodiit, primogenita scilicet ante omnem creaturam Spiritus sancti distributionibus, per vasa Scripturæ lumen indeficiens, quasi per laternas orbi lucet universo, ac si quid aliud est, quod sapientiæ nomine rite censeri possit, ab uno Ecclesiæque sapientiæ fonte derivatum, ad ejus respectat originem. Quidquid enim veri a quocunque reperitur, a veritate verum esse per ipsam veritatem dignoscitur ; et quidquid ubique boni invenitur, a bonitate bonum esse deprehenditur ; sic et quidquid sapientiæ a quoquam investigatur, a sapientia sapiens esse intelligitur. Nec enim illa quæ in libris prudentium hujus sæculi vera et sapientia reperiuntur alii quam veritati et sapientiæ attribuenda sunt, quia non ab illis hæc primum statuta sunt in quorum dictis hæc leguntur, sed ab æterno manentia investigata sunt, quantum ipsa doctrix et illuminatrix omnium veritas et sapientia eis investigare posse concessit; ac ideo ad unum terminum cuncta referenda sunt, et quæ in libris gentilium utilia, et quæ in Scripturis sacris salubria inveniuntur ut ad cognitionem perfectam veritatis et sapientiæ perveniamus, qua cernitur et tenetur, summum bonum. Summo autem bono assecuto et adepto, vere beatus quisque fit, cum summa sapientia plene et perfecte in æternum perfruitur : quia sine hac sapientia nemo fieri beatus potest, sed ipsa veritas et sapientia Christus ad Patrem loquens testatur : *Hæc est autem,* inquit, *vita æterna, ut cognoscant te solum verum Deum, et quem misisti Jesum Christum* (Joan. xvii). Consequenter autem hic intelligitur Spiritus sanctus, qui est Patris Filiique tanquam charitas consubstantialis amborum. Tunc ergo cognitio Dei erit perfecta quando mors erit nulla. Tunc et beatitudo erit plena, quando Dei clarificatio erit summa. Sed prius hic quodammodo clarificatur Deus, dum per fidem credentium et sanctarum Scripturarum manifestationem in tota mundi latitudine prædicatur. *Nunc enim videmus eum per speculum in ænigmate, tunc autem facie ad faciem; nunc cognoscimus ex parte, tunc autem cognoscemus sicut et cogniti sumus.*

CAPUT III.
Quibus obscuritatibus Scriptura sacra sit involuta, et quod eam temere alicui legere non liceat.

Igitur Scriptura divina, qua tantis morbis humanarum voluntatum subvenitur, ab una lingua perfecta, qua opportune potuit per orbem terrarum disseminari, per varias interpretum linguas longe lateque diffusa est, ut innotesceret gentibus ad salutem. Quam legentes nihil appetunt aliud, quam cogitationes voluntatemque illorum, a quibus conscripta est invenire, et per illas voluntatem Dei secundum quam tales homines locutos credimus. Sed multis et multiplicibus obscuritatibus et ambiguitatibus decipiuntur, qui temere legunt, aliud pro alio sentientes, quibusdam autem locis quid vel falso suspicentur, cum non inveniunt, ita obscure dicta quædam, densissimam caliginem obducunt. Quod totum provisum esse divinitus non dubito, ad edomandam labore superbiam, et intellectum a fastidio renovandum, cui facile investigata plerumque vilescunt. Sunt enim in divinis libris plurima loca tropicis locutionibus difficilia, sunt quoque multa rerum magnitudine eximia, atque ideo necesse est, ut et sensus et ingenii sagacitate investigentur, et pro sui dignitate intellecta venerentur. Nemo enim ambigit per similitudines libentius quæque cognosci, et cum aliqua difficultate quæsita multo gratius inveniri. Qui enim prorsus non inveniunt quod quærunt, fame laborant; qui autem non quærunt, quia in promptu habent, fastidiose permarcescunt. In utroque autem languor cavendus est. Magnifice ergo et salubriter Spiritus sanctus ita Scripturas sanctas medicavit, ut locis apertioribus fami occurreret, obscurioribus autem fastidia detergeret. Nihil autem fere de illis obscuritatibus eruitur, quod non planissime dictum alibi reperiatur.

CAPUT IV.
De gradibus sapientiæ et charitatis.

Ante omnia enim opus est ei qui desiderat ad sapientiæ pervenire culmen, Dei timore converti, ad cognoscendum ejus voluntatem, quid nobis appetendum fugiendumque præcipiat. Timor autem iste cogitationem de nostra mortalitate et de futura morte necesse est incutiat, et quasi clavatis carnibus, omnes superbiæ motus ligno crucis affigat. Deinde mitescere opus est pietate, neque contradicere divinæ Scripturæ, sive intellectæ si aliqua vitia nostra percutit, sive non intellectæ quasi nos melius sapere meliusque percipere possimus, sed cogitare potius, et credere id esse melius et verius quod ibi scriptum est, etiamsi lateat, quam id quod nos per nos ipsos sapere possumus. Post istos duos gradus timoris atque pietatis, ad tertium venitur scientiæ gradum, de quo nunc agere constitui. Nam in eo se exercet omnis divinarum Scripturarum studiosus, nihil in eis aliud invenitur usquam diligendum esse Deum propter Deum, et proximum propter Deum, et illum quidem ex toto corde, ex tota anima, ex tota mente, proximum vero tanquam seipsum, id est, ut jam proximi dilectio, sicut etiam nostri referatur in Deum. Quisquis ergo Scripturas sacras vel quamlibet partem earum intellexisse sibi videtur, ita ut eo intellectu non ædificet istam geminam charitatem Dei et proximi, nondum intellexit quemadmodum oportebat eum scire. Itaque tria hæc sunt, quibus et scientia omnis, et prophetia militat, fides, spes, charitas; sed fidei succedit spes, et spei succedit beatitudo; charitas autem etiam istis decedentibus augebitur potius. Cum ergo quatuor diligenda sunt, unum quod super nos, id est Deus; alterum quod nos sumus, id est anima ad imaginem Dei creata; tertium quod juxta nos est, id est alter homo; quartum quod infra nos, id est corpus; de secundo, et quarto nulla præcepta danda erant. Quantumlibet enim homo excitat a charitate, remanet illi tamen dilectio sui, et dilectio corporis sui, restabat ut de illo quid supra nos est, et de illo quod juxta nos est, præcepta sumeremus. *Diliges*, inquit, *Dominum Deum tuum ex toto corde tuo*, etc. Omnis quippe homo in quantum homo est, diligendus est propter Deum, Deus vero propter seipsum. Amplius quisque Deum debet diligere quam seipsum, item amplius alius homo diligendus est quam corpus nostrum, quia propter Deum omnia juste diligenda sunt, et potest nobiscum alius homo Deo perfrui, quod non potest corpus, quia corpus per animam vivit, qua fruimur Deo. Omnes autem homines æque diligendi sunt; sed cum omnibus prodesse non possimus, his potissimum consulendum est, qui locorum et temporum vel quarumlibet rerum opportunitatibus constrictius nobis, quasi quadam sorte junguntur. Velle tamen debemus, ut omnes homines nobiscum diligant, et totum quod eos vel adjuvamus, vel adjuvamur ab eis, ad unum illum finem referendum est. Jure enim continuatur scientiæ charitas, quia solummodo scientiæ fructus in charitate consistit. *Scientia*, ait Apostolus, *inflat, charitas vero ædificat* (I *Cor.* VIII). Si ergo appetendum est quod inflat, multo magis quod ædificat, ut cum scimus voluntatem Dei, diligamus obedire Deo, ut perveniamus ad Deum. Nam ista scientia bonæ spei hominem se non jactantem, sed lamentantem facit, quo affectu impetrat sedulis precibus consolationem divini adjutorii, ne desperatione frangatur, et esse incipit in quarto gradu, hoc est, fortitudinis. Quæritur et sititur justitia; hoc enim affectu ab omni mortifera jucunditate rerum transeuntium sæpe extrahitur, et inde se avertens, convertit ad dilectionem æternorum, immutabilem scilicet unitatem, eamdemque Trinitatem, quam ibi aspexerit, quantum potest, in longinquo radiantem, suique aspectus infirmitate sustinere se illam lucem non posse persenserit, in quinto gradu, hoc est, in consilio misericordiæ purgat animam tumultuantem quodammodo, atque obstrepentem sibi de appetitu inferiorum conceptis sordibus. Hic vero se in dilectione proximi non ignaviter exercet, in eaque perficitur, et spe jam plenus atque integer viribus, cum pervenerit usque ad amici dilectionem, ascendit in sextum gradum, ubi jam ipsum oculum purgat, quo videri Deus potest ab eis, qui huic sæculo moriuntur, nam in tantum vident, in quantum moriuntur huic sæculo, in quantum autem huic vivunt non vident, et ideo quamvis jam certior, et non solum tolerabilior, sed etiam jucundior species lucis illius incipit apparere, in ænigmate adhuc tamen et per speculum videri dicitur, quia magis per fidem quam per speciem ambulatur, cum in hac vita peregrinamur, quamvis conversationem habeamus in cœlis. In hoc autem gradu ita purgat oculum cordis, ut veritati nec seipsum quidem præferat, ut conferat proximum, ergo nec seipsum, quia nec illum quem diligit sicut seipsum. Erit ergo iste sanctus tam simplici corde, atque mundato, ut neque hominibus, placendi studio detorqueatur a vero, nec respectu devitandorum quorumlibet incommodorum suorum quæ adversantur huic vitæ. Talis filius ad sapientiam ascendit, quæ ultima et septima est, qua pacatur, tranquillusque perfruitur. Initium enim sapientiæ timor Domini, ab illo enim usque ad ipsam, per hos gradus ascenditur et venitur.

CAPUT V.

Quod is qui ad sapientiæ integritatem pervenit, ad charitatis perfectionem perveniat.

Quicunque igitur ad sapientiæ culmen pervenit, ad fastigium charitatis perveniat necesse est, quia nemo perfecte sapit, nisi is qui recte diligit. Quando enim quis per gradus supra dictos ad sapientiæ plenitudinem studet pervenire, nihil aliud agit, nisi ut ad perfectionem charitatis perveniat; et quantum perficit in sapientia, tantum in charitate. Prædiximus enim quod in cogitatione perfecta sapientiæ, beatitudo vera consisteret, hoc idem dicimus et de charitate, quia in dilectione perfecta charitatis beatitudo summa consistit. Nam creator omnium Deus, qui beatitudo nostra est, utrorumque nomine æqualiter nuncupatur, sicut in libro Sapientiæ de eo scriptum est: *Omnium*, inquit, *artifex docuit me sapientia. Est enim illa Spiritus intellectus, sanctus, unicus*, etc. (*Sap.* VII). Et apostolus Joannes : *Deus*, inquit, *charitas est, et qui manet in charitate, in Deo manet, et Deus in eo* (I *Joan.* IV). Nam Salvator in Evangelio sapientiam et charitatem unum esse intelligi volens, ad Patrem dixit: *Pater juste, mundus te non cognovit, ego autem te cognovi, et hi cognoverunt, quia tu me misisti, et notum feci eis nomen tuum, et notum faciam, ut dilectio qua dilexisti me, in ipsis sit, et ego in ipsis* (*Joan.* XVII). Quisquis ergo percipit plenam notitiam Dei, simul habet in se perfectam dilectionem Dei, et his ambobus fruens, æternam beatitudinem adepto summo bono tenebit.

CAPUT VI.
De modo legendi sacras Scripturas.

Sed nos his ita prælibatis, ad tertium illum gradum, id est scientiam, considerationem referamus, de qua disserere quod Dominus suggesserit atque tractare instituimus. Erit igitur divinarum Scripturarum solertissimus indagator, qui primo totas legerit, notasque habuerit, et si nondum intellectu, jam tamen lectione, duntaxat eas quæ appellantur canonicæ, nam cæteras securus legat fide veritatis instructus, ne præoccupent imbecillum animum, et periculosis mendaciis atque phantasmatibus eludentes præjudicent aliquid contra sanam intelligentiam. In canonicis autem Scripturis, ecclesiarum catholicarum quamplurimam auctoritatem sequatur, inter quas sane illæ sunt quæ apostolicas sedes habere, et Epistolas accipere meruerunt. Tenebit igitur hunc modum in Scripturis canonicis, ut eas quæ ab omnibus accipiuntur Ecclesiis catholicis præponat eis quas quidam non accipiunt, in eis vero quæ non accipiuntur ab omnibus, præponat eas quas plures gravioresque accipiunt, eis quas paucioris minorisque auctoritatis Ecclesiæ tenent. Si autem alias invenerit a pluribus, alias a gravioribus haberi, quanquam hoc invenire non possit, æqualis tamen auctoritatis eas habendas puto. Totus autem canon Scripturarum, in quo istam considerationem versandam dicimus his libris continetur (ut breviter dicam) Veteris Testamenti XLV, Novi autem XXVII, qui sunt LXXII. Quorum omnium nomina et seriem, et auctoritatem, quia in superiori libro quantum potui descripsi, non necesse credimus iterare.

CAPUT VII.
De canone Hebræorum, quomodo apud eos tripartitus est ordo divinarum Scripturarum.

Notandum tamen quod Hebræi Vetus Testamentum, Esdra auctore juxta numerum litterarum suarum in XXII libros accipiunt, dividentes eos in tres ordines, legis scilicet, prophetarum et hagiographorum. Primus ordo legis in quinque libris accipitur, quorum primus est Bresith, qui est Genesis. Secundus Ellesmot, qui est Exodus. Tertius Vaiicra, qui est Leviticus. Quartus Vaiedabbet, qui est Numerus. Quintus Ellehadabarim, quod est Deuteronomium. Hi sunt quinque libri Moysi, quos Hebræi Thorath, Latini legem appellant, proprie autem lex appellatur, quæ per Moysen data est. Secundus ordo prophetarum, in quo continentur libri octo, quorum primus Josue bennun, qui Latine Jesu Nave dicitur. Secundus Sophthim, qui est Judicum. Tertius Samuel, qui est Regum primus. Quartus Malachim, qui est Regum secundus. Quintus Isaias. Sextus Jeremias. Septimus Ezechiel. Octavus Thereasar, qui dicitur duodecim prophetarum, qui libri quia sibi pro parvitate adjuncti sunt, pro uno accipiuntur. Tertius ordo Hagiographorum, id est, sancta scribentium, in quo sunt libri novem, quorum primus Job; secundus Psalterium, qui in quinque incisionibus dividitur; tertius Massoth, quod est Proverbia Salomonis;

A quartus Coheleth, qui est Ecclesiastes; quintus Sirhasirim, quod est Canticum canticorum; sextus Daniel; septimus Dibrehaiomim, quod est Verba dierum, id est, Paralipomenon; octavus Esdras; nonus est Esther. Qui simul omnes V, et VIII, et IX, fiunt XXII, sicut superius sunt comprehensi. Quidam autem Ruth, et Cinoth, quod Latine dicitur lamentatio Jeremiæ, hagiographis adjiciunt, et viginti quatuor volumina Veteris Testamenti faciunt, juxta XXIV seniores, qui ante conspectum Dei assistunt. Isti sunt libri qui apud Hebræos canonicam auctoritatem habent. Quartus est apud nos ordo Veteris Testamenti, eorum librorum qui in canone Hebraico non sunt, quorum primus Sapientiæ liber est, secundus Ecclesiasticus, tertius Tobiæ, quartus Judith, quintus et sextus Machabæorum, quos licet Judæi inter apocrypha separent, Ecclesia tamen Christi inter divinos libros honorat et prædicat. In Novo autem Testamento duo sunt ordines, primus Evangelicus, in quo sunt Matthæus, Marcus, Lucas, Joannes; secundus Apostolicus, in quo sunt Epistolæ apostolorum Petri, Jacobi, Joannis, Judæ et Pauli, et liber Actus apostolorum, et Apocalypsis. In his omnibus libris timentes Deum et pietate mansueti quærunt voluntatem Dei, cujus operis et laboris prima observatio est, ut diximus, nosse istos libros, et si nondum ad intellectum, legendo tamen vel mandare memoriæ, vel omnino incognitos non habere. Deinde illa quæ in eis aperte posita sunt, vel præcepta vivendi, vel regulæ credendi, solertius diligentiusque investiganda sunt, quæ tanto quisque plura invenit, quanto est intelligentia capacior. In his enim quæ aperte in Scripturis posita sunt, inveniuntur illa omnia quæ continent fidem, mores vivendi, spem scilicet atque charitatem; cum vero facta quadam familiaritate cum ipsa lingua divinarum Scripturarum, in ea quæ obscura sunt aperienda et discutienda, pergendum est ut ad obscuriores locutiones illustrandas, de manifestioribus sumantur exempla, et quædam certarum sententiarum testimonia, dubitationem certis auferant, in qua re memoria valet plurimum, quæ si defuerit, non potest his præceptis dari.

CAPUT VIII.
Unde fit quod non intelliguntur quæ scripta sunt.

Duabus autem causis non intelliguntur quæ scripta sunt, si aut ignotis, aut ambiguis signis obteguntur. Sunt autem signa propria vel translata. Propria dicuntur, cum his rebus significandis adhibentur, propter quas sunt instituta, sicut dicimus bovem cum intelligimus pecus, quod omnes nobiscum Latinæ linguæ homines hoc nomine vocant. Translata sunt, cum et ipsæ res quas propriis verbis significamus, ad aliquid aliud significandum usurpantur, sicut dicimus bovem, et per has duas syllabas intelligimus pecus, quod isto nomine appellari solet; sed rursus per illud pecus intelligimus evangelistam quem significavit Scriptura, interpretante Apostolo et dicente; *Bovem triturantem non infrenabis*

(*I Cor.* ix). Ad propria autem signa pertinent verba, quæ prorsus inter homines obtinuerunt principatum significandi, quocunque animo concipiuntur, si ea quisque prodere velit. Sed quia verberato aere statim transeunt, nec diutius manent quam sonant, instituta sunt per litteras signa verborum et ita voces oculis ostenduntur, non per seipsas, sed per signa quædam sua. Ista signa ergo non potuerunt communia esse omnibus gentibus, peccato quodam dissensionis humanæ, cum ad se quisque principatum rapit, cujus superbiæ signum est erecta illa turris in cœlum, ubi homines impii non solum animos, sed etiam voces dissonas habere meruerunt. Sed gratia Dei misericorditer provisum est, ut Scriptura divina quæ in prima illa lingua, qua homines primi locuti sunt primitus conscripta est, ab ipsa per varia interpretum officia ad notitiam hominum deferretur, ne humana miseria fame verbi Dei deficiens, sine remedio in æternum periret, servato tamen ordine, quem maxime canon invenit harum Scripturarum illis tribus linguis, quæ in cruce redemptoris et Salvatoris nostri dedicatæ sunt, Hebræa videlicet, Græca et Latina, ad insinuandam sanctæ Trinitatis fidem, in tribus mundi partibus tripartito humano generi principaliter commendari, ut ex his unaquæque gens et natio propriæ linguæ adminiculo intellectum sibi salubrem attraheret, interpretando ac colloquendo sensum eumdem canonicum propriis verbis. Sed quia prædiximus, quod aut in ignotis signis, aut in ambiguis hæreret intellectus, ut non facile intelligerentur quæ scripta sunt, de ambiguis signis post loquemur, nunc de incognitis agimus. Agere enim decrevimus, ut si Dominus vellet, quæcunque in prædictis duobus signis necessaria essent ad discendum nobis, distributo ordine modoque disposito, quantum possemus conscriberemus, unde oportebat, ut de ignotis propriis signis post ageremus, in quibus radix et initium discendi consistit. Deinde de ignotis translatis, in quibus subtilitas et utilitas lectionis habetur, postea vero de ambiguis signis, propriis atque translatis, quibus ad purum elicitis, et secundum veritatem inventis, firmitas et integritas lectionis generatur.

CAPUT IX.
De ignotis signis.

Ignotorum autem signorum duæ formæ sunt, quantum ad verba pertinet; namque aut ignotum verbum facit hærere lectorem, aut ignota locutio. Quæ si ex aliis linguis veniunt, aut quærenda sunt ab earum linguarum hominibus, aut lingua eadem, si et otium est et ingenium ediscenda, aut plurium interpretum consulenda collatio. Si autem ipsius linguæ nostræ, id est Latinæ, aliqua verba locutionesque ignoramus, legendi consuetudine audiendique innotescunt. Nulla sane sunt magis mandanda memoriæ, quam illa verborum locutionumque genera quæ ignoramus, ut cum peritior occurrerit, de eo quæri possit, vel talis lectio, quæ vel præcedentibus, vel consequentibus, velocius [vel utrisque] ostendat, quam vim habeat, quidque significet quod ignoramus, facile adjuvante memoria possimus advertere et discere. Debet autem studere, is qui propriorum signorum peritus esse vult, id est, quantum ad sermones pertinet, ut et certam cognoscat vim verborum, et proprium sciat modum locutionum, quod a grammaticis et rhetoribus non mediocriter discere (qui vult) valet.

CAPUT X.
De translatis ignotis.

In translatis vero signis, si qua forte ignota cogunt hærere lectorem, partim linguarum notitia, partim rerum, investiganda sunt. Aliquid enim ad similitudinem valet, et procul dubio secretum quiddam insinuat Siloa piscina, ubi faciem lavare jussus est cui oculos Dominus luto de sputo facto junxerat; quod tamen nomen linguæ incognitæ nisi evangelista interpretatus esset, tamen magnus intellectus lateret. Sic etiam multa quæ ab auctoribus eorumdem librorum interpretata non sunt nomina Hebræa, non est dubitandum habere non parvam vim atque adjutorium ad solvenda ænigmata Scripturarum, si quis ea possit interpretari. Quod nonnulli ejusdem linguæ periti viri, non sane parvum beneficium posteris contulerunt, qui separata de Scripturis eadem omnia verba interpretati sunt; et quid sit Adam, quid Eva, quid Abraham, quid Moyses; sive etiam locorum nomina; quid sit Hierusalem, vel Sion, vel Jericho, vel Libanus, vel Jordanis, et quæcunque alia in illa lingua nobis sunt incognita nomina; quibus apertis et interpretatis, multæ in Scripturis figuratæ locutiones manifestantur. Rerum autem ignorantia facit obscuras figuratas locutiones cum ignoramus vel animalium, vel lapidum, vel herbarum naturas, aliarumve rerum, quæ plerumque in Scripturis similitudinis alicujus gratia ponuntur. Nam et de serpente, quod notum est, totum corpus eum pro capite objicere ferientibus, quantum illustrat sensum illum, quo Dominus jubet astutos nos esse sicut serpentes, ut scilicet pro capite nostro, quod est Christus, corpus potius persequentibus offeramus, ne fides Christiana tanquam necetur in nobis, si parcentes corpori, negemus Deum. Vel illud quod per cavernæ angustias coarctatus, deposita veteri tunica, vestes novas accipere dicitur, quantum concinit ad imitandam ipsam serpentis astutiam, exuendumque veterem hominem sicut Apostolus dicit, *ut induamur novo* (*Col.* iii), et exeundum per angustias dicente Domino, *Intrate per angustam portam* (*Matth.* vii). Ut ergo notitia naturæ serpentis illustrat multas similitudines, quas de hoc animante Scriptura dare consuevit, sic ignorantia nonnullorum animalium, quæ non minus per similitudines commemorat, impedit plurimum intellectorem. Sic lapidum, sic herbarum, vel quæque tenentur radicibus. Nam et carbunculi notitia quod lucet in tenebris, multa illuminat etiam obscura librorum, ubicunque propter similitudinem ponitur; et ignorantia berylli vel adamantis claudit plerumque intelligentiæ fores. Nec aliam ob causam facile est intelligere pacem perpetuam significari olivæ ramulo, quem rediens ad arcam columba pertulit, nisi quia novimus et olei lenem contactum non facile alieno humore corrumpi, et arborem ipsam frondere perenniter. Multi autem per ignorantiam hyssopi dum nesciunt quam vim habeat, vel ad purgandum pulmonem, vel ad saxa radicibus penetranda, cum sit herba brevis atque humilis, omnino invenire non possunt quare sit dictum : *Asperges me hyssopo et mundabor* (*Psal.* L). Numerorum etiam imperitia, et musicarum rerum ignorantia, multa faciunt non intelligi translate ac musice posita in Scripturis; de quibus quando de singulis disciplinis disputabimus, apertius edisseremus, de ambiguis nunc dicturi.

CAPUT XI.
De ambiguis signis quomodo constant.

Ambiguitas autem Scripturæ, aut in verbis propriis est, aut in translatis. Sed cum verba propria faciunt ambiguam Scripturam, primo videndum est, ne male distinxerimus aut pronuntiaverimus. Cum ergo adhibita intentio incertum esse præviderit quomodo distinguendum aut quomodo pronuntiandum sit, consulat regulam fidei, quam de Scripturarum planioribus locis et Ecclesiæ auctoritate percepit. Quod si ambæ, vel etiam omnes, si plures fuerint partes ambiguitatis, secundum fidem sonuerint, textus ipse sermonis a præcedentibus et consequentibus partibus, quæ ambiguitatem illam in medio posuerunt, restat consulendus, ut videamus cuinam sententiæ, de pluribus quæ se ostendunt, ferat suffragium, eamque sibi contexi patiatur. Jam nunc exempla considera. Illa hæretica distinctio : *In principio erat Verbum, et Verbum erat apud Deum, et Deus erat Verbum* (*Joan.* I), ut alius sit sensus : *Verbum erat hoc in principio apud Deum,* non vult Verbum Deum confiteri. Sed hoc regula fidei refellendum est, qua nobis de Trinitatis æqualitate præscribitur, ut dicamus : *Et Deus erat Verbum.* Deinde subjungamus : *Hoc erat in principio apud Deum.* Illa vero distinctionis ambiguitas, neutra parte resistit fidei, et ideo textu ipso sermonis dijudicanda est, ubi ait Apostolus : *Et quid eligam ignoro. Compellor autem ex duobus: concupiscentiam habens dissolvi, et cum Christo esse; multo enim magis optimum: manere in carne necessarium propter vos* (*Phil.* I). Incertum enim utrum *ex duobus concupiscentiam habens,* an *compellor autem ex duobus,* ut illud adjungatur, *concupiscentiam habens dissolvi et esse cum Christo.* Sed quoniam ita sequitur, *multo enim optimum,* apparet eum ejus optimi dicere se habere concupiscentiam, ut cum ex duobus compellatur, alterius tamen habeat concupiscentiam, alterius necessitatem; concupiscentiam scilicet esse cum Christo, necessitatem manere in carne. Quæ ambiguitas uno consequenti verbo dijudicatur, quod positum est, *enim.* Quam particulam quia abstulerunt interpretes, illa potius sententia ducti sunt, ut non solum compelli ex duobus, sed etiam duorum habere concupiscentiam

videretur. Sic ergo distinguendum est, *et quid eligam ignoro : compellor autem ex duobus,* quam dictionem sequitur, *concupiscentiam habens dissolvi et esse cum Christo.* Et tanquam quæreretur quare hujus rei potius habeat concupiscentiam, *multo enim magis optimum,* inquit. Cur autem e duobus compellitur ? Quia manendi est necessitas, quam ita subjecit : *Manere in carne necessarium propter vos.* Ubi neque præscripto fidei, neque ipsius sermonis textu ambiguitas explicari potest, nihil obest secundum quamlibet earum quæ ostenduntur, sententiam distinguere curet. Veluti est illa ad Corinthios : *Has ergo habentes promissiones, charissimi, mundemus nos ab omni coinquinatione carnis et spiritus, perficientes sanctificationem in timore Dei* (*II Cor.* VII). Dubium est quippe, utrum *Mundemus nos ab omni coinquinatione carnis et spiritus,* secundum illam sententiam, *Ut sit sancta corpore et spiritu,* an *Mundemus nos ab omni coinquinatione carnis,* ut alius sit sensus, *Et spiritus perficientes sanctificationem in timore Dei capite nos* (sic). Tales ergo distinctionum ambiguitates in potestate legentis sunt. Quæcunque autem de ambiguis distinctionibus diximus, eadem observanda sunt et in ambiguis pronuntiationibus; quæ nisi lectoris nimia perturbantur incuria, aut regulis fidei corriguntur, aut præcedentis vel consequentis contexione sermonis. Quod si neutrum horum adhibetur ad correctionem, nihilominus dubiæ remanebunt, ut quolibet modo lector pronuntiaverit, non sit in culpa. Quali autem voce pronuntietur illud quod Nathanael dixit, *A Nazareth potest aliquid boni esse* (*Joan.* I), sive affirmantis, ut illud solum ad interrogationem pertineat quod ait *A Nazareth?* sive totum cum dubitatione interrogantis, non video quomodo discernatur : uterque autem sensus fidem non impedit.

CAPUT XII.
De ambiguis propriis.

Rarissime ergo et difficillime inveniri potest ambiguitas in propriis verbis, quantum ad libros divinarum Scripturarum spectat, quam non aut circumstantia ipsa sermonis qua cognoscitur scriptorum intentio, aut interpretum collatio, aut præcedentis linguæ solvat inspectio. Nam quod scriptum est, *Non est absconditum a te os meum, quod fecisti in abscondito,* non elucet legenti, utrum correpta littera *os* pronuntiet, an producta. Si enim corripiat, ab eo quod sunt *ossa;* si autem producat, ab eo quod sunt *ora,* intelligitur numerus singularis. Sed talia linguæ præcedentis inspectione id judicantur : nam in Græco non στόμα, sed ὀστέον positum est. Item illud Apostoli : *Quæ prædico vobis sicut prædixi, quoniam qui talia agunt, regnum Dei non possidebunt* (*II Cor.* XIII). Si tantummodo dixisset, *quæ prædico vobis,* neque subjunxisset *prædixi,* dubium esset utrum in eo quod dixit, *prædico,* producenda an corripienda esset syllaba media; nunc autem manifestum est producendam esse; non enim ait *sicut prædicavi,* sed *sicut prædixi.* Sed quia hæc raro, ut prædiximus, verba inveniuntur, quæ non facilem habeant solutionem, ad verborum translatorum ambiguitates stylum vertamus, quæ non mediocrem curam industriamque desiderant. Nam in principio cavendum est, ne figuratam locutionem ad litteram accipias. Ad hoc enim pertinet quod ait Apostolus : *Littera occidit, spiritus autem vivificat (II Cor.* III). Nulla mors animæ congruentius appellatur, quam cum id etiam quod in ea bestias antecellit, hoc est intelligentia, carni subjicitur sequendo scilicet solam litteram. Qui enim sequitur litteram translata verba sicut propria tenet, neque illud quod proprio verbo significatur, refert ad aliam significationem. Et ea est miserabilis animæ servitus, signa pro rebus accipere, et supra creaturam corpoream, oculum mentis ad hauriendum æternum lumen levare non posse. Quæ tamen servitus in Judæo populo longe a cæterarum gentium more distabat, quandoquidem rebus temporalibus ita subjugati erant, ut unus eis in omnibus commendaretur Deus. Gentes autem simulacra manufacta deos habebant, et si quando aliqui eorum illa tanquam signa interpretari conabantur, ad creaturam colendam venerandamque referebant. Sed ab hac utraque servitute, veniens Christus veritatis suæ luce illuminans, omnes in se credentes veraciter liberavit.

CAPUT XIII.

Modus inveniendi utrum locutio propria sit an translata.

Huic autem observationi qua cavemus figuratam locutionem, id est translatam, quasi propriam sequi, adjungenda etiam illa est, ne propriam quasi figuratam velimus accipere. Demonstrandus est igitur proprius modus inveniendæ locutionis, propriane an figurata sit, et iste omnino modus est, ut quidquid in sermone divino neque ad morum honestatem, neque ad fidei veritatem proprie referri potest, figuratum esse cognoscas. Morum honestas ad diligendum Deum et proximum, fidei veritas ad cognoscendum Deum et proximum pertinet. Spes autem sua cuique est in conscientia propria, quemadmodum se sensit ad dilectionem Dei et proximi cognitionemque proficere. Non enim præcipit Scriptura nisi charitatem, nec culpat nisi cupiditatem ; et eo modo informat mores hominum. Charitatem voco motum animi ad fruendum Deo propter ipsum, et se atque proximo propter Deum. Cupiditatem autem motum animi ad fruendum se et proximo, et quolibet corpore non propter Deum. Quod autem agit indomita cupiditas ad corrumpendum animum et corpus suum, flagitium vocatur ; quod autem agit ut alteri noceat, facinus dicitur. Et hæc sunt duo genera omnium peccatorum, sed flagitia priora sunt. Quæ cum exinaniverint animum, et ad quamdam egestatem perduxerint, in facinora prosilitur, quibus removeantur impedimenta flagitiorum, aut adjumenta quærantur. Item quod agit charitas quod sibi prosit, utilitas est ; quod autem agit ut prosit proximo, beneficentia nominatur. Et hic præcedit utilitas :

quia nemo potest ex eo quod non habet prodesse alteri. Quanto autem magis regnum cupiditatis destruitur, tanto charitatis augetur. Quidquid ergo asperum et quasi sævum factu dictuque in sanctis Scripturis legitur, ex persona Dei vel sanctorum ejus, ad cupiditatis regnum destruendum valet. Quod si perspicue sonat, non est ad aliud referendum, quasi figurate dictum sit, sicuti est illud Apostoli : *Thesaurizasti tibi*, inquit, *iram in die iræ et revelationis justi judicii Dei, qui reddet unicuique secundum opera sua*, et reliqua. (*Rom.* II.) Ergo in locutionibus figuratis regula sit hujusmodi, ut tam diu versetur diligenti consideratione quod legitur, donec ad regnum charitatis interpretatio perducatur. Si autem hoc jam proprie sonat, nulla putetur figurata locutio. Si præceptiva locutio est, aut flagitium, aut facinus vetans, aut utilitatem aut beneficentiam jubens, non est figurata. Si autem flagitium aut facinus videtur jubere, aut utilitatem et beneficentiam vetare, figurata est. *Nisi manducaveritis,* inquit, *carnem filii hominis, et sanguinem ejus biberitis, non habebitis vitam in vobis (Joan.* VI). Facinus vel flagitium videtur jubere. Figurata ergo est, præcipiens passioni Domini esse communicandum, et suaviter atque utiliter recolendum in memoria, quod pro nobis caro ejus crucifixa et vulnerata sit. Ait Scriptura : *Si esurierit inimicus tuus, ciba illum ; si sitit, potum da illi (Rom.* XII). Hic nullo dubitante beneficentiam præcipit ; sed quod sequitur : *Hoc enim faciens, carbones ignis congeres super caput ejus*, malevolentiæ facinus putes juberi. Ne igitur putaveris figurate dictum, et cum possit dupliciter interpretari, uno modo ad nocendum, altero ad præstandum, ad beneficentiam te potius charitas revocet, ut intelligas carbones ignis esse urentes pœnitentiæ gemitus, quibus superbia sanatur ejus qui dolet se inimicum fuisse hominis, a quo ejus miseriæ subvenitur. Item cum ait Dominus : *Qui amat animam suam, perdat eam (Matth.* x), non utilitatem vetare putandus est, qua debet quisque conservare animam suam, sed figurate dictum, *perdat animam*, id est, perimat atque amittat usum ejus quem nunc habet, perversum scilicet atque præposterum, quo inclinatur temporalibus, ut æterna non quærat. Scriptum est : *Da misericordi, et ne suscipias peccatorem*. Posterior pars hujus sententiæ videtur vetare beneficentiam. Intelligas ergo figurate positum, pro peccato *peccatorem*, ut peccatum ejus non suscipias.

CAPUT XIV.

De varia significatione verborum, quæ constat in contrarietate et diversitate.

Sed quoniam multis modis res similes apparent, non putemus ita esse scriptum, ut quod in aliquo loco res aliqua per similitudinem significaverit, hoc eam semper significare credamus. Nam et in vituperatione posuit fermentum Dominus cum diceret : *Cavete a fermento Pharisæorum (Luc.* XII); et in laude cum diceret : *Simile est regnum cœlorum mulieri quæ abscondit fermentum in tribus mensuris farinæ, donec totum fermentaret (Luc.* xiii). Hujus igitur varietatis observatio duas habet formas; sic enim aliud atque aliud res quæque significant, ut aut contraria, aut diversa significent. Contraria scilicet, cum alias in bono, alias in malo res eadem per similitudinem ponitur, sicut hoc est quod de fermento supra diximus. Tale est etiam quod leo significat Christum, ubi dicitur: *Vicit leo de tribu Juda (Apoc.* v). Significat et diabolum, ubi scriptum est: *Adversarius vester diabolus tanquam leo rugiens circuit, quærens quem devoret (I Petr.* v) Serpens in bono: *Estote astuti ut serpentes (Matth.* x). In malo autem: *Serpens Evam seduxit astutia sua (II Cor.* xi). In bono, panis: *Ego sum panis vivus, qui de cœlo descendi (Joan.* vi). In malo, panis: *Panis occultus libenter editur (Prov.* ix). Sic et alia plurima. Et hæc quidem quæ commemoravi, minime dubiam significationem gerunt, quia exempli gratia non nisi manifesta commemorari debuerunt. Sunt autem quæ incertum est in quam partem accipi debeant, sicut, *Calix in manu Domini vini meri plenus est misto (Psal.* lxxiv). Incertum est enim utrum iram Domini significet non usque ad novissimam pœnam, id est usque ad fæcem; an potius gratiam Scripturarum a Judæis ad gentem transeuntem, quia *inclinavit ex hoc in hoc,* remanentibus apud Judæos observationibus quas carnaliter sapiunt, quia *fæx ejus non est exinanita.* Cum vero res eadem non in contraria, sed tamen in significatione ponitur diversa, illud est in exemplo, quod aqua et populum significat, sicut in Apocalypsi legimus; et Spiritum sanctum, unde est illud: *Flumina de ventre ejus fluent aquæ vivæ (Joan.* vii), et si quid aliud atque aliud, pro locis in quibus ponitur, aqua significare intelligitur. Ubi autem apertius ponuntur, ibi discendum est quomodo in locis intelligatur obscuris. Neque enim melius potest intelligi quod dictum est Deo, *Apprehende arma et scutum, et exsurge in adjutorium mihi (Psal.* xxxiv), quam ex hoc loco ubi legitur: *Domine, ut scuto bonæ voluntatis tuæ coronasti nos* (*Psal.* v.)

CAPUT XV.
Quod non sit periculum varius intellectus in eisdem Scripturæ verbis, si sensus ipse congruat veritati.

Quando autem ex eisdem Scripturæ verbis non unum aliquid, sed duo vel plura sentiuntur, etiam si latet quid senserit ille qui scripsit, nihil periculi est, si quodlibet eorum congruere veritati, ex aliis locis sanctarum Scripturarum doceri potest; id tamen eo conante, qui divina scrutatur eloquia, ut ad voluntatem perveniatur auctoris, per quem Scripturam illam sanctus operatus est Spiritus; sive hoc assequatur, sive aliam sententiam de illis verbis quæ fidei rectæ non refragatur, exculpat, testimonium habens a quocunque alio loco divinorum eloquiorum. Ille quippe auctor in eisdem verbis quæ intelligere volumus, et ipsam sententiam forsitan vidit; et certe Dei Spiritus qui per eum hæc operatus est, etiam ipsam occursuram lectori vel auditori sine dubitatione prævidit, imo ut occurreret quia ex ipsa veritate subnixa providit. Nam quid in divinis eloquiis largius et uberius potuit divinitus provideri, quam ut eadem verba pluribus intelligantur modis, quos alia non minus divina contestantia faciant approbari? Ubi autem talis sensus eruitur, cujus incertum certis sanctarum Scripturarum testimoniis non possit aperiri, restat ut ratione reddita manifestus appareat, etiam si ille cujus verba intelligere quærimus, eum forte non sensit. Sed hæc consuetudo periculosa est. Per Scripturas enim divinas ita multo tutius ambulatur, si hoc exhibemus, ut cum aliqua verbis translatis opaca scrutari volumus, aut hoc inde exeat quod non habeat controversiam, aut, si habeat, ex eadem Scriptura ubicunque eis inventis atque adhibitis testibus, terminetur. Sed hæc in præsenti de signis dicta sufficiant. Cæterum qui plenius de his scire desiderat, in libris sancti Augustini de Doctrina Christiana, unde hæc excerpsimus, quærat et inveniet. Hinc de his quæ in gentibus doctrinis exercentur, et quæ liberales dicuntur artes, quid conferant utilitatis, si perscrutentur his qui canonicas Scripturas legunt, quantum valeo, explicabo.

CAPUT XVI.
De duobus generibus doctrinarum gentilium, et quæ sint illæ quæ instituerunt homines.

Duo sunt genera doctrinarum, quæ in gentilibus etiam moribus exercentur: unum earum rerum quas instituerunt homines; alterum earum quas animadverterunt jam peractas, aut divinitus institutas. Illud quod est secundum institutiones hominum, partim superstitiosum est, partim non est. Superstitiosum est quidquid institutum est ab hominibus ad facienda et colenda idola pertinens, vel ad colendum sicut Deum creaturam, vel partem ullam creaturæ, vel ad consultationes et pacta quædam significationum cum dœmonibus placita atque fœderata, qualia sunt molimina magicarum artium, quæ quidem commemorare potius quam docere assolent poetæ. Ex quo genere sunt, sed quasi licentiore vanitate, aruspicum et augurum libri. Ad hoc genus pertinent omnes etiam ligaturæ atque remedia, quæ medicorum quoque disciplina contemnit, sive in præcantationibus, sive in quibusdam notis quas characteres vocant, sive in quibusdam rebus suspendendis atque illigandis, non propter vim naturæ quodammodo ad temperationem corporum, sed ad quasdam significationes occultas aut manifestas. Neque illi ab hoc genere perniciosæ superstitionis segregandi sunt, qui genethliaci propter natalium dierum considerationes, nunc autem vulgo mathematici vocantur. Nam et ipsi, quamvis veram stellarum positionem, cum quisque nascitur, consectentur, et aliquando etiam pervestigent, tamen quod inde conantur vel actiones nostras vel actionum eventa prædicere, nimis errant, et vendunt imperitis hominibus miserabilem servitutem. Commoda vero et necessaria hominum cum hominibus instituta sunt, quæcunque in habitu et cultu corporis ad sexus vel honores discernendos differentia placuit ; et innumerabilia genera significationum sine quibus humana societas, aut non omnino, aut minus commode geritur; quæque in ponderibus atque mensuris, et nummorum impressionibus et æstimationibus, sua cuique civitati et populo sunt propria, et cætera hujusmodi, quæ nisi hominum instituta essent, non per diversos populos variæ essent, nec in ipsis populis singulis pro arbitrio suorum principum mutarentur. Sed hæc tota pars humanorum institutorum, quæ ad usum vitæ necessarium proficiunt, nequaquam est fugienda Christiano; imo etiam, quantum satis est, intuenda, memoriæque retinenda. Ad hanc partem etiam pertinent litterarum figuræ, quæ pro libitu hominum constitutæ sunt, nec tamen omnibus gentibus communes, sed alias Hebræa, alias Græca, alias Latina gens habet, et cæteræ quædam gentes, similiter ad proprietatem linguæ suæ, litteras sibi secundum placitum formaverunt.

CAPUT XVII.
Quæ divinitus instituta investigaverunt.

Jam vero illa quæ non instituendo, sed aut transacta temporibus, aut divinitus instituta investigando homines prodiderunt, ubicunque discantur, non sunt hominum instituta existimanda. Quorum sunt alia ad sensus corporis, alia vero ad rationem animi pertinentia. Sed illa quæ ad sensus corporis attingunt, vel narrata credimus, vel demonstrata sentimus, vel experta conjicimus. Quidquid ergo de ordine temporum transactorum indicat ea quæ appellatur historia, plurimum nos adjuvat ad libros sanctos intelligendos, etiam si præter Ecclesiam puerili eruditione discatur. Nam et per Olympiadas, et per consulum nomina, multa sæpe quæruntur a nobis; et ignorantia consulatus quo natus est Dominus, et quando passus est, nonnullos coegit errare, ut putarent quadragesima sexta annorum ætate passum esse Dominum, quia per tot annos ædificatum templum esse dictum est a Judæis, quod imaginem Dominici corporis habebat. Sed annorum fere triginta baptizatum esse retinemus auctoritate evangelica; sed postea quot annos in hac vita egerit quanquam textu ipso actionum ejus animadvertere possis, tamen ne aliunde caligo dubitationis oriatur, de historia gentium collata cum Evangelio, liquidius certiusque colligitur. Tunc enim videbitur non frustra esse dictum, quod quadraginta annis templum ædificatum sit, ut cum referri iste numerus ad ætatem Domini non potuerit, ad secretiorem instructionem humani corporis referatur, quod indui propter nos non dedignatus est unicus Dei Filius, per quem facta sunt omnia. Aliud est enim facta narrare, aliud docere facienda. Historia facta narrat fideliter atque utiliter; libri autem aruspicum et quæque similes litteræ, facienda vel observanda intendunt docere, monitoris audacia, non indicis fide. Est etiam narratio similis demonstrationi, qua non præterita, sed præsentia indicantur ignaris in quo genere sunt quæ de locorum situ, naturisque animalium, lignorum, herbarum, lapidum, aliorumve corporum scripta sunt. De quo genere superius egimus, eamque cognitionem valere ad ænigmata Scripturarum solvenda, docuimus, non ut pro quibusdam signis adhibeantur tanquam ad remedia, vel machinamenta superstitionis alicujus. Siderum autem cognoscendorum non narratio, sed demonstratio est : quorum perpauca Scriptura commemorat. Habet autem præter demonstrationem præsentium, etiam præteritorum narrationi simile aliquid, quod a præsenti positione, motuque siderum, ad præterita eorum vestigia regulariter licet recurrere. Habet etiam futurorum regulares conjecturas non suspiciosas et otiosas, sed raras et certas; non ut ex eis aliquid trahere in nostra fata et eventa tentemus, qualia genethliacorum deliramenta sunt, sed quantum ad ipsa pertinet sidera. Nam sicut is qui computat lunam cum hodie inspexerit quota sit, et ante quoslibet annos quota fuerit, et post quoslibet annos quota futura sit potest dicere; sic de unoquoque siderum, qui ea perite computant, respondere consueverunt. Artium enim cæterarum quibus aliquid fabricatur, vel quid remaneat post operationem artificis ab illo effectum, sicut domus et scamnum; vel quæ ministerium quoddam exhibent operanti Deo, sicut medicina et agricultura et gubernatio : harum ergo cunctarum artium de præteritis faciunt experimenta, etiam futura conjicienda. Nullus earum artium artifex membra movet in operando, nisi præteritorum memoriam cum futurorum exspectatione contexat. Sed hæc non ob aliud commemoravimus; nisi ut non omnino nesciamus quid Scriptura velit insinuare, cum de his artibus aliquas figuratas locutiones inserit. Restant ea quæ non ad corporis sensus, sed ad rationem animi pertinent, ubi disciplina regnat disputationis et numeri. Sed disputationis disciplina ad omnia genera quæstionum quæ in litteris sanctis sunt penetranda et dissolvenda plurimum valet; tantum ibi cavenda est libido rixandi, et puerilis quædam ostensio decipiendi adversarium. Sed de hoc plenius dicemus cum de dialectica atque rhetorica disputabimus. Jam vero numeri disciplina cuilibet tardissimo clarum est, quod non sit ab hominibus instituta, sed potius indagata et inventa. Non enim sicut primam syllabam Italiæ quam brevem pronuntiaverunt veteres, voluit Virgilius et longa facta est, ita quisquam potest efficere cum voluerit, ut ter terna aut non sint novem, aut non possint efficere quadratam figuram, aut non ad ternarium numerum tripla sint, ad senarium sescupla, ad nullum dupla, quia intelligibiles numeri semissem non habent. Sive ergo in seipsis considerentur, sive ad figurarum, aut ad sonorum aliorum vel motionum leges numeri adhibeantur, incommutabiles regulas habent, neque ullo modo ab hominibus institutas, sed ingeniosorum sagacitate compertas. Quæ tamen omnia quisquis ita dilexerit, ut jactare se inter imperitos velit, et non potius quærere unde sint vera, quæ tantummodo vera esse persenserit; et unde quædam non solum vera, sed etiam incommutabilia, quæ incommutabilia esse comprehenderit; ac sic ab specie corporum usque ad humanam mentem perveniens, cum et ipsam mutabilem invenerit, quod nunc docta nunc indocta sit, constituta tamen inter commutabilem supra se veritatem, et mutabilia infra se cætera, ad unius Dei laudem atque dilectionem cuncta convertere, a quo cuncta esse cognoscit, doctus videri potest, esse autem sapiens nullo modo. Hucusque generaliter atque permixtim dixi de disciplinis gentilium; deinceps seorsum de singulis dicturus.

CAPUT XVIII.
De arte grammatica, et speciebus ejus.

Prima ergo liberalium artium est grammatica, secunda rhetorica, tertia dialectica, quarta arithmethica, quinta geometria, sexta musica, septima astronomia; grammatica enim a litteris nomen accepit, sicut vocabuli illius derivatus sonus ostendit. Diffinitio autem ejus talis est : Grammatica est scientia interpretandi poetas atque historicos, et recte scribendi loquendique ratio. Hæc et origo et fundamentum est artium liberalium. Hanc itaque scholam Dominicam legere convenit, quia scientia recte loquendi et scribendi ratio in ipsa consistit. Quomodo quis vim vocis articulatæ seu litterarum et syllabarum potestatem cognoscit, si non prius per eam id didicit? Aut quomodo pedum, accentuum et positurarum discretionem scit, si non per hanc disciplinam ejus scientiam ante percepit? Aut quomodo partium orationis jura, schematum decorem, troporum virtutem, etymologiarum rationem, et orthographiæ rectitudinem novit, si non grammaticam artem ante sibi notam fecit? Inculpabiliter enim, imo laudabiliter hanc artem discit, quisquis in ea non inanem pugnam verborum facere diligit, sed rectæ locutionis scientiam et scribendi peritiam habere appetit. Ipsa est enim omnium judex librariorum, quia ubicunque errorem perspexerit, reprehendit, et ubi bene dicta sunt, suo judicio comprobabit. Schemata autem omnia quotquot sæcularis disciplina conscripsit, in sanctis libris sæpius posita reperiuntur. Necnon tropis auctores nostros usos fuisse, et multiplicius atque copiosius quam possit existimari vel credi, quisquis libros divinos diligenter legit, inveniet. Istorum autem troporum non solum exempla sicut omnium, sed quorumdam etiam nomina in divinis libris leguntur, sicut allegoria, ænigma, parabola. Quorum omnium cognitio propterea Scripturarum ambiguitatibus dissolvendis est necessaria, quia sensus ad proprietatem verborum si accipiatur, absurdus est. Quærendum est utique, ne forte illo vel illo tropo dictum sit quod non intelligimus, et sic pleraque inventa sunt quæ latebant. **Metricam** autem rationem quæ per artem grammaticam discitur, non ignobile est scire, quia apud Hebræos Psalterium (ut beatus Hieronymus testatur) nunc iambo currit, nunc alchaico personat, nunc sapphico tumet, nunc semipede ingreditur. Deuteronomium vero, et Isaiæ canticum, necnon et Salomon et Job, hexametris et pentametris versibus (ut Josephus et Origenes scribunt) apud suos composita decurrunt. Quamobrem non est spernenda hæc, quamvis gentilibus communis ratio, sed quantum satis est perdiscenda, quia utique multi evangelici viri, insignes libros hac arte condiderunt, et Deo placere per id satagerunt, ut fuit Juvencus, Sedulius, Arator, Alcimus, Clemens, Paulinus et Fortunatus, et cæteri multi. Poemata autem et libros gentilium si velimus propter florem eloquentiæ legere, typus mulieris captivæ tenendus est, quam Deuteronomium describit; et Dominum ita præcepisse commemorat, ut si Israelites eam habere vellet uxorem, calvitium ei faciat, ungues præsecet, pilos auferat, et cum munda fuerit effecta, tunc transeat in uxoris amplexus. Hæc si secundum litteram intelligimus, nonne ridicula sunt? Itaque et nos hoc facere solemus, hocque facere debemus, quando poetas gentiles legimus, quando in manus nostras libri veniunt sapientiæ sæcularis, si quid in eis utile reperimus, ad nostrum dogma convertimus; si quid vero superfluum de idolis, de amore, de cura sæcularium rerum, hæc radamus, his calvitium inducamus, hæc in unguium more ferro acutissimo desecemus. Hoc tamen præ omnibus cavere debemus, ne hæc licentia nostra offendiculum fiat infirmis : ne pereat qui infirmus est in scientia nostra frater, propter quem Christus mortuus est, si viderit in idolio nos recumbentes.

CAPUT XIX.
De rhetorica.

Rhetorica est (sicut magistri tradunt) sæcularium litterarum bene dicendi scientia, in civilibus quæstionibus. Sed hæc diffinitio licet ad mundanam sapientiam videatur pertinere, tamen non est extranea ab ecclesiastica disciplina. Quidquid enim orator et prædicator divinæ legis diserte et decenter profert in docendo, vel quidquid apte et eleganter depromit in dictando, ad hujus artis congruit peritiam; nec utique peccare debet arbitrari, qui hanc artem in congrua ætate legit, quique ejus præcepta servat in dictando, ac proloquendo sermonem; imo bonum opus facit, qui eam ad hoc pleniter discit, ut ad prædicandum verbum Dei idoneus sit. Nam cum per artem rhetoricam et vera suadeantur et falsa, quis audeat dicere adversus mendacium in defensoribus suis inermem debere consistere veritatem, ut videlicet illi qui res falsas suadere conantur, noverint auditorem vel benivolum, vel intentum, vel facere docilem procemio, isti autem non noverint? illi falsa breviter, aperte, verisimiliter, et isti vera sic narrent ut audire tædeat, intelligere non pateat, credere postremo non libeat? illi fallacibus argumentis veritatem oppugnent, asserant falsitatem, isti nec vera defendere, nec falsa valeant refutare? illi animos audientium in errorem moventes impellentesque dicendo terreant, contristent, exhilarent, exhorrentur ardenter, isti pro veritate lenti, frigidi dormitent? Quis ita desipiat, ut hoc sapiat? Cum ergo sit in medio posita facultas eloquii, quæ ad persuadenda seu prava seu recta valeat plurimum, cur non bonorum studio comparatur, ut militet veritati, si eam mali ad obtinendas perversas vanasque causas in usus iniquitatis et erroris usurpant? Sed quæcunque sunt de hac re observationes atque præcepta, quibus cum accedit in pluribus verbis ornamentisque verborum, exercitatioris linguæ solertissima consuetudo, fit illa quæ facundia vel eloquentia nominatur, hæc seposito ad hoc congruo temporis spatio, apta et conveniente ætate discenda sunt eis qui hoc celeriter possunt. Nam et ipsos Romanæ principes eloquentiæ non piguit dicere, quod hanc artem nisi qui cito possit perdiscere, nunquam omnino possit. Sed nos non ea tanti pendimus, ut eis discendis jam maturas, vel etiam graves hominum ætates velimus impendi. Satis est ut adolescentulorum ista sit cura; nec ipsorum omnium quos utilitati ecclesiasticæ cupimus erudiri, sed eorum quos nondum magis urgens, et huic rei sine dubio præponenda necessitas occupavit. Quoniam si acutum et fervens absit ingenium, facilius adhæret eloquentia legentibus, et audientibus eloquentes, quam eloquentiæ præcepta sectantibus. Nec desint ecclesiasticæ litteræ etiam præter canonem in auctoritatis arce salubriter collocatæ, quas legendo homo capiat, et si id non agat, sed tantummodo rebus quæ ibi dicuntur intentus sit, etiam eloquio quo dicuntur, dum in his versatur, imbuitur; accedente vel maxime exercitatione sive scribendi, sive dictandi, postremo etiam dicendi, quæ secundum pietatis ac fidei regulam sentit. Sed hæc de rhetorica nunc dicta sufficiant, cum reservamus paulo post jura ejusdem in dicendi genere planius demonstranda.

CAPUT XX.
De dialectica.

Dialectica est disciplina rationalis quærendi, diffiniendi et disserendi, etiam vera et a falsis discernendi potens. Hæc ergo disciplina disciplinarum est; hæc docet docere, hæc docet discere, in hac se ipsa ratio demonstrat atque aperit quæ sit, quid velit, quid videat. Scit scire sola, et scientes facere non solum vult, sed etiam potest. In hac ratiocinantes cognoscimus quid sumus et unde sumus; per hanc intelligimus quid sit faciens bonum, et quid factum bonum; quid creator, et quid creatura; per hanc investigamus veritatem, et deprehendimus falsitatem; per hanc argumentamur, et invenimus quid sit consequens, quid non consequens, et quid repugnans in rerum natura, quid verum, quid verisimile, et quid penitus falsum in disputationibus. In hac enim disciplina unamquamque rem quærimus sagaciter, et diffinimus veraciter, et disserimus prudenter. Quapropter oportet clericos hanc artem nobilissimam scire, ejusque jura in assiduis meditationibus habere, ut subtiliter hæreticorum versutiam hac possint dignoscere, eorumque dicta veneficatis syllogismorum conclusionibus confutare. Sunt enim multa quæ appellantur sophismata, falsæ conclusiones rationum, et plerumque ita veras imitantes, ut non solum tardos, sed ingeniosos etiam minus diligenter attentos decipiant. Proposuit enim quidam dicens ei cum quo loquebatur: *Quod ego sum, tu non es.* At ille consensit. Verum enim erat ex parte, vel eo ipso quod iste insidiosius, ille simplex erat. Tum iste addidit: *Ego autem homo sum.* Hoc quoque cum ab eo accepisset, conclusit dicens: *Tu igitur non es homo.* Quod genus captiosarum conclusionum, Scriptura quantum existimo detestatur, illo loco ubi dictum est, *Qui sophistice loquitur odibilis est* (Eccli. xxxvii). Quanquam etiam sermo non captiosus, sed tamen abundantius quam gravitatem decet, verborum ornamenta consectans, sophisticus dicatur. Sunt etiam veræ connexiones ratiocinationis falsas habentes sententias, quæ consequuntur errorem illius cum quo agitur. Quæ tamen ad hoc inferuntur a bono et docto homine, ut his erubescens ille cujus errorem sequitur, eumdem relinquat errorem, qui si in eodem manere voluerit, necesse est ut etiam illa quæ damnat tenere cogatur. Non enim vera inferebat Apostolus cum diceret: *Neque Christus resurrexit.* Et illa alia: *Inanis est fides nostra, inanis est et prædicatio nostra* (I Cor. xv). Quæ omnino falsa sunt, quia et Christus resurrexit, et non erat inanis prædicatio eorum qui hoc annuntiabant, nec fides eorum qui hoc crediderant. At quia falsum est quod sequitur, necesse est ut falsum sit quod præcedit. Præcedit enim non esse resurrectionem mortuorum, quod dicebant illi, quorum errorem destruere voluit Apostolus. Porro illam sententiam præcedentem, qua dicebant non esse resurrectionem mortuorum, necessario sequitur, *Neque Christus resurrexit.* Hoc autem quod sequitur, falsum est; Christus enim resurrexit: falsum est ergo quod præcedit. Præcedit autem non esse resurrectionem mortuorum: est igitur resurrectio mortuorum. Quod totum breviter ita dicitur: Si non est resurrectio mortuorum, neque Christus resurrexit: Christus autem resurrexit; est igitur resurrectio mortuorum. Cum ergo sint veræ connexiones, non solum verarum, sed etiam falsarum sententiarum, facile est veritatem connexionum etiam in scholis illis discere, quæ præter Ecclesiam sunt, sententiarum autem veritates in sanctis libris ecclesiasticis investigandæ sunt. Ipsa tamen veritas connexionum non instituta, sed animadversa est ab hominibus et notata, ut eam possint vel discere vel docere. Nam est in rerum ratione perpetua et divinitus instituta, quæ a Deo auctore sunt facta. Sed quia de logica jam diximus, de mathematica consequenter dicemus.

CAPUT XXI.
De mathematica.

Mathematica est quam Latine possumus dicere doctrinalem scientiam, quæ abstractam considerat quantitatem. Abstracta enim quantitas dicitur, quam intellectu a materia separamus, vel ab aliis accidentibus, ut est par, impar, vel ab aliis hujuscemodi quæ in sola ratiocinatione tractamus. Hæc dividitur in arithmeticam, musicam, geometriam, astronomiam : de quibus singulis secundum ordinem disseremus.

CAPUT XXII.
De arithmetica.

Arithmetica est disciplina quantitatis numerabilis secundum seipsam. Est enim disciplina numerorum. Græci enim numerum ἄριθμον, arithmon, vocant, quem scriptores litterarum sæcularium, inter disciplinas mathematicas ideo primam esse voluerunt, quoniam ipsa ut sit, nulla alia indicat disciplina. Musica autem et geometria et astronomia quæ sequuntur, ut sint atque subsistant, istius egent auxilio. Scire autem debemus Josephum Hebræorum doctissimum in primo libro Antiquitatum, titulo nono, dicere arithmeticam et astronomiam Abraham primum Ægyptiis tradidisse ; unde semina suscipientes, ut sunt homines acerrimi ingenii, excoluisse sibi reliquas latius disciplinas. Quas merito sancti patres nostri legendas studiosissimis persuadent, quoniam ex magna parte per eas a carnalibus rebus appetitus abstrahitur, et faciunt desiderare quæ, præstante Domino, solo possimus corde respicere. Unde ratio numeri contemnenda non est, quæ in multis sanctarum Scripturarum locis quam magni existimanda sit, lucet diligenter intuentibus. Nec frustra in laudibus Dei dictum est : *Omnia in mensura et numero et pondere disposuisti* (*Sap.* xi). Ita vero suis quisque numerus proprietatibus terminatur, ut nullus eorum par esse cuiquam alteri possit. Ergo et dispares inter se atque diversi sunt, et singuli quique diversi sunt, et singuli quique finiti sunt, et omnes infiniti sunt. Nec audebunt isti contemnere numeros, et eos ad scientiam Dei non pertinere, apud quos Plato Deum magna auctoritate commendat mundum numeris fabricantem. Et apud nos Propheta de Deo dicit : *Qui profert numerose sæculum.* Et Salvator in Evangelio : *Capilli*, inquit, *vestri omnes numerati sunt* (*Matth.* x). Quamvis enim se objectent aspectui, quasi corpusculorum quædam simulacra, cum senarii numeri compositio, vel ordo, vel partitio cogitatur, tamen validior et præpotentior desuper ratio non eis annuit interius, quæ vim numeri continet, per quem circuitum fideliter dicit id quod dicitur unum in numeris, in nullas partes dividi posse, nulla autem corpora nisi in partes innumerabiles dividi, et facilius cœlum et terram transire, quæ secundum senarium numerum fabricata sunt, quam effici posse ut senarius numerus non suis partibus compleatur. Quamobrem non possumus dicere propterea senarium numerum esse perfectum quod sex diebus perfecit Deus omnia opera sua, sed propterea Deum sex diebus perfecisse opera sua, quia senarius numerus perfectus est. Itaque etiam si ista non essent, perfectus ille esset ; nisi autem ille perfectus esset, ista secundum eum perfecta non essent. Numerorum etiam imperitia multa facit non intelligi, translate ac mystice posita in Scripturis. Ingenium quippe, ut ita dixerim, ingenium non potest non moveri quid sibi velit, quod et Moyses et Elias et ipse Dominus quadraginta diebus jejunaverunt. Cujus actionis figuratus quidam nodus sine hujus numeri cognitione et consideratione non solvitur. Habet enim denarium quater, tanquam cognitionem omnium rerum intextam temporibus. Quaternario namque numero, et diurna et annua curricula peraguntur : diurna matutinis, meridianis, vespertinis, nocturnisque horarum spatiis ; annua vernis, æstivis, autumnalibus, hiemalibusque mensibus. A temporum autem delectatione dum in temporibus vivimus, propter æternitatem in qua vivere volumus, abstinendum et jejunandum est, quamvis temporum cursibus ipsa insinuetur nobis doctrina contemnendorum temporum, et appetendorum æternorum. Porro autem denarius numerus creatoris atque creaturæ significat scientiam ; nam trinitas creatoris est, septenarius autem numerus creaturam indicat, propter vitam et corpus. Nam in illa tria sunt : unde etiam toto corde, tota anima, tota mente diligendus est Deus ; in corpore autem manifestissima quatuor apparent, quibus constat, elementa. Hoc ergo denario dum temporaliter nobis insinuatur, id est, quater ducatur, caste et continenter a temporum delectatione vivere, hoc est quadraginta diebus jejunare. Hoc est lex cujus persona est in Moyse ; hoc est prophetia, cujus personam gerit Elias ; hoc ipse Dominus monet, qui tanquam testimonium habens a lege et prophetis, medius inter illos in monte, tribus discipulis videntibus atque stupentibus, claruit. Deinde ita quæritur quomodo quinquagenarius de quadragenario numero existat, qui non mediocriter in nostra religione sacratus est propter Pentecosten ; et quomodo ter ductus propter tria tempora ante legem, sub lege, sub gratia ; vel propter nomen Patris, et Filii, et Spiritus sancti, adjuncta eminentius ipsa Trinitate, ad purgatissimæ Ecclesiæ mysterium referatur, perveniatque ad centum vel tres pisces, quos retia post resurrectionem Domini in dexteram partem missa ceperunt. Ita multis aliis atque aliis numerorum formis quædam propter similitudinem in sanctis libris secreta ponuntur, quæ propter numerorum imperitiam legentibus clausa sunt. Quapropter necesse est eis qui volunt ad sacræ Scripturæ notitiam pervenire, ut hanc artem intente discant ; et cum didicerint, mysticos numeros in divinis libris facilius hinc intelligant.

CAPUT XXIII.
De geometria.

Nunc ad geometriam veniamus, quæ est descriptio contemplativa formarum, documentum etiam usuale [*Al.*, visuale] philosophorum ; quod, ut præconiis celeberrimis referant, Jovem suum in operibus propriis geometriæ testantur. Quod nescio utrum laudibus an vituperationibus applicetur, quando quod illi pingunt in pulvere coloreo, Jovem facere mentiuntur in cœlo. Quod si vero creatori et omnipotenti Deo salubriter applicetur, potest ex sententia forsitan convenire veritate. Geometra enim, si fas est dicere, sancta divinitas, quoniam creaturæ suæ, quam usque hodie facit existere, diversas species formulasque concedit; quando cursus stellarum potentia veneranda distribuit, et statutis lineis fecit currere quæ moventur, certaque sede quæ sunt fixa constituit. Quidquid enim bene disponitur atque componitur, potest disciplinæ hujus qualitatibus applicari. Geometria Latine dicitur terræ dimensio, sicque diffinitur : Geometria est disciplina magnitudinis immobilis et formarum. Quod per diversas formas ipsius disciplinæ, ut nonnulli dicunt, primum Ægyptus dominis propriis fertur esse partitus, cujus disciplinæ magistri, mensores ante dicebantur. Sed Varro, peritissimus Latinorum, hujus nominis causam sic exstitisse commemorat, dicens, prius quidem homines per dimensiones terrarum terminis positis, vagantibus populis pacis utilia præstitisse; deinde totius anni circulum menstruali numero fuisse partitos; unde et ipsi menses quod annum metiantur, edicti sunt. Verum postquam ista reperta sunt, provocati studiosi ad illa invisibilia cognoscenda, cœperunt quærere quanto spatio a terra luna, a luna sol ipse distaret, et usque ad verticem cœli quanta se mensura distenderet; quod peritissimos geometras assecutos commemorat. Tunc et dimensionem universæ terræ probabili refert ratione collectam; ideoque factum ut disciplina ipsa geometriæ nomen acciperet, quod per sæcula longa custodit. Hæc igitur disciplina in tabernaculi templique ædificatione servata est, ubi linealis mensuræ unius et circuli ac spheræ atque hemispherion, quadrangulæ quoque formæ, et cæterarum figurarum dispositio habita est : quorum omnium notitia ad spiritalem intellectum non parum adjuvat tractatorem.

CAPUT XXIV.
De musica.

Musica est disciplina quæ de numeris loquitur qui ad aliquid sunt, id est, his qui inveniuntur in sonis : ut duplum, triplum, quadruplum, et his similia quæ dicuntur ad aliquid. Hæc ergo disciplina tam nobilis est, tamque utilis, ut qui ea caruerit, ecclesiasticum officium congrue implere non possit. Quidquid enim in lectionibus decenter pronuntiatur, ac quidquid de psalmis suaviter in ecclesia modulatur, hujus disciplinæ scientia ita temperatur, et non solum per hanc legimus et psallimus in ecclesia, imo omne servitium Dei rite implemus. Musica ergo disciplina per omnes actus vitæ nostræ hac ratione diffunditur : primum si creatoris mandata faciamus et puris mentibus, statutis ab eo regulis, serviamus. Quidquid enim loquimur, vel intrinsecus venarum pulsibus commovemur, per musicos rhythmos harmoniæ virtutibus probatur esse sociatum. Musica quippe scientia est bene modulandi. Quod si nos bona conversatione tractamus, tali disciplinæ probamur semper esse sociati; quando vero iniquitates gerimus, musicam non habemus. Cœlum quoque et terra, vel omnia quæ in eis superna dispensatione peraguntur, non sunt nisi musica disciplina, cum Pythagoras hunc mundum per musicam conditum, et per eam gubernari posse testatur. Hæc et in ipsa quoque religione Christiana valde permista est; ac inde fit ut non pauca etiam claudat atque obtegat nonnullarum rerum musicarum ignorantia. Nam et de psalterii et citharæ differentia, quidam non inconcinne aliquas rerum figuras aperuit; et decem cordarum psalterium non importune inter doctos quæritur, utrum habeat aliquam musicæ legem, quæ ad tantum nervorum numerum cogat; an vero, si non habet, eo ipso magis sacrate accipiendus sit ipse numerus, vel propter decalogum legis, de quo item numero si quæratur, non nisi ad creatorem creaturamque referendus est, vel propter expositum ipsum denarium. Et ille numerus ædificationis templi qui commemoratur in Evangelio, quadraginta scilicet et sex annorum, nescio quid musicum sonat; et relatus ad fabricam Dominici corporis, propter quam templi mentio facta est, cogit nonnullos hæreticos confiteri Filium Dei non falso sed vero et humano corpore indutum. Itaque et numerum et musicam plerisque locis in sanctis Scripturis honorabiliter posita invenimus. Non enim audiendi sunt errores gentilium superstitionum, qui novem Musas, et Jovis et Memoriæ filias esse finxerunt. Refellit eos Varro : quo nescio utrum apud eos quisquam talium rerum doctior vel curiosior esse possit. Dicit enim civitatem nescio quam (non enim nomen recolo) locasse apud tres artifices terna simulacra Musarum, quod in templo Apollinis donum poneret, ut quisquis artificum pulchriora formasset, ab illo potissimum electa emeret. Ita contigisse ut opera sua illi quoque artifices æque pulchre explicarent, et placuisse civitati omnes novem atque omnes esse emptas, ut in Apollinis templo dedicarentur; quibus postea dicit Hesiodum poetam imposuisse vocabula. Non ergo Jupiter novem Musas genuit, sed tres fabri ternas creaverunt. Tres autem non propterea illa civitas locaverat, quia in somnis eas viderat, aut tot se cujusquam illorum oculis demonstraverant; sed quia facile erat animadvertere omnem sonum, quæ materies cantilenarum est, triformem esse natura. Aut enim voce editur, sicuti eorum est qui faucibus sive organo canunt; aut flatu, sicut tubarum et tibiarum; aut pulsu, sicut in citharis et tympanis, et quibuslibet aliis, quæ percutiendo canora sunt. Sed sive se ita habeat quod Varro retulit, sive non ita, nos tamen non debemus propter superstitionem profanorum musicam fugere, si quid inde utile ad intelligendas sanctas Scripturas rapere poterimus; nec ad illorum theatricas nugas converti, si aliquid de citharis et de organis, quod ad spiritalia capienda valeat, disputemus. Neque enim et litteras discere non debuimus, quia eorum Deum dicunt esse Mercurium; aut quia Justitiæ

Virtutique templa dedicarunt, et quæ corde gestanda sunt, in lapidibus adorare maluerunt, propterea nobis justitia virtusque fugienda est. Imo vero quisquis bonus verusque Christianus est, Deum suum esse intelligat, ubicunque invenerit veritatem.

CAPUT XXV.
De astronomia.

Astronomia ergo superest, quæ, ut quidam dixit, dignum est religiosis argumentum, magnumque curiosis tormentum. Hanc ergo si casta ac moderata mente perquirimus, sensus quoque nostros, ut et veteres dicunt, magna charitate perfundit. Quale est enim ad cœlos animo subire, totamque illam machinam supernam indagabili ratione discutere, et inspectiva mentis sublimitate ex aliqua parte colligere, quod tantæ magnitudinis arcana velaverunt? Nam mundus ipse, ut quidam dicunt, sphærica fertur rotunditate collectus, ut diversas rerum formas ambitus sui circuitione concluderet. Unde librum Seneca consentanea philosophis disputatione formavit, cui titulus est *De forma mundi.* Astronomia itaque dicitur, unde nobis sermo, astrorum lex : quia nesciunt ullo modo aliter, quam a suo creatore disposita sunt, vel consistere, vel moveri : nisi forte quando, aliquo miraculo facto, divinitatis arbitrio commutantur; sicuti Jesu Nave soli in Gabaon ut staret legitur imperasse (*Jos.* x); et temporibus Ezechiæ regis, retrorsum decem gradibus reversum fuisse (*IV Reg.* xx); et in passione Domini tribus horis sol tenebrosus effectus est (*Luc.* xxiii), et his similia. Ideo enim miracula dicuntur, quoniam contra consuetudinem rerum admiranda contingunt. Feruntur enim, sicut dicunt astronomi, quæ cœlo fixa sunt; moventur vero planetæ, id est erraticæ, quæ cursus suos certa tamen diffinitione conficiunt. Astronomia est itaque, sicut jam dictum est, disciplina quæ cursus cœlestium siderum et figuras contemplatur, omnes et habitudines stellarum circa se et circa terram indagabili ratione percurrit. Inter astronomiam autem et astrologiam aliquid differt, licet ad unam disciplinam ambæ pertineant. Nam astronomia cœli conversionem, ortus, obitus, motusque siderum continet, vel ex qua causa ita vocentur; astrologia vero partim naturalis, partim superstitiosa est. Naturalis, dum exsequitur solis lunæque cursus vel stellarum, certas temporum quæstiones. Superstitiosa vero est illa, quam mathematici sequuntur, qui stellis augurantur, quique etiam duodecim cœli signa per singula animæ vel corporis membra disponunt, siderumque cursu nativitates hominum et mortes prædicare conantur. Hanc quidem partem astrologiæ quæ naturali inquisitione exsequitur, solis lunæque cursus atque stellarum, et certas temporum distinctiones caute rimatur, oportet a clero Domini solerti medicamine disci, ut per certas regularum conjecturas, et ratas ac veras argumentorum æstimationes, non solum præterita annorum curricula veraciter investiget, sed et de futuris noverit fideliter ratiocinari temporibus utque Paschalis festi exordia, et certa loca omnium solemnitatum atque celebrationum, sibi sciat intimare observanda, et populo Dei rite valeat indicare celebranda.

CAPUT XXVI.
De philosophorum libris.

Ecce de septem liberalibus artibus philosophorum, ad quam utilitatem discendæ sint catholicis, satis, ut reor, superius diximus. Illud adhuc adjicimus, quod philosophi ipsi qui vocantur, si qua forte vera et fidei nostræ accommodata in dispensationibus suis seu scriptis dixerunt, maxime Platonici, non solum formidanda non sunt, sed ab eis etiam tanquam injustis possessoribus in usum nostrum vindicanda. Sicut enim Ægyptii non tantum idola habebant et onera gravia, quæ populus Israel detestaretur et fugeret, sed etiam vasa atque ornamenta de auro et argento, et vestem, quæ ille populus exiens de Ægypto sibi tanquam ad usum meliorem clanculo vendicavit, non auctoritate propria, sed præcepto et mandato, ipsis Ægyptiis nescienter commodantibus ea quibus ut bonis utebantur : sic doctrinæ omnes gentilium non solum simulata et superstitiosa figmenta gravesque sarcinas supervacanei laboris habent, quæ unusquisque nostrum duce Christo de societate gentilium exiens, debet abominari atque devitare, sed etiam liberales disciplinas, de quibus paulo ante egimus, usui veritatis aptiores et quædam morum præcepta utilissima continent, deque ipso uno Deo colendo nonnulla vera inveniuntur apud eos; quod eorum tanquam aurum et argentum, quod non ipsi instituerunt, sed de quibusdam quasi metallis divinæ providentiæ, quæ ubique infusa est, eruerunt; et quo perverse atque injuriose ad obsequia dæmonum abutuntur, cum ab eorum misera societate sese animo separat, debet ab eis auferre Christianus ad usum justum prædicandi Evangelii. Vestem quoque illorum, id est hominum quidem instituta, sed tamen accommodata humanæ societati, quibus in hac vita carere non possumus, accipere atque habere licuerit in usum convertenda Christianum. Nam quid aliud fecerunt boni multi fideles nostri? Nonne aspicimus quanto auro et argento et veste suffarcinati exierunt de Ægypto Cyprianus et doctor suavissimus, et martyr beatissimus? quanto Lactantius? quanto Victorinus, Optatus, Hilarius? quanto innumerabiles grammatici [Al., Græci]? Quod prior ipse fidelissimus Dei famulus Moyses fecerat, de quo scriptum est quod *eruditus fuerit omni sapientia Ægyptiorum* (*Act.* vii). Quibus omnibus viris superstitiosa gentium consuetudo, et maxime illis temporibus cum Christi recutiens jugum Christianos persequebatur, disciplinas quas utiles habebat nunquam commodaret, si eas in usum colendi unius Dei, quo vanus idolorum cultus exscinderetur, conversas suspicaretur. Sed dederunt aurum et argentum et vestem suam exeunti de Ægypto populo Dei, nescientes quemadmodum illa quæ dabant in Christi obsequium redderentur.

Illud enim in Exodo factum sine dubio figuratum est, ut hoc præsignaret, quia sine præjudicio alterius aut paris aut melioris intelligentiæ dixerim. Sed hoc modo instructus divinarum Scripturarum studiosus, cum ad eas scrutandas accedere cœperit, illud apostolicum cogitare non cesset : *Scientia inflat, charitas ædificat* (*I Cor.* VIII). Ita enim sentit quamvis de Ægypto dives exeat, tamen nisi pascha egerit, salvum se esse non posse. *Pascha autem nostrum immolatus est Christus*; nihilque magis immolatio Christi nos docet, quam illud quod ipse clamat, tanquam ad eos quos in Ægypto sub Pharaone videt laborare : *Venite ad me, qui laboratis et onerati estis, et ego vos reficiam. Tollite jugum meum super vos, et discite quia mitis sum et humilis corde; et invenietis requiem animabus vestris. Jugum enim meum suave est, et onus meum leve est* (*Matth.* XI).

CAPUT XXVII.
De acquisitione et exercitio virtutum.

Interea quippe dum intenta meditatione scientiam spiritualem optat adipisci, necesse est ut jugi exercitio virtutum sibi quærat opulentiam, ne dum in uno dives esse cupit, et alterius opes quærere negligit, veræ opulentiæ fructus perdat; ac non solum ipsi eveniat, quia quæsitarum rerum utilitatem non habeat, imo pœnas injustus possessor pro eis Domino solvat. Ait enim ipsa Veritas servis : *Qui scit voluntatem Domini sui et non facit, vapulabit multis; qui autem nescit et non facit, vapulabit paucis* (*Luc.* XII).

Quid ergo proderit hominibus ingentes divitias congregare, et earum usum minime habere, cum multo melior sit ille qui paupertate sua contentus est et lætabitur de labore suo, ei qui totam vitam suam, divitias habens, in egestate consumit, Salomone attestante, qui ait : *Melior est pauper et sufficiens sibi, quam gloriosus et indigens pane* (*Prov.* XII). Sancta rusticitas solum sibi prodest; et quantum ædificat ex vitæ merito, tantum nocet si non et valet contradicentibus resistere. Sed ex duobus imperfectis, magis eligo sanctam rusticitatem quam eloquentiam peccatricem; quia Sapientia dicit : *Melior est pauper ambulans in simplicitate sua, quam dives pravis itineribus : qui autem custodit legem, filius sapiens est* (*Prov.* XIX). Oportet quidem eum qui sapientiæ studet, virtuti studere, ut id quod sapienter intelligit in mente, utiliter exerceat in opere; et quodcunque boni verbis aliis facere præcipit, suis operibus faciendum esse prius doceat, ut faciens et docens mandata Dei, major vocetur in regno cœlorum : minimus autem, si docuerit et solverit actione unum de mandatis Dei minimis. *Omnis enim*, inquit Salvator, *qui venit ad me et audit sermones meos, et facit eos, similis est homini ædificanti domum, qui fodit in altum, et posuit fundamenta supra petram. Inundatione autem facta, illisum est flumen domus illi, et non potuit eam movere : fundata enim erat super petram. Qui autem audit et non facit, similis est homini ædificanti domum suam supra arenam sine fundamento, in quam illisus est fluvius, et continuo cecidit : et facta est ruina domus illius magna* (*Luc.* VI).

Debet autem unusquisque catholicus universis virtutibus æqualiter operam dare, ut et intus et foris nobiliter ornatus, æterni regis convivio dignus existat, et quadriga spiritali vectus, ad æternam patriam conscendat. Debet autem prudentiæ intendere, ut prudenter provideat, veraciter intelligat, intellectaque memoriter retineat. Debet justitiæ ut religiosus, pius humilisque fiat; ut gratiam et vindicationem, observantiam et veritatem conservet; pactumque et parjudicatum et legem custodiat. Debet fortitudini studium impendere, ut magnificentiam et fidentiam, patientiam et perseverantiam habeat. Debet temperantiæ ut continens, clemens et moderatus fiat; et super hæc omnia, ut pacis et charitatis fidus exsecutor existat : quæ scilicet est vinculum perfectionis. His autem speciebus virtutum perfecte adornatus, et sapientiæ lumine illustratus homo Dei, rite et congrue servitium potest agere, atque oratoris officium digne potest in Ecclesia implere : quem antiqua diffinitio affirmat, virum bonum et dicendi peritum esse debere. Si ergo hæc definitio in oratoribus gentilium observabatur, multo magis in oratoribus Christi observari convenit, quorum non solum sermo, imo etiam tota vita doctrina virtutum debet esse. Sed quia de modo inveniendi ea quæ intelligenda sunt in Scripturis multa jam diximus, adjuvante Domino de proferendo ea quæ intellecta sunt pauca dicemus, ut hoc novissimo libro totum opus claudamus.

CAPUT XXVIII.
Quid debeat doctor catholicus in dicendo agere.

Debet igitur divinarum Scripturarum tractator et doctor, defensor rectæ fidei ac debellator erroris, et bona docere, et mala dedocere; atque in hoc opere, sermone conciliare aversos, remissos erigere, nescientibus quid agere, quid expetere debeant intimare. Ubi autem benevolos, intentos, dociles, aut invenerunt, aut ipsi fecerunt, cætera peragenda sunt sicut postulat causa. Si docendi sunt qui audiunt, narratione faciendum est, si tamen indigeat, ut res de qua agitur innotescat. Ut autem quæ dubia sunt certa fiant, documentis adhibitis ratiocinandum est. Qui vero audiunt movendi sunt potius quam docendi, ut in eo quod jam sciunt, agendo non torpeant, et rebus quas veras esse fatentur, assensum accommodent, majoribus dicendi viribus opus est; ubi obsecrationes et increpationes, concitationes et exercitationes, et quæcunque alia valent ad commovendos animos, sunt necessaria. Et hæc quidem cuncta quæ dixi, omnes fere homines in his quæ loquendo agunt, facere non quiescunt. Sed cum alii faciant obtuse, deformiter, frigide; alii acute, ornate, vehementer; illum ad hoc opus unde agimus oportet accedere jam, qui potest disputare vel dicere sapienter, etiam si non potest eloquenter, ut prosit audientibus etiam sapienter, si minus quam prodesset eloquenter posset dicere. Qui vero affluit insipienti eloquentia, tanto magis cavendus est, quanto magis ab eo in his quæ audire inutile est, delectatur auditor, et eum quem diserte dicere audit, etiam vere dicere existimat. Hæc autem scientia nec illos fugit, qui artem rhetoricam docendam putaverunt. Fassi sunt enim sapientiam sine eloquentia parum prodesse civitatibus; eloquentiam vero sine sapientia nimium obesse plerumque, prodesse nunquam. Sapienter autem dicit homo tanto magis vel minus, quanto in Scripturis sanctis majus minusve proficit. Non dico in eis multum legendis memoriæque mandandis, sed bene intelligendis, et diligenter earum sensibus indagandis. Sunt enim qui eas legunt, et negligunt; legunt ut teneant, negligunt ne intelligant. Quibus longe sine dubio præferendi sunt qui verba earum minus tenent, et cor earum sui cordis oculis vident. Sed utrisque ille melior, qui et cum volet eas dicit, et sicut oportet intelligit. Huic ergo qui sapienter debet dicere, etiam quod non potest eloquenter, verba Scripturarum tenere maxime necessarium est. Quanto enim se pauperiorem cernit in suis, tanto in istis oportet eum esse ditiorem, ut quod dixerit suis verbis, probet et illis. Porro qui non solum sapienter, verum etiam eloquenter vult dicere, quoniam profecto plus proderit, si utrumque potuerit, ad legendos vel audiendos et exercitatione imitandos eloquentes, eum multo magis quam magistris artis rhetoricæ vacare præcipio, si tamen hi qui legunt et audiuntur, non solum eloquenter, sed etiam sapienter dixisse, vel dicere veraci prædicatione laudantur. Qui enim eloquenter dicunt, suaviter; qui sapienter, salubriter audiuntur. Sunt ergo ecclesiastici viri, qui divina eloquia non solum sapienter, sed et eloquenter tractaverunt; quibus legendis magis non sufficit tempus, quam deesse ipsi studentibus et vacantibus possunt.

CAPUT XXIX.
Quod auctores canonicorum librorum, et sapientes et eloquentes fuerunt.

Hic aliquis forsitan quærit utrum auctores nostri, quorum scripta divinitus inspirata canonem nobis saluberrima auctoritate fecerunt, sapientes tantummodo, an eloquentes nuncupandi sint. Quæ quidem quæstio apud meipsum, et apud eos qui mecum quod dico sentiunt, facillime solvitur. Nam ubi eos intelligo, non solum nihil eis sapientius, verum etiam nihil eloquentius mihi videri potest; et audeo dicere omnes qui recte intelligunt quod illi loquuntur, simul intelligere non eos aliter loqui debuisse. Sicut autem est quædam eloquentia quæ magis ætatem juvenilem decet, est quæ senilem; nec jam dicenda eloquentia, si personæ non congruat eloquentis. Ubi vero non eos intelligo, minus quidem apparet mihi eorum eloquentia, sed eam non dubito esse talem, qualis est ubi intelligo. Sic quippe illi locuti sunt, ut posteriores qui eos recte intelligerent et exponerent, alteram gratiam, disparem quidem, verumtamen subsequentem in Dei Ecclesia reperirent. Non ergo expositores eorum ita loqui debent, tanquam seipsos exponendos simili auctoritate proponant; sed in omnibus sermonibus suis primitus ac maxime ut intelligantur elaborent, ea quantum possunt perspicuitate dicendi, ut aut multum tardus sit qui non intelligit, aut in rerum quas explicare atque ostendere volumus difficultate ac subtilitate, non in nostra locutione sit causa quo minus tardiusve quæ dicimus possint intelligi. Sunt enim quædam, quæ aut non intelliguntur, aut vix intelliguntur, quamvis planissime dicentis versentur eloquio, quæ in populi audientiam, vel raro, si aliquid urget, vel nunquam omnino mittenda sunt.

CAPUT XXX.
Quod facili locutione uti in vulgus debeat.

Quamvis in bonis doctoribus tanta docendi cura sit vel esse debeat, ut verbum quod nimis obscurum sit vel ambiguum, Latinum esse non possit, vulgi autem more sic dicatur, ut ambiguitas obscuritasque vitetur, non sic dicatur ut a doctis, sed potius ut ab indoctis dici solet. Quid enim prodest locutionis integritas quam non sequitur intellectus audientis, cum non intelligunt propter quos ut intelligant loquimur? Qui ergo docet, vitabit verba omnia quæ non docent; et si pro eis aliqua, quæ intelligantur, integra potest dicere, id magis eliget; si autem non potest, sive quia non sunt, sive quia in præsentia non occurrunt, utetur etiam verbis minus integris, dum tamen res ipsa doceatur atque discatur integre. Et hoc quidem non solum in collocutionibus, sive fiant cum aliquo uno, sive cum pluribus, verum etiam multo magis in populis quando sermo promitur, ut intelligamur instandum est. Quia in collocutionibus est cuique interrogandi potestas; ubi autem omnes tacent ut audiatur unus, et in eum intenta ora convertunt, ibi ut requirat unusquisque quæ non intellexerit, nec moris est nec decoris; ac per hoc debet maxime tacenti subvenire cura dicentis. Solet autem motu suo significare utrum intellexerit cognoscendi avida multitudo : quæ donec significet, versandum est quod agitur multimoda varietate dicendi; quæ in postestate non habent, qui præparata et ad verbum memoriter retenta pronuntiant. Mox autem ut intellectum esse constiterit, aut sermo sumendus est, aut in alia transeundum. Sicut enim gratus est qui agnoscenda enubilat, sic onerosus, qui cognita inculcat.

CAPUT XXXI.
De optimo modo dicendi, et quid oporteat prædicatorem in dicendo observare.

Est autem optimus modus dicendi, qui fit ut qui audit, verum audiat; et quæ audit, intelligat; bonorumque ingeniorum insignis est indoles, in verbis verum amare, non verba. Quid enim prodest clavis aurea, si aperire quæ volumus non potest? Aut quid obest lignea, si hoc potest, quando nihil quærimus, nisi ut pateat quod clausum est? Dixit ergo quidam eloquens, et verum dixit, ita debere eloquentem loqui, ut doceat, ut delectet, ut flectat. Deinde addidit : Docere necessitatis est, delectare suavitatis, et flectere victoriæ. Horum trium quod primo loco positum est, hoc est docendi necessitas, in rebus est constituta quas dicimus; reliqua duo, in modo quo dicimus. Prorsus hæc sit in docendo eloquentia, non ut libeat quod horrebat, aut ut fiat quod pigeat, sed ut appareat quod latebat. Quod si etiam delectare vult eum cui dicit, aut flectere, non quocunque modo hoc dixerit, faciet; sed interest quomodo dicat, ut faciat. Sicut est autem ut teneatur ad audiendum delectandus auditor, ita flectendus, ut moveatur ad agendum; et sicut delectatur si suaviter loquaris, ita flectitur si amet quod polliceris, timeat quod minaris, oderit quod arguis, quod commendas amplectatur, quod dolendum exaggeras doleat, cum quid lætandum prædicas gaudeat, misereatur eorum quos miserandos ante oculos dicendo constituis, fugiat eos quos cavendos terrendo præponis; et quidquid aliud grandi eloquentia fieri potest ad commovendos animos auditorum, non quid agendum sit ut sciant, sed ut agant quæ agenda esse jam sciunt. Oportet ergo eloquentem ecclesiasticum, quando suadet aliquid quod agendum est, non solum docere ut instruat, et delectare ut veniat, verum etiam flectere ut vincat.

CAPUT XXXII.
De triplici genere locutionis, quod Romani doctor eloquii ita distinxit.

Ad hæc enim tria, id est, ut doceat, ut delectet, ut flectet, etiam illa tria videtur pertinere voluisse idem ipse Romani auctor eloquii, cum itidem dicit: Is erit igitur eloquens, qui poterit parva submisse, modica temperate, magna granditer dicere: tanquam si adderet illa etiam tria, et sic explicaret unam eamdemque sententiam dicens: Is erit ergo eloquens, qui ut doceat, poterit parva submisse; ut delectet, modica temperate: ut flectat, magna dicere granditer. Hæc autem tria ab eo dicta, in causis forensibus possunt ostendi; non autem hic, hoc est, in ecclesiasticis quæstionibus, in quibus hujus, quem volumus informare, sermo versatur. In illis enim ea parva dicuntur, ubi de rebus pecuniariis judicandum est; ea magna, ubi de salute ac capite hominum; ea vero ubi nihil judicandum est vihilque agitur ut agat sive discernat, sed tantummodo ut delectetur auditor, inter utrumque quasi media, et ob hoc modica, hoc est moderata dixerunt: modicis enim modis nomen posuit; nam modica pro parvis abusive, non proprie dicimus. In istis autem nostris, quandoquidem omnia, maxime quæ de loco superiore dicimus populis, ad hominum salutem, nec temporariam, sed æternam referre debemus, ubi etiam cavendus est æternus interitus, omnia sunt magna quæ dicimus; usque adeo, ut nec de ipsis pecuniariis rebus vel acquirendis vel amittendis, parva videri debeant, quæ doctor ecclesiasticus dicit, sive sit illa magna, sive parva pecunia. Neque enim parva est justitia, quam profecto et parva pecunia custodire debemus, dicente Domino: *Qui in minimo fidelis est, et in magno fidelis est* (*Luc.* XVI). Quod ergo minimum est, minimum est; sed in minimo fidelem esse, magnum est.

CAPUT XXXIII.
Quando submisso genere, et quando temperato, quandoque grandi utendum sit.

Attamen cum doctor iste debeat rerum dictor esse magnarum, non semper eas debet granditer dicere, sed submisse, cum aliquid docetur; temperate, cum aliquid vituperatur sive laudatur. Cum vero aliquid agendum est, et ad eos loquimur qui hoc agere debent, nec tamen volunt, tunc ea quæ magna sunt, dicenda sunt granditer, et ad flectendos animos congruenter. Et aliquando de una eademque re magna et submisse dicitur, si docetur; et temperate si prædicatur; et granditer si aversus inde animus ut convertatur impellitur. Quid enim Deo ipso majus est? Nunquid ideo non dicitur? Aut qui docet unitatem Trinitatis, debet nisi submissa disputatione agere, ut res ad dignoscendum difficilis, quantum datur, possit intelligi? Nunquid hic ornamenta et non documenta quæruntur? Nunquid ut aliquid agat est flectendus auditor, et non ut discat potius instruendus? Porro cum laudatur Deus sive de ipso, sive de operibus suis, quanta facies pulchræ ac splendidæ dictionis suboritur ei qui potest quantum potest laudare, quem nemo convenienter laudat, nemo quomodocunque laudat! At si non colatur, aut cum illo vel etiam pro illo colantur idola, sive dæmonia, sive quæcunque creatura, quantum hoc malum sit, atque ut ab hoc avertantur homines, debet utique granditer dici.

CAPUT XXXIV.
Exempla in Apostolo, de prædictis generibus tribus.

Submissæ dictionis exemplum est apud apostolum Paulum, ut planius aliquid commemorem, ubi ad Galatas: *Dicite mihi, sub lege volentes esse, legem non legistis? Scriptum est enim, quoniam Abraham duos filios habuit, unum de ancilla, et unum de libera. Sed qui de ancilla, secundum carnem natus est; qui autem de libera, per repromissionem: quæ sunt per allegoriam dicta. Hæc enim sunt duo testamenta*, etc. (*Galat.* IV.) Item ubi ratiocinatur et dicit: *Fratres, secundum hominem dico. Tamen hominis confirmatum testamentum nemo irritum facit aut superordinat. Abrahæ dictæ sunt promissiones et semini ejus. Non dicit, Et seminibus, quasi in multis, sed tanquam in uno, Et semini tuo qui est Christus. Hoc autem dico, testamentum confirmatum a Deo, post quadringentos et triginta annos facta lex, non infirmat ad evacuandas promissiones. Si enim ex lege hæreditas, jam non ex promissione. Abrahæ autem per repromissionem donavit Deus. Et quia occurrere poterat audientis cogitationi, Ut quid ergo lex data est, si ex illa non est hæreditas? Ipse sibi hoc objecit, atque ait velut interrogans: Quid ergo lex? Deinde respondit: Transgressionis gratia proposita est, donec veniret semen, cui promissum est, disposita per angelos in manu mediatoris,* etc. Pertinet ergo ad docendi curam non solum aperire clausa, et nodos solvere quæstionum, sed etiam dum hoc agitur, aliis quæstionibus quæ fortassis inciderint, ne id quod dicimus improbetur per illas aut refellatur, occurrere : si tamen ipsa eorum solutio pariter occurrerit, ne moveamus quod auferre non possumus. Fit autem, ut cum incidentes quæstioni aliæ quæstiones, et aliæ rursus incidentibus incidentes pertractantur atque solvuntur, in eam longitudinem ratiocinationis extendatur intentio, ut nisi memoria plurimum valeat atque vigeat, ad caput unde agebatur disputator redire non possit. Valde autem bonum est ut quidquid contradici potest, si occurrerit, refutetur; ne ibi occurrat ubi non est qui respondeat; aut præsenti quidem, sed tacenti occurrat, et minus sanatus abscedat. In illis autem apostolicis verbis dictio est temperata : *Seniorem ne increpaveris, sed obsecra ut patrem, juniores ut fratres, anus ut matres, adolescentulas ut sorores* (*I Tim.* v). Et in illis : *Obsecro autem vos, fratres, per misericordiam Dei, ut exhibeatis corpora vestra hostiam vivam, sanctam, Deo placentem* (*Rom.* xii). Et totus fere ipsius exhortationis locus temperatum habet locutionis genus : ubi illa pulchriora sunt, ubi propria propriis tanquam debita reddita, decenter excurrunt, sicuti est : *Habentes dona diversa secundum gratiam quæ data est nobis; sive prophetiam, secundum regulam fidei; sive ministerium, in ministrando; sive qui docet, in doctrina; sive qui exhortatur, in exhortatione; qui tribuit, in simplicitate; qui præest, in sollicitudine; qui miseretur, in hilaritate*, etc. Et aliquanto post : *Reddite*, inquit, *omnibus debita : cui tributum, tributum; cui vectigal, vectigal : cui timorem, timorem ; cui honorem, honorem* (*Ibid.*). Quæ membratim fusa clauduntur etiam ipso circuitu, quem duo membra contexunt : *Nemini quidquam debeatis, nisi ut invicem diligatis* (*Rom.* xiii). Grande autem dicendi genus hoc maxime distat ab isto genere temperato, quod non tam verborum ornatibus comptum est, quam violentum est animi affectibus. Nam capit etiam illa ornamenta pene omnia ; sed ea si non habuerit, non requirit. Fertur enim impetu suo, et elocutionis pulchritudinem, si occurrerit, vi rerum rapit, non cura decoris assumit. Satis est enim ei propter quod agitur, ut verba congruentia, non oris eligantur industria, sed pectoris sequantur ardorem. Nam si aurato gemmatoque ferro vir fortis armetur, intentissimus pugnæ, agit quidem illis armis quod agit, non quia pretiosa, sed quia arma sunt. Agit apostolus, ut pro evangelico ministerio patienter mala hujus temporis cum solatio donorum Dei omnia tolerentur. Magna res est, et granditer agitur, nec desunt ornamenta dicendi : *Ecce nunc*, inquit, *tempus acceptabile, ecce nunc dies salutis. Nullam in quoquam dantes offensionem, ut non reprehendatur ministerium nostrum ; sed in omnibus commendantes nos metipsos ut Dei ministros, in multa patientia, in tribulationibus, in necessitatibus*, etc., quæ persequi longum est (*II Cor.* vi). Itemque ad Romanos ait : *Ut persecutiones hujus mundi charitate vincantur, sue certa in adjutorio Dei* (*Rom.* viii). Ait autem et granditer et ornate : *Scimus quoniam diligentibus Deum omnia cooperantur in bonum his qui secundum propositum vocati sunt sancti : quoniam quos ante præscivit, et prædestinavit conformes fieri imaginis Filii sui, ut sit ipse primogenitus in multis fratribus*, etc.; quæ in eodem capitulo sequuntur.

CAPUT XXXV.
Quomodo debeant inter se hæc tria genera permisceri.

Interest enim quod genus cui generi interponatur vel adhibeatur certis et necessariis locis. Nam quando prolixa est in uno genere, minus detinet auditorem. Cum vero fit in aliud ab alio transitus, etiam si longius erret, decentius procedit oratio. In grandi ergo genere semper, aut pene semper, temperata decet esse principia ; et in potestate est eloquentis ut dicantur nonnulla submisse, etiam quæ possent granditer dici : ut ea quæ dicuntur granditer, ex illorum fiant comparatione grandiora, et eorum tanquam umbris luminosiora reddantur. In quocunque autem genere aliqua quæstionum vincula solvenda sunt, acumine opus est, quod sibi summissum genus proprie vindicat. Ac per hoc eo genere utendum est et aliis duobus generibus, quando eis ista incidunt : sicut est laudandum aliquid vel vituperandum, ubi nec damnatio cujusquam, nec liberatio, nec ad actionem quamlibet assensio requiritur, in quocunque alio genere occurrit, genus adhibendum et interponendum est temperatum. In grandi ergo genere inveniunt locos suos duo cætera, et submisso similiter. Temperatum autem genus non quidem semper, sed tamen aliquando submisso indiget, si, ut dixi, quæstio cujus nodus solvendus est, incurrat ; vel quando nonnulla quæ ornari possent, ideo non ornantur, ut quibusdam quasi thoris ornamentorum præbeant eminentiorem locum. Summissum genus dicendi silentes docet ; et temperatum genus delectatione sua acclamationes audientium excitat ; grande autem genus plerumque pondere suo voces premit, sed lacrymas exprimit : et hoc unde, nisi quia veritas sic demonstrata, sic defensa, sic invicta delectatur? Iste ergo doctor noster et dictor magnopere curare debet, ut non solum intelligenter, verum etiam libenter et obedienter audiatur ; idque verbis agat ut veritas pateat, veritas placeat, veritas moveat : quoniam nec ipsa quæ præcepti finis et plenitudo legis est charitas, ullo modo recta esse potest, si ea quæ diliguntur, non vera sed falsa sunt. Sicut autem cujus est pulchrum corpus, et deformis est animus, magis est dolendus, quam si deforme haberet corpus : ita qui eloquenter ea quæ falsa sunt dicunt, magis miserandi sunt, quam si talia deformiter dicerent.

CAPUT XXXVI.
Quid sit sapienter et eloquenter dicere ; et quod alienum non dicat, qui ab alio prolata, vivendo prædicat.

Quid ergo est non solum eloquenter, verum etiam sapienter dicere, nisi verba in submisso genere sufficientia, in temperato splendentia, in grandi vehementia, veris tamen rebus quibus audiri oporteat adhibere? Sed qui utrumque non potest, dicat sapienter quod non dicat eloquenter, potius quam dicat eloquenter quod dicit insipienter. Si autem nec hoc quidem potest, ita conversetur, ut non solum sibi præmium comparet, sed et præbeat aliis exemplum et sit ejus quasi copia dicendi, forma vivendi. Sunt sane quidam qui bene pronuntiare possunt, quid autem pronuntient, cogitare non possunt. Quod si ab aliis sumant eloquenter sapienterque conscriptum, memoriæque commendent, atque ad populum proferant, si eam personam gerunt, non improprie faciunt. Sic enim, quod profecto utile est, multi prædicatores veritatis fiunt : nec multi magistri, si unius rei magistri idipsum dicant omnes, et non sint in eis schismata. Nec deterrendi sunt isti voce Jeremiæ prophetæ, per quem Deus arguit eos, qui *furantur verba ejus, unusquisque a proximo suo (Jerem.* xxiv). Qui enim furantur, alienum rapiunt; verbum autem Dei non est alienum ab eis, qui obtemperant ei ; potiusque dicit ille aliena, cui cum dicit bene, vivit male. Quicunque enim bona dicit, ejus videntur excogitari ingenio, sed ab ejus moribus aliena sunt. Eos itaque dixit Deus furari verba sua, qui boni volunt videri, loquendo quæ Dei sunt ; cum mali sunt, faciendo quæ sua sunt. Cum vero boni fideles bonis fidelibus hanc operam accommodant, utrique sua dicunt : quod et Deus ipsorum est, cujus sunt illa quæ dicuntur et ea sua faciunt, quæ nec ipsi componere potuerunt, qui secundum illa composite vivunt.

CAPUT XXXVII.
De discretione dogmatum juxta qualitates auditorum.

Hoc quoque nosse convenit unumquemque catholicum doctorem, quomodo sibi conciliet sui sermonis auditorem, ut dum sciat per supradictam rationem modos locutionum et species, bene dispensando fructus inveniat suæ prædicationis et laudes. Cum enim oratio in se exhibet perfectionem, necesse est ut perpendat auditorum qualitatem, quia, ut reverendæ memoriæ Gregorius Nazianzenus edocuit, non una eademque cunctis exhortatio congruit, quia nec cunctos par morum qualitas astringit. Sæpe namque alios offendunt quæ aliis prosunt, quia plerumque herbæ quæ hæc animalia nutriunt, alia occidunt ; et lenis sibilus equos mitigat, catulos instigat ; et medicamentum quod hunc morbum imminuit, alteri vires injungit ; et panis qui vitam fortium roborat, parvulorum necat. Pro qualitate ergo audientium, formari debet sermo doctorum, ut per singula singulis congruat, et a communis ædificationis arte nunquam recedat. Quid enim sunt intentæ mentes auditorum, nisi, ut ita dixerim, quædam in cithara tensiones stratæ chordarum? quas artifex tangendo, ut non sibimetipsis dissimile canticum faciant, dissimiliter pulsat, et idcirco chordæ consonam modulationem reddunt, quia uno quidem plectro, sed non uno impulsu feriuntur. Unde et doctor quisque ut in una cunctos virtute charitatis ædificet, examinata doctrina non una eadem exhortatione corda audientium tangere debet. (*Greg., pastoralis curæ lib.* III.) Aliter namque admonendi sunt viri, aliter feminæ, quia illis secundum sexum suum gravia, istis vero injungenda sunt leviora : ut illos magna exerceant, istas vero levia demulcendo convertant. Aliter juvenes, atque aliter senes : quia illos plerumque severitas commonitionis ad perfectum dirigit ; istos vero ad meliora opera deprecatio blanda componit. Aliter inopes, atque aliter locupletes : illis namque conferre consolationis solatium contra tribulationem ; istis vero inferre metum contra elationem debemus. Plerumque tamen habitum personarum permutat qualitas morum, ut sit dives humilis, pauper elatus. Unde mox prædicantis lingua cum audientis debet vita componi, ut tanto districtius in paupere elationem feriat, quanto eum nec illata paupertas inclinat ; et tanto lenius humilitatem divitum mulceat, quanto eos nec abundantia quæ sublevat, exaltat. Aliter admonendi sunt læti, atque aliter tristes : lætis videlicet inferenda sunt tristitia quæ sequuntur ex supplicio ; tristibus vero inferenda sunt læta quæ promittuntur ex regno. Aliter subditi atque aliter prælati : illos ne subjectio conterat, istos ne locus superior extollat ; illi ne minus impleant quam jubentur, isti ne plus justo jubeant quam compleantur. Aliter servi, atque aliter domini : servi quidem ut semper humilitatem conditionis aspiciant ; domini vero ut naturæ suæ qua æqualiter sunt cum servis conditi, memoriam non amittant ; isti admonendi sunt ut sciant se servos esse dominorum, illi admonendi sunt ut cognoscant se conservos esse servorum. Aliter admonendi sunt sapientes hujus sæculi, atque aliter hebetes : sapientes quippe admonendi sunt ut non omittant scire quæ sciunt, hebetes quoque ut appetant scire quæ nesciunt ; illi ut stultam sapientiam deserant et sapientiam Dei non stultam discant, isti vero ut ab ea quæ putatur stultitia, ad veram sapientiam vicinius currant. Aliter impudentes admonendi sunt, atque aliter verecundi ; illos namque ab impudicitiæ vitio non nisi increpatio dura compescit, istos autem plerumque ad melius exhortatio modesta componit ; illi se delinquere nesciunt nisi etiam a pluribus increpentur, istis plerumque ad conversionem sufficit, quia eis doctor mala sua saltem leniter ad memoriam reducit. Aliter admonendi sunt protervi, atque aliter pusillanimes. Illi enim dum valde de se præsumunt, exprobrando cæteros dedignantur ; isti autem dum nimis infirmitatis suæ sunt conscii, plerumque in desperationem cadunt. Aliter admonendi sunt impatientes, atque aliter patientes : dicendum namque est impatientibus quia dum frenare spiritum negligunt, per multa etiam quæ non appetunt, iniquitatum abrupta rapiuntur, quia videlicet mentem impellit furor quo non trahit desiderium, et agit commota velut nesciens, unde post doleat sciens. Dicendum itaque est patientibus, ut studeant diligere quos sibi necesse est tolerare : ne si patientiam dilectio non sequatur, in deteriorem culpam odii virtus ostensa vertatur. Aliter admonendi benevoli, atque aliter invidi. Admonendi namque sunt benevoli, ut sic alienis bonis gaudeant, quatenus habere propria concupiscant : sic proximorum facta diligendo laudent, ut ea etiam imitando multiplicent, quia nihil mercedis sibi agunt, si ea quæ diligunt, in quantum possunt non imitantur. Admonendi sunt invidi, ut perpendant quantæ cæcitatis et infelicitatis sunt, qui alieno profectu deficiunt, aliena exsultatione contabescunt; qui melioratione proximi deteriores sunt. Aliter admonendi sunt simplices, atque aliter impuri. Laudandi sunt simplices, ut studeant nunquam falsa dicere, sed admonendi sunt, ut noverint nonnunquam vera reticere, ut simplicitatis bono prudentiam adjungant, quatenus sic securitatem de simplicitate possideant, ut circumspectionem prudentiæ non amittant. At contra admonendi sunt impuri, ut quam gravis sit quem cum culpa sustinent, duplicitatis labor agnoscant. Dum enim deprehendi metuunt, semper improbas defensiones quærunt. Aliter admonendi sunt incolumes, atque aliter ægri. Admonendi sunt incolumes, ne opportunitatem salutis in perpetuum promerendæ despiciant; ne placere Deo si cum possunt noluerint, cum voluerint sero non possint. At contra admonendi sunt ægri, ut se filios Dei sentiant, quoniam illos disciplinæ flagella castigant. Nisi enim correctis hæreditatem dare disponeret, erudire eos per molestias non curaret. Aliter admonendi sunt qui flagella metuunt, et propterea innocenter vivunt; aliter qui sic in iniquitate duraverunt, ut neque per flagella corrigantur. Dicendum namque est his qui propterea bona faciunt quia tormentorum mala metuunt, quia nullam spiritus libertatem tenent. Namque nisi pœnam non metuerent, culpam procul dubio perpetrarent. Unde luce clarius constat, quia coram Deo innocentia amittitur, ante cujus oculos a desiderio peccatur. Atque iniqui quos ab iniquitatibus, nec flagella compescunt, tanto acriore invectione feriendi sunt, quanto majore insensibilitate duraverunt. Aliter admonendi sunt nimis taciti, aliter multiloquio vacantes. Insinuari namque nimis tacitis debet, quia dum quædam vitia incaute fugiunt, occulte deterioribus implicentur. Nam sæpe linguam quia immoderatius frenant, in corde gravius multiloquium tolerant. At contra admonendi sunt multiloquio vacantes, ut vigilanter inspiciant a quanto rectitudinis statu depereunt, dum per multiplicia verba dilabuntur. Reliqua vide apud Gregorium loco quo supradictum est.

CAPUT XXXVIII.

Quæ virtutum species contrariæ sint singulis speciebus vitiorum.

Hæc igitur tanto congruentius unusquisque prædicator valet exprimere, quanto veracius species virtutum, et e contra vitiorum novit discernere : ut cum singula singulis novit opponere, cuique vulneri aptum possit medicamentum invenire. Sunt autem in virtutibus quædam species, quæ quodammodo ex aliis speciebus quasi ex arboribus rami procedunt : quæ quia ab una virtutum radice generantur, in uno ejusdem radicis stipite frondes pulcherrimi gestantur. Sunt et e contrario in vitiis quædam virulenta germina, de quibus omnis illa multitudo pestifera nequitiarum generatur, et sicut in virtutibus aliæ ex aliis procedunt, quasi ex genetricibus proles pretiosæ, sic et in istis quædam quasi nequissimæ soboles, ex spurcissimis matribus prodeunt. Sed quia cum virtutibus vitiorum diuturna sunt bella, utriusque malitiæ qui sint duces, quique eorum sint comites specialiter quantum possumus exponamus : ita tamen ut quæ virtus cum quo vitio proprie pugnam gerat, pariter ostendamus. Nec enim aliter possumus ignita vitiorum jacula devitare, nisi sciamus opportuna virtutum tegmina illis opponere, ut ex ipsis defensi, protervum illum exercitum simul cum ejus ducibus, Christo super nos regnante, possimus superare. Tentantia quippe vitia quæ invisibili contra nos prælio regnanti super se superbiæ militant, alia more ducum præeunt, alia more exercitus subsequuntur. Nec enim culpæ omnes pari accessu cor occupant; sed dum majores et paucæ neglectam mentem præveniunt, minores innumeræ ad illam se catervatim fundunt. Ipsa namque vitiorum regina superbia, cum devictum cor plene ceperit, mox illud septem principalibus vitiis, quasi quibusdam suis ducibus devastandum trahit : quos videlicet duces exercitus sequitur, quia ex eis procul dubio importunæ vitiorum multitudines oriuntur. Radix quippe cuncti mali superbia est : de qua Scriptura attestante dicitur : *Initium omnis peccati superbia est* (*Eccli.* x). Primæ autem ejus soboles, septem nimirum principalia vitia, de hac virulenta radice proferuntur : scilicet inanis gloria, invidia, ira, tristitia, avaritia, ventris ingluvies, luxuria. Nam quia his septem vitiis superbiæ nos captos doluit, idcirco Redemptor noster ad spiritale liberationis prælium, Spiritu septiformis gratiæ plenus venit. Sed habent contra nos hæc singula exercitum suum. Nam de inani gloria, inobedientia, jactantia, hypocrisis, contentiones, pertinaciæ, discordiæ et novitatum præsumptiones oriuntur. De invidia odium, susurratio, detractio, exsultatio in adversis proximi, afflictio autem in prosperis nascitur. De ira, rixa, et tumor mentis, contumeliæ, clamor, indignatio, blasphemiæ proferuntur. De tristitia, malitia, rancor, pusillanimitas, desperatio, torpor circa præcepta, vagatio mentis erga illicita nascitur. De avaritia, proditio, fraus, fallacia, perjuria, inquietudo, violentiæ, et contra misericordiam obdurationes cordis oriuntur. De ventris ingluvie, inepta lætitia, scurrilitas, immunditia, multiloquium, hebetudo sensus circa intelligentiam propagatur. De luxuria, cæcitas mentis, inconsideratio, inconstantia, præcipitatio; amor sui, odium Dei, affectus sæculi præsentis, horror autem vel desperatio futuri generatur. Sed enumeratis septem superbiæ sordibus, quæ vitiorum exercitus contra nos ducunt, videamus quæ sint virtutum duces et agmina exercitus, quæ humilitatis auctor Christus nobis præstat, ad pugnandum contra vitiorum cohortes; et opponamus singulis ducibus vitiorum duces contrarios virtutum, exercitibusque exercitus. Duci igitur inani gloriæ contra statuenda est dux humilitas, quæ maxime generat in homine despectionem sui et contemptum caducarum rerum; comitibusque ejus comites contrarii, id est, inobedientiæ obedientia; jactantiæ, humilis professio; hypocrisi, simplicitas; contentioni, innocentia; pertinaciæ, subjectio; discordiæ, pax; novitatum præsumptioni, timor Dei et honoratio patrum. Duci quoque invidiæ opponenda est dux benevolentia; comitibus ejus contrarii comites, id est odio dilectio vera; susurrationi, locutio vera; detractioni, pia laudatio; exsultationi in adversis proximi, compassio in ejus afflictione; in prosperis ipsius, lætitia in sospitate ejus. Iræ duci contraria est dux mansuetudo; comitibusque ejus illius comites istius, id est, tumori mentis placiditas animi; contumeliæ, benignitas; clamori gravitas verborum; indignationi, suavitas morum; blasphemiæ, puritas oris. Tristitiæ namque duci, obsistit dux spiritalis lætitia; exercituique ejus exercitus istius, id est malitiæ bonitas; rancori, lenitas; pusillanimitati, longanimitas; desperationi, perseverantia; torpori circa præcepta, studium spiritale; vagationi mentis erga illicita, intentio divinæ lectionis. Avaritiæ duci adversa est dux largitas; agminibusque ejus agmina istius, id est, proditioni, fides non ficta; fraudi, sinceritas; fallaciæ, veritas; perjuriis, non jurare; inquietudini, tranquillitas; violentiæ, patientia; duritiæ, misericordia. Duci quippe gastrimargiæ, id est, horrendæ voracitati, contraria est dux abstinentia; cohortibusque illius, cohortes istius, id est ineptæ lætitiæ, modestia; scurrilitati, ratio sermonum; immunditiæ, sobrietas; multiloquio taciturnitas; hebetudini sensus circa intelligentiam, furor discendi sapientiam; somnolentiæ, vigilantia. Luxuriæque duci ac plebi ejus reluctatur dux castitas cum plebe sua : id est, cæcitati mentis, contemplatio Dei; inconsiderationi, provisio; inconstantiæ, constantia; præcipitationi, continentia; amori sui, mortificatio desideriorum carnis suæ; odio Dei, charitas perfecta Dei. Ecce hæc sunt quæ præsulem animarum oportet scire, et quæ debet in prædicationis diversitate custodire, ut sollicitus infirmitates singulorum perpendat, et congrua eorum vulneribus medicamina opponat. Sed cum magni studii sit ut exhortandis singulis serviatur ad singula, cum valde laboriosum sit unumquemque de propriis sub dispensatione debitæ considerationis instruere, longe tamen est laboriosius auditores innumeros ac diversis passionibus laborantes, uno eodemque tempore, voce unius et communis exhortationis admonere. Ibi quippe tanta arte vox temperanda est, ut cum diversa sint auditorum vitia, et singulis inveniantur congrua, et tamen sibimetipsis non sint diversa, ut inter medias passiones uno quidem ductu transeat, sed more an-cipitis gladii, tumores cogitationum carnalium ex diverso latere incidat, quatenus sic superbis prædicetur humilitas, ut tamen timidis non augeatur metus; sic timidis infundatur austeritas, ut tamen superbis non crescat effrenatio; sic sollicitudo boni operis, ut tamen inquietis immoderatæ licentia non augeatur actionis; sic inquietis ponatur modus, ut tamen otiosis non fiat torpor securus; sic ab impatientibus exstinguatur ira, ut tamen remissis ac lenibus non crescat negligentia; sic lenes accendantur ad zelum, ut tamen iracundis non addatur incendium; sic tenacibus infundatur tribuendi largitas, ut tamen prodigis effusionis frena minime laxentur; sic prodigis prædicetur parcitas, ut tamen continentes non revocentur ad luxum; sic continentibus laudetur virginitas, ut tamen in conjugibus despecta non fiat fecunditas carnis; sic prædicanda sunt bona, ne ex latere jubeantur et mala; sic laudanda sunt bona summa, ne desperentur ultima; sic nutrienda sunt ultima, ne dum creduntur sufficere, nequaquam tendatur ad summa. Curandum est itaque prædicatori, quatenus sic tergatur tristitia quæ venit ex tempore, ut non augeatur lætitia quæ est ex conspersione; et sic frenetur lætitia quæ ex conspersione est, ut tamen non crescat tristitia quæ venit ex tempore, sic itaque in isto reprimatur subito oborta formido, ut tamen non excrescat enutrita diu præcipitatio; sic in illo reprimatur diu oborta præcipitatio, ut tamen non valescat impressa ex conspersione formido.

CAPUT XXXIX.

Quod oporteat postulari a Domino possibilitas prædicandi.

Et hæc se posse si potuerit, et in quantum potuerit, pietate magis orationum quam oratorum facultate non dubitet : ut orando pro se ac pro illis, quos est allocuturus, sit orator antequam dictor. Ipsa hora jam ut dicat accedens, priusquam exerat proferentem linguam, ad Deum levet animam sitientem, ut ructet quod biberit, vel quod impleverit fundat. Cum enim de unaquaque re, quæ secundum fidem dilectionemque tractanda sunt, multa sint quæ dicantur, et multi modi quibus dicantur ab eis qui hæc sciunt, quis novit quid ad præsens tempus vel nobis dicere, vel per nos expediat audiri, nisi qui corda omnium videt? et quis facit ut quod oportet et quemadmodum oportet dicatur nobis, nisi in cujus manu sunt et nos et sermones nostri? Ac per hoc discat qui docet omnia quæ docenda sunt, qui et nosse vult et docere facultatem dicendi, quæ ut decet virum ecclesiasticum, comparet. Ad horam vero ipsius dictionis illud potius bonæ menti cogitet convenire, quod Dominus ait : *Nolite cogitare quomodo aut quid loquamini : dabitur enim vobis in illa hora quid loquamini. Non enim vos estis qui loquimini, sed Spiritus Patris vestri qui loquitur in vobis* (*Matth.* x). Si ergo loquitur in eis Spiritus sanctus qui persequentibus tradunturpro Christo, cur non et in eis qui tradunt discentibus Christum? Qui autem dicit hominibus non esse præcipiendum quid vel quemadmodum doceant, si doctores efficit Spiritus sanctus, potest dicere nec orandum esse nobis quod Dominus ait : *Scit Pater vester quid vobis necessarium sit, priusquam petatis ab eo* (*Matth.* v). Sive autem apud populum vel apud quoslibet jamjamque dicturus, sive quod apud populum dicendum vel ab eis qui voluerint aut potuerint legendum, est dictaturus, oret ut Deus sermonem bonum det in os ejus. Si enim regina oravit Esther pro suæ gentis temporali salute locutura apud regem, ut in os ejus Deus congruum sermonem daret, quantomagis orare debet, ut tale munus accipiat, qui pro æterna hominum salute in doctrina et verbo laborat. Illi vero qui ea dicturi sunt quæ ab aliis acceperunt, et antequam accipiant, orent pro ipsis a quibus accipiunt, ut eis detur quod per eos accipere volunt ; et cum acceperint, orent ut bene et ipsi proferant, et illi ad quos proferant sumant ; et prospero exitu dictionis, eidem gratias agant, a quo id se accepisse non dubitant : ut qui gloriatur, in illo glorietur in cujus manu sunt et nos, et sermones nostri.

BEATI RABANI MAURI

FULDENSIS ABBATIS ET MOGUNTINI ARCHIEPISCOPI

LIBER DE OBLATIONE PUERORUM

(ANNO 819.)

(Mabill., Annal. Bened., Append. ad tom. II.)

INCIPIT OPUSCULUM RABANI MAURI CONTRA EOS QUI REPUGNANT INSTITUTIS B. P. BENEDICTI.

Si quis Scripturam sacram, quam per homines probos divinitus inspiratos superna sapientia humano generi contulerat, inspexerit, non aliud eam quam destructionem infidelitatis atque cupiditatis, et ædificationem fidei ac charitatis nobiscum agere reperiet : ut abrenuntiantes diabolo, et pompis atque operibus ejus, per fidem, spem et charitatem, uni Deo Patri, et Filio, et Spiritui sancto fideliter serviamus. Unde mirandi, imo miserandi sunt illi qui, hoc negligentes quod in infantia professi sunt, et quod in primordio vitæ suæ abdicaverunt, quasi eminentioris ac majoris dignitatis sit, ei præponunt. Sunt ergo quidam qui a cunabulis suis sacras litteras didicerunt, et sanctæ Ecclesiæ nutrimento tandiu aliti sunt, quousque satis educati in sublime sacrorum ordinum proveherentur. Sed ingrati tanto munere, contraria orthodoxorum Patrum fidei sentiunt, ac matrem universorum fidelium telis iniquitatis suæ quotidie impugnant ; cum hoc quasi probum fingunt, atque pro vero quibusque commendare satagunt, quod nec patriarchæ, neque prophetæ in Veteri Testamento unquam habuerunt, nec apostoli atque evangelistæ in Novo fieri omnino consuerunt. Unde dementia eorum omnibus nota fiet, quando nec prioribus, nec sequentibus veris Dei cultoribus in ulla parte concordant.

Aiunt enim pompatice pravorum dogmatum impudentes artifices, quod non liceat parentibus filios parvulos ad Dei servitium tradere, nec convenire homini libero ingenuum filium servum facere, humanam legem Deo imponere, voluntates ac dominationem omnem humanis sanctionibus subjicere conantes. Nec recolunt id Apostoli, quo ait : « Sive servi, sive liberi, omnes unum sumus in Christo. » Et idem : « Qui enim, inquit, liber vocatus est, servus est Christi ; » et : « Qui servus vocatus est, libertus est Domini. » Maxime cum et hoc pro magno honore sancti Patres habuere, quod servi Dei nuncuparentur. Unde et Abraham, Isaac et Jacob servi Dei excelsi appellati sunt. Hinc et Moyses et prophetæ, hinc Job et David servorum Dei nomine nobiliter adnotati sunt, cum ipse Dominus ad Satan ait : « Nunquid considerasti servum meum Job, quod non sit ei similis in terra ? » et de David : « Inveni, inquit, David servum meum, oleo sancto meo unxi eum. » Sed ad hæc forsitan isti novorum dogmatum institutores respondent, non se contradicere quin omne genus humanum divinæ servituti obnoxium sit, sed non velle quod ad monasticam disciplinam et ad regularem ordinem sequendum aliquis filium suum tradat. Quasi in eo immunes sint quod non generi, sed specici derogent, cum species ad genus referatur, nec genus sine specierum diversitate consistere possit. Quis unquam hæreticorum vel schismaticorum fuit, qui universam religionem Christianam penitus abjiceret atque denegaret ? hoc enim proprie infidelium est ; sed quia veris falsa permiscebant, et regulam veritatis per omnia sequi nolebant, extorres facti sanctæ Ecclesiæ, communione penitus privati sunt. Nam in Evangelio Dominus ait : « Qui solverit unum de mandatis istis minimis, et docuerit sic homines, minimus vocabitur in regno cœlorum. » Unde Jacobus apostolus ait : « Qui in uno offendit, factus est omnium reus. » Hinc et Paulus ait : « Modicum fermentum totam massam corrumpit. » Hinc et Joannes dicit : « Ex nobis exierunt, sed non erant ex nobis; nam si fuissent ex nobis, permansissent utique nobiscum; sed ut manifesti sint, quoniam non sunt omnes ex nobis. » Et item : « Omnis, » inquit, « qui non manet in doctrina Christi, Deum non habet; qui permanet in doctrina, hic Filium et Patrem habet. Si quis venit ad vos, et hanc doctrinam non affert, nolite recipere eum in domum, nec Ave ei dixeritis, qui enim dicit Ave, communicat operibus illius malignis. » Ergo, quicunque religioni Christianæ, et sanæ doctrinæ, quam ab apostolis et prophetis, necnon et ab ipso Domino susceptam honorabiliter sancta custodit Ecclesia, ex aliqua parte ore blasphemo reprehensionem ingerit, seu diminutionem facit, sciat se corporis Christi omnino unitate privatum esse, nec posse nisi per pœnitentiam condignam erroris sui veniam et cœlestis regni aditum promereri, quia, secundum Salvatoris sententiam, « Nemo ascendit in cœlum, nisi qui de cœlo descendit, Filius hominis, qui est in cœlo. » Qui enim manet in unitatis compage, ad regnum simul ascendet cum capite; qui autem divortium amat, necesse est ut in ima inferni atque in tartari profunda simul cum erroris auctore ac dissensionis animatore diabolo mergatur, quia non est dissensionis Deus, sed pacis.

Sed quia negotium scribendi suscepimus adversus eos qui dicunt non licere parentibus liberis filios suos ingenuos Dei servitio mancipare, necnon et contra illos qui, parvi pendentes votum quod Deo voverunt, servitium sanctum quod professi sunt, quasi sine reatu deserere possent, indigne abjiciunt; monasticam quoque disciplinam secundum sanctorum Patrum regulas ordinatam, ceu humana inventione, et non divina auctoritate institutam, despicientes detestantur; primo sacrarum Scripturarum testimoniis et sanctorum Patrum exemplis ostendemus, licere homini Christiano suam sobolem Deo consecrare : demum votum quod Deo vovetur, sine magno reatu omitti omnino non posse; postremo vitam monasticam non humana argumentatione, sed divina auctoritate institutam esse : ut hi qui in suis sectis magis confidunt quam in divinorum librorum scriptis, saltem ipsa veritate superati, pœnitentiam agant, erroremque suum relinquentes, semetipsos decipere aliosque secum ad perditionem trahere desistant.

Juxta primordium ergo libri Geneseos, ubi de protoplasti primis filiis narrat Scriptura sancta, ita subjungit, dicens : « Fuit autem Abel pastor ovium, et Cain agricola. Factum est autem post multos dies ut offerret Cain de fructibus terræ munera Domino : Abel quoque obtulit de primogenitis gregis sui, et de adipibus eorum. Et respexit Dominus ad Abel, et ad munera ejus; ad Cain vero, et ad munera illius non respexit. » Ecce habes juxta inchoationem humani generis, statim Deo placere primogenitorum oblationem, de innocenti pectore atque pinguedine charitatis prolatam, magis quam ad inquisitionem terreni cultus, ubi ingenium callet humanum. Et ne forte dicas, hic brutorum animalium oblatione Dominum delectari, audi Apostolum dicentem : « Numquid de bobus cura est Deo? an magis scripta sunt propter nos? » Hinc Dominus per Psalmistam dicit : « Non accipiam de domo tua vitulos, neque de gregibus tuis hircos, quoniam meæ sunt omnes feræ silvarum, jumenta in montibus et boves. » Et paulo post : « Immola, » ait, « Deo sacrificium laudis, et redde Altissimo vota tua. » Et item : « Sacrificium laudis, inquit, honorificabit me, et illic iter est, in quo ostendam illis salutare Dei. » Cum autem Cain propter invidiam interficeret Abel, rursus Adam cognovit uxorem suam, quæ peperit ei filium, quem vocavit Seth, dicens : « Posuit mihi Deus semen aliud pro Abel, quem occidit Cain. » Sed et Seth natus est filius, quem vocavit Enos, de quo non frustra subsequitur Scriptura dicens : « Iste cœpit invocare nomen Domini. » Sicut enim Abel filii Adam oblationem Deo placere approbavit, ita et nepotis ipsius, hoc est, Enos, devotionem in laudem Dei expressit, cum dicit : « Iste cœpit invocare nomen Domini. » Non enim ait, iste studiosus ac callens fuit in exercitio operis terreni : sed quo magis Dominum delectari novit, hoc pro magno laudis honore extulit, dicens : « Iste cœpit invocare nomen Domini. » Ille ergo rite invocat nomen Domini, qui devotum pectus, et oris officium, ac boni operis studium ad glorificandum Dominum coadunat. Iste merito cum Psalmista dicere potest : « In me sunt, Deus, vota, quæ reddam laudationes tibi. » Similiter quoque Enoch et Noe hoc in laudis titulo principatum habent, quod Dominum timerent et amarent, atque in ejus præceptis bonorum operum gressibus ambularent. Quorum priorem tulisse Deus dicitur, ne diutius toleraret peccatorum vexationem; alterum, mundo diluvio pereunte, in arca simul cum sobole ad restaurandam humanam progeniem inscribitur reservasse. Cujus primogenitus Sem, juxta Hebræorum opinionem, erat sacerdos Dei summi, quem in subsequentibus Scriptura Melchisedech appellat, offerens panem et vinum, secundum cujus ordinem ille sacerdos exstitisse perhibetur; ad quem patria vox in psalmis ait : « Tu es sacerdos in æternum secundum ordinem Melchisedech. » Igitur Abraham unicum fidei et obedientiæ, atque veræ pietatis exemplar, qui ad vocem Domini egressus est de terra sua, et de cognatione sua, et peregrinatus est in terra quam illi Dominus promiserat se daturum, et semini ejus post eum in possessionem. Hic filium suum Isaac, de quo accepit repromissionem, ad imperium Domini obtulisse describitur, in locum, quem ostenderat ei Deus, in quo ædificavit altare, et desuper ligna composuit; cumque colligasset filium suum dilectissimum, posuit eum in altare super struem lignorum, extenditque manum, et arripuit gladium, ut immolaret filium; sed angelus Domini prohibuit eum, dicens : « Ne extendas manum tuam super puerum, neque facias ei quidquam. Nunc cognovi quod timeas Dominum, et non peperceris filio tuo unigenito propter me. » Et paulo post sequitur Scriptura de eodem ita narrans : « Per memetipsum juravi, dicit Dominus, quia fecisti rem hanc, et non pepercisti filio tuo unigenito, benedicam tibi, et multiplicabo semen tuum sicut stellas cœli, et velut arenam quæ est in littore maris. Possidebit semen tuum portas inimicorum, et benedicentur in semine tuo omnes gentes terræ, quia obedisti voci meæ. »

Quid ad hæc respondent importuni defensores genuinæ libertatis, et vaniloqui contra Dominum? Nunquid dicunt, hunc patriarcham inique egisse, quod unicum filium et hæredem, de libera uxore natum, propter mandatum Domini offerebat? aut arguunt Dominum impietatis, quod fidelem suum cultorem coegerit parricidium committere? an non magis iniqua est opinio eorum qui legem mundanam et temporalem legi divinæ atque æternæ, quæ omnia regit et cuncta nutu suo disponit, præponunt? Si enim hoc non licet quod Deus æternus fieri jubet, quomodo licet quod universa vanitas docet? scriptum est enim : « Universa vanitas omnis homo vivens. » Quanquam in imagine Dei ambulet, tamen vane conturbabitur. Idem ergo Dominus, qui tunc oraculo suo jusserat patriarcham offerre filium suum in holocaustum, nunc in Evangelio suo jubet plebem ecclesiasticam sobolem suam tradere ad servitium sanctum; et qui tunc laudavit pro amore suo obedientiam piam, nunc probat in amore suo devotionem sanctam. Nam qui tunc dixit in lege sacerdoti ut vestimentum non scinderet, et ad omnem mortuum non ingrederetur omnino, super patre quoque suo et matre non contaminaretur, nec egrederetur de sanctis, ne polluat sanctuarium Domini, quia oleum sanctæ unctionis Dei sui super eum est: ipse nunc in Evangelio dicit homini Christiano : « Si oculus tuus dexter scandalizat te, erue eum, et projice abs te; et si dextera manus tua scandalizat te, abscinde eam, et projice abs te. Expedit enim tibi ut pereat unum membrorum tuorum, quam totum corpus tuum eat in gehennam. » Et item : « Qui amat patrem aut matrem plus quam me, non est me dignus ; et qui amat filium aut filiam super me, non est me dignus : et qui non accipit crucem suam, et sequitur me, non est me dignus. » Et item : « Si quis, inquit, vult post me venire, abneget semetipsum, et tollat crucem suam, et sequatur me. Qui enim voluerit animam suam salvam facere, perdet eam ; qui autem perdiderit animam suam propter me, inveniet eam. » Et rursum : « Omnis, » inquit, « qui relinquit domum, fratres, aut sorores, aut matrem, aut patrem, aut uxorem, aut filios, aut agros propter nomen meum, centuplum accipiet, et vitam æternam possidebit. » Denique Isaac fidelis Dei cultor, atque paternæ voluntatis devotissimus executor, typus illius de quo dicit Apostolus : « Factus obediens Patri usque ad mortem, mortem autem crucis : » idcirco portavit ligna ad conficiendum de semetipso holocaustum, ut Christum exprimeret portantem crucem ad peragendum passionis suæ sacramentum. Fodit puteos plurimos, ut inveniret aquam vivam : docens nos intente meditari Scripturas sacras, donec percipiamus divinam sapientiam. Hic ergo patientia sua et obedientia arguit illos, qui paterno superbe resistunt voto, atque decreto, ne in eis divinæ servitutis expleatur effectus.

Similiter et Jacob, vir simplex habitans in tabernaculis, humilitatis summæ ac mansuetudinis nobis præbet exemplum, ut si velimus benedictionem hæreditare paternam, maneamus in simplicitatis nostræ tabernaculis, et Ecclesiæ matris per omnia subditi, magis subjiciamur regulis, quam cum Esau rufo et hispido, vanis mundi serviamus negotiis. Quid enumero specialiter patriarcharum singulorum facta, ad comprobandam paternæ auctoritatis potestatem, in filiis suis ad servitium Dei tradendis ; cum Dominus ipse in lege præceperit Israeli, omnium primogenitorum sibimet faciendam consecrationem, dicens ad Moysen : « Sanctifica mihi omne primogenitum, quod aperit vulvam in filiis Israel, tam de hominibus, quam de jumentis ; mea sunt enim omnia. » Et rursum cum Levitas pro primogenitis vellet eligere in cultum tabernaculi, ita locutus est ad Moysen, dicens : « Tolle Levitas de medio filiorum Israel, et purificabis eos. » Et paulo post : « Applicabis, inquit, Levitas coram tabernaculo fœderis convocata omni multitudine filiorum Israel : cumque Levitæ fuerint coram Domino, ponent filii Israel manus suas super eos, et offeret Aaron Levitas munus in conspectu Domini a filiis Israel, ut serviant in ministerio ejus ; et consecrabis eos in oblationem Domini, quoniam dono donati sunt mihi a filiis Israel ; pro primogenitis, quæ aperiunt omnem vulvam in Israel, accepi eos. Mea sunt enim omnia primogenita filiorum Israel, tam ex hominibus, quam ex jumentis ; ex die quo percussi omne primogenitum in terra Ægypti, sanctificavi eos mihi, et tuli Levitas pro cunctis primogenitis filiorum Israel, tradidique eos dono Aaron, et filiis ejus de medio populi, ut serviant mihi pro Israel in tabernaculo fœderis, et orent pro eis, ne sit in populo plaga. » Ecce Dominus expetit omne primogenitum ab his qui legibus suis obtemperare debent, et non tantum hominum, sed etiam primogenita jumentorum : ut ostendat quod non solum nostra, sed etiam nosmetipsos debitores sumus illi offerre.

Et ne aliquam querimoniam rite opponere possis, et dicere fas non esse hominem quemlibet filium suum æque liberum ad servitium Dei offerre, jubet universum populum, unam tribum de duodecim simul totam offerre ad tabernaculum fœderis, et consecrare ibi in oblationem Domino ad ministerium ejus. Utrum tunc videtur majorem potestatem habere filios Israel in fratribus suis Levitis offerendis, quibus post oblationem decreto Domini abnegata est sors omnis hæreditatis terrenæ, et possessio inter cæteras tribus haberi : vel patrem cum filio proprio adhuc quidem teneræ ætatis, et nondum secundum legem sui juris aut potestatis existentem ; cum eum secundum sanctæ Regulæ instituta omnibus mundanis curis negotiisque, atque possessionibus exutum, soli Deo ad serviendum mancipare decreverit? Aliud est enim ab æquali æqualem tradi, et aliud a majore minorem alicui subjici. Inter æquales enim sæpe contradictio oritur, ne una pars alteram superet, aut servire cogatur : sed inter majorem et minorem nulla ratio existit, quod junior majoris imperio omnino se non subjiciat. Si enim imperium Domini et in majoribus, et in minoribus justum est : cur non cessant vani murmuratores isti, et iniquarum compositores querelarum legibus Dei detrahere; atque contra illum loqui nequitiam, qui cœlum et terram, et omnia quæ in eis sunt creavit, regit, et secundum suam voluntatem disponit? maxime cum per Psalmistam increpando tales Spiritus sanctus ita loquatur, dicens : « Nolite extollere in altum cornu vestrum, et nolite loqui adversus Deum iniquitatem : quia neque ab oriente, neque a desertis montibus, quoniam Deus judex est. » Meminerintque illius sententiæ, quam Judas apostolus in sua Epistola protulit dicens : « Subintroierunt quidam homines, qui olim præscripti sunt in hoc judicium, impii, Dei nostri gratiam transferentes in luxuriam, et solum dominatorem Dominum nostrum Jesum Christum negantes. » Quibus et paulo post in eadem Epistola comminando subjungens ait : « Væ illis qui via Cain abierunt, et errore Balaam effusi sunt, et contradictione Core perierunt : hi sunt in epulis suis maculæ, convivantes sine timore, semetipsos pascentes; nubes sine aqua, quæ a ventis circumferuntur : arbores autumnales, infructuosæ, bis mortuæ, eradicatæ : fluctus feri maris, et despumantes suas confusiones : sidera errantia, quibus procella tenebrarum in æternum servata est. » Via Cain abeunt, qui propter invidiam meliorum, nomen sibi doctorum, quo honorificantur, assumunt. Errore Balaam pereunt, qui, amore terrestrium commodorum, veritatem, quam ipsi norunt, impugnant. Contradictione Core, qui vivus ad inferna descendit, intereunt, quicunque appetitu indebiti primatus sese ab unitate sanctæ Ecclesiæ secernunt, scientesque et prævidentes, quantum mali gerant scelerum, tamen ad tartara descendunt. Et quidem Cain de fratricidio cogitantem Dominus corripuit, sed eum invidia salvari non sivit. Balaam adversus Dei populum iter agentem Dominus vetuit : sed amor pecuniæ, ne obtemperaret, obstitit. Core superbientem Moyses Domino in se loquente lenire curavit; sed eum elatio, quæ fervebat, insanabilem reddidit. Sic profecto, sic faciunt hæretici, qui ad increpationem sanctæ Ecclesiæ emendari despiciunt; quin potius fratres gladio malæ doctrinæ, sicut Cain, interficere ; malo consilio decipere, sicut Balaam ; contra doctores catholicos se erigere, sicut Core, ad suam ipsorum perditionem contendunt.

Hæc de illis patribus quos Pentateuchus Moysi copiose enumerat, ad comprobandam ratam et legitimam esse oblationem parentum in filiis suis, pauca de pluribus commemorasse sufficiat : nunc ea quæ de Judicum atque Regum temporibus menti occurrunt, ad confirmandam eamdem rem, stylo proferamus. Legitur in libro Judicum quod Jephte Galaadites, vir fortissimus, cum bellum contra Ammonitas agere disposuisset, ut erueret Israel de manu eorum, facto super se spiritu Dei, votum voverit Domino, dicens : « Si tradideris filios Ammon in manus meas, quicunque fuerit primus egressus de foribus domus meæ, mihique occurrerit revertenti cum pace a filiis Ammon, eum holocaustum offeram Domino. Transivitque Jephte ad filios Ammon, ut pugnaret contra eos, quos tradidit Dominus in manus ejus. Percussitque ab Aner, usque dum venias in Mennith, viginti civitates, et usque ad Abel, quæ est vineis consita, plaga magna nimis. Humiliatique sunt filii Ammon a filiis Israel. Revertenti autem Jephte in Maspha domum suam, occurrit unigenita filia cum tympanis et choris : non enim habebat alios liberos. Qua visa scidit vestimenta sua, et ait : Heu, filia mi! decepisti me, et ipsa decepta es. Aperui enim os meum ad Dominum, et aliud facere non potero. Cui illa respondit: Pater mi, si aperuisti os tuum ad Dominum, fac mihi quodcunque pollicitus es, concessa tibi ultione atque victoria de hostibus tuis. Dixitque ad patrem : Hoc solum mihi præsta, quod te deprecor : dimitte me, ut duobus mensibus circumeam montes, et plangam virginitatem meam cum sodalibus. Cui ille respondit: Vade. Et dimisit eam duobus mensibus ; cumque abiisset cum sociis ac sodalibus suis, flebat virginitatem suam in montibus. Expletisque duobus mensibus reversa est ad patrem, et fecit ei sicut voverat, quæ ignorabat virum. » Ad hæc quid respondent isti amici mei, quorum sermo totus versus est in suggillationem ordinis nostri? Quis ergo tam stultus et tam perversus est, ut hunc Jephte sacrilegum esse dicat, pro eo quod filiam propter votum quod Deo vovit, obtulerit? cum Scriptura dicat hoc eum fecisse facto super eum spiritu Dei; maxime cum Paulus apostolus in Epistola quam ad Hebræos scripsit eum in catalogo sanctorum enumeret. Si enim patribus illius temporis licuit per ferrum filium aut filiam Deo offerre, cur non modo licet istius ævi hominibus sobolem suam Deo spiritualiter consecrare, et exhibere hostiam vivam, sanctam, Deo placentem, rationabiliter in obsequium Christi? Si autem Abrahæ oblatio placuit Deo, et Jephte factum meritum sanctitatis illi acquisivit, cur non multo magis spiritualis oblatio per evangelicam doctrinam instituta Deo placere credenda est? cum de Abraham Jacobus apostolus testatus sit dicens : « Abraham pater noster, nonne ex operibus justificatus est, offerens Isaac filium suum super altare. » Vides quoniam fides cooperabatur operibus illius. Ex operibus enim illius fides consummata est, et suppleta est Scriptura dicens : « Credidit Abraham Deo, et reputatum est illi ad justitiam, et amicus Dei appellatus est. » Et de Jephte, post votum quod Deo vovit, ita scriptum est : « Transivit Jephte ad filios Ammon, ut pugnaret contra eos, quos Dominus tradidit in manus ejus. » Ecce Abraham, offerendo filium suum, amicitiam Dei promeruit; Jephte, vovendo Deo votum, victoriam de inimicis suis adeptus est. Quid post hæc consequitur, nisi quod illi qui Dei oblationem spernunt, et tale factum sanctorum patrum abominantur, inimici Dei nominentur ac sint; et ob hoc spiritualibus inimicis non solum non dominentur, imo merito suæ perversitatis omnino subjiciantur? Scriptum est enim : « Quicunque vult esse amicus sæculi, inimicus Dei constituitur. » Deo enim placere omnino, nisi bonum, non potest. Quod autem bonum est facienti, id meritum sanctitatis acquirit.

Hoc etiam probat Annæ factum laudabile, quod liber Samuelis commemorat. Cum enim sterilis esse describatur, et ob hoc ab æmula sua, altera scilicet uxore Helcanæ viri sui, irrideretur, ad deprecandum Dominum conversa est; nec fraudavit eam spes ejus, sed petitionis suæ consequebatur effectum; sic enim scriptum est : « Cum esset Anna amaro animo, oravit Dominum flens largiter, et votum vovit dicens: Domine exercituum, si respiciens videris afflictionem famulæ tuæ, et recordatus mei fueris, nec oblitus ancillæ tuæ, dederisque sexum virilem servæ tuæ, dabo eum Domino omnes dies vitæ ejus, et novacula non ascendet super caput ejus. » Et non multo post : « Cognovit Helcana, inquit, Annam uxorem suam, et recordatus est ejus Dominus. » Et factum est post circulum dierum, concepit Anna, et peperit filium, vocavitque nomen ejus Samuel, eo quod a Domino postulasset eum. Ascendit autem vir ejus Helcana, et omnis domus ejus, ut immolaret Domino hostiam solemnem, et votum suum. « Et Anna non ascendit; dixit enim viro suo : Non vadam donec ablactetur infans, et ducam eum ut appareat coram Domino, et maneat ibi jugiter. Et ait Helcana vir suus : Fac quod bonum tibi videtur, et mane, donec ablactes eum, precorque ut impleat Dominus verbum suum. Mansit ergo mulier, et lactavit filium suum, donec amoveret eum a lacte. Et adduxit eum secum, postquam ablactaverat, in vitulis tribus, et tribus modiis farinæ, et amphora vini, et adduxit eum ad domum Domini in Sylo. Puer autem erat adhuc infantulus : et immolaverunt vitulum, et obtulerunt puerum Heli. Et ait : Obsecro, domine mi, vivet anima tua Deo ! ego sum illa mulier quæ steti coram te, hic orans Dominum pro puero isto. Oravi, et dedit mihi Dominus petitionem meam quam postulavi ei. Idcirco et ego eum commodavi Domino cunctis diebus quibus fuerit accommodatus Domino. » Vellem scire, osores isti et contradictores oblationis regularis, quid de hac oblatione dicerent, quæ pene consimilis est regulari oblationi, quam beatus Pater Benedictus in sua Regula constituit : quia sicut ibi jubet parentes filios infantulos cum oblatione atque petitione Deo juxta altare offerre, ita hic et hæc mulier sancta atque prophetissa filium suum infantulum cum oblatione farinæ et cæteris speciebus quæ in libro Regum commemorantur, coram Heli sacerdote in tabernaculo Domino solemniter offerebat. Utrum Annam proterviæ spiritu incitatam hoc egisse arbitrentur quæ, quasi propriæ potestatis esset, sine viri consilio seu præcepto ante conceptum pueri primitus Deo votum vovit? Deinde post nativitatem ejus, licet cum viri sui consensu, tamen ipsa eum Domino fiducialiter obtulit, atque Heli sacerdoti ibidem totum ordinem voti sui diligenter exposuit. Quis autem audet dicere Dominum iniquum esse, qui huic mulieri, ob fidei meritum et magnæ devotionis effectum, gratiam Spiritus sancti sui tribuit? Si enim hujus oblationis displicuisset factum, nequaquam post perpetratam oblationem Spiritus sancti illi impenderet donum, unde potuisset de futuro sacramento adventus Christi, et de mutatione veteris sacerdotii, legisque pristinæ, nec non et de abjectione plebis incredulæ, atque convocatione gentium ad fidem prophetare. Postquam enim parentes beati Samuelis adoraverunt Dominum in Sylo, oravit Anna, et ait : « Exsultavit cor meum in Domino, et exaltatum est cornu meum in Deo meo, » etc. E contrario vero, si mundana lex tantum dominari deberet in cultu divino, quod nulli eam transgredi liceret in Christi officio : auctor totius boni et justitiæ observantissimus custos, de quo scriptum est : « Justus Dominus, et justitiam dilexit, æquitatem colit vultus ejus », quomodo id non suo testimonio comprobaret, atque omnibus manifestum judicium suæ voluntatis præberet? Idcirco cessent aliquando vaniloqui isti et detractores religioni Christianæ detrahere, ac gratiam Christi, quæ in diversis donis sanctæ matri distributa est Ecclesiæ, dente venenoso lacerare : quia « disperdet Dominus, » Scriptura teste, « universa labia dolosa, et linguam magniloquam. »

Sed quia in Veteri Testamento plurima hujuscemodi possunt inveniri exempla, et in Novo similiter hujuscemodi rationis non pauca exstant testimonia : ne ultra modum oratio progrediatur, veteris omissis, de Novo exempla proferamus. Narrat enim sanctum Evangelium quod parentes Salvatoris puerum Jesum cum oblatione secundum legem sibi decretam in templo sisterent Domino, ut dator legis suo exemplo eam comprobaret atque confirmaret, ostenderetque omnino sibi non displicere in ecclesia sua oblationem et devotionem fidelium. Si enim Jesus a parentibus ad templum deferri voluit, ibique offerri pro se hostiam Deo, quis est qui parentum oblationem in filiis suis reprehendere præsumat, et prohibere quod non exhibeant eos hostiam viventem Deo? nam fides non solum oblatorum, sed etiam offerentium, Scriptura teste, Deo acceptabilis erat. Unde et in sancta Ecclesia per parentum fidem atque professionem conficitur baptisma parvulorum. Offerebant Jesu paralyticum alii, « quorum fidem ut vidit, dixit paralytico : Confide, fili, remittuntur tibi peccata tua. Surge, et tolle lectum tuum, et vade in domum tuam. » Centurionis fides impetravit salutem servo; et reguli filius, credente patre sermonibus Jesu, ad pristinam sanitatem reversus est. Archisynagogi filiam, rogante eo, a mortuis Dominus suscitavit, et Petri socrum postulatus idem Dominus a febribus liberavit. Cognito adventu Jesu in terra Genesar, viri loci illius miserunt in omnem regionem illam, et obtulerunt ei omnes male habentes, et rogabant eum ut vel fimbriam vestimenti ejus tangerent : et quicunque tetigerunt, salvi facti sunt. Mulier Chananæa pro filia rogat dæmoniaca, et salutem illi a Domino meruit. Offerebant Jesu parvulos, ut tangeret eos : discipuli autem comminabantur offerentibus, quos, cum vidisset, indigne tulit, et ait illis : « Sinite parvulos venire ad me, et nolite prohibere eos : talium est enim regnum cœlorum. Amen dico vobis, qui non receperit regnum Dei sicut puer, non intrabit in illud. Et complexans eos, et imponens manus super illos, benedicebat eos. » Audiant hæc qui oblationi detrahunt parvulorum, et intelligant conatum suum ad iniquitatem tendere, frustraque se niti in objectione ætatis parvæ, quasi non liceat parentibus filios suos infantes offerre Deo, ejusque servitio illos mancipare. Si enim ipsa Veritas carnales adhuc discipulos, et nondum passione sua atque resurrectione nec non et adventu Spiritus sancti illuminatos atque confortatos, comminantes offerentibus parvulos indigne tulit, quid putant isti se promereri qui dilatata per orbem Ecclesia, et manifestata ubique veritate, adhuc obcæcato corde per cupiditatem terrenam, contraria fidei catholicæ sentiunt, atque sectas novas, appropinquante fine mundi, in Ecclesiam introducunt? Etenim, dum debuerant magistri esse propter tempus, rursus indigent ut doceantur quæ sint elementa exordii sermonum Dei. Quare non pertimescunt Pauli sententiam dicentis : « Irritam quis faciens legem Moysi, sine ulla miseratione duobus vel tribus moritur testibus: quanto magis putatis deteriora mereri supplicia, qui Filium Dei conculcaverit, et sanguinem testamenti pollutum duxerit, in quo sanctificatus est, et spiritui gratiæ contumeliam fecerit? scimus enim, qui dixit : Mihi vindictam, et ego reddam. Et iterum : quia judicabit Dominus populum suum : horrendum est incidere in manus Dei viventis. » Bonorum enim doctorum semper mos fuit verbis atque exemplis Deo populum lucrifacere, et studere a regno diaboli quoscunque eripere, atque ad servitium Dei convertere. Unde gentium doctor Corinthiis ait : « Cum liber essem ex omnibus, omnium me servum feci, ut plures lucrifacerem : factus sum infirmis infirmus, ut infirmos lucrifacerem; omnibus omnia factus sum, ut omnes salvos facerem. Omnia autem facio propter Evangelium, ut particeps ejus efficiar. » Et item : « In omnibus, » inquit, « tribulationem patimur, sed non angustiamur : aporiamur, sed non destituimur : persecutionem patimur, sed non derelinquimur : dejicimur, sed non perimus : semper mortificationem Jesu in corpore nostro circumferentes, ut et vita Jesu in corporibus nostris manifestetur. » Et alibi : « Omnia autem sustineo propter electos, ut et ipsi salutem consequantur, quæ est in Christo Jesu in gloria cœlesti. » Hinc est quod plurimi per gratiam Dei, et per bonorum studium magistrorum, tam ex Judæis quam etiam ex gentibus, converterentur ad fidem Christi : sicut in Actibus apostolorum legitur, quod prædicante Petro una die apposita sint ad numerum credentium animæ circiter tria millia. « Verbum enim Domini crescebat, et multiplicabatur numerus discipulorum in Jerusalem valde. » Multa etiam turba sacerdotum obediebat fidei. Similiter Paulo et Barnaba prædicantibus in Antiochia, multus numerus credentium conversus ad Dominum est, ita ut cognominarentur primum Antiochiæ discipuli, Christiani. Crispus archisynagogus credidit Domino cum omni domo sua, et multi Corinthiorum audientes credebant, et baptizabantur. Unde idem apostolus Paulus gloriatur quod ab Jerusalem usque ad Illyricum repleverit Evangelium suum. E contrario vero, quidam nunc intendentes spiritibus erroris, et doctrinis dæmoniorum in hypocrisi loquentium mendacium, et cauteriatam habentes suam conscientiam, prohibent discedere quosdam a sæculari pompa, a cupiditate terrena, et se sociari contemptoribus mundi, servientibus Deo sub disciplina regulari. Videant hi, ne forte ad ipsos respiciat illa Dominica sententia, qua in Evangelio ad Pharisæos et legisperitos ipsa Veritas ait : « Væ vobis Pharisæis, qui diligitis primas cathedras in synagogis, et salutationes in foro; væ vobis, quia estis ut monumenta, quæ non parent, et homines ambulantes supra, nesciunt. » Et item : « Væ vobis, inquit, legisperitis, qui habetis clavem scientiæ : ipsi non introistis, et eos qui introibant, prohibuistis. » Hinc Petrus in Epistola sua scripsit, dicens : « Novit Deus pios de tentatione eripere, iniquos vero in diem judicii cruciandos reservare; magis autem eos qui post carnem alteram in concupiscentiam immunditiæ ambulant, dominationemque contemnunt, audaces, sibi placentes, sectas non metuunt facere, blasphemantes, deliciis suis affluentes, in conviviis suis luxuriantes, pellicentes animas instabiles, cor exercitatum avaritia habentes : maledictionis filii, derelinquentes viam rectam, erraverunt; secuti viam Balaam ex Bosor qui mercedem iniquitatis amavit, correptionem vero habuit suæ vesaniæ, subjugale mutum in hominis voce loquens prohibuit prophetæ insipientiam. Hi sunt fontes sine aqua, et nebulæ turbinibus exagitatæ, quibus caligo tenebrarum reservatur : superbia enim vanitatis loquentes pelliciunt in desideriis carnis luxuriæ eos, qui paululum effugiunt, qui in errore conversantur, libertatem illis permittentes, cum ipsi servi sint corruptionis : a quo quis enim superatus est, hujus et servus est. Si enim refugientes coinquinationes mundi, in cognitionem Domini nostri et Salvatoris Jesu Christi, his rursus implicati superantur, facta sunt eis posteriora deteriora prioribus. Melius enim erat illis non agnoscere viam justitiæ, quam post agnitionem retrorsum converti ab eo, quod illis traditum est, sancto mandato. »

Hæc quidem cum auribus corporis percipiantur, nec aures interiores, quas Salvator in Evangelio requirit, dicens : « Qui habet aures audiendi audiat, » apponunt, ut intelligant quoniam qui talia agunt, digni sunt morte : non solum qui faciunt ; sed etiam qui consentiunt facientibus, prava intentione decertant, quomodo minuant, aut funditus evertant monasticam conversationem. Cum enim audierint regularem oblationem in pueris minoris ætatis, testibus idoneis confirmari debere : quia aperte contraire atque resistere veritati non audent ; ex obliquo quærunt quomodo id, quod perversa mente tractant, hoc actu nefando perficiant : subtiliter argumentantur, atque hoc in commentum erroris sui assumunt, quo facilius possint sibi obsequentes atque obedientes deludere : quod non liceat cuilibet testes citare ad confirmandam veritatem religionis Christianæ, nisi de propria sua gente : verbi gratia, dicunt quod super Saxonem nullus de Francorum aut Romanorum, aut ex alia qualibet gente, licet inter suos nobilis natu atque honestus conversatione habeatur, nisi Saxo testis esse possit. Hoc enim, aiunt, legem gentis suæ pati non posse, ut alterius gentis homo in testimonium citetur ad infringendam legem libertatis suæ. Quasi illi libertatem ac nobilitatem generis sui perdant qui servitium Christi profitentur, cum magis illi liberi sint qui uni Deo, quam qui diversis vitiis atque peccatis, servire probantur. Hanc profecto non ob aliud argumentationem igitur fingunt, quam ut monasticam conversationem ac regularem disciplinam in odium hominibus vertant, dicentes eos servos fieri qui monachi fiunt ; et non intelligunt se contra Dominum pugnare qui ejus devotionem servitii dicunt pensum esse naturæ, cum nulla sit melior majorque potestas quam servire Deo, cui bene servit amor. Si veritas a testibus expetenda est, fides et probitas testium requirenda sunt. Et quomodo invenientur testes idonei, nisi hæc consideratio apud eligentem fiat, ut non solum nobilitas generis, sed etiam constantia mentis in eis approbetur ? sic enim ab initio testes a prudentibus hominibus exquirebantur, præ quibus placuit ante omnia inventio veritatis, et non fictio falsitatis. Si autem personarum acceptio, et qualitas gentium a quolibet consideranda est ; et testes approbandi, ut non alios quisque testes recipiat, nisi suæ gentis homines, quomodo gentes natura Judæorum testimonium, qui non fuerunt religione et natione sibi consimiles, in fide Christi receperunt ? Apostoli enim et prophetæ omnes ex Judæis fuerunt. Aut quomodo Judæi gentium testificationem recipere voluerunt, qui non fuerunt illis ritu ac dignitate coæquales ? Lucas enim evangelista Antiochenus, arte medicus, Syrus fuit, ut scribitur, natione, et magis ex auditu quam ex visu suum conscripsit Evangelium : quod tamen ex Judæis et ex gentibus quoque credentibus æqualiter recipiunt, et in numero quatuor Evangeliorum ascribunt. Deus enim personam hominis non accipit, sed in omni gente et conditione qui timet Dominum et operatur justitiam acceptus est illi.

Hæc vero cum se ita habeant, quæ ratio est secundum Deum, aut secundum homines, ut qui inferiores sunt virtute et dignitate, superiores sibi et eminentiores spernant, et quasi indignos omni honore respuentes abjiciant, quibus subjici oportebat ? Quis enim ignorat sub hac plaga mundi habitans, Francos ante Saxones in Christi fide atque religione fuisse, quos ipsi postmodum suæ dominationi subegerunt armis, atque superiores effecti, dominorum ritu, imo magis paterno affectu, ab idolorum cultu abstrahentes, ad fidem Christi converterunt ? Sed nunc a quibusdam primatibus de ipsa gente secundum carnem editis ingrate spernuntur, et contra jus cœli contraque jus fori, ne testes esse veritatis valeant, indigne abjiciuntur : cum hoc nec ratio humana, neque divina id fieri debere ullo modo dictet, nec talis ordo unquam in orbe triquadro fuerit. Narrant enim historiæ totam Asiam, sub centum viginti satrapis constitutam, legibus Persarum obedisse. Sic etiam Romanorum dominationi omnes gentes censu ac sensu secundum sancita imperatorum per diversas provincias suis temporibus subjectas esse, civemque Romanum ascribi pro magna dignitate ac veneratione apud omnes nationes haberi. Sed non mirum quod isti, qui legibus divinis contraria sentiunt, fœdera pacti humani rite non servent ; errantes enim, et in errorem mittentes, apud Deum culpabiles et apud homines vituperabiles fiunt. Denique veritas, quæ ubique regnat, omnia vincit ; licet multos inimicos habeat, ipsa tamen victrix omnes hostes suos æterna superabit victoria, cujus sancta Ecclesia fidelissima observatrix ac custos, in soliditate firmissimæ petræ fundata, nulla recipit consortia perfidorum. Unde nec portæ inferi prævalebunt adversus eam.

Hujus quoque non pars minima monachorum exstat turba, quæ creatori suo devote famulans pene in totius partibus orbis greges suos colligit, domicilia construit, atque uni Deo omnipotenti gratum servitium exhibere contendit. Hæc ex apostolicæ traditionis norma instituta, nihil proprium possidens, communiter vivit propriisque manibus sibi victum quæritans, Patris spiritualis in omnibus gestit obedire imperio ; nullum spernit, nullum contemnit. Omnis sexus, omnis ætas, omnis conditio apud ipsam habilis Dei servitio habeatur. Unde et recipit infantes, appetit juvenes, non respuit senes atque infirmos. Apud hanc locum habet adolescens in pueritia Deo consecratus : in hac remedium suæ salutis invenit juvenis, pro peccatis suis salubriter compunctus ; in illa senex vel decrepitus undecimæ horæ non perdit laborem, nec perdit sero conversus. Per ipsam et David noster eos quos mundus pro sceleribus vel infirmitate corporea despiciens abjecit, recolligens refecit, atque duces itineris sui fecit. Unde plurimos in Patrum Collationibus ac Vita descriptos invenimus, qui ad propositum monasticum servandum spiritu Dei instigante defluxerunt; plurimos, qui suos filios ad Dei servitium nutriendos tradiderunt. Quod et beatus papa Gregorius apud venerabilem Patrem Benedictum, cujus Vitam ipse descripsit, ac Regulam institutionis ejus mirabiliter laudat, ita fecisse in libris Dialogorum commemoravit, dicens : « Cum sanctus vir Domino in eadem solitudine virtutibus signisque succresceret, multi ab eo in loco eodem ad omnipotentis Dei sunt servitium congregati, ita ut illic duodecim monasteria, cum omnipotentis Jesu Christi Domini nostri opitulatione, construeret : in quibus statutis patribus duodenos monachos deputavit, paucos vero secum detinuit, quos adhuc in sua præsentia aptius judicavit erudiri. Cœpere etiam tunc ad eum Romanæ urbis nobiles et religiosi concurrere, suosque filios ei, omnipotenti Deo nutriendos dare. Tunc quoque bonæ spei suas soboles Equitius Maurum, Tertullus vero patricius Placidum tradidit : e quibus Maurus junior, cum bonis polleret moribus, magistri adjutor cœpit esse : Placidus vero puerilis adhuc indolis gerebat annos. » Enimvero sanctus Gregorius, qui præsulatu apostolicæ sedis functus in pontificum ordine nobilissimus habebatur, qui et inter magistros Ecclesiæ præcipuos, omni veneratione dignus pene in toto orbe celebratur, quomodo sancti viri gesta describendo puerorum oblationem ad omnipotentis Dei servitium nutriendorum rite fieri commemorat, si non ipsa oblatio rata, sed contraria veritati ac divinæ auctoritati credenda erit? Non enim est sanctus qui actibus est reprobus; nec laude dignus, qui divinis legibus invenitur esse contrarius. Quapropter videant hi, quorum sensus ac sermo divinis constitutionibus, atque sanctorum Patrum exemplis discordat, ne cupiditate terrena corrupti, et in suis voluptatibus abominabiles facti, sanctitatis meritum sibi minuant, ac præmium perdant. Quia, Paulo teste, « Deus non irridetur. Quæ enim seminaverit homo, hæc et metet, quoniam qui seminat in carne sua, de carne et metet corruptionem; qui autem seminat in spiritu, de spiritu metet vitam æternam. »

Sed jam ad oblationem regularem confirmandam prudenti, ac sano sapienti, in his quæ breviter de Scripturis sacris excerpta posuimus, satis esse credentes; nunc de voto, quod Deo vovetur, adimplendo, quam necessarium sit, ex eadem Scriptura, testimoniis paucis ostendemus. Loquitur Dominus per Moysen in lege ita dicens : « Si quis virorum votum Domino voverit, aut se constrinxerit juramento, non faciet irritum verbum suum, sed omne quod promisit implebit. » Et item : « Cum voveris, » inquit, « votum Domino Deo tuo, non tardabis reddere, quia requiret illud Dominus Deus tuus : et si moratus fueris, reputabitur tunc in peccatum. Si nolueris polliceri, absque peccato eris : quod autem semel egressum est de labiis tuis, observabis, et facies sicut promisisti Domino Deo tuo : propria voluntate ex ore tuo locutus es. » Nam et Psalmista similiter exhortatur, dicens : « Vovete et reddite Domino Deo vestro, omnes qui in circuitu ejus affertis munera. » Suoque exemplo hoc comprobans, alio loco dicit : « Vota mea Domino reddam in atriis domus Domini, in conspectu omnis populi ejus, in medio tui, Jerusalem. » Et item : « Sic psalmum dicam, » inquit, « nomini tuo, Deus, in sæculum sæculi, ut reddam vota mea de die in diem. » Hinc et Ecclesiastes ait : « Si quid vovisti Domino, ne moreris reddere : displicet enim ei infidelis promissio, sed quæcunque voveris redde : multoque melius est non vovere, quam post votum promissa non reddere. » Nam et idipsum Salvator in Evangelio sub quadam similitudine expressit, dicens : « Nemo mittens manum suam in aratrum, et aspiciens retro, aptus est regno Dei. » Et item : « Qui fuerit, » inquit, « in tecto, et vasa ejus in domo, ne descendat tollere illa, et qui in agro similiter. Memores estote uxoris Lot. Quicunque quæsierit animam suam salvam facere, perdet illam; et quicunque perdiderit illam, vivificabit eam. » Hinc et doctor gentium in Epistola ad Hebræos, admonet dicens : « Nolite itaque, fratres, amittere confidentiam vestram, quæ magnum habet remunerationem. Patientia enim vobis necessaria est, ut voluntatem Dei facientes, reportetis promissionem. Adhuc enim modicum aliquantulum, qui venturus est veniet, et non tardabit. Justus autem meus ex fide vivit. Quod si subtraxerit se, non placebit animæ meæ. » Hinc et pastor Ecclesiæ hortatur, dicens : « Succincti lumbos mentis vestræ, sobrii perfecte sperate in eam, quæ vobis offertur, gratiam, in resurrectione Domini nostri Jesu Christi. » Unde Joannes apostolus in Epistola sua salubriter persuadendo nos instruens, dicit : « Videte vosmetipsos, ne perdatis quæ operati estis, sed ut mercedem plenam accipiatis. » His ergo et similibus Scripturæ testimoniis sacræ instruimur, ne votum quod Deo vovimus, reddere negligamus, quia non habebit hunc insontem Dominus, qui ei mentiri non pertimescit. Sed, proh dolor! quidam, parvipendentes fœdus quod cum Deo inierunt, quasi sine periculo deseri possit, ingrate omnino abjiciunt, atque amicitias hujus mundi appetentes, inimici Dei fieri non pertimescunt. Qui enim vult amicus esse hujus sæculi, inimicus Dei constituitur. Quandoquidem perfectiora sequi sua sponte elegerunt, et ob hoc animas suas, votum vovendo, Deo consecrarunt, ut ei per omnia placerent, cui se servire solummodo probaverunt : paulatim per desidiam ad vitia relabentes, contra Evangelium, mundo simul ac Deo se servire posse arbitrantur, cum Salvator manifeste dicat : « Duobus dominis nemo servire potest, hoc est Deo et mammonæ. » Falluntur ergo hujusmodi habentes damnationem, quoniam primam fidem irritam fecerunt, et si non conversi denuo, id, quod destruxerunt, pro viribus restaurare studuerint, salutem consequi non poterunt.

Sed quia sunt quidam qui monachicam vitam de

testantes, constitutionibus sanctæ Regulæ contradicunt, despicientesque eam, murmurando invicem susurrant, quod superflua sit sanctio regularis, et non necessaria; magisque humanæ fictioni, quam auctoritati divinæ eam inniti: primum, secundum eorum sensum qui, catholica veritate imbuti, de hujus ordinis initio et ratione plenissime scripserunt, ostendemus monasticam conversationem Deo auctore per sanctorum Patrum dicta vel facta institutam esse; dehinc subjungemus ex canone divino testimonia huic disciplinæ convenientia: ut qui jam diutius huic errori deserviunt, saltem, patefacta in omnibus veritate superati, vana garrire erubescant. Itaque cœnobitarum disciplina a tempore prædicationis apostolicæ sumpsit exordium. Nam talis exstitit in Jerosolymis omnis illa credentium multitudo, quæ in Actibus apostolorum ita describitur: « Multitudinis autem credentium erat cor et anima una, nec quisquam eorum, quæ possidebat, aliquid suum esse dicebat, sed erant illis omnia communia. Possessiones et substantias vendebant, et dividebant ea omnibus, prout cuique opus erat. » Et item: « Neque enim quisquam egens erat inter illos: quotquot enim possessiones agrorum vel domorum erant vendentes, offerebant pecuniam eorum, quæ vendebant, et ponebant ante pedes apostolorum. Dividebatur autem singulis, prout cuique opus erat. » Talis itaque erat tunc omnis Ecclesia, quales nunc perpaucos in cœnobiis invenire difficile est. Sed cum apostolorum post excessum tepescere cœpisset credentium multitudo, ea vel maxime, quæ ad fidem Christi de alienigenis ac diversis gentibus confluebat, a quibus apostoli, præ ipsis fidei rudimentis et inveteratæ gentilitatis consuetudine, nihil amplius expetebant, nisi ut ab ipsis immolatitiis idolorum, et fornicatione, et suffocatis, et sanguine temperarent: atque ista libertas, quæ gentibus propter infirmitatem primæ credulitatis indulta est, etiam illius Ecclesiæ perfectionem, quæ Jerosolymis consistebat, paulatim contaminari cœpisset, et crescente quotidie vel indigenarum numero, vel advenarum, primæ illius fidei refrigesceret fervor; non solum hi qui ad fidem Christi confluxerant, verum etiam illi qui erant Ecclesiæ principes, ab ipsa districtione laxati sunt; nonnulli æstimantes id quod videbant gentibus præ infirmitate concessum, sibi etiam licitum, nihil se detrimenti perpeti crediderunt, si cum substantiis ac facultatibus suis fidem Christi confessionemque sequerentur. Hi autem quibus apostolicus adhuc inerat fervor, memores illius pristinæ perfectionis, discedentes a civitatibus suis, illorumque consortio, qui sibi vel Ecclesiæ Dei remissioris vitæ negligentiam esse credebant, multoties suburbanum ac secretioribus commanere, et ea quæ ab apostolis per universum corpus Ecclesiæ generaliter meminerant instituta, privatim ac peculiariter exercere cœperunt. Atque ita coadolevit ista, quam diximus, discipulorum, qui se ab eorum contagio sequestraverunt, disciplina, qui paulatim, tempore procedente, segregati a credentium turbis, adeo quod a conjugiis abstinerent, et a parentum se consortio mundique istius conversatione secernerent, monachi sive monozantes, hoc est, singulares, a solitariæ vitæ districtione nominati sunt. Unde consequens fuit ut ex communione consortii cœnobitæ, cellæque ac diversoria eorum cœnobia vocarentur. Istud ergo solum fuit antiquissimum monachorum genus, quod non modo tempore, sed etiam primum est, quodque per annos plurimos solum usque ad abbatis Pauli vel Antonii duravit ætatem: cujus etiam nunc adhuc in districtis cœnobiis cernimus residere vestigia. De hoc priscorum numero, et, ut ita dixerim, fecundissima radice, sanctorum etiam anachoretarum post hæc flores fructusque prolati sunt: cujus professionis principes hos, quos paulo ante memoravimus, sanctum scilicet Paulum vel Antonium, novimus exstitisse, qui non quidem pusillanimitatis causa nec impatientiæ morbo, sed desiderio sublimioris profectus contemplationisque divinæ, solitudinis secreta sectati sunt, licet eorum prior, necessitatis obtentu, dum tempore persecutionis affinium suorum devitat insidias, eremum penetrasse dicatur. Ita ergo processit ex illa, quam diximus, disciplina aliud perfectionis genus, cujus sectatores anachoretæ, id est, secessores, merito nuncupantur: eo quod nequaquam contenti hac victoria qua inter homines occultas insidias diaboli calcaverunt, aperto certamine ac manifesto conflictu de omnibus congredi cupientes, vastos cremi recessus penetrare non timeant, ad imitationem sancti Joannis Baptistæ, qui in eremo tota ætate permansit; Eliæ quoque ac Elisei, atque illorum de quibus apostoli ita meminerunt: « Circuierunt in melotis, et in pellibus caprinis, angustiati, afflicti, egentes, quibus dignus non erat mundus, in solitudinibus errantes, et montibus et speluncis, et in cavernis terræ. » De quibus etiam figuraliter Dominus ad Job: « Quis autem est, qui dimisit onagrum liberum, et vincula ejus resolvit? posui habitaculum ejus desertum, et tabernacula ejus salsuginem, irridens multitudinem civitatis, et querelam exactoris non exaudiens. Consideravit montes pascuæ suæ, et post omne viride quærit. » In psalmis quoque scriptum est: « Dicant nunc qui redempti sunt a Domino, quos redemit de manu inimici. » Et post pauca: « Erraverunt in solitudine, in siccitate, viam civitatis habitaculi non invenerunt. Esurientes et sitientes, et anima eorum in ipsis defecit. Et clamaverunt ad Dominum cum tribularentur, et de necessitatibus eorum liberavit eos. » Quos etiam Jeremias ita describit, dicens: « Beatus, qui tulit jugum a juventute sua; sedebit solitarius et tacebit, quia levabit se super se. » Quique id Psalmistæ affectu et opere conficiunt: « Similis factus sum pellicano solitudinis, vigilavi, et factus sum sicut passer solitarius in tecto. » Igitur qui despiciendam monasticam disciplinam arbitrantur, primum oportet ut attendant quæ sit virtus hujus normæ atque conversationis; et si perspexerint legibus Dei eam esse concordem, desinant eam odiis insectari, desistant ore blasphemo lacerare, quia non erit impunitus qui donis Dei per invidiam perfidus exstat inimicus. Unde Dominus per prophetam : « Væ vobis, qui dicitis malum bonum, et bonum malum : ponentes tenebras lucem, et lucem tenebras : ponentes amarum in dulce, et dulce in amarum. » Monachi enim propositum est ut abrenuntiet sæculo et voluptatibus, continentiæ ac quieti, obedientiæ atque humilitati operam det, tribulationesque atque angustias præsentis vitæ patienter sufferat, et præmium cœlestis gratiæ super omnia expetat. Unde consideremus si hæc ex divinis comprobentur testimoniis. Nam Salvator in Evangelio ait : « Qui non renuntiaverit omnibus quæ possidet, non potest meus esse discipulus. Et omnis qui reliquerit domum, vel fratres, aut sorores, aut patrem, aut matrem, aut uxorem, aut filios, aut agros propter nomen meum, centuplum accipiet, et vitam æternam possidebit. » Et item : « Qui vult, » inquit, « venire post me, abneget semetipsum, et tollat crucem suam quotidie, et sequatur me. » Hinc et diviti de salute sua sollicite quærenti ipsa Veritas respondit, dicens : Si vis perfectus esse, vade, vende omnia quæ habes, et da pauperibus, et habebis thesaurum in cœlo, et veni, sequere me. » Hinc et ad apostolos ait : « Estote perfecti sicut et Pater vester cœlestis perfectus est. Nolite solliciti esse dicentes : Quid manducabimus, aut quid bibemus, aut quo operiemur? hæc omnia gentes inquirunt. Scit enim Pater vester quia his omnibus indigetis. Quærite primum regnum Dei, et justitiam ejus, et hæc omnia adjicientur vobis. Vigilate itaque omni tempore orantes, ut digni habeamini fugere ista omnia quæ ventura sunt, et stare ante Filium hominis. Amen dico vobis quia plorabitis et flebitis vos, mundus autem gaudebit, vos autem contristabimini, sed tristitia vestra vertetur in gaudium. Beati qui lugent nunc, quoniam ipsi consolabuntur. » Sequenti ergo opera danda Isaias ostendit dicens : « Erit opus justitiæ, pax et cultus justitiæ, silentium et securitas usque in sempiternum. » Item per Jeremiam dicitur : « Bonum est præstolari cum silentio salutare Domini : bonum est viro, cum portaverit jugum ab adolescentia sua. Sedebit solitarius et tacebit, quia levabit se super se ; ponet in pulvere os suum, si forte sit spes, dabit percutienti maxillam, saturabitur opprobriis, quia non repellet in sempiternum Dominus. Qui dilexit movere pedes suos, et non quievit, et Domino non placuit. » Hinc et Paulus ad Thessalonicenses ait : « Rogamus autem vos, fratres, ut abundetis magis et operam detis, ut quieti sitis, et ut vestrum negotium agatis, et operemini, sicut præcepimus vobis, et ut honeste ambuletis ad eos, qui foris sunt, nullius aliquid desideretis. » De humilitate autem, et mansuetudine atque obedientia ipse Salvator in Evangelio nos instruit dicens : « Discite a me, quia mitis sum et humilis corde. Omnis ergo qui se exaltat humiliabitur, et qui se humiliat, exaltabitur. Beati pauperes spiritu, quoniam ipsorum est regnum cœlorum. Beati mites, quoniam ipsi possidebunt terram. » Et iterum : « Non veni, inquit, facere voluntatem meam, sed ejus, qui misit me, Patris. » Hinc et Apostolus ait : « Christus factus est pro nobis obediens Patri usque ad mortem, mortem autem crucis, » etc. Nam et in libro Regum Samuel ad Saul regem peccantem ait : « Nunquid vult Dominus holocaustum, aut victimas, et non potius ut obediatur voci Domini ? Melior est enim obedientia quam victimæ, et auscultare magis quam offerre adipem arietum : quoniam quasi peccatum hariolandi est repugnare, et quasi scelus idololatriæ nolle acquiescere. » De tribulationis autem tolerantia et patientia ipsa Veritas ait discipulis : « In mundo pressuram habebitis, sed confidite, quia ego vici mundum. In patientia vestra possidebitis animas vestras. » Et quia monachi opus est oratio et jejunium, commendat hoc atque approbat idem Mediator Dei hominumque, cum suggillanti apostolos de dæmoniaco ab eis non sanato respondit, dicens : « Hoc genus a nullo potest exire, nisi per orationem et jejunium. » Ecce monachorum ordinem ac vitam, cum ipse Dominus suis sententiis ac prophetarum atque apostolorum suorum scriptis comprobet, quis est qui eam reprehendere audeat, nisi qui insanus ore et corde est, et ob hoc legibus Dei contrarius ? Non est ergo leve crimen, atque minusculum peccatum, velle mendacem facere Veritatem, et Dominum iniquum fingere, cum hoc quod ipse laudat iste nititur improbare. Sed si iste adversarius noster adhuc perstiterit in nequitia semel concepta, et dixerit sine monachi voto homines posse salvari : non hoc negamus, sed perfectionis tramiti detrahere non audemus.

Hæc ergo, prout potuimus, ex multis pauca libavimus ; sed si nostra scripta fastidio ducit, audiat quid beatus Hieronymus, in libro quem scripsit adversus Vigilantium, monachos simili blasphemia lacerantem, senserit. « Quod autem asseris, inquit, melius facere eos qui utantur rebus suis, et paulatim fructus possessionum pauperibus dividant, quam illos qui, possessionibus venundatis, semel omnia largiuntur : non a me eis, sed a Domino respondebitur : « Si vis esse perfectus, vade, vende omnia quæ « habes, et da pauperibus, et veni, sequere me. » Ad eum loquitur qui vult esse perfectus : qui cum apostolis patrem, naviculam, et rete dimittit. Iste, quem tu laudas, secundus, vel tertius gradus est, quem et nos recipimus, dummodo sciamus prima secundis et tertiis præferenda. Nec astu tuo ac studio monachi deterrendi sunt, arte linguæ vipereæ et morsu sævissimo ; de quibus argumentaris et dicis : Si omnes se recluserint, et fuerint in solitudine, quis celebrabit ecclesias, quis sæculares homines lucrifaciet, quis peccatores ad virtutes poterit coarctare? hoc enim modo, si omnes tecum fatui sunt, sapiens esse quis poterit? Et virginitas non est approbanda : si omnes virgines fuerint, nuptæ non erunt, interibit humanum genus, infantes in cunis non vagient, obstetrices absque mercedibus mendicabunt : et validissimo frigore solus atque contractus Dormitantius vigilabit in lecto. Clara est virtus, nec a pluribus appetitur, atque utinam omnes hoc essent quod pauci sunt, de quibus dicitur : « Multi vocati, pauci autem electi ; » vacui essent carceres. Monachus autem non doctoris hujus, sed plangentis officium, qui vel se, vel mundum lugeat, et Domini pavidus præstoletur adventum ; qui sciens imbecillitatem suam, et vas fragile quod portat, timet offendere, ne impingat et corruat ut frangatur. Unde et mulierum, maximeque adolescentularum, vitat aspectum, et in tantum castigator sui est, ut etiam quæ tuta sunt pertimescat. Cur, inquies, pergis ad eremum ? Videlicet ut te non audiam, non videam, ut tuo furore non movear, ut tua bella non patiar, ne me capiat oculus meretricis, ne forma pulcherrima ad illicitos ducat amplexus. Respondebis : Hoc non est pugnare, sed fugere ; sta in acie : adversario armatus obsiste, ut postquam viceris, coroneris. Fateor imbecillitatem meam : nolo spe pugnam victoriæ, ne perdam aliam victoriam ; si fugero, gladium devitavi ; si autem stetero, aut vincendum mihi est, aut cadendum. Quid autem necesse certa dimittere, et incerta sectari ? aut scuto, aut pedibus meis vitanda est. Tu qui pugnas, et superari potes et vincere. Ego cum fugio, non vincor in eo quod fugio, sed ideo fugio ne vincar. Nulla securitas est serpente vicino dormire. Potest fieri ut me non mordeat, tamen potest fieri ut aliquando mordeat. »

Sunt præterea et alii sancti Patres orthodoxi, quorum super hac re par sensus et similis sententia est, affirmantium normam regularis disciplinæ Deo auctore per apostolicam doctrinam institutam atque fundatam esse. Sed quia libri mensuram excederet, si eorum plurima dicta in hoc opusculum velim coacervare, sufficiant hæc sobrio lectori quæ dicta sunt. Cæterum, qui plura ac majora quæsierit, et nostra scripta fastidio duxerit, legat catholicorum doctorum multiplicia volumina, et, ut credo, a nostro præsenti hoc opusculo eorum sensum non discrepare videbit.

Explicit.

BEATI RABANI MAURI

FULDENSIS ABBATIS ET MOGUNTINI ARCHIEPISCOPI

COMMENTARIORUM IN GENESIM

LIBRI QUATUOR. (ANNO 819.)

FRECULPHUS EPISCOPUS MAURO ABBATI.

Freculphus episcoporum infimus, venerabili abbati Mauro et consacerdoti, in Christo Dei Filio, salutem.

Novit, mi dilectissime, tuæ charitatis benevolentia in occiduo littore Oceani, quamvis nullis suffragantibus meritis, pastoralem me suscepisse curam : ubi populum famem passum verbi salutaris reperi, sed minime suam sentientem inediam. Non enim spirituales esuriendo desiderabat dapes, quarum suavitatis gustum necdum expertus erat ; quem primum lacte alendum, non solido censui cibo. Igitur, annuente Domino, escam jam ambiunt contingere, et quamvis adhuc parvuli, panem sibi dari deposcunt : sed ut eis frangatur, et in viscera eorum salubriter trajiciatur absque discrimine strangulationis, vestro indigemus solatio, maxime autem in Pentateucho. Qui scilicet legislatoris libri humiliter deposcimus ut ita vestro succincte dilucidentur studio ; ut priorum perscrutando conferatis tractatorum labores ; et velut ex pratis vernantibus amœnisque flores mellifluos carpendo, apum more in alvearum congestos, nobis favum cum melle odorifero porrigere non negligatis. Ergo itaque modo opus hoc compendiosum fieri flagitamus, ut primum sensus litteræ ac deinde spiritualis intelligentiæ accurate succisa prolixitate pandatur : et singulorum nomina auctorum in fronte notentur pagellæ, ex quibus præsentes decerpseritis sententias. Insuper precamur obnixe ut quidquid Spiritus sanctus, qui loquebatur olim in viris Deo deditis, et adhuc loquitur et loquetur, vestro benevolo et devoto inspiraverit animo, sub nullo reticeatis silentio : sed litteram prænominis vestri primam seorsum adnotetis, ut eminentius etiam de proprio gaudere valeamus pariter dono. His quoque prælibatis, ut fuerimus odoribus respersi dapibusque refecti, vertetur occasus noster in orientem : et regio contigua axi occiduo fiet Judæa, nostrique Britonum vicini erunt Israelitæ. Ergo si aliquas excusationis prætendere tentaveris occasiones, ne tantæ molis opus ingentisque laboris subeas, et respondere nisus fueris cur non proprio sudore eos legendo perlustro libros ex quibus hæc fieri mando, et quæque libuerint decerpendo colligam, ad hæc vestræ charitatis vigilantia intendat, quoniam nulla nobis librorum copia ut hæc facere possimus, suppeditat, etiamsi parvitas obtusi sensus nostri vigeret, dum in episcopio nostræ parvitati commissio nec ipsos Novi Veterisque Testamenti canonicos reperi libros, multo minus horum expositiones; nec etiam hoc vestram prudentiam latet quod multo suavius ab esuriente hic sumitur cibus qui cum fragrantia pretiosorum pigmentorum, tempore opportuno, ab aliquo rationabiliter est conditus, quam ille qui inerti colligitur labore : et quando 'am hora vescendi est, tum primum diversæ species teruntur mortario, coquuntur igne, sicque semicoctæ famelico anxio apponantur : quæque immature sunt consectæ non gratum saporem percipientibus præstant. Quapropter ea quæ mea parvitas vestræ injungit fraternitati, qui fiduciam de tua dilectione simul et obedientia habeo, ut ocius tanti operis studium adhibeas, fiducialiter impero. Bene, frater, valeas, nostrique assidue memor fias.

RABANUS FRECULPHO

everendissimo atque sanctissimo Patri Freculpho, Dei dono episcopo, Rabanus peccator in Christo salutem.

Magnorum virorum conamen antiquitus fuit, ut invicem scribendo, sua provocarent studia et exercerent ingenia. Quod licet eorum exemplo moderno tempore agere decreveris, tamen mirandus in hoc es quod convenientem personam ad istud conamen non quæsieris : cum tam vilem atque inhabilem ad hoc officium hominem elegeris, cui nec scientiæ opes, nec eloquentiæ facultas vires tribuunt : maxime cum in deserto rurali opere magis institutus sim, victum propriis manibus quærere, quam urbana facundia libros condere. Injunxisti enim mihi negotium ultra virtutem meam : ut Pentateuchum Moysi, perlectis sanctorum Patrum usquequaque dictis, simul sensum litteræ ac spiritualis intelligentiæ in volumine digererem : et ea quæ ab aliis exposita non invenirem proprio labore enucleare curarem. Verum hæc quantum meam possibilitatem excedant tu melius nosti, cum in difficillimo loco conversans, propter curam gregis Dominici, ne ei necessaria desint tantum occupatus sim, ut nec aliorum dicta perlegere, nec propria excogitare liceat. Sed quia tuæ charitati aliquid denegare non audeo, nec etiam tuæ sanctitati inobediens esse velim, arctius huic me operi mancipavi, ut quantum valerem, tuæ satisfacerem voluntati, non quod mihi, sed quod aliis utile sit, considerans. Feci enim sicut postulasti, et sanctorum Patrum libros, in quibus rebar aliquid de sententiis legis expressum esse, quantum licuit perlegi : et singula secundum opportunitatem loci, prout mihi satis esse videbatur, inserui, eorum nominibus ante in pagina prænotatis. Si quid vero gratia divina indigno mihi elucidare dignata est, in locis necessariis simul cum nota agnominis mei interposui, quatenus sciret lector quæ ex Patrum traditione haberet, et quæ ex parvitate nostra, licet sermone rustico, tamen, ut credo, sensu catholico exposita inveniret. Unde, frater sanctissime, obnixe deprecor ut opus quod nimia postulatione a me extorsisti, pia intentione relegas, diligenter examines : et sicubi correctione opus sit, fraterno affectu hoc mihi intimare non tardes, ut ea quæ in variis occupationibus detentus forsitan incaute protuli, tua admonitione conventus, corrigere studeam : ut et qui seminat, simul gaudeat, et qui metit, fructumque pariter congregent sempiternum. Lege ergo veterum libros, et legis Dei intentus meditator existe, doctorisque, sicut tibi injunctum est, ministerium strenue perage. Et primum ex libro Geneseos, per rerum invisibilium creationem invisibilium meditteris effectum, ac de machina corporalis mundi spiritualem exquire intelligentiam; sicque deinde per Patrum historicam generationem sanctæ Ecclesiæ mysticam edisce fecunditatem, moralique intellectu sufficienter instructus, per patriarcharum de loco in locum transmigrationem nostram in hoc mundo considera peregrinationem : quibus hæreditas non in præsenti, sed in futura vita promittitur, quia *Deus Deorum videbitur in Sion*. De cætero quoque obsecro ut commissum tibi opus ea mente accipias qua tibi directum est, et tam tuis quam etiam tuorum utilitatibus ipsum accommodes : nec etiam si alicui de affinibus tuis illud placuerit, præstare ei deneges, ut tuæ dilectionis affectus, ac nostri laboris effectus, plurimorum, Dei si voluntas sit, consulat utilitati, quatenus magis pro expenso talento lucro mercedem accipiamus, quam detento atque in terram defosso, damnum pro parcitate nostra sentiamus. Beatitudinem tuam omni tempore bene valentem divina gratia custodiat, sancte Pater, memorem nostri.

INCIPIUNT

COMMENTARIA IN GENESIM.

LIBER PRIMUS.

CAPUT PRIMUM.
De creatione cœli et terræ.

(Cap. I.) *In principio creavit Deus cœlum et terram.* (*Beda.*) Plurima super rerum natura philosophi Græcorum disputaverunt; sed nullus apud eos sermo fixus habetur a et stabilis, priore semper a sequente dejecto. (*Ambros.*) Aliqui enim homines tria principia omnium, Deum et exemplar et materiam, sicut Plato discipulique ejus; et ea incorrupta, et increata, et sine initio esse asseveraverunt : Deumque non tanquam creatorem materiæ, sed tanquam artificem. Aristoteles vero duo principia putavit, materiam et speciem, et tertium cum his, quod operatorium dicitur, cui suppeteret competenter efficere quod adoriendum putasset. Ex quo factum est, ut partes mundi deos esse crederent, quamvis de ipso mundo non mediocris inter eos quæstio sit. Nam Pythagoras unum mundum asserit : alii innumerabiles esse dicunt mundos, ut scribit Democritus, cui plurimum de physicis auctoritatis vetustas detulit. Ipsumque mundum semper fuisse et fore Aristoteles usurpat dicere : contra autem Plato non semper fuisse et semper fore præsumit astruere. Plurimi vero non fuisse semper, nec semper fore scriptis suis testificantur. Unde divino Spiritu prævidens sanctus Moyses hos hominum errores fore, etiam forte cœpisse, in exordio sermonis sui sic ait : *In principio fecit Deus,* etc. Initium rerum auctorem mundi, creationem materiæ comprehendens, ut Deum cognosceres ante initium mundi esse, vel ipsum esse initium universorum : *In principio,* inquit. Quam bonus ordo ut illud primum assereret, quod negare consueverant, et cognoscerent principium esse mundi, ne sine principio mundum esse homines arbitrentur. Et pulchre addidit, *fecit,* ne mora in faciendo fuisse æstimaretur, ut vel sic intelligerent homines, quia incorporalis operator esset, qui tantum opus brevi exiguoque momento suæ operationis absolveret, ut voluntatis effectus sensum temporis præveniret. Nemo operantem vidit, sed agnovit operatum. Ubi igitur mora, cum legatur, *quia ipse dixit, et facta sunt?* Nec artis igitur usum, nec virtutis auxilium expetiit, quia suæ momento voluntatis majestatem tantæ operationis implevit; ut ea quæ non erant, esse faceret tam velociter, ut neque voluntas operationi præcurreret, nec operatio voluntati. Miraris opus, quæris operatorem, quis principio tanto operi dederit, quis tam cito fecerit? Subjecit statim dicens: quia *Deus fecit cœlum et terram.* Audisti auctorem, dubitare non debes. Quis dubitet quia Deus hæc fecerit? qui per Prophetam locutus ait : *Quis mensus est manu aquam, et cœlum palmo, et universam terram clausa manu? Quis statuit montes in libra et rupes in statera?* (*Isa.* xlvi.) De quo etiam alibi legimus : *Qui tenet circuitum terræ, et terram velut nihilum fecit* (*Isa.* xl). Et Jeremias ait : *Dii, qui non fecerunt cœlum et terram, pereant a terra, et de his quæ sunt sub cœlo. Dominus qui fecit terram in virtute sua, et correxit orbem in sapientia sua, et in sua prudentia extendit cœlum, et multitudinem aquæ in cœlo* (*Jerem.* x). Principium autem refertur ad tempus, aut ad numerum, aut ad fundamentum. Ad tempus refertur, si velis dicere, in quo tempore fecit Deus cœlum et terram, id est, in exordio mundi quando fieri cœpit. Ad numerum autem si referas, ita convenit ut si dicas : In primis fecit cœlum et terram, deinde colles, regiones, fines inhabitabiles, ligna fructifera, diem, noctem, animantium genera. (*Beda.*) Si ad fundamentum referas principium, quomodo in ædificanda domo, initium fundamentum est, principium fundamentum esse terræ legisti, dicente Sapientia : *Quando fortia fecit fundamenta terræ, eram penes illum disponens.* (*Sap.* viii). Voluntas ergo Dei, fundamentum est universorum. In principio itaque temporis, cœlum et terram Deus fecit. Tempus enim ab hoc mundo, non ante mundum : dies autem temporis est portio, non principium. Deus autem, cujus omnipotens manus est, ad explendum opus suum non eguit mora temporum : quia, sicut scriptum est, *Omnia quæcunque voluit fecit* (*Psal.* cxiii). Unde bene dictum est : quia *in principio creavit Deus cœlum et terram :* ut aperte detur intelligi, quia utrumque simul ab eo factum est, quamvis utrumque simul ab homine dici non possit. Denique dicit Propheta : *Initio terram tu fundasti, Domine* (*Psal.* ci) : hic autem Dominus in principio cœlum et terram creasse narratur. Unde liquido colligitur, quia factura est elementi utriusque pariter expleta, et hoc tanta velocitate divinæ virtutis, ut necdum primum mundi nascentis momentum esset transcensum. Potest autem non improbabiliter intelligi, *in principio* fecisse Deum cœlum et terram in unigenito Filio suo, qui interrogantibus se Judæis quid eum credere deberent, respondit : *Principium qui et loquor vobis* (*Joan.* viii); quia *in ipso,* ut ait Apostolus, *condita sunt omnia in cœlis et terra* (*Coloss.* i). Sed diligenter intuendum, ut ita quisque sensibus allegoricis studium impendat, quatenus apertam historiæ fidem allegoriando non derelinquat. Quod autem vel quale sit cœlum, quod in principio cum terra factum est, sequentibus verbis insinuatur, cum dicitur :

Terra autem erat inanis et vacua, et tenebræ erant super faciem abyssi. Ut quid enim hæc de terra prætermisso cœlo intulit, nisi quia nil tale de cœlo intelligi voluit? Ipsum est enim cœlum superius, quod ab omni hujus mundi volubilis statu secretum divinæ gloria præsentiæ manet semper quietum. Nam de nostro cœlo, in quo sunt posita luminaria huic sæculo necessaria, in sequentibus Scriptura quomodo vel quando sit factum declarat. Non ergo superius illud cœlum, quod mortalium est omnium inaccessibile conspectibus, inane creatum est et vacuum, ut terra, quæ nil in prima sua creatione virentium germinum, nil viventium produxit animantium, quia nimirum suis incolis mox creatum, hoc est beatissimis angelorum agminibus impletum est, quos in principio cum cœlo et terra esse conditos, ac mox conditionem suam simul et totius creaturæ primordialis ad laudem Conditoris retulisse testatur ipse Conditor, qui loquens ad sanctum famulum suum Job dicit : *Ubi eras quando ponebam fundamenta terræ (Job.* xxxviii)? Et paulo post : *Cum me laudarent simul astra matutina, et jubilarent omnes filii Dei* (Ibid.); astra videlicet matutina eosdem angelos, quos et filios Dei nuncupans, ac distinctionem nimirum hominum sanctorum, qui postmodum creandi, ac velut astra vespertina post confessionem divinæ laudationis per mortem erant carnis occasuri. E quibus videlicet astris matutinis, unum ob despectum sociæ Dei laudationis audire meruit : *Quomodo cecidisti de cœlo, Lucifer, qui mane oriebaris? Corruisti in terram qui vulnerabas gentes, qui dicebas in corde tuo : In cœlum ascendam, super sidera cœli exaltabo solium meum (Isa.* xiv). In cujus expositione sententiæ sanctus Hieronymus meminit etiam superioris cœli, ita scribens : « Vel antequam de cœlo corruerat ista dicebat; vel postquam de cœlo corruit. Si adhuc in cœlo positus, quomodo dicit, *Ascendam in cœlum?* Sed quia legimus, *Cœlum cœli Domino (Psal.* cxiii), cum esset in cœlo, id est, firmamento, in cœlum ubi solium Domini est cupiebat ascendere, non in humilitate, sed superbia. Sin autem postquam corruit de cœlo ista loquitur, verba arrogantiæ debemus intelligere, qui nec præcipitatus quiescat, sed adhuc sibi grandia repromittit, non ut inter astra, sed super astra Dei sit. » Merito itaque cœlum cœli non inane vel vacuum esse memoratur factum, sed nec tenebris in eo vel abysso locus remanere ullus perhibetur, quod Dominus Deus illuminat, et cujus lucerna est agnus. Et merito *inanis erat ac vacua terra*, cum adhuc tota abysso, id est, immensa profunditate tegebatur aquarum. Merito tenebræ *super faciem erant abyssi*, cum needum lux, quæ has fugaret, creata est. Non autem audiendi sunt, qui reprehendentes Deum, dicunt tenebras eum ante lucem creasse, quia non Deus tenebras in aqua vel aere fecit ullas, sed ordine distincto providentiæ suæ prius aquas cum cœlo creavit ac terra, et has postmodum cum voluit ipse, lucis gratia venustavit. Quod eum usque modo, et in aqua ipsa, et in aere per quotidianum solis accessum ac discessum facere videmus. Neque enim aquas nisi a Deo factas credere fas est. Quod et si hic Scriptura palam non dicit, palam significat tamen, cum has a Deo illustratas atque ad jussum ejus ordinatas insinuat. Sed psalmus dicit aperte : *Et aquæ quæ super cœlos sunt, laudent nomen Domini, quia ipse dixit, et facta sunt* (Psal. cxlviii). Ubi notandum, quod cum cœlo in principio duo mundi hujus elementa, aqua videlicet et terra, nominatim facta memorantur, quibus tamen duo reliqua fuisse constat indita, ignem videlicet in ferro et lapidibus, quæ terræ viscere jam tum condita latebant, aerem vero in ipsa terra, cui esse permistus ex eo cognoscitur, quia cum fuerit humectata, et temperiem solis acceperit, mox vapores exhalat largissimos, ignem quoque ardentem, terræ interioribus insitum, calidi aquarum fontes produnt. Quæ cum per certa quædam metalla in profundo aquarum transcurrunt, non solum calidæ sed et ferventes in superficiem terræ emanant. Non enim hæc, ut quidam disputant, informiter invicem mista, sed ipsis, quibus et nunc est finibus undique versum circumscripta, talis tunc erat tota, qualis adhuc sub imo maris profundo ex parte remanet. Aquæ autem universam ejus superficiem in tantam tegebant altitudinem, ut ad illos usque locos pertingerent, ubi nunc usque super fundamentum cœli ex parte residentes, nomen Dei creatoris cum cœlis cœlorum laudare non desinunt. Ad hæc, tantum est informis illa materies, de qua mundum factum esse testatur Scriptura, quæ in Dei laudibus dicit : *Qui fecisti mundum de materia informi* (Sap. xi). Nam cuncta quæ cum aquis et terra videre solemus in mundo, vel de ipsis exordium naturæ, vel sumpsere de nihilo. Ipsa autem terra et ipsæ aquæ propterea nomen sortitæ sunt materiæ informis, quia priusquam in lucem venirent, unde formositatem haberent non erat. Quid autem inconveniens si mundanæ materiæ fuerant tenebrosa primordia ? ut accedente luce mellus quod factum est redderetur, et tanquam proficientis hominis, quod postea futurum erat, hoc modo significaretur affectio, exponente Apostolo, ac dicente : *Quoniam Deus, qui dixit de tenebris lumen splendescere, qui illuxit in cordibus nostris* (II Cor. iv). Unde alibi dicit : *Fuistis aliquando tenebræ, nunc autem lux in Domino* (Ephes. v), illo videlicet qui, cum tenebræ essent super faciem abyssi, dicit : *Fiat lux, et facta est lux.*

Et Spiritus Dei ferebatur super aquas. Non est opinandum pueriliter quod Spiritus creator, de quo scriptum est : *Quia Spiritus Domini replevit orbem terrarum* (Sap. i), positione loci his quæ erant creanda superferretur. Sed intelligendum potius quia virtute divina præcellebat creaturis, habens in propria potestate quando aquarum illustraret abyssum, quando in locum eas secerneret unum, ut appareret arida, quando et quomodo creaturas cæteras pro suo nutu disponeret, in similitudinem videlicet fabri, cujus voluntas his quæ fabricandæ sunt rebus solet superferri. Quod ad ipsam quoque distinctionem superioris cœli pertinet, in quo mox perfecte omnia disposita Spiritus sancti præsentia illustrabat. Non [*Al.*, hæc] autem ut in inferioribus, hoc est, hujus mundi creaturis, bonæ primordia conditionis ex tempore ad perfectum deducere intendebat. Nam et ideo Moyses tam breviter superioris mundi fecit mentionem, quia de mundo hoc, in quo homo factus est, ad instructionem generis humani sermonem facere instituerat : sufficere credens, si omnem creaturæ spiritalis et invisibilis statum atque ornatum uno cœli nomine, quod in principio factum dixit, comprehenderet. Corporalem vero visibilem et corruptibilem creaturam latius ex ordine describeret, id est, tacitis eis quæ altiora quæsitu et fortiora scrutatu sunt hominum, illa potius quæ essent a Deo præcepta, sive promissa, hominibus cogitanda proponeret. Unde etiam consulte de casu prævaricationis angeli et sociorum ejus penitus reticuit, quia hoc nimirum ad statum invisibilis illius ac spiritalis creaturæ pertinet. Cujus superioris et invisibilis creaturæ sanctus Ambrosius in libro Hexameron secundo ita meminit : Arbitramur enim quia si fuit quidpiam ante institutionem sensibilis hujus et corruptibilis mundi, profecto in luce fuit. Neque enim dignitas angelorum, nec omnium cœlestium militiæ, vel si quid est nominatum, aut incompellabile, aut aliqua rationabilis virtus, vel ministrator spiritus, degere posset in tenebris, sed in luce et lætitia decentem sibi habitum possidebat. Bene autem cum in principio Deum, id est, in Filio Patrem fecisse cœlum et terram prædiceret, etiam sancti Spiritus intulit mentionem, addendo : *Et spiritus Dei ferebatur super aquas,* ut videlicet totius simul Trinitatis in creatione mundi virtutem cooperatam esse signaret.

CAPUT II.
Ubi lux primum fieri jubetur.

Et dixit Deus : Fiat lux, et facta est lux. Congruit operibus Dei ut mundi ornatum a luce incipiat, cum ipse sit lux vera, *lucemque habitet inaccessibilem* (I *Tim.* VI); cujus beatissima visione mox creati in cœlis cœlorum angeli jam perfrui cœperant. Apte huic quoque sæculo ornando primam materiales gratiam lucis donavit, ut esset unde cætera quæ crearet apparerent. Quod autem dixisse Deus, sive ut lux fieret, sive alia quæque perhibetur, non nostro more per sonum vocis corporeum fecisse credendus est, sed altius intelligendum dixisse Deum ut fieret creatura, quia per Verbum suum omnia, id est, per unigenitum Filium fecit. De quo manifestius evangelista Joannes : *In principio,* inquit, *erat Verbum, et Verbum erat apud Deum, et Deus erat Verbum. Hoc erat in principio apud Deum; omnia per ipsum facta sunt (Joan.* 1). Quod ergo ait, omnia facta per Verbum Dei Joannes, hoc est, quod Moyses ait, quia *dixit Deus, Fiat lux; dixit, Fiat firmamentum; dixit,* Fiat cætera creatura. Hoc quod psalmus adjuncta et Spiritus sancti persona dicit : *Verbo Domini cœli firmati sunt, et Spiritu oris ejus omnis virtus eorum* (*Psal.* XXXII). Si autem quæritur quibus in locis jubente Deo facta sit lux, cum adhuc abyssus omnem terræ amplitudinem contegeret, patet profecto quia in superioribus terræ partibus, quas et nunc divina lux solis illustrare consuevit, tunc principalis illa lux emicuit, Nec mirandum nobis divina operatione lucem in aquis posse resplendescere, cum et hominum operatione constet eas sæpius illustrari : nautarum videlicet, qui in profundo maris dimersi, emisso ex ore oleo, perspicuum sibi hoc ac lucidum reddunt. Si enim homo talia per oleum sui oris potest, quantam Deus per spiritum oris sui lucem creare posse credendus est? præsertim cum multo rariores quam modo in terris videre solemus aquæ in principio fuisse factæ credendæ sunt, prius quam in locum essent unum, ut appareret arida, congregatæ.

Et vidit Deus lucem, quod esset bona. Non velut incognitam ante repente lucem videns laudavit, quia bonam didicit, sed eam quam laudabilem se facturum noverat, jam factam hominibus laude dignam ac mirandam esse declaravit. Verum quia non totas mundi tenebras luce infusa dispulit (hoc enim superni est sæculi fixa ac perpetua luce perfrui), sed ab una illum parte illustrans, aliam reliquit obscuram, recte subditur :

Et divisit lucem ac tenebras. Divisit namque eas, non solum qualitatis, sed et locorum distantia : lucem videlicet in superiore orbis parte diffundendo, in qua humana erat conversatio futura; inferiora vero ejus priscis in tenebris remanere sinendo

Appellavitque lucem diem, et tenebras noctem. Appellavit autem dictum est, quia sic distinxit omnia, et ordinavit, ut et discerni possent, et nomina accipere. Sic enim dicimus : ille paterfamilias ædificavit istam domum, id est, ædificari fecit, et multa talia per omnes libros divinarum Scripturarum inveniuntur. Hoc ad intellectum nostrum dictum est. Qua enim lingua appellavit Deus lucem diem, et tenebras noctem, utrum Hebræa, an Græca, an Latina, an alia aliqua, et sic omnia quæ vocavit, quæri potest qua lingua vocaverit. Sed apud Deum purus intellectus est, sine strepitu et diversitate linguarum.

Factumque est vespere et mane dies unus. Factum est vespere, id est, occidente paulatim luce post expletum spatium diurnæ longitudinis, atque inferiores mundi partes subeunte, quod nunc usitato solis circuitu noctibus agi solet; factum et mane redeunte eadem paulatim supra terras, atque alium diem initiante; et huc usque dies expletus est unus, viginti scilicet et quatuor horarum. Cujus commendatione verbi, Scriptura vigilanter admonet ut lucem quæ facta est inferiora orbis occasu suo lustrasse dicamus. Nam si non hoc faceret, sed magis facto vespere paulatim tota periret, ac rursum mane paulatim in re creata resurgeret, non jam in mane diei sequentis, sed potius in vespera primi, unum diceret esse diem perfectum. Unde nunc magis vesperam et mane quam noctem ac diem factam dicere maluit, ut insinuaret tunc primariæ lucis actum esse circuitum, quod nunc circuitu solis die noctuque geri constat: præter hoc solummodo, quod, post creata sidera, nox quoque sua, tametsi minore quam dies, luce perfunditur; triduo autem illo primo, tenebrosa prorsus et obscura manebat. Decebat namque omnibus modis, ut dies a luce incipiens, in mane diei sequentis esset protelatus, quatenus intimaretur opera ejus, qui est lux vera, et in quo tenebræ non sunt ullæ, a luce inchoare, et in luce cuncta esse completa.

CAPUT II.

Firmamentum die secundo factum, et divisio aquarum supra et infra firmamentum.

Dixit quoque Deus: Fiat firmamentum in medio aquarum, et dividat aquas ab aquis; et fecit Deus firmamentum, divisitque aquas quæ erant sub firmamento ab his quæ erant super firmamentum. Et factum est ita; vocavitque Deus firmamentum cœlum, et factum est vespere et mane dies secundus. Hic nostri cœli, in quo fixa sunt sidera, creatio describitur: quod in medio constat firmatum esse aquarum. Nam suppositas ibi esse aquas, et ipsi in aere terrisque videmus. Superpositas autem, non solum hujus Scripturæ auctoritate, sed et Prophetæ verbis edocemur, qui ait: *Extendens cœlum sicut pellem, qui tegis in aquis superiora ejus* (*Psal.* CIII).

In medio ergo aquarum firmatum esse constat sidereum cœlum, neque aliquid prohibet ut esse de aquis factum credatur? Quia enim crystallini lapidis quanta firmitas, quæ sit perspicuitas novimus ac puritas, quem de aquarum concretione certum est esse procreatum, quid obstat credi quod idem dispositor naturarum in firmamentum cœli substantiam solidaret aquarum? Si quem vero movet quomodo aquæ, quarum natura est fluitare semper atque ad ima delabi, super cœlum consistere possint, cum ejus rotunda videtur esse figura, meminerit Scripturæ dicentis de Deo: *Qui ligat aquas in nubibus suis, ut non erumpant pariter deorsum* ((*Job.* XXVI); et intelligat quia qui infra cœlum ligat aquas ad tempus, cum vult, ut non pariter decidant, nullo firmioris substantiæ crepidine sustentatas, sed vaporibus solummodo nubium retentas: ipse etiam potuit aquas super rotundam cœli sphæram, ne unquam delabantur, non vaporali tenuitate, sed soliditate suspendere glaciali. Sed etsi liquentes ibi aquas sistere voluit, nunquid majoris hoc miraculi est, quam quod ipsam *terræ molem* (ut Scriptura dicit) *appendit in nihilo?* (*Ibid.*) Nam et undæ, sive Rubri maris, sive fluvii Jordanis, cum ad transitum Israeliticæ plebis in altum erectæ murorum instar figuntur, nonne evidens dant indicium, quod etiam supra rotunditatem cœli volubilem, fixa possint statione manere? Sane qualescunque ibi aquæ sint, esse tamen eas ibi, quod Scriptura sancta dixit, nulli dubitandum reliquit.

Quid sit autem dicere Dei: Fiat næc, vel illa creatura, jam supradictum est. Dixit enim ut fieret, cum in coæterno sibi Verbo, unigenito videlicet Filio, cuncta creanda disposuit. Cum ergo audivimus: *Dixit Deus, Fiat firmamentum in medio aquarum, et dividat aquas ab aquis*, intelligamus quod in Verbo Dei erat ut fieret in quo faciendum intus ante omne tempus prævidit quidquid foris ex tempore Deus fecit. Cum ergo audivimus: *Et fecit Deus firmamentum, divisitque aquas quæ erant sub firmamento ab his quæ erant super firmamentum; et factum est ita*, intelligamus factam cœli aquarumque creationem ac dispositionem, non excessisse præscriptos sibi in Verbo Dei terminos, juxta illud Psalmistæ: *Præceptum posuit, et non præteribit* (*Psal.* XLVIII). Quod æque de creaturis quæ sequentibus quatuor diebus factæ referuntur intelligendum est. Ubi vero adjunctum audivimus: *Et vidit Deus quod esset bonum*, intelligamus in benignitate Spiritus ejus, non quasi cognitum postea quam factum est, placuisse, sed potius in ea bonitate placuisse, ut maneret ubi placebat ut fieret. Notandum enim quod hujus verbi adjectio hoc in loco in Hebraica veritate non habetur. Et mirandum quare inter omnia quæ creasse Deus legitur, hic solummodo, id est, in secundi diei operibus, probatio divinæ visionis minime addatur: quæ tamen ipsa cum cæteris quæ fecit Deo bona esse visa demonstrantur, cum in sequentibus dicitur: *Viditque Deus cuncta quæ fecit, et erant valde bona*. Nisi forte, sicut quidam Patrum exponunt, intelligere nos in hac Scriptura voluit, non esse bonum duplicem numerum, qui ab unitate dividat, et præfiguret fœdera nuptiarum. Unde et in arca Noe, omnia animalia quæcunque bina ingrediuntur immunda sunt, et impar numerus esse mundus ostenditur. De his sane, quæ hactenus exposita sunt, id est, de creatione diei primi et secundi, in historia sancti Clementis ita refertur dixisse apostolum Petrum: In principio, cum fecisset Deus cœlum et terram, tanquam domum unam, ipsa quæ ex corporibus mundi reddita est umbra, his quæ intrinsecus clausa fuerant tenebras ex se dedit. Sed cum voluntas Dei introduxit lucem, tenebræ illæ quæ ex umbra corporum factæ fuerant, continuo devoratæ sunt. Tum deinde lux in diem, tenebræ deputantur in noctem. Jam vero aqua, quæ erat intra mundum in medio primi illius cœli terræque spatio, quasi gelu concreta et crystallo solidata distinguitur. Et hujusmodi firmamento velut intercluduntur media cœli ac terræ spatia; idque firmamentum cœlum conditor appellavit, antiquioris illius vocabulo nuncupatum. Et ita totius mundi machinam, cum una domus esset, in duas divisit regiones. Divisionis autem hæc fuit causa, ut superna regio angelis habitaculum, inferior vero præberet hominibus. Hæc nostro operi paucis inserere libuit, ut quantum hoc Patrum sensui concordet, lector agnoscat.

CAPUT IV.
Ubi aquæ a terra separatio fieri jubetur, et terra germinare die tertia.

Dixit vero Deus : Congregentur aquæ, quæ sub cœlo sunt, in locum unum, et appareat arida. Subducuntur aquæ quæ inter cœlum et terram universa compleverant, et unum congregantur in locum, ut et lux quæ præterito biduo aquas clara lustrabat, clarior puro in aere splendesceret, et terra quæ latebat appareret; quæque contecta aquis limosa manebat et invalida, harum abscessu redderetur arida, et suscipiendis apta germinibus. Si quis vero quæsierit ubi congregatæ sunt aquæ quæ omnes terræ partes ad cœlum usque cooperuerant, sciat potuisse ut terra ipsa longe lateque jussu Creatoris subsidens alias partes præberet concavas, quibus confluentes aquæ reciperentur, ut appareret arida ex his partibus unde humor excederet ut arida fieret. Potest etiam non absurde credi rariores (sicut et supra commemoravimus) primarias fuisse aquas, quæ velut nebula terras tegerent, congregatione autem esse spissatas, quæ datis sibi locis capi possent, apparente arida in reliquis. Bene autem, cum multa constet esse maria, in locum unum tamen congregatas dicit aquas, quia videlicet cuncta hæc jugi unda atque continua, Oceano ac mari junguntur magno. Sed si qui lacus in semetipsis videntur esse circumscripti, et hos ferunt occultis quibusdam perforatos cavernis in mare suos evolvere meatus. Nam et fossores hoc puteorum probant, quia tellus omnis per invisibiles venas aquis est repleta manantibus, quæ trahunt ex mari principium.

Et vocavit Deus aridam terram, congregationesque aquarum appellavit maria. Prius quidem ad distinctionem aquarum, totam hanc solidiorem mundi partem appellavit terram, cum diceret : *In principio creavit Deus cœlum et terram ; terra autem erat inanis et vacua.* At nunc postquam formari jam mundus incipit, et, aquis suum in locum recedentibus, terræ facies apparet, ad distinctionem partis ejus quæ adhuc aquis premebatur, cætera portio, quam aridam esse licebat, terræ nomen accepit. Inde dictum est Latine, quod animantium pedibus teratur. Congregationes aquarum appellantur maria, videlicet proxima [*Al.*, pro maxima] sui parte. Nam et apud Hebræos cunctæ aquarum congregationes, sive salsæ, sive sint dulces, appellari dicuntur maria. Et apte qui prius propter continuationem omnium quæ in terris sunt aquarum, in locum unum eas dixit congregatas, nunc et earum congregationes pluraliter nominat, et hæc appellari maria pluraliter dicit, videlicet propter multifidos earum sinus, qui diversa pro regionum vocabulis et ipsi nomina sortiuntur.

Et vidit Deus quod esset bonum. Nec dum terra germinabat, necdum vel ipsa vel aquæ animantia viva produxerant, et tamen videre dicitur Deus quod esset bonum cedentibus aquis apparuisse aridam, quia videlicet æque æstimator universitatis prævidens quæ futura sunt, quasi perfecta jam laudat, quæ adhuc primi operis exordia sunt. Nec mirum, apud quem rerum perfectio, non in consummatione operis, sed in suæ est prædestinatione voluntatis.

Et ait : Germinet terra herbam virentem, et facientem semen, et lignum pomiferum faciens fructum juxta genus suum, cujus semen in semetipso sit super terram. Et factum est ita. Et protulit terra herbam virentem, et afferentem semen juxta genus suum, lignumque faciens fructum, et habens unumquodque sementem secundum speciem suam. Et vidit Deus quod esset bonum, factumque est vespere et mane dies tertius. Patet ex his Dei verbis quia verno tempore mundi est perfectus ornatus. In hoc enim solent herbæ virentes apparere in terra, et ligna pomifera stare. Simulque notandum quod non prima herbarum arborumque germina de semine, sed prodiere de terra. Nam ad unam Conditoris jussionem, terra, quæ arida apparebat, repente herbis compta, et nemoribus est vestita florentibus, atque hæc continuo, sui quæque germinis poma ex sese ac semina produxerunt. Oportebat enim ut forma quæque rerum ad imperium Domini primo perfecta procederet, quomodo et homo ipse, propter quem omnia facta sunt in terra, perfectæ, hoc est juvenilis, ætatis plasmatus esse credendus est.

CAPUT V
Ubi luminaria fieri jubentur, et facta sunt die quarto.

Dixit autem Deus : Fiant luminaria in firmamento cœli. Decenti satis ordine mundus ex materia informi congruam procedit ad formam. Postquam enim ante omnem hujus sæculi diem, cœlum et terram et aquam Deus creavit, hoc est superiorem illum et spiritualem cum suis incolis mundum, et informem materiam totius hujus mundi, juxta quod scriptum est : *Qui vivit in æternum creavit omnia simul (Eccli.* XIII*)* ; primo hujus sæculi die lucem fecit, quæ cæteras creaturas speciei capaces redderet. Secundo firmamentum cœli, superiorem videlicet hujus mundi partem in firmamento medio solidavit. Tertio in inferioribus mare terrasque suis decrevit finibus, aeremque suis in locis cedente aqua diffudit. Oportuit ergo ut eodem quo creata sunt ordine profectum caperent elementa amplioris ornatus, id est, quarto die cœlum luminaribus insigniretur, quinto aer et mare, sexto terra suis impleretur animantibus. Nam quod die tertia terra herbis est arboribusque vestita, non ad ornatum ejus, sed ad ipsam, ut ita dixerim, figuræ ejus superficiem pertinet.

Dixit autem Deus : Fiant luminaria in firmamento cœli, et dividant diem ac noctem. Ea videlicet divisione quæ in sequentibus explicatur apertius, ut sol quidem diem, luna vero et stellæ noctem illustrent. Hoc enim factis sideribus ad augmentum primariæ lucis accessit, ut etiam luminosa nox procederet, vel lunæ utique splendore, vel stellarum, vel utroque irradiata, quæ eatenus nil præter tenebras noverat antiquas. Nam et si nobis sæpissime nox tenebrosa videatur et cæca, obscurato videlicet nebulosis turbinibus aere qui terræ proximus est, superiora tamen illa spatia, quæ ætheris nomine censentur, et a turbulento hoc aere usque ad sidereum pertingunt cœlum, semper ob siderum circumeuntium fulgorem redduntur lucida. Sed et hoc divini muneris exorta sidera cum additamento lucis mundo attulerunt, ut distinctio quoque temporum labentium per ea posset dignosci. Unde sequitur :

Et sint in signa, et tempora, et dies et annos, quia nimirum priusquam sidera fierent, non erat quibus ordo temporum annotaretur indiciis. Non erat unde meridiana hora dignosceretur, antequam

Sol medium cœli conscenderet igneus orbem ;

non unde cæteræ diei noctisque signaretur horæ, donec astra polum æquali intra se sorte die noctuque dividerent. Sunt ergo luminaria in signa, et tempora, et dies, et annos, non quod a conditione eorum tempora cœperunt, quæ constat cœpisse a principio quo fecit Deus cœlum et terram, vel dies et anni, qui originem sumpsise noscuntur ex quo dixit Deus : *Fiat lux, et facta est lux* ; sed quia per ortus eorum, sive transitus, temporum ordo dierumque annorumque signatur. Nam totum illud triduum superius indiscreto cursus sui processu transierat, nullam penitus dimensionem habens horarum, utpote quia lumine primario adhuc generaliter omnia replente, nullumque caput habente, quod nunc de sole accipit, nusquam radii ardentiores illuxerant, nulla sub caute, vel arbore, remotior umbra frigebat. Sed excepta annotatione temporis, sunt luminaria in signa hujus vitæ usibus necessaria, quæ vel nautæ in gubernando, vel in desertis Æthiopiæ arenosis quique viantes observant, ubi levissimo venti impulsu, cuncta mox, cum inventa fuerint, itinerantium vestigia complanantur. Ideoque non minus illis in regionibus euntes quam qui in mari navigant, nocte dieque signis egent siderum. Sunt item in signa, quia nonnunquam aeris quoque qualitas, quæ sit ventura, horum contemplatione providemus. Sequitur :

Ut luceant in firmamento cœli, et illuminent terram. Et factum est ita. Semper quidem luminaria in firmamento cœli lucent, ut diximus, et proxima eis loca claro lumine perfundunt, sed temporibus opportunis illuminant terram. Namque aliquoties nebulosus obsistit aer ne vel lunæ, cum parva est, vel stellarum lumen terris appareat ; sed et ortus sol lunam stellasque majore lumine ne terram illuminent impedit : unde et nomen Latine accepit, quod solus, obtusis stellis una cum luna, per diem terris fulgeat.

Fecit Deus duo magna luminaria. Luminaria magna possumus accipere, non tam aliorum comparatione, quam suo munere, ut est cœlum magnum, et mare magnum. Nam et magnus sol, qui complet orbem terrarum suo calore, vel luna suo lumine : quæ in quacunque parte fuerint cœli, illuminant omnia, et æque spectantur a cunctis. Exemplum magnitudinis eorum evidens, quod omnibus hominibus orbis ipsorum idem videtur. Nam si longe positis minor videretur, et propius constitutis major refulgeret, proderet exiguitatis indicium.

Luminare majus ut præesset diei, et luminare minus, ut præesset nocti; et stellas, et posuit eas in firmamento cœli. Luminare majus est sol, non solum forma sui qualiscunque est corporis, sed etiam magnitudine luminis, quia et ipsum luminare minus et stellas illustrare creditur. Majus est et virtute ardoris, quia mundum calefacit exortum, cum præteritis ante ejus creationem diebus nihil omnino caloris habuisset. Quod autem æqualis uniusque magnitudinis luna cum sole cernitur, ex eo fieri dicunt, quod ille multo longinquior a terris atque altior quam luna incedat, ideoque magnitudo ejus quanta sit, nequaquam nobis, qui in terris degimus, valeat dignosci. Omnia enim longius posita solent breviora videri.

Et luminare, inquit, *minus ut præesset nocti ; et stellas, et posuit eas in firmamento cœli.* Quia et si lunam omni mense, si aliquoties et stellas majores in die videri contingat, nequaquam eas diei, sed nocti solummodo lucis solatium aliquod afferre certissimum est

Ut lucerent super terram et præessent diei ac nocti, et dividerent lucem ac tenebras. Hæc et de luminaribus magnis et stellis intelligi possunt : ea tantum distinctione, ut quod dictum est, *Et præessent diei*, ad solem specialiter ; quod subjunctum, *et nocti*, ad lunam et stellas pertineat. Quod vero subinfertur :

Et dividerent lucem ac tenebras, omnibus æque sideribus conveniat : quæ ubicunque incedunt, lucem secum circumferunt ; ubi autem absunt, tenebrosa cuncta relinquunt. Sin autem quærat aliquis quale potuerit esse lumen diurnum ante creationem siderum, non ab re est credi quod tale fuerit quale videmus quotidie, mane approximante scilicet solis ortu, sed necdum terris apparente, quando lucet quidem obtusis stellarum radiis dies, sed minime adhuc sol ortus refulget. Unde nulla tunc esse discretio temporum, præter diei solum et noctis, poterat ; meritoque factis sideribus dictum est : *Ut sint in signa, et tempora, et dies, et annos.* Cœperunt namque discerni temporum vices ex quo sol die quarto mundi nascentis, a medio procedens Orientis, æquinoctium vernale suo consecravit exortu. Et quotidianis profectibus ad alta cœli culmina scandendo, rursumque a solstitiali vertice ad infima paulatim descendendo, nec mora ab infimis hibernisque locis æquinoctiales gyros repetendo, discretis temporibus quatuor notissimis, diebusque præfinitis, anni spatium complevit. Sed et luna vespere plena apparens, ea quæ in celebrationem Paschæ servanda erant tempora, primo suo præfixit ascensu. Ipsa est namque hora, quam non solum antiquus ille populus Dei, sed et nos hodie primum in agendo Pascha servamus, cum æquinoctii die transcenso, plena vespere luna, hoc est, quartadecima, in faciem cœli prodierit. Nam mox post, ut Dominicus dies advenerit, aptum hoc celebrandæ resurrectionis Dominicæ tempus instabit, completo ad litteram quoque Prophetæ verbo, qui dixit : *Fecit lunam in tempora, sol cognovit occasum suum* (*Psal.* CIII). Stellæ quoque, excepto eo quod supra diximus, quia vel sua specie, quæ sit futura qualitas aeris, vel suo cursu quota sit vigilia noctis ostenditur, sunt in signa et tempora, quia hæ in cœlum venientes, æstiva tempora, illæ designant hiberna. Sunt et in dies, quia istæ vernis diebus solem, illæ comitantur autumnalibus. Sunt et in annos, quia quæ nunc (verbi gratia) in æquinoctio verno matutinæ oriuntur, ipsæ omnibus annis in eodem æquinoctio in cœli faciem veniunt; quæ nunc in solstitio vespere vel mane, hæ semper in illo eisdem horis oriuntur. Sed et quædam sunt stellæ quas planetas, id est, errantes vocant astrologi, quæ majores annos suo circuitu faciunt, quæ ad eumdem cœli locum redeant. Nam stella quæ Saturni dicitur, triginta annis, quæ Jovis duodecim annis, quæ Martis duobus fertur annis solaribus circuitu cœli expleto, ad eadem loca siderum, quibus fuerant antea redire. Luna quoque cum duodecies spatia sui cursus peregerit, annum facit communem, id est, dierum trecentorum quinquaginta quatuor. Et ut anno solari possit ejus concordare circuitus, tertio quoque vel secundo anno, tertium decimum addidit mensem, quem embolismum vocant annum calculatores, et fit dierum trecentorum octoginta quatuor.

Et vidit Deus quod esset bonum. Necessario sancta Scriptura multoties repetit, quod vidit Deus bona esse quæ fecit, ut hinc informaretur pietas fidelium, non pro humano sensu, qui sæpe etiam bonis rebus offenditur, quarum causas atque ordinem nescit, de creatura visibili atque invisibili judicare, sed laudanti Deo credere et cedere. Tanto enim quisque facilius aliquid proficiendo cognoscit, quanto religiosius, antequam cognosceret, Deo credidit. Vidit ergo Deus quod essent bona quæ fecit, quoniam quæ facienda placebant ut fierent, facta placuere ut manerent, quantum cuique rei existendi, sive manendi, a tanto fabricatore fuerat constituenda mensura.

Factumque est vespere et mane dies quartus. Hæc est vespera illa memoranda, in qua populus Dei in Ægypto in celebrationem paschæ agnum obtulit, hoc mane quod primum post excussum longæ servitutis jugum, cœpto libertatis itinere vidit. Scriptum est enim, dicente Domino ad Moysen : *Mensis iste vobis principium mensium, primus erit in mensibus anni. Decima die mensis hujus, tollat unusquisque agnum per familias et domos suas, et servabitis eum usque ad quartum decimum diem mensis hujus ; immolabitque eum universa multitudo filiorum Israel ad vesperam,* etc. (*Exod.* XII). Qua etiam vespera ad consummanda paschæ legalis sacramenta, Dominus noster post esum agni typice mysteria nobis sui corporis et sanguinis celebranda initiavit ; quo lucescente mane, quasi Agnus immaculatus suo nos sanguine redimens, a dæmoniacæ dominationis servitute liberavit. Quæ videlicet lunæ plenissimæ dies in creatione quidem mundi quarta processit. At in tempore Dominicæ passionis, altioris gratia sacramenti, in quintam sabbati incidit : ut videlicet Dominus sexta sabbati crucifixus, sabbato ipso in sepulcro quiesceret, ac primam sabbati sua resurrectione consecraret, et nobis quoque in ea, in qua et lux facta est, resurgendi a mortuis ac lucem perpetuam intrandi fidem spemque donaret.

CAPUT VI.

Ubi ex aquis animalia jubentur educi die quinto, et ipsa animalia benedicuntur.

Dixit etiam Deus : Producant aquæ reptile animæ viventis, et volatile super terram sub firmamento cœli.

Post ornatam quarta die cœli faciem luminaribus, ornantur consequenter quinta inferiores mundi partes, aqua videlicet et aer, his quæ spiritu vitæ moventur. Quia et hæc elementa quædam quasi cognatione et sibi ad invicem et cœlo copulantur. Sibi quidem, quia natura aquarum aeris qualitati proxima est. Unde exhalationibus earum pinguescere probatur, ita ut et nubila contrahat, et possit volatus avium sustinere, attestante Scriptura : quia *subito aer cogetur in nubes, et ventus transiens fugabit eas* (*Job.* XXXVII). Denique per noctes etiam serenas rorat, cujus roris guttæ mane in herbis inveniuntur. Cœlo autem hoc modo injunguntur, quoniam adeo vicinus est ei aer iste, ut et ipse nomen nonnunquam ejus acceperit, sicut volatilia cœli cognominat Scriptura, quæ volare constat in aere. Et Dominus ipse turbis quæ tempus sui adventus de virtutum ostensione non cognoverant loquitur dicens : *Cum videritis nubem orientem ab occasu, statim dicitis, Nimbus venit. Et ita fit. Et cum austrum flantem, dicitis, Quia ventus erit. Et ita fit. Hypocritæ, faciem cœli et terræ nostis probare, hoc autem tempus quomodo non probastis?* (*Luc.* XII) ubi certum est quia faciem cœli, non aliam quam variantem hunc statum aeris appellat. *Dixit ergo Deus : Producant aquæ reptile animæ viventis, et volatile super terram sub firmamento cœli.* Et ne forte, quia sunt aquarum animantia quæ non reptando, sed natando, vel pedibus ambulando incedunt, sunt inter volatilia quæ ita pennas habent, ut omni usu volandi careant, putaret quisquam aliquod genus volatilium, sive aquatilium animantium in hoc Domini verbo esse prætermissum, vigilanter adjungitur :

Creavitque Deus cete grandia, et omnem animam viventem atque motabilem, quam producturæ erant aquæ in species suas, et omne volatile secundum genus suum. Nullum igitur genus exceptum est, ubi cum cetis grandibus creata est omnis anima vivens, eorum quæ produxerant aquæ, in species suas diversas, hoc est, et reptilium, et natatilium, et volatilium, sed et eorum quæ, nullo apta incessui, fixa cautibus inhærent, ut sunt plurima concharum genera. Quod autem dictum est : *Et volatile super terram sub firmamento cœli*, nil rationi veritatis obsistit, quia nimirum et si immenso interjacente spatio, sub sidereo tamen cœlo volant aves, quæ super terram volant, quomodo tanquam nos homines in terra positi, sub cœlo ac sub sole constituti esse veraciter et recte dicimus, attestante Scriptura, quæ ait : Quia *erant in Jerusalem habitantes Judæi viri religiosi, ex omni natione quæ sub cœlo est* (*Act.* II) ; et : *Quid habet amplius homo de universo labore suo, quo laborat sub sole* (*Eccl.* I)? Sane juxta aliam translationem, movet nonnullos quod dictum est : *Et volatilia secundum firmamentum*, id est, juxta firmamentum cœli. Sed intelligendum est, quod ideo dictum sit volare aves secundum firmamentum cœli, quia hoc nomine etiam æther indicatur, hoc est superius illud aeris spatium quod a turbulento hoc et caliginoso loco in quo aves volant usque ad astra pertingit, et esse tranquillum prorsus ac luce plenum, non immerito creditur. Nam et errantia sidera septem, quæ in hoc ætheris spatio vaga ferri perhibentur, Scriptura firmamento cœli esse posita dixit. Ideoque aves recte dicuntur secus firmamentum cœli volare, quia vicina sunt (ut dixerim) ætheri turbulenta hæc aeris spatia, quæ volatus avium sustinent. Nec mirandum si æther firmamentum cœli nominetur, cum aer appelletur cœlum, ut supra docuimus. Nec prætereundum quod cum creasse diceretur Deus *omnem animam viventem*, additum est *atque motabilem*, ad distinctionem videlicet hominis, quem facturus erat ad imaginem et similitudinem suam ; ita ut si ejus præcepta servaret, perpetua viveret incommutabilitate beatus. Nam animantia cætera ita sunt prima mox conditione facta, ut vel alia aliis in alimoniam cederent, vel ipsa suo senio deficientia perirent.

Et vidit Deus quod esset bonum ; benedixitque eis dicens : Crescite et multiplicamini, et replete aquas maris. Avesque multiplicentur super terram, et factum est vespere et mane dies quintus. Quod dixit, *crescite et multiplicamini, et replete aquas maris*, ad utrumque genus animantium de aquis factum, hoc est ad pisces pertinet et ad aves, quia sicut pisces omnes non nisi in aquis vivere possunt, ita sunt pleræque aves, quæ et si in terris aliquando requiescunt, fetusque propagant, non tamen de terra, sed de mari vescuntur, marinisque sedibus libentius utuntur quam terrestribus. Quod vero subjungit : *Avesque multiplicentur super terram*, ad utrumque genus avium, hoc est et earum quæ de aquis, et earum quæ vescuntur de terra, respicit. Quia etiam illæ videlicet quæ sine aquis vivere nesciunt aves, ita ut multo sæpe anni tempore sub profundo aquarum, quomodo pisces, lateant, nonnunquam egredi super terras solent, maxime cum fetant et nutriunt pullos.

CAPUT VII.

Ubi de terra animalia produci jubentur die sexto, et Dominus hominem fieri jubet, qui statim factus, ab ipso Domino benedicitur.

Dixit quoque Deus : Producat terra animam viventem in genere suo, jumenta et reptilia, et bestias terræ secundum species suas ; factumque est ita. Post irradiatum sideribus cœlum, post impletum volatilibus aerem, qui ob vicinium (ut diximus) cœli nomen meruit, post locupletatas suis animantibus aquas, quæ et ipsæ aeri sunt magna naturæ vicinitate conjunctæ : unde et de illis sumpsit animantia, et de illis imbres, nives, grandines, et cætera sumit hujusmodi : consequens erat etiam terram suis animantibus, hoc est ex se genitis impleri. Nam et ipsa præcipuam habet cognationem cum aquis, utpote quæ sine harum succo et irrigatione, non solum fructificare, sed ipsa nec consistere possit, Petro attestante, qui ait : *Quia cœli erant prius et terra de aqua, et per aquam consistens Dei verbo* (*II Petr.* III). Jubet ergo producere terram Deus jumenta, et reptilia, et bestias terræ, quia nomine bestiarum omne quidquid ore, vel unguibus sævit (exceptis serpentibus) constat esse comprehensum. Nomine autem reptilium terræ, etiam serpentes continentur. Nomine vero jumentorum ea quæ in usu sunt hominum animalia designantur. Ubi ergo conditio describitur cæterorum quadrupedum, verbi gratia, cervorum, caprearum, bubalorum et aprorum, cæterorumque ejusmodi ? Nisi forte ob ferocitatem indomitæ mentis inter bestias esse annumerata dixerimus, juxta antiquam sane translationem, in qua scriptum est : *Ejiciat terra omnem animam vivam secundum genus, quadrupedia et reptilia et bestias terræ*. Nil omnino quæstionis est, quia videlicet nomine quadrupedum cuncta comprehensa sunt quæ, exceptis bestiis et reptilibus, terra produxit, sive quæ sub cura humana, seu quæ sunt fera et agrestia.

Et fecit Deus bestias terræ juxta species suas, et jumenta et omne reptile terræ in genere suo. Notanda transmutatio verborum, quia supradictum est quod producere jusserit Deus terram jumenta et reptilia et bestias terræ, nunc autem mutato ordine, fecisse dicitur Deus bestias terræ, et jumenta, et omne reptile terræ ; et intelligendum quia dicto citius omne quod voluit fecit ; nilque differt quid loquela humana prius in creaturarum ordine nominet, quas divina potentia simul condidit cunctas. Cum autem sequitur :

Et vidit Deus quod esset bonum, quæritur merito quare non etiam hic addatur illud quod dictum est de eis quæ aquæ produxerant animantibus : *Benedixitque eis dicens : Crescite et multiplicamini et replete terram.* An forte quod de prima creatura animæ viventis dictum a Deo commendaverit, etiam de secunda nobis subintelligendum reliquit ? Maxime, quia in hujus diei operibus plura erat alia subjuncturus. Porro de homine facto hoc necessario iterare curavit dicens : *Benedixitque illis Deus, et ait : Crescite et multiplicamini, et replete terram*, ne quis honorabili connubio inesse peccatum, torumque fœditati ac fornicationi putaret esse comparandum. Facta autem atque ornata habitatione mundana, supererat ut ipse etiam propter quem omnia parabantur, habitator ac dominus rerum, homo crearetur. Sequitur et ait :

aciamus hominem ad imaginem et similitudinem nostram. Nunc apparet evidentius quare de creatis herbis et arboribus, piscibus et volatilibus, terrestribus quoque animantibus, dictum sit ut fierent singula juxta genus et species suas. In futura autem hominis creatione, qui non solum suo generi similitudine congrueret et specie, sed etiam ad imaginem sui creatoris ac similitudinem fieret, propter nobilitatem creationis hoc testimonium dat, quod non sicut in cæteris creaturis dixit Deus : *Fiat homo*, et factus est homo ; vel *producat terra hominem*, et produxit terra hominem ; sed prius quam fieret, *faciamus* dicitur, ut videlicet, quia rationalis creatura condebatur, quasi cum consilio facta videretur, quasi per studium de terra plasmaretur, et inspiratione Conditoris in virtute spiritus vitalis erigeretur, ut scilicet non per jussionis vocem, sed per dignitatem operationis existeret, quia ad Conditoris imaginem fiebat. Cum autem dicitur : *Faciamus ad imaginem et similitudinem nostram*, unitas sanctæ Trinitatis aperte commendatur. Siquidem eadem individua Trinitas in præcedente rerum formatione mystice erat insinuata, quando dicebatur : *Et dixit Deus, Fiat. Et fecit Deus. Et vidit Deus quod esset bonum.* Nunc autem manifestius hæc ipsa insinuatur, cum dicitur : *Faciamus hominem ad imaginem et similitudinem nostram ;* et recte ; quia donec is qui doceretur non erat, in profundo fuit abdita prædicatio Deitatis. Ubi vero hominis cœpit exspectari creatio, revelata est fides, et evidenter dogma veritatis emicuit. In eo enim quod dicit *Faciamus*, una ostenditur trium operatio personarum. In eo vero quod sequitur : *Ad imaginem et similitudinem nostram*, una et æqualis substantia ejusdem sanctæ Trinitatis indicatur. Quomodo enim esset una imago ac similitudo, si minor Patre Filius, si minor esset Filio Spiritus sanctus, si non consubstantialis ejusdem potestatis esset gloria totius Trinitatis ; aut quomodo diceretur : *Faciamus*, si trium in una Deitate personarum cooperatrix virtus non esset? Neque enim angelis a Deo dici poterat : *Faciamus ad imaginem et similitudinem nostram*, quia nulla prorsus ratio sinit ut Dei et angelorum unam esse eamdemque imaginem sive similitudinem credamus. In quo autem sit homo factus ad imaginem et similitudinem Dei, testatur Apostolus, cum nos solerter admoneat, ut hanc quam in primo parente perdidimus, per gratiam ejusdem Conditoris recuperemus in nobis. *Renovamini*, inquit, *spiritu mentis vestræ et induite novum hominem, qui secundum Deum creatus est in justitia et sanctitate veritatis (Ephes. IV).* Creatus est ergo Adam novus homo de terra secundum **Deum**, ut esset justus, sanctus et verus, subditus humiliter, et adhærens gratiæ sui Conditoris, qui æternaliter ac perfecte justus, sanctus et verus, existit. Qui quoniam hanc pulcherrimam novitatem divinæ in se imaginis peccando corrupit, corruptamque ex se prosapiam generis humani procreavit, venit secundus Adam, id est, Dominus ipse et Conditor noster natus ex Virgine, creatus incorruptibiliter atque incommutabiliter, ad imaginem Dei, id est, immunis omnis delicti, et plenus omnis gratiæ et veritatis, ut imaginem in nobis suam ac similitudinem exemplis suis restauraret et donis. Ipse est enim novus homo veraciter secundum Deum creatus, quia nimirum ita veram de Adam carnis substantiam sumpsit, ut nil de illo vitii sordentis traheret. Cujus exempla pro captu nostro sequi, cujus adhærere donis, cujus obtemperare mandatis [Reformemur ergo in nobis in novo homine, pro captu nostro, imaginem Dei, quam in veteri perdidimus homine, id est in quantum possumus, exempla ejus sequamur: adhæreamus donis, obtemperemus mandatis, etc.], hoc est, imaginem Dei, quam in veteri homine perdidimus, recuperare in novo. Non ergo secundum corpus, sed secundum intellectum mentis, ad imaginem Dei conditus est homo, quanquam et in ipso corpore habeat quamdam proprietatem, quæ hoc indicet, quod erecta statuta factus est, ut hoc ipso admoneretur non sibi terrena esse sectanda, velut pecora, quorum voluptas omnis ex terra est. Unde in alvum cuncta prona atque prostrata sunt, juxta quod quidam poetarum pulcherrime ac verissime dixit (*Ovid., Metam.* I,) :

Pronaque cum spectent animalia cætera terram,
Os homini sublime dedit cœlumque tueri
Jussit, et erectos ad sidera tollere vultus.

Congruit ergo et corpus ejus animæ rationali, non secundum lineamenta figurasque membrorum, sed potius secundum id, quod in cœlum erectum est, ad induenda quæ in corpore ipsius mundi superna sunt, sicut anima rationalis in ea debet erigi, quæ in spiritualibus natura maxime excellunt : ut *quæ sursum sunt sapiat, non quæ super terram (Coloss.* III). Bene autem additur :

Et præsit piscibus maris et volatilibus cœli, et bestiis universæ terræ, omnique reptili quod movetur in terra. Quia nimirum in hoc maxime factus est homo ad imaginem Dei, in quo irrationalibus animantibus antecellit, capax videlicet rationis conditus, per quam et creata in mundo quæque recte gubernare et ejus qui cuncta creavit posset agnitione perfrui. In quo honore positus si non intellexerit ut bene agat, eisdem ipsis animantibus insensatis quibus prælatus est comparabitur, sicut et Psalmista testatur :

Et creavit Deus hominem ad imaginem suam, et ad imaginem Dei creavit illum. Quod prius dixerat, *ad imaginem suam*, confirmationis gratia geminavit, addendo : *Ad imaginem Dei creavit illum*, ut diligentius insinuaret nobis quales a Deo facti simus, et speciem recipiendæ Dei imaginis arctius nostris mentibus infigeret [inculcaret], ne qui imagine Dei ambulamus, vane conturbemur thesaurizantes in incerto divitiarum, sed exspectemus potius Dominum, sitientes quando veniamus et pareamus ante faciem ejus, certi quia cum apparuerit, similes ei erimus, quoniam videbimus eum sicuti est. Quod autem nunc dicitur: *Ad imaginem Dei creavit eum*, cum superius sit, *Faciamus ad imaginem nostram*, significat quod non id agat illa pluralitas personarum, ut plures deos credamus, sed Patrem, et Filium, et Spiritum sanctum, propter quam Trinitatem dictum est: *Ad imaginem nostram*; unum Deum accipiamus propter quod dictum est: *Ad imaginem Dei*.

Masculum et feminam creavit eos. Plenius in sequentibus unde et quomodo protoplastos fecerit Deus exponitur. Sed nunc brevitatis causa creati referuntur, ut sexti diei operatio ac septimi dedicatio cum cæteris explicetur, ac sic ex tempore liberius et hoc et alia prætermissa, quæ erant relatu digna, dicantur. Masculum autem unum et feminam in primis creavit Deus unam, non ut animantia cætera quæ in singulis generibus non singula, sed plura creavit, ut per hoc humanum genus arctiore ad invicem copula charitatis constringeret, quod se ex uno totum parente ortum esse meminisset. Cujus causa unionis Scriptura sacra, cum dixisset: *Et creavit Deus hominem ad imaginem suam, ad similitudinem Dei creavit eum*, statimque subjungeret: *Masculum et feminam creavit eos*, noluit addere, ad imaginem Dei creavit eos. Et femina enim ad imaginem Dei creata est, secundum id quod et ipsa habebat mentem rationabilem; sed addendum de illa hoc non putavit Scriptura, quod propter unitatem etiam conjunctionis in illa intelligendum reliquit, imo in omni quod de his ortum est genere humano intelligendum esse signavit. Omnis enim homo etiam nunc in quantum ratione utitur, imaginem Dei in se habet. Unde dicit Joannes: *Erat lux vera quæ illuminat omnem hominem venientem in mundum (Joan. 1).* Ipsum est enim lumen de quo Psalmista gloriatur Domino dicens: *Signatum est super nos lumen vultus tui, Domine (Psal.* IV*).* Et quidem apte in loco hoc masculus et femina creati esse commemorantur, tametsi modus ejusdem creationis necdum referatur, ut videlicet habeat locum congruum sermo divinæ benedictionis. De quo sequitur:

Benedixitque illis, et ait: Crescite et multiplicamini, et replete terram et subjicite eam. Hæc etenim multiplicatio hominum, et repletio terræ, non nisi per conjunctionem erat maris et feminæ perficienda. Si autem benedictione Dei crescit et multiplicatur genus humanum, quanta sunt digni maledictione qui prohibent nubere, et dispositionem cœlestis decreti, quasi a diabolo repertam condemnant. Non ergo damnandæ sunt nuptiæ, quas ad propagationem generis humani terramque replendam supernæ gratia benedictionis instituit. Sed magis honoranda, majori est benedictione digna virginitas, quæ postquam impleta est terra hominibus, casta mente simul et corpore Agnum quocunque ierit, id est Dominum Jesum in cœlestibus sequi, et canticum novum quod nemo alius potest ei cantare, desiderat. Deus namque ac Dominus noster, qui in primordio mundi nascentis feminam ex viri latere formavit, ut mutua illorum conjunctione terram esse implendam doceret, ipse in fine sæculi assumpsit virum de carne Virginis totius contagionis exspertem, tota divinitatis plenitudine perfectum, ut virginitatis se gloriam potius quam nuptias diligere probaret.

Et dominamini piscibus maris et volatilibus cœli et universis animantibus super terram. Merito quæritur in qua utilitate homo dominatum in pisces, et volucres et animantia terræ cuncta perceperit, vel quos ad usus quæve solatia sint hæc creata homini, si nunquam peccaret, cui (sicut sequentia Scripturæ hujus declarant) non hæc ad escam, sed herbarum solum et arborum sunt fructus in prima conditione concessa. Nisi forte dicendum est quia peccaturum præsciebat Deus hominem, et mortalem peccando futurum, quem immortalem ipse creavit. Ideoque ea illi solatia primordialiter instituit, quibus suam fragilitatem mortalis posset tueri, vel alimentum videlicet ex his, vel indumentum, vel laborum sive itineris habens adjumentum. Nec quæsitu indignum est quare non etiam nunc cunctis homo dominetur animantibus, postquam enim ipse suo conditori subjectus esse noluit, perdidit dominium eorum quæ suo conditori juri subjecerat. Denique in testimonium primæ creationis, legimus viris sanctis atque humiliter Deo servientibus et aves obsequium præbuisse, et rictus cessisse bestiarum, et venenum nocere non potuisse serpentum.

CAPUT VIII.
Ubi Adam escarum accepit potestatem.

Dixit Deus: Ecce dedi vobis omnem herbam afferentem semen super terram, et universa ligna quæ habent in semetipsis sementem generis sui, ut sint vobis in escam, et cunctis animantibus terræ, omnique volucri, et universis quæ moventur in terra, et in quibus est anima vivens, ad vescendum. Jam hic patet quod ante reatum hominis nil noxium protulit terra, nullam herbam venenatam, nullam arborem sterilem, cum manifeste dictum sit quod omnis herba et universa ligna data sint hominibus ac volatilibus, terræ quoque animantibus cunctis in escam; patet quia nec ipsæ aves raptu infirmiorum alitum vivebant, nec lupus insidias explorabat ovilia circum, nec serpenti pulvis panis erat, sed universa concorditer herbis virentibus ac fructibus vescebantur arborum. Sane inter hæc non prætereunda nascitur quæstio: quomodo et immortalis factus sit homo præ aliis animalibus, et nihilominus acceperit communiter terrenam cum illis alimoniam. In quo intuendum nobis est quia alia est immortalitas carnis, quam in prima conditione in Adam accepimus, alia quam nos in resurrectione per Christum accepturos esse speramus. Ita quippe immortalis factus est ille, ut posset non mori, si non peccaret, sin autem peccaret, moreretur, ita vero immortales erunt filii resurrectionis, cum erunt æquales angelis Dei, ut nec mori ultra nec peccare possint.

Ideoque caro nostra post resurrectionem nulla eget refectione ciborum, quia nulla ei suppetit a fame, vel lassitudine, vel alia qualibet infirmitate defectio. Caro autem Adæ ante peccatum ita est immortalis creata, ut adminiculis adjuta temporalis alimoniæ, mortis exspers ac doloris existeret, donec corporalibus incrementis ad illam usque perductus ætatem, quæ Conditori placeret, tum, creata progenie multa hujusmodi, jam jubente ipso sumeret etiam de ligno vitæ, ex quo perfecte immortalis effectus, sustentacula cibi corporalis nulla requireret. Sic ergo et immortalis et incorruptibilis est condita caro primorum hominum, ut eamdem suam immortalitatem atque incorruptibilitatem, per observantiam mandatorum Dei custodirent. In quibus mandatis erat ut de lignis paradisi concessis vescerentur et ut interdicti se ab esu temperarent, per horum edulium inditæ sibi immortalitatis dona servarent, ne illius tactu ruinam mortis invenirent. Sic vero incorruptibilis et immortalis in fine erit caro nostra ad similitudinem angelicæ sublimitatis, ut in eodem statu permaneat, neque cibis corporalibus egeat, quippe in vita spirituali nulli erunt qui egere possint. Nam quod angeli cum patriarchis manducasse leguntur, non indigentiæ causa, sed benignitatis agebant, ut videlicet hæc agendo dulcius hominibus quibus apparebant congruerent. Dominus quoque post resurrectionem manducavit cum discipulis, nec refectionis necessitate, sed ut veram post mortem recepisse carnem monstraret.

Et factum est ita, id est, ut dominaretur homo cunctis quæ in terra vel aquis creata sunt, et ut facultatem potestatemque edendi de fructibus terræ cum volatilibus cœli et animantibus terræ perciperet.

Viditque Deus cuncta quæ fecit, et erant valde bona. Quia de singulis Dei operibus sigillatim fuerat dictum quod videret ea esse bona, recte in conclusione, perfectis omnibus, positum est cum additamento *quia vidit cuncta quæ fecit, et erant valde bona*. Sed quæritur merito, quare de homine facto non sit adjunctum singillatim : *Et vidit Deus quod esset bonum*, sed ipsius magis factura inter cætera universaliter laudanda reservetur ; an qui præsciebat Deus hominem peccaturum, nec in suæ imaginis perfectione mansurum, non singulatim, sed cum cæteris eum dicere voluit bonum, velut intimans quid esset futurum. Homo igitur ante peccatum, et in suo utique genere bonus erat, sed Scriptura prætermisit hoc dicere, ut potius illud diceret, quod futurum aliquid prænuntiaret. Deus enim naturarum optimus conditor, peccantium vero justissimus ordinator est, ut etiam si qua singulatim fiunt delinquendo deformia, semper tamen cum eis universitas pulchra sit.

Et factum est vespere et mane dies sextus. (CAP. II.) *Igitur perfecti sunt cœli et terra et omnis ornatus eorum.* Senarium numerum constat esse perfectum, quia primus suis partibus impletur, sexta videlicet, quæ est unum, et tertia quæ sunt duo, et dimidia quæ sunt tria. Unum enim, et duo, et tria, sex faciunt, quale in monadibus numeris nusquam præterquam hic invenies : sed neque in decadibus præter vicesimum et octavum numerum. Sex ergo diebus perfecit Deus omnem ornatum cœli et terræ, ut quia omnia in mensura, et numero, et pondere constituit, ipso etiam numero, in quo operaretur, sua opera doceret esse perfecta.

CAPUT IX.
Orbis consummatio die septimo.

Complevitque Deus die septimo opus suum quod fecerat. In alia translatione dicitur : *Quia consummavit Deus in die sexto opera sua quæ fecit ;* quod nihil omnino quæstionis affert, quia manifesta descriptione quæ in eo sunt facta declarantur. Sed merito quæritur quomodo nostra editio quæ de Hebraicæ veritatis fonte descendit, complevisse Deum in die septimo dicat opus suum quod fecerat, in quo nil novum creasse commemoratur, nisi forte ipsum diem septimum tum eum fecisse atque in ejus factura opus suum complevisse dixerimus, quod eo facto mensuram numerumque consummaverit dierum, quorum circuitu omnia dehinc sæcula ad finem usque procurrerent. Nam in revolutione temporum, octavus idem qui et primus computatur dies. *Complevit igitur die septimo Deus opus suum quod fecerat*, quia dierum quos fecerat summam in eo terminavit, addito ipso septimo, quem sabbatum dici voluit et esse, eo quod eam mystica præ cæteris benedictione et sanctificatione donaret, ut sequentia docent. Unde etiam dies judicii et consummationis sæculi, quia post septimam sabbati ventura est, octava in Scripturis nuncupatur, videlicet quasi septem soli præcesserint. Dictum est enim in titulo psalmi : *In finem in hymnis pro octava psalmus David.* Quod de die judicii scriptum totus sequentis psalmi textus docet, in quo iram venturi judicis timens Propheta exclamat : *Domine, ne in ira tua arguas me*, etc. (*Psal.* VI). Sed et dies Dominicæ resurrectionis, cum post tot dierum millia ventura esset, octava tamen et ipsa dicta est in titulo alterius psalmi, quia nimirum septimam sequebatur, ut septimanæ sequentis prima existeret, id est, eadem ipsa, in qua in principio dixit Deus : *Fiat lux, et facta est lux.* Quem quidem psalmum de resurrectione Dominica scriptum probat ipse qui in eo loquitur, dicens : *Propter miseriam inopum et gemitum pauperum, nunc exsurgam dicit Dominus* (*Psal.* XI). Potest autem recte accipi complevisse Deum die septimo opus suum quod fecerat, etiam in eo quod ipsum diem benedixit et sanctificavit. Neque enim nullum opus est benedictio et sanctificatio, neque Salomon nil operis fecisse dicendus est, cum templum quod fecerat dedicavit ; imo eximium Dei opus est, cum ea quæ fecit benedictione et sanctificatione æterna glorificat. Denique de hoc opere quod in æterno die sabbati facit dicit ipse in parabola fidelium servorum : *Amen dico vobis quod præcinget se, et faciet illos discumbere, et transiens ministrabit illis* (*Luc.* XII). Qui enim præcingit se, qui discubitum præparat, qui transit, qui ministrat, utique operatur. Sed his tamen verbis omnibus nil aliud intimatur quam quod sanctos suos Dominus in æternum benedicit et sanctificat, id est, visione suæ gloriæ post opera bona, quæ donavit, remunerat.

Et requisivit die septimo ab universo opere suo quod patrarat. Non quasi lassus ex nimio labore Deus instar humanæ fragilitatis completa mundi fabrica requievit, sed requievisse ab universo opere suo dicitur, quia novam creaturam ultra instituere aliquam cessavit. Solet namque Scriptura sæpe nomine requiei cessationem operis sive sermonis indicare. Sicut in Apocalypsi de sanctis animalibus. *Et requiem,* inquit, *non habebant die ac nocte dicentia: Sanctus, Sanctus, Sanctus Dominus Deus omnipotens (Apoc.* iv); pro eo, ut diceret: Non cessabant hæc semper decantare. Nam maxima et unica sanctis est requies in cœlo, laudem summæ Trinitati, quæ Deus est, indefessa voce dicere. Potest vero altius intelligi requievisse Deum ab omnibus operibus suis, non eum opus habuisse illis operibus suis, in quibus requiesceret, quippe cujus requies in seipso sine initio ac termino semper est vera, sed sola bonitatis suæ causa fecisse opera quæ in ipso requiescerent. Quod e contrario facilius intelligitur, cum meminerimus humanam indigentiam pro hoc maxime laboribus quotidianis insistere, ut in operibus suis requiem percipere possit, dicente ei Domino: *In sudore vultus tui vesceris pane (Gen.* iii). Deus autem, qui ante creationem mundi æternaliter in seipso perfectam habebat requiem, ipse etiam creato mundo, non in operibus quæ fecit, sed ab omnibus operibus quæ fecit requievit, utpote nil habens necessitatis in creaturis requiescere suis, quin potius creaturis rationabilibus ipse requiem præstans, cum in seipso perfecte semper requiescat, eoque bono beatus sit, quod ipse sibi est.

Et benedixit diei septimo, et sanctificavit illum. Illa videlicet benedictione et sanctificatione quam populo suo in lege plenius intimat dicens: *Memento ut diem sabbati sanctifices. Sex diebus operaberis, et facies omnia opera tua. Septimo autem sabbatum Domini Dei tui est, non facies omne opus (Exod.* xx). Et paulo post: *Sex enim diebus fecit Dominus cœlum et terram, et mare, et omnia, quæ in eis sunt, et requievit in die septimo, idcirco benedixit Dominus diem septimum, et sanctificavit eum (Ibid.).* Quæ profecto benedictio et sanctificatio diei septimi in typum majoris benedictionis ac sanctificationis facta est. Nam sicut per crebras, imo quotidianas, in lege victimas sanguis Dominicæ passionis, qui semel erat pro salute mundi effundendus, signabatur, ita etiam per requiem diei septimi, quæ post opera sex dierum semper celebrari solebat, præfigurabatur magnus ille dies sabbati, in quo Dominus semel in sepulcro erat requieturus, completis ac perfectis in die sexto omnibus operibus suis, quibus mundum quem in die sexto perfecerat, jam perditum restaurabat.

In qua etiam die, quasi antiqui recolens operis, aperto sermone declaravit salvationem se jam mundi perfecisse. *Cum enim accepisset acetum, dixit: Consummatum est. Et inclinato capite tradidit spiritum (Matth.* xxvii). Sed et hæc sanctificatio et benedictio septimi diei, et requies in illa die post opera sua valde bona, designavit, quod nos singuli post opera bona, quæ in nobis ipse operatur et velle et perficere, ad requiem tendimus vitæ cœlestis, in qua æterna ejus sanctificatione et benedictione perfruamur. *(Greg.)* Unde bene idem dies septimus vesperam habuisse non scribitur, quia nimirum perpetuam nostram in illo requiem designat. Denique in septenario numero summa perfectionis accipitur. Ut enim humanæ rationis causas de septenario numero taceamus, quæ asserunt quod idcirco perfectus sit, quia ex primo qui dividi potest, et primo qui dividi non potest, existat: certissime scimus quod septenarium numerum Scriptura sacra pro perfectione ponere consuevit. Unde et septimo die Dominum requievisse ab operibus asserit. Hinc est etiam quod septimus dies in requiem hominibus, id est, in sabbato datus est. Hinc est quod jubilæus annus, in quo plenaria quies exprimitur, septem hebdomadibus consummatur, qui monade addita nostræ adunationis impletur. Hinc est enim quod perfectione septiformis gratiæ implendi duodecim sunt apostoli electi. A septenario quippe numero in duodenarium surgitur. Nam septenarius suis in se partibus multiplicatus, ad duodenarium tendit. Sive enim quatuor per tria, sive tria per quatuor ducantur, septem in duodecim vertunt. Unde sancti apostoli, qui Trinitatem in quatuor mundi partibus prædicare mittebantur duodecim sunt electi, ut etiam numero perfectionem ostenderent, quam vita et voce prædicarent.

Et benedixit, inquit, *diei septimo, et sanctificavit illum, quia in ipso cessaverat ab omni opere suo quod creavit,* id est, completo mundi ornatu, cessaverat ab instituendis ultra novis rerum generibus. Neque enim huic sententiæ contrarium, debet illud æstimari, quod dicit ipse: *Pater meus usque modo operatur, et ego operor (Joan.* v); respondens videlicet eis qui propter requiem Dei, Scripturæ hujus auctoritate antiquitus commendatam, sabbatum ab eo non conservari querebantur. Cessaverat enim septimo die a condendis generibus creaturæ, quia ultra jam non condidit aliqua genera nova. Deinceps autem usque nunc operatur eorumdem generum administrationem, quæ tunc instituta sunt, non ut ipso saltem die septimo potentia ejus a cœli et terræ omniumque rerum, quas condiderat, gubernatione cessaret, alioquin continuo dilaberentur.

CAPUT X.
Allegorica expositio de sex aterum opere.

Huc usque de primordio mundi nascentis juxta sensum litteræ dixisse sufficiat. *(Isidor.)* Secundum allegoriam autem ita potest accipi quod in principio Deus fecit cœlum et terram. Principium Christus est, sicut ipse in Evangelio ait : *Ego sum principium, qui et loquor vobis (Joan.* VIII). In hoc igitur principio fecit Deus coelum, id est, spirituales, qui coelestia meditantur et quaerunt. In ipso fecit et carnales, qui terrenum hominem necdum deposuerunt. *Terra autem erat inanis et vacua.* Terra scilicet carnis nostrae inanis erat et vacua, priusquam acciperet doctrinae formam. *Et tenebrae erant super faciem abyssi.* Quia delictorum caecitas et ignorantiae profunda obscuritas corda nostra tegebat. Spiritus autem Dei super cor nostrum tenebrosum et fluidum quasi super aquas jam superferebatur, in quo subsistentes requiesceremus, cujusque vivificaremur flatu, et cujus uno ablueremur. *Dixit quoque Deus : Fiat lux,* id est, illuminatio credulitatis appareat. Prima enim die lucem fidei dedit, quia prima in conversione fides est. Unde et ipsum primum in praeceptis mandatum est : *Dominus Deus tuus, Deus unus est.* Propter quam fidem ipse Dominus, etiam visibiliter in mundo apparere voluit. Jam tunc Deus juxta praesentiae suae gratiam divisit justos, id est, filios Dei et lucis, a peccatoribus tanquam a tenebris, istos vocans diem, illos noctem. Nam qui lucis nomine justi appellantur, audi Apostolum : *Fuistis,* inquit, *aliquando tenebrae, nunc autem lux in Domino (Ephes.* v). Deinde secunda die disposuit Deus firmamentum, id est, solidamentum sanctarum Scripturarum. Firmamentum enim in Ecclesia Scripturae divinae intelliguntur, quia coelum plicabitur sicut liber. Discrevitque super hoc firmamentum aquas, id est, coelestes populos angelorum, quia non opus habent hoc suscipere firmamentum, ut legem legentes, audiant verbum Dei. Vident enim eum semper et diligunt ; sed superposuit ipsum firmamentum legis suae super infirmitatem inferiorum populorum, ut sibi suscipientes cognoscant qualiter discernant inter carnalia et spiritualia, quasi inter aquas superiores et inferiores. Post haec die tertia, collegit in unum aquas inferiores falsas, hoc est, homines infideles, qui cupiditatum tempestate et tentationum carnalium fluctibus quatiuntur, et in seipsis quasi amaritudo includuntur. Segregavit ab eis aridam, populum scilicet fontem fidei sitientem, obfixitque dehinc superborum limites, et coercuit eos, ne turbulentis iniquitatum suarum fluctibus aridam, id est, animam sitientem Deum conturbent, liceatque ei germinare bonorum operum fructus secundum genus, diligens proximum in subsidiis necessitatum carnalium, habens in se semen secundum similitudinem, ut ex sua infirmitate compatiatur ad subveniendum indigentibus, producens et lignum forti robore et fructiferum, id est, beneficium ad eripiendum eum qui injuriam patitur de manu potentis, et praebendo protectionis umbraculum valido robore justi judicii. Deinde quarta die, **emicuerunt** luminaria firmamento legis infixa, id est, evangelistae, doctores et Scripturae sanctae disputando cohaerentes, et omnibus inferioribus lumen sapientiae monstrantes. Prodiit etiam simul et **caetera micantium** siderum turba, id est, diversarum virtutum in ecclesia numerositas : quae in hujus vitae obscuritate tanquam in nocte refulgentes, dividant in hoc firmamento scripturae sensibilia et intelligibilia, quasi inter lucem perfectorum et tenebras parvulorum, et sunt in signis virtutum et miraculorum. Sunt etiam in tempora et annos, quia praedicatores propriis temporibus vivunt et transeunt : *Verbum autem Domini manet in aeternum (Isa.* XL). Quare autem primo terra germinaverit, deinde facta sunt luminaria, nisi quia post opera bona venit illuminatio lucis, ad contemplandam speciem supernae virtutis? Inter haec die quinta facta sunt reptilia animarum vivarum : homines scilicet renovati in vitam per baptismi sacramentum. Facta sunt et volatilia, id est, sanctae animae ad superna volantes. Post haec, sexta die, producit terra animam vivam, quando nostra caro, abstinens ab operibus mortuis, viva virtutum germina parturit, secundum genus scilicet suum, id est, vitam imitando sanctorum sicut ait Apostolus : *Imitatores mei estote (Philip.* III). Secundum nostrum quippe genus vivimus, quando in opere bono sanctos viros quasi proximos imitamur. Deinde producit terra bestias, homines in potentia rerum, sive ferocitate superbiae, similiter et pecora, fideles in simplicitate vitae viventes. Serpentes quoque innoxios, sanctos scilicet viros, astutiae vivacitate, bonum a malo discernentes, et in quantum fas est reptando scrutantes terrena, per quae intelligant sempiterna, non illos venenosos qui se in hujus mundi terrenis cupiditatibus collocant. Post haec fecit Deus hominem ad imaginem suam, perfectum scilicet virum, qui non quemlibet sanctorum virorum imitando, sed ipsam veritatem contemplabiliter intuendo operatur justitiam, ut ipsam intelligat et sequatur, ad cujus imaginem factus est secundum veritatem. Iste etiam accipit potestatem piscium maris, et volatilium coeli, pecorumque, ferarum quoque atque repentium, quia spiritualis quisque effectus, et *Deo similis factus,* secundum Apostolum *judicat omnia, ipse autem judicatur a nemine (I Cor.* II). Quod vero sequitur : *Masculum et feminam fecit eos,* spirituales in Ecclesia et obedientes ostendit, quia sicut viro subdita est mulier, sic spirituali et perfecto viro obediens est is qui minus perfectus est, sicut Apostolus ait : *Rogamus vos, fratres, ut cognoscatis eos qui in vobis laborant, et praesunt vobis in Domino (I Thess.* IV). Dicitur enim eis : *Crescite et multiplicamini,* sive in linguis, sive in spiritualibus intelligentiae gradibus, ut dominentur rationis intellectu omnium carnalium perturbationum, quasi insensibilium animantium. Omnis autem herba seminalis, et omne lignum fructuosum, quod hominibus datum est in escam, fideles sunt de oblationibus suis sanctorum necessitatibus communicantes. Unde Apostolus ait : *Nam si in spiritualibus participes facti sunt gentiles, debent et in carnalibus ministrare eis (I Cor.* IX). Haec sunt fructifera ligna. In istis ergo gradibus, tanquam in quibusdam diebus, vespera est ipsa perfectio singulorum operum, et mane inchoatio sequentium. Post hæc itaque istorum quasi sex dierum opera bona, valde sperat homo quietem mentis constitutus in spirituali paradiso, quo significatur vita beata, ubi sons est sapientiæ, divisus in quatuor partes virtutum, ubi edati (sic) ligni vitæ gratiam, ubi utiles disciplinas morum quasi fructus lignorum carpat. Est namque paradisus vita beatorum. Quatuor flumina, quatuor virtutes. Ligna ejus, omnes utiles disciplinæ lignorum fructus, mores piorum, lignum vitæ, ipsa bonorum omnium mater sapientia est, de qua scriptum est Salomone dicente : *Lignum vitæ est his qui apprehendunt eam; et qui tenuerit eam, beatus est* (*Prov.* III). Lignum scientiæ boni et mali, transgressio est mandati experimento. Hactenus sex dierum opera, qualiter in Ecclesia spiritualiter intelligantur explicata sunt, deinde quid in figuram sæculi significent, subjiciendum est. Sex diebus consummavit Deus omnia opera sua : et in septimo requievit. Sex ætatibus humanum genus in hoc sæculo per successiones temporum Dei opera insinuant. Quarum prima est ab Adam usque ad Noe, secunda a Noe usque ad Abraham, tertia ab Abraham usque ad David, quarta a David usque ad transmigrationem Babyloniæ, quinta deinde usque ad humilem adventum Domini nostri Jesu Christi, sexta quæ nunc agitur, usquequo mundus finiatur, donec Excelsus veniat ad judicium, septima vero intelligitur in requie sanctorum, quæ scilicet non habet vesperam, quia eam jam terminus nullus claudet. Pergamus ergo breviter per has omnes mundi ætates, et replicantes ordinem temporum, eorum mystice differentias distinguamus. Primo namque sæculo factus est tanquam lux homo in paradiso, in qua ætate filios Dei in lucis nomine divisit Deus a filiis hominum quasi a tenebris, fitque hujus diei vespera diluvium. Secundum sæculum factum est quasi firmamentum inter aquam et aquam, arca utique illa quæ natavit inter pluviam et maria; hujus vespera fuit confusio linguarum. Tertium sæculum factum est, quando separavit populum suum a gentibus per Abraham, discernens eum quasi aridam ab aquis, ut proferret germen herbarum atque lignorum, id est, sanctos et fructum sanctarum Scripturarum; hujus vespera fuit peccatum et malitia pessimi regis Saul. Inde quartum sæculum cœpit a David, quando constituit Deus luminaria in firmamento cœli, id est, splendorem regni tanquam excellentiam solis, et in lunæ specie obtemperantem, tanquam Synagogam, et stellas principes ejus : cujus ætatis fit vespera in peccatis regum, quibus gens illa meruit captivari in Babyloniam. Porro quinto sæculo, id est in transmigratione Babyloniæ, facta sunt quasi animalia, in aquis, et volatilia cœli, quia tunc Judæi inter gentes tanquam in mari vivere cœperunt; nec habebant stabilem locum tanquam volantes aves. Hujus diei quasi vespera est multiplicatio peccatorum in populo Judæorum, quando sic excæcati sunt, ut etiam Dominum Jesum non possent cognoscere. Jam sextum sæculum fit in adventu Domini nostri Jesu Christi.

Nam sicut in illa sexta die primus homo Adam de limo terræ ad imaginem Dei formatus est, sic et in ista sæculi ætate sexta secundus Adam, id est, Christus in carne de Maria virgine natus est, ille in anima vivente, hic in spiritu vivificante. Et sicut in illa die fit anima viva, sic in isto sæculo vitam desiderat æternam; et sicut in illa sexta die serpentium et ferarum genera terra produxit, ita in hac sexta ætate sæculi, gentes vitam appetentes æternam Ecclesia generavit. (*Aug.*) Quem etiam sensum vas ostensum Petro manifestavit (*Act.* x); et quemadmodum in illa die creatur masculus et femina, sic in ista sæculi ætate manifestatur Christus et Ecclesia. Et sicuti præponitur homo in die illa pecoribus, serpentibus et cœli volatilibus, ita Christus in hac ætate gentibus, populis et nationibus, ut ab eo regantur vel carnali concupiscentiæ dediti sicuti pecora, vel terrena curiositate obscurati quasi serpentes, vel elati superbia quasi aves. Et sicut in illo die pascitur homo et animalia, quæ cum illo sunt herbis seminalibus, et lignis fructiferis, et herbis virentibus, sic ista ætate spiritualis homo, qui bonus minister est Jesu Christi, cum ipso populo spiritualiter pascitur sanctarum Scripturarum alimentis, et lege divina ad concipiendam fecunditatem rationum atque sermonum, tanquam nerbis seminalibus, partim ad utilitatem morum conversionis humanæ, tanquam lignis fructiferis, partim ad vigorem fidei, spei et charitatis in vitam æternam, tanquam herbis virentibus, quæ nullo æstu tribulationum arescunt, sed sic spiritualibus cibis, sic istis alimentis pascitur, ut multa intelligat, carnalis autem, id est, parvulus in Christo, tanquam pecus Dei, ut multa credat quæ intelligere necdum potest; tamen eosdem cibos omnes habent. Hujus autem ætatis quasi vespera utinam nos non inveniat. Illa est enim de qua Dominus dicit : *Putas, veniens Filius hominis inveniet fidem super terram* (*Luc.* XVIII)? Post istam vesperam fiet mane, cum ipse Dominus in charitate venturus est. Tunc requiescent cum Christo ab omnibus operibus suis, hi quibus dictum est : *Estote perfecti sicut Pater vester, qui in cœlis est* (*Matth.* v). Tales enim faciunt opera bona valde. Post talia enim opera speranda est requies in die septimo qui vesperam non habet. Sequitur hinc recapitulatio universæ conditæ creaturæ.

CAPUT XI.
Recapitulatio totius creationis, et de ejus mystico intellectu.

Istæ sunt generationes cœli et terræ quando creatæ sunt. Hac conclusione Scriptura sancta tangit eos qui mundum sine initio semper fuisse affirmant, vel qui factum a Deo quidem putant, verum ex materia quam non fecerit Deus, sed quæ coæterna ipsi absque initio fuerit Creatori. Dicit enim generationes cœli et terræ, ipsum ordinem divinæ institutionis, quo ornatus eorum per opera sex dierum ad illam usque perfectionem, quæ superius est designata, pervenit, juxta quod in Decalogo legis suæ dixit ipse conditor : *Sex enim diebus fecit Deus cœlum et terram, et mare, et omnia quæ in eis sunt* (*Exod.* xx). Quod vero sequitur :

In die quo fecit Dominus Deus cœlum et terram, et omne virgultum agri, antequam oriretur in terra, omnemque herbam regionis, priusquam germinaret, nequaquam memoratæ Dei sententiæ videri debet adversum, sed aperte intelligi, quia diem hoc loco Scriptura pro omni tempore illo posuit, quo primordialis creatura formata est. Neque enim in uno quolibet sex dierum cœlum factum, vel sideribus illustratum, et terra est separata ab aquis atque arboribus, et herbis consita, sed more sibi solito Scriptura diem pro tempore posuit, quomodo et Apostolus cum ait : *Ecce nunc tempus acceptabile, ecce nunc dies salutis* (*I Cor.* vi); non unum specialiter diem, sed totum significat tempus hoc, quo in præsenti vita pro æterna salute laboramus. Et propheta non de uno specialiter die, sed de plurimo tempore divinæ gratiæ dicit : *In illa die audient surdi verba .ipri* (*Isa.* xxix). Cæterum difficile intellectu est quomodo in uno die fecerit Dominus cœlum et terram, et omne virgultum agri, omnemque herbam regionis, nisi forte dixerimus quod in materia informi omnis pariter creatura sit facta, juxta hoc quod scriptum est : *Quia vivit in æternum, creavit omnia simul* (*Eccli.* xviii). (*Greg.*) Rerum quippe substantia simul creata est, sed simul per species formata non est; et quod simul exstitit per substantiam materiæ, non simul apparuit per speciem formæ. Cum enim simul factum cœlum terramque describitur, simul spiritualia atque corporalia, simul quidquid de cœlo oritur, simul factum quidquid de terra producit indicatur. Hinc in superioribus quoque scriptum est : *Creavit Deus hominem ad imaginem suam, ad imaginem Dei creavit illum, masculum et feminam creavit eos.* Necdum enim Eva facta describitur, et jam homo masculus et femina perhibetur. Sed quia ex Adæ latere erat procul dubio femina processura, in illo jam computatur per substantiam, a quo fuerat producenda per formam. Considerare tamen hæc et in minimis possumus, ut ex minimis majora pensemus. Herba namque cum creatur, necdum in illa fructus, necdum sui semen ostenditur. Inest vero ei etiam cum non apparet fructus et semen, quia simul nimirum sunt in radicis substantia, quæ non simul prodeunt per temporis incrementa. Sed hanc utique creationem materiæ, ante omnem diem hujus sæculi fecit, cum in principio cœlum creavit et terram, quando et si terra erat inanis et vacua, et tenebræ super abyssum, in ipsis tamen terræ et abyssi, id est, aquarum natura, quasi per substantiam seminalem, simul condita latebant, quæ postmodum ex hujus opere creatoris non simul erant producenda. Ideoque si hoc dicimus, ad eumdem revolvitur memorata quæstio, ut appellationem diei pro significatione temporis positam intelligamus, illius videlicet quo hæc Deus in principio simul cuncta creavit. *In die*, inquit, *quo creavit Dominus Deus cœlum et ter-*

ram, et omne virgultum agri, antequam oriretur in terra, omnemque herbam regionis priusquam germinaret. Quod si in die quem dicit tempus intelligimus illud designatum, quando ante omnem hujus sæculi diem facta sunt omnia simul, facilis patet sensus, quod et herba omnis et arbor in ipsius terræ substantia sit causaliter facta, priusquam visibiliter orirentur aut germinarent ex terra. Sin autem appellationem diei, ut consequentius arbitramur, pro significatione positam accipiamus temporis illius, in quo mundus iste per sex dies factus et ornatus est : possumus intelligere quia nunc apertius Scriptura voluerit explicare quomodo supra dixerit : *Quia protulit terra herbam virentem et afferentem semen juxta genus suum, lignumque faciens fructum juxta genus suum.* Non enim sic in primordio rerum hæc terra produxit, quomodo nunc si irrigatio adfuerit aquarum, disponente Deo, terra ultro fructificat, sed mirabiliore prorsus opere conditoris tunc antequam aliqui fructus ex terra crescendo orirentur aut germinarent, repente campi omnes et colles erant herbis et arboribus cooperti, habentibus congruam altitudinem staturæ, diffusionem ramorum, opacitatem foliorum, copiam fructuum, quoniam non paulatim ex terra oriendo vel germinando, et accessu incrementorum proficiendo, sed subdito ex illa existendo acceperunt. Nam et hunc magis sensum subjuncta quoque videntur verba juvare, quibus dicitur :

Non enim pluerat Dominus Deus super terram, et homo non erat qui operaretur terram; sed fons ascendebat e terra, irrigans universam superficiem terræ. Quis enim non videat, quod hæc dici non poterant de prima creatione terræ, quando erat adhuc inanis et vacua, et tenebræ super faciem abyssi? Nunquid opus erat de pluvia non descendente in terram narrari, eo tempore quo nec ipsa adhuc accipere pluviam, et nec aer dare poterat, eo quod loca utriusque adhuc aquæ cuncta implerent; sed nec fons ascendere de terra ad irrigandam eam potuit quandiu tota tegebatur abysso. Unde (ni fallor) restat intelligi quod nomine diei supra cum dicitur : *In die quo creavit Dominus Deus cœlum et terram*, tempus sit intimatum illud sex dierum primorum, in quo universa mundi est creatura formata. Ubi recte commemoravit quod non pluisset Deus super terram, et homo non esset qui operaretur terram, ut intelligamus quantum prima terræ germinatio a moderna distaret. Nam modo et irrigatione pluviarum, terra sponte germinat, et industria cultuque hominum multa in hortis sata ac nemoribus procreantur. Sed longe aliter prima herbarum et arborum est perfecta creatio, in qua novo summi opificis imperio, terra qua arida apparebat, absque pluvia et absque opere humano repente est longe lateque multifariis fructuum expleta generibus. *Sed fons*, inquit, *ascendebat e terra, irrigans universam superficiem terræ.* De hoc fonte et ascensu ejus e terra dicturi, primo videamus quia prima illa germinatio terræ, cujus præmissa sententia meminit, sine ulla irrigatione aquarum Deo jubente facta est. Hujus autem fontis qualiscunque erat irrigatio post vestitam herbis ac lignis terram supervenit. Quod ipsis etiam Scripturæ syllabis probatur, quæ postquam verbo præteriti temporis perfecti dicit quia *creavit Dominus Deus cœlum et terram, et omne virgultum agri omnemque herbam regionis*, subjunxit mox verbo temporis præteriti plusquam perfecti : *Non enim pluerat Dominus Deus super terram, et homo non erat qui operaretur terram.* Ostendens quod ante creationem virgultorum et herbarum, pluviam Deus non miserat. Quid vero postea factum sit statim verbo præteriti temporis imperfecti subnexuit, dicens : *Quia fons ascendebat e terra irrigans universam superficiem terræ;* in ipsa declinatione verbi significans, non hoc semel, sed sæpius esse gestum, dum non ait, ascendit, sed *ascendebat* : dum ergo ascendisse dicitur fons e terra, qui universam ejus superficiem rigaret, merito quo ordine ascenderit quæritur. Neque aliquid obstat credi quod ita per vices ad irrigandam eam ascenderit ac redierit, quomodo usque hodie solet Nilus ad irriganda Ægypti plana annuatim ascendere, quomodo irrigabat aliquando Jordanis terram Pentapolim, de qua Scriptura ait : quia *universa irrigabatur sicut paradisus Domini* (Gen. XIII); *et sicut Ægyptus, antequam subverteret Deus Sodomam et Gomorrham;* quomodo (teste Augustino sancto) de quorumdam fontium mira vicissitudine perhibetur, certo annorum intervallo sic eos inundare, ut totam illam regionem rigent, cum alio tempore ex altis puteis ad potandum sufficientem præbent aquam. Cur fit ergo incredibile (ut idem dicit) si ex uno abyssi capite, alterna mutatione fluente atque refluente, tunc universa terra rigata est. Quod si, inquit, ipsius abyssi magnitudinem ea parte excepta quod mare dicitur, et evidenti amplitudine, atque amaris fluctibus terras ambit, in ea sola parte quam reconditis sinibus terra continet, unde se omnes fontes diversis tractibus venisque distribuunt, et suis quique locis erumpunt, fontem voluit Scriptura appellare, non fontes, propter naturæ unitatem, eumque per innumerabiles vias antrorum atque rimarum ascendentem de terra, et ubique dispersis quasi crinibus, irrigantem omnem faciem terræ, nec continua specie tanquam maris aut stagni, sed sicut videmus ire aquas per alveos fluminum flexusque rivorum, et eorum excessu vicina perfundere, quis non accipiat nisi qui contentioso spiritu laborat? Possunt etiam ita dicta intelligi, omnis terræ facies irrigata, quemadmodum dicitur omnis vestis facie colorata, etiamsi non continuatim, sed maculatim fiat, præsertim quia tunc in novitate terrarum, et si non omnia, plura tamen plana fuisse credibile est, qua latius possent erumpentia fluenta dispergi atque distendi. Quapropter de istius fontis magnitudine et multitudine, qui sive unam habuit aliunde eruptionem, sive propter aliquam in terra occultis finibus unitatem, unde omnes aquæ super terram scatent omnium fontium magnorum atque parvorum, unus fons dictus est, per omnes dispersiones suas ascendens de terra, et irrigans omnem faciem terræ, sive etiam (quod est credibilius) quia non ait : Unus fons ascendebat de terra, sed ait : *Fons autem ascendebat*, pro numero plurali posuit singularem, ut sic intelligamus fontes multos per universam terram loca vel regiones proprias irrigantes, sicut dicitur miles, et multi intelliguntur; sicut dicta est locusta et rana in plagis,, quibus Ægyptii percussi sunt, cum esset innumerabilis locustarum numerus et ranarum, jam diutius non laboremus. Cum ergo dictum esset creasse Deum herbas et virgulta, necdum pluvia descendente, neque homine existente qui operatur terram, consequenter hominis creatio subinfertur, ac dicitur :

Formavit igitur Dominus Deus hominem de limo terræ, et inspiravit in faciem ejus spiraculum vitæ, et factus est homo in animam viventem. Hic itaque latius hominis factura describitur, qui in die quidem sexto factus est, sed ibi breviter est commemorata creatio, quæ hic plenius exponitur. Quia videlicet in corporis et animæ substantiam factus sit, e quibus de limo corpus formatum, anima vero de nihilo sit Deo inspirante creata; sed et femina de ejus latere sit dormientis condita. In qua videlicet sententia vitanda est paupertas sensus carnalis, ne forte putemus Deum vel manibus corporeis de limo formasse corpus hominis, vel faucibus labiisve inspirasse in faciem formati, ut vivere posset, et spiraculum vitæ habere. Nam et propheta cum ait : *Manus tuæ fecerunt me, et plasmaverunt me (Job. x)* ; tropica hoc locutione magis quam propria, id est, juxta consuetudinem qua solent homines operari, locutus est. Spiritus enim est Deus, nec simplex ejus substantia lineamentis membrorum corporalium esse composita, nisi ab ineruditis creditur. Formavit igitur de limo Deus hominem, quem verbo suo de limo fieri jussit.

Inspiravit in faciem ejus spiraculum vitæ, et factus est homo in animam viventem, cum ei substantiam animæ ac spiritus, in qua viveret, creavit. Nam ita recte intelligitur spirasse Deum in faciem hominis, spiraculum ei quo viveret creasse, sicut supra intellectum est : *Vocavit Deus lucem diem :* pro eo positum, quod est vocari ab hominibus fecit. Bene autem in faciem inspirasse dicitur Deus homini, ut fieret in animam viventem, quia nimirum sensus omnes corporis, per quos insitus ei spiritus ea quæ foris sunt contemplatur, magis in facie vigent, visus videlicet, auditus, olfactus, gustus et tactus. Utpote quia pars cerebri anterior, unde sensus omnes distribuuntur, ad frontem collocata est. Nam et tangendi sensus, qui per totum corpus effunditur, etiam ipse ab eadem anteriore parte cerebri ostenditur habere viam suam, quæ retrorsum per verticem atque cervicem, ad medullam spinæ deducitur. Congruit autem huic sententiæ, quod supradictum est : *Ad imaginem Dei creavit illum, masculum et feminam creavit eos.* Quod enim dictum est, *Ad imaginem*

Dei creavit illum, non nisi in anima ; quod additum, *masculum et feminam*, non nisi in corpore factum, recte intelligitur. Non enim audiendi sunt qui putant animam partem Dei esse : quia si hominis anima pars Dei esset, nec a seipsa, nec ab aliquo decipi, nec ad aliquid maleficiendum, sive patiendum ulla necessitate compelli, nec in melius vel deterius mutari omnino potuisset. Flatus autem ille Dei qui hominem animavit factus est ab ipso, non de ipso : quia nec hominis flatus, hominis pars est, nec homo eum facit de seipso, sed ex aereo anhelitu sumpto et effuso. Deus vero potuit et de nihilo, et vivum rationabilemque, quod non potest homo : quamvis nonnulli existiment non tunc animatum primum hominem, quando Deus in ejus faciem sufflavit, et factus est homo in animam viventem, sed tunc accepisse Spiritum sanctum. Quodlibet autem horum credibilius ostendatur, animam tamen non esse partem Dei, nec de substantia et natura ejus creatam sive prolatam, sed ex nihilo factam, dubitare fas non est. (*Isidor.*) Mystice autem sic intelligitur : *Istæ generationes cœli et terræ quando creatæ sunt, in die quo fecit Dominus cœlum et terram*, et cætera. Hujus diei nomine secundum prophetiam omne tempus hujus vitæ significatur, in quo cœlum et terra facta sunt, id est, in quo creaturæ visibiles disponuntur, administrantur atque existunt. Sed quid sibi vult, quod nunc nominato cœlo et terra, adjecit *virgultum agri et herbam regionis*, et tacuit cætera quæ sunt in cœlo et in terra, vel etiam in mari, nisi quia per virgultum agri invisibilem creaturam demonstrat intelligi, sicut est anima? Dicta autem, virgultum propter vigorem vitæ, herba propter eamdem vitam nunquam marcescentem. Deinde addit : *Antequam esset super terram* : intelligitur antequam anima peccaret. Terrenis enim cupiditatibus sordidata, tanquam super terram nata, vel super terram esset, recte dicitur. Unde adjecit : *Nondum enim pluerat Dominus super terram* : quasi aperte diceret : Antequam peccaret anima, nondum nubibus Scripturarum pluviam doctrinæ Dominus ad animam irrigandam concesserat; nondum propter hominem, qui est terra, Dominus noster nubium carnis nostræ assumpserat, per quod imbrem sancti Evangelii largissimum infudit. Quod vero subjunxit : *Et homo non erat qui operaretur terram* : quia nullus homo operatus est in virgine, unde natus est Christus. Ipse est enim lapis de monte abscisus sine manibus, id est, absque coitu et humano semine, de virginali utero, quasi de monte humanæ naturæ et substantia carnis abscisus. *Sed fons ascendebat e terra, irrigans universam superficiem terræ*. Terra mater virgo Domini Maria rectissime accipitur, de qua scriptum est : *Aperiatur terra et germinet Salvatorem (Isa.* XLV). Quam terram irrigavit Spiritus sanctus, qui fontis et aquæ nomine in Evangelio significatur. *Formavit igitur Deus hominem de limo terræ*, id est, *factus est Christus*, juxta quod ait Apostolus, *ex semine David secundum carnem (Rom.* I), tanquam de limo terræ. *Et inspiravit in faciem ejus spiraculum vitæ*, utique infusionem sancti Spiritus, qui operatus est hominem Christum : *Et factus est homo in animam viventem* : scilicet ut qui perfectus erat Deus, perfectus crederetur et homo.

CAPUT XII.

De plantatione paradisi et quatuor fluminum divisione, in quo homo cultor et custos a Deo constitutus est.

Plantaverat autem Dominus Deus paradisum voluptatis a principio, in quo posuit hominem quem formaverat. Ab illo utique principio plantasse Deus paradisum credendus est, ex quo irrigans terram omnem, remotis quæ eam cooperuerunt aquis, herbas et ligna fructifera producere jussit ; in quo tamen hominem die sexto, quo et ipsum formaverat, posuit. Neque ullatenus dubitandum est paradisum in quo positus est homo primus, et si Ecclesiæ præsentis, vel futuræ patriæ typum tenet, ad proprietatem litteræ intelligendum esse, locum scilicet amœnissimum, fructuosis nemoribus opacatum, eumdemque magnum, et magno fonte fecundum. Pro eo autem quod nostra editio, quæ de Hebraica veritate translata est, habet *a principio*, in antiqua translatione positum est, *ad orientem*. Ex quo nonnulli volunt intelligi quod in orientali parte orbis terrarum sit locus paradisi, quamvis longissimo interjacente spatio, vel Oceani, vel terrarum, a cunctis regionibus, quas nunc humanum genus incolit secretum. Unde nec aquæ diluvii, quæ totam nostri orbis superficiem altissime cooperuerunt, ad eum pervenire potuerunt. Verum sive ibi, seu alibi sit, Deus noverit, nos tamen locum hunc fuisse, et esse terrenum, dubitare non licet. Denique sequentibus verbis Scriptura plenius qualiter eum Deus plantaverit, exponit dicens :

Produxitque Dominus Deus de humo omne lignum pulchrum visu, et ad vescendum suave; lignum etiam vitæ in medio paradisi, lignumque scientiæ boni et mali. Hoc eo die factum intelligitur, quo et reliqua ligna fructifera terra Deo jubente produxit. Sed hic ideo necessario repetitur, ut qualis sit locus paradisi nosse possemus, maxime quia de ligno vitæ, lignoque scientiæ boni et mali erat specialiter referendum. In quorum uno homini signum obedientiæ quam Deo debebat, in altero sacramentum vitæ æternæ, quam per ipsam obedientiam mereretur, inerat. Et quidem lignum vitæ inde dictum, quia hanc virtutem, ut diximus, divinitus acceperit, ut qui ex eo manducaret, corpus ejus stabili sanitate firmaretur, neque ulla unquam infirmitate vel ætate in deterius mutaretur, aut in occasum etiam laberetur. Sed hoc ita corporaliter factum est, ut sacramenti quoque esset figura spiritualis, id est, Dei et Domini nostri Jesu Christi, de quo in laude sapientiæ dictum est : *Lignum vitæ est his qui apprehenderint eam.* Et in Apocalypsi sancti Joannis inquit : *Qui vicerit, dabo ei edere de ligno vitæ quod est in paradiso Dei mei (Apoc.* II). Quod est aperte dicere :

Qui vicerit tentationem serpentis antiqui, a quo victus est Adam, dabo quod daturus eram, si vicerit, Adæ, ut præsenti visione gloria Christi in æternum reficiatur, ideoque nullo possit incursu mortis attingi. Qui videlicet Dominus Christus, virtus et sapientia Dei Patris, in paradiso est regni cœlestis, quem cum cæteris sanctis etiam confitenti se in cruce latroni promittere dignatus est. Sequitur ut videamus de ligno scientiæ dignoscendi bonum et malum. Prorsus et hoc lignum erat visibile et corporale sicut arbores cæteræ. Quod ergo lignum esset, non est dubitandum, sed cur hoc nomen acceperit, requirendum. Mihi autem etiam æque considerandi dici non potest quantum placeat illa sententia, non fuisse illam arborem cibo obnoxiam. Neque enim qui fecerat valde bona omnia in paradiso instituerat aliquid mali, sed malum fuisse homini transgressione præcepti. Oportebat autem ut homo sub Domino Deo positus, alicunde prohiberetur, ut ei promerendi esset Dominum suum ipsa virtus obedientia, quam possumus verissime dicere solam esse virtutem omni creaturæ rationali agenti sub Dei potestate; primumque esset et maximum tumoris vitium ad ruinam sua potestate velle uti, cujus vitii nomen est in obedientia. Non esset ergo, unde se dominum homo habere cogitaret atque sentiret, nisi ei aliquid juberetur. Arbor itaque non illa erat mala, sed appellata est scientiæ dignoscendi bonum et malum, quia si propter prohibitionem ex illa homo ederet, in illa erat præcepti futura transgressio, in qua homo per experimentum pœnæ disceret quid esset inter obedientiæ bonum et inobedientiæ malum. Proinde et hoc non in figura dictum, sed vere quoddam lignum accipiendum est, cui non de fructu, vel pomo, quod inde nasceretur, sed ex ipsa re nomen impositum est, quæ, illo contra vetitum tacto, fuerat secutura.

Et fluvius egrediebatur de loco voluptatis ad irrigandum paradisum, id est, ligna illa pulchra atque fructuosa, quæ omnem terram regionis illius opacabant. Quod eo factum fuisse ordine credendum est, quo in hac, quam nos incolimus terram, Nilus plana irrigat Ægypti. Unde quod et supra posuimus dictum est de terra Sodomorum, quæ universa irrigabatur sicut paradisus Domini, et sicut Ægyptus. Et provida utique dispositione Dominus ac conditor rerum in nostro orbe voluit habere similitudinem nonnullam patriæ illius, ad quam possidendam in primo parente creati sumus, ut ad promerendum ejus reditum de vicino nos admoneret exemplo, maxime ex flumine illo, quod de paradiso constat emanare. Nilus namque qui irrigat Ægyptum, ipse est Geon, qui in sequentibus de paradiso procedere memoratur. Sicut etiam eversis eisdem Sodomorum civitatibus, quæ quondam ut paradisus Domini irrigabantur, exemplum eorum, qui impie acturi sunt, posuit, ut vestigia perditionis malorum certissima in mundo habentes, vigilantius æterna eorum tormenta fugeremus.

Qui inde dividitur in quatuor capita : nomen uni Phison. Constat, astruentibus certissimis auctoribus, horum omnium fluminum, quæ de paradiso exire referuntur, in nostra terra fontes esse notos. Phisonis quidem, quem nunc Gangen appellant, in locis Caucasi montis. Nili vero, quem Scriptura, ut diximus, Geon nuncupat, non procul ab Atlante monte, qui est ultimus Africæ ad occidentem finis. Porro Tigris et Euphrates in Armenia. Unde credendum est quoniam locus ipse paradisi a cognitione hominum est remotissimus, inde quatuor aquarum partes dividi; sed ea flumina, quorum fontes noti esse dicuntur, alicubi ipsa sub terris, et post tractus prolixarum regionum, locis aliis erupisse, ubi tanquam in suis fontibus noti esse perhibentur. Nam hoc solere nonnullas aquas facere quis ignorat? Sed ibi hoc scitur, ubi non diu sub terris currunt. Denique eadem ipsa flumina Tigrin, Euphraten et Nilum ferunt historici plerisque in locis terra absumi, et aliquanto interjacente spatio rursus emergentia, solitum agere cursum. Quod etiam ipsum Dominus ad indicium facere credendus est illius cursus, quo hæc ad nos de paradiso per occultiores terræ sinus venasque longiores exeunt. Interpretatur autem Phison *oris mutatio,* sive *os pupillæ;* et recte, quia nimirum aliam in nostra terra gratiam faciei, id est, viliorem multo, quam in paradiso habet, ostendit.

Ipse est qui circuit omnem terram Evilah. Hæc est Indiæ regio, nomen inde habens, quod possessa sit post diluvium ab Evilah filio Jectan, qui fuit filius Heber patriarchæ Hebræorum. Quem etiam Josephus refert cum fratribus suis a flumine Cephene et regione Indiæ usque ad locum eum qui appellatur Hieria possedisse.

Ubi nascitur aurum, et aurum terræ illius optimum est. Et Plinius Secundus narrat Indiæ regiones auri venis præ cæteris abundare terris. Unde et insulæ eorum χρύσα et ἀργυρά, a copia auri sive argenti vocabula sumpserunt.

Ibique invenitur bdellium et lapis onychinus. Bdellium est, ut idem Plinius dicit, arbor aromatica, colore nigra, magnitudine olivæ, et folio roboris, fructuque caprificus, ipsius natura quæ gummi. Est autem lacryma ejus lucida, subalbida, levis, pinguis, cereali liquore, et quæ facile molliatur, gustu amara, odoris boni, sed vino perfusa odoratior, cujus et liber Numerorum meminit : *Erat autem,* inquiens, *man quasi semen coriandri, coloris bdellii (Num.* 1), id est, lucidi et subalbidi. Onyx autem lapis est pretiosus, inde appellatus quod habet in se permistum candorem, in similitudinem unguis humani. Græci enim unguem dicunt onychem. Hunc et Arabia gignit, sed Indicus igniculos habet, albis cingentibus zonis. Arabicus autem niger est cum candentibus zonis. Antiqua translatio pro his habet *carbunculum et lapidem prasinum.* Est autem carbunculus, sicut et nomine probat, lapis ignei coloris, qui noctis quoque tenebras illustrare perhibetur. Est lapis prasinus viridantis aspectus. Unde et Græce a porro, quod apud eos πράσον dicitur, nomen accepit.

Et nomen fluvio secundo Geon : ipse est qui circuit omnem terram Æthiopiæ, et interpretatur *pectus* sive *præruptum*.

Nomen vero fluminis tertii Tigris : ipse vadit contra Assyrios. Vocatur quoque Tigris propter velocitatem, instar bestiæ nimia pernicitate currentis.

Fluvius autem quartus ipse est Euphrates. Euphrates vero interpretatur *frugifer* sive *crescens*. Idcirco de Euphrate ubi vadat, quasve terras circumeat, non dicit, quia ipse in vicino profluens terræ repromissionis, facillime a populo Israel, qui ibidem positus hæc lecturus erat, poterat sciri. Quia vero per aquas regeneratrices regressus nobis ad cœlestia patet, congruit satis dispensationi divinæ pietatis, ut ipsum elementum per quod ad supernam patriam reducimur, nobis sit cum paradiso, in quo positus est homo primus, commune, et sicut gratia nos recreans invisibiliter regni cœlestis ingressum præparat, ita etiam invisibiliter ad nostrum orbem de paradiso per terræ venas ipsa, per quam nos recreat, unda prosiliat. *Si ergo spiritus ubi vult spirat, et vocem ejus audis, sed non scis unde veniat aut quo vadat (Joan.* III*)*, sic etiam decebat ut aqua, quæ eos quos vult Spiritus sanctificat, ignotis ad nos viis de paradiso adveniat, et ad ignota nobis loca redeat, quam tamen de paradiso voluptatis constat habere originem. *Plantaverat autem Dominus Deus paradisum voluptatis a principio.* Paradisus Ecclesia est, sic enim de illa legitur in Canticis canticorum : *Hortus conclusus soror mea (Cant.* IV*)*. A principio autem plantatur paradisus, quia Ecclesia catholica a Christo, qui est principium omnium, condita esse cognoscitur (*Isid.*). Fluvius de paradiso exiens, imaginem portat Christi de paterno fonte fluentis, qui irrigat Ecclesiam suam verbo prædicationis et dono baptismi. De quo bene per prophetam dicitur : *Dominus Deus noster fluvius gloriosus, exsiliens terram sitientem (Isa.* XLIV*).* Quod quatuor fluminibus de paradiso egredientibus terra rigatur, solidum mentis nostræ ædificium, prudentia, temperantia, fortitudo, justitia continet; quia in his quatuor virtutibus tota boni operis structura consurgit. (*Greg.*) Quatuor ergo paradisi flumina terram irrigant, quia dum his quatuor virtutibus cor infunditur, ab omni desideriorum carnalium æstu temperatur. Item allegorice quatuor paradisi flumina, quatuor sunt Evangelia ad prædicationem cunctis gentibus missa. Ligna fructifera, omnes sancti sunt; fructus eorum, opera eorum; lignum vitæ, sanctus sanctorum utique est Christus, ad quem quisque si porrexerit manum, vivet in æternum. (*Isid.*) Lignum autem scientiæ boni et mali proprium est voluntatis arbitrium, quod in medio nostri est positum ad dignoscendum bonum et malum; de quo, qui, relicta Dei gratia gustaverit, morte morietur.

Tulit ergo Dominus Deus hominem quem formaverat, et posuit eum in paradiso voluptatis ut operaretur et custodiret illum. Ad eum videtur respicere locum, in quo supradictum est : *Homo non erat qui operaretur terram.* Verum nos et in hujus expositione verbi, dicta sancti Patris Augustini exponamus : Quod operaretur, inquit, vel quid custodiret? nunquid forte agriculturam Dominus voluit operari primum hominem? An non est credibile quod eum ante peccatum damnaverit ad laborem? Ita sane arbitraremur, nisi videremus cum tanta voluptate animi agricolari quosdam, ut eis magna pœna sit inde ad aliud evocari. Quidquid ergo deliciarum habet agricultura, tunc utique longe amplius erat, quando nihil accidebat vel terræ, vel cœlo adversi. Non enim erat laboris afflictio, sed exhilaratio voluntatis, cum ea quæ Deus creaverat, humani operis adjutorio lætius feraciusque provenirent, unde Creator ipse uberius laudaretur, qui animæ in corpore animali constitutæ rationem dedisset operandi ac facultatem, quantum animo volenti satis esset, non quantum invitum indigentia corporis cogeret. *Ut operaretur*, inquit, *et custodiret illum*, custodiret videlicet eumdem paradisum ipse sibi, ne aliquid admitteret, propter quod inde mereretur expelli. Denique accipit præceptum, ut sit per quod sibi custodiat paradisum, id est, quo servato non inde projiciatur. Recte enim quisque dicitur non custodisse rem suam, qui sic egit ut amitteret eam; etiam si alteri salva sit, qui eam vel invenit, vel accipere meruit. Est alius in his verbis sensus, quem puto non immerito præponendum, ut ipsum hominem operaretur Deus et custodiret. Sicut enim homo operatur terram, non ut eam faciat esse terram, sed ut cultam atque fructuosam; sic Deus hominem multo magis quem ipse creavit ut homo sit, eum ipse operatur ut justus sit, et ut homo ab illo per superbiam non abscedat. *Posuit ergo hominem in paradiso voluptatis*, etc. *Operaretur*, scilicet ut bonus beatusque esset ; *custodiret* vero ut tutus esset, ipsius se dominationi ac protectioni humiliter subdendo.

CAPUT XIII.

Ubi præceptum Adæ a Deo in paradiso datum est, et Adam nomina cunctis animantibus imposuit.

Præcepitque ei dicens : Ex omni ligno paradisi comede, de ligno autem scientiæ boni et mali ne comedas. Non est credendum quod in ligno illo aliquid mali naturaliter inesset, sicut et supra docuimus, sed ab eo ligno quod malum non erat prohibitus est homo, ut ipsa per se præcepti conservatio bonum illi esset et transgressio malum. Denique a peccante nihil aliud appetitum est, nisi non esse sub dominatione Dei, quando illud admissum est, in quo, ne admitteretur, sola deberet jussio dominantis attendi. Quæ si sola attenderetur, quid aliud quam Dei voluntas amaretur? quid aliud quam Dei voluntas humanæ voluntati præponeretur? Nec fieri potest ut voluntas propria non grandi ruinæ pondere super hominem cadat, si eam voluntati superioris extollendo præponat. Hoc expertus est homo contemnens præceptum Dei, et hoc experimento didicit, quid interesset inter bonum et malum ; bonum scilicet obedientiæ, malum autem inobedientiæ, superbiæ, contumaciæ, perversæ imitationis Dei, et noxiæ libertatis. Hoc autem in quo ligno accidere potuit, ex ipsa re, ut jam supradictum est, nomen accepit. Præceptum quod accepit figuraliter Christus, nos accipimus in illo quia unusquisque Christianus non incongrue gestat personam Christi, dicente ipso Domino : *Quæ fecistis uni ex minimis istis, mihi fecistis* (*Matth.* xxv). (*Isid.*) Dicitur ergo *Ex omni ligno paradisi comedes; de ligno autem scientiæ boni et mali ne comedas.* Præcipitur enim nobis ut fruamur omni ligno paradisi, quo significantur spirituales deliciæ. *Fructus autem spiritus est charitas, gaudium, pax, longanimitas, benignitas, bonitas, mansuetudo, continentia, castitas* (*Galat.* v), sicut dicit Apostolus. Et non tangamus lignum in medio paradisi plantatum scientiæ boni et mali, id est, non velimus superbire de natura arbitrii nostri, quæ media est, ut decepti propter scientiam experiamur ad malum.

In quocunque enim die comederis ex eo, morte morieris. Non ait : Si comederis mortalis, eris. *In quocunque,* inquit, *die comederis ex eo, morte morieris.* Mortuus namque est homo in anima cum peccavit, quia recessit ab eo Deus, qui est vita animæ. Cujus merito mortis secuta est etiam mors corporis, discedente ab illo anima, quæ est vita ejus. Quæque mors eidem primo homini tunc evenit, cum præsentis vitæ terminum accepit, non parvo post tempore quam vetitum comedit. Potest et ita intelligi quod illam mortem in eis fecerit dies ille, in quo peccaverat, quam Apostolus gemens dicit : *Condelector legi Dei secundum interiorem hominem ; video autem aliam legem in membris meis repugnantem legi mentis meæ, et captivantem me in lege peccati, quæ est in membris meis. Infelix ego homo, quis me liberabit de corpore mortis hujus?* (*Rom.* xii.) Non enim sufficeret si diceret : Quis me liberabit de hoc mortali corpore? sed *de corpore,* inquit, *mortis hujus.* Sicut etiam illud : *Corpus quidem mortuum est,* inquit, *propter peccatum.* Nec ibi ait mortale, sed mortuum, quamvis utique et mortale, quia moriturum. Non ita credendum est fuisse illa corpora, sed licet animalia nondum spiritualia, non tamen mortua, id est, quæ necesse est ut morerentur, quod eo die factum est, quo lignum contra vetitum tetigerunt.

(*Isid.*) Mystice autem *tulit Deus hominem et posuit eum in paradisum,* hoc est : assumpsit Deus carnem, et factus est caput Ecclesiæ. *Ut operaretur et custodiret illum,* id est, voluntate Patris, ex omnibus gentibus Ecclesiam adimpleret ; atque impleretur sermo, quem Dominus dixit : *Ego servabam eos in nomine tuo, quos dedisti mihi custodivi* (*Joan.* xvii). Pensandum magnopere est, quia bona prodesse nequeunt, si mala quæ subrepunt non caventur. Perit omne bonum quod agitur, si non sollicite in humilitate custodiatur. Unde bene quoque de ipso parente nostro dicitur : *Posuit eum Dominus in paradisum voluptatis, ut operaretur et custodiret illum.* Operatur quippe qui agit bonum quod præcipitur, sed quod operatus fuerat perdit, cui hoc subripitur quod prohibetur. Unde magnopere oportet et bona semper agere, et ab ipsis nos bonis operibus caute in cogitatione custodire, ne si mentem elevent bona sint, quæ non auctori militant sed elationi.

CAPUT XIV.
De factura mulieris ex costa Adæ.

Dixit quoque Dominus Deus : Non est bonum esse hominem solum, faciamus ei adjutorem similem sibi. Et hæc locutio Dei non corporali voce foras in auras emissa, sed interna ratione divinæ voluntatis, per quam creata sunt omnia, ineffabiliter facta esse credenda est. Juxta quod et supra docuimus, ubi scriptum est : *Faciamus hominem ad imaginem et similitudinem nostram.* Si autem quærit aliquis ad quam rem fieri oportuerit hoc adjutorium, audiat responsum sancti Augustini, cujus et superius verba sæpissime tacito ejus nomine posuimus. Nihil, inquit, aliud probabiliter occurrit, quam propter filios procreandos, sicut adjutorium semini in terra est, ut virgultum ex utrarum parte nascatur. Hoc enim et in prima rerum creatione dictum erat : *Masculum et feminam fecit eos, et benedixit eis dicens : Crescite et multiplicamini, implete terram et dominamini ejus.* Quæ ratio conditione et conjunctionis masculi et feminæ atque benedictio, nec post peccatum hominis pœnamque defecit. Ipsa enim est, secundum quam nunc terra hominibus plena est dominationibus ejus. Quanquam enim jam emissi de paradiso convenisse et genuisse commemorentur, tamen non video quid prohibere potuerit, uti essent eis etiam in paradiso honorabiles nuptiæ et thorus immaculatus. Hoc Deo præstante fideliter justeque viventibus, æque obedienter sancteque servientibus, ut sine ullo inquietæ ardore libidinis, sine ullo labore ac dolore pariendi, fetus ex eorum semine gigneretur, non ut morientibus parentibus filii succederent, sed ut illis qui genuissent in aliquo formæ statu manentibus, et ex ligno vitæ quod ibi plantatum erat corporalem vigorem sumentibus, et illi qui gignerentur ad eumdem perducerentur statum, donec certo numero impleto, si juste omnes obedientesque viverent, tunc fieret illa commutatio, ut sine ulla morte animalia corpora conversa in aliam qualitatem, eo quod ad omnem nutum regenti se spiritui deservirent, et solo spiritu vivificante sine ullis alimentorum corporalium sustentaculis viverent, spiritualia vocarentur. Nam si Enoch et Elias in Adam non mortui, mortisque propaginem in carne gestantes, quod debitum ut solvant, creduntur etiam redituri ad hanc vitam, et, quod tandiu dilatum est, morituri, nunc tamen in alia vita sunt, ubi ante resurrectionem carnis, antequam animale corpus in spirituale mutetur, nec morbo, nec senectute deficiunt, quanto justius atque probabilius primis illis hominibus præstaretur sine ullo suo parentumve peccato viventibus, ut in meliorem aliquem statum filiis genitis cederent, unde sæculo finito cum omni posteritate sanctorum in angelicam formam, non per carnis mortem, sed per Dei virtutem multo felicius mutarentur.

Formatis igitur Dominus Deus de humo cunctis animantibus terræ, et universis volatilibus cœli, adduxit ea ad Adam. Si quem movet, quia non dixit, formatis de humo cunctis animantibus terræ, et de aquis universis volatilibus cœli, sed tanquam utraque genera de terra formaverit, *Formatis,* inquit, *Dominus Deus, de humo cunctis animantibus terræ, et universis volatilibus cœli;* videat duobus modis esse intelligendum: aut tacuisse nunc unde formaverit volatilia cœli, quia et tacitum possit occurrere, ut non de terra utrumque accipiatur Deum formasse; sed tantummodo animantia terræ et volatilia cœli, etiam tacente Scriptura intelligamus, unde formaverit aut terram universaliter sic appellatam simul cum aquis, quemadmodum appellata est in illo psalmo, ubi cœlestium laudibus terminatis ad terram facta est conversio sermonis et dictum: *Laudate Dominum de terra, dracones et omnes abyssi,* et cætera (*Psal.* CXLIX); Nec postea dictum est: Laudate Dominum de aquis. Ibi enim sunt omnes abyssi, quæ tamen de terra laudant Dominum. Ibi etiam reptilia et volatilia pennata, quæ nihilominus de terra laudant Deum secundum istam universalem appellationem terræ, secundum quam etiam de toto mundo dicitur: Deus qui fecit cœlum et terram, sive de arida, sive de aquis quæcunque creata sunt, de terra veraciter intelliguntur creata.

Adduxit ea, inquit, *ad Adam ut videret quid vocaret ea.* Non est cogitandum carnaliter, quod ita adduxerit Deus animantia terræ vel aves ad Adam, quomodo solet pastor gregem minare suum de loco ad locum; sed magis intelligendum, quia sicut divina potentia, cum voluit, hæc de aquis vel de terra creavit; ita etiam eadem occulto nutu suæ potentiæ quando voluit, ad hominem conspicienda perduxit. Quomodo etiam ad arcam Noe cuncti generis volatilia vel quadrupedia non hominis manu congregata, sed divinitus acta venisse, eamque intrasse leguntur, nescientibus quidem ipsis ad quid venirent, sciente autem homine qui ea venientia in arcam Deo docente ac jubente suscipiebat.

Omne enim quod vocavit Adam animæ viventis, ipsum est nomen ejus. Appellavitque Adam nominibus suis cuncta animantia terræ, et universa volatilia cœli, et omnes bestias terræ. Constat Adam in ea lingua qua totum genus humanum usque ad constructionem turris, in qua linguæ divisæ sunt, loquebatur, animantibus terræ et volatilibus nomina imposuisse. Cæterum in dejectione turris, cum Deus suam cuique genti propriam atque diversam tribueret linguam, tunc eis credenda sunt etiam animantium vocabula, quomodo et rerum cæterarum, juxta suam cuique distinxisse loquelam: quamvis etiam non latet homines postea plurimis quæ sibi nova forte occurrerent rebus, sive animantibus, per singulas gentes juxta suum placitum indidisse vocabula, et nunc etiam inde discernere solere. Denique de piscibus adductis ad Adam ut eis nomina imponeret, nil Scriptura refert: quibus tamen credibile est paulatim cognitis pro diversitate gentium nomina ab omnibus esse diversa imposita. Primam autem linguam fuisse generi humano Hebræam videtur, ex eo quod nomina cuncta hominum quousque ad divisionem linguarum in Genesi legimus, illius constat esse loquelæ. Causa autem adducendi ad Adam cuncta animantia terræ et volatilia cœli, ut videret quod vocaret ea et eis nomina imponeret, hoc est, ut sic Deus demonstraret homini quanto melior esset omnibus irrationabilibus animantibus. Ex hoc enim apparet ipsa ratione hominem meliorem esse quam pecora, quod distinguere et nominatim ea discernere non nisi ratio potest, quæ melior est. Spiritualiter vero, *faciamus ei adjutorium simile sui,* quia in ipso homine suscepto Ecclesia Deo copulata est. Appellavit Adam nominibus suis cuncta animantia et volatilia cœli, et bestias terræ, significans gentes quæ salvæ fierent in Ecclesia, et per Christum nomen erant acceptura quod prius non habuerant, sicut scriptum est: Et vocabo servos meos nomine alio.

Adam vero non inveniebatur adjutor similis ejus; utique quamvis fidelis aut justus sit quisque, Christo tamen æquari non potest. *Quis enim,* inquit Moyses, *similis tibi in diis, Domine?* Nam et David ait: *Speciosus forma præ filiis hominum* (*Psal.* XLIV). Nemo enim poterat a morte genus hominum liberare, et ipsam mortem superare nisi Christus, sicut Apocalypsis ait: *Nemo inventus est dignus, neque in cœlo, neque in terra, neque infra terram aperire librum* (*Apoc.* V).

Immisit ergo Dominus Deus soporem in Adam. Cumque obdormisset, tulit unam de costis ejus, et replevit carnem pro ea, et ædificavit Dominus Deus costam quam tulerat de Adam in mulierem. Quod mulier de viri latere facta est, propter ipsius conjunctionis vim commendandam, ita fieri oportuisse credendum est. Quod autem dormienti illi factum est, quod osse detracto in hujus locum caro suppleretur, altioris mysterii gratia factum est. Significabatur enim quod de latere Christi in cruce per mortem sopiti, sacramenta essent salutis exitura, videlicet sanguis et aqua, de quibus sponsa illi conderetur Ecclesia. Nam si tanti sacramenti non esset figura in creatione feminæ præmittenda, quid opus erat dormisse Adam, ut costam illi Deus de qua feminam faceret tolleret, qui et vigilanti ac non dolenti idem facere poterat? Quid necessarium fuit, ut cum os quod de viri latere sumptum est in feminam condebatur, in locum ossis, non os, sed caro suppleretur, nisi quia figurabatur quod Christus propter Ecclesiam infirmus, at vero Ecclesia per ipsum esset firma futura? Unde ejusdem mysterii gratia typico quoque verbo usa est Scriptura ut non diceret fecit, aut formavit, aut creavit, sicut in omnibus supra operibus, sed *ædificavit*, inquit, *Dominus Deus costam quam tulerat de Adam in mulierem*, non tanquam corpus humanum, sed tanquam domum : quæ domus sumus nos, si fiduciam et gloriam spei usque ad finem firmam retineamus. Taliter enim decebat, ut humani generis origo Deo cooperante procederet, quatenus redemptione ipsius quæ in fine erat sæculi per eumdem ventura conditorem concinentibus figuris testimonium daret. (*Greg.*) Sciendum vero est quia nequaquam culmen contemplationis attingimus, si non ab exteriori curæ oppressione cessamus. Nequaquam nosmetipsos intuemur, ut sciamus aliud in nobis esse rationale quod regit, aliud animale quod regitur, nisi ad secretum silentii recurrentes, ab omni exterius perturbatione sopiamur. Quod silentium nostrum bene Adam dormiens figuravit, de cujus mox latere mulier processit, qua quisquis ad interiora intelligenda rapitur, a rebus invisibilibus mentis oculos claudit, et tunc in seipso vel quæ præesse debeant viriliter, vel quæ subesse possint infirma distinguit, ut aliud in ipso sit quod regere valeat tanquam vir, aliud tanquam femina quod regatur.

Et adduxit eam ad Adam. Dixitque Adam : Hoc nunc os ex ossibus meis, et caro de carne mea. Quoniam Adam adductis ad se animantibus terræ et volatilibus cunctis, nullum in his sibi simile invenerat, merito nunc ubi adjutorium simile sui factum atque ad se adductum vidit, agnovit et exclamavit dicens : *Hoc nunc os ex ossibus meis, et caro de carne mea.* Nunc videlicet, quia prius visis animantibus aliis, simile sibi non viderat. *Os autem de ossibus meis, et caro de carne mea :* quia cætera quæ os et carnem habentia viderat nominatimque distinxerat, non ex sua substantia, sed ex terra vel aquis esse facta noverat. Sicut vero aliis vocabulum ad se adductis posuerat, sic restabat, ut ei quem sibi similem ac de suo corpore creatum cognovit nomen inderet.

Hæc, inquit, *vocabatur virago, quoniam de viro sumpta est.* Quomodo autem Latine etymologia congruit in his nominibus, cum a viro nuncupatur virago, ita convenit et Hebræa, in qua videlicet lingua vir appellatur *is* איש, et derivato ab hoc nomine, femina dicitur *issa* אשה. Denique quod *is* appellatur Hebraice vir, testatur etiam nomen Israel ישראל qui *vir videns Deum* interpretatur. Sed et sacramentis Christi et Ecclesiæ convenit aptissime, quod Adam mulierem de sua carne creatam, nominis sui participem fieri voluit, quia et Dominus noster Jesus Christus, æque Ecclesiæ quam per sui corporis et sanguinis pretium redemit sibique adoptavit in sponsam, participium sui nominis donavit, ut a Christo videlicet Christiana vocaretur, a Jesu, id est, Salvatore, salutem consequeretur æternam. Non autem prætereundum, quod sopor ille, sive exstasis, id est, mentis excessus, ut antiqua translatio habet, quam Dominus transmisit in Adam, recte intelligitur, ut sanctus Augustinus dicit, ad hoc immissa, ut ipsius mens per exstasin particeps fieret tanquam angelicæ curiæ, et intrans in sanctuarium Dei, intelligeret novissima. Denique evigilans tanquam prophetia plenus, cum ad se adductam mulierem suam videret, eructavit continuo magnum sacramentum quod commendavit Apostolus : *Hoc nunc os ex ossibus meis, et caro de carne mea. Hæc vocabitur virago, quia de viro sumpta est*, et quod sequitur.

Quamobrem relinquet homo patrem suum et matrem, et adhærebit uxori suæ, et erunt duo in carne una. Quæ verba cum primi hominis fuisse Scriptura ipsa testatur, Dominus tamen in Evangelio Deum dixisse declaravit. Ait enim : *Non legistis quia qui fecit ab initio, masculum et feminam fecit eos? et dixit : Propter hoc dimittet homo patrem et matrem, et adhærebit uxori suæ, et erunt duo in carne una* (*Matth.* XIX), ut hinc intelligeremus propter exstasin quæ præcesserat in Adam, hoc eum divinitus tanquam prophetam dicere potuisse. Si ergo Christus adhæsit Ecclesiæ, ut essent duo in carne una, quomodo reliquit patrem, quomodo matrem ? Quia *cum in forma Dei esset, non rapinam arbitratus est esse se æqualem Deo, sed semetipsum exinanivit formam servi accipiens* (*Phil.* II). Hoc est enim, reliquit patrem, non quia deseruit, vel recessit a Patre, sed quia non in ea forma apparuit hominibus in qua æqualis est Patri. Quomodo reliquit matrem ? Relinquendo Synagogam Judæorum de qua secundum carnem natus est, et inhærendo Ecclesiæ quam ex omnibus gentibus congregavit, ut pace novi testamenti essent duo in carne una ; quia cum sit Deus apud Patrem Deum, factus est per carnem particeps noster, ut illius capitis corpus esse possemus.

Erat autem uterque nudus, Adam scilicet et uxor ejus, et non erubescebant, et merito. Quid enim puderet, quando nullam legem senserunt in membris suis repugnantem legi mentis suæ? quæ illos pœna peccati, post perpetrationem prævaricationis secuta est, usurpante inobedientia prohibitum, et justitia puniente commissum. Quod antequam fieret, nudi erant, ut dictum est, et non confundebantur. Nullus erat motus in corpore cui verecundia deberetur nihil putabant velandum, quia nihil senserant refrenandum.

CAPUT XV.

De suggestione serpentis et seductione Adæ et conjugis ejus.

(CAP. III). *Sed et serpens erat callidior cunctis animantibus terræ quæ fecerat Dominus Deus.* Potest iste serpens non irrationali anima sua, sed alieno jam spiritu, id est, diabolico, callidior dici cunctis animantibus. Quantumlibet enim prævaricatores angeli de supernis sedibus suæ perversitatis et superbiæ merito dejecti sunt, natura tamen excellentiores sunt omnibus animantibus terræ propter rationis eminentiam. Quid ergo mirum si suo instinctu diabolus jam implens serpentem, eique suum spiritum miscens, eo more quo vates dæmoniorum impleri solent, callidissimum reddiderat omnium animantium terræ? sive ut alia dicit editio, sapientissimum omnium bestiarum, secundum animam vivam irrationabilemque viventium? (*August.*) Si ergo quæritur cur Deus tentari permiserit hominem, quem tentatori consensurum esse præsciebat, occurrit ratio vera, non magnæ laudis futurum fuisse hominem, si propterea posset bene vivere, quia nemo male vivere suaderet, cum et in natura posse, et in potestate haberet velle non consentire suadenti, adjuvante tamen illo qui *superbis resistit, humilibus autem dat gratiam* (*Prov.* III). Nec arbitrandum est quod esset hominem dejecturus iste tentator, nisi præcessisset in anima hominis quædam elatio comprimenda, ut per humiliationem peccati quam de se falso præsumpserit, disceret. Verissime quippe dictum est : *Ante ruinam exaltatur spiritus, et ante gloriam humiliatur* (*Prov.* XVI). Sic autem quidam moventur de hac primi hominis tentatione, quod eam fieri permiserit Deus, quasi nunc non videant universum genus humanum, diaboli insidiis sine cessatione tentari. Cur et hoc permittit Deus? an quia probatur, ut exerceatur virtus et est palma gloriosior non consensisse tentatum, quam non potuisse tentari? Si autem quæritur cur potissimum per serpentem diabolus tentari permissus sit, jam hoc significandi gratia factum est, non quod diabolus aliquid ad instructionem nostram significare voluerit, sed cum accedere ad tentandum non posset nisi permissus, num aliud posset, nisi quod permittebatur accedere? Quidquid igitur serpens ille significavit, ei providentiæ tribuendum est, sub qua et ipse diabolus habet quidem cupiditatem nocendi, facultatem autem non nisi quæ datur, vel ad subvertenda ac perdenda vasa iræ, vel ad humilianda sive probanda vasa misericordiæ. Non itaque serpens verborum sonos intelligebat, qui ex illo flebant ad mulierem; neque enim conversa credenda est anima ejus in naturam rationalem, quandoquidem nec ipsi homines quorum rationalis natura est, cum dæmon in eis loquitur ea passione cui exorcista requiritur, sciunt quid loquantur; quanto minus ille intelligeret verborum sonos quos per eum et ex eo diabolus illo modo faciebat, qui hominem loquentem non intelligeret, si eum a diabolica passione immunis audiret.

Dixit ergo ad mulierem : Cur præcepit vobis Deus ut non comederetis de omni ligno paradisi? Cui respondit mulier : De fructu lignorum quæ sunt in paradiso vescimur, de fructu vero ligni quod est in medio paradisi, præcepit nobis Deus ne comederemus, et ne tangeremus illud, ne forte moriamur. Ideo prius interrogavit serpens et respondit hoc mulier, ut prævaricatio esset inexcusabilis : neque ullo modo dici posset id quod præceperat Deus oblitam fuisse mulierem. Callidus namque humani generis inimicus, quod in paradiso egit, hoc quotidie agere non desistit. Verba quippe Dei de cordibus hominum molitur evellere, atque in eis ficta promissionis suæ blandimenta radicare. Quotidie id quod Deus minatur levigat, et ad hoc credendum quod falso promittit invitat. Falso enim pollicetur temporalia, ut mentibus hominum ea supplicia leviget, quæ Deus minatur æterna. Nam cum præsentis vitæ gloriam spondet, quid aliud dicit : Gustate et eritis sicut dii? ac si aperte dicat : Temporalem concupiscentiam tangite, et in hoc mundo sublimes apparete. Et cum timorem divinæ sententiæ a corde amovere conatur, quid aliud loquitur quam id quod primis hominibus dicit : *Cur præcepit vobis Deus ut non comederetis de omni ligno paradisi?* Sed quia divino munere receptus homo justitiam recipit, quam dudum conditus amisit, robustior se jam contra blandimenta callidæ persuasionis exercet, quia experimento didicit, quantum obediens esse debeat præcepto; et quem tunc culpa ad pœnam, nunc pœna sua restringit a culpa; et tanto magis delinquere metuit, quanto, cogente supplicio, et ipse jam quod perpetravit accusat.

Dixit autem serpens ad mulierem : Nequaquam morte moriemini. Scit enim Deus, quod in quocunque die comederitis ex eo, aperientur oculi vestri, et eritis ut dii, scientes bonum et malum. Quid hic intelligitur, nisi persuasum esse eis ut sub Deo esse nollent, sed in potestate potius sine Deo, ut legem ejus non observarent, quasi invidentis sibi ne se ipsi regerent, non indigentes illius æterno lumine, sed utentes proprio, providentes quasi oculis suis ad dignoscendum bonum et malum, quod ille prohibuisset. In quibus verbis notandum quanta arte nequitiæ diabolus hominem ab initio tentaverit, qui non solum eum inobedientiam contemptumque sui creatoris velut sibi invidentis docuit, sed et numerositatem deorum illi credendam proposuit, dicens : *Et eritis sicut dii*, quatenus et si forte ad inobedientiam eos pertrahere nequiret, fidei tamen qua unum Deum colebant castitatem corrumperet. Si vero pertraheret, in utroque victor existeret. Quomodo his autem verbis crederet mulier a bona atque utili re divinitus se fuisse prohibitos, nisi jam inesset menti amor ille propriæ potestatis, et quædam de se superba præsumptio, quæ per illam tentationem fuerat convincenda et humilianda? Denique verbis non contenta serpentis, consideravit lignum.

Viditque, ut Scriptura dicit, *quod bonum esset ad vescendum, et pulchrum oculis, aspectuque delectabile*; et non credens posse inde se mori, arbitror quod putaverit Deum alicujus significationis causa dixisse : *Si manducaveritis, morte moriemini*. Atque ideo : *Tulit de fructu illius et comedit, deditque viro suo*, fortassis etiam cum verbo suasorio, quod Scriptura intelligendum tacens reliquit. An forte nec suaderi jam opus erat viro, quando eam illo cibo mortuam non esse cernebat? Antiquus hostis contra primum hominem parentem nostrum in tribus se tentationibus erexit, quia hunc videlicet gula, vana gloria et avaritia tentavit, sed tentando superavit, quia sibi eum per consensum subdidit. Ex gula quippe tentavit, cum cibum ligni vetitum ostendit, atque comedendum suasit. Ex vana autem gloria tentavit, cum diceret, *Eritis sicut dii*. Et profecto ex avaritia tentavit, cum diceret : *Scientes bonum et malum*. Avaritia enim non solum pecuniæ est, sed etiam altitudinis. Recte enim avaritia dicitur, cum supra modum sublimitas ambitur. Si enim non ad avaritiam honoris rapina pertineret, nequaquam Paulus de unigenito Filio diceret : *Non rapinam arbitratus est esse se æqualem Deo* (*Phil.* II). In hoc ergo diabolus parentem nostrum ad superbiam traxit, quo eum ad avaritiam sublimitatis excitavit. Sed quibus modis primum hominem stravit, eisdem modis secundo homini tentato succubuit. Per gulam tentavit cum dixit : *Dic ut lapides isti panes fiant* (*Matth.* IV). Per vanam gloriam tentavit cum dixit : *Si Filius Dei es, mitte te deorsum* (*Ibid.*). Per sublimitatis avaritiam tentavit, cum regna omnia mundi ostendit dicens : *Hæc tibi omnia dabo si procidens adoraveris me* (*Ibid.*). Sed eisdem modis a secundo homine victus est, quibus primum hominem vicisse se gloriabatur, ut a nostris cordibus ipso aditu captus exeat quo nos aditu intromissus tenebat.

Qui comedit, et aperti sunt oculi amborum, quo, nisi adinvicem concupiscendum? ad peccati pœnam carnis ipsius morte conceptam? ut jam esset corpus non animale tantum, quod poterat, si obedientiam conservarent, in meliorem spiritualemque habitum sine morte mutari, sed etiam corpus mortis, in quo lex in membris repugnaret legi mentis. Neque enim clausis oculis facti erant, et in paradiso deliciarum cæci palpantesque oberrabant. Tale est illud Evangelii, cum diceret de illis duobus, quorum unus erat Cleophas, quod cum fregisset eis Dominus panem, *aperti sunt oculi eorum, et cognoverunt eum* (*Luc.* ult.), quem per viam non cognoverunt, non utique clausis oculis ambulantes, sed eum cognoscere non valentes. Ad hoc ergo aperti sunt oculi primorum hominum, ad quod antea non patebant, quamvis ad alia paterent. Serpens autem ille, sapientior omnium bestiarum, indicat diabolum, qui inde serpens dicitur, quod volubili versetur astutia. Sed quid est quod ipse per mulierem decepit et non per virum? quia non potest ratio nostra seduci ad peccandum, nisi præcedente delectatione carnali infirmitatis affectu, quæ magis debet obtemperare rationi tanquam viro dominanti. Hoc enim in unoque geritur homine, in occulto quodam secretoque conjugio. Suggestionem quippe serpentem accipimus, mulierem vero animalem corporis sensum, rationem autem virum. Ergo quando occurrit mala suggestio quasi serpens loquitur ; sed si sola cogitatio oblectetur illius suggestionis, et ratione refrenante consensus explendi operis non succedat, sola mulier videtur comedisse illicitum. Quod si ipsum peccatum etiam et mens perpetrandum decernat, jam vir deceptus est, jam mulier dedisse viro cibum videtur. Illecebræ enim consentire, de ligno prohibito manducare est. Tunc quippe jure a beata vita tanquam a paradiso expellitur homo, peccatumque ei imputatur, etiamsi non subsequatur effectus, quia etsi non est in factis culpa, in confessione tamen rea tenetur conscientia. Hæc secundum anagogen ; cæterum juxta metaphoram poterit callidus serpens iste, hæreticorum versutiam designare. Nonnulli enim loquacius atque subtilius promittunt curiositate secretorum adapertionem atque scientiam boni et mali, et in ipso homine tanquam in arbore, quæ plantata est in medio paradisi, eam etiam dinoscendam demonstrare. Contra hunc serpentem clamat Apostolus, cum dicit : *Metuo ne sicut serpens Hevam seduxit astutia sua, sic sensus vestri corrumpantur* (*II Cor.* XI). Seducitur autem verbis hujus serpentis carnalis nostra concupiscentia : et per illam deceptus est Adam, non Christus, sed Christianus. Dicit ergo iste ad mulierem : *Cur præcepit vobis Deus ut comederetis ex omni ligno paradisi?* Sic et hæreticorum curiosa cupiditas, sic pravi prædicatores ac diligendam erroris fallaciam auditorum carnalium corda succendunt, dicentes ‹ Quare fugistis scientiam habere latitantem? Nova semper exquirite, boni malique scientiam perpetrate. Unde apud Salomonem mulier illa, hæreticorum speciem tenens, dicit : *Aquæ furtivæ dulciores sunt, et panis absconditus suavior* (*Prov.* IX). Subjecit denique idem serpens : *Quacunque die comederitis, statim aperientur oculi vestri, et eritis sicut dii, scientes bonum et malum*. Sic et omnes generaliter hæretici divinitatis meritum profitentur, atque scientiæ pollicitatione decipiunt et reprehendunt eos, si quos simpliciter credentes invenerint; et quia omnia carnalia persuadent, quasi ad carnalis oculorum adapertionem conantur adducere, ut interior oculus obscuretur. *Vidit igitur mulier quod bonum esset lignum, tulitque de fructu illius et comedit*. Mulier comedit antea et non vir, ideo, quia facilius carnales persuadentur ad peccatum, nec velociter spirituales decipiuntur. *Et dedit viro suo, et comedit*, utique quia post delectationem carnalis concupiscentiæ nostræ, etiam ratio nostra subjicitur ad peccatum, unde quædam lubrica in cogitatione versemus. Providendum nobis est, quia intueri non debet quod non licet concupisci. Ut enim munda mens in cogitatione servetur a lascivia voluptatis suæ, deprimendi sunt oculi, quasi quidam raptores, a culpa. Neque enim Heva lignum vetitum contigisset, nisi hoc prius incaute respiceret. Hinc ergo pensandum, quanto debemus moderamine erga illicita visum restringere, nos qui moraliter vivimus, si et mater viventium per oculos ad mortem venit. Hinc etiam sub Judæ voce qui exteriora videndo, non concupiscens bona, interiora perdiderat, propheta dicit : *Oculus meus deprædatus est animam meam* (*Thren.* III). Concupiscens enim visibilia, invisibiles virtutes amisit. Qui ergo interiorem fructum per exteriorem visum perdidit, per oculum corporis pertulit prædam cordis. Unde nobis ad custodiendam cordis munditiam, exteriorum quoque sensuum disciplina servanda est. Nam quantalibet virtute mens polleat, quantalibet gravitate vigeat, carnales tamen sensus puerile quiddam exterius perstrepunt; et nisi interioris gravitatis pondere, et quasi juvenili quodam vigore frenentur, ad fluxa quæque et levia mentem inermem trahunt. In primo parente nostro didicimus quia tribus modis omnis culpæ nequitiam perpetramus : suggestione scilicet, delectatione, consensu. Primum itaque per hostem, secundum vero per carnem, tertium per spiritum perpetratur. Insidiator enim prava suggerit, caro se delectationi subjicit, atque ad extremum spiritus victus delectatione consentit. Unde et serpens prava suggessit. Heva autem quasi caro se delectationi subdidit, Adam vero velut spiritus suggestione, delectatione superatus, assensit. Suggestionem itaque per peccatum agnoscimus, delectatione vincimur, consensu etiam ligamur. Unde et exclamandum nobis cum Apostolo : *Infelix ego homo, quis me liberabit de corpore mortis hujus?* (Rom. vii.) ut exaudiamus subsequentem nos consolationem : *Gratia Dei per Jesum Christum Dominum nostrum* (Ibid.). Item quatuor modis peccatum perpetratur in corde, quatuor consummatur in opere. In corde namque suggestione, delectatione, consensu, et defensionis audacia perpetratur. Fit enim suggestio per adversarium, delectatio per carnem, consensus per spiritum defensionis, audacia per elationem. Iisdem etiam quatuor modis peccatum consummatur in opere. Prius namque latens culpa agitur; postmodum vero etiam ante oculos hominum sine confusione reatus aperitur; dehinc et in consuetudinem ducitur; ad extremum quoque, vel falsæ spei seductionibus, vel obstinatione miseræ desperationis, enutritur.

CAPUT XVI.
Ubi se nudos viderunt Adam et Heva.

Cumque cognovissent esse se nudos, consuerunt folia ficus, feceruntque sibi perizomata. Anima rationalis bestialem motum in membris suæ carnis erubuit, eique incussit pudorem : non solum quia hoc ibi sentiebat, ubi nunquam antea tale aliquid senserat, verum etiam quod ille pudendus motus de præcepti transgressione veniebat. Ibi enim sensit qua prius gratia vestiretur, quando in sua nuditate nihil indecens patiebatur; denique illa conturbatione ad folia ficulneæ cucurrerunt, quæ forte perturbati prima invenerunt, perizomata, id est, succinctoria consuerunt, et quia glorianda deseruerant, pudenda texerunt. Nec arbitror eos cogitasse aliquid in illis foliis quod talibus congrueret contegi jam membra prurientia, sed occulto instinctu ad hoc illi per conturbationem compulsi sunt, ut etiam talis pœnæ suæ significatio a nescientibus fieret, quæ peccatorem facta convinceret, et doceret scripta lectorem. Mysterium autem hujus arboris, sub qua et Nathanael adhuc positum Dominum vidit, beatus Ambrosius breviter quidem, sed patenter exposuit dicens : Beati qui sub vite et olea equos suos alligant, laborem cursuumque suorum paci et lætitiæ consecrantes, ne ficus adhuc id est, illecebrosa deliciarum obumbret prurigo mundi, humilis ad altitudinem, fragilis ad laborem, mollis ad usum, sterilis ad fructum. Et in alio loco : Quod igitur gravius est, inquit, hac se Adam interpretatione succinxit, eo loco ubi fructu magis castitatis se succingere debuisset. In lumbis enim, quibus præcingimur, quædam semina generationis esse dicuntur ; et ideo male ibi succinctus Adam foliis inutilibus, ubi futuræ generationis non fructum futurum, sed quædam peccata signaret. *Cumque cognovissent se nudos esse, consuerunt folia fici, et se contegunt*, quia qui sæculum asperum amplectuntur, qui prurigine carnalis voluptatis arantur, quique decepti hæretica pravitate, et gratia Dei nudati, tegumenta mendaciorum tanquam folia fici colligunt, facientes sibi cinctoria pravitatis, cum de Domino vel Ecclesia mentiuntur.

Et cum audissent vocem Domini Dei deambulantis in paradiso ad auram post meridiem, abscondit se Adam et uxor ejus. Post meridiem tales jam convenerat visitari, qui defecerant a luce veritatis. Unde apte Dominus crucem meridie ascendit, et, promissa latroni habitatione paradisi, post meridiem, id est, nona hora, spiritum tradidit, ut videlicet eadem hora, qua primus homo lignum prævaricationis tetigerat, secundus homo lignum redemptionis ascenderet, et qua hora diei prævaricatores paradiso expulerat, ea confessorem in paradisum induceret.

Abscondit se, inquit, *Adam et uxor ejus a facie Domini Dei, in medio ligni paradisi.* (Beda.) Cum Deus avertit faciem suam intrinsecus, non miremur hæc fieri quæ similia sunt dementiæ, per nimium pudorem ac timorem. Illo quoque occulto instinctu non quiescente, ut ea nescientes facerent, quæ aliquid significarent, quandoque scituris posteris, propter quos ista conscripta sunt. Abscondunt se namque a facie Dei, qui peccant, quia indignos se divinæ pietatis reddunt aspectibus ; abscondunt se a facie Dei, non ut ipsorum conscientiam internus arbiter non videat, sed ut ipsi gloriam vultus ejus nunquam nisi resipiscendo conspiciant.

CAPUT XVII.
Ubi Dominus Adæ in paradiso loquitur post transgressionem ejus.

Vocavitque Dominus Deus Adam, et dixit ei : Ubi es? non utique ignorando quæsivit, sed increpando admonuit, ut attenderet in quo non esset Deus. Jam enim quia de arbore vetita comederat, mortuus erat morte animæ, cum eam deseruisset vita sua Deus. Et hoc sane ad aliquam pertinet significationem : quod sicut præceptum viro datum est, per quem veniret ad feminam, ita vir prior interrogatur ; præceptum enim a Domino per virum usque ad feminam, peccatum autem a diabolo per feminam usque ad virum. *Vocavitque Deus Adam, Ubi es?* Hic ostendit quia qui a fide vel bonis operibus ad mendacia sua desideriaque labuntur, non despicit illos Deus, sed adhuc ut redeant per pœnitentiam vocat, quia non vult mortem peccatoris, sed ut convertatur et vivat. Ergo non est desperandum quibuslibet peccatoribus, dum et ipsi impii ad spem indulgentiæ provocentur.

Qui ait : *Vocem tuam audivi in paradiso, et timui, eo quod nudus essem, et abscondi me.* Satis probabile est solere Deum per creaturam tali actioni congruam in forma humana primis illis hominibus apparere : quos nunquam permisit advertere nuditatem suam, eorum intentionem in superna sustollens, nisi post peccatum, pudendum in membris motum pœnali membrorum lege sensissent. Sic ergo affecti sunt, ut solent homines affici sub oculis hominum ; et talis affectio peccati de pœna erat, eum latere velle, quem nihil latere potest. Quod enim jam ipsos pudebat erga seipsos, unde sibi et succinctoria fecerant, multo vehementius ab illo etiam sic succincti videri verebantur, qui tanquam familiari temperamento ad eos videndos, per creaturam visibilem, velut humanos oculos afferebat. Dominus vero volens etiam peccatores more justitiæ interrogatos punire amplius quam erat illa pœna de qua jam cogebantur erubescere : *Quis enim*, inquit, *indicavit tibi quod nudus esses, nisi quod ex ligno de quo præceperam ne comederes comedisti ?* Hinc enim mors concepta propter Dei sententiam, qui sic fuerat comminatus, fecit adverti concupiscentialiter membra, ubi ducti [dicti] sunt aperti oculi, et secutum est quod puderet.

Dixitque Adam : Mulier quam dedisti mihi sociam, dedit mihi de ligno, et comedi. Superbia nunquam dixit Peccavi : habet deformitatem confusionis, et non habet confessionis humilitatem. Ad hoc ista scripta sunt, quia et ipsæ interrogationes nimirum ad hoc factæ sunt, ut utiliter scriberentur, ut advertamus quomodo superbia laborent homines hodie, non nisi in Creatorem conantes referre si quid egerint mali, cum sibi velint tribui si quid egerint boni. *Mulier*, inquit, *quam dedisti sociam mihi, dedit mihi de ligno, et comedi*, quasi ad hoc data sit, ut non ipsa potius obediret viro, et ambo Deo.

Et dixit Dominus Deus ad mulierem : Quare hoc fecisti ? Quæ respondit : Serpens decepit me, et comedi. Nec ista confitetur peccatum, sed in alterum refert impari sexu, pari fastu. *Serpens*, inquit, *decepit me, et comedi*, quasi cujusdam suasio præcepto Dei debuerit anteponi ; et ipsa autem culpæ causam in Creatorem refert, qui serpentem in paradiso, per quem deciperetur, creaverit. Veræ humilitatis testimonia sunt, iniquitatem suam quemque cognoscere, et cognitam voce confessionis aperire. At contra, usitatum humani generis vitium est, et labendo peccatum committere, et commissum negando defendere, et convictum defendendo multiplicare. Ex illo quippe lapsu primi hominis, hæc augmenta nequitiæ ducimus, ex quo ipsam radicem traximus culpæ. Sic namque ille dum lignum vetitum contigisset, *abscondit se a facie Domini inter ligna paradisi.* In qua absconsione scilicet, quia Deum latere non poterat, non latendi effectus describitur, sed affectus notatur. Qui cum argueretur a Domino, quod de ligno vetito comedisset, Adam scilicet et uxor ejus, illico respondit : *Serpens decepit me, et comedi.* Ad hoc quippe requisiti fuerunt, ut peccatum quod transgrediendo commiserant, confitendo delerent. Unde et serpens ille persuasor, qui non erat revocandus ad veniam, non est de culpa requisitus. Interrogatus homo quippe est ubi esset, ut perpetratam culpam respiceret, et confitendo cognosceret quam longe a Conditoris sui facie abesset. Sed adhibere sibimet utrique defensionis solatia quam confessionis elegerunt. Cumque excusare peccatum voluit vir per mulierem, mulier per serpentem, auxerunt culpam, quam tueri conati sunt oblique : Adam Dominum tangens, quod ipse peccati eorum auctor exstiterit, qui mulierem fecit ; Heva culpam ad Dominum referens, qui serpentem in paradiso posuit. Qui enim ore diaboli fallentis audierant, *Eritis sicut dii*, quia Deo esse similes in divinitate nequiverunt, ad erroris sui cumulum, Deum sibi facere similem in culpa conati sunt. Sic ergo reatum suum dum defendere moliuntur, addiderunt, ut culpa eorum atrocior discussa fieret, quam fuerat perpetrata. Unde nunc quoque humani generis rami ex hac adhuc radice amaritudinem trahunt, ut cum de vitio suo quisque arguitur, sub defensionis verba, quasi sub quædam se arborum folia abscondit, et velut ad quædam excusationis suæ opaca secreta faciem Conditoris fugit, dum non vult cognosci quod fecit. In qua videlicet occultatione non se Domino, sed Dominum abscondit sibi, agit quippe ne omnia videntem videat, non autem ne ipse videatur. Quo contra cuique peccatori jam exordium illuminationis est humilitas confessionis, quia sibimetipsi jam parcere renuit, qui malum non erubescit confiteri quod fecit. Et qui defendendo excusare potuit, accusando se celerrime defendit. Unde et mortuo Lazaro, qui mole magna premebatur, nequaquam dicitur, Revivisce, sed, *Veni foras.* Ex qua scilicet resurrectione, quæ gesta est in illius corpore, signatur qualiter nos resuscitemur in corde, cum videlicet mortuo dicitur, *Veni foras.* Ut nimirum homo in peccato suo mortuus, et per molem malæ consuetudinis jam sepultus, quia intra conscientiam suam absconsus jacet per nequitiam, a seipso foras exeat per confessionem. Mortuo enim *Veni foras* dicitur, ut ab excusatione atque occultatione peccati ad accusationem suam ore proprio exire provocetur. Unde David propheta ab illa tanti morte facinoris reviviscens ad vocem Domini quasi foras exiit, dum, per Nathan correptus, quod fecerat accusavit.

CAPUT XVIII.
Ubi sententia fertur in serpentem.

Et ait Dominus ad serpentem : Quia fecisti hoc, maledictus es inter omnia animantia et bestias terræ. Quod serpens cur hoc fecerit non est interrogatus, potest videri quod non ipse utique id sua natura et voluntate fecerat, sed diabolus de illo et per illum fuerat operatus, qui jam ex peccato impietatis ac superbiæ suæ igni destinatus fuerat. Nunc ergo quod serpenti dicitur, et ad eum qui per serpentem operatus est utique refertur, procul dubio figuratum est. Nam in his verbis tentator ille describitur, qualis generi humano futurus esset.

Super pectus tuum gradieris, et terram comedes cunctis diebus vitæ tuæ, etc. Super pectus quippe suum graditur serpens, quia omnes gressus diaboli nequitiæ sunt et fraudes. Nam in pectore calliditatem et versutias cogitationum ejus indicat, quibus ad eos quos vult decipere, serpit. Pro quo antiqua translatio habet : *Pectore et ventre repes*. Repit autem pectore, cum terrenis hominibus quos sua membra facere desiderat, iniquas cogitationes suggerit. Repit et ventre, cum eos ingluvie superatos in æstum libidinis excitat. Omnia namque quæ repunt corpus per terram trahunt. Corpus autem diaboli sunt omnes reprobi ; et ipse pectore et ventre suo repit, cum per iniquas cogitationes, vel illecebras comessationis ac luxuriæ, ad infima deprimit. Devorat autem terram, cum errore peccantium pascitur ac delectatur, eosque seducentes ad interitum rapit. Sicut enim sancti sæpe cœlorum, ita nomine terræ hi qui terrena sapiunt indicantur. Quomodo in sequentibus Adæ dicitur : *Terra es, et in terram ibis*, quod nostra translatio habet : *Quia pulvis es, et in pulverem reverteris*. In cujus signum devorationis, spiritualis ipse etiam serpens irrationalis, quod decipiendum hominem velut organo suo usus est diabolus, nunc terram materialem comedere jubetur, cui prius una cum cæteris animantibus terræ herbis et lignorum fructibus vesci concessum erat.

Inimicitias ponam inter te et mulierem, et semen tuum et semen illius. Semen mulieris totum est genus humanum, semen diaboli, prævaricatores sunt angeli, qui exemplo sunt superbiæ illius ac rebellionis depravati. Semen illius est perversa suggestio ; semen mulieris, fructus boni operis, quo perversæ suggestioni resistitur. Hujus autem serpentis ac seminis ejus inimicitiam memorati, quantum genus humanum tolleret, quantum adversus eam inimicitiam omnes electi recte vivendo exerceant, cunctis sole clarius fidelibus constat. Cujus signum inimicitiæ in natura etiam apparet irrationalis serpentis, quia cunctis animantibus et bestiis terræ, pro insita sibi peste veneni generalis, semper existit inimicus, quod videlicet ei a tempore maledictionis hujus et, non ante, insitum esse credendum est.

Ipsa conteret caput tuum, et tu insidiaberis calcaneo ejus. Mulier conteret caput serpentis, cum Ecclesia sancta insidias diaboli, et suasiones venenosas, in ipso mox initio deprehensas abigit, et quasi conculcans ad nihilum deducit. Conteret caput serpentis, cum superbiæ per quam Heva decepta est, sese sub potenti manu Dei humiliando resistit. *Initium enim omnis peccati superbia*. Et serpens insidiatur calcaneo mulieris, quia Ecclesiam diabolus velut *leo rugiens circuit, quærens quem devoret*, quomodo gressus bonæ nostræ actionis avertat. Insidiatur calcaneo, cum in fine vitæ præsentis, nos rapere satagit. Calcaneo namque, qui finis est corporis, non immerito finis vitæ nostræ designatur : quod utrumque ipsa quoque serpentis conditio figurate denuntiat, qui et conteri solet ab omnibus qui possunt, et ipse feriendis hominum vestigiis insidiari non desinit. (*Isid.*) Quidam autem hoc quod dictum est : *Inimicitias ponam inter te et mulierem*, de Virgine de qua Dominus natus est intellexerunt : eo quod illo tempore ex ea Dominus nasciturus ad inimicum devincendum, et ad mortem, cujus ille auctor erat destruendam, promittebatur, sicut in David scriptum est : *De fructu ventris tui ponam super sedem tuam* (*Psal.* CIX). Nam et illud quod subjunctum est : *Ipsa conteret caput tuum, et tu insidiaberis calcaneo ejus*, hoc de fructu ventris Mariæ, qui est Christus, intelligunt, id est, tu eum supplantabis ut moriatur ; ille autem te victo resurget, et caput tuum conteret, quod est mors ; sicut et David dixerat ex persona Patris ad Filium : *Super aspidem et basiliscum ambulabis, et conculcabis leonem et draconem* (*Psal.* XC). Aspidem dixit mortem, basiliscum peccatum, leonem Antichristum, draconem diabolum.

CAPUT XIX.
Ubi mulieri necnon Adæ corruptio indicitur.

Mulieri quoque dixit : Multiplicabo ærumnas tuas, et conceptus tuos : in dolore paries filios. Hæc quoque in mulierem Dei verba figurate ac prophetice multo commodius intelliguntur ; verumtamen quia nondum pepererat femina, nec dolor et gemitus parientis nisi ex corpore mortis [morientis] est, quæ illa præcepti transgressione concepta est, refertur hæc pœna et ad proprietatem litteræ. Nam et in eo quod sequitur, *Et sub viri potestate eris, et ipse dominabitur tui*, cum et ante peccatum aliter factam fuisse non deceat credere mulierem, nisi ut vir ei dominaretur, et sub ejus ipsa potestate degeret, recte accipi potest hanc servitutem significatam, quæ cujusdam conditionis est potius quam dilectionis, ut etiam ipsa talis servitus qua homines hominibus postea servi esse cœperunt, de pœna peccati reperiatur exorta. Dixit quidem Apostolus : *Per charitatem servite invicem* (*Galat.* V), sed nequaquam dixit, *Invicem dominamini*. Possunt itaque conjuges per charitatem servire invicem, sed mulierem non permittit Apostolus dominari in virum. Hoc enim viro potius sententia Dei detulit, et maritum habere dominum meruit mulieris non natura, sed culpa : quod tamen nisi servetur, depravabitur amplius natura, et augebitur culpa. Figurate autem verba hæc ad Ecclesiam, conjugem videlicet Christi, conveniunt : cujus ærumnæ post reatum prævaricationis multiplicantur in hac vita, ut ad vitam perpetuam castigata perveniat. Multiplicantur et conceptus, cum spiritualem Deo sobolem prædicando ac recte vivendo, gignere satagit. Unde eidem suæ soboli per egregium prædicatorem dicit . *Filioli mei, quos iterum parturio, donec Christus formetur in vobis* (*Galat.* IV). Parit in dolore filios, cum sollicita metuit, ne sicut serpens seduxit Hevam astutia sua, ita corrumpantur sensus eorum, et excidant a simplicitate quæ est in Christo. Agit sub viri potestate, quia servit Domino in timore, et exsultat ei non in securitate, sed cum tremore; cui si nunquam peccasset, solo dilectionis copularetur amplexu. Et ipse dominabitur ei, carnales ejus cohibens motus, eamque ad redemptionem vitæ cœlestis continuo supernæ institutionis exercitio provehens, a qua si nunquam recessisset, socia cum illo semper libertate regnaret. Moraliter autem de pœna mulieris, quid significat quod ei dicitur, *In dolore paries filios*, nisi quia voluptas carnalis quæ cum dolore reluctaverat ut faceret consuetudinem bonam, cum aliquam consuetudinem malam vult vincere, patitur in exordio dolores, atque ita per meliorem consuetudinem parit bonum opus quasi filios? Quod vero adjecit: *Et conversio tua ad virum tuum, et ipse tui dominabitur*, hoc significat, quod illa voluptas carnalis quæ cum dolore reluctaverat, ut faceret consuetudinem bonam, jam ipsis doloribus erudita cautior fit, et ne corruat obtemperat rationi, et libenter servit quasi jubenti viro.

Adæ vero dixit: *Quia audisti vocem uxoris tuæ, et comedisti de ligno ex quo præceperam tibi ne comederes, maledicta terra in opere tuo. In laboribus comedes ex ea cunctis diebus vitæ tuæ; spinas et tribulos germinabit tibi, et comedes herbas terræ*, etc. Hos esse in terra labores humani generis quis ignorat? qui non essent, si felicitas quæ in paradiso fuerat teneretur. Per peccatum enim hominis terra maledicta est ut spinas pareret, non ut ipsa pœnas sentiret, quæ sine sensu est, sed ut peccati humani crimen semper hominibus ante oculos poneret, quo admonerentur aliquando averti a peccatis, et ad Dei præcepta converti. Nam et herbæ venenosæ ad pœnam vel ad exercitationem mortalium creatæ sunt; et hoc totum propter peccatum, quia mortales propter peccatum facti sumus. Per infructuosas quoque arbores insultatur hominibus, ut intelligant quam sit erubescendum sine fructu bonorum operum esse in agro Dei, hoc est, in Ecclesia, et ut timeant ne deserat illos Deus, quia et ipsi in agris suis infructuosas arbores deserunt, nec aliquam culturam eis adhibent. Ante peccatum ergo hominis non est scriptum quod terra protulerit nisi herbam pabuli et ligna fructuosa; post peccatum autem videmus multa horrida et infructuosa nasci, propter eam videlicet quam diximus causam. Mystice vero, terra quæ in opere prævaricationis Adæ maledicta esse perhibetur, non alia melius quam caro accipitur nostra, quæ spinas jam et tribulos germinat nobis, quia per carnis concupiscentiam propagati, punctiones et incentiva vitiorum de ipsa carne patimur. Cum maledictionis jaculum divina vox gravi instruat ultione plectendum, ita ut regni quoque cœlestis aditum claudat, quid est quod nunc peccante homine, in terræ maledictione divina voce hoc quod homo facere prohibetur infertur? Sed sciendum est, quod Scriptura sacra duobus modis maledictum memorat, aliud videlicet quod approbat, aliud quod damnat. Aliter enim maledictum profertur judicio justitiæ, aliter livore vindictæ. Maledictum quippe judicio justitiæ, ipso primo homine peccante prolatum est cum audivit: *Maledicta terra in opere tuo*. Maledictum justitiæ judicio profertur, cum ad Abraham dicitur: *Maledicam maledicentibus tibi*. Rursumque quia maledictum non justo judicio sed livore vindictæ promitur, voce Pauli admonemur prædicantis, qui ait: *Benedicite, et nolite maledicere* (*Rom.* XII). Et rursum Veritas dicit: *Neque maledici regnum Dei possidebunt*. Deus ergo maledicere dicitur, et tamen homo prohibetur maledicere, quia quod homo agit malitia vindictæ, Deus non facit nisi examine et virtute justitiæ. Nam et sancti viri cum maledictionis sententiam proferunt, non ad hanc ex voto ultionis, sed ex justitiæ examine erumpunt. Intus enim subtile Dei judicium aspiciunt, et mala foris exsurgentia quia maledicto debeant ferire cognoscunt; et eo in maledicto non peccant, quod ab interno judicio non discordant. Hinc est quod Petrus in offerentem sibi pecunias Simonem, sententiam maledictionis intorsit, dicens: *Pecunia tua tecum sit in perditionem* (*Act.* VIII). Qui enim non ait, est, sed sit, non indicativo, sed optativo modo se hæc dixisse signavit. Hinc Elias duobus ad se quinquagenariis venientibus dixit: *Si homo Dei sum, descendat nunc ignis de cœlo, et consumat vos* (*IV Reg.* VII). Quorum utrorumque sententia quantum veritatis ratione convaluit, terminus causæ monstravit. Nam et Simon æterna perditione periit et duos quinquagenarios desuper veniens flamma consumpsit, virtus ergo subsequens testificatur, qua mente maledictionis sententia promitur. Cum enim et maledicentis innocentia permanet, et tamen eum qui maledicitur usque ad interitum maledictio absorbet, ex utriusque partis fine colligitur, quia a bono et intimo judice in reum sententia sumpta jaculatur.

In sudore vultus tui vesceris pane tuo, donec revertaris in terram, de qua sumptus es, quia pulvis es, et in pulverem reverteris. Illum hic panem intellige qui ait: *Ego sum panis vitæ qui de cœlo descendi* (*Joan.* VI). Quo in sudore vultus nostri vescimur, quia ad conspectum divinæ celsitudinis non nisi per laborem necessariæ afflictionis ascendimus. Primus homo ita conditus fuit, ut manente illo decederent tempora, nec cum temporibus ipse transiret. Stabat enim momentis decurrentibus, quia nequaquam ad extremum vitæ per dierum incrementa tendebat. Stabat tanto robustior, quanto semper stanti arctius inhærebat. At ubi vetitum contigit, mox offenso creatore, cœpit ire cum tempore. Unde et ei dictum est: *Terra es, et in terram ibis*; statu videlicet immortalitatis amisso, cursus eum mortalitatis absorbuit, et dum juventute ad senium, senio traheretur ad mortem, transeundo didicit stando quid fuit. Cujus nos quia de propagine nascimur, radicis amaritudinem, quasi in virgulto retinemus. Nam quia ex illo originem ducimus, ejus cursum nascendo sortimur, ut eo ipso quotidiano momento quo vivimus, incessanter a vita transeamus, et vivendi nobis spatium unde crescere creditur, inde decrescat, quia dum infantia ad pueritiam, adolescentia ad juventutem, juventus ad senectutem, senectus transit ad mortem, et in cursu vitæ præsentis, ipsis suis augmentis ad detrimenta impellitur; et inde semper deficit, unde proficere se in spatium vitæ credit. Fixum etenim statum hic habere non possumus, ubi transitorie vivimus, atque hoc ipsum nostrum vivere, quotidie a vita transire est. Quem videlicet lapsum primus homo ante culpam habere non potuit, quia tempora eo stante transibant. Sed postquam deliquit, in quodam se quasi lubrico temporalitatis posuit; et quia cibum comedit vetitum, status sui protinus invenit defectum.

Et vocavit nomen uxoris suæ Heva, eo quod mater sit cunctorum viventium. Et hoc nomen Adam divino instinctu constat uxori suæ posuisse, quod aptissime congruit Ecclesiæ sanctæ suæ in cujus solum unitate, quæ catholica vocatur, vitæ cunctis janua patet.

Fecit quoque Dominus Deus Adæ, et uxori ejus tunicas pelliceas, et induit eos. Et hoc significationis gratia factum est. Nam hujusmodi indumento Dominus eos mortales jam factos fuisse insinuat. Pelles quæ nonnisi mortuis pecudibus subtrahuntur, mortis figuram continent. Ita, cum contra præceptum, non imitatione legitima, sed illicita superbia Deus esse appetit homo, usque ad belluarum mortalitatem dejectus est. Et quidem ipsi sibi fecerunt perizomata de foliis fici, quibus pudenda tegerent; sed Dominus fecit illis tunicas pelliceas, quibus omne corpus illorum induit, quia ipsi, perdita per prævaricationem gloria innocentiæ, prætenderunt sibi velamen excusationis, qua suam culpam in Conditorem transfunderent; et ipse Conditor illos per sententiam justi judicii, ablato statu vitæ immutabilis, in anima simul et carne mutavit pœna mortalitatis. Narrat autem evangelica parabola (*Luc.* xv) quia pius pater revertenti ad se per pœnitentiam filio luxurioso, inter alia munera, etiam stolam primam proferri et eum indui præceperit, mystice insinuans quia electi habitum immortalitatis, quem in Adam in exordio sæculi perdiderunt, in fine sæculi sint recepturi in Christo, et quidem ampliore gratia. Nam Adam ita immortalis factus est, ut posset non mori si præceptum servaret; filii autem resurrectionis ita erunt immortales, ut nec mori unquam, nec metu mortis possint affici. De cujus receptione stolæ dicit Apostolus: *Oportet enim corruptibile hoc induere incorruptionem, et mortale hoc induere immortalitatem* (*I Cor.* xv). Ubi induere sonat, ablatam utique significat nuditatem, quam Adam in se et Heva post peccatum agnitam erubescebant.

Et ait: Ecce Adam factus est quasi unus ex nobis, sciens bonum et malum. De hoc sanctus Augustinus:

Quomodo, inquit, hoc per quodlibet vel quomodolibet dictum sit, Deus tamen dixit, Non aliter intelligendum est quod ait, *unus ex nobis*, nisi propter trinitatem numerus pluralis accipiatur, sicut dictum erat: *Faciamus hominem ad imaginem et similitudinem nostram*, sicut etiam Dominus de se et Patre: *Veniemus ad eum, et mansionem apud eum faciemus* (*Joan.* xiv). Replicatum est igitur in caput superbi quo exitu concupierit quod a serpente suggestum est: *Eritis sicut dii. Ecce*, inquit, *Adam factus est sicut unus ex nobis*. Verba enim sunt hæc Dei, non tam huic insultantis, quam cæteros ne ita superbiant deterrentis, propter quos ista conscripta sunt. *Factus est*, inquit, *tanquam unus ex nobis, sciens bonum et malum.* Quid aliud intelligendum, nisi exemplum timoris incutiendi esse propositum? Quod non solum non fuerit factus qualis fieri voluerit, sed nec illud quod factus fuerat conservaverit. De hoc alio loco: Nec Dei confitentis, inquit, verba sunt, sed potius exprobrantis: *Ecce Adam factus est tanquam unus ex nobis*, sicut Apostolus dicit: *Date mihi hanc injuriam* (*II Cor.* xii), utique e contrario vult intelligi.

Nunc ergo ne forte mittat manum suam, et sumat etiam de ligno vitæ, et comedat, et vivat in æternum, emisit eum Dominus Deus de paradiso voluptatis, ut operaretur terram, de qua sumptus est. Superiora verba Dei sunt: hoc autem factum propter ipsa verba secutum est. Alienatus enim a vita, non solum quam fuerat, si præceptum servasset, cum angelis accepturus, sed ab illa etiam quam ducebat in paradiso, felici quodam corporis statu, separari utique debuit a ligno vitæ, sive quod ex ipso illi subsisteret felix ille ipse status corporis ex re visibili virtute invisibili, sive quod in eo esset et sacramentum visibile invisibilis sapientiæ. Alienandus inde utique fuerat vel jam moriturus, vel etiam tanquam excommunicatus, sicut etiam in hoc paradiso, id est, in Ecclesia, solent a sacramentis altaris visibilibus homines disciplina ecclesiastica removeri.

CAPUT XX.
Expulsio protoplastorum de paradiso.

Ejecitque Adam, et collocavit ante paradisum voluptatis cherubim et flammeum gladium atque versatilem ad custodiendam viam ligni vitæ. Hunc locum antiqua translatio sic habet: *Et ejecit Adam, et collocavit eum contra paradisum voluptatis; et ordinavit cherubim et flammeam rhomphæam*, etc. Quam si sequimur, et hoc significandi gratia factum credere debemus; sed tamen factum ut contra paradisum, quo beata vita etiam spiritualiter significabatur, habitaret utique peccator in miseria. Quod autem dicitur collocasse Deus ante paradisum voluptatis cherubim et flammeum gladium, hoc per cœlestes utique potestates in paradiso visibili factum esse credendum est, ut per angelicum ministerium esset illic ignea quædam custodia; non tamen frustra factum esse, nisi quia significat aliquid etiam de spirituali paradiso, non est dubitandum. Quæ etiam custodia bene esse versatilis asseveratur, pro eo quod quandoque veniret tempus ut etiam removeri potuisset. Remota est namque Enoch a peccatoribus translato, remota Elia igneo in curru rapto ; remota omnibus electis, cum Domino baptizato, *aperti sunt ei cœli ;* remota item singulis electis, cum baptismi fonte lavantur; remota iisdem perfectius, cum soluti a vinculis carnis, ad cœlestis paradisi gloriam quique suo tempore conscendunt. Item quia cherubim *scientiæ multitudo, sive scientia multiplicata* interpretatur, bene cherubim et flammeus gladius ad custodiendam viam ligni vitæ collocatus esse perhibetur ; quia nimirum per disciplinæ nobis scientiam cœlestis, et per laborem temporalium afflictionum, reditus ad supernam patriam patet, ex qua per stultitiam prævaricationis, perque appetitum carnalium voluptatum discessimus. Et bene non simpliciter flammam, sed gladium dicit flammeum ante paradisum esse collocatum, ut feriendas in nobis illecebras concupiscentiæ temporalis insinuet *gladio spiritus quod est verbum Dei* (*Ephes.* vi), si ad lignum vitæ, quod est Dominus Christus, penetrare concupiscimus. Bene eumdem gladium versatilem esse refert, ut indicet mystice non nobis semper hunc necessarium esse gladium, sed, ut scriptum est, tempus esse belli, tempus pacis denuntiet : belli videlicet, cum in hujus vitæ studio adversum aereas potestates, vel etiam nostræ mentis et corporis vitia, certamus ; pacis autem, cum perfecta victoria coronamur. Hæc ergo de creatione mundi atque hominis constitutione in paradiso historialiter sive spiritualiter, secundum majorum nostrorum dicta ac sensum breviter explanantes, librum primum hujus operis hoc loco terminari censuimus ; ut cætera quæ Scriptura sacra post dejectionem Adam de paradiso commemorat initio sequentis libri consideremus

LIBER SECUNDUS.

CAPUT PRIMUM.

De duobus, id est, Cain et Abel fratribus; et quem typum eorum uterque gessit.

(Cap. iv.) Adam vero cognovit *Hevam uxorem suam; quæ concepit et peperit Cain, dicens : Possedi hominem per Deum.* Cain *acquisitio sive possessio* interpretatur, id est, κτῆσις unde etymologiam ipsius exprimens, ait : canithi קָנִיתִי, id est, *possedi hominem per Deum.*

Rursumque peperit ejus fratrem Abel. Abel interpretatur *luctus,* sive *vanitas,* vel *vapor* aut *miserabilis.*

Fuit autem Abel pastor ovium, et Cain agricola. Factum est autem post multos dies, ut offerret Cain de fructibus terræ munera Domino ; Abel autem obtulit de primogenitis gregis sui, et de adipibus eorum; et respexit Dominus ad Abel et ad munera ejus : ad Cain vero et ad munera ejus non respexit. Unde scire potuit Cain quod fratris munera suscepisset Deus, et sua repudiasset, nisi illa interpretatio vera est, quam Theodotion posuit : *Et inflammavit Dominus super Abel et sacrificium ejus; super Cain vero et super sacrificium ejus non inflammavit.* Ignem autem ad sacrificium devorandum solitum venire de cœlo, et in dedicatione templi sub Salomone legimus, et quando Elias in monte Carmelo construxit altare. Ab omnipotente namque Deo munus ex manu non accipitur, quod corde obligato in malitia profertur. Mundare etenim prius debet animum, qui munus offerre vult Deo, quia omne quod datur Deo, ex dantis mente pensatur.

Iratusque est Cain vehementer, et concidit vultus ejus. Et dixit Dominus ad eum : Quare iratus es, et cur concidit facies tua? Nonne si bene egeris recipies? sin autem male, statim in foribus peccatum tuum ad- *erit. Sed sub te erit appetitus ejus, et tu dominaberis illius.* Necessitate compellimur in singulis diutius immorari. Siquidem et nunc multo in Hebræo alius quam in Septuaginta translatoribus sensus est. Ait enim Deus ad Cain : *Quare irasceris, et quare concidit vultus tuus? Nonne si bene egeris dimittetur tibi? et si non bene egeris, ante fores peccatum tuum sedebit, et ad te societas ejus, sed tu magis dominare ejus.* Quod autem dicit, *Quare irasceris,* et invidiæ in fratrem livore cruciatus, vultum demittis in terram? *Nonne si bene feceris, dimittetur tibi* omne delictum ? sive, ut Theodotion ait, *acceptabile erit,* id est, munus tuum suscipiam, ut suscepi munus fratris tui. Quod si male egeris, illico peccatum tuum ante vestibulum sedebit, et tali janitore comitaberis. Verum quia liberi arbitrii es, moneo ut non tui peccatum, sed tu peccato dominéris. Quod vero in Septuaginta legitur : *Dixit Dominus ad Cain : Quare tristis factus es? et quare concidit facies tua? Nonne si recte offeras, recte autem non dividas, peccasti?* quia non elucet cur vel unde sit dictum, multos sensus peperit eis obscuritas, cum divinarum Scripturarum quisque tractator secundum fidei regulam id conatur exponere. Recte quippe offertur sacrificium Deo vero, cui uni tantummodo sacrificandum est; non autem recte dividitur, dum non discernuntur recte vel loca, vel tempora, vel ipsæ res quæ offeruntur; vel qui offert, et cui offertur; vel in quibus ad vescendum distribuitur quod oblatum est, ut divisionem hic discretionem intelligamus ; sive cum offertur ubi non oportet, aut quod non ibi, sed alibi oportet; sive cum offertur quando non oportet, aut non tunc, sed alias oportet; sive cum id offertur quod nusquam et nunquam penitus debuit; sive cum electiora sibi ejusdem generis rerum tenet homo quam sunt ea quæ offert Deo; sive ejus rei quæ oblata est 'fit particeps profanus aut quilibet, quem fas non est fieri. In quo autem horum displicuerit Cain Deo, facile non potest inveniri. Sed quoniam Joannes apostolus, cum de his fratribus loqueretur. *Non sicut*, inquit, *Cain ex maligno erat, et occidit fratrem suum. Et cujus rei gratia occidit? quia opera illius maligna fuerunt, fratris autem ejus justa* (*1 Joan*. III). Datur ergo intelligi propterea non respexisse Dominum in munus ejus, quia hoc ipso male dividebat, dans Deo aliquid suum, sibi autem seipsum. Quod omnes faciunt, qui non Dei, sed suam sectantes voluntatem, id est, non recto sed perverso corde venientes, offerunt tamen Deo munus, quo putant eum redimi, ut eorum non opituletur sanandis pravis cupiditatibus, sed explendis · et hoc est terrenæ proprium civitatis, deum vel deos colere quibus adjuvantibus regnet in victoriis et pace terrena, non charitate consulendi, sed dominandi cupiditate. Boni quippe ad hoc utuntur mundo, ut fruantur Deo; mali autem contra ut fruantur mundo, uti volunt Deo, qui tamen eum vel esse, vel res humanas curare non credunt.

Dixitque Cain ad Abel fratrem suum, subauditur ea quæ locutus est Dominus. Superfluum est ergo, quod in Samaritanorum et nostro volumine reperitur: *Transeamus in campum*.

Cumque essent in agro, surrexit Cain adversus Abel fratrem suum, et interfecit eum, et cætera. Nativitas duorum filiorum Adam, similitudinem habet duorum populorum, qui erant diversis temporibus ad fidem venturi, pari opere et dissimili charitate ante Deum. *Fuit autem Abel pastor ovium, et Cain agricola*. Sed sicut Cain sacrificium ex terræ fructibus reprobatur, Abel autem sacrificium ex ovibus et earum adipe suscipitur, ita Novi Testamenti fides, ex innocentiæ gratia Deum laudans, Veteris Testamenti terrenis operibus anteponitur. *Dixit Deus ad Cain: Si recte offeras, et recte non dividas, peccasti*, utique, quia et si antea Judæi recte recta illa fecerunt, in ea tamen infidelitatis rei sunt, quia, Christo veniente, jam tempus Novi Testamenti a tempore Veteris Testamenti non distinxerunt. Quia sicut si obtemperasset Cain Deo dicenti: *Quiesce, sub te erit appetitus ejus, et dominaberis tu illius*, ad se convertisset peccatum suum sibi hoc tribuens, et confidens in Deo; ac sic adjutus per indulgentiæ gratiam, ipse peccato suo dominaretur, non illo sibi dominante, servus peccati fratrem occideret innocentem. Sic et Judæi in quorum hæc figura gerebantur, si quiescerent a sua perturbatione, et tempus salutis per gratiam in peccatorum remissionem cognoscentes, audirent Christum dicentem: *Non veni vocare justos, sed peccatores ad pœnitentiam*, tunc ad se converterent peccatum suum in confessione, sicut in psalmo scriptum est, propheta dicente: *Ego dixi, Domine, miserere mei: sana animam meam, quia peccavi tibi* (*Psal.* XL), eidemque peccato quandiu essent adhuc in mortali corpore, per spem gratiæ liberi dominarentur. Nunc autem ignorantes Dei justitiam, et suam volentes constituere, elati de operibus legis, non humiliati de peccatis suis, non quieverunt, sed offenderunt in lapidem offensionis, et exarserunt iracundia adversus Christum, cujus opera videntes Deo accepta esse, doluerunt. (*Greg.*) Tropologice autem recte offertur, cum recta intentione aliquid agitur; sed non recte dividitur, si non hoc quod pie agitur, etiam subtiliter discernatur. Oblata enim recte dividere, est quælibet bona nostra studia sollicite discernendo pensare: quod nimirum qui agere dissimulat, etiam recte offerens peccat. Sæpe namque et quod bono studio gerimus, dum discernere caute negligimus, quo judicetur sine fine nescimus; et nonnunquam hoc fit reatus criminis, quod putatur causa virtutis. Recte ergo offerimus, cum bono studio bonum opus agimus; sed recte non dividimus, si habere discretionem in bono opere postponamus. Itaque post hæc occiditur Abel minor natu, a fratre majore natu. Occiditur Christus caput minoris populi natu, a populo Judæorum majoris natu. Ille in campo, iste in Calvariæ loco. (*Isid.*) Interrogat Deus Cain; non tanquam ignarus eum a quo discat, sed tanquam judex reum, quem puniat, ubi sit frater ejus. Respondit ille nescire se, nec ejus se esse custodem. Usque nunc quid respondent nobis Judæi, cum eos Dei, hoc est sanctarum Scripturarum voce interrogamus de Christo? Illi nescire se Christum respondent. Fallax enim Cain ignoratio Judæorum est falsa negatio. Essent autem quodammodo Christi custodes, si Christianam fidem accipere et custodire voluissent.

Dixit Deus ad Cain: Quid fecisti? Vox sanguinis fratris tui clamat ad me de terra. Sic arguit in Scripturis sanctis vox divina Judæos; habet enim magnam vocem Christi sanguis in terra cum, eo accepto, ab omnibus gentibus respondetur amen. Hæc est vox clara, vox sanguinis, quam sanguis ipse exprimit ex ore fidelium eodem sanguine redemptorum:

Dicit Deus ad Cain: Maledictus eris super terram, quæ aperuit os suum, et suscepit sanguinem fratris tui de manu tua. Unde Cain maledicitur in peccato suo, in peccato vero Adæ terra maledicitur? nisi quia Cain sciebat damnationem prævaricationis primæ, et non timuit originali peccato fratricidii superaddere scelus, ideo majore maledictione dignus habebatur. Maledictus est enim populus Judæorum infidelis a terra, id est, ab ecclesia, quæ aperuit os suum in confessione peccatorum accipere sanguinem Christi, qui effusus est in remissionem peccatorum omnium, de manu persecutoris nolentis esse sub gratia, sed sub lege, ut esset ab Ecclesia maledictus, id est, ut responderet eum ab Ecclesia maledictum testificante Apostolo: *Quicunque enim ex operibus legis sunt, sub maledicto sunt legis* (*Hebr*. VI).

Cum operatus fueris eam, non dabit tibi fructus suos. In ipsa enim terra quam Christus portavit, id est, in ejus carne, ipsi operati sunt salutem nostram crucifigendo Christum, qui mortuus est propter delicta nostra; nec tamen eis dedit eadem terra virtutem suam, quia non justificati sunt virtute resurrectionis ejus, qui resurrexit propter justificationem nostram. Qui et si crucifixus est ex infirmitate, sed vivit in virtute Dei. Hæc est ergo virtus terræ illius, quam non ostendit impiis et incredulis. Unde nec resurgens eis a quibus erat crucifixus apparuit, tanquam Cain operanti terram, ut granum illud seminaretur.

Vagus et profugus, sive, ut in Septuaginta scriptum est, *Gemens et tremens eris in terra.* Nunc ecce quis non videat, quis non agnoscat in tota terra, quacunque dispersus est ille populus, quomodo sit vagus in gentibus, et profugus a Jerusalem? quomodo gemat mœrore amissi regni, et tremat tremore sub innumerabilibus populis Christianis? Ideoque respondit Cain dicens

Major est iniquitas mea, quam ut veniam merear. Ecce ejicis me hodie a facie terræ, et a facie tua abscondar; et ero vagus et profugus in terra. Igitur omnis qui invenerit me, occidet me. Desperando hoc dixit. Postquam enim Cain occiderat fratrem, interrogatus a Domino, *Ubi est Abel frater tuus?* contumeliose responderat *Nescio; numquid custos fratris mei sum?* quam ob rem maledictione damnatus, gemens et tremens viveret super terram, voluit veniam deprecari; sed peccatis peccata congeminans, tantum putavit nefas, cui a Deo non posset ignosci. Denique respondit ad Dominum : *Major causa mea, quam ut dimittar,* id est, plus peccavi, quam ut merear absolvi. *Ecce ejicis me a facie terræ, et a facie tua abscondar; et ero gemens et tremens super terram. Et erit, omnis qui invenerit me, occidet me.* Ejicior, inquit, a conspectu tuo, et conscientia sceleris lucem ipsam ferre non sustinens, abscondar ut latitem : eritque, omnis qui invenerit me occidet me, dum ex tremore corporis et furiatæ mentis agitatu, se esse intelligat qui mereatur interfici. (*Isid.*) Allegorice autem, vere inde vagus et profugus gemit populus Judaicus, ne regno etiam terreno perdito, ista visibili morte occidatur. Hanc dicit majorem causam quam illam quod ei terra nostra non dat virtutem suam, ne spiritualiter moriatur. Carnaliter enim sapit et abscondit se a facie Dei, id est, iratum habere Deum grave non putat; sed hoc timet, ne inveniatur et occidatur. Carnaliter enim sapit, tanquam operans terram, cujus virtutem non accipit: sapere autem secundum carnem, mors est. Quam ille non intelligens, amisso regno gemit : et corporalem mortem tremit. Sed quid ei respondit Deus?

Nequaquam ita fiet; sed omnis qui occiderit Cain, septuplum punietur, sive, ut Septuaginta transtulerunt, septem vindictas exsolvet. Solet enim septenarius numerus sæpissime in Scripturis sanctis pro plenitudine cujuslibet rei poni, quasi dixisset gravissima ultione puniendum esse, qui nec tantæ damnationis acerbitate admonitus, a sanguine fundendo voluit manus cohibere. Verum Deus nolens eum compendiosæ mortis finire cruciatu, nec tradens pœnæ, qua seipse damnaverat ait : *Non sic,* id est, non ita ut æstimas morieris, et mortem pro remedio accipies, verum vives usque ad septimam generationem, et conscientiæ tuæ igne torqueberis, ita ut quicunque te occiderit, secundum duplicem intelligentiam, aut in septima generatione, aut magno te liberet cruciatu : non quod ipse qui percusserit Cain septem ultionibus subjiciendus sit, sed quod septem vindictas quæ in Cain tanto tempore cucurrerunt, solvat in interfecto, occidens eum qui fuerat vitæ derelictus ad pœnam. Majorum nostrorum ista est sententia, quod putant in septima generatione a Lamech interfectum Cain. Adam quippe genuit Cain ; Cain genuit Enoch; Enoch genuit Irad; Irad genuit Mahuiael; Mahuiael genuit Matusael ; Matusael genuit Lamech ; qui septimus ab Adam, non sponte, sicut in quodam Hebræo volumine scribitur, interfecit Cain. Et ipse postea confitetur : *Quia virum occidi in vulnere meo, et juvenem in livore meo; quoniam septies vindicabitur de Cain, de Lamech autem septuagies septies.* Referebat mihi quidem Hebræus in apocryphis eorum libris, septuaginta septem animas ex Lamech progenie reperiri, quæ diluvio deletæ sint; et in hoc numero factam esse vindictam de Lamech, quod genus ipsius usque ad cataclysmum aquæ perseveraverit. Alii de septem vindictis Cain varia suspicantur, et primum ejus asserunt peccatum fuisse quod non recte diviserit; secundum quod inviderit fratri; tertium quod dolose egerit dicens : *Transeamus in campum;* quartum quod interfecerit; quintum quod procaciter negaverit, *Nescio;* sextum quod seipsum damnaverit : *Major culpa mea est quam ut dimittar ;* septimum quod nec damnatus egerit pœnitentiam, secundum Ninivitas et Ezechiam regem Judæ, qui imminentem mortem lacrymis distulerunt, ut quo damnati fuerant non perirent, sed agentes pœnitentiam impetrarent misericordiam Dei, et dicunt illum a clementissimo Deo usque ad septem generationes fuisse dilatum, ideo ut saltem malis ipsis et longæ vitæ mœrore compulsus, pœnitentiam ageret, et mereretur absolvi. Secundum mysticam ergo intelligentiam hæc responsio Domini ad Cain, ita ad Judæos potest transferri, trementibus pro amissione regni temporalis. Non sic, inquit, eveniet quomodo dicis, non corporali morte interibit genus impiorum carnalium Judæorum, quicunque eos ita perdiderit, septem vindictas exsolvet, id est, auferet ab eis septem vindictas, quibus alligati sunt propter reatum occisi Christi, hoc toto tempore quod septenario dierum numero volvitur, magis quia non interiit gens Judæa satis appareat fidelibus Christianis, sed solam dispersionem meruerint, juxta quod ait Scriptura : *Ne occideris eos, nequando obliviscantur legis tuæ. Disperge eos in virtute tua, et destrue eos* (*Psal.* LVIII).

Posuit Dominus in Cain signum, ut non eum interficeret omnis qui invenisset eum; ipsum videlicet signum, quod tremens et gemens, vagus et profugus semper viveret, nec audere eum uspiam orbis terrarum sedes habere quietas; et forte idcirco civitatem condidit in qua salvari posset. Hoc revera mirabile est, quemadmodum omnes gentes quæ a Romanis subjugatæ sunt, in ritum Romanorum sacrorum transierint, eaque sacrilegia observanda et celebranda susceperint; gens autem Judæa sive sub paganis regibus, sive sub Christianis, non amisit signum legis et circumcisionis suæ, quo a cæteris gentibus populisque distinguitur; sed et omnis imperator vel rex qui eos in regno suo cum ipso signo suo invenit, nec occidit.

Exiit ergo Cain a facie Domini, et habitavit in terra Naid. Quod LXX Naid transtulerunt, in Hebræo nod נוד dicitur, et interpretatur σαλευόμενος, id est, instabilis et fluctuans, et se !is incertæ. Non est igitur Naid terra, ut vulgus nostrorum putat, sed expletur sententia Dei, quod huc atque illuc vagus et profugus oberravit. Contra quod malum Dominus rogatur in Psalmo : *Ne dederis in motu pedes meos, et manus peccatorum non moveant me* (*Psal.* xxxv). Nunc ergo et Judæi, et omnes qui diversis erroribus contumaces sunt, resistendo veritati exeunt a facie Dei, id est, a misericordia dilectionis ejus, vel a participatione lucis ejus, et habitant profugi in terra commotionis, id est, in perturbatione carnali, contra jucunditatem Dei, hoc est contra Eden, quod interpretatur epulatio, id est, plantatus paradisus.

Cognovit autem Cain uxorem suam, quæ concepit et peperit Enoch, et ædificavit Cain civitatem. (*Aug.*) Quæritur quomodo Cain potuerit condere civitatem, cum civitas alicui utique constituatur hominum multitudini; illi autem duo parentes et duo filii fuisse referuntur, quorum filiorum ab altero alter occisus est. In cujus occisi locum alius natus esse narratur. An ideo quæstio est, quoniam qui legunt, putant solos tunc fuisse homines, quos divina Scriptura commemorat, nec advertunt eos qui prius sint conditi duos, vel etiam eos quos genuerunt tam diu vixisse, ut multos gignerent ? Non enim et Adam ipse solos eos genuit, quorum nomina leguntur, cum de illo Scriptura loquens, ita concludat, quod genuerit filios et filias. Proinde cum multo pluribus illi vixerunt annis quam Israelitæ in Ægypto fuerunt, quis non videat, quam multi homines nasci potuerunt, unde illa civitas impleretur, si Hebræi multo minore tempore ita multiplicari potuerunt? (*Isid.*) Quid ergo sibi per figuram vult, quod impiorum progenies civitatem in ipsa mundi origine construxit, nisi quod noveris impios in hac vita esse fundatos, sanctos vero hospites esse et peregrinos? Unde Abel tanquam peregrinus in terris, populus Christianus non condidit civitatem. Superna est etiam sanctorum civitas, quamvis hic pariat cives in quibus peregrinatur, donec regni ejus tempus adveniat.

Et vocavit eam ex nomine filii sui Enoch. Iste filius in cujus nomine condita est Enoch, id est terrestris Jerusalem, **quod interpretatur possessio,** significat istam civitatem, et initium et finem habere terrenum ubi nihil plusquam quod cernitur speratur. (*Greg.*) Iniqui dum corde transire ad æterna negligunt, et cuncta præsentia fugitiva esse non intuentur, mentem in amore vitæ præsentis figunt, et quasi longæ habitationis in ea sibi fundamentum construunt, quia in æternis rebus per desiderium non solidantur. Unde et primus Cain civitatem construxisse describitur, ut aperte monstraretur, quia ipse in terra fundamentum posuit, qui a soliditate æternæ patriæ alienus fuit. Peregrinus quippe a summo fundamentum posuit in infimis, quia stationem cordis in terrena delectatione collocavit. Unde et in ejus stirpe Enoch, qui dedicatio interpretatur, primus nascitur; in electorum vero progenie Enoch septimus fuisse memoratur, quia videlicet reprobi in hac vita quæ ante est, semetipsos ædificando dedicant, electi vero ædificationis suæ dedicationem in fine temporis, id est, in septimo exspectant. Videas namque plurimos temporalia sola cogitare, honores quærere, ambiendis rebus inhiare, nihil præter hanc vitam requirere. Quid itaque ista nisi in prima generatione dedicant ? et videas electos nihil præsentis vitæ gloriæ quærere, libenter inopiam sustinere, mala mundi æquanimiter perpeti, ut possint in fine coronari. Electis ergo Enoch in septima generatione nascitur, quia sui dedicationem gaudii in extremæ retributionis gloria requirunt.

CAPUT II.

De filiis Lamech qui ostenderunt musicam, et artem ferrariam atque ærariam, et de vindicta Lamech.

Porro Enoch genuit Irad, et Irad genuit Maviael; et Maviael genuit Matusael; et Matusael genuit Lamech, qui accepit uxores duas : nomen uni Ada, et nomen alteri Sella. Genuitque Ada Jabel, qui fuit pater habitantium in tentoriis atque pastorum : et nomen fratris ejus Jubal: ipse fuit pater canentium cithara et organo. De hoc Josephus historiographus Judæorum ita refert : Jubal autem, inquit, musicam coluit, et psalterium citharamque laudavit ; et ne dilaberentur ab hominibus, quæ ab eo inventa videbantur, aut antequam venirent ad cognitionem deperirent, cum prædixisset Adam exterminationem rerum omnium, unam ignis virtute, alteram vero aquarum vi ac multitudine fore venturam, duas faciens columnas, aliam quidem ex lateribus, aliam vero ex lapidibus, in ambabus quæ invenerat conscripserat, ut et si constructa lateribus exterminaretur ab imbribus, lapidea permanens præberet hominibus scripta cognoscere, simul et quia lateralem aliam posuisset, ut hæc ab ignium ardore servaretur, etiam si lapidea solveretur; quæ tamen lapidea permanet hactenus in terra Syria. Tubalcain vero qui ex altera natus est uxore, fortitudine cunctis excellens, res bellicas decenter exercuit. (*Isid.*) Ex his etiam quæ ad libidinem attinent corporis enutrivit, ferrariam artem primus invenit. Notandum autem quod in progenie Seth, nulla ibi progenita femina nominatim exprimitur, nisi tantum in progenie Cain femina commemoratur : quod significat terrenam civitatem usque in finem sui carnales habituram generationes, quæ maritorum ac feminarum conjunctione proveniunt.

Dixitque Lamech uxoribus suis Adæ et Sellæ : Audite vocem meam; uxores Lamech, auscultate sermonem meum, quoniam occidi virum in vulnus meum, et adolescentulum in livore meo, septuplum ultio dabitur de Cain : de Lamech, septuagies septies. (Albinus.) Quia homicidii peccatum septima generatione diluvio vindicatum esse legitur, adulterii vero scelus, quod Lamech primus omnium in duabus commisit uxoribus, non nisi sanguine Christi expiandum esse, qui septuagesima et septima generatione secundum Lucæ Evangelium venit in mundum (*Isid.*); igitur ab Adam usque ad Christum septuaginta et septem generationes inveniuntur in quibus peccatum Lamech, id est totius mundi, sanguinis Christi effusione solutum est. Siquidem et in populo Judæorum propter interfectionem Christi, septuaginta septem sunt vindictæ statutæ, juxta illud Evangelii in quo dictum est Petro apostolo : *Non solum septies, sed etiam septuagies septies, si pœnituerit, fratri remittendum* (*Matth.* XVIII), id est Judæum revertentem post septuaginta septem vindictas statutas recipiendum ad indulgentiam Christi

Cognovit quoque Adam adhuc uxorem suam, et peperit filium, vocavitque nomen illius Seth, dicens : Posuit mihi Dominus semen aliud pro Abel quem occidit Cain. (Hieron.) Seth proprie θέσις, id est *positio* dicitur, quia igitur posuerit eum Deus pro Abel, propterea Seth, id est *positio* appellatur. Seth quippe, ut quidam putant, interpretatur *resurrectio*, qui est Christus; et Enos filius ejus interpretatur *homo*, qui cœpit invocare nomen Domini. Licet plerique Hebræorum aliud arbitrentur, quod tunc primum in nomine Domini, et in similitudine ejus fabricata sint idola. (*Isid.*) Quid autem per hoc intelligitur, quod Enos dicitur invocare nomen Domini, nisi quia in confessione Dei vivit omnis homo, qui est filius resurrectionis, quandiu peregrinatur in terris? item ex duobus illis hominibus Abel, quod interpretatur luctus, et ejus fratre Seth, quod interpretatur resurrectio, mors Christi , et vita ejus ex mortuis figuratur. Ergo, ut brevius dicam, Abel luctus, Seth resurrectio, Enos homo, quia post luctum resurrectio, de resurrectione homo invocans Deum.

CAPUT III.
De Adam quomodo rursum filios susceperit, et fine vitæ ejus.

(CAP. V.) *Hic est liber generationis Adam : in die qua creavit Deus hominem, ad similitudinem Dei fecit illum; masculum et feminam creavit eos; et benedixit illis, et vocavit nomen eorum Adam in die qua creati sunt.* (*Hieron.*) Et vocavit, inquit, nomen eorum Adam, id est homo. Hominis autem nomen tam viro quam feminæ convenit.

Vixit autem Adam centum triginta annis, et genuit ad similitudinem et ad imaginem suam. Nota quia Adam ad imaginem et similitudinem Dei factus est, homines autem ad similitudinem Adæ facti sunt.

Et facti sunt dies Adam postquam genuit Seth, octingenti anni, genuitque filios et filias. Et factum est omne tempus quod vixit Adam, anni nongenti triginta, et mortuus est. Vixit quoque Seth centum quinque annos, et genuit Enos. Item Enos genuit Cainan; Cainan autem genuit Malaleel; Malaleel genuit Jareth; Jareth genuit Enoch, et reliqua. (*Isid.*) Hic autem Enoch septimus ab Adam, qui placuit Deo et translatus est, septimam requiem significat, ad quam refertur omnis qui tanquam sexta die, id est, sexta ætate sæculi, per Christi adventum formatur. Transactis enim sex ætatibus sæculi, facto etiam judicio, et renovatis cœlo ac terra, transferuntur sancti in vitam perpetuæ immortalitatis. Quod autem per Seth ab Adam usque ad Noe denarius numerus insinuatur, complementum mandatorum in Ecclesiæ operibus figuratur. Cui numero si adjiciuntur tres filii Noe, medio reprobato, duodenarius consummatur, qui in patriarcharum et apostolorum numero insignis habetur, propter septenarii partes alteras, per alteras multiplicatas; nam ter quaterni, vel quater terni ipsum faciunt. Quod vero progenies ex Adam per Cain in denario numero finitur, transgressio mandatorum sive peccatum ostenditur. Nam dum Lamech septimus ab Adam reperiatur scriptus, adduntur ei tres filii et una filia, ut undenarius numerus compleatur, per quod demonstretur peccatum. Nam et ipse numerus femina cluditur, a quo sexu initium peccati commissum est, per quod omnes morimur, scilicet ut voluptas carnis quæ spiritui resisteret, sequeretur. Unde et ipsa filia Lamech Noema, id est voluptas, interpretatur. Adam interpretatur *homo* sive terrenus aut *indigena*, aut *terra rubra*. Interpretatio autem eorumdem nominum eamdem rem significat. Seth quoque interpretatur *positio*; sive *resurrectio*, ut diximus : Enos interpretatur homo ; Cainan interpretatur *lamentatio*, vel *positio eorum*; Malaleel interpretatur *laudans Deum*; Jareth *roborans*; Enoch interpretatur *dedicatio*; Mathusala *mortis emissio*; Lamech *humiliatus*; Noe *requies* interpretatur. Ergo procedens homo ex terra rubra, resurgens a peccatis, et appositus cœtui credentium, erit homo invocans Deum, et deflens peccata pristina; possidet animam suam per patientiam; sicque rite laudans Deum, roboratur Spiritu Dei; dedicatur ad vitam æternam; atque victor mortis subjectus Deo, possidet requiem sempiternam.

CAPUT IV.
De Mathusala et Lamech.

(CAP. V.) *Vixit quoque Mathusala centum octoginta septem annos, et genuit Lamech,* etc. Notandum autem quod in Septuaginta interpretibus hic locus ita habetur : *Et vixit Mathusala annis centum sexaginta septem, et genuit Lamech. Et vixit Mathusala postquam genuit Lamech annos octingentos duos, et genuit filios et filias; et fuerunt omnes dies Mathusalæ quos vixit anni nongenti sexaginta novem, et mortuus est,*

Famosa quæstio et disputatione Ecclesiarum omnium ventilata, quod juxta diligentem supputationem quatuordecim annos post diluvium Mathusala vixisse referatur. Etenim cum esset Mathusala annorum centum sexaginta septem, genuit Lamech; rursum Lamech cum esset annorum centum octoginta octo, genuit Noe; et fiunt simul usque ad diem nativitatis Noe anni vitæ Mathusalæ, trecenti quinquaginta quinque. Sexcentesimo autem anno vitæ Noe, diluvium factum est, ac per hoc habita supputatione per partes, nongentesimo quinquagesimo quinto anno Mathusalæ, diluvium factum esse convincitur. Cum autem super nongentis sexaginta novem annis vixisse sit dictus, nulli dubium est quatuordecim annos eum vixisse post diluvium. Et quomodo verum est quod octo tantum animæ in arca salvæ factæ sunt? Restat ergo ut quomodo in plerisque, ita et in hoc sit error in numero. Siquidem in Hebræis et Samaritanorum libris ita scriptum reperi: *Et vixit Mathusala centum octoginta septem annis, et genuit Lamech; et vixit Mathusala postquam genuit Lamech, septingentos octoginta duos annos, et genuit filios et filias; et fuerunt omnes dies Mathusalæ, anni nongenti sexaginta novem, et mortuus est. Et vixit Lamech centum octoginta duos annos, et genuit Noe.* A die ergo nativitatis Mathusalæ usque ad diem ortus Noe, sunt anni trecenti sexaginta novem. His adde sexcentos annos Noe, quia in sexcentesimo vitæ ejus anno diluvium factum est, atque ita fit ut nongentesimo sexagesimo nono anno vitæ suæ Mathusala mortuus sit, eo anno quo cœpit esse diluvium. (*Isid.*) Nam Mathusalæ secundum Septuaginta ultra diluvium numerantur anni, ut quoniam solus est Christus, cujus vita nullam sentit ætatem, in majoribus quoque illis non sensisse diluvium videretur.

Vixit autem Lamech centum octoginta duobus annis, et genuit filium; vocavitque nomen ejus Noe, dicens: Iste consolabitur nos ab operibus et laboribus manuum nostrarum, in terra cui maledixit Dominus. (*Hieron.*) Noe *requies* interpretatur. Ab eo igitur quod sub illo omnia retro opera quieverunt per diluvium, appellatus est *requies.* Significat autem Noe per omnes actus suos Christum. Noe enim, ut diximus, *requies* interpretatur. Dominus dicit: *Discite a me quia mitis sum et humilis corde, et invenietis requiem animabus vestris* (*Matth.* XI). Solus justus invenitur Noe in illa gente, cui septem homines donantur propter justitiam suam. Solus justus Christus est atque perfectus, cui septem Ecclesiæ propter septemplicem Spiritum illuminantem in unam Ecclesiam condonantur.

CAPUT V.

De gigantibus, et de centum viginti annis hominibus ad pœnitentiam a Deo concessis.

(CAP. VI.) *Cumque cœpissent homines multiplicari super terram, et filios procreassent, videntes filii Dei filias hominum, quod essent pulchræ, acceperunt uxores sibi ex omnibus quas elegerant.* Verbum Hebraicum elohim אלהים communis est numeri, et Deus quippe, et dii similiter appellantur. Propter quod Aquila plurali numero filios deorum ausus est dicere, deos intelligens sanctos sive angelos. *Deus enim stetit in synagoga deorum: in medio autem deos discernit* (*Psal.* LXXXI). (*Aug.*) Unde et Symmachus istiusmodi sensum sequens ait: *Videntes filii potentum filias hominum,* et reliqua. Sed hoc movet, quomodo vel ex hominum concubitu nati gigantes, feminis miscere potuerunt se, si non homines sed angeli fuerunt. Sed de gigantibus, id est, nimium grandibus atque fortibus, puto non esse mirandum quod ex hominibus nasci potuerunt, quia et post diluvium quidam tales fuisse reperiuntur; et quædam corpora hominum in incredibilem modum ingentia nostris quoque temporibus exstiterunt, non solum virorum, sed etiam feminarum. Unde credibilius est homines justos appellatos filios Dei, concupiscentia lapsos peccasse cum feminis, quam angelos carnem non habentes, usque ad illud peccatum descendere potuisse: quamvis de quibusdam dæmonibus qui sint improbi mulieribus, a multis tam multa dicantur, ut non facilis sit de hac re finienda sententia. (*Albin.*) Aliter filias hominum progeniem Cham, et filios Dei sobolem Seth appellare voluit Scriptura, hi avita benedictione religiosi, illi paterna maledictione impudici. Sed postquam filii Seth, concupiscentia victi, ex filiabus Cham connubia conjunxerunt, ex tali conjunctione homines immenso corpore, viribus superbi, moribus inconditi, quos Scriptura gigantes appellat, procreati sunt.

Dixitque Deus: Non permanebit spiritus meus in homine in æternum, quia caro est; eruntque dies illius centum viginti anni. (*Hieron.*) In Hebræo scriptum est: *Non judicabit spiritus meus homines istos in æternum, quia caro sunt;* hoc est, quia fragilis est in homine conditio, non eos ad æternos servabo cruciatus, sed hic illis restituam quod merentur. Ergo non severitatem, ut in nostris codicibus legitur, sed clementiam Dei sonat, dum peccator hic pro suo scelere visitatur. Unde et iratus Deus loquitur ad quosdam: *Non visitabo filias eorum cum fuerint fornicatæ, et sponsas eorum cum adulteraverint* (*Oseæ* IV). Et in alio loco: *Visitabo in virga iniquitates eorum, et in flagellis peccata eorum. Verumtamen misericordiam meam non auferam ab eis* (*Ps.* LXXXVIII). Porro ne videretur in eo esse crudelis, quod peccantibus locum pœnitentiæ non dedisset, adjecit: *Sed erunt dies eorum centum viginti anni,* hoc est, centum viginti annos habebunt ad agendam pœnitentiam. Non igitur humana vita, ut multi errant, in centum viginti annos contracta est, sed generationi illi centum viginti anni ad pœnitentiam dati sunt. Siquidem invenimus quod post diluvium Abraham vixerit annos centum septuaginta quinque, et cæteri amplius ducentis trecentis annis. Quia vero pœnitentiam agere contempserant, noluit Deus exspectare tempus decretum, sed viginti annorum spatiis amputatis, induxit diluvium anno centesimo agendæ pœnitentiæ destinato

Videns autem Deus quod multa malitia hominum esset in terra, et cuncta cogitatio cordis intenta esset ad malum omni tempore, pœnituit eum quod hominem fecisset in terra; et tactus dolore cordis intrinsecus. Delebo, inquit, hominem quem creavi, a facie terræ, ab homine usque ad animantia, a reptili usque ad volucres cœli; pœnitet enim me fecisse eos. Quid est quod de Deo dicitur : *Pœnitet me hominem fecisse, et iterum : Tactus dolore cordis intrinsecus ?* Nunquid in Deum pœnitentia aut dolor cordis cadere potest? Ira Dei non perturbatio animi ejus est, sed judicium quo irrogatur pœna peccato, cogitatio vero ejus et recogitatio mutandarum rerum est immutabilis ratio. Non Deus de facto suo pœnitet aut dolet sicut homo, cui est de omnibus rebus omnino tam fixa sententia quam certa præscientia, sed utitur Scriptura sancta usitatis nobis verbis intelligentibus, ut coaptet se nostræ parvitati, quatenus ex cognitis incognita cognoscamus.

CAPUT VI.
De Noe et constructione arcæ ejus.

Noe vir justus atque perfectus fuit in generationibus suis, cum Deo ambulavit. (Albin.) Si nullus sine peccato, quomodo aliquis perfectus esse potest? Perfecti hic aliqui dicuntur, non sicut perficiendi sunt sancti in illa immortalitate, qua æquabuntur angelis Dei, sed sicut esse possunt in hac peregrinatione perfecti. Unde signanter ait, in generatione sua, ut ostenderet non juxta justitiam consummatam, sed juxta generationis suæ eum justum fuisse justitiam; et hoc est quod in Hebræo dicitur : *Noe vir justus atque perfectus erat in generationibus suis, cum Deo ambulabat,* hoc est, illius vestigia sequebatur.

Et genuit tres filios, Sem, Cham et Japheth. Sem interpretatur *nomen* vel *nominatus.* Cham interpretatur *callidus,* Japheth interpretatur *latitudo.*

Corrupta est autem terra coram Deo, et repleta est iniquitate. Cumque vidisset Deus terram esse corruptam. (Omnis quippe caro corruperat viam suam super terram.) Corruptam autem dicit esse terram, quia omnis caro, id est omnis homo peccando corruperat viam suam, hoc est vitam, quia totum tempus vitæ suæ duxit in peccatis. Solo enim homine peccante, omnis caro dicitur corrupisse viam suam, quia propter hominem omnis caro creata est.

Dixit ad Noe : Finis universæ carnis venit coram me : repleta est terra iniquitate a facie eorum, et ego disperdam eos cum terra. Quid est quod dixit Deus, *Finis universæ carnis venit coram me,* nisi quia per universam carnem significavit omne genus mortalium præter illos qui in arca salvandi erant? Illi autem quasi seminarium secundæ generationis servati sunt. *Et disperdam,* inquit, *cum terra.* Quomodo cum terra disperierunt, dum terra postea remansit? Tradunt enim doctores terræ vigorem et fecunditatem longe inferiorem esse post diluvium quam ante; et idcirco hominibus carnes edere licentiam esse datam, et ante etiam diluvium fructibus terræ solummodo victitasse.

Fac tibi arcam de lignis levigatis; mansiunculas in arca facies. Quæ sunt ergo ligna levigata, de quibus arca præcipitur fieri, nisi fortia et insolubilia et bene coaptata? De quibus alia translatio dicit, quadrata, ut arca nec ventorum vi, nec aquarum inundatione solveretur. Hæc utique arca mansiunculis intus distincta erat, propter diversas species et genera animalium.

Et bitumine linies intrinsecus et extrinsecus; et sic facies eam. Bitumen est ferventissimum et violentissimum gluten, cujus est hæc virtus, ut ligna hoc oblita, nec vermibus exedi, nec solis ardore, nec aquarum possint inundatione dissolvi. De hoc bitumine Plinius historicus ita refert (*Lib.* II, *cap.* 104) : Bituminis plures lacus inveniri dicuntur, ut est in Comagene, urbe Samosata stagnum emittentes limum (quod maltham vocant) flagrantem, cum quo defendere muros solent, quia tactu adhærens retrahit fugientes. Est et in Pentapoli, ubi mare Mortuum vel lacus Salinarum esse dicitur, in quo quæcunque viventia mergenda tentaveris, statim resiliunt; et quamvis vehementer illisa, confestim excutiuntur. Sed neque ventis movetur resistente turbinibus bitumine quo aqua omnis stagnatur; neque navigationis patiens est, quia omnia vita carentia in profundum merguntur; nec materiam ullam sustinet, nisi quæ bitumine illustratur. Lucernam accensam ferunt supernatare exstincto demergi lumine. Sunt et in Babylonis regionibus putei bituminis, quo pro cæmento in turris constructione filii Adam usi sunt, quia contra naturam aquæ firmissimum est.

Trecentorum cubitorum erit longitudo arcæ; quinquaginta cubitorum latitudo, et triginta cubitorum altitudo illius. Fenestram in arca facies, et in cubito consummabis summitatem ejus. Quæri solet quæ figura vel forma fuerit arcæ. Videtur enim ex hac narratione, illa quatuor angulis ex imo assurgere, et eisdem paulatim usque ad summum in angustum attractis, in spatium unius cubiti fuisse collecta, quia sic refertur, quod in fundamentis trecenti cubiti in longitudine, et in latitudine quinquaginta sint, et in altitudine triginta, sed collecta in cacumen angustum, ita ut cubitum sit longitudinis et latitudinis ejus. Et vere nulla potuit tam conveniens, et congrua arcæ species dari, quam ut summo velut e tecto quodam angusto culmen diffunderet imbrium ruinas, et ima in aquis quadrata stabilitate consisteret, nec impulsu ventorum nec impetu fluctuum, nec inquietudine animalium quæ intrinsecus erant aut inclinari posset aut mergi. Fenestra ergo ideo in summitate arcæ jubetur fieri, ut haberet Noe unde emittere posset aves, ad explorandam terræ siccitatem.

Ostium autem arcæ pones ex latere deorsum, cœnacula et tristega facies in ea. Quomodo ergo bicamerata et tricamerata fuerit arca, quidam doctorum ita asserunt, ut bicameratam in inferioribus, tricameratam vero in superioribus, ita ut quinque habitationum distinctiones in ea esse advertamus, inferiora ejus loca stercoribus et spurcitiæ esse deputata, ne animalia et præcipue homines fimi fetore vexarentur: huic autem superior et contigua camera conservandis pabulis animalium deputaretur. In hos ergo usus inferiores partes quæ bicameratæ dicuntur tradunt fuisse distinctas, superiores vero partes quæ tricamerateæ dicuntur ad habitaculum primo bestiis, vel animalibus immitioribus, vel serpentibus, deputatas esse. Ab his vero congruam superioribus loca mitioribus animantibus stabula fuisse; super omnia vero in excelso hominibus sedem locatam, ut pote sicut honore et sapientia antecedit, ita et loco cuncta præcelleret animalia; et sic quinque mansiones in ea esse intelliguntur: prima stercorina [stercoraria], secunda apothecaria, tertia feris animantibus, quarta mansuetis, quinta hominibus. Sic et de ostio quod in latere arcæ ædificatum est tradunt, quod eo loco fuisset, ubi inferiora quæ dixit bicamerata infra se haberet; et quæ dixit tricamerata superiora a loco ostii haberentur; et inde ingressa universa animalia, per sua quæque loca secundum quod supra diximus, congrua discretione dirempta sunt. (*Isid.*) Quod vero Noe per aquam et lignum liberatur, allegorica interpretatione sic accipi potest, ut lignum et aqua crucem designet et baptisma. Sicut enim ille cum suis per aquam et lignum salvatur, sic familia Christi per baptismum et crucis passionem sanatur. Arcam instruxit Noe de lignis non putrescentibus, Ecclesia construitur a Christo, ex hominibus victuris in æternum. Arca enim ista ecclesiam demonstrat, quæ natat fluctibus mundi hujus. Quod autem eadem arca de lignis quadratis fieri jubetur, undique stabilem vitam sanctorum significat, ad omne bonum opus paratam. Quacunque enim veteris quadratum, firmiter stabit. Bitumine glutinantur arcæ ligna intrinsecus et extrinsecus, ut in compagine unitatis, significetur tolerantia charitatis, ne scandalis Ecclesiam tentantibus, sive ab his qui intus sunt, sive ab his qui foris sunt, cedat fraterna junctura, et solvatur vinculum pacis. Est enim bitumen ferventissimum et violentissimum gluten, ut supra dictum est, significans dilectionis ardorem vi magna fortitudinis ad tenendam societatem spiritualem, omnia tolerantem. Arca trecentis cubitis longa est, ut sexies quinquaginta compleatur, sicut sex ætatibus omne hujus sæculi tempus extenditur, in quibus omnibus Christus nunquam desistit prædicari, in quinque per prophetiam prænuntiatus, in sexta per Evangelium diffamatus. Potest quidem et in his trecentis cubitis lignum ligni passionis ostendi. Ipsius enim litteræ numerus crucis demonstrat signum per quod socii Christi passionis effecti, per baptismum longitudinem vitæ æternæ adipiscimur. Quod vero cubitis latitudo quinquaginta ejus expanditur, significat amplitudinem charitatis in fidelibus, sicut dicit Apostolus: *Cor nostrum dilatatum est* (*II Cor.* vi). Unde nisi charitate spirituali? propter quod ipse iterum dicit: *Charitas Dei diffusa est in cordibus nostris, per Spiritum sanctum qui datus est nobis* (*Rom.* v). Quinquagesimo enim die post resurrectionem suam Christus sanctum Spiritum misit, qui corda credentium dilatavit. Quod autem altitudo ejus triginta cubitis surgit, quem numerum decies habet in trecentis cubitis arcæ longitudo, designat quia Christus est altitudo nostra, qui triginta annorum ætatem gerens, doctrinam evangelicam consecravit, contestans legem non se venisse solvere sed implere. Legis autem cor in decem præceptis agnoscitur, hinc decies tricenis arcæ longitudo perficitur. Unde et ipse Noe ab Adam decimus computatur. Quod sexies longa ad altitudinem, et decies longa ad latitudinem suam, humani corporis instar ostendit, in quo Christus apparuit. Corporis enim longitudo quæ est a vertice ad vestigium, sexies tantum habet, quam latitudo est ab uno latere ad alterum latus, et decies tantum quam altitudo, cujus altitudinis mensura est in latere a dorso ad ventrem, velut si jacentem hominem metiaris supinum seu pronum, sexies tantum longus est a capite usque ad pedes, quam latus a dextera in sinistram, vel a sinistra in dexteram, et decies quam altus a terra. Unde facta est arca trecentorum in longitudine cubitorum, et quinquaginta in latitudine, et triginta in altitudine. Item eadem arca collecta in unum cubitum, desuper consummatur, sicut Ecclesia corpus Christi in unitate collecta, sublimatur et perficitur. Unde dicitur in Evangelio: *Qui mecum non colligit, spargit* (*Luc.* x). Quod autem aditus ejus fit a latere, significat quia nemo intrat in Ecclesiam, nisi per sacramentum remissionis peccatorum, quod e Christi latere aperto manavit. Inferiora arcæ bicamerata et tricamerata construuntur, sicut ex omnibus gentibus, vel per bipartitam multitudinem congregatur Ecclesia propter circumcisionem et præputium, vel tripartitam propter tres filios Noe, quorum progenie repletus est orbis terrarum; et ideo arcæ inferiora ista dicta sunt, quia in hac terrena vita diversitas est gentium. In summo autem omne in unum consummatur, et non est ista varietas, quia omnia et in omnibus Christus, tanquam nos uno cubito desuper cœlesti unitate consummans. (*Greg.*) Recte itaque per arcam universa Ecclesia designatur, quæ adhuc in multis suis carnalibus lata est, in paucis spiritualibus angusta; et quia ad unum hominem, qui est sine peccato colligitur, quasi in uno cubito consummatur. Videmus etenim multos intra ejusdem Ecclesiæ sanctæ sinum in superbiam erigi, in carnis voluptate dissolvi, in adquirendis terrenis rebus inhiare, imperante avaritia maria transire, deservire iracundiæ, jurgiis vacare, proximos quos prævalent lædere. Sed quia eos adhuc sancta Ecclesia tolerat ut convertantur, quasi in arcæ latitudine deorsum bestiæ morantur. Videmus alios jam aliena non quærere, illatam injuriam æquanimiter portare, rebus propriis esse contentos, humiliter vivere; sed quia isti jam pauci sunt, angustatur arca. Alios autem conspicimus etiam possessa relinquere, nullum terrenis rebus studium dare, inimicos diligere, carnem a cunctis voluptatibus domare, motus omnes sub ratione judicio præmere, per cœleste desiderium contemplationis penna sublevari. Sed quia tales quique valde rari sunt, jam arca juxta cubitum ducitur, ubi homines et volatilia continentur. Quæratur tamen si quis in eis esse valeat sine peccato, et nullus invenitur. Quis itaque homo est sine peccato, nisi ille qui in peccatis conceptus non est? In uno ergo cubito consummatur arca, quia unus est auctor et redemptor sanctæ Ecclesiæ sine peccato, ad quem et per quem omnes proficiunt, qui se esse peccatores noverunt. Sequitur :

Et ingredieris arcam tu et filii tui, uxor tua, et uxores filiorum tuorum tecum. Et cunctis animantibus universæ carnis, bina duces in arcam ut vivant tecum, masculini et feminini sexus, etc. (*Albin.*) Quid sibi vult quod hic bina de omnibus animantibus introducere jubet in arcam, et in sequentibus duo et duo, septena et septena, masculum et feminam? an quatuor ex immundis et quatuordecim ex mundis animalibus intelligere debemus introducenda esse? Non utique duo et duo propter quatuor, sed propter masculum et feminam. Nam de immundis tantummodo duo, et de mundis solummodo septem. Inde immunda pari numero posuit; munda vero impari, ut haberet Noe unde hostias immolaret ex mundis; et inde plura fuerunt munda quam immunda, propter futurum humani generis usum qui ex mundis debebatur hominibus, ut plura essent quæ prodessent, quam quæ nocerent.

De volucribus juxta genus suum, et de jumentis in genere suo, et ex omni reptili terræ secundum genus suum, bina de omnibus ingredientur tecum, ut possint vivere. Quæri enim solet utrum tanta capacitate arca describatur esse, quod animalia tanta, et tot cum mansiunculis convenientibus sibi, et escis eorum ferre potuerit. (*Aug.*) Hanc quæstionem Origenes solvit cubito geometrico, asserens cubitum geometricum tantum valere, quantum nostra cubita sex valent. Si ergo tam magna cubita intelligamus, nulla quæstio est tantæ capacitatis arcam fuisse, ut posset illa omnia continere. Item quæritur utrum arca tam magna centum annis potuerit fabricari a quatuor hominibus, id est, Noe et tribus filiis ejus. Sed si non potuerit non erat magnum fabros alios adhibere, quamvis operis sui mercede accepta non curaverint utrum eam Noe sapienter, an vero inaniter fabricaverit; et ideo non in eam intraverint, quia non crediderunt quod ille crediderat. Quod autem dictum est ingressa esse omnia animalia in arcam, non Noe colligente, sed Deo jubente factum est. Sicut enim dictum est in prima creatione, quod Deus adduxit ea ad Adam, ut videret quid vocaret eam, sic divino nutu coacta animalia, sponte præfinito numero veniebant ad arcam Noe. Item quæri solet de minutissimis bestiis, non solum quales sunt mures et stelliones, sed etiam quales locustæ, scarabæi, muscæ denique et pulices, utrum non amplioris numeri in arca illa fuerint, quam qui est definitus cum hoc imperaret Deus. Prius admonendi sunt quos hæc movet, sic accipiendum esse quod dictum est, *quæ reptant super terram*, ut necesse non fuerit conservari in arca quæ possunt in aquis vivere, non solum mersa sicut pisces, verum etiam super natantia, sicut multæ alites. Deinde cum dicitur, *masculus et femina erunt*, profecto intelligitur ad reparandum genus dici; ac per hoc nec illa necesse fuerat ibi esse quæ possunt sine concubitu de quibuscunque rebus vel rerum corruptionibus nasci; vel si fuerunt sicut in domibus consueverunt esse, sine ullo numero definito esse potuisse; aut si mysterium sacratissimum quod agebatur, et tantæ rei figura etiam veritate facta aliter non posset impleri, nisi ut omnia ita certo illo numero essent, quæ vivere in aquis, illius natura prohibente, non possent, non fuit ista cura illius hominis, vel illorum hominum, sed divina. Non enim ea Noe capiens intromittebat, sed venientia et intrantia permittebat. Ad hoc enim valet quod dictum est, *Intrabant ad te*, non scilicet hominis actu, sed Dei nutu.

Tolles igitur tecum ex omnibus escis quæ mandi possunt, et comportabis apud te, et erunt tam tibi quam illis in cibum. Solet etiam movere nonnullos genera escarum quæ illic habere poterant animalia quæ non nisi carne vesci putantur, utrum præter numerum ibi fuerint, sine transgressione mandati, quæ aliorum alendorum necessitas illic coegisset includi, an vero quod potius est credendum præter carnes aliqua alimenta esse potuerunt, quæ omnibus convenirent. Novimus enim quam multa animalia quibus caro cibus est; fructibus pomisque vescantur, et maxime ficubus atque castaneis. Quid vero mirum si vir ille sapiens et justus, etiam divinitus admonitus quod cuique congrueret, sine carnibus aptam cuique generi alimoniam reperiret et conderet? Quid est quo vesci non cogeret fames? aut quod non suave ac salubre facere posset Deus, qui etiam ut sine cibo viverent divina facilitate donaret?

CAPUT VII.

De ingressu animantium in arcam et de diluvio.

(Cap. vii.) *Universæ aves omnesque volucres ingressæ sunt ad Noe in arcam bina et bina, ex omni carne in qua erat spiritus vitæ; et quæ ingressa sunt masculus et femina, ex omni carne introierunt, sicut præceperat ei Deus.* (*Albin.*) Hinc quidam quærendum putant quid de animalibus sentiri debeat, quorum natura nec semper in aridis, nec semper in humidis vivere potest, sicut sunt lutri et vituli marini, et multa avium genera, quæ in aquis victum requirunt, sed in aridis dormiunt, nutriunt et requiescunt. Potuit enim virtus divina utramvis eorum naturam donec diluvium transiret, mitigare, temperare, ut aut in humore tantum, aut in arido tantum vivere possent, nisi forte extra arcam in aliqua ejus parte loca illis præparata essent, unde et in aquis vivere, et in aridis requiescere potuissent.

Et inclusit eum Dominus deforis. Hoc enim sine dubio divinum opus fuit, ne ingrederentur aquæ per aditum, quod humana non munierat manus.

Factumque est diluvium quadraginta diebus super terram; et multiplicatæ sunt aquæ, et elevaverunt arcam in sublime a terra, vehementerque inundaverunt, et omnia repleverunt in superficie terræ. Porro arca ferebatur super aquas, et aquæ prævaluerunt nimis super terram. Opertique sunt omnes montes excelsi sub universo cœlo. Quindecim cubitis altior fuit aqua super montes quos operuerat. Ferunt quidam non esse hæc gesta, sed solas rerum significandarum figuras esse contendunt. Primum opinantur tam magnum non potuisse, itemque aliud tantum in superioribus fieri diluvium, ut altissimos montes quindecim cubitos aqua crescendo transcenderet propter Olympi verticem montis, super quem perhibentur nubes non posse concrescere, quod tam sublime jam cœlum sit, ubi non ibi sit aer iste crassior, ubi venti, nebulæ imbresque gignuntur. Nec attendunt omnium elementorum crassissimam terram ibi esse potuisse. An forte negant verticem montis esse terram? Cur igitur usque ad illa cœli spatia terris exaltari licuisse, et aquis exaltari non licuisse contendunt, cum isti mensores et pensores elementorum aquas terris perhibeant superiores atque leviores? Quid itaque rationis afferunt quare terra gravior et inferior locum cœli tranquillioris invaserit per volumina tot annorum, et aqua levior ac superior permissa non sit hoc facere, saltem ad tempus exiguum? (Cap. viii.) *Recordatus autem Dominus Noe cunctorumque animantium et omnium jumentorum quæ erant in arca cum eo, adduxit spiritum super terram, et imminutæ sunt aquæ; et clausi sunt fontes abyssi et cataractæ cœli, et prohibitæ sunt pluviæ de cœlo.* Bene enim de illo spiritu intelligi potest de quo dictum est: *Spiritus Dei ferebatur super aquas.* Tunc enim ferebatur, ut congregatis aquis in suum locum, terra appareret; nunc autem adductus dicitur, ut ablatis de medio aquis diluvii, faciem terræ revelaret. Potest et spiritus nomine ventus intelligi, juxta illud Psalmistæ: *Et stetit spiritus procellæ (Psal. cvi),* cujus flatibus crebris aqua cogeretur recedere.

Reversæque sunt aquæ de terra euntes et redeuntes, et cœperunt minui post centum quinquaginta dies. Quo enim reversæ sunt aquæ, dum dicitur: *Reversæ sunt aquæ de terra euntes et redeuntes?* videtur quod juxta litteram omnes fluviorum ac rivorum decursus per occultas terræ venas ad matricem abyssum redeant juxta illud Salomonis: *Ad locum unde exeunt flumina, revertantur, ut iterum fluant (Eccli. i).*

Requievitque arca mense septimo, septima decima die mensis super montes Armeniæ. Meminit hujus loci Josephus historiographus Judæorum, ita dicens: Hunc autem locum Armeni Egressum vocant. Illic enim arcæ solutæ reliquias nunc usque provinciales ostendunt. Hujus vero diluvii et arcæ memoriam faciunt omnes qui historias barbaricas conscripse-runt: quorum unus est Berosus Chaldæus. Narrans enim de diluvio taliter est effatus: Dicitur autem et navis ejus quæ in Armenia venit circa montem Cordicum adhuc aliquam partem esse, et quosdam bitumen exinde colligere, quo maxime homines ad expiationes utuntur. Meminit autem horum et Hieronymus Ægyptius, qui antiquitatem Phœnices noscitur conscripsisse. Sed et Manasseas Damascenus in nonagesimo sexto Historiarum libro, ita de eis dicit: Est et super Mumadam excelsus mons in Armenia, qui Paris appellatur, in quo multos fugientes sermo est diluvii tempore liberatos, et quemdam simul in arca devectum in montis (sociale) summitate per reliquias lignorum multo tempore conservatas.

CAPUT VIII.

De egressu Noe ex arca, et sacrificio ejus atque benedictione.

Decimo enim mense, primo die mensis, apparuerunt cacumina montium. Cumque transissent quadraginta dies, aperiens Noe fenestram arcæ, quam fecerat, emisit corvum, qui egrediebatur et non regrediebatur, donec siccarentur aquæ super terram. Emisit quoque columbam post eum, ut videret si jam cessassent aquæ super faciem terræ. Quæ cum non invenisset ubi requiesceret pes ejus, reversa est in arcam ad eum, aquæ enim erant super universam terram. Quæstio solet oboriri utrum corvus mortuus sit, an aliquo modo vivere potuerit, qui utique si fuerit terra ubi requiesceret, etiam columba requiem potuit invenire pedibus suis. Unde conjicitur a multis, quod cadaveri potuit corvus insidere, quod columba naturaliter refugit. Item quæstio quomodo columba non inveniret ubi requiesceret, si jam, sicut narrationis ordo contexitur, nudata fuerant cacumina montium? quæ videtur quæstio aut per recapitulationem posse dissolvi, ut ea posterius narrata intelligantur quæ prius facta sunt, aut potius aquæ nondum siccatæ fuerant. *(Isid.)* Mystice autem quod cuncta animalium genera includuntur in arca, significat quia ex omnibus gentibus et narrationibus congregatio fit in Ecclesia. Quod etiam Petro demonstratus discus ille significat, ubi munda et immunda sunt animalia *(Act. x),* sicut in Ecclesiæ sacramentis boni et mali versantur. Quod septena sunt munda et bina immunda, non quia pauciores sunt mali quam boni, sed quia boni servant *unitatem spiritus in vinculo pacis.* Sanctum autem Spiritum divina Scriptura in septiformi operatione commendat, id est, Spiritus sapientiæ et intellectus, consilii et fortitudinis, scientiæ, pietatis et timoris Dei. Unde et ille numerus quinquaginta dierum, ad adventum sancti Spiritus pertinens, in septies septenis, qui fiunt quadraginta novem, uno addito, consummatur. Propter quod dictum est: *Studentes servare unitatem spiritus in vinculo pacis (Ephes. iv).* Mali autem in binario numero ad schismata faciles, et quodammodo divisibiles ostenduntur. Quod autem Noe ipse cum suis octavus numeratur, significat quia in Christo spes resurrectionis nostræ apparuit, quia octavo die, id est, post sabbati septimum, primo a mortuis resurrexit : qui dies a passione tertius, in numero autem dierum qui per omne volvuntur tempus, et octavus et primus est. Quod post septem dies ex quo ingressus est Noe in arcam factum est diluvium, ostendit quia in spem futuræ quietis, quæ septimo die signata est, baptizamur. Quod præter arcam omnis caro quam terra sustentabat diluvio consummata est, insinuat quia præter Ecclesiæ societatem, aqua baptismi, quamvis eadem sit, non solum non valet ad salutem, sed potius ad perniciem. Quod quadraginta diebus et quadraginta noctibus pluit, designat quia omnis reatus peccatorum in decem præceptis legis admittitur per universum orbem terrarum, qui quatuor partibus continetur. Decem quippe quater ducta quadraginta fiunt. Sive ille reatus qui ad dies pertinet, ex rerum prosperitate, sive qui ad noctes, ex rerum adversitate contractus, sacramento baptismi cœlestis abluitur. Quod Noe quingentorum erat annorum cum ei locutus est Dominus ut arcam sibi faceret, et sexcentesimum agebat annum, cum in eam fuisset ingressus (unde intelligitur per centum annos arca fabricata), quid aliud hic videntur centum anni significare, nisi ætates singulas sæculi ? unde ista sexta ætas quæ completis quingentis usque ad sexcentos, significatur, in manifestatione evangelica Ecclesiam construit ; et ideo qui sibi ad vitam consulit, sit velut quadratum lignum paratus ad omne opus bonum, et intret in fabricam sanctam, quia et secundus mensis anni sexcentesimi, quo intrat Noe in arcam, eamdem senariam ætatem significat. Duo enim menses sexagenario numero concluduntur ; a senario autem numero et sexaginta cognominantur, et sexcenti, et sex millia, et sexaginta millia, et sexcenta millia, et sexcenties, et quidquid deinceps in majoribus summis per eumdem articulum numeri per infinita incrementa consurgit. Et quod vicesimus et septimus dies mensis commemoratur, ad ejusdem quadraturæ significantiam pertinet, quæ jam in quadratis lignis exposita est, sed hic evidentius, quia nos ad omne opus bonum paratos, id est, quodammodo conquadratos Trinitas perfecit in memoria qua Deum recolimus, in intelligentia qua cognoscimus, in voluntate qua diligimus. Tria enim ter, et hoc ter, fiunt viginti septem, qui est numeri ternarii quadratus. Quod septimo mense arca sedit, hoc est, requievit, ad illam septimam requiem significatio recurrit, qua perfecti requiescunt, ubi quoque illius quadraturæ numerus iteratur. Nam vicesima septima die secundi mensis, commendatum est hoc sacramentum, et rursus vicesima septima die septimi mensis eadem commendatio confirmata est, cum arca requievit. Quod enim promittitur in spe, hoc exhibetur in re. Porro quia ipsa septima requies cum octava resurrectione conjungitur, significat quod neque resuscitato corpore finitur requies, quæ post hanc vitam excipit sanctos, sed potius totum hominem non adhuc spe, sed jam re ipsa ex omni parte spiritus et corporis perfecta et immortali salute renovatum, in æternæ vitæ munus assumit. Quia ergo septima requies cum octava resurrectione conjungitur, hoc in sacramento regenerationis, id est, in baptismo, altum profundumque mysterium est, quod quindecim cubitis supercrevit aqua, excedens altitudinem montium. Octo itaque et septem quindecim faciunt ; sed octo signant resurrectionem, septem quietem. Hoc igitur sacramentum resurrectionis et quietis transcenditur omnem sapientiam superborum, ita ut nullatenus possit indagare scientiæ suæ altitudine resurrectionis quietem. Et quia septuaginta a septem et octoginta ab octo denominantur, conjuncto utroque numero, centum quinquaginta diebus exaltata est aqua, eamdem commendans nobis atque confirmans altitudinem baptismi, in consecrando novo homine, ad tenendam quietis et resurrectionis fidem. Quod post dies quadraginta emissus corvus non est reversus aut aquis utique interceptus, aut aliquo supernatanti cadavere illectus, significat homines in immunditia cupiditatis deterrimos, et ob hoc ad ea quæ foris sunt in hoc mundo nimis intentos, aut rebaptizari, aut ab his quos præter arcam, id est præter Ecclesiam, baptismus occidit, seduci et teneri. Quod columba emissa non inventa quiete reversa est, ostendit per novum testamentum requiem sanctis in hoc mundo non esse promissam. Post quadraginta enim dies emissa est, qui numerus vitam quæ in hoc mundo agitur significat. Deinde post septem dies emissa, per illam septenariam operationem spiritualem olivæ fructuosum surculum retulit : quo significaret nonnullos etiam extra Ecclesiam baptizatos, si eis pinguedo non defuerit charitatis, [posteriore tempore in ore columbæ, tanquam in osculo pacis, ad unitatis societatem posse perduci. Quod autem post alios septem dies denuo emissa non est reversa, significat finem sæculi, quando erit sanctorum requies non adhuc in sacramento spei, quo in hoc tempore Ecclesia consociatur, quandiu bibitur id quod de latere Christi manavit, sed jam in ipsa perfectione salutis nostræ, cum tradetur regnum Deo et Patri, ut in illa perspicua contemplatione incommutabilis veritatis, nullis ministeriis corporalibus egeamus. Quod sexcentesimo et uno anno vitæ Noe, id est, peractis sexcentis annis, aperitur arcæ tectum, significat quod finita sexta ætate sæculi, revelabitur absconditum sacramentum atque promissum. Cur vicesimo et septimo die secundi mensis dicitur siccasse terra, tanquam finita esset jam baptizandi necessitas, nisi quia in numero dierum quinquagesimo et septimo (ipse est enim dies secundi mensis vicesimus septimus) resurrectionis tempus exprimitur, quo sacramentum baptismatis completur ? Qui numerus ex illa conjunctione spiritus et corporis, septies octonos habet, uno addito propter unitatis vinculum. Cur de arca conjuncti exeunt qui disjuncti intraverunt (sic enim dictum erat, quod intraverunt in arcam Noe, et filii ejus, et uxor ejus et uxores filiorum ejus seorsum viri, et seorsum feminæ commemoratæ sunt), nisi quod in hoc tempore *caro concupiscit adversus spiritum, spiritus autem adversus carnem?* (*Galat.* v.) Postmodum autem exeunt Noe et uxor ejus, filii ejus et uxores filiorum ejus : hoc est conjuncti masculi et feminæ, quia in fine sæculi atque in resurrectione justorum, omnimoda et perfecta pace spiritui corpus adhærebit, nulla mutabilitatis indigentia vel concupiscentia resistente.

Ædificavit autem Noe altare Domino; et tollens de cunctis pecoribus et volucribus mundis, obtulit holocausta super altare Domino. Odoratusque est Dominus odorem suavitatis, et ait ad eum: Nequaquam ultra maledicam terræ propter homines. Quid sibi vult quod Dominus dicit : *Non adjiciam adhuc maledicere super terram propter opera hominum, quia apposita est mens hominum ad malitiam a juventute?* Non adjiciam ergo, inquit, adhuc percutere omnem carnem vivam, quemadmodum feci, et deinde adjecit quæ secundum largitatem bonitatis suæ donat hominibus indignis. Utrum hic testamenti novi indulgentia figurata sit, et præterita ultio ad vetus pertineat testamentum, hoc est illud ad legis severitatem, hoc ad gratiæ bonitatem ?

Sensus enim, inquit, *et cogitatio humani cordis in malum prona sunt ab adolescentia sua.* Corruptionis malum quod unusquisque nostrum ab ortu desideriorum carnalium sumpsit, in profectum ætatis exercet, et nisi hoc citius divinæ formidinis manus reprimat, omne conditæ naturæ bonum, repente culpa in profundum vorat. Nemo igitur sibi cogitationum suarum victoriam tribuat, cum Apostolus dicat : *Neque qui plantat est aliquid, neque qui rigat; sed qui incrementum dat Deus* (I *Cor.* III).

(CAP. IX.) *Crescite et multiplicamini; et implete terram; et terror vester et tremor sit super cuncta animalia terræ.* Potentibus viris magna est virtus humilitatis consideratio, æqualitas conditionis. Omnes namque homines natura æquales sumus ; sed accessit dispensatorio ordine ut quibusdam prælati videamur. Si igitur hoc a mente deprimimus, quod temporaliter accessit, invenimus citius quod naturaliter sumus. Plerumque enim animose accepta potestas officit, eumque tumidis cogitationibus fallit. Manu igitur humillimæ considerationis deprimendus est tumor elationis. Si enim apud semetipsam mens descendit de vertice culminis, citius planitiem inveniet naturalis æqualitatis. Nam ut præfati sumus, omnes homines natura æquales genuit; sed variante meritorum ordine, alios aliis dispensatio occulta postponit. Ipsa autem diversitas quæ accessit ex vitio, recte est divinis judiciis ordinata, ut quia omnis homo iter vitæ æque non graditur, alter ab altero regatur. Sancti autem viri cum præsunt, non in se potestatem ordinis, sed æqualitatem conditionis attendunt ; nec præesse gaudent hominibus, sed prodesse. Sciunt enim quod antiqui patres nostri, non tam reges hominum quam pecorum pastores fuisse memorantur. Unde et cum Noe Dominus filiisque ejus post diluvium diceret : *Crescite et multiplicamini et replete terram,* subdidit : *Et terror vester ac tremor sit super cuncta animalia terræ* (*Gen.* IX). Homo quippe animalibus irrationabilibus, non autem cæteris hominibus, natura prælatus est; et idcirco ei dicitur ut animalibus et non ab homine timeatur, quia contra naturam superbire est, ab æquali velle timeri. Cuncti ergo qui præsunt, non in se potestatem debent ordinis, sed æqualitatem pensare conditionis. Nam, sicut diximus, antiqui patres nostri pastores pecorum et non reges hominum fuisse memorantur; et tamen necesse est ut rectores a subditis timeantur, quando ab eis Deum minime timeri deprehenduntur, ut humana saltem formidine peccare metuant, qui divina judicia non formidant. Nequaquam namque præpositi ex hoc quæsito timore superbiant, in quo non suam gloriam, sed subditorum justitiam quærunt. In eo autem quod metum sibi a perverse viventibus exigunt, quasi non hominibus, sed animalibus dominantur, quia videlicet ex qua parte bestiales sunt subditi, ex ea etiam debent formidine jacere substrati.

Omne quod movetur et vivit, erit vobis in cibum, quasi olera virentia. Quæritur, cur esus carnium post diluvium homini conceditur et non ante ? Propter infecunditatem terræ, ut æstimatur, et hominis fragilitatem.

Tradidi vobis omnia, excepto quod carnem cum sanguine non comedetis. Quod excepto sanguine jubentur carnem manducare, ne vita pristina quasi suffocata in conscientia teneatur, sed habeat tanquam effusionem per confessionem.

Sanguinem enim animarum vestrarum requiram de manu cunctarum bestiarum, et de manu hominis, et de manu viri et fratris ejus, requiram animam hominis. (*Aug.*) Quid est quod dicit, et de manu hominis fratris exquiram animam hominis? an omnem hominem fratrem omnis hominis intelligi voluit secundum cognationem ex uno ductam? Mystice autem quod dantur eis cuncta animalia in escam; significat in convocatione gentium ad fidem non esse distantiam, sicut in illo disco Petro dicitur, *Macta et manduca.*

Arcum meum ponam in nubibus, et erit signum fœderis inter me et inter terram. Quod vero testamentum posuit Deus inter se et homines atque omnem animam vivam, ne perdat eam diluvio, arcum scilicet qui apparet in nubibus, qui nunquam nisi de sole resplendet, significat quia illi non pereunt diluvio, qui in prophetis et omnibus divinis Scripturis, tanquam Dei nubibus, agnoscunt Christum. Arcum omnipotens Deus inter se atque homines in signum posuit, ut ultra mundum diluvio non deleret. Unde et in arcu eodem, color aquæ et ignis simul ostenditur, quia ex parte est ceruleus, et ex parte rubicundus, ut utriusque judicii testis sit, unius videlicet faciendi, et alterius facti, id est, quia mundus judicii igne cremabitur, nam aqua diluvii non deletur.

CAPUT IX.

De plantatione vineæ per Noe, et nudatione ejus, et irrisione Cham.

Cœpit Noe vir agricola exercere terram, et plantavit vineam bibensque vinum inebriatus est: et nudatus, jacuit in tabernaculo suo. Quod cum vidisset Cham pater Chanaan, verenda scilicet patris sui esse nudata, nuntiavit duobus fratribus foras, et reliqua. (*Aug.*) Quæritur quare peccans Cham in patris offensa, non in seipso, sed in filio suo Chanaan maledicitur, nisi quia prophetatum est quodammodo terram Chanaan ejectis Chananæis inde et debellatis, accepturos fuisse filios Israel, qui venirent de semine Sem? (*Isid.*) Jam vero illud quod post diluvium de vinea quam plantavit inebriatus Noe, et nudatus in domo sua, cui non appareat Christi esse figuram, qui inebriatus est dum passus est, nudatus est dum crucifixus est, in domo sua, id est, in gente sua, et in domesticis sui sanguinis, utique Judæis? Tunc enim nudata est mortalitas carnis ejus. Quam nuditatem, id est, passionem Christi, videns Cham derisit; et Judæi Christi mortem videntes, subsannaverunt. Sem vero et Japhet, tanquam duo populi ex circumcisione et præputio credentes, cognita nuditate patris, qua significatur passio Salvatoris, sumentes vestimentum, posuerunt super dorsa sua, et intrantes aversi, operuerunt nuditatem patris, nec viderunt quod verenda patris texerunt. Quodam enim modo passionem Christi velamento tegimus, id est, sacramento honoramus, ejusque mysterii rationem reddentes, Judæorum detractionem operimus. Vestimentum enim significat sacramentum, dorsa memoriam præteritorum, quia passionem Christi transactam celebrat Ecclesia, non adhuc prospectat futuram. (*Greg.*) Moraliter autem aversari dicimus quod reprobamus. Quid est ergo quod filii verenda patris superjecto dorsis pallio, aversi venientes operiunt, nisi quod bonis subditis sic præpositorum suorum mala displicent, ut tamen hæc ab aliis occultent? (*Isid.*) Operimentum aversi deferunt, quia dijudicantes factum et venerantes magisterium, nolunt videri quod tegunt. Medius autem fratrum Cham, id est, impius populus Judæorum, ideo medius, quia nec primatum apostolorum tenuit, nec ultimus in gentibus credidit, vidit nuditatem patris, quia consensit in necem Domini Salvatoris. *Post hæc nuntiavit foras fratribus.* Per eum quippe manifestum est, quod erat in prophetia secretum; ideoque fit servus fratrum suorum. Quid est enim aliud hodie gens ipsa, nisi quædam scriniaria Christianorum, bajulans legem et prophetas, ad testimonium assertionis Ecclesiæ, ut nos honoremus per sacramentum quod nuntiant illi per litteram? Post hæc benedicuntur duo illi qui nuditatem patris honoraverunt.

Benedictus, inquit, *Dominus Deus Sem; sit Chanaan servus illius. Dilatet Deus Japhet, et habitet in tabernaculis Sem.* Hic Sem major natu, ipse est ex quo patres et prophetæ et apostoli generati sunt. Japhet autem gentium est pater: qui etiam *latitudo* interpretatur. Cum ingenti enim multitudine dilatatus est populus ex gentibus, qui cum prophetis et apostolis erat habitaturus: siquidem et videmus juxta Noe patris propheticam benedictionem, in tabernaculo Sem transisse habitationem Japhet, hoc est, in domo legis et prophetarum, Ecclesiam potius justificari, minorem quidem temporum ævo, sed gratiæ lege majorem. Cham porro qui interpretatur *callidus*, medius filius tanquam ab utroque discretus, nec in primitiis Israelitarum, nec in plenitudine gentium permanens, significat non solum Judæorum, sed hæreticorum genus callidum, non spiritu sapientiæ, sed impatientiæ, quo solent hæreticorum fervere primordia, et pacem perturbare sanctorum. Sed et omnes qui Christiano vocabulo gloriantur et perdite vivunt, ipsius figuram gestare videntur. Passionem quippe Christi, quæ illius hominis nuditate significata est, et annuntiant bene profitendo, et male agendo exhonorant. De talibus ergo dictum est: *Ex fructibus eorum cognoscetis eos* (*Luc.* vi). Ideo et Cham in filio suo maledictus est, tanquam in fructu suo, id est, in opere suo. Unde convenienter et ipse filius ejus Chanaan interpretatur *motus eorum*. Quod quid est aliud, quam opus eorum? Item quod Cham peccante posteritas ejus damnatur, significat quod reprobi hic delinquunt, sed in posterum, id est, in futurum, sententiam damnationis excipiunt. Sed et plebs Judæa quæ Dominum crucifixit, etiam in filiis pœnam damnationis suæ transmisit. Dixerunt enim: *Sanguis ejus super nos et super filios nostros* (*Matth.* xxvii).

Et facti sunt omnes dies Noe nongenti quinquaginta anni. Ecce post diluvium trecentis quinquaginta annis vixit Noe. Ex quo perspicuum est centum viginti annos generationi illi, ut diximus supra, ad pœnitentiam datos, et non vitæ mortalium constitutos.

CAPUT X.
Generationes filiorum Noe.

Benedictis igitur duobus filiis Noe, atque uno eorum medio maledicto, deinceps eorum generationes texuntur, ex quibus septuaginta duæ sunt gentes ortæ, id est, quindecim de Japhet, triginta de Cham, viginti septem de Sem.

(Cap. x.) *Filii Japhet, Gomer et Magog, et Madai, et Javan, et Thubal, et Mosoch.* (*Hieron.*) Japhet filio Noe nati sunt septem filii, qui possederunt terram in Asia, ab Amano et Tauro Cœlesyriæ et Ciliciæ montibus, usque ad fluvium Tanaim; in Europa vero, usque ad Gadara, nomina locis et gentibus relinquentes. E quibus postea immutata sunt plurima, cætera permanent ut fuerunt. Sunt autem Gomer, id est, Galatæ; Magog, id est, Scythæ; Madai, id est, Medi; Javan, id est, Iones, qui et Græci, unde mare Ionium. Thubal, id est, Iberi, qui et Hispani, a quibus Celtiberia, licet quidam Italos suspicentur. Mosoch, id est, Cappadoces, unde et urbs apud eos usque hodie Mazecha dicitur. Porro Septuaginta interpretes Caphthorim Cappadoces arbitrantur, Thiras Thraces, quorum non satis immutatum vocabulum est. Scio quemdam Gog et Magog, tam de præsenti loco quam de Ezechiel, ad Gothorum nuper in terra nostra bacchantium historiam retulisse : quod utrum verum sit, prælii ipsius fine monstrabitur. Et certe Gothos omnes retro eruditi magis Getas quam Gog et Magog appellare consueverunt. Hæ itaque septem gentes quas de Japhet venire stirpe memoratus sum, ad Aquilonis partem habitant.

Filii Gomer Assenez et Riphath et Thogorma. Assenez Græci Reginos vocant: Riphath Paflagones : Thogorma Phryges.

Filii autem Javan, Elisa et Tharsis, et Cethim et Dodanim. Ab his divisæ sunt insulæ nationum in terris suis, unusquisque secundum linguam suam, et cognationem suam, et gentem suam. De Ionibus, id est, Græcis, nascuntur Elisæi, qui vocantur Æolides. Unde et quinta lingua Græciæ, Æolis appellatur, quam illi πέμπτην διάλεκτον vocant. Tharsis Josephus Cilicas arbitratur : θ aspirationis litteram, vitiose a posteris in τ dicens fuisse corruptam. Unde et metropolis eorum civitas Tarsus appellatur. Paulo apostolo gloriosa. Cethim sunt Cithi, a quibus hodie quoque urbs Cypro citium nominatur. Dodanim, Rhodii, ita enim Septuaginta interpretes transtulerunt. Legamus Varronis de Antiquitatibus libros, et Sinii Capitonis, et Græcum Phlegonta, cæterosque eruditissimos viros, et videbimus omnes pene insulas et totius orbis littora terrasque mari vicinas, Græcis accolis occupatas, qui, ut supra diximus, ab Amano et Tauro montibus, omnia maritima loca usque ad Oceanum possedere Britannicum.

Filii autem Cham, Chus, et Mesraim et Phuth et Chanaan. Chus usque hodie ab Hebræis Æthiopia nuncupatur, Mesraim Ægyptus, Pluth Lybies, a quo et Mauritaniæ fluvius usque in præsens Phuth dicitur, omnisque circa eum regio Phutensis. Multi scriptores tam Græci quam Latini, hujus rei testes sunt. Quare autem in una tantum climatis parte, antiquum Lybiæ nomen resederit, et reliqua terra vocata sit Africa, non hujus loci nec temporis est. Porro Chanaan obtinuit terram quam Judæi deinceps obsederunt ejectis Chananæis.

Filii autem Chus, Saba et Hevila et Sabatha et Regma et Sabatacha. Saba, a quo Sabæi : de quibus Virgilius :

. . . Solisque est turea virga Sabæis ;

et alibi :

. . . . Centumque Sabæo
Thure calent aræ. . . . .

Hevila Getuli in parte remotioris Africæ eremo cohærentes. Sabatha, a quo Sabatheni, qui nunc Astabari nominantur. Regma vero et Sabatacha, paulatim antiqua vocabula perdidere, et quæ nunc pro veteribus habeant, ignoratur.

Filii Regma : Saba et Dadan. Hic Saba per sin ש litteram scribitur; supra vero per ס, a quo diximus appellatos Sabæos. Interpretatur ergo nunc Saba Arabia. Nam in septuagesimo primo psalmo, ubi nos habemus, *Reges Arabum et Saba munera offerent*, in Hebræo scriptum est, *Reges Saba et Saba.* Primum nomen per sin ש, secundum per samech ס. Dadan gens est Æthiopiæ in Occidentali plaga.

CAPUT XI.
De Nemrod gigante, et de confusione linguarum in turris ædificatione.

Porro Chus genuit Nemrod ; ipse cœpit esse potens in terra. Et erat robustus venator coram Domino. Ab hoc exivit proverbium : Quasi Nemrod robustus venator coram Domino. Fuit autem principium regni ejus Babylon et Arach et Achad, et Chalanne in terra Sennaar. De terra illa egressus est Assur. (Isid.) Primus post diluvium inter homines Nemrod filius Chus nova imperii cupiditate tyrannidem arripuit, regnavitque in Babylonia, quæ ab eo quod ibidem confusæ sunt linguæ, Babel appellata est, quod interpretatur *confusio.* Cujus ædificandæ turris idem Nemrod exstitit auctor; quique pro eo quod ultra naturam suam cœli alta penetrare contendit, non incongrue diabolo comparatur, qui, cogitationem cordis sui intumescens, super sidera se exaltari voluit, id est, super omnem potestatem angelorum Deo se coæquare disponens, dum dicit : *Ascendam super altitudinem nubium, et ero similis Altissimo* (*Isa.* xiv). Quod autem dicitur venator, quid significatur hoc nomine, nisi animarum terrigenarum deceptor, et capiens homines ad mortem? (*Hieron.*) Regnavit autem et in Arach, hoc est in Edessa, et in Achad, quæ nunc dicitur Nisibis, et in Chalanne, quæ postea verso nomine a Seleuco rege dicta est Seleucia, vel certe quæ nunc Κτησιφῶν appellatur,

De terra illa exivit Assur, et ædificavit Niniven et Rohoboth civitatem. De hac terra, Assyriorum pullulavit imperium qui ex nomine Nini Beli filii, Ninum condiderunt urbem magnam, quam Hebræi appellant Niniven, ad cujus vel ruinam vel pœnitentiam tota Jonæ pertinet prophetia. Quod autem ait Niniven et Rohoboth civitatem, non putemus duas esse urbes ; sed quia Rohoboth *plateæ* interpretantur, ita legendum est : *et ædificavit Niniven, et plateas civitatis.* *Et Mesraim genuit Ludim et Anamim et Laabim et Nephtuim, et Phetrusim et Chasluim, e quibus egressi sunt Philistiim et Caphtorim.* Exceptis Laabim a quibus Lybies postea nominati sunt, qui prius Phutei vocabantur, et Chasluim qui deinceps Philistiim appellati sunt, quos nos corrupte Palæstinos dicimus, cæteræ sex gentes ignotæ nobis sunt, quia bello Æthiopico subversæ usque ad oblivionem præteritorum nominum pervenere. Possederunt autem terram a Gaza, usque ad extremos fines Ægypti.

Et Chanaan genuit primogenitum suum Sidonem, et Hethæum, et Jebusæum, et Amorrhæum, et Gergesæum, et Hevæum, et Aracæum, et Sinæum, et Aradium, Samaræum, et Amathæum. De Chanaan primus natus est Sidon, a quo urbs in Phœnice Sidon vocatur ; dein Aracæus, qui Arcas condidit oppidum, contra Tripolim, in radicibus Libani situm. A quo haud procul alia civitas fuit nomine Sini, quæ postea vario eventu subversa bellorum, nomen tantummodo loco pristinum reservavit. Aradii sunt qui Aradum insulam possederunt, angusto freto a Phœnicis littore separatam. Samaræi quibus Edessa nobilis Cœlesyriæ civitas, Emath usque ad nostrum tempus, tam a Syriis quam ab Hebræis, ita ut apud veteres dicta fuerat, appellatur. Hanc Macedones, qui post Alexandrum in Oriente regnarunt, Epiphaniam nuncupaverunt. Nonnulli Antiochiam ita appellatam putant. Alii licet non vere, tamen opinionem suam quasi verisimili vocabulo consolantes, Emath primam ab Antiochia mansionem Edessam pergentibus appellari putant ; et eamdem esse quæ apud veteres dicta sit Emath.

Et fuit terminus Chananæorum, a Sidone donec venias in Gerara usque ad Gazam pergentibus Sidoniam et Gomorrham, et Adamam, et Seboim usque Lesa. Quia cæteræ civitates, Sidon videlicet et Gerara, et Sodoma, et Gomorrha, et Adama, et Seboim notæ sunt omnibus, hoc tantum annotandum videtur, quod Lesa ipsa sit quæ nunc Callirhoe dicitur, ubi aquæ calidæ prorumpentes in mare Mortuum defluunt.

Filii Sem, Ælam et Assur, et Lud, et Arphaxad et Aram. Hi ab Euphrate fluvio partem Asiæ usque ad Indicum oceanum tenent. Est autem Ælam, a quo Ælamitæ, principium Persidis. De Assur ante jam dictum est, quod Ninum urbem condiderit. Arphaxad, a quo Chaldæi. Ludim, a quo Lydia. Aram, a quo Syri, quorum metropolis est Damascus.

Filii Aram, Us et Hul, et Gether et Mes. Us, Trachonitidis et Damasci conditor, inter Palæstinam et Cœlesyriam tenuit principatum, a quo Septuaginta interpretes in libro Job, ubi in Hebræo scribitur, *terram Us*, *regionem Ausitidem*, quasi *Ussitidem* transtulerunt. Hul, a quo Armenii ; Gether, a quo Acarnanii, sive Canii. Porro Mes, pro quo Septuaginta interpretes *Mosoch* dixerunt, qui nunc vocantur Meones. *Arphaxad genuit Sale : et Sale genuit Heber ; et Heber nati sunt duo filii : nomen uni Phaleg, eo quod in diebus ejus divisa sit terra ; et nomen fratris ejus Jectan.* Heber a quo Hebræi, vaticinio quodam suo filio Phaleg nomen imposuit, qui interpretatur *divisio*, ab eo quod in diebus ejus linguæ in Babylone divisæ sunt.

Jectar genuit Elmodad, et Saleph, et Asarmoth, Jare et Aduram et Uzal, et Decla, et Ebal, et Abimahel, Saba et Ophir, et Hevila, et Jobab. Harum gentium posteriora nomina invenire non potui, sed usque in præsens quia procul a nobis sunt, vel ita vocantur ut primum vel quæ immutata sint ignorantur. Possederunt autem a Cœphere fluvio omnem Indiæ regionem quæ vocatur Hieira.

Erat autem terra labii unius et sermonum eorumdem. Erat autem, inquit, omnis terræ labium unum. Quomodo potest intelligi, quando superius dictum est quod filii Noe vel filiorum ejus distributi essent per terram, secundum tribus et secundum gentes, et secundum linguas suas ; nisi quia per recapitulationem postea commemorat quod prius erat ? sed obscuritatem facit, quo eo genere locutionis contexit ista, quasi narratio de his quæ postea facta sunt consequatur.

Cumque proficiscerentur de Oriente, invenerunt campum in terra Sennaar, et habitaverunt in eo. Dixitque alter ad proximum suum : Venite, faciamus lateres et coquamus eos igni. Habueruntque lateres pro saxis, et bitumen pro cæmento, et dixerunt : Venite, faciamus nobis civitatem, et turrim, cujus cacumen pertingat ad cœlum ; et celebremus nomen nostrum, antequam dividamur in universas terras, et reliqua. Turris hæc superbiam hujus mundi significat, vel impia dogmata hæreticorum. Qui postquam moti sunt, ab Oriente, id est, vero lumine recesserunt ; et venerunt in campum Sennaar, qui interpretatur *excussio dentium*. Statim adversus Deum impietatis suæ ædificant turrim, ac dogmatum superbiam nefario ausu confingunt, volentes curiositate non licita ipsius cœli alta penetrare. Sed sicut illi per superbiam ab una lingua in multas divisi sunt, ita et hæretici ab unitate fidei, confessione segregati, inter se diversitate erroris, quasi per dissonantiam linguæ, invicem secernuntur ; et quos armat adversus Deum elatæ conspirationis perniciosa consensio, rursus intercedente dogmatum discordia, dividit oborta repente confusio. Quos quidem ipsa Trinitas damnat in quam offendunt ; ipsa eos dispergit dum dicit :

Venite, confundamus linguas eorum, in varietate utique erroris sive schismatum. Descendere Dei, est humanus actus inspicere, vel eorum sensibus propinquare. Quod vero plurali numero dixit *Descendamus*, et iterum singulari. *Confudit Dominus labium universæ terræ*, distinctione personarum sanctam Trinitatem et operationis unitatem in majestate divina voluit ostendere, sicut in exordio humanæ creationis dictum est: *Faciamus hominem ad imaginem et similitudinem nostram*, et iterum : *Fecit Dominus hominem ad similitudinem suam*, ut Trinitas in personis, et unitas in potentia esse credatur. Si quis quærit in qua familia illa permansit lingua quæ primitus Adam data fuit, sciat credibile esse quod in familia Heber, ex quo Hebræi dicti sunt, in ea parte hominum qua Dei portio permansit, in qua et Christus nasciturus erat. Oportuit enim ut in ea lingua salus mundo prædicaretur primo, per quam primum intraverat mors in mundum. Ostendit quoque titulus in cruce Salvatoris scriptus, hanc esse omnium linguarum primam. Item si quem movet hoc quod scriptum est in superioribus : *Requievit Deus die septimo ab omnibus operibus suis (Gen.* 1), unde subito tanta appareret diversitas linguarum, ut cognoscat non in hac divisione linguarum novum quid condere Creatorem, sed dicendi modos et formas in diversis loquelarum generibus divisit. Unde easdem syllabas, et ejusdem potestatis litteras, aliter conjunctas in diversis invenimus gentium linguis. Sæpe etiam et eadem nomina vel verba aliud quidem significantia in alia lingua, atque aliud in alia. Ubi dicimus in psalmo : *In virga ferrea (Psal.* 11), in Græco habet

Ἐν ῥάβδῳ σιδηρᾷ. Igitur in Latino *sidera* non *ferrea* significat sicut in Græco, sed astra.

CAPUT XII.
De generatione Abram, et de exitu ejus a terra Chaldæorum.

Hæ sunt autem generationes Thare : Thare genuit Abram et Nachor et Aran. Porro Aran genuit Lot. Mortuusque est Aran ante Thare patrem suum, in terra nativitatis suæ in Ur Chaldæorum. Porro quod legimus juxta LXX *in regione Chaldæorum*, in Hebræo habet *Ur casdim*, אור־כשדים, id est, in igne Chaldæorum. Tradunt autem Hebræi ex hac occasione istius modi fabulam : quod Abram in ignem missus sit, quia ignem adorare noluerit quem Chaldæi colunt; et Dei auxilio liberatus, de idolatriæ igne profugerit, quod in sequentibus scribitur egressum esse Tharam cum sobole sua de regione Chaldæorum, pro quo in Hebræo habetur de incendio Chaldæorum, et hoc esse quod nunc dicitur, *Mortuus est Aran ante conspectum Thare patris sui, in terra nativitatis suæ* in igne *Chaldæorum*, quod videlicet ignem nolens adorare, igne consumptus sit. Loquitur autem postea Dominus ad Abram : *Ego sum qui te eduxi de igne Chaldæorum.*

Duxerunt autem Abram et Nachor uxores : nomen uxoris Abram Sarai, et nomen uxoris Nachor Melcha filia Aran patris Melchæ, et patris Jeschæ. Pater autem Melchæ ipse est pater Jeschæ. Aran filius Thare frater Abram et Nachoris, duas filias genuit, Melcham et Sarai cognomento Jescham δυώνυμον. E quibus Melcham accepit uxorem Nachor et Sarai Abram; necdum quippe inter patruos et fratrum filias nuptiæ fuerant lege prohibitæ, quæ in primis hominibus etiam inter fratres et sorores initæ sunt.

Tulit itaque Thare Abram filium suum, et Lot filium Aran, filium filii sui, et Sarai nurum suam uxorem Abram filii sui, et eduxit eos de Ur Chaldæorum, ut iret in terram Chanaan : veneruntque usque Aran, et habitaverunt ibi. Et facti sunt omnes dies Thare ducentorum quinque annorum, et mortuus est in Aran. (Aug.) Merito quæritur quomodo accipiendum sit quod cum esset Thara pater Abræ annorum septuaginta genuit Abram, et postea cum suis omnibus mansit in Haran, et vixit annos ducentos quinque in Haran, et mortuus est, et dixit Dominus ad Abram ut exiret de Haran; et exiit inde cum esset idem Abram septuaginta quinque annorum, sicut in sequentibus ostenditur : nisi per recapitulationem ostendatur, vivo Thara locutum esse Dominum, et Abram vivo patre suo secundum præceptum Domini exisse de Haran, cum esset septuaginta quinque annorum, centesimo et quadragesimo et quinto anno vitæ patris sui, si dies vitæ patris sui anni ducenti quinque fuerunt, ut ideo scriptum sit, *Fuerunt anni vitæ Thara ducenti quinque in Haran*, quia ibi complevit omnes annos totius vitæ suæ. Solvitur ergo quæstio per recapitulationem, quæ indissolubilis remaneret, si post mortem Thare acciperemus locutum esse Dominum ad Abram, ut exiret de Haran, quia non poterat esse adhuc annorum septuaginta quinque cum pater ejus jam mortuus esset, qui eum septuagesimo ætatis suæ anno genuerat, ut Abram post mortem patris sui annorum esset centum et triginta quinque si omnes anni patris ejus ducenti quinque fuerunt. Recapitulatio itaque ista si advertatur in Scripturis, multas quæstiones solvit, quæ insolubiles possunt videri. Secundum etiam superiorem quæstionum expositionem per eamdem recapitulationem factam, quanquam et aliter ista quæstio a quibusdam solvatur, ex illo computari annos ætatis Abrahæ, ex quo liberatus est de igne Chaldæorum, in quem missus est ut arderet, quia eumdem ignem superstitione Chaldæorum colere noluit, liberatus inde, etsi in Scripturis non legitur, Judaica tamen narratione traditur. Potest autem et sic solvi : quoniam Scriptura quæ dixit, cum Thara esset annorum septuaginta genuit Abram et Nachor et Aran, non utique; hoc intelligi voluit, quod eodem anno septuagesimo ætatis suæ omnes tres genuit, sed ex quo anno generare cœpit, eum annum commemoravit Scriptura. Fieri autem potest, ut posterior sit generatus Abram, sed merito excellentiæ, quia in Scripturis valde commendatur, prior fuerit nominatus sicut propheta priorem nominavit minorem : *Jacob dilexi, Esau odio habui* (Matth. 1), et in Paralipomenon, cum sit quartus nascendi ordine Judas, prior est nominatus, a quo Judaicæ genti nomen est propter tribum regiam. Commodius autem plures exitus inveniuntur, quibus quæstionis difficiles solvantur. Consideranda est sane narratio Stephani de hac re (*Act.* vii), cui magis harum expositionum non repugnat difficultas. Et illud quidem cogit, ut non, sicut narrari videtur in Genesi, post mortem Thare locutus est Deus Abrahæ, ut exiret de cognatione sua, et de domo patris sui, sed cum esset in Mesopotamia, priusquam habitaret in Haran, jam utique egressus de terra Chaldæorum, ut illo itinere intelligatur ei locutus Deus. Sed quod Stephanus postea sic narrat : *Tunc egressus Abram de terra Chaldæorum, habitavit in Haran, et inde postquam mortuus est pater ejus, collocavit eum in terra hac*, non parvas affert augustias huic expositioni [quæstioni] quæ fit per recapitulationem. Videtur enim habuisse imperium Domini, quod ei fuerat locutus in itinere Mesopotamiæ, egresso de terra Chaldæorum, et eunti Haran, et hoc imperium post mortem patris sui obedienter implesse, cum dicitur : *Et habitavit in Haran;* et inde postquam mortuus est pater ejus collocavit illum in terra hac, ac per hoc manet quæstio, si septuaginta quinque annorum, sicut evidenter Scriptura Geneseos loquitur, fuit, quando egressus est de Haran, quomodo esse possit hoc verum? nisi forte quod ait Stephanus : *Tunc Abram egressus est de terra Chaldæorum, et habitavit in Haran*, non sic accipiatur. Tunc egressus est posteaquam ei locutus est Dominus, jam enim erat in Mesopotamia, sicut supra dictum est, quando illud audivit a Domino, sed ipsam regulam recapitulationis contexere voluit Stephanus, et simul dicere : Unde egressus est de terra Chaldæorum, et habitavit in Haran. In medio autem, id est, inter egressum de terra Chaldæorum, et habitationem in Haran, ei locutus est Deus. Postea vero quod adjungit Stephanus, *Et inde postquam mortuus est pater ejus, collocavit illum in terra hac*, intuendum est quod non dixit : postquam mortuus est pater ejus, egressus est de Haran, sed *Inde collocavit eum Deus in terra hac*, ut post habitationem in Haran, collocaretur in terra Chanaan, non post mortem patris collocatus in terra Chanaan, ut ordo verborum sit : Habitavit in Haran; et inde collocavit illum in terra hac, postquam mortuus est pater ejus, ut tunc intelligamus collocatum vel constitutum Abram in terra Chanaan, quando illic eum nepotem suscepit, cujus universum semen illic fuerat regnaturum, ex promissa Deo hæreditate donata. Nam ex ipso Abram natus est Ismael de Agar. Nati et alii ex Cetura, ad quod illius terræ non pertineret hæreditas. Et ex Isaac natus est Esau, qui similiter ab illa hæreditate alienatus est. Ex Jacob autem filio Isaac quotquot filii nati sunt, id est, universum semen ejus, ad illam hæreditatem pertinuit. Sic ergo collocatus et constitutus est in illa terra Abram, quoniam vixit usque ad nativitatem Jacob. Si recte intelligitur, soluta quæstio est secundum recapitulationem, quamvis et aliæ solutiones non sint contemnendæ.

(Caput xii.) *Dixit autem Dominus ad Abram : Egredere de terra et de cognatione tua, et de domo patris tui, et veni in terram quam monstravero tibi; faciamque te in gentem magnam.* (*Isid.*) Quis autem alius exivit in Abram de terra sua et de cognatione sua, ut apud exteros locupletaretur, et esset in gentem magnam, nisi Christus, qui, relicta terra et cognatione Judæorum, præpollet nunc, ut videmus in populis gentium? Sed et nobis ad exemplum Christi exeundum est de terra nostra, id est, de facultatibus mundi hujus, opibus terrenis, et de cognatione nostra, id est, de conversatione et moribus vitiisque prioribus, quæ nobis a nostra nativitate cohærentia, velut affinitate quadam et consanguinitate conjuncta sunt, sive de domo patris nostri, id est, omni memoria mundi, ut ei renuntiantes possimus in populo Dei dilatari, et in terram cœlestis repromissionis, cum tempus advenerit, introduci.

Faciamque te in gentem magnam, et benedicam tibi; et magnificabo nomen tuum, erisque benedictus. Benedicam benedicentibus tibi, et maledicam maledicentibus tibi; atque in te benedicentur universæ cognationes terræ. Duæ autem promissiones dantur Abrahæ : una per quam terram Chanaan possessurum semen ejus promittitur, dum dicit Deus : *Vade in terram quam monstravero tibi, faciamque te in gentem magnam.* Alia vero longe præstantiorem, non de carnali, sed spirituali semine, per quod pater est non unius Israeliticæ gentis, sed omnium gentium quæ fidei ejus vestigia sequuntur, quod promitti cœpit his verbis : *Et benedicentur in te universæ cognationes terræ*. -

Egressus est itaque Abraham sicut præceperat ei Dominus, et ivit cum eo Lot. Septuaginta quinque erat annorum Abram, cum egrederetur de Haran. Non contemnenda est igitur illa Hebræorum traditio quam supra diximus, quod egressus sit Thara cum filiis suis de igne Chaldæorum, et quod Abram Babylonio vallatus incendio, quia illud adorare nolebat, Dei sit auxilio liberatus, et ex illo tempore ei dies vitæ et tempus reputetur ætatis, ex quo confessus est Dominum, spernens idola Chaldæorum. Potest autem fieri ut quia Scriptura reliquit incertum, ante paucos annos Thara de Chaldæa profectus venerit in Haran, qua morte obiret, vel certe statim post persecutionem in Haran venerit, et ibi diutius sit moratus.

Apparuitque Dominus Abram et dixit ei Semini tuo dabo terram hanc. Qui ædificavit ibi altare Domino, qui apparuit ei, etc. Adveniente igitur Abram in terram Chanaan, quam tunc Chananæus habitator tenebat, apparuisse ei Dominus describitur, cui altare ipse ædificavit, quia spretis idolis gentium, unius Dei cultor fuit.

CAPUT XIII.

De descensione Abræ in Ægyptum, et eis quæ tunc ibi gesta sunt in Sara uxore ejus.

Descenditque Abram in Ægyptum, ut peregrinaretur ibi. Prævaluerat enim fames in terra. Cumque prope esset ut ingrederetur Ægyptum, dixit Sarai uxori suæ : Novi quod pulchra sis mulier, et quod cum viderint te Ægyptii, dicturi sunt : Uxor ipsius est, et interficient me, et te reservabunt. Dic ergo, obsecro te, quod soror mea sis, ut bene sit mihi propter te, ut vivat anima mea ob gratiam tui. (*Albin.*) Quæritur utrum conveniret Abram tam sancto viro ut celaret Saram uxorem suam, et cur non magis poneret spem suam in Deo, ne occideretur a rege. Ostenditur enim isto facto ejus quod homo non debet tentare Dominum Deum suum, quando habet quod faciat ex rationabili consilio. Fecit enim quod potuit pro vita sua. Quod autem non potuit, illi commisit in quo speravit, cui et pudicitiam conjugis commendavit. Nec enim eum fides ac spes fefellit. Namque Pharao a Deo territus, multisque propter eam malis afflictus, ubi ejus uxorem divinitus didicit, illæsam cum honore tradidit viro suo. Neque enim Deus ab illo non poterat mortem repellere quam timebat, eumque cum conjuge sua in illa peregrinatione tutari, ut nec uxor ejus, quamvis esset pulcherrima, appeteretur ab aliquo, nec præter illam necaretur ille? Poterat sine dubio hoc efficere Deus. (*Aug.*) Quis ita sit demens ut hoc neget? Sed si interrogatus Abram, illam feminam indicaret uxorem, duas res metuendas committeret Deo, et suam vitam et conjugis pudicitiam. Pertinet autem ad sanam doctrinam, quando habet quod faciat homo, non tentare Dominum Deum suum. Neque enim et ipse Salvator non poterat tueri discipulos suos? quibus tamen ait : *Si vos persecuti fuerint in una civitate, fugite in aliam* (*Matth.* x). Cujus rei prior exemplum præbuit. Nam cum potestatem haberet ponendi animam suam, nec eam poneret nisi cum vellet, in Ægyptum tamen infans, portantibus parentibus, fugit, et ad diem festum non evidenter, sed latenter ascendit, cum alias palam loqueretur Judæis irascentibus, et inimicissimo animo audientibus, nec tamen valentibus in eum mittere manus, quia nondum venerat hora ejus, non cujus horæ necessitate cogeretur mori, sed cujus horæ opportunitate dignaretur occidi. Qui ergo palam docendo et arguendo, et tamen inimicorum rabiem valere in se aliquid non sinendo, Dei demonstrabat potentiam, idem tamen fugiendo et latendo hominis instruebat infirmitatem, ne Deum tentare audeat, quando habet quod faciat, ut quod cavere oportet evadat. Neque enim et apostolus Paulus desperaverat adjutorium protectionemque divinam, fidemque perdiderat, quando per murum in sporta submissus est, ut inimicorum manus effugeret (*II Cor.* xi). Non ergo in Deum non credendo sic fugit, sed Deum tentasset si fugere noluisset, cum sic fugere potuisset.

Cum itaque ingressus esset Abram Ægyptum, viderunt Ægyptii mulierem quod esset pulchra nimis, et nuntiaverunt principes Pharaoni, et laudaverunt eam apud illum; et sublata est mulier in domum Pharaonis. Abram vero bene usus est propter illam; fueruntque ei oves et boves, asini et servi, et familiæ, et cameli. Licet corpus sanctarum mulierum non vis maculet, sed voluntas, et excusari posset Sarai quod, famis tempore, sola regi in peregrinis locis, marito connivente, resistere nequiverit, tamen potest et aliter fœda necessitas excusari, quod juxta librum Esther, quæcunque mulierum placuisset regi, apud veteres sex mensibus ungebatur oleo myrrheo, et sex mensibus in pigmentis variis erat et curationibus feminarum, et tunc demum ingrediebatur ad regem; atque ita potest fieri ut Sarai postquam placuerat regi, dum per annum ejus ad regem præparatur introitus, et Abrahæ Pharao multa donaverit, et postea Pharao sit percussus a Domino, illa adhuc intacta ejus concubitu permanente.

(Cap. xiii.) *Et ascendit Abram ex Ægypto, ipse et uxor ejus, et omnia quæ illius erunt, et Lot cum eo ad Australem plagam. Erat autem Abram dives valde, in possessione argenti et auri. Reversusque est per iter quo venerat, a meridie in Bethel*, et reliqua. Pulchre de Ægypto liberatus, ascendisse dicitur. Sed occurrit huic sensui illud quod sequitur, quomodo potuerit exiens de Ægypto esse dives valde. Quod solvitur illa Hebraica veritate in qua scribitur : *Abram gravis vehementer*, hoc est, βαρὺς σφόδρα. Ægypti enim pondere gravabatur; et licet videantur esse pecoris divitiæ, auri et argenti, tamen si Ægyptiæ sunt, viro sancto graves sunt. Denique non ut in Septuaginta legimus, *abiit unde venerat desertum usque Bethel,* sed, sicut in Hebræo scriptum est, *abiit itinere suo per Austrum usque Bethel.* Idcirco enim de Ægypto profectus est, non ut desertum ingrederetur quod cum Ægypto reliquerat, sed ut per Austrum qui Aquiloni contrarius est, veniret ad domum Dei, ubi tabernaculum ejus in medio Bethel et Hai fixit. Bethel enim civitatula est, in duodecimo ab Ælia lapide ad dextram euntibus Neapolim, quæ prius Luza, id est, Amygdalon, vocabatur, et cecidit in sortem tribus Benjamin. Hai in tribu Judæ est urbs sacerdotibus separata. Interpretatur autem Bethel *domus Dei*, Hai vero *oculus*, vel *fons.* Et Abram tabernaculum suum in monte qui erat inter Bethel et Hai figere dicitur, ibique Deo ædificare altare, quia sancti viri, postquam a mundi principe et sæculi voluptatibus recesserint, abluti fonte sacri baptismatis, cursum præsentis vitæ caute et considerate ducentes, hostiam laudis ac bonorum operum in altari rectæ fidei Deo exhibendo, ad. domum Dei, cœlestem videlicet Jerusalem, feliciter tendunt.

CAPUT XIV.

De contentione inter pastores Abræ et Lot, et de promissione Abræ, qua Deus ei promittit terram Chanaan in possessionem.

Dixit ergo Abram ad Lot : Ne, quæso, sit jurgium inter me et te, et inter pastores meos et pastores tuos, fratres enim sumus. Ecce universa terra coram te est; recede a me, obsecro. Si ad sinistram ieris, ego dexteram tenebo; si tu dexteram elegeris, ego ad sinistram pergam. Typice autem beatus Abram discordiam pastorum suorum ac pastorum Lot vitare cupiens, et ob hoc secessus abinvicem eligens, nos admonet ut nihil charitati et concordiæ præponamus, sed semper parati simus, sive per prospera, quod dextra significat, sive per adversa, quæ per sinistram exprimuntur, in pace et dilectione perseverare

Elevatis itaque Lot oculis, vidit omnem circa regionem Jordanis, quæ universa irrigabatur antequam subverteret Dominus Sodomam et Gomorrham, sicut paradisus Domini, et sicut Ægyptus venientibus in Segor. (Aug.) Quod terra Sodomorum et Gomorrhæ antequam deleretur comparatur paradiso Domini eo quod erat irrigua, et terræ Ægypti, quia Nilus irrigat, satis, ut opinor, ostenditur quod debeat intelligi ille paradisus quem plantavit Deus, ubi constituit Adam. Quis enim alius intelligatur paradisus Dei, non video. Et utique si arbores in paradiso fructiferæ virtutes animi accipiendæ essent, sicut nonnulli existimant, nullo corporali in terra paradiso veris generibus lignorum instituto, non diceret de ista terra, *sicut paradisus Dei.*

Elegitque sibi Lot regionem circa Jordanem, et recessit ab Oriente. Divisique sunt alterutrum a fratre suo. Abram vero habitavit in terra Chanaan, et Lot moratus est in oppidis quæ erant circa regionem Jordanis, et habitavit in Sodomis. Potest et secundum allegoriam in pastoribus Lot, qui planitiem terræ Sodomorum et locum voluptuosum elegerunt, hæreticorum turba accipi, qui voluptatibus præsentis vitæ dediti, atque errorum catenis vincti, declinant a via veritatis, et consortium Christi catholicæque fidei unitatem habere spernunt. Quod bene nomen Lot exprimit, interpretatur namque *vinctus,* vel *declinatio.*

Et viri Sodomorum mali et peccatores in conspectu

Dei vehementer. Superflue hic in Septuaginta interpretibus additum est, *in conspectu Dei.* Siquidem Sodomorum coloni apud omnes mali et peccatores erant. Ille autem dicitur in conspectu Dei peccator, qui potest hominibus justus videri, quomodo de Zacharia et de Elisabeth in præconio ponitur quod *fuerint justi ambo in conspectu Dei* (*Luc.* I); et in psalmo dicitur: *Non justificabitur in conspectu tuo omnis vivens* (*Psal.* CXLII).

Dixitque Dominus ad Abram, postquam divisus est Lot ab eo: Leva oculos tuos, et vide a loco, in quo nunc es ad Aquilonem et Meridiem, ad Orientem et Occidentem: omnem terram quam conspicis tibi dabo, et semini tuo usque in sempiternum, faciamque semen tuum sicut pulverem terræ. Si quis potest hominum numerare pulverem, semen quoque tuum numerare poterit. Quatuor climata mundi posuit, Orientem et Occidentem, Septentrionem et Meridiem: possessioque terræ Palæstinæ secundum historiam ei spondetur et semini ejus, hoc est populo Israelitico. Quod autem in quibusdam exemplaribus scriptum reperitur, *Leva oculos tuos ad Aquilonem et ad Austrum, et ad Orientem et mare,* etc., mare pro Occidente ponit, ab eo quod Palæstinæ regio ita sita sit, ut mare in Occidentis plaga habeat. Mystice autem semini Abrahæ quod est Christus, omnium gentium hæreditas promittitur, qui ecclesiam suam per totam mundi longitudinem et latitudinem effundit: cui Pater ait: *Postula a me, et dabo tibi gentes hæreditatem tuam, et possessionem tuam terminos terræ* (*Psal.* II); et Psalmista: *Et dominabitur,* inquit, *a mari usque ad mare, et a flumine usque ad terminos orbis terræ. Et adorabunt eum omnes reges terræ, omnes gentes servient ei* (*Psal.* LXXII).

CAPUT XV.

Quod quatuor reges adversus Sodomorum quinque reges belligeraverunt, et Lot prædaverunt: et quod Abram prædam cum Lot reduxit.

(CAP. XIV.) *Factum est autem in illo tempore ut Amraphel rex Sennaar, et Arioch rex Ponti, et Chodorlahomor rex Elamitarum, et Thadal rex gentium, inirent bellum contra Bara regem Sodomorum, et contra Gersa regem Gomorrhæ, et contra Sennaab regem Adamæ, et contra Semeber regem Seboim, contraque regem galæ, ipsa est Segor. Omnes hi convenerunt apud vallem silvestrem quæ nunc est mare salis.* Bale lingua Hebræa *devoratio* dicitur. Tradunt igitur Hebræi hanc eamdem in alio Scripturarum loco Salisa nominari, dicique rursum μόσχον τριστίζουσαν, id est, vitulum conternantem, quod scilicet terræ motu tertio absorpta sit, et ex eo tempore quo Sodoma et Gomorrha, Adama et Seboim, divino igne subversæ sunt, illa parvula nuncupatur. Siquidem Segor transfertur in parvam, quæ in lingua Syra Zoara dicitur. Vallis autem Salinarum, sicut in hoc eodem libro scribitur, in qua fuerunt ante putei bituminis, post Dei iram et sulphuris pluviam, in mare Mortuum versa est.

Percusseruntque Raphaim in Assarothcarnaim et Zuzim cum eis, et Emim cum Save, Cariathaim et Chórræos in montibus Seir usque ad campestria Pharan quæ est in solitudine. Reversique sunt, et venerunt ad fontem Misphat, ipsa est Cades; et percusserunt omnem regionem Amalecitarum et Amorrhæorum, qui habitabat in Asasonthamar. Alia autem editio sic habet: *Et conciderunt gigantes in Assarothcarnaim, et gentes fortes cum eis simul, et Omineos in Sabe civitate.* Antequam Sodomam pervenirent quatuor reges profecti de Babylone, interfecerunt gigantes hoc est Raphaim, robustos quosque Arabiæ, et Zuzim in Hom, Emim in civitate Save, quæ usque hodie sic vocatur. Zuzim autem et Emim *terribiles et horrendi* interpretantur, pro quo Septuaginta, sensum magis quam verbum ex verbo transferentes, *gentes fortissimas* posuerunt. *Et revertentes venerunt ad fontem Judicii, hoc est Cades.* Per anticipationem dicitur, quod postea sic vocatum est. Significat autem locum apud petram, qui fons Judicii nominatur quia ibi Deus populum judicarit. *Et percusserunt omnem regionem Amalecitarum, et Amorrhæum sedentem in Asasonthamar.* Hoc oppidum est quod nunc vocatur Engaddi, balsami et palmarum fertile Porro Asasonthamar in lingua nostra urbs palmarum resonat. Thamar quippe palma dicitur. Sciendum autem, pro eo quod post paululum sequitur, *Et direxerunt contra eos aciem ad bellum in valle Salinarum,* in Hebræo habetur, *In valle Siddim,* שדים quod Aquila et Theodotion *amœna nemora* interpretati sunt.

Et tulerunt omnem substantiam Sodomorum et Gomorrhæorum. Septuaginta: *Et tulerunt omnem equitatum Sodomorum et Gomorrhæ.* Pro equitatu in Hebræo habet *rachus*, רכוש, id est substantiam.

Et qui fugerat, nuntiavit Abram transitori. Ipse vero sedebat ad quercum Mambre Amorrhæi fratris Escol, et fratris Aunan, qui erant conjurati Abræ. Pro eo, quod nos posuimus *transitori,* in Hebræo scriptum est, *ibri* עברי, hoc enim transitor exprimitur. Quod autem ait, *apud quercum Mambre Amorrhæi,* melius in Hebræo legimus *apud quercum Mambri Amorrhæi fratris Escol et fratris,* non Aunan, ut Septuaginta transtulerunt, sed *Aner,* ut ostenderet Mambre et Escol et Aner Amorrhæos atque germanos, socios fuisse Abræ. *Et persecutus est eos usque Dan,* ad Phœnicis oppidum, quod nunc Paneas dicitur. Dan autem unus e fontibus est Jordanis. Nam et alter vocatur Jor, quod interpretatur ῥεῖτρον, id est, rivus. Duobus ergo fontibus, qui haud procul a se distant, in unum rivulum fœderatis, Jordanis deinceps appellatur.

Quod cum audisset Abram, captum videlicet Lot fratrem suum, numeravit expeditos vernaculos suos trecentos decem et octo, et persecutus est eos usque Dan, etc. *Expeditos* dixit juvenes ad bellum promptos, et qui non fuerunt uxorati, *de quibus in sequentibus dixit, Exceptis his quæ comederunt juvenes.*

Reduxitque omnem substantiam, et Lot fratrem suum cum substantia illius, mulieres quoque et populum. Mystice igitur quatuor reges qui quinque reges superaverant, possunt contrarias potestates significare, quæ carnales quinque sensibus corporis abutentes vitiis vincunt, ac in dominium suum redigunt. Nam *Amraphel,* qui interpretatur *dixit ut caderet,* et rex est Sennaar, qui *excussio dentium, vel fetor eorum* interpretatur, potest hæresim significare, quæ ad certum casum tendens, verbis dolosis sensum fetidum evomit. *Arioth* autem, qui interpretatur *ebrius, vel ebrietas,* typice designat gentilium stultitiam, qui iniquitate ebrii, cæco corde creaturam pro Creatore venerantur, et sæculi illecebris per omnia involvuntur. *Chodorlahomor* vero, quod interpretatur *quasi decorus manipulus,* et rex est Elam, hoc est, sæculi, vel orbis, hypocrisin non inconvenienter exprimit, quæ licet vana sit et perniciosa, tamen decora superficie imperito vulgo in præsenti esse videtur, sed in futuro per adventum veri luminis qualis fuerit apparebit. Porro *Thadal,* qui *sciens jugum,* sive *explorator* dicitur, et rex est gentium, apte ad significationem avaritiæ transferri potest, quæ sagax atque versuta, multos suo subjugat imperio. Tales ergo reges primum vincunt *Bara,* qui *malitiam* sonat, sive *creaturam,* et rex est Sodomorum, hoc est *cæcitatis,* sive *pecudis silentis,* cum eos qui in malitia vetusta perseverant, quatenus more pecudum cæcitatem libidinis sequantur, persuadet. Vincunt et *Bersa,* hoc est, *in angustia constitutum* regem scilicet Gomorrhæ, id est *populi tumentis ac seditiosi,* cum eos, qui præsentium curis angustantur rerum, ac nefas rapinæ agere non formidant, obruunt ac prosternunt. Vincunt et *Sennaar* regem Adamæ, hoc est *terræ,* cum eos qui carnalia tantum sapiunt, et de cœlestibus non cogitant, ut in luxu voluptatum permaneant exhortantur, quatenus juxta illud propheticum, actibus suis dicant: *Comedamus et bibamus, cras enim moriemur (1 Cor.* xv). Vincunt et *Semeber,* qui interpretatur *ibi perditio,* et rex est Seboin, id est, *cinguli mœroris,* cum per iracundiam et invidiam incautos quosque decipiunt. Unde scriptum est: *Stultos interficit iracundia, ac parvulos occidit invidia (Job.* v). Quintum ergo regem, hoc est regem *Balæ* similiter vincunt spirituales nequitiæ, cum pusillanimes ac formidolosos in desperationem mittunt. *Bala* enim interpretatur *præcipitatio* vel *absorbitio,* et in nulla re antiquus hostis magis certat ac satagit, quam ut post lapsum peccati deceptos, in desperationem, ne se recuperare possint, immittat ac perdat. Sed quid hæc victoria Abrahæ de quatuor regibus indicabat, quos ille fidei pater mysterio superavit, nisi quod fides nostra si confirmata sit in spiritu principali, corpus nostrum, quod quatuor constat elementis, Verbo Dei subigit? *(Isid.)* Nam sicut ille de proximo in regibus victor exstiterat, ita et fides pro anima victrix, de exteriore homine triumphat. Quod vero ille non multitudine nec virtute legionum, sed tantum trecentis decem et octo comitantibus adversarios principes debellavit jam in sacramento crucis, cujus figura per τ litteram Græcam trecentorum numero exprimitur, imaginabatur, quod nos Christi passio liberaret a dominatu carnalis sensus, qui nos antea variis vitiis captivatos exsuperaverat.

CAPUT XVI
De Melchisedech, et de decimatione Abræ.

At vero Melchisedech *rex Salem, proferens panem et vinum (erat enim sacerdos Dei altissimi) benedixit ei, et ait: Benedictus Abram Deo excelso, qui creavit cœlum et terram; et benedictus Deus excelsus, quo protegente hostes in manibus tuis sunt,* etc. *(Hieron.)* Quid Hebræi de hoc sentiant inferemus. Aiunt hunc esse Sem filium Noe, et supputantes annos vitæ ipsius, ostendunt eum ad Isaac usque vixisse, omnesque primogenitos Noe, donec sacerdotio fungeretur Aaron, pontifices fuisse. Porro rex Salem rex Jerusalem dicitur, quæ prius Salem appellabatur. Melchisedech autem, beatus Apostolus ad Hebræos *(Cap.* vii) sine patre et matre commemorans, ad Christum refert, et per Christum ad gentium Ecclesiam; omnis enim capitis gloria refertur ad membra, eo quod præputium habens, Abrahæ benedixerit circumciso, et in Abraham Levi, et per Levi Aaron, de quo postea sacerdotium. Ex quo colligi vult, sacerdotium Ecclesiæ habentis præputium, benedixisse circumciso sacerdotio Synagogæ. Quod autem ait: *Tu es sacerdos in æternum secundum ordinem Melchisedech (Psal.* cix), mysterium nostrum in verbo ordinis significatur, nequaquam per Aaron irrationabilibus victimis immolandis, sed oblato pane et vino, id est, corpore Domini Jesu et sanguine. *(Isid.)* At vero patriarcha magnus decimas omnes substantiæ suæ Melchisedec sacerdoti post benedictionem dedit, sciens spiritualiter melius sacerdotium futurum in populo gentium, quam Leviticum, quod in Israel de ipso erat nasciturum, futurumque ut sacerdotium Ecclesiæ habentis præputium benediceret in Abraham circumciso sacerdotium Synagogæ. Quis enim major est, is qui benedicit, an qui benedicitur? Unde et sacerdotes ex semine Abrahæ nati fratres suos benedicebant, id est populum Israel: quibus illi decimas secundum legis mandatum dabant, vere ut majoribus et eminentioribus suis. Nomen autem ipsum Melchisedech *rex pacis,* vel *rex justitiæ* interpretatur, quod bene refertur ad Christum, sicut supradictum est. Ipse est enim rex pacis, quia per ipsum reconciliamur Deo; ipse est rex justitiæ, quia ipse veniet, ut discernat sanctos ab impiis. Idem quoque sacerdos et rex, quia ad redemptionem omnium hostiam Deo patri semetipsum obtulit, et verus rex in præsenti sæculo populum suum regit, et in futuro judicabit.

CAPUT XVII.
Ubi Deus tertio visus est Abrahæ, et filium ei promittit: et de sacrificio Abrahæ.

(CAP. xv.) *His itaque transactis factus est sermo Domini ad Abram per visionem dicens: Noli timere*

Abram, ego protector tuus sum, et merces tua magna nimis. Dixitque Abram : Domine Deus, quid dabis mihi ? Ego vadam absque liberis, et filius procuratoris domus meæ, iste Damascus Eliezer. Addiditque Abram : Mihi autem non dedisti semen, et ecce vernaculus meus hæres meus erit, et reliqua. (*Hieron.*) Quod autem dicit, hoc est : Ego sine liberis moriar, et filius procuratoris mei vel villici, qui universa dispensat, et distribuit cibaria familiæ, vocaturque Damascus Eliezer, hic meus hæres erit. Porro Eliezer interpretatur *Deus meus adjutor.* Ab hoc aiunt Damascum et conditam et nuncupatam.

Statimque sermo Domini factus est ad eum, dicens : Non erit hic hæres tuus, sed qui egredietur de utero tuo, ipsum habebis hæredem. Eduxitque eum foras, et ait illi : Suspice cœlum, et numera stellas, si potes. Et dixit ei : Sic erit semen tuum. Credidit Abram Domino, et reputatum est ei ad justitiam. Duplex figura promissi seminis ejus, id est, in similitudinem arenæ maris, vel in similitudinem stellarum cœli. Educens ergo Deus Abram foras, ostendit illi stellas cœli dicens : Sic faciam semen tuum, id est, Christianam gentem, cujus tu pater in fide subsistis, sic faciam resurrectionis lumine coruscare. Deinde demonstravit illi arenam maris, et dixit : Sic erit in multitudine semen tuum, hoc est, erit quidem copiosa gens Judæorum, sed sterilis et infecunda sicut arena maris. Post hæc cum promitteret ei Dominus quod esset possessor repromissionis futurus, signum petit, per quod agnosceret, non quasi dubitans an fieret, sed quomodo futurum esset exquirens. Cui Dominus hanc similitudinem proposuit.

Sume, inquit, mihi vaccam triennem, et capram trimam, et arietem annorum trium, turturem quoque et columbam. Tollens igitur Abram universa hæc divisit ea per medium, et utrasque partes contra se altrinsecus posuit, aves autem non divisit. Descenderuntque volucres super cadavera, et abigebat eas Abram. Cumque decubuisset sol, pavor irruit super Abram, et horror magnus et tenebrosus irruit super eum ; apparuitque clibanus fumans et lampas ignis transiens inter media illa quæ divisa erant, dictumque est ei : Cognoscendo scias quia peregrinum erit semen tuum in terra non sua, et serviet et affligetur, etc. Statutus est itaque modus promissi seminis Abrahæ, et ista est figura. Per juvencam enim significata est plebs posita sub jugo legis ; per capram, eadem plebs peccatrix futura. Per arietem, eadem plebs bene etiam regnatura. Animalia vero ideo tria dicuntur, quia per articulos temporum ab Adam usque Noe, et inde usque ad Abram, et inde usque ad David, tanquam tertiam ætatem gerens ille populus adolevit. Per turturem et columbam, spirituales populi figurati sunt, individui filii promissionis, et hæredes regni futuri : quorum ætas temporis ideo tacetur, quia æterna meditantes, transgressi sunt desideria temporalia. Sed quid est, quod animalia illa tria dividuntur, adversus se invicem partibus constitutis, nisi quod carnales et in populo veteri, et nunc inter se dividuntur ? Porro aves idcirco non dividuntur, quia spirituales individui sunt : schisma non cogitant, nec seducuntur ab hæreticis ; sed pax est semper in ipsis, sive a turbis moveant sese, ut turtur, sive inter illas conversentur sicut columba, utraque tamen avis est habens simplicitatem et innocentiam. Volucres autem descendentes supra corpora quæ divisa erant, spiritus immundi significantur, pastum quemdam suum de carnalium divisione quærentes. Quod autem illis considens Abram, abigebat eas, significabat multos carnales merito sanctorum in fine mundi ab angustiis liberandos ; quod autem circa solis occasum pavor irruit in Abram, et horror magnus et tenebrosus significat circa hujus sæculi finem magnam perturbationem ab Antichristo in sanctis futuram, de qua Dominus dicit in Evangelio : *Erit enim tunc tribulatio magna, qualis non fuit ab initio* (*Matth.* xxiv). Quod ergo adjungitur, cum occubuisset sol, facta est caligo tenebrosa, et apparuit clibanus fumans, et lampas ignis transiens inter media illa quæ divisa erant, significat post finem sæculi, futurum diem judicii, quando per ignem segregabuntur sanctorum populi et iniquorum. (*Greg.*) Tropologice autem, sæpe corda justorum subortæ cogitationes terrenarum rerum delectationibus tangunt ; sed cum citius manu sanctæ discretionis abiguntur, festine agitur ne cordis faciem caligo tentationis operiat, quæ hanc jam ex illicita delectatione tangebat. Nam sæpe in ipso orationis nostræ sacrificio, importunæ se cogitationes ingerunt, quæ hoc rapere vel maculare valeant, quod in nobis Deo placentes immolamus. Sed nos ad exemplum Abrahæ, dum in ara cordis holocaustum Deo offerimus, ab immundis hoc volucribus custodiamus, ne maligni spiritus et perversæ cogitationes rapiant, quod mens nostra offerre se Deo utiliter sperat. (*Isid.*) Quod vero dictum est ad Abram, *Sciendo scies quia peregrinum erit semen tuum in terra non sua, et in servitutem redigent eos, et affligent eos quadringentis annis*, hoc de populo Israel quia erat in Ægypto serviturus, apertissime prophetatum est : non quod sub Ægyptiis quadringentis annis servierint, sed quod iste numerus in eadem afflictione completus est, qui computatur ab illo tempore quo ista Abrahæ promittuntur.

Tu autem ibis ad patres tuos in pace, sepultus in senectute bona. Generatione autem quarta revertentur huc. (*Hieron.*) Cur Deus loquitur ad Abram, quod quarta progenie filii Israel essent de terra Ægypti reversuri, et postea Moyses scribit : *Quinta autem progenie, filii Israel ascenderunt de terra Ægypti ?* (*Exod.* III.) Quod utique nisi exponatur, videtur esse contrarium. Egressi sunt ergo quarta generatione filii Israel de terra Ægypti. Replica genealogiam Levi : Levi genuit Kaath ; Kaath genuit Amram ; Amram genuit Aaron ; Aaron genuit Eleazar ; Eleazar genuit Phinees. Kaath autem cum patre suo Levi ingressus est Ægyptum, rursus Eleazar eum patre suo Aaron egressus est ab Ægypto. A Kaath usque ad Eleazar computantur generationes quatuor, licet quidam velint ab Amram incipere, et ad Phinees, ut nos in Eleazar fecimus, pervenire. Si vero volueris dispari numero ostendere quomodo secundum Exodum quinta generatione egressi sunt filii Israel de terra Ægypti, tribus tibi Judæ ordo numeretur. Juda genuit Phares, Phares genuit Esron; Esron genuit Aram; Aram genuit Aminadab; Aminadab genuit Naasson; Naasson genuit Salmon. Phares cum patre suo Juda ingressus est Ægyptum. Naasson princeps tribus Juda in deserto describitur, cujus filius Salmon terram repromissionis introivit. Computa a Phares usque ad Naasson, et invenies generationes quinque, tametsi nonnulli, ut in tribu Levi ostendimus, in Esron initium faciant, et ad Salmon usque perveniant.

In die illo vepigit Dominus fœdus cum Abram dicens : Semini tuo dabo terram hanc a fluvio Ægypti usque ad flumen magnum Euphraten. Non ergo a flumine magno Ægypti, hoc est Nilo, sed ab arvo dividit inter Ægyptum et Palæstinam, ubi est civitas Rhinocorura.

CAPUT XVIII.
De conjunctione Agar ancillæ Sarai ad Abram et fuga ipsius Agar.

(CAP. XVI.) *Igitur Sarai uxor Abram non genuerat sibi liberos : sed habens ancillam Ægyptiam nomine Agar, dixit marito suo : Ecce conclusit me Dominus ne parerem, ingredere ad ancillam meam, si forte saltem ex illa suscipiam filios.* (*Albin.*) Quomodo defenditur Abram adulterii reus non esse, dum vivente legitima uxore, conjunctus est ancillæ suæ, nisi quia necdum promulgata est unius uxoris evangelica lex. Habebat quoque promissionem a Domino multiplicati seminis sui, sed necdum sciebat ex qua uxore, quia postea dictum est ei de Sarai habere filium. Nam propterea sic propagandi seminis voluntas pia fuit, quia concumbendi voluntas libidinosa non fuit. Etiam et Sarai prolem quam de se habere non potuit, de ancilla habere voluit. Consentiebat uterque in facto, quia uterque Sarai sterilem esse sciebat.

Qui ingressus est ad eam. At illa concepisse se videns, despexit dominam suam. Dixitque Sarai ad Abram : Inique agis contra me. Ego dedi ancillam meam in sinum tuum : quæ videns quod conceperit, despectui me habet : judicet Dominus inter me et te. Cui respondens Abram : Ecce ait ancilla tua in manu tua est , utere ea ut libet. Affligente igitur eam Sarai fugam iniit. Cumque invenisset eam angelus Domini juxta fontem aquæ in solitudine, qui est in via Assur in deserto, dixit ad eam : Agar ancilla Sarai, unde venis et quo vadis ? Consequenter Ægyptia in via Assur, quæ per eremum ducit ad Ægyptum, ire Ægyptum festinabat, ubi eam angelus Domini invenit. Dixitque ei angelus Domini :

Revertere ad dominam tuam, et humiliare sub manu ipsius. Et rursum : Multiplicans, inquit, *multiplicabo semen tuum, et non numerabitur præ multitudine.* Ac deinceps : *Ecce ait concepisti et paries filium : vocabisque nomen ejus Ismael , eo quod audierit Dominus afflictionem tuam. Hic erit ferus homo : manus ejus contra omnes, et manus omnium contra eum, et e regione universorum fratrum suorum figet tabernacula.* Alia editio ita habet : *Hic erit rusticus homo : manus ejus super omnes, et manus omnium super eum, et contra faciem omnium fratrum suorum habitabit.* Pro rustico in Hebræo scriptum habet, phere פרה, quod interpretatur *onager.* Significat autem semen ejus habitaturum in eremo , id est, Saracenos vagos incertisque sedibus, qui universas gentes, quibus desertum ex latere jungitur incursantes, impugnantur ab omnibus. Mystice autem hæ duæ mulieres Sarai videlicet et Agar, duo testamenta juxta Apostoli interpretationem significant, hoc est Agar legem veterem, quæ in Synagoga populum Judaicum servituti obnoxium nutriebat. Sarai quoque evangelicam gratiam, quæ populum Christianum in libertatem fidei generavit. Multiplicati sunt ergo Judæi ancillæ filii, et non numerabantur præ multitudine : de quibus supra scriptum est, quod instar arenæ maris multiplicentur.

Hic est ferus homo , et manus ejus contra omnes , manusque omnium contra eum, et e regione universorum fratrum suorum figet tabernacula ; quia ipse populus ferocitate sua æmulus est et contrarius omnibus bonis, maxime cum Christianam plebem toto orbe invidia stimulante persequitur , et longe lateque dispersus circumvagando atque negotiando , incertis sedibus semper existens, omnibus oneri est. Legi tamen in quodam tractatu , per Sarai uxorem Abram , Ecclesiam primitivam interpretatam ; ancillam autem Ægyptiam Ecclesiam ex gentibus, quæ postquam conceperit verbum fidei, despexerit sterilitatem Synagogæ ; quod autem angelus admonuerat Agar redire ad dominam suam Sarai, et humiliari sub manibus ipsius, significare, apostolicam doctrinam admonuisse gentes ne superbirent contra Judaicam plebem. Unde dicit Apostolus : *Noli gloriari adversus ramos. Quod si tu gloriaris, non radicem portas , sed radix te* (Rom. XI); et item : *Si Deus ,* inquit *, naturalibus ramis non pepercit, ne forte nec tibi parcet* (Ibid.). Qui ferus homo indirecte dici possit, quod contra dæmones et hæreticos pugnet et vitiis resistat. Sed hæc lectoris judicio relinquimus.

Vocavit autem Agar nomen Domini, qui loquebatur ad eam, Tu Deus, qui vidisti me. Dixit enim : Profecto hic vidi posteriora videntis me. Recte ergo dictum est quod nomen Domini vocaverit, *Tu Deus,* qui *vidisti me,* quia gratuito munere consulit miseris, et consolatur humiles in tribulatione sua. Hinc Psalmista ait : *Tu, Domine, laborem vides, et dolorem consideras. Tibi enim derelictus est pauper, pupillo tu eris adjutor* (Psal. IX). Et illud, quod subsequitur, *Profecto hic vidi posteriora videntis me,* bene congruit illi dictioni quæ Dominus ad Moysen locutus est, cum majestatem suam sibi ostendi rogaverat : *Non poteris,* inquit, *videre faciem meam et vivere. Non enim videbit homo faciem meam et vivet.* Et ait Dominus : *Ecce locus penes me est, stabis supra petram; statim ut transiet majestas mea, ponam te in specula petræ, et tegam manu mea super te donec transeam, et auferam manum meam, et tunc videbis posteriora mea. Nam facies mea non apparebit tibi.* Non ergo immerito nemo potest faciem, id est, ipsam manifestationem sapientiæ Dei videre et vivere. Ipsa est enim species cui contemplandæ suspirat omnis qui affectat diligere Deum ex toto corde, et ex tota anima, et ex tota mente, ad quam contemplandam, etiam proximum, quantum potest, per ipsam dilectionem qua eum diligit sicut seipsum ædificat. Posteriora vero Domini incarnationem ejus, quam in fine temporum sumpsit ex Virgine, possumus intelligere, quam nunc per fidem et dilectionem in præsenti desiderando contemplamur, in futura autem vita contemplatione perfruemur æterna.

Propterea appellavit puteum illum puteum viventis et videntis me. Usque hodie puteus Agar demonstratur in deserto Arabiæ, inter Cades et Barad. Typice autem puteus iste legem veterem ac novam significat, quam Conditor noster, qui est vita viventium et spes morientium, intuitu piæ miserationis mortalibus dedit, ut per illam edocti atque a vitiis correcti, ejus visione in cœlis perpetua digni esse mereantur.

Peperitque Agar Abræ filium, qui vocavit nomen ejus Ismael. Ad nomen allusit; Ismael enim interpretatur *auditio Dei*, sicut angelus supra ad Agar dixit : *Vocabis nomen ejus Ismael, eo quod audierit Dominus afflictionem meam.*

CAPUT XIX.

Testamentum Dei factum ad Abram; et quod Dominus eum patrem gentium futurum vollicetur, et nomen ei Abraham imposuit.

(Cap. xvii.) *Postquam vero nonaginta et novem annorum esse cœperat, apparuit ei Dominus, dixitque ad eum : Ego Deus omnipotens : ambula coram me, et esto perfectus ; ponamque fœdus meum inter me et te, et multiplicabo te vehementer nimis. Cecidit Abram pronus in faciem. Dixitque ei Deus : Ego sum, et ponam pactum meum tecum, erisque pater multarum gentium; nec ultra vocabitur nomen tuum Abram, sed appellaberis Abraham, quia patrem multarum gentium constitui te.* Notandum quod ubicunque in Græco sermone *testamentum* legimus, ibi in Hebraico sermone sit *fœdus* sive *pactum*, id est, *berith* ברית. Dicunt autem Hebræi quod ex nomine suo Deus, quod apud illos τετραγράμματον est, he ה litteram Abræ et Saræ addiderit. Dicebatur enim primum Abram אברם, quod interpretatur *pater excelsus* ; et postea vocatus est Abraham אברהם, quod transfertur *pater multarum*. Nam quod sequitur, *gentium*, non habetur in nomine, sed subauditur. Nec mirandum quare cum apud Græcos, et nos a littera videatur additam, nos *he* ה litteram Hebræam additam dixerimus. Idioma enim linguæ illius est, per *he* ה quidem scribere, sed per *a* legere. Sicut e contrario *a* litteram sæpe per ה pronuntiant.

Daboque tibi et semini tuo terram peregrinationis tuæ, omnem terram Chanaan in possessionem æternam, et reliqua. *(Aug.)* Quæstio est quomodo dixerit æternam, cum Israelitis temporaliter data sit, utrum secundum hoc sæculum dicta sit æterna, ut ab eo quod est αιων Græce, quod *sæculum* significat, dictum sit αιωνιον, tanquam si Latine dici possit *sæculare*; an ex hoc aliquid secundum spiritualem promissionem hic intelligere cogamur, ut æternam ideo dictum sit, quia hinc æternum aliquid significatur.

Tu ergo custodies pactum meum et semen tuum post te in generationibus suis. Hoc est pactum meum, quod observabitis inter vos et semen tuum post te. Circumcidetur ex vobis omne masculinum, et circumcidetis carnem præputii vestri, ut sit signum fœderis inter me et vos. Infans octo dierum circumcidetur in vobis. Omne masculinum in generationibus vestris, tam vernaculus quam emptitius, circumcidetur, et quicunque non fuerit de stirpe vestra, eritque pactum meum in carne vestra in fœdus sempiternum. Masculus cujus præputii caro circumcisa non fuerit, delebitur anima illa de populo suo, quia pactum meum irritum fecit. Jam tunc propter peregrinationem futuram, ne commisceretur semen ejus inter gentes, pepigit Deus pactum cum Abraham, et datur ei circumcisio in signum his verbis : *Circumcidetur ex vobis omne masculinum. Infans octo dierum circumcidetur in vobis, tam vernaculus quam emptitius circumcidetur. Masculus autem cujus præputii caro circumcisa non fuerit, delebitur anima illius de populo suo, quia pactum meum irritum fecit.* Sed quid aliud circumcisio significat, nisi renovatam naturam per baptismum post spoliationem veteris hominis ? et quis est octavus dies nisi Christus, qui hebdomada completa, hoc est post sabbatum, resurrexit ? Quod vero non solum filios, sed et servos, et vernaculos, et emptitios, circumcidi præcipit, ad omnes gratiam redemptionis pertinere testatur. Ibi parentum mutantur et nomina, ut omnia resonent novitatem. Nam Abram, quod antea vocabatur, interpretatur *pater excelsus*, Abraham *pater multarum*. Quo nomine prænuntiabatur quod multæ gentes fidei ejus vestigia sequerentur. Illud autem quid sit, quod dictum est : *Masculus, qui non circumciditur octava die, peribit anima illa de populo, quia pactum meum irritum fecit* ? Cur autem pereat anima parvuli incircumcisi, dum ipsa pactum Dei irritum non fecit, sed qui eum circumcidere neglexerunt, nisi ut significaret quod parvuli non secundum opus, sed secundum originem in primo homine pactum Dei dissipaverint, in quo omnes peccaverunt ? Nascuntur enim omnes non proprie, sed originaliter, peccatores : quem nisi regeneratio liberet, peribit anima ejus de populo suo, quia pactum Dei irritum fecit, quando in Adam originaliter etiam ipse peccavit. Idcirco Abrahæ circumcisio commendata est, princeps, ut sub lege esset sicut et Adam, ne de ligno manducaret, ut probaretur si compleret hoc an non. (*Albin.*) Credit enim se filium habiturum, per cujus generationem omnibus gentibus benedictio futura esset, et in cujus nepotibus castitatis et sobrietatis unicum mansisset exemplar. Unde et in ea parte corporis signum fidei accepit, unde filius fidei, non carnis, nasciturus erat. Nec truncata corporis parte deformior, sed fide in Deum gloriosior. Igitur pro Deo aliquid perdere, lucrum est, non damnum. Ita Abraham fidei suæ signum accipiens, non deformatus est, sed melioratus. Si enim Adam pactum Dei custodisset, non Abraham hoc pactum accepisset. Sed quia ille in hoc membro culpam inobedientiæ primo agnovit, decuit ut iste in hoc membro signum obedientiæ secundo accepisset, ut ostenderetur obedientes quandoque generasse filios ad vitam, dum olim prævaricatores generarunt ad mortem.

Dixitque Dominus ad Abraham : Sarai uxorem tuam non vocabis Sarai, sed Saram, et benedicam ei, et ex illa dabo tibi filium, cui benedicturus sum : eritque in nationes, et reges populorum orientur ex eo. Hic jam declaratur promissio de vocatione gentium in Isaac filium promissionis, id est, gratia, non natura, quia de senili patre et sterili matre, et quia hoc non per generationem qui est Ismael, sed per regenerationem futurum erat, id est ibidem imperata est circumcisio, quando de Sara promittitur filius in typo Ecclesiæ, non quando Ismael qui typum tenuit Judæorum. Errant qui putant primum Saram per unum *r* scriptum fuisse et postea ei alterum *r* additum, et quia *r* apud Græcos centenarius numerus est, super nomine ejus multas ineptias suspicantur, cum utique utcunque volunt ei vocabulum commutatum, non Græcam, sed Hebræam debeant dare rationem, cum ipsum nomen Hebraicum sit. Nemo autem in altera lingua quempiam vocans, etymologiam vocabuli sumit ex altera. Sarai igitur primum vocata est per *sin* שׂ, *res* ר, *iod* י. Sublato ergo *iod*, id est *i* elemento, addita est littera ה quæ per *a* legitur, et vocata est *Saraa* שׂרה. Causa autem ita nominis immutati hæc est, quod antea dicebatur *princeps mea*, unius tantummodo domus materfamilias; postea vero dicitur absolute *princeps*, id est ἀρχοῦσα. Omnium quippe gentium futura jam princeps est. Quidam pessime suspicantur ante eam *lepram* fuisse vocitatam, et postea *principem*, cum lepra *zaraath* צרעת dicatur, quæ in nostra lingua quidem videtur habere aliquam similitudinem, in Hebræo autem penitus est diversa. Scribitur enim per ת et צרה, quod multum a superioribus tribus litteris, id est, שׂרה, quibus Sara scribitur, discrepare manifestum est.

Et cecidit Abraham super faciem suam, et risit, et dixit in corde suo : Si centenario nascetur filius ? et si Sara nonagenaria pariet ? et quia post paululum sequitur, *Et vocabis nomen ejus Isaac*, diversa opinio est, sed una ἐτυμολογία quare appellatus sit Isaac. Interpretatur enim *risus*. Alii dicunt quia Sara riserit, ideo eum risum vocatum esse, quod falsum est. Alii vero, quod riserit Abraham, quod et nos probamus. Postquam enim ad risum Abrahæ vocatus est filius ejus Isaac, tunc legimus risisse et Saram. Sciendum autem quod quatuor in veteri testamento absque ullo velamine nominibus suis antequam nascerentur, vocati sunt : Ismael, Isaac, Salomon et Josias. Lege Scripturas.

Dixitque ad Deum : Utinam Ismael vivat coram te! Et ait Deus ad Abraham : Sara uxor tua pariet tibi filium, vocabisque nomen ejus Isaac, et constituam illi pactum meum in fœdus sempiternum, et semini ejus post eum. Super Ismael quoque exaudivi te. Ecce benedicam ei, et augebo et multiplicabo eum valde. Duodecim duces generabit, et faciam illum in gentem magnam; pactum vero meum statuam ad Isaac, quem pariet tibi Sara tempore isto in anno altero. Denique de Ismaele, qui typum tenet populi Judæorum, bene dictum est, quod augeretur et multiplicaretur valde, duodecimque duces generaret, cum multitudo carnalium Judæorum, ex duodecim patriarchis genita, in duodecim tribus dispertita sit. Pactum vero Domini cum Isaac est, hoc est populo credentium, quem mater Ecclesia per fidem et baptismum generavit, eique fœdus constitutum est sempiternum, quia æternæ vitæ possessio illi soli promittitur, qui cum capite suo Christo cœlorum semper possidebit regnum. Annus ergo alter, quo genuit Sara Isaac, significat tempora regenerationis, in quibus Christi sanguis fusus, et humanum genus ad vitam restauratum est.

CAPUT XX.

Circumcisio Abrahæ et Ismaelis filii ejus, et omnium vernaculorum domus ejus.

Cumque finitus esset sermo loquentis cum eo, ascendit Deus ab Abraham. Tulit autem Abraham Ismaelem filium suum, et omnes vernaculos domus suæ, universosque quos emerat, cunctos mares ex omnibus viris domus suæ, et circumcidit carnem præputii eorum statim in ipsa die, sicut præceperat ei Deus. Igitur quandoquidem in hos devenimus locos, requirere volo, si omnipotens Deus, qui cœli ac terræ dominatum tenet, volens testamentum ponere cum viro sancto, in hoc summam tanti negotii collocabat, ut præputium carnis ejus, sed et futura ex ipso soboles circumcideretur. Erit enim, inquit, *testamentum meum super carnem tuam.* Hoc inerat, quod cœli ac terræ Dominus, ei, quem e cunctis mortalibus solum delegerat, æterni testamenti munera conferebat. Hæc enim sunt sola in quibus magistri et doctores Synagogæ sanctorum gloriam ponunt. Audite ergo quomodo Paulus doctor gentium in fide et veritate de circumcisionis mysterio, Christi Ecclesiam docet. *Videte*, inquit, *concisionem*, de Judæis loquens, qui conciduntur in carne. *Nos enim sumus*, ait, *circumcisio, qui spiritu Deo servimus, et non in carne fiduciam habemus* (Philipp. III). Hæc una Pauli de circumcisione sententia. Audi et aliam. *Non enim qui in manifesto Judæus est*, inquit, *ne-*

que quæ manifeste in carne est circumcisio, sed qui in occulto Judæus est, circumcisione cordis in spiritu non littera (Rom. II). Non tibi dignius videtur talis circumcisio dicenda in sanctis et amicis Dei, quam carnis obtruncatio? Sed sermonis novitas fortasse non solum Judæos, sed etiam aliquos fratrum nostrorum deterreat. Impossibilia enim videtur Paulus præsumere, qui circumcisionem cordis inducit. Quomodo enim fieri potuerit ut circumcidatur membrum quod internis visceribus obtectum, etiam a conspectibus ipsis hominum latet? Vos autem, o populus Dei, et populus in acquisitionem electus, ad enarrandas virtutes Domini, suscipite dignam circumcisionem verbi Dei in auribus vestris, et in labiis et in corde, et in præputio carnis vestræ, et in omnibus omnino membris vestris. Circumcisæ namque sint aures vestræ secundum verbum Dei, ut vocem non recipiant obtrectantis, ut maledici et blasphemi verba non audiant, vel falsis criminationibus mentem non patefaciant. Oppilentur et clausæ sint, ne judicium sanguinis audiant, aut impudicis canticis et theatralibus sonis pateant. Nihil obscenum recipiant ; sed ab omni scena corruptionis aversæ sint. Hæc est circumcisio qua Ecclesia Christi aures suorum circumcidit infantum. Istæ, credo, sunt aures quas in auditoribus suis Dominus requirebat dicens : *Qui habet aures audiendi, audiat* (*Luc.* VIII). Nemo enim potest incircumcisis auribus et immundis munda verba sapientiæ et veritatis audire. Veniamus, si vultis, et ad labiorum circumcisionem. Ego puto quod incircumcisus sit labiis, qui nondum cessavit a stultiloquio, a scurrilitate, qui bonis derogat, qui criminatur proximos, qui lites instigat, qui calumnias movet, qui fratres inter se falsa loquendo committit, qui vana et inepta, sæcularia et impudica, turpia et injuriosa, proterva, blasphema, et cætera quæ indigna sunt Christiano, proloquitur. Si quis vero ab his omnibus continet os suum, et disponit sermones suos in judicio, verbositatem reprimit, linguam temperat, verba moderatur, iste merito circumcisus labiis dicitur. Sed et qui iniquitatem in excelsum loquuntur, et extendunt in cœlum linguam suam sicut hæretici faciunt, incircumcisi et immundi labiis dicendi sunt. Circumcisus vero et mundus, qui semper verbum Dei loquitur, et sanam doctrinam evangelicis et apostolicis munitam regulis profert. Hoc ergo modo et circumcisio labiorum datur in Ecclesia Dei. Nunc vero secundum pollicitationem nostram, qualiter etiam carnis circumcisio suscipi debeat, videamus. Membrum hoc in quo præputium videtur esse, officiis naturalibus coitus et generationis deservire, nemo est qui dubitet. Si quis igitur erga hujuscemodi motus non importunus existat, nec statutos legibus terminos superet, nec aliam feminam quam conjugem legitimam noverit, et nec quoque ipsa nisi posteritatis tantummodo causa certis et legitimis temporibus agat, iste circumcisus præputio carnis suæ dicendus est. Qui vero in omnem lasciviam proruit, et per diversos et illicitos passim pendet amplexus, atque in omnem libidinis gurgitem fertur infrenis, iste incircumcisus est præputio carnis suæ. Verum Ecclesia Christi gratia ejus qui pro se crucifixus est roborata, non solum ab illicitis nefandisque cubilibus, verum etiam a concessis et licitis temperat, et tanquam virgo sponsa Christi, castis et pudicis virginibus floret, in quibus vera circumcisio carnis præputii facta est, et vere testamentum Dei et testamentum æternum in eorum carne servatur. Superest designare etiam circumcisionem cordis. Si quis est qui obscenis desideriis et fœdis cupiditatibus æstuat, et, ut breviter dicam, qui mœchatur corde!, hic incircumcisus est corde. Sed et qui hæreticos sensus mente retinet, et blasphemas assertiones contra scientiam Christi disponit in corde, hic incircumcisus est corde. Qui vero puram fidem in conscientiæ sinceritate custodit, iste circumcisus est corde, de quo dici potest : *Beati mundo corde, quoniam ipsi Deum videbunt* (*Matth.* V). Ego vero audeo ex simili, etiam hæc propheticis vocibus addere, quia sicut oportet auribus et labiis et corde, carnis præputio secundum ea quæ supra diximus circumcidi, ita fortassis et manus nostræ indigent circumcisione, et pedes, et visus, et odoratus, et tactus. Ut enim perfectus sit homo Dei in omnibus, cuncta circumcidenda sunt membra : manus quidem a rapinis, a furtis, ac cædibus, et ad sola opera Dei pandendæ. Circumcidendi sunt pedes, ne veloces sint ad effundendum sanguinem, et ne intrent in concilium malignantium, sed ut tantum pro mandatis Dei circumeant. Circumcidatur et oculus, ne concupiscat alienum, ne videat ad concupiscendam mulierem. Cujus enim circa feminarum formas lascivus et curiosus oberrat aspectus, iste incircumcisus est oculis. Sed et si quis est, qui sive manducet, sive bibat, sicut Apostolus præcepit, ad gloriam Dei manducet et bibat (*I Cor.* X), iste circumcisus est gustu. Cujus Deus venter est, et suavitatibus gulæ deservit, hujus incircumcisum dixerim gustum. Si quis Christi odorem bonum capit, et in operibus misericordiæ odorem suavitatis requirit, hujus circumcisa est odoratio. Qui vero primis unguentis delibutus incedit, iste incircumcisus odoratu dicendus est. Sed et singula quæque membrorum si in officiis mandatorum Dei deserviant, circumcisa dicenda sunt. Si vero ultra præscriptas sibi divinitus luxuriantur leges, incircumcisa reputanda sunt.

CAPUT XXI.
Ubi tres viri apparuerunt Abrahæ in convalle Mambre, sedenti in ostio tabernaculi sui.

(CAP. XVIII.) *Apparuit autem ei Dominus in convalle Mambre, sedenti in ostio tabernaculi sui in ipso fervore diei. Cumque elevasset oculos, apparuerunt ei tres viri stantes prope eum. Quos cum vidisset, cucurrit in occursum eorum de ostio tabernaculi sui, et adoravit in terra et dixit : Domine, si inveni gratiam in oculis tuis, ne transeas servum tuum ; sed afferam pauxillum aquæ, et laventur pedes vestri ; et requie-*

scilc sub arbore, etc. (*Isid.* v.) Notandum quippe quod Abraham triplicem habeat figuram in semetipso. Primum Salvatoris, quando, relicta cognatione sua, venit in hunc mundum. Alteram patris, quando immolavit filium unicum. Tertiam vero, quod hoc loco est, figuram gestavit sanctorum, qui adventum Christi cum gaudio susceperunt. Tabernaculum autem illud Abrahæ, ipsam Jerusalem habuit, ubi pro tempore prophetæ et apostoli habitaverunt. Unde et Dominus primum adveniens, a credentibus acceptus, ab incredulis in ligno suspensus est. In tribus autem viris qui venerunt ad illum, Domini Jesu Christi pronuntiatur adventus, cum quo duo angeli comitabantur, quos plerique Moysen et Eliam accipiunt. Unum priscæ legislatorem, qui per eamdem legem adventum indicavit : alium qui in fine mundi venturus est, denuntiaturus et secundum adventum Christi, atque ejus Evangelium Judæis prædicaturus. Unde et in monte dum Dominus fuisset transfiguratus, hi duo, Moyses et Elias cum eo ab apostolis visi sunt. Abraham vero tres videns, unum adoravit, Dominum scilicet Salvatorem ostendens, cujus jam adventus est præstolatus. Juxta quod etiam Dominus in Evangelio ait : *Abraham quæsivit videre diem meum, vidit et gavisus est* (*Joan.* VIII). Tunc enim futuri aspexit mysterium sacramenti. Unde et pedes eorum lavit, ut in extremo lavacri purificationem demonstraret futuram, pedes namque novissima significant. Si quidem et convivium præparat, vitulum scilicet saginatum. Iste autem vitulus tener saginatus Domini nostri Jesu Christi est corpus. Hic et vitulus Domini, qui propter salutem credentium ad arborem crucis est immolatus. Hic est vitulus Dominici corporis, qui in Evangelio pro peccatore occiditur filio. Sed et butyrum et lac cum carne vituli apposuit. Lac quippe priscæ legis habuisse figuram Apostolus noster annuntiat dicens : *Lac vobis potum dedi non escam ; nondum enim poteratis, nec adhuc quidem potestis* (*I Cor.* III). Tradiderat enim illis legis mandatum quasi lac de uberibus duarum tabularum expressum, hoc est testamentum fidei. Nondum enim poterant, propter infantiam sensus sui, evangelicæ doctrinæ solidam ac robustam escam accipere. Butyrum autem uberrimum et pinguissimum Evangeliorum est testimonium, quod veluti oleum fidelibus in signum datur. Sed proinde vitulum cum lacte et butyrum Abraham edendum apposuit, quia ne corpus Domini, quod est vitulus, sine lacte legis, nec lac legis sine butyro, hoc est sine Evangelii testimonio esse potest. Tria autem sata, unde Sara panes subcineritios fecit, trium filiorum Noe imaginem indicaverunt, ex quibus omne genus humanum natum est, qui divinæ Trinitati credentes per aquam baptismatis, per ecclesiam, cujus imago Sara erat, conspergendi essent et in uno pane Christi corporis redigendi. Hæc sunt illa tria sata quæ mulier in Evangelio cognoscitur fermentasse. Azymi autem panes, eo quod sine fermento malitiæ, et sine languore nequitiæ, sine fervore perversæ doctrinæ oporteat esse credentium unitatem. Subcineritii autem ideo, ut per pœnitentiam præteritorum delictorum, Spiritus sancti vapore decocti, velut esca bene placita Deo, acceptabiles efficiantur. Sub arbore autem eos sedisse, passionis Dominicæ erat signum, cujus ipsi sunt prædicatores. Quod autem promittit Deus Saræ sterili filium dicens, *Circa hoc tempus veniam*, non de temporibus significat, sed de qualitate adventus sui, quando per filium repromissum fidelis erat populus nasciturus. Ista enim Sara sterilis, cui per prophetam Dominus dicit : *Lætare, sterilis, quæ non paris, erumpe et clama, quæ non parturis, quoniam plures filii desertæ, magis quam ejus quæ habet virum* (*Isa.* XLV). Risus autem Saræ prophetia est : cujus risus duplicem habet significationem : sive quod risus esset futurus incredulis Christus, sive quod omnes inimicos suos in judicio suo esset risurus. Unde et ipse qui natus est de Sara risus nomen accepit. Isaac enim ex Hebræa lingua in Latinum sermonem *risus* interpretatur. (*Greg.*) Denique secundum moralem intellectum, pensandum est, quanta discretione magni moderaminis carnis cura refrenanda est, ut serviat et minime præcipitetur, ne quasi domina vincat, sed subacta dominio, quasi ancilla famuletur, ut jussa adsit, atque a nutu cordis repulsa, desiliat, ut vix a tergo sanctæ cognitionis appareat, et nunquam contra faciem rectæ cogitationis obsistat. Quod bene nobis historia sacræ lectionis innuitur, cum Abraham tribus angelis occurrisse memoratur. Ipse quippe venientibus extra ostium occurrit, Sara vero post ostium subsistit. Quid ergo nobis per hunc occursum Abrahæ innuitur, nisi quia videlicet ut vir ac dominus domus spiritualis, noster scilicet intellectus, debet in cognitione Trinitatis claustra carnis excedere et quasi habitationis infimæ januam exire ; cura autem carnis ut femina foras non appareat, et videre jactantiam erubescat, ut quasi post tergum viri sub discretione spiritus solis necessariis intenta, nequaquam sciat procaciter detegi, sed verecunde moderetur ? Notandum autem quod aliquando imaginibus et ante corporeos oculos ad tempus ex aere assumptis, per angelos loquitur Deus, sicut nunc Abraham non solum tres viros videre potuit, sed etiam habitaculo terreno suscipere, sed et eorum usibus etiam cibos adhibere. Nisi enim angeli, cum quædam nobis interna nuntiantur, ad tempus ex aere corpus assumerent, exterioribus profecto nostris obtutibus non apparerent, nec cibos cum Abraham sumerent, nisi propter nos solidum aliquid ex cœlesti elemento gestarent. Nec mirum quod illic ipsi qui suscepti sunt, modo angeli, modo Dominus nuncupantur, quia angelorum vocabulo exprimuntur, qui exterius ministrabant, et appellatione Domini ostenditur, qui eis interius præerat, ut et per hoc præsidentis imperium, et per illud claresceret officium ministrantis. (*Aug.*) Quæri autem potest secundum historiam, quare Saram redarguat Dominus cum Abraham riserit, nisi quia illius risus, admirationis et laetitiae fuit, Sarae autem dubitationis, et ab illo hoc dijudicari potuit, qui corda hominum novit. *Negavit Sara dicens : Non risi, timuit enim.* Quomodo intelligebant esse Deum qui loquebatur, cum etiam negare ausa sit Sara quod riserit, tanquam ille hoc posset ignorare, nisi forte Sara homines putabat, Abraham vero Deum intelligebat? Sed etiam ipse illa humanitatis officia praebendo, quae necessaria nisi infirmae carni esse non possent, mirum nisi homines prius esse arbitratus est, sed fortassis, in quibus Deum loqui intellexit, quibusdam divinae majestatis existentibus et apparentibus signis sicut in hominibus Dei saepe apparuisse Scriptura testatur. Sed rursus quaeritur : Si ita est, unde angelos postea fuisse cognoverint, nisi forte cum, eis videntibus, in coelum issent?

CAPUT XXII.
De Sodomitis et Lot hospitalitate.

Cum ergo surrexissent inde viri, direxerunt oculos contra Sodomam, et Abraham simul gradiebatur deducens eos. Dixitque Dominus : Num celare potero Abraham quae gesturus sum, cum futurus sit in gentem magnam ac robustissimam, et benedicendae sint in eo omnes nationes terrae? Scio namque quod praecepturus sit filiis suis, et domui suae post se, ut custodiant viam Domini, et faciant justitiam et judicium, ut adducat Dominus propter Abraham omnia quae locutus est ad eum. Bene quoque Abrahae Dominus secretorum suorum pandit arcana, de quo certus erat quod voluntatis suae et praeceptorum suorum fidelis exsecutor existeret. De quo etiam et ille futurus erat in carne nasciturus, in quo, attestante Apostolo, habitant *thesauri sapientiae et scientiae absconditi (Coloss.* II). Necnon promittit Dominus Abrahae, non solum praemia, sed etiam obedientiae filiorum ejus justitiam, ut circa eos etiam praemia promissa compleantur. Rursumque promittitur filius Isaac in gentem magnam futurus, et quod in eo benedicentur omnes gentes terrae. Quibus verbis duo illi promissa sunt, hoc est, genus Judaeorum secundum carnem, et omnes gentes secundum fidem. Dixit itaque Dominus :

Clamor Sodomorum et Gomorrhaeorum multiplicatus est, et peccatum eorum aggravatum est nimis. Descendam et videbo, utrum clamorem qui venit ad me opere compleverint, an non est ita ut sciam. Verba haec si non dubitantis quid duorum potius eventurum sit, sed irascentis et minantis accipiamus, nulla quaestio est. More quippe humano Deus in Scripturis ad homines loquitur, et ejus iram norunt sine perturbatione ejus intelligere, qui credunt Deum incommutabilem esse. Solemus et sic minanter loqui : Videamus si non tibi facio, aut, Videamus si non illi facio, et, Si non potuero tibi facere ; vel, Sciam, id est hoc ipsum experibor, utrum non possim, quod comminando non ignorando dicitur. Irati apparet affectus, sed perturbatio non cadit in Deum. Mos autem humanae locutionis, et usitatus est, et humanae infirmitati congruit, cui Deus coaptat locutionem suam. Peccatum cum voce est culpa in actione ; peccatum vero etiam cum clamore est culpa cum libertate. Sed quid hoc exemplo, nisi nos admonemur, ne ad proferendam sententiam unquam praecipites esse debeamus, ne temere indiscussa judicemus, ne quaelibet mala audita nos moveant, ne passim dicta sine probatione credamus? quod profecto perpetrare pertimescimus, si auctoris nostri subtilius facta pensamus. Ipse quippe ut nos a praecipitata sententiae prolatione compesceret, cum omnia nuda et aperta sint oculis ejus, mala tamen Sodomae noluit audita judicare, qui ait : *Descendam et videbo utrum clamorem qui venit ad me, opere compleverint, an non est ita, ut sciam.* Omnipotens itaque Dominus et omnia sciens, cur ante probationem quasi dubitat, nisi ut gravitatis nobis exemplum proponat, ne mala hominum ante praesumamus credere quam probare? Et ecce per angelos ad cognoscenda mala descendit, moxque facinorosos percutit, atque ille patiens, ille mitis, ille de quo scriptum est : *Tu autem, Domine, cum tranquillitate judicas (Sap.* XII), ille de quo rursum scriptum est : *Dominus patiens est redditor (Eccli.* V), in tanto crimine involutos inveniens, quasi patientiam praetermisit, et diem extremi judicii exspectare noluit ad vindictam, sed eos igne judicii ante diem judicii praevenit. Ecce malum et quod cum difficultate credidit cum audivit, et tamen sine tarditate percussit cum verum cognoscendo reperit, ut nobis videlicet daret exemplum, quod majora crimina et tarde credenda sunt cum audiuntur, et citius punienda cum veraciter agnoscuntur.

Converteruntque se inde, et abierunt Sodomam, Abraham vero adhuc stabat coram Domino, et appropians ait : Nunquid perdes justum cum impio? Si fuerint quinquaginta justi in civitate, peribunt simul, et non parces loco illi propter quinquaginta justos, si fuerint in eo? et caetera. Quid significat, quod a quinquaginta justis usque in decem si invenirentur in Sodomis, dixerit Dominus urbem esse salvandam? Nimirum quippe quinquagenarium numerum propter poenitentiae signum posuit, si forte converterentur et salvarentur ; quinquagenarius enim semper ad poenitentiam refertur. Unde et David in eodem numero psalmum scribit poenitentiae. Proinde quando aspicit Deus delinquentium vitam, nequaquam velle reverti ad poenitentiam, quam quinquagenarius numerus praefigurat, confestim ardorem immoderatae luxuriae compescit igne gehennae. Usque ad decem autem justos non perire Sodomam dixit, quia si in quolibet per decem praeceptorum custodiam Christi nomen inveniat, iste non perit, denarii namque numeri figura Christi crucem demonstrat. Nam et quod quinque sint civitates quae imbribus igneis conflagratae sunt, illud, ni fallor, significat quod omnes qui quinque sensus corporis sui libidinose tractaverunt, in illo futuro judicio [incendio] concremandi sint. (*Aug.*) Quaeri solet utrum quod de

Sodomis dixit Deus, non se perdere locum si invenirentur illic vel decem justi, speciali quadam sententia de illa civitate, an de omnibus intelligendum sit generaliter, parcere Deum loco in quocunque vel decem justi fuerint. In qua quæstione non est quidem necesse ut hoc de omni loco accipere compellamur; verumtamen de Sodomis potuit et sic dici, quia sciebat Deus ibi non esse vel decem, et ideo sic respondebatur Abrahæ ut significaretur nec tot ibi posse inveniri ad exaggerationem iniquitatis illorum. Non enim necesse erat Deo tam sceleratis hominibus parcere, ne cum illis perderet justos, cum posset justis inde liberatis, reddere impiis digna supplicia. Tale aliquid apud Jeremiam est, ubi ait: *Circuite vias Jerusalem, et videte, et quærite in plateis ejus, et cognoscite si invenietis hominem facientem justitiam, et quærentem fidem, et propitius ero peccatis eorum (Jer.* v), id est, invenite vel unum, et parco cæteris, ad exaggerandum, et demonstrandum quod nec unus ibi posset inveniri.

Abiit Dominus postquam cessavit loqui ad Abraham; et ille reversus est in locum suum. (CAP. XIX.) *Veneruntque duo angeli Sodomam vespere, sedente Lot in foribus civitatis. Qui cum vidisset eos, surrexit et ivit obviam eis; adoravitque pronus in terram dicens: Obsecro, Domine, declinate in domum pueri vestri, et manete ibi,* etc. Quod occurrit Lot angelis, et adoravit in faciem, videtur intellexisse quod angeli essent. Sed rursus cum eos ad refectionem invitat corporis, quæ mortalibus necessaria est, videtur putasse quod homines essent. Ergo quæstio similiter solvitur, ut soluta est in tribus qui venerunt ad Abraham, ut aliquibus signis appareret eos divinitus missos, qui tamen homines crederentur. Nam hoc et in Epistola quæ est ad Hebræos, cum de hospitalitatis bono Scriptura loqueretur, ait: *Per hanc enim quidam nescientes, hospitio receperunt angelos (Hebr.* xi).

Prius autem quam irent cubitum, viri civitatis vallaverunt domum a puero usque ad senem, omnis populus simul; vocaveruntque Lot et dixerunt ei: Ubi sunt viri qui ingressi sunt ad te nocte? Educ illos huc, ut cognoscamus eos. Egressus ad eos Lot post tergum occludens ostium ait: Nolite, quæso, fratres mei, nolite malum hoc facere: habeo duas filias, quæ necdum cognoverunt virum, etc. Quoniam prostituere volebat Lot filias suas hac compensatione, ut viri hospites ejus nihil a Sodomitis tale paterentur, utrum admittenda sit compensatio flagitiorum, vel quorumque peccatorum, ut nos faciamus aliquid mali, ne alius gravius faciat malum, an potius perturbationi Lot, non consilio tribuendum sit, quia hoc dixerit, merito quæritur. Et nimirum periculosissime admittitur hæc compensatio. Si autem perturbationi humanæ tribuitur, et menti tanto malo permotæ, nullo modo imitanda est.

Vim quoque faciebant Lot vehementissime. Jamque prope erat, ut frangerent fores, et ecce miserunt manum viri, et introduxerunt ad se Lot, clauseruntque ostium, et eos qui erant foris percusserunt cæcitate, a minimo usque ad maximum, ita ut ostium invenire non possent. Denique viros illos qui erant ad ostium domus, percusserunt cæcitate. Græci habent ἀορασία, quod magis significat, si dici posset, *avidentia* quæ faciat non videri non omnia, sed quod non opus est. Nam merito movet quomodo potuerunt deficere quærendo ostium, si tali erant cæcitate percussi, ut omnino nihil viderent. Hoc enim modo sua calamitate turbati ulterius ostium non requirerent. Hac ἀορασίᾳ et illi percussi sunt, qui quærebant Elisæum. Hanc et illi habuerunt, qui Dominum post resurrectionem, cum illo ambulantes in via, non cognoverunt, quamvis non sit ibi hoc verbum positum, sed res ipsa intelligatur. Mystice autem, quid est quod malis adversantibus intra domum Lot reducitur et munitur, nisi quod justus quisque dum pravorum insidias sustinet, ad mentem revertitur et imperterritus manet º Sodomitæ autem viri in domo Lot ostium invenire nequeunt, quia corruptores mentium contra vitam justi nullum accusationis aditum deprehendunt. Percussi cæcitate quasi domum circumeunt, qui invidentes facta dictaque perscrutantur. Sed quia ejus de vita justi fortis undique ac laudabilis actio obviat, errantes nihil aliud quam parietem palpant.

CAPUT XXIII.

De abscessione Lot a Sodomis, et concubitu duarum filiarum ejus cum eo.

Egressus itaque Lot locutus est ad generos suos, qui accepturi erant filias ejus et dixit: Surgite, egredimini de loco isto, quia delebit Dominus civitatem hanc. Et visus est eis quasi ludens loqui. Et locutus est, inquit, *ad generos suos qui accepturi erant filias ejus.* Quia postea duæ filiæ Lot virgines fuisse dicuntur, de quibus ipse dudum ad Sodomæos dixerat: *Ecce duæ filiæ meæ quæ non cognoverunt virum,* et nunc Scriptura commemorat eum habuisse generos, nonnulli arbitrantur illas quæ viros habuerint, in Sodomis remansisse, et eas exisse cum patre quæ virgines fuerint. Quod cum Scriptura non dicat, Hebræa veritas exponenda est in qua scribitur: *Egressus est Lot et locutus est ad sponsos qui accepturi erant filias ejus.* Necdum ergo virgines filiæ matrimonio fuerant copulatæ.

Cumque esset mane, cogebant eum angeli dicentes: Surge et tolle uxorem tuam et duas filias quas habes, ne et tu pariter pereas in scelere civitatis. Dissimulante illo apprehenderunt manum ejus, et manum uxoris ac duarum filiarum ejus, eo quod Dominus parceret illi, et eduxerunt eum, posueruntque extra civitatem; ibi locuti sunt ad eum dicentes: Salva animam tuam; noli respicere post tergum, nec stes in omni circa regione, sed in monte salvum te fac, ne et tu simul pereas. (*Isid.*) Igitur Lot frater Abraham, justus et hospitalis in Sodomis, qui ex illo incendio quod erat similitudo futuri judicii, meruit salvus evadere, typum figurabat corporis Christi, quod in omnibus sanctis et nunc inter iniquos atque impios gemit, quorum factis non consentit, et a quorum permistione, sæculi in fine liberabitur, illis damnatis supplicio ignis æterni.

Dixitque Lot ad eos : Quæso, Domine mi, quia invenit servus tuus gratiam coram te, et magnificasti misericordiam tuam quam fecisti mecum, ut salvares animam meam, nec possum in monte salvari, ne forte apprehendat me malum et moriar. Est civitas hæc juxta ad quam possum fugere parva, et salvabor in ea : Nunquid non modica est, et vivet anima mea ? Dixitque ad eum : Ecce etiam in hoc suscepi preces tuas, ut non subvertam urbem pro qua locutus es. Festina et salvare in ea, quia non potero facere quidquam, donec ingrediaris illuc. Idcirco vocatum est nomen illius urbis Segor. Quid ergo significat, quod ipse Lot ardentem Sodomam fugiens, venit Segor, et nequaquam ad montana conscendit, nisi quod Sodoma, quæ interpretatur *cæcitas,* mundana exprimit desideria, altitudo vero montium, speculatio est perfectorum? Sed quia multi sunt justi, qui mundi quidem illecebras fugiunt, sed tamen, in actione positi, contemplationis apicem subire non queunt, hoc est quod exivit quidem de Sodomis, sed tamen ad montana non pervenit, quia damnabilis vita relinquitur, sed adhuc celsitudo speculationis subtiliter non tenetur. Inde idem Lot ad angelum dicit : *Est civitas hæc juxta, ad quam possum fugere parva, et salvabor in ea; nunquid non modica est, et vivet anima mea in ea? Juxta* igitur dicitur, et tamen ad salutem tuta perhibetur, quia actualis vita nec a mundi curis ex tota discreta est, nec tamen a gaudio salutis æternæ aliena. Item aliter *Ardentem Sodomam fugere,* est illicita carnis incendia declinare; altitudo vero est montium, munditia continentium ; vel certe quasi in monte sunt, qui etiam carnali copulæ inhærent, sed tamen extra suscipiendæ prolis admistionem debitam, nulla carnis voluptate solvuntur. In monte quippe stare, est fructum propaginis in carne non quærere. In monte stare, est carnaliter non adhærere. Sed quia multi sunt qui scelera quidem carnis deserunt, nec tamen, in conjugio positi, usus solummodo debiti jura conservant, exiit quidem Lot de Sodomis, sed tamen mox ad montana non pervenit, quia jam damnabilis vita relinquitur, sed adhuc celsitudo conjugalis continentiæ subtiliter non tenetur. Est in medio Segor civitas quæ fugientem salvet et infirmum, quia videlicet cum sibi per incontinentiam miscentur conjuges, et lapsus scelerum fugiunt, et tamen venia salvantur. Quasi parvam quippe civitatem inveniunt, in qua ab ignibus defendantur, quia conjugalis hæc vita, non quidem in virtutibus mira est, sed tamen a suppliciis secura. Unde idem Lot ad angelum dicit : *Est civitas hæc juxta, ad quam possum fugere parva, et salvabor in ea. Nunquid non modica est, et vivet in ea anima mea? Juxta* igitur dicitur et tamen ad salutem tuta perhibetur, quia conjugalis vita nec a mundo longe divisa est, nec tamen a gaudio salutis aliena. Sed tunc in actione hac vitam suam conjuges quasi in parva civitate custodiunt, quando pro se assiduis deprecationibus intercedunt. Unde recte per angelum ad eumdem Lot dicitur : *Ecce etiam in hoc suscepi preces tuas, ut non subvertam urbem pro qua locutus es,* quia videlicet cum Deo deprecatio funditur, nequaquam talis conjugum vita damnatur. De qua precatione quoque Paulus admonuit dicens : *Nolite fraudare invicem, nisi forte ex consensu ad tempus, ut vacetis orationi* (*I Cor.* vii).

Sol egressus est super terram et Lot ingressus est Segor. Igitur Dominus pluit super Sodomam et Gomorrham sulphur et ignem a Domino de cœlo; et subvertit civitates has, et omnem circa regionem, universos habitatores urbium, et cuncta terræ virentia. (Greg.) Quid in sulphure nisi fetor carnis, et quid per ignem nisi ardor desiderii carnalis exprimitur? Cum ergo habitantium Sodomis vel Gomorrhæ carnis scelera punire Dominus decrevisset, in ipsa qualitate ultionis innotuit maculam criminis. Sulphur quippe fetorem habet, ignis ardorem. Qui itaque ad perversa desideria ex carnis fetore arserant, dignum fuit ut simul sulphure perirent et igne, quatenus ex justa pœna discerent ex injusto desiderio quid fecissent.

Respiciensque uxor illius post se, versa est in statuam salis. Uxor autem ejus, eorum scilicet genus figuravit qui, per gratiam vocati Dei, retro respiciunt, et ad ea quæ reliquerant redire contendunt, de quibus ipse Dominus, *Nemo,* inquit, *ponens manum suam super aratrum, respiciens retro, aptus est regno Dei* (*Luc.* vi). Unde et ille prohibetur retro respicere, per quod ostenderet non esse redeundum ad veterem vitam, qui, per gratiam regenerati, ultimum cupiunt evadere judicium. Quod vero eadem respiciens remansit, et in salem conversa est, exemplum præstat ad condimentum fidelium, unde alii salvantur. Nam nec ipsum tacuit Christus dicens : *Mementote uxoris Lot* (*Luc.* xviii), scilicet ut nos tanquam sale condiret, ut non tanquam fatui negligeremus, sed prudentes caveremus; hoc enim et illa admonuit, cum in statuam salis conversa est.

Cum enim subverteret Dominus civitates regionis illius, recordatus est Abrahæ, et liberavit Lot de subversione urbium in quibus habitaverat. Commendat Scriptura meritis magis Abrahæ liberatum esse Lot, ut intelligamus Lot justum dictum secundum quemdam modum, maxime quod unum verum Deum colebat, et propter comparationem scelerum Sodomorum, inter quos vivens ad vitam similem non potuit inclinari.

Ascenditque Lot de Segor, et mansit in monte, duæ quoque filiæ ejus cum eo. Timuerat enim manere in Segor, et mansit in spelunca, ipse et duæ filiæ ejus. Quæritur quare cum primum fugæ montis prætulerit Segor, et eam in habitaculum suum voluerit liberari, nunc de Segor rursum ad montem migret. Respondebimus veram esse illam Hebræorum conjecturam de Segor, quod frequenter terræmotu obruta Bale primum, et postea Salisa appellata sit; timueritque Lot dicens : Si cum cæteræ adhuc urbes starent, ista sæpe subversa est, quanto magis nunc in communi ruina non poterit liberari, et hanc occasionem infidelitatis, etiam in filias dedisse coitus principium. Qui enim cæteras viderat subrui civitates et hanc stare, seque Dei auxilio erutum, utique de eo quod sibi concessum audierat, ambigere non debuit.

Dixitque major ad minorem: Pater noster senex est, et nullus virorum remansit in terra, qui possit ingredi ad nos juxta morem universæ terræ. Veni, inebriemus eum vino, dormiamusque cum eo, ut servare possimus ex patre nostro semen. Illud igitur quod pro excusatione dicitur filiarum, eo quod putaverint defecisse humanum genus, et ideo cum patre concubuerint, non excusat patrem. Denique Hebræi quod sequitur, *Et nescivit et cum dormisset cum eo, et cum surrexisset ab eo,* appungunt desuper quasi incredibile, et quod rerum natura non capiat coire quempiam nescientem.

Conceperunt ergo duæ filiæ Lot de patre suo; peperitque major filium, et vocavit nomen ejus Moab. Ipse est pater Moabitarum usque in præsentem diem. Minor quoque peperit filium, et vocavit nomen ejus Ammon, id est filius populi mei, ipse est pater Ammonitarum usque hodie. Moab interpretatur *ex patre*, et totum nomen etymologiam habet. Ammon vero, cujus quidem causa nominis redditur, *filius generis mei*, sive, ut melius est in Hebræo, *filius populi mei*, sic derivatur, ut ex parte sensus nominis, et ex parte ipse sit sermo. *Ammi* עמי enim, a quo dicti sunt Ammonitæ, vocatur *populus meus*. In ipso autem Lot quando filiæ concubuerunt cum eo, non illud quod a Sodomis liberatus est, sed aliud figuratum est. Tunc enim ipse Lot futuræ legis videbatur gestasse personam, quam quidam ex illa procreati et sub lege positi, male intelligendo, quodammodo se inebriant, eamque non legitime utendo, infidelitatis opera pariunt. *Bona est enim lex,* inquit Apostolus, *si quis ea legitime utitur (I Tim. 1).*

CAPUT XXIV.
De peregrinatione Abrahæ in Geraris: et de Abimelech rege Palæstinorum.

(CAP. XX.) *Profectus inde Abraham in terram australem, habitavit inter Cades et Sur, et peregrinatus est in Geraris. Dixitque de Sara uxore sua, Soror mea est. Misit ergo Abimelech rex Gerarææ, et tulit eam. Venit autem Deus ad Abimelech per somnium nocte, et dixit illi: En morieris propter mulierem quam tulisti? Habet enim virum. Abimelech vero non tetigerat eam, et ait: Domine, num gentem ignorantem et justam interficies? Nonne ipse dixit mihi, Soror mea est, et ipsa ait, Frater meus est? In simplicitate cordis mei et munditia manuum mearum feci hoc.* Quæri solet quomodo adhuc in illa ætate pro Sara pulchritudine periclitari Abraham metuebat. Sed magis formæ illius vis miranda est quæ adhuc amari poterat, quam quæstio difficilis putanda. *Dixitque ad eum Deus: Et ego scio quod simplici corde feceris, et ideo custodivisse, ne peccares in me, et non dimisi, ut tangeres eam. Nunc igitur redde uxorem viro suo, quia propheta est, et orabit pro te, et vives. Sin autem nolueris reddere, scito quod morte morieris, tu et omnia quæ tua sunt.* Quod ait Deus ad Abimelech propter Saram: Peperci tibi, ut non peccares in me, quando eum admonuit uxorem Abraham esse, quam putabat sororem, advertendum est et notandum in Deum peccari, quando talia committuntur, quæ putant homines leviter habenda, tanquam in carne peccati. Quod autem dixit ei: Ecce tu morieris, etiam hoc notandum est, quomodo dicat Deus, tanquam prædicens sine dubio futurum, quod admonendo dicit, ut abstinendo a peccato caveatur.

Vocavit autem Abimelech etiam Abraham, et dixit ei: Quid fecistis nobis? quid peccavimus in te, quia induxisti super me et super regnum meum peccatum grande? Quæ non debuisti facere fecisti nobis. Rursusque expostulans ait: Quid vidisti ut hoc faceres? Respondit Abraham: Cogitavi mecum dicens: Forsitan non est timor Dei in loco isto, et interficient me propter uxorem meam. Alias autem et vere soror mea est, filia patris mei, et non filia matris meæ, et duxi eam uxorem. Etenim vere soror mea est de patre et non de matre, id est, fratris Aaran filia, non sororis. Sed quia in Hebræo habet: *Vere soror mea est, filia patris mei, sed non filia matris meæ,* et magis sonat quod soror Abrahæ fuerit, in excusatione ejus dicimus, necdum illo tempore tales nuptias lege prohibitas. (*Isid.*) Dehinc historia de Abimelech, quando Abraham tulit uxorem suam Saram et dixit sororem, ne, se occiso, ab alienis captiva possideretur, certus de Deo, quod eam violari non permitteret, sicut nec primum a Pharaone. Unde et Abimelech, somnio commonitus, non maculavit eam concubitu, sed intactam restauravit marito. Verumtamen quis tunc in illo figurabatur viro, scire volo, et cujus sit uxor quæ in hac peregrinatione atque inter alienigenas pollui macularique non sinitur, ut sit viro suo sine macula et ruga. In gloriam quippe Christi recte vivit Ecclesia, ut pulchritudo ejus honor sit viro ejus, sicut Abraham propter Saræ pulchritudinem, inter alienigenas honorabatur; eique cum dicitur in Canticis canticorum: *O pulcherrima inter mulieres,* ipsius pulchritudini merito reges offerunt munera, sicut Saræ obtulit rex Abimelech, plus in ea mirans formæ decus quod amare potuit. Est enim et sancta Ecclesia Domino Jesu Christo in occulto uxor. Occulte quippe atque in abscondito, hoc est secreto spirituali, anima humana inhæret verbo Dei, ut sint duo in carne una. Quod magni conjugii sacramentum in Christo et in Ecclesia commendat Apostolus (*Ephes.* v).

Proinde regnum terrenum sæculi nujus, cujus figuram gerebant reges, qui Saram polluere permissi non sunt, non est expertum; nec invenit Ecclesiam conjugem Christi, nisi cum violare tentavit. Divino autem testimonio per fidem martyrum cessit, correctumque in posterioribus regibus honoravit munere, quam corruptioni suæ subdere in prioribus non valuit. Nam quod tunc in eodem rege prius et posterius figuratum est, hoc in isto regno prioribus et posterioribus regibus adimpletum est. Cum autem dici potest, cum sit ille Deus, ista creatura. Secundum hoc enim sponsus et sponsa vel vir et uxor, Christus et Ecclesia dicuntur, quia vere cognatione sint fratres, Christus Jesus et omnes sancti; gratia divina non consanguinitate terrena, hoc est de patre non de matre, et affabilius dicitur, et capacius auditur. Nam inter se omnes sancti per eamdem gratiam fratres sunt, sponsus autem cæterorum societate nullus illorum est. Quod autem Abimelech Saræ dixit: dicitur de patre esse soror Christi Ecclesia non de matre, non terrenæ generationis, quæ evacuabitur, sed gratiæ cœlestis, quæ in æternum manebit, cognatio commendatur. Secundum quam gratiam genus mortale non erimus, accepta potestate ut filii Dei vocemur et simus. Neque enim gratiam hanc de synagoga matre Christi secundum carnem, sed de Deo Patre percepimus. Hanc vero cognationem terrenam, vocans in aliam vitam, ubi nullus moritur, negare nos Christus docuit, non fateri, cum discipulis ait: *Ne vobis dicatis Patrem in terra, [unus est enim Pater vester qui in cœlis est (Matth.* xxiii).

Ecce mille argenteos dedi fratri tuo, hoc erit tibi in velamentum oculorum, ad omnes qui tecum sunt, et quocunque perrexeris, memento te deprehensam, quasi jocando loquitur, eo quod ipsa dixerit fratrem suum esse simulando, qui fuit maritus, hortaturque ut hoc in posterum meminerit, ne deinceps simulatione, id est, opprobrium deprehensa incurreret.

Quod vero Ecclesia cujus uxor sit, occultatur alienigenis, cujus autem soror non tacetur, hæc interim causa facile occurrit, quia occultum est et difficile ad intelligendum, quomodo anima humana verbo Dei copuletur sive misceatur, sive, quod melius et aptius

LIBER TERTIUS.

CAPUT PRIMUM.
De Nativitate Isaac et de ejectione Agar cum Ismaele.

Sane quia secundus liber expositionis in Geneseos ab eo loco incipiebat, quo post expulsionem Adæ de paradiso, in hac ærumna mortalis vitæ uxorem suam idem protoplastus cognovisse describitur, atque in historia Abimelech in qua Sara laudatur, ad calcem usque perductus est, congruum esse arbitror, quod tertius liber in eo loco principium sumat ubi filius promissionis Abrahæ patriarchæ concessus est, cujus persona ipsius typum teneret, qui originalis peccati vincula dissolveret, et humanum genus decori pristino, quo dudum spoliatum fuerat, per gratiam suam constitueret, ac paradiso colonum suum revocaret.

(Cap. xxi.) *Visitavit autem Dominus Saram sicut promiserat, et implevit quæ locutus est; concepitque et peperit filium in senectute sua, tempore quo prædixerat ei Deus. Vocavitque Abraham nomen filii sui quem genuit ei Sara Isaac, et circumcidit eum octavo die sicut præceperat ei Deus.* Circumcisionis typus ac figura multiformis est. Nam et signaculum est secundum Apostolum (*Rom.* iv), justitiæ fidei Abrahæ et semini ejus, et indicium castigandi eos qui ad hoc semen hancque fidem [semen per fidem] pertinerent ab omni inquinamento carnis et spiritus, et prophetia nascituri de hoc semine Salvatoris, qui nos et in præsenti per baptismum ab omni mortiferæ actionis pollutione mundaret, et in futuro per resurrectionem ab universa mortis ipsius corruptione in perpetuum liberaret. Octavum autem numerum, resurrectionis gloriæ convenire, pene omnibus claret. Nam et Dominus octavo, hoc est post septimam sabbati resurrexit, et ipsi post sex hujus sæculi ætates et septimam sabbati animarum, quæ nunc interim in alia vita geritur, quasi octavo tempore surgemus: tunc purissimi, hoc est omnibus carnalis concupiscentiæ vitiis et corruptionibus, in quibus maxime luxuria regnat, exspoliati.

Crevit igitur puer et ablactatus est : fecitque Abraham grande convivium in die ablactationis ejus. (Aug.) Merito quæritur cur Abraham nec die quo natus est ei filius, nec die quo circumcisus est, sed die quo ablactatus est, epulum fecerit. Quod nisi ad aliquam spiritualem significationem referatur, nulla solutio quæstionis est, tunc scilicet esse debere magnum gaudium spirituales ætatis, quando fuerit factus homo novus spiritualis, id est, non talis qualibus dicit Apostolus: *Lac vobis potum dedi, non escam; nondum enim poteratis, sed nec adhuc potestis; estis enim adhuc carnales (I Cor.* iii).

Cumque vidisset Sara filium Agar Ægyptiæ ludentem cum Isaac, dixit ad Abraham: Ejice ancillam hanc et filium ejus. Non enim hæres erit filius ancillæ cum filio meo Isaac. Dupliciter itaque hoc ab Hebræis exponitur, sive quod idola ludo fecerit, juxta illud quod alibi scriptum est: *Sedit populus manducare et bibere, et surrexerunt ludere (Exod.* xxxii), sive quod adversum Isaac quasi majoris ætatis, joco sibi et ludo primogenita vindicaret. Quod quidem Sara audiens non tulit et hoc ex ipsius approbatur sermone dicentis:

Dure hoc accepit Abraham pro filio suo. Cui dixit Deus: Non tibi videatur asperum super puero, et super ancilla tua. Omnia quæ dixerit tibi Sara, audi vocem ejus, quia in Isaac vocabitur tibi semen. Sed et filium ancillæ faciam in gentem magnam, quia semen tuum est. Quæritur Sara dicente: *Ejice ancillam et filium ejus, non enim hæres erit filius ancillæ cum filio meo Isaac,* quare contristatus sit Abraham cum ista fuerit prophetia, quam utique magis debuit nosse ipse quam Sara. Sed intelligendum est, vel ex revelatione hoc dixisse Saram, quia prius illi fuerat revelatum. Illum vero quem de hac postea Dominus instruit, paterno affectu pro filio fuisse commotum, vel ambos prius nescisse, quidnam illud est, et per Saram nescientem hoc prophetice dictum esse, cum illa mota esset muliebri animo propter ancillæ superbiam. Notandum quod et Ismael dictus sit a Deo semen Abrahæ, propter illud quod sic accipiendum docet Apostolus, quod dictum est : *In Isaac vocabitur tibi semen*, non filii carnis, sed filii promissionis reputantur in semine, ut hoc proprie pertineat ad Isaac, qui non filius carnis, sed filius promissionis fuit, ubi promissio fit de omnibus gentibus.

Surrexit itaque Abraham mane, tollens panem et utrem aquæ, imposuit scapulæ ejus; tradiditque puerum, et dimisit eam. Quæ cum abisset, errabat in solitudine Bersabeæ. Cumque consumpta esset aqua in utre, abjecit puerum subter unam arborem quæ ibi erat, et abiit, seditque e regione procul quantum potest arcus jacere. — Dixit enim : Non videbo morientem puerum, et sedens contra, levavit vocem suam et flevit. Exaudivit autem Dominus vocem pueri, et reliqua. (*Hieron*.) In Hebræo enim, post hoc quod scriptum est : *Non videbo mortem pueri mei*, ita legitur, quod ipsa Agar sederit contra puerum et levaverit vocem suam et fleverit, et exaudierit Deus vocem parvuli. Flente enim matre et mortem filii miserabiliter præstolante, Deus exaudivit puerum, de quo pollicitus fuerat Abrahæ dicens: *Sed et filium ancillæ tuæ faciam in gentem magnam*. (*Aug*.) Alioqui et ipsa mater, non suam mortem, sed filii deplorat. Pepercit igitur Deus ei pro quo fuerat et fletus. Solet quæri quomodo cum pater esset annorum amplius quindecim, projecerit eum sub arbore et ierit longe quantum arcus mittit, ne videret eum morientem. Quasi enim portabat projecerit, ita videtur sonare quod dicitur. Sed intelligendum projectum esse non apportante, sed ut fit ab animo, tanquam morituum; neque enim quod scriptum est: *Projectus sum a facie oculorum tuorum* (*Psal*. xxx), portabatur qui hoc dixit; et est in quotidiano loquendi usu, cum projicitur aliquis ab aliquo cum quo erat, ne ab illo videatur, aut cum illo maneat. Intelligendum est ergo, quod Scriptura tacuit, ita discessisse matrem a filio, ut puer ignoraret quo mater abieret, et eam in silvestribus stirpibus latuisse, ne filium sui deficientem videret. Ille autem in illa etiam ætate, quid mirum si matre diutius non visa et tanquam perdita, eo loco ubi solus remanserat, flevit? Quod ergo postea dicitur, *accipe puerum*, non ut eum de terra, velut jacentem tolleret, dictum est, sed ut ei conjungeretur, et eum manu teneret deinceps comitem sicut erat, quod plerumque faciunt simul ambulantes cujuslibet ætatis. Igitur quærendum est cur antea Sara voluit maritum de ancilla suscipere filium; aut cur nunc cum matre jubet expelli domo, quod non zelo fecit accensa, sed pro mysterio prophetiæ compulsa. (*Isid*.) Agar quippe secundum Apostolum (*Galat*. iv), in servitutem genuit carnalem populum; Sara vero libera genuit populum qui secundum carnem non est, sed in libertate vocatus est, qua libertate liberavit eum Christus. Hoc igitur mysterio figurabatur, priorem populum in servitute peccatorum generatum, in domo Saræ, id est Ecclesiæ, non manere in æternum, neque esse hæredem vel consortem cultoribus Christi, nec cum filio nobili, id est, fideli populo, regnum cœlestis gloriæ possessurum. Cum ejiceret igitur Abraham Agar de domo sua, accepit panes et utrem aquæ et dedit Agar, et imposuit super humeros ejus infantem, et dimisit eam. Exiens autem Agar, errabat in solitudine, et cum morientem siti filium projecisset sub arbore, apparuit ei angelus Domini, et demonstravit fontem aquæ, et potavit filium suum. Quid ergo significat, quod exiens Agar, infantem in humeros suos imposuit, nisi quod peccator populus et insipiens cervices matris suæ synagogæ gravavit cum dicit: *Sanguis ejus super nos, et super filios nostros* (*Matth*. xxvii). Panes autem hoc indicabant, quod vetus sacerdotium panes propositionis, sicut scriptum est, portaret secum ut vesceretur. Uter vero aquæ, qui defecit, Judaica purificatio significatur defectura, sive doctrina eorum carnalis in pelle mortua clausa, id est, in carne veteris hominis prævaricationis sententia damnata, quæ nec refrigerium præstat, nec satiat sitim, sed æstu tepida vomitum facit. Quod vero errat Agar in solitudine cum filio suo, significat synagogam cum populo suo expulsam de terra sua, sine sacerdotio et sacrificio in tote orbe terrarum errare, et viam, quæ est Christus, penitus ignorare. Quod filius illius siti deperit, ostendit populum nullam habentem spiritualem purificationem. Quod vero filium morientem siti sub arbore projecit, et sic demonstrante angelo aspicit fontem, significabat quosdam ex eo populo ad umbram ligni crucis refugium petituros. Quod exclamat puer plorans, et exaudivit eum Deus, et sic demonstrante angelo aspicit fontem, hoc pro illis dicit, qui ex Judæis ad Christum convertuntur, ac flentes retro actos errores exaudiuntur, reseratisque oculis cordis, vident fontem aquæ vivæ, id est, per Christum Filium Dei, qui dicit: *Ego sum fons aquæ vivæ; qui sitit veniat et bibat* (*Joan*. iv). Unde Ismael exauditio interpretatur. Angelus autem iste similitudo est Eliæ, per quem populus iste est crediturus, sicut per Malachiam dicitur : *Ecce ego mittam vobis Eliam, qui convertat corda patrum in filios* (*Malac*. iv). Verum quod statim vocavit angelus Domini Agar dicens :

Surge et tolle puerum, quia in gentem magnam faciam eum, hoc significabat, sive quod copiosus Judæorum populus esset regnaturus in sæculo, sive quia cœlestis regni gloriam consecuturi essent, qui ex eis credidissent in Christo. Quod autem eumdem angelum qui loquitur ad Agar prius angelum Scriptura pronuntiat, deinde Deum, Filium Dei eum fuisse credendum est, qui per legem et prophetas semper locutus est, qui propter obedientiam paternæ voluntatis angelus vocatur, Deus autem secundum naturam Patris, quia vere et ipse est Deus sicut Pater.

CAPUT II.
De juramento Abrahæ et pacto cum Abimelech.

Eodem tempore dixit Abimelech et Phicol princeps exercitus ejus ad Abraham : Deus tecum est in universis quæ agis. Jura ergo per Dominum ne noceas mihi et posteris meis, stirpique meæ : sed juxta misericordiam quam fecit tibi facies mihi et terræ in qua versatus es advena. Dixitque Abraham : Ego jurabo. Et increpavit Abimelech propter puteum aquæ quem vi abstulerant servi illius. Respondit Abimelech : Nescivi quis fecerit hanc rem, sed et tu non indicasti mihi, et ego non audivi præter hodie. Tulit ergo Abraham oves et boves, et dedit Abimelech, percusseruntque ambo fœdus. Et statuit Abraham septem agnas gregis seorsum. Cui dixit Abimelech : Quid sibi volunt septem agnæ istæ, quas stare fecisti seorsum ? At illi : Septem, inquit, agnas accipies de manu mea, ut sint in testimonium mihi, quoniam ego fodi puteum istum. Idcirco vocatus est locus ille Bersabee, quia ibi uterque juravit, et inierunt fœdus pro puteo juramenti. (Aug.) Quæri potest quando cum isto Abimelech pactum fecit Abraham, et appellatus est puteus quem fodit, puteus jurationis, quomodo congruat veritati. Agar enim de Abrahæ domo expulsa cum filio, juxta puteum, sicuti dictum est, jurationis errabat, qui in valle postea dicitur factus ab Abraham. Ibi namque Abimelech et Abraham juraverunt, quod nondum utique factum erat, cum de domo Abrahæ Agar cum filio fuisset expulsa. Quomodo ergo errabat juxta puteum jurationis? An factum jam fuisse intelligendum est, et per recapitulationem postea commemoratum quod egit Abraham cum Abimelech, si forte qui longe postea librum scripsit nomine putei jurationis appellavit regionem in qua cum filio mater errabat? tanquam diceret : Errabat in illa regione ubi puteus jurationis factus est, quamvis puteus postea sit factus, sed longe ante ætatem scriptoris. Sic autem appellabatur puteus cum liber scriberetur, nomen tenens antiquum, quod imposuerat Abraham. Si autem iste puteus, quem apertis oculis vidit Agar, nihil restat ut per recapitulationem quæstio dissolvatur. Nec movere debet, quomodo puteum quem foderat Abraham, nesciebat Agar, si ante est ille fossus quam illa expulsa. Valde namque fieri potuit ut pecorum suorum causa longe a domo in qua cum suis habitabat puteum foderet quem illa nesciret. Duplex autem causa est cur ita appellatus sit, sive quia septem agnas Abimelech de manu Abrahæ acceperit, septem namque dicuntur Sabe שבע, sive quod ibi juraverunt, quia juramentum sabe similiter appellatur. Notandum autem et ex prioribus et ex præsenti loco, quod Isaac non sit natus ad quercum Mambre, sive in Aulone Mambre, ut in Hebræo habetur, sed in Geraris, ubi et Bersabee usque hodie oppidum est : quæ provincia ante non grande tempus ex divisione præsidium Palestinæ, salutaris est dicta.

Hujus rei Scriptura testis est quæ ait : *Et habitavit Abraham in terra Philistinorum multis diebus.*

Abraham vero plantavit nemus in Bersabee, et invocavit nomen Domini Dei æterni; et fuit colonus terræ Philistinorum diebus multis. Quæri potest quomodo apud puteum juramenti agrum plantaverit Abraham, si in terra illa, quemadmodum Stephanus dicit (Act. VII), non acceperat hæreditatem nec passum pedis. Sed ea est intelligenda hæreditas quam Deus munere suo fuerat daturus, non empta pretio. Intelligitur autem spatium circa puteum ad illud emptionis pactum pertinere, in quo fuerant agnæ septem datæ, quando Abimelech et Abraham sibi etiam juraverunt.

CAPUT III.
De eo quod tentavit Deus Abraham de filio, et oblatione arietis pro eodem filio.

(Cap. XXII.) *Quæ postquam gesta sunt, tentavit Deus Abraham, et dixit ad eum : Abraham, Abraham ? Ille respondit, Adsum.* Quæri solet quomodo hoc verum sit, cum dicat in Epistola sua Jacobus (Cap. I), quod *Deus neminem tentat*, nisi quia locutione Scripturarum solet dici *tentat* pro eo quod est *probat*. Tentatio vero illa de qua Jacobus dicit non intelligitur nisi qua quisque peccato implicatur. Unde Apostolus dicit : *Ne forte tentaverit vos is qui tentat* (I Thes. III). Nam et alibi scriptum est : *Tentat vos Dominus Deus vester, ut sciat si diligatis eum* (Deut. XIII). Etiam hoc genere locutionis, *ut sciat*, dictum est, ac si diceretur, ut scire vos faciat quoniam vires dilectionis suæ hominem latent, nisi experimento etiam eidem innotescant.

Ait illi : Tolle filium tuum unigenitum, quem diligis, Isaac, et vade in terram visionis, atque offer eum mihi holocaustum super unum montium quem monstravero tibi. Aiunt ergo Hebræi hunc montem esse in quo postea templum conditum est, in Area Ornæ Jebusæi, sicut in Paralipomenon scriptum est : *Et cœperunt ædificare templum in mense secundo, in secundo die mensis, in monte Moria* (II Par. III), qui idcirco *illuminans* interpretatur et *lucens*, quia ibi est *dabir* דביר, hoc est, oraculum Dei, et lex, et Spiritus sanctus, qui docet homines veritatem et inspirat prophetas.

Igitur Abraham de nocte consurgens stravit asinum suum, ducens secum duos juvenes, et Isaac filium suum. Cumque concidisset ligna in holocaustum, abiit ad locum quem præceperat ei Deus. Die autem tertio elevatis oculis vidit locum procul, dixitque ad pueros suos : Exspectate hic cum asino, ego et puer illuc usque properantes, postquam adoraverimus, revertemur ad vos, etc. Notandum quod de Geraris usque ad montem Moria, id est, sedem templi, iter dierum trium sit, et consequenter die tertio illuc pervenisse dicitur. Male igitur quidam Abraham putant illo tempore habitasse ad quercum Mambre, cum inde ad montem Moria vix unius diei iter plenum sit.

Pergebant ergo pariter, veneruntque ad locum

quem ostenderat ei Deus. In quo ædificavit altare, et desuper ligna composuit. Cumque colligasset Isaac filium suum, posuit eum in altare super struem lignorum : extenditque manum, et arripuit gladium, ut immolaret filium suum. Et ecce angelus Domini de cœlo clamavit dicens*: Abraham, Abraham. Qui respondit, Adsum. Dixitque ei : Non extendas manum tuam super puerum, neque facias ei quidquam. Nunc cognovi quod timeas Deum, et non peperceris filio tuo unigenito propter me. Etiam ista quæstio simili locutione solvitur. Hoc est enim : Nunc cognovi quod timeas Deum tu; quod significat : Nunc te feci cognoscere. In consequentibus autem hoc genus locutionis evidenter apparet ubi dicitur : Et vocavit Abraham nomen loci illius, Dominus vidit, ut dicant hodie : In monte Dominus apparuit. Vidit pro eo quod est; apparuit, hoc est, vidit, pro eo quod est; videri fecit, significans per efficientem id quod efficitur, sicut frigus pigrum quod pigros facit. Et non pepercisti, inquit, filio tuo dilecto propter me. Nunquid Abraham propter angelum non pepercit filio suo, et non propter Deum? aut ergo nomine angeli Dominus Jesus Christus significatus est, qui sine dubio Deus est, et manifeste a propheta dictus magni consilii angelus (Isa. IX), aut quod Deus erat in angelo, et ex persona Dei angelus loquebatur, sicut in prophetis etiam solet. Nam in consequentibus hoc magis videtur apparere ubi legitur

Et vocavit angelus Domini Abraham iterum de cœlo : Per memetipsum juravi, dicit Dominus. Non facile enim invenitur Dominus Christus Patrem Dominum dicere tanquam suum Dominum, illo præsertim tempore, antequam sumeret carnem. Nam secundum id quod formam servi accepit, non incongruenter hoc dici videtur. Nam secundum hujus rei futuræ prophetiam, illud est in psalmo : *Dominus dixit ad me : Filius meus es tu* (Psal. II). Nam neque in ipso Evangelio facile invenimus a Christo Deum Patrem appellatum, quod ejus Dominus esset, quamvis inveniamus Deum illo loco ubi ait : *Vado ad Patrem meum, et Patrem vestrum, Deum meum, et Deum vestrum* (Joan. XVI). Quod autem scriptum est, *Dixit Dominus Domino meo* (Psal. CIX), ad ipsum qui loquebatur refertur, id est, *Dixit Dominus Domino meo* : Pater scilicet Filio; et : *Pluit Dominus a Domino*, qui scribebat dixit, ut Dominus ejus a Domino ejus, id est, Dominus noster a Domino nostro pluisse intelligatur filius a Patre.

Levavit Abraham oculos suos viditque post tergum arietem inter vepres hærentem cornibus, quem assumens obtulit holocaustum pro filio. Notandum quod, secundum Aquilæ interpretationem, vepretum vel spinetum habemus, qui ut verbi vim interpretemur, verbo Græco συχνεῶν condensa et inter se implexa virgulta significavit. Unde et Symmachus in eamdem ductus opinionem : *Et apparuit*, ait, *aries post hoc retentus in rete cornibus suis.* Verum quibusdam in hoc duntaxat loco melius videntur interpretati esse Septuaginta et Theodotion, qui ipsum nomen sabech סבך posuerunt dicentes : *In virgulta Sabech cornibus suis.* Etenim συχνεῶν, sive rete quod Aquila posuit, et Symmachus per sin ש litteram scribit, hi vero samech ס litteram positam. Ex quo manifestum esse, non interpretationem stirpium condensarum, et in modum retis inter se virgulta contexta verbum sabech, sed nomen sonare virgulti, quod ita Hebraice dicitur.

Appellavitque nomen loci illius, Dominus videt. Unde usque hodie dicitur : In monte Dominus videbit. Pro eo quod hic habet, *videt*, in Hebræo *videbitur*, scriptum est. Hoc autem apud Hebræos exivit in proverbium, ut si quando in angustia constituti sunt, et Domini optant auxilio sublevari, dicant : *In monte Dominus videbit*, hoc est, sicut Abrahæ misertus est, miserebitur et nostri. (*Isid.*) Unde et in signum dati arietis, solent etiam nunc cornu clangere. Age, nunc videamus quid sub hujus sacramenti lateat mysterio. Iste enim Abraham quando filium suum unigenitum perduxit ad immolandum, habebat personam Dei Patris. Sed quid est quod eum senex suscepit. Non enim senescit Deus; sed ipsa pronuntiatio de Christo jam quodammodo senuerat, quando natus est Christus. Inchoata est ab Adam ubi dictum est : *Et erunt duo in carne una* (Gen. II). *Sacramentum illud magnum est in Christo et in Ecclesia* (Ephes. V); et completa est sexta ætate sæculi, quæ senecta significatur Abrahæ, quia ipsum sacramentum Dei jam longævum erat, et senectus Saræ in plebe Dei, hoc est, in multitudine prophetarum, hoc idem significat, quia in fine temporum, ex ipsa plebe sanctarum animarum natus est Christus. Sterilitas autem ejus intimat quod in hoc sæculo spe salvi facti sunt, et in Christo tanquam in Isaac omnes nati sumus, quem patrum Ecclesia in fine temporum, mirabili Dei gratia, non naturali fecunditate procreavit. Jam deinde sequentis historiæ sacramentum, quid imaginarie portendebat, inspiciendum est. Quis ergo in Abraham, ut prædictum est, per illam immolationem figurabat, nisi Pater excelsus? Quis in Isaac, nisi Christus? Nam sicut Abraham unicum et dilectum filium Deo victimam obtulit, ita Dominus unigenitum filium suum pro nobis omnibus tradidit. Et sicut Isaac ipse sibi ligna portavit quibus erat imponendus, ita et Christus gestavit in humeris lignum crucis suæ, in quo erat crucifigendus. Duo autem servi illi dimissi, et non perducti ad locum sacrificii Judæos significabant, qui cum serviliter viverent et carnaliter saperent, non intelligebant humilitatem Christi : ideo, quia non intelligebant passionem Christi, non pervenerunt ad locum sacrificii. Cur autem duo servi, nisi quia populus ipse in duas partes dividendus erat? quod factum est Salomone peccante quando divisus est idem populus loco regni, non errore impietatis. Quibus etiam sæpe per prophetas dicitur : *Aversatrix Israel et prævaricatrix Juda* (Jer. III). Asinus autem ille insensata est stultitia Judæorum. Ista insensata stultitia portabat omnia sacramenta, et quod ferebat nesciebat. Jam quod dictum est eis: *Exspectate hic cum asino.* Postquam autem adoraverimus, revertemur ad vos, Apostolum audi. *Cæcitas, inquit, ex parte Israel facta est* (*Rom.* xi). Quod est cæcitas? *Exspectate hic cum asino, ut plenitudo,* inquit, *gentium intraret* : hoc est, postquam adoraverimus, ubi sacrificium crucis Dominicæ impletum per gentes fuerit prædicatum, hoc est, *ut plenitudo gentium intraret* (*Ibid.*). Quid est : *Et revertemur ad vos? Et sic omnis Israel salvus fiat.* Triduum autem illud in quo venerunt ad locum immolationis, tres mundi ætates significat : unam ante legem, aliam sub lege, tertiam sub gratia. Ante legem, ab Adam usque ad Moysen. Sub lege, a Moyse usque ad Joannem. Inde jam a Domino, et quidquid restat, tertius dies est gratiæ : in qua tertia ætate, quasi post triduum, sacramentum sacrificii Christi completum est. Deinde ligatis pedibus altari superponitur, et Dominus in ligno suspensus, cruci affigitur. Sed illud quod figuratum est in Isaac, transgestum est ad arietem. Cur? quia Christus ovis. Ipse est enim Filius, ipse Agnus. Filius quia natus, aries quia immolatus. Sed quid est quod in vepribus hærebat aries ille? Crux cornua habet. Sic enim duo ligna compinguntur secum, et speciem crucis reddunt. Unde et scriptum est de eo : *Cornua in manibus ejus sunt* (*Habac.* iii). Cornibus ergo hærentem arietem crucifixum Christum significat. Vepres autem spinæ sunt. Spinæ iniquos et peccatores significant, qui suspenderunt Dominum in crucem. Inter spinas itaque peccatorum Judaicorum suspensus est Dominus, sicut per Jeremiam idem dicit : *Spinis peccatorum suorum circumdedit me populus hic.* Alii hunc arietem cornibus in vepribus obligatum eumdem Christum senserunt, antequam immolaretur, spinis a Judæis coronatum. Peracto igitur sacrificio dicitur Abrahæ :

In semine tuo benedicentur omnes gentes. Quando enim hoc factum est, nisi quando dicit ille aries : *Foderunt manus meas et pedes meos, et dinumeraverunt omnia ossa mea?* (*Psal.* xxi.) Hoc enim quando peractum est illud in psalmis sacrificium, tunc in ipso psalmo dictum est : *Commemorabuntur et convertentur ad Dominum universi fines terræ. Et adorabunt in conspectu ejus, omnes patriæ gentium. Quoniam Domini est regnum, et ipse dominabitur gentium.* Immolato ergo Abraham pro Isaac filio suo, vocavit nomen illius loci : *Dominus vidit,* pro eo quod est, Dominus videri fecit, utique per incarnationem.

CAPUT IV.

De generatione Rebeccæ, et de obitu Saræ uxoris Abrahæ, et de sepultura ejus.

His itaque gestis, nuntiatum est Abraham quod Melcha quoque genuisset filios Nachor fratri suo, Hus primogenitum, et Bez fratrem ejus. Camuel quoque Syrorum patrem, et Cased et Azau. Phildas quoque, et Jedlaph ac Bathuel, de qua nata est Rebecca. Octo istos genuit Melcha Nachor fratri Abraham. (*Aug.*)
Quod in his qui nuntiaverunt Abrahæ octo natos esse filios Melchæ, nominatur et Camuel pater Syrorum, non utique qui nuntiaverunt, nuntiare patrem Syrorum potuerunt. Ex origine quippe illius, Syrorum genus longe postea propagatum est, sed dictum est a persona scribentis, quia post omnia illa tempora, hæc scribendo narravit quemadmodum de puteo supradiximus jurationis.

(GEN. xxiii.) *Vixit autem Sara centum viginti septem annis, et mortua est in civitate Arbee, quæ est Hebron, quæ est in terra Chanaan. Venitque Abraham ut plangeret et fleret eam.* Hoc quod hic positum reperitur juxta quædam exemplaria, quæ est in valle, in authenticis codicibus non habetur. Nomen quoque civitatis Arboc, paulatim a scribentibus legentibusque corruptum est. Neque enim putandum Septuaginta interpretes nomen civitatis Hebrææ barbare atque corrupte, et aliter quam in suo dicitur transtulisse. Arboc enim nihil omnino significat, sed dicitur Arbee, עֶרְבַּע, hoc est quatuor, quia ibi Abraham, Isaac et Jacob conditi sunt; et ipse princeps humani generis Adam, ut in Jesu libro apertius demonstratur.

Cumque surrexisset ab officio funeris, locutus est ad filios Heth dicens : Advena sum et peregrinus apud vos : Date mihi jus sepulcri vobiscum, ut sepeliam mortuum meum. Responderunt filii Heth : Audi nos, domine, princeps Dei es apud nos. In electis sepulcris nostris sepeli mortuum tuum. Nullusque prohibere poterit, quin in monumento ejus sepelias mortuum tuum. Surrexit Abraham, et adoravit populum terræ, filios videlicet Heth. (*Aug.*) Quæritur, quomodo scriptum sit, *Dominum Deum tuum adorabis, et illi soli servies* (*Deut.* vi), cum Abraham sic honoravit populum quemdam gentium, ut etiam adoraret? Sed animadvertendum est, in eodem præcepto non dictum : Dominum Deum solum adorabis, sicut dictum est : *Et illi soli servies,* quod est Græce λατρεύσεις. Talis enim servitus, non nisi Deo debetur. Unde damnantur idololatræ, id est, ejusmodi servitutem exhibentes idolis quæ debetur Deo. Nec moveat quod alio loco in quadam Scriptura (*Apoc.* xix) prohibet angelus hominem adorare se et admonet, ut Dominus potius adoretur. Talis namque apparuerat angelus, ut pro Deo possit adorari et ideo fuerat corrigendus adorator.

Adoravit Abraham coram populo terræ : et locutus est ad Ephron circumstante plebe : Quæso ut audias me. Dabo pecuniam pro agro, suscipe eam, et sic sepeliam mortuum meum in eo. Respondit Ephron : Domine mi, audi : Terra quam postulas, quadringentis argenti siclis valet. Istud est pretium inter me et te. Sed quantum est hoc? Sepeli mortuum tuum. Quod cum audisset Abraham, appendit pecuniam quam Ephron postulaverat, audientibus filiis Heth. In Hebræo, sicut hic posuimus, primum nomen ejus describitur, *Ephron,* עֶפְרוֹן : secundum *Ephran,* עֶפְרָן. Postquam enim pretio victus est, ut sepulcrum venderet et acciperet argentum, licet cogente Abraham, *vaf* ו littera quæ apud illos pro *o* legitur, ablata de ejus nomine est, et pro Ephron, appellatus est Ephran, significante Scriptura non eum fuisse consummatæ perfectæque virtutis, qui potuerat memorias vendere mortuorum. Sciant igitur qui sepulcra venditant, et non coguntur ut accipiant pretium, sed a nolentibus quoque extorquent, immutari nomen suum, et perire quid de merito eorum cum etiam ille reprehendatur occulte qui invitus acceperit.

Confirmatusque est ager quondam Ephronis, in quo erat spelunca duplex respiciens Mambre, tam ipse quam spelunca, et omnes arbores ejus in cunctis terminis per circuitum Abrahæ in possessionem. (*Greg.*) Quid nobis per Abrahæ duplex sepulcrum innuitur, nisi quod perfectus quisque prædicator exstinctam a præsentis vitæ desideriis animam suam sub bonæ operationis tegmine et contemplationis abscondit, ut carnalis concupiscentia sub activa contemplativaque vita quasi insensibilis lateat, qui prius mundi desideria sentiens, mortaliter vivebat? Unde et per egregium prædicatorem dicitur : *Mortui enim estis, et vita vestra abscondita est cum Christo in Deo* (*Coloss.* I). Activa quippe vita sepulcrum est, quæ a pravis operibus mortuos tegit; sed contemplativa perfectius sepelit, quæ a cunctis actionibus funditus dividit. Quisquis ergo jam in se contumelias carnis edomuit, superest ut mentem per studia sanctæ operationis exerceat, et quisquis jam mentem per sancta opera dilatat, superest ut hanc usque ad secreta intimæ contemplationis extendat. Neque enim perfectus prædicator est, qui vel propter contemplationis studium operanda negligit, vel propter operationis instantiam contemplanda postponit.

CAPUT V.

De desponsatione Rebeccæ per servum Abrahæ.

(Cap. xxiv.) *Erat autem Abraham senex dierumque multorum et Dominus in cunctis benedixerat ei. Dixitque ad servum seniorem domus suæ, qui præerat omnibus quæ habebat : Pone manum tuam subter femur meum, ut adjurem te per Dominum Deum cœli et terræ, ut non accipias uxorem filio meo de filiabus Chananæorum inter quos habito, sed ad terram et cognationem meam proficiscaris, et inde accipias uxorem filio meo Isaac,* etc. Tradunt Hebræi, quod in sanctificatione ejus, hoc est, circumcisione, juraverit. Nos autem dicimus eum jurasse in semine Abrahæ, hoc est, in Christo, qui ex illo nasciturus erat, juxta evangelistam Matthæum loquentem : *Liber generationis Jesu Christi filii David, filii Abraham* (*Matth.* I).

Profectusque perrexit Mesopotamiam ad urbem Nachor. Cumque fecisset camelos accumbere extra oppidum juxta puteum aquæ vespere, eo tempore quo solent mulieres egredi ad hauriendam aquam dixit : Domine Deus domini mei Abraham, occurre obsecro hodie mihi, et fac misericordiam cum domino meo Abraham. Ecce ego sto propter fontem aquæ, et filiæ habitatorum hujus civitatis egredientur ad hauriendam aquam. Igitur puella cui ego dixero : Inclina hydriam tuam ut bibam, et illa responderit : Bibe, quin et camelis tuis dabo potum, ipsa est quam præparasti servo tuo; ac per hoc intelligam quod feceris misericordiam cum domino meo. (*Aug.*) Quærendum quo differant augurationes illicitæ ab illa petitione signi, qua petivit servus Abraham, ut ei ostenderet Deus ipsam esse futuram uxorem domini sui Isaac, a qua cum petivisset ut biberet, diceretur illi : *Bibe et tu, et adaquabo camelos tuos,* quoadusque bibere desinerent. Aliud est enim mirum aliquid petere, quod ipso miraculo signum sit, aliud hæc observare, quæ ita fiunt quod mira non sint, sed conjectoribus superstitiosa vanitate interpretantur. Sed hoc ipsum etiam quod mirum aliquid postulatur, quo significetur quod quisque vult nosse, utrum audiendum sit, non parva quæstio est, eo namque pertinet quod dicuntur qui hoc non recte faciunt tentare Dominum. Nam et ipse Dominus cum a diabolo tentaretur, testimonium de Scripturis adhibuit : *Non tentabis Dominum Deum tuum* (*Deut.* vi). Suggerebatur enim tanquam homini, ut signo aliquo exploraret ipse quantus esset, id est, quam multum apud Deum posset, quod vitiose fit cum fit. Ob hoc autem discernitur, quod Gedeon fecit, pugnæ imminente periculo : consultatio quippe illa magis quam tentatio Dei fuit. Unde et Achaz apud Isaiam (*Cap.* vii) timet signum petere, ne Deum tentare videatur, cum hoc eum Dominus admoneat per prophetam, credo existimans quod ab ipso propheta exploraretur, utrum præcepti memor esset, quo tentare Deum prohibetur.

Protulit vir inaures aureas, appendentes siclos duos, et armillas totidem pondo siclorum decem; dixitque ad eam : Cujus es filia? indica mihi. Est in domo patris tui locus ad manendum? Quæ respondit : Filia Batuelis sum filii Nachor, quem peperit ei Melcha. Bace בקע, quod in hoc loco pro didragma scribitur, semiuncia est. Secel שקל vero, qui Latino sermone siclus corrupte appellatur, unciæ pondus habet.

Servus, inquit, *Abraham sum, et Dominus benedixit domino meo valde : magnificatusque est; et dedit ei oves et boves, argentum et aurum, servos et ancillas, camelos et asinos; et peperit Sara uxor domini mei filium domino meo in senectute sua, deditque illi omnia quæ habuerat. Et adjuravit me dominus meus dicens : Non accipies uxorem filio meo de filiabus Chananæorum, in quorum terra habito; sed ad domum patris mei perges, et de cognatione mea accipies uxorem filio meo.* (*Aug.*) Servus Abrahæ narrans quæ sibi mandata fuerant a domino suo, dicit eum sibi dixisse : *Non sumes filio meo uxorem de filiabus Chananæorum inter quos ego habito in terra eorum, sed in domum patris mei ibis et in tribum meam, et sumes uxorem filio meo inde,* etc. Si legantur quemadmodum illi mandata sint, sententia eadem reperitur, verba vero non omnia vel ipsa vel ita dicta sunt. Quod admonendum putavi propter stultos et indoctos homines, qui evangelistas hinc calumniantur, quod in aliquibus verbis non omni modo conveniunt, quamvis rebus atque sententiis, omnino non discrepent. Certe enim istum librum unus homo scripsit, qui ea quæ supra dixi, cum mandaret Abraham vel Rebecca, sic ponere potuit, si ad rem pertinere judicaret, cum veritas narrationis exigitur, nisi ut rerum sententiarumque sit, quibus voluntas propter quam intimanda verba fiunt, satis evidenter apparet. Quod habent Latini codices, narrante servo Abrahæ quæ sibi mandaverat Dominus ejus. Tunc innocens eris a juramento meo, vel juratione mea, Græci habent, a maledicto meo, ὅρκος enim dicitur *juratio*, ἄρα maledictum. Unde et κατάρατος *maledictus*, vel ἐπικατάρατος dicitur. Proinde oritur quæstio quomodo illa juratio maledictum possit intelligi, nisi quia maledictus est, qui contra jurationem fecerit. Quamobrem si facitis misericordiam et veritatem cum Domino meo, indicate mihi. Duo illa quæ assidue ponuntur, in aliis sanctis Scripturis et maxime in Psalmis, misericordia et justitia, tantumdem enim valet misericordia et veritas, hic jam apparere cœperunt.

CAPUT VI.
De adventu Rebeccæ ad Isaac.

Responderunt Laban et Batuel : A Domino egressus est sermo, non possumus extra placitum ejus quidquam aliud tecum loqui. En Rebecca coram te est, tolle eam et proficiscere, et sit uxor filii domini tui, sicut locutus est Dominus. Quæritur quando locutus est Dominus, nisi quia vel prophetam esse Abraham noverat, et prophetice a Domino dictum quod per istum dictum fuerat agnoscebant; aut signum illud quod sibi datum servus ejus narravit, locutionem Domini appellaverunt, hoc enim magis de Rebecca expressum est. Nam quod Abraham dixerat, non de Rebecca dixerat, sed de aliqua femina ex tribu vel cognatione sua, et hoc ad utrumque immunis esset a juramento servus, si non impetrasset, quod utique non dicitur, cum aliquid prophetatur, certam enim decet esse prophetiam.

Dimiserunt ergo eam et nutricem illius, servumque Abraham et comites ejus, et imprecantes prospera sorori suæ atque dicentes : Soror nostra es, crescas in mille millia, et possideat semen tuum portas inimicorum suorum. Quod Rebeccæ dixerunt fratres ejus proficiscenti : *Soror nostra es, esto in millia millium, et hæreditatem obtineat semen tuum civitates adversariorum tuorum*, non prophetæ fuerunt, aut vanitate tam magna optaverunt, sed ea quæ promiserat Deus Abrahæ latere non potuit.

Eodem tempore, Isaac deambulabat per viam quæ ducit ad puteum, cujus nomen est Viventis et Videntis : Habitabat autem in terra Australi, et egressus fuerat ad meditandum in agro inclinata jam die. Terra Australi Geraram significat, unde a patre ad immolandum quondam fuerat abductus. Quod autem ait : *Et egressus est ut exerceretur in campo*, quod Græce dicitur, ἀδολεσχῆσαι, in Hebræo legitur : *Et egressus est Isaac, ut loqueretur in agro declinante jam vespera*. Significat autem, secundum illud, quod dominus solus orabat in monte, etiam Isaac qui in typo Domini fuit, ad orationem quasi virum justum domo egressum, et vel nona hora, vel ante solis occasum, spirituales Deo victimas obtulisse.

Cumque levasset oculos, vidit camelos venientes procul : Rebecca quoque, Isaac conspecto, descendit de camelo, et ait ad puerum : Quis est homo ille qui venit per agrum in occursum nobis? Dicitque ei : Ipse est dominus meus. At illa tollens cito pallium, operuit se, sive juxta aliam editionem, *tulit theristrum et operuit se.* Theristrum pallium dicitur, genus etiam nunc Arabici vestimenti quo mulieres provinciæ illius velantur. Nunc ergo quid iste servus Abraham, quem ille misit ad desponsandam Rebeccam, et quæ de eadem historia subsequuntur spiritualiter significent, videamus. Quid est quod Abraham puerum jubet sub femore suo manum ponere, et per cœli Deum jurare, nisi quod illius caro per illud membrum descensura erat, qui et Abrahæ filius esset ex humanitate, et Dominus ex divinitate? Sic itaque puero dicitur : *Pone manum sub femore meo, et jura per Deum cœli,* ac si aperte diceret : Tange filium meum et jura per Dominum meum. Unde nec super femur, sed sub femore manum ponere jubetur, quia ex illo femore ille descensurus erat qui homo quidem, sed super omnes homines veniret. Quid est quod Isaac dilecto filio uxor de filiabus Chananæorum duci prohibetur, nisi quod illi de quo scriptum est : *Filius meus dilectus in quo mihi complacui* (*Matth.* III), nullæ reprobæ animæ conjunguntur; de cognatione autem uxorem filio deducere servus præcipitur, quia sola sancta electorum Ecclesia unigenito filio copulanda erat, quam ipse unigenitus per prædestinationem jam et præscientiam extraneam non habebat. Quis vero est puer, qui ad deducendam uxorem mittitur, nisi prophetarum ordo atque apostolorum omniumque doctorum? Qui dum verbum prædicationis bonis mentibus faciunt, ad unamquamque animam unigenito filio conjungendam quasi provisores fiunt. Qui pergens, secum de bonis omnibus domini sui detulit, quia et in his quæ de Domino loquuntur, in semetipsis virtutum divitias ostendunt, et tanto citius ad sequendum Deum protrahunt, quantum auditoribus suis in semetipsis monstrant quæ narrant. Atque idem puer juxta fontem stetit, atque ex præfixa sententia quæ puella eligenda esset proposuit, quia prædicatores sancti sacri eloquii fluenda considerant, atque ex ipsis colligunt quæ vel quibus prædicationis suæ verba committant, et ex quibus auditoribus fiduciam certitudinis assumant. Potum vero petiit, quia prædicator omnis animam sui auditoris sitit. Sed Rebecca potum præbuit, quia sancta electorum Ecclesia, prædicatorum suorum desiderio, ex virtute suæ fidei satisfacit. Quæ enim Deum quem audivit confessa est, prædicatori suo aquam refectionis obtulit, ejusque animam refrigeravit. Et notandum quod hydriam ab humero in ulnas posuit, quia illa est placita confessio, quæ a bono opere procedit; vel certe aquam præbuit, quia in eo quod credidit, vacua non remansit. Nam mox prædicare studuit quod audivit, et docendo multos ex se prædicatores protulit. Aqua quippe in hydria est scientia prædicationis in mensura, quia sancta Ecclesia studet *non plus sapere quam oportet sapere, sed sapere ad sobrietatem*. Et hydria aquæ in ulna est doctrina prædicationis in opere, quæ non solum ejus comitibus, sed potum etiam camelis præbet, qui verbum vitæ non solum prudentibus, sed etiam stultis prædicant, juxta Pauli vocem dicentis : *Sapientibus et insipientibus debitor sum (Rom.* 1). Vel certe aqua etiam jumentis datur, quando cura carnis quomodo sit habenda disponitur, ut ex voluptate impendi non debeat, et tamen in necessitatibus non negetur, sicut scriptum est : *Carnis curam ne feceritis in desideriis (Rom.* xiii). Qui enim hanc in desideriis fieri prohibuit, procul dubio in necessitate concedit, juxta hoc quod rursum dicitur : *Nemo carnem suam odio habet, sed nutrit et fovet eam (Ephes.* v). Puer autem Rebeccæ inaures et armillas dedit, quia prædicator quisque et auditum sanctæ Ecclesiæ per obedientiam, et manus per bonæ operationis meritum exornat. Sed inaures duorum siclorum sunt, armillæ autem siclorum decem, quia prima virtus obedientiæ in charitate est : quæ videlicet charitas in duobus præceptis distinguitur, ut Deus et proximus diligatur, et recta operatio ex decalogi completione perficiatur, ut cum bona agi cœperint, mala jam nulla perpetrentur. Rebecca autem esse in domo patris sui locum spatiosum ad manendum perhibuit, quia a priore jam populo naturæ legem sancta Ecclesia scisse monstravit, et prædicationis verba in amplo charitatis gremio suscepit. Doctori enim spatiosus ad manendum locus est in auditoris corde, latitudo bonitatis. Unde et quibusdam dicitur : *Capite nos : Neminem læsimus, neminem corrupimus, Angustiamini; non in nobis : angustiamini autem in visceribus vestris (II Cor.* vi). Ac si aperte diceretur : Ad suscipiendam doctrinam spatiosum mentis locum facite, sed ad cogitanda carnalia, angusti remanete. Quod palearum ac feni plurimum haberet indicavit, quia sancta Ecclesia verba vitæ audiens, terrena stipendia prædicatoribus reddidit; quæ dum Paulus quasi pro nihilo acciperet, dixit : *Si nos vobis spiritualia seminavimus, magnum est si a vobis carnalia metamus (I Cor.* ix)? Frater autem Rebeccæ erat Laban, qui concite egressus, inaures et armillas sororis aspiciens, intus puerum vocavit, quia sunt carnales quique fidelibus conjuncti, qui dum spiritualium dona conspiciunt, in admiratione suspensi, et si non usque ad opera, tamen in animum usque ad suscipiendam fidem verbum prædicationis admittunt. Quia enim bonos sæpe miraculis fulgere considerant, ea quæ de æternitate audiunt non recusant, quamvis sanctam electorum Ecclesiam moribus non sequentes, in carnali operatione remaneant. Qui Laban paleas, fenum, panem, aquam obtulit, sed puer nisi causam prius conjugii obtineret, acceptum se esse recusavit, quia sunt plerique qui doctores suos ex temporalibus stipendiis continere parati sunt, sed prædicatores sancti, percipere nolunt temporalia, nisi prius obtineant æterna. Si enim in animabus fructum non inveniunt, sumere stipendia corporibus contemnunt, nec pedes aqua lavant, quia laboris sui desiderium nulla consolatione relevant. Mox vero ut causam conjugii domini sui puer obtinuit, vasa aurea atque argentea ac vestes protulit, quas Rebeccæ dedit, quia doctores viri sanctæ Ecclesiæ tot ornamenta præbent, quot virtutum bona docuerunt. Quæ enim prius in aures et armillas acceperat, jam nunc vasa aurea et argentea ac vestes accipit, quia sancta Ecclesia quæ ante per fidem obedientiam et operationem percipit, excrescens, postmodum etiam ad spiritualia dona convalescit, ut prophetiæ spiritu et virtutum gratia repleta, ampliatis jam muneribus crescat. Puer vero matri ejus ac fratribus dona obtulit, quia gentilitas ex quo Ecclesia ad fidem venit, post conversionem ejus in gloria temporali convaluit, sicut et nunc cernimus, quia ubique Christiani afflictionem sentiunt. Et gentiles quique in terrena virtute gloriantur. Sed et fratres ejus dona percipiunt, quia hi qui in ea fidem verbotenus tenent, sed tamen professionem suam moribus non sequentes carnaliter vivunt, benigne a fidelibus honorari solent pro eo quod esse videntur fideles. Mater ergo et fratres dona percipiunt, a sorte tamen hæreditatis alieni, quia sive infideles seu carnales qui intra fidei professionem tenentur ad hæreditatis æternæ sortem non veniunt, sed tamen supernæ largitatis gloriam temporaliter consequuntur. Rebecca autem cum puellis suis virum secuta est, quia sancta Ecclesia habet secum minoris meriti animas sodales suas, et in quibusdam per ascensum mentis thronum contemplationis non habet. Quæ videlicet tales animæ quasi puellæ Rebeccæ sunt, quia sequuntur moribus, sed tamen ad contemplationis thronum minime ascendunt. Nam et idem puer quosdam habuit in comitatu, quia cum sanctis prophetis quidam qui bene viverent, sed prophetiæ spiritum non haberent. Cum beatis apostolis fuerunt plerique qui vitam moribus tenerent, sed prædicationis verba non promerent. Festinus autem puer ad dominum redit, quia prædicatores sancti, cum prædicando vitam audientium obtinent, illi mox gratias reddunt, de cujus hoc munere perceperunt, ut sibi in ea operatione nihil tribuant, sed auctori. Eo autem tempore Isaac deambulabat per viam quæ ducit ad puteum, cujus est nomen *Viventis et videntis*. Quis est vivens et videns, nisi omnipotens Deus, de quo scriptum est : Vivo ego in æternum, dicit Dominus, de quo rursum dicitur : *Omnia nuda et aperta sunt oculis ejus (Hebr.* iv)? Puteus vero viventis et videntis est sacræ Scripturæ profunditas, quam nobis ad irrigationem mentis præbuit omnipotens Deus. Quæ est autem via quæ ducit ad puteum viventis et videntis, nisi humilitas passionis unigeniti, per quam nobis apertum est hoc quod prius latenter Scripturæ sacræ fluenta loquebantur? Nisi enim unigenitus Dei Filius, incarnatus, tentatus, apprehensus, colaphis cæsus, sputis illusus, crucifixus ac mortuus fuisset, nobis hujus putei, id est Scripturæ sacræ profunditas non pateret. Quid ergo fidelibus humilitas passionis ejus facta est, nisi clavis apertionis, per quam mysteriorum Dei puteum invenimus, ut aquam scientiæ de profundo libaremus? Incarnationem quippe, passionem, mortem, resurrectionem atque ascensionem illius, sacri eloquii paginæ loquuntur, quæ quia facta cognovimus, jam nunc intelligimus audita. Hæc autem prius legi poterant; sed quia necdum venerant, intelligi non valebant. Unde et per Joannem dicitur : *Vicit leo de tribu Juda, aperire librum et solvere septem signacula ejus* (*Apoc.* v). Ipse enim librum aperuit et signacula ejus solvit, qui nascendo, moriendo, resurgendo atque ad cœlos ascendendo, Scripturæ sacræ nobis arcana patefecit. Et notandum quod ne dicitur: Ambulabat per viam quæ ducit ad puteum, sed *deambulabat*. Deambulat quippe qui viam per quam ambulat eundo et redeundo conculcat. In humilitate passionis Dominus deambulavit, quia modo a Judæis verborum contumelias, modo contra se falsum testimonium, modo alapas, modo sputa, modo crucem, modo coronam spineam tolerando sustinuit. Deambulasse ergo in humilitate passionis est tot adversitates et probra diversis modis iterando pertulisse. Qui Isaac Rebecca veniente in terra Australi habitat, quia unigenitus Dominus ac Redemptor noster, veniente ad se Ecclesia, in illorum mentibus mansit quos ex Judæa editos, non torporis frigus, sed fervor charitatis tenuit. Ex illo quippe populo Anna prophetissa, ex illo Simeon exstitit, qui in ulnas Dominum accepit (*Luc.* ii). Egressus autem fuerat ad meditandum in agro, quia ager mundus accipitur. Ipse per se Dominus exponit dicens: *Ager autem est mundus* (*Matth.* xiii). Quia in hoc egressus, quod visibilis apparere dignatus est, sicut scriptum est : *Existi in salutem populi tui, ut salvos facias christos tuos.* Solent autem exercitati juvenes in armorum usu meditari. Isaac ergo ad meditandum in agro exiit, quia Redemptor noster se sequentibus formam humilitatis præbens, per exercitium longanimitatis suæ passionisque in se et patientiæ exempla monstravit. Meditatio quippe armorum est frequentatio passionum. Qui enim verbera manuum, lanceam, crucem pertulit, passionem suam usque ad mortem frequentare permisit. Passiones vero arma dicimus, quia per ipsas ab adversario occulto liberamur, sicut per seipsum Dominus dicit : *In patientia vestra possidebitis animas vestras* (*Luc.* xxi). Qui ad meditandum in agro inclinata jam die exiit, quia passionum exercitia juxta finem mundi suscepit, sicut per Psalmistam de crucifixionis suæ expressione loquitur dicens : *Elevatio manuum mearum sacrificium vespertinum* (*Psal.* cxl). Quid est autem quod Rebecca ad Isaac dorso cameli deducitur, nisi quod jam per Rebeccam, sicut præfati sumus, Ecclesia,

et per camelum cui præsedit tortis motibus atque onustis idolorum cultibus deditus gentilium populus designatur? Qui enim ex semetipsis sibi invenerunt deos quos colerent, quasi a semetipsis onus in dorso excreverat quod portarent. Rebecca ergo ad Isaac veniens, dorso cameli deducitur, quia ex gentilitate Ecclesia properans in tortis vitiosisque vitæ veteris conversationibus invenitur. Quæ ut Isaac vidit, de camelo descendit, quia sancta Ecclesia, quanto Redemptorem suum subtilius agnoscit, tanto carnalis vitæ studia humilius deserit, atque in semetipsa fortitudini vitiosæ contradicit. Igitur Isaac viso descendit, quia, Domino cognito, viam suam gentilitas deseruit, et ab elatione celsitudinis ima humilitatis petiit. Quid est autem quod Isaac in camelo sedens Rebecca conspexit, nisi quod Redemptorem suum Ecclesia ex gentibus veniens, dum adhuc vitiis esset innixa, et necdum spiritualibus, sed animalibus motibus inhæreret, conspexit? Nec movere debet quod puer quoque cum camelis venerat in quibus sui domini divitias ferebat, quia ipsi quoque prædicatores sancti, quamvis jam ad superiora intelligenda atque proferenda, et intellectu et vita emicent, adhuc tamen in semetipsis contradictionem carnis sentiunt. Nam vident aliam legem in membris suis repugnantem legi mentis suæ, et captivos seducentem in lege peccati (*Rom.* vii). Et divitias in camelis portat, quia ne magnitudo revelationum extollat eos, datur eis stimulus carnis suæ. Habent enim thesaurum istum in vasis fictilibus, ut sublimitas sit virtutis Dei, et non ex eis. Qui ergo per carnem cœlestia loquuntur, et tamen adhuc in carne contradictionem de vitio sentiunt, quid aliud quam super tortuosa camelorum dorsa divitias ferunt? Rebecca vero Isaac viso, quis ille homo sit, requisito puero, recognoscit, quia quotidie sancta Ecclesia adhuc per prophetarum atque apostolorum dicta quid de redemptore suo credere debeat intelligit. Quæ sese mox pallio operuit, quia quanto subtilius Salvatoris sui mysteria penetrat, tanto altius de anteacta vita confunditur; et quia perverse egerit, verecundatur. Pallio se cooperire curavit, quia viso Domino, infirmitatem suæ actionis erubuit, et illa quæ prius in camelo libere gestabatur, descendens postmodum, verecundia tegitur. Unde eidem Ecclesiæ a priore elatione conversæ, per apostolicam vocem, quasi Rebeccæ de camelo descendenti, sibique pallium superducenti, dicitur : *Quem enim fructum habuistis tunc in illis, in quibus tunc erubescitis?* (*Rom.* vi.) Quam Isaac in tabernaculum suæ matris introduxit atque uxorem accepit, quia loco Synagogæ Dominus ex qua per carnem natus est sanctam Ecclesiam delegit, eamque sibi in amore et contemplatione conjungit, ut quæ prius ex cognatione proxima, id est, cognita per prædestinationem fuerat, postmodum jam conjuncta in amore continuo uxor fiat. Quam in tantum dilexit, ut dolorem qui ex morte matris accesserat, temperaret, quia ex lucro sanctæ Ecclesiæ Redemptor noster eam quam ex perditione Synagogæ accidere potuit, tristitiam detersit. Dum enim Rebecca conjungitur, dolor de matris morte amputatur, quia dum sancta Ecclesia ex gentilitate veniens usque ad thronum contemplationis perducitur, Judæa pro nihilo habetur. Qui si interpretari ipsa eorum nomina curamus, Isaac *risus*, Rebecca autem *patientia* dicitur. Risus vero ex lætitia est, patientia autem de tribulatione. Et quamvis sancta Ecclesia cœlestis sit gaudii contemplatione suspensa, habet tamen adhuc quod triste de mortalis carnis pondere toleret, Isaac vero et Rebecca conjungitur, id est, risus et patientia permiscetur, quia fit in sancta Ecclesia hoc quod scriptum est: *Spe autem gaudentes, in tribulatione patientes* (*Rom.* xii), ut hanc et prospera de contemplatione lætificent, et adhuc adversa de tribulatione perturbent.

CAPUT VII.
De Cetura uxore Abrahæ.

(CAP. XXV.) *Abraham vero aliam duxit uxorem nomine Ceturam, quæ peperit ei Zamram, et Jecsan, et Madan, et Madian, et Jesboc, et Sue. Jecsan quoque genuit Saba, et Dadan. Filii Dadan fuerunt Assurim, et Latusim, et Loomim. At vero, ex Madian ortus est Epha, et Opher, et Henoch, et Abida, et Eldaa. Omnes hi filii Ceturæ.* Cetura Hebræo sermone copulata interpretatur aut conjuncta. Quam ob causam suspicantur Hebræi, mutato nomine, eamdem esse Agar quæ, Sara mortua, de concubina transierit in uxorem. Et videtur decrepiti jam Abrahæ excusari ætas, ne senex post mortem uxoris vetulæ novis arguatur nuptiis lascivisse. Nos quod incertum est relinquentes, hoc dicimus, quod de Cetura nati filii Abraham juxta historicos Hebræorum, occupaverunt Τρωγλοδύτην et Arabiam, quæ nunc vocatur Εὐδαίμων, usque ad maris Rubri terminos. Dicitur autem unus ex posteris Abrahæ qui appellatur Apher duxisse adversus Libyam exercitum, et ibi victis hostibus consedisse, ejusque posteros ex nomine atavi, Africam nuncupasse. Quod autem ait: *Et filii Dadan fuerunt, Assurim, et Latusim, et Laomim*, Assurim in *negotiatores* transferri putant, Latusim *æris ferrique metalla cudentes*, Laomim vero φύλαρχος, id est, *princeps multarum tribuum atque populorum*. Alii ab hoc Assurim vocatos Syros esse contendunt, et a plerisque filiis Abrahæ ex Cetura occupatas Indiæ regiones. (*Isid.*) Quid est quod Abraham post obitum Saræ, Ceturam duxit uxorem? Nunquid ob incontinentiam, dum esset jam ætate grandævus? Absit. An propter filiorum procreationem, dum illi semen quasi stellæ cœli ex Isaac filio promitteretur? Non. Ergo quid sibi vult ista Cetura, nisi quia sicut Agar et Ismael significaverunt carnales Veteris Testamenti, sic et Cetura et filii ejus significabant hæreticos, qui se ad Testamentum Novum existimant pertinere? Sed utræque concubinæ dicuntur, sola Sara semper uxor nuncupatur, sicut scriptum est: *Una est enim columba mea, perfecta mea* (*Cant.* vi).

Dedit autem cuncta Abraham quæ possidebat Isaac filio suo. Filiis autem cuncubinarum largitus est munera, et separavit eos ab Isaac filio suo, etc. Quid hoc significat, nisi quia dantur et nonnulla munera filiis concubinarum, id est, carnalium? Sed non perveniunt ad regnum promissum, nec hæretici, nec Judæi, quia carnalia lucra sectantur. Præter Isaac enim nullus est hæres, utique quia non filii carnis, sed filii promissionis deputantur in semine.

CAPUT VIII.
De morte Abrahæ et Ismaelis progenie.

Et mortuus est Abraham in senectute bona, senex et plenus dierum, et collectus est ad populum suum, et reliqua. Male in Septuaginta interpretibus additum est: *Et deficiens mortuus est Abraham*, quia non convenit Abrahæ deficere et imminui. Illud quoque quod nos posuimus, *in senectute bona, senex et plenus*, in Græcis codicibus ponitur, *plenus dierum*. Quod cum sensum videatur exponere, eo quod luce diei operibus plenus occubuerit, tamen magis ad anagogen facit, si simpliciter ponatur *plenus*.

Et hæc nomina filiorum Ismael in nominibus suis et generationibus suis. Primogenitus Ismaelis Nabajoth et Cedar, et reliqui usque ad eum locum ubi ait: *Et habitaverunt ab Evila usque Sur, quæ est contra faciem Ægypti venientibus in Assyrios.* In conspectu omnium fratrum suorum obiit, etc. Duodecim filii nati sunt Ismaelitæ, e quibus primogenitus fuit Nabajoth, a quo omnis regio ab Euphrate usque ad mare Rubrum Nabathena usque hodie dicitur, quæ pars Arabiæ est. Nam et familiæ ipsorum oppidaque et pagi ac munita castella et tribus, horum appellatione celebrantur. Ab uno ex his Cedar in deserto, et Duma alia regio, et Thema ad Austrum, et Cedma ad Orientalem plagam dicitur. Quod autem in extremo hujus capituli juxta Septuaginta legimus, *contra faciem omnium fratrum suorum habitavit*, verius est illud quod nos posuimus, *Coram omnibus fratribus suis occubuit*, id est, in manibus omnium filiorum suorum mortuus est, superstitibus liberis, et nullo prius morte præerepto. Fratres autem pro filiis appellari Jacob quoque ad Laban demonstrat dicens: *Quod est peccatum meum, quia persecutus es post me, et quia scrutatus es omnia vasa mea? Quid invenisti de universis vasis domus tuæ? Ponatur coram fratribus meis et fratribus tuis, et dijudicent inter nos.* Nec enim possumus credere, ut Scriptura commemorat, quod Jacob exceptis liberis, secum fratres aliquos habuerit.

CAPUT IX.
De conceptu Rebeccæ et nativitate duorum filiorum ejus.

Deprecatusque est Isaac Dominum pro uxore sua eo quod esset sterilis. Qui exaudivit eum, et dedit conceptum Rebeccæ. Sed collidebantur in utero ejus parvuli, et reliqua. Pro *commotione*, vel *collisione*, Septuaginta interpretes posuerunt, ἐσκίρτων, id est, *ludebant*, sive *calcitrabant*, quod Aquila transtulit: *Confringebantur filii in utero ejus*, Symmachus vero δι' ἐπλέον, id est, in similitudinem navis in superficie ferebantur. (*Greg.*) Ea quæ sancti viri orando efficiunt, ita prædestinata sunt, ut precibus obtineantur. Nam ipsa quoque perennis regni prædestinatio ita est ab omnipotente Deo disposita, ut ad hoc electi ex labore perveniant, quatenus postulando mereantur accipere quod eis omnipotens Deus ante sæcula disposuit donare. Quod utrum ita sit, concite valet probari. Certe etenim novimus, quod ad Abraham Dominus dixit : *In Isaac vocabitur tibi semen*. Cui etiam dixerat : *Patrem multarum gentium constitui te*. Cui rursum promisit dicens : *Benedicam tibi, et multiplicabo semen tuum sicut stellas cœli, et velut arenam quæ est in littore maris*. Ex qua re aperte constat quia omnipotens Deus semen Abrahæ multiplicare per Isaac prædestinaverat, et tamen scriptum est, *Deprecatus est Dominum Isaac pro uxore sua, eo quod esset sterilis. Qui exaudivit eum, et dedit conceptum Rebeccæ*. Si ergo multiplicatio generis Abrahæ per Isaac prædestinata fuit, cur conjugem sterilem accepit ? Sed nimirum constat quia prædestinatio precibus impletur, quando is in quo Deus multiplicare semen Abrahæ prædestinaverat, oratione obtinuit ut filios habere potuisset.

Perrexitque Rebecca ut consuleret Dominum, qui respondens ait : Duæ gentes in utero tuo sunt, et duo populi ex utero tuo dividentur, populusque populum superabit, et major serviet minori. (*Aug.*) Quæritur quo ierit, non enim erant tunc prophetæ aut sacerdotes secundum ordinem tabernaculi vel templum Domini. Quo ergo ierit merito movet, nisi forte ad locum ubi aram constituerat Abraham ; sed illic quomodo responsa dentur, omnino tacet Scriptura, utrum per aliquem sacerdotem, quod incredibile est, si erat non fuisse nominatum, et nullam ibi omnino sacerdotum aliquorum factam esse mentionem. An forte ibi cum orando alligassent desideria sua, dormiebant in loco, ut per somnium monerentur? an adhuc vivebat Melchisedech ? cujus tanta fuit excellentia, ut a nonnullis dubitetur utrum homo an angelus fuerit. An erant aliqui tales etiam illo in tempore homines Dei, in quibus posset Deus interrogari ? Quidquid horum est, et si quid aliud quod me forte ne commemorarem præterierit, mentiri tamen Scriptura non potest, quæ dicit Rebeccam isse ad interrogandum Dominum, eique Dominum respondisse. In eo quod Dominus respondit Rebeccæ

Duæ gentes in utero tuo sunt, et duo populi de ventre separabuntur, et populus populum superabit, et major serviet minori, historica proprietate hoc responsum invenitur esse completum, ubi populus Israel, hoc est, Jacob minor filius, superavit Idumæos, hoc est, gentem quam propagavit Esau, eosque fecerunt tributarios per David, quod diu fuerunt usque ad regem sub quo Idumæi rebellaverunt, et jugum Israelitarum Idumæi a cervice sua deposuerunt, secundum prophetiam ipsius Isaac, quando minorem pro majore benedixit. Hoc enim dixit eidem majori, cum et ipsum postea benediceret.

Jam tempus pariendi advenerat, et ecce gemini in utero ejus reperti sunt. Qui primus egressus est, rufus erat, et totus in morem pellis hispidus, vocatumque est nomen ejus Esau. Ubi nos pilosum posuimus, in Hebræo habet Sear שער, unde et Esau, sicut et alibi legimus, Seir, id est, pilosus est dictus.

Protinus alter egrediens, plantam fratris tenebat manu, et idcirco appellavit eum Jacob. (*Isid.*) Quod figuraliter factum etiam ipsis Judæis non credentibus notum est, qualiter populus Ecclesiæ Synagogæ populum superavit, et quomodo plebs Judæorum tempore major servit minori populo Christianorum. Siquidem et singulis nobis hoc dici potest, quod duæ gentes et duo populi sint inter nos, vitiorum scilicet atque virtutum, sed iste minor est, ille major. Semper enim plures sunt mali quam boni, et vitia numerosiora sunt virtutibus ; sed tamen et in nobis gratia Dei populus populum superat, et major servit minori. Servit etenim caro spiritui, et vitia virtutibus cedunt. Procedit autem Esau primus rufus, et totus tanquam pellis hirsutus ; deinde exiit frater ejus Jacob, et manus ejus implexa erat calcaneo Esau. Sed cur ille totus rubeus et hispidus, nisi quia populus prior prophetarum et Christi cruore fuit pollutus, ac peccati et nequitiæ squalore exstitit circumdatus ? Cujus ideo minor calcaneum tenuit, quia mystice majorem populum minor superaturus esset.

Sexagenarius erat Isaac quando nati sunt ei parvuli : quibus adultis factus est Esau vir gnarus venandi et homo agricola, Jacob autem vir simplex habitabat in tabernaculis, etc. (*Aug.*) Quod Græce dicitur ἄπλαστος, hoc Latini simplicem interpretati sunt. Proprie autem, ἄπλαστος, non fictus. Unde aliqui Latini interpretes, *sine dolo* interpretati sunt, dicentes : *Erat Jacob sine dolo, habitans in domo*, ut magna sit quæstio, quomodo per dolum acceperit benedictionem, qui erat sine dolo. Sed ad significandum magnum aliquid, quod Scriptura præmisit. Hinc enim maxime cogimur ad intelligenda illo loco spiritualia, quia sine dolo erat qui dolum fecit. (*Greg.*) Quid per venationem Esau, nisi eorum vita figuratur, qui interioribus voluptatibus fixi, carnem sequuntur? Qui etiam agricola esse describitur, quia amatores hujus sæculi, tanto magis exteriora incolunt, quanto interiora sua in culpa derelinquunt. Jacob vero vir simplex in tabernaculis vel in domo habitare perhibetur, quia nimirum omnis qui in curis exterioribus spargi refugiunt, simplices in cogitatione, atque in conscientiæ suæ habitatione consistunt. (*Ambros.*) In tabernaculis enim aut in domo habitare, est se intra mentis secreta restringere, et nequaquam exterius per desideria dissipare, ne dum ad multa foras inhiant, a seipsis, alienatis cogitationibus, recedant.

CAPUT X.

De eo quod Esau Jacob vendidit primogenita sua.

Coxit autem Jacob pulmentum. Ad quem cum venisset Esau de agro lassus, ait : Da mihi de coctione hac

rufa, quia oppido lassus sum. Quam ob causam vocatum est nomen ejus Edom. Rubeum sive fulvum lingua Hebræa dicitur Edom. Ab eo igitur quod rubeo cibo vendiderit primitiva sua, fulvi, id est, Edom sortitus est nomen.

Cui dixit Jacob : Vende mihi primogenita tua. Ille respondit : En morior, quid mihi proderunt primogenita? Ait Jacob : Jura ergo mihi. Juravit Esau, et vendidit primogenita, et sic accepto pane et lentis edulio, comedit et bibit, et abiit, parvipendens quod primogenita vendidisset. (*Isid.*) Quod iste Esau primogenita sua propter escam eidem fratri suo juniori venundavit, ac postmodum paterna benedictione sibi promissa privatus est, significat eumdem Israeliticum populum qui a Deo, ut Exodi liber indicat, primogenitus filius nuncupatus est, qui propter præsentis sæculi lucra, non solum primatus sui honorem amisit, verum etiam regni cœlestis præmium præparatum adipisci non meruit, Domino quodammodo id eidem exprobrante, cum dicit : *Transferetur a vobis regnum Dei, et dabitur genti facienti fructum ejus* (*Matth.* xxii). Primogenita autem ipsa vestis erat sacerdotalis, quam majores natu cum benedictione patris induti, victimas Deo velut pontifices offerebant. Hoc dono terreni amoris desiderio caruerunt Judæi, cum gloria regni futura. Sciendum est quia quinque modis nos gulæ vitium tentat. Aliquando namque prævenit tempora indulgentiæ, aliquando vero tempus non prævenit, sed cibos lautiores quærit : aliquando quæ sumenda sint accuratius expetit præparari, aliquando autem et qualitate ciborum et tempore congruit, sed in ipsa quantitate sumendi mensuram refectionis excedit. Nonnunquam vero et abjectus est quod desiderat, et tamen in ipso æstu immensi desiderii deterius peccat. Quæ vitiorum tempora melius ostendimus, si hæc exemplis evidentioribus approbamus. Mortis quippe sententiam patris ore Jonathan meruit, quia in gustu mellis constitutum edendi tempus antecessit. Et ex Ægypto populus ductus, in eremo occubuit, qui, despecto manna, cibos carnium petiit, quos lautiores putavit. Et prima filiorum Heli culpa suborta est, quod ex eorum voto sacerdotis puer non antiquo more coctas vellet de sacrificio carnes accipere, sed crudas quæreret, quas accuratius exhiberet. Et cum ad Jerusalem dicitur : *Hæc fuit iniquitas Sodomæ sororis tuæ, superbia et saturitas panis, et abundantia* (*Ezech.* xvi), aperte ostenditur quod idcirco salutem perdidit, quia cum superbiæ vitio mensuram moderatæ refectionis excessit. Hinc primogenitorum gloriam Esau amisit, quia magno æstu desiderabilem cibum, id est, lenticulam concupivit, quam venditis etiam primogenitis prætulit, quo in illa appetitu anhelaret indicavit. Neque enim cibus, sed appetitus in vitio est. Unde et lautiores cibos plerumque sine culpa sumimus, et abjectiores non sine reatu conscientiæ degustamus. Hic quippe quem diximus Esau, primatum per lenticulam perdidit, et Elias in eremo virtutem corporis carnes edendo servavit. Unde et antiquus ho-

stis, quia non cibum, sed cibi concupiscentiam esse causam damnationis intelligit, et primum sibi hominem non carne sed pomo subdidit, et secundum non carne, sed pane tentavit. Hinc est quod plerumque Adam culpa committitur, etiam cum abjecta et vilia sumuntur. Neque Adam solus, ut a vetito se pomo suspenderet, præceptum prohibitionis accepit. Nam cum alimenta quædam saluti nostræ Deus contraria indicat, ab his nos quasi per præsentiam vetat; et cum concupiscentes noxia attingimus, profecto quid aliud quam vetita degustamus? Ea itaque sumenda sunt quæ naturæ necessitas quærit, et non quæ edendi libido suggerit, ne etiam si hæc moderata discretio minus caute prospexerit, illicitæ concupiscentiæ quis in voraginem vergat.

CAPUT XI.

De transitu Isaac ad Abimelech regem Palæstinorum, ubi Rebeccam uxorem sororem suam esse finxit; et de puteis quos fodit Isaac.

(CAP. XXVI.) *Orta autem fame super terram, post eam sterilitatem quæ acciderat in diebus Abraham, abiit Isaac ad Abimelech regem Palæstinorum in Gerara; apparuitque ei Dominus et ait : Ne descendas in Ægyptum, sed quiesce in terra quam dixero tibi, et peregrinare in ea ; eroque tecum et benedicam tibi. Tibi enim et semini tuo dabo universas regiones has, complens juramentum quod spopondi Abraham patri tuo, et multiplicabo semen tuum sicut stellas cœli, et reliqua.* (*Aug.*) In eo quod scriptum est : *Facta est autem fames super terram, post famem quæ ante facta est in tempore Abraham. Abiit autem Isaac ad Abimelech regem Palæstinorum in Gerara.* Quæritur hoc quando sit factum, utrum postea quando Esau vendidit primogenita sua cibo lenticulæ (post illam quippe narrationem hoc narrari incipit)? an, ut fieri solet, per recapitulationem narrator ad eam reversus sit, cum progressus de filiis ejus ad eum locum pervenisset qui de lenticula commemoratus est. Movet autem si ipse invenitur Abimelech, qui etiam Saram concupiverat, ipsius enim paranymphus et princeps militiæ qui ibi commemorati sunt, etiam hic commemorantur, utrumvel vivere potuerit. Quando enim factus est amicus Abrahæ, nondum natus erat Isaac, sed jam promissus. Ponamus ante annum quam nasceretur Isaac illud fuisse factum : deinde Isaac suscepit filios, cum esset annorum sexaginta, illi autem juvenes erant, quando Esau vendidit primogenita sua. Ponamus etiam ipsos circa viginti annos fuisse, fiunt anni ætatis Isaac usque ad illud factum filiorum ejus circiter octoginta. Adolescentem accipiamus fuisse Abimelech, quando matrem ipsius concupivit, et Abrahæ amicus factus est. Potuit ergo jam esse quasi centenarius, si post illud factum filiorum suorum perrexit in eam terram famis necessitate Isaac. Non ergo ex hoc cogit ulla necessitas, per recapitulationem putare narratam perfectionem Isaac in Gerara. Sed quia ibi diuturno tempore esse Isaac scribitur et puteos fodisse, et de bis contendisse, et ditatum fuisse pecunia, mirum nisi recapitulando ista commemorantur : quæ ideo fuerant prætermissa, ut primum de filiis ejus usque ad illum locum de lenticula narratio perveniret. Ideo quod scriptum est de Isaac : *Benedixit autem eum Dominus, et exaltatus est homo et procedens major fiebat, quoadusque magnus factus est valde,* secundum terrenam felicitatem dictum sequentia docent. Exsequitur namque narrator easdem ejus divitias, quibus magnus factus est, et hinc motus Abimelech, timuit illum ibi esse, ne præsentia ejus sibi esset infesta. Quanquam ergo aliquid spirituale ista significent, tamen secundum id quod contigerunt, ideo præmissum est : *Benedixit eum Dominus*, ut sana fide intelligamus etiam ista temporalia dona nec dari posse, nec sperare debere, etiam cum ab infirmioribus appetuntur, nisi ab uno Deo, ut qui in minimis fidelis est, et in magnis fidelis sit ; et qui in mammona iniquo fidelis inventus est, etiam verum accipere mereatur, sicut Dominus in Evangelio loquitur (*Luc.* xvi). Talia enim de Abraham dicta sunt, quod ei munera Dei provenerint. Unde non parum ædificat sanam fidem, pie intelligentibus ista narratio, etiamsi de his rebus allegorica significatio nulla posset exsculpi. Quid autem sibi velit quod, orta fame super terram, Isaac ad Abimelech regem Palæstinorum in Gerara ex præcepto et benedictione Domini perrexit, ibique Rebeccam uxorem suam timoris causa finxit sororem, quam rex alienigena Isaac conjugem tunc esse cognovit, quando eum cum ea ludentem vidit ; quid in sacramento Christi et Ecclesiæ, quod tantus patriarcha cum conjuge luserit, conjugiumque illud inde sit cognitum ; videt profecto, quisquis, ne aliquid narrando in Ecclesiam peccet, secretum viri ejus in Scripturis sanctis diligenter intuetur, et invenit eum majestatem suam qua in forma Dei æqualis est Patri, paulisper abscondisse in forma servi, ut ejus capax esse humana infirmitas posset, eoque modo se conjugii congruum iter aptaret. Quid enim absurdum est, imo quid inconvenienter futurorum pronuntiatione accommodatum, si propheta Dei carnale aliquid lusit, ut eum caperet affectus uxoris, cum ipsum Verbum Dei caro factum sit ut habitaret in nobis? (*Joan.* i.) Post hæc refert Scriptura quod *Isaac postquam benedixit illum Dominus et magnificatus est valde, aggressus est opus et cœpit fodere puteos quos foderant pueri patris sui Abraham, sed invidentes ei Palæstini, obstruxerant eos, implentes humo, et reliqua.* Quis est iste Isaac, nisi Salvator noster, qui dum descendisset in istam torrentem Gerara, primo omnium illos puteos fodere vult, quos foderant pueri patris sui? Idem Moyses puteum legis foderat David, Salomon, et prophetæ ; libros scripserunt Veteris Testamenti, quos tamen terrena et sordida repleverat intelligentia Judæorum ; et eorum os cum vellet purgare Isaac, ut ostenderet quia quæcunque lex et prophetæ dixerunt, de ipso dixerunt, rixati sunt cum eo Palæstini, id est Judæi a regno, Dei alieni. Sed descendit ab eis : non potest esse cum his qui in puteis aquam nolunt habere, sed terram, et dicit eis :

Ecce relinquetur vobis domus vestra aeserta (*Matth.* xxiii). Fodit ergo Isaac novum puteum, imo pueri Isaac fodiunt. Pueri sunt Isaac, Matthæus, Marcus, Lucas et Joannes, Petrus et Jacobus, Judas et apostolus Paulus, qui omnes Novi Testamenti puteum foderunt, et invenerunt aquam vivam, quæ fit fons *aquæ salientis in vitam æternam.* Sed pro his adhuc altercantur illi qui terrena sapiunt, nec nova condi patiuntur, nec vetera purgari, evangelicis puteis contradicunt, apostolis adversantur ; et quoniam in omnibus contradicunt litigantes, dicitur ad eos : *Quoniam indignos vos fecistis gratiæ Dei, ex hoc jam ad gentes ibimus* (*Act.* xviii).

Post hæc jam fodit tertium puteum Isaac, et appellavit nomen loci illius Latitudo, dicens : *Nunc dilatavit nos Dominus, et fecit crescere super terram.* Vere dilatatus est Isaac, et implevit omnem terram scientia Trinitatis, et in toto orbe latitudinem Ecclesiæ collocavit. Prius tantum *in Judæa notus erat Deus, et in Israel nominabatur* (*Psal.* lxxv) ; nunc autem *in omnem terram exiit sonus eorum, et in fines orbis terræ verba eorum* (*Psal.* xviii). Exeuntes enim pueri Isaac per universum orbem terræ, foderunt puteos, et aquam omnibus ostenderunt, *baptizantes omnes gentes, in nomine Patris, et Filii, et Spiritus sancti.* Sed quid est quod puteos Abraham quos aperuit Isaac, sic vocavit eos sicut et pater ejus, nisi quia Moyses apud nos etiam Moyses appellatur, et prophetæ unusquisque suo nomine appellantur? nec mutantur quasi eorumdem vocabula puteorum. Hæc mystice. Moraliter autem Isaac apud alienam gentem puteos fodisse describitur, quo videlicet exemplo discimus, ut in hac peregrinationis ærumna positi, cogitationum nostrarum profunda penetremus ; et quousque intelligentiæ vere nobis aqua respondeat, nequaquam nostræ inquisitionis manus ad exhauriendam cordis terram torpescat. Quos tamen puteos Allophyli insidiantes replent, quia nimirum immundi spiritus, cum nos studiose fodere conspiciunt, conjectas nobis cogitationes tentationum erigunt. Sæpe cum eloquiis sacris intendimus, malignorum spirituum insidias gravius toleramus, quia menti nostræ terrenarum cogitationum pulverem aspergunt, ut intentionis nostræ oculos a luce intimæ visionis obscurent. Quod etiam Isaac opere et Allophylorum pravitate cognovimus designari, qui puteos quos Isaac foderat terræ congerie replebant.

Nos enim, nos nimirum puteos fodimus, cum Scripturæ abditis sensibus alta penetramus : quos tamen occulte replent Allophyli, quando nobis ad alta tendentibus immundi spiritus terrenas cogitationes ingerunt et quasi inventam divinæ scientiæ aquam tollunt. Quod nimirum Psalmista protulerat cum dicebat : *Declinate a me, maligni, et scrutabor mandata Dei mei* (*Psal.* cxviii). Videlicet patenter insinuans quia mandata Dei perscrutari non poterat, cum malignorum spirituum insidias in mente tolerabat.

CAPUT XII.

De ostensione Dei ad Isaac, cui ipse aram ædificavit.

Ascendit autem ex illo loco in Bersabee, ubi apparuit ei Dominus in ipsa nocte dicens : Ego sum Deus Abraham patris tui; noli metuere, quia tecum sum. Benedicam tibi et multiplicabo semen tuum propter servum meum Abraham. Itaque ædificavit ibi altare, et invocato nomine Domini, extendit tabernaculum; præcipitque servis suis ut foderent puteum. Ad quem locum cum venissent de Geraris Abimelech, Ochozath amicus illius, et Phicol dux militum, etc. Pro Ochozath pronubo, in Hebræo habet, *collegium amicorum ejus,* ut non tam hominem significet, quam amicorum turbam, quæ cum rege venerat in quibus fuit et Phicol princeps exercitus ejus.

Ecce autem venerunt in ipso die servi Isaac annuntiantes ei de puteo quem foderunt atque dicentes : Invenimus aquam. Unde appellavit eum Abundantiam, et nomen urbi impositum est Bersabee usque in præsentem diem, etc. Nescio quomodo in Septuaginta interpretibus, ubi sic habetur : *Et venerunt pueri Isaac, et nuntiaverunt ei de puteo quem foderunt, et dixerunt ei : Non invenimus aquam; et vocavit nomen ejus Juramentum,* propterea vocari Juramentum dicatur, quod aquam non invenerunt ; e contrario in Hebræo, cui interpretationi Aquila quoque consentit et Symmachus, hoc significet quod invenerunt aquam, et propterea appellatus sit puteus ipse Saturitas, et vocata civitas Bersabee, hoc est, *puteus saturitatis.* Licet enim supra ex verbo juramenti, sive ex septenario numero ovium, quod sabe dicitur, asseruerimus Bersabee appellatum, tamen nunc ex eo quod aqua inventa est, Isaac ad nomen civitatis quæ ita vocabatur alludens, declinavit paululum litteram, et pro stridulo Hebræorum *sin* ש, a quo sabe incipitur, Græcum σ, id est, Hebræorum *sumech* ס, posuit. Alioquin et juxta allegoriæ legem, post tantos puteos in fine virtutum, nequaquam congruit ut Isaac minime aquam reperiret.

CAPUT XIII.

De senectute Isaac et benedictione Jacob.

(Cap. xxvii.) *Senuit autem Isaac, et caligaverunt oculi ejus, et videre non poterat. Vocavitque Esau filium suum majorem, et dixit ei : Fili mi. Qui respondit : Adsum. Cui pater : Vides, inquit, quod senuerim, et ignorem diem mortis meæ. Sume arma tua, pharetram et arcum, et egredere foras. Cumque venatu aliquid apprehenderis, fac mihi inde pulmentum sicut velle me nosti, et affer ut comedam; et benedicit tibi anima mea, antequam moriar,* etc. (*Isid.*) Hippolyti martyris verba, sicut ea excellentissimæ scientiæ ac doctrinæ Hieronymus replicavit, in hoc loco ponenda sunt. Isaac, inquit, portat imaginem Dei Patris, Rebecca Spiritus sancti, Esau populi prioris ac diaboli, Jacob Ecclesiæ et Christi. Senuisse Isaac consummationem orbis ostendit ; oculos ejus caligasse, fidem periisse de mundo, et religionis lumen ante eum neglectum esse significat. Quod filius major vocatur, acceptio legis est Judæorum. Quod escas atque capturam diligit pater, homines sunt ab errore salvati, quos per doctrinam justus quisque venatur. Sermo Dei, repromissionis est benedictio et spes regni futuri, in quo cum Christo sancti regnaturi sint, et verum sabbatum celebraturi. Rebecca plena Spiritu sancto, et sciens quod audisset antequam pareret, quia major serviet minori, formam gerit in hoc loco Spiritus sancti; quæ futura noverat in Christo, in Jacob ante meditatur. Loquitur ad filium :

Vade ad gregem, et accipe mihi inde duos hœdos optimos. Præfigurans carneum Salvatoris adventum, in quo eos vel maxime liberaret, qui peccatis tenebantur obnoxii. Siquidem in omnibus Scripturis hædi pro peccatoribus accipiuntur. Quod autem duos jubetur offerre, duorum populorum significatur assumptio ; quod teneros et bonos, docibiles et innocentes significantur animæ. Stola Esau fides et Scripturæ sunt Hebræorum, quæ illis primo datæ sunt, et postmodum gentium indutus est populus. Pelles autem, quæ ejus brachiis circumdatæ sunt, peccata utriusque plebis, quæ Christus in extensione manuum cruci secum pariter affixit. Ipse enim in corpore suo, non sua, sed aliena peccata toleravit. Quod Isaac quærit a Jacob cur tam cito venerit, admiratur velocem in Ecclesiis fidem credentium. Quod cibi delectabiles offeruntur, hostia placens Deo salus est peccatorum. Quod postremo consequitur benedictio, et ejus odore perfruitur, virtus resurrectionis et regni aperta voce pronuntiatur. Taliter enim benedicitur :

Ecce odor filii mei sicut odor agri pleni. Odore nominis Christi, sicut ager mundus impletur ; cujus est benedictio de rore cœli, hoc est de verborum pluvia divinorum, et de pinguedine terræ, hoc est, congregatione populorum. Multitudo frumenti et vini, hoc est, multitudo quam colligit de sacramento corporis et sanguinis sui. Illi serviunt populi ex gentibus ad eum conversi, ipsum adorant tribus, id est, populi ex circumcisione. Ipse est Dominus fratrum suorum, quia plebi dominatur Judæorum. Ipsum adorant filii matris ejus, quia et ipse secundum carnem ex ea natus est. Ipsum *qui maledixerit, maledictus est; et qui benedixerit, benedictionibus replebitur;* Christus, inquam, noster, ex ore patris ignorantis benedicitur, id est, veraciter dicitur; sed alius a Judæis benedici putatur, qui ab eis errantibus exspectatur. Ecce benedictionem promissam repente majori expavit Isaac, et alium se pro alio benedixisse cognoscit ; nec tamen indignatur revelato sibi sacramento, sed confirmat in filio benedictionem dicens : *Et benedixi ei, et benedictus est.* Hæc est benedictio prima Isaac, quæ data est minori populo Christianorum. Sed neque tamen major filius penitus fuit despectus, quia cum intraverit plenitudo gentium, tunc omnis Israel salvus erit : cujus tamen secundæ benedictionis prophetatio hæc est : *In pinguedine terræ, et in rore cœli desuper erit benedictio tua. In pinguedine utique terræ, in fecunditate rerum et potentia regni, quæ in illo populo fuit, et in rore cœli erit benedictio tua,* id est, in eloquiis Dei. Ipsis enim credita sunt eloquia Dei, et legis testamenta. *Vives gladio,* id est, quia sanguini populus ille deditus necem in Christo vel prophetis exercuit. *Et fratri tuo servies minori,* scilicet populo Christiano. *Tempusque veniet cum excutias et solvas jugum de cervicibus tuis.* Dum per agnitionem fidei ad gratiam Christi conversus, deposueris onus legis, quando jam non servies populo minori, sed per fidem frater vocaberis. Item alio modo. Quid est, quod Isaac de majoris filii sui venatione vesci concupiscit, nisi quod omnipotens Deus Judaici populi bona operatione pasci desideravit? Sed, illo tardante, minorem Rebecca supposuit, quia dum Judaicus populus bona opera foris quærit, gentilem populum mater gratia introduxit, ut omnipotenti Patri cibum boni operis offerret, et benedictionem majoris fratris acciperet. Qui eosdem cibos ex domesticis animalibus præbuit, quia gentilis populus placere Deo exterioribus sacrificiis non quærens, per vocem Prophetæ dicit: *In me sunt, Deus, vota tua, quæ reddam laudationes tibi* (Psal. LV). Quid est quod idem Jacob manus ac brachia et collum hædinis pellibus texit, nisi quod hædus pro peccato offerri consuevit, et gentilis populus, dum se peccatorem confiteri non erubescit, carnis in se peccata mactavit? Quid est quod vestimentis majoris fratris induitur, nisi quod sacræ Scripturæ præceptis, quæ majori populo data fuerant, in bona operatione vestitus est; et eis minor in domo utitur, quæ major foras exiens intus reliquit? Quæ ille Judaicus populus habere non potuit, dum solam in eis litteram attendit. Et quid est, quod Isaac eumdem filium nescit, quem benedixit, nisi hoc, quod de gentili populo Dominus per Psalmistam dicit: *Populus quem non cognovi serviet mihi?* (Psal. XVII.) Quid est, quod præsentem non vidit, et tamen quæ ei in futuro eveniant vidit, nisi quod omnipotens Deus, cum per prophetas suos prædiceret gentilitati gratiam prærogandam, eam et in præsenti per gratiam non vidit, quia tunc in errore dereliquit; et tamen quia hanc quandoque collecturus erat, per benedictionis gratiam prævidit? Unde et eidem Jacob gentilis populi figuram tenenti, in benedictione dicitur: *Ecce odor filii mei sicut odor agri pleni, cui benedixit Dominus Deus.* Sicut in Evangelio Veritas dicit: *Ager est hic mundus* (Matth. XIII). Et quia electorum populus in universo mundo virtutibus redolet, odor fidei odor est agri pleni.

Aliter namque olet flos uvæ, quia magna est virtus et opinio prædicatorum, qui inebriant mentes audientium.

Aliter flos olivæ, quia suave est opus misericordiæ, quod more olei refovet et lucet.

Aliter flos rosæ, quia mira est fragrantia, quæ rutilat et redolet ex cruore martyrum.

Aliter flos lilii, quia candida vita carnis est de incorruptione virginitatis. Aliter flos violæ, quia magna est virtus humilium, qui ex desiderio loca ultima tenentes se per humilitatem a terra in altum non sublevant, et cœlestis regni purpuram in mente servant. Aliter redolet spica, cum ad maturitatem perducitur, quia bonorum operum perfectio ad saturitatem eorum qui justitiam esuriunt præparatur. Quia ergo gentilis populus in electis suis ubique per mundum sparsus est, et ex eis virtutibus quas agit omnes qui intelligunt odore bonæ opinionis replet, dicatur recte: *Odor filii mei sicut odor agri pleni.* Sed quia easdem virtutes ex semetipso non habet, adjungit: *Cui benedixit Dominus Deus.* Et quoniam idem electorum populus per quosdam etiam in contemplationem surgit, per quosdam vero in activæ vitæ solummodo opera pinguescit, recte illic additur: *Det tibi Dominus de rore cœli, et de pinguedine terræ abundantiam.* Ros enim desuper leniter venit, et subtiliter cadit; et toties de rore cœli accipimus, quoties per infusionem contemplationis intimæ de supernis aliquid tenuiter videmus. Cum vero bona opera etiam per corpus agimus, de terræ pinguedine ditamur. Quid est autem quod Esau tarde ad patrem redit, nisi quod Judaicus populus ad placandum Dominum sero revertitur? Cui et hoc in benedictione dicitur: *Tempusque erit cum solvatur jugum de collo tuo,* quia a servitute peccati Judaicus populus in fine liberatur, sicut scriptum est: *Donec plenitudo gentium introiret, sic omnis Israel salvus fieret* (Rom. XI).

Oderat ergo semper Esau Jacob pro benedictione qua benedixerat ei pater, dixitque in corde suo: Venient dies luctus patris mei, et occidam Jacob fratrem meum. Nuntiata sunt hæc Rebeccæ. Quæ mittens et vocans Jacob filium suum, dixit ad eum: Ecce Esau frater tuus minatur ut occidat te. Nunc ergo, fili, audi vocem meam, et consurgens fuge ad Laban fratrem meum in Haran; habitabisque cum eo dies paucos, donec quiescat furor fratris tui, et cesset indignatio ejus, obliviscaturque eorum quæ fecisti in eum; postea mittam et adducam te inde huc, etc. (Aug.) Quomodo annuntiata vel renuntiata sunt verba Esau Rebeccæ, quibus comminatus est occidere fratrem suum, cum Scriptura dicat hoc eum in sua cogitatione dixisse, nisi quia hinc nobis datur intelligi quod divinitus ei revelabantur omnia? Unde ad magnum mysterium pertinet quod filium suum minorem pro majore voluit benedici. Igitur Esau post benedictionem patris invidiæ stimulis concitatus, necem fratri suo Jacob excogitat fraudulenter. (Isid.) Hoc nimirum et Judaicus populus in Christo præmeditatus, non solum patibulo Dominum crucis tradidit, verum etiam credentes in illo usque ad effusionem sanguinis persecutus est.

(CAP. XXVIII.) *Vocavit itaque Isaac Jacob, et benedixit, præcepitque ei, dicens: Noli accipere conjugem de genere Chanaan; sed vade et proficiscere in Mesopotamiam Syriæ ad domum Bathuel patrem matris tuæ, et accipe tibi inde uxorem de filiabus Laban avunculi tui.* (Aug.) Quod habent Latini codices,

Isaac dicente filio suo : Vade in Mesopotamiam in domum Bathuel patris matris tuæ, et sume tibi inde uxorem, Græci codices non habent *vade*, sed *fuge*, hoc est, ἀπόδραθι. Unde intelligitur etiam Isaac cognovisse quod filius ejus Esau de fratre suo in cogitatione sua dixerit.

Deus autem omnipotens benedicat tibi, et crescere te faciat atque multiplicet, ut sis in turbas populorum : et det tibi benedictionem Abraham, et semini tuo post te, ut possideas terram peregrinationis tuæ, quam pollicitus est avo tuo. Cumque dimisisset eum Isaac, profectus venit in Mesopotamiam Syriæ, ad Laban filium Bathuel Syri, fratrem Rebeccæ matris suæ, et reliqua. Jacob autem dolos fugiens fratris, relicta domo patria vel parentibus, vadit in regionem longinquam, ut acciperet sibi uxorem. (*Isid.*) Non aliter Christus relictis parentibus secundum carnem, id est, populo Israel, et patria, id est, Jerosolyma, et omni regione Judææ, abiit in gentibus accipiens sibi inde Ecclesiam, ut impleretur quod dictum est : *Vocabo non plebem meam plebem meam, et non dilectam dilectam ; et erit in loco ubi dictum est, Non plebs mea vos, ibi vocabuntur filii Dei vivi* (Rom. ix).

CAPUT XIV.

De visione Jacob, dum iret in Mesopotamiam, et voto ipsius.

Igitur egressus Jacob de Bersabee, pergebat Haran. *Cumque venisset ad quemdam locum, et vellet in eo requiescere post solis occubitum, tulit de lapidibus qui jacebant, et supponens capiti suo, dormivit in eodem loco. Viditque in somnis scalam stantem super terram, et cacumen illius tangens cœlum; angelos quoque Dei ascendentes et descendentes per eam, et Dominum innixum scalæ dicentem sibi : Ego sum Deus Abraham patris tui, et Deus Isaac : terram, in qua dormis, tibi dabo et semini tuo*, etc. (*Isid.*) Pergente autem Jacob in Mesopotamiam, venit in locum qui nunc Bethel vocatur, et posuit sub capite suo lapidem magnum, et dormiens vidit scalam subnixam innitentem cœlo, et angelos Dei ascendentes et descendentes. Hoc viso evigilavit, unxitque lapidem dicens : Vere hic domus Dei est et porta cœli ; et his dictis, discessit. Somnus iste Jacob mors sive passio est Christi. Lapis ad caput ejus, qui nominatim quodammodo dictus est, etiam unctus Christus significatur. Caput enim viri Christus est. Quis enim nescit Christum ab unctione appellari ? Domus autem Dei, quia ibi natus est Christus in Bethlehem. Porta vero cœli, quia ibi in terram descendit, ibi iterum ad cœlum conscendit. Erectio autem lapidis resurrectio Christi est. Porro scala Christus est, qui dixit : *Ego sum via* (Joan. xiv). Per hanc ascendebant angeli, et descendebant, in quibus significati sunt evangelistæ prædicatores Christi, ascendentes utique, cum ad intelligendam ejus supereminentissimam divinitatem excedunt universam creaturam, ut eum inveniant *In principio Verbum apud Deum, per quem facta sunt omnia* (Joan. 1); descendentes autem, ut eum inveniant *factum ex muliere, factum sub lege, ut eos qui sub lege erant redimeret*. Illa enim scala a terra usque in cœlum, a carne usque ad spiritum, quia in illo carnales, proficiendo, velut ascendendo spirituales fiunt, ad quos lacte nutriendos etiam ipsi spirituales descendunt quodammodo, cum eis non possunt loqui quasi spiritualibus, sed quasi carnalibus. Ipse est sursum in capite suo, ipse deorsum in corpore suo, id est Ecclesia. Ipsum ergo scalam intelligimus, quia ipse dixit : *Ego sum via*. Ad ipsum ergo ascenditur, ut in excelsis intelligatur ; et ad ipsum descenditur, ut imbribus suis parvulus nutriatur. Et per illum solum se erigunt, ut eum sublimiter exspectent. Per ipsum se etiam humiliant, ut eum sublimiter ac temperanter annuntient. Tropologice vero in itinere dormire, est in hoc præsentis vitæ transitoriæ rerum temporalium amore quiescere. (*Greg.*) In itinere dormire, est in dierum labentium cursu ab appetitu visibilium mentis oculos claudere, quos primis hominibus seductor aperuit, qui ait : *Scit enim Deus quod in quocunque die comederitis ex eo, aperientur oculi vestri*. Unde et paulo post subditur : *Tulit de fructu illius, et comedit, deditque viro suo, qui comedit ; et aperti sunt oculi amborum*. Culpa quippe oculos concupiscentiæ aperuit, quos innocentia clausos tenebat. Angelos vero ascendentes et descendentes cernere, est cives supernæ patriæ contemplari ; vel quanto amore suo auctori super semetipsos inhæreant, vel quanta compassione charitatis nostris infirmitatibus condescendant. Et notandum valde est quod ille dormiens angelos conspicit, qui in lapidem caput ponit, quia nimirum ipsi, qui ab exterioribus operibus cessant, interna penetrant, qui intenta mente, quæ principale est hominis, imitationem sui Redemptoris observant. Caput quippe in lapide ponere, est mente Christo inhærere. Qui enim a præsentis vitæ actione remoti sunt, sed ad superna nullo amore rapiuntur, dormire possunt, sed videre angelos nequeunt, quia caput in lapide tenere contemnunt. Sunt namque nonnulli qui mundi quidem actiones fugiunt, sed nullis virtutibus exercentur. Hi nimirum torpore, non studio, dormiunt ; et idcirco interna non conspiciunt, quia caput non in lapide, sed in terra posuerunt. Quibus plerumque contingit, ut quanto securius ab externis actionibus cessant, tanto latius immundæ in se cogitationis strepitum populorum congregant. Unde sub Judææ specie per prophetam torpente otio anima defletur, cum dicitur : *Viderunt eam hostes, et deriserunt sabbata ejus* (Thren. 1). Præcepto enim legis ab exteriore opere in Sabbato cessatur. Hostes ergo sabbata videntes irrident, cum maligni spiritus ipsa vocationis otia ad cogitationes illicitas pertrahunt, ut unaquæque anima quo remota ab externis actionibus Deo servire creditur, eo magis eorum tyrannidi illicita cogitando famuletur. Sancti autem viri quia mundi operibus non torpore, sed virtute sopiuntur, laboriosius dormiunt, quam vigilare potuerunt. Quia in eo, quod actiones hujus sæculi deserentes superant, robusto conflictu quotidie contra semetipsos pugnant, ne mens per negligentiam torpeat, ne subacta otio, ac desiderio immunda, frigescat, ne ipsius bonis desideriis plus justo inserviant, ne sub discretionis specie et parcendo a perfectione languescant. Agit hæc, et ab hujus mundi inquieta concupiscentia se penitus subtrahit, ac terrenarum actionum strepitum deserit, et per quietis studium virtutibus intenta, vigilans dormit. Neque enim ad contemplanda interna perducitur, nisi ab his quæ exterius implicant studiose subtrahatur. Hinc est enim quod per semetipsam Veritas dixit : *Nemo potest duobus dominis servire (Matth.* vi). Hinc Paulus ait : *Nemo militans Deo implicat se negotiis sæcularibus, ut ei placeat, cui se probavit (II Tim.* ii). Hinc per prophetam Dominus admonet dicens : *Vacate et videte, quoniam ego sum Deus* (Psal. xlv). Quod autem locutus est Dominus ad Jacob innixus scalæ dicens ei : *Ego sum Dominus Deus Abraham patris tui, et Deus Isaac. Terram in qua dormis tibi dabo, et semini tuo, eritque germen tuum quasi pulvis terræ. Dilataberis ad Occidentem et Orientem, Septentrionem et Meridiem, et benedicentur in te et in semine tuo cunctæ tribus terræ,* etc., mystice designat, mandatum divinitatis ad humanitatem Christi directum, cui terra Ecclesiæ promittitur et semini illius, id est, populo Christiano usque in sempiternum. Cui dicit Pater : *Postula a me, et dabo tibi gentes hæreditatem tuam, et possessionem tuam terminos terræ* (Psal. ii). Aliter, Occidens in hoc loco occasum vitiorum et peccatorum designat, Oriens lucem fidei vel ortum bonorum operum, Septentrio constrictionem voluptatis et mortificationem desideriorum. Meridies claritatem sapientiæ et fervorem charitatis non inconvenienter ostendit. Taliter enim veri potestas Jacob dilatatur, hoc est, infidelibus regnum Christi propagatur. Per occasum utique vitiorum et peccatorum, et per ortum fidei ac bonorum operum, per continentiam voluptatum, necnon per meditationem sapientiæ et fervorem dilectionis. Bene autem subditur :

Cum evigilasset Jacob de somno ait : Vere Dominus est in loco isto, et ego nesciebam. Pavensque : Quam terribilis est, inquit, *locus iste : non est hic aliud nisi domus Dei et porta cœli.* Hæc verba ad prophetiam pertinent, quia ibi futurum erat tabernaculum, quod constituit Deus in hominibus in primo populo suo. Portam cœli autem sic intelligere debemus, tanquam inde fiat aditus credentibus ad capescendum regnum cœlorum. Spiritualiter autem, quisquis post torporem inertiæ rite evigilaverit, et per exercitium boni operis vere resurrexerit, sine dubio in Ecclesia supereminentem gratiam Dei et introitum regni cœlestis esse intelligit. Quod statuit lapidem Jacob, quem sibi ad caput posuerat, et constituit eum in titulum, et perfudit eum oleo, non aliquid idololatriæ simile fecit, non vel tunc vel postea frequentavit lapidem adorando aut ei sacrificando, sed signum fuit in prophetia evidentissime constitutum, quæ pertinet ad unctionem. Unde Christi nomen a chrismate est appellatum.

Appellavitque nomen urbis Bethel, quæ prius Luza vocabatur. Nunc loco nomen imponit, et vocat eum Bethel, domum Dei : qui locus vocabatur antea Luza, quod interpretatur *nux* sive *amygdalon.* Unde ridicule quidam verbum Hebraicum *ulam* nomen esse urbis putant, cum ulam interpretetur *prius.* Ordo itaque iste est lectionis : *Et vocavit nomen loci illius Bethel, et prius Luza vocabulum civitatis antiquæ.* Omnes Scripturæ verbo *ulam*, sive *elam*, plenæ sunt, quod nihil aliud significat, nisi *ante* aut *prius*, vel *vestibulum*, sive *superliminare*, vel *postes.*

Vovit etiam votum dicens : Si fuerit Deus meus mecum, et custodierit me in via per quam ambulo, et dederit mihi panem ad vescendum, et vestimentum ad induendum, reversusque fuero prospere ad domum patris mei, erit mihi Dominus in Deum,'et lapis iste quem erexi in titulum, vocabitur Domus Dei, etc. (Augustinus.) Quod autem vovit votum si prosperaretur eundo et redeundo, et decimas promisit domui Dei futuræ in loco illo, prophetia est domus Dei, ubi et ipse rediens Deo sacravit, non illum lapidem Deum appellans, sed domum Dei, id est, quia in illo loco futura erat domus Dei.

CAPUT XV.
De adventu Jacob in Mesopotamiam, ubi juxta puteum Rachel agnovit.

(Cap. xxix.) *Profectus ergo Jacob venit ad terram Orientalem; et vidit puteum in agro, tresque greges ovium accubantes juxta eum. Nam ex illo adaquabantur pecora; et os ejus grandi lapide claudebatur,* etc. (*Isidorus.*) Figuraliter per oves justorum populi significantur, sicut illud, quod dictum est in Evangelio : *Statuet oves ad dexteram (Matth.* xxv). Pastores vero prophetæ sunt, qui usque ad adventum Domini, Spiritu sancto mundati, populum Israel gubernabant. Lapis puteo superpositus figuram Domini præferebat ; puteus, gratiam Spiritus sancti per prædicationem Christi venturam ad Ecclesiam ex gentibus, quæ obtecta erat, nondum adveniente et homine facto Christo. Aliter, per puteum baptismus, per agrum hic mundus exprimitur. Quod autem tres greges ovium accubare dicuntur juxta puteum, significat eos, qui ad sanctæ Trinitatis fidem capiendam pertinent, in humilitate expetere baptismi gratiam. Lapis, quia claudebat os putei, duritiam infidelitatis insinuat, qua abjecta, homines possunt rite baptismum percipere. Pastores autem doctores sunt Ecclesiæ, quia, amoto lapide per Jacob, adaquabant greges; quia, Christo auferente omnem infidelitatem ab eorum cordibus quos prædestinavit ad baptismi sacramentum pertinere, rite credentes abluuntur unda purificationis. Item aqua putei significat scientiam Veteris Testamenti, quam lapis claudebat, quia littera legis sensum spiritualem in eo celabat; sed veniente Christo lapis remotus est, cum per prædicationem Novi Testamenti umbra legis exclusa, et veritas Evangelii patefacta est.

Adhuc loquebantur, et ecce Rachel veniebat cum ovibus patris sui, nam gregem ipsa pascebat. Quam cum vidisset Jacob, et sciret consobrinam suam, ovesque Laban avunculi sui, amovit lapidem, quo puteus claudebatur, et adaquato grege, osculatus est eam; elevataque voce flevit, et indicavit ei quod frater esset patris ejus, et filius Rebeccæ, etc. (*Augustinus.*) Quod venit Rachel cum ovibus patris sui, et dicit Scriptura quod cum vidisset Jacob Rachel filiam Laban fratris matris suæ, accessit et revolvit lapidem ab ore putei, magis notandum est aliquid Scripturam prætermittere, quod intelligere debemus, quam ulla quæstio commovenda. Intelligitur enim quod illi cum quibus primo loquebatur Jacob, interrogati quæ esset quæ veniebat cum ovibus, ipsi dixerunt filiam esse Laban. Quam utique Jacob non noverat, sed illius interrogationem responsionemque illorum Scriptura prætermittens intelligi voluit quod scriptum est:

Osculatus est Jacob Rachel, et exclamans voce sua flevit, et indicavit quod frater esset patris ejus, et quia filius Rebeccæ. Consuetudinis quidem fuit, maxime in illa simplicitate antiquorum, ut propinqui propinquos oscularentur, et hoc hodie fit in multis locis. Sed quæri potest quomodo ab incognito illa osculum acceperit, sed postea indicavit Jacob propinquitatem suam. Ergo intelligendum est aut illum, qui jam audierit quæ illa esset, confidenter in ejus osculum irruisse, aut postea Scripturam narrasse per recapitulationem, quod primo factum erat, id est, quod indicaverat Jacob quis esset, sicut de paradiso postea dicitur, quomodo Deus eum instituerit, cum jam dictum esset quod plantavit paradisum, et posuerit illic hominem, quem finxerat, et multa per recapitulationem dicta intelliguntur.

CAPUT XVI.

De servitute Jacob, qua servivit Laban pro duabus filiabus ejus, et significatione mystica earumdem filiarum.

Habebat vero Laban filias duas: nomen majoris Lia, minor appellabatur Rachel. Sed Lia lippis erat oculis. Rachel decora facie et venusto aspectu. Quam diligens Jacob, ait: Serviam tibi pro Rachel filia tua minore septem annis. Respondit Laban: Melius est ut tibi eam dem, quam viro alteri; mane apud me. Servivit igitur Jacob pro Rachel septem annis, et videbantur illi pauci dies præ amoris magnitudine. Dixitque ad Laban: Da mihi uxorem meam, quia tempus expletum est ut ingrediar ad eam. Qui, vocatis multis amicorum turbis ad convivium, fecit nuptias; et vespere filiam suam Liam introduxit ad eum, dans ancillam filiæ Zelpham nomine, etc. Quod scriptum est, et servivit Jacob pro Rachel annis septem, et erant in conspectu ejus velut pauci dies, eo quod diligebat eam, quærendum quomodo dictum sit, cum magis etiam breve tempus longum esse soleat amantibus. Dictum est ergo propter laborem servitutis, quem facilem et levem amor faciebat. Quid in his duabus uxoribus Jacob, Lia videlicet et Rachel, nisi activa et contemplativa vita signatur? Lia quippe interpretatur *laboriosa*, Rachel vero *ovis*, vel *visus principium*. Activa autem vita laboriosa est, quia desudat in opere. Contemplativa vero simplex, ad solum videndum principium anhelat, videlicet ipsum qui ait: *Ego principium, propter quod et loquor vobis* (Joan. VIII). Beatus autem Jacob Rachel quidem concupierat, sed in nocte accepit Liam, quia videlicet omnis qui convertitur ad Dominum contemplativam vitam desiderat, quietem æternæ patriæ appetit, sed prius necesse est ut in nocte vitæ præsentis operetur bona quæ potest, desudet in labore, id est, Liam accipiat, ut post, ad videndum principium, in Rachel amplexibus requiescat.

Erat autem Rachel videns et sterilis; Lia autem lippa, sed fecunda. Rachel pulchra et infecunda, quia nimirum mens quæ contemplando otia appetit, plus videt, sed minus Deo filios generat. Cum vero ad laborem se prædicationis dirigit, minus videt, sed amplius parit. Contemplativa ergo vita speciosa est in animo; sed dum quiescere in silentio appetit, filios non generat ex prædicatione. Videt et non parit, quia quietis suæ studio minus se in aliorum collectionem succendit, et quantum introrsum conspicit, aperire aliis prædicando non sufficit. Lia vero lippa et fecunda est, quia activa vita dum occupatur in opere, minus videt, sed dum modo per verbum, modo per exemplum, ad imitationem suam proximos accendit, multos in bono opere filios generat; et si in contemplatione mentem tenere non valet, ex eo tamen quod agit exterius gignere sequaces valet. Post Liæ ergo complexus ad Rachelem Jacob pervenit, quod profecto quisque ante activæ vitæ ad fecunditatem jungitur, et post contemplativæ ad requiem copulatur.

Facto mane vidit Jacob Liam, et dixit ad socerum suum: Quid est quod facere voluisti? Nonne pro Rachel servivi tibi? Quare imposuisti mihi? Respondit Laban: Non est in loco nostro consuetudinis ut minores ante tradamus ad nuptias. Imple hebdomadam dierum hujus copulæ, et hanc quoque dabo tibi opere quo serviturus es mihi septem annis aliis. Acquievit placito, et, hebdomada transacta, Rachel duxit uxorem, cui pater servam Balam dederat, etc. Non igitur, ut quidam male æstimant, post septem annos alios Rachel accepit uxorem, sed post septem dies nuptiarum uxoris primæ. Nam sequitur: *Et ingressus est ad Rachel, et dilexit Rachel magis quam Liam, et servivit ei septem annis aliis.*

CAPUT XVII.

De generatione filiorum Jacob ex quatuor uxoribus.

Videns Dominus quod despiceret Liam, operuit vulvam ejus, sorore sterili permanente. Quæ conceptum genuit filium, vocavitque nomen ejus Ruben, etc. Omnium patriarcharum, propter compendium lectionis, etymologias nominum volo pariter dicere. (*Hieronym.*) *Et vocavit*, aquit, *nomen ejus Ruben, dicens: Quia vidit Dominus in humilitate mea.* Ruben interpretatur *visionis filius*

Et concepit, inquit, *alterum filium, et dixit: Quoniam exaudivit me Dominus, eo quod odio me haberet vir meus, et dedit mihi etiam hunc; et vocavit nomen ejus Simeon.* Ab eo quod sit exaudita, Simeoni nomen imposuit. Simeon quippe interpretatur *auditio*. De tertio vero sequitur :

Et concepit adhuc, et peperit filium, et dixit : Nunc erit mecum vir meus, quia peperi ei tres filios; ideo vocavit nomen ejus Levi. Ubi nos legimus, *apud me erit vir meus*, Aquila interpretatus est, *applicabitur vir meus mihi*, quod Hebraice dicitur *ilaue*, ילוה, et a doctoribus Hebræorum aliter transfertur, ut dicant, *persequetur me vir meus*, id est : Non ambigo de amore in me viri mei; erit mihi hac in vita comes, et ejus dilectio me ad mortem usque deducet et prosequetur; tres enim ei filios genui.

Et concepit et peperit, et genuit filium et dixit : Nunc super hoc confitebor Domino; et ob id vocavit nomen ejus Juda. Juda *confessio* dicitur; a confessione utique confessoris nomen est dictum. Verumtamen hic confessio pro gratiarum actione aut pro laude accipitur, ut frequenter in psalmis et in Evangelio. *Confiteor tibi*, inquit, *Pater Domine cœli et terræ* (*Matth.* XI), id est, gratias ago tibi, sive glorificabo te.

(CAP. XXX.) *Et concepit Bala, et peperit Jacob filium, et dixit Rachel : Judicavit me Dominus, et exaudivit vocem meam, et dedit filium; propterea vocavit nomen ejus Dan.* Causam nominis expressit, ut ab eo quod judicasset se Dominus, filio ancillæ judicii nomen imponeret. Dan quippe interpretatur *judicium*.

Et concepit adhuc, et peperit Bala ancilla Rachel filium secundum Jacob, et dixit Rachel : Habitare me fecit Deus habitatione cum sorore mea, et invalui; et vocavit nomen ejus Nephtali. Causam nominis Nephtali multo aliter hic lex ponit, quam in libro Hebraicorum nominum scripta est. Unde et Aquila ait : Συνανέστρεψέν μέ ὁ Θεός, καὶ συνανεστράφην. Pro quo in Hebræo scriptum est, *naphthule Elohim napthaleti*, נפתולי אלהים נפתלתי. Unde a conversatione, sive comparatione, quia utrumque sonat comparationem, sive conversationis, hoc est, Nephtalim, filio nomen imposuit. Quod autem sequitur :

Et peperit Zelpha, ancilla Liæ, Jacob filium, et dixit Lia : In fortuna; et vocavit nomen ejus Gad. Ubi nos posuimus *in fortuna*, et Græce dicitur ἐν τύχη, quod potest et eventus dici, in Hebræo habet *bagad*, בגד, quod Aquila interpretatur *venit accinctio*, nos autem dicere possumus *in procinctu*. Ba enim potest et præpositione sonare *in*, et *venit*. Ab eventu ergo sive procinctu, qui gad dicitur, Gad Zelphæ filius vocatus est. Sequitur :

Et peperit Zelpha ancilla Liæ filium secundum Jacob, et dixit Lia : Beata ego, quia beatificant me mulieres; et vocavit nomen ejus Aser divitiæ. Male additæ sunt divitiæ, id est, πλοῦτος, cum etymologia nominis Aser Scripturæ auctoritate pandatur dicentis : Et ab eo quod beatificant me mulieres, et ab eo quod beata dicatur ab omnibus, filium suum beatum vocaverit. Aser ergo non divitiæ, sed beatus dicitur, duntaxat in præsenti loco. Nam in aliis, secundum ambiguitatem verbi, possunt et divitiæ sic vocari.

Et audivit Deus Liam, et concepit, et peperit Jacob filium quintum, et dixit Lia : Dedit Dominus mercedem meam, quia dedi ancillam meam viro meo, et vocavit nomen eis Issachar. Etymologiam nominis Septuaginta interpretes ediderunt, *est merces*. Non igitur, ut plerique addito pronomine male legunt, æstimandum est ita scriptum esse, quod est merces, sed totum nomen interpretatur, *est merces*. Ies, יש, quippe dicitur, *est*, et *sachar*, שכר, *merces*. Hoc autem ideo, quia mandragoris filii Ruben introitum qui Racheli debebatur ad se viri emerat. Sequitur :

Et concepit Lia adhuc, et peperit filium sextum Jacob, et dixit Lia : Dotavit me Dominus dote bona. Ex hoc tempore habitabit mecum vir meus, quia peperi ei sex filios. Et vocavit nomen ejus Zabulon. Ubi nos posuimus, *habitabit mecum*, et Septuaginta interpretati sunt, *diliget me*, in Hebræo habetur, *Isboleni*, יזבלני et est sensus : Quia sex filios genui Jacob, propterea jam secura sum; habitabit namque mecum vir meus : unde et filius meus vocetur habitaculum. Male igitur et violenter in libro Nominum, Zabulon *fluctus noctis* interpretatur.

Et post hoc peperit filiam, et vocavit nomen ejus Dina. Hæc transfertur in *causam*, quam significantius Græce δίκην vocant. Jurgii namque in Sichimis causa exstitit. Post filios et parentum ponenda sunt nomina. Lia interpretatur *laborans*. Rachel *ovis*: cujus filius Joseph, ab eo quod sibi alium addi mater optaverat, vocatur *augmentum*. Nunc autem quid rerum significaverint quatuor uxores Jacob, quærendum est, quarum duæ liberæ, duæ ancillæ fuere. Vidimus namque Apostolum in libera et ancilla, quas habebat Abraham, duo Testamenta intelligere. Sed ibi in una et una facilius apparet quod dicitur, hic autem duæ sunt et duæ. Deinde ibi ancillæ filius exhæredatur. Hic vero ancillarum filii simul cum filiis liberarum terram promissionis accipiunt. Unde procul dubio aliquid significatur, quanquam duæ liberæ uxores Jacob, ad novum testamentum, quo in libertate vocati sumus existimentur pertinere, non tamen frustra duæ sunt, nisi quia duæ vitæ nobis in Christi corpore prædicantur ; una temporalis, in qua laboramus ; alia æterna, in qua dilectionem Dei contemplabimur. Lia namque interpretatur *laborans*. Rachel autem *visus principium*, sive *verbum*. Actio ergo hujus vitæ, in qua vivimus ex fide, laboriosa est in operibus, et incerta quo exitu perveniat ad utilitatem eorum quibus consulere volumus. Ipsa est Lia prior uxor Jacob, ac per hoc et infirmis oculis fuisse commemoratur. Cogitationes namque mortalium timidæ, et incertæ sunt providentiæ nostræ. Spes vero æternæ contemplationis Dei, habens certam intelligentiam veritatis, ipsa est Rachel : unde et dicitur bona facie et pulchra specie. Hanc amat enim omnis pie studiosus, et propter hanc servit gratiæ Dei, qua *peccata nostra et si fuerint sicut phœ-* *nicium, tanquam nix dealbabuntur.* Laban quippe interpretatur *dealbatio,* cui servivit Jacob propter Rachel. Neque enim se quisque convertit sub gratia remissionis peccatorum servire justitiæ, nisi ut quiete vivat in verbo, ex quo videtur principium, quod est Deus. Ergo propter Rachel, non propter Liam servitur. Nam quis tantum amaverit in operibus justitiæ laborem actionum atque passionum? quis eam vitam propter seipsam petierit? sicut nec Jacob Liam, sed tantum sibi in nocte suppositam in usu generandi amplexus, fecunditatem ejus expertus est. Dominus enim eam, quia per seipsam diligi non poterat primo, ut ad Rachel perveniretur tolerari fecit, deinde propter filios commendavit. Ita vero utilis unusquisque Dei servus sub dealbationis peccatorum suorum gratia constitutus, quid aliud amans, et in sua conversatione meditatur, nisi doctrinam sapientiæ? Quam plerique suscepturos putant statim, ut se in septem præceptis legis exercuerint, quæ sunt de dilectione proximi ne cuique noceatur, id est : *Honora patrem tuum et matrem. Non mœchaberis. Non occides. Non furaberis. Non falsum testimonium dices. Non concupisces uxorem proximi tui. Non concupisces rem proximi tui (Exod.* xx). Quibus observatis, posteaquam homini pro concupita dilectione doctrinæ, per tentationes varias, quasi per hujus seculi noctem tolerantia laboris adhæserit, velut pro Rachel Lia inopinata conjungitur, et hanc sustinet, ut ad illam perveniat, si perseveranter amat acceptis septem aliis præceptis, ac si ei dicatur : Servi alios septem annos pro Rachel, ut sit pauper spiritu, mitis, lugens, esuriens et sitiens justitiam, misericors, mundi cordis, pacificus. Vellet enim homo, si fieri posset, sine ulla tolerantia laboris quæ in agendo patiendoque est amplectenda, statim ad pulchræ contemplationis delicias pervenire, sed hoc non potest in terra morientium. Hoc namque videtur significare, quod dictum est ad Jacob : *Non est moris in loco hoc ut minor habeatur priusquam major.* Quia non absurde major appellatur, qui tempore prior est. Prior est autem in hominis eruditione labor boni operis, quam requies contemplationis. Ad unum ergo contendendum, sed propter hoc multa referenda sunt. Itaque duæ sunt uxores Jacob liberæ, ambæ quippe sunt filiæ remissionis peccatorum, hoc est dealbationis, quod est Laban, verumtamen una amatur, alia toleratur. Sed quæ toleratur, ipsa prius et uberius fecundatur, ut si non propter seipsam, certe propter filios diligatur. Labor namque justorum maximum fructum habet in eis quos regno Dei generat inter multas tribulationes et tentationes, prædicando Evangelium ad eos qui sunt in laboribus abundantius, in plagis supra modum, in mortibus sæpius, propter quos *habet foris pugnas, intus timores,* quosque gaudium et coronam suam vocant. Nascuntur autem eis facilius atque copiosius ex illo sermone fidei, quo prædicant Christum crucifixum. Rachel autem clara aspectu mente excedit Deo, et videt in principio Verbum Deum apud Deum, et vult parere, et non potest, quia *Generationem ejus quis enarrabit?* Ideoque contemplandi otia appetit, ut divinitatem ineffabilem cernat. Vacare vult ab omni negotio, et ideo sterilis, quia in variis pressuris non subvenit. Sed quia ipsa interdum procreandi charitate inardescit (vult enim docere quod novit), videt sororem labore agendi filiis abundantem, et dolet potius currere homines ad eam virtutem, qua eorum necessitatibus consulatur, quam ad illam unde divinum aliquid discitur. Hic dolor figuratus videtur in eo quod scriptum est : *Et zelavit Rachel sororem suam.* Proinde quia purus intellectus spiritualis substantiæ verbis carne editis exprimi non potest, elegit doctrina sapientiæ per quaslibet corporeas similitudines insinuare divinas, sicut elegit Rachel ex viro suo et ancilla suscipere filios, quam sine filiis omnino remanere. Bala quippe, ancilla Rachel, interpretatur *inveterata.* De vetere quippe vita, carnalibus sensibus dedita, corporeæ cogitantur imagines, etiam cum aliquid de spirituali et incommutabili substantia Divinitatis auditur. Suscipit et Lia de ancilla sua liberos, amore habendi numerosiores proles accensa. Invenimus autem Zelpham ancillam ejus interpretari *os dicens,* quapropter hæc ancilla illos figurat quorum in prædicatione fidei evangelicæ os erat, et cor non erat. De quibus scriptum est : *Populus hic labiis me honorat, cor autem eorum longe est a me (Isa.* xxix). De quibus Apostolus dicit : *Qui prædicas non furandum furaris (Rom.* ii). Verumtamen, ut etiam per hanc conditionem libera illa uxor Jacob laborans filios hæredes regni suscipiat, ideo Dominus dicit : *Quæ dicunt facite; quæ autem faciunt, facere nolite* (Matth. xxiii). Unde et Apostolus : *Sive,* inquit, *occasione, sive veritate, Christus annuntietur; et in hoc gaudeo, sed et gaudebo* (Philip. i); tanquam et ancilla pariente, de prole numerosiore lætatur. Est vero quidam Liæ fetus ex beneficio Rachel editus, cum virum suum secum debita nocte concubiturum, acceptis a filio Liæ mandragoricis malis, cum sorore cubare permittit. Quid enim de mandragora dicendum est? Proinde rem comperi pulchram et suave olentem, sapore autem insipido; et ideo in illo mandragorico pomo figurari intelligam famam bonam popularem. Unde dicit Apostolus : *Oportet etiam testimonium habere bonum ab eis qui foris sunt* (I Tim. iii); qui licet parum sapiant, reddunt tamen plerumque labori eorum per quos sibi consulitur, et splendorem laudis, et odorem bonæ opinionis. Nec ad istam gloriam popularem primi perveniunt eorum qui sunt in Ecclesia, nisi quicunque in actionum periculis et labore versantur. Propterea Liæ filius mala mandragorica invenit exiens in agrum, id est, honeste ambulans ad eos qui foris sunt. Doctrina vero illa sapientiæ quæ a vulgi strepitu remotissima, in contemplatione veritatis dulci delectatione defigitur, hanc popularem gloriam quantumcumque non assequeretur, nisi per eos qui in mediis turbis, agendo ac suadendo, populis præsunt, quia dum isti actuosi et negotiosi homines, per quos multitudinis administratur utilitas, et quorum auctoritas populis chara est, testimonium perhibent etiam vitæ propter studium conquirendæ et contemplandæ veritatis, otiose quodammodo mala mandragorica per Liam veniunt ad Rachel, ad ipsam vero Liam per filium primogenitum, id est, per honorem fecunditatis ejus, in quo est omnis fructus laboriosæ atque inter certamina tentationum periclitantis actionis, quam plerique bono ingenio præditi studioque flagrantes, quamvis idonei regendis populis esse possint, tamen evitant propter turbulentas occupationes, et in doctrinæ otium toto pectore, tanquam in speciosæ Rachel feruntur amplexus. Et quia bonum est ut etiam hæc vita latius innotescens popularem gloriam mereatur, injustum est autem ut eam consequatur, si amatorem suum administrandis ecclesiasticis curis aptum et idoneum in otio detinet, nec gubernationem communis utilitatis impartit ; propterea Lia sorori suæ dixit :

Parvum est tibi quod virum meum accepisti, insuper et mandragoras filii mei vis accipere ? Per unum virum significans eos omnes qui cum sint agendi virtute habiles et digni quibus regimen Ecclesiæ committatur ad dispensandum fidei sacramentum, studio doctrinæ accensi, atque indagandæ et contemplandæ sapientiæ, se ab omnibus actionum molestiis removere, atque in otio discendi aut docendi volunt consedere. Ita ergo dictum est : *Parvum est tibi quod accepisti virum meum, insuper et madragoras filii mei vis accipere?* Ac si diceret : Parvum est quod homines ad laborem rerum regendarum necessarios in otio detinet vita studiosorum, insuper et popularem gloriam requirit? Proinde ut eam juste comparet, impartit Rachel virum sorori suæ illa nocte, ut scilicet, qui virtute laboriosa regimini populorum accommodati sunt, etiam si scientiæ vacare elegerint, suscipiant experientiam tentationum, curarum quoque sarcinam pro utilitate communi, ne ipsa doctrina sapientiæ, cui vacare statuerant, blasphemetur, neque adipiscatur ab imperitioribus populis existimationem bonam, quod illa poma significant, et quod necessarium est ad exhortationem discentium. Sed plane, ut hanc curam suscipiant, vi coguntur satis, et hoc significatum est, quod cum veniret de agro Jacob, occurrit ei Lia, eumque detinens ait : *Ad me intrabis, conduxi enim te pro mandragoris filii mei.* Tanquam diceret : doctrinæ quam diligis vis conferre bonam opinionem? noli fugere officiosum laborem. Hæc in Ecclesia geri quisquis adverterit cernit, et experitur in exemplis quod intelligimus in libris. Quis non videat hoc geri toto orbe terrarum, venire homines ab operibus sæculi, et ire in otium cognoscendæ et contemplandæ veritatis, tanquam in amplexu Rachel, et excipi de transverso ecclesiastica necessitate, atque ordinari in laborem, tanquam Lia dicente, *Ad me intrabis?* Quib istud mysterium Dei dispensantibus, ut in

A nocte hujus sæculi filios generent fidei, laudatur etiam a populis illa vita, cujus amore conversi, spem sæculi reliquerunt, et ex cujus professione ad misericordiam regendæ plebis assumpti sunt. Id enim agunt in omnibus laboribus suis, ut illa professio qua se converterant, quia tales rectores populi dedit, latius et clarius glorificetur, tanquam non recusantes noctem Liæ, ut Rachel pomis suave olentibus et clare nitentibus potiatur. Quæ aliquando et ipsa, misericordia Dei præstante, per seipsam parit, vix tandem quidem, quia perrarum est ut *In principio erat Verbum, et Verbum erat apud Deum, et Deus erat Verbum (Joan.* I), et quidquid de hac re pie sapienterque dicitur, sine phantasmate carnalis cogitationis, et salubriter, vel ex parte capiatur.

B Alio quoque sensu Liam et Rachel Victorinus martyr et cæteri in similitudinem Ecclesiæ vel Synagogæ interpretati sunt. Liam enim majorem natu Synagogæ tenuisse typum æstimabant, quia prior Dei genuit populum. Hæc quidem et oculis legitur gravida, quia lex per Moysen data cooperta est atque signata. Rachel autem, junior et pulchra, prius sterilis et postmodum fecunda, similitudo est Ecclesiæ : junior quia tempore posterior ; pulchra, quia sancta corpore et spiritu. Oculi ejus decori, quia Evangelium perspicere meruerunt ; quæ etiam tandiu sterilis fuit, quousque Synagoga populum generavit. Cur autem pro Rachel servivit, et supponitur ei Lia major, nisi quia Dominus, ut Ecclesiam assumeret, prius Synagogam sibi conjunxit ? Servitus itaque ipsa C Jacob septem annorum pro duabus uxoribus hujus vitæ præsentis tempus significat, quia per septem dies evolvitur, in qua Dominus formam servi accepit, factus obediens paternæ voluntati usque ad mortem. Ille enim pro omnibus servivit, et Dominus noster ait : *Non venit filius hominis ministrari, sed ministrare (Matth.* xx). Ille oves pavit, et Dominus in Evangelio dicit : *Ego sum pastor bonus (Joan.* x). Ille mercedis lucro varium sibi pecus abstulit : Christus diversarum gentium varietatem sibimet congregavit. Ille tres virgas amputatis corticibus, in alveis aquarum apposuit, ut earum contemplatione multiplicarentur ejus oves, et Dominus noster in aqua baptismatis, trium personarum nomina, Patris, et Filii, et Spiritus sancti, populo fideli proposuit, D ut quisquis hoc pleno corde perspexerit, efficiatur ovis Dei. Qualiter autem hæc res secundum historiam intelligi debeat, non est prætereundum.

CAPUT XVIII.
De servitute Jacob, qua servivit Laban pro gregibus suis.

Petente igitur Jacob suum socerum, ut cum uxoribus et liberis suis liceret sibi ad parentes redire, suasit ei Laban, ut secum maneret aliquantum temporis, dixitque ei :

Quid dabo tibi? At ipse respondit. Nihil volo. Sed si feceris quod postulo, iterum pascam, et custodiam pecora tua. Gyra omnes greges tuos, et separa cunctas oves varias, et sparso vellere, et quodcunque fulvum et

maculosum variumque fuerit, tam in ovibus, quam in capris, erit merces mea; respondebitque mihi cras justitia mea, quando placiti tempus advenerit coram te, etc. Multum apud Septuaginta interpretes confusus est sensus, et usque in præsentem diem nullum potui invenire nostrorum qui ad liquidum quid in hoc loco diceretur exponeret. Vis, inquit, Jacob me servire tibi etiam alios septem annos? fac, quod postulo. Separa omnes discolores et varias tam oves, quam capras, et trade in manus filiorum tuorum. Rursumque ex utroque grege alba et nigra pecora, id est, unius coloris da mihi. Si quid igitur ex albis et nigris, quæ unius coloris, sunt, varium natum fuerit, meum erit. Si quid vero unius coloris, tuum. Rem non difficilem postulo. Tecum facit natura pecorum, ut alba ex albis, et nigra nascantur ex nigris, mecum erit justitia mea, dum Deus humilitatem meam respicit et laborem. Optionem Laban datam libenter arripuit, et ita ut Jacob postulabat faciens, trium dierum iter inter Jacob et suos filios separavit, ne quis ex vicinitate pecoris nasceretur dolus. Itaque Jacob novam stropham commentus est, et contra naturam albi et nigri pecoris naturali arte pugnavit. Tres enim virgas populeas, et amygdalinas, et maligranati, quanquam Septuaginta styraceas, et nuceas, et platanicas, habeant, ex parte decorticans, varium virgarum fecit colorem, ut ubicunque in virga corticem reliquisset antiquus permaneret color; ubi vero tulisset corticem, color candidus panderetur. Observabat ergo Jacob, et tempore quo ascendebantur pecora et post calorem diei ad potandum avide pergebant, discolores virgas ponebat in canalibus, et admissis arietibus et hircis, in ipsa potandi aviditate oves et capras faciebat ascendi, ut ex duplici desiderio, dum et avide bibunt et ascenduntur a maribus, tales fetus conciperent, quales umbras arietum et hircorum desuper ascendentium in aquarum speculo contemplabantur. Ex virgis enim in canalibus positis varius etiam erat imaginum color. Nec mirum hanc in conceptu feminarum esse naturam, ut quales perspexerint sive mente conceperint, in extremo voluptatis æstu, quo concipiunt, talem sobolem procreent, cum hoc ipsum etiam in equarum gregibus apud Hispanos dicatur fieri, et Quintilianus in ea controversia qua accusatur matrona quod Æthiopem peperit, pro defensione illius argumentetur hanc conceptuum esse naturam quam supra diximus. Et scriptum reperitur in libris antiquissimi et peritissimi medici Hyppocratis, quod mulier quædam suspicione adulterii fuerat punienda, cum pulcherrimum peperisset, utrique parenti generique dissimilem, nisi memoratus medicus solvisset quæstionem, illos monens quærere num forte aliqua talis pictura esset in cubiculo, qua inventa, mulier a suspicione liberata est. (*Aug.*) Sed ad hanc rem, quam fecit Jacob, virgarum ex diversis arboribus trium copulatio quid contulerit utilitatis, quod attinet ad varias pecudes multiplicandas, non apparet omnino, nec aliquid ad hoc commodum interest, utrum ex unius generis ligno varientur virgæ, an plura sint lignorum genera, cum sola quæratur colorum varietas. Ac per hoc inquiri cogit prophetiam, et aliquam figuratam significationem res ista: quam sine dubio ut propheta fecit Jacob, et ideo nec fraudis arguendus est. Non enim tale aliquid, nisi relatione spirituali eum fecisse credendum est. Postquam autem nati fuerant agni et hædi varii et discolores ex albis et unius coloris gregibus, separabat illos Jacob, et procul esse faciebat a pristino grege. Si qui autem nascebantur unius coloris, id est, albi vel nigri, tradebat in manus filiorum Laban, et ponebat virgas, quas discoloraverat [discoriaverat] in canalibus, ubi effundebantur aquæ, et veniebant ad potandum, contra pecora, ut conciperent eo tempore cum venirent ad potandum. Et concipiebant pecora contra virgas Jacob, quas posuerat ante pecora in canalibus ad concipiendum in eis, et in serotinis ovibus non ponebat, et fiebant serotina Laban, et temporanea Jacob. Hoc in Septuaginta interpretibus non habetur; sed pro serotinis et temporaneis, aliud nescio quid, quod ad sensum non pertinet, transtulerunt. Quod autem dicit Scriptura, hoc est: Jacob prudens et callidus, justitiam et æqualitatem etiam in nova arte servabat. Si enim omnes agnos et hædos varios pecora procreassent, erat aliqua suspicio doli, et aperte huic rei Laban invidus contraisset. Ergo ita omnia temperavit; ut et ipse fructum sui laboris acciperet, et Laban non penitus spoliaretur; sed si quando oves et capræ primo tempore ascendebantur, quia melior est vernalis [vernus] fetus, ante ipsas ponebat virgas, ut varia soboles nasceretur. Quæcunque autem oves et capræ sero quærebant marem, ante harum oculos non ponebat virgas, ut unius coloris pecora nascerentur; et quidquid nascebatur primum, suum erat, quia discolor et varium erat; quidquid postea, Laban. Unius enim tam in nigro quam in albo coloris pecus oriebatur. In eo autem loco ubi scriptum est, ut conciperent in virgis, in Hebræo habet, *iehammenna* וירמנה. Vim verbi Hebraici, nisi circuitu exprimere non possum. Iehammenna enim proprie dicitur extremus in coitu calor, quo corpus omne concutitur, et patranti voluptati vicinus est finis. (*Greg.*) Potest autem et secundum mysticum sensum, hoc factum et alio modo intelligi. Intellectus sacri eloquii inter textum et mysterium tanta est libratione pensandus, ut utriusque partis lance moderata, hunc neque nimiæ discussionis pondus deprimat, neque rursus torpor incuriæ vacuum relinquat. Multæ quippe ejus sententiæ tanta allegoriarum conceptione sunt gravidæ, ut quisquis eas ad solam tenere historiam nititur, earum notitia per suam incuriam privetur. Nonnulla vero ita exterioribus præceptis inserviunt, ut si quis eas subtilius penetrare desiderate, intus quidem nihil inveniat, sed hoc sibi etiam quod foris loquuntur abscondat. Unde bene quoque narratione historica per significationem dicitur:

Tollens Jacob virgas populeas virides et amygdalinas

et ex platanis, ex parte decorticavit eas, et reliqua. Quid est virgas virides et amygdalinas atque ex platanis ante oculos gregum ponere, nisi per Scripturæ seriem antiquorum Patrum vitas atque sententias in exemplum populis præbere? Quæ nimirum quia juxta rationis examen rectæ sunt, virgæ nominantur. Quibus ex parte corticem subtrahit, ut in his quæ exspoliantur, intimus candor appareat; et ex parte corticem servat, si ut fuerant exterius in veritate permaneant; variusque virgarum color efficitur, dum cortex ex parte subtrahitur, et ex parte retinetur. Ante considerationis enim nostræ oculos prædicantium Patrum sententiæ quasi virgæ variæ ponuntur, in quibus dum plerumque intellectum litteræ fugimus, quasi corticem subtrahimus; et dum intellectum litteræ plerumque sequimur, quasi corticem reservamus. Dumque ab ipsis cortex litteræ subtrahitur, allegorice candor interior demonstratur; et cum cortex relinquitur, exterioris intelligentiæ virentia exempla monstrantur. Quas bene Jacob in aquæ canalibus posuit, quia et Redemptor noster in libris eas sacræ scientiæ, quibus nos intrinsecus infundimur, fixit. Has aspicientes arietes cum ovibus coeunt, quia rationales nostri spiritus intellectus, dum earum intentione defixi sunt, singulis quibus actionibus permiscentur tales fetus operum procreant, qualia exempla præcedentium in vocibus præceptorum vident; et diversum colorem prolis boni operis habent quia nonnunquam subtracta litteræ cortice, acutius interna considerant, et reservato nonnunquam historiæ tegmine, bene se in exterioribus formant.

Ditatusque est homo ultra modum; et habuit greges multos, et ancillas, et servos, camelos et asinos.

CAPUT XIX.

De reditu Jacob ex Mesopotamia cum uxoribus et liberis, et pacto quod cum Jacob inivit Laban.

(CAP. XXXI.) *Postquam autem audivit verba filiorum Laban dicentium: Tulit Jacob omnia quæ fuerunt patris nostri, et de illius facultate ditatus, factus est inclytus, animadvertit quoque faciem Laban quod non esset erga se sicut heri et nudiustertius, maxime dicente sibi Domino: Revertere in terram patrum tuorum, et ad generationem tuam, eroque tecum. Misit et vocavit Rachel et Liam in agrum, ubi pascebat greges, dixitque eis: Video faciem patris vestri, quod non sit erga me sicut heri et nudiustertius. Deus autem patris mei fuit mecum, et ipsæ nostis quod totis viribus meis servierim patri vestro. Sed pater vester circumvenit me, et mutavit mercedem meam decem vicibus, et reliqua. Et pater vester*, inquit, *mentitus est mihi et mutavit mercedem meam decem vicibus; et non dedit ei Deus ut noceret mihi. Si dixerat hoc: Varium pecus erit merces tua, nascebatur omne pecus varium; et si dixerat: unius coloris erit merces tua, nascebatur omne pecus unius coloris.* Pro eo quod nos posuimus, *mutavit mercedem meam decem vicibus*, Septuaginta interpretes posuerunt, *decem agnis*, nescio qua opinione ducti, cum verbum Hebraicum *monim* מנים, numerum magis quam agnos sonet.

Denique et ex consequentibus hic magis sensus probatur, quod per singulos fetus semper Laban conditionem mutaverit. Si videbat varium nasci pecus, post fetum dicebat: Volo ut in futuro mihi varia nascantur. Jacob quippe hoc audito, virgas in canalibus non ponebat, ut futuros fetus sibi pecora unius coloris procrearent. Rursum cum vidisset unius coloris nasci pecora Laban, suæ partis ea fieri debere dicebat. Et quid plura? usque ad vices decem semper a Laban pecoris sui Jacob mutata conditio est; et quodcunque sibi proposuerat ut nasceretur, in colorem contrarium vertebatur. Ne cui autem in sex annis decem pariendi vices incredibiles videantur, lege Virgilium, in quo dicitur:

Bis gravidæ pecudes.

Natura autem Italicarum ovium et Mesopotamiæ una esse traditur.

Responderunt Rachel et Lia: Nunquid habemus residui quidquam in facultatibus et hæreditate domus patris nostri? Nonne quasi alienas reputavit nos, et vendidit, conceditque pretium nostrum? sed Deus tulit opes patris nostri, et nobis eas tradidit ac filiis nostris. Unde omnia quæ præcepit tibi Dominus fac. Surrexit itaque Jacob, et impositis liberis et conjugibus suis super camelos abiit; tulitque omnem substantiam, et greges, et quidquid in Mesopotamia acquisierat, pergens ad Isaac patrem suum in terram Chanaan. Eo tempore Laban ierat ad tondendas oves suas, et Rachel furata est idola patris sui, et reliqua. Ubi nunc idola legimus, in Hebræo *theraphim*, תרפים, scriptum est, quæ Aquila μορφώματα, id est *figuras*, vel *imagines*, interpretatur. Hoc autem ideo, ut sciamus quid in Judicum libro theraphim sonet.

Nuntiatum est Laban die tertio quod fugeret Jacob; qui assumptis fratribus suis, persecutus est eum diebus septem, et comprehendit eum in monte Galaad, etc. Non quod eo tempore Galaad mons diceretur, sed per anticipationem, ut frequenter diximus, illo vocatur nomine, quo postea nuncupandus est.

Non es passus, inquit, *Laban ad Jacob, ut osculares filios meos ac filias*, etc. Filios ac filias Jacob, Laban suos more Scripturæ sacræ, quo filios seu fratres cognatos appellat, sicut in sequentibus ostendetur, ubi scriptum est: *Dixitque Jacob fratribus suis: Afferte lapides*, filios, fratrum nomine nuncupans, et in Evangelio filios Mariæ materteræ Domini fratres Domini appellat. Post longam igitur servitutem quam Jacob apud socerum suum pro uxoribus vel pro mercede sustinuit, præcepit ei Deus ut reverteretur ad patriam suam. (*Isid.*) Tunc ignorante socero suo, cum uxoribus suis, cum comitatu properavit. Laban autem consecutus est eum in monte Galaad cum furore, atque idola quæ Rachel furata est, apud eum requisivit nec reperit. Quid ergo sibi hoc ipsum figuraliter velit dicamus. Dum enim Laban superius aliam gerat personam, nunc tamen diaboli typum figurat. Laban quippe interpretatur *dealbatio*. Dealbatio autem diabolus non inconvenienter accipitur, quia cum sit tenebrosus ex merito, transfigurat se velut in angelum lucis. Huic servivit Jacob, id est, ex parte reproborum Judaicus populus, ex cujus carne incarnatus Dominus venit. Potest etiam per Laban mundus hic exprimi, qui cum furore Jacob sequitur, quia electos quosque, qui Redemptoris nostri membra sunt, persequendo opprimere conatur. Hujus filiam, id est, seu mundi, sive diaboli, Jacob abstulit, cum Christus sibi Ecclesiam conjunxit : quam et de domo patris abstulit, quia ei per Prophetam dicit : *Obliviscere populum tuum, et domum patris tui* (*Psal.* XLIV). Quid vero in idolis, nisi avaritia designatur ? Unde et per Paulum dicitur : *Et avaritia, quæ est idolorum servitus* (*Galat.*). Laban ergo veniens apud Jacob, idolum non invenit, quia, ostensis mundi thesauris, diabolus in Redemptore nostro vestigia concupiscentiæ terrenæ non reperit, sed quæ Jacob non habuit, ea Rachel sedendo cooperuit. Per Rachel quippe, quæ Dei ovis dicitur, Ecclesia figuratur. Sedere autem, est humilitatem pœnitentiæ appetere, sicut scriptum est : *Surgite postquam sederitis* (*Psal.* CXXVI). Rachel ergo idola sedendo operuit, quia sancta Ecclesia Christum sequens, vitium terrenæ concupiscentiæ per humilitatem pœnitentiæ cooperuit. De hac coopertione vitiorum per Prophetam dicitur : *Beati quorum remissæ sunt iniquitates, et quorum tecta sunt peccata* (*Psal.* XXXI). Nos igitur Rachel illa significavit, qui idola sedendo premimus, si culpas avaritiæ pœnitendo damnamus. Quæ utique avaritiæ immunditia, non illis qui viriliter currunt, quibus dicitur, *Viriliter agite et confortetur cor vestrum* (*Psal.* XX), sed his maxime evenit, qui quasi effeminato gressu gradientes, per blandimenta sæculi resolvuntur. Unde et illic ejusdem Rachelis hæc verba sunt : *juxta consuetudinem feminarum nunc accidit mihi*, id est, quasi muliebria se habere innotuit. *Sumpsit autem Jacob lapidem, et constituit eum in titulum*, etc. Diligenter animadvertendum est quomodo istos titulos in cujuslibet rei testimonio constituebant, non ut eos pro diis colerent, sed ut eis aliquid significarent.

Dixit Jacob fratribus suis : Colligamus lapides, et congregatis lapidibus fecerunt acervum et comederunt super eum. Et vocavit illum Laban Acervum testimonii, et Jacob Acervum testis. Acervus lingua Hebræa *gal*, גל, dicitur, *ed*, עד, vero testimonium. Rursum, Syra lingua acervus *igar*, יגר, appellatur, testimonium *saadutha*, שהדותא. Jacob igitur acervum testimonii, hoc est Galaad, lingua appellavit Hebræa; Laban vero ad ipsum, id est, acervum testimonii, igar saadutha gentis suæ sermone vocavit. Erat enim Syrus, et antiquam linguam parentum provinciæ in qua habitabat sermone mutaverat.

Dixitque Laban : Tumulus iste testis erit inter me et te hodie, et idcirco coappellatum est nomen ejus Galaad, id est, tumulus testis. Notandum tamen quod acervum lapidum quem inter se constituerant Laban et Jacob, aliquanta diversitate appellaverunt, sicut in quibusdam exemplaribus scriptum reperitur, ut eum vocaret Laban *Acervum testimonii*, Jacob *Acervum testis*. Traditur ab eis qui et Syram et Hebræam linguam noverunt, propter proprietates uniuscujusque linguæ factum. Fieri enim solet ut alia lingua non dicatur uno verbo, quod alia dicitur, et vicinitate significationis quidque appelletur. Nam postea dicitur : Propter hoc appellatum est nomen Acervus testis. Hoc enim medie positum est, quod utrique, conveniret, et ei qui dixerat, *Acervus testimonii*, et ei qui dixerat, *Acervus testis*. (*Isid.*) Mystice autem inter fideles, tam Judæos quam gentiles, testis est lapis eminens in similitudinem Christi, et acervus lapidum qui est multitudo credentium.

Intueatur Dominus et judicet inter nos, quando recesserimus a nobis. Si afflixeris filias meas, et si introduxeris uxores alias super eas, nullus sermonis nostri testis est, absque Deo qui præsens aspicit. (*Aug.*) Quid est quod Laban dicit : *Nullus sermonis nostri est testis*, nisi forte nemo extraneorum ? Aut propter testificationem Dei quem ita habere deberent, tanquam nemo cum eis esset, quem testimonio ejus adjungerent.

Et juravit Jacob per timorem patris sui Isaac. Per timorem utique quo timebat Deum; quem timorem etiam superius commendavit, cum diceret : Deus patris mei Abrahæ, et timor patris mei Isaac.

Laban vero, de nocte consurgens, osculatus est filios ac filias suas, et benedixit illis; reversusque est in locum suum. Quod autem Laban et Jacob ambo viam quæ ducit trans fluvium in terram repromissionis ire cœperunt, sed tamen ambo usque ad destinatum locum non pervenerunt, quia Laban accepto itinere destitit, non inconvenienter significare potest duos populos tentantes ire per baptismum ad terram Ecclesiæ; sed Jacob illuc progrediente, Laban reversus est, quia filiis lucis in profectu virtutum per baptismum ad futuram patriam properantibus, reprobi de incœpto studio retro labuntur, et ad pristinas sordes revertuntur. Unde et sequitur :

(CAP. XXXII.) *Jacob quoque abiit in itinere quo cœperat; fuerunt que ei obviam angeli Dei. Quos cum vidisset ait : Castra Dei sunt hæc. Et appellavit nomen loci illius Mahanaim*, מחנים, id est, *castra* (*Aug.*). Castra Dei quæ vidit Jacob in itinere, nulla dubitatio est quod angelorum fuerat multitudo. Ea quippe in Scripturis militia cœli nuncupantur. Ubi castra hic posita sunt, in Hebræo habet mahanaim, ut sciamus, si quando interpretatum in alio loco ponitur, quem locum significet; et pulchre ad fratrem iturus inimicum, angelorum se comitantium excipitur choris.

CAPUT XX.

De eo quod munera misit Esau fratri suo ; et de luctamine viri cum eo a quo benedictus est.

Misit autem et nuntios ante se ad Esau fratrem suum in terram Seir regionis Edom; præcepitque ei dicens : Sic loquimini domino meo Esau : Hæc dicit frater tuus Jacob : Apud Laban peregrinatus sum, et fui usque in præsentem diem. Habeo boves et asinos, oves et servos, atque ancillas : mittoque nunc legationem ad dominum meum, ut inveniam gratiam in conspectu tuo. Reversi sunt nuntii ad Jacob dicentes: Venimus ad Esau fratrem tuum, et ecce properat in occursum tibi, cum quadringentis viris. Timuit Jacob valde, et perterritus divisit populum qui secum erat; greges quoque, et oves, et boves, et camelos, in duas turmas, dicens: Si venerit Esau ad unam turmam et percusserit eam, alia turma quæ reliqua est, salvabitur.* Nuntiato sibi fratre suo Jacob veniente obviam ei cum quadringentis, turbatus est quidem, et mente confusus, quoniam timuit valde, et visum est homini perturbato divisam multitudinem suam in duo castra disponi. Ubi quæri potest quomodo habuerit fidem de promissis Dei, quandoquidem dixit: *Si venerit ad castra prima frater meus et occiderit ea, erunt secunda in salutem.* Sed etiam hoc fieri potuit, ut everteret castra ejus Esau, et tunc Deus post illam afflictionem, adesset et liberaret eum, et quæ promisit impleret. Et admonendi fuimus hoc exemplo, ut quamvis credamus in Deum, faciamus tamen quæ facienda sunt ab hominibus in præsidium salutis, ne prætermittentes ea, Deum tentare videamur. Denique post hæc quæ verba dicat idem Jacob, considerandum est.

Deus, inquit, *patris mei Abraham, et Deus patris mei Isaac, Domine, qui dixisti mihi, Recurre in terram generationis tuæ, et benefaciam tibi, idoneus es mihi ab omni justitia et ab omni veritate quæ fecisti puero tuo. In virga enim mea ista, transivi Jordanem hunc. Nunc autem factus sum in duo castra. Erue me de manu fratris mei, de manu Esau, quia ego timeo illum, ne cum venerit feriat me, et matres super filios. Tu autem dixisti: Benefaciam tibi, et ponam semen tuum tanquam arenam maris, quæ non dinumerabitur præ multitudine.* Satis in his verbis et humana infirmitas et fides pietatis apparet.

Præcesserunt itaque munera ante eum; ipse vero mansit nocte illa in castris. Cumque mature surrexisset, tulit duas uxores suas, et totidem famulas cum undecim filiis, et transivit vadum Jaboc. Jaboc fluvius est qui fluit inter Ammaum, hoc est Philadelphiam et Gerasam, in quarto ejus milliario et ultra procedens. Jordani fluvio commiscetur. Hoc autem amne transmisso, luctatus est Jacob adversus eum qui sibi apparuerat, vocatusque est Israel. Unde et sequitur:

Transductisque omnibus quæ ad se pertinebant, remansit solus, et ecce vir luctabatur cum eo usque mane. Qui cum videret quod eum superare non posset, tetigit nervum femoris ejus, et statim emarcuit. Dixitque ad eum: Dimitte me, jam enim ascendit aurora. Respondit: Non dimittam te, nisi benedixeris mihi. Ait ergo: Quod nomen est tibi? Respondit: Jacob. At ille: Nequaquam, inquit, Jacob appellabitur nomen tuum, sed Israel, quoniam si contra Deum fortis fuisti, quanto magis contra homines prævalebis? Interrogavit eum Jacob: Dic mihi quo appellaris nomine? Respondit: Cur quæris nomen meum? Et benedixit eum in eodem loco. Vocavitque Jacob nomen loci illius Phanuel, dicens: Vidi Dominum facie ad faciem, et salva facta es, anima mea. Quod ab Israel vocabulo derivatur, *principem* sonat. Sensus itaque hic est: Non vocabitur nomen tuum supplantator, hoc est, Jacob, sed vocabitur nomen tuum princeps cum Deo, hoc est, Israel. Quomodo enim ego princeps sum, sic et tu, qui mecum luctari potuisti, princeps vocaberis. Si autem mecum qui Deus sum, sive angelus; quoniam plerique varie interpretantur, pugnare potuisti, quanto magis cum hominibus? hoc est cum Esau, quem formidare non debes. Illud autem quod in libro Nominum, interpretatur Israel *vir videns Deum,* sive *mens videns Deum,* omnium pene sermone detritum, non tam vere quam violenter mihi interpretatum videtur. Hic enim Israel per has litteras scribitur: iod, י, sin, ש, res, ר, aleph, א, lamed, ל, quod interpretatur *princeps Deus,* sive *directus Deus.* Vir vero videns Deum his litteris scribitur, ut vir ex tribus litteris scribatur, aleph, א, iod, י, sin, ש, ut dicatur ais, איש; videns ex tribus, res, aleph, he, dicatur rahe, ראה. Porro el, אל, ex duabus, aleph et lamed, et interpretatur *Deus,* sive *fortis.* Quamvis igitur grandis auctoritatis sint et eloquentiæ, et ipsorum umbra nos opprimat, qui Israel virum sive mentem videntem Deum transtulerunt, nos magis Scripturæ et angeli vel Dei, qui Israel ipsum vocavit, auctoritatem sequamur, quam cujuslibet eloquentiæ sæcularis. Illud quoque quod postea sequitur.

Et benedixit eum ibi, et vocavit Jacob nomen loci illius, Facies Dei, dicens: Vidi enim Deum facie ad faciem, et salva facta est anima mea (Isid.), in Hebræo dicitur *phanuel,* פניאל, ut sciamus ipsum esse locum qui in cæteris sanctæ Scripturæ voluminibus, ita ut in Hebræo scriptum est, phanuel legitur. In quo principaliter-sacramenti Dominici imago præfigurata est. Vir enim ille typum Christi evidentissime gesserat; cui tamen ideo prævaluerat Jacob utique volenti, ut mysterium figuraret passionis Domini. Ubi visus est Jacob in Judæorum typo, hoc est in corporis sui sobole prævaluisse Deo, et quasi cum infirmo, ita cum carne ejus luctamen inire, et invalescere in passione ejus, sicut scriptum est cum diceret, *Crucifige (Matth.* xxvii); et tamen Jacob ab eodem angelo benedictionem quem victor superaverat impetravit. Cujus nominis impositio utique benedictio fuit. Interpretatur Israel *videns Deum,* quod erit in fine præmium sanctorum omnium. Tetigit porro ille idem angelus latitudinem femoris, et claudum reddidit. Sicque erat unus atque idem Jacob benedictus et claudus: benedictus in his qui in Christum ex eo populo crediderunt, atque in infidelibus claudus. Nam in femoris nervo valetudo, generis multitudo est: plures quippe sunt in stirpe qui degenerantes a fide patrum, et a præceptis auctoris sui deviantes, in errorem sui seminis claudicant, de quibus prophetice prædictum est: *Et claudicaverunt a semitis suis (Psal.* xvii). *(Greg.)* Qui tamen populus post, tactis sibi viribus, non solum claudicat, sed et torpescit, ne ultra jam filios generare possit. Potest ei secundum tropologiam in eadem re, utiliter aliquid intelligi. Magna est in contemplativa vita contentio mentis, cum sese ad cœlestia erigit, cum in rebus spiritualibus animum tendit, cum transgredi nititur omne quod corporaliter videtur, cum sese angustat, et dilatat, et aliquando quidem vincit, et reluctantes tenebras suæ cæcitatis exsuperat, et de incircumscripto lumine quiddam partim et subtiliter attingit; sed tamen ad semetipsam protinus reverberatur, atque ab ea luce ad quam respirando transiit ad suæ cæcitatis tenebras suspirando rediit. Quod bene sacra historia designat, quæ beatum Jacob cum angelo luctantem narrat. Cum enim ad parentes proprios rediret, in via angelum invenit, cum quo in luctamine magnum certamen habuit. Is enim qui certat in luctamine, aliquando superiorem se, aliquando eo cum quo contendit inferiorem invenit. Designat ergo angelus Dominum, et Jacob qui cum angelo contendit, uniuscujusque perfecti viri, et in contemplatione positi, animam exprimit, quia videlicet anima cum contemplari Deum nititur, velut in quodam certamine posita, modo quasi exuberat, quia intelligendo et sentiendo de incircumscripto lumine aliquid degustat; modo vero succumbit, quia degustando iterum deficit. Quasi ergo vincitur angelus, quando intellectu intimo apprehenditur Deus. Sed notandum quod idem victus angelus nervum femoris Jacob tetigit, eumque marcescere statim fecit, atque ab eo Jacob tempore uno claudicavit pede, quia scilicet omnipotens Deus, cum jam per desiderium et intellectum cognoscitur, omnem in nobis voluptatem carnis arefacit; et quia prius, quasi duobus pedibus innitentes, et Deum videbamur quærere, et sæculum tenere, post agnitionem suavitatis Dei, unus in nobis pes sanus remansit, atque alius claudicat; quia necesse est ut, debilitato amore sæculi, solus in nobis convalescat amor Dei. Si ergo tenemus angelum, uno claudicamus pede, quia dum crescit in nobis fortitudo amoris intimi, infirmatur procul dubio fortitudo carnis. Omnis quippe qui uno pede claudicat, soli illi pedi innititur quem sanum habet, quia et cui desiderium jam terrenum arefactum fuerit, in solo pede amoris Dei tota se virtute sustinet, et in ipso stat, quia pedem amoris sæculi, quem ponere in terram consueverat, jam a terra suspensum portat. Et nos ergo si ad parentes proprios redimus, id est, ad spirituales patres redimus, teneamus in via angelum, ut suavitate intima apprehendamus Deum. Contemplativæ etenim vitæ amabilis valde dulcedo est, quæque super semetipsum animum rapit, cœlestia appetit, terrena autem debere esse contemptui ostendit, spiritualia mentis oculis patefacit, corporalia abscondit. Unde bene in Canticis canticorum dicit : *Ego dormio, et cor meum vigilat* (*Cant.* v). Vigilante etenim corde dormit, qui per hoc quod interius contemplando proficit, a pravo foris opere quiescit. Denique quod adjecit idem patriarcha vidisse se Deum facie ad faciem, cum superius virum secum narret fuisse luctatum, id significat quia idem Deus homo erat futurus qui cum Jacob populo luctaretur. (*Greg.*) Quæritur dum ipsa per se Veritas dicit : *Nemo vidit faciem meam unquam*, quomodo Jacob testatur dicens : *Vidi Dominum facie ad faciem?* (*Exod.* xxxiii.) Humanæ etenim mentis oculo interiore purgato, dum vitiorum omnium tribulationis igne erugo fuerit concremata, tunc, mundatis oculis cordis, illa lætitia patriæ cœlestis aperitur, ut purgemus lugendo prius quod fecimus, et postmodum manifestius contemplemur per gaudia quod quæramus. Prius enim a mentis acie, exurente tristitia, interposita malorum caligo detegitur, et tunc resplendente raptim coruscatione, incircumscripti luminis illustratur, quo utcunque conspectu in gaudio cujusdam securitatis absorbetur, et quasi post defectum vitæ præsentis ultra se rapta, aliquomodo in quadam novitate recreatur. Ibi mens ex immenso fonte infusionis superni roris aspergitur ; ibi non se sufficere ad id quod rapta est contemplatur ; et veritatem sentiendo videt, quia quanta est ipsa veritas, non videt. Cui veritati tanto magis se longe existimat, quanto magis appropinquat, quia nisi illam utcunque concupisceret, nequaquam eam concupiscere non posse sentiret. Annisus ergo animæ, dum in illa attenditur, immensitatis ejus coruscante circumstantia reverberatur. Ipsa quippe cuncta implens, cuncta circumstat ; et idcirco mens nostra nequaquam se ad comprehendendam incircumscriptam substantiam dilatat, quia eam inopiæ suæ circumscriptio angustat. Unde et ad semetipsam citius relabitur, et prospectis quasi quibusdam veritatis vestigiis, ad suam imaginem revocatur. Hæc ipsa tamen per contemplationem facta, non solida et permanens visio, sed, ut dixerim, quasi quædam visionis imitatio, Dei facies dicitur. Quia enim per faciem quemlibet agnoscimus, non immerito cognitionem Dei faciem vocamus. Hinc ergo Jacob postquam luctatus est cum angelo ait : *Vidi Dominum facie ad faciem*, ac si diceret : Cognovi Deum, quia me cognoscere ipse dignatus est. Quam cognitionem plenissime fieri Paulus in fine testatur dicens : *Tunc cognoscam sicut et cognitus sum* (*I Cor.* xiii).

CAPUT XXI.
De collocutione Esau cum Jacob.

(Cap. xxxiii.) *Levans autem Jacob oculos suos vidit venientem Esau, et cum eo quadringentos viros; divisitque filios Liæ et Rachel famularumque ambarum, et posuit utramque ancillam et liberos earum in principio, Liam vero et liberos ejus in secundo loco, Rachel autem et Joseph novissimos; et ipse progrediens adoravit pronus in terra septies, donec appropinquaret frater ejus*, etc. Non, ut plerique æstimant, tres turmas fecit, sed duas. Denique ubi nos habemus *divisit*, Aquila posuit ἡμίσυσεν, id est, *dimidiavit*, ut unum cuneum faceret ancillarum cum parvulis suis, et alium Liæ et Rachel, quæ liberæ erant cum filiis earum. Primasque ire faceret ancillas, secundas liberas. Ipse autem ante utrumque gregem occurreret fratrem adoraturus.

Eguit Esau: Quænam sunt istæ turmæ, quas obvias habui? Respondit: Ut invenirem gratiam coram domino meo. At ille: Habeo, ait, plurima, frater mi, sint tua tibi. Dixit Jacob: Noli ita, obsecro, sed si inveni gratiam in oculis tuis, accipe munusculum de manibus meis. Sic enim vidi faciem tuam, quasi viderem vultum Dei, etc. (*Aug.*) Quid sibi vult quod Jacob ait fratri suo: Propter hoc vidi faciem tuam, quemadmodum cum videt aliquis faciem Dei? utrum paventis et perturbati animi verba, usque in hanc adulationem proruperunt? an secundum aliquem intellectum sine peccato dicta accipi possunt? Fortassis enim quia dicti sunt et gentium dii, qui sunt dæmonia, non præjudicetur ex his verbis homini Dei; quod et si benigno animo dicta hæc verba fraterna sunt, quoniam et post bonam susceptionem metus ipse transierat, potuit sic dici, quemadmodum et Moyses Pharaoni deus dictus est, secundum quod dicit Apostolus: *Et si sunt qui dicuntur dii, sive in cœlo, sive in terra, si quidem sunt dii multi et domini multi* (*I Cor.* VIII), maxime quia sine articulo in Græco dictum est, quo articulo evidentissime solet Dei veri unius fieri significatio. Non enim dixit, πρόσωπον τοῦ Θεοῦ, sed dixit πρόσωπον Θεοῦ. Facile autem hoc intelligunt qua distantia dicatur, qui Græcum eloquium audire atque intelligere solent.

Viæ fratre compellente suscipiens ait: Gradiamur simul; eroque socius itineris tui. Dixitque Jacob: Nosti, domine mi, quod parvulos habeam teneros, et oves ac boves fetas mecum, quas si plus in ambulando fecero laborare, morientur uno die cuncti greges. Præcedat dominus meus ante servum suum, et ego sequar paulatim vestigia ejus, sicut videro posse parvulos meos, donec veniam ad dominum meum in Seir. Quæritur utrum mendaciter promiserit Jacob fratri suo quod sequens pedes suorum in itinere, propter quos immoraretur, venturus esset in Seir ad eum. Hoc enim, sicut Scriptura Dei deinde narrat, non fecit, sed eo perrexit in itinere quod dirigebat ad suos. An forte veraci animo promiserat, sed aliud postea cogitando elegit?

Reversus est itaque illo die Esau itinere quo venerat in Seir; et Jacob venit in Socoth, ubi, ædificata domo et fixis tentoriis, appellavit nomen loci illius Socoth, id est, tabernacula. Ubi nos *tabernacula* habemus, in Hebræo legitur *Socoth*, סֻכּוֹת. Est autem usque hodie civitas trans Jordanem hoc vocabulo in parte Scythopoleos.

Transivitque in Salem urbem Sichimorum, quæ est in terra Chanaan, postquam reversus est de Mesopotamia Syriæ et habitavit juxta oppidum, etc. Quæstio oboritur, quomodo Salem Sichem civitas appelletur, cum Jerusalem, in qua regnavit Melchisedech, Salem ante sit dicta. Aut igitur unius urbs utraque nominis est, quod etiam de pluribus Judææ locis possumus invenire, ut idem urbis et loci nomen in alia atque alia tribu sit, aut certe istam Salem quæ nunc pro Sichem nominatur, dicemus hic interpretari *consummatam* atque *perfectam*, et illam quæ postea Jerusalem dicta est, *pacificam* nostro sermone transferri. Utrumque enim, accentu paululum declinato, hoc vocabulum sonat. Tradunt Hebræi quod claudicantis femur Jacob ibi convaluerit et sanatum sit, propterea eamdem civitatem curati atque perfecti vocabulum consecutam.

CAPUT XXII.

De raptu Dinæ filiæ Liæ per Sichem filium Hemor Hevæi, et de ultione stupri.

(CAP. XXXIV.) *Egressa est autem Dina filia Liæ, ut videret mulieres regionis illius. Quam cum vidisset Sichem filius Hemor Hevæi princeps terræ illius, adamavit et rapuit, et dormivit cum illa, vi opprimens virginem; et conglutinata est anima ejus cum ea, tristemque blanditiis dilinivit,* etc. (*Albin.*) Dina quippe ut mulieres videret extraneæ regionis egreditur, quando unaquæque mens, sua studia negligens, actiones alienas curans, extra habitum atque extra ordinem proprium evagatur. Quam Sichem princeps terræ opprimit, quia videlicet inventam curis exterioribus diabolus corrumpit. Et agglutinata est anima ejus cum ea, quia unitam sibi per iniquitatem respicit. Et quia cum mens a culpa resipiscit, afficitur, atque admissum flere conatur, corruptor autem spes ac securitates vacuas ante oculos vocat, quatenus utilitatem tristitiæ subtrahat, recte illic subjungitur: *Tristemque blanditiis delinivit.* Modo enim aliorum facta graviora, modo nihil esse quod perpetratum est, modo misericordem Deum loquitur, modo adhuc tempus subsequens ad pœnitentiam pollicetur, ut dum per hæc decepta mens ducitur, ab intentione pœnitentiæ suspendatur, quatenus tunc bona nulla percipiat, quam nunc nulla mala contristant, et tunc plenius absorbetur suppliciis, quæ gaudet etiam in delictis. Postquam ergo Scriptura narrat de pacto quod Hemor et filius ejus Sichem cum filiis Jacob pepigerunt, subjungit de circumcisione ita dicens:

Assensi sunt omnes circumcisis maribus cunctis. Et ecce die tertio quando gravissimus dolor vulnerum est, arreptis duo Jacob filii Simeon et Levi fratres Dinæ gladiis, ingressi sunt urbem confidenter, interfectisque omnibus masculis, Hemor et Sichem pariter necaverunt, tollentes Dinam de domo Sichem sororem suam. Quibus egressis, irruerunt super occisos cæteri filii Jacob, et depopulati sunt urbem in ultionem stupri: oves eorum, et armenta, et asinos, cunctaque vastantes, quæ in agris et domibus erant, parvulos quoque et uxores duxere captivos. Quibus perpetratis audacter, Jacob dixit ad Simeon et Levi: Turbastis me et odiosum fecistis Chananæis et Pherezæis habitatoribus terræ hujus, et cætera. Cum paulo ante loquens Jacob cum fratre suo Esau, infantes filios esse suos significet, qui Græce dicuntur παῖδες, quæri potest quomodo potuerunt facere tantam stragem, direptionemque civitatis, interfectis quamvis in dolore circumcisionis constitutis, pro sorore sua Dina. Sed intelligendum est diu illic habitasse Jacob, donec et filia ejus virgo fieret et filii juvenes. Nam ita scriptum est: *Et habitavit juxta oppidum, emitque partem agri, in qua fixerat tabernacula, a filiis Hemor patris Sichem centum agnis ; et erecto ibi altari, invocavit super illud fortissimum Deum Israel. Egressa est autem Dina filia Liæ, ut videret mulieres regionis illius.* Apparet ergo his verbis, non transeunter sicut viator solet, illic mansisse Jacob, sed agrum emisse, et tabernaculum constituisse, aram instruxisse, ac per hoc diutius habitasse. Filia vero illius cum ad eam venisset ætatem, ut amicas jam habere potuisset, condiscere voluisse filias civium loci, atque ita factam esse pro illa cruentissimam cædem et deprædationem, quæ jam, ut puto, quæstionem non habet. Multitudo enim erat non parva cum Jacob, qui plurimum ditatus fuit; sed filii ejus in hoc facto nominantur, quia ejusdem facti principes atque auctores fuerunt.

Quibus patratis audacter, Jacob dixit ad Simeon et Levi : Turbastis me, et odiosum fecistis Chananæis et Pherezeis habitatoribus terræ hujus. Nos pauci sumus, illi congregati percutient me, et delebor ego et domus mea. Propter bella plurium qui consurgere poterant, se dixit numero exiguum, non quod minus multos haberet quam possent sufficere expugnationi civitatis illius.

Responderuntque filii Jacob : Nunquid ut scorto abuti debuere sorore nostra? Zelus quem habuerunt filii Jacob in ulciscendo stupro sororis suæ moraliter commonet pastores fidelium quatenus habeant curam animarum sibi commissarum, ne violentur aut corporali delicto, aut fornicatione spirituali, paratique sint ipsi semper secundum Apostolum (*II Cor.* x) ulcisci omnem inobedientiam resistentem veritati, atque excommunicationis gladio feriant stupratorem, ne pro tanto commisso impunitus evadat.

CAPUT XXIII.
Ubi Deus ad Jacob loquitur, mandans ei de idolorum disperditione.

(CAP. XXXV.) *Interea locutus est Dominus ad Jacob : Surge et ascende Bethel et habita ibi ; facque ibi altare deo qui apparuit tibi quando fugiebas Esau fratrem tuum.* (August.) Quid est quod non dixit, et fac ibi aram mihi, qui apparui tibi, sed dicit, fac ibi aram Deo qui apparuit tibi ? Utrum Filius apparuit ibi, et Deus Pater hoc dicit ? An in aliquo genere locutionis annumerandum ?

Jacob vero, convocata omni domo sua, ait : Abjicite deos alienos qui in medio vestri sunt, et mundamini, ac mutate vestimenta vestra. Surgite et ascendamus in Bethel, ut faciamus ibi altare Domino, qui exaudivit me in die tribulationis meæ, et fuit socius itineris mei. Dederunt ergo ei omnes deos alienos quos habebant, et inaures quæ erant in auribus eorum. At ille infodit eos subter terebinthum quæ est post urbem Sichem. Quod autem dicitur, et dederunt Jacob deos alienos qui erant in manibus eorum, et inaures quæ erant in auribus eorum, quæritur quare et inaures quæ si ornamenta erant, ad idololatriam non pertinebant, nisi quia intelligendum est phylacteria fuisse deorum alienorum ? Nam Rebeccam a servo Abrahæ inaures Scriptura accepisse testatur, quod non fleret si eis inaures ornamenti gratia habere non liceret. Ergo illæ inaures quæ cum idolis datæ sunt, ut dictum est, idolorum phylacteria fuerunt.

Cumque profecti essent, terror Dei invasit omnes per circuitum civitates , et non sunt ausi persequi recedentes. Incipiamus enim advertere quemadmodum Deus operetur in hominum mentibus. A quo enim timor Dei factus est in illis civitatibus, nisi ab illo qui sua promissa in Jacob filiisque tuebatur.

Venit igitur Jacob Luzan, quæ est in terra Chanaan cognomento Bethel, ipse et omnis populus cum eo ; ædificavitque ibi altare, et appellavit nomen loci Domus Dei. Ibi enim apparuit ei Deus cum fugeret fratrem suum. Ecce manifestissime comprobatur Bethel non Usam Luz, ut supra dictum est, sed Luzan, id est, Amygdalon, ante vocitatam.

Eodem tempore mortua est Debora nutrix Rebeccæ, et sepulta ad radices Bethel subter quercum. Si mortua est nutrix Rebeccæ nomine Debora, ut Septuaginta quoque interpretes transtulerunt , et ipsum verbum est Hebraicum *meneket*, מינקת, scire non possumus, quare ibi substantiam posuerunt, hic nutricem.

Apparuit autem iterum Deus Jacob, postquam reversus est de Mesopotamia Syriæ ; benedixitque ei dicens : Non vocaberis ultra Jacob, sed Israel erit nomen tuum, et appellavit eum Israel. Dudum nequaquam ei ab angelo nomen imponitur, sed quod imponendum sit a Deo prædicatur. Quod igitur ibi futurum promittitur, hic docetur expletum. Quæritur autem, cum semel dixerat ad Jacob : Jam non vocaberis Jacob, sed Israel erit nomen tuum, cur postea legitur eodem nomine idem Jacob vocitatus, quod in frequentissimis locis sanctarum Scripturarum ita positum invenimus. Nimirum ergo nomen hoc ad illam recte intelligitur pertinere promissionem, ubi sic videbitur Deus, quomodo non est antea patribus visus, ubi non erit nomen vetus, quia nihil remanebit vel in ipso corpore vetustatis, et Dei visio summum erit præmium.

Dixitque ei : Ego Dominus omnipotens : Cresce et multiplicare ; gentes et populi nationum erunt ex te ; reges de lumbis tuis egredientur ; terramque quam dedi Abraham et Isaac, dabo tibi et semini tuo post te; et recessit ab eo. Hæc promissio ad spirituale semen Jacob pertinet, sicut de Abraham ante jam dictum est. Omnes enim qui supplantant vitia, et veterem hominem cum actibus ejus deponunt, mentisque suæ oculos ad videndum Deum intentos habent, rite ad Jacob pertinent, cujus fidem et actus imitantur ; regesque de lumbis ejus egredientur, hoc est sancti, qui vere reges dicuntur, eo quod veraciter secundum Dei voluntatem semetipsos ac sibi subditos regunt. De ejus semine spirituali, hoc est fidei imitatione in bonis operibus fecundantur.

Ille vero erexit titulum lapideum in loco quo et locutus fuerat Deus, libans super eum libamina et effundens oleum, vocansque nomen locis illius Bethel. Iterum factum est hoc loco quod jam factum fuerat ante? an iterum commemoratum est? Sed quodlibet horum sit, super lapidem libavit Jacob, non lapidi libavit. Non ergo sicut idololatræ solent aras ante lapides constituere, et tanquam diis libare lapidibus.

CAPUT XXIV.
De obitu Rachel ob partus difficultatem, nec non et de obitu Isaac et sepultura ejus.

Egressus autem inde, venit verno tempore ad terram quæ ducit Ephratam. In qua cum parturiret Rachel, ob difficultatem partus periclitari cœpit. Dixitque ei obstetrix: Noli timere, quia et hunc habebis filium. Egrediente autem anima præ dolore, et imminente jam morte, vocavit nomen filii sui Benoni, id est, filius doloris mei. Pater vero appellavit eum Benjamin, id est, filius dexteræ. Ephrata vero et Bethlehem unius urbis vocabulum est, sub interpretatione consimili, siquidem in *frugiferam* et *domum panis* vertitur, propter eum panem qui de cœlo descendisse se dicit. Et factum est cum dimitteret eam anima, siquidem moriebatur, vocavit nomen ejus *filius doloris mei*. Pater vero vocavit nomen ejus *Benjamin*. In Hebræo similitudo omnis resonat. *Filius doloris mei*, quod nomen moriens mater imposuit, dicitur Ben oni: *filius vero dexteræ*, hoc est *virtutis*, quod mutavit Jacob, appellabatur. Unde errant qui putant Benjamin *filium dierum* interpretari. Cum enim dextera appelletur *iamin*, ימין, et finiatur in *n* litteram, dies quidem appellantur et ipsi *iamim*, ימים, sed in *m* litteram terminantur. Sed quid sibi vult quod cum eumdem Benjamin Rachel pareret, vocavit nomen ejus *filius doloris mei*, nisi futurum prophetans ex ea tribu Paulum, qui affligeret filios Ecclesiæ persecutionis suo tempore? Aliter, per Benjamin terrestris figurabatur Jerusalem, quæ est in tribu ejusdem Benjamin, cujus populus gravi matrem dolore afficit, effundendo sanguinem prophetarum, insuper etiam in necem Christi impiis acclamando vocibus. *Sanguis ejus super nos et super filios nostros (Matth. xxvii).*

Mortua est ergo Rachel, et sepulta in via quæ ducit Ephratam, hæc est Bethlehem. Erexitque Jacob titulum super sepulcrum ejus: hic est titulus monumenti Rachel, usque in præsentem diem. Egressus inde, fixit tabernaculum trans turrim Gregis. Profectus est Israel, et extendit tabernaculum suum trans turrim Ader. Hunc locum esse Hebræi volunt, ubi postea templum ædificatum est, et turrim Ader turrim Gregis significari, hoc est congregationis et cœtus; quod et Michæas propheta testatur dicens: *Et tu, turris Gregis, nebulosa filia Sion*, etc. (*Mich.* iv), illoque tempore Jacob trans locum ubi postea templum ædificatum est, habuisse tentoria. Sed si sequamur ordinem viæ, pastorum juxta Bethlehem locus est, ubi vel angelorum grex in ortu Domini cecinit, vel Jacob pecora sua pavit loco nomen imponens, vel, quod verius est, quodam vaticinio futurum jam tunc mysterium monstrabatur.

Cumque habitaret in illa regione, abiit Ruben et dormivit cum Bala concubina patris sui, quod illam minime latuit. (*Isid.*) Quod incesti crimen non scriberetur, nisi futura populi perversitas pronuntiaretur. Quanquam et in illo qui hoc commiserit consideretur flagitium esse, in Scripturis autem prophetia est futurorum. Quid namque per Ruben primogenitum, nisi populus primogenitus Israel ex circumcisione significatur? qui thorum concubinæ polluit, id est, legem Veteris Testamenti sæpe prævaricando maculavit. Quod autem concubina lex Veteris Testamenti ponatur, Paulus edocuit dicens: *Abraham duos filios habuit: unum de ancilla, et unum de libera (Gal. iv).* Hæc autem duo sunt Testamenta. In quo Agar, quæ concubina fuit, in Veteris Testamenti ponitur typo. Una enim est perfecta, columba genitricis suæ, quæ virgo casta, sponsa, regina regi Ecclesia per Evangelium jungitur Christo

Erant autem filii Jacob duodecim. Filii Liæ, primogenitus Ruben, et Simeon, et Levi, et Judas, et Issachar et Zabulon. Filii Rachel, Joseph et Benjamin. Filii Balæ ancillæ Rachelis, Dan et Nephtalim. Filii Zelphæ ancillæ Liæ, Gad et Aser. Hi filii Jacob qui nati sunt ei in Mesopotamia Syriæ. (*Aug.*) Quæritur quomodo duodecim filii computantur Israel, qui nati sunt, et dicitur: *Hi sunt filii Israel, qui nati sunt ei in Mesopotamia*, cum Benjamin longe postea natus sit, cum jam transissent Bethel, appropinquarentque Bethlehem. Quæ taliter solvenda quæstio est, ut ideo intelligatur dictum, commemoratis duodecim filiis: *Hi sunt filii Jacob qui facti sunt ei in Mesopotamia Syriæ*, quanquam inter omnes, qui tam multi erant, unus tantum erat non ibi natus, qui tamen inde habuit nascendi causam, quod ibi mater ejus patri copulata est. Nulla est facilior quæstionis huius solutio, quam ut per synecdochen accipiatur.

Venit etiam ad Isaac patrem suum in Mambre civitatem Arbee. Hæc est Hebron, in qua peregrinatus est Abraham et Isaac. Pro Arbee Septuaginta campum habent, cum Hebron in monte sita sit. Eadem autem civitas dicitur et Mambre ab amico Abrahæ ita antiquitus appellata.

Et completi sunt dies Isaac, centum et octoginta anni; consumptusque ætate, mortuus est, et appositus populo suo senex et plenus dierum; et sepelierunt eum Esau et Jacob filii sui.

CAPUT XXV.
De progenie Esau.

(Cap. xxxvi.) *Hæ sunt autem generationes Esau, ipse est Edom. Esau accepit uxores de filiabus Chanaan, Ada filiam Elom Hethæi, et Oolibama, filiam Anæ, filii Sebeon Hevæi: Basemath quoque filiam Ismael sororem Nabaioth.* Quod autem post narrationem mortis Isaac narratur quas uxores Esau acceperit, et quos recreaverit, recapitulatio intelligenda est. Neque enim post mortem Isaac fieri cœpit, cum jam essent Esau et Jacob centum viginti annorum, nam eos sexagenarius suscepit; et vixit omnes annos vitæ suæ centum octoginta.

Peperit autem Ada Eliphaz. Iste est Eliphaz cujus Scriptura in Job volumine recordatur.

Tulit autem Esau uxores suas et filios et filias, et omnem animam domus suæ, et substantiam, et pecora, et cuncta quæ habere poterat, in terra Chanaan, et abiit in alteram regionem, recessitque a fratre suo Jacob. Divites enim erant valde, et simul habitare non poterant; nec sustinebat eos terra peregrinationis eorum, præ multitudine gregum. Habitavitque Esau in monte Seir, ipse est Edom. Quæstio est quomodo Scriptura dicat, post mortem Isaac patris sui Esau abscessisse de terra Chanaan, et habitasse in monte Seir, cum veniente de Mesopotamia Jacob fratre ejus, legatur quod jam illic habitabat. Proinde quid inde fieri potuerit, ut Scriptura falli vel fallere non credatur, in promptu est cogitare : quod scilicet Esau postea quam in Mesopotamiam frater ejus abscessit, noluit habitare cum parentibus suis, sive ex illa commotione qua dolebat se benedictione fraudatum, sive aliqua causa sua vel uxorum suarum, quas odiosas videbat esse parentibus, vel qualiter alia, et cœperat habitare in monte Seir. Deinde post reditum Jacob fratris sui, facta inter eos concordia, reversus est et ipse ad parentes, et cum mortuum patrem simul sepelissent, quia eos plurimum ditatos terra illa, sicut scriptum est, minime capiebat, abscessit rursus in Seir, et ibi propagavit gentem Idumæorum.

Isti filii Esau, et duces eorum. Ipse est Edom. Isti filii Seir Horræi habitatores terræ. Lotan, et Sobal, et Sebeon, et Ana, Dison et Eser, et Disan. Esau, et Edom, et Seir, unius nomen est hominis, et quare varie nuncupentur supradictum est. Quod autem sequitur, et Horræi habitantes terram, et reliqua. Postquam enumeravit filios Esau, altius repetit et exponit, qui ante Esau in Edom terra principes fuerunt ex genere Horræorum, qui in lingua nostra interpretantur *liberi.* Legamus diligenter Deuteronomium : ibi manifestius scribitur quomodo venerint filii Esau, et interfecerint Horræos, ac terram eorum hæreditate possederint. Hi duces Horræi filii Seir in terra Edom.

Facti sunt autem filii Lotan, Hori et Heman. Erat autem soror Lotan Thamna, et isti sunt filii Sobal, Alvan, et Manahat, etc. Hæc est Thamna de qua scriptum est : *Et Thamna erat concubina Eliphaz filii primogeniti Esau, ex ipsa natus est Amalec.* Idcirco autem Horræorum recordatus est, quia primogenitus filiorum Esau ex filiabus eorum acceperat concubinam. Quod autem dicitur, Theman et Cenez et Amalech, et reliqua, sciamus postea regionibus Idumæorum ex his vocabula imposita.

Et hi filii Sebeon, Aia et Ana. Iste est Ana qui invenit aquas calidas in solitudine, cum pasceret asinos Sebeon patris sui, et reliqua. In alia autem editione ita legitur : *Ipse est Ana, qui invenit haiemim in deserto, cum pasceret asinos Sebeon patris sui.* Multa et varia apud Hebræos de hoc capitulo disputantur. Apud Græcos quippe et nostros, super hoc silentium est. Alii putant, *iamim* maria appellata, iisdem enim scribuntur litteris maria quibus et nunc hic sermo descriptus est, et volunt illum, dum pascit asinos patris sui, in deserto aquarum hic congregationes reperisse, quæ juxta idioma linguæ Hebraicæ maria nuncupantur, quod scilicet stagnum repererit, cujus rei inventio in eremo difficilis est. Nonnulli putant aquas calidas, juxta Punicæ linguæ viciniam, quæ Hebraicæ conterminia est, hoc vocabulo significari. Sunt qui arbitrantur onagros ab hoc admissos esse ad asinas, et ipsum istiusmodi reperisse concubitum, ut velocissimi ex his asini nascerentur, qui vocantur *iamim.* Plerique putant quod equarum greges ab asinis in deserto ipse fecerit primus ascendi, ut mulorum inde nova contra naturam animalia nascerentur. Aquila hunc locum ita transtulit : *Ipse est Ana, qui invenit* σὺν τοῦ σιμείμ. Et Symmachus similiter : *Qui invenit* τοὺς σιμείμ. Quæ interpretatio pluralem numerum significat: Septuaginta vero et Theodotion æqualiter transtulerunt dicentes : τὸν ἰαμεῖν, quod indicat numerum singularem.

Reges autem qui regnaverunt in terra Edom, antequam haberent regem filii Israel fuerunt hi: Bela filius Beor; nomenque urbis Donaba. Quod scriptum est : Et hi reges qui regnaverunt in Edom antequam regnaret rex in Israel, non sic accipiendum est, tanquam omnes reges nominati sint usque ad ea tempora quibus cœperunt reges Israel, quorum primus fuit Saul. Multi fuerunt enim in eodem usque ad tempora Saul, cum temporibus etiam Judicum, quorum tempora fuerunt ante reges; exstiterint. Sed ex his multis eos solos potuit commemorare Moyses qui fuerant antequam ipse moreretur. Nec mirum est, quod numerantibus ab Abraham, per Esau patrem gentis Edom, atque per Rahuel filium Esau, et Zara filium Rahuel, et Jobab filium Zara, cui Jobab successit in regno Balac, qui primus in terra Edom rex fuisse commemoratur, usque ad ultimum regem, quem potuit nominare Moyses, plures generationes inveniuntur, quam numerantur ab Abraham per Jacob usque ad Moysen. Nam illic inveniuntur, fere duodecim, hic autem usque ad Moysen, ferme septem. Fieri enim potuit ut ideo ibi plures nominarentur, quia citius moriendo plures, alter alteri successerunt. Sic enim contigit ut ad alium ordinem sequens Matthæus ab Abraham usque ad Joseph, quadraginta duas generationes numeret. Lucas autem in ordine alio numerans generationes, non per Salomonem, sicut ille per Nathan; ab Abraham usque ad Joseph quinquaginta quinque commemoret. In illo quippe ordine, ubi plures numerantur, citius mortui sunt quam hic ubi pauciores. Ne forte autem moveat aliquem quod inter reges Edom commemoratur Balac filius Beor, et de similitudine nominis existimet illum esse Balac, qui restitit Moysi ducenti populum Israel, sciat illum Balac Moabitem fuisse, non Idumæum, eumque fuisse filium Sephor non filium Beor, sed fuisse etiam ibi tunc filium Beor Balaam, non Balac : quem Balaam conduxerat idem Balac ad maledicendum populum Israel.

Mortuus est autem Bela, et regnavit pro eo Jacoo filius Zare de Bosra, etc. Hunc quidam suspicantur esse Job, ut in fine voluminis ipsius additum est. Contra Hebræi asserunt, de Nachor eum stirpe generatum, ut jam supra dictum est.

CAPUT XXVI.
De Joseph somnio quod viderat.

(CAP. XXXVII.) *Joseph cum esset sedecim annorum, pascebat gregem cum fratribus suis adhuc puer.* Quomodo potuerit mors Isaac, decem et septem annorum invenire Joseph ejus nepotem, sicut videtur tanquam ex ordine Scriptura narrare ; quocunque se quisque convertat, invenire difficile est. Nolo enim dicere non posse inveniri, ne forte me fugiat quod alium non fugit. Si enim post mortem avi sui Isaac, decem et septem annorum fuit Joseph, quando eum fratres in Ægyptum vendiderunt, procul dubio et pater Jacob, septimo decimo filii sui anno Joseph, centum viginti annorum fuit. Genuit autem eos Isaac, cum esset annorum sexaginta, sicut scriptum est. *Vixit ergo Isaac postea centum viginti annos, quia centum octoginta mortuus est.* Idcirco reliquit filios centum viginti annos habens, et Joseph decem et septem. Joseph autem quoniam fuit triginta annorum, quando apparuit in conspectu Pharaonis, secuti sunt autem septem anni ubertatis et duo famis, donec ad eum pater cum fratribus venit ; triginta novem profecto anno agebat Joseph, quando Jacob intravit Ægyptum. Tunc autem Jacob, quod ore suo Pharaoni dicit, centesimum et trigesimum annum agebat ætatis, centum autem et viginti Jacob, quando erat decem et septem Joseph : quod verum esse nullo modo potest. Si enim decimo et septimo anno vitæ Joseph, Jacob centum et viginti ageret, procul dubio trigesimo et nono anno Joseph, non centum triginta, sed centum et quadraginta, et duos annos, agere inveniretur Jacob. Si autem die mortis Isaac, nondum erat annorum decem et septem Joseph, sed aliquantulo tempore post mortem avi sui, ad septimum decimum pervenit annum, quo anno, Scriptura testante, in Ægyptum est a fratribus venditus, plurium etiam quam centum quadraginta duorum annorum esse debuit pater ejus, quando est filium in Ægyptum consecutus. Scriptura quippe posteaquam narravit annum vitæ ultimum Isaac, centesimum et octogesimum, et ejus mortem ac sepulturam, deinde commemoravit quemadmodum egressus esset Esau a fratre suo de terra Chanaan in monte Seir, et contexuit commemorationem regum et principum gentis ipsius, in qua se constituit, vel quam propagavit Esau. Post hæc narrationem de Joseph sic intulit dicens: *Habitabat Jacob in terra Chanaan.* Hæ autem procreaturæ Jacob, Joseph decem et septem annorum erat pascens cum fratribus oves. Deinde narratur causa somniorum, quemadmodum odiosus fratribus

sit factus, et venditus. Aut ergo eodem anno septimo decimo, aut etiam aliquantum major venit in Ægyptum ac per hoc utrolibet modo permanet quæstio. Si enim decem et septem annorum fuit post mortem avi sui, quando pater ejus centum viginti fuit, profecto anno ejus tricesimo et nono, quando Jacob venit in Ægyptum, centum quadraginta duos annos Idem Jacob agere debuit. Fuit autem tunc Jacob centum triginta, ac per hoc si decem et septem annorum Joseph in Ægyptum est venditus, ante duodecim annos quam moreretur avus ejus, venditus invenitur. Decem et septem enim annorum esse non potuit, nisi ante duodecim annos mortis Isaac, centesimo et octavo anno patris sui Jacob. His enim cum adjecerimus viginti duos annos, quibus Joseph usque ad adventum patris sui fuit in Ægypto, fient ætatis anni Joseph triginta novem, et Jacob centum triginta, et nulla erit quæstio. Sed quoniam Scriptura post mortem Isaac ista narravit, putatur Joseph post ejusdem avi sui mortem, decem et septem annorum fuisse. Quapropter intelligamus, de vita Isaac, tanquam multum decrepiti seni tacuisse Scripturam, cum de Jacob et ejus filiis loqueretur, vivo tamen Isaac, decem et septem annorum esse cœpit Joseph.

Et erat cum filiis Balæ et Zelphæ uxorum patris sui ; accusavitque fratres suos apud patrem crimine pessimo. Israel autem diligebat Joseph super omnes filios suos, eo quod in senectute genuisset eum. Fecitque ei tunicam polymitam. Joseph unus ex duodecim filiis Jacob, quem pater præ cæteris dilexit filiis, Christum Dominum figuravit, quem Deus Pater secundum carnem natum, cæteris fratribus ex Abrahæ stirpe progenitis prætulit. (*Isid.*) Unde et ibi dicitur: *Amabat eum Jacob, eo quod in senectute genuisset eum.* Senescente enim mundo, illucescens Dei Filius per Mariæ virginis partum, serus advenit tanquam filius senectutis secundum sacramentum suscepti corporis, qui erat ante sicut semper apud Patrem. Fecit, inquit, ei tunicam polymitam, id est, *variam.* Pro varia tunica Aquila interpretatus est tunicam ἀστραγάλειον, id est, *talarem.* Symmachus, tunicam *manicatam*, sive quod ad talos usque descenderet, et manibus artificis mira esset varietate distincta ; sive quod haberet manicas. Antiqui enim magis colloblis utebantur. Tunica autem polymita, quam fecit ei pater, secundum allegoriam, varietatem populorum ex omnibus gentibus in corpore Christi congregatam, significavit. Item alio modo, Joseph qui inter fratres undecim usque ad finem justus perseverasse describitur, solus talarem tunicam habuisse perhibetur. Quid est ergo talaris tunica, nisi actio consummata. (*Greg.*) Quasi enim propensa tunica talum corporis cooperit, cum bona actio ante Dei oculos, usque ad vitæ terminum nos tegit. Unde et per Moysen, cauda hostiæ in altari offerri præcipitur, ut videlicet omne bonum quod incipimus, etiam perseveranti fine compleamus.

Videntes autem fratres ejus, quod a patre plus

cunctis filiis amaretur, oderant eum, nec poterant ei cuncta prospera sint erga fratres tuos et pecora, et renuntia mihi quid agatur, etc. Jacob mittit filium suum Joseph, ut de fratribus sollicitudinem gereret; et Deus Pater misit Filium suum unigenitum, ut genus humanum peccatis languidum visitaret. Mittitur ab illo utique Patre de quo scriptum est: *Misit Deus Filium suum in similitudinem carnis peccati* (Rom. VIII). Ut videret si recte essent oves, et Dominus in Evangelio inquit: *Non veni nisi ad oves quæ perierunt domus Israel* (Matth. xv).

quidquam pacifice loqui. Fratres Christi secundum carnis nativitatem Judæi erant, de quorum cognatione ipsa humanitas Redemptoris suscepta erat. Sed quia viderant, quod major gratia virtutum in eo fieret, quæ testabatur Dei Patris præcipuam dilectionem, invidebant ei, nec quidquam pacifica mente loqui poterant, quem sæpius insidiis petebant, et patremfamilias in Beelzebub principe dæmoniorum ejicere dæmonia blasphemabant.

Accidit quoque ut visum somnium referret fratribus, quæ causa majoris odii seminarium fuit. Dixitque ad eos: Audite somnium meum quod vidi. Putabam ligare nos manipulos in agro, et quasi consurgere manipulum meum et stare, vestrosque manipulos circumstantes, adorare manipulum meum. Responderunt fratres ejus: Nunquid rex noster eris, aut subjiciemur ditioni tuæ? Hæc ergo causa somniorum atque sermonum, invidiæ et odii fomitem ministravit. Aliud quoque somnium vidit, quod narrans fratribus ait: Vidi per somnium quasi solem et lunam et stellas undecim adorare me. Quod cum patri suo et fratribus retulisset, increpavit eum pater et dixit: Quid sibi vult hoc somnium quod vidisti? Num ego, et mater tua, et fratres tui, adorabimus te super terram? Nisi in aliquo mysterio dictum accipiatur, quomodo intelligitur de matre Joseph, quæ jam erat mortua? Unde nec in Ægypto cum sublimaretur, putandum est esse completum, quia nec pater eum adoravit, quando ad eum venit in Ægyptum, nec mater olim defuncta potuit. In Christi ergo persona facile intelligi potest etiam de mortuis, secundum illud quod dicit Apostolus (Phil. II). *Quia donavit ei nomen quod est super omne nomen, ut in nomine Jesu omne genu flectatur, cœlestium, terrestrium et infernorum.* (Isid.) Somnium vero illud per quod fratrum manipuli adoraverunt manipulum ejus, illud est quod spiritualiter in Christo impletum est: *Et adorabunt eum,* inquit, *omnes reges terræ, omnes gentes servient ei* (Psal. LXXI), scilicet per fidem fructum bonorum operum offerentes. Ipse est quem sol, et luna, et stellæ adorant, de quo sole dictum est: *Laudate eum, sol et luna, et omnes stellæ* (Psal. CLVIII). Ipsum enim excellentia sanctorum in solis nomine, et Ecclesiæ claritas sub imagine lunæ, et omnium populorum numerositas in figura stellarum adorant. Unde et pater suus increpavit eum dicens:

Nunquid ego et mater tua, et fratres tui, adorabimus te? Objurgatio ista patris duritiam populi Israel significat, qui pro eo quod ex se natum Christum cognoscunt esse, adorare contemnunt.

CAPUT XXVII.

De eo quod Jacob misit Joseph ad fratres suos, ubi ipsi pascebant oves; a quibus venditus est Madianitis.

Cumque fratres illius in pascendis gregibus patris morarentur in Sichem, dixit ad eum Israel: Fratres tui pascunt oves in Sichimis: veni, mittam te ad eos. Quo respondente, præsto sum, ait: Vade et vide, si

Invenit ergo Joseph fratres in Dothaim. Dothaim interpretatur defectio. Vere in grandi defectione erant, qui de fratricidio cogitabant.

Qui cum vidissent Joseph fratrem suum procul; occidere eum cogitabant. Et Judæi videntes verum Joseph Dominum Jesum Christum, ut eum crucifigerent, unum consilium omnes statuerunt dicentes: *Crucifige eum* (Matth. XXVII).

Fera pessima devoravit eum, id est, Judaica bestia interfecit eum, de qua Dominus in Evangelio dicit: *Ecce ego mitto vos sicut oves in medio luporum.* (Matth. X).

Confestim igitur ut pervenit ad fratres, nudaverunt eum tunica talari et polymita, miseruntque in cisternam quæ non habebat aquam, et sederunt ut comederent panem. Nudaverunt Joseph fratres sui tunica polymita et talari; Christum Judæi per mortem crucis exspoliaverunt tunica corporali. Polymita autem, id est, decorata omnium virtutum diversitate. Resparserunt autem tunicam hædi sanguine, quia falsis cum testimoniis accusantes, in invidiam deduxere peccati, omnium peccata donantem. Mittitur dehinc in cisternam, id est, in lacum, et Christus exspoliatus carne humana, descendit in infernum.

Videruntque viatores Ismaelitas venire de Galaad, et camelos eorum portantes aromata, et resinam, et stactem, in Ægyptum. (Aug.) Quæritur quare Ismaelitas Scriptura quibus a fratribus venditus est Joseph, etiam Madianitas vocet, cum Ismael sit de Agar filius Abrahæ, Madianitæ vero de Cetura. An quia Scriptura dixerat de Abraham, quod munera dederat filiis concubinarum suarum, Agar scilicet et Ceturæ, et diviserit eos ab Isaac filio suo in terram Orientis, unam gentem fecisse intelligendi sunt?

Dixit ergo Judas fratribus suis: Quid nobis prodest, si occiderimus fratrem nostrum, et celaverimus sanguinem ipsius? Melius est, ut venundetur Ismaelitis, et manus nostræ non polluantur, frater enim et caro nostra est. Acquieverunt fratres sermonibus ejus, et prætereuntibus Madianitis, negotiatoribus, extrahentes eum de cisterna, vendiderunt Ismaelitis viginti argenteis. Qui duxerunt eum in Ægyptum, etc. Pro viginti aureis, quod LXX posuerunt, Hebraica veritas *argenteis* habet. Neque enim viliori metallo Dominus venundari debuit quam Joseph. De cisterna quoque levatus ille Ismaelitis, id est, gentibus, venditur; et Christus postea quam de inferno egreditur, ab omnibus gentibus fidei commercio comparatur. Ille per Judæ consilium viginti argenteis, distrahitur: et hic per consilium Judæ Scarioth, triginta argenteis venundatur.

Tulerunt autem tunicam ejus, et in sanguine hædi quem occiderant tinxerunt, mittentes qui ferrent ad patrem et dicerent: Hanc invenimus: vide utrum tunica filii tui sit an non. Quam cum cognovisset pater ejus, ait: Tunica filii mei est: fera pessima comedit eum: bestia devoravit Joseph. Scissisque vestibus, indutus est cilicio, lugens filium multo tempore. (Isid.) Jacob posteritatis suæ deplorans dispendia, quasi pater filium lugebat amissum, quasi propheta flebat interitum Judæorum. Inde scidit vestimentum suum, quod in passione Domini legimus factum a principe sacerdotum. Sed et *velum templi scissum est*, ut prophetia, et nudatum suum populum, et divisum ostenderet regnum.

Congregatis autem cunctis liberis ejus, ut lenirent dolorem patris, noluit consolationem recipere, sed ait: Descendam ad filium meum lugens in infernum. (Aug.) Solet esse magna quæstio quomodo intelligatur infernus: utrum illuc mali tantum, an etiam boni mortui descendere soleant. Si ergo tantum mali, quomodo iste ad filium suum se dicit lugentem velle descendere? Non enim in pœnis inferni eum esse credit. An perturbati et dolentis verba, sua mala etiam hinc exaggerantis?

Et illo perseverante in fletu, Madianitæ vendiderunt Joseph in Ægyptum Putiphari eunucho Pharaonis, magistro militis. In plerisque locis, archimagiros, id est, cocorum principes pro magistris exercitus Scriptura commemorat. Venditus est igitur Joseph principi exercitus bellatorum, non Petephre, ut in Latino scriptum est, sed Putiphar eunucho. Ubi quæritur quomodo postea uxorem habere dicatur. Tradunt enim Hebræi emptum ab hoc Joseph, ob nimiam pulchritudinem in turpe ministerium, et a Domino virilibus ejus arefactis, postea electum esse, juxta morem hierophantarum, in pontificatum Heliopoleos, et hujus filiam esse Aseneth, quam postea Joseph uxorem acceperit.

CAPUT XXVIII.

De Juda et uxore ejus ac filiis: nec non et de concubitu ipsius cum Thamar nuru sua.

(Cap. xxxviii.) *Eo tempore descendens Judas a fratribus suis, divertit ad virum Odollamitem nomine Hiram. Viditque filiam ibi hominis, Chananæi vocabulo Sue; et uxore accepta, ingressus est ad eam. Quæ concepit et peperit filium, vocavitque nomen ejus Her. Rursum concepto fetu, natum filium nominavit Onam. Tertium quoque peperit, quem appellavit Sela. Quo nato, parere ultra cessavit*, etc. (Aug.) Quæritur, quando ista fieri potuerint. Si enim posteaquam Joseph devenit in Ægyptum, quomodo intra viginti ferme et duos annos (nam post tantum temporis, colligitur eos venisse ad eumdem Joseph fratrem suum in Ægyptum cum patre suo) fieri potuerit et Judæ filii ejus ætatis omnes possent ducere uxores? Nam Thamar nurum suam, mortuo primogenito suo, alteri dedit filio; quo etiam mortuo, exspectavit ut cresceret tertius; et cum crevisset, nec illi eam dedit, timens ne et ipse moreretur. Unde factum est, ut eidem socero suo se illa supponeret. Quomodo ergo omnia hæc intra tam paucos annos fieri potuerint, merito movet, nisi forte, ut solet Scriptura per recapitulationem, aliquot annos ante venditum Joseph hoc fieri cœpisse intelligi velit, quoniam sic positum est, ut diceretur: *factum est autem in illo tempore*. Ubi tamen quæritur si decem et septem annorum erat Joseph, quando venditus est, quot annorum esse Judas potuerit quartus filius Jacob, quando idem ipse primogenitus Ruben, ut plurimum, fratrem suum Joseph quinque; aut sex annos potuerit ætate præcedere. Evidenter autem Scriptura dicit, triginta annorum fuisse Joseph, quando innotuit Pharaoni. Cum ergo ipse anno decimo septimo ætatis suæ venditus fuisse credatur, tredecim annos peregerat in Ægypto ignotus Pharaoni. Ad hos autem quatuordecim annos accesserunt septem anni ubertatis, et facti sunt anni viginti. His adduntur duo, quia secundo anno famis intravit Jacob in Ægyptum cum filiis suis, et inveniuntur viginti duo anni, quibus abfuit Joseph a patre et fratribus suis. Quo medio tempore, quomodo fieri potuerint de uxore et filiis et nuru Judæ omnia quæ narrantur, indagari difficile est, nisi forte ut credamus, et hoc etiam fieri potuit mox, ut adolescere Judas cœpit, eum incidisse in amorem ejus quam duxit uxorem, nondum vendito Joseph in Ægyptum

Evolutis autem multis diebus, mortua est uxor Judæ. Qui post luctum consolatione suscepta, ascendebat ad tonsores ovium suarum, ipse et Hiras opilio gregis Odollamites, in Thamnas. Pro pastore, in Hebræo amicus legitur; sed verbum ambiguum est, quia iisdem litteris utrumque nomen scribitur. Verum amicus *ree*, רעה, pastor, *roæ*, רעה, legitur.

Nuntiatumque est Thamar quod socer illius ascenderet in Thamnas ad tondendas oves. Quæ depositis viduitatis vestibus, assumpsit theristrum, et, mutato habitu, sedit in bivio itineris quæ ducit Thamnam, eo quod crevisset Sela, et non eum accepisset maritum. Hic insinuatur, et temporibus patriarcharum, certa et sua fuisse vestimenta viduarum, non utique talia qualia conjugatarum.

Quam cum vidisset Judas, suspicatus est esse meretricem. Operuerat enim vultum suum ne agnosceretur. Ingrediensque ad eam, ait: Dimitte me, ut coeam tecum. Nesciebat enim quod nurus sua esset. Qua repondente: Quid mihi dabis, ut fruaris concubitu meo? dixit: Mittam tibi hædum de gregibus. Rursumque illa dicente: Patiar quod vis, si dederis mihi arrhabonem, donec mittas quod polliceris; ait Judas: Quid vis tibi pro arrhabone dari? Respondit: Annulum tuum, et armillam, et baculum quem manu tenes. Ad unum igitur coitum concepit mulier, et surgens abiit. In facto Judæ, non sinceritas justitiæ, sed fidelitas promissi cernitur. Si enim servaret justitiam servando castitatem, non introisset, ut ille opinatus est, ad meretricem, sed tamen id quod promisit per pastorem suum secundum fidelitatem promissi transmittere mulieri non negavit.

Ecce post tres menses nuntiaverunt Judæ dicentes: Fornicata est Thamar nurus tua, et videtur uterus illius intumescere. Dixit Judas: Producite eam ut comburatur. Quæ cum educeretur ad pœnam, misit ad socerum suum dicens: De viro cujus hæc sunt concepi: Cognosce cujus sit annulus, et armilla, et baculus. Qui agnitis muneribus ait: Justior me est, quia non tradidi eam Sela filio meo. Attamen ultra non cognovit eam. Cognovit autem Judas et dixit: Justior illa quam ego, quod non dedi eam filio meo Sela. In Hebræo habet, *Justificata est ex me*, non quia justa fuerit, sed quod, comparatione illius, minus male fecerit, nequaquam vaga ad turpitudinem, sed liberos requirendo.

Instante autem partu, apparuerunt gemini in utero ejus, atque in ipsa effusione infantum unus protulit manum, in qua obstetrix ligavit coccinum dicens: Iste egredietur prior. Illo vero retrahente manum, egressus est alter. Dixitque mulier: Quare divisa est propter te maceria? et ob hanc causam vocavit nomen ejus Phares. Pro maceria *divisionem* Aquila et Symmachus transtulerunt, quod Hebraice dicitur *Phares*. Ab eo igitur quod diviserit membranulam secundarum, *divisionis* nomen accepit. Unde Pharisæi, qui se quasi justos a populo separaverant, divisi appellabantur.

Postea egressus est frater ejus, in cujus manu erat coccinum, quem appellavit Zara. Hoc nomen interpretatur *oriens*. Sive igitur quia primus apparuit, sive quod plurimi ex eo justi sunt, ut in libro Paralipomenon continetur, *Zara*, id est *oriens*, appellatus est. (*Isidorus.*) Jam nunc factum Judæ secundum allegoriam quid significaverit futurorum, consideremus. In Thamar ergo nuru Judæ, intelligitur plebs Judæa, cui de tribu Juda reges, tanquam mariti, debeantur. Merito nomen ejus *amaritudo* interpretatur. Ipsa enim Domino fellis poculum dedit. Duo autem genera principum qui non recte operabantur in plebe, unum eorum qui oberant, alterum eorum qui nihil proderant, significabantur in duobus filiis Judæ. Quorum unus eorum erat malignus vel reus ante Deum, alter in terram fundebat, ne semen daret ad fecundandam Thamar. Nec sunt amplius quam duo genera hominum inutilia generi humano: unum nocentium, alterum præstare nolentium, et si quid boni habent in hac terrena vita perdentium, tanquam in terra fundentium; et quia in malo prior est ille qui nocet quam ille qui non prodest, ideo major dicitur malignus ille, et sequens qui fundebat in terram. Nomenque majoris, qui vocatur Her, interpretatur *pelliceus*, qualibus tunicis induti sunt primi homines, in pœna damnationis suæ, emissi ex paradiso. Sequentis autem nomen, qui vocatur Onan, interpretatur *mæror eorum*. Quorum, nisi quibus nihil prodest, cum habeat unde prodesse posset, atque id perdat in terra? Majus porro malum est ablatæ vitæ, quod significat pellis, quam non adjutæ, quod significat mœror eorum. Deus tamen ambos occidisse dictus est, ubi figuratur regnum talibus hominibus abstulisse. Tertius vero filius Judæ, quod illi mulieri non jungitur, significat tempus, ex quo reges plebi Judæorum cœperunt de tribu Judæ non fieri; et ideo erat quidem filius Judæ, sed eum Thamar maritum non acceperat, quia eadem erat tribus Juda, sed jam in populo Judæ nemo regnabat. Unde et nomen ejus, id est Sela, interpretatur *divisio ejus*. Non pertinent sane ad hanc significationem viri sancti et justi, qui licet illo tempore fuerint, ad Novum tamen pertinent Testamentum, qui prophetando scienter utiles fuerunt, qualis David fuit. Eo sane tempore quo jam Judæa cœperat reges ex tribu Juda non habere, non est computandus Herodes major in regibus ejus, tanquam maritus Thamar, erat enim alienigena. Nec ei sacramento illo mysticæ unctionis tanquam conjugali fœdere cohærebat, sed tanquam extraneus dominabatur, quam potestatem a Romanis et a Cæsare acceperat. Sic et ejus filii tetrarchæ, quorum erat unus Herodes patris nomine appellatus, qui cum Pilato in passione Domini concordavit. Isti ergo alienigenæ usque adeo non deputabantur in regno illo mystico Judæorum, ut ipsi Judæi publice clamarent frendentes adversus Christum: *Non habemus regem nisi Cæsarem* (*Matth.* XXVII), neque hoc verum nisi illa universali dominatione. Romanorum quippe etiam Cæsar rex erat, non proprie Judæorum; sed ut Christum negarent, et hunc adhuc acrorarent, ideo se tali voce damnaverunt. Illo enim tempore quo jam de tribu Juda regnum defecerat, veniendum erat Christo vero Salvatori Domino nostro, qui non obesset, multumque prodesset. Hinc enim fuerat prophetatum: *Non deficiet princeps ex Juda, neque dux de femoribus ejus, donec veniet qui mittendus est, et ipse erit exspectatio gentium* (*Gen.* XLIX). Jam isto tempore omne quoque magisterium Judæorum, et mystica unde Christi vocabantur unctio ipsa defecerat, secundum prophetiam Danielis. Tunc enim venit, cui repositum erat, exspectatio gentium, *et unctus est sanctus sanctorum oleo exsultatione præ participibus suis* (*Psal.* XLIV). Natus est enim Herodis majoris tempore, passus est autem Herodis minoris tetrarchæ. Hujus itaque venientis ad oves quæ perierant domus Israel, figuram gessit ipse Judas, cum iret ad tondendas oves suas in Thamna, quod interpretatur *deficiens*; jam enim defecerant principes ex Juda, et omne magisterium atque unctio Judæorum, donec veniret cui repositum erat. Venit autem cum pastore suo Odollamite, cui nomen erat Hiras, et interpretatur Odollamites *testimonium in aqua*. Cum hoc plane testimonio Dominus venit, habens quidem testimonium majus Joanne, sed tamen propter oves infirmas, hoc testimonio est usus in aqua. Nam et ipse Hiras, quod nomen illius pastoris fuit, interpretatur *fratris mei visio*. Vidit omnino fratrem suum Joannes, fratrem secundum semen Abrahæ, secundum cognationem matris Mariæ ejus, et Elisabeth matris suæ, eumdemque Dominum et Deum suum, quia sicut ipse ait, *ex plenitudine ejus accepit* (Joan. I). Vidit omnino, et ideo *in natis mulierum major illo non surrexit*, *quia ex omnibus prænuntiantibus*, Christum ipse vidit, quod *multi justi et prophetæ cupierunt videre et non viderunt (Matth.* XIII); salutavit ex utero, agnovit perfectius ex columba; et ideo tanquam Odoliamites vere testimonium perhibuit in aqua. Venit autem Dominus ad oves tondendas, hoc est exonerandas sarcinis peccatorum, ex quibus in Ecclesiæ laude in Canticis canticorum dentes essent velut grex tonsarum (*Cant.* IV). Jam deinde Thamar habitum mutat; nam et *commutans* interpretatur. Thamar mutat habitum, mutat et nomen, et fit de Synagoga Ecclesia; sed in ea prorsus nomen amaritudinis maneat, non illius amaritudinis in qua Domino fel ministravit, sed illius in qua Petrus amare flevit. Nam et Juda Latine *confessio est*. Confessioni ergo amaritudo misceatur, ut vera pœnitentia præsignetur. Hac pœnitentia fecundatur Ecclesia in omnibus gentibus constituta. *Oportebat enim Christum pati, et resurgere a mortuis die tertia, et prædicari in nomine ejus pœnitentiam et remissionem peccatorum per omnes gentes, incipientibus ab Jerusalem.* Nam et ipse habitus meretricis, confessio peccatorum. Typum quippe Ecclesiæ gerit Thamar ex gentibus evocatæ, sedens cum hoc habitu ad portam Ena vel Enahim, quod interpretatur *fons*. Cucurrit enim *velut cervus ad fontes aquarum* (*Psal.* XLI) pervenire ad semen Abrahæ; illo enim non cognoscente fetatur, quia de illo prædictum est : *Populus quem non cognovi servivit mihi* (*Psal.* XVII). Accepit in occulto annulum, et monile, et virgam, vocatione signatur, justificatione decoratur, glorificatione exaltatur. *Quos enim prædestinavit, illos et vocavit; quos autem vocavit, illos et justificavit; et quos justificavit, illos et glorificavit* (*Rom.* VIII). Sed hæc, ut dixi, in occulto, ubi fit et conceptio sanctæ ubertatis. Mittitur autem promissus hædus tanquam meretrici, hædus exprobratio peccati, per eumdem Odoliamitem tanquam increpantem et dicentem : *Generatio viperarum* (*Matth.* III); sed non eam invenit peccati exprobratio, quam mutavit confessionis amaritudo. Post vero jam publicis signis annuli, et monilis, et virgæ, vicit temere judaizantes Judæos, quorum jam personam Judas ipse gestabat, quique hodie dicunt non hunc populum esse Christi, nec habere nos semen Abrahæ; sed prolatis certissimis documentis nostræ vocationis justificationisque et glorificationis, erubescunt sine dubio et confunduntur, et nos magis quam se justificatos esse fatebuntur. Pignora enim refert habere secum Ecclesia. Accusatur enim a Judæis quasi adulteratrix legis; sed ostendit virgam signum passionis, et monile legis legitimæ, et annulum pignus immortalitatis. Quod autem Scriptura inducit patientem Thamar, et duos in utero geminos habentem, quorum primus scilicet, qui dicitur Zara, misit manum suam, et obstetrix ligavit coccinum, et dehinc illo manum retrahente intrinsecus, posterior, qui Phares vocatur, porrexit manum, et nascendo præcessit, figulariter congruit, quod extenderet Israel in legis opera manum suam, et eam prophetarum et ipsius Salvatoris pollutam cruore contraxerit; postea vero proruperit populus gentium scilicet, ut futuri essent novissimi qui erant primi, et primi futuri essent qui erant novissimi.

LIBER QUARTUS.

CAPUT PRIMUM.

De descensione Joseph in Ægyptum, et de libidine dominæ ipsius, qua cum eo concumbere voluit.

(CAP. XXXIX.) *Igitur Joseph ductus est in Ægyptum. Emitque eum Putiphar, eunuchus Pharaonis, princeps exercitus, vir Ægyptius, de manu Ismaelitarum, a quibus perductus erat. Et possedit eum Putiphar spado Pharaonis.* (August.) Ad ordinem redit Scriptura unde recesserat, ut illa narraret quæ supra digesta sunt. Igitur Joseph descendit in Ægyptum, et Christus in mundum. Emitque eum eunuchus, id est castus in disciplinis evangelicis populus.

Fuitque Dominus cum eo, et erat vir in cunctis prospere agens, habitabatque in domo domini sui, qui optime noverat esse Dominum cum eo, et omnia quæ gereret ab eo dirigi in manu illius. Invenitque Joseph gratiam coram domino suo, et ministrabat ei. A quo præpositus omnibus, gubernabat creditam sibi domum, et universa quæ tradita fuerant. Benedixitque Dominus domui Ægyptii propter Joseph, et multiplicavit tam in ædibus quam in agris cunctam ejus substantiam; nec quidquam aliud noverat, nisi panem quo vescebatur. (Greg.) Sæpe nonnulli humana sapientia inflati, dum desideriis suis divina judicia contraire conspiciunt, astutis ejus reluctari machinationibus conantur, et quo ad votum suum vim supernæ dispositionis intorquent, callidis cogitationibus insistunt, subtiliora consilia exquirunt. Sed inde voluntatem Dei peragunt, unde hanc immutare contendunt; atque omnipotentis Dei consilio dum resistere nituntur, obsequuntur, quia sæpe et hoc ejus dispositionis apte militat, quod ei per humanum studium frivole resultat sicut scriptum est : *Qui comprehendit sapientes in astutia eorum* (*Job.* V). In astutia namque sua sapientes comprehendit, quando ejus consiliis humana facta etiam tunc congrue serviunt, cum resistunt. Unde et per Psalmistam dicitur : *Novit Dominus cogitationes hominum, quoniam vanæ sunt* (*Ps.* XCXIII). Quod melius ostendimus, si pauca ad medium gestarum rerum exempla proferamus. Joseph somnium viderat, quod ad suum manipulum fratrum ejus se manipuli prosternebant. Somnium viderat, quod sol ac luna se cum reliquis stellis adorabant. Quæ quia pie fratribus retulit, eorum corda protinus futuræ dominationis invidia pavorque percussit. Cumque ad se hunc venire conspicerent, malitia se vertentes dixerunt : *Ecce somniator venit : Venite, occidamus eum, et videamus quid illi proderunt somnia sua.* Cumque se subjici ejus dominio metuunt, somniatorem in puteum deponunt, eumque Ismaelitis transeuntibus vendunt. Qui in Ægyptum ductus, servituti subditus, luxuriæ accusatione damnatus, charitatis merito adjutus, prophetiæ judicio ereptus, omni Ægypto prælatus est. Per supernam vero sapientiam providus frumenta congessit, et futuro periculo necessitatis obviavit. Cumque in orbem famis inhorruit, de alimentorum præparatione sollicitus, Jacob filios in Ægyptum misit, qui frumentorum dispensationi præpositum Joseph nescientes inveniunt, atque ut mererentur alimenta percipere, eorum dispensatorem compulsi sunt pronis in terram cervicibus adorare. Pensemus igitur gestæ rei ordinem, pensemus quomodo cogitationes hominum in ipsa sua provisione vis divina comprehendat. Ideo ab eis Joseph venditus fuerat, ne adoraretur, sed ideo est adoratus, quia venditus. Astute namque aliquid agere ausi sunt, ut Dei consilium mutaretur, sed divino judicio quod declinare conati sunt, renitendo servierunt. Inde quippe coacti sunt Dei voluntatem peragere, unde hanc moliti sunt astute commutare. Sic divinum consilium dum devitatur completur, sic humana sapientia dum reluctatur comprehenditur. Timuerunt fratres ne Joseph super eos excresceret, sed hoc quod divinitus dispositum fuerat cavendo actum est ut veniret. Humana ergo sapientia in seipsa comprehensa est, quæ voluntati Dei unde per intentionem restitit, inde ejus impletioni militavit. Justus namque et misericors Deus mortalium acta disponens, alia concedit propitius, alia permittit iratus, atque ea quæ permittit sic tolerat, ut ea in sui consilii usum vertat. Unde miro modo fit ut et quod sine voluntate Dei agitur, voluntati Dei contrarium non sit, quia dum in bonum usum male facta vertuntur, ejus consilio militant etiam quæ ejus consilio repugnant. Hinc per Psalmistam dicitur : *Magna opera Domini, exquisita in omnes voluntates ejus (Ps.* cx). Sic quippe ejus opera magna sunt, ut per omne quod agitur ab hominibus ejus voluntas exquiratur. Nam sæpe inde perficitur, unde repelli putatur. Hinc rursum dicit : *Omnia quæcumque voluit Dominus, fecit in cœlo et in terra (Psal.* cxxxiv). Hinc Salomon ait : *Non est sapientia, non est prudentia, non est consilium contra Deum (Prov.* i). Restat ergo in cunctis quæ agimus, vim supernæ voluntatis inquiramus. Cui videlicet cognitæ debet nostra actio devote famulari, et quasi ducem sui itineris persequi, ne etiam ei et nolens serviat, si hanc superbiens declinat. Vitari enim vis superni consilii nequaquam potest, sed magna sibi hunc virtute temperat, qui se sub ejus nutibus refrenat; ejusque sibi pondera levigat, qui hæc ex subjecto cordis humero volens portat.

Erat autem Joseph pulchra facie, et decorus aspe-ctu. Post multos itaque dies, jecit domna oculos suos in Joseph, et ait : Dormi mecum. Qui nequaquam acquiescens operi nefario, dixit ad eam : Ecce dominus meus, omnibus mihi traditis, ignorat quid habeat in domo sua, nec quidquam est quod non in mea sit potestate, vel non tradiderit mihi, præter te, quæ uxor ejus es. Quomodo ergo possum malum hoc facere, et peccare in Deum meum? Hujuscemodi verbis per singulos dies et mulier molesta erat adolescenti, et ille recusabat stuprum. (Greg.) Quisquis mundi hujus successibus elevatus, lenocinante cordis lætitia, tentari se luxuriæ stimulis sentit, Joseph factum ad memoriam revocet, et in arce se castitatis servat, qui dum sibi a domina conspiceret pudicitiæ damna suaderi, ait :

Ecce dominus meus, omnibus mihi traditis, ignorat quid habeat in domo sua, nec quidquam est quod non in mea sit potestate, vel non tradiderit mihi, præter te, quæ uxor ejus es. Quomodo ergo possum hoc malum facere, et peccare in Deum meum? Quibus verbis ostenditur qui bona quæ assecutus fuerat repente memoriæ intulit, et malum quod se pulsabat evicit, et quia perceptæ gratiæ meminit, vim culpæ imminentis fregit. Cum enim voluptas lubrica tentat in prosperis, hæc ipsa sunt prospera aculeo tentationis opponenda, ut eo erubescamus prava committere, quo nos a Deo meminerimus gratuita bona percepisse, et illatam gratiam exteriorum munerum vertamus in arma virtutum, ut sint ante oculos quæ percepimus, quæque nos illiciunt subigamus. Quia enim voluptas ipsa ex prosperitate nascitur, ejusdem prosperitatis est consideratio ferienda, quatenus hostis noster unde oritur, inde moriatur.

Accidit autem, ut quadam die intraret Joseph domum, et operis quidpiam absque arbitris faceret. At illa, apprehensa lacinia vestimenti ejus, diceret : Dormi mecum. Qui, relicto in manu illius pallio, fugit, et egressus est foras. Dum mulier adultera Joseph nude uti voluisset, relicto pallio fugit foras : quia dum Synagoga Dominum purum hominem credens, quasi adulterino complexu constringere voluit, ipse tegmen litteræ ejus oculis reliquit, et ad cognoscendam suæ divinitatis potentiam conspicuum se gentibus præbuit. Unde et Paulus dicit : *Usque hodie dum legitur Moyses, velamen est super oculos cordis eorum* (II *Cor.* III). Quæ videlicet adultera mulier apud semetipsam pallium retinuit, et quem male tenebat, nudum amisit. Qui ergo a Synagoga veniens fidei gentium conspicuus apparuit, secundum sententiam beati Job, ex utero matris nudus exivit.

Cumque vidisset mulier vestem in manibus suis, et se esse contemptam, vocavit homines domus suæ, et ait ad eos : En introduxit virum Hebræum ut illuderet nobis. Ingressus est ad me ut coiret mecum. Cumque ego succlamassem, et audisset vocem meam, reliquit pallium quod tenebam, et fugit foras. In argumentum ergo fidei, retentum pallium ostendit marito revertenti domum, et ait : Ingressus est ad me servus Hebræus, quem adduxisti, ut illuderet mihi. Cumque vidisset me clamare, reliquit pallium et fugit foras. His auditis, dominus, et nimium credulus verbis conjugis, iratus est valde; tradiditque Joseph in carcerem, ubi vincti regis custodiebantur, etc. Erat autem Joseph pulchra facie et decorus aspectu. Ita et de Christo David ait: *Speciosus forma præ filiis hominum, diffusa est gratia in labiis tuis (Psal.* XLIV); (*Isid.*) Sed mulier, inquit, in eum oculos injecit, ut adulterium cum illa perpetraret. Ista mulier Synagogæ erat figura, ut supra diximus, quæ sæpe, sicut scriptum est, mœchata est post deos alienos. Similiter volebat et Christum in adulterii sui scelere retinere ut negaret se esse Deum, et Pharisæorum magis et Scribarum quam legis præcepta servaret, quæ illi velut maritus erant. Christus autem non acquiescens illicitæ doctrinæ adulterio, adulterinæ Synagogæ manu veste corporis apprehensus, carne se exuit, et liber mortis in cœlum ascendit. Calumniata est meretrix, ubi eum tenere non potuit, dicens quod templum Domini blasphemaret, et legis diceretur esse transgressor, et illum non carcer terruit, non inferna tenuerunt, cum etiam veluti ubi puniendus descenderat, inde alios liberavit.

CAPUT II.

De duobus eunuchis Pharaonis peccantibus, quibus Joseph in carcere positus, somnium eorum interpretatus est.

(CAP. XL.) *His ita gestis, accidit ut peccarent duo eunuchi, pincerna regis Ægypti et pistor, domino suo. Iratusque Pharao contra eos (nam alter pincernis præerat, alter pistoribus) misit eos in carcerem principis militum, in quo erat vinctus et Joseph. At custos carceris tradidit eos Joseph, qui et ministrabat eis.* In Hebræo scriptum habet *maske*, משקה, illud verbum quod in nomine servi Abraham dudum legimus, quem nos possumus more vulgi vocare pincernam. Nec vile putetur officium, cum apud reges barbaros usque hodie, maximæ dignitatis sit regi poculum porrexisse. Poetæ quoque de catamito et Jove scriptitant quod amasium suum huic officio manciparit.

Narravit prior præpositus pincernarum somnium : Videbam coram me vitem in qua erant tres propagines, crescere paulatim in gemmas, et post flores uvas maturescere, calicemque Pharaonis in manu mea. Tuli ergo uvas et expressi in calicem quem tenebam, et tradidi poculum Pharaoni. Et ecce, inquit, vitis in conspectu meo, et in vite tres fundi, et ipsa germinans tres fundos. Tria flagella et tres ramos, sive propagines, Hebræo sermone significat, quæ ab illis vocantur *sarigim*, שריגים.

Videns autem pistorum magister quod prudenter somnium dissolvisset, ait : Et ego vidi somnium, quod haberem tria canistra farinæ super caput meum, et in uno canistro quod erat excelsius, portare me omnes cibos qui fiunt arte pistoria, avesque comedere ex eo. (*Aug.*) Ubi hic in Latinis voluminibus *tria canistra farinæ* scriptum est, Græci habent χόνδριτον, quod interpretantur qui usum ejusdem linguæ habent, panes esse cibarios. Sed illud movet, quomodo panem cibarium potuerit Pharao habere in escis. Dicit enim in superiore canistro fuisse omnia ex quibus edebat Pharao, opere pistorum. Sed intelligendum est etiam ipsum canistrum habuisse panes cibarios, quia dictum erat, tria canistra, χόνδριτον, et desuper fuisse illa ex omni genere operis pistoris, in eodem canistro superiore.

Exinde dies tertius natalitius Pharaonis erat ; qui faciens grande convivium pueris suis, recordatus est inter epulas magistri pincernarum et pistorum principis ; restituitque alterum in locum suum, ut porrigeret regi poculum ; alterum vero suspendit in patibulo, ut conjectoris veritas probaretur. (*Isid.*) Duo eunuchi quos de domo regis in carcerem vinctos Joseph invenit duorum populorum credentium vel incredulorum mystice figuram tenent. Qui ideo dicuntur eunuchi, quia castam acceperunt regulam disciplinæ. *Eloquia,* inquit, *Domini casta (Psal.* XI). Denique post trinam lucem Domino ab inferis resurgente, et legis obscura, ut Joseph somnia revelante, solutus est a peccatis credentium populus ; et de inferni carcere liberatus, redditur in ministerium divinæ legis. Incredulus autem et impius populus Judæorum, quia in salvationis lignum non credidit, transgressionis ligno suspenditur, ut illi alteri contigit eunucho, qui Judæorum imaginem indicavit

CAPUT III.

De somnio Pharaonis, et interpretatione Joseph.

(CAP. XLI.) *Post duos annos vidit Pharao somnium. Putabat se stare super fluvium, de quo ascendebant septem boves pulchræ et crassæ nimis et pascebantur in locis palustribus : aliæ quoque septem emergebant de flumine fædæ, confectæque macie et pascebantur in ipsa amnis ripa in locis virentibus. Devoraveruntque eas quarum mira species et habitudo corporum erat. Expergefactus Pharao, rursum dormivit, et vidit alterum somnium. Septem spicæ pullulabant in culmo uno, plenæ atque formosæ ; aliæ quoque totidem spicæ tenues, et percussæ uredine oriebantur, devorantes omnem priorum pulchritudinem. Evigilans post quietem, et facto mane, pavore perterritus, misit ad conjectores Ægypti, cunctosque sapientes, et accersitis narravit somnium, nec erat qui interpretaretur.* (*Aug.*) Quod putabat se stare Pharao super flumen, quemadmodum servus Abrahæ dixit : *Ecce ego sto super fontem aquæ (Gen.* XXIV), hæc locutio si intelligatur in Psalmo ubi scriptum est : *Qui fundavit terram super aquam (Psal.* XXIII)*,* non coguntur homines putare sicut navem natare terram super aquam. Secundum hanc enim locutionem recte intelligitur quod altior sit terra quam aqua. Altius quippe ab aquis sustollitur, ubi habitant terrena animalia. Præterea narrat Pharao somnium, interpretatus est Joseph. (*Isid.*) Sed quid significat septem anni qui in septem spicis plenis, seu qui in septem vaccis pinguibus ostendebantur, nisi septem charismatum spiritualium dona, quibus ubertas fidei larga pietate redundat? At contra sæpe steriles et tenues anem veritatis et justitiæ novissimis temporibus significabant.

CAPUT IV.

De eo quod Joseph princeps Ægypti a Pharaone constituitur.

Dixit quoque rursum Pharao ad Joseph : Ecce constitui te super universam terram Ægypti. Tulitque annulum de manu sua, et dedit in manu ejus; vestivitque eum stola byssina, et collo torquem auream circumposuit, fecitque ascendere super currum suum secundum, clamante præcone et dicente ut omnes coram eo genu flecterent, et præpositum esse scirent universæ terræ Ægypti. Pro quo Aquila transtulit : Et clamavit in conspectu ejus ad geniculationem. Symmachus ipsum Hebraicum sermonem interpretans ait : Et clamavit ad eum abrech. Unde mihi videtur, non tam præco, sive adgeniculatio, quæ in salutando vel adorando Joseph accipi potest, intelligenda, quam illud quod Hebræi tradunt, dicentes *patrem tenerum* ex hoc sermone transferri. Ab אב, quippe dicitur *pater*, *rech*, רך, *delicatus*, sive *tenerrimus*, significante Scriptura quod juxta prudentiam quidem pater omnium fuit, sed juxta ætatem tenerrimus adolescens et puer. (*Isid.*) Ecce Joseph qui typum induerat Christi, currum meruit, et præconavit ante eum, et constituit illum Pharao super universam terram Ægypti; et Dominus noster postquam est distractus a Juda, ut Joseph a fratribus, et de infernorum carcere resurrexit, ascendit currum regni cœlestis, de quo scriptum est : *Currus Dei decem millium* (Psal. LXVII), et accepit potestatem a Patre prædicandi, sicut Paulus apostolus ait : *Et dedit ei nomen quod est super omne nomen, ut in nomine Jesu omne genu flectatur, cœlestium, terrestrium et infernorum* (Phil. II). Accepit quoque et annulum, pontificatum scilicet fidei quo credentium animæ salutis signo signantur; frontibus nostrisque cordibus per signum crucis figura Regis æterni exprimitur. Induiturque stolam byssinam, id est, carnem sanctam bysso candidiorem, et stolam immortalitatis. Accepit quoque torquem auream, id est, intellectum bonum. Præco ante eum præcedit, id est, aut Joannes Baptista, qui iter ejus præcedens præconabat dicens : *Parate viam Domino* (Matth. III). Habebit et alium præconem tubam angeli, quia ipse dixit : Veniet in tuba angeli.

Dixit quoque rex ad Joseph : Ego sum Pharao : Absque tuo imperio non movebit quisquam manum vel pedem in omni terra Ægypti. Vertitque nomen illius, et vocavit eum lingua Ægyptiaca Salvatorem mundi. Quid manifestius de Christo, quando sub figura Joseph Salvator ostenditur, non tantum unius terræ Ægypti, sed etiam totius mundi? (*Hieron.*) Licet hoc nomen *absconditorum repertorem* Hebraice sonet, tamen quia ab Ægyptio ponitur, ipsius linguæ debet habere rationem. Interpretatur enim sermone Ægyptio, *saphanath phaanecha*, sive, ut Septuaginta transferre voluerunt, Ψονθομφανήχ, *Salvator mundi*, eo quod orbem terræ ab imminente famis excidio liberarit.

Dedit quoque illi uxorem Aseneth filiam Putipharis sacerdotis Heliopoleos. Notandum autem quod domini quondam et emptoris sui filiam uxorem acceperit, qui ad id locorum pontifex Heliopoleos erat. Neque enim fas absque eunuchis idoli illius esse antistites, ut vera illa Hebræorum super eo, quod ante jam diximus, suspicio comprobetur. Accepit ergo Christus ex gentibus uxorem, id est, Ecclesiam, ex qua genuit duos filios, id est, duos populos ex Judæis, et ex gentibus congregatos.

Triginta autem erat annorum, quando stetit in conspectu regis Pharaonis. Triginta, inquit, annorum erat Joseph, quando in conspectu regis Pharaonis stetit; totidemque annis fuisse legitur Christus, quando sub typo Pharaonis, in conspectu mundi apparuit revelatus.

CAPUT V.

De eo quod Joseph tempore fertilitatis congregavit triticum in horrea, ad sedandam famem futuri temporis.

Circuivit Joseph omnes regiones Ægypti : venitque fertilitas septem annorum, et in manipulos redactæ segetes, congregatæ sunt in horrea Ægypti. Omnis etiam frugum abundantia, in singulis urbibus condita est. Tantaque fuit multitudo tritici, ut arenæ maris coæquaretur, et copia mensuram excederet. (*Aug.*) Et congregavit Joseph triticum, sicut arenam maris multum valde, quoadusque non potuit numerari, non enim erat numerus. Pro eo dictum est, non erat numerus, quod nomen numeri omnis usitati excederet illa copia, et quomodo appellaretur, non inveniebatur. Nam unde fieri potest ut quamlibet magnæ, finitæ tamen multitudinis, numerus non sit? quamvis hoc potuerit etiam secundum hyperbolen dici. Congregavit autem Joseph per septem annos omnem frugum abundantiam, id est, frumenta fidei sanctorum horreis condens, per illa scilicet charismata septem, quasi per septem, annos, ut cum septem inopiæ anni cœperunt, id est, cum iniquitas illa occurrerit, septem capitalium criminum sub Antichristo, quando fames fidei fuerit et salutis, tunc sancti pariter et fideles habeant copiosam justitiæ frugem, ne fides eorum inopia sermonis attenuata deficiat.

Nati sunt autem Joseph filii duo, antequam veniret fames, quos ei peperit Aseneth filia Putipharis sacerdotis Heliopoleos. Vocavitque nomen primogeniti, Manasses, dicens : Oblivisci me fecit Deus omnium laborum meorum, et domus patris mei. Nomenque secundi appellavit Ephraim, dicens : Crescere me fecit Deus in terra paupertatis meæ. Observa quæstionem quæ post paululum de Joseph proponenda est, quod ante famis tempus, quo Jacob intravit in Ægyptum, duos tantum Joseph filios habuerit, Manassen et Ephraim, Manassen vocans, ab eo quod sit oblitus laborum suorum, ita enim Hebraice vocatur *oblivio*, Ephraim vero, eo quod auxerit eum

Deus, ex hoc enim vocabulo, in linguam nostram transfertur *augmentum*.

Igitur transactis septem annis ubertatis, qui fuerunt in Ægypto, cœperunt venire septem anni inopiæ, quos prædixerat Joseph; et in universo orbe fames prævaluit. In cuncta autem terra Ægypti erat fames. Qua esuriente, clamavit populus ad Pharaonem alimenta petens. Quibus ille respondit : Ite ad Joseph, et quidquid vobis dixerit, facite. Crescebat autem fames quotidie in omni terra. Aperuitque Joseph universa horrea, et vendebat Ægyptiis. Nam et illos oppresserat fames. Omnesque provinciæ veniebant in Ægyptum, ut emerent escas, et malum inopiæ temperarent. Joseph a penuria frumenti salvat Ægyptum, et Christus fame verbi Dei liberat mundum. Aperuit enim horrea sua Christus in omni orbe terrarum : et erogatione frumenti sui, omnia subjugavit. Nisi enim Joseph fratres vendissent, defecerat Ægyptus; nisi Christum Judæi crucifixissent, perierat mundus. Joseph igitur interpretatur *augmentatio*, sive *ampliatio*. Sed in illo Joseph ampliationem non habuit, nisi sola Ægyptus : in nostro vero Joseph, augmentum habere meruit universus mundus. Ille erogavit triticum, noster erogavit Dei verbum. *In omnem enim terram exivit sonus eorum (Psal.* XVIII).

CAPUT VI.

De eo quod Jacob tempore famis misit filios suos in Ægyptum ad emendum triticum: quibus agnitis Joseph exploratores appellavit, sed tamen cum frumento et pretio eos domum remisit.

(CAP. XLII.) *Audiens Jacob, quod alimenta venderentur in Ægypto, dixit filiis suis : Quare negligitis ? Audivi quod triticum venundetur in Ægypto. Descendite et emite nobis necessaria, ut possimus vivere, et non consumamur inopia.* Dixit Jacob filiis suis : Est frumentum in Ægypto; dicit Deus et Pater : *Ex Ægypto vocavi Filium meum (Ose.* XI). Descendunt igitur decem provectiores, id est, Judæi quasi sub decalogo legis et numero constituti, quos ipse cognoscens, non est agnitus ab eis. Cognoscuntur et Hebræi a Christo. Ipsi autem non cognoscunt eum.

Descenderunt igitur fratres Joseph decem, ut emerent frumenta in Ægyptum, Benjamin domi retento a Jacob, qui dixerat fratribus ejus : Ne forte in itinere quidquam patiatur mali. Ingressi sunt autem terram Ægypti cum aliis qui pergebant ad emendum. Erat autem fames in terra Chanaan, et Joseph princeps Ægypti, atque ad illius nutum frumenta populis vendebantur. Cumque adorassent eum fratres sui, et agnovisset eos, quasi ad alienos durius loquebatur, interrogans : Unde venistis? Qui responderunt : De terra Chanaan, ut emamus victui necessaria, et tamen fratres ipse cognoscens, non est agnitus ab eis. Recordatusque somniorum quæ aliquando viderat, ait : Exploratores estis, ut videatis infirmiora terræ venistis. (Aug.) Et memoratus Joseph somniorum suorum quæ vidit ipse, adoraverant enim eum fratres sui, sed aliquid in illis somniis excelsius inquirendum est. Non enim potest eo modo de patre ejus ac matre compleri, quæ jam mortua fuerat, quod de sole et luna, cum vidisset, a patre increpante audierat, qui vivebat. Adorant fratres Joseph ipsum ; et Christum omnis cœtus sanctorum adorat, et divino cultu honorat. In solis autem nomine perfectio sanctorum designatur, et lunæ similitudine Ecclesiæ exprimitur decus. Omnes ergo tam seniores quam juniores, tam perfecti quam adhuc minus perfecti in Ecclesia, Christum Dominum adorare delectant, de quo Psalmista ait : *Et adorabunt eum omnes reges terræ, omnes gentes servient ei* (*Psal.* LXXI).

Qui dixerunt : Non est ita, domine, sed servi tui venerunt ut emerent cibos. Omnes filii unius viri sumus. Pacifici venimus, nec quidquam famuli tui machinantur mali. Quibus ille respondit : Aliter est : immunita terræ hujus considerare venistis. Et illi: Decem, inquiunt, servi tui fratres sumus, filii viri unius in terra Chanaan. Minimus cum patre nostro est. Alius non est super. Hoc est, ait quod locutus sum : Exploratores estis. Jam nunc experimentum vestri capiam; per salutem Pharaonis, non egrediemini hinc donec veniat frater vester minimus, etc. Quid est quod Joseph vir tam sapiens, atque ita non solum inter homines, sed ipsa Scriptura etiam teste laudatus, ita jurat per salutem Pharaonis non exituros de Ægypto fratres suos, nisi frater eorum junior veniret? An etiam bono et fideli vilis erat Pharaonis salus, cui fidem sicut primitus domino suo servabat in omnibus ? Quanto magis enim ipsi qui eum in tanto honore locaverat, si illi servabat qui eum servum emptitium possidebat? Quod si non curabat Pharaonis salutem, nunquid et perjurium pro cujuslibet hominis salute vitare non debuit ? An non est perjurium? Tenuit enim unum eorum, donec veniret Benjamin, et verum factum est quod dixerat. Non exibitis hinc, donec veniat frater vester. Ad omnes enim potuit pertinere quod dictum est. Nam quomodo et ille venturus esset, nisi ad eum adducendum aliqui redissent? Sed quod sequitur magis urget quæstionem, ubi iterum juravit dicens :

Mittite ex vobis unum, et adducite fratrem vestrum, vos autem vincimini, quoadusque manifesta sint verba vestra, si vera dicitis an non. Sin autem, per salutem Pharaonis, exploratores estis, id est, si non vera dicitis, exploratores estis; huic sententiæ interposuit jurationem, quia si vera non dixissent, exploratores essent, ideo exploratorum pœna digni essent. Quos tamen vera dicere sciebat; neque enim perjurus est quisque, si ei quem castissimum novit dicat : Si hoc adulterium de quo argueris commisisti, damnat te Deus, et his verbis adhibuit jurationem, verum omnino jurat. Ibi enim est conditio, quia dixit, si fecisti, quem tamen non fecisse certum habet. Sed ait aliquis : Verum est, quia si fecit adulterium, damnat illum Deus. Hoc autem quomodo verum est, si non verum dicitis, exploratores estis, cum etiam si mentiantur, non sunt exploratores? Sed hoc est quod dixit, ita dictum esse. Exploratores estis, tanquam si dictum esset, exploratorum pœna digni estis, hoc e . exploratores deputamini merito mendacii vestri. Estis autem potuisse dici pro *habemini et deputabimini*, innumeræ similes locutiones docent. Unde est illa Eliæ : *Qui cunque exaudierit in igne, et ipse erit Deus (III Reg.* xvIII). Non enim tunc erit, sed tunc habebitur.

Et locuti sunt ad invicem : Merito hæc patimur, quia peccavimus in fratrem nostrum, videntes angustiam animæ ejus, dum deprecaretur nos, et non audivimus. Idcirco venit super nos ista tribulatio. Et quibus unus Ruben ait : Nunquid non dixi vobis : Nolite peccare in puerum, et non audistis me? En sanguis ejus exquiritur. Nesciebant autem quod intelligeret Joseph, eo quod per interpretem loquebatur ad eos. Quid est quod cum intra se pœnitentes filii Israel loquerentur de fratre suo Joseph, quod cum illo male egerint, et hoc eis divino judicio redderetur, quod se periclitari videbant, adjungit Scriptura et dicit : Ipsi ignorabant quia audiebat Joseph, interpres enim inter illos erat. Hoc scilicet intelligendum est ideo eos putasse quia ille non audiret, quod videbant interpretem, qui inter illos erat, nihil ei dicere eorum quæ loquebantur. Nec ob aliud adhibitum putabant interpretem, nisi quod eorum linguam ille nesciret, nec cura erat interpretis ea dicere illi a quo positus fuerat, quæ non ad illum, sed inter se loquebantur.

Et reversus locutus est ad illos. Tollensque Simeonem, et ligans illis præsentibus, jussit ministris ut implerent saccos eorum tritico, et reponerent pecunias singulorum in sacculis suis, datis supra cibariis in via. Qui fecerunt ita. At illi portantes frumenta in asinis, profecti sunt. Quid autem significat quod fratres Joseph dederunt pecuniam in emptionem frumenti, sed cam ipsi, accepto frumento quod emerant, iterum pecuniam suam receperunt, nisi quod Joseph noster non quærit nostra, sed nos? Gratis enim dat sua munera, et in nostra emptione nos ditiores fecit, quia non pecunia emitur Christus, sed gratia.

Veneruntque ad Jacob patrem suum in terra Chanaan, et narraverunt ei omnia quæ accidissent sibi dicentes : Locutus est nobis dominus terræ dure, et putavit nos exploratores provinciæ, etc. Quæritur cur Joseph vir mitissimus et sanctissimus fratres suos taliter afficere voluerit in protelatione agnitionis suæ, cum cito potuisset eis subvenire innotescendo suam personam. Sed hoc non ultionis causa fecit, ut vindicaret malum quod sibi factum fuerat, sed ob experientiam animi eorum, ut cognosceret utrum eodem stimulo fratrem suum uterinum persequerentur, sicut ipsum in exteras provincias vendiderunt.

Dixit pater Jacob : Absque liberis me esse fecistis. Joseph non est super, Simeon tenetur in vinculis, et Benjamin auferetis? In me hæc mala omnia reciderunt. Cui respondit Ruben : Duos filios meos interfice, si non reduxero tibi illum. Trade illum in manu mea et ego tibi eum restituam. At ille : Non descendet, inquit, filius meus vobiscum. Frater ejus mortuus est, ipse solus remansit. Si quid ei adversi acciderit in terra ad quam pergitis, deducetis canos meos cum dolore ad inferos. Quæritur utrum ideo ad infernum quia cum tristitia, an etiam si abesset tristitia, tanquam ad infernum moriendo descensurus hæc loquitur. De inferno enim magna quæstio est, et quid inde Scriptura sentiat, locis omnibus ubi forte hoc commemoratum fuerit, observandum est.

CAPUT VII.
De secundo transitu fratrum Joseph in Ægyptum, simul cum Benjamin, et tentationes eorum.

(Cap. xliii.) *Igitur Israel pater eorum dixit ad eos : Si sic necesse est, facite quod vultis. Sumite de optimis terræ frugibus in vasis vestris, et deferte viro munera : modicum resinæ, et mellis, et storacis, et stactes, et terebinthi, et amygdalarum : pecuniam quoque duplicem ferte vobiscum et illam quam invenistis in sacculis reportate, ne forte errore factum sit. Sed et fratrem vestrum tollite, et ite ad virum. Deus autem meus omnipotens faciat eum vobis placabilem, et remittat vobiscum fratrem vestrum quem tenet in vinculis, et hunc Benjamin. Ego autem quasi orbatus absque liberis ero.* Deferte viro munera, inquit, aliquid resinæ et mellis, thymiama et stacten, et terebinthum et nuces. Sive, ut Aquila et Symmachus transtulerunt, amygdala. Idcirco hoc capitulum posuimus, ut sciamus, ubi in nostris codicibus habetur thymiama, in Hebræo esse *nechotha*, נכת, quod Aquila *storacen* transtulit, ex quo domus nechotha quæ in Isaia legitur, manifestissime cella thymiamatis, sive storacis, intelligitur, eo quod in illa aromata diversa sint condita.

In ipsis foribus accedentes ad dispensatorem locuti sunt. Oramus, domine, ut audias nos. Jam ante descendimus ut emeremus escas; quibus emptis, cum venissemus ad diversorium, aperuimus sacculos nostros, et invenimus pecuniam in ore saccorum, quam nunc eodem pondere reportavimus. Sed aliud attulimus argentum, ut emamus quæ necessaria sunt. Non est in nostra conscientia quis eam posuerit in marsupiis nostris. At ille respondit : Pax vobiscum : nolite timere ; Deus vester, et Deus patris vestri, dedit vobis thesauros in sacculis vestris. Nam pecuniam quam dedistis mihi, probatam ego habeo. Quod a præposito domus audiunt, *Deus vester, et Deus patrum vestrorum dedit vobis thesauros in sacculis vestris, argentum autem vestrum probatum ego habeo,* mendacium videtur, sed aliquid significare credendum est. Argentum enim quod et datur et non minuitur, quod et probum appellatum est, nimirum illud intelligitur, de quo alibi legimus : *Eloquia Domini eloquia casta : argentum igne examinatum, probatum terræ, purgatum septuplum (Psal.* xi), id est, perfecte.

Igitur ingressus est Joseph domum suam. Obtuleruntque ei munera tenentes in manibus, et adoraverunt proni in terra. At ille clementer resalutatis eis, interrogavit dicens : Salvusne est pater vester senex de quo dixeratis mihi : adhuc vivit? Qui responderunt. Sospes est servus tuus pater noster, adhuc vivit, et incurvati adoraverunt eum. Attollens autem Joseph oculos, vidit Benjamin fratrem suum uterinum, et ait: Iste est frater vester minimus, de quo dixeratis mihi? et rursum: Deus, inquit, misereatur tui, fili mi. Festinavitque, quia commota fuerant viscera ejus super fratre suo, et erumpebant lacrymæ; et introiens cubiculum flevit. Affectus boni animi semper proclivis est ad pietatem: unde et in Joseph virtutum possumus considerare copiam. Castus ergo erat cum sprevit impudicitiam dominæ; sapiens, cum diligenti investigatione fratrum suorum animos explorabat, qualiter sentirent de fratre suo uterino. Justus erat, in adhibitione disciplinæ delinquentibus; pius, in conversione pœnitentium.

Rursusque lota facie, egressus continuit se, et ait: Ponite panes. Quibus appositis, seorsum Joseph, et seorsum fratribus, Ægyptiis quoque qui vescebantur simul seorsum. Illicitum est enim Ægyptiis, comedere cum Hebræis, et profanum putant hujuscemodi convivium. Seorsum ergo appositi sunt cibi Joseph quasi advenæ, et seorsum fratribus, quasi exteris natione. Ægyptiis quoque similiter seorsum quasi indigenis, qui putabant cum peregrinis profanum esse convivium.

Sederunt ergo coram eo, primogenitus juxta primogenita sua, et minimus juxta ætatem suam, et mirabantur nimis sumptis partibus quas ab eo acceperunt. Majorque pars venit Benjamin, ita ut quinque partibus excederet. Biberuntque et inebriati sunt cum eo. Præcepit autem Joseph dispensatori domus suæ dicens: Imple saccos eorum frumento quantum possunt capere, et pone pecuniam singulorum in summitate sacci. Scyphum autem meum argenteum, et pretium quod dedit tritici, pone in ore sacci junioris. Factumque est ita, et orto mane dimissi sunt cum asinis suis. Solent hinc ebriosi adhibere testimonii patrocinium, non propter illos filios Israel, sed propter Joseph, qui valde sapiens commendatur. Sed hoc verbum, et pro satietate solere poni in Scripturis, qui diligenter adverterit multis in locis inveniet. Unde est illud: *Visitasti terram, et inebriasti eam; multiplicasti ditare ea* (*Psal.* LXIV), eo quod in laude benedictionis hoc positum est, et donum Dei memoratur. Apparet hanc ebrietatem saturitatem significare. Nam ita inebriari ut inebriantur ebriosi, nec ipsi terræ utile est, quoniam majore quam satietati] sufficit humore corrumpitur, sicut vita ebriosorum, qui non satietati se replent, sed merguntur diluvio.

(CAP. XLIV.) *Tum Joseph, accersito dispensatore domus: Surge, inquit, persequere viros, et apprehensis dicito: Quare reddidistis malum pro bono? Scyphum quem furati estis, ipse est in quo bibit dominus meus, et in quo augurari solet. Pessimam rem fecistis, etc.* (Isid.) Mystice vero, quod Joseph intuitus est parvulum fratrem suum, significat quod Dominus Jesus vidit Paulum, quando lux circumfulsit eum (*Act.* IX). Parvulus dicitur, quia nondum in carne maturam fidei ætatem gerebat. Unde etiam et adolescens legitur, quando lapidantium Stephanum vestimenta servabat. Flevit Joseph, et cæcitas Pauli (*Act.* VII) fletus est Christi. Lavat faciem suam, ut lumen ei amissum restituat. Lavat faciem suam Christus, ubi baptizatus est Paulus, per quem Dominus Jesus a plurimis videretur. Dehinc scyphus argenteus solius sacculo junioris inseritur. Sed quid sibi vult quod inventus est in sacco Benjamin scyphus Joseph, nisi quia in corpore Pauli, jam doctrinæ cœlestis præfulgebat eloquium, dum esset eruditus in lege? Sed quia subjectus non erat, intra saccum erat scyphus, doctrina intra legem, lucerna intra modium. Missus tamen Ananias (*Act.* IX), in Paulum manus posuit, marsupium solvit, marsupio soluto argentum resplenduit, et decidentibus squamis, velut quibusdam sacci vinculis, soluto sacco, id est, deposito legis velamine, adeptus est gratiam libertatis, et revelata facie sermonis evangelium prædicat.

Deprehensi ergo fratres Joseph reversi sunt in oppidum. Primusque Judas cum fratribus ingressus est ad Joseph. Nec dum enim de loco abierat, omnesque ante eum in terram pariter corruerunt. Quibus ille ait: Cur sic agere voluistis? An ignoratis, quod non sit similis mei in augurandi scientia? (Aug.) Quid sibi velit quæri solet. An quia non serio, sed joco dictum est, ut exitus docuit, non est habendum mendacium. Mendacia enim a mendacibus serio aguntur, non joco. Cum autem quæ non sunt tanquam joco dicuntur, non deputantur mendacia. Sed magis movet quid sibi velit ista actio Joseph, qua fratres suos donec eis aperiret quis esset, toties ludificavit, et tanta exspectatione suspendit. Quid licet tanto sit suavius cum legitur, quanto illis sit inopinatius cum quibus agitur, tamen sapientiæ illius gravitate, nisi magnum aliquid isto quasi ludo significaretur, nec ab eo fieret, nec illa Scriptura contineretur, in qua est tantæ sanctitatis auctoritas, et prophetandorum tanta intentio futurorum. Non negligenter considerandum puto, tantam miseriam in hac perturbatione fratrum suorum quomodo Joseph quandiu voluit, tenuit, et quantum voluit mora produxit, non eos utique faciens calamitosos, quando etiam tantæ ipsorum futuræ lætitiæ exitum cogitabat; et totum hoc quod agebat, ut eorum gaudium differretur, ad hoc agebat, ut eadem dilatione cumularetur, tanquam non essent condignæ passiones eorum in toto illo tempore quo turbabantur, ad futuram gloriam exsultationis, quæ in eis fuerat revelanda, fratre cognito, quem a se perditum esse arbitrabantur.

Cui Judas: Quid respondebimus, inquit, domino meo, vel quid loquemur, aut juste poterimus obtendere? Deus invenit iniquitatem servorum suorum. En omnes servi sumus domini mei, et nos et apud quem inventus est scyphus, etc. Multa in narratione Judæ aliter dicta sunt quam cum illis egerat Joseph, quamvis apud eum loqueretur, ut omnino de illa insimulatione quod exploratores essent, nihil diceretur. Quod utrum consulto tacitum sit, an fecerit perturbationis oblivio, non apparet. Nam et illud quod dixerunt se ab ipso Joseph interrogatos ae patre et fratre suo, se autem illa interroganti indicasse, mirum si vel ad sententiam potest ista pervenire narratio, ut eam constet esse veracem, quanquam et si aliqua falsa in ea sunt, falli potius per oblivionem potuit, quam auderet mentiri apud eum praesertim, cui non sicut nescienti, sed etiam illa quae noverat eum scire, ad flectendam ejus misericordiam, narrationi inserebat.

CAPUT VIII.

Ubi Joseph fratres sui agnoscunt, quos remisit aa patrem suum, ut eum cum tota domo sua ducerent ad se in Ægyptum.

(Cap. XLV.) *Ego sum, ait Joseph, frater vester, quem vendidistis in Ægypto; nolite pavere, nec vobis durum esse videatur quod vendidistis me in his regionibus, pro salute enim vestra misit me Deus ante vos. Biennium est enim quod fames coepit esse in terra, et adhuc quinque anni restant, quibus nec arari poterit, nec meti. Praemisitque me Deus, ut reservemini super terram, et escas ad vivendum habere possitis. Non vestro consilio, sed Dei huc voluntate missus sum, qui fecit me quasi patrem Pharaonis, et dominum universae domus ejus, ac principem in omni terra Ægypti.* Quid est quod dicit Joseph, *Praemisit me Deus, ut reservemini super terram, et escas ad vivendum habere possitis?* Quod juxta alia exemplaria ita legitur: *Misit enim me Deus ante vos, remanere vestras reliquias super terram, et enutrire vestrum reliquiarium,* mirum est. Hoc enim non usquequaque consonat, ut reliquias vel reliquiarium accipiamus Jacob et filios ejus, cum omnes sint incolumes. An forte significat illud, alto secretoque mysterio, quod ait Apostolus, *Reliquiae per electionem gratiae salvae factae sunt* (Rom. IX), quia propheta praedixerat: *Et si fuerit numerus filiorum Israel sicut arena maris, reliquiae salvae fient* (Isa. X; Ose. I). Ad hoc enim occisus est Christus a Judaeis et traditus gentibus, tanquam Joseph Ægyptiis a fratribus, ut et reliquiae Israel salvae fierent, unde dicit Apostolus: *Nam et ego Israelita sum, et ut plenitudo gentium intraret, et sic omnis Israel salvus fieret* (Rom. XI), id est, ex reliquiis Israel secundum carnem, et plenitudine gentium quae in fide Christi secundum spiritum sunt Israel. Aut si et genti illi Israeliticae restat fidei plenitudo, ex qua erant reliquiae, in quibus reliquiis tunc et apostoli salvi facti sunt, hoc significatur ea plenitudine liberationis Israel, qua per Moysen ex Ægypto liberati sunt.

Auditumque est et celebri sermone vulgatum in aula regis: Venerunt fratres Joseph, et gavisus est Pharao atque omnis familia ejus; dixitque ad Joseph, ut imperaret fratribus suis dicens: Onerantes jumenta, ite in terram Chanaan, et tollite inde patrem vestrum, et cognationem, et venite ad me, et ego dabo vobis omnia bona Ægypti, ut comedatis medullam terrae. Praecipe etiam ut tollant plaustra de terra Ægypti, ad subvectionem parvulorum suorum et conjugum, ac dicito: Tollite patrem vestrum, et properate quantocius venientes, nec dimittatis quidquam de supellectili vestra, quia omnes Ægypti opes vestrae erunt. Haec verba Pharaonis quae de Jacob et filiis locutus est, significant gaudium gentilis populi ob conversionem Judaeorum. Magna sine dubio est devotio Ecclesiae gentium, quod Israeliticus populus ad fidem Christi veniet. Quibus si convertantur, et fidei Christi participes exstiterint, promittit spirituales opes virtutum, et gratiam Spiritus sancti, qua nemo qui perfecte accipit, indigentia boni laborabit.

Fecerunt filii Israel ut eis mandatum fuerat. Quibus dedit Joseph plaustra secundum Pharaonis imperium, et cibaria in itinere, singulisque proferri jussit binas stolas; Benjamin vero dedit trecentos argenteos cum quinque stolis optimis, tantumdem pecuniae et vestium mittens patri suo, addens eis asinos decem, qui subveherent ex omnibus divitiis Ægypti, et totidem asinas triticum in itinere, vanesque portantes. (Isid.) Dati sunt Benjamin trecenti argentei cum quinque stolis optimis. Trecentos argenteos a Christo accipit, quicunque praedicat Trinitatem sive Christi crucem; ideoque Paulus ait: *Neque enim judicavi scire me aliquid inter vos, nisi Christum Jesum, et hunc crucifixum* (I Cor. II). Quinque stolas accipit, id est sapientium omniumque sensuum multiplices disciplinas. Praecellit ergo Paulus, eisque exuberat portio meritorum. Sed tamen habent et fratres, id est, alii praedicatores gratiam suam, binas stolas, id est, ut confiteantur Christum et Deum esse et hominem juxta quod in Proverbiis loquitur, *Omnes domestici ejus vestiti sunt duplicibus* (Prov. ult.), id est, mystica vel morali intelligentia. Mittuntur et patri munera, Filius honorat Patrem, Christus populum suum promissis invitat muneribus. Portant haec munera asini illi, gentiles inutiles et laboriosi, nunc autem utiles portant in typo Christi munera. Portant in Evangelio munerum largitorem.

Dimisit ergo fratres suos; proficiscentibus ait: Ne irascamini in via. Qui ascendentes ex Ægypto, venerunt in terram Chanaan ad patrem suum Jacob, et nuntiaverunt ei dicentes: Joseph vivit, et ipse dominatur in omni terra Ægypti, etc. Dimisit Joseph fratres suos qui nuntiaverunt patri suo dicentes: *Joseph vivit, et ipse est dominus in omni terra Ægypti.* Expavit autem Jacob, id est plebs incredula. Sed postquam Christi gesta cognoverit, reviviscet spiritus ejus, et qui mortuus videbatur, fide resurrectionis Christi vivificatur. Vocatur ergo a filiis suis, id est, a Petro, Paulo, Joanne, populus Judaeorum invitatur ad gratiam. Occurrit illi Judas quod interpretatum est *confessio*, quia praecedit jam confessio, quos ante perfidia possidebat; et sic Joseph verus Christus occurrit, qui senem jam aetate suscipiat, ultimis temporibus populum Judaeorum, non secundum illius merita, sed secundum electionem gratiae suae, et imponit manum super oculos ejus, et caecitatem aufert. Cujus idem distulit caecitatem, ut postremus crederet, qui ante non potuit esse credulus.

Unde et Apostolus ait : *Quia cæcitas ex parte in Israel facta est, donec plenitudo gentium intraret, et sic omnis Israel salvus fieret (Rom. xi).*

CAPUT IX.
De descensione Jacob in Ægyptum.

Cap. xlvi.) *Surrexit Jacob a puteo Juramenti; tuleruntque eum filii cum parvulis et uxoribus suis in plaustris, quæ miserat Pharao ad portandum senem, et omnia quæ possederat in terra Chanaan. Venitque in Ægyptum cum omni semine suo : filii ejus et nepotes, filiæ et cuncta simul progenies.* Notandum autem cum hic legitur filias Jacob et cunctam progeniem simul cum Jacob introisse in Ægyptum, quod non ideo posuit filias plurali numero, quod Jacob plures haberet quam unam filiam nomine Dinam, sed numerus pluralis pro singulari positus est, sicut etiam pro plurali singularis solet.

Cunctæ animæ quæ ingressæ sunt cum Jacob in Ægyptum, et egressæ de femore illius, absque uxoribus filiorum ejus, sexaginta sex. Quod dicit Scriptura tot animas peperisse Liam, vel tot animas exisse de femoribus Jacob, videndum est quid respondeatur hinc eis qui hoc testimonio confirmare nituntur, a parentibus simul animas cum corporibus propagari. Animas enim dictas pro hominibus, a parte totum significante locutione, nullus ambigit. Sed quomodo ipsam partem ex qua totum commemoratum est, hoc est animam, cujus nomine totus homo significatus est, alienemus ab eo quod dictum est : Exierunt de femoribus ejus, ut carnes tantum ex illo natas, quamvis solæ animæ nominentur, accipiamus, quærendi sunt locutionum modi secundum Scripturas.

Filii autem Joseph qui nati sunt ei in terra Ægypti, animæ duæ. Omnes animæ domus Jacob quæ ingressæ sunt Ægyptum, fuere septuaginta quinque. Quod, excepto Joseph et filiis ejus, sexaginta sex animæ quæ egressæ sunt de femoribus Jacob, introierunt Ægyptum, nulla dubitatio est. Ita enim paulatim per singulos supputatus numerus approbat, qui in Hebræis voluminibus invenitur. Hoc autem quod in LXX legimus : *Filii autem Joseph qui nati sunt ei in Ægypto, animæ novem.* Sciamus pro novem in Hebræo esse *duas*. Ephraim quippe et Manasse, antequam Jacob intraret Ægyptum, et famis tempus ingrueret, nati sunt de Aseneth filia Puthipharis in Ægypto. Sed et illud quod supra legimus : *Facti sunt autem filii Manasse quos genuit ei concubina Syra, Machir, et Machir genuit Galaad. Filii autem Ephraim fratris Manasse, Suthalaam, Ethaam. Filii vero Suthalaam Edem,* additum est. Si quidem quod postea legimus, quasi per anticipationem factum esse describitur. Neque enim illo tempore quo ingressus est Jacob in Ægyptum, ejus ætatis erant Ephraim et Manasse, ut filios generare potuerint; ex quo manifestum est omnes animas quæ ingressæ sunt Ægyptum de femoribus Jacob, fuisse septuaginta, dum sexaginta sex postea sunt ingressæ, et repererunt in Ægypto tres animas, Joseph videlicet cum duobus filiis ejus. Septuagesimus autem ipse fuerit Jacob. Hanc rem ne videamur adversum Scripturæ auctoritatem loqui, etiam LXX interpretes in Deuteronomio transtulerunt, quod in septuaginta animabus ingressus sit Israel Ægyptum. Si quis igitur nostræ sententiæ refragatur, Scripturam inter se contrariam faciet. Ipsi enim LXX interpretes qui hic septuaginta quinque animas per prolepsim cum Joseph, et posteris ejus, Ægyptum ingressas esse dixerunt, in Deuteronomio septuaginta tantum introisse memorarunt. Quod si e contrario bonis illud opponitur, quomodo in Actibus apostolorum in contentione Stephani dicatur ad populum, septuaginta quinque animas ingressas esse Ægyptum (Cap. vii), facilis excusatio est. Non enim debuit sanctus Lucas, qui ipsius scriptor historiæ est, in gentes volumen emittens, Actuum apostolorum contrarium aliquid scribere adversum eam Scripturam quæ jam fuerat in gentibus divulgata. Et utique majoris opinionis illo duntaxat tempore LXX interpretum habebatur auctoritas, quam Lucas, qui ignotus et vilis, et non magnæ fidei in nationibus ducebatur. Hoc autem generaliter observandum, quod ubicunque sancti Apostoli, aut apostolici viri loquuntur ad populos, his plerumque testimoniis abutuntur quæ jam fuerant in gentibus divulgata, licet plerique tradant Lucam evangelistam, ut proselytum, Hebræas litteras ignorasse.

Misit autem Judam ante se ad Joseph ut nuntiaret ei, et illi occurreret in Gessen. Quo cum pervenisset, juncto Joseph curru suo, ascendit obviam patri suo ad eumdem locum; vidensque eum, irruit super collum ejus et inter amplexus flevit, dixitque pater ad Joseph: Jam lætus moriar, quia vidi faciem tuam, et superstitem te relinquo. Judam vero misit ante se ad Joseph, ut occurreret ei ad urbem heroum in terram Ramesse. Hic locus juxta Septuaginta interpretum editionem ita legitur. In Hebræo nec urbem habet heroum, nec terram Ramesse : sed tantummodo Gessen; nonnulli Judæorum asserunt Gessen nunc Thebaidam vocari; et id quod postea sequitur : *Dedit eis ut possiderent in Ægypto terram optimam in Ramesse,* pagum Arsenoiten sic olim vocatum autumant.

Et ille locutus est ad fratres, et ad omnem domum patris sui : Ascendam, et nuntiabo Pharaoni, dicamque ei : Fratres mei, et domus patris mei, qui erant in terra Chanaan, venerunt ad me, et sunt viri pastores ovium, curamque habent alendorum gregum. Pecora sua et armenta, et omnia quæ habere potuerunt, adduxerunt secum. (Aug.) Commendatur in patriarchis, quod pecorum nutritores erant a pueritia sua, et parentibus suis, et merito. Nam hæc est sine ulla dubitatione justa servitus et justa dominatio, cum pecora homini serviunt, et homo pecoribus dominatur. Sic enim dictum est cum crearetur : *Faciamus hominem ad imaginem et similitudinem nostram; et habeat potestatem piscium maris et volatilium cœli, et omnium pecorum quæ sunt super terram (Gen.* 1). Ubi insinuatur, rationem debere dominari irrationabili vitæ. Servum autem hominem homini vel iniquitas, vel adversitas fecit. Iniquitas quidem, sicut dictum est : *Maledictus Chanaan : erit servus fratribus suis (Gen.* ix). Adversitas vero, sicut accidit ipsi Joseph, ut venditus a fratribus, servus alienigenæ fieret, itaque primos servos quibus hoc nomen inditum est in Latina lingua, bella fecerunt. Qui enim homo ab homine superatus jure belli posset occidi, quia servatus est servus appellatus est. Inde et mancipia, quasi manu capta sunt. Est etiam ordo naturalis in hominibus, ut serviant viris feminæ, et filii parentibus, quia et illic hæc justitia est, ut infirmior ratio serviat fortiori. Hæc igitur dominationibus et servitutibus clara justitia est, ut qui excellunt ratione, excellant dominatione. Quod cum in hoc sæculo per iniquitatem hominum perturbatur, vel per naturarum carnalium diversitatem, ferunt justi temporalem perversitatem, in fine habituri ordinatissimam et sempiternam felicitatem.

Cumque vocaverit vos et dixerit. Quod est opus vestrum? respondebitis : Viri pastores sumus, servi tui ab infantia nostra usque in præsens, et nos et patres nostri. Hæc autem dicetis, ut habitare possitis in terra Gessen, quia detestantur Ægyptii omnes pastores ovium. Abominatio est enim omnis pastor ovium Ægyptiis. Merito Ægyptiis in quibus figura est præsentis sæculi, in quo abundat iniquitas, abominatio est omnis pastor pecorum. Abominatio est enim iniquo vir justus.

Venerunt autem in Ægyptum ad Joseph Jacob et filii ejus. Et audivit Pharao rex Ægypti, et ait Pharao ad Joseph dicens : Pater tuus et fratres tui venerunt ad te. Ecce terra Ægypti ante te est. In terra optima colloca patrem tuum et fratres tuos. Hæc repetitio, non prætermissæ rei ad quam sæpe per recapitulationem obscuri reditur. sed omnino aperta est. Jam enim dixerat Scriptura, quomodo venerint ad Pharaonem fratres Joseph, et quid eis dixerit vel ab eis audierit. Sed hoc nunc velut ab initio repetivit, ut inde contexeret narrationem ab his verbis quæ soli Joseph Pharao dixit : quorum omnium codicibus Græcis, qui a diligentioribus conscripti sunt, quædam obeliscos habent, et significant ea quæ in Hebræo non inveniuntur, et in LXX inveniuntur. Quædam asteriscos, quibus ea significantur quæ habent Hebræi, nec habent Septuaginta

CAPUT X.

De eo quod Joseph statuit Jacob patrem suum coram Pharaone, cui ille per Joseph dedit optimam terram Gessen.

(Cap. xlvii.) *Post hæc introduxit Joseph patrem suum ad regem, et statuit eum coram eo. Qui benedicens illi, et interrogatus ab eo : Quot sunt dies annorum vitæ tuæ? Respondit Jacob : Dies peregrinationis vitæ meæ centum triginta annorum sunt parvi et mali, et non pervenerunt ad dies patrum meorum quibus peregrinati sunt.* Quid est quod dixit Jacob Pharaoni, *Dies annorum vitæ meæ quos incolo* (sic enim habent Græci) quod Latini habent, *ago* vel *habeo*, vel si quid aliud. Utrum ergo ideo dixit *quos incolo*, quod in terra natus est quam nondum populus divina promissione hæreditatis acceperat; et ibi vitam ducens, utique in aliena terra erat, non solum quando peregrinabatur sicut in Mesopotamia, verum etiam quando ibi erat ubi natus est. An potius secundum id accipiendum est, quod ait Apostolus : *Quandiu sumus in corpore, peregrinamur a Domino? (II Cor.* v.) Secundum hoc et illud in psalmo dictum intelligitur : *Inquilinus ego sum in terra, et peregrinus sicut omnes patres mei (Psal.* cxix). Nam iterum dicit de ipsis diebus vitæ suæ : *Non pervenerunt in dies annorum vitæ patrum meorum quos dies incoluerunt.* Non enim hic aliud voluit intelligi, quam id quod Latini codices habent, *vixerunt*; ac per hoc significavit hanc vitam incolatus esse super terram, id est, peregrinationis habitationem. Sed credo sanctis hoc convenire, quibus aliam patriam æternam Dominus pollicetur. Unde videndum est quemadmodum dictum est de impiis : *Incolent et abscondent; ipsi calcaneum meum observabunt (Psal.* lv). De his enim convenientius accipitur, qui ut abscondant incolunt, id est, ut insidientur filiis, non manent in domo in æternum.

Joseph vero patri et fratribus suis dedit possessionem in Ægypto in optimo terræ solo Ramesses, ut præceperat Pharao; et alebat eos omnemque domum patris sui, præbens cibaria singulis. Quærendum utrum terra Ramasse ipsa sit Gessen. Ipsam enim petierant, et ipsam eis Pharao dari præceperat (*Ibid.*). Tradidit Joseph parentibus et fratribus optimam terram Gessen, præbens eis cibaria, quia fames oppresserat terram. Sic et Dominus eligens optimam terram parentibus, id est, patriarchis et prophetis, ex quibus Christus secundum carnem, sive omnibus sanctis, de quibus in Evangelio dicit : *Hi sunt fratres mei, qui faciunt voluntatem meam (Luc.* viii). His igitur dat terram, scilicet promissionis regni Dei, de qua dicit Propheta : *Credo videre bona Domini, in terra viventium (Psal.* xxvi). (*Aug.*) Et metiebatur Joseph triticum patri suo, et tamen eum pater nec quando vidit adoravit, nec quando ab illo triticum accepit. Quomodo ergo Joseph somnium modo impletum putabimus, et non potius majoris rei continere prophetiam?

In toto enim orbe panis deerat, et oppresserat fames terram, maxime Ægypti et Chanaan. E quibus omnem pecuniam congregavit pro venditione frumenti, et intulit eam in ærarium regis. Pertinuit ad Scripturam, in hac etiam re commendare fidem famuli Dei.

Cumque defecisset emptoribus pretium, venit cuncta Ægyptus ad Joseph dicens : Da nobis panes. Quare morimur coram te, deficiente pecunia? Quibus ille respondit. Adducite pecora vestra, et dabo pro eis vobis cibos, si pretium non habetis. Quæ cum ad-

duxissent, dedit eis alimenta pro equis, et ovibus, et bobus, et asinis; sustentavitque eos illo anno pro commutatione pecorum. Venerunt quoque anno secundo, et dixerunt ei : Non celamus domino nostro quod deficiente pecunia, et pecora simul defecerunt, nec clam te est quod absque corporibus et terra, nihil habeamus. Cur ergo morimur te vidente? et nos et terra nostra tui erimus. Eme nos in servitutem regiam, et præbe semina, ne, pereunte cultore, redigatur terra in solitudinem. Quæri potest, cum Joseph frumenta collegerit, unde homines viverent, pecora unde vivebant, cum tanta fames invalesceret ? maxime quia fratres Joseph Pharaoni dixerant : Non sunt enim pascua pecoribus puerorum tuorum; invaluit enim fames in terra Chanaan, et propter hanc etiam inopiam pascuorum, se venisse commemoraverant. Proinde si ea fame pascua defecerant in terra Chanaan, cur in Ægypto non defecerant, eadem tunc fame ubique invalescente ? An sicut perhibetur ab eis qui loca sciunt, in multis Ægypti paludibus poterant pascua non deesse, etiam cum fames esset frumentorum, quæ solent Nili fluminis inundatione provenire? Magis enim dicuntur paludes illæ feracius pascua gignere, quando aqua Nili minus excrescit.

CAPUT XI.

De eo quod Joseph acquisivit totam terram Ægypti Pharaonis possessionem.

Emit igitur Joseph omnem terram Ægypti, vendentibus singulis possessiones suas præ magnitudine famis. Subjecitque eam Pharaoni, et cunctos populos ejus, a novissimis terminis Ægypti, usque ad extremos fines ejus præter terram sacerdotum, quæ a rege tradita fuerat eis, quibus et statuta cibaria ex horreis publicis præbebantur, et idcirco non sunt compulsi vendere possessiones suas, etc. In eo quod Joseph omnem terram Ægypti emit, subjecitque eam Pharaoni, et cunctos populos ejus, non injustitiæ vel iniquitatis argui potest, maxime cum fidelitas ejus inde commendetur, quia nullius personæ gratiam suscepit, sed juxta emptoris pretium, æquo libramine stipem regiam indigentibus compensavit. Mystice autem significat omnes qui in Ægypto spirituali sunt, et Ægypti opes ambiunt, servos esse. Jam enim nullus est liber Ægyptius. Carnalis autem est, et venundatus sub peccato. Pharao enim eos sibi subjicit; et fortasse ideo alibi dictum est : Ego sum Dominus Deus tuus, qui duxi te de terra Ægypti, de domo servitutis (*Exod.* xiii; *Deut.* v, vi, vii). Unde Apostolus fidelibus præcipit dicens : Non ergo regnet peccatum in vestro mortali corpore, ad obediendum desideriis ejus (*Rom.* vi). Et item : An nescitis, inquit, quoniam cui exhibetis vos servos ad obediendum, servi estis ejus cui obedistis, sive peccati in mortem, sive obeditionis ad justitiam (*Ibid.*) ? Jam de Hebræis scriptum est quod violenter in servitutem redacti sunt. Ægyptium vero populum facile in servitutem redegit Pharao. Vendiderunt enim semetipsos. Non ergo dispensatoris culpa est, ubi digna dispensantur pro meritis. Hoc et Paulus fecit, cum illum qui indignus sanctorum consortio fuit tradidit Satanæ (*I Cor.* v). Nemo itaque dicat Paulum dure egisse, qui hominem de Ecclesia ejecit, ut expulsus discoret non blasphemare. Hominis enim voluntas iniqua est, cum amans terrena, deserit cœlestia, et propter avaritiam se subjicit diabolo. Domini autem est promissio justa, cum eum qui, spernens meliora, elegit pejora, dimittit arbitrio suo ut cadat, et in desideriis infirmorum subruatur. Quod autem dicitur, sacerdotes non compulsos esse vendere possessiones suas, quia illis statuta cibaria ex horreis publicis præbebantur, significat terram Ecclesiæ, qua veri sunt sacerdotes, liberam esse accessu mundiali, quia verbo divino indesinenter pascitur, nec damnum famis spiritualis ullum sustinebit. Aliter autem emptio Joseph qua frugibus emit terram Ægypti, significat Christum sua doctrina et sui sanguinis pretio universum mundum redimere. Quodque dicit :

Accipite semina et serite agros, ut fruges habere possitis : quintam partem regi dabitis, quatuor reliquas permitto vobis in sementem, et in cibos familiis et liberis vestris, accipere mandat semen, hoc est verbum Dei, et serere agros, corpora videlicet sua, quæ vomere evangelico exarata, et semine spirituali seminata, fructus virtutum germinant. Per quintam partem quæ regibus dabatur, quinque sensuum census, quod Christo vero regi solvi debeat, intimatur. Quatuor vero reliqui in sementem et in cibos possessoribus permittuntur, quia actualis vitæ usus unicuique conceditur, quatenus seminet opera virtutum, ut fructus justitiæ metat in vitam æternam : quod a Salvatore nostro veraciter nobis tribuitur. Unde Joseph Ægyptii dicunt : *Salus nostra in manu tua est*, quia manifestum est quod salus mundi in Christi potestate est constituta.

CAPUT XII

Ubi Jacob Joseph pro sepultura sua juramento constrinxit.

Habitavit ergo Israel in Ægypto, id est, in terra Gessen, et possedit eam ; auctusque est, et multiplicatus nimis, et vixit in ea decem et septem annis. Factique sunt omnes dies vitæ illius centum quadraginta septem annorum. Cumque appropinquare cerneret mortis diem, vocavit filium suum Joseph, et dixit ad eum : Si inveni gratiam in conspectu tuo, pone manum tuam sub femore meo, et facies mihi misericordiam et veritatem, ut non sepelias me in Ægypto, sed dormiam cum patribus meis, et auferas me de terra hac, condasque in sepulcro majorum. Moriturus Jacob, filio suo Joseph dicit : *Si inveni gratiam in conspectu tuo, subjice manum tuam sub femore meo, et facies in me misericordiam et veritatem.* Ea filium juratione constringit, qua servum constrinxit Abraham : ille mandans unde uxor ducatur filio suo, iste sepulturam commendans corporis sui. In utraque tamen causa nominata sunt duo illa, quæ magni habenda atque pendenda sunt in Scripturis omnibus, quacunque dispersim leguntur misericordia et justitia, vel misericordia et judicium, vel misericordia et veritas. Quandoquidem quodam loco scriptum est : *Universæ viæ Domini misericordia et veritas* (*Psal.* XXIV). Ita hæc duo multum commendata, multum consideranda sunt. Servus autem Abrahæ dixerat : *Facitis in Dominum meum misericordiam et justitiam.* Sicut et iste filio suo dicit : *Ut facias in me misericordiam et veritatem.* Quid sibi autem velit a tanto viro tam sollicita corporis commendatio, ut non in Ægypto sepeliatur, sed in terra Chanaan juxta patres suos? Mirum videtur et quasi absurdum, nec conveniens tantæ excellentiæ mentis propheticæ, si hoc ex hominum consuetudine metiamur. Si autem in his omnibus sacramenta quærantur, majoris admirationis gaudium ipsi qui invenerit orietur. Cadaveribus quippe mortuorum, peccata significari in lege non dubium est, cum jubentur homines post eorum contractionem, sive qualecunque contractum, tanquam ab immunditia purificari, et hinc illa sententia dicta est : *Qui baptizatur a mortuo, et iterum tangit illum, quid proficit lavatio ejus? Sic et qui jejunat super peccata sua, et iterum ambulans hæc eadem facit* (*Eccli.* XXXIV). Sepultura ergo mortuorum remissionem significat peccatorum, eo pertinens quod dictum est : *Beati quorum remissæ sunt iniquitates, et quorum tecta sunt peccata* (*Psal.* XXXI). Ubi ergo sepelienda erant hac significantia patriarcharum cadavera, nisi in ea terra ubi ille crucifixus est, cujus sanguine facta est remissio peccatorum? Mortibus enim patriarcharum peccata hominum figurata sunt. Dicunt autem ab eo loco, quod Abrahemium vocatur, ubi sunt ista corpora, abesse locum ubi crucifixus est Dominus, fere triginta millibus, ut etiam ipse numerus eum significare intelligatur qui in baptismo apparuit ferme triginta annorum; et si quid aliud de re tanta vel hoc modo vel sublimius intelligi potest, dum tamen non frustra arbitremur, tales ac tantos homines Dei tantam gessisse curam pro sepeliendis corporibus suis, cum sit atque esse debeat fidelium ista securitas, quod ubicunque corpora eorum sepeliantur, vel insepulta etiam ob inimicorum rabiem relinquantur, aut pro eorum libidine dilacerata absumantur, non ideo vel minus integram, vel minus gloriosam eorum resurrectionem futuram.

Cui respondit Joseph : Ego faciam quod jussisti. Et ille, jura ergo, inquit. Quo jurante, adoravit Israel Deum, conversus ad lectuli caput. Sanctus quippe et Deo deditus vir, oppressus senectute, sic habebat lectulum positum, ut ipse jacentis habitus absque difficultate ulla ad orationem esset paratus. (*Aug.*) Quod habent quidam Latini codices : *Et adoravit super caput virgæ ejus,* nonnulli emendatius habent : *adoravit super caput virgæ suæ,* id est, in capite virgæ suæ, sive in cacumen, sive super cacumen. Fallit enim eos Græcum verbum, quod eisdem litteris scribitur, sive ejus sive *suæ,* sed accentus dispares sunt, et ab eis qui ista noverunt in codicibus non contemnuntur. Valent enim ad magnam discretionem, quamvis et unam plus litteram habere posset si esset suæ, et non esset αὐτοῦ, sed ἑαυτοῦ. Ac per hoc merito quæritur quid sit quod dictum est. Nam facile intelligitur senem qui virgam ferebat, eo more quo illa ætas baculum solet portare, ut se inclinaret ad Dominum adorandum, id utique fecerit super cacumen virgæ suæ, quam sic ferebat, ut super eam caput inclinando, adoraret Deum. Quid est ergo, *Adoravit super cacumen virgæ ejus,* id est, filii sui Joseph? An forte tulerat ab eo virgam, quando ei jurabat idem filius? et dum eam tenet, post verba jurantis, nondum illa reddita, mox adoravit Deum? Non enim pudebat eum ferre tantisper insigne potestatis filii sui, ubi figura magnæ rei futuræ præsignatur.

CAPUT XIII.
De eo quod Jacob filios Joseph benedixit.

(CAP. XLVIII.) *His ita transactis, nuntiatum est Joseph quod ægrotaret pater ejus. Qui assumptis duobus filiis suis, Manasse et Ephraim, ire perrexit. Dictumque est seni : Ecce filius tuus Joseph venit ad te. Qui confortatus, sedit in lectulo; et ingresso ad se ait : Deus omnipotens apparuit mihi in Luza, quæ est in terra Chanaan, benedixitque mihi et ait : Ego te augebo et multiplicabo, et faciam in turbas populorum.* Etiam hic commemorat Jacob promissiones Dei erga se factas, dicit sibi dictum : *Faciam te in congregationes gentium.* Quibus verbis magis fidelium vocationem significat quam carnalis generis propagationem.

Duo igitur filii tui qui nati sunt tibi in terra Ægypti, antequam venirem huc ad te, mei erunt, Ephraim et Manasses, sicut Ruben et Simeon, reputabuntur mihi. Reliquos autem quos genueris post eos, tui erunt, et nomine fratrum suorum vocabuntur in possessionibus suis. Si quis ambigebat, quod septuaginta animæ introissent Ægyptum filiorum Israel, et quod Joseph eo tempore quo ingressus est Jacob, non novem sed duos filios tantum habuerit, præsenti capitulo confirmatur. Siquidem ipse Jacob loquitur, duos eum filios habuisse, non novem. Quod autem dicit : *Ephraim et Manasse, sicut Ruben et Simeon, erunt mihi,* illud significat : sicut Ruben et Simeon duæ tribus erunt, et ex suis vocabulis appellabuntur, sic Ephraim et Manasses duæ tribus erunt, duosque populos procreabunt, et sic hæreditabunt terram repromissionis sicut et filii mei. *Reliquos autem,* ait, *filios, quos post mortem meam genueris,* ostendens necdum illo tempore procreatos, *tui erunt, et in nomine fratrum suorum vocabuntur in hæreditate sua.* Non, inquit, accipient separatim terram, nec funiculos habebunt proprios, ut reliquæ tribus, sed in tribubus Ephraim et Manasse, quasi appendices populi commiscebuntur.

Mihi autem quando veniebam de Mesopotamia, mortua est Rachel in terra Chanaan, in ipso itinere; eratque vernum tempus et ingrediebar Ephratam, et sepelivi eam juxta viam Ephratæ, quæ alio nomine appellabatur Bethlehem. Quomodo Jacob filio suo Joseph tanquam nescienti, voluit indicare ubi et quando sepelierit matrem ejus, cum et ipse simul fuerit cum fratribus suis? Sed et si erat tam parvus ætate, ut illud vel curare vel animo retinere non posset, quæ res compulit modo dici, nisi forte ad rem pertinuit commemorare ibi sepultam matrem Joseph, ubi Christus fuerat nasciturus.

Videns autem filios ejus dixit ad eum: Qui sunt isti? respondit: Filii mei sunt, quos dedit mihi Deus in hoc loco. Adduc eos, inquit, ad me, ut benedicam eis. Oculi enim Israel caligabant præ nimia senectute, et clare videre non poterat. Applicatosque ad se deosculatus est, et circumplexus dixit ad filium: Non sum fraudatus a conspectu tuo, insuper ostendit mihi Deus semen tuum. Cumque tulisset eos Joseph de gremio patris, adoravit pronus in terram, et posuit Ephraim ad dexteram suam, id est, ad sinistram Israel, Manasses vero in sinistra sua, ad dexteram scilicet patris, applicuitque ambos ad eum. Qui extendens manum dexteram posuit super caput Ephraim junioris fratris, sinistram autem super caput Manasse, qui major natu erat, commutans manus; benedixitque filio suo Joseph, etc. (*Aug.*) Quod ita benedicit nepotes suos Israel, ut dexteram manum minori imponat, majori autem sinistram, et hoc filio suo Joseph volenti corrigere quasi errantem atque nescientem ita respondit:

Scio, fili mi, scio, et hic erit in populum, et exaltabitur, sed frater ejus junior major illo erit, et semen ejus erit in multitudine gentium. Hactenus de Christo accipiendum est, quatenus etiam de ipso Jacob et fratre ejus dictum est: *Quia major serviet minori.* Secundum hoc enim significavit aliquid prophetice hoc faciendo Israel, quod populus posterior per Christum futurus, regeneratione spirituali superaturus erat populum priorem, de carnali patrum generatione gloriantem. (*Isid.*) Nam major filius Joseph, hoc est Manasses, qui interpretatur *oblivio*, typum gerit Judæorum, qui oblitus est Deum suum qui fecit eum; minor autem Christianorum, qui fecunditatem sonat, quod est proprium populi junioris, qui corpus est Christi, qui fecundatus est in latitudine mundi. Hos quidem cum benedicere vellet Jacob, posuit Joseph Ephraim ad sinistram, Manasse autem ad dexteram constituit. At ille cancellatis manibus crucis mysterium præfigurans, translata in minore dextera, majori sinistram superposuit, sicque crucis similitudo super capita eorum denotata Judæis scandalum, Christianis futuram gloriam præsignavit; senioremque per crucis mysterium factum de dextero sinistrum, et juniorem dextrum de sinistro, quia Judæis in nostra deserta labentibus, nos illorum gratiam adepti sumus: talique sacramento majori populo Judæorum præpositus est minor populus gentium. Unde et idem patriarcha ait: *Hic quidem erit in populum, sed hic exaltabitur.*

CAPUT XIV.
De prophetia Jacob, qua filiorum Israel reditum prædixit.

Et ait ad Joseph filium suum: En ego morior, et erit Deus vobiscum, reducetque vos ad terram patrum vestrorum. Do tibi partem unam extra fratres tuos, quam tuli de manu Amorrhæi in gladio et in arcu meo. Arcum hic et gladium justitiam vocat, per quam meruit peregrinus et advena, interfecto Sichem et Emor, de periculo liberari. Timuit enim, ut supra legimus, ne vicina oppida atque castella ob eversionem fœderatæ urbis, adversum se consurgerent, et Dominus non dedit eis ut nocerent illi. Vel certe sic intelligendum: Dabo tibi Sichimam, quam emi in fortitudine mea, hoc est in pecunia mea, quam multo labore et sudore quæsivi. Quod autem *super fratres tuos* ait, respondit absque sorte dedisse eam tribui Joseph. Si quidem eodem loco sepultus est Joseph, et mausoleum ejus ibi hodie cernitur. Alia autem editione ita legitur: *Et ego dedi tibi Sichimam præcipuam super fratres tuos, plusquam fratribus tuis, quam accepi de manibus Amorrhæorum in gladio meo et sagitta.* Sichima, juxta Græcam et Latinam consuetudinem, declinata est, alioquin Hebraice Sichem dicitur, ut Joannes quoque evangelista testatur (*Joan.* IV), licet vitiose ut Sichar legatur error inolevit, et est nunc Neapolis, urbs Samaritanorum. Quia ergo Sichem lingua Hebræa transfertur in humerum, pulchre allusit ad nomen dicens: *Et ego dabo tibi humerum unum.* Quæri tamen non inconvenienter potest, quemadmodum valeat ad litteram convenire. Emit enim centum agnis possessionem illam, non cœpit jure victoriæ bellicæ. An quia Salem civitatem Sichimorum filii ejus expugnaverunt, et jure belli potuit ejus fieri, ut justum bellum cum eis videatur gestum, qui tantam priores injuriam fecerunt in ejus filia contaminanda? Cur non ergo illis illam terram dedit, qui hoc perpetraverunt, hoc est majoribus filiis suis? Deinde, si modo ex illa victoria glorians, dat eam terram filio suo Joseph, cur ei displicuerunt tunc filii qui hoc commiserunt? Cur denique etiam nunc cum eos benediceret, exprobrando id commemoravit in factis eorum? Procul dubio ergo aliquod hic est propheticum sacramentum, quia et Joseph quadam præcipua significatione Christum præfiguravit, et ei datur illa terra ubi disperdiderat obruendo deos alienos Jacob, ut Christus intelligatur possessurus gentes diis patrum suorum renuntiantes, et credentes in eum.

His completis, vocavit Jacob filios suos. ut benediceret eos. Mystico ordine loquens, tanquam futurorum vere præscius, dixit eis quæ temporibus novissimis futura erant, quæ tamen et secundum historiam de divisione terræ repromissionis, quomodo dividenda fuerit nepotibus illorum, accipienda sunt, et secundum allegoriam de Christo et Ecclesia prædicta certissime veraci intellecta sentiendum est. Sed prius historiæ fundamenta ponenda sunt, ut aptius allegoriæ culmen priori structuræ superponatur.

Congregamini et audite, filii Jacob, audite Israel patrem vestrum. (*Orig.*) Sed fortasse requiras quare filii Jacob dicuntur qui conveniunt, Israel vero dicitur qui benedicit eos. Vide ne forte hoc indicetur, quod illi nondum eousque profecerant, ut Israel meritis æquarentur, et ideo illi filii Jacob dicuntur tanquam inferiores ; ille vero qui jam perfectus erat, et benedictiones futurorum conscius dabat Israel appellatur.

CAPUT XV.
De benedictionibus duodecim patriarcharum, quibus benedixit illis pater suus Jacob.

CAP. XLIX.) *Ruben primogenitus meus, tu fortitudo mea, et principium doloris mei; prior in donis, major imperio. Effusus es sicut aqua, non crescas, quia ascendisti cubile patris tui, et maculasti stratum ejus.* Est autem sensus hic : Tu es primogenitus meus, major in liberis, et debebas juxta ordinem nativitatis tuæ, et hæreditatem quæ primogenitis jure debetur, sacerdotium accipere et regnum. Hoc quippe in portando onere et prævalido robore demonstratur. Verum quia peccasti, quasi aqua quæ vasculo non tenetur, voluptatis effusus es impetu, idcirco præcipio tibi ut ultra non pecces, sisque in fratrum numero pœnas peccati luens, quod primogeniti ordinem perdidisti. (*Ambr.*) Principium autem doloris est omnis primogenitus, quia pro eo commoventur primum viscera parentum.

Simon et Levi fratres, vasa iniquitatis bellantia. In consilia eorum ne veniat anima mea, et in cœtu illorum non sit gloria mea, quia in furore suo occiderunt virum, et in voluntate sua suffoderunt murum. Significat autem non sui fuisse consilii, quod Sichem et Emor fœderatos viros interfecerunt, contraque jus pacis et amicitiarum sanguinem fœderint innocentem, et quasi quodam furore, sic crudelitate raptati, muros hospitæ civitatis everterint. Unde sequitur et dicit :

Maledictus furor eorum, quia procax; et ira eorum, quia dura. Dividam eos in Jacob, et dispergam eos in Israel. Levi enim hæreditatem propriam non accepit, sed in omnibus sceptris, paucas urbes ad inhabitandum habuit. De Simeon vero in libro Jesu scriptum est, quod et ipse proprium funiculum non fuerit consecutus, sed de tribu Juda quiddam acceperat. In Paralipomenis autem manifestius scribitur quod cum multiplicatus fuisset, et non haberet possessionis locum, exierit in desertum. Quidam hoc quod in Septuaginta legitur : *In furore suo interfecerunt homines, et in desiderio suo subnervaverunt taurum,* prophetice interfectos homines apostolos, et subnervatum taurum Christum interpretantur.

Juda, te laudabunt fratres tui. Manus tuæ in cervicibus inimicorum tuorum. Adorabunt te filii patris tui. Catulus leonis Juda. Ad prædam, fili mi, ascendisti, sive, ut in Hebræo scriptum est, *de captivitate, fili mi, ascendisti; requiescens accubuisti ut leo, et quasi leæna. Quis suscitabit eum?* Quia Juda confessio sive laus interpretatur, recte scribitur : *Juda, confitebuntur tibi fratres, vel laudabunt te.* Et licet de Christo grande mysterium sit, tamen secundum litteram significat, quod per David stirpem generantur reges, et quod adorent eum omnes tribus. Non enim ait, filii matris tuæ, sed filii patris tui ; et quod sequitur :

Ad prædam, fili mi, ascendisti, ostendit eum populos captivos esse ducturum, et juxta intelligentiam sacratiorem, ascendisse in altum, captivam duxisse captivitatem ; sive, quod melius puto, captivitas passionem, ascensus resurrectionem significat.

Alligans ad vineam pullum suum, et ad vitem asinam suam. Quod videlicet pullum asinæ cui supersedit Jesus, hoc est gentilium populum, vineæ apostolorum qui ex Judæis sunt copulaverit, et ad vitem, sive, ut in Hebræo habet, ad sorec, id est, electam vitem, alligaverit asinam cui supersedit, Ecclesiam ex nationibus congregatam. Quod autem dicit, *fili mi,* apostrophen ad ipsum Judam facit, quod Christus hæc sit universa facturus. Quod autem dicitur :

Non auferetur sceptrum de Juda, et dux de femoribus ejus, donec veniat ille qui mittendus est ; et ipse erit exspectatio gentium, significat quod non deficerent principes de tribu Juda, usque ad tempus quo natus est Christus, qui, missus a Patre, exspectatio et gentium.

Zabulon in littore maris habitabit, et in statione navium, pertingens usque ad Sidonem. Issachar asinus fortis, accubans inter terminos, vidit requiem quod esset bona, et terram quod optima, supposuit humerum suum ad portandum, factusque est tributis serviens. Quia supra de Zabulon dixerat quod maris magni littora esset possessurus, Sidonem quoque et reliquas Phœnices urbes contingeret, nunc ad mediterraneam provinciam redit, et Issachar qui juxta Nephthalim pulcherrimam in Galilæa regionem possessurus est, benedictione sua habitatorem facit. Asinum autem osseum vel fortem vocat, et humerum ad portandum debitum, quia in labore terræ, et vehendis ad mare quæ in finibus suis nascebantur, plurimum laboravit, regibus quoque tributa comportans. Aiunt Hebræi per metaphoram significari quod Scripturas sanctas die ac nocte meditans, studium suum dederit ad laborandum ; et idcirco ei omnes tribus serviant, quasi magistro dona portantes.

Dan judicabit populum suum, sicut et alia tribus in Israel. Fiat Dan coluber in via, cerastes in semita, mordens ungulas equi, ut cadat ascensor ejus retro. Salutare tuum exspectabo, Domine. Samson judex Israel, de tribu Dan fuit. Hoc ergo dicit, nunc videns in spiritu comam nutrire Samsonem Nazaræum, cæsisque hostibus triumphare, quod in similitudinem colubri reguloque obsidentis vias nullum per terram Israel transire permittat, sed etiam si quis temerarius virtute sua, quasi velocitate equi, confisus, eam voluerit prædonis more populari, non effugere valebit. Totum autem per metaphoram serpentis et equitis loquitur. Videns autem tam fortem Nazaræum tuum, quod et ipse propter meretricem mortuus est, et moriens nostros occidit inimicos, putavi, o Deus, ipsum esse Christum Filium tuum. Verum quia mortuus est et non surrexit, et rursum captivus ductus est Israel, alius mihi Salvator mundi et mei generis præstolandus est, ut veniat cui repositum est : *Et ipse erit exspectatio gentium.*

Gad accinctus præliabitur ante eum, et ipse accingetur retrorsum. Significat quod ante Ruben et dimidiam tribum Manasse, ad filios quos trans Jordanem in possessionem dimiserat, post quatuordecim annos revertens, prælium adversum eos gentium vicinarum grande repererit, et victis hostibus, fortiter dimicarit. Lege librum Jesu Nave et Paralipomenon.

Nephthalim cervus emissus, et dans eloquia pulchritudinis, sive Nephthalim ager irriguus. Significat autem quod aquæ calidæ in ipsa nascantur tribu, sive quod super lacum Genesareth fluento Jordanis irrigua sit. Hebræi autem volunt propter Tiberiadem quæ legis videbatur habere notitiam, agrum irriguum et eloquia pulchritudinis prophetari. Cervus autem emissus temporaneas fruges et velocitatem terræ uberioris ostendit. Sed melius si ad doctrinam Salvatoris cuncta referamus, quod ibi vel maxime docuerit Salvator, ut in Evangelio quoque scriptum est.

Filius accrescens Joseph, filius accrescens, et decorus aspectu. Filiæ discurrerunt super murum, sed exasperaverunt eum et jurgati sunt, inviderunteque illi habentes jacula. Sedit in forti arcus ejus, et dissoluta sunt vincula brachiorum et manuum ejus, per manus potentis Jacob. Inde pastor egressus est, lapis Israel. O Joseph, qui ideo sic vocaris, quia adauxit te mihi Dominus, sive quia inter fratres tuos major futurus es (fortissima siquidem tribus fuit Ephraim, ut in Regnorum et Paralipomenon libris legimus) ; o, inquam, fili mi Joseph, qui tam pulcher es, ut te tota de muris et turribus ac fenestris puellarum Ægypti turba prospiciat, inviderunt tibi, et te ad iracundiam provocaverunt fratres tui, habentes livoris sagittas, et zeli jaculis vulnerati. Verum tu arcum tuum et arma pugnandi posuisti in Deo, qui fortis est propugnator, et vincula tua quibus te fratres ligaverant ab ipso soluta sunt et disrupta, ut ex tuo semine tribus nascatur Ephraim fortis et stabilis, et instar lapidis durioris invicta, imperans quoque decem tribubus Israel.

Benjamin lupus rapax, mane comedet prædam, et vespere dividet spolia. Quanquam de Paulo apostolo manifestissima sit prophetia, omnibus patet quod in adolescentia persecutus Ecclesiam, in senectute prædicator Evangelii fuerit. Hebræi tamen ita edisserunt : Altare in quo immolabantur hostiæ, et victimarum sanguis ad basem illius fundebatur, in parte tribus Benjamin fuit. Hoc, inquiunt, ergo significat quod sacerdotes immolant mane hostias, ad vesperam dividant ea quæ sibi a populo ex lege collata sunt. Lupum sanguinarium, lupum voracem, super altaris interpretatione ponentes, et spoliorum divisionem super sacerdotibus, qui, servientes altari, vivunt de altari. Hæc secundum historiam qualiter accipienda sint, dicta sufficient. Mystice autem qualiter benedictiones istæ patriarcharum intelligendæ sint, deinceps dicemus. *Ruben primogenitus meus,* etc. In Ruben prioris populi videatur ostendisse personam, cui etiam a Domino per prophetam dicitur : *Israel primogenitus meus.* Etenim juxta quod primogenitus debebatur, ipsius erat sacerdotium atque regnum. Additur : *Tu virtus mea,* utique, quia ex ipso populo fundamentum fidei, ex ipso virtus Dei, qui est Christus, advenit. Quomodo autem ipse sit principium dolorum, nisi dum Patri Deo semper irroget injuriam, dum convertit ad eum dorsum et non faciem? *Iste prior in donis,* quia ipsis primis data sunt eloquia Dei, primis ipsis legislatio et Testamentum, sive promissio. *Iste major imperio,* utique pro magnitudine virium, quia copiosius cæteris idem populus regnavit in hoc sæculo. Effusus est autem sicut aqua peccando in Christo, quasi aqua quæ vasculo non tenetur, voluptatis effusus est impetu ; et idcirco addit : *Ultra non crescas,* quia populus iste postquam in universo orbe dispersus est, valde imminutus atque abbreviatus est. Sed quare talia meruit, ita subjecit : *Quia ascendisti cubile patris tui.* Non sicut Judæi intelligunt, hoc proinde dictum est, eo quod cum Bala concubina patris sui concubuerit. Prophetia enim futura pronuntiabat, non quæ fuerant gesta, ipso patriarcha dicente : *Annuntio vobis quæ ventura sunt novissimis diebus;* et ideo in præterito non est referendum quod Ille futurum prædixit. Prædicabat enim Domini passionem, et primogenitæ plebis audaciam, quia ascendit cubile Dei Patris, et maculavit stratum ejus, quando corpus Domini, in quo plenitudo divinitatis requiescebat, raptum in cruce suspendit, et ferro commaculavit. Post hæc convertitur ad Simeon et Levi, dicens :

Simeon et Levi fratres, vasa iniquitatis bellantia. Per Simeon et Levi, Scribæ et sacerdotes Judaici populi intelliguntur. De Simeone enim erant Scribæ Judæorum ; de tribu vero Levi principes sacerdotum, de quibus scriptum est quia *consilium fecerunt ut Jesum morti traderent (Matth.* xxvi). De quo consilio iste patriarcha, qui jam mente videbat Deum, dicit : *In consilium eorum non veniat anima mea,* et reliqua. Horrebat enim jam illo tempore sanctus iste patriarcha videre tantorum scelerum consilia, quæ in novissimis temporibus facturi erant Judæi. Sequitur : *Quia in furore suo occiderunt virum,* id est, Christum, juxta quod Isaias ait (*Isa.* LIX; *Sap.* II) : *Væ animæ ipsorum, quia cogitatio ipsorum consilium malorum, adversum se dicentes : Alligemus justum, quia inutilis est nobis.*

Et in dolore suo suffoderunt murum, quando lancea confoderunt illud spirituale et fortissimum propugnaculum quod custodit Israel. *Maledictus furor eorum quia pertinax*, utique ad tantum facinus perpetrandum quando furore accensi et ira, obtulerunt Christum Pontio Pilato, dicentes illi : *Crucifige, crucifige;* et : *Si hunc dimittis, non es amicus Cæsaris* (*Matth.* xxvii).

Et indignatio eorum, quia dura, dum Barrabam latronem peterent, et principem vitæ crucifigendum postularent. *Dividam eos in Jacob, et dispergam illos in Israel.* Hic duo nominantur, divisio et dispersio : idcirco, quia nonnulli ex ipsis Domino crediderunt, quidam in infidelitate permanserunt. Divisi enim dicuntur, quia ab eis separantur, et veniunt ad fidem. Dispersi autem hi quorum patria temploque subverso, per orbem terræ incredulum genus spargitur. *Juda, te laudabunt fratres tui.* Per hunc enim Judam verus confessor exprimitur Christus, qui ex ejus tribu secundum carnem est genitus. Ipsum laudabunt fratres sui, apostoli scilicet et omnes cohæredes ejus, qui per adoptionem filii Deo Patri effecti sunt, et Christi fratres per gratiam, quorum ipse Dominus est per naturam. *Manus tuæ in cervicibus inimicorum tuorum.* Iisdem manibus atque eodem crucis tropæo et suos texit, et inimicos, et adversarias potestates curvavit, juxta quod et Pater promittit ei dicens : *Sede ad dexteram meam, donec ponam inimicos tuos scabellum pedum tuorum* (*Psal.* cix).

Adorabunt te filii patris tui; quoniam multi ex filiis Jacob adorabunt eum per electionem gratiæ salvi facti. *Catulus leonis Juda,* quoniam nascendo parvulus factus, sicut scriptum est : *Parvulus natus est nobis* (*Isa.* ix).

Ad prædam, fili mi, ascendisti, id est, ascendens in cruce, captivos populos redemisti, et quos ille leo contrarius invaserat, tu moriens eripuisti. Deinde rediens ab inferis, ascendens in altum, captivam duxisti captivitatem. *Requiescens accubuisti ut leo :* manifestissime in passione Christus recubuit, quando inclinato capite tradidit spiritum; sive quando in sepulcro securus, velut quodam corporis somno quievit. Sed quare ut leo et velut catulus leonis ? In somno enim suo leo fuit, qui non necessitate sed potestate hoc ipsum implevit, juxta et quod ipse dixerat : *Potestatem habeo ponendi animam meam, et nemo eam tollet a me, sed ego eam pono* (*Joan.* x). Quod vero addidit : *Et ut catulus leonis,* inde enim mortuus, unde et natus. Physici autem de catulo leonis scribunt, quod cum natus fuerit, tribus diebus et tribus noctibus dormit. Tunc deinde patris fremitu vel rugitu, veluti tremefactus cubilis locus, suscitare dicitur catulum dormientem : quod valde convenienter de passionis morte aptatur in Christo, qui tribus diebus et tribus noctibus in cubili sepulcri jacens, somnum mortis implevit. Bene ergo Christus ut leo requievit, qui non solum mortis acerbitatem non timuit, sed etiam in ipsa morte mortis imperium vicit. Bene idem iterum ut catulus leonis, quia die tertia resurrexit. Unde et sic adjungitur de resurrectione ejus : *Quis suscitabit eum ?* hoc est quia nullus hominum nisi ipse, juxta quod idem de corpore suo dixit : *Solvite hoc templum, et in triduo suscitabo illud* (*Matth.* xvi).

Non deficiet princeps de populo Juda, nec dux de femoribus ejus, donec veniat qui mittendus est; et ipse erit exspectatio gentium. Hic locus manifestissime ad Judam refertur. Tam diu enim fuit ex semine ejus apud Judæos intemerata successio regni, donec Christus ad redemptionem mundi nasceretur. Probant hoc historiæ Judæorum, quibus ostenditur primum alienigenam regem in gente Judæorum fuisse Herodem, quo tempore Christus natus est : quod si putant Judæi non venisse Christum, ergo de tribu Juda usque hodie Judæorum permanet regnum, ita ut non defuit rex de populo Judæorum, donec veniret cui repositum est. Sed non solum Judæis profuit qui mittendus erat. Ideo sequitur : *Et ipse erit exspectatio gentium. Alligans ad vineam pullum suum,* ex gentibus populum cui adhuc nunquam fuerat legis onus impositum copulavit ad vineam apostolorum, qui ex Judæis sunt. *Nam vinea Domini Sabaoth,domus Israel est* (*Isa.* v).

Et ad vitem, o fili mi, asinam suam. Ipse dicit : *Ego sum vitis vera* (*Joan.* xv). Ad hanc ergo vitem alligat asinam suam cui supersedit, Ecclesiam ex nationibus congregatam. Hanc itaque ad vitem corporis sui alligavit vinculo charitatis, et disciplinæ evangelicæ nexu, ut de imitatione illius vivens, efficiatur hæres Dei et cohæres Christi. Alii namque hanc asinam Synagogam interpretantur, tardigradam scilicet et gravi pondere legis oppressam. *Lavabit in vino stolam suam,* sive carnem suam in sanguine passionis; sive sanctam Ecclesiam illo vino qui pro multis effunditur in remissionem peccatorum. *Et in sanguine uvæ pallium suum.* Pallium gentes sunt, quas corpori suo conjunxit, sicut scriptum est : *Vivo ego dicit Dominus, nisi hos omnes induam sicut vestimentum* (*Isa.* xlix). Hos quippe Christus in sanguine uvæ mundavit, quando sicut botrus in ligno crucis pependit. Tunc enim ex latere ejus sanguis et aqua profluxit. Sed aqua nos abluit, sanguis nos redemit. *Pulchriores oculi ejus vino.* Oculi Christi apostoli sunt et evangelistæ, qui scientiæ lumen universo corpori Ecclesiæ præstant. Hi pulchriores vino probantur, quia eorum doctrina austeritatem veteris vini exsuperat, id est, priscæ legis traditionem. Evangelica enim præcepta longe clariora sunt quam Veteris Testamenti mandata. *Et dentes lacte candidiores.* Dentes, prædicatores sunt sancti, qui præcidunt ab erroribus homines, et eos quasi comedendo in Christi corpore transferunt. Nomine autem lactis doctrina legis significatur, quæ carnalem populum tanquam parvulos lactis poculo alebat. Cujus quidem candidiores effecti sunt doctores Ecclesiæ, quia fortem et validum verbi cibum mandunt atque distribuunt, de quibus dicit Apostolus in Epistola sua ad Hebræos (*Cap.* v) : *Perfectorum autem solidus cibus.* Et bene candidiores lacte dicit; omnes enim qui perfecti sunt, et qui Scripturarum cibos explanantes, subtilem et minutum intellectum, qui spiritualis dicitur, Ecclesiæ corpori, subministrant, candidi esse debent et puri, atque ab omni macula liberi. *Issachar asinus fortis*. Issachar, quod interpretatur *merces*, refertur ad populum gentium, quem Dominus sanguinis sui pretio est mercatus. Hic Issachar, asinus fortis scribitur, quia prius gentilis populus quasi brutum et luxuriosum animal erat, nullaque ratione subsistens. Nunc vero fortis est, Salvatori nostro mentis occulta subigens, ac Redemptoris dominio colla subjiciendo, jugum disciplinæ evangelicæ perferens. Hic accubans inter terminos vidit requiem quod esset bona, et terram quod optima. Inter terminos namque accubare est præstolato mundi fine requiescere, nihilque de his quæ nunc versantur in medio quærere, sed ultima desiderare. Et fortis asinus requiem et terram optimam vidit, cum simplex gentilitas idcirco se ad robur boni operis erigit, quia ad æternæ vitæ patriam tendit. Unde etiam apponit humerum suum ad portandum, quia dum ad promissam requiem pervenire desiderat, cuncta mandatorum onera libenter portat. Unde et factus est tributis serviens, hoc est regi et Christo suo fidei bona operumque bonorum munera offerens. *Zabulon in littore maris habitabit, et in statione navium*. Zabulon, qui interpretatur habitaculum fortitudinis, Ecclesiam significat, fortissimam ad omnem tolerantiam passionis. Hæc in littore maris habitat, et in statione navium, ut credentibus sit refugium, et periclitantibus demonstraret fidei portum. Hæc contra omnes turbines sæculi immobili et inconcussa firmitate solidata, exspectat naufragium Judæorum, et hæreticorum procellas, qui et circumferuntur omni vento doctrinæ. Quorum etsi tunditur fluctibus, frangit tamen ipsa fluctus, et non frangitur, nec ullis hæresium tempestatibus cadit, nec ulli vento schismatum commota succumbit. Pertendit autem usque ad Sidonem, hoc est usque ad gentes pervenit. Legitur etiam in Evangelio inde assumptos esse aliquos apostolorum, et in ipsis locis Dominum sæpe docuisse, sicut scriptum est : *Terra Zabulon et terra Nephthalim, via maris trans Jordanem Galilææ gentium, populus qui sedebat in tenebris, vidit lucem magnam* (*Isa.* IX). *Dan judicabit populum suum sicut et alia tribus in Israel. Fiat Dan coluber in via, cerastes in semita*, etc. Alii dicunt Antichristum per hæc verba prædici de ista tribu futurum. Alii de Juda, a quo traditus est Christus, hæc scripta pronuntiant, et equitem atque equum Dominum cum carne suscepta designare volunt. Retrorsum autem cadere, ut in terram revertatur unde sumptus est. Sed quoniam die tertia resurrexit, ideoque ait : *Salutare tuum exspectabo, Domine*, sicut per David : *Non relinques animam meam in inferno* (*Psal.* xv), hæc quidam ita exponunt. Alii vero hanc prophetiam ad Antichristum transferunt. De tribu enim Dan venire Antichristum ferunt, pro eo quod hoc loco Dan et coluber asseritur et mordens. Unde et non immerito Israeliticus populus, dum terras in partitione castrorum susciperet, prius Dan ad Aquilonem castra metatus est, illum scilicet signans qui in corde suo dixit : *Sedebo in monte testamenti, in lateribus Aquilonis; ascendam super altitudinem nubium, similis ero Altissimo* (*Psal.* XIV). De quo et per prophetam dicitur : *A Dan auditus est fremitus equorum ejus* (*Jerem.* VIII) ; qui non solum coluber, sed etiam cerastes vocatur, κέρατα enim Græce cornua dicuntur ; serpensque hic cornutus esse perhibetur, per quem digne adventus Antichristi asseritur. Quia contra vitam fidelium, cum morsu pestiferæ prædicationis, armabitur etiam cornibus potestatis. Quis autem nesciat semitam angustiorem esse quam viam ? Fit ergo coluber in via, quia in præsentis vitæ latitudine eos ambulare provocat, quibus parcendo quasi blanditur. Sed in via mordet, quia eos quibus libertatem tribuit erroris sui veneno consumit. Fit iterum cerastes in semita, quia quos fideles reperit, et sese ad cœlestis præcepti angusta itinera constringentes, non solum nequitia callidæ persuasionis impedit, sed etiam terrore potestatis premit, et in persecutionis angore, post beneficia fictæ dulcedinis, exercet cornua potestatis. Quo in loco equus hunc mundum insinuat, qui per elationem suam in cursu labentium temporum spumat. Et quia Antichristus extrema mundi apprehendere nititur, cerastes iste equi ungulas mordere perhibetur. Ungulas quippe equi mordere est extrema sæculi feriendo contingere. *Ut cadat ascensor ejus retro*. Ascensor equi est quisquis extollitur in dignitatibus mundi. Qui retro cadere dicitur, et non in faciem, sicut Saulus cecidisse memoratur. In facie enim cadere, est in hac vita suas unumquemque culpas cognoscere, easque pœnitendo deflere. Retro vero quod non videtur cadere, est ex hac vita repente decedere, et ad quæ supplicia ducatur ignorare. Et quia Judæa, erroris sui laqueis capta, pro Christo Antichristum exspectat, bene Jacob eodem loco repente in electorum voce conversus est dicens : *Salutare tuum exspectabo, Domine*, id est, non sicut infideles Antichristum, sed eum qui in redemptionem nostram venturus est, verum credo fideliter Christum. *Gad accinctus præliabitur ante eum*. Iste Gad accinctus personam Christi exprimit, qui in primo adventu humilitatis suæ, ante adventum Antichristi præliaturus occurrit, accinctus gladio verbi sui circa femur potentissime, quo amicos divisit, id est, filium a patre, filiam a matre, nurum a socru, juxta quod legitur in Evangelio : *Non veni pacem mittere in terram, sed gladium* (*Matth.* X). Quod autem ait, *et ipse accingetur retrorsum*, claritas Domini nostri in secundo regno ostenditur, quia cum venerit Antichristus, item recurret retrorsum, id est, post ejus vestigia Christus adventu procedens, ut interficiat eum gladio oris sui. Unde et bene idem Gad latrunculus interpretatur, eo quod posterior, id est, secus pedes quasi latrunculus, rapido atque improviso adventu exsiliat, contra apertam Antichristi oppugnationem. Hinc est quod Apostolus exclamat dicens : *Quia dies Domini sicut fur in nocte, ita veniet* (I *Thess.* V). Christus ergo et ante et retro præliari contra Antichristum scribitur. Ante eum namque in occulto adventu humilitatis, post eum manifestus in gloria majestatis. Demonstrat et Moyses aperte prophetiam patriarchæ hujus specialiter pertinere ad Christum. Sic enim ait : *Benedictus*, inquit, *in latitudine Gad. Quasi leo requievit ; cœpitque brachium et verticem, et vidit principatum suum.* Agnoscant itaque quis requievit sicut leo nisi Christus in sepulcro suo ? Quis confregit verticem brachiaque potentium, nisi Redemptor noster, qui humiliavit virtutem et superbiam excelsorum ? Quis vidit principatum suum, nisi ille cui datus est principatus et honor et regnum ? *Aser pinguis panis ejus, et præbebit delicias regibus.* Aser, cujus nomen significat divitias, idem Christus est, *Cujus altitudo divitiarum sapientiæ et scientiæ Dei* (*Rom.* XI) ; qui propter nos pauper factus est cum dives esset ; cujus est panis pinguis factus, caro scilicet ejus quæ est esca sanctorum : quam si quis manducaverit, non morietur in æternum. Iste etiam præbebit delicias sapientiæ regibus, id est, qui sensus proprios bene regunt, qui dominantur vitiorum suorum, qui castigant corpora sua et in servitutem subjiciunt. Nephthalim, quod interpretatur *dilatatio*, apostolos et prædicatores sanctos significat, quorum doctrina in latitudinem totius mundi diffusa est. Ex hac enim tribu fuerunt apostoli, qui sunt principes Ecclesiarum, et duces, et principes Zabulon, et principes Nephthalim ; qui sine dubio ad personam referuntur apostolorum. Ipsi sunt filii excussorum (*Psal.* LXVII), id est, prophetarum, qui in manu potentis Dei positi, et tanquam sagittæ excussæ, pervenerunt usque ad fines terræ. Unde et bene hic Nephthalim cervus emissus scribitur, qua nimirum apostoli sive prædicatores, veloci saltu exsilientes more cervorum, transcendunt implicamenta sæculi hujus; sicque excelsa ac sublimia meditantes, dant eloquia pulchritudinis, id est, prædicant cunctis gentibus doctrinam Domini Salvatoris. *Filius accrescens Joseph.* Hæc prophetia post passionem Domini paternæ vocis imaginem prætulit, quia redeuntem in cœlum post victoriam Christum Pater alloquitur dicens : *Filius accrescens Joseph, filius accrescens*, utique in gentibus ; qui cum ob incredulitatem Synagogæ populum reliquisset, innumeram sibi plebem Ecclesiæ ex omnibus gentibus ampliavit. Quod et David cecinit dicens : *Reminiscentur et convertentur ad Dominum, universi fines terræ* (*Psal.* XXI).

Filius accrescens et decorus aspectu. Omnes enim superat illius pulchritudo, juxta quod de ipso in Psalmis canitur : *Speciosus forma præ filiis hominum* (*Psal.* XLIV). *Filiæ discurrerunt super murum ;* id est, gentes vel Ecclesiæ quæ crediderunt in Christum. Hæ super soliditatem fidei, quasi super murum amore pulchritudinis Christi accensæ discurrunt, ut verum sponsum per contemplationem aspiciant, et osculo charitatis illi copulentur atque adhæreant. Sed objurgati sunt eum, quando falsis testimoniis calumniantes, sanctum Domini opprimere Synagogæ populi cogitaverunt. Inviderunt illi habentes jacula. Neque enim quisquam in Joseph conjecit sagittas vel aliquod vulneris telum, sed specialiter evenit in Christum. *Sedit in forti arcus ejus.* Christus enim arcum suum posuit, et arma pugnandi in Deo, qui fortis est propugnator, cujus virtute concidetur omnis nequitia perfidorum. *Et dissoluta sunt vincula brachiorum ejus*, quibus fratres eum vinctum ad Pilatum duxerunt, vel quibus eum suspensum in ligno crucifixerunt. Rescissa sunt enim per manum Jacob, hoc est per manum omnipotentis Dei Jacob, ex cujus femore ipse Dominus bonus pastor egressus est, lapis et firmitas credentium in Israel. *Deus patris tui erit adjutor tuus.* Quis adjuvit Filium nisi solus Deus Pater, qui dixit : *Jacob puer meus, suscipiat eum anima mea ? Et omnipotens benedicet tibi benedictionibus cœli desuper, benedictionibus abyssi jacentis deorsum.* Universa enim subjecit ei, cœlestia per benedictionem cœli desuper, et terrena per benedictionem abyssi jacentis deorsum, ut omnibus angelis et hominibus dominaretur. *Benedictionibus uberum*, id est, sive duorum testamentorum, quorum altero est nuntiatus, altero demonstratus ; sive benedictionibus uberum Mariæ, quæ vere benedicta erant, quia iisdem sancta Virgo Domino potum lactis immulsit. Unde et illa mulier in Evangelio ait : *Beatus venter qui te portavit, et ubera quæ suxisti* (*Luc.* XI).

Benedictionibus uberum et vulvæ. Etiam hic benedicitur vulva ejusdem matris, illa utique virginalis, quæ nobis Christum Dominum edidit ; de qua per Jeremiam prophetam dicitur : *Priusquam te formarem in utero, novi te, et antequam exires de vulva, sanctificavi te* (*Jerem.* I).

Benedictiones patris tui confortatæ sunt benedictionibus patrum ejus. Benedictiones, inquit, patris tui cœlestis, quæ datæ sunt tibi a summo cœli et abyssi, confortatæ sunt, id est, prævaluerunt benedictionibus patrum tuorum. Ultra omne enim sanctorum meritum patriarcharum sive prophetarum convaluit benedictio omnipotentis Patris in Filio, ita ut ei nullus sanctorum æquetur. *Donec veniret desiderium collium æternorum.* Colles isti sancti sunt, qui Christi adventum prophetantes, magno cum desiderio incarnationem ejus exspectaverunt ; de quibus Dominus dicit : *Quia multi justi et prophetæ cupierunt videre quæ videtis* (*Luc.* X). Hi ergo sancti dicti sunt colles, propter excellentiam sanctitatis : qui etiam et æterni vocantur, quia vitam consequuntur æternam, nec intereunt cum mundo, sed esse creduntur æterni. *Fiant in capite Joseph*, omnes scilicet benedictiones istæ super caput Christi ponuntur, quas incarnatus accepit. *Et super verticem Nazaræi*, de quo scriptum est : *Quoniam Nazaræus vocabitur* (*Matth.* II), id est, sanctus Dei. Inter fratres suos, quia ipse est caput omnium eminens universorum sanctorum, quos etiam et fratres vocat in psalmis. *Benjamin lupus rapax, mane comedet prædam, et vespere dividet spolia.* Quibus dictis, apostolus Paulus designatur, de Benjamin stirpe progenitus. Qui mane rapuit prædam, id est, in primordiis fideles quos potuit devastavit, vespere autem spolia divisit, quia fidelis postmodum factus, sacra eloquia audientibus discretione mirifica dispensavit. Legimus quemdam ex doctoribus ad urbem Jerusalem ea quæ de Benjamin scripta sunt referentem. Benjamin, inquit, *filius doloris* interpretatur. Hic sorte hæreditatis eum locum accepit, in quo terrena est Jerusalem, quæ nunc propter incredulitatem abjecta est atque repulsa. Hæc enim in filiis suis sub persona Benjamin designatur. Nam sicut Benjamin ultimam consequitur benedictionem, ita et idem populus ultimus est salvandus, postea quam plenitudo gentium intraverit. Dicit enim : *Benjamin lupus rapax;* lupus scilicet, quia ipse populus effudit sanguinem prophetarum atque justorum. Rapax autem, propter aviditatem dicitur. Ex multa enim fame verbi Dei et inedia venit rapax, quia et ipse violenter diripit regnum Dei. Hic autem mane comedit prædam. Mane illud tempus creditur, quo legem accepit. Tunc enim mundi prima quidem illuminatio scientiæ Dei data est. Comedit enim mane, quia legem quam mane accepit, edit, adhuc et meditatur, licet sequens legem justitiæ in legem fidei non pervenerit. *Ad vesperam autem dividit spolia.* Vespera autem est illud tempus novissimum, quo convertetur. Tunc ergo dividet escam, tunc intelliget dividendam esse litteram a spiritu, et tunc cognoscet quia littera occidit, spiritus autem vivificat. Quia ergo jam per gratiam Dei illuminatus incipit in lege spiritualia a carnalibus dividere et separare, ideo dicitur ad vesperam dividere escam, quod tota die in lege meditans, ante non fecit. Quæritur autem de Jacob, cur omnes quos de liberis et ancillis genuit, æquali honore filios et hæredes constituerit, nisi ut ostenderet quod Christus Dominus omnibus gentibus quæ per fidem corpori ejus conciliantur, cunctis pari honore et gloria habitis, cœlestia præmia largiatur. Nec est discretio, Judæus an Græcus, barbarus an Scytha, servus an liber sit (*Rom.* x, *Coloss.* III), quia per omnia et in omnibus Christus est. Propterea enim figuram servi Salvator noster et Dominus induit, et pro libero et pro servo servivit, ut omnibus credentibus in se æquale donum bonorum cœlestium largiatur, nec præfertur apud illum quid secundum carnem nobilior sit. Quicunque enim fidem Domini promereretur, nullis maculis carnalis nativitatis offuscatur. Nam hoc ita futurum, etiam per prophetam significatur, dicente Domino : *Erit, in novissimis diebus effundam de spiritu meo super omnem carnem* (*Joel.* II).

Omnes hi in tribubus Israel duodecim. Hæc locutus est eis pater suus, benedixitque singulis benedictionibus propriis, et præcepit eis dicens: Ego congregor ad populum meum; sepelite me cum patribus meis in spelunca duplici, quæ est in agro Ephron Hethæi, contra Mambre in terra Chanaan, quam emit Abraham cum agro ab Ephron Hethæo in possessionem sepulcri. Ibi sepelierunt eum, et Saram uxorem ejus; ibique sepultus est Isaac cum Rebecca conjuge. Ibi et Lia condita jacet. (*Aug.*) Videndum, quomodo dicant Scripturæ, quod assidue dicunt de mortuis : *Et appositus est ad patres suos*, vel : *Appositus est ad populum suum.* Ecce enim de Jacob dicitur jam quidem mortuo, sed nondum sepulto, et ad quem populum ponatur non est in promptu videre. Ex illo enim populus prior nascitur, qui dictus est populus Israel. Qui vero eum præcesserunt tam pauci justi nominantur, ut eos populum appellare cunctemur. Nam si dictum esset : Appositus est ad patres suos, nulla quæstio fieret. An forte populus est non solum hominum sanctorum, verum et angelorum populus civitatis illius ? Unde dicitur ad Hebræos : *Sed accessistis ad montem Sion et ad civitatem Dei Jerusalem, et ad millia angelorum exsultantium* (*Hebr.* XII). Huic populo opponuntur, qui post hanc vitam placentes Deo fiunt. Tunc enim dicuntur apponi, quando nulla jam remanet sollicitudo tentationum, et periculum peccatorum nullum. Quod intuens ait Scriptura : *Ante mortem ne laudes hominem quemquam* (*Eccli.* XI).

CAPUT XVI.
De obitu Jacob et de planctu Ægyptiorum in obsequiis ejus.

Finitisque mandatis quibus filios instruebat, collegit pedes suos super lectum et obiit; appositusque est ad populum suum (CAP. L). *Quod cernens Joseph, ruit super faciem patris flens, et deosculans eum; præcepitque servis suis medicis, ut aromatibus condirent patrem. Quibus jussa explentibus, transierunt quadraginta dies. Iste quippe mos erat cadaverum condendorum. Flevitque eum Ægyptus septuaginta diebus.* Quadraginta dies sepulturæ quos commemorat Scriptura, forte significant aliquid pœnitentiæ, qua peccata sepeliuntur. Non enim frustra etiam quadraginta dies jejuniorum sunt constituti, quibus Moyses et Elias et Dominus ipse jejunavit, et Ecclesia præcipuam observationem jejuniorum Quadragesimam vocat. Unde in Hebræo de Ninivitis apud Jonam prophetam scriptum perhibent : *Quadraginta et Ninive evertetur* (*Jonæ* III), ut per tot dies accommodatos videlicet humiliationi pœnitentium intelligatur in jejuniis sua deflevisse peccata et impetrasse misericordiam Dei. Nec tamen putandum est istum numerum luctui pœnitentium tantummodo convenire, alioquin non quadraginta dies fecisset Dominus cum discipulis suis post resurrectionem intrans cum eis et exiens, manducans et bibens. Qui dies utique magnæ lætitiæ fuerunt. Nec LXX interpretes, quos legere consuevit Ecclesia, errasse credendi sunt, ut non dicerent. *Quadraginta dies*, sed : *Triduum et Ninive evertetur.* Majore quippe auctoritate præditi quam interpretum officium est, prophetico spiritu quo etiam ore uno in suis interpretationibus, quod magnum miraculum fuit, consonuisse firmantur, *Triduum* posuerunt, quamvis non ignorarent quod dies quadraginta in Hebræis codicibus legerentur, ut in Domini Jesu Christi clarificatione, intelligerentur dissolvi abolerique peccata, de quo dictum est : *Qui traditus est propter delicta nostra, et resurrexit pro-*

pter justificationem nostram (Rom. IV). Clarificatio autem Domini in resurrectione et in coelum ascensione cognoscitur. Unde bis numero, quamvis unum et eumdem Spiritum sanctum dedit, primo posteaquam resurrexit, iterum posteaquam ascendit in coelum. Et quoniam post triduum resurrexit, post quadraginta autem dies ascendit, unum horum quod posterius factum est, per numerum dierum codices Hebræi significant; alterum autem de triduo, quod ad eamdem etiam rem pertineret, LXX commemorare, non interpretationis servitute, sed prophetiæ auctoritate voluerunt. Non ergo dicamus unum horum falsum esse, et pro aliis interpretibus adversus alios litigemus, cum et illi qui ex Hebræo interpretantur, probent nobis hoc scriptum esse quod interpretantur; et LXX interpretum auctoritas, quæ tanto etiam divinitus facto miraculo commendatur, tanta in Ecclesiis vetustate firmetur.

Expleto planctus tempore, locutus est Joseph ad familiam Pharaonis : Si inveni gratiam in conspectu vestro, loquimini in auribus Pharaonis, eo quod pater meus adjuraverit me dicens : En morior, in sepulcro meo quod fodi mihi in terra Chanaan sepelies me. Ascendam igitur, et sepeliam patrem meum, ac revertar. Dixitque ei Pharao : Ascende et sepeli patrem tuum sicut adjuratus es. Quo ascendente, ierunt cum eo omnes senes domus Pharaonis : cunctique majores natu Ægypti, domus Joseph cum fratribus suis, absque parvulis et gregibus atque armentis, quæ reliquerant in terra Gessen. Habuit quoque in comitatu currus et equites, et facta est turba non modica. Quod mandavit Joseph potentes Ægypti, ut dicerent Pharaoni nomine ejus : *Pater meus adjuravit me dicens : In monumento quod ego fodi mihi in terra Chanaan, ibi me sepelies,* quæri potest quomodo verum sit, cum hæc verba patris ejus, quando de sua sepultura mandavit, non legantur ; sed ad sententiam verba referre debemus, sicut in aliis supra similiter iteratis verbis vel narrationibus admonuimus. Voluntati enim enuntiandæ, et in notitiam perferendæ, oportet verba servire. Fodisse autem Jacob sibi sepulcrum, nusquam superius in Scripturis legitur, sed nisi fleret, cum in eisdem terris essent, modo non diceretur : *Veneruntque ad aream Atad, quæ sita est trans Jordanem. Ubi celebrantes exsequias planctu magno atque vehementi, impleverunt septem dies,* etc. Quid sibi vult quod cum pergerent ad sepeliendum Jacob, Scriptura dicit : *Et venerunt ad aream Atad, quæ est trans Jordanem ?* Prætergressi sunt enim locum in quo erat mortuus sepeliendus, millia (sicut perhibent qui noverunt) plusquam quinquaginta. Tantum quippe spatii est plus minus ab eo loco ubi sepulti sunt patriarchæ, in quibus et Jacob, usque ad hunc locum quo eos advenisse narratur. Nam post factum ibi luctum et planctum magnum, redierunt ad locum quem prætierant, rursus Jordane transjecto. Nisi quis forte dicat, aliquorum hostium vitandorum causa per eremum venisse eos cum corpore, qua via etiam populus Israel du-

ctus est per Moysen ab Ægypto liberatus. Illo quippe itinere ut plurimum circuitur, et per Jordanem venitur ad Abrahamium, ubi sunt corpora patriarcharum, id est, ad terram Chanaan. Sed quomodo factum sit ut trans loca illa ad Orientem versus tantum iretur, et inde ad ea per Jordanem veniretur, significationis causa factum esse credendum est, quod per Jordanem venturus erat ad eas terras postea Israel in filiis suis. *Et fecit luctum patri suo septem dies.* Nescio utrum inveniatur alicui sanctorum in Scripturis celebratum esse luctum novem dies, quod apud Latinos novendial appellant. Unde mihi videntur ab hac consuetudine prohibendi, si qui Christianorum istum in mortuis suis numerum servant, qui magis est in gentilium consuetudine. Septimus vero dies auctoritatem in Scripturis habet. Unde alio loco scriptum est : *Luctus mortui septem dierum ; fatui autem, omnes dies vitæ ejus* (*Eccli.* XXII). Septenarius autem numerus, propter sabbati sacramentum, præcipue quietis indicium est. Unde merito mortuis tanquam requiescentibus exhibetur, quem tamen numerum in luctu Jacob decuplaverunt Ægyptii, qui eum septuaginta diebus luxerunt.

CAPUT XVII.

Fratres Joseph post exitum patris sui ac sepulturam, rogant ne memor sit iniquitatum quas fecerunt in eum.

Reversusque est Joseph in Ægyptum cum fratribus suis et omni comitatu, sepulto patre. Quo mortuo, timentes fratres ejus, et mutuo colloquentes : Ne forte memor sit injuriæ quam passus est, et reddat nobis malum omne quod fecimus, mandaverunt ei : Pater tuus præcepit nobis, antequam moreretur, ut hæc tibi verbis illius diceremus : Obsecro ut obliviscaris sceleris fratrum tuorum, et peccati atque malitiæ quam exercuerunt in te. Nos quoque oramus ut servo Dei patri tuo dimittas iniquitatem hanc. Quibus auditis, flevit Joseph; veneruntque fratres sui ad eum, et proni adorantes in terram dixerunt : Servi tui sumus. Quibus ille respondit : Nolite timere. Num Dei possumus resistere voluntati ? Vos cogitastis de me malum et Deus vertit illud in bonum; ut exaltaret me, sicut in præsentiarum cernitis, et salvos faceret multos populos. Nolite metuere : ego pascam vos et parvulos vestros. Consolatusque est eos, et blande ac leniter est locutus. Et habitavit in Ægypto cum omni domo patris sui. Vixitque centum decem annos, et vidit Ephraim filios usque ad tertiam generationem. Filii quoque Machir filii Manasse, nati sunt in genibus Joseph. Cum hos filios filiorum, vel nepotes filiorum, dicat Scriptura Joseph videndo vidisse, quomodo eos jungit illis septuaginta quinque hominibus, cum quibus Jacob Ægyptum dicit intrasse, quando quidem Joseph senescente pervenit ut eos natos videret. Jacob autem cum ingressus esset Ægyptum, juvenis erat Joseph, et eum pater moriens quinquagesimum et sextum fere ætatis annum agentem reliquit : unde constat, certi mysterii causa, illum numerum, id est, septuagenarium et quintum, Scripturam commendare voluisse. Si autem quisquam exigit, quomodo etiam secundum historiæ fidem verum sit, Jacob cum septuaginta quinque animabus in Ægyptum intrasse, non illo uno die, quo venit, ejus ingressum oportet intelligi, sed quia in filiis suis plerumque appellatur Jacob, hoc est in posteris suis, et per Joseph eum constat in Ægyptum intrasse, introitus ejus accipiendus est quandiu vixit Joseph, per quem factum est ut intraret. Toto quippe illo tempore nasci et vivere potuerunt omnes qui commemorantur, ut septuaginta quinque animæ compleantur, usque ad nepotes Benjamin. Sic enim dicit: *Hi filii Liæ quos pepererit ipsi Jacob in Mesopotamia Syriæ* (*Gen.* xxxv). Loquens etiam de his qui non erant nati, quia illic parentes eorum ex quibus nati sunt pepererat, ibi eos perhibens natos, quoniam causa qua nascerentur ibi nata est, id est, parentes eorum quos Lia ibi pepererit. Ita quoniam causa intrandi in Ægyptum Jacob in Joseph habuit, totum tempus quo in Ægypto vixit Joseph, ingressio erat Jacob in Ægyptum per suam progeniem, quæ illo vivo propagabatur, per quem factum est ut ingrederetur.

CAPUT XVIII.

De eo quod Joseph fratres suos adjuravit, quatenus egredientes ex Ægypto, ossa sua secum portarent post obitum ipsius.

Locutus est autem Joseph fratribus suis: Post mortem meam Deus visitabit vos, et ascendere faciet de terra ista, ad terram quam juravit Abraham Isaac et Jacob. Cumque adjurasset eos atque dixisset, Deus visitabit vos, asportate vobiscum ossa mea de loco isto, mortuus est, expletis centum decem vitæ suæ annis; et conditus aromatibus, repositus est in loculo in Ægypto. Joseph igitur qui, sicut pater ejus Jacob, terram repromissionis tota mente desiderabat, incolatumque Ægypti detestabatur, moraliter nos instruit, ut quamdiu simus in hoc mundo, semper desideremus ingredi terram viventium, ibique requiescere optemus: quod tunc digne fit, si numerum annorum ætatis ipsius moribus imitemur. Centum ergo et decem vitæ suæ annis expletis, mortuus est. Et nos studeamus quo per decalogi observantiam ad æternam beatitudinem, quam centenarius numerus designat, perveniamus. Conditus quoque est ipse Joseph aromatibus, et repositus in loculo in Ægypto. Loculus est vas repositorium, ubi aliquid ad conservandum commendatur. O felix anima, quæ aromatibus virtutum condita, in hoc corpusculo degens, quotidie proficiendo perenni vitæ reservatur! Sine dubio, si tali condimento condita, in fide, spe et charitate custodita fuerit, per gratiam Christi, ad divinæ contemplationis speciem pervenire merebitur. Cujus adeptio perfecta est lætitia, quam Psalmista oculis fidei aspiciens ait: *Adimplebis me, Domine, lætitia cum vultu tuo, delectationes in dextera tua usque in finem* (*Psal.* cv). Amen.

BEATI RABANI MAURI

ABBATIS FULDENSIS ET MOGUNTINI ARCHIEPISCOPI

LIBER DE COMPUTO.

(ANNO 820.)

(Baluz., Miscellanea sacra, tom. II.)

PROLOGUS.

Dilecto fratri MARCHARIO monacho RABANUS peccator in Christo salutem.

Legimus scriptum in Proverbiis : *Melior est sapientia cunctis pretiosissimis, et omne desiderabile ei non potest comparari.* Ideo, frater dilectissime, gratias ago Deo, qui tibi ejus amorem inspiravit, cujus possessio mundi divitias contemnit teque reddidit suo fulgore decoratum et proximis tuis profectuosum. Petebas ergo ut quibusdam de computo propositionibus earumque minus perfectis responsionibus, quas mihi protuleras, nescio a quibus confectas, stylum adhiberem, easque tibi lucidiores redderem. Feci quantum potui, sed non eo ordine quo ibi positas reperi; quia confusa series vim cognoscendi abstulit et tædium lectionis invexit. Pleraque ergo quæ mihi magis necessaria videbantur addidi, et ordinem in ipsis rebus disponere contendi. Inde quoque evenit, dum brevitati studerem, et tamen ipsarum rerum veritatem patefacere vellem, quod unius libri quantitatem devitare non possum. Composui quidem ex numero et temporum articulis quemdam dialogum, et nomini tuo ipsum dicavi; in quo quæ necessaria mihi videbantur, interrogandi, discipuli nomine, et quæ respondendi, magistri vocabulo prænotavi. Et non hæc tantummodo propriis ratiocinationibus, sed etiam ex antiquorum dictis et sanctorum Patrum sententiis enodare curavi. Ideo, frater charissime, hæc legens, scias me non difficultati verborum aut obscuritati sententiarum studuisse, imo magis plana quæque faciliaque collegisse, et quæ ex proprio inserui, ad dilucidandam ipsam veritatem laborasse magis quam aliorum imperitiæ insultasse. Nulli enim me præfero; sed bene quærentibus et fidem catholicam rite servantibus pro modulo meo comitem spondeo, ac juniorem subdo. Quod mihi divina gratia concedat; ut quandiu vivam, servorum Christi servitor, et bene docentium auditor, et bene laborantium aliquantulus adjutor existam. Dilectionem tuam majestas Christi nunc et in perpetuum conservare dignetur, sancte frater, memorem nostri. Obsecro ut quanto citius possis exemplar istius libri, quod tibi ad rescribendum direxi, absolvas, et mihi remittas. Vale.

Explicit prologus.

INCIPIT LIBER.

Quia te, venerande præceptor, sæpius audivi de numeris disputantem discipulisque tuis hujus artis disciplinam demonstrantem, precor ut nobis etiam, qui maturioris jam sumus ætatis, non pigriteris aliquod conficere opusculum, quo nostram possimus excitare inertiam et aliquantulum de numerorum capere peritia.

CAPUT PRIMUM.
De numerorum potentia.

MAGISTER. Bene etiam, dilecte frater, rogas, quia hujus disciplinæ cupis habere notitiam quam constat omnium disciplinarum esse magistram. Non enim ratio numerorum contemnenda est, quia in multis Scripturarum sanctarum locis quantum mysterium habet elucet. Non etiam frustra in laudibus Dei dictum est: *Omnia in mensura et in numero et in pondere fecisti.* Per numerum siquidem ne confundamur instruimur. Tolle numerum a rebus omnibus, et omnia pereunt. Adime sæculo computum, et omnia cæca ignorantia complectuntur. Nec differre possunt a cæteris animalibus qui calculi nesciunt rationem. Sed tu, quia ad exponendum hujus vim et rationem me provocasti, de his quibus te instruere velis præcede interrogando; et sic te subsequar, quantum Dominus concesserit, respondendo. DISCIPULUS. Hæc ergo ratio numerorum unde primum processit? MAG. A Deo scilicet. Quia omnis sapientia a Domino Deo est, ex quo sunt omnia. DISC. Dic ergo quando primum inventa est ista ratio? MAG. Ex illo tempore quo factæ sunt creaturæ, hoc est, ab origine sæculi. Tunc enim primum numerus rebus innotuit, sicut in Genesi legitur: *Et factum est vespere et mane dies unus.* Tunc ergo dixit de nocte et de die quando dixit de vespere et mane. Numeri autem rationem ostendit quando dixit: Dies unus, et dies secundus, et dies tertius, sicque usque ad septimum. Item numerum significavit Deus quando dixit de sole et luna: *Et sint in signa et tempora et dies et annos.* Quando dixit dies et tempora et annos, tunc de numero dixit. Quis enim potest intelligere dies et tempora et annos nisi per numerum? Inde dixit Boetius (Arithm. lib. I, cap. 2): « Omnia quæcunque a primæva rerum natura constructa sunt, numerorum videntur ratione firmata. Hoc enim fuit principale exemplar in animo Conditoris. Hinc enim quatuor elementorum multitudo mutata est. Hinc temporum vices. Hinc motus astrorum cœlique conversio intelligitur. Proprie ipsa natura numerorum, omnis astrorum cursus omnisque astronomica ratio constituta est. Sic enim ortus occasusque colligimus, sic tarditates velocitatesque errantium siderum custodimus. Sic defectus et multiplices lunæ variationes agnoscimus. »

CAPUT II.
Unae dictus sit numerus.

DISC. Numeri namque nomen ejusque etymologiam mihi explana. MAG. Numeri scilicet nomen apud quamque gentem secundum proprietatem linguæ suæ constat. Apud Latinos vero numerus ex nummo et rivo videtur nomen traxisse. Sive enim ex rivo nummorum, id est ex multitudine census qui reddebatur regibus vel imperatoribus, numerus nomen accepit. Unde Isidorus dicit: « Nummus numero nomen dedit, et a sui frequentatione vocabulum indidit (*Orig.*, lib. III, c. 3). » Sive Numeria: « hinc Augustinus ait: « Numerus a Numeria quadam dea nominatur; cujus sacerdotes retro versis vultibus, dona ferebant, et post oblata munera, retro pergebant. » DISC. Numerus quomodo definitur? MAG. Isidorus ergo ita diffinivit dicens: « Numerus est multitudo ex unitatibus constituta. Nam unum semen numeri esse, non numerum, dicimus (*Ibid.*). » Item alibi scriptum est: « Unus non est numerus, sed ab eo crescunt numeri. » Tamen Donatus etiam unum pro numero posuit dicens: « Numerus est singularis, ut *hic magister.* » Item Augustinus dicit: « Numerus est singularis corporis ac vocis et significationis collectio. »

CAPUT III.
De speciebus numerorum diversis.

DISC. Quot species sunt numerorum? MAG. Plures quidem species numerus habet. Sed tamen omnes ab una origine nascuntur. Quia aut cardinales sunt numeri, ut unus, duo, tres, quatuor, quinque, sex et cæteri juxta hunc ordinem. Aut ordinales, ut primus, secundus, tertius, quartus, quintus, et cætera. Aut adverbiales, ut semel, bis, ter, quater, quinquies, sexies, et reliqua. Aut dispertivi, ut singuli, bini, terni, quaterni, quini, seni, et cætera. Aut ponderales, ut simplum, duplum, triplum, quadruplum, et reliqua. Aut denuntiativi, ut solus, alter, vel alius. Insuper vero ad alios numeros revertere. Sint item numeri multiplicativi, ut simplex, duplex, triplex, quadruplex et cætera. Sunt item adverbialiter prolati, ut simpliciter, dupliciter, tripliciter et reliqua. Sunt et aliæ species derivatorum numerorum a superioribus derivatæ, ut est singularis, dualis, ternarius, quaternarius, atque in hunc modum cæteri. Item assis, dussis, vel dipondius, tresis, quadrasis, quinquis, sexis, septusis, octusis, nonusis, decus vel decusis, vicesis, tricesis, quadragesis, quinquagesis, sexagesis, septuagesis, octagesis, nonagesis, centusis. Post quem numerum, teste Varrone, non componuntur cum asse numeri. Item nomina unciarum, ut deunx, dextans, dodrans, bessis, septunx, quincunx. triens, quadrans, sextans, sexcunx, sextula, libra.

Et inde dirivata, bilibris, trilibris, quadrilibris, et similia. Item ab anno dirivata, ut anniculus vel annus, biennis, triennis, quadriennis et his similia. Biennium, triennium, quadriennium, et his similia. Item bimus, trimus, quadrimus, et similia. Bipes, tripes, quadrupes, decempes, et decempeda, et his similia. Biceps, triceps, quadriceps, centiceps, et his similia. Bifariam, trifariam, quatrifariam, et similia. Biduum, triduum, quatriduum, et his similia. Bicorpor, tricorpor, et similia. Bipatens, tripatens et similia. Bilinguis, trilinguis, et similia. Bivium, trivium, et similia. Bifidus, trifidus, quadrifidus, et similia. Bisulcus, trisulcus et similia. Geminus, tergeminus, centumgeminus, et similia. Unimanus, centimanus, et similia. Uniformis, biformis, triformis, et reliqua. Duumvir, triumvir, quinquevir, septemvir, decemvir, centumvir, et similia. Bigæ, trigæ, quadrigæ, et similia. Bijugus. Unde Virgilius in v:

> Bijugo certamine campum
> Corripuere.

Et bigati nummi. Trijugus, quadrijugus, et similia. Triangulum, quadrangulum, quinquangulum, sexangulum, et similia.

CAPUT IV.
De numeri demonstratione.

Disc. Demonstratio ergo numerorum quomodo constat? Mag. Duobus modis. Disc. Quomodo? Mag. Aut enim litteris numeri notantur, aut digitorum inflexionibus exprimuntur.

CAPUT V.
Quomodo numeri litteris notentur.

Disc. Primum de litterarum notatione dic. Mag. Septem ergo litteris numeri notantur, id est, i, v, x, l, c, d, m. Quæ aut solæ positæ numeros significant, ut i unum, v quinque, x decem, l quinquaginta, c centum. d quingentos, m mille. Aut compositæ cum aliis. Ut v et i sex significant, x et i undecim, x et l quadraginta, l et x sexaginta. Et x anteponitur c quando nonaginta significant. d et c sexcentos. Aut multiplicatæ per se. Veluti i duplicatum duo significat, triplicatum tres, quadruplicatum quatuor. x duplicatum viginti, triplicatum triginta. c duplicatum ducentos, triplicatum trecentos, quadruplicatum quadringentos. Nulla autem nota apud Latinos multiplicatur per se magis quam per quatuor vices, aut cum aliis multiplicantur; ut i cum v, quando septem significat vel octo vel novem. Et x cum l, quando septuaginta vel octoginta significat. Item c cum d, quando septingenta, octingenta, vel nongenta figurat.

CAPUT VI.
Quomodo digitis significentur.

Disc. Quomodo ergo numeri digitorum inflexionibus exprimuntur? Mag. Igitur tres digiti in sinistra manu, id est auricularis, medicus, et impudicus, ab uno usque ad novem continent numerum. Et duo digiti in eadem manu, id est, index et pollex, a x usque xc continent numerum. Item duo digiti in dextera manu, pollex et index, a c usque nongentos continent numerum. Et tres digiti in eadem manu a mille usque ad novem millia continent numerum, id est, auricularis, impudicus, et medicus. Item sinistra manus per artus diversos corporis continet numerum a x millibus usque ad xc millia. Et e contrario dextra manus continet numerum per juncturas et dispositiones membrorum a c millibus, usque ad dcccc millia.

Disc. Hæc ergo omnia precor ut speciatim mihi patefacias. Mag. Cum ergo dicis unum, minimum in læva digitum inflectens, in medium palmæ artum infiges. Cum dicis duo, secundum a minimo flexum ibidem impones. Cum dicis tria, tertium similiter adflectes. Cum dicis quatuor, itidem minimum levabis. Cum dicis quinque, secundum a minimo similiter eriges. Cum dicis sex, tertium nihilominus elevabis, medio duntaxat solo, qui medicus appellatur, in medium palmæ fixo. Cum dicis septem, minimum solum, cæteris interim levatis, super palmæ radicem impones: juxta quem, cum dicis octo, medicum; cum dicis novem, impudicum e regione compones. Cum dicis decem, unguem indicis in medio figes artu pollicis. Cum dicis viginti, summitatem pollicis inter medios indicis et impudici artus immittes. Cum dicis triginta, ungues indicis et pollicis blando conjunges amplexu. Cum dicis quadraginta, interiora pollicis lateri vel dorso indicis superduces, ambobus duntaxat erectis. Cum dicis quinquaginta, pollicem exteriore artu instar Græcæ litteræ gammæ curvatum ad palmam inclinabis. Cum dicis sexaginta, pollicem ut supra curvatum indice circumflexo diligenter a fronte præcinges. Cum dicis septuaginta, indicem ut supra circumflexum pollice immisso super implebis, ungue duntaxat illius erecto trans medium indicis artum. Cum dicis octoginta, indicem ut supra circumflexum pollice in longum tenso implebis, ungue videlicet illius in medium indicis artum infixo. Cum dicis nonaginta, indicis inflexu unguem radici pollicis erecti infiges. Hactenus in læva. Centum vero in dextera quomodo x in læva facies, cc in dextera quomodo xx in læva, ccc in dextera quomodo xxx in læva. Eodem modo et cætera usque ad cccc. Item mille in dextera quomodo unum in læva, īi in dextera quomodo duo in læva, īīī in dextera quomodo tria in læva, et cætera usque ad v̄īv̄. Porro x̄ cum dicis, lævam in medio pectori supinam adpones, digitis tantum ad collum erectis. x̄x̄ cum dicis, eamdem pectori expansam late superpones. xx̄x̄ cum dicis, eadem prona sed erecta pollicem cartilagini medii pectoris immittes. x̄l̄ cum dicis, eamdem in umbilico erectam supinabis. l̄ cum dicis, ejusdem pronæ sed erectæ pollicem in umbilico pones. l̄x̄ cum dicis, eadem prona femur lævum desuper comprehendis. l̄x̄x̄ cum dicis, eamdem supinam femori superpones. l̄x̄x̄x̄ cum dicis, eamdem pronam femori superpones. x̄c̄ cum dicis, eamdem lumbos apprehendes, pollice ad inguen verso. At vero c̄ et c̄c̄ usque ad dcccc eodem quo diximus ordine in dextera corporis parte complebis. Decies autem centena millia cum dicis, ambas sibi manus insertis invicem digitis implicabis. Est et alterius modi computus articulatim decurrens : qui quomodo specialiter ad Paschæ rationem pertinet, cum ad hanc ex ordine ventum fuerit, opportunius explicabitur.

CAPUT VII.
De Græcorum notis ad numeros aptatis.

Disc. Quid de Græcorum computo ais, qui, ut audivi, numeros propriis litteris denotant? Mag. Verum ut asseris ita est, cum toto alphabeti sui charactere in numerorum figuras expenso, tres qui plus sunt numeros notis singulis depingunt, eumdem pene numeri figurandi quem scribendi alphabeti ordinem sequentes hoc modo : α 1, β 2, γ 3, δ 4, ε 5, ϛ 6, ζ 7, η 8, θ 9, ι 10, κ 20, λ 30, μ 40, ν 50, ξ 60, ο 70, π 80, ϟ 90, ρ 100, σ 200, τ 300, υ 400, φ 500, χ 600, ψ 700, ω 800, ϡ 900. Qui et ideo mox numeros digitis significare didicerint, nulla interstante mora litteras quoque pariter hisdem præfigere sciunt.

CAPUT VIII.
De unciarum figuris et divisionibus.

Disc. De his quæ uncias computistæ appellant rogo ut edisseras. Mag. De unciarum quoque divisione, quæ non minus temporibus rebusve aliis quam nummis est apta computandis, non ignobilis contentio est. Quibus quia disperse passim historia et ipsa sacra Scriptura utitur, nomina pariter et figuras earum paucis affigere curavimus.

I. Libra vel as sive assis, xii unciæ.

Deunx sive iabus, xi unciæ.

Decunx vel dextans, x unciæ.

Dodrans sive doras, ix unciæ.

Bes sive bisse, viii unciæ.

Septunx sive septus, vii unciæ.

Semis, vi unciæ.

Quincunx sive cincus, v unciæ.

Triens sive treas, iv unciæ.

Quadrans sive quaqras, iii unciæ.

Sextans sive sextas, ii unciæ.

Secunx sive sescuncia, i uncia et semis.

Uncia, xxiv scripuli.

Semiuncia, xii scripuli.

Duæ sextulæ sive scesclæ, viii scripuli id est, tertia pars unciæ.

Sicilicus, vi scripuli.

Sextula sive scescle, iv scripuli.

Dimidia sextula sive scescle, ii scripuli.

Scripulus, sex siliquæ.

Hæc inquam ponderum vocabula vel characteres non modo ad pecuniam mensurandam, verum ad quævis corpora sive tempora dimetienda conveniunt. Sive igitur horam unam, sive diem integrum, sive mensem, sive annum, seu certe aliud aliquod majus minusve temporis spatium in duodecim partiri vis, ipsa duodecima pars uncia est, reliquas undecim deuncem appellant. Si in sex partiris, sexta pars sextans, reliquæ dextans, vel, ut alii, distans vocitantur. Si in quatuor, quarta pars quadrantis nomen, residuæ tres dodrantis accipiunt. Porro si per tria quid dividere cupis, tertiam partem trien, duas residuas bissem nuncupabis. Si per duo, dimidium semis appellatur. Sic et cætera.

CAPUT IX.
De tempore.

Disc. Hæc quidem gratanter accipio. Et quia de temporum divisionibus ac ratione nobis disputandum est, primum mihi dic quid sit tempus. Mag. Tempus est mundi instabilis motus, rerumque labentium cursus. Disc. Unde dicitur tempus? Mag. Scilicet a temperamento, sive quod unumquodque illorum spatium separatim temperatum sit, seu quod momentis, horis, diebus, mensibus, annis, sæculisque et ætatibus omnia mortalis vitæ curricula temperentur.

CAPUT X.
De trimoda discretione temporis.

Disc. Temporum ratio quomodo constat? Mag. Trimoda ratione computus temporis est discretus. Aut enim natura, aut consuetudine, aut certe auctoritate decurrit. Disc. Quomodo ergo natura temporum cursus et ratio consistit? Mag. Quia natura duce repertum est solis annum ccclxv diebus et quadrante confici, lunæ vero annum, si communis sit, ccclv, si embolismus, ccclxxiv diebus terminari, totumque lunæ cursum decennovennali circulo comprehendi, sed et cætera errantia sidera suis quæque spatiis zodiaco circumferri. Disc. Quomodo consuetudine? Mag. Consuetudine ergo humana firmatum est ut mensis triginta diebus putaretur, cum hoc nec solis nec lunæ cursui conveniat. Siquidem lunam duodecim horis minus, salva ratione saltus, solem vero decem horis et dimidia plus habere solerti exquisitione compertum est. Disc. Quomodo quoque auctoritate? Mag. Auctoritas quidem bifarie est divisa, quia aut humana est auctoritas, aut etiam divina. Disc. Quomodo humana auctoritate tempora ordinantur? Mag. Quia videlicet ab hominibus constitutum est olympiadas quatuor annorum, nundinas octo dierum, et indictiones quindecim annorum ambitu celebrari. Diem quoque, qui ex quadrantibus conficitur, mense Februario vel Augusto intercalari Græci, Ægyptii, Romani pro suo quisque captu sanxerunt. Disc. Divina autem auctoritate quomodo? Mag. Quia septimana die sabbatum agi, et septimo anno a rurali opere vacari, quinquagesimumque annum jubilæum vocari Dominus in lege præcepit. Nam etsi barbaræ gentes hebdomadas habere probentur, a populo tamen Dei mutuasse non latet. Disc. Divisiones temporis quot sunt? Mag. Quatuordecim. Disc. Quæ? Mag. Atomus, ostentum, momentum, partes, minutum, punctus, hora, quadrans, dies, mensis, vicissitudo, annus, sæculum, ætas.

CAPUT XI.
De atomo indivisibile.

Disc. Horum primum dic mihi, id est, quid sit atomus. Mag. Atomos philosophi vocant quasdam in mundo minutissimas partes corporum, ita ut nec visui facile pateant, nec sectionem recipiant. Unde et atomi dicti sunt. Nam tomus Græce divisio dicitur, atomus vero indivisio. Denique huc illucque volitant atque feruntur sicut tenuissimi pulveres qui infusi per fenestras radiis solis fugantur. Disc. Quia audivi te dicentem non solum in tempore, sed etiam in corporibus esse atomos, quot sint genera atomorum expone mihi. Mag. Quinque ergo species sunt atomorum, id est, atomus in corpore, atomus in sole, atomus in oratione, atomus in numero, atomus in tempore. Disc. Horum singula rogo ut mihi edisseras. Mag. Atomus quoque in corpore est cum corpus aliquod in partes dividis, partesque illas in alias partes, et hoc totiens donec ad tales minutias pervenias quæ ob sui parvitatem ullo modo dividi non possint. Atomus in sole est ille tenuissimus pulvis quem diximus radiis solis fugari. Atomus in oratione est minima portio, ut est littera. Cum enim partem quamlibet orationis dividis in syllabas, syllabam denuo in litteras, sola littera non habet quo solvatur. Atomus in numero est unum. Cum ergo numerum aliquem disperties, verbi gratia, octo si dividas in bis quatuor, quatuor in bis binos, item binos in singulos, sola unitas indivisibilis permanet. Denique atomus in tempore, de quo incipiebamus disputare, taliter constat. Cum majora spatia temporis, sicuti est dies vel hora, per punctos vel etiam cæteras minores partes dividens, ad talem particulam pervenias quæ ob sui pusillitatem nullam habeat moram talem quæ ullo modo dividi possit, sicuti velocissimus ictus est oculi, ipsas scias esse atomum. Est ergo atomus trecentesima et septuagesima sexta pars unius ostenti.

CAPUT XII.
De ostento.

Disc. Ostentum quid est? Mag. Sexagesima pars unius horæ, atomos in se continens CCCLXXVI.

CAPUT XIII.
De momento.

Disc. Quid est momentum? Mag. Certus lectus solis in cœlo. Hoc per quadraginta vices ita emensum horam jam reddit integram. Disc. Unde dicitur momentum? Mag. A motu siderum celerrimo, cum aliquid sibi brevissimis in spatiis cedere atque succedere sentitur. Capit ergo unum momentum ostentum et dimidium, atomos quoque DLXIV.

CAPUT XIV.
De partibus.

Disc. Quid nominantur in computo partes? Mag. Partes a partitione circuli zodiaci vocantur, quem tricenis diebus per menses singulos findunt. Recipiunt autem singulæ partes momenta duo et duas partes unius momentis ostenta quatuor, atomos MDIV.

CAPUT XV.
De minuto.

Disc. Quid est minutum? Mag. Decima pars horæ. Disc. Unde dicitur minutum? Mag. A minore intervallo, quasi minus momentum; quia minus numerat quod majus implet. Habet ergo minutum partem unam et dimidiam, momenta quatuor, ostenta sex, atomos V̄CCLVI.

CAPUT XVI.
De puncto.

Disc. Punctus quid est? Mag. Quarta pars unius horæ. Disc. Unde dictus est punctus? Mag. A parvo puncti transcensu qui fit in horologio. Punctus quippe a pungendo dictus est, eo quod quibusdam punctionibus certæ designationis in horologiis designatur. Punctus autem habet minuta duo et dimidium, partes tres et semissem, et quadrantem unius partis, momenta decem, ostenta quindecim, atomos V̄DCXL. Quatuor ergo puncti unam horam faciunt.

CAPUT XVII.
De hora.

Disc. quid est hora? Mag. Certus terminus temporis. Siquidem hora duodecima pars est diei, Domino attestante, qui ait: *Nonne duodecim horæ sunt diei? Si quis ambulaverit in die, non offendit.* Ubi, quamvis allegorice, se diem, discipulos vero, qui a se illustrandi erant, horas appellaverit, solito tamen more humano computationis vulgarem expressit diem. Disc. Hora unde nomen accepit? Mag. De horologio. Sicut horologium de hora nomen sumpsit, horæ quoque nomen ex Græca origine descendens, interpretatur series vel umbra sive etiam finis. Inde oras maris et fluviorum et vestimentorum dicimus extremitates sive terminos. Disc. Nunquid eodem modo scribitur hora temporis et hora cæterarum quas prædixisti rerum? Mag. Aspiratione quoque sola discernuntur. Quia ora temporis cum aspiratione, cæterorum autem sine aspiratione scribuntur. Disc. Hora quas subdivisiones habet? Mag. Habet quoque punctos quatuor in solari computatione, in lunæ autem quibusdam computationibus punctos quinque, sicut post hæc ostendemus. Habet et minuta decem, partes quindecim, momenta quadraginta, ostenta sexaginta, atomos X̄X̄IIDLX.

CAPUT XVIII.
De quadrante.

Disc. Quadrans autem quid est? Mag. Quadrans sive quadras est quarta pars libræ, habens uncias tres, sicut supra ostendimus. Quidquid in corporibus seu temporibus mensuraveris, ejus quartam partem quadrantem, tres vero reliquas dodrantem appellare debebis. Et ob hoc quarta pars diei quadrans dicitur. Quatuor quadrantes diem integrum reddunt. Dies enim cum nocte viginti quatuor horas habet.

CAPUT XIX.
De die.

Disc. Dies quid est? Mag. Aer sole illustratus, nomen inde sumens, quia tenebras disjungat ac dividat. Nam Deus dixit in principio : *Fiat lux, et facta est lux. Et divisit lucem a tenebris; appellavitque lucem diem, et tenebras vocavit noctem.* Disc. Quibus modis dicitur dies? Mag. Naturaliter et vulgariter. Disc. Quomodo naturaliter? Mag. Naturalis quippe ac dies legitimus est ab ortu solis donec rursus oriatur. Et hic dies viginti quatuor horas habet. Disc. Quot sunt divisiones diei naturalis. Mag. Principalis divisio istius diei duo habet spatia, id est, interdianum et nocturnum. Cæterum per horas et punctos et cæteras minores particulas omnis dies subdividitur. Recipit autem dies naturalis viginti quatuor horas, punctos nonaginta sex, minuta CCXL, partes CCCLX, momenta DCCCCLX, ostenta ICCCCXL, atomos DXLI et CCCCXL. Disc. Quis demonstrat quod vocabulum diei noctem cum die simul comprehendat? Mag. Scriptura ergo divina hoc ostendit, ubi legitur : *Et factum est vespere et mane dies unus*, in vespere noctem et in mane lucis tempus denotans. Disc. Quia naturalem diem ostendisti, vulgarem quoque rogo ut exprimas. Mag. Vulgaris sive artificialis dies ab ortu solis usque ad occasum omne tempus lucis super terram complectens. Sicut e contrario nox est absentia lucis super terram. Omne quippe tempus quo sol ab occasu ad ortum redit nox dicitur.

CAPUT XX.
De partibus diei.

Disc. Quas subdivisiones dies vulgaris sive artificialis habet? Mag. Tres. Disc. Quas? Mag. Mane, meridiem, et supremum. Disc. Mane quid est? Mag. Mane est pars diei prima, ab ortu videlicet solis usque ad horam quartam. Disc. Unde dicitur mane? Mag. Mane, ut aliqui volunt, a mano dicitur. Manum enim antiqui bonum dicebant : quid enim melius est luce? Sive ergo mane dicitur a manibus, id est, diis infernorum; gentiles enim æstimabant, quando sol recedit, quod dii infernorum illum ad se traxissent. Disc. Meridies quid est? Mag. Pars media diei ab hora quinta usque ad horam octavam. Disc. Unde meridies nomen traxit? Mag. Meridies dicitur quasi medius dies. Sive meridies dicitur quasi purus dies. In toto enim die nihil purius est meridie. Antiqui enim merum purum dicebant. Disc. Quid est supremum? Mag. Pars diei extrema, ab hora scilicet nona usque ad occasum solis pertingens. Disc. Supremum quare dicitur? Mag. A supprimendo. Tunc enim sol, quasi cursum supprimens, inclinatur ad occasum. Disc. Hæc ergo tria spatia artificialis diei secundum quid ordinantur? Mag. Secundum cursum utique solis. Quia mane est ab ortu solis usque dum sol ascendat in altitudinem cœli, meridies autem sole per medium cœlum in altitudine currente, supremum vero quando sol de altitudine cœli vergit ad occasum. Disc. Ergo quia de uno spatio naturalis dici satis mihi fecisti, de altero quoque spatio ejus, quod nox est, ut edisseras flagito. Mag. Faciam quod petis. Tu quidem more tuo præcede interrogando.

CAPUT XXI.
De nocte.

Disc. Nox quid est? Mag. Solis absentia terrarum umbra conditi donec ab occasu redeat ad exortum. Disc. Unde dicta est nox? Mag. Quod noceat aspectibus vel negotiis humanis, sive quod in ea fures vel latrones nocendi aliis occasionem nanciscantur. Disc. Ob quam causam facta est nox? Mag. Pro temperantia laboris humani, ut corpora requiem haberent, et ut animalibus quibusdam solem non ferentibus victum quæritandi daretur occasio.

CAPUT XXII.
De partibus noctis.

Disc. Noctis partes quot sunt? Mag. Septem. Disc. Quæ? Mag. Crepusculum, vesperum, conticinium, intempestum, gallicinium, matutinum, diluculum. Disc. Horum proprietates per singulas species edic. Mag. Crepusculum est dubia lux. Nam creperum dubium dicimus, hoc est, inter lucem et tenebras. Vesperum ab apparente stella ejusdem nominis dicitur, de qua poeta ait :

Ante diem clauso componet Vesper Olympo.

Conticinium, quando omnia conticescunt, id est, silent. Intempestum, media nox, id est, quasi inactuosum, quando omnibus sopore quietis, nihil operandi tempus est. Gallicinium, quando galli cantum levant. Matutinum, inter abscessum tenebrarum et auroræ adventum. Diluculum, quasi jam incipiens parva diei lux. Hæc et aurora pertingent usque ad solis exortum. Disc. Harum ergo partium naturalis diei quæ præcedit in tempore, utrum nox seu dies? Mag. Dies sine dubio ab initio mundi usque ad resurrectionem Christi, a resurrectione autem Christi usque ad diem judicii non præcedit. Quia divina auctoritas, quæ homini casuro a paradisi lumine in hanc convallem lacrymarum in Genesi dies a mane cum sequenti vespere usque ad mane alterum computandos esse decrevit, eadem in Evangelio a peccatorum tenebris ad veram lucem recedentibus totius diei tempus a vespera inchoari et sic cum sequenti die consummari sanxit in vesperam.

CAPUT XXIII.

Ubi dies inciviat seu finiatur. Et ubi primus dies sæculi fuerit.

Disc. Ubi dies naturalis rite initium finemque sortitur? Mag. Diverse secundum variarum gentium libitum dies naturalis incipere dicitur. Disc. Quomodo? Mag. Nam Hebræi, Chaldæi et Persæ, sequentes juxta primæ conditionis ordinem diei cursum, a mane inchoantes, ad mane deducunt, umbrarum videlicet tempus luci supponentes. At contra Ægyptii ab occasu ad occasum. Porro Romani a medio noctis in medium umbræ. Et Athenienses a meridie in meridiem dies suos computare maluerunt. Disc. Quo sane in loco primus dies sæculi exstitit? Mag. Quinta decima Kalendarum Aprilium, quo videlicet die lucem formatam primitus credimus, et sic tres illos dies primos absque ullis horarum dimensionibus, ut pote nondum factis sideribus, cucurrisse. Quarto demum mane, hoc est, duodecima Kal. Aprilis, sol et sidera condita sunt, ut essent in signa et tempora et dies et annos.

CAPUT XXIV.
De hebdomada.

Disc. Hebdomada quid est? Mag. Septem dierum cursus. Disc. Unde dicitur hebdomada? Mag. A septenario utique numero hebdomada nomen accepit. Nam hebdomada Græce, septimana dicitur Latine, eo quod septem manes, id est, dies septem, in se complectitur.

CAPUT XXV.
De speciebus hebdomadarum.

Disc. Hebdomada speciebus uniformis an polyformis est? Mag. Polyformis utique, quia Scripturæ sanctæ auctoritate multis speciebus est insignis. Disc. Quomodo? Mag. Prima ergo ac singularis illa hebdomada, et a qua cæteræ formam capessunt, divina est operatione sublimis : quia Dominus sex diebus mundi ornatum complens, septima requievit ab operibus suis. Ad hujus exemplum divinæ hebdomadis, secunda hominibus observanda mandatur, dicente Domino : *Sex diebus operaberis et facies omnia opera tua. Septima autem die sabbati Domini Dei tui non facias omne opus*, et reliqua. Tertia species hebdomadis in celebratione Pentecostes agitur, septem videlicet septimanis dierum et monade, hoc est, quinquaginta diebus impleta. Qua die et Moyses in monte legem a Domino accepit, et Christus in linguis igneis Spiritus sancti gratiam de cœlo misit. Quarta septimi mensis erat hebdomada, qui solemnitatibus præclaris pene totus expendebatur, quando et dies propitiationis et festivitas Tabernaculorum secundum legem celebrabantur. Quinta hebdomada est septimi anni, quo toto populus ab agricolandi opere legis imperio vacabat, dicente Domino : *Sex annis seres agrum tuum, septimo cessabis.* Sexta anni Jubilæi, hoc est remissionis, hebdomada est, quæ septem hebdomadibus annorum, hoc est, quadraginta novem annis, texitur. Qua expleta, hoc est, quinquagesimo demum anno incipiente, tubæ clarius resonabant, et ad omnes juxta legem possessio revertebatur antiqua. Septima species hebdomadis est qua propheta Daniel utitur, more quidem legis septenis annis singulas complectens hebdomadas, sed nova ratione ipsos annos abbrevians, duodenis videlicet mensibus lunæ singulos determinans. Embolismos vero menses, qui de annis undecim epactarum diebus accrescere solent, non lege patria tertio vel altero anno singulos adjiciens, sed ubi ad duodecimum numerum augescendo pervenirent, pro integro anno pariter interserens. Disc. Si hæ septem species hebdomadarum aliquid mysticum significent, rogo ut dicas. Mag. Ergo, ni fallor, cunctæ hæ species ad unum finem spectant, nos quidem admonentes, post operum bonorum perfectionem, in Spiritus sancti gratia perpetuam sperare quietem.

CAPUT XXVI.
De denominatione dierum.

Disc. Quæ autem sit recta et authentica dierum hebdomadæ nuncupatio profer. Mag. Hebdomada ergo antiquitus sic computabatur in populo Dei. Prima sabbati, vel una sabbati, sive sabbatorum, secunda sabbati, tertia sabbati, quarta sabbati, quinta sabbati, sexta sabbati, septima sabbati, vel sabbatum. Non quod omnes sabbatorum, hoc est, requietionum dies esse potuerint; sed quod a requietionum die, quæ suo cultu et nomine singularis excellebat, prima vel secunda vel tertia vel cæteræ suo quæque censerentur ordine. Disc. Et unde istæ nuncupationes, quarum moderni utuntur, venerunt? Mag. Ex antiqua scilicet ethnicorum superstitione. Verum cum gentiles observationem a populo Israel hebdomadis ediscerent, mox hanc in laudem suorum deflexere deorum, primam videlicet diem Soli, secundam Lunæ, tertiam Marti, quartam Mercurio, quintam Jovi, sextam Veneri, septimam Saturno dicantes, eisdem utique monstris suos dies quibus et errantia sidera consecrantes. Existimabant enim se habere a Sole spiritum, a Luna corpus, a Marte fervorem, a Mercurio sapientiam et verbum, a Jove temperantiam, a Venere voluptatem, a Saturno tarditatem. Et ob hoc tanto errori se dederunt, eligentes potius servire creaturæ quam Creatori.

CAPUT XXVII.
De feriis.

Disc. Sed si errori huic aliquod medicamentum sit, dic. Mag. Inventum est utique. Nam Silvester papa ferias habere clerum edocuit. Et primam quidem diem, qua et lux in principio facta et Christi est resurrectio celebrata, more antiquo Dominicam nuncupavit. Dein secundam feriam, tertiam feriam, quartam feriam, quintam feriam et sextam, de suo annectens sabbatum ex veteri scriptura retinuit. Disc. Unde dicitur feria? Mag. A fando scilicet. Et ideo Dominicus dies, in quo dixit Deus *Fiat lux*, prima feria dici potest. Deinde cæteræ feriæ a prima numerantur. Disc. Hebdomada ergo quot horas continet? Mag. CLXVII. Disc. Quot punctos? Mag. DCLXII. Disc. Quot minuta? Mag. $\overline{\text{I}}$DCLXXX. Disc. Quot partes? Mag. $\overline{\text{II}}$DXX. Disc. Quot momenta? Mag. $\overline{\text{III}}$DCCXX. Disc. Quot ostenta? Mag. $\overline{\text{X}}$LXXX. Disc. Quot atomos? Mag. $\overline{\text{III}}$. millia millium et $\overline{\text{DCCXC}}$. DCCCC.

CAPUT XXVIII.
De mensibus.

Disc. Mensis quid est? Mag. Lunaris per zodiacum circuitus. Disc. Unde dicitur mensis? Mag. A luna, quæ Græco sermone *mene* dicitur. Nam et apud eos menses vocantur menes. Sicut et apud Hebræos, Hieronymo teste, una, quam Jare nominant, mensibus nomen dedit. Unde et Jesus filius Sirach de luna loquens ait : *Mensis secundum nomen est ejus.* Disc. Utrum ad solem an lunam mensis pertinet ? Mag. Ad utrosque, sed magis ad lunam. Ideoque rectius ita hfiniendum puto, quod mensis sit luminis lunaris circuitus, ac redintegratio de nova ad novam. Solaris autem mensis digressio solis est per duodecimam partem zodiaci, id est, signiferi circuli, quæ triginta diebus et decem semis horis impletur, viginti duabus videlicet horis ac dimidia lunari mense productior. Siquidem solaris mensis æqua divisione toto anno per duodecim partito continet dies triginta, decem horas ac semissem. Lunaris vero continet naturaliter dies viginti novem et duodecim horas. Sed quia hæc computatio difficilis fuit, antiqui Romanorum decernebant aliquos solarium mensium dies habere triginta unum, aliquos vero triginta, quemdam autem viginti octo. Lunares autem menses sex voluerunt habere dies triginta, alios quoque sex viginti novem. Disc. Qui sunt solarium mensium qui triginta unum dies habent ? Mag. Septem, id est, Januarius, Martius, Maius, Julius, Augustus, October, et December. Disc. Qui sunt qui triginta ? Mag. Quatuor. Aprilis, Junius, September, et November. Februarius vero solus viginti octo dies habet. Disc. Lunarium mensium quos dicis habere dies triginta ? Mag. Lunam Januarii mensis et Martii, Maii et Julii, Septembris et Novembris. Disc. Qui sunt qui viginti novem tenent ? Mag. Cæteri omnes. Disc. Qui primi rationem mensium invenerunt ? Mag. Ni fallor, Chaldæi, a quibus tota astrologiæ disciplina cœpit. De quibus Abraham patriarcha, ut Josephus testatur, edoctus Deum cœli siderum conversione cognovit, ipsamque mox disciplinam veracius intellectam Ægyptiorum, cum apud eos exsularet, genti advexit. Sed licet Scriptura palam non dicat, tamen non est credendum antiquos, qui ante diluvium erant, hujus peritiæ penitus expertes fuisse, cum plerique illorum Deo placuisse leguntur, sicut Abel justus, et Enoch, qui cum Deo ambulavit et translatus est, et Noe, qui fuit vir perfectus in generationibus suis.

CAPUT XXIX.
De Hebræorum mensibus.

Disc. Qui primi menses observare leguntur ? Mag. Hebræi videlicet, quibus legislator ait de paschali mense : *Mensis iste vobis principium mensium sit in mensibus anni.* Disc. Quomodo Hebræi menses suos nominant, et quoto ordine numerant ? Mag. Hebræi ergo, qui secundum lunæ cursum menses suos computant, primum mensem, in quo Pascha celebrant, Nisan appellant, secundum Jar nominant, tertium Sivan, quartum Thamul, quintum Alo, sextum Elul, septimum Theseri, octavum Maresuan, nonum Kasleu, decimum Tebet, undecimum Sabath, duodecimum Adar. Quos videlicet menses propter lunæ circulum, qui viginti novem semis diebus constat, tricenis undetricenisque diebus alternantes, secundo demum vel tertio anno exacto, mensem superfluum, qui ex annuis undecim epactarum diebus confici solet, intercalant. Disc. Primum ergo Hæbræorum mensem cui mensium Romanorum rectissime deputamus ? Mag. Aprilis videlicet : quia in eo aut luna paschalis finitur ; aut in eo incipiens, ex maxima parte decurrit.

CAPUT XXX.
De Ægyptiorum mensibus.

Disc. Ægyptii vero, quos ab Abraham constat didicisse astrologiam, quomodo menses suos computant ? Mag. Secundum solis utique cursum, et singulos menses suos tricenis includunt diebus. Disc. Quomodo eos vocant ? Mag. Primum ergo mensem, quem autumno tempore, id est, quarto Kal. Septembris, incipiunt, Thoth vocant, secundum Faovi, tertium Athyr, quartum Choeac, quintum Thubi, sextum Methir, septimum Famenoth, octavum Farmuthi, nonum Pachom, decimum Pauni, undecimum Epifi, duodecimum Mesori ; quem decimo Kalendarum Septembrium die terminantes, residuos quinque dies epagomenos vel intercalares sive additos vocant, quibus etiam quarto anno diem sextum, qui ex quadrantibus confici solet, adnectunt. Unde fit ut eorum anni primi a bissexto tertio Kalendarum Septembrium, cæteri vero quarto Kalendarum earumdem die sortiantur initium. Nec ullo modo post intercalatum quadrantem ante nostræ intercalationis tempus, quod fit sexto Kalendarum Martiarum die, in computo lunæ vel eorumdem festivitate dierum possunt cum nostri anni curriculo recipere concordiam.

CAPUT XXXI.
De Græcorum mensibus.

Disc. Quia de Hebræorum et Ægyptiorum mensibus dixisti, superest ut de Græcorum et Romanorum, quos constat a Græcis liberales disciplinas accepisse, mensibus dicas. Mag. Prope ergo par fit series mensium Græcorum et Romanorum, excepto quod nullam in suis mensibus Græci Kalendarum, Nonarum et Iduum distinctionem observant, sicut nec Ægyptii ; sed simpliciter ab exordio usque ad finem numero discurrente computant. Siquidem Græci fixum in duodecim mensibus anni vertentis ordinavere circulum. Quorum plerique a Kalendis Decembribus suum inchoantes annum, eodem quo Romani menses suos dierum numero perstringunt. Vocatur autem apud eos ipse December Apileos, Januarius Eudynios, Februarius Peritios, Martius Distros, Aprilis Xanthicos, Maius Artemisios, Junius Desios, Julius Panemos, Augustus Loos, September Gorpieos, October Hyperberetheos, November Dios.

CAPUT XXXII
De mensibus Romanorum.

Disc. Menses autem Romanorum quibus auctoribus sunt ordinati ? Mag. Primus apud eos Romulus decem menses ordinavit, alios triginta, alios vero triginta et uno dierum. Et a Martio incipiens, Decembrem novissimum posuit. Sed cum hic numerus neque solis cursui neque rationibus lunæ conveniret, secutus est Numa Pompilius, qui quinquaginta dies addidit, ut in cccliv diebus, quibus duodecim lunæ cursus confici credidit, annus extenderetur. Atque his quinquaginta diebus additis adjecit alios sex retractos illis sex mensibus qui triginta habebant dies, id est, de singulis singulos factosque quinquaginta et sex dies in duos novos menses pari ratione divisit, ac de duobus priorem Januarium nuncupavit, primumque anni mensem esse voluit, sequentem vero Februarium nominavit. Pauloque post Numa in honorem imparis numeri unum adjecit diem, quem Januario dedit. Sed cum hæc ratio adhuc fixa non esse videbatur, comparata ad siderum cursum, tandem Caius Julius Cæsar, imitatus Ægyptios, ad numerum solis annum, sicut hodie servatur, instituit, decem videlicet dies observationi cæteri superadjiciens, ut annum ccclxv dies, quibus ipse zodiacum lustret, efficerent. Et ne quadrans deesset, instituit ut quarto quoque anno sacerdotes, qui curabant mensibus ac diebus, unum intercalarent diem, eo scilicet mense ac loco quo etiam apud veteres mensis intercalabatur, id est, ante quinque ultimos mensis Februarii dies, idque bissextum censuit nominandum. Disc. Mensium vocabula quot modis constant, et unde originem sumpserint, expone. Mag. Quatuor ergo modis menses nominantur, hoc est sub idolis, sub rebus, sub regibus, sub numeris. Disc. Quot modis Januarius dictus est? Mag. Januarius autem duobus modis nomen accepit, hoc est, ex idolo et re. Ex idolo ergo, hoc est, ex Jano bifronte, simulacro videlicet Jani Epirotarum regis, qui argumento excogitato semetipsum igni tradidit, et ex hoc Romanis victoriam peperit. Bifrons autem Jani simulacrum erat, quia ex una parte viri et ex altera feminæ adorabant. Indeque Januarium vocaverunt bicipitis diei mensem respicientem transacti anni finem ac prospicientem futuri anni principium. Item Januarius ex re dicitur, eo quod sit janua anni, hoc est, principium. Disc. Februarius unde dicitur? Mag. Ab idolo et re. Disc. Quomodo? Mag. Ab idolo ergo Februo, hoc est, Plutone, qui lustrationum potens esse a gentilibus credebatur, Februarius est nominatus. Lustrari enim eo mense civitatem Romanam necesse erat, quo statuta jussa, hoc est, sacrificia, diis Manibus solverent. Sive Februarius dictus est a febre, hoc est, a frigore, propter frigidum tempus ipsius mensis. Disc. Martius ergo unde dictus? Mag. A Marte idolo, qui pater Romuli et Romanæ gentis auctor esse æstimabatur. Sive a re, hoc est, maribus, nomen Martius accepit. Nam et eo tempore cuncta animantia terræ mares desiderant ad concumbendi voluptatem. Disc. Quibus modis Aprilis dicitur? Mag. Duobus modis. Sub idolo, id est Venere, matre, ut ferunt, Æneæ. Afron enim Græce spuma interpretatur. Unde Venus orta credita est, quæ Afrilis sive Afronia apud Græcos nominata est. Et sub re, hoc est, ab aperiendo, quasi apericulis. In hoc enim mense, remotis nubibus, pruinis, ac tempestatibus hibernis, cœlum, terra, mare nautis, agricolis et horoscopis aperitur. Arbores quoque et herbæ, sed et animantia quæque, in prolem se aperire incipiunt. Disc. Quot modis Maius dicitur? Mag. Duobus, hoc est, sub idolo Maio, quem Jovem esse voluerunt, quasi majestate præcipuum. Sive a Maia Mercurii matre. Et sub re, hoc est, a majoribus Romanorum, quem Romulo ita vocari placuit. Disc. Junius unde nomen habet? Mag. A Junone filia Saturni, sorore Jovis. Sive a junioribus Romanorum, qui armis defendebant rempublicam. Disc. Julius unde nomen accepit? Mag. Hoc est, a Julio Cæsare, quia in quarto Idus Julii mensis creatus Caius Julius Cæsar, qui primus arripuit imperium apud Romanos. Nam antea a Martio mente numeratus, Quintilis a numero sortitus est nomen. Disc. Augustus nomen unde accepit? Mag. Ab Octaviano Cæsare Augusto, qui in Kalendis istius mensis Antonium et Cleopatram vicit, et imperium populi Romani firmavit. Cum autem Augusti nomen ille inde assumpserit, ex senatusconsulto mensem ob memoriam sui nomen hoc habere voluit. Disc. September unde vocatur? Mag. A numero, eo quod sit septimus imber a Martio. Disc. Octimbrem ergo, Novembrem, et Decembrem unde judicas esse dictos? Mag. A numero quippe similiter et ab imbre, quia his temporibus imbres terræ imminent.

CAPUT XXXIII.
De Kalendis, Nonis et Idibus.

Disc. De Kalendis ergo, Nonis et Idibus, peto ut mihi edisseras. Mag. Faciam. Kalendæ ergo a Græca origine nomen traxerunt; quia *kalo* verbum Græcum est, id est, voco. Priscis ergo temporibus pontifici minori hæc providentia delegabatur ut novæ lunæ primum observaret aspectum, visum regi sacrificulo nuntiaret. Itaque sacrificio a rege et minore pontifice celebrato, idem pontifex calata, id est, vocata in Capitolium plebe juxta curiam calabram, quæ casæ Romuli proxima est, quot numero dies a Kalendis ad Nonas superessent pronuntiabat. Et quintanas quidem dicto quinquies verbo *calo*, septimadas repetito septies prædicabat. Et hanc diem qui ex his diebus qui kalarentur primus esset, placuit Kalendas vocari. Et hinc ipsi curiæ, ad quam vocabantur, Kalabræ nomen datum est, et classi, quod omnis in eam vocaretur populus. Ideo autem minor pontifex numerum dierum qui ad Nonas superesset kalando prodebat, quia post novam lunam oportebat Nonarum die populares qui in agris essent confluere in urbem, accepturos causas feriarum a rege sacrorum, sciturosque quid esset eo mense faciendum. Unde quidam hinc Nonas existimant dictas, quasi novæ initium observationis, vel quia ab eo die semper ad Idus octo dies putarentur. Porro Idus vocare placuit diem qui dividit mensem. Induere enim Etrusca lingua dividere est. Unde vidua quasi valde idua, id est, valde divisa. Aut vidua, id est, a viro divisa. Nonnullis placet Idus dictas vocabulo Græco a specie, quæ apud illos idea vocatur, quod ea die plenam speciem luna demonstret. Disc.

Mensis quot horas habet? MAG. Mensis proprius, qui triginta dies habet, horas continet DCCXX. DISC. Quot punctos? MAG. IIDCCCLXXX. DISC. Quot minuta? MAG. VIICC. DISC. Quot momenta? MAG. XXVIIDCCCDCCC. DISC. Quot ostenta? MAG. XLIII, et CC. DISC. Quot atomos? MAG. Centies et sexagies centum millia et CCXLIIICC.

CAPUT XXXIV.
De quatuor vicissitudinibus temporum.

DISC. Vicissitudinem ergo, quam in serie temporum numerabas, vellem a te audire quid significaret. MAG. Vicissitudines ergo, quasi alii tempora nominant, quatuor sunt, hiems, ver, æstas, autumnus. DISC. Unde dicuntur vicissitudines? MAG. Eo quod vicibus sibi cedunt succeduntque. DISC. Unde easdem tempora nominant? MAG. Quia quadam suæ similitudine qualitatis adinvicem comparata volvuntur, ac terrenis fructibus nascendis maturandisque temperamenta custodiunt. DISC. Quomodo? MAG. Hiems enim, ut pote longius sole remoto, frigida est et humida. Ver, illo super terras redeunte, humidum et calidum. Æstas, illo super fervente, calida et sicca. Autumnus, illo ad inferiora decedente, siccus et frigidus. Sicque fit ut amplexantibus singulis medio moderamine quæ circa se sunt orbis instar adinvicem cuncta concludantur. Quibus æque qualitatibus, disparibus quidem per se, sed alterutra ad invicem societate connexis, ipsa quoque mundi elementa constat esse distincta. Terra namque sicca et frigida, aqua frigida et humida, aer humidus et calidus, ignis calidus et siccus. Ideoque hæc autumno, illa hiemi, iste veri, ille conferatur æstati. DISC. Unde ver vocatur? MAG. Quod in eo cuncta vernent, hoc est, virescant. DISC. Unde æstas? MAG. Ab æstu qui in ea maturandis fructibus datur. DISC. Unde dicitur autumnus? MAG. De autumnatione fructuum qui in eo colliguntur. DISC. Unde hiems? MAG. A frigore. Porro hiems a doctoribus interpretatur et sterilitas. DISC. Ubi quodque istorum temporum sortitur initium? MAG. Isidorus namque Hispalensis episcopus hiemem nono Kal. Decembris, ver octavo Kal. Martii, æstatem nono Kal. Junii, autumnum decimo Kal. Septembris habere dixit exortum. Græci autem et Romani, quorum rationem in hujusmodi disciplinis potius quam Hispanorum auctoritas sequi consuevit, hiemem septimo Idus Novembris, ver septimo Idus Februarii, æstatem septimo Idus Maii, autumnum septimo Id. Augusti inchoare decernunt, hiemis videlicet et æstatis initia vespertino vel matutino Vergiliarum ortu occasuque signantes, item veris et autumni, cum Pleiades medio fere die vel nocte oriuntur et occidunt, ponentes ingressum. Et Plinius secundus in libro II Naturalis Historiæ eodem modo distinguenda judicavit. Sed et homo Ecclesiæ sanctus Anatolius in Opere suo paschali ita ait : « Hoc autem non ignores, quod ipsa quatuor quæ prædiximus temporum confinia, licet mensium sequentium Kalendis approximentur, unumquodque tamen medium temporum, id est, verni et æstatis, autumni et hiemis, teneat ; et non exinde temporum principia inchoantur unde mensium Kalendæ initiantur. Sed ita unum quodque inchoandum tempus est ut a prima die veris tempus æquinoctium dividat, et æstatis solstitium æstivum, autumni quoque æquinoctium autumnale, et hiemis solstitium brumale similiter dividat. » DISC. Nunquid ergo hæc quatuor tempora parem longitudinem habent? MAG. Habent utique, et secundum æquam portionem recipit unumquodque menses tres; dies nonaginta et unum, horas septem et dimidiam. DISC. Quomodo ergo secundum horarum divisionem et cæteras subdivisiones unumquodque tempus tenet? MAG. Habet ergo unumquodque tempus, secundum horarum supputationem, VIICXC et unam horam ac semissem; secundum punctos, VIIIDCCLXVI; secundum vero minuta, XXIDXXXV; secundum momenta, LXXXVLX.; secundum ostenta, CXXXIXX. Atomos quater centies et nonagies centum millia et DXLC.

CAPUT XXXV.
De annis.

DISC. Quid est annus? MAG. Solis circuitus ac reditus per duodecim menses. DISC. Unde dicitur annus? MAG. Ab innovando cuncta quæ naturali ordine transierant. Vel a circuitu temporis annus nomen accepit, quia veteres annum pro circum ponere solebant, ut Cato dicit in Originibus oratorum annum terminum, id est, circum terminum. Et ambire dicitur per circum ire.

CAPUT XXXVI.
Quot species sint annorum.

DISC. Quot species sunt annorum? MAG. Septemdecim. DISC. Quomodo ? MAG. Nam lunæ annus quinque species habet, solis vero tres. Sunt et anni singularum planetarum, id est, errantium siderum, a stellis quibus serviunt, nominati. Est annus hebdomadarum. Est annus septimo requiei secundum legem. Est et jubilæi. Est et annus omnium planetarum, qui vocatur magnus. DISC. Hæc per singulas species rogo ut exponas. MAG. Primus modus de luna est, cum luna viginti septem diebus et octo horis zodiacum percurrens, ad id signum ex quo egressa est revertitur. Secundus duobus diebus et quatuor horis est prolixior. Tertius, qui duodecim mensibus hujusmodi, id est, diebus CCCIV expletur, et vocatur communis. Quartus, qui embolismus Græce dicitur, id est, superargumentum, et habet tredecim menses, id est, dies CCCLXXXIV. Quintus est dum luna per decem et novem annos, etiam saltu transacto, ad easdem recurrit ætates. Sextus annus est solaris, cum sol ad eadem loca siderum redit, peractis CCCLXV diebus et sex horis. Septimus est item solaris, dum quarto anno bis sextus inseritur, et fiunt dies CCCLXVI. Octavus est item solaris, dum sol per viginti octo annos circulum concurrentium complet. Nonus annus est secundum stellam quæ vocatur Mercurius, qui CCCXXXIX diebus expletur. Decimus annus est secundum stellam quæ vocatur Venus, qui CCCXLVIII diebus expletur. Undecimus est annus secundum stellam quæ vocatur Mars, qui peractis duobus annis completur. Duodecimus annus est secundum stellam quæ vocatur Jovis, qui peractis duodecim annis impletur. Tertius decimus annus est secundum stellam quæ vocatur Saturnus, qui peractis triginta annis impletur. Quartus decimus annus est secundum hebdomadas totius anni, id est, quinquaginta duas, qui habet dies CCCLXIV. Quintus decimus est annus requies septimi anni secundum legem, quo jubebatur populo Dei a rurali opere vacare. Sextus decimus annus est, species anni jubilæi, qui est annus remissionis, et quinquaginta annis impletur. Septimus et decimus annus est, qui vocatur magnus, annus planetarum, dum omnia sidera ad locum revertuntur ubi primum statuta fuerunt, et quingentis triginta duobus annis impletur. Disc. Annus ergo solaris, qui CCCLXV diebus et quadrante constat, quot horas amplectitur? Mag. Utique IXDCCLXVI. Disc. Quot punctos? Mag. XXXVCIC. Disc. Quot minuta? Mag. LXXXVIIDCLX. Disc. Quot momenta? Mag. CCCLDCXL. Disc. Quot ostenta? Mag. DXXVDCCCCLX. Disc. Quot atomos? Mag. Decies novies centies centum millia et quatuor mille millia et DCCCCXXXILX.

CAPUT XXXVII.
De planetis et origine nominum earum.

Disc. Quia de solaribus et lunaribus annis dicens, de annis quinque planetarum adjunxisti, precor ut ipsorum siderum proprietatem non graveris explanare. Mag. Septem enim sunt planetæ, quæ adverso cursu contra mundum feruntur, hoc est, Sol, Luna, Mercurius, Venus, Mars, Jovis, Saturnus. Hæ ergo, cum sphæra cœlestis ab oriente in occasum se vergat, recurrunt orientem versus per zodiacum, et, ut sapientibus istius mundi visum est, cœli temperant velocitatem, ne nimio cursus sui rotatu præcipitetur. Disc. Unde dicitur sol? Mag. Quod solus inter omnia sidera luceat. Oriente enim sole cætera sidera mox radios suos abscondunt; et, ut quibusdam placet, ipse lunæ et stellis omnibus suo aspectu tribuit ut lucere valeant, quia non proprio, sed mutuato a solis lumine resplendent. Unde poeta ait:

> Lucentemque globum lunæ Titaniaque astra
> Spiritus intus alit.

Disc. Unde dicitur luna? Mag. Luna dicitur quasi lucina, ablata media syllaba; de qua Virgilius ait :

> . . . . . Casta, fave, Lucina.

Sumpsit autem nomen per dirivationem a solis luce, eo quod ab eo lumen accipiat acceptumque reddat. Disc. Unde dicuntur stellæ? Mag. A stando; quia fixæ stant semper in cœlo, nec cadunt. Nam quod videmus a cœlo stellas quasi labi, non sunt stellæ, sed igniculi ab æthere lapsi, qui sunt dum ventus altiora petens ætherium ignem secum trahit, qui tractu suo imitatur stellas cadentes. Nam stellæ cadere non possunt. Immobiles enim, ut prædictum est, sunt, et cum cœlo fixæ feruntur. Disc. Si stellæ in cœlo fixæ sunt, ut asseris, unde planetæ dicuntur? Mag. Planetæ autem solummodo non sunt fixæ, ut reliquæ, sed in aere feruntur. Dictæ autem planetæ *apo tes planes* [ἀπὸ τῆς πλάνης], id est, ab errore. Nam interdum in austrum, interdum in septentrionem, plerumque contra mundum, nonnunquam cum mundo feruntur. Hæc et retrograda et anomala, antigrada et stativa dicuntur. Disc. Quomodo? Mag. Nam retrogradatio stellarum est, dum stella motum suum agit simul et retro submoveri videtur. Anomala dicuntur quando particulas addunt vel detrahunt. Antigrada vel præcedentia sunt dum motum suum consuetum agere videntur, et tamen aliquid præter consuetudinem præcedunt. Stativa dicuntur, quia dum semper stella movetur, tamen in aliquibus locis stare videtur.

CAPUT XXXVIII.
De planetarum cursu per signiferum, et natura signiferi.

Disc. Sed quia audivi te dicentem planetarum transitum esse in zodiaco, ipsius zodiaci proprietatem, et cursum earum rogo ut exponas. Mag. Faciam. Zodiacus, vel signifer, est circulus obliquus duodecim signis constans, per quem errantes stellæ feruntur, nec aliud habitatur in terris quam quod illis subjacet. Reliqua a polis squalent. Est autem signifer CCCLXV partibus et quadrante unius partis per cœli ambitum longus, et duodecim partibus latus per transversum. Veneris tantum stella excedit eum binis partibus. Luna quoque per totam latitudinem ejus vagatur, sed omnino non excedens eum. Ab his Mercurii stella laxissime, ut tamen e duodenis partibus (tot sunt enim latitudinis, ut diximus) non amplius octonas pererret, neque has æqualiter, sed duas medio ejus et supra quatuor, infra duas. Sed sol in medio fertur inter duas partes flexuoso draconum meatu inæqualis. Martis stella quatuor mediis Jovis media, et super eam duabus, Saturni duabus, ut sol.

CAPUT XXXIX.
De duodecim signis.

Disc. Signa autem zodiaci vellem ut edisseras unde traxerint nomina. Mag. A causis ergo annalibus vel a gentilium fabulis nomina sumpserunt signa duodecim. Nam arietem Martio mensi propter Ammonem Jovem tribuunt. Unde et in ejus simulacro arietis cornua fingunt. Taurum Aprili, propter eumdem Jovem, quod in bovem sit fabulose conversus. Castorem et Pollucem Maio, propter insigne virtutis. Porro Cancrum Junio, quando sol ad inferiora redit, quod Cancer impulsus retro cursum dirigere soleat. Leonem, quem occidit Hercules, Julio propter vim fervoris assignant. Virginem Augusto, quod tunc exhausta caloribus tellus nihil pariat. Libram Septembri ob æqualitatem diei et noctis. Scorpium et Sagittarium equinis cruribus deformatum, propter flumina mensium ipsorum, October et November accipiunt. Capricornum December propter capram Jovis nutricem, cujus extrema pisci similia pinguntur, quod hujus mensis ultima sint pluvialia. Aquarium Januario, Februario Pisces, ob menses imbriferos tradunt. Singulis autem signis triginta partes, ternæ vero decades putantur, eo quod sol triginta diebus et decem semis horis illa percurrat, a medio mensis, id est, xv Kalendarum die, semper incipiens. Unde et quibusdam veterum placuit sequentis mensis esse signum, cujus ad usque medietatem unumquodque pertendit, eique ascribi, sicut ille qui versibus inde cecinit heroicis ita :

Respicis Apriles,Aries frixe (sic) Kalendas.
Maius Agenorei miratur cornua Tauri,

et cætera eodem modo. Sunt autem hæc signa tantæ magnitudinis, ut non minore quam duarum spatio horarum vel oriri, vel occidere, vel de loco possint moveri.

CAPUT XL.
Demonstratio signorum per solis cursum.

Disc. Vellem quidem ut aliquam notitiam mihi inde dares. Mag. Notitia ergo horum signorum melius a colloquente et digito demonstrante quam a scribente percipitur, quia per stellas in eis dispositas notabiles fiunt. Et hæc nisi ab eo qui astronomiæ disciplinam tenet, et siderum loca intimare ac demonstrare noverit, nullatenus edici pleniter queunt. Sed horum tamen signorum curiosus inquisitor potest aliquam accipere notitiam, si diligenter solis et lunæ in eis observaverit cursus, aditus et secessus. Siquidem sol moratur transiens in unoquoque signo triginta dies, decem horas et semissem, ac deinde in aliud signum ingreditur, quod similiter in triginta diebus et decem horis ac semisse pertransiens, tertium intrat. Sicque illud signum quod jampridem reliquerat stellis apparentibus ab oriente ante auroræ exortum notabile reddet. Sunt quidem tria signa semper circa solem diurno lumine plena, id est, hoc quod nuperrime ipse reliquerat, et ipsum in quo præsens est, et illud in quod proxime ingressurus est. Luna quoque similiter suo cursu signa demonstrat. Nam ipsa binis diebus et semis horis ac bisse unius horæ singula signa perlabitur. Et si calculator veraciter argumentum quod de ejus transitu per signa factum est perdiscet, poterit ex ejus statu signorum conjicere loca.

CAPUT XLI.
De lunæ cursu per signa.

Disc. Ipsum argumentum vellem ut mihi edisseras ? Mag. Luna quotidie quatuor punctis, sive crescens a sole longius abit, sive decrescens soli vicinior quam pridie fuerat redditur. Singula autem signa decem punctos habent, id est, duas horas, sicut et superius admonuimus. Quinque enim puncti in luna horam faciunt. Et ideo si vis scire in quo signo luna est, sume lunam quam volueris, ut puta quintam, multiplica per quatuor, fiunt viginti ; partire per decem, bis denivies. Duobus ergo signis quinta luna semper a sole distat. Item sume octavam lunam, multiplica per quatuor, fiunt triginta duo ; partire per decem, ter deni trios, et remanent

[a] Vide Cotelerii Monumenta Ecclesiæ Græcæ, tom. II, pag. 530.

duo. Tribus ergo signis et duobus punctis octava luna semper a sole dirimitur. Duos autem punctos, sex partes intellige, id est, quantum sol in zodiaco sex diebus conficit itineris. Punctus siquidem habet tres partes, quia signum quodque decem punctos, triginta partes habet. Et ne suspicio tibi forte argumenti fallentis incidat, quære ad diametrum cœli quod quintam decimam lunam tenere nemo qui dubitet. Multiplica quindecim per quatuor, fiunt sexaginta ; partire per decem, sexies deni sexais. Sex enim signis decima quinta luna semper, id est, dimidio sphæræ cœlestis a sole discernitur, sive ante seu retro respexeris. Denique orbem lunæ, quotiens plerissimus est, contra solem cernis oppositum, humilem videlicet sole sublimi, et sublimem humili.

[a] Quia nimirum cum sole æstivum tenente circulum plena est, ipsa tenet prumalem ; cum sole divexo imprumalem plena est, ipsam solstitiali scandere circulo nox longissima prodit. At cum iste hoc æquinoctium, in plenilunio tum illa alterum servat. Et quot partibus sol æquinoctium vel solstitium, quod nuperrime lustraverat, transiit, totidem partibus luna plena vel æquinoctium vel solstitium, quod contra est, patet esse ingressa. Disc. Post quot dies sol illam partem cœli conscendet ad quam luna tertia perveniet ? Mag. Mense toto et diebus sex.

CAPUT XLII.
Argumentum ad investigandum lunæ cursum.

Disc. Ostende mihi quomodo. Mag. Sol igitur quotidie partem unam zodiaci sui complet. Neque enim aliud partes zodiaci quam quotidianos solis in cœlo sentire debemus progressus. Luna vero quotidie tredecim partes ejusdem zodiaci conficit, id est, punctos quatuor et unam partem. Et quia illa tredecim partes, sol unam complet, inde fieri, ut supra docuimus, non plus quotidiano progressu a sole quam quaternis punctis, hoc est, duodenis partibus elongetur. Ponat ergo lunam ubilibet computare volueris, ut puta in Kalendis Januarii primam : hæc ubi prima noctem diemque transegerit, illum cœli locum tenet quem sol decimo tertio ejusdem mensis die completo. Ubi duo est, multiplica duo per quatuor, fiunt septem. Item ut de punctis ad partes pervenias, multiplica octo per terna, fiunt viginti quatuor. Illam ergo cœli partem tenet luna secunda in quarto Non. Januarii quam sol vicesimo quarto ab hinc die confecto. Ubi tres est, multiplica tria per quatuor, fiunt duodecim. Partire per decem, decies asse decus, et remanent duo puncti, id est, sex partes. Illam ergo cœli partem tenet luna quarta in tertio Non. Januarii quam sol mense toto et diebus sex. Post tertium Non. Januarii exactis, id est sexto, post tertium Non. Februarii die consummato. Et ut ad summam perveniam, sume tricesimam lunam, quæ tunc fit tertio Kal. Februarii, multiplica per quatuor, fiunt centum viginti ; partire per decem duodecies deni cen vies. Illa parte cœli luna tricesima currit quam duodecim mensibus exactis, id est, toto anni circulo transacto, sol obtenturus est. Et notandum quod decem semis horæ quæ extra tricenas partes in unoquoque signo sunt, quia plenam partem viginti quatuor horarum non reddunt, simul computari negliguntur, sed infra prædictum numerum duodecim mensium comprehenduntur.

CAPUT XLIII.
Argumentum de eo quot horis luna luceat.

Disc. Vellem ut per argumentum aliquod mihi intimares quomodo possim comprehendere quot horis per singulas noctes suæ ætatis luna luceret. Mag. Si vis scire quot horas luceat luna quælibet, tene ætatem lunæ de qua inquiris. Multiplica per quatuor, quia prima luna quatuor punctis lucet. Adjiciturque hic numerus a secunda luna quotidie usque ad plenilunium, detrahiturque dehinc paribus spatiis in diminutionem, lucetque pari modo luna prima et tricesima secunda et vicesima nona. Et ideo si nosse velis, verbi gratia, quot horas luceat luna quinta, multiplica quinque per novem, fiunt viginti ; partire per quinque quater quini, fiunt viginti : quatuor horas lucet luna quinta. Similiter vicesima quinta. Item si vis scire quot horas luceat luna decima, multiplica decem per quatuor, fiunt quadraginta ; partire per quinque octies quini, fiunt quadraginta : octo horas lucet luna decima. Similiter et vicesima.

CAPUT XLIV.
De magnitudine solis sive lunæ.

Disc. De magnitudine solis et lunæ vellem ut aliqua diceres. Mag. Solis ignem dicunt aqua nutriri, multoque hunc luna ampliorem, lunam vero terra esse majorem, unde et cunctis unius magnitudinis appareat. Quod enim sol cubitalis videatur, nimiæ celsitudinis distantia facit. Alioquin major Indis oriens, et Britannis appareret occidens. Qui dum natura sit igneus, motu quoque nimio calorem adauget. Hic cursu variante dies et menses, tempora dividit et annos, aerisque temperiem accedendo vel recedendo pro temporum ratione dispensat, ne si semper in hisdem moraretur locis, alia calor, alia frigor absumeret.

CAPUT XLV.
De natura et situ lunæ.

Lunam non minui nec crescere dicunt, sed a sole illustratam a parte quam habet ad eum paulatim, vel ab eo recedendo, vel ei propinquando, nobis candidam partem revolvere vel atram et die quidem crescente supinam cerni novam lunam, ut pote superiorem soli, et aquilonia ad subeuntem.

CAPUT LXVI.
De eclypsin solis sive lunæ.

Disc. Defectus luminis utriusque sideris unde sit rogo ut edisseras. Mag. Solem interventu lunæ, lunamque terræ objectu nobis perhibent occultari, sed solis defectum nonnisi novissima primave fieri luna, quam vocant coitum, lunæ autem nonnisi plena, non posse vero totum solem adimi terris intercedente luna, si terra major esset quam luna, omnibus autem annis fieri utriusque sideris defectus statutis diebus horisque sub terra, nec tamen cum superne fiant, ubique cerni aliquando propter nubila, sæpius globo terræ obstante convexitatibus mundi.

CAPUT XLVII.
Ubi eclypsin non sit, et quare.

Defectus solis ac lunæ vespertinos Orientis incolæ non sentiunt, nec matutinos ad occasum habitantes, obstante globo terrarum. Neque enim nox aut dies, quamvis eadem toto orbe simul est opposita globi noctem aut ambitu diem adferente. Tempore enim Alexandri Magni luna defecit in Arabia hora noctis secunda, eademque in Sicilia exoriens. Et solis defectum qui fuit Ispanio et Frontegio consulibus xi Kal. Maii, Campania hora diei inter septimam et octavam, Armenia inter decimam et undecimam sensit.

CAPUT XLVIII.
De indicio et qualitate planetarum.

Disc. Dic mihi quo colore sint planetæ, si possim eas inde cognoscere, et utrum mutent colores an non. Mag. Suus quidem unicuique color est, Saturno candidus, Jovi clarus, Marti igneus ; Lucifero gaudens, Vespero refulgens, Mercurio radians, lunæ blandus, soli, cum oritur, ardens, postea splendens. Sed colores ratio altitudinem temperat. Siquidem earum similitudinem trahunt in quarum aerem venere subeundo ; tinguitque ad propinquantes utralibet alieni meatus circulus, frigidior in pallorem, ardentior in ruborem, ventosus in horrorem. Sol atque commissuræ apsidum extremæque orbitæ atram in obscuritatem. Disc. Quo autem in loco vel in quibus signis sunt in præsenti ? Mag. Modo autem, id est, anno Dominicæ incarnationis 820, mense Julio, nona die mensis, est sol in vicesima tertia parte Cancri, luna in nona parte Tauri, stella Saturni in signo arietis, Jovis in Libræ, Martis in piscium. Veneris quoque stella et Mercurii, quia juxta solem in luce diurna modo sunt, non apparet, in quo signo morentur. Disc. Cætera quoque sidera quæ extra zodiacum sunt peto ut breviter enumeres, et quæ a dextra parte ipsius zodiaci, quæve a sinistra sint, edisseras. Mag. Si de cursu planetarum tantum contentus esses, jam satis tibi dictum esse putarem. Sed quia nimium curiosus ad cætera signa quæ per totum sphæræ cœlestis ambitum consistunt inquirendo progrederis, necessarium reor ut ipsius sphæræ situ et naturam prius exponam secundum majorum sententiam breviter, et sic tuæ interrogationi de cæteris respondeam.

CAPUT XLIX.
De natura cœli.

Disc. Utinam facias ! Mag. Cœlum subtilis igneæque naturæ, rotundumque, et a terræ centro æquis spatiis undique collectum est. Unde et convexus mediusque quacunque cernitur, inenarrabili celeritate quotidie circumagi sapientes mundi dixerunt, ita ut rueret si non planetarum occursu moderaretur, argumento siderum nitentes, quæ fixo semper cursu circumvolant, septentrionalibus breviores gyros circa cardinem peragentibus ; cujus vertices extremos, quo circa sphæra volvitur, polos nuncupant, glaciali rigore tabescentes. Horum unus ad septentrionalem plagam consurgens Boreus, alter divexus in austros, terræque oppositus, australis vocatur, quem interiora Austri Scriptura sancta nominat. In qua sphæra quinque circulos esse sapientes dixerunt.

CAPUT L.
De quinque circulis mundi.

Quorum primus est septentrionalis, frigore inhabitabilis, cujus sidera nobis nunquam occidunt. Secundus solstitialis ex parte signiferi, excelsissima nobis ad septentrionalem plagam versus, temperatus, habitabilis. Tertius æquinoctialis, medio ambitu signiferi orbis incedens, torridus, inhabitabilis. Quartus brumalis, a parte humillima signiferi ad austrinum polum versus, temperatus, habitabilis. Quintus australis, circa verticem austrinum, qui terra tegitur, frigore inhabitabilis. Tres autem medii circuli inæqualitates temporum distinguunt, cum sol hunc solstitio, illum æquinoctio, istum bruma teneat. Extremi enim semper sole carent. Unde et a Tyle insula unius diei navigatione ad aquilonem mare congelatum invenitur.

CAPUT LI.
De his signis stellarum quæ extra zodiacum sunt.

Disc. Hæc quidem probo et cum gratia accipio. Sed de positione siderum, sicut mihi promisisti, peto ut edisseras. Mag. Sunt ergo signa extra ea quæ in zodiaco consistunt, ut Arati Phœnomena testantur, numero triginta, quorum alia horoscopus ad septentrionem, alia ad austrum sequestrat. Disc. Quæ sunt illa quæ ad septentrionem sunt? Mag. Duæ videlicet primum Ursæ, hoc est helix, quæ et Arcturus major, et Phœnix sive Cynosura, quæ et Arcturus minor dicitur. Et Draco, qui continet utrosque Arcturos, helicis supra volvens caput, et Phœnicis circumcigens caudam. Deinde Hercules super anguem incumbens genu flexo, clava rejecta, pelle leonis opertus dicitur. Postea Corona, habens stellas novem in circuitu positas. Tunc Serpentarius, qui et Asclepius vocatur, stans supra Scorpionem, tenet serpentem in manibus. Item Arcas, qui et Bootes, fertur esse custos plaustri, præcedit Arcturum majorem, quem et ipse sequitur. Cepheus et Aquila tunc splendidis stellis Cassiepia et Andromedia dignoscuntur. Deinde Perseus et Agitator cum hædis suis clarescunt. Bellorofons quoque et Delfin, Cygnus et Libra suis in locis, et Trigon super caput arietis, splendore notabiles sunt. Disc. Quæ sunt illa quæ zodiacus ad austrum sui secludit ? Mag. Orion scilicet et Canicula, Lepus et Argo, Cetus et Eurus, qui et Euridanus. Cui subjacet stella quæ dicitur Canopos, splendens, quæ timonem navis tangit. Piscis magnus, qui et Auster dicitur. Sacrarium. Centaurus cum bestia quam manu tenet. Serpens, super cujus caudam corvum sedere dicunt, et in medio urnam asserunt. Ultimus omnium Anticanus est, situs sub Geminis ; et ideo Anticanus vocatus, quod contrarius sit Cani. Et mira gentium stultitia, quod sidera quæ Deus ad honorem nominis sui creavit, et in cœlestibus constituit, ea ipsi sceleratis hominibus et brutis animalibus in terra creatis ascripserunt. Præter hæc omnia, et lacteus circulus est figura candidior per medium cœli verticem, quem vulgo dicunt ex splendore solis in eo currentis ita fulgere. Sed frustra, cum ab illo nunquam nisi in parte Sagittarii vel Geminorum tangatur, in quibus candidum circulum signifer cingit. Disc. Ad quid ergo hæc sidera legentibus proderunt, et in quo adjuvant computistam ? Mag. Ad dignoscendum ergo horas nocturnas non parum adjuvant calculatorem. Necnon et viatoribus et nautis valde necessaria sunt, qui observant colores earum et cursus, et futuram tempestatem seu serenitatem inde conjiciunt.

CAPUT LII.
De Cometis.

Disc. Cometas ergo audivi quasdam stellas nominari, sed has in numerando stellas prætergressus es. Mag. Non enim quasi obliviscendo illas prætergressus sum, sed ordinem servari, ut de eis seorsum dicerem, quarum qualitas et cursus a cæteris stellis separata est. Cometæ quoque sunt stellæ flammis crinitæ, repente nascentes, regni mutationem aut pestilentiam aut bella aut ventos æstusque portendentes, quarum aliæ tenduntur errantium modo, aliæ immobiles hærent. Omnes ferme sub ipso septentrione aliqua ejus parte non certa, sed maxime in candida, quæ lactei circuli nomen accepit, brevissimum quo cernerentur spatium septem dierum adnotatum est, longissimum octoginta. Sparguntur aliquando et errantibus stellis cæterisque crines. Sed cometes nunquam in occasura parte cœli est

CAPUT LIII.
De solstitiis et æquinoctiis.

Disc. Postquam de stellarum situ et ratione satis dixisti, necessarium reor ut de maximis luminaribus, id est, sole et luna, adhuc referas, et ostendas ubi æquinoctii et solstitii proprius locus sit. Mag. Solstitia apud plerosque bina putantur, hoc est viii Kal. Januarii et Julii. Similiter et æquinoctia bina, id est, viii Kal. Aprilis et Octobris, octavis scilicet in partibus Capricorni et Cancri, Arietis et Libræ. Verum quia, sicut in ratione paschali didicimus, æquinoctium vernale duodecima Kalendarum die Aprilium cunctorum Orientalium sententiis, et maxime Ægyptiorum, quos calculandi esse peritissimos constat, specialiter adnotatur : cæteros quoque tres temporum articulos putamus aliquanto prius quam vulgaria scripta continent esse notandos. Ut enim de æquinoctio verno, quod caput esse memoratarum quatuor mutationum annalium mundi origo docet, breviter loquamur, regula tenet ecclesiasticæ observationis, a Nicæno confirmata concilio, ut Paschæ dies ab xi Kalend. Aprilis usque in septimum Kalend. Maii inquiratur. Item catholicæ institutionis regula præcepit ut ante vernalis æquinoctii transgressum Pascha non celebretur. Qui igitur octavo Kalendarum Aprilium die putat æquinoctium, necesse est idem aut ante æquinoctium Pascha celebrari licitum dicat, aut ante septimum Kalendarum Aprilium diem Pascha celebrari licitum neget, ipsum quoque Pascha, quod Dominus pridie quam pateretur cum discipulis fecit, aut nono Kalendarum Aprilium die non fuisse, aut ante æquinoctium fuisse confirmet. Non enim nostri tantum temporis, sed etiam legalis, et Mosaica decernit institutio, non ante transcensum hujus æquinoctii diem festi Paschalis esse celebrandum; sicut attestante Anatolio evidenter docet Philo et Josephus, sicut eorum antiquiores Agathobolus, et ab eo eruditus Aristobulus ex Paneada, qui unus ex illis septuaginta senioribus fuit qui missi fuerunt a pontificibus ad Ptolomæum regem, Hebræorum libros interpretari in Græcum sermonem; quibus multa ex traditionibus Mosi proponenti regi percontatique responderunt. Ipsi ergo, cum quæstiones Exodi exponerent, dixerunt Pascha non prius esse immolandum quam æquinoctium vernale transiret. Unde nos necesse est, ob conservandam veritatis regulam, dicamus aperte et Pascha ante æquinoctium tenebrasque devictas non immolandum, et hoc æquinoctium xii Kalendarum Aprilium die veraciter ascribendum; sicut non solum auctoritate paterna, sed et horologica consideratione docemur: sed et cætera tria temporum hujusmodi confinia simili ratione aliquot diebus ante octavum Kalendarum sequentium esse notanda. Igitur, sicut supra de vicissitudinibus diximus, ita et nunc de istis quatuor terminis dicimus. Quia a duodecima Kal. Aprilis, quod est æquinoctium vernale, usque in decimum tertium Kal. Julii, sunt dies nonaginta et unus. A duodecimo Kal. Julii usque in decimum tertium Kal. Octobris similiter dies nonaginta et unus. A decimo tertio Kal. Octobris usque in decimum quintum Kal. Januarii, similiter dies nonaginta et unus. A decimo tertio Kal. Januarii usque in decimum quartum Kal. Aprilis similiter sunt dies nonaginta et unus. Fiunt omnes simul dies trecenti sexaginta tres, et remanet dies unus de anni circulo, et sex horæ, quæ per unumquemque annum propter rationem bissexti accrescere probantur; quæ si dividantur per quatuor partes, et fuerint adjectæ partibus superioribus, erunt unicuique parti dies nonaginta et unus et septem horæ et dimidia hora. Sed notandum quod æquinoctialis dies omni mundo æqualis est. Vario autem lucis incremento in Meroe longissimus dies duodecim horas æquinoctiales et octo partes unius horæ colligit, Alexandriæ vero quatuordecim horas, in Italia quindecim, in Britannia septemdecim, ubi æstate lucidæ noctes haud dubie testantur id quod cogit ratio credi, solstitii diebus accedente sole propius verticem mundi angusto lucis ambitu subjecta terræ continuos dies habere senis mensibus noctesque e diverso ad brumam remoto. Quod fieri in insula Thyle Pytheas Massiliensis scribit sex dierum navigatione in septentrione a Britannia distante.

CAPUT LIV.
De bissexto in solis et lunæ cursu.

Disc. Bissexti rationem rogo ut edicas mihi atque edisseras. Mag. Bissextus ex quadrantis ratione per quadriennium conficitur, dum sol ad id signum ex quo egressus est, non in ccclxv diebus, sed quarta diei parte super adjecta, revertitur. Verbi gratia: si nunc æquinoctialem cœli locum sol oriens intraverit, in hunc anno sequente meridie, tertio vespero, quarto medio noctis, quinto rursum in exortu recurrens, necessario diem præmonet augendum; ne si forte non addatur, peractos sexaginta quinque annos æquinoctium vernale brumali die proveniat: quæ Ægyptii anno suo expleto, id est quarto Kal. Septembris, Romani sexto Kal. Martii, unde et nomen accepit, interponunt. Breviori autem et vulgari ratione bissextum retardatio generat solis non ad eamdem lineam peractis ccclxv diebus plene redeuntis. Quem si, verbi gratia, in æquinoctio vernali, quod juxta Ægyptios duodecimo Kalendarum Aprilium die provenit, surgentem a medio orientis diligenter adnotaveris, hunc anno sequente die videlicet eodem aliquanto inferius oriri, et tertio, quarto, quintoque eamdem diminutionem in tantum augere reperies ut nisi diem ante superadjicias, xi Kal. Aprilis æquinoctium facturus a medio surgat orientis, eamdem scilicet tarditatem in cæteris servaturus exortibus. Disc. Nunquid in lunæ cursu quadrantis rationem observare debemus? Mag. Debemus utique: quia si lunæ quadrantem accommodare negaveris, sed bissextili anno ejusdem quantitatis mensem lunarem Februario, cujus et antea solebas, aptaveris, fit profecto ut et quartadecima luna paschalis ejusdem anni pridie quam debuerat adveniat, ideoque paschalis ratio vacillet, et totus novi anni cursus titubet, statusque ille semper inviolabilis circuli decennovennalis magis magisque turbatus evertatur. Quare oportet ut sicut dictante quadrantis ratione quarto anno, quem bissextilem dicimus, unum diem solari adjicimus anno, similiter lunari unam diem adjiciamus, eamque lunæ mensis Februarii tribuamus, sive illam ante intercalatum quadrantem seu postmodum terminari contingat; ut quæ cæteris annis viginti novem dierum, anno autem bissextili cum triginta computetur; ipseque annus, si communis sit, cum ccclv diebus; si embolismus, cum ccclxxxv compleatur. Sicque fit ut in una eademque sole Kalendarum Martiarum linea, et in sole et in luna numerus geminetur. Ut in præsenti anno, verbi gratia, sextam septimamque ponimus feriam, ita ibidem sextam septimamque ponamus lunam. Hac semper industria pervigiles, ut cum lunam mensis Februarii in anno bissextili triginta habere fecerimus, in diebus tamen Kalendarum Martiarum, excepto solum undecimi circuli decennovennalis anno, ipsam quam et ante consueverat luna servet ætatem.

Quibus autem quantisve temporum particulis idem lunæ quadrans accrescat, majore quæsitu indiget. Namque cum ipso quadrante etiam crebra embolismorum interruptio et saltus quoque ratione tota discursus lunaris mensura ad purum ne dignosci queat obsistit.

CAPUT LV.
Argumentum ad bissextum inveniendum

Disc. Vellem ut aliquod argumentum mihi dares per quod scire possem utrum bissextilis annus fieret, an etiam præparationis bissexti. Mag. Si hoc nosse desideres, sume annos ab incarnatione Domini quotcunque fuerint, ut puta in præsenti 820. Hos partire per quatuor, quia bissextus post quatuor annos peractos intervenit. Quater ergo cc, dccc; quater v, xx. Et quia nihil remanet, annus est bissextilis. Si ergo unus remanserit, primus est annus præparationis bissexti. Si duo, secundus; si tres, tertius.

CAPUT LVI.
De saltu lunari.

Disc. De saltu lunæ posco ut similiter mihi rationem proferas sicut et de bissexto fecisti. Mag. Saltum lunæ locus et hora citior incensionis ejus per novemdecim annos efficit. Quamvis enim quidam singulas lunas viginti novem semis diebus computantes, incensiones earum medio diei et medio noctis semper alternent, non in hoc tamen veritatem naturæ sed calculandi facilitatem inquirunt. Nam si naturam quæras, luna primi mensis, quæ nunc verbi gratia meridie, et secundi, quæ nunc in medio noctis accenditur, anno futuro hora et decem momentis et dimidio momenti ad decima nona parte dimidii momenti ante medium diei vel noctis illustratur. Nec tamen hac distinctione ad certum embolismi vel communis anni terminum, sed ad æquam divisionem novemdecim tendit annorum. Sicque per novemdecim annos lunaris accensio sese præoccupando unius diei spatium amittens, ultimum decennovennalis cycli annum ccclxxxiii diebus facit computari. Quod si facere negligas per quindecim decennovennales cyclos, quinta decima luna tibi ubi prima putatur occurret. Disc. Quantum in uno anno accrescit de saltu lunari? Mag. Hora et unus punctus et decima nona pars unius puncti, sive alio modo dicas, hora et decem momenta et dimidium momentum et nonadecima dimidii momenti, sicut supra ostendimus. Disc. Quantum in uno mense lunari? Mag. Quinquaginta et tria momenta et quinque ostenta. In uno quoque ergo mense quatuor momentis et quinque ostentis desit quod una lunatio ad viginti novem dierum et duodecim horarum plenitudinem non perveniet. Et in dimidio lunari mense duo momenta et duo ostenta et dimidium ostentum. Disc. Ubi ergo locus istius saltus est? Mag. Aliquibus ergo duodecimo Kalendarum Aprilium die videtur anno reddendus, propter originem conditionis siderum; ut luna mensis Martii, quæ eo fit die vicesima nona, dehinc vertatur in novam. Sed sunt qui hoc nobis in luna Novembri mensis agendum magis autument; quatenus hujusmodi impedimentis cum præcedentis anni fine absolutis novum de cætero annum libero possint computo ingredi; juxta exemplum videlicet Ægyptiorum, qui hoc penultimo anni sui mense, qui est noster Julius, facere perhibentur. Sed sive hic, sive illic, sive alibi feceris, necesse est ibidem, ni fallor, tres pariter menses undetricenorum computare dierum.

CAPUT LVII.
De decennovennali circulo.

Disc. Decennovennalis ergo circuli rationem, qui saltum lunarem gignit et lunæ cursum ordinat, vellem a te audire et argumento conjicere. Mag. Circulum decennovennalem propter quatuordecim lunas paschales Nicæna synodus instituit, eo quod ad eumdem unaquæque luna per novemdecim annos inerrabili cursu redeat; qui dividitur in ogdoadas et endecadas, hoc est in octo et undecim annos. Octo enim anni lunares totidem annos solares duobus tantum diebus transcendunt: quorum alter ad explementum occurrit endecadis, alter ratione saltus absumitur. Alioquin endecas solaris uno die transcenderet lunarem. Licet quidam violenter hos dies et bissextis octo annorum supplere nitantur, cum bissextus soleat in mense Februario soli superfusus et lunæ futuro tempori nihil præjudicare, et ipsi nullum indecadi bissextum addant. Ut ergo apertius dicam, duo lunæ dies qui supersunt in ogdoade, duos qui desunt in endecade complebunt.

CAPUT LVIII.
Argumentum ad inveniendum quotus sit annus circuli decennovennalis.

Si ergo velis argumento cognoscere quotus sit annus circuli decennovennalis, sume annos ab incarnatione Domini quot fuerint, et unum semper adjice. Hos partire per decem et novem. Quod remanet, ipse est annus cycli decennovennalis. Si nihil remanserit, nonus decimus est. Verbi gratia: ut in præsenti sunt 820, his adjice unum, quia in secundo anno circuli decennovennalis Dominus incarnatus est, et fiunt 821: hos partire per decem et novem, quadragies deni et noveni dccclx. Item ter deni et noveni, quinquaginta septem. Qui superiori numero copulati efficiunt numerum dcccx et vii. Et quia quatuor anni prioris numeri remanent, quartus annus est circuli decennovennalis.

CAPUT LIX.
De communibus annis et embolismis.

Disc. Quid de communibus annis et embolismis dicas exspecto. Mag. Dividitur autem circulus idem in embolismos annosque communes, quos Hebræorum quoque priscorum auctoritate constat observatos. Communes quidem annos, id est, ccclıv dierum, duodecim. Embolismos autem, id est, ccclxxxiv dierum continens, septem. Primus namque et secundus annus sunt communes, tertius embolismus, quartus et quintus communes, sextus embolismus, septimus communis, octavus embolismus, nonus et decimus communes, undecimus embolismus, duodecimus et tertius decimus communes, quartus decimus embolismus, quintus decimus et sextus decimus communes, septimus decimus embolismus, octavus decimus communis, nonus decimus embolismus. Qui utrique, sicut et supra dictum est, ab exordio primi mensis, quem Hebræi Nisan vocant, hoc est, ab accensione lunæ paschalis, initium sumunt. Cujus exordium mensis hac regula debet observari, ut nunquam luna Paschæ quarta decima vernum præcedat æquinoctium, sed vel in ipso æquinoctio, hoc est, duodecimo Kalendarum Aprilium die, vel eo transgresso, legitima procedat. Embolismorum autem, sicut Dionysius ait, ista ratio probatur existere, quod annorum communium videntur damna supplere, quatenus ad solare tempus lunaris exsequetur excursio. Quamvis enim solis annuum cyclum per singulos menses luna circumeat, tamen ejus perfectionem duodecim suis mensibus implere non prævalet. Denique in annis communibus ad rationem solaris anni undecim dies lunæ deesse cernuntur. In embolismis vero decem et novem diebus eumdem annum videtur solarem luna transcendere. Et Hebræi quidem, qui solos lunares in lege noverant et observabant menses, juxta naturalem lunæ cursum tricenis undetricenisque diebus communium annorum menses duodenos explicabant, et tertio vel secundo ubi decebat anno tertium decimum in fine anni mensem triginta dierum apponebant, embolismum. Porro Romani, qui dispares habent menses, non uno quolibet in loco embolismos computando interponere voluerunt, sed potius ubilibet mediis anni temporibus vacuum congruumque inter Kalendas locum invenire potuissent. Primam igitur embolismorum lunam quarto Non. Decembris, secundam quarto Non. Septembris, tertiam pridie Non. Martii, quartam pridie Non. Decembris, quintam quarto Non. Novembris, sextam quarto Non. Augusti, septimam tertio Non. Martias nasci dixerunt.

CAPUT LX.
De ogdoade et endecade.

Disc. Quia ogdoadis et endecadis mentionem breviter superius fecisti, peto ut plenius dicas ob quam utilitatem primitus talis divisio facta sit. Mag. Eo quod octavo et undecimo videlicet anno luna paschalis supremas suæ nativitatis metas subeat, et utrumque eorum, insolito embolismis more, unus communis præcedat annus. Vel certe quia antiquis visum est octo annos solares totidem lunaribus annis dierum numero æquari. Quod ab eruditioribus ævi sequentis doctoribus expertum est, nisi annis undecim adjectis, nequaquam fieri posse. Ad indicium ergo utriusque observationis ogdoadibus est et endecadibus tota lunæ digesta conversio. Nam et Græci quondam, quos et antiquissimi Romanorum perhibentur imitati, cum ad lunæ cursum adhuc annos computarent, octo annis communibus pari ratione confectis, embolismos trium mensium pariter intercalabant. Si enim octies undecim et quartam partem volueris supputare, nonaginta dies, hoc est, tres menses, efficies. Nec tamen hac ratiocinatione ad statum veritatis pervenire poterant. Quod unicuique rite calculanti et ogdoadis seu endecadis ad purum liquebit numerum veraciter consideranti. Igitur numerus ipse pulsandus est, videndumque quod octo anni solares habent dies, exceptis bissextis, $\overline{\text{II}}$DCCCCXX. Octies trecenteni sexageni et quini faciunt $\overline{\text{II}}$DCCCCXX. Nam lunares anni totidem vide quot habeant dies. Octies trecenteni quinquageni et quaterni faciunt $\overline{\text{II}}$DCCCXXXII. Adde nonaginta trium mensium embolismorum, dies fiunt IIDCCCCXXII. Sed duo qui minus habentur in ogdoade solari duorum bissextorum, sicut supra ostendimus, sperant adjectione suppleri. Videamus et endecadem utriusque sideris, si forte ibi sol bissextile quærat auxilium. Utrum enim tempus necesse est una regula complectatur. Undecies trecenteni sexageni et quini fiunt $\overline{\text{IIII}}$xv. Item undecies trecenteni quinquageni et quaterni fiunt IIDCCCXCIV. Adde embolismorum mensium dies centum viginti. Fiunt $\overline{\text{IIII}}$xiv. Tolle unum saltus diem, remanent tredecim. Vide igitur si hoc opus habeat endecas solis subsidialis sextili, ut additis videlicet duobus vel tribus diebus lunarem compensare sufficiet endecadem. Non ergo duo dies qui in ogdoade solis a lunari ogdoade minus sunt, duorum intercalatione bissextorum, sed duorum magis dierum, qui in endecade ejus a lunari plus sunt, adjectione suplentur. Nec nocet quod saltum lunæ, quem quidam in ogdoadis initio ponunt, in endecade ponendum memoravimus. Ubicunque enim interposueris, eodem proposita quæstio fine solvetur. Et habet circulus decennovennalis menses solares CCXXXVIII, lunares CCXXXV dies, exceptis bissextis, $\overline{\text{III}}$ DCCCXXXV. Quod ita apparet. Nam decies novies trecenteni sexageni et quini fiunt $\overline{\text{VI}}$ DCCCCXXXV. Item decies novies trecenteni quinquageni et quaterni $\overline{\text{VI}}$ DCCXXVI. Adde embolismos quatuor mensium, dies ducenti decem. Fiunt $\overline{\text{VI}}$ DCCCCXXXVI. Subtrahe unum saltus lunaris diem; et uno eodemque dierum numero solis et lunæ cursum decennovennalem cyclum includere probabis. Item ogdoas solis habet menses nonaginta sex, lunæ autem nonaginta novem. Endecas vero solis menses habet CXXXII, lunæ autem CXXXVI. De numero dierum supra dictum est.

CAPUT LXI.
De annis Dominicæ incarnationis

Disc. Quia ergo decennovennalis circuli rationem cœpisti explanare, precor ut per singulos tramites ejus plenam rationem mihi reddas. Et primum quid primus versus contineat edic. Mag. Primo decennovennalis circuli versu temporum ordo præfigitur, quem Græci calculatores a Diocletiani principis annis observavere. Sed Dionysius venerabilis abbas Romanæ urbis, utriusque linguæ, Græcæ videlicet ac Latinæ, non ignobili præditus scientia, paschales scribens circulos, noluit eis, sicut ipse testatur, memoriam impii et persecutoris innectere; sed magis elegit ab incarnatione Domini nostri Jesu Christi annorum tempora prænotare; quatenus exordium spei nostræ notius nobis existeret, et causa reparationis humanæ, id est, passio redemptoris nostri, evidentius eluceret. Qui in primo suo circulo quingentesimum tricesimum secundum Dominicæ incarnationis annum in capite ponendo manifesté docuit secundum sui circuli annum ipsum esse quo ejusdem sacrosanctæ incarnationis mysterium cœpit. Disc. Ipsius ergo curriculi quæ fuit causa componendi? Mag. Propter solis lunæque conventionem. Quia enim lunaris circulus decennovennalis est, solaris autem viginti et octo conficitur annis, multiplicatis per se invicem ambobus, summa quingentorum trig nta et duorum colligitur annorum. Qua tandem replicata, totus solaris lunarisque recursus ordo in se sua per vestigia revolvitur, eumdem decennovennalis lunarisque cycli annum, easdem epactas lunæ, solis quoque dies concurrentes, eamdem quartam decimam lunam, eumdem Dominici paschæ diem, ac lunam ipsius ex ordine restituens. Quod ergo secundo anno circuli, quem primum Dionysius scripsit, quingentesimus tricesimus tertius ab incarnatione Domini completus est annus, series annorum Domini manifestat. Ipse est nimirum, juxta concursus siderum, ille in quo carnari dignatus est. Quia hic secundus annus decennovalis octavus decimus est cycli lunaris, undecim habens epactas, quinque concurrentes septimanæ dies, lunam quartam decimam, VIII Kalend. Aprilis. Omnia tunc fuere simillima. Et si esset qui tunc Pascha more nunc Ecclesiis usitato die Dominico faceret, ipsa nimirum dies, quomodo hic notatum est, sexto Kal. Aprilis veniret, ac lunam haberet quartam decimam. Denique Dionysius ipse nobis quodam modo tacite quæ dicimus in paschalibus quæ scripsit argumentis ostendit; ubi ad inveniendum quotus sit annus circuli decennovennalis, sumere annos Domini, et priusquam hos per decem et novem partiamur, unum præcepit adjicere, significans illo incarnato unum circuli decennovennalis annum jam fuisse completum. Disc. Quot sunt anni ab incarnatione Domini in præsenti edissere. Mag. Octoginti viginti.

CAPUT LXII.
Argumentum ad inveniendum annos Domini.

Disc. Proba ergo argumento quod dicis. Mag. Si vis scire quot sunt anni ab incarnatione Domini, quære per circulos indictionem, qui post incarnationem ejus completi sunt. Computa ergo quinquagies et ter quindecim, fiunt DCCXCII. Adde duodecim regulares, quia quando incarnatio Domini facta est, duodecim anni de illo circulo indictionum in quo Dominus carnatus est remanserunt. Duodecim ergo additis ad prædictum numerum, fiunt nongenti et septem. Ad indictionem quamcunque volueris, ut puta præsentis anni tertiam decimam indictionem, fiunt DCCCXX. Iste est numerus annorum Domini anno præsenti. Cum autem ad plenitudinem circuli, id est, ad quintam decimam indictionem, perveneris, unum semper adjicere memento, quia per circulos indictionem quæris, et sic annos Domini sine ullo errore reperies.

CAPUT LXIII.
Quot sint anni a passione Domini.

Disc. Quot sunt anni a passione Domini? Mag. Septingenti octuaginta septem. Habet enim, ni fallor, Ecclesiæ fides Dominum in carne paulo plus quam triginta tres annos usque ad suæ tempora passionis vixisse: quia videlicet triginta annorum fuerit baptizatus, sicut evangelista Lucas testatur, et tres semis annos post baptisma prædicaverit, sicut non solum in Evangelio suo Joannes commemorato redeuntis Paschæ tempore, sed et in Apocalypsi sua, Daniel quoque in suis visionibus prophetice designat. Quoniam igitur, ut supra memoravimus, quingentis triginta duobus annis circulus paschalis circumagitur, his adde triginta tres, vel potius triginta quatuor, ut illum ipsum quo passus est Dominus attingere possis annum, fiunt quingenti sexaginta sex. Ipse est ergo annus Dominicæ passionis et resurrectionis a mortuis. Quia sicut quingentesimus tricesimus tertius primo, ita quingentesimus sexagesimus sextus tricesimo quarto per universos solis et lunæ concordat discursus.

CAPUT LXIV
Ubi passio Domini primum celebrata sit.

Disc. Quo mense et qua die mensis creditur crucifixus, et ubi resurrectio ejus primum celebrata est? Mag. Hoc autem diverse a Patribus nuntiatum est. Nam quod octavo Kalendarum Aprilium die resurrexit, multorum late doctorum ecclesiasticorum constat sententia vulgatum, ut beatus Hieronymus in Martyrologio testatur dicens: « VIII Kal. Aprilis Hierosolyma Dominus crucifixus est. » Et VI Kal. Aprilis : « Hierosolyma resurrectio Domini nostri Jesu Christi celebrata est. » Augustinus quoque in libro de sancta Trinitate quarto ita dicit : « Octavo enim Kal. Aprilis conceptus creditur, quo et passus. Ita monumento novo quo sepultus est, ubi nullus erat positus mortuorum, nec ante nec postea, congruit uterus virginis, ubi nullus seminatus est mortalium. » At contra Theophilus Cæsariensis, antiquus videlicet vicinusque apostolicorum temporum doctor, in epistola synodica quam adversus eos qui quarta decima luna cum Judæis Pascha celebrabant, una cum cæteris Palæstinæ episcopis scripsit, ita dicit : « Et impium non est ut passio Dominica tantum sacramenti mysterium foras limitem excludatur. Passus namque Dominus ab undecimo Kal. Aprilis, qua nocte Judæis est traditus, et ab octavo Kal. Aprilis resurrexit. Quomodo tres dies foras terminum excludentur? » Constitutumque est in illa synodo ut ab undecimo Kal. April. usque in undecimum Kal. Maii Pascha debeat observari. Et in eodem libro superius scriptum est : « Nam Galli, quacunque die octavo Kal. Aprilis fuisset quando Christi resurrectio fuisse tradebatur, Pascha semper celebrabant. » Et ideo circulis beati Dionysii apertis, si quingentesimum sexagesimum sextum ab incarnatione Domini contingens annum, quartam decimam lunam in eo, octavo Kal. Aprilis, quinta feria, repereris, et diem Paschæ Dominicum sexto Kal. Aprilis, luna septima decima, age Deo gratias quia quod quærebas, sicut ipse promisit, te invenire donavit. Nam quod Dominus quinta decima luna feria sexta crucem ascenderit, et una sabbatorum, id est, die Dominica, resurrexerit a mortuis, nulli licet dubitare catholico, ne legi, quæ agnum paschalem quarta decima die primi mensis ad vesperam immolari præcepit, pariter et Evangelio, quod Dominum eadem vespera tentum Judæis, et mane sexta feria crucifixum, ac sepultum prima sabbati resurrexisse perhibet, videatur incredulus. Sin vero annum qualem quærebas in loco quem putabas invenire non poteris, vel chronographorum incuriæ, vel tuæ potius tarditati culpam ascribe, tantum diligentissime cavens ne Chronicorum scripta defensando, intemerabile legis vel Evangelii testimonium videaris impugnare.

CAPUT LXV.

Numerus annorum ab initio mundi usque in adventum Domini.

Disc. Quot sunt anni ab initio mundi usque in adventum Christi? Mag. Secundum Hebraicam veritatem anni iii dcccclvii; secundum vero Septuaginta Interpretes anni v cxcix. Colliguntur autem omnes anni a creatione primi hominis usque in septimum annum Ludovici imperatoris, secundum Hebraicam veritatem, iii dccclxxvii, secundum Septuaginta vi decem et novem.

CAPUT LXVI.

De indictionibus.

Disc. Quid in secundo tramite circuli decennovennalis continetur? Mag. Indictiones quindecim annorum circuitu in sua semper vestigia reduces. Disc. Unde vero hæ primum indictiones, et propter quid ordinatæ sunt? Mag. Antiqua ergo Romanorum industria comperimus eas ad cavendum errorem qui de temporibus forte oboriri poterat institutas. Dum enim, verbi gratia, quilibet imperator medio anni tempore vita vel regno decederet, poterat evenire ut eumdem annum unus historicus ejusdem regis ascriberet temporibus, eo quod ejus partem regnaret; alter vero historicus ejusdem successori illius potius ad titulandum putaret, eo quod et hic partem æque ejus haberet in regno. Verum ne per hujusmodi dissonantiam error temporibus inolesceret, statuerunt indictiones, quibus uterque scriptor, imo etiam vulgus omne, temporum cursum facillime conservaret; quas pro facilitate quoque calculandi quindecim esse voluerunt, ut planissimo numero et ad multiplicandum promptissimo compendiosius tractati temporis status in memoriam possit reduci. Quidam autem putant quia quondam in republica, propter censum quinto anno peractum, urbs Roma lustrabatur, ad indiculum ternæ lustrationis et census indictiones esse conditas. Incipiunt autem indictiones ab octavo Kal. Octobris, ibidemque terminantur.

CAPUT LXVII.

Argumentum de indictionibus.

Disc. Argumentum autem ad inveniendas ipsas indictiones volo ut mihi componas. Mag. Si autem velis argumento cognoscere quota sit indictio, sume annos Domini quotcunque fuerint, ut puta in præsenti dcccxx. Adde regulares tres, quia quando incarnatio Domini facta est; tres anni de illo circulo indictionum qui tunc fuit præcesserunt. Quibus additis ad priorem numerum, fiunt simul anni dcccxxiii. Hos divide per quindecim. Quinquies et quater quindeni faciunt dcccx, et remanent tredecim. Tertia decima est indictio anno præsente.

CAPUT LXVIII.

De epactis lunaribus.

Disc. De epactis ergo lunaribus jam nunc, reor, tempus adest ut dicas. Mag. Est utique, quia tertia præfati circuli linea continet epactas lunares, quæ ad cursum solis annuatim undenis diebus accrescere solent. Inde quippe epactæ Græco vocabulo, id est, adjectiones, sunt dictæ, quod per annos singulos undecim dierum, ut diximus, accumulentur augmento; vel certe quia ad inveniendas quotæ sunt lunæ Kalendarum duodecim per totum adjiciuntur annum. Et quidem per totum anni vertentis orbem suas quæque dies habet adjectiones lunares undecim. Nam, verbi gratia, si hodie, cum scribo, in undecimo Kal. Augusti septima est luna, post annum in ipsis Kalendis octava decima est, post duos annos vicesima nona. Nec eadem huc quæ nunc est prius quam decem et novem annorum peracto circulo redit. Sed proprie quæ in circulo decennali adnotatæ sunt epactæ lunam quota fit in undecimo Kal. Aprilis, ubi paschalis est festi principium, signant. Hanc præfixam succursus regulam semper observantes, ut quoties minorem sexto decimo numerum habent, paschalem lunam præferant, quoties autem majorem, in sequentem lunam Pascha quærendum demonstrent. Quia nimirum lunæ paschalis plenitudo non æquinoctium præire, sed, sicut in principio creaturarum ordinatum est, sequi potius debet.

CAPUT LXIX.

Argumentum de epactis.

Disc. Argumentum de eisdem epactis inveniendis dicito. Mag. Si vis cognoscere quotæ epactæ sint, sume annos Domini quot fuerint, ut puta in præsentis anni quarta decima indictione dcccxx. Partire per decem et novem. Quadragies et ter deni et noveni faciunt dccc et vii, et remanent tres. Illud item per undecim multiplica, quia in denario numero epactæ crescunt. Fiunt triginta tres. Tolle triginta, et remanent tres. Tres epactæ sunt anno præsente. Quando æquam divisionem annorum Domini numerus recipit, nullæ sunt epactæ.

CAPUT LXX.
De regulis lunaribus.

Disc. Illi ergo numeri qui per singulos menses epactis lunaribus associantur, unde originem sumpserunt? Mag. Ex consideratione lunæ, quæ eo anno quo nullæ epactæ sunt aliquam in Kalendis mensium necesse est habeat ætatem. Primo ergo decennovennalis circuli anno, in quo nullæ sunt epactæ, in Kal. Januarii non est luna, in Kal. Februarii decima, in Kal. Martii nona, in Kal. Aprilis decima, in Kal. Maii undecima, in Kal. Junias duodecima, in Kal. Jul. tertia decima, in Kal. Augusti quarta decima, in Kal. Septembris sexta decima, in Kal. Octobris septima decima, in Kal. Novembris octava decima, in Kal. Decembris octava decima. Hos tibi numeros pro regularibus singulorum mensium sume. Quibus annuas addens epactas, lunam quota sit per Kalendas quasque sine errore reperies. Si enim vis scire quota est luna in Kal. Januarii anno secundo circuli decennovennalis, tene novem regulares, adde epactas undecim, fiunt viginti : vicesima est luna. Si vis scire quota est luna in Kal. Jun. anno tertio, tene regulares duodecim, adde epactas anni illius viginti duas, fiunt triginta quatuor; tolle triginta, remanent quatuor : quarta est luna in Kalendas memoratas. Disc. Nunquid hæc regula argumenti fixa manet per totum circulum decennovennalem? Mag. Manet, præter annos tres, in quibus idem argumentum stabilitatem sui tenoris conservare nequeat, octavus videlicet, undecimus, et nonus decimus, cui causam mutandi varia facit ac dispersa per annum embolismorum insertio. Siquidem anno octavo luna Kalendarum Maiarum, juxta rationem quidem argumenti vicesima octava computatur. Sed propter embolismum, qui in Martio mense inseritur, vicesima septima probatur existere. Item in Kal. Jul. juxta argumentum tricesima potuit fieri luna. Sed propter adjectionem diei quem superfluitas embolismi attulerat, fit vicesima nona. Item anno undecimo, quia luna embolismi pridie Nonas Decembris accenditur, facit lunam in Kal. Mart. vicesimam esse et octavam, cum hanc ratio argumenti vicesimam nonam tunc existere doceat. Item anno decimo nono, quia luna embolismi tertio die Nonarum Martiarum incipit, cogit lunam in Kal. Maii vicesimam octavam computari, cum vicesima nona secundum argumenti calculationem canatur. Notandum autem quod hoc argumentum a Septembrio quidam incipiant, ponentes eidem Septembrio regulares quinque, Octobrio v, Novembrio vii, Decembrio vii, etc., ut supra nos posuimus. Quod ob auctoritatem Ægyptiorum rationabiliter prorsus agunt; ut a quibus origo computandi sumpta est, eorum quoque in computando anni principium imitentur. Verum aliis aptius multo et expeditius videtur ut computationis, quantum non necessitas rationis obsistit, a principio anni sui, etiam apud Romanos incipiat et usque ad terminum anni rato atque intemerato ordine procurrat.

CAPUT LXXI.
De concurrentibus, id est, epactis solaribus.

Disc. De epactis solaribus ordo deposcit ut dicas, quia de lunaribus jam dixisti. Mag. Quarto igitur decennovennalis circuli tramite signantur epactæ solis, id est, concurrentes septimanæ dies, unius semper ternos per annos, duorum autem per annum bissextilem usque ad septimum numerum adjectione crescentes; quarum circulus habet annos quater septenos, id est, viginti octo. Quia nimirum non ante potest consummari quam bissextus, qui quarto redire solet anno, cunctos septimanæ dies contingat, Dominicam videlicet, sextam feriam, quartam feriam, secundam feriam, sabbatum, quintam feriam, tertiam feriam : hoc etenim illos ordine percurrit. Cujus circuli talis est cursus ut quæcunque bissexti anno sunt concurrentes, ipsæ et ante quinquennium fuerint, et post sex annos futuræ sint quæ primo post bissextum anno sunt eadem et ante annos undecim transierint, et post sex redeant quæ secundo post bissextum eadem et ante annos septem fuerint et post undecim redeant. Quæ tertio post bissextum, ipsæ et ante sex annos præterierint, et post quinque revertantur. Et hujus ordo discretionis cunctos annorum vertentium complectitur dies. Disc. Nunquid hic circulus epactarum solis decennovennales circulos aliquo modo ordinat? Mag. Etiam. Nam hujus gyri solaris, qui viginti octo annis peragitur, causa facit decennovennales circulos viginti octo debere compleri priusquam idem per omnia paschalis observantiæ cursus in se ipsum redeat, ut omnis nimirum hujus circuli annus caput circuli decennovennalis instituat, itemque annus quisque circuli decennovennalis hujus caput assequatur, ac per hoc tota paschalis observantiæ series non minus quingentis triginta duobus explicetur.

CAPUT LXXII.
Argumentum de epactis solaribus.

Disc. Si aliquod sit argumentum de epactis solaribus, peto ut proferas. Mag. Si vis conjicere argumento quod sint adjectiones solis, id est, concurrentes septimanæ dies, sume annos ab incarnatione Domini quot fuerint, ut puta in præsenti dcccxx per indictionem tertiam decimam, et annorum qui fuerint quartam partem semper adjice, id est, nunc ducentos quinque, quia quarto anno semper bissextus adjici solet. Nec aliter divisio per septenarium rata erit, nisi bissextilis dies adjiciatur. His ergo additis, fiunt simul mille viginti quinque. His item adde quatuor, quia quatuor concurrentes fuerunt eo anno quando incarnatio Domini facta est, fiunt mille viginti novem; divide hunc numerum totum per septies centies : ergo septeni sunt septingenti. Item quadragies septeni cclxxx, et septies septeni xlix. Junge ergo hos numeros, id est dcc et cclxxx ac xlix, fiunt mxxix; et quia nihil remanet, septem sunt concurrentes. Quando autem aliquid remanserit, ipso numero ostendet quot sint ejusdem anni concurrentes. Disc. Unde ergo concurrentes istæ nascuntur? Mag. Ex uno ergo [numero illo] qui in anno solari super quinquaginta et duas hebdomadas remanet. Quia annus solis eadem die qua incipit, eadem finitur, nisi bissextus eveniat. Si autem bissextilis annus erit, secundo die finitur. Verbi gratia : præsens annus primam diem habuit Dominicam : et quia bissextus intervenit, novissimam diem habebit secundam feriam.

CAPUT LXXIII.
De regulis solaribus.

Disc. Regulares igitur qui dicuntur ad epactas solis adjecti, unde nascuntur? Mag. Ex numero videlicet illo qui ultra septenarium excedit. Nam Januarius habet regulares duos, Februarius quinque, Martius quinque, Aprilis unum, Maius tres, Junius sex, Julius unum, Augustus quatuor, September septem, October duos, November quinque, December septem. Regulares namque isti hoc specialiter indicant, quota sit feria per Kalendas singulorum mensium eo anno quo septem concurrentes ascripti sunt dies. Cæteris vero annis addis concurrentes, quotquot in præsenti fuerint adnotati, ad regulares mensium singulorum. Et ita diem Kalendarum sine errore semper invenies. Hoc tantum memor esto ut cum imminente anno bissextili una concurrentium intermittendus est dies, eo tamen numero quem intermissurus es Januario Februarioque utaris, at in Kalendis primum Martiis per illum qui circulo continetur solis computare incipias. Cum ergo diem Kalendarum, verbi gratia Januariarum, quærere vis, dicis : Januarius duos; adde concurrentes septimanæ dies qui fuerint anno quo computas, ut puta tres; fiunt quinque : quinta feria intrant Kalendæ Januariæ. Item anno qui sex habet concurrentes, sume quinque regulares mensis Martii, adde concurrentes sex, fiunt undecim; tolle septem, remanent quatuor : quarta feria sunt Kalendæ Martiæ.

CAPUT LXXIV.
Argumentum de solis et lunæ cursu per dies anni.

Disc. Nunquid aliud argumentum de epactis solaribus exstat? Mag. Illud utique pro argumento ponunt quod quota fuerat feria in nono Kal. Aprilis, tot concurrentes erunt per singulos annos. Sed est vetus argumentum non modo de Kalendarum, verum et de quorumlibet inter Kalendas dierum luna vel feria dignoscenda repertum, aliquando quidem gravius ad discendum, sed majorum nobis auctoritate contraditum. Si ergo vis scire hoc vel illo die quota sit luna, computa dies a principio mensis Januarii usque in diem de quo inquiris. Et cum scieris ; adde etiam lunæ quæ fuerit in Kalendis Januariis; partire omnia per quinquaginta novem, et si amplius triginta remanserint, tolle triginta; et quod superest, ipsa est luna diei quem quæris. Item si vis scire hoc vel illo die quota sit feria, computa dies a Kalendis Januariis usque in diem de quo inquiris, et cum noveris, adde feriam quæ fuit die Kalendarum Januariarum; et si bissextilis annus est, etiam bissexti diem, postquam transierit, augmentare memento : partire omnia per septem, et quod remanet, diem tibi septimanæ quæ sit, ubicunque quæris, ostendit. Quod ita solum sine labore currit argumentum, si numerum mensium singulorum per Kalendas Nonas et Idus memoriter decantare consuescas ita. Januarius in Kalendis CCCLXVI, in Nonas VI, in Idus XIII. Februarius in Kalendis XXXII, in Nonas XXXVI, in Idus XLIV. Martius in Kalendis LX, in Nonas LXVI, in Idus LXXIV. Aprilis in Kalendis XCI, in Non. XCV, in Idus CIII. Maius in Kalendis CXXI, in Non. CXXVI, in Idus CXXV. Junius in Kalendis CLII, in Non. CLIII, in Idus CLXIV. Julius in Kalendis CLXXXII, in Non. CLXXXVIII, in Idus CXCIII. Augustus in Kalendis CCXIII, in Nonas CCXVII, in Idus CCXXV. September in Kalendis CCXLIV, in Non. CCXLVIII, in Idus CCLVI. October in Kalendis CCXLIV, in Non. CCLXXX, in Idus CCLXXXVIII. November in Kalendis CCCV, in Non. CCCIX, in Idus CCC et VII. December in Kalendis CCCXXXV, in Non. CCCXXXIX, in Idus CCCXLVII. Si ergo vis scire, verbi gratia, anno præsente, quota est luna in Kalendis Augusti, dicito : Augustus in Kalendis CCXIII; adde diem bissextilem, quia bissextus hoc anno fuit. Adde et lunam tertiam decimam, quæ fuit in Kalendis Januarii; fiunt CCXXVII; subtrahe unum, quia diem Kalendarum Januariarum bis adnumerasti in principio dierum anni et in luminatione mensis Januarii, fiunt CCXXV, partire per LIX : ter LIX, CLXXVII : et remanent XLVIII; recide XX, et remanent X et VIII : tolle bissextilem, quem in luna Februarii mensis addidisti, et restant decem et septem : septima decima est luna anno præsenti in Kalendis Augusti. Item si vis scire quota sit feria in ipsis Kalendis, dicito : Augustus in Kalendis, CCXIII, subtrahe unum, et adde feriam quæ fuit in Kalendis Januarii, id est, primam; adde et diem bissextilem, fiunt item CCXIV; partire omnia per septem : tricies septeni, CCX, et remanent quatuor : quarta feria est in Kal. Augustas.

CAPUT LXXV.
Item argumentum per dies mensis de eadem re.

Adjiciunt et aliud argumentum per dies mensis secundum solem et secundum lunam ita, Si vis scire quota sit feria, de quocunque die inquirere volueris, accipe dies ipsius mensis præteritos, et unum semper subtrahe. Adde et numerum quota fuerit feria in Kalendis ipsius mensis, partire omnia per septem, et quot remanserint, tota feria erit illius diei de quo inquiris, et luna similiter. Si vis scire quota luna est in unaquaque die præsenti, collige simul epactas quæ fuerunt in Kalendis mensis cujuscunque volueris et dies mensis illius usque in præsentem quamlibet diem; dimitte semper unum, hoc est, illum diem Kalendarum, quia illum computasti cum epactis, ne iterum debeas computare cum diebus mensis : et si ille mensis tricesimam lunam debet habere, dimitte triginta ; aut si vicesimam nonam lunam solet habere, dimitte viginti novem : quotus numerus remanserit, tota erit epacta in illa die. Si autem illum numerum epactarum, quæ currunt in Kalendis mensium et dierum, mensium numerus simul non pervenerit ad triginta vel viginti novem, quotus numerus fuerit, tota erit luna præsens.

CAPUT LXXVI.

De reditu et computo articulari utrarumque epactarum solis et lunæ.

Disc. Quia de epactis solis et lunæ non parum jam dixisti, superest ut quomodo articulari digitorum computo conveniant dicas. Mag. Quidam autem, ob compendium calculandi, utriusque sideris ordinem circuli, et solaris videlicet et lunaris, transferunt in articulos. Nam quia manus humana articulos habet adjunctis unguibus decem et novem, singulis his singulis aptantes annos, lunarem cursum in læva manu intrinsecus a radice pollicis incipiunt, et in ungue minoris digiti intrinsecus eumdem consummant. Item quia manus binæ articulos, exceptis unguibus, habent viginti octo, his singulos annos singulis aptant, inchoantes a minimo lævæ digito, et in dextræ pollice complentes, non ut in lunari cyclo singulos ex ordine digitos expedientes, sed ob rationem quadrantis per quaternos transversum digitos quadriennium omne signantes, ita ut minimorum bis terni articuli digitorum totidem bissextiles contineant annos, item proximorum a minimis bis terni articuli digitorum proximos ab his ternis bissextis annos totidem explicent, secundi similiter secundos et tertii digiti tertios totidem annos æqua ratione complectantur, porro septimus bissextilis cum tribus se sequentibus annis bis binos sibi pollicum vindicet articulos. Hæc sive hoc sive alio quisque sibi calculator ordinare voluerit modo, nihilominus circulum utriusque sideris libenter capient manus. Sed inumera hujus disciplinæ, sicut et cæterarum artium, melius vivæ vocis alloquio quam styli signantis traduntur officio.

CAPUT LXXVII.

De cyclo lunari.

Disc. Cycli lunaris volo, et inhianter cupio, a te rationem audire. Mag. Cyclus ergo lunaris quinta regione circuli decennovennalis includitur, a quarto ejus incipiens, et tertio completur in anno; qui proprie Romanorum est, et ad mensem Januarium pertinens. Nam sicut annus quisque decennovennalis circuli propter legalem Hebræorum observationem a paschali mense inchoat, ibidemque finitur, ita et hic Romanorum institutione a luna Januarii mensis inchoat, atque ibi desinit. Sicut ille, sic et iste, primum et secundum communes annos, tertium habet embolismum, quartum et quintum communes, sextum embolismum, septimum communem, octavum embolismum. Hendecas quoque cycli lunaris, instar decennovennalis circuli, septem annos communes et quatuor embolismos continet. Et habent communes anni menses lunares duodecim, id est, dies trecentos quinquaginta quatuor, embolismi autem menses tredecim, dies videlicet trecentos octuaginta quatuor, præter unum duntaxat septimum decimum cycli hujus annum, qui est decennovennalis primus, in qua unus dies ratione saltus lunaris intercipitur. Notandum autem quod primus cycli lunaris annus ideo in quarto decennovennalis circuli anno incipit, quia primam habet tunc lunam in Kalendis Januariis. Et sic per diversa loca cæteris annis inchoans, tandem post decem et novem annos ad eumdem locum revertitur.

CAPUT LXXVIII.

Argumentum lunaris cycli.

Disc. Argumentum ejusdem cycli exprime. Mag. Si vis nosse cyclus lunæ quantum annum agat, sume annos Domini, ut puta dcccxx. His subtrahe duos, quia quando Dominus incarnatus est, duo anni de cyclo lunari remanserint. Subtractis ergo duobus, remanent octingenti decem et octo. Hos partire per decem et novem : quadragies deni et noveni, dcclx ; item ter deni et noveni, lvi ; qui superioribus juncti faciunt dccc et xvii, et remanet unus : primus annus est cycli lunaris. Quoties autem nihil remanserit, nonus decimus est annus.

CAPUT LXXIX.

Argumentum quota sit luna in Kalendis Januariis.

Si vero velis nosse quota fuerit luna Kalendarum Januariarum, verbi gratia, anno præsenti, decennovennali quarto, lunari primo, sume cyclum lunæ primum, multiplica per undecim. Undecies unus fiunt undecim; adde unum regularem, hoc est, diem Kalendarum Januariarum, fiunt duodecim : duodecima luna fuit in Kalendis Januariis. Item si velis nosse anno lunari quinto quota sit luna in Kalendis Januariis, multiplica quinque per undecim, fiunt quinquaginta quinque ; adde unum semper regularem, fiunt quinquaginta sex ; partire per triginta, remanent viginti sex : vicesima sexta est luna in Kalendis Januariis anno quinto cycli lunaris. Item sume septem, multiplica per undecim, fiunt octoginta octo ; adde unum regularem, et partire per triginta, remanent viginti novem : vicesima nona est luna in Kalendis supra scriptis anno cycli lunaris octavo. Tantum memor esto decimo septimo, octavo decimo, et decimo nono cycli memorati anno, non unum, ut in reliquis, sed duos adjicere regulares : et lunam Kalendarum Januariarum sine errore reperies.

[CAPUT LXXX.

De quarta decima luna paschali.

Disc. Nunc jam, ni fallor, locus expetit et ordo ut de quarta decima luna paschæ dicas, quæ nostrum Pascha demonstrat. Mag. Igitur ita est ut asseris. Sextus sæpedicti circuli locus amplectitur lunas quartas decimas primi mensis, quibus veteres secundum legem Moysi Pascha celebrabant; ipsæque Paschæ Domini diem singulis annis absque omni ambiguitate demonstrant Christianis. Namque post quartam decimam lunam Dominica dies occurrit, ipsa est paschalis Dominicæ resurrectionis dies. Quæ quidem quarta decima luna primum in æquinoctio, id est, in duodecima Kalendarum Aprilium, ultimum vicesimo anni ab hinc die, id est, quarta decima Kalendarum Maiarum, suum vespere processum in terris ostendit. Quibus terminis per annos denos et novenos legali tempore paschalis observantiæ discursus constat esse comprehensus. Et si fieri possit ut eadem omnibus annis sabbati die luna quarta decima contigisset, nihil nostræ paschalis observantiæ tempus a legali discreparet. Nam et ipsi juxta legis edicta semper quarta decima luna primi mensis ad vesperam immolantes et comedentes agni immolati carnem, sanguinemque illius ad repellendum exterminatorem nostris postibus aspergentes, id est, baptismi et paschalium celebrantes solemnia missarum, spiritalem superaremus Ægyptum, atque illucescente mane in luna quinta decima mensis ejusdem primum azymorum diem intraremus, septemque dies ejusdem celebritatis legitimos a mane quinti decimi diei usque in vesperam vicesimi primi mensis ipsius, id est, a Dominico Paschæ usque in Dominicum octavum Paschæ debita veneratione compleremus. Sed quoniam lunæ dies eadem diversas septimanæ devolvitur in ferias, id est, ut qui propter resurrectionem nostri Redemptoris in Dominicum diem Paschæ initium reservare docemur, aliquoties nostra festivitas septimo post legalium azymorum exordium die sumat ingressum. Non tamen unquam contingat ut non nostra solemnitas paschalis aliquem legalium Paschæ dierum, sæpe autem omnis intra se complectatur.

CAPUT LXXXI.

Argumentum de eadem luna quarta decima.

Disc. Cum quartæ decimæ lunæ rationem dares, exspecto quod argumentis eam comprobes atque confirmes. Mag. Denique multiplicia inde exstant argumenta. Sed primum oportet calculatorem quemque peritum quartas decimas lunas primi mensis, sicut et epactas lunæ annuas, retinere memoriter. Sed et si quis has quoque argumento invenire desiderat, videat quot sint epactæ lunares anni cujuscunque computare voluerit. Et si quidem quatuordecim vel quindecim sunt, undecima Kalendarum Aprilium vel duodecima Kalendarum earumdem die quartam decimam lunam venire cognoscat. Quia nimirum undecimo Kalendarum supra scriptarum, sicut sæpe dictum est, proprius est omnium locus epactarum. Sin autem pauciores sunt epactæ, dimittat eas crescere per dies usque dum quartum decimum impleant numerum; et ibi se lunam Paschæ quartam decimam habere non dubitet. Porro plures quindenario numero si habuerit epactas, et has usque ad tricesimum numerum, id est, ipsius terminum mensis, per dies crescere sinat. Et sic a nova luna inchoans, atque usque ad quartam decimam ex ordine percurrens, diem votis paschalibus aptum rite reperiet. Sed et hoc notandum quia quarta decima luna, si communis est annus, undecim diebus prius; si vero embolismus, decem et novem diebus tardius quam præcedente anno transierat semper redire consuevit, excepto uno duntaxat primo circuli decennovennalis anno, in quo, propter rationem saltus lunaris, duodecim diebus annotinum cursum percurrere solet. Quærenda est igitur nativitas lunæ quartæ decimæ ab octavo Iduum Martiarum usque in Nonas Aprilis, quæ primi mensis novorum initium ostendit. A duodecimo vero Kal. Aprilis usque quartum decimum Kal. Maii, in quacunque quarta decima luna occurrerit, ipsa ad celebrationem sancti Paschæ perducet.

CAPUT LXXXII.

Item aliud argumentum.

Est etiam alia ratio qualiter terminus paschalis inveniri possit. Martius habet regulares triginta sex, Aprilis triginta quinque. Si vis invenire terminum in Martio aut Aprile, subtrahe de ipsis regularibus in quo mense e duobus computare vis epactam quæ eodem anno currit; et si plus triginta habueris, tolle etiam triginta; et quanti superfuerint, totidem dies infra ipsum mensem habebis terminum. Verbi gratia: anno præsenti terminus paschalis fuit quarto Non. Aprilis; mensis Aprilis habet regulares triginta quinque: tolle ex his epactam quæ hoc anno est, id est tres, et remanent triginta duo; recide triginta, et restant duo: secunda die mensis Aprilis fuit terminus paschalis. Item anno futuro, quando terminus paschalis erit xi Kal. Aprilis, ita argumento conjicies illum : Martius habet regulares triginta sex; aufer ab eis epactam ipsius anni, hoc est quatuordecim, remanent viginti duo: vicesima die secunda mensis Martii erit terminus paschalis anno futuro. Si autem feriam argumento comprehendere velis in qua terminus paschalis constet, sume regulares ipsorum mensium ad hoc dispositos, et sic sine errore illud reperies. Quia Martius habet regulares quatuor, Aprilis vero septem, tene, conjunge illos ad numerum dierum mensis illius de quo inquiris, quos habet usque ad terminum paschalem, junge et concurrentes simul, partire omnia per septenarium numerum, et quot remanserit, talis feria erit; si autem nihil remanserit, sabbatum est. Verbi gratia: anno præsenti tene duos dies mensis Aprilis, junge regulares septem ipsius mensis et concurrentem septimum præsentis anni, fiunt sexdecim ; divide omnia per septem : bis septem, quatuordecim, et remanent duo : secunda feria fuit anno hoc terminus paschalis. Item anno proxime futuro tene viginti duos dies mensis Martii qui sunt usque ad terminum paschalem ; adde et regulares quatuor et concurrentem unum qui in ipso est anno, fiunt simul viginti septem ; partire per septem : ter septem, viginti et unus, et remanent sex : sexta feria erit terminus paschalis anno futuro. Disc. Nunquid aliquod inde exstat argumentum unde sciri possit utrum in Martio aut in Aprili sit terminus paschalis? Mag. Ex epactis utique facillime agnoscere poteris, quarum proprie locus est in xi Kal. Aprilis, utrum in Martio an in Aprile quarta decima luna eveniat : quia si plus quindecim aut minus quinque epactis habueris, in prædictis Kalendis Aprilis quarta decima luna deputatur. Si vero minus quindecim aut plus quinque habes, cum Martio. Disc. Ipsos ergo regulares quos dixisti Martio esse triginta sex, Aprili vero triginta quinque, vellem ut enarres unde venirent. Mag. Ex auctoritate Ægyptiorum, qui quinque dies quos epagomenos vocant, post finem novissimi mensis adjiciunt. Ita enim hic quinque dies ad numerum dierum quos uterque mensis habet adjiciuntur, videlicet Martio, qui triginta et unum, et Aprili, qui triginta dies continet, ut, ablatis epactis ejusdem anni de quo inquiris, certus remaneat numerus qui terminum paschalem demonstret. Verbi gratia : primo anno circuli decennovennalis quod tricesimus est numerus epactarum recide a regularibus Aprilis mensis triginta, remanent quinque : quinta die ejusdem mensis est terminus paschalis.

CAPUT LXXXIII.

Item aliud argumentum de terminis paschalibus, et de accensione lunæ primi mensis, et de terminis quadragesimalibus, qualiter concordiam inter se habeant.

Sicut regulatur Dominica dies festi paschalis ad quartam decimam lunam primi mensis, ita initium Quadragesimæ regulatur et observatur secundum lunam mensis Martii. Quæcunque enim Dominica secuta fuerit quartam decimam lunam primi mensis, sine dubio paschalis festi erit. Ita et quæcunque Dominica assecuta fuerit secundam lunam mensis Martii, initium erit Quadragesimæ. Et sicut quarta decima luna paschalis habet decem et novem dies inter duos menses solis per decem et novem annos, qui dicuntur termini paschales, hoc est, Non. Aprilis, viii Kal. Aprilis, et reliqua, sic etiam accensio lunæ primi mensis per decem et novem dies solis discurret; qui sunt decima Kal. Aprilis, quarto Id. Martii, et reliqua. Tot etiam terminos per decem et novem dies mensis habet secunda luna Martii mensis, a qua regulatur initium Quadragesimæ, hoc est, octavo Kal. Martii, tertio Id. Februarii, et reliqua. Et secundum ordinem quo scripti sunt termini paschales decem et novem, sic et termini accensionis lunæ primi mensis decem et novem et termini secundæ lunæ decem et novem sibi invicem respondent et conveniunt et in luna et in feria et in regularibus. Sicut enim luna paschalis habet decem et novem regulares, qui simul et concurrentes cujuslibet anni præsentis conjuncti demonstrant diem septimanæ in quarta decima luna paschali, ita idem regulares terminis initii superpositi et concurrentes præsentis cujuslibet anni demonstrant diem septimanæ in secunda luna initio Quadragesimæ. Notandum tamen quod quadragesimalis terminus, quando ante sextum Kal. Martias fuerit, et bissextus eodem anno evenerit, non observat præscripta loca terminorum, propter bissextum in luna, quem februario addi debere diximus. Et ob hoc in sequentem diem tranferendus est, ut concordet cum termino paschali in feria. Verbi gratia : in præsenti anno terminus Quadragesimæ, qui conscriptus est in undecimo Kal. Martias, translatus est in Kal. Martias propter bissextum, quem in luna mensis Februarii duodecimo Kal. Martias inseruimus. Hos autem terminos quadragesimales, et accensionem lunæ primi mensis, et terminos paschales, et eorum regulares, et terminos rogationum, qui sunt in vicesima prima luna mensis Maii, et ad ætatem lunæ in tempore letaniorum et ascensionis Domini inveniendam, promptissimi existunt. Hæc tamen omnia subjecta descriptio demonstrat congruentissime per illas columnellas.

	Termini quadragesimales.	Regulares.	Termini accensionis lunæ paschalis.	Luna prima primi mensis.	Concurrentes.	Termini paschales.	Regulares.	Termini rogationum.	Epactæ.	De communibus et embolismis annis.
	VIII Kal. Mart.	V.	X Kal. April.	X Kal. April.	B. I.	Non. April.	V.	V Idus Maii.	Nullæ.	Communis.
	III Id. Febr.	I.	V Id. Mart.	IV Id. Mart.	II. III.	VIII Kal. April.	I.	II Kal. Maii.	XI.	Communis.
	VI Non. Mart.	VI.	II Kal. April.	II Kal. April.	IV.	Id. April.	VI.	XIV Kal. Jun.	XXII.	Embolismus.
B	XI Kal. Mart.	II.	XIII Kal. April.	XIII Kal. April.	B. VI.	IV Non. April.	II.	VIII. Id. Maii.	III.	Communis.
	VI Id. Febr.	V.	VII Id. Mart.	VII Id. Mart.	I. II.	XI Kal. April.	V.	V Kal. Maii.	XIV.	Communis.
	III Kal. Mart.	III.	V Kal. April.	IV Kal. April.	B. IV.	IV Id. April.	III.	XVII Kal. Jun.	XXV.	Embolismus.
	XIV Kal. Mart.	VI.	XVI Kal. April.	XVI Kal. April.	V. VI. VII.	III Kal. April.	VI.	IV Non. Maii.	VI.	Communis.
B	Non. Mart.	IV.	Prid. Non. April.	Non. April.	II.	XIV Kal. Maii.	IV.	IX Kal. Jun.	XVII.	Embolismus.
	VI Kal. Mart.	VII.	VIII Kal. April.	VIII Kal. April.	B. III. IV.	VII Id. April.	VII.	III Id. Maii.	XXVIII.	Communis.
	Idus Februarii.	III.	II Id. Mart.	Prid. Id. Mart	V. B. VII.	VI Kal. April.	III.	VI Non. Maii.	IX.	Communis.
	IV Non. Mart.	I.	V Non. April.	IV Non. Mart.	I. II.	XVII Kal. Maii.	I.	XII Kal. Jun.	XX.	Embolismus.
B	IX Kal. Mart.	IV.	XI Kal. April.	XI Kal. April.	III.	Prid. Non. April	IV.	VI Id. Jun.	I.	Communis.
	IV Id. Febr.	VII.	V Id. Mart.	V Id. Mart.	B. V. VI. VII.	IX Kal. April.	VII.	III Kal. Maii.	XII.	Communis.
	Kal. Martias.	V.	III Kal. April.	III Kal. April.		Prid. Id. April.	V.	XV Kal. Jun.	XXIII.	Embolismus.
	XII Kal. Mart.	I.	XV Kal. April.	XIV Kal. April.	I.	Kal. April.	I.	Non. Maii.	IV.	Communis.
B	VII Id. Febr.	IV.	Non. Mart.	VIII Id. April.	B. III.	XII Kal. April.	IV.	VI Kal. Maii	XV.	Communis.
	IV Kal. Mart.	II.	VI. Kal. April.	VI Kal. April.	IV.	V Id. April.	II.	Idus Maii.	XXVI.	Embolismus.
	XV Kal. Mart.	V.	XVII Kal. April.	XVII Kal. April.	V.	IV Kal. April.	V.	IV Non. Maii.	VII.	Communis.
	P·d. Non. Mart.	III.	II Non. Mart.	Prid. Non. Mart.	VI.	XV Kal. Maii.	III.	X Kal. Maii.	XVIII.	Communis.

CAPUT LXXXIV.
Item de eadem re argumentum versibus comprehensum.

Hos quidem regulares, qui superius conscripti sunt, simul cum terminis paschalibus, quidam versibus comprehendit, quo facilius in cantatione pariter dignoscerentur, ita:

Non. Aprilis norunt quinos.
Octenæ Kalendas assi depromunt.
Idus Aprilis etiam sexis.
Nonæ quartanæ namque dipondio.
Item undenæ ambiunt quinos.
Quatuor Idus capiunt ternos.
Ternas Kalendas titulant senæ.
Quatuor denæ cubant in quadris.
Septenas Idus septus elegunt.
Senæ Kalendæ sortiunt ternos.
Denas septenas danamassi.
Pridie Nonarum porro quaternis.
Novenæ notantur namque septenis.
Pridias Idus panditur quinis.
Aprilis Kalendas unus exprimit.
Duodenas namque docte quaternis.
Speciem quintam speramus duobus
Quaternæ Kalendæ quinque coniciunt.

His ergo regularibus additis anni præsentis concurrentibus, totaque summa in septem distributa, quotus numerus remanserit, tota feria erit in termino paschali. Si autem totum numerum per septem partitus fuerit, sabbato erit ille terminus paschalis. Scias autem eosdem regulares esse in terminis quadragesimalibus, et dies accensionis lunæ primi mensis, et terminus paschalis. Est autem æqualis ratio, et æqualis observatio inter accensionem lunæ primi mensis et quartam decimam lunam paschalem et initium quadragesimæ. Sicut enim accensio lunæ primi mensis discurrit inter viginti et novem dies, hoc est, a Nonis Martii usque in secundo Nonas Aprilis, ita prima luna primi mensis ab octavo Idus Martii usque ad Nonas Aprilis variatur. Et sicut enim quarta decima luna paschalis inter viginti et novem dies discurrit, id est, a duodecimo Kal. Aprilis usque ad quartum decimum Kal. Maii, ita ergo et accensio lunæ initii quadragesimæ inter viginti et novem dies variatur, hoc est, a Nonis Februarii usque in tertio Non. Martii discurrit. Ille autem terminus quadragesimalis ab septimo Id. Februarii incipit usque ad Nonas Martias. Viginti et novem dies sunt inter istos duos terminos. Sic etiam et termini Rogationum inter viginti et novem dies discurrunt, hoc est, a decimo sexto Kal. Maii usque nono Kal. Junias.

CAPUT LXXXV.
Argumentum ad inveniendum initium primi mensis.

Disc. Si aliquod adhuc restet argumentum de termino paschali, ne te, rogo, tædeat edicere. Mag. Est ergo de inchoatione primi mensis tale argumentum. Si enim velis agnoscere initium primi mensis, hoc est, ubi principium sit lunæ paschalis, scias eodem anno de quo inquiris quot epactæ sint in Kalendis Januariis; et quota luna fuerit, tot dies in Martio mense a fine retro subtrahas. Et ubi deveneris, ibi initium primi mensis invenies; exceptis tribus embolismis, id est, in novissimo embolismo ogdoadis, et primo embolismo hendecadis, et novissimo embolismo hendecadis. In novissimo enim embolismo ogdoadis initium primi mensis in Nonis Aprilis invenitur. In primo autem hendecadæ, in quarto Non. Aprilis invenitur. In ultimo vero embolismo hendecadis, in secundo Non. Aprilis principium primi mensis invenietur. Hæc observatio nunquam fallit.

CAPUT LXXXVI.
De die Dominico Paschæ.

Disc. De nostro ergo Pascha valde desidero ut plenam rationem reddas. Quia taliter, ut reor, quartæ decimæ lunæ antiqui videlicet Judæorum Paschæ rationem utiliter tenemus si Pascha verum, secundum Apostolum, quod immolatus est Christus, veraciter et congrua religione observemus. Mag. Ita est ut asseris; quia finis legis Christus est ad justitiam omni credenti. Septimo ergo decennovennalis circuli titulo dies Paschæ Dominicus comprehenditur, qui de Dominica nostri Salvatoris resurrectione a mortuis exordium cepit. Nam cum in Veteri Testamento tribus argumentorum indiciis paschale tempus sit observari præceptum, videlicet ut post æquinoctium, ut mense primo, ut tertia ejus septimana, id est, a vespera quartæ decimæ usque in vesperam, id est terminum vicesimæ primæ celebretur, quarta in ejusdem observatione regula est nobis tempore Dominicæ resurrectionis imposita, ut cum æquinoctio transcenso lunam primi mensis, quartam decimam vespere ortum facere viderimus, non statim ad faciendum Pascha prosiliamus, sed, Dominicum diem, quo ipse Pascha, id est, transitum de morte ad vitam, de corruptione ad incorruptionem, de pœna ad gloriam resurgendo facere dignatus est, exspectantes, in ipso tandem congruæ Paschæ solemnia celebremus. Quod si quis objecerit non æquinoctii memoriam, sed tantum primi mensis et tertiæ in eo septimanæ posuisse legiferum, sciat quia etsi æquinoctium nominatim non exprimit, in hoc tamen ipso quod a plenilunio primi mensis Pascha faciendum præcipit, æquinoctii transcensum plenaria ratione depromit. Quoniam absque ulla dubietate constat eam quæ primo transitu æquinoctio plenum suum globum ostenderit, primi mensis existere lunam. Quoties ergo diem Dominicum mox adventare quinta decima luna habemus, nil nostrum tempus paschale a regula dissonat, quamvis aliis sacramentorum generibus ejusdem Paschæ solemnia colamus. Quoties vero secundo vel tertio vel quarto vel quinto vel sexto vel septimo abhinc die idem Dominicus occurrerit, nec sic quidem legem aut prophetas solvimus, sed evangelicæ potius gratiæ sacramenta adimplemus. Quia enim et Salvator noster, sicut Theophilus venerabilis Alexandriæ episcopus scribit, quarta decima quidem est luna traditus, hoc est quinta die post sabbatum, quinta decima autem crucifixus, die tertia resurrexit, hoc est, septima decima luna, quæ tunc in Dominica die videtur inventa, sicuti ex Evangeliorum observatione comperimus, habemus ergo solatium quo recte facere Pascha possimus, etiamsi dilatio fuerit consecuta, propter incurrentem necessitatem, ut si quarta decima primi mensis in sabbato evenerit luna, aut si in aliis ante sabbatum diebus septimanæ sequentis acciderit, sine dubitatione Pascha celebremus ; si vero in Dominicam inciderit, omnino in septimanam sequentem differamus propter eas quas testamur causas. Primum quidem ne tertia decima luna inventa in sabbati die solvamus jejunium, quod consequens non est, quod nec ipsa lex præcepit, maxime cum et lumen ipsius lunæ imperfectum adhuc in proprio globo esse videatur. Deinde ne Dominica die luna quarta decima constituta jejunare cogamur, indecentem rem illicitamque facientes. Hoc enim Manichæorum recte consuetudo possedit. Quoniam igitur nec quarta decima luna veniente in Dominicum diem jejunare debemus, neque consequens est ut si in sabbati die tertia decima eveniat, solvamus jejunium, necessario asserimus hoc in septimanam sequentem debere differri, sicut paulo superius comprehendi, non tamen ex hac dilatione prævaricatione aliqua circa paschalem calculum perpetrata. Quemadmodum enim decimus numerus complectitur primum, sic et quoties quarta decima luna in Dominicum incurrerit diem, eo quod in eo jejunare non liceat, in proximam septimanam differri necesse est diem Paschæ. Nulla enim ex hoc imminutio fieri Paschæ videtur, quia ipsi sequentes dies complectuntur et reliquos.

CAPUT LXXXVII.
Opinio diversorum ubi primum sit Dominica dies resurrectionis Domini celebrata.

Disc. Ubi autem Dominicæ resurrectionis dies primum fuerit certum haberi vellem. Mag. Varie autem id refertur. Et quidem, ut supra memoravimus, quidam octavo Kalendarum Aprilium, sed alii sexto, nonnulli quinto Kalendarum earumdem die fuisse asseverant. Ubi notandum quia si octavo Kalendarum memoratarum, ut antiquiores scripsere, resurrectio Domini facta est, quintus profecto circuli decennovennalis tunc agebatur annus habens concurrentes septem et lunam quartam decimam, sicut semper undecimo Kal. Aprilis. Si autem sexto Kal. Aprilis Dominus resurrexit, tertius decimus circuli præfati annus exstitit, quinque habens concurrentes et lunam quartam decimam, ut semper nono Kal. Aprilis. Porro si quinto Kalendarum suprascriptarum resurrectio celebrata est Christi, secundus circuli decennovennalis existens annus concurrentes habebat quatuor et lunam tertiam decimam, sicut semper octavo Kal. Aprilis. Quæ cuncta septimæ decimæ lunæ, et in qua die Dominico primo sacrosanctæ resurrectionis sunt acta mysteria, cursu panduntur indubio. Tantum diligentissime cavendum ne hanc sexta decima luna, ut quidam, patratam confirmando, non solum inevitabile nostræ calculationis dispendium, sed et gravissimum catholicæ fidei incurramus periculum.

CAPUT LXXXVIII.
Argumentum ad inveniendum diem Dominicam Paschæ.

Disc. Nunquid est aliquod de Dominica Paschæ argumentum, sicut et de quarta decima luna esse ostendisti? Mag. Illud pro argumento ponunt, quia quot dies ante pridie Idus Aprilis habueris Pascha, tot diebus ante Kalendas Martias habebis initium Quadragesimæ. Et quot dies post pridie Idus Aprilis habueris Pascha, tot idem diebus Kalendas Martias habebis initium Quadragesimæ. Et si pridie idus Aprilis Pascha habueris, Kalendis Martiis initium Quadragesimæ habebis. Quot dies ante Kal. Aprilis habueris Pascha, tantos dies ante duodecimam Kal. Martias habebis initium Quadragesimæ. Et quot dies post Kalendas Aprilis habueris Pascha, tot diebus post duodecimam Kalendas Martias habebis initium Quadragesimæ. Disc. In quot diebus evenit nobis Pascha celebrare? Mag. Triginta quatuor vel triginta quinque, id est, ab undecima Kal. April. usque in septimam Kal. Maii. Et hoc in decennovennali cyclo fit propter concordiam epactarum. Isti triginta quinque dies sunt inde quia in CCCLIV dies anni communes progrediuntur, et anni embolismi usque in trecenti LXXXIV, quia in communibus annis ante CCCLIV dies Pascha non licet celebrare, supra vero licet. In embolismo autem anno ante CCCLXXXIV non decet celebrari, supra vero decet. Iste ergo numerus dierum in communibus annis et embolismis in celebratione Paschæ observandus est.

CAPUT LXXXIX.
De luna Dominicæ Paschæ.

Disc. De ultimo tramite decennovennalis circuli nunc, ni fallor, ordo exposcit ut dicas. Mag. Ultima sane memorati circuli meta panduntur lunæ Dominici Paschæ, propter variantem ejusdem Dominici occursum, septem dierum ambitu inclusæ, id est, a quinta decima usque ad vicesimam primam. Qui pro certo dies creberrima legis sunt adnotatione præfixi, dicente Domino : *Primo mense, quarta decima die mensis, comedetis azyma usque ad diem vicesimum primum ejusdem mensis ad vesperam. Septem diebus fermentatum non invenietur in domibus vestris.* Cujus primi mensis septemque ejus dierum azymorum nunc regula talis est, ut quæ post æquinoctium quinta decima luna occurrit, primi mensis intelligatur. Et hæc quocunque septem dierum, id est, a quinta decima usque ad vicesimam primam, primum Dominicum acceperit, Paschalis festi gaudiis aptum porrigat.

CAPUT XC
Argumentum ad ipsam lunam inveniendam.

Si vis agnoscere quota luna festivitas Paschæ occurrat, si in Martio mense Pascha celebretur, computa menses a Septembrio, hoc est, ab initio anni secundum Ægyptios, quorum rationem hic sequitur

Dionysius, usque ad Februarium, hoc est, usque ad finem anni secundum antiquos Romanos sex menses sunt. His semper adjice duos regulares. Fiunt octo. Adde epactas, id est, adjectiones lunares. Verbi gratia : anno futuro quarta decima indictione, xiv, fiunt viginti duo ; adde et dies mensis Martii usque in Dominicum Paschæ, quod fit nono Kal. Aprilis, fiunt simul quadraginta sex ; tolle triginta, remanent sexdecim : sexta decima luna erit in Pascha, id est, nono Kal. Aprilis, quando resurrectio Domini celebratur. Si autem velis intelligere quota luna est in Pascha, quandocunque in Aprili mense celebratur, computa menses a Septembre usque ad Martium ; quia, ut alii opinantur, quandocunque in Aprili Pascha celebratur, Martius finis anni est. Quando autem in Martio Pascha invenitur, tunc Martius primus mensis dicitur. A Septembre ergo usque ad Martium septem menses sunt ; his adde semper regulares duos, fiunt octo : adde epactas lunares cujuslibet præsentis anni, verbi gratia, ut in hoc anno sunt tres, fiunt duodecim ; adde et dies mensis Aprilis qui sint usque in Pascha, hoc est sexto Idus Aprilis ; fiunt simul viginti : vicesima luna fuit hoc anno in die *resurrectionis Domini*.

CAPUT XCI.
Item aliud argumentum.

Notandum autem quod omnis paschalis luna, cujuscunque ætatis est, si detrahis ab ea duodecim, fiet tibi ætas lunæ quæ fit in initio Quadragesimæ. Verbi gratia : si quinta decima luna est paschalis, tolle de quindecim duodecim, et remanent tres : tertia est luna in initio Quadragesimæ eo anno quo quinta decima est luna die Dominica Paschæ, et cætera similiter.

CAPUT XCII.
Quid distet inter Pascha et Azyma.

Disc. Verum quia de utriusque Paschæ ratione, et illius scilicet quod secundum legem quartam decimam lunam proxima Dominica in memoriam resurrectionis Domini colatur, satis mihi fecisti, peto ut quid inter Pascha et Azyma distet edicas. Leguntur hæc sæpius in illis locis ubi de Paschæ primum observatione dispositum est. Mag. Ergo juxta legis Scripturam alia Paschæ, alia solemnitas est azymorum. Una quippe dies Paschæ, id est transitus, est, quarta decima videlicet primi mensis ; in qua vesperascente agnus immolari jussus est, et mox sequente nocte transivit Dominus Ægyptiorum primogenita percutiens, et signatas agni sanguine domos filiorum Israel liberans. Sequentes vero dies septem, id est, a quinta decima usque ad vicesimam primam mensis ejusdem, Azymorum proprie vocantur, sicut libri testantur legis. Et Josephus scribit in libro Antiquitatum quarto decimo ita dicens : « Quarta decima luna primi mensis agnus immolatur. Quinta decima autem succedit festivitas Azymorum, quæ septem diebus celebratur. Secunda vero Azymorum die, quæ est sexta et decima, frugum primitias quas metunt offerunt. » Quem legalium morem sacrorum etiam nunc Ecclesiæ consuetudo non ignobiliter imitatur, unam videlicet noctem transitus Dominici, id est, resurrectionis ejus a mortuis, qua impios triumphando, fideles salvare dignatus est, principaliter observans in cujus exortu sanguis ipsius, videlicet agni immaculati, populus ejus fonte regenerationis ablutum mundat ab omni peccato, ac deinde alios septem dies in memoriam ejusdem Dominicæ resurrectionis congrua festivitate subjungens. Verum quia ipsa quoque dies Paschæ a fermento castigari præcipitur, hæc Evangelii Scriptura aliquando primum Azymorum cognominat. Et primo, inquiens, die Azymorum, quando Pascha immolabant, dicunt ei discipuli : *Quo vis eamus, et paremus tibi ut manduces Pascha ?* Item diem quintam decimam mensis primi, a qua septem dies Azymorum inchoant, propter viciniam Paschæ, nomine vocat illius, cum dicit : *sed manducarent Pascha.* Non quia legi contraria est evangelica Scriptura, sed quia sacramentum quod decebat, hoc nobis societate vocabulorum vivacius inculcare curavit. Salva enim subtiliori discussione possumus intelligere quod mystica Paschæ solemnia singuli nostrum in die baptismatis egerint, spiritalem videlicet exterminatorem signo pretiosi sanguinis evadendo, spiritales transeundo tenebras. Toto autem vitæ proficientes tempore, quod deinceps in hac peregrinatione gerimus, septem dies Azymorum celebremus, quibus, sicut Apostolus edocet, non in fermento malitiæ et nequitiæ, sed in azymis sinceritatis et veritatis epulari debemus. Et quia nos in baptismo, ut de potestate Satanæ in partem sortis sanctorum transire queamus, sinceritatem et veritatem tenere necesse est, itemque toto nostræ peregrinationis tempore, quod septenario dierum numero volvitur, quotidiano profectu ad meliora transire præcipimur, quasi et in Pascha azymis vesci et in diebus Azymorum Pascha spiritaliter agere cognoscimur.

CAPUT XCIII.
De mystica significatione Paschæ.

Disc. Quia de mysterio Paschæ aliqua dixisti, peto ut si aliqua adhuc supersint dicas. Mag. Sunt utique. Quia Aurelius Augustinus in epistola de Pascha ad Januarium plura hinc retulit ; quæ tamen hic tantummodo commemorasse, non pleniter posuisse, propter brevitatem nostræ disputationis censemus. Primum, quod post æquinoctium, id est, post victoriam lucis de umbra noctis, Pascha celebratur, significat quod post victoriam Christi de morte, Pascha rite celebramus. In mense novorum, id est, in novitate vitæ, et in spem immortalitatis et resurrectionis nostræ. In plenilunio, vel post plenilunium, id est, in plenitudine fidei vel sensus, et post agnitionem gratiæ vel mysteriorum Dei. In tertia hebdomada ejusdem mensis, hoc est, in tertio tempore hujus sæculi, id est, post patriarchas ante legem, post prophetas sub lege, in initio gratiæ et novi Testamenti Christi triumphum, qui tertia die resurrexit a mortuis, veneramur. Quod autem tunc

Pascha rite colitur cum globus lunæ lucem de inferioribus ad superiora traxerit, significat nos debere omnem nostræ mentis intentionem ab ambitione visibilium ad invisibilium amorem vertere, Christumque non in terra adhuc præliantem, sed in cœlis jam regnantem inspicere. Quod in die Dominica sanctum Pascha celebramus, in qua primum lux creata est, Christus quoque resurrexit, et quæ nostram resurrectionem præfigurat, admonet nos per lucem fidei et bonorum operum quotidie passionibus Christi communicantes gloriam cum eo tenendam desiderare cœlestem. Quod ergo septem diebus hanc sanctissimam colimus solemnitatem, Spiritus sancti gratiam significat totam Ecclesiam illustrasse catholicam. Quæ gratia post resurrectionem Christi manifeste apostolis et cæteris collata est fidelibus. Hæc nos breviter commemorasse sufficiat. Cæterum qui plenius vult nosse, legat prædictam epistolam, et ibi inveniet.

CAPUT XCIV.
De circulo magno paschali.

Circulus Paschæ magnus est qui, multiplicato per invicem solari ac lunari cyclo, quingentis triginta duobus conficitur annis. Sive enim decies novies viceni et octeni, seu vicies octies deni ac noveni multiplicentur, quingentorum triginta duorum numerum complent. Unde fit ut idem circulus magnus decennovennales lunæ circulos viginti octo, solis autem, qui vicenis octenisque consummari solent annis, decem et novem habeat circulos, bissextos decies novies septenos, id est, centum triginta tres, menses solares vicies octies ducentos viginti et octo, id est, sex millia trecentos octoginta quatuor, menses autem lunares vicies octies ducentos triginta quinque, id est, $\overline{\text{vi}}$DLXXX dies, exceptis bissextis, vicies octies, $\overline{\text{vi}}$DCCCXXXV, id est, $\overline{\text{cxciv}}$CLXXX, appositis autem bissextis, $\overline{\text{cxciv}}$CCCXVII, qui ubi memoratum ex ordine mensium dierumque summam compleverit, mox in seipsum revolutus, cuncta quæ ad solis vel lunæ cursum pertinent, eodem quo præterierant semper tenore restaurat. Tantum anni Dominicæ incarnationis suo certe tramite proficiant in majus, et indictiones quoque ferantur in ordine, nil siderum cursum atque ideo nil paschalis calculi ordinem movent.

CAPUT XCV.
De sæculis.

Disc. Quia de temporum particulis et computi ratione pleniter, quantum brevitas dialogi nostri sinebat, exposuisti, superest ut de sæculo, quod post annum in serie temporum posuisti, breviter dicas. Mag. Sæcula generationibus constant. Et inde sæcula dicuntur quod se sequantur. Abeuntibus enim aliis, alii succedunt. Hunc quidam quinquagesimum annum dicunt, quem Hebræi jubilæum vocant. Ob hanc causam et ille Hebræus qui propter uxorem et liberos amans dominum suum aure pertonsa aut servitio subjugatus servire jubetur in sæculum, hoc est, usque ad annum quinquagesimum. Aliquando tamen sæculum in propheticis libris pro æterno positum reperimus, sicut est illud Psalmistæ : *Confitemini Domino quoniam bonus, quoniam in sæculum misericordia ejus, et laudatio ejus manet in sæculum sæculi.*

CAPUT XCVI.
De ætatibus.

Disc. Nunc jam libellum nostræ disputationis claudens, unde dicatur ætas profer, et quid significet, et quid in se contineat, ut ita solvaris tandem a meæ interrogationis stimulo et tuæ responsionis debito. Mag. Faciam. Et utinam sic saltim ab importunitate tua quiescas, et feriatum stylum per aliquod tempus me habere permittas. Ætas plerumque dicitur et pro uno anno, ut in annalibus, et pro septem, ut hominis, et pro centum, et pro quovis tempore. Unde et ætas dicitur tempus quod de multis sæculis instruitur. Et dicta ætas quasi ævitas, id est, similitudo ævi. Nam ævum est ætas perpetua, cujus neque initium neque extremum noscitur. Quod Græci vocant æonas, quod aliquando apud eos pro sæculo, aliquando pro æterno ponitur. Unde et ætas apud Latinos derivatum hoc nomen est. Ætas autem proprie duobus modis dicitur : aut enim hominis vitæ temporalis significat articulos, sicut est infantia, juventus, senectus; aut mundi cursum, ut sint sex ætates famosissimæ, quas libri tractatorum sæpius memorant. Sed quia de utraque ætate jam aliqua prælibavimus, deinceps simul de utrisque dicemus.

I. Prima est ergo mundi hujus ætas ab Adam usque ad Noe, continens annos juxta Hebraicam veritatem mille sexcentos quinquaginta sex, juxta Septuaginta Interpretes MMCCXLII. Generationes juxta utramque editionem numero decem. Quæ universali est deleta diluvio.

Sicut primam cujusque hominis oblivio demergere consuevit ætatem, quotus quisque est qui suam recordetur infantiam.

II. Secunda ætas a Noe usque ad Abraham, generationes, juxta Hebraicam auctoritatem complexa decem, annos autem ducentos nonaginta duos, juxta Septuaginta Interpretes anni mille septuaginta duo, generationes vero undecim.

Hæc quasi pueritia fuit generis populi Dei. Et ideo in lingua inventa est Hebræa, id est, a pueritia. Namque homo incipit nosse loqui post infantiam quæ hinc appellata est quod fari non potest.

III. Tertia ab Abraham usque David, generationes juxta utramque auctoritatem quatuordecim, annos autem DCCCXLII complectens.

Hæc velut quædam adolescentia fuit populo Dei, a qua ætate incipit homo posse generare. Propterea Matthæus evangelista generationum ex Abraham sumpsit exordium ; qui etiam pater gentium constitutus est quando mutatum nomen accepit.

IV. Quarta a David usque ad transmigrationem Babylonis, annos habens juxta Hebraicam veritatem quadringentos septuaginta tres, juxta Septuaginta translationem duodecim amplius, generationes juxta utrosque codices decem et septem, quas tamen evangelista Matthæus certi mysterii gratia quatuordecim ponit, a qua, velut juvenili ætate, in populo Dei regum tempora cœperunt. Hæc namque in hominibus ætas apta gubernando solet existere regno.

V. Quinta, quasi'senilis ætas, a transmigratione Babylonis usque adventum Domini Salvatoris in carnem, generationibus et ipsa quatuordecim, porro annis quingentis octoginta novem extenta; in qua, ut gravi senectute fessa, malis crebrioribus plebs Hebræa quassatur.

VI. Sexta, quæ nunc agitur, ætas, nulla generationum vel temporum serie certa, sed ut ætas decrepita, ipsa totius sæculi morte consumenda.

Has ærumnosas plenasque laboribus mundi ætates quique felici morte vicerunt.

VII. Septima jam sabbati perennis ætate suscepti.

VIII. Octavam beatæ resurrectionis ætatem, in qua semper cum Domino regnent, exspectant. Ad quam nos feliciter sua gratia pervenire ipse concedat qui cuncta tempora creaverat, et æternitate semper manet perenni, trinus et unus omnipotens Deus, qui est benedictus in sæcula. Amen.

BEATI RABANI MAURI

FULDENSIS ABBATIS ET MOGUNTINI ARCHIEPISCOPI

COMMENTARIORUM IN MATTHÆUM

LIBRI OCTO. (ANNO 822-826.)

PRÆFATIO

AD HAISTULPHUM ARCHIEPISCOPUM MOGUNTINUM.

Domino beatissimo ac merito venerabili, et in conspectu Domini sincera charitate charissimo Patri HAISTULPHO archiepiscopo, RABANUS indignus presbyter æternæ pacis in Christo optat salutem.

Memor illius præcepti quod per vas sibi aptum olim Sapientia protulit, dicens : *In tota anima tua time Deum, et sacerdotes ejus sanctifica; datum brachiorum tuorum et sacrificium sanctificationis offeres initia sanctorum* (*Eccli.* VII), decrevi, sancte Pater, opus quod, divina gratia largiente, in expositionem sancti Evangelii secundum Matthæum, non sine labore tamen, confeceram, tuæ sanctitati dirigere, ut tuo sancto examine probatum, si dignum judicaveris ad legendum, fratribus sub tuo regimine constitutis illud tradas; non quasi pernecessarium, cum multi scriptores me in illo vestigio præcesserint, sed quasi magis commodum, cum plurimorum sensus ac sententias in unum contraxerim, ut lector pauperculus, qui librorum copiam non habet, aut cui in pluribus scrutari profundos sensus Patrum non licet, saltem in isto sufficientiam suæ indigentiæ inveniat. Plures enim fuere qui ante nos in Evangelium Matthæi tractatus ediderunt : nam Origenis hinc viginti duo [Viginti quinque], ut Hieronymus testis est [a], exstant volumina et totidem ejusdem homiliæ, commaticumque interpretationis genus; et Theophili, Antiochenæ urbis episcopi, commentarii; Hippolyti quoque martyris, et Theodori Heracleotæ, Apollinaris Laodicensis [Apollinariique Laodiceni], ac Didymi Alexandrini. Et Latinorum, Hilarii Pictaviensis, Victorini et Fortunatiani. Scripsit quoque prædictus vir beatus Hieronymus, petente Eusebio, in hoc Evangelium commentarium, sed ut pro brevitate temporis de ejus sermonibus dicam, omissa veterum auctoritate, quos nec legendi, nec sequendi facultas ipsi data est, historicam interpretationem digessit breviter, et interdum spiritualis intelligentiæ flores admiscuit, perfectum opus reservans in posterum. Hæc quippe non in ejus suggillationem protuli, cujus ingenium et studium quod in divinorum librorum interpretatione et expositione habuit, maxime miror, sed ut ostendam causam quæ nos compulit præsens opus aggredi. Cum enim fratres qui nobiscum Evangelium legere disponebant conquererentur quod in Matthæum non tam plenam et sufficientem expositionem haberent sicut in cæteros evangelistas, laborantibus beato Ambrosio Mediolanensi episcopo, et venerabili Patre Augustino, Bedaque famulo Domini, ad legendum habebant, eorum precibus coacta est parvitas nostra præsens opus aggredi, non tam propriis viribus aut ingenio confidens, quam divino adjutorio et fraternæ charitati, quæ *omnia credit, omnia sperat, omnia sustinet* (*I Cor.* XIII); cui solummodo cessi, detrahentium atque insultantium non curans vaniloquium, qui magis præsumptioni quam pietati nostrum forsitan

---

[a] In procem. in Commentarios super Matthæum.

deputabunt laborem. Et non mirum, cum magis parati sint aliena lacerare, quam propria opuscula condere. Quorum quia nemo potest calumniam et invidos morsus devitare, nisi qui omnino nihil scribit, magis eligo vanam surda aure pertransire querimoniam, quam otiose torpens Christi negligere gratiam, cui soli placere optantes, vanos hominum rumusculos nihili ducimus. Aggregatis igitur hinc inde insignissimis sacræ lectionis atque dignissimis artificibus, quid in opusculis suis in beati Matthæi verbis senserint, quid dixerint, diligentius inspicere curavi : Cyprianum dico atque Eusebium, Hilarium, Ambrosium, Hieronymum, Augustinum, Fulgentium, Victorinum, Fortunatianum, Orosium, Leonem, Gregorium Nazianzenum, Gregorium papam Romanum, Joannemque Chrysostomum, et cæteros Patres, *quorum nomina scripta sunt in libro vitæ* (*Phil.* IV). Horum ergo lectioni intentus, quantum mihi præ innumeris monasticæ servitutis retinaculis licuit, et pro nutrimento parvulorum, quod non parvam nobis ingerit molestiam et lectionis facit injuriam, ipse mihi dictator simul, et notarius, et librarius existens, in schedulis ea mandare curavi quæ ab eis exposita sunt, vel ipsis eorum syllabis, vel certe meis breviandi causa sermonibus. Quorum videlicet quia operosum erat vocabula interserere per singula, et quid a quo auctore sit dictum nominatim ostendere, commodum duxi eminus e latere primas nominum litteras imprimere, perque has viritim, ubi cujusque Patrum incipiat, ubi sermo quem transtuli desinat, intimare, sollicitus per omnia ne majorum dicta furari et hæc quasi mea propria componere dicar. Multumque obsecro et per Dominum legentes obtestor ut si qui forte nostra hæc, qualiacunque sint, opuscula transcriptione digna duxerint, memorata quoque nominum signa, ut in nostro exemplari reperiunt, affigere meminerint. Præter hæc quoque nonnulla, ut sine læsione aliorum dicam, quæ mihi auctor lucis aperire dignatus est, proprii sudoris indicia per notas vocabuli agnominisque mei, ubi opportunum videbatur, adnexui, totumque opus in libros octo distinxi, illud maxime observans, ubicunque potui, ut ubi evangelista sermones Domini consummatos esse referebat, ibi librorum terminos constituerem. Disposui etiam per ipsos libros duos ordines capitulorum : unum, quem in ipso Evangelio sub nomine Matthæi titulatum reperi; alterum, quem huic operi præponendum noviter condidi. Quos utique coloribus, ne confusionem lectori facerent, distinguere curavi, priorem atramento, alterum minio conscribens. Illum nempe ob hoc ponens ut si quis forte Evangelium legens, invenerit sententiam cujus allegoriam ignorans scire desideret, notet capitulum quod in margine paginæ eidem sententiæ præscriptum est, et statim recurrens ad tractatum, revolvat librum, et quærat ibi ipsum capitulum quod ante in Evangelio adnotavi, et sic sine ulla mora inveniet quod desideravit. Sequens vero capitulorum ordo, qui minio sparsim in volumine conscriptus est, ad superliminarem paginam respondet, quam in capite hujus operis, ob compendium quærendi et commode inveniendi, diligenter lectori cum singulis capitulis distinctim ordinantes præposuimus, ut quæ illic prænotata sunt, eorum indicio in libro conscripta reperiat [a]. Omnia vero ad utilitatem fratrum et ad commoditatem legentium parare sategimus, optantes ut ad plurimorum perveniant profectum. Si quis forte despicit hunc laborem nostrum quasi superfluum, cum multi plenius et perfectius de iisdem rebus tractaverint, legat ea quæ sibi elegerit, nobiliumque doctorum amplissimis reficiatur cœnis, et dimittat hæc nostra, licet paupercula, illis qui perfectorum non possunt capere cibum, quorum non venter pinguibus repletus hortorum fastidit olera, sed leguminum assuescit comedere cibaria : sciat tamen verum esse illud vulgo proverbium, quod utilior est sitienti parvus puræ aquæ haustus, quam nauseanti largissima conditi vini pocula. De cætero quoque obsecro venerationem tuam, antistitum charissime, ut si præsens opus dignum habitu ducas, ab hoc exemplari, quod tibi transmisi, rescribere illud jubeas, et rescriptum diligentius requirere facias, ne Scriptoris vitium dictatoris dereputetur errori, sed magis qui seminat, simul gaudeat, et qui metit (*Joan.* IV), fructumque pariter congregent in vitam æternam.

Orantem pro nobis sanctam paternitatem vestram gratia superni Protectoris conservare atque ad defensionem Ecclesiæ suæ sanctæ semper corroborare dignetur

---

[a] Summarium, ut moris est nostri, capiti cuique suum præposuimus. EDIT.

INCIPIUNT

COMMENTARIA IN MATTHÆUM.

LIBER PRIMUS.

PROOEMIUM.

Expositionem scripturus in Evangelium beati Matthæi, opportunum esse judicavi, paucis primum intimare quam ob causam idem evangelista ipsum Evangelium exorsus sit scribere, et qua lingua, et quo ordine, ut illi qui aggrediuntur hoc opus legere, statim in capite ipsius inveniant prænotatum scriptorem sancti Evangelii, et quibus illud scripserit. Narrant quidem historiæ quod iste Matthæus apostolus et evangelista, qui et Levi cognomen sumpsit de tribu, ex publicano electus a Christo et a peccante translatus, primum evangelizaverit Judæis. Verum cum pararet transire ad gentes, patria primus lingua, id est, Hebræis litteris, Evangelium composuerit, propter eos qui ex circumcisione crediderunt, dereliqueritque eis illud ad memoriam, a quibus proficiscebatur ut gentibus prædicaret. In quo animadvertendum est quod ubicunque evangelista iste, sive ex persona sua, sive ex Domini Salvatoris, veteris Scripturæ testimoniis utitur, non sequatur Septuaginta translatorum auctoritatem, sed Hebraicam : e quibus illa duo sunt : *Ex Ægypto vocavi filium meum ;* Et : *Quoniam Nazaræus vocabitur.* (*Aug.*) Nam Matthæus suscepisse intelligitur incarnationem Domini secundum stirpem regiam, et pleraque secundum hominum præsentem vitam et facta et dicta ejus exsequi, unde et in principio Evangelii sui taliter exorsus, ait :

CAPUT PRIMUM.

Genealogia Christi enumeratur, et in tres tessaradecades dividitur, et de desponsatione matris ejus narratur.

[I.] *Liber generationis Jesu Christi.* (*Aug.*) Quo exordio suo satis ostendit generationem Christi secundum carnem, se suscepisse narrandam. Secundum hanc enim Christus filius hominis est, quod etiam seipse sæpissime appellat, commendans nobis quod misericorditer dignatus sit esse pro nobis. Nam illa superna et æterna generatio, secundum quam Filius Dei unigenitus est ante omnem creaturam, quia omnia per ipsum facta sunt, ita ineffabilis est, ut de illa dictum a propheta Isaia intelligatur : *Generationem ejus quis enarrabit?* (*Isa.* LIII.) Quanquam et de temporali ejus nativitate, qua *verbum caro factum est,* et virgo Spiritu sancto gravida filium peperit, et virgo permansit, hæc prophetica sententia possit non inconvenienter accipi, ne sacræ ædificationis discors compago non hæreat. Igitur Matthæus, corrupto humani generis initio per prævaricationem, in primo Novi Testamenti libro respondens primo libro veteris legis, ubi scriptum est : *Hic est liber generationis cœli et terræ* (*Gen.* II); et rursum : *Hic est liber generationis Adæ* (*Gen.* V); Adæ videlicet veteri, per quem totus corruptus est mundus, Adam opponens novum, in quo restaurata sunt omnia, et quæ in cœlo et quæ in terra consistunt; dedit manifeste intelligi quod ipsius scripserit secundum carnem generationem, qui electos suos in filiorum Dei assumeret adoptionem. Quare autem *librum* dixerit *generationis,* cum parvam libri particulam teneat generatio, hoc intelligitur quod consuetudinem gentis suæ secutus sit. Consuetudo enim Hebræorum est ut voluminibus ex eorum principiis imponant nomina, ut est Genesis, Exodus et cæteri libri legales. Quod autem dicit, *Jesu Christi,* regalem et sacerdotalem in eo exprimit dignitatem. Nam Jesus qui nominis hujus præsagium prætulit, primus post Moysen in populo Israel ducatum tenuit; et filios Israel in terram repromissionis induxit, Aaron vero, mystico consecratus unguento, primus in lege sacerdos fuit. Salvator igitur noster, quem *unxit Deus oleo lætitiæ præ omnibus participibus ejus* (*Psal.* XLIV), et Rex est, de quo propheta dicit : *Multiplicabitur imperium ejus, et pacis non erit finis* (*Isa.* IX); et angelus ad Mariam, potentiam regni ejus demonstrans : *Dabit,* inquit, *illi Dominus Deus sedem David patris ejus, et regnabit in domo Jacob in æternum, et regni ejus non erit finis* (*Luc.* I). Et Sacerdos idem est, de quo dicit Psalmista : *Juravit Dominus, et non pœnitebit eum, tu es Sacerdos in æternum secundum ordinem Melchisedech* (*Psal.* CIX).

Filii David, filii Abraham. (*Hieron.*) Ordo præposterus, sed necessario commutatus. Si enim primum posuisset Abraham, et postea David, rursus ei repetendus fuerat Abraham, ut generationis series texeretur. Ideo autem, cæteris prætermissis, horum filium nuncupavit, quia ad hos tantum facta est de Christo repromissio. Ad Abraham : *In semine,* inquit, *tuo benedicentur omnes gentes* (*Gen.* XXII), quod est Christus. Ad David : *De fructu ventris tui ponam super sedem tuam* (*Psal.* CXXXI).

Abraham genuit Isaac, Isaac autem genuit Jacob. Exsequitur ergo humanam generationem Christi Matthæus, ab ipso promissionis Christi exordio, hoc est, ab Abraham generatores commemorans, quos perducit ad Joseph virum Mariæ, de qua natus est Jesus. (MAURUS.) Mystice quoque demonstrat quomodo, de gentilitatis caligine, quasi de Ægyptia servitute, per quadraginta duos viros, ac si ejusdem numeri mansiones, ad virginem Mariam, pleno sancti Spiritus gurgite fluentem, ac si intelligibilem Jordanem, duce Domino Jesu Christo, velut Josue filio Nun, ventum sit; ipsumque Christum de Maria natum esse testatur, qui velut hamus in retis capite, sic in fine genealogiæ positus, et in mare hujus mundi a Patre missus, tortuosum draconem aduncatum occisus occidit, atque humani generis mortem mortuus mortificavit. Et ideo velut fune duplicato, iterato videlicet uniuscujusque nomine, in retis similitudinem genealogiæ ordo contexitur, donec ab hujus principio, hoc est, ab Abraham ad hamum usque, hoc est, Christum, adveniatur; de quo ad sanctum Job dicitur : *Nunquid aduncabis Leviathan hamo tuo, aut armilla perforabis maxillas ejus?* (*Job.* XL.) (*Greg.*) In hamo igitur incarnationis Christi iste captus est, quia dum in illo appetit escam corporis, transfixus est aculeo divinitatis.

Judas autem genuit Phares et Zaram de Thamar. (*Hieron.*) Notandum in genealogia Salvatoris, nullam sanctarum assumi mulierum, sed eas quas Scriptura reprehendit, ut qui propter peccatores venerat, de peccatricibus nascens, omnium peccata deleret. Unde et in consequentibus Ruth Moabitis vonitur, et Bethsabee [Bersabea] uxor Uriæ. (MAURUS.) Ad interiorem vero intellectum, in omnibus istis quatuor, ventura ad Dominum Ecclesia de gentilitatis errore figuratur, quæ prius aliena, ignominiis plena et sterilis habebatur, sed ad Christum ut legitima conjuncta est matrona, et plures adoptivos parit Deo filios, quam Synagoga, quæ prius ut proprium videbatur Dominum habere virum. Thamar ergo interpretatur *amaritudo*, vel *commutans*, sive *palma*; et merito hæc omnia conveniunt sanctæ Ecclesiæ, quæ amara prius fuit in idolatria et turpi conversatione, sed modo dulcis est per fletum compunctionis, et studium pii laboris. Hæc commutans recte dicitur, quia ex peccatrice commutata est in justam, et ex odiosa in amatam, quæ palmæ rite assimilatur, propter certamen laborum et victoriæ præmium. De illa quippe bene per Psalmistam dicitur: *Justus ut palma florebit, sicut cedrus Libani multiplicabitur* (*Psal.* XCI). Raab quoque *latitudo*, vel *fames*, seu *impetus*, interpretatur; et quid in hoc, nisi sanctæ Ecclesiæ nobilitas prædicatur, cui etiam per Isaiam dicitur: *Dilata locum tentorii tui, et pelles tabernaculorum tuorum extende; ne parcas, longos fac funiculos tuos, et clavos tuos consolida; ad dexteram enim et ad lævam penetrabis, et semen tuum gentes hæreditabit* (*Isa.* LIV). Habet ergo famem istam, *non famem panis neque sitim aquæ, sed audiendi verbum Dei* (*Amos* VIII), et faciendi voluntatem ejus. De hac quidem impetus egreditur, quia velocitas prædicationis, flante Spiritu sancto, in totam mundi latitudinem dirigitur. Unde bene per Ezechielem dicitur: *Ubi erat impetus Spiritus, illuc gradiebantur, nec revertebantur cum ambularent* (*Ezech.* I). Denique Ruth, quæ vel *videns*, vel *festinans*, sive *definiens*, interpretatur, merito Ecclesiam significat, quæ in puritate cordis Dominum contemplatur et secundum Psalmistam, *festinat manus ejus dare Deo* (*Psal.* LXVII). Hæc definit, id est, firmiter in fide et dilectione Dei persistere decernit. Unde et Paulus ait [a]: *Certus sum enim, quia neque mors, neque vita, neque angelus, neque principatus, neque instantia, neque futura, neque fortitudo, neque altitudo, neque profundum, neque creatura alia poterit nos separare a charitate Dei, quæ est in Christo Jesu* (*Rom.* VIII). Bersabea vero, quæ interpretatur *puteus satietatis*, vel *puteus septimus*, abundantiam gratiæ Spiritus sancti in Ecclesia fieri designat. Dono itaque spirituali, hoc est, septenario, facta est Ecclesia puteus satietatis, quia factus est in ea *fons aquæ salientis in vitam æternam* (*Joan.* IV).

Naason autem genuit Salmon. (*Hieron.*) Ipse est Naason princeps tribus Juda, sicut in Numeris legimus (*Num.* II).

Jesse autem genuit David regem. Regem dicit David, non quod ipse solus in ista genealogia regum fuerit positus, cum ab ipso usque ad transmigrationem Babylonis qui scribuntur regnaverint, sed quia David primus de tribu Juda rex fuit, per quam ordo decurrit genealogiæ.

David autem rex genuit Salomonem ex ea quæ fuit Uriæ. (MAUR.) Quæritur, cum tres reliquæ extraneæ mulieres nominibus propriis sint positæ, cur sola non nominetur Bersabee, sed hoc solum dicatur quod uxor fuerit Uriæ? Igitur hoc ideo putatur factum, quia tres aliæ supra scriptæ, licet criminosæ fuerint, in partubus tamen filiorum, per quos currit genealogia, non solum non culpari, sed etiam laudari meruerunt. Hæc vero, adulterio simul et homicidio perpetrato, Davidi regi genuit filium, in tantum culpabili conjugio, ut merito in Salvatoris genealogia videatur non nominata; nomen vero viri ejus, id est, Uriæ, quasi justi hominis ponitur, ut ex hoc etiam sceleris immanitas memoretur, dum uxoris causa occisus in memoriam revocatur. Mystice autem David Christum significat, qui interpretatur *manu fortis*, et *desiderabilis*. Et quid fortius leone, qui *vicit de tribu Juda, radix David*? Quomodo vero sit desiderabilis, Scriptura ostendit, dicens: *Ecce veniet desideratus cunctis gentibus* (*Apoc.* V). Et Petrus ait: *In quem et desiderant angeli prospicere* (*I Petr.* I). Urias vero, qui interpretatur *lux mea Dei*, significat diabolum, qui transfigurat se in angelum lucis, audens Deo dicere: *Lux mea Dei*, et *Ero similis Altissimo* (*Isai.* XIV). Hujus erant pessimo conjugio delegati omnes, quos gratia Dei liberat, ut Ecclesia sine macula et ruga Salvatori proprio sponsa copuletur.

Joram autem genuit Oziam, Ozias autem genuit Jonathan. (*Hieron.*) In quarto Regum volumine legimus de Joram Ochoziam fuisse generatum, quo mortuo, Josabeth filia regis Joram, soror Ochoziæ, tulit Joas filium fratris sui, et eum internecioni, quæ exercebatur ab Athalia, subtraxit: cui successit in regnum filius ejus Amasias, post quem regnavit filius ejus Azarias, qui appellatur et Ozias, cui successit Jonathan filius ejus. Cernis ergo, quod secundum fidem historiæ tres reges in medio fuerunt, quos hic Evangelista prætermisit. Joram quippe non genuit Oziam, sed Ochoziam, et reliquos quos enumeravimus. Verum quia evangelistæ propositum erat, tres tessaradecades in diverso temporum statu ponere, et Joram generi se miscuerat impiissime Jezabel, idcirco usque ad tertiam generationem ejus memoria tollitur, ne in sanctæ nativitatis ordine poneretur. (*Hilar.*) Dictum quoque ita erat per prophetam, non nisi quarta generatione in throno regni Israel quemquam de domo Achab esse sessurum. Purgata igitur labe familiæ gentilis, tribusque præteritis, jam regalis in quarta generationum consequentium origo numeratur.

Et post transmigrationem Babylonis, Jechonias genuit Salathiel. (*Hieron.*) Si voluerimus Jechoniam in fine primæ tessaradecadis ponere, in sequenti non erunt quatuordecim, sed tredecim. Sciamus

---

[a] Ex versione D. Hieronymi juxta Hebraicam veritatem.

ergo **Jechoniam** priorem ipsum esse, quem et Joakim; secundum autem (id est Joachin) filium, non patrem, quorum prior per κ et μ, sequens per χ et ν scribitur, quod scriptorum vitio et longitudine temporum apud Græcos Latinosque confusum est. Hæc beatus Hieronymus historiam sequens, ita exponit. Cæterum venerabilis Pater Augustinus in lib. de Consensu evangelistarum (*Lib.* II, *c.* IV) ita dicit: Unus quippe in illis progenitoribus numeratur, id est Jechonias, a quo facta est quædam in extraneas gentes deflexio, quando in Babyloniam transmigratum est. Ubi autem ordo a rectitudine deflectitur, atque ut eat in diversum, tanquam angulum facit, illud quod in angulo est bis numeratur, in fine scilicet, prioris ordinis, et in capite ipsius deflexionis. Et hoc ipsum jam præfigurabat Christum a circumcisione ad præputium, tanquam a Jerusalem ad Babyloniam quodammodo migraturum, et hinc atque hinc utrisque in se credentibus tanquam lapidem angularem futurum. Hæc tunc in figuram præparabat Deus rebus in veritate venturis. Nam et ipse Jechonias, ubi angulus iste præfiguratus est, interpretatur *præparatio Dei*. Sic ergo jam non quadraginta duæ, quot faciunt ter quatuordecim, sed propter unum bis numeratum, quadraginta una generationes fiunt, si et ipsum Christum annumeremus, qui huic regendæ vitæ nostræ temporali atque terrenæ tanquam numero quadragenario regaliter præsidet.

Jacob autem genuit Joseph. (*Hieron.*) Hunc locum objecit nobis Julianus Augustus de dissonantia evangelistarum, cur evangelista Matthæus Joseph filium dixerit Jacob, et Lucas filium eum appellaverit Heli, non intelligens consuetudinem Scripturarum, quod alter secundum naturam, alter secundum legem ei pater sit. Scimus enim hoc per Moysen Domino jubente præceptum, ut si frater aut propinquus absque liberis mortuus fuerit, alius ejus accipiat uxorem ad suscitandum semen fratris vel propinqui sui. (*Aug.*) Antiqua est enim consuetudo adoptandi etiam in illo populo Dei, ut sibi filios facerent, quos non ipsi genuissent. Nam excepto quod filia Pharaonis Moysen adoptaverat, (illa quippe alienigena fuit) ipse Jacob nepotes suos ex Joseph natos, verbis manifestissimis adoptavit dicens: *Nunc itaque filii tui duo, qui nati sunt tibi, priusquam ad te venirem mei sunt: Ephraim et Manasse tanquam Ruben et Simeon, erunt mihi. Natos autem si genueris postea, tibi erunt* (*Gen.* XLVIII). Unde etiam factum est, ut duodecim tribus essent Israel, excepta tribu Levi, quæ templo serviebat, cum ea quippe tredecim fuerint, cum duodecim fuissent filii Jacob. Unde intelligitur Lucas patrem Joseph, non a quo genitus, sed a quo fuerat adoptatus, suscepisse in Evangelio suo. Cujus progenitores sursum versus commemorat, donec exiret ad David. Quomodo autem hujus rei constet ratio, Africanus historiographus scribens ad Aristidem quemdam de Evangeliorum dissonantia, ostendit, ita dicens [a]: « Nobis ergo imminet ostendere quomodo Joseph dicatur secundum Matthæum quidem patrem habuisse Jacob, qui deducitur per Salomonem; secundum Lucam vero Heli, qui deducitur per Nathan, atque isti ipsi, id est, Jacob et Heli, qui erant duo fratres, habentes alius quidem Mathan, alius vero Matthat [Melchi] patrem, ex diverso genere venientes, etiam isti Joseph avi esse videantur. Est ergo modus iste: Mathan et Matthat diversis temporibus de una eademque uxore, Cestha nomine, singulos filios procrearunt, quia Mathan, qui per Salomonem descendit, uxorem eam primus acceperat, et relicto uno filio, Jacob nomine, defunctus est. Post cujus obitum, quoniam lex viduam alii viro non vetat nubere, Matthat, qui per Nathan genus ducit, cum esset ex eadem tribu, sed non ex eodem genere, relictam Mathæ accepit uxorem, ex qua et ipse suscepit filium nomine Heli: per quod ex diverso patrum genere efficiuntur Jacob et Heli uterini fratres, quorum alter, id est, Jacob, fratris Heli sine liberis defuncti, uxorem ex mandato legis accipiens, genuit Joseph, natura quidem germinis, suum filium: propter quod et scribitur: *Jacob autem genuit Joseph*; secundum vero legis præceptum, Heli efficitur filius, cujus Jacob, quia frater erat, uxorem ad suscitandum fratri semen acceperat; et per hoc rara invenitur atque integra generatio, et ea quam Matthæus enumerat dicens: *Jacob autem genuit Joseph*; et ea quam Lucas competenti observatione designat, dicens, quod putabatur esse filius Joseph, qui fuit Heli; qui et ipse, subsonante eadem distinctione, Heli esse filius putabatur, qui fuerat Matthat, quia legalem hanc successionem, quæ velut adoptione quadam erga defunctos constat magis quam germinis veritate, aperte satis per hoc indicavit, observans Evangelista ne plane in ejusmodi successionibus genuisse aliquem nominaret; per quod digna distinctione non descendens, sed ascendens, usque ad Adam, et ad ipsum usque pervenit Deum. Hæc autem nobis non ad subitum reperta, aut absque ullis auctoribus commentata sunt, sed ipsi hæc Salvatoris nostri secundum carnem propinqui, seu studio tanti seminis demonstrandi, sive edocendi, quæ secundum veritatem gesta sunt, tradiderunt. » Hæc Africanus his ipsis syllabis profert, excepto quod pro *Matthat* posuit *Melchi*, quia fortasse vel codex illius sic habuit, vel historia in qua hæc didicerat eumdem Matthat reperit binominem.

Virum Mariæ. (*Hieron.*) Cum virum audieris, suspicio tibi non subeat nuptiarum, sed recordare consuetudinis Scripturarum, quod sponsæ vocentur uxores.

De qua natus est Jesus, qui vocatur Christus. (Maur.) Pulchre non *de quibus*, sed *de qua*, posuit, ut de sola virgine, sine semine maritali, natum demonstraret.

---

[a] Vide ecclesiasticam Historiam Eusebii, lib. I, cap. 6; et Nicephori, lib. I, cap. 11.

Quod autem primum dicit : *De qua natus est Jesus,* etc., ac deinde sequitur : *Qui vocatur Christus*..... proprium nomen, id est, *Jesus,* prius ponit, quod ante conceptum ejus ab angelo nominatum est (*Luc.* 1). Deinde convenienter aptatur, quod in pontificibus et regibus prius in imagine procedebat, hoc est, Christus, ut ille, in quo haec duo nomina mystica convenerunt, distingueretur a caeteris, qui in figura ejus iisdem nominibus sed divisim nuncupati praecesserunt. ª Verum illi quoniam ad breve tempus vitae hujus, christi appellabantur, ad solam veri Christi imaginem conservandam, quamvis compositione quadam mystica consecrati olei, tamen 'hujus quae inter nos haberi solet materiae liquore [ac liquoris] perungebantur. Verus autem hic, qui de coelis venerat, et cui omnia quae praecedebant gesta fuerunt, Christus non humanis opibus quaesita sumit unguenta, sed novo ac singulari modo paterno Spiritu infusus, et unctus Christus efficitur, sicut multis ante saeculis de eo vates Isaias praedixerat, ex persona ipsius Christi, dicens : *Spiritus Domini super me, propter quod unxit me, evangelizare pauperibus misit me, praedicare captivis remissionem et coecis visum* (*Isai.* LXI; *Luc.* IV). Nec solus Isaias haec divinis praedixit oraculis, sed et David similiter inspiratus, testatur de Christo, dicens ad ipsum Christum : *Sedes tua, Deus, in saeculum saeculi, virga aequitatis, virga regni tui : dilexisti justitiam, et odisti iniquitatem; propterea te unxit Deus, Deus tuus oleo laetitiae prae participibus tuis* (*Psal.* XLIV). In quibus verbis primo quidem eum evidenter Deum designat. Secundo vero, per aequitatis virgam, sceptrum in eo regale commemorat; post vero etiam qualiter Christus effectus sit indicat dicens quod unctus sit Deus a Deo, non oleo communi, sed oleo laetitiae, nec sicut participes sui, id est, illi qui in imagine praecesserunt, sed prae participibus suis. Oleo vero laetitiae in sacris voluminibus intellectu mystico Spiritus sanctus designatur. Sed et de pontificatu ejus idem David alio in loco tale aliquid arcanis signat eloquiis, tanquam ex persona Patris de Filio pronuntiantis : *De ventre,* inquit, *ante Luciferum genui te. Juravit Dominus, et non poenitebit eum, tu es sacerdos in aeternum secundum ordinem Melchisedech* (*Psal.* CIX). Hic autem Melchisedech in divinis voluminibus sacerdos fuisse Dei summi refertur (*Gen.* XIV), sed qui non oleo communi perunctus sit, neque qui ex successione generis susceperit sacerdotium, sicut apud Hebraeos fieri mos erat; et ideo secundum ordinem ipsius sacerdos futurus dicitur Christus, qui non olei liquore, sed virtute coelestis Spiritus consecretur. Idcirco denique cum multi ante, apud Hebraeos oleo in hoc ipsum solemniter consecrato uncti sint christi, et sive reges, sive prophetae, sive etiam pontifices, per hoc fuerint instituti, nullus tamen ipsorum vel genti, vel discipulis aut sectatoribus ex suo vocabulo nomen dare potuit, et appellare discipulos Christianos, nisi hic solus, qui verus est Christus et non oleo humano, sed paterno Spiritu perunctus. Hic sectatorum suorum populos, et universam per totum mundum sui nominis gentem, ex veri Christi vocabulo appellari fecit perenni nomine Christianos (*Act.* XI).

(MAUR.) Notandum autem quod ipsi progenitores Christi, qui in genealogia ejus adnumerati sunt, non sine grandi mysterio ab evangelista assumuntur, maxime cum Apostolus dicat : *Omnia in figura contingebant illis* (*I Cor.* X), sed sicut humanam nativitatem Christi praecesserant tempore, ita quoque testimonium illi dabant ex praefiguratione. Nam nullus eorum est, qui non aut nomine, aut actu incarnationem Christi significet, et ipsum esse demonstret, qui in patriarchis praefiguratus, et in prophetis promissus, atque in apostolis praedicatus est. Igitur Abraham, qui interpretatur *pater multorum,* vel *pater videns populum,* quem significat hoc nomine, nisi illum de quo ipsi ita promissum est : *In semine,* inquit, *tuo benedicentur omnes cogitationes terrae?* (*Gen.* XXII.) Et Isaias ait : *Si posuerit pro peccato animam suam, videbit semen longaevum, et voluntas Domini in manu ejus dirigetur* (*Isai.* LIII); et item cum inquit : *Domine Pater noster, et Redemptor noster, a saeculo nomen tuum. Abraham nescivit nos, et Israel ignoravit nos* (*Isai.* LXIII). Quomodo autem Abraham actu significaverit Salvatorem, testatur illud quod Domini praecepto *exivit de terra sua et de cognatione sua* (*Gen.* XII), ut apud exteros locupletaretur, et esset in gentem magnam, quod nunc cernimus veraciter impletum, cum Christus, relicta terra et cognatione Judaeorum, praepollet, ut videmus, in populis gentium (*Gen.* XIV). Et illud quod Abraham cum trecentis decem et octo vernaculis suis quatuor reges debellavit, ac Lot liberavit, quid aliud significat, quam quod nos Christus per crucem, quam exprimit tau littera, trecentenarium numerum continens, a dominatu carnalis sensus, qui nos antea variis vitiis captivatos exsuperaverat, liberavit? Isaac quoque, qui interpretatur *risus,* vel *gaudium,* significat illum de quo dixit ad pastores angelus : *Annuntio vobis gaudium magnum, quod erit omni populo* (*Luc.* II). Et ipsa Veritas suis discipulis ait : *Iterum videbo vos, et gaudebit cor vestrum, et gaudium vestrum nemo tollet a vobis* (*Joan.* XVI). Et item : *Petite,* inquit, *et accipietis, ut gaudium vestrum sit plenum* (*Ibid.*). Quomodo vero actibus suis Isaac significet Christum, longum est per totum enumerare, cum pene omnes actus ejus, quos Scriptura narrat, conveniant mysterio ad Christum, ut est illud, quo mactandus ipse ad aram portaverit ligna (*Gen.* XXII), sicut Christus crucem passionis suae proprio gestavit corpore. Et quod in typo Ecclesiae Rebeccam duxit uxorem, quae gemellos ei peperit (*Gen.* XXV), sicut Christo Ecclesia per baptismi fontem duos parit populos. Jacob, qui interpretatur *superplantator,* vel *supplantans,* significat eum de quo dicit Psalmista : *Supplantasti omnes insurgentes in me, subtus me* (*Psal.* XVII). Hic

---

ª Euseb., Hist. Eccles., lib. I, cap. 1.

quidem in erectione et unctione lapidis, et in somnio suo (*Gen.* xxviii) significat passionem Christi et resurrectionem ejus, quem *unxit Deus oleo lætitiæ præ participibus suis.* Bethel quippe, ubi Jacob visionem vidit, significat Ecclesiam, quæ vere est *domus Dei,* quia domus est *panis, qui de cœlo descendit* (*Joan.* vi), *et porta cœli,* quia ibi Filius Dei in terram descendit, et homines sancti ad cœlum ascendunt. Judas *confitens,* vel *glorificans,* interpretatur, et significat illum qui in Evangelio dixit : *Confiteor tibi, Pater, Domine cœli et terræ* (*Matth.* xi). Et Psalmista ait : *Gloriosus Deus in sanctis suis* (*Psal.* lxvii), hoc est, Christus in membris suis. Phares, *divisio,* sive *divisit,* demonstrat eum qui in Evangelico dicit : *Cum venerit Filius hominis in majestate sua, et omnes angeli cum eo, tunc sedebit super sedem majestatis suæ, et congregabuntur ante eum omnes gentes, et separabit eos ab invicem, sicut pastor segregat oves ab hædis,* et reliqua (*Matth.* xxv). Et Apostolus : *Vivus est,* inquit, *sermo Dei et efficax, et penetrabilior omni gladio ancipiti, et pertingens usque ad divisionem animæ ac spiritus, compagum quoque ac medullarum, et discretor cogitationum* (*Hebr.* iv). Zara, *oriens,* sive *ortus,* interpretatur, et Zacharias ait : *Visitavit nos oriens ex alto* (*Luc.* i). Et alibi scriptum est : *Ecce, vir oriens nomen ejus* (*Zach.* vi). Esrom, *sagittam vidit,* vel *atrium ejus,* denotat ipsum de quo dicitur : *Sagittæ potentis acutæ* (*Psal.* cxix) ; sagittæ Christi sunt præcepta Evangelii, vel vindicantis judicia. Atrium vero significat abundantiam gratiæ, et latitudinem charitatis, per quam omnes invitans ad se ipsa Veritas, ait : *Venite ad me, omnes qui laboratis et onerati estis, et ego reficiam vos* (*Matth.* xi). Aram, *electus,* sive *exclusus* dicitur. Et propheta ex persona Patris ad Filium loquitur : *Ecce puer meus, electus meus, dedi spiritum meum super ipsum* (*Isai.* xlii). Quis est iste puer electus, nisi qui a pueritia reprobavit malum, et elegit quod bonum est ? (*Isai.* vii.) Psalmista quoque ait : *Excelsus super omnes gentes Dominus,* et reliqua (*Psal.* cxii). Aminadab autem, qui interpretatur *populus meus voluntarius,* significat eum qui dixit : *Nemo tollit a me animam meam, sed ego pono eam, et iterum sumo eam* (*Joan.* x). Iste vero caput est illius populi, ex cujus persona Psalmista loquitur Domino, ita dicens : *Voluntarie sacrificabo tibi, et confitebor nomini tuo, Domine, quoniam bonum est* (*Psal.* liii). Naason, *serpentinus,* vel *augurium,* figurat eum qui in Evangelio dixit : *Sicut Moyses exaltavit serpentem in deserto, ita exaltari oportet filium hominis* (*Joan.* iii). Augurium ergo hic pro vaticinio vel revelatione intelligi debet, cujus vaticinium in tria prophetiæ tempora respicit. In præteritum, ut est : *Vidit Abraham diem meum, et gavisus est* (*Joan.* viii). In præsens, ut est : *Quid cogitatis mala in cordibus vestris ?* (*Matth.* ix.) In futurum, ut est hoc : *Erunt enim sicut angeli Dei in cœlo* (*Matth.* xxii). Et illud : *Solvite templum hoc, et in tribus diebus excitabo illud* (*Joan.* ii). Salmon, qui interpretatur *sensus,* vel *sensibilis,* non inconvenienter Christum figurat, quem Apostolus dixit *Dei virtutem et Dei sapientiam esse* (*I Cor.* i), qui bene sensibilis dicitur. Nam in Evangelio legitur dixisse. *Tetigit me aliquis. Nam et ego sensi de me virtutem exisse* (*Luc.* viii). Et item : *Quid cogitatis mala in cordibus vestris ?* (*Matth.* ix.) Vere sensibilis, qui cogitata ut facta, et futura ut præsentia cernit sicut de eo scribitur, qui fecit quæ futura sunt. Boos, *in quo robur,* vel *in ipso fortitudo,* vel *in fortitudine,* interpretatur, apte ad Christum transferri potest, quia ipse est brachium Domini, de quo propheta dicit : *Ecce Dominus in fortitudine veniet, et brachium ejus dominabitur* (*Isai* xl). Et ipse de se in Evangelio ait : *Ego si exaltatus fuero a terra, omnia traham ad meipsum* (*Joan.* xii). Omnis enim virtus hominis in morte desinit. Verbum autem quod *caro factum est,* de infirmitate fortius, de morte vivacius, de humilitate excelsius factum est. Obed, id est, *serviens* significat eum qui de semetipso ait : *Filius hominis non venit ministrari, sed ministrare* (*Matth.* xx). Et apostolus : *Qui cum in forma Dei esset,* inquit, *non rapinam arbitratus est esse se æqualem Deo, sed semetipsum exinanivit, formam servi accipiens, in similitudinem hominum factus, et habitu inventus ut homo* (*Philip.* ii). Jesse, interpretatur *insulæ libamen.* Insulæ Ecclesiæ sunt de gentibus, quæ in mari istius mundi positæ, tunduntur quotidie persecutionum æstibus, de quibus insulis Isaias dicit : *In doctrinis glorificate Dominum, in insulis maris nomen Domini Dei Israel.* (*Isai.* xxiv.) Insulæ ergo libamen sacrificium est corporis et sanguinis Domini, quod quotidie sancta Ecclesia cum votis et laudibus Deo offerre solet, commemorationem digne agens passionis et resurrectionis Dominicæ. David, *desiderabilis* vel *fortis manu,* nulli dubium quin Christum significet, de quo Psalmista ait : *Speciosus forma præ filiis hominum* (*Psal.* xliv), et item : *Dominus,* inquit, *fortis, Dominus potens in prœlio* (*Psal.* xxiii) : cujus gesta quomodo Dominica facta significent, tractatores sanctarum Scripturarum sufficienter exponunt. Salomon quoque rex et filius regis, qui interpretatus Latine, sonat *pacificus,* vel *pacatus erit,* illum denotat de quo Propheta precatur, dicens : *Deus, judicium tuum Regi da, et justitiam tuam filio Regis* (*Psal.* lxxi). Et paulo post : *Orietur,* inquit, *in diebus ejus justitia et abundantia pacis, donec extollatur luna ; et dominabitur a mari usque ad mare, et a flumine usque ad terminos orbis terræ* (*Ibid.*). Quod autem gesta plurima Salomonis, et maxime quod templum Domino cum omni studio et diligentia ædificavit, figuram Salvatoris nostri et Ecclesiæ teneant, non est ignotum. Roboam, *impetus populi mei* interpretatur, et significat velocem conventum populorum ad fidem Christi post incarnationem ejus. Quod Propheta in Spiritu prævidens ait : *Omnes gentes quascunque fecisti, venient et adorabunt coram te, Domine, et honorificabunt nomen tuum* (*Psal.* lxxxv). Abia, in nostram linguam convertitur *pater dominus,* ostenditque illum de quo propheta ait :

Parvulus natus est nobis, et filius datus est nobis, et factus principatus ejus super humerum ejus, et vocabitur nomen ejus admirabilis, consiliarius, Deus fortis, pater futuri sæculi, princeps pacis, et reliqua *(Isai.* IX). Asa, *tollens* sive *attollens,* significat eum de quo Joannes dicit : *Ecce agnus Dei, ecce qui tollit peccata mundi (Joan.* I). Et propheta Ezechiel ex persona Domini de convocatione gentium loquens, ait : *Tollam vos de gentibus, et congregabo vos de universis terris, et inducam vos in terram vestram,* ait *Dominus Deus (Ezech.* XXXVI). Josaphat, *ipse judicans,* sed melius *Dominus judicabit,* interpretari potest : quod illi maxime convenit, de quo scriptum est : *Paravit in judicio sedem suam, et ipse judicabit orbem terræ in æquitate (Psal.* IX). Et item : *Dominus judicabit fines terræ.* Et ipsa Veritas de se ait : *Pater non judicat quemquam, sed omne judicium dedit filio (Joan.* V). Joram, ubi est excelsus ? aut quis est excelsus ? sed melius *sublimatur,* quem significat, nisi illum de quo ait Isaias : *Hæc dixit excelsus, et sublimis, habitans in æternitate, et sanctum nomen ejus, in excelso, et in sancto habitans, et cum contrito et humili spiritu, ut vivificet spiritum humilium et cor contritorum ? (Isai.* LVII.) Et Psalmista ait : *Quis sicut Dominus Deus noster, qui in altis habitat, et humilia respicit in cœlo et in terra ? (Psal.* CXII.) Et ipse Dominus in Evangelio ait : *Nemo ascendit in cœlum, nisi qui descendit de cœlo, filius hominis qui est in cœlo (Joan.* III). Ozias, id est, *robustus Domini,* vel *fortitudo Domini,* ille est, de quo ipse Salvator in Evangelio ait : *Cum fortis armatus custodit atrium suum, in pace sunt omnia quæ possidet ; si autem fortior illo superveniens, vicerit eum, universa ejus arma auferet in quibus confidebat, et spolia illius distribuet (Luc.* I). Ipse quippe principem hujus mundi ejecit foras, quia : *Dextera Domini fecit virtutem, et fortitudo ac laudatio nostra, Dominus factus est nobis in salutem (Psal.* CXVII). Joatham vero, *consummatus,* vel *perfectus,* significat illum de quo dicit Apostolus : *Consummatus factus est omnibus obtemperantibus sibi causa salutis æternæ (Hebr.* V). Et ipse in Evangelio ait : *Non est discipulus super magistrum (Matth.* X). *Perfectus autem omnis erit, si sit sicut magister ejus (Luc.* VI). Achaz, id est, *continens,* sive *comprehendens,* ille veraciter est, qui dixit : *Omnia quæcunque habet Pater, mea sunt (Joan.* XVI). Et item : *Data est mihi,* inquit, *omnis potestas in cœlo et in terra (Matth.* XXVIII). Ipse quippe est manus Dei, omnia continens, de qua dicit propheta : *Cœlum palmo metitur, et terram pugillo concludit (Isai.* XL). Ezechias, *confortavit Dominus,* vel *fortitudo Domini,* interpretatur, illum demonstrans qui discipulis suis ait : *In mundo pressuram habebitis ; sed confidite, quia ego vici mundum (Joan.* XVI). Et secundum Danielem : *Lapis abscisus de monte sine manibus (Dan.* II), comminuit testam, ferrum, æs, argentum et aurum. Manasses, *obliviosus,* ejus typum nomine tenet ex cujus persona Ezechiel propheta dixit : *Si autem impius egerit pœ-* *nitentiam ab omnibus peccatis suis, quæ operatus est, et custodierit universa præcepta mea, et fecerit judicium et justitiam, vita vivet, et non morietur, omnium peccatorum ejus, quæ operatus est, non recordabor (Ezech.* XVIII, XXXIII). Et in Evangelio ipse ad paralyticum ait : *Confide, fili, dimittuntur tibi peccata tua (Matth.* IX). Amon *fidelis* sive *nutricius,* ille est de quo dicit Psalmista : *Fidelis Dominus in omnibus verbis suis, et sanctus in omnibus operibus suis (Psal.* CXLIV). Fidelis autem inde dicitur, quia ejus sunt promissa semper vera, quæ in utramvis sint partem, speranda sunt pariter et pavescenda. Quomodo ergo nutricius sit, ostendit ipse, dicens ad urbem peccatricem : *Jerusalem, Jerusalem, quæ occidis prophetas, et lapidas eos qui ad te missi sunt, quoties volui congregare filios tuos, quemadmodum gallina congregat pullos suos sub alas suas, et noluisti ? (Matth.* XXIII.) Josias, qui interpretatur *ubi est incensum Domini,* vel *in quo est incensum Domini,* vel *Domini salus,* illum significat de quo in Evangelio scriptum est, *fugit in montem solus orare (Matth* XIV ; *Luc* IX). Et item de eo dicit : *factus est in agoniam, et prolixius orabat (Luc.* XXII). Quod vero incensum orationem significet, Psalmista testatur dicens : *Dirigatur oratio mea sicut incensum in conspectu tuo (Psal.* CXL). Quis autem sit Domini salus Isaias ex persona Domini loquens, ostendit dicens : *Terra sicut vestimentum atteretur, et habitatores ejus sicut hæc interibunt ; salus autem mea in sempiternum erit (Isa.* LI), ille utique qui, angelo teste, *salvum faciet populum suum a peccatis eorum (Matth.* I). Jechonias, *præparans,* sive *præparatio* dicit ; et illum significat de quo Isaias ait : *In novissimis diebus erit præparatus mons domus Domini in vertice montium, et elevabitur super colles, et confluent ad eum omnes gentes (Isai.* II). Et ipse in Evangelio discipulis suis ait : *Si abiero, et præparavero vobis locum, iterum veniam, et accipiam vos ad meipsum, ut ubi ego sum, et vos sitis (Joan.* XIV). Notandum autem, quod si Joakim et Joachin distinguantur, id est, pater et filius, prior Domini resurrectio, sequens Domini præparatio dicitur, quæ utraque Domino Christo bene conveniunt, quia ipse est, qui secundum prophetarum dicta, et secundum promissionem suam, tertia die a mortuis resurrexit, nos a peccatorum morte resurgere fecit, et in die judicii omnes electos suos generaliter resuscitans, ad regnum invitat æternum, dicens : *Venite, benedicti Patris mei, percipite regnum quod vobis paratum est ab origine mundi (Matth.* XXV). Salathiel, in Latinum transfertur *petitio mea Deus,* et nulli hoc congruentius quam Redemptori nostro convenit, qui Patrem pro discipulis suis petens, taliter locutus est : *Pater sancte, serva eos in nomine tuo, quos dedisti mihi, ut sint unum, sicut et nos (Joan.* XVII). Et ut effectum deprecandi ostenderet, paulo post subdidit, dicens : *Non pro his autem rogo tantum, sed et pro eis qui credituri sunt per verbum eorum in me, ut omnes unum sint, sicut tu Pater in me, et ego in te, ut et ipsi in nobis sint unum (Joan.* xvii). Zorobabel vero interpretatur *ipse Magister Babylonis,* id est, *magister confusionis.* Et quid Babylon melius quam istum mundum significat, qui, post peccatum primi hominis, variis idolorum cultibus et humanæ vitæ erroribus implicatus et confusus erat? Sed Redemptore nostro veniente, ac regimen in eo suscipiente, cui Pater dixit : *Postula a me, et dabo tibi gentes hæreditatem tuam, et possessionem tuam terminos terræ (Psal.* ii), confestim ad unius Dei cultum et ad justitiæ opera conversus est, et cœpit sub ordine vivere, qui prius solebat per errorum anfractus deviare. Abiud, qui interpretatur *pater meus iste,* vel *pater meus est,* ejus optime gerit figuram de quo in psalmo scriptum est ex persona Patris dicentis : *Ipse invocabit me, Pater meus es tu; et ego primogenitum ponam illum, excelsum præ regibus terræ (Psal.* lxxxviii). Eliacim quoque, qui Latine sonat *Dei resurrectio,* vel *Deus resuscitans,* vel *Deus resuscitabit,* illum topice designat qui in Evangelio ait : *Ego sum resurrectio et vita, qui credit in me, etiamsi mortuus fuerit, vivet (Joan.* xi). Et item : *Hæc est,* inquit, *voluntas Patris mei, qui me misit,* ut *omnis qui videt Filium, et credit in eum, habeat vitam æternam; et ego resuscitabo eum in novissima die (Joan.* vi). Azor, hoc est, *aditus,* plane eum significat, qui dixit : *Qui me misit, mecum est, et non reliquit me solum, quia ego quæ placita sunt ei facio semper (Joan.* viii). Et item : *Pater,* inquit, *meus usque modo operatur, et ego operor (Joan.* v). Et Psalmista ex persona incarnationis ejus loquens, ait : *Ecce Deus adjuvat me, et Dominus susceptor est animæ meæ.* Sadoch quoque *justificatus* dicitur, et illum exprimit de quo Propheta ait : *Justus Dominus, et justitiam dilexit, æquitatem vidit vultus ejus (Psal.* x). Isaias vero ex persona Dei Patris taliter loquitur de Christo : *Justificabit ipse justus servos meos multos, et iniquitates eorum ipse portabit (Isai.* liii). Achim, id est, *frater meus iste,* illum significat qui nostræ infirmitatis voluit esse particeps, ut haberet fratres, de quibus ad Patrem dicere posset : *Narrabo nomen tuum fratribus meis, in medio Ecclesiæ laudabo te (Psal.* xxi). Et in Evangelio de fidelibus suis ipse ait : *Quicunque fecerit voluntatem Patris mei, qui in cœlis est, ipse meus frater, soror, et mater est (Matth.* xii). Eliud vero *Deus meus iste* interpretatur; sine dubio eum demonstrat de quo in cantico Exodi scriptum est : *Iste Deus meus, et honorificabo eum; Deus patris mei, et exaltabo eum (Exod.* xv). Cuique Isaias ait : *Vere tu es Deus absconditus, Deus Israel Salvator (Isai.* xlv). Et cui Thomas post resurrectionem ejus loca clavorum tangens, exclamans aiebat: *Deus meus, et Dominus meus (Joan.* xx). Eleazar *Deus meus adjutor* dicitur. Et Propheta ex parte humanitatis Christi ad Patrem loquitur : *Diligam,* inquit, *te, Domine, virtus mea, Dominus firmamentum meum, et refugium, et liberator meus. Deus meus, adjutor meus, et sperabo in eum (Psal.* xvii). Matham, *donum,* vel *donans,* sive *donatus,* Latine sonat, et Christum in hoc significat. Nam ille dicitur donum, quia *gratia et veritas per Jesum Christum facta est (Joan.* i), et ipse de se in Evangelio dicit : *Sic enim dilexit Deus mundum, ut filium suum unigenitum daret (Joan.* iii). Donans, quia Deus. *Ecce,* inquit, *dedi vobis potestatem calcandi super serpentes et scorpiones, et super omnem virtutem inimici (Luc.* x). Donatus, quia homo. *Ecce ego,* inquit, *et pueri mei quos mihi dedit Deus (Isai.* viii; *Hebr.* ii). Joseph, *apposuit,* sive *apponens,* illum nimirum demonstrat qui fidelibus suis ait : *Ego veni ut vitam habeant, et abundantius habeant (Joan.* x). Et iterum : *Ego,* inquit, *sum pastor bonus, et cognosco oves meas et cognoscunt me meæ* (*Ibid.*). Et paulo post ita subjungit : *Et alias oves habeo, quæ non sunt ex hoc ovili, et illas oportet me adducere, et vocem meam audient, et erit unum ovile et unus Pastor (Ibid.).* Maria quoque interpretatur *Stella maris,* sive *amarum mare,* et hoc nomen apte competit matri Salvatoris. Ipsa quippe stella maris recte vocatur, quia huic mundo tenebris perfidiæ et peccatorum obscurato, veram lucem edidit, de qua Joannes ait : *Erat lux vera quæ illuminat omnem hominem venientem in hunc mundum (Joan.* i). Hæc et amarum mare rite dici potest, quia voluptates istius mundi ac libidinis luxum, quæ mare, id est, amaritudo, recte nuncupantur, eo quod ad amaritudinem perpetuam gehennæ se sequentes pertrahunt, fecit bene amarescere, cum suo exemplo docuit ab illecebris hujus sæculi abstinere. Nam cum a primordio mundi nuptiæ institutæ sunt, et totus mundus post concupiscentias suas abiit, ista in corde suo servare virginitatem suam statuit, et carnis desideria in se mortificare, cœlestemque conversationem in terris habere, ut ei per omnia placeret, cui se servire probavit. Sciendum quoque est quod Maria, sermone Syro *Domina* vocatur; et merito illa domina vocatur, quæ Dominum generare meruit cœli et terræ, sicut et nobilis ille versificator in laude ejus ait :

Conderis in solio, felix Regina, supremo;
Cingeris et niveis, lactea Virgo, choris.

Et Sedulius in carmine Paschali ita proloquitur :

Gaudia matris habes cum virginitatis honore,
Nec primam similem visa es nec habere sequentem,
Sola sine exemplo placuisti femina Christo.

Decursa igitur genealogia Salvatoris, quid quisque ex interpretatione nominis proprii mystice significaret, breviter divinorum librorum testimoniis annotavimus. Nunc ad cætera quæ idem evangelista de eadem genealogia subsequendo dixerat exponendum veniamus.

[II.] *Omnes,* inquit, *generationes ab Abraham usque ad David, generationes quatuordecim. Et a David usque ad transmigrationem Babylonis, generationes quatuordecim. Et a transmigratione Babylonis usque ad Christum, generationes quatuordecim.* (Maur.) Quarum divisionum ratio ita constabit, si ab Abraham prima tessaradecas incipiens, in David finiatur; secunda vero a David, hoc est, juxta David a Salomone inchoans, in Jechoniam priorem, hoc est, patrem, qui Joakim apud Hebræos vocatur, desinat; tertia quoque a Jechonia secundo, id est filio Joakim, qui Hebraice dicitur Joachin, initium sumens, usque ad Christum pertingat, ut ipse Christus connumeretur. Quod autem quatuordecim in tota genealogia sunt positi, historice quidem tres Hebraici populi distincti sunt temporum articuli, quorum primo sub patriarchis, et sacerdotibus, et judicibus ante reges; secundo, sub regibus et prophetis et sacerdotibus ; tertio, sub ducibus, et prophetis, et sacerdotibus post reges, conversatus est. Mystice vero perfecti et divino charismate pleni, in unum redacti sunt numerum. Nam decem ad decalogum, quatuor ad Evangelium, tria ad Trinitatis respiciunt fidem. Et omnia hæc eidem conveniunt sacramento, quia sicut ter quaterni et deni, sive quater decies terni in numero concordant, ita in fide sanctæ Trinitatis lex et Evangelium coadjuvantur,[et per legem atque Evangelium sanctæ Trinitatis fides prædicatur. Quid autem numerus iste pariter significet quo hæc genealogia continetur, non ignobilis est studii investigare. Quadragenarius ergo numerus non incongrue typum tenet temporis præsentis, quia tempora annorum quadripartitis vicibus currunt, et mundus ipse quatuor partibus terminatur. Quadraginta autem quater habent decem. Porro ipsa decem, ab uno usque ad quatuor progrediente numero, consummantur. In hac autem præsenti vita, quæ temporum cursu quotidie dilabitur, quia regi nos a Christo oportet secundum disciplinam laboriosam, *qua flagellat Deus omnem filium quem recipit (Hebr.* XII), Matthæus per hunc numerum Regem Christum venisse testatur, addito videlicet binario numero, qui bene duo Testamenta significare potest. Per hæc quidem Christus Dominus universam Ecclesiam suam regit, et suæ voluntatis illi judicia tribuit, quia quid sibi in pravo displiceat, et quid in bono placeat, evidenter per ea patefacit. Nec non et duo præcepta charitatis possumus in binario simili modo intelligere, quia secundum Salvatoris sententiam, *in his duobus mandatis tota lex pendet et prophetæ (Matth.* XXII). Nec est in præsenti tempore illa disciplina utilis, si non in ea servetur fervor charitatis. Possumus et aliter de prædicto numero, ad præsens Ecclesiæ tempus pertinere, quo , Domino cooperante, in spem futuri sabbati laborat, intimare. Septies enim seni, quadraginta duo faciunt. Sex quidem ad opera, septem vero ad requiem significandam pertinere, rarus qui dubitet. Unde bene populus de terra Ægypti salvatus, quadraginta quidem annos moratur in deserto; sed quia sub spe intrandi in requiem sedulus exercetur, septies sena, id est, quadraginta duo viæ arctissimæ castra metatur : quorum ultimo dum Jesum ducem suscepit, mox aperto Jordane, promissas olim sedes devictis hostibus adiit. Sic et Dominus Jesus quadragesima secunda generatione ex quo mundus ætatis priscæ tenebras, Abraham credente, discussit, adveniens in carne, baptismi nobis lavacro cœli januas pandit, et ipsi perfecto virtutum cursu, in quo quod non videmus sperantes per patientiam exspectamus, sub ejusdem (ut dictum est) numeri sacramento, post siccatum Christo duce Lethi fluvium, promissa patriæ cœlestis perveniemus ad regna.

(*August.*) Verum ad istam mortalitatem nobiscum participandam, quia descendentem voluit significare Matthæus, ideo et ipsas generationes ab Abraham usque ad Joseph, et usque ad ipsius Christi nativitatem descendendo commemoravit ab initio Evangelii sui; Lucas autem non ab initio Evangelii sui, sed a baptismo Christi generationes narrat, nec descendendo, sed ascendendo , tanquam sacerdotem in expiandis peccatis magis assignans , ubi eum vox de cœlo declaravit, ubi testimonium Joannes ipsi perhibuit, dicens : *Ecce qui tollit peccata mundi (Joan.* I). Ascendendo autem transit ad Abraham, et pervenit ad Deum, cui mundati et expiati reconciliamur. Merito et adoptionis originem ipse suscepit, quia per adoptionem efficimur filii Dei, credendo in Filium Dei. Per carnalem vero generationem Filius Dei potius propter nos filius hominis factus est. Satis autem demonstravit non se ideo dixisse Joseph filium Heli, quod de illo genitus, sed quod ab illo fuerit adoptatus, cum et ipsum Adam filium Dei dixit, cum sit factus a Deo, sed per gratiam, quam postea peccando amisit, tanquam filius in Paradiso constitutus sit. Quapropter in generationibus Matthæi significatur nostrorum peccatorum susceptio a Domino Christo ; in generationibus autem Lucæ significatur abolitio nostrorum peccatorum a Domino Christo. Ideo eas ille descendens enarrat, iste ascendens. Quod enim dicit Apostolus : *Misit Deus Filium suum in similitudinem carnis peccati (Rom.* VIII), hæc est susceptio peccatorum; quod autem addidit : *Ut de peccato damnaret peccatum in carne (Ibid.*), hæc est expiatio peccatorum. Proinde Matthæus ab ipso David per Salomonem descendit, in cujus matre ille peccavit : Lucas vero ad ipsum David per Nathan ascendit, per quem prophetam [a] Deus peccatum illius expiavit. Ipse quoque numerus quem Lucas exsequitur, certissime prorsus abolitionem indicat peccatorum. Quia enim Christi aliqua iniquitas, qui nullam habuit, non est utique conjuncta iniquitatibus hominum, quas in sua carne suscepit, ideo numerus penes Matthæum, excepto Christo, est quadragenarius; quia vero justitiæ suæ Patrisque nos expiatos ab omni peccato purgatosque conjungit, ut fiat quod ait Apostolus : *Qui autem adhæret Domino unus Spiritus est (I Cor.* VI), ideo in eo numero qui est penes Lucam, et ipse Christus a quo incipit enumeratio, et Deus ad quem pervenit, connumerantur, et fit numerus septuaginta septem, quo significatur omnium prorsus remissio, et abolitio peccatorum, quam etiam ipse Dominus per hujus numeri mysterium evidenter expressit, dicens remittendum esse peccanti *non solum septies, sed etiam septuagies septies (Matth.* XVIII). Nec frustra iste numerus ad peccatorum omnium pertinet

---

[a] De hoc loco consule Aug. lib. II Retract., c. 16, ubi ait se dicere debuisse, *per cujus nominis prophetam*, etc.

mundationem, si diligentius inquiratur. Denarius quippe tanquam justitiæ numerus, in decem præceptis legis ostenditur. Porro peccatum est legis transgressio; et utique transgressio denarii numeri congruenter undenario figuratur. Unde et vela cilicina jubentur in tabernaculo undecim fieri (*Exod.* xxvi). Quis autem dubitet ad peccati significationem cilicium pertinere? Ac per hoc, quia universum tempus septenario dierum numero volvit, convenienter undenario septies multiplicato, ad numerum septuagesimum et septimum cuncta peccata perveniunt. In quo numero etiam fit plena remissio peccatorum, expiante nos carne Sacerdotis nostri, a quo nunc iste numerus incipit, et reconciliante nos Deo, ad quem nunc iste numerus pervenit per Spiritum sanctum, qui in columbæ specie in hoc baptismo, ubi numerus iste commemoratur, apparuit (*Matth.* iii). (*Beda.*) Christus ergo quomodo ipso quod tricenarius inchoavit baptismum totius significat Ecclesiæ sordes expiaturus, eorumdem quoque numerorum mystica cognatio declarat, quia videlicet triginta æqualibus suis partibus computata pariunt amplius duodecim, qui est patriarcharum et apostolorum numerus, et fiunt quadraginta duo. Habent enim partes tricesimam, unum; quintam decimam, duo; decimam, tria; sextam, quinque; quintam, sex; tertiam, decem; dimidiam, quindecim; quæ simul juncta quadraginta duo consummant. Ubi mystice, ut diximus, innuitur totam Ecclesiæ perfectionem in Christi fide et gratia consistere, quia a patriarchis primo agnita, voce apostolorum est latius diffamata, nec esse nomen sub cœlo in quo oporteat nos salvos fieri, quomodo in quadraginta duobus nulla est particula, quæ non æqualibus tricenarii numeri contineatur in partibus. Tricenarius ergo numerus suis partibus quadragesimum complet et secundum, quia Dominus Ecclesiam sui baptismatis sacramentis et nunc laborantem temporaliter munit et finitis laboribus ad requiem æternaliter perducit. Nec mirandum est quod Lucas a David usque ad Christum plures successiones, Matthæus pauciores, hoc est, iste quadraginta duas, ille quadraginta quatuor posuit, cum per alias personas generationem fateamur esse decursam. Potest enim fieri, ut alii longævam transegerint vitam, alterius vero generationis viri immatura ætate decesserint, cum videamus complures senes cum suis nepotibus vivere, alios vero viros statim filiis obire susceptis. Post enumeratas generationes Matthæus ita sequitur.

[III.] *Christi autem generatio sic erat.* Hæc sententia bifarie poni potest, id est, ut sive ad enumeratam superius genealogiam respiciat, quam ita Evangelista in capite Evangelii sui inchoavit: *Liber generationis Jesu Christi filii David, filii Abraham,* et sic per generationes singulorum vadens, usque ad *Joseph virum Mariæ, de qua natus est Jesus, qui vocatur Christus.* Sicque finita serie generationum quasi rememorando dixit: *Christi autem generatio sic erat,* ac si diceret: Sic ordo humanæ generationis Christi per parentes ejus, usque ad Deum pervenit. Sive ad id jungatur quod subsequitur de desponsatione matris ejus, quomodo, antequam jungeretur suo, inventa est in utero habens de Spiritu sancto, ut quantum generatio Christi a cæteris distet aperiatur, cum cæteri per conjunctionem maris et feminæ solitam, ipse autem per Virginem utpote Dei Filius nascebatur in mundum. (*Hieron.*) Si autem aliquis quærendum putat cum Joseph non sit pater Domini Salvatoris, quid pertinet ad eum generationis ordo deductus usque ad Joseph, sciat primum non esse consuetudinis Scripturarum ut mulierum in generationibus ordo texatur. Deinde ex una tribu fuisse Joseph et Mariam, unde ex lege eam accipere cogebatur, ut propinquam et quod simul censentur in Bethlehem uti de una stirpe generati.

Cum esset desponsata mater ejus Maria Joseph. Quare autem non de simplici virgine, sed de desponsata, concipitur Salvator, hæc ratio est. Primum ut per generationem Joseph origo Mariæ monstraretur; secundo, ne lapidaretur a Judæis ut adultera; tertio ut in Ægyptum fugiens haberet solatium mariti. Ignatius etiam quartam addidit causam, cur a sponsa conceptus sit, ut partus, inquiens, celaretur diabolo, dum eum putat non de virgine generatum, sed de uxore.

Antequam convenirent inventa est in utero habens de Spiritu sancto (Maur.) Hoc quemadmodum factum sit, quoque ordine, vel in qua civitate sit celebrata conceptio, quod Matthæus hic prætermisit, Lucas sufficienter exposuit, post commemoratum conceptum Joannis ita narrans: *In mense,* inquit, *sexto missus angelus Gabriel a Deo in civitatem Galilææ, cui nomen Nazareth, ad virginem desponsatam viro, cui nomen erat Joseph, de domo David, et nomen virginis Maria. Et ingressus angelus ad eam dixit: Ave, gratia plena, Dominus tecum, benedicta tu in mulieribus,* etc. (*Luc.* i); quæ sequuntur de conceptione ejus, et de adventu Spiritus sancti super eam, et de obumbratione virtutis Altissimi. Quod ergo secundum Lucam angelus promisit futurum, hoc Matthæus narrat esse completum.

Inventa est autem in utero habens de Spiritu sancto, a nullo videlicet alio quam Joseph, qui licentia maritali futuræ uxoris pene omnia noverat; ideo tamentem ejus uterum mox curioso deprehendit intuitu. In eo quippe quod ait: *Antequam convenirent,* verbo conveniendi non ipsum concubitum, sed nuptiarum, quæ præcedere solent, tempus insinuat, quando ea quæ prius sponsata fuerat esse conjux incipit. Ergo *antequam convenirent,* dicit antequam nuptiarum solemnia rite celebrarent, *inventa est in utero habens de Spiritu sancto.* Siquidem memorato ordine post ea convenerunt, quando Joseph ad præceptum angeli accepit conjugem suam, sed non concumbebant, quia sequitur, *et non cognoscebat eam.*

Joseph autem vir ejus cum esset homo justus et nollet eam traducere, voluit occulte dimittere eam. Scriptum est, si quis fornicariæ conjungitur unum corpus efficitur, et in lege præceptum est non solum reos, sed et conscios criminum obnoxios esse peccato. Quomodo Joseph cum crimen celat uxoris justus dicitur? Illa quippe justitia Joseph justus erat, quæ ante Dominum justitia est, quæ aliena a misericordia non est, quæ ex mentis simplicitate formatur, quæ gratiæ concordat et ex fide est. (*Orig.*) Non illa quæ apud homines falso justitia dicitur, et vel ex affectu humani favoris simulate profertur vel a crudelitate animi prolata sine discretione exercetur. Igitur erat in verbo justus, in facto justus, in legis consummatione, justus in initio gratiæ. Ideo eam dimittere volebat quoniam virtutem mysterii et sacramentum quoddam magnificum in eadem cognoscebat, cui adproximare sese indignum æstimabat. Nam et in Isaia legerat virginem de domo David esse concepturam et parituram Dominum, de qua etiam domo noverat genus duxisse Mariam, atque ideo non diffidebat in ea prophetiam hanc implendam esse. Ergo humilians se ante tantam et tam ineffabilem rem, quærebat se longe facere, sicut et beatus Petrus, Domino se humilians aiebat : *Recede a me, Domine, quoniam homo peccator sum* (*Luc.* v). (*Beda.*) Sed si sic eam occulte dimitteret, neque acciperet conjugem et illa sponsa pareret, nimirum pauci essent qui eam virginem et non potius autumarent esse meretricem. Unde consilium Joseph repente consilio meliore mutatur, ut videlicet ad conservandam Mariæ famam ipse eam celebrato nuptiarum convivio conjugem acciperet, et castam perpetuo custodiret. Maluit namque Dominus aliquos modum suæ generationis ignorare, quam castitatem infamare genitricis.

Hæc autem eo cogitante ecce angelus Domini in somnis apparuit ei dicens. (*Greg.*) Sciendum est quia in duobus modis locutio divina distinguitur ; aut per semetipsum namque Dominus loquitur, aut per creaturam angelicam ejus ad nos verba formantur. Sed cum per semetipsum loquitur, sola nobis vi internæ inspirationis aperitur. Et de verbo ejus sine verbis ac syllabis cor docetur, quod auditum aperit et habere sonitum nescit, sicut legitur in Actis apostolicis, quod Spiritus sanctus Philippo dixerit : *Adjunge te ad currum.* Et cum ad evocandum Petrum timentes Dominum milites Cornelius direxisset, in mente proculdubio a Spiritu Petrus audivit : *Ecce tres viri quærunt te* (*Act.* x). Cum vero per angelum Dominus voluntatem suam indicat, aliquando eam verbis sine ulla imagine demonstrat, sicut Domino dicente : *Pater, clarifica Filium tuum, ut et Filius tuus clarificet te* (*Joan.* xi), protinus respondetur, *clarificavi, et iterum clarificabo.* Aliquando rebus sine verbis, sicut et Ezechiel electri speciem vidit in medio ignis (*Ezech.* i), quod significat incarnationem Christi. Electrum quippe ex auri argenteique metallo miscetur, in qua permistione argentum quidem clarius redditur, sed tamen fulgor auri temperatur. Quid ergo in electro nisi mediator Dei et hominum demonstratur, qui dum in semetipso divinam humanamque naturam composuit, et humanam per Deitatem clariorem reddidit, et divinam per humanitatem nostris aspectibus temperavit. Aliquando rebus simul et verbis, cum quibusdam motibus insinuat hoc quod sermonibus narrat. Quid est enim, quod post peccatum hominis in paradiso Dominus non jam stat, sed ambulat, nisi quod irruente culpa se a corde hominis motum demonstrat, sicque nequitiam suam cæcis mentibus non solum sermonibus, quibus eos increpavit, sed etiam rebus aperuit. Aliquando imaginibus, oculis cordis ostensis, sicut Jacob subnixam cœlo scalam dormiens vidit (*Gen.* xxviii), et Petrus linteum reptilibus et quadrupedibus plenum, in extasi raptus aspexit (*Act.* x). Aliquando imaginibus ante corporeos oculos ad tempus exstare adsumptis, sicut Abraham non solum tres viros vidit, sed in domum accepit, insuper etiam cibavit (*Genes.* xviii). Aliquando cœlestibus substantiis, sicut baptizato Domino scriptum est, quia de nube vox sonuit dicens : *Hic est Filius meus dilectus, in quo mihi complacuit* (*Matth.* iii). Aliquando terrenis substantiis, sicut cum Balaam corripuit, in ore asinæ humana verba formavit (*Num.* xxii). Aliquando simul terrenis et cœlestibus substantiis Dominus per angelos loquitur, sicut coram Moyse in monte ignem rubumque sociavit, significans se doctorem ejus populi fore, qui et legis flammam perciperet, et tamen peccati spinam nequaquam vitaret, vel quod ex illo populo exiret, qui in igne deitatis dolores carnis nostræ quasi rubi spinas susciperet, et inconsumptam humanitatis nostræ substantiam etiam in ipsa divinitatis flamma servaret. Nonnunquam vero humanis cordibus etiam per angelos Dominus secreta eorum præsentia virtutem suæ aspirationis infundit. Unde Zacharias ait : *Et dixit ad me angelus, qui loquebatur in me* (*Zach.* ii) ; dum ad se quidem, sed tamen in se loqui angelum dicit, liquido ostendit quod is qui ad ipsum verbum faceret per corpoream speciem extra non esset. Unde et paulo post subdidit : *Et ecce angelus qui loquebatur in me, egrediebatur.* (Maur.) Quomodo autem angelus Joseph apparuerit demonstratur, cum dicitur *in somnis*, id est quomodo Jacob scalam vidit per imaginationem videlicet oculis cordis ostensam. Quid autem idem angelus apparens dixerit ostendit cum subinfert.

Joseph, fili David, noli timere accipere Mariam conjugem tuam. Ideo Joseph filius David esse dicitur, ut Maria quoque de stirpe David monstraretur, juxta illud quod scriptum est, nemo copuletur uxori nisi de tribu sua : *Noli*, inquit, *timere accipere Mariam conjugem tuam.* Ne timueris nec trepidaveris, nec conturberis, sed securus et intrepidus accipe secundum legis præceptum uxorem tibi nominatam, et secundum nuptiarum consuetudinem et conjunctionem longe alienam ; cur autem non debuerit vereri eam accipere ostendit cum dicit :

Quod enim in ea natum est de Spiritu sancto est. Quibus profecto verbis modus conceptionis ejus et dignitas Patris edocetur, quia videlicet de Spiritu sancto conceperit et paritura sit Christum. Nec tamen Christum esse filium Spiritus sancti dicere licebit, quia unicus iste est Dei Patris omnipotentis secundum divinam atque humanam substantiam. *(Aug.)* Nam Dominus noster Jesus Christus in quantum Deus est *omnia per ipsum facta sunt (Joan.* 1); in quantum autem homo, et ipse factus est, sicut dicit Apostolus : *Factus est ex semine David secundum carnem (Rom.* 1), sed cum illam creaturam quam Virgo concepit et peperit, quamvis ad solam personam Filii pertinentem, tota Trinitas fecerit, neque enim separabilia sunt opera Trinitatis, cur in ea facienda solus Spiritus sanctus nominatus est? Cum itaque de aliquo nascatur aliquid etiam non eo modo ut sit filius, nec rursus omnis qui dicitur filius de illo sit natus cujus dicitur filius ; profecto modus quo natus est Christus de Spiritu sancto non sicut filius, et de Maria virgine sicut filius, insinuat nobis gratiam Dei, qua homo nullis præcedentibus meritis in ipso exordio naturæ suæ quo esse cœpit Verbo Deo copularetur in tantam personæ unitatem, ut idem ipse esset Filius Dei, qui filius hominis, et filius hominis qui Filius Dei, ac sic in naturæ humanæ susceptione fieret quodammodo ipsa gratia illi homini naturalis, quæ nullum peccatum posset admittere. Quæ gratia propterea per Spiritum sanctum fuerat significanda, quia ipse proprie sic est Deus, ut dicatur etiam Dei donum.

Pariet autem filium et vocabis nomen ejus Jesum. Ac si diceret : Virgo generat, et tu hunc vocabis Jesum, hoc est, vocabis quod ante fuit, quod ante sæcula nominatum est ; non tu ei pones nomen, nec ex te ei vocabulum constitues, sed nomina et voca exsultando Jesum, id est, Salvatorem ; Salvatorem eum esse testare, nec ex tempore cœpisse salvare, sed jam antiquissimum Salvatorem esse.

Ipse enim salvum faciet populum suum a peccatis eorum. (Hieron.) Jesus Hebræo sermone Salvator dicitur. Etymologiam ergo nominis evangelista signavit dicens : *Vocabis nomen ejus Salvatorem, quia ipse salvum faciet populum suum.* Duo enim per hoc verbum præclara signantur, quod et Deus fuerit et Dominus prius ante incarnationem Christus. Et quod populus ejus ab ipso salvandus jam tunc annuntiabatur. *(Maur.)* Non populus ille perfidus, carnalis videlicet Israel de quo scriptum est : *In propria venit, et sui eum non receperunt (Joan.* 1). Et Isaias in persona Christi dicit : *Tota die expandi manus meas ad populum non credentem et contradicentem mihi (Rom.* x). Sed ille populus de quo Dominus per prophetam ait : *Vocabo non plebem meam, plebem meam ; et non misericordiam consecutam misericordiam consecutam. Et erit in loco ubi dictum est non plebs mea vos, ibi vocabuntur filii Dei vivi (Rom.* ix), quia *quos præscivit et prædestinavit hos vocavit, et quos vocavit, hos et justificavit, quos autem justificavit, illos et magnificavit (Rom.* viii); et ideo dictum est : *Ipse salvum faciet populum suum a peccatis eorum,* ut vere Deus. Dei enim est virtutis a peccato salvare, vel peccata dimittere. Iste ergo filius Dei habens populum suum, ipsum venit, ut dictum est, liberare a peccatis atque salvare, sive ex Judæis, sive ex gentibus hominum fidelium atque credentium turbam, sanguine videlicet suo cunctos redimens, morte sua de mortis eos liberans potestate.

Hoc autem totum factum est ut adimpleretur quod dictum est a Domino per prophetam dicentem : Ecce virgo in utero habebit et pariet filium et vocabunt nomen ejus Emmanuel, quod est interpretatum nobiscum Deus. Hoc autem totum factum est, dicit ; quid totum? Hoc est, quod angelus ad Virginem missus est, quod ipsa Virgo suo propinquo desponsata fuit, quod casta servata est, quod angelus Joseph per somnium visus est, quod Mariam accipere jussus est, et pueri nomen vocare Jesum, et ad quid illud? Ut Virgo totius mundi pareret salutem et virgo intacta in perpetuum perseveraret. *Ut adimpleretur,* ait, *quod dictum est a Domino per prophetam dicentem. (Beda.)* Adhibet autem evangelista partui virginali etiam prophetici sermonis exemplum, ut tantæ miraculum majestatis eo certius crederetur, quo hoc non solum ipse factum crederet, sed etiam a propheta prædictum recoleret. Nam et huic evangelistæ, id est, Matthæo, moris est omnia quæ narrat etiam propheticis affirmare testimoniis. Scripsit namque Evangelium suum, sicut superius diximus, ob eorum vel maxime causam, qui ex Judæis credebant, nec tamen legis cæremoniis quamvis renati in Christo valebant evelli. Et propterea satagebat eos a carnali legis et prophetarum sensu ad Spiritalem, quæ de Christo est, erigere, quatenus sacramenta fidei Chirstianæ tanto securius perciperent, quanto hæc naturalia esse quam quæ prophetæ prædixerant agnoscerent. *Ecce,* inquit. Hoc ipsum quod dicit, *ecce,* admirantis est tanti mysterii magnitudinem, ut omnes velut ex somno suscitati, ad hoc dictum evigilent. *(Hieron.) Ecce,* ait, *Virgo in utero habebit et pariet filium.* Pro eo quod evangelista Matthæus dicit *in utero habebit,* in propheta scriptum est, *in utero accipiet,* sed quia propheta futura prædicit, significat quod futurum sit, et scribit *accipiet;* evangelista vero quia non de futuro, sed de præterito narrat historiam, mutavit *accipiet* et posuit *habebit,* qui enim habet nequaquam accepturus est. Sequitur : *Et vocabunt nomen ejus Emmanuel, quod est interpretatum nobiscum Deus. (Orig.)* Vocant nomen ejus prius angeli psallentes in ejus nativitate atque gaudentes, sicut Deum omnium et Regem pacis ad homines venientem. Deinde apostoli unigeniti Filii Dei dominationem atque virtutem omnibus gentibus prædicantes. Ad hæc et sancti martyres contra ignes et gladios usque ad mortem resistentes. Deinde cuncti credentes hoc ipsum nomen usque ad consummationem sæculi memorantes atque laudantes. *(Beda.)* Nomen quippe Salvatoris, quo *nobiscum Deus* a propheta vocatur, utramque naturam unius personæ ipsius significat. Qui enim ante tempora natus ex Patre Deus est, ipse in plenitudine temporum Emmanuel, id est, nobiscum Deus, in utero matris factus est, quia nostræ fragilitatem naturæ in unitatem personæ suæ suscipere dignatus est, quando *Verbum caro factum est et habitavit in nobis.*

Exsurgens autem Joseph a somno fecit sicut præcepit ei angelus Domini, et accepit conjugem suam et non cognoscebat eam. Accepit eam ad nomen conjugis ob causas quas prædiximus, et non cognoscebat eam ad opus conjugale ob arcana quæ didicerat.

Donec peperit filium suum primogenitum. (*Aug.*) Interdum *donec* verbum sacra eloquia pro conjunctione præsumunt, qua vel *et*, vel *ut*, indicari potest. Et ideo scriptum est, *donec peperit filium suum*, id est, et peperit filium suum. (*Hilar.*) Cognoscitur itaque Maria post partum, id est, transit in conjugis nomen; cognoscitur autem, non admiscetur. (Rab.) Nemo itaque intelligendum putet, quasi post natum filium eam Joseph cognoverit, ut Helvidiani perversissime opinantur. Qui dicunt inde ortos esse eos quos *fratres Domini* Scriptura appellat, assumentes hoc in adjutorium sui erroris, quod primogenitus nuncupatur Dominus; sed, quod catholica pietas docet, sentiendum est parentes nostri Salvatoris intemerata fuisse semper virginitate præclaros, et non filios, sed cognatos eorum, *fratres Domini*, consueto Scripturarum more nuncupari. Atque ob id evangelistam, an post natum Filium Dei eam cognoverit dicere non curasse, quia nulli de hoc ambigendum putaverit. Et revera nulli ambigendum est, quod justi conjuges, quibus in virginitatis castimonia permanentibus Dei Filium nasci singulari gratia datum est, nullatenus ex eo castitatis jura temerare et templum Dei sacrosanctum suæ semine corruptionis attaminare potuerunt. Notandum quoque quod primogeniti non, juxta hæreticorum opinationem, soli sunt quos fratres sequuntur alii, sed, juxta auctoritatem Scripturarum, omnes qui primi vulvam aperiunt, sive fratres eos aliqui, seu nulli sequantur. Attamen Dominus speciali ratione potest primogenitus dictus intelligi, juxta hoc quod in Apocalypsi dicit de illo Joannes : *Qui est testis fidelis, Primogenitus mortuorum, et princeps regum terræ.* (*Apoc.* I) Et apostolus Paulus : *Nam quos præscivit et prædestinavit conformes fieri imaginis Filii sui, ut sit ipse primogenitus in multis fratribus* (*Rom.* VIII). Primogenitus quippe mortuorum vocatur, quia post multos licet fratres incarnatus, primus omnium surrexit a mortuis, et viam de morte credentibus vitæ cœlestis aperuit.

Primogenitus in multis fratribus, quia *quotquot receperunt eum, dedit eis potestatem filios Dei fieri* (*Joan.* I); quorum recte primogenitus appellatur, quia omnes adoptionis filios etiam et illos qui incarnationis ejus tempora nascendo præcesserunt, dignitate prægreditur. Siquidem possunt illi cum Joanne veracissime testari : *Quia qui post nos venit, ante nos factus est*, id est, post nos quidem in mundo genitus est, sed merito virtutis et regni primogenitus omnium nostrum jure vocatur. Qui et in ipsa divina nativitate non inconvenienter potest primogenitus dici, quia priusquam creaturam faciendo gigneret aliquam, coæternum sibi Pater genuit Filium; priusquam verbo veritatis adoptionis sibi filios redimendo gigneret aliquos, coæternum sibi Pater æternus genuit Verbum. Unde ipsum Verbum, ipse filius, Dei videlicet virtus et Sapientia, loquitur : *Ego ex ore altissimi prodivi, primogenita ante omnem creaturam* (*Eccli.* XXIV). Peperit ergo Maria filium suum primogenitum, id est, suæ substantiæ filium. Peperit eum qui et ante omnem creaturam Deus de Deo natus erat, et in ea qua creatus est humanitate omnem merito creaturam præibat. Sequitur :

Et vocavit nomen ejus Jesum. Non quod statim post partum ei nomen hoc imposuerit, id est, Jesum, licet hoc ante conceptum ejus angelica sive prophetica prædicerent oracula ; sed, sicut Lucas in Evangelio suo evidenter insinuat, certum temporis terminum denotans, secundum id quod in lege præceptum est. *Postquam*, inquit, *consummati sunt dies octo, ut circumcideretur puer, vocatum est nomen ejus Jesus, quod vocatum est ab angelo priusquam in utero conciperetur* (*Luc.* II). Jesus quoque Hebraice, Latine Salutaris, sive Salvator, ut superius dictum est, interpretatur, cujus vocationem nominis prophetis liquet esse certissimam ; Unde sunt illa magno desiderio visionis ejus cantata. *Anima autem mea exsultavit in Domino, et delectabitur in salutari ejus* (*Psal.* XXXIV); *Defecit in salutari tuo anima mea* (*Psal.* CXVIII); Et, *Ego autem in Domino gloriabor, gaudebo in Deo Jesu meo* (*Habac.* III). Et maxime illud : *In nomine tuo salvum me fac* (*Psal.* LIII). Ac si diceret : Nominis tui gloriam, qui Salvator vocaris, in me salvando clarifica. Jesus ergo nomen est Filii, qui ex Virgine natus est, angelo exponente, significans quod ipse salvet populum suum a peccatis eorum. Qui autem salvat a peccatis, id est, a corruptionibus mentis et corporis, quæ ob peccata contingunt, nec non et ab ipsa morte in perpetuum salvabit.

CAPUT II.

De nativitate Christi in Bethlehem Juda, et magis; de fuga in Ægyptum et nece infantum, etc.

[I.] *Cum ergo natus esset Jesus in Bethlehem Juda, in diebus Herodis regis.* (Maur.) De nativitate quidem Domini in Bethlehem Matthæus Lucasque consentiunt ; sed quomodo et qua causa ad eam venirent Joseph et Maria, Lucas exponit, Matthæus præ-, termittit. Quomodo, et illud quod angelus pastoribus natum, et in præsepi positum nuntiaverat; et quod multitudo militiæ cœlestis facta est cum angelo laudantium Dominum ; et quod venerunt pastores, et viderunt verum esse quod eis angelus nuntiaverat ; et quod die circumcisionis suæ Jesus nomen acceperit, Luca per ordinem narrante, Matthæus tacet. Sicut contra de magis, stella duce, ab Oriente venientibus ad Herodem, et Regem natum quærentibus, oblatisque muneribus, et de reditu eorum, Lucas tacet, Matthæus dicit. Natus est ergo Dominus Jesus in civitate quæ Bethlehem Juda dicitur, ad differentiam alterius quæ in Galilæa habetur in tribu

Zabulon; sub Herode rege, qui primus de alienigenis in gente Judæorum rex fuit, principatum semper, usque ad illud tempus de propria eorum gente tenentibus, juxta illud, quod Jacob patriarcha olim ipsis prædixerat : *Non auferetur*, inquit, *sceptrum de Juda, et dux de femoribus ejus, donec veniet qui mittendus est, et ipse erit exspectatio gentium (Gen. XLIX).* Fuit autem hic Herodes filius cujusdam Antipatris, paternum genus ex Idumæorum gente, ex Arabum vero materni sanguinis originem ducebat. A Romanis quoque et Augusto potestatem regni in Judæis accipiens, postquam Hircanus, pontifex eorum a Parthis captus et translatus est. Notandum autem quod sicut Abraham, cui Christus promissus est, quadragesimo secundo anno Nini primi regis Assyriorum natus est, ita Christus quadragesimo secundo anno Augusti Cæsaris, qui primus monarchiam tenuit, emenso, natus est. Nec hoc vacat a mysterio; concordat enim in numero nativitas patriarchæ ac Salvatoris nostri, et ordo genealogiæ inter ipsos per evangelistam Matthæum enumeratæ. Nec onerosum debet esse lectori, si res mirandæ quæ temporibus Augusti in testimonium adventus Salvatoris nostri exstiterunt breviter commemorentur.

Nam cum primo, C. Cæsare avunculo suo interfecto, ex Apollonia rediens, Urbem ingrederetur hora circiter diei tertia, repente lucido ac puro et sereno cœlo circulus ad speciem cœlestis arcus orbem solis ambiit, quasi cum unum ac potentissimum in hoc mundo solumque clarissimum in orbe monstraret, cujus tempore venturus esset ad sanctæ Trinitatis fidem prædicandam, qui ipsum solem solus mundumque totum et fecisset et regeret. Quod autem Augustus triginta millia servorum dominis reddidit, et sex millia quorum domini non exstabant in crucem egit, significat eum ipsis temporibus venturum, cujus servituti quicunque se rite mancipareni, et digne in sanctæ Trinitatis fide operantes decalogum legis implerent, in æternum ipsi per Domini sui gratiam viverent, illos vero qui, ejus dominatum spernentes, per sex ætates hujus sæculi, variis vitiis se implicantes, aberraverunt, perpetuo cruciatu omnes esse puniendos. Hoc vero quod Augusto Urbem ingresso in perpetuum illi tribunitia potestas manere a senatu decretum est, et his diebus trans Tiberim, e taberna meritoria fontem olei terra exundavit, ac per totum diem largissimo rivo fluxit, quid evidentius in eo significatur, quam quod Christo mundum intrante (de quo scriptum est : *Terra germinet Salvatorem et regnabit in domo Jacob in æternum, et regni ejus non erit finis*), per totum diem, hoc est per omne tempus Romani imperii, imo usque ad finem mundi a Christo Christianos fieri, unctos ab uncto, et ipsos de meritoria taberna, hoc est, de hospita largaque Ecclesia, affluenter et incessabiliter processuros. Illud quoque quod Augustus legiones suas ad tutamen orbis terrarum distribuisset, ovansque omnia superiora populorum debita donanda, litterarum etiam monumentis abolitis, censuisset, significat quod Christus ipsis temporibus natus, prædicatoribus suis orbem terrarum tuendum contra perfidiam distribuit, et jussit prædicari in nomine ejus pœnitentiam et remissionem peccatorum in omnes gentes.

Quod autem prædictus Cæsar, victor ab Oriente rediens, quinto Idus Jan. Urbem triumphans ingressus est, ac tunc primum ipse Jani portas, sopitis finitisque omnibus bellis civilibus, clausit, hoc die primum Augustus consalutatus est (quod nomen antea cunctis inviolatum atque inusitatum, dominis tantum orbis licite usurpatum, apicem declarat imperii), et ex ea die summa rerum ac potestatum penes unum esse cœpit et mansit, quod Græci μοναρχίαν vocant; porro hunc esse eumdem diem quem Epiphaniam, id est apparitionem, sive manifestationem Dominici sacramenti observamus, nemo credentium nescit. Et quid hoc aliud demonstrat, quam hunc occulto quidem gestorum ordine ad obsequium præparationis ejus prædestinatum fuisse, ut eo die quo ille manifestandus mundo post paululum erat, qui idololatriam, clausis idolorum templis, compescuit, et pacem veram cunctis terris atque unitatem religionis obtulit, in ipso iste et pacis signum præferret, et potestatis nomen assumeret ? Quod ergo his temporibus solis eclipsis facta est et fames valida in Romano imperio, solis justitiæ et panis vitæ testatur adventum. Et merito tunc sol mundanus defectionem patitur, et penuria corporei victus erat, quando *lux vera venit, quæ illuminat omnem hominem venientem in hunc mundum*, et ille cibus ac potus de cœlis datus est, de quo qui gustaverit non esuriet, neque sitiet in æternum. Itaque expletis annis ab exordio mundi 5199, Cæsar Augustus ordinatione Dei totum orbem terrarum ab Oriente in Occidentem, a Septentrione in Meridiem, ac per totum Oceani circulum omnes gentes una pace composuit. Cui cum domini nomen per adulationem mimus in ludo deferret, universique exsultantes, quasi ei juste dictum sit, approbavissent, abjecit, ac gravissimo compescuit edicto. Et merito, quia eodem tempore, id est eo anno, verus Dominus natus est Christus, cujus adventui pax ista famulata est. In cujus ortu, audientibus hominibus, exsultantes angeli cecinerunt : *Gloria in excelsis Deo, et in terra pax hominibus bonæ voluntatis*. Qua quidem nativitate in Bethlehem celebrata, Matthæus de magorum adventu subjungit, dicens :

Ecce magi ab Oriente venerunt Jerosolymam dicentes : Ubi est, qui natus est rex Judæorum ? Magi sunt, qui de singulis rebus philosophantur, sed consuetudo sæpe et sermo communis magos pro maleficis accipit. Qui aliter tamen habentur apud gentem suam, eo quod sunt philosophi Chaldæorum, et ad artis hujus scientiam reges quoque et principes ejusdem gentis omnia faciunt. Unde et in nativitate Domini Salvatoris ipsi primum ortum ejus intellexerunt, et venientes in sanctam Bethlehem adoraverunt puerum, stella desuper ostendente, sicut et illi Jerusalem venientes dixerunt.

Vidimus enim stellam ejus in Oriente, et venimus adorare eum. Ad confusionem Judæorum, ut nativitatem Christi a gentibus discerent, oritur stella in Oriente, quam futuram, Balaam, cujus successores erant, vaticinio noverant, sicut in Numeris legitur. Ait enim inter cætera sic : *Orietur stella ex Jacob, et exsurget homo ex Israel.* (*Num.* xxiv.) Idcirco autem magi apud Israel præcipue natum regem requirunt, quia per Balaam de Israel nasciturum eum audierunt. (*Fulg.*) Nova enim stella novum adventasse hominem revelabat. Quibus vero radiis, quantove lumine illam Domini stellam antiqua credimus tunc inter astra fulsisse! Quantum in splendore præcessit, tantum præibat in munere. Quæ velut quidam totius orbis oculus, caligantis mundi veterem novavit aspectum. (*Greg.*) Sed quærendum nobis est quidnam sit quod Redemptore nato, pastoribus in Judæa angelus apparuit, atque ad adorandum hunc ab Oriente magos, non angelus, sed stella perduxit. Quia scilicet Judæis tanquam ratione utentibus rationale animal, id est angelus, prædicare debuit ; gentiles vero, quia ratione uti nesciebant, ad cognoscendum Dominum non per vocem, sed per signa perducuntur. Unde etiam per Paulum dicitur : *Prophetia fidelibus, non infidelibus ; signa autem infidelibus, non fidelibus* (*I Cor.* xiv). Et notandum quod Redemptorem nostrum cum jam perfectæ esset ætatis eisdem gentibus apostoli prædicant, eumque parvulum et necdum per humani corporis officium loquentem stella gentibus denuntiat. Quia nimirum rationis ordo poscebat ut et loquentem Dominum loquentes nobis prædicatores innotescerent, et necdum loquentem elementa muta prædicarent.

Audiens autem Herodes rex turbatus est, et omnis Jerosolyma cum eo. Cœli Rege nato, rex terræ turbatus est, quia nimirum terrena altitudo, confunditur cum celsitudo cœlestis aperitur. (*Fulg.*) Et frustra Herodes turbatur suspicionibus, falsis nequidquam agitatur, invidiæ stimulis inflammatur, et ob hoc natum Regem occidere conatur. Inanis est ista turbatio et vana prorsus cogitatio ; Rex iste qui natus est non venit reges superare pugnando, sed moriendo mirabiliter subjugare. Nec ideo natus est, ut Herodi succedat, sed ut in eum mundus fideliter credat. Venit enim non ut pugnet vivus, sed ut triumphet occisus. Nec venit ut sibi de aliis gentibus auro exercitum quærat, sed ut pro salvandis gentibus pretiosum sanguinem fundat. Quod autem dicit turbato Herode totam Jerusalem simul cum illo turbari, sive adulationis favore hoc factum esse credimus, ut membra iniquo capiti consentiant, sicut scriptum est : *Amici divitum plurimi, et diviti decepto multi recuperatores. Locutus est superbe et justificaverunt illum* (*Prov.* xiv) ; sive animi odio, eo quod legerent in prophetia Balaam : *De Jacob erit, qui dominetur, et perdat reliquias civitates.*

Et congregans omnes principes sacerdotum et Scribas populi, sciscitabatur ex eis ubi Christus nasceretur. In verbo congregandi diligentiam inquirentis ostendit. Congregavit enim eos ut probaret utrum legis peritiam haberent, et in Testamento divinitus conscripto cœlestis regis nativitatem potuissent prædictam invenire, et fortasse ut videret utrum tale ejus nuntium lætos, an tristes faceret. Christum enim eum nominat, quia novit Judæorum more reges oleo perungi.

At illi dixerunt, in Bethlehem Juda. Sic enim scriptum est per prophetam : *Et tu Bethlehem terra Juda nequaquam minima es in principibus Juda. Ex te enim exiet dux, qui reget populum meum Israel* (*Mich.* v). Micheæ utuntur testimonio in quo arguuntur nimiæ oblivionis, quod non eisdem verbis quibus propheta dixerat, utuntur. Ita enim ait propheta : *Et tu Bethlehem Ephrata nequaquam parvula es in millibus Juda. Ex te mihi egredietur qui sit dominator in Israel.* (*Leo.*) Quid enim tam cæcum, quid tam lucis alienum quam illi sacerdotes et Scribæ Israelitarum fuerunt ? qui percontantibus magis, et Herode quærente ubi Christus secundum Scripturarum testimonium nasceretur, hoc responderunt de prophetico eloquio, quod indicabat stella de cœlo. Quæ utique potuerat magos Jerosolymis prætermissis usque ad cunabula pueri sicut postmodum fecit, sua significatione perducere, nisi ad confutandam Judæorum duritiam pertinuisset ut non solum ductu sideris, sed etiam ipsorum professione innotesceret nativitas Salvatoris. Nam ab Herode requisiti, locum nativitatis ejus exprimunt, quem Scripturæ auctoritate didicerunt. (*Greg.*) Et testimonium proferunt quo Bethlehem honoranda nativitate novi ducis ostenditur, et ipsa eorum scientia et illis fieret ad testimonium damnationis, et nobis ad adjutorium credulitatis.

Tunc Herodes clam vocatis magis diligenter didicit ab eis tempus stellæ, quæ apparuit eis, et mittens eos in Bethlehem dixit : Ite et interrogate diligenter de puero, et cum inveneritis renuntiate mihi, ut et ego veniens adorem eum. (*Maur.*) Herodis mens, et facta conveniunt, quia livorem quem tenebat in corde, forinsecus ostendit in opere. Clam vocat semotis Scribis et sacerdotibus magos, quia intestinum dolorem occultabat intrinsecus. Diligenter didicit ab eis tempus stellæ, quia necem Salvatoris meditabatur in mente ; finxit se vultu et verbis eum adorare velle, quem invida cogitatione tractabat occidere. Cujus quidem personam omnes hypocritæ tenent. (*Leo.*) Quia dum ficte Dominum quærunt, invenire illum nunquam merentur. Superfluo, Herodes, timore turbaris, et frustra in suspectum tibi puerum sævire moliris. Non capit Christum regia tua, nec mundi Dominus potestatis tuæ sceptri est contentus angustiis. Quem in Judæa regnare non vis, ubique regnat. Et felicior ipse regnares si ejus imperio subdereris. Cur sincero officio non facis, quod subdola falsitate promittis ? Perge cum magis, et verum regem suppliciter adorando venerare.

Qui cum audissent regem, abierunt. Et ecce stella quam viderunt in Oriente, antecedebat eos usque dum veniens staret supra ubi erat puer. Venit, inquit, et stetit ubi erat puer. Nunquid non dicere et clamare videbatur : Hic, hic puer quem natum testabar a coelo. Hic est rex ille magnus qui venit coelesti imperio regnum sociare terrenum. Vere stella hæc Dominicæ nativitatis ministra est, quæ tanto est Chaldæos obsecuta famulatu, ut in inquirendo Christo non solum eos moneret e coelo, sed et ducatum illis præberet in terris. Hæc stella nunquam ante apparuit, quia nunc eam puer iste creavit, et magis ad se venientibus præviam deputavit, quæ peracto obsequio mox esse desiit.

Videntes autem stellam gavisi sunt gaudio magno valde. (MAUR.) Gaudebant namque magi non inde solum, quod stellam viderant et regem natum cognoverant, imo quod eos usque ad illum perducebat, cujus desiderio jamdum accensi erant. Unde scriptum est : *Gavisi sunt gaudio magno valde*, valde quippe eis et gaudio magno gaudendum erat, qui ad puerum coelestis regis pervenire meruerant, et corporeis oculis simul et aspectu fidei illum aspicere, qui venit totum mundum a peccatorum et infidelitatis tenebris liberare.

Et intrantes domum invenerunt puerum cum Maria matre ejus, et procidentes adoraverunt eum. Et intrantes domum dicit, id est, in diversorium, illud videlicet quod Lucas in Evangelio suo commemorat (*Luc.* II). *Invenerunt puerum cum Maria matre ejus*, cur puerum illum vocat, qui adhuc infans erat, quia non necessario assignatur ætas ei qui semper perfectus est. Quæritur cur Joseph simul cum puero et Maria inventus a magis esse non dicatur, hoc est, ne aliqua malæ suspicionis gentibus daretur occasio, quæ primitias suas Salvatore nato statim ad eum adorandum miserunt. Nam procidentes adorant in carne Verbum, in infantia sapientiam, in infirmitate virtutem et in hominis veritate Dominum majestatis. Utque sacramentum fidei suæ intelligentiæ manifestent, quod cordibus credunt muneribus protestantur. Unde sequitur :

Et apertis thesauris suis obtulerunt ei munera, aurum, thus et myrrham. Ecce tres magi simul uno itinere adoraturi veniebant, quia in uno Christo Jesu, qui omnium credentium via est, inseparata erat ab eis Trinitas adoranda. Deferunt autem ei munera, quæ non tam munera quam mysteria probantur, id est, aurum, thus et myrrham. Per ista ergo munerum genera, in uno eodemque Christo et divina majestas, et regia potestas, et humana mortalitas intimatur. Thus enim ad sacrificium, aurum pertinet ad tributum, myrrha ad sepulturam pertinet mortuorum. Omnia hæc sancta fides Christo veraciter offerre non desinit, dum unum eumdemque verum Dominum, verum regem, verumque hominem credit, ut vere pro nobis mortuum veraciter recognoscat. In oblatione thuris confunditur Arianus, qui soli Patri sacrificium offerri debere contendit. In oblatione myrrhæ confunditur Manichæus, qui Christum vere mortuum pro nostra salute non credit. In auro vero simul uterque confunditur. Quia et Manichæus de semine David secundum carnem natum, non credit regem, et Arianus Deo unigenito naturalem assignare nititur servitutem. Proinde uterque non experietur regem a quo per fidem regatur, sed a quo pro infidelitatis crimine puniatur. Quia ab uno divinitatis, ab altero carnis veritas denegatur. In his confunditur etiam Nestorius, qui nititur Christum in duas personas dividere, cum videat magos non alia Deo; et alia homini, sed uni Deo homini eadem munera obtulisse suppliciter. Non ergo dividatur in personis, qui non invenitur divisus in donis. Propterea quippe unus idemque istis muneribus honoratur, ut unus idemque Deus et homo cognoscatur. Ista magorum oblatio confundit etiam Eutychetis insaniam, qui non vult in Christo utramque veram prædicari naturam. Veritatem quippe istorum munerum tollit, dum in Christo unam naturam prædicare contendit. Potest et aliud in auro, thure et myrrha intelligi. Quia hæc mystica dona mysteriis coelestibus sunt plena. In auro namque ostenditur captivitatis nostræ pretiosa redemptio. In thure autem et dæmoniorum superstitio cessatura, et futurus veræ religionis cultus aperitur. In myrrha vero qua exanimata solent corpora conservari, præfiguratur carnis nostræ reparatio, et resurrectio mortuorum. Item auro sapientia, Solomone attestante, assignatur, qui ait, *Thesaurus desiderabilis requiescit in ore sapientis* (*Prov.* XXI). Thure autem quod Deo incenditur, virtus orationis exprimitur, Psalmista attestante, qui dicit, *Dirigatur oratio mea sicut incensum in conspectu tuo*. Per myrrham vero carnis nostræ mortificatio figuratur. Unde et sancta Ecclesia de suis operariis usque ad mortem pro Domino certantibus dicit : *Manus meæ distillaverunt myrrham* (*Cant.* v). Nato ergo Regi aurum offerimus in conspectu illius claritate supernæ sapientiæ resplendemus, thus offerimus, si cogitationes carnis per sancta operationum studia in ara cordis incendimus, ut suave aliquid Deo per coeleste desiderium redolere valeamus. Myrrham offerimus, si carnis vitia per abstinentiam mortificamus. Per myrrham namque, ut diximus, agitur, ne mortua caro putrefiat. Mortuam vero carnem putrescere, est hoc mortale corpus fluxui luxuriæ deservire. Myrrham ergo Deo offerimus, quando hoc mortale corpus a luxuriæ putredine per condimentum continentiæ custodimus. Mystice autem tres magi significant Gentilem populum ex tribus filiis Noe procreatum, et a tribus partibus orbis ad Christi fidem venientem. Stella quidem propheticum sermonem significat veraciter Domini nativitatem demonstrantem. Herodes vero typum tenet diaboli, qui cognita Salvatoris nativitate persequitur illum, membris ejus temporalem præparans mortem. A quo magi pergunt, cum ab idololatria gentes recedunt, et ad domum in qua est Christus, id est, Ecclesiam catholicam perveniunt. In quam per baptismum et fidem veram ingredientes, repererunt Christum cum matre sua, cum sancta videlicet Ecclesia, quæ virgo permanens quotidie Deo patri filios generat, Joseph inde sequestrato, id est, Judæorum populo propter perfidiam secluso. *Et apertis thesauris suis*, litterarum peritia, *obtulerunt ei terna munera*, id est, physicam, ethicam, logicam, sive historiam, tropologiam, et allegoriam, vel fidem sanctæ Trinitatis. Munera ergo in thesauris clausa significant fidem in corde reconditam. Munera vero de thesauris apertis prolata significant fidem oris confessione atque operis probatione manifestatam. Sed quia post receptam fidem et cognitam veritatem retrorsum ire, et in infidelitatem relabi alicui non licet, sequens sententia significat, cum subjungitur :

Et responso accepto in somnis ne redirent ad Herodem, per aliam viam reversi sunt in civitatem suam. Ergo magi munera obtulerunt Domino, et consequenter munera ab eo accipiunt. Revertuntur autem per aliam viam, qui infidelitati miscendi non erant Judæorum. In eo enim quod admoniti faciunt, nobis profecto insinuant quid faciamus. Regio quippe nostra paradisus est, ad quem Jesu cognito redire per viam qua venimus prohibemur. A regione etenim nostra superbiendo, inobediendo, visibilia sequendo, cibum vetitum gustando discessimus, sed necesse est ad eam flendo, obediendo, visibilia contemnendo, atque appetitum carnis refrenando, redeamus. Per aliam viam ad regionem nostram regredimur, quando qui a Paradisi gaudio per delectamenta discessimus, ad hoc per lamenta revocamur.

Qui cum recessissent, ecce angelus Domini apparuit in somnis Joseph, dicens : Surge, et accipe puerum, et matrem ejus, et fuge in Ægyptum, et esto ibi usque dum dicam tibi; futurum est enim ut Herodes quærat puerum ad perdendum eum. (Aug.) Hic Matthæus prætermittit quæ Lucas narrat de Christo, quod post impletos dies purgationis Mariæ, attulerunt eum Jerusalem, et de Simeone et Anna, quæ dixerunt de illo in templo, postquam cognoverunt eum impleti Spiritu sancto. Omnia hæc tacet prædictus, ubi ait somnio admonitos magos ne redirent ad Herodem, per aliam vero viam regressos in regionem suam. Cum statim subjungit : *Qui cum recessissent, ecce angelus Domini apparuit in somnis Joseph.* Post magorum enim recessum impletum est purgationis tempus, et allato ipso in Jerusalem, perficiebantur omnia quæ eo loco Lucas tunc facta commemorat. Et sic deinde Joseph, angeli apparitione commonitus, cum puero et matre ejus fugit in Ægyptum, unde Evangelista subsequitur dicens :

[II.] *Qui surgens accepit puerum et matrem ejus nocte, et recessit in Ægyptum, et erat ibi usque ad obitum Herodis.* (Hilar.) Joseph per angelum monetur ut Jesum in Ægyptum transferat, Ægyptum videlicet idolis plenam et omnigenum Deum monstra venerantem. Jam post Judæorum insectationem et in exstinguendo profanæ plebis assensum, Christus ad gentes inanissimis religionibus deditas transit, et Judæam relinquens ignoranti eum sæculo colendus infertur. Quando igitur tulit Joseph puerum et matrem ejus, ut in Ægyptum transeat, nocte tulit et in tenebris. Quando vero revertitur nec nox nec tenebræ ponuntur in Evangelio. Quia luce vera recedente, lucis ipsius exosores in priscis tenebris remanserunt. Ipsa vero redeunte quicunque digni existunt perpetuo lucis fulgore illuminantur. Quod autem Dominus ipse ne occideretur ab Herode sublatus est a parentibus in Ægyptum, significat electos sæpius suis effugandos sedibus, vel etiam exsilio damnandos. Ubi simul exemplum datur fidelibus, ne dubitent rabiem persequentium (ubi opportunum fuerit) declinare, fugiendo, cum hoc Deum ac Dominum suum fecisse meminerint. Siquidem ipse qui præcepturus suis erat : *Cum vos persecuti fuerint in una civitate, fugite in aliam* (*Matth.* xx), prius fecit quod præceperat, fugiendo homine, quasi homo in terra, quem magis paulo ante monstravit stella de cœlo.

Ut adimpleretur quod dictum est per prophetam dicentem : Ex Ægypto vocavi Filium meum. Hæc in Septuaginta interpretum editione sententia desideratur, sed juxta Hebraicam veritatem in Osæa propheta scripta reperitur. Et in Numerorum libro scriptum est, dicente Balaam : *Ex Ægypto vocavit eum, gloria ejus sicut unicornis.*

[III.] *Tunc Herodes videns quomodo illusus esset a magis, iratus est valde, et mittens occidit omnes pueros, qui erant in Bethlehem et in omnibus finibus ejus, a bimatu et infra.* (Aug.) Verisimile est ergo, quod postquam Herodi magi nihil renuntiaverunt, eum credere potuisse illos fallacis stellæ visione deceptos, posteaquam non invenerunt quem natum putaverant, erubuisse ad se redire, atque ita eum, timore depulso, ab inquirendo ac persequendo puero quievisse. Cum ergo post purgationem matris ejus, in Jerusalem cum illo venissent, et ea gesta essent in templo, quæ a Luca narrantur, quia verba Simeonis et Annæ de illo prophetantium, cum cœpissent ab eis qui audierant prædicari, ad pristinam intentionem revocata erant animum regis, admonitus per somnum Joseph cum infante et matre ejus fugit in Ægyptum. Deinde vulgatis rebus, quæ in templo dictæ factæque fuerant, Herodes a magis se sensit illusum, ac deinde ad Christi mortem cupiens pervenire multos infantes, sicut Matthæus narrat, occidit in Bethlehem, et in omnibus finibus ejus, et hoc a bimatu et infra. Quia crudelitas animi per invidiam et furorem exardescens, modum in nullo tenuit, sed malitia omnes superare contendit. Nam non contenta est sola vastatione Bethlehem, sed et omnes simul ejus fines devastavit, nec etiam parvulæ ætatis ullam misericordiam habuit, quin omnes a filio unius noctis usque ad filium duorum annorum pariter occidit. Unde sequitur.

Secundum tempus quod exquisierat a magis. Diligenter quoque, ut supra dictum est, tyrannus impurissimus et omni dolo atque nequitia plenissimus didicit a magis tempus stellæ quæ apparuit eis, quia occidere puerum natum cogitabat. Sed tamen non apparet utrum post annum nativitatis Dominicæ, an post duos annos hanc necem maximam puerorum confecerit. Nisi forte dicamus quod post annum evolutum et quatuor dies sequentis anni a nativitate Domini, quæ VIII Kal. Jan. celebratur, in v Kalen. earumdem infantes occidi jusserit, ubi dies passionis eorum a sancta et apostolica Ecclesia veneratur. Et ita regem versutissimum mandasse ut usque ad biennes omnes interficiantur, quatenus ille quem solummodo occidere jampridem decrevit nullo modo in tanta multitudine interfectorum evadere posset. Poterat enim rex iniquus et subtilis cogitare quod regi Deo nascenti, cui cœli sidera famulabantur, possibile esset in validiore ætate, id est, quasi unius anni vel duorum puer, oculis omnium apparere, et rursus, si vellet, in parvitate corporis, ætatem naturæ celare; et ideo sub hac conditione temporis, omnes occidit, quos prior et alter annus habebat.

Tunc adimpletum est quod dictum est per Jeremiam prophetam, dicentem : Vox in rama audita est, ploratus, et ululatus multus ; Rachel plorans filios suos noluit consolari, quia non sunt. De Rachel quidem natus est Benjamin, in cujus tribu non est Bethlehem. (*Hieron*.) Quæritur ergo quomodo Rachel filios Judæ, id est Bethlehem, quasi suos ploret. Respondebimus breviter quia Rachel sepulta sit juxta Bethlehem in Ephratha, sicut titulus monumenti ipsius, manens usque hodie testatur, ad occidentem civitatis ultra viam quæ ducit Hebron, et ex terreno corpusculi hospitio, matris nomen acceperit. Sive quoniam Juda et Benjamin junctæ duæ tribus erant. Et Herodes præceperat, non solum in Bethlehem interfici pueros, sed et in omnibus circa finibus ejus. Per occasionem Bethlehem intelligimus multos etiam de Benjamin fuisse cæsos. Quod autem plorat filios suos Rachel, et non recepit consolationem, secundum duplicem intelligentiam accipi potest. Sive quod eos in æternum mortuos æstimaret, sive quod consolari se nollet de his quos sciret esse victuros. Quod autem dicitur in rama, non putemus loci nomen esse, qui est juxta Gabaa, sed rama *excelsum* interpretatur. Ut sit sensus : Vox in excelso audita est, id est, longe latèque dispersa. (*Hilar*.) Rachel Jacob uxor fuit diu sterilis, sed nullum ex his quos genuerat amisit. Verum hæc in genere Ecclesiæ typum prætulit. Non igitur illius vox et ploratus auditur, quæ nullum habuit amissorum filiorum dolorem, sed hujus Ecclesiæ diu sterilis, nunc vero fecundæ. Cujus ploratus ex filiis, non idcirco, quia peremptos dolebat, auditur, sed quia ab his perimebatur, quos primum genitos filios retinere voluisset. Denique consolari se noluit, quæ dolebat. Non enim ii erant hi qui mortui putabantur, in æternitatis enim profectum per martyrii gloriam efferebantur. Consolatio autem rei amissæ erat præstanda, non auctæ.

Defuncto autem Herode, ecce apparuit angelus Domini in somnis Joseph, in Ægypto, dicens : Surge, et accipe puerum et matrem ejus, et vade in terram Israel. Multi propter ignorantiam historiæ labuntur errore, putantes eumdem esse Herodem a quo in passione sua Dominus irridetur. Ergo Herodes ille, qui cum Pilato postea amicitias facit, hujus Herodis filius fuit, qui nunc mortuus esse refertur, frater autem Archelai, qui testimonio patris sui Herodis, adjudicante etiam Cæsare Augusto regni Judæorum successor exstiterat, trigesimo quidem et septimo regni sui anno, Herodes hic, de quo Evangelium narrat, defunctus est, qui fuit Augusti Cæsaris quadragesimus quartus, juxta Chronicorum fidem.

Defuncti sunt enim qui quærebant animam pueri. (*Hieron*.) Ex hoc loco intelligimus non solum Herodem, sed et sacerdotes et Scribas, jam eo tempore necem Domini fuisse meditatos. Legitur etiam in Josepho Herodem nonnullos de principibus Judæorum ante mortem suam necasse, et merito ut eis, cum quibus ante paululum de Innocentium morte tractabat, ipse moriens causa mortis existeret.

Qui surgens accepit puerum et matrem, et venit in terram Israel. Non dixit accepit filium suum, et uxorem suam, sed puerum et matrem ejus quasi nutritius, non maritus.

Audiens autem quod Archelaus regnaret in Judæa pro Herode patre suo, timuit illuc ire, et admonitus in somnis, secessit in partes Galilææ. (MAUR.) Archelaus iste qui Herodi patri in regnum successerat, novem annis Judææ regnum tenuit. Qui a Judæis ob intolerabilem animi ferocitatem apud Augustum criminatus, æterno apud Viennam Galliæ urbem disperiit exsilio. Regnum vero Judææ quo minus validum fieret, idem Augustus per tetrarchias scindere curavit, quas quatuor fratres Archelai tenere fecit, Herodem, Antipatrum, Lisaniam et Philippum, ut scriptores temporum produnt. (*Aug*.) Si quem autem movet quomodo dicat Matthæus propterea cum puero Jesu parentes ejus isse in Galilæam, quia metu Archelai in Judæam ire noluerunt, cum propterea magis isse in Galilæam videantur, quia civitas eorum erat Nazareth Galilææ, sicut Lucas non tacuit, intelligendum est, ubi angelus in somnis in Ægypto dixit ad Joseph : *Surge, et accipe puerum et matrem ejus, et vade in terram Israel*, sic intellectum esse primo a Joseph, ut putaret jussum se esse pergere in Judæam. Ipsa enim primitus intelligi potuit terra Israel. Porro autem postea quam comperit illic regnare filium Herodis Archelaum, noluit objicere se illi periculo, cum posset terra Israel etiam sic intelligi, ut et Galilæa illic deputaretur, quia et ipsam populus Israel incolebat. Quanquam et alio modo solvi possit hæc quæstio. Quia potuit videri parentibus Christi cum puero (de quo talia per angelica responsa cognoverunt) non esse habitandum, nisi in Jerusalem, ubi erat templum Domini, et propterea redeuntes ex Ægypto illuc eos ituros fuisse, et illic habitaturos, nisi Archelai præsentia terrerentur. Neque enim divinitus jubebantur ibi habitare, ut de Archelao quod timebant debeant contemnere.

[III.] *Et veniens habitavit in civitate quæ vocatur Nazareth, ut adimpleretur quod dictum est per prophetas: Quoniam Nazaræus vocabitur. (Hieron.)* Si fixum de Scripturis posuisset exemplum, nunquam diceret, quod dictum est per prophetas, sed simpliciter quod dictum est per prophetam. Nunc autem pluraliter prophetas vocans, ostendit se non verba, sed sensum de Scripturis sumpsisse. Nazaræus *sanctus* interpretatur. Sanctum autem Dominum futurum omnis Scriptura commemorat. Possumus et aliter dicere, quod etiam eisdem verbis juxta Hebraicam veritatem in Isaia scriptum est: *Exiet virga de radice Jesse et Nazaræus de radice ejus ascendet (Isai.* xi). Allegorice autem hæc mors Innocentum parvulorum præfigurat passionem omnium martyrum Christi, qui parvuli et innocentes sunt, id est humiles, et ab omni dolo malitiæ alieni, et qui non solum in Bethlehem, id est in Judæa, unde Ecclesiæ cœpit origo, sed et in omnibus Ecclesiæ ejusdem finibus per totum orbem terrarum persecutionem passi sunt, ab impiis et nequissimis persecutoribus, quorum Herodes truculentissimus typum tenuit. Hi ergo bimi occisi sunt, id est doctrina et operatione perfecti. Quod illi quidem occisi sunt, sed Christus qui quærebatur vivens evasit, insinuat quidem corpora ab impiis mortes posse perimi, sed Christum, pro quo tota persecutio sævit, nullatenus eis viventibus vel occisis, posse auferri. Quod juxta vaticinium Jeremiæ vox in rama, id est in excelso, audita est, ploratus, et ululatus multus, manifeste denuntiat luctum sanctæ Ecclesiæ, quo de injusta membrorum suorum nece gemit, non, ut hostes garriunt, in vacuum cedere, sed usque ad solium superni ascendere judicis, sicut de sanguine Abel protomartyris scriptum est. Quod autem Rachel plorare filios suos dicitur, nec voluisse consolari quia non sunt, significat Ecclesiam quidem plorare sanctorum de hoc sæculo ablationem, sed non ita velle consolari, ut qui sæculum morte vicerunt rursus ad sæculi certamina secum toleranda redeant. Quia nimirum non sunt ultra revocandi in mundum, de cujus ærumnis semel evaserunt, coronandi ad Christum. Et bene Rachel, quæ *ovis,* aut *videns Deum*, dicitur, Ecclesiam figurare demonstratur, cujus tota intentio, ut videre Deum mereatur, invigilat. Et ipsa est ovis centesima, quam Pastor bonus, relictis in cœlo nonaginta novem ovibus angelicarum virtutum, abiit quærere in terra, inventamque suis humeris imposuit, et sic reportavit ad gregem. Quod vero occisis pro Domino pueris, Herodes non longe post obiit, et Joseph, monente angelo, Dominum cum matre ad terram Israel reduxit, significat omnes persecutiones, quæ contra Ecclesiam erant movendæ, ipsorum persecutorum morte vindicandas, eisdemque mulctatis persecutoribus, pacem Ecclesiæ denuo reddendam, et sanctos qui latuerunt ad sua loca esse reversuros. Possumus quoque odium Herodis quo perdere Jesum voluit, super persecutionibus, quæ apostolorum temporibus factæ sunt in Judæa, specialiter accipere, quando invalescente invidia, prædicatores verbi pene omnes sunt expulsi de provincia, et in gentibus prædicaturi sunt longe lateque dispersi. Sicque factum est ut gentilitas, quæ per Ægyptum figuratur, peccatis ante tenebrosa, lumen verbi perciperet. Hoc est enim puerum Jesum per Joseph et matrem ejus in Ægyptum transferri, fidem Dominicæ incarnationis, et Ecclesiæ societatem per doctores sanctos gentibus committi. Quod erant in Ægypto usque ad obitum Herodis indicat figurate fidem Christi in gentibus mansuram, donec plenitudo earum introeat, et sic omnis Israel salvus fiat. Obitus quippe Herodis terminum intentionis malitiosæ; qua nunc contra Ecclesiam Judæa sævit, insinuat; occisio parvulorum, mortem humilium spiritu, quos, fugato a se Christo, Judæi perimere desiderant. Quod autem defuncto Herode redit ad terram Israel Jesus, finem sæculi denuntiat, quando Enoch et Elia prædicantibus, Judæi, sopita modernæ invidiæ flamma, fidem veritatis accipient. Et bene cum Judæam deserit, fugere, et hoc in nocte dicitur, cum vero revertitur, nulla non solum fugæ, sed ne noctis fit mentio, quia nimirum quos ob peccatorum tenebras olim persecutores reliquit, ipsos ob lucem fidei sanctæ se quærentes revisit. Quod, damnato licet Herode, Joseph timore Archelai filii ejus Judæam, ubi metropolim habebat, ire formidans, monente angelo, in Nazareth Galilææ secedit, ultima præsentis Ecclesiæ tempora designat, quando per ea, quæ nunc universali gentis illius cæcitate Christianos in quantum valet persequi non desistit, acrior in quibusdam Antichristi persecutio consurget. Et quidem plurimis ad prædicationem Enoch et Eliæ a perfidia conversis, sed cæteris ad instinctum Antichristi tota intentione contra fidem dimicantibus. Pars igitur Judææ in qua regnabat Archelaus perfidos Antichristi sequaces ostendit. Porro Nazareth Galilææ, quo Dominus transfertur, pacem gentis ejusdem, quæ tunc temporis fidem Christi est susceptura, designat. Unde bene Galilæa *perpetrata transmigratio*, Nazareth *flos*, aut *virgultum ejus*, interpretatur. Quia nimirum sancta Ecclesia quo ardentiore desiderio ab his quæ in terris videt ad cœlestia promerenda transmigrat, eo majore spiritalium abundat flore ac germine virtutum.

CAPUT III.
De prædicatione Joannis Baptistæ, et baptismo Christi

[I.] *In diebus illis venit Joannes Baptista, prædicans in deserto Judææ, et dicens: Pœnitentiam agite, appropinquat enim regnum cœlorum. (Aug.)* Quod dicit *in diebus illis,* non utique tantummodo pueritiæ illius dies insinuat, sed omnes dies ab ejus nativitate usque ad tempus quo prædicare ac baptizare cœpit Joannes, simul comprehendit. Quo tempore Christi ætas juvenilis invenitur. Quia coævi erant Christus et Joannes, et triginta ferme annorum narratur fuisse, cum ab illo baptizatus esset. Lucas autem per potestates terrenas signantius ipsa tempora expressit prædicationis vel baptismi Joannis, dicens : *Anno autem duodecimo imperii Tiberii Cæsaris, procurante Pontio Pilato Judæam, tetrarcha autem Galilææ Herode, Philippo autem fratre ejus tetrarcha Ituræœ, et Trachonitidis regionis, et Lisania Abilinæ tetrarcha, factum est verbum Domini super Joannem Zachariæ filium in deserto, et venit in omnem regionem Jordanis, prædicans baptismum pœnitentiæ, in remissionem peccatorum (Luc. III).* Pœnitentiam igitur facere in deserto Judææ præco veritatis docet. Quia ea maxime indigebant illi, a quibus propter peccatum Dominus habitatum longius recesserat, ut desertum fierent. Quibus postmodum ipse peccantibus, et homicidia nova veteri prophetarum cædi accumulantibus ait : *Ecce relinquetur vobis domus vestra deserta (Luc. XIII).* Pœnitentiam ergo facientibus regnum cœlorum appropinquare dicitur. Quia quod propter superbiam atque transgressionem primi parentis nostri longius abscessit, cum mors et infernus approriaviit, hoc propter Christi humilitatem et obedientiam, inferno semoto, a peccatis recedentibus vicinum factum est. Et hoc ad comparationem veteris legis dictum est, ubi eam facientibus bona terræ promittebantur. Hic autem non fertilitas terræ, sed regnum cœlorum bene agentibus adesse describitur. Primus enim Baptista Joannes regnum cœlorum prædicavit, ut præcursor Domini hoc honoraretur privilegio.

Hic est enim de quo dictum est per Isaiam prophetam dicentem, Vox clamantis in deserto : Parate viam Domini, rectas facite semitas ejus. Idem vero Joannes secundum alium evangelistam requisitus quis esset, respondit : *Ego vox clamantis in deserto (Joan. I).* Qui ideo vox a propheta vocatus est, quia verbum præibat. Vox ergo inter duo verba solet fieri, hoc est animæ incorporale, et oris corporale. Sic et Joannes venit inter nativitatem Christi divinam (de qua dicitur : *In principio erat Verbum*) et humanam, de qua ita scribitur : *Et Verbum caro factum est, et habitavit in nobis.* Qui etiam in deserto clamat, quia derelictæ et destitutæ Judææ solatium redemptionis annuntiat. Quid autem clamaret aperit, cum subditur : *Parate viam Domini, rectas facite semitas ejus.* Omnis qui fidem rectam et bona opera prædicat, quid aliud quam venienti Domino ad corda audientium viam parat, ut hanc vis gratiæ penetret, et lumen veritatis illustret, ut rectas Deo semitas faciat, dum mundas in animo cogitationes per sermonem bonæ prædicationis format.

Ipse autem Joannes habebat vestimentum de pilis camelorum, et zonam pelliceam circa lumbos suos, esca autem ejus erat locusta, et mel silvestre. (Hieron.) Ecce in Joanne vilitas cibi et vestimenti laudatur, quorum exercitatio in divite arguitur. De pilis, inquit, habebat, non de lana, quia aliud est austeræ vestis indicium, aliud luxuriæ mollioris. Zona autem bellica, qua et accinctus fuit Elias, mortificationis symbolum est. Porro quod sequitur : *Esca autem ejus erat locusta et mel silvestre,* habitatori solitudinis congruum est, ut non delicias ciborum, sed necessitatem humanæ carnis expleret, non quærens dapes ex nutrimento pecorum, nec ex sollicita custodia alvearium, sed tenui victu contentus, ex minutis volatilibus, et ex melle invento in truncis arborum. Potest habitus et victus ejus per significationem etiam qualitatem internæ conversationis ejus non inconvenienter exprimere ; nam quia austerioribus utebatur indumentis, sic etiam Dominus in laudibus ejus protestatus est, dicens ad Judæos : *Quid existis videre ? hominem mollibus vestitum ? Ecce qui mollibus vestiuntur in domibus regum sunt* (Luc. VII); quia vitam peccantium non blandimentis fovit, sed vigore asperæ invectionis increpavit : dicens : *Genimina viperarum, quis vobis demonstravit fugere a futura ira ?* Zonam habebat circa lumbos suos, quia carnem suam crucifixit cum vitiis et concupiscentiis *(Gal. V).* Quod eorum esse qui sunt Jesu Christi, Apostolo attestante, didicimus. Locustas et mel sylvestre edebat, quia dulce quidem sapiebat turbis prædicatio ejus, existimante populo et cogitantibus omnibus in cordibus suis de eo, ne forte ipse esset Christus, sed ocius finem sortita, intelligentibus ejus auditoribus quia non ipse Christus, sed præcursor et propheta esset Christi. (MAUR.) In melle etenim dulcedo, in locustis esset alacer volatus, sed cito deciduus. Nec silendum est, quod in dictis Arculfi Galliarum episcopi, qui de locis sanctis plurima narravit, reperimus minimum genus locustarum fuisse in deserto Judææ, quo pastus est Joannes Baptista et usque hodie ibi apparere, quæ corpusculis in modum digiti manus exilibus et brevibus in herbis facile capiuntur, coctæque in oleo pauperem præbent victum. Similiter narrat idem vir in eodem deserto arbores esse habentes folia lata et rotunda lactei coloris et melliti saporis, quæ natura fragilia manibus confricantur et eduntur. Et hoc esse quod mel silvestre in Evangelio dicitur. Ibidemque ostendi dicit fontem lucidam aquam habentem, a quo sanctus Joannes biberit, qui et lapideo tecto calceque perlito protectus sit. Mystice autem Joannes in deserto Judææ prædicans significat Christum in deserto istius mundi prædicare sive per se, sive per doctores suos, qui recte vox clamantis ob fortitudinem prædicationis dicitur. Quia in Evangelio de eo scriptum est : *Jesus hæc dicens, clamabat : Qui habet aures audiendi audiat (Luc. VIII).* Et : *In novissimo die magnæ festivitatis stabat Jesus, et clamabat dicens : Si quis sitit, veniat ad me et bibat (Joan. VII).* Et discipulis suis ipse præcepit, dicens : *Quod dico vobis in tenebris, dicite in lumine, et quod in aure audistis, prædicate super tecta (Matth. X).* Tribus ergo modis clamor accidit, hoc est, si longe positis quis loquatur, si surdis, si per indignationem. Et hæc tria generi humano acciderunt. Longe erant, quia scriptum est : *Longe a peccatoribus salus* (*Psal.* CXVIII). Et propheta talibus loquitur dicens : *Audite qui longe estis, dicit Dominus* (*Isa.* XXXIII). Surdi erant, quibus per Isaiam dicitur : *Surdi, audite;* et : *Quis est in vobis qui audiat hoc, attendat, et auscultet futura* (*Isa.* XLII). Iram meruerunt, de quibus propheta dicit : *Dominus fortis egredietur sicut vir præliator, suscitabit zelum, vociferabitur, et clamabit, super inimicos suos confortabitur* (*Exod.* XV). Et item : *Provocaverunt me*, inquit, *in diis alienis et ego in furore expellam eos* (*Deut.* XXXII). Viam ergo Domino tunc præparavit, quando cœpit prædicare et dicere : *Pœnitentiam agite, appropinquat enim regnum cœlorum.* Et : *Designavit septuaginta duos, et misit illos binos ante faciem suam in omnem locum et civitatem, quo erat ipse venturus* (*Luc.* X). Pili quoque camelorum significant gentes in Dominum credituras, quæ ab infidelitatis errore, et a fortitudine peccatorum ereptæ in Christi vestimentum redactæ sunt. Unde per prophetam dicitur : *Omnibus his velut ornamento vestieris* (*Ezech.* XVI). Zona vero pellicea, quæ de pelle animantis mortui carne et sanguine deraso efficitur, similiter significat gentes quæ de mortuorum, id est peccatorum hominum, societate abstractæ, ultra carni et sanguini non serviunt. Hæ lumbos Christi veraciter cingunt, quia incarnationem ejus fideliter credunt. Porro locustæ quæ vento agitatæ per segetes volitant, et spicas succidunt significant Judæos, qui prius legem tenentes, sacramenta spiritalia non intelligebant, nunc autem Spiritu sancto acti, spiritalem sequuntur sensum, vanam stipulam litteræ relinquentes, ut esca Domini fieri mereantur. Mel autem dulcedo est sensus spiritalis, in foliis arborum inventus, qui cum per doctorum ministerium in fidelium cordibus reconditur, suaviter corpus Christi satiatur.

[II.] *Tunc exibant ad eum ex Hierosolymis, et omnis Judæa, et omnis regio circa Jordanem, et baptizabantur ab illo in Jordane confitentes peccata sua.* Bene autem qui baptizandi erant exire ad prophetam dicuntur. Quia nisi quis ab infidelitate recedat, et a perfidorum consortio egrediens pompæ diaboli ac mundi illecebris abrenuntiet, baptismum salubrem consequi non poterit. Unde apte sequitur : *Et baptizabantur ab illo in Jordane, confitentes peccata sua.* Jordanis enim Hebræo vocabulo descensio eorum dicitur. Nam bene in Jordane baptizabantur, qui de superbia vitæ, et actibus veteris hominis ad humilitatem veræ confessionis et emendationem morum descenderant. Quia tunc rite quisque baptismum percipit, si per confessionem peccatorum a superbia recesserit, et melioris vitæ professione, priscæ conversationi penitus interdixerit. Exemplum enim jam tunc confitendi peccata, ac meliorem vitam promittendi eis qui baptisma accipere desiderant, dabatur. Sic etiam post ascensionem Domini, prædicante Paulo in Epheso, *multi credentium veniebant, confitentes et annuntiantes actus suos* (*Act.* XIX), quatenus abdicata vita vetere, renovari mererentur in Christo. Unde etiam beato Petro ostensis in linteo cœlesti diversi generis animantibus dictum est : *Surge, Petre, occide et manduca* (*Act.* X). Quod est aperte dicere : Occide infideles ab eo quod fuerant prius, abrenuntiatione scelerum et promissione piæ religionis, ac sic fidei Christianæ sacramentis imbutos in sanctæ Ecclesiæ membra commuta.

Videns autem multos Pharisæorum et Sadducæorum venientes ad baptismum suum, dixit eis : Progenies viperarum, quis demonstravit vobis fugere ab ira ventura? Pharisæi ergo et Sadducæi, ex hæreticis fuere Judæorum, sed tamen inter se contrarie sentiebant, ut in actibus apostolorum dicitur. Nam Pharisæi ex Hebræo in Latinum interpretantur *divisi*, eo quod traditionum et observationum, quas illi deuteroses vocant, justitiam præferunt. Unde et divisi a populo vocantur, quasi per privatam justitiam; Sadducæi vero interpretantur justi, vendicant enim sibi quod non sunt, corporis resurrectionem negant, et animam interire cum corpore prædicant. Hi quinque tantum libros legis recipiunt, prophetarum vaticinia respuunt. Tales quoque ad baptismum suum venientes increpat Joannes, quia pœnitentia et correctione maxime indigebant. Ventura enim ira est animi adversio ultionis extremæ. Quam tunc peccator effugere non valet, qui nunc ad lamenta pœnitentiæ non recurrit. Et notandum quod malæ soboles malorum parentum actiones imitantes, progenies viperarum vocantur, quia per hoc quod bonis invident eosque persequuntur, quod quibusdam male retribuunt, etc., quoniam in his omnibus priorum suorum carnalium vias sequuntur, quasi venenati filii de venenatis parentibus nati sunt. Sed quia peccatis et usu malæ consuetudinis involuti sumus, dicat quid nobis faciendum sit, ut fugere a ventura ira valeamus.

Facite ergo fructum dignum pœnitentiæ. (GREG.) Hic nota, quod non solum fructum pœnitentiæ, sed dignum pœnitentiæ admonet esse faciendum. Aliud namque fructum facere, aliud dignum pœnitentiæ facere. Neque enim par fructus boni operis esse debet ejus qui minus, et ejus qui amplius deliquit, aut ejus qui in nullis, et ejus qui in quibusdam facinoribus cecidit. Per hoc ergo quod dicitur *facite fructus dignos pœnitentiæ*, uniuscujusque conscientia convenitur, ut tanto majora quærat bonorum operum lucra per pœnitentiam, quanto graviora sibi intulit damna per culpam. Sed Judæi se agnoscere peccatores nolebant, quia de Abrahæ stirpe descenderant, quibus recte dicitur :

Et ne velitis intra vos dicere : Patrem habemus Abraham. Dico enim vobis, quoniam potens est Deus de lapidibus istis suscitare filios Abrahæ. (MAUR.) Quia ergo præco veritatis ad dignum pœnitentiæ fructum faciendum eos incitare volebat, ad humilitatem provocabat, et omnem arrogantiæ tumorem abscindere satagebat, quia omnis arrogantia abominatio apud Dominum, qua Judæi ob nobilitatem generis plaudebant, et dicebant : *Nos semen Abrahæ sumus et nemini servivimus unquam (Joan.* vii). Sed quia tanto patri condigna opera non habebant, ideo propheta illis lapides præferebat. Quid enim lapides, nisi corda gentilium fuerunt? ad intellectum Dei omnipotentis invisibilia, sicut quibusdam Judæis dicitur : *Auferam cor lapideum de carne vestra* (*Ezech.* 1). Nec immerito lapidum nomine gentes significatæ sunt, quæ lapides coluerunt. Unde scriptum est : Similes illis fiant, qui faciunt ea, et omnes qui confidunt in eis. De quibus nimirum lapidibus, filii Abrahæ suscitati sunt. Quia dum dura corda gentilium in Abrahæ semine, id est, in Christo crediderunt, ejus filii facti sunt, cujus semini sunt uniti. Unde et eisdem gentibus dicitur : *Si autem vos Christi, ergo Abrahæ semen estis (Gal.* III). Si igitur nos per fidem Christi Abrahæ semen jam existimus, Judæi propter perfidiam Abrahæ filii esse desierunt.

Jam enim securis ad radices arborum posita est. Arbor hujus mundi est universum genus humanum. Securis vero est Redemptor noster, qui velut ex manubrio et ferro constat, teneturque ex humanitate, sed incidit ex divinitate. Quæ videlicet securis jam ad radicem arboris istius posita est. Quia etsi per patientiam exspectat, videtur tamen quid factura est. Potest et securis nomine prædicatio sermonis evangelici intelligi. Quia secundum Apostolum : *Vivus est sermo Dei et efficax, et penetrabilior omni gladio ancipiti et pertingens usque ad divisionem animæ et spiritus, compagum quoque et medullarum, et discretor cogitationum (Hebr.* IV). Et Jeremias propheta verbum Domini securi comparat cædenti petram (*Jerem.* XLVI). Sive securis sententiam Judicis altissimi significat, quæ ad radices arborum, id est, ad finem regni populi Judaici posita est, ut eos qui in Christum credere noluerunt, de terra viventium abscindat. *Omnis ergo arbor quæ non facit fructum bonum exscindetur, et in ignem mittetur.* Quatuor quidem species in lignorum generibus inveniuntur, quorum profecto una tota arida est, altera viridis, sed sine fructu, tertia viridis, fructuosa, sed venenosa, quarta vero viridis est et fructum bonum gignit. In his ergo quatuor differentiis arborum, quatuor hominum species demonstrantur, id est, paganorum, hypocritarum, hæreticorum et fidelium Christianorum. Pagani itaque aridis arboribus assimilantur, qui æterno incendio sunt apti. Hypocritæ viridibus lignis, sed sine fructu manentibus, quia simulatam pietatem foris ostendunt, sed fructu carent. Hæretici quoque viridibus et fructuosis arboribus, sed tamen venenosis comparantur, quia licet prædicando vel scribendo fructum parere videantur, non vitalem tamen, sed mortiferum gustantibus cibum ferunt. Porro boni Catholici viridibus lignis et bonum fructum gignentibus rite adæquantur, quia in viriditate sanctæ religionis sedulo permanentes, bonorum operum fructus ferre non desinunt. (*Greg.*) Igitur omnis arbor non faciens fructum bonum excidetur, et in ignem mittetur, quia unus-

quisque perversus paratam citius gehennæ concremationem invenit, qui hic fructum boni operis facere contemnit. Et notandum quod securim non juxta ramos positam, sed ad radicem dicit, cum enim malorum filii tolluntur, quid aliud quam rami infructuosæ arboris abscinduntur? Cum vero tota simul progenies cum parente tollitur, infructuosa arbor a radice abscissa est, ne jam remaneat unde prava iterum soboles succrescat.

Ego quidem vos baptizo in aqua in pœnitentiam. Qui autem post me venturus est, fortior me est, cujus non sum dignus calceamenta portare. Joannes non spiritu sed aqua baptizat, quia peccata solvere non valens, baptizatorum corpora per aquam lavat, sed mentem per veniam non lavat. Cur ergo baptizat, qui peccata per baptismum non relaxat, nisi ut præcursionis suæ ordinem servans, qui nasciturum nascendo prævenerat, baptizaturum quoque Dominum baptizando præveniret ; et qui prædicando factus est præcursor Christi, baptizando etiam præcursor ejus fieret, imitatione sacramenti? (*Beda.*) Ob hoc ergo baptizabat aqua Joannes, ut omnes quos ad pœnitendum Christoque credendum persuadere potuisset, sui signaculo baptismatis ab infidelium et impœnitentium turba secerneret, atque ad baptismum Christi appetendum dirigeret. *Qui post me,* inquit, *venturus est,* hoc est ad prædicandum, et baptizandum *fortior me est,* quia me dignitate præcellit ; fortis quidem ille est, qui in confessione peccatorum, sed fortior, qui in remissionem baptizat ; fortis qui Spiritum sanctum habere dignus est, fortior qui tribuere ; fortis quo in natis mulierum major nemo est, fortior *cui minorato paulo minus ab angelis omnia subjecta sunt, sub pedibus ejus (Hebr.* II) ; fortis qui regnum cœlorum primus venit prædicare, fortior qui hoc solus potuit dare. Cujus, inquit, non sum dignus calceamenta portare. Alii evangelistæ scripserunt, *Cujus non sum dignus corrigiam calceamenti solvere.* (*Aug.*) Potuit enim Joannes Baptista utrumque dixisse, sive aliud alio tempore, sive contextim ; ac si diceret : Cujus non sum dignus corrigiam calceamenti solvere, nec calceamenta portare ; ut unus evangelista hoc, alii vero aliud, omnes tamen verum narraverint. Nihil autem intendit Joannes de calceamentis Domini loquens, nisi excellentiam ejus et humilitatem suam. Si autem allegoria in hoc quæritur, potest calceamentum Domini incarnationem ejus significare. (*Maur.*) Quis enim nesciat quod calceamenta ex mortuis animalibus fiant? Incarnatus vero Dominus veniens, quasi calceatus apparuit, qui in divinitate sua corpus nostræ mortalitatis assumpsit. Sed quia Joannem homines Christum putaverunt esse, quod idem Joannem negat, tantæ potentiæ semetipsum subjiciens, indignum se esse profitetur carnem sine virili semine ex virgine sumpsisse. Cum hæc dignitas et potentia non servi sed Domini, non creaturæ sed Creatoris sit. Et ob hoc non velle se a quoquam Christum, sed præcursorem ejus æstimari. (*Greg.*) Nam quia hujus incarnationis mysterium humanus oculus penetrare non sufficit, investigari enim nullatenus potest, quomodo corporatur Verbum, quomodo summus vivificator Spiritus intra uterum matris animatur, quomodo is qui initium non habet existit et concipitur. Ideoque Joannes secundum alios evangelistas se non esse dignum dixit ejus solvere corrigiam calceamenti. Corrigia ergo calceamenti est ligatura mysterii. Joannes itaque solvere corrigiam calceamenti ejus non valet, quia incarnationis mysterium nec ipse investigare sufficit, qui hanc per prophetiæ spiritum agnovit. Quod tamen et aliter intelligi potest. Mos apud veteres fuit ut si quis eam quæ sibi competeret accipere uxorem nollet, ille ei calceamentum solveret, qui ad hanc sponsus jure propinquitatis veniret. Quid igitur inter homines Christus, nisi sanctæ Ecclesiæ sponsus apparuit? De quo et idem Joannes dicit: *Qui habet sponsam sponsus est (Joan.* III). Sed quia Joannes non sponsum, quin potius amicum sponsi se credi voluit, recte se indignum esse ad solvendum corrigiam ejus calceamenti denuntiat, ac si aperte dicat: Ego Redemptoris vestigia denudare non valeo, quia sponsi nomen mihi immeritus non usurpo.

Ipse vos baptizabit in Spiritu sancto et igne. (Beda.) Hoc est et purgatione sanctificationis et probatione tribulationis. Potest autem idem Spiritus sanctus etiam nomine ignis significatus intelligi. Quia et incendit per amorem, et per sapientiam, qua replet corda, illuminat. Unde et illi quibus dictum est: *Quia Joannes quidem baptizavit aqua, vos autem baptizabimini Spiritu sancto (Act.* I), idem baptisma Spiritus in ignis visione percipiunt. Sunt qui ita exponunt, quod in præsenti in spiritu, et in futuro baptizemur in igne, ut videlicet sicut nunc in redemptionem omnium peccatorum ex aqua et spiritu renascimur, ita et tunc de levibus quibusdam peccatis, quæ hinc nobis euntibus adhæserunt, purgatorii ignis ante ultimum judicium baptismate permundemur, dicente apostolo: *Si quis superædificaverit super hoc fundamentum, aurum, argentum, lapides pretiosos, ligna, fenum, stipulam, uniuscujusque opus quale sit, ignis probabit. Si cujus opus manserit, quod superædificavit, mercedem accipiet. Si cujus opus arserit, detrimentum patietur; ipse autem salvus erit, sic tamen quasi per ignem (1 Cor.* III). Quod quamvis et de igne tribulationis in hac nobis vita adhibito possit intelligi, tamen si quis hoc de igne futuræ purgationis accipiat, pensandum sollicite est quia illum dixit posse per ignem salvari, non qui super fundamentum Christi ferrum, æs, plumbum ædificat, id est peccata majora et duriora, atque tunc jam insolubilia, sed linum, fenum, stipulam, id est peccata minima atque levissima, quæ ignis facile consumat. Hoc tamen sciendum est, quod illic saltem de minimis nil quisque purgationis obtinebit, nisi bonis hoc actibus in hac adhuc vita positus, ut illic obtineat, promereatur.

Cujus ventilabrum in manu sua, et vermundabit aream suam. Per ventilabrum, id est palam discretio justi examinis, per aream vero præsens Ecclesia designatur. In qua proculdubio, quod lugubre satis est, multi sunt vocati, pauci vero electi, pauca grana supernis recipienda mansionibus, in comparatione loliorum, quæ flammis sunt mancipanda perpetuis. Cujus areæ purgatio et nunc viritim geritur, cum quisque perversus vel ob manifesta peccata de Ecclesia sacerdotali castigatione rejicitur, vel ob occulta post mortem divina districtione damnatur. Et universaliter in fine perficietur, quando *mittet Filius hominis angelos suos, et colligent de regno ejus omnia scandala (Matth.* XIII). Ventilabrum itaque Dominus in manu, id est judicii discrimen habet in potestate. Quia Pater non judicat quemquam, sed judicium omne dedit Filio.

Et congregabit triticum suum in horreum, paleas autem comburet igni inexstinguibili. Et ipse Dominus parabolam boni seminis, cui superseminavit inimicus homo zizania, ita terminavit, ut diceret: *Et in tempore messis dicam messoribus: Colligite primum zizania, et alligate ea in fasciculos ad comburendum, triticum autem congregate in horreum meum (Ibid.)* Nimirum docens impios et peccatores gehennæ igni tradendos, sanctos vero cœlesti gloria coronandos. Verum hoc inter paleas et zizania distat. Quia paleæ non alio quam triticorum semine prodeunt, quamvis a radicis bonæ nobilitate degenerent, zizania autem non fructus solum merito discerpunt, sed et diversa prorsus origine procreantur. Quia paleæ sunt illi qui ejusdem cum electis fidei mysteriis imbunntur, sed ab eorum solida perfectione, vel operum levitate, vel perfidiæ vacuitate, dissentiunt. Zizania vero, qui nec audire quidem fidei verba dignantur. Ideoque a bonorum sorte et opere simul et professione secernuntur. Et ita in agro mundi istius unus electorum, et duo sunt fructus reproborum. Quia et omnia quæ inimicus seminat flammis obnoxia sunt, et quod est gravius, plurima ex his quæ bonis sator jacit, aut a volatilibus rapta, aut sole arefacta, aut spinis suffocata, aut certe in paleis versa depereunt. Solum autem de terra bona creatum, et patientia digna probatum triticum electorum, cœlestis vitæ recondetur in horreum. Quomodo juxta aliam parabolam non solum pisces, qui apostolicæ fidei retia declinant, imis peccatorum obscuri resident in undis, verum multi ad littus usque discretionis extremæ, inter bonos attracti, tunc ob suæ nequitiæ noxam exterioribus mitti merentur in tenebras.

Ignem autem gehennæ bifaria ratione inexstinguibilem vocat, id est, quia neque ille perpetuo possit exstingui, neque eos quos cruciat unquam exstincturus, sed immortali, ut ita dixerim, sit morte plexurus. Ad distinctionem videlicet illius sacratissimi ignis, quo electos Christi baptizandos esse præmiserat. De quo Psalmista: *Igne nos examinasti,* ait, *sicut examinatur argentum (Psal.* XLV). Et paulo post: Non usti sumus in æternum, sed *Transivimus,* inquit, *per ignem et aquam, et duxisti nos in refrigerium ; introibo in domum tuam in holocaustis,* id est, devictis pressurarum angoribus, in gratiarum actione regni tui atria penetrabo.

[III.] *Tunc venit Jesus a Galilæa in Jordanem, ad Joannem, ut baptizaretur ab eo.* (MAUR.) Quod dicit *Tunc venit Jesus,* id est, eo tempore quo Joannes prædicabat, et baptizabat, duodecimo anno scilicet Tiberii Cæsaris, cum ipse Jesus trigesimum annum ætatis haberet ; legitimam videlicet in hoc et maturum tempus ostendens ætatis his qui omnem ætatem vel ad sacerdotium, vel ad docendum putant opportunam, quod ipse triginta annorum baptizatur, et tunc demum incipit signa facere, et docere. Nam duodenis interrogabat homines in terra, qui per divinitatem suam docet angelos in cœlo. Sic et Joseph, qui in figuram resurrectionis Novique Testamenti octoginta annis Ægyptios a fame defendit, tricenarius, ablutis ergastuli sordibus, regni gubernacula suscepit. Et David eadem ætate regnum quod septuagenarius, id est, perpetua quiete dignus compleret, inchoavit. Et Ezechiel triginta annorum, apertis sibi cœlis, prophetiæ dona promeruit ; et quia per fidem et adversa longanimiter ferri et sublimiter debent præmia sperari, et arcæ vel templi altitudo, et tabernaculi longitudo triginta cubitis mensuratur. *Tunc venit,* inquit, *Jesus in Jordanem, ad Joannem, ut baptizaretur ab eo.* (HIERON.) Triplicem ob causam Salvator a Joanne accepit baptismum. Primum, ut quia homo natus erat, omnem justitiam et humilitatem legis impleret ; secundo ut baptismate suo Joannis baptisma comprobaret ; tertio ut Jordanis aquas sanctificans per descensionem columbæ, Spiritus sancti in lavacro credentium monstraret adventum. (BEDA.) Venit quoque Filius Dei baptizari ab homine, non anxia necessitate abluendi alicujus sui peccati, *qui peccatum non fecit ullum, nec inventus est dolus in ore ejus,* sed pia dispensatione abluendi omnes nostrorum sordes peccatorum. Quia *in multis offendimus omnes, et si dixerimus quod peccatum non habemus, nos ipsos seducimus, et veritas in nobis non est.* Venit baptizari in aquis ipsarum conditor aquarum, ut nobis qui in iniquitatibus sumus concepti, et in delictis generati, secundæ nativitatis, quæ per aquam et spiritum celebratur, appetendam insinuaret mysterium. Dignatus est lavari aquis Jordanicis, qui erat mundus a sordibus cunctis, ut ad diluendas nostrorum sordes scelerum omnium fluenta sanctificaret aquarum.

Joannes autem prohibebat eum dicens : Ego a te debeo baptizari et tu venis ad me ? Expavit illum ad se venire, ut baptizaretur aqua, cui nulla inerat quæ baptismo tergeretur culpa, imo qui per sui gratiam spiritus cunctam credentibus mundi tolleret culpam : unde recte intelligitur quod hic dicit Joannes , *Ego a te debeo baptizari,* hoc esse, quod apud evangelistam Joannem, illo ad se veniente, dixisse narratur, *Ecce agnus Dei, ecce qui tollit peccata mundi.* Ab illo enim debemus omnes baptizari, qui ad hoc venit in mundum ut peccata tolleret mundi. Ab illo debuit ipse Joannes baptizari, id est, a peccati originalis contagione mundari. Qui quamvis nullo inter natos mulierum minor, tamen quasi natus ex muliere culpæ nævo non carebat. Ideoque cum cæteris mulierum natis ab eo qui natus ex Virgine Deus in carne apparuit opus habebat ablui. Quoniam ergo scriptum est : Quid est homo ut immaculatus sit, et ut mundus appareat, natus ex muliere (*Joan.* xxv) ? Jure timuit, homo quamvis sanctus, natus tamen ex muliere, et ob id a culpæ macula non immunis, baptizare Dominum, quem ex virgine natum noverat nullam prorsus habere maculam culpæ. Sed quia vera est humilitas ipsa, quam obedientia comes non deserit, quod prius officium recusavit, postmodum humiliter implevit ; nam sequitur :

Respondens autem Jesus, dixit ei : Sine modo, sic enim decet nos implere omnem justitiam. Tunc dimisit eum. Id est, tunc demum dimisit, tunc consensit, tunc passus est eum a se baptizari, cum tali ordine cognovisset omnem justitiam debere compleri. Sine modo, inquit, sine me modo, ut jussi, baptizari abs te in aqua, ut tu post modum a me, quod quæris, baptizeris in spiritu. Sic enim decet nos prærogare exemplum implendæ omnis justitiæ, ut videlicet discant fideles neminem posse hominem absque unda baptismatis perfecte justum existere, omnibusque, quamvis innocenter et juste viventibus, necessarium vivificæ regenerationis officium, cum me, qui Spiritus sancti opere conceptus et natus sum, cognoverint secundæ nativitatis subisse, vel potius sibi consecrasse lavacrum. Nulla personarum majorum contemnat ab humilibus meis in remissionem peccatorum baptizari, cum meminerint Dominum, qui in Spiritu sancto baptizans, peccata dimittere potest, suum baptizandum in aqua submisisse servi manibus caput.

[IV.] *Baptizatus autem confestim ascendit de aqua, et ecce aperti sunt ei cœli, et vidit Spiritum Dei descendentem sicut columbam et venientem super se.* Et hoc ad impletionem omnis justitiæ pertinet, quod baptizato Domino aperti sunt ei cœli, et Spiritus descendit super eum, ut hinc nimirum fides nostra confirmetur per mysterium sacri baptismatis aperiri nobis introitum regni cœlestis, et sancti Spiritus gratiam ministrari. Nunquid enim credi decet Domino tunc primum cœlestia patuisse secreta ? fides habet catholica non minus tempore quo cum hominibus conversatus est, quam post, et antea, in sinu Patris Dei Filium mansisse, et sedem tenuisse cœlestem. Aut credendum est a tricesimo ætatis anno, quando baptizatus est, Spiritus sancti dona eum percepisse, qui a prima conceptione Spiritu sancto plenus semper exstitit. Nobis quoque, qui ejus membra sumus, sunt hæc celebrata mysteria ; quia enim nobis Dominus sacrosancti sui corporis intinctu baptismi lavacrum dedicavit, nobis quoque post acceptum baptisma cœli aditum patere et Spiritum sancum dari monstravit : et congrua multum distantia, quia primus Adam ab immundo spiritu deceptus per serpentem gaudia regni coelestis amisit. Secundus Adam a Spiritu sancto per columbam glorificatus, ejusdem regni lumina reseravit, flammamque vibrantem, qua ingressum paradisi, expulso Adam primo, cherub custos interclusit, secundus Adam per aquam lavacri renascentis exstingui debere monstravit. Ut unde ille cum sua conjuge ab hoste victus exiit, illuc iste cum sanctorum Ecclesia, sponsa videlicet sua, de hoste victor rediret. Bene autem Spiritus reconciliator in columba, quae multum simplex est avis, apparuit, ut et suae videlicet naturae simplicitatem per hujus speciem animalis ostenderet (*Spiritus enim sanctus disciplinae effugiet fictum*) et eum in quem descendit mansuetum, mitemque ac misericordiae supernae praeconem ministrumque doceret mundo esse futurum, simul et omnes, qui gratia essent renovandi simplices ac mundo corde admoneret ingredi. Juxta quod scriptum est : *Sentite de Domino in bonitate, et in simplicitate cordis quaerite illum ; quoniam in malevolam animam non introibit sapientia, nec habitabit in corpore subdito peccatis (Sap.* I). Nam quia nobis ad discendam Deo placitam simplicitatem columba proponitur, diligentius naturam videamus, ut per singula innocentiae ejus exempla, vitae nobis emendatioris instituta sumamus. A malitia fellis aliena est. *Omnis amaritudo, et ira et indignatio tollatur a nobis, cum omni malitia* (*Ephes.* IV). Nullum ore vel unguibus laedit, ne minimas quidem aviculas, vel vermiculos, quibus minores pene omnes aviculae se suosque nutriunt. Videamus ne *dentes nostri sint arma et sagittae* (*Psal.* LVI), ne mordentes et comedentes invicem consumamur ab invicem (*Gal.* v). Contineamus manus a rapinis ; *qui furabatur jam non amplius furetur, magis autem laboret operando manibus, quod bonum est, ut habeat unde tribuat necessitatem patienti* (*Ephes.* IV). Nam et columba saepe alienos quasi suos fertur alere pullos, ipsa terrae fructibus et semine pascitur. Audiamus Apostolum : *Bonum est non comedere carnem, et non bibere vinum* (*Rom.* XIV). Et apostolus Petrus : *Ministrate*, inquit, *in fide vestra virtutem, in virtute autem scientiam, in scientia autem abstinentiam, in abstinentia autem patientiam, in patientia autem pietatem, in pietate autem amorem fraternitatis* (*II Petr.* I). Gemitum pro cantu habet. Miseri simus et lugeamus, et ploremus coram Domino, qui fecit nos. Risus noster in luctum convertatur et gaudium in moerorem. *Beati enim lugentes, quoniam ipsi consolabuntur (Matth.* v). Super aquas sedere consuevit, ut venturi raptum accipitris, praevisa in aquis umbra, declinet ; ac mundatoriis Scripturarum fluentis seduli assidere curemus, quarum speculis edocti, dignoscere et praecavere valeamus insidias hostis iniqui. Haec de natura columbae septem virtutum exempla commemorasse sufficiat, et recte fortasse, quia Spiritus sancti, qui in columba descendit, septiformis est gratia. (*Greg.*) Sed quaerendum est cur in ipso Redemptore nostro, mediatore Dei et hominum, per columbam apparuit, in discipulis vero per ignem. Certe unigenitus Dei Filius Judex est generis humani. Sed quis ejus justitiam ferret si priusquam nos per mansuetudinem colligeret, culpas nostras per zelum rectitudinis examinare voluisset ? Homo ergo pro hominibus factus mitem se hominibus praebuit : noluit peccatores ferire, sed colligere. Prius voluit mansuete corrigere, ut haberet quos postmodum in judicio salvaret. In columba ergo apparere super eum debuit Spiritus, quia non veniebat ut peccata etiam per zelum percuteret, sed adhuc per mansuetudinem toleraret. At contra super discipulos in igne debuit Spiritus sanctus demonstrari, ut hi qui erant simpliciter homines, atque ideo peccatores, eos contra semetipsos spiritalis fervor accenderet, et peccata, quibus Deus per mansuetudinem parceret, ipsi in se per poenitentiam punirent. Nec ipsi quippe esse poterant sine peccato, qui adhaerebant coelesti magisterio, Joanne attestante, qui ait, *Si dixerimus quia peccatum non habemus, nos ipsos seducimus, et veritas non est in nobis* (*I Joan.* I).

Et ecce vox de coelis, dicens : Hic est Filius meus dilectus in quo mihi complacui. (*Aug.*) Hoc et alii duo Marcus et Lucas similiter narrant, sed de verbis vocis quae de coelo facta est variant locutionem, salva tamen sententia. Quod enim Matthaeus ait dictum : *Hic est Filius meus dilectus*, et alii duo dicunt : *Tu es Filius meus dilectus*, ad eamdem sententiam explicandam valet. Vox enim coelestis unum horum dixit, sed evangelista ostendere voluit ad idem valere quod dictum est : *Hic est Filius meus dilectus*, ut illis potius qui audiebant indicaretur esse Filius Dei ; atque ita dictum referre voluit : *Tu es Filius meus*, ac si illis diceretur : *Hic est Filius meus*. Non enim Christo indicabatur quod sciebat, sed audiebant, qui aderant, propter quos etiam ipsa vox facta est. Jam vero quod alius dicit : *In quo mihi complacui* ; alius : *In te complacui* ; alius : *In te complacuit mihi*, apparet, cum quilibet evangelistarum coelestis vocis etiam verba tenuerit, alios ad eamdem sententiam familiarius explicandam verba narrasse, ut intelligatur hoc dictum esse ab omnibus, tanquam diceretur : In te placitum meum constitui, hoc est, per te gerere, quod mihi placet. (RABANUS.) Ergo Filius Dei baptizatur in homine, Spiritus Dei descendit in columba, Pater Deus sonat in voce, sanctae et individuae Trinitatis in baptismo declaratur mysterium. Et recte, ut qui sacramentorum suorum dispensatoribus erat praecepturus *docere omnes gentes, et baptizare eos in nomine Patris, et Filii, et Spiritus sancti,* primus ipse suo in baptismate totam personaliter panderet adesse Trinitatem. Quod autem ait vox paterna : *Hic est Filius meus dilectus, in quo mihi complacui,* ad comparationem terreni hominis dicit, in quo peccante quodammodo se sibi displicuisse Deus conditor insinuat, cum ait : *Poenitet me hominem fecisse in terra* (*Gen.* VI). Poenitentia quidem in Deum nulla cadit, sed nostro more loquens, qui compungi pœnitentia solemus, quando contra votum nostra opera verti videmus, pœnitere se dixit hominem fecisse, quem a rectitudine suæ facturæ peccando degenerare conspexit. In Filio autem suo unigenito sibi singulariter complacuit, quia hunc hominem quem induerat a peccato immunem servare cognovit. Et in hac quoque voce Patris sicut et in cæteris baptizati Domini mysteriis, omnis justitiæ declaratur impletio. Coæternus enim et consubstantialis Patri Filius descendendo super eum spiritu, qui sit, hominibus intimatur, ut per hoc discant homines per gratiam se baptismatis accepto Spiritu sancto de filiis diaboli in Dei filios posse transferri. Sicut Apostolus edocet, fidelibus ita loquens : *Accepistis Spiritum adoptionis filiorum, in quo clamamus : Abba pater;* et evangelista Joannes : *Quotquot*, inquit, *receperunt eum dedit eis potestatem filios Dei fieri (Joan.* i).

CAPUT IV.
De jejunio Christi in deserto et trina tentatione, etc.

[I.] *Tunc Jesus ductus in desertum a Spiritu, ut tentaretur a diabolo.* Dubitari a quibusdam potest a quo spiritu Jesus ductus sit in desertum, propter hoc quod subditur : *Assumpsit eum diabolus in sanctam civitatem,* et rursum, *assumpsit eum in montem excelsum (Matth.* iv). Sed vere et absque ulla quæstione convenienter accipitur ut a sancto Spiritu in desertum ductus credatur, ut illuc eum suus Spiritus duceret, ubi hunc ad tentandum spiritus malignus inveniret. Quod et apud evangelistam Lucam manifeste designatur, cum dicitur : *Jesus autem plenus Spiritu sancto regressus est a Jordane, et agebatur in Spiritu in desertum.* Non ergo virtute spiritus mali Jesus agebatur in desertum, sed voluntate sui Spiritus boni locum certaminis quo adversarium sternat de victoria certus ingreditur. Ubi nobis pariter ordinem recte conversandi præmonstrat, ut post acceptam videlicet in baptismo remissionem peccatorum, sanctique Spiritus gratiam, aptius contra novas antiqui hostis insidias accingamur, menteque sæculum deserentes, quasi manna deserti, sola æternæ vitæ gaudia discamus esurire.

Et cum jejunasset quadraginta diebus et quadraginta noctibus postea esuriit. (Beda.) Quadragesimæ jejunium habet auctoritatem et in veteribus libris ex jejunio Mosis, et Eliæ, et ex Evangelio, quia totidem diebus Dominus jejunavit. Demonstrans Evangelium non dissentire a lege, et prophetis. In persona quippe Mosis lex, in persona Eliæ prophetæ accipiuntur : inter quos in monte gloriosus apparuit, ut evidentius emineret quod de illo dicit Apostolus : *Testimonium habens a lege et prophetis* (Rom. iii). In qua autem parte anni congruentius observatio Quadragesimæ constitueretur, nisi confini atque contigua Dominicæ passionis ? Quia in ea significatur hæc vita laboriosa, cui opus est continentia, ut ab ipsius mundi amicitia jejunetur. Aliter : jejunavit Dominus, cum tentaretur ante mortem cibo adhuc indigens. Manducavit autem et bibit cum glorificatur, post resurrectionem jam cibo non indigens. Hic enim ostendebat in se nostrum laborem, illic autem in nobis suam consolationem, quadragenis diebus utrumque definiens, quia numerus ipse, hoc est, quadragenarius, hujus sæculi significare videtur excursus, observandus in his qui ex quatuor partibus mundi vocantur per gratiam ad eum, qui non venit legem solvere, sed adimplere. Decem namque præcepta legis sunt jam gratia Christi diffusa per mundum. Et quadripartitus est mundus, et decem quadruplicata quadraginta faciunt. Quoniam *qui redempti sunt a Domino* (Isa. li), de regionibus congregavit eos, ab Oriente, et ab Occidente, ab Aquilone, et mari. Jejunans itaque quadraginta diebus ante mortem carnis, veluti clamabat : Abstinete vos a desideriis hujus sæculi. Manducans autem et bibens quadraginta diebus post resurrectionem carnis, veluti clamabat : *Ecce ego vobiscum sum omnibus diebus, usque ad consummationem sæculi (Matth.* xxviii). Jejunium quippe est in tribulatione certaminis. Quoniam qui in agone est, in omnibus abstinens est. Cibus autem in spe pacis, quæ perfecta non erit, nisi cum corpus nostrum cujus exspectamus redemptionem, induerit immortalitatem, quod nondum adipiscendo gloriamur, sed sperando jam pascimur. Utrumque Apostolus simul nos agere ostendit, dicens : *Spe gaudentes, in tribulatione patientes* (Rom. xii). Tanquam illud esset in cibo, hoc in jejunio. Simul enim cum viam Domini carpimus, et a vanitate præsentis sæculi jejunamus, et futuri promissione reficimur, hic non apponentes cor, illic ponentes sursum cor. Quod autem Dominus consummatis jejunii diebus esuriit, cum de Mose vel Elia jejunantibus nihil tale sit scriptum, ideo factum est, ne ab eo tentando pavens hostis aufugeret, quem cum tot signis cœlestibus præconatum, tum etiam visis excellentissimis in abstinendo videret æquatum. Esuriit enim humilis Deus homo, ne inimico innotescat, sublimis homo Deus. (Maurus.) Mystice autem esuries illa qua Dominus esuriebat significat desiderium quod habuit erga salutem nostram. Quia ideo ipse jejunavit abstinens a terreno cibo, ut nos cibo cœlesti reficeremur, ideo tentatus est, ut sua victoria nos vincere faceret, ideoque mortuus est, et resurrexit, ut nos mortui delictis in justitia vivamus per ipsum. Quando ergo nos per ejus gratiam ad faciendam voluntatem ejus convertimur, refectionem illi præbemus. Sicut ipse a muliere Samaritana potum poscebat. Et discipulis suis cibum terrenum sibi offerentibus ait : *Meus cibus est ut faciam voluntatem ejus qui misit me, ut perficiam opus ejus* (Joan. iv). Et alibi : *Hoc est,* inquit, *opus Dei ut credatur in eum quem misit ille.*

Et accedens tentator dixit ei : Si Filius Dei es, dic ut lapides isti panes fiant. Nisi ergo Dominus jejunasset tentandi occasio diabolo non fuisset Accessit quidem tentandi permissione, qui longe erat voto malitiæ. Accessit instigatus fastu superbiæ, qui non observabat tenorem justitiæ. Erexit se servus contra Dominum, captivus contra liberum, infirmus contra fortem, et dum innocentem studebat ligare, reus se dolebat amittere. Non ergo indignum Redemptore nostro, quod tentari voluit, qui venerat occidi. Justum quippe erat ut sic tentationes nostras suis tentationibus vinceret, sicut mortem nostram venerat sua morte superare. *Si Filius*, inquit, *Dei es, dic ut lapides isti panes fiant*. Antiquus enim hostis Redemptorem humani generis debellatorem suum in mundum venisse cognovit. Quia seu per prophetas promissum seu per angelos annuntiatum, sive etiam per Joannem digito demonstratum agnoscere potuit. Unde et per obsessum hominem dixit : *Quid nobis et tibi, Fili Dei? venisti ante tempus torquere nos* (*Matth.* viii). Cum tamen hunc passibilem cerneret, cum posse mortalia perpeti humanitas videret, omne quod de ejus divinitate suspicatus est ei fastu suæ superbiæ in dubium venit. Nihil quippe se nisi superbum sciens, cum hunc esse humilem conspicit, Dominum esse dubitavit, unde et ad tentationum se argumenta convertit. Sed non sicut nos, qui puri homines sumus, irruente sæpe tentatione concutimur, ita Redemptoris nostri anima tentationis est necessitate turbata. Tribus namque modis tentatio agitur, suggestione, delectatione, consensu, et nos cum tentamur plerumque in delectationem, aut etiam in consensum labimur. Quia carnis peccato propagati, in nobismetipsis etiam gerimus unde certamina toleramus. Deus vero qui ad susceptionem carnis sine peccato venerat, nil contradictionis in semetipso tolerabat. Tentari ergo per suggestionem potuit, sed ejus mentem peccati delectatio non momordit. Atque ideo omnis diabolica illa tentatio foris, non intus fuit. Sic enim dignatus est hæc exterius cuncta suscipere, ut tamen ejus mens interius divinitati suæ inhærens, inconcussa permaneret. Qui etsi quando turbatus spiritu infremuisse dicitur, ipse divinitus disponebat quantum ipse humanitas turbaretur. Esurienti quippe Domino non de humo, nec de feno, sed de lapidibus panes facere diabolus suasit, quia mente durus duritiam sermone ostendit. *Dic*, inquit, *ut lapides isti panes fiant*. Non dixit *fac*, sed *dic*, quia scriptum noverat : *Dixit Deus fiat lux, et facta est lux* (*Gen.* 1), Et alibi : *Quia ipse dixit et facta sunt, ipse mandavit et creata sunt* (*Psal.* xxxii). Dicere enim Dei, facere est. Sed in hoc quoque Dei Filius admirandus non est, si ex lapidibus panes creet, cum hoc quotidie jactis in terram seminibus facit, *Rigans montes de superioribus suis, ut educat panem de terra, et vinum lætificet cor hominis* (*Psal.* ciii). Mystice autem ex lapidibus panes facit, cum diversas gentes, quæ lapidibus ob duritiam mentis comparantur, per Evangelium in corpus suum redigit. Quia secundum Apostolum : *Unus panis, unum corpus nos multi sumus in Christo Jesu* (*I Cor.* x).

Et respondens dixit, Scriptum est : Non in solo pane vivit homo, sed in omni verbo quod procedit de ore Dei. Testimonium hoc de Deuteronomio sumptum est. Ubi Moyses commemoravit populo beneficia, dicens ad eos : *Dedit tibi Dominus cibum manna, quod ignorabas tu, et patres tui* (*Deut.* viii), ut ostenderet tibi quod non in solo pane vivit homo, sed in omni verbo quod egreditur ex ore Dei. Ergo si quis non vescitur Dei verbo, iste non vivit. Quia sicut corpus humanum non vivit sine terreno cibo, ita et anima vivere non potest sine Dei verbo. Procedere autem verbum de ore Dei dicitur, cum consilium suum ac voluntatem conditor summus per sanctarum Scripturarum testimonia revelare nostræ fragilitati voluerit. Non quod incorporeus Deus lineamenta corporis in natura sua habeat, sed *invisibilia ejus per ea quæ facta sunt intellecta conspiciuntur, sempiterna quoque virtus ejus ac divinitas* (*Rom.* 1). Notandum autem quod Redemptor noster tentatus ideo per sententias Scripturarum diabolo respondit, quia propositum ei erat humilitate diabolum vincere non potentia. Nobisque exemplum dedit, ut quoties a pravis hominibus aliquid patimur, ad doctrinam potius excitemur, quam ad vindictam. Hostis enim noster adhuc in hac vita nos positos, quanto magis nos sibi rebellare conspicit, tanto amplius expugnare contendit. Eos namque pulsare negligit, quos quieto jure possidere se sentit. Contra nos vero eo vehementius incitatur quo ex corde nostro quasi ex jure propriæ habitationis expellitur. Hoc enim in se ipso Dominus sub quadam dispensatione figuravit, qui diabolum non nisi post baptisma se tentare permisit, ut signum nobis quoddam futuræ conversationis innueret, quod membra ejus postquam ad Deum proficiscerentur, tunc acriores tentationum insidias tolerarent.

Tunc assumpsit eum diabolus in sanctam civitatem, et statuit eum supra pinnaculum templi. (Hieron.) Assumptio ista quæ dicitur, non ex imbecillitate Domini venit, sed de inimici superbia, qui voluntatem Salvatoris necessitatem putavit : ex hoc autem loco intelligitur quid sit illud quod in alio loco : *Abierunt in sanctam civitatem, et multis apparuerunt* (*Matth.* xxvii). (Maurus.) Sancta autem civitas Jerusalem dicebatur, in qua templum Dei erat et sancta sanctorum, et cultus unius Dei secundum legem Moysi. Pinnaculum autem summitas est tecti. Non enim habebat templum culmen in superioribus sicut nec tabernaculum, quod erat æquale. Quomodo omnibus in Palæstina et Ægypto domus ædificantibus facere moris est.

Et dixit ei : Si Filius Dei es, mitte te deorsum. (*Hilar.*) In omnibus tentationibus suis hoc agit diabolus, ut intelligat si Filius Dei sit. Sed Dominus sic responsionem temperat, ut eum relinquat ambiguum. *Mitte te deorsum* ait, quia vox diaboli, qua semper omnes cadere deorsum desiderat persuadere potest, præcipitare non potest; (Maurus) simulque notandum quod Christus licet diabolum permisisset se super pinnaculum templi ponere, tamen renuit ad ejus imperium deorsum descendere. Nobis pro exemplo, ut quisquis imperaverit viam veritatis arctam et supernam nos ascendere, obtemperemus ; si quis autem vult nos fictis suasionibus de altitudine veritatis et virtutum ad ima erroris et vitiorum præcipitare, non illum audiamus. Nam in istis duobus apostolica nos instruit oratio : dicit enim Paulus ad Philippenses ita : *Quidam ergo propter invidiam et contentionem, quidam autem propter bonam voluntatem Christum prædicant (Philip.* 1). Et paulo post : *Quid enim,* inquit, *dum omnimodo sive per occasionem, sive per veritatem Christus annuntietur, in hoc gaudeo, sed et gaudebo, scio enim quoniam hoc mihi proveniet ad salutem per vestram orationem ;* rursum ad Galatas ait : *Licet nos, aut angelus de cœlo evangelizet vobis præterquam evangelizavimus vobis, anathema sit (Gal.* 1).

Scriptum est enim quia angelis suis mandavit de te, ut in manibus tollant te, ne forte offendas ad lapidem pedem tuum. (*Hieron.*) Hoc in xc psalmo legimus, sed ibi non de Christo, sed viro sancto prophetia est. Male ergo interpretatur Scripturas diabolus. Certe si vere de Salvatore scriptum noverat, debuerat et illud dicere, quod in eodem psalmo contra se sequitur : *Super aspidem et basiliscum ambulabis, et conculcabis leonem et draconem.* De angelico auxilio quasi ad infirmum loquitur, de sui conculcatione, quasi tergiversator, tacet. *Ait illi Jesus rursum, Scriptum est : Non tentabis Dominum Deum tuum.* Falsas de Scripturis diaboli sagittas veris Scripturarum frangit clypeis. Et nota, quod necessaria testimonia de Deuteronomio tantum protulerit, ut secundæ legis sacramenta monstraret. *Non tentabis,* inquit, *Dominum Deum tuum,* (*Aug.*) suggerebatur enim tanquam homini, ut signo aliquo exploraret ipse quantus esset, id est quam multum apud Deum posset. Quod vitiose fit cum fit; pertinet namque ad sanam doctrinam, quando habet quod faciat homo, non tentare Dominum Deum suum. Neque enim et ipse Salvator non poterat tueri discipulos suos, quibus tamen ait : *Si vos persecuti fuerint in una civitate fugite in aliam (Matth.* x) : cujus rei prior exemplum præbuit. Nam cum potestatem haberet ponendi animam suam, nec eam poneret nisi cum vellet, in Ægyptum tamen infans portantibus parentibus fugit, et ad diem festum non evidenter, sed latenter ascendit, cum alias palam loqueretur, Judæis irascentibus, et de inimicissimo animo audientibus, nec tamen valentibus mittere in eum manus, *quia nondum venerat hora ejus (Joan.* vii). Qui ergo palam docendo et arguendo et tamen inimicorum rabiem valere in se aliquid non sinendo Dei demonstrat potestatem, idem tamen fugiendo et latendo hominis instruebat infirmitatem, ne Deum tentare audeat, quando habet quod faciat, ut quod cavere oportet evadat.

Iterum assumpsit eum diabolus in montem excelsum valde, et ostendit ei omnia regna mundi, et gloriam eorum. (*Greg.*) Cum autem Deus homo dicitur vel in excelsum montem, vel in sanctam civitatem assumptus a diabolo, mens refugit humana, aures hoc audire expavescunt. Cui tamen non esse incredibile ista cognoscimus si in illo et alia facta pensamus. Certe iniquorum omnium diabolus caput est, et hujus capitis membra sunt omnes iniqui. Quid ergo mirum si se permisit ab illo in montem duci, qui se pertulit etiam a membris illius crucifigi? (Maurus.) Mystice autem mons iste superbiam significat diaboli, per quam ipse deceptus est, et alios decipere gestit. Nam Dominus ad humilia, ad campestria descendit, ut diabolum humilitate superaret. Diabolus autem ducere eum ad montem festinat, ut per quem ipse corruerat etiam cæteri corruant. *Ostendit,* inquit, *ei omnia mundi regna, et gloriam eorum.* Igitur adversus Dominum tota jam sæculi potestate pugnatur, et creatori suo possessio hujus universitatis offertur, ut tenens ordinem fraudis antiquæ, quem neque cibo pellexerat, nec loco moverat, nunc vel ambitione corrumpat. Gloria enim regnorum mundi, sive favor humanæ laudis, quæ maxime regibus et potentibus hujus mundi favet, seu ambitio quælibet, quæ in auro, vel argento, vel in gemmis, vel in cæteris rebus pretiosis pollet, intelligi potest. Ostendit ergo in monte diabolus omnia regna mundi Domino, non quod ipse ejus visum amplificare potuerit, aut aliquid ignotum ei demonstrare (quomodo enim fabrica rerum conspectum conditoris sui latere poterat), sed vanitatem pompæ mundanæ quam ipse diligebat, quasi speciosam ac desiderabilem verbis ostendens, in amorem Christo suggerens venire volebat. Potest hoc et aliter intelligi : sciens quippe diabolus ad hoc venisse Christum, ut regnum illius tolleret, et hi qui sub eo erant inciperent esse cum Christo, *ostendit ei omnia regna mundi,* id est homines hujus sæculi, quomodo alii regantur a fornicatione, alii ab avaritia, alii populari rapiantur aura, hi formæ capiantur illecebra. Neque vero arbitrandum est quod regna ei mundi ostendens, Persarum (verbi gratia) regnum Indorumque monstraverit, *sed ostendit ei omnia regna mundi,* id est regnum suum, quomodo regnaret in mundo, ut cohortans eum facere quod volebat, inciperet Christum habere subjectum. Quod enim in Luca scriptum est, ostensa sibi omnia regna orbis terræ *in momento temporis* (*Luc.* IV), non tam conspectus celeritas indicatur, quam caducæ fragilitas potestatis exprimitur. In momento enim cuncta illa prætereunt, et sæpe honor sæculi abiit, antequam venerit. Quid enim sæculi potest esse diuturnum, cum ipsa sæcula non sint diuturna?

Et dixit illi : Hæc omnia tibi dabo, si cadens adoraveris me. (*Hieron.*) Arrogans et superbus etiam hoc de jactantia loquitur, non quod in toto mundo habeat potestatem, ut possit omnia regna dare diabolus, cum sciamus plerosque sanctos viros a Deo reges factos. *Si cadens,* inquit, *adoraveris me.* Ergo qui adoraturus est diabolum ante corruit. Sed si ipsum ordinem tentationis aspicimus pensamus quanta magnitudine nos a tentatione liberamur. Antiquus hostis contra primum hominem parentem nostrum in tribus tentationibus se erexit. Quia hunc videlicet gula, et avaritia, et vana gloria tentavit, sed tentando superavit, quia sibi eum per consensum subdidit. Ex gula quippe tentavit cum cibum ligni vetiti ostendit, atque ad comedendum suasit, dicens : *Gustate.* Ex vana autem gloria tentavit cum diceret: *Eritis sicut dii. Et profecto ex avaritia tentavit cum diceret: Scientes autem bonum et malum.* Avaritia enim non solum pecuniæ est, sed etiam sublimitatis. Recte enim avaritia dicitur cum super modum sublimitas ambitur. Sed quibus modis primum hominem stravit, eisdem modis a secundo homine tentato succubuit. Per gulam quippe tentat, qui dicit: *Dic ut lapides isti panes fiant*; per vanam gloriam tentat cum dicit: *Si Filius Dei es, mitte te deorsum.* Per sublimitatis avaritiam tentat, cum regna omnia mundi ostendit, dicens: *Hæc omnia tibi dabo si procidens adoraveris me.* Sed in hisdem modis vincitur quibus primum hominem se vicisse gloriatur, ut a nostris cordibus ipso auditu captus exeat, quo nos aditu intromissus tenebat.

Tunc dicit ei Jesus: Vade, Satana. (Hieron.) Non, ut plerique putant, eadem Satanas et apostolus Petrus sententia condemnatur; Petro enim dicitur: *Vade retro me, Satana,* id est, sequere me, quia contrarius es voluntati meæ. Hic vero audit: *Vade, Satana,* et non ei dicitur retro, ut subaudiatur: vade in ignem æternum, qui paratus est tibi et angelis tuis. (MAURUS.) Si autem secundum alia exemplaria quis Vade retro, Satanas, legere voluerit, potest in hoc ita sentire, quod retro ad transacta tempora respiciat, quibus sibi reum diabolus tenebat mundum. Quasi Dominus diabolo dicens: Vade retro, Satanas, significaverit principatus sui tempora, quem in retro actis sæculis tenebat, jam esse finienda, ac si diceret: Attende retro, quando decepisti primum hominem, et posteros ejus per varios idolorum cultus deludebas; sufficiat tibi usque huc, nunc autem non solum me subvertere non valebis, imo a potestate, quam te habere plaudebas per me ejicieris. Sicut ipse appropinquante hora suæ passionis dicebat: *Nunc judicium est mundi, nunc princeps hujus mundi ejicietur foras; et ego si exaltatus fuero a terra, omnia traham ad me ipsum (Joan.* XII). Satanas ergo *adversarius* Latine, sive *transgressor,* interpretatur. Et recte inimicus veritatis atque transgressor justitiæ retrorsum vadit, quia cum ipse suum honorem non servavit, alieni invasor imperii repulsus æterna confusione dignus apparebit.

Scriptum est enim: Dominum Deum adorabis, et illi soli servies. (Hieron.) Dicens diabolus Salvatori, *Procidens adoraveris me,* e contrario audit quod ipse magis adorare eum debeat Dominum et Deum suum. Quærit forte aliquis quomodo conveniat quod hic præcipitur, Domino soli serviendum, Apostoli verbo, qui dicit: *Sed per charitatem servite invicem* (*Gal.* v). Sed huic facile Græcæ linguæ ex qua Scriptura translata est origo satisfacit, in qua servitus duobus modis ac diversa significatione solet appellari, dicitur enim λατρεία, dicitur et δουλεία; sed δουλεία intelligitur servitus communis, id est, sive Deo, sive homini, sive cuilibet rerum naturæ, exhibita, a quo etiam servus, id est δοῦλος, Græce nomen accipit; λατρεία autem vocatur servitus illa quæ sola divinitatis cultui debita, neque ulli est participanda creaturæ; unde et idololatræ nuncupantur hi qui vota, preces et sacrificia, quæ uni Deo debuerant, idolis impendunt. Jubemur ergo per charitatem servire invicem, quod est Græce δουλεύειν; jubemur uni servire, quod est Græce λατρεύειν, unde dicitur *Et illi soli servies,* quod est Græce λατρεύσεις, et iterum: *Nos enim sumus circumcisio spiritui Dei servientes* (*Philipp.* III), quod est Græce λατρεύοντες.

Tunc reliquit eum diabolus, et ecce angeli accesserunt, et ministrabant ei. (Hieron.) Præcedit tentatio, ut sequatur victoria, angeli ministrant ut victoris dignitas comprobetur. Ex qua re quid aliud quam unius personæ utraque natura ostenditur? quia et homo est quem diabolus tentat, et idem ipse Deus est cui ab angelis ministratur. Cognoscamus igitur in eo naturam nostram, quia nisi hunc diabolus hominem cerneret, non tentaret. Veneremur in illo divinitatem suam, quia nisi Deus super omnia existeret, nullo modo angeli ministrarent ei. Verum quia principium sancti Evangelii de genealogia et infantia Salvatoris, de baptismo et tentatione ejus, hoc libro explicavimus, de initio prædicationis illius aliud exordium sumamus.

LIBER SECUNDUS.

SEQUITUR CAPUT IV.

De initio prædicationis Christi, et vocatione discipulorum.

[I.] Postquam ergo Matthæus evangelista de quadraginta dierum jejunio, et de tentatione qua tentatus est a diabolo Salvator, et de angelorum ministerio narravit, continuo subjecit dicens: *Cum autem audisset Jesus quod Joannes traditus esset, secessit in Galilæam.* [II.] Quod tamen non continuo factum Joannes apostolus et evangelista manifestat; cum dicit, antequam Joannes Baptista missus esset in carcerem, Jesum isse in Galilæam. Postquam enim commemoravit quod in Cana Galilææ fecit de aqua vinum, et descendit cum matre et discipulis, et ibi manserunt non multis diebus, dicit eum deinde ascendisse Hierosolymam propter pascha, posthæc venisse in Judæam terram et discipulos ejus, et illic demoratum cum eis, et baptizantem, ubi secutus ait: *Erat autem et Joannes baptizans in Ænnon juxta Salim, quia aquæ multæ erant illic (Joan.* III). Matthæus autem, sicut superius demonstravimus, dicit: *Cum autem audisset quod Joannes traditus esset, secessit in Galilæam.* Similiter et Marcus. Postea autem, *cum traditus est,* inquit Joannes, *venit Jesus in Galilæam.* Lucas quidem nihil dicit de tradito Joanne, sed tantum et post baptismum et tentationem Christi dicit eum venisse in Galilæam, sicut illi duo. Nam ita contexit narrationem suam : *Et consummata*, inquit, *omni tentatione, diabolus secessit ab illo usque ad tempus, et regressus est Jesus in virtute in Galilæam, et fama exiit per universam regionem de illo.* Unde intelligitur hos tres evangelistas non Joanni evangelistæ contraria narrasse, sed prætermisisse primum Domini adventum in Galilæam posteaquam baptizatus est, quando illic aquam convertit in vinum, tunc enim nondum erat traditus Joannes, cum vero adventum ejus in Galilæam connexisse narrationibus suis qui post Joannem traditum factus est; de quo ejus reditu in Galilæam etiam ipse Joannes evangelista sic loquitur : *Ut ergo cognovit Jesus quia audierunt Pharisæi quia Jesus plures discipulos facit et baptizat, quam Joannes, quanquam Jesus non baptizaret sed discipuli, reliquit Judæam et abiit iterum in Galilæam (Joan.* IV). Tunc ergo intelligimus jam fuisse traditum Joannem, Judæos vero audisse quod plures discipulos faceret et baptizaret, quam fecerat et baptizaverat Joannes. Nec hoc silendum arbitror, quod ecclesiastica narrat historia, beatissimum Joannem apostolum usque ad ultimum pene suæ vitæ tempus absque ullius Scripturæ indiciis Evangelium prædicasse. Sed cum trium, inquit, Evangeliorum etiam ad ipsum notitia pervenisset, probasse quidem tum fidem et veritatem dictorum, deesse tamen vidit aliqua, et ea maxime quæ primo prædicationis suæ tempore Dominus gesserat, rogatusque a fidelibus auditoribus suis, et credentibus in Christum, ut ea quæ præterierant priores ante traditionem Joannis Salvatoris gesta describeret, et ideo dicit in Evangelio : *Hæc fecit in initio signorum Jesus (Joan.* II). Et iterum in alio loco indicat dicens : *Nondum enim Joannes fuerat missus in carcerem (Joan.* III). Ex quibus constat quod ea quæ antequam Joannes traderetur ab Jesu fuerant gesta, describit, hoc est unius tantum anni, in quo et passus est, post carcerem Joannis, historiam texuisse.

Et relicta civitate Nazareth, venit et habitavit in Capharnaum maritima, in finibus Zabulon et Nephthalim. (*Hieron.*) Nazareth itaque unde Dominus noster et Salvator Nazaræus vocatus est, in Galilæa viculus contra regionem, in duodecimo ejus milliario ad Orientalem plagam juxta montem Thabor, Capharnaum vero juxta stagnum Genesareth usque hodie est oppidum in Galilæa gentium, situm in finibus Zabulon et Nephthalim. Narrat quidam supra memoratus episcopus Arculphus, harum civitatum utramque modernis temporibus absque murorum ambitu esse, et Nazareth supra montem positam, Capharnaum vero angusto inter montem et stagnum coarctatam spatio, ab Aquilonari plaga montem, lacum vero ab Australi habentem, et quod ab Occasu in Ortum extensa dirigatur. Mystice autem quod Joanne tradito Jesus incipit prædicare, significat quod desinente lege, consequenter oritur Evangelium, aurora deficiente verus consurgit Sol, discipulo cessante Magister adest. Sed humilis magister est ille qui doctrinam discipuli non despexit, non impedivit, sed exspectavit donec cursum suum discipulus consummaverit; exemplum nobis præbens, ne quis ab inferiore persona despiciat sermonem prædicationis audire, imo humilitatem apostolicam studeat imitari, quia dicit : *Si cui revelatum fuerit sedenti, prior taceat (I Cor.* XIV). *Et relicta,* inquit, *civitate Nazareth, venit et habitavit Capharnaum maritimam.* Nazareth, *flos,* aut *virgultum ejus.* Capharnaum *villa pulcherrima,* sive *ager pinguedinis,* sive *villa consolationis* interpretatur. Bene itaque Redemptor noster, relicta Nazareth Capharnaum transgreditur, quia de flore figurarum, quæ sub lege imperfectæ manebant, ad fructum spiritalis doctrinæ, qui in Evangelio est, transire nos docet. In sancta quippe Ecclesia, quæ est villa pulcherrima in decore virtutum, et ager pinguedinis in abundantia charitatis, atque opulentia bonorum operum, sive ager consolationis, in solatio Scripturarum et spe firma futurorum habitans, Salvator per doctores prædicat quotidie Evangelium, quia in ipsa fructificant omnia germina virtutum; unde in laudem ejus sponsus in Cantico canticorum dicit : *Hortus conclusus, soror mea sponsa, hortus conclusus, fons signatus. Emissiones tuæ paradisus malorum punicorum, cum pomorum fructibus. Cypri cum nardo, nardus, et crocus, fistula, et cinnamomum, cum universis lignis Libani, myrrha, et aloe cum omnibus primis unguentis. Fons hortorum, puteus aquarum viventium, quæ fluunt impetu de Libano* (*Cant.* IV). Hæc bene maritima dicitur, quia juxta mare istius mundi posita, quotidie persecutionum fluctibus tunditur. Attamen homines undis voluptatum mersos retibus Evangelii non cessat liberare. Quæ et in finibus Zabulon et Nephthalim sita est, quia in medio gentium ad dilatandum fortiter verbum Dei consistit, ut credentibus sit refugium, et periclitantibus demonstret fidei portum. Zabulon ergo *habitaculum fortitudinis* interpretatur, et Nephthalim *dilatatio.*

Ut adimpleretur quod dictum est per Isaiam prophetam : Terra Zabulon, et terra Nephthalim, via maris trans Jordanem Galilææ gentium, populus qui sedebat in tenebris lucem vidit magnam, habitantibus in regione umbræ mortis, lux orta est eis (Isa. IX). Secundum ergo evangelistæ Matthæi sensum, hoc testimonium propheta Isaias de adventu Christi et illuminatione Evangelii præcinit licet alii illud ad reversionem de captivitate sub Zorobabel factam interpretentur. Nam verus medicus ad initia recurrit dolorum, quia ubi prima captivitas Hebræorum ab Assyriis fuit, et divina lex in oblivionem venit, ibi Dominus primo ignem prædicationis accendit (*IV Reg.* XVII). (Narrat quidem Regum historia quod Salmanasar rex Assyriorum debellaret Samariam, et Osee regem illius vinctum misisset in carcerem, translatusque sit Israel de terra sua in Assyrios, immisissetque rex Assyriorum alienigenas ut custodirent terram Israel, ne redigeretur in solitudinem, qui per sacerdotem ex gente Israelitarum instructi, Dominum Israel colere didicerunt, verumtamen deos patrios quos habuerunt in terra sua non reliquerunt.) (*Hieron.*) Quod autem dicit : *Via maris trans Jordanem Galilææ gentium*, ad differentiam positum est alterius Galilææ, quæ est in tribu Zabulon. Duæ siquidem Galilææ sunt e quibus una Galilæa gentium vocatur, vicina finibus Tyriorum, ubi et Salomon donavit viginti civitates regi Hiram Tyrio in sorte tribus Nephthalim. (MAURUS.) Altera Galilæa dicitur circa Tyberiadem et stagnum Genesareth, in tribu Zabulon. *Populus qui sedebat in tenebris vidit lucem magnam*, et reliqua. Sancta ergo Ecclesia, quæ juxta mare præsentis sæculi posita est, ipsa trans Jordanem, id est per baptismum, de pristinis erroribus ablata spiritalis Galilæa, id est transmigratio facta est; et quæ prius sub gentili ritu in umbra mortis, id est in carnis luxu et delectatione peccati conversata est, Christo veniente lucem recepit Evangelii.

Exinde cœpit Jesus prædicare, et dicere : Pœnitentiam agite, appropinquavit enim regnum cœlorum. (*Hieron.*) Cum autem Salvator eadem prædicat quæ Joannes Baptista ante dixerat, ostendit se ejusdem Dei Filium, cujus ille propheta fuit. Bene ergo pœnitentibus per Salvatorem dicitur appropinquare regnum cœlorum, quia per ipsum de imis ad alta sublevamur. Appropinquavit enim vere tunc pœnitentibus regnum cœlorum, cum Salvator noster in suo adventu omnibus quicunque per pœnitentiam priscis erroribus renuntiantes, ad ejus fidem et baptismum confugerunt, vitam promisit æternam. *Quotquot autem receperunt eum, dedit eis potestatem filios Dei fieri* (*Joan.* I). Appropinquat etiam, et nunc, quia ipse discipulis suis post resurrectionem suam jussit prædicare in nomine ejus pœnitentiam, et remissionem peccatorum in omnes gentes. *Et ecce*, ait, *ego vobiscum sum in omnibus diebus usque ad consummationem sæculi* (*Matth.* XXVIII).

[III.] *Ambulans autem juxta mare Galilææ vidit duos fratres Simonem qui vocatur Petrus, et Andream fratrem ejus, mittentes rete in mare, erant enim piscatores.* Mare Galilææ idem est quod stagnum Genesareth, sed ideo mare Galilææ dicitur, quia juxta Galilæam tendit. Diversis enim nominibus hoc ipsum mare, propter adjacentiam locorum appellatur; nam mare Galilææ, lacus Genesareth, stagnum Genesareth, mare Tyberiadis, et lacus Salinarum dicitur. *Ambulans ergo Dominus juxta mare Galilææ, vidit duos fratres*, id est, *Simonem qui vocatur Petrus, et Andream fratrem ejus.* Quia incarnatus unigenitus Dei Filius, cum nostræ mortalitatis conditionem suscepit in mari istius mundi piscatores spiritales vidit divinitus. Quia quos ante constitutionem mundi ad opus prædicationis aptos prævidit, hos in tempore incarnationis suæ vocando, aliis quid essent ostendit. Duos namque fratres vidit, quia unitatem fraternæ dilectionis probavit, ostendensque quia quicunque fraternum amorem non observant, a spiritalium doctorum ordine se sequestrant; *Simonem qui vocatur Petrus, et Andream fratrem ejus*; Simon enim interpretatur *obediens*, Petrus *agnoscens*, Andreas *virilis*, et hoc bene ad doctorum personam convenit. Quia hi solummodo ad opus magisterii habiles sunt, qui sapientiæ lumine illustrantur, et bene operantes mandatis Dei obediunt, aliisque quod ipsi sciendo et operando custodiunt, sciendum et faciendum fortiter et viriliter suggerunt. *Mittentes ergo rete in mare* ad discipulatum suum Dominus convocat. Quia sæpe eos quos terrenis lucris inhiare considerat, ad cœlestis regni desiderium a cupiditate temporalium revocat et non solum ipsos inde retrahit, sed etiam per ipsos retibus Evangelii alios de profundo iniquitatis eripit.

Et ait illis : Venite post me, et faciam vos fieri piscatores hominum. (*Aug.*) Hic ergo quæstio non parva oboritur quomodo Joannes dicat non in Galilæa, sed juxta Jordanem, ad testimonium Joannis Baptistæ primo Andream secutum esse Dominum, cum alio cujus nomen tacet; deinde Petrum ab illo nomen accepisse, tertio Philippum vocatum esse, ut eum sequeretur, cæteri autem tres evangelistæ de piscatione vocatos dicunt; quod tamen ita intelligendum est, non sic eos Dominum vidisse juxta Jordanem, ut etiam inseparabiliter cohærerent, sed tantum cognovisse eumque miratos ad propria remeasse.

At illi : continuo relictis retibus secuti sunt eum. (*Greg.*) Fortasse hinc aliquis tacitis secum cogitationibus dicit : Ad vocem Dominicam uterque iste piscator, quid aut quantum dimisit, qui pene nihil habuit? Sed in hac re affectum potius pensare, quam censum oportet. Multum reliquit qui sibi nihil retinuit; multum reliquit qui quamlibet parvum totum deseruit. Certe nos et habita cum amore possidemus, et ea quæ minime habemus ex desiderio quærimus. Multum ergo Petrus et Andreas dimisit, quando uterque etiam desiderium habendi dereliquit; multum dimisit qui cum re possessa etiam concupiscentias refrenavit. A sequentibus ergo tanta dimissa sunt, quanta a non sequentibus concupisci potuerunt.

Et procedens inde vidit alios duos fratres Jacobum Zebedæi, et Joannem fratrem ejus, in navi cum Zebedæo patre eorum, reficientes retia sua, et vocavit eos. (*Aug.*) Quæri autem potest quomodo binis vocaverit de naviculis piscatores, primo Petrum et Andream, deinde progressus paululum alios duos filios Zebedæi, sicut narrant Matthæus et Marcus, cum Lucas dicat ambas eorum naviculas impletas magna illa captura piscium, sociosque Petri commemoret Jacobum et Joannem filios Zebedæi vocatos ad adjuvandum, cum retia plena extrahere non possent, simulque miratos tantam multitudinem piscium, quæ capta erat, et eum Petro tantum dixisse : *Noli timere, ex hoc jam homines eris capiens*, simul eos tamen subductis ad terram navibus secutos fuisse. Unde intelligendum est hoc primo esse factum, quod Lucas insinuat, nec tunc eos a Domino fuisse vocatos, sed tantum Petro fuisse prædictum quod homines esset capturus : quod non ita dictum est, quasi jam pisces nunquam esset capturus; nam et post resurrectionem Domini legimus eos piscatos. Dictum ergo est quod deinceps capturus esset homines, non dictum est quod jam non esset capturus pisces. Unde datur locus intelligere eos ad capturam piscium ex more remeasse, ut postea fieret quod Matthæus et Marcus narrant, quando eos binos vocavit, et ipse jussit ut eum sequerentur; primo duobus Petro et Andreæ, deinde aliis Zebedæi duobus filiis. Tunc enim non subductis ad terram navibus tanquam cura redeundi, sed ita eum secuti sunt, tanquam vocantem ac jubentem ut sequerentur. Isti primi vocati sunt, ut Dominum sequerentur. Piscatores et illitterati mittuntur ad prædicandum, ne fides credentium non in virtute Dei, sed eloquentia atque doctrina hominum putaretur.

Illi autem statim relictis retibus, et patre, secuti sunt eum. (MAURUS.) Rerum hæc perfecta dimissio perfectam significat conversionem, ac per hoc perfectum eorum discipulatum probat. Nam ipsa Veritas ait: *Qui non renuntiaverit omnibus quæ possidet, non potest meus esse discipulus* (Luc. XIV); et item: *Qui amat,* inquit, *patrem suum, aut matrem suam plusquam me, non est me dignus* (Matth. x). Allegorice autem isti quatuor discipuli ex corporali ad spiritalem piscationem a Domino vocati, significant duos populos ex sollicitudine et amore hujus sæculi ad studium spiritale, ad servitium sanctum per gratiam Dei vocatos. Nam Petrus et Jacobus significant Judæos fideles agnoscentes Dominum, supplantantes vitia. Andreas vero et Joannes significant gentes viriliter credentes Christum, et gratia Dei salvatas. Duæ namque naves duas Ecclesias figurant, eam videlicet quæ ex circumcisione, et eam quæ ex præputio vocata est. Item retia prædicationem Evangelii, mare quoque mundum, pisces homines carnali sapientiæ deditos, et voluptatibus vitæ hujus submersos, portus finem præsentis vitæ significant. Isti enim spirituales piscatores, qui prius terreno officio et carnalibus curis tantum intenti erant, modo conversatione sæculari cum amore labentium rerum derelicta, quod bene Zebedæus significat, interpretatur enim *fluens iste,* et cœlestis vitæ desiderio accensi, quotidie sagena Domini pisces electos capiunt, atque de profundo peccatorum gurgite, et errorum latebris quos retrahunt ad lucem fidei et scientiæ spiritalis perducunt, sicque in matris Ecclesiæ sinum collocare satagunt. Moraliter autem hæc quatuor nomina in se unusquisque fidelis habere potest, si his digne conversatur, ut Simon sit obediendo, Petrus peccatum suum agnoscendo, Andreas viriliter labores patiendo, Jacobus vitia supplantando, et Joannes gratiam Domini merendo, nominetur. Et maxime tunc ea veraciter possidet, si in quatuor virtutibus illa ostendere studuerit. Tunc sine dubio unusquisque obediens est, cum per prudentiam agnoscit peccata, et periculum sibi imminere prævidet propter illa, ut per mandatorum Dei obedientiam omnium delictorum deleat noxam, et pœnarum evadat injuriam. Tunc quoque virilis, cum per temperantiam sustinet tentationes, et contra impetum libidinum non enerviter persistit. Tunc ergo supplantator non ficte vocatur, cum per fortitudinem vincit vitia, et scuto fidei ignea tela nequissimi certat exstinguere, et tunc convenienter gratia Dei nominari potest, cum per justitiam creatoris sui impleverit mandata, et tamen hæc implens nihil sibi tribuerit, dicens cum Apostolo: *Non autem laboravi, sed gratia Dei mecum.*

Et circuibat Jesus totam Galilæam docens in Synagogis eorum, et prædicans Evangelium regni, et sanans omnem languorem, et infirmitatem in populo. [IV.] Suo igitur exemplo Salvator doctores suos instituit, quam solliciti, et quam studiosi, et quam benigni esse deberent, qui aliis verbum vitæ ministrarent. Circuibat quoque Jesus totam Galilæam ut impigrum doceret esse doctorem et sine personarum acceptione verbum Dei omnibus prædicantem. Quia juxta Petri vocem *non est personarum acceptor Deus, sed in omni gente, qui timet Dominum, et operatur justitiam, acceptus est illi.* Docuit autem in Synagogis eorum prædicans Evangelium regni, ut ostenderet non in vacuum debere aliquando discurrere doctorem, sed Evangelium Dei semper prædicantem et maxime ibi ubi plures invenerit auditores, et neque misceat unquam erroris aliquid aut otiosarum fabularum veraci doctrinæ, sed semper ea proferat, quæ ad utilitatem proficiant audientium, et ad regnum pertineant sempiternum. Sanavit omnem languorem et omnem infirmitatem in populo, langorum videlicet corporum et infirmitatem animarum, nobis utique præbens exemplum ut in quocunque possimus sive in corporalibus seu etiam in spiritualibus, semper proximis nostris prompti simus ad præstandum beneficium.

Et abiit opinio ejus in totam Syriam. Syria itaque generaliter dicitur omnis regio a flumine Euphrate usque ad mare magnum, a Cappadocia et ab Armenia usque ad Ægyptum, habens maximas provincias in se, hoc est Commagenam, Phœniciam, et Palæstinam, in qua gens Judæorum habitat.

Et obtulerunt ei omnes male habentes variis languoribus et tormentis comprehensos, et qui dæmonia habebant, et lunaticos, et paralyticos, et curavit eos. (Hieron.) Lunaticos dicit quorum dolor in accensione lunæ crescebat, non quod vere per lunæ mutationem hanc attraxerint insaniam, sed quia putabantur lunatici ob dæmonum fallaciam, qui servantes lunaria tempora, creaturam infamare cupiebant ut in creatorem redundaret blasphemia. (MAURUS.) Paralytici sunt illi qui vigore corporis destituti ac desolati sunt, παράλυσις enim Græce *dissolutio* dicitur. Mystice Galilæa quæ *sublimis rota* interpretatur, et Syria quæ *sublimitatem* sonat, hunc mundum significant, qui licet per superbiam in sublime se erigat, tamen ad defectum vergit et ad ima semper rotatur. Cum hic mortalitatem nostræ naturæ Filius Dei in se sumere voluit, et Evangelium prædicans vel per semetipsum, vel per apostolos suos, virtutes multas fecit, et varias ægritudines sive corporum sive etiam animarum, curavit, fama ejus per totum orbem terrarum dispersa est, quæ dum cœli enarrant gloriam Dei, et opera manuum ejus annuntiat firmamentum, in omnem terram exivit sonus eorum et in fines orbis terræ verba eorum. Tunc quippe curati sunt, qui dæmonia habebant, cum gentiles ad fidem conversi idola relinquebant, tunc et lunatici et paralytici sanati sunt, cum eos qui prius per varios instabiles et mutabiles fuerant errores nutantes, et a bono opere torpebant, illos sua gratia ipse confortabat, et in via justitiæ sine reprehensione incedere fecerat : unde et subditur :

Et secutæ sunt eum turbæ multæ de Galilæa, et Decapoli, et Hierosolymis, et de Judæa, et de trans Jordanem. (Aug.) Quadripartitam turbam quæ Dominum sequebatur in Evangelio noverimus : una pars eorum qui fide et dilectione cœlesti adhærebant magisterio, sicut apostoli, et cæteri fideles, qui discipuli vocabantur, quibus ille interius exteriusque subvenit. Secunda erat invalidorum et infirmorum qui ob curationes Dominum sequebantur. Tertia vero pars erat quos sola fama et opinio ad Dominum venire compellebat, experiri cupientes quid opus Domini esset ut videntes et audientes scirent utrum credere debuissent. Quarta illorum erat qui invidia ducti opus Domini dehonestare volebant, et ut eum in sermone comprehenderent, et ita apud principes accusarent, ut eum morti traderent, sicut et fecerunt quando ille permisit, non quando illi voluerunt. Decapolis est, ut ipso nomine probatur, regio decem urbium trans Jordanem ad Orientem circa Hippum, et Pellam, et Gadaram contra Galilæam. Bene autem dicitur quod *secutæ sunt eum turbæ multæ,* quia postquam cognitio nominis ejus usque ad fines terræ pervenit, ex omni natione, quæ sub cœlo est, undique ad fidem ejus convenerunt, et vestigia mandatorum ejus maxima turba fidelium subsecuta est.

CAPUT V.

De sermone Domini in monte, et verfectione evangelica.

[1.] *Videns autem turbas, ascendit in montem, et cum sedisset, accesserunt ad eum discipuli ejus, et aperiens os suum docebat eos dicens. (Aug.)* Hic potest videri Dominum multas turbas vitare voluisse, et ob hoc ascendisse in montem, tanquam recedendo a turbis, ut solis suis discipulis loqueretur, cui rei videtur attestari etiam Lucas, ita narrans : *Factum est autem in illis diebus exiit in montem orare, et erat pernoctans in oratione Dei ; et cum dies factus esset vocavit discipulos suos, et elegit duodecim ex ipsis quos et apostolos nominavit.* Sed movet cur idem Lucas post descensum ejus de monte dixerit, eum hunc eumdem sermonem stando in loco campestri turbis prædicasse, quem Matthæus dixit illum in monte sedentem discipulos docuisse. Nam potest hic intelligi cum in montem duodecim discipulos elegit ex pluribus, quos apostolos nominavit, quod Matthæus prætermisit, tunc illum habuisse sermonem quem Matthæus interposuit, et Lucas tacuit, hoc est in monte, ac deinde cum descenderet in loco campestri, habuisse alterum similem, de quo Matthæus tacet, et Lucas non tacet, et utrumque sermonem eodem modo esse conclusum. Quanquam etiam illud possit occurrere in aliqua excelsiore parte montis primo cum solis discipulis Dominum fuisse, quando ex eis illos duodecim elegit, deinde cum eis descendisse, non de monte, sed de ipsa montis celsitudine in campestrem locum, id est, in aliquam æqualitatem, quæ in latere montis erat, et multas turbas capere poterat, atque ibi stetisse, donec ad eum turbæ congregarentur, ac postea cum sedisset accessisse propinquius discipulos ejus, atque ita illis cæterisque præsentibus unum habuisse sermonem, quem Matthæus Lucasque narrarunt diverso narrandi modo, sed eadem veritate rerum et sententiarum. Mystice autem mons bene intelligitur significare majora præcepta justitiæ, quia minora erant, quæ Judæis data sunt, unus tamen Deus per sanctos prophetas et famulos suos secundum ordinatissimam distributionem temporum dedit minora præcepta populo quem timore adhuc alligari oportebat, et per Filium suum majora populo quem charitate jam liberari convenerat. Cum autem minora minoribus, majora majoribus dantur, ab eo dantur qui solus novit congruentem suis temporibus generi humano exhibere medicinam. Nec mirum est quod dantur majora præcepta propter regnum cœlorum, et minora data sunt propter regnum terrenum ab eodem uno Deo, qui fecit cœlum et terram.

De hac ergo justitia quæ major est per prophetam dicitur : *Justitia tua sicut montes Dei (Psal.* xxxv*).* Et hoc bene significat, quod ab uno magistro solo docendis tantis rebus idoneo docetur in monte. Sedens autem docet, quod pertinet ad dignitatem magisterii.

Et accesserunt ad eum discipuli ejus, (Maurus) ut audiendis verbis illius hi essent etiam corpore viciniores, qui præceptis implendis etiam animo appropinquabant. Mystice autem sessio Domini incarnatio ejus est, quia nisi Dominus incarnatus esset, humanum genus accedere ad eum non potuisset. Accesserunt autem discipuli non tantum loco, sed etiam fide et devotione, ut susciperent pacem populo suo. Nisi enim illi accessissent, sanitas ad nos non veniret. *Et aperiens os suum docebat eos, dicens.* Ita circumlocutio qua scribitur *Et aperiens os suum,* fortassis ipsa mora commendat aliquanto longiorem futurum esse sermonem. Non ergo vacat quod nunc eum dictum est aperuisse os suum, qui in lege veteri aperire solebat ora prophetarum. Per os quoque verius designatur homo. Quod autem dicit, docebat eos, per auctoritatem doctrinæ divinam ostendit naturam, quæ humanam in se suscipere dignata est formam, per quam doceret.

Beati pauperes spiritu, quoniam ipsorum regnum est cœlorum. (Hieron.) Ne quis autem putaret paupertatem, quæ nonnunquam necessitatem patitur, a Domino prædicari, adjunxit *spiritu*, ut humilitatem intelligeres, non penuriam. *Beati pauperes spiritu*, qui propter Spiritum sanctum voluntate sunt pauperes. Unde et super hujusmodi pauperibus et Salvator per Isaiam loquitur. *Dominus unxit me, propter quod evangelizare pauperibus misit me* (*Isa.* LXI). (*Aug.*) Nam et alibi legimus scriptum de apertione rerum temporalium : *Omnia vanitas et præsumptio spiritus* (*Eccle.* VI). Præsumptio autem spiritus audaciam et superbiam significat. Vulgo etiam magnos spiritus superbi habere dicuntur. Et recte, quandoquidem spiritus etiam ventus vocatur. Unde scriptum est : *Ignis, grando, nix, glacies, spiritus procellarum* (*Psal.* CXLVIII), quis vero nesciat superbos inflatos dici, tanquam vento distentos; unde est etiam illud Apostoli : *Scientia inflat, charitas vero ædificat* (*I Cor.* VIII). Quapropter recte intelliguntur hic pauperes humiles, et timentes Dominum, id est, non habentes inflantem spiritum.

Nec aliunde omnino incipere oportuit beatitudinem, siquidem perventura est ad summam sapientiam : *Initium autem sapientiæ timor Domini* (*Eccli.* I; *Psal.* CX). Quoniam e contrario *initium omnis peccati superbia* scribitur (*Eccli.* X). Superbi appetant et diligant regna terrarum, *Beati autem pauperes spiritu, quoniam ipsorum est regnum cœlorum*.

Beati mites, quoniam ipsi possidebunt terram. (*Hieron.*) Non terram Judææ, nec terram istius mundi, nec terram maledictam spinas et tribulos afferentem, quam crudelissimus quisque et bellator magis possidet, sed terram quam Psalmista desiderat, dicens : *Credo videre bona Domini in terra viventium* (*Psal.* CXIV). Hujuscemodi possessor, et post victoriam triumphator etiam in quadragesimo quarto psalmo describitur : *Et intende*, inquit, *prospere procede, et regna propter veritatem, et mansuetudinem, et justitiam* (*Psal.* XLIV). Nemo enim terram istam per mansuetudinem, sed per superbiam possidet. (*Aug.*) Significat enim terra illa quamdam soliditatem et stabilitatem hæreditatis perpetuæ, ubi anima per bonum affectum tanquam loco suo quiescit, sicut corpus in terra, et inde cibo suo alitur, sicut corpus ex terra. Ipsa est requies et vita sanctorum. Mites autem sunt qui cedunt improbitatibus, et non resistunt in malo, sed *vincunt in bono malum* (*Rom.* XII); rixentur ergo immites, et dimicent pro terrenis et temporalibus rebus, *Beati* autem *mites, quoniam ipsi hæreditate possidebunt terram*, de qua evelli non possunt.

Beati qui lugent, quoniam ipsi consolaountur. (*Hieron.*) Luctus hic non mortuorum ponitur communi lege naturæ, sed peccatis et vitiis mortuorum. Sic flevit et Samuel Saulem, quia pœnituerat Dominum, quod unxisset eum regem super Israel (*I Reg.* XV). Sic et Paulus apostolus flere et lugere se dicit eos qui post fornicationem et immunditiam non egerunt pœnitentiam. Luctus est tristitia de amissione charorum, conversi autem ad Dominum ea quæ in hoc mundo chara amplectebantur amittunt. Non enim gaudent his rebus, quibus ante gaudebant, et donec fiat illis amor æternorum nonnulla mœstitia sauciantur; consolabuntur ergo Spiritu sancto, qui maxime propterea παράκλητος nominatur, id est consolator, ut temporalem amittentes, æterna lætitia fruantur.

(MAURUS.) Notandum autem quod quatuor modis fit planctus sanctorum, cum priora peccata deplorant, cum in infernum cadentes plangunt, cum in peccatis viventes, cum pro desiderio regni cœlestis admodum tristes fiunt, et quatuor species lacrymarum natura continet. Sunt quidem lacrymæ humidæ, ut abluant sordes peccatorum, et restituant perditum baptismum; sunt salsæ et amaræ, ut restringant carnis fluxum, et temperent dulcedinem voluptatum; sunt calidæ, ut prævaleant contra infidelitatis frigus. Sunt puræ, ut a pristinis erroribus mundatos, in pura constituant conversatione. Hæ ergo pro amissis charis sæpius fiunt, ut nos admoneant quatenus amissa bona opera reparemus, et ad deseriam a nobis propter prævaricationem paradisi patriam per mandatorum Dei custodiam redeamus. Semper enim luctus inter duas lætitias consistit, id est, inter mundi præcedentem, et cœlestis regni appropinquantem, et beatus cui temporalis tristitia æternam parturiet lætitiam.

Beati qui esuriunt et sitiunt justitiam, quoniam ipsi saturabuntur. (*Hieron.*) Non nobis sufficit velle justitiam, nisi justitiæ patiamur famem, ut sub hoc exemplo nunquam nos satis justos, sed semper sitire justitiæ opera intelligamus. Amatores ergo veri et inconcussi boni illo cibo saturabuntur, de quo ipse Dominus dicit : *Meus cibus est ut faciam voluntatem Patris mei* (*Joan.* IV), quod est justitia, et illa *aqua de qua quisquis biberit*, ut idem dicit, *fiet in eo fons aquæ salientis in vitam æternam* (*Ibid.*).

Beati misericordes, quoniam ipsi misericordiam consequentur. (*Hieron.*) Misericordia ergo non solum in eleemosynis intelligitur, sed in omni peccato fratris, si alterius ut onera nostra portemus, si inscium doceamus, si errantem corrigamus. Misericordia enim non solum in donis corporalibus, sed etiam in animabus sanandis, exercenda est. Quibus hoc a misericorde judice rependitur, quod ipsi de miseria liberentur.

Beati mundo corde, quoniam ipsi Dominum videbunt. Mundi corde sunt, quos non arguit illa conscientia peccati; nam mundus mundo corde conspicitur, templum Dei non potest esse pollutum. (*Aug.*) Quam ergo stulti sunt, qui Deum istis exterioribus oculis quærunt, cum corde videatur. Sicut alibi scriptum est : *Et in simplicitate cordis quærite illum* (*Sap.* I). Hoc est enim mundum cor, quod est simplex cor, et quemadmodum lumen hoc videri non potest, nisi oculis mundis, ita nec Deus videtur nisi mundum sit illud quo videri potest. (MAURUS.) Dominum enim mundi corde vident hic in ænigmate per gratiam, in futuro autem facie ad faciem, quia tunc cognoscent, sicut et cogniti erunt (*I Cor.* XIII).

Beati pacifici, quoniam filii Dei vocabuntur. (*Hieron.*)

Pacifici ergo illi rite vocantur, qui primum in corde suo, deinde inter fratres dissidentes pacem faciunt. (*Aug.*) Quid enim prodest per te alios pacari, cum in tuo animo sint bella vitiorum; in pace autem perfectio est, ubi nihil repugnat, et ideo filii Dei pacifici, quoniam nihil resistit Deo, et utique filii similitudinem patris habere debent. Pacifici autem in semetipsis sunt, qui omnes animi sui motus componentes, et subjicientes rationi, id est menti et spiritui, carnalesque concupiscentias habentes edomitas, fiunt regnum Dei, in quo ita sunt ordinata omnia, ut id quod est in homine præcipuum et excellens, hoc imperet, cæteris non reluctantibus quæ sunt nobis bestiisque communia, atque id ipsum quod excellit in homine, id est mens et ratio, subjiciatur potiori, quod est ipsa Veritas, unigenitus Filius Dei.

Neque imperare inferioribus potest nisi superiori se ipse subjiciat. Et hæc est pax quæ datur hominibus in terra bonæ voluntatis. Hæc vita consummati perfectique sapientis. De hujus magno regno pacatissimo et ordinatissimo missus est foras princeps hujus sæculi, qui perversis inordinatisque dominatur. Hac pace intrinsecus constituta atque firmata, quascunque persecutiones ille, qui foras missus est forinsecus concitaverit, auget gloriam, quæ secundum Deum est, non aliquid in illo ædificio labefactans, sed deficientibus machinis suis, innotescere faciens quanta firmitas intus exstructa sit. Ideo sequitur:

Beati qui persecutionem patiuntur propter justitiam, quoniam ipsorum est regnum cœlorum. (*Hieron.*) Signanter addidit *propter justitiam.* Multi enim propter sua peccata patiuntur persecutionem, et non sunt justi. Simulque considera quod octava veræ circumcisionis beatitudo, martyrio terminatur. (*Aug.*) Igitur iste sententiarum numerus diligenter considerandus est. Incipit enim beatitudo ab humilitate, ut est, *beati pauperes spiritu,* et septimo gradu continet ipsam sapientiam, id est, contemplationem veritatis, pacificans totum hominem et suscipiens similitudinem Dei, quæ ita concluditur : *Beati pacifici, quoniam ipsi filii Dei vocabuntur.* Octava tanquam ad caput redit, quia consummatum, perfectumque ostendit, et probat. Itaque in prima et octava nominatum est regnum cœlorum : *Beati pauperes spiritu, quoniam ipsorum est regnum cœlorum, et beati qui persecutionem patiuntur propter justitiam, quoniam ipsorum est regnum cœlorum.* Cum jam dicitur : *Quis nos separabit a charitate Christi, tribulatio? an angustia? an persecutio? an fames? an nuditas? an periculum? an gladius?* Septem sunt ergo quæ perficiunt, nam octava clarificat, et quod perfectum est demonstrat, ut per hos gradus perficiantur cætera, tanquam a capite rursum exordiens. Videtur ergo mihi etiam septiformis operatio Spiritus sancti, de qua Isaias loquitur (*Isa.* xii), his gradibus sententiisque congruere. Sed interest ordinis; nam ibi enumeratio ab excellentioribus cœpit, hic vero ab inferioribus. Ibi namque incipit a sapientia Dei, et desinit ad ti-

morem Dei. Sed *initium sapientiæ timor Domini est.* Quapropter si gradatim tanquam ascendentes numeremus, primus gradus ibi est timor Domini, secundus pietas, tertius scientia, quartus fortitudo, quintus consilium, sextus intellectus, septimus sapientia. Timor Domini congruit humilibus, de quibus hic dicitur : *Beati pauperes spiritu, quoniam ipsorum est regnum cœlorum,* id est, non inflati, non superbi. De quibus Apostolus dicit : *Noli altum sapere, sed time,* id est, noli extolli. Pietas congruit mitibus, qui enim pie quærit, honorat sanctam Scripturam, et non reprehendit quod nondum intelligit, et propterea non resistit, quod est mitem esse; unde hic dicitur : *Beati mites, quoniam ipsi hæreditate possidebunt terram.* Scientia congruit lugentibus, qui jam cognoverunt in Scripturis quibus malis vincti teneantur, quæ tanquam bona et utilia ignorantes appetierunt. De quibus hic dicitur : *Beati qui lugent.* Fortitudo congruit esurientibus, et sitientibus, laborant enim desiderantes gaudium de veris bonis et amorem a terrenis et corporalibus avertere cupientes. De quibus hic dicitur : *Beati qui esuriunt et sitiunt justitiam.* Consilium congruit misericordibus, hoc enim unum remedium est de tantis malis evadendi, ut dimittamus sicut nobis dimitti volumus, et adjuvemus in quo possumus alios, sicut et nos in quo non possumus cupimus adjuvari. De quibus hic dicitur : *Beati misericordes,* et reliq. Intellectus cordis congruit mundis corde, tanquam purgato oculo, quo cerni possit quod corporeus oculus non vidit, nec auris audivit, nec in cor hominis ascendit. De quibus hic dicitur : *Beati mundi corde,* et reliq. Sapientia congruit pacificis, in quibus ordinata sunt omnia, nullusque motus adversus rationem rebellis est, sed cuncta obtemperant spiritui hominis, cum ipse obtemperat Deo. De quibus dicitur hic : *Beati pacifici.* Unum autem præmium, quod est regnum cœlorum, pro his gradibus varie nominatum est.

In primo, sicut oportebat, positum est regnum cœlorum, quod est perfecta sapientia animæ rationalis. Sic itaque dictum est : *Beati pauperes spiritu, quoniam ipsorum est regnum cœlorum.* Tanquam diceretur : *Initium sapientiæ timor Domini* (*Eccli.* 1). Mitibus hæreditas data est, tanquam testamentum patris cum pietate quærentibus : *Beati mites, quoniam ipsi hæreditate possidebunt terram.* Lugentibus consolatio, tanquam scientibus quid amiserint, et quibus mœsti [*Al.*, mersi] sint : *Beati qui lugent nunc, quoniam ipsi consolabuntur.* Esurientibus et sitientibus saturitas, tanquam refectio laborantibus fortiterque certantibus ad salutem : *Beati qui esuriunt et sitiunt justitiam, quoniam ipsi saturabuntur.* Misericordibus misericordia, tanquam vero et optimo consilio utentibus, ut hoc eis exhibeatur a potentiore, quod inferioribus exhibent : *Beati misericordes, quoniam ipsi miserebuntur.* Mundis corde facultas videndi Deum, tanquam purum oculum ad intelligenda æterna gerentibus : *Beati mundi corde, quoniam ipsi Deum videbunt.* Pacificis Dei similitudo, tanquam perfecte sapientibus formatisque ad imaginem Dei per regenerationem renovati hominis : *Beati pacifici, quoniam ipsi filii Dei vocabuntur.* Et ista quidem in hac vita possunt compleri, sicut completa esse in apostolis credimus. Nam illa omnimoda in evangelicam formam mutatio, quæ post hanc vitam promittitur, nullis verbis exprimi potest. *Beati ergo qui persecutionem patiuntur propter justitiam, quoniam ipsorum est regnum cœlorum.* Hæc octava sententia, quæ ad caput redit, perfectumque hominem declarat, significat fortasse et circumcisionem, octava die in Veteri Testamento, et Domini resurrectionem post sabbatum, qui est utique octavus dies, idemque primus dies et celebratione octavarum feriarum, quas in regeneratione novi hominis celebramus, et numero ipso Pentecostes. Nam septenario numero septies multiplicato, quo fiunt quadraginta novem, quasi octavus additur, ut quinquaginta compleantur, et tanquam redeatur ad caput; quo die missus est Spiritus sanctus, quo in regnum cœlorum ducimur, et hæreditatem accipimus, consolamur, et pascimur, et misericordiam assequimur, et mundamur, et pacificamur, atque ita persecutiones extrinsecus per illatas molestias pro veritate et justitia sustinemus.

Beati estis cum vos maledixerint homines, et persecuti vos fuerint, et dixerint omne malum adversum vos, mentientes, propter me. (Aug.) Superiores autem sententias generaliter degerebat. Non enim dixit : *Beati pauperes spiritu,* quoniam vestrum est regnum cœlorum, sed *quoniam ipsorum est,* inquit, *regnum cœlorum;* neque : *Beati mites,* quoniam vos possidebitis terram, sed *quoniam ipsi possidebunt terram;* et ita cætera, usque ad octavam sententiam, ubi ait : *Beati qui persecutionem patiuntur propter justitiam, quoniam ipsorum est regnum cœlorum.*

Inde jam incipit loqui præsentes compellans, cum et illa quæ supra dicta sunt ad eos etiam qui præsentes audiebant, et hæc postea, quæ videntur præsentibus specialiter dici, pertinent etiam ad illos qui absentes vel post futuri erant. Sed ideo apostrophen facit ad eos quibus specialiter locutus est, prædicens eis persecutiones quas pro nomine ejus passuri erant, quia dignitatem gradus eorum illis intimare volebat, sal terræ et lux mundi illos appellans, ut ex tristibus humilitatem, et ex lætis consolationem perciperent : *Beati,* inquit, *estis cum vos oderint, et persecuti vos fuerint homines, et dixerint omne malum adversus vos, mentientes.* Illud maledictum contemnendum est, et beatitudinem creat, quod falso maledicentis ore profertur.

Unde et specialiter definitur quæ est beata maledictio, omne dicens maledictum *adversum vos, mentientes, propter me.* (Aug.) Ubi enim Christus in causa est, ibi optanda maledictio. Animadvertat quisquis delicias hujus sæculi et facultates rerum temporalium quærit, in nomine Christiano intrinsecus esse beatitudinem nostram, sicut de anima Ecclesiastica ore prophetico dicitur : *Omnis gloria ejus filiæ regum ab intus.* Nam extrinsecus maledicta, et persecutiones, et detrectationes promittuntur, de quibus tamen magna merces in cœlis est. Quæ sentiuntur in corde patientium eorum qui jam possunt dicere : *Gloriamur in tribulationibus, scientes quod tribulatio patientiam operatur, patientia autem probationem, probatio vero spem, spes autem non confundit, quia charitas Dei diffusa est in cordibus nostris, per Spiritum sanctum, qui datus est nobis* (Rom. v). Non enim ista perpeti fructuosum est, sed ista pro Christi nomine non solum æquo animo, sed etiam cum exsultatione tolerare. Nam multi hæretici nomine Christiano animas decipientes, multa talia patiuntur, sed ideo excluduntur ab ista mercede, quod non dictum est tantum : *Beati qui persecutionem patiuntur,* sed additum est *propter justitiam.* Ubi autem sana fides non est, non potest esse justitia, quia justus ex fide vivit. Neque schismatici aliquid sibi ex ista mercede promittant : quia similiter ubi charitas non est, non potest esse justitia. *Dilectio* enim proximi *malum non operatur,* quam si haberent non dilaniarent corpus Christi, quod est Ecclesia. Quæri autem potest quid intersit, quod ait, Cum vobis maledicent, et dicent omne malum adversum vos, cum maledicere, hoc sit malum dicere. Sed aliter maledictum jactatur cum contumelia coram illo cui maledicitur, sicut Domino nostro dictum est : *Nonne verum dicimus, quia Samaritanus es, et dæmonium habes* (Joan. VIII) ? aliter cum absentis fama læditur, sicut de illo item scribitur : *Alii dicebant : Quia propheta est; alii dicebant : Non, sed seducit populum* (Joan. VII). Persequi autem, est vim inferre vel insidiis appetere. Quod fecit, qui eum tradidit, et qui eum crucifixerunt. Quid est sane, quod etiam hoc non est solum positum, ut diceretur : *Et dicent omne malum adversum vos,* sed additum *mentientes* additum etiam *propter me?* Propter eos additum esse puto qui volunt de persecutionibus et de famæ suæ turpitudine gloriari, et ideo dicere ad se pertinere Christum, quia multa de illis dicuntur mala cum et vera dicantur, quando et de illorum errore dicuntur, etsi aliquando etiam nonnulla falsa jactantur (quod temeritate hominum plerumque accidit), non tamen propter Christum ista patiuntur. Non enim Christum sequitur, qui non secundum veram fidem et catholicam disciplinam Christianus vocatur.

Gaudete et exsultate, quoniam merces vestra copiosa est in cœlis. (Aug.) Non hic cœlos dici puto superiores partes hujus visibilis mundi. Non enim merces nostra, quæ inconcussa et æterna esse debet, in rebus volubilibus et temporariis collocanda est; sed *in cœlis* dictum puto in spiritalibus firmamentis, ubi habitat sempiterna justitia. In quorum comparatione terra dicitur anima iniqua, cui peccanti dictum est : *Terra es, et in terram ibis* (Gen. III). De his cœlis dicit Apostolus : *Quoniam conversatio nostra in cœlis est* (Philip. III). Sentiunt jam ergo istam mercedem, qui gaudent spiritalibus bonis. Sed ex omni parte perficietur, cum etiam hoc mortale induerit immortalitatem.

(*Hieron.*) Nescio quis hoc nostrum possit implere, ut laceretur opprobriis fama nostra, et nos exsultemus in Domino. Hoc, qui vanam sectatur gloriam implere non potest. Gaudere igitur et exsultare debemus, ut merces nobis in cœlis præparetur. Eleganter in quodam volumine scriptum legimus : *Ne quæras gloriam, et non dolebis cum ingloriosus fueris.*

Sic enim persecuti sunt prophetas, qui fuerunt ante vos. (*Aug.*) Nunc persecutionem generaliter posuit, et in maledictis, et in dilaceratione famæ ; et bene exemplo adhortatus est, quia vera dicentes solent persecutionem pati. Nec tamen ideo prophetæ antiqui more persecutionis a veritatis prædicatione defecerunt. Rectissime itaque sequitur :

[II.] *Vos estis sal terræ.* (MAURUS.) Sal appellantur apostoli, quia per ipsos universum hominum conditur genus. Terræ enim nomine, humana natura significatur, in salis vero verbi sapientia. Quod autem apostolos suos cœlesti ac divina sapientia plenos, sal terræ Salvator nominat, ostendit fatuos esse judicandos, qui terrena tantum sapiunt, qui temporalium bonorum velut copiam sectantes, vel inopiam metuentes, amittunt æterna, quæ nec dari possunt ab hominibus, nec auferri. Notandum autem quod salis natura infecunditatem terræ facit. Unde et in psalmo scriptum est : *Posuit terram fructiferam in salsuginem* (*Psal.* CVI). Et quasdam urbes ira victorum sale seminatas, ut nullum in eis germen oriretur. Allegorice autem hoc bene convenit doctrinæ apostolicæ, ut destructis adversariorum munitionibus, et peccati regno dejecto, sale sapientiæ compescat ultra in carnis humanæ terra sæculi luxum atque fœditatem germinare vitiorum.

Item quia sal ad condiendos cibos carnesque siccaudas aptum est, rite demonstrat quod per prædicationem Evangelii fluxus restringitur voluptatum, et humana natura, exclusis vermibus et putredine peccatorum, illæsa servatur conditori suo, per ejus custodiam mandatorum. Bonum quippe est Dei verbum audire, frequentius sale sapientiæ spiritalis cordis arcana condiri, imo ipsum cum apostolis sal terræ fieri, id est, eorum quoque qui adhuc terrena sapiunt imbuendis mentibus sufficere. At si quis semel condimento veritatis illuminatus ad apostasiam redierit, quo alio doctore corrigitur, qui eam quam ipse gustavit sapientiæ dulcedinem, vel adversis perterritus vel illecebris allectus, abjecit ? Unde et subditur :

Quod si sal evanuerit, in quo salietur ? ad nihilum valet ultra, nisi ut mittatur foras, et conculcetur ab hominibus ? (*Aug.*) Id est, si vos per quos condiendi sunt quodammodo populi, metu persecutionum temporalium amiseritis regna cœlorum, qui erunt homines per quos vobis error auferatur, cum vos elegerit Deus per quos errorem auferat cæterorum ?

Ergo ad nihilum valet sal infatuatum, nisi ut mittatur foras, et calcetur ab hominibus.

Non itaque calcatur ab hominibus, qui patitur persecutionem, sed qui persecutionem timendo infatuatur. Calcari enim non potest, nisi inferior, sed inferior non est, qui quamvis in terra multa sustineat, corde tamen fixus in cœlo est. Sicut ergo sal infatuatum, cum ad condiendos cibos, carnesque siccandas valere desierit, nulli jam usui aptum erit, neque enim, ut alius testatur evangelista, in terram utile est, cujus injectu germinare prohibetur, neque in sterquilinium agriculturæ profuturum, quod vivacibus licet glebis immistum, non fetare semina frugum, sed exstinguere naturaliter solet : sic omnis qui post agnitionem veritatis retro redierit, neque ipse fructum boni operis ferre, neque alios excolere valet, sed foras mittendus, hoc est, ab Ecclesiæ est unitate secernendus, ut, juxta aliam parabolam, irridentes eum inimici dicant : *Quia hic homo cœpit ædificare, et non potuit consummare.*

Vos estis lux mundi. (MAURUS.) A luce vera, quæ Christus est, illuminati apostoli lux mundi appellantur, quia per ipsos luce fidei et scientiæ illuminandus erat mundus. Nam quomodo superius sal terræ figuraliter iidem sunt nominati, sic nunc lux mundi esse non corporaliter, sed spiritaliter sunt intelligendi. (*Aug.*) Terra vero accipienda est non quam pedibus corporeis calcamus, sed homines, qui in terra habitant, vel etiam peccatores, quorum condiendis et exstinguendis fetoribus apostolicum salem Dominus misit. Et hic mundum non cœlum, et terram, sed homines, qui sunt in mundo, vel diligunt mundum, oportet intelligi, quibus illuminandis apostoli missi sunt. (*Hilar.*) Natura namque luminis est ut lucem quocunque circumferatur emittat, illatumque ædibus tenebras perimat luce dominante.

Igitur mundus extra cognitionem Dei positus obscurabatur ignorantiæ tenebris, cui per apostolos scientiæ lumen venit, et cognitio Dei claret, et de parvis eorum corpusculis, quocunque incesserint, lux ministratur.

Non potest civitas abscondi supra montem posita. (MAURUS.) Hoc est apostolicæ soliditas doctrinæ super insignem magnamque justitiam solidata. Quam significat etiam ipse mons in quo disputat Dominus. Potest igitur mons iste ipsum Christum significare. De quo scriptum est : *Venite, ascendamus ad montem Domini* (*Isa.* II). Civitas vero totam Ecclesiam Christi in ejus fide fundatam, quæ ex multis gentibus tanquam ex multis lapidibus est constructa, conglutinata autem bitumine charitatis et unitate fidei. Hæc tuta fit intrantibus, sed laboriosa adeuntibus, custodit habitatores, secludit inimicos. Et contra omnes insidias inimicorum, hoc est Judæorum, Paganorum, sive etiam hæreticorum, manet insuperabilis. Hanc civitatem præfigurabant sex urbes refugii in montibus positæ, quia ipsa in monte, hoc est, palam posita veraciter refugium fit omnibus confugientibus ad se ab inimico diabolo.

Neque accendunt lucernam et ponunt eam sub modio, sed super candelabrum, ut luceat omnibus qui in domo sunt. Exemplis etiam atque similitudinibus domesticis docet apostolos fiduciam habere prædicandi, ne abscondantur ob metum, et sint similes lucernæ sub modio, sed tota libertate se prodant, ut quod audierunt in cubiculis prædicent in tectis. (*Aug.*) Ponere ergo lucernam sub modio est, superiora facere corporis commoda quam prædicationem veritatis, ut ideo quisque veritatem non prædicet, dum timet ne in rebus corporalibus et temporalibus aliquid molestiæ patiatur. Sub modio ergo lucernam ponit, quisquis lucem doctrinæ bonæ commodis temporalibus obscurat et tegit. Super candelabrum autem, qui corpus suum ministerio Dei subjicit, ut superior sit prædicatio veritatis, inferior servitus corporis, per ipsam tamen corporis virtutem excellentior luceat doctrina, quæ per officia corporalia, id est, per vocem, et linguam, et cæteros corporis motus, in bonis operibus insinuatur discentibus. Super candelabrum ergo lucernam posuit, qui ait : *Castigo corpus meum, et servituti subjicio, ne forte cum aliis prædicavero ipse reprobus efficiar.* Potest et lucerna hæc super humanitate Salvatoris interpretari. Ipse quippe lucernam accendit, qui terram humanæ naturæ flamine suæ divinitatis implevit. Quam profecto lucernam nec credentibus abscondere, nec modio supponere, id est sub mensura legis includere, vel intra unius Judææ gentis terminos voluit cohibere. Candelabrum Ecclesiam dicit, cui lucernam superposuit. Quia nostris in frontibus fidem suæ incarnationis affixit. Ut qui Ecclesiam fideliter ingredi voluerint, lumen veritatis palam queant intueri. Quod vero ait : *Ut luceat omnibus qui in domo sunt*, et Ecclesiam potest significare, ut supra ostendimus, et ipsam habitationem hominum, hoc est mundum. Sic enim lucet lux sanctorum prædicatorum in Ecclesia, ut etiam hi qui intus sunt lumen videant, et ad eos qui foris sunt lucis radios spargat, ut ipsi quoque ab errorum et peccatorum tenebris aufugiant, et ad lucem veræ fidei convenire festinent. Unde et subditur :

Sic luceat lux vestra coram hominibus, ut videant opera vestra bona, et glorificent Patrem vestrum, qui in cœlis est. (*Aug.*) Si tantummodo diceret : Sic luceat lumen vestrum coram hominibus, ut videant bona facta vestra, finem constituisse videretur in laudibus hominum, quas quærunt hypocritæ et qui ambiunt ad honores, et captant inanissimam gloriam. Contra quos dicitur : *Si adhuc hominibus placerem, servus Dei non essem* (*Gal.* I). Et per Prophetam : *Qui hominibus placent confusi sunt, quia Deus nihil fecit illos* (*Psal.* LII), et iterum : *Deus confringit ossa eorum qui hominibus placent* (*Psal.* LII). Et rursum Apostolus : *Non efficiamur*, inquit, *inanis gloriæ cupidi* (*Gal.* V). Et ipse iterum : *Probet autem seipsum homo, et tunc in semetipso habebit gloriam,* *et non in altero* (*Gal.* VI). Non ergo tantum dixit : *Ut videant bona opera vestra*, sed addidit *Et glorificent Patrem vestrum, qui in cœlis est*, ut hoc ipsum, quod homo per bona opera placet hominibus, non sibi finem constituat, ut hominibus placeat, sed referat hoc ad laudem Dei. Et propterea placeat hominibus, ut in illo glorificetur Deus. Hoc enim laudantibus expedit ut non hominem, sed Deum honorent. Sicut in ipso homine, quem portabat, Dominus ostendit, ubi admiratæ sunt turbæ paralytico sanato virtutes ejus, sicut in Evangelio scriptum est : Timuerunt et *glorificaverunt Deum, qui dedit potestatem hominibus talem* (*Matth.* IX).

[III.] *Nolite putare quoniam veni solvere legem, aut prophetas ; non veni solvere, sed adimplere.* Postquam ergo hortatus est ut se præpararent ad omnia sustinenda pro veritate atque justitia, et non absconderent bonum quod accepturi erant, sed ea discerent, ut cæteros docerent, non ad laudem suam, sed ad gloriam Dei bona sua opera referentes, incipit eos jam informare et docere quid doceant, tanquam si quærerent, dicentes : Ecce volumus omnia sustinere pro tuo nomine, et doctrinam non abscondere, sed quid est ipsum, quod vetas abscondi, et pro quo jubes omnia tolerari ? Nunquid aliud dicturus es contra ea quæ in lege scripta sunt ? Non, inquit : *Nolite putare quoniam veni solvere legem, aut prophetas. Non enim veni solvere, sed adimplere.* In hac enim sententia sensus duplex est, et secundum utrumque tractandum est.

Nam qui dicit *non veni solvere legem, sed adimplere*, aut addendo dicit quod minus habet, aut faciendo quod habet. Ergo prius consideremus quod primo posui. Nam qui addidit quod minus habet, non utique solvit quod invenit, sed magis perficiendo confirmavit. Sive ergo ea quæ de se prophetata sunt complere venit inhumanatus, sive illa quæ antea propter infirmitatem audientium rudia et imperfecta fuerant complere, iram tollens et vicem talionis excludens, et occultam in mente concupiscentiam habere prohibens.

Amen quippe dico vobis, donec transeat cœlum et terra, iota unum aut unus apex non præteribit a lege, donec omnia fiant. (*Hieron.*) Promittuntur cœli novi, et terra nova, quæ facturus est Dominus Deus ; si enim nova creanda sunt, consequenter hæc sunt transitura. (*Aug.*) Quod autem sequitur, *iota unum aut unus apex non præteribit a lege, donec fiant omnia*, ex figura litteræ ostenditur quod etiam quæ minima putantur in lege, sacramentis spiritualibus plena sunt, et omnia recapitulantur in Evangelio. Inter litteras ergo iota minor est cæteris, quia uno ductu fit ; apex autem etiam ipsius est aliqua in summo particula. Quibus verbis ostendit etiam in lege minima ad effectum perduci. (MAURUS.) Apte quidem *iota* Græcum, et non *ioth* Hebræum posuit, quia iota in numero decem significat, et decalogum legis enumerat, cujus quidem apex et perfectio est Evangelium.

Qui ergo unum solverit de mandatis istis, et docuerit sic homines, minimus vocabitur in regno cœlorum. (*Hilar.*) Itaque ne minima quidem mandatorum Dei nisi cum piaculo constituit esse solvenda. Futuros minimos, id est novissimos, ac pene nullos, denuntians minima solventes. Nulla autem his minora possunt esse quæ sunt minima : minimum est autem omnium Domini passio, et crucis mors, quam si quis tanquam erubescendam non confitebitur, erit minimus, confitenti vero magnæ in cœlo vocationis gloriam pollicetur. (*Hieron.*) Aliter autem suggillat Pharisæos hoc capitulo, qui, contemptis mandatis Dei, statuerunt proprias traditiones, quod non eis prosit doctrina in populis, si vel parvum quod in lege præceptum est destruant. (*Aug.*) Mandata ergo minima significantur per unum iota, aut unum apicem, sicut supra ostensum est. Qui ergo solverit et docuerit sic, id est, secundum quod solvit, non secundum quod invenit in lege, minimus vocabitur in regno cœlorum, et fortasse ideo non erit in regno cœlorum, ubi nisi magni esse non possunt.

(*Maurus.*) Potest et hoc moraliter accipi. Solvit autem mandatum Dei is qui non implet, quanquam non in mandato solutionem faciat, sed in semetipso. Firmum est enim Dei mandatum, et non potest solvi scriptura. Lex ergo quodammodo est ligatio. Qui autem ligationes Dei excedit, ipse mandata solvet in semetipso, et non in ipsis. Talis quidem minimus vocabitur in regno cœlorum, quia despectissimus est in Ecclesia sanctorum. Nam et regnum cœlorum hic præsentem Ecclesiam significat, sicut et alibi, ubi scriptum est : *Simile est regnum cœlorum sagenæ missæ in mare* (*Matth.* xiii) ; et : *Regnum Dei intra vos est* (*Luc.* xvii).

Qui autem fecerit, et docuerit, hic magnus vocabitur in regno cœlorum. In faciendo enim legis mandata magni nomen meretur ille qui docet. Quia non doctores, nec auditores, sed factores legis justificabuntur apud Deum.

Dico enim vobis quia nisi abundaverit justitia vestra plusquam Scribarum et Pharisæorum, non intrabitis in regnum cœlorum. (*Aug.*) Id est, nisi non solum illa minima legis præcepta impleveritis, quæ inchoant hominem, sed etiam ista, quæ a me adduntur, *qui non veni solvere legem, sed adimplere, non intrabitis in regnum cœlorum.* Ergo qui non solverit illa minima, et sic docuerit, non jam magnus habendus et idoneus regno cœlorum, sed tamen non tam minimus quam ille qui solvit. Ut autem sit magnus atque illi regno aptus, facere debet, et docere, sicut Christus nunc docet, id est, ut abundet justitia ejus super Scribarum et Pharisæorum. Justitia Pharisæorum est, ut non occidant ; justitia eorum qui intraturi sunt regnum Dei, ut non irascantur. Minimum est ergo non occidere, et qui illud solverit minimus vocabitur in regno cœlorum. Qui autem illud impleverit, ut non occidat, non continuo magnus erit et idoneus regno cœlorum, sed tamen ascendit aliquem gradum. Perficietur autem si nec irascatur. Quod si perfecerit, multo remotior erit ab homicidio. Quapropter qui docet ut non irascamur, non solvit legem ne occidamus, sed implet potius, ut et foris dum non occidimus et in corde non irascamur, innocentiam custodiamus, unde et subditur :

Audistis quia dictum est antiquis : Non occides. Qui autem occiderit, reus erit judicio. Ego autem dico vobis, quia omnis qui irascitur fratri suo reus erit judicio. Quia autem non intelligebant homicidium nisi peremptionem corporis humani, per quam vita privaretur, aperuit Dominus omnem iniquum motum ad nocendum fratri in homicidii genere computari. Unde et Joannes dicit : *Qui odit fratrem suum homicida est* (*I Joan.* iii). *Ego* hic *dico vobis quia omnis qui irascitur fratri suo reus erit judicio.* In quibusdam codicibus additur *sine causa.* Sed Græci codices quibus fides adhibenda est, non habent sine causa, quamvis idem ipse sit sensus.

Illud dicimus intuendum, quid sit irasci fratri. Quoniam non fratri irascitur, qui peccato fratris irascitur. Qui ergo fratri, non peccato irascitur, sine causa irascitur.

Qui autem dixerit fratri suo racha, reus erit concilio. Racha enim proprie interjectio est Hebraicæ linguæ, non voce aliquid significans, sed indignantis animi motum exprimens. Has interjectiones grammatici vocant particulas orationis significantes commoti animi affectum, velut cum dicitur a dolente *heu*, ab irascente *hem;* quæ voces quarumque linguarum sunt propriæ, nec in aliam linguam facile transferuntur. Quæ causa utique coegit tam Græcum quam Latinum interpretem vocem ipsam ponere, cum quomodo interpretaretur non invenitur.

Aliter *racha* proprie verbum Hebræorum est, et interpretatur κενός, id est, inanis aut vacuus, quem nos possumus vulgata injuria, *absque cerebro*, nuncupare. Si de otioso sermone reddituri sumus rationem, quanto magis de contumeliis ? Sed et signanter addit : *qui hic dixerit fratri suo racha.* Frater enim nullus est, nisi qui nobiscum eumdem habet patrem. Cum ergo similiter credat in Deum, et Christum Dei noverit sapientiam, qua ratione stultitiæ elogio denotari potest ? (*Hilar.*) Qui igitur Spiritu sancto plenum convicio vacuitatis insimulat, fit reus concilii sanctorum, contumeliam Spiritus sancti sanctorum judicum animadversione luiturus.

Qui autem dixerit fatue, reus erit gehennæ ignis. (*Hieron.*) Qui enim æque in Deum credenti dixerit fatue, impius est in religionem. Magni piaculi periculum est quem salem Deus nuncupaverit cum contumelia infatuati sensus lacessere, et stultorum intelligentiam salientem stultæ intelligentiæ exasperare maledicto. Istiusmodi ergo æterni ignis erit pabulum. Quidam autem quærendum putant quid intersit inter *reum judicio*, et *reum concilio*, *reumque gehennæ ignis.* Nam hoc postremum gravissimum sonat et admonet gradus quosdam factos a levioribus ad graviora, donec ad gehennam ignis veniretur. Gradus itaque sunt in istis peccatis, ut primo quisque irascatur, et eum motum retineat corde conceptum. Jam si extorserit vocem indignanti ipsa commotio, non significantem aliquid, sed illum animi motum ipsa eruptione testantem, qua feriatur ille cui irascimur, plus est utique quam si surgens ira silentio premeretur. Si vero non solum vox indignantis audiatur, sed etiam verbum, quod certam ejus vituperationem in quem profertur designet et notet, quis dubitet amplius hoc esse quam si solus indignationis sonus ederetur. Itaque in primo unum est, id est ira sola, in secundo duo, et ira et vox, quæ iram significat, in tertio tria, et ira et vox, quæ iram significat, et in voce ipsa certa vituperationis expressio. Unde nunc etiam tres reatus, judicii, concilii et gehennæ ignis. Nam in judicio adhuc defensioni datur locus; in concilio autem quanquam et judicium esse soleat, tamen quia interesse aliquid hoc loco fateri cogit ipsa distinctio, videtur ad concilium pertinere sententiæ prolatio, quando non jam cum ipso reo agitur utrum damnandus sit, sed inter se qui judicant conferunt quo supplicio damnari oporteat quem constat esse damnandum. Gehenna vero ignis nec damnationem habet dubiam, sicut judicium, nec damnati pœnam sicut concilium. In gehenna enim ignis certa est damnatio et pœna damnati. Videntur ergo aliqui gradus in peccatis, et in reatu. Sed quibus modis invisibiliter exhibeantur meritis animarum, quis potest dicere? Gehennam quoque hic Salvator inferni cruciatum nominavit, ubi peccatores et impii simul cum diabolo et angelis ejus in perpetuum damnabuntur, quem soli illi devitare atque evadere queunt, qui per gratiam Christi redempti opera justitiæ fecerunt, seu qui post perpetrata peccata dignos pœnitentiæ fructus egerint, ac se per bona opera recuperare studuerint. Nomen ergo gehennam traxisse putant a valle idolis consecrata juxta murum Jerusalem, repleta olim cadaveribus mortuorum, quam et Josias rex contaminasse in libro Regum legitur.

[IV.] *Si ergo offeras munus tuum ad altare, et ibi recordatus fueris quia frater tuus habet aliquid adversum te, relinque ibi munus tuum ante altare, et vade prius reconciliari fratri tuo, et tunc veniens offeres munus tuum.* Igitur si irasci non est fas fratri suo, dicere racha, aut dicere fatue, multo minus fas est animo tenere aliquid, ut in odium indignatio convertatur. Ad hoc pertinet etiam quod alio loco dicitur: *Non occidat sol super iracundiam vestram* (*Ephes.* IV). Jubemur ergo illatum munus ad altare, si recordati fuerimus adversum nos aliquid habere fratrem, munus ante altare relinquere, et pergere, ac reconciliari fratri, deinde venire et munus offerre.

Quod si accipiatur ad litteram, fortasse aliquis credat ita fieri oportere si frater præsens est, non enim diutius differri potest, cum munus tuum relinquere ante altare jubearis. Si ergo de absente et, quod fieri potest, trans mare constituto, aliquid tale veniat in mentem, absurdum est credere ante altare munus relinquendum, quod post terras et maria pererrata offeras Deo. Et ideo prorsus intro ad spiritalia refugere cogimur, ut hoc quod dictum est sine absurditate possit intelligi. Altare itaque spiritaliter in interiore Dei templo ipsam fidem accipere possumus, cujus signum est altare visibile. Quodlibet enim munus offerimus Deo, sive doctrinam, sive prophetiam, sive orationem, sive hymnum, sive psalmum, et si quid tale aliud spiritalium bonorum animo occurrerit, acceptum esse non potest Deo, nisi fidei sinceritate fulciatur, et ei fixe atque immobiliter imponatur, ut possit integrum atque illibatum esse quod loquimur. Nam multi hæretici non habentes altare, id est veram fidem, blasphemias pro laude dixerunt, terrenis videlicet opinionibus aggravati votum suum tanquam in terra projicientes. Sed debet esse sana etiam offerentis intentio. Et propterea cum tale aliquid oblaturi sumus in corde nostro, id est in interiore Dei templo; *Templum enim sanctum est,* inquit, *quod estis vos* (*I Cor.* III), et: *In interiore homine habitare Christum per fidem in cordibus nostris;* si in mentem venerit, quod aliquid habeat adversum nos frater, id est si nos cum in aliquo læsimus; tunc enim ipse habet adversum nos; nam nos adversus illum habemus, si ille nos læserit, ubi non opus est pergere ad reconciliationem, non enim veniam postulabis ab eo qui tibi fecit injuriam, sed tantum dimittes, sicut tibi dimitti a Domino cupis, quod ipse commiseris; pergendum est ergo non pedibus corporis, sed motibus animi, ut te humili affectu prosternas fratri, ad quem chara cogitatione cucurreris, in conspectu ejus cui munus oblaturus es. Ita enim etiam si præsens sit, poteris cum non simulato animo lenire, atque in gratiam revocare, veniam postulando, si hoc prius coram Deo feceris pergens ad eum non pigro motu corporis, sed celerrimo dilectionis affectu, atque inde veniens, id est, intentionem revocans ad id quod ægre cœperas, offeres munus tuum.

Esto consentiens adversario tuo cito dum es in via cum eo, ne forte tradat te adversarius judici, et judex tradat te ministro, et in carcerem mittaris, amen dico tibi, non exies inde donec reddas novissimum quadrantem. Pro eo quod nos in Latinis codicibus *consentiens* habemus, in Græcis scriptum est εὔνους, quod interpretatur *benevolus* et *benignus.* Ex præcedentibus autem et consequentibus manifestus est sensus, quod nos Dominus atque Salvator, dum in istius sæculi via currimus, ad pacem et concordiam cohortetur, juxta Apostolum dicentem: *Si fieri potest, quantum in vobis est cum omnibus hominibus pacem habentes* (*Rom.* XII). Nam et in præcedenti capitulo dixerat: *Si offeras munus tuum ad altare, et ibi recordatus fueris quia frater tuus habet aliquid adversum te.* Et hoc finito statim infert: *Esto benevolus,* aut benignus *adversario tuo, et reliq.* Et in consequentibus jubet : *Diligite inimicos vestros, et benefacite his qui vos oderunt, et orate pro persecutoribus vestris.* (*Aug.*) Judicem intelligo Christum : *Pater non judicat quemquam, sed omne judicium dedit Filio* (*Joan.* v). Ministrum intelligo angelum. *Et angeli*, inquit, *ministrabant ei* (*Matth.* iv). Et cum angelis suis venturum credimus ad judicandos vivos et mortuos. Carcerem intelligo pœnas videlicet tenebrarum, quas alio loco *exteriores* vocat. Credo propterea quod intrinsecus sit in ipsa mente, vel etiam si quid secretius cogitari potest gaudium divinorum præmiorum. De quo dicitur servo bene merito : *Intra in gaudium Domini tui* (*Matth.* xxv). Quemadmodum etiam et in hac ordinatione reipublicæ vel a secretario vel prætorio judicis extra mittitur, qui in carcerem truditur. Quadrans genus est nummi qui habet duo minuta. Unde in alio Evangelio mulier illa paupercula et vidua dicitur misisse quadrantem in corbem (*Marc.* xii), in alio, *duo minuta* (*Luc.* xxi), non quod dissonent Evangelia, sed quod unus quadrans duos minutos nummos habeat. Hoc est ergo quod dicit : *Non egredieris de carcere, donec minuta* etiam peccata *persolvas*. (*Aug.*) De solvendo autem novissimo quadrante, potest non absurde intelligi. Aut pro eo positum quod nihil relinquatur impunitum, sicut loquentes etiam dicimus *usque ad fecem*, cum volumus exprimere aliquid ita exactum, ut nihil relinqueretur, velut significarentur nomine quadrantis novissimi, terrena peccata. Quarta enim pars distinctorum membrorum hujus mundi, et ea novissima, terra invenitur, ut incipias a cœlo, secundam aerem numeres, aquam tertiam, quartam terram. Potest ergo convenienter videri dictum : *Donec solvas novissimum quadrantem*, id est, donec luas terrena peccata. Hoc enim peccator audivit. *Terra es, et in terram ibis* (*Gen.* iii). *Donec solvas* autem quod dictum est, miror, si non eam significat pœnam, quæ vocatur æterna. Unde enim solvitur illud debitum, ubi jam non datur pœnitendi et correctius vivendi locus ? Ita enim fortasse hic positum est *donec solvas*, quomodo in illo, ubi dictum est : *Sede a dextris meis, donec ponam omnes inimicos tuos sub pedibus tuis* (*Psal.* cix). Non enim cum fuerint inimici sub pedibus positi, desinet ille sedere ad dexteram. Aut illud Apostoli : *Oportet enim illum regnare, donec ponat omnes inimicos suos sub pedibus suis* (*I Cor.* xv). Non enim cum positi fuerint inimici desinet regnare. Quemadmodum ergo ibi intelligitur, de quo dictum est : *Oportet enim regnare donec ponat omnes inimicos sub pedibus suis*, ita hic accipi potest, de quo dictum est : *Non exies inde donec solvas novissimum quadrantem*, semper non exiturum esse, quia semper solvit novissimum quadrantem, dum sempiternas pœnas terrenorum peccatorum luit. Quidam vero quærendum esse altius putaverunt quis esset adversarius ille cui jubemur esse benevoli cito cum sumus cum illo in via, utrum esset homo, an diabolus, an Deus, an præceptum ejus : sed de homine supra dictum est, quomodo oportet intelligi. De diabolo vero quomodo stare potest, ut benevolentiam ei jubeamur exhibere ? Ubi enim benevolentia, ibi amicitia. Nec cuiquam dicendum est amicitiam cum diabolo faciendam, neque concordare cum ipso, cui semel renuntiando bellum indiximus, et quo victo coronabimur. Neque consentire illi jam oportet, cui si nunquam consensissemus, nunquam in istas incideremus calumnias et miserias. Carni vero non video quomodo benevoli vel concordes, vel consentientes esse jubeamur, magis enim peccatores amant carnem suam, et concordant cum illa, et consentiunt ei. Qui vero eam servituti subjiciunt, non ipsi ei consentiunt, sed eam sibi consentire cogunt.

Fortassis ergo jubemur Deo consentire, et illi esse benevoli, ut illi reconciliemur a quo peccando secessimus, ut adversario. *Deus* enim *superbis resistit, humilibus autem dat gratiam* (*Jacob.* iv). Et *Initium omnis peccati superbia, initium* autem *superbiæ hominis, apostatare a Deo* (*Eccli.* x). Et Apostolus dicit : *Si enim cum inimici essemus reconciliati sumus Deo per mortem Filii ejus, multo magis reconciliati salvi erimus in vita ipsius* (*Rom.* v). Quisquis ergo in hac via, id est vita, non fuerit reconciliatus Deo per mortem Filii ejus, traditur judicio ab illo. *Quia Pater non judicat quemquam, sed omne judicium dedit Filio* (*Joan.* v). Atque ita cætera (quæ in hoc capitulo scripta sunt) consequuntur, de quibus jam tractavimus. Unum solum est, quod huic intellectui difficultatem facit. Quomodo possit recte dici in via esse cum Christo, si hoc loco ipse accipiendus est adversarius impiorum, cui jubemur cito reconciliari, nisi forte quia ipse ubique est, nos autem cum in hac via sumus, cum illo utique sumus. *Si ascendero in cœlum,* inquit, *tu illic es, si descendero ad infernum, ades ; si recipiam pennas meas in directum, et habitabo in novissimo maris, etenim illuc manus tua deducet me, et tenebit dextera tua* (*Psal.* cxxxviii).

Aut si non placet impios dici esse cum Deo (quanquam nusquam non præsto sit Deus) quemadmodum non dicimus cæcos esse cum luce, tametsi oculos eorum lux circumfundat ; unum reliquum est, ut hic adversarium præceptum Dei esse intelligamus. Quid enim sic adversatur peccare volentibus, quam præceptum Dei, id est, lex ejus, et Scriptura divina, quæ data est nobis ad hanc vitam, ut sit nobiscum in via, cui non oportet contradicere, ne nos tradat judici, sed ei oportet consentire cito ? Non enim quisque novit quando de hac vita exeat. Quis autem consentit Scripturæ, nisi qui legit et audit ? pie deferens ei culmen auctoritatis, ut quod intelligit non propter hoc oderit, quod peccatis suis adversari sentit, sed magis diligat correptionem suam et gaudeat, quod morbis suis, donec sanentur, non parcetur.

Audistis quia dictum est antiquis : Non mœchaberis. Ego autem dico vobis quia omnis qui viderit mulierem ad concupiscendum eam, jam mœchatus est eam in corde suo. (*Aug.*) Justitia ergo minor est non mœchari corporum conjunctione, justitia autem major est regni Dei non mœchari in corde. Multo facilius custodit ne mœchetur in corpore, quisquis non mœchatur in corde. Illud ergo confirmavit, qui hoc præcepit : *Non veni legem solvere, sed adimplere.* Sane considerandum est, quod non dixit : Omnis qui concupierit mulierem, sed *Qui viderit mulierem ad concupiscendum eam*, id est, hoc fine et animo attenderit, ut eam concupiscat. Quod jam non est titillari delectatione carnis, sed plane consentire libidini, ita ut non refrenetur illicitus appetitus, sed si facultas data fuerit, parietur. In his autem duobus talem differentiam veteres posuerunt, quod alterum propassionem, alterum vero passionem nominaverint. Inter passionem autem et propassionem hoc interest, quod passio reputatur in vitio, propassio, licet culpam habeat, tamen non tenetur in crimine. Ergo qui viderit mulierem et anima ejus fuerit titillata, hic propassione percussus est. Si vero consenserit, et de cogitatione affectum fecerit, sicut scriptum est in David : *Transierunt in affectum cordis* (*Psal.* LXXII), de propassione transivit ad passionem. Et huic non voluntas peccati deest, sed occasio. Quicunque igitur viderit mulierem ad concupiscendum, id est, si sic aspexerit, ut concupiscat, ut facere disponat, iste recte *mœchatus eam* dicitur *in corde suo.* (*Aug.*) Sicut ergo tribus gradibus ad peccatum pervenitur suggestione, delectatione, consensione, ita istius peccati tres sunt differentiæ : in corde, in facto, in consuetudine, tanquam tres mortes. Una quasi in domo, id est, cum in corde consentitur libidini. Altera, jam prolata quasi extra portam, cum in factum procedit assensio. Tertio cum vi consuetudinis malæ tanquam mole terrena premitur animus, quasi in sepulcro jam putens. Quæ tria genera mortuorum Deum resuscitasse quisquis Evangelium legit agnoscit. Et fortasse considerat quas differentias habeat etiam ipsa vox resuscitantis, cum alibi dicit : *Puella, surge* (*Matth.* IX). Alibi : *Juvenis, dico tibi, surge* (*Luc.* VII). Alibi infremuit in spiritu, et flevit, et rursus fremuit, et post deinde voce magna exclamavit : *Lazare, veni foras* (*Joan.* XI). Quapropter nomine mœchantium, qui hoc capitulo commemorantur, omnem carnalem et libidinosam concupiscentiam oportet intelligi. Cum enim tam assidue idololatriam fornicationem Scriptura dicat, Paulus autem apostolus avaritiam idololatriæ nomine appellet, quis dubitet omnem malam concupiscentiam recte fornicationem vocari, quando anima, neglecta superiore lege, qua regitur, inferiorum naturarum turpi voluntate, quasi mercede, prostituta corrumpitur ? Et ideo quisquis carnalem delectationem adversus rectam voluntatem suam rebellare sentit, exclamet lugendo, imploret consolatoris veri Domini Christi auxilium. Nec parvus est ad beatitudinem accessus, cognitio infelicitatis suæ.

Quod si oculus tuus dexter scandalizat te, erue eum et projice abs te. Expedit enim tibi ut pereat unum membrorum tuorum quam totum corpus tuum mittatur in gehennam. Quia supra de concupiscentia mulieris dixerat, recte nunc cogitationem et sensum in diversa volitantem nuncupavit oculum. Per dexteram autem et cæteras corporis partes, voluntatis atque affectuum initia demonstrantur, ut quod mente concepimus ne opere compleamus, cavendum est, ne quod in nobis optimum est cito labatur in vitium. Si enim dexter oculus et dextera manus scandalizant, quanto magis ea quæ in nobis sinistra sunt ? Si anima labitur, quanto plus corpus, quod ad peccatum proclivius ? (*Aug.*) Videtur mihi non incongrue accipi debere hoc loco oculum, dilectissimum amicum. Nam hoc est utique quod membrum recte possimus appellare, quod vehementer diligimus, et ipsum consiliarium, quia oculus est tanquam demonstrans iter. Et in rebus divinis, quia dexter est, ut sinister sit dilectus quidem consiliarius, sed in rebus terrenis ad necessitatem corporis pertinentibus. De quo scandalizante superfluum erat dicere, quandoquidem nec dextro parcendum sit. In rebus autem divinis consiliarius scandalizans est, si in aliquam perniciosam hæresim nomine religionis atque doctrinæ conatur inducere.

Et si dextra manus tua scandalizat, abscinde eam, et projice abs te. Expedit enim tibi ut pereat unum membrorum tuorum, quam totum corpus tuum eat in gehennam. Ergo et dextera manus accipitur dilectus adjutor, et minister in divinis operibus. Nam quemadmodum in oculo contemplatio, sic in manu actio recte intelligitur. Ut sinistra manus intelligatur in operibus, quæ huic vitæ corpori sunt necessaria. Possumus quoque in dextro oculo, et dextra manu, fratrum, et uxoris, et liberorum, atque affinium et propinquorum intelligere affectus. Quos si ad contemplandam veram lucem nobis impedimento esse cernimus, debemus truncare istiusmodi portiones, ne dum volumus cæteros lucrifacere, ipsi in æternum pereamus. Unde dicitur et de sacerdote magno, cujus anima Dei cultui dedicata est : *Supra matrem, et patrem, et filios, non polluetur* (*Levit.* XXI), id est, nullum affectum sciet, nisi ejus cujus cultui dedicatus est.

Dictum est autem : Quicunque dimiserit uxorem suam, det illi libellum repudii. Scriptum itaque est sic in Deuteronomio : *Si acceperit homo uxorem, et habuerit eam, et non invenerit gratiam ante oculos ejus propter aliquam fœditatem, scribet libellum repudii, et dabit in manu illius, et dimittet eam de domo sua,* etc. (*Deut.* XXIV). In posteriori vero parte istum locum plenius Salvator exponit. Quod Moyses libellum repudii dari jusserit *propter duritiam cordis* maritorum, non discidium concedens, sed auferens homicidium. Multo enim melius est, licet lugubrem, evenire discordiam, quam per odium sanguinem fundi.

Ego autem dico vobis quia omnis qui dimiserit uxorem suam, excepta fornicationis causa, facit eam mœchari, et qui dimissam duxerit, adulterat. (*Aug.*)

Multæ erant in lege veteri causæ uxores dimittendi. Dominus autem in Evangelio solam causam fornicationis excepit. Cæteras vero universas molestias, si quæ forte exstiterint, jubet pro fide conjugali, et pro castitate fortiter sustineri. Et mœchum dicit etiam virum qui eam duxerit quæ soluta est a viro. Cujus rei apostolus Paulus terminum ostendit. Quia tandiu observandum dicit quandiu vir ejus vivit. Illo autem mortuo dat nubendi licentiam. Hanc etiam regulam ipse tenuit, et in ea non suum consilium, sicut et in nonnullis monitis, sed præceptum Domini jubentis ostendit, cum ait : *Eis autem quæ nuptæ sunt præcipio non ego, sed Dominus, mulierem a viro non discedere, quod si discesserit, manere innuptam, aut viro suo reconciliari, et vir uxorem ne dimittat (I Cor.* vii), credo simili forma, ut si dimiserit, non ducat aliam, aut reconcilietur uxori, fieri enim potest ut dimittat uxorem causa fornicationis, quam Dominus exceptam esse voluit. Jam vero si nec illi nubere conceditur a quo recesserit, neque huic alteram ducere viva uxore quam dimisit, multo minus fas est illicita cum quibuslibet stupra committere. Beatiora sane conjugia judicanda sunt, quæ sive filiis proceandis, sive etiam ista terrena prole contempta, continentiam inter se pari consensu servare potuerint, quia neque contra illud præceptum fit, quo Dominus dimitti conjugem vetat, non enim dimittit, qui cum ea non carnaliter, sed spiritaliter vivit. Et illud servatur quod per Apostolum dicitur : *Reliquum est ut qui habent uxores, quasi non habentes sint.* Movet autem hic quosdam, quod alio loco ipse Dominus dicit : *Quisquis venit ad me, et non odit patrem suum, et matrem, et uxorem, et filios, et fratres, et sorores, insuper et animam suam, non potest meus esse discipulus (Luc.* xiv). Videri enim potest contrarium minus intelligentibus, quod hic vetat dimitti uxorem, excepta causa fornicationis. Et alibi discipulum suum negat esse posse quemquam qui non oderit uxorem. Quod si propter concubitum dixerit non etiam patrem, et matrem, et fratres, in eadem conditione opus erat ponere. Ergo, quam verum est quia *regnum cœlorum vim patitur, et violenti diripiunt illud (Matth.* xi). Quanta enim vi opus est ut homo diligat inimicos, et oderit patrem, et matrem, et filios, et fratres. Utrumque enim jubet qui ad regnum cœlorum vocat. Sed proposita quæstio ita solvitur. Regnum enim æternum, quo discipulos suos, quos etiam fratres appellat, vocare dignatus est, non habet hujusmodi necessitates temporales. *Non est*, inquit, *Judæus, neque Græcus, neque masculus, neque femina, neque servus, neque liber, sed omnia et in omnibus Christus (Gal.* iii). Et ipse Dominus dicit : *In resurrectione enim neque nubent, neque uxores ducent, sed erunt sicut angeli in cœlis (Luc.* xx ; *Matth.* xxii). Oportet ergo ut quisquis illius regni vitam jam hic meditari voluerit, oderit non ipsos homines, sed istas necessitudines temporales, quibus ista quæ transitura est vita fulcitur, quæ nascendo atque moriendo peragitur : multi homines etiam eos

a quibus diliguntur oderunt, sicut luxuriosi filii parentes coercitores luxuriæ suæ. Ascendit ergo aliquem gradum, qui proximum diligit, quamvis adhuc oderit inimicum. Ejus autem imperio, qui venit legem implere, non solvere, perficiet benevolentiam et benignitatem, cum eam usque ad inimici dilectionem perduxerit. Nam ille gradus, quamvis nonnullus sit, tam parvulus est tamen, ut cum publicanis etiam possit esse communis. Nec quod in lege dictum est : *Oderis inimicum tuum*, vox jubentis accipienda est, sed permittentis infirmo.

CAPUT VI.
De eleemosyna facienda, de orando Deo, de vitanda hypocrisi et avaritia.

[I.] *Attendite an justitiam vestram faciatis coram hominibus, ut videamini ab eis.* In superioribus ergo de misericordia exhibenda, ut bonus et pius magister præcepta dedit. Nunc vero de cordis munditia, hoc est oculi illius quo videtur Deus, ipsa Veritas auditores suos instruit. Quia ita solummodo misericordiæ opera apud Dominum probantur, si simplici et munda intentione exhibentur. *Attendite*, inquit, *ne justitiam vestram faciatis coram hominibus, ut videamini ab eis.* Id est, cavete hoc animo tenere, ut cum juste vivatis, sive aliquid boni operis faciatis, ibi bonum vestrum constituatis, ut vos videant homines, illisque placeatis, laudemque ab eis accipere quæratis, et ob hæc veræ mercedis fructu priveminī. Unde et subditur :

Alioqui mercedem non habebitis apud Patrem vestrum, qui in cœlis est. Qui enim inanem favorem vulgi sequitur, aut laudes ab hominibus quærit, hoc ipsum deputabitur illi pro mercede, cujus amore bona opera fecisse videtur; sed apud Dominum sine mercede est, quia non pro illius amore, nec pro æternæ vitæ desiderio aliquid fecisse invenitur. Unde et in alio loco fatuæ virgines lampades ornasse, sed oleum in eis non habere describuntur (*Matth.* xxv). Quia nitorem gloriæ, quem forinsecus quæsierunt, intra cordis conscientiam non continere monstrantur. Et ob hoc merito ab æterni Regis nuptiis pulsantes januam repelluntur, quia illum quem absentem amare neglexerunt, præsentem cernere non merentur. Nam illud quod Apostolus dicit : *Si hominibus placerem, Christi servus non essem (Gal.* i); et hoc quod in alio loco ait : *Sicut et ego per omnia omnibus placeo (I Cor.* x), qui non intelligunt, contrarium putant ; cum ille se dixerit non placere hominibus, quia non ideo recte faciebat, ut placeret hominibus, sed ut Deo, ad cujus amorem corda hominum volebat convertere, eo ipso quo placebat hominibus. Sicut ergo non absurde loqueretur qui diceret : In hac opera qua navem quæro, non navem quæro, sed patriam, sic et Apostolus convenienter diceret : In hac opera qua hominibus placeo, non hominibus, sed Deo placeo. Quia non hoc appeto, sed ad id refero, ut me imitentur quos salvos fieri volo, laus enim humana non appeti a recte faciente, sed sequi debet recte facientem, ut illi proficiant, qui etiam imitari possunt quod laudant, non ut hic putet aliquid sibi eos prodesse quem laudant. Sequitur :

Cum ergo facis eleemosynam, noli tuba canere ante te, sicut hypocritæ faciunt in synagogis, et in vicis, ut honorificentur ab hominibus. Amen dico vobis, receperunt mercedem suam. Noli, inquit, velle innotescere, ut hypocritæ simulatores, tanquam prænuntiatores personarum alienarum, sicut in theatricis fabulis. Non enim qui agit partes Agamemnonis in tragœdia (verbi gratia), sive alicujus alterius ad historiam vel fabulam quæ agitur pertinentis, vere ipse est, sed simulat eum, et hypocrita dicitur. Sic in Ecclesiis, et In omni vita humana, quisquis vult se videri quod non est, hypocrita est, simulat enim justum, non exhibet, quia totum fructum in laude hominum ponit, quam possunt etiam simulantes accipere, dum fallunt eos quibus videntur boni ab eisque laudantur. Ergo tales ab inspectore cordis Deo mercedem non capiunt, sed fallaciæ supplicium. Ab hominibus autem, inquit, perceperunt mercedem suam. Rectissimeque de his dicitur : Recedite a me, operarii dolosi, nomen meum habuistis, sed opera mea non fecistis. Illi ergo perceperunt mercedem suam, qui non ob aliud eleemosynam faciunt, nisi ut glorificentur ab hominibus.

Te autem faciente eleemosynam, nesciat sinistra tua quid faciat dextera tua. Alii ergo sinistram infideles dici credebant, alii inimicum, sed mihi nihil consequentius sinistra videtur significare, quam ipsam delectationem laudis. Dextera autem significat intentionem implendi præcepta divina. Cum itaque conscientiæ facientis eleemosynam miscet se appetitio laudis humanæ, fit sinistra conscia operis dexteræ. *Nesciat* ergo *sinistra tua quid faciat dextera tua,* id est, non se misceat conscientiæ tuæ laudis humanæ appetitio, cum in eleemosyna facienda divinum præceptum contendis implere. *Ut sit eleemosyna tua in abscondito.* Quid est *in abscondito*, nisi in ipsa bona conscientia, quæ humanis oculis demonstrari non potest, nec verbis aperiri, quandoquidem multi multa mentiuntur?

Quapropter si dextera intrinsecus agit in abscondito, ad sinistram pertinent omnia exteriora, quæ sunt visibilia et temporalia. Sit ergo eleemosyna tua in ipsa conscientia, ubi multi eleemosynam faciunt bona voluntate, etiam si pecuniam, vel si quid aliud, quod inopi largiendum est, non habent. Multi autem foris faciunt, et intus non faciunt, qui vel ambitione, vel alicujus rei temporalis gratia volunt misericordes videri. In quibus sola sinistra operari existimanda est. Item alii quasi medium inter utrosque locum tenent, ut et intentione, quæ in Deo est, eleemosynam faciant, et tamen inserat se huic bonæ et optimæ voluntati nonnulla etiam laudis vel cujuscunque rei fragilis et temporalis cupiditas. Sed Dominus noster multo vehementius prohibet solam sinistram in nobis operari, quando etiam misceri eam vetat operibus dexteræ. Agitur enim de corde mundando, quod nisi fuerit simplex, mundum non erit. Simplex autem quomodo erit, si duobus dominis serviet, nec una intentione rerum æternarum purificet aciem suam, sed eam mortalium quoque fragiliumque rerum amore obnubilet.

Et cum oratis non eritis sicut hypocritæ, qui amant in synagogis et in angulis platearum stantes orare, ut videantur ab hominibus; amen dico vobis receperunt mercedem suam. (Maur.) Anguli platearum sunt, ubi via per transversum alterius viæ vadit, et quadrivium reddit. Non enim te videri ab hominibus alicubi orantem nefas est, sed ideo hoc agere, ut videaris ab hominibus. Et superfluo toties eadem dicuntur, cum sit una jam regula custodienda, qua cognitum est, non sibi ut hæc sciant homines formidandum, aut fugiendum esse, sed si hoc animo fiant, ut fructus in eis exspectetur placendi hominibus. Servat etiam ipse Dominus eadem verba, cum adjungit similiter : *Amen dico vobis receperunt mercedem suam.* Hinc ostendens ipse prohibere, ut ea merces appetatur, qua stulti gaudent, ut laudentur ab hominibus.

Tu autem cum orabis intra in cubiculum tuum, et clauso ostio tuo, ora Patrem tuum in absconso, et Pater tuus, qui videt in abscondito, reddet tibi. (Hier.) Hæc quidem sententia similiter intellecta erudit auditorem, ut vanam mundi gloriam fugiat. Sed mihi videtur hoc magis esse præceptum, ut inclusa pectoris cogitatione, labiisque compressis, oremus Dominum. Quod et Annam in Regum volumine fecisse legimus : *Labia,* inquit, *ejus tantum movebantur, et vox illius non audiebatur (1 Reg. 1).* Ista etiam cubicula in psalmo significantur, ubi dicitur : *Quæ dicitis in cordibus vestris, et in cubilibus vestris compungimini (Psal. IV). Et clauso ostio ora,* ait, *Patrem tuum in abscondito.*

Parum est intrare in cubicula si ostium pateat importunis cogitationibus, per quod ostium ea quæ foris sunt improbe se immergunt, et interiora nostra appetunt. Foris autem diximus esse omnia temporalia et visibilia, quæ per ostium, id est, per carnalem sensum in cogitationes nostras penetrant, et turbæ vanorum phantasmatum orantibus obstrepunt. Claudendum est ergo ostium, id est carnali vi resistendum, ut oratio spiritalis dirigatur ad Patrem, quæ sit in intimis cordis, ubi oratur Pater in abscondito. *Et Pater,* inquit, *vester, qui videt in abscondito, reddet vobis.* Et hoc decuit tali clausula terminandum. Non enim hoc monet nunc ut oremus, sed quomodo oremus, neque, ut superius, ut faciamus eleemosynam, sed quo animo faciamus. Quomodo de corde mundando præcipit, quod non mundat, nisi una et simplex intentio in æternam vitam, solo et puro amore sapientiæ?

Orantes autem nolite multum loqui, sicut ethnici. Putant enim quod in multiloquio suo exaudiantur. Nolite ergo assimilari illis. Sicut hypocritarum est præbere se ad spectandos in oratione, quorum fructus est placere hominibus, ita ethnicorum, id est, gentilium, in multiloquio suo se putare exaudiri. Et revera omne multiloquium a gentilibus venit, qui exercendæ linguæ potius quam mundando animo dant operam, et hoc nugatorii studii genus etiam ad Dominum prece flectendum transferre conantur, arbitrantes sicut hominem judicem, ita Dominum verbis adduci in sententiam. Nolite itaque similes esse illis, dicit unus et verus magister.

Scit enim Pater vester quid opus est vobis, antequam petatis eum. Consurgit in hoc loco quædam hæresis, philosophorumque dogma perversum, dicentium : Si novit Deus quid oremus, et antequam petamus, scit quibus indigeamus, frustra scienti loquimur. Quibus breviter respondendum est nos non narratores esse, sed rogatores. Aliud est narrare ignoranti, aliud scientem rogare. In illo indicium est, hic obsequium. Ibi fideliter indicamus, hic miserabiliter obsecramus. Non enim verbis agere debemus apud Dominum, ut impetremus quod volumus, sed rebus quæ animo gerimus, et intentione cogitationis cum dilectione pura et simplici affectu. Sed res ipsas verbis nos docuisse Dominum oportebat, quibus memoriæ mandatis, eas ad tempus orandi recordaremur.

Sic ergo vos orabitis Pater noster qui es in cœlis. Nusquam invenitur præceptum populo Israel ut diceret *Pater noster*, aut oraret Patrem Dominum sed Dominus eis insinuatus est, tanquam servientibus, id est, secundum carnem adhuc viventibus. Prophetæ tamen sæpe ostendunt eumdem Dominum, Deum etiam eo Patrem eorumdem esse potuisse, si ab ejus mandatis non aberrarent. Sicut est illud : *Filios genui et exaltavi, ipsi autem spreverunt me* (*Isa.* 1). De futuro autem populo Christiano, quia Dominum Patrem esset habiturus, et prophetæ prædixerant, et Evangelium testatur, dicens : *Dedit eis potestatem filios Dei fieri* (*Joan.* 1); et apostolus Paulus . *Quandiu*, inquit, *hæres parvulus est, nihil differt a servo* (*Gal.* IV). Et Spiritus adoptionis nos accepisse commemorat, *in quo clamamus : Abba Pater* (*Rom.* VIII). Magnum ergo donum per gratiam Dei accepimus, quod sinamur Deo dicere : *Pater noster*. Quid enim jam non det filiis petentibus, cum hoc ipsum ante dederit, ut filii essent. Postremo quanta cura animum tangit, ut qui dicit *Pater noster*, tanto patre non sit indignus : Deus autem in sordidos mores nunquam cadit, et gratias misericordiæ ipsius, qui hoc a nobis exigit, ut sit Pater noster, quod nullo sumptu, sed sola bona voluntate comparari potest. Admonentur etiam hic divites, vel genere nobiles secundum sæculum, cum Christiani facti fuerint, non superbire adversus pauperes et ignobiles, quoniam simul dicunt Deo *Pater noster*. Quod non possunt vere ac pie dicere, nisi se fratres esse cognoscant. Utatur ergo voce Novi Testamenti populus novus, ad æternam hæreditatem vocatus, et dicat : *Pater noster, qui es in cœlis*, id est, in sanctis et justis. Non enim spatio locorum continetur Deus, sed quemadmodum in terra appellatus est peccator, cum ei dictum est : *Terra es, et in terram ibis* (*Gen.* III); sic cœlum justus e contrario dici potest. Justis enim dicitur : *Templum enim Dei sanctum est, quod estis vos* (*I Cor.* III). Quapropter si in templo suo habitat Deus, et sancti templum ejus sunt, recte dicitur *qui in cœlis es*, qui es in sanctis. Et accommodatissima ista similitudo est, ut spiritualiter tantum interesse videatur inter justos et peccatores, quantum corporaliter inter cœlum et terram. Cujus rei significandæ gratia cum ad orationem stamus, ad Orientem vertimur, non tanquam ibi sit Deus, et quasi cæteras mundi partes deseruerit (qui ubique præsens est, non locorum spatiis, sed majestate potentiæ), sed admoneatur animus ad naturam excellentiorem se convertere, id est ad Dominum, cum ipsum corpus ejus, quod terrenum est, ad corpus excellentius, id est corpus cœleste, convertitur

Sanctificetur nomen tuum. Quod non sic petitur, quasi non sit sanctum Dei nomen, sed ut sanctum habeatur ab hominibus, id est, illis innotescat Deus, ut non existiment aliquid sanctius quod magis offendere timeant. (*Cypr.*) Aliter enim id petimus, et rogamus, ut nomen Dei sanctificetur in nobis, ut qui in baptismo sanctificati sumus, in eo quod esse, cœpimus perseveremus. Et hoc quotidie precamur. Opus est enim nobis quotidiana sanctificatione, ut qui quotidie delinquimus delicta nostra sanctificatione assidua repurgemus.

Adveniat regnum tuum. Regnum etiam Dei repræsentari nobis petimus, sicut et nomen ejus ut in nobis sanctificetur postulamus. (*Aug.*) Nam Deus quando non regnat, aut apud eum quando incipit quod semper fuit et esse non desinit? *Adveniat* ergo accipiendum est, manifestetur hominibus. Quemadmodum enim præsens lux absens est cæcis, et eis qui oculos claudunt, ita Dei regnum, quamvis nunquam discedat de terris, tamen absens est ignorantibus. Nulli autem licebit ignorare Dei regnum, cum ejus unigenitus non solum intelligibiliter, sed etiam visibiliter in homine Dominico de cœlo venerit judicaturus vivos ac mortuos. (*Cypr.*) Nostrum quidem regnum petimus advenire, a Deo nobis repromissum, Christi sanguine et passione quæsitum, ut qui in sæculo ante servivimus, postmodum Christo dominante regnemus, sicut ipse pollicetur, et dicit : *Venite, benedicti Patris mei, percipite regnum quod vobis paratum est ab origine mundi* (*Matth.* XXV).

Fiat voluntas tua sicut in cœlo et in terra. (*Aug.*) Id est, sicut in angelis qui sunt in cœlis voluntas tua est ut omnino tibi adhæreant, teque perfruantur nullo errore obnubilante sapientiam eorum, nulla miseria impediente beatitudinem eorum, ita fiat in sanctis tuis, qui in terra sunt, et de terra, quod ad corpus attinet, facti sunt, et quamvis ad cœlestem habitationem atque immutationem, tamen de terra assumendi sunt. Item *fiat voluntas tua* recte intelligitur, obediatur præceptis tuis, *sicut in cœlo et in terra*, id est, sicut ab angelis, ita ab hominibus. Voluntas autem Dei est quam Christus et fecit et docuit : humilitas in conversatione, stabilitas in fide, verecundia in verbis, in factis justitia, in operibus misericordia, in moribus disciplina, injuriam facere non nosse, et factam posse tolerare, cum fratribus pacem tenere, Dominum toto corde diligere, in illo quod pater est, timere, quod Deus est. Christo nihil omnino præponere debemus, quia nec nobis ille quidquam præposuit. Charitati ejus inseparabiliter adhærere, cruci ejus fortiter ac fidenter assistere. Quando de ejus nomine et honore certamen est, exhibere in sermone constantiam, qua confitemur, in quæstione fiduciam, qua congredimur, in morte patientiam, qua coronamur, hoc est cohæredem Christi velle esse, hoc est præceptum Dei facere, hoc est voluntatem Patris implere. Potest et aliter hæc sententia intelligi, ut ita sit dictum, *Fiat voluntas tua, sicut in cœlo et in terra*, tanquam si diceretur : Faciant voluntatem tuam sicut justi ita etiam et peccatores, ut ad te convertantur, sive ita *fiat voluntas tua in cœlo et in terra*, ut sua cuique tribuantur. Quod fit extremo judicio, ut justis præmium, peccatoribus damnatio tribuatur, cum agni ab hædis separabuntur. Ille etiam non absurdus, imo et fidei, et spei nostræ convenientissimus est intellectus, ut cœlum et terram accipiamus spiritum et carnem. Et quomodo dicit Apostolus : *Mente servio legi Dei, carne autem legi peccati* (*Rom.* VII), videmus factam voluntatem Dei in mente. Et id orandum est, ut sicut in cœlo, ita et in terra fiat voluntas Dei, id est, ut quemadmodum corde delectamur legi secundum interiorem hominem, ita etiam corporis immutatione facta, huic nostræ delectationi nulla pars nostra terrenis doloribus seu voluptatibus adversetur. Nec illud a veritate abhorret, ut accipiamus *Fiat voluntas tua, sicut in cœlo et in terra*, sicut in ipso Domino nostro Jesu Christo, ita et in Ecclesia, tanquam in viro qui patris voluntatem implevit, ita et in femina, quæ illi desponsata est. Cœlum enim et terra convenienter intelligitur quasi vir et femina, quoniam terra cœlo fecundante fructifera est. Quarta petitio est :

Panem nostrum quotidianum da nobis hodie. Panis quotidianus aut pro his omnibus dictus est quæ hujus vitæ necessitatem sustentant, de quo cum præcipit, ait : *Nolite cogitare de crastino.* Et ideo sit additum : *Da nobis hodie*, aut pro sacramento corporis Christi, quod quotidie accipimus, aut pro spirituali cibo, de quo idem Dominus dicit : *Operamini escam quæ non corrumpitur.* Et illud : *Ego sum panis vitæ, qui de cœlo descendi* (*Joan.* VI). Sed horum trium quid sit probatissimum considerari potest. Nam forte quispiam moveatur cur oremus pro his adipiscendis quæ huic vitæ sunt necessaria, veluti est victus et tegumentum, cum ipse Dominus dicit : *Nolite solliciti esse quid edatis, aut quid induamini* (*Matth.* VI); de sacramento autem corporis Domini, ut illi non moveant quæstionem, qui plurimi in Orientalibus partibus, non quotidie cœnæ Dominicæ communicent, cum iste panis quotidianus dictus est. Restat ut quotidianum panem accipiamus spiritalem. Præcepta scilicet divina, quæ quotidie oportet meditari et operari. Nam de ipsis Dominus dicit : Operamini escam quæ non corrumpitur; quotidianus autem iste cibus nunc dicitur, quandiu ista vita temporalis per dies decedentes succedentesque peragitur. Et revera quandiu in superiora, nunc in inferiora, id est, nunc in spiritalia, nunc in carnalia, animi affectus alternat, tanquam ei qui aliquando pascitur cibo, aliquando famem patitur, quotidie panis necessarius est quo reficiatur esuriens, et relabens erigatur. Quod autem *panem supersubstantialem* in aliis exemplaribus legimus, vel peculiarem, vel præcipuum illum panem similiter significat, qui dicit : *Ego sum panis, qui de cœlo descendi*, qui videlicet est super omnes substantias, et universas superat creaturas.

Et dimitte nobis debita nostra, sicut et nos dimittimus debitoribus nostris (*Cypr.*) Post subsidium cibi petitur et venia delicti, ut qui a Deo pascitur, in Deo vivat, nec tantum præsenti et temporali vitæ consulatur, sed æternæ, ad quam veniri potest, si peccata donentur. Quæ debita Dominus appellat sicut in Evangelio suo dicit : *Dimisi tibi omne debitum, quia me rogasti* (*Matth.* XVIII). Quam necessarie autem, quam providenter et salubriter admonemur quod peccatores sumus, qui pro peccatis rogare compellimur ! Qui orare nos pro debitis et peccatis docuit, paternam misericordiam promisit, et veniam secuturam adjunxit, plane et addidit legem, certa nos conditione et sponsione constringens, ut sic nobis dimitti debita postulemus secundum quod et ipsi debitoribus nostris dimittimus. Scientes impetrari non posse quod pro peccatis petimus nisi et ipsi circa peccatores nostros paria fecerimus. Idcirco et alio in loco dicit : *Qua mensura mensi fueritis, eadem et remetietur vobis* (*Marc.* IV; *Luc.* VI). Nulla enim alia sententia sic oramus, ut quasi paciscamur cum Domino. In qua pactione si mentimur, totius orationis nullus est fructus.

Et ne nos inducas in tentationem. (*Aug.*) Non enim per seipsum inducit Deus, sed induci patitur eum quem suo auxilio deseruerit, ordine occultissimo ac meritis. Causis etiam sæpe manifestis dignum judicat illum quem deserat et in tentationem induci sinat. Aliud est autem induci in tentationem, aliud tentari. Nam sine tentatione probatus esse nullus potest. Non ergo hic oratur ut non tentemur, sed ut non inferamur in tentationem, tanquam si quispiam cui necesse est igne examinari, non oret ut igne non contingatur, sed ut non exuratur. *Vasa enim figuli probat fornax, et homines justos tentatio tribulationis* (*Eccli.* XXVI). Multi autem in precando ita dicunt : Ne nos patiaris induci in tentationem, exponentes videlicet quomodo dictum sit *inducas*. Qua in parte ostenditur nihil contra nos adversarium posse, nisi Deus ante permiserit, ut omnis timor noster et devotio atque observatio ad Dominum convertatur, quando in tentationibus nostris nihil malo liceat, nisi potestas inde tribuatur.

Sed libera nos a malo, amen. Quando autem dicimus, *libera nos a malo*, nihil remanet quod ultra adhuc debeat postulari, quando semel protectionem Dei adversus malum petimus. (MAUR.) Qua impetrata, contra omnia quæ diabolus et mundus operantur securi stamus et tuti. Sed hoc in præsenti fit, quantum divinum examen nobis utile esse prospexerit. Unde dicit Apostolus : *Fidelis est Deus, qui non patitur vos tentari supra id quod potestis, sed facit cum tentatione proventum, ut possitis sustinere* (*I Cor.* x). Orandum est enim ut non solum non inducamur in malum quo caremus (quod sexto loco petimus), sed ab illo etiam liberemur, quo jam inducti sumus. Quod' cum factum fuerit, nihil remanebit formidolosum, nec omnino metuenda erit ulla tentatio. Quod tamen in hac vita, et quandiu istam mortalitatem circumferimus, ubi serpentina persuasione inducti sumus, non sperandum posse fieri, sed tamen aliquando futurum sperandum est. Opportuno autem tempore perficietur beatitudo, quæ in hac vita inchoata est, et cui capessendæ atque obtinendæ aliquando nunc omnis conatus impenditur. Sed harum quatuor petitionum consideranda et commendanda distinctio est. Nam cum vita nostra temporaliter nunc agitur atque speratur æterna, et cum æterna priora sunt dignitate, quamvis temporalibus prius actis ad illa transeatur, trium primarum petitionum impetrationes, quanquam in hac vita, quæ isto sæculo agitur, exordium capiant (nam et sanctificatio nominis Dei, ab ipso Domini nativitatis adventu agi cœpit, et adventus regni ejus quo in claritate venturus est non jam finito sæculo, sed in fine sæculi, manifestabitur, et perfectio voluntatis ejus sicut in cœlo et in terra, sive justos et peccatores cœlum et terram intelligas, sive spiritum et carnem, sive Dominum et Ecclesiam, sive omnia simul, ipsa perfectione nostræ beatitudinis, et ideo sæculi terminatione complebitur), tamen omnia tria in æternum manebunt. Nam et sanctificatio nominis Dei sempiterna erit, et regni ejus non erit finis, et perfectæ nostræ beatitudini æterna vita promittitur. Permanebunt ergo ista tria consummata atque cumulata in illa vita quæ nobis promittitur. Reliqua vero quatuor, quæ petimus, ad temporalem istam vitam pertinere mihi videntur. Quorum primum est : *Panem nostrum quotidianum da nobis hodie.* Hoc ipso enim quod dictus est quotidianus, panis spiritalis significatur, sive in sacramento, aut in victu isto visibilis, ad hoc tempus pertinet, quod appellavit *hodie :* non quia spiritalis cibus non est sempiternus, sed quia iste, qui quotidianus dictus est in Scripturis, sive in strepitu sermonis, sive quibusque temporalibus signis exhibetur animæ. Quæ omnia tunc utique non erunt, cum omnes erunt docibiles Dei, et ipsam ineffabilem lucem veritatis non motu corporum significantes, sed puritate mentis haurientes. Nam fortasse et propterea panis dictus est, non potus, quia panis frangendo atque mandendo in alimentum convertitur, sicut Scripturæ aperiendo et disserendo animam pascunt. Potus autem paratus, sicuti est, transit in corpus, ut isto tempore panis sit veritas, cum quotidianus panis dicitur; tunc autem potus, cum labore nullo disputandi et sermocinandi, quasi frangendi atque mandendi, opus erit, sed solo haustu sinceræ ac perspicuæ veritatis. Et peccata nunc nobis dimittuntur, et nunc dimittimus, quæ harum quatuor reliquarum secunda petitio est; tunc autem nulla erit venia peccatorum, quia nulla peccata. Et tentationes temporalem istam vitam infestant, non autem erunt cum perfectum fuerit quod dictum est : *Abscondes eos in abdito vultus tui* (*Psal.* xxx). Et malum a quo liberari optamus, et ipsa liberatio a malo ad hanc utique vitam pertinet, quam et justitia Dei mortalem meruimus, et unde ipsius misericordia liberabimur. Videtur etiam mihi septenarius iste numerus harum petitionum congruere illi septenario numero, ex quo totus iste sermo manavit. Si enim timor Dei est, quo *beati sunt pauperes spiritu, quoniam ipsorum est regnum cœlorum* (*Matth.* v), petamus ut *sanctificetur* in hominibus *nomen Dei*, timore casto permanente in sæcula sæculorum. Si pietas est qua *beati sunt mites, quoniam ipsi possidebunt terram*, petamus ut *veniat regnum* ejus, sive in nos ipsos, ut mitescamus, nec ei resistamus, sive de cœlo in terras in claritate adventus Domini, quo nos gaudebimus et lætabimur, dicente illo : *Venite, benedicti Patris mei, et reliqua* (*Matth.* xxv). *In Domino* enim, inquit Propheta, *laudabitur anima mea; audiant mansueti et jucundentur* (*Psal.* xxxiii). Si scientia est qua *beati sunt qui lugent, quoniam ipsi consolabuntur*, oremus ut *fiat voluntas ejus sicut in cœlo et in terra*, quia cum corpus, tanquam terra spiritui, tanquam cœlo, summa et tota pace consenserit, non lugebimus.

Nam nullus alius hujus temporis luctus est , nisi cum adversus se ista configunt, et cogunt nos dicere : *Video aliam legem in membris meis repugnantem legi mentis meæ ;* et luctum nostrum lacrymosa voce testari : *Miser ego homo, quis me liberabit de corpore mortis hujus* (*Rom.* vii)? Si fortitudo est , qua *beati sunt qui esuriunt, et sitiunt justitiam, quoniam ipsi saturabuntur*, oremus ut *panis noster quotidianus detur nobis hodie*, quo fulti atque sustentati ad plenissimam illam saturitatem venire possimus. Si consilium est quo *beati sunt misericordes, quoniam ipsorum miserebitur*, dimittamus debita debitoribus nostris, et oremus ut nobis nostra dimittantur. Si intellectus est, quo *beati sunt mundo corde, quoniam ipsi Dominum videbunt*, oremus non induci in tentationem. Ne habeamus duplex cor, non appetentes simplex bonum , quo referamus omnia quæ operamur, sed simul temporalia et terrena sectando. Tentationes enim ex his rebus quæ graves et calamitosæ videntur hominibus, non in nos valent, si non valeant illæ quæ blanditiis earum rerum accidunt, quas homines bonas et lætabundas putant. Si sapientia est, qua *beati* sunt *pacifici, quoniam filii Dei vocabuntur*, oremus ut *liberemur a malo*. Ipsa enim liberatio liberos nos facit, id est filios Dei, ut spiritu adoptionis clamemus : *Abba pater*. (*Hier.*) Amen autem quod in fine constat scriptum, signaculum est Dominicæ orationis, quod Aquila interpretatus est *fideliter*, et *nos vere possumus dicere*. (Maur.) Significat hoc in omnibus petitionibus istis purissimam consistere veritatem, et indubitanter illis a Domino conferri omnia quæ rite postulant, qui conditionis ultimæ servare pactum non negligant. Unde et subditur :

Si enim dimiseritis hominibus peccata eorum, dimittet et vobis Pater vester cœlestis delicta; si autem non dimiseritis hominibus, nec pater vester dimittet peccata vestra. (*Hieron.*) Si non dimiseritis hominibus dicit, quasi non homines sint qui dimittunt, id est, non humani, neque terreni. Hoc est enim quod scriptum est : *Ego dixi : Dii estis, et filii excelsi omnes. Vos autem ut homines moriemini, et quasi unus de principibus cadetis* (*Psal.* LXXXI). Ad eos dicitur qui propter peccata homines ex diis esse meruerunt. Recte ergo et hi quibus peccata dimittuntur homines appellati sunt. (*Aug.*) Sequitur de jejunio præceptum ad eamdem pertinens cordis mundationem, de qua nunc agitur. Nam et in hoc opere cavendum est ne subrepat aliqua ostentatio, et appetitus laudis humanæ, qui duplicet cor nostrum, et non sinat mundum et simplex esse ad intelligendum Dominum. Dicit enim :

Cum autem jejunatis, nolite fieri sicut hypocritæ tristes : exterminant enim facies suas, ut appareant hominibus jejunantes. Amen dico vobis, quia receperunt mercedem suam. [III.] Quod qui non odit, necdum amat illam vitam, ubi nulla erit conditio nascendi atque moriendi, quæ copulant terrena conjugia ; odimus enim sine dubio quod certe ut aliquando non sit optamus. Sic itaque invenitur secundum utrumque Domini mandatum, bonus Christianus diligere in una femina creaturam Dei, quam performari et renovari desiderat ; odisse autem conjunctionem, copulationemque corruptibilem atque mortalem, hoc est diligere in eo quod homo est, odisse quod uxor est. Ita etiam diligit inimicum, non in quantum inimicus est, sed in quantum homo est, ut hoc ei velit provenire quod sibi, id est, ut ad regnum cœlorum correctus renovatusque perveniat. Hoc et de patre, et de matre et cæteris vinculis sanguinis intelligendum est, ut in eis oderimus quod genus humanum nascendo et moriendo sortitum est, diligamus autem quod nobiscum potest ad illa regna perduci, ubi nemo dicit Pater meus, sed omnes omnino uni Deo : *Pater noster*; nec Mater mea, sed omnes illi Jerusalem : Mater nostra ; nec Frater meus, sed omnes de omnibus : Frater noster. Exoritur hic altera quæstio cum Dominus causa fornicationis permittat dimitti uxorem, quatenus hoc loco intelligenda sit fornicatio, utrum quousque intelligunt omnes, id est, ut eam fornicationem credamus dictam, quæ in stupris committitur, an quemadmodum Scripturæ solent fornicationem vocare, sicut supra dictum est, omnem illicitam concupiscentiam, sicut est idololatria, vel avaritia, et ex eo jam omnis transgressio legis propter illicitam concupiscentiam. Quis enim jam quamlibet illicitam concupiscentiam potest recte a fornicationis genere separare, si avaritia fornicatio est ? Ex quo intelligitur propter illicitas concupiscentias, non tantum quæ in stupris cum alienis viris, aut feminis committuntur, sed omnino quaslibet, quæ animum corpore male utentem a lege aberrare faciunt, et perniciose turpiterque corrumpi, possit sine crimine et vir uxorem dimittere, et uxor virum, quia exceptam facit Dominus causam fornicationis. Quam fornicationem (sicut supra commemoratum est) generalem et universalem intelligere cogimus. Cum autem ait excepta causa fornicationis, non dixit, cujus ipsorum viri, an feminæ. Non enim tantum fornicantem uxorem dimittere conceditur, sed quisquis eam quoque uxorem dimittit, a qua ipse cogitur fornicari, causa fornicationis utique dimittit. Velut si aliquem cogat uxor sacrificare idolis, qui talem dimittit, causa fornicationis dimittit, non tantum illius, sed et suæ : illius, quia fornicatur ; suæ, ne fornicetur. *Iterum audistis quia dictum est antiquis : Non perjurabis ; reddes autem Domino juramenta tua. Ego autem dico vobis non jurare omnino, neque per cœlum, quia thronus Dei est, neque per terram, quia scabellum est pedum ejus; neque per Hierosolymam, quia civitas est magni regis; neque per caput tuum juraveris, quia non potes unum capillum album facere aut nigrum.*

Hanc per elementa jurandi pessimam consuetudinem semper habuere Judæi, sicut prophetalis eos frequenter arguit sermo. Quia qui jurat, aut veneratur, aut diligit eum per quem jurat. (*Hieron.*) In lege præceptum est ut non juremus nisi per Dominum nostrum et Deum. Nam Judæi per angelos et urbem Jerusalem, et templum, et elementa jurantes, creaturas resque carnales venerabantur, honore et obsequio Dei contempto. Denique considera quod hic Salvator non per Deum jurare prohibuerit, sed per cœlum, et terram, et Hierosolymam, et per caput tuum. Et hoc quasi parvulis fuerat lege concessum, ut quomodo victimas immolabant Deo, ne eas idolis immolarent, sic et jurare permitterentur in Dominum, non quo recte facerent, sed quo melius esset Deo id exhibere, quam dæmonibus. Evangelica autem veritas non recepit juramentum, cum omnis sermo fidelis projurejurando sit. Sicut enim falsum loqui non potest qui non loquitur, sic pejerare non potest qui non jurat. (*Aug.*) Sed tamen quoniam jurat qui adhibet testem Deum, diligenter considerandum est hoc capitulum, ne contra præceptum Domini Apostolus fecisse videatur, qui sæpe hoc modo juravit, cum dicit : *Quæ autem scribo vobis, ecce coram Deo, quia non mentior (Gal.* 1). Et iterum : *Deus et pater Domini nostri Jesu Christi, qui est benedictus in sæcula, scit quia non mentior (II Cor.* xi). Tale autem est illud : *Testis enim mihi est Deus, cui servio in spiritu meo in Evangelio Filii ejus, quomodo sine intermissione memoriam vestri facio semper in orationibus meis (Rom.* 1). Ita ergo intelligitur præcepisse Dominum ne juretur, ne quisquam sicut bonum appetat jusjurandum, et assiduitate jurandi in perjurium per consuetudinem delabatur. Quapropter qui intelligit non in bonis, sed in necessariis jurationem habendam, refrenet se quantum potest, ut non ea utatur, nisi cum necessitate, cum videt pigros esse homines ad credendum quod eis utile est credere, nisi juratione firmetur. Itaque Dominus docet nihil esse tam vile in creaturis Dei, ut per hoc quisque pejerandum arbitretur, quando a summis usque ad infima divina providentia creata regerentur. Incipiens a throno Dei usque ad capillum album aut nigrum, ideo juramentum vetat, ne te arbitreris non debere Domino jusjurandum tuum, cum per eum jurare convinceris, cujus cœlum thronus est, et cujus terra scabellum est, cujus et omnis creatura factura est. Verum non oportet opinari in eo quod dictum est, cœlum thronus Dei et terra scabellum pedum ejus, quod sic habeat Deus collocata membra in cœlo et in terra, ut nos, cum sedemus, sed illa sedes Dei judicium significat. Et quoniam in hoc universo mundi corpore, maximam speciem cœlum habeat, et terra minimam, tanquam præsentior sit excellenti pulchritudini vis divina, minimam vero ordinet in extremis atque in infimis, sedere in cœlo dicitur, terramque calcare. Spiritaliter autem sanctas animas cœli nomine significat, et terræ peccatrices. Et quoniam spiritalis omnia judicat, ipse autem a nemine judicatur, convenienter dicitur sedes Dei ; peccator vero cui dictum est : *Terra es, et in terram ibis,* quia per justitiam meritis digna tribuentem, in infimis ordinatur, et qui in lege manere noluit, sub lege ponitur, congruenter accipitur scabellum pedum Dei. *Sit autem sermo vester, est, est, non, non, quod autem his abundantius est, a malo est.* (Maur.) Qui jurare non prohibuit, quomodo loqui oportet docuit. *Sit,* inquit, *sermo vester, est, est, non, non* ; quasi diceret : quod est, sufficiat dicere, est ; quod non est, sufficiat dicere, non est ; sive ideo bis dicitur, *est, est, non, non,* ut quod ore affirmes, operibus probes, et quod verbis neges, factis non confirmes. Hoc enim bonum et appetendum est, ut testimonium bonorum operum orationem commendet dicentis. Cum ergo subinfert : *Quod his abundantius est, a malo est,* ita intelligi oportet, ut scias, si jurare cogaris, illud de necessitate venire infirmitatis eorum quibus aliquid persuades, quæ utique infirmitas malum est. Unde nos quotidie liberari deprecamur, cum dicimus : *Libera nos a malo.* Itaque non dixit : Quod amplius est, malum est. Tu autem non malum facis, qui bene uteris juratione, quæ etsi non bona, tamen necessaria est, ut alteri persuadeas quod utiliter persuades. Sed *a malo est*, ab illius videlicet infirmitate, a quo jurare cogeris. Sed nemo, nisi qui expertus est, novit quam sit difficile et consuetudinem jurandi exstinguere, et nunquam temere facere, quod nonnunquam necessitas cogit.

Audistis quia dictum est, oculum pro oculo, et dentem pro dente. Ego autem dico vobis non resistere malo. (Hieron.) Qui dicit oculum pro oculo, non alterum vult auferre, sed utrumque servare. Dominus noster vicissitudinem tollens, truncat initia peccatorum, quia in lege retributio est, in Evangelio vero gratia. (Aug.) Ibi culpa emendatur, hic peccatorum auferuntur exordia. Notandum autem quod quatuor gradus vindictæ, seu retributionis, quibusdam esse videntur. Quorum primus est, ut cum aliquis læsus fuerit, gravius ulcisci desideret ; non enim facile invenitur qui, pugno accepto, pugnum reddere velit, et uno a conviciante verbo audito, tantumdem referre contentus sit, sed sive ira perturbatus immoderatius vindicat, sive quia justum putat eum qui læserit prior, gravius lædi quam læsus est qui non læserit. Talem quippe animum magna ex parte refrenavit, et quemdam gradum posuit lex, in qua scriptum est : *Oculum pro oculo, et dentem pro dente.* Quibus nominibus significatur modus, ut injuriam vindicta non transeat. Et hæc est pacis inchoatio. Perfecta autem pax est, talem penitus nolle vindictam. Ad quam perveniendam duo gradus adhuc restant, id est, ut non reddat tantum, sed minus, verbi gratia, ut pro duobus unum reddat, aut pro avulso oculo aurem præcidat. Hinc ascendens qui omnino nihil mali roponderit, imo bonum pro malo reddiderit, propinquat præsenti præcepto Domini, nec tamen adhuc ibi est. Parvum enim adhuc videtur Domino, si pro malo quod acceperis, nihil reddas mali, nisi etiam amplius sis paratus accipere. Quapropter non ait : *Ego autem dico vobis,* non reddere malum pro malo, quanquam hoc etiam magnum præceptum sit, sed ait : *non resistere adversus malum* ; ut non solum non rependas quod tibi fuerit irrogatum, sed etiam non resistas, quo minus aliud irrogetur. Hoc enim est quod etiam consequenter exponit.

Sed si quis te percusserit in dexteram maxillam, præbe illi et alteram. (Aug.) Non enim ait, Si quis te percusserit, noli tu percutere, sed : Para te adhuc percuti. Quod ad misericordiam pertinere hi maxime sentiunt, qui eis quos multum diligunt, tanquam filiis, vel quibuslibet dilectissimis suis ægrotantibus, serviunt, vel parvulis, vel phreneticis, a quibus multa sæpe patiuntur, et si eorum salus id exigat, præbent se etiam ut plura patiantur, donec vel ætatis, vel morbi infirmitas transeat. Quos ergo Dominus medicus animarum curandis proximis instruebat, quid eos aliud docere debuit, nisi ut eorum, quorum saluti consulere vellent, imbecillitates æquo animo tolerarent ? Omnis namque improbitas ex imbecillitate animi venit. Quia nihil innocentius est eo qui in virtute perfectus est. Hac ergo Evangelii sententia ecclesiasticus vir describitur imitator ejus qui dicit : *Discite a me, quia mitis sum et humilis corde* (*Matth.* xi). Et pollicitationem suam percussus alapa comprobat, dicens : *Si male locutus sum, argue; sin autem bene, cur me cædis?* (*Joan.* xviii.) Tale quid et David loquebatur in psalmo : *Si reddidi retribuentibus mihi mala* (*Psal.* vii). Et Jeremias in lamentationibus : *Bonum est homini, si consederit ab adolescentia sua, dabit percutienti se maxillam, saturabitur opprobriis* (*Thren.* iii). Hoc adversum eos qui putant alterum Domini legis, alterum Evangelii, quod et ibi et hic mansuetudo doceatur. Secundum mysticos intellectus percussa dextera nostra, non jubemur sinistram præbere, sed alteram, id est alteram dexteram. Justus enim sinistram non habet. Si nos hæreticus in disputatione percusserit, et dexterum dogma voluerit vulnerare, opponatur ei aliud de Scripturis testimonium, et tam diu verberanti succedentes sibi dexteras præbeamus, donec inimici ira lassescat. Potest tamen non inconvenienter et in duabus maxillis duas nobilitates significatas intelligi : quia est nobilitas secundum Deum, et secundum hoc sæculum. Distribuantur vero ita, ut dextera divinæ nobilitati, et sinistra humanæ deputetur. Convenit ergo ut in quocunque discipulo Christi contemptum fuerit quod Christianus est, multo magis in se contemni paratus sit, si quos hujus sæculi honores habet. Sicut apostolus Paulus, cum in eo persequerentur homines nomen Christianum, si taceret de dignitate quam habebat in sæculo, non præberet alteram maxillam cædentibus dexteram. Non enim dicendo, *Civis Romanus sum*, non erat paratus hoc in se contemni, quod pro minimo habebat ab eis qui in illo nomen tam pretiosum et salutare contempserant.

Et ei qui vult tecum judicio contendere, et tunicam tuam tollere, remitte ei et pallium. Lucas hoc capitulum versa vice posuit. Ait enim : *Ab eo qui auferet tibi vestimentum, etiam tunicam noli prohibere* (*Luc.* vi). Quod de vestimento et de tunica dictum est, non in eis solis, sed in omnibus faciendum est, quæ aliquo jure temporaliter nostra esse dicimus ; tunica interior vestis, pallium exterior est. Si enim de necessariis hoc imperatum est, quanto magis superflua contemnere convenit, et omnia quæ a nostro jure in alterius possunt transire potestatem. Sicuti est vestis, domus, fundus, jumentum, et generaliter omnis pecunia. Quod utrum etiam de servis accipiendum sit, magna quæstio est. Non enim Christianum oportet sic possidere servum, quomodo equum, aut argentum, aut aurum. Sed ille servus si rectius et honestius et ad Deum colendum accommodatius abs te domino educatur et regitur, quam ab illo potest, qui eum cupit auferre, nescio utrum quisquam dicere audeat, ut vestimentum eum debere contemni. Hominem quippe homo sicut semetipsum diligere debet. Cui ab omnium Domino (sicut ea quæ sequuntur, ostendunt) etiam ut inimicos diligat imperatur. Spiritaliter autem omnis doctor tunicam aufert alicujus, cum ab eo interiora, et quæ animo latent, confitenda deposcit peccata, ut est superbia, invidie, odium, concupiscentia, et his similia. Ipse autem simul dimittit et pallium, qui exteriora et quæ per corpus gessit, non erubescit simul confiteri facinora, sicut est ebrietatis vitium, fornicationis, rapinæ, contentionis, furti, et homicidii, et omnem impuritatem et fœditatem conversationis suæ profundens in conspectu Domini, dicit illi cum Propheta : *Delictum meum cognitum tibi feci, et injustitias meas non operui ; dixi, pronuntiabo adversum me injustitias meas Domino, et tu remisisti impietatem cordis mei* (*Psal.* xxxi)

Et quicunque te angariaverit mille passus, vade cum illo alia duo. (*Aug.*) Quod ergo hoc testimonio præcipit, oportet ut non tam pedibus agas, quam ut animo semper sis ad faciendum paratus, utique compassionis affectum et studium solatii impendere ei, qui a te expetit. Nam in ipsa Christiana historia, in qua est auctoritas, nihil tale invenies historialiter factum a sanctis, vel ab ipso Domino, cum in homine, quem suscipere dignatus est, vivendi nobis præberet exemplum, cum tamen omnibus fere locis invenies paratos fuisse, æquo animo tolerare quidquid eis improbe fuisset gestum. Tria ergo exempla posuit, quia hoc numero significatur perfectio, ut meminerit quisque, cum hoc facit, perfectam implere justitiam misericorditer infirmitates eorum perferendo, quos vult fieri sanos. Neque hic vindicta prohibetur, quæ ad correctionem valet, etiam ipsa enim pertinet ad misericordiam. Nec impedit illud propositum quo quisque paratus est ab eo quem correctum esse vult plura perferre, sed huic vindictæ referendæ non est idoneus, nisi qui odium, quo solent flagrare qui se vindicare desiderant, dilectionis magnitudine superaverit. Non enim metuendum est ne odisse parvulum filium parentes videantur, cum ab eis vapulat peccans, ne peccet ulterius. Sed nec alicubi contradicitur, nisi ut ille vindicet, cui rerum ordine potestas data est; et ea voluntate vindicet qua pater in parvulum filium, quem per ætatem odisse nondum potest. Non enim Dominus abdicat per justitiam correctionem, neque vetat correptionem ubi necessaria est, sed docet per mansuetudinem patientiam et tranquillitatem habere in innocentia. Sed quomodo parvum est non nocere, nisi etiam præstes beneficium quantum potes, consequenter adjungit et dicit : *Qui petit a te, da ei, et volenti mutuari a te, ne avertaris.* (*Hieron.*) Si de eleemosyna tantum intelligimus dictum, in plerisque pauperibus hoc stare non potest. Sed et divites, si semper dederint, semper dare non possunt. Post bonum ergo eleemosynæ, apostolis, id est doctoribus, præcepta tribuuntur, ut qui gratis acceperunt, gratis tribuant. Istiusmodi pecunia nunquam deficit ; sed quanto plus data fuerit, tanto amplius duplicabitur ; et cum subjecta sibi arva riget, nunquam fontis unda siccatur. (*Aug.*) Aliter autem id profecto dandum est quod nec tibi nec alteri noceat, quantum sciri aut credi ab homine potest. Et cui juste negaveris quod petit, indicanda illi est ipsa justitia, ut non eum inanem dimittas. Ita enim omni petenti te dabis, quamvis non semper id quod petit, dabis; sed aliquando melius aliquid dabis, cum petentem injuste correxeris. Quod autem ait, *Qui vult a te mutuari, ne aversatus fueris*, ad animam referendum est, id est, ne voluntatem alienes ab eo : *Hilarem enim datorem diligit Deus*. Intelligendum est ergo Dominum hic ipsa duo genera præstandi esse complexum. Namque aut donamus quod damus benevole, aut reddituro commendamus. Et plerumque homines qui, proposito divino præmio, donare parati sunt, ad dandum quod mutuum petitur pigri fiunt, quasi nihil recepturi a Deo, cum rem quæ datur, ille qui accepit, exsolvat. Recte itaque ad hoc eneficii tribuendi genus nos divina hortatur auctoritas dicens : *Et qui voluerit a te mutuari, ne aversatus fueris*; id est, ne propterea voluntatem alienes ab eo qui petit, quia et pecunia tua vacua fit, et Deus tibi non redditurus est, cum homo reddiderit; sed cum id ex præcepto Dei facis, apud illum qui hæc jubet, infructuosum esse non potest. Quia in Evangelio servus ille a domino laudatur qui, accepta talenta negotiando duplicavit, et ob hoc in gaudium domini sui intrare jubetur (*Matth*. xxv). Oportet ergo spiritalem doctorem verbi divini fenus auditoribus suis accommodare, ut boni operis retributionem ab illis possit accipere. Et pro hoc itaque a Deo debent æternam remunerationem utrique sperare, nec ullo modo in bono studio defatigari. Sequitur :

Audistis quia dictum est : Diliges proximum tuum, et odies inimicum tuum. Ego autem dico vobis, Diligite inimicos vestros, benefacite his qui oderunt vos, et orate pro persequentibus et calumniantibus vos. (*Hieron.*) Multi præcepta Dei imbecillitate sua, non sanctorum viribus æstimantes, putant esse impossibilia quæ præcepta sunt, et dicunt sufficere virtutibus, non odisse inimicos : cæterum diligere plus præcipi, quam humana natura patiatur. Sciendum est ergo Christum non impossibilia præcipere, sed perfecta. Quæ fecit David in Saul et Absalon (*I Reg*. xxiv; *II Reg*. xviii). Stephanus quoque martyr pro inimicis se lapidantibus deprecatus est (*Act*. vii). Et Paulus anathema cupit esse pro persecutoribus suis (*Rom*. ix). Hæc autem Jesus et docuit et fecit, dicens : *Pater, ignosce eis, quid enim faciunt, nesciunt* (*Luc*. xxiii). (*Aug*.) Oritur sane hic quæstio, quæ minus intelligentibus videtur esse difficilis : quia et in prophetis inveniuntur multæ imprecationes adversus inimicos, quæ maledictiones putantur, sicuti est illud : *Fiat mensa eorum in laqueum* (*Psal*. lxxxvi), et cætera quæ ibi dicuntur. Et illud, *Fiant filii ejus pupilli, et uxor ejus vidua* (*Psal*. cviii), et quæ alia vel supra vel infra in eodem psalmo in personam Judæ per Prophetam dicuntur. Multa alia in Scripturis reperiuntur, quæ videantur esse contraria et huic præcepto Domini, et illi apostolico,

quo ait : *Benedicite, et nolite maledicere* (*Rom*. xii), cum et de Domino scriptum sit quod maledixerit civitatibus quæ verbum ejus non acceperunt (*Matth*. xi), et memoratur Apostolus quod de quodam ita dixerit : *Reddet illi Dominus secundum opera illius* (*II Tim*. iv). Sed hæc facile solvuntur. Quia et Propheta per imprecationem quid esset futurum, cecinit, non optantis voto, sed spiritu prævidentis ; ita et Dominus, ita et Apostolus : quanquam in horum verbis non hoc invenitur quod optaverint, sed quod prædixerint. Non enim cum ait Dominus, *Væ tibi, Capharnaum*, aliud sonat nisi aliquid mali eventurum illi fore merito infidelitatis, quod futurum Dominus non malevolentia optabat, sed divinitate cernebat. Et Apostolus non ait, Reddat, sed, *Reddet illi Dominus juxta opera ejus* : quod verbum prænuntiantis est, non imprecantis. Item alio loco idem Apostolus, enumerans capitalibus criminibus obnoxios, jubet *cum hujuscemodi nec cibum sumere* (*I Cor*. v). Quod nec contrarium est ullo modo huic Domini mandato de dilectione et beneficentia inimicorum : quia diligere debemus inimicos, non quantum inimici sunt, sed quantum homines sunt; diligere naturam, odisse vitia : et omnia quæ in illis agimus, sive beneficia tribuendo, sive corripiendo, sive admonendo, sive etiam excommunicando, ad hoc debemus facere, non ut inimici permaneant, sed ut fratres fiant. Quid enim orandum est pro persequentibus nos, nisi quod Apostolus ait, *ut resipiscant a diaboli laqueis, quibus capti tenentur ad suam ipsorum perditionem* (*II Tim*. ii), ut sanati ab hac insania declinent a malo et faciant bonum ; ita recte pro eis oramus, dum hoc eis fieri quod nobis desideramus ; ut quos in præsenti tempore patimur inimicos, per correctionem vitæ consortes postmodum habeamus in regno. (*Aug.*) Rursus hic oboritur alia quæstio : Si pro inimicis nos Dominus orare jubet, cur apostolus Joannes dicat : *Si quis scit peccare fratrem suum peccatum non ad mortem, postulabit, et dabit ei Dominus vitam qui peccat non ad mortem : est autem peccatum ad mortem, non pro illo dico ut roget* (*Joan*. v). Aperte enim ostendit esse quosdam fratres pro quibus orare non nobis præcipitur, cum Deus etiam pro persecutoribus nostris orare nos jubeat. Nec ista quæstio solvi potest, nisi fateamur esse aliqua peccata in fratribus quæ inimicorum persecutione graviora sint. Fratres hos Christianos significare, multis divinarum Scripturarum argumentis probari potest. *Peccatum* ergo fratris *ad mortem* puto esse, quod post agnitionem Dei per gratiam Domini nostri Jesu Christi, quisque oppugnat fraternitatem, et adversus ipsam gratiam, qua reconciliatus est Deo, invidentiæ facibus agitatur. *Peccatum hoc non ad mortem est* si quisquam non amorem a fratre alienaverit, sed officia fraternitati debita per aliquam infirmitatem animi non exhibuerit. Quapropter et Dominus in cruce ait *Pater, ignosce illis, quia nesciunt quid faciunt*. Nondum enim gratiæ Spiritus sancti participes facti, societatem sanctæ fraternitatis inierant. Ista differentia peccatorum Judam tradentem, a Petro distinguit : non quia petenti non sit ignoscendum, ne contra illam sententiam Domini veniamus qua præcipit semper ignoscendum esse fratri petenti ut sibi frater ignoscat ; sed quia illius peccati tanta labes est, ut deprecandi humilitatem subire non possit, etiamsi peccatum suum mala conscientia agnoscere et enuntiare cogatur. Cum enim dixit Judas, *Peccavi, quod tradiderim sanguinem justum* (*Matth.* XXVII), facilius tamen desperatione cucurrit ad laqueum, quam humilitate veniam deprecatus est. Quapropter multum interest quali pœnitentiæ ignoscat Deus. Multi enim multo citius se fatentur peccasse, atque ita sibi succensent ut vehementer se peccasse nollent ; sed tamen animum ad humiliandum et obtemperandum [obterendum] cor, implorandamque veniam non deponunt. Quam mentis affectionem propter peccati magnitudinem, jam de damnatione illos habere credendum est. Hoc est fortasse peccare in Spiritum sanctum, id est per malitiam et invidiam, fraternam oppugnare charitatem post acceptam gratiam Spiritus sancti. Quod peccatum Dominus neque hic, neque in futuro sæculo dimitti dicit. Sine ulla ergo dubitatione diligamus inimicos nostros, benefaciamus his qui oderunt nos, et oremus pro eis qui persequuntur nos, ut fiat quod consequenter positum est :

Ut sitis filii Patris vestri, qui in cœlis est, qui solem suum oriri facit super bonos et malos, et pluit super justos et injustos. Prima pars hujus sententiæ ex illa regula intelligenda est qua et Joannes dicit : *Dedit illis potestatem filios Dei fieri* (*Joan.* I). Unus enim naturaliter Filius Dei est, qui nescit omnino peccare : nos autem potestate accepta efficimur filii, in quantum ea quæ ab illo præcipiuntur, implemus. Unde et apostolica disciplina adoptionem appellat, qua in æternam hæreditatem vocamur, ut cohæredes Christi esse possimus. Filii ergo efficimur regeneratione spirituali, et adoptamur in regnum Dei, non tanquam alieni, sed tanquam ab illo facti et creati, id est conditi [a], ut unum beneficium sit, quo nos fecit esse per omnipotentiam suam, cum ante nihil essemus ; alterum, quo adoptavit, ut cum eo tanquam filii vita æterna pro nostra participatione frueremur. Itaque non ait : Facite ista, quia estis filii ; sed facite ista *ut sitis filii*. Cum autem ad hoc nos vocat per ipsum Unigenitum, ad similitudinem suam nos vocat. Ille enim, sicut consequenter dicit, *solem suum oriri facit super bonos et malos, et pluit super justos et injustos.* Sive *solem suum*, non istum carneis oculis visibilem accipias, sed illam sapientiam, de qua dicitur : *Candor est enim lucis æternæ* (*Sap.* VII) ; de qua item dicitur : *Ortus est mihi justitiæ sol.* Et iterum : *Vobis autem qui timetis nomen Domini, orietur sol justitiæ* (*Malach.* IV). Ut etiam pluviam accipias irrigationem doctrinæ veritatis, quia et bonis et malis apparuit, et bonis et malis evangelizatus est Christus. Sive istum solem mavis accipere, non solum hominum, sed etiam pecorum corporeis oculis propalatum ; et istam pluviam qua fructus gignuntur qui ad refectionem corporis dati sunt. Quantum enim hujus vitæ solatium afferat lux ista visibilis, et pluvia corporalis, quis tam ingratus est ut non sentiat. Quod solatium videmus et justis in hac vita, et peccatoribus communiter exhiberi. Non autem ait : *Qui facit solem oriri super bonos et malos*, sed addidit, *suum*, id est, quem ipse fecit atque constituit, et a nullo aliquid sumpsit ut faceret ; sicuti in Genesi de omnibus luminaribus scribitur ; qui proprie potest dicere sua esse omnia quæ de nihilo creavit : ut hinc admoneremur quanta liberalitate inimicis nostris ex præcepto ejus præstare debeamus, quæ non creavimus, sed muneribus accepimus.

Si enim diligitis eos qui vos diligunt, quam mercedem habebitis, nonne et publicani hoc faciunt? Et si salutaveritis fratres vestros tantum, quid amplius facitis, nonne et ethnici hoc faciunt? (MAUR.) Publicanos quidem Judæi, exactores Romanos vocabant, qui de republica curam habebant. Dicuntur hic publicani, qui publica vectigalia exigunt, qui [vel] publica negotia sæculi lucra sectantur. Ethnici enim Græce, Latine gentes dicuntur. Nam ἔθνος Græce gens dicitur. Atque ideo gentiles nuncupati sunt, qui tales sunt ut fuerunt geniti, sub peccato scilicet idolis servientes. Talis enim in hac Evangelii sententia sensus est : Si etiam publicani et ethnici erga dilectores suos natura duce norunt esse benefici, quantum vos, inquit, quibus ut gradus professionis eximior, ita cura necesse est sit virtutis uberior, latioris sinu dilectionis amplecti debetis etiam non amantes. Unde quæsitu dignum videtur quomodo cum Dominus eos qui diligentes se solum diligunt, benefacientibus sibi benefaciunt amicis, ferantur non modo perfectam non habere charitatem, verum peccatoribus æquiparari testetur ille pectoris Dominici recubitor, Epistolam de Dei et proximi dilectione consummans, ne uspiam inimicos monuerit esse diligendos, sed absolute dixerit : *Quod si diligamus invicem, Deus in nobis manet, et charitas ejus in nobis perfecta est* (*I Joan.* IV). Quod si quem movet, sciat eum non de inimicorum amore docuisse, sed et illos fratrum nomine comprehendisse, fraternique amoris intuitu diligi, et pro eis præcepisse orare, scilicet ut non semper inimici remaneant, sed resipiscant a diaboli laqueis, nobisque germano fœdere socientur. Nec durum videatur quod nondum credentes, propter spem tamen credendi fratres appellari posse dicimus. Nam idem Joannes eos etiam filios Dei vocare legitur : *Quod Jesus*, inquit, *moriturus erat pro gente, et non tantum pro gente, sed ut filios Dei, qui erant dispersi, congregaret in unum* (*Joan.* XI). Quandiu enim dispersi, nondum filii sunt ; sed conveniendo in unum jam efficiuntur filii.

Estote ergo vos perfecti, sicut et Pater vester cœlestis perfectus est. Sine ista dilectione, qua et ini-

---

[a] *Id est conditi*, glossa certe.

micos et persecutores, nostros diligere jubemur, ea quæ superius dicta sunt, implere quis potest? Perfectio autem misericordiæ, qua plurimum animæ laboranti consulitur, ultra dilectionem inimici porrigi non potest. Et ideo sic clauditur : *Estote ergo vos perfecti, sicut Pater vester qui in cœlis est*, qui perfectus est. Ita tamen ut Deus intelligatur perfectus ut Deus, et anima perfecta tanquam anima. Gradum tamen esse aliquem Pharisæorum justitiæ, quæ ad veterem legem pertinet, hinc intelligitur, quod manifestum ex his præceptis omnem nostram intentionem in interiora gaudia dirigi, ne foris quærentes mercedem huic sæculo conformemur, et amittamus promissionem tanto solidioris atque firmioris, quanto interioris beatitudinis, qua nos elegit Deus *conformes fieri imaginis Filii sui (Rom. VIII).* Verbum *exterminant*, quod in ecclesiasticis Scripturis vitio interpretum tritum est, aliud multo significat quam vulgo intelligitur. Exterminantur quippe exsules, qui mittuntur extra terminos. Pro hoc ergo sermone, demoliuntur semper accipere debemus. Demolitur autem hypocrita faciem suam ut justitiam simulet, et animo forte lætante, luctum gestet in vultu. (*Aug.*) In hoc autem capitulo maxime animadvertendum est ne in solo rerum corporearum nitore atque pompa, sed etiam in ipsis sordibus luctuosis esse posse jactantiam, et eo periculosiorem, quo sub nomine servitutis Dei decipit. Qui ergo immoderato cultu corporis atque vestitus, vel cæterarum rerum nitore fulget, facile convincitur rebus ipsis pomparum sæculi esse sectator, nec quemquam fallit dolosa imagine sanctitatis. Qui autem in professione Christianitatis inusitato squalore ac sordibus intentos in se hominum oculos facit, cum id voluntate faciat, non necessitate patiatur, cæteris ejus operibus potest conjici utrum hoc contemptu superflui cultus, an ambitione aliqua faciat. Quia et sub ovina pelle cavendos lupos Dominus præcepit; sed *ex fructibus*, inquit, *cognoscetis eos* (*Matth.* VII). Cum enim cœperint aliquibus tentationibus ea ipsa illis subtrahi vel negari quæ isto velamine vel consecuti sunt, vel consequi cupiunt, tunc necesse est appareat utrum lupus in ovina pelle sit, an ovis in sua. Non enim propterea ornatu superfluo debet affectus hominum mulcere Christianus, quia illum parcum habitum ac necessarium etiam simulatores sæpius usurpant ut incautos decipiant, quia et illæ oves non debent pelles suas deponere, si aliquando eis lupi se contegant.

Tu autem cum jejunas, unge caput tuum, et faciem tuam lava, ne videaris hominibus jejunans, sed Patri tuo qui est in abscenso : et Pater tuus, qui videt in abscenso, reddet tibi. (*Hieron.*) Ritu provinciæ Palæstinæ loquitur, ubi diebus festis solent ungere capita. Præcipit igitur ut quando jejunamus, lætos nos et festivos esse monstremus. Multi legentes illud Psalmistæ . *Oleum peccatoris non impinguet caput meum* (*Psal.* CXL), e contrario volunt bonum esse oleum, de quo alibi dicitur : *Unxit te Deus Deus tuus oleo exsultationis præ participibus tuis* (*Psal.* XLIV). Et id præcipi, ut exercentes virtutes, spiritali oleo principale cordis nostri ungere debeamus (*Aug.*) Hoc enim recte accipimus caput quod in anima præeminet, et quo cætera hominis regi et gubernari manifestum est. Et hoc facit, qui non foris quærit lætitiam, ut de laudibus hominum carnaliter gaudeat. Caro autem, quæ subjecta esse debet, nullo modo est totius naturæ humanæ caput. *Nemo quidem unquam carnem suam odio habuit*, sicut Apostolus dicit (*Ephes.* V), cum de diligenda uxore præcipit : *Sicut caput mulieris vir, cui viro caput est Christus*. Interius ergo gaudeat in jejunio suo, eo ipso quo sic jejunando se avertit a voluntate sæculi, ut sit subditus Christo, qui secundum hoc præceptum caput unctum habere desiderat. Ita enim et *faciem lavabit*, id est, cor mundabit, quo visurus est Dominum non interposito velamine propter infirmitatem contractam de sordibus, sed firmus et stabilis, quoniam mundus et simplex. *Lavamini*, inquit, *mundi estote, auferte nequitias ab animis vestris, atque a conspectu oculorum meorum* (*Isa.* I). Ab his igitur sordibus facies nostra lavanda est, quibus Dei aspectus offenditur.

[IV.] *Nolite thesaurizare vobis thesauros in terra, ubi ærugo et tinea demolitur, et ubi fures effodiunt et furantur. Thesaurizate autem vobis thesauros in cœlo, ubi neque ærugo, neque tinea demolitur, et ubi fures non effodiunt nec furantur.* (MAUR.) Per tres species adversitatis, hoc est æruginis, tineæ et furum quibus vetat divitias colligere in terra, historialiter omne genus reprehendit avaritiæ. Quia aliæ res sunt quas non vermes, sed rubigo, vel obfuscat, vel consumit, ut est aurum, argentum et cætera metalla ; aliæ vero quæ a vermibus vel putredine solvuntur, ut sunt vestes et vasa lignea, quæ carie dispereunt ; aliæ quoque, licet a vermibus et ærugine immunes fiant, sæpe tamen per fures auferuntur, ut sunt gemmæ, margaritæ et lapides pretiosi. Nec enim res est aliqua in mundo, quæ congregata, licet diligenter servetur, tamen semper illæsa durare possit. Unde et per quemdam sapientem dicitur : *Omne opus corruptibile in fine deficiet, et qui illud operatur peribit cum ipso. Et omne opus electum justificabitur, et qui operatur illud honorabitur in illo* (*Eccli.* XIV). Allegorice autem ærugo potest significare superbiam atque jactantiam, quæ, ubicunque fuerit, omnem decorem et robur virtutum obfuscat, ac thesaurum spiritalium donorum dissipat. Unde et Propheta dicit : *Deus dissipat ossa hominum sibi placentium. Et omnis arrogantia abominatio est apud Deum* (*Psal.* LII). Tinea vero, quæ vestes latenter corrodit, designat invidiam, quæ studium bonum lacerat et compactionem unitatis demoliri non cessat. Fures namque dæmones atque hæretici sunt, de quibus Veritas ait : *Omnes quotquot venerunt ante me, fures sunt et latrones* (*Joan.* X). Ad hoc enim illi semper intenti sunt ut thesauros spiritales habentes deprædentur, et onustos ornamentis virtutum spolient. Ergo si in terra erit cor, id est, si eo corde quisque operetur aliquid ut terrenum commodum adipiscatur, quomodo erit mundum cor quod in terra volutatur; si autem in cœlo, mundum erit, quia munda sunt quæcunque cœlestia. Sordescit enim aliquid cum inferiori misceatur naturæ, quamvis in suo genere non sordida est, quia etiam de puro argento sordidatur aurum, si misceatur : ita et animus noster terrenorum cupiditate sordescit, quamvis ipsa terra in suo genere atque ordine munda sit. Cœlum autem hoc loco non corporeum acceperim, quia omne corpus pro terra habendum est : totum enim mundum debet contemnere, qui sibi thesaurizat in illo cœlo de quo dictum est : *Cœlum cœli Domino* (Psal. CXIII), id est in firmamento spiritali; non enim in eo quod transit, constituere et collocare debemus thesaurum nostrum et cor nostrum, sed in eo quod semper manet : *Cœlum autem et terra transibit* (Luc. XXI).

Ubi enim est thesaurus tuus, ibi est cor tuum. (Hieron.) Hoc non solum de pecunia, sed de cunctis passionibus [*Al.* possessionibus] sciendum [sentiendum] est. Gulosi deus venter est. Ubi ergo habetur cor, ibi et thesaurus tuus est. Luxuriosi thesauri epulæ sunt; lascivi, ludicra; amatoris, libido : huic servit unusquisque a quo vincitur.

Lucerna corporis tui est oculus tuus. Si fuerit oculus tuus simplex, totum corpus tuum lucidum erit. Si autem oculus tuus nequam fuerit, totum corpus tuum tenebrosum erit. Sub exemplo exteriorum ad interiora consideranda nos informat. Lippientes namque solent lucernas videre numerosas ; simplex oculus et purus simplicia intuetur et pura. Hoc totum transfert ad sensum. Quomodo enim corpus, si oculus non fuerit simplex, totum in tenebris est; ita anima, si principalem suum fulgorem perdiderit, universus sensus in caligine commorabitur. (Aug.) Corpus quippe dicit opera quæ palam cunctis apparent, oculus vero ipsam mentis intentionem, quæ operatur, et de cujus merito eadem opera lucis, an tenebrarum sint opera, discernuntur. Si, inquit, pura rectaque intentione, quæ potes, agere bona studueris, lucis profecto sunt opera quæ facis, etiamsi coram hominibus imperfectionis aliquid habere videantur. Quoniam *diligentibus Dominum omnia cooperantur in bonum, his qui secundum propositum vocati sunt sancti* (Rom. VIII). Si autem perversa est intentio, quæ præcedit, pravum est omne opus quod sequitur, quamvis rectum esse videatur. *Si ergo lumen quod in te est, tenebræ sunt, ipsæ tenebræ quantæ erunt.* (Hieron.) Si sensus, qui lumen est, animæ, vitio caligatur, ipsa putas, caligo quibus tenebris obvolvetur! (Aug.) Intentio simplex et soli Deo velle placere lumen est. Omne enim quod manifestatur lumen est. Et manifestum nobis est bono animo nos facere quod facimus. Ipsa autem facta quæ ad hominum societatem a nobis procedunt, incertum habent exitum, et ideo tenebras ea vocavit. Non enim novi, cum pecuniam porrigo indigenti et petenti, quid inde aut facturus sit, aut patiatur :

fieri namque potest ut vel faciat ex ea, vel patiatur aliquid mali, quod ego cum darem, non evenire voluerim, neque hoc animo dederim. Et ideo illuminatur factum meum, qualemcunque exitum habuerit. Si autem cordis intentio, qua facis quidquid facis, quæ tibi nota est, sordidatur appetitu rerum terrenarum et temporalium, atque cæcatur, quanto magis ipsum factum cujus incertus est exitus, sordidum et tenebrosum est? quia etsi bene alicui proveniat, quod tu non recta et bona intentione facis, nihil tibi proderit, quia quomodo tu feceris, tibi imputatur, non quomodo illi provenerit. Quod autem sequitur, ad hanc ipsam intentionem referendum est :

Nemo potest duobus dominis servire : aut enim unum odio habebit et alterum diliget, aut unum sustinebit et alterum contemnet. (MAUR.) Quæ verba diligenter consideranda sunt. Sæpe enim quis alteri servit, quem non diligit ; sed ille merito dicitur eum diligere, cujus prompto animo obtemperat voluntati. Nam qui sint duo domini, deinceps ostendit cum dicit :

Non potestis Deo servire et mammonæ. (Hier.) Mammona sermone Syriaco divitiæ nuncupantur. *Non potestis*, inquit, *Deo servire et mammonæ.* Audiat hoc avarus, audiat qui censetur vocabulo Christiano, non posse simul divitiis Christoque servire. Et tamen non dixit, Qui habet divitias, sed, Qui servit divitiis : Qui enim divitiarum servus est, divitias custodit ut servus ; qui autem servitutis excussit jugum, distribuit eas ut dominus. (Aug.) Nam qui servit mammonæ, illi utique servit qui rebus istis terrenis merito suæ perversitatis præpositus est, et magistratus hujus sæculi a Domino dicitur : Aut ergo hunc *odio habebit* homo, *et alterum diliget*, id est, Dominum ; *aut alterum patietur, et alterum contemnet.* Patitur enim durum et perniciosum dominum, quisquis servit mammonæ ; sua enim cupiditate implicatus, subditur diabolo : et non eum diligit ; quis est enim qui diligat diabolum? sed tamen patitur eum : verbi gratia : si in majore aliqua domo quis ancillæ alienæ conjunctus sit, propter cupiditatem suam duram patitur servitutem, etiamsi non diligat eum cujus ancillam diligit. *Alterum autem contemnet*, dicit, non, odio habebit. Nullius enim ferre conscientia potest Dominum odisse : contemnit autem, id est, non timet eum, qui ejus non custodit mandata : sicut solent minas ejus postponere cupiditatibus suis, qui de bonitate ejus ad impuritatem sibi blandiuntur. Quibus per Salomonem dicitur : *Fili, ne adjicias peccatum super peccatum, et dicas, Miseratio Dei magna est* (Eccli. V). Sed quisquis vult diligere Dominum et cavere ne offendat, non se arbitretur duobus dominis posse servire, et intentionem cordis sui ab omni duplicitate rectam explicet. Ita enim sentiet de Domino in bonitate, et in simplicitate cordis quæret illum.

Ideo dico vobis, ne solliciti sitis animæ vestræ quid manducetis, aut corpori vestro quid induamini.(Hieron.) In nonnullis codicibus additum est *neque quid bibatis.*

Quod ait, *Ideo dico*, ad superiora respicit, id est, ideo temporalium sollicitudinem veto, ne cum divitibus sæculi vobis thesaurizare convincamini. Ergo quod omnibus natura tribuit, et jumentis ac bestiis, hominibus quoque commune est : hujus cura penitus liberamur. Sed præcipitur nobis ne solliciti simus quid comedamus, quia in sudore vultus præparamus nobis panem. Labor exercendus est, sollicitudo tollenda. Hoc quod dicitur : *Ne solliciti sitis animæ vestræ quid comedatis, neque corpori vestro, quid induamini*, de carnali cibo et vestimento accipiamus. Cæterum de spiritalibus cibis et vestimentis semper debemus esse solliciti.

Nonne anima plus est quam esca, et corpus quam vestimentum? (*Hieron.*) Quod dicit, istiusmodi est, qui majora præstitit, utique minora præstabit. (*Aug.*) Admonet ut meminerimus multo amplius nobis Deum dedisse, quod nos fecit et composuit ex anima et corpore, quam est alimentum et tegumentum. Ut intelligas eum qui dedit animam, multo facilius escam esse daturum. Similiter eum qui corpus dedit, multo facilius daturum esse vestimentum. Quo loco quæri solet utrum ad animam cibus iste pertineat, cum anima incorporea sit, cibus autem iste corporeus. Sed animam hoc loco pro ista vita positam noverimus, cujus retinaculum est alimentum istud corporeum. Secundum hanc significationem dictum est etiam illud : *Qui amat animam suam, perdet illam* (*Joan.* xii). Quod nisi de hac vita acciperemus, quam oportet pro regno Dei perdere, quod potuisse martyres claruit, contrarium hoc præceptum erit illi sententiæ qua dictum est : *Quid prodest homini si totum mundum lucretur, animæ autem suæ detrimentum faciat* (*Matth.* xvi).

Respicite volatilia cœli, quoniam non serunt, neque metunt, neque congregant in horrea, et Pater vester cœlestis pascit illa. (*Hier.*) Sunt quidam qui dum volunt terminos patrum excedere, et ad alta volitare, in ima merguntur, volatilia dicentes cœli angelos esse, cæterasque in Dei ministerio fortitudines, quæ absque cura sui, Dei aluntur providentia. Si hoc ita est ut intelligi volunt, quomodo sequitur dictum ad homines : *Nonne vos pluris estis illis?* Simpliciter ergo accipiendum est. Quod si volatilia, absque cura ærumnisque, Dei aluntur providentia, quæ hodie sunt, et cras non erunt, quorum anima mortalis est, et cum esse cessaverint, semper non erunt, quanto magis homines, quibus æternitas repromittitur?

Nonne vos pluris estis illis? (*Aug.*) Hoc est charius vos valetis, quia utique rationale animal sicut est homo, sublimius ordinatum est in rerum natura, quam irrationabilia, sicut sunt aves.

Quis autem vestrum cogitans potest adjicere ad staturam suam cubitum unum, et de vestimento quid solliciti estis? Id est, cujus potestate atque dominatu factum est ut ad hanc staturam corpus vestrum perduceretur, ejus providentia etiam vestiri potest : non autem vestra cura factum est ut ad hanc statu- ram veniret corpus vestrum, ex hoc intelligi potest quod si curetis et velitis adjicere unum cubitum huic staturæ, non potestis. Illi ergo etiam tegendi corporis curam relinquite, cujus videtur cura factum esse ut tantæ staturæ corpus habeatis. Dandum autem erat documentum etiam propter vestitum, sicuti datum est propter alimentum. Itaque sequitur et dicit :

Considerate lilia agri, quomodo crescunt; non laborant, neque nent. Sed ista documenta non sicut allegorica discutienda sunt, ut quæramus quid significent aves cœli, aut lilia agri : posita sunt enim ut de rebus minoribus majora persuaderentur.

Dico autem vobis, quoniam nec Salomon in omni gloria sua coopertus est sicut unum ex istis. (*Hieron.*) Et revera, quod sericum, quæ regum purpura, quæ pictura textricum potest floribus comparari? Quid ita rubet ut rosa? Quid ita candet ut lilium? Violæ vero purpuram nullo superari murice, oculorum magis quam sermonum judicium est.

Si autem fenum agri, quod hodie est, et cras in clibanum mittitur, Deus sic vestit, quanto magis vos minimæ fidei? Cras in Scripturis futurum tempus intelligitur, dicente Jacob : *Et exaudiet me cras justitia mea* (*Gen.* xxx). Et in Samuelis phantasmate pythonissa loquitur ad Saulem : *Cras eris mecum* (*I Reg.* xxviii). Talis autem est sensus : Si enim, inquit, germinantia terræ, quæ ad præsentis temporis usum tantummodo pertinent, et cito decidua igne concremabuntur, tam venusta specie omnium artifex adornat, quanto magis vos, qui ad imaginem Dei creati estis, et ad æternam hæreditatem in cœlis pertinetis, auctoris vestri provisio in necessariis procurabit, et nuditate interire non patietur?

Nolite solliciti esse, dicentes : Quid manducabimus, aut quid bibemus, aut quo operiemur? (*Beda.*) Notandum quod non ait : Nolite quærere, vel solliciti esse de cibo, aut potu, aut indumento, sed expressius : *Quid*, inquit, *manducetis, aut quid bibatis, aut quid vestiamini*. Ubi mihi videntur argui, qui, spreto victu vel vestitu communi, lautiora sibi vel austeriora præ his cum quibus vitam ducunt, alimenta, vel indumenta, requirunt.

Hæc enim omnia gentes inquirunt. (*Maur.*) Scilicet quibus cura futurorum non est, sed tantum præsentibus intenti, ut bruta animalia, hæc terrena semper appetunt. De quibus Propheta ait : *Comparati sunt jumentis insipientibus, et similes facti sunt illis* (*Psal.* xlviii).

Scit enim Pater vester, quia his omnibus indigetis. Quærite ergo primum regnum Dei et justitiam ejus, et hæc omnia adjicientur vobis. (*Aug.*) Hic manifestissime ostendit non hæc esse appetenda tanquam talia bona nostra, ut propter ea ipsa debeamus bene facere, si quid facimus, sed tamen esse necessaria. Quid enim intersit inter bonum quod appetendum est, et necessarium quod sumendum est, hac sententia declaravit, cum ait : *Quærite primum regnum Dei et justitiam ejus, et hæc omnia adjicien-*

tur vobis. Regnum ergo et justitia Dei bonum nostrum est, et hoc appetendum, et ibi finis constituendus propter quod omnia faciamus quæcunque facimus. Sed quia in hac vita militamus, ut ad illud regnum pervenire possimus, quæ vita sine his necessariis agi non potest. Apponentur hæc vobis, inquit, sed vos regnum Dei et justitiam ejus primum quærite. Cum enim dicit illud *primum*, significavit quod hoc posterius quærendum est, non tempore, sed dignitate : illud tanquam bonum nostrum, hoc tanquam necessarium nostrum ; necessarium autem propter illud bonum. Neque enim, verbi gratia, ideo debemus evangelizare ut manducemus, sed ideo manducare ut evangelizemus : nam si propterea evangelizamus ut manducemus, vilius habemus Evangelium quam cibum : et erit jam bonum in manducando, necessarium autem in evangelizando. Ergo quæcunque res propter aliud aliquid quæritur, sine dubio inferior est, quam id propter quod quæritur : et ideo illud primum est propter quod istam rem quæris, non ista res propter quam aliud quæris. *Quærite primum regnum ejus et justitiam Dei*, id est præponentibus cæteris rebus, ut propter hoc cætera quæramus, non debet subesse sollicitudo ne illa desint quæ huic vitæ propter regnum Dei sunt necessaria. Dixit enim superius : *Scit enim Pater vester quia horum omnium indigetis.* Et ideo cum dixisset : *Quærite primum regnum et justitiam Dei*, non dixit : Deinde ista quærite, quamvis sint necessaria ; sed ait : *Hæc omnia apponentur vobis*, id est, consequentur, si illa quæratis, sine ullo vestro impedimento. Unde et cum non ait, dabuntur, sed *adjicientur*, profecto indicat aliud esse quod principaliter datur, aliud quod superadditur. Quia nobis in intentione æternitas, in usu vero temporalitas esse debet. Et illud datur, et hoc nimirum ex abundanti superadditur.

Nolite solliciti esse de crastino. Crastinus enim dies sollicitus erit sibi ipsi. (Hieron.) De præsentibus ergo sollicitos esse debere concessit, qui futura prohibuit cogitare. Unde et Apostolus : *Nocte et die*, inquit, *manibus nostris laborantes, ne quem vestrum gravaremus* (*I Thess.* II). Cras autem in Scripturis futurum tempus, ut paulo ante probavimus, intelligitur. (MAUR.) Non est ergo necesse de futuris nos sollicitari, quæ divina procurat ordinatio, cum frigus et æstus, æstas et hiems, non requiescent, annuos fructus terra profert : *Et aperiente Deo manum suam, omne animal implebitur benedictione* (*Psal.* CXLIV) ; sed collatum præsens beneficium grate recipientes, de futura penuria non metuamus : quin potius omnem sollicitudinem nostram ponamus in pietate Conditoris, quoniam ipsi cura est de nobis.

Sufficit diei malitia sua. (Hieron.) Hic malitiam non contrariam virtuti posuit, sed laborem, et afflictionem, et angustias sæculi. Sufficit ergo nobis præsentis temporis cogitatio : futurorum curam, quæ incerta est, relinquamus. (*Aug.*) Quam curam propterea malitiam nominatam arbitror, quia pœna-lis est nobis : pertinet enim ad hanc fragilitatem et mortalitatem quam peccando meruimus. Huic ergo pœnæ temporalis necessitatis noli addere aliquid gravius, ut non solum patiaris harum rerum indigentiam, sed etiam propter hanc explendam milites Deo. Hoc autem vehementer cavendum est ne forte cum viderimus aliquem servum Dei providere ne ista necessaria desint vel sibi vel eis quorum sibi cura commissa est, judicemus eum contra præceptum Dei facere et de crastino esse sollicitum. Nam et ipse Dominus, cui ministrabant angeli, tamen propter exemplum ne quis postea scandalum pateretur, cum aliquem servorum ejus animadvertisset ista necessaria procurare, loculos habere dignatus est cum pecunia, unde usibus necessariis quidquid opus fuisset præberet. Quorum loculorum custos et fur, sicut scriptum est, Judas, qui eum tradidit, fuit (*Joan.* XII). Hinc sequitur.

CAPUT VII.

De non judicando proximum temere. Hortatur ingredi per angustam portam ; docet cavendos falsos prophetas, etc.

[I.] *Nolite judicare, ut non judicemini. In quo enim judicio judicaveritis, judicabimini ; et in qua mensura mensi fueritis, remetietur vobis.* Hoc loco nihil aliud nobis præcipi existimo, nisi ut ea facta quæ dubium est quo animo fiant, in meliorem partem interpretemur. Quod enim scriptum est : *Ex fructibus eorum cognoscetis eos*, de manifestis dictum est quæ non possunt bono animo fieri : sicuti sunt stupra, vel blasphemiæ, vel furta, vel ebrietas, et si qua sunt talia, de quibus nobis judicare permittitur. De genere ciborum, quia possunt bono animo et simplici corde, sine vitio concupiscentiæ, quicunque humani cibi indifferenter sumi, prohibet Apostolus judicari eos qui carnibus vescebantur, et vinum bibebant, ab eis qui se ab hujusmodi alimentis temperabant : *Qui manducat*, inquit, *non manducantem non spernat ; et qui non manducat, manducantem non judicet* (*Rom.* XIV). Ad hoc pertinet etiam illud quod alio loco dicit : *Nolite ante tempus judicare, quoadusque veniat Dominus, qui et illuminabit abscondita tenebrarum, et manifestabit cogitationes cordis* (*I Cor.* V). Duo sunt autem in quibus temerarium judicium cavere debemus : cum incertum est quo animo quidquam factum sit, vel cum incertum est qualis futurus sit qui nunc vel bonus vel malus apparet. Si ergo quispiam, verbi gratia, conquestus de stomacho jejunare noluit, eique non credens, edacitatis id vitio tribueris, temere judicabis : item si manifestam edacitatem ebriositatemque cognoveris, et ita reprehenderis quasi nunquam illa possit corrigi atque mutari, nihilominus temere judicabis. Non ergo reprehendamus ea quæ nescimus quo animo fiant, neque ita reprehendamus quæ manifesta sunt ut desperemus sanitatem ; et vitabimus judicium, de quo nunc dicitur : *Nolite judicare*, ne judicetur de vobis. Nunquid enim si nos in judicio temerario judicaverimus, temere de nobis etiam Deus judicabit? Aut nunquid si mensura iniqua mensi fuerimus, apud Dominum mensura iniqua est unde nobis remetietur? Nam et mensuræ nomine ipsum judicium significatum arbitror. Nullo modo Deus vel temere judicat, vel iniqua mensura cuiquam rependit : sed hoc dictum est quoniam temeritas qua punis alium, eadem ipsa te puniat necesse est. Judicium plerumque nihil nocet ei de quo temere judicatur, ei autem qui temere judicat, ipsa temeritas necesse est ut noceat. Ista regula etiam illud dictum est : Omnis qui percusserit gladio, gladio morietur, hoc est, non gladio ferri, sed gladio peccati : quia ipso peccato animo moritur, quod commisit in alium.

Quid autem vides festucam in oculo fratris tui, et trabem in oculo tuo non vides : aut quomodo dicis fratri tuo : Sine, ejiciam festucam de oculo tuo, et ecce trabs est in oculo tuo? Multi enim superbia, vel odio, vel avaritia, vel alio quolibet crimine præventi, levia hæc aut nulla judicantes, acerrime corripiunt eos, quos subita viderint ira turbatos, oculum mentis a solito puritatis statu quasi festuca irruente mutasse : atque immemores Dominici præcepti quo ait : *Nolite condemnare, et non condemnabimini,* magis amant vituperare et damnare, quam emendare atque corrigere. Hæc cum fratre agis si, verbi gratia, quod ira ille peccavit tu odio reprehendis. Quantum autem inter festucam et trabem, tantum inter iram distat atque odium : odium est enim ira inveterata, quasi quæ vetustate tantum acceperit ut merito appelletur trabes. Fieri autem potest ut si irascaris homini, velis eum corrigi; si autem oderis hominem, non potes eum velle corrigere : et ideo impossibile dicitur ut festucam fratris oculo demat, qui suo trabem gestat in oculo.

Hypocrita, ejice primum trabem de oculo tuo, et tunc videbis ejicere festucam de oculo fratris tui. Id est, primo abs te expelle odium, et deinceps poteris jam eum quem diligis emendare. Et est vere multum cavendum et molestum hypocritarum, id est simulatorum, genus : qui cum omnium vitiorum accusationes odio et livore suscipiant, etiam consultores videri se volunt. (*Hilar.*) Fit enim sæpe ut assumamus nobis arguendi alios auctoritatem sine ullo propriæ emendationis exemplo, et mundandæ cæcitatis alienæ jactantiam præferamus, ipsi in tenebris corrupti luminis constituti; cum difficile quemquam sit præstare quo egeat, et optimum sit exemplo potius docere quam dictis. Cura ergo propriæ adhibenda est cæcitati : quia hoc ex natura rerum est, non prius aliquem purgandæ de oculo fratris festucæ idoneum effici posse doctorem, quam de mentis suæ lumine trabem perfidiæ gravantis ejecerit. (*Aug.*) Et ideo pie cauteque vigilandum est ut aliquem reprehendere vel objurgare necessitas coegerit, primo cogitemus utrum tale sit vitium quod nunquam habuimus, vel quo jam caruimus : et si nunquam habuimus, cogitemus et nos homines esse, et habere potuisse; si vero habuimus, et non habemus, tangat memoriam communis infirmitas, ut illam reprehensionem aut objurgationem non odium, sed misericordia præcedat, ut sive ad correctionem ejus propter quem id facimus, sive ad perversionem valuerit (nam incertus est exitus), nos tamen de simplicitate oculi nostri securi simus. Si autem cogitantes, nosmetipsos invenerimus in eo esse vitio in quo est ille quem reprehendere parabamus, non reprehendamus, neque objurgemus, sed tantum congemiscamus; et non illum ad obtemperandum nobis, sed ad pariter conandum invitemus. Raro ergo et magna necessitate objurgationes adhibendæ sunt, ita tamen ut etiam in his ipsis non nobis, sed Deo ut serviatur, instemus. Ipse est enim finis : ut nihil duplici corde faciamus, auferentes trabem de oculo nostro invidentiæ, vel malitiæ, vel simulationis, ut videamus ejicere festucam de oculo fratris.

Nolite sanctum dare canibus, neque mittatis margaritas vestras ante porcos, ne forte conculcent eas pedibus suis, et conversi disrumpant vos. Sanctum est quod violare atque corrumpere nefas est : cujus utique sceleris conatus et voluntas tenetur rea, quamvis illud sanctum natura inviolabile atque incorruptibile maneat. Margaritæ autem, quæcunque spiritalia sacramenta existimanda sunt. Et quia in abdito latent, tanquam de profundo eruuntur, et allegoriarum integumentis, quasi apertis conchis, inveniuntur. Licet itaque intelligi una eademque res et sanctum et margarita dici : sed sanctum ex eo quod non debet corrumpi, margarita ex eo quod non debet contemni. Conatur autem unusquisque corrumpere quod non vult esse integrum, contemnit vero quod vile ducit et quasi infra se existimat esse; et ideo calcari dicitur quidquid contemnitur. Quapropter canes quoniam insiliunt ad dilacerandum, quod autem dilacerant integrum esse non sinunt; porci vero quamvis non ita ut canes morsu appetant, passim tamen calcando inquinant : canes pro expugnatoribus veritatis, porcos pro contemptoribus [positos] non incongrue accipimus. Quod autem ait : *Conversi disrumpant vos,* non ait ipsas margaritas disrumpant. Illas enim disrumpunt etiam cum convertuntur ut adhuc aliquid audiant, disrumpunt tamen eum a quo jam missas margaritas conculcaverunt. Non enim facile inveneris quid gratum ei esse possit, qui margaritas conculcaverit, id est, cum magno labore divina inventa contempserit. Qui autem tales docent quomodo non disrumpantur indignando et stomachando, non video. Utrumque animal immundum est, et canis et porcus. Cavendum ergo ne quid aperiatur ei qui non capit : melius enim quærit quod clausum est, quam id quod apertum est aut infestat aut negligit. (*Hier.*) Notandum autem quod quidam, canes intelligi volunt hæreticos, vel eos qui post fidem Christi revertuntur ad vomitum peccatorum suorum; porcos autem, eos qui necdum Evangelio crediderunt, et in luto incredulitatis vitiisque versantur. Non convenit igitur istiusmodi hominibus cito evangelicam credere margaritam, ne conculcent illud et conversi incipiant nos dissipare. (*Aug.*) Sed cum præceptum esset ne sanctum daretur canibus, et ne margaritæ ante porcos mitterentur, potuit auditor, conscius ignorantiæ atque suæ infirmitatis, audiens sibi præcipi ut hæc daret quæ seipsum nondum accepisse sciebat, occurrere et dicere : Quod sanctum me dare canibus, et quas margaritas me mittere ante porcos vetas, cum adhuc ea me habere non videam ? opportunissime subjecit dicens :

[II.] *Petite, et dabitur vobis; quærite, et invenietis; pulsate, et aperietur vobis.* Petitio pertinet ad impetrandam sanitatem firmitatemque animi, ut ea quæ præcipiuntur implere possimus : inquisitio autem, ad inveniendam veritatem. Cum enim beata vita actione et cognitione compleatur, actio facultatem virium, contemplatio manifestationem rerum desiderat. Horum ergo primum petendum, secundum quærendum est; ut illud detur, hoc inveniatur. Sed cognitio in hac vita, viæ priusquam ipsius possessionis est; sed cum quisque veram viam invenerit, perveniet ad ipsam possessionem, quæ tamen pulsanti aperietur. Ut ergo tria ista, id est, petitio, inquisitio, pulsatio, manifesta fiant, sub aliquo exemplo ponamus. Videmus aliquem infirmis pedibus ambulare non posse : prius ergo sanandus est et firmandus ad ambulandum ; et ad hoc pertinet quod dicit : *Petite.* Quid autem prodest quod ambulare jam, vel etiam currere potest, si per devium iter erraverit ? secundum ergo, ut inveniat viam quæ ducat eum quo vult pervenire, et huc pertinet *quærite.* Quam cum tenuerit et peregerit, eum ipsum locum ubi habitare vult si clausum invenerit, neque ambulare potuisse, neque perrexisse ac pervenisse profuerit, nisi aperiatur : ad hoc pertinet quod dictum est : *Pulsate.* Magnam autem spem dedit et dat ille qui promittendo non decipit. Ait enim :

Omnis enim qui petit accipit; et qui quærit invenit; et pulsanti aperietur. Ergo perseverantia opus est ut accipiamus quod petimus, et inveniamus quod quærimus, et quod pulsamus aperiatur. Nam si petenti datur, et quærens invenit, et pulsanti aperietur, ergo cui non datur, et qui non invenit, et cui non aperietur, apparet quod non bene petierit, quæsierit et pulsaverit.

Aut quis est ex vobis nomo, quem si petierit filius suus panem, nunquid lapidem porriget ei ? Panis intelligitur charitas, propter majorem appetitum et tam necessarium, ut sine illa cætera nihil sint, sicut sine pane mensa inops est. Cui contraria est cordis duritia, quam lapidi comparavit.

Aut si piscem petierit, nunquid serpentem porriget ei ? Piscis est fides invisibilium, vel propter aquam baptismi, vel quia de invisibilibus locis capitur. Quod etiam fides hujus mundi fluctibus circumlatrata non frangitur, recte pisci comparatur. Cui contrarium posuit serpentem, propter venena fallaciæ, quæ etiam primo homini male suadendo præseminavit. (MAURUS.) Quod autem in Evangelio secundum Lucam

hæc duo subsequitur ovi et scorpionis comparatio, in ovo indicatur spes ; ovum enim nondum est fetus perfectus, sed fovendo speratur [perficitur]; cui contrarium posuit scorpionem, cujus aculeus venenatus retro timendus est : sicut spei contrarium est retro respicere, cum spes futurorum in ea quæ ante sunt attendat.

Si ergo vos, cum sitis mali, nostis bona data dare filiis vestris, quanto magis Pater vester qui in cœlis est dabit bona petentibus se ? (*Aug.*) Quomodo *mali dant bona ?* Sed malos appellavit dilectores adhuc sæculi hujus et peccatores. Bona vero quæ dant, secundum eorum sensum bona dicenda sunt, quia hæc pro bonis habent. Quanquam in rerum natura ista bona non sint, sed temporalia et ad istam vitam infirmam pertinentia : et quisquis ea malus dat, non de suo dat; *Domini est enim terra, et plenitudo ejus* (*Psal.* XXIII) ; qui fecit cœlum et terram, mare et omnia quæ in eis sunt (*Psal.* CXLV). Quantum ergo sperandum est daturum Dominum nobis bona petentibus; nec nos posse decipi, ut accipiamus aliud pro alio, cum ab ipso petimus ; quando nos etiam, cum simus mali, novimus id dare quod petimur ? Nod enim decipimus filios nostros, et qualiacunque bona damus, non de nostro, sed de ipsius damus. Aliter apostoli, qui electionis merito bonitatem generis humani multis excesserant modis, supernæ bonitatis intuitu mali esse dicuntur. Quia nihil est per semetipsum stabile, nihil immutabile, nihil bonum, nisi Deitas sola. Omnes vero creaturæ, ut beatitudinem æternitatis vel immutabilitatis obtineant, non hoc per suam naturam, sed per creatoris sui participationem et gratiam consequuntur. Quod vero in Luca dicitur (*Cap.* III) : *Quanto magis Pater vester de cœlo dabit spiritum bonum petentibus se* (pro quo Matthæus nunc posuit : *Dabit bona petentibus se*) ostendit Spiritum sanctum plenitudinem esse bonorum Dei, et ea quæ divinitus subministrantur non alia absque ea subsistere : quia omnes utilitates quæ ex donorum Dei gratia suscipiuntur, ex isto fonte demanant. Sed quia redamare amantem cunctos natura docuit, non amantem vero beneficiis ad amorem cogi, Christi solum doctrina perfectos instituit, cum nos priores prout nobis fieri velimus, aliis facere juberet, eumdem mox sensum latius astruendo firmavit, dicens :

Omnia ergo quæcunque vultis ut faciant vobis homines, et vos facite eis. Hæc est enim lex et prophetæ. Videtur enim hoc præceptum ad dilectionem proximi pertinere, non etiam ad Dei, cum alio loco duo præcepta esse dicat, in quibus *tota lex pendet et prophetæ.* Nam si dixisset : Omnia quæcunque vultis fieri vobis, hæc vos facite, hæc una sententia utrumque illud præceptum complexus esset. Cito enim diceretur diligi se velle unumquemque et a Deo et ab hominibus, cum id utique præciperetur ut ipse diligeret Deum, et homines. Dum vero expressius ab hominibus dictum est : *Omnia quæcunque vultis ut faciant vobis homines, ita et vos facite illis,* nihil aliud dictum videtur quam, *Diliges proximum tuum sicut teipsum* (*Matth.* xxii). Sed non est negligenter attendendum quod subjecit : *Hæc est enim lex et prophetæ*, cum alio loco : *In his autem duobus præceptis* non tantum, ait, *lex pendet et prophetæ*, sed etiam addidit : *Tota lex et prophetæ*, pro eo quod est omnis prophetia. Quod cum hic non addidit, servavit locum alteri præcepto, quod ad dilectionem Dei pertinet. In quibus duobus præceptis pendet quidquid propter salutem hominum scriptum est in prophetis et lege.

Intrate per angustam portam, quia lata porta et spatiosa via est quæ ducit ad perditionem; et multi sunt qui intrant per eam. Quam angusta porta et arcta via quæ ducit ad vitam, et pauci sunt qui inveniunt eam. Per angustam portam aula salutis intratur, quia per labores necesse est ac jejunia ut fallentis sæculi illecebra vincatur. Non enim ideo dicit *angustam portam* et *arctam viam*, quia jugum Christi asperum sit et sarcina gravis, sed quia labores finire pauci volunt, minus credentes clamanti : *Venite ad me, omnes qui laboratis et onerati estis, et ego reficiam vos : tollite jugum meum super vos*, etc. (*Matth.* xi). [*Hier.*] Lata via est sæculi ad voluptates, quas appetunt homines; angusta, quæ per labores et jejunia panditur. Quam et Apostolus ingressus est, et ut Timotheus per eam ingrediatur hortatur. Simulque considera quam signanter de utraque via locutus sit. Per latam multi ambulant, angustam pauci inveniunt. Latam non quærimus, nec inventione opus est, et sponte se offert, et errantium via est. Angustam vero nec omnes inveniunt, nec qui invenerunt statim ingrediuntur per eam : siquidem multi inventa veritatis via, capti sæculi voluptatibus, de medio itineris revertuntur.

[III.] *Attendite a falsis prophetis, qui veniunt ad vos in vestimentis ovium, intrinsecus autem sunt lupi rapaces.* Et de omnibus quidem intelligi potest, qui aliud habitu ac sermone promittunt, aliud opere demonstrant. Sed specialiter de hæreticis intelligendum, qui videntur continentia, castitate, jejunio, quasi quadam pietatis se veste circumdare, intrinsecus vero habentes animum venenatum, simpliciorum quoque fratrum corda decipiunt. Ex intentione ergo animæ, et insidiis quibus innocentes ad ruinam trahunt, lupis rapacibus comparantur. (*Orig.*) Simulque notandum quia quod paulo superius spatiosam et latam viam nominavit, hoc nunc apertius falsos prophetas ostendit, per quos multi in perditionem abominabilem abierunt. Quia primo in Judæa multi apparuerunt, et modo in perfidia totum repleverunt mundum. Sed illi prius falsi prophetæ fuerunt, verissimosque Domini prophetas usque ad mortem persecuti sunt, sicut Jeremiam et Michæam, aliosque multos. Isti autem nunc falsi prophetæ et falsi Christiani qui sunt, veraces Christianos sine misericordia persequuntur, et opprimunt aliquando, si detur copia, etiam gladiis, sine intermissione autem suis pravis moribus et exemplis. Idcirco omnes præveniens Dominus adhortatus est, dicens : *Attendite a falsis prophetis;* attendite diligentius, observate cautius, ut non seducamini, ut non circumveniamini, ut non fallamini. *Attendite* ergo, id est, considerate quia non sunt oves, sed lupi in vestimento ovium; quia non sunt religiosi sed irreligiosi in figura religiositatis : quod non sunt Christiani, sed veritate vacui Christianorum persecutores. Ipsos et beatus Apostolus ad Ephesios loquens designabat, dicens : *Scio enim quia post discessum meum introibunt in vos lupi rapaces* (*Act.* xx). Lupi vero graves nominantur omnes infideles hæretici, qui graviter sanctam Ecclesiam opprimunt et persequuntur, vel molestare frequentant, qui sine misericordia rapere et coacervare non desinunt. Aliquando pecuniæ irruunt alienæ, aliquando in ipsos pecuniarum dominos. Multo magis etiam satagunt animas rapere, et secum miserabiliter in perditionem deducere. Et vestitum ovium habere dicuntur, quod nomen habeant Christianitatis, vel quia assimilant se ministris justitiæ, figuram religiositatis mentientes. Per Christianum itaque nomen multos seducere nituntur, dulcibus sermonibus multis scandalum inferentes. Isti sunt de quibus iterum ait Apostolus : *Per suos dulces sermones et blandos seducunt corda innocentium* (*Rom.* xvi). Sed quomodo isti sint noscendi, subjungens ostendit.

A fructibus eorum cognoscetis eos. Hoc est, nolite ad vultum attendere, sed ad opera. Nolite vestimentum considerare, sed inspicite figuram fallaciæ. Apostolos prædicant, sed apostolis contraria annuntiant; martyres magnificant, sed martyrum persecutores probantur. Apostoli et martyres sancti non persecutionem fecerunt, sed persecutionem pertulerunt; non maledixerunt, sed maledicta sustinuerunt; non blasphemaverunt Dominum, sed a blasphematoribus interfecti sunt. (*Aug.*) Isti autem iniquissimi omnia irreligiosa implere curarunt; sanctos persequuntur, fideles opprimunt, Dominum etiam si non verbis, moribus blasphemant. Sed tamen quibusdam quærendum altius esse videtur quos fructus nos attendere voluerit Dominus, quibus cognoscere arborem possimus : multi enim quædam in fructibus deputant quæ ad vestitum omnium ovium pertinent, et hoc modo a lupis decipiuntur, sicuti sunt vel jejunia, vel orationes, vel eleemosynæ. Quæ omnia nisi etiam fieri ab hypocritis possent, non superius diceret, *Cavete justitiam vestram facere coram hominibus ut videamini ab eis.* Quæ sententia proposita ipsa tria exsequitur, eleemosynam, orationem, jejunium. Sed nulla re alia melius hi tales dignosci queunt, quam inconstantia, vel impatientia in adversitate. Cum enim cœperint aliquibus tentationibus ea ipsa illis subtrahi, vel negari, quæ isto velamine consecuti sunt vel consequi cupiunt, tunc necesse est appareat utrum lupus in ovina pelle sit an ovis in sua. Non enim propterea ornatu superfluo debet aspectus hominum mulcere Christianus, quia illum parcum habitum ac necessarium etiam simulatores sæpe usurpant ut incautos decipiant: quia et illæ oves non debent pelles suas deponere, si aliquando lupi eis se contegunt.

Nunquid colligunt de spinis uvas aut de tribulis ficus? (*Orig.*) Manifeste Dominus per hanc similitudinem declaravit quia nullus prudentium ad spinas pergens, uvarum exinde dulcedinem quærit; aut super tribulos incedens, exinde ficorum colligit suavitatem. Ita ergo nullus sapientium vel prudentium ab inanibus veritate hæreticis, aut irreligiosis, aut infidelibus, exinde sanctitatis dulcedinem, vel fragrantiam, aut veritatis suavitatem poterit invenire, sed pessima apud illos et maligna reperiet. Sicut enim spinæ et tribuli omnia quæcunque capere possunt attrahunt, detinent et conscindunt, ita omnes infideles hæretici (et propterea male viventes, etiam qui rectam videntur fidem tenere) per humanam potentiam et corruptibilem principatum, per iniquos mores et prava exempla, omne quidquid apprehendere possunt, conscindunt, attrahunt atque diripiunt. Quis ad spinas et tribulos mittens manum, vel approximans, ibi non dilaceretur, aut non conscindatur, aut eamdem manum non cruentatam inveniat? Quis ergo hæreticis manum porrigens aut caput humilians, inconscissus a sancto Spiritu, aut incruentus ab animæ vulnere inveniatur? Quis se iniquorum factis accommodans, non ab eorum inquinationibus peccati aculeo perforetur? Tales enim antiquitus et Judæi fuerunt: cum deberent uvas afferre, protulerunt spinas; et qui debuerant suavitatem ostendere, in amaritudinem a semetipsis conversi sunt. Aliter spinas posse reor et tribulos sæculi curas et punctiones significare vitiorum. De quibus peccanti homini dictum est: *Terra tua spinas, et tribulos germinabit tibi* (*Gen.* III); ficus vero et uvam dulcedinem conversationis novæ, quam Dominus in nobis esuriit, et fervorem dilectionis qui lætificat cor hominis. De quibus in Evangelio coruscante [Cantico canticorum]: *Vox turturis in terra longe lateque resonabat. Ficus protulit grossos suos, vineæ florentes dederunt odorem* (*Cant.* II). Non autem de spinis uva aut de tribulis ficus colligitur: quia mens, adhuc veteris hominis consuetudine depressa, simulare potest, sed fructus novi hominis ferre non potest. Quod si quis objicere voluerit ac dicere quod et Moses de spina vindemiarit uvam, quando a cognato gentili consilium utile suscepit: et de tribulis collegerint fructus hi quibus dictum est de Pharisæis: *Facite quæ dicunt, quæ autem faciunt, facere nolite;* sciat quia sicut ferax nonnunquam palmes sepi involutus recumbit, portansque fructum spina non suum, usibus servat humanis; sic dicta vel acta malorum, si quando bonis prosunt, non hoc ipsi faciunt mali, sed fit de illis, superno providente consilio.

Sic omnis arbor bona fructus bonos facit, mala autem arbor fructus malos facit. Non potest arbor bona fructus malos facere, neque arbor mala fructus bonos facere. (*Orig.*) Cum igitur magister Deus, non utique natura, constituat arborem, ex qua fructus de quo loquebatur existat, sed voluntatem seu bonam seu malam, fructus autem opera, quia nec bona voluntatis malæ, nec mala possunt esse voluntatis bonæ. Hoc est enim quod ait: Arbor mala fructus bonos non facit, et arbor bona fructus malos non facit. Tanquam diceret, nec opera bona, voluntas mala, nec mala opera facit voluntas bona: nam ipsarum arborum, id est, ipsarum voluntatum si quærantur origines, quid occurrunt nisi naturæ quas bonus Deus condidit. Ac per hoc ex bonis orta sunt mala, non ex bonis voluntatibus opera mala, sed ex bonis naturis voluntates malæ; ut sit in eo radix mali, nihil aliud quam indigentia boni. Arbor autem bona ideo est voluntas bona, quia per ipsam convertitur homo ad summum atque incommutabile bonum, et impletur bono ut faciat fructum bonum. Ac per hoc Deus est auctor omnium bonorum, hoc est et naturæ bonæ et voluntatis bonæ. Quia nisi Deus in illo operetur, non facit homo, quia præparatur voluntas a Domino in homine bona ut faciat Deo donante, quod a seipso facere non poterat per liberi arbitrii voluntatem. (*Hier.*) Quæramus ab hæreticis, qui duas inter se contrarias dicunt esse naturas, si juxta intelligentiam eorum arbor bona malos fructus facere nunquam potest, quomodo Moyses, arbor bona, peccaverit ad aquas contradictionis (*Deut.* XXXII); et David, Uria interfecto, cum Bethsabee concubuerit (*II Reg.* XI); Petrus quoque in passione Dominum negavit dicens: *Nescio hominem* (*Matth.* XXVI); aut qua consequentia Jethro socer Moysi arbor mala, quæ utique in Dominum Israel non credebat, dederit consilium Moysi bonum: et Achior Holoferni aliquod utile sit locutus (*Judith.* V); et Comicus dixerit, quod bene dictum Apostolus comprobavit, dicens: *Corrumpunt mores bonos colloquia mala* (*I Cor.* XV). Et cum non invenerint quid respondeant, nos inferemus et Judam, arborem quondam bonam, fecisse fructus malos, postquam prodiderit Salvatorem (*Matth.* XXV); et Paulum arborem malam eo tempore quo persequebatur Ecclesiam Christi, fecisse postea fructus bonos, quando in vas electionis de persecutore translatus est (*Act.* IX). Tandiu ergo bona arbor fructus non facit malos, quandiu in bonitatis studio perseverat; et tandiu mala arbor in fructibus peccatorum manet, quandiu ad pœnitentiam non convertitur. Nemo ergo permanens in eo quod fuit, incipit id esse quod necdum cœperit.

Omnis arbor quæ non facit fructum bonum excidetur, et in ignem mittetur. (MAURUS.) Quia unusquisque perversus, per validam judicii sententiam de terra viventium eradicatus, in gehennæ ignem mittitur, qui hic boni operis fructum fecisse non invenitur. (*Orig.*) *Omnis*, inquit, *arbor quæ non facit fructum*, et non tantum fructum, sed *et bonum fructum*: multæ quidem arbores fructum ferunt, sed malum et inutilem fructum; sic et multi homines malum irreligiositatis, et infidelitatis, et perversitatis fructum afferunt. Ob hoc clare demonstravit Dominus quia *omnis arbor quæ non facit fructum bonum, excidetur et in ignem mittetur.* Omnis arbor, id est omnis homo: nulli parcitur, nulli honor defertur, sed omnis arbor infructifera non ferens fructum excidetur, et in ignem mittetur: non ideo ut ligni more ardeat et deficiat, sed in ignem mittetur illum de quo ait Dominus: *Ite, maledicti, in ignem æternum, qui præparatus est diabolo et angelis ejus (Matth. xxv).*

Igitur ex fructibus eorum cognoscetis eos. (Aug.) Qui sunt ergo fructus, quibus inventis cognoscamus arborem malam, dicit Apostolus (Gal. v): *Manifesta sunt autem opera carnis, quæ sunt fornicationes, immunditiæ, luxuriæ, idolorum servitus, veneficia, inimicitiæ, contentiones, æmulationes, animositates, dissensiones, hæreses, invidiæ, ebrietates, comessationes, et his similia, quæ prædico vobis sicut prædixi: quoniam qui talia agunt regnum Dei non consequentur.* Et qui sunt per quos cognoscimus arborem bonam idem ipse Apostolus consequenter dicit: *Fructus autem spiritus est charitas, gaudium, pax, longanimitas, benignitas, bonitas, fides, mansuetudo, continentia,* etc. (Maurus.) Quæ se veraciter habentes, et in his Christo servientes perducunt ad vitam æternam. Sed quia multi falso sub religionis specie latitant, cavendum ergo est ne ipso Christi nomine ab hæreticis vel quibuslibet male intelligentibus et sæculi hujus amatoribus, decipiamur. Nam ideo sequitur, et monet

Non omnis qui dicit mihi, Domine, Domine, intrabit in regnum cœlorum, sed qui facit voluntatem Patris mei qui in cœlis est, ipse intrabit regnum cœlorum. (Hilar.) Regnum cœlorum sola verborum officia non obtinent; neque qui dixerit, *Domine, Domine,* cohæres illius erit. Quid enim meriti est Domino dicere, *Domine?* Nunquid Dominus non erit, nisi fuerit dictus a nobis: et quæ officii sanctitas est nominis nuncupatio, cum cœlestis regni iter obedientia potius voluntatis Dei, non nuncupatio repertura sit. (Hieron.) Ergo, sicut superius dixerat, eos qui habent vestem vitæ bonæ non recipiendos propter dogma nequitiæ, ita nunc e contrario asserit ne his quidem accommodandam fidem qui cum polleant integritate fidei, turpiter vivant, et doctrinæ integritatem malis operibus destruant. Utrumque enim servis Dei necessarium est, ut et opus sermone, et sermo operibus comprobetur. Huic sententiæ potest illud videri contrarium: *Nemo potest dicere Dominum Jesum, nisi in Spiritu sancto (I Cor.* xii). Sed moris est Scripturarum dicta pro factis accipere; ut statim in consequentibus approbatur refutari eos qui jactant sine operibus scientiam Domini; et audiunt a Salvatore: *Recedite a me, omnes operarii iniquitatis, nescio vos (Luc.* xiii); et Apostolus in hunc sensum loquitur (Tit. i): *Confitentur se Dominum verbis scire, factis autem negant.* (Aug.) Vere autem ac proprie illi dicuntur a quorum voluntate ac mente non abhorret prolatio sermonis sui. Secundum quam significationem dicit Apostolus: *Nemo potest dicere Dominum Jesum, nisi in Spiritu sancto.* Atque illud ad rem maxime pertinet ne decipiamur, tendentes ad contemplationem veritatis non solum nomine Christi, per eos qui nomen agunt et facta non agunt, sed etiam quibusdam factis atque miraculis: qualia propter infideles cum fecerit Dominus, monuit tamen ne talibus decipiamur, arbitrantes ibi esse invisibilem sapientiam, ubi miraculum visibile viderimus. Adjungit ergo et dicit:

Multi mihi dicent in illa die, Domine, Domine, nonne in nomine tuo prophetavimus, et in tuo nomine dæmonia ejecimus, et in tuo nomine virtutes multas fecimus? (Hieron.) Prophetare, et virtutes facere, et dæmonia ejicere interdum non ejus est meriti qui operatur, sed invocatio nominis Christi hoc agit, ob condemnationem eorum qui invocant, vel ob utilitatem eorum qui vident et audiunt, conceditur: ut licet homines despiciant signa facientes, tamen honorent dominum, ad cujus invocationem faciant tanta miracula. Nam et Saul (*I Reg.* x), et Balaam (*Num.* xxiv), et Caiphas (*Joan.* xviii) prophetaverunt, nescientes quid dicerent; et Pharao (*Gen.* xli), et Nabuchodonosor (*Dan.* iii, iv) somniis futura cognoscunt; et in Actibus apostolorum filii Scevæ videbantur ejicere dæmonia (*Act.* xix); et Judas apostolus cum animo proditoris multa signa inter cæteros apostolos fecisse narratur. (Aug.) Quam ergo mundo et simplici oculo opus est ut inveniatur via sapientiæ, cui tantæ malorum et perversorum hominum deceptiones erroresque obstrepunt, quos omnes evadere, id est, venire ad certissimam pacem et immobilem stabilitatem sapientiæ! Vehementer enim metuendum est ne studio altercandi et contendendi quisque non videat quod a paucis videri potest, ut parvus sit strepitus contradicentium, nisi etiam ipse sibi obstrepat. Sequitur:

Et tunc confitebor illis, quia nunquam novi vos, discedite a me, qui operamini iniquitatem. (Hieron.) Signanter dixit, *confitebor,* quia multo ante tempore dicere dissimulaverat: *non novi vos.* Non novit Dominus eos qui pereunt. Observa autem quare addiderit, *nunquam novi vos;* si juxta quosdam omnes homines inter rationales creaturas semper versati sunt, quomodo dicit: *Nunquam novi vos,* cum psalmus dicat: *Dominus novit cogitationes hominum, quoniam vanæ sunt (Psal.* xciii); et alibi scriptum sit: *Ipse novit decipientem, et eum qui decipitur (Job.* xii); nisi quia scire Dei aliquando cognoscere dicitur, aliquando approbare: *Quoniam novit Dominus viam justorum: qui autem ignorat, ignorabitur (Psal.* i). Et scit ergo reprobos quos cognoscendo judicat: neque enim judicaret quos minime cognosceret; et tamen quodammodo dicit: *Non novi vos,* non approbo vos, apud quos fidei et dilectionis suæ characterem non approbat. Non, inquit, legalium festivitatum epulatio juvat, quem fidei pietas non commendat: non scientia Scripturarum Deo notum facit, quem operum iniquitas obtutibus ejus ostendit indignum. (Hieron.) Unde sequitur: *Recedite a me qui operamini iniquitatem.* Non dixit: Qui operati estis iniquitatem, ne videretur tollere pœnitentiam, sed, *qui operamini*, hoc est usque in præsentem horam, cum judicii tempus advenerit, licet non habeatis facultatem peccandi, tamen habetis adhuc affectum. (*Aug.*) Conclusio ergo hujus totius sermonis quam terribiliter inferatur, valde attendendum est.

[IV.] *Omnis ergo qui audit verba mea hæc, et facit ea, assimilabitur viro sapienti, qui ædificavit domum suam supra petram.* Cum ergo non dixit: *Qui audit verba mea* tantum, sed addidit dicens: *Qui audit verba mea hæc*, satis, ut arbitror, significavit hæc verba quæ in monte locutus est tam perfecte instruere vitam eorum qui voluerint secundum eam vivere, ut merito comparentur ædificanti supra petram. Hoc dixit ut appareat istum sermonem omnibus præceptis, quibus Christiana vita informatur, esse perfectum. Multa quippe Dominus supra de aperte bonis malisve, multa de vere ac simulate bonis disputans (quibus tribus personis omne genus hominum puto comprehendi), totum suum sermonem terribili simul et amabili parabola concludit, qua alios verbi auditores diabolo, alios Christo assimilat: qui utique suam in hominum subjectione domum ædificare non desinit per totum hujus sæculi tempus; et apte: namque qui sermones Christi audit, et facit, comparabitur Christo, quia sicut Christus variis hominum personis unam sibi Ecclesiam catholicam construit, erudit et gubernat, in vitam quandoque dedicaturus æternam, sic et auditor utilis, juxta proprium modulum variis virtutum studiis ad superna proficiens, habitationem sibi perpetuæ mansionis ædificat : cujus in præsenti quadrandis, poliendis charitatisque glutino copulandis lapidibus instat, sed in futuro cum Christo dedicatione lætatur. Et ille vere sapiens est qui mansurum, non cito deciduum, et supra petram, non supra terram, ædificium suum ponit. Non enim quisquam firmat quod audit, vel percipit, nisi faciendo. Et si petra Christus est, sicut multa Scripturarum testimonia prædicant, ille ædificat in Christo, qui quod audit ab illo, facit.

Et descendit pluvia, et venerunt flumina, et flaverunt venti et irruerunt in domum illam, et non cecidit, fundata enim erat supra petram. (*Aug.*) Non ergo sit metuit ullas caliginosas superstitiones (quid enim aliud intelligitur pluvia, cum in mali alicujus significatione ponitur?) aut rumores hominum, quos ventis comparatos puto; aut vitæ hujus fluvium, carnalibus concupiscentiis tanquam fluentem super terram. Horum enim trium, qui prosperitatibus inducitur, adversitatibus frangitur; quorum nihil metuit, qui fundatam habet domum super petram, qui non solum **audit** præcepta Domini, sed etiam facit. Et his omnibus periculose subjacet, qui audit et non facit: non enim habet stabile fundamentum; sed audiendo et non faciendo ruinam ædificat. (*Hieron.*) Aliter quoque pluvia ista, quæ domum subvertere nititur, diabolus est; flumina, omnes Antichristi, qui contra Christum sapiunt; venti, spiritales nequitiæ in cœlestibus. *Et non cecidit domus, fundata enim* *erat supra petram.* Super hanc petram Dominus fundavit Ecclesiam suam. Ab hac petra apostolus Petrus sortitus est nomen. Super hujuscemodi petram non inveniuntur serpentis vestigia. De hac et Propheta loquitur confidenter. *Et statuit supra petram pedes meos* (*Psal.* XXXIX), et in alio loco: *Petra refugium leporibus sive herinaceis* (*Psal.* CIII). Timidum enim animal in petræ cavernam se recipit, et cutis aspera, et tota armata jaculis, tali se protectione tuetur. Unde et Moysi dicitur eo tempore quo de Egypto fugerat et lepusculus Domini erat: *Sta in foramine petræ, et posteriora mea videbis* (*Exod.* XXXIII).

Et omnis qui audit verba mea hæc, et non facit ea, similis erit viro stulto qui ædificavit domum suam super arenam. Fundamentum quod apostolus Paulus architectus posuit, unum est Dominus noster Jesus Christus. Super hoc fundamentum stabile et firmum, et per se robusta mole fundatum, ædificatur Christi Ecclesia. Super arenam vero quæ fluida est, et coagmentari non potest, nec in unam copulam redigi, omnis hæreticorum sermo ad hoc ædificatur, ut corruat.

Et descendit pluvia, et venerunt flumina, et flaverunt venti, et irruerunt in domum illam, et cecidit. (*Aug.*) Quid per pluviam, nisi multimodas diaboli tentationes; per flumina, apertas manifestasque persecutiones; per ventos, malignos spiritus intelligi voluit: quia uniuscujusque conscientia quæ spe defixa in Dominum non permanet, neque in tentationibus, neque in persecutionibus, neque ante malignos spiritus subsistere valet. Et tanto uniuscujusque conscientia malignis spiritibus aerius concutitur, quanto mens carnalis in his quæ mundi sunt amplius a superioribus disjungitur, quantoque amplius in inferioribus illigatur. (*Greg.*) Ergo qui audit sermones Christi et non facit, sive initiatus mysteriis Christi, seu in totum alienus a Christo, quia seipsum male ædificat, similis est homini stulto, de quo dicitur: *Inimicus homo hoc fecit* (*Matth.* XIII), cujus opera omnia instabilia sunt et ruinæ parent. Manifestum est quia, ingruente qualibet tentatione, mox et vere mali et ficte boni pejores fiunt, donec ad extremum perpetuam labantur in pœnam. Porro moraliter dicendum quia *unusquisque tentatur a concupiscentia sua, abstractus et illectus.* Dehinc *concupiscentia cum conceperit, parit peccatum. Peccatum autem cum consummatum fuerit generat mortem* (*Jac.* I). Potest etiam per impetum fluminis extremi judicii discrimen intelligi, quando, utraque domo consummata, *omnis qui se exaltat humiliabitur, et qui se humiliat exaltabitur. Ibuntque impii* non solum homines, sed angeli qui ad diabolum pertinebant, *in supplicium æternum, justi autem in vitam æternam* (*Matth.* XXIII; *Luc* XVIII; *Matth.* XXV).

Et fuit ruina ejus magna. (*Aug.*) Ruina magna, illa nimirum intelligenda est qua dicturus est Dominus audientibus, et non facientibus: *Ite in ignem æternum, qui præparatus est diabolo et angelis ejus. Esurivi, et non dedistis mihi manducare: sitivi, et non de-*

distis mihi bibere, etc. (*Matth.* xxv.) Quia juxta Apostoli sententiam,: *Non auditores legis in illa die justi erunt apud Dominum, sed factores legis justificabuntur* (*Rom.* 11).

Et factum est cum consummasset Jesus verba hæc, admirabantur turbæ super doctrinam ejus. Erat autem docens eos sicut potestatem habens, non sicut scribæ eorum et Pharisæi. (MAURUS.) Consummatio hæc ad perfectionem verborum et integritatem dogmatis pertinet, quo in monte discipulos docuit et turbas. Quod autem turbas dicitur admirari super doctrina Salvatoris, aut infideles aliquos significat, qui ob hoc stupebant, quia non credebant verbis Salvatoris, aut etiam omnes generaliter demonstrat, qui excellentiam tantæ sapientiæ in eo venerabantur, sicut credendum est discipulos ejus fecisse: *Erat enim docens eos ut potestatem habens, non ut Scribæ.* Illi enim ea docebant in populo quæ scripta sunt in Moyse et in prophetis; Jesus vero quasi Deus, et Dominus ipsius Moysis, pro libertate voluntatis suæ vel ea quæ minus videbantur in lege, addebat vel commutans prædicabat in populo. Ut supra quoque legimus : *Audistis quia dictum est antiquis : ego autem dico vobis.* Sed quia secundum hunc librum expositionis sancti Evangelii, quem ab exordio prædicationis Domini nostri Jesu Christi incipiebamus, usque in finem sermonis quem idem Salvator in monte cum discipulis suis habuit, perduximus, ibi finem habere censemus. Jam exhinc tertium de principio miraculorum ejus inchoantes.

LIBER TERTIUS.

CAPUT VIII.

Absoluto sermone in monte mundatur leprosus, sanatur paralyticus, et socrus Petri: quidam sequi volunt Dominum, qui navigans tempestatem sedat et dæmones expellit

[1.] Finitis sermonibus quibus Salvator discipulos in monte docuit, prosequitur Matthæus et dicit: *Cum autem descendisset de monte, secutæ sunt eum turbæ multæ. Et ecce leprosus veniens adorabat eum dicens : Domine, si vis, potes me mundare.* (*Aug.*) Istud miraculum potest intelligi post utrumque sermonem Domini factum fuisse, non solum quem Matthæus, verum etiam quem Lucas interponit. Licet alio loco Lucas Marcusque illud commemoraverint: neque enim apparet post descensionem de monte quantum temporis fuerit interpositum. Sed hoc solum voluit significare Matthæus, post illam descensionem multas turbas fuisse cum Domino, quando leprosum mundavit. Sed nec Lucas, cum ipse dicat quod *cum implesset omnia verba sua in auribus plebis*, intrasse Christum in Capharnaum, expressit post quantum temporis intervallum, cum istos sermones terminasset, intraverit Capharnaum. Ipso quippe intervallo leprosus, ille mundatus est, quem loco suo Matthæus interposuit; iste autem alibi recordatus est. Igitur descensio Domini de monte incarnationem ejus significat, qua *semetipsum exinanivit formam servi accipiens* (*Philip.* 11). [*Beda.*] Et *post hæc secutæ sunt eum turbæ multæ.* Quia postquam Verbum caro factum est et habitavit in nobis, qui antea tantum *in Judæa notus* erat, et in uno populo nomen illius magnum habebatur, post hæc admirabilis factus est in universa terra. (*Orig.*) Ad litteram quoque turba quæ cum sequebatur, aliquanti propter charitatem, aliquanti propter doctrinam, aliquanti propter admirationem et curationem. (*Hier.*) De monte quidem Domino descendente occurrerunt ei turbæ quæ ad altiora ascendere non valuerunt. Et primus ei occurrit leprosus: necdum enim poterat cum lepra tam multiplicem in monte Salvatoris audire sermonem. Recte ergo post prædicationem, atque doctrinam signi offertur occasio ut per virtutem atque miracula præteritus apud audientes sermo firmetur.(*Aug.*) Mystice autem, bene ubi leprosus mundatur, certus non exprimitur locus, t ostendatur non unum populum specialis alicujus civitatis, sed omnium populos fuisse sanatos. Et quia Dominus ait: *Non veni solvere legem sed adimplere,* ille qui excludebatur a lege, purgari se Domini potestate præsumens, non ex lege sed supra legem esse gratiam judicabat, quæ leprosi maculam posset abluere. Verum ut in Domino potestatis auctoritas, ita in illo fidei constantia declaratur. Ille *in faciem*, ut alius evangelista testatur, *procidit.* Quod humilitatis est et pudoris, ut unusquisque de suæ vitæ maculis erubescat, sed confessionem verecundia non represserit. Ostendit vulnus, remedium postulavit. Et ipsa religionis et fidei plena confessio est, *Si vis*, inquit, *potes me mundare.* In voluntate Domini tribuit. De voluntate autem Domini non quasi pietatis incredulus dubitavit, sed quasi colluvionis suæ conscius non præsumpsit.

Et extendens manum Jesus, tetigit illum, dicens: Volo, mundare. (MAUR.) Extendit curationis manum, quia misericordiæ suæ ad medicandum protendebat affectum. Tetigit ægrotum, quia in potestate sua habuit sanitatis effectum. Dixit: *Volo, mundare.* In *Volo* pietatis suæ ostendit clementiam; in *mundare* majestatis suæ demonstrabat potentiam. *Quia ipse dixit, et facta sunt, ipse mandavit, et cuncta creata sunt.* (*Hieron.*) Non ergo, ut plerique Latinorum putant, jungendum est et legendum, *Volo mundare*, sed separatim, ut primo dicat *Volo*, deinde imperet *mundare.* (*Aug.*) *Volo* enim dicit propter Photinum, *imperat*, propter Arium; *tangit*, propter Manichæum. Et lex quidem tangi leprosos prohibet. Sed qui Dominus legis est, non obsequitur legi, sed legem facit. Non ergo ideo tetigit quia sine tactu mundare non poterat, sed ut probaret quia subjectus non erat legi: nec contagium timebat ut homines, sed quia contaminari non poterat, qui alios liberabat, lepra tactu Domini fugaretur, quæ solebat contaminare tangentem. (*Orig.*) Tetigit ut humilitatem demonstraret, ut nos doceret nullum spernere, nullum horrere, nullum contemptibilem ducere, propter corporis læsionem, aut maculationem, quæ a Deo immittuntur pro qua, ipse scit, ratione. Simulque illud mirabile quod eo sanavit genere quo fuerat obsecratus. *Si vis*, ait, *potes me mundare. Volo*, inquit, *mundare.*

Et confestim mundata est lepra ejus. (*Aug.*) Nihil medium est inter opus Dei atque præceptum, quia in præcepto est opus. Denique *dixit et facta sunt* (*Psal.* CXLVIII). Vides igitur quod dubitari non potest, quia voluntas Dei potestas est. Qui unius voluntatis asserunt, unius utique asserunt potestatis. Itaque quasi habens potestatem, et jubendi auctoritatem, operandi testimonium non refugit. Quod autem descendens de monte posteaquam præcepta illic discipulis et multitudini dedit, leprosum statim extendens manum suam curat, significat eos qui de illis implendis dubitant suo auxilio ab hujuscemodi varietate mundari.

Et ait illi Jesus: Vide nemini dixeris. (*Hieron.*) Et revera quid erat necesse ut sermone jactaret quod corpore præferebat? Quare præcipitur nemini dicere, nisi ut doceret non vulganda nostra beneficia, sed premenda, ut non solum a mercede abstineamus pecuniæ, sed etiam gratiæ.

Sed vade, ostende te sacerdoti, et offer munus quod præcepit Moyses in testimonium illis. (*Hieron.*) Tres ob causas mittit eum ad sacerdotes. Primum propter humilitatem, ut sacerdotibus deferre videatur honorem. Erat enim præceptum lege ut qui mundati fuerant lepra, offerrent munera sacerdotibus. Deinde ut mundatum videntes leprosum, aut crederent Salvatori, aut non crederent: si crederent salvarentur, si non crederent inexcusabiles fierent: et simul ne (quod in eo sæpissime criminabantur) legem videretur frangere. (*Beda.*) Ostendere se sacerdoti jubetur, ut intelligeret sacerdos eum non legis ordine, sed gratia Dei supra legem esse curatum. Offerre autem sacrificium, ut ostenderet Dominus quia legem non solveret, sed impleret. Qui secundum legem gradiens, supra legem sanaret quos remedia legis non sanaverunt. Et bene addit, *in testimonium illis*, hoc est si Domino credant, si impietatis lepra discedat. (*Aug.*) Quod si quem movet quomodo Dominus Mosaicum videatur approbare sacrificium, cum id non receperit Ecclesia, meminerit nondum cœpisse sacrificium Sanctum sanctorum, quod corpus est ejus. Nondum enim obtulerat in passione holocaustum suum. Non autem oportebat auferri significantia sacrificia, priusquam illud quod significabatur confirmatum esset contestatione apostolorum prædicantium, et fide credentium populorum. (*Victorinus.*) Quia vero typice vir iste peccatis languidum genus designat humanum, recte non solum leprosus, sed et plenius lepra, juxta alium Evangelistam, describitur. *Omnes enim peccaverunt, et egent gloria Dei.* Illa scilicet, ut extenta manu Salvatoris, id est, incarnato Dei Verbo, humanamque contingente naturam, ab erroris prisci varietate mundentur, possint que cum apostolis audire: *Jam vos mundi estis, propter sermonem quem locutus sum vobis* (*Joan.* XIII), et qui diutius abominabiles a populo Dei erant castris secreti, jam aliquando templo reddi et sacerdoti queant offerri, illi utique, cui dicitur: *Tu es sacerdos in æternum* (*Psal.* CIX), audientes ab Apostolo: *Templum enim Dei sanctum est, quod estis vos* (*I Cor.* III); offerantque pro emundatione sua, sicut præcepit Moyses, id est, *exhibeant corpora sua hostiam viventem, sanctam, Deo placentem* (*Rom.* XII): ut juxta Prophetam *confiteantur Domino misericordias ejus, et mirabilia ejus filiis hominum, et annuntient laudes ejus in posteris filiæ Sion* (*Psal.* CVI); sicut prædictum leprosum fecisse Marcus commemorat: quia nequaquam perceptum beneficium vel ab ipso a quo acceperat jussus, tacet; quin potius, Evangelistæ functus officio, mox *egressus cœpit prædicare et diffamare sermonem, ita ut jam non posset manifeste in civitatem introire, sed foris in desertis locis esset, et conveniebant ad eum undique.* (*Greg.*) Unde merito quæritur quidnam sit quod Dominus nonnulla quæ gessit abscondi jussit, et nec ad horam potuerunt abscondi. Nunquid enim unigenitus Filius, Patri et Spiritui sancto coæternus, hac in re velle habuit quod implere non potuit? Sed notandum quod Redemptor noster per mortale corpus omne quod egit, hoc nobis in exemplo actionis præbuit. Miraculum namque faciens et taceri jussit, et tamen taceri non potuit, ut videlicet electi ejus, exempla doctrinæ illius sequentes, in magnis quæ faciunt latere quidem in voluntate habeant, sed ut prosint aliis prodantur inviti: quatenus et magnæ humilitatis sunt, quod sua opera taceri appetunt; et magnæ humilitatis [*Forte* venerationis] sunt, quod eorum opera taceri non possunt. Non ergo Dominus voluit quidquam fieri, et minime potuit. Sed quid velle ejus membra debeant, quidve de eis etiam nolentibus fiat, doctrinæ magisterio exemplum dedit. Post hæc prosequitur Matthæus et dicit:

Cum autem introisset Capharnaum, accessit ad eum centurio, rogans eum et dicens, Domine, puer meus jacet in domo paralyticus et male torquetur. [II.] Quæritur quomodo conveniat quod Matthæus ipsum centurionem accessisse ad Dominum dicat, cum Lucas narret illum nuntios misisse: *Centurionis*, inquit, *cujusdam servus male habens erat moriturus, qui erat illi pretiosus, et cum audisset de Jesu, misit ad eum seniores Judæorum, rogans eum ut veniret et salvaret servum ejus* (*Luc.* VII). Sed pie quærentibus facile patet quod Matthæus brevitatis causa dixerit ipsum accessisse. Cujus desiderium et voluntas ad Dominum veraciter, aliis licet deferentibus, est perlata: mystice etiam nobis commendans hoc quod scriptum est: Accedite ad eum, et illuminamini. Nam quia fidem centurionis, qua vere accedit ad Jesum, ipse ita laudavit ut diceret: *Non inveni tantam fidem in Israel*, ipsum potius accessisse ad Christum dicere voluit prudens evangelista, quam illos per quos verba sua miserat.

Porro autem Lucas ideo totum quemadmodum gestum sit aperuit, ut ex hoc intelligere cogamur, quemadmodum accessisse dixerit alius, qui mentiri non potuit. Sicut enim illa mulier quæ fluxum sanguinis patiebatur, quamvis fimbriam vestimenti ejus tenuerit, magis tamen, quia credidit, tetigit Dominum, quam illæ turbæ a quibus premebatur (*Matth.* IX); ita et centurio, quo magis credidit, eo magis accessit ad Dominum. (*Orig.*) Accessit alienigena generatione, sed domesticus corde; alienus natione, sed alacer fide, militum princeps, et socius angelorum. Multi in illo tempore pro diversis rogabant infirmitatibus : alius pro filio, alius pro alio aliquo, et nullus pro servo, nisi iste solus. Et hoc ad augmentum beatitudinis, ad coronam gloriæ erat, quod pro servo tam humiliter Dominum interpellabat, dicens : *Puer meus jacet in domo*; non in una re tantum miserabilis, quod *jacet*, sed et in alia, quod *paralyticus*, tertia quod *male torquetur*. Omnia enim ista cum dolore cognominavit, et jacentem, et paralyticum, et dure detentum ; ideo ut suæ animæ angustias demonstraret, et Dominum commoveret, quatenus et illius cruciatum monstraret, et Domini benevolentiam invitaret. Sic debent omnes qui famulos habent et famulas, cogitare, sic misereri, sic condolere eis, sic supplicare, sic curam habere de servis suis, vel de ancillis, sicut et ille beatus centurio fecit.

Et ait illi Jesus : Ego veniam, et curabo eum. (*Hieron.*) Magna Domini sublimitas, qui solo verbo curare valebat, sed non minor humilitas, qui servum dignatus est visitare languentem. Non debemus enim in hoc jactantiæ arguere Dominum, quia statim se iturum et sanaturum promittit, videns centurionis fidem, humilitatem, et prudentiam : fidem, in eo quod ex gentibus credidit puerum a Salvatore posse sanari; humilitatem, quod se judicavit indignum, cujus tectum intraret; prudentiam, quod ultra corporis tegmen divinitatem latentem viderit, sciens non id sibi profuturum quod etiam ab incredulis videbatur, sed id quod latebat intrinsecus. (MAURUS.) Alibi ad sanandum reguli filium venire noluit, ne divitias honorasse videretur : hic, ne conditionem sprevisse servilem, ad centurionis famulum mox ire consentit.

Et respondens centurio ait, Domine, non sum dignus ut intres sub tectum meum. (*Beda.*) Propter vitæ gentilis conscientiam, gravari se magis dignatione putavit Domini quam juvari, nec posse habere hospitem Christum, cujus, etsi fide præditus, nondum tamen erat sacramentis imbutus. Sed quia quæ nostra infirmitas non præsumit, divina gratia dare novit : et alius centurio, qui, sicut et iste, credentem ex gentibus populum præfigurat, magnæ fidei et justitiæ merito, Spiritus sancti donum priusquam baptizaretur accepit; et iste, necdum catechizatus, et fidem suam laudari a Domino et famulum salvari promeruit.

De quo pulchre per alium evangelistam dicitur (*Luc.* VII) : Quia Jesum non longe haberet a domo, tametsi sub tectum suum invitare non auderet, quia *prope timentes eum salutare ipsius* (*Psal.* LXXXIV). Et qui naturali lege recte utitur, quo bona quæ novit gnavius operatur, eo illi qui vere bonus est appropiat. At qui errori gentilitatis etiam crimina junxerunt, his aptari potest quod confluentibus ad se turbis alibi Dominus ait : *Quidam enim ex his de longe venerunt* (*Marc.* VIII).

Sed tantum dic verbo, et sanabitur puer meus. Magna fides centurionis, qua verbi opus in Christo confitetur, et nostræ sanationis accommoda mysteriis, qui etsi noveramus secundum carnem Christum, sed jam nunc non novimus.

Nam et ego homo sum, sub potestate constitutus, habens sub me milites. (*Orig.*) Quomodo a tenebris gentium tantum processit lumen ? Quomodo eorum Deum non cognoscentium tanta manifestata est justitia ? Quomodo ex ore stultorum idolis servientium tam limpida effulsit fides. (*Beda.*) Hominem se et potestati vel tribuni, vel præsidis subditum dicit, imperare tamen posse minoribus ; ut subaudiatur eum multo magis qui Deus sit et super omnia potens, innumeram virtutis angelicæ, quæ ad imperata obtemperet, habere militiam; et dicere infirmitati ut recedat, et recedet, et sanitati ut veniat, et veniet; omnia enim potes, quia omnipotens es? Inde sequitur :

Et dico huic, Vade, et vadit ; et alii, Veni, et venit ; et servo meo, Fac hoc, et facit. (*Hier.*) Vult ostendere Dominum quoque non per adventum tantum corporis, sed per angelorum ministeria implere posse quod vellet. Repellendæ enim erant vel infirmitates corporum, vel fortitudines contrariæ, quibus homo ad debilitatem sæpe conceditur, et verbo Domini et ministeriis angelorum. (RAB.) Aliter milites et servi qui centurioni obediunt virtutes sunt naturales, quarum non minimam copiam multi ad Deum venientes secum deferunt. De quibus in Cornelii centurionis laude dicitur quia *erat justus et timens Deum cum omni domo sua, faciens eleemosynas multas plebi, et deprecans Deum semper* (*Act.* X).

Audiens autem Jesus miratus est. Miratus est quod vidit centurionem suam intelligere majestatem. Sed quis in illo fecerat ipsam fidem, vel intelligentiam, nisi ipse qui eam mirabatur? Quod si et alius eam fecisset quid miraretur, qui præscius erat? Notandum ergo quia quod miratur Dominus, nobis mirandum esse significat, quibus adhuc sic opus est moveri, omnes enim tales motus, cum de Deo ducuntur, non perturbati animi signa sunt, sed docentis magistri.

Et sequentibus se dixit, Amen dico vobis non inveni tantam fidem in Israel. (*Hieron.*) Non de hominibus retro patriarchis et prophetis, sed de præsentis ævi loquitur hominibus. Quibus ideo centurionis fides antefertur quia illi legis prophetarumque monitis edocti, hic autem, nemine docente, sponte credidit. Unde et in centurione fides gentium præponitur incredulo Israeli.

Dico autem vobis quod multi ab Oriente et Occidente venient. (*Orig.*) Dico vobis, testor vobis, annuntio vobis, prædico vobis; multi venient, illi de quibus dictum est : Ut et filii Dei, qui dispersi sunt, congregarentur in unum. Isti ergo omnes venient. Unde venient? Ab Oriente et Occidente, hoc est ab omni gente quæ est sub sole, ab Oriente usque ad Occidentem. Sicut enim per omnes gentes habet hoc Evangelium prædicari, sic ex omnibus gentibus venturi sunt ad regnum cœlorum : vel adhuc ab Oriente hi qui statim illuminati transeunt, et ab Occidente hi qui passiones et persecutiones usque ad mortem toleraverunt pro fide.

Et recumbent cum Abraham, et Isaac, et Jacob, in regno cœlorum. (Maurus.) Recumbent non carnaliter jacentes, sed spiritaliter requiescentes; non temporaliter potantes, sed feliciter epulantes. Quia Deus Abraham, cœli conditor, Pater est et Christi, idcirco in regno cœlorum est et Abraham, cum quo accubituræ sunt gentes quæ crediderunt in Christum, Filium Creatoris. Et ille pariter sensus impletur, de quo supra diximus, in centurionis fide, gentium fieri prærogativam, dum illius credulitatem de Oriente et Occidente credituri, populi commemorantur.

Filii autem regni ejicientur in tenebras exteriores, ibi erit fletus et stridor dentium. (Hieron.) Filios autem regni Judæos significat, in quibus ante regnavit Dominus. Tenebræ semper interiores sunt, non exteriores. Sed [quoniam] qui a Domino expellitur foras, relinquit lumen, idcirco exteriores tenebræ nominatæ sunt. Ibi erit fletus et stridor dentium. Si fletus oculorum est, et stridor dentium ossa demonstrat; vera est ergo corporum et eorumdem membrorum quæ ceciderant, resurrectio. (Greg.) Unde et per metaphoram magnitudo exprimitur tormentorum. Interiores quippe tenebras dicimus cæcitatem cordis, exteriores vero tenebras, æternam noctem damnationis. Tunc cum damnatur quisque non in interiores, sed in exteriores tenebras mittitur : quia illic invitus projicitur in noctem damnationis, qui hic sponte cecidit in cæcitatem cordis. Ibi fletus quoque et stridor dentium esse perhibetur : ut illic dentes strideant, qui hic de edacitate gaudebant, illic oculi defleant, qui hic per illicitas concupiscentias versabantur : quatenus singula quæque membra supplicio subjaceant, quæ hic singulis quibusque vitiis subjecta serviebant. Fletus de ardore, stridor dentium solet excitari de frigore. (Beda.) Ubi duplex ostenditur gehenna, id est, nimii frigoris, et intolerabilis esse fervoris. Cui beati Job sententia consentit, dicens : *Ad calorem nimium transibunt ab aquis nivium* (Job xxiv). Vel certe stridor dentium prodit indignantis affectum, eo quod sero unumquemque pœniteat, sero ingemiscat, sero irascatur sibi, quod tam pervicaci improbitate deliquerit.

Et dixit Jesus centurioni, Vade, et sicut credidisti, *fiat tibi.* (Maurus.) Fidei merito ostendit eum impetrasse salutem servo, ut inde magis magisque robur fidei in eo accresceret quo perspiceret quæcunque vellet, per ipsam se impetrare posse. (Hieron.) Si enim fiet vere unicuique homini sicut crediderit, secundum mensuram fidei metietur ei et ista a Domino gratia. Ideoque dixit ad illum Dominus : *Sicut credidisti fiat tibi.* Credidisti quia ego possum; credidisti quia ego Dominus sum omnium. Sicut credidisti, ita fiet tibi

Et sanatus est puer in illa hora. (*Aug.*) Probatur fides domini, et servi sanitas roboratur. Potest ergo meritum domini etiam famulis suffragari, non solum fidei merito, sed etiam studio disciplinæ. (Beda.) Mystice, autem, ut dixi, centurio, cujus fides Israeli præfertur, electos nimirum ex gentibus ostendit, qui quasi centenario milite stipati, virtutum spiritualium sunt perfectione sublimes, nilque a Domino terrenum, sed sola æternæ salutis gaudia sibi suisque requirunt. Numerus enim centenarius, qui e læva transfertur ad dexteram, in cœlestis vitæ significatione poni consuevit : unde est quod arca Noe centum annis fabricatur (*Gen.* vi) : Abraham centenarius filium promissionis accepit (*Gen.* xvii); sevit Isaac, et invenit in ipso anno centuplum (*Gen.* xxvi); atrium tabernaculi centum cubitis longum est (*Exod.* xxvii); in centesimo psalmo misericordia et judicium Domino cantatur (*Psal.* c), et cætera hujusmodi. Talis ergo meriti viri pro his necesse est Domino supplicent, qui adhuc spiritu servitutis in timore premuntur, quatenus, eis paulatim ad sublimiora provectis, *perfecta dilectio foras mittat timorem* (*I Joan.* iv).

[III.] *Et cum venisset Jesus in domum Petri, vidit socrum ejus jacentem et febricitantem.* (*Aug.*) Hoc quando factum sit, id est, post quid vel ante quid, non expressit Matthæus. Non enim post quod narratur, post hoc etiam factum necesse est intelligatur, cum Marcus Lucasque prius illud narrent factum quam de leproso dicant. Sed nihil obstat narrandi diversitas; ubi eadem res nuntiatur, maxime cum unusquisque evangelistarum eo se ordine credidit debuisse narrare, quo voluisset Deus ea ipsa quæ narrabat ejus recordationi suggerere

Et tetigit manum ejus, et dimisit eam febris. (Beda.) In Evangelio Lucæ scriptum est quia rogaverunt eum pro illa, et stans super illam imperavit febri. Modo enim Salvator rogatur, modo ultro curat ægrotos, ostendens se contra vitiorum quoque passiones et precibus semper annuere fidelium, et ea nonnunquam quæ ipsi minime in se intelligunt, vel intelligenda dare, vel pie petentibus etiam non intellecta dimittere; juxta quod Psalmista postulat: *Delicta quis intelliget, ab occultis meis munda me, Domine* (*Psal.* xviii).

Et surrexit, et ministrabat eis. (Hieron.) Naturale est febricitantibus incipiente sanitate lassescere et ægrotationis sentire molestiam. Verum sanitas quæ Domini confertur imperio, simul tota redit; nec solum ipsa redit, sed et tanto robore comitante, ut litate virium ferre non poteramus, pro nobis ille eis continuo qui se adjuverant, ministrare sufficiat; portaret qui sua voluntate pro nobis passus est, et et juxta leges theologiæ membra quæ serviebant qui morti nil debuit, pro nobis debitum morti solvit. immunditiæ et iniquitati ad iniquitatem ut fructificarent morti, serviant justitiæ in vitam æternam (*Rom.* VI *et* VII). (MAURUS.) Allegorice vero domus Petri circumcisio est, quia ipsi apostolatus traditus est circumcisionis (*Gal.* II); socrus enim Petri Synagoga est, quia illa quodammodo mater est Ecclesiæ, quæ a vero Sponso Petro fuit commendata ad custodiendum. Cui ipse ita ait: *Tu es Petrus, et super hanc petram ædificabo Ecclesiam meam* (*Matth.* XVI); et alibi: *Pasce,* inquit, *agnos meos;* et: *Pasce oves meas* (*Joan.* XXI). Febricitabat ergo socrus Petri, quia Synagoga invidentiæ æstibus laborabat, persequens Ecclesiam; unde et sponsa in Cantico canticorum dicit: *Filii matris meæ pugnaverunt contra me* (*Cant.* I). Cujus manum attigit Dominus, quando carnalia ejus opera in spiritalem usum convertit. Quæ surrexit et ministrabat eis, quia postquam attactu divinæ pietatis a carnali observantia, in qua inutiliter torpebat, erecta est, per spiritale officium Domino quotidie ministrat. Moraliter autem unaquæque anima quæ carnis concupiscentiis militat, quasi febribus æstuat; sed manu misericordiæ divinæ attacta convalescit, et per continentiæ frena carnis lasciviam constringit, ne per illecebras voluptatum gradiens, fornicationem, immunditiam, libidinem, concupiscentiam malam et avaritiam, quæ est simulacrorum servitus, quasi membra pestifera ac moribunda teneat; sed magis in ipsis membris cum quibus prius servierat immunditiæ ad iniquitatem ut fructificaret morti, serviat justitiæ in vitam æternam.

Vespere autem facto, obtulerunt ei multos dæmonia habentes, et ejiciebat spiritus verbo, et omnes male habentes curavit. (*Hieron.*) Omnes non mane, non meridie, sed ad vesperam curantur, quando sol occubiturus est, quando granum tritici in terra moritur, ut multos fructus afferat. Solis occubitus passionem et mortem illius significat, qui dixit: *Quandiu in mundo sum, lux sum mundi.* Et sole occidente, plures dæmoniaci quam ante, plures sanantur ægroti: quia qui temporaliter in carne vivens, paucos Judæorum docuit, calcato regno mortis, omnibus per orbem gentibus fidei salutisque dona transmisit. Cujus ministris quasi vitæ lucisque præconibus Psalmista canit: *Iter facite ei qui ascendit super occasum* (*Psal.* LXVII). Super occasum quippe Dominus ascendit, qui unde in passione occubuit, inde majorem suam gloriam resurgendo manifestavit.

Ut adimpleretur quod dictum est per Isaiam prophetam (*Cap.* LIII) *dicentem: Ipse infirmitates nostras accepit, et ægrotationes portavit.* (MAURUS.) Accepit ergo Salvator noster nostras infirmitates, non ut sibi haberet, sed ut nobis auferret. Quia ipse est *agnus qui tollit peccata mundi* (*Joan.* I). Dominus ergo, secundum eumdem prophetam, posuit in eo iniquitatem omnium nostrum, ut quod pro imbecil-

[IV.] *Videns autem Jesus turbas multas circum se, jussit discipulos suos ire trans fretum.* (*Aug.*) Hic manifestum est alium diem recoluisse, quo ire jussit trans fretum, non eum qui sequitur diem quo socrus Petri sanata est: quo Marcus die Lucasque eum in desertum exiisse affirmant. (MAURUS.) Exhortatio ergo Jesu est ut amaros sæculi fluctus inconcusso fidei navigio transeamus, quo ad littus paradisi, ipso gubernante, perveniamus.

Et accedens unus scriba, ait illi, Magister, sequar te, quocunque ieris. (*Aug.*) Quod autem Matthæus dicit tunc istud gestum esse quando dixit ut irent trans fretum, Lucas vero ambulantibus aliis in via, non est contrarium, quia via utique ambulabant, ut venirent ad fretum (*Hieron.*). Scriba iste legis, qui tantum litteram noverat occidentem, si dixisset, *Domine, sequar te quocunque ieris*, non fuisset repulsus a Domino, sed quia magistrum unum de pluribus æstimabat, et litterator erat, quod significantius Græce dicitur γραμματεύς, et non spiritalis auditor, ideo non habet locum in quo potest reclinare Jesus caput suum.

Ait illi Jesus: Vulpes foveas habent, et volucres cœli nidos, ubi requiescant; filius autem hominis non habet ubi caput suum reclinet. Ex Domini verbis ostenditur hunc qui obsequium promittit ob hoc repudiatum quod, signorum videns magnitudinem, sequi voluerit Salvatorem, ut lucra ex operum miraculis quæreret; hoc idem desiderans quod Simon Magus a Petro emere voluerat (*Act.* VIII). Talis ergo fides juste sententia Domini condemnatur et dicitur ei: Quid me propter divitias et sæculi lucra cupis sequi, cum tantæ sim paupertatis, ut ne hospitiolum quidem habeam, et non meo utar tecto? (*Aug.*) Aliter, intelligitur miraculis Domini commotus propter inanem jactantiam cum sequi voluisse, quam significant aves; finxisse autem discipuli obsequium, quæ fictio vulpium nomine significata est; reclinatione vero capitis humilitatem suam significavit, quæ in illo simulatore ac superbo non habebat locum. (MAURUS.) Item possumus non incongrue, juxta allegoriam per vulpes hæreticos et volucres cœli malignos spiritus significatos accipere, qui in corde Judaici populi foveas ac nidos, id est domicilia, habeant; vulpes enim nihil cum virtute, sed omnia cum astutia agit; sic hæretici non in virtutibus Christi, sed in versutia sua confidentes, dolis instructi et dialectica arte callidi, quoscunque possunt seducere satagunt: et ideo *filius hominis non habet ubi caput suum reclinet;* quia in talium mentibus Christus divinitati suæ habitaculum non invenit. *Caput vero Christi, Deus* (*I Cor.* XI).

Alius autem de discipulis ejus ait illi, Domine, permitte me primum ire et sepelire patrem meum. Non discipulatum respuit, sed expleta primum paterni funeris pietate liberior hunc assequi desiderat. Dignus per omnia in quo filius hominis caput reclinet, hoc est, in cujus humili pectore divinitas familiari quadam mansione quiescat.

Jesus autem ait illi : Sequere me , et dimitte mortuos sepelire mortuos suos. (*Hier.*) Mortuus quicunque non credit; si autem mortuum sepelit mortuus, non debemus curam habere mortuorum, sed viventium, ne dum solliciti sumus de mortuis, nos quoque mortui appellemur. Quod ergo in Luca additur, *Tu autem vade et annuntia regnum Dei,* non sine causa hoc in loco positum est. Notandum ergo in hac sententia quia aliquando in actionibus nostris minora bona prætermittenda sunt pro utilitate majorum. Nam quis ignoret esse boni operis meritum mortuum sepelire, et tamen ei qui ad sepeliendum patrem se dimitti poposcerat, dictum est , *Sine ut mortui sepeliant mortuos suos : tu autem vade, et annuntia regnum Dei.* Postponendum namque erat obsequium hujus ministerii officio prædicationis, quia illo, carne mortuos in terram conderet, isto autem anima mortuos ad vitam resuscitaret. (MAURUS.) Quomodo autem mortui mortuos sepelire queunt, nisi geminam intelligas mortem, unam naturæ, alteram culpæ? unam, qua anima a carne, alteram, qua Deus separatur ab anima? Sive mortuos, non credentes, vel post fidem servientes peccatis, dicit, mortuos suos autem , qui nihilominus sine fide et bonis operibus de corpore exierunt : oportet enim ut qui suis carent peccatis non consentiant alienis : quia non solum qui peccata faciunt, sed et qui consentiunt facientibus, reatum coram justo judice habent (*Rom.* I). Mortuos enim sepelire, peccatores in suis peccatis fovere est, quod illi faciunt *qui justificant impium pro muneribus, et laudant peccatores in desideriis animæ suæ, et iniqua gerentes benedicunt* (*Isa.* V; *Psal.* IX).

Et ascendente eo in naviculam, *secuti sunt eum discipuli ejus.* (*Orig.*) Non imbecilles , sed firmi et stabiles in fide, mansueti, et pii, spernentes mundum, non duplici corde, sed simplici. (*Beda.*) In hac navigatione Dominus utramque, unius ejusdemque suæ personæ , naturam dignatur ostendere, dum is qui, ut homo, dormit in navi, furorem maris, ut Deus, verbo coercet. Porro juxta allegoriam, mare, sive stagnum, quod cum suis transire desiderat, tenebrosus amarusque sæculi accipitur æstus. Navicula autem quam ascendunt nulla melius quam Dominicæ passionis intelligitur arbor , cujus beneficio quique fideles adjuti, emensis mundi fluctibus habitationem patriæ cœlestis, quasi stabilitatem securi littoris, obtinent. Quod autem ipse in unam naviculam cum discipulis Salvator descendit, alibi quid significet aperit, cum prænuntiato suæ passionis resurrectionisque mysterio, mox dicebat ad omnes : *Si quis vult venire post me, abneget semetipsum , et tollat crucem suam quotidie et sequatur me* (*Matth.* XVI).

[V.] *Et ecce motus magnus factus est in mari , ita ut navicula operiretur fluctibus.* (*Orig.*) Cum enim multa magna et miranda ostendisset in terra, transiit ad mare, ut ibidem adhuc excellentiora opera demonstraret, quatenus terræ marisque Dominum se esse cunctis ostenderet. Ingressus ergo naviculam fecit turbari mare , commovit ventos , concitavit fluctus. Cur hoc? Ideo ut discipulos mitteret in timorem et suum auxilium postularent, suamque potentiam rogantibus manifestaret. Illa tempestas non ex se oborta est, sed potestati paruit imperantis ejus, *qui educit ventos de thesauris suis* (*Psal.* CXXXIV), *qui terminum mari arenam constituit ; dixit enim ei : Usque huc venies, et non supergredieris, sed in temetipso confringentur fluctus tui* (*Job* XXXVIII). Hujus ergo jussione et præcepto orta est tempestas in mari propter occasiones superius monstratas : facta est tempestas magna, et non pusilla, ut magnum opus, et non pusillum ostenderetur ; quantoque vehementius fluctus naviculæ irruebant, tanto magis timor discipulorum conturbabatur, ut eo magis desiderarent se ad liberandum mirabilia Salvatoris.

Ipse vero dormiebat. O res mirabilis et stupenda! is qui nunquam obdormit, dormit : ergo dormiebat corpore, sed vigilabat deitate. Dormiebat itaque ut apostolos suscitaret et evigilare faceret, præcipue autem omnes nos, ne unquam animo dormiamus, neve intellectu aut prudentia, sed vigilare in omni tempore, et jubilare Domino, et salutem ab eo postulare studeamus. (*Beda.*) Mystice autem discipulis navigantibus Christus obdormivit, quia calcantibus sæculum fidelibus futuriqae regni quietem animo meditantibus, et, vel secundo sancti Spiritus flatu, vel proprii remigio conatu, infidos mundi fastus certatim post terga jactantibus, tempus subito Dominicæ passionis advenit : unde bene Marcus hoc imminente noctis tempore gestum fuisse perhibet, ut veri solis occubitum non sola Domini dormitio, sed et ipsa decedentis lucis hora significet.

Et accesserunt , et suscitaverunt eum, dicentes , Domine , salva nos , perimus. (*Orig.*) Tanto fuerant metu conterriti, et pene animo alienati, ut irruerent in eum , et non modeste aut leviter suggererent, sed turbulenter suscitarent eum, dicentes : *Domine, salva nos, perimus.* O beati, o veraces Dei discipuli, Dominum Salvatorem vobiscum habetis, et periculum timetis; vita vobiscum est et de morte solliciti estis. Suscitant Dominum discipuli, ne eo dormiente fluctuum feritate pereant : quia cujus mortem viderant, maximis votis resurrectionem quærebant, ne si diutius ipse morte carnis sopiretur, eorum mens spirituali in perpetuum morte periret.

Et ait illis Jesus : Quid timidi estis, modicæ fidei? (*Aug.*) Quod Matthæus dicit dixisse Dominum : *Quid timidi estis, modicæ fidei?* Marcus ita dicit : *Quid timidi estis, necdum habetis fidem?* (*Marc.* IV.) Illam scilicet perfectam, velut granum sinapis. Hoc ergo et ille ait, *modicæ fidei.* Lucas autem : *Ubi est fides vestra?* (*Luc.* VIII.) Et totum quidem dici potuit : *Quid timidi estis, ubi est fides vestra, modicæ fidei?* (*Orig.*) Unde et aliud hic, aliud ille commemorat. Si potentem me super terram cognovistis, quare non creditis quod et in mari potens sum? Si Deum me esse et creatorem omnium suscepistis, quare non creditis quod ea quæ a me facta sunt in mea habeam potestate? Quare ergo dubitas, pusille fidei? Qui pusillum credit, arguitur; et qui nihil credit, contemnitur; fragiles in fide corripiuntur, et alieni omnino a fide puniuntur : tales fuerunt Judæi et pagani, ideoque in malis suis evanuerunt; tales etiam hæretici, ideoque in die judicii damnabuntur. Recte arguuntur qui præsente Christo timebant, cum utique qui ei adhæserit perire non possit. Cui simile est quod post mortis somnum discipulis apparens *exprobravit incredulitatem illorum et duritiam cordis, quia his qui viderant eum resurrexisse, non crediderunt (Marc. xvi).* Itemque dixit ad eos : *O stulti, et tardi corde ad credendum in omnibus quæ locuti sunt prophetæ. Nonne hæc oportuit pati Christum, et ita intrare in gloriam suam? (Luc. xxiv.)* Ac si per metaphoram navigii diceret, Nonne oportuit Christum soporari, undis navem in qua quiescebat hinc inde verrentibus, et ita, sedatis extemplo tumidis gurgitum cumulis, divinitatis suæ cunctis patefacere potentiam?

Tunc surgens imperavit ventis et mari, et facta est tranquillitas magna. (*Orig.*) De magno quoque vento et tempestate magna, mari conturbato et tumenti, facta est magna tranquillitas. Decet enim hunc magnum magna et miranda facere, ideoque paulo ante magna accinctus potentia magnifice conturbavit profundum maris. Et nunc iterum, in eo ipso ostendens suæ magnificentiæ potestatis, tranquillitatem magnam fecit. (*Beda.*) Ventum quippe surgens increpavit. Quia resurrectione celebrata, diaboli superbiam stravit, dum per mortem destruxit eum qui habebat mortis imperium. Tempestatem quoque aquæ surgens cessare fecit, quia vesanam Judæorum rabiem, quæ, caput quatiens, clamaverat : *Si Filius Dei est, descendat nunc de cruce, et credimus ei (Matth. xxvii),* de sepulcro surgendo labefecit. Ubi juxta litteram notandum quod omnes creaturæ sentiant Creatorem. Quibus enim increpatur et imperator, sentiunt imperantem : non errore hæreticorum, qui omnia putant animantia [a]; sed majestate conditoris, quæ apud nos insensibilia, illi sensibilia sunt.

Porro homines mirati sunt, dicentes : Qualis est hic quia venti et mare obediunt ei? (Hieron.) Non discipuli, sed nautæ, et cæteri qui in navi erant mirabantur. Sin autem quis contentiose voluerit eos qui mirabantur fuisse discipulos, respondebimus recte homines appellatos, quia necdum potentiam noverant Salvatoris. Mirabantur dicentes, Qualis est iste qui sicut homo videtur, et sicut Deus potentiam ostendit; sicut unus carnalium putatur esse, et super omnia carnalia ostendit mirabilia : dormit sicut homo, et imperat mari et ventis sicut Deus; in navicula sedet, et omnem creaturam jussione inclinat ubi vult? (*Maurus.*) Sunt qui hanc naviculam quam Jesus cum discipulis suis conscendit, allegorice præsentem Ecclesiam significari volunt, in qua Salvator cum discipulis suis mare istius sæculi transire cupit. Ventos in mare tempestatem facientes, dæmones interpretantur in mundo persecutionem fidelibus excitantes : *ita ut navicula operiretur fluctibus*, quia hoc desiderant Spiritus immundi, hoc homines iniqui, ut Ecclesia, gravibus pressuris superata, mergatur. Sed licet Jesus auxilium ad tempus subtrahendo dormire videatur, precibus tamen honestis suscitatur et malignorum spirituum incitationem compescit, et persecutorum minas mitescere facit; ita ut fiat tranquillitas magna, pace Ecclesiæ suæ reddita, quatenus prospero cursu flante aura Spiritus sancti, ad optatum æternæ quietis portum possit secura pervenire. (*Rab.*) Theologice autem et nos singuli catholica fide instructi, et signo Dominicæ crucis imbuti, dum sæculum relinquere disponimus, navem profecto cum Jesu conscendimus, mare transire conamur. Sed *qui non dormitabit neque obdormiet Israel custodiens (Psal. cxx)* semper, nobis tamen sæpe navigantibus quasi inter æquoris fremitus obdormit, quando crebrescente inter medios virtutum nisus vel immundorum spirituum, vel hominum pravorum, vel ipso nostrarum cogitationum impetu, fidei splendor obtenebrescit, spei celsitudo contabescit, amoris flamma refrigescit. Verum inter hujuscemodi procellas ad illum necesse est gubernatorem curramus, illum sedulo excitemus, qui non serviat sed imperet ventis, mox tempestates compescet, refundet tranquillitatem, portum salutis indulgebit. (*Beda.*) Admiremur et nos, quando benignitates et benevolentias ostendit circa nos, quando a periculis nos salvare dignatur, quando de tumultibus nos liberat, quando ab inimicis eruit nos, miremur et mirantes gratias agamus. Sequitur :

Et cum venisset trans fretum, in regionem Gerasenorum. [VI.] Gerasa urbs insignis Arabiæ, trans Jordanem, juncta monti Galaad, quem tenuit tribus Manasses, non longe a stagno Tiberiadis, in quod porci præcipitati sunt. Significat autem nationes gentium, quas post passionis somnum resurrectionisque suæ gloriam, missis prædicatoribus, Salvator est visitare dignatus. Unde bene Gerasa vel Gergesi, ut quidam volunt, *colonum ejiciens*, vel *advena propinquans* interpretatur : videlicet, insinuans quia gentium populus et eum a quo nequiter incolebatur hostem suis de cordibus ejecerit, et qui erat longe, factus sit prope in sanguine Christi.

Occurrerunt ei duo habentes dæmonia. (*Aug.*) Quod vero Matthæus duos dicit a dæmonum legione curatos, Marcus autem et Lucas unum commemorant, intelligas unum eorum fuisse personæ alicujus clarioris et famosioris, quem regio illa maxime dolebat, et pro cujus salute plurimum satagebat. Hoc volentes significare duo evangelistæ, solum commemorandum judicaverunt, de quo facti hujus fama latius præclariusque flagraverat. (*Beda.*) Sed et allegoriæ summa concordat : quia sicut unus a dæmonio possessus, sic et duo gentilis populi typum non inconvenienter exprimunt. Nam cum tres filios Noe generaverit, unius solum familia in possessionem

---

[a] Addunt quidam mss. *sensibilia esse*; alii e contrario, *insensibilia esse*.

ascita est Dei. Ex duobus reliquis diversarum nationum, quæ idolis manciparentur, procreati sunt populi.

De monumentis exeuntes sævi nimis. (MAURUS.) Hoc est malorum operum fœditatem per corpora sua ostendentes. Quid enim sunt corpora perfidorum, nisi quædam defunctorum sepulcra, in quibus non Dei habitat sermo, sed anima peccatis mortua recluditur?

Ita ut nemo posset transire per illam viam. Ante adventum ergo Salvatoris, prophetis et sanctis doctoribus invia gentilitas fuit, quia sævitia furoris ejus cuiquam eorum obedire recusavit. Sed nec humanis legibus obtemperare volebat. Unde et Marcus dicit quod neque catenis jam quisquam ipsum dæmoniacum poterat ligare, quia sæpe compedibus et catenis vinctus disrupisset catenas, et compedes comminuisset, et nemo poterat eum domare. Catenis et compedibus graves et duræ leges significantur gentium, quibus et in eorum republicis peccata cohibentur. Ruptisque catenis, ut Lucas scribit, agebatur a dæmonio in deserto. Qui etiam transgressis legibus ad ea scelera cupiditate ducebatur, quæ jam vulgarem consuetudinem excederent. (*Aug.*) Nec inconvenienter dici potest, quod duo isti homines qui a dæmonibus vexabantur, figuram gerunt duorum populorum Judæorum et gentium : quia usque ad tempora Dominicæ incarnationis, diabolicis illusi doctrinis, gentes idola colebant pro Deo, et Judæi contemptores et prævaricatores divinæ legis semper exstiterant. Unde factum quod in domo non habitabant, id est in conscientia sua non requiescebant. Quod in monumentis manebant, mortuis operibus, id est peccatis delectabantur. Quid enim sunt corpora perfidorum nisi quædam defunctorum sepulcra, in quibus non Dei habitat sermo, sed anima peccatis mortua recluditur. *Sævi nimis.* Quod enim sævi nimis erant, hoc significatæ, quia tanto deterius in se vel in aliis furebant quanto divinas vel humanas leges, quæ per vincula significatæ, pro nihilo ducebant. *Ita ut nemo transire posset per illam viam.* Juxta tropologiam, via ista Christus est, qui dixit : *Ego sum via, veritas et vita* (*Joan.* XIV), et de qua dicit Jeremias propheta : *State, et videte, et interrogate de semitis antiquis, quæ sit via bona, et ambulate in ea, et invenietis requiem animabus vestris* (*Jer.* VI). In hac via, id est in ipsa fide Salvatoris Jesu Christi Domini nostri, quando adhuc erat incredulus, uterque populus, diabolo in se furente, recte gradientibus, id est recte credentibus, atque eamdem Domini fidem prædicantibus, obsistebant, dum nec ipsi declinando a malo, viam mandatorum Dei, credendo atque rectum opus faciendo, currere festinabant, et eos qui currere nitebantur fidei viam acerrime impugnabant.

Et exclamaverunt dicentes : Quid nobis et tibi, Jesu Fili Dei? Non voluntatis ista confessio est, quam præmium non sequitur confitentis, sed necessitatis extorsio, quæ cogit invitos. Velut si servi fugitivi post multum temporis dominum suum videant, nihil aliud nisi de verberibus deprecantur; sic et dæmones, cernentes Dominum in terris repente versari, ad judicandos se venisse credebant. Præsentia Salvatoris tormenta sunt dæmonum. Ridiculeque putant quidam dæmones scire Filium Dei et diabolum ignorare, eo quod minoris malitiæ sint isti quam ille, cujus satellites sunt : cum omnis scientia ad magistrum referenda sit discipulorum et tam dæmones quam diabolus suspicari magis Filium Dei quam nosse intelligendi sunt. *Nemo enim novit Patrem nisi Filius, et cui Filius voluerit revelare. Quid nobis,* inquiunt, *et tibi, Jesu Fili Dei* : clarum in his verbis quod in eis tantum scientia erat et charitas non erat. Pœnam suam quippe formidabant ab illo, non in illo justitiam diligebant. Tantum ergo eis innotuit, quantum voluit. Tantum autem voluit, quantum oportuit. Sed innotuit non sicut angelis sanctis, qui ejus secundum id quod Dei Verbum est participata æternitate perfruuntur, sed sicut eis terrendis innotescendum fuit, ex quorum tyrannica potestate fuerat liberaturus prædestinatos in suum regnum, et gloriam semper veracem, et veraciter sempiternam. Innotuit ergo dæmonibus non per id quod est vita æterna et lumen incommutabile, quod illuminat pios, cui videndo, per fidem, quæ in illo est, corda mundantur, sed per quædam temporalia suæ virtutis effecta, et occultissimæ signa potentiæ, quæ angelicis sensibus etiam malignorum spirituum potius quam infirmitati hominum possent esse conspicua. Hinc perpendi potest quanta sit Arii vesania Jesum creaturam et non Deum credere; quem Filium Dei altissimi dæmones credunt et contremiscunt; quæ impietas Judæorum ausa est eum dicere in principe dæmoniorum ejecisse dæmonia, quem ipsa dæmonia fatentur nihil secum habere commune; quæ hoc ipsum quod tunc per dæmoniaci clamavere furorem, postmodum in delubris idolorum dicere et confiteri non cessarunt, Jesum videlicet esse Christum Filium Dei altissimi, nec se aliquid cum illo pacis aut potestatis habere.

Venisti ante tempus torquere nos. Sciebat enim diabolus et ministri ejus certam sibi esse damnationem in judicio Dei futuram, cui per Isaiam prophetam dicitur : *Væ qui prædaris, nonne et ipse prædaberis? et qui spernis, nonne et ipse sperneris? cum consummaveris deprædationem deprædaberis* (*Isa.* XXXIII); sed dispensationem divini consilii, quæ incarnatione Christi nobis manifestanda erat, scire non potuit; quia sapientiam Dei, secundum Apostolum, nemo principum hujus sæculi cognovit. *Si enim cognovissent, nunquam Dominum gloriæ crucifixissent* (*I Cor.* II). Potentiam ergo tunc Domini adventus, quam mirabantur, ad suam pertimescebant tendere damnationem. Ideoque, Luca attestante, rogabant eum ne imperaret eis ut in abyssum irent.

Erat autem non longe ab eis grex porcorum multorum pascens, dæmones autem rogabant eum dicentes : Si ejicis nos, mitte nos in gregem porcorum. (*Aug.*)

Ergo sciendum est quod verba dæmonum quæ diverse ab evangelistis hoc in loco dicta sunt, non habent aliquid scrupuli, cum vel ad unam possint redigi sententiam, vel omnia dicta possint intelligi. Nec quia pluraliter apud Matthæum, apud illos autem singulariter loquitur, cum et ipsi narrant quod interrogatus qui vocaretur, legionem se esse respondit, eo quod multa essent dæmonia. Nec quod Marcus dixit circa montem fuisse gregem porcorum, Lucas autem in monte, quidquam repugnat : grex enim porcorum tam magnus fuit, ut aliqui essent in monte, alii qui circa montem. Erant enim duo millia porcorum, sicut Marcus expressit.

Et ait Jesus, Ite. (*Hieron.*) Ideo permisit quod petebant dæmonibus, ut per interfectionem porcorum hominibus salutis occasio præberetur. Erubescat Manichæus : si de eadem substantia et ex eodem auctore hominum bestiarumque sunt animæ, quomodo ob unius hominis salutem duo millia porcorum suffocantur? (*Beda.*) In quorum tamen interitu figuraliter homines immundi vocis et rationis expertes indicantur, qui, in monte superbiæ pascentes, lutulentis oblectantur in actibus. Talibus enim per cultus idolorum possunt dæmonia dominari. Nam nisi quis porci more vixerit, non in eum diabolus accipiet potestatem, aut ad probandum tantum, non autem ad perdendum accipiet.

Et illi exeuntes abierunt in porcos, et ecce magno impetu abiit totus grex per præceps in mare et mortui sunt in aquis. (*Aug.*) Quod autem in stagnum præcipitati sunt porci, significat quod jam clarificata Ecclesia, et liberato populo gentium a dominatione dæmoniorum, in abditis agunt sacrilegos ritus suos, qui Christo credere noluerunt, cæca et profunda curiositate submersi. Et notandum quod spiritus immundi nec in porcos irent, nisi hoc illis benignus ipse Salvator petentibus, quos recte in abyssum posset relegare, concederet : rem necessariam docere nos volens, ut scilicet noverimus eos multo minus posse sua potestate nocere hominibus, qui nec pecoribus qualibuscunque potuerunt. Hanc autem potestatem Deus bonus occulta justitia in nobis dare potest, injusta non potest.

Pastores autem fugerunt, et venientes in civitatem nuntiaverunt omnia, et de his qui dæmonia habuerunt. Quod pastores porcorum fugientes ista nuntiant, significat quosdam etiam primates impiorum, qui quanquam Christianam legem fugiant, potentiam tamen ejus per gentes stupendo et mirando prædicare non cessant. *Et ecce tota civitas exiit obviam Jesu, et viso eo rogabant ut transiret a finibus eorum.* (*Hieron.*) Qui rogant ut transeat fines eorum, non de superbia hoc faciunt, ut nonnulli arbitrantur, sed de humilitate, conscii fragilitatis suæ. Geraseni præsentia se Domini judicabant indignos, non capientes verbum Dei, nec infirma adhuc mente pondus sapientiæ sustinere valentes. Quod et Petro ipsi, viso piscium miraculo, contigisse dicitur (*Luc.* v). Et vidua Sareptana beati Eliæ, cujus se sensit hospitio benedici, nihilominus se putavit præsentia gravari. *Quid mihi et tibi, inquit, vir Dei? ingressus es ad me ut rememorarentur iniquitates meæ et occideres filium meum?* (*III Reg.* xvii.) Mystice autem quod Geraseni prodeunt videre quod factum est, et inveniunt hominem vestitum, et mente sana sedere ad pedes Jesu (ut Lucas dicit), et cognoscentes quid factum sit rogant Jesum ut ab eis discederet magno timore perculsi, significat multitudinem vetustam sua vita delectatam honorare quidem, sed nolle pati Christianam legem, dum dicunt quod eam implere non possunt, admirantes tamen fidelem populum a pristina perdita conversatione sanatum.

CAPUT IX.

Sanat Jesus paralyticum, mulierem a profluvio sanguinis. Vocat Matthæum, suscitat filiam archisynagogi, etc.

[I.] *Et ascendens naviculam transfretavit, et venit in civitatem suam.* Oritur igitur hic quæstio inter Marcum et Matthæum, quomodo Matthæus ita scribit tanquam in civitate Domini factum sit, quam Nazareth esse quidam volunt, Marcus autem in Capharnaum. Quæ difficilius solveretur, si Matthæus etiam Nazareth nominasset. Nunc vero cum potuerit ipsa Galilæa dici civitas Christi, quia in Galilæa erat Nazareth, sicut universum regnum in tot civitatibus constitutum dicitur Romana civitas : cumque in tot gentibus constituta sit civitas de qua scriptum est : *Gloriosissima dicta sunt de te, civitas Dei* (*Psal.* LXXXVI); et cum ipse prior populus Dei in tot civitatibus habitans, etiam una domus dictus sit *domus Israel*, quis dubitaverit in civitate sua hoc fecisse Jesum, cum hoc fecerit in Capharnaum civitate Galilææ, quo tranfretando redierat de regione Gerasenorum, ut veniens in Galilæam, recte diceretur venisse in civitatem suam, in quocunque oppido esset Galilææ, præsertim quia et ipsa Capharnaum ita excellebat in Galilæa, ut tanquam metropolis haberetur.

Et ecce obtulerunt ei paralyticum jacentem in lecto. (*Beda.*) Curatio paralytici hujus animæ post diuturnam illecebræ carnalis inertiam ad Christum suspirantis, salvationem indicat. Quæ primo omnium ministris qui eam sublevent et Christo afferant, id est bonis doctoribus, qui spem sanationis opemque intercessionis suggerant, indiget. Qui bene, Marco narrante, quatuor fuisse reperiuntur, sive quia quatuor Evangeliis omnis prædicantium virtus et omnis sermo firmatur, sive quia quatuor sunt virtutes quibus ad remuerendam sospitatem fiducia mentis erigitur. De quibus in æternæ Sapientiæ laude dicitur : *Sobrietatem enim et sapientiam docet, et justitiam, et virtutem, quibus utilius nihil est in vita hominibus* (*Sap.* viii) ; quas nonnulli, versis nominibus, prudentiam, fortitudinem, temperantiam et justitiam appellant.

Et videns Jesus fidem illorum, dixit paralytico : Confide, fili, remittuntur tibi peccata tua. (*Hieron.*) O mira humilitas! Despectum, et debilem, totisque membrorum compagibus dissolutum, filium vocat, quem sacerdotes non dignabantur attingere. Aut certe ideo filium vocat, quia dimittuntur ei peccata sua. (*Aug.*) Quod ergo Matthæus dicit Deum dixisse : *Confide, fili, remittuntur tibi peccata tua*, Lucas non dixit, *fili*, sed. *homo*, ad sententiam Domini expressius insinuandam valet : quia homini dimittebantur peccata, qui hoc ipso quod homo erat, non posset dicere Non peccavi, simul etiam ut ille qui homini dimittebat intelligeretur Deus. Sed et si quem movet utrum Dominus dixerit quod Matthæus, an quod Lucas, dixit, sciat utrumque illum simul dicere posse, aut, *confide, homo, dimittuntur tibi peccata, fili*; aut, *confide, fili, dimittuntur tibi peccata, homo.* (*Joan. Chrysost.*) Intuendum sane quantum propria cujusque fides apud Deum valeat, ubi tantum valuit aliena, ut totus homo repente, hoc est exterius interiusque, jam salvatus exsurgeret, aliorumque merito aliis relaxarentur errata. Audit veniam et tacet paralyticus, nec ullam respondet gratiam : quia plus corporis quam animæ tendebat ad curam, et temporales ærumnas resoluti corporis sic deflebat, ut æternas pœnas resolutioris animæ non defleret, gratiorem sibi præsentem vitam judicans quam futuram. Merito Christus offerentium fidem respicit, et vecordiam sic jacentis respicit, ut fidei alienæ suffragio paralytici anima ante curaretur quam corpus.

Et ecce quidam de scribis dixerunt intra se : Hic blasphemat. (*Hieron.*) Quod autem dixerint illi esse blasphemiam, Marcus consequenter exponit, dicens : *Quis*, inquiunt, *potest dimittere peccata nisi solus Deus?* Legimus in propheta dicente : *Ego sum qui deleo iniquitates tuas* (*Isa.* XLIII). Consequenter ergo scribæ quia hominem putabant et verba Dei intelligebant, arguunt eum blasphemiæ. Sed, licet nescientes, verum dicebant, quia nemo dimittere peccata, nisi Deus, potest : qui per eos quoque dimittit, quibus dimittendi dedit potestatem. Et ideo Christus vere Deus esse probatur, quia dimittere peccata quasi Deus potest. Verum Deo testimonium reddunt, sed personam Christi negando, falluntur. Errant itaque Judæi qui, cum Christum et Deum esse, et peccata dimittere posse credant, Jesum tamen Christum esse non credunt. Sed multo dementius errant Ariani, qui cum Jesum et Christum esse et peccata posse dimittere, Evangelii verbis devicti, negare non audent, nihilominus Deum negare non timent. At ipse perfidos salvare desiderans, et occultorum cognitione et virtute operum Deum se esse manifestat.

Et cum vidisset Jesus cogitationes eorum, dixit : Utquid cogitatis mala in cordibus vestris? Ostendit se Deum, qui potest cordis occulta cognoscere, et quodammodo tacens loquitur : Eadem majestate et potentia qua cogitationes vestras intueor, possum et hominibus delicta dimittere. Ex vobis intelligite quid paralyticus consequatur.

Quid facilius est dicere, Dimittuntur tibi peccata, aut dicere, Surge et ambula? Inter dicere et facere, multa distantia est. Utrum sint paralytico peccata dimissa solus noverat qui dimittebat. *Surge autem et ambula*, tam is qui surgebat, quam hi qui surgentem videbant, approbare poterant. Fit igitur carnale signum ut probetur spiritale, quanquam ejusdem virtutis sit et corporis et animæ vitia dimittere. Et datur nobis intelligentia propter peccata plerasque evenire corporum debilitates. Et idcirco forsitan prius dimittuntur peccata ut, causis debilitatis ablatis, sanitas restituatur.

(RABANUS.) Quædam siquidem sunt differentiæ causarum, pro quibus in hac vita molestiis corporalibus affligimur. Aut enim ad merita augenda per patientiam justi corporis infirmitate gravantur, ut beati Patres Job et Tobias, et innumeri martyres in utroque Testamento; aut ad custodiam virtutum perceptarum, ne superbia tentante disperæant : sicut apostolo Paulo, cui, ne magnitudine revelationum extolleretur, *datus est stimulus carnis suæ angelus Satanæ qui eum colaphizaret* (*II Cor.* XII); aut ad intelligenda et corrigenda peccata nostra, sicut Maria soror Aaron in eremo ob verba temeritatis et superbiæ lepra percussa est (*Num.* XII) : sicut paralyticus de quo tractamus qui, non nisi dimissis primo peccatis, potuit ab infirmitate curari; aut ad gloriam Dei salvantis sive per seipsum, sive per famulos suos, sicut cæcus natus in Evangelio (*Joan.* IX), qui neque ipse peccavit, neque parentes ejus, sed ut manifestarentur opera Dei in illo : sicut Lazarus, cujus infirmitas non fuit ad mortem, sed pro gloria Dei, ut glorificaretur Filius Dei per eum (*Joan.* XI); aut ad inchoationem damnationis æternæ, quod reproborum est proprium : sicut Antiochus (*II Mach.* IX) et Herodes (*Act.* XII), qui uterque suo tempore adversus Deum repugnantes, quot tormentorum in gehenna perpetuo passuri essent, præsentium afflictionum miseria cunctis ostendebant : quibus convenit illud Prophetæ : *Et duplici contritione contere eos* (*Jer.* XVII).

Unde necesse est in omnibus qui temporaliter adversa patimur, cum humilitate Domino gratias agamus; et infirmitatis nostræ conscii, de collatis nobis remediis gratulemur necesse est, ut ad conscientiam nostram reversi solerter opera nostra simul et cogitationes exploremus, et quidquid nos peccasse deprehendimus digna castigatione purgemus; quidquid de his quæ nos recte fecisse credebamus, vitio nobis elationis perisse comperimus, et hoc humili satisfactione castigemus : hæc enim nobis sæpius fit causa flagellorum. Cæterum innocentes et justos ad augmenta præmiorum flagellari perfectorum est donum speciale virorum : verberibus autem temporalibus ad æterna tormenta compelli, impœnitentium est pœna reproborum.

Ut sciatis autem quoniam filius hominis habet potestatem in terra dimittendi peccata, tunc ait paralytico : Surge, tolle lectum tuum, et vade in domum tuam. (*Beda.*) Si et Deus est juxta Psalmistam, qui *quantum distat oriens ab occasu, elongavit a nobis iniquitates nostras* (*Psal.* CII), et *filius hominis potestatem habet in terra dimittendi veccata* : ergo idem ipse et Deus et filius hominis est; ut et homo Christus per divinitatis suæ potentiam peccata dimittere possit, et idem Deus Christus per humanitatis suæ fragilitatem pro peccatoribus mori. (*Joan. Chr.*) Scrutator animarum prævenit mentium magna consilia. Et deitatis suæ potentiam operis attestatione monstravit, dum dissipati corporis membra componit, nervos stringit, ossa complet, viscera firmat, virtutem et gressus ad cursum suscitat in vivo cadavere jam sepultos. *Tolle*, ait, *lectum tuum* : hoc est, porta portantem, oneris muta vices, ut quod fuit infirmitatis testimonium, sit probatio sanitatis. *Vade in domum tuam* : ne Christiana fide curatus in viis Judaicæ perfidiæ jam moreris.

Spiritaliter autem, surgere de lecto est animam se a carnalibus desideriis, ubi ægra jacebat, abstrahere. Lectum vero tollere, est ipsam quoque carnem, per continentiæ frena correptam, spe cœlestium præmiorum a deliciis segregare terrenis. Sublato autem lecto domum ire, ad paradisum redire est : hæc etenim vera est domus nostra, quæ hominem prima suscepit, non jure amissa, sed fraude, tandem restituta per eum qui fraudulento hosti nihil debuit. Aliter, sanus qui languerat domum reportat lectum, cum anima, remissione accepta peccatorum, ad internam sui custodiam cum ipso se corpore refert, ne quid perversi, unde iterum, juste feriatur, admittat.

Et surrexit, et abiit in domum suam. (*Hieron.*) Et anima paralytica si surrexerit, si robur pristinum recuperaverit, portat lectum suum in quo jacebat ante dissoluta : et portat illum in domum virtutum suarum.

Videntes autem turbæ timuerunt, et glorificaverunt Deum, qui dedit potestatem talem hominibus. (*Beda.*) Quam miranda divinæ potentiæ virtus, ubi nulla temporis interveniente mora, jussu Salvatoris salus festina comitatur! Ideoque merito qui affuerant, damnatis blasphemiæ jaculis, ad laudem tantæ majestatis stupentia corda convertunt.

[II.] *Et cum transiret inde Jesus, vidit hominem sedentem in telonio, Matthæum nomine, et ait illi : Sequere me. Vidit,* inquit, *Jesus hominem sedentem in telonio, Matthæum nomine,* etc. Vidit autem non tam corporei intuitus, quam internæ miserationis aspectibus, quibus et Petrum negantem , ut reatum suum agnosceret, respexit. Vidit ergo hominem, id est, misertus est eum, qui humanis tantum studiis deditus est. *Vidit sedentem in telonio*, pertinaci videlicet studio, temporalibus lucris inhiantem : τέλος enim Græce, Latine *vectigal* interpretatur. *Matthæum*, inquit, *nomine. Matthæus* Hebraice, Latine dicitur *donatus*. Quod profecto nomen illi apte congruit, qui tantum supernæ gratiæ munus accepit. (*Hieron.*) Nec prætereundum quod cæteri evangelistæ, propter verecundiam et honorem Matthæi, noluerunt eum nomine appellare vulgato, sed dixerunt, *Levi* (*Luc.* v); duplici quippe vocabulo fuit. Ipse autem Matthæus, secundum quod a Salomone præcipitur, *justus accusator sui est, in principio sermonis* (*Prov.* xviii) ; et in alio loco : *Dic tu peccata tua, ut justificeris* (*Isa.* xliii). Matthæum se et publicanum nominat, ut ostendat legentibus, nullum debere salutem desperare, si ad meliora conversus sit , cum ipse de publicano in Apostolum sit repente mutatus. (*Beda*.) *Levi* enim interpretatur *additus*, sive *assumptus*. Quod etiam nomen eidem cui datum est, testimonium perhibet. Significat namque quia assumptus est per electionem a Domino, et additus ad numerum gradus apostolici. (*Aug.*) Notandum autem quod hanc vocationem suam Matthæus videtur prætermissam hic recordari. Quia utique ante illum sermonem habitum in monte, credendum est vocatum esse Matthæum. In eo quippe monte tunc Lucas commemorat omnes duodecim ex plurimis discipulis electos, quos et apostolos nominavit.

Et surgens secutus est eum. In Evangelio Lucæ scriptum est plenius : *Et relictis omnibus secutus est eum*. Intelligens ergo Matthæus, quid sit veraciter Deum sequi, relictis omnibus sequitur : sequi enim imitari est. Ideoque ut pauperem Christum non tam gressu quam affectu sequi potuisset, reliquit propria, qui rapere solebat aliena : perfectamque nobis abrenuntiationis sæculi formam tribuens non solum lucra reliquit vectigalium, sed et periculum contempsit quod evenire poterat a principibus sæculi, quia vectigalium rationes imperfectas atque incompositas reliquerit; tanta enim cupiditate sequendi Deum ductus est, ut in nullo prorsus hujus vitæ respectum vel cogitationem sibimet reservaverit. (*Hieron*.) Arguit hoc loco Porphyrius et Julianus Augustus, vel imperitiam historici mentientis, vel stultitiam eorum qui statim secuti sunt Salvatorem, quasi irrationabiliter quemlibet vocantem hominem sint secuti, cum tantæ virtutes tantaque signa præcesserint, quæ apostolos, antequam crediderint, vidisse non dubium est. Certe fulgor ipse et majestas divinitatis occultæ, quæ etiam in humana facie relucebat, ex primo ad se videntes trahere poterat aspectu. Si enim in lapide magnete et succinis hæc esse vis dicitur, ut annulos, et stipulam, et festucas sibi copulent, quanto magis Dominus omnium creaturarum ad se trahere poterat quos volebat. Siquidem ipse Dominus, qui hunc exterius humana allocutione, ut se sequeretur, vocavit, intus divina inspiratione, ut mox vocantem sequeretur, accendit, ipse invisibiliter, quomodo sequendum esset, edocuit. Propter quod ille merito obedientiæ, dum humana contemnens negotia deserit, dominicorum fidelis dispensator factus est talentorum.

Et factum est, discumbente eo in domo, ecce multi publicani et peccatores venientes discumbebant cum Jesu et discipulis ejus. (*Aug.*) Hic Matthæus non expressit in cujus domo discumbebat Jesus, sed scribit evangelista Lucas, quia fecerit ei convivium magnum Levi in domo sua : quod mysteriorum figuris apte congruit. Qui enim domicilio Christum recipit interno, maximis delectationibus exuberantium pascitur voluptatum. Itaque Dominus libenter ingreditur, et in ejus, qui crediderit, recumbit affectu : et hoc est bonorum operum spiritale convivium, quo dives populus eget, pauper epulatur. (*Beda.*) Publicani autem sicut etiam nomine probant, appellantur hi qui vectigalia publica exigunt, sive qui conductores sunt vectigalium, fisci, vel rerum publicarum : nec non et hi qui sæculi hujus lucra per negotia sectantur, eodem vocabulo censentur. (*Hieron.*) Qui viderant publicanum, a peccatis ad meliora conversum, locum invenisse pœnitentiæ, ob id etiam non desperant salutem. (*Beda.*) Neque vero in pristinis vitiis permanentes veniunt ad Jesum, ut Pharisæi et scribæ murmurant, sed pœnitentiam agentes (ut Marcus evangelista hoc loco testatur) dicens : *Erant enim multi qui et sequebantur eum (Marc.* II). [*Hieron.*] Ibat autem Dominus ad convivia peccatorum, ut occasionem haberet docendi, et spiritales invitatoribus suis præberet cibos. Denique cum frequenter pergere ad convivium describatur, nihil refertur aliud nisi quid ibi fecerit, quid docuerit, ut et humilitas Domini eundo ad peccatores, et potentia doctrinæ ejus in conversione pœnitentium, demonstretur.

Et videntes Pharisæi dicebant discipulis ejus : Quare cum publicanis et peccatoribus manducat magister vester? Duplici errore tenebantur Pharisæi cum magistro veritatis de susceptione peccatorum derogabant : quia et se justos arbitrabantur, qui superbiæ fastu a justitia longe discesserant; et eos criminabantur injustos, qui resipiscendo a peccatis, non parum jam justitiæ propinquabant. Invidia namque fraternæ salutis obcæcati, recolebant quia publicanus erat Matthæus, publicani et peccatores erant multi alii qui cum Domino discumbebant. Sed meminisse nolebant quia idem Matthæus, sicut Lucas scribit, *omnibus quæ gerebat relictis secutus est eum.* Sed et alii publicani et peccatores eo animo cum illo discumbebant, quoniam illi deinceps adhærere disponebant. Mystice autem per Matthæi electionem et vocationem publicanorum fides exprimitur gentium, quæ prius mundi lucris inhiabant, at nunc cum Domino epulis charitatis et bonorum operum sedula devotione reficiuntur. Profecto supercilium scribarum et Pharisæorum, Judæorum invidentiam, qua de salute gentium torquentur, insinuat. Quibus ipse loquitur (*Matth.* XXI) : *Amen dico vobis, quia publicani et meretrices præcedent vos in regno Dei.* (*Aug.*) Convivantibus cum Domino publicanis Pharisæi murmurantes de jejunio gloriantur. Ubi primo legis et gratiæ quanta sit distantia declaratur : quia qui legem sequuntur, jejunæ mentis famem patiuntur æternam; qui vero verbum in interioribus animæ receperunt, alimenti cœlestis et fontis ubertate recreati, esurire et sitire non possunt.

Et Jesus audiens ait : Non opus est valentibus medicus, sed male habentibus. (*Hieron.*) Suggillat scribas et Pharisæos qui justos se putantes, peccatorum consortia declinabant. Seipsum medicum dicit, qui miro medicandi genere *vulneratus est propter iniqui-* tates *nostras, et livore ejus sanati sumus (Isa.* LIII). Sanos autem et justos appellat eos qui, *ignorantes Dei justitiam, et suam volentes constituere, justitiæ Dei non sunt subjecti (Rom.* X); qui ex lege præsumentes, gratiam Dei non quærunt. Porro male habentes peccatores vocat eos qui suæ fragilitatis conscientia devicti, nec per legem se justificari posse videntes, Christi gratiæ pœnitendo colla submittunt. Dum vero subjungit : *Euntes autem discite quid est : Misericordiam volo et non sacrificium,* eisdem Pharisæis de falsa justitia tumentibus etiam consilium correctionis ostendit : admonet namque eos ut per opera misericordiæ sibimetipsis supernæ misericordiæ præmia conquirant, et non contemptis pauperum necessitatibus per oblationem sacrificiorum se Deum placare confidant. Præposuit autem eis testimonium de propheta, et hoc illos euntes discere jussit, euntes videlicet a temeritate stultæ vituperationis ad diligentiorem Scripturæ sanctæ meditationem, quæ misericordiam maxime commendat. Unde et suum de misericordia exemplum eis proponit, dicens :

Non enim veni vocare justos, sed peccatores. (MAUR.) Id est : Ad hoc veni non ut falso se justificantes inani favore extollerem, sed ut peccata sua pœnitentes misericorditer colligerem. Movet forte aliquem quomodo Dominus dixerit non se venisse ad justos, sed magis ad peccatores vocandos, cum cunctis legentibus palam constet quod etiam illos quos secundum Mosaicæ legis instituta justos invenit ad evangelicæ prædicationis culmen plurimos vocavit. Si enim solos peccatores, et non etiam justos vocaret, nequaquam Nathanael discipulatus illius consors existeret : quem ad se primo venientem tanta laude dignum putavit ut diceret : *Ecce vere Israelita, in quo dolus non est (Joan.* I). Si non justos vocaret, Petrum et Andream in apostolatus arce non haberet : qui quanto amore justitiæ flagraverint, docuerunt, cum ad testimonium præcursoris continuo Deum videre et audire gavisi sunt. Quomodo ergo venit vocare non justos, sed peccatores, nisi quia (sicut Lucas hæc referens apertius dicit) : *Non veni vocare justos, sed peccatores in pœnitentiam.* Omnes namque electos ad regnum cœleste Deus vocat, sed illos solum ad pœnitentiam vocat, quos peccatis gravioribus involutos invenit. Quos vero in operibus justitiæ reperit, non eos ad pœnitentiam præteritæ conversationis, sed ad profectum magis vitæ perfectioris invitat. Vocat peccatores, ut per pœnitentiam corrigantur; vocat justos, ut magis magisque justificentur. Quamvis et ita recte possit intelligi quod ait : *Non veni vocare justos, sed peccatores,* quia non illos vocaverit qui suam justitiam volentes constituere, justitiæ Dei non sunt subjecti, sed eos potius qui fragilitatis suæ conscii, non erubescunt profiteri quia *in multis offendimus omnes.* Si quos autem et de illis qui fallaciter sunt justi correctos vocat ad veniam, etiam in illis implebitur ejus sermo, quia non venerit vocare justos, sed peccatores, id est non elatos, sed humiles, non de sua justitia inflatos, sed ei, qui justificat impium, devota mente substratos. Nam et tales, ubi convertuntur, nequaquam se justos, sed peccatores, necesse est sincero corde testentur. Sequitur :

[III.] *Tunc accesserunt ad eum discipuli Joannis, dicentes : Quare nos et Pharisæi jejunamus frequenter, discipuli autem tui non jejunant?* Quod Matthæus refert ipsos discipulos Joannis hæc dixisse Salvatori, Marcus et Lucas ita hoc narrant quasi alii aliqui, quos hujus rei cura movisset, hanc ei quæstionem intulerint. Inde colligendum a pluribus hanc Domino objectam esse quæstionem, et a Pharisæis scilicet, et a discipulis Joannis, et a convivis, vel aliis quibuslibet quos hoc movebat, quare discipuli Joannis et Pharisæi jejunarent, discipuli autem Salvatoris non jejunarent. (*Hieron.*) Ubi Joannis maxime reprehendendi discipuli, non solum de sui jactantia jejunii, verum quia calumniabantur quem sciebant a magistro prædicatum, et jungebantur Pharisæis, quos ab eo noverant condemnatos. (*Beda.*) Spiritaliter autem discipuli Joannis et Pharisæorum jejunant, Christi autem edunt et bibunt, quia sive opera quis legis seu traditiones sequatur hominum, sive ipsum etiam Christi præconium aure tantum percipiat corporis, spiritalibus abstinens bonis, jejuno corde tabescit : qui vero Christi membris fideli incorporatur amore non potest jejunare, quia carne ipsius epulatur et sanguine. Aliter Joannes *vinum et siceram non bibit*, Dominus cum publicanis et peccatoribus manducat, et bibit; quia ille abstinentia meritum auget, cui potentia nulla est naturæ; Dominus autem, cui naturaliter suppetebat delicta donare, cur eos declinaret, quos abstinentibus poterat reddere puriores. Sed jejunavit et Christus, ne præceptum declinares; manducavit cum peccatoribus, ut gratiam cerneres, agnosceres potestatem.

Et ait illis Jesus : Nunquid possunt filii sponsi lugere, quandiu cum illis est sponsus? Venient autem dies, cum auferetur ab eis sponsus, et tunc jejunabunt. (*Aug.*) Quod autem dixit Matthæus *lugere*, hoc Marcus et Lucas *jejunare;* quod et ille postea, *tunc jejunabunt*, ait, non autem, tunc lugebunt. Verum illo verbo significavit de tali jejunio Dominum locutum, quod pertinet ad humilitatem tribulationis; ut illud alterum, quod pertinet ad gaudium animæ in spiritalia suspensæ, atque ob hoc alienatæ quodammodo a corporalibus cibis, posterioribus similitudinibus Dominus significasse intelligatur de panno novo et vino novo, id ostendens quod animalibus atque carnalibus circa corpus occupatis, et ob hoc veterem adhuc sensum trahentibus, hoc genus jejunii congruat. (*Hieron.*) Sponsus ergo Christus, sponsa Ecclesia est. De quo sancto spiritalique connubio apostoli sunt creati : qui non possunt lugere atque jejunare quandiu sponsum in thalamo vident, et sciunt sponsum esse cum sponsa. Quando vero transierint nuptiæ, ac passionis ac resurrectionis tempus advenerit, tunc sponsi filii jejunabunt. (*Beda.*) Notandum vero hunc luctum absentiæ sponsi, non nunc tantum, id est post mortem resurrectionemque sponsi ejusdem, sed et ante incarnationem illius per totum hujus sæculi tempus esse celebratum. Prima quippe tempora Ecclesiæ ante Virginis partum sanctos habuere, qui desiderarent incarnationis adventum : ista vero tempora, ex quo ascendit in cœlum, sanctos habent, qui desiderent ejus manifestationem ad vivos et mortuos judicandos. Neque hic desiderabilis Ecclesiæ luctus requievit aliquando, nisi quandiu hic cum discipulis in carne versatus est. Juxta leges autem tropologiæ sciendum quod quandiu sponsus nobiscum est, et in lætitia sumus, nec jejunare possumus, nec lugere. Cum autem ille propter peccata a nobis recesserit et avolaverit, tunc indicendum jejunium, tunc recipiendus est luctus.

Nemo autem immittit commissuram panni rudis in vestimentum vetus. Tollit enim plenitudinem ejus a vestimento, et pejor scissura fit. Cum interrogatus esset Dominus cur discipuli ejus non jejunarent, respondit carnales adhuc quosque et necdum passionis resurrectionisque suæ fide solidatos, non posse severiora jejunia et continentiæ sustinere præcepta, ne per austeritatem nimiam, etiam credulitatem, quam habere videbantur, amitterent; ipsos ergo adhuc discipulos tanquam vetera vestimenta dicit (*Aug.*) : quibus inconvenienter novus assuitur, id est aliqua particula doctrinæ, quæ ad novæ vitæ temperantiam pertinet; quia si hoc fiat, ipsa doctrina quodammodo scinditur : cujus particula quæ ad jejunium ciborum valet inopportune traditur, cum illa doceat generale jejunium non a concupiscentia ciborum tantum, sed ab omni lætitia temporalium delectationum, cujus quasi pannum, id est partem aliquam, quæ ad cibos pertinet, dicit non oportere hominibus adhuc veteri consuetudini deditis impertiri, quia et illinc quasi conscissio videtur fieri, et ipsi vetustati non convenit.

Neque mittunt vinum novum in utres veteres, alioquin rumpuntur utres, et vinum effunditur, et utres pereunt : sed vinum novum in utres novos mittunt, et ambo conservantur. Eosdem quoque veteribus comparat utribus, quos vino novo, id est spiritalibus præceptis, facilius disrumpi quam id posse continere dicit. Erant autem jam utres novi, cum post ascensum Domini desiderio consolationis ejus orando et sperando innovantur. Tunc enim acceperunt Spiritum sanctum, quo impleti cum linguis omnibus loquerentur, a Judæis nescientibus, sed tamen vere attestantibus, dictum est quia *musto pleni sunt isti*. Novum enim vinum jam novis utribus venerat, hoc est, Spiritus sanctus fervor spiritalium corda repleverat. (*Hieron.*) Potest et aliter hujus sententiæ allegoria intelligi. Duo autem exempla Salvator posuit : vestimenti et utrium veterum et novorum ; veteres debemus intelligere scribas et Pharisæos; pannum Novi Testamenti, et vinum novum præcepta evangelica sentienda, quæ non possunt sustinere Judæi, ne major scissura fiat. Tale quid et Galatæ facere cupiebant, ut cum Evangelio legis præcepta miscerent, et in utribus veteribus vinum novum mitterent. Sed Apostolus ad eos loquitur (*Gal.* III) : *O insensati Galatæ! quis vos fascinavit veritati non obedire?* Sermo igitur evangelicus apostolis potius quam scribis et Pharisæis est infundendus, qui majorum traditionibus depravati, sinceritatem præceptorum Christi non poterant custodire. Alia est enim puritas virginalis animæ, et nulla prioris vitii contagione pollutæ, aliæ sordes quæ multorum libidinibus subjacuerunt. (*Aug.*) Cavendum ergo doctori est ne animæ nondum renovatæ, sed in vetustate malitiæ perduranti novorum mysteriorum secreta committat. Quod si quærit aliquis quid inter vinum novum mystice et vestimentum distet novum, facile patet quia vino intus reficimur et inebriamur, vestimento autem forinsecus induimur. Cum vero utrumque ad significantiam vitæ pertinet spiritalis, vestimentum profecto opera nostra bona quæ foris agimus, et quibus coram hominibus lucemus, insinuat; vino autem novo fervor fidei, spei et charitatis, quo in conspectu nostri conditoris in novitate sensus nostri intus ipsi reformamur, exprimitur. Sequitur Matthæus, ordinem temporum servans, et dicit :

[IV.] *Hæc illo ad eos loquente, ecce princeps unus accessit, et adorabat eum, dicens : Domine, filia mea modo defuncta est; sed veni, impone manum tuam super eam, et vivet.* (*Aug.*) Hunc ergo principem Marcus (*Marc.* V) et Lucas (*Luc.* VIII) dicunt fuisse archisynagogum, et nomine Jairum, procidentem ad pedes Jesu, et deprecantem pro sanitate filiæ suæ. Quod vero Matthæus archisynagogum non morituram, vel morientem, vel in extremo positam, filiam suam narrat Domino nuntiasse, sed omnino defunctam; illi autem duo, morti jam proximam, nondum tamen mortuam, considerandum est, ne repugnare videatur, et intelligendum brevitatis causa Matthæum hoc potius dicere voluisse, rogatum esse Jesum ut faceret quod cum fecisse manifestum est, ut scilicet mortuam suscitaret : attendit enim non verba patris de filia sua, sed, quod est potissimum, voluntatem; et talia verba posuit, qualis voluntas erat. Ita enim desperaverat, ut potius eam vellet reviviscere, non credens vivam posse inveniri, quam morientem reliquerat. Duo itaque posuerunt quid dixerit Jairus, Matthæus autem quid voluerit. Utrumque ergo petitum est a Domino, ut vel morientem salvam faceret, vel mortuam suscitaret : sed cum instituisset Matthæus totum breviter dicere, hoc insinuavit patrem rogantem dixisse quod et ipsum certum est voluisse et Christum fecisse. Mystice autem in hac lectione, ubi archisynagogus salvare filiam suam petit, sed pergente ad domum ejus Domino, præoccupat hæmorrhoissa mulier, et præripit sanitatem; ac deinde filia archisynagogi ad optatam pervenit sanitatem, imo de morte revocata est ad vitam, salus ostenditur generis humani : quæ Domino in carne veniente ita dispensata est, ut primo aliqui ex Israel ad fidem venerint, deinde *plenitudo gentium* intraret, *ac sic omnis Israel salvus fieret.* Quis ergo archisynagogus iste, qui ad Dominum pro filia rogaturus advenit, melius quam ipse Moses intelligitur? Unde bene Jairus, id est *illuminans* sive *illuminatus,* vocatur. Qui accepit verba vitæ dare nobis, et per hæc cæteros illuminat, et ipse a Spiritu sancto quomodo vitalia et spiritalia docere posset, illuminatus est; qui videns Jesum, secundum alium evangelistam, procidit ad pedes ejus : quia prævidens in spiritu venturum in carne Deum, humili corde se ejus potentiæ subdidit. Quem ita circa finem sæculi hominem incarnandum esse cognovit, ut æternum ante omne sæculum Deum existere non dubitaret. Si enim caput Christi Deus, pedes ejus quid aptius quam assumpta humanitas, qua terram nostræ mortalitatis tetigit, accipiendi sunt? Et procidere archi synagogum ad pedes Jesu, est legislatorem cum tota progenie patrum mediatorem Dei et hominum longe sibi dignitatis gloria præferendum esse cognoscere, et confiteri cum Apostolo (*I Cor.* I), quia *quod infirmum est Dei, fortius est hominibus.* (MAUR.) Quid autem archisynagogus ille adorans Dominum, petierit audiamus : *Filia,* inquit, *mea modo defuncta est, sed veni, impone manum tuam super eam, et vivet.* Filia ergo archisynagogi ipsa est Synagoga, quæ sola legali institutione composita, quasi unica Moysi nata erat. Unde et in Evangelio Lucæ ita scriptum est, *quia filia unica erat illi fere annorum duodecim, et hæc moriebatur.* Quam modo defunctam pater ipse conqueritur : quia post nobilem educationem legislatoris et instructionem prophetarum, postquam ad intelligibiles animos pervenerat, postquam spiritalem Deo sobolem generare debebat, variorum errorum languore consternata, subito peccatorum morte exstincta est; sed veniens Redemptor noster, quam mortuam invenit, dextera suæ potentiæ cito ad vitam revocavit. Nota quod princeps iste dixit : *Veni, impone manum tuam super eam, et vivet;* centurio autem ait : *Domine, tantum dic verbo, et sanabitur puer meus.*

Et surgens Jesus sequebatur eum, et discipuli ejus. Quia prope est timentibus Deum salutare ipsius (*Psal.* LXXXIV), nec obliviscitur voces quærentium se. Ubi enim adventus Jesu cum doctoribus suis propinquat, statim ibi mortis exitus et vitæ patet introitus.

[V.] *Et ecce mulier quæ sanguinis fluxum patiebatur duodecim annis, accessit retro et tetigit fimbriam vestimenti ejus.* (*Beda.*) Mulier sanguine fluens, sed a Domino curata, Ecclesia est congregata de gentibus; quæ ingenito carnalium delectationum polluta fluxu, atque a cœtu jam fuerat segregata fidelium : sed dum verbum Dei Judæam salvare cerneret, illa paratam jam promissamque aliis præripuit spe certa salutem. Notandum quod et archisynagogi duodennis sit filia, et mulier hæc ab annis duodecim sanguine fluxerit, hoc est, eodem, quo hæc nata sit tempore, illa cœperit infirmari : una enim pene eademque sæculi hujus ætate et Synagoga in patriarchis nasci, et gentium exterarum natio per orbem cœpit idololatriæ sanie fœdari. Nam et fluxus sanguinis bifariam, hoc est, et super idololatriæ pollutione, et super his quæ carnis ac sanguinis delectatione geruntur, potest recte intelligi. Ergo quandiu Synagoga viguit, laboravit Ecclesia : defectus illius hujus est virtus, quia illorum delicto salus facta est gentibus. (MAUR.) Nec sine mysterio quod filia prius rogatur, et tamen hæmorrhoissa prius sanatur ; quia licet patriarchæ et prophetæ salutem Hebræorum ante postulaverint, magna tamen fides gentium prius salutis donum impetravit. (*Hieron*.) Filia autem principis in civitate legis moriens, et in domo in qua unius Dei cultus ac confessio fuit ab eodem Domino resuscitatur. Hæc autem mulier sanguine fluens, non in domo, non in urbe accedit ad Dominum, quia juxta legem urbibus excludebatur, sed in itinere, ambulante Deo, ut dum pergit ad aliam alia curaretur. Unde dicunt et apostoli : *Vobis quidem oportebat prædicari verbum Dei ; sed quoniam indignos vos judicastis salute, transgredimur ad gentes* (*Act*. XIII). Nec prætereundum quod Marcus Lucasque dicunt hanc eamdem mulierem in medicos erogare substantiam suam, nec ab ullo posse curari. Medicos sive falsos intelligimus theologos, sive philosophos legumque doctores sæcularium, qui multa de virtutibus vitiisque subtilissime disputantes, utilia vivendi credendique instituta se mortalibus dare promittebant : seu certe ipsos spiritus immundos, qui velut hominibus consulendo sese pro Deo colendos ingerebant ; quibus certatim audiendis gentilitas quanto magis naturalis industriæ vires extenderat, tanto minus potuit ab iniquitatis suæ sorde purgari. Sed hæc ubi populum Judæorum ægrotasse, verumque de cœlo cognovit adesse medicum, cœpit et ipsa languoris sui sperare, pariter et inquirere remedium. Accedit, et Dominum tangit Ecclesia de gentibus, quæ ei per fidei veritatem appropinquat. Accedit autem retro, sive juxta id quod ipse ait : *Si quis mihi ministrat, me sequatur* (*Joan*. XII). Et alibi præcipitur : *Post Dominum Deum tuum ambulabis ;* sive quia præsentem in carne Deum non videns, peractis temporariæ dispensationis sacramentis, jam per fidem cœpit ejus vestigia subsequi. Tangit autem fimbriam vestimenti, et undam restringit sanguinis, quia beatus et vere mandandus, qui vel extremam verbi partem fidei manu tetigit : nam rarus valde, qui ejus vel in pectore recumbere, vel caput mereatur pistica nardo perungere ; cum et ille magnus fuerit qui se indignum dicebat ejus calceamenta portare : magna et illa quæ ungere pedes ejus et capillis suis tergere promeruit.

Dicebat enim intra se : Si tetigero tantum vestimentum ejus, salva ero. (MAUR.) Hæc locutio mentis interna fuit, et ex radice fidei processit, et ideo recte salutem promeruit, quia *corde creditur ad justitiam, ore autem confessio fit* (*Rom*. X) ; et : *Omnis qui invocaverit nomen Domini, salvus erit* (*Ibid*.). Dixit enim : *Si tetigero tantum vestimentum ejus, salva ero,* si fidem percepero incarnationis ejus, ab omni iniquitate peccatorum meorum mundabor. Credidit, dixit, tetigit. (*Hieron*.) In his enim tribus speciebus sanitas omnis promeretur, id est in fide, verbo et opere. Juxta legem (*Levit*. XV) qui mulierem menstruatam aut fluentem sanguine tetigerit, immundus est ; ista ideo tangit Dominum ut sanguinis vitio etiam ipsa curetur.

Et Jesus conversus, et videns eam dixit : Confide, filia, fides tua te salvam fecit. (MAUR.) Conversus a severitate justi judicii ad misericordiæ suæ largitatem, ut ex vasis iræ faceret vasa misericordiæ, et fieret quod ipse promisit per prophetam, dicens : *Convertimini ad me, et ego convertar ad vos, ait Dominus* (*Zach*. III). Videns eam dixit (*quia quos præscivit et prædestinavit, hos et vocavit* [*Rom*. VIII]) : *Confide, filia*. Quid est quod eam confidere jussit ? quia si fidem non haberet, salutem ab eo non quæreret ; sed robur et perseverantiam fidei ab ea postulavit, ut ad certam et veram perveniat salutem : quia *qui perseveraverit in finem, hic salvus erit*. (*Hieron*.) *Confide,* ait, *filia, quia fides tua te salvam fecit*. Ideo *filia, quia fides tua salvam te fecit*. Nec dixit : Quia fides tua salvam te factura est, sed *salvam fecit*. In eo enim, quod credidisti, jam salva facta es.

Et salva facta est mulier ex illa hora. (MAUR.) Ex hora ergo Dominici adventus hæc mulier sanitatem cœpit habere, et quotidie in his qui de infidelitate ad fidem convertuntur, salvantur, quotidie Domino augente, qui salvi fiant in id ipsum.

Et cum venisset Jesus in domum principis, et vidisset tibicines, et turbam tumultuantem, dicebat : Recedite. (*Hieron*.) Usque hodie puella jacet in domo principis mortua, et qui videntur magistri, tibicines sunt, carmen lugubre canentes. Turba quoque Judæorum non est turba credentium, sed turba tumultuantium. Quia vero Synagoga lætitiam hanc Dominicæ inhabitationis merito infidelitatis amisit, quasi inter flentes et ejulantes mortua jacet. Nec tamen superna pietas funditus eam interire patitur : quin potius circa finem sæculi reliquias ejus secundum electionem gratiæ saluti et vitæ restituet. Unde apte subjungitur :

Non est enim mortua puella, sed dormit. (*Beda*.) Hominibus mortua, qui suscitare nequiverant, Deo dormiebat. In cujus dispositione et anima recepta vivebat, et caro resuscitanda quiescebat. Unde mos Christianus obtinuit ut mortui, qui resurrecturi esse non dubitantur, dormientes vocentur, sicut Apostolus : *Nolumus,* inquit, *vos ignorare, fratres, de dormientibus, ut non contristemini, sicut et cæteri, qui spem non habent* (*I Thess*. IV). Sed et in parte allegoriæ, cum *anima quæ peccaverit ipsa morietur* (*Ezech*. XVIII), tamen ea quam Dominus resuscitandam atque ad vitam æternam prævidit esse futuram, nobis quidem mortua fuisse, sed ei obdormisse dici non incongrue potest. (MAUR.) Sed quia perfidiæ proprium est, non assensum præbere veritati, sed repugnare, blasphemam qualitatem mentis Judæorum evangelista ostendit, dicens :

Et deridebant eum. Hæc irrisio levitatem et puerilitatem sensus, et lasciviam morum, et perfidiam animi Judæorum demonstrat, de quibus scriptum est : *Tentaverunt me, et deriserunt, striderunt in me dentibus suis* (*Psal.* xxxiv).

Et cum ejecta esset turba, intravit. Quia verbum resuscitantis irridere quam credere malebant, merito foras excluduntur, ut pote indigni qui potentiam resuscitantis ac resurgentis mysterium viderent. Non erant digni ut viderent mysterium resurgentis, qui resuscitantem indignis contumeliis deridebant. Item moraliter foras turba ejicitur ut puella suscitetur : quia si non prius a secretioribus cordis expellatur importuna sæcularium multitudo curarum, anima, quæ intrinsecus jacet mortua, non resurget; nam dum se per innumeras terrenorum desideriorum cogitationes spargit, ad considerationem sui nullatenus sese colligit. Nec prætereundum arbitror, quod ejecta turba, secundum Lucæ Evangelium, neminem secum Salvator in domum permisit intrare, nisi Petrum, Jacobum et Joannem, et patrem et matrem puellæ, ut in hoc demonstraret non blasphemis revelanda esse divina mysteria, sed fidelibus, non irrisoribus, sed doctoribus, qui potentiam divini operis honorandam esse scirent, non irridendam, ut fieret quod alibi ipse Salvator ait : *Justificata est sapientia a filiis suis* (*Matth.* xi). Quibus post resurrectionem suam ipse dixit : *Eritis mihi testes in Hierusalem, et in omni Judæa, et Samaria, et usque ad ultimum terræ* (*Act.* i). Quid autem Salvator fecerit postquam intraverit, audiamus, nam sequitur :

Et tenuit manum ejus, et surrexit puella. (*Hieron.*) Tenens ergo manum puellæ sanavit eam, quia nisi prius mundatæ fuerint manus Judæorum, quæ sanguine plenæ sunt, Synagoga eorum mortua non consurget. (*Beda.*) Est etiam forma sapientiæ, in viduæ filio cito Ecclesiam credituram, in archisynagogi filia credituros quidem Judæos, sed ex pluribus pauciores. Bene surrexit, et ambulabat : quemcunque enim peccatis mortuum supernæ manus miserationis resuscitatura tetigerit, non solum a sordibus et veterno scelere exsurgere, sed et in bonis continuo proficere debet operibus, videlicet juxta Psalmistam : *Ingrediens sine macula, et opera exercens justitiæ* (*Psal.* xiv).

Et exiit fama hæc in universam terram illam. (MAUR.) Quia *cœli enarrant gloriam Dei, et opera manuum ejus annuntiat firmamentum, in omnem terram exivit sonus eorum, et in fines orbis terræ verba eorum* (*Psal.* xviii). Nam juxta moralem intellectum tres illi mortui, quos Salvator in corporibus suscitavit, tria genera resurrectionis animarum significant. Et nunc plenius edisseremus quæ in superiore libro paucis prælibavimus. Siquidem nonnulli consensum malæ delectationi præbendo, latente tantum cogitatione, peccatis sibi mortem consciscunt ; sed tales se vivificare significans Salvator resuscitavit filiam archisynagogi nondum foras elatam, sed in domo mortuam, quasi vitium secreto in corde tegentem. Alii non solum noxiæ delectationi consentiendo, sed et ipsum malum quo delectantur implendo, mortuum suum quasi extra portas efferunt, et hos se, si pœniteant, resuscitare demonstrans, suscitavit juvenem filium viduæ extra portas civitatis elatum. Et *reddidit matri suæ* (*Luc.* vii), quia resipiscentem a peccati tenebris animam unitati restituit Ecclesiæ. Quidam vero non solum cogitando vel faciendo illicita, sed et ipsa peccandi consuetudine se quasi sepeliendo corrumpunt ; verum nec ad hos erigendos minor fit virtus et gratia Salvatoris, si tamen adsint cogitationes sollicitæ, quæ super eorum salute, velut devotæ Christo sorores, invigilant. Nam ad hoc intimandum resuscitavit Lazarum, quatuor dies in monumento habentem, et sorore attestante jam fetentem ; quia nimirum pessima noxios actus solet fama comitari. Notandum autem quod quanto gravior animæ mors ingruerit, tanto acrior necesse est, ut resurgere mereatur, pœnitentis fervor insistat : nam leviores et quotidiani erratus levioris pœnitentiæ possunt remedio curari. Quod occulte volens ostendere Dominus, jacentem in conclavi mortuam facillima ac brevissima voce resuscitat, dicens : *Puella, surge ;* quam etiam ob facilitatem resuscitandi jam mortuam fuisse negaverat. Delatum autem foras juvenem mortuum, pluribus, ut reviviscere debeat, dictis corroborat, cum ait : *Juvenis, tibi dico, surge.* Quatriduanus vero mortuus, ut longa prementis sepulcri claustra evadere posset, fremuit spiritu Jesus, turbavit seipsum, lacrymas fudit, rursum fremuit, ac voce magna clamavit, *Lazare, veni foras* (*Joan.* xi) : et sic tandem, qui erat desperatus, discusso tenebrarum pondere, vitæ est lucique redditus. Sed et hoc notandum quod quia publica noxa publico eget remedio, levia autem peccata leviori et secreta queunt pœnitentia deleri : puella in domo jacens paucis arbitris exsurgit, eisdemque vehementer, ut nemini manifestent, præcipitur ; juvenis extra portam, turba multa comitante atque intuente, suscitatur (*Matth.* xxi) ; Lazarus de monumento vocatus in tantum populis innotuit, ut, ob eorum qui videre testimonium, plurimæ Domino turbæ cum palmis occurrerent, et multi propter illum abirent ex Judæis et crederent in Jesum ; quartum vero mortuum, nuntiante discipulo, Dominus audivit, sed quia qui pro ejus excitatione precarentur vivi defuerant : *Dimitte,* inquit, *ut mortui sepeliant mortuos suos* (*Matth.* viii), id est, mali malos noxiis laudibus gravent : et quia non adest justus qui corripiat in misericordia, *oleum peccatoris impinguet caput eorum* (*Psal.* cxl).

Et transeunte inde Jesu, secuti sunt eum duo cœci, clamantes, et dicentes : Miserere nostri, fili David ; cum autem venisset domum, accesserunt ad eum cœci. Transeunte per domum principis Domino Jesu, et pergente ad domum suam, sicut supra legimus : *Ascendens naviculam transfretavit, et venit in civita-*

tem suam, clamabant duo cæci, dicentes : *Miserere nostri, fili David;* et tamen non sanati sunt in itinere, non transitorie, ut putant ; sed postquam venit domum suam, accedunt ad eum et introeunt. Domus ergo principis, sicut supra ostendimus, Synagoga est Judæorum subdita Moysi, Domus Jesu coelestis est Hierusalem. Duo cæci duo populi sunt, observatione litteræ, et ritu gentili seu sectis philosophorum obcæcati : quia ignari et inscii fuerunt de futuris et invisibilibus, donec Scripturarum viam et vestigia Salvatoris consequi meruerunt. Domino ergo per hoc sæculum transeunte, et cupiente reverti in domum suam, secuti sunt eum duo cæci : quia, prædicato Evangelio per apostolos, multi ex Judæis, multi ex gentibus cœperunt sequi Redemptorem, postulantes ab eo ut luce veræ scientiæ illuminarentur. Sed postquam Salvator, peracto passionis ac resurrectionis suæ mysterio, in cœlum conscenderat, intraverunt in domum cæci, id est, in unius fidei confessionem, quæ est videlicet in catholica Ecclesia, ibique a Salvatore veraciter illuminati sunt. (*Hieron.*) Quid autem ipsi cæci clamantes dixerint Salvatori, attendamus : *Fili,* inquiunt, *David, miserere nostri.* Misericordiam petebant, qui lumine indigebant. Eisque veraciter miseretur, quibus lumen fidei et bonorum operum tribuitur. Quod autem dicunt cæci, *fili David,* audiant Marcion, et Manichæus, et cæteri hæretici, qui Vetus laniant Instrumentum, et discant Salvatorem appellari filium David; si enim non est natus in carne, quomodo filius David vocatur ?

Et dixit eis Jesus, Creditis quia possum hoc facere vobis? (Maur.) Fidem eorum ipse noscens interrogat, ut fidem confessio promat, et confessionem virtus consequatur salusque virtutem comitetur; quia, ut Apostolus ait : *Corde creditur ad justitiam, ore autem confessio fit ad salutem* (Rom. x).

Dicunt ei, Utique, Domine. Tunc tetigit oculos eorum, dicens, *Secundum fidem vestram fiat vobis.* Per *utique* foris affirmant quod intus corde credere gestant. Et ideo firma professio tactum meruit divinæ pietatis. *Secundum,* inquit, *fidem vestram fiat vobis,* hoc est, quia fides jam mentem illuminat, oculorum lucem ipsa vobis restituat.

Et aperti sunt oculi eorum. Quia secundum prophetæ sententiam, Omnis qui crediderit in illum, non confundetur. Quia ipse est *lux vera quæ illuminat omnem hominem venientem in hunc mundum* (Joan. 1).

Et comminatus est eis Jesus dicens : Videte ne quis sciat. Illi autem abeuntes diffamaverunt eum in tota terra illa. (*Hieron.*) Et Dominus propter humilitatem fugiens jactantiæ gloriam, hoc præceperat; et illi, propter memoriam gratiæ, non possunt tacere beneficium. Nota ergo aliquod inter se justum [*Al.,* jussum] esse contrarium.

Egressis autem illis obtulerunt ei hominem mutum dæmonium habentem, et ejecto dæmonio locutus est mutus. (Maur.) Homo iste gentilem populum significat, qui mutus erat, quia confessionem veræ fidei in ore non habebat. Nec non et surdus, quia audire legem Dei non consentiebat. Quod enim Græce dicitur κωφὸς magis tritum est sermone communi, ut *surdus* magis quam *mutus* intelligatur. Sed mos est Scripturarum indifferenter κωφὸν, vel *mutum,* vel *surdum* dicere. Hic ergo homo dæmonium habebat, qui idololatriæ per omnia datus erat. Cum ergo per prædicatores sancti Evangelii ad Salvatorem perducebatur, ablato errore gentilitatis, confessionem nominis Dei clarius resonare incipiebat.

Et miratæ sunt turbæ dicentes : Nunquam sic apparuit in Israel ; Pharisæi autem dicebant : In principe dæmoniorum ejicit dæmones. (*Hieron.*) Turba opera Dei confitetur, et dicit nunquam sic apparuisse in Israel : in turba nationum confessio est. Pharisæi autem, quia negare virtutem Dei non poterant, opera calumniantur, et dicunt : *In principe dæmoniorum hic ejicit dæmonia :* per suam calumniam usque hodie Judæorum infidelitatem demonstrant. Hoc de duobus cæcis et de muto dæmonio solus Matthæus ponit : illi enim duo cæci de quibus et alii narrant, non sunt isti, sed tamen simile factum est; ita ut si ipse Matthæus non etiam illius facti meminisset, posset putari hoc quod nunc narrat dictum fuisse etiam ab aliis duobus. Quod commendare memoriæ diligenter debemus esse quædam facta similia; quod probatur, cum idem evangelista utrumque commemorat, ut si quando talia singula apud singulos invenerimus, atque in eis contrarium, quod solvi non possit, occurrat, nobis non hoc esse factum, sed aliud simile vel similiter factum.

Et circumibat Jesus omnes civitates et castella, docens in synagogis eorum, et prædicans Evangelium regni, et curans omnem languorem et omnem infirmitatem. (*Hieron.*) Cernis quod æqualiter et villis, et urbibus, et castellis, id est, et magnis, et parvis Evangelium prædicaverit, ut non consideraret nobilium potentiam, sed salutem credentium. *Circumibat civitates* hoc habens operis quod mandaverat Pater et hanc esuriem, ut doctrina sua salvos faceret infideles. Docebat in synagogis et in villis Evangelium regni, et post prædicationem atque doctrinam curabat omnem languorem et omnem infirmitatem, ut quibus sermo non suaserat, opera persuaderent. De Domino proprie dicitur, *curans omnem languorem et omnem infirmitatem.* Nil quippe ei impossibile est.

Videns autem turbas, misertus est eis, quia erant vexati, et jacentes sicut oves non habentes pastorem. (Maur.) Vidit ergo Jesus humanum genus clementiæ suæ pio intuitu, et misertus est ei, quia erat per varios errores, diabolo ducente, valde vexatum, nec habebat pastores qui illud in viam veritatis dirigerent. Ac ideo ipse constituit ei pastores et rectores, id est, apostolos et successores eorum. Nam et semper necesse est ut oves Christi pastores et doctores habeant. Quia *diabolus velut rugiens leo circumit, semper quærens quem devoret* (I Petr. IV.); nam quandocunque evenit vexatio gregis, et ovium atque turbarum, pastorum est culpa et vitium magistrorum qui eis succurrere debuerant. Unde sequitur:

Tunc dicit discipulis suis : Messis quidem multa, operarii autem pauci. Rogate ergo Dominum messis, ut ejiciat operarios in messem suam. Messis quidem multa populorum significat multitudinem ; operarii pauci, penuriam magistrorum. Et imperat ut rogent Dominum messis, ut ejiciat operarios in messem suam. Isti sunt operarii de quibus Psalmista loquitur. *Qui seminant in lacrymis, in gaudio et metent. Euntes ibant et flebant, spargentes semina sua : venientes autem venient in exsultatione, portantes manipulos suos* (Psal. xxv). Et ut apertius loquar : *Messis multa* omnis turba credentium est ; *operarii pauci*, apostoli, et imitatores eorum, qui mittuntur ad messem.

CAPUT X.
Duodecim apostolos præmittit, cum potestate sanandi omnem languorem, et omni doctrina, et quod non venerit pacem mittere, sed gladium, etc.

[I.] *Et convocatis duodecim discipulis suis dedit illis potestatem spirituum immundorum, ut ejicerent eos, et curarent omnem languorem et omnem infirmitatem.* (Beda.) Hæc convocatio apostolorum non illorum electionis ac studii, sed divinæ erat dignationis ac gratiæ, ut in apostolatum vocarentur: unde et eis alibi dicit : *Non vos me elegistis, sed ego elegi vos* (Joan. xv) ; fecitque ut essent duodecim numero, certi utique gratia mysterii : ut videlicet mundi salutem, quam verbo prædicarent, suo quoque numero commendarent; ter etenim quaterni duodecim faciunt, et ter quaterni ad prædicandum sunt missi apostoli *ut per universas quadrati orbis plagas baptizarent gentes in nomine Patris, et Filii, et Spiritus sancti* (Matth. xxviii). Unde et de civitate sancta Hierusalem descendente de cœlo a Deo scriptum est, quia erant ei ab oriente portæ tres, et ab aquilone portæ tres, et ab Austro portæ tres, et ab occasu portæ tres. Ubi figuraliter ostendebatur quia, prædicantibus apostolis apostolorumque successoribus, cunctæ per orbem nationes in fide sanctæ Trinitatis Ecclesiam essent ingressuræ. In quo etiam sacramento ita quondam filii Israel circa tabernaculum castrametabantur, ut ex omni parte per quadrum ternæ tribus manerent. Quia primitiva nimirum Ecclesia quæ erat in Judæa, undique per circuitum sui credentibus toto orbe nationibus spiritalia Deo castra rat in fide et confessione sanctæ Trinitatis fixura. Porro in eo quod dicit : *Dedit illis potestatem spirituum immundorum, ut ejicerent eos,* etc., ostendit quod benignus et clemens Dominus ac magister non invidet servis atque discipulis virtutes suas ; et sicut ipse curaverat omnem languorem et omnem infirmitatem, sic apostolis suis tribuit potestatem. Sed multa distantia est inter habere et donare, et accipere : iste, quodcunque agit, potestate Domini agit ; illi, si quid faciunt, imbecillitatem suam et virtutem Domini confitentur, dicentes : *In nomine Domini Jesu surge et ambula* (Act. iii).

Duodecim autem apostolorum nomina hæc sunt. Catalogus autem apostolorum ideo in Evangelio ponitur, ut extra hos, qui pseudoapostoli sunt futuri, excludantur : et ut significetur quod nomina eorum simul et illorum qui eorum doctrinam et fidem sequuntur, in libro vitæ scripta contineantur.

Primus Simon, qui dicitur Petrus, et Andreas frater ejus. Primus scribitur Simon, cognomento Petrus, ad distinctionem alterius Simonis, qui appellatur Chananæus, de vico Galilææ Chana, ubi Dominus aquas in vinum convertit. Voluit enim Dominus apostolorum principem prius aliud vocari, ut ex ipsa commutatione nominis sacramenti vivacitas commendaretur. Idem ergo Latine Petrus quod Syriace Cephas ; et in utraque lingua nomen a petra derivatum est, haud dubium quin illa de qua Paulus ait : *Petra autem erat Christus* (I Cor. x). Nam sicut *lux vera* Christus donavit apostolis ut *lux mundi* vocentur, sic et Simoni, qui credebat in petram Christum Petri largitus est nomen. Cujus alias alludens etymologiæ, dixit : *Tu es Petrus et super hanc petram ædificabo Ecclesiam meam* (Matth. xvi). Violenter ergo quidam, Latino vel Græco nomini Hebræam quærentes ἐτυμολογίαν, dicunt Petrum *dissolventem*, sive *discalciantem*, vel *agnoscentem* interpretari ; cum ipsa lingua Hebræa, P litteram omnino non sonans, Hebræum hoc nomen non esse testetur : abusive enim *Fethrum* pro *Petro*, sicut et *Faulum* et *Filatum*, pro *Paulo* et *Pilato* scribentes, violenter ficto nomini falsam interpretationem subnectunt. Simon autem *obediens* interpretatur. Porro Andreas nomen Græcum est, ἀπὸ τοῦ ἀνδρός, id est a viro virilis appellatur. Quibus recte vocabulis apostolorum primi decorantur, qui mox ut illum Agnum Dei dictum a Joanne cognoverunt, eum videre et audire curarunt. Quod vero Simon *ponens mœrorem*, vel *audiens tristitiam* interpretatur, illi tempori congruit quando, post resurrectionem viso Domino, vel mortis illius vel suæ negationis mœrorem deposuit, sed suæ confestim mortis tristitiam audivit, dicente Domino : *Cum autem senueris, extendes manus tuas, et alius te cinget et ducet quo non vis* (Joan. xxi).

Jacobus Zebedæi, et Joannes frater ejus. (Hieron.) Jacobum quoque appellavit Zebedæi, quia et alius sequitur Jacobus Alphæi. Et apostolorum paria utraque [Al., juga] consociat. Jungit Petrum et Andream, fratres non tam carne quam spiritu. Jacobum et Joannem qui, patrem corporis relinquentes, verum Patrem secuti sunt. (Beda.) Jacobus sane et Joannes, qui ob eximium virtutis et animi culmen filii tonitrui, hoc est Boanerges, sive, ut emendatius scribitur, et Beneragam, ut Syriacum Evangelium habet, בני רגשי *benai regesi* sunt a Domino cognominati, ut in Evangelio Marci scriptum est. Nec frustra ; quorum unus e cœlestibus intonans, vocem illam theologicam, quam nemo prius edere noverat, emisit : *In principio erat Verbum, et Verbum erat apud Deum, et Deus erat Verbum,* etc. (Joan. i). Quæ tanto robore gravida reliquit, ut si aliquanto plus intonare voluisset, nec ipse capere mundus posset. Sed et ambo sæpe seorsum et in montem a Domino duci et aliquando sonum de nube terrificum percipere meruerunt : *Hic est Filius meus dilectus.* Prisca quoque nomina meritis aptissima gestarunt : Jacobus enim *supplantator*, Joannes *in quo est gratia* vel *Domini gratia* dicitur : nam ille et carnis curam, Domino vocante, supplantare, et ipsam carnem, Herode trucidante, gavisus est contemnere; iste ob amoris præcipui gratiam, quam virginali gloria meruerat, super Redemptoris sui pectus in cœna recubuit.

Philippus et Bartholomæus. Philippus os lampadis interpretatur, et recte : quia vocatus a Domino, mox invento Nathanaeli lumen quod agnoverat prædicavit, dicens : *Quem scripsit Moyses in lege et prophetæ, invenimus Jesum, filium Joseph a Nazareth (Joan.* I), et post modum quod se de lumine minus scire sentiebat, suppliciter quæsivit, *Domine,* inquiens, *ostende Patrem, et sufficit nobis (Joan.* XIV). Bartholomæus Syrum est, non Hebræum, et interpretatur *filius suspendentis aquas,* hoc est, Filius Dei qui prædicatorum suorum mentes ad cœlestia contemplanda suspendit, ut quo celsa liberius pervolant, eo terrenorum corda feracius dictorum suorum guttis inebrient. Unde bene Moyses de Ecclesia mystice disserens ait : *Quia non est terra, ad quam ingredimini possidendam, similis terræ Ægypti, de qua existis, ubi jacto semine in hortorum morem aquæ ducuntur irriguæ, sed de cœlo pluvias exspectans, quam Deus suus invisit* omni tempore *(Deut.* XI). Sæcularis enim sapientia quasi coluber per humum serpit, divina autem de cœlestibus intonat.

Thomas et Matthæus publicanus. (Hier.) Cæteri evangelistæ in conjunctione nominum primum ponunt Matthæum, et postea Thomam, et publicani nomen non ascribunt, ne antiquæ conversationis recordantes, suggillare evangelistam videantur. Iste vero, ut supra diximus, et post Thomam se ponit, et publicanum appellat, ut *ubi abundavit peccatum, superabundaret gratia.* (Beda.) Thomas *abyssus,* vel *geminus,* inde Græce δίδυμος appellatur : quia quo cæteris diutius dubitavit, eo Dominicæ resurrectionis veritatem altius didicit. De quo pulchre Paulinus, Nolæ antistes, cecinit :

Hic dubius gemino Didymus cognomine Thomas
Adjacet, hunc Christus pavidæ cunctamine mentis
Pro nostra dubitare fide permisit, ut et nos
Hoc duce firmati, Dominumque Deumque trementes
Vivere post mortem vero fateamur Iesum
Corpore, viva suæ monstrantem vulnera carnis.

Matthæus *donatus* dicitur, videlicet quia magno Domini munere de teloneario publicano in apostoli est et evangelistæ delegatus officium.

Jacobus Alphæi, et Thaddæus. Jacobus quidem Alphæi ipse est qui in Evangelio frater Domini nominatur : quia Maria, uxor Alphæi, soror fuit Mariæ matris Domini, quam Mariam Cleophæ Joannes evangelista cognominat, fortasse quia vel idem Alphæus etiam Cleophas dictus est, vel ipsa Maria, defuncto post natum Jacobum Alphæo, Cleophæ nupsit. Cui Simeonem filium genuisse, eumque consobrinum Domini existentem, eo quod Cleophas frater fuerit Joseph, Hierosolymæ post Jacobum rexisse Ecclesiam, historia ecclesiastica tradit : sive hic apostolus Simon, seu quilibet alius Simeon fuerit. Quod vero Jacobus merito filius Alphæi, id est *docti,* sit cognominatus ipsi testantur apostoli, qui eum post Domini passionem statim Hierosolymorum ordinaverunt episcopum quia et ante sanguinis effusionem verus etiam ipse carnalis desiderii sit supplantator, testatur Hegesippus, vicinus apostolorum temporum historicus. « Suscepit, inquiens, Ecclesiam Hierosolymæ post apostolos frater Domini Jacobus, cognomento Justus. Multi quidem Jacobi vocabantur, hic δευτερομάρτυρ sanctus vocatus fuit : vinum et siceram non bibit, carnem nullam comedit, nunquam attonsus est, neque unctus est unguento, neque usus est balneo. Huic soli tum [soli licitum] erat ingredi sancta sanctorum, siquidem vestibus laneis non utebatur, sed lineis, solusque ingrediebatur in templum, et fixis genibus pro populo deprecabatur in tantum, ut camelorum duritiem ejus traxisse genua crederentur. » (Hieron.) Thaddæus autem apostolus, qui ab evangelista Luca Judas Jacobi dicitur et alibi appellatur Libbeus, quod interpretatur *corculus,* id est cordis cultor, credendumque est eum fuisse τριώνυμον, sicut Simon Petrus et filii Zebedæi Boanerges ex firmitate et magnitudine fidei nominati sunt. Erat enim frater Jacobi fratris Domini, ut ipse in Epistola sua scribit. Unde etiam ipse *frater Domini* vocabatur, attestantibus civibus ipsius qui de virtutibus ejus stupentes aiebant : *Nonne iste est faber filius Mariæ, frater Jacobi, et Joseph, et Judæ, et Simonis ? (Marc.* VI.)

Simon Chananæus, et Judas Scariothes, qui tradidit eum. Et hos cum additamento posuit ad distinctionem Simonis Petri et Judæ Jacobi : Simon autem Chananæus a Chana vico Galilææ cognomen accepit. Quod evangelista Lucas cum interpretatione posuit, *Simon zelotes,* Chana quippe *zelus,* Chananæus dicitur ζηλωτής, id est æmulator. Judas autem Scarioth aut a vico in quo ortus est, aut ex tribu Isachar præsagium suæ damnationis vocabulum sumpsit : Isachar quippe, quod dicitur *merces,* pretium proditionis insinuat; Scarioth autem, quod *memoria mortis* interpretatur, arguit eum non repente persuasum, sed meditatum diutius Dominicæ traditionis patrasse flagitium. (Ambr.) Qui non per imprudentiam, sed per providentiam inter apostolos eligitur. Quanta enim est veritas, quam nec adversarius minister infirmat ? Quanta moralitas Domini, qui periclitari apud nos judicium suum quam affectum maluit ? Susceperat enim hominis fragilitatem et ideo nec has partes recusavit fragilitatis humanæ. Voluit deseri, voluit prodi, voluit ab apostolo suo tradi, ut tu a socio desertus, a socio proditus, modeste feras tuum errasse judicium, perisse beneficium,

[II.] *Hos duodecim misit Jesus, præcipiens et dicens eis. (Hieron.)* Animadvertendum est quod Scriptura evangelica et apostolica non solos illos duodecim appellat discipulos ejus, sed omnes qui in eum credentes magisterio ejus ad regnum cœlorum erudiebantur. Ex quorum multitudine elegit duodecim, quos apostolos nominavit, sicut Lucas commemorat. (MAUR.) Duodecim ergo discipulos Dominus Jesus misit ad prædicandum, quia multis figurarum indiciis eodem numero ipsi antea prænotati sunt aptissimi esse ad dispensandum divina mysteria. Hi enim sunt duodecim filii veri Jacob (*Gen.* xxxv); hi duodecim principes plebis Israel (*Num.* I); hi duodecim fontes reperti in Elim (*Exod.* xv); hi duodecim castra de Ramesse usque Sina (*Exod.* xII); hi duodecim lapides in veste sacerdotis (*Exod.* xxvIII); hi duodecim panes propositionis (*Levit.* xxIV); hi duodecim exploratores missi a Moyse (*Deut.* I; *Jos.* III); hi duodecim duces populi terram ingressi (*Ibid.*); hi duodecim lapides altaris (*Jos.* IV); hi duodecim lapides de Jordane elevati (*Ibid.*); hi duodecim lapides in eumdem allati (*Ibid.*); hi duodecim duces Salomonis (*II Reg.* IV); hi duodecim boves sub mari æneo (*III Reg.* VII); hi duodecim leunculi in throno Salomonis (*III Reg.* x); hi duodecim stellæ in corona sponsæ (*Apoc.* xII); hi duodecim fundamenta (*Apoc.* xxI); hi duodecim portæ civitatis Dei (*Ibid.*); hi duodecim menses anni (*Apoc.* xxII); hi duodecim horæ diei; isti sunt *sagittæ missæ de manu potentis in corda inimicorum regis* (*Psal.* xLIV). Per hos Pacificus noster debellavit mundi principem, et vasa ejus diripuit. Quid ergo eis tunc præcipiens dixerit, audiamus:

In viam gentium ne abieritis, et in civitates Samaritanorum ne intraveritis. Sed potius ite ad oves quæ perierunt domus Israel. (Hieron.) Non est contrarius locus iste ei præcepto quod postea dicitur: *Euntes docete omnes gentes, baptizantes eos in nomine Patris, et Filii, et Spiritus sancti* (*Matth.* xxvIII). Quia hoc ante resurrectionem præceptum est, et oportebat primum adventum Christi annuntiari Judæis, ne justam haberent excusationem, dicentes ideo se Deum rejecisse quia ad gentes et ad Samaritanos apostolos miserit. Ut scilicet prius a Judæa apostolorum repulsa prædicatio, tunc nobis in adjutorium fieret, cum hanc illa ad damnationis suæ testimonium superba repulisset. (*Greg.*) Ut dum illa converti vocata renueret, prædicatores sancti ad vocationem gentium per ordinem venirent. Quatenus Redemptoris nostri prædicatio, a propriis repulsa, gentiles populos quasi extraneos quæreret, et quod Judææ fiebat in testimonium, hoc gentibus gratiæ esset incrementum (*Hieron.*) Juxta tropologiam vero præcipitur nobis, qui Christi censemur nomine, ne in via gentium et hæreticorum ambulemus errore, ut quorum religio separata sit, separetur et vita. (MAUR.) Imo magis satagamus ut quicunque nostrum, id est fidelium, gravi delicto ab Ecclesiæ domicilio recesserint, per pœnitentiæ lamentum iterum ad ipsam redeant.

Euntes prædicate, dicentes: Quia appropinquat regnum cœlorum. (Greg.) Appropinquare dicitur regnum cœlorum, per collatam nobis fidem invisibilis creatoris, non aliqua motione elementorum. Quia enim peccanti homini dictum est: *Terra es, et in terram ibis* (*Gen.* III): hoc ergo quisque est quod diligit, contra justus cœlum est, qui Deum in se portat, et cœlestia diligit. Deus quippe qui incircumscriptus, et illocalis, et ubique præsens virtute, non corpore est, localiter tamen in suis ambulat sanctis, sicut dicit: *Inhabitabo et inambulabo in illis* (*II Cor.* VI). Ipsique taliter terreni homines efficiuntur cœlestes angeli. Talibus enim Dominus dicit: *Regnum Dei intra vos est* (*Luc.* xVII; *Joan.* xIV); et ita demum cœli vocari possunt, qui eum fide retinent et diligunt charitate. Et quibus idem promittit Filius quod cum Patre et Spiritu sancto ad eos veniat, et apud eos faciat mansionem. Recte enim *cœli* vocantur, in quibus Deus præsidet.

Infirmos curate, mortuos suscitate, leprosos mundate, dæmones ejicite: gratis accepistis, gratis date. Ne hominibus rusticanis, et absque eloquii venustate, indoctis et illitteratis nemo crederet, regna cœlorum pollicentibus dedit potestatem infirmos curare, leprosos mundare, dæmones ejicere, et cætera virtutum opera facere, ut magnitudinem promissorum probaret magnitudo signorum, fidemque verbis daret virtus ostensa, et nova facerent qui nova prædicarent. Unde nunc quoque cum fidelium numerositas excrevit, intra sanctam Ecclesiam multi sunt qui vitam virtutum tenent et signa virtutum non habent; quia frustra miraculum foras ostenditur, si deest quod intus operetur. (MAUR.) Nam juxta magistri gentium vocem, *linguæ in signum sunt* infidelibus, non fidelibus; attamen sancta Ecclesia quotidie spiritaliter facit quod tunc per apostolos corporaliter faciebat. Nam infirmos curat, cum per sacerdotes suos oleo sacrato infirmantes perungit, in nomine Domini, simul et orationem pro eis ad Deum fundens ut recipiant sanitatem: nec non in cætera turba fidelium idem facere solet, cum quoslibet a statu boni operis infirmari conspicit, per exhortatione atque exemplo eos ad statum pristinum reparare satagit. Mortuos quoque suscitat, cum vel infideles ad fidem convocat, vel peccatis mortuos ad pœnitentiam et ad exercitium virtutum excitat. Leprosos mundat, cum variis errorum maculis aspersos ad unitatem fidei et ad puritatem veritatis deducere non cessat. Dæmones ejicit, cum per exorcismi gratiam ab obsessis hominibus eos expellit, nec in illorum mentibus malignos spiritus dominari permittit. (*Hieron.*) Sed quia semper dona spiritalia, si merces media sit, viliora fiunt, adjungitur avaritiæ condemnatio. *Gratis*, inquit, *accepistis, gratis date*. Ac si aperte dicat: Ego magister et Dominus absque pretio hoc tribui vobis, et vos sine pretio date, ne Evangelii gratia corrumpatur.

[III.] *Nolite possidere aurum, neque argentum, neque pecuniam in zonis vestris, non peram in via, neque duas tunicas, neque calceamenta, neque virgam. Dignus est enim operarius cibo suo.* Consequenter hæc præcipit evangelizatoribus veritatis, quibus ante dixerat: *Gratis accepistis, gratis date.* Si enim hæc prædicent, ut pretium non accipiant, superflua est auri, argenti nummorumque possessio. Nam si habuissent aurum et argentum, viderentur non causa hominum salutis, sed lucri causa prædicare. *Neque æs in sacculis* : qui divitias detruncaverat propemodum , et necessaria vitæ amputat , ut apostoli , qui instituebant omnia providentia gubernari, seipsos ostenderent nihil cogitare de crastino. *Non peram in via* : ex hoc præcepto arguit philosophos , qui vulgo appellantur Bactroperitæ, quod contemptores sæculi, et omnia pro nihilo ducentes cellarium secum vehant. *Neque duas tunicas* : in duabus tunicis videtur mihi duplex ostendere vestimentum; non quod in locis Scythiæ glaciali nive rigentibus una quis tunica debeat esse contentus; sed quo in tunica vestimentum intelligamus, ne alio vestiti aliud nobis futurorum timore servemus. *Neque calceamenta* : et Plato præcipit duas corporis summitates non esse velandas , nec assuetam fieri debere mollitiem capitis et pedum ; cum hæc habuerint firmitatem , cætera robustiora sunt. *Neque virgam* : qui Dei habemus auxilium , baculi præsidium cur quæremus? Et quia quodammodo nudos et expeditos ad prædicandum apostolos miserat, et dura videbatur esse conditio magistrorum , severitatem præcepti sequenti sententia temperavit, dicens : *Dignus est operarius cibo suo.* Tantum, inquit, accipite, quantum in victu et vestitu vobis necessarium est. Unde et Apostolus replicat de se : *Habentes victum et vestitum, his contenti sumus.* Et in alio loco: *Communicet autem is qui catechizatur verbo ei qui catechizat eo in omnibus bonis.* Ut quorum discipuli metant spiritalia, consortes eos faciant carnalium suorum, non in avaritia, sed in necessitate.

Considerandum nobis est, quod uni nostro operi duæ mercedes debentur, una in via, altera in patria ; una quæ nos in labore sustentat , alia quæ nos in resurrectione remunerat, in visione ipsius Veritatis lætificans. (*Hieron.*) Hæc historice dixerimus, cæterum secundum anagogen non licet magistris et aurum , et argentum , et pecuniam , quæ in zonis est, possidere. Aurum sæpe legimus pro sensu, argentum pro sermone, æs pro voce. Hæc nobis non licet ab aliis accipere, sed data a Domino possidere : neque hæreticorum et philosophorum perversæque doctrinæ suscipere disciplinas ; non sæculi pondere premi, neque duplici esse animo, neque pedes nostros mortiferis vinculis alligari , sed sanctam terram ingredientes esse nudos. Neque habere virgam quæ vertatur in colubrum, id est, non in aliquo præsidio carnis inniti ; quia istiusmodi virga et baculus arundineus est, quem si paululum presseris, frangitur, et manum transforat incumbentis.

(*Aug.*) Solet autem quæri quomodo Matthæus et Lucas commemoraverint dixisse Dominum discipulis ut ne virgam ferrent, cum dicat Marcus et præcipit (*Marc.* vi) ne quid tollerent in via nisi virgam tantum. Quod ita solvitur , ut intelligamus sub alia significatione dictam virgam, quæ secundum Marcum ferenda est, et sub alia illam quæ secundum Matthæum et Lucam non est ferenda , sicut sub alia significatione intelligitur tentatio, de qua dictum est: *Deus neminem tentat (Jacob.* i), et sub alia dictum est : *Tentat vos Dominus Deus vester, ut sciat si diligatis eum.* Illa seductionis est, hæc probationis. Utrumque ergo accipiendum est a Domino apostolis dictum, et ut nec virgam ferrent, et ut non nisi virgam ferrent. Cum enim secundum Matthæum diceret eis : *Nolite possidere aurum neque argentum,* et cætera, continuo subjecit : *Dignus est enim operarius cibo suo.*

Unde satis ostendit cur eos hæc possidere ac ferre noluerit : non quo necessaria non sint sustentationi hujus vitæ, sed quia sic eos mittebat , ut eis hæc deberi monstraret ab illis quibus Evangelium credentibus annuntiarent. Claret autem non ita præcepisse Deum, tanquam evangelistæ vivere aliunde non debeant quam eis præbentibus quibus annuntiant Evangelium. Alioquin contra hoc præceptum fecit Apostolus (*I Cor.* iv), qui victum de manuum suarum laboribus transigebat, ne cuiquam gravis esset; sed potestatem dedisse, in qua scirent sibi ista deberi. Cum autem a Domino aliquid imperatur , nisi fiat, inobedientiæ culpa est; cum autem potestas datur, licet cuique non uti, et tanquam de jure suo cedere.

Hoc ergo ordinans Dominus, quod eum ordinasse dicit Apostolus, his qui Evangelium annuntiant, de Evangelio vivere ; illa Apostolus loquebatur , ut securi non possiderent , neque portarent huic vitæ necessaria, nec magna, nec minima : ideo posuit *nec virgam,* ostendens a fidelibus suis omnia deberi ministris suis , nulla superflua requirentibus : ac per hoc addendo : *Dignus est operarius cibo suo,* prorsus aperuit et illustravit unde hæc omnia loqueretur.

Hanc ergo potestatem virgæ nomine significavit, cum dixit : *Ne quid tollerent in via , nisi virgam tantum,* ut intelligatur quia per potestatem a Domino acceptam, quæ virgæ nomine significata est , etiam quæ non portantur non deerunt. Hoc et de duabus tunicis intelligendum est, ne quisquam eorum, præter eam quam esset indutus, aliam portandam putaret, sollicitus ne opus esset, cum ex illa potestate posset accipere. Proinde Marcus dicendo calceari eos sandaliis vel soleis, aliquid hoc calceamentum mysticæ significationis admonet, ut pes neque tectus sit , nec nudus ad terram , id est, nec occultetur Evangelium, nec terrenis commodis innitatur. Et quod non portari vel haberi duas tunicas, sed expressius indui prohibet , dicens : Et ne induerentur duabus tunicis ; quid eos admonet , nisi non dupliciter, sed simpliciter ambulare ?

Tanta ergo prædicatori in Deo debet esse fiducia, ut præsentis vitæ sumptus quamvis non prævideat , tamen sibi hos non deesse certissime sciat ; ne dum mens ejus occupatur ad temporalia, minus aliis prævideat æterna. Cui etiam, Luca attestante, per viam neminem salutare conceditur, ut sub quanta festinatione iter prædicationis pergere debeat, ostendatur. Hæc si quis Evangelii verba per allegoriam enucleatius velit intelligi, in auro sensum sæcularis sapientiæ, in argento rhetoricæ artis facundiam significatam accipiat : in pecunia vero zonæ inclusa sapientiam occultatam. Qui igitur sapientiæ verbum habet, sed hoc erogare proximo negligit, quasi pecuniam in zona ligatam tenet ; unde scriptum est : *Sapientia abscondita, et thesaurus occultatus, quæ utilitas in utrisque?* (*Eccli.* xx.)

Quid vero per opera, nisi onera sæculi? Et quid hoc loco per calceamenta, nisi mortuorum operum exempla signantur? Qui ergo officium prædicationis suscepit dignum, non est ut onus sæcularium negotiorum portetur, ne dum hoc ejus colla deprimit, ad prædicanda cœlestia non assurgat. Nec debet stultorum operum exempla conspicere, ne sua opera quasi ex mortuis pellibus credat munire. Omnis vero qui salutat in via, ex occasione salutat itineris, non ex studio obtinendæ ejusdem salutis. Qui igitur non amore æternæ patriæ, sed præmiorum ambitu, salutem audientibus prædicat, quasi in itinere salutat, quia ex occasione, et non ex intentione salutem audientibus exoptat.

In quamcunque civitatem aut castellum intraveritis, interrogate quis in ea dignus sit, et ibi manete donec exeatis. (*Hieron.*) Super ordinatione episcopi et diaconi Paulus loquitur : *Oportet autem et testimonium eos habere bonum ab his qui foris sunt.* Apostoli novam introeuntes urbem scire non poterant quis, qualis esset ; ergo hospes legendus est populi, et judicio vicinorum, ne prædicationis dignitas suscipientis infamia deturpetur. Cum universis debeant prædicare, hospes unus eligitur, non magnum tribuens beneficium ei qui apud se mansurus est, sed accipiens. Hoc enim dicitur : *Quis in ea dignus est,* ut magis se noverit accipere gratiam quam dare. (*Amb.*) Quod autem dicit : *Et ibi manete, donec exeatis,* dat constantiæ gererale mandatum, ut hospitalis necessitudinis jura custodiat, alienum a prædicatione regni cœlestis astruens cursitare per domos, et inviolabilis hospitii jura amittere. Nec otiose secundum Matthæum domus quam ingrediantur apostoli, legenda decernitur, ut mutandi hospitii necessitudinisque violandæ causa non suppetat.

Intrantes autem in domum, salutate eam, dicentes: Pax huic domui : Et siquidem fuerit domus digna, veniet pax vestra super eam. Si autem non fuerit digna, pax vestra ad vos revertetur. Occulte salutationem Hebraici ac Syri sermonis expressit. (*Hieron.*) Quod enim dicitur χαῖρε et Latine *Ave,* Hebraico Syriacoque sermone appellatur *salomiach,* sive *salomalach,* id est, *Pax tecum.* Quod autem præcipit tale est : *Introeuntes in domum,* pacem imprecamini hospiti, et quantum in vobis est, discordiæ bella sedate. Si autem orta fuerit contradictio, vos mercedem habebitis de oblata pace; illi bellum, quod habere voluerunt, possidebunt. (Maur.) Pax enim, quæ ab ore prædicatoris offertur, aut requiescit in domo, si in ea fuerit filius pacis, aut ad eumdem prædicatorem revertitur ; quia aut erit quisque prædestinatus ad vitam, et cœleste verbum sequitur quod audit; aut si nullus audire voluerit, ipse prædicator sine fructu non erit; quia ad eum pax revertitur, quoniam ei a Domino pro labore sui operis recompensatur.

Et quicunque non receperit vos, neque audierit sermones vestros, exeuntes foras, de domo vel civitate, excutite pulverem de pedibus vestris. (*Hieron.*) Pulvis excutitur de pedibus in testimonium laboris sui, quod ingressi sunt civitatem et prædicatio apostolica usque ad illos pervenerit ; sive excutitur pulvis, ut nihil ab eis accipiant, ne ad victum quidem necessarium, qui Evangelium spreverint. (*Aug.*) Hoc enim jubentur facere, aut ad contestationem laboris terreni, quem pro illis inaniter susceperant, aut ut ostenderent usque adeo se ab ipsis nihil terrenum quærere, ut etiam pulverem de terra eorum non sibi paterentur adhærere. Aliter, pedes discipulorum ipsum opus incessumque prædicationis significant; pulvis vero, quo asperguntur, terrenæ levitas est cogitationis, a qua etiam ipsi summi doctores immunes esse nequeunt, cum pro auditoribus solliciti salubribus curis incessanter intendunt, et quasi per itinera mundi, imo vix calcaneo terræ pulverem legunt. Qui ergo receperint verbum, ipsi afflictiones curasque doctorum, quas pro se tolerabant, in argumentum sibi vertunt humilitatis : qui vero spreverint doctrinam docentium, sibi labores et pericula, tædiumque sollicitudinum ad testimonium damnationis inflectunt. Et ipse est pulvis qui in Evangelii contemptores extergi, et a quo per bonos auditores evangelistarum jubentur pedes ablui, imo per ipsum Salvatorem narrantur abluti.

Amen dico vobis, tolerabilius erit terræ Sodomorum et Gomorrhæorum, in die judicii, quam illi civitati. (Maur.) Quia ipsi unam legem tantum, hoc est, naturæ, spernebant. Judæi vero simul et naturæ et litteræ legem contempserunt, et prophetarum dictis non crediderunt, nec apostolorum prædicationem receperunt. Notandum quoque quod Sodomitæ inter tot carnis animæque flagitia, quibus insatiabiliter ardebant, inhospitales quoque, Ezechiel attestante (*Ezech.* xvi), fuerunt ; sed nulli apud eos tales hospites quales apud Judæos prophetæ, quales apostoli reperti sunt. Et Lot quidem aspectu et auditu justus erat (*Gen.* xviii), non aliquid tamen docuisse, nulla ibi fecisse signa perhibetur. Atque ideo *cui multum datum est, multum quæritur ab eo* (*Luc.* xii) : *potentesque potenter tormenta patientur.* Ergo sicut inter justos diversa retributio est, ita et inter peccatores diversa supplicia sunt.

Ecce ego mitto vos sicut oves in medio luporum. Ecce, inquit, ego mitto vos, id est, ego qui vos præscivi et elegi de mundo, qui vos docui, qui ea quæ vobis ventura sunt, omnia novi, qui etiam vobis laborantibus condignam mercedem restituam in futuro, ipse vos secundum nomen vestrum ex disciputis missos faciam, apostoli enim missi interpretantur : *Ecce*, ait, *mitto vos sicut oves in medio luporum*; quia ergo oves meæ estis, volo ut mansuetudinem et humilitatem habeatis, nec propter seditionem et minas persecutorum patientiam et constantiam vestram perdatis. (*Hieron.*) Lupos scribas et Pharisæos vocat, qui sunt clerici Judæorum. (*Greg.*) Notandum autem quod sententia Domini secundum Matthæum congruit illi sententiæ secundum Joannem, qua dicitur : *Sicut misit me Pater, et ego mitto vos (Joan.* vi); Pater Filium misit, qui hunc pro redemptione generis humani incarnari constituit, quem videlicet in mundum venire ad passionem voluit, sed tamen amavit Filium, quem ad passionem misit. Electos vero apostolos Dominus non ad mundi gaudia, sed sicut ipse missus est, ad passiones in mundum misit. Sicut ergo amatur Filius a Patre, et tamen ad passionem mittitur, ita et discipuli amantur a Domino, qui tamen ad passionem mittuntur in mundum. Quod enim dicit : *Ecce ego*, auctoritas et fortitudo Deitatis hominibus est. Ego enim Deus vos homines mitto. Qui enim misi prophetas patribus vestris, vos Judæis atque gentilibus pariter mitto. Et notandum quod uno eodemque tempore atque præcepto instruuntur quomodo inter infideles Judæos atque gentiles agant. *Sicut oves in medio luporum.* Contraria sunt ista sibi animalia, ut alia ab aliis devorentur. Sed bonus pastor lupos gregi suo timere non novit. Ideoque isti discipuli non in prædam, sed ad gratiam diriguntur, quatenus servantes innocentiæ sensum, malitiæ morsum non habeant. Quia qui locum prædicationis suscipit, mala inferre non debet, sed tolerare.

Estote ergo prudentes sicut serpentes, et simplices sicut columbæ. (*Hieron.*) Ut per prudentiam devitent insidias, per simplicitatem non faciant, serpentis astutia ponitur in exemplum. Quia toto corpore occultat caput, et illud in quo vita est, protegit; ita et nos toto periculo corporis caput nostrum, quod est Christus, custodiamus. (Maur.) Item prudentia dicitur esse serpentis, quod obturat aures suas, ne audiat incantantes. Quærunt enim venena quæ sunt in capitibus serpentum ad medicamentum : at illa, hoc præsentiens, caput intra spiras corporis volutum abdit, et unam aurem petræ apponit, alteram cauda occludit : ita vir apostolicus omnem vitam suam quasi in circulis temporum complexam, circa principalem partem animæ ponit : et ut ipsa illæsa fiat, Christo adjuvante, qui est petra, et subtili Scripturarum documento eam imbuente, quod cauda significat, nimium satagit.

Incantantes autem sunt qui voluptates corporis persuadent, et peccantes blande leniterque fovent, ut vigorem mentis in ipsis emolliant. Item alia prudentia fertur serpentis, quod quando squamis et putredine ac lepra aggravatur, in petrarum scissuram ingrediatur, aut per foramen angustum, ut exuat se tunica veteri, et quæ illi nocent deponat, sicque sana evadat.

Hoc enim proprie Christianorum est, ut per pœnitentiæ stricturam exuant veterem hominem cum actibus ejus, qui tenet in se lepram peccati et induant novum, *qui secundum Deum creatus est in justitia et sanctitate veritatis (Ephes.* iv), qui nescit corruptionem culpæ. Simplicitas columbarum expressius sancti specie demonstratur; unde dicit et Apostolus : *Malitia parvuli estote (I Cor.* xiv), cujus species genuinæ simplicitatis in superioribus ad moralitatem interpretati sumus.

Cavete autem ab hominibus. Nunc demonstrat quos antea lupos appellaverit. Homines enim sunt iidem qui et lupi : quia peccatores sunt et fragiles, sed tamen feroces.

Tradent enim vos in conciliis, et in synagogis suis flagellabunt vos, et ad præsides et ad reges ducemini propter me, in testimonium illis et gentibus. (*Greg.*) Hæc quippe Judaicæ genti vel sola vel maxima causa exitii fuerat, quia post Domini Salvatoris occisionem, nominis quoque ejus præcones simul et confessores impia crudelitate vexavit. Quod autem Lucas dixit Dominum dixisse ad apostolos : *Continget autem vobis in testimonium*; et Matthæus : *In testimonium illis et gentibus*, significat persecutionem nominis Christi non solum Judæis et gentibus eorum malitiæ, sed etiam ipsis apostolis fieri in testimonium ipsorum innocentiæ. Testimonium videlicet quorum fit, nisi eorum qui aut persequendo mortes inferunt, aut videndo non imitantur? Mors quippe justorum bonis in adjutorium est, malis in testimonium, ut inde perversi sine excusatione pereant, unde electi exemplum capiunt ut vivant. Sed auditis tot terroribus turbari poterant infirmorum corda, atque ideo consolatio adjungitur, cum protinus subinfertur :

Cum autem tradent vos, nolite cogitare quomodo aut quid loquamini. Dabitur enim vobis in illa hora quid loquamini. Non enim vos estis qui loquimini, sed Spiritus Patris vestri qui loquetur in vobis. Ac si aperte membris suis infirmantibus dicat : Nolite terreri, nolite pertimescere; vos ad certamen acceditis, sed ego prælior : (*Hieron.*) vos verba editis, sed ego sum qui loquor. Cum ergo propter Christum ducamur ad judices, voluntatem tantum nostram pro Christo debemus offerre. Cæterum ipse Christus, qui in nobis habitat, loquetur pro se, et Spiritus sanctus ei in respondendo gratiam ministrabit.

Tradet autem frater fratrem in mortem, et pater filium, et insurgent filii in parentes, et morte eos afficient, et eritis odio omnibus propter nomen meum. (*Greg.*) Hoc in persecutionibus fieri crebro videmus, nec ullus est inter eos fidus affectus quorum diversa est fides : minorem tamen dolorem mala ingerunt quæ ab extraneis inferuntur : plus vero in nobis ea tormenta sæviunt quæ ab illis patimur de quorum mentibus præsumebamus, quia cum damno corporis mala nos cruciant; hinc est enim quod de Juda traditore suo per Psalmistam Dominus dicit : *Et quidem si inimicus meus maledixisset mihi, supportassem utique ab eo : tu vero homo unianimis, dux meus, et notus meus, qui simul mecum dulces capiebas cibos, in domo Domini ambulavimus cum consensu* (*Psal.* LIV). Et rursum : *Homo pacis meæ, in quo sperabam, qui edebat panes meos, ampliavit adversum me supplantationem* (*Psal.* XL). Ac si de traditore suo apertis vocibus dicat : Transgressionem ejus tanto gravius pertuli, quanto hanc ab eo qui meus esse videbatur sensi. Omnes ergo electi, quia summi capitis membra sunt, caput quoque suum in passionibus sequuntur, ut ipsos adversarios in sua morte sentiant, de quorum vita præsumebant : et tanto eis crescat merces operis, quanto eis virtutis lucrum proficit ex alienæ damno charitatis. *Et eritis,* inquit, *odio omnibus propter nomen meum ;* quia omnes quærunt, quæ sua sunt, non quæ Jesu Christi ; et amatores mundi facti sunt inimici Dei.

Qui autem perseveraverit usque ad finem, hic salvus erit. Præcepto enim legis cauda hostiæ in sacrificio jubetur offerri. In cauda quippe finis est corporis, et ille bene immolat, qui sacrificium boni operis usque ad finem debitæ perducit actionis. Docet ergo Dominus in hac perseverandi sententia virtutem longanimitatis, et patientiæ; quod non cœpisse, vel facere, sed perficere virtutis est.

Hoc idem et evangelista Lucas (*Luc.* XXI) in aliis verbis Domini exprimit, dicens : *In patientia vestra possidebitis animas vestras.* (*Greg.*) Denique radix custosque omnium virtutum patientia est. Per patientiam vero possidemus animas nostras, dum nobis ipsis dominari discimus, hoc ipsum incipiemus possidere quod sumus.

Cum autem persequentur vos in civitate ista, fugite in aliam. (*Hieron.*) Hoc ad illud tempus referendum est, cum ad prædicationem Apostoli mittebantur. Quibus et proprie dictum est : *In viam gentium ne abieritis, et in civitatem Samaritanorum ne intraveritis* (*Matth.* X). Quod persecutionem timere non debeant, et debeant declinare. Quod quidem vidimus in principio fecisse credentes, quando orta Hierosolymis persecutione dispersi sunt in tota Judæa, ut tribulationis occasio fieret Evangelii seminarium.

Amen dico vobis, non consummabitis civitates Israel, donec veniat Filius hominis. (MAUR.) Prædicit enim quod non ante prædicationibus suis ad fidem perducerent omnes civitates Israel, quam resurrectio Domini fuerit perpetrata, et in toto orbe terrarum prædicandi Evangelium potestas concessa. (*Hieron.*) Spiritaliter autem possumus dicere : *Cum persecuti vos fuerint in una civitate,* id est, in uno Scripturarum libro, vel testimonio nos fugiamus ad alias civitates, id est, ad alia volumina, et quamvis contentiosus fuerit persecutor, ante præsidium Salvatoris adveniet, quam adversariis victoria concedatur.

Non est discipulus super magistrum, nec servus super dominum suum. Sufficit discipulo ut sit sicut magister ejus, et servus sicut dominus ejus. Ac si diceret : Quod ego magister et Dominus patior, vos discipuli et servi ne indignemini pati. Si magister, qui utique quasi Deus potui, sed nolui meas ultum ire injurias, imo malui meos insectatores reddere patiendo mitiores, eamdem necesse est vos discipuli, qui puri homines estis, regulam perfectionis sequamini.

Si patremfamilias Beelzebub vocaverunt, quanto magis domesticos ejus ? Ecce Dominus et magister discipulis et servis suis calumnias suas ostendit, ut suo exemplo injurias iniquorum patienter ferre discerent, et quod superius ait, fieret : *Sufficit discipulo ut sit sicut magister ejus, et servus sicut dominus ejus.* Nam se patremfamilias appellat, cui cœlestium, et terrestrium, et infernorum familiæ genuflectunt, quem perfidia Judæorum in *Beelzebub* principe dæmoniorum, ejecisse dæmonia blasphemavit : non mirum, si domesticos ejus, quibus regnum cœlorum ipse promisit, eodem instinctu malitiæ calumnientur. (*Hieron.*) Notandum autem quod Beelzebub idolum est Accaron, quod vocatur in Regum volumine idolum muscæ, *Bel* ipse est *Beel* sive Bahal, *Zebub* autem *musca* dicitur. Principem dæmoniorum ex spurcissimi idoli appellabant vocabulo, qui musca dicitur, propter immunditiam quæ exterminat olei suavitatem.

Ne ergo timueritis eos. In sequentibus demonstrabitur cur discipulos prohibuerit persecutores suos timere, quia vana et fragilis res cito decidua est.

Nihil enim opertum quod non revelabitur, et occultum quod non scietur. (*Hieron.*) Et quomodo in præsenti sæculo multorum vitia nesciuntur, sed de futuro tempore scriptum est, quando judicabit Deus abscondita hominum, et illuminabit occulta tenebrarum, et manifesta faciet consilia cordium. Et est sensus : Nolite timere sævitiam persecutorum, et blasphemantium rabiem, quia veniet dies judicii, in quo et vestra virtus et eorum nequitia demonstrabitur.

Quod dico vobis in tenebris, dicite in lumine; et quod in aure auditis, prædicate super tecta. Quod audistis in mysterio, apertius prædicate; quod discitis absconse, publice loquimini. Quod vos erudivi in parvo Judææ loco, in universis urbibus, in toto mundo audacter dicite. (*Beda.*) Sane quod ait : *Prædicate super tecta,* juxta morem provinciæ Palæstinæ loquitur, ubi solent in tectis residere. Non enim tecta nostro more culminibus sublimata, sed plano schemate faciunt æqualia ; unde lex præcipit ut qui novam domum ædificaret, murum tecti poneret in gyro, ne funderetur ibi sanguis innoxius, labente aliquo et in præceps ruente. Et in templi constructione legimus : *Texit quoque domum laquearibus cedrinis, et ædificavit tabulatum super omnem domum quinque cubitis altitudinis* (II *Reg.* VI). Ergo prædicabitur in tectis, quod cunctis audientibus palam dicetur.

Et nolite timere eos qui occidunt corpus, animam autem non possunt occidere. Si enim persecutores sanctorum occisis corporibus non habent amplius quid contra illos agant, ergo supervacua furiunt insania, qui mortua martyrum membra feris avibusque discerpenda projiciunt, vel in auras extenuari, vel in undas solvi, vel per flammas in cinerem faciunt redigi : cum nequaquam omnipotentiæ Dei, quin ea resuscitando vivificet, obsistere possint.

Sed potius eum timete qui potest et animam et corpus perdere in gehennam. Nomen gehennæ in veteribus libris non invenitur, sed primum a Salvatore ponitur. Quæramus ergo quæ sit sermonis hujus occasio. Idolum Baal fuisse juxta Hierusalem, ad radices montis Moria, in quibus Siloa fluit, non semel legimus. Hæc vallis et parva campi planities irrigua erat et nemorosa, et plena deliciis, et lucus in ea idolo consecratus. In tantam autem populus Israel dementiam venerat, ut deserta templi vicinia, ibi hostias immolaret, et rigorem religionis deliciæ vincerent, filiosque suos incenderent dæmoni vel initiarent, et appellabatur locus ille Gehennon, id est vallis filiorum Ennon. Hoc Regum volumen et Paralipomenon, et Jeremias scribunt plenissime. Et comminatur Deus se locum illum impleturum cadaveribus mortuorum, ut nequaquam vocetur Tophet et Baal, sed vocetur Polyandrum, id est, tumulus mortuorum. Futura ergo supplicia, et pœnæ perpetuæ quibus peccatores cruciandi sunt, hujus loci vocabulo denotantur. Duplicem autem esse gehennam, ignis et frigoris, in Job plenissime legimus.

Nonne duo passeres asse veneunt, et unus ex illis non cadet super terram sine Patre vestro. Hæret sibi sermo Dominicus, et consequentia pendent ex superioribus. Prudens lector, cave semper superstitiosam intelligentiam, ut non tuo sensui attemperes Scripturas, sed Scripturis jungas sensum tuum, et intelligas quid sequatur. Supra dixerat : *Nolite timere eos qui occidunt corpus, animam autem non possunt occidere.* Nunc loquitur consequenter : *Nonne duo passeres asse veneunt, et unus ex illis non cadet super terram sine Patre vestro. Et est sensus :* Si parva animalia et vilia absque Deo auctore non decidunt, et in omnibus est providentia, et quæ in eis sunt peritura, sine Dei voluntate non pereunt; vos qui æterni estis, non debetis timere quod absque Dei vivatis providentia. Iste sensus et supra dictus est.

Notandum autem quod cum Matthæus ponat : *Nonne duo passeres asse veneunt,* Lucas non assem sed dipondium memorat. *Nonne,* inquit, *quinque passeres veneunt dipondio* (*Luc.* xii). Dipondius ergo, quo quinque passeres veneunt, id est venduntur, genus est ponderis levissimi ex duobus assibus compositi. Nec interest aliquis numerus, sed proximus est post assem dipondius; ponderales enim ipsi numeri sunt et ad pondus pertinent. Idque quod in cardinali numero dicitur unum, hoc in ponderali as sive assis, et quod ibi duo, hic dussis, vel dipondius dicitur. Quidam coacte duo passeres animam interpretantur et corpus : quinque quoque passeres, secundum Lucam, qui duobus assibus veneunt, ad sensus referunt. Sed quomodo illa intelligentia evangelici sermonis corpori coaptetur, non parvæ difficultatis est. Quæret fortasse aliquis quomodo dicat Apostolus : *Nunquid de bobus cura est Deo* (*I Cor.* ix), cum utique bos passere pretiosior existat. Sed aliud cura, aliud vero est scientia. Denique numerus capillorum, de quo consequenter ait :

Vestri autem et capilli capitis omnes numerati sunt. (*Beda.*) Non in actu computationis, sed in facultate cognitionis accipitur : non enim sollicitam Deus curæ numerantis intendit excubiam, sed cui cognita sunt omnia, quasi numerata sunt omnia. (*Hieron.*) Bene tamen numerata dicuntur, quia quæ volumus servare, numeramus : ubi immensam Dei erga homines ostendit providentiam et ineffabilem significat affectum. Quod nihil nostrum Deum lateat, et parva etiam otiosaque dicta ejus scientiam non fugiant. (*Aug.*) Derident intelligentiam ecclesiasticam in hoc loco, qui carnis resurrectionem negant, quasi nos ipsam terrenam matrem, quæ discedente anima fit cadaver, ita resurrectione reparandam dicamus ut ea quæ dilabuntur, et in alias atque alias aliarum rerum species formasque vertuntur (quamvis ad corpus redeant unde delapsa sunt), ad easdem quoque corporis partes ubi fuerunt redire necesse est. Alioqui si capillis capitis redit quod tam crebra tonsura detraxit, si unguibus, quod toties dempsit exsectio immoderata et indecens cogitantibus, et ideo resurrectionem carnis non credentibus, occurrit formositas. Sed quemadmodum si statua cujuslibet solubilis metalli aut igne liquesceret, aut contereretur in pulverem, aut confunderetur in massam, et eam vellet artifex rursus ex illius materiæ quantitate reparare, nihil interesset ad ejus integritatem quæ particula materiæ, cui membro statuæ redderetur, dum tamen totum, ex quo restituta fuerit, resumeret : ita Deus, mirabiliter atque ineffabiliter artifex, de toto quo caro nostra constiterat, eam mirabili et ineffabili celeritate restituet. Nec aliquid attinebit ad ejus redintegrationem utrum capilli ad capillos redeant et ungues ad ungues, an quidquid eorum perierat, mutetur in carnem et in partes alias corporis revocetur, curante artificis providentia, ne quid indecens fiat.

Nolite ergo vos timere, quia multis passeribus meliores estis vos. (*Maur.*) Meliores dicit quia rationales, quia ad imaginem Dei creati, quia æterni : propter hominem enim creata sunt bruta animalia, ut haberet ille nutrimentum atque servitium, non propter jumenta, homo.

Omnis ergo qui confitebitur me coram hominibus, confitebor et ego eum coram Patre meo qui est in cœlis. (*Hilar.*) Confessio hoc in loco intelligenda est, de qua dicit Apostolus : *Corde creditur ad justitiam, ore autem confessio fit ad salutem* (*Rom.* x). Quia enim Dominus superius præmisit : *Ecce ego mitto vos sicut oves in medio luporum. Et iterum : Tradent enim vos in conciliis, et in synagogis flagellabunt vos, et eritis odio omnibus propter nomen meum*, ne aliquis persecutionibus territus diceret apud semetipsum : Fidem meam quam Deo soli debeo, si inter homines mihi pronuntiare non licet, tamen eam in corde illi conservo, quam foris propter rabiem persecutorum pronuntiare non valeo ; huic infirmæ cogitationi Dominus respondit, dicens : *Qui autem negaverit me coram hominibus*, id est, natum, passum et mortuum, *negabo et ego eum coram Patre meo qui in cœlis est*. Negare enim quod Deus non sit, nec pagani possunt ; tamen filium, quod sit Deus sicut et Pater, confiteri nisi a fidelibus non potest. Negatur ergo quisque a Filio apud Patrem, cui non manifestatur in divinitatis potentia Filius ; et confitebitur a Filio apud Patrem, qui per Filium accessum habuerit ad Patrem. (MAUR.) Sive aliter : hæc confessio quidem non verborum tantum sonum, sed operum quærit effectum ; quia sunt quidam, Apostolo testante, qui *confitentur verbis se nosse Deum*, *factis autem negant* (*Tit.* I) : quorum confessio vana est ; ait enim ipsa Veritas : *Non omnis qui dicit mihi*, *Domine*, *Domine*, *intrabit in regnum cœlorum*, *sed qui facit voluntatem Patris mei qui in cœlis est*, *ipse intrabit in regnum cœlorum* (*Matth.* VII).

Confitetur ergo bonus Christianus Dominum Jesum coram hominibus ea fide quæ per dilectionem operatur, mandata Domini fideliter implendo : et confitetur Dominus confessorem suum coram Patre suo, in æterna videlicet beatitudine illum feliciter remunerando.

Qui autem negaverit me coram hominibus, *negabo et ego eum coram Patre meo qui est in cœlis*. Negare enim Christum coram hominibus, est præceptis ejus non velle acquiescere, et in conspectu hominum pravi exempli notam agere : quem Dominus coram Patre suo denegat, quia visione ejus perpetua indignum esse judicat. (*Greg.*) Sed ecce nunc apud homines dicunt : Nos jam Dominum et sermones ejus non erubescimus, quia aperta eum voce confitemur. Quibus ego respondeo quod in hac plebe Christiana sunt nonnulli qui Christum ideo confitentur quia cunctos Christianos esse conspiciunt : non ergo ad probationem fidei vox sufficit, quem defendit a verecundia professio generalitatis. Est tamen ubi se quisque interroget, ut in confessione Christi se veraciter probet, si non jam nomen ejus erubescit, si plenæ virtute mentis humanum pudorem subdidit.

Certe enim persecutionis tempore erubescere poterant fideles, substantiis nudari, de dignitatibus dejici, verberibus affligi : pacis autem tempore, quia hæc a nostris persecutoribus desunt, est aliud ubi ostendamur nobis : veremur sæpe a proximis despici, dedignamur injurias verbi tolerare ; si contingat jurgium fortasse cum proximo, erubescimus priores satisfacere : cor quippe carnale, dum hujus vitæ gloriam quærit, humilitatem respuit.

[IV.] *Nolite arbitrari quia venerim mittere pacem in terram. Non veni pacem mittere, sed gladium*. Supra dixerat : *Quod dico vobis in tenebris, dicite in lumine ; et quod in aure auditis, prædicate super tecta*. (*Hieron*.) Nunc infert quid post prædicationem sequatur. Ad fidem Christi totus orbis contra se divisus est. Unaquæque domus et infideles habuit et credentes, et propterea bellum missum est bonum, ut rumperetur pax mala. Tale quid et in Genesi adversum rebelles homines qui admoti fuerant de Oriente, et turrim exstruere festinabant, per quam cœli alta penetrarent, fecisse scribitur Deus, ut divideret linguas eorum (*Gen.* XI).

Unde et in psalmo David precatur : *Dissipa, Domine, gentes quæ bella volunt* (*Psal.* LXVII). Quod et Isaias sub typo Ægypti prophetice præcinit, dicens : *Ecce Deus ascendit super nubem levem, et ingredietur Ægyptum, et movebuntur simulacra Ægypti a facie ejus, et cor Ægypti tabescit in medio ejus ; et concurrere faciam Ægyptios adversus Ægyptios* (*Isai.* XIX) ; his videlicet contra fidem, illis pro fide dimicantibus.

Veni enim separare hominem adversus patrem suum, et filiam adversus matrem suam, et nurum adversus socrum suam : et inimici hominis domestici ejus. Hic locus prope eisdem verbis in Michæa propheta scribitur (*Mich.* VII). Et notandum ubicunque de Veteri Instrumento testimonium ponitur, utrum sensus tantum maneat, an sermo consentiat. (*Beda.*) Notandum autem quod Lucas evangelista in hac sententia Salvatoris quinque in una domo divisos narrat. *Erunt enim*, inquit, *quinque in una domo divisi : tres in duo, et duo in tres dividentur* (*Luc.* XII). Ob hoc considerandum est quomodo quinque divisos dicat, cum videatur sex personarum subjecisse vocabula, patris scilicet et filii, matris et filiæ, socrus et nurus ; intelligendumque eamdem socrus quam matris nomine designatam ; quia, quæ mater est filii, ipsa et socrus est uxoris ejus : ideoque illa ipsa et in filiam suam, et in nurum dicitur esse divisa. Quas si quis divisiones etiam allegorice quærat interpretari, *tres in duo et duo in tres dividuntur*, quia boni malis, et mali bonis sentiunt atque agunt adversa.

Tria namque ad eos qui fidem summæ Trinitatis servant, pertinere, nemo qui dubitet. Duo quoque illis congruere qui a fidei unitate dissentiunt, et multis Scripturarum locis, et ibi maxime comprobatur, quod immunda in arca animalia sub hoc numero retinentur. Et sola in Genesi secundi diei opera visa a Deo, quia bona sunt, non dicuntur (*Gen.* I). Pater hic diabolus est, cujus aliquando filii non illo creante, sed nobis imitantibus, eramus, dicente Domino : *Vos ex patre diabolo estis* (*Joan.* VIII). Sed postquam vocem monentis audivimus : *Obliviscere populum tuum et domum patris tui* (*Psal.* XLIV) ; venit ignis ille, id est, gratia spiritalis separavit nos ab invicem, ostendit alterum Patrem, cui diceremus : *Pater noster, qui es in cœlis*. Mater Synagoga, filia est Ecclesia primitiva, quæ et eam, de qua genus duxit, Synagogam fidei persecutricem sustinuit, et ipsa eidem Synagogæ fidei veritate contradixit. Socrus Synagogæ nurus est Ecclesia de gentibus; quia sponsus Ecclesiæ Christus filius est Synagogæ, dicente Apostolo : *Quorum patres et ex quibus Christus secundum carnem (Rom.* ix).

Socrus igitur, id est mater sponsi, et in nurum, sicut prædiximus, suam et in filiam divisa est, quia Synagoga carnalis sive de circumcisione, sive de præputio, credentes persequi non cessat. Sed et ipsæ in socrum matremque sunt divisæ, nolentes circumcisionem recipere carnalem, ut Actus apostolorum docent, cum quibus antea consuetudine implicatus erat : nulla enim apud eos jura custodiri possunt, inter quos fidei bellum est.

Qui amat patrem aut matrem plus quam me, non est me dignus; qui amat filium aut filiam super me, non est me dignus. (Hieron.) Qui ante præmiserat : *Non veni pacem mittere, sed gladium*, et dividere homines adversus patrem, et matrem, et socrum, ne quis pietatem religioni anteferret, subjecit dicens : *Qui amat patrem aut matrem plus quam me*. Et in Cantico legimus canticorum : *Ordinate in me charitatem (Cant.* ii). Hic ordo in omni affectu necessarius est. Ama, post Deum, patrem, ama matrem, ama filios. Si autem necessitas venerit, ut amor parentum ac filiorum Dei amori comparetur, et non possit utrumque servari, odium in suos pietas in Deum est. Non ergo prohibuit amare aut patrem, aut matrem, sed assignanter addit : *Qui amat patrem aut matrem plus quam me, non est me dignus.*

Et qui non accipit crucem suam, et sequitur me, non est me dignus. In alio Evangelio scribitur *(Luc.* ix) : *Qui non accipit crucem suam quotidie.* Ne semel putemus ardorem fidei posse sufficere, semper crux portanda est, ut semper nos Christum amare doceamur. *(Beda.)* Crux quippe a cruciatu dicitur, et duobus modis crucem Domini bajulamus : cum aut per abstinentiam carnem afficimus, aut per compassionem proximi necessitatem illius nostram putamus; qui enim dolorem exhibet in aliena necessitate, crucem portat in mente. Sciendum vero est quod sunt nonnulli qui carnis abstinentiam non pro Deo, sed pro inani gloria exhibent. Et sunt plerique qui compassionem proximo non spiritaliter impendunt, ut ei non ad virtutem sed quasi miserando ad culpas faveant : hi itaque crucem quidem videntur ferre, sed Dominum non sequuntur. Unde recte hæc eadem Veritas dicit : *Qui non accipit crucem suam, et sequitur me, non est me dignus;* accipere etenim crucem, et post Deum ire, est vel carnis abstinentiam, vel compassionem proximo studio æternæ intentionis exhibere : nam quisquis hæc pro temporali intentione exhibet, crucem quidem bajulat, sed ire post Deum recusat. *(Maur.)* Quod autem hic et superius, *non est me dignus*, dicit, significat quidem illum divino consortio esse indignum, qui delicias mundi et consanguinitatis carnalem amorem præponit spirituali amori, et propter minima et caduca maxima et æterna quærere negligit.

Qui invenit animam suam, perdet eam. (Beda.) Hic ergo animæ nomine vita præsens designatur, qua quisque animaliter cupit vivere. Et duobus modis hæc sententia recte potest intelligi, sed ad unum omnino finem uterque intellectus refertur, ut videlicet adversa pro Christo pati, imo ipsam mortem non timeamus obire : qui enim minante mortem persecutore negaverit Christum, magis eligit ad tempus salvare animam suam, negando hanc procul dubio æternæ perditioni præparat; item qui salutem animæ suæ quærit æternam, temporaliter eam inter persecutorum manus perdere, hoc est in mortem dare, non dubitat. Utrique autem sensui congruit apte quod sequitur :

Et qui perdiderit animam suam propter me, inveniet eam. Id est, qui hic perdiderit, illic vivificabit : qui propter Christum morti tradiderit, tota die æstimans eam ut ovem occisionis, exsurgente tunc et adjuvante Christo, liberam eam inveniet propter nomen Christi.

Qui recipit vos, me recipit; et qui me recipit, recipit eum qui me misit. (Hilar.) Docet in se etiam mediatoris officium : quicunque sit receptus a nobis, atque ille profectus ex Deo sit, Deus per illum transfusus in nos sit; atque ita qui apostolos recipit, Christum recipit : qui vero Christum recipit, Patrem Deum recipiet, quia non aliud in apostolis recipit quam quod in Christo est, neque in Christo aliud est quam quod in Deo est. Perque hunc ordinem gratiarum non aliud est apostolos recepisse, quam Deum, quia et in illis Christus, et in Christo Deus habitet. Ecce ordo pulcherrimus, cum ad prædicationem mittit, docet pericula non timenda, affectum subjicit statui religionis, aurum supra tulerat, æs de zona excusserat, dura evangelistarum conditio.

Unde ergo sumptus, unde victus necessaria ? Austeritatem mandatorum spe temperat promissorum : *Qui recipit*, inquiens, *vos, me recipit; et qui recipit me, recipit eum qui me misit.* Ut in suscipiendis apostolis unusquisque credentium se suscepisse Christum arbitretur, et in resurrectione Christi credat se Deum Patrem accepisse, talem se utique ac tantum vult credi, qualis et quantus est Pater : Usque adeo enim, inquit, nihil distat inter me et eum, ut qui me recipit, recipiat eum qui me misit.

Qui recipit prophetam in nomine prophetæ, mercedem prophetæ accipiet ; et qui recipit justum in nomine justi, mercedem justi accipiet. (Greg.) In quibus verbis notandum est quia non ait, Mercedem de propheta, vel, Mercedem de justo, sed, *Mercedem prophetæ*, et, *Mercedem justi.* Aliud est enim merces de propheta, aliud merces prophetæ ; atque aliud merces de justo, aliud merces justi. Quid est enim *mercedem prophetæ accipiet*, nisi quia is qui prophetam sua largitate sustentat, quamvis ipse prophetiam non habeat, apud omnipotentem tamen Dominum prophetiæ præmia habebit: iste enim fortasse justus est, et quanto in hoc mundo nihil possidet, tanto loquendi pro justitia fiduciam majorem habet. Hunc dum ille sustentat qui in hoc mundo aliquid possidet, et fortassis aliquid adhuc pro justitia loqui libere non præsumit, justitiæ illius libertatem sibi participem facit, ut cum eo pariter justitiæ præmia recipiat, quem sustentando juvit, quatenus eamdem justitiam libere loqui potuisset. Ille spiritu prophetiæ plenus est, sed tamen corporeo eget alimento. Et si corpus non reficitur, certum est quod vox ipsa subtrahatur. Qui igitur alimentum prophetæ propter hoc quod propheta est, tribuit, prophetiæ illius vires ad loquendum dedit. Cum propheta ergo mercedem prophetæ recipiet, quia etsi spiritu prophetiæ plenus non fuit, hoc tamen ante Dei oculos exhibuit quod audivit [adjuvit]. (*Hieron.*) Sive aliter: Qui recipit prophetam ut prophetam, et intelligit eum de futuris loquentem, hic mercedem prophetæ accipiet. Igitur Judæi, carnaliter intelligentes prophetas, mercedem non accipient prophetarum. Item aliter: In omni professione zizanium mistum est tritico. Præmiserat: *Qui recipit vos, me recipit; et qui me recipit, recipit eum qui me misit.* Ad susceptionem magistrorum discipulos provocaverat. Poterat esse occulta credentium responsio: Ergo et pseudoprophetas et Judam proditorem debemus suscipere et illis alimoniam ministrare. Hoc Dominus ante procurans dicit non personas suscipiendas esse, sed nomina, et mercedem non perdere suscipientes, licet indignus fuerit qui susceptus sit.

Et quicunque potum dederit uni ex minimis istis, calicem aquæ frigidæ tantum, in nomine discipuli, amen *dico vobis non perdet mercedem suam.* Legimus in propheta David: *Ad excusandas excusationes in peccatis* (*Psal.* CXL), quod multi peccatorum suorum quasi justas prætendant occasiones, ut quod voluptate [*Al.,* voluntate] delinquunt videantur necessitate peccare; sed Dominus scrutator cordis et renum, qui futuras cogitationes in singulis contuetur, dixerat: *Qui recipit vos, me recipit.* Sed quia hoc præceptum multi pseudoprophetæ et falsi prædicatores poterant impedire, medicatus est huic quoque scandalo, dicens: *Qui recipit justum in nomine justi, mercedem justi accipiet.* Rursus poterat alius causari et dicere: Paupertate prohibeor, tenuitas me retinet ut hospitalis esse non possim. Et hanc excusationem levissimo præcepto delevit, ut calicem aquæ frigidæ toto animo porrigamus. Frigidæ, inquit, aquæ, et non calidæ, ne et in calida paupertatis et inopiæ lignorum occasio quæreretur. Tale quid et Apostolus, sicut ante jam diximus, ad Galatas præcepit: *Communicet autem,* inquit, *is qui catechizatur ei qui se catechizat in omnibus bonis* (*Gal.* VI), et discipulos ad magistrorum refrigeria cohortatur. Et quia poterat quilibet obtendere paupertatem, et præceptum eludere, priusquam ille proponat, imminentem solvit quæstionem, dicens: *Nolite errare, Deus non irridetur. Quæ autem seminaverit homo, et metet* (*Ibid.*). Et est sensus: Frustra causaris inopiam, cum aliud habeat conscientia: et me potes fallere cohortantem, sed scio quod quantumcunque seminaveris, tantum et messurus es.

Nam quia finivit Evangelista hoc in loco sermones Domini, quos cum apostolis habuit, simul et nos hunc librum finientes cum illo, aliud initium sermonum et factorum ejus in sequenti libro sumamus.

LIBER QUARTUS.

CAPUT XI.

Jesu legatis ab Joanne missis respondet, de eoque turbas docet: increpat civitates quæ credere noluerunt. Confessio ejus ad Patrem, et de ejus jugo suavi, etc.

Cum autem sermones Domini de convocatione apostolorum et de instructione eorum Matthæus explicuisset, quasi ad alia transmigrans sic subsecutus est, dicens:

[I.] *Et factum est cum consummasset Jesus, præcipiens duodecim discipulis suis, transiit inde ut doceret in civitatibus eorum.* Rememorans igitur evangelista illum locum in quo Dominus ad discipulos suos dixit: *Messis quidem multa, operarii vero pauci. Rogate Dominum messis ut mittat operarios in messem suam,* usque ad illud ubi ait: *Hos duodecim misit Jesus, præcipiens eis et dicens: In viam gentium ne abieritis et in civitates Samaritanorum ne intraveritis: sed potius ite ad oves quæ perierunt domus Israel,* ostendit ipsum Dominum id factis ut bonum magistrum implere, quod eum constat verbis ante mandasse. Transiit ergo et prædicavit in civitatibus Judæorum, ut eis occasionem credulitatis tribueret; et si oblatum munus supernæ gratiæ nequiter spernerent, inexcusabiles forent, quia quod Deus eorum promisit, veraciter implevit, mittens eis Unigenitum suum salvatorem et propugnatorem, qui liberaret eos: *Prophetam,* videlicet, *eis suscitans, de fratribus suis* quem legislator eis promisit (*Deut.* XVIII). Et ob hoc eisdem evenit quod idem legifer prædixit: quod qui prophetam illum audire et recipere nollet, exterminaretur anima ejus de populis suis. Ipsique auctores et testes perditionis suæ jure exstiterant, quia tempus visitationis suæ attendere neglexerant. Sequitur post hæc evangelista et dicit:

Joannes autem cum audisset in vinculis opera Christi, mittens duos de discipulis suis, ait illi: Tu es qui venturus es, an alium exspectamus? (*Hieron.*) Non quasi ignorans interrogat; ipse enim cæteris ignorantibus demonstrat, dicens: *Ecce Agnus Dei, ecce* qui *tollit peccata mundi* (*Joan.* 1) ; et Patris vocem intonantis audierat : *Hic est Filius meus dilectus, in quo mihi complacui* (*Matth.* III) ; sed quomodo Salvator interrogat ubi sit positus Lazarus, ut qui locum sepulcri indicabant, saltem sic pararentur ad fidem, et viderent mortuum resurgentem : sic et Joannes interficiendus ab Herode, discipulos suos mittit ad Christum, ut per hanc occasionem videntes signa atque virtutes, crederent in eum, et magistro interrogante, sibi discerent. (*Hilar.*) Misit quoque ad Dominum, ut auctoritatem dictis suis illius opera conferrent, ne Christus alius exspectaretur, quam cui testimonium opera præstitissent. Sed præbetur in his quæ a Joanne gesta sunt intelligentia amplior; et cum facti efficientia, gratia in eo expressa sentitur : ut propheta ipse, ipso quoque conditionis suæ genere prophetaret, quia in eo forma legis elata est. Christum enim lex annuntiavit, et remissionem peccatorum prædicavit, et regnum cœlorum spopondit : et Joannes hoc opus totum legis explevit. Igitur cessante jam lege, quæ peccatis plebis inclusa, et populi vincta vitiis, ne Christus posset intelligi, vinculis et carcere continebatur. Ergo ad Evangelia contuenda lex mittit, ut infidelitas fidem dictorum contempletur in factis : et quod intra eam peccatorum fraude sit vinctum, per intelligentiam libertatis evangelicæ abluatur [*Al.*, absolvatur].

[*Hieron.*] Quod autem superbirent discipuli Joannis adversus Dominum, et haberent aliquid mordacitatis ex livore et invidia, superior quoque interpretatio demonstravit, evangelista referente : *Tunc accesserunt discipuli Joannis dicentes : Quare nos et Pharisæi jejunamus frequenter, discipuli autem tui non jejunant?* Et alibi : *Magister, cui tu testimonium præbuisti ad Jordanem, ecce discipuli ejus baptizant, et plures veniunt ad eum.* Quasi dixerint : Nos deserimur, hic raritas, et ad illum turba concurrit. *Tu es*, inquit, *qui venturus es, an alium exspectamus?* Non ait : Tu es qui venisti, sed, *Tu es qui venturus es.* Cujus sententiæ talis esse potest sensus : Manda, inquit, mihi, quia ab inferna descensurus sum, utrum te et inferis debeam nuntiare, qui nuntiavi superis : an non conveniat Filio Dei ut gustet mortem, et alium ad hæc sacramenta missurus es.

Et respondens Jesus ait illis : Renuntiate Joanni quæ audistis et vidistis. Cæci vident, claudi ambulant, leprosi mundantur, surdi audiunt, mortui resurgunt, et pauperes evangelizantur, et beatus est qui non fuerit scandalizatus in me. (*Hieron.*) Joannes interrogaverat per discipulos : *Tu es qui venturus es, an alium exspectamus?* Christus signa demonstrat, non ad ea respondens quæ interrogatus fuerat, sed ad scandalum nuntiorum. *Ite*, inquit, *et dicite Joanni signa quæ cernitis*, cæcos videntes, claudos ambulantes, etc., et, quod his non minus est, pauperes evangelizatos. Vel pauperes spiritu, vel certe opibus pauperes, ut nulla inter nobiles et ignobiles, inter divites et ægros, in prædicatione distantia sit. Hæc magistri rigorem, hæc præceptoris comprobant veritatem, quando omnis apud eum qui salvari potest æqualis est. Quod autem ait : *Et beatus qui non fuerit scandalizatus in me*, interim nuntios [internuntios] percutit, sicut in consequentibus demonstrabitur.

Abeuntibus autem illis, cœpit Jesus dicere ad turbas de Joanne : Quid existis in desertum videre? arundinem vento agitatam? Sed quid existis videre? hominem mollibus vestitum? Ecce qui mollibus vestiuntur in domibus regum sunt. Si superior sententia contra Joannem prolata fuerat, ut plerique arbitrantur, in eo quod ait : *Beatus est qui non fuerit scandalizatus in me*, quomodo nunc Joannes tantis laudibus prædicatur? Sed quia turba circumstans interrogationis mysterium nesciebat, ita ut putaret Joannem dubitare de Christo, quem ipse monstraverat, ut intelligerent Joannem non sibi interrogasse, sed discipulis suis. *Quid existis*, inquit, *in desertum :* nunquid ob hoc ut hominem videretis calamo similem, qui omni vento circumfertur, ut levitate mentis de eo ambigeret, quem antea prædicaverat? An forsitan stimulis invidiæ contra me cogitur, et prædicatio ejus vanam sectatur gloriam, ut ex eo quærat lucra? Cur divitias cupiat, ut affluat dapibus. Locustis vescitur et melle silvestri. An ut mollibus vestiatur? Pili camelorum tegmen ejus sunt. Istiusmodi cibus et vestis carceris hospitio recipiuntur, et prædicatio veritatis tale habet habitaculum. Qui autem falso prædicant adulatores sunt, sectantur lucra, quærunt divitias, et deliciis affluunt, et mollibus vestiuntur, isti in domibus regum sunt. Ex quo ostenditur rigidam vitam et austeram prædicationem vitare debere aulas regum, et mollium hominum palatia declinare, quæ frequentant qui bysso, serico et mollibus vestiuntur.

Sed quid existis videre? prophetam? Etiam dico vobis et plusquam prophetam. Hic est enim de quo scriptum est : Ecce ego mitto angelum meum ante faciem tuam, qui præparabit viam tuam ante te. In eo Joannes prophetis cæteris major est, quod quem illi prædicaverant esse venturum, hic venisse digito demonstravit dicens : *Ecce Agnus Dei, ecce qui tollit peccata mundi.* Et cui ad fastigium prophetale etiam Baptistæ accessit privilegium, ut suum Dominum baptizaret, unde infert meritorum [αὔξησιν] mentionem [*Del.*, mentionem] faciens de Malachia testimonium, in quo etiam angelus prædicatur (*Malach.* II). Angelum autem hic dici Joannem non putemus naturæ societate, sed officii dignitate, id est nuntium, quod venturum Deum nuntiaverat. (*Greg.*) Recte ergo qui nuntiare supernum judicem mittitur, angelus vocatur, ut dignitatem servet in nomine quam explet operatione. Altum quidem nomen est, sed vita nomine inferior non est.

Amen dico vobis, non surrexit inter natos mulierum major Joanne Baptista. Inter mulierum, inquit, natos. His ergo præfertur hominibus qui de mulieribus nati sunt, et de concubitu viri, et non ei qui est natus ex Virgine et Spiritu sancto. Quanquam in eo quod dixit : *Non surrexit inter natos mulierum major Joanne Baptista*, non cæteris prophetis, patriarchis cunctisque hominibus Joannem prætulit, sed Joanni cæteros exæquavit : non enim statim sequitur, ut si alii majores eo non sunt, ille major aliorum sit cunctorum, ut æqualitatem cum cæteris sanctis habeat.

Qui autem minor est in regno cœlorum major est illo. Multi de Salvatore hoc intelligi volunt, quod qui minor est tempore, major sit dignitate. Nos autem simpliciter intelligamus quod omnis sanctus qui jam cum Deo est, major sit illo qui adhuc consistit in prælio. Aliud est enim coronam victoriæ possidere, aliud adhuc in acie dimicare, quia [*Al., quidam*] novissimum angelum in cœlis Domino ministrantem volunt meliorem accipere quolibet primo homine qui versatur in terris.

A diebus autem Joannis Baptistæ usque nunc regnum cœlorum vim patitur, et violenti diripiunt illud. (*Hilar.*) Ire Dominus apostolos ad oves perditas Israel jusserat : ipsos constitui oportebat in regno, et in Abrahæ, et in Isaac, et Jacob familia, atque agnatione retineri. Sed omnis hæc prædicatio profectum publicanis et peccatoribus afferebat. Ex his enim jam credentes, et ex his jam apostoli, ex his jam regnum cœlorum. Cæterum Joanni a plebe non creditur, auctoritatem Christi opera non merentur, crux futura erat scandalo. Jam prophetia cessat, jam lex expletur, jam prædicatio omnis excluditur, jam Eliæ spiritus in Joannis voce præmittitur. Aliis Christus prædicatur, ab aliis agnoscitur; aliis nascitur, ab aliis diligitur. Sui eum respuunt, alieni suscipiunt; proprii insectantur, complectuntur inimici. Hæreditatem adoptio expetit, familia rejicit. Testamentum filii repudiant, servi recognoscunt. Itaque vim regnum cœlorum patitur, inferentesque diripiunt : quia gloria Israel a patribus debita, a prophetis nuntiata, a Christo oblata, fide gentium occupatur et rapitur. Item aliter : quærendum est quomodo perpeti vim regnum cœlorum possit? Quis enim cœlo violentiam irrogat? Et rursus quærendum est, si pati vim regnum cœlorum potest, cur eamdem vim a diebus Joannis Baptistæ, et non etiam ante, pertulerit. Sed cum lex dicat, Si quis hæc vel illa fecerit, morte moriatur, cunctis legentibus liquet quia peccatores quosque pœna suæ severitatis perculit, non autem per pœnitentiam ad vitam reduxit

Cum vero Joannes Baptista, Redemptoris gratiam præcurrens, pœnitentiam prædicat, ut peccator, qui ex culpa est mortuus, per conversionem vivat, profecto a diebus Joannis Baptistæ regnum cœlorum vim patitur. Quid est autem regnum cœlorum, nisi locus justorum? solis enim justis cœlestis patriæ præmia debentur, ut humiles, casti, mites atque misericordes, ad gaudia superna perveniant. Cum vero quis vel superbia tumidus, vel carnis facinore pollutus, vel iracundia accensus, vel crudelitate impius, post culpas ad pœnitentiam redit, et vitam æternam percipit, quasi in locum peccator intrat alienum. (*Hieron.*) Unde si primus Joannes, ut supra diximus, pœnitentiam populis nuntiavit, dicens : *Pœnitentiam agite, appropinquat enim regnum cœlorum*, consequenter a diebus illis *regnum cœlorum vim patitur, et violenti diripiunt illud*. Grandis est enim violentia, in terra nos esse generatos, et cœlorum sedem quærere; per virtutem possidere quod non potuimus possidere per naturam.

Omnes enim prophetæ, et lex usque ad Joannem prophetaverunt. Non quod post Joannem excludat prophetas. Legimus in Actibus apostolorum (*Act.* XI), et Agabum prophetasse, et quatuor virgines filias Philippi; sed quo lex et prophetæ quos scriptos legimus, quidquid prophetaverunt de Domino vaticinati sunt. Quando ergo dicitur, *omnes prophetæ et lex usque ad Joannem prophetaverunt*, Christi tempus ostenditur, ut quem illi dixerunt venturum esse, Joannes venisse ostenderit.

Et si vultis recipere, ipse est Elias qui venturus est. Qui habet aures audiendi, audiat. Hoc quod dictum est : *Si vultis recipere, ipse est Elias*, mysticum esse, et egere intelligentia sequens sermo Domini demonstrat, dicens : *Qui habet aures audiendi, audiat*. Si enim planus esset sensus, et manifesta sententia, quid necesse fuit nos ad illius intelligentiam præparari? Elias ergo Joannes dicitur, non secundum stultos philosophos et quosdam hæreticos, qui introducunt animas in corpora alia reverti : sed quod juxta aliud testimonium Evangelii, venerit *in spiritu et virtute Eliæ*, et eamdem sancti Spiritus vel habuerit gratiam vel mensuram. Sed et vitæ austeritas rigorque mentis Eliæ et Joannis paria [pares] sunt : ille in eremo, et iste in eremo; ille zona pellicea cingebatur, et iste simile habuit cingulum. Ille quoniam regem Achab et Jesabelem impietatis arguit, fugere compulsus est; iste quia Herodis et Herodiadis illicitas nuptias arguit, capite truncatur. Sunt quidam qui propterea Joannem Eliam vocari putent, quomodo in Salvatoris adventu secundo, juxta Malachiam (*Malach.* II), præcessurus est Elias, et venturum judicem nuntiaturus; sic Joannes in primo adventu fecerit; et uterque sit nuntius vel primi adventus Domini, vel secundi.

Cui autem similem æstimabo generationem istam? Similis est pueris sedentibus in foro, qui clamantes coæqualibus dicunt: Cecinimus vobis, et non saltastis; lamentavimus, et non planxistis. (*Aug.*) Generatio Judæorum comparatur pueris sedentibus in foro : quia doctores olim et prophetas accipiebat, de quibus dicitur : *Ex ore infantium et lactentium perfecisti laudem* (*Psal.* VIII); et alibi : *Declaratio sermonum tuorum illuminat me, et intellectum dat parvulis* (*Psal.* CXVIII), id est, humilibus spiritu. Forum autem Dominicum vel Synagoga vel ipsa est Jerusalem, in qua præceptorum cœlestium jura recondebantur, ubi ad invicem juxta Lucam, sive juxta hunc Matthæum, ad coæquales suos loquebantur : quia generis gentisque suæ populis patria quotidie voce solebant exprobrare quod nec psalmis primo Davidicis allecti, nec threnis postea correpti voluerunt annuere propheticis. Quoties victoria de hoste vel futura præcinebatur, vel facta recolebatur, nec ad laudes, nec ad virtutis opera consentiebant assurgere. Nam saltationis verbo non histrionici motus, sinuati corporis rotatus, sed impigri devotio cordis, et religiosa membrorum designatur agilitas. Quoties excidia vel facta vel fugienda prophetarum lamenta resonabant, et nec sic auditores ad salutaris pœnitentiæ remedia confugere curabant. Canit Psalmista (*Psal.* LXXX) : *Exsultate Deo adjutori nostro, jubilate Deo Jacob, sumite psalmum, et date tympanum* etc. Sed quid sequitur : *Et non audivit populus vocem meam, et Israel non intendit mihi (Ibid.).* Clamat propheta : *Hæc dicit Dominus : Convertimini ad me in toto corde vestro, in jejunio, et fletu, et planctu ; et scindite corda vestra, et non vestimenta vestra (Joel.* II). Et iterum : *Ventrem meum, ventrem meum doleo, sensus cordis mei conturbati sunt in me: non tacebo, quia vocem buccinæ audivit anima mea, clamorem prælii (Jer.* IV). Et paulo post, *Quia stultus populus meus me non cognovit, filii insipientes sunt, et vecordes. (Ibid.)*

Venit enim Joannes, neque manducans, neque bibens, et dicunt : Dæmonium habet. Venit filius hominis, manducans et bibens, et dicunt : Ecce homo vorax, et potator vini, publicanorum et peccatorum amicus. Sicut, inquit, tunc, sic et nunc utramque salutis viam respuitis. Nam quod ait : *Lamentavimus, et non plorastis,* ad Joannem pertinet, cujus abstinentia a cibis et potu luctum pœnitentiæ significabat. Quod autem ait : *Cecinimus vobis, et non saltastis,* ad ipsum Deum pertinet, qui utendo cum cæteris cibo et potu, lætitiam regni figurabat. At illi nec humiliari cum Joanne, nec cum Christo gaudere voluerunt, dicentes illum dæmonium habere ; istum voracem, et ebriosum, et amicum publicanorum et peccatorum. Quod autem subjungit :

Et justificata est sapientia a filiis suis, id est, Dei sapientia atque doctrina. Ac si aperte diceret : Ego qui sum Dei virtus, et Dei sapientia, ista fecisse ab apostolis meis comprobatus sum, quibus revelavit Pater quæ a sapientibus absconderat, atque a prudentibus apud semetipsos.

(*Aug.*) Ostendit filios sapientiæ intelligere nec in manducando nec in abstinendo esse justitiam, sed in æquanimitate tolerandi inopiam, et temperantia per abundantiam non se corrumpendi, atque opportune sumendi vel non sumendi ea quorum non usus, sed concupiscentia reprehendenda est. *Non est enim regnum Dei esca et potus, sed justitia, et pax, et gaudium.* (*Rom.* XIV). Et quia solent homines multum gaudere de carnalibus epulis, addidit. *In Spiritu sancto,* in quo vera satietas tribuitur. In quibusdam ergo Evangeliis legitur : *Justificata est sapientia ab operibus suis ;* sapientia quippe non quærit vocis testimonium, sed operum.

[II.] *Tunc cœpit exprobrare civitatibus in quibus factæ essent plurimæ virtutes, quia non egissent pœnitentiam.* (*Hieron.*) Exprobratio civitatum Chorozain, et Bethsaida, et Capharnaum, capituli hujus titulo panditur. Quod ideo exprobraverit eis, quia post factas virtutes et signa quamplurima non egerunt pœnitentiam.

Væ tibi, Chorozain, væ tibi, Bethsaida. (*Aug.*) Chorozain, quæ interpretatur *mysterium meum,* et Bethsaida, quæ *domus fructuum* vel *domus venatorum* dicitur, sicut et Capharnaum, atque Tiberias, quas Joannes nominat, civitates sunt Galilææ, sitæ in littore laci Gennesareth, qui Jordane fluente efficitur, et ab evangelistis etiam mare Galilææ, vel mare Tiberiadis appellatur. Plangit ergo Dominus civitates quæ quondam mysterium Dei tenuerunt, et virtutum jam fructum gignere debuerunt : in quas et spiritales venatores missi sunt, quod post tanta miracula atque virtutes non pœnituerunt, pejoresque gentilibus qui naturale solummodo jus dissipabant, post descriptæ legis contemptum, Filium quoque Dei conculcare gratiamque ingrati spernere non timuerunt. Quærimus ergo ubi scriptum sit quod in Chorozain et Bethsaida Dominus signa fecerit. Supra legimus : *Et circumibat Jesus civitates et omnes vicos, curans omnem infirmitatem,* et reliqua. Inter cæteras ergo urbes et vicos æstimandum est in Chorozain quoque et Bethsaida Dominum fecisse.

Quia si in Tyro et Sidone factæ essent virtutes quæ factæ sunt in vobis, olim in cilicio et cinere pœnitentiam egissent. (*Aug.*) Denique impletum videmus hodie dictum Salvatoris. Quia scilicet Chorozain et Bethsaida, præsente Domino, credere noluerunt ; Tyrus autem ac Sidon et quondam David ac Salomoni amicæ fuere, et post evangelizantibus Christi credidere discipulis : tantaque fidem devotione susceperunt, ut Paulum apostolum Tyro abeuntem, cuncti cives cum uxoribus et filiis usque foras prosequerentur (*Act.* XXI) ; pulcherrimoque spectaculo tanta hominum multitudo paucissimos hospites, sed pro Christi fide charissimos, ad naves usque valefactura deduceret. Sed quare non olim his qui credere potuerunt, verum Judæis qui credere noluerunt, sit evangelizatum, ipsius est scire cujus *universæ viæ misericordia et veritas.* (*Psal.* XXIV).

Propositum namque fuerat Domino Judææ fines non excedere, ne justam Pharisæis et sacerdotibus occasionem persecutionis daret. Sane quod Dominus ait : *In cilicio et cinere pœniterent* : in cilicio, quod de pilis caprarum texitur, asperam peccati pungentis memoriam, qua in die judicii sinistra pars est induenda, significat ; in cinere autem mortis considerationem, per quam tota humani generis massa in pulverem est redigenda, demonstrat.

Notandum autem quod Tyrus metropolis est Phœnicis, in tribu Nephthalim. Hæc quondam insula fuit posita alto mari, sed nunc contigua terræ. Sidon quoque urbs est Phœnicis insignis, olim terminus Chananæorum, ad aquilonem respiciens, et postea regionis Judææ. Cecidit autem in sortem tribus Aser, sed non eam possedit, quia hostes nequaquam valuit expellere. Interpretantur autem Tyrus *angustia*, et Sidon *venatio*, et significant gentes quas venator diabolus in angustia peccati comprehendit, sed Salvator Jesus per Evangelium absolvit.

Et tu, Capharnaum, nunquid usque ad cœlum exaltaberis? an usque in infernum descendes? In altero exemplari reperimus : *Et tu, Capharnaum, quæ usque ad cœlum exaltata es, usque ad inferna descendisti*. Et est duplex intelligentia : vel ideo ad inferna descendes, quia contra prædicationem meam superbissime restitisti, vel ideo quia exaltata es usque ad cœlum meo hospitio et meis signis, tantum habens privilegium, majoribus plecteris suppliciis, quod his quoque credere noluisti. In Capharnaum autem, quæ interpretatur *villa pulcherrima*, condemnatur incredula Hierusalem, cui dicitur per Ezechielem : *Justificata est Sodoma, soror tua, ex te*. (*Ezech*. XVI). Unde et consequenter subditur :

Quia si in Sodomis factæ fuissent virtutes quæ factæ sunt in te, forte mansissent in hunc usque diem. (MAURUS.) Minoris ergo injustitiæ Sodoma et quasi justa esse dicitur in comparatione majoris injustitiæ Hierusalem, cum illa exemplis Lot non fuerit correcta, et ista Filii Dei verbis et miraculis semper exstiterit ingrata. Imo prophetas nec non et ipsum Salvatorem occidit, et apostolos ejus persecuta est.

Verumtamen dico vobis quia terræ Sodomorum remissius erit quam tibi. Remissior ergo eorum erit pœna, quorum minor est culpa; et in eos fortior procederet vindicta, quorum major est noxa.

[III.] *In illo tempore respondens Jesus dixit : Confiteor tibi, Pater, Domine cœli et terræ*. Confessio non semper pœnitentiam, sed et gratiarum actionem significat, ut in Psalmis sæpissime legimus. Audiant qui Salvatorem non natum sed creatum calumniantur, quod Patrem suum vocet, cœli autem Dominum et terræ. Si enim et ipse creatura est, et creatura conditorem suum Patrem similiter appellare potest, stultum fuit non et sui et cœli, et terræ Dominum vel Patrem similiter appellare.

Quia absconditi hæc sapientibus et prudentibus, et revelasti ea parvulis. Gratias agit et exsultat in Patre quod apostolis adventus sui aperuerit sacramenta, quæ ignoraverunt scribæ et Pharisæi, qui sibi sapientes videntur et in conspectu suo prudentes. *Justificata sapientia a filiis suis*. Ubi pulchre sapientibus et prudentibus non insipientes et hebetes, sed parvulos, id est humiles, opposuit, ut probaret se tumorem damnasse non acumen : quia hæc est clavis de qua alibi dicit : *Tulistis clavem scientiæ* (*Luc.* XI), id est, humilitatem fidei Christi, qua ad divinitatis ejus agnitionem pervenire poteratis, spernentes, abjicere maluistis.

Ita, Pater, quoniam sic fuit placitum ante te.

(*Hieron.*) Blandientis affectu loquitur ad Patrem, ut cœptum in apostolos beneficium compleatur. (*Greg.*) His Domini verbis exempla humilitatis accipimus ne temere discutere superna consilia de aliorum vocatione aliorumve repulsione præsumamus. Cum enim intulisset utrumque, non mox rationem reddidit, sed sic Deo placitum dixit : hoc videlicet ostendens quia injustum esse non potest quod placuit justo. Unde et in vinea mercedem laborantibus reddens, cum quosdam operarios inæquales in opere æquaret in præmio, et plus in mercede quæreret qui labori amplius insudasset, ait : *Nonne ex denario convenisti mecum? volo autem et huic novissimo dare sicut et tibi. Aut non licet mihi quod volo facere?* (*Matth.* XX). In cunctis ergo quæ exterius disponuntur aperte causa rationis est, occultæ justitia voluntatis.

Omnia mihi tradita sunt a Patre meo. Et tradentem Patrem, et accipientem Filium, mystice intellige. Alioquin, si juxta fragilitatem nostram sentire volumus, cum cœperit habere qui accipit, incipiet non habere qui dederit. Cum *omnia* legis, omnipotentem agnoscis, non decolorem, non degenerem Patri ; cum *tradita* legis, Filium confiteris, cui per naturam omnia unius substantiæ jure sunt propria, non dono collata per gratiam. *Tradita* autem sibi *omnia*, non cœlum, et terra, et elementa intelligenda sunt, et cætera quæ ipse fecit et condidit, sed hi qui per Filium accessum habent ad Patrem, et ante rebelles, Deum postea sentire cœperunt.

(*Hilar.*) *Tradita* autem non alia sunt quam quæ in Filio soli nota sunt Patri ; *nota* vero Filio soli esse quæ Patris sunt : atque ita in hoc mutuæ cognitionis secreto intelligitur non aliud in Filio quam in Patre ignorabile exstitisse.

Et nemo novit Filium nisi Pater ; neque Patrem quis novit nisi Filius, et cui voluerit Filius revelare. Non ita intelligendum est quasi Filius a nullo possit sciri nisi a Patre solo, Pater autem non solum a Filio, sed etiam ab eis quibus revelaverit Filius : sed ad utrumque referendum est quod ait : *Et cui voluerit Filius revelare*, ut et Patrem intelligamus et ipsum Filium per Filium revelari : quia ipse est mentis nostræ lumen. Verbo enim suo se Pater declarat, Verbum autem non solum id quod per Verbum declaratur, sed etiam seipsum declarat. Erubescat Eunomius, tantam sibi notitiam Patris et Filii, quantam alterutrum inter se habent, jactans. Quod si inde contendit et suam consolatur insaniam quia sequitur : *Et cui voluerit Filius revelare*, aliud est naturæ æqualitate nosse quod noverat, aliud revelantis dignatione.

[IV.] *Venite ad me, omnes qui laboratis et onerati estis, et ego reficiam vos*. Gravia onera esse peccati et Zacharias propheta testatur, dicens *iniquitatem sedere super talentum plumbi* (*Zach.* v) : Et Psalmista complorat : *Iniquitates meæ aggravatæ sunt super me* (*Psal.* XXXVII). Vel certe eos qui jugo legis gravissimo premebantur ad Evangelii invitat gratiam. Unde et sequitur :

Tollite jugum meum super vos, et discite a me quia mitis sum et humilis corde. Jugum enim Christi Evangelium est Christi, quod Judæos et gentes in unitate fidei conjungit et sociat : hoc enim super nos jubemur sumere, id est, in honore habere, ne forte subtus ponentes, id est, prave illud contemnentes, lutulentis pedibus vitiorum conculcemus. Discere item jubemur ab ipso *quia mitis est, et humilis corde.*

Hoc etiam in baptismo ejus Spiritus sanctus in columbæ specie super ipsum descendens significabat, quia potestatem ejus mansuetudo temperabat. De quo propheta dicit : *Non clamabit, neque accipiet personam, neque audietur foris vox ejus. Calamum quassatum non conteret et lignum fumigans non exstinguet : in virtute educet judicium. Non erit tristis, neque turbulentus, donec ponat in terra judicium, et legem ejus insulæ exspectabunt (Isa.* XLII*).*

Discendum ergo nobis est a Salvatore nostro ut simus mites moribus et humiles mentibus, ut neminem lædamus, neminem contemnamus, neminem frustra irritemus, per fastum neminem contemnamus : et virtutes quas foris ostendimus in opere, intus veraciter teneamus in corde. Qui enim fingit se esse aut mitem, aut humilem, et non ex pura intentione, sub ovina pelle lupum tegit, et sub specie columbæ fel serpentinum celat. Non enim est iste discipulus Christi, sed imitator diaboli. Et frustra laborat quia non ad æternam requiem, sed perpetuum tendit ad ignem, vera enim requies est, quam Salvator sequenti sermone demonstrat dicens :

Et invenietis requiem animabus vestris. Qui enim Christi sequitur vestigia, et mansuetudinem ejus, et humilitatem, longanimitatem et patientiam quantum prævalet imitatur, hic anima ejus jam lætatur in spe, et in futuro in perpetua gaudebit requie, atque æterna cum sanctis angelis perfruetur beatitudine, sicut per Jeremiam prophetam ipse testatur dicens : *State super vias, et videte et interrogate de semitis antiquis, quæ sit via bona, et ambulate in ea, et invenietis refrigerium animabus vestris (Jer.* VI*).*

Jugum enim meum suave est, et onus meum leve est. (*Hieron.*) Quomodo levius lege Evangelium, cum in lege homicidium, in Evangelio ita damnetur. Qua ratione Evangelii gratia facilior, cum in lege adulterium, in Evangelio concupiscentia puniatur? In lege multa præcepta sunt quæ Apostolus non posse compleri plenissime docet. In lege opera requiruntur, quæ qui fecerit vivet in eis. In Evangelio voluntas quæritur : quæ si etiam effectum non habuerit, tamen præmium non amittit. Evangelium ea præcipit quæ possumus : ne scilicet concupiscamus ; hoc in arbitrio nostro est. Lex, cum voluntatem non puniat, punit effectum : ne adulterium facias. Finge in persecutione aliquam virginem prostitutam : hæc apud Evangelium, quia voluntate non peccavit, virgo suscipitur : in lege quasi corrupta repudiatur. Item

hæc sententia qua Dominus dicit : *Jugum enim meum suave est, et onus meum leve est,* satis quibusdam videtur adversum illi sententiæ quam eadem Veritas alibi protulit : *Angusta,* inquit, *via est quæ ducit ad vitam.* Et Propheta Domino ait : *Propter verba labiorum tuorum ego custodivi vias duras* (*Psal.* XVI). Quippe cum Apostolus dicat : *Omnes qui volunt pie vivere in Christo, persecutiones patientur* (*II Tim.* III). Quidquid autem durum et persecutionibus refertum, nec leve potest esse nec suave. Sed verissimam Domini ac Salvatoris nostri esse sententiam, experientiæ ipsius probabimus documento. Si perfectionis viam legitime et secundum voluntatem Christi fuerimus aggressi, et mortificantes omnia desideria nostra ac voluntates noxias abscindentes, non solum nihil residere nobis de hujus mundi cupiditate siverimus, per quam utique cum libitum fuerit vastandi nos ac dilacerandi potestatem inimicus inveniet, sed etiam nostri ipsi non esse nos dominos senserimus : illud apostolicum in veritate complentes, *Vivo autem non ego, vivit vero in me Christus* (*Gal.* II). Quid enim grave esse poterit, quid durum ei qui jugum Christi tota mente susceperit, qui vera humilitate fundatus, semperque ad Domini respiciens passiones, in omnibus quæ sibi fuerint irrogatæ lætatur injuriis, dicens : *Propter quod complaceo mihi in infirmitatibus, in contumeliis, in necessitatibus, in persecutionibus, in angustiis pro Christo. Cum enim infirmor, tunc potens sum* (*II Cor.* XII). Via ergo salutis angusta dicitur, quia, sicut beatus Pater noster Benedictus ait, non est nisi angusto initio incipienda, processu vero conversationis et fidei dilatato corde, inenarrabili dilectionis dulcedine curritur via mandatorum Dei.

(*Hilar.*) Quid enim jugo Christi suavius, quid onere levius? probabilem fieri, ab scelere abstinere, bonum velle, malum nolle, amare omnes, odisse nullum, æterna consequi, præsentibus non capi, nolle inferre alteri quod sibi ipsi perpeti sit molestum.

CAPUT XII.

Discipuli spicas vellunt. Jesus sanat manum aridam, et dæmoniacum cæcum et mutum : Pharisæis signum Jonæ dat, etc.

[I.] *In illo tempore abiit Jesus sabbato per sata, discipuli autem ejus esurientes cœperunt vellere spicas et manducare.* (*Hieron.*) Ut in alio quoque evangelista legimus, propter nimiam importunitatem ejus [*Del.* ejus], nec vescendi quidem habebant locum, et ideo quasi homines esuriebant. Quod autem spicas segetum manibus confringebant, et inediam consolantur, vitæ austerioris indicium est, non præparatas epulas, sed cibos simpliciter [simplices] quærentium.

Pharisæi autem videntes dixerunt ei : Ecce discipuli tui faciunt quod non licet facere sabbatis. Nota quod primi apostoli Salvatoris litteram sabbati destruunt, adversum Ebionitas, qui, cum cæteros recipiant apostolos, Paulum quasi transgressorem legis repudiant. Mystice autem apostoli per sata transeunt, illa videlicet de quibus Dominus ait : *Levate oculos vestros, et videte regiones, quia albæ sunt jam ad messem, et qui metit, mercedem accipiet*, cum doctores sancti eos quos in fide veritatis instituere quærunt, cura piæ sollicitudinis inspiciunt, et qualiter unumquemque quove ordine ad salutem attrahere debeant, sedula consideratione perpendunt : atque ideo nihil melius esurire, quam salutem intelligunt hominum. Quam ipse messorum primus quondam inter preces esuriens, mox oblatis sibi eis, quas desiderabat, dapibus, audivit, *Surge, Petre, occide et manduca* (*Act*. x). Et mira sacramenti concordia. Quia et ibi mactari ac manducari jubentur animalia cœlitus missa, et hic spicas Domino lustrante consecratas evulsisse discipuli, atque juxta aliorum narrationem evangelistarum, *confricantes manibus* manducasse perhibentur.

Hoc est enim quod ait Apostolus : *Mortificate membra vestra quæ sunt super terram, et exuite vos veterem hominem cum actibus ejus* (*Coloss*. III). Quia non aliter transit quisque in corpus Christi, non aliter doctorem profectus sui fructibus pascit, quam si, veteribus concupiscentiis abdicatis, novo dilectionis mandato novus homo fuerit factus. Vellere itaque spicas est homines a terrena intentione, qua solum mentis quasi radicem fixerant, eruere. Fricare autem manibus, exemplis virtutum ab ipsa etiam carnis concupiscentia, quasi folliculis atque ex tegumentis aristarum puritatem mentis exuere. Grana vero manducare est emundatum quemque a sordibus vitiorum per ora prædicantium Ecclesiæ membris incorporari. Et bene hæc discipuli prægredientes ante Dominum fecisse commemorantur. Quia doctoris necesse est sermo præcedat, et sic cor auditoris subsequens gratia supernæ visitationis illustret. Bene sabbatis, quia sancti doctores in prædicando et ipsi pro spe futuræ quietis laborant, et auditores æque suos admonent non propter amorem sæculi supervacuis insistere negotiis, sed potius pro æterna requie bonis insudare laboribus.

Item per sata ambulant cum Domino qui, divinis obtemperare studentes imperiis, solerter eloquia sacra meditari delectantur. Esuriunt in satis, cum in eisdem sacris eloquiis, quæ legendo pertranseunt, panem vitæ invenire desiderant, hoc est ad illa curant verba pervenire quibus ampliorem in se sui Conditoris amorem incendant. Et hoc in sabbatis, cum, sopita mente a turbulentis cogitationibus, vacare gaudent et videre quam *suavis est Dominus*, quamque *beatus vir qui sperat in eo* (*Psal*. XXXIII), assumptoque pietatis et humilitatis habitu, ad requiem animarum suarum attingere contendunt : vellunt spicas quæ forte occurrunt, et tandiu versant manibus contritasque purgant, donec ad escam perveniant : cum testimonia Scripturarum, ad quæ legentes perveniunt, meditando assumunt, et tandiu scrutatione sedula discutiunt, donec in eis medullam dilectionis, quæ latere videbatur, invenientes extra-

hant. Sicut enim asperitate aristarum, quæ horrent, velantur grana tritici quæ reficiunt, ita sæpe sub ea quæ videbatur vilitate litteræ, teguntur dona divinæ dilectionis, quæ mentes fidelium esurientes sitientesque justitiam suavitatis internæ dapibus pascant. Verum hæc mentium refectio stultis quidem sabbati defensoribus displicet, sed a Domino sabbati probatur : quia qui solam litteræ superficiem sequuntur, nec veram mentium refectionem nosse, nec ad internam pervenire animarum requiem norunt. Unde temeritas eorum merito Veritatis ore confunditur, dum subditur :

At ille dixit eis : Non legistis quid fecerit David, quando esuriit, et qui cum eo erant : quomodo intravit in domum Dei, et panes propositionis comedit, quos non licebat ei manducare, neque his qui cum eo erant, nisi solis sacerdotibus ? (*Hieron*.) Ad confutandam calumniam Pharisæorum, veteris recordatur historiæ : quando David fugiens Saulem venit in Nobe, et ab Achimelech sacerdote susceptus, postulavit cibos ; qui cum panes laicos non haberet, dedit ei consecratos, quibus non licebat vesci nisi solis sacerdotibus et Levitis (*I Reg*. XXI). Et hoc tantum interrogavit, *si mundi essent pueri a mulieribus*, et illo respondente *ab heri et nudius tertius*, non dubitaverit panes dare, melius arbitratus, propheta dicente : *Misericordiam volo, et non sacrificium* (*Ose*. VI), de famis periculo homines liberare quam Deo offerre sacrificium. Hostia enim Deo placabilis hominum salus est. Opponit ergo Dominus, et dicit : Si et David sanctus est, et Achimelech pontifex a vobis non reprehenditur, sed legis uterque mandatum probabili excusatione transgressi sunt, et fames in causa est, cur eamdem famem non probatis in apostolis, quam probatis in cæteris ? Quanquam et in hoc multa distantia sit. Isti spicas in sabbato manu confricant, illi panes comederunt Leviticos.

(*Beda*.) Coquebantur enim panes propositionis ante sabbatum, et sabbato mane oblati super sacram mensam ponebantur, bisseni ad alterutros conversi, duabus patinis aureis superpositis, thure plenis, quæ permanebant usque ad aliud sabbatum, et tunc pro illis alii deportabantur : illi vero sacerdotibus exhibebantur, et thure incenso in igne sacro in quo omnia holocausta fieri solebant, aliud thus super alios duodecim panes adjiciebatur ; qua hora superveniens David panes consecratos accepit. Nec non ad abbati solemnitatem accedebant Neomeniarum dies, quibus in convivio requisitus fuit ex aula regia.

(*Aug*.) Figurate autem, quod David et pueri ejus panes accepere sanctificatos, ostendit sacerdotalem cibum ad usum transiturum esse populorum : sive quod omnes vitam sacerdotalem debemus imitari, sive quod omnes filii Ecclesiæ sacerdotes sunt. Ungimur enim in sacerdotium sanctum, offerentes nosmetipsos Deo hostias spiritales.

Aut non legistis in lege quia sabbatis sacerdotes in templo sabbatum violant et sine crimine sunt ? (*Hieron*.)

Calumniamini, inquit, discipulos meos cur per segetes transeuntes spicas triverint, et hoc fecerint famis necessitate cogente, cum ipsi sabbatum violetis in templo immolantes victimas, cædentes tauros, holocausta super lignorum struem incendio concremantes, et, juxta alterius Evangelii fidem, *circumcidentes parvulos in sabbato:* ut dum aliam legem servare cupitis, sabbatum destruatis. Nunquam autem leges Dei sibi contrariæ sunt. Et prudenter ubi discipuli sui transgressione argui poterant, David et Achimelech dicit exempla secutos ; verum autem et absque necessitatis obtentu sabbati prævaricationem in ipsos refert, qui calumniam fecerant.

Dico autem vobis quia templo major est hic. (MAUR.) In hac sententia Evangelii particula *hic* non est pronomen, sed adverbium loci, et significat quod templo major sit locus qui Dominum templi teneat; ac si diceret : Si figurale templum potuit defendere sacerdotes sibi servientes, cur spiritale non potest defendere discipulos sibi credentes? (*Hilar.*) Ostendit enim quia per se ipsum in apostolica doctrina, populo legis infideliter otiante, salus gentibus datur : quia major ipse sit sabbato, et absque violatæ legis culpa, evangelica fides operetur in Christo. Atque ut ostenderet omnem rerum efficientiam speciem futuri operis continere, adjecit :

Si autem sciretis quid est, Misericordiam volo, et non sacrificium, nunquam condemnassetis innocentes. (*Hieron.*) Quid sit *Misericordiam volo, et non sacrificium* , supra diximus. Quod autem sequitur , *Nunquam condemnassetis innocentes,* de apostolis est intelligendum, et est sensus · Misericordiam comprobatis Achimelech eo quod fame periclitantem David refocillaret et pueros ejus (*I Reg.* XI), quare meos discipulos condemnatis , qui nihil tale fecerunt ?

Dominus enim est filius hominis etiam sabbati. Si, inquit, David rex sacerdotali cibo pastus excusabilis est, et juxta alterius evangelistæ narrationem , sacerdotes sabbatum per templi ministerium violantes carent crimine, quanto magis filius hominis, qui verus rex est, et verus sacerdos, et ideo Dominus est sabbati, evulsarum sabbato spicarum noxa non tenetur? maxime cum idem Filius Dei cum Patre et Spiritu sancto non solum creator sit sabbati, sed etiam omnium temporum et totius mundi.

[II.] *Et cum transisset inde, venit in Synagogam eorum, et ecce homo manum habens aridam.* (*Aug.*) De isto homine qui manum habebat aridam etiam Marcus et Lucas non tacent (*Marc.* III; *Luc.* VI). Posset autem putari eo die factum et de spicis et de ipso sanato, quoniam sabbatum et hic commemoratur, nisi Lucas aperuisset alio sabbato factum esse de sanitate aridæ manus. Proinde quod Matthæus, *et cum inde transisset* , *venit in synagogam eorum,* non quidem venit nisi cum inde transisset ; sed post quot dies in synagogam eorum venerit postea quam a segete illa transiit non expressum est. Ac per hoc locus datur narrationi Lucæ, qui dicit alio sabbato hujus manum sanatam. Homo sane qui manum habebat aridam, humanum genus indicat in fecunditate boni operis arefactum, sed Domini miseratione curatum. Cujus dextera, quæ in primo parente dum vetitæ arboris poma decerperet, aruerat, per Redemptoris gratiam, dum insontes manus in arbore crucis tenderet, bonorum operum succis est restituta saluti. Et bene in synagoga manus erat arida : quia ubi scientiæ donum majus , ibi gravius est inexcusabilis noxæ periculum.

Et interrogabant eum dicentes : Si licet sabbatis curare ? ut accusarent eum. Quia destructionem sabbati, quam Pharisæi in discipulis arguebant , probabili exemplo excusaverat , ipsum calumniari volunt; et interrogabant utrum liceat curare in sabbatis : ut si non curaverit, crudelitatis aut imbecillitatis ; si curaverit, transgressorem accusent. Sabbatis præcipue Dominus in synagoga docet operaturque virtutes non solum propter insinuandum spiritale sabbatum , sed et propter celebriorem eo die populi conventum. Cui tunc ex antiqua patrum institutione moris erat, quia vacare a labore per legem jubebatur , legendis audiendisque Scripturis operam dare. Juxta quod in Actibus apostolorum Jacobus loquitur : *Moyses enim a diebus antiquis habet, qui eum prædicent in synagogis , ubi per omne sabbatum legitur* (*Act.* XV). Nam sicut hi quibus venandi ars est , ubi feras , pisces et volucres plus abundare didicerint , ibi sua maxime retia tendunt : ita et Dominus semper docuit in synagoga et in templo quo omnes Judæi conveniebant , volens omnes salvos fieri, et ad agnitionem veritatis venire.

Ipse autem dixit illis : Quis erit ex vobis homo , qui habeat unam ovem, et si ceciderit hæc sabbatis in foveam, nonne tenens levabit eam ? Quanto magis melior est homo ove ! Itaque licet sabbatis benefacere. (*Hieron.*) Sic solvit propositam quæstionem, ut interrogantes avaritiæ condemnaret. Si vos, inquit, in sabbato ovem et aliud quodlibet animal in foveam decidens eripere festinatis , non animali, sed vestræ avaritiæ consulentes , quanto magis ego hominem , qui multo melior est ove , debeo liberare ! Præveniens Dominus calumniam Judæorum, quam sibi perfida mente paraverant , arguit eos, quia legis præcepta prava interpretatione violarent, æstimando in sabbato etiam a bonis operibus feriandum , cum lex a malis abstinere jubeat, dicens, *Omne opus servile non facietis in eo* (*Levit.* XXIII) , id est, peccatum : *Omnis enim qui facit peccatum servus est peccati* (*Joan.* VIII) : eodem præcepto simul et futuri sæculi formam in præsentibus adumbrans, ubi qui per tres sæculi hujus ætates bona fecerunt, in septima quiete malorum tantummodo, non autem bonorum, sint ferias habituri ; nam licet sæcularia opera conquiescant, non otiosus tamen boni operis actus est in Dei laude quiescere.

Tunc ait homini : Extende manum tuam, et extendit. Sananda manus arida jubetur extendi, quia infructuosæ debilitas animæ nullo melius ordine quam eleemosynarum largitate curatur. Unde Joannes Baptista, turbis sciscitantibus quid facerent ut non velut arbores aridæ mitterentur in ignem, hoc solum præcepit : *Qui habet duas tunicas det non habenti, et qui habet escas similiter faciat* (*Luc.* III). Et in Ecclesiastico dicitur : *Fili, non sit manus tua ad accipiendum porrecta et ad dandum collecta* (*Eccli.* IV). Frustra enim manus ad Deum pro peccatis rogaturus expandit, qui non has ad viduam rogantem beneficium laturus extenderit; unde pulchre subjungitur :

Et restituta est sanitati, sicut altera. Humanum quippe genus ante adventum Salvatoris dexteram manum habuit languidam, et sinistram sanam, quia marcide torpebat ab eleemosynarum opere, et suæ tantum intenta erat studere utilitati. Sed adveniente Domino Jesu Christo, dextera illi sanatur ut sinistra : quia quod ante congregaverat avide, nunc præceptum est ei ut tribuat large; et fit illud quod scriptum est, ut *qui utuntur hoc mundo, tanquam non utentes sint* (*I Cor.* VII); et : *Qui multum habuit non abundabit, et qui modicum non minorabit* (*II Cor.* VIII).

(*Hieron.*) Notandum quoque quod in Evangelio secundum Hebræos, quo utuntur Nazaræni et Ebionitæ, et quod vocatur a plerisque Matthæi authenticum, homo iste, qui aridam habet manum, cæmentarius scribitur, istiusmodi vocibus auxilium precans : *Cæmentarius eram, manibus victum quæritans; precor te, Jesu, ut mihi restituas sanitatem, ne turpiter mendicem cibos.* Denique usque ad adventum Salvatoris manus, cui spiritalis ædificii cura delegata fuerat, arida in Synagoga Judæorum fuit, et Dei opera non fiebant in ea : postquam enim ille venit in terras, reddita est in apostolis credentibus dextera et operi pristino restituta.

(*Aug.*) Sed potest movere quomodo Matthæus dixerit quod ipsi interrogaverint Dominum, *Si licet sabbato curare?* volentes invenire accusandi occasionem; ipse vero illis de ove proposuerit similitudinem, dicens : *Quis erit ex vobis homo qui habeat ovem unam, et si ceciderit hæc sabbatis in foveam, nonne tenebit et levabit eam? Quanto melior est homo ove. Itaque licet sabbatis benefacere,* cum Marcus et Lucas illos toties a Domino interrogatos esse perhibeant, *Licet sabbato benefacere, an male? animam salvam facere, an perdere* (*Marc.* III, *Luc.* VI)? Itaque D intelligendum est quod illi prius interrogaverint Dominum, *si licet sabbato curare?* Deinde quod intelligens cogitationes eorum, aditum accusandi quærentium, constituerit in medio illum quem fuerat sanaturus, et interrogaverit quod Marcus et Lucas eum interrogasse commemorant. At tunc illis tacentibus proposuisse similitudinem de ove, et conclusisse quod liceat sabbato benefacere.

Postremo circumspectis eis *cum ira*, sicut Marcus dicit, contristatum super cæcitatem cordis eorum dixisse homini, *Extende manum tuam.* Sequitur Matthæus, ita contexens narrationem suam.

Exeuntes autem Pharisæi consilium faciebant adversus eum quomodo eum perderent. (MAUR.) Exeuntes ergo eos dicit, non adeuntes, vel appropinquantes, quia eorum mens prava semper a Domino aversa fuit, nec pertinebant ad eorum sortem quibus Scriptura dicit : *Accedite ad eum, et illuminamini,* et reliqua (*Psal.* XXXIII). Exeuntes videlicet cum magistro suo diabolo, de quo scriptum est : *Exivit Satan a facie Domini* (*Job.* I, II), consilium fecerunt quomodo vitam perderent, non quomodo ipsi vitam invenirent. Quod autem Domino iniqui moliuntur insidias livor in causa est : quid enim fecerat ut Pharisæos ad interfectionem sui provocaret, nempe quod homo extenderat manum suam. Quis enim Pharisæorum in die sabbati non extenderat manum, portans cibos, calicem porrigens et cætera quæ victui necessaria sunt : si ergo manum extendere, et alimenta sublevare vel potum, in sabbato non est criminis, cur hoc mali arguant quod ipsi facere coguntur; præsertim cum iste cæmentarius nihil tale portaverit, sed ad præceptum Domini salvam extenderit manum. Neque enim ille, qui *dixit, et facta sunt* (*Psal.* XXXII) omnia, sabbato laborare poterat convinci.

Jesus autem sciens, secessit inde. Sciens insidias eorum, quod vellent perdere Salvatorem suum, recessit inde, ut Pharisæis occasionem impietatis auferret. (*Beda.*) Secessit quasi homo fugiens persequentium insidias, quia neque adhuc venerat hora passionis ejus, neque extra Hierusalem fuit locus passionis. *Secessit,* fugiens sese odio persequentes, sed eo accessit ubi plures invenit sese per amorem sequentes. Nam subditur :

Et secuti sunt eum multi, et curavit eos omnes. Ecce Pharisæi, magistri videlicet plebis, unanimo Dominum consilio perdere quærunt; at turba indocta et vulgus undecunque collectum unanima cum dilectione sequuntur. Illi videntes opera virtutum ejus, et verba doctrinæ audientes, nihil amplius discere quam ut eum persequerentur valebant : isti, opinione tantum ducti virtutum ejus, congesto agmine permaximo, veniunt ad audiendum opemque salutis flagitandam. Unde mox suæ voluntatis ac desiderii consequi merentur effectum, plurimis a Domino sanatis, ut in sequentibus legitur, ubi exemplum dedit suis, si in una civitate persecutionem paterentur, in alteram fugiendi. Denique Paulus, exemplo Domini simul et præcepto edoctus, fugit e Damasco, ubi insidiis appetebatur pravorum; sed inde digressus, innumeros alibi qui se ad pietatem sequerentur invenit populos (*II Cor.* XI).

Et præcepit eis ne manifestum eum facerent. (MAUR.) Præcepit enim hoc non propter timorem mortis, ne forte proditus jam occideretur, cui erat in potestate anima sua, sed parcendo Judæis, ne ipsi invidia trucidarentur innocentem persequendo; de quibus alibi dicitur : *Vere stultos interficit iracundia, et parvulos occidit invidia* (*Job.* V). Nos autem tropologice instruit, ut cum aliquid magni fecerimus, laudem forinsecus non quæramus.

Ut adimpleretur quod dictum est per Isaiam prophetam, dicentem : Ecce puer meus quem elegi, dilectus meus, in quo bene complacuit animae meae (Isai. XLII). Quod enim propheta de illo futurum praedixit, necesse erat in ipso impleri, ut innocentia et mansuetudo ejus verum comprobaret prophetarum oraculum. Puer ergo Domini est Jesus, quia *formam servi accepit, et habitu est inventus ut homo (Phil.* III); sed tamen electus : quia ipse, sicut Scriptura dicit, *electus est ex millibus (Cant.* v), verus scilicet David, *vir secundum cor Domini inventus, qui fecit omnes voluntates ejus (Psal.* LXXXVIII). Electus est enim in opus quod nemo alius fecit, ut redimeret genus humanum et pacificaret mundum cum Deo : quando enim ipse eligitur, homo est ; quando eligit, Deus est. In duabus quidem naturis una persona est Christus. In ipso bene complacuit sibi anima Dei, quia ipse solus est agnus sine peccati macula, de quo et paterna vox dicit : *Hic est Filius meus dilectus, in quo mihi bene complacui.*

Ponam Spiritum meum super eum, et judicium gentibus nuntiabit. (Hieron.) Ex persona Patris hoc per prophetam dicitur. Spiritus quippe ponitur non super Dei Verbum et super Unigenitum, qui de sinu Patris processit, sed super eum de quo dictum est, *Ecce puer meus (Isa.* XLII); et item, *Requiescet,* inquit, *super eum spiritus Domini, spiritus sapientiae et intellectus, spiritus consilii et fortitudinis, spiritus scientiae et pietatis, et replebit eum spiritus timoris Domini (Isa.* LXI). Judicium ergo Dei Dominus Jesus gentibus nuntiavit, quia futurum judicium suum, quod illae minime crediderunt, per Evangelium suum et praedicatores Novi Testamenti patefecit, docuitque eas modo agere judicia justa et devitare judicia injusta. Sequitur :

Non contendet, neque clamabit, neque audiet aliquis in plateis vocem ejus (MAUR.) Non contendit ergo Christus, neque clamavit, neque audita est in plateis vox ejus, quia cum malediceretur non remaledicebat, cum pateretur non comminabatur. Tradebat autem se judicanti injuste, corpus suum dedit percutientibus, et genas suas vellentibus ; *sicut ovis ad occisionem ductus est, et non aperuit os suum (Isa.* L). Allegorice autem non audivit quisquam in plateis vocem Christi, quia lata est via quae ducit ad perditionem, et multi qui ingrediuntur per eam non audiunt vocem Salvatoris, quia non sunt in arcta via, sed in spatiosa.

Arundinem quassatam non confringet et linum fumigans non exstinguet. (Aug.) Arundinem quassatam Judaeos dicit, propter quod et unus populus erat et ab invicem discrepabant. Linum fumigans non exstinguet, populum videlicet a gentibus congregatum, qui, exstincto legis naturalis ardore, fumi amarissimi et qui noxius oculis est, tenebrosaeque caliginis involvebatur erroribus; quem non solum non exstinxit et redegit in cinerem, sed e contrario de parva scintilla et pene moriente maxima suscitavit incendia, ita ut totus orbis arderet igne Domini Salvatoris, quem venit mittere super terram (*Luc.* XII). Sive aliter : qui peccatori non porrigit manum, nec portat onus fratris sui, iste quassatum calamum confringit : et qui modicam scintillam contemnit in parvulis, hic linum exstinguit fumigans, quod Christus utrumque non fecit ; ad hoc enim venerat ut salvum faceret quod perierat, et ovem erroneam ad gregem in suis sacris humeris reportaret (*Luc.* XIX). Unde et sequitur :

Donec ejiciat ad victoriam judicium. Iste autem qui arundinem quassatam non contrivit, et linum fumigans non exstinxit, judicium quoque perduxit ad victoriam. Cujus *judicia vera sunt justificata in semetipsis (Psal.* XVIII), tandiu lumen praedicationis ejus in mundo resplendet, nulliusque contereretur nec superabitur insidiis, donec ponat in terra judicium et impleatur illud quod scriptum est : *Fiat voluntas tua, sicut in coelo et in terra (Matth.* VI). Aliter, hic patientiam et mansuetudinem suam Redemptor noster usque ad mortem servavit, donec illud judicium quod in eo agebatur ad victoriam perveniret. Quia postquam mortem carnis suae, quam pro nobis clementer suscepit, potenter resurgendo superavit, expulso principe hujus mundi victor ad regnum rediit, ibique in Patris dextera sedens regnabit, donec ponat omnes inimicos suos sub pedibus ejus (*Psal.* CIX).

Et in nomine ejus gentes sperabunt. Merito ergo in nomine ejus gentes sperabunt, quia ipse est semen de quo promissum est Abrahae quod in semine ejus benedicentur omnes gentes terrae. De quo et praedictus Isaias ait : *Radix Jesse, qui exsurget regere gentes, in eum sperabunt (Isa.* XI) ipsumque deprecabuntur.

In nomine quippe ejus omnes gentes sperabunt, quia, ut Petrus ait, *non est aliud nomen sub coelo datum hominibus, per quod possint salvari (Act.* IV). Sed *in nomine Jesu,* juxta Pauli vocem, *omne genu flectetur coelestium, terrestrium et infernorum ; et omnis lingua confitebitur quia Dominus Jesus in gloria est Dei Patris (Phil.* II).

[III.] *Tunc oblatus est ei daemonium habens, caecus et mutus, et curavit eum, ita ut loqueretur et videret.* Tria ergo signa simul in uno homine perpetrata sunt : caecus videt, mutus loquitur, possessus daemone liberatur ; quod et tunc quidem carnaliter factum est, sed quotidie completur conversatione credentium, ut, expulso primum daemone, fidei lumen aspiciant : deinde ad laudes Dei tacentia prius ora laxentur.

Et stupebant omnes turbae, et dicebant : Nunquid hic est filius David ? Pharisaei autem audientes dixerunt : Hic non ejicit daemones nisi in Belzebub principe daemoniorum. Turbis quippe quae minus eruditae videbantur Domini semper facta mirantibus, et filium David ob misericordiam et beneficia quae indigentibus praebebat praedicantibus, Pharisaei et Scribae contra vel negare haec, vel quae negare nequierant sinistra interpretatione pervertere laborabant, quasi non hæc divinitatis, sed immundi spiritus opera fuissent, id est Belzebub, qui deus erat Accaronam quidem *Bel* ipse est *Baal,* Zebub autem *musca* vocatur; nec juxta quædam mendosa exemplaria *l* littera, vel *d* in fine est nominis legenda, sed *b*, ut Belzebub : ergo *Baal muscarum*, id est, *vir muscarum,* sive *habens muscas* interpretatur, ob sordes videlicet immolatitii cruoris, ex cujus spurcissimo ritu vel nomine principem dæmoniorum cognominabant.

Jesus autem, sciens cogitationes eorum, dixit eis : Omne regnum divisum contra se desolabitur. (*Hieron.*) Non ad dicta, sed ad cogitata respondit, ut vel sic compellerentur credere potentiæ ejus, qui cordis videbat occulta. Si autem omne regnum in seipsum divisum desolatur, ergo Patris, et Filii, et Spiritus sancti regnum non est divisum : quod sine ulla contradictione, non aliquo impulsu desolandum, sed æterna est stabilitate mansurum. Si vero sanctæ et individuæ Trinitatis individuum, imo quia individuum, manet regnum, desistant Ariani minorem Patre Filium, minorem Filio sanctum dicere Spiritum, quia quorum unum est regnum, horum est et una majestas.

Et omnis civitas, vel domus divisa contra se non stabit. Non potest regnum et civitas contra se divisa perstare; sed quomodo concordia parvæ res crescunt, sic discordia maximæ dilabuntur. Si ergo Satanas pugnat contra se, et dæmon inimicus est dæmonis, deberet jam mundi venisse consummatio : nec haberent in eo locum adversariæ potestates, quarum inter se bellum, pax hominum est. Si autem putatis ob hoc, o Scribæ et Pharisæi, quod recessio dæmonum obedientia sit in principem suum, ut homines ignorantes fraudulenta simulatione deludant, quid potestis dicere de corporum sanitatibus quas Dominus perpetravit? Aliud est si membrorum quoque debilitates et spiritalium virtutum insignia dæmonibus ascribatis. (*Hilar.*) Potest et hoc aliter intelligi. Domus quoque et civitatis eadem est ratio quæ regni. Sed civitas hic Jerusalem indicatur, gentium semper gloriosa dominatu. Nunc posteaquam in Domino suum furorem plebs exarsit, et apostolos ejus cum credentium turba effugavit, discedentium illinc divisione non stabit: atque ita, quod mox consecutum est per hanc divisionem, civitatis illius denuntiatur excidium.

Et si Satanas Satanam ejicit, adversus se divisus est, quomodo ergo stabit regnum ejus? Dicti superioris malevolentiam, quo eum in Belzebub hæc agere loquebantur, eo ipso quo locuti sunt genere condemnantur, non intelligentes confessos se fuisse Belzebub esse divisum : et si ad divisionem suam coactus est, ut dæmon dæmonem perturbaret, et adversus se divisus ipse consisteret, hinc quoque æstimandum esse plus in eo qui diviserit quam in his qui divisi sint inesse virtutis. Ergo jam divisus est, et adversum se coactus est, regnumque ejus tali divisione est solutum, et non poterit stare, sed finem habet.

(*Aug.*) Hoc dicens ex ipsorum confessione volebat intelligi, quod in eum non credendo in regno diaboli esse delegissent : quod utique adversum se divisum stare non potest. Eligant ergo quod voluerint : si Satanas Satanam non potest ejicere, nihil contra Dominum quod dicerent invenire potuerunt; si autem potest, multo magis sibi prospiciens, et recedant de regno ejus, quod adversum se stare divisum non potest. In quo autem Dominus Christus ejiciat dæmones, ne dæmoniorum principem existimnent, attendant quod sequitur :

Et si ego in Beelzebub ejicio dæmones, filii vestri in quo ejiciunt? ideo ipsi judices erunt vestri. Dixit hoc utique de discipulis suis, illius populi filiis, qui certe discipuli Domini nostri Jesu Christi bene sibi conscii fuerant nihil se malarum artium a bono magistro didicisse, ut in principe dæmoniorum ejicerent dæmones. *Ideo*, inquit, *ipsi judices erunt vestri.* Ipsi, inquit, ipsi ignobilia et contemptibilia hujus mundi, in quibus non artificiosa malignitas, sed sancta simplicitas meæ virtutis apparet, ipsi testes mei, judices erunt vestri. (*Hieron.*) Aliter, filios Judæorum exorcistas gentis illius ex more significat, qui ad invocationem ejiciebant dæmones. Et coarctat eos interrogatione prudenti, ut confiteantur Spiritus sancti opus esse. Quod si expulsio, inquit, dæmonum in filiis vestris Deo, non dæmonibus deputatur, quare in me idem opus non eamdem habeat causam? Ergo *ipsi vestri judices erunt*, non potestate, sed comparatione, dum illi expulsionem dæmonum Deo assignant, vos Belzebub principi dæmoniorum.

Si autem ego in Spiritu Dei ejicio dæmonia, igitur pervenit in vos regnum Dei. In Luca istum locum ita scriptum legimus : *Si autem ego in digito Dei ejicio dæmones* (*Luc.* xi). Iste digitus [est] quem confitentur et Magi, qui contra Mosen et Aaron signa faciebant, dicentes, *Digitus est iste Dei* (*Exod.* iv), quo et tabulæ lapideæ scriptæ sunt in monte Sina (*Deut.* ix). Igitur si manus et brachium Dei Filius est, et digitus ejus Spiritus sanctus, Patris, et Filii et Spiritus sancti una substantia est, non te scandalizet membrorum inæqualitas, cum ædificet unitas corporis. (*Aug.*) Aliter, digitus Dei vocatur Spiritus sanctus, propter partitionem donorum, quæ in eo dantur unicuique propria, sive hominum, sive angelorum : in nullis enim membris nostris magis apparet partitio quam in digitis.

(*Hieron.*) Quod autem dicit : *Pervenit in vos regnum Dei,* vel ipsum se significat, de quo alio in loco scriptum est : *Regnum Dei intra vos est, et medius stat inter vos quem vos nescitis;* vel certe illud regnum quod et Joannes et ipse Dominus prædicaverunt : *Pœnitentiam agite, appropinquat enim regnum cœlorum* (*Joan.* 1). Et tertium regnum Scripturæ sanctæ, quod aufertur a Judæis, *et tradetur genti facienti fructum ejus* (*Matth.* xxi).

Aut quomodo potest quisquam intrare in domum fortis, et vasa ejus diripere, nisi prius alligaverit fortem, et tunc domum illius diripiet. (*Aug.*) Fortem dia bolum dicit, quia ipse tenebat, ne se possent ab illo viribus suis homines eruere, sed per gratiam Dei; vasa ejus, homines ab eo deceptos; domum ejus, mundum, qui in maligno positus est : in quo usque ad Salvatoris adventum male pacato potiebatur imperio, cum in cordibus infidelium sine ulla contradictione quiescebat. Alligavit autem fortem Dominus, id est, ab electorum seductione compescuit diabolum. Et tunc domum ejus diripuit, quia ereptos a diaboli laqueis eos quos suos esse prævidit Ecclesiæ suæ membris adunavit, ac per distinctas in ea variorum graduum dignitates ordinavit. Vel certe, domum ejus diripuit, quia omnes mundi partes, quibus olim hostis dominabatur antiquus, apostolis apostolorumque successoribus, ut in sua quisque provincia revocatos ab errore populos ad viam vitæ converteret, distribuit. Ostendit ergo per parabolam, sed jam manifestissimam, Dominus quod non corde fallax, operatione cum dæmonibus, ut calumniabantur, sed diversa prorsus atque adversa virtute divinitatis, homines a dæmonibus liberaret, ideoque grande scelus committerent, qui hoc quod Dei esse cognoverant, diaboli esse clamabant.

Qui non est mecum, contra me est; et qui non congregat mecum, spargit. Non putet quisquam de hæreticis dictum et schismaticis, quanquam et ita ex superfluo possit intelligi ; sed ex consequentibus textuque sermonis ad diabolum refertur, et quod non possint opera Belzebub Salvatoris operibus comparari. Ille cupit animas hominum tenere captivas, Dominus liberare ; ille prædicat idola, hic unius Dei notitiam; ille trahit ad vitia, hic ad virtutes revocat : quomodo ergo possunt habere concordiam inter se, quorum opera divisa sunt?

Ideo dico vobis, omne peccatum et blasphemia remittetur hominibus. Omnia peccata et blasphemiæ non passim dimittuntur omnibus hominibus, sed his qui dignam pro erratis suis in hac vita pœnitentiam egerint. Neque ullum habet locum pravæ assertionis vel Novatianus, ut pœnitentibus eis qui in martyrio suo lapsi sunt veniam neget esse tribuendam ; vel Origenes, ut asserat post judicium universale, transactis licet sæculorum voluminibus innumeris, cunctos peccatores ac blasphemos veniam peccatorum esse consecuturos, atque ad regnum cœleste perducendos: cujus errorem sequentia quoque Domini verba arguunt.

Spiritus autem blasphemia non remittetur. Qui ergo manifeste intelligens opera Dei, cum de virtute negare non possit, stimulatus invidia, calumniatur ; et Christum Deique Verbum, et opera Spiritus sancti dicit esse Belzebub: isti non dimittetur neque in præsenti sæculo, neque in futuro. Non quod negemus et ei, si pœnitentiam agere valuerit, posse dimitti ab eo qui *vult omnes homines salvos fieri, et in agnitionem veritatis venire* (Tit. I), sed quod ipsi judici et largitori veniæ credentes, qui se et pœnitentiam semper accepturum, et hanc blasphemiam nusquam dicit esse pœnitendam, credamus hunc blasphemum, exigentibus meritis, sicut nunquam ad remissionem, ita nec ad ipsos dignæ pœnitentiæ fructus esse perventurum : juxta hoc quod Joannes evangelista de quibusdam blasphemiæ suæ merito excæcatis veracissime scripsit : *Propterea non poterant credere, quia iterum dixit 'Isaias : Excæcavit oculos eorum, et induravit cor eorum : ut non videant oculis, et intelligant corde, et non convertantur, et sanem illos (Isa. VI).* Sola ergo blasphemia in Spiritum sanctum, quia quisque in similitudine diaboli et angelorum ejus contra conscientiam suam majestatem Deitatis oppugnare non trepidat, non habet remissionem in æternum, sed reus erit æterni delicti : sicut evangelista Marcus aperte declarat, qui, posito hoc Domini testimonio, subjunxit atque ait, *Quoniam dicebant, Spiritum immundum habet.* Nam neque hi qui Spiritum sanctum non esse, neque qui hunc esse quidem, sed Deum non esse, neque qui hunc Deum quidem esse, sed Patre Filioque minorem, credunt et confitentur, quia non invidentia diabolica, sed humana ignorantia ducti faciunt, hoc irremissibilis blasphemiæ crimine tenentur. Qua proprie principes Judæorum, et quisque similis, invidiæ peste corrupti majestatem blasphemant, sine fine peribunt.

Et quicunque dixerit verbum contra 'filium hominis remittetur ei. Ac si aliis verbis diceret : Quicunque convicia dixerit contra me, scandalizatus quippe carne mea, et me hominem tantum arbitrans, quod filius sim fabri et fratres habeam Jacobum, et Joseph, et Judam, et homo vorator, et vini potator sim, talis opinio atque blasphemia, quanquam culpa non careat erroris, tamen habet veniam propter corporis vilitatem. Nam in eo quod sequitur.

Qui autem dixerit contra Spiritum sanctum, non remittetur ei, neque in hoc sæculo, neque in futuro. (Greg.) Ex his verbis Domini datur intelligi quasdam culpas in hoc sæculo, quasdam vero in futuro laxari. Quod enim de uno negatur, consequens intellectus patet quia de quibusdam conceditur. Sed tamen hoc de parvis minimisque peccatis fieri posse credendum est : sicut est assiduus otiosus sermo, immoderatus risus, et peccatum curæ rei familiaris : quæ vix sine culpa vel ab ipsis agitur qui culpam qualiter declinari debeat sciunt : aut in non gravibus culpis errore ignorantiæ ; quæ cuncta etiam post mortem gravant, si adhuc in hac vita positis minime fuerint relaxata. Hoc tamen sciendum est quia illic, saltem de minimis, nil quisque purgationis obtinebit, nisi bonis hoc actibus in hac adhuc vita positus, ut illic obtineat, promereatur.

Aut facite arborem bonam et fructum ejus bonum. Aut facite arborem malam et fructum ejus malum. Ex fructibus siquidem arbor agnoscitur. Constringit eos syllogismo, quem Græci vocant δίλημμα [Al., ἀφύκτον], nos inevitabilem possumus appellare : qui interrogatos hinc inde concludit, et utroque cornu premit. Si, inquit, diabolus malus est, bona opera facere non potest; si autem bona opera sunt, quæ facta cernitis, sequitur ut non sit diabolus qui ea facit : neque enim fieri potest ut ex malo bonum, aut ex bono oriatur malum. (MAUR.) Mystice autem arbor bona Christus est, de quo Psalmista ait : *Erit tanquam lignum quod plantatum est secus decursus aquarum, quod fructum suum dabit in tempore suo* (*Psal.* 1). Dedit ergo hoc lignum fructum in tempore suo, id est, in tempore incarnationis suæ, quando Evangelium prædicavit, miracula multa fecit, sanitates infirmantibus impendit, Scripturarum intelligentiam tribuit, tenebris infidelitatis et peccatorum obcæcatos fidei et veritatis lumine illustravit ; ultime vero, perpetrata passione ac resurrectione sua, humanum genus, quod per pomum vetitum in mortem concidit, sua gratia ad vitam erexit. E contrario vero arbor mala diabolus est et omnes qui ad eum pertinent, hoc est scribæ et Pharisæi, et hæretici, et schismatici, et cæteri iniqui qui ex illa pessima radice pullulant. Horum ergo fructus est invidia, detractio, persecutio, blasphemia, hæresis, præcipitium mortis et vorago peccatorum. Sicut enim istæ duæ arbores distant genere, ita distant et germine. Unde et sequitur :

Progenies viperarum, quomodo potestis bona loqui cum sitis mali? (*Aug.*) Progenies viperarum eos dicit, quia diaboli filios eos appellat. (*Hieron.*) In tantum enim quis filius ejus est, in quantum eum peccando imitatur. Quod enim dicit : *Quomodo potestis bona loqui cum sitis mali*, ostendit illos arborem malam, et tales afferre fructus blasphemiæ redundantes, qualia habeant semina diaboli.

Ex abundantia enim cordis os loquitur. (*Aug.*) Humanum quidem judicium sæpe fallit, quia cor proximi nescit nisi ex ore et opere pensare. Dominus autem ipsum opus, et sermones nostros quos cordis os loquitur, judicat, qui ex qua intentione promantur verba non ignorat.

Bonus homo de bono thesauro profert bona, et malus homo de malo thesauro profert mala. (*Aug.*) Thesaurus cordis intentio est cogitationis, ex qua proventum operis æternus arbiter judicat. Unde fit plerumque ut minora bona nonnulla majora cœlestis gratiæ mercede operentur : videlicet, propter intentionem cordis qua majora voluerant patrare bona si possent ; (*Hieron.*) et alii majora virtutum opera ostentantes, ob incuriam cordis tepidi minora a Domino præmia sortiantur. Sed hoc in loco vel ipsos Judæos Dominum blasphemantes ostendit, de quali thesauro, id est, de abscondito cordis, blasphemiam proferant ; vel cum superiore quæstione hæret sententia, quod quomodo non possit bonus homo proferre mala, nec malus bona opera facere, sic non possit Christus mala, diabolus bona opera facere.

Dico autem quoniam omne verbum otiosum quod locuti fuerint homines, reddent rationem de eo in die judicii. Hoc quoque hæret cum superioribus, et est sensus : Si otiosum verbum quod nequaquam ædificat audientes, non absque periculo ejus qui loquitur, profertur, et in die judicii redditurus est unusquisque rationem sermonum suorum, quanto magis vos qui opera Spiritus sancti calumniamini, et dicitis me in Belzebub principe dæmoniorum ejicere dæmonia, redditturi estis rationem calumniæ vestræ. Otiosum verbum est quod sine utilitate et loquentis dicitur et audientis, id est si, omissa ratione, de rebus frivolis loquamur, et fabulas narremus antiquas. Cæterum qui scurrilitatem replicat, cachinnis ora dissolvit, et aliquid profert turpitudinis : hic non otiosi sermonis, sed criminosi tenebitur reus.

Ex verbis enim tuis justificaberis, et ex verbis tuis condemnaberis. Ex præcedentibus adhuc pendet sententia, ubi ait : *Ex abundantia cordis os loquitur.* Ex malis verbis dubium non est quod damnetur homo a Deo, quæ protulerit ; justificari autem ex bonis verbis nullo modo poterit, nisi de intimo cordis ea recta intentione proferat. Bona autem etiamsi sint, et non recto studio fuerint prolata, justificare non poterunt loquentem. Sicut nec Caiphas in prophetando justus inventus est, qui dixit, *Expedit ut unus moriatur homo pro populo, et non tota gens pereat* (*Joan.* 1). Illa ergo verba justificant loquentem, qui bonum quod ore profert, medullitus corde retinet, et intentione sana profert. In verborum enim pondere probatio consistit vitæ humanæ, quia, ut Salomon ait : *Mors et vita in manibus linguæ, et qui custodit os suum, custodit ab angustiis animam suam : Qui autem inconsideratus est ad loquendum, sentiet malum* (*Prov.* XVIII). Unde et Jacobus ait : *Lingua quidem modicum membrum est, et magna exaltat, lingua ignis est, universitas iniquitatis. Lingua constituitur in membris nostris, quæ maculat totum corpus, et inflammat rotam nativitatis nostræ inflammata a gehenna. In ipsa benedicimus Dominum, et Patrem, et in ipsa maledicimus homines, qui ad similitudinem Dei facti sunt : ex ipso ore procedit maledictio et benedictio* (*Jac.* III). Et item : *In multis*, inquit, *offendimus omnes, si quis in verbo non offendit, hic perfectus est vir* (*Ibid.*). Hoc enim verbum significavit cujus offensionem humana potest vitare fragilitas, ut est verbum blasphemiæ, doli, detractionis, maledictionis, superbiæ, jactantiæ, excusationis in peccatis, æmulationis, dissensionis, hæresis, mendacii, perjurii, sed et otiosæ, nec non etiam superfluæ locutionis in his quæ necessaria videntur. In hujuscemodi ergo verbo quisque se sine offensione custodit, hic perfectus est vir : qui autem verba catholicæ fidei et piæ confessionis in Dominum, et quæ ad proximorum instructionem atque utilitatem pertinent, profert, bona mercede dignus in æternum justificabitur.

[IV.] *Tunc responderunt ei quidam de scribis et Pharisæis dicentes : Magister, volumus a te signum videre.* (*Hieron.*) Sic signa postulant, quasi quæ viderant signa non fuerint. Sed in alio evangelista, quid petunt, plenius explicatur. *Volumus a te signum videre de cœlo.* Vel in more Eliæ ignem de sublimi venire cupiebant (*IV Reg.* 1), vel in similitudinem Samuelis tempore æstivo mugire tonitrua, coruscare fulgura, imbres ruere (*I Reg.* xii). Quasi non possint et illa calumniari, et dicere ex occultis et variis aeris passionibus accidisse. At [Nam] qui calumniaris ea quæ oculis vides, in manu tenes, utilitate sentis, quid facies de his quæ de cœlo venerunt? Utique respondebis et magos in Ægypto multa signa fecisse de cœlo.

Qui respondens ait illis : Generatio mala et adultera signum quærit. Egregie dixit *adultera*, quia dimiserat virum, et, juxta Ezechielem, multis se amatoribus copulaverat (*Ezech.* xvi).

Et signum non dabitur ei, nisi signum Jonæ prophetæ. Duplici fuerat quæstione pulsatus : quidam enim calumniabantur eum in Beelzebub ejecisse dæmonia : quibus hactenus est responsum ; et alii tentantes, signum de cœlo quærebant ab eo : quibus ab hinc respondere incipit ; non eis signum de cœlo, quod indigni erant videre, verum de profundo inferni tribuens, quale Jonas propheta naufragus cetoque sorbente voratus, sed de abysso ac mortis fauce liberatus, et accepit et dedit signum, videlicet incarnationis, non divinitatis, passionis, non glorificationis (*Jon.* ii, iii). Discipulis autem suis signum de cœlo dedit, quibus æternæ beatitudinis gloriam et prius figuraliter in monte transformatus, et post veraciter in cœlum sublevatus, ostendit. (*Aug.*) Ostendit quidem Judæos instar Ninivitarum peccatis gravibus involutos, et subversioni, si non pœnituerint, esse proximos. Verum sicut Ninivitis denuntiatur supplicium, et remedium demonstratur, ita etiam Judæi non debent desperare indulgentiam, si velint agere pœnitentiam, quia mors Salvatoris reconciliatio est mundi. Unde et sequitur :

Sicut fuit Jonas in ventre ceti tribus diebus et tribus noctibus, sic erit filius hominis in corde terræ tribus diebus et tribus noctibus. (Maur.) Quod ergo Jonas typum Salvatoris tenuerit, ex hoc loco manifestum est : quia sicut ille ad prædicationem Ninives, quæ interpretatur *speciosa*, ita Salvator ad salutem gentium missus est. Interpretatur siquidem Jonas *columba* sive *dolens* ; et merito hæc nomina competunt Redemptori nostro, super quem descendit Spiritus sanctus in specie columbæ, et secundum quod propheta de eo ait : *Vere languores nostros ipse tulit, et dolores nostros ipse portavit* (*Isa.* liii). Piscis autem qui Jonam devoravit in pelago significat mortem quam Christus perpessus est in mundo. In ventre ergo ceti Jonas erat tribus diebus et tribus noctibus, et Salvator noster in morte in sepulcro fuit tribus diebus et tribus noctibus. Tuncque completum est illud quod legitur in Osea : *Ero mors tua, o mors ; ero morsus tuus, o inferne?* (*Ose.* xiii). Et sicut Jonas in ventre piscis non permansit, sed ejectus est in aridam, ita Salvatoris nostri anima non relicta est in inferno, neque caro ejus vidit corruptionem, sed resurrexit in gloria. Nam illud quæstione non indignum esse videtur, quomodo Salvator tribus diebus et tribus noctibus in corde terræ fuerit, cum ipse in Parasceve hora quasi sexta sit crucifixus, et in una sabbatorum valde diluculo resurrexit a mortuis. Itaque intelligendum est illud synecdochice dictum, hoc est, si diei Parasceves partem, qua sepultus est, cum præterita nocte pro nocte et die accipias, hoc est, pro toto die sabbati noctem et diem integrum, et noctem Dominicam cum eodem die illuscescente ac per hoc incipiente, partem pro toto, habes profecto triduum et tres noctes. (*Aug.*) Nec illud etiam minus considerandum est quod simpla mors Redemptoris nostri profuit duplæ nostræ, et simpla ejus resurrectio profuit duplæ nostræ. Mors carnis ejus et resurrectio ejus mors carnis nostræ, et resurrectio ejus mors animæ nostræ et resurrectio est. Duas mortes nostras, et duas resurrectiones nostras, duo et duo quatuor sunt : unam mortem Domini et unam resurrectionem ejus adde ad quatuor nostras et sex faciunt. Igitur simplum Domini et duplum nostrum tres sunt, et tres partes habet senarii numeri, quod significaverunt triginta tres horæ, quibus fuit Dominus in inferno. Huic simplo congruunt duodecim horæ diurnæ, et viginti quatuor nocturnæ. Item viginti quatuor ad duplam mortem nostram conveniunt, et illæ duodecim horæ ad mortem Domini simplam. Non autem immerito uno die in sepulcro et duabus noctibus jacuit, quia videlicet luceem suæ simplæ mortis tenebris duplæ nostræ mortis adjunxit : ad nos quippe venit, qui in morte spiritus carnisque tenebamur, unam ad nos suam, id est, carnis mortem detulit, et duas nostras quas recepit, solvit. Si enim ipse utramque susciperet, nos a nulla liberaret, sed unam misericorditer accepit, et juste utramque damnavit, simplam suam duplæ nostræ contulit, et duplam nostram moriens subegit.

Viri Ninivitæ surgent in judicio cum generatione ista, et condemnabunt eam, quia pœnitentiam egerunt in prædicatione Jonæ, et ecce plus quam Jonas hic. (Maur.) Condemnabunt ergo Ninivitæ gentem Judæorum, non sententiæ potestate, sed vitæ correctione : quod quia Judæi non fecerunt, merito a Domino arguuntur. (*Hieron.*) Ac si aliis verbis eis diceret : Jonas paucis diebus prædicavit, ego tanto tempore. Ille Assyriis, genti incredulæ ; ego Judæis, populo Dei ; ille peregrinis, ego civibus ; ille voce locutus simplici, nihilque signorum faciens acceptus est, ego tanta signa faciens, Beelzebub calumniam sustineo. Plus ergo Jona hic, id est, in medio vestrum prædicans, et propterea viri quoque Ninivitæ generationem condemnabunt Judæorum, hoc est infidelitatis arguent.

Regina Austri surget in judicio cum generatione ista, et condemnabit eam. (Rab.) Condemnabit utique non potestate judicii, sed comparatione facti melioris. Si autem regina Austri, quæ electa esse non dubitatur, surget in judicio cum reprobis, ostenditur una cunctorum bonorum malorumque resurrectio mortalium. Et hæc non juxta fabulas Judæorum mille annis ante judicium, sed in ipso esse futura judicio.

Quia venit a finibus terræ audire sapientiam Salomonis, et ecce plus quam Salomon hic. Hic in loco non pronomen, sed adverbium loci significat, id est, impræsentiarum inter vos conversatur qui incomparabiliter est Salomone præstantior. Refert autem Scriptura (*III Reg.* x) quomodo regina Saba per tantas difficultates, gente sua et imperio derelictis, venerit in Judæam sapientiam auditura Salomonis, et ei multa munera afferens, ab eo plura perceperit. Quæ ideo Judæos in judicio condemnabit, quoniam ipsa ab ultimis terræ finibus eum quæsivit, quem percepto dono sapientiæ cognoverat esse famosum : illi vero secum habentes eum qui non aliunde sapiens, sed ipse Dei sapientia et virtus est, non modo audire, sed et blasphemare atque insidiis agitare malebant. Aliter, in Ninivitis et regina Austri fides Ecclesiæ præfertur Israeli, quæ non minus per pœnitentiam peractæ insipientiæ, quam per sapientiæ discendæ industriam Domino conciliatur : ex duabus quippe partibus unitas Ecclesiæ congregatur, eorum videlicet qui peccare nesciunt, et eorum qui peccare desistunt ; pœnitentia enim delictum abolet, sapientia cavet : et idcirco in resurrectione eos judicabunt, quia in his repertus timor Dei fuerit quibus lex non erat prædicata, hoc magis indigni venia illi qui ex lege sunt infideles, quo plus fidei in illis qui legem ignoraverint sit repertum.

Cum autem immundus spiritus exierit de homine ambulat per loca arida. Quamvis simpliciter intelligi possit Dominum hæc ad distinctionem suorum et Satanæ operum adjunxisse, quod scilicet ipse semper polluta mundare, Satanas vero mundata gravioribus festinet attaminare sordibus ; tamen et de hæretico quolibet vel schismatico, vel etiam malo catholico potest non inconvenienter accipi. De quo tempore baptismatis spiritus immundus, qui in eo prius habitaverat ad confessionem catholicæ fidei, ad renuntiationemque mundanæ conversationis ejiciatur, locaque arida peragret, id est corda fidelium, quæ a mollitie fluxæ cogitationis expurgata sint, callidus insidiator exploret si quos ibi forte suæ nequitiæ gressus figere possit. Sed bene dicitur :

Quærens requiem, et non invenit. Quia castas mentes effugiens in solo diabolico corde pravorum gratam sibi potest invenire requiem. Unde de illo Dominus : *Sub umbra,* inquit, *dormit in secreto calami, et locis humentibus* (*Job.* xl). In umbra videlicet tenebrosas conscientias ; in calamo, qui foris nitidus, intus est vacuus, simulatrices ; in locis humentibus, lascivas mollesque mentes insinuans.

Tunc dicit, Revertar in domum meam, unde exivi. Timendus est iste versiculus, non exponendus, ne culpa quam in nobis exstinctam credebamus, per incuriam nos vacantes opprimat.

Et veniens invenit vacantem, mundatam scopis et ornatam. Hoc est gratia baptismatis a peccatorum labe castigatam, sed nulla boni operis industria cumulatam. Unde bene hic evangelista hanc domum *vacantem, scopis mundatam atque ornatam* dicit inventam : mundatam videlicet a vitiis pristinis per baptismum, vacantem a bonis actibus per negligentiam, ornatam simulatis virtutibus per hypocrisin.

Tunc vadit et assumit secum alios septem spiritus nequiores se, et intrantes habitant ibi. Per septem malos spiritus universa vitia designat. Quemcunque enim post baptisma sive pravitas hæretica, seu mundana cupiditas arripuerit, mox omnium prosternet in ima vitiorum. Unde recte nequiores tunc eum spiritus dicuntur ingressi, quia non solum habebit illa quatuor vitia quæ quatuor spiritalibus sunt contraria virtutibus, sed et per hypocrisin ipsas se virtutes habere simulabit.

Et sunt novissima hominis illius pejora prioribus. Melius quippe erat ei viam veritatis non cognoscere, quam post agnitionem retrorsum converti. Quod in Juda traditore (*Luc.* xxii), vel Simone Mago (*Act.* viii) cæterisque talibus specialiter legimus impletum. Quo autem generaliter hæc parabola tendat, ipse Salvator exponens, mox subdidit, dicens

Sic erit et generationi huic pessimæ. Id est, quod de uno quolibet specialiter geri solere narravi, hoc in tota generaliter hujus populi gente geri non desinit. Immundus quippe spiritus exivit a Judæis, quando acceperunt legem, et ambulavit per loca arida quærens sibi requiem, expulsus videlicet a Judæis ambulavit per gentium solitudines, quæ cum postea Domino credidissent, ille non invento loco in nationibus, dixit : *Revertar ad domum meam pristinam, unde exivi,* habebo Judæos quos ante dimiseram : *Et veniens invenit vacantem, scopis mundatam.* Vacabat enim templum Judæorum, et Christum hospitem non habebat dicentem : *Dimittetur vobis domus vestra deserta* (*Matth.* xxiii). Quia igitur Dei et angelorum præsidia non habebant, et ornati erant superfluis observationibus Pharisæorum, revertitur ad eos diabolus, et septenario sibi numero dæmonum addito habitat pristinam domum, et fiunt posteriora illius populi pejora prioribus. Multo enim nunc dæmonum majore numero possidentur blasphemantes in synagogis suis Jesum Christum, quam in Ægypto possessi fuerant ante legis notitiam. Quia aliud est venturum non credere, aliud eum non suscepisse, qui venerit. Septenarium autem numerum adjunctum diabolo, vel propter sabbatum intellige, vel propter numerum Spiritus sancti : ut quomodo in Isaia super virgam de radice Jesse, et florem, qui de radice conscendit, septem spiritus virtutum ascendisse narrantur, ita et e contrario vitiorum numerus in diabolo consecratus sit (*Isa.* lxi).

[V.] *Adhuc eo loquente ad turbas, ecce mater ejus et fratres stabant foris quærentes loqui ei. Dixit autem ei quidam : Ecce mater tua, et fratres tui foris stant quærentes te.* Occupatus erat Dominus in opere sermonis in doctrina populorum, in officio prædicandi. Mater et fratres foris stant et ei desiderant loqui. Tunc quidam nuntiat Salvatori quod fratres et mater sua stant foris quærentes eum. Videtur mihi iste qui nuntiat non fortuito et simpliciter nuntiare, sed insidias tendere, utrum spirituali operi carnem et sanguinem præferat; et ideo matrem se nosse dissimulat, ut quæ ei mater sit, qui propinqui, non per cognationem carnis, sed per conjunctionem spiritus, designet. Unde et sequitur :

Et ipse respondens dicenti sibi, ait : Quæ est mater mea, et qui sunt fratres mei? (RAB.) Sane quod Dominus ad matrem fratresque rogatus ab officio verbi dissimulat egredi, non maternæ refutat obsequia pietatis, cujus præceptum est : *Honora patrem tuum et matrem tuam* ; sed paternis se mysteriis amplius quam maternis debere monstrat affectibus, idem nobis exemplo, quod verbo commendans, cum ait : *Qui amat patrem, aut matrem plus quam me, non est me dignus*; non injuriose fratres contemnit, sed opus spiritale carnis cognationi præferens, religiosiorem cordium copulam docet esse quam corporum. Mystice autem mater et fratres Jesu synagoga ex cujus carne est editus, et populus est Judæorum. Qui Salvatore intus docente venientes intrare nequeunt, cujus spiritaliter intelligere dicta negligunt. Præoccupans enim turba ejus ingreditur domum, ejus auscultat sermonibus, quia differente Judæa gentilitas confluxit ad Christum, atque interna vitæ mysteria quanto fide vicinior, tanto mente capacior hausit. Juxta quod psalmus ait : *Accedite ad eum et illuminamini* (*Psal.* XXXIII); intus verbum, intus est lumen. (*Aug.*) Unde alibi : Ut *intrantes*, inquit, *videant lumen.* Sic ergo foris stantes nec ipsi agnoscuntur parentes, et propter nostrum fortasse non agnoscuntur exemplum, quemadmodum nos agnoscemur, si foris stamus. Foris enim stantes volunt Dominum videre cognati ipsius, cum Judæi spiritalem in lege sensum non quærentes sese ad custodiam litteræ foris fixerunt, et quasi Christum potius ad carnalia docenda cogunt exire, quam se ad discenda spiritalia consentiunt ingredi. (*Hieron.*) Quidam fratres Domini de alia uxore Joseph filios suspicantur, sequentes deliramenta apocryphorum, et quamdam Escham mulierculam confingentes. Nos autem fratres Domini non filios Joseph, sed consobrinos Salvatoris liberos Mariæ intelligimus materteræ Domini, quæ esse dicitur mater Jacobi minoris, et Joseph, et Judæ, quos in alio Evangelii loco fratres Domini legimus appellatos. Fratres autem consobrinos dici omnis Scriptura demonstrat.

Et extendens manum in discipulos, dicit : Ecce mater mea, et fratres mei. Isti sunt mater mea, qui me quotidie in credentium animis generant. Isti sunt fratres mei, qui faciunt opera Patris mei. Non ergo juxta Marcionem et Manichæum, matrem negavit, ut natus de phantasmate putaretur; sed et apostolos cognationi prætulit, ut et nos in comparatione dilectionis carni spiritum præferamus.

Quicunque enim fecerit voluntatem Patris mei qui in cœlis est, ipse meus frater, soror et mater est. Cum is qui voluntatem Dei fecerit, soror et frater Domini dicitur propter utrumque sexum, qui ad fidem colligitur, mirum non est; mirandum vero valde est, quomodo etiam mater dicatur. Fideles etenim discipulos fratres vocare dignatus est, dicens : *Ite, nuntiate fratribus meis.* Qui ergo frater Domini fieri ad fidem veniendo potuerit, quærendum est quomodo idem esse mater ejus possit. Sed sciendum est nobis, quia qui Jesu frater, et soror est credendo, mater efficitur prædicando, sicut supra dictum est. Quasi enim parit Dominum quem cordi audientis infuderit. Et mater ejus efficitur, si per ejus vocem amor Domini in proximi mente generatur.

CAPUT XIII.

De navicula docet turbas in parabolis, quas domi apostolis exponit; docet in synagoga Nazareth, ubi sine honore est

[I.] *In illo die exiens Jesus de domo, sedebat secus mare.* (*Aug.*). *In illo die*, nisi forte dies more Scripturarum tempus significet, satis indicat hoc consequenter gestum, aut non multa interponi potuisse ; maxime quia et Marcus eum ordinem tenet (*Marc.* IV); Lucas autem post illud quod narrat de matre et fratribus Domini, in aliud transit (*Luc.* VIII), nec eo transitu connexionem aliquam facit, quæ huic ordini repugnare videatur. (RAB.) Non solum autem facta et verba Domini, verum etiam itinera ac loca in quibus virtutes operatur et prædicabat, cœlestibus sunt plena sacramentis. Post sermonem quippe in domo habitum, ubi nefanda blasphemia dæmonium habere dictus est, egrediens docebat ad mare, ut ostenderet se, relicta ob culpam perfidiæ Judæa, ad gentes salvandas esse transiturum. Gentilium namque superba et incredula diu corda merito tumidis amarisque fluctibus maris assimilantur. Domum vero Domini per fidem fuisse Judæam, quis nesciat? Sed relicta domo, in qua blasphemias perpessus est impiorum, cœpit docere ad mare. Quia derelicta ob incredulitatem synagoga ad colligendam per apostolos populi gentilis multitudinem venit. Unde aperte præmittitur quod, eo in domo prædicante, mater et fratres foris steterunt, et quasi agniti ab illo non sunt; ac sic de domo exiens ad mare docturus transiit, quia postquam synagoga ad custodiam se litteræ foris fixit, internisque Dominicæ fidei arcanis figuras legis anteponere maluit, Dominus sacramenta salutis, quæ illa spreverat, externis per orbem nationibus contulit.

Et congregatæ sunt ad eum turbæ multæ, ita ut in

naviculam ascendens sederet, et omnis turba stabat in littore. Quod turba multa ad Dominum docentem ad mare congregata est, significat frequentiam populorum prædicantibus apostolis ad fidem veritatis concurrentium. Quod vero ipse navem ascendens sedebat in mari, præfigurabat Ecclesiam in medio nationum non credentium, et contradicentium ædificandam. Quasi enim Dominus sedet in navi, medio in mari posita, cum mentes fidelium inter infideles commorantium gratia suæ visitationis illustrat, dilectamque sibi in his mansionem consecrat. Porro turba quæ circa mare super terram posita, verba Domini auscultabat, ita ut nec fluctibus maris tangeretur, nec cum illo in navi transcensis fluctibus sederet, illorum aptissime gestat figuram, qui nuper ad audiendum verbum convenerant et quidem pietate animi a reproborum amaritudine, obscuritate et instabilitate secreti sunt, sed necdum cœlestibus mysteriis, quæ desiderant imbuti. (Maur.) *Et locutus est eis multa in parabolis, dicens.* Parabola enim Græce tropus est, et interpretatur similitudo. Est autem rerum genere dissimilium comparatio. Quæ ergo distant genere comparantur in ea specierum similitudine, ad exprimendum illud quod significare vult ipse qui eam profert. (Hieron.) Turba quippe non unius sententiæ est, sed diversarum in singulis voluntatum. Unde loquitur ad eam multis parabolis, ut et juxta varias voluntates diversas recipiant disciplinas. Et notandum quod non omnia locutus est eis in parabolis, sed *multa*. Si enim dixisset cuncta in parabolis, absque emolumento populi recessissent. Perspicua miscet obscuris, ut per ea quæ intelligunt, provocentur ad eorum notitiam quæ non intelligunt.

Ecce exiit qui seminat seminare. Ipse Dominus in sequentibus hanc parabolam exponens, semen esse verbum Dei, seminantem vero seipsum asseverat. Quod vero dicit, *Ecce exiit qui seminat seminare*, nobis quærendum reliquit. Exiit ergo seminans ad seminandum. Quia Dominus de sinu Patris egrediens venit in mundum, ac verbum veritatis, quod apud Patrem vidit, humano generi vel per se ipsum, vel per eos quos instituit ipse seminavit. Juxta quod in ejus laudibus dicit Habacuc: *Existi in salutem populi tui, ut salvos facias christos tuos*, id est, eos quos unctione Spiritus tui consecrare, ac tui sancti nominis participes facere dignaris; vel certe *exiit* ad seminandum, cum post vocatam ad fidem suam partem synagogæ electam, ad collectionem quoque gentium gratiæ suæ dona diffudit: quod ipsum etiam suo itinere designavit, cum post prædicationem domi habitam ad mare exiit. Denique in domo prædicans quosdam ob blasphemiæ suæ scelus irremissibile deseruit, quosdam ob devotionem pietatis matrem suam appellavit et fratres: quod differentiam manifeste Judææ gentis exprimit. In qua multi Domino rebelles, nonnulli sunt divina adoptione condigni.

Et cum seminat, quædam ceciderunt secus viam, et venerunt volucres, et comederunt ea. (Hieron.) In Evangelio Lucæ ita de hoc semine scriptum est: *Aliud cecidit secus viam, et conculcatum est, et volucres cœli comederunt illud* (Luc. VIII). Quæcunque ergo Dominus in hac parabola exponere ipse dignatus est, pia fide suscipienda sunt. Quæ vero tacita nostræ intelligentiæ dereliquit, æque pia intentione perquirenda, ac perstringenda sunt breviter. Semen quod circa viam cecidit duplici læsura disperiit, et ab itinerantibus scilicet conculcatum, et a volucribus raptum. Via ergo est mens sedulo malarum cogitationum meatu trita atque arefacta, ne verbi semen excipere ac germinare sufficiat. Atque ideo quidquid boni seminis vicinia talis viæ contigerit, periit, quia improbo pessimæ cogitationis transitu conculcatum a dæmonibus rapitur, qui recte volucres cœli, sive quia cœlestis spiritalisque sunt naturæ, sive quia per aera volitant, appellantur.

Alia autem ceciderunt in petrosa, ubi non habebant terram multam, et continuo exorta sunt, quia non habebant altitudinem terræ. Sole autem orto æstuaverunt, et quia non habebant radicem aruerunt. Et hujus mysterium seminis Dominus exposuit. In qua videlicet expositione discimus, quia nequaquam ipsæ res in una eademque significatione semper allegorice ponantur. Namque petram duritiam protervæ mentis, terram lenitatem animæ obedientis, solem dicit fervorem persecutionis sævientis, cum ipse alibi solem in bono ponat, dicens fulgere justos in futuro, quasi solem in regno Patris eorum. Et in structura domus spiritalis fodiendum in altum, terram ejiciendam, et petram in fundamento doceat esse locandam: hoc est ab imo cordis sinu cogitationes terrenas esse expurgandas, et fortitudinem fidei invictæ, pro his in fundamento bonorum operum inserendam moneat. In hoc ergo loco altitudo terræ, quæ competenter exculta semen verbi debuerat excipere, probitas est animi, disciplinis cœlestibus exerciti, atque ad auscultandum obediendumque divinis eloquiis regulariter instituti. Petrosa vero loca, quæ tenui cespite contecta susceptum semen cito germinare queunt, sed vim radicis figendæ non habent, illa nimirum sunt præcordia quæ nullis disciplinæ studiis erudita, nullis tentationum probationibus emollita, dulcedine tamen auditi sermonis, ac promissis cœlestibus ad horam delectantur, sed in tempore tentationis recedunt, quia cum momentaneam cœlestis oraculi dulcedinem insitæ sibi austeritati prætendunt, quasi locis semini sancto deputatis magnum lapidum congeriem pauco terræ humo cooperit. Quæ ideo ad fructum pervenire justitiæ non valent, quia parum eis inest desiderii salutaris, quod semen vitæ concipiat; et multum inest duritiæ nocentis, quæ fructui salutis obsistat.

Alia autem ceciderunt in spinas, et creverunt spinæ, et suffocaverunt ea. (Maur.) Spinas autem di vitias interpretatur idem Salvator. Nec mirum videri debet quare spinis divitias comparaverit, cum illæ pungant, istæ delectent. Recte enim spinæ vocantur, quia cogitationum suarum punctionibus mentem lacerant. Et cum usque ad peccatum protrahunt, quasi inflicto vulnere cruentant, simulque crescentes spinæ sementem suffocando ad fructum pervenire non sinunt, quia exaggeratio divitiarum mentem strangulando spiritales virtutum fructus gignere non permittit; quin potius, si quid viriditatis habere potuit, squaloris asperitatis suæ illud transcendendo opprimit, et vitalem succum funditus in eo interimit.

Alia vero ceciderunt in terram bonam, et dabant fructum, aliud centesimum, aliud sexagesimum, aliud tricesimum. (*Hieron.*) Hanc parabolam ad comprobandam hæresin suam Valentinus assumit, tres inducendas esse naturas, spiritalem, animalem, atque terrenam, cum hic quatuor sint, una juxta viam, alia petrosa, tertia plena spinis, quarta terræ bonæ. (*Beda.*) Terra bona, hoc est, fidelis electorum conscientia, omnibus tribus terræ nequam proventibus contraria facit, quia et commendatum sibi semen verbi libenter excipit, et exceptum inter adversa ac prospera constanter ad fructus usque tempora conservat. Fructificat autem et facit unum triginta, et unum sexaginta, et unum centum : triginta videlicet, cum fidem sanctæ Trinitatis electorum cordibus insinuat; sexaginta, cum perfectionem docet bonæ operationis : nam quia in senario numero mundi ornatus expletus est, recte per hunc bona operatio designatur; centum cum in universis quæ agimus, quærenda nobis in regno cœlesti præmia demonstrat.

Qui habet aures audiendi, audiat. Quoties hæc admonitiuncula, vel in Evangelio, vel in Apocalypsi Joannis interponitur, mysticum esse hoc quod dicitur, atque ad audiendum discendumque salubre insinuatur. Aures enim audiendi, aures sunt cordis, et sensus interioris aure obediendi et faciendi quæ jussa sunt.

Et accedentes discipuli dixerunt ei : Quare in parabolis loqueris eis? (*Hieron.*) Quærendum quomodo accedunt ad eum discipuli ejus, cum Jesus in navi sedebat? Nisi forte intelligendum detur, quod dudum cum ipso navim conscenderint, et ibi stantes intrinsecus super interpretatione parabolæ sciscitati sint.

Qui respondens ait illis : Quia vobis datum est nosse mysteria regni cœlorum, illis autem non est datum. Marcus ita dicit : *illis autem qui foris sunt, in parabolis omnia fiunt* (*Marc.* IV). (RAB.) Ideoque et nos cum discipulis Christi intremus in sanctuarium Dei, ut intelligamus in novissima mysteriorum regni Dei. Nam qui appropinquant pedibus ejus, accipient de doctrina illius, dicentes cum Psalmista : *Revela oculos nostros, et considerabimus mirabilia de lege tua* (*Psal.* CXVIII). Recte itaque in parabolis audiunt, et in ænigmate, qui clausis sensibus cordis neque intrare, neque curant cognoscere veritatem, obliti Dominicæ præceptionis, *qui habet aures audiendi, audiat.*

Qui enim habet dabitur ei, et abundabit. Qui autem non habet, et quod habet auferetur ab eo. Tota, inquit, intentione verbo quod auditis operam date, quia qui amorem habet verbi dabitur illi, et sensus intelligendi quod amat. At qui verbi amorem non habet audiendi, etiamsi vel naturali ingenio, vel litterario se callere putarit exercitio, nulla veræ sapientiæ dulcedine gaudebit. Quod et si specialiter de apostolis quibus charitate fideque potitis datum est nosse mysterium regni Dei, et de perfidis Judæis qui in parabolis videntes non videbant et audientes non intelligebant, quod videlicet litteram legis in quam gloriabantur amissuri essent, dictum videatur, potest tamen et generaliter accipi, quia nimirum sæpe ingeniosus lector negligendo se privat sapientia, quam simplex sed studiosus elaborando degustat. (*Greg.*) Idcirco autem sæpe et desidiosus ingenium accipit, ut de negligentia justius puniatur, quia quod sine labore assequi potuit scire contemnit. Et idcirco nonnunquam studiosus tarditate intelligentiæ premitur; ut eo majora præmia retributionis inveniat, quo magis studio inventionis elaborat.

Ideo in parabolis loquor eis, quia videntes non vident, et audientes non audiunt neque intelligunt. (MAUR.) Nunc apostolis reddit causam quare turbis loquatur in parabolis, ut qui superba intentione se videntes, sive audientes æstimabant, et suo ingenio confidentes omnia secreta divinæ eruditionis penetrare se posse arbitrabantur, et ob hoc magisterio cœlesti se subdere nolebant, simplicibus et humilibus mysteria cœlestia agnoscentibus, ipsi vacui intellectu spiritali remanerent. (*Hieron.*) De his enim hæc loquitur, qui stant in littore, ut dividantur ab Jesu, et sonitu fluctuum perstrepente non audiant aliquid eorum quæ dicuntur.

Et adimplebitur in eis Isaiæ prophetia, dicentis : Auditu audietis, et non intelligetis; et videntes videbitis, et non videbitis (*Isa.* VI). Hæc de turbis prophetata sunt, quæ stant in littore et Dei non merentur audire sermonem; quæ habent visum, et auditum corporis extrinsecus, et semetipsos privaverunt visu et auditu cordis intrinsecus. De quibus adhuc subditur :

Incrassatum est enim cor populi hujus et auribus graviter audierunt, et oculos suos clauserunt, ne quando oculis videant, et auribus audiant, et corde intelligant, et convertantur, et sanem eos (MAUR.) Incrassatum est cor Judæorum crassitudine malitiæ, et abundantia peccatorum, quia duri ac rebelles fuerunt, et semper contentiose egerunt contra Deum. Ad quos ipse Dominus per Prophetam dicit : *Peccata vestra separant inter me et vos* (*Jer.* LIX). Graviter enim ipsi verba Domini audierunt, quia ingrate susceperunt. Oculosque suos clauserunt, quia intuitum mentis suæ velamine invidiæ et ignorantiæ obtexerunt. Simulque attende quod dicit, *oculos suos clauserunt*, quia non natura, sed voluntate cæci sunt. Ostendit enim culpam esse eorum arbitrii. Et ideo salutem non meruerunt, quia oculos et aures suas ad percipienda verba vitæ aperire noluerunt. Si enim ipsi conversi essent ad pœnitentiam, converteretur Deus ad sanandum illos, qui per Prophetam eis dicit: *Convertimini ad me, et ego convertar ad vos, ait Dominus Deus* (*Zach.* 1). *Incrassatum est enim cor populi hujus*, et reliqua. (*Aug.*) Alius enim evangelista dicit: *Excæcavit oculos eorum*. Sed utrum ut nunquam videant, an vero ne vel sic aliquando videant, cæcitate sua sibi displicentes, et se dolentes, et ex hoc humiliati, atque commoti, ad confitenda peccata sua, et pie quærendum Deum? Sic enim Marcus dicit hoc, *ne quando convertantur, et dimittantur eis peccata.* Ubi intelliguntur peccatis suis meruisse, ut non intelligerent. Et tamen hoc ipsum misericorditer eis factum, ut peccata sua cognoscerent, et conversi veniam mererentur. Quod autem Joannes hunc locum ita dicit: *Propterea non poterant credere, quia iterum dixit Isaias: Excæcavit oculos eorum, et induravit cor eorum, ut non videant oculis, et intelligant corde, et convertantur, et sanem eos* (*Joan.* XII), adversari videtur huic sententiæ, et omnino cogere, ut quod dictum est, *ne quando oculis videant*, non accipiatur, ne vel sic aliquando oculis videant, sed prorsus ut non videant, quandoquidem aperte ita dicit, *ut oculis non videant*; et quod ait, *Propterea non poterant credere*, satis ostendit non ideo factam illam excæcationem, ut ea commoti et dolentes se non intelligere, converterentur aliquando per pœnitentiam: non enim possent hoc facere nisi prius crederent, ut credendo converterentur, conversione sanarentur, sanitate intelligerent: sed ideo potius excæcatos, ut non crederent. Dicit enim apertissime, *Propterea non poterant credere.* Quod si ita est, quis non exsurgat in defensionem Judæorum, et eos extra culpam fuisse proclamet quod non crediderunt? Propterea enim non poterant credere, quia excæcavit oculos eorum. Sed quoniam Deus potius extra culpam debet intelligi, cogimur fateri aliis quibusdam peccatis eos ita excæcari meruisse, qua tamen excæcatione non potuerunt credere; verba enim Joannis ista sunt: *Propterea non poterant credere, quia iterum dixit Isaias: Excæcavit oculos eorum.* Frustra itaque conamur intelligere ideo fuisse excæcatos, ut converterentur, cum ideo converti non poterant, quia excæcati erant. Cum autem dicitur quod credatur, nisi quod dicitur intelligatur, credi non potest. Intelligenda sunt ergo dicta, ut credantur quæ dici potuerunt; credenda autem quæ dici potuerunt, ut intelligantur, quæ dici non possunt.

Vestri autem beati oculi, quia vident; et aures, quia audiunt. (*Beda.*) Non oculi scribarum et Pharisæorum, qui corpus tantum Domini videre; sed illi beati oculi, qui ejus possunt cognoscere sacramenta. De quibus dicitur: *Et revelasti ea parvulis.* (*Matth.*

11). Beati oculi parvulorum, quibus et se, et Patrem Filius revelare dignatur.

Amen enim dico vobis, quia multi prophetæ et justi cupierunt videre quæ videtis, et non viderunt, et audire quæ auditis, et non audierunt. Abraham exsultavit ut videret diem Christi, et vidit, et gavisus est: Isaias quoque et Micheas et multi alii prophetæ viderunt gloriam Domini. Qui et propterea videntes sunt appellati; sed hi omnes a longe aspicientes, et salutantes, *per speculum in ænigmate viderunt* (*I Cor.* XIII). Apostoli autem impræsentiarum habentes Deum, convæscentesque ei, et quæcunque voluissent interrogando discentes, nequaquam per angelos aut varias visionum species opus habebant doceri. Quos autem Matthæus prophetas et justos dicit, Lucas eos prophetas et reges appellat. Ipsi sunt enim reges magni, quia tentationum suarum motibus non consentiendo succumbere, sed regendo præesse noverunt.

(*Maur.*) *Vos ergo audite parabolam seminantis.* Nunc ad eos verba convertit, quibus datum est nosse mysterium regni. Simul cum eis et nos admonens, hortatur, ut quæ dicuntur diligentius audiamus. Observa quod hanc primam parabolam suam Dominus per semetipsum exponit, ut in cæteris quæ sequuntur, nobis juxta hanc regulam fiduciam tribuat exsolvendi. Ad similitudinem utique facit nutricis, quæ vas plenum nucibus, portans alumnis suis affert; illis autem mirantibus, et propter novitatem quid utilitatis habeat ignorantibus, tollit ipsa primum nucem, et frangens enucleat, ostenditque quam dulcem fructum intus habeat, et quam suavem cibum gustantibus reddat, si quis corticem illius foris rumpat. Ita et Dominus noster adhuc rudibus discipulis parabolam suam primum ipse exponit, et quid sub velamine litterarum dulcedinis habeat ostendit. Ut cum similia audierint gratanter accipiant, et quid in eis mysterii lateat sagaciter per se ejus gratia comitante investigare contendant. Sic ergo Dominus exponit:

Omnis qui audit verbum regni, et non intelligit, venit malus, et rapit quod seminatum est in corde ejus: hic est qui secus viam seminatus est. (*Rab.*) De hoc semine Marcus ita scribit: *Hi autem sunt qui circa viam ubi seminatur verbum, et cum audierint, confestim venit Satanas et aufert.* Ex quo manifeste docetur eos circa viam seminatos, qui verbum quod audiunt nulla fide, nullo intellectu, nulla saltem tentandæ utilitatis occasione percipere dignantur. (*Hieron.*) Et simul intellige quod in corde ejus fuerit seminatum, et diversitas terræ, animæ sunt credentium.

Qui autem super petrosa seminatus est, hic est qui audit verbum, et continuo cum gaudio accipit illud, et non habet in se radicem, sed est temporalis; facta autem tribulatione et persecutione propter verbum, continuo scandalizatur. Qui autem seminatus est in spinis, hic est qui verbum audit, et sollicitudo sæculi hujus, et fallacia divitiarum suffocat verbum, et sine fructu efficitur. Ecce petrosæ terræ et spinosæ signi ficationem cœlestis juris peritus ostendit. Nec aliquid eo melius, nec aliquid competentius quisquam interpretari potest. Igitur super petrosa, et in spinis, ut Dominus ostendit, seminantur hi, qui auditi quidem verbi et utilitatem probant, et desiderium gustant, sed ne ad id quod probant perveniant, hujus vitæ eos vel adversa, terrendo, vel prospera, blandiendo, retardant. Contra quæ utraque damna semen quod acceperat tutari curabat, qui ait : *Per arma justitiæ a dextris et sinistris, per gloriam et ignobilitatem , per infamiam, et bonam famam, ut seductores et veraces* (*II Cor.* vi). Ilis ergo tribus terræ generibus scito omnes, qui Verbum auditum non faciunt esse signatos. Attende quid dictum sit, *continuo scandalizatur*. Est ergo aliqua distantia inter eum qui multis tribulationibus pœnisque compellitur Christum negare, et eum qui ad propinquam primamque persecutionem statim scandalizatur et corruit. Item hujus mundi divitias nequaquam Dominus divitias, sed fallaces divitias appellat. (*Greg.*) Fallaces enim sunt, quæ nobiscum diu permanere non possunt ; fallaces sunt, quæ mentis nostræ inopiam non expellunt. Solæ autem divitiæ veræ sunt, quæ nos virtutibus divites faciunt. Notandum vero est , quod exponens Dominus dicit, quia sollicitudines, et voluptates, et divitiæ suffocant. Suffocant enim , quia importunis cogitationibus suis *guttur* mentis strangulant, et dum bonum desiderium intrare ad cor non sinunt, quasi aditum flatus vitalis necant. Notandum etiam quod duo sunt quæ divitiis jungit, sollicitudines videlicet et voluptates; quia profecto et per curam mentem opprimunt, et per affluentiam resolvunt ; re enim contraria possessores suos et afflictos et lubricos faciunt. Sed quia voluptas convenire cum afflictione non potest, alio quidem tempore per custodiæ suæ sollicitudinem affligunt, atque alio per abundantiam ad voluptates emolliunt.

Qui vero in terram bonam seminatus est , hic est qui audit verbum, et intelligit , et fructum affert , et facit aliud quidem centesimum, aliud autem sexagesimum, aliud vero tricesimum. (*Hieron.*) Sicut in terra mala tres fuere diversitates, secus viam, et petrosa, et spinosa loca, sic in terra bona trina diversitas est centesimi, sexagesimi fructus, et tricesimi. Et in illa autem, et in ista non mutata substantia, sed voluntas ; et tam incredulorum quam credentium corda sunt quæ semen recipiunt. *Omnis,* inquit, *qui audit verbum fidei, et non intelligit , venit malus, et rapit quod seminatum est in corde ejus* ; et secundo, et tertio, *Hic est*, ait, *qui verbum audit*. In expositione quoque terræ bonæ, *iste est qui audit verbum, et intelligit, et fructum affert, et facit aliud centesimum, aliud autem sexagesimum , aliud vero tricesimum*. Primum ergo debemus audire , deinde intelligere, et post intelligentiam fructus reddere doctrinarum, et facere vel fructum centesimum, vel sexagesimum, vel tricesimum. Triginta referunt ad nuptias ; nam et ipsa digitorum conjunctio, et quasi molli se osculo complectens, et fœderans maritum pingit et conjugem. Sexaginta ad viduas, eo quod in angustia et tribulatione sint positæ : unde et in superiore digito deprimuntur; quantoque major est difficultas expertæ quondam voluptatis illecebris abstinere, tanto majus et præmium. Porro centesimus numerus quæso diligenter, lector, attende, a sinistra transfertur ad dexteram, et eisdem quidem digitis, sed non eadem manu, quibus in læva manu nuptæ significantur, et viduæ circulum faciens exprimit virginitatis coronam. Aliter, centum, qui computando a sinistra transferuntur ad dexteram, recte in significatione ponuntur perpetuæ beatitudinis, siquidem triginta, et sexaginta in læva adhuc manu continentur, centum transeunt ad dexteram. Quamvis enim magna fides, quæ nobis cognitionem nostri conditoris revelat, magna sint opera quibus fides, ne sit otiosa, consummatur, in hac tamen ambo sunt vita necessaria. (*Aug.*) Præmium vero fidei et operationis quæ per dilectionem exercetur in futura est vita sperandum. Sive aliter, bona terra centesimum fructum fert martyrum propter satietatem vitæ, et conceptum mortis. Sexagesimum virginum propter otium interius, quia non pugnant contra consuetudinem carnis, solet enim otium concedi sexagenariis post militiam, vel post actiones publicas. Tricesimum conjugatorum, quia hæc est ætas præliantium ; ipsi enim habent acriorem conflictum , ne libidinibus superentur. Post hæc verba Domini sequitur in Matthæo et dicitur :

[II.] *Aliam parabolam proposuit eis, dicens : Simile est regnum cœlorum homini qui seminavit bonum semen in agro suo.* Nota quod audis, *Aliam*, inquit, *parabolam proposuit eis dicens*. Sedebat ergo Dominus in navi, turba in littore maris ; illi procul, discipuli vicini audiebant ; proponit eis et aliam parabolam quasi dives paterfamilias invitatos diversis reficiens cibis, ut unusquisque secundum naturam stomachi sui varia alimenta susciperet. Unde et in priore parabola non dixit alteram, sed aliam. Si enim præmisisset alteram, exspectare tertiam non poteramus. Præmisit aliam ut plures sequantur. Sed quia hæc secunda parabola cum interpretatione sua non statim exposita est, sed interjectis aliis parabolis edisserta, hic quidem a Salvatore proponitur, et postea dimissis turbis cum domum venitur rogantibus discipulis exponitur. Ideo interim donec ab ea audiamus allegoricam ejus expositionem disseramus. Breviter tamen in ipsius parabolæ contemplatione ad moralem instructionem aliquid tentemus dicere, ne forte tam sacram lectionem audientes, sine aliqua ædificatione nostra prætereamus. Docet enim nos simplici sermone , si eam rite intellexerimus, bonam voluntatem habere. Docet cautelam, docet patientiam, docet discretionem, docet longanimitatem, docet et justitiam. Quæ omnia in suis locis distinctim dicemus ipsas Evangelii sententias, quæ ea demonstrant proponentes. *Simile*, inquit, *est regnum cœlorum homini qui seminavit bonum semen in agro suo.* Bonum enim semen in agrum suum non nisi bonus seminat. Ipse utique qui in corpore suo semen bonæ voluntatis ad bonorum operum studet perducere fructum. Et iste bene similis regno cœlorum dicitur, cui per omnia aptus esse probatur.

Cum autem dormirent homines venit inimicus ejus, et superseminavit zizania in medio tritici. Hæc quidem sententia cautos nos esse admonet, ut si semen bonum in agro nostro germinare velimus, inimici semina caveamus. Ne dum somno inertiæ torpemus, fructum laboris nostri perdamus.

Cum autem crevisset herba, et fructum fecisset, tunc apparuerunt zizania. Accesserunt autem servi patrisfamilias, et dixerunt ei : Domine, nonne bonum semen seminasti in agro tuo? Unde ergo habet zizania? et ait illis : Inimicus homo hoc fecit. In ista ergo sententia documentum nobis præbetur patientiæ; quia sicut hic paterfamilias inimici dolum sciendo non exarsit in ira, nec mox ulcisci in illo voluit, sed patienter exspectavit, ita et nos cum aliquam læsionem ab inimicis nostris acceperimus, non statim ad vindictam prorumpere, sed magis ad virtutem patientiæ recurrere debemus.

Servi autem dixerunt ei : Vis imus, et colligimus ea? Et ait illis : Non, ne forte colligentes zizania, eradicetis simul cum eis et triticum. Ecce habes exemplum discretionis. Æquanimiter ergo debemus sufferre malos propter bonos. Ne forte si a malis irritati vicem eis ulciscendo referamus, bonis occasionem scandali præbeamus.

Sinite utraque crescere usque ad messem. Et quid in hoc nisi longanimitatis ædificatio nobis datur? Non enim parvo tempore virtutem patientiæ habere, sed usque ad finem vitæ longanimiter illam servare debemus. Unde alibi scriptum est : *Qui perseveraverit usque in finem hic salvus erit* (*Matth.* XXIV). Sed quid longanimis iste paterfamilias in fine faciat, audiamus.

Et in tempore messis dicam messoribus : Colligite primum zizania, et alligate ea in fasciculos ad comburendum. Triticum autem congregate in horreum meum. Qui ante per longanimitatem patienter sustinuit, modo per justitiam meritis condigna rependit. Nobisque exemplum in hoc tribuit, ut in patiendo justitiam meditemur, et in judicando patientiam habere non negligamus. Ita enim copula virtutum in unitatis massa est collocata, ut omnes ab invicem per diversitatem specierum sint discretæ, et tamen sibimetipsis per contrarietatem nullo modo sint adversæ. Hæc quoquo modo juxta moralitatem, ut promisimus, dixisse sufficiat. (*Aug.*) Quæri autem illud potest, quod ait, *alligate ea in fasciculos ad comburendum,* cur non unum fascem aut unum acervum zizaniorum fieri dixerit, nisi forte propter varietatem hæreticorum, et non solum a tritico, verum a seipsis discrepantium, ipsa uniuscujusque hæreseos propria conventicula, in quibus sigillatim sua communione devincti sunt, nomine fasciculorum significavit; ut jam tunc incipiant alligari ad comburendum, cum a catholica communione segregati suas proprias quasi ecclesias habere cœperint, ut combustio earum sit in fine sæculi, non alligatio fasciculorum. Sed si ita esset, multæ non jam resipiscendo et in catholicam remeando ab errore desciscerent.

Quapropter et alligatio fasciculorum in fine futura est, ut non confuse, sed pro modo perversitatis suæ uniuscujusque erroris pertinacia puniatur. *Ne forte colligentes zizania eradicetis simul et triticum.* Utrum quia etiam boni cum adhuc infirmi sunt opus habent in quibusdam malorum permistione, sive ut per eos exerceantur, sive ut eorum comparatione magna illis exhortatio fiat, ut nitantur ad melius ? Quibus sublatis altitudo charitatis quasi evulsa marcescat. Quod est eradicari, nam sic et Apostolus ait, *ut in charitate radicati et fundati possitis comprehendere* (*Ephes.* III). An forte idem simul eradicatur triticum cum auferuntur zizania? quia multi primo zizania sunt, et postea triticum fiunt, si tollantur, ad laudabilem mutationem non perveniunt? Itaque si evulsi fuerint, simul eradicatur et triticum, quod futuri essent, si eis parceretur. Sequitur Matthæus et dicit :

[III.] *Aliam parabolam proposuit eis dicens : Simile est regnum cœlorum grano sinapis, quod accipiens homo seminavit in agro suo. Quod minimum quidem est omnibus seminibus ; cum autem creverit, majus est omnibus oleribus, et fit arbor, ita ut volucres cœli veniant, et habitent in ramis ejus.* Regnum cœlorum prædicatio Evangelii est, et notitia Scripturarum, quæ ducit ad vitam, et de qua dicitur ad Judæos : *Auferetur a vobis regnum Dei, et dabitur genti facienti fructum ejus. Simile est ergo regnum cœlorum grano sinapis, quod accipiens homo seminavit in agro suo* (*Matth.* XXI). Qui a plerisque Salvator intelligitur, quod in animis credentium seminat. Ab aliis vero ipse homo, qui seminat in agro suo, id est, in semetipso et in corde suo. Quis est iste qui seminat, nisi sensus noster et animus ? qui suscipiens granum prædicationis, et fovens sementem humore fidei, facit in agro sui pectoris pullulare. Prædicatio Evangelii minima est omnibus disciplinis, ad primam quippe doctrinam fidem non habet veritatis, hominem Dominum Deum mortuum, et scandalum crucis prædicans. Confer hujuscemodi doctrinam dogmatibus philosophorum, et libris eorum, et splendori eloquentiæ, compositionique sermonum, et videbis quanto minor sit cæteris seminibus sementis Evangelii. Sed illa cum creverint, nihil mordax, nihil vividum, nihil vitale demonstrant, totum placidum, marcidumque, et emollitum in olera, et in herbas, quæ cito crescunt et corruunt. Hæc autem prædicatio quæ parva videbatur in principio, cum vel in anima credentis, vel in toto mundo sata fuerit, non exsurgit in olera, sed crescit in arborem, ita ut volucres cœli (quas vel animas credentium, vel fortitudines Dei servitio mancipatas sentire debemus) veniant, et habitent in ramis ejus. Ramos puto evangelicæ arboris, quæ de granis sinapis creverit, dogmatum esse diversitates, in quibus supradictarum volucrum unaquaque requiescit. Assumamus et nos pennas columbæ, ut ad altiora volantes, possimus habitare in ramis hujus arboris, et nidulos nobis facere doctrinarum, terrenaque fugientes, ad cœlestia festinare. Multi legentes granum sinapis minimum omnibus seminibus, et illud quod in Evangelio dicitur, *Domine, auge nobis fidem;* et respondetur eis a Salvatore: *Amen dico vobis, quia si haberetis fidem sicut granum sinapis, diceretis monti huic, Migra de loco isto, et migraret* (*Luc.* xvii), putant apostolos vel parvam fidem petere, vel Dominum de parva fide dubitare, cum apostolus Paulus fidem grano sinapis comparatam maximam judicet. Quid enim dicit? *Si habuero tantam fidem, ita ut montes transferam, charitatem autem non habeam, nihil mihi prodest* (*I Cor.* xiii). Ergo quod Dominus dixit fide fieri, quæ grano sinapis comparatur, hoc Apostolus docet tota fide posse fieri. (Rab.) Potest in grano sinapis ipsa Dominicæ incarnationis humilitas intelligi, *quod acceptum homo misit in hortum suum,* quod corpus Salvatoris accipiens, Joseph in horto sepelivit. Crevit autem et factum est in arborem, quod resurrexerit et ascendit in cœlum. Expandit ramos in quibus volucres cœli requiescerent, quod prædicatores dispersit in mundum, in quorum dictis atque consolationibus ab hujus vitæ fatigatione fideles quique respirarent.

[IV.] *Aliam parabolam locutus est eis. Simile est regnum cœlorum fermento, quod acceptum mulier abscondit in farinæ satis tribus, donec fermentatum est totum.* (*Hieron.*) Diversus est hominum stomachus: alii amaris, alii dulcibus, hi austerioribus, illi lenibus delectantur cibis. Proponit ergo Dominus ut jam supra diximus, diversas parabolas, ut juxta vulnerum varietates et medicina diversa sit. Mulier ista, quæ fermentum accipit, et abscondit illud in satis tribus farinæ, donec fermentaretur totum, vel prædicatio mihi videtur apostolica, vel Ecclesia quæ e diversis gentibus congregata est. Hæc tulit fermentum, notitiam scilicet et intelligentiam Scripturarum, *et abscondit illud in farinæ satis tribus,* ut spiritus, et anima, et corpus, in unum redacta, non discrepent inter se; sed cum duobus, vel tribus convenerit, impetrarent a Patre quodcunque postulaverint. Disseritur locus iste et aliter. Legimus in Platone, et philosophorum dogmate vulgatum est tres esse in humana anima passiones, τὸ λογικὸν, quod nos possumus interpretari *rationabile;* τὸ ὀργιστικὸν, quod dicimus *plenum iræ,* vel *irascibile;* τὸ ἐπιποθικὸν, quod appellamus *concupiscibile.* Et putat ille philosophus rationabile nostrum in cerebro, iram in felle, desiderium in jecore commorari. Et nos ergo si acceperimus fermentum Evangelii, cum sanctarum Scripturarum notitia, de quo supra dictum est, tres humanæ animæ passiones in unum redigentur, ut in rationabili possideamus prudentiam, in ira odium contra vitia, in desiderio cupiditatem virtutum; et hoc totum fiet per doctrinam Evangelicam, quam nobis mater Ecclesia præstitit. Dicam et tertiam quorumdam intelligentiam, ut curiosus lector e pluribus quod placuerit, eligat. Mulierem istam et ipsi Ecclesiam interpretantur, quæ fidem hominis farinæ satis tribus commiscuerit, credulitati Patris et Filii, et Spiritus sancti. Cumque in unum fuerit fermentatum, non nos ad triplicem Deum, sed ad unius divinitatis perducit notitiam. Farinæ quoque sata tria dum non est in singulis diversa natura ad unitatem trahunt substantiæ. Pius quidem sensus, sed nunquam parabolæ et dubia ænigmatum intelligentia, potest ad auctoritatem dogmatum proficere. Nonnulli et quartam ponunt opinionem, in tribus satis trium filiorum Noe propaginem recipientes, in quibus restauratum est genus humanum, quos fermento Evangelii, mulier prædicta in unitatem fidei colligit.

(Rab.) Possunt itaque præter hæc et in farinæ satis tribus illi Dominici seminis fructus, tricesimus scilicet sexagesimus, et centesimus intelligi, id est, conjugatorum, continentum, virginum. Pulchre dicit eatenus absconditum in farina fermentum, *donec fermentaretur totum,* quia charitas in nostra mente recondita eousque crescere debet, donec totam mentem in sui perfectionem commutet, ut nihil videlicet præter ipsam conditoris sui dilectionem diligere, agere, recolere anima possit. Quod hic quidem inchoari, sed ibi habet perfici, ubi cum sit *Deus omnia in omnibus* (*I Cor.* xv), omnes uno eodemque suæ dilectionis igne calefacit. Satum genus est mensuræ juxta morem provinciæ Palestinæ, unum et dimidium modium capiens.

Hæc omnia locutus est Jesus in parabolis ad turbas, et sine parabolis non loquebatur eis. Hæc omnia, inquit, *locutus est Jesus in parabolis ad turbas,* et reliq. Non quia nihil proprie locutus est, sed quia nullam fere sermonem explicavit ubi non aliquid per parabolam significavit, quamvis in eo aliqua et proprie dixerit, ita ut sæpe inveniatur totus sermo ejus parabolis explicatus, totus autem proprie dictus nullus inveniatur. (*Hieron.*) Et notandum quod non discipulis, sed turbis per parabolas loquitur, et usque hodie turbæ in parabolis audiunt, et discipuli domi interrogant Salvatorem.

Ut impleretur quod dictum est per Prophetam dicentem: Aperiam in parabolis os meum, et eructabo abscondita a constitutione mundi. Hoc testimonium de septuagesimo septimo psalmo sumptum est, quod et ex persona Domini dicitur. *Aperiam,* ait, *in parabolis os meum, et eructabo abscondita a constitutione mundi* (*Psal.* lxxvii). Considerandum est ergo attentius et inveniendum in eo describi egressum Israelis de Ægypto, et omnia signa narrari, quæ in Exodi continentur historia. Ex quo intelligimus universa illa quæ scripta sunt, parabolice sentienda; nec manifestam consonare litteram, sed abscondita sacramenta. Hoc enim se Salvator dicturum esse promittit, aperiens os suum in parabolis, et eructans abscondita a constitutione mundi : quia *non est inventus neque in cœlo, neque in terra, neque subtus terram quis dignus aperire librum, et solvere septem signacula ejus, nisi ipse leo de tribu Juda; radix David, qui aperit et nemo claudit, claudit, et nemo aperit* (*Apoc.* v), virtus et sapientia Dei.

Tunc dimissis turbis venit in domum, et accesserunt ad eum discipuli ejus dicentes. Edissere nobis parabolam zizaniorum agri. (*Hieron.*) Dimittit turbas Jesus, et domum revertitur, et accedunt ad eum discipuli, et secreto interrogant, quæ populus nec merebatur audire, nec poterat. (MAUR.) Mystice autem Salvator noster dimissa turba tumultuantium Judæorum, ingreditur in Ecclesiam gentium. Et ibi interrogantibus discipulis, hoc est, fidelibus devote divina mysteria discentibus exponit Sacramenta cœlestia.

Qui respondens ait : Qui seminat bonum semen, filius est hominis. Ager autem est mundus. Bonum vero semen hi sunt filii regni. Zizania autem filii sunt nequam. Inimicus autem qui seminavit ea, est diabolus. Messis vero consummatio sæculi est. Messores autem angeli sunt. Perspicue exposuit quod ager mundus sit, sator filius hominis, bonum semen filii regni, zizania filii pessimi, zizaniorum sator diabolus, messis consummatio mundi, messores angeli. Omnia scandala referuntur ad zizania ; justi reputantur in filios regni. Ergo, ut supra dixi, quæ exposita sunt a Domino, his debemus accommodare fidem. Quæ autem tacita, et nostræ intelligentiæ derelicta, perstringenda sunt breviter. Homines qui dormiunt, magistros ecclesiarum intellige. Servos patrisfamilias ne alios accipias quam angelos, qui quotidie vident faciem Patris. Diabolus autem propterea inimicus homo appellatur, quia Deus esse desivit. Et in nono psalmo scriptum est de eo : *Exsurge, Domine, non confortetur homo.* Quamobrem non dormiat qui Ecclesiæ præpositus est, ne per illius negligentiam inimicus homo superseminet zizania, id est, hæreticorum dogmata. Quod autem dicitur, *Ne forte colligentes zizania eradicetis simul et frumentum,* datur locus pœnitentiæ, et monemur ne cito amputemus fratrem, quia fieri potest, ut ille qui hodie noxio depravatus est dogmate, cras resipiscat, et defendere incipiat veritatem. Illud quoque quod sequitur, *Sinite utraque crescere usque ad messem,* videtur illi præcepto contrarium : *Auferte malum de medio vestrum* (*I Cor.* v); et nequaquam societatem habendam cum his qui fratres nominentur, et sint adulteri et fornicatores. Si enim prohibetur eradicatio, usque ad messem tenenda est patientia : et quomodo ejiciendi sunt quidam de medio nostrum? Inter triticum et zizanium, quod nos appellamus lolium, quandiu herba est, et necdum culmus venit ad spicam, grandis similitudo est, et in discernendo aut nulla, aut perdifficilis distantia. Præmonet ergo Dominus ne ubi quid ambiguum est cito sententiam proferamus, sed Deo judice terminum reservemus, ut cum dies judicii venerit, ille non suspicionem criminis, sed manifestum reatum de sanctorum cœtu ejiciat.

Sicut ergo colliguntur zizania, et igne comburuntur, sic erit in consummatione sæculi. Mittet filius hominis angelos suos, et colligent de regno ejus scandala, et eos qui faciunt iniquitatem, et mittent eos in caminum ignis; ibi erit fletus et stridor dentium. Omnis immunditia in segete zizania dicuntur. Quod primo separentur zizania dicitur, quia tribulatione præcedente separabuntur impii a piis : quod per bonos angelos intelligitur fieri, quia officia vindictæ possunt implere boni bono animo, quomodo lex, quomodo judex; officia vero misericordiæ mali implere non possunt.

(*Hieron.*) Quod autem zizaniorum fasciculos ignibus tradi decernit, et triticum congregari in horrea, manifestum est hæreticos quosque et hypocritas fidei gehennæ ignibus concremandos; sanctos vero qui appellantur triticum, horreis, id est, mansionibus cœlestibus suscipiendos. (MAUR.) Observa quod dicit, *et eos qui faciunt iniquitatem,* non qui *fecerunt,* quia non omnes, qui fecerunt iniquitatem, et conversi sunt ad pœnitentiam, et ad correctiorem vitam, sed ipsi solummodo, qui permanent in peccatis suis usque ad finem vitæ suæ, et non egerunt pœnitentiam, æternis cruciatibus mancipandi sunt.

Tunc justi fulgebunt sicut sol in regno Patris eorum. (*Hieron.*) In præsenti sæculo fulget lux sanctorum coram hominibus, et post consummationem mundi ipsi justi fulgebunt, sicut sol in regno Patris sui. *Qui habet aures audiat.* Id est, qui habet intellectum intelligat, quia non sinapis, olerum, nec fermentum ebrietatis, nec farina graminum prædicatur, sed mystice hæc omnia intelligenda sunt.

[V.] *Simile est regnum cœlorum thesauro abscondito in agro, quem qui invenit homo abscondit, et præ gaudio illius vadit, et vendit universa quæ habet, et emit agrum illum.* (*Greg.*) Cœlorum regnum idcirco terrenis rebus simile dicitur, ut ex his quæ animus novit surgat ad incognita, quatenus exemplo visibilium, se ad invisibilia rapiat, et per ea quæ usu didicit quasi confricatus incalescat, ut per hoc quod scit notum, diligere discat et incognita amare. Ecce enim *cœlorum regnum thesauro in agro abscondito* comparatur, *quem qui invenit homo abscondit, et præ gaudio illius vadit, et vendit universa quæ habet, et emit agrum illum.* Qua in re hoc quoque notandum est, quod inventus thesaurus absconditur, ut reservetur, quia studium cœlestis desiderii a malignis spiritibus custodire non sufficit, qui hoc ab humanis laudibus non abscondit. Thesaurus autem cœleste est desiderium. Ager vero in quo thesaurus absconditur, disciplina studii cœlestis. Quem profecto agrum venditis omnibus comparat, qui voluptatibus carnis renuntians, cuncta sua terrena desideria per disciplinæ custodiam cœlestis calcat, ut nihil quod caro blanditur, liceat, nihil quod carnalem vitam trucidat, spiritus horrescat. (*Hieron.*) Aliter autem thesaurus iste, *in quo sunt omnes thesauri sapientiæ et scientiæ absconditi (Col. II)*, aut Dei Verbum est, quod in carne Christi videtur absconditum, aut sanctæ Scripturæ, in quibus reposita est notitia Salvatoris : quem cum quis in eis invenerit, debet omnia istius sæculi emolumenta contemnere, ut illum possit habere, quem repererit. Quod autem sequitur : *Quem cum invenerit homo abscondit,* idcirco dicitur, non quod de invidia faciat, sed quod timore servantis et nolentis perdere abscondat in corde suo, quem pristinis prætulit facultatibus. (*Aug.*) Item thesaurum in agro absconditum dixit, duo Testamenta legis in Ecclesia. Cum quis ea ex parte intellectus attigerit, sentit illic magna latere; *et vadit, et vendit omnia sua*, et emit illum, id est, contemptu temporalium comparat sibi otium, ut sit dives in cognitione Dei.

Iterum, simile est regnum cœlorum homini negotiatori quærenti bonas margaritas; inventa autem una pretiosa margarita, abiit et vendidit omnia quæ habuit, et emit eam. (*Greg.*) Rursum quippe cœleste regnum homini negotiatori simile dicitur, qui bonas margaritas quærit, sed unam pretiosam invenit, quam videlicet inventam omnia vendens emit. Quod qui cœlestis vitæ dulcedinem, in quantum possibilitas admittit, perfecte cognoverit, ea quæ in terris amaverat, libenter cuncta derelinquit. In comparatione ei vilescunt omnia, deserit habita, congregata dispergit, inardescit in cœlestibus animus. Nil in terrenis libet, deforme conspicitur quidquid de terrena placebat specie, quod sola pretiosæ margaritæ charitas fulget in mente. Quæstio est itaque cur a numero plurali, ad singularem transierit, ut cum quærat homo margaritas bonas, unam inveniat pretiosam, quam, venditis omnibus quæ habet, emat. Aut ergo iste bonos homines quærens, cum quibus utiliter vivat, unum præ omnibus invenit sine peccato *mediatorem Dei et hominum hominem Christum Jesum* (*I Tim.* II) ; aut præcepta quærens, quibus servatis, cum hominibus recte conversetur, invenit dilectionem proximi. In quo uno dicit Apostolus omnia contineri, ut *non occides, non furaberis, non falsum testimonium dices, et si quod est aliud mandatum* (*Rom.* XIII), singulæ margaritæ sint, quæ recapitulantur in hoc sermone : *Diliges proximum tuum tanquam teipsum*. Aut bonos intellectus homo quærit, et invenit illud quo cuncti continentur, *In principio Verbum, et Verbum apud Deum, et Verbum Deum* lucidum candore veritatis, et solidum firmitate æternitatis, qui Deus penetrata carnis testudine intelligendus est. Ille enim ad margaritam ipsam jam pervenerat, qui tegumentis mortalitatis quasi concharum obstaculo, in profundo hujus sæculi, atque inter duritias saxeas Judæorum aliquando latuerat. Ille ergo ad ipsam margaritam jam pervenerat, qui ait : *Et si noveramus Christum secundum carnem, sed nunc jam non novimus*. Nec ullus omnino intellectus margaritæ nomine dignus est, nisi ad quem discussis omnibus carnalibus tegminibus pervenitur. Quibus sive per verba humana, sive per similitudines circumpositas operitur, ut purus, et solidus, et nusquam a se dissonans certa ratione cernatur. Quos tamen omnes veros, et firmos, et perfectos intellectus unus ille continet, per quem facta sunt omnia, quod est Verbum Dei. Quodlibet autem horum trium sit, vel si aliud occurrere potuerit, quod margaritæ unius et pretiosæ nomine bene significetur, pretium ejus est nos ipsi, qui ad eam possidendam non sumus liberi, nisi omnibus pro nostra liberatione contemptis, quæ temporaliter possidentur. Venditis enim rebus nostris, nullum majus earum accipimus pretium, quam nos ipsos, quia talibus implicati, nostri non eramus, ut rursus nos ipsos pro illa margarita demus ; non quia vel tanti valet, sed quia plus dare non possumus. (*Hieron.*) Aliter autem hæc parabola aliis verbis idipsum exprimere potest intelligi, quod supra dicitur. Bonæ margaritæ quas quærit institor, lex et prophetæ sunt. Audi, Marcion ; audi, Manichæe : bonæ margaritæ sunt lex et prophetæ, et notitia Veteris Instrumenti. Una autem est pretiosa margarita scientia Salvatoris, et sacramentum passionis illius, et resurrectionis arcanum ; quem cum invenerit homo negotiator similis Pauli apostoli, omnia legis prophetarumque mysteria, et observationes pristinas, in quibus inculpate vixerat, quasi purgamenta contemnit, et quasi quisquilias, ut Christum lucrifaciat (*Phil.* III). Non quo inventio unius novæ margaritæ condemnatio sit veterum ; sed quo comparatione ejus omnis alia gemma sit vilior.

Iterum simile est regnum cœlorum sagenæ missæ in mare, et ex omni genere piscium congreganti, quam cum impleta esset educentes, et secus littus sedentes, elegerunt bonos in vasa, malos autem foras miserunt. (*Greg.*) Rursum ergo *simile regnum cœlorum sagenæ missæ in mari*, dicitur, *ex omni genere piscium congreganti*; quæ impleta ad littus ducitur, et in vasis boni pisces eliguntur, mali projiciuntur foras. Sub hac ergo parabola sancta Ecclesia sagenæ comparatur, quæ, a piscatoribus est commissa, et per eam quisque ad æternum regnum a præsentis sæculi fluctibus trahitur, ne in æternæ mortis profundo mergatur. Quæ ex omni genere piscium congregat, quod ad peccatorum veniam sapientes, et fatuos, liberos et servos, divites et pauperes, fortes et infirmos vocat. Unde per Psalmistam Deo dicitur, *ad te omnis caro veniet* (*Psal.* LXIV). Quæ sagena scilicet tunc universaliter repletur cum in fine suo humani generis summa concluditur. Quam educunt, et secus littus sedent, quia sicut mare sæculum, ita sæculi finem significat littus maris ; in quo scilicet fine boni pisces in vasis eliguntur, mali projiciuntur foras, quia et electus quisque in tabernacula recipitur, et æterni luce regni perdita, ad exteriores tenebras reprobi trahuntur. Nunc enim bonos malosque communiter, quasi permistos pisces fidei sagena nos continet, sed littus indicat sagena, id est sancta Ecclesia, quid trahebat. Et quidem pisces qui capti fuerunt mutari non possunt ; nos vero mali capimur, sed in bonitatem permutamur. Cogitemus igitur in captione, ne dividamur in littore. (*Hieron.*) Item aliter, *Simile est regnum cœlorum sagenæ missæ in mare*, etc. Impleto Jeremiæ vaticinio dicentis, *Ecce ego mitto ad vos piscatores multos* (*Jer.* XVI), postquam audierunt Petrus, et Andreas, Jacobus et Joannes filii Zebedæi, *Sequimini me, et faciam vos piscatores fieri hominum* (*Matth.* IV), contexerunt sibi ex Veteri et Novo Testamento sagenam evangelicorum dogmatum, et miserunt eam in mare hujus sæculi, quæ usque hodie in mediis fluctibus tenditur, capiens de falsis et amaris gurgitibus quidquid inciderit, id est, et bonos homines et malos, et optimos pisces et pessimos. (MAUR.) Quos ad littus attrahit, id est, ad finem mundi, ut tunc jam sequestratio bonorum et malorum piscium sit. Unde et subditur :

Sic enim erit in consummatione sæculi. Exibunt angeli, et separabunt malos de medio justorum, et mittent eos in caminum ignis : ibi erit fletus et stridor dentium. (*Greg.*) Hoc ergo timendum est potius quam exponendum. Aperta enim voce tormenta peccantium dicta sunt, ne quis ad ignorantiæ suæ excusationem recurrerit, si quid de æterno supplicio obscure diceretur. (*Hieron.*) Cum vero venerit consummatio, et finis mundi, ut ipse infra manifestius disserit, tunc sagena extrahetur ad littus; tunc verum secernendorum piscium judicium demonstrabitur, et quasi in quodam quietissimo portu boni mittentur in vasa cœlestium mansionum, malos vero torrendos et exsiccandos gehennæ flamma suscipiet. Quod vero Salvator proposita parabola statim subjungens, ait :

Intellexistis hæc omnia? Dicunt ei : Etiam. Ad Apostolos proprie sermo est, et illis dicitur : *Intellexistis hæc omnia?* Quos non vult audire tantum, ut populum, sed intelligere ut magistros futuros, et intelligentibus parabolas dignum testimonium reddit. Unde et subditur :

Et ait illis : Ideo omnis scriba doctus in regno cœlorum similis est homini patrisfamilias, qui profert de thesauro suo nova et vetera. (*Aug.*) Non dixit vetera et nova, quod utique dixisset nisi maluisset meritorum ordinem servare quam temporum. Novum enim Testamentum posterius est tempore, sed prius dignitate. (*Hieron.*) Instructi quidem erant apostoli, scribæ et notarii Salvatoris, qui verba illius et præcepta signabant in tabulis cordis carnalibus, regnorum cœlestium sacramentis, et pullulabant et pollebant opibus patrisfamilias, ejicientes de thesauro suarum doctrinarum nova et vetera; ut quidquid in Evangelio prædicabant, legis et prophetarum vocibus comprobarent. Unde et sponsa dicit in Cantico canticorum : *Nova cum veteribus, fratruelis mi, servavi tibi* (*Cant.* VII). Quod tamen intelligi et aliter potest. (*Greg.*) Vetustum igitur humani generis ad inferni claustra descendere, pro peccatis suis supplicia æterna tolerare; cui per mediatoris adventum novum aliquid accessit, ut si hic recte studeant vivere, cœlorum regna valeant penetrare; et homo in terra editus, si a corruptibili vita moriatur, in cœlo esset collocandus ; et vetus itaque est, ut pro culpa genus humanum intereat, et novum ut conversus in regno vivat. Quod ergo in conclusione locutionis suæ Dominus subdidit, hoc est utique quod præmisit. Prius enim de regni similitudine thesaurum inventum ac bonam margaritam protulit ; postmodum vero inferni pœnas de malorum combustione narravit, atque in conclusione subjungit : *Ideo omnis scriba doctus in regno cœlorum similis est patrisfamilias proferenti de thesauro suo nova et vetera*. Ac si aperte diceretur : Ille in sancta Ecclesia doctus prædicator est, qui et *nova* scit proferre de suavitate regni, et *vetera* dicere de terrore supplicii, ut vel pœnæ terreant quos præmia non invitant. (MAUR.) Ecce hunc expositionis evangelicæ liber quartus habeat terminum, ubi parabolarum Domini prolatio in districto Dei finem ostendit habere sæculum, ut dehinc ea quæ sequuntur operum et sermonum Domini alio initientur exordio.

LIBER QUINTUS.

SEQUITUR CAPUT XIII.

[VI.] *Et factum est cum consummasset Jesus parabolas istas, transiit inde, et veniens in patriam suam docebat eos in synagogis eorum, ita ut mirarentur et dicerent : Unde huic sapientia hæc et virtutes ?* (*Hieron.*) Post parabolas quas locutus est ad populum, et quas soli apostoli intelligebant, transit in patriam suam Dominus, ut ibi apertius doceat. (RAB.) Patriam Domini Galilæam, sive specialiter Nazareth dicit, in qua erat nutritus, ubi et in synagogis Judæorum prædicavit : Συναγωγὴ enim Græce, Latine dicitur *congregatio* ; quo nomine non solum affluentium turbarum conventum, sed et domum, qua ad audiendum dicendumve Dei verbum conveniebant Judæi, appellare solebant. Unde Dominus ad Annam pontificem : *Ego semper*, inquit, *docui in synagoga, et in templo quo omnes Judæi conveniunt* (*Joan.* XVIII). Sicut et nos ecclesias fidelium et loca et choros vocitamus. Verum differt inter συναγωγὴν, quæ congregatio, et ἐκκλησίαν quæ convocatio interpretatur, quod veteris instrumenti populus, utroque vocabulo, novi autem tantum Ecclesia nuncupatur. Quia videlicet et pecora et inanimæ quæque res congregari in unum possunt, convocari vero non nisi ratione utentia possunt. Ideoque novæ gratiæ populum quasi majore dignitate præditum rectius convocatum in unitatem fidei, quam congregatum dicere, id est Ecclesiam, quam synagogam nominare apostolicis scriptoribus et doctoribus visum est. Confluebant vero die sabbati semper in synagogis ut juxta quod Dominus præcepit, *Vacate et videte quoniam ego sum Deus (Psal.* XLV), feriatis mundi negotiis ad meditanda legis monita quieto corde resideret. Cujus eo die devotionis agendæ hactenus in Ecclesia perducat indicium, quæ ad memoriam priscæ religionis canticum Deuteronomii, in quo universus veteris populi status, quid videlicet offenso, quid propitio Deo meruit, continetur, nonnullis in locis sabbato dicere consuevit. Alioquin esset præposterum, ut prioribus septimanæ diebus prophetarum dictis carminibus Moysi ultimum diceretur.

Docuit ergo in synagogis Judæorum Dominus, ut evangelista narrat, ita ut mirarentur et dicerent : *Unde huic sapientia hæc et virtutes?* Sed quanta Nazarenorum cæcitas, qui eum quem in verbis factisque ipsius,

Si mens non læva fuisset ,

Christum cognoscere poterant, ob solam generis notitiam contemnunt. Sapientiam vero ad doctrinam, virtutes referunt ad sanitates et miracula quæ faciebat ; quæ solerti ac pulchra distantia commemorat Apostolus dicens : *Judæi signa petunt, et Græci sapientiam quærunt, nos vero prædicamus Christum crucifixum, Judæis quidem scandalum, gentibus vero stultitiam ; ipsis vero vocatis et Græcis Christum Dei virtutem et Dei sapientiam* (I Cor. 1). In qua nimirum sententia virtutem ad signa retulit propter Judæos, sapientiam vero ad doctrinam propter Græcos, id est, gentes.

Nonne hic est fabri filius? Nonne mater ejus dicitur Maria, et fratres ejus Jacobus, et Joseph, et Simon, et Judas? et sorores ejus nonne omnes apud nos sunt? Unde ergo huic omnia ista? Et scandalizabantur in eo. Error Judæorum salus nostra est, et hæreticorum condemnatio. In tantum enim cernebant hominem Christum, ut fabri putarent filium, et dicerent ; *Nonne hic est fabri filius?* Miraris si errent in fratribus, cum errent in patre? Fratres quoque et sorores ejus secum esse testentur, qui tamen non liberi Joseph aut Mariæ juxta hæreticos putandi, sed potius juxta morem sacræ Scripturæ cognati ipsorum sunt intelligendi ; quomodo Abraham et Loth fratres appellantur, cum esset Loth filius fratris Abrahæ, et multa habes hujusmodi. (RAB.) Non vero sine certi provisione sacramenti, Dominus in carne apparens faber, et fabri filius æstimari, ac dici voluit. Quin potius etiam per hoc se ejus ante sæcula Filium esse docuit, qui fabricator omnium *in principio creavit Deus cœlum et terram.* Nam et si humana non sunt comparanda divinis, typus tamen integer est, quia Pater Christi igne operatur et Spiritu ; unde et de ipso tanquam de fabri filio Præcursor suus ait : *Ipse vos baptizabit in Spiritu sancto et igne (Matth.* III). Qui in domo magna hujus mundi diversi generis vasa fabricat, imo vasa iræ, sui spiritus igne molliendo, in misericordiæ vasa commutat. Sed hujus sacramenti Judæi ignari divinæ vir-tutis opera prosapiæ carnalis contemplatione despiciunt.

Jesus autem dixit eis : Non est propheta sine honore, nisi in patria et in domo sua. Prophetam dici in Scripturis Dominum Christum, et Moyses testis est, qui futuram ejus incarnationem prædicens filiis Israel ait : *Prophetam vobis suscitabit Dominus Deus vester de fratribus vestris, quem tanquam meipsum audietis (Deut.* XVIII). Non solum vero ipse qui caput est et Dominus prophetarum, sed et Elias, Jeremias cæterique prophetæ, minores in patria sua, quam in exteris civitatibus habiti sunt. (*Hieron.*) Quia propemodum naturale est cives semper civibus invidere. Non enim considerant præsentia viri opera, sed fragilem recordantur infantiam, quasi non et ipsi per eosdem ætatis gradus ad maturam ætatem pervenerint.

Et non fecit ibi virtutes multas propter incredulitatem illorum. Non quod etiam illis incredulis facere non potuerit virtutes multas, sed ne multas faciens, cives incredulos condemnaret. Potest vero et aliter intelligi, quia Jesus despiciatur in domo et in patria sua, id est, in populo Judæorum, et ideo ibi pauca signa fecerit, ne penitus excusabiles fierent. Majora vero signa quotidie in gentibus per Apostolos facit, non tam in sanatione corporum, quam in animarum salute.

CAPUT XIV.

Narratur decollatio Joannis Baptistæ, cum miraculo quinque panum, et ambulatione super aquas, etc.

[I.] *In illo tempore audivit Herodes tetrarcha famam Jesu, et ait pueris suis : Hic est Joannes Baptista, ipse surrexit a mortuis, et ideo virtutes operantur in eo.* (RAB.) Lucas de his ita scribit : *Audivit vero Herodes tetrarcha omnia quæ fiebant ab eo, et hæsitabat eo quod diceretur a quibusdam, quia Joannes resurrexerit a mortuis, a quibusdam vero quia Elias apparuit,* etc. (*Luc.* IX). Intelligendum est ergo aut post hanc hæsitationem confirmasse eum in animo suo quod ab aliis dicebatur, cum ait, *Hic est Joannes Baptista, ipse surrexit a mortuis;* aut ita pronuntianda sunt hæc verba, ut hæsitantem adhuc indicent ; si enim diceret : Nunquidnam hic est? aut, Nunquid forte hic est Joannes Baptista ? non opus esset admonere aliquid de pronuntiatione, qua dubitans atque hæsitans intelligatur. Nunc quia illa verba desunt, utroque modo pronuntiari potest, ut aut confirmatum eum ex aliorum verbis credentem dixisse accipiamus, aut adhuc sicut Lucas commemorat, hæsitantem.

(MAUR.) Notandum tamen quod Herodes pueris suis in hac sententia de resurrectionis gloria prædicabat. Non enim ait, Hic est Joannes Baptista, qui operatur virtutes, sed *Hic est,* inquit, *Joannes Baptista, ipse resurrexit a mortuis, et ideo virtutes operantur in eo.* Bene omnimode de virtute resurrectionis senserat, quod majoris potentiæ futuri sint sancti, cum a mortuis resurrexerint, quam fuerint cum carnis adhuc infirmitate gravarentur. Sed quanta Judæorum invidia, qui contra Dominum malitiæ furor exstiterit, et in isto loco, et ex omnibus pene locis Evangelii docemur. Ecce enim Joannem, de quo dictum est, *quia signum fecit nullum* (*Joan.* x), a mortuis potuisse resurgere nullo attestante Herodes, qui erat alienigena, pronuntiaverat; ipsi vero Jesum, quem prophetæ corum eis prædixerant *virum approbatum a Deo virtutibus et signis* (*Act.* II), cujus videlicet mortem elementa tremuerunt, resurrectionem vero atque ascensionem angeli, apostoli, viri ac feminæ, certatim prædicabant, non resurrexisse, sed furtim esse ablatum credere maluerunt. Et in hoc quoque insinuatur quod promptior est animus gentium ad credulitatem quam Judæorum. Quia sicut propheta de illis ait : *Quibus non est annuntiatum de eo, videbunt* ; isti vero videntes non vident, quia ut legislator de eis testatur, *generatio est prava, et perversa* (*Deut.* XXXII), filii, in quibus non est fides in eis.

Herodes autem tenuit Joannem et alligavit eum, et posuit in carcerem propter Herodiadem uxorem fratris sui ; dicebat autem illi Joannes, Non licet tibi habere eam. (*Hieron.*) Vetus narrat historia Philippum majoris Herodis filium, sub quo Dominus fugit in Ægyptum, fratrem hujus Herodis, sub quo passus est Christus, duxisse uxorem Herodiadem, filiam regis Aretæ ; postea vero socrum ejus, exortis quibusdam contra generum simultatibus, tulisse filiam suam, et in dolorem mariti prioris, inimici ejus nuptiis copulasse. Qui sit vero hic Philippus, evangelista Lucas plenius docet: *Anno quinto decimo imperii Tiberii Cæsaris, procurante Pontio Pilato Judæam, tetrarcha vero Galilææ Herode, Philippo vero fratre ejus tetrarcha Ituræae et Thraconitidis regionis* (*Luc.* III). Ergo Joannes Baptista, qui venit in spiritu et virtute Eliæ, eadem auctoritate qua ille Achab corripuerat et Jezabel (*III Reg.* XXI), arguit Herodem et Herodiadem, quod illicitas nuptias fecerint, et non liceat, fratre vivente germano, illius uxorem ducere, malens periclitari apud regem, quam propter adulationem esse immemor præceptorum Dei.

Et volens illum occidere timuit populum, quia sicut prophetam eum habebant. Seditionem quidem populi verebatur propter Joannem Baptistam, a quo sciebat turbas in Jordane plurimas esse baptizatas; sed amore vincebatur uxoris, ob cujus ardorem etiam Dei præcepta neglexerat.

Die autem natalis Herodis saltavit filia Herodiadis in medio, et placuit Herodi. (RAB.) Soli mortalium Herodes et Pharao leguntur diem natalis sui gaudiis festivis celebrasse (*Gen.* XL). Sed uterque rex infausto auspicio festivitatem suam sanguine fœdavit. Verum Herodes tanto majore impietate, quanto sanctum et innocentem doctorem veritatis et præconem vitæ ac regni cœlestis occidit, et hoc pro voto ac petitione saltatricis, neque eam occisi caput ante convivas inferre puduit. Nam Pharao nihil talis vesaniæ commisisse legitur, sed tamen peccantem sibi eunuchum vita privari jubens, quo longius a veræ cultu religionis aberat, eo levius in violatione suæ festivitatis deliquit. Attamen ex utriusque exemplo probatur utilius esse nobis diem mortis futuræ timendo et caste agendo sæpius in memoriam revocare, quam diem nativitatis luxuriando celebrare. Homo enim ad laborem nascitur in mundo, et electi ad requiem per mortem transeunt e mundo. (MAUR.) Sed qui mundi amore tenentur, excæcati de futuris non cogitant. Et ob hoc nec præsentia bene ordinant; quod bene in luxuria conviviorum suorum Herodes demonstravit. De quo subjungitur :

Unde cum juramento pollicitus est ei dare quodcunque postulasset ab eo. (*Hieron.*) Non excusatur Herodes, quod invitus et nolens propter juramentum homicidium fecerit, quia ad hoc forte juravit, ut futuræ occasioni machinas præpararet. Alioquin si ob jusjurandum fecisse se dicit, si patris, si matris postularet interitum, facturus fuerat, an non? Quod in se repudiaturus fuit, contemnere debuit et in propheta.

At illa præmonita a matre sua: Da mihi, inquit, hic in disco caput Joannis Baptistæ. Herodias timens ne Herodes aliquando resipisceret, vel Philippo fratri amicus fieret, atque illicitæ nuptiæ repudio solverentur, monet filiam ut in ipso statim convivio caput Joannis postulet, digno opere saltationis dignum sanguinis præmium.

Et contristatus est rex : propter juramentum autem et eos qui recumbebant, jussit dari. Consuetudinis Scripturarum est, ut opinionem multorum sic narret historicus, quomodo eo tempore ab omnibus credebatur. Sicut Joseph ab ipsa quoque Maria appellatur pater Jesu, ita et nunc Herodes dicitur contristatus, quia hoc discumbentes putabant. Dissimulator enim mentis suæ et artifex homicida tristitiam præferebat in facie, cum lætitiam haberet in mente. Scelusque excusat juramento, ut sub occasione pietatis impius fieret. Quod vero subjicit, *et propter eos qui pariter recumbebant*, vult omnes sceleris sui esse consortes, ut in luxurioso impuroque convivio cruentæ epulæ deferrentur.

Misitque et decollavit Joannem in carcere, et allatum est caput ejus in disco, et datum est puellæ, et tulit matri suæ. (*Hieron.*) Legimus in Romana historia Flaminium ducem Romanorum quod accubanti juxta se meretriculæ, quæ nunquam vidisse se diceret hominem decollatum, assensit ut ei reus quidam capitalis criminis in convivio truncaretur, a censoribus pulsum curia, quod epulas sanguini commiscuerit, et mortem, quamvis noxii hominis in alterius delicias præstiterit, ut libido et homicidium pariter miscerentur. Quanto sceleratior Herodes et Herodias, ac puella quæ saltavit, in pretium sanguinis caput postulat prophetæ, ut habeat in potestate linguam, quæ illicitas nuptias arguebat? Hoc juxta litteram factum sit ; nos vero usque in hunc diem cernimus in capite Joannis prophetæ, Judæos Christum, qui caput prophetarum est, perdidisse. (RAB.) Aliter, decollatio Joannis minorationem famæ illius, qua Christus a populo credebatur insinuat, sicut exaltatio in cruce Domini Salvatoris profectum designabat fidei, qua ipse qui prius a turbis propheta esse putabatur, Dominus prophetarum et Christus Dei Filius a cunctis fidelibus est agnitus. Minutus ergo capite est Joannes, exaltatus est in crucem Dominus, quia sicut idem Joannes ait, *illum oportebat crescere*, Joannem vero minui; illum qui propheta æstimabatur, Christum cognosci, et cum qui Christus præ virtutum sublimitate putabatur, Christi esse prophetam et præcursorem decebat intelligi. Quod ipsum quoque distinctione temporis, quo uterque eorum natus est, satis aperte signatum est; quia Joannes quidem quem oportebat minui, cum diurnum lumen decresceret, natus est: Dominus vero qui vera lux mundi est, eo anni tempore quo dies crescere incipit, luciflua nobis suæ dona nativitatis exhibuit.

Et accedentes discipuli ejus tulerunt corpus, et sepelierunt illud. Hic ergo discipulos et ipsius Joannis et Salvatoris possumus intelligere. Nec præterexndum quod narrat Josephus, vinctum Joannem in castellum Macheronta abductum, ibique truncatum. Narrat et Historia ecclesiastica sepultum eum in Sebaste urbe Palestinæ, quæ quondam Samaria dicta est; at tempore Juliani principis invidentes Christianis, qui sepulcrum ejus, pia sollicitudine frequentabant, paganos invasisse monumentum, ossa dispersisse per campos, et rursum collecta igne cremasse, ac denuo dispersisse per agros. Affuisse vero tunc temporis ibidem de Hierosolymis monachos, qui misti paganis ossa legentibus maximam eorum partem congregaverint, et ad patrem suum Philippum Hierosolymam detulerint. At ille miserit ea beato Athanasio Alexandriæ episcopo, ibique servata usque ad tempora Theophili ejusdem urbis episcopi, quando jubente Theodosio principe omnia gentium fana destructa sunt. Tunc expurgato a sordibus templo Serapis, ibidem illata, et basilicam pro ædicula Serapis in honorem sancti Joannis esse consecratam, pro martyrium appellatur. Lege undecimum Historiæ ecclesiasticæ librum. Sequitur:

Et venientes nuntiaverunt Jesu. Non solum quæ ipsi gesserant et docuerant apostoli Domino renuntiant, sed etiam quæ Joannes eis in docendo occupatis sit passus, vel sui vel ejusdem discipuli Joannes ei renuntiant. Mystice autem Joannes Domino præcursor legem Veteris Testamenti significare videtur: ille tenebatur in vinculis et carcere, et lex in obscura angustia, et tenebroso corde populi Judæorum. Ille capite truncatus est, quod præsaginum fuit eo quod amissuri essent Judæi Christum, qui caput legis et prophetarum, sicut supra ostendimus; discipuli illius qui corpus ejus sepelierunt, et post venientes nuntiaverunt Domino, quæ gesta sunt, significare videntur illos qui legem in carnalibus jam observationibus exstinctam sibimet indicantes ad gratiam transiverunt Domini Salvatoris, quia sepultura Joannis abolitionem legis significat. Ut igitur istud manifestius fiat sermo ad originem propositionis referendus est. Joannes, ut frequenter admonuimus, formam prætulit legis, quia lex Christum prædicavit, et Joannes profectus ex lege est, Christum ex lege prænuntians; Herodes vero princeps est populi, et princeps populi subjecti sibi, universitatis nomen causamque complectitur. Joannes ergo Herodem monebat, ne fratris sui uxorem sibi jungeret. Sunt enim atque erant duo populi, circumcisionis et gentium. Sed Israelem lex admonebat ne opera gentium infidelitatemque sibi jungeret. Gentium enim socia infidelitas est, quæ ipsis tanquam vinculo conjugalis amoris annexa est. Hi igitur fratres ex eodem humani generis sunt parente, ob hanc itaque asperæ admonitionis veritatem, Joannes tanquam lex in carcere continebatur. Die autem natalis, id est, rerum corporalium gaudiis Herodiadis filia saltavit. Voluntas enim tanquam ex infidelitate orta, totis illecebrarum cursibus efferebatur, cui se omneum etiam sacramento venalem populis addixit; sub peccatis enim et sæculi voluptatibus Israelitæ vitæ æternæ munera vendiderunt. Hæc matris suæ, id est, infidelitatis instinctu, deferri sibi Joannis caput, id est, gloriam legis oravit, quia lex incestuorum Israel, auctoritate divinorum præceptorum arguebat. Sed superius Herodes significatus est Joannem velle occidere, et metu populi demorari, quia sicut propheta habebatur. Nunc vero expetita ejus nece cum præsertim religione sacramenti detinetur, quomodo tristis efficitur? Contrarium videlicet est tunc cum voluisse, et nunc nolle, et præsens molestia anteriori non convenit voluntati. Verum in superioribus gestæ rei ordo est, in his autem nunc species causæ consequentis exponitur. Gloriam legis voluntas ex infidelitate orta occupavit. Sed populus boni ejus quod in lege erat conscius, voluntatis conditionibus non sine aliquo certi periculi sui dolore cohibetur, scitque talem præceptorum gloriam non oportuisse se concedere, sed peccatis tanquam sacramentis coactus, et principum adjacentium metu atque exemplo depravatus, et victus illecebris voluptatis etiam mœstus obtemperat. Igitur inter reliqua dissoluta populi gaudia in disco Joannis caput affertur. Damno scilicet legis voluptas corporum ad sæculares luxus augetur, et ita per puellam ad matrem defertur, ac si probrosus Israel et voluntati et infidelitati suæ familiæ, scilicet ante gentium gloriam, legis addixit. Finitis igitur legis temporibus, et cum Joanne conseputlis, discipuli ejus res ita gestas Domino enuntiant, cum ad Evangelia scilicet ex lege venientes erga Dei Verbum curiosi auditores fiunt. Igitur lege finita ad quem alium eis transmigrandum erat, nisi ad eum qui consummator ejus est? *Finis enim legis*, ait Apostolus, *Christus est ad justitiam omni credenti* (*Rom.* x), qui Instrumento Veteri Novum fecit succedere Testamentum.

Quod cum audisset Jesus, secessit inde in navicula in locum desertum seorsum. Non, ut quidam arbitrantur, timore mortis, sed parcens inimicis suis, ne homicidio homicidium jungerent; vel in diem Paschæ suum interitum differens, in quo propter sacramentum immolandus est agnus, et postes credentium sanguine respergendi. Sive ideo recessit, ut nobis præberet exemplum vitandæ ultro tradentium se temeritatis: quia non omnes eadem constantia perseverant in tormentis, qui se torquendos offerunt. Ob hanc causam, sciens scilicet quæ mala suis sectatoribus vesania Judæorum et gentilium esset illatura, et in alio loco præcepit: *Cum vos persecuti fuerint in ista civitate, fugite in aliam* (*Matth.* xx). Eleganter quoque evangelista non ait, fugit in locum desertum, sed *secessit*, ut persecutores vitaverit magis quam timuerit. Aliter: Postquam a Judæis et rege Judæorum prophetæ truncatum est caput, ac linguam ac vocem apud eos perdidit prophetia, Jesus transiit ad desertum Ecclesiæ locum, quæ virum ante non habuerat.

Et cum audissent turbæ, secutæ sunt eum pedestres ac civitatibus. Potest et ita accipi, quod aliam ob causam, audito Joannis interitu, secessit Jesus in desertum locum, ut credentium probaret fidem. Denique *turbæ secutæ sunt eum pedestres de civitatibus*, non in jumentis, non in diversis vehiculis, sed proprio labore pedum ut ardorem mentis ostenderent. Illudque notandum quod, postquam Dominus in desertum venerit, secutæ sunt eum turbæ multæ; nam antequam veniret in solitudines gentium, ab uno tantum populo colebatur.

Et exiens vidit turbam multam, et misertus est illis, et curavit languidos eorum. In Evangelicis sermonibus semper litteræ junctus est sensus spiritus, et quidquid primo frigere videtur aspectu, si tetigeris, calet. In loco deserto erat Dominus; secutæ sunt eum turbæ relinquentes civitates suas, id est, pristinas conversationes et varietates dogmatum. Egressus vero Jesus significat quod turbæ habuerint quidem eundi voluntatem, sed vires perveniendi non habuerint; ideo Salvator egreditur de loco suo, et pergit obviam, sicut et in alia parabola filio pœnitenti (*Luc.* xv); visaque turba misereatur, et curat languores eorum, ut fides plena statim præmium consequatur.

Vespere autem facto accesserunt ad eum discipuli ejus, dicentes: Desertus locus est, et hora jam præteriit; dimitte turbas, ut euntes in castella, emant sibi escas. Omnia plena mysteriis sunt. Recedit de Judæa, venit in desertum locum; sequuntur eum turbæ, relictis civitatibus suis; egreditur ad eos Jesus, miseretur turbæ, curat languidos eorum: et hoc facit non mane, non crescente die, non meridie, sed vespere, quando sol justitiæ occubuit, et finis mundi appropinquavit.

(MAUR.) Quod autem carnales adhuc discipuli, et ignari de futuro refectionis miraculo, rogant Deum. ut dimittat turbas ut emant sibi cibos per castella, maxime quibus eo adhuc tempore præceptum est: *In viam gentium ne abirent* (*Matth.* x), et reliqua, mystice significat fastidium Judæorum contra turbas gentium, qui de earum receptione semper murmurabant, et magis judicabant eos aptos esse, ut quærerent sibi cibum in conventiculis hæreticorum, sive pseudoprophetarum, seu philosophorum, quam divinorum librorum uterentur pastione. Quorum voce et Isaias olim locutus ait: *Ecce gentes quasi stilla situlæ, et quasi momentum stateræ reputatæ sunt.* Et item: *Omnes*, inquit, *gentes quasi non sint sic sunt coram eo, et quasi nihilum et inane reputatæ sunt* (*Isa.* XL). Sed Dominus, qui futura ut præterita novit, et cui omnia præsentia sunt, non inanes dimittendas, sed magis per ipsos apostolos cœlesti cibo eas satiandas decrevit. Unde et subditur:

Jesus autem dixit eis: Non habent necesse ire, date illis vos manducare. (*Hieron.*) Provocat apostolos ad fractionem panis, ut illis eo non habere testantibus, magnitudo signi notior fiat; simul insinuans, quod quotidie per eos jejuna nostra sunt corda pascenda, videlicet cum eorum vel exemplis, vel litteris ad amanda cœlestia suscitamur. Si quem vero movet quomodo secundum narrationem Joannis prospectis turbis quæsierit Dominus a Philippo tentans eum, unde illis escæ dari possint (*Joan.* VI); et quomodo cæteri evangelistæ narraverint prius dixisse Domino discipulos, ut dimitteret turbas, quo possent sibi alimenta emere de proximis locis (*Marc.* VI; *Luc.* IX), quibus ille respondit secundum Matthæum: *Non habent necesse ire, date eis vos manducare*, cui etiam Marcus Lucasque consentiunt, tantum hoc prætermittentes, quod ait, *non habent necesse ire*; intelligitur ergo post hæc verba Dominum inspexisse multitudinem, et dixisse Philippo, quod Joannes commemorat, isti autem prætermiserunt. Deinde quod Philippus apud Joannem respondet, hoc Marcus a discipulis responsum esse commemorat, volens intelligi hoc et ore cæterorum Philippum respondisse.

Responderunt ei: Non habemus nisi quinque panes et duos pisces. Per quinque panes apostolorum et duos pisces tota Testamenti Veteris scriptura signatur; per quinque videlicet panes quinque Mosaicæ legis libri, quibus divinæ æternitatis cognitio, mundi creatio, procursus sæculi labentis, et vera Deo serviendi religio, generi humano innotuit. Per duos vero pisces psalmi sunt et prophetæ figurati, qui eruditum in lege Dei populum, de promissione Dominicæ incarnationis nova gratiæ dulcedine pascebant. Qua trina Scripturæ sacræ distinctione, totam Veteris Instrumenti seriem comprehendi Dominica auctoritate docemur. Apparens enim post resurrectionem discipulis, ait Dominus ipse: *Quia oportebat impleri omnia quæ scripta sunt in lege Moysis, et prophetis, et psalmis de me* (*Luc.* XXIV). Et cum aperuit illis sensum ut intelligerent Scripturas et intellecta spiritualiter fidelibus traderent auditoribus, quasi benedicens panibus apostolicis ac piscibus, hosque internæ suavitatis dono multiplicans, turbis dispertiri præcepit. Bene vero juxta Evangelium Joannis panes, qui legem designant, hordeacei fuisse referuntur, qui jumentorum maxime rusticorumque est cibus servorum. Quia incipientibus necdumque perfectis auditoribus asperiora, et quasi crassiora sunt committenda præcepta : *Animalis enim homo non percipit ea quæ sunt spiritus Dei (I Cor.* II). Atque ideo Dominus pro suis cuique viribus dona tribuens, semperque ad perfectiora provocans, primo quinque panibus quinque millia, secundo septem panibus quatuor hominum millia reficit, tertio discipulis suæ carnis et sanguinis mysterium credit, ultimo magno munere dat electis, *ut edant et bibant super mensam suam in regno suo (Luc.* XXII).

Qui ait eis : Afferte illos mihi huc. Audi, Marcion; audi, Manichæe, quinque panes et duos pisciculos afferri ad se jubet Dominus, ut eos sanctificet atque multiplicet : quia ipse est ad quem Propheta ait : *Oculi omnium in te sperant, Domine, ut des illis escam in tempore opportuno. Aperis tu manum tuam, et imples omne animal benedictione (Psal.* CXLIV).

Et cum jussisset turbam discumbere supra fenum. Discumbere jubentur turbæ supra fenum, et secundum alium Evangelistam supra terram, per quinquagenos aut centenos; ut postquam calcaverint carnem suam, et omnes flores illius et sæculi voluptates, quasi arens fenum sibi subjecerint, tunc per quinquagenarii numeri pœnitentiam ad perfectum centesimi numeri culmen ascendant. (*Greg.*) Diversi ergo discubitus convivantibus diversos conventus Ecclesiarum, quæ unam Catholicam faciunt, designant; quos bene Dominus quinquagenos per turmas vel centenos discumbere præcepit, ut videlicet turba fidelium escam suam, et locis distincta et moribus conjuncta perciperet. Jubilæi quippe requies quinquagenarii numeri mysterio continetur : et quinquagenarius bis ducitur, ut ad centenarium perveniatur. Quia ergo prius a malo quiescit opere, ut post anima plenius quiescat in cogitatione, alii quinquageni, alii vero centeni discumbunt; quoniam sunt nonnulli, qui a pravis actibus habent requiem operis, et sunt nonnulli, qui a perversis cogitationibus habent jam requiem mentis. Bene etiam super viride fenum discubuerunt. Scriptum quippe est *omnis caro fenum* (*Eccli.* XIV). (RAB.) Et illi super viride fenum discumbentes Dominicis pascuntur alimentis, qui per studium continentiæ, calcatis illecebris carnalium concupiscentiarum, audiendis implendisque Dei verbis operam impendunt.

Et acceptis quinque panibus et duobus piscibus, aspiciens in cœlum benedixit et fregit. Turbis esurientibus Salvator non nova creat cibaria, sed acceptis eis quæ habuerant discipuli, benedicit : quia veniens in carne non alia quam prædicta sunt prædicabat, sed legis et prophetarum scripta, quam sint mysteriis gratiæ gravida demonstrat. (*Hieron.*) Aspicit in cœlum, ut illuc dirigendos oculos doceat. Quinque panes et duos pisciculos sumpsit in manus, et fregit eos, traditique discipulis suis : frangente Domino seminarium fit ciborum. Si enim fuissent integri, et non in frusta discerpti, nec divisi in multiplicem segetem, turbas et pueros, et feminas, et tantam multitudinem alere non possent. Frangitur ergo lex cum prophetis, et in frusta discerpitur, et ejus in medium mysteria proferuntur, ut quod integrum, et permanens in statu pristino non alebat, divisum in partes alat gentium multitudinem.

Et dedit discipulis panes, discipuli autem turbis. Et manducaverunt omnes, et saturati sunt. (MAUR.) Nota ergo ordinem Dominici convivii. Primitus ipse Dominus acceptos panes et pisces benedixit et fregit; dehinc per partes comminutos dedit discipulis, ut ipsi turbis distribuerent; postea turbæ accepta ab apostolis stipe manducaverunt, et saturati sunt. Quia videlicet sacramenta legis et prophetarum, sua distributione partita apostolis et prædicatoribus sancti Evangelii, ut hæc toto orbe prædicent, primum ipse Dominus patefecit; deinde illi turbis omnium gentium usquequaque spiritalis alimoniæ refectionem abundantem præbuerunt; et ideo ut scriptum est, *manducaverunt omnes et saturati sunt*, quia non erat egens quisquam inter eos; impleturque illud quotidie propheticum : *Edent pauperes, et saturabuntur, et laudabunt Deum qui requirunt eum,* et reliqua.

Et tulerunt reliquias fragmentorum duodecim cophinos plenos. (RAB.) Quod turbis superest a discipulis sustollitur, quia sacratiora mysteria, quæ a rudibus capi nequeunt, non negligenter omittenda, sed sunt inquirenda perfectis. Nam per cophinos duodecim apostoli, et per apostolos cuncti sequentium doctorum chori figurantur, foris quidem hominibus despecti, sed intus salutaris cibi reliquiis ad alenda humilium corda cumulati. Constat enim cophinis opera servilia geri solere, sed ipse cophinos panum fragmentis implevit, *qui infirma hujus mundi elegit, ut fortia confunderet (I Cor.* I). Unusquisque ergo apostolorum de reliquiis Salvatoris implet cophinum suum, ut habeat vel unde postea egentibus cibos præbeat, vel ex reliquiis doceat veros fuisse panes, qui postea multiplicati sunt.

Manducantium autem fuit numerus quinque millia virorum, exceptis mulieribus et parvulis. Juxta numerum quinque panum et comedentium virorum quinque millium multitudo est. Necdum enim secundum alterius loci narrationem ad septenarium numerum venerat, quem comedunt quatuor millia, et sunt vicina Evangeliorum numero, quia quinque sunt exterioris hominis sensus. Quinque millia viri Dominum secuti designant eos qui, in sæculari adhuc habitu positi, exterioribus quæ possident bene uti noverunt : qui recte quinque panibus aluntur, quia tales necesse est legalibus adhuc præceptis institui. Nam qui mundo ad integrum renuntiant, et quatuor sunt millia et septem panibus refecti, hoc est, evangelica perfectione sublimes, et spiritali sunt gratia intus eruditi. Nota ergo quod dicitur quinque millia virorum a Domino pastos esse, exceptis mulieribus et parvulis. (*Hieron*.) Comedunt autem quinque millia virorum, qui in perfectum virum proficiendo creverant, et sequebantur eum de quo dicit Zacharias : *Ecce vir, Oriens nomen ejus* (*Zach.* VI). Mulieres vero et parvuli, sexus fragilis et ætas minor, numero indigni sunt. Unde et in Numerorum libro quoties sacerdotes, et Levitæ, et exercitus vel turba pugnantium describuntur, servi, et mulieres, et parvuli, et vulgus ignobile absque numero præmittuntur. (Rab.) Nec silentio prætereundum est, quod miraculum hoc panum scripturus evangelista Joannes, præmisit quod *proximum esset Pascha, dies festus Judæorum;* Matthæus vero et Marcus hoc interfecto Joanne continuo factum esse commemorant. Unde colligitur Joannem imminente eadem festivitate paschali fuisse decollatum, et anno post hunc sequente, cum denuo tempus paschale rediret, mysterium Dominicæ passionis esse completum ; et propterea quod in libro Sacramentorum natale ejus quarto Kalendarum Septembrium die notatum est; et in Martyrologio, quod Eusebii et Hieronymi vocabulis insignitum est, legitur quarto Kalendarum Septembris in Emissa civitate Phœnicæ provinciæ natale Joannis Baptistæ die quo decollatus est, non specialiter ipsum diem decollationis ejus, sed diem potius quo caput ejus in eadem civitate Emissa repertum, atque in ecclesia est conditum, designat. Siquidem, ut Chronica Marcellini comitis testantur, tempore Marciani principis duo monachi orientales venerant adorare in Hierosolymis, et loca sancta videre ; quibus per revelationem assistens idem præcursor Domini præcepit, ut ad Herodis quondam regis habitaculum accedentes caput suum ibi requirerent, et inventum digno honore reconderent. Quod ibi ab eis inventum et assumptum, sed non multo post culpa incuriæ perditum, prolatum est Emissam ab aliis, et in quadam specu in urna sub terra, non pauco tempore ignobiliter reconditum, donec denuo idem Joannes sese suumque caput ostendit Marcello cuidam religioso abbati ac presbytero, dum in eadem specu habitaret. Quod videlicet caput Julioramo ejusdem episcopo civitatis per præfatum presbyterum constat allatum. Ex quo tempore cœpit in eadem civitate beati præcursoris decollatio, ipso ut arbitramur die quo caput inventum sive elevatum est, celebrari. De quibus latius in præfato Chronicorum libro scriptum reperies. Sequitur Matthæus et dicit :

[III.] *Et statim jussit discipulos ascendere in naviculam, et præcedere eum trans fretum, donec dimitteret turbas.* (*Hieron.*) Discipulis præcipit transfretare, et compellit ut ascendant in naviculam : quo sermone ostenditur invitos eos a Domino recessisse, dum amore præceptoris ab eo nolunt separari. (Rab.) Quare coegerit discipulos ascendere navem, et ipse mox dimisso populo in montem oraturus abierit Joannes manifeste declarat, qui completa refectione illa cœlesti continuo subjecit : *Jesus ergo cum cognovisset quia venturi essent ut raperent eum,* *et facerent eum regem, fugit iterum in montem ipse solus.* Ubi necessarium nobis vivendi monstrat exemplum, ut in bonis quæ agimus humani favoris retributionem vitemus; neque nos operatio virtutum spiritalium ad concupiscentiam reflectat temporalium et caducarum voluptatum. Nonnullis etenim contigit ut dum per meritum vitæ sublimioris mirandi minoribus ac laudabiles existerent, et jure honorandi putarentur, acceptis pecuniis sive prædiis, inchoata justitiæ rudimenta perderent; et cum carnalibus sese illecebris atque avaritia incauti corrumperent, ipsis etiam a quibus honorabantur pro bonis, denuo pro malis actibus non solum in fastidium, verum etiam devenirent in odium; minusque multo periculosum est in his quæ recte agimus adversantium nos improbitate fatigari, quam honorantium favore demulceri. Hic etenim securiorem sæpe corrumpit animum, illa circumspectum semper reddit et cautum. Unde Dominus viam nobis vitæ quam sequamur initians, cum hi qui virtutes ejus admirabantur, regem eum facere vellent, fugit in montem orare ; cum vero illi qui virtutibus ejus invidebant, eum morti tradere disponerent, occurrit promptus, et vinciendum se crucifigendumque furentibus obtulit, evidenti nos informans exemplo, ut parati simus ad adversa sæculi toleranda, cauti ad blandimenta, cum forte arriserint, declinanda, et ne nos prospera mundi, si affluant, emolliendo decipiant, crebris a Domino precibus imploremus. Quo vero discipuli Dominum præcederent, Marcus ostendit, qui narrat quod Dominus coegerit discipulos suos ascendere navem, et præcedere se trans fretum ad Bethsaidam, dum ipse dimitteret populum. Bethsaida ergo est in Galilæa, civitas Andreæ, et Petri, et Philippi apostolorum, prope stagnum Genesareth, ut in locorum libris invenimus. (*Aug.*) Ubi merito movet quomodo dicat Marcus peracto discipulos miraculo panum venisse trans fretum Bethsaidam, cum videatur dicere Lucas, quod in locis Bethsaidæ factum fuerit miraculum illud memorabile et refectio cœlestis. Ait enim : *Assumptis illis secessit seorsum in locum desertum, qui est Bethsaida. Quod cum cognovissent turbæ, secutæ sunt illum, et excepit illos,* et cætera quæ sequuntur, usque ad completam illam sacræ refectionis historiam. Nisi forte intelligamus in eo, quod Lucas ait , *in locum desertum, qui est Bethsaida,* non ipsius vicinia civitatis, sed loca deserti ad eam pertinentis esse designata ; Marcus enim dicit aperte, quod præcederent eum Bethsaidam, ubi ipsius civitatis fines constat esse notatos. Lucas vero qui non dicit in locum desertum, quæ est Bethsaida, sed *qui est Bethsaida*, potest, ni fallor, recte intelligi, quia non ipsam civitatem voluerit intelligi, sed locum desertum ipsius, id est, ad ejus confinia pertinentem. Narrat autem evangelista Joannes manducasse panem turbas juxta Tiberiadem et ascendentes navem discipulos venisse trans mare Capharnaum , quæ ambæ sunt civitates in Galilæa, juxta stagnum

Gennesareth, quod etiam Tiberiadis a civitate Tiberiade vocatur.

Et dimissa turba ascendit in montem solus orare. Si fuissent cum eo discipuli Petrus, et Jacobus, et Joannes, qui viderant gloriam transformati, forsitan ascendissent in montem cum eo; sed turba ad sublimia sequi non poterat, nisi docuisset eam juxta mare in littore, et aleret in deserto. Quod autem ascendit solus orare, non ad eum referas qui, de quinque panibus quinque millia satiavit hominum, exceptis mulieribus et parvulis, sed ad eum qui audita morte Joannis, secessit in solitudinem : non quo personam Domini separemus, sed quoniam opera ejus inter Deum hominemque divisa sunt. (*Ambros.*) Ubi et notandum quod non omnis qui orat ascendit in montem. Est enim oratio quæ peccatum facit; sed qui bene orat, qui Deum orando quærit, hic a terrenis ad superiora progrediens, verticem curæ sublimioris ascendit; qui vero de divitiis, aut de honore sæculi, aut certe de inimici morte sollicitus obsecrat, ipse in infimis jacens viles ad Deum preces mittit. Orat autem Dominus non ut pro se obsecret, sed ut pro me impetret. Nam et si omnia posuerit Pater in potestate Filii, Filius tamen, ut formam hominis impleret, obsecrandum Patrem putat esse pro nobis, quia advocatus est noster. *Advocatum enim*, inquit, *habemus apud Patrem Jesum Christum (I Joan.* II). Si advocatus est, debet pro meis intervenire peccatis. Non ergo quasi infirmus, sed quasi pius obsecrat. Vis scire quam omnia quæ velit possit? Et advocatus, et judex est : in altero pietatis officium, in altero insigne est potestatis.

[IV.] *Vespere autem facto solus erat ibi; navicula autem in medio mari jactabatur fluctibus; erat enim ventus contrarius.* (*Hieron.*) Recte quasi inviti et retractantes apostoli a Domino recesserant, ne illo absente naufragium sustinerent. Denique Domino in montis cacumine commorante, statim ventus contrarius oritur, et turbatur mare, et periclitantur apostoli, et tam diu imminens naufragium perseverat, quam diu Jesus non venit. (*Aug.*) Labor quidem discipulorum in remigando, et contrarius eis ventus, labores Ecclesiæ sanctæ varios designat, quæ inter undas sæculi adversantes, et immundorum flatus spirituum ad quietem patriæ cœlestis, quasi ad fidam litteris stationem pervenire conatur. Ubi bene dicitur, quia *navis erat in medio mari, et ipse solus in terra :* quia nonnunquam Ecclesia tantis gentilium pressuris non solum afflicta, sed et fœdata est, ut si fieri posset Redemptor ipsius eam prorsus deseruisse ad tempus videretur. Unde est illa vox ejus inter undas procellasque tentationum verrentium deprehensæ, atque auxilium protectionis illius gemebundo clamore quærentis : *Ut quid, Domine, recessisti longe? despicis in importunitatibus, in tribulatione (Psal.* IX)? Quæ pariter vocem inimici persequentis exponit in sequentibus psalmis subjiciens : *Dixit enim in corde suo : Oblitus est Deus, avertit faciem suam, ne videat usque in finem.* Verum ille non obliviscitur orationem pauperum, neque avertit faciem suam a sperantibus in se; quin potius et certantes cum hostibus, ut vincant adjuvat, et victores in æternum coronat. Unde hoc in loco apte quoque per Marcum dicitur : *Quia vidit eos laborantes in remigando.* Videt quippe Dominus suos laborantes in mari, quamvis ipse positus in terra, quia etsi ad horam differre videtur, auxilium tribulatis impendere, nihilominus tamen eos ne in tribulationibus deficiant, suæ respectu pietatis corroborat, et aliquando etiam manifesto adjutorio victis adversitatibus, quasi calcatis sedatisque fluctuum voluminibus liberat. Sicut hic quoque subsequenter insinuatur, cum dicitur :

Quarta autem vigilia noctis venit ad eos ambulans supra mare. (*Hieron.*) Stationes et vigiliæ militares in terna horarum spatia dividuntur. Quando ergo dicit quarta vigilia noctis venisse ad eos Dominum, ostendit tota nocte periclitatos et extremo noctis tempore eis auxilium præbitum. (*Rab.*) Laborabant ergo toto noctis opacæ tempore, sed diluculo appropinquante, et lucifero solis dieique exortum promittente, venit Dominus, et superambulans tumida freti terga comprimit : quia cum pressuris obsita fragilitas humana pusillitatem virium suarum considerat, nil erga se aliud quam tenebras angustiarum et æstus cernit hostium confligentium. Cum vero mentem ad superni lumen præsidii, et perpetuæ dona retributionis erexerit, quasi inter umbras noctis repente exortum luciferi conspicit, qui diem proximum nuntiat. Lucifer namque cum plurimum tres horas noctis, id est, totam vigiliam matutinam illuminare perhibetur; aderitque Dominus qui, sopitis tentationum periculis, plenam liberatis fiduciam suæ protectionis attribuat. Sequitur :

Et videntes eum supra mare ambulantem turbati sunt, dicentes, quia phantasma est. (*Hieron.*) Si juxta Marcionem et Manichæum Dominus noster non est natus ex virgine, sed visus in phantasmate, quomodo nunc apostoli timent, ne phantasma videant. (*Rab.*) Adhuc hæretici putant phantasma fuisse Dominum, nec veram assumpsisse carnem de virgine. Denique Theodorus Pharanitanus quondam episcopus ita scripsit, corporale pondus non habuisse secundum carnem Dominum, sed absque pondere et corpore super mare deambulasse. At contra fides catholica et corpus secundum carnem habere cum prædicat, et onus corporeum, et cum pondere atque onere corporali incedere super aquas, non infusis pedibus. Nam Dionysius, egregius inter ecclesiasticos scriptores, in opusculis de divinis Nominibus hoc modo loquitur : Ignoramus enim qualiter de virgineis sanguinibus alia lege præter naturalem formabatur, et qualiter non infusis pedibus corporale pondus habentibus et materiale onus, deambulabat in humidam et instabilem substantiam. Intuendum est igitur quomodo Marcus dicat quod circa quartam vigiliam noctis veniret ad eos Dominus ambulans super mare, et vellet præterire eos. Quomodo vero volebat Dominus eos præterire tanquam alienos, ad quos de periculo naufragii liberandos advenerat, nisi ut ad horam turbati et paventes, sed continuo liberati amplius ereptionis suæ miraculum stuperent, ac majores ereptori suo gratias referrent? Quia et in tempestatibus passionum, quæ pro constantia fidei a perfidis ingeruntur, talis nonnunquam provisio divinitus ostenditur; sæpe enim ita fideles in tribulatione positos superna pietas deseruisse visa est, ut quasi laborantes in mari discipulos præterire Jesus voluisse putaretur. Unde est illud Ecclesiæ martyrii certamina desudantis : *Quare me oblitus es, quare me repulisti? et quare tristis incedo dum affligit me inimicus, dum confringuntur omnia ossa mea,* etc. (*Psal.* XLII). Sed dicant inimici terrentes, *ubi est Deus eorum?* quasi naufragium fessis minitantes apostolis dicit ipse Deus eorum : *Cum transieris per aquas, tecum ero, et flumina non operient te. Cum ambulaveris in igne non combureris, et flamma non ardebit in te* (*Isa.* XLIII). Quod autem sequitur :

Et præ timore clamaverunt. (HIERON.) Confusus clamor, et incerta vox magni timoris indicium est. (MAUR.) Sed verum est Psalmistæ testimonium : *Quia prope est Dominus timentibus se, et non derelinquit omnes qui sperant in eo* (*Psal.* CXLIV). Unde et subditur :

Statimque Jesus locutus est eis dicens : Habete fiduciam, ego sum, nolite timere. (HIERON.) Quod primum versabatur in causa, hoc curat et timentibus præcipit, dicens : *Habete fiduciam, nolite timere.* Et quod sequitur : *Ego sum,* nec subjungit quis sit : vel ex voce nota poterant eum intelligere, qui per obscuras noctis tenebras loquebatur, vel ipsum esse scire poterant, quem locutum ad Moysem noverant : *Hæc dices filiis Israel : Qui est misit me ad vos* (*Exod.* III).

Respondens autem Petrus dixit ei : Domine, si tu es, jube me venire ad te super aquas. Et ipse ait : Veni. In omnibus locis ardentissimæ fidei invenitur Petrus. Interrogatis discipulis quem homines dicerent Jesum, Dei Filium confitetur. Volentem ad passionem pergere prohibet : et licet erret in re, tamen non errat in affectu, nolens eum mori, quem Filium Dei fuerat paulo ante confessus. In montem cum Salvatore inter primos ascendit, et in passione solus sequitur. Peccatum negationis, quod ex repentino timore descenderat, amarissimis statim abluit lacrymis. Post passionem cum esset in lacu Genesareth, et piscarentur, et Dominus staret in littore, aliis paulatim navigantibus, ille non patitur moras, sed accinctus ependyte suo statim præcipitatur in fluctus. Eodem igitur fidei ardore quo semper, nunc quoque cæteris tacentibus credidit se posse facere per voluntatem magistri, quod non poterat per naturam. *Jube me,* inquit, *venire ad te super aquas.* Tu præcipe, et illico solidabuntur undæ, ac leve fiet corpus quod per se grave est.

Et descendens Petrus de navicula ambulabat super aquas, ut veniret ad Jesum. Qui putant Domini corpus ideo non esse verum, quia super molles aquas molle et aereum incesserit, respondeant quomodo ambulaverit Petrus, quem utique verum hominem non negabunt.

Videns vero ventum validum timuit. Et cum cœpisset mergi, clamavit dicens : Domine, salvum me fac. Ardebat animi fides, sed humana fragilitas in profundum trahebat. Paululum ergo relinquitur tentationi, ut augeatur fides, et intelligat se non facilitate postulationis, sed potentia Domini conservatum.

Et continuo extendens manum apprehendit eum. (MAUR.) Nisi ergo Dominus extendisset manum qui alibi negantem respexit Petrum, ipse Petrus protinus mergeretur in profundum, nec etiam evaderet infernum. Respexit Dominus, et ad pœnitentiam convertit; manum extendit, et indulgentiam tribuit, et sic salutem perfectam discipulis invenit. Quia juxta Pauli vocem *non est volentis, neque currentis, sed miserantis Dei* (*Rom.* IX). Nec enim nostro salvabimur merito, sed illius dono.

Et ait illi : Modicæ fidei, quare dubitasti? Si apostolo Petro, de cujus fide et ardore mentis supra diximus, qui confidenter rogaverit Salvatorem dicens, *Domine, si tu es, jube me venire ad te super aquas,* quia paululum timuit, dicitur ei, *Modicæ fidei, quare dubitasti?* Quid nobis dicendum est, qui hujus modicæ fidei nec minimam quidem habemus portiunculam. (MAUR.) Mystice autem quod Petrus a Domino jussus venire fluctus maris calcat, quo veniat ad Jesum, significat Ecclesiam cujus ipse pastor est tendentem ad cœlestem patriam, fluctus hujus sæculi vestigio rectæ fidei et gressibus bonorum superando calcare. Et quod Petrus tempestate territus in fluctibus mergi cœpit, infirmiores quosque in Ecclesia quos procella persecutionum, seu turbo tentationum terret, et a tenore fidei, sive a statu bonorum actuum paululum reflectit, exprimit. Quos tamen ne funditus in perfidiam, et in voraginem peccatorum mergantur, porrecta divinæ propitiationis dextera extrahit; et sicut Petrum erutum de abyssi pelago, ita illos ereptos de persecutorum scandalo in firmo quietis supernæ solo juxta se collocabit : quia impossibile est, ut eorum aliquis pereat, quos censura justi judicis prædestinatos habet, ad vitam æternam. Una ipsa Veritas ait : *Omne quod dat mihi Pater ad me veniet, et eum qui venit ad me, non ejiciam foras* (*Joan.* VI). *Novit enim Dominus pios de tentatione eripere* (*II Petr.* II). Et non est impotens inter turbines tempestatum hujus sæculi suos ab omni nequitia pravorum illæsos custodire. Sed videamus quid sequitur :

Et cum ascendisset in naviculam cessavit ventus. (RAB.) Prima ergo trepidantium et periclitantium subventio est incussum cordibus expellere timorem. Secunda tempestatum furias suæ præsentiæ virtute compescere. Nec mirandum si, ascendente in naviculam Domino, ventus cessavit. In quocunque enim corde Deus per gratiam sui adest amoris, mox universa vitiorum et adversantis mundi sive spirituum malignorum bella compressa quiescunt.

Qui autem in navicula erant, venerunt et adoraverunt eum dicentes: Vere Filius Dei es. Ad unum signum, tranquillitate maris reddita, quae post nimias procellas interdum et casu fieri solet, nautae atque vectores vere Dei Filium confitentur, et Arius in Ecclesia praedicat creaturam. (MAUR.) Nos ergo ipsum non juxta haereticorum dementiam creaturam inter omnia creatam, sed creatorem ante omnia simul cum Patre et Spiritu sancto existentem, atque manentem credamus et confiteamur. Et in ipsa confessione dignis bonorum laudibus operum veneremur eum, et praedicemus in conspectu filiorum hominum ipsum esse Filium Dei unigenitum, narrantes virtutes ejus et mirabilia ejus quae fecit.

Et cum transfretassent, venerunt in terram Gennesar. Terra Gennesar juxta stagnum Gennesareth, ut quidam asserunt, idem est quod mare Galilaeae, vel mare Tiberiadis. Sed mare Galilaeae ab adjacente provincia dictum mare Tiberiadis a proxima civitate quae olim Gennereth vocata, sed ab Herode tetrarcha instaurata in honorem Tiberii Caesaris, Tiberias est appellata. Porro Gennesar secundum quosdam a laci ipsius natura nomen trahens qua crispantibus aquis de se ipso sibi excitare auram perhibetur, Graeco vocabulo, quasi generans sibi auram dicitur. Neque in stagni morem sternitur aqua, sed frequentibus auris spirantibus agitatur, haustu dulcis, et ad potandum habilis. Sed Hebraeae linguae consuetudine omnis aquarum congregatio, sive dulcis, sive salsa, mare nuncupatur. Qui lacus interfluente Jordano centum et sexaginta stadiis in longitudinem, et quadraginta extenditur in latitudinem. Denique si scierimus quid in Latina lingua resonet Gennesar, intelligemus quomodo Jesus per typum Apostolorum, et navis, Ecclesiam de persecutionis naufragio liberatam transducat ad littus, et in tranquillissimo portu requiescere faciat. Interpretatur autem Gennesar *ortus principium*, ut in libro de Nominibus Hebraicis invenimus. Tunc enim plena nobis tribuetur tranquillitas, quando paradisi per Christum nobis restituetur haereditas, ac primae stolae reddetur jucunditas.

Et cum cognovissent eum viri loci illius, miserunt in universam regionem illam. (Hieron.) Cognoverunt eum rumore, non facie; vel certe prae signorum magnitudine, quae patrabat in populis, etiam vultu plurimis notus erat. Et vide quanta fides sit hominum terrae Gennesareth, ut non praesentium tantum salute contenti sint, sed mittant ad alias per circuitum civitates, quo omnes currant ad medicum.

Et obtulerunt ei omnes male habentes, et rogabant eum, ut vel fimbriam vestimenti ejus tangerent; et quicunque tetigerunt salvi facti sunt. (RAB.) Qui male se habent non tangunt corpus Jesu, neque totum vestimentum ejus, sed extremam fimbriam. Et quicunque tetigerint sanabuntur: fimbriam vestimenti ejus minimum mandatum intellige. Quod qui transgres-

sus fuerit minimus vocabitur in regno coelorum, vel assumptionem carnis per quam venimus ad verbum Dei et illius postea fruemur majestate.

CAPUT XV.

Ad Pharisaeos sermo, de eo quod coinquinat hominem. Sanat filiam Syrophenissae et alios male affectos: satiat septem panibus quatuor millia hominum.

[1.] *Tunc accesserunt ad eum ab Hierosolymis scribae et Pharisaei dicentes: Quare discipuli tui transgrediuntur traditionem seniorum? Non enim lavant manus suas cum panem manducant.* O quam vera illa Domini confessio ad Patrem, *Quia abscondisti haec a sapientibus et prudentibus, et revelasti ea parvulis* (*Luc.* x). Homines terrae Genesareth, qui minus docti videbantur, non solum ipsi veniunt, se et suos adducunt, imo gestant ad Dominum, ut vel fimbriam ejus quo salvari queant mereantur contingere vestimenti. Ideo confestim merita cupitae salutis mercede potiuntur. At vero Pharisaei et scribae, qui doctores esse populi debuerant, non ad verbum audiendum, non ad quaerendam medelam, sed ad movendas solum quaestionum pugnas ad Dominum concurrunt; eosque de non lotis manibus vituperant, in quorum operibus, quae per manus sive per caetera corporis membra fiunt, nihil immunditiae sordidantis invenire valebant, cum se magis ipsos culpare debuerint, qui lotas aqua manus habentes, conscientiam livore pollutam gestabant. (MAUR.) Et mira Pharisaeorum scribarumque stultitia, qui Dei Filium arguunt, quare hominum traditiones et praecepta non servet. Sed quia vera est illa Scripturarum sententia, quae dicit: *Non est sapientia, non est prudentia, non est consilium contra Dominum* (*Prov.* xxi); audiamus quid sequitur:

Ipse autem respondens, ait illis: Quare et vos transgredimini mandatum Dei propter traditionem vestram? (Hieron.) Falsam calumniam vera responsione confutat, cum, inquit, vos propter traditionem hominum praecepta Domini negligatis, quare discipulos meos arguendos creditis, quod si morum jussa parvi pendant, ut Dei scita custodiant?

Nam Deus dixit: Honora patrem et matrem; et qui maledixerit patri vel matri, morte moriatur. Honor in Scripturis, non tantum in salutationibus et officiis deferendis, quantum in eleemosyna ac munerum collatione sentitur. Honora, inquit Apostolus, *viduas, quae verae viduae sunt* (*I Tim.* v). Hic honor donum intelligitur. Et in alio loco: *Presbyteri duplici honore honorandi maxime, qui laborant in verbo et doctrina Domini* (*Ibid.*). Et post hoc mandatum jubemur bovi trituranti os non occludere, ut dignus sit operarius mercede sua.

Vos autem dicitis: Quicunque dixerit patri vel matri: Munus quodcunque est ex me, tibi proderit, et non honorificabit patrem suum aut matrem suam, et irritum fecistis mandatum Dei propter traditionem vestram. Praeceperat Dominus vel imbecillitates, vel aetates, vel penurias parentum considerans, ut filii honorarent, etiam in vitae necessariis ministrandis, parentes suos. Hanc providentissimam Dei legem volentes scribæ Pharisæique subvertere, ut impietatem sub nomine pietatis inducerent, docuerunt pessimos filios, ut si quis ea quæ parentibus offerenda sunt, Deo vovere voluerit, qui verus est pater, oblatio Domini præponatur parentum muneribus: vel certe ipsi parentes, quæ Deo consecrata sunt, ne sacrilegii crimen incurrerent declinantes, egestate conficiebantur. Atque ita fiebat ut oblatio liberorum, sub occasione templi et Dei, in sacerdotum lucra cederet. Hæc pessima Pharisæorum consuetudo de tali occasione veniebat; multos habentes obligatos ære alieno, et nolentes sibi creditum reddere, deligebant sacerdotes, ut exacta pecunia ministeriis templi et eorum usibus deserviret. Potest autem et hunc breviter habere sensum. *Munus quod ex me est, tibi proderit.* Compellitis, inquit, filios ut dicant parentibus suis: Quodcunque donum oblaturus eram Deo in tuos consumo cibos, tibique prodest, o pater et mater, ut illi timentes accipere, quod Deo videbant mancipatum, inopem magis vellent vitam ducere, quam comedere de consecratis.

Hypocritæ, bene prophetavit de vobis Isaias dicens: Populus hic labiis me honorat, cor autem eorum longe est a me (*Isa.* xxix). [MAUR.] Prævidens ergo in spiritu propheta simulationem Judæorum venturam, quod contra prædicationem Evangelii in dolo essent repugnaturi, bene de illis vaticinatus est, non quod bonum esset quod de eis loquitur, cum de malitia illorum illi sermo fuit; sed quod bene illa prophetia moribus ipsorum conveniebat. Ex persona quoque Domini hoc locutus ait: *Populus hic labiis me honorat, cor autem eorum longe est a me.* Labiis illum honorabant, cujus legem sæpius scrutabantur, et cui hymnos vel psalmos in officiis divinis modulabantur, sed cor illorum longe ab illo fuit. De quibus scriptum est, quod cordibus semper aversi fuerint in Ægyptum. Item labiis eum honorabant, quando dicebant illi: *Magister, scimus quia verax es, et viam Dei in veritate doces, et non est tibi cura de aliquo; non enim accipis personam hominis* (*Matth.* xxii.) Sed cor eorum longe ab eo fuit, quando dicebant: *Dic nobis, licet censum dare Cæsari an non?* (*Luc.* xx.) Hoc enim expressit evangelista Lucas, cum dixit scribas et principes sacerdotum misisse insidiatores, qui se justos simularent, ut caperent eum in sermone, atque traderent eum principatibus, atque potestati præsidis. Atque ideo recte subjungitur:

Sine causa colunt me, docentes doctrinas atque mandata hominum. Sine causa ergo, id est, in vacuum, labiis et lingua illum colebant, quorum corda aversa erant: quia cum veris Dei cultoribus mercedem non accepturi erant, attestante hoc alibi ipsa Veritate ac dicente: *Non omnis qui dicit mihi, Domine, Domine, intrabit in regnum cœlorum. Sed qui facit voluntatem Patris mei qui in cœlis est, ipse intrabit in regnum cœlorum* (*Matth.* vii). Docebant quidem Pharisæi doctrinas et mandata hominum, quando divina præcepta negligentes, et suas traditiones superordinantes magis observandas esse censuerunt. Ut superius demonstratum est.

Et convocatis ad se turbis dixit eis: Audite et intelligite; non quod intrat in os communicat hominem, sed quod procedit ex ore coinquinat hominem. Verbum *communicat* proprie Scripturarum est, et publico sermone non teritur. Populus Judæorum partem Dei esse se jactans, communes cibos vocat, quibus omnes utuntur homines: verbi gratia, suillam carnem, ostreas, lepores et istiusmodi animantia, quæ ungulam non findunt nec ruminant, nec squamosa in piscibus sunt. Unde et in Actibus apostolorum scriptum est: *Quod Deus sanctificavit, tu ne commune dixeris* (*Act.* x). Commune ergo quod cæteris hominibus patet, et quasi non est de parte Dei, pro immundo appellatur. *Nihil est*, inquit, *extra hominem introiens in eum quod possit eum coinquinare; sed quæ de homine procedunt, illa sunt quæ coinquinant eum.* Opponat prudens lector, et dicat: Si quod intrat in os non coinquinat hominem, quare idolothitis non vescimur? Et Apostolus scribit: *Non potestis calicem Domini bibere, et calicem dæmoniorum* (*I Cor.* x). Sciendum igitur quod ipsi quidem cibi et Dei creatura per se munda sint, sed idolorum ac dæmonum invocatio ea facit immunda.

Tunc accedentes discipuli ejus, dixerunt ei: Scis quia Pharisæi audito verbo scandalizati sunt. Ex uno sermone omnis superstitio observationum Judaicarum fuerat elisa, qui in cibis assumendis abominandisque religionem suam sitam arbitrabantur. Et quia crebro teritur in ecclesiasticis Scripturis *scandalum*, breviter dicendum, quid significet. Σκαλὸν et σκάνδαλον nos offendiculum, vel ruinam, et impactionem pedis possumus dicere. Quando ergo legimus: *Quicunque de minimis istis scandalizaverit quempiam*, hoc intelligimus, qui in dicto factoque occasionem ruinæ cuiquam dederit.

At ille respondens ait: Omnis plantatio quam non plantavit Pater meus, eradicabitur. Etiam quæ plana in Scripturis videntur, plena sunt quæstionibus. *Omnis*, inquit, *plantatio quam non plantavit Pater meus cœlestis, eradicabitur.* Ergo eradicabitur et illa plantatio, de qua Apostolus ait: *Ego plantavi, Apollo rigavit.* Sed solvitur quæstio ex eo quod sequitur: *Deus autem incrementum dedit* (*I Cor.* iii). Dicit et ipse : *Dei agricultura, Dei ædificatio estis.* Et in alio loco: *Cooperatores Dei sumus.* Si autem cooperatores, igitur plantante Paulo, Apolline rigante, Deus cum operatoribus suis plantat et rigat. Abutuntur hoc loco, qui diversas naturas introducunt, dicentes plantationem quam non plantavit Pater eradicari. Sed audiant illud Jeremiæ: *Ego vos plantavi vineam veram, quomodo versi estis in amaritudinem vitis alienæ?* Plantavit quidem Deus, et nemo potest eradicare plantationem ejus, sed quoniam ista plantatio in voluntate proprii arbitrii est, nullus alius eam poterit eradicare, nisi ipsa tribuerit assensum.

Sinite illos, cæci sunt duces cæcorum: cæcus autem si cæco ducatum præstet, ambo in foveam cadunt.

Hoc est, quod Apostolus praeceperat: *Haereticum hominem post unam atque alteram correptionem devita, sciens quia perversus sit hujusmodi, et a semetipso damnatus* (*Tit.* iii). In hunc sensum Salvator praecipit doctores pessimos dimittendos arbitrio suo, sciens eos difficulter ad veritatem posse retrahi, caecos esse et caecum populum in errorem trahere. (Maur.) Caeci ergo fuerant Pharisaei, quia tenebrosas hominum traditiones observantes, lucem mandatorum Dei quam Psalmista professus est dicens: *Lucerna pedibus meis verbum tuum, Domine, et lumen semitis meis* (*Psal.* clxxxviii). Hanc ipsi non consideraverunt, et ideo non solum caeci, sed et duces caecorum merito dicuntur. Quia tales non solum sibi ne in laqueum incidant prospiciunt, sed etiam sibi obsequentes in praecipitium mortis secum trahunt.

Respondens autem Petrus dixit ei: Edissere nobis parabolam istam. At ille dixit: Adhuc et vos sine intellectu estis? (*Hieron.*) Quod aperte dictum fuerat et patebat auditui, Apostoli per parabolam dictum putant et in re manifesta mysticam quaerunt intelligentiam, corripiunturque a Domino, quare parabolice dictum putant, quod perspicue locutus est. Ex quo animadvertimus vitiosum esse auditorem, qui obscura manifeste, aut manifeste dicta obscure velit intelligere.

Non intelligitis, quia omne quod in os intrat in ventrem vadit et in secessum emittitur? Omnium evangeliorum loca apud haereticos et perversos plena sunt scandalis. Et ex hac sententiola quidam calumniantur, quod Dominus physicae disputationis ignarus, putet omnes cibos in ventrem ire et in secessum digeri, cum statim infusae escae per artus et venas, ac medullas nervosque fundantur. Unde et multos, qui vitio stomachi perpetem sustineant vomitum, post coenas et prandia statim evomere quod ingesserunt, et tamen corpulentos esse: quia ad primum tactum liquidior cibus, et potus per membra fundatur. Sed itiusmodi homines dum volunt alterius imperitiam reprehendere, ostendunt suam : Quamvis enim tenuissimus humor et liquens esca sit, cum in venis et artubus concocta fuerit et digesta per occultos meatus corporis, quos Graeci πόρους vocant, ad inferiora dilabitur, et in secessum vadit.

Quae autem procedunt de ore, de corde exeunt, et ea coinquinant hominem. De corde enim exeunt cogitationes malae, homicidia, adulteria, fornicationes, furta, falsa testimonia, et reliq. De corde, inquit, *exeunt cogitationes malae*. Ergo animae principale non juxta Platonem in cerebro, sed juxta Christum in corde est. Et arguendi ex hac sententia, qui cogitationes a diabolo immitti putant, et non ex propria nasci voluntate. Diabolus adjutor esse et incentor malarum cogitationum potest, auctor esse non potest. Sin autem semper in insidiis positus, levem cogitationum nostrarum scintillam suis fomitibus inflammarit, non debemus opinari eum cordis quoque occulta rimari, sed **ex** corporis habitu et gestibus aestimare quid versemus intrinsecus. Verbi gratia si pulchram mulierem nos crebro viderit respicere, intelligit cor amoris jaculo vulneratum, et ad fornicandum provocat. (Maur.) Si rancorem contra proximum nos levare conspexerit, intelligit invidiam et odium nos in corde habere, et per iram ad homicidium perpetrandum inflammat. Si nos ardenter in alicujus rei pulchritudinem inspicere viderit, intelligit avaritiam nos corde tenere, et ad furta incitat. Si levibus nos sermonibus senserit assuetos, intelligit promptos esse ad mendacium, et ad falsum testimonium proferendum illicit. Sic quoque et per caeteras habitudines morum rimans animi qualitatem antiquus hostis, humanum genus seducere festinat, et ad ea quae divinis legibus vetita sunt facienda persuadet, ut creaturam ad imaginem Dei conditam suis sordibus polluat. Unde et Salvator supra dicta vitia enumerans subjunxit :

Haec sunt quae coinquinant hominem. Non lotis autem manibus manducare non coinquinat hominem. (Rab.) Sed Pharisaei spiritalia prophetarum verba carnaliter accipientes, quae illi de cordis et operis castigatione praecipiebant, dicentes : *Lavamini, mundi estote, et mundamini, qui fertis vasa Domini* (*Isa.* 1), isti de corpore solum lavando servabant. Frustra autem Pharisaei, frustra omnes Judaei lavant manus, et a foro baptizantur quandiu contemnunt fonte Salvatoris ablui. In vanum baptismata servant vasorum, qui cordium suorum et corporum eluere sordes negligunt, cum certum sit Moysen, et prophetas, qui vasa populi Dei vel aquis dilui, vel igne purgari, vel oleo sanctificari quacunque ex causa jusserunt, non in hoc materialium rerum emundationem, sed mentium potius et operum castigationem, ac sanctimoniam, atque animarum nobis mandare salutem.

[II.] *Et egressus inde Jesus secessit in partes Tyri et Sidonis.* (*Hieron.*) Scribis et Pharisaeis calumniatoribus derelictis, transgreditur in partes Tyri ac Sidonis, ubi manifeste praefiguratur quod post passionem resurrectionemque suam Dominus in praedicatoribus suis Judaeorum perfida corda relicturus, et in partes gentium exterarum esset secessurus : Tyrus quippe et Sidon, quae civitates fuere gentium, munimenta doctrinae ac vitae gentibus, in quibus stulti confidunt, indicant.

Et ecce mulier Cananaea a finibus illis egressa, clamavit dicens ei: Miserere mei, Domine, fili David. Bene mulier, quae Dominum credula precatur, a finibus illis egressa perhibetur, quia nisi priscae conversationis habitacula vana reliquisset, ad Christum Ecclesia nunquam veniret, nisi prius antiqui dogmata anathematizasset erroris, nequaquam novam fidei suscipere gratiam nosset. (*Hieron.*) Inde novit vocare filium David, quia egressa jam fuerat de finibus suis, et errorem Tyriorum ac Sidoniorum loci ac fidei commutatione dimiserat.

Filia mea a daemonio male vexatur. (Rab.) Typice autem mulier haec gentilis, sed cum fide ad Dominum veniens Ecclesiam, ut supra diximus, designat de gentibus collectam, quae pro filia daemoniaca Deum rogat, cum pro populis suis, necdum credentibus, ut et ipsi a diaboli fraudibus absolvantur, supernæ pietati supplicat. Item filia dæmoniosa pro qua postulat, anima quælibet est in Ecclesia malignorum magis spirituum deceptionibus quam conditoris sui mancipata præceptis. Pro qua necesse est Ecclesia mater Dominum sollicita interpellet, ut quam ipsa foris monendo, obsecrando, increpando, non valet, illa interius inspirando corrigat, atque ab errorum tenebris conversam, ad agnitionem veræ lucis excitet. Item tropologice, si quis nostrum conscientiam habet avaritiæ, elationis, vanæ gloriæ, indignationis, iracundiæ, vel invidiæ cæterorumve vitiorum sorde pollutam, filiam profecto habet male a dæmonio vexatam. Pro cujus sanatione supplex ad Dominum currat, quia nimirum cogitationem de corde progenitam diabolica tolerat arte dementatam. Cujus emendationem a pio conditore crebris imo continuis debet flagitare lamentis ac precibus, ut sanetur. Item, si quis bona quæ gessit forte perjurii, furti, blasphemiæ, detractionis, rixæ, vel etiam corporalis immunditiæ cæterorumve hujusmodi peste fœdavit, filiam habet immundi spiritus furiis agitatam : quia videlicet actionem quam bene laborando ediderat, jam diaboli fraudibus stulte serviendo disperdidit. Ideoque necesse talis ut reatum suum cognoverit, mox ad preces lacrymasque confugiat, sanctorumque creber intercessiones et auxilia quærat. Sequitur.

Qui non respondit ei verbum. (*Hieron.*) Non de superbia Pharisaica, nec de scribarum supercilio, sed ne ipse sententiæ suæ videretur contrarius, per quam jusserat : *In viam gentium ne abieritis, et in civitates Samaritanorum ne intraveritis* (*Sap.* x). Nolebat enim occasionem calumniatoribus dare, perfectamque salutem gentium passionis et resurrectionis tempori reservabat. - (RAB.) Mystice autem ad primas rogantes Ecclesiæ lacrymas Dominus respondere, id est, postulatam errantibus sospitatem mentis dare distulerit, nec sic quidem appetendo, quærendo, pulsando, desistendum est, neque impetrandi subeunda desperatio, sed tanta potius perseverandum instantia, tam obstinato frequentandus amore Salvator, tantum etiam sanctorum ejus inter letanias appetenda suffragia, donec et ipsi de cœlis Domino pro audienda supplicent Ecclesia; sicque fit ut si mentem ab intentione proposita non mutaverit, nequaquam fructu petitionis fraudetur, sed sive pro sua fragilitate quis, seu pro aliis intervenerit desiderato potiatur effectu.

Et accedentes discipuli ejus rogabant eum dicentes : Dimitte eam, quia clamat post nos. (*Hieron.*) Discipuli illo adhuc tempore mysteria Domini nescientes, vel misericordia commoti, rogabant pro Cananæa muliere, quam alter evangelista Syrophœnissam appellat, vel importunitate ejus carere cupientes, quia non ut clementem, sed ut durum medicum crebrius inclamaret. Hoc de muliere Cananæa etiam Marcus commemorat, eumdem rerum gestarum ordinem servans, nec afferens aliquam repugnantiæ quæstionem, nisi quod in domo dicit fuisse Domini, cum ad illum venit eadem mulier pro filia sua rogans. Matthæus autem posset quidem facile intelligi de domo tacuisse, eamdem tamen rem commemorasse. Sed quoniam dicit discipulos Domino suggessisse : *Dimitte illam, quoniam clamat post nos,* nihil videtur aliud significare, quam post ambulantem Dominum mulierem illam deprecatorias voces emisisse. Quomodo ergo in domo, nisi quia intelligendum est dixisse quidem Marcum, quod intraverit ubi erat Jesus, cum eum prædixisset fuisse in domo? Sed quia Matthæus ait : *Non respondit ei verbum,* dedit agnoscere quod ambo tacuerunt, et in eo silentio egressum fuisse Jesum de domo illa; atque ita cætera contexuntur, quæ jam in nullo discordant.

Ipse autem respondens ait : Non sum missus, nisi ad oves quæ perierunt domus Israel. Non quod et ad gentes non missus sit, sed quod primum ad Israel missus sit, ut illis non recipientibus Evangelium, justa fieret ad gentes transmigratio ejus. Et significanter dixit : *Ad oves perditas domus Israel,* ut ex hoc loco etiam unam erroneam ovem de alia parabola intelligamus.

At illa venit, et adoravit eum, dicens, Domine, adjuva me. (MAUR.) Quid est quod dicitur, *At illa venit,* cum ante ipsa legitur ad Salvatorem loqui, et pro filia rogasse? Sed quia tunc post Jesum clamavit, sequendo nunc venit, id est, consecuta est, et adoravit eum dicens : *Domine, adjuva me.*

Qui respondens, ait : Non est bonum sumere panem filiorum et mittere canibus. At illa ait : Etiam, Domine, nam et catelli edunt de micis quæ cadunt de mensa dominorum suorum. (*Hieron.*) Mira sub persona mulieris Cananitidis Ecclesiæ fides, patientia, humilitas prædicatur : fides qua crediderit sanari posse filiam suam, patientia qua toties contempta in precibus perseverat; humilitas qua se non canibus, sed catulis comparat. Canes autem ethnici propter idololatriam dicuntur, qui esui sanguinis dediti, et cadaveribus mortuorum feruntur in rabiem. Nota quod ista Cananea perseveranter primum filium David, deinde Dominum vocet, et ad extremum adoret, ut Deum. Scio me, inquit, filiorum panem non mereri, nec integros capere posse cibos, nec sedere ad mensam cum patre, sed contenta sum reliquiis catulorum, ut humilitate micarum ad panis integri veniam magnitudinem. O mira rerum conversio ! Israel quondam filius, nos canes, pro diversitate fidei ordo nominum commutatur ! De illis postea dicitur : *Circumdederunt me canes multi* (*Psal.* xxi). Et : *Videte canes, videte malos operarios, videte concisionem* (*Philip.* iii). De nobis a latratu blasphemiæ contradictionis ad pietatis gratiam conversis ipse alibi dicit : *Et alias oves habeo, quæ non sunt ex hoc ovili, et illas oportet me adducere, et vocem meam audient* (*Joan.* x). Notandum sane quod mystice loquitur, credens ex gentibus mulier, quia catelli sub mensa comedunt de micis puerorum. Mensa quippe est Scriptura sancta, quæ nobis panem vitæ ministrat. Hinc etenim dicit Ecclesia : *Parasti in conspectu meo men-*

sam adversus eos qui tribulant me (Psal. xxii). Micæ puerorum interna sunt mysteria Scripturarum, quibus humilium solent corda refici. De quibus alias sanctæ Ecclesiæ promittitur, dicente Propheta de Domino : *Qui posuit fines tuos pacem, et adipe frumenti satians te (Psal.* cxlvii). Non ergo cristas, sed micas de pane puerorum edunt catelli, quia conversi ad fidem, qui erant despecti in gentibus, non litteræ superficiem in Scripturis, sed spiritalem sensum, quo in bonis actibus proficere valeant, inquirunt. Et hoc sub mensa dominorum suorum, dum verbis sacri eloquii humiliter subditi ad implenda quæ præcepta sunt, cuncta sui cordis et corporis officia supponunt, quatenus ad speranda quæ a Domino promissa sunt præmia in cœlis merito se debitæ humilitatis erigant.

Tunc respondens Jesus, ait illi : O mulier, magna est fides tua ; fiat tibi, sicut vis. (Maur.) In hac ergo Syrophœnissa laudatur fides gentium, quæ merito magna dicitur, quia cum nec lege fuerint imbutæ, nec vocibus prophetarum instructæ, ad prædicationem mox apostolorum ab auditu auris obedierunt, fidemque sanctæ Trinitatis corde credulo perceperunt, ipsamque fidem condignis operibus adornantes, usque ad mortem inviolatam servare studuerunt. Ideoque perfectam salutem sibi suisque impetrare meruerunt. Unde et subditur :

Et sanata est filia ejus ex illa hora. Propter humilem videlicet matris fidelemque sermonem, filiam deseruit dæmonium. Ubi datur exemplum catechizandi et baptizandi infantes, quia videlicet per fidem et confessionem parentum in baptismo liberantur a diabolo parvuli, qui necdum per se sapere, vel aliquid agere boni possunt, aut mali.

[III.] *Et cum transisset inde Jesus, venit secus mare Galilææ, et ascendens in montem, sedebat ibi.* Notandum ergo quod non sine magni mysterii ratione Dominus, sanata filia mulieris Cananitidis, ad Judæam et mare Galilææ revertitur : quia peracta dispensatione salutis gentium regreditur in doctoribus, ut visitet gentem Judæam, quæ ob perfidiam apostolos et primos prædicatores Evangelii a se repulit. Fitque illud quod Paulus apostolus, et doctor gentium sermone prophetico dudum protulit, quia *cum plenitudo gentium januam fidei subintraverit, tunc omnis Israel salvus erit (Rom.* xi). Ascendit ergo Dominus in montem, ut sicut avis teneros fetus provocat ad volandum, sic ipse auditores suos erigat ad superna et cœlestia sacramenta meditanda. *Sedebatque ibi,* ut demonstraret non nisi in cœlestibus requiem esse quærendam.

Et accesserunt ad eum turbæ multæ habentes secum mutos, cæcos, claudos, debiles et alios multos. Et projecerunt eos ad pedes ejus, et curavit eos, ita ut turbæ mirarentur videntes mutos loquentes, claudos ambulantes, cæcos videntes, et magnificabant Deum Israel. Sedente ergo Domino in monte, id est, in cœlorum arce gloriose et mirabiliter regnante, turbæ fidelium cum mente devota illi semper appropinquant,

ducentes secum mutos, cæcos, claudos, debiles et alios multos. Quia eos qui confessionis verbum in ore non habebant, vel quos infidelitas cæcavit, seu demum pravi operis claudicantes, sive quos peccatorum sarcina debiles reddidit, evangelicis documentis ad fidem convertuntur. Eosque ad pedes Jesu projiciunt, quia peccata sua confitentes, ipsi soli mediatori Dei et hominum curandos subjiciunt. Quos ipse etiam ita curat, ut turbæ mirentur et magnificent Deum Israel. Quia agmina fidelium inæstimabili tunc exsultant gaudio, quando viderint eos, quos variæ errorum ægritudines insanos et egenos effecerant, diversis virtutum opibus ditatos, et fide robustos in divino servitio bene laborare. Et ob hoc magnifice laudes Deo decantant, dicentes cum Propheta : *Quis Deus magnus sicut Deus noster. Tu es Deus qui facis mirabilia solus. Notam fecisti in populis virtutem tuam, liberasti in brachio populum tuum filios Israel et Joseph (Psal.* lxxvi).

Jesus autem convocatis discipulis suis, ait : Misereor turbæ, quia jam triduo perseverant mecum, et non habent quod manducent ; et dimittere eos jejunos nolo, ne deficiant in via. (Hilar.) In hac lectione consideranda est in uno eodemque Redemptore nostro distincta operatio divinitatis, et humanitatis, atque error Eutychetis, qui unam tantum operationem in Christo dogmatizare præsumit, procul a Christianis finibus expellendus. Quis enim non videat hoc quod super turbam misereretur Dominus, ne vel inediæ, vel viæ longioris labore deficiat, affectum esse, et compassionem humanæ fragilitatis? Vult pascere quos curavit. Prius aufert debilitates, et postea offert sanis cibos. Convocat quoque discipulos, et quod facturus est loquitur, ut vel magistris exemplum tribuat cum minoribus atque discipulis communicandi consilia, vel ex fabulatione intelligant signi magnitudinem, respondentes se panes in eremo non habere. *Misereor,* inquit, *turbæ, quod triduo jam perseverant mecum.* Miseretur turbæ, quia in triduo dierum numero Patri, Filio, Spirituique sancto credebant. *Et non habent quod manducent.* Turba semper esurit, et cibis indiget, nisi satietur a Domino. *Et dimittere eos jejunos nolo, ne deficiant in via.* Esuriebant post magnas debilitates, et per patientiam futuros exspectant cibos. Non vult eos Jesus dimittere jejunos, ne deficiant in via. Periclitatur ergo sine cœlesti pane qui ad optatam mansionem pervenire festinat. Unde et angelus loquitur ad Eliam : *Surge et manduca, quia grandem viam ambulaturus es (III Reg.* xix). [Greg.] Item turba triduo Dominum sustinet, quando multitudo fidelium peccata quæ perpetravit per pœnitentiam declinans, ad Dominum se in opere, in locutione atque in cogitatione convertit. Quos dimittere jejunos in domum suam Dominus non vult, ne deficiant in via. Quia videlicet conversi peccatores in præsentis vitæ via deficiunt, si in sua conscientia sine doctrinæ sanctæ pabulo dimittantur. Ne ergo lassentur in hujus peregrinationis itinere, pascendi sunt sacra admonitione. Notandum quoque quod in superiori signo, qui propinqui erant, et vicini, nostri significat. Ibi super fenum, hic super terram quinque sensuum non ipse Dominus eorum recordatur, sed discipuli recordantur, vespere, vicina nocte et inclinante jam sole. Hic autem ipse Dominus recordatur, et misereri se dicit, et causam miserationis exponit, quia triduo jam perseverant cum eo, et dimittere eos jejunos non vult, ne deficiant in via. In toto enim sæculo generis humani tertium tempus est, quod fidei Christianæ gratia data est. Primum ergo est ante legem, secundum sub lege, tertium sub gratia. Et quoniam quartum adhuc restat, quod ad plenissimam pacem Hierusalem cœlestis venturi sumus, quo tendit quisquis recte credit in Christum, propterea se dicit turbam illam reficere Dominus, ne deficiant in via.

Et dicunt ei discipuli : Unde ergo nobis panes tantos ut saturemus turbam tantam? (MAUR.) Hæc sententia rudem fidem adhuc ostendit discipulorum, qui non recordantur quinque panibus hordeaceis quinque millia hominum paulo ante satiata; si enim perfecte intelligerent auctorem et datorem, non cunctarentur unde haberet turba refectionem.

Et ait illis Jesus : Quot panes habetis? Interrogat quidem non quasi ignarus, sed quasi docendo responsuros.

At illi dixerunt : Octo et paucos pisciculos. (RAB.) Bene octo panes in mysterio Novi Testamenti ponuntur, in quo septiformis gratia Spiritus sancti plenius fidelibus cunctis, et credenda revelatur, et credita datur. Neque hordeacei fuisse producuntur, sicut illi quinque, de quibus quinque sunt hominum millia saturati, ne iterum sicut in lege vitale animæ alimentum corporalibus sacramentis obtegeretur. Hordei enim medulla tenacissima palea tegitur. Nec ipsi pisciculi, quos simul cum panibus se habere apostoli profitebantur, sine mysterio sunt. Nam si in panibus septem Scriptura Novi Testamenti designatur, in cujus lectione per gratiam sancti Spiritus internas mentium epulas invenimus, quid in pisciculis quos benedicens pariter Dominus turbæ jussit apponi, nisi sanctos accipimus illius temporis, per quos eadem est condita Scriptura, vel quorum ipsa Scriptura fidem, vitam et passiones continet? qui de turbulentis hujus sæculi fluctibus erepti ac divina benedictione consecrati, refectionem nobis internam, ne in hujus mundi transeuntis excursu deficiamus, exemplo suæ præbuere vel vitæ vel mortis.

Et præcepit turbæ ut discumberet super terram. Supra in refectione quinque panum turba super fenum viride discumbebat, nunc ubi septem panibus reficienda est, supra terram discumbere præcipitur : quia per Scripturam legis carnis desideria calcare et jubemur comprimere. *Omnis* enim *caro fenum, et omnis gloria ejus tanquam flos feni* (*Isa.* XL). In Novo autem Testamento ipsam quoque terram ac facultates temporales derelinquere præcipimur, vel certe, quia mons in quo turba Dominicis panibus reficiebatur, altitudinem, ut supra diximus, redemptoris

nostri significat. Ibi super fenum, hic super terram reficitur : ibi enim celsitudo Christi propter carnales homines, et Hierusalem terrenam, carnali spe et desiderio tegitur; hic autem remota omni cupiditate carnali, convivas Novi Testamenti spei permanentis firmamentum tanquam ipsius montis soliditas nullo feno interposito continebat.

Et accipiens Jesus septem panes et pisces, et gratias agens, fregit et dedit discipulis suis, et discipuli dederunt populo. (*Venant.*) Dominus accipiens panes dabat discipulis suis, ut ipsi acceptos turbæ apponerent, quia spiritalis dona scientiæ tribuens apostolis per eorum ministerium voluit Ecclesiæ suæ per orbem vitæ cibaria distribui. Quod vero fregit panes quos discipulis dedit, apertionem designat sacramentorum, quibus ad perpetuam salutem nutriendus erat mundus. Cum enim ait ipse Dominus : *Et nemo novit Filium nisi Pater, neque Patrem quis novit nisi Filius, et cui voluerit Filius revelare* (*Luc.* X), quid nisi panem vitæ nobis per se aperiendum demonstravit? ad cujus interiora cernenda per nos ipsos penetrare nequivimus. Cui contra propheta miserabilem quorumdam deplorans famem aiebat : *Parvuli petierunt panem, nec erat qui frangeret eis* (*Thren.* IV). Quod est aliis verbis dicere : Indocti quæsierunt pabula verbi Dei quo ad virtutem bonæ operationis convalescerent refici, nec erat, magistris deficientibus, qui eis Scripturarum arcana patefaceret, eosque ad viam veritatis institueret. Acceptis autem ad frangendum panibus Dominus gratias agit, ut et ipse quantum de salute generis humani congaudeat, ostendat, et nos ad agendas gratias Deo informet. Cum vel terreno pane carnem, vel animam cœlesti, superna gratia largiente, reficimus.

Et comederunt omnes, et saturati sunt. Manducant de panibus Domini ac piscibus, et saturantur, qui audientes verba Dei, et exempla intuentes, ad profectum vitæ correctionis per hæc excitari atque assurgere festinant. Quibus apte congruit illud Psalmistæ : *Edent pauperes, et saturabuntur, et laudabunt Deum qui requirunt eum, vivet cor eorum in sæculum sæculi* (*Psal.* XXI). Quod est aperte dicere : Audient humiles verbum Dei, et facient, et ad laudem non suam, sed superni largitoris cuncta quæ bene gesserunt, referent. Unde merito ad vitam interioris hominis internam, ut pote pane vitæ saturati pervenient. Cui contra tardis auditoribus per prophetam exprobratur : *Manducastis et non estis saturati* (*Mich.* VI). Manducant namque, et non saturantur, qui panem verbi Dei audiendo degustant, sed non faciendo quæ audiunt, nihil ex his internæ dulcedinis, quo cor ipsorum confirmetur, in ventre memoriæ recipiunt.

Et quod superfuit de fragmentis tulerunt septem sportas plenas. Quod turbis saturatis supererat, apostoli sustollunt, et septem sportas implent, quia sunt altiora perfectionis præcepta, vel potius exhortamenta et consilia, quæ generalis fidelium multitudo nequit servanda et implenda attingere; quorum exsecutio illos proprie respicit, qui majore sancti Spiritus gratia pleni, generalem populi Dei conversationem mentis atque operis sublimitate transcendunt, qualibus dicitur : *Si vis perfectus esse, vade, vende omnia quæ habes*, etc. *(Matth.* xix). Unde bene sportæ, quibus Dominicorum sunt condita fragmenta ciborum, septem fuisse memorantur. Nam quia sportæ junco et palmarum foliis solent contexi, merito in sanctorum significatione ponuntur. Juncus quippe super aquas nasci consuevit : palma vero victricem ornat manum. Et juncis vasis recte comparantur electi, cum radicem cordis, ne forte ab æternitatis amore arescat, in ipso vitæ fonte collocant. Assimilantur et eis quæ de palmarum sunt foliis contexta, cum indefectivam æternæ retributionis memoriam puro in corde retinent. Et bene turba, quamvis reliquias Dominici prandii non caperet, manducasse tamen et saturata esse narratur : quia sunt nonnulli qui, etsi omnia sua relinquere nequeunt, neque explere hoc quod de virginibus dicitur : *Qui potest capere capiat*, cæteraque hujusmodi, tamen esurientes et sitientes justitiam saturantur, cum audiendo mandata legis Dei ad vitam perveniunt æternam.

Erant autem qui manducaverunt, quatuor millia hominum extra mulieres et parvulos. (Rab.) Bene quatuor millia, ut ipso etiam numero docerent, evangelicis se pastos esse cibariis. (Aug.) Hæc ergo pactio de panibus quatuor et paucis pisciculis, ut supra diximus, ad sacramentum et gratiam pertinet Ecclesiæ et Novi Testamenti. Quæ notissima illa septenaria sancti Spiritus operatione cognoscitur. Et ideo non hic duo pisces fuisse scribuntur, sicut in veteri lege, ubi duo soli ungebantur, rex et sacerdos ; sed pauci pisces, id est, qui primi Domino Jesu Christo crediderunt, et in ejus nomen uncti sunt, et missi ad prædicationem Evangelii, et ad sustinendum turbulentum mare hujus sæculi, ut pro ipso magno pisce, id est, pro Christo legatione fungerentur, sicut apostolus dicit Paulus. Neque in ipsa turba quinque millia hominum fuerunt, sicut illic, ubi carnales legem accipientes, id est, quinque carnis sensibus dediti significantur, propter quatuor animi virtutes, quibus in hac vita spiritaliter vivitur, prudentiam, temperantiam, fortitudinem, justitiam, quarum prima est cognitio rerum appetendarum et fugiendarum ; secunda refrenatio cupiditatis, ab his quæ temporaliter delectant ; tertia firmitas animi adversus ea quæ temporaliter molesta sunt ; quarta quæ per cæteras omnes diffunditur dilectio Dei et proximi : sane et ibi quinque millia, et hic quatuor millia, exceptis pueris et mulieribus, fuisse memorantur. Quod mihi videtur ad hoc pertinere, ut intelligamus, et in populo Veteris Testamenti fuisse quosdam infirmos ad implendam justitiam, quæ secundum legem est, in qua justitia se apostolus Paulus sine querela conversatum dicit fuisse. Item alios infirmos, qui facile seducerentur in cultum idolorum. Quæ duo genera, id est, infirmitates et errores, mulierum et puerorum nominibus figurata sunt. Infirmus est enim sexus mulierum, et facilis ad lusum pueritia. Quid autem lusui puerili tam simile quam idola colere ? Quando et Apostolus ad hoc retulit hoc genus superstitionis, cum ait : *Neque idolis serviamus, quemadmodum quidam eorum, sicut scriptum est : Sedit populus manducare, et bibere, et surrexerunt ludere* (*I Cor.* x). Mulieribus ergo similes erant, qui in laboribus exspectationis, quousque ad promissa Dei pervenirent, non viriliter perseverantes, tentaverunt Deum ; pueris autem, qui sederunt manducare et bibere, et surrexerunt ludere. Non solum vero ibi, sed etiam populo Novi Testamenti, qui non perdurant occurrere in virum perfectum, vel infirmitate virium, vel mentis levitate mulieribus et pueris comparandi sunt. Nam illis dicitur : *Si tamen initium substantiæ ejus usque in finem firmum retineamus* (*Hebr.* iii). Illis autem : *Nolite, pueri, effici sensibus, sed malitia infantes estote, ut sensibus perfecti sitis* (*I Cor.* xiv). Et ideo neque in Vetere, neque in Novo Testamento tales admittuntur ad numerum, sed sive ibi quinque millia, sive hic quatuor millia, exceptis mulieribus et pueris, fuisse dicuntur.

Et dimissa turba ascendit in naviculam, et venit in fines Magedan. In Marco autem ita scriptum est : *Et statim ascendens navem cum discipulis suis, venit in partes Dalmanutha* (*Marc.* viii). Non autem dubitandum est eumdem locum esse sub utroque nomine. (Hieron.) Nam plerique codices etiam secundum Marcum non habent nisi Magedan. Est autem Magedana regio circa Gerasan, interpretaturque Mageda *poma ejus*, sive *nuntia*. (Maur.) Mystice significans hortum illum, de quo sponsus in Cantico canticorum dicit : *Hortus conclusus, soror mea sponsa* (*Cant.* iv), ubi gignuntur poma virtutum ; ubique rite nuntiatur nomen Domini. Quia *tota die et non tota nocte custodes murorum ejus non tacebunt laudare nomen Domini* (*Isa.* lxii). Refectis ergo turbis ascendens in naviculam Dominus venit in fines Magedan, ut nos doceret postquam turbæ pabulum verbi foris ministraverimus, intus ob custodiam cordis redire non negligamus, ut suavi virtutum reficiamur cibo, et intra cubiculum nostrum clauso ostio Patrem cœlestem adoremus.

CAPUT XVI.

De cavendo fermento Pharisæorum. De confessione Petri, et eo increpito ne scandalo sit, etc.

[I.] *Et accesserunt ad eum Pharisæi et Sadducæi, tentantes, et rogaverunt eum, ut signum de cœlo offerret eis.* (Rab.) Signum de cœlo quærunt, ut qui multa hominum millia secundo paucis de panibus satiavit, nunc in exemplum Moysi manna cœlitus misso, et per omnia passim disperso populum omnem multo tempore reficiat. Quod in Evangelio Joannis post edulium panum turbas ab eo quæsisse legimus, dicentes : *Quod ergo tu facis signum, ut videamus, et credamus tibi quid operaris ? Patres nostri manna manducaverunt in deserto : sicut scriptum est : Panem de cœlo dedit eis manducare (JOAN. VI).*

At ille respondens ait illis : Facto vespere dicitis : Serenum erit, rubicundum est enim cœlum; et mane : Hodie tempestas, rutilat enim triste cœlum. Faciem ergo cœli dijudicare nostis, signa autem temporum non potestis. (*Hieron.*) Secundum historiam autem sensus iste manifestus est, quod ex elementorum ordine atque consonantia possint et sereni et pluvii dies prænosci. Scribæ autem et Pharisæi, qui videbantur esse legis doctores, ex prophetarum vaticinatione non poterant intelligere Salvatoris adventum. (*Aug.*) Spiritaliter autem quod dixit Dominus, *Facto vespere dicitis serenum erit, rubicundum est enim cœlum* significat, quod per sanguinem passionis Christi in primo adventu indulgentia peccatorum datur. *Et mane : Hodie tempestas, rubet enim cum tristitia cœlum*, significat quod secundo adventu igne præcedente venturus est. *Faciem enim cœli judicare nostis, signa autem temporum non potestis.* Signa temporum dixit de adventu suo, vel passione, cui simile est roseum cœlum vespere ; et item de tribulatione ante adventum suum futurum, cui simile est mane roseum cum tristitia cœlum.

Generatio mala et adultera signum quærit, et signum non dabitur ei, nisi signum Jonæ. (RAB.) Non ergo datur signum generationi illi, id est, tentantium Dominum et resultantium verbis ejus ; tale utique signum, quale tentantes quærebant, id est, de cœlo : quibus tamen multa cœlestia dabat in terra. Cæterum generationi quærentium Dominum, requirentium faciem Dei Jacob, signum de cœlo ostendebat, quando cernentibus apostolis ascendit in cœlum, quando misso desuper Spiritu primitivam implevit Ecclesiam, quando ad impositionem manus apostolorum in Samaria, Cæsarea, Epheso, aliisque urbibus ac locis plurimis, gratiam de cœlo Spiritus sancti credentibus ministravit. (*Hieron.*) Quid autem signum Jonæ sibi velit, jam supra dictum est.

Et relictis illis abiit. Relictis scribis et Pharisæis, quibus dixerat : *Generatio mala et adultera signum quærit, et signum non dabitur ei, nisi signum Jonæ*, recte abiit trans fretum, et gentium secutus est populus.

Et cum venissent discipuli trans fretum, obliti sunt panes accipere. Quærat aliquis, et dicat : Quomodo panes non habebant, qui statim impletis septem sportis ascenderunt naviculam, et venerunt in fines Magedan, ibique audiunt navigantes, quod cavere debeant a fermento Pharisæorum et Sadducæorum ? Sed Scriptura testatur, quod obliti sint eos secum tollere. (RAB.) Quod autem navigaturi trans fretum obliti sunt viaticum sumere secum, indicium est quam modicam carnis curam haberent in reliquis ; quibus ipsa reficiendi corporis necessitas, quæ naturaliter cunctis mortalibus inest, intentione Dominici comitatus mente excesserat. Unus vero panis, quem secum habebant in navi, mystice ipsum panem vitæ, Dominum videlicet Salvatorem, designat, cujus amore, quia semper intus reficiebantur in corde, minus de terreno pane, quo corpus pasci solet, curabant.

Qui dixit illis : Intuemini et cavete a fermento Pharisæorum et Sadducæorum. In Marco ita scriptum est : *Videte, cavete a fermento Pharisæorum, et fermento Herodis* (*Marc.* VIII). Fermentum Pharisæorum est decreta legis divinæ traditionibus hominum postponere ; vel certe legem verbis prædicare, factis impugnare. Fermentum eorum est Dominum tentare, nec doctrinæ ejus aut operibus credere, sed insultando alia, quibus credere debeant, petere. Fermentum Herodis est adulterium, homicidium, temeritas jurandi, simulatio religionis, et quod omnium est caput et origo scelerum, odium ac persecutio in Christum et præcursorem ejus, præconemque primum regni cœlestis. A quo utrorumque fermento etiam Apostolus nos prohibens ait : *Itaque epulemur non in fermento veteri, neque in fermento malitiæ et nequitiæ, sed in azymis sinceritatis et veritatis* (I *Cor.* V).

At illi cogitabant inter se, dicentes : Quia panes non accepimus. Sciens autem Jesus dixit : Quid cogitatis inter vos, modicæ fidei, quia panes non habetis? Nondum intelligitis, neque recordamini quinque panum, et quinque millia hominum, et quot cophinos sumpsistis ? Neque septem panum, et quatuor millia hominum, et quot sportas sumpsistis ? Quare non intelligitis quia non de pane dixi vobis : Cavete a fermento Pharisæorum et Sadducæorum? Per occasionem præcepti, quod Salvator jusserat, dicens, *Cavete a fermento Pharisæorum et a fermento Herodis*, docet eos quid significent quinque panes, et septem, sive pisciculi, aut quinque millia hominum, et quatuor, quæ pasta sunt in eremo. Quod licet signorum magnitudo perspicua sit, tamen aliud spiritali intelligentia demonstretur. Si enim fermentum Pharisæorum et Sadducæorum et fermentum Herodis non corporalem panem, sed traditiones perversas et hæretica significat dogmata, quare et cibi, quibus nutritus est populus Dei, non veram doctrinam integramque significent ? Istiusmodi fermentum, quod omni ratione vitandum est, habuit Marcion, et Valentinus, et omnes hæretici. Fermentum hanc vim habet, ut si farinæ mistum fuerit, quod parvum videbatur, crescat in majus et ad saporem suum universam conspersionem trahat. Ita et doctrina hæretica, si vel modicam scintillam in tuum pectus jecerit, in brevi ingens flamma succrescet, et totam hominis possessionem ad se trahet. Hoc est de quo et Apostolus loquitur : *Modicum fermentum totam massam corrumpit* (*Gal.* V).

Tunc intellexerunt quia non dixerit cavendum a fermento panum, sed a doctrina Pharisæorum et Sadducæorum. (MAUR.) Quod eis utile erat persuasit, quod nocivum vitare jussit. Doctrina enim superstitiosa, et hæretica, gravat magis quam adjuvat : mergit, et non erigit. A bono ergo magistro discipuli instructi intellexerunt in fermento seductionem

Pharisæorum et Sadducæorum, imo omnium hæreticorum qui contraria sapiunt veritati, expressam vitandam esse. Quam et omnino ipsi vitaverunt, et nobis fugiendam esse censuerunt. Post hæc sequitur Matthæus, et dicit :

[H.] *Venit autem Jesus in partes Cæsareæ Philippi.* Philippus iste est frater Herodis, de quo jam supra diximus, tetrarcha Itureæ et Trachonitidis regionis, qui in honorem Tiberii Cæsaris, Cæsaream Philippi, quæ nunc Paneas dicitur, appellavit. Et est in provincia Phœnicis imitatus Herodem patrem, qui in honorem Augusti Cæsaris appellavit Cæsaream, quæ prius Turris Stratonis vocabatur, et ex nomine ejus filiæ Lubiadem trans Jordanem exstruxit. Iste locus est Cæsareæ Philippi, ubi Jordanis oritur ad radices Libani, et habet duos fontes, unum nomine *Jor*, et alterum *Dan*, qui simul misti Jordanis nomen efficiunt.

Et interrogabat discipulos suos, dicens: Quem dicunt homines esse filium hominis? Non dixit : Quem me dicunt homines esse, sed *filium hominis*, ne jactanter de se quærere videretur. Et nota quod ubicunque scriptum est in Veteri Testamento filius hominis, in Hebræo positum sit filius Adam; illudque quod in psalmo legimus : *Filii hominum usquequo gravi corde* (*Psal.* IV), in Hebræo dicitur, *filii Adam.* Pulchre autem interrogabat : *Quem dicunt homines esse filium hominis?* Quia qui de filio hominis loquuntur, homines sunt. Qui vero divinitatem ejus intelligunt, non homines, sed dii appellantur.

Et illi dixerunt : Alii Joannem Baptistam, alii autem Eliam, alii vero Jeremiam, aut unum ex prophetis. Miror quosdam interpretes errorem inquirere singulorum, et disputationem longissimam texere, quare Dominum nostrum Jesum Christum, alii Joannem putaverunt, alii Eliam, alii Jeremiam, aut ex prophetis unum, cum sic errare potuerunt in Elia, aut in Jeremia, quomodo Herodes erravit in Joanne, dicens : *Quem ego decollavi Joannem, ipse surrexit a mortuis, et ideo virtutes operantur in eo* (*Matth.* XIV; *Marc.* VI; *Luc.* IX).

Vos autem quem me esse dicitis? (MAUR.) Non autem quasi nesciens sententiam de se vel discipulorum, vel extraneorum inquirit, sed ideo discipulos, quid de se sentiant, interrogat, ut confessionem rectæ fidei illorum digna mercede remuneret. Ideo quid alii de se sentiant, inquirit, ut expositis primo sententiis errantium, discipuli probarentur veritatem suæ confessionis, non de opinione vulgata, sed de ipso percepisse Dominicæ revelationis arcano. (Beda.) *Vos,* inquit, *quem me esse dicitis?* Quasi ab hominum generalitate illos sequestrans, et deos ac Dei filios per adoptionem jam factos insinuans, juxta illud Psalmistæ : *Ego dixi : Dii estis, et filii Excelsi omnes* (*Psal.* LXXXI).

Respondens Simon Petrus dixit : Tu es Christus Filius Dei vivi. Licet cæteri apostoli sciant, Petrus tamen respondit pro cæteris. Complexus est itaque omnia, qui et naturam et nomen expressit, in quo summa virtutum est, Deum vivum appellat ad distinctionem falsorum deorum, quos vario delusa errore gentilitas vel de mortuis sibi hominibus instituit, vel majore dementia de insensibili materia, quos adoraret, creavit. De quibus canitur in psalmo : *Simulacra gentium, argentum et aurum, opera manuum hominum, os habent, et non loquuntur,* etc. (*Psal.* CXIII). Notandum autem quam miranda distinctione sit factum, ut cum de utraque ejusdem Domini et Salvatoris nostri natura ab ipso Domino, et a fideli ejus discipulo esset proferenda sententia, Dominus ipse humilitatem assumptæ humanitatis profiteatur, discipulus excellentiam divinæ æternitatis ostendat. Dominus de se quod minus est, discipulus de Domino intimat quod majus est; Dominus de se quod factus est propter nos, discipulus declarat de Domino quod ipse est qui fecit nos. Sicut et in Evangelio Dominus multo crebrius se filium hominis quam Filium Dei appellare consuevit, ut nos admoneret dispensationis quam pro nobis suscepit. Sed nos necesse est tanto humilius divinitatis ejus alta venerari, quanto illum meminimus pro nostra exaltatione ad humanitatis infima descendisse.

Respondens autem Jesus dixit ei : Beatus est Simon Barjona, quia caro et sanguis non revelavit tibi, sed Pater meus qui in cœlis est. Barjona Syriace, Latine dicitur *filius columbæ*. Recte vocatur apostolus Petrus filius columbæ, quia videlicet columba multum simplex est animal, et ipse prudenti ac pia simplicitate Dominum sequebatur, memor illius præcepti quod cum suis condiscipulis ab eodem magistro simplicitatis et veritatis accepit : *Estote prudentes sicut serpentes, et simplices sicut columbæ*. Vel certe, quia Spiritus sanctus super Dominum in columbæ specie descendit, recte filius columbæ nuncupatur, qui spiritali gratia plenus exstitisse monstratur. Et justa satis laude dilectorem confessoremque suum Dominus remuneret, cum eum sancti Spiritus filium esse testatur, a quo ipse Dei vivi Filius asseveratur, quamvis hoc ipsum multum dissimiliter fieri nullus fidelium dubitet. Dominus enim Christus Filius Dei per naturam, Petrus sicut et cæteri electi filius sancti Spiritus est per gratiam. Christus Filius Dei, quia de ipso natus est, Petrus filius Spiritus sancti, quia de ipso renatus est. Christus Filius Dei ante tempora; ipse est enim Dei virtus et Dei sapientia, quæ dicit : *Dominus possedit me in initio viarum suarum, antequam quidquam faceret a principio* (*Prov.* VIII); Petrus filius Spiritus sancti ex eo tempore quo ab ipso illuminatus gratiam divinæ cognitionis accepit. Et quia una voluntas eadem est operatio sanctæ Trinitatis, recte cum dixisset. *Beatus est Simon Barjona,* id est, fili gratiæ spiritalis, protinus adjunxit : *Quia caro et sanguis non revelavit tibi, sed Pater meus qui in cœlis est.* Pater quippe filio columbæ revelavit, quia una est gratia Patris, et Spiritus sancti, eadem quoque et Filii; quia una est voluntas et operatio Patris, et Filii, et Spiritus sancti. Et propterea convenienter dicitur. Quia Pater qui in cœlis est revelaverit filio columbæ mysterium fidei, quod hoc caro et sanguis revelare nequibat. Caro autem et sanguis recte intelliguntur homines sapientia carnis inflati, columbinæ simplicitatis nescii ideoque a sapientia Spiritus commode aversi, de quibus supra dictum est, quia Christum non intelligentes alii Joannem Baptistam, alii autem Eliam, alii vero Jeremiam, aut unum ex prophetis esse dicerent, de quibus dicit Apostolus : *Carnalis autem homo non percipit ea quæ sunt Spiritus sancti* (I Cor. II).

Et ego dico tibi : Quia tu es Petrus, et super hanc petram ædificabo Ecclesiam meam. (Hieron.) Ac si diceret : Quia tu mihi dixisti : Tu es Christus Filius Dei vivi, et ego dico tibi non sermone casso et nullum habente opus, sed dico tibi, quia meum dixisse fecisse est : *Quia tu es Petrus, et super hanc petram ædificabo Ecclesiam meam.* Sicut ipse lumen apostolis donavit, ut lumen mundi appellentur, cæteraque ex Domino sortiti vocabula sunt, ita et Simoni, qui credebat in petram Christum, Petri largitus est nomen. (Beda.) Ac secundum metaphoram petræ recte dicitur ei : *Ædificabo Ecclesiam meam* super *te*, quia illi videlicet firma hac tenaci mente adhæsit, de quo scriptum est : *Petra autem erat Christus* (I Cor. x). *Et super hanc petram*, id est, super Dominum Salvatorem, qui fideli suo cognitori, amatori, confessori participium sui nominis donavit, ut scilicet a petra Petrus vocaretur, ædificatur Ecclesia, quia non nisi per fidem et dilectionem Christi, per susceptionem sacramentorum Christi, per observantiam mandatorum Christi, ad sortem electorum et æternam pertingitur vitam, Apostolo attestante, qui ait : *Fundamentum enim nemo aliud potest ponere præter id quod positum est, qui est Jesus Christus* (I Cor. III).

Et portæ inferni non prævalebunt adversus eam. Ego portas inferni vitia reor atque peccata, vel certe hæreticorum doctrinas, per quas illecti homines ducuntur ad tartarum. Nemo itaque putet de morte dici, quod apostoli conditioni mortis subjecti non fuerint. Portæ quoque inferi, et tormenta, et blandimenta sunt persecutorum, quæ infirmos quosque deterrendo et emolliendo a stabilitate fidei introitum eis æternæ mortis aperiunt. Sed et prava infidelium opera ineptaque colloquia portæ utique sunt inferi in quantum suis vel auctoribus, vel sequacibus, iter perditionis ostendunt. Nam et *fides sine operibus mortua est* in semetipsa, et *corrumpunt mores bonos colloquia prava.* Multæ itaque sunt portæ inferi, sed harum nulla Ecclesiæ, quæ super petram fundata est, prævalet; quia qui fidem Christi intimo cordis amore perceperit, omne quidquid exterius periculi tentantis ingruerit, facillime contemnit. At quicunque credentium fidem vel opere vel negatione depravatus prodidit, non hic super petram, Domino cooperante, domum suæ professionis ædificasse, sed juxta alterius loci parabolam, super arenam sine fundamento posuisse credendus est (*Matth.* VII) : hoc est, non simplici ac vera intentione Christum sequi, sed ter-

renam quamlibet fragilemque ob causam habitum prætendisse Christiani. Sequitur :

Et dabo tibi claves regni cœlorum. Qui regem cœlorum majori præ cæteris devotione confessus est, merito præ cæteris ipse collatis clavibus regni cœlestis donatus est, ut constaret omnibus, quia absque ea confessione, ac fide, regnum cœlorum nullus potest intrare. Claves autem regni cœlorum ipsam discernendi scientiam potentiamque nominat, qua dignos recipere in regnum, indignos secludere deberet a regno.

Et quodcunque ligaveris super terram, erit ligatum et in cœlis, et quodcunque solveris super terram, erit solutum et in cœlis. Quæ solvendi ac ligandi potestas, quamvis soli Petro data videatur a Domino, absque ulla tamen dubietate noscendum est quod et cæteris apostolis datur, ipso teste, qui post passionis, resurrectionisque suæ triumphum apparens, eis insufflavit et dixit omnibus : *Accipite Spiritum sanctum; quorum remiseritis peccata, remittentur eis, et quorum retinueritis, retenta sunt* (Joan. xx). Nec non etiam nunc in episcopis ac presbyteris omnibus Ecclesiæ officium idem committitur, ut videlicet agnitis peccantium causis, quoscunque humiles ac vere pœnitentes aspexerit, hos jam a timore perpetuæ mortis miseranus absolvat; quos vero in peccatis quæ egerint persistere cognoverit, illos perennibus suppliciis obligandos insinuet. Omni igitur electorum Ecclesiæ, ut diximus, juxta modum culparum vel pœnitentiæ, ligandi ac solvendi datur auctoritas. Sed ideo beatus Petrus, qui Christum bona fide confessus, vero est amore secutus, specialiter claves regni cœlorum et principatum judiciariæ potestatis accepit, ut omnes per orbem credentes intelligant, quod quicunque ab unitate fidei vel societatis illius quolibet modo semetipsos segregant, tales nec vinculis peccatorum absolvi, nec januam possint regni cœlestis ingredi. (Hieron.) Istum tamen locum quidam episcoporum et presbyterorum non intelligentes, aliquid sibi de Pharisæorum assumunt supercilio, ut vel damnent innocentes, vel solvere noxios arbitrentur, cum apud Deum non sententia sacerdotum, sed reorum vita quæratur. Legimus in Levitico de leprosis, ubi jubentur ut se ostendant sacerdotibus ut si lepram habuerint, tunc a sacerdote immundi fiant, non quo sacerdotes leprosos faciant et immundos, sed quo habeant notitiam leprosi et non leprosi, et possint discernere qui mundus et qui immundus sit. Quomodo ergo ibi leprosum sacerdos immundum facit, sic et hic alligat vel solvit episcopus et presbyter, non eos qui insontes sunt vel innoxii, sed pro officio suo cum peccatorum audierit varietates, scit qui ligandus sit, qui solvendus.

Tunc præcepit discipulis suis, ut nemini dicerent, quia ipse esset Jesus Christus. (Maur.) Supra mittens discipulos suos ad prædicandum jusserat eis, ut annuntiarent adventum suum, hic præcepit ne dicant esse Jesum. Mihi videtur aliud esse Christum prædicare, aliud Jesum Christum. Christus commune dignitatis est nomen, Jesus proprium vocabulum Salvatoris. Potest autem fieri, ut idcirco ante passionem suam et resurrectionem se noluerit prædicari, ut completo postea sanguinis sacramento opportunius apostolis diceret : *Euntes docete omnes gentes*, et reliqua. Quod ne quis putet nostræ esse tantum intelligentiæ, et non sensus Evangelici, quæ sequuntur, causas prohibitæ tum prædicationis exponunt.

[III.] *Exinde cœpit Jesus ostendere discipulis suis, quia oportet eum ire Hierosolymam, et multa pati a senioribus, principibus sacerdotum, et scribis, et occidi, et tertia die resurgere.* Est autem sensus : Tunc me prædicate, cum ista passus fuero, quia non prodest Christum publice prædicare, et ejus vulgare in populis majestatem, quem post paululum flagellatum visuri sint et crucifixum. *Multa pati a senioribus, et scribis, et principibus sacerdotum.* Et nunc Jesus multa patitur ab his qui rursum sibi crucifigunt Filium Dei. Et cum seniores putentur in Ecclesia, et principes sacerdotum, simplicem sequentes litteram, occidunt Filium Dei, quia totum sentitur in Spiritu.

Et assumens eum Petrus cœpit increpare illum, dicens : Absit a te, Domine, non erit tibi hoc. Qui conversus dixit Petro : *Vade post me, Satana; scandalum es mihi, quia non sapis ea quæ Dei sunt, sed ea quæ hominum.* Sæpe diximus nimii ardoris amorisque quam maximi fuisse Petrum in Dominum Salvatorem. Quia ergo post confessionem suam, qua dixerat : *Tu es Christus Filius Dei vivi*; et præmium Salvatoris quod audierat : *Beatus es, Simon Barjona, quia caro et sanguis non revelavit tibi, sed Pater meus qui in cœlis est*, repente audit a Domino oportere ire Hierosolymam, ibique multa pati a senioribus, et scribis, et principibus sacerdotum, et occidi, et tertio die resurgere. Non vult destrui confessionem suam, nec putat fieri posse, ut Dei Filius occidatur. Assumit itaque eum in affectum suum, vel separatim ducit, ne præsentibus cæteris condiscipulis magistrum videatur arguere, et cœpit increpare illum amantis affectu, et optantis dicere : *Absit a te, Domine;* vel ut melius habetur in Græco : *Propitius esto tibi, Domine, non erit istud*, id est, non potest, nec recipiunt aures meæ, ut Dei Filius occidendus sit. Ad quem Dominus conversus ait : *Vade retro post me, Satana, scandalum mihi es.* Satanas interpretatur adversarius, sive contrarius, quia contraria, inquit, loqueris voluntati meæ, debes adversarius appellari. Multi putant quod non Petrus correptus sit, sed adversarius spiritus, qui hæc dicere apostolo suggerebat. Sed mihi error apostolicus ex pietatis affectu veniens, nunquam incentivum videbitur diaboli. Vade retro, Satana; diabolo dicitur : *Vade retro.* Petrus audit : *Vade retro me*, id est, sequere sententiam meam, *quia non sapis ea quæ Dei sunt, sed quæ hominum.* Meæ voluntatis est et Patris, cujus veni facere voluntatem, ut pro hominum salute moriar. Tu tuam tantum desiderans voluntatem non vis granum tritici in terram cadere, ut multos fructus affe-

rat. Prudens lector inquirat, quomodo post tantam beatitudinem : *Beatus es, Simon Barjona;* et *Tu es Petrus, et super hanc petram ædificabo Ecclesiam meam, et portæ inferni non prævalebunt adversus eam;* et, *Tibi dabo claves regni cœlorum, et quod ligaveris super terram, et solveris, erit ligatum et solutum in cœlo :* Nunc autem *Vade retro me, Satana, scandalum mihi es;* aut quæ sit tam repentina conversio, ut post tanta præmia Satanas retro dicatur. Sed consideret qui hoc quærit, illam benedictionem ac beatitudinem, ac potestatem, et ædificationem super eum Ecclesiæ in futuro promissam, non in præsenti datam; *Ædificabo*, inquit, *super te Ecclesiam, et portæ inferni non prævalebunt adversus eam, et tibi dabo claves regni cœlorum.* Omnia de futuro : quæ si statim dedisset ei, nunquam in eo pravæ confessionis error inveniret locum.

Tunc Jesus dixit discipulis suis : Si quis vult post me venire, abneget semetipsum. (RAB.) Postquam discipulis mysterium suæ passionis et resurrectionis ostendit, hortatur eos ad sequendum suæ passionis exemplum. Et omnibus quidem propter se tribulationem perpessis salutem in futuro promittit animarum; non tamen omnibus, verum perfectioribus, quanta ipse passurus et quod a mortuis esset resurrecturus aperuit. *Si quis vult*, inquit, *post me sequi, deneget seipsum.* (Greg.) Tunc autem nos ipsos abnegamus, cum vitamus quod per vetustatem fuimus, et ad hoc nitimur quo per novitatem vocamur. Pensemus quomodo se Paulus abnegaverat, qui dicebat : *Vivo autem jam non ego (Gal.* II) : exstinctus quippe fuerat sævus ille persecutor, et vivere cœpit prædicator pius. Si enim ipse esset, pius profecto non esset; sed qui se vivere denegat, dicat unde est quod sancta verba per doctrinam veritatis clamat. Protinus subdit : *Vivit vero in me Christus;* ac si aperte dicat : Ego quidem a memetipso exstinctus sum, quia carnaliter non vivo, sed tamen essentialiter mortuus non sum, quia in Christo spiritaliter vivo. Dicat ergo Veritas, dicat : *Si quis vult post me sequi, deneget seipsum;* quia nisi quis a semetipso deficiat, ad eum qui super ipsum est non appropinquat; nec valet apprehendere quod ultra ipsum est, si nescierit mactare quod est. Sed jam qui se a vitiis abnegat, exquirendæ ejus virtutes sunt in quibus crescat. Nam cum dictum est : *Si quis vult post me sequi, abneget seipsum,* protinus adjungitur :

Et tollat crucem suam, et sequatur me. Duobus etenim modis crux tollitur, cum aut per abstinentiam afficitur corpus, aut per compassionem proximi affligitur animus. Pensemus qualiter utroque modo Paulus crucem suam tulerat, qui dicebat : *Castigo corpus meum, et in servitutem redigo, ne forte aliis prædicans ipse reprobus efficiar (I Cor. IX).* Ecce in afflictione corporis audivimus crucem carnis, nunc in compassione proximi audiamus crucem mentis. Ait autem : *Quis infirmatur, et ego non infirmor? Quis scandalizatur, et ego non uror? (II Cor. XI.)* Perfectus quippe prædicator, ut exemplum daret abstinentiæ, crucem portabat in corpore; et quia in se trahebat damna infirmitatis alienæ, crucem portabat in corde.

Qui enim voluerit animam suam salvam facere, perdet eam; qui autem perdiderit animam suam propter me, inveniet eam. (*Hilar.*) Magna et mira sententia, quemadmodum sunt hominis in animam suam amor ut pereat, odium ne pereat, si male amaveris, tunc odisti, si bene oderis, tunc amasti. (*Greg.*) Felices qui oderunt custodiendo, ne pereant amando. Sic dicitur fideli : *Qui voluerit animam suam salvam facere, perdet eam; qui autem perdiderit animam suam propter me, salvam eam faciet.* Ac si agricolæ dicatur : Frumentum si servas, perdis; si seminas, renovas. Quis enim nesciat quod frumentum, cum in semine mittitur, perit ob oculis, in terra deficit; sed unde putrescit in pulvere, viridescit in renovatione. Quia vero sancta Ecclesia aliud tempus habet persecutionis atque aliud pacis, Redemptor noster ipsa ejus tempora designavit in præceptis. Nam persecutionis tempore ponenda est anima, pacis autem tempore ea quæ amplius dominari possunt frangenda sunt desideria terrena. Unde et nunc dicitur :

Quid enim prodest homini, si universum mundum lucretur, animæ vero suæ detrimentum patiatur? Cum persecutio ab adversariis deest, valde vigilantius cor custodiendum est. Nam pacis tempore, quia licet vivere, libet etiam ambire. Plerumque autem et avaritiam vincimus, sed adhuc obstat quod vias rectitudinis minori tenemus custodia perfectionis. Nam sæpe labentia cuncta despicimus, sed tamen adhuc humanæ verecundiæ usu præpedimur, ut rectitudinem, quam servamus in mente, nondum exprimere valeamus in voce. Et tanto Dei faciem ad justitiæ defensionem negligamus, quanto humanas facies contra justitiam veremur. Sed valde cavendum est, ne per avaritiam pecuniariam, sive per timorem mortis, atque amorem corporalis vitæ, salutem animarum quærere negligamus; quia nihil proderit temporalia lucrifacere, si perdantur æterna. Unde et subditur :

Aut quam dabit homo commutationem pro anima sua? (*Hieron.*) Pro Israel datur commutatio Ægyptus , Æthiopia, et pro anima humana illa sola retributio quam Psalmista canit : *Quid retribuam Domino pro omnibus quæ retribuit mihi? Calicem salutaris accipiam, et nomen Domini invocabo* (*Psal.* cxv).

Filius enim hominis venturus est in gloria Patris sui cum angelis suis. Quia qui in hominis natura minor est Patre, ipse unitate unius ejusdemque est gloriæ cum Patre.

Et tunc reddet unicuique secundum opera ejus. Petrus prædicatione mortis Dominicæ scandalizatus sententia Domini fuerat increpatus, provocatis discipulis suis ut abnegent se, et tollant crucem suam, et morientium animo magistrum sequerentur. Grandis terror audientium, et qui possit principi apostolorum, etiam aliis apostolis metum injicere.

Idcirco tristibus læta succedunt, et dicit : *Filius hominis venturus est in gloria Patris sui cum angelis suis.* Times mortem ? Audi gloriam triumphantis. Vereris crucem? Ausculta angelorum ministeria. *Et tunc, inquit, reddet unicuique secundum opera ejus.* Non est distinctio Judæi et ethnici ; viri et mulieris; pauperum et divitum , ubi non personæ, sed opera considerantur.

Amen dico vobis, sunt quidam de hic stantibus qui non gustabunt mortem, donec videant Filium hominis venientem in regno suo. (Rab.) Regnum Dei in quo Filius Dei idem qui et Filius hominis regnat hoc loco præsens Ecclesia vocatur. Et quia nonnulli ex discipulis usque adeo victuri in corpore erant, ut Ecclesiam Dei constructam conspicerent et contra mundi hujus gloriam per auctoris sui potentiam erectam, consolatoria promissione nunc dicitur : *Sunt quidam de hic stantibus, qui non gustabunt mortem, donec videant Filium hominis venientem in regno suo,* id est, ostendentem potentiam suam. Sed cum tanta Dominus subeundæ mortis præcepta ederet , quid necessarium fuit, ut ad hanc subito promissionem veniret? Quod si subtiliter attendamus, quanta dispensatione pietatis agatur agnoscimus. Discipulis enim rudibus etiam de præsenti vita aliquid promittendum fuit, ut possent robustius in futura solidari. Sic Israelitico populo ex Ægypti terra liberando repromissionis terra promittitur, et dum vocandus esset ad dona cœlestia, terrenis promissionibus suadetur. Unde recte quoque per Psalmistam dicitur : *Dedit eis regiones gentium , et labores populorum possederunt, ut custodiant justificationes ejus, et legem ejus exquirant* (*Psal.* civ). Sic ergo hoc loco rudibus discipulis Veritas loquens, videndum regnum Dei promittit in terra, ut hoc ab eis fidelibus in cœlo præsumatur. Quod si regnum Dei in hac sententia futurum in cœlis beatitudinem velimus accipere, et hoc quidem de astantibus non post multos dies in monte viderunt. Quod pia utique provisione factum est, ut contemplatione semper manentis gaudii, tametsi raptim atque ad breve momentum delibata , fortius instantia sæculi transeuntis adversa tolerarent. Decentissimo sane verbo sanctos mortem gustare testatur ; a quibus nimirum mors corporis quasi libando gustatur, vita vero animæ veraciter possidendo tenetur.

CAPUT XVII.

In monte transfiguratur Dominus coram discipulis, et Elia et Moyse. Lunaticum curat. Petro jubet pro se et illo dare censum.

[I.] *Et post dies sex assumpsit Jesus Petrum , et Joannem , et Jacobum , fratrem ejus, et ducit illos in montem excelsum seorsum.* In Evangelio Lucæ ita scriptum est : *Factum est post hæc verba fere dies octo, et assumpsit Petrum , et Jacobum , et Joannem , et ascendit in montem ut oraret,* etc. (*Luc.* IX). Hinc quæritur, quomodo post dies sex assumpserit eos, et duxerit in montem excelsum seorsum , quod Matthæus Marcusque testantur, cum Lucas evangelista ponat octonarium numerum. Sed facilis responsio est : quia hic medii ponuntur dies, ibi primus quo Dominus hæc promisit, et extremus, quo sua promissa complevit, additur. Ideoque Lucas non post dies octo, sed temperatius, fere dies octo ponit. Et in ratione mystica illic post sex mundi ætates sanctis ab omni labore quiescendum : hic vero tempore octavo designat esse resurgendum. Unde pulchre et sextus psalmus *pro octavo* scribitur, cujus initium est : *Domine, ne in ira tua arguas me.* Quia nimirum per sex ætates, quibus operari licet, precibus est insistendum, ne in octavo retributionis tempore a judice corripiamur irato : quod et ipse Dominus hoc loco voluit nos ostenso suæ orationis exemplo docere. De quo secundum Lucam dicitur : *Quia ascendit in montem ut oraret.* In montem namque oraturus, et sic transfiguraturus ascendit, ut ostendat eos qui fructum resurrectionis exspectant, qui regem in decore suo videre desiderant, mente in excelsis habitare, et continuis precibus incumbere debere. Tres solummodo secum discipulos ducit, vel quia *multi sunt vocati, pauci vero electi,* vel quia hi, qui nunc fidem qua imbuti sunt sanctæ Trinitatis incorrupta mente servaverunt, tunc æterna ejus merentur visione lætari. Et bene cum diceret : *Quia ducit eos in montem excelsum,* addidit *seorsum :* quia justi, et nunc cum pravorum vitiis premuntur, animo tamen sunt toto atque intentione fidei separati ab illis, et in futuro funditus seorsum abducuntur ab eis. Cum abscondit eos in abdito vultus sui, a conturbatione hominum.

Et transfiguratus est ante eos. (Hieron.) Quod autem dicit : *Et transfiguratus est ante eos,* nemo putet pristinam eum formam et faciem perdidisse, et amisisse corporis veritatem, et assumpsisse corpus vel spiritale, vel aereum. Transfiguratus Salvator non substantiam veræ carnis amisit, sed gloriam futuræ vel suæ, vel nostræ resurrectionis ostendit ; qui qualis tunc apostolis apparuit, talis post judicium cunctis apparebit electis. Nam in ipso tempore judicandi, et bonis simul et malis in forma servi videbitur, ut videlicet impii quem sprevere, Judæi quem negavere, milites quem crucifixere, Pilatus Herodesque quem judicavere, queant agnoscere judicem.

Et resplenduit facies ejus sicut sol, vestimenta autem ejus facta sunt alba sicut nix. (Rab.) Et hic in exemplum futuræ clarificationis ipsius *resplenduit facies ejus sicut sol ;* non quia Domini et sanctorum ejus æqualis possit esse claritas et gloria, cum et de eisdem sanctis dicat Apostolus : *Stella autem a stella differt in claritate* (I Cor. xv), sic et resurrectio mortuorum ; sed quia nihil sole clarius videre novimus, non solum Domini, sed et sanctorum in resurrectione gloria solis aspectui comparatur, quia clarius sole aliquid, unde exemplum daret hominibus, minime potuit inveniri. Vestimenta autem Domini, recte sancti ejus accipiuntur, teste Apostolo qui ait : *Quicunque ergo in Christo baptizati estis, Christum induistis* (Gal. iii). Quæ videlicet vestimenta Domino in terris consistente despecta aliorumque similia videbantur, sed ipso montem petente novo candore refulgent : quia *nunc quidem filii Dei sumus, sed nondum apparuit quid erimus ; scimus, quia cum apparuerit, similes ei erimus : videbimus enim eum sicuti est* (I Joan. iii). Unde bene de eisdem vestimentis per Marcum dicitur : *Quia facta sunt splendentia, candida nimis velut nix, qualia fullo super terram non potest candida facere* (Marc. viii). Nam quia ille hoc loco intelligendus est fullo, quem pœnitens Psalmista ita precatur : *Amplius lava me ab injustitia mea, et a delicto meo munda me* (Psal. L), non potest fidelibus suis in terra dare claritatem, quæ eos conservata manet in cœlis. Sive aliter : Nemo est qui sine attactu alicujus peccati vivere possit super terram. Sed quod fullo, id est, doctor animarum, seu mundator aliquis sui corporis eximius super terram non potest, Dominus faciet in cœlo, emundans Ecclesiam, vestem videlicet suam ab omni inquinamento carnis, et spiritus, insuper æterna carnis ac spiritus beatitudine ac luce reficiens. Sequitur :

Et ecce apparuit illis Moyses et Elias cum illis loquentes. Quales apparuerint, et quid locuti sint cum eo, Lucas manifestius scribit, dicens : *Erant autem Moyses et Elias visi in majestate, et dicebant excessum ejus, quem completurus erat in Hierusalem* (Luc. ix). Moyses ergo et Elias, qui locuti sunt cum Domino in monte, et passionem ejus, ac resurrectionem dicebant, oracula legis et prophetiæ designant, quæ in Domino completa, et nunc doctis quibusque patet, et electis omnibus in futuro manifestius patebit. Qui bene visi in majestate dicuntur, quia tunc apertius videbitur, quanta veritatis dignitate omnis divinorum eloquiorum non solum sensus, sed et sermo fuerit prolatus, quamvis in Moyse et Elia, omnes qui cum Domino regnaturi sunt, recte possint intelligi. In Moyse quidem, qui mortuus et sepultus est, hi qui in judicio resuscitandi a morte ; in Elia vero, qui necdum mortis debitum solvit, hi qui in adventu judicis vivi inveniendi sunt in carne, qui utrique pariter in uno eodemque momento rapti in nubibus, obviam Domino in aera, mox peracto judicio, ad vitam perducuntur æternam. Quibus apte convenit, quod Moyses et Elias in majestate fuisse visi perhibentur. Per excellentiam namque majestatis insigne muneris, quo sunt coronandi, monstratur. Convenit et hoc, quod excessum ejus quem completurus erat in Hierusalem, dixisse memorantur ; quia nimirum unica laudis materia fidelibus sui fit passio Redemptoris ; quia quanto magis ea meminerint, ipsius gratiæ memoriam devoto semper in pectore versant, devota confessione testantur. Verum quia quo amplius quisque vitæ cœlestis dulcedinem degustat, eo amplius fastidit omnia quæ placebant in infimis, merito Petrus, visa Domini et sanctorum ejus majestate, repente cuncta quæ noverat terrena obliviscitur, solis his quæ videt perpetuo delectatur adhærere, dicens :

Domine, bonum est nos hic esse ; si vis, faciamus hic

tria tabernacula, tibi unum, et Moysi unum, et Eliæ unum. Et quidem beatus *Petrus,* sicut alius evangelista testatur, *nesciebat quid diceret,* in eo quod cœlesti conversationi tabernacula facienda putavit. In illa namque cœlestis vitæ gloria domus necessaria non erit, ubi divinæ contemplationis luce omnia pacificante, aura adversitatis alicujus timenda nulla remanebit, teste apostolo Joanne qui ejusdem supernæ civitatis claritatem describens, dicit inter alia : *Et templum non vidi in ea, Dominus enim omnipotens templum illius est, et agnus (Apoc.* xxi). Sed bene noverat quid diceret, cum ait : *Domine, bonum est hic esse;* quia revera solum hominis bonum est intrare in gaudium Domini sui, et huic contemplando in æternum assistere; unde merito nihil unquam boni veri habuisse putandus est, cui reatu suo exigente contigit nunquam sui faciem videre creatoris. Quod si beatus Petrus glorificatam Christi humanitatem contemplatus, tanto afficitur gaudio, ut nullatenus ab ejus intuitu velit secerni, quid putandum est illis inesse gaudii beatitudinis, qui divinitatis ejus altitudinem videre meruerint? Et si cum duobus tantum sanctis, Moyse videlicet et Elia, transfiguratam in monte hominis Christi speciem videre bonum maximum duxit, quis sermo explicare, quis sensus valet comprehendere, quanta sint gaudia justorum, cum accesserint ad Sion montem, et civitatem Dei viventis Hierusalem (*Hebr.* xii), et multorum millium angelorum frequentiam, ipsumque civitatis ejusdem artificem, et conditorem Deum non per speculum, et in ænigmate sicut nunc, sed facie ad faciem conspexerint? (*I Cor.* xiii.) De qua visione dicit ipse Petrus, loquens de Domino fidelibus : *In quem nunc quoque non videntes creditis, quem cum videritis, exsultabis lætitia inenarrabili et glorificata (I Petr.* 1).

Adhuc eo loquente, ecce nubes lucida obumbravit eos. Qui materiale tabernaculum quæsivit, nubis accipit umbraculum, ut discat in resurrectione non tegmine domorum, sed Spiritus sancti gloria sanctos esse protegendos, de qua Psalmista ait : *Filii autem hominum in protectione alarum tuarum sperabunt (Psal.* xxxv). Et in Apocalypsi sua Joannes : *Et templum,* inquit, *non vidi in ea. Dominus omnipotens templum illius est et agnus (Apoc.* xxi).

Et ecce vox de nube dicens : Hic est Filius meus dilectus, in quo mihi bene complacui; ipsum audite. (*Hieron.*) Quia imprudenter interrogaverunt, propterea responsionem Domini non merentur, sed Pater respondet pro Filio, ut verbum Domini compleretur : *Ego testimonium non dico pro me, sed Pater qui misit me, ipse pro me dicit testimonium (Joan.* v). Vox quoque de cœlo Patris loquentis auditur, quæ testimonium perhibeat pro Filio, et Petrum errore sublato doceat veritatem, imo in Petro cæteros apostolos : *Hic est,* ait, *Filius meus charissimus.* Huic figendum est tabernaculum, huic obtemperandum. Hic est filius, illi servi sunt Moyses et Elias; debent et ipsi vobiscum in penetralibus cordis sui Domino tabernaculum præparare. (Rab.) Concordat sane hic Evangelii locus cum verbis ipsius Moysi, quibus incarnationi Dominicæ testimonium ferens, aiebat : *Prophetam vobis suscitabit Dominus Deus vester, tanquam meipsum audietis, juxta omnia quæ locutus fuerit vobis. Erit autem omnis anima, quæcunque non audierit prophetam illum, exterminabitur de plebe (Deut.* xviii). Quem ergo Moyses, cum venerit in carne audiendum ab omni anima quæ salvari vellet, prædixit, hunc jam venientem in carne Deus Pater audiendum discipulis ostendit, et suum esse filium cœlesti voce signavit; et quasi manifestius fidem adventus ejus illis insinuans : Hic vir, inquit, hic est ille, quem Moyses iste vobis sæpius in mundo nasciturum promisit. Hujus verbis juxta præceptum ipsius Moysis, et vos auscultate, et omnes veri amatores auscultare jubete. Et notandum, sicut Domino in Jordane baptizato, sic et in monte clarificato totius sanctæ Trinitatis mysterium declaratur; quia nimirum gloriam ejus, quam in baptismo credentes confitemur, in resurrectione videntes collaudabimus. Nec frustra Spiritus sanctus hic in lucida nube, illic apparebat in columba, quia qui nunc simplici corde fidem quam percipit servat, tunc luce apertæ visionis quod crediderat contemplabitur, ipsaque qua illustrabitur in perpetuum gratia protegetur.

Et audientes discipuli ceciderunt in faciem suam. (*Hieron.*) Triplicem ob causam pavore terrentur · vel quia se errasse cognoverant, vel quia nubes lucida operuerat eos, aut quia Dei Patris vocem loquentis audierant. Humana fragilitas conspectum majoris gloriæ ferre non sustinet, ac toto animo et corpore contremiscens in terram cadit; quia quanto quis ampliora quæsierit, tanto magis ad inferiora collabitur, si ignoraverit mensuram suam.

Et accessit Jesus, et tetigit eos. (Maurus.) Quia illi jacebant, et surgere non poterant, ipse clementer accedit, et tangit eos, ut tactu timorem fuget, et debilitata membra solidentur.

Dixitque eis : Surgite et nolite timere. Quos manu Jesus sanaverat, sanat et imperio. Primum timor expellitur, ut postea doctrina tribuatur : quia mens pavescens et varia cogitans intenta non erit auditui. Libentius enim metu sublato dicendis auditum admittit.

Levantes autem oculos suos neminem viderunt, nisi solum Jesum. (*Hieron.*) Si Moyses et Elias perseverassent cum Domino, Patris vox videretur incerta, cui potissimum daret testimonium. Vident ergo Jesum stantem, ablata nube, et Moysen et Eliam evanuisse. Quia postquam legis et prophetarum umbra discesserat quæ velamento suo apostolos texerat, utrumque in Evangelio reperitur.

[II.] *Et descendentibus illis de monte præcepit Jesus dicens : Nemini dixeritis visionem, donec Filius hominis a mortuis resurgat.* Futuri regni præmeditatio, et gloria triumphantis demonstrata fuerat in monte. Non vult ergo hoc in populos prædicari, ne et incredibile esset præ rei magnitudine, et post tantam gloriam apud rudes animos sequens crux scandalum faceret.

Et interrogaverunt eum discipuli dicentes : Quid ergo scribœ dicunt, quod Eliam oportet primum venire. Nisi causas noverimus quare interrogaverint discipuli super Eliæ nomine, stulta videtur et extraordinaria eorum interrogatio. Quid enim pertinet ad ea quæ supra dicta sunt, de Elia et adventu ejus quærere? Traditio Pharisæorum est juxta Malachiam prophetam, qui est novissimus in duodecim, quod Elias veniat ante adventum Salvatoris, et reducat corda patrum ad filios, et filiorum ad patres, et restituat omnia in antiquum statum (*Malach.* IV). Æstimant ergo discipuli transformationem gloriæ hanc esse quam in monte viderant, et dicunt : Si jam venisti in gloria, quomodo præcursor tuus non apparet? Maxime quia Eliam viderant recessisse. Quando autem adjiciunt : *Scribœ dicunt quod Eliam oporteat primum venire,* primum dicendo, ostendunt quod nisi Elias venerit, non sit secundum Scripturas Salvatoris adventus.

At ille respondens, ait eis : Elias quidem venturus est, et restituet omnia. (RAB.) Omnia restituet utique illa quæ propheta præfatus ostendit dicens : Ecce ego mittam vobis Eliam prophetam, antequam veniat dies Domini magnus et horribilis, et convertet cor patrum ad filios, et cor filiorum ad patres eorum (*Mich.* IV). Restituet et hoc quod morti debet ac diu vivendo distulit. Quod etiam Marco attestante Dominus consequenter intimavit, cum protinus adjunxit dicens : *Et quomodo scriptum est in filium hominis ut multa patiatur, et condemnetur;* id est, quomodo de Christi passione multifaria prophetæ multa scripserunt, sic et Elias cum venerit, multa passurus est, et contemnendus ab impiis. Restituet ergo omnia, primo videlicet corda hominum illius ævi instituendo ad credendum Christo, ac resistendum perfidiæ Antichristi; deinde ipse suam animam propter martyrium fidei Christi ponendo. De quo in Apocalypsi plenius mystico sermone narratur.

Dico autem vobis quia Elias jam venit, et non cognoverunt eum, sed fecerunt in eo quœcunque voluerunt. (Hieron.) Ipse scilicet qui venturus est in secundo Salvatoris adventu, juxta corporis fidem nunc per Joannem venit in virtute et spiritu, *feceruntque ei quœcunque voluerunt,* id est, spreverunt et decollaverunt eum.

Sic et filius hominis passurus est ab eis. Quæritur autem cum Herodes et Herodias Joannem interfecerint, quomodo ipsi quoque Jesum crucifixisse dicantur, cum legimus eum a scribis et Pharisæis interfectum. In quo breviter respondendum quod et in Joannis nece et Pharisæorum factio consenserat, et in occisione Domini Herodes junxerit voluntatem suam, qui illusum atque despectum remiserit ad Pilatum, ut crucifigerent eum.

Tunc intellexerunt discipuli quia de Joanne Baptista dixisset eis. (MAURUS.) Ex indicio enim passionis, et suæ quam ipse Dominus sæpius eis prædixit, et præcursoris sui quam jam completam cernebant, discipuli cognoscebant Joannem sibi in Eliæ vocabulo demonstratum esse : et merito, quia sicut ille novissimi, ita iste primi præcursor est Domini adventus. Et quem iste prædicavit advenisse Redemptorem, ille testabitur affore judicem.

[III.] *Et cum venisset ad turbas, accessit ad eum homo genibus provolutus, dicens : Domine, miserere filio meo, quia lunaticus est, et male patitur.* (Hieron.) Notandum autem quod semper loca rebus congruunt: in monte Dominus orat, transformatur, discipulis arcana suæ majestatis aperit; in inferiora descendens turbæ occursu excipitur, miserorum fletu pulsatur; sursum discipulis mysterium regni reserat, deorsum turbis peccata infidelitatis exprobrat; sursum Patris vocem his qui sequi se poterant pandit, deorsum spiritus malos ab his qui vexabantur expellit. Qui etiam nunc pro qualitate meritorum aliis ascendere, aliis vero non desistit descendere. Nam carnales adhuc et insipientes, quasi ima petens confortat, docet et castigat : perfectos autem quorum conversatio in cœlis est, sublimius extollendo glorificat, liberius de æternis instruit, et sæpe quæ a turbis ne audiri quidem valeant, docet. Dæmoniacum autem hunc quem descendens de monte Dominus sanavit, Marcus quidem surdum mutumque (*Marc.* IX), Matthæus vero lunaticum fuisse commemorat. (MAURUS.) Non quod luna dæmonibus serviat, ideo lunaticum dicit, sed rumorem vulgi in vocabulo evangelista sequitur. Ob hanc ergo causam dæmon lunæ cursum observans corripit homines, ut per creaturam, si possit, infamet creatorem. Cæterum cuncta quæ Deus fecit non nociva, nec prava, sed etiam utilia sunt et valde bona. Sequitur homo hic deprecans, et exponit morem ægroti dicens:

Nam sœpe cadit in ignem, crebro in aquam; et obtuli eum discipulis tuis, et non potuerunt curare eum. (Hieron.) Mihi videtur juxta tropologiam lunaticus esse, qui per horarum momenta mutatur ad vitia nec persistit in cœpto, sed crescit atque decrescit. Et nunc in ignem libidinis fertur, quo adulterantium corda succensa sunt, nunc in aquas cupiditatis, quæ non valent exstinguere charitatem. Quod autem dicit, *Obtuli eum discipulis tuis, et non potuerunt curare eum,* latenter accusat apostolos, cum impossibilitas curandi interdum non ad imbecillitatem curantium, sed ad eorum qui curandi sunt fidem referatur, dicente Domino : *Fiat tibi secundum fidem tuam.*

Respondens Jesus ait : O generatio incredula et perversa, usquequo ero vobiscum, usquequo patiar vos? Non quod tædio superatus, aut mitis qui non aperuit os suum, ut agnus coram tondente se, in verba furoris eruperit, sed quo in similitudinem medici si ægrotum videat contra sua præcepta gerere, dicat : Usquequo accedam ad domum tuam? Quousque artis perdam industriam, me aliud jubente, et te aliud perpetrante. In tantum autem non est iratus homini, sed vitio, et per unum hominem Judæos arguit infidelitatis, ut statim intulerit :

Afferte eum huc ad me. Et increpavit illum Jesus, et exiit ab eo dæmonium. (MAURUS.) Hic appareret quod sæpe traduntur homines propter peccata sua, aut parentum suorum ad invadendum immundis spiritibus. Si enim nullis præcedentibus noxis dæmon invaderet hunc lunaticum, non ille qui patiebatur, sed dæmon deberet a Domino increpari. Sed increpavit puerum, et exiit ab eo dæmon : quia propter peccata sua, aut parentum suorum a dæmone fuerat oppressus. Nec silendum arbitror quod secundum Marcum iste dæmoniacus cum vidisset Dominum *statim spiritus conturbavit eum, et elisus in terram volutabatur spumans;* et post jussionem Domini ut exiret, *exclamans multum, et discerpens eum exiit ab eo* (*Marc.* IX). Allatum ergo Domino puerum spiritus conturbat et elidit, quia sæpe dum converti ad Dominum post peccata conamur, majoribus novisque antiqui hostis pulsamur insidiis : quod ob id utique callidus facit adversarius, ut vel odium virtutis incutiat, vel expulsionis suæ vindicet injuriam. Hinc est enim, ut de specie transeamus ad genus, quod Ecclesiæ sanctæ primordiis tot gravissima inferebat certamina persecutionum, quot suo regno dolebat subito animarum illata fuisse dispendia. Exiturus quippe ab homine spiritus immundus, discerpsit eum, ac furenti clamore terruit intuentes; quia plerumque diabolus, cum de corde expellitur, acriores in eo tentationes generat quam prius excitaverat, quando hoc quietus possidebat.

Et curatus est puer ex illa hora. Quem enim verus medicus curat, recte sanus deinceps fieri describitur : quia nulla ibi remanet infirmitas, ubi salutem integram omnipotens præstat potestas.

Tunc accesserunt discipuli ad Jesum secreto, et dixerunt ei : Quare nos non potuimus ejicere illum? Dicit illis : Propter incredulitatem vestram. Hoc est quod in alio loco dicitur : *Quæcunque in nomine meo petieritis credentes, accipietis* (*Matth.* II). Ergo quoties non accipimus, non præstantis est impossibilitas, sed culpa deprecantium.

Amen quippe dico vobis : Si habueritis fidem sicut granum sinapis, dicetis monti huic, Transi hinc, et transibit. Putant aliqui fidem grano sinapi comparatam parvam dici, quoniam regnum cœlorum grano sinapis comparatur, cum Apostolus dicat : *Et si tantam fidem habuero, ita ut montes transferam* (*I Cor.* XIII). Ergo magna fides grano sinapis comparatur. Montis translatio non ejus significatur quem oculis carnis aspicimus, sed illius qui a Domino translatus fuerat ex lunatico. Quid enim ait : *Dicetis monti huic, Transi hinc, et transibit.* Ex quo stultitiæ coarguendi qui contemnunt apostolos omnesque credentes ne parvam quidem habuisse fidem, quia nullus eorum montes transtulerit. Neque enim tantum prodest montis de alio in alium locum translatio, et vana signorum quærenda ostentatio, quantum ob utilitatem hominum iste mons transferendus, qui per Prophetam dicitur corrumpere omnem terram. Sed et hoc notandum quia granum sinapis ad purgationem capitis saluberrime prodest; nam si optime tritum et cribratum tepide pingui mulso admisceas et hoc jejunus contra solem calidum, et in balneo gargarizes, omnem humorem noxium, etiam si crassior fuerit, de capite purgat, et imminentium quoque imbecillitatum facit pericula vitari. Sic profecto fides teptationum pistillo probata, ab omni levium cogitationum superficie cribro discretionis castigata, et perfectæ dilectionis melle dulcorata, omnes de corde, quod est interioris hominis caput, vitiorum sentinas non solum ad præsens exhaurit, sed et in futurum ne recolligi valeant præcavet, sicque mentem nostram capacem donis cœlestibus facit, ita ut non difficulter quæque velimus, sed facillime a fideli Domino impetrare possimus. Unde et sequitur :

Et nihil impossibile erit vobis. Unde alibi dictum est : *Omnia possibilia sunt credenti* (*Marc.* IX, x). Quomodo autem protervitas diaboli superetur ostendit Dominus, in subsequentibus dicens :

Hoc autem genus non ejicitur, nisi per orationem et jejunium. Nam dum docet apostolos quomodo dæmon nequissimus debeat expelli, omnes instituit ad vitam, ut scilicet noverimus graviora quæque vel immundorum spirituum, vel hominum tentamenta, jejuniis et orationibus esse superanda. Iram quoque Domini cum in ultionem nostrorum scelerum fuerit accensa hoc remedio singulari posse placari. Jejunium autem generale est non solum ab escis, sed a cunctis illecebris abstinere carnalibus, imo ab omnibus vitiorum continere passionibus. Sic et oratio generalis non in verbis solum est, quibus divinam clementiam invocamus, verum etiam in omnibus quæ in obsequium nostri conditoris fidei devotione gerimus, teste Apostolo qui ait : *Semper gaudete, sine intermissione orate* (*I Thes.* v). Quomodo enim quis omnibus horis atque momentis sine intermissione Deum potest invocare sermonibus? Sed tunc sine intermissione oramus cum ea solum opera gerimus, quæ nos pietati nostri commendent auctoris. Quo nimirum jejunio et qua oratione juvante, Domino cunctas antiqui hostis debellabimus ac propulsabimus insidias.

[IV.] *Conversantibus autem illis in Galilæa, dixit illis Jesus : Filius hominis tradendus est in manus hominum et occident eum, et tertia die resurget. Et contristati sunt vehementer.* (Hieron.) Semper prosperis miscet tristia, ut cum repente venerint, non terreant apostolos, sed a præmeditatis ferantur animis. Si enim contristati vos quod occidendus est, debet lætificare quod die tertia resurrecturus. Porro quod contristantur vehementer, non de infidelitate venit; alioquin et Petrum sciebant esse correptum, quare non saperet ea quæ Dei sunt, sed ea quæ hominum; verum pro dilectione magistri nihil de eo sinistrum et humile patiuntur audire.

Et cum venisset Capharnaum, accesserunt qui didrachma accipiebant ad Petrum, et dixerunt : Magister vester non solvit didrachma? Ait eis : Etiam. Post Augustum Cæsarem Judæa est facta tributaria, et omnes censi capite ferebantur. Unde et Joseph cum Maria cognata sua profectus est in Bethleem. A Rursum quoniam nutritus erat in Nazareth, quod est oppidum Galilææ Capharnaum urbis, ibi a censore poscuntur tributa, et pro signorum magnitudine hi qui exigebant non audent ipsum repetere, sed discipulum conveniunt; sive malitiose interrogant, utrum reddat tributa an contradicat Cæsaris voluntati, juxta quod in alio legimus : *Licet tributa Cæsari solvere, an non?* (*Matth.* xxii.)

Et cum introisset in domum prævenit eum Jesus dicens. Qui didrachma exigebant seorsum convenerant Petrum; camque intrasset domum, antequam Petrus suggerat, Dominus interrogat, ne scandalizentur discipuli ad postulationem tributi, cum videant eum nosse quæ absente se gesta sunt.

Quid tibi videtur, Simon? Reges terræ a quibus B *accipiunt tributum, vel censum, a filiis suis, an ab alienis? Et ille dixit : Ab alienis. Dixit illi Jesus : Ergo liberi sunt filii.* Dominus noster et secundum carnem et secundum spiritum filius regis erat, vel ex David stirpe generatus, vel omnipotentis Patris Verbum. Ergo tributa quasi regum filius non debebat ; sed qui humilitatem carnis assumpserat, debuit adimplere omnem justitiam. Nosque infelices, qui Christi censemur nomine, et nihil dignum tanta facimus majestate : ille pro nobis crucem sustinuit, et tributa dedit, sed nos pro illius honore tributa non reddimus et quasi filii regis a vectigalibus immunes sumus.

Ut autem non scandalizemus eos, vade ad mare, et mitte hamum, et eum piscem qui primus ascenderit, C *tolle. Et aperto ore ejus invenies staterem : illum sumens, da eis pro me et te.* Quid primum mirer in hoc loco, nescio, utrum præscientiam an magnitudinem Salvatoris? Præscientiam, quod noverat habere piscem in ore staterem, et quod primus ipse capiendus esset; magnitudinem atque virtutes, quod ad verbum ejus statim stater in ore piscis creatus est, quod futurum erat, ipse loquendo fecerit. Videbatur autem mihi secundum mysticos intellectus iste esse piscis, qui primus captus est, qui in profundo maris erat, et in salsis amarisque gurgitibus morabatur, ut per secundum Adam liberaretur primus Adam. Et id quod in ore ejus, id est, in confessione fuerat inventum, pro Petro et pro Domino redderetur. Et pulchre idipsum quidem datur, et pretium divisum est, quia pro Petro quasi pro peccatore pretium reddebatur, Dominus autem noster *peccata non fecerat, nec dolus inventus est in ore ejus* (I *Petr.* ii). Stater dicitur qui duas habet didrachmas, ut ostenderetur similitudo carnis, dum eodem et Dominus et servus pretio liberantur. Sed et simpliciter intellectus ædificat auditorem, dum tantæ Dominus fuerat paupertatis, ut unde tributa reddiderit non habuerit. Quod si quis objicere voluerit quomodo Judas in loculis portabat pecuniam? respondebimus rem pauperum in usus suos convertere nefas putavit, nobisque idem tribuit exemplum.

CAPUT XVIII.

Docet humilitatem exemplo parvulorum, et neminem eorum scandalizandum; exemplum proponit de ove errante, et quoties fratri sit ignoscendum.

[I.] *In illa hora accesserunt discipuli ad Jesum, dicentes : Quis putas major erit in regno cœlorum?* (*Hieron.*) Quod sæpe monui etiam nunc observandum est. Causæ quærendæ sunt singulorum Domini dictorum atque factorum. Post inventum staterem, post tributa reddita, quid sibi vult repentina apostolorum interrogatio? *In illa hora accesserunt discipuli ad Jesum, dicentes : Quis putas major est in regno cœlorum?* Qui audierant pro Petro et Domino tributum idem redditum, ex æqualitate Petri arbitrati sunt omnibus apostolis Petrum esse prælatum, qui in redditione tributi Domino fuerat comparatus. Ideo interrogant : *Quis major est in regno cœlorum?* Vidensque Jesus cogitationes eorum, et causas errorum intelligens, vult desiderium gloriæ humilitatis contentione sanare.

Et advocans Jesus parvulum, statuit in medio eorum. Vel simpliciter quemlibet parvulum, ut ætatem quæreret et similitudinem innocentiæ demonstraret, vel certe parvulem statuit in medio illorum seipsum, qui non ministrari venerat, sed ministrare, ut eis humilitatis tribueret exemplum. Alii parvulum interpretantur Spiritum sanctum, quem posuerit in cordibus discipulorum, ut superbiam humilitate mutarent. (*Beda.*) Quod autem secundum Marcum complectitur Jesus puerum (*Marc.* ix), significat humiles suo dignos esse complexu ac dilectione; talesque cum impleverint quod præcepit : *Discite a me quia mitis sum et humilis corde* (*Matth.* xi), jure posse gloriari ac dicere : *Læva ejus sub capite meo, et dextera illius amplexabitur me.*

Et dixit : Amen dico vobis, nisi conversi fueritis, et efficiamini sicut parvuli, non intrabitis in regnum cœlorum. (*Hieron.*) Non præcipitur apostolis ut ætatem habeant parvulorum, sed ut innocentiam. Et quod illi per annos possident, hi possideant per industriam, ut malitia, non sapientia parvuli sint. (RAB.) Ut ad instar ætatis parvulæ simplicitatem sine arrogantia, charitatem sine invidia, devotionem sine iracundia conservent.

Quicunque ergo humiliaverit se sicut parvulus iste, D *hic est major in regno cœlorum.* (*Hieron.*) Sicut parvulus cujus vobis exempla tribuo, non perseverat in iracundia, non læsus meminit, non videns pulchram mulierem delectatur, non aliud loquitur, aliud cogitat, sic et vos, nisi talem habueritis innocentiam et animi puritatem, regnum cœlorum non potestis intrare. Sive aliter : *Quicunque humiliaverit se sicut parvulus iste, hic est major in regno cœlorum.* Qui imitatus me fuerit, et se in exemplum mei humiliaverit, ut tantum se dejiciat, quantum me dejeci, formam servi accipiens, hic intrabit in regnum cœlorum.

Et qui susceperit unum parvulum talem in nomine meo, me suscipit. Qui talis fuerit, ut Christi imitetur humilitatem et innocentiam, in eo Christus suscipitur. Et prudenter ne, cum delatum fuerit apostolis fastigium honoris, se putent honoratos, adjecit non illos sui merito sed magistri honore suscipiendos.

Qui autem scandalizaverit unum de pusillis istis qui in me credunt, expedit ei ut suspendatur mola asinaria in collo ejus et demergatur in profundum maris. Quanquam generalis possit esse sententia adversum omnes qui aliquem scandalizent, tamen juxta consequentiam sermonis etiam contra apostolos dictum intelligi potest. Qui interrogando quis major esset in regno coelorum, videbantur inter se de dignitate contendere; et si in hoc vitio permansissent, poterant eos quos ad fidem vocabant per suum scandalum perdere, dum apostolos vident inter se de honore pugnare. Quod autem dixit : *Expedit ei ut suspendatur mola asinaria in collo ejus,* secundum ritum provinciae loquitur, quod majorum criminum ista apud veteres Judaeos poena fuerit, ut in profundo ligato saxo demergerentur (Rab.). *Expedit* autem ei dicit, quia multo utilius est innoxium poena quam atrocissima, temporaria tamen, vitam finire corpoream, quam laedendo fratrem mortem animae mereri perpetuam. Recte autem qui scandalizari potest pusillus appellatur; qui enim magnus est, quaecunque viderit, quaecunque passus fuerit, non declinat a fide; qui autem pusillus est animo et parvus, occasiones quaerit quomodo scandalizetur. Propterea denique oportet nos maxime his consulere qui parvi sunt in fide, ne occasione nostri offendantur, et recedant a fide, ac decidant a salute. (*Greg.*) Item per molam asinariam saecularis vitae circuitus ac labor exprimitur, et per profundum maris extrema damnatio designatur. Qui ergo ad sanctitatis speciem deductus vel verbo caeteros destruit, vel exemplo, melius profecto erat ut hunc ad mortem sub exteriori habitu terrena acta constringerent : quia nimirum si solus caderet, utcunque hunc tolerabilior inferni poena cruciaret. (*Maximus.*) Sive aliter asinus est ad molam, caecus ad lapidem, gentilis ad saxum, qui adorat eum quem non videt, nec agnoscit. Deus enim *non in manufactis habitat* (*Act.* vii), nec in metallo, aut saxo cognoscitur. Hic ergo gentilis populus, cum persecutionem Christiano intulerit, hac poena plectitur ut cum sua sacrilega mola judicandi saeculi fluctibus admergatur. (*Greg.*) Notandum sane quia in nostro bono opere aliquando cavendum est scandalum proximi, aliquando vero pro nihilo contemnendum. In quantum enim sine peccato possumus, vitare proximorum scandalum debemus. Si autem de veritate scandalum sumitur, utilius permittitur scandalum nasci quam veritas relinquatur.

Vae mundo a scandalis. Necesse est enim ut veniant scandala; verumtamen vae homini per quem scandalum venit. (*Hieron.*) Non quo necesse sit venire scandala (alioquin absque culpa essent qui scandalum faciunt), sed cum necesse sit in isto mundo fieri scandala, unusquisque suo vitio scandalis patet; simulque per generalem sententiam percutitur Judas, qui proditioni animum praeparaverat. Dicit et Apostolus : *Oportet autem et haereses esse, ut qui probati sunt manifesti fiant in vobis.* Impossibile est ergo ut alius evangelista dicit, in hoc mundo erroribus aerumnisque plenissimo scandala saepissime non venire. Sed vae illi qui quod impossibile est non venire suo vitio facit ut per se veniat.

Si autem manus tua, vel pes tuus scandalizat te, abscinde eum, et projice abs te : bonum tibi est ad vitam ingredi debilem, quam duas manus vel duos pedes habentem mitti in ignem aeternum. (*Beda.*) Quia supra docuerat ne scandalizemus eos qui credunt in eum, nunc consequenter admonet quantum cavere debeamus eos qui scandalizare nos, id est, verbo vel exemplo suo ad ruinam peccati propellere certant. Manum quippe nostram appellat necessarium amicum, cujus opera atque auxilio quotidiano opus habemus. Sed talis si nos laedere in causa animae voluerit, excludendus est a nostra societate, ne si cum perdito in hac vita partem habere volumus, simul in futuro cum illo pereamus. In pede, sicut et in manu, charos inemendabiles docet alienandos a nobis, ne per immunditiam eorum quos castigare nequimus, et ipsi polluti pereamus. Sed manus propter opus necessarium nobis, pedes sunt dicti tales propter ministerium, discursusque in nostris usibus accommodos.

Et si oculus tuus scandalizat te, erue eum, et projice abs te : bonum tibi est habentem unum oculum in vitam intrare, quam duos oculos habentem mitti in gehennam ignis. In oculo quoque propter scandalum eruendo iidem nostri carnaliter amici, spiritaliter vero adversarii designantur. Sed cum nos eorum consilio ac provisione opus habemus, illi vero consilio nos pravo decipere, in iter erroris deflectere quaerunt, penitus nobis omittenda est eorum societas.

(*Hieron.*) Igitur Dominico praecepto omnis truncatur affectus, et universa propinquitas amputatur, ne per occasionem pietatis unusquisque credentium scandalis pateat. Si, inquit, ita est quis tibi conjunctus, ut manus, pes, oculus, et est utilis, atque sollicitus, et acutus ad perspiciendum, scandalum autem tibi facit, et propter dissonantiam morum te pertrahit in gehennam, melius est ut propinquitate et emolumentis ejus careas, quam dum vis lucrifacere cognatos et necessarios, causam habeas ruinarum. Σκάνδαλον quippe sermo Graecus est, quod nos offendiculum vel ruinam, et impactionem pedis dicere possumus. Ille ergo scandalizat fratrem qui dicto factove minus recto occasionem ruinae dederit. Itaque non frater, non uxor, non filii, non amici, non omnis affectus, qui nos excludere potest a regno coelorum, amori Domini praeponatur. Novit unusquisque credentium quid sibi noceat, vel in quo sollicitari animus, ac saepe tentetur. Melius ergo est vitam solitariam ducere, quam ob vitae praesentis necessaria vitam aeternam perdere.

Videte ne contemnatis unum ex his pusillis. Supra

diximus per manum, et pedem, et oculum, omnes propinquitates et necessitudines quæ scandalum facere poterant amputandas. Austeritatem itaque sententiæ subjecto præcepto temperat, dicens : *Videte ne contemnatis unum de pusillis istis.* Sic, inquit, præcipio severitatem commistam clementiæ ; quantum in vobis est nolite contemnere, sed per vestram salutem illorum quærite sanitatem. Et cum perseverantes in peccatis videritis et vitiis servientes, melius est solos salvos fieri quam perire cum pluribus.

Dico enim vobis, quia angeli eorum in cœlis semper vident faciem Patris mei qui in cœlis est. Ut unaquæque ab ortu nativitatis in custodiam sui legatum habeat angelum, magna dignitas est animarum. Unde legimus in Apocalypsi Joannis : Angelo Ephesi Thyatiræ, et angelo Philadelphiæ, et angelis quatuor reliquarum ecclesiarum scribe hæc (*Apoc.* I, II). Apostolus quoque præcepit velari capita in ecclesiis feminarum propter angelos. (MAURUS.) Angeli enim parvulorum, id est humilium, in cœlis semper vident faciem Patris, hoc est contemplatione Dei assidua perfruuntur. Faciem quoque more humano ponit pro visione et agnitione certissima.

Venit enim Filius hominis salvare quod perierat. Ac si diceret, venit Filius Dei restaurare quod contritum ac dejectum erat. Et ideo salvatum ab eo nolite perdere. Sine enim grandi periculo ac detrimento sui non potest quis opus Dei dissolvere, nec est dignum ut homo despiciat quod Deus elegit. Unde aliud de eadem re subjungit exemplum.

[II.] *Quid vobis videtur ? Si fuerint alicui centum oves, et erraverit una ex eis, nonne relinquit nonaginta novem in montibus, et vadit quærere eam quæ erravit ?* (Hieron.) Consequenter ad clementiam provocat qui præmiserat dicens : *Videte ne contemnatis unum ex pusillis istis.* Et subjungit parabolam nonaginta novem ovium in montibus relictarum, et unius erroneæ, quam pastor bonus quia propter nimiam infirmitatem ambulare non poterat, humeris suis ad gregem reliquum reportet. Quidam putant istum esse pastorem, *qui cum in forma Dei esset, non rapinam arbitratus est se esse æqualem Deo, sed exinanivit se, formam servi accipiens, factus obediens Patri usque ad mortem, mortem autem crucis* (*Philipp.* II) : et ob id ad terrena descenderit, ut salvam faceret unam oviculam, quæ perierat, id est, humanum genus. Nam quod hic evangelista dicit relictas oves in montibus, id est in excelsis, alius dicit in deserto. (*Greg.*) Cur autem cœlum desertum vocatur, nisi quod desertum dicitur derelictum, cœlum autem deseruit homo, cum peccavit. In deserto autem nonaginta novem oves remanserant, quando in terra Dominus unam quærebat, quia rationabilis creaturæ numerus, angelorum videlicet et hominum, quæ ad videndum Deum condita fuerat, pereunte homine erat imminutus, et ut perfecta summa ovium integraretur in cœlo, homo perditus quærebatur in terra. Nota quod unum deest ad novem ut decem sint, et ad nonaginta novem ut centum sint. Variari ergo per brevitatem et magnitudinem numeri possunt quibus unum deest, ut perficiantur : ipsum vero unum, sine varietate in se manens, cum accesserit cæteros perficit.

Et si contigerit ut inveniat eam, amen dico vobis quia gaudebit super eam magis quam super nonaginta novem quæ non erraverunt. (*Didym.*) Alii vero in nonaginta novem ovibus justorum putant numerum intelligi, et in una ovicula peccatorum, secundum quod in alio loco dixerat : *Non enim veni vocare justos, sed peccatores; non enim opus habent sani medico, sed qui male habent* (*Matth.* IX). Sed notandum quod in Luca juxta hanc parabolam scriptum est quod *ita gaudium erit in cœlo super uno peccatore pœnitentiam agente, quam super nonaginta novem justis qui non indigent pœnitentia* (*Luc.* IX). (*Greg.*) Unde considerandum est cur Dominus plus de conversis peccatoribus quam de stantibus justis in cœlo gaudium esse fateatur : nisi hoc quod ipsi per quotidianum visionis experimentum novimus, quia plerumque hi qui nullis se oppressos peccatorum molibus sciunt, stant quidem in via justitiæ, nulla illicita perpetrant, sed tamen ad cœlestem patriam anxie non anhelant, tantoque sibi in rebus licitis usum præbent, quanto se perpetrare illicita nulla meminerunt ; et plerumque pigri remanent ad exercenda bona opera præcipua, quia valde securi sunt quod nulla commiserint mala graviora. At contra nonnunquam hi qui se aliqua illicita egisse meminerunt, ex ipso suo dolore compuncti inardescunt ad amorem Dei, seseque in magnis virtutibus exercent. Majus ergo de peccatore converso quam de stante justo gaudium fit in cœlo ; quia et dux in prælio plus eum militem diligit, qui post fugam reversus hostem fortiter premit, quam illum qui nunquam terga præbuit, et nunquam aliquid fortiter fecit. Sed inter hæc sciendum est quod sunt plerique justi, in quorum vita tantum est gaudium, ut eis quælibet peccatorum pœnitentia præponi nullatenus possit. Nam multi et nullorum sibi malorum sunt conscii, et tamen in tanti ardoris afflictionem se exerunt, ac si peccatis omnibus angustentur. Cuncta etiam licita respuunt, ad despectum mundi sublimiter accinguntur, lamentis gaudent, in cunctis semetipsos humiliant, et sicut nonnulli peccata operum, sic ipsi peccata cogitationum deplorant. Hinc ergo colligendum est quantum Deo gaudium faciat quando humiliter plangit justus, si facit in cœlo gaudium, quando hoc quod male gessit per pœnitentiam damnat injustus. Sequitur Dominus et dicit :

Sic non est voluntas ante Patrem vestrum qui in cœlis est, ut pereat unus de pusillis istis. (*Hieron.*) Refert ad superius propositum, de quo dixerat, *Videte ne contemnatis unum de pusillis istis,* et docet idcirco parabolam propositam, ut pusilli non contemnantur. In eo autem quod dicit : *Non est voluntas ante Patrem vestrum, ut pereat unus de pusillis istis,* quoties aliquis perierit de pusillis, ostenditur quod non voluntate Patris perierit.

[III.] *Si autem peccaverit in te frater tuus, vade et corripe eum inter te et ipsum solum. Si te audierit, lucratus eris fratrem tuum.* Si peccaverit in nos frater noster, et qualibet causa nos læserit, dimittendi habemus potestatem, imo necessitatem, quapropter ut debitoribus nostris debita dimittamus. Si autem in Deum quis peccaverit, non est nostri arbitrii. Dicit enim Scriptura divina : *Si peccaverit homo in hominem, rogabit pro eo sacerdos. Si autem peccaverit in Deum, quis rogabit pro eo* (I Reg. II) ? Nos e contrario in Dei injuria benigni sumus, in nostris contumeliis exercemus odia. Corripiendus est autem frater seorsum, ne si semel pudorem ac verecundiam amiserit, permaneat in peccato. Et si quidem audierit, lucrificamus animam ejus, et per alterius salutem nobis quoque acquiritur salus. Quo igitur ordine scandala declinare, et væ perpetuum vitare possimus insinuat : si ad nos videlicet ipsos, ne quem lædamus attendimus, si peccantem zelo justitiæ corripimus, si ex corde pœnitenti misericordiæ pietatisque viscera pandimus.

Si autem non audierit, adhibe tecum adhuc unum vel duos, ut in ore duorum vel trium testium stet omne verbum; quod si non audierit eos, dic Ecclesiæ; si autem Ecclesiam non audierit, sit tibi sicut ethnicus et publicanus. Si autem te audire noluerit, adhibeatur frater; quod si nec illos audierit, adhibeatur tertius, vel corrigendi studio, vel conveniendi sub testibus. Porro si nec illos audire voluerit, tum multis dicendum est, ut detestationi illum habeant, et qui non potuit pudore salvari salvetur opprobriis. Quando autem dicitur, *Et sit tibi sicut ethnicus, et publicanus,* ostenditur majoris esse detestationis qui sub nomine fidelis agat opera infidelium, quam hi qui perfecte gentiles sunt : ἔθνος enim Græce gens, ἐθνικοὶ gentiles dicuntur. Publicani enim vocantur secundum tropologiam, qui sæculi sectantur lucra, et exigunt vectigalia per negotiationes, et fraudes, ac furta, scelerataque perjuria. Hic tamen caute intuendum est, quia non passim peccanti dimittere, sed audienti, id est obedienti, et pœnitentiam agenti dimittere jubemur. Et primo quidem peccantem misericorditer increpare, ut sit cui postmodum habeamus juste dimittere. Qui ergo fratrem videns peccare tacuerit, non minus Dominici præcepti transgressor est, quam is qui eidem pœnitenti veniam dare noluerit. Quia qui dixit : Si pœnituerit, dimitte, præmisit : Si peccaverit, increpa. Itaque venia fratri post increpationem largienda est, sed illi utique qui se pœnitendo ab errore convertit, ne vel difficilis venia vel remissa sit indulgentia.

Amen dico vobis, quæcunque alligaveritis super terram, erunt ligata et in cœlo; et quæcunque solveritis super terram, erunt soluta et in cœlo. Quia dixerat : *Si autem Ecclesiam non audierit, sit tibi sicut ethnicus et publicanus,* et poterat contemptoris fratris hæc occulta esse responsio vel tacita cogitatio : Si me despicis et ego te despiciam; si tu condemnas me, e contrario mea sententia condemnaberis, potestatem tribuit apostolis ut sciant qui a talibus condemnantur, humanam sententiam divina sententia corroborari, et quodcunque ligatum fuerit in terra, ligari pariter et in cœlo.

Iterum dico vobis, quia si duo ex vobis consenserint super terram, de omni re quamcunque petierint, fiet illis a Patre meo qui in cœlis est. Ubi enim duo vel tres congregati fuerint in nomine meo, ibi sum in medio eorum. Omnes supra sermone monuit ut ad concordiam provocaret. Igitur et præmium pollicetur, ut sollicitius festinemus, cum se dicat inter duos et tres medium fore. (*Hilar.*) Ipse enim pax atque charitas est, sedem atque habitationem in bonis et pacificis voluntatibus collocavit : *Ubi enim sunt duo vel tres congregati in nomine meo, ibi sum in medio eorum.* Vel ad recipiendum humilem pœnitentem, vel ad projiciendum superbum et contumacem, et quidquid illi humiliter judicando ad salutem hominum agant in terra, desuper judicio firmatur in cœlo. Possumus hoc et spiritaliter intelligere, quod ubi Spiritus et anima, corpusque consenserint, et non inter se bellum diversarum habuerint voluptatum, carne concupiscente adversus spiritum, et spiritu adversus carnem de omni re quam petierint impetrent a Patre, nullique dubium quin bonarum rerum postulatio sit, ubi corpus ea vult habere quæ spiritus.

[IV.] *Tunc accedens Petrus ad eum dixit : Domine, quoties peccabit in me frater meus, et dimittam ei usque septies? Dicit illi Jesus : Non dico tibi usque septies, sed usque septuagies septies.* (Hieron.) Hæret sibi sermo Dominicus, et in modum funiculi triplicis rumpi non potest. Supra dixerat : *Videte ne contemnatis unum ex his pusillis;* et adjecerat : *Si peccaverit in te frater tuus, vade et corripe eum inter te et ipsum;* et præmium repromiserat dicens : *Si duo ex vobis consenserint super terram, de omni re impetrabunt quam petierint, et ego ero in medio eorum.* Provocatus vero apostolus Petrus interrogat quoties fratri in se peccanti dimittere debeat, et cum interrogatione profert sententiam *usque septies?* Cui respondit Dominus : *Non usque septies, sed septuagies septies;* id est quadringentis nonaginta vicibus, ut toties peccanti fratri dimitteret in die, quoties ille peccare posset. (Rab.) Peccanti igitur in te fratri si pœnitentiam egerit, dimittendi habes potestatem, imo necessitatem, ut et tibi pœnitenti ac veniam flagitanti Pater qui est in cœlis ignoscat. At si increpatus converti et pœnitentiam agere neglexerit, quid super hoc veritatis sententia decernat intuere. Aliter sane veniam fratri petenti, aliter inimico persequenti dare præcipimur. Huic videlicet ut accepta remissione peccati quo nobis insontibus nocuit socia nobis charitate communicet; illi vero ut cum nobis malum vult, et si potest facit nos semper bonum velimus, faciamusque quod possumus. Neque enim David eumdem veniæ modum persecutoribus suis, pœnitentiæ remedio privatis, quamvis misericorditer eos lugens præstare potuit, quem fratri bus salubri compunctione castigatis Joseph benevole cognoscendus exhibuit.

Ideo assimilatum est regnum cœlorum homini regi qui voluit rationem ponere cum servis suis. (Hieron.) Familiare est Syris et maxime Palæstinis ad omnem sermonem suum parabolas jungere, ut quod per simplex præceptum teneri ab auditoribus non potest, per similitudinem exemplaque teneatur. Præcepit itaque Petro hac parabola Dominus sub comparatione regis domini et servi, qui debitor decem millium talentorum a domino rogans veniam impetraverat, ut ipse quoque dimittat conservis suis minora peccantibus. Nosque simul admonet ut nostris conservis benigni et misericordes simus. Si enim ille rex et Dominus servo debitori summam decem millium talentorum tam facile dimisit, quanto magis conservis suis unusquisque nostrum noxas dimittere debet? Quod ut manifestius fiat dicamus sub exemplo : Si quis nostrum commiserit adulterium, homicidium, sacrilegium, majora crimina decem millia talentorum rogantibus dimittuntur, si et ipsi dimittant minora peccantibus. Sin autem ob factam contumeliam simus implacabiles, et propter amarum verbum perpetes habeamus discordias, nonne nobis videmur recte redigendi in carcerem, et sub exemplo operis nostri hoc agere, ut majorum nobis delictorum venia non relaxetur? (Maurus.) Si autem allegoriam in hac parabola quis quærat, potest hos duos debitores sub typo duorum populorum accipere. Homo ergo hic et rex cui regnum cœlorum assimilatur, qui rationem cum servis suis posuit, quis melius quam Redemptor noster intelligitur? De quo Propheta dicit : Et homo est, quis cognoscit eum; et Psalmista; Deus, inquit, judicium tuum regi da, et justitiam tuam filio regis (Psal. LXXII). Qui cum servis suis rationem facit, quando uniuscujusque meritum districte examinans perpendit. De ipso enim scriptum est : Judicabit orbem terræ in æquitate et populos in veritate sua (Psal. XCV).

Et cum cœpisset rationem ponere, oblatus est ei unus qui debebat decem millia talenta. Cum autem non haberet unde redderet, jussit eum venundari, et uxorem ejus, et filios, et omnia quæ habebat, et reddi. Servus hic qui decem millia talentorum debuit Judaicus est populus, qui decalogo legis constrictus, multarum transgressionum debitis fuerat obnoxius. Quem Dominus suus jussit venundari, et uxorem, et filios, et omnia quæ habebat, et reddi : quia non solum populum, sed etiam synagogam Judæorum, prælatos simul et subditos cum tota substantia eorum propter delictorum magnitudinem in exterarum potestatem tradidit nationum, ut quod noluerunt voto persolvere cogerentur tormento.

Procidens servus ille, orabat eum dicens: Patientiam habe in me, et omnia reddam tibi. Sic et populus ille legalis, postquam se senserat malis circumdatum et coangustatum, tandem pœnitentiam egit, ad preces conversus est. Quod prius sponte noluit, postea vi coactus se facturum promisit.

Misertus autem Dominus servi illius, dimisit eum, et debitum dimisit ei. Quia sicut de eo scriptum est : Misericors et miserator est, patiens et multum misericors (Psal. III), afflictorum preces suscipiens non solum Judaicam captivitatem absolvit, sed etiam veniam delictorum omnium in Christi adventu se iis dare promisit, si persisterent in incœpto et non fallerent voto; unde et ex persona Domini ad promissorum illorum et pœnitentiæ memoriam eos provocantis rite per Isaiam dicitur : Memento horum, Jacob, quoniam servus meus es tu, formavi te, servus meus es tu. Israel, non oblivisceris mei; delevi ut nubem iniquitates tuas, quasi nebulam peccata tua; revertere ad me, quoniam redemi te (Isai. XLIV). Sed quid servus hic pertinax et ingratus postea fecerit audiamus.

Egressus autem servus ille, invenit unum de conservis suis qui debebat ei centum denarios, et tenens suffocabat eum, dicens : Redde quod debes. Procidens conservus ejus rogabat eum dicens : Patientiam habe in me et omnia reddam tibi. Ille autem noluit, sed abiit, et misit eum in carcerem, donec redderet debitum. Liberatus ergo de captivitate Judaicus populus, non solum Redemptori suo gratias minime egit, sed etiam peccatis pristinis peccata nova superadjiciens, in contemptum Domini sui conservum suum, id est gentilem populum, quasi sibi obnoxium fatigare non distulit. Quasi ergo sibi debitorem credens circumcisionem et cæremonias legis ab eo expetivit, et Christi gratiam quod ad salutem illis idonea non esset, calumnians respuit. Unde est illud quod est in Actibus apostolorum : Quidam de hæresi Pharisæorum Pauli et Barnabæ prædicationi impedimentum facientes, affirmaverunt eos qui ex gentibus crediderunt debere circumcidi, et observare legem Moysi, et non solum hoc persuasu, sed etiam tormentis fieri cogebant. Sicut et prædictus apostolus Paulus Thessalonicensibus scribens ait : Vos enim imitatores facti estis fratres ecclesiarum Dei, quæ sunt in Judæa, in Christo Jesu : quia eadem passi estis et vos a contribulibus vestris, sicut et ipsi a Judæis qui et Dominum occiderunt Jesum et prophetas, et nos persecuti sunt, et Deo non placuerunt, et omnibus hominibus adversantur, prohibentes nos gentibus loqui, ut salvæ fiant, ut impleant peccata sua semper : prævenit enim super illos ira Dei usque in finem (I Thess. II).

Videntes autem conservi ejus quæ fiebant, contristati sunt valde; et venerunt, et narraverunt domino suo omnia quæ facta fuerant. Qui sunt autem conservi isti qui protervium servi nequam domino renuntiant, nisi apostoli et prædicatores Evangelii, qui quotidie pro salute credentium contra dolum persecutorum Dominum implorant? Sicut et apostoli in Actibus apostolorum fecisse leguntur, cum sacerdotes, et magistratus templi, et Sadducæi dolentes quod docerent populum et annuntiarent in Jesum resurrectionem ex mortuis, flagellis cæsis denuntiaverunt ne ultra loquerentur in nomine Jesu ulli hominum. At ipsi ad suos reversi *levaverunt vocem ad Deum, et dixerunt, Tu, Domine Deus, qui fecisti cœlum et terram et omnia quæ in eis sunt, qui Spiritu sancto per os patris nostri David pueri tui dixisti : Quare fremuerunt gentes et populi meditati sunt inania? astiterunt reges terræ et principes convenerunt in unum adversus Dominum, et adversus Christum ejus. Convenerunt enim in civitate ista adversus sanctum puerum tuum Jesum, quem unxisti, Herodes et Pontius Pilatus cum gentibus et populis Israel facere, quæ manus tuæ et consilium decreverunt fieri. Et nunc, Domine, respice in minas eorum, et da servis tuis cum omni fiducia loqui verbum tuum in eo, cum manum tuam extendas ad sanitates tuas, et signa et prodigia fieri per nomen sancti pueri tui Jesu, etc.* (*Act.* IV).

Tunc vocavit eum dominus suus et ait illi: Serve nequam, omne debitum dimisi tibi quoniam rogasti me, nonne et te oportuit misereri conservi tui, sicut et ego tui misertus sum? Dimisit ergo Dominus genti Judæorum sæpius debita, quando in angustiis constituti et pœnitentiam agentes illius misericordiam deprecabantur; sed liberati ab angustiis nullam postea compassionem vel misericordiam erga proximos pauperes habebant; quin potius omnes debitores suos, ut scriptum est, atrociter repetebant. Insuper etiam et prophetas atque apostolos qui eis verbum reconciliationis afferebant, ingrate spernentes crudeliter trucidabant. Unde et meruerunt illud sentire quod subditur.

Et iratus dominus ejus tradidit eum tortoribus, quoad usque redderet universum debitum. Tradidit ergo verus Dominus pravum et blasphemum populum Judæorum ob perfidiam suam in manus Romanorum, quibus partim fame exstinctis, partim gladio occisis, partim etiam in captivitatem ductis, ita totam terram vastaverunt, ut scilicet metropolin eorum Hierusalem a fundamento everterent, templumque succenderent, et omnem cultum eorum dissiparent. Factumque est tunc quod ipse Salvator ante eis prædixit: Quia ita destruebatur tota habitatio Hierosolymitarum, ut non relinqueretur lapis super lapidem (*Matth.* XXIV). Et secundum Danielis prophetiam desolatio permaneret usque in finem. Sive aliter: Tortoribus tradidit eos, id est malignis spiritibus, qui invidia nequissimam animam malitiosamque et incorrigibilem, sine fine æternis cruciatibus punirent. Quod autem sequitur :

Sic et Pater meus cœlestis faciet vobis, si non remiseritis unusquisque fratri suo de cordibus vestris. (*Hier.*) Formidolosa valde sententia est, si juxta nostram mentem sententia Dei flectitur atque mutatur. Si parva fratribus non dimittamus, magna nobis a Deo non dimittentur. Et quia potest unusquisque dicere: Nihil habeo contra eum, ipse novit ; habet Deum judicem, non mihi cura est quid velit agere, ego ignovi ei, confirmat sententiam suam et omnem simulationem fictæ pacis evertit, dicens: *Si non remiseritis unusquisque fratri suo de cordibus vestris.* (*Greg.*) Ex quibus videlicet dictis constat, quod si hoc quod in nos delinquitur ex corde non dimittamus, et illud rursus a nobis exigitur, quod nobis jam per pœnitentiam dimissum fuisse gaudebamus.

LIBER SEXTUS.

CAPUT XIX.

Uxorem non debere dimitti docet, et de eunuchis ; infantes a benedictione non esse arcendos ; divitem difficile intraturum in regnum cœlorum; et centuplum recepturum, qui omnia deserit propter Christum.

Explicatis ergo sermonibus Domini quos in Galilæa post expetitum ab eo tributum ad apostolos de innocentia et humilitate ipse Salvator habuerat, vetans eos ne scandalizarent pusillos adjuncta parabola, et postea quæ de correptione fratrum et indulgentia convenienter docens, Petro interrogante de remissione peccatorum, non tantum septies, sed etiam septuagies septies remittendum, responderat, id ipsum comprobans sequenti parabola : postquam hæc videlicet omnia Matthæus ita explicuisset, more suo quasi ad alia se conferendo narranda sic prosequitur et dicit :

[I.] *Et factum est cum consummasset Jesus sermones istos, migravit a Galilæa, et venit in fines Judææ trans Jordanem.* (RAB.). Hinc ergo incipit ea narrare quæ Dominus in Judæa fecit, docuit et passus est. Et primo quidem trans Jordanem ad orientem, deinde etiam cis Jordanem, quando venit in Jericho, Bethphage et Hierosolymam ; nam omnis Judæorum provincia quamvis generaliter ad distinctionem aliarum gentium Judæa dicta sit, specialius tamen meridiana ejus plaga appellabatur Judæa, ad distinctionem Samariæ, Galilææ, Decapolis et cæterarum in eadem provincia regionum.

Et secutæ sunt eum turbæ multæ, et curavit eos ibi. (*Hilar.*) Galilæos in Judææ finibus curat. Potuerat quidem ægrotorum turbas non fatigare, et intra ipsam Galilæam opem ferre debilibus, sed typica ratio etiam locorum erat explenda privilegiis ut peccata gentium in eam veniam quæ Judææ parabatur, admitteret.

Et accesserunt ad eum Pharisæi tentantes eum et dicentes: Si licet homini dimittere uxorem suam, quacunque ex causa? Et hic notanda mentium distantia in turbis et Pharisæis: hæ conveniunt ut doceantur, et sui sanentur infirmi, sicut evangelista Matthæus aperte commemorat : illi accedunt ut

Salvatorem ac doctorem veritatis tentando decipiant. Neque hoc mirandum ; nam has devotio pietatis, illos stimulus adduxit livoris. (*Hieron.*) Interrogant ergo eum utrum liceat homini dimittere uxorem suam qualibet causa, ut quasi cornuto teneant syllogismo, et quodcunque responderit captionem patiatur. Si dixerit dimittendam esse uxorem qualibet ex causa, et ducendas alias, pudicitiæ prædicator sibi videbitur docere contraria. Sin autem responderit non omnem ob causam debere dimitti quasi sacrilegii reus tenebitur, et adversus doctrinam Moysi, ac per Moysen, Dei facere. Igitur Dominus sic responsionem temperat, ut decipulam transeat, Scripturam sanctam adducens in testimonium, et naturalem legem primamque Dei sententiam. Secundo opponens quæ non voluntate Dei, sed peccantium necessitate concessa est.

Qui respondens ait eis : Non legistis quia qui fecit ab initio masculum et feminam fecit eos. Hoc in exordio Geneseos scriptum est. Dicendo autem masculum et feminam, ostendit secunda vitanda conjugia; non enim ait masculum et feminas, quod ex priorum repudio quærebatur, sed masculum et feminam, ut unius conjugis consortia necterentur.

Et dixit : Propter hoc dimittet homo patrem et matrem, et adhærebit uxori suæ. Signanter ait similiter, *uxori suæ*, non uxoribus.

Et erunt duo in carne una. Itaque jam non sunt duo, sed una caro. (*Hilar.*) Præmium nuptiarum est ex duobus unam carnem fieri. Castitas juncta spiritui unus efficitur spiritus. Omnipotentis Dei actum est æterno ac salubri consilio, ut portionem sui corporis vir amplecteretur in femina, nec a se putaret esse diversum, quod de se cognosceret fabricatum.

Quod ergo Deus conjunxit, homo non separet. (*Hieron.*) Quod ergo Deus conjunxit unam faciendo carnem viri et feminæ, hanc homo non potest separare, nisi forsitan solus Deus. Homo separat quando propter desiderium secundæ uxoris primam dimittimus: Deus separat qui et conjunxerat, quando ex consensu propter servitutem Dei, eo quod tempus in angusto sit, sic habemus uxores, quasi non habentes.

Dicunt illi : Quid ergo Moyses mandavit dari libellum repudii, et dimittere? Aperiunt calumniam, quam paraverant. Et certe Dominus non propriam sententiam protulerat, sed veteris historiæ et mandatorum fuerat recordatus Dei.

Ait illis : Quoniam Moyses ad duritiam cordis vestri permisit vobis dimittere uxores vestras : ab initio autem non fuit sic. Quod dicit istiusmodi est: Nunquid potest Deus sibi esse contrarius, ut aliud ante jusserit, et sententiam suam novo fraugat imperio? Non ita sentiendum est. Sed Moyses cum videret propter desiderium secundarum conjugum quæ vel ditiores, vel juniores, vel pulchriores essent, primas uxores aut interfici, aut malam vitam ducere, **maluit indulgere discordiam quam odia et** homicidia perseverare. Simulque considera quod dixit : Propter duritiam cordis vestri non permisit vobis Deus sed Moyses, ut juxta Apostolum, consilium sit hominis, non imperium Dei.

Dico autem vobis, quia quicunque dimiserit uxorem suam nisi ob fornicationem, et aliam duxerit, mœchatur, et qui dimissam duxerit, mœchatur. Sola fornicatio est quæ uxoris vincat affectum. Imo cum illa unam carnem in alteram dimiserit, et se fornicatione separaverit a marito, non debet teneri, ne virum quoque sub maledicto faciat, dicente Scriptura : *Qui adulteram tenet, stultus et impius est* (*Prov.* xviii). Igitur ubicunque fornicatio et fornicationis suspicio est, libere uxor dimittitur. Et quia poterat accidere, ut aliquis calumniam faceret innocenti, et ob secundam copulam nuptiarum veteri crimen impingeret, sic priorem dimittere jubet uxorem, ut secundam prima vivente non habeat. Quod enim dicit tale est : si non propter libidinem, sed propter injuriam dimittis uxorem, quare expertus infelices priores nuptias, novarum te immittis periculo? Nec non quia poterat evenire, ut juxta eamdem legem uxor quoque marito daret repudium, eadem cautela præcipitur ne secundum accipiat virum. (*Rab.*) Et quia meretrix et quæ semel fuerat adultera opprobrium non timebat, secundo præcipitur viro, quod si talem duxerit, sub adulterii crimine sit; una ergo solummodo carnalis est causa, id est, fornicatio, una spiritalis, id est, timor Dei, ut uxor dimittatur, sicut multi religionis causa fecisse leguntur. Nulla autem causa est Dei lege præscripta ut vivente ea quæ relicta est alia ducatur

Dicunt ei discipuli ejus : Si ita est causa hominis cum uxore, non expedit nubere. (*Hieron.*) Grave pondus uxorum est si, excepta causa fornicationis, eas non licet dimittere. Quid enim si temulenta fuerit, si iracunda, si malis moribus, si luxuriosa, si gulosa, si vaga, si jurgatrix, et maledica, tenenda erit ejusmodi, velimus nolimus sustinenda. Cum enim essemus liberi, voluntarie nos subjecimus servituti. Videntes ergo apostoli grave uxorum jugum, proferunt motum animi sui, et dicunt : *Si ita est causa hominis cum uxore, non expedit nubere.*

Qui dixit : Non omnes cupiunt verbum istud, sed quibus datum est. Nemo putet sub hoc verbo vel fatum, vel fortunam introduci, quod hi sint virgines quibus a Deo datum sit, aut quosdam ad hoc casus adduxerit. Sed his datum est qui petierunt, qui voluerunt, qui ut acciperent laboraverunt. Omni enim petenti dabitur, et quærens inveniet et pulsanti aperietur.

Sunt enim eunuchi qui de matris utero sic nati sunt, et sunt eunuchi qui facti sunt ab hominibus, et sunt eunuchi qui seipsos castraverunt propter regnum cœlorum. Triplex genus eunuchorum, duorum carnalium et tertium spiritale. Alii sunt qui de utero matris sic nascuntur; alii vel quos captivitates faciunt vel deliciæ matronales; tertii sunt qui seipsos castraverunt propter regnum cœlorum, et qui cum possent esse viri, propter Christum eunuchi fiunt : istis promittitur præmium ; superioribus autem quibus castimoniæ necessitas non voluntas est, nihil omnino debetur. Possumus et aliter dicere, eunuchi sunt ex matris utero qui sunt frigidioris naturæ, nec libidinem appetentes, et aliqui ab hominibus fiunt quos aut philosophi faciunt, aut propter idolorum cultum emolliuntur in feminas, vel persuasione hæretica simulant charitatem, ut mentiantur religionis veritatem ; sed nullus eorum consequitur regnum cœlorum, nisi qui se propter Christum castraverit. Unde infert :

Qui potest capere capiat. Ut unusquisque consideret vires suas, utrum possit virginalia et pudicitiæ implere præcepta. Per se enim charitas blanda est, et quemlibet ad se alliciens ; sed considerandæ vires sunt, *ut qui potest capere capiat.* Quasi hortantis vox Domini est, et milites suos ad pudicitiæ præmium concitantis : *Qui potest capere capiat.* Qui potest pugnare pugnet, superet et triumphet.

[II] *Tunc oblati sunt ei parvuli, ut manus eis imponeret et oraret. Tunc,* quando Dominus de castitate faciebat sermonem, et beatos pronuntiabat eunuchos. De gloria enim continentiæ Domino proferente atque dicente, sunt qui se eunuchizant propter regnum cœlorum. Audientes quidam obtulerunt eis infantes pueros de castitate mundissimos. Putabant enim quod Dominus corpore mundos tantum laudaret non et voluntate, nescientes quod Dominus non illos beatificavit eunuchos, quos pueritiæ necessitas facit castos, sed continentiæ virtus.

Discipuli autem increpabant eos. (Hieron.) Non quod nollent eis Salvatoris et manu et voce benedici, sed quo necdum habentes plenissimam fidem, putarent eum in similitudinem hominum offerentiam importunitate lassari.

Jesus vero ait eis : Sinite parvulos venire ad me, et nolite eos prohibere ad me venire : talium est enim regnum cœlorum. Signanter dixit talium non istorum, ut ostenderet non ætatem regnare, sed mores. Et his qui similem haberent innocentiam et simplicitatem præmium repromitti : Apostolo quoque in eamdem sententiam congruente frequenter : *Nolite pueri fieri sensibus, sed malitia estote parvuli, sensu autem ut perfecti sitis (I Cor.* XIV).

Et cum imposuisset eis manus, abiit inde. (MATH.) Imponit ergo Dominus parvulis manus, quando humilibus auxilii sui gratiam tribuit, et secundum voluntatem suam dirigit ut in omnibus suis possint obsequi præceptis. Unde et ad eum per Psalmistam dicitur : *Tenuisti manum dexteram meam, et in voluntate tua deduxisti me (Psal.* LXXII), et reliqua.

Et ecce unus accedens ait illi : Magister bone, quid boni faciam ut habeam vitam æternam? (RAB.) Audierat, credo, iste quæsitor vitæ æternæ, a Domino tantum eos qui parvulorum vellent esse similes dignos esse introitu regni cœlestis. Atque ideo curam gerens tractatus certioris, poscit sibi non per parabolas, sed aperte quibus operum meritis vitam æternam consequi possit, exponi.

Quid dixit ei : Quid me interrogas de bono ? Unus est bonus Deus. (Hieron.) Quia magistrum vocaverat bonum, et non Deum vel Dei Filium confessus erat, discit quamvis sanctum hominem comparatione Dei non esse bonum. De quo dicitur : *Confitemini Domino, quoniam bonus (Psal.* CXVII). Ne quis autem putet in eo quod bonus Deus dicitur excludi a bonitate Filium Dei, legimus in alio loco : *Pastor bonus ponit animam suam pro ovibus suis (Joan.* X). Et in Propheta Spiritum bonum terramque bonam. Igitur et Salvator non bonitatis testimonium renuit, sed magistri absque Deo exclusit errorem.

Si autem vis ad vitam ingredi, serva mandata. Dicit illi : Quæ ? Jesus autem dixit : Non homicidium facies, non adulterabis, non facies furtum, non falsum testimonium dices. Honora patrem et matrem, et diliges proximum tuum sicut te ipsum. Adolescentem istum tentatorem esse ex eo probare possumus, quod dicente sibi Domino, *Si vis ad vitam venire, serva mandata,* rursum fraudulenter interrogat, quæ sint illa mandata, quasi non ipse legerit, aut Dominus possit Deo jubere contraria.

Dicit illi adolescens : Omnia hæc custodivi, quid adhuc mihi deest ? Mentitur adolescens ; si enim hoc quod positum est in mandatis : *Diliges proximum tuum sicut te ipsum,* opere complesset, quomodo postea audiens : *Vade, et vende omnia quæ habes, et da pauperibus,* tristis recessit, quia habebat possessiones multas.

Ait illi Jesus : Si vis perfectus esse, vade, vende quæ habes, et da pauperibus, et habebis thesaurum in cœlo. Et veni, sequere me. In potestate nostra est utrum velimus esse perfecti ; tamen quicunque perfectus esse voluerit debet vendere quæ habet, et non ex parte vendere sicut Ananias fecit, et Saphira *(Act.* V), sed totum vendere ; et cum vendiderit dare omnia pauperibus, et sic sibi præparare thesaurum in regno cœlorum. Nec hoc ad perfectionem sufficit, nisi post contemptas divitias Salvatorem sequatur, id est relictis malis faciat bona : facilius enim sacculus contemnitur quam voluntas. Multi divitias relinquentes Deum non sequuntur ; sequitur autem Christum qui imitator ejus est, et per vestigia ejus graditur. Qui enim dicit se in Christum credere, debet quomodo ille ambulavit et ipse ambulare *(I Joan.* II). (RAB.) Ecce duas a Domino nostro Jesu Christo hominibus propositas vitas audivimus, activam et contemplativam : activa vita pertinet ad legem, contemplativa ad Evangelium : quia sicut Vetus Novum præcessit Testamentum, ita bona actio præcedit contemplationem. Activa vita hic habet perfectionem ; contemplativa licet hic habeat initium, non tamen in hac vita, sed in æternum inveniet perfectionem. Activa vita in hac quidem vita sine contemplativa esse potest ; contemplativa vero sine activa in hac vita perfectionem invenire non valet. Ita enim unusquisque fidelium a Deo in hac vita institutus est, ut et per exteriorem hominem, quod est corpus, semper studeat bonum exercere opus, et per interiorem, quod est anima, vacare studeat contemplationi. Ad activam vitam pertinet : *Non homicidium facies, non adulterabis, non facies furtum*, et cœtera legis mandata. Ad contemplativam : *Si vis perfectus esse, vade, et vende omnia quæ habes, et da pauperibus, et habebis thesaurum in cœlo ; et veni, sequere me.*

Cum audisset autem adolescens verbum, abiit tristis. Erat enim habens multas possessiones. (*Hieron.*) Hæc est tristitia quæ ducit ad mortem. Causaque tristitiæ redditur, quod habuerit possessiones multas, id est spinas et tribulos, quæ sementem Dominicam suffocaverunt.

Jesus autem dixit discipulis suis, Amen dico vobis quia dives difficile intrabit in regnum cœlorum. Et quomodo Abraham, Isaac, Jacob divites intraverunt in regnum cœlorum? et in Evangelio Matthæus, Zachæus divitiis derelictis Domini testimonio prædicantur. Sed considerandum quod eo tempore quo intraverunt, divites esse desierant. Tandiu ergo non intrabunt, quandiu divites fuerint. Et tamen quia difficulter divitiæ contemnuntur, non dixit impossibile est divites in regna cœlorum intrare, sed *difficile*; ubi difficile ponitur, non impossibilitas demonstratur, sed raritas prætenditur. (*Rab.*) Quod autem Jesus videns divitem tristem factum, juxta Lucam dixit : *Quam difficile qui pecunias habent, in regnum Dei intrabunt* (*Luc.* xviii), claret quidem in hoc, quia qui hic multiplicandis divitiis incumbunt, alterius vitæ gaudia quærere contemnunt. Sed inter pecunias habere et pecunias amare nonnulla distantia est. Multi enim habentes non amant; item alii et habent, et amant; alii nec habere, nec amare se divitias sæculi gaudent. Quorum tutior status est cum Apostolo dicentium : *Nobis mundus crucifixus est et nos mundo* (*Gal.* vi). Unde et Salomon non ait : Qui habet, sed qui *amat divitias, fructus non capiet ex eis* (*Eccl.* v). Et ipse Dominus secundum Marcum obstupescentibus in verbis hujusce sententiæ discipulis exponendo subjunxit : *Filioli, quam difficile est confidentes in pecuniis regnum Dei introire* (*Marc.* x); ubi notandum similiter quod, sicut supra ostendimus, non ait impossibile, sed difficile, id est maximi laboris esse pecunias habentes, vel in pecuniis confidentes, exutis philargyriæ retinaculis, aulam regni cœlestis intrare.

Et iterum dico vobis : Facilius est camelum per foramen acus transire, quam divitem intrare in regnum cœlorum. Si facilius est camelum, ingentibus membris enormem, angustum per foramen acus penetrare quam divitem intrare in regnum Dei, nullus ergo dives intrabit in regnum Dei. Et quomodo vel in Evangelio vel in Veteri Testamento quam plurimi divites Dei intraverunt in regnum, nisi forte quia divitias vel pro nihilo habere vel ex toto relinquere Domino inspirante didicerunt? Nunquid enim David in regni divitiis confidebat qui et de semetipso canit : *Quoniam inicus et pauper sum ego* (*Psal.* xxiv). Et

alios hortatur : *Divitiæ si affluant, nolite cor apponere* (*Psal.* lxi). Credo non ausus dicere : Nolite suscipere. Nunquid Abraham Domino substantiam prætulisse credibile est, pro quo unicum ferire non dubitavit hæredem. (*Aug.*) Altiori autem sensu facilius est Christum pati pro dilectoribus sæculi, quam dilectores sæculi ad Christum posse converti. Cameli enim homine se intelligi voluit, quia sponte humilitatus infirmitatis nostræ onera sustulit; in quo enim manifestius intelligitur, quam in ipso quod scriptum est : *Quanto magnus es humilia te in omnibus* (*Eccl.* iii). Per acum autem punctiones significat, per punctiones dolores in passione susceptos. (*Venant.*) Foramen ergo acus dicit angustias passionis, qua scissa nostræ quasi vestimenta naturæ quodammodo resarcire, id est recuperare dignatus est, quatenus post lapsum melius reformari gaudeamus ad testimonium apostoli, dicentes : *Quicunque enim in Christo baptizati estis, Christum induistis* (*Gal.* iii).

Auditis autem his discipuli mirabantur valde, dicentes : Quis ergo poterit salvus esse? Quo pertinet ista responsio? cum incomparabiliter major sit turba pauperum, quæ divitibus perditis potuerit salvari, nisi quia intellexerunt omnes qui divitias amant, etiam si adipisci nequeant, in divitum numero deputari.

Aspiciens autem Jesus dixit eis : Apud homines hoc impossibile est, apud Deum autem omnia possibilia sunt. Hoc autem non ita accipiendum est, quod cupidi et superbi (qui nomine illius divitis significati sunt) in regnum cœlorum sint intraturi, cum suis cupiditatibus et superbia; sed possibile est Deo ut per verbum, sicut etiam factum esse et quotidie fieri videmus, a cupiditate temporalium ad charitatem æternorum, et a perniciosa superbia ad humilitatem saluberrimam convertantur. (*Maur.*) Legi et in quorumdam expositionibus istum divitem Judaicum populum interpretari, qui falso gloriabatur in observatione legis, cum perfectionem evangelicam respueret et terrenis rebus intentus spiritalia dona refugeret, de quibus scriptum est : *Dilexerunt enim magis gloriam hominum quam gloriam Dei* (*Joan.* xii). Unde et in passione Domini conspirantes dixerunt : *Si dimittamus eum sic, omnes credent in eum, et venient Romani, et tollent nostrum locum et gentem* (*Joan.* xi). Huic ergo merito præfertur camelus, id est gentilis populus, tortitudine peccatorum et vitiorum deformis ; qui facilius arripuit arduam viam mandatorum Dei ingredi, quia citius cœpit evangelica præcepta venerari, et Domini sui vestigia subsequi. De istis quippe camelis in Isaia legimus quod cameli Madian et Epha portas Hierusalem cum donis et muneribus ingrediuntur (*Isa.* lx).

[III.] *Tunc respondens Petrus dixit ei : Ecce nos reliquimus omnia, et secuti sumus te, quid ergo erit nobis?* (*Hieron.*) Grandis fiducia : Petrus piscator erat, dives non fuerat, cibos manu et arte quærebat : et tamen loquitur confidenter : *Reliquimus omnia*. Et quia non sufficit tantum relinquere, jungit quod perfectum est : *Et secuti sumus te.* Ac si diceret : Fecimus quod jussisti : quid igitur nobis dabis præmii ?

Jesus autem dixit eis : Amen dico vobis quod vos qui secuti estis me in regeneratione, cum sederit filius hominis in sede majestatis suæ, sedebitis et vos super sedes duodecim, judicantes duodecim tribus Israel. Non dixit : Qui reliquistis omnia : hoc enim et Socrates fecit philosophus, et multi alii divitias contempserunt; sed *qui secuti estis me,* quod proprie apostolorum est atque credentium. *In regeneratione, cum sederit filius hominis in sede majestatis suæ,* quando et ex mortuis de corruptione resurgent incorrupti, sedebitis et vos in soliis judicantium, condemnantes duodecim tribus Israel, quia vobis credentibus credere noluerunt. (RAB.) In hac quippe vita pro nomine ejus laborantes in alia præmium sperare Dominus docuit, id est in regeneratione, cum videlicet in vitam immortalem fuerimus resurgendo regenerati, qui in vitam caducam fueramus mortaliter geniti. Quia procul dubio duæ sunt regenerationes, similiter sunt duæ adoptiones, duæ et resurrectiones. Una regeneratio est de qua Dominus dicit : *Nisi quis renatus fuerit ex aqua et Spiritu sancto non introibit in regnum cœlorum* (Joan. IV). Altera hæc, de qua nunc dicit : *In regeneratione cum sederit filius hominis in sede majestatis suæ.* Prima adoptio est de qua dicit Apostolus : *Non accepistis spiritum servitutis in timore, sed accepistis spiritum adoptionis filiorum, in quo clamamus, Abba pater* (Rom. VIII). Secunda adoptio erit de qua idem apostolus ait : *Sed et ipsi inter nos ingemiscimus adoptionem exspectantes redemptionem corporis nostri* (*Ibid.*). Prima resurrectio est de qua Dominus dicit : *Veniet hora et nunc est quando mortui audient vocem Filii Dei, et qui audierint, vivent* (Joan. IV). Et in Apocalypsi : *Beatus qui habet partem in resurrectione prima : in eis secunda mors non habebit potestatem* (Apoc. XX). Secunda resurrectio erit de qua Dominus dicit : *Nolite mirari hoc, quia venit hora in qua omnes qui in monumentis sunt audient vocem Dei, et procedent qui bona egerunt in resurrectionem vitæ : qui vero mala egerunt in resurrectionem judicii* (Joan. V). Quod vero ait : *Cum sederit filius hominis in sede majestatis suæ, sedebitis et vos super sedes duodecim,* etc., nemo putet duodecim tantum apostolos, quia pro Juda prævaricante Matthias electus est, tunc esse judicaturos, sicut nec duodecim solæ sunt tribus Israel judicandæ, alioqui tribus Levi, quæ tertia decima est, injudicata recedet, et Paulus qui decimus tertius est apostolus, pro Juda prævaricante Matthias electus est, judicandi sorte privabitur cum ipse dicat : *Nescitis quia angelos judicabimus, quanto magis sæcularia ?* (I Cor. VI.) Sciendum namque est omnes qui ad exemplum apostolorum sua reliquerunt omnia, et secuti sunt Christum, judices cum eo venturos, sicut etiam omne mortalium genus esse judicandum. Quia enim duodenario sæpe numero solet in Scripturis universitas designari, per duodecim sedes apostolorum judicantium omnium numerositas, et per duodecim tribus Israel universitas eorum qui judicandi sunt ostenditur. Unde notandum quod duo sunt ordines electorum in judicio futuri : unus judicantium cum Domino, de quibus hoc loco memoratur, qui reliquerunt omnia, et secuti sunt illum : alius judicandorum a Domino, qui non quidem omnia sua pariter reliquerunt, sed de his tantum quæ habebant quotidianas dare eleemosynas pauperibus Christi curabant. Unde audituri sunt in judicio : *Venite, benedicti Patris mei, possidete paratum vobis regnum a constitutione mundi : esurivi enim et dedistis mihi manducare, sitivi et dedistis mihi bibere* (Matth. XXV), et cætera. Quorum et in superioribus hujus Evangelii Dominus meminit cum principe quodam interrogante quid boni faciendo vitam posset habere perpetuam : *Si vis,* inquit, *ad vitam ingredi, serva mandata. Non homicidium facies, non furtum, non falsum testimonium dices, honora patrem et matrem, et diliges proximum tuum sicut te ipsum* (*Supra*). Ergo qui mandata Domini servat, ad vitam ingreditur æternam : qui autem non solum mandata servat, verum etiam consilium Domini, quod de contemnendis divitiis ac luxibus tribuit, sequitur, non tantum vitam percipiet ipse, sed etiam de vita aliorum cum Domino judicabit. Atque ita fit ut in judicio, ut diximus, duo sint ordines bonorum. Sed et reproborum duos ibi futuros ordines Domino narrante comperimus : unum eorum qui fidei Christianæ mysteriis initiati opera fidei exercere contemnunt : quibus in judicio testatur : *Discedite a me maledicti in ignem æternum qui paratus est diabolo et angelis ejus. Esurivi enim et non dedistis mihi manducare,* etc. (Matth. XXV); alterum eorum qui per fidem mysteria Christi vel nunquam suscepere, vel suscepta per apostasiam rejecere : de quibus dicit : *Qui autem non credit, jam judicatus est, quia non credit in nomine unigeniti Filii Dei* (Joan. III). Qui quoniam nec verbo tenus Christum colere voluerunt, nec verba saltem ejus quibus coarguantur in judicio merentur audire. Sed ad hoc tantum veniunt in judicium ut cum eis qui judicantur peccatoribus in damnationem mittantur æternam.

Et omnis qui reliquerit domum, vel fratres, aut sorores, aut patrem, aut matrem, aut uxorem, aut filios, aut agros, propter nomen meum, centuplum accipiet, et vitam æternam possidebit. (Hieron.) Locus iste cum illa sententia congruit in qua Salvator loquitur : *Non veni pacem mittere sed gladium. Veni enim separare hominem a patre suo, et matrem a filia, et nurum a socru, et inimici hominis domestici ejus* (Matth. X). Qui ergo propter fidem Christi et prædicationem evangelii omnes affectus contempserint, atque divitias et sæculi voluptates, isti centuplum recipient, et vitam æternam possidebunt. Ex occasione hujus sententiæ quidam introducunt mille annos post resurrectionem, dicentes nobis tunc centuplum omnium rerum quas dimisimus, et vitam æternam reddendam, non intelligentes quod si in cæteris digna sit repromissio, in uxoribus appareat turpitudo, ut qui unam pro Domino dimiserit centuplum recipiat in futuro. Sensus igitur iste est, qui carnalia pro Salvatore dimiserit spiritalia recipiet, quæ comparatione et merito sui ita erunt, quasi parvo numero centenarius numerus comparetur. Unde dicit et Apostolus qui unam tantum domum et unius provinciæ parvos agros dimiserat, *quasi nihil habentes et omnia possidentes (II Cor.* vi). (Rab.) Notandum quod in Evangelio Marci ita scriptum est: *Nemo est qui reliquerit domum, aut fratres, aut sorores, aut patrem, aut matrem, aut filios, aut agros, propter me, et propter Evangelium, qui non accipiat centies tantum nunc, in tempore hoc, domos et fratres, et sorores, et filios, et agros, cum persecutionibus, et in sæculo futuro vitam æternam (Marc.* x). Potest sane hoc quod ait, *accipiet centies tantum nunc in tempore hoc domos, et fratres, et sorores, et matres, et filios, et agros, cum persecutionibus,* per significationem altius intelligi. Centenarius quippe numerus de læva translatus in dexteram, licet eamdem inflexu digitorum videatur tenere figuram, quam habuerat denarius in læva, nimium tamen quantitatis magnitudine supercrescit: quia videlicet omnes qui propter regnum Dei temporalia spernunt, et in hac vita persecutionibus plenissima ejusdem gaudium regni fide certa degustant, atque in exspectatione patriæ cœlestis, quæ jure in dextera significatur, omnium pariter electorum sincerissima dilectione fruuntur. Verum quia multi virtutum studia non eadem qua incipiunt intentione pietatis consummant, sed vel a cœpto virtutum amore tepescunt, vel ex integro ad scelerum volutabra relabuntur, terribilis mox sententia subinfertur.

Multi autem erunt primi novissimi, et novissimi primi. Vide autem Judam de Apostolo in apostatam versum, quia multi *erunt primi novissimi.* Vide latronem in cruce factum confessorem, eodemque die quo pro suis crucifixus est peccatis gratia fidei cum Christo in paradiso gaudentem, et dicitur: *Quia novissimi erunt primi.* Sed et quotidie videmus multos in laico habitu constitutos magnis vitæ meritis excellere, et alios, a prima ætate spiritali studio ferventes, ad extremum otio torpente lassescere, atque inerti stultitia quod spiritu cœperant carne consummare.

CAPUT XX.

Parabola operariorum in vinea, de filiis Zebedæi, et accubitis primis cœnæ · de duobus cæcis secus viam.

[I.] *Simile est enim regnum cœlorum homini patrifamilias qui exiit primo mane conducere operarios in vineam suam.* (*Hieron.*) Parabola ista vel similitudo regni cœlorum ex his quæ præmissa sunt intelligitur. Scriptum est enim antea: *Multi erunt primi novissimi, et novissimi primi,* non tempori deferente Domino sed fidei. (*Greg.*) Regnum cœlorum patrifamilias simile dicitur, qui ad excolendam vineam suam operarios conducit. Quis vero patrisfamilias similitudinem rectius tenet, quam conditor noster, qui regit quos condidit et electos suos sic in hoc mundo possidet, quasi subjectos dominus in domo; qui habeat vineam, universam scilicet Ecclesiam, quia ab Abel justo usque ad ultimum electum qui in fine mundi venturus est, quot sanctos protulit qua si tot palmites misit.

Conventione autem facta cum operariis ex denario diurno misit eos in vineam suam. (*Aug.*) Denarius imaginem regis habet. Idcirco enim unusquisque accedit ad cultum divini nominis et appropinquat Ecclesiæ, quæ per vineam significata est, ut in Christo recipiat imaginem deitatis, quam in paradiso perdiderat livore serpentis. Unde denarius est dictus qui pro decem nummis apud antiquos imputabatur, significante ratione, quod quantum quisque legis decalogum studuerit implere, tanto amplius reformetur ad imaginem ejus qui creavit eum, et splendidiorem mercedem, quæ per denarium significata est, recipiat in futuro. (*Greg.*) Ad erudiendum ergo plebem suam Dominus quasi ad excolendam vineam suam nullo tempore destitit operarios mittere. Quia et prius per patres, et post modum per legis doctores et prophetas, ad extremum vero per apostolos, dum plebis suæ mores excoluit, quasi per operarios in vineæ cultura laboravit. Quamvis in quolibet modulo vel mensura quisquis cum fide recta bonæ actionis exstitit, hujus vineæ operarius fuit.

Et egressus circa horam tertiam vidit alios stantes in foro otiosos, et illis dixit : Ite et vos in vineam meam, et quod justum fuerit dabo vobis. Illi autem abierunt. Iterum autem exiit circa sextam horam, et nonam, et fecit similiter. Circa undecimam vero exiit, et invenit alios stantes, et dicit illis : Quid hic statis tota die otiosi? Dicunt ei : Quia nemo nos conduxit. Dicit illis : Ite et vos in vineam meam. Hic itaque paterfamilias ad excolendam vineam suam mane hora tertia, sexta, nona, et undecima operarios conducit, qui a mundi hujus initio usque in finem ad erudiendam plebem fidelium prædicatores prædestinare non destitit. Mane etenim mundi fuit ab Adam usque ad Noe; hora vero tertia a Noe usque ad Abraham : sexta vero ab Abraham usque ad Moysen; nona autem a Moyse usque ad adventum Domini; undecima vero ab adventu Domini usque ad finem mundi, in qua prædicatores sancti apostoli missi sunt, qui mercedem plenam et tarde venientes acceperunt. Operator ergo mane, hora tertia, sexta et nona, antiquus ille et Hebraicus populus designatur, qui in electis suis ab ipso mundi exordio, dum recta fide Deum studuit colere, quasi non destitit in vineæ cultura laborare. Ad undecimam vero gentiles vocantur, quibus et dicitur: *Quid hic statis tota die otiosi?* Qui enim transacto longo mundi tempore pro vita sua laborare neglexerant, quasi tota die otiosi stabant. Pensate quid inquisiti respondeant; dicunt enim : *Quia nemo nos conduxit :* Nullus quippe ad eos patriarcha, nullus propheta venerat. Et quid est dicere, ad laborem *nos nemo conduxit,* nisi quia vitæ nobis vias nemo prædicavit. Quid ergo nos a bono opere cessantes in excusatione nostra dicturi sumus, qui pene a matris utero ad fidem venimus, qui verba vitæ ab ipsis cunabulis audivimus, qui ab uberibus sanctæ Ecclesiæ potum supernæ prædicationis sumpsimus cum lacte carnis? Possumus vero et easdem diversitates horarum etiam ad unumquemque hominem per ætatum momenta distinguere. Mane quippe intellectus nostri pueritia est. Hora autem tertia adolescentia intelligi potest, quia quasi jam sol in altum proficit dum calor ætatis crescit. Sexta vero juventus est, quia velut in centro sol figitur, dum in ea plenitudo roboris solidatur. Nona autem senectus intelligitur, in qua velut sol ab alto axe descendit, quia ætas a calore juventutis deficit. Undecima vero ea est ætas, quæ decrepita vel veterana dicitur, unde Græci valde seniores non γέροντας sed πρεσβυτέρους appellant, ut plusquam senes esse insinuent. Quia ergo ad vitam bonam alius in pueritia, alius in adolescentia, alius in juventute, alius in senectute, alius in decrepita ætate perducitur, quasi diversis horis operarii ad vineam vocantur. Nam qui sibi vivit, qui carnis suæ voluptatibus pascitur, recte otiosus redarguitur quia fructum divini operis non sectatur; qui vero et usque ad ætatem ultimam Deo vivere neglexerit quasi usque ad undecimam otiosus stetit. Unde recte usque ad undecimam torpentibus dicitur : *Quid hic statis tota die otiosi?* Ac si aperte dicatur : Et si Deo vivere in juventute et pueritia noluistis, saltem in ultima ætate resipiscite, et ad vitæ vias cum jam laboraturi non multum estis, vel sero venite.

Cum autem sero jam factum esset, dicit Dominus vineæ procuratori suo : Voca operarios, et redde illis mercedem, incipiens a novissimis usque ad primos. (Maur.) Postquam enim operis diurni ratio reddita esset, ad renuntiationis promissæ tempus opportunum veniens dicit : *Cum autem sero factum esset,* hoc est, cum dies totius mundi ad vesperum consummationis inclinata esset; vel cum cujuscunque hominis terminus appropinquaret; tempore enim præterito futuri temporis similitudinem exponit rationem. *Dixit Dominus vineæ procuratori suo et* reliqua. Procuratorem ergo istum, quem melius quam Redemptorem nostrum intelligere possumus, cui Pater omnia dedit in manus? *Pater enim non judicat quemquam, sed omne judicium dedit Filio* (Joan. v). Qui bene procurator dicitur, qui procurat filiis hominum bona futura pro operibus bonis retribuere. De quo Apostolus dicit : *Omnem sollicitudinem nostram projicientes in eum, quoniam ipsi cura est de nobis* (I. Petr. v). Ipse vocat operarios, et reddit illis mercedem quia omnes homines *præsentari oportet ante tribunal Christi ut recipiat unusquisque propria corporis prout gessit sive bonum sive malum* (II Cor. v). Quod autem subsequenter dicitur de retributore quod inciperet a novissimis usque ad primos, plerumque ita contingit, ut ante remunerentur retro venientes, quia prius ad regnum de corpore exeunt quam hi qui a pueritia vocati esse videbantur. (*Greg.*) An non ad undecimam venit latro ? Qui et si non habuit per ætatem, habuit tamen retro per pœnam, qui Dominum in cruce confessus est, et pene cum voce sententiæ spiritum exhalavit vitæ. A novissimo autem reddere denarium paterfamilias cœpit, quia ad paradisi requiem prius latronem quam Petrum vocavit. Quanti patres ante legem, quanti sub lege fuerunt? Et tamen hi qui in Domini adventu vocati sunt ad cœlorum regnum, sine aliqua tarditate pervenerunt. Eumdem ergo denarium acceperunt qui laboraverunt ad undecimam, quod exspectaverunt toto desiderio qui laboraverunt ad primam, quia æqualem vitæ æternæ retributionem sortiti sunt cum his qui a mundi initio vocati fuerunt, hi qui in fine mundi ad Dominum venerunt. Unde et subditur :

Cum venissent ergo qui circa undecimam horam venerant, acceperunt singulos denarios. Venientes autem et primi arbitrati sunt quod plus essent accepturi; acceperunt autem et ipsi singulos denarios. Et accipientes murmurabant adversus patremfamilias, dicentes : Hi novissimi una hora fecerunt, et pares illos nobis fecisti, qui portavimus pondus diei et æstus. Pondus enim diei et æstus portaverunt hi quos a mundi initio, qui diu hic contigit vivere, necesse fuit etiam longiora carnis tentamenta tolerare. Unicuique enim pondus diei et æstus ferre est per longioris vitæ tempora carnis suæ calore fatigari. Sed quæri potest quomodo murmurare dicti sunt, qui saltem sero ad regnum vocati sunt; cœlorum etenim regnum nullus murmurans accipit, nullus qui accipit murmurare potest. Sed quia antiqui patres usque ad adventum Domini quamlibet juste vixerunt, ducti ad regnum non sunt, nisi ille descenderet qui paradisi claustra hominibus interpositione suæ mortis aperiret, eorum hoc ipsum murmurare est quod et recte pro percipiendo regno vixerunt, et tamen diu a percipiendo regno dilati sunt. Quos enim post peractam justitiam inferni loca quamvis tranquilla susceperunt, eis profecto et laborasse fuit in vinea et murmurasse? Quasi ergo post murmurationem denarium acceperunt, qui post longa inferni tempora ad gaudia regni pervenerunt. Nos autem qui ad undecimam venimus, post laborem non murmuramus, et denarium accipimus, quia post mediatoris adventum in hunc mundum venientes, ad regnum ducimur, mox cum de corpore eximus, quod antiqui Patres cum magno labore susceperunt.

At ille respondens uni eorum dixit : Amice, non facio tibi injuriam : Nonne ex denario convenisti mecum? Tolle quod tuum est, et vade. (*Hieron.*) Legi in cujusdam libro amicum istum qui increpatur a patrefamilias primæ horæ operarium protoplastum intelligi, et illos qui in illo tempore crediderunt. *Nonne,* inquit, *ex denario convenisti mecum? Denarius figuram regis habet.* Recepisti ergo mercedem quam tibi promiseram : imaginem et similitudinem meam. Quid quæris amplius ; et non tam ipse solus [plus] accipere, quam alium nihil accipere desideras, quam si [quasi] alterius consortio minuatur præmii meritum. *Tolle quod tuum est, et vade.* Judæus in lege non gratia, sed per opera salvatur : *Qui enim fecerit eam vivet in ea* (Rom. II).

Volo autem et huic novissimo dare sicut et tibi. (*Hilar.*) Vere enim Judæi oculum pravum, intentionem quam habuerunt, sicut eos; sed arguit apostolus Paulus quod et *Dominum Jesum occiderunt, et prophetas et nos persecuti sunt*, etc. (*I Thes.* II.) (MAUR.) Collatio ergo regni non humani est meriti, aut dignitatis, sed divinæ est præstatio bonitatis. Hinc recte subjungit :

Aut non licet mihi quod volo facere? An oculus tuus nequam est, quia ego bonus sum? Stulta enim quæstio hominis contra benignitatem Dei. Non querendum quippe esset non si id daret quod deberet, sed si non daret quod deberet. (*Hieron.*) Huic loco simile sonat et illa Lucæ parabola ubi major filius minori invidet, et non vult eum recipi pœnitentem, sed patrem accusat injustitiæ (*Luc.* XV). (*Greg.*) Nemo autem se de opere, nemo de tempore extollat, cum hac expleta sententia subsequenter Veritas clamet :

Sic erunt novissimi primi, et primi novissimi. (*Hil.*) Omnis itaque retrovocatio gentibus invidet, et in Evangelii torquentur gratia. Unde et Salvator concludens parabolam dixit :

Erunt novissimi primi, et primi novissimi. Judæi de capite vertentur in cauda, et gentes de cauda mutabuntur in capite. Sic enim Moyses in Deuteronomio ejus prophetavit : *Advena qui tecum moratur, ascendet super te : ille erit in capite et tu eris in cauda, ille feneratur tibi et tu non feneraberis ei* (*Deut.* XXVIII). (*Greg.*) Ecce enim et si jam scimus quæ vel quanta bona egimus, adhuc supernus judex, qua subtilitate hæc examinet, ignoramus. Et quidem gaudendum cuique summopere est in regno Dei esse vel ultimum. Sic post hæc terribile valde est quod sequitur : *Multi enim vocati sunt, pauci vero electi.* Quia ad fidem plures veniunt, et ad cœleste regnum pauci perducuntur. Ecce enim ad sanctorum festivitates quam multi convenimus, et Ecclesiam pariter replemus ; sed tamen quis scit quam pauci sunt, qui in illo electorum Dei grege numerentur. Ecce vox omnium Christum clamat, sed vita omnium non clamat. Plerique Dominum vocibus sequuntur, moribus fugiunt. Hinc enim Paulus dicit : *Qui confitentur se nosse Deum, factis autem negant* (*Tit.* I). Hinc Jacobus ait : *Fides sine operibus otiosa est* (*Jac.* II). Hinc per Psalmistam Dominus dicit : *Annuntiavi, et locutus sum, multiplicati sunt super numerum* (*Psal.* XXXIX). Vocante enim Domino, super numerum multiplicantur fideles, quia nonnunquam etiam hi ad fidem veniunt, qui ad electorum numerum non pertingunt. Hi enim fidelibus confessionem admisti sunt, sed propter vitam reprobam

illic numerari in sorte fidelium non merentur. Hoc ovile sanctæ Ecclesiæ hædos cum agnis recipit, sed attestante Evangelio cum judex venerit, bonos a malis separat, sicut pastor *segregat oves ab hædis* (*Matth.* XXV). Neque etenim possunt, qui hic carnis suæ voluptatibus serviunt, illic in ovium grege numerari. Illic eos a sorte humilium judex separat, qui se hic superbiæ cornibus exaltant. Regnum cœli percipere nequeunt qui hic et in cœlesti fide positi toto desiderio terram quærunt et multos tales intra Ecclesiam cernimus, sed eos nec imitari, nec desperare debemus. Quid enim sit hodie aspicimus, sed quid cras futurus sit unusquisque nescimus. Plerumque et qui post nos venerit, per agilitatem nos boni operis antecedit, et vix eum assequimur, quem hodie præire videbamur. Certe cum Stephanus pro fide moreretur, Saulus lapidantium vestimenta servabat (*Act.* VII). Omnium ergo manibus ipse lapidavit qui ad lapidantium omnes exertos reddidit. Et tamen eumdem ipsum in sancta Ecclesia laboribus antecessit, quem persequendo martyrem fecit. Duo ergo sunt quæ sollicite pensare debemus, quia enim multi vocati, pauci vero electi sunt. Primum est, ut de se quisque minime præsumat, quia et si jam ad fidem vocatus est, utrum perenni regno dignus sit nescit. Secundum vero est ut unusquisque proximum quem fortasse jacere in vitiis conspicit desperare non audeat, quia divinæ misericordiæ divitias ignorat.

[II.] *Et ascendens Jesus Hierosolymam, assumpsit duodecim discipulos secreto, et ait illis : Ecce ascendimus Jerosolymam, et filius hominis tradetur principibus sacerdotum, et scribis, et condemnabunt eum morti.* Redemptor noster prævidens ex passione sua discipulorum animos perturbandos, eis longe ante et ejusdem passionis pœnam, et resurrectionis gloriam prædicit, ut cum eum morientem, sicut prædictum esset, cernerent, etiam resurrecturum non dubitarent. (*Hieron.*) Et crebro hoc ipsum discipulis dixerat ; sed quia, multis in medio disputatis, poterat labi de memoria quod audierant, iturus Hierosolymam et secum ducturus apostolos ad tentationem eos parat, ne cum venerit persecutio crucis et ignominia scandalizentur.

Et tradent eum gentibus ad deludendum, et flagellandum, et crucifigendum, et tertia die resurget. (MAUR.) Tradidit enim Judas Dominum Judæis, et ipsi tradiderunt eum gentibus, Pilato et potestati Romanorum. Unde scriptum est : *Vinctum adduxerunt eum et tradiderunt eum Pontio Pilato præsidi. Pilatus autem apprehendit Jesum et flagellavit, et milites plectentes coronam de spinis imposuerunt capiti ejus, et veste purpurea circumdederunt eum, et veniebant ad eum dicentes : Ave, rex Judæorum, et dabant ei palmas* (*Matth.* XXVI). Sed ignominia hæc tota evacuata est cœlesti gloria resurrectionis, quia caro ejus non vidit corruptionem, sed palam triumphans resurrexit in gloria, evacuans omnes principatus et potestates.

Tunc accessit ad eum mater filiorum Zebedæi cum filiis suis, adorans et petens aliquid ab eo. Qui dixit ei : Quid vis ? Ait illi : Dic ut sedeant hi duo filii mei unus ad dexteram tuam, et unus ad sinistram in regno tuo. (Hieron.) Unde opinionem haberet regni mater filiorum Zebedæi, ut cum Dominus dixerit, *Filius hominis tradetur principibus sacerdotum, et scribis, et condemnabunt eum morte, et tradent illum gentibus ad illudendum, et flagellandum, et crucifigendum;* et ignominiam passionis timentibus discipulis nuntiaret, illa gloriam postulet triumphantis? Hac, ut reor, ex causa ortum est, quia post omnia dixerat Dominus, *et tertia die resurget.* Putavit enim mulier post resurrectionem eum illico regnaturum, et hoc quod in secundo adventu promittitur primo esse complendum; ita aviditate feminea præsentia cupit, immemor futurorum. Quod autem interrogat Dominus, et illa petente respondit *quid vis?* non venit de ignorantia, sed ex dispensatione, ut illius petitione et auditu aliorum prolata, ipse occasionem haberet respondendi atque docendi; quomodo in numerosa multitudine, *Quis me tetigit* (*Matth.* IX)? Et de Lazaro, *ubi posuistis eum* (*Joan.* XI)? Postulat autem mater filiorum Zebedæi errore muliebri, et pietatis affectu nesciens quid peteret. Nec mirum si ista arguatur imperitiæ, cum de Petro dicatur quando tria vult facere tabernacula, nesciens quid diceret (*Matth.* XVII).

Respondens autem Jesus, dixit : Nescitis quid petatis. Mater postulat, et Dominus discipulis loquitur, intelligens preces ejus ex filiorum descendere voluntate. (RAB.) Nesciunt quid petant qui sedem a Domino gloriæ, quam nondum merebantur inquirunt; jam enim delectabat eos culmen honoris, sed prius via habebat exercere laboris. (*Joan. Chrys.*) Desiderabant regnare sublimiter cum Christo, sed prius erat pati humiliter pro Christo : bonum quidem desiderium, sed inconsiderata petitio. Ideo et si impetrare non debebant, simplicitas tamen petitionis eorum confundi non merebatur. Propterea non voluntatem neque propositum eorum culpavit, sed solam ignorantiam reprehendit, dicens : *Nescitis quid petatis.*

Potestis bibere calicem quem ego bibiturus sum ? Dicunt ei : *Possumus.* (RAB.) Nomine enim calicis sive baptismi passionem designat martyrii qua et ipsum, et illos decebat consummari. Unde et alibi de sua passione loquitur : *Baptisma autem habeo baptizari, et quomodo coarctor usque dum perficiatur* (*Luc.* XX), et eidem passioni appropinquans orabat dicens : *Pater, si vis, transfer calicem istum a me.* Ait illis :

Calicem quidem meum bibetis (*Luc.* XXII). (*Hieron.*) Quæritur quomodo calicem martyrii Zebedæi filii, Jacobus videlicet et Joannes, biberint, aut quomodo baptismo Domini fuerint baptizati, cum Scriptura narret Jacobum tantum apostolum ab Herode capite truncatum, Joannes autem quod propria morte vitam finiverit. Sed si legamus ecclesiasticas historias, in quibus fertur quod et ipse propter martyrium sit missus in ferventis olei dolium et inde ad suscipiendam coronam Christi athleta processerit, statimque relegatus in Pathmum insulam sit, videbimus martyrio animum non defuisse, et bibisse Joannem calicem confessionis, quem et tres pueri in camino ignis biberunt, licet persecutor non fuderit sanguinem; quod autem subjungit :

Sedere autem ad dexteram meam, et sinistram non est meum dare vobis, sed quibus paratum est a Patre meo, (RAB.) sic intelligendum est : Regnum cœlorum non est dantis, sed accipientis. Non est enim personarum acceptio apud Deum, sed quicunque talem se præbuerit, ut regno cœlorum dignus sit, hic accipiet, quod non personæ, sed vitæ comparatum est. Si itaque tales estis qui consequamini regnum cœlorum, quod Pater meus triumphantibus præparavit, vos quoque accipietis illud. Item :

Non est meum dare vobis, sed quibus paratum est. (*Aug.*) Non est meum dare superbis; hoc enim adhuc erant, sed si vultis illud accipere, nolite esse quod estis. Aliis paratum est, et vos alii estote, et vobis paratum est. Quid est, Alii estote? prius humiliamini qui jam vultis exaltari.

Et audientes decem indignati sunt de duobus fratribus. (*Hieron.*) Decem apostoli non indignantur matri filiorum Zebedæos, nec ad mulierem audaciam referunt postulationis, sed ad filios quod ignorantes mensuram suam immodica cupiditate exarserint, quibus Dominus dixerat : *Nescitis quid petatis.* Subintelligitur autem vel ex responsione Domini, vel ex indignatione apostolorum, quod filii matrem immiserant ad grandia postulanda.

Jesus autem vocavit eos ad se, et ait : Scitis quia principes gentium dominantur eorum, et qui majores sunt potestatem exercent in eos : non ita erit inter vos, sed quicunque voluerit inter vos major fieri, sit vester minister. Et qui voluerit inter vos primus esse, erit vester servus. Humilis magister et mitis nec cupiditatis immodicæ duos arguit postulantes, nec decem reliquos indignationis increpat et livoris, sed tale ponit exemplum, quo doceat eum majorem esse qui minor fuerit, et illum Dominum fieri qui omnium servus sit. Frustra igitur aut illi immoderata quæsierant, aut isti dolent super majorum desiderio, cum ad summitatem virtutum non potentia, sed humilitate veniatur. Denique proponit exemplum ut si dicta parvi penderent, erubescerent ad opera, et dicit :

Sicut filius hominis non venit ministrari, sed ministrare. Nota quod crebro diximus eum qui ministret filium appelari hominis.

Et dare animam suam reaemptionem pro multis. Quando formam servi accepit, ut pro mundo sanguinem funderet. Et non dixit, *dare animam suam redemptionem* pro omnibus, sed *pro multis :* pro his qui credere voluerint.

[HI.] *Et egredientibus eis ab Jericho secutæ sunt*

eum turbæ multæ, et ecce duo cæci sedentes secus viam audierunt, quia Jesus transiret; et clamaverunt, dicentes: Domine, miserere nostri, fili David. (*Aug.*) Hoc et Marcus commemorat, sed de uno cæco factum. Quæ ita solvitur quæstio, ut illa soluta est de duobus, qui legionem dæmonum patiebantur in regione Gerasenorum (*Marc.* IX). Nam duorum etiam cæcorum, quos modo interposuit, unum fuisse notissimum, et in illa civitate famosissimum, ex hoc etiam satis apparet, quod et nomen ejus, et nomen patris ejus Marcus commemoravit. Quod in tot superius sanatis a Domino non facile occurrit, nisi cum Jairum archisynagogum etiam nomine expressit, cujus filiam resuscitavit Jesus. In quo etiam magis iste sensus apparet, quia et ille archisynagogus utique in loco illo nobilis fuit. Procul dubio itaque Bartimæus ille quem Marcus commemorat, Timei filius ex aliqua magna felicitate dejectus, notissimæ et famosissimæ miseriæ fuit, quia non solum cæcus, verum etiam mendicus sedebat. Hinc est ergo, quod ipsum solum voluit commemorare Marcus, cujus illuminatio tam claram famam huic miraculo comparavit, quam erat illius nota calamitas. (*Hieron.*) Jericho urbs est, quam, Jordane transgresso, subvertit Josue, rege illius interfecto (*Jos.* VI), pro qua exstruxit aliam Ahiel de Bethel ex tribu Ephraim (*III Reg.* XVI), quam Dominus atque Salvator sua præsentia illustrare dignatus est. Sed et hæc eo tempore, quo Jerusalem oppugnabatur a Romanis, propter perfidiam civium capta atque destructa, qua tertia ædificata est civitas, quæ hodie usque permanet, et ostenduntur utriusque urbis vestigia usque in præsentem diem. Jericho autem, quæ interpretari dicitur *luna*, defectum nostræ mutabilitatis ac mortalitatis significat. Quod ex illa maxime Evangelii parabola claruit, ubi *homo descendens ab Jerusalem in Jericho incidit in latrones* (*Luc.* X), et vulneratus ab eis ac dispoliatus, per piam Samaritani industriam ad salutem revocatus est, quia nimirum genus humanum a visione summæ pacis in desideria sæculi hujus labe mortifera decidens per Dominum Salvatorem ad vitam quam errando perdiderat, reducitur. Multi latrones erant in Jericho, qui egredientes et descendentes de Hierosolymis interficere et vulnerare consuerant. Idcirco Dominus venit Jericho cum discipulis suis, ut liberet vulneratos, et multam turbam secum trahat. Denique postquam egredi voluit Jericho, secuta est eum turba multa; si mansisset Jerosolymis, et nunquam ad humilia descendisset, turba usque hodie sederet in tenebris et in umbra mortis. Sed et *duo cæci erant juxta viam*. Cæcos appellat, qui necdum poterant dicere: *In lumine tuo videbimus lumen* (*Psal.* XXXV). Secus viam dicit, quia videbantur quidem legis habere notitiam, sed viam, qua Christus est, ignorabant; quos plerique Pharisæos intelligunt et Sadducæos. Alii vero utrumque populum, et Veteris Testamenti et Novi, quod alter scriptam legem, alter naturalem sequens sine Christo cæcus erat. Hi qui per se videre non poterant, audierunt præconia Salvatoris, et confessi sunt filium David. Proficiscente igitur Domino et discipulis ejus, et plurima multitudine de Jericho, duo cæci juxta viam sedebant; quia ascendente ad cœlos Domino, et multis fidelium sequentibus, imo cunctis ab initio mundi electis una cum illo januam regni cœlestis ingredientibus, mox uterque populus diu perfidia cæcus audito Salvatoris adventu cœperunt et ipsi suæ salutis atque illuminationis spem habere, atque inquisitione desiderii salutaris ad hoc pervenire studuerunt, ut quis esset verus religionis cultus investigando perquireret.

Turba autem increpabat eos, ut tacerent. At illi magis clamabant, dicentes: Domine, miserere nostri, fili David. Oportebat autem ut tamdiu clamarent, donec resistentis sibi turbæ strepitum vincerent, id est, tam perseveranter intenderent animum orando atque pulsando, quousque consuetudine desideriorum carnalium, quæ tanquam turba obstrepit cogitationi lucem veritatis æternæ videre conanti, vel ipsam hominum carnalium turbam studia spiritalia impedientem fortissima intentione superarent. Audientes Jesum cæci misereri sui precantur, nec multis licet prohibentibus a clamando desistunt, quia populi gentium agnita fama nominis Christi participes ejus fieri quærebant. Contradicebant multi: primo Judæi ut in Actibus apostolorum legimus; deinde etiam gentiles acriori ac fortiori persecutione frequenter instabant, ne illuminandus sanandusque Christum mundus invocaret. Nec tamen eos, qui ad vitam erant præordinati æternam, vesanus impugnantium furor disposita valebat salute privare.

Et stetit Jesus et vocavit eos, et ait: Quid vultis ut faciam vobis? Dicunt illi: Domine, ut aperiantur oculi nostri. (*Hieron.*) Cæci erant, quo pergerent ignorabant, sequi non poterant Salvatorem. Multæ foveæ in Jericho, multæ rupes et prærupta. Idcirco Dominus stat, ut venire possint, et vocari jubet, ne turbæ prohibeant: et interrogat, quasi ignorans quid velint, ut ex confessione cæcorum manifesta debilitas pateat, et virtus ex remedio cognoscatur. (*Greg.*) Ecce stat qui ante transibat. Qua in re aliquid nobis Dominus innuit, quod intelligi de humanitate atque divinitate illius utiliter possit. Clamantem etenim cæcum transiens audivit, sed stans miraculum illuminationis exhibuit. Quid est autem transeundo audire, stando lumen restituere, nisi quod per humanitatem suam misertus est, qui per divinitatis potentiam a nobis mentis nostræ tenebras exclusit? Quod enim propter nos natus et passus est, quod resurrexit, ascendit in cœlum, qui transiit Jesus, quia hæc nimirum actio temporalis est; sed stans cæcum illuminavit, quia non sicut illa dispensatio temporalis, ita verbi æternitas transiit, quæ in se manens innovat omnia. Stare enim Dei est incommutabili cogitatione mutabilia cuncta disponere. Qui ergo voces petentes transiens audivit, stans lumen reddidit, quia etsi propter nos temporalia pertulit, inde tamen nobis lucem tribuit, unde habere mutabilitatis transitum nescit.

Misertus autem eorum Jesus, tetigit oculos eorum, et confestim viderunt, et secuti sunt eum. (*Hieron.*) Tangit oculos, et præstat artifex quod natura non dederat. Aut certe quod debilitas tulerat, donat in misericordia. Statimque viderunt, et secuti sunt eum. Qui ante in Jericho, qui ante contracti sedebant, et clamare tantum noverant, postea sequuntur Jesum, non tam pedibus quam virtutibus. (*Greg.*) Videt et sequitur Jesum, qui bonum, quod intelligit, operatur. Videt autem, sed non sequitur, qui bonum quidem intelligit, sed bene operari contemnit : Jesum enim sequitur, qui imitatur. Hinc namque dicit : *Si quis mihi ministrat, me sequatur* (*Joan.* XII). Consideremus ergo qua graditur, ut sequi mereamur. Ecce cum sit Dominus, et creator angelorum, suscepturus naturam nostram, quam condidit, in uterum Virginis venit. Nasci tamen voluit in hoc mundo, per divites noluit, parentes pauperes elegit, unde et agnus, qui pro illo offerretur, defuit, columbarum pullos et par turturum ad sacrificium mater invenit. Prosperari in hoc mundo noluit, opprobria irrisionesque toleravit, sputa, flagella, alapas, spineam coronam, crucem sustinuit. Et quia rerum corporalium delectatione a gaudio interno cecidimus, cum qua amaritudine illuc redeatur, ostendit.

CAPUT XXI.

De ingressu Jesu in Jerusalem, et ejectione vendentium ex templo. De indignatione Pharisæorum super pueros clamantes, Hosanna. De ficu arida, et Joanne Baptista, etc.

Et cum appropinquassent Hierosolymis, et venissent Bethphage ad montem Oliveti. (*Hieron.*) Egreditur Jesus de Jericho, turbis eductis inde quamplurimis, et cæcis reddita sanitate, appropinquat Hierosolymis, magnis ditatus mercedibus : salute credentium reddita ingredi cupit urbem pacis, et locum visionis Dei, et arcem speculatoris : *Cum appropinquassent,* inquit, *Hierosolymis, et venissent Bethphage,* et reliqua. In Luca ita scriptum est : *Cum appropinquasset ad Bethphage, et Bethaniam ad montem qui vocatur Oliveti* (*Luc.* XIX). Bethphage erat viculus sacerdotum in monte Oliveti ; Bethania quoque villula sive civitas in latere montis ejusdem, quasi stadiis quindecim ab Hierusalem, sicut Joannes evangelista manifestat, ubi Lazarus suscitatus est a mortuis, cujus et monumentum ecclesia nunc ibidem constructa demonstrat. Bethphage autem *domus buccæ,* sive *maxillarum.* Bethania *domus obedientiæ* dicitur : quas Jerosolymam venturus Salvator præsentiæ suæ dignatione sublimavit, quia multos ante passionem suam docendo donis piæ confessionis et obedientiæ spiritalis implevit. Quæ pulchræ civitates in monte Oliveti positæ referuntur, id est, in ipso Domino, qui nos unctione spiritalium charismatum, et scientiæ pietatisque luce refovet. Unde alibi cum diceret : *Non potest civitas abscondi supra montem posita ;* continuo subjecit : [*Neque accendunt lucernam, et ponunt eam sub modio* (*Matth.* v); quia idem mons Oliveti, id est summus spiritalium distributor gratiarum, qui civitatem suam, ut emineat, exaltat, hanc quoque oleo exsultationis, ut lucere possit, inflammat, et quia idem lumen sub modio poni noluit, continuo evangelista subjunxit.

Tunc Jesus misit duos discipulos, dicens eis : Ite in castellum quod contra vos est. Misit duos discipulos in castellum, quod contra eos erat, id est doctores, qui indocta ac barbara totius orbis littora quasi contrapositi castelli mœnia evangelizando penetrarent, destinare curavit. Recte autem duo mittuntur, sive propter scientiam veritatis, et mundiam operis, sive propter geminæ dilectionis, Dei videlicet et proximi, sacramentum toto orbe prædicandum. (*Chrysost.*) Quidam autem duos istos Petrum et Philippum apostolos exponit intelligi oportere, quoniam hi, primum transgredientes Judaicos fines, gentes adduxerunt ad Christum. Philippus quidem Samariam, quam ipsam Samariam *asinam* esse interpretatur. Petrus autem gentes accipiens Cornelium ex gentibus quasi Samariæ pullum.

Et statim invenietis asinam alligatam, et pullum cum ea, solvite et adducite mihi. (*Venant.*) Introeuntes mundum prædicatores invenerunt populum nationum perfidiæ vinculis irretitum. Funiculis enim peccatorum suorum unusquisque constrictus erat, nec solum nationum, sed et Judæorum. *Omnes enim peccaverunt, et egent gloria Dei* (*Rom.* III). Unde bene apud Matthæum asina quoque cum pullo alligata reperitur. Asina quippe, quæ subjugalis fuit, et edomita jugum legis traxerat, synagogam significat. Pullus asinæ lascivus et liber populum nationum demonstrat, cui nemo unquam hominum sedit, id est, nemo rationabilium doctorum frenum correptionis quo vel linguam a malo cohibere, vel in arctam vitæ viam ire cogeretur, imposuit ; nemo indumenta salutis, quibus spiritaliter calefieret, utilia suadendo contulit. Sederet namque illi homo, si qui ratione utens ejus stulta deprimendo corrigeret. Unde non immerito possunt duo discipuli, ad exhibenda Domino animalia destinati, juxta parabolæ superioris exemplum, duo prædicatorum ordines, unus in gentes, alter vero in circumcisionem directus intelligi. (*Chrysost.*) Propter quasdam enim tales similitudines animalibus hic assimilati sunt homines, Deum vel Dei Filium non cognoscentes. Est enim animal hoc immundum, et præ cæteris pene jumentis magis irrationabile, et stultum, et infirmum, et ignobile, et oneriferum magis : sic fuerunt et homines ante Christum idololatriis et passionibus immundi et irrationabiles verbi ratione carentes, quantum ad Deum stulti. (*Venant.*) Et notandum, quod tres evangelistæ, qui Græco sermone scripsere, pullum tantummodo commemorant : Matthæus vero solus, qui Hebræis Hebræoque suum Evangelium scripsit eloquio, asinam quoque solutam et Domino refert adductam, ut ejusdem etiam gentis Hebrææ non desperandam, si pœnituerit, monstret esse salutem. *Solvite,* inquit, *et adducite mihi. Quæcunque enim solveritis super terram, erunt soluta et in cælis (Joan. xx).*

Et si quis vobis aliquid dixerit, dicite : Quia Dominus his opus habet, et confestim dimittet eos. (*Chrysost.*) Et si quis, inquit, vobis dixerit aliquid, dicite : Dominus operam eorum desiderat. Ne dicatis dominus tuus, neque dominus noster, neque dominus jumentorum, ut intelligant omnes, quia ego solus sum Dominus, non solum animalium, neque solum eorum, qui mihi subditi sunt, sed omnium hominum, etiam qui mihi contrarii sunt. Nam et peccatores conditione quidem mei sunt, voluntate autem sua diaboli. *Meus est enim orbis terræ, et plenitudo ejus* (*Psal.* XLIX). Dominus operam eorum desiderat. Justum est, ut aliquando creatura serviat suo factori. Gentes enim Deus in potestate diaboli pro tempore reliquit ut tentet, non in æternum contempsit, ut perdat. Necesse est autem ut fiat quod scriptum est : *Homines et jumenta salvabis, Domine.* (*Hier.*) Alligata erat asina multis vinculis peccatorum, pullus quoque lascivus, et frenorum impatiens cum matre secundum Evangelium Lucæ multos habebat dominos, non uni errori et dogmati subditus; et tamen multi domini, qui sibi potestatem illicitam vindicabant, videntes verum Dominum, et servos ejus venisse, qui ad solvendum missi erant, non audebant resistere.

Hoc autem totum factum est, ut impleretur quod dictum est per prophetam dicentem : Dicite filiæ Sion. (*Beda.*) Filia Sion historialiter Hierusalem est, civitas sita in monte Sion. Mystice autem filia Sion Ecclesia est fidelium, pertinens ad supernam Hierusalem, quæ est mater omnium nostrum (*Gal.* IV), cujus portio tunc non minima erat in populo Israel.

Ecce rex tuus venit tibi mansuetus, sedens super asinam et pullum subjugalis. Ecce rex, inquit, *tuus venit tibi mansuetus,* etc. Ecce ostendentis verbum est, id est, videte non carnali aspectu, sed spiritali intellectu opera virtutum ejus aspicite, non schema visionis ejus. Si enim schema ejus aspexeritis, decipiendi estis in natura humana. Si autem opus ejus consideraveritis, salvandi estis in virtute divina. Nolite dicere : *Nos non habemus regem, nisi tantummodo Cæsarem* (*Joan.* XIX). Ecce rex tuus venit tibi mansuetus, cedens super asinam. Si intellexeris, *venit tibi;* si non intellexeris, veniet contra te, id est, si intellexeris, veniet ut salvet te, et sub pedibus tuis subiget gentes, ut gaudens per Prophetam dicas : *Quoniam Deus excelsus terribilis, et rex magnus super omnem terram subjecit populos nobis, et gentes sub pedibus nostris; elegit nos hæreditatem sibi speciem Jacob quem dilexit* (*Psal.* XLVI). Si autem non intellexeris, veniet ut perdat te, et de templo sanctitatis expellat, et aliam sponsam de gentibus castiorem inducat in cubiculum sanctitatis suæ. Vis cognoscere mansuetudinem venientis, considera speciem adventus ejus (*Job* XXX). Non sedet in curru aureo pretiosa purpura fulgens, nec ascendit super fervidum equum discordiæ amatorem et litis,

qui gloria jactantiæ pectus habet repletum, qui de longe odoratur bellum, et gaudet ad vocem tubæ, et cum viderit sanguineam pugnam, dicit in corde suo : Bene factum ; sed sedet super asinam tranquillitatis et pacis amicam. Non autem vides in circuitu ejus splendentes gladios, aut cætera ornamenta armorum terribilium. Sed quid? ramos frondentes, testimonia pietatis. Venit ergo mansuetus, ut non propter potentiam timeretur, sed ut propter mansuetudinem amaretur sedens super asinam et pullum, id est, matrem et filium. (*Hieron.*) Notandum autem quod hoc testimonium in propheta Zacharia scriptum est (*Zach.* IX), sed sciendum est, quod secundum litteram in parvo temporis spatio super utrumque animal sedere Dominus non quiverit. Aut enim asinæ sedit, et pullus absque sessore fuit ; aut si pullo (quod magis competit) abusus est ad sedendum, asina ducta est libera. Ergo cum historia vel impossibilitatem habeat, vel turpitudinem, ad altiora transmittuntur, ut asina ista, quæ subjugalis fuit, et edomita et jugum legis traxerat, synagoga intelligatur. Pullus asinæ lascivus et liber, gentium populus, quibus sedebat Jesus, id est, in præcordiis eorum habitabat, dicens : *Discite a me quia mitis sum et humilis corde* (*Matth.* XI), missis ad eos duobus discipulis suis, uno in circumcisionem, et altero in gentes.

Euntes autem discipuli fecerunt sicut præcepit illis, et adduxerunt asinam et pullum. Quod euntes apostoli solverunt asinam alienam, ministerium fuit quidem illorum, virtus autem et auctoritas Christi. Nec enim potuissent tollere jumentum alienum ab illo domino qui non eos cognoscebat qui essent, nisi præeminens spiritus Christi cor domini ejus præparasset ad dandum. Sic quod apostoli solverunt Judæos et gentes de vinculo inimici, in prima quidem facie eorum videbatur opus, revera autem virtus fuit et gratia Christi. Nec enim a Christo duodecim constituti totum mundum ligatum sub potestate diaboli solvere potuissent, nisi gratia Christi virtutem confregissent inimici. Sed notandum, quod scribit Marcus, pullum ante januam foris in bivio inventum (*Marc.* XI) : janua autem ipse est, qui ait : *Ego sum janua ovium ; per me si quis introierit, salvabitur, et ingredietur et egredietur, et pascua inveniet* (*Joan.* X). Quibus vitæ pascuis iste pullus, id est populus gentium, carebat, quando adhuc extra hanc januam in bivio ligatus stabat. Et recte in bivio, quia non unam certus vitæ fideique viam tenebat, sed plures dubiosque sectarum colles sequebatur erroneus.

Et imposuerunt super eos vestimenta sua, et eum desuper sedere fecerunt. Vestimenta apostolorum sunt præcepta divina, et gratia spiritalis. Sicut enim nuditatis turpitudo vestimento tegitur, sic naturalia mala carnis nostræ præceptis et gratia divina teguntur. (*Hieron.*) Pullus quippe iste et asina, quibus apostolis insternunt vestimenta sua, ut Jesus mollius sedeat, ante adventum Salvatoris nudi erant, multisque sibi in eos dominatum vindicantibus absque operimento frigebant. Postquam vero apostolicas suscepere vestes, pulchriores facti Dominum habuere sessorem. Nam vestis apostolica, ut dictum est superius, vel doctrina virtutum, vel dissertio Scripturarum intelligi potest, sive ecclesiasticorum dogmatum varietates. Quibus nisi anima instructa fuerit et ornata, sessorem habere Dominum non meretur.

Plurima autem turba straverunt vestimenta sua in via. Videte differentiam uniuscujusque personæ. Apostoli vestimenta sua super pullum ponunt; turba, quæ vilior est, substernit pedibus asini, nec ubi offendat in lapidem, ne calcet spinam, ne labatur in foveam. Portante Dominum asino, multi vestimenta sua in via sternunt, quia sancti martyres, propriæ se carnis amictu exuentes, simplicioribus Dei famulis viam suo sanguine parant, ut videlicet inoffenso gressu mentis ad supernæ mœnia civitatis, quo Jesus ducit, incedant. (*Greg.*) Item Salvator noster asellum sedens Hierusalem tendit, quando uniuscujusque fidelis animam regens, videlicet jumentum suum ad pacis intimæ visionem dicit; jumentum sedet, etiam cum sanctæ Ecclesiæ universaliter præsidet, eamque in supernæ pacis desiderium accendit. Multi autem vestimenta sua in via sternunt, quia corpora sua per abstinentiam edomant, ut ei iter ad mentem parent, vel exempla bona sequentibus præbeant.

Alii autem cædebant ramos de arboribus, et sternebant in via. Frondes vel ramos de arboribus cædunt, qui in doctrina veritatis verba atque sententias patrum de eorum eloquio excerpunt, et hæc in via Dei et auditoris animum venientis humili prædicatione submittunt.

Turbæ autem quæ præcedebant, et quæ sequebantur, clamabant dicentes: Hosanna filio David, benedictus qui venit in nomine Domini, Hosanna in excelsis. Præcessit quippe Judaicus populus, secutus est gentilis. Et quia omnes electi, sive qui in Judæa esse poterant, sive qui nunc in Ecclesia existunt, in mediatorem Dei et hominum crediderunt et credunt, qui præeunt et qui sequuntur, Hosanna clamabant. Hosanna autem Latina lingua, *salva nos,* dicitur. Nemo ergo putet ex duobus verbis, Græco videlicet et Hebræo sermone, esse compositum, sed totum Hebræum est, et significat, quod adventus Christi salus mundi sit. Unde et sequitur:

Benedictus, qui venturus est in nomine Domini: Salvatore quoque idipsum in Evangelio comprobante: *Ego veni in nomine Patris mei, et non me recepistis: alius veniet in nomine suo, et recipietis eum* (*Joan.* v). [*Greg.*] Ab ipso enim salutem et priores quæsierunt et præsentes quærunt, et benedictum qui venit in nomine Domini confitentur, quoniam una spes, una fides est præcedentium atque sequentium populorum. Nam sicut illi exspectata passione ac resurrectione ejus sanati sunt, ita nos præterita passione illius ac permanente in sæcula resurrectione salvamur. Quem enim priores nostri ex Judaico populo crediderunt atque amaverunt venturum, hunc nos et venisse credimus, et amamus, ejusque desiderio accendimur, ut eum facie ad faciem contemplemur. Nec non in hoc quod adjungitur, *Hosanna,* id est salus in excelsis, perspicue ostenditur, quod adventus Christi non tantum hominum salus, sed totius mundi sit, terrena jungens cœlestibus, *omne genu ei flectatur cælestium, terrestrium, et infernorum* (*Phil.* II).

Et cum intrasset Hierosolymam, commota est universa civitas, dicens: *Quis est hic? Populi autem dicebant: Hic est Jesus propheta a Nazareth Galilææ.* Introeunte Jesu cum turba Hierosolymitarum civitatem, commovetur, mirans frequentiam nesciens veritatem, et dicens: *Quis est hic?* Quod quidem et in alio loco dicentibus angelis legimus: *Quis est iste rex gloriæ?* (*Psal.* XXIII.) Vel ambigentibus vel interrogantibus vilis plebecula confitetur; a minoribus incipiens, ut ad majora perveniat, et dicit: *Hic est Jesus propheta a Nazareth Galilææ* (*Deut.* XVIII). Quem prophetam et Moyses similem sui dixerat esse venturum.

Et intravit Jesus in templum Dei. (RAB.) Quod ingressus civitatem primo templum adiit, formam nobis religionis quam sequamur, præmonstrat, ut cum forte villam aut oppidum, aut alium quemlibet locum, in quo sit locus orationis, Deo consecrata intramus, primo ad hanc divertamus, et postquam nos Domino per orationum studia commendaverimus, sic deinde ad agenda ea propter quæ venimus, temporalia negotia secedamus. Appropinquante autem tempore passionis, appropinquare voluit Dominus loco passionis, ibique proximus manere, ubi constituto ac præfinito ante sæcula tempore inveniri posset ab eis per quos erat passio complenda. Quo etiam per hoc cunctis intimaret audientibus, quia non invitus mortem, ut profani putavere, sed sua sponte subiret: cujus hora proximante intrepidus locum adiit, in quo se esse passurum, et per seipsum et per prophetarum suorum ora longe ante prædixerat. Notandum vero quod hic introitus ejus in Hierusalem ante quinque dies Paschæ, in quo mysterium sacrosanctæ passionis suæ implere decreverat, factus est. Narrat enim Joannes, quod ante sex dies Paschæ venerit Bethaniam, ubi cœna ei facta et discumbentibus multis, soror Lazari Maria eum unguento mystico perfuderit, atque in crastinum asino sedens, obviante cum palmis plurima turba, venerit Hierosolymam (*Joan.* XII). Ubi non prætereunda mentio est non tantum concordiam rebus, verum etiam in temporibus Veteris et Novi Testamenti, umbræ et veritatis, legis et Evangelii. Scriptum namque in lege est, dicente Domino ad Moysen et Aron: *Mensis iste vobis principium mensium, primus erit in mensibus anni. Loquimini ad universum cœtum filiorum Israel, et dicite eis: Decima die mensis hujus tollat unusquisque agnum per familias et domos suas.* Et paulo post: *Et servabitis eum usque ad quartam decimam diem mensis hujus, immolabitque eum universa multitudo filiorum Israel ad vesperam* (*Exod.* XII). Decima ergo die mensis primi, agnus qui in Pascha immolaretur, domum introduci missus est, quia et Dominus decima die ejusdem mensis, id est, ante quinque dies Paschae in civitatem, in qua pateretur, erat ingressurus. Et sicut agnus de toto grege electus certum suae victimationis diem exspectabat, ita et Dominus conjurante adversum se omni seniorum et principum concilio certus praestolabatur horam, in qua seipsum pro salute mundi oblationem Deo et hostiam in odorem suavitatis offerret. Immolabatur agnus quarta decima die primi mensis ad vesperam. Et Dominus eadem hora agnum cum discipulis manducans, ubi legalis Paschae decreta complevit, egressus est statim cum eis ad locum orationis, ubi comprehensus et ligatus a Judaeis jam sacramenta beatae suae victimationis inchoaret.

[II.] *Et ejiciebat omnes vendentes et ementes in templo, et mensas nummulariorum, et cathedras vendentium columbas evertit, et dicit eis: Scriptum est: Domus mea domus orationis vocabitur, vos autem fecistis illam speluncam latronum.* (*Hieron.*) Comitatus Jesus turba credentium, quae vestimenta sua, ut illaeso pede pullus incederet, straverat, ingreditur templum, et ejicit omnes qui vendebant et emebant in templo, mensas nummulariorum subvertit, et cathedras vendentium columbas dissipavit, dixitque eis de Scripturis sanctis testimonium proferens, quod domus Patris ejus orationis domus esse deberet, non spelunca latronum, vel domus negotiationis, sicut et in alio evangelista loquitur. Et hoc primum sciendum, quod juxta mandata legis, augustissimo in toto orbe templo Domini, et de cunctis pene regionibus Judaeorum illuc populo confluente innumerabiles immolabantur hostiae, et maxime festis diebus, taurorum, arietum, et hircorum. Pauperioribus, ne absque sacrificio essent, pullos columbarum et turtures offerentibus, accidebat plerumque, ut qui de longe venerant, non haberent victimas. Excogitaverunt igitur sacerdotes, quomodo praedam de populis facerent, et omnia animalia, quibus opus erat ad sacrificia, vendebant, ut et venderent non habentibus, et ipsi rursum empta susciperent. Hanc stropham eorum crebro venientium inopia dissipabat, qui indigebant sumptibus, et non solum hostias non habebant, sed ne unde emerent quidem aves et vilia munuscula. Posuerunt itaque et nummularios, qui mutuum sub hac cautione darent pecuniam. Sed quia erat lege praeceptum (*Levit.* xxv), ut nemo usuras acciperet, et prodesse non poterat pecunia fenerata, quae commodi nihil haberet, et interdum sortem perderet, excogitaverunt et aliam technam, ut pro nummulariis collybistas facerent, cujus verbi proprietatem Latina lingua non exprimit. Graece dicitur τῶν κολλυβιστῶν ἐξέχει τὸ κέρμα, id est, collybistarum ejecit pecuniam. Κόλλυβος vel κόλλιβος dicuntur apud eos, quae nos appellamus vel vilia munuscula, verbi gratia, frixi ciceris, uvarumque passarum, et poma diversi generis. Igitur quia usuras accipere non poterant collybistae, qui pecuniam fe-

nerati erant, pro usuris accipiebant varias species; ut quod in nummo non licebat, in his rebus exigerent, quae nummis coemuntur: quasi non hoc ipsum Ezechiel praecaverit, dicens: *Usuram et superabundantiam non accipietis* (*Ezech.* xviii). Istius modi Dominus cernens in domo Patris negotiationem, seu latrocinium ardore spiritus concitatus, juxta quod scriptum est in sexagesimo octavo psalmo: *Zelus domus tuae comedit me*, fecit sibi flagellum e funiculis, et tantam hominum multitudinem ejecit de templo, dicens: *Scriptum est: Domus mea domus orationis vocabitur, vos fecistis illam speluncam latronum*. Latro enim est, et templum Dei in latronum convertit speluncam, qui lucra de religione sectatur, cultusque ejus non tam cultus Dei quam negotiationis occasio est. Hoc juxta historiam. Caeterum secundum mysticos intellectus quotidie Jesus ingreditur templum Patris, et ejicit omnes tam episcopos quam presbyteros, et diaconos quam laicos, et universam turbam de Ecclesia, et unius criminis habet vendentes et ementes pariter; scriptum est enim: *Gratis accepistis, gratis date*. Mensas quoque nummulariorum subvertit. Observa propter avaritiam sacerdotum altaria Dei nummulariorum mensas appellari. Cathedras vendentium columbas evertit, qui vendunt gratiam sancti Spiritus, et omnia faciunt ut subjectos populos devorent; de quibus dicitur: *Qui devorant populum meum sicut escam panis* (*Psal.* xiii). Juxta simplicem intelligentiam columbae non erant in cathedris, sed in cavernis, nisi forte columbarum institores sedebant in cathedris, quod penitus absurdum est, quia in cathedris magistrorum magis dignitas indicatur. Quae utique ad nihilum redigitur, cum mista fuerit lucris. (*Greg.*) Qui autem sunt in templo Dei hodie, qui columbas vendunt, nisi qui in Ecclesia pretium de impositione manus accipiunt, per quam videlicet impositionem Spiritus sanctus coelitus datur? Columba igitur venditur, quia manus impositio, per quam Spiritus sanctus accipitur, ad pretium praebetur. Sed Redemptor cathedras vendentium columbas evertit, quia talium negotiatorum sacerdotium destruit. Hinc est quod sacri canones Simoniacam haeresim damnant, et eos sacerdotio privari praecipiunt, qui de largiendis ordinibus pretium quaerunt. Cathedra ergo vendentium columbas evertitur, quia hi qui spiritalem gratiam venundant, vel ante humanos, vel ante Dei oculos sacerdotio privantur. (*Hieron.*) Quod de ecclesiis diximus, unusquisque de se intelligat. Dicit enim apostolus Paulus: *Vos estis templum Dei, et Spiritus sanctus habitat in vobis* (*I Cor.* iii; *II Cor.* vi). Non sit in domo pectoris vestri negotiatio non vendentium ementiumque commercia, non domorum cupiditas, ne ingrediatur Jesus iratus et rigidus. Et non aliter mundet templum suum nisi flagello adhibito, ut de spelunca latronum, et de domo negotiationis domum faciat orationis. (*Greg.*) Domum ergo orationis speluncam latronum faciunt, qui ad hoc in templo assistere norunt, ut aut non dantes munera studeant corporaliter persequi, aut dantes spiritaliter necare. Templum quoque et domus Dei est ipsa mens atque conscientia fidelium, quæ et si quando in læsionem proximi perversas cogitationes profert, quasi in spelunca latrones resident, et simpliciter gradientes interficiunt, quando in illos, qui in nullo rei sunt læsionis, gladios defigunt. Mens enim fidelium non jam domus orationis, sed spelunca latronis est, quando relicta innocentia et simplicitate sanctitatis illud conatur agere, unde valeat proximo nocere.

Et accesserunt ad eum cæci et claudi in templo, et sanavit eos. (*Aug.*) Virtutis suæ potentiam in templo ostendit calumniatoribus, ut quod illi verbis clamabant, iste factis ostenderet, quasi testis vocis illorum. (Rab.) Sanavit cæcos ut aspicientes viderent, et ipsi, ut istorum illuminatio corporalis fieret illis spiritalis lucerna cordis. Curavit claudos, ut claudicantes in fide currerent ad Christum, ut meliores pedes acciperent illi videntes quam isti accipientes.

Videntes autem principes sacerdotum et scribæ mirabilia quæ fecit, et pueros clamantes in templo, et dicentes : Hosanna filio David, indignati sunt, et dixerunt ei : Audis quid isti dicunt? Plerique arbitrantur maximum esse signorum quod Lazarus suscitatus est, quod cæcus ex utero lumen accepit, quod ad Jordanem vox audita sit, quod transfiguratus in monte gloriam ostendit triumphantis. Mihi inter omnia signa quæ fecit, hoc videtur esse mirabilius, quod unus homo et illo tempore contemptibilis, et in tantum vilis, ut postea crucifigeretur, Scribis et Pharisæis contra se sævientibus, et videntibus lucra sua destrui, potuerit ad unius flagelli verbera tantam ejicere multitudinem, mensasque subvertere, et cathedras confringere, et alia facere quæ infinitus non fecisset exercitus. Igneum enim quiddam atque sidereum radiabat ex oculis ejus, et divinitatis majestas lucebat in facie; cumque manum non audeant injicere sacerdotes, tantum opera calumniantur; et testimonium populi et puerorum, qui clamabant : *Hosanna filio David,* vertunt in calumniam, quod videlicet hoc non dicatur, nisi soli Filio Dei. Videant ergo episcopi, et quamlibet sancti homines, cum quanto periculo dici ista sibi patiantur, si Domino, cui vere hoc dicebatur, quia nec dum erat solida credentium fides, pro crimine impingebatur.

Jesus autem dixit eis : Utique. Nunquam legistis, quia ex ore infantium et lactantium perfecisti laudem? (*Psal.* VIII.) Quam moderate sententiam temperat et responsionem! Ne in utrumque vergens calumniæ non pateret, [*Al.,* et responsio utrinque vergens, et calumniæ non patens] non dixit, quod Scribæ audire cupiebant. Bene faciunt pueri, ut mihi testimonium perhibeant; nec rursum : Erant pueri, debetis ætati ignoscere : sed profert exemplum de octavo psalmo, ut tacente Domino testimonium Scripturarum puerorum dicta firmaret.

[III.] *Et, relictis illis, abiit foras extra civitatem in Bethaniam, ibique mansit.* Reliquit incredulos, et urbem egressus contradicentium, ivit in Bethaniam, quod interpretatur *domus obedientiæ*, jam tunc vocationem gentium præfigurans, ibique mansit, quia in Israel permanere non potuit. Hoc quoque intelligendum est, quod tantæ fuerit paupertatis, et ita nulli sit adulatus, ut in urbe maxima nullum hospitem, nullamque invenerit mansionem, sed in agro parvulo apud Lazarum sororesque ejus habitaret. Eorum quippe vicus Bethania est.

Mane autem revertens in civitatem esuriit; et videns fici arborem unam secus viam, venit ad eam, et nihil invenit in ea nisi folia tantum, et ait illi : Nunquam fructus ex te nascatur in sempiternum. Et arefacta est continuo ficulnea. Discussis noctis tenebris, matutina luce radiante, et vicina meridie, in qua Dominus passione sua illustraturus erat orbem, cum in civitatem reverteretur esuriit, vel veritatem humanæ carnis ostendens, vel esuriens, salutem credentium, et æstuans ad credulitatem Israelis. Cumque vidisset arborem unam, quam intelligimus synagogam, et conciliabulum Judæorum, quæ juxta viam erat, quia non credebant in viam, venit ad eam stantem videlicet et immobilem, et non habentem Evangelii pedes, nihilque invenit in illa, nisi folia tantum, promissionum strepitum, traditiones Pharisaicas, jactationem legis, ornamenta verborum absque ullis fructibus veritatis. Unde et alius evangelista dicit : *Nondum enim erat tempus* (*Marc.* XI), sive quod tempus nondum venerat salvationis Israel, eo quod necdum populus gentium subintrasset, sive quod præterisset tempus fidei, quia ad illum primum veniens, et spretus transiisset ad nationes. Et ait illi : *Nunquam ex te fructus nascatur,* vel *in sempiternum,* vel *in sæculum.* Utrumque enim αἰών Græcus sermo significat. *Et arefacta est ficulnea,* quia esuriente Domino cibos quos ille cupiebat, non habebat. Sic autem aruerunt folia, ut truncus ipse remaneret, et fractis ramis radix viveret, quæ in novissimo tempore, si credere voluerint, virgulta fidei pullulent : impleturque quod dicitur : *Est arbori spes.*

Et videntes discipuli mirati sunt, dicentes : Quomodo continuo aruit? (*Aug.*) Intelligitur autem non tunc aruisse, cum viderant, sed continuo quando maledicta est. Neque enim arescentem, sed penitus arefactam viderunt, ac sic eam continuo in verbo Domini aruisse intellexerunt. Juxta litteram autem Dominus passurus in populis, et bajulaturus scandalum crucis, debuit discipulorum animos signi anticipatione signare. Unde et discipuli mirantur, dicentes : *Quomodo continuo aruit ficulnea?* Potuit ergo Salvator eadem virtute etiam inimicos siccare suos, nisi eorum per patientiam exspectasset salutem.

Respondens autem Jesus ait eis : Amen dico vobis : Si habueritis fidem, et non hæsitaveritis, non solum de ficulnea facietis, sed et si monti huic dixeritis : Tolle, et jacta te in mare, fiet. Solent gentiles, qui contra Ecclesiam maledicta scripsere, improperare nostris quod non habuerint plenam fidem Dei, quia nunquam montes transferre potuerint. Quibus respondendum, non omnia scripta esse quæ in Ecclesia gesta sunt, sicut etiam de factis ipsius Christi Dei et Domini nostri Scriptura testatur. Unde et hoc quoque fieri potuisse, ut mons ablatus de terra mitteretur in mare, si necessitas id fieri poposcisset. Quomodo legimus factum precibus beati patris Gregorii, Neocæsariæ Ponti antistitis, viri meritis et virtutibus eximii, ut mons in terra tantum loco cederet, quantum incolæ civitatis opus habebant. Cum enim volens ædificare ecclesiam in loco apto, videret eum angustiorem esse quam res exigebat, eo quod ex una parte, rupe maris, ex alia, monte proximo coarctaretur, venit nocte ad locum et genibus flexis admonuit Deum promissionis suæ, ut montem longius juxta fidem petentis ageret. Et mane facto reversus, invenit montem tantum spatii reliquisse structoribus ecclesiæ, quantum opus habuerant. Poterat ergo hic, poterat alius quis ejusdem meriti vir, si opportunitas exegisset, impetrare a Domino merito fidei, ut etiam mons tolleretur et mitteretur in mare. Verum quia montis nomine nonnunquam diabolus significatur, videlicet propter superbiam, qua se contra Deum erigit, et esse vult similis Altissimo, mons ad præceptum eorum qui fortes fide sunt, tollitur de terra, et in mare projicitur, cum prædicantibus verbum doctoribus sanctis immundus spiritus ab eorum corde repellitur qui ad vitam sunt præordinati, et in turbulentis amarisque infidelium mentibus vesaniam suæ tyrannidis exercere permittitur, non quo ibi et antea sedem regnumque non habuerit, sed quia tanto acrius in eos quos licet deseuit, quanto amplius redolet a læsione piorum fuisse devulsum. Cui simile est illud Apocalypsis : *Et secundus angelus tuba cecinit, et ecce tanquam mons magnus igne ardens missus est in mare* (Apoc. VIII). Canente etenim angelo tuba, mons igne ardens missus est in mare, quia prædicante verbum doctore veritatis, antiquus hostis invidiæ facibus accensus perversorum animos gravius corrupturus adiit, ut dolorem expulsionis suæ de fidelibus vindicaret in perfidis.

Et omnia quæcunque petieritis in oratione credentes, accipietis. In Evangelio Joannis legitur Dominum discipulis dixisse : *Amen, amen dico vobis, si quid petieritis Patrem in nomine meo, dabit vobis* (Joan. XIV). Et ob hoc a nonnullis quæritur, quomodo omnes credentes, in nomine Salvatoris petentes omnia quæcunque petierint accipiant, cum non solum nostri similes multa, quæ Patrem in Christi nomine videntur petere, non accipiunt, verum etiam ipse apostolus Paulus tertio Deum rogaverit ut a se angelus Satanæ, a quo tribulabatur, abscederet, nec impetrare potuerit (*II Cor.* XII). Sed hujus motio quæstionis antiqua jam Patrum reserata est explanatione, qui veraciter intellexerunt, illos solum in nomine Salvatoris petere, qui ea quæ ad perpetuam salutem pertinent petunt. Ideoque apostolum non in nomine Salvatoris petiisse, ut tentatione careret,

quam ob custodiam humilitatis acceperat; quia si hac caruisset, salvus esse non posset, ipso affirmante, cum ait : *Et ne magnitudo revelationum extollat me datus est mihi stimulus carnis meæ angelus Satanæ, ut me colaphizet.* Quotiescunque ergo petentes non exaudimur, ideo fit, quia vel contra auxilium nostræ salutis petimus, ac propterea a misericorde Patre beneficium nobis, quod inepte petimus, negatur. Quod eidem apostolo Paulo contigisse probatur, cui tunc petenti responsum est : *Sufficit tibi gratia mea : nam virtus in infirmitate perficitur.* Vel utilia quidem, et quæ ad veram salutem respiciant, petimus, sed ipsi male vivendo auditum nobis justi judicis avertimus, incidentes in illud Salomonis : *Qui avertit aurem suam, ne audiat legem, oratio ejus erit exsecrabilis* (*Prov.* XXVIII). Vel dum pro peccantibus quibusquam ut resipiscant oramus, etsi salubriter petimus, atque ex nostro merito digni simus auditu, ipsorum tamen perversitas ne impetremus obsistit. Fit etiam aliquando ut salutaria prorsus et precibus sollicitis et devotis quæramus actionibus, nec tamen statim quæ petimus obtineamus, sed in futurum petitioni nostræ differatur effectus. Sicut cum genibus flexis quotidie rogamus Patrem, dicentes, *Adveniat regnum tuum,* idem tamen regnum non mox oratione finita, sed tempore congruo sumus accepturi, quia pia provisione nostri conditoris constat actitari, ut videlicet desideria nostræ devotionis dilatione crescant, et cremento quotidiano magis magisque provecta tandem perfectius capiant gaudia, quæ requirunt. Inter quæ notandum, quia cum pro peccantibus oramus, et si eorum salvationem impetrare nequimus, nequaquam tamen fructu precis nostræ privamur, quia, etsi illi non sunt digni salvari, nos tamen amoris quem illis impendimus mercede donabimur. Sicque in tali quoque petitione implebitur nobis illa Domini promissio, qua ait : *Si quid petieritis Patrem in nomine meo, dabit vobis* (*Joan.* XVI). Intuendum enim, quia non ait simpliciter, dabit, sed *dabitur,* inquit, *vobis :* quia etsi non eis pro quibus petimus dabit, nobis tamen, cum pro aliorum erratibus misericorditer intervenimus, præmium nostræ benignitatis restituet.

[IV.] *Et cum venisset in templum, accesserunt ad eum docentem principes sacerdotum, et seniores populi dicentes : In qua potestate hæc facis ? Et quis tibi dedit hanc potestatem ?* (Hieron.) Diversis modis eamdem quam supra calumniam struunt, quando dixerunt : *In Beelzebub principe dæmoniorum ejicit hic dæmonia.* Quando enim dicunt : *In qua potestate hæc facis ?* de Dei dubitant potestate, et subintelligi volunt diaboli esse quod faciat. Addentes quoque : *Quis tibi dedit hanc potestatem ?* Manifestissime Dei Filium negant, quem putant non suis, sed alienis viribus signa facere.

Respondens Jesus dixit eis : Interrogabo vos et ego unum sermonem, quem si dixeritis mihi, et ego vobis dicam in qua potestate hæc facio : Baptismum Joannis unde erat, e cœlo an ex hominibus ? Poterat Dominus aperta responsione tentatorum calumniam confutare, sed propterea interrogat, ut suo vel silentio, vel sententia condemnentur.

At illi cogitabant inter se dicentes : Si dixerimus, E cœlo, dicet nobis : Quare ergo non credidistis illi? (MAUR.) Dolosi tractores ac falsiloquii argumentatores hanc argumentationem dubiam opponebant sibi ac si a Domino taliter eis responderetur : (*Aug.*) Quem confitemini de cœlo habuisse prophetiam, mihi testimonium perhibuit, et ab illo audistis, in qua ego ista faciam potestate.

Si autem dixerimus, Ex hominibus, timemus turbam; omnes enim habent Joannem sicut prophetam. Viderunt ergo quodlibet horum respondissent in laqueum se casuros, timentes lapidationem, sed magis timentes veritatis confessionem. Si enim respondissent baptismum Joannis esse de cœlo (ut ipsi sapientes in malitia pertractaverunt) consequens erat responsio : Quare ergo non estis baptizati a Joanne? Si dicere voluissent humana deceptione compositum, et nihil habuisse divinum, seditionem populi formidabant. Omnes enim gregatim multitudines Joannis receperant baptismum, et sic eum habebant ut prophetam.

Et respondentes Jesu dixerunt : Nescimus. Ait illis et ipse : Nec ego dico vobis in qua potestate hæc facio. Non vobis, inquit, dico quod scio, quia non vultis fateri quod scitis. Consequens erat juxta responsionem eorum, Dominum quoque dicere, Nec ego scio, sed mentiri Veritas non potest, et ait : *Nec ego dico vobis.* Ex quo ostendit et illos scire, sed respondere nolle, et se nosse, et ideo non dicere, quia illi quod sciunt taceant. Justissime utique insidiatores hujusmodi verbis repulsi, confusi abscesserunt, et impletum est quod in psalmo per Prophetam dicit Deus Pater : *Paravi lucernam Christo meo,* id est ipsum Joannem, *inimicos ejus induam confusione* (*Psal.* CXXXI). [*Venant.*] Notandum autem quia duas ob causas maxime scientia veritatis est occultanda quærentibus, cum videlicet qui quærit, aut minus capax est ad intelligendum quod quærit, aut odio vel contemptu ipsius veritatis indignus est cui debeat aperiri quod quærit. Quorum propter unum Dominus ait : *Adhuc multa habeo vobis dicere, sed non potestis illa portare modo* (*Joan.* XVI). Propter aliud vero discipulis præcipit : *Nolite sanctum dare canibus, neque mittatis margaritas vestras ante porcos* (*Matth.* VII). Post hanc ergo fraudulentam sacerdotum interrogationem, postque suam cautissimam responsionem statim infert Dominus parabolam quæ et illos impietatis arguat et ad gentes regnum Dei doceat transferendum.

(V.) *Quid autem vobis videtur? Homo quidam habebat duos filios, et accedens ad primum dixit : Fili, vade hodie operari in vineam meam. Ille autem respondens ait : Nolo. Postea autem pœnitentia motus abiit. Accedens autem ad alterum, dixit similiter. At ille respondens ait : Eo, Domine, et non ivit.* Iste homo Deus intelligitur, qui omnes homines quos natura creavit paterno affectu diligit. Quomodo locutus est filiis suis non in facie ut homo, sed in corde ut Deus, non in auribus verbum sonans, sed in sensibus suggerens intellectu. (*Hieron.*) Hi sunt duo filii, qui et in Lucæ parabola describuntur, lividus, rigidus, et luxuriosus (*Luc.* XV), et de quibus Zacharias propheta loquitur : *Assumpsi mihi duas virgas, unam vocavi decorem, et alteram vocavi funiculum et pavi gregem* (*Zach.* XI). Zacharias duas virgas dixit, id est, duos filios. Primo dicitur gentili populo per naturalis legis notitiam : *Vade, et operare in vinea mea,* id est, *Quod tibi non vis fieri, alteri ne feceris.* Qui superbe respondit, *Nolo,* cum reliquit bonum et elegit malum. Postea vero in adventu Salvatoris acta pœnitentia operatus est in vinea Dei, et sermonis contumaciam labore correxit. Secundus autem populus Judæorum est, qui respondit Moysi, *Omnia quæcunque dixeris, faciemus* (*Exod.* XXIV), et non ivit in vineam, quia interfecto patrisfamilias filio se putavit hæredem. Alii vero non putant gentilium et Judæorum esse parabolam, sed simpliciter peccatorum et justorum. Ipso quoque Domino propositionem suam postea disserente : *Amen dico vobis, quia publicani et meretrices præcedunt vos in regno Dei* (*Matth.* XXI). Porro quod sequitur :

Quis ex duobus fecit voluntatem patris? Et illi dicunt : Novissimus. Sciendum est in veteribus exemplaribus non haberi *novissimum,* sed *primum,* ut proprio judicio condemnentur. Si autem *novissimum* voluerimus legere manifesta est interpretatio, ut dicamus intelligere quidem veritatem Judæos, sed tergiversari, et nolle dicere quid sentiunt, sicut et baptismum Joannes scientes esse de cœlo, dicere noluerunt.

Dicit illis Jesus : Amen dico vobis, quia publicani et meretrices præcedent vos in regno Dei. Et merito, quia illi qui per mala opera Deo servire negaverunt, postea pœnitentiæ baptismum acceperant a Joanne. Pharisæi autem, qui justitiam præferebant et legem Dei se facere jactabant, Joannis contempto baptismate Dei præcepta non fecerunt. Unde subsequenter dicit :

Venit enim Joannes in via justitiæ, et non credidistis ei : Publicani autem et meretrices crediderunt ei. Vos autem videntes, nec pœnitentiam habuistis postea, ut crederetis ei. (MAUR.) Viam ergo justitiæ Joannes prædicans venit, quia Christum, qui consummatio legis et prophetarum est, adesse digito demonstravit, et præcursor Domini factus, viam ipsius præparando valles humilium pia doctrina implevit, et colles superborum digna correctione humiliavit. Hunc ergo Judæi contemnendo spernentes viam justitiæ, quæ Christus est, non apprehenderunt, quia nec pœnitentiam a pravis operibus suis, et malitia agere voluerunt. Gentes autem humiliter sentientes, et pie vaticiniis prophetarum credentes, quia a peccatis suis conversæ ad Dominum digne pœnitentiam egerunt in via justitiæ, id est, in semita mandatorum Dei incedentes, velociter ad regnum Dei, migrare meruerunt. Potest et hic regnum Dei Evangelium Dei, quod et alibi *Evangelium regni* dicitur, vel Ecclesia præsens intelligi. Unde et Salvator ad apostolos ait : *Regnum Dei intra vos est (Luc. XVII)*. In quo gentes Judæos pæcedunt, quia citius credere voluerunt. Fitque hoc quod in alia parabola Dominus dixit : *Erunt novissimi primi, et primi novissimi (Matth.* XXI), quia, secundum Isaiæ prophetiam, *Caput in caudam versum est, et cauda in caput (Isa.* XIX).

Aliam parabolam audite : Homo erat paterfamilias, qui plantavit vineam et sepem circumdedit ei, et fodit in ea torcular, et ædificavit turrim, et locavit eam agricolis, et peregre profectus est. (Hieron.) Principes sacerdotum, et seniores populi, qui interrogaverunt Dominum : *In qua potestate hæc facis, et quis tibi dedit hanc potestatem ?* et voluerunt in verbo capere sapientiam, sua arte superantur, et audiunt in parabolis quod aperta facie non merebantur audire. Homo iste paterfamilias ipse est, qui habebat duos filios, et qui in alia parabola conduxit operarios in vineam suam, qui plantavit vineam. De qua et Isaias plenissime per canticum loquitur ad extremum inferens : *Vinea Domini Sabaoth domus Israel est (Isa.* v). Et in psalmo inquit : *Vineam de Ægypto transtulisti, ejecisti gentes, et plantasti eam (Psal.* LXXIX). *Sepem circumdedit ei,* vel murum urbis vel angelorum auxilia ; *et fodit in ea torcular,* aut altare, aut illa torcularia, quorum et tres psalmi titulo prænotantur, octavus, octogesimus, et octogesimus sextus. *Et ædificavit turrim,* haud dubium quin templum de quo dicitur per Michæam : *Et turris nebulosa filia Sion (Mich.* IV) : *Et locavit eam agricolis.* Quos alibi vineæ operarios appellavit, qui conducti fuerant hora prima, tertia, sexta et nona. Et peregre profectus est, non loci mutatione; nam Deus unde abesse potest per quem complentur omnia ? Et qui dicit per Jeremiam : *Ego Deus appropinquans, et non de longinquo, dicit Dominus (Jer.* XXX), sed abire videtur a vinea, ut vineatoribus liberum operandi arbitrium derelinquat.

Cum tempus autem fructuum appropinquasset. (RAB.) Bene tempus fructuum posuit non proventuum ; nullus enim fructus exstitit populi contumacis, nullus hujus vineæ proventus, tametsi crebro ac sollicite quæreretur, inventus est.

Misit servos suos ad agricolas, ut acciperent fructus ejus, et agricolæ apprehensis servis ejus alium ceciderunt, alium occiderunt, alium vero lapidaverunt. Servi ergo qui primi missi sunt, ipse legifer Moyses intelligitur, et Aaron primus sacerdos Dei. De quibus scriptum est : *Misit Moysen servum suum, et Aaron quem elegit ipsum (Psal.* CIV), et reliqua. Qui quadraginta annos continuos fructum aliquem legis, quam Deus illis dederat a cultoribus inquirebant, sed cæsos eos flagellis linguæ dimiserunt vacuos. *Irritaverunt enim Moysen in castris et Aaron sanctum Domini. Et vexatus est Moyses propter eos, quia exacerbaverunt spiritum ejus (Psal.* CV). Qui et ipse servus quid de fructu hujus vineæ sentiat palam carmine declarat dicens : *Ex vinea enim Sodomorum vitis eorum, et propago eorum ex Gomorrha. Uva eorum uva fellis, botrus amaritudinis ipsis. Furor draconum vinum eorum, et furor aspidum insanabilis (Deut.* XXXII). Nam et ipse David servus summi patrisfamilias est, qui cor populi, ut ad cœlestia desideranda suspenderet inter ritus carnalium victimarum, laudes Domini continuas suavi melodia decantari constituit. Sed et hunc servum affectum contumeliis in capite vulneraverunt ; secundum quod Evangelium Marci sonat, quia psalmistarum carmina, quæ ad laudem Domini vocabant parvi pendentes, ipsum qui psalmodiæ caput in Spiritu sancto et fons claruerat, David abjecerunt : dicentes enim, *Quæ nobis pars in David, aut quæ hæreditas in filio Isai? (II Reg.* XX) regnum simul ejus ignobili stirpe et religionem impietate mutarunt. Attamen ipse pro hac vinea, quæ de Ægypto translata Palæstinæ montes sua obumbratione protexerat, ne radicitus exterminaretur orabat: *Domine, Deus virtutum, convertere nunc, respice de cœlo, et vide et visita vineam istam, et dirige eam quam plantavit dextera tua (Psal.* LXXIX). Ubi pariter exposuit, qui sit homo ille qui hanc vineam plantavit, Dominus videlicet Deus virtutum.

Iterum misit alios servos plures prioribus, et fecerunt illis similiter. In hac enim sententia ostendit patientiam patrisfamilias, quod frequentius miserit, ut malos colonos ad pœnitentiam vocaret ; illi autem contemnentes thesaurizaverunt sibi iram in die iræ. Attamen servos istos prophetarum chorum intellige qui continuis attestationibus populum convenerint, et quæ huic vineæ ventura, quæ ei imminerent mala prædixerunt. Sed quem prophetarum non sunt persecuti ? Et occiderunt eos qui pronuntiabant de adventu Domini Salvatoris : hi autem multa de hujus vineæ sterilitate dixerunt, sed unius Jeremiæ planctum ponere sufficiat. *Ego autem, inquit, plantavi te vineam electam, omne semen verum, quomodo conversa es in pravum vinea aliena? (Isa.* v). [MAUR.] Quod autem supra legimus quod agricolæ apprehensis servis ipsius patrisfamilias alium ceciderunt, alium occiderunt, alium vero lapidaverunt ; hoc in Judæorum actionibus patet. Nam alium ceciderunt, ut Jeremiam, alium occiderunt, ut Isaiam, alium lapidaverunt, ut Nabutha, et Zachariam quem interfecerunt inter templum et altare (*Luc.* XI). [*Hieron.*] Legamus Epistolam Pauli ad Hebræos, et ex ea plenissime discemus, qui servi sint Dei, et quanta perpessi sunt.

Novissime autem misit ad eos filium suum. (Chrys.) Et hunc non quasi ad obnoxios pœnæ sententiam bajulantem, sed patientia veniam post tot scelera adhuc eis misericordiæ locum reservavit.

Dicens : Verebuntur filium meum. (Hieron.) Quod ait, *quia reverebuntur filium meum,* non ex Dei ignorantia venit. Quid enim nesciat paterfamilias, qui hoc loco Deus intelligitur, sed semper ambigere

Deus dicitur, ut libera voluntas homini reservetur. Interrogemus Arium et Eunomium : Ecce Pater dicitur ignorare, et sententiam temperat, et quantum in nobis est probatur esse mentitus. Quidquid pro Patre responderint, hoc intelligant pro Filio, qui se dicit ignorare consummationis diem.

Agricolæ autem videntes filium dixerunt intra se : Hic est hæres; venite, occidamus eum, et habebimus hæreditatem ejus. (RAB.) Manifestissime Dominus probat Judæorum principes non per ignorantiam, sed per invidiam crucifixisse Filium Dei. Intellexerunt enim hunc esse, cui dictum est : *Postula a me, et dabo tibi gentes hæreditatem tuam.* Et propterea, quasi sibi consulentes aiebant : *Ecce mundus totus post eum abiit ; et si dimittimus eum sic, omnes credent in eum* (*Psal.* XI). Hæreditas ergo Filii Ecclesia est cunctis ei data de gentibus. Quam non moriens ei Pater reliquit, sed ipse sua morte mirabiliter acquisivit, quam resurgendo possedit. Hanc autem occiso eo mali coloni præripere moliebantur, cum crucifigentes eum Judæi fidem quæ per eum est, exstinguere et suam magis quæ ex lege est justitiam præferre, ac gentibus imbuendis conabantur inserere.

Et apprehensum eum ejecerunt extra vineam, et occiderunt. Extra vineam hæres vineæ trucidatur quia Jesus ut sanctificaret per suum sanguinem populum, extra portam passus est; sive ejectus extra vineam et occisus est, quia prius ab incredulorum corde repulsus, ac deinde cruci addictus est. In cujus figuram Moyses altare holocausti, in quo victimarum sanguis funderetur non intra tabernaculum, sed ad ostium posuit, mystice docens quia et Dominicæ crucis altare extra Hierosolymorum portam ponendum, et ipse vera Patris hostia Christus a domo Judæorum, quam sanctificaturus adierat, non intimo corde recipiendus, sed foris esset suo cruore tingendus. Quod vero secundum Marcum mutato ordine dicitur : *Et apprehendentes eum occiderunt, et ejecerunt eum extra vineam* (*Marc.* XII), notat eos pertinaciæ, qui nec crucifixo et ressuscitato a mortuis Domino prædicantibus apostolis credere noluerunt, sed quasi cadaver vile projecerunt, quia quantum in se erat a suis eum finibus excludentes gentibus suscipiendum dederunt.

Cum ergo venerit dominus vineæ, quid faciet agricolis illis ? Interrogat eos Dominus non quod ignoret quid responsuri sint, sed ut propria responsione damnentur.

Aiunt illi : Malos male perdet, et vineam locabit aliis agricolis, qui reddant ei fructum temporibus suis. Locata est autem nobis vinea, et locata ea conditione, ut reddamus Domino fructus temporibus suis, et sciamus unoquoque tempore, quid oporteat nos, vel loqui vel facere. Cum autem dixissent, quia veniens dominus vineæ post perditionem malorum agricolarum vineam daturus esset aliis, hoc idem Dominus ita divinitus fuisse procuratum prophetico statim affirmavit exemplo, subjiciens :

Dicit illis Jesus : Nunquam legistis in Scripturis : *Lapidem quem reprobaverunt ædificantes, hic factus est in caput anguli ; a Domino factum est illud, et est mirabile in oculis nostris* (*Psal.* CXVII). Quomodo, inquit, implebitur hæc prophetia, quæ lapidem ab ædificantibus reprobatum in caput anguli dicit esse ponendum, nisi quia Christus a vobis reprobatus, et occisus credituris est gentibus prædicandus, ut quasi lapis duos condens in semetipsum, ex utroque populo unam sibi fidelium civitatem unum templum ædificet. Eosdem enim synagogæ ministros, quos supra colonos dixerat, nunc ædificantes appellat, quia qui subditam sibi plebem ad ferendos vitæ fructus quasi vineam excolere ipsi hanc. Deo inhabitatore dignam quasi domum construere, et ornare jubebantur. Unde et Apostolus fidelibus scribens, ait : *Dei agricultura, Dei ædificatio estis* (*I Cor.* III). Sed qui vineæ Dei fructum negare, quasi agricolæ mali laborabant, iidem quasi mali cæmentarii domui Dei lapidem pretiosum electum, qui vel in fundamentis, vel in angulo ponendus erat subtrahere, id est, fidem Christi auditoribus suis conabantur eripere. Sed illis nolentibus idem lapis caput anguli firmavit, quia de utroque populo quotquot ipse voluit sua fide conjunxit.

Ideo dico vobis, quia auferetur a vobis regnum Dei, et dabitur genti facienti fructus ejus. (HIERON.) Aliquoties diximus regnum Dei Scripturas sanctas intelligi, quas abstulit a Judæis, et nobis tradidit, ut faciamus fructus earum. Ista est vinea quæ traditur agricolis et vineatoribus, in qua, qui operati non fuerint nomen tantum habentes Scripturarum fructum vineæ perdituri sunt.

Et qui ceciderit super lapidem istum, confringetur. Super quem vero ceciderit, conteret eum. Aliud est offendere Christum per mala opera, aliud negare. « Qui peccator est, et tamen illi credit, cadit quidem super lapidem, et confringitur, sed non omnino conteritur ; reservatur enim per patientiam ad salutem. Super quem vero ille ceciderit, id est, cui lapis ipse irruerit, et qui Christum penitus negaverit, conteret eum, ut ne testa quidem remaneat in qua hauriatur aquæ pusillum. Sive de his dicit, quod cadunt super eum, qui illum modo contemnunt vel injuriis afficiunt, ideo nondum penitus intereunt, sed tamen conquassantur ut non recti ambulent. Supra quos autem cadit, veniet illis desuper in judicio cum pœna perditionis. Ideo dixit *comminuet eos*, ut sint impii tanquam pulvis quem projicit ventus a facie terræ.

Et cum audissent principes sacerdotum et Pharisæi parabolas ejus, cognoverunt quod de ipsis diceret, et quærentes eum tenere, timuerunt turbas, quoniam sicut prophetam eum habebant. Principes sacerdotum et scribæ, quasi mentientem contra se Dominum quærebant interficere ; sed hoc idem quærendo docebant vera esse quæ dixerat. Ipse quippe est hæres, cujus injustam necem aiebat esse vindicandam a patre. Illi autem nequam coloni, qui ab occidendo Dei Filio ad modicum quidem timore humano retardari, donec veniret hora ejus, nunquam vero divino amore potuere cohiberi. Morali sane intellectu cuique fidelium cum mysterium baptismi, quod exerceat operando committitur, quasi vinea quam excolat locatur. Mittitur servus unus alter et tertius, qui de fructu accipiant, cum lex, psalmodia, prophetia, quarum admonitionem bene agendo sequatur, legitur. Sed missus servus contumeliis affectus vel cæsus ejicitur, cum sermo vel contemnitur, vel, quod pejus est, etiam blasphematur : missum insuper hæredem quantum in se est occidit, qui et Filium Dei conculcaverit, et Spiritui gratiæ, quo sanctificatus est contumeliam fecerit. Perdito malo cultore vinea dabitur alteri, cum dono gratiæ, quod superbus sprevit, humilis quisque ditabitur. Sed et hoc quod principes sacerdotum, scribæ ac seniores manum mittere quærentes in Jesum timore turbæ retinentur, quotidie geritur in Ecclesia cum quilibet solo de nomine frater eam quam non diligit ecclesiasticæ fidei ac pacis unitatem propter cohabitantium fratrum bonorum multitudinem aut erubescit, aut timet impugnare. Qui tamen sicut de stultissima avium struthione Dominus ait : *Cum tempus fuerit in altum alas erigit* (Job XXXIX) : quia persequendo Ecclesiam quasi Dominum cruci addicere, et ostentui gaudebit habere.

CAPUT XXII.

De homine rege qui fecit nuptias; de censu Cæsaris; de muliere qui septem fratres habuit ; et cujus filius sit Christus.

Et respondens Jesus, dixit iterum in parabolis eis, dicens : Simile factum est regnum cœlorum homini regi, qui fecit nuptias filio suo. [I.] (*Hieron.*) Pharisæi intelligentes de se dici parabolas, quærebant eum tenere et occidere. Hanc eorum sciens voluntatem nihilominus arguit peccatores. Plerumque in sancto Evangelio regnum cœlorum præsens Ecclesia nominatur. Congregatio quippe justorum regnum cœlorum dicitur : quia enim per prophetam Dominus dicit : *Cœlum mihi sedes est, terra autem scabellum pedum meorum* (*Isa.* LXVI). Et Salomon ait : *Anima justi sedes sapientiæ*. Dum cœlum dicitur sedes Dei, cœlum ergo est anima justi. Huic per psalmistam de sanctis prædicatoribus dicitur : *Cœli enarrant gloriam Dei* (*Psal.* XVIII). Regnum ergo cœlorum est ecclesia justorum. Quia dum eorum corda in terra nihil ambiunt, per hoc quod ad superna suspirant jam in eis Dominus, quasi in cœlestibus regnat. Dicatur ergo : *Simile est regnum cœlorum homini regi, qui fecit nuptias filio suo*. Quis est rex, regis filii pater ? ille nimirum cui per Psalmistam ait : *Deus, judicium tuum regi da, et justitiam tuam filio regis, qui fecit nuptias filio suo* (*Psal.* LXXI). In hoc Pater regi Filio nuptias fecit, quo ei per incarnationis mysterium sanctam Ecclesiam sociavit. Uterus autem virginis genitricis hujus sponsi thalamus fuit : Unde psalmista dicit : *In sole posuit tabernaculum suum, et ipse tanquam sponsus procedens de thalamo suo* (*Psal.* XVIII). Tanquam sponsus quippe de thalamo suo processit, quia ad conjungendum sibi Ecclesiam incarnatus, Deus de incorrupto utero virginis exivit.

Et misit servos suos vocare invitatos ad nuptias, et nolebant venire. Iterum misit alios servos dicens : Dicite invitatis : Ecce prandium meum paravi, tauri mei et altilia occisa, et omnia parata sunt : venite ad nuptias. Misit ergo servos suos, ut ad istas nuptias amicos invitarent. Misit semel, misit iterum, quia incarnationis Dominicæ prædicatores, et prius prophetas, et postmodum apostolos fecit. Hos itaque servos ad invitandum misit, quia incarnationem unigeniti, et per prophetas dixit futuram, et per apostolos nuntiavit factam. Sed quia hi, qui prius invitati sunt, ad nuptiarum convivium venire noluerunt, in secunda invitatione jam dicitur : *Ecce prandium meum paravi, tauri mei et altilia occisa sunt et omnia parata*. Quid in tauris vel altilibus, nisi Novi ac Veteris Testamenti patres accipimus ? Altilia enim sagmata dicimus : ab eo enim quod est alere, altilia, quasi alitilia vocamus. Cum vero in lege scriptum sit, *Diliges amicum tuum, et odio habebis inimicum tuum* (*Matth.* V); accepta tunc justis licentia fuerat, ut Dei suosque adversarios quanta possent virtute comprimerent, eosque jure gladii ferirent. Quod in Novo procul dubio Testamento compescitur, cum per semetipsam Veritas prædicat, dicens : *Diligite inimicos vestros, et benefacite his qui oderunt vos* (*Ibid.*). Quid ergo per tauros nisi patres Veteris Testamenti significantur. Nam dum ex permissione legis acceperant; quatenus adversarios suos odii retributione percuterent, ut ita dicam, quid aliud quam tauri erant, qui inimicos suos virtutis corporeæ cornu feriebant ? Quid vero per altilia, nisi Novi Testamenti Patres figurantur. Qui dum gratiam pinguedinis internæ percipiunt, æternis desideriis innitentes, ad sublima contemplationis suæ penna sublevantur.

Illi autem neglexerunt, et abierunt alius in villam suam, alius vero ad negotiationem suam. In villam quippe ire est labori terreno immoderate incumbere. In negotiationem vero ire, est actionum sæcularium lucris inhiare. Quia enim alius intentus labori terreno, alius vero mundi hujus actionibus deditus mysterium incarnationis Dominicæ pensare, et secundum illud vivere dissimulat, quasi ad villam vel negotium pergens venire ad regis nuptias recusat; et plerumque (quod est gravius) nonnulli vocantis gratiam non solum respuunt, sed etiam persequuntur. Unde et subditur :

Reliqui vero tenuerunt servos ejus, et contumelia affectos occiderunt. Rex autem cum audisset iratus est, et missis exercitibus suis perdidit homicidas illos, et civitatem illorum succendit. (*Chrys.*) Hoc est, Romanos sub duce Vespasiano et Tito, qui occisis Judææ populis prævaricatricem succenderent civitatem. (*Greg.*) Sive aliter, homicidas perdidit, qui persequentes intervenit; civitatem illorum succendit igni, quia illorum non solum animæ, sed caro quoque in qua habitaverant æternæ gehennæ flamma cruciatur. Missis vero exercitibus exstinxisse homicidas dicitur, quia in hominibus omne judicium per angelos exhibetur. Quid namque sunt illa angelorum agmina nisi exercitus regis nostri? Unde et idem rex *Dominus Sabaoth* dicitur : Sabaoth quippe *exercituum* interpretatur. Ad perdendos ergo adversarios suos exercitum mittit, quia nimirum vindictam Dominus per angelos exercet. Cujus vindictæ potentiam tunc nostri patres audiebant, nos autem jam cernimus. Ubi sunt enim superbi illi martyrum persecutores? Ubi illi qui contra conditorem suum cervicem cordis erexerant, et de hujus mundi gloria mortifera tumebant? Ecce jam mors martyrum floret in fide viventium, et hi qui contra illos de crudelitate sua gloriati sunt, nequaquam ad memoriam nostram veniunt, vel in numero mortuorum. Rebus ergo recognoscimus, quod in parabolis audimus, sed is qui invitantem se contemni conspicit, regis filii nuptias vacuas non habebit. Ad alios mittit, quia et si apud aliquos laborat, quandoque tamen sermo Dei inventurus est, ubi requiescat. Unde et subditur :

Tunc ait servis suis : Nuptiæ quidem paratæ sunt. Id est, omne sacramentum humanæ dispensationis nativitatis, baptismi, prædicationis, passionis, resurrectionis, atque ascensionis Filii Dei peractum est.

Sed qui invitati erant, non fuerunt digni. Hoc est Judæi, qui per legem et prophetas ad credendum Christo invitati sunt, sacramentum incarnationis respuerunt. Sed his ita gestis, manifestum est quidem, quod post contemptam contumaciam Judæorum, de vocatione gentium dicit :

Ite ergo ad exitus viarum. (Aug.) Viæ intelliguntur dogmata gentium, et errores gentilium, sed ex omnibus illis ad nuptias, id est, Christo crediderunt.

Et quoscunque inveneritis, vocate ad nuptias. (*Chrys.*) Id est, cujuslibet conditionis homines vocate ad fidem. Et sicut non est distantia in natura creationis hominum, sic non sit differentia in vocatione salutis eorum. (*Greg.*) Moraliter autem si in Scriptura sacra vias actiones accipimus, exitus viarum intelligimus defectus actionum, quia illi plerumque facile ad Dominum veniunt, quos in terrenis actibus prospera nulla comitantur. Sequitur autem :

Et egressi servi ejus in vias, congregaverunt omnes, quos invenerunt bonos et malos, et impletæ sunt nuptiæ discumbentium. Ecce jam ipsa qualitate convivantium aperte ostenditur, quia per has regis nuptias præsens Ecclesia designatur, in qua cum bonis et mali conveniunt. Permista quippe est diversitate filiorum : quia sic omnes ad fidem generat, ut tamen omnes per immutationem vitæ ad libertatem spiritalis gratiæ culpis exigentibus non perducat. Quousque namque hic vivimus necesse est ut viam præsentis sæculi permisti pergamus. Tunc autem discernimur cum pervenimus. Boni autem soli nusquam sunt nisi in inferno. Hæc autem vita, quæ inter cœlum et infernum sita est, sicut in medio subsistit, ita utrarumque partium cives communiter recipit. Quos tamen sancta Ecclesia, et nunc indiscrete suscipit, et postmodum in egressione discernit. Cum magno enim timore pensandum est, quod protinus subditur :

Intravit autem rex, ut videret discumbentes, et vidit ibi hominem non vestitum veste nuptiali, et ait illi : Amice, quomodo huc intrasti, non habens vestem nuptialem ? At ille obmutuit. (Hieron.) Hi autem qui invitati erant ad nuptias de sepibus, et angulis, et plateis, et diversis locis, cœnam legis impleverant. Sed postea cum venisset rex, ut videret discumbentes in convivio suo, hoc est, quasi sua in fide requiescentes in die judicii visitaret convivas, et discerneret merita singulorum, invenit unum qui veste indutus non erat nuptiali. Unus iste, omnes qui sociati sunt in malitia intelliguntur. Vestis autem nuptialis præcepta sunt Domini et opera quæ complentur ex lege et Evangelio, novique hominis efficiunt vestimentum. Si quis igitur in tempore judicii inventus fuerit sub nomine Christiano non habere vestimentum nuptiale, id est, vestem cœlestis hominis, sed veterem pollutam, id est, veteris hominis exuvias, hic statim corripitur, et dicitur ei : *Amice, quomodo huc intrasti ?* Amicum vocat, quod invitatus ad nuptias est. Arguit impudentiæ, quod veste sordida munditias polluerit nuptiales. *At ille obmutuit.* In tempore enim illo non erit locus impudentiæ, nec negandi facultas. Cum omnes angeli et mundus ipse testis sit peccatorum. (*Greg.*) Item possumus intelligere nuptialem vestem charitatem. Intrat enim ad nuptias, sed cum nuptiali veste non intrat, qui in sancta Ecclesia assistens fidem habet, sed charitatem non habet. Recte enim charitas nuptialis vestis vocatur, quia hanc in se conditor noster habuit, dum ad sociandæ sibi Ecclesiæ nuptias venit. Sola quippe dilectione Dei actum est, ut ejus Unigenitus mentes sibi electorum hominum uniret. Unde et Christus apud Joannem dicit : *Sic dilexit Deus hunc mundum, ut Filium suum unigenitum daret pro nobis (Joan.* III). Qui ergo per charitatem venit ad homines, eamdem charitatem innotuit esse vestem nuptialem. Omnis ergo nostrum, qui in Ecclesia positus Deo credidit, jam ad nuptias intravit, sed cum nuptiali veste non venit, si charitatis gratiam non custodit. Sciendum vero est quia sicut in duobus lignis superiori videlicet et inferiori vestis texitur, ita in duobus præceptis charitas habetur, in dilectione scilicet Dei et dilectione proximi. Scriptum quippe est : *Diliges Dominum Deum tuum ex toto corde tuo, et ex tota anima tua, et ex tota virtute tua, et diliges proximum tuum sicut teipsum.* Qua in re notandum est, quia in dilectione proximi mensura ponitur amoris, cum dicitur : *Diliges proximum tuum sicut teipsum (Matth.* XXII). Dei autem dilectio nulla mensura constringitur : *Diliges Dominum Deum tuum ex toto corde tuo, et ex tota anima tua, et ex tota virtute tua.* Non enim jubetur quisque quantum diligat, sed ex quanto, cum dicitur, *ex toto,* quia ille veraciter diligit, qui sibi de se nihil reliquit. Duo ergo haec necesse est ut charitatis praecepta custodiat, quisquis in nuptiis vestem nuptialem curat habere. Ecce rex ad nuptias ingreditur, et cordis nostri habitum contemplatur. Et quem charitate vestitum non invenit protinus iratus dicit. *Amice, quomodo huc intrasti non habens vestem nuptialem?* Mirandum valde est, quod hunc et amicum vocat et reprobat. Ac si apertius dicat: *Amice, et non amice.* Amice per fidem, sed non amice per operationem. *At ille obmutuit.* Quia quod dici sine gemitu non potest in illa districtione ultimae increpationis, omne argumentum cessat excusationis. Quippe quia ille foris increpat, qui testis conscientiae justus animum accusat. Sed inter haec sciendum est quia quisquis hanc vestem virtutis habet, sed tamen adhuc perfecte non habet, ad pii regis ingressum desperare de venia non debet. Quia ipse quoque spem nobis per Psalmistam tribuens dicit: *Imperfectum meum viderunt oculi tui, et in libro tuo omnes scribentur* (*Psal.* CXXXVIII).

Tunc rex dixit ministris: Ligatis pedibus ejus et manibus, mittite eum in tenebras exteriores; ibi erit fletus et stridor dentium. Ligantur tunc pedes et manus per districtionem sententiae, qui modo a pravis operibus ligari noluerunt, ut per meliorationem vitae emendarent se. Vel certe tunc ligat poena, quos modo a bonis operibus ligavit culpa. Pedes enim qui visitare aegrum negligunt, manus quae nihil indigentibus tribuunt, a bono opere jam ex voluntate ligatae sunt. Quae ergo nunc sponte ligantur in vitio tunc in supplicio ligantur invitae. Bene autem dicitur, quod in exteriores tenebras projiciatur: interiores quippe tenebras dicimus caecitatem cordis, exteriores vero tenebras aeternam noctem damnationis. Tunc damnatus quisque non in interiores, sed in exteriores tenebras mittitur. Quia illic invitus projicitur in noctem damnationis, qui sponte cecidit in caecitatem cordis; ubi fletus quoque et stridor dentium esse perhibetur, ut illic dentes strideant, qui hic de edacitate gaudebant. Illic oculi defleant, qui hic per illicitas concupiscentias versabantur. Quatenus singula quaeque membra supplicio subjaceant, quae hic singulis quibusque vitiis subjecta serviebant. Sed repulso uno in quo videlicet omne malorum corpus exprimitur, generalis protinus sententia subinfertur, quia dicitur:

Multi autem sunt vocati, pauci vero electi. Tremendum valde quod audivimus. Ecce nos omnes jam vocati per fidem ad coelestis regis nuptias venimus, incarnationis ejus mysterium et credimus et confitemur, divini verbi epulas sumimus, si sumus electi nescimus. Tanto ergo necesse est, ut unusquisque nostrum in humilitate se deprimat, quanto si sit electus ignorat. Nonnulli enim bona nec incipiunt; nonnulli vero in bonis quae inceperunt minime persistunt. Alter pene totam vitam ducere in pravitate conspicitur, sed juxta finem vitae a pravitate sua per districtae poenitentiae lamenta revocatur. Alter electam vitam videtur ducere, et tamen hunc contingit ad erroris nequitiam juxta finem vitae declinare. Alius bonum bene inchoat, melius consummat. Alius malis actibus a primaeva se dejecit, et in eisdem operibus semper deterior consummatur. Tanto ergo sibi unusquisque metuat, quanto ignorat quod restat.

[II.] *Tunc abeuntes Pharisaei consilium inierunt ut caperent eum in sermone, et mittunt ei discipulos suos cum Herodianis dicentes.* (*Hieron.*) Nuper sub Caesare Augusto Judaea subjecta Romanis, quando in toto orbe est celebrata descriptio, stipendiaria facta fuerat, et erat in populo magna seditio, dicentibus aliis pro securitate et quiete, quia Roma pro omnibus militaret, debere tributa persolvi; Pharisaeis vero qui sibi plaudebant in justitia e contrario nitentibus non debere populum Dei qui decimas solveret, et primitiva daret, et caetera quae in lege scripta sunt, humanis legibus subjacere. Caesar Augustus Herodem filium Antipatri alienigenam et proselytum regem Judaeis constituerat, ut tributis praeesset, et Romano pareret imperio. Mittunt igitur discipulos suos quasi minus cognitos atque suspectos cum Herodianis, id est, militibus Herodis; seu illudentibus Pharisaeis, quia Romanis tributa solvebant, et non divino cultui erant dediti, ut aut abscondite facile deciperent eum, aut reprehensi minus erubescerent apud eum. (*Chrys.*) Nam consilio malo deprehenso, tanto minus nascitur confusio, quanto fuerit persona deterior.

Magister, scimus, quia verax es, et in veritate doces viam Dei, et non est tibi cura de aliquo, non enim respicis personam hominum. Magistrum eum vocant et veracem, ut quasi honoratus, et laudatus mysterium sui cordis eis simpliciter aperiret, tanquam eos volens habere discipulos.

Dic ergo nobis quid tibi videtur: Licet censum dare Caesari, an non? Blanda et fraudulenta interrogatio illuc provocat respondentem, ut magis Deum quam Caesarem timeat, et dicat non debere tributa solvi, ut statim audientes Herodiani, seditionis contra Romanos principem teneant.

Cognita autem Jesus nequitia eorum, ait: Quid me tentatis, hypocritae? Non secundum sermones eorum pacificos blande respondit, sed secundum conscientiam eorum crudelem et asperam dixit. Quia Deus plerumque ad animam loquitur, non ad corpus, voluntatibus respondet, non verbis. (*Hieron.*) Prima virtus est respondentis interrogantium mentem cognoscere, non discipulos, sed tentatores vocare. Hypocrita ergo appellatur, qui aliud est, et aliud simulat; aliud opere agit, aliud voce praetendit.

Ostendite mihi numisma census. At illi obtulerunt ei denarium. Sapientia semper sapienter agit, ut suis potissimum tentatores sermonibus confutaretur: *Ostendite mihi*, inquit, *denarium*, hoc est genus nummi, quod pro decem nummis imputabatur, simul et habebat imaginem Caesaris.

Et ait illis Jesus: Cujus est imago haec et suprascriptio? Qui putant interrogationem Salvatoris ignorantiam esse, et non dispensationem, discant ex praesenti loco, quod utique potuerit scire Jesus cujus imago esset in nummo, sed interrogat, ut ad sermonem eorum competenter respondeat.

Dicunt ei, Caesaris. Tunc ait illis: Reddite ergo quae sunt Caesaris, Caesari: et quae sunt Dei, Deo. Hic Caesarem non putemus Augustum, sed Tiberium significari, privignum ejus, qui in loco successerat vitrici, sub quo et passus est Dominus. Omnes autem reges Romani a primo C. Caesare, qui imperium arripuerat, Caesares appellati sunt. Porro, quod ait, *Reddite quae sunt Caesaris, Caesari*, id est, nummum, tributum, et pecuniam. *Et quae sunt Dei, Deo*, decimas et primitias, et oblationes, ac victimas sentiamus, quomodo et ipse reddit tributa pro se, et Petro; et Deo reddit, quae Dei sunt, faciens Patris voluntatem. Aliter: *Reddite quae Caesaris sunt Caesari, et quae Dei sunt Deo.* (*Aug.*) Quemadmodum Caesar a vobis exigit impressionem imaginis suae, sic et Deus, ut quemadmodum illi reddatur nummus, sic Deo anima lumine vultus ejus illustrata atque signata. Unde Psalmista: *Signatum est*, inquit, *in nobis lumen vultus tui, Domine* (*Psal.* IV). Hoc quoque lumen est totum hominis et verum bonum quod non oculis, sed mente conspicitur. Signatum autem dixit in nobis, tanquam denarius signatur regis imagine. Homo enim factus est ad imaginem et similitudinem Dei, quam peccando corrupit. Bonum ergo ejus est verum atque aeternum, si renascendo signetur.

Et audientes, mirati sunt. Qui credere debuerant ad tantam sapientiam mirati sunt, quod calliditas eorum insidiandi non invenisset locum.

Et, relicto eo, abierunt. Infidelitatem pariter cum miraculo reportantes.

[III.] *In illa die accesserunt ad illum Sadducaei, qui dicunt non esse resurrectionem.* Duae erant haereses in Judaeis, una Pharisaeorum et altera Sadducaeorum. Pharisaei traditionum et observationum, quas illi vocant Deuterosis, justitiam praeferebant, unde et *divisi* vocabantur a populo. Sadducaei autem, qui interpretabantur *justi*, et ipsi vindicabant sibi quod non erant. Prioribus et corporis et animae resurrectionem credentibus, confitentibusque angelos, et spiritus; sequentes juxta Acta apostolorum, omnia denegabant. Istae sunt duae domus, de quibus Isaias manifestius docet.

Et interrogaverunt eum, dicentes: Magister, Moyses dixit: Si quis mortuus fuerit non habens filium, ut ducat frater ejus uxorem illius, et suscitet semen fratri suo. Erant autem apud nos septem fratres, et primus uxore ducta defunctus est, et non habens semen reliquit uxorem suam fratri suo. Similiter secundus, et tertius usque ad septimum. Novissime autem omnium et mulier defuncta est. Qui resurrectionem corporum non credebant animas judicantes interire cum corporibus recte istiusmodi fingunt fabulam, quae deliramenti arguat eos, qui resurrectionem asserunt corporum. Potest autem fieri ut vere in gente eorum hoc acciderit.

In resurrectione ergo cujus erit de septem uxor? omnes enim habuerunt eam. (RAB.) Turpitudinem fabulae opponunt, ut resurrectionis denegent veritatem. Verum mystice septem hi fratres sine filiis defuncti reprobis quibusque congruunt, qui per totam hujus saeculi vitam, quae septem diebus volvitur, a bonis operibus steriles existunt. Quibus viritim misera morte praereptis, ad ultimum et ipsa mundana conversatio quam illi absque fructu vitalis operis exegerant, quasi uxor infecunda transibit.

Respondens autem Jesus, ait illis: Erratis, nescientes Scripturas, neque virtutem Dei. (*Hieron.*) Propterea errant, quia Scripturas nesciunt, et quia Scripturas ignorant consequenter nesciunt virtutem Dei, hoc est Christum, qui est Dei virtus, et Dei sapientia.

In resurrectione enim neque nubent, neque nubentur. Latina consuetudo Graeco idiomati non respondet. Nubere enim proprie dicuntur mulieres, et viri uxores ducere. Sed nos simpliciter dictum intelligamus, quod nubere de viris, et nubi de uxoribus scriptum sit. Si in resurrectione non nubent neque nubentur, resurgent ergo corpora quae possunt nubere et nubi. Nemo quippe dicit de lapide et arbore, et his rebus, quae non habent membra genitalia, quod non nubant, neque nubantur, sed de his qui, cum possint nubere, tamen alia ratione non nubunt. Quod autem infertur,

Sed sunt sicut angeli Dei in coelo (RAB.), spiritalis repromittitur conversatio. Sunt enim sicut angeli in coelis, qui gloria resurrectionis innovati, absque ullo mortis metu, absque ulla labe corruptionis, absque ullo terreni status actu, perpetua Dei visione fruuntur. Ad quam necesse est angelicae dignitatis aequalitatem quisquis ascendere desiderat, nunc minimus fratribus pie agendo condescendat. Et haec quidem condescendendo de resurrectionis conditionibus propositae reddidit quaestioni. De ipsa vero resurrectione adversum infidelitatem eorum ita locutus est:

De resurrectione autem mortuorum non legistis, quod dictum est vobis a Deo dicente: Ego sum Deus Abraham, et Deus Isaac, et Deus Jacob. Ad comprobandam resurrectionis veritatem multo aliis manifestioribus exemplis uti potuit. E quibus est et illud: *Et suscitabuntur mortui, et resurgent qui in sepulcris sunt* (*Joan.* v). Et in alio loco: *Multi dormientium de terrae pulvere consurgent, alii in vitam, et alii in opprobrium et confusionem aeternam.* Quaeritur itaque quid sibi voluerit Dominus hoc proferre testimonium quod videtur ambiguum, vel non satis ad resurrectionis pertinet veritatem. Supra diximus Sadducaeos nec angelos, nec spiritum, nec resurrectionem corporum confitentes, animarum quoque interitum praedicasse. Hi quinque tantum libros Moysis recipiebant, prophetarum vaticinia respuentes. Stultum ergo erat inde proferre testimonia, quorum auctoritatem non sequebantur. Porro ad aeternitatem animarum probandam ponit exemplum. *Ego sum Deus Abraham et Deus Isaac, et Deus Jacob*, statimque infert:

Non est Deus mortuorum, sed viventium. Et cum probaverit animas permanere post mortem (neque enim poterat fieri, ut eorum esset Deus, qui nequaquam subsisterent), consequenter introduceretur et corporum resurrectio, quæ cum animabus bona malave gesserunt. Hunc locum plenius in extrema parte primæ Epistolæ ad Corinthios Paulus apostolus exsequitur (*I Cor.* xv).

Et audientes turbæ mirabantur in doctrina ejus. (MAUR.) Turba autem simplex, et indoctum vulgus per humilitatis viam gradiens, ad credendum Domino, et miracula ab eo facta venerari cogebatur. Pharisæi autem et Scribæ, hoc contemnentes, non solum non crediderunt, imo etiam ipsum totius boni auctorem conviciis et calumniis validis insectabantur. Unde alibi dicebant : Nunquid aliquis ex principibus credidit in eum? Sed turba hæc, quæ non novit legem, sub maledicto sunt. (*Hieron.*) Præterea quærendum videtur cum Dominus dicat : *Nolite sanctum dare canibus, neque mittatis margaritas vestras ante porcos,* cur ipse quædam vel hic de gloria resurrectionis, vel alibi de dispensationis aut etiam divinitatis suæ mysteriis dixisse invenitur, quæ multi qui aderant, vel resistendo, vel contemnendo, non acceperunt? Non putandus est sanctum dedisse canibus, aut margaritas misisse ante porcos. Non enim eis dedit qui capere non poterant, sed eis qui poterant et simul aderant, quos propter aliorum immunditiam negligi non oportebat. Et cum eum tentatores interrogabant, respondebatque illis ita, ut quid contradicerent non haberent, quamvis venenis suis contabescerent potius quam illius cibo saturarentur. Alii tamen qui poterant ex illius occasione multa utiliter audiebant.

[IV.] *Pharisæi autem audientes quod silentium imposuisset Sadducæis, convenerunt in unum, et interrogavit eum unus ex eis legis doctor, tentans eum.* Convenerunt ut multitudine vincerent, quem ratione superare non poterant. A veritate nudos se esse professi sunt, qui multitudine se armaverant. Dicebant enim apud se : Unus loquatur pro omnibus, et omnes loquamur per unum, ut si quidem vicerit, omnes videamur victores ; si autem victus fuerit, vel solus videatur confusus.

Magister, quod est mandatum magnum in lege? Magistrum vocat cujus non vult esse discipulus, non scire desiderans, sed tentans. Dominus autem sic respondit, ut interrogationis ejus fictam conscientiam statim primo responso percuteret dicens. (*Hieron.*) Quod autem de Herode et Pontio Pilato legimus in Domini nece eos fecisse concordiam, hoc etiam nunc de Pharisæis cernimus et Sadducæis, qui inter se contrarii sunt, sed ad tentandum Jesum pari mente consentiunt. Qui ergo jam supra in ostensione denarii fuerant confutati, et adversæ partis factionem viderant subruptam, debuerant exemplo moneri, ne ultra molirentur insidias. Sed malevolentia et livor nutrit impudentiam. Interrogat unus ex legis doctoribus, non scire desiderans, sed tentans, an interrogatus nosset id quod interrogabatur, quod sit majus mandatum. Primum non de mandatis interrogat, sed quod sit mandatum magnum, ut cum omnia quæ Deus mandaverit magna sint, quidquid ille responderit occasionem habeat calumniandi, aliud asserens magnum esse de pluribus. Quicunque igitur novit et interrogat non voto discendi, sed studio cognoscendi, an noverit ille, qui responsurus est, in similitudinem Pharisæorum non quasi discipulus, sed quasi tentator accedit.

Ait illi Jesus : Diliges Dominum Deum tuum ex toto corde tuo, et in tota anima tua, et in tota mente tua : hoc est maximum et primum mandatum. Primum omnium et maximum mandatum, dicit hoc est, quod ante omnia debeamus intimo in corde singuli quasi unicum pietatis fundamentum locare.

Secundum autem simile est huic : Diliges proximum tuum sicut teipsum. Primum ergo omnium et maximum mandatum est cognitio atque confessio divinæ unitatis, cum exsecutione bonæ operationis. Bona autem operatio in dilectione Dei et proximi perficitur, quam breviter aliis verbis commendat Apostolus dicens : *In Christo enim Jesu neque circumcisio aliquid valet, neque præputium, sed fides, quæ per dilectionem operatur* (*Gal.* v).

In h s duobus mandatis universa lex pendet et prophetæ. (*Aug.*) Pendet dixit, id est, illo refertur, ibi habet finem. Tota lex in duobus præceptis est, in dilectione Dei, et dilectione proximi. Ad duo itaque præcepta, id est, ad dilectionem Dei et proximi pertinet totus decalogus. Ad ea pertinent et omnia prophetarum volumina. Nam ideo duæ tabulæ legis datæ sunt. Deus enim famulo suo Moysi in monte duas tabulas dedit, in quibus duabus tabulis verba pacti conscripta erant. Decem utique præcepta legis, quod est psalterium decem chordarum, de quo Psalmista ait : *Deus, canticum novum cantabo tibi, in psalterio decem chordarum psallam tibi* (*Psal.* xxxii). Tria namque præcepta in una tabula ad Deum pertinentia posita fuerant, septem in altera tabula ad proximum. In priore ergo tabula scriptum erat primum præceptum : *Ego sum Dominus Deus tuus, qui eduxi te de terra Ægypti, de domo servitutis. Non habebis deos alienos* (*Exod.* xx), et reliqua. Quia Christus Dei Filius cum Patre et Spiritu sancto unus est Deus. Deinde additum est : *Non assumes nomen Domini tui in vanum : nec enim habebit insontem Dominus eum, qui assumpserit nomen Domini sui frustra.* Quia non debet a nobis nomen Christi accipi in vanum, ut putemus eum factum, id est, creaturam aliquam, per quem facta sunt omnia, quia vero ipse unus Deus Pater est, et Filius, et Spiritus sanctus, in Spiritu sancto, id est, in domo Dei requies nobis sempiterna promittitur. Unde subditur : *Memento ut diem sabbati sanctifices ; sex diebus operaberis, et facies omnia opera tua, septimo autem die sabbati Domini Dei tui non facies omne opus tuum, tu et filius tuus, et filia tua,* et reliqua. In altera vero tabula primum est : *Honora patrem tuum, et matrem tuam ;* secundum,

Non mœchaberis; tertium, *Non occides;* quartum, *Non furaberis;* quintum, *Non falsum testimonium dices;* sextum, *Non concupisces uxorem proximi tui;* septimum, *Non concupisces rem proximi tui.* Hæc jungamus illis tribus ad dilectionem Dei pertinentibus, et cantemus in psalterio decem chordarum, si volumus cantare canticum novum homines novi, quibus Salvator mandatum dedit novum ut diligamus invicem, sicut ipse dilexit nos.

Congregatis autem Pharisæis interrogavit eos Jesus dicens : Quid vobis videtur de Christo? cujus filius est? Dicunt ei : David. Ait illis : Quomodo ergo David in Spiritu vocat eum Dominum, dicens : Dixit Dominus Domino meo : Sede a dextris meis, donec ponam inimicos tuos scabellum pedum tuorum (*Psalm.* CIX). *Si ergo David vocat eum Dominum, quomodo filius ejus est?* Qui ad tentandum Jesum fuerant congregati, et veritatem fraudulenta interrogatione capere nitebantur occasionem præbuerunt confutationis suæ, interroganturque de Christo cujus filius sit. Interrogatio Jesu nobis proficit usque hodie contra Judæos. Et hi enim qui confitentur Christum esse venturum hominem simplicem, et sanctum virum asserunt de genere David; interrogemus eos docti a Domino : Si simplex homo est, et tantum filius David, quomodo David vocet eum Dominum suum? Non erroris incerto nec propria voluntate, sed in Spiritu sancto. Testimonium autem quod posuit, de centesimo nono psalmo sumptum est. Dominus igitur David vocatur non secundum id quod de eo natus est, sed juxta id quod natus ex Patre semper fuit præveniens, ipsum carnis suæ patrem, Judæi ad deludendam interrogationis veritatem frivola multa confingunt, vernaculum Abrahæ asserentes, cujus filius fuerit Damascus Eliezer, et ex ipsius persona per scriptum psalmum, quod post cædem quinque regum dominus Deus Domino suo dixerit Abraham : *Sede ad dexteram meam, donec ponam omnes inimicos tuos scabellum pedum tuorum.* Quos interrogemus quomodo Deus dixerit Abrahæ ea quæ sequuntur : *Tecum principium in die virtutis tuæ, in splendoribus sanctorum, ex utero ante luciferum genui te. Juravit Dominus et non pœnitebit eum, tu es sacerdos in æternum secundum ordinem Melchisedech.* Et respondere eos cogamus, quomodo Abraham ante luciferum genitus sit, et sacerdos fuerit secundum ordinem Melchisedech, qui Melchisedech obtulerit panem et vinum, et a quo decimas prædæ acceperit (*Gen.* XIV).

Et nemo poterat respondere ei verbum, neque ausus fuit quisquam ex illa die eum amplius interrogare. Pharisæi et Sadducæi quærentes occasionem calumniæ, et verbum aliquod invenire quod pateret insidiis, quia in sermonibus confutati sunt, ultra non interrogant, sed apertissime comprehensum Romanæ tradunt potestati. Ex quo intelligimus venena invidiæ posse quidem superari, sed difficilius conquiescere. Nos autem non cum Scribis et Pharisæis inique cogitantes, et dolose Dominum interrogantes, atque tentantes, sed simplici corde et pia devotione cum humilitate accedamus ad illum, ut illuminemur, et vultus nostri non erubescens, sicut de eo scriptum est : *Quoniam invenitur ab his, qui non tentant illum, apparet autem eis, qui fidem habent in illum* (*Sap.* I).

LIBER SEPTIMUS.

CAPUT XXIII.

Instruit Dominus turbas et discipulos de Scribis et Pharisæis; increpat Scribas et Pharisæos multis modis increpando Væ. Exprobrat Jerusalem occisionem prophetarum, et prædicit ejus interitum.

Scribis, et Pharisæis, atque Sadducæis tentatoribus Christi, per ipsam responsionem veritatis, ita ut dignum erat, confusis ac repudiatis, impletur illud Sapientiæ, quod jam olim dictum est, *quia perversæ cogitationes separant a Deo, probata autem virtus corripit insipientes. Quoniam in malevolam animam non intrabit sapientia, nec inhabitabit in corpore subdito peccatis : Spiritus enim sanctus disciplinæ effugiet fictum, et auferet se a cogitationibus quæ sunt sine intellectu* (*Sap.* I). Et quia tales non meruerunt divinam sapientiam accipere, quorum cor constabat veneno invidiæ esse repletum. Qui sint autem illi quorum mentes divina largiente gratia eam recipere possint, alibi manifestatur cum dicitur : *Fons sapientiæ verbum Dei in excelsis, et ingressus illius mandata æterna. Radix sapientiæ cui revelata est, et astutias illius quis agnovit? Disciplina sapientiæ cui revelata est, et manifestata? et multiplicationem ingressus illius quis intellexit? Unus est Altissimus creator omnipotens, rex potens et metuendus nimis, sedens super thronum illius et dominans Deus. Ipse creavit illam in Spiritu sancto, et vidit, et dinumeravit, et mensus est. Et effudit illam super omnia opera sua, et super omnem carnem secundum datum suum, et præbuit illam diligentibus se* (*Eccli.* I). Diligentes enim Deum et mandatis illius obedientes desursum percipiunt veræ sapientiæ gustum, et ejus suavitate jugiter delectantes, non se inde in elationem extollunt, sed humiliter sentientes tanquam parvuli in innocentiæ puritate persistunt. Pro quibus ipsa Veritas in Evangelio ad Patrem loquens ita ait : *Confiteor tibi, Pater, Domine cœli et terræ, quia abscondisti hæc a sapientibus et prudentibus, et revelasti ea parvulis. Ita, Pater, quoniam sic fuit placitum ante te* (*Luc.* X). Placet enim Deo Patri, placet et Filio, placet et Spiritui sancto uni Deo omnipotenti, ut qui in oculis suis parvos se esse conspiciunt, coram oculis Dei in magnis exaltentur, et a reproborum consortio separati, qui pro peccatorum suorum tenebris æterno carcere infernorum damnandi sunt; ipsi vero lumine divinæ sapientiæ perpetualiter illustrentur. Ideo Dominus spretis Scribarum et Pharisæorum oolosis quæstionibus consequenter ad discipulos, et ad populum sermonem instructionis convertit, ut hi qui idonei sunt capiant de ore ejus verbum salutis. Sequitur evangelista, et dicit:

Tunc Jesus locutus est ad turbas, et ad discipulos suos, dicens : Super cathedram Moysi sederunt scribæ et Pharisæi ; omnia ergo quæcunque dixerint vobis facite et servate ; secundum opera vero eorum nolite facere : dicunt enim et non faciunt. Quid mansuetius, quid benignius Domino? Tentatur a Pharisæis, confringuntur insidiæ eorum, et per psalmistam, *sagittæ parvulorum factæ sunt plagæ eorum* (*Psal*. LXIII) ; et nihilominus propter sacerdotium et nominis dignitatem exhortatur populos ut subjiciantur eis, non opera sed doctrinam considerantes. Quod autem ait : *Super cathedram Moysi sederunt scribæ et Pharisæi*, per cathedram doctrinam legis ostendit. (*Joan. Chrys.*) Ergo et illud, quod dicitur in psalmo : *In cathedra pestilentiæ non stetit* (*Psal*. I), *et cathedras vendentium columbas evertit*, doctrinam debemus accipere. Et ideo Dominus ad suos convertit sermonem, ut confusio scribarum et Pharisæorum illorum fieret disciplina. Infructuosum namque est verbum, in quo sic alter confunditur, ut alter non erudiatur. Nam et Deus non propter malos castigationem super terram transmittit, sed propter bonos : scit enim quia malos flagella non corrigunt. Sed malos castigat, ut corrigat bonos, quia bonus nisi admonitus fuerit, per negligentiam evanescit. Sic et Christus nunquid non potuit eorum interrogationes contemnere? Sed voluit indignos indigne docere, ut dignos digne ædificaret.

Alligant autem onera gravia et importabilia, et imponunt in humeros hominum ; digito autem suo nolunt ea movere. (*Venant.*) Non possunt ergo turbæ et discipuli Domini onera legis portare, eo modo quo scribæ et Pharisæi hæc imponebant hominibus. Unde recte audiunt quod sarcinas ipsas uno digito suo non tangerent : hoc est, ne in minimis quidem eam perficerent, quam se contra morem patrum sine fide et gratia Jesu Christi, et servare et servandam tradere præsumebant. Atque ideo jugum Christi suave, et sarcinam ejus levem (*Matth.* XI), ubi requies est animarum, procul abjicere et exterminare tentabant : cum scriptum sit, *justus ex fide vivit* (*Hebr.* X), et apostolus Petrus his, qui credentes ex gentibus circumcidi docebant, protestatur, et dicat : *Nunquid tentatis Deum, imponere jugum super cervicem discipulorum, quod neque patres nostri, neque nos potuimus portare? Sed per gratiam Domini Jesu credimus salvari, quemadmodum et illi* (*Act*. XV). [*Hieron.*] Notandum ergo quod hæc sententia Domini generaliter adversum omnes magistros, qui grandia jubent, et minora faciunt accipi potest. Maxime cum et humeri, et digiti, et onera et vincula quibus alligantur onera, spiritaliter intelligenda sint. (*Chrys.*) Tales sunt etiam nunc indiscreti sacerdotes, qui omnem justitiam populo mandant, et ipsi nec modicum servant,

videlicet non ut facientes sint justi, sed ut dicentes appareant justi. Tales sunt et qui grave pondus venientibus ad pœnitentiam ponunt : *Quia dicunt, et non faciunt*. Et sic dum pœna pœnitentiæ præsentis fugitur, contemnitur pœna peccati futuri. Si enim fascem super humeros adolescentis, quem non potest bajulare posueris necesse habet, ut aut fascem rejiciat, aut sub pondere confringatur : sic et homini cui grave pondus pœnitentiæ ponis, necesse est ut aut pœnitentiam rejiciat, aut suscipiens dum ferre non potest, scandalizatus amplius peccet. Deinde et si erramus modicam pœnitentiam imponentes, nonne melius est propter misericordiam dare rationem quam propter crudelitatem.

Omnia vero opera sua faciunt ut videantur ab hominibus. Nunc autem vult ostendere causam, propter quam non poterant credere Domino, hoc est, quia omnia faciunt ut ab hominibus videantur. Impossibile est enim ut credat Christo cœlestia prædicanti, qui gloriam hominum concupiscit terrenam. Et ideo quicunque ita facit opera sua ut videantur ab hominibus, similis scribis et Pharisæis est.

Dilatant enim phylacteria sua, et magnificant fimbrias. Amant autem primos recubitus in cœnis, et primas cathedras in synagogis, et salutationes in foro, et vocari ab hominibus, Rabbi. (*Hieron.*) Væ illis miseris ad quos scilicet Pharisæorum vitia transeunt. Dominus cum dedisset mandata legis per Moysen, ad extremum intulit : *Ligabis ea in manu tua, et sint immota ante oculos tuos* (*Exod*. XXVIII ; *Deut.* VI). Cujus talis est sensus : Præcepta mea sint in manu tua, ut opere compleantur ; sint ante oculos tuos, ut die ac nocte mediteris in eis. Hoc Pharisæi male interpretantes scribebant in membranulis decalogum Moysi, id est, decem verba legis plicantes,ea et ligantes in fronte, et quasi coronam capiti facientes, ut semper ante oculos moverentur : quod usque hodie inde Babylonii faciunt, et qui hoc habuerit quasi religiosus in populis judicatur. Jusserat quoque aliud Moyses ut in quatuor angulis palliorum hiacynthinas fimbrias facerent, ad Israelis populum dignoscendum, ut quomodo in corporibus circumcisio signum Judaicæ gentis daret, ita et vestis haberet aliquam differentiam. Superstitiosi magistri captantes auram popularem, atque ex mulierculis sectantes lucra faciebant grandes fimbrias, et acutissimas in eis spinas ligabant, ut videlicet ambulantes et sedentes interdum pungerentur, et quasi hac commonitione retraherentur ad officia Dei, et ministeria servitutis ejus. Quia ergo dixerat Dominus, *Omnia opera sua faciunt, ut videantur ab hominibus*, quod generaliter accusaverat, nunc in partes dividit. (*Hieron.*) Pictatiola illa decalogi phylacteria vocabant, quod quicunque habuissent ea, quasi ob custodiam et munimentum sui habuerunt, non intelligentibus Pharisæis quod hæc in corde portanda sint, non in corpore : alioquin et armaria et arcæ habent libros, et Dei notitiam non habent. Nonne hæc apud aliquos superstitiosæ mulierculæ in parabolis Evangelii (*Al.*, parvulis Evangeliis], et in crucis ligno, et in istiusmodi rebus, quæ habent quidem zelum Dei, sed non juxta scientiam usque hodie faciunt, culicem liquantes et camelum glutientes? Istiusmodi erat fimbria parva et brevis ex legis præcepto, quam et mulier illa, quæ sanguine fluebat, tetigit in pallio Domini; sed non est compuncta superstitiosis sentibus Pharisæorum, magisque sanata ad tactum ejus. Cumque superflue dilatent phylacteria sua, et magnas faciunt fimbrias, gloriam captantes ab hominibus, arguuntur in reliquis, cur quærant primos accubitus in cœnis, et primas cathedras in synagogis, et in publico gulam sectentur et gloriam, et vocentur *Rabbi* ab hominibus, quod Latino sermone *magister* dicitur. (Rab.) Notandum tamen, quod non salutari in foro, non primos sedere, vel discumbere vetat eos, quibus hoc officii ordine competit, sed eos nimirum qui hæc sive habita, seu certe non habita indebite amant, a fidelibus quibusque, quasi improbos docet esse cavendos, animum videlicet non gradum justa distinctione redarguens. Quamvis et hoc culpa non careat, si iidem in foro litibus interesse, qui in cathedra Moysi synagogæ magistri cupiunt appellari. Duplici sane ratione a vanæ gloriæ cupidis attendere jubemur, ne scilicet eorum vel simulatione seducamur, æstimantes bona esse quæ faciunt, vel æmulatione inflammemur frustra gaudentes in bonis laudari, quæ simulant. Denique sequitur:

Vos autem nolite vocari, Rabbi: unus est enim magister vester. Omnes autem vos fratres estis. (*Chrys.*) Id est, ne quod Deo debetur vobis præsumatis, neque alios vocetis Rabbi, ne divinum honorem hominibus deferatis: unus est enim magister omnium, qui omnes naturaliter docet, sicut scriptum est: *Erat lux vera, quæ illuminat omnem hominem venientem in hunc mundum* (*Joan.* 1). Homo enim non intellectum homini præstat docendo, sed a Deo spiritum per admonitionem exercet.

Et patrem nolite vocare vobis super terram: unus est Pater vester, qui in cœlis est. Nec vocemini magistri, quia magister vester unus est Christus. (*Hieron.*) Nec magister, nec pater vocandus est alius, nisi Deus Pater et Dominus noster Jesus Christus. Pater quia ex ipso sunt omnia; magister quia per ipsum sunt omnia: vel quoniam per dispensationem carnis homines reconciliati sumus Deo. Quæritur quare adversum hoc præceptum doctorem gentium apostolus esse se dixerit; aut quomodo vulgato sermone maxime in Palæstinæ et Ægypti monasteriis se invicem Patres vocent. Quod sic solvitur: Aliud esse natura patrem vel magistrum, aliud indulgentia. Nos si hominem patrem vocamus, honorem ætati deferimus non auctorem nostræ ostendimus vitæ; quia nec initium vitæ ex eis habemus, sed transitum vitæ per eos accipimus. Magister quoque dicitur ex consortio veri magistri, et ne infinita replicem, quomodo unus per naturam Deus et unus Filius non præjudicat cæteris, ne per adoptionem dii vocentur et filii, ita et unus pater et magister non præjudicat aliis, ut abusive appellentur patres et magistri.

Qui major est vestrum, erit minister vester. Certantibus de prioratu discipulis, ut Lucas refert, pius magister eos non initæ contentionis arguit, sed formam quam sequantur humilitatis modesta ratione describit (*Luc.* xxii). In qua tamen forma obtinenda majores et præcessores, id est, doctores Ecclesiæ non minima discretione opus habent, ne videlicet regum gentilium instar dominari subjectis, seque ab eis gaudeant supervacuis laudibus attolli, sed ad exemplum regis æterni, quasi juniores eis quibus regendis præsunt efficiantur ac ministri. Quia quicunque vult fratrem prævenire regnando, prius necesse est ut illum præveniat obsequendo, sicut Apostolus ait: *Honore invicem prævenientes* (*Rom.* xii). Vincat eum officiis, ut possit vincere sanctitate. (*Greg.*) Attamen necesse est ut sic bene agentibus per humilitatem sint socii, quatenus contra delinquentium vitia per zelum justitiæ sint erecti, ut et bonis in nullo se præferant, et cum pravorum culpa exigit potestatem protinus sui prioratus agnoscant. Ne enim præsidentis animus ad elationem potestatis suæ delectatione rapiatur, recte per quemdam sapientem dicitur: *Ducem te constituerunt, noli extolli, sed esto in illis, quasi unus ex illis* (*Eccli.* xxxii). Hinc etiam Petrus ait: *Non dominantes in clero, sed forma facti gregi* (*I Petr.* v). Et tamen nonnunquam gravius delinquitur, si inter perversos aequalitas quam disciplina custoditur. Quia enim falsa pietate superatus ferire Heli delinquentes filios noluit, apud districtum judicem semetipsum cum filiis crudeli damnatione percussit (*I Reg.* ii). Unde necesse est ut rectorem et matrem pietas et patrem exhibeat disciplina; atque inter hæc sollicita circumspectione providendum, ne aut districtio rigida aut pietas sit remissa.

Qui autem exaltaverit se, humiliabitur, et qui se humiliaverit exaltabitur. (*Venant.*) Neque enim mox omnis qui se coram hominibus exaltat humiliabitur, aut qui se in conspectu hominum humiliat, exaltabitur ab eis; sed e contrario nonnunquam qui se vel in apice dignitatis vel in alia qualibet acquirenda gloria sublevat, usque in finem exaltari non cessat. Similiter ac humilis quilibet ac verecundus in qua contentus est usque ad vitæ terminum mediocritate perseverat; et ideo juxta Veritatis sententiam omnis qui se incaute de meritis allevat, humiliabitur a Domino, et qui provide se de benefactis humiliat, exaltabitur ab eo.

[II.] *Væ vobis, scribæ et Pharisæi hypocritæ, quia clauditis regnum cœlorum ante homines: vos enim non intratis nec introeuntes sinitis introire.* (*Hieron.*) Habent scribæ et Pharisæi legis prophetarumque notitiam, sciunt Christum esse Filium Dei. (*Hilar.*) Non ignorant natum esse de virgine: sed dum adventum ejus corporeum a prophetis prædicatum doctrinæ simulatione abscondunt, et prædam de subjecta sibi plebe appetunt, nec ipsi introeunt in regna cœlorum, nec eos qui poterant intrare permittunt. Hoc est quod in Osea propheta Dominus arguit dicens : *Absconderunt sacerdotes viam, interfecerunt Sichima* [Particeps sacerdotum in via interficientium pergentes de Sichem] (*Oseæ.* VI). Et rursum : *Sacerdotes non dixerunt : Ubi est Dominus?* Vel certe omnis magister, qui verbo ædificat, et scandalizat malis operibus discipulos suos, claudit ante eos regnum cœlorum.

Væ vobis, scribæ et Pharisæi hypocritæ, quia circuitis mare et aridam, ut faciatis unum proselytum; et cum fuerit factus, facitis eum filium gehennæ duplo quam vos. Non eo studio servamus quæsita, quo quærimus. Scribæ et Pharisæi totum lustrantes orbem propter negotiationes et diversa lucra, tam a discipulis captanda quam per imaginem sanctitatis, id est, studii habebant de gentibus facere proselytum, id est, advenam et incircumcisum miscere populo Dei. Sed qui ante dum esset ethnicus simpliciter errabat, et erat semel filius gehennæ, videns magistrorum vitia, et intelligens destruere eos operibus quod verbis docebant, revertitur ad vomitum suum, et gentilis factus quasi prævaricator majori pœna dignus erit.

(RAB.) Typice autem maris et terræ peragratione significat in totius orbis finibus eos esse Evangelio obtrectaturos. Proselyti enim sunt ex gentibus in synagogam recepti, quorum futurorum raritas in uno indicatur. Neque enim post Christi prædicationem doctrinæ eorum fides relicta est; sed quisque fuerit acquisitus ad plebem filius sit gehennæ, pœnæ soboles, et æterni judicii hæreditas : quia adoptio ex gentibus Abrahæ familiam factura sit. Ideo autem pœnæ duplicatæ erit filius, quia neque remissionem peccatorum sit gentium consecutus, et societatem eorum qui Christum persecuti fuerant sit secutus. Filius autem vocatur gehennæ, quomodo filius perditionis, et filius hujus sæculi ; vocatur filius gehennæ ad illam præparatus, non ex illa generatus : unusquisque enim cujus opera agit ejus filius appellatur.

Væ vobis, duces cæci, quia dicitis : Quicunque juraverit per templum, nihil est ; qui autem juraverit in auro templi, debet. Stulti et cæci, quid enim majus est, aurum, an templum quod sanctificat aurum ? Et quicunque juraverit in altari, nihil est ; quicunque autem juraverit in dono quod est super illud, debet. Cæci, quid enim majus est, donum, an altare quod sanctificat donum ? Qui ergo jurat in altari, jurat in eo et in omnibus quæ sunt super illud. Et qui juraverit in templo, jurat in illo, et in eo qui habitat in ipso. Et qui jurat in cœlo jurat in throno Dei, et in eo qui sedet super eum. Supra, ut visum nobis est, exposuimus quid significaret traditio Pharisæorum, dicentium : *Donum quodcunque est ex me, tibi proderit.* Nunc duplex et ad unam occasionem avaritiæ trahens Pharisæorum conditio condemnatur, ut arguantur cuncta pro lucro facere, et non pro timore Dei. Sicut enim in phylacteriis et fimbriis dilatatis opinio sanctitatis captabat gloriam, et per occasio-

nem gloriæ quærebant lucra, sic alia traditionis inventa stropha impietatis arguit præceptores. Si quis in contentione, seu in aliquo jurgio, vel in causæ ambiguo jurasset in templo, et postea convictus esset mendacii, non tenebatur criminis reus, si autem jurasset in auro et pecunia quæ in templo sacerdotibus offerebatur, statim in quo juraverat cogebatur exsolvere. Rursum si quis jurasset in altari, perjurii reum nemo tenebat ; sin autem perjurasset in dono, vel in oblationibus, id est, in hostia, in victimis, in simila, et cæteris quæ offeruntur Deo super altare, hæc studiosissime repetebant. Arguit ergo eos Dominus, et stultitiæ, et fraudulentiæ, quod multo majus sit templum quam aurum quod sanctificatur a templo, et altare quam hostiæ quæ sanctificantur ab altari. Totum autem faciebant, non ob Dei timorem, sed ob divitiarum cupiditatem. Templum enim vel altare ad gloriam Dei pertinet, et ad hominum spiritalium salutem ; aurum autem quod est in templo, vel donum quod est super altare, ad gloriam quidem Dei pertinent ; et ipsa tamen aurum vel donum magis ad delectationem hominum et ad utilitatem sacerdotum offertur super altare. Judæi ergo aurum quo ipsi delectabantur, et dona quibus ipsi pascebantur, sanctiora esse dicebant, quam ipsum templum et altare, ut homines promptiores fierent ad offerenda dona, quam ad preces fundendas in templo, aut justitias faciendas. Totum autem faciebant non ob Dei timorem, sed ob divitiarum cupiditatem, ut paulo ante dictum est. Spiritaliter autem quod Dominus dixit : *Quid enim majus est aurum an templum, quod sanctificat aurum ?* Et iterum dixit : *Quid enim majus est donum, an altare quod sanctificat donum ?* ita intelligendum est : templum et altare ipsum Christum, aurum et donum laudes et sacrificia precum, quæ in eo per eum offerimus : non enim ille per hæc, sed ista per illum sanctificantur.

Væ vobis, scribæ et Pharisæi hypocritæ, quia decimatis mentam, et anetum, et cyminum et reliquis quæ graviora sunt, judicium, et misericordiam, et fidem : hæc oportuit facere, et illa non omittere. (HIERON.) Multa in lege præcepta sunt quæ typos proferunt futurorum. Alia vero quæ aperta sunt et illuminant oculos juxta psalmistam dicentem : *Mandatum Domini lucidum, illuminans oculos,* quæ statim opera desiderant ; verbi gratia : *Non adulterabis, non furtum facies, non falsum testimonium dices,* etc. (Psal. XVIII). Pharisæi autem, quia præceperat Dominus (interim ut intellectus mysticos dimittamus) propter alimoniam sacerdotum et Levitarum, quorum pars erat Dominus, omnium rerum offerri in templo decimas, hoc unum habebant studii, ut quæ jussa fuerant comportarentur. Cætera quæ erant majora, utrum quis faceret, an non, parvi pendebant. Et ex hoc itaque capitulo arguit eos, quod studiose etiam vilium olerum decimas exigant, et judicium in disceptatione negotiorum, misericordiamque in pauperes pupillos et viduas, et fidem in Deum, quæ magna sunt, prætermittant. (*Aug.*) *Hæc*, inquit, *oportuit facere*, id est judicium, misericordiam, et fidem, ut et nos veraciter de nostra miseria judicantes, et Dei charitatem quam donavit ipse diligentes, pie recteque vivamus justum judicium ejus confitentes quo miseri effecti sumus. De quo dicit Apostolus : *Judicium quidem ex uno in condemnationem ; et magnæ charitati ejus gratias agentes* (*Rom.* v). De qua idem ipse dicit gratiæ prædicator : *Commendat autem suam charitatem Deus in nobis, quoniam cum adhuc peccatores essemus, Christus pro nobis mortuus est*. Oportuit et illa non omittere, id est, eleemosynas fructuum terrenorum. Non ergo se fallant, qui per eleemosynas quaslibet largissimas fructuum suorum, cujusque pecuniæ impunitatem se emere existimant in facinorum immanitate, ac flagitiorum nequitia permanendi.

Duces cæci excolantes culicem, camelum autem glutientes. Camelum puto esse juxta sensum præsentis loci et magnitudinem præceptorum, judicium, et misericordiam, et fidem ; culicem autem decimas mentæ, et aneti, et cymini, et reliquorum vilium olerum. Hæc contra præcepta Dei, quæ digna sunt devoramus atque negligimus, et opinione religionis in parvis quæ lucrum habent diligentiam demonstramus. (*Aug.*) Possunt tamen hæc per allegoriam ad Judæos referri. Quia dimiserunt Barrabam, qui non solverat sabbatum, quod magna diligentia carnaliter observabant, occiderunt autem Dominum spiritaliter sabbatum insinuantem, per judicium, et misericordiam, et fidem, quæ illi maxime contemnebant. Nam et culicis nomine non absurde figuratur seditiosus homicida, quia hoc animal, et strependo inquietat, et sanguine delectatur ; et cameli nomine propter humiliantem se ad subeunda onera magnitudinem, congruenter intelligitur Dominus.

Væ vobis, scribæ et Pharisæi hypocritæ, qui mundatis, quod de foris est calicis ; et paropsidis, intus autem pleni estis rapina et immunditia ? Diversis verbis eodem quo supra sensu arguit Pharisæos simulationis atque mendacii, quod aliud ostendant hominibus foris, aliud domi agant. Non quod in calice eorum et paropside superstitio moraretur, sed quod hominibus ostenderent sanctitatem in habitu, in sermone, in phylacteriis, in fimbriis, in orationum longitudine, et in cæteris istiusmodi, intrinsecus autem essent vitiorum sordibus pleni. Calicis namque usus interior est, qui si obsorduerit, quid proficiet lotus exterius ? (*Hilar.*) Atque ideo interioris conscientiæ nitor est obtinendus, ut ea quæ corporis sunt forinsecus laventur ?

Pharisæe cæce, munda prius quod intus est calicis et paropsidis, ut fiat et id quod deforis est mundum. Hoc est, munda prius cor et conscientiam a concupiscentia et pravis desideriis, a fraude et dolo, et sic foris per opera ostendes veraciter sanctitatem. Notandum autem quod apud Lucam ita scriptum est : *Stulti, nonne qui fecit quod deforis est, etiam id quod intus est fecit ?* (*Luc.* xi.) [RAB.] Qui, inquit, utramque hominum naturam fecit, utramque mundari desiderat. Hoc contra Manichæos, qui animam tantum a Deo, carnem vero putant a diabolo creatam. Hoc contra illos, qui corporalia peccata, fornicationem videlicet, immunditiam, libidinem, furtum, rapinam, et cætera talia quasi gravissima detestantur, spiritalia vero, quæ non minus damnat Apostolus, hoc est, amaritudinem, iram, indignationem, clamorem, blasphemiam, superbiam, et avaritiam, quæ idolorum est servitus, ut levia contemnunt.

Væ vobis, scribæ et Pharisæi hypocritæ, quia similes estis sepulcris dealbatis, quæ a foris patent hominibus speciosa, intus vero plena sunt ossibus mortuorum, et omni spurcitia. Sic et vos a foris quidem paretis hominibus justi, intus autem pleni estis hypocrisi et iniquitate. Sepulcris quoque eos comparavit, quæ humano opere cultuque splendentia, mortuorum ossibus et cadaverum immunditiis interius sordescant ; præferant scilicet inanibus verbis justitiæ speciositatem, habeant vero intra se conscientiæ suæ mentisque fetorem. Hinc illud quod in calice et paropside supra demonstrabat, eo quod foris loti essent et intrinsecus sordidi, hoc nunc per exemplum sepulcrorum replicat : quod quomodo sepulcra forinsecus lita sunt calce, et ornata marmoribus, et auro coloribusque distincta, intus autem plena sunt ossibus mortuorum : sic et perversi magistri, quia alia docent, et alia faciunt, munditiam habitu vestis, et verborum humilitate demonstrarent, intus autem pleni sunt omni spurcitia, et avaritia, et libidine. Denique manifestius hoc ipsum exprimit inferens sic . Et vos a foris quidem paretis hominibus justi, intus autem pleni estis hypocrisi et iniquitate.

Væ vobis, scribæ et Pharisæi hypocritæ, quia ædificatis sepulcra prophetarum, et ornatis monumenta justorum, et dicitis : Si fuissemus in diebus patrum nostrorum, non essemus socii eorum in sanguine prophetarum. Itaque testimonio estis vobismetipsis quia filii estis eorum qui prophetas occiderunt. Prudentissimo syllogismo arguit eos filios esse homicidarum, dum ipsi opinione bonitatis et gloriæ in populo sepulcra ædificant prophetarum, quos majores eorum interfecerunt et dicunt : Si fuissemus in illo tempore, non fecissemus ea quæ fecerunt patres nostri. Hoc etiamsi sermone non dicunt, opere loquuntur, ex eo quod ambitiose et magnifice ædificant memorias occisorum, quos a patribus suis jugulatos esse non negant. (MAUR.) Non enim propter amorem veritatis et pietatis hoc fecerunt : sed propter favorem vanæ laudis hypocritæ omnia fallaciter faciebant. (*Venant.*) Ac ideo non monumenta prophetarum ornare, sed interfectores prophetarum imitari, sceleris est. Judæi ergo prophetarum monumenta ædificando, patrum suorum facta qui hos occiderunt arguebant. Sed paterna facinora æmulando, dum Christum apostolosque illius insequuntur, in seipsos sententiam retorquebant, eadem videlicet ipsi quæ in parentibus damnabant agentes. Simulabant quidem se ob favorem vulgi captandum patrum suorum horrere perfidiam, memorias prophetarum qui ab eis occisi sunt magnifice ornando, sed ipso opere testificantur quantum paternæ nequitiæ consentiant, Dominum, qui ab eisdem prophetis est prænuntiatus, injuriis agendo. Ubi se pariter et filios homicidarum, et ad suæ damnationis augmentum scientes peccare declarant.

Et vos implete mensuram patrum vestrorum. (*Hieron.*) Probatis superioribus dictis, quod filii essent homicidarum et eorum qui prophetas occiderunt, nunc concludit quod voluerat, et quasi extremam syllogismi partem ponit. *Et vos*, inquit, *implete mensuram patrum vestrorum*, hoc est, quod illis defuit, nunc implete. Illi interfecerunt servos, vos Dominum crucifigite; illi prophetas, vos eum qui a prophetis prædictus est. Non jubet tamen illis ut faciant, quod facturi non erant nisi jussisset, sed ostendit quod essent facturi.

Serpentes, progenies viperarum. Hoc ipsum et Joannes Baptista dixerat : Sicut ergo de viperis nascuntur viperæ, sic de homicidis patribus vos, inquit, nati estis homicidæ.

Quomodo fugietis a judicio gehennæ? (*Chrys.*) Nunquid sepulcra sanctorum ædificantes, an potius a malitia corda vestra mundantes; nunquid sic judicat Deus, quomodo judicat homo? Homo hominem judicat in opere, Deus autem in corde. Quæ est autem ista justitia sanctos colere, et contemnere sanctitatem? Primus gradus est pietatis sanctitatem diligere, deinde sanctos, quia non sancti ante sanctitatem fuerunt, sed sanctitas ante sanctos. Sine causa ergo justos honorat, qui justitiam spernit. Quomodo fugietis? Nunquid liberabunt vos sancti, quorum monumenta ornatis? Non possunt sancti amici esse illorum, quibus Deus est inimicus.

Ideo ecce ego mitto ad vos prophetas, et sapientes, et scribas, et ex illis occidetis, et crucifigetis, et ex eis flagellabitis in synagogis vestris, et persequemini de civitate in civitatem. Hoc quod ante dixeramus : *Implete mensuram patrum vestrorum*, ad personam Domini pertinere, eo quod occidendus esset ab eis, potest et ad discipulos ejus referri, de quibus nunc dicit : *Ecce mitto ad vos prophetas, et sapientes, et scribas, et ex illis occidetis, et crucifigetis, et flagellabitis in synagogis vestris, et persequemini de civitate in civitatem, ut impleatis mensuram patrum vestrorum*. Simulque observa juxta Apostolum scribentem ad Corinthios, varia esse dona discipulorum Christi, alios prophetas, qui ventura prædicant; alios sapientes, qui noverint quando debeant proferre sermonem; alios scribas in lege doctissimos, ex quibus lapidatus est Stephanus, Paulus occisus, Petrus crucifixus, flagellati in Actibus apostolorum discipuli; et persecuti eos sunt de civitate in civitatem, expellentes de Judæa, ut ad gentium populum transmigrarent ad disseminandum Evangelium Christi (*Act.* v). Si autem idem Filius Dei prophetas, qui apostolos misit, cessent hæretici Christo ex virgine principium dare, omittant alium legis et prophetarum, alium Novi Testamenti Deum prædicare.

Ut veniat super vos omnis sanguis justus, qui effusus est super terram? (*Venant.*) *Veniat super vos omnis sanguis justus* dicit, id est, vindicta justæ ultionis, quam pro effuso sanguine justorum meruerunt. Quæritur ergo quomodo sanguis omnium prophetarum atque justorum ab una Judæorum generatione requiratur, cum et multi sanctorum sive ante incarnationem, sive post mortem, resurrectionemque Salvatoris, ab aliis sunt nationibus interempti, et ipse Dominus Judæis licet acclamantibus, a Romano tamen præside Romanisque sit militibus crucifixus. Sed moris est Scripturarum duas sæpe generationes hominum, bonorum scilicet malorumque computare, hoc est eorum *qui non ex sanguinibus, neque ex voluntate viri, sed ex Deo nati sunt* (*Joan.* I), et eorum, quibus dicitur : *Vos ex patre diabolo estis* (*Joan.* VIII), et alibi, *Serpentes, generatio viperarum*. Omnium enim iniquorum, et persecutorum, et homicidarum a Cain usque ad finem sæculi una generatio est; et si non sunt omnes in tempore uno, omnes tamen corpus diaboli et civitas Babylonia, id est, confusionis a fidelibus appellantur.

A sanguine Abel justi usque ad sanguinem Zachariæ filii Barachiæ, quem occidistis inter templum et altare? Quare a sanguine Abel, qui primus martyrium passus est, mirum non est; sed quare adusque sanguinem Zachariæ quærendum est, cum et multi post eum usque ad nativitatem Christi, et ipso mox nato Innocentes in Bethleem pueri sint ab hac generatione perempti : nisi forte quia Abel pastor ovium (*Gen.* IV), Zacharias sacerdos fuit; et hic in campo, ille in atrio templi necatus est, utriusque gradus martyres et laici scilicet, et altaris officio mancipati sub eorum voluit intimare vocabulo. (*Hieron.*) Juxta litteram vero de Abel nulla est ambiguitas quin sit justus, quem Cain frater ejus occidit; justus autem non solum ex Domini nunc sententia, sed ex Geneseos testimonio comprobatur, ubi accepta ejus a Domino narrantur munera. Quærimus quis sit iste Zacharias filius Barachiæ, quia multos legimus Zacharias. Et ne libera nobis tribuatur erroris facultas, additum est : *Quem occidistis inter templum et altare*. In diversis diversa legi, et debeo singulorum opiniones ponere. Alii Zachariam filium Barachiæ dicunt, qui in duodecim prophetis decimus est, patrisque nomen in eo consentigit; sed ubi occisus sit inter templum et altare, Scriptura non loquitur, maxime cum temporibus ejus, vix ruinæ templi fuerint. Alii Zachariam patrem Joannis intelligi volunt, ex quibusdam apocryphorum libris approbantes, quod propterea occisus sit, quia Salvatoris prædicaverit adventum. Hoc quia de Scripturis non habet auctoritatem, eadem facilitate contemnitur qua probatur. Alii istum volunt esse Zachariam, qui occisus sit a Joas rege Judææ inter templum et altare, sicut Regum narrat historia. Sed observandum quod ille Zacharias non sit filius Barachiæ, sed filius

Joiadæ sacerdotis : unde et Scriptura refert : *Non fuit recordatus Joas patris ejus Joiadæ, quæ sibi fecisset bona* (*II Paral.* xxiv). Cum ergo et Zachariam teneamus, et occisionis consentiat locus, quærimus quare Barachiæ dicitur filius, et non Joiadæ. Barachia in lingua nostra *benedictus Domini* dicitur; et sacerdotis Joiadæ *justitia* Hebræo nomine demonstratur. In Evangelio quo utuntur Nazareni pro filio Barachiæ filium Joiadæ scriptum reperimus. Simpliciores fratres inter ruinas templi et altaris, sive in portarum exitibus, quæ Siloam ducunt, rubra saxa monstrantes, Zachariæ sanguine putant esse polluta. Sed nos non condemnamus errorem, qui de odio Judæorum, et fidei pietate descendit.

Amen dico vobis, venient hæc omnia super generationem istam. Super illam utique generationem, quæ merito suæ impietatis condemnatur a Domino, quæ a primo parricida usque ad novissimum perditionis filium, non utique super generationem rectorum, quæ a Domino benedicetur (*Psal.* xxiii), quæ ascendet in montem Domini, et stabit in loco sancto ejus generatio quærentium Dominum, requirentium faciem Dei Jacob.

Hierusalem, Hierusalem, quæ occidis prophetas, et lapidas eos qui ad te missi sunt. Hierusalem non saxa et ædificia civitatis sed habitatores vocat, quam patris plangit affectu, sicut et in alio loco legimus, quod videns eam fleverit (*Luc.* xix).

Quoties volui congregare filios tuos, quemadmodum gallina pullos suos congregat sub alas, et noluisti? In eo enim quod dicit adversus impiam civitatem, *Quoties volui congregare filios tuos et noluisti?* apparere videtur tanquam Dei voluntas superata sit hominum voluntate, et infirmissimis nolendo impedientibus, non potuerit facere potentissimus quod volebat. Et ubi est illa omnipotentia, quæ *in cœlo et in terra omnia quæcunque voluit fecit* (*Psal.* cxiii), si colligere filios Jerusalem voluit, et non fecit? An potius illa filios suos ab ipso colligi noluit? Sed ea quoque nolente filios ejus collegit ipse quos voluit: quia in cœlo et in terra, non quædam voluit, et fecit, quædam vero voluit, et non fecit, sed *in cœlo et in terra, omnia quæcunque voluit, fecit.* (*Hier.*) Quod autem dicit : *Quoties volui congregare filios tuos?* omnes retro prophetas a se missos esse testatur. Gallinæ quoque similitudinem ponit congregantis sub alas pullos suos. (*Aug.*) Hoc genus animantis magnum affectum in filios habet, ita ut eorum infirmitate affecta, et ipsa infirmetur; et (quod difficilius in cæteris animantibus invenies) alis suis filios protegens, contra milvum pugnat : sic etiam mater nostra sapientia Dei per carnis susceptionem infirmata quodammodo (unde apostolus dicit : *Quod infirmum est Dei, fortius est hominibus* [*I Cor.* 1]), protegit infirmitatem nostram, et resistit diabolo, ne nos rapiat. In qua defensione, quod illa adversus milvum conatur affectu, hæc adversus diabolum perficit potestate. (*Hier.*) Item in Cantico Deuteronomii legimus aliam similitudinem, sicut aquila protegere nidum suum, et super pullos suos, quos desideravit expandens alas suscepit eos, et tulit super pennas suas (*Deut.* xxxii). [RAB.] Et pulchre qui Herodem de sua nece tractantem vulpem vocaverat, seipsum avi comparat. Fraudulenta enim vulpes semper insidias avibus tendere non cessat.

Ecce relinquetur vobis domus vestra deserta. (*Hieron.*) Hoc ipsum ex persona Jeremiæ ante jam dixerat : *Reliqui meam domum, dimisi hæreditatem meam, facta est mihi hæreditas mea quasi leo in silva* (*Jerem.* xii). Desertam Judæorum domum, id est, templum illud, quod ante fulgebat augustum oculis, comprobamus. Quia habitatorem Christum perdidit, et hæreditatem præripere gestiens occidit hæredem. (*Aug.*) Ipsam civitatem quam secundum alium evangelistam nidum suum vocaverat, nunc domum Judæorum appellat. Quæ non immerito Domini auxilio nudata, suæ ditioni relinquitur, quia non solum avis illius omnipotentis, quam Matthæus gallinam nuncupat, alis protegi despexit, sed et eamdem avem se protegere volentem vulpibus devorandam, id est Herodi, et Pilato crucifigendum tradidit Christum. Nec mora vulpium earumdem, hoc est, regum terræ et ipsa rapina devoratur. Occiso enim Domino venerunt Romani et quasi nidum vacuum diripientes tulerunt eorum locum, gentem, et regnum.

Dico enim vobis : Non me videbitis amodo donec dicatis : Benedictus qui venit in nomine Domini. (*Aug.*) Hæc quidem turbæ dixerunt Domino veniente Hierusalem, sed quia Lucas non dicit, quod hinc abcesserit Dominus, ut non veniret, nisi eo tempore quo jam illud diceretur (perseverat quippe in itinere suo, donec veniat Jerusalem), cogit profecto hoc mystice intelligi, hoc est, de illo ejus adventu, quo in claritate venturus est (*Luc.* xiii). [*Venant.*] Maxime cum Matthæus hæc Dominum post decantatas ei a turba laudes dixisse testetur, ne aliter quod dicit, hoc est, nisi pœnitentiam egeritis, et confessi fueritis ipsum esse me, de quo prophetæ cecinerunt, Filium omnipotentis Patris, meam faciem non videbitis. Habent Judæi datum sibi tempus pœnitentiæ, confiteantur benedictum, qui venit in nomine Domini, et Christi ora conspicient.

CAPUT XXIV.

De structura templi et signis novissimorum dierum, et adventu Salvatoris; de vigilantia servi boni, et occasu elementorum, etc.

[I.] *Et egressus Jesus de templo ibat et accesserunt discipuli ejus, ut ostenderent ei ædificationes templi. Ipse autem respondens dixit eis : Videtis hæc omnia? Amen dico vobis non relinquetur hic lapis super lapidem, qui non destruatur.* (*Hieron.*) Juxta historiam manifestus est sensus, quia quadragesimo secundo anno post passionem Domini sub Vespasiano et Tito Romanorum principibus, ita funditus est ipsa civitas eversa cum templo suo magnificentissimo, ut solo coæquaretur; quod etiam modo ambitus murorum, qui ipsum locum circumdat, testatur, cum locum Calvariæ ubi Dominus extra portam passus est, infra muros amplectitur. (Maur.) Sed mystice recedente Domino de templo omnia legis ædificia et compositio mandatorum ita destructa est, ut nihil a Judæis possit impleri, et capite sublato universa inter se membra compugnant. Divinitus autem procuratum est, ut patefacta per orbem fidei evangelicæ gratia templum ipsum quondam augustum, cum suis cæremoniis tolleretur, ne quis forte adhuc parvulus ac lactans in fide, si videret illa permanere quæ a prophetis sanctis facta, quæ a Domino sunt instituta, admirando sanctum sæculare, paulatim a sinceritate fidei, quæ est in Christo Jesu, ad carnalem laberetur Judaismum. Providens ergo Deus infirmitati nostræ, et Ecclesiam suam multiplicari desiderans, omnia illa subverti fecit ac penitus auferri, quatenus umbra et typo cessante vero, ipsa jam veritas per orbem declarata palmam teneret.

Sedente autem eo super montem Oliveti, accesserunt ad eum discipuli ejus secreto, dicentes: Dic nobis quando hæc erunt, et quod signum adventus tui, et consummationis sæculi? In Evangelio Marci ita scriptum est: *Et cum sederet in monte Olivarum contra templum, interrogabant eum separatim Petrus, et Jacobus, et Joannes, et Andreas: Dic nobis quando ista fiant?* (*Marc.* xiii), et cætera. Quia laudantibus quibusdam ædificationes templi, Dominus palam responderat hæc esse omnia destruenda, discipuli secreto tempus et signa prædictæ destructionis interrogant, dicentes: *Dic nobis quando hæc erunt, et quod signum adventus tui, et consummationis sæculi?* Tria autem hic interrogant: Dic quando evertendum est templum. Secundo: *Quod signum adventus tui?* scilicet ad regnandum temporaliter, quod discipuli fore putaverunt, ut ex alio loco intelligitur, ubi quærunt: *Domine, si in tempore hoc restitues regnum Israel?* (*Act.* i.) Tamen videtur hæc discipulorum interrogatio de adventu ad judicium intelligi posse; advertebant enim illum fore judicem hominum, tum ex his, tum aliis, et maxime iis verbis Matthæi: *In generatione* (*Matth.* xix). [a] . . . . .
. . . .
De die autem illa, et hora nemo scit, neque angeli cœlorum, nisi Pater solus? (*Hieron.*) In quibusdam codicibus additum est, *neque Filius*, cum in Græcis et maxime Adamantii nostri exemplaribus hoc non habeatur ascriptum. Sed quia in nonnullis legitur, disserendum videtur. Gaudet Arius et Eunomius, quasi ignorantia magistri gloria discipulorum sit, et dicunt, non potest æqualis esse qui novit et qui ignorat. Contra quos breviter ista dicenda sunt: Cum omnia tempora fecerit Jesus, id est, Verbum Dei. (*Omnia enim per ipsum facta sunt et sine ipso fa-*

[a] Hic quædam desiderantur, quæ inter excudendum a militibus omnia vastantibus deperdita

ctum est nihil [*Joan.* i]) in omnibus autem temporibus etiam dies judicii sit, qua consequentia potest ejus ignorare partem, cujus totum noverit? Hoc quoque dicendum est: Quid est majus notitia Patris, an judicii? Si majus novit, quomodo ignorat quod minus est? Scriptum legimus: *Omnia quæ Patris sunt, mihi tradita sunt* (*Luc.* x). Si omnia Patris Filii sunt, qua ratione unius diei sibi notitiam reservavit, et noluit eam communicare cum Filio. Sed et hoc inferendum: Si novissimum diem temporum ignorat, et penultimum et retrorsum omnes. Non enim potest fieri, ut qui primum ignorat, sciat quid secundum sit. Igitur quia probavimus non ignorare Filium consummationis diem, causa reddenda est cur ignorare dicatur. Apostolus super Salvatore scripsit: *In quo sunt omnes thesauri sapientiæ absconditi* (*Coloss.* ii). Sunt ergo omnes thesauri in Christo sapientiæ et scientiæ, sed absconditi sunt. Quare absconditi? Post resurrectionem interrogatus ab apostolis de die, manifestus respondit: *Non est vestrum scire tempora et momenta quæ Pater posuit in sua potestate* (*Act.* i). Quando dicit: *Non est vestrum scire*, ostendit quod ipse sciat, sed non expedit nosse apostolis, ut semper incerti de adventu judicis, sic quotidie vivant quasi alia die judicandi sint. Denique et consequens Evangelii sermo idipsum cogit intelligi, dicens quoque Patrem solum nosse, in Patre comprehendit et Filium: omnis enim pater, filii nomen est. (*Aug.*) Et quod dictum est nescire Filium, sic dictum est, quia facit nescire homines, id est, non eis prodit quod inutiliter scirent. Legi quoque in cujusdam libro Filium hunc qui hoc loco ponitur non unigenitum, sed adoptivum, hoc est populum Christianum velle intelligi. De quo a Deo prædicitur: *Ego ero illis in Patrem, et ipsi erunt mihi in filios.* Si enim hoc de unigenito Filio prædixisset, nunquam ei angelos præposuisset: sic enim ait, *Neque angeli cœlorum, neque filius*; ostendit non de unigenito, sed de adoptivo populo hoc dixisse. Nulli enim sanctorum angelorum, neque alicui sanctorum hominum hujus diei notitiam concessum est habere, quem solus Pater, et Filius et Spiritus sanctus, id est, unus Deus in sua scientia aliis incognitum servat.

Sicut autem in diebus Noe, ita erit et adventus filii hominis. (Rab.) Subitum adventus sui diem plurimis affirmat exemplis. Nam quem fulguri cito omnia transvolanti comparaverat, eumdem diebus Noe, vel Loth secundum alium evangelistam, *quando repentinus mortalibus supervenit interitus* (*Luc.* xvii), æquiparat.

Sicut enim erant in diebus illis ante diluvium comedentes, et bibentes, nubentes, et nuptum tradentes. Non hic juxta vesanum Marcionis, et Manichæi, et Tatiani principis Encratitarum dogma conjugia, vel alimenta damnantur, cum in his successionis, in illis naturæ sint posita subsidia; sed juxta quod sunt, ut in Præfatione ad lectorem habetur. Editor Coloniensis.

Apostolus ait : *Omnia mihi licent, sed non omnia expediunt (I Cor. vi)*, immoderatus potius licitorum usus arguitur. Neque enim quia hæc agebant, sed quia his se totos dedendo Dei judicia contemnebant, aqua vel igne perierunt. (*Hieron.*) Quæritur quomodo supra scriptum sit : *Surget enim gens in gentem, et regnum contra regnum, et erunt pestilentiæ, et fames, et terræmotus (Matth. xxvii)* ; et nunc ea futura memorantur, quæ pacis indicia sunt. Sed æstimandum juxta Apostolum, quod post pugnas, dissensiones, pestilentias, fames, terræmotus, et cætera quibus genus vastatur humanum, brevis subsecutura sit pax quæ quieta omnia repromittat, ut fides credentium comprobetur, utrum transactis malis sperent judicem esse venturum. Hoc est enim quod in Paulo legimus : *Quando dixerint, Pax et securitas, tunc repentinus eis superveniet interitus (I Thess.* v), sicut dolor parturientis, et non effugient.

Usque ad eum diem quo introivit in arcam Noe, et non cognoverunt donec venit diluvium, et tulit omnes ; ita et adventus Filii hominis. (Rab.) Mystice autem Noe arcam ædificat, cum Dominus Ecclesiam de viris fidelibus, quasi lignis lævigatis adunando construit. Quam perfecte consummatam ingreditur, cum hanc in die judicii præsentia suæ visionis æternus habitator illustrat. Sed cum arca ædificatur, iniqui luxuriantur, cum vero intratur, intereunt : quia qui sanctis hic certantibus insultant, eis illic coronatis æterna damnatione plectentur.

Tunc duo erunt in agro, unus assumetur et unus relinquetur. Tunc, inquit, *duo erunt in agro.* (*Hieron.*) Quando? tempore videlicet consummationis atque judicii duo in agro pariter invenientur, eumdem habentes laborem, et quasi parem sementem, sed fructus laboris non æque recipientes. (*Venant.*) Significat autem eos qui operantur in Ecclesiæ ministerio, tanquam in agro Dei, cui suus agricola dicebat : *Dei agricultura estis (I Cor.* iii). Assumetur autem ille qui non adulterans verbum Dei, sed sicut ex Deo, coram Deo locutus in Christo fuerit ; qui vero Christum annuntiaverit non caste sed occasione, relinquetur ab eo.

(*Aug.*) *Duæ molentes in mola, una assumetur et una relinquetur.* Molentes appellat eos qui in plebibus constituti reguntur a doctoribus, agentes ea quæ sunt hujus sæculi. Quos et feminarum nomine significavit, quia consiliis, ut dixi, peritorum regi eis expedit. Et *molentes* dixit, propter temporalium negotiorum orbem, atque circuitum : quas tamen secundum alium evangelistam in uno molentes dixit, in quantum de ipsis rebus, et negotiis suis præbent servitium usibus Ecclesiæ. (*Venant.*) Unaquæque enim hujus mundi actio mola est, quæ dum multas curas congerit, humanas mentes quasi per gyrum vertit, atque ex se velut farinas projicit, quia inquieto cordi semper minutissimas cogitationes gignit. *Una assumetur, et altera relinquetur.* Assumetur ea pars quæ connubia propter amorem tantum generis exercuerit, terrenamque substantiam ad acquirenda cœlestia dispensaverit. Relinquetur autem quæ conjugiis ob illecebras carnis servierit ; terrena vero si qua Ecclesiæ vel pauperibus obtulerit, ideo fecerit, ut quasi redempto Domino his amplius abundet.

Duo in lecto, unus assumetur, et unus relinquetur. Duo in lecto, illi videlicet qui otium et quietem eligunt, neque negotiis sæcularibus, neque negotiis ecclesiasticis occupati. Quæ illorum quies lecti nomine significata est. *Unus assumetur, et alter relinquetur*, non quasi de duobus hominibus dictum est, sed de duobus generibus affectionum. Qui enim propter Deum continentiæ studuerit, ut sine sollicitudine vivens cogitet quæ Dei sunt, assumetur a Deo. Qui vero vel humanæ laudis amore, vel alia qualibet vitiorum correptione statum monasticæ vitæ, quo imbutus est læserit, hic ubi relinquendus sit Jeremiæ lamentationes insinuant, qui otiosæ cujuslibet et peccatricis animæ sub Judææ specie lapsum describens, ait · *Viderunt eam hostes, et deriserunt sabbata ejus (Thren.* i). [*Aug.*] Nec puto alia genera esse hominum quibus constat Ecclesia, quam ista tria habentia binas differentias propter assumptionem et relictionem. Quamvis in singulis multæ studiorum voluntatumque diversitates, ad concordiam tamen unitatemque concurrentes possint inveniri. Unde et Ezechiel propheta tres viros liberatos vidit Noe, Daniel, et Job (*Ezech.* xiv). [*Greg.*] In quibus videlicet tribus, rectores continentes, atque conjugati signati sunt. Nam Noe arcam in undis rexit, atque ideo figuram rectorum tenuit. Daniel et in aula regia abstinentiæ deditus fuit, et idcirco vitam continentium signavit. Job vero in conjugio positus, et curam domus propriæ exercens placuit, per quem digne bonorum conjugum ordo figuratur. Postquam enim Dominus de discretione coronandorum atque damnandorum sermonem suum compleverat, jam propter quid hæc protulerit manifestat, dicens :

Vigilate ergo, quia nescitis qua hora Dominus vester venturus sit. (*Hieron.*) Perspicue ostendit quare supra dixerat : *De die autem illa nemo scit, neque Filius hominis, neque angeli, nisi Pater solus*, quod non expediat scire apostolis, ut pendula exspectationis incerti semper eum credant esse venturum quem ignorant. Quando dixit venturus sit, et non dixit : Quia nescimus qua hora Dominus venturus sit, sed *nescitis*, præmissoque patrisfamiliæ exemplo, cur reticeat consummationis diem manifestius docet, dicens : *Estote parati, quia nescitis qua hora Filius hominis venturus est (Matth.* xxv).

Illud autem scitote quoniam si sciret paterfamilias qua hora fur venturus esset, vigilaret utique, et non sineret perfodi domum suam. Ex qua præmissa similitudine etiam exhortatio subinfertur cum dicitur :

Ideoque et vos estote parati, quia nescitis qua hora Filius hominis venturus est. Nesciente enim patrefamilias fur domum perfodit, quia dum a sui custodia spiritus dormit improvisa mors veniens, carnis nostræ habitaculum irrumpit, et eum quem dominum invenerit dormientem domus necat. Quia cum ventura damna spiritus minime prævidet, hunc mors ad supplicium nescientem rapit, furi autem resisteret si vigilaret. Quia adventum judicis qui occulte animam rapit præcavens, ei pœnitendo occurreret, ne impœnitens periret. Horam vero ultimam Dominus noster idcirco nobis voluit esse incognitam, ut semper possit esse suspecta : ut dum illam prævidere non possumus, ad illam sine intermissione præparemur.

[II.] *Quis putas fidelis est servus et prudens, quem constituit Dominus suus super familiam suam ?* Respondens ad interrogata Salvator primo docet judicium cunctis adfuturum, singulosque juxta meritum operis ac sensus sui capacitatem præmia vel tormenta nacturos. Deinde quod maxime quæsierat, gratiam virtutum quam mundo attulerit ac singulis quantum possint ostendit esse sectandam. Ignem, inquit, *veni mittere in terram, et quid volo nisi ut accendatur ? (Luc* XII.) Sane quod ait , *Quis putas est*, difficultatem, non impossibilitatem perficiendæ virtutis insinuat : quomodo Psalmista : *Quis sapiens et custodiet hæc ? (Psal.* CVI) non neminem, sed rarum significat. Nam alibi idem verbum non pro difficili, sed pro impossibili posuit : *Deus, quis similis erit tibi ?* id est, nullus : *Tu enim solus altissimus super omnem terram (Psal.* LXXXII*).* *Quis putas est*, inquit, *fidelis servus et prudens ?* Fidelis quippe in devote tribuendo, et non abscondendo pecuniam Domini sui. Prudens vero in diligenter discernendo capacitatem singulorum famulorum. (*Fulgent.*) *Quem*, inquit, *constituit Dominus super familiam suam.* Quis iste Dominus est, nisi Christus, qui suis discipulis ait : *Vos vocatis me magister et Domine, et bene dicitis : sum etenim (Joan.* XIII.) Quæ est etiam hujus Domini familia ; nimirum illa est quam ipse Dominus de manu inimici redemit, et suo dominio mancipavit. Hæc familia sancta est Ecclesia catholica, quæ per orbem terræ copiosa fertilitate diffunditur, et redemptam se pretioso Domini sui sanguine gloriatur. Filius enim hominis, sicut ipse ait, *venit non ministrari, sed ministrare, et dare animam suam redemptionem pro multis (Matth.* XX). Ipse est etiam, *pastor bonus qui animam suam posuit pro ovibus suis (Joan.* XI). Grex enim pastoris boni ipsa est familia Redemptoris. Dispensator vero quis sit quem oportet esse fidelem, et prudentem, Paulus nobis ostendat apostolus, qui de se suisque sociis loquens ait : *Sic nos existimet homo ut ministros Christi, et dispensatores mysteriorum Dei.* Hic jam quæritur inter dispensatores ut fidelis quis inveniatur (I *Cor.* IV). Ne quis autem nostrum solos apostolos dispensatores factos existimet neglectoque militiæ spiritalis officio, servus piger infideliter imprudenterque dormitet, ipse beatus apostolus episcopus quoque dispensatores esse ostendens, ait : *Oportet episcopum sine crimine esse sicut Dei dispensatorem (Tit.* I). Servi ergo patrisfamilias et dispensatores Domini sumus, ut conservis cibùm quem a Domino accepimus erogemus.

Ut det illis cibum in tempore. (*Hieron.*) Exemplum patrisfamilias, hoc est, sui et servorum fidelium, id est, apostolorum, ad cohortationem sollicitæ mentis interserit, ut spe præmiorum ministrent conservis in tempore suo cibaria doctrinarum. (*Fulgent.*) Quis vero sit cibus, quæve mensura, juxta alium evangelistam, tritici, si quæramus, beatus Paulus apostolus ostendit dicens : *Unicuique sicut Deus divisit mensuram fidei* (*Rom.* XII). Quam ergo mensuram vel cibum Christus nuncupat, ipsam mensuram fidei Paulus appellat, ut agnoscamus non alium esse cibum spiritalem, vel triticum, juxta Lucam, quam Christianæ fidei venerabile sacramentum (*Luc.* XII). Hunc cibum vel tritici mensuram sacerdotes in nomine Domini erogant, quoties illuminati dono gratiæ spiritalis, secundum regulam veræ fidei disputant. Et eumdem cibum, vel tritici mensuram per Dominicos dispensatores fideles accipiunt, cum quotidie per Dei famulos verbum veritatis audiunt. De ipsa ergo tritici mensura Ecclesiæ præsules loquuntur. Ex ipsa cibum, sicut Deus per eos dividit, universi fideles pascuntur. Inde alimenta bonæ vitæ sumunt, ut ad æternæ vitæ præmia pervenire possint, in illum credentes, in illum sperantes, illum præ omnibus et in omnibus diligentes, qui seipsum nobis et alimentum præstat ne deficiamus in via, et præmium servat ut gaudeamus in patria. (*Greg.*) Per mensuram ergo tritici exprimitur modus verbi. Alta etenim quæque debent multis audientibus contegi, et vix paucis aperiri, ne cum angusto cordi incapabile aliquid tribuitur, extra fundatur. Hinc Moyses a secreto Dei exiens coruscantem faciem coram populo velat, quia nimirum turbis claritatis intimæ arcana non indicat. Pro qualitate igitur audientium formari debet sermo doctorum, ut ad sua singulis congruat, et tamen a communis ædificationis arte nunquam recedat.

Beatus ille servus quem, cum venerit Dominus ejus, invenerit sic facientem. Amen dico vobis, quoniam super omnia bona sua constituet eum. Quanta inter bonos auditores et bonos doctores distantia, tanta est et præmiorum. Hos enim adveniens cum vigilantes invenerit, faciet discumbere, et transiens ministrabit illis. Illos autem cum verbi annonam familiæ sibi creditæ fideliter prudenterque dispensantes invenerit, supra omnia quæ possidet constituet, id est supra omnia cœlestis regni gaudia. Non utique ut horum soli dominium teneant, sed ut eorum abundantius cæteris sanctis æterna possessione fruantur. *Qui enim docti fuerint fulgebunt quasi splendor firmamenti ; et qui ad justitiam erudiunt multos, quasi stellæ in perpetuas æternitates* (*Dan.* XII). Et Apostolus ait · *Qui bene præsunt presbyteri* duplici honore digni habeantur, maxime qui laborant in verbo et in doctrina (*I Tim.* v).

Si autem dixerit malus servus ille in corde suo : *Moram facit Dominus meus venire ; et cœperit percutere conservos suos, manducet autem et bibat cum ebriis.* Ex prioribus pendet quod sicut sollicitus servus et semper adventum Domini præstolans, tradit conservis cibaria in tempore suo, et postea super omnia bona patrisfamiliæ constituetur, ita e contrario qui juxta Ezechielem dicit : *In tempora longa fiet istud* (*Ezech.* xii), et non putat cito Dominum esse venturum, factus securior vacat epulis atque luxuriæ, et non lenem patremfamilias, sed severissimum sentiet judicem. (Rab.) Sicut in uno fideli dispensatore totus bonorum rectorum quomodo vel vivat vel remuneretur ordo docetur, sic et in hoc nequissimo servo cunctorum præsulum malorum damnandum pariter opus et damnatio narratur æterna : qui neglecto Domini timore non modo ipsi luxuriæ vacant, sed et subditos injuriis stimulant, quamvis typice possit intelligi percutere conservos, corda infirmorum, nec adhuc fide, spe, et charitate solidatorum, ostenso pravæ operationis, aut locutionis exemplo vitiare. Unde et apud Lucam legitur : *Et cœpit percutere pueros et ancillas* (*Luc.* xii). Quorum quanto infirmior est ætas, aut sexus, tanto facilior est ruina. Edere autem, bibere et inebriari, est et cunctis facinoribus, et sæculi illecebris, quæ mentem dementent, et errare faciant, occupari. Nota sane inter vitia servi mali ascriptum quod tardum Domini sui reditum putaverit. Non autem inter boni virtutes annumeratum quod hunc citum speravit, sed tantum quod ad jussionem Domini quandocunque venturi conservis in tempore tritici mensuram dederit, hoc est vel sermonis divini, vel exempli sui regulam monstraverit. Quin etiam quosdam bonos servos legimus ab Apostolo castigatos, quod trementes atque anxii crederent instare diem Domini, quem ipse inopinatum promiserit esse venturum (*II Thess.* ii). Unde optimum esse probatur, quanquam magnopere si licet cupiamus scire, quando veniat desideratus cunctis gentibus, æquanimiter tamen sustineamus nos nescire quæ scire non liceat, sed tantum in exemplum boni servi sive prope, seu procul sit, paratos exspectare, et diligere adventum ejus oportet.

Veniet Dominus servi illius in die qua non sperat, et hora qua ignorat, et dividet eum, partemque ejus ponet cum hypocritis ; illic erit fletus et stridor dentium. (Hieron.) Hoc ipsum docet ut sciant quando non putatur Dominus, tunc eum esse venturum. Et vigilantiæ ac sollicitudinis dispensatores admonet. Porro quod dicit : *Dividet eum*, non quod gladio eum dissecet, sed quod a sanctorum consortio separet. (Rab.) Quare? Quia adventum desperaverit, quia mandatis non obtemperaverit, quia præsentibus studuerit, quia vita gentium vixerit, quia desperatione judicii commissam sibi familiam fame, siti, cæde vexaverit. Et partem ejus ponet cum hypocritis, cum his videlicet qui erant in agro, et qui molebant, et nihilominus derelicti sunt. Sæpe diximus hypocritam, aliud esse, aliud ostendere. Sicut et in agro, et in mola, idem videbatur facere quod ecclesiasticus vir, sed exitus diversæ voluntatis apparuit. Quod autem dicit illic esse fletum et stridorem dentium, ubi servus nequam cum hypocritis suscipit partem suam, duplicem gehennæ, ut quidam volunt, exprimit pœnam, id est ignis et frigoris Ad ignem enim flatus pertinet oculorum, ad frigus stridor dentium. Unde et in Job scriptum est : *Ad calorem nimium transit ab aquis nivium* (*Job.* xxiv). Sed hæc nos divinæ scientiæ reservantes, sollicite admonemus inferni cruciatum qualiscunque sit, omnino fugiendum. Sequitur :

CAPUT XXV.

Parabola de decem virginibus, de ovibus et hœdis, de operibus eorum, de servis frugi, et pigro, etc.

[I.] *Tunc simile erit regnum cœlorum decem virginibus, quæ accipientes lampades suas, exierunt obviam sponso et sponsæ. Quinque autem ex eis erant fatuæ, et quinque prudentes.* Dato enim exemplo de die judicii per servum bonum et fidelem, atque per servum malum et infidelem, rursus aliud de eadem reponit exemplum dicens : *Tunc simile erit regnum cœlorum decem virginibus,* etc. (Hieron.) Hanc parabolam, id est, similitudinem decem virginum fatuarum atque prudentium, quidam simpliciter in virginibus interpretantur : quarum aliæ juxta Apostolum et *corpore et mente* sunt *virgines* ; aliæ virginitatem tantum corporum reservantes, cætera opera justitiæ non habent, proposito suo vel parentum custodia reservatæ, nihilominus mente nupserunt. Sed mihi videtur ex superioribus alius sensus esse qui dicitur et non ad virginalia corpora, sed ad omne hominum genus comparatio pertinere. (Greg.) Attamen prius quærendum nobis est, quid sit cœlorum regnum, aut cur decem virginibus comparetur, quæ etiam virgines prudentes, et fatuæ dicantur, dum enim cœlorum regnum constet quod nullus reproborum ingreditur, etiam fatuis virginibus cur simile esse perhibetur? Sed sciendum est quod sæpe in sacro eloquio regnum cœlorum præsentis temporis Ecclesia dicitur, sicut et alibi demonstravimus. De quo alio in loco Dominus ait : *Venient angeli et colligent de regno ejus omnia scandala* (*Matth.* xiii). Neque enim in illo regno beatitudinis, in quo pax summa est, inveniri scandala poterunt quæ colligantur. Et unde rursum dicitur : *Qui fecerit, et sic docuerit, magnus vocabitur in regno cœlorum : qui autem solverit unum de mandatis istis minimis, et sic docuerit, minimus vocabitur in regno cœlorum* (*Matth.* v). Mandatum quippe solvit, et docet, quando hoc quisque voce prædicat, quod vivendo non implet. Sed ad regnum æternæ beatitudinis non valet pervenire, qui non vult opere implere quod docet. Quomodo ergo in eo minimus vocatur, qui ad hoc nullo modo intrare permittitur? Quid itaque per hanc sententiam nisi præsens Ecclesia cœlorum regnum dicitur?

in qua doctor qui mandatum solverit minimus vocatur, quia cujus vita despicitur, restat ut prædicatio contemnatur. *Simile est*, ait, *regnum cœlorum decem virginibus, quæ accipientes lampades suas exierunt obviam sponso et sponsæ.* (*Aug.*) Quod vero sponso dixit et sponsæ obviam venire virgines, sic intelligendum puto, ut ex ipsis virginibus constet ea quæ dicitur sponsa, tanquam si omnibus Christianis in Ecclesiam concurrentibus, filii ad matrem concurrere dicantur, cum ipsis filiis congregatis constet ea quæ dicitur mater. Nunc enim desponsata est Ecclesia, et virgo est ad nuptias perducenda, id est, cum se continet a corruptione sæculari. Illo autem tempore nubet, quo universa mortalitate in ea prætereunte immortali conjunctione fetatur. *Desponsavi*, inquit, *vos uni viro virginem castam exhibere Christo* (*II Cor.* xi). *Vos*, inquit, *virginem*, a plurali ad singularem numerum concludens. Cur autem quinque dictæ sunt, subsequenter exponemus. Videntur itaque mihi quinque virgines significare quinquepartitam continentiam a carnis illecebris. In quinque autem sensibus subsistit, id est, visu, auditu, odoratu, gustu et tactu. Continendus est enim animi appetitus a voluptate oculorum, a voluptate aurium, a voluptate olfaciendi, gustandi, tangendi. (*Greg.*) Geminatus autem quinarius numerus denarium perficit. Et quia ex utroque sexu fidelium multitudo colligitur, sancta Ecclesia decem virginibus similis denuntiatur. In qua quia mali cum bonis, et reprobi cum electis admixti sunt, recte similis virginibus prudentibus et fatuis esse perhibetur. Sunt namque plerique continentes qui ab exteriori se appetitu custodiunt, et spe ad interiora rapiuntur; carnem macerant, et toto desiderio ad supernam patriam anhelant, æterna præmia expetunt pro laboribus suis recipere, laudes humanas nolunt. Hi nimirum gloriam suam non in ore hominum ponunt, sed intra conscientiam contegunt. Et sunt plerique qui corpus per abstinentiam affligunt, sed de ipsa sua abstinentia humanos favores expetunt; doctrinæ inserviunt, indigentibus multa largiuntur, sed fatuæ profecto sunt virgines, quia solam laudis transitoriæ retributionem quærunt. Unde et aperte subditur:

Sed quinque fatuæ acceptis lampadibus non sumpserunt oleum secum. Prudentes vero acceperunt oleum in vasis suis cum lampadibus. Per oleum quippe nitor gloriæ designatur. Vascula autem, nostra sunt corda, in quibus ferimus cuncta quæ cogitamus. Prudentes vero oleum in vasis habent, quia nitorem gloriæ intra conscientiam tenent, Paulo attestante qui ait : *Gloria nostra hæc est testimonium conscientiæ nostræ* (*II Cor.* 1). Fatuæ autem virgines oleum secum non sumunt, quia gloriam intra conscientiam non habent, dum hanc ab ore proximorum quærunt. (*Aug.*) Item in oleo lætitia mentis exprimitur; unde et scriptum est : *Unxit te Deus tuus oleo lætitiæ præ consortibus tuis* (*Psal.* xliv). Qui vero non propterea gaudet, quia Deo intrinsecus placet, non habet oleum secum. *Prudentes autem acceperunt oleum secum in vasis suis cum lampadibus* (*Gal.* vi), id est lætitiam bonorum operum in corde atque conscientia posuerunt. Sicut et prædictus Apostolus monet, et dicit : *Probet seipsum homo et tunc in semetipso gloriam habebit, et non in altero.* Et item : *Gaudete*, inquit, *in Domino semper, et iterum dico gaudete* (*Phil.* iv). [*Greg.*] Unde notandum quod omnes lampades habent, sed omnes oleum non habent, quia plerumque bona in se opera cum electis et reprobi ostendunt, sed soli ad sponsum cum oleo veniunt qui de his quæ foris egerint intus gloriam requirunt. Unde per psalmistam quoque de sancta electorum Ecclesia dicitur : *Omnis gloria ejus filiæ regum ab intus* (*Psal.* xliv).

Moram autem faciente sponso dormitaverunt omnes, et dormierunt. Quia dum venire judex ad extremum judicium differt, electi et reprobi in mortis somno sopiuntur : dormire etenim mori est. Ante somnum vero dormitare, est ante mortem a salute languescere, quia per pondus ægritudinis pervenitur ad somnum mortis. (*Hieron.*) Mors enim sanctorum, somnium appellatur. Consequenter autem dicitur, *Dormitaverunt*, quia postea suscitandæ sunt.

Media autem nocte clamor factus est : Ecce sponsus venit, exite obviam ei. (*Greg.*) De adventu sponsi clamor in media nocte fit, quia sic dies judicii subrepit, ut prævideri non valeat quando venit. Unde scriptum est, *Dies ille sicut fur in nocte, ita veniet.* (*Hieron.*) Subito enim quasi intempesta nocte et securis omnibus quando gravissimus sopor est, angelorum clamor et tuba præcedentium fortitudinum Christi resonabit adventum. Dicamus aliquid quod forsitan lectori utile sit. Traditio Judæorum est Christum media nocte venturum, in similitudinem Ægypti temporis quando Pascha celebratum est, et exterminator venit et Dominus super tabernacula transiit, et sanguine agni postes nostrarum frontium consecrati sunt (*Exod.* xii). Unde reor et traditionem apostolicam permansisse, ut die vigiliarum Paschæ ante noctis mediæ spatium populos dimittere non liceat, exspectantes adventum Christi. Et postquam illud tempus transierit, securitate præsumpta festum cunctis agentibus diem. Unde et psalmista dicebat : *Media nocte surgebam ad confitendum tibi super judicia justitiæ tuæ.*

Tunc surrexerunt omnes illæ virgines et ornaverunt lampades suas. (*Greg.*) Tunc omnes virgines surgunt quia et electi, et reprobi a somno suæ mortis excitantur. Lampades ornant, quia sua secum opera numerant, pro quibus æternam recipere beatitudinem exspectant.

Fatuæ autem sapientibus dixerunt : Date nobis de oleo vestro, quia lampades nostræ extinguuntur. (*Hieron.*) Quæ lampades suas conqueruntur extingui, ostendunt eas ex parte lucere, tamen non habent lumen indeficiens, nec opera perpetua. Si quis igitur habet animam virginalem, et amator est pudicitiæ, non debet mediocribus esse contentus, quæ cito exolescunt, et orto caumate arefiunt, sed perfectas virtutes sequantur ut lumen habeant sempiternum. (*Greg.*) Ergo lampades fatuarum virginum exstinguuntur, quia eorum opera, quae clara hominibus foris apparuerant, in adventu Judicis intus obscurantur, et a Deo retributionem non inveniunt. Quia pro eis receperunt ab hominibus laudes quas amaverunt. Quid est autem quod tunc a prudentibus oleum petunt, nisi quod in adventu judicis cum se intus vacuas invenerint, testimonium foris quaerunt, ac sua fiducia deceptae proximis dicunt, quia nos quasi sine opere repelli conspicitis, dicite de nostris operibus quid vidistis.

Responderunt prudentes, dicentes : Ne forte non sufficiat nobis et vobis. (*Hieron.*) Hoc non de avaritia, sed de timore respondent : unusquisque enim pro operibus suis mercedem recipiet, neque possunt in die judicii aliorum virtutes aliorum vitia sublevare. Et quomodo tempore Babyloniae captivitatis Jeremias peccatores adjuvare non potuit, et dicitur ad eum, *Ne oraveris pro populo isto* (*Jer.* xiv), sic formidolosa erit illa dies, cum unusquisque pro semetipso sollicitus erit. (*Greg.*) In illo etenim die (quod tamen de quibusdam in pace Ecclesiae quiescentibus loquor), sibimetipsi testimonium uniuscujusque vix sufficit, quanto minus et sibi et proximo ? Unde et protinus per increpationem subditur :

Ite potius ad vendentes, et emite vobis. (*Aug.*) Non consilium dedisse putandae sunt, sed crimen earum ex obliquo commemorasse. Vendunt enim oleum adulatores, qui sive falsa, sive ignorata laudando, in errorem animas mittunt, et eis vana gaudia tanquam fatuis conciliando, aliquam de his mercedem sive ciborum, sive pecuniae, sive honoris, sive alicujus commodi temporalis accipiunt, non intelligentes quod dictum est : *Qui vos felices dicunt in errorem vos mittunt* (*Isa.* iii). Melius est autem objurgari a justo, quam a peccatore laudari : *Emendabit,* inquit, *me justus in misericordia, et arguet me; oleum autem peccatoris non impinguet caput meum* (*Psal.* cxl). [*Greg.*] Principale etenim in nobis, caput est nostrum : appellatione enim capitis ea quae principatur corpori mens vocatur. Impinguat ergo caput oleum peccatoris, cum demulcet mentem favor adulantis. *Ite ergo ad vendentes magis, et emite vobis.* (*Aug.*) Id est, videamus nunc quid vos adjuvant qui vobis laudes vendere consuerunt, et vos in errorem inducere, ut non coram Deo, sed ab hominibus gloriam quaereretis.

Dum autem irent emere, venit sponsus, et quae paratae erant intraverunt cum eo in nuptias, et clausa est janua. Id est, inclinantibus se illis in ea quae foris sunt, et solitis gaudere quaerentibus, quia gaudia interna non noverant, venit ille qui judicat, *et quae paratae erant,* id est quibus bonum coram Deo testimonium conscientia perhibebat, *intraverunt cum eo ad nuptias,* id est, ubi munda anima puro et perfecto Dei verbo fecunda copulatur. *Clausa est janua,* id est, receptis illis qui sunt in angelicam vitam immutati, (*Omnes enim resurgemus, sed non omnes immutabimur* [*I Cor.* xv]) clausus est aditus ad regnum coelorum. Non enim post judicium patet precum, aut meritorum locus. (*Greg.*) O si sapere in cordis palatum possit quid admirationis habet quod dicitur, *Sponsus venit!* quid dulcedinis, *Intraverunt cum eo ad nuptias!* quid amaritudinis, *Et clausa est janua!* Venit quippe ille qui adventu suo elementa concutit, in cujus conspectu coelum et terra contremiscit. Unde etiam per prophetam dicitur : *Adhuc semel, et ego movebo non solum terram, sed etiam coelum* (*Agg.* ii). Ad cujus examen omne genus humanum deducitur, cum ad vindictam malorum remunerationemque bonorum, angeli, archangeli, throni, principatus, et dominationes subsequuntur, tunc regni janua lugentibus clauditur, quae modo quotidie poenitentibus aperitur. Erit namque tunc poenitentia, sed fructuosa jam non erit; quia nequaquam tunc veniam invenit, qui modo aptum veniae tempus perdidit. Hinc sequitur :

Novissime veniunt et reliquae virgines dicentes: Domine, Domine, aperi nobis. At ille respondens ait: Amen dico vobis, nescio vos. (*Aug.*) Non dictum est quod emerint oleum, et ideo intelligendae sunt nullo jam remanente de alienis laudibus gaudio, in angustiis et magnis afflictionibus redire ad implorationem Dei. Sed magna est ejus severitas post judicium, cujus ante judicium ineffabilis misericordia praerogata est. Itaque respondens ait, *Amen dico vobis, nescio vos.* Ibi jam a Domino non potest misereri qui hic noluit audire quod jussit; qui tempus congruae poenitentiae perdidit, frustra ante regni januam cum precibus venit. Hinc etenim per Salomonem Dominus dicit : *Vocavi et renuistis; extendi manum meam et non fuit qui aspiceret. Despexistis omne consilium meum et increpationes meas neglexistis : ego quoque in interitu vestro ridebo, et subsannabo cum vobis quod timebatis advenerit. Cum irruerit repentina calamitas, quando venerit super vos tribulatio, et angustia, calamitas et interitus, quasi tempestas ingruerint, tunc invocabunt me et non exaudiam, mane consurgent et non invenient me* (*Prov.* xi). Ecce *aperiri* clamant, et repulsionis suae dolore compulsae appellationem dominantis ingeminant dicentes : *Domine, Domine, aperi nobis.* Preces offerunt sed nesciuntur : quia tunc velut incognitos Deus deserit, quos modo suos per vitae meritum non agnoscit. *Novit* quippe *Dominus eos qui ejus sunt, Et qui ignorat ignorabitur* (*I Cor.* xiv). [*Hieron.*] Nescit Dominus operarios iniquitatis, et licet virgines sint, et secundum duplicem intelligentiam de corporis puritate et de confessione verae glorientur fidei, tamen quia oleum non habent scientiae et veritatis, sufficit eis pro poena quod ignorantur a sponso. Ex eo ergo quod infert,

Vigilate, quia nescitis diem neque horam, dedit intelligi universa quae dixit, id est, de duobus qui in agro sunt, et de duabus molentibus, et de patrefamilias qui servis suis credidit substantiam, et de decem virginibus, ideo parabolas esse praemissas, *ut* quia ignoramus homines judicii diem, sollicite nobis lumen bonorum operum præparemus, ne dum ignoramus, judex veniat. (*Aug.*) Non enim tantum modo illius ultimi temporis quo venturus est sponsus, sed suæ quisque dormitionis diem et horam nescit. Quisquis autem paratus est usque ad somnum, id est, usque ad mortem, quæ omnibus debetur, paratus invenietur etiam cum illa vox media nocte sonuerit, qua omnes vigilaturi sunt. Unde aperte quoque generalis ad discipulos exhortatio subinfertur, cum dicitur : *Vigilate itaque quia nescitis diem neque horam*. Nam quia post peccata Deus pœnitentiam suscipit, si sciret quisque de præsenti sæculo quo tempore exiret, aliud tempus voluptatibus, atque aliud pœnitentiæ parare potuisset. Sed qui pœnitenti veniam spondit, peccanti diem crastinum non promisit. Semper ergo extremum diem debemus metuere, quem nunquam possumus prævidere. Ecce nunc ipsum diem in quo loquimur, ad inducias conversionis accipimus, et tamen mala quæ fecimus flere recusamus ; non solum commissa non plangimus, sed etiam quæ defleantur augemus. At si aliqua nos ægritudo corripiat, si signa ægritudinis vicinam mortem denuntient, inducias vivendi quærimus, ut peccata nostra defleamus, et eas cum magno æstu desiderii petimus, quas acceptas modo pro nihilo habebamus. (MAUR.) Sed quia veraciter de Domino nostro scriptum est : *Quoniam in sæculum misericordia ejus* (*Psal.* CXVII), qui per prophetam dicit : *Nolo mortem peccatoris, sed ut convertatur et vivat* (*Ezech.* XVIII), ne nos ad judicandum veniens, imparatos inveniat, adhuc aliud de eadem re ponit exemplum, ita dicens :

[II.] *Sicut enim homo peregre proficiscens vocavit servos suos, et tradidit illis bona sua.* Quis itaque homo est qui peregre proficiscitur nisi Redemptor noster, qui in ea carne quam assumpserat abiit in cœlum. Carnis enim locus proprius terra est, quæ quasi ad peregrinam ducitur, dum per Redemptorem nostrum in cœlo collocatur. Sed homo iste peregre proficiscens servis bona sua tradidit, quia fidelibus suis spiritalia dona concessit.

Et uni dedit quinque talenta, alii autem duo, alii vero unum. Quinque enim sunt corporis sensus, visus, auditus, gustus, odoratus, et tactus. Quinque igitur talentis, donum quinque sensuum, id est, exteriorum scientia exprimitur. Duobus vero intellectus et operatio. Unius autem talenti nomine intellectus tantummodo designatur.

Unicuique secundum propriam virtutem, et profectus est statim. (*Hieron.*) Non pro largitate ergo et parcitate, alteri plus et alteri minus tribuens, sed pro accipientium viribus. Quomodo et Apostolus eos, qui solidum cibum capere non poterant, lacte potasse se dicit (*I Cor.* III). Denique, et ille qui de quinque talentis decem fecerat, et qui de duobus quatuor, simile recepit gaudium. Non quia retributor ille considerat lucri magnitudinem, sed studii voluntatem.

Abiit autem qui quinque talenta acceperat, et operatus est in eis, et lucratus est alia quinque. Acceptis ergo terrenis sensibus servus iste cœlestium sibi notitiam duplicavit, ex creaturis intelligens creatorem, ex corporalibus incorporalia, ex visibilibus invisibilia, ex brevibus æterna. (*Greg.*) Sunt quoque nonnulli, qui etsi interna ac mystica penetrare nesciunt, pro intentione tamen supernæ patriæ docent recta quos possunt de ipsis exterioribus quæ acceperunt. Dumque se a carnis petulantia, a terrenarum rerum ambitu, atque a visibilium voluptate custodiunt, ab his etiam alios admonendo compescunt.

Similiter qui duo acceperat lucratus est alia duo. (*Hieron.*) Et iste pro viribus quidquid in lege didicerat in Evangelio duplicavit. Sive et scientiam, et opera præsentis vitæ futuræ beatitudinis typos esse intellexit. (*Greg.*) Quia sunt nonnulli qui quasi duobus talentis ditati, intellectum atque operationem percipiunt, subtilia de internis intelligunt, mira in exterioribus operantur. Cumque intelligendo et operando aliis prædicant, quasi duplicato negotio lucrum reportant, unde æterna beatitudine remunerentur. Bene autem alia quinque vel alia duo in lucrum venisse referuntur. Quia dum utrique sexui impenditur prædicatio, quasi accepta talenta geminantur.

Qui autem unum talentum acceperat abiens fodit in terra, et abscondit pecuniam domini sui. (*Hieron.*) Nequam servus terrenis operibus et sæculi voluptate Dei præcepta neglexit et polluit. Quanquam in Evangelio Lucæ scriptum sit, quod in sudario ligaverit, id est, doctrinam Patrisfamilias molliter et delicate vivendo enervaverit (*Luc.* XII). [*Greg.*] Talentum ergo in terra abscondere, est acceptum ingenium in terrenis actibus implicare, lucrum spiritale non quærere, cor a terrenis cogitationibus nunquam levare. Sunt namque nonnulli qui donum intelligentiæ perceperunt, sed tamen sola quæ carnis sunt sapiunt : de quibus per Prophetam dicitur : *Sapientes sunt ut faciant mala, bene autem facere nescierunt*.

Post multum vero temporis dominus servorum illorum venit et posuit rationem cum eis. (*Hieron.*) Grande tempus est inter ascensionem Salvatoris, et secundum ejus adventum. Si autem apostoli reddituri sunt rationem et sub metu judicii surrecturi, quid nos oportet facere? (*Greg.*) Quia is qui nunc pie spiritalia dona tribuit districte in judicio merita exquiret, quid quisque acceperit consideret, et quod lucrum de acceptis reportet, penset.

Et accedens qui quinque talenta acceperat obtulit alia quinque talenta dicens : Domine, quinque talenta mihi tradidisti, ecce alia quinque super lucratus sum. Ait illi dominus ejus : Euge, serve bone, et fidelis quia supra pauca fuisti fidelis super multa te constituam. Intra in gaudium domini tui. Servus qui geminata talenta retulit a Domino laudatur, atque ad æternam remunerationem perducitur, cum ei voce Dominica dicitur : *Euge, serve bone et fidelis, quia super pauca fuisti fidelis, supra multa te constituam, intra in gaudium Domini tui.* (MAUR.) Per euge quoque verbum, gaudium suum Dominus insinuat, qui bene laborantem servum ad gaudium æternum invitat. Euge quoque interjectio est lætantis; et bene gaudens Dominus servum bonum ac fidelem in gaudium suum intrare jubet. Quia ipse est solus ad quem Propheta ait : *Lætificabis nos in gaudio cum vultu tuo, delectationes et in dextera tua usque in finem (Psal.* xv). [*Greg.*] Pauca quippe sunt bona omnia præsentis vitæ, quamvis multa videantur. Sed tunc fidelis servus supra multa constituitur, quando devicta omni corruptionis molestia, de æternis gaudiis ipsis etiam elementis in illa cœlesti sede gloriatur. Tunc ad Domini sui gaudium perfecte intromittitur, quando in æterna illa patria assumptus atque angelorum cœlibus admixtus, sic interius gaudet de munere, ut non sit jam quod exterius doleat de corruptione.

Accessit autem et qui duo talenta acceperat, et ait : Domine, duo talenta tradidisti mihi, ecce alia duo lucratus sum. Ait illi dominus ejus : Euge, serve bone et fidelis, quia super pauca fuisti fidelis, super multa te constituam, intra in gaudium domini tui. (*Hieron.*) Utrique servo ut ante dixi, et qui de quinque talentis fecerat decem, et qui de duobus quatuor, idem patrisfamilias sermo blanditur, et ad bona multa et maxima præmia invitat, quia ad comparationem futurorum quæ permanent, præsentia omnia quæ transeunt, quasi pauca esse videntur. *Intra*, inquit, *in gaudium domini tui,* et suscipe quæ *nec oculus vidit nec auris audivit, nec in cor hominis ascenderunt* (I *Cor.* ii). Quid autem majus dari potest fideli servo quam esse cum domino, et videre gaudium domini sui?

Accedens autem et qui unum talentum acceperat, ait : Domine, scio quia homo durus es; metis ubi non seminasti, et congregas ubi non sparsisti; et timens abii, et abscondidi talentum tuum in terra. Ecce habes quod tuum est. Vere quod scriptum est, Ad excusandas excusationes in peccatis (*Psal.* cxl), etiam huic servo contigit, ut ad pigritiam et negligentiam superbiæ quoque crimen accederet. Qui enim debuit simpliciter inertiam confiteri, et orare patremfamilias, e contrario calumniatur, et dicit se prudenti fecisse consilio, ne dum lucra pecuniæ quæreret, etiam de sorte periclitaretur. (*Greg.*) Notandum autem quod inutilis servus durum dominum vocat, cui tamen ad lucrum deservire dissimulat, et timuisse se dicit in lucro talentum expendere, qui hoc solum timere debuerat, ne hoc sine lucro reportaret ad dominum. Sunt enim plerique in Ecclesia quorum iste servus imaginem tenet, qui melioris vias vitæ aggredi metuunt, et tamen jacere in sui torporis ignavia non pertimescunt. Cumque se peccatores considerant, sanctitatis vias arripere trepidant, et remanere in suis iniquitatibus non formidant. Quorum bene Petrus adhuc in infirmitate positus speciem tenet, cum viso miraculo piscium dixit : *Exi a me, Domine, quia homo peccator sum* (*Luc.* v). Imo si te peccatorem consideras, oportet ut a te Dominum non repellas. Sed qui idcirco melioris habitus vias et re-

ctioris vitæ apprehendere arcem nolunt, quia infirmos se esse conspiciunt, quasi et peccatores se fatentur, et Domino repellunt, eumque in quo sanctificari debuerant, fugiunt, et velut in turbatione consilium non habent, dum moriuntur et vitam timent. Frustra autem quidam hac sibi perversitate blandiuntur, ut dicant : Sufficit ut de se unusquisque rationem reddat, quid opus est aliis prædicare, aut ministrare, aut etiam de ipsis rationem reddere quisque cogatur? cum apud Dominum etiam illi sint inexcusabiles quibus lex data non est, neque audito Evangelio dormierunt, quia per creaturam poterant cognoscere creatorem, *cujus invisibilia a constitutione mundi per ea quæ facta sunt intellecta conspiciuntur* (*Rom.* 1). Unde huic servo protinus respondetur :

Respondens autem Dominus ejus dixit ei : Serve male et piger, sciebas quia meto ubi non semino, et congrego ubi non sparsi. Hoc est enim quasi non metere ubi non seminavi, id est, etiam eos impietatis reos tenere quibus verbum legis aut Evangelii non ministratum est. Ex eo enim quod malus servus ausus est dicere, *Metis ubi non seminasti, et congregas ubi non sparsisti*, intelligimus etiam gentilium et philosophorum bonam vitam recipere Dominum, et aliter habere eos qui juste, aliter qui injuste agant, et ad comparationem ejus qui naturalem legem servat condemnari eos qui scriptam legem negligunt.

Oportuit ergo te committere pecuniam meam nummulariis, et veniens ego recepissem utique quod meum est cum usura. (*Hieron.*) Quod putaverat se pro excusatione dixisse, in culpam propriam vertitur. Servus autem malus ideo appellatur, quia calumniam Domino facit; piger, quia talentum noluit duplicare, ut in altero superbiæ, in altero negligentiæ condemnetur. Si, inquit, durum et crudelem esse me noveras, et aliena sectari, ibique metere ubi non severim, quare non tibi istiusmodi cogitatio incussit timorem, ut scires me mea diligentius quæsiturum, et dares pecuniam sive argentum nummulariis? Utrumque enim ἀργύριον Græcus sermo significat. *Eloquia*, inquit, *Domini, eloquia casta, argentum igne examinatum, probatum terræ, purgatum septuplum* (*Psal.* xi). Pecunia ergo et argentum prædicatio Evangelii est, et sermo divinus, qui dari debuit nummulariis et trapezetis, id est, vel cæteris doctoribus (quod fecerunt et apostoli per singulas provincias presbyteros et episcopos ordinantes), vel cunctis credentibus, qui possunt pecuniam duplicare, et cum usuris reddere; ut quidquid sermone discerent opere explerent.

Tollite itaque ab eo talentum, et date ei qui habet decem talenta. (*Greg.*) Opportunum valde videbatur, ut cum malo servo unum talentum tollitur, ei potius qui duo quam qui quinque talenta acceperat, daretur : illi enim dari debuit qui minus, quam qui plus habuit. Sed sicut superius diximus, per quinque talenta, quinque videlicet sensus, id est, exteriorum scientia designatur; per duo autem talenta intellectus et operatio exprimitur : plus ergo habuit qui duo quam qui quinque talenta percepit : quia qui per talenta quinque exteriorum administrationem meruit, ab intellectu internorum adhuc vacuus fuit. Unum ergo talentum, quod intellectum significari diximus, illi dari debuit qui bene exteriora quæ acceperat ministravit. Quod quotidie in sancta Ecclesia cernimus, quia plerique dum bene ministrant, exteriora quæ accipiunt per adjunctam gratiam ad intellectum quoque mysticum perducuntur, ut etiam de interna intelligentia polleant, qui exteriora fideliter administrant. (*Hilar.*) Item aliter hæc parabola secundum allegoriam exponi potest. Servus ille qui quinque talenta accepit, populus ex lege credentium est, ex qua profectus meritum ipsius recte probeque perfunctæ evangelicæ fidei operatione duplicavit. In ratione autem ponenda, judicii examen est, quo cœlestis verbi usus atque reditus dispensati talenti postulatur. Igitur cui erant quinque commissa, domino reverso de quinque decem obtulit, talis scilicet in fide repertus qualis in lege, qui decem verborum quinque libris Moysi præceptorum obedientiam, per gratiam evangelicæ justificationis expleverit. Igitur jubetur in gaudium domini introire, id est, in honorem gloriæ Christi recipitur. Ille vero servus cui duo talenta commissa sunt, gentium populus est, fide atque confessione et Filii justificatus, et Patris, et Dominum nostrum Jesum Christum, atque hominem et spiritu et carne confessus. Nam et corde fides et ore confessio est (*Rom.* x). Hæc ergo huic sunt duo talenta commissa. Sed ut prior ille omne sacramentum in quinque talentis, id est, in lege cognoverat, idque ipsum fide Evangelii duplicaverat, ita iste incremento duum talentorum, idque operatione promeruit. Et in traditione ac reditu dissimili par tamen apud Dominum munus amborum est, ut gentium fidem exæquatam credentium ex lege scientiæ nosceremus, nam cum laudatione eadem jubetur in gaudium Domini introire. Est autem duplicatio sumptæ pecuniæ operationem fidei addidisse, et quæ opinione crediderant, rebus factisque gessisse. Qui vero unum talentum accepit, et in terra recondit, populus est in lege persistens, totus carnalis et stupidus, et nihil spiritale intelligens, et quem virtus prædicationis evangelicæ non subeat, sed propter invidiam salvandarum gentium in terra acceptum talentum absconderit, neque ipse utens, neque utendum aliis dispenset, sed sufficere sibi legem existimet ad salutem. Atque ideo cum ab eo ratio postularetur, ita ait : Timui ; tanquam per reverentiam ac metum veterum præceptorum, usu evangelicæ libertatis abstineat, dicatque *Ecce quod tuum est*, velut in his quæ a Domino præcepta sunt fuerit immoratus. In terra vero abscondere, hoc est novæ prædicationis gloriam sub tractatione corporeæ passionis occultare. Qui cum Christum Dominum ad salutem gentium missum fuisse non possit abnuere (nam et adventus et passio ejus ex lege est), obtemperare tamen Evangelio ipse noluerit. Ait enim : *Scio quia homo durus es; metis ubi non seminasti et colligis ubi non sparsisti.* Rerum præsentium natura non defert messem esse sine semine, et colligi quæ sparsa non fuerunt, sed totus spiritalis hic sermo est. Diximus enim hunc populum esse de lege, non ignorantem Domini adventum et gentium salutem, sed infidelem. Quippe cum sciat metendos illic justitiæ fructus, ubi lex sata non sit, et colligendos ex gentibus qui non ex Abrahæ sint stirpe dispersi, et idcirco durus hic homo sit, scilicet sine lege justificaturus, sine dispersione collecturus, et sine satione messurus. Atque ideo hoc magis sine venia erit cur prædicationem occultaverit, et commissum sibi talentum suffoderit, cum sciret messurum esse sine semine, et collecturum esse quæ non sparsisset. Sed potius oportuisse eum nummulariis dare, id est, universo generi hominum, quod sæculi negotiis occupetur, usum crediti sibi talenti communicare, Domino reditus ejus a singulis postulaturo. Ob quam culpam talentum ab eo non jam Evangelii quod suffoderat, sed legis auferetur; eique quicunque duplicaverit datur Domino dicente :

Omni enim habenti dabitur et abundabit; ei autem qui non habet, et quod videtur habere auferetur ab eo. Quia habenti usum Evangeliorum etiam legis honor redditur. Non habenti autem fidem Christi, etiam quod habere sibi videbatur ex lege honoris auferetur. (*Hieron.*) Aliter : Multi cum sapientes sint naturaliter, et habeant acumen ingenii, si fuerint negligentes, et desidia bonum naturæ corruperint, ad comparationem ejus qui paululum tardior labore industriæ compensavit quod minus habuit, perdunt bonum naturæ, et præmium quod eis fuerat repromissum videtur transire ad alios. Potest et sic intelligi : ei qui fidem habet, et bonam in Domino voluntatem, etiamsi quid minus in opere ut homo habuerit, dabitur a bono judice; qui autem non habuerit fidem, etiam cæteras virtutes quas videbatur naturaliter possidere, perdit. Eleganter etiam, *quod videtur*, inquit, *habere auferetur ab eo*. Quidquid enim sine fide Christi est, non ei debet imputari, quia male eo abusus est; sed illi qui etiam servo malo naturæ bonum tribuit. (*Beda.*) Item qui amorem habet verbi, dabitur illi etiam sensus intelligendi quod amat. At qui verbi divini amorem non habet audiendi, etiam si vel naturali ingenio vel litterarum sibi callere videtur ornatum, nulla veræ sapientiæ dulcedine gaudebit. (*Greg.*) Sive aliter : *Omni habenti dabitur, et abundabit* : quia quisquis charitatem non habet, etiam quæ percepisse videbatur amittit. Unde necesse est ut per omne quod agimus, erga charitatis studia vigilemus. Charitas autem vera est et amicum diligere in Deo, et inimicum diligere propter Deum, quam quisquis non habet omne bonum amittit quod habet, et talento quod acceperat privatur et juxta Dominicam sententiam, in exteriores tenebras mittitur.

Et inutilem servum projicite in tenebras exteriores. Ibi erit fletus et stridor dentium. (*Hieron.*) Dominus lumen est, et qui ab eo foras mittitur, vero lumine caret. (*Greg.*) Per pœnam quippe in exteriores cadet, qui per culpam sua sponte in interiores tenebras cecidit. Illic coactus patitur tenebras ultionis, qui hic libenter sustinuit tenebras voluptatis. Quid sit autem fletus, et stridor dentium, supra diximus. Sciendum vero est quod nullus piger ab hac talenti acceptione securus est. Nullus namque est qui veraciter dicat : Talentum minime accepi, non est unde ponere rationes cogar. Talenti enim nomine quilibet pauperi etiam hoc ipsum reputabitur, vel quod minimum accipit. Alius namque accepit intelligentiam, prædicationis ministerium debet ex talento ; alius terrenam accepit substantiam, erogationem talenti debet ex rebus ; alius nec internorum intelligentiam, nec rerum affluentiam accipit, sed tamen didicit artem qua pascitur, ipsa ars ei in talenti acceptione reputabitur ; alius nihil horum assecutus est, sed tamen fortasse familiaritatis locum apud divitem meruit, talentum profecto familiaritatis accepit ; si ergo nihil ei pro indigentibus loquitur, pro talenti retentione damnabitur. Habens ergo intellectum, curet omnino ne taceat ; habens rerum affluentiam, vigilet ne a misericordiæ largitate torpescat ; habens artem qua regitur, magnopere studeat, ut usum atque utilitatem illius cum proximo partiatur ; habens loquendi locum apud divitem, damnationem pro retento talento timeat, si non quotidie cum valet, apud eum pro pauperibus intercedat. Tantum quippe ab unoquoque nostrum venturus Judex exiget, quantum dedit. Ut ergo de talenti sui rationibus redeunte Domino quisque securus sit, cum tremore penset quotidie quid accepit. Ecce jam juxta est, ut ille qui peregre profectus est redeat : quasi peregre quippe abiit, qui de hac terra in qua natus est discessit, sed profecto revertitur, ut de talentis rationes ponat : quia si a bona actione torpescemus de ipsis donis quæ contulit, nos districtus judicat. Consideremus ergo quæ accepimus atque in eorum erogatione vigilemus. Nulla nos a spirituali opere terrena cura impediat, ne si in terra talentum absconditur, talenti Dominus ad iracundiam provocetur. Piger etenim servus cum jam Judex culpas examinat talentum de terra levat. Quia sunt plerique qui tunc se a terrenis operibus subtrahunt, quando jam per animadversionem Judicis ad æternum supplicium trahuntur. Ante ergo de talenti nostri ponenda ratione vigilemus, ut cum jam Judex ad feriendum imminet, lucrum nos quod fecimus excuset. Post parabolas autem prolatas de fine mundi, sequitur Dominus modum futuri judicii exponendo et dicit :

[III.] *Cum autem venerit Filius hominis in majestate sua, et omnes angeli cum eo, tunc sedebit super sedem majestatis suæ.* (*Hieron.*) Ergo proxime Pascha facturus, et tradendus cruci, et illudendus ab hominibus, et aceto ac felle potandus, recte præmittit gloriam triumphantis, et secutura scandala pollicitationis præmio compensaret. Et notandum quod qui in majestate cernendus est, Filius hominis sit. (*Hilar.*) Notanda sententia Filii hominis adversus hæreticos, qui Dominum nostrum Jesum Christum, in assumpta forma servi negant manere, pro eo quod ait Apostolus : *Etsi noveramus Christum secundum carnem, sed nunc jam non novimus.* Et ubi est illud, quod eo ascendente apostolis protestati sunt angeli : *Sic veniet quemadmodum vidistis eum euntem in cœlum* (*Act.* I). Et ipse de se hoc in loco ait : *Cum venerit Filius hominis in majestate sua*. Idem enim Filius Dei filius hominis, et filius hominis Filius Dei, aliud secundum humanitatem, aliud secundum divinitatem, non tamen alius, sed unus idemque in utraque natura verus, et proprius Filius Dei. Unus omnino non confusione substantiæ, sed unitate personæ, nec conversione divinitatis in carne, sed assumptione humanitatis in Deo. Majestatem ejus haud dubium quin divinitatem ejus intelligere debemus, quæ invisibiliter cum Patre et Spiritu sancto, peccatores judicabit et impios. Non tamen ab impiis et peccatoribus unquam visa est, neque unquam videbitur. (*Maur.*) Cum venerit, inquit, Filius hominis in majestate sua ; idem quoque Filius Dei qui et filius hominis tunc veniet in majestate sua ut judicet, qui ante venit in humilitate sua ut judicaretur. Tunc veniet districtus et severus, qui ante venit quietus ac mansuetus. Tunc veniet rex ut exigat pecuniam, cum usura, quam ante servis spontanee contulit per gratiam. Ille utique de quo scriptum est : *Et homo est, et quis cognoscet eum ? Non clamabit neque audiet aliquis vocem ejus. Arundinem quassatam non conteret, et linum fumigans non exstinguet* (*Isa.* XLII). *Et sicut agnus coram tondente se sine voce, sic non aperuit os suum* (*Isa.* LIII). Ipse tunc veniet : *Deus manifestus, Deus noster, et non silebit. Ignis in conspectu ejus ardebit, et in circuitu ejus tempestas valida. Advocabit cœlum sursum, et terram, ut discernat populum suum. Montes sicut cera defluent a facie Domini, a facie Domini contremiscet omnis terra* (*Psal.* XLIX). *Omnes* inquit, *angeli venient cum eo.* Quia tunc si quod [a] . . . .

. . . .

mor ; quis scandalizatur, et ego non uror, hic omnino veræ dilectionis observat jura, et ob hoc cœlestia promeretur præmia. Hoc enim maxime ostendunt hæc verba Domini, quod geminæ dilectionis præcepta servantes, ad coronam perveniant sempiternam.

Tunc respondebunt ei justi dicentes : Domine, quando te vidimus esurientem, et pavimus ; sitientem, et dedimus tibi potum ; quando autem te vidimus hospitem, et collegimus te ; aut nudum, et operuimus te ; aut quando te vidimus infirmum, aut in carcere, et venimus ad te ? Hæc autem dicunt verba quod non diffidant verbis Domini, sed sive stupentes et admirantes pro magnitudine et gloria majestatis regis Christi, sive quod parvum tunc eis videtur omne bonum

---

[a] Hic deest aliquid, quod ob militum sævitiam deperditum est. EDITOR COLONIENSIS.

quod fecerunt, pro magnitudine terroris judicii atque abundantia inæstimabilis retributionis, ut Apostolus ait : *Quia non sunt condignæ passiones hujus temporis ad futuram gloriam, quæ revelabitur in nobis.*

Et respondens rex, dixit illis : Amen dico vobis : Quandiu fecistis uni de his fratribus meis minimis, mihi fecistis. (*Hieron.*) Libera nobis erat intelligentia, quod in omni paupere Christus esuriens pasceretur, sitiens potaretur, hospes induceretur in tectum, nudus vestiretur, infirmus visitaretur, clausus carcere haberet solatium colloquentis, sed ex hoc quod sequitur : *Quandiu fecistis uni de minimis istis fratribus meis, mihi fecistis.* Non mihi videtur generaliter dixisse de pauperibus, sed de his qui pauperes spiritu sunt. Ad quos tendens manum dixerat : *Fratres mei et mater mea hi sunt, qui faciunt voluntatem Patris mei qui in cœlis est* (*Math.* XII).

Tunc dicit et his qui a sinistris erunt : Discedite a me, maledicti, in ignem æternum, qui paratus est diabolo et angelis ejus. (MAUR.) Hic impletur quod alibi scriptum est : *In dextera Dei ignea lex, a sinistra autem ejus reprobi* (*Deut.* XXXIII). In sinistra ergo Domini reprobi positi erunt, qui ex sinistra, hoc est præsentia quandiu vixerunt ardenti cupiditate amaverunt, nec æternorum (quæ per dexteram significantur) desiderium habuerunt. His quippe dicitur : *Discedite a me, maledicti, in ignem æternum. Discedite,* inquit, *a me ;* quomodo a Deo discedere jubentur, qui nunquam cum eo fuerunt, nisi quia cum eo esse videbantur quandiu mali permisti fuerint bonis. Sagena ergo Domini et bonos pisces simul et malos usque ad littus pertrahit, et lolium adhuc in agro Domini simul cum tritico germinat (*Matth.* XIII). Sed tunc bonis piscibus in vasa collectis, mali projicientur foras, et tritico in horreum congregato, zizania colligantur fasciculis ad comburendum. Sive discedere eos a se jubet, hoc est a præsentia visionis ejus in tenebras exteriores expelli. Quia scriptum est : *Tollitur impius ne videat gloriam Dei.* Maledicti namque, hoc est, qui in malitia exercuerunt vitam suam, in ignem æternum mittuntur, quia sine fine cruciabuntur. Hic ignis diabolo et angelis ejus præparatus esse dicitur, quia sicut justis regnum cœlorum præscientia Dei ab origine mundi præparavit, ita diabolo et angelis ejus, quos præscivit prævaricaturos, ignem æternum, in quo perpetualiter cruciarentur, ordinavit.

Esurivi enim, et non dedistis mihi manducare ; sitivi, et non dedistis mihi bibere, etc. Metuenda multum atque timenda Redemptoris nostri sententia est, qua dicit : *Ite in ignem æternum, quia esurivi, et non dedistis mihi manducare ; sitivi, et non dedistis mihi bibere ; hospes eram, et non collegistis me.* Quod si sterilitas in ignem mittitur, rapacitas quid meretur, aut quid recipiet qui alienum tulit, si semper ardebit qui de suo non dedit ? Et si *judicium sine misericordia erit illi, qui non fecit misericordiam* (*Jac.* II), quale judicium erit illi qui fecit et rapinam ? Sequitur :

Tunc respondebunt et ipsi dicentes : Domine, quando te vidimus esurientem, aut sitientem, aut hospitem, aut nudum, aut infirmum, vel in carcere, et non ministravimus tibi ? Excusare se satagunt quasi Dominum fallere possint qui homines fallebant, sed tunc excusationem non habent de peccatis suis, qui ante a peccatis converti noluerunt, et eleemosynas agere neglexerunt ; unde et subditur :

Tunc respondebit illis dicens : Quandiu non fecistis uni de minoribus his, nec mihi fecistis. Qui enim minimis, id est, humilibus et despectis opem ferre fastidit, nec se regi humilium, hoc est judici omnium, ministerium præbuisse gaudebit. Notandum autem quod et hic sicut et superius *uni de minimis* misericordiam præstandam esse dixit, quam et sibi ita collatam asseruit : quia quidquid Deo confertur per unitatem fidei et pacis, et simplici intentione offerri debet, nec debet sinistra scire quid faciat dextera.

Et ibunt hi in supplicium æternum, justi autem in vitam æternam ? (MAUR.) Prudens lector, intende quod supplicia æterna sunt, et vita perpetua non habeat ruinam. (*Hieron.*) Et ob hoc frustra Origenes, post multa annorum curricula impiis et peccatoribus, nec non diabolo et angelis ejus, spondet de inferno liberationem. Quæ opinio verbis ipsius veritatis penitus contraria est. Obsecro, Domine Jesu, ut me tibi fideliter per omnia credentem, et fidem tuam veraciter tenentem, in dextera tua misericorditer collocare digneris, ut potius secundum promissionem tuam cum benedictis tuis accipiam æternam in cœlis beatitudinem, quam cum maledictis, secundum hæreticorum fictionem, seram de inferno quæram ereptionem.

LIBER OCTAVUS.

CAPUT XXVI.

De Judæorum in necem Christi consilio, de cœna in Bethania, de Judæ traditoris petito pretio ; de extrema cœna, et quæ ibi et in horto contigerunt.

[I.] (MAUR.) Sane decurso tractatu sancti Evangelii secundum Matthæum, a principio usque ad passionem Domini in septem libris, octavum quoque a passione Domini inchoantes, usque ad resurrectionem ejus, imo usque ad finem Evangelii perducere, si ita Dominus voluerit, decernimus : petentes ejus clementiam, ut qui post sabbatum in Dominica, id est octava die post septimam quæ et prima sabbati dicitur, a mortuis resurrexit, nos quoque post septimam ætatum hujus sæculi, id est octava ætate qua generaliter omnes mortui resurgent, ipse resurrectionis suæ faciat esse participes. Consummatis igitur sermonibus de die judicii, sequitur Matthæus, et dicit :

Et factum est, cum consummasset Jesus sermones hos omnes : Scilicet omnes quos de consummatione mundi, vel de discretione judicii proferebat. (*Hilar.*) Sive aliter, omnes sermones quos ab initio Evangelii sui usque ad tempus passionis suæ docendo sive exhortando, seu etiam futura prædicendo in auditu discipulorum, aut turbarum consummaverat hoc est faciendo et prædicando compleverat.

Tunc dixit discipulis suis : Scitis quia post biduum Pascha fiet. (*Aug.*) Ut post sermonem quo se venturum in reditu claritatis ostenderat, nunc passurum se esse admoneat; quatenus sacramentum crucis admistum esse gloriæ æternitatis agnoscerent. Sicut ergo ex Joannis narratione colligitur, ante sex dies Paschæ venit Jesus in Bethaniam, ibique factum est illud convivium, ubi de unguento pretioso fit commemoratio. Inde venit Hierosolymam sedens super asellum; deinde postea geruntur ea quæ narrant post hunc adventum ejus Hierosolymis gesta (*Joan.* XI). [*Hieron.*] Ex illo ergo die quo venit Bethaniam, atque illud de unguento factum est, usque ad diem quo ista omnia gesta atque dicta sunt, intelligimus etiam evangelistis non commemorantibus consumptum fuisse quatriduum, ut occurreret dies quem ante biduum Paschæ Matthæus et Marcus definierunt (*Marc.* XIV). Mystice autem post duos dies clarissimi luminis Veteris ac Novi Testamenti, verum pro mundo Pascha celebratur. Pascha quidem, quod Hebraice dicitur Phase, non a passione, ut plerique arbitrantur, sed a transitu nominatur. Eo quod exterminator videns sanguinem in foribus Israelitarum pertransierit, nec percusserit, vel ipse Dominus præbens auxilium populo suo desuper ambulaverit. (RAB.) Cujus sacramentum vocabuli sublimius exponens evangelista Joannes ait : *Ante diem autem festum Paschæ, sciens Jesus quia venit ejus hora, ut transeat ex hoc mundo ad Patrem* (*Joan.* XIII). Ubi manifeste declarat, ideo solemnitatis hujus diem per legem mystice transitum vocatum esse, quod *Agnus Dei qui tollit peccata mundi,* in eo de hoc [a]. .
. . . .
. . . .
non pavebant cum Deo perpetem discordiam tenere ? illic trepidaverunt timore ubi non erat timor. Sagittæ quoque parvulorum factæ sunt plagæ eorum.

[II.] *Cum autem esset Jesus in Bethania in domo Simonis leprosi.* (*Aug.*) Hujus loci narrationem Matthæus et Marcus, cum jam dixissent post biduum futurum Pascha recapitulando, ad illum diem redeunt in Bethaniam, qui erat ante sex dies Paschæ. Et narrant quod Joannes de cœna et unguento refert, unde venturus erat Jesus Hierosolymam. Cujus rei peracta narratione illuc iterum redeunt unde fuerant digressi, id est, ut jam sermo Domini narretur quem habuit ante biduum Paschæ, et factum Judæ conjun-

gatur ad consilium sacerdotum quod habuerunt tractantes de nece Domini. (*Hieron.*) Sed considerandum quod passurus pro omni mundo Dominus, et universas nationes suo sanguine redempturus, moratur in Bethania, in domo obedientiæ, quæ quondam fuit Simonis leprosi. Non quod leprosus illo tempore permaneret, sed qui ante leprosus postea a Salvatore mundatus est, nomine pristino permanente, ut virtus curantis appareat. Nam et in catalogo apostolorum cum pristino vitio Matthæus publicanus appellatur, qui certe publicanus esse desierat. Quidam Simonem leprosum, volunt intelligere partem populi quæ crediderit Domino, et ab eo curata sit. Simon quoque *obediens* dicitur.

Accessit ad eum mulier habens alabastrum unguenti pretiosi, et effudit super caput ipsius recumbentis. (RAB.) Mulier ista Maria erat Magdalene, soror Lazari, quem suscitaverat Jesus a mortuis, ut Joannes aperte commemorat. Qui etiam hoc ante sex dies Paschæ factum testatur, pridie quam asino sedens cum palmis et laude turbarum Hierosolymam veniret. Ipsa est autem, non alia, quæ quondam, ut Lucas scribit, peccatrix adhuc veniens pedes Domini lacrymis pœnitentiæ rigavit et unguento piæ confessionis linivit, et quia multum dilexit, multorum veniam peccatorum a pio judice promeruit (*Luc.* VII). Nunc vero justificata et familiaris effecta Domino, non tantum pedes ejus, ut idem Joannes narrat, verum etiam caput, ut Marcus Matthæusque perhibent, oleo sancto perfudit. Notandum autem quod de hoc unguento Marcus ita refert : *Et cum esset Jesus Bethaniæ, in domo Simonis leprosi, et recumberet, venit mulier habens alabastrum unguenti nardi spicati pretiosi, et fracto alabastro effudit super caput ejus* (*Marc.* XIV). Joannes vero ita dicit : *Maria ergo accepit libram nardi pistici pretiosi, et unxit pedes Jesu, et extersit capillis suis pedes ejus, et domus impleta est ex odore unguenti.* Ubi enim Marcus posuit *nardi spicati,* ibi Joannes habet *nardi pistici :* quorum differentiam in subsequentibus demonstramus. Est autem alabastrum genus marmoris candidi, variis coloribus interstincti, quod ad vasa unguentaria cavare solent, eo quod optime servare ea incorrupta dicatur. Nascitur circa Thebas Ægyptias, et Damascum Syriæ, cæteris candidius, probatissimum vero in India. Nardus vero est frutex aromaticus, gravi, ut aiunt, et crassa radice, sed brevi et nigra, fragilique, quamvis pingui situm, redolente, aut cypressum, aspero sapore, folio parvo densoque, cujus cacumina in arista se spargunt. Ideoque gemina dote pigmentarii nardi spicas ac folia celebrant. Et hoc est quod ait Marcus, unguenti *nardi spicati pretiosi,* quia videlicet unguentum illud quod attulit Maria Domino, non solum de radice confectum nardi, verum etiam quo pretiosius esset, spicarum quoque et foliorum ejus adjectione, odoris ac virtutis illius erat accumulata gratia. Nardum autem pisticum, id est, fidele, ideo dicitur, quia sæpe solent aliqui medicorum nu-

---

[a] Hic iterum aliquid deest, quod ob suprascriptam causam deperditum est. EDITOR COLONIENSIS.

guenta pretiosa similibus herbis adulterare. Sicut pigmentarii qui pigmenta vendere soliti sunt, frequenter intermiscent pigmentis quædam germina per fraudem, quibus ementium deludant aspectum. Sed hoc unguentum non adulterinum, sed fidele fuit, quo Maria Domini unxit caput et pedes, nam πίστις Græce, dicitur fides: unde derivatur πιστικόν. Ferunt autem de nardo physiologi, quia principalis sit in unguentis; unde merito inunctioni capitis et pedum oblata est. Sunt quidem multa ejus genera, sed omnia herbæ, præter Indicum, quod pretiosius est. Mystice autem devotio hæc Mariæ Domino ministrantis, fidem ac pietatem designat Ecclesiæ sanctæ, quæ loquitur in amoris Cantico dicens: *Dum esset rex in accubitu suo, nardus mea dedit odorem suum* (*Cant.* 1). Quæ nimirum verba et semel juxta litteram manibus Mariæ complevit, et quotidie in omnibus suis membris spiritaliter implere non desinit; quæ toto diffusa orbe gloriantur, et dicunt: *Deo autem gratias qui semper triumphat nos in Christo Jesu, et odorem notitiæ suæ manifestat per nos in omni loco, quia Christi bonus odor sumus Deo* (*II Cor.* II). Quæ cum potentiam divinæ virtutis ejus, quæ illi una cum Patre est digna reverentia confitetur, laudat, et prædicat, caput profecto illius unguento pretioso perfundit. Cum vero assumptæ mysteria humanitatis æque digna reverentia suscipit, in pedes utique Domini, unguentum nardi pisticum, id est, fidele ac verum profundit: quia illam ejus naturam qua terram contingere, hoc est inter homines conversari dignatus est, pia prædicatione commendat ac devotis veneratur obsequiis.

Videntes autem discipuli indignati sunt dicentes: Ut quid perditio hæc? Potuit enim venundari multo, et dari pauperibus (*Joan.* XII). [*Aug.*] Matthæus hæc, quomodo et Marcus synecdochixῶς loquitur, pluralem videlicet numerum pro singulari ponens. Nam Joannem distinctius loquens, Judam hæc locutum esse testatur, et hoc gratia cupiditatis, eo quod fur fuisset, et loculos habens, ea quæ mittebantur portaret. Potest etiam intelligi quod et alii discipuli aut senserint hoc, aut dixerint, aut eis Juda dicente persuasum sit, atque omnium voluntatem Matthæus et Marcus etiam verbis expresserint. Sed Judas propterea dixerit quia fur erat; cæteri vero propter pauperum curam, Joannem autem de solo illo id commemorare voluisse, cujus ex hac occasione furandi consuetudinem credidit intimandam.

Sciens autem Jesus, ait illis: Quid molesti estis huic mulieri? Opus bonum operata est in me. Nam semper pauperes habebitis vobiscum, me autem non semper habebitis. (*Hieron.*) Alia oboritur quæstio, quare Jesus post resurrectionem dixerit ad discipulos: *Ego vobiscum sum omnibus diebus usque ad consummationem mundi* (*Matth.* XXVIII), et nunc loquatur: *Me autem non semper habebitis*. Sed mihi videtur in hoc loco de præsentia dicere corporali, quod nequaquam cum eis ita futurus sit post resurrectionem, quomodo nunc, in omni convictu et fa-

miliaritate. Cujus rei memor Apostolus ait: *Et si noveramus Jesum Christum secundum carnem, sed nunc jam non novimus eum* (*II Cor.* V).

Mittens enim hæc unguentum hoc in corpus meum, ad sepeliendum me fecit. (RAB.) Quod vos putatis perditionem esse unguenti, officium sepulturæ est. Nec mirum si mihi bonum odorem suæ fidei dederit, cum ego pro ea fusurus sim sanguinem meum.

Amen dico vobis, ubicunque prædicatum fuerit hoc Evangelium in toto mundo, dicetur et quod hæc fecit in memoriam ejus. Non tam in toto mundo ista mulier, quam Ecclesia prædicatur, quod sepelierit Salvatorem, quod unxerit caput ejus. Et attende notitiam futurorum, quod passurus post biduum et moriturus, sciat Evangelium suum toto orbe celebrandum. Notandum vero quod sicut Maria gloriam adepta est toto orbe quacunque Ecclesia sancta diffusa est, de obsequio quod Domino piæ devotionis exhibuit, ita e contrario ille qui obsequio ejus detrahere temeraria lingua non timuit, perfidiæ nota longe lateque infamatus, et Deo simul atque hominibus merito factus est exosus. Sed Dominus bonum, laude digna remunerans, impii contumelias tacendo præteriit.

[III.] *Tunc abiit unus de duodecim qui dicitur Judas Scarioth ad principes sacerdotum, et ait illis: Quid vultis mihi dare, et ego vobis eum tradam? At illi constituerunt ei triginta argenteos.* Hæc sententia ad illam jungenda est ubi superius consilium sacerdotum de interfectione Christi retulit. Quando ergo principes sacerdotum consilium inierunt, ut Jesum dolo tenerent et occiderent, *tunc abiit unus de duodecim, qui dicitur Judas Scarioth, ad principes sacerdotum, et ait illis: Quid vultis mihi dare, et ego vobis eum tradam?* etc. (RAB.) Quod autem dixit: Abiit ad summos sacerdotes ut proderet eum illis, ostendit eum non a principibus invitatum, non ulla necessitate constrictum, sed sponte propria sceleratæ mentis inisse consilium. (*Hieron.*) Infelix Judas damnum, quod ex effusione unguenti accessisse credebat, vult magistri pretio compensare. Nec certam postulat summam ut saltem lucro suaderetur proditio, sed quasi vile tradens mancipium in potestate ementium posuit quantum vellent dare. *Qui constituerunt ei triginta argenteos.* Joseph non ut multi putant, juxta Septuaginta interpretes, viginti aureis venditus est, sed juxta Hebraicam veritatem viginti argenteis; neque enim poterat pretiosior servus esse quam Dominus.

Exinde quærebat oportunitatem ut eum traderet eis. (MAUR.) Hunc locum manifestius Lucas evangelista disseruit dicens: *Et quærebat oportunitatem ut traderet illum sine turbis* (*Luc.* XXII). Hoc enim fuit oportunitas Judæ quam quærebat, ut traderet magistrum, quod fuit timor sacerdotum ne tumultus fieret in populo. Ipsum ergo meditabantur simul venditor et emptores, ne impediretur fraudulenta factio eorum per impetum populi, ne per vim eriperetur Jesus de manibus eorum. Multi ergo hodie

Judæ scelus, quod Dominum ac magistrum Deumque suum pecunia vendiderit, velut immane et nefarium exhorrent, nec tamen cavent. Nam cum pro muneribus falsum contra quemlibet testimonium dicunt, profecto quia veritatem pro pecunia negant, Deum pecunia vendunt. Ipse enim dixit : *Ego sum veritas.* Cum societatem fraternitatis aliqua discordiæ peste commaculant, Deum produnt, quia *Deus charitas est.* Qui ergo charitatis et veritatis jura spernunt, Deum utique, qui est charitas et veritas, produnt : maxime cum non infirmitate vel ignorantia peccant, sed in similitudine Judæ quærunt opportunitatem qualiter arbitris absentibus mendacio veritatem, virtutem, crimine mutent.

Prima autem die azymorum accesserunt discipuli ad Jesum dicentes : Ubi vis paremus tibi comedere pascha? Primum diem azymorum quartum decimum primi mensis appellat, quando fermento abjecto immolare, id est agnum occidere solebant ad vesperam. Quod exponens Apostolus ait : *Etenim pascha nostrum immolatus est Christus* (*II Cor.* v). Qui licet die sequenti, hoc est, decima quinta sit luna crucifixus, hac tamen nocte qua agnus immolabatur, carnis sanguinisque sui discipulis tradidit mysteria celebranda, et a Judæis tentus ac ligatus, ipsius immolationis, id est, passionis suæ sacravit exordium : *Ubi,* inquiunt, *vis paremus tibi comedere pascha?* hoc est, non habemus domicilium, non habemus tabernaculum. Audiant quibus ædificandarum domorum cura est, et ambitiosarum porticuum cogitatur instructio. Quos pretiosorum marmorum pompa et distincta auro laquearia delectant, cognoscant Christum omnium Dominum, qui locum ubi caput inclinaret non habuit. Et idcirco eum discipuli interrogant : *Ubi vis paremus tibi manducare pascha* (*Luc.* ix) ?

At Jesus dixit : Ite in civitatem ad quemdam, et dicite ei : Magister dicit : Tempus meum prope est, apud te facio pascha cum discipulis meis. Morem Veteris Testamenti Nova Scriptura conservat. Frequenter legimus, *dixit ille,* et *in illo loco et illo,* quod Hebraice dicitur *Philmoni,* et *Helimoni,* et tamen nomen personarum locorumque non ponitur. (*Aug.*) Sed nihil in hoc capitulo contrarium putari potest Marco et Lucæ, qui hoc idem similiter narrant. Quod enim dicit Matthæus : *Ite in civitatem ad quemdam, et dicite ei : Magister dicit : Tempus meum prope est, apud te facio pascha cum discipulis meis,* eum significat quem Marcus et Lucas dicunt patremfamilias, vel dominum domus, in qua eis cœnaculum demonstratum est, ubi pararet pascha. Quod ergo interponit Matthæus, *ad quemdam,* tanquam ex persona sua studio brevitatis illum compendio voluit insinuare. Si enim diceret dixisse Dominum : *Ite in civitatem, et dicite ei : Magister dicit : Tempus meum prope est, apud te facio pascha,* tanquam civitati dicendum esset, acciperetur. Ac per hoc non ex Domini cujus mandatum narrabat, sed ex sua persona interposuit, ad quemdam jussisse Dominum ut irent, ne haberet necesse totum dicere, cum hoc illi ad insinuandum jubentis sententiam sufficere videretur. (RAB.) Consulte autem sive aquæ bajuli (quod alii evangelistæ inserunt) seu domini domus sunt prætermissa vocabula, ut omnibus verum pascha celebrare volentibus, hoc est Christi sacramentis imbui, eumque suæ mentis hospitio suscipere quærentibus danda facultas designetur.

Et fecerunt discipuli sicut constituit illis Jesus, et paraverunt pascha. (*Hieron.*) In alio evangelio scriptum est, quod invenerint cœnaculum magnum stratum atque mundatum, et ibi paraverunt ei. Cœnaculum magnum lex spiritalis est, quæ de angustiis litteræ egrediens in sublimi loco recipit Salvatorem. Nam qui adhuc occidentem litteram servaverit, qui non aliud in agro quam pecus intellexerit, iste nimirum in imis pascha facit, quia majestatem spiritus in verbis Dei comprehendere necdum didicit. At qui aquæ bajulum, hoc est gratiæ præconem in domum Ecclesiæ fuerit secutus, hic per spiritum illustrantem superficiem litteræ transcendendo, in alto mentis solario Christo refectionem præparat : quia cuncta vel paschæ sacramenta, vel cætera legis decreta esse sacramenta cognoscit.

[IV.] *Vespere autem facto discumbebat cum duodecim discipulis suis.* [MAUR.] Vespera ergo tunc facta fuit quando lux mundi, id est, sol verus ad occasum mortis, properavit. Et tunc cum discipulis Dominus discubuit, quia eis quietem æternam præparavit.

Edentibus illis dixit : Amen dico vobis, quia unus vestrum me traditurus est. (*Hieron.*) Omnia sic agit Judas, ut tollatur suspicio proditoris, sed qui de passione prædixerat, et de proditore prædicit, dans locum pœnitentiæ, ut cum intellexisset sciri cogitationes suas, et occulta consilia, pœniteret eum facti sui. Et tamen non designat specialiter, ne manifeste coargutus impudentior fieret. Mittit crimen in numero, ut agat conscius pœnitentiam.

Et contristati valde cœperunt singuli dicere : Nunquid ego sum, Domine? Et certe noverant undecim apostoli, quod nihil tale contra Dominum cogitarent. Sed plus credunt magistro quam sibi ; et timentes fragilitatem suam tristes interrogant de peccato, cujus conscientiam non habebant.

Et respondens ait : Qui intingit mecum manum in paropside hic me tradet. O mira Domini potentia? Primum dixerat : Unus ex vobis me tradet. Perseverat proditor in malo : manifestius arguit, et tamen nomen proprie non designat. Judas cæteris contristatis ac retrahentibus manum, et interdicentibus cibos ori suo, temeritate et impudentia qua proditurus erat, etiam manum cum magistro mittit in paropsidem, ut audacia bonam conscientiam mentiretur. (MAUR.) Notandum autem quod ibi Matthæus posuit *paropsidem,* Marcus scripsit, *in catino.* Est autem paropsis, ut quidam dicunt, vas escarium quadrangulum, ob hoc ita dictum quod paribus absidis sit, hoc est, æquis lateribus. Catinum autem est vas fictile aptum ad immittendum liquorem. Nec hic aliqua repugnantia est. Potuit enim fieri, ut in ipsa mensa vas fictile quadrangulum contineret liquamen, in quod intingere manum discipulus cum magistro posset. Quod utique per dispensationem humilitatis, et patientiæ suæ non respuit Dominus, proditorem suum ad communis mensæ participationem admittere, ut impleretur illud quod scriptum est : *Homo pacis meæ in quo sperabam, qui edebat panem meum, ampliavit adversum me supplantationem (Psal.* XL).

Filius quidem hominis vadit sicut scriptum est de illo. Væ autem homini illi per quem Filius hominis tradetur. (Hieron.) Nec primo, nec secundo correptus a proditione retrahit pedem, sed patientia Domini nutrit impudentiam suam, et *thesaurizat sibi iram in die iræ* (Rom. II). Pœna prædicitur, ut quem pudor non vicerat, corrigant denuntiata supplicia. (Rab.) Sed et hodie quoque et in sempiternum væ illi homini qui ad mensam Domini malignus accedit, qui insidiis mente conditis, qui præcordiis aliquo scelere pollutis, mysteriorum Christi oblationibus sacrosanctis participare non metuit. Et ille enim in exemplum Judæ filium hominis tradit, non quidem Judæis peccatoribus, sed tamen peccatoribus, membris videlicet suis, quibus illud inæstimabile et inviolabile Dominici corporis ac sanguinis sacramentum temerare præsumit. Ille Dominum vendit qui ejus timore atque amore neglecto, terrena pro illo et caduca, imo etiam criminosa diligere et curare convincitur.

Bonum erat ei, si natus non fuisset homo ille. (Hieron.) Non ideo putandus est ante fuisse quam nasceretur, quia nulli possit esse bene nisi ei qui fuerit. Sed simpliciter dictum est, multo melius esse non subsistere quam male subsistere.

Respondens autem Judas qui tradidit eum dixit : Nunquid ego sum, Rabbi? Ait illi : Tu dixisti. Quia cæteri tristes, et valde tristes, interrogaverunt eum : *Nunquid ego sum, Domine?* ne tacendo se prodere videretur, et ipse simpliciter interrogat quem conscientia præmordebat, qui manum audaciter miserat in paropsidem. *Nunquid ego sum, Rabbi?* et blandientis jungit affectum sive incredulitatis signum. Cæteri enim qui non erant proditores dicunt : *Nunquid ego, Domine?* Iste, qui proditor erat, non Dominum, sed magistrum vocat; quasi excusationem habeat, si Domino denegato saltem magistrum prodiderit. Et ait illi : *Tu dixisti.* Eadem responsione confutatus est proditor, qua Pilato postea responsurus est. (August.) Sed non hic aperte expressum est utrum ipse esset. Potest enim hoc ita intelligi tanquam diceretur : Non ego dixi; potuit etiam hoc sic dici, a Juda et a Domino responderi ut non omnes adverterent quod dictum erat.

[V.] *Cœnantibus autem eis accepit Jesus panem ac benedixit, ac fregit deditque discipulis suis, et ait : Accipite et comedite, hoc est corpus meum.* (Rab.) Finitis paschæ veteris solemniis quæ in commemorationem antiquæ de Ægypto liberationis populi Dei agebantur, quod transit ad novum in suæ redemptionis memoriam Ecclesiam frequentare volebat, ut videlicet pro carne agni et sanguine, sui corporis sanguinisque sacramentum substitueret, ipsumque se esse monstraret, *cui juravit Dominus et non pœnitebit eum, tu es sacerdos in æternum secundum ordinem Melchisedech (Psal.* CIX). Frangit autem ipse panem quem discipulis porrigit ut ostendat corporis sui fractionem non absque sua sponte ac procuratione venturam, sed sicut alibi dicit potestatem se habere iterum sumendi eam (Joan. XVI). Quem videlicet panem certi quoque gratia sacramenti priusquam frangeret benedixit. Quia naturam humanam quam passurus assumpsit ipse una cum Patre et Spiritu sancto, gratia divinæ virtutis implevit. Benedixit panem et fregit, quia hominem assumptum ita morti subdere dignatus est, ut ei divinæ immortalitatis veraciter inesse potentiam demonstraret, ideoque velocius eum a morte resuscitandum esse doceret.

Et accipiens calicem, gratias agit et dedit illis dicens : Bibite ex eo omnes. (Greg.) Cum appropinquare passioni dicitur, accepto pane et calice gratias egisse perhibetur. Gratias itaque agit qui flagella alienæ iniquitatis suscipit, et qui nil dignum percussione exhibuit, humiliter in percussione benedicit, ut hinc videlicet ostendat quid unusquisque in flagello culpæ propriæ facere debeat, si ipse æquanimiter flagella culpæ portat alienæ, ut hinc ostendat quid in correptione faciat subditus, si in flagello positus Patri gratias agit æquales.

Hic est enim sanguis meus novi testamenti, qui pro multis effundetur in remissionem peccatorum. (Rab.) Quia ergo panis confirmat, vinum vero sanguinem operatur in carne, hic ad corpus Christi mystice, illud refertur ad sanguinem. Verum quia et nos in Christo et in nobis Christum manere oportet, vinum Dominici calicis aqua miscetur. Attestante enim Joanne, *aquæ populi sunt* (Apoc. XVII). Et neque aquam solam neque solum vinum, sicut nec granum frumenti solum sine aquæ admistione in panem cuiquam licet offerre, ne talis videlicet oblatio quasi caput membris secernendum esse significet, et vel Christum sine nostræ redemptionis amore pati potuisse, vel nos sine Christi passione salvari ac Patri offerri posse confingat. Quod si quem movet, cum cœnatis Salvator apostolis suum corpus ac sanguinem tradiderit, quare nos universalis Ecclesiæ consuetudine jejuni doceamur eadem sacramenta percipere, breviter audiat, ideo tunc cœnatos communicasse apostolos, quia necesse erat pascha illud typicum consummari, et sic ad veri paschæ sacramenta transiri. Nunc in honorem tanti tamque terribilis sacramenti placuisse magistris Ecclesiæ, primo nos Dominicæ passionis participatione muniri, primo spiritualibus epulis interius sacrari, ac deinde terrenis dapibus corpus et vilibus escis refici. Quod autem dicit : *Hic est sanguis meus novi testamenti* ad distinctionem respicit veteris testamenti, quod hircorum et vitulorum est sanguine dicatum, dicente inter aspergendum legislatore : *Hic est sanguis testa-*

menti quod manavit ad vos Deus (Exod. xxiv). Necesse est enim exemplaria quidem verorum his mundari, ipsa autem coelestia melioribus hostiis quam istis; juxta quod Apostolus per totam ad Hebræos Epistolam inter legem distinguens et evangelium, pulcherrima expositione ac plenaria ratione declarat.

Dico autem vobis: Non bibam amodo de hoc genimine vitis, usque in diem illum cum illud bibam vobiscum novum in regno Patris mei. Vitem sive vineam Domini appellatam esse synagogam et omnis passim Scriptura et apertius testatur Isaias in cantico de illa cantato, *Vinea,* inquiens, *Domini Sabaoth domus Israel est (Isa.* v). De qua nimirum vinea Dominus multo tempore bibebat, quamvis pluribus ramis in amaritudinem vitis alienæ conversis. Quia tametsi multis in illa plebe exorbitantibus a recto fidei itinere, non defuere tamen plurimi toto legis tempore, quorum piis cogitationibus summisque virtutibus delectaretur Deus. Verum passo in carne Domino, ac resurgente a mortuis, tempus fuit ut legalis et illa figuralis observatio cessaret, atque ea quæ secundum litteram gerebantur, in spiritalem translata sensum, melius in novo testamento juvante sancti Spiritus gratia tenerentur. Iturus ergo ad passionem Dominus ait: *Jam non bibam de hoc genimine vitis usque in diem illum cum illud bibam vobiscum novum in regno Patris mei.* Ac si aperte dicat: Non ultra carnalibus synagogæ cæremoniis delectabor, in quibus etiam ista paschalis agni sacra locum tenuere præcipuum. Aderit enim tempus meæ resurrectionis. Aderit dies ille cum ipse in regno positus, id est, gloria vitæ immortalis sublimatus, de salute ejusdem populi fonte gratiæ spiritalis regenerati, novo vobiscum gaudio perfundar. (Aug.) Item aliter: *Non bibam amodo de hac generatione vitis usque in diem illum cum illud bibam vobiscum novum in regno Patris mei,* vult intelligi hoc vetus esse cum illud novum dicit. Quia ergo de propagine Adam, qui vetus homo appellatur, corpus susceperat, quod in passione morti traditurus erat, unde etiam per vini sacramentum commendat sanguinem suum, quid aliud novum vinum nisi immortalitatem renovatorum corporum intelligere debemus? Quod cum dicit vobiscum novum bibam, etiam ipsis resurrectionem corporum ad induendam immortalitatem promittit. *Vobiscum* enim non ad idem tempus, sed eamdem innovationem dictum accipiendum est. Nam et nos dicit Apostolus resurrexisse cum Christo, ut spes rei futuræ jam lætitiam præsentem afferat. Quod autem de hoc genimine vitis etiam illud novum esse dicit, significat eadem utique corpora resurrectura secundum innovationem coelestem, quæ nunc secundum vetustatem moritura sunt. Notandum autem quod Joannes de corpore et sanguine Domini hoc loco nihil dixit, sed plane alibi multo uberius *(Joan.* vi). Hinc Dominum locutum esse testatur. Nunc vero cum Dominum a coena surrexisse et pedes discipulorum lavisse commemorasset, reddita etiam ratione cur hoc eis fecerit, in qua coena Dominus adhuc clause si-

gnificaverat per testimonium Scripturæ ab eo se tradi qui manducaret ejus panem, venit ad hunc locum quem tres cæteri pariter insinuabant. *Cum hæc dixisset, inquit, Jesus turbatus est spiritu et protestatus est, et dixit: Amen dico vobis, quia unus ex vobis tradet me.* Aspiciebant ergo, sicut idem ipse Joannes subnectit, *ad invicem discipuli hæsitantes de quo diceret, et contristati,* sicut Matthæus et Marcus dicunt, *cœperunt ei singulatim dicere, Nunquid ego? At ipse respondens ait,* sicut Matthæus sequitur: *Qui intingit mecum manum in paropside, hic me tradet:* illud consequi quod Joannes narrat, isti autem prætermiserunt, sicut Joannes quædam prætermisit quæ illi dixerunt. Cum ergo post traditum calicem dixisset Dominus quod a Luca positum est: *Verum tamen ecce manus tradentis me, mecum est in mensa,* etc. Conjungitur illud secundum Joannem: *Erat ergo recumbens unus ex discipulis ejus in sinu Jesu, quem diligebat Jesus. Innuit ergo huic Simon Petrus, et dicit ei: Quis est de quo dicit? Itaque cum recubuisset ille supra pectus Jesu dicit ei: Domine, quis est? Respondit Jesus: Ille cui ego intinctum panem porrexero. Et cum tinxisset panem dedit Judæ Simonis Scarioth, et post buccellam tunc introivit in illum Satanas (Joan.* xiii). (Rab.) Sed hic quæstio oboritur: Quomodo iste Joannes, nec non et Lucas dicant jam ante introisse Satanam in cor Judæ, ut traderet Dominum, cum Joannes dixerit quod post buccellam introierit in eum Satanas. (Aug.) Hoc enim ita solvitur: Intravit ergo post hunc panem Satanas in Domini traditorem ut sibi jam traditum plenius possideret in quem prius intraverat, ut deciperet; auxit enim peccatum traditionis præsumptio sacramenti cum homini ingrato intrasset panis in ventrem, hostis in mentem, fortassis per panis intinctionem illius significans fictionem, qui fictus ad cœnam venit amicus, et falsus ad magistrum vadit discipulus

[VI.] *Et hymno dicto exeriunt in montem Oliveti.* (Rab.) Hoc est quod in psalmo legimus: *Edent pauperes et saturabuntur, et laudabunt Dominum, qui requirunt eum (Psal.* xxi). Potest autem hymnus ille intelligi quem Dominus secundum Joannem Patri gratias agens decantabat, in quo et pro seipso, et pro discipulis, et pro eis qui per verbum eorum credituri erant elevatis sursum oculis precabatur. Et pulchre discipulos sacramentis sui corporis et sanguinis imbutos, et hymno etiam piæ intercessionis Patri commendatos in montem educit Olivarum, ut typice designet nos per actionem sacramentorum suorum perque opem suæ intercessionis ad altiora virtutum dona et charismata Spiritus sancti, quibus in corde perungamur, conscendere debere.

Tunc dicit illis Jesus: Omnes vos scandalum patiemini in ista nocte. (Hieron.) Prædicit quod passuri sint, ut cum passi fuerint non desperent salutem, sed agentes pœnitentiam liberentur. Et signanter addidit, *in nocte ista* scandalizabimini: quia quomodo qui inebriantur nocte inebriantur, sic et qui scandalum patiuntur in nocte et in tenebris sustinent.

Nos vero dicamus : *Nox præteriit, dies autem appropinquabit* (Rom. xiii).

Scriptum est enim: *Percutiam pastorem et dispergentur oves gregis.* Hoc aliis verbis in Zacharia propheta scriptum est, et ni fallor ex persona prophetæ ad Deum dicitur: *Percute pastorem, et dispergentur oves* (Zach. xxxiii). Sexagesimo quoque octavo psalmo, qui totus a Domino canitur huic sensui congruente, *Quoniam quem tu percussisti, ipsi persecuti sunt.* Percutitur autem pastor bonus ut ponat animam pro ovibus suis et de multis gregibus errorum fiat unus grex et unus pastor.

Postquam autem resurrexero præcedam vos in Galilæam. (Maur.) Sicut enim ad passionem properans locum prædixerat passionis futurum in Jerusalem quo mœsti facti sunt discipuli, ita et locum prædixit esse in Galilæa in quo resurgens a mortuis consolationem visionis suæ eis præberet.

Respondens autem Petrus ait illi: Et si omnes scandalizati fuerint in te, ego nunquam scandalizabor. (Hieron.) Non est temeritas nec mendacium, fides est apostoli Petri, et ardens affectus erga Dominum Salvatorem. In tantum enim et affectu et charitate Christi efferebatur, ut et imbecillitatem carnis suæ, et fidem verborum Dei non contueretur, quasi vero dicta ejus efficienda non essent.

Ait illi Jesus: Amen dico tibi quia in hac nocte antequam gallus cantet, ter me negabis. Et Petrus de ardore fidei promittebat, et Salvator quasi Deus futura noverat. Et nota quod Petrus in nocte neget, et neget tertio. Postquam autem gallus cecinit, et decrescentibus tenebris vicina lux nuntiata est, *conversus flevit amare*, negationis sordes lacrymis lavans. (Rab.) Non est sane arbitrandum esse contrarium quod Marco dicente, *Priusquam gallus bis vocem dederit ter me es negaturus*, cæteri evangelistæ simpliciter dixerunt, *Priusquam gallus cantet, ter me negabis.* (Aug.) Tota enim Petri negatio, trina negatio est. In eadem namque permansit negatione animi propositoque mendacii, donec admonitus quid ei prædictum sit amaro fletu et cordis dolore sanaretur. Hæc autem tota, id est trina negatio, si post primum galli cantum inciperet, falsum dixisse viderentur tres, qui dixerunt dixisse Dominum quod antequam gallus cantaret, ter eum Petrus esset negaturus. Rursus si totam trinam negationem ante peregisset quam cantare gallus inciperet, superfluo dixisse Marcus deprehenderetur ex persona Domini, *Amen dico tibi quia tu in nocte hac priusquam gallus bis vocem dederit, ter me negaturus es.* Sed quia ante primum galli cantum cœpta est trina illa negatio, attenderunt illi tres non quando eam completurus esset Petrus, sed quanta futura esset, quandoque cœptura; id est, quia trina et quia ante galli cantum, quanquam in animo ejus et ante primum galli cantum tota possit intelligi. Quamvis enim verbis negantis ante primum cœpta, ante secundum autem galli cantum peracta sit tota illa trina negatio, tamen affectione animi et timore Petri ante primum tota concepta est. Nec interest quantis morarum intervallis trina voce enuntiata sit, cum cor ejus etiam ante primum galli cantum tota possederit tam magna scilicet formidine imbibita, ut posset Dominum non solum semel, sed iterum et tertio interrogatus negare, ut rectius diligentiusque attendentibus, quomodo jam mœchatus est mulierem in corde suo qui eam viderit ad concupiscendum; sic Petrus quandocunque verbis ederet timorem, quem tam vehementem animo conceperat, ut perdurare posset usque ad tertiam Domini negationem, tota trina negatio ei tempori deputanda est, quando eum trinæ negationi sufficiens timor invasit.

Ait illi Petrus: Etiamsi oportuerit me mori tecum, non te negabo. Similiter et omnes discipuli dixerunt. (Maur.) Intellexit ergo Petrus Dominum præ timore mortis eum dixisse se negaturum, quo hoc excusabat se, licet periculum mortis immineret et nullo modo ab ejus fide et confessione posse divelli : quod et alii apostoli eodem ardore instigati de semetipsis præsumebant. Nam quia scriptum est, *Valida est ut mors dilectio* (Cant. viii), per ardorem mentis non timuerunt damnum mortis. Sed vera illa Psalmographi sententia: *Nisi Dominus custodierit civitatem, in vanum vigilant qui custodiunt eam* (Psal. cxxvi). [Aug.] Ideo vana fuit præsumptio humana sine protectione divina. Nec prætereundum est quod Matthæus et Marcus pari ordine et eodem narrationis suæ loco negationem Petri subnectunt, apostoli ambo postea quam Dominus egressus est ex illa domo ubi manducaverunt pascha, Lucas vero et Joannes antequam inde esset egressus. Sed facile possumus intelligere aut illos duos cam recapitulando posuisse, aut istos præoccupando, nisi magis moveret quod tam diversa non tantum verba, sed etiam sententias Domini præmittunt quibus permotus Petrus illam præsumptionem proferret, vel cum Domino vel pro Domino moriendi, ut magis cogant intelligi vel ter eum expressisse præsumptionem suam diversis locis ad sermones Christi, et ter illi a Domino responsum quod eum esset ante galli cantum ter negaturus. Neque enim incredibile est aliquantum distinctis intervallis temporum Petrum commotum esse ad præsumendum sicut ad negandum, vel ei Dominum aliquid ter similiter respondisse. Quandoquidem etiam contextim nullis aliis interpositis rebus aut verbis post resurrectionem ter illum interrogaverit utrum amaret, et ter ei hoc respondenti etiam ipse mandatum de pascendis ovibus suis unum idemque ter præcepit (Joan. xxi.) Hoc itaque credendum est quod ter ostenderit præsumptionem suam Petrus et de trina sua negatione ter a Domino audierit. Sequitur:

Tunc venit Jesus cum illis in villam quæ dicitur Gethsemani. In Luca ita scriptum est: *Et egressus ibat secundum consuetudinem in montem Olivarum* (Luc. xxii). Et in Joanne: *Hæc cum dixisset Jesus egressus est cum discipulis suis trans torrentem Cedron, ubi erat hortus* (Joan. xviii). Quod nullo modo contrarium est Matthæo, qui de Gethsemani narravit. Monstratur enim usque hodie locus Gethsemani in quo Dominus oravit ad radices montis Oliveti. Ubi intelligimus illum fuisse hortum de quo Joannes narravit, nuncque desuper Ecclesia aedificata constat. Interpretatur autem Gethsemani *vallis pinguium* sive *pinguedinum*. Quia vero non solum dicta vel opera nostri Salvatoris, verum etiam loca et tempora in quibus operatur et loquitur mysticis, ut saepe dictum est, sunt plena figuris, cum in monte orat Dominus quasi tacite nos admonet sublimia tantum orando inquirere, et pro coelestibus bonis supplicare debere. At cum in valle orat, et hoc in valle pinguium sive pinguedinis ipsius aeque insinuat nobis humilitatem semper in orationibus, et internae pinguedinem dilectionis esse servandam : ne quis videlicet orans Domini jactare sua merita in exemplum Pharisaei superbientis audeat, quin potius humili voce et mente proclamet, *Deus, propitius esto mihi peccatori (Luc.* xviii), ne aridum a dilectione proximi cor gestans ad pacandam sibi conditoris gratiam genu flectat juxta eum qui centum denarios fratri quos sibi debebat dimittere nolens, decem millia talenta sibi a Domino frustra precabatur remitti (*Matth.* xviii), ne jejunum ab amore conditoris pectus habens temporalia quaelibet potius in oratione, quam ejus visionem requirat, annumerandus in eis de quibus ait ipse : *Qui receperunt mercedem suam. (Greg.)* In imo quippe cogitationem ponere, quid est aliud quam quaedam ariditas mentis ? Qui autem intellectu coelestium jam per sancta desideria de supernis delectationis intimae cibis pascuntur, quasi largiori alimento pinguescunt. Hac enim pinguedine saginari Psalmista concupierat, cum dicebat : *Sicut adipe et pinguedine repleatur anima mea (Psal.* lxii) (Rab.) Quantum vero ad ipsam Dominicae passionis dispensationem attinet, apte appropinquans morti Dominus in valle pinguedinis oravit : Quia per vallem humilitatis et pinguedinem charitatis pro nobis mortem subiit : *Humiliavit enim semetipsum factus obediens Patri usque ad mortem (Philip.* ii). *Et majorem hac dilectionem nemo habet ut animam suam quis ponat pro amicis suis. (Joan* xv).

Et dixit discipulis suis : Sedete hic donec vadam illuc et orem. (Hieron.) Egressus de domo Jesus, in qua cum discipulis pascha manducabat, jussit eos sedere paulisper, et exspectare redeuntem donec pro cunctis Dominus solus oret : quia ejus oratio nostrum omnium est redemptio. (Rab.) Fidem ergo discipulorum et constantiam devotae sibi voluntatis acceperat, sed et turbandos et diffusuros sciebat, quos sedere in loco jubet dum progrederetur orare.

Et assumpto Petro et duobus filiis Zebedaei coepit contristari et moestus esse. (Hieron.) Illud quod supra diximus de passione et pro passione, etiam in praesenti capitulo ostenditur, quod Dominus veritatem assumpti probaret hominis vere quidem contristatus sit, sed ne passio in animo illius dominaretur per propassionem coeperit contristari. Contristabatur non timore patiendi qui ad hoc venerat ut pateretur, et Petrum timiditatis argueret, sed propter infelicissimum Judam et scandalum omnium apostolorum et rejectionem populi Judaeorum, et eversionem miserae Jerusalem. Unde et Jonas super ariditate cucurbitae vel hederae contristabatur, nolens perire quondam tabernaculum suum (*Jonae* iv).

Tunc ait illis : Tristis est anima mea usque ad mortem. Quae contristatur anima est, et non propter mortem, sed usque ad mortem contristatur donec apostolos sua liberaret passione. Dicant qui irrationabilem Jesum sumpsisse animam suspicantur quomodo constristetur, et noverit tempus tristitiae. Quanquam enim et bruta moereant animalia, tamen non norunt nec causas, nec tempus usque ad quod debeant contristari. Notandum autem quod in Marco scriptum est : *Et coepit pavere et taedere*, ut veritatem scilicet nostrae ostenderet naturae. (*Aug.*) Sed cur timet Christus, cum Petrus non timeat ? Chritus timet et taedet, atque contristatur, et dicit : *Nunc anima mea turbatur.* Petrus dicit : Animam meam ponam pro te. Utrumque ergo verum est et plenum utrumque ratione, quod et ille qui est inferior non timet, et ille qui est superior gerit timentis affectum. Ille enim quasi homo vim mortis ignorat, iste autem quasi Deus in corpore constitutus fragilitatem carnis exponit, ut eorum qui sacramentum incarnationis abjurant excluderetur impietas. Denique et haec dixit, et Manichaeus non credidit, Valentinus negavit, et Marcion phantasma judicavit. Eo usque autem hominem quem veritate corporis demonstrabat aequabat affectu, ut diceret : *Sed tamen non sicut ego, sed sicut tu vis.* Suscepit ergo voluntatem meam, suscepit tristitiam meam, confidenter tristitiam nomino, quia crucem praedico. Mea est voluntas quam suam dixit, quia ut homo suscepit tristitiam meam, ut homo locutus est. Et ideo ait : *Non sicut ego volo, sed sicut tu vis.* Mea est tristitia quam meo suscepit affectu. Ergo pro me doluit qui pro se nihil habuit quod doleret. Et sequestrata delectatione divinitatis aeternae taedio meae infirmitatis afficitur. *Tristis*, inquit, *est anima mea usque ad mortem*. Non propter mortem tristis est Dominus, quia eum conditio corporalis affectus non formido mortis offendit. Nam qui corpus suscepit omnia debuit subire quae corporis sunt, ut esuriret, sitiret, angeretur, contristaretur. Divinitas autem commutari per hos nescit affectus. *Sustinete hic, et vigilate mecum.* Quod praecepit, *Sustinete hic, et vigilate mecum*, non a somno prohibet cujus tempus non erat, imminente discrimine, sed a somno infidelitatis, et torpore mentis. Sciebat enim ingravante diabolo fidem eorum consopiendam. Parem secum vigilantiam imperat, quibus eadem passio immineret.

Et progressus pusillum procidit in faciem suam, orans et dicens : Pater mi, si possibile est, transeat a me calix iste. Dato apostolis praecepto ut sustinerent vigilarentque cum Domino, paululum procidens ruit in faciem suam, ut humilitatem mentis habitu carnis ostendat, dicitque blandiens, *Pater mi*, et postulat ut si possibile sit transeat ab eo calix, de quo supra diximus. Postulat autem non timore patiendi, sed misericordia prioris populi, ne ab illis bibat calicem propinatum. Unde et signanter non dixit, *Transeat a me calix*, sed *calix iste*, hoc est populi Judæorum, qui excusationem ignorantiæ habere non potest si me occiderit, habens legem et prophetas, qui quotidie vaticinantur. Ut tamen revertens in semetipsum quod ex hominis persona trepidanter renuerat, ex Dei filiique potestate confirmat.

Verumtatem non sicut ego volo, sed sicut tu. (RAB.) Non, inquit, hoc fiat quod humano affectu loquor, sed id propter quod ad terras tua voluntate descendi. Si ergo, inquit, fieri potest ut sine interitu Judæorum credat gentium multitudo, passionem recuso; sin autem illi excæcandi sunt ut omnes gentes videant, *non mea, Pater, voluntas sed tua fiat.* (*Greg.*) Aliter appropinquans passioni Salvator infirmantium in se vocem assumpsit dicens: *Pater, si vis, transfer calicem istum a me:* eorumque timorem ut abstraheret suscepit. Et rursus per obedientiam fortitudinem mentis ostendens, ait: *Verumtamen non mea voluntas, sed tua fiat.* Ut cum hoc immineat quod fieri nolumus, sic per infirmitatem petamus, ut non fiat, quatenus per fortitudinem parati simus, ut voluntas conditoris nostri etiam contra nostram voluntatem fiat. (*Aug.*) Quid erat illa vox, nisi sonus infirmitatis nostræ? Multi adhuc infirmi contristantur futura morte, sed habeant rectum cor, vitent mortem quantum possunt. Sed si non possunt, dicant quod ipse Dominus non propter se, sed propter nos dixit. Quid enim dixit, *Pater, si fieri potest, transeat a me calix iste.* Ecce habes voluntatem humanam expressam. Vide jam rectum cor: *Sed non quod ego volo sed quod tu. Non veni*, inquit, *facere voluntatem meam, sed voluntatem ejus qui me misit* (*Joan.* VI). Suam voluntatem dixit quam temporaliter sumpsit ex virgine; voluntatem vero ejus qui eum misit eam videlicet signans, quam intemporaliter æternus habuit cum patre communem. Orat transire calicem, ut ostendat vere quia et homo erat. Reminiscens autem et propter quod missus est, perficit dispensationem ad quam missus est, et clamat: *Sed non quod ego volo, sed quod tu.* Si moritur mors, me non moriente secundum carnem videlicet, transeat a me calix iste; verum quia non aliter hoc fiet, ait: *Non quod ego volo, sed quod tu.* Quod autem Patrem invocans juxta alium evangelistam duplici nomine dixit, *Abba Pater*, utriusque populi illum et Judæi scilicet et gentilis esse Deum ac Salvatorem ostendit. Idem namque Abba quod et Pater significat. Sed *abba* Hebræum, *pater* Græcum est et Latinum. Ut ergo utrumque populum in eum crediturum, ab utroque eum invocandum esse doceret, utraque lingua eum primus ipse invocat. Ipse est bonus pastor qui animam dando pro ovibus suis unum de duobus gregibus ovile perfecit (*Joan.* X). Ideoque utriusque voce gregis auxilium Patris flagitat, ut nos utrique exemplo illius informati, ubi adversa imminere senserimus nos patrem Deum, Hebræi abba invocantes, una fidei et charitatis devotione præsidium cœleste quæramus. Unde doctor egregius formam docendi a Domino sumens ita suos alloquitur auditores: *Accepistis spiritum adoptionis filiorum in quo clamamus, abba pater* (*Rom.* VIII). Abba nimirum illi qui de Israelitico populo, nobis Pater qui de gentibus ad fidem Christi venimus.

Et venit ad discipulos et invenit eos dormientes, et dicit Petro: Sic non potuistis una hora vigilare mecum? (*Hieron.*) Ille qui supra dixerat: *Etiamsi omnes scandalizati fuerint, ego nunquam scandalizabor*, nunc tristitiæ magnitudine somnum vincere non potest. (*Hilar.*) Petrum ideo singillatim infra cæteros increpat, quia præ cæteris nunquam se scandalizandum fuerat gloriatus.

Vigilate et orate, ut non intretis in tentationem. Impossibile est humanam animam non tentari. Unde et in oratione Dominica dicimus: *Ne nos inducas in tentationem, quam ferre non possumus*, non tentationem penitus refutantes, sed vires sustinendi in tentationibus deprecantes. Ergo et impræsentiarum non ait: *Vigilate et orate* ne tentemini, sed *ne intretis in tentationem*, hoc est non tentatio vos superet ultima, et intra suos casses teneat. Verbi gratia, martyr qui pro confessione Domini sanguinem fudit, tentatus quidem est, sed tentationis retibus non ligatus; qui autem negat, in plagas tentationis incurrit.

Spiritus quidem promptus est, caro autem infirma. Hoc adversum temerarios dictum est, qui quidquid crediderint, putant se consequi posse. Itaque quantum de ardore mentis confidimus, tantum de carnis fragilitate timeamus. Sed tamen juxta apostolum spiritu carnis opera mortificantur. (RABAN.) Facit hic locus et adversum Eutychianos, qui dicunt unam in mediatore Dei et hominum, Domino et Salvatore nostro operationem, unam fuisse voluntatem. Cum enim dicit, *Spiritus quidem promptus est, caro autem infirma*, duas voluntates ostendit, humanam videlicet, quæ est carnis, et divinam, quæ est deitatis; ubi humana quidem propter infirmitatem carnis recusat passionem, divina autem ejus est promptissima, quoniam formidare quidem in passione humanæ fragilitatis est, suscipere autem dispensationem passionis, divinæ voluntatis atque virtutis est. Aliter, ad eos hic sermo conversus est, qui se spoponderant nunquam negaturos: illorum enim spiritus promptus sed caro infirma erat, quia nondum induti erant virtute ex alto.

Iterum secundo abiit, et oravit, dicens: Pater mi, si non potest hic calix transire, nisi illum bibam, fiat voluntas tua. (*Hieron.*) Secundo erat, ut si Ninive aliter salvari non potest, nisi cucurbita aruerit, fiat voluntas Patris, quæ non est contraria Filii voluntati, dicente ipse per Prophetam, *ut facerem voluntatem tuam, Deus meus, volui* (*Psal.* XXIX). Diligenter igitur consideranda sunt verba Domini, quæ protulit de possibilitate et voluntate Patris, quia possibilitas et voluntas Dei Patris in nullo discordant. Porro autem Marcus primo ex verbis suis idem narravit rogosse Dominum, ut si fieri posset transiret ab eo illa hora, id est passionis, quam calicis mox nomine significavit. Deinde verba ipsa Domini sic enuntiavit: *Abba, Pater, omnia tibi possibilia sunt, transfer calicem hunc a me.* Quibus verbis si adjungas quod illi duo dixerunt, hoc est Matthæus et Lucas, et quod etiam ipse Marcus ex persona sua pariter supra posuit, ita sententia manifestatur: *Pater, si fieri potest (omnia enim tibi possibilia sunt), transfer calicem hunc a me.* Ne quis eum putaret Patris minuisse potestatem, cum ait, Si fieri potest, non enim dixit, Si facere potes, sed *si fieri potest.* Fieri autem potest quod ille voluerit. Sic itaque dictum est si fieri potest, ac si diceretur, Si vis. Manifestavit enim Marcus quo intellectu accipiendum sit, *Si fieri potest,* quando ait: *Omnia tibi possibilia sunt.* Et quod commemoraverunt eum dixisse, *Verum non quod ego volo, sed quod tu,* tantumdem valet quantum si et ita dicatur: *Verumtamen non mea voluntas, sed tua fiat.* Satis ostendit non ex impossibilitate, sed ex voluntate Patri dictum esse, *si fieri potest;* præsertim quia Lucas et hoc ipsum planius intimavit; non enim ait, Si fieri potest, sed *si vis.* Cui apertori sententiæ apertius jungitur quod Marcus posuit, ut ita dicatur: *Si vis, omnia enim tibi possibilia sunt, transfer a me calicem istum.*

Et venit iterum et invenit eos dormientes. Erant enim oculi eorum gravati. (Hieron.) Solus orat pro omnibus, sicut et solus patitur pro universis: languescebant autem et opprimebantur apostolorum oculi negatione vicina.

Et, relictis illis, iterum abiit, et oravit tertio, eumdem sermonem dicens. (Maurus.) Tribus vicibus Dominus oravit, ut nobis demonstraret omni tempore orationi instandum, et clementiam divinam semper esse deprecandam, quatenus de præteritis peccatis veniam, et a præsentibus malis tutelam, atque de futuris periculis cautelam, tribuat, utque memores simus in nomine sanctæ Trinitatis, divinis sacramentis nos esse reparatos et Christiana religione imbutos. Sciamusque omnem nostræ orationis formam ad Patrem, et Filium, et Spiritum sanctum unum Deum omnipotentem dirigendam, *ut integer spiritus noster, et anima et corpus sine querela in adventu Domini nostri Jesu Christi servetur* (I Thes. v). [Aug.] Item sicut tentatio cupiditatis trina est, ita tentatio timoris trina est. Cupiditati quæ est in curiositate opponitur timor mortis; sicut enim in illa cognoscendarum rerum est aviditas, ita in ista metus amittendæ talis notitiæ. Cupiditati vero honorum, vel laudis opponitur timor ignominiæ et contumeliarum: cupiditati autem voluptatis opponitur timor doloris. Non absurde ergo intelligitur propter trinam tentationem passionis, ter Dominum orasse, ut transiret calix, sed ita ut potius impleretur voluntas Patris.

Tunc venit ad discipulos suos, et dicit illis: Dormite jam, et requiescite. (Hilar.) Quod autem ad eos revertens dormientesque reperiens, primum reverentens objurgat, secundo silet, tertio quiescere jubet, ratio ista est, quod primum post resurrectionem dispersos eos, et diffidentes, et trepidos reprehendit; secundo misso Spiritu paracleto gravatos ad contuendam Evangelii libertatem oculos visitavit, nam aliquandiu legis amore detenti quodam fidei somno occupati sunt; tertio vero, id est, claritatis suæ reditu securitate eos quieti restituit.

Ecce appropinquabit hora, et Filius hominis tradetur in manus peccatorum. Surgite, eamus; ecce appropinquabit qui me tradet. (Aug.) Videtur hic sermo secundum Matthæum tanquam sibi ipsi contrarius, quod post tertiam orationem venit ad discipulos suos et dicit illis: *Dormite jam et requiescite,* cum connectat: *Ecce appropinquabit hora, et Filius hominis tradetur in manus peccatorum. Surgite, eamus; ecce appropinquabit qui me tradet.* Quomodo enim supra dicat, *Dormite jam, et requiescite,* cum connectat, *Ecce appropinquabit hora,* et ideo dicat, *Surgite, eamus?* Qua velut repugnantia commoti, qui legunt, conantur ita pronuntiare quod dictum est: *Dormite jam et requiescite,* tanquam ab exprobrante, non a permittente sit dictum. Quod recte fieret si esset necesse. Cum vero Marcus ita hoc commemoraverit ut cum dixisset: *Dormite jam et requiescite,* adjungeret, *Sufficit;* et deinde inferret, *Venit hora, ecce tradetur Filius hominis,* utique intelligitur post illud quod eis dictum est, *Dormite jam et requiescite,* siluisse Dominum aliquantum ut hoc fieret quod permiserat, et tunc intulisse: *Ecce appropinquabit hora.* Ideo post illa verba secundum Marcum positum est, *Sufficit,* id est, quod requievistis jam sufficit. Sed quia commemorata non est ipsa interpositio silentii Domini, propterea coarctat intellectum, ut illis verbis alia pronuntiatio requiratur. (Hieron.) Postquam ergo tertio oraverat, et apostolorum timorem sequente poenitentia impetraverat corrigendum securus, de passione sua pergit ad persecutores, et ultro se interficiendum præbet, dicitque discipulis: *Surgite, eamus; ecce qui me tradet prope est;* non nos inveniant quasi timentes et retractantes; ultro pergamus ad mortem, ut confidentiam et gaudium passuri videant.

[VII.] *Adhuc ipso loquente, ecce Judas unus de duodecim venit, et cum eo turba multa cum gladiis et fustibus missi a principibus sacerdotum et senioribus populi.* (Aug.) Joannes evangelista posteaquam in hortum ingressum dicit cum discipulis suis, non commemorat quid illic egerit, donec ejus traditor cum Judæis ad eum comprehendendum venerit. (Maur.) Concordat quippe factum Judæ simul cum mutatione mentis ejus. Quandiu enim cum cæteris apostolis secutus est Salvatorem, tranquillius agebat. Quia innocentiam simulabat, sanitates infirmantibus præstabat, quia Salvatoris se missum esse dicebat. At cum deseruerat pacis consilium, et agni mitissimum transitum, spretis pacificis sodalibus, funestis associatus est militibus, relictisque armis vitalibus pergit contra magistrum cum fustibus. Ad auctorem vitæ accessit cum meditatione mortis. Unde et sequitur :

Qui autem tradidit eum dedit illis signum dicens : Quemcunque osculatus fuero, ipse est, tenete eum. (*Hieron.*) Miser Judas et tamen non miserabilis, eadem infidelitate qua Dominum et magistrum tradidit, putabat signa quæ Salvatorem viderat facientem non majestate divina, sed magicis artibus facta. Et qui eum forte audierat in monte transfiguratum, timebat ne simili transformatione laberetur ex manibus ministrorum. Dat ergo signum ut sciant ipsum esse quem osculo demonstraret.

Et confestim accedens ad Jesum dixit : Ave, Rabbi; et osculatus est eum. Impudens quidem et scelerata confidentia magistrum vocare, et osculum ei ingerere quem tradebat; tamen adhuc aliquid habet de verecundia discipuli, cum non eum palam tradidit persecutoribus, sed per signum osculi. (Rab.) Suscipit autem Dominus osculum traditoris, non quo simulare nos doceat, sed ne proditionem fugere videatur, simul et illud Davidicum complens : *Cum his qui oderunt pacem eram pacificus* (*Psal.* cxix).

Dixitque illi Jesus : Amice, ad quid venisti ? Tunc accesserunt et manus injecerunt in Jesum, et tenuerunt eum. (*Hieron.*) Verbum amici κατὰ ἀντίφρασιν est intelligendum, vel certe juxta illud quod supra legimus : *Amice, quomodo huc intrasti non habens vestem nuptialem ?*

Et ecce unus ex his qui erant cum Jesu extendens manum exemit gladium suum, et percussit servum principis sacerdotum, et amputavit auriculam ejus. (Rab.) Petrus hoc fecit ut Joannes evangelista declarat, eodem nimirum mentis ardore quo cætera fecerat. Sciebat enim quomodo Phinees puniendo sacrilegos mercedem justitiæ et sacerdotii perennis acceperat (*Num.* xxv). Lucas autem addit, quod Dominus tangens auriculam servi sanaverit eum. Nunquam ergo pietatis suæ Dominus obliviscitur, qui et hostes suos non patitur vulnerari. Illi justo mortem inferunt, ipse persecutorum vulnera sanat. (*Venant.*) Juxta allegoriam vero servus est populus Judæorum principibus sacerdotum indebito mancipatus obsequio, adeo ut eorum suasu Barabbam dimitti, Jesum vero, quem paulo ante Hosanna concinentes filium David regemque clamabant, peterent crucifigi. Qui in Domini passione dexteram auriculam, id est, spiritalem legis intelligentiam perdidit, sinistra tantum hoc est utilitate litteræ contentus : quæ videlicet auris Petri gladio deciditur, non quod ille sensum intelligendi audientibus tollat, sed divino ablatum judicio negligentibus pandat. Verum eadem dextra auris in his qui ex eodem populo credere maluerunt, divinæ dignatione pietatis pristino est restituta officio. Aliter, auris pro Domino amputata et a Domino sanata significat auditum ablata vetustate renovatum, ut sit in novitate spiritus et non in vetustate litteræ. Quod cui præstitum fuerit a Christo, præstabitur et regnare cum Christo. Unde bene et *Malchus*, quo nomine servus ille vocabatur, *rex sive regnatu-*
rus interpretatur. Quod autem servus inventus est, et hoc pertinet ad illam vetustatem, quæ in servitutem generat, quod est Agar (*Gal.* iv). Sed cum accessisset sanitas, figurata est et libertas.

Tunc ait illi Jesus : Converte gladium tuum in locum suum. (Maur.) Ac si dixisset : Cesset vindicta, remissio largiatur. Oportuit enim ut auctor gratiæ populum evangelicum suo exemplo patientiam doceret, et potius ad sustinendum fortiter adversa instrueret, quam ad vindicandum provocaret. Sic et Paulus dicit : *Non vos defendentes, charissimi, sed date locum iræ : scriptum est enim : Mihi vindictam, ego retribuam dicit Dominus* (*Rom.* xii). Unde et e contrario subditur.

Omnes enim qui acceperunt gladium gladio peribunt. Hoc est, omnes qui semetipsos vice talionis ulcisci in præsenti desiderant, non merentur a Domino ulcisci, sed pœnam sibi damnationis amplificant. In aliis enim exemplaribus legitur : *Omnes qui percusserint gladio, gladio morientur.* (*Aug.*) Quam multi gladio percutiunt nec tamen in gladio moriuntur ? sicut neque ipse Petrus. Sed ne istum dicere venia peccatorum talem evasisse pœnam quis potest? Quanquam nihil absurdius, quam ut majorem putet gladio pœnam esse potuisse quæ Petro non accidit, quam crucis quæ accidit. Quid tamen de latronibus dicturus est qui cum Domino crucifixi sunt? Quia et ille qui meruit veniam, posteaquam crucifixus est meruit, et alter omnino non meruit. An forte omnes quos occiderant crucifixerant, et propterea autem ipsi etiam pati meruerant? Ridiculum est hoc putare. Quid ergo aliud dictum est, *Omnis enim qui gladio percusserit gladio morietur?* nisi quia ipso peccato anima moritur quodcunque commisit.

An putas quia non possum rogare Patrem meum, et exhibebit mihi plus quam duodecim legiones angelorum ? (*Hieron.*) Ac si patenter dicat : Non indigeo duodecim apostolorum auxilio, etiamsi omnes me defenderent, qui possum habere duodecim legiones angelici exercitus. Una quippe legio apud veteres sex millibus complebatur hominum. Sed pro brevitate temporis numerum non occurrimus explicare. Typum tantum dixisse sufficiat, septuaginta duo millia angelorum, in quot gentes lingua hominum divisa est, de duodecim legionibus fieri : in quo latenter innuitur quod non magnopere curandum sit, neque verendum apostolis si contra Salvatorem consurgant omnes nationes gentium, cum multo fortiores habeat ipse exercitus angelorum. Aliter autem significat hic numerus omne genus hominum, cum Romano imperio, adversus sceleratam gentem Judæorum certaturum. Hi sunt angeli Dei qui Dei exercuerunt judicium, quando post suam resurrectionem anno quadragesimo secundo, ut ecclesiastica testatur Historia, cum Vespasiano et Tito ducibus Romanorum missis exercitibus gentium quos hoc loco angelos Dominus voluit nominare, perdidit homicidas illos, et civitatem illorum succendit. His verbis adjungi potest, quod illum eo loco Joannes dixisse commemorat,

Calicem quem dedit mihi Pater, non vis ut bibam illum? Tunc, sicut Lucas narrat, tetigit auriculam illius qui percussus fuerat, et sanavit eum. Sequens ergo sententia qua dicitur:

Quomodo ergo implebuntur Scripturæ, quia sic oportet fieri? promptum ad patiendum demonstrat animum quod frustra prophetæ cecinerint, nisi Dominus eos vera dixisse passione sua asseruerit.

In illa hora Jesus dixit turbis: Tanquam ad latronem venistis cum gladiis et fustibus comprehendere me, quotidie apud vos sedebam docens in templo, et non me tenuistis. Stultum est, inquit, eum cum gladiis et fustibus quærere, qui ultro se vestris tradat manibus. Et in nocte quasi latitantem et vestros oculos declinantem, per proditorem investigare, qui quotidie in templo doceat. Sed ideo adversum me in tenebris congregamini, quia potestas vestra in tenebris est.

Hoc autem totum factum est, ut implerentur scripturæ prophetarum. Quæ sunt ergo scripturæ prophetarum? videlicet istæ: *Foderunt manus meas, et pedes meos* (*Psal.* XXI). Et alibi: *Sicut ovis ad victimam ductus est* (*Isa.* LIII). Et in alio loco: *Ab iniquitatibus populi mei ductus est ad mortem*, et his similia.

Tunc discipuli omnes, relicto eo, fugerunt. (RAB.) Impletur sermo Domini, qui dixerat quod omnes discipuli scandalizarentur in illo in ipsa nocte. Nam etsi turba permittente ad petitionem Domini fugerunt, ut Joannes scribit, pavorem tamen ac timiditatem suæ mentis ostendebant, quod ad fugæ præsidium promptiores, quam fiducia patiendi cum Domino exstiterant. Mystice autem sicut Petrus qui culpam negationis pœnitentiæ lacrymis abluit et confessione Domihici amoris funditus exstirpavit, recuperationem eorum ostendit, qui in martyrio labuntur, ita cæteri discipuli qui articulum comprehensionis fugiendo prævenerant, cautelam fugiendi docent eos qui se minus idoneos ad toleranda supplicia sentiunt. Quibus tutius est multo præsidia latebrarum petere, quam se discrimini certaminum exponere. Ita etiam ille adolescens de quo Marcus refert, quod rejecta sindone nudus profugerit ab impiis, illorum et opus designat et animum, qui ut securiores ab incursibus hostium fiant, quidquid in hoc mundo possidere videntur abjiciunt, ac mundi potius Domino famulari quam adhærendo mundi rebus materiam tentandi atque a Deo revocandi adversariis, dare didicerunt. Juxta exemplum beati Joseph, qui relicto in manibus adulteræ pallio, foras exsiluit, malens Deo nudus quam indutus cupiditatibus mundi, meretrici servire (*Gen.* XXXIX).

[VIII.] *At illi tenentes Jesum, duxerunt ad Caipham principem sacerdotum ubi scribæ et seniores convenerant.* Ductus est autem Jesus, ut Joannes ostendit (*Joan.* XVIII), ad Annam primum, qui erat socer Caiphæ. Deinde Annas misit eum vinctum ad Caipham, qui, sicut prædictus Joannes evangelista scribit, erat pontifex anni illius. De quo consentanea testatur Josephus, quod pontificatum unius anni tantum sibi absque merito dignitatis emerit pretio ab Herode, principe Romano. Non ergo mirum est si iniquus pontifex inique judicat.

Petrus autem sequebatur eum a longe usque in atrium principis sacerdotum. Merito a longe sequebatur qui jam proximus erat negaturo. Neque enim negare posset si Christo proximus adhæsisset. Verum in hoc maxima nobis est admiratione venerandus quod Dominum non reliquit etiam cum timeret. Quod enim timet naturæ est, quod sequitur devotionis, quod negat obreptionis, quod pœnitet fidei. (*Aug.*) Aliter, quod ad passionem euntem Dominum a longe sequitur Petrus, significabat Ecclesiam secuturam quidem, hoc est imitaturam passiones Domini, sed longe differenter. Ecclesia enim pro se patitur, at ille pro Ecclesia.

Et ingressus intro sedebat cum ministris ut videret finem. Quomodo autem Petrus in atrium pontificis ingredi posset, Joannes manifestat dicens: *Sequebatur autem Jesum Simon Petrus, et alius discipulus: Discipulus autem ille notus erat pontifici, et simul introivit cum Jesu in atrium pontificis; Petrus vero stabat ad ostium foris. Exivit ergo discipulus ille qui erat notus pontifici, et dixit ostiariæ, et introduxit Petrum. Ingressus autem sic Petrus sedebat cum ministris juxta ignem se calefaciens, exspectabatque ut videret finem.* Videlicet vel amore discipuli, vel humana curiositate scire cupiens quid judicaret de Domino pontifex, utrum eum neci addiceret, an flagellis cæsum dimitteret. Et in hoc diversitas cæterorum apostolorum et Petri. Illi fugiunt, iste quanquam procul tamen sequitur Salvatorem.

Princeps autem sacerdotum et omne concilium quærebant falsum testimonium contra Jesum, ut eum morti traderent, et non invenerunt, cum multi falsi testes accessissent. (MAUR.) Non enim erant, ut Marcus testatur, convenientia sibi testimonia. Hic quoque impletur illud Psalmographi, quo dicit: *Astiterunt reges terræ, et principes convenerunt in unum adversus Dominum, et adversus Christum ejus* (*Psal.* II). *Scrutati sunt iniquitatem, defecerunt scrutantes scrutinio, sagittæ parvulorum factæ sunt plagæ eorum* (*Psal.* LXIII). Bene etiam convenit nomen pontificis actioni suæ strenuitati. Interpretatur enim *Caiphas investigator*, vel *sagax*, sive *vomens ore*. Sagax enim fuit ad prosequendam et ad explendam doli sui nequitiam, sed impudens ad proferendum mendacium et ad petendum homicidium.

Novissime autem venerunt duo falsi testes, et dixerunt: Hic dixit: Possum destruere templum Dei et post triduum reædificare illud. Quomodo falsi testes sunt, si ea dicunt quæ Dominum dixisse legimus? Sed falsus testis est qui non eodem sensu dicta intelligit quo dicuntur. Dominus enim dixerat de templo corporis sui, sed et in ipsis verbis calumniantur, et paucis additis vel mutatis quasi justam calumniam accusant. Salvator dixerat: *Solvite templum hoc* (*Joan.* II): Isti commutant et aiunt: *Ego dissolvam templum hoc manufactum.* Vos, inquit, solvite, non ego : quia illicitum est ut ipsi nobis inferamus mortem. Deinde illi vertunt : *Et post triduum aliud manufactum ædificabo*, ut proprie de templo Judaico dixisse videatur. Dominus autem ut ostenderet animal vivum et spirans templum dixerat : *Et ego in triduo suscitabo illud.* Aliud est ædificare, aliud suscitare.

Et surgens princeps sacerdotum ait illi : Nihil respondes ad ea quæ isti adversum te testificantur ? Jesus autem tacebat. Ira præceps et impatiens, non inveniens calumniæ locum, excutit de solio pontificem ut insaniam mentis motu corporis demonstraret. Quanto Jesus tacebat ad indignos responsione sua falsos testes et sacerdotes impios, tanto magis pontifex furore superatus eum ad respondendum provocat, ut ex qualibet occasione sermonis locum inveniat accusandi. Nihilominus Jesus tacet. Sciebat enim quasi Deus quidquid respondisset torquendum ad calumniam.

Et princeps sacerdotum ait illi : Adjuro te per Deum vivum ut dicas nobis si tu es Christus Filius Dei. Quid adjuras, impiissime sacerdotum ? ut accuses, an ut credas ? Si ut accuses, arguunt te alii condemnare tacentem. Si ut credas, quare confitenti credere noluisti ?

Dicit illi Jesus : Tu dixisti. (RAB.) Adversus Pilatum et adversus Caipham similis est responsio, ut propria sententia condemnentur. Notandum autem quod hic ubi Matthæus habet, *Tu dixisti*, Marcus posuit, *Ego sum*, ut videlicet ostenderet tantum valere, quod ei dicit Jesus *Tu dixisti*, quantum si diceret, *Ego sum.*

Verumtamen dico vobis, amodo videbitis filium hominis sedentem a dextris virtutis Dei, et venientem in nubibus cœli. Si ergo tibi in Christo, o Judæa pagana et hæretica, contemptus infirmitas, crux contumelia est, vide quia per hæc filius hominis ad dexteram Dei Patris sessurus, et ex partu virginis homo natus in sua cum cœli nubibus est majestate venturus. Unde et Apostolus cum crucis abjecta descripsisset dicens : *Quia humiliavit semetipsum factus obediens usque ad mortem, mortem autem crucis*, adjunxit atque ait : *Propter quod et Deus illum exaltavit et donavit illi nomen quod est super omne nomen, ut in nomine Jesu omne genu flectatur cœlestium, terrestrium, et infernorum, et omnis lingua confiteatur quia Jesus Christus in gloria est Dei Patris (Philip.* II).

Tunc princeps sacerdotum scidit vestimenta sua dicens : Blasphemavit, quid adhuc egemus testibus ? Ecce nunc audistis blasphemiam : quid vobis videtur ? (*Hieron.*) Quem de solio sacerdotali furor excesserat, eadem rabies ad scindendas vestes provocat. Scindit vestimenta sua, ut ostendat Judæos sacerdotalem gloriam perdidisse, et vacuam sedem habere pontifices. Sed et consuetudinis Judaicæ est, cum aliquid blasphemiæ, et quasi contra Deum audierint scindere vestimenta sua. Quod Paulum quoque et Barnabam quando in Lycaonia deorum cultu honorabantur, fecisse legimus (*Act.* XIV). Herodes autem quia non dedit honorem Deo, sed acquievit immoderato favori populi, statim ab angelo percussus est (RAB.) Altiori autem mysterio est factum ut in passione Domini pontifex Judæorum sua ipsius vestimenta disciderit. Cum tunica Domini nec ab ipsis qui eum crucifixere militibus scindi potuerit. Figurabatur enim quod sacerdotium Judæorum pro sceleribus ipsorum pontificum esset scindendum, et a suæ statu integritatis omnimode solvendum. Soliditas vero sanctæ universalis Ecclesiæ, quæ vestis sui Redemptoris solet appellari, nunquam valeat disrumpi. Quin potius et si Judæi, si gentiles, si hæretici, si mali catholici humilitatem Domini Salvatoris contemnant, ejus tamen usque ad consummationem in illis, quos sors electionis invenerit inviolata sit permansura castitas.

At illi respondentes dixerunt : Reus est mortis. Quia blasphemum putaverunt ideo illum morti addixerunt. Sed cum legis præcepta se consummare arbitrati sunt, contra legem egerunt, dicente Domino, *Innocentem, et justum non interficies* (*Exod.* XXIII). Non enim judicium observaverunt, sed exeruerunt invidiam.

Tunc exspuerunt in faciem ejus et colaphis eum ceciderunt. Ut compleretur quod scriptum est : *Dedi maxillas meas alapis, et faciem meam non averti a confusione sputorum* (*Isai.* L).

Alii autem palmas in faciem ei dederunt, dicentes : Prophetiza nobis, Christe, quis est qui te percussit ? Qui tunc cæsus est colaphis sive alapis Judæorum, cæditur etiam nunc blasphemiis falsorum Christianorum. Qui tunc conspuutus est salivis infidelium, nunc usque vesanis nomine tenus fidelium exhonoratur atque irritatur opprobriis. Velaverunt autem faciem ejus, secundum quod Marcus Judæos tunc fecisse commemorat, non ut eorum scelera non videat, sed ut a seipsis, sicut quondam Moysi ferunt, gratiam cognitionis ejus abscondant. Si enim crederent Moysi, crederent forsitan et Domino (*Joan.* V). Quod velamentum usque hodie manet super cor eorum non revelatum, nobis autem in Christum credentibus ablatum est. Neque enim frustra eo moriente velum templi scissum est medium, et ea quæ toto legis tempore latuerant, et abscondita carnali Israel fuerant, Novi Testamenti cultoribus sunt patefacta sancta sanctorum arcana. Quod vero dicunt ei, *Prophetiza, quis est qui te percussit ?* quasi in contumeliam faciunt ejus, qui se a populis prophetam voluerit haberi, sed ipso dispensante patitur omnia pro nobis, ut sicut Petrus hortatur, *Christo in carne passo nos eadem cogitatione armemur* (*I Petr.* IV), atque ad toleranda pro nomine ejus irrisionum opprobria præparemur. (*Aug.*) Aliter, illud quod dictum est : *Spuerunt in faciem ejus*, significat eos qui ejus præsentiæ gratiam respuunt. Item tanquam colaphis eum cædunt qui ei honores suos præferunt. Palmas in faciem dant, qui perfidia cæcati eum non venisse affirmant, tanquam præsentiam ejus exterminantes et repellentes. Error hæreticorum de Christo tribus generibus terminatur : aut enim de divinitate, aut de humanitate, aut de utroque fal- luntur.

Petrus vero sedebat foris in atrio. Foris sedebat ut videret exitum rei, et non appropinquabat Jesu, ne ministris aliqua suspicio nasceretur.

Et accessit una ancilla ad eum dicens : Et tu cum Jesu Galilæo eras: Quid sibi vult quod prima eum prodit ancilla, cum viri utique magis eum potuerint recognoscere, nisi ut et iste sexus peccasse in necem Domini videretur, et iste sexus redimeretur per passionem Domini. Et ideo mulier resurrectionis prima accipit mysterium et mandata custodit, ut veterem prævaricationis aboleret errorem.

At ille negavit coram omnibus dicens : Nescio quid dicis. (Maur.) Palam coram omnibus negavit, quia se manifestari expavit. Dictum ipsum se nescire respondit, quia pro Salvatore adhuc mori noluit.

Exeunte autem illo januam. Hic Marcus adimplet, quod Matthæus brevitatis causa dicere omisit : Exiit foras, inquit, ante atrium, et gallus cantavit. Cum ergo semel negasset Petrus, exiit foras, et mox gallus cantavit. Quo reverso iterum in atrium, fit quod sequitur :

Vidit eum alia ancilla, et ait his qui erant ibi : Et hic erat cum Jesu Nazareno. In secunda ergo negatione a duobus compellatus est, et ab ancilla scilicet quam commemorat Matthæus et Marcus, et ab alio quodam quem commemorat Lucas, qui ita ait : Et post pusillum alius eum videns dixit : Et tu de illis es. In hoc ergo spatio, de quo Lucas dicit : Et post pusillum, Petrus post primam negationem exivit, et gallus cantavit; jamque redierat ut, quemadmodum dicit Joannes, ad focum stans iterum negaret : Erat, inquit, Simon Petrus stans et calefaciens se. Dixerunt ergo ei : Nunquid et tu ex discipulis ejus es? et reliqua. Hoc igitur loco invenimus et non ante januam sed focum stantem secundo negasse Petrum. Quod fieri non posset nisi jam redisset, posteaquam foras exierat. Et foris eum vidit, id est, cum resurgeret ut exiret, ancilla advertit eum. Et dixit his qui erant ibi, id est, qui simul aderant ad ignem intus in atrio : Et hic erat cum Jesu Nazareno. Ille autem qui foras exierat, hoc audito rediens juravit illis contranitentibus quod non novisset hominem. Unde et Matthæus dicit :

Et iterum negavit cum juramento, quia non novi hominem. (Aug.) In hac autem negatione Petri discimus non solum abnegare Christum qui dicit eum non esse Christum, sed ab illo etiam qui, cum sit, negat se esse Christianum. Dominus autem non ait Petro : Discipulum meum te negabis, sed, me negabis. Negavit ergo ipsum, cum se negavit ejus esse discipulum. (Hieron.) Scio quosdam pio affectu erga apostolum Petrum locum hunc interpretatos, ita ut discerent Petrum non Deum negasse, sed hominem, et esse sensum, Nescio hominem, quia scio Deum. Hoc quam frivolum sit prudens lector intelligat. Sic defendunt apostolum, ut Deum mendacii reum faciant. Si enim iste non negavit, ergo mentitus est

Dominus, qui dixerat : Amen dico tibi quia hac nocte, antequam gallus cantet, ter me negabis. Cerne quod dicat, me negabis, non hominem.

Et post pusillum accesserunt qui stabant, et dixerunt Petro : Vere et tu ex illis es. (Aug.) Quod igitur Matthæus et Marcus dicunt, post pusillum, quantum esset hoc temporis manifestat Lucas dicendo : Et intervallo facto quasi horæ unius. De hoc autem intervallo tacet Joannes. Item quod Marcus et Matthæus non singulari, sed plurali numero enuntiant eos qui cum Petro agebant, cum Lucas unum dicat, Joannes quoque unum eumque cognatum ejus cujus abscidit Petrus auriculam, facile est intelligere, aut pluralem numerum pro singulari usitata locutione usurpasse Matthæum et Marcum, aut quod unus maxime tanquam sciens et qui eum viderat affirmabat. Cæteri autem secuti ejus fidem, Petrum simul arguebant. Unde duos evangelistas compendio pluralem numerum posuisse, alios autem duos eum solum significare voluisse qui præcipuus in hoc erat.

Nam et loquela tua manifestum te facit. (Venant.) Non quod alia lingua Galilæi atque alia loquerentur Hierosolymitæ, qui utrique fuerunt Hebræi, sed quod unaquæque provincia, et regio suas habendo proprietates, vernaculum loquendi sonum vitare non possit. Unde in Actibus apostolorum, cum hi quibus Spiritus sanctus insederat, omnium gentium linguis loquerentur, inter alios qui de diverso mundi climate convenerant etiam qui habitabant Judæam mirantes dixisse referuntur : Nonne ecce omnes isti qui loquuntur Galilæi sunt? et quomodo nos audivimus unusquisque linguam nostram in qua nati sumus? (Act. ii).

Tunc cœpit detestari et jurare quia non nosset hominem. (Aug.) Quam noxia pravorum hominum colloquia, quæ coegerunt Petrum apostolum inter infideles negare Dominum, vel hominem se nosse, quem inter condiscipulos jam Dei Filium fuerat confessus. (Maur.) Nota quod primum respondet : Nescio quid dicis. Secundo cum juramento negat se nosse hominem. Tertio tunc cœpit detestari, et jurare quod non novisset hominem. Perseverare enim in peccato incrementum scelerum confert. Quia qui modica spernit incidit in majora (Eccl. xix).

Et continuo gallus cantavit. (Aug.) Galli autem cantum post tertiam negationem Petri secundum esse intelligimus, sicut Marcus expressit. Solet Scriptura sacra sæpe meritum causarum per statum designare temporum. Unde Petrum qui media nocte negavit ad galli cantum pœnituit. Qui etiam post resurrectionem diurna sub luce Dominum, quem ter negaverat, tertio se amare professus est : quia nimirum quod in tenebris oblivionis erravit et speratæ jam lucis rememoratione correxit, et ejusdem veræ lucis adepta præsentia, plene totum quidquid nutaverat erexit. Hunc opinor gallum aliquem doctorum intelligendum, qui nos jacentes excitans, et somnolentos increpans, dicat: Evigilate, justi, et nolite peccare (I Cor. xv). Quod enim Petrus ante primum gallicinium negavit illos, significat qui Christum ante resurrectionem Deum esse non putaverunt ejus morte turbati. Quod vero bis ante secundum galli cantum negavit, illos significasse credendum est, qui nunc in illo, vel secundum hominem vel secundum Deum in utraque substantia errant, et ideo veritatem negant. Primus enim galli cantus intelligitur capitis resurrectio, id est, ipsius Domini ; secundus autem item ipsius Domini, sed in corpore Ecclesiae universae.

Et recordatus est Petrus verbi Jesu quod dixerat : Quia priusquam gallus cantet, ter me negabis. (*Hieron.*) In alio Evangelio legimus quia post negationem Petri et cantum galli, respexerit Salvator Petrum, et intuitu suo eum ad amaras lacrymas provocarit (*Luc.* xxii). Nec fieri poterat ut in negationis tenebris permaneret, quem lux respexerat mundi. Mihi videtur illa respectio divinitus facta, ut ei veniret in mentem quoties jam negasset, et quid ei Dominus praedixisset, atque ita misericorditer Domino respiciente poeniteret eum, et salubriter fleret : sicut quotidie dicimus : Domine, respice me. Et respexit eum Dominus, qui de aliquo periculo, vel labore, divina misericordia liberatus est. Et sicut dictum est : *Respice,* et, *Exaudi me,* et, *Convertere, Domine, libera animam meam* (*Psal.* vi), ita dictum arbitror : *Conversus Dominus respexit Petrum, et recordatus est Petrus verbi Domini.*

Et egressus foras, flevit amare. (*Venant.*) Respiciente Domino Petrus ad cor reversus, maculam negationis lacrymis poenitentiae tergit. Quia non solum cum agitur poenitentia, verum etiam ut agatur Dei misericordia necessaria est. Respicere namque ejus misereri est. Unde Psalmista : *Usquequo,* inquit, *exaltabitur inimicus meus,* super me : *Respice, et exaudi me, Domine Deus meus* (*Psal.* xii), id est, miserere et adjuva. Quam nociva sane alloquia perfidorum Petrus inter Judaeos vel hominem se nosse negavit, quem inter condiscipulos Dei Filium confessus erat. Sed nec in atrio Caiphae retentus poterat agere poenitentiam. Egreditur foras, ut ab impiorum concilio secretus, pavidae negationis sordes liberis fletibus abluat. Ob hoc sicut apparet haesitare permissus, ut in Ecclesiae principe remedium poenitentiae conderetur, et nemo auderet de sua virtute confidere, quando mutabilitatis periculum nec beatus Petrus potuisset evadere. Dominus autem Jesus qui intra pontificale concilium solo corpore tenebatur, trepidationem discipuli foris positi, divino vidit intuitu et paventis animum mox ut respexit, erexit, et in fletus poenitudinis incitavit.

CAPUT XXVII.

Jesus Pilato traditur, Judas laqueo perit, et de tota Christi Domini passione.

[1.] *Mane autem facto consilium inierunt principes sacerdotum et seniores populi adversus Jesum, ut eum morti traderent.* (*Aug.*) Matthaeus et Marcus contexerunt narrationem in his quae cum Domino acta sunt usque ad mane, sed postea redierunt ad narrandam Petri negationem. Qua terminata redierunt iterum ad mane ut inde caetera contexerent, quousque perducerent quae cum Domino acta erant. Mane ergo facto concilium *nequam inierunt Judaei adversus Jesum, ut eum morti traderent.* Unde se beatus vir abstinuit de quo scriptum est : *Beatus vir qui non abiit in consilio impiorum et in via peccatorum non stetit, et in cathedra pestilentiae non sedit* (*Psal.* i).

Et vinctum adduxerunt eum, et tradiderunt Pontio Pilato praesidi. (*Hieron.*) Non solum ad Pilatum, sed etiam ad Herodem ductus est, ut uterque Domino illuderet. Et cerne sollicitudinem sacerdotum : in malo tota nocte vigilaverunt, ut homicidium facerent, et vinctum tradiderunt Pilato. Habebant enim hunc morem, ut quem adjudicassent morti, ligatum judici traderent. (*Rab.*) Attamen notandum quod non tunc primum ligaverunt eum, sed mox comprehensum nocte in horto, ut Joannes declarat, ligaverunt, et sic adduxerunt eum ad Annam primum.

Tunc videns Judas qui eum tradidit quod damnatus esset, poenitentia ductus retulit triginta argenteos principibus sacerdotum et seniorum, dicens : Peccavi tradens sanguinem justum. (*Hieron.*) Avaritiae magnitudinem impietatis pondus exclusit. Videns Judas Dominum adjudicatum morti pretium retulit sacerdotibus, quasi in potestate sua esset persecutorum mutare sententiam. Itaque licet mutaverit voluntatem suam, tamen voluntatis primae exitum non mutavit. Si autem peccavit ille qui tradidit sanguinem justum, quanto magis peccaverunt, qui redemerant sanguinem justum, et offerendo pretium ad proditionem discipulum provocaverant ? Qui diversas naturas conantur introducere, et dicunt Judam proditorem malae fuisse naturae, nec electionem apostolatus potuisse servare, respondeant quomodo mala natura egerit poenitentiam.

At illi dixerunt : Quid ad nos ? Tu videris. (*Maur.*) Quid ad nos, inquiunt, pertinet pretium acceptum ? Tu illud probaveras, tu fac inde quod volueris. (*Hieron.*) Nihil quidem nefando proditori profuit egisse poenitentiam, per quam scelus corrigere non potuit. Si quando sic frater peccat in fratrem, ut ei non dare valeat quod peccavit potest ei dimitti : si autem permanent opera, frustra voce assumitur poenitentia. Hoc est quod in psalmo de eodem infelicissimo Juda dicitur : *Et oratio ejus fiat in peccatum* (*Psal.* cviii), ut non solum emendare non quiverit proditionis nefas, sed ad prius scelus, etiam proprii homicidii crimen addiderit. Tale quid et Apostolus in secunda ad Corinthios Epistola loquitur : *Ne abundantiori tristitia absorbeatur frater* (*II Cor.* ii).

Et projectis argenteis in templo, recessit; et abiens laqueo se suspendit. (*Maur.*) Sicut poenitentia Judae infructuosa fuit, sic et oblatio reprobabilis ; nihil enim illi profuit argentum projectum in templo, cum illum non absolvit a reatu, sed magis fecit noxium : scriptum est enim, *Oblatio impiorum abominabilis Domino quae offertur ex scelere* (*Prov.* xxi). Abiens quoque laqueo se suspendit, ut se ostenderet cœlo terræque perosum; de quo poeta convenienter canens ait:

> Infelicem animam laqueo suspendit ab alto:
> Lenior ira quidem tanto pro crimine culpæ,
> Cunctorum cui nulla foret par pœna malorum
> Exitus hic mortis, tamen et sublime cadaver
> Ostendit populis, quanto de culmine lapsus
> Pridem discipulus, qui nunc reus alta relinquens
> Sidera, tartareum descendit ad usque profundum.

Principes autem Sacerdotum acceptis triginta argenteis dixerunt : Non licet eos in corbonam mittere quia pretium sanguinis est. (*Hieron.*) Vere culicem liquantes, et camelum glutientes. Si enim ideo non mittunt pecuniam in corbonam, id est, in gazophylacium et dona Dei, quia pretium sanguinis est, cur ipse sanguis funditur?

Consilio autem inito, emerunt ex illis agrum figuli, in sepulturam peregrinorum. (*Hilar.*) Magnum hoc est prophetiæ sacramentum, et in factis iniquitatis miraculi plena meditatio. Figuli opus est de luto vasa formare cujus in manu sit ex luto eodem, vas aut ad ipsum opus, aut pulchrius reformare. Agrum autem sæculum nuncupari, ipsius Domini nostri verbis continetur. Christi ergo pretio sæculum emitur, id est, universitas ejus acquiritur in sepulturam peregrinorum atque inopum deputatur. Nihil hinc pertinet ad Israel, et totus hic sæculi empti usus alienus est, his videlicet qui in pretio sanguinis Christi sepeliuntur, quo universa sunt empta : omnia enim a Patre accepit quæ in cœlis et in terra sunt. Et ideo hic ager figuli est, quia Dei omnia sunt cujus in manu sit nos ut velit tanquam reformare. In hoc igitur agro Christo commortui et sepulti, hujus peregrinationis nostræ æternam requiem sortiemur.

Propter hoc vocatus est ager ille Haceldemac, hoc est ager sanguinis usque in hodiernum diem. Illi quidem fecerunt alia voluntate, ut æternum impietatis suæ relinquerent ex agri emptione monumentum. Cæterum nos qui peregrini eramus a lege et prophetis, prava eorum studia suscepimus in salutem et in pretio sanguinis ejus requiescimus. Figuli autem ager appellatur, quia figulus noster est Christus, ut supra ostendimus.

Tunc impletum est quod dictum est per Jeremiam prophetam, dicentem : Et acceperunt triginta argenteos, pretium appretiati, quem appretiaverunt a filiis Israel, et dederunt eos in agrum figuli, sicut constituit mihi Dominus. Hoc testimonium in Jeremia non invenitur, in Zacharia vero, qui pene ultimus duodecim prophetarum est, quædam similitudo fertur (*Zach.* xi). Et quanquam sensus non multum discrepet, tamen et ordo et verba diversa sunt. (*Aug.*) Si quis autem movetur, quod hoc testimonium non invenitur in scriptura Jeremiæ prophetæ, et ideo putat fidei evangelistæ aliquid derogandum, primo noverit non omnes codices Evangeliorum habere quod per Jeremiam dictum sit, sed tantummodo *per prophetam*. Possemus ergo dicere his potius codicibus esse credendum, qui Jeremiæ nomen non habent. Dictum est enim hoc per prophetam, sed Zachariam. Unde putatur esse codices mendosos qui habent Jeremiæ nomen, quia vel Zachariæ habere debuerunt, vel nullius sicut quidam, sed tantum *per prophetam dicentem*, qui utique intelligitur Zacharias. Sed utatur ista defensione cui placet; mihi autem cur non placeat, hæc causa est : quia et plures codices habent Jeremiæ nomen, et qui diligentius in Græcis exemplaribus Evangelium consideraverunt, in antiquioribus Græcis ita se perhibent invenisse, et nulla fuit causa cur adderetur hoc nomen, ut mendositas fieret. Cur autem de nonnullis codicibus tolleretur, fuit utique causa, ut hoc audax imperitia faceret, cum turbaretur quæstione quod hoc testimonium apud Jeremiam non inveniret. Quid ergo intelligendum est, nisi hoc actum esse secretiore consilio providentiæ Dei, qua mentes evangelistarum sunt gubernatæ? Potuit enim fieri ut animo Matthæi Evangelium conscribentis, pro Zacharia Jeremias occurreret ut fieri solet. Quod tamen sine ulla dubitatione emendaret, saltem ab aliis admonitus, qui ipso adhuc in carne vivente hoc legere potuerunt, nisi cogitaret recordationi suæ, quæ Spiritu sancto regebatur, non frustra occurrisse aliud pro alio nomen prophetæ, nisi quia Dominus hoc scribi constituit. Cur autem ita constituerit Dominus, prima illa causa utilissima debet facillime cogitari, etiam sic esse insinuatum, ita omnes sanctos prophetas uno spiritu locutos, mirabili inter se consensione constare, ut hoc multo amplius sic, quam si omnium omnia prophetarum uno unius ore dicerentur. Et ideo indubitanter accipi debere quæcunque per eos Spiritus sanctus dixit, singula esse omnium, et omnia singulorum. Cum igitur et quæ dicta sunt per Jeremiam, tam sint Zachariæ quam Jeremiæ, et quæ dicta sunt per Zachariam, tam sint Jeremiæ quam Zachariæ, quid opus erat ut emendaret Matthæus, cum aliud pro alio sibi nomen occurrens a se scriptum relegisset, et non potius sequens auctoritatem Spiritus sancti, a quo mentem suam regi plus nobis ille utique sentiebat, ita hoc scriptum relinqueret, sicut etiam admonendo constituerat ei Dominus, ad informandos nos tantam verborum suorum inter prophetas esse concordiam, ut non absurde, imo congruentissime etiam Jeremiæ deputaremus quod per Zachariam dictum reperiremus? Si enim hodie quisquam volens alicujus verba dictare, indicat nomen alterius a quo dicta sint, qui tamen amicissimus et familiaritate conjunctissimus illi cujus verba dicere voluit; et continuo recordatus alium pro alio se dixisse, ita se colligat et corrigat, ut tamen dicat : Bene dixi; quid aliud intuens, nisi tantam inter ambos esse concordiam, inter illum scilicet cujus verba dicere voluit, et alium cujus ei nomen pro illius nomine occurrit, ut tale sit hoc istum dixisse, quale si ille dixisset? quanto magis hoc de prophetis sanctis intelligendum et maxime commendandum fuit, ut omnium libros tanquam unius unum librum acciperemus, in quo nulla rerum discrepantia crederetur, sicut nulla inveniretur, **et** in quo major esset constantia veritatis, quam si omnia illa unus homo quamlibet doctissimus loqueretur. Quod ergo hinc argumentum sumere conantur vel infideles vel imperiti homines, quasi ad ostendendam dissonantiam sanctorum evangelistarum, hoc potius debent assumere fideles, et docti ad ostendendam unitatem sanctorum etiam prophetarum. Est alia causa cur hoc nomen Jeremiæ in testimonio Zachariæ sic permanere permissum, vel potius Spiritus sancti auctoritate præceptum sit. Est apud Jeremiam, quod emerit agrum a filiis fratris sui, et dederit ei argentum, non quidem sub hoc nomine pretii quod positum est apud Zachariam, triginta argenteis, verumtamen agri emptio non est apud Zachariam. Quod autem prophetiam de triginta argenteis ad hoc interpretatus sit evangelista, quod modo de Domino completum est, ut hoc esset ejus pretium, manifestum est. Sed ad hoc pertinere etiam illud de agro empto, quod Jeremias dicit, hinc potuit mystice significari, ut non id Zachariæ nomen poneretur, qui dixit triginta argenteis, sed Jeremiæ, qui dixit de agro empto : ut lecto Evangelio atque invento nomine Jeremiæ, lecto autem Jeremia, et non invento testimonio de triginta argenteis, invento tamen agro empto, admoneatur lector utrumque conferre, et inde sensum enucleare prophetiæ, quomodo pertineat ad hoc quod in Domino impletum est. Nam illud quod subjecit huic testimonio Matthæus cum ait : *Quem appretiaverunt filii Israel, et dederunt eos in agrum figuli, sicut constituit mihi Dominus,* nec apud Zachariam, nec apud Jeremiam reperitur. Unde magis ex persona ipsius evangelistæ accipiendum est eleganter et mystice insertum, quia et hoc ex Domini revelatione cognoverit ad hanc rem, quæ de Christi pretio facta est, hujusmodi pertinere prophetiam. Liber quippe empti agri apud Jeremiam jubetur mitti in vas fictile, et emitur hic de pretio Domini ager figuli, et hoc ad sepulturam peregrinorum, tanquam ad permansionem quietis eorum cum in hoc sæculo peregrinantur, consepelientur Christo per baptismum. Nam et illam emptionem agri hoc significare, ait Jeremias : Dicit Dominus : *Quia erit permansio captivitati liberatorum in illa terra.* Sequitur Matthæus, et dicit :

Jesus autem stetit ante præsidem, et interrogavit eum præses dicens : Tu es rex Judæorum ? Hunc locum manifestius in Luca reperimus explanatum. Ait enim sic : *Et surgens omnis multitudo eorum duxerunt illum ad Pilatum. Cœperunt autem accusare illum dicentes : Hunc invenimus subvertentem gentem nostram, et prohibentem tributa dare Cæsari, et dicentem se Christum regem esse.* Et notandum quod duobus secundum Lucam Domino objectis, videlicet quod et tributa Cæsari dare prohiberet, et se Christum regem diceret, Pilatus vero de uno regni verbo interrogandum putavit. Potuit enim fieri ut illud Domini judicium, quod ait : *Reddite Cæsari quæ Cæsaris sunt, et quæ Dei sunt Deo,* etiam Pilatum audisse contigerit. Ideoque hanc causam, quasi apertum invidorum mendacium nihili pendens, solum hoc quod nesciebat quæsitum dignum duxerit. (*Venant.*) Arguuntur impietatis Judæi, quod accusantes Salvatorem ne falso quidem aliquid verisimile quod ei objicere possint inveniunt; et ideo sicut Marcus dicit, convenientia eorum testimonia non erant.

Dicit ei Jesus : Tu dicis. Eodem verbo præsidi, quo et principibus sacerdotum respondet, ut propria sententia condemnentur. Sicque ipse sermonem suum temperat, ut et verum dicat, et sermo ejus calumniæ non pateat. Sed aliquantum diversus sermo est, qui fuerat ad sacerdotem. Illi enim quærenti an ipse Christus esset, dixerat : *Tu dixisti.* (*Hilar.*) Hoc ideo quia lex omnis venturum Christum prædicaverat, respondetur tanquam de præteritis sacerdoti, quia semper venturum Christum ex lege ipse dixisset. Huic vero legis ignaro interroganti an ipse esset rex Judæorum dicitur : *Tu dicis,* quia per fidem præsentis confessionis salus gentium est. Et quod hoc de se, ille qui antea ignorabat loquatur, quod hi negant qui antea loquebantur.

Et cum accusaretur a principibus sacerdotum et senioribus nihil respondit. (*Hieron.*) Verum ut nobis patientiæ præbeat exemplum, sicut ante verberatus, sic et modo accusatus silet ac reticet. Et attende quod Pilato, qui invitus ferebat sententiam, aliqua in parte responderit. Sacerdotibus autem et principibus respondere noluerit, indignosque suo sermone judicarit.

Tunc dicit illi Pilatus : Non audis quanta adversum te dicunt testimonia. Et non respondit ei ad ullum verbum, ita ut miraretur præses vehementer. Ethnicus quidem est, qui condemnat Jesum, sed causam refert in populum Judæorum. *Vide in quantis te accusant.* Jesus autem nihil respondere voluit, ne crimen diluens, dimitteretur a præside, et crucis utilitas differretur.

Per diem autem solemnem consueverat præses dimittere populo unum vinctum quem voluissent. (MAUR.) Hanc autem dimissionem solemnem, non imperialis legis sanctione Pilatus in usu habebat, sed annua gentis, cui per talia placere gaudebat, consuetudine devinctus.

Habebat autem tunc vinctum insignem, qui dicebatur Barabbas. Hunc quippe vinctum Lucas refert, *propter seditionem quamdam factam in civitate et homicidium missum in carcerem.* Iste in Evangelio quod scribitur juxta Hebræos, *filius magistri eorum* interpretatur.

Congregatis autem illis dixit Pilatus : Quem vultis dimittam vobis, Barabbam, an Jesum, qui dicitur Christus ? Unde jam satis apparet quod id Marcus velit ostendere, dicendo regem Judæorum, quod Matthæus dicendo Christum : non enim dicebantur christi, nisi reges Judæorum.

Sciebat enim quod per invidiam tradidissent eum. Offerebat eis optionem Pilatus dimittendi utrum vellent latronem an Jesum, non dubitans Jesum potius eligendum, sciens eum propter invidiam traditum. Igitur causa crucis manifeste invidia est: Quæ esset ipsa invidia evangelista Joannes declarat dicens: *Ecce totus mundus post eum vadit; si dimittamus eum, sic omnes credent in eum* (Joan. XII).

Sedente autem illo pro tribunali, misit ad illum uxor ejus dicens : Nihil tibi et justo illi. Multa enim passa sum hodie per visum propter eum. Sedente autem illo, inquit, *pro tribunali*, id est, in tribunali. Tribunal enim sedes est judicum, sicut solium regum, et cathedra doctorum. *Misit ad illum uxor ejus dicens : Nihil tibi et justo illi*, et reliqua. In visionibus quoque et somniis gentilis viri uxor hoc intellexit, quod Judæi vigilantes, nec credere, neque intelligere voluerunt. (*Hieron.*) Et nota quod gentibus sæpe a Deo somnia revelentur, et quod in Pilato et uxore ejus justum Dominum confitentibus gentilis populi testimonium sit. In muliere autem species plebis gentilium est, quæ jam fidelis eum, cum quo conversabatur, incredulum populum ad Christi fidem advocat. Quæ quia ipsa multum sit passa pro Christo in eamdem gloriam futuram illum cum quo conversabatur, insinuat. Hac enim vice, non ante, se intellexit diabolus per Christi mortem nudandum et spolia humani generis sive in mundo, sive apud tartara amissurum. Et ideo satagebat per mulierem per quam spolia mortis invaserat, Christum eripere de manibus Judæorum, ne per illius mortem ipse amitteret mortis imperium.

Principes autem sacerdotum et seniores persuaserunt populis ut peterent Barabbam, Jesum vero perderent. (MAUR.) Hoc est quod alibi Dominus per prophetam ait : *Quia egressa est iniquitas a senibus judicibus qui videbantur regere populum* (Dan. XIII). Et item : *Popule*, inquit, *meus, exactores tui te spoliaverunt* (Isa. III). Ergo qui debuerunt docere plebem legem et justitias Domini, ipsi seduxerunt eos ducentes per invia, et non in via, et causa fuerunt eis ruinæ. *Respondens autem præses ait illis : Quem vultis vobis de duobus dimitti : at illi dixerunt : Barabbam.* Hæret Judæis usque hodie sua petitio quam tanto labore impetrarunt. Quia enim data sibi optione, pro Jesu latronem, pro Salvatore interfectorem, pro datore vitæ elegerunt ademptorem, merito salutem perdiderunt et vitam. Et latrociniis sese ac seditionibus in tantum subdiderunt, ut et patriam regnumque suum, quod plus Christo amavere, perdiderint, et hactenus eam quam vendidere sive animæ seu corporis libertatem, recipere non meruerint.

Dicit illis Pilatus : Quid igitur faciam de Jesu qui dicitur Christus? Et dicunt omnes : Crucifigatur. Ait illis præses : *Quid enim mali fecit? At illi magis clamabant dicentes : Crucifigatur.* Multas liberandi Salvatorem occasiones dedit. Primum latronem justo conferens, deinde inferens : *Quid igitur faciam de Jesu, qui dicitur Christus?* hoc est, qui rex vester est; cumque responderent, *crucifigatur*, non statim acquievit juxta suggestionem uxoris, quæ mandaverat : *Nihil tibi sit et justo illi :* ipse quoque respondens : *Quid enim mali fecit?* Hoc dicendo Pilatus absolvit Jesum. At illi magis clamabant dicentes, *Crucifigatur*, ut impleretur quod in vigesimo primo psalmo dixerat : *Circumdederunt me canes multi, congregatio malignorum obsedit me.* Et illud Jeremiæ : *Facta est mihi hæreditas mea sicut leo in silva : dederunt super me vocem suam* (Jer. XII). Isaia quoque in hac sententia congruente : *Exspectavi ut facerent judicium, fecerunt iniquitatem, et justitiam, et ecce clamor* (Isa. V). [*Aug.*] Quanta perfidorum crudelitas, quæ non solum occidere innocentem, sed et pessimo genere mortis occidere, hoc est, crucifigere desiderat. Pendentes enim in ligno crucifixi, clavis ad lignum pedibus manibusque confixi producta morte necabantur, et diu videbatur in cruce, non quia longior vita eligebatur, sed quia mors ipsa protendebatur, ne dolor citius finiretur. Verum ipse de morte pessima occidit omnem mortem; pessima enim erat non intelligentibus Judæis, nam a Domino electa erat. Ipsam enim crucem suam signum habiturus, erat ipsam crucem de diabolo superato tanquam tropæum in frontibus fidelium positurus, ut diceret Apostolus : *Mihi autem absit gloriari nisi in cruce Domini nostri Jesu Christi per quem mihi mundus crucifixus est, et ego mundo* (Gal. VI).

Videns autem Pilatus, quia nihil proficeret, sed magis tumultus fieret, accepta aqua lavit manus coram populo dicens : Innocens ego sum a sanguine justi hujus, vos videritis. Pilatus accepit aquam juxta illud propheticum : *Lavabo inter innocentes manus meas* (Psal. XXV), ut in lavacro manuum ejus gentilium opera purgarentur, et ab impietate Judæorum qui clamaverunt : *Crucifige eum*, nos alienos faceret quodammodo contestans et dicens : Ego quidem innocentem volui liberare; sed quoniam seditio oritur, et rebellionis mihi contra Cæsarem crimen impingitur, innocens ego sum a sanguine justi hujus. Judex qui cogitur contra Dominum ferre sententiam, non damnat oblatum, sed arguit offerentes, justum esse pronuntians, qui crucifigendus est. *Vos*, inquit, *videritis*, ego minister sum legum, vestra vox sanguinem fundit. Sed nunquid Deum judicem fallebant, quod fecit Pilatus, in eo ipso quod fecit aliquantum particeps fuit, sed in comparatione multo ipse innocentior. Institit enim quantum potuit ut illum ex eorum manibus liberaret. Sequitur :

Et respondens universus populus dixit : Sanguis ejus super nos et super filios nostros. Perseverat usque in præsentem diem hæc imprecatio super Judæos, et sanguis Domini non auferetur ab eis. Unde per Isaiam loquitur : *Si levaveritis ad me manus, non exaudiam vos. Manus enim vestræ sanguine plenæ sunt* (Isa. I). Optimam hæreditatem Judæi filiis reliquerunt, dicentes : *Sanguis ejus*, et cætera.

Tunc dimisit illis Barabbam. (*Venant.*) Latro seditiosus et homicidiorum auctor dimissus est populo Judæorum, id est, diabolus : qui jam olim patria lucis ob culpam superbiæ depulsus, et in tenebrarum fuerat carcerem missus. Atque ideo Judæi pacem habere non possunt, quia seditionum principem, quam Dominum eligere maluerunt. Quia vero Barabbas *filius patris*, vel *magistri eorum* interpretatur, potest Antichristi typum gerere, quem illi quibus dicitur : *Vos ex patre diabolo estis* (Joan. VIII), vero Dei Filio sunt prælaturi. Filius autem diaboli Antichristus non ab ipso nascendo, sed, sicut cæteri peccatores, illum imitando, vocatur.

Jesum autem flagellatum tradidit eis, ut crucifigeretur. Quærat eruditus lector quomodo sibi conveniat, Pilatum lavisse manus suas, et dixisse : *Innocens ego sum a sanguine justi hujus*, et postea flagellatum tradidisse Jesum ut crucifigeretur. (RAB.) Sed sciendum Romanis eum legibus ministrasse, quibus factum est ut qui crucifigeretur prius flagellis verberaretur. Jesus autem flagellatus non ab alio quam ab ipso Pilato intelligendus est. Scribit namque aperte Joannes : *Clamaverunt rursum omnes dicentes : Non hunc, sed Barabbam. Erat autem Barabbas latro. Tunc ergo apprehendit Pilatus Jesum, et flagellavit.* Ac deinde subjungit: *Et milites plectentes coronam de spinis imposuerunt capiti ejus*, et cætera. Quod quidem ideo fecisse atque ideo credendus est militibus cum illudendum tradidisse, ut satiati pœnis et opprobriis ejus Judæi, mortem ejus ultra sitire desisterent. Hoc autem factum est, ut quia scriptum est : *Multa flagella peccatorum* (Psal. XXXI), illo flagellato nos a verberibus liberaremur, dicente Scriptura : *Flagellum non appropinquabit tabernaculo tuo* (Psal. XC). Mystice autem Pilatus, qui interpretatur *os malleatoris*, significat diabolum, qui secundum prophetam malleus est universæ terræ, per quem Dominus vascula sua in ministerii usum formanda percutit, cum electos suos variis tentationibus probare permittit. Quem et novissime Dominus conterit, quia extremo judicio in æterna damnatione confringit.

[III.] *Tunc milites præsidis suscipientes Jesum in prætorio, congregaverunt ad eum universam cohortem, et exuentes eum, chlamydem coccineam circumdederunt ei, et plectentes coronam de spinis posuerunt super caput ejus, et arundinem in dextera ejus, et genu flexo ante eum illudebant dicentes : Ave, rex Judæorum.* Milites quidem, quia rex Judæorum fuerat appellatus, et hoc ei scribæ et sacerdotes crimen objecerant, quod sibi in populo Israel usurparet imperium, illudentes hoc faciunt, ut nudatum pristinis vestibus, induant chlamydem coccineam pro purpura, qua reges veteres utebantur, et pro diademate ponant ei coronam spineam, pro sceptro regali dent calamum, et adorent quasi regem. Nos autem hæc omnia intelligamus mystice. Quomodo enim Caiphas dixit : *Oportet unum hominem mori pro omnibus*, nesciens quid diceret, sic et isti quodcunque fecerunt, licet alia mente fecerint, tamen nobis qui credimus sacramenta tribuebant. In chlamyde coccinea, opera gentium cruenta sustentat. In corona spinea, maledictum solvit antiquum. In calamo, venenata occidit animalia ; sive calamum tenebat in manu, ut sacrilegium scriberet Judæorum. Notandum autem quod Marcus in eodem loco narrationis ita dicit : *Milites autem duxerunt eum intro in atrium prætorii, et convocant totam cohortem, et induunt purpuram, et imponunt ei plectentes spineam coronam, et cœperunt salutare eum dicentes : Ave, rex Judæorum, et percutiebant caput ejus arundine, et conspuebant eum, et ponentes genua adorabant eum.* Ubi intelligitur quod Matthæus dicit : *Chlamydem coccineam circumdederunt ei*, hoc Marcus dixisse indutum purpura. Pro regia enim purpura chlamys illa coccinea ab illudentibus adhibita erat, et est rubra quædam purpura cocco simillima. Potest etiam fieri ut purpuram etiam Marcus commemoraverit, quam chlamys habebat, quamvis esset coccinea. (*Venant.*) Mystice ergo in purpura qua indutus est Dominus, ipsa ejus caro quam passionibus objecit insinuatur. De qua præmissa dixerat prophetia : *Quare ergo rubrum est indumentum tuum, et vestimenta tua quasi calcantium in torculari* (Isa. LXIII). In corona vero quam portabat spinea, nostrorum susceptio peccatorum, pro qua mortalis fieri dignatus est, ostenditur. Juxta quod præcursor ipsius testimonium ei perhibens, ait : *Ecce agnus Dei, ecce qui tollit peccatum mundi.* Namque spinas in significatione peccatorum poni solere testatur ipse Dominus, qui protoplasto in peccatum prolapso dicebat : *Terra tua spinas et tribulos germinabit tibi* (Gen. III). Quod est aperte dicere : Conscientia tua punctiones tibi, et aculeos vitiorum procreare non desistet. Quod vero juxta Evangelium Lucæ Dominus apud Herodem alba veste induitur, in cæteris vero evangelistis a militibus Pilati sub coccineo sive purpureo habitu illusus esse perhibetur, collata utraque narratione, in uno innocentia et castitas assumptæ humanitatis, in altero autem veritas passionis, per quam ad gloriam regni immortalis esset perventurus, exprimitur. Sicut enim purpura colorem sanguinis qui pro nobis effusus est imitatur, ita et habitum regni quod post passionem intravit, nobisque intrandum patefecit, insinuat. Verum quia dixit Apostolus : *Quotquot enim in Christo baptizati estis, Christum induistis* (Gal. III), et Isaias Domino de electis omnibus inquit : *His velut ornamento vestieris* (Isa. XLIX), potest in hoc utroque Domini habitu, inimicorum quidem sententia probroso, sed ipsius Domini electione gloriosissimo, omnis electorum ejus multitudo quæ in martyres venerandos, et cæteram fidelium plebem distinguitur, aptissime designari. Alba etenim veste induitur, cum munda justorum confessione circumdatur. Purpura sive cocco vestitur, cum in triumpho victoriosorum martyrum gloriatur.

Et exspuentes in eum, acceperunt arundinem, et percutiebant caput ejus. Hæc tunc fecere milites Pilati, hæc usque hodie faciunt hæretici et pagani, milites utique diaboli : quia enim caput Christi Deus, caput ejus percutiunt, qui eum Deum esse verum denegant. Et quia per arundinem Scriptura solet confici, quasi arundine caput Christi feriunt, qui divinitati illius contradicentes, errorem suum confirmare auctoritate sacræ Scripturæ conantur. Spuunt in faciem ejus, qui ejus præsentiam gratiæ verbis exsecrandis ex interna cæcæ mentis insania conceptis respuunt, et Jesum Christum in carne denegant venisse. Et quidem milites eum, quasi qui Deum se ipse falso dixisset, illudentes adorabant. Sed sunt hodie, quod est gravioris vesaniæ, qui eum certa fide ut Deum verum adorant, sed perversis actibus mox verba ejus quasi fabulosa despiciunt, ac promissa regni illius temporalibus illecebris longe postponunt.

Et postquam illuserunt ei, exuerunt eum chlamydem, et induerunt eum vestimentis ejus, et duxerunt eum ut crucifigerent. (*Hieron.*) Quando flagellatur Jesus, et conspuitur et irridetur, non habet propria vestimenta, sed ea quæ propter peccata nostra sumpserat. Cum autem crucifigeretur et illusionis atque irrisionis pompa præterierat, tunc pristinas vestes recipit, et proprium assumit ornatum, statimque elementa turbantur, et creatori testimonium dant creaturæ.

[IV.] *Exeuntes autem invenerunt hominem Cyrenæum venientem obviam sibi nomine Simonem. Hunc angariaverunt ut tolleret crucem ejus.* Cavendum ne cui videatur contrarium quod Joannes scribit ipsum Dominum sibi crucem portasse. Cæteri vero evangelistæ hunc Simonem Cyrenæum eam bajulasse referunt. Primo namque a Domino portata, ac deinde Simoni, quem exeuntes forte obvium habuerunt, portanda imposita est. Et hoc congruo satis ordine mysterii, quia nimirum ipse passus est pro nobis relinquens nobis exemplum, ut sequamur vestigia ejus. Et quod Simon iste non Hierosolymita, sed Cyrenæus esse perhibetur (Cyrene enim Libyæ civitas est, ut in Actibus apostolorum legimus (*Act.* II), recte per eum populi gentium designantur: qui quondam peregrini et hospites testamentorum, nunc obediendo cives sunt et domestici Dei; et sicut alibi dicitur: *Hæredes autem Dei, cohæredes autem Christi* (*Eph.* II). Unde apte Simon *obediens*, Cyrene *hæres* interpretatur. Nec prætereundum quod idem Simon de villa venisse refertur. Villa enim Græce πάγος dicitur, unde paganos appellamus eos, quos a civitate Dei alienos, et quasi urbanæ conversationis esse videmus expertes. Sed de pago Simon egrediens, crucem portat post Jesum, cum populus nationum paganis ritibus derelictis, vestigia Dominicæ passionis obedienter amplectitur. (*Hieron.*) Nec fortuitum, sed figuratum et mysticum fuit, ut Judæis in Christum sævientibus, ad compatiendum ei peregrinus occurreret, dicente Apostolo, *si compatimur, et conregnabimus*, ut sacratissimo Salvatoris opprobrio, non Hebræus quisquam nec Israelita, sed alienigena subderetur. Per hanc enim translationem, a circumcisione ad præputium, a filiis carnalibus ad filios spiritales, immaculata agni propitiatio, et omnium sacramentorum plenitudo transibat.

Et venerunt in locum qui dicitur Golgotha, quod est Calvariæ locus. Golgotha namque Syrum nomen est, non Hebræum, et interpretatur *Calvariæ*. Est autem ipse locus in Helia ad septentrionalem plagam montis Sion: et Calvariæ non ob calvitium primi hominis, quem ibi quidam errantes sepultum frustra suspicantur, sed ob decollationem reorum atque damnatorum dicitur. Adam vero non in Jerusalem sepultum, sed juxta Arbeæ et Hebron, in Moysis volumine legimus (*Gen.* XXIII). Exeuntes ergo a prætorio Pilati venerunt in locum qui dicitur Golgotha, quia extra urbem et foris portam tunc fuerunt loca in quibus truncabantur capita damnatorum, et inde Calvariæ, id est, decollatorum sumpsere nomen. Propterea autem ibi crucifixus est Dominus, ut ubi prius erat area damnatorum, erigerentur vexilla martyrii. Et quomodo pro nobis maledictum crucis factus est, et flagellatus, et crucifixus, sic pro omnium salute quasi noxius inter noxios crucifigitur. (RAB.) Moralem quoque sacrosanctæ crucis figuram describit Apostolus, ubi ait: *In charitate radicati et fundati et ut possitis comprehendere cum omnibus sanctis quæ sit latitudo, et longitudo, altitudo, et profundum, cognoscere etiam supereminentem scientiæ charitatem Christi* (*Eph.* III). [*Aug.*] In latitudine quippe bona opera charitatis significat; in longitudine, perseverantiam sanctæ conversationis usque in finem; in altitudine, spem cœlestium præmiorum; in profundo, inscrutabilia judicia Dei. Unde ista gratia in homines venit, et hæc ista coaptantur sacramento crucis, ut in latitudine accipiatur transversum lignum quo extenduntur manus, propter operum significationem; in longitudine ab ipso usque in terram, ubi totum corpus crucifixum stare videtur; quod significat persistere, hoc est, longanimiter permanere; in altitudine, ab ipso transverso ligno sursum versus quod ad caput eminet, propter spectationem supernorum, ne illa opera bona atque in eis perseverantia propter beneficia Dei, terrena ac temporalia facienda credantur, sed potius propter illud, quod desuper sempiternum sperat fides quæ per dilectionem operatur; in profundo autem pars illa ligni quæ in terræ abdita defixa latet, sed inde consurgit illud omne quod eminet, sicut ex occulta Dei voluntate vocatur homo ad participationem tantæ gratiæ, alius sic, alius autem sic. Supereminentem vero scientiæ charitatem Christi, eam profecto ubi pax illa est quæ præcellit omnem intellectum.

Et dederunt ei vinum bibere cum felle mixtum. Et cum gustasset, noluit bibere. Deus loquitur ad Hierusalem: *Ego te plantavi vineam meam veram, quomodo facta es in amaritudinem vitis alienæ* (*Isa.* V)? Amara vitis amarum vinum fecit, quo propinat Domino Jesu, ut impleatur quod scriptum est: *Dederunt in cibum meum fel, et in siti mea potaverunt me aceto* (*Psal.* LXVIII). Quod autem dicitur: *Cum gustasset, noluit bibere*, hoc indicat quod gustaverit quidem pro nobis mortis amaritudinem, sed tertia die resurrexerit. (*Aug.*) Quod enim ait Marcus: *Non accepit*, intelligitur non accepit ut biberet. Gustavit autem sicut Matthæus testis est, ut quod idem Matthæus ait: *Noluit bibere*, hoc Marcus dixerit,

Non accepit, tacuerit autem quod gustaverit. Sed et hoc quod Marcus ait *myrrhatum vinum*, intelligendum est Matthæum dixisse *cum felle mixtum*. Fel quippe pro amaritudine posuit, et myrrhatum enim vinum amarissimum est : quanquam fieri possit ut et felle et myrrha vinum amarissimum redderent.

Postquam autem crucifixerunt eum, diviserunt vestimenta ejus sortem mittentes. Joannes autem distinctius hoc explicat quemadmodum gestum sit. *Milites ergo*, inquit, *cum crucifixissent eum, acceperunt vestimenta ejus et fecerunt quatuor partes unicuique militi partem et tunicam. Erat autem tunica inconsutilis, desuper contexta per totum. Dixerunt ergo ad invicem : Non scindamus eam sed sortiamur de illa cujus sit, ut Scriptura impleretur dicens, Partiti sunt vestimenta mea sibi, et in vestimenta mea miserunt sortem (Joan. xix)*. Quadripartita autem vestis Domini quadripartitam ejus figuravit Ecclesiam, toto scilicet, qui quatuor partibus constat, terrarum orbe diffusam, et omnibus eisdem partibus æqualiter, id est concorditer distributam. Tunica vero illa sortita omnium partium significat unitatem, quæ charitatis vinculo continetur. Si enim charitas juxta Apostolum, et supereminentiorem habet viam, et supereminet scientiæ et super omnia præcepta est, merito vestis qua significatur, desuper contexta perhibetur. In sorte autem quid nisi gratia Dei commendata est. Sic quippe una ad omnes pervenit, cum sors omnibus placuit, quia et Dei gratia in unitate ad omnes pervenit. Et cum sors mittitur, non personæ cujusque vel meritis, sed occulto Dei judicio conceditur, et quia, sicut Apostolus dicit : *Vetus homo noster simul crucifixus est cruci cum illo ut evacuetur corpus peccati, ut ultra non serviamus (Rom. vi)* : quandiu id agunt opera nostra ut evacuetur corpus peccati, quandiu exterior homo corrumpitur, ut interior renovetur de die in diem, tempus est crucis. Hæc sunt etiam bona opera quidem tamen adhuc laboriosa, quorum merces requies est. Sed ideo dicitur *spe gaudentes*, ut requiem futuram cum hilaritate in laboribus opperiamur. Hanc hilaritatem significat, sicut supra diximus, crucis latitudo in transverso ligno, ubi figuntur manus. Per manus enim opera intelligimus, per latitudinem hilaritatem operantis, quia tristitia facit angustias. Per altitudinem autem cui caput adjungitur, exspectatio retributionis de sublimi justitia Dei, qui reddet unicuique secundum opera sua. His quidem qui secundum tolerantiam boni operis gloriam, et honorem, et incorruptionem quærentibus vitam æternam. Itaque etiam longitudo qua totum corpus extenditur, ipsam tolerantiam significat. Unde longanimes dicuntur qui tolerant. Profundum autem quod terræ infixum est secretum sacramenti præfigurat.

Et sedentes servabant eum. Diligentia militum et sacerdotum nobis proficit, ut major et apertior resurgentis virtus appareat.

Et imposuerunt super caput ejus causam ipsius scriptam : Hic est Jesus rex Judæorum. (Maur.) Nullam aliam causam Judæi interfectionis Christi invenerunt, nisi quod rex Judæorum esset. Unde non ipsi quidem, sed Pilatus hanc scriptionem fecit; sicut et Joannes manifestus narrat dicens : *Scripsit autem et titulum Pilatus, et posuit super crucem. Erat autem scriptum : Jesus Nazarenus, rex Judæorum. Hunc titulum multi legerunt Judæorum, quia prope civitatem erat locus ubi crucifixus est Jesus. Et erat scriptum Hebraice, Græce et Latine. Dicebant ergo Pilato pontifices Judæorum : Noli scribere, rex Judæorum, sed, quia ipse dixit : rex sum Judæorum. Respondit Pilatus : Quod scripsi, scripsi*. Hinc ergo apparet Judæos hunc titulum non confecisse, qui Jesum accusabant, et invidentes scribi regem prohibebant; sed Pilatum, qui gentilis populi in conscriptione et confirmatione tituli typice confessionem præfigurabat. (Rab.) Pulchre autem titulus qui Christum regem testetur, non infra, sed supra crucem ponitur, quia licet in cruce pro nobis hominis infirmitate dolebat, super crucem tamen regis majestate fulgebat. Qui apte etiam quia rex simul et sacerdos est, cum eximiam Patri suæ carnis hostiam in altari crucis offerret, regis quoque qua præditus erat titulo dignitatem prætendit, ut cunctis legere, hoc est, audire et credere volentibus innotescat quia suum per crucem non perdiderit, sed confirmaverit potius et corroboraverit imperium. Unde et Apostolus cum ignominiam crucis descripsisset adjunxit : *Propter quod Deus exaltavit illum, et donavit illi nomen quod est super omne bonum (Phil. ii)*, et cætera. Nam quod hoc nomen Hebraice, Græce et Latine scriptum erat, hoc est, quod idem Apostolus subsecutus annectit : *Et omnis lingua confiteatur quia Jesus Christus in gloria est Dei Patris. (Aug.)* Quantum vero ad litteram hæ tres linguæ ibi præ cæteris eminebant, Hebræa propter Judæos in lege gloriantes, Græca propter gentium sapientes, Latina propter Romanos, multis ac pene omnibus jam tunc gentibus imperantes. *(Venant.)* Velint nolint ergo Judæi, omne mundi regnum, omnis mundana sapientia, omnia divinæ legis sacramenta testantur quia Jesus rex Judæorum est, hoc est, imperator credentium et confitentium Deus.

Tunc crucifixi sunt cum eo duo latrones, unus a dextris, et unus a sinistris. Latrones qui cum Domino sunt hinc inde crucifixi significant eos qui sub fide et confessione Christi, vel agonem martyrii, vel quælibet continentiæ arctioris instituta subeunt. Sed quicunque hæc pro æterna solum cœlestique gloria gerunt, hi profecto dextri latronis merito ac fide designantur. At qui sive humanæ laudis, seu qualibet minus digna intentione mundo abrenuntiant, non immerito blasphematoris ac sinistri latronis mentem imitantur et actus. De qualibus dicit Apostolus : *Si tradidero corpus meum ut ardeam, si dedero omnes facultates meas in cibos pauperum, si alia plura aut pietatis opera facere, aut dona gratiæ spiritalis accepisse videar, charitatem autem non habeam, nihil mihi prodest (I Cor. xiii)*. Beati autem qui sua propter Dominum aut propter Evangelium relinquunt. Beati *qui persecutionem patiuntur propter justitiam, quoniam ipsorum est regnum cœlorum.*

Prætereuntes autem blasphemabant eum, moventes capita sua, et dicentes: Vah qui destruis templum Dei, et in triduo illud reædificas, salva temetipsum; si Filius Dei es, descende de cruce. (Maur.) Quia prætergrediebantur viam, in vero itinere Scripturarum ambulare nolebant. Movebant capita, quia jam ante moverant pedes, et non stabant super petram. Sicut enim claudicabant gressu operum, ita et mutabiles erant mente, et vacillabant sermone. De quibus scriptum est in psalmo: *Omnes qui videbant me, aspernabantur me. Locuti sunt labiis, et moverunt caput. Speravit in Domino, eripiat eum, salvum faciat eum quoniam vult eum* (*Psal.* xxi). Idipsum insultans incondita voce fatuus populus, quod falsi testes ante in domo principis sacerdotum confinxerant, quando templi destructionem et reædificationem illi objecerant qui Dominum templum non intelligebant, Filium Dei tentando de cruce descendere jubebant, qui nec Patrem Deum, nec Filium, veraciter in fide et religione habebant. *Omnis enim, ut Joannes ait, qui negat Filium nec Patrem habet* (*I Joan.* ii). Qui autem confitetur Filium et Patrem, *Si Filius Dei es,* inquiunt, *descende de cruce.* (Greg.) Si enim tunc de cruce descenderet, nimirum insultantibus cedens, virtutem nobis patientiæ non demonstraret. Sed exspectavit paululum, toleravit opprobria, irrisiones sustinuit, servavit patientiam, distulit admirationem. Et qui de cruce descendere noluit, de sepulcro surrexit. Plus igitur fuit de sepulcro resurgere, quam de cruce descendere. Plus fuit mortem resurgendo destruere, quam vitam descendendo servare. Sed cum Judæi hunc ad insultationes suas de cruce descendere minime cernerent, cum morientem viderint, eum se vicisse crediderunt, nomen illius se quasi exstinxisse gavisi sunt. Sed ecce de morte nomen ejus per mundum crevit, ex qua hunc infidelis turba exstinxisse se credidit. Et quæ gaudebat occisum, dolet mortuum, quia hunc ad suam gloriam cognoscit pervenisse per pœnam.

Similiter et principes sacerdotum illudentes cum scribis et senioribus dicebant: alios salvos fecit, seipsum non potest salvum facere. (Venant.) Etiam nolentes confitentur scribæ et pontifices, quod alios salvos fecit. Itaque eos propria condemnat sententia. Qui enim alios salvos fecit, utique si vellet seipsum salvare poterat.

Si rex Israel est descendat nunc de cruce, et credemus ei. Confidit in Deo. (Rab.) Fraudulenta promissio. Quid est plus de cruce adhuc viventem descendere, an de sepulcro mortuum resurgere? Surrexit et non creditis. Ergo etiam si de cruce descenderit, non credetis.

Liberet eum nunc si vult. Dixit enim: Quia Dei Filius sum. O cæce et stulte grex sacerdotum, scribarum et seniorum. Nunquid impossibile est ei de parvo ligni stipite descendere, qui descendit a cœlorum arce; aut nunquid tua vincla illum possunt stringere, quem cœli aut cœli cœlorum non possunt capere.

Idipsum autem et latrones, et qui crucifixi erant cum eo improperabant ei. (Aug.) Quomodo qui cum eo crucifixi erant improperabant ei, quandoquidem unus eorum improperabat secundum Lucæ testimonium, alter et compescuit eum, et in Deum credidit, nisi intelligamus Matthæum et Marcum breviter perstringentes hoc loco pluralem numerum pro singulari posuisse, sicut in Epistola ad Hebræos legimus pluraliter dictum: *Clauserunt ora leonum* (*Heb.* xi), cum solus Daniel significari intelligatur. Et pluraliter dictum, *secti sunt*, cum de solo Isaia tradatur. Quid autem usitatius, verbi gratia, quam ut dicat aliquis: Et rustici mihi insultant, etiam si unus insultet. Tunc enim esset contrarium quod Lucas de uno manifestavit, si illi dixissent ambos latrones conviciatos Domino, tamen posset sub numero plurali unus intelligi. Cum vero dictum est latrones, vel qui cum eo crucifixi erant, nec additum est ambo, non solum si ambo fecissent posset hoc dici, sed etiam quia unus hoc fecit, potuit usitato locutionis modo per pluralem numerum significari. (Venant.) Quod vero Luca testante unus latro Dominum blasphemat dicens: Si tu es Christus, salvum fac temetipsum et nos, alter vero et illum digna invectione redarguit, et Dominum fideli supplicatione precatur dicens: *Domine, memento mei cum veneris in regnum tuum* (*Luc.* xxiii), usque hodie hæc geri in Ecclesia videmus, cum mundanis tacti afflictionibus fuerint veri simul et falsi Christiani. Ille quidem qui ficta mente Dominicæ passionis sacramenta gestant, ad præsentis vitæ gaudia cupiunt liberari a Domino, at qui simplici intentione cum Apostolo non gloriantur, nisi in cruce Domini nostri, ita potius a præsentibus ærumnis optant erui, ut spiritum suum in manus sui commendent auctoris, unaque cum ipso regni cœlestis desiderent esse participes. Unde bene ille, qui fide dubia Dominum precabatur, funditus est contemptus a Domino, neque ulla responsione dignus habitus. At vero preces illius qui æternam a se salutem quærebat, pia mox Dominus exauditione suscipere dignatus est, quia nimirum quicunque in tribulationibus positi, temporalia tantum a Domino solatia requirunt, a temporalibus se pariter et æternis gaudiis privant. Qui autem veraciter bona patriæ cœlestis suspirant, ad hæc absque ulla dubietate Christo miserante perveniunt. Potest et in duobus latronibus uterque populus et gentium et Judæorum significari, quia primum quidem uterque populus Dominum blasphemavit, quando pariter Judæi et gentes in mortem Domini consenserunt. Postea vero signorum magnitudine alter exterritus egit pœnitentiam, et usque hodie Judæos increpat blasphemantes.

[V.] *A sexta autem hora tenebræ factæ sunt super universam terram.* (Hieron.) Qui scripserunt contra Evangelia, suspicantur eclipsin solis, quod certis statutisque temporibus accidere solet, discipulos

Christi ob imperitiam super resurrectionem Domini interpretatos, cum defectus solis nunquam nisi ortu lunæ fieri soleat. Nulli autem dubium est Paschæ tempore lunam fuisse plenissimam. Et ne forsitan videretur umbra terræ, vel orbis vel lunæ, soli obsitus breves et ferrugineas fecisse tenebras, trium horarum spatium ponitur, ut omnis causantium occasio tolleretur. Et hoc factum reor, ut compleatur prophetia dicens : *Occubuit sol meridie, et contenebrabitur super terram in die lux* (*Amos*. VIII). Et in alio loco occubuit sol cum adhuc media esset dies ; videturque mihi clarissimum lumen mundi, hoc est luminare majus retraxisse radios suos, ne aut pendentem videret Dominum, aut impii blasphemantes sua luce fruerentur. (RAB.) Et notandum quod Dominus sexta hora, hoc est recessuro a centro mundi sole, crucifixus sit. Diluculo autem, hoc est oriente jam sole, resurrectionis suæ mysteria celebravit. Statu enim temporis signavit quod effectu operis exhibuit. Quia mortuus est propter peccata nostra, et surrexit propter justificationem nostram. Nam de Adam peccante scriptum est, quod audierit vocem Domini Dei deambulantis in paradiso ad auram post meridiem (*Gen*. III). Post meridiem, namque inclinata luce fidei. Ad auram vero, refrigescente fervore charitatis. Deambulans autem audiebatur quia ab homine peccante recesserat. Rationis igitur imo divinæ pietatis ordo poscebat, ut eodem temporis articulo quo tunc Adæ prævaricanti occluserat, nunc latroni Dominus pœnitenti januam paradisi reseraret, et qua hora primus Adam peccando mortem huic mundo invexit, eadem hora secundus Adam mortem moriendo destrueret. (*Aug*.) Nec prætereundum quod sunt qui arbitrentur hora quidem tertia Dominum crucifixum, a sexta autem hora tenebras factas usque ad nonam, ut consumptæ intelligantur tres horæ, ex quo crucifixus est usque ad tenebras factas. Et posset quidem hoc rectissime intelligi, nisi Joannes diceret hora quasi sexta Pilatum rediisse pro tribunali in loco qui dicitur Lithostrotos, Hebraice autem Gabbatha. Sequitur enim *parasceve Paschæ hora quasi sexta, et dicit Judæis : Ecce rex vester*, etc. Si igitur hora quasi sexta Pilato sedente pro tribunali traditus est crucifigendus Judæis, quomodo hora tertia crucifixus est, sicut verba non intelligentes quidam putaverunt. Jam certe dixerat Marcus, *Et crucifigentes eum diviserunt vestimenta ejus*. Si ergo ejus rei gestæ tempus voluit commemorare, sufficeret dicere : *Erat autem hora tertia* ; ut quid adjunxit, *Et crucifixerunt eum ?* nisi quia voluit aliquid recapitulando significare, quod quæsitum inveniretur, cum Scriptura ipsa illis temporibus legeretur, quibus universæ Ecclesiæ notum erat qua hora Dominus ligno suspensus est : unde posset hujus vel error corrigi, vel mendacium refutari. Sed quia sciebat a militibus Dominum crucifixum non a Judæis, occulte ostendere voluit eos magis crucifixisse qui clamaverunt ut crucifigeretur, quam illos qui ministerium principi suo secundum suum officium præbuerunt. Intelligitur ergo fuisse hora tertia cum clamaverunt Judæi ut Dominus crucifigeretur. Et veracissime demonstratur tunc eos crucifixisse quando clamaverunt maxime quia nolebant videri se hoc fecisse, et propterea eum Pilato tradiderant : quod eorum verba satis indicant secundum Joannem. Quod ergo maxime videri se fecisse nolebant, hoc eos hora tertia fecisse Marcus ostendit, verissime judicans magis fuisse Domini necatricem linguam Judæorum quam militum manus.

Et circa horam nonam clamavit Jesus voce magna : Heli, Heli, Lamasabathani, hoc est, Deus meus, Deus meus, ut quid me dereliquisti ? Principio vicesimi primi psalmi abusus est, illud quod in medio versiculi legitur, *Respice in me*, superfluum est. Legitur enim in Hebræo, *Deus meus, Deus meus, quare me dereliquisti*. (RAB.) Nec mireris verborum humilitatem, querimonias derelicti, cum formam servi sciens, scandalum crucis videas. Sicut enim esurire, et sitire, et fatigari, non erant propria divinitatis, sed corporales passiones, ita et quia dicitur, *Ut quid me dereliquisti ?* corporalis vocis erat proprium, quia solet secundum naturam corpus nullatenus velle a sibi conjuncta vita fraudari. Licet enim et ipse Salvator dicebat hoc, sed proprie ostendebat corporis fragilitatem, manens virtus et sapientia Dei. (*Aug*.) Ut homo ergo loquitur, in eos circumferens motus quod in periculis positi a Deo nos deseri putamus : ut homo turbatur, ut homo flet, ut homo crucifigitur. Quomodo enim Pater deserere potuit Filium in passione, cum inseparabiles sint in natura sicut ipse Filius testatur. *Qui me misit mecum est, nec me dereliquit* (*Joan*. VIII). Non ergo deseri a Patre potuit Filius, quia Pater et Filius non derelinquunt sperantes in se. Humana enim natura propter peccatum derelicta fuerat, et deserta a Deo. Sed quia Filius factus est noster advocatus et causidicus, ideo quorum suscepit naturam eorum deplorat miseriam. Ipsa enim natura quam ille susceperat, derelicta fuerat a Patre, non Filius, qui una cum Patre est. Ostenditque quantum flere debeant qui peccant, quando sic flevit qui nunquam peccavit. Et ostendit quam patientes et sperantes debeant esse inter flagella, qui peccatores sunt, quando ipse ad immortalitatem non nisi per mortem transivit.

Quidam autem illic stantes et audientes dicebant : Eliam vocat iste. Non omnes, sed quidam quos arbitror milites fuisse Romanos, non intelligentes sermonis Hebraici proprietatem, sed eo quod dixit *Eli, Eli*, putantes Eliam ab eo invocatum. Sin autem Judæos qui hoc dixerint intelligere volueris, et hoc more sibi solito faciunt ut Dominum imbecillitate infament, qui Eliæ auxilium deprecetur.

Et continuo currens unus ex eis acceptam spongiam implevit aceto, et imposuit arundini, et dabat ei bibere. (RAB.) Quam ob causam Domino acetum sit potui datum Joannes ostendit plenius dicens : *Postea sciens Jesus quia jam omnia consummata sunt, ut consummaretur Scriptura dicit, Sitio. Vas ergo positum erat aceto plenum. Illi autem spongiam plenam aceto hyssopo circumponentes, obtulerunt ori ejus. (Aug.)* Vidit ergo quoniam consummata sunt omnia quæ oportebat ut fierent antequam acciperet acetum et traderet spiritum ; atque ut hoc etiam consummaretur quod ait : *Et in siti potaverunt me aceto (Psal.* LXVIII). *Sitio,* inquit, tanquam hoc diceret : Hoc minus fecistis, date quod estis : Judæi quippe ipsi erant acetum, degenerantes a vino patriarcharum et prophetarum, tanquam de pleno vase de iniquitate mundi hujus impleti, cor habentes velut spongiam cavernosis quodammodo atque tortuosis latibulis fraudulentum. Hyssopum cui circumposuerunt spongiam aceto plenam quoniam herba est humilis et pectus purgat, ipsius Christi humilitatem congruenter accipiens quam circumdederunt, et se circumvenisse putaverunt. Unde et illud in psalmo : *Asperges me hyssopo, et mundabor (Psal.* L), Christi namque humilitate mundamur. Quia nisi humiliasset semetipsum factus obediens Patri usque ad mortem crucis, non utique sanguis ejus in peccatorum remissionem, hoc est in nostram mundationem fuisset effusus. Per arundinem vero cui imposita est spongia Scriptura significatur, quæ implebatur hoc facto. Sicut enim lingua dicitur vel Græca, vel Latina, vel alia quælibet sonum significans qui lingua promitur, sic arundo dici potest littera quæ arundine scribitur ; sed significantius sonos vocis humanæ usitatissime dicimus linguas. Scripturam vero arundinem dici quo minus usitatum, eo magis est mystice figuratum.

Cæteri vero dicebant : Sine, videamus an veniat Elias liberans eum. Quia prave sonum vocis Dominicæ intelligebant, ideo inaniter adventum Eliæ exspectabant. Deum ergo quem sermone Hebraico Salvator invocabat, inseparabiliter secum semper habebat.

Jesus autem iterum clamans voce magna emisit spiritum. (*Venant.*) Quid hac voce magna dixerit Dominus Lucas aperte designat : *Pater, in manus tuas commendo spiritum meum. Et hæc,* inquit, *dicens exspiravit (Psal.* XXX). Quod vero scribit Joannes quod cum accepisset Jesus acetum, dixit : *Consummatum est, et inclinato capite tradidit spiritum :* inter illud quod ait : *Consummatum est,* et illud : *Inclinato capite tradidit spiritum,* emissa est illa vox magna quam tacuit Joannes, cæteri autem tres commemoraverunt. Quod autem dicit, *Emisit spiritum,* ostendit divinæ potestatis esse emittere spiritum, ut ipse quoque dixerat : *Nemo potest tollere animam meam a me, sed ego pono eam a me, et rursum accipiam eam (Joan.* X).

[VII.] *Et ecce velum templi scissum est in duas partes, a summo usque deorsum.* Josephus quoque refert virtutes angelicas præsides quondam templi tunc pariter conclamasse : *Transeamus ab his sedibus.* Scinditur velum templi, ut arca testamenti, et omnia legis sacramenta quæ tegebantur appareant, at-

que ad populum transeant nationum. Ante etenim dictum fuerat : *Notus in Judæa Deus, in Israel magnum nomen ejus.* Nunc autem : *Exaltare super cœlos, Deus, et super omnem,* inquit, *terram gloria tua (Psal.* LXXV). Et in Evangelio prius dixit : *In viam gentium ne abieritis ;* post passionem vero suam : *Euntes,* inquit, *docete omnes gentes.*

Et terra mota est, et petræ scissæ sunt, et monumenta aperta sunt. Nulli dubium est quid significet juxta litteram magnitudo signorum, ut crucifixum scilicet Dominum suum, et cœlum et terrena omnia demonstrarent. Sed mihi videtur terræ motus et reliqua typum ferre gentium, quod pristinis errorum vitiis, et cordis emollita duritia, qui prius similes erant tumulis mortuorum, postea agnoverunt Creatorem. Aliter *terra mota est* pendentem Dominum suum ferre non sustinens. *Petræ scissæ sunt* ut indicarent duritiam Judæorum, qui præsentem Dei Filium intelligere noluerunt. *Et monumenta aperta sunt* in signum futuræ resurrectionis.

Et multa corpora sanctorum qui dormierant resurrexerunt, et exeuntes de monumentis post resurrectionem ejus venerunt in sanctam civitatem, et multis apparuerunt. Ad testimonium ergo Dominicæ resurrectionis multa corpora sanctorum resurrexerunt, ut Dominum videlicet Jesum ostenderent resurgentem, et tamen cum monumenta aperta sunt, non ante resurrexerunt quam Dominus resurgeret, ut esset primogenitus resurrectionis ex mortuis. Qui enim resurgente Domino resurrexerunt a mortuis, etiam ad cœlos ascendente simul ascendisse credendi sunt. Neque ulla ratione illorum temeritati fides accommodanda, qui eos postea reversos in cinerem ac denuo in monumentis quæ pridie patefacta sunt, ab eis quibus paulo ante vivi apparuerunt, more mortuorum putant quidam esse conclusos. Sanctam hanc civitatem in qua visi sunt resurgentes, aut Hierosolymam cœlestem intelligamus, aut hanc terrenam, quæ ante sancta fuerat. Sicut et Matthæus appellatur publicanus non quod et apostolus adhuc permaneat publicanus, sed quod pristinum vocabulum teneat. Sancta appellatur civitas Hierusalem propter templum, et sancta sanctorum, et ob distinctionem aliarum urbium, in quibus idola colebantur. Quando vero dicitur, *Apparuerunt multis,* ostenditur non generalis fuisse resurrectio quæ omnibus apparet, sed specialis ad plurimos, ut hi viderent qui cernere merebantur.

Centurio autem et qui cum eo erant custodientes Jesum viso terræ motu, et his quæ fiebant, timuerunt valde, dicentes : Vere Filius Dei erat iste. In alio Evangelio post terræ motum manifestior causa miraculi centurionis exponitur, quod cum vidisset eum spiritum dimisisse dixerit : *Vere Filius Dei erat iste.* Nullus enim habet potestatem dimittendi spiritum, nisi ille qui animarum conditor est. Spiritum autem in hoc loco pro anima intelligamus, seu quod spiritale et vitale corpus faciat, seu quod animæ ipsius substantia spiritus sit, juxta illud quod scriptum est,

Auferes spiritum eorum et deficient (Psal. CIII). Et hoc considerandum quod centurio ante crucem in ipso scandalo passionis vere Dei Filium confiteatur, et Arius in Ecclesia praedicat creaturam. Simulque perpendendum quod non solus centurio glorificavit Deum, sed et milites qui cum eo erant custodientes Jesum, viso terrae motu et his quae fiebant, timuerunt valde, dicentes : *Vere Dei Filius est iste.* Quanta ergo caecitas Judaeorum, qui tot per Dominum virtutibus factis, tantis in morte ejus apparentibus signis, credere respuerunt et insensibiliores gentilibus Dominum glorificare vel timere contempserunt. Unde merito per centurionem fides Ecclesiae designatur, quae velo mysteriorum coelestium per mortem Domini reserato, continuo Jesum et vere justum hominem, et vere Dei Filium synagoga tacente confirmat. Nam et ipsa summa centenaria, quae inflexu digitorum sicut supra memoratum est, de sinistra transit in dexteram Ecclesiae, sacramentis et fidei aptissime congruit, cui pro lege Evangelium creditum, pro terrae divitiis regnum coelorum est promissum.

Erant autem ibi mulieres multae a longe quae secutae erant Jesum a Galilaea ministrantes ei. Consuetudinis autem Judaicae fuit, nec ducebatur in culpam more gentis antiquo, ut mulieres de substantia sua victum atque vestitum praeceptoribus ministrarent. Hoc quia scandalum facere poterat in nationibus, Paulus abjecisse se memorat dicens : *Nunquid non habemus potestatem sorores mulieres circumducendi sicut et caeteri apostoli faciunt (I Cor. IX).* Ministrabant autem Domino de substantia sua, ut meteret eorum carnalia, cujus illae metebant spiritualia. Non quo indigeret cibis Dominus creaturarum, sed ut typum ostenderet magistrorum, quod victu atque vestitu ex discipulis deberent esse contenti. Sed videamus quales comites habuerit.

Inter quas erat Maria Magdalene, et Maria Jacobi, et Joseph mater, et mater filiorum Zebedaei. Maria Magdalena a qua septem daemonia ejecerat, et Maria Jacobi, et Joseph mater, matertera sua, soror Mariae matris Domini, et mater filiorum Zebedaei, quae quoque paulo ante regnum liberis postularat, et aliae quas in caeteris Evangeliis legimus. Nunc ergo quomodo intelligitur eadem Maria Magdalene, et a longe stetisse cum aliis mulieribus sicut Matthaeus et Lucas dicunt, et juxta crucem fuisse sicut Joannes dicit, nisi quia in tanto intervallo erant, ut et juxta dici possent, quia in conspectu ejus praesto aderant, et a longe in comparatione turbae, propinquius circumstantis centurioni et militibus ? Possumus etiam intelligere quod illae, quae simul aderant cum Matre Domini, postquam eam discipulo commendavit, abire jam coeperant, ut a densitate turbae se exuerent, et caetera quae facta sunt longius intuerentur, ut caeteri evangelistae, qui post mortem Domini eas commemoraverunt, jam longe stantes commemorarent. Sequitur Matthaeus :

[VIII.] *Cum sero autem factum esset, venit quidam homo dives ab Arimathia nomine Joseph, qui et ipse discipulus erat Jesu. (Hieron.)* Dives refertur, non de jactantia scriptoris, qui virum nobilem atque ditissimum referat Jesu fuisse discipulum, sed ut ostendat causam quare a Pilato corpus Jesu potuerit impetrare. Pauperes enim et ignoti non poterant ad Pilatum praesidem Romanae potestatis accedere, et crucifixi corpus impetrare. (RAB.) In alio Evangelio Joseph iste appellatus est *decurio*, quod sit de ordine curiae, et officium curiae administret. Qui etiam curialis a procurando munera civilia solet appellari. Arimathia autem, ipsa est Ramathaim civitas Helcanae, et Samuelis, in regione Thamnitica juxta Diospolim

Hic accessit ad Pilatum, et petiit corpus Jesu. Tunc jussit Pilatus reddi corpus. Magnae quidem Joseph iste dignitatis ad saeculum, sed majoris apud Deum meriti fuisse laudatur. Talem namque existere decebat eum, qui corpus Domini sepeliret, qui et per justitiam meritorum tali ministerio dignus esset, et per nobilitatem potentiae saecularis facultatem posset obtinere ministrandi. Non enim quilibet ignotus aut mediocris ad praesidem accedere, et crucifixi corpus poterat impetrare.

Et accepto corpore Joseph involvit illud in sindone munda. (Hieron.) Et ex simplici sepultura Domini ambitio divitum condemnatur, qui ne in tumulis quidem possunt carere divitiis. Possumus autem juxta intelligentiam spiritalem hoc sentire, quod corpus Domini non auro, non gemmis, et serico, sed linteamine puro obvolvendum sit. Quanquam et hoc significet, quod ille in sindone munda involvat Jesum, qui pura eum mente susceperit. (RAB.) Hinc Ecclesiae mos obtinuit, ut sacrificium altaris non in serico, neque in panno tincto, sed in lino terreno celebretur, sicut corpus est Domini in sindone munda sepultum, juxta quod in Gestis Pontificalibus a beato papa Sylvestro legimus esse statutum.

Et posuit illud in monumento suo novo, quod exciderat in petra, et advolvit saxum magnum ad ostium monumenti, et abiit. In novo ponitur monumento, ne post resurrectionem caeteris corporibus remanentibus surrexisse alius fingeretur. Potest autem et novum sepulcrum Mariae virginis uterum demonstrare, saxumque ostio appositum, et saxum magnum illud ostendere, quod non absque auxilio plurimorum potuisset sepulcrum reserari. De monumento Domini ferunt qui nostra aetate Hierosolymis fuere, quod domus fuerit rotunda, de subjacente rupe excisa, tantae altitudinis, ut intus consistens homo vix manu extenta culmen possit attingere; quae habet introitum ab oriente, cui lapis ille magnus advolutus atque impositus est; in cujus monumenti parte aquilonali sepulcrum ipsum, hoc est locus Dominici corporis de eadem petra factus est, septem habens pedes longitudinis, trium vero palmarum mensura caetero pavimento altius eminens. Qui videlicet locus non desuper, sed a latere meridiano per totum patulus, unde corpus inferebatur. Color autem ejusdem monumenti ac loculi rubicundo et albo dicitur esse permistus. *Erat autem ibi Maria Magdalene, et altera Maria sedentes juxta sepulcrum*. In Luca legimus quia stabant omnes noti ejus a longe, et mulieres quæ secutæ erant eum (*Luc.* xxiii). His ergo notis Jesu post depositum ejus corpus ad sua remeantibus, solæ mulieres quæ arctius amabant funus subsecutæ, quomodo poneretur inspicere curabant, ut ei tempore congruo munus possent devotionis offerre. Perseverant in officio exspectantes quod promiserat suis, et ideo meruerunt primæ videre resurrectionem. Sed et hactenus sanctæ mulieres die Parasceves, id est præparationis, idem faciunt, cum animæ humiles et quo majoris sibi consciæ fragilitatis, eo majori Salvatoris amore ferventes, passionis ejus vestigiis in hoc sæculo, quo requies est præparanda, futura diligenter obsequuntur, et si forte valeant imitari pia curiositate quo ordine sit eadem passio completa perpendunt.

Altera autem die quæ est post Parasceven. Parasceve vero, ut diximus, Græce et Latine *præparatio* dicitur. Quo nomine Judæi qui inter Græcos morabantur, sextam sabbati appellabant, eo quod in illo ea quæ requiei sabbati necessaria essent, præparare solerent, juxta hoc quod de manna quondam præceptum est, *Sexta autem die colligetis duplum*, etc. (*Exod.* xvi). Quia ergo sexta die homo factus, et tota est mundi creatura perfecta, septima autem conditor ab opere suo requievit, unde et hanc *sabbatum*, id est requiem, voluit appellari, recte Salvator eadem sexta die crucifixus, humanæ restaurationis implevit arcanum. Ideoque cum accepisset acetum, dixit : *Consummatum est*, hoc est, sextæ diei, quod pro mundi refectione suscepi, jam totum est opus expletum. Sabbato autem in sepulcro requiescens resurrectionis, quæ octava die ventura erat, exspectabat eventum. Ubi nostræ simul devotionis ac beatæ retributionis prælucet exemplum, quos in hac quidem sexta sæculi ætate pro Domino pati, et velut mundo necesse est crucifigi. In septima vero ætate, id est, cum lethi quis debitum solvit, corpora quidem in tumulis, animas autem secreta in pace cum Domino manere. Et post bona oportet opera quiescere, donec octava tandem veniente ætate, etiam corpora ipsa resurrectione glorificata cum animabus simul incorruptionem æternæ hæreditatis accipiant. Unde pulchre septima dies in Genesi vesperam habuisse non legitur. Quia requies animarum quæ illo in sæculo nunc est non ullo consumenda mœrore, sed pleniore gaudio futuræ est resurrectionis adaugenda.

Convenerunt principes sacerdotum et Pharisæi ad Pilatum dicentes : Domine, recordati sumus, quia seductor ille dixit adhuc vivens : Post tres dies resurgam. Ipsum autem triduum, quo Dominus mortuus est et resurrexit, nisi isto loquendi modo, quo a parte totum dici solet, recte intelligi non potest. Ipse quippe ait : *Sicut enim Jonas fuit in ventre ceti tribus diebus et tribus noctibus, sic et Filius hominis in corde terræ tribus diebus et tribus noctibus* (*Matth.* xii). Restat ergo ut illo Scripturarum usitatissimo loquendi modo, quo a parte totum intelligitur, inveniamus extremum diem tempus parasceves, quo crucifixus est et sepultus, et ex ipsa extrema parte totum diem cum sua nocte, qui jam peractus fuerat, accipiamus. Medium vero, id est sabbati diem, non a parte, sed integre totum. Tertium rursus a parte sua prima, id est, a nocte totum cum suo diurno tempore : et sic triduum erit.

Jube ergo custodiri sepulcrum usque in diem tertium, ne forte veniant discipuli ejus, et furentur eum, et dicant plebi : Surrexit a mortuis ; et erit novissimus error pejor priore. Principes ergo sacerdotum et Pharisæi cum senioribus Judæorum, licet immensum facinus in nece Domini perpetraverint, tamen non sufficit eis, nisi etiam post mortem ejus conceptæ nequitiæ virus in pravis consiliis et fraude exerceant, et venenatis linguis famam ejus lacerent, quem innocentem sciebant. Seductorem eum vocant, discipulos ejus furti arguunt, et quod ipsi erant, de aliis suspicantur. Mystice autem sicut Caïphas ignorans ante prophetizabat, dicens : *Expedit unum hominem mori pro populo, ut non tota gens pereat*, sicut modo in nomine seductorum, et furto discipulorum, idem sacerdotes et Pharisæi verum vaticinantur. Seductor enim erat Christus, non ut illi arbitrantur a veritate in errorem mittens, sed a falsitate ad veritatem, ab infidelitate ad fidem, a vitiis ad virtutes monitis trahens, et a morte sibi obsequentes ad vitam ducens. Quia sicut diabolus mediator est ad mortem homines seducendo, ita et Christus mediator est ad vitam, mundum Deo reconciliando. Discipuli quoque Salvatoris fures spiritualiter erant, non quod per fraudem aliqua a justis possessoribus auferrent, sed quia a contemptoribus et ingratis ea quæ sibi a pio conditore oblata fuerant accipienda, et utenda, scripta videlicet Novi et Veteris Testamenti, cum ipsi ea spernerent, per justum judicium ablata, in usus Ecclesiæ conferebant, et Salvatorem qui eis promissus, et missus fuerat, illis nocte dormitantibus, hoc est, infidelitate torpentibus, abstulerant, et gentibus credendum tradebant. Unde et ipse Salvator in Evangelio Judæis ait : *Auferetur a vobis regnum Dei, et dabitur genti facienti fructus ejus* (*Matth.* xxi). Et in Actibus apostolorum Paulus et Barnabas Judæis rebellantibus et contradicentibus Evangelio Christi, dixerunt : *Vobis oportebat recipere verbum Dei, sed quia noluistis, et indignos vos judicastis æternæ vitæ, ecce convertimur ad gentes* (*Act.* xiii). Pejor quippe erit error novissimus, secundum sententiam Judæorum, errore priore, quia vere illis pejor infidelitas resurrectionis quam crudelitas crucis, pejor contemptus pœnitentiæ quam error ignorantiæ [a]. . . . .
. . . .
. . . .
longe est Galilæa, ut uno die ab eis utroque loco videri non posset, et Lucas et Joannes satis dilucide

Hic desunt aliquot folia, quæ etiam ob militum petulantiam perierunt. EDITOR COLONIENSIS.

manifestant, ipso die resurrectionis ejus visum esse Dominum in Jerusalem. Primum a Maria Magdalene ad monumentum, quando ei desideranti pedes ejus amplecti dictum est, *Noli me tangere.* Deinde eidem et alii Mariæ a monumento currentibus nuntiatum discipulis quæ ab angelis de peracta ejus resurrectione didicerant : De quibus scriptum est, *Quia accesserunt, et tenuerunt pedes ejus, et adoraverunt eum.* Apparuit autem et ipso die advesperascente, duobus euntibus in castellum Emmaus, qui eum ad hospitium vocantes in panis fractione cognoverunt. Apparuit et Petro. Quod si evangelista quando vel ubi factum sit minime designaverit, tamen quia factum sit non tacet scribens, quia cum præfati duo discipuli, cognito Domino in Emmaus, statim rediissent Hierusalem, et invenerint congregatos undecim, et eos qui cum ipsis erant dicentes : *Quia surrexit Dominus vere, et apparuit Simoni,* ac inde subjungit : *Et ipsi narrabant quæ gesta erant in via, et quomodo cognoverunt eum in fractione panis (Luc.* xxiv) ; statimque annectat quintam ejus apparitionem, ita incipiens : *Dum hæc autem loquerentur, ipse Jesus stetit in medio eorum et dicit eis* : *Pax vobis, ego sum, nolite timere.* Nunc jam quæramus quare specialiter se in Galilæam præcessurum, et ibi a discipulis videndum prædixit, cum neque ibi solum neque ibi primum fuerit visus. (*Aug.*) Videamus ergo cujus mysterii gratia secundum Matthæum et Marcum resurgens Dominus ita mandaverit : *Præcedam vos in Galilæam, ibi me videbitis.* Quod si et completum est, tamen post multa completum est, cum sic mandatum sit, quanquam sine præjudicio necessitatis, ut aut hoc solum, aut hoc primum exspectaretur fieri debuisse. Procul dubio quoniam vox est ista non Evangelistæ narrantis quod ita factum sit, sed angeli ex mandato Domini et ipsius postea Domini, evangelistæ autem narrantis, sed quod ita ab angelo, et a Domino dictum sit, prophetice dictum accipiendum est. Galilæa namque interpretatur vel *transmigratio* vel *revelatio.* Prius itaque secundum transmigrationis significationem, quid aliud occurrit intelligendum, *Præcedet vos in Galilæam, ibi eum videbitis, sicut dixit vobis,* nisi quia Christi gratia de populo Israel transmigratura erat ad gentes ? Quibus apostoli prædicantes Evangelium nullo modo crederentur, nisi eis ipse Dominus viam in cordibus hominum præpararet. Et hoc intelligimus : *Præcedet vos in Galilæam.* Quod autem gaudentes mirarentur, disruptis et evictis difficultatibus, aperiri sibi ostium in Domino per illuminationem fidelium, hoc intelligitur, *Ibi eum videbitis,* id est, ibi membra ejus invenietis, ibi vivum corpus ejus in eis qui vos susceperint agnoscetis. Secundum illud autem quod Galilæa interpretatur *revelatio,* non jam in forma servi intelligendum est, sed in illa in qua æqualis est Patri. Quam promisit apud Joannem dilectoribus suis, cum diceret : *Et ego diligam eum et ostendam meipsum illi (Joan.* xiv). Non utique secundum id quod jam videbant, et quod etiam resurgens cum cicatricibus non solum videndum, sed etiam tangendum postmodum ostendit, sed secundum illam ineffabilem lucem, qua illuminat omnem hominem venientem in hunc mundum, secundum quam lucet in tenebris, et tenebræ eum non comprehenderunt. Illuc nos præcessit unde ad nos veniens non recessit, et quo nos præcedens non deseruit. Illa erit revelatio tanquam vera Galilæa, cum similes ei erimus, ibi eum videbimus sicuti est. Ipsa erit etiam beatior transmigratio ex isto sæculo in illam æternitatem, si ejus præcepta sic amplectamur, ut ad ejus dexteram segregari mereamur. Tunc enim ibunt sinistri in combustionem æternam, justi autem in vitam æternam. Hinc illuc transmigrabunt, et ibi eum videbunt, quomodo non vident impii. Tolletur enim impius, ut non videat claritatem Domini, et impii lumen non videbunt. *Hæc est autem,* inquit, *vita æterna ut cognoscant te verum Deum, et quem misisti Jesum Christum (Joan.* xvii). Sicut in illa æternitate cognoscitur, quo servos perducet per formam servi, ut liberi contemplentur formam Domini.

Quæ cum abiissent, ecce quidam de custodibus venerunt in civitatem, et nuntiaverunt principibus sacerdotum omnia quæ facta fuerant. (Maur.) Simplex animi qualitas, et indocta hominum rusticitas, sæpe veritatem rei, ut est, sine fraude manifestat. At contra versuta malignitas, et exercitata pravæ mentis nequitia, dolos versando falsitatem verisimilibus verbis, pro ipso vero commendare decertat, sibique in assensum plures convertere et coadunare festinat. Quod sequens sententia ita ostendit.

[III.] *Et congregati cum senioribus, consilio accepto, pecuniam copiosam dederunt militibus dicentes : Dicite quia discipuli ejus nocte venerunt, et furati sunt eum vobis dormientibus.* (*Aug.*) Miracula facta sunt talia circa sepulcrum ut ea ipsi milites, qui custodes advenerant, testes fierent si vellent vera nuntiare, sed avaritia illa, quæ captivavit discipulum comitem Christi, captivavit et milites custodes sepulcri. *Damus vobis,* inquiunt, *pecuniam, et dicite quia vobis dormientibus venerunt discipuli ejus, et abstulerunt eum.* Quid est quod dixisti, o infelix astutia, tantumne deseris lucem consilii pietatis, ut in profunda versutia demergeris, ut hoc dicas : *Dicite quia vobis dormientibus venerunt discipuli ejus, et abstulerunt eum!* Dormientes testes adhibes, vere tu ipse obdormisti non sacerdos, sed parricida qui scrutando talia defecisti. Si dormiebant, quomodo videre potuerunt? si nihil viderunt, quomodo testes erunt? Defecerunt in ipso effectu consiliorum suorum, quando quod voluerunt implere non potuerunt. Sequitur :

Et si hoc auditum fuerit a præside, nos suadebimus ei, et securos vos faciemus. Custodes miraculum confitentur, ad urbem conciti redeunt, nuntiant principibus sacerdotum quæ viderant, quæ facta conspexerant. Illi qui debuerant converti ad pœnitentiam et Jesum quærere surgentem, perseverant in malitia, et pecunias quæ ad usus templi datæ fuerant, vertunt in redemptionem mendacii, sicut ante triginta argenteos Judæ dederant proditori. Omnes igitur qui stipe templi, et his quæ conferuntur ad usus ecclesiæ abutuntur in aliis rebus, quibus suam expleant voluptatem, similes sunt scribarum et sacerdotum redimentium mendacium et sanguinem Salvatoris.

At illi, accepta pecunia, fecerunt sicut erant docti. (MAUR.) O pestis maligna, et semper bonis animis detestanda avaritia, quid illæsum, quid inconcussum dimittis? Tu primum hominem perdidisti; tu genus humanum confudisti; tu fratres unanimes in prælia armasti; tu pacificos discordes fecisti; tu discipulum comitem Christi de apostolatu præcipitasti; tu militem custodem sepulcri captivasti, et errorem nequissimum introduxisti, et gentem antiquam, et quondam nobilissimam seduxisti. Unde et sequitur:

Et divulgatum est verbum istud apud Judæos usque in hodiernum diem. Hactenus quidem error iste manet apud Judæos. Et sicut sanguis reatus, quem sibi posterisque suis ipsi imprecabantur, gravi sarcina peccatorum illos premit, ita emptio mendacii, per quod resurrectionis denegant veritatem, reatu eos constringit perpetuo, respuentes Christum et exspectantes Antichristum, ut qui vili pretio vendiderunt veritatem, erroris in capite suo apprehendant universitatem.

Undecim vero discipuli in Galilæam abierunt, in montem ubi constituerat illis Jesus. (Beda.) Non vacat a mysterio quod Dominus in Galilæa post resurrectionem, vel quod in monte discipulis apparuit, ut significaret quia corpus quod de communi humani generis terra nascendo susceperat, resurgendo jam super terrena omnia sublevatum, cœlesti virtute induerit. In monte apparuit ut admoneret fideles, si illic celsitudinem resurrectionis ejus cupiunt videre, hic ab infirmis cupiditatibus ad superna desideria transire. Nomen vero Galilææ, quid mysterii salutaris contineat, crebra Patrum expositione notissimum est. Sed non abs re est sæpius verbo repetere, quod semper necesse est animo retinere. Galilæa quippe *transmigratio facta*, vel *revelatio* dicitur. Utraque autem interpretatio nominis ad unum finem respicit, siquidem supra jam legimus dixisse angelum mulieribus: *Ite, dicite discipulis ejus quia surrexit; et ecce præcedet vos in Galilæam, ibi eum videbitis.* Et nunc evangelista narrante cognovimus quod abierunt discipuli Salvatoris in Galilæam, et videntes eum adoraverunt. Quid est ergo quod Jesus præcedit discipulos in Galilæam, ut videatur ab eis, sequuntur illi et videntes eum adorant? nisi quia surrexit Christus a mortuis, primitiæ dormientium. Sequuntur autem hi qui sunt Christi, et ipsi in suo ordine ad vitam de morte transmigrant, ibique eum videntes adorant, quia in specie suæ divinitatis contemplantes, sine fine collaudant. Cui visioni congruit illud quod Galilæa etiam revelatio interpretatur. Tunc enim revelata facie sicut Apostolus testatur, *gloriam Domini speculantes in eamdem imaginem transformamur* (II Cor. III), quicunque modo revelamus ad eum viam nostram, ejusque vestigia sequimur fide non ficta. Sequitur:

Et videntes eum adoraverunt. Quidam autem dubitaverunt. Si quærimus unde dubitaverunt, qui videntes Dominum adoraverunt, nulla magis causa occurrit, quam ea cujus Lucas meminit, cum ipso resurrectionis suæ die discipulis eum apparuisse narrat: *Conturbati vero,* inquit, *et conterriti existimabant se spiritum videre.* Videntes ergo Dominum cognoscunt. Et quia hunc esse Deum didicerant, dimissis in terram vultibus adorant. Sed inerat mentibus eorum non contemnenda dubietas, quia se non corpus in quo passus est resuscitatum, sed spiritum quem finita passione tradidit solum videre putabant. Unde confestim magister pius, et eos qui jam crediderunt in fide confortat, et illos qui adhuc dubitaverunt ad fidei gratiam convocat, omnibus scilicet intimans ad quantam gloriæ magnificentiam assumpta pro hominibus et morti data humanitas resurgendo pervenerit.

Et accedens Jesus locutus est eis dicens: Data est mihi omnis potestas in cœlo et in terra. Non enim hæc de coæterna Patri divinitate, sed de assumpta loquitur humanitate. Quam suscipiendo minoratus est paulo minus ab angelis, et in qua resurgendo a mortuis gloria et honore coronatus est, et constitutus super opera manuum Patris, omniaque subjecta sub pedibus ejus. Inter quæ omnia etiam mors ipsa, quæ ei ad tempus prævalere visa est, ejus pedibus substrata est. Quod ergo Psalmista de Domino resurgente a mortuis ait Patri, *Omnia subjecisti sub pedibus ejus* (Psal. VIII), hoc est utique, quod resurgens ipse Dominus ait discipulis: *Data est mihi omnis potestas in cœlo et in terra.* Et quidem etiam priusquam a morte resurgeret, noverant angelicæ in cœlo virtutes jure se subditas homini, quem a suo conditore specialiter assumptum esse videbant. Sed cæci in terra homines dedignabantur ei subjici, quem communi secum mortalitate cognoverant indutum. Contemnebant ejus virtutem in miraculis intelligere divinam, cui infirmitatem in passionibus inesse cernebant humanam. Propter quod benigne mediator ipse Dei et hominum, etiam hominibus in terra notum fieri volens, quia data sit ei omnis potestas in cœlo et in terra, quatenus et ipsi cum angelis in cœlo vitam possent habere perennem, misit et doctores qui cunctis per orbem nationibus suum Evangelium prædicarent.

Euntes ergo docete omnes gentes, baptizantes eos in nomine Patris, et Filii, et Spiritus sancti, docentes eos servare omnia quæcunque mandavi vobis. Rectissimus autem ordo prædicandi, et modernis quoque prædicatoribus Ecclesiæ diligentissime sectandus, ut primo quidem doceatur auditor, deinde fidei sacramentis imbuatur, deinde ad servanda Dei mandata ex tempore liberius instituatur. Quia non potest fieri ut corpus baptismi recipiat sacramentum, nisi ante anima fidei susceperit veritatem. Cum neque indoctus quisque et ignarus Christianæ fidei potest ejusdem sacramentis ablui, neque lavacro baptismi a peccatis emundari sufficit, si non post baptisma studeat quisque bonis operibus insistere. Prius ergo docere gentes, id est, scientia veritatis instituere, ac sic baptizare præcipit, *quia et sine fide impossibile est placere Deo (Hebr.* xi); *et nisi quis renatus fuerit ex aqua et Spiritu sancto, non potest introire in regnum Dei (Joan.* iv). Ad extremum vero subjungit, *Docentes eos servare omnia quæcumque mandavi vobis.* Ac ne putemus levia esse quæ jussa sunt, et pauca addidit : *Omnia quæcumque mandavi vobis*, ut quicumque crediderint, qui in Trinitate fuerint baptizati, omnia faciant quæ præcepta sunt : quia sicut corpus sine spiritu mortuum est, ita et *fides sine operibus mortua est (Jac.* ii). Quanta autem merces piæ conversationis, quale pignus futuræ beatitudinis, etiam in præsenti fideles maneat, subsequenter insinuat dicens :

Ecce ego vobiscum sum omnibus diebus usque ad consummationem sæculi. Libet autem conferre huic testimonio quod Marcus ait : *Et Dominus quidem postquam locutus est assumptus est in cœlum, et sedit ad dexteram Dei (Marc.* xvi). Quia enim ipse Deus et homo est, assumptus est in cœlum humanitate, quam de terra susceperat, manet cum sanctis in terra divinitate, qua terram pariter implet et cœlum. Manet autem omnibus diebus usque ad consummationem sæculi. Ex quo intelligitur quod usque ad finem sæculi non sunt defuturi in mundo, qui divina mansione et inhabitatione sint digni. Nec dubitandum eos post hujus sæculi certamina manere cum Christo in regno, qui in sæculo certantes Christum in sui cordis hospitio meruerunt habere mansorem. Notandum interea, quod præsens ubique divina majestas aliter adest electis suis, aliter adest reprobis. Adest enim reprobis potentia naturæ incomprehensibilis, qua omnia cognoscit novissima et antiqua, intelligit cogitationes a longe, et omnes vias singulorum prævidet. Adest electis gratia piæ protectionis, qua illos specialiter per præsentia dona, vel flagella quasi filios pater erudit, atque ad possessionem futuræ hæreditatis erudiendo provehit. Adest electis ut scriptum est : *Juxta est Dominus his qui tribulato sunt corde, et humiles spiritu salvabit (Psal.* xxxiii). Adest reprobis, ut promissum est : *Vultus autem Domini super facientes mala, ut perdat de terra memoriam eorum (Ibid.).* Unde necesse est ut semper operibus nequam paveant mali, quorum etiam cogitationes singulæ conspectui districti judicis patent. Semper in operatione justitiæ, et in his quæ propter justitiam patiuntur gaudeant boni, quibus *Deum diligentibus omnia cooperantur in bonum (Rom.* viii), et in quacunque tribulatione positis nunquam ejus pietas abest : cui canitur in psalmo : *Tibi enim derelictus est pauper, pupillo tu eris adjutor: contere brachium peccatoris et maligni (Psal.* xix). Quam pietatis suæ præsentiam non tantum nobis verbo promisit, sed et evidentibus designavit indiciis, cum post resurrectionem suam discipulis, sæpius usque ad diem qua cœlos petit apparuit, eorumque animos admonendo, increpando, Spiritus sancti donum tribuendo, roboravit. E quibus quidem apparitionibus decem solummodo in evangelistarum scriptis invenimus, sed plures fuisse docet Apostolus dicens : *Et resurrexit tertia die secundum Scripturas, et visus est Cephæ, et post hæc undecim, deinde visus est plus quam quingentis fratribus simul, deinde visus est Jacobo, deinde apostolis omnibus, novissime autem omnium tanquam abortivo visus est et mihi.* Quibus enim locis vel temporibus factæ sunt visiones, quas commemorat, ignoramus. Tamen scimus quia quod sibi novissime visum esse Dominum confirmat, post ascensionem ejus factum est : vel quando illum de cœlo alloquens, de persecutore Ecclesiæ doctorem fecit; vel quando in paradisum et tertium cœlum raptus, *audivit arcana verba, quæ non licet homini loqui (II Cor.* xii), et sicut alibi dicit mysterium Evangelii, quod ab homine non accepit, per revelationem Jesu Christi didicit. Decies vero visum, ut diximus, post resurrectionem Dominum, Evangeliorum nobis et Actuum apostolorum prodit historia. Ubi ipso resurrectionis suæ die quinquies apparuisse legitur. Primo quidem Mariæ Magdalenæ flenti ad monumentum. Deinde eidem Mariæ, et alteri ejusdem nominis feminæ, regredientibus a monumento nuntiare discipulis, quæ ibi compererant occurrens apparuit. Tertio Simoni Petro. Quarto Cleophæ et socio ejus, cum quibus ipse gradiens in Emmaus ibidem in panis fractione cognitus est ; qui mox reversi Hierosolymam invenerunt discipulos loquentes : *Quia surrexit Dominus vere, et apparuit Simoni.* Nam plenius alibi quando Simoni apparuerit non legitur. Quinto apparuit eis in eodem loco januis clausis, ubi abierat Thomas. Sexto post dies octo quando erat et cum eis Thomas. Septimo piscantibus ad mare Tiberiadis. Octavo in monte Galilææ, quod hodierna lectione audivimus. Nono recumbentibus illis undecim apparuit, die quo ascendit in cœlum. Decimo viderunt eum ipsa die non jam in terra positum, sed elevatum in aera, cœlosque petentem, dicentibus sibi angelis : *Sic veniet quemadmodum vidistis eum euntem in cœlum (Act.* i). Hac ergo frequentia corporalis suæ manifestationis ostendere voluit Dominus, ut diximus, in omni loco se bonorum desideriis divinitus esse præsentem. Apparuit namque ad monumentum lugentibus : aderit et nobis absentiæ ejus recordatione salubriter contristatis. Occurrit revertentibus a monumento, ut agnita resurrectionis gaudia prædicarent: aderit et nobis dum dona quæ novimus proximis fideliter annuntiare gaudemus. Apparuit in fractione panis his qui eum peregrinum esse putantes, ad hospitium vocaverunt. Aderit et nobis et cum peregrinis et pauperibus quæcunque possumus bona libenter impendimus; in fractione panis, cum sacramenta corporis ejus, videlicet panis, vivificata ac simplici conscientia sumimus. Apparuit in abdito de sua resurrectione loquentibus: adest et nobis modo ejus dono idem agentibus, aderit nobis semper, cum ab extrinsecis operibus ad tempus vacantes, de ejus gratia locuturi convenimus. Apparuit, cum foribus clausis intus Judæorum metu residerent. Apparuit cum minorato eodem metu apertis eum gressibus in montis vertice quærerent. Adfuit quondam confortaturus suo Spiritu Ecclesiam, cum ab infidelibus premeretur, et ad publicum venire ac dilatari prohiberetur: adest eidem et nunc cum inclinato ad fidem culmine regali terror quievit persecutionis, et omnis mundi sublimitas apostolicis est subdita vestigiis. Apparuit piscantibus, eosque apparens divinis adjuvit beneficiis: aderit et nobis, cum necessaria vitæ temporalis recta intentione curamus, justisque nostris laboribus subsidium suæ pietatis subjungit. Apparuit recumbentibus; aderit et nobis cum juxta apostoli monita sive manducamus, sive bibimus, sive aliud quid agimus, omnia in gloriam Dei facimus. Apparuit primo in Judæa, deinde in Galilæa, post hæc rursum in Judæa, die quo ascendit in cœlum : aderat Ecclesiæ cum primum solius Judææ terminis clauderetur ; adest modo cum, Judæis ob culpam perfidiæ derelictis, transmigravit ad gentes, aderit in futuro, cum ante finem sæculi revertetur ad Judæam, et sicut Apostolus ait : *Intrante gentium multitudine, sic omnis Israel salvus erit (Rom.* xi). Novissime illis apparuit ascendens in cœlum : aderit et nobis ut eum post mortem sequi mereamur in cœlos, si ante mortem eum in Bethaniam, unde ascendit, id est, *in domum obedientiæ,* sequi curamus.

ORDO RERUM
QUÆ IN HOC TOMO CONTINENTUR.

RABANUS MAURUS FULDENSIS ABBAS ET MOGUNTINUS ARCHIEPISCOPUS.
AD OPERA B. RABANI MAURI PROLEGOMENA. Col. 9
B. RABANI MAURI ELOGIUM HISTORICUM, auctore Mabillonio. 9
Caput primum. — Rabani nomina, patria, parentes, nativitatis tempus. 9
Cap. II. — Monastica professio et diaconatus, studia sub Alcuino, condiscipuli. 12
Cap. III. — Fuldensis scholæ regimen, celebritas, alii præceptores, Rabani discipuli et successor in docendo. 13
Cap. IV. — Sacerdotium, vexatio, iter Jerosolymitanum. 14
Cap. V. — Abbatis munus, res gestæ, regiminis abdicatio. 17
Cap. VI. — Archiepiscopalis dignitas, archiepiscopi gesta. 22
Cap. VII.—Scribendi studium, reverentia erga Patres. 25
Cap. VIII. — Zelus pro fide et pro integritate morum, auctoritas, humilitas. 27
Cap. IX. — Mors et ætas, sepultura et epitaphium, elevatio, elogia et theotoria. 29
Cap. X. — Judicium de ejus scriptis et doctrina. 32
B. RABANI MAURI VITA, auctore Rudolfo Scholastico ejus discipulo. 39
Observationes præviæ. 39
Præfatio auctoris. 41
Incipit Vita. 42
B. RABANI MAURI VITA ALTERA, auctore Trithemio. 67
Epistola dedicatoria. 67
Incipit Vita. 71
Liber primus. 71
Liber secundus. 86
Liber tertius. 97
Ejusdem Vitæ compendium. 105
De Rabano illustrium scriptorum testimonia et elogia. 107
In Rabani opera Fabricii notitia bibliographica. 127
Catalogus operum Rabani Mauri in sex tomis editionis Colveneri comprehensorum. 131
B. RABANI MAURI OPERUM OMNIUM PARS PRIMA. — SCRIPTA AB IPSO JAM ABBATE EDITA. 133
DE LAUDIBUS SANCTÆ CRUCIS LIBRI DUO. 133
Variorum encomia de hoc opere. 135
Intercessio Albini pro Mauro. 137
Commendatio papæ. 139
De imagine Cæsaris. 141
Declaratio figuræ. 143
Incipit prologus. 145

Præfatio. 147
Liber primus. 149
Figura prima. — De imagine Christi in modum crucis brachia sua expandentis, et de nominibus ejus ad divinam seu ad humanam naturam pertinentibus. 149
Declaratio figuræ. 151
Figura II. — De crucis figura, quæ intra tetragonum est scripta, et omnia se comprehendere manifestat. 155
Declaratio figuræ. 157
Figura III. — De novem ordinibus angelorum, et de nominibus eorum in crucis figura dispositis. 159
Declaratio figuræ. 161
Figura IV. — De cherubin et seraphin in crucem scriptis et significatione eorum. 163
Declaratio figuræ. 165
Figura V. — De quatuor figuris tetragonicis circa crucem positis, et spirituali ædificio domus Dei. 167
Declaratio figuræ. 169
Figura VI. — De quatuor virtutibus principalibus quomodo ad crucem pertineant, et quod omnium virtutum fructus per ipsam nobis collati sunt. 171
Declaratio figuræ. 173
Figura VII. — De quatuor elementis, de quatuor vicissitudinibus temporum, de quatuor plagis mundi, et de quatuor quadrantibus naturalis diei, quomodo omnia in cruce ordinentur et in ipsa sanctificentur. 175
Declaratio figuræ. 177
Figura VIII. — De mensibus duodecim, de duodecim signis, atque duodecim ventis, et de apostolorum prædicatione, deque cæteris mysteriis duodenarii numeri quæ in cruce ostenduntur. 179
Declaratio figuræ. 181
Figura IX. — De diebus anni in quatuor hexagonis et monade comprehensis, et de bissextili incremento quomodo in specie sanctæ crucis adornentur et consecrentur. 183
Declaratio figuræ. 185
Figura X. — De numero septuagenario et sacramentis ejus, quomodo cruci conveniant. 187
Declaratio figuræ. 189
Figura XI. — De quinque libris mosaicis, quomodo per crucem innoventur exponitur. 191
Declaratio figuræ. 193
Figura XII. — De nomine Adam protoplasti, quomodo secundum Adam significet, et ejus passionem demonstret. 195
Declaratio figuræ. 197
Figura XIII. — De diebus conceptionis Christi in utero Virginis quatuor crucibus demonstratis, hoc est cclxxvi et ejus numeri significatione. 199
Declaratio figuræ. 201
Figura XIV. — De annis ab exordio mundi usque in annum passionis Christi, in notis Græcarum litterarum se

cuudum formam sanctæ crucis dispositis, simul cum sacramento quod in hoc revelatur. 203
Declaratio figuræ. 205
FIGURA XV. — De quatuor evangelistis et Agno, in crucis specie constitutis. 207
Declaratio figuræ. 209
FIGURA XVI. — De septem donis Spiritus sancti, quæ propheta Isaias enumerat. 211
Declaratio figuræ. 213
FIGURA XVII. — De octo beatitudinibus evangelicis. 215
Declaratio figuræ. 217
FIGURA XVIII. — De mysterio quadragenarii numeri. 219
Declaratio figuræ. 221
FIGURA XIX. — De quinquagenario numero et sacramento in eo manifestato. 223
Declaratio figuræ. 225
FIGURA XX. — De numero centenario et vicenario, et mystica ejus significatione. 227
Declaratio figuræ. 229
FIGURA XXI. — De septuagenario numero et binario cum ejus significationibus. 231
Declaratio figuræ. 233
FIGURA XXII. — De monogrammate, in quo Christi nomen comprehensum est. 235
Declaratio figuræ. 237
FIGURA XXIII. — De numero vicenario et quaternario, deque ejus sacramento. 239
Declaratio figuræ. 241
FIGURA XXIV. — De numero centenario, quadragenario, quaternario, ejusque significatione. 243
Declaratio figuræ. 245
FIGURA XXV. — De Alleluia et Amen in crucis forma ordinatis. 247
Declaratio figuræ. 249
FIGURA XXVI. — De prophetarum sententiis, quæ ad passionem Christi et ad nostram redemptionem pertinent. 251
Declaratio figuræ. 255
FIGURA XXVII. — De apostolorum dictis ex eadem re in Novo Testamento. 257
Declaratio figuræ. 259
FIGURA XXVIII. — De adoratione crucis ab opifice. 261
Declaratio figuræ. 263
LIBER SECUNDUS. 265
Præfatio. 265
CAPUT PRIMUM. — De prima figura, in qua Christi imago manus in modum expandit crucis. 265
CAP. II. — De secunda figura, in qua sancta crux intra tetragonum depicta est. 267
CAP. III. — De tertia forma figuræ, in qua novem ordines angelorum depicti sunt. 267
CAP. IV. — De forma quarti schematis, ubi cherubin et seraphin sunt juxta crucem depicti. 268
CAP. V. — De quintæ figuræ forma, ubi quatuor tetragoni circa crucem consistunt. 270
CAP. VI. — De specie sextæ figuræ, ubi de quatuor virtutibus præcipuis commemoratur. 271
CAP. VII. — De septimæ figurationis plasmate, ubi de quatuor elementis agitur. 272
CAP. VIII. — De octavæ speciei forma, ubi de duodenarii numeri ratione expositum est. 273
CAP. IX. — De nona figura, quæ dierum anni numerum in crucis specie continet. 274
CAP. X. — De ratione figuræ decimæ, ubi septuagenarii ratio descripta est. 275
CAP. XI. — De undecima figura, ubi Pentateuchus Moysi ordinatus est. 276
CAP. XII. — De duodecimæ figuræ ratione, ubi nomen protoplasti situm est. 277
CAP. XIII. — De tertiæ decimæ ratione figuræ, ubi ille dierum numerus comprehensus quo Christus in utero Virginis moratus est. 277
CAP. XIV. — De figura quarta decima, in qua numerus annorum ab exordio mundi usque in annum Passionis Christi notatus est. 278
CAP. XV. — De quinta decima figura, ubi Agnus et quatuor evangelistæ depicti sunt. 279
CAP. XVI. — De sexta decima forma, ubi de septem donis Spiritus sancti narratur. 280
CAP. XVII. — De septimæ decimæ figuræ ratione, ubi octo beatitudines annumerantur. 281
CAP. XVIII. — De octava decima specie, ubi quadragenarius numerus positus est. 282
CAP. XIX. — De forma nona decima, ubi quinquagenarii numeri ratio est. 283
CAP. XX. — De vicesima forma, ubi centenarius et vicenarius numerus inditus est. 284
CAP. XXI. — De vicesima prima figura, in qua septuagenarius et binarius numerus est comprehensus. 285
CAP. XXII. — De vicesima secunda figura, in qua monogramma depictum est. 287
CAP. XXIII. — De vicesima tertia figura in qua vicenariis et quaternarius numerus adnotatus est. 288
CAP. XXIV. — De vicesima quarta specie, ubi centenarius, quadragenarius et quaternarius numerus signatus est. 289
CAP. XXV. — De vicesima quinta figura, ubi Alleluia et Amen posita sunt. 289
CAP. XXVI. — De vicesima sexta figura, in qua propheticæ sententiæ denotantur. 290
CAP. XXVII. — De vicesima septima forma, in qua apostolorum sententiæ collocantur. 292
CAP. XXVIII. — De figura vicesima octava, ubi opifex ipse sanctam crucem adorat. 293
DE CLERICORUM INSTITUTIONE AD HEISTULFUM ARCHIEPISCOPUM LIBRI TRES. 293
Ad fratres Fuldenses epigramma auctoris. 295
Præfatio. 295
LIBER PRIMUS. 297
CAPUT PRIMUM. — De una Dei Ecclesia. 297
CAP. II. — De tribus ordinibus Ecclesiæ. 297
CAP. III. — De tonsura clericorum. 298
CAP. IV. — De gradibus ecclesiasticis. 299
CAP. V. — De ordine tripartito episcoporum. 300
CAP. VI. — De presbyteris. 301
CAP. VII. — De diaconis. 302
CAP. VIII. — De subdiaconis. 303
CAP. IX. — De acolythis. 304
CAP. X. — De exorcistis. 304
CAP. XI. — De lectoribus. 305
CAP. XII. — De ostiariis. 305
CAP. XIII. — Quos oporteat ad sacrum ordinem accedere, et quo ordine. 306
CAP. XIV. — De vestimentis sacerdotalibus. 306
CAP. XV. — De superhumerali. 306
CAP. XVI. — De podere, id est tunica linea. 306
CAP. XVII. — De cingulo. 306
CAP. XVIII. — De fanone. 307
CAP. XIX. — De orario, id est stola. 307
CAP. XX. — De dalmatica. 307
CAP. XXI. — De casula. 308
CAP. XXII. — De sandaliis. 308
CAP. XXIII. — De pallio. 309
CAP. XXIV. — De sacramentis Ecclesiæ. 309
CAP. XXV. — De baptismatis sacramento. 309
CAP. XXVI. — De catechumenis. 310
CAP. XXVII. — De catechizandi ordine. 311
CAP. XXVIII. — De tinctione baptismi, et unctione chrismatis. 312
CAP. XXIX. — De indumento baptizati et Eucharistia. 313
CAP. XXX. — De impositione manus episcopalis. 314
CAP. XXXI. — De sacramento corporis et sanguinis Domini. 316
CAP. XXXII. — De officio missæ. 321
CAP. XXXIII. — De ordine missæ. 322
LIBER SECUNDUS. 325
CAPUT PRIMUM. — De officiis atque orationibus canonicarum horarum. 325
CAP. II. — De matutina celebratione. 326
CAP. III. — De officio primæ horæ. 327
CAP. IV. — De tertiæ horæ celebratione. 327
CAP. V. — De officio sextæ horæ. 327
CAP. VI. — De officio nonæ horæ. 327
CAP. VII. — De vespertina celebratione. 327
CAP. VIII. — De completorio. 328
CAP. IX. — De nocturna vigiliarum celebratione. 328
CAP. X. — De cæteris legitimis orationibus. 329
CAP. XI. — De peculiaribus orationibus. 329
CAP. XII. — De quadripartita specie orationum. 330
CAP. XIII. — Quomodo ex his speciebus compunctio nascatur. 331
CAP. XIV. — De exomologesi, id est confessione. 331
CAP. XV. — De litaniis. 332
CAP. XVI. — De discretione orationis Dominicæ. 332
CAP. XVII. — De jejunio. 333
CAP. XVIII. — Quid sit inter jejunium et stationem. 534
CAP. XIX. — De jejunio quarti, quinti, septimi et decimi mensis. 534
CAP. XX. — De quadragesimali jejunio. 535
CAP. XXI. — De jejunio Pentecostes. 535
CAP. XXII. — De jejunio ante Natale Domini, quod sit in nono et decimo mense. 536

Cap. XXIII. — De cæteris legitimis jejuniis. 337
Cap. XXIV. — De jejunio quatuor sabbatorum, in quibus duodecim lectiones fiunt et sacræ ordinationes. 337
Cap. XXV. — De privatis jejuniis. 338
Cap. XXVI. — De origine biduanæ sive triduanæ. 339
Cap. XXVII. — De esu carnium et de potione vini. 339
Cap. XXVIII. — De eleemosynarum differentia. 340
Cap. XXIX. — De pœnitentia. 341
Cap. XXX. — De satisfactione et reconciliatione. 342
Cap. XXXI. — De Nativitate Domini. 343
Cap. XXXII. — De Epiphania Domini. 344
Cap. XXXIII. — De Purificatione. 345
Cap. XXXIV. — De Septuagesima, et Sexagesima, et Quinquagesima. 346
Cap. XXXV. — De die Palmarum. 347
Cap. XXXVI. — De Cœna Domini. 347
Cap. XXXVII. — De Parasceve. 347
Cap. XXXVIII. — De Sabbato sancto Paschæ. 348
Cap. XXXIX. — De Pascha Domini. 349
Cap. XL. — De Ascensione Domini. 353
Cap. XLI. — De Pentecoste. 354
Cap. XLII. — De die Dominica. 355
Cap. XLIII. — De festivitatibus sanctorum. 356
Cap. XLIV. — De sacrificiis pro defunctis offerendis. 357
Cap. XLV. — De encæniis, et unde omnis ille ordo originem duxerit. 358
Cap. XLVI. — De festivitatibus veterum, et unde festa vel feriæ sint dictæ. 360
Cap. XLVII. — De cantico. 361
Cap. XLVIII. — De psalmis. 361
Cap. XLIX. — De hymnis. 362
Cap. L. — De antiphonis. 363
Cap. LI. — De responsoriis. 363
Cap. LII. — De lectionibus. 363
Cap. LIII. — De libris duorum testamentorum. 364
Cap. LIV. — De scriptoribus sacrorum librorum. 365
Cap. LV. — De benedictionibus. 367
Cap. LVI. — De symbolo. 368
Cap. LVII. — De regula fidei. 369
Cap. LVIII. — De hæresibus variis. 371
LIBER TERTIUS. 377
Caput primum. — Quid eos scire et habere conveniat, qui ad sacrum ordinem accedere volunt. 377
Cap. II. — De eminentia sanctarum Scripturarum, et ad quid omnis scientia referenda sit. 379
Cap. III. — Quibus obscuritatibus Scriptura sacra sit involuta, et quod eam temere alicui legere non liceat. 380
Cap. IV. — De gradibus sapientiæ et charitatis. 380
Cap. V. — Quod is qui ad sapientiæ integritatem pervenit, ad charitatis perfectionem perveniat. 382
Cap. VI. — De modo legendi sacras Scripturas. 383
Cap. VII. — De canone Hebræorum, quomodo apud eos tripartitus est ordo divinarum Scripturarum. 383
Cap. VIII. — Unde sit quod non intelliguntur quæ scripta sunt. 384
Cap. IX. — De ignotis signis. 385
Cap. X. — De translatis signis. 386
Cap. XI. — De ambiguis signis quomodo constant. 387
Cap. XII. — De ambiguis propriis. 388
Cap. XIII. — Modus inveniendi, utrum locutio propria sit an translata. 389
Cap. XIV. — De varia significatione verborum, quæ constat in contrarietate et diversitate. 390
Cap. XV. — Quod non sit periculum varius intellectus in eisdem Scripturæ verbis, si sensus ipse congruat veritati. 391
Cap. XVI. — De duobus generibus doctrinarum gentilium, et quæ sunt illa quæ instituerunt homines. 392
Cap. XVII. — Quæ divinitus instituta investigaverunt. 393
Cap. XVIII. — De arte grammatica et speciebus ejus. 395
Cap. XIX. — De rhetorica. 396
Cap. XX. — De dialectica. 397
Cap. XXI. — De mathematica. 398
Cap. XXII. — De arithmetica. 399
Cap. XXIII. — De geometria. 400
Cap. XXIV. — De musica. 401
Cap. XXV. — De astronomia. 403
Cap. XXVI. — De philosophorum libris. 404
Cap. XXVII. — De acquisitione et exercitio virtutum. 405
Cap. XXVIII. — Quid debeat doctor catholicus in dicendo agere. 406
Cap. XXIX. — Quot auctores canonicorum librorum, et

sapientes et eloquentes fuerunt. 407
Cap. XXX. — Quod facili locutione uti in vulgus debeat. 408
Cap. XXXI. — De optimo modo dicendi, et quid oportet prædicatorem in dicendo observare. 408
Cap. XXXII. — De triplici genere locutionis, quod Romani auctor eloquii ita distinxit. 409
Cap. XXXIII. — Quando submisso genere, et quando temperato, quandoque grandi utendum sit. 410
Cap. XXXIV. — Exempla in Apostolo de prædictis generibus tribus. 410
Cap. XXXV. — Quomodo debeant inter se hæc tria permisceri. 412
Cap. XXXVI. — Quid sit sapienter et eloquenter dicere, et quod alienum non dicat, qui ab alio prolata bene vivens prædicat. 412
Cap. XXXVII. — De discretione dogmatum juxta qualitatem auditorum. 413
Cap. XXXVIII. — Quæ virtutum species contrariæ sint singulis speciebus vitiorum. 415
Cap. XXXIX. — Quod oporteat postulari a Domino possibilitas prædicandi. 418
LIBER DE OBLATIONE PUERORUM. 419
COMMENTARIORUM IN GENESIM LIBRI QUATUOR. 439
Freculphus episcopus Mauro abbati. 439
Rabanus Freculpho. 441
LIBER PRIMUS. 443
Caput primum. — De creatione cœli et terræ. 443
Cap. II. — Ubi lux primum fieri jubetur. 447
Cap. III. — Firmamentum die secundo factum, et divisio aquarum supra et infra firmamentum. 449
Cap. IV. — Ubi aquæ a terra separatio fieri jubetur, et terra germinare die tertio. 451
Cap. V. — Ubi luminaria fieri jubentur, et facta sunt die quarto. 452
Cap. VI. — Ubi ex aquis animalia jubentur educi die quinto, et ipsa animalia benedicuntur. 456
Cap. VII. — Ubi de terra animalia produci jubentur die sexto, et Dominus hominem fieri jubet; qui statim factus, ab ipso Domino benedicitur. 458
Cap. VIII. — Ubi Adam escarum accepit potestatem. 462
Cap. IX. — Orbis consummatio die septimo. 464
Cap. X. — Allegorica expositio de sex dierum opere. 466
Cap. XI. — Recapitulatio totius creationis, et de ejus mystico intellectu. 470
Cap. XII. — De plantatione paradisi, et quatuor fluminum divisione, in quo homo cultor et custos a Deo constitutus est. 476
Cap. XIII. — Ubi præceptum Adæ a Deo in paradiso datum est, et Adam nomina cunctis animantibus imposuit. 480
Cap. XIV. — De factura mulieris ex costa Adæ. 482
Cap. XV. — De suggestione serpentis, et seductione Adæ et conjugis ejus. 486
Cap. XVI. — Ubi se nudos viderunt Adam et Heva. 491
Cap. XVII. — Ubi Dominus Adæ in paradiso loquitur post transgressionem ejus. 492
Cap. XVIII. — Ubi sententia fertur in serpentem. 494
Cap. XIX. — Ubi mulieri necnon et Adæ corruptio indicitur. 496
Cap. XX. — Expulsio protoplastorum de paradiso. 500
LIBER SECUNDUS. 501
Caput primum. — De duobus, id est, Cain et Abel fratribus, et quem typum eorum uterque gessit. 501
Cap. II. — De filiis Lamech, qui ostenderunt musicam, et artem ferrariam atque ærariam, et de vindicta Lamech. 508
Cap. III. — De Adam quomodo rursum filios susceperit, et fine vitæ ejus. 509
Cap. IV. — De Mathusalem et Lamech. 510
Cap. V. — De gigantibus, et de centum viginti annis hominibus ad pœnitentiam a Deo concessis. 511
Cap. VI. — De Noe et constructione arcæ ejus. 513
Cap. VII. — De ingressu animantium in arcam, et de diluvio. 518
Cap. VIII. — De egressu Noe ex arca, et sacrificio ejus atque benedictione. 520
Cap. IX. — De plantatione vineæ per Noe, et nudatione ejus, et irrisione Cham. 525
Cap. X. — Generationes filiorum Noe. 526
Cap. XI. — De Nemrod gigante, et de confusione linguarum in turris ædificatione. 528
Cap. XII. — De generatione Abram, et de exitu ejus a terra Chaldæorum. 531
Cap. XIII. — De descensione Abræ in Ægyptum, et

de eis quæ tunc ibi gesta sunt in Sara uxore ejus. 534
Cap. XIV. — De contentione inter pastores Abræ et Lot : et de promissione Abræ, qua Deus ei promittit terram Chanaan in possessionem. 536
Cap. XV. — Quod quatuor reges adversus Sodomorum quinque reges belligeraverunt, et Lot prædaverunt; et quod Abram prædam cum Lot reduxit. 537
Cap. XVI. — De Melchisedech, et de decimatione Abræ. 540
Cap. XVII. — Ubi Deus tertio visus est Abræ, et filium ei promittit, et de sacrificio Abram. 540
Cap. XVIII. — De conjunctione Agar ancillæ Sarai ad Abram, et fuga ipsius Agar. 543
Cap. XIX. — Testamentum Dei factum ad Abram; et quod Dominus eum patrem gentium futurum pollicetur, et nomen ei Abraham imposuit. 545
Cap. XX. — Circumcisio Abrahæ et Ismaelis filii ejus, et omnium vernaculorum domus ejus. 548
Cap. XXI. — Ubi tres viri apparuerunt Abrahæ in convalle Mambre, sedenti in ostio tabernaculi sui. 550
Cap. XXII. — De Sodomitis et Lot hospitalitate. 553
Cap. XXIII. — De abscessione Lot a Sodomis, et concubitu duarum filiarum ejus cum eo. 556
Cap. XXIV. — De peregrinatione Abrahæ in Geraris ; et de Abimelech rege Palæstinorum. 559
LIBER TERTIUS. 561
Caput primum. — De nativitate Isaac, et de ejectione Agar cum Ismaele. 561
Cap. II. — De juramento Abrahæ et pacto cum Abimelech. 565
Cap. III. — De eo quod tentavit Deus Abraham de filio, et oblatione arietis pro eodem filio. 566
Cap. IV. — De generatione Rebeccæ, et de obitu Saræ uxoris Abrahæ, et de sepultura ejus. 569
Cap. V. — De desponsatione Rebeccæ per servum Abrahæ. 571
Cap. VI. — De adventu Rebeccæ ad Isaac. 573
Cap. VII. — De Cetura uxore Abrahæ. 579
Cap. VIII. — De morte Abrahæ et Ismaelis progenie. 580
Cap. IX. — De conceptu Rebeccæ, et de nativitate duorum filiorum ejus. 580
Cap. X. — De eo quod Esau Jacob vendidit primogenita sua. 582
Cap. XI. — De transitu Isaac ad Abimelech regem Palæstinorum, ubi Rebeccam uxorem, sororem suam esse finxit; et de puteis quos fodit Isaac. 584
Cap. XII. — De ostensione Dei ad Isaac, cui ipse aram ædificavit. 587
Cap. XIII. — De senectute Isaac et benedictione Jacob. 587
Cap. XIV. — De visione Jacob dum iret in Mesopotamiam, et voto ipsius. 591
Cap. XV. — De adventu Jacob in Mesopotamiam, ubi juxta puteum Rachel agnovit. 594
Cap. XVI. — De servitute Jacob qua servivit Laban pro duabus filiabus ejus, et significatione mystica earumdem filiarum. 595
Cap. XVII. — De generatione filiorum Jacob ex quatuor uxoribus. 596
Cap. XVIII. — De servitute Jacob qua servivit Laban pro gregibus suis. 602
Cap. XIX. — De reditu Jacob ex Mesopotamia cum uxoribus et liberis, et pacto quod cum Jacob inivit Laban. 605
Cap. XX. — De eo quod munera misit Esau fratri sno, et de luctamine viri cum eo, a quo benedictus est. 608
Cap. XXI. — De collocutione Esau cum Jacob. 612
Cap. XXII. — De raptu Dinæ filiæ Liæ per Sichem filium Hemor Hevæi, et de ultione stupri. 614
Cap. XXIII. — Ubi Deus ad Jacob loquitur, mandans ei de idolorum disperditione. 615
Cap. XXIV. — De obitu Rachel ob partus difficultatem, nec non et de obitu Isaac et sepultura ejus. 617
Cap. XXV. — De progenie Esau. 618
Cap. XXVI. — De Joseph somnio quod viderat. 621
Cap. XXVII. — De eo quod Jacob misit Joseph ad fratres suos, ubi ipsi pascebant oves, a quibus venditus est Madianitis. 623
Cap. XXVIII. — De Juda et uxore ejus ac filiis, nec non et de concubitu ipsius cum Thamar nuru sua. 625
LIBER QUARTUS. 629
Caput primum. — De descensione Joseph in Ægyptum, et de libidine dominæ ipsius, qua cum eo concumbere voluit. 629
Cap. II. — De duobus eunuchis Pharaonis peccantibus, quibus Joseph in carcere positus, somnium eorum interpretatus est. 633

Cap. III. — De somnio Pharaonis, et interpretatione Joseph. 634
Cap. IV. — De eo quod Joseph princeps Ægypti a Pharaone constituitur. 635
Cap. V. — De eo quod Joseph tempore fertilitatis congregavit triticum in horrea, ad sedandam famem futuri temporis. 636
Cap. VI. — De eo quod Jacob tempore famis misit filios suos in Ægyptum ad emendum triticum, quibus agnitis, Joseph exploratores eos appellavit, sed tamen cum frumento et pretio eos domum remisit. 637
Cap. VII. — De secundo transitu fratrum Joseph in Ægyptum, simul cum Benjamin et tentatione eorum. 640
Cap. VIII. — Ubi Joseph fratres sui agnoscunt, quos remisit ad patrem suum, ut eum cum tota domo sua ducerent ad se in Ægyptum. 643
Cap. IX. — De descensione Jacob in Ægyptum. 645
Cap. X. — De eo quod Joseph statuit Jacob patrem suum coram Pharaone, cui ille per Joseph dedit optimam terram Gessen. 647
Cap. XI. — De eo quod Joseph adquisivit totam terram Ægypti Pharaoni in possessionem. 649
Cap. XII. — Ubi Jacob Joseph pro sepultura sua juramento constrinxit. 650
Cap. XIII. — De eo quod Jacob filios Joseph benedixit. 652
Cap. XIV. — De prophetia Jacob, qua filiorum Israel reditum prædixit. 653
Cap. XV. — De benedictionibus duodecim patriarcharum, quibus benedixit illis pater suus Jacob. 655
Cap. XVI. — De obitu Jacob, et de planctu Ægyptiorum in exsequiis ejus. 666
Cap. XVII. — Fratres Joseph post exitum patris sui ac sepulturam rogant ne memor sit iniquitatum quas fecerunt in eum. 668
Cap. XVIII. — De eo quod Joseph fratres suos adjuravit quatenus egredientes ex Ægypto ossa sua secum portarent post obitum ipsius. 669
LIBER DE COMPUTO. 669
Prologus. 669
Caput primum. — De numerorum potentia. 671
Cap. II. — Unde dictus sit numerus. 672
Cap. III. — De speciebus numerorum diversis. 672
Cap. IV. — De numeri demonstratione. 673
Cap. V. — Quomodo numeri litteris notentur. 673
Cap. VI. — Quomodo digitis significentur. 673
Cap. VII. — De Græcorum notis ad numerum aptatis. 675
Cap. VIII. — De unciarum figuris et divisionibus. 675
Cap. IX. — De tempore. 676
Cap. X. — De trimoda discretione temporis. 676
Cap. XI. — De atomo invisibili. 677
Cap. XII. — De ostento. 677
Cap. XIII. — De momento. 677
Cap. XIV. — De partibus. 677
Cap. XV. — De minuto. 678
Cap. XVI. — De puncto. 678
Cap. XVII. — De hora. 678
Cap. XVIII. — De quadrante. 678
Cap. XIX. — De die. 679
Cap. XX. — De partibus diei. 679
Cap. XXI. — De nocte. 680
Cap. XXII. — De partibus noctis. 680
Cap. XXIII. — Ubi dies incipiat seu finiatur, et ubi primus dies sæculi fuerit. 680
Cap. XXIV. — De hebdomada. 681
Cap. XXV. — De speciebus hebdomadarum. 681
Cap. XXVI. — De denominatione dierum. 682
Cap. XXVII. — De feriis. 682
Cap. XXVIII. — De mensibus. 682
Cap. XXIX. — De Hebræorum mensibus. 683
Cap. XXX. — De Ægyptiorum mensibus. 684
Cap. XXXI. — De Græcorum mensibus. 684
Cap. XXXII. — De mensibus Romanorum. 684
Cap. XXXIII. — De Kalendis, Nonis, et Idibus. 686
Cap. XXXIV. — De quatuor vicissitudinibus temporum. 687
Cap. XXXV. — De annis. 688
Cap. XXXVI. — De species sint annorum. 688
Cap. XXXVII. — De planetis et origine nominum earum. 689
Cap. XXXVIII. — De planetarum cursu per signiferum et natura signiferi. 690
Cap. XXXIX. — De duodecim signis. 690
Cap. XL. — Demonstratio signorum per solis cursum. 691
Cap. XLI. — De lunæ cursu per signa. 691
Cap. XLII. — Argumentum ad investigandum lunæ cur-

sum. 692
Cap. XLIII. — Argumentum de eo quot horis luna luceat. 693
Cap. XLIV. — De magnitudine solis et lunæ. 693
Cap. XLV. — De natura et situ lunæ. 693
Cap. XLVI. — De eclypsi solis sive lunæ. 693
Cap. XLVII. — Eclypsin ubi non sit, et quare. 694
Cap. XLVIII. — De inditio et qualitate planetarum. 694
Cap. XLIX. — De natura cœli. 694
Cap. L. — De quinque circulis mundi. 695
Cap. LI. — De his signis stellarum quæ extra zodiacum sunt. 695
Cap. LII. — De cometis. 696
Cap. LIII. — De solstitiis et æquinoctiis. 696
Cap. LIV. — De bissexto in solis et lunæ cursu. 696
Cap. LV. — Argumentum ad bissextum inveniendum. 699
Cap. LVI. — De saltu lunari. 699
Cap. LVII. — De decennovennali circulo. 700
Cap. LVIII. — Argumentum ad inveniendum quotus sit annus circuli decennovennalis. 700
Cap. LIX. — De communibus annis et embolismis. 700
Cap. LX. — De ogdoade et endecade. 701
Cap. LXI. — De annis Dominicæ Incarnationis. 702
Cap. LXII. — Argumentum ad inveniendum annos Domini. 703
Cap. LXIII. — Quot sint anni a passione Domini. 704
Cap. LXIV. — Ubi passio Domini primum celebrata sit. 704
Cap. LXV. — Numerus annorum ab initio mundi usque in adventum Domini. 705
Cap. LXVI. — De indictionibus. 705
Cap. LXVII. — Argumentum de indictionibus. 706
Cap. LXVIII. — De epactis lunaribus. 706
Cap. LXIX. — Argumentum de eisdem epactis. 706
Cap. LXX. — De regulis lunaribus. 707
Cap. LXXI. — De concurrentibus, id est, epactis solaribus. 708
Cap. LXXII. — Argumentum de epactis solaribus. 708
Cap. LXXIII. — De regulis solaribus. 709
Cap. LXXIV. — Argumentum de solis et lunæ cursu per dies anni. 709
Cap. LXXV. — Item argumentum per dies mensis de eadem re. 710
Cap. LXXVI. — De reditu et computo articulari utrarumque epactarum solis et lunæ. 711
Cap. LXXVII. — De cyclo lunari. 711
Cap. LXXVIII — Argumentum lunari cycli. 712
Cap. LXXIX. — Argumentum quota sit luna in Kalendis Januarias. 712
Cap. LXXX. — De quartadecima luna paschali. 713
Cap. LXXXI. — Argumentum de eadem luna quartadecima. 715
Cap. LXXXII. — Item aliud argumentum. 714
Cap. LXXXIII. — Item aliud argumentum de terminis paschalibus, et de accensione primæ lunæ primi mensis, et de terminis quadragesimalibus, qualem concordiam inter se habeant. 715
Cap. LXXXIV. — Item de eadem re argumentum versibus comprehensum. 719
Cap. LXXXV. — Argumentum ad inveniendum initium primi mensis. 719
Cap. LXXXVI. — De die dominico Paschæ. 720
Cap. LXXXVII. — Opinio diversorum ubi primum sit Dominica dies resurrectionis Domini celebrata. 721
Cap. LXXXVIII. — Argumentum ad inveniendum diem Dominicam Paschæ. 722
Cap. LXXXIX. — De luna Dominicæ Paschæ. 722
Cap. XC. — Argumentum ad ipsam lunam inveniendam. 722
Cap. XCI. — Item aliud argumentum. 723
Cap. XCII. — Quid distet inter Pascha et Azyma. 723
Cap. XCIII. — De mystica significatione Paschæ. 724
Cap. XCIV. — De circulo magno paschali. 725
Cap. XCV. — De sæculis. 725
Cap. XCVI. — De ætatibus. 726

COMMENTARIORUM IN MATTHÆUM LIBRI OCTO. 727

Præfatio ad Haistulphum archiepiscopum Moguntinum. 727
LIBER PRIMUS. 729
Prooemium. 729
Caput primum. — Genealogia Christi enumeratur, et in tres tessaradecades dividitur, et de desponsatione matris ejus narratur. 731
Cap. II. — De nativitate Christi in Bethlehem Juda, de magis, de fuga in Ægyptum et nece infantum, etc. 754

Cap. III. — De prædicatione Joannis Baptistæ, et baptismo Christi. 766
Cap. IV. — De jejunio Christi in deserto et trina tentatione, etc. 779
LIBER SECUNDUS. 785
Cap. IV sequitur. — De initio prædicationis Christi et vocatione discipulorum. 785
Cap. V. — De sermone Domini in monte et perfectione evangelica. 793
Cap. VI. — De eleemosyna facienda, de orando Deo, de vitanda hypocrisi et avaritia. 814
Cap. VII. — De non judicando proximum temere. Hortatur ingredi per angustam portam; docet cavendos falsos prophetas. 840
LIBER TERTIUS. 855
Cap. VIII. — Absoluto sermone in monte mundatur leprosus, sanatur paralyticus et socrus Petri. Quadam sequi volunt Dominum; qui navigans tempestatem sedat et dæmones expellit. 855
Cap. IX. — Sanat Jesus paralyticum, mulierem a profluvio sanguinis. Vocat Matthæum, suscitat filiam archisynagogi, etc. 870
Cap. X. — Duodecim apostolos præmittit cum potestate sanandi omnem languorem, et omni doctrina, et quod non venerit pacem mittere, sed gladium. 887
LIBER QUARTUS. 907
Cap. XI. — Jesu legatis ab Joanne missis respondet, de eoque turbas docet: increpat civitates quæ credere noluerunt. Confessio ejus ad Patrem, et de ejus jugo suavi. 907
Cap. XII. — Discipuli spicas vellunt. Jesus sanat manum aridam et dæmoniacum cæcum et mutum, Pharisæis signum Jonæ dat. 918
Cap. XIII. — De navicula docet turbas in parabola quas domi apostolis exponit; docet in synagoga Nazareth, ubi sine honore est. 938
LIBER QUINTUS. 955
Cap. XIII sequitur. 955
Cap. XIV. — Narratur decollatio Joannis Baptistæ, cum miraculo quinque panum et ambulatione super aquas. 958
Cap. XV. — Ad Pharisæos sermo, de eo quod coinquinat hominem. Sanat filiam Syrophenisse et alios male affectos, satiat septem panibus quatuor millia hominum. 974
Cap. XVI. — De cavendo fermento Pharisæorum. De confessione Petri, et eo increpato ne scandalo sit, etc. 986
Cap. XVII. — In monte transfiguratur Dominus coram discipulis, et Elia, et Moyse. Lunaticum curat. Petro jubet pro se et illo dare censum. 996
Cap. XVIII. — Docet humilitatem exemplo parvulorum, et neminem eorum scandalizandum; exemplum proponit de ove errante, et quoties fratri sit ignoscendum. 1006
LIBER SEXTUS. 1015
Cap. XIX. — Uxorem non debere dimitti docet, et de eunuchis; infantes a benedictione non esse arcendos; divitem difficile intraturum in regnum cœlorum; et centuplum recepturum, qui omnia deserit propter Christum. 1015
Cap. XX. — Parabola operariorum in vinea; de filiis Zebedæi, et accubitis primis cœnæ; de duobus cæcis secus viam. 1025
Cap. XXI. — De ingressu Jesu in Jerusalem et ejectione vendentium ex templo. De indignatione Pharisæorum super pueros clamantes Osanna. De ficu arida et Joanne Baptista. 1035
Cap. XXII. — De homine rege qui fecit nuptias; de censu Cæsaris; de muliere qui septem fratres habuit, et cujus filius sit Christus. 1055
LIBER SEPTIMUS. 1065
Cap. XXIII. — Instruit Dominus turbas et discipulos de Scribis et Pharisæis; increpat Scribas et Pharisæos multis modis increpando Væ. Exprobrat Jerusalem occisionem prophetarum, et prædicit ejus interitum. 1065
Cap. XXIV. — De structura templi et signis novissimorum dierum, et adventu Salvatoris; de vigilantia servi boni et occasu elementorum, etc. 1076
Cap. XXV. — Parabola de decem virginibus, de ovibus et hædis, de operibus eorum, de servis frugi, et pigro, etc. 1084
LIBER OCTAVUS. 1097
Cap. XXVI. — De Judæorum in necem Christi consilio, de cœna in Bethania, de Judæ traditoris petito pretio; de extrema cœna, et quæ ibi et in horto contigerunt. 1097
Cap. XXVII. — Jesus Pilato traditur, Judas laqueo perit; et de tota Christi Domini passione. 1123

FINIS TOMI CENTESIMI SEPTIMI.

www.ingramcontent.com/pod-product-compliance
Lightning Source LLC
Chambersburg PA
CBHW060503230426

43665CB00013B/1375